Tietje/Nowrot (Hrsg.)
Internationales Wirtschaftsrecht
De Gruyter Studium

Internationales Wirtschaftsrecht

3., neu bearbeitete Auflage

Herausgegeben von
Dr. **Christian Tietje**, Professor an der Martin-Luther-Universität Halle-Wittenberg
und
Dr. **Karsten Nowrot**, Professor an der Universität Hamburg

Bearbeitet von
Marc Bungenberg, Horst-Peter Götting, Urs Peter Gruber, Yoan Hermstrüwer, Anne Lauber-Rönsberg, Matthias Lehmann, Jörn Lüdemann, Andreas Maurer, Karsten Nowrot, Paul Oberhammer, Karsten Otte, Markus Pohlmann, August Reinisch, Alexander Rust, Sabine Schlemmer-Schulte, Rolf Sethe, Christian Tietje, Florian Wagner-von Papp, Friedl Weiss

DE GRUYTER

Zitiervorschlag: Tietje/Nowrot/*Sethe*/*Lehmann* Internationales Wirtschaftsrecht, § 15 Rn. 9

ISBN 978-3-11-063010-7
e-ISBN (PDF) 978-3-11-063071-8
e-ISBN (EPUB) 978-3-11-063015-2

Library of Congress Control Number: 2021940484

Bibliografische Information der Deutschen Nationalbibliothek
Die Deutsche Nationalbibliothek verzeichnet diese Publikation in der Deutschen Nationalbibliografie; detaillierte bibliografische Daten sind im Internet über http://dnb.dnb.de abrufbar.

Einbandabbildung: Gettyimages/DKosig
Satz: jürgen ullrich typosatz, Nördlingen
Druck und Bindung: CPI books GmbH, Leck

www.degruyter.com

Vorwort zur 3. Auflage

Seit der 2. Auflage des Lehrbuches zum Internationalen Wirtschaftsrecht sind sechs Jahre vergangen. Eine Neuauflage war daher überfällig. Verschiedene neue berufliche Herausforderungen des bisherigen Alleinherausgebers des Lehrbuches haben den Entschluss reifen lassen, den Kollegen Karsten Nowrot zu bitten, die Herausgabe des zwischenzeitlich etablierten Lehrbuches mit zu übernehmen. Der bisherige Alleinherausgeber freut sich sehr, mit Karsten Nowrot einen ausgewiesenen Experten auf dem Gebiet des Internationalen Wirtschaftsrechts für die Mitherausgabe des Lehrbuches gewinnen zu können. Karsten Nowrot war schon, damals noch als Nachwuchswissenschaftler, an der Konzeption des Lehrbuches beteiligt. In der Zusammenarbeit zwischen Halle und Hamburg ist die kontinuierliche Weiterentwicklung des Lehrbuches gewährleistet.

Die COVID-19-Pandemie der Jahre 2020/21 hat ua deutlich gemacht, welche Bedeutung der internationalen Arbeitsteilung zukommt. Die Behinderung bzw. der partielle Abbruch internationaler Lieferketten aufgrund der Pandemie hatte zum Teil erhebliche negative wirtschaftliche Auswirkungen. Zugleich hat sich unter anderem bei der Entwicklung und Versorgung von COVID-19-Impfstoffen gezeigt, wie wichtig internationale Kooperation und grenzüberschreitender Waren- und Dienstleistungsverkehrs sind. Schon allein dies zeigt, dass sich die Komplexität des internationalen Wirtschaftssystems und damit auch des Internationalen Wirtschaftsrechts zunehmend intensiviert. Das muss auch Auswirkungen auf Inhalt und Struktur eines Lehrbuches zum Internationalen Wirtschaftsrecht haben. Neben der notwendigen Aktualisierung des bisherigen Inhalts – Rechtsstand ist jetzt Anfang 2021 –, haben sich die Herausgeber daher entschieden, das Lehrbuch moderat in seiner Struktur zu erweitern. Konkret wurde das bislang in § 2 enthaltene Thema der regionalen Wirtschaftsintegration in einen eigenen, neuen Abschnitt ausgegliedert (§ 3). Das internationale Steuerrecht wurde durch ein eigenes Kapitel ebenso neu aufgenommen (§ 13) wie ein Abschnitt zur internationalen Unternehmensverantwortung (§ 17).

Auch der Kreis der Autorinnen und Autoren hat sich etwas erweitert. Marc Bungenberg, Yoan Hermstrüwer, Andreas Maurer, Markus Pohlmann und Alexander Rust sind als neue Autoren dem Team beigetreten. Die Herausgeber freuen sich über die neue Zusammenarbeit.

Auch diese Auflage des Lehrbuches konnte nur dank der tatkräftigen Unterstützung zahlreicher Mitarbeiterinnen und Mitarbeiter in Halle und Hamburg entstehen. Insbesondere hat sich Dr. Romy Klimke überaus intensiv bei der Bearbeitung der Neuauflage engagiert. Ihr ist ebenso herzlich zu danken wie den wissenschaftlichen Mitarbeiterinnen und Mitarbeitern Dr. Felix Boor, Beate Hartmann, Kristina Hellwig, Darius Ruff, Mathea Schmitt, Marcel Valentin und Alina Vogelsang sowie den studentischen Hilfskräften Miriam Eckmann, Katharina Goße, Greta Jahn, Franka Nodewald und Lennart Schütze.

Auch diese Auflage des Lehrbuches wird nicht frei von Fehlern sein. Für Hinweise hierauf und Anregungen zur Weiterentwicklung des Lehrbuches sind die Herausgeber stets dankbar (christian.tietje@jura.uni-halle.de und Karsten.Nowrot@uni-hamburg.de).

Halle (Saale) und Hamburg
im Frühjahr 2021

Prof. Dr. Christian Tietje/
Prof. Dr. Karsten Nowrot

https://doi.org/10.1515/9783110630718-203

Autoren- und Inhaltsübersicht

Inhalt

§ 2
Steuerungssubjekte und -mechanismen im Internationalen Wirtschaftsrecht — 68

§ 3
Regionale Wirtschaftsintegration — 129

§ 14
Internationaler Schutz des geistigen Eigentums — 703

Abkürzungsverzeichnis

a	auch
aA	andere Ansicht
AAA	American Arbitration Association
aaO	am angegebenen Ort
AB	Appellate Body
abgedr	abgedruckt
abl	ablehnend
ABl	Amtsblatt
Abs	Absatz
Abschn	Abschnitt
abw	abweichend
AcP	Archiv für civilistische Praxis
ADB	Asiatische Entwicklungsbank
ADN	Europäisches Übereinkommen über die internationale Beförderung gefährlicher Güter auf Binnenwasserstraßen
ADR	Alternative Dispute Resolution
ADR	Europäisches Übereinkommen über die internationale Beförderung gefährlicher Güter auf der Straße
ADSp	Allgemeine deutsche Spediteurbedingungen
ADÜ	Antidumping-Übereinkommen
aE	am Ende
AEC	African Economic Community
AEMR	Allgemeine Erklärung der Menschenrechte
aF	alte Fassung
AfCFTA	African Continental Free Trade Area
AfDB	Afrikanische Entwicklungsbank
AFDI	Annuaire Français de Droit International
AFESD	Arabischer Fonds für Wirtschaftliche und Soziale Entwicklung
AfP	Archiv für Presserecht
AfricanYIL	African Yearbook of International Law
AFTA	ASEAN Free Trade Area
AG	Die Aktiengesellschaft
AGB	Allgemeine Geschäftsbedingungen
AIDI	Annuaire de l'Institut de Droit International
AIFM	Alternative Investment Fund Manager
AJCL	American Journal of Comparative Law
AJIL	American Journal of International Law
AKP-Staaten	afrikanische, karibische und pazifische Staaten
AktG	Aktiengesetz
allgem	allgemein
allg M	allgemeine Meinung
Alt	Alternative
aM	andere(r) Meinung
AMF	Arabischer Währungsfonds
AMRK	Amerikanische Menschenrechtskonvention
amtl Begr	amtliche Begründung
Änd	Änderung
Anh	Anhang
Anl	Anlage

https://doi.org/10.1515/9783110630718-206

Anm	Anmerkung
AnnIDI	Annuaire de l'Institut de Droit International
AnwBl	Anwaltsblatt
AO	Abgabenordnung
ao	außerordentlich
AoA	Agreement on Agriculture
AöR	Archiv des öffentlichen Rechts
APEC	Asia-Pacific Economic Cooperation
App Body	Appellate Body
APU	African Postal Union
ARB	Assoziationsratsbeschluss
ArbR	Arbeitsrecht
arg	argumentum
ARIEL	Austrian Review of International and European Law
ARO	Agreement on Rules of Origin
ARPS	Annual Review of Political Science
Art	Artikel
ASEAN	Association of South-East Asian Nations
ASIL Proc	Proceedings of the American Society of International Law
AStG	Außensteuergesetz
AT	Allgemeiner Teil
ATAD	Anti Tax Avoidance Directive
ATMF	Einheitliche Rechtsvorschriften für die technische Zulassung für Eisenbahnmaterial, das im internationalen Verkehr verwendet wird
Aufl	Auflage
ausdr	ausdrücklich
ausf	ausführlich
Ausg	Ausgabe
AuslG	Ausländergesetz
AustralianYIL	Australian Yearbook of International Law
AVR	Archiv des Völkerrechts
AWB	Air Waybill
AWD	Außenwirtschaftsdienst des Betriebs-Beraters
AWG	Außenwirtschaftsgesetz
AW-Prax	Außenwirtschaftliche Praxis – Zeitschrift für Außenwirtschaft in Recht und Praxis
AWR	Außenwirtschaftsrecht
AWV	Außenwirtschaftsverordnung
Az	Aktenzeichen
b	bei
BAC	Beijing Arbitration Commission
BADEA	Arabische Bank für Wirtschaftliche Entwicklung in Afrika
BaFin	Bundesanstalt für Finanzdienstleistungsaufsicht
BAG	Bundesarbeitsgericht
BAG	Bundesamt für Güterverkehr
BAnz	Bundesanzeiger
BauGB	Baugesetzbuch
BayVBl	Bayerische Verwaltungsblätter
BayVGH	Bayerischer Verfassungsgerichtshof
BB	Der Betriebs-Berater

BBankG	Gesetz über die Deutsche Bundesbank
BCBS	Basel Committee on Banking Supervision
Bd	Band
Bde	Bände
Bearb	Bearbeiter
Begr	Begründung
begr	begründet
Beil	Beilage
Bek	Bekanntmachung
Bekl	Beklagte(r)
Bem	Bemerkung
BEPS	Base Erosion and Profit Shifting
ber	berichtigt
BerDGIR	Berichte der Deutschen Gesellschaft für Internationales Recht
BerDGVR	Berichte der Deutschen Gesellschaft für Völkerrecht
Berkeley Bus LJ	Berkeley Business Law Journal
bes	besonders, besondere
betr	betreffend
BetrVG	Betriebsverfassungsgesetz
Bf	Beschwerdeführer(in)
BGB	Bürgerliches Gesetzbuch
BGBl	Bundesgesetzblatt
BGH	Bundesgerichtshof
BIAC	Business and Industry Advisory Committee
BIMCO	The Baltic and International Maritime Council
BImSchG	Bundes-Immissionsschutzgesetz
BIP	Bruttoinlandsprodukt
bish	bisher(ige)
BIT	Bilateral Investment Treaty
BIZ	Bank für Internationalen Zahlungsausgleich
BKartA	Bundeskartellamt
BKR	Zeitschrift für Bank- und Kapitalmarktrecht
BMVBS	Bundesministerium für Verkehr, Bau und Stadtentwicklung
BMWi	Bundesministerium für Wirtschaft
BNetzA	Bundesnetzagentur für Elektrizität, Gas, Telekommunikation, Post und Eisenbahnen
BOAD	Westafrikanische Entwicklungsbank
BR-Drs	Bundesrats-Drucksache
BRat	Bundesrat
BReg	Bundesregierung
Brooklyn JIL	Brooklyn Journal of International Law
BS	Beamtenstatut
BSHG	Bundessozialhilfegesetz
Bsp	Beispiel
bspw	beispielsweise
BStBl	Bundessteuerblatt
BSTDB	Handels- und Entwicklungsbank des Schwarzen Meeres
BT	Besonderer Teil bzw Bundestag
BTStenBer	Stenographische Berichte des Bundestages
BT-Drs	Bundestagsdrucksache
Buchst	Buchstabe

BullBreg	Bulletin des Presse- und Informationsamtes der Bundesregierung
BullEG	Bulletin der Europäischen Gemeinschaft
BullEU	Bulletin der Europäischen Union
BVerfG	Bundesverfassungsgericht
BVerfGE	Entscheidungen des Bundesverfassungsgerichts
BVerwG	Bundesverwaltungsgericht
BVerwGE	Entscheidungen des Bundesverwaltungsgerichts
BYIL	The British Yearbook of International Law
bzgl	bezüglich
bzw	beziehungsweise
ca	circa
CAFTA	Zentralamerikanisches Freihandelsabkommen
CAK	Codex Alimentarius Kommission
CarDB	Karibische Entwicklungsbank
CARIFORUM	Karibisches Forum
CAS	Court of Arbitration for Sport
CDE	Cahiers de droit européen
CEMT	Europäische Verkehrsministerkonferenz
CEN	Comité Européen de Normalisation
CENELEC	Comité Européen de Normalisation Electrotechnique
CEPT	Conférence Européenne des Administrations des Postes et des Télécommunications
CERP	Comité Européen de Réglementation Postale
CETA	Comprehensive Economic and Trade Agreement
CFC	Common Fund for Commodities
Chinese JIL	Chinese Journal of International Law
CIETAC	China International Economic and Trade Arbitration Centre
CIF	Cost Insurance Freight
CIF	Einheitliche Rechtsvorschriften für den Vertrag über die internationale Eisenbahnbeförderung von Personen
CIM	Abkommen zum internationalen Eisenbahngüterverkehr
CISG	Übereinkommen der Vereinten Nationen über Verträge über den Internationalen Warenkauf
CIT	Internationales Eisenbahntransportkomitee
CMI	Comité Maritime International
CMNI	Vertrag über die Güterbeförderung in der Binnenschifffahrt
CMLR	Common Market Law Reports
CMLRev	Common Market Law Review
CMR	Übereinkommen über den Beförderungsvertrag im internationalen Straßengüterverkehr
CoCom	Coordinating Committee for East West Trade Policy
Colum J Transnat'l L	Columbia Journal of Transnational Law
Columbia LR	Columbia Law Review
COMESA	Common Market for Eastern and Southern Africa
Cornell ILJ	Cornell International Law Journal
COTIF	Übereinkommen über den internationalen Eisenbahntransport
CPA	Coalition Provisional Authority
CPAR	Country Procurement Assessment Reports
CPTPP	Comprehensive and Progressive Agreement for Trans-Pacific Partnership
CR	Computer und Recht

CRTA	Committee on Regional Trade Agreements
CSR	Corporate Social Responsibility
CTS	Consolidated Treaty Series
CUI	Vertrag über die Nutzung der Infrastruktur im internationalen Eisenbahnverkehr
CVA	Customs Valuation Agreement
CYIL	Canadian Yearbook of International Law
DAS	Deutscher Ausschuss für Schiedsgerichtswesen
DB	Der Betrieb
DBA	Doppelbesteuerungsabkommen
DDR	Deutsche Demokratische Republik
dens	denselben
ders	derselbe
dgg	dagegen
dgl	dergleichen
DGVR	Deutsche Gesellschaft für Völkerrecht
dh	das heißt
DIAC	Draft International Antitrust Code
dies	dieselbe(n)
diff	differenzierend
DIN	Deutsches Institut für Normung e.V.
DIS	Deutsche Institution für Schiedsgerichtsbarkeit
Diss	Dissertation
DJT	Deutscher Juristentag
DoC	U.S. Department of Commerce
Dok	Dokument
DÖV	Die Öffentliche Verwaltung
DPMA	Deutsches Patent- und Markenamt
DR	Décisions et Rapports der Europäischen Kommission für Menschenrechte
Drs	Drucksache
DSB	Dispute Settlement Body
DStR	Deutsches Steuerrecht
DSU	Dispute Settlement Understanding
dt	deutsch
DuD	Datenschutz und Datensicherheit
DV	Die Verwaltung
DVBl	Deutsches Verwaltungsblatt
DVZ	Deutsche Verkehrs-Zeitung
E	Entscheidung
EA	Europa-Archiv
EADB	Ostafrikanische Entwicklungsbank
EAG	Europäische Atomgemeinschaft
EAGV	Vertrag zur Gründung der Europäischen Atomgemeinschaft
EASA	Europäische Agentur für Flugsicherheit
ebd	ebenda
EBITDA	Earnings Before Interests, Taxes, Depreciation and Amortization
EBOLR	European Business Organization Law Review
EBWE	Europäische Bank für Wiederaufbau und Entwicklung

EC	European Community
ECC	Electronic Communications Committee
ECE	United Nations Economic Commission for Europe
ECHR	European Court of Human Rights
ECLR	European Competition Law Review
ECOSOC	Economic and Social Council
ECOWAS	Economic Community of West African States
ed(s)	editor(s)/edition
EEA	Einheitliche Europäische Akte
EEMD	europäischer elektronischer Mautdienst
EETS	European Electronic Toll Service
EFTA	European Free Trade Association
EG	Europäische Gemeinschaft(en)
EGBGB	Einführungsgesetz zum Bürgerlichen Gesetzbuch
EGKSV	Vertrag über die Gründung der Europäischen Gemeinschaft für Kohle und Stahl
EGMR	Europäischer Gerichtshof für Menschenrechte
EG-VO	EG-Verordnung
ehem	ehemalig
EHRLR	European Human Rights Law Review
EIB	Europäische Investitionsbank
Einf	Einführung
Einl	Einleitung
EIU	Eisenbahninfrastrukturunternehmen
EJIL	European Journal of International Law
ELJ	European Law Journal
ELQ	Ecology Law Quarterly
ELR	European Law Reporter
ELRev	European Law Review
EMRK	Europäische Menschenrechtskonvention
endg	endgültig
engl	englisch
entspr	entsprechend
Entw	Entwurf
EP	Europäisches Parlament
EPIL	Encyclopedia of Public International Law
EPL	European Public Law
EPÜ	Europäisches Patentübereinkommen
ERA	Europäische Eisenbahnagentur
ErgBd	Ergänzungsband
Erl	Erläuterung(en)
ES	Entscheidungssammlung
ESC	Europäische Sozialcharta
ESMA	European Securities and Market Authority
EStG	Einkommensteuergesetz
EStDV	Einkommensteuer-Durchführungsverordnung
ESZB	Europäisches System der Zentralbanken
etc	et cetera
ETI	Ethical Trading Initiative
ETS	European Treaty Series
ETSI	European Telecommunications Standards Institute

EU	Europäische Union
EUAHiG	Gesetz über die Durchführung der gegenseitigen Amtshilfe in Steuersachen zwischen den Mitgliedstaaten der Europäischen Union
EuG	Gericht 1. Instanz
EuGH	Gerichtshof der Europäischen Gemeinschaften
EuGRZ	Europäische Grundrechte-Zeitschrift
EuGVÜ	Übereinkommen über die gerichtliche Zuständigkeit und die Vollstreckung gerichtlicher Entscheidungen in Zivil- und Handelssachen
EuKMR	Europäische Kommission für Menschenrechte
EuR	Europarecht (Zeitschrift)
EURATOM	Europäische Atomgemeinschaft
europ	europäisch
EUTELSAT	European Telecommunication Satellite Organization
EuZ	Zeitschrift für Europarecht
EuZW	Europäische Zeitschrift für Wirtschaftsrecht
evtl	eventuell
EVU	Eisenbahnverkehrsunternehmen
EWA	Europäisches Währungsabkommen
EWG	Europäische Wirtschaftsgemeinschaft
EWGV	Vertrag zur Gründung der Europäischen Wirtschaftsgemeinschaft
EWR	Europäischer Wirtschaftsraum
EWS	Europäisches Wirtschafts- und Steuerrecht
EYIEL	European Yearbook of International Economic Law
EZB	Europäische Zentralbank
EZU	Europäische Zahlungsunion
f, ff	folgende
FAO	Food and Agriculture Organization of the United Nations
FAZ	Frankfurter Allgemeine Zeitung
FCN	Friendship, Commerce and Navigation (Treaties)
FDI	Foreign Direct Investment
FET	Fair and Equitable Treatment
FG	Festgabe
FIATA	International Federation of Freight Forwarders Associations
FKAustG	Gesetz zum automatischen Austausch von Informationen über Finanzkonten in Steuersachen
FKVO	Fusionskontrollverordnung
FLA	Fair Labor Association
Fn	Fußnote
FOB	Free On Board
FONASBA	The Federation of National Associations of Ship Brokers and Agents
Fordham ILJ	Fordham International Law Journal
FR	FinanzRundschau
franz	französisch
FS	Festschrift
FSB	Financial Stability Board
FSC	Forest Stewardship Council
FTA	Free Trade Agreement
FW	Die Friedenswarte
FYIL	Finnish Yearbook of International Law

GA	Generalanwalt
GAB	General Agreement to Borrow
GAC	Governmental Advisory Comittee
GAOR	Official Records of the General Assembly
GAP	Gemeinsame Agrarpolitik
GASP	Gemeinsame Außen- und Sicherheitspolitik
GATS	General Agreement on Trade in Services
GATT	General Agreement on Tariffs and Trade
GBl	Gesetzblatt
GBRT	Gesamtbruttoregistertonnen
GC	United Nations Global Compact
geänd	geändert
gem	gemäß
Ges	Gesetz
GG	Grundgesetz
ggf	gegebenenfalls
GGVO	Gemeinschaftsgeschmacksmusterverordnung
GKKB	Gemeinsame Körperschaftsteuerliche Bemessungsgrundlage
glA	gleicher Ansicht
GLJ	German Law Journal
GmbH	Gesellschaft mit beschränkter Haftung
GmbHR	GmbH Rundschau
GMVO	Gemeinschaftsmarkenverordnung
GO	Geschäftsordnung
GPA	Government Procurement Agreement
GPC	Tokyo Round Code on Government Procurement v 1979 (Vergabekodex)
GPÜ	Gemeinschaftspatentübereinkommen
GRCh	Grundrechte-Charta
GRI	Global Reporting Initiative
grundl	grundlegend
GRUR Int	Gewerblicher Rechtsschutz und Urheberrecht, Internationaler Teil
GS	Gedächtnisschrift
GSP	General System of Preferences
GVBl	Gesetz- und Verordnungsblatt
GVG	Gerichtsverfassungsgesetz
GWB	Gesetz gegen Wettbewerbsbeschränkungen
GYIL	German Yearbook of International Law
hA	herrschende Ansicht
HABM	Harmonisierungsamt für den Binnenmarkt
Halbbd	Halbband
Halbs	Halbsatz
Harvard ILJ	Harvard International Law Journal
Hdb	Handbuch
HdBEUWirtschR	Handbuch für Europäisches Wirtschaftsrecht
HdbStR	Handbuch des Staatsrechts
HDSW	Handwörterbuch der Sozialwissenschaften
Hervorh	Hervorhebung
HGB	Handelsgesetzbuch
HGÜ	Haager Übereinkommen über Gerichtsstandsvereinbarungen
Hinw	Hinweis

HKIAC	Hong Kong International Arbitration Centre
hL	herrschende Lehre
hM	herrschende Meinung
HMA	Haager Musterabkommen
HRLJ	Human Rights Law Journal
HRQ	Human Rights Quarterly
Hrsg	Herausgeber
hrsg	herausgegeben
HuV	Humanitäres Völkerrecht – Informationsschriften
HYIL	Hague Yearbook of International Law
i Allg	im Allgemeinen
i Erg	im Ergebnis
i Üb	im Übrigen
IADB	Inter-amerikanische Entwicklungsbank
IAEA	International Atomic Energy Agency
IAIGC	Inter-Arabische Investionsgarantiecorporation
IAIS	International Association of Insurance Supervisors
IANA	Internet Assigned Numbers Authority
IASB	International Accounting Standards Board
IASC	International Accounting Standards Committee
IATA	International Air Transport Association
ibid	ebenda
IBRD	International Bank for Reconstruction and Development
ICANN	Internet Corporation for Assigned Names and Numbers
ICAO	International Civil Aircraft Organization
ICAO	International Civil Aviation Organization
ICC	International Chamber of Commerce
ICCO	International Cacao Organization
ICDR	International Center for Dispute Resolution
ICJ	International Court of Justice
ICLQ	The International and Comparative Law Quarterly
ICN	International Competition Network
ICO	International Coffee Organization
ICPAC	International Competition Policy Advisory Committee
ICS	International Courier Service
ICSID	International Centre for the Settlement of Investment Disputes
IDA	International Development Association
idF	in der Fassung
idR	in der Regel
idS	in diesem Sinne
iE	im Erscheinen
IEC	International Electrotechnical Commission
IEO	Independent Evaluation Office
ieS	im engeren Sinne
IFAC	International Federation of Accountants
IFAD	International Fund for Agricultural Development
IFC	International Finance Corporation
IFI	Internationale Finanzinstitution
IFRS	International Financial Reporting Standards
IGF	Internet Governance Forum

IGH	Internationaler Gerichtshof
iHv	in Höhe von
IJGLS	Indiana Journal of Global Legal Studies
ILA	International Law Association
ILC	International Law Commission
ILJ	International Law Journal
ILM	International Legal Materials
ILO	International Labour Organization
ILR	International Law Reports
IMCO	Inter-Governmental Maritime Consultative Organization
IMF	International Monetary Fund
IMO	International Maritime Organization
IMSO	International Mobile Satellite Organization
INCOTERMS	International Commercial Terms
inkl	inklusive
INMARSAT	International Maritime Satellite Organization
insb	insbesondere
insg	insgesamt
Int	International
INTELSAT	International Telecommunications Satellite Organization
INTERTANKO	International Association of Independent Tanker Owners
IntGesR	Internationales Gesellschaftsrecht
IO	International Organization (Zeitschrift)
IOE	International Organisation of Employers
IOSCO	International Organisation of Securities Commissions
IP	Internet Protocol
IPbürgR	Internationaler Pakt über bürgerliche und politische Rechte
IPC	International Post Corporation
IPR	Internationales Privatrecht
IPrax	Praxis des Internationalen Privat- und Verfahrensrechts
IPwirtR	Internationaler Pakt über wirtschaftliche, soziale und kulturelle Rechte
IRU	International Road Union
iS(v)	im Sinne (von)
iSd	im Sinne des/der
ISDA	International Swap and Derivatives Association
IsDB	Islamische Entwicklungsbank
iSe	im Sinne einer/eines
ISO	International Standardization Organization
ISPS	International Ship and Port Facility Security
ISR	Internationale Steuer-Rundschau
IStR	Internationales Steuerrecht
ITA	Informations-Technologie-Abkommen
ITF	International Transport Forum
ITF	International Transportarbeiter Föderation
ITLOS	International Tribunal for the Law of the Sea
ITO	International Trade Organization
ITR	International Telecommunications Regulations
ITSO	International Telecommunications Satellite Organization
ITU	International Telecommunication Union
iVm	in Verbindung mit
iVz	im Verhältnis zu

IWF	Internationaler Währungsfonds
IWR	Internationales Wirtschaftsrecht
iwS	im weiteren Sinne
IZVR	Internationales Zivilverfahrensrecht
iZw	im Zweifel
JA	Juristische Arbeitsblätter
Jb	Jahrbuch
JBl	Juristische Blätter
JCMS	Journal of Common Market Studies
JDI	Journal du Droit International
jew	jeweils
Jg	Jahrgang
JIEL	Journal of International Economic Law
JIR	Jahrbuch für Internationales Recht (jetzt GYIL)
JöR	Jahrbuch des öffentlichen Rechts der Gegenwart
JTDE	Journal des Tribunaux – Droit européen
JTLP	Journal of Transnational Law & Policy
JURA	Juristische Ausbildung
JuS	Juristische Schulung
JWIT	Journal of World Investment & Trade
JWT	Journal of World Trade
JWTL	Journal of World Trade Law
JZ	JuristenZeitung
K&R	Kommunikation & Recht
KAGB	Kapitalanlagegesetzbuch
Kap	Kapitel
Kfz	Kraftfahrzeug
KG	Kommanditgesellschaft/Kammergericht
KJ	Kritische Justiz
Kl	Kläger(in)
km	Kilometer
KOM	Europäische Kommission/Kommissionsdokument
Komm	Kommentar
KonsG	Konsulargesetz
KStG	Körperschaftsteuergesetz
KVG	Kapitalverwaltungsgesellschaft
krit	kritisch
KritV	Kritische Vierteljahresschrift für Gesetzgebung und Rechtswissenschaft
KSZE	Konferenz über Sicherheit und Zusammenarbeit in Europa
KSzW	Kölner Schrift zum Wirtschaftsrecht
kW	Kilowatt
LCIA	London Court of International Arbitration
LDC	least developed country
Leiden JIL	Leiden Journal of International Law
lfd	laufend
Lfg	Lieferung
LG	Landgericht
LGBl	Landesgesetzblatt

LIEI	Legal Issues of Economic Integration
lit	Buchstabe (littera)
Lit	Literatur
LJ	Law Journal
Lkw	Lastkraftwagen
LNTS	League of Nations Treaty Series
LOF	Lloyd's Standard Form of Salvage Agreement
Losebl	Loseblattsammlung
LR	Law Review
LS	Leitsatz
LSVA	leistungsabhängige Schwerverkehrabgabe
lt	laut
LUA	Lissabonner Ursprungsabkommen
LV	Literaturverzeichnis
m	mit
m Anm	mit Anmerkung(en)
m Hinw	mit Hinweis(en)
m krit Anm	mit kritischen Anmerkungen
zust Anm	mit zustimmender Anmerkung
Maastr JECL	Maastricht Journal of European and Comparative Law
MAI	Multilateral Agreement on Investment
MAR	Market Abuse Regulation
maW	mit anderen Worten
MDR	Monatsschrift für Deutsches Recht
mE	meines Erachtens
MERCOSUR	Mercado Común del Sur
MFN	Most-Favoured-Nation
MHA	Madrider Herkunftsabkommen
Michigan JIL	Michigan Journal of International Law
MiFID	Richtlinie über Märkte für Finanzinstrumente
MIGA	Multilateral Investment Guarantee Agency
Min	Ministerium
Minnesota JIL	Minnesota Journal of International Law
Mio	Million(en)
Mitw	Mitwirkung
MJGT	Minnesota Journal of Global Trade
MJIEL	Manchester Journal of International Economic Law
MK	Ministerkomitee
MLI	Multilaterales Instrument
MLR	Modern Law Review
MMA	Madrider Markenabkommen
MMR	MultiMedia und Recht
MP	Montrealer Protokoll
MPEPIL	Max Planck Encyclopedia of Public International Law
MPIA	Multi-Party Interim Appeal Arbitration Agreement
MPYUNL	Max Planck Yearbook of United Nations Law
MRA	Mutual Recognition Agreement
Mrd	Milliarde(n)
MRM	MenschenRechtsMagazin
MSC	Marine Stewardship Council

MTF	Multilateral Trading Facility
MTO	Multimodal Council Operator
Münch Komm	Münchener Kommentar
mwN	mit weiteren Nachweisen
MwStR	Mehrwertsteuerrecht
NAB	New Arrangements to Borrow
Nachw	Nachweis(e)
NAFTA	North American Free Trade Agreement
NdsVBl	Niedersächsische Verwaltungsblätter
nF	neue Fassung
NF	Neue Folge
NGO	Non-Governmental Organization
NIB	Nordische Entwicklungsbank
NILR	Netherlands International Law Review
NIWO	Neue Internationale Wirtschaftsordnung
NJ	Neue Justiz
NJW	Neue Juristische Wochenschrift
No/no	number/numéro
Nordic JIL	Nordic Journal of International Law
NordÖR	Zeitschrift für öffentliches Recht in Norddeutschland
Nov	Novelle
Nr(n)	Nummer(n)
NT	National Treatment
NuR	Natur und Recht
NVwZ	Neue Zeitschrift für Verwaltungsrecht
NYIL	Netherlands Yearbook of International Law
NZA	Neue Zeitschrift für Arbeits- und Sozialrecht
o	oben
O	Ordnung
oa	oben angegeben
oä	oder ähnlich
OAS	Organization of American States
OAU	Organization of African Unity
ODA	official development assistance
OECD	Organisation for Economic Cooperation and Development
OECD-DAC	Development Assistance Committee of the OECD
OECD-MA	OECD-Musterabkommen OECD-Musterabkommen zur Vermeidung der Doppelbesteuerung
OEEC	Organisation für Europäische Wirtschaftliche Zusammenarbeit
ÖZöRV	Österreichische Zeitschrift für öffentliches Recht und Völkerrecht
ÖZW	Österreichische Zeitschrift für Wirtschaftsrecht
OFID	OPEC Fonds für Internationale Entwicklung
og	oben genannt
OGAW	Organismen für gemeinsame Anlagen in Wertpapieren
oJ	ohne Jahr
OLG	Oberlandesgericht
OMT	World Tourism Organization
OPEC	Organization of Petroleum Exporting Countries
OR	Official Records

OSShD	Organisation für die Zusammenarbeit der Eisenbahnen der früheren RGW-Staaten bzw Ostblock-Länder
OSZE	Organisation für Sicherheit und Zusammenarbeit in Europa
OTF	organised trading facility
OTIF	Organisation für den internationalen Eisenbahnverkehr
oV	ohne Verfasser
OVG	Oberverwaltungsgericht
para	paragraph (Absatz)
PCA	Permanent Court of Arbitration
PCIJ	Permanent Court of International Justice
PCT	Patent Cooperation Treaty
PLT	Patent Law Treaty
Pkw	Personenkraftwagen
POC	Postal Operations Council
POSTEUROP	Association of European Public Postal Operators
PPLR	Public Procurement Law Review
PPMs	process and production measures
Prot	Protokoll
PSI	Agreement on Preshipment Inspection
PVS	Politische Vierteljahresschrift
PVÜ	Pariser Verbandsübereinkommen
r'kr	rechtskräftig
RA	Rom-Abkommen
RabelsZ	Rabels Zeitschrift für ausländisches und internationales Privatrecht
RBDI	Revue Belge de Droit International
RBÜ	Revidierte Berner Übereinkunft
RCEP	Regional Comprehensive Economic Partnership
RdA	Recht der Arbeit
RdC	Recueil des Cours de l'Académie de Droit International
RdE	Recht der Energiewirtschaft
RdErl	Runderlass
RDI	Revue de Droit International, des Sciences Diplomatique, Politiques et Sociales
Rdschr	Rundschreiben
RE	Rechnungseinheiten
Reg	Regierung
RegE	Regierungsentwurf
Rep	Report(s)
Res	Resolution
Rev	Review
Rez	Rezension
RGBl	Reichsgesetzblatt
RGDIP	Revue Générale de Droit International Public
RGW	Rat für gegenseitige Wirtschaftshilfe
RIA	Regional Integration Agreement
RIAA	Report of International Arbitration Awards
RID	Vereinbarung über den Austausch und die Benutzung der Reisezugwagen im internationalen Verkehr
RID	Ordnung über die internationale Eisenbahnbeförderung gefährlicher Güter

RIV	Regolamento Internazionale Veicoli
RIW	Recht der internationalen Wirtschaft
RL	Richtlinie
RMC	Revue du Marché Commun
Rn	Randnummer
RP	Reference Paper
Rs	Rechtssache
Rspr	Rechtsprechung
RTA	Regional Trade Agreement
RUDH	Revue Universelle des Droits de l'Homme
s	siehe
S	Seite, Satz
s a	siehe auch
s o	siehe oben
s u	siehe unten
SAARC	South Asian Association for Regional Cooperation
SACU	Southern African Customs Union
SC	Security Council
SCAI	Swiss Chambers' Arbitration Insitution
SCM	Agreement on Subsidies and Countervailing Measures
SDR	Special Drawing Rights
sec	section (Paragraph)
SEC	Securities Exchange Commission
sep op	separate opinion
ser/sér	series/série
SESAR	Single European Sky ATM Research Programme
SEStG	Gesetz über steuerliche Begleitmaßnahmen zur Einführung der Europäischen Gesellschaft und zur Änderung weiterer steuerrechtlicher Vorschriften
SGb	Sozialgerichtsbarkeit
SGB	Sozialgesetzbuch
SIAC	Singapore International Arbitration Centre
SJIR	Schweizerisches Jahrbuch für Internationales Recht
Slg	Sammlung
SMGS	Abkommen über den internationalen Eisenbahn-Güterverkehr
sog	so genannt(e)
SOLAS	International Convention for the Safety of Life at Sea
Sp	Spalte
SPS	Übereinkommen über die Anwendung gesundheitspolizeilicher und pflanzen- schutzrechtlicher Maßnahmen
SR	Sicherheitsrat
SRIEL	Swiss Review of International and European Law
SRÜ	Seerechtsübereinkommen
SSC	Arbitration Institute of the Stockholm Chamber of Commerce
SSM	Single Supervisory Mechanism
st	ständige
StGB	Strafgesetzbuch
StIGH	Ständiger Internationaler Gerichtshof
StISchH	Ständiger Internationaler Schiedshof
str	strittig

stRspr	ständige Rechtsprechung
StuB	Steuern und Bilanzen
StuW	Steuer und Wirtschaft
Suppl	Supplement
SWI	Steuer & Wirtschaft International
SZ	Süddeutsche Zeitung
SZIER	Schweizerische Zeitschrift für internationales und europäisches Recht
SZR	Sonderziehungsrecht(e)
t	Tonne(n)
TBT	Übereinkommen über technische Handelshemmnisse
TE	Technische Einheit im Eisenbahnwesen
teilw	teilweise
Texas ILJ	Texas International Law Journal
TKG	Telekommunikationsgesetz
TLT	Trademark Law Treaty
TPRM	Trade Policy Review Mechanism
TRIMs	Agreement on Trade-Related Investment Measures
TRIPS	Agreement on Trade-Related Aspects of Intellectual Property Rights
TRT	Trademark Registration Treaty
TSI	Technische Spezifikationen Interoperabilität
TUAC	Trade Union Advisory Committee
Tz	Textziffer
u	unten
ua	unter anderem/und andere
uä	und ähnliche
UAbS	Unterabsatz
uam	und andere(s) mehr
UDRP	Uniform Dispute Resolution Policy
udgl	und dergleichen
UIC	Internationaler Eisenbahnverband
UID	Umsatzsteuer-Identifikationsnummer
ÜMS	Übereinkommen über Schutzmaßnahmen
umstr	umstritten
UmwStG	Umwandlungssteuergesetz
UN	United Nations
UN Doc	Dokumente der Vereinten Nationen
UN GA	United Nations General Assembly
UNCDF	United Nations Capital Development Fund
UNCED	United Nations Conference on Environment and Development
UNCIO	United Nations Conference on International Organization
UNCITRAL	United Nations Commission on International Trade Law
UNCLOS	United Nations Conference on the Law of the Sea
UNCTAD	United Nations Conference on Trade and Development
UNDG	United Nations Development Group
UNDP	United Nations Development Programme
UNEP	United Nations Environment Programme
UNESCO	United Nations Educational, Scientific and Cultural Organization
UNIDO	United Nations Industrial Development Organization
UNIDROIT	International Institute for the Unification of Private Law

UNITAR	United Nations Institute for Training and Research
UNO	United Nations Organization
UNST/LEG/SER	United Nations Legislative Series
UNYB	Yearbook of the United Nations
UNTS	United Nations Treaty Series
unv	unveröffentlicht
unzutr	unzutreffend
UPU	Universal Postal Union
Urt	Urteil
USA	United States of America
U.S.C.	United States Code
USMCA	United States-Mexico-Canada Agreement
USTR	United States Trade Representative
usw	und so weiter
UTR	Jahrbuch des Umwelt- und Technikrechts
uU	unter Umständen
uvam	und viele(s) andere mehr
UWG	Gesetz gegen den unlauteren Wettbewerb
v	vom/von
va	vor allem
VA	Verwaltungsakt
Vanderbilt J Transnat'l L	Vanderbilt Journal of Transnational Law
VBS	Völkerbundsatzung
Verb	Verbindung
Verf	Verfassung
Vers	Versicherung
VG	Verwaltungsgericht
VGH	Verwaltungsgerichtshof
vgl	vergleiche
vH	von Hundert
VIAC	Vienna International Arbitral Centre
Virginia JIL	Virginia Journal of International Law
VN	Vereinte Nationen (Zeitschrift)
VO	Verordnung
Vol	Volume
Voraufl	Vorauflage
Vorb	Vorbemerkung
VRÜ	Verfassung und Recht in Übersee
VVDStRL	Veröffentlichungen der Vereinigung der Deutschen Staatsrechtslehrer
VVKÜ	Übereinkommen über Kontrollen vor dem Versand
VwGO	Verwaltungsgerichtsordnung
VwVfG	Verwaltungsverfahrensgesetz
WA	Warschauer Abkommen
WB	Weltbank
WCO	World Customs Organization
WCT	WIPO-Copyright-Treaty
WCIT	World Conference on International Telecommunications
WFC	World Food Council
WFP	World Food Programme

WHO	World Health Organization
WIPO	World Intellectual Property Organization
WiRO	Wirtschaft und Recht in Osteuropa
wiss	wissenschaftlich
WLAN	Wireless Local Area Network
WM	Wertpapier-Mitteilungen – Zeitschrift für Wirtschafts- und Bankrecht
wN	weitere Nachweise
WpHG	Wertpapierhandelsgesetz
WpPG	Wertpapierprospektgesetz
WPPT	WIPO-Performances and Photographs Treaty
WpÜG	Wertpapiererwerbs- und Übernahmegesetz
WPV	Weltpostvertrag
WRC	World Radio Conference
WSIS	World Summit on the Information Society
WSR	Wirtschafts- und Sozialrat
WTO	World Trade Organization
WTR	World Trade Review
WUA	Welturheberrechtsabkommen
WuB	Entscheidungssammlung zum Wirtschafts- und Bankrecht
WÜK	Wiener Übereinkommen über konsularische Beziehungen
WuW	Wirtschaft und Wettbewerb
WVRK	Wiener Vertragsrechtskonvention
Yale JIL	Yale Journal of International Law
Yale LJ	Yale Law Journal
YBILC	Yearbook of the International Law Commission
YEL	Yearbook of European Law
YIEL	Yearbook of International Environmental Law
z	zum
ZaöRV	Zeitschrift für ausländisches öffentliches Recht und Völkerrecht
ZAR	Zeitschrift für Ausländerrecht und Ausländerpolitik
zB	zum Beispiel
ZBB	Zeitschrift für Bankrecht und Bankwirtschaft
ZEuP	Zeitschrift für europäisches Privatrecht
ZEuS	Zeitschrift für Europarechtliche Studien
ZfA	Zeitschrift für Arbeitsrecht
ZfBR	Zeitschrift für deutsches und internationales Baurecht
ZfP	Zeitschrift für Politik
ZfVR	Zeitschrift für Völkerrecht
ZfW	Zeitschrift für Wasserrecht
ZfZ	Zeitschrift für Zölle und Verbrauchssteuern
ZG	Zeitschrift für Gesetzgebung
ZGR	Zeitschrift für Unternehmens- und Gesellschaftsrecht
ZHR	Zeitschrift für das gesamte Handelsrecht und Wirtschaftsrecht
ZIAS	Zeitschrift für ausländisches und internationales Arbeits- und Sozialrecht
Ziff	Ziffer
ZIP	Zeitschrift für Wirtschaftsrecht
zit	zitiert
ZK	Zollkodex
ZKR	Zentralkommission für die Rheinschiffahrt

ZLR	Zeitschrift für das gesamte Lebensmittelrecht
ZLW	Zeitschrift für Luft- und Weltraumrecht
ZP	Zusatzprotokoll
ZPO	Zivilprozessordnung
ZRP	Zeitschrift für Rechtspolitik
ZSR	Zeitschrift für schweizerisches Recht
zT	zum Teil
ZUM	Zeitschrift für Urheber und Medienrecht
ZUR	Zeitschrift für Umweltrecht
zust	zustimmend
zutr	zutreffend
zVb	zur Veröffentlichung bestimmt
ZVB	Zeitschrift für Vergaberecht und Beschaffungspraxis
ZVglRWiss	Zeitschrift für Vergleichende Rechtswissenschaft
zZ	zur Zeit

§ 1
Begriff, Geschichte und Grundlagen des Internationalen Wirtschaftssystems und Wirtschaftsrechts

Christian Tietje

Gliederung **Rn**

Schrifttum

Assmann Wirtschaftsrecht in der Mixed Economy (1980); *Behrens* Elemente eines Begriffs des Internationalen Wirtschaftsrechts, RabelsZ 50 (1986) 483; *Charnovitz* What is International Economic Law?, JIEL 14 (2011) 3; *Dahm/Delbrück/Wolfrum* Völkerrecht, Bd I/1, 2. Aufl (1989); *dies* Völkerrecht, Bd I/2, 2. Aufl (2002); *Dieckheuer* Internationale Wirtschaftsbeziehungen, 5. Aufl (2001); *Dolzer/Schreuer* Principles of International Investment Law, 2. Aufl (2012); *Erler* Grundprobleme des internationalen Wirtschaftsrechts (1956); *Fikentscher* Wirtschaftsrecht, Bd I (1983); *Fischer* Das Internationale Wirtschaftsrecht – Versuch einer Systematisierung, GYIL 19 (1976) 143; *Graf Vitzthum/Proelß* (Hrsg) Völkerrecht, 8. Aufl (2019); *Henkin* How Nations Behave – Law and Foreign Policy, 2. Aufl (1979); *Herdegen* Internationales Wirtschaftsrecht, 12. Aufl (2020); *Hobe* Einführung in das Völkerrecht, 11. Aufl (2020); *Hoffmann* Theorie des internationalen Wirtschaftsrechts (2009); *Jackson* Legal Problems of International

https://doi.org/10.1515/9783110630718-001

Economic Relations (1977); *Jackson/Davey/Sykes* Legal Problems of International Economic Relations, 6. Aufl (2013); *Jayme* Internationales Privatrecht und Völkerrecht (2003); *Joerges* Vorüberlegungen zu einer Theorie des internationalen Wirtschaftsrechts, RabelsZ 43 (1979) 6; *Kewenig* Der Grundsatz der Nichtdiskriminierung im Völkerrecht der internationalen Handelsbeziehungen (1972); *Klee* Die progressive Verwirklichung wirtschaftlicher, sozialer und kultureller Menschenrechte (2000); *Krajewski* Wirtschaftsvölkerrecht, 4. Aufl (2017); *Lowenfeld* International Economic Law, 2. Aufl (2008); *Meng* Extraterritoriale Jurisdiktion im öffentlichen Wirtschaftsrecht (1994); *Mestmäcker* Die sichtbare Hand des Rechts (1978); *Nowrot* Normative Ordnungsstruktur und private Wirkungsmacht – Konsequenzen der Beteiligung transnationaler Unternehmen an den Rechtssetzungsprozessen im internationalen Wirtschaftssystem (2006); *Petersmann* International Economic Law in the 21st Century: Constitutional Pluralism and Multilevel Governance of Interdependent Public Goods (2012); *Priddat* Theoriegeschichte der Wirtschaft (2002); *Qureshi/Ziegler* International Economic Law, 4. Aufl (2019); *Picker/Bunn/Arner* (Hrsg) International Economic Law – The State and Future of the Discipline (2008); *Renner* Transnationale Wirtschaftsverfassung, RabelsZ 78 (2014) 750; *Rode* Internationale Wirtschaftsbeziehungen (2002); *Scheuner* Die völkerrechtlichen Grundlagen der Weltwirtschaft in der Gegenwart (1954); *Schluep* Was ist Wirtschaftsrecht?, FS Hug (1968) 25; *Schmidt* Öffentliches Wirtschaftsrecht, Allgemeiner Teil (1990); *Schöbener/Herbst/Perkams* Internationales Wirtschaftsrecht (2010); *Schütz* Solidarität im Wirtschaftsvölkerrecht (1994); *Schwarzenberger* The Principles and Standards of International Economic Law, RdC 117 (1966) 1; *Seidl-Hohenveldern* International Economic Law, 3. Aufl (1999); *Siebert* Weltwirtschaft (1997); *Tietje* Internationalisiertes Verwaltungshandeln (2001); *ders* Normative Grundstrukturen der Behandlung nichttarifärer Handelshemmnisse in der WTO/GATT-Rechtsordung (1998); *ders* Transnationales Wirtschaftsrecht aus öffentlich-rechtlicher Perspektive, Zeitschrift für Vergleichende Rechtswissenschaft – Archiv für Internationales Wirtschaftsrecht 101 (2002) 404; *VerLoren van Themaat* The Changing Structure of International Economic Law (1981); *Weber* Geschichte der internationalen Wirtschaftsorganisationen (1983).

A. Einleitung

1 Begriff und Gegenstand des Internationalen Wirtschaftsrechts sind schwer zu fassen. Die Wissenschaft hat sich zwar immer wieder bemüht, begriffliche und systematische Klarheit darüber herbeizuführen, was unter „Internationalem Wirtschaftsrecht" zu verstehen ist, eine einheitliche Auffassung lässt sich aber auch heute noch nicht abschließend feststellen.[1] Das ist in erster Linie sicherlich auf das unterschiedliche Vorverständnis der jeweiligen Autoren zurückzuführen, verwundert allerdings auch dann nicht, wenn man bedenkt, dass bereits der isolierte Begriff des Wirtschaftsrechts bis heute umstritten ist.[2] In seiner internationalen Dimension kann der Begriff des Wirtschaftsrechts daher nicht weniger strittig sein – im Gegenteil: Zusätzlich zu den **komplexen Fragen über das Verhältnis** von Rechtswissenschaften und Wirtschaftswissenschaften, Markt und Recht,[3] liegt der Diskussion über ein Internationales Wirt-

1 S insb *Joerges*, 6ff; *Behrens*, 483ff; *Fischer*, 143ff; *Herdegen*, § 1 Rn 6ff; *Qureshi/Ziegler*, 8ff; *Herrmann/Weiß/Ohler* Welthandelsrecht, 2. Aufl (2007) Rn 52; *Charnovitz* JIEL 14 (2011) 3ff.

2 Zur Diskussion über den Begriff „Wirtschaftsrecht" s zB *Fikentscher*, 16ff; *Assmann*, 151ff; *Meessen* Wirtschaftsrecht im Wettbewerb der Systeme (2005) 13ff; *Rittner/Dreher* Europäisches und deutsches Wirtschaftsrecht, 3. Aufl (2008) § 1 Rn 51ff; *Schluep*, 25ff.

3 Im Überblick hierzu *Schmidt*, 44ff mwN.

schaftsrecht ua auch das klassische Problem des Verhältnisses von innerstaatlichem und internationalem Recht[4] zugrunde.

Über diese angedeuteten dogmatischen Schwierigkeiten hinausgehend, auf die noch näher einzugehen ist,[5] sind es weitere Gesichtspunkte, die den Zugang und die Durchdringung dieses Rechtsgebietes erschweren. Ein erster Punkt, der insofern zu nennen ist, bezieht sich auf den **Umfang der erfassten Sachbereiche**. Letztlich unabhängig davon, welche Bedeutung man dem Begriff „Internationales Wirtschaftsrecht" beimisst, werden ihm so unterschiedliche Regelungsbereiche wie ua der Handel mit Gütern und Dienstleistungen, der Schutz geistigen Eigentums, das Währungs- und Finanzwesen, der Kommunikationsbereich (Telekommunikation, Post, Internet), der Verkehr (Luft, Straße, Schiene, See), aber auch Teilgebiete des Arbeits- und Sozialrechts sowie des Umwelt- und Gesundheitsschutzes zugeordnet; diese Liste ließe sich fortführen. Im Zusammenhang mit der sachgegenständlichen Komplexität des Internationalen Wirtschaftsrechts steht überdies die ihm innewohnende **Regelungsdynamik**. Diese ergibt sich zunächst aus dem Charakter von zumindest Teilbereichen des Internationalen Wirtschaftsrechts als auch „politischem" Recht. Diesbezüglich unterscheidet sich das Internationale Wirtschaftsrecht jedenfalls partiell nicht vom allgemeinen Völkerrecht, das aufgrund eines engen sachlichen Zusammenhanges zur internationalen Politik mehr „politisches" Recht ist als es im Regelfall für innerstaatliche Rechtssysteme zutrifft.[6] Das ändert natürlich nichts am rechtsnormativen Charakter dieses Rechtssystems,[7] bedingt aber eine für den Rechtsanwender nicht immer leicht nachzuvollziehende Rechtsdynamik. Nochmals intensiviert wird diese Dynamik dadurch, dass zahlreiche Sachbereiche des Internationalen Wirtschaftsrechts in nicht unerheblichem Maße von technisch-naturwissenschaftlichen Entwicklungen geprägt werden; der gesamte Kommunikationsbereich kann hier als ein Beispiel genannt werden. Im Ergebnis kann daher *John H. Jackson* zugestimmt werden, der schon frühzeitig feststellte, dass der Versuch der Erfassung des Internationalen Wirtschaftsrechts „is like trying to describe a landscape while looking out the window of a moving train – events tend to move faster than one can describe them"[8]. 2

Die Komplexität und Dynamik des Internationalen Wirtschaftsrechts sowie seine auf den ersten Blick fehlende begriffliche Schärfe dürfen freilich nicht dazu verleiten, dieses Rechtsgebiet gleichsam resignierend nicht näher zu studieren. Bereits unter faktischen Gesichtspunkten würde dies dazu führen, einen wesentlichen – wenn nicht sogar den zentralen – Bereich sozialer Lebenswirklichkeit aus dem juristischen Aufgabenbereich auszublenden. Bei einer Betrachtung der tatsächlichen Relevanz der internationalen Wirtschaft bzw des internationalen Wirtschaftens[9] ist offensichtlich, welche Bedeutung diesem Bereich auch aus juristischer Perspektive zukommt und zu- 3

4 Im Überblick hierzu *Kunig/Uerpmann-Wittzack* in Graf Vitzthum/Proelß (Hrsg) Völkerrecht, 8. Aufl (2019) 73ff.

5 S u Rn 19ff.

6 Hierzu und allgemein zu den soziologischen Grundlagen des internationalen Systems *Dahm/Delbrück/Wolfrum* Bd I/1, 3ff.

7 Statt vieler *Henkin* 88ff; *Dahm/Delbrück/Wolfrum* Bd I/1, 34ff.

8 *Jackson* XV.

9 S u Rn 58ff.

kommen muss. Zugleich ist allerdings ebenso klar, dass die Komplexität und Dynamik des Internationalen Wirtschaftsrechts es unmöglich machen, jedes erdenkliche Detail hier wissenschaftlich umfassend aufarbeiten zu können. Ein entsprechender Versuch wäre von vornherein zum Scheitern verurteilt. Es kommt vielmehr darauf an, **die Grundstrukturen** des Internationalen Wirtschaftsrechts **zu durchdringen**, um hierauf aufbauend sich ständig neu darbietende Detailprobleme juristisch bewältigen zu können.

B. Die Begriffe „Internationales Wirtschaftssystem" und „Internationales Wirtschaftsrecht"

I. Das internationale Wirtschaftssystem

4 Der wissenschaftliche und praktische Zugang zum Internationalen Wirtschaftsrecht setzt zunächst Klarheit über den sozialen Sachverhalt voraus, um den es geht. Denn der Versuch der begrifflichen und inhaltlichen Konkretisierung des Internationalen Wirtschaftsrechts kann nur gelingen, wenn sich dieses Recht auf einen bestimmbaren Bereich des internationalen Lebens bezieht, auf ein existierendes internationales System. In Anlehnung an sozialwissenschaftliche und völkerrechtliche Überlegungen ist als internationales Wirtschaftssystem hierbei das **Beziehungsgefüge der unterschiedlichen Akteure** des internationalen wirtschaftlichen Lebens, wie es durch die ihnen obliegenden Aufgaben, die von ihnen jeweils verfolgten Ziele und Interessen sowie die so entstehenden Konflikte und Konfliktlösungsmechanismen bestimmt wird, zu verstehen.[10] Inhaltlich bezieht sich dieses Beziehungsgefüge dabei auf die grenzüberschreitende Bezüge aufweisende Wirtschaft, wobei „Wirtschaft" als Inbegriff all der Tätigkeiten bzw Lebenssachverhalte, die der Versorgung der Menschen mit knappen Gütern und Dienstleistungen dienen, zu verstehen ist.[11] Gegenständlich geht es also um alle grenzüberschreitenden Transaktionen, die sich auf Wirtschaftsgüter (Waren und Dienstleistungen) beziehen.

5 In soziologischer Perspektive war das internationale Wirtschaftssystem schon immer von verschiedenen Akteuren bestimmt.[12] Grenzüberschreitende Wirtschaftstransaktionen wurden und werden zunächst von **natürlichen oder juristischen Personen des Privatrechts** vollzogen. Sie sind als Produzenten, Händler, Käufer, Verkäufer, Konsumenten etc die maßgeblichen Akteure, die Tätigkeiten vollziehen, die der Versorgung mit knappen Gütern und Dienstleistungen dienen. Zugleich haben spätestens seit der Konstituierung des klassischen Territorialstaates mit dem Westfälischen Frieden von 1648 auch die Staaten eine mehr oder weniger intensive Rolle als Akteur in den internationalen Wirtschaftsbeziehungen eingenommen. Im Gegensatz zur völkerrechtlichen Entwicklung waren sie allerdings nie die einzigen bzw dominierenden Ak-

10 Hierzu mit Blick auf das internationale System insg *Dahm/Delbrück/Wolfrum* Bd I/1, 3 mwN.

11 S zB *Müller* in Staatslexikon, Bd 5, 7. Aufl (1989) Stichwort „Wirtschaft", 1002/1002f; *Thieme* in Bender (Hrsg) Vahlens Kompendium der Wirtschaftstheorie und Wirtschaftspolitik, Bd 1, 9. Aufl (2007) 3; *Behrens* 50 (1986) 483/487.

12 Ausf zu den einzelnen Akteuren → *Nowrot* § 2 Rn 9ff.

teure.[13] Die historische Entwicklung der internationalen Wirtschaftsbeziehungen zeigt vielmehr, dass es zwar zeitliche Perioden gab, in denen die Staaten intensiv regulierend im Hinblick auf die Möglichkeit und Ausgestaltung grenzüberschreitender Wirtschaftstransaktionen tätig waren, sie sich in anderen Zeiten aber diesbezüglich sehr zurückhielten.[14]

6 Als weitere Akteure der internationalen Wirtschaftsbeziehungen sind in jüngerer Zeit **regionale Zusammenschlüsse von Staaten** zunehmend wichtiger geworden.[15] Das wird allein schon dadurch belegt, dass es im Februar 2021 bereits 765 der WTO notifizierte regionale Integrationszonen als Freihandelsabkommen oder Zollunionen bzw Beitritte hierzu[16] gab, von denen noch 341 in Kraft waren, die Einfluss auf das internationale Wirtschaftssystem nehmen.[17] Schließlich sind als Akteure des internationalen Wirtschaftssystems verschiedene gouvernementale (staatliche), intermediäre und nicht-gouvernementale (private) Organisationen zu nennen.[18] Ihre Anzahl ist kaum mehr zu überschauen, insb wenn ein Blick über die klassischen gouvernementalen Organisationen wie IMF, Weltbank und WTO hinausgehend auf die unzähligen institutionalisierten Zusammenschlüsse privater Wirtschaftsakteure geworfen wird. Ihre Rolle im internationalen Wirtschaftssystem besteht zwar nicht in erster Linie darin, konkrete Wirtschaftstransaktionen zu vollziehen. Durch zahlreiche Koordinations-, Informations- und Standardisierungsaktivitäten nehmen sie aber unmittelbaren oder mittelbaren Einfluss auf Transaktionen sowie auf politische Prozesse im internationalen Wirtschaftssystem.

7 Das Beziehungsgefüge der Akteure des internationalen Wirtschaftssystems ist vielschichtig. Es wird über den eigentlichen Rechtsrahmen hinausgehend im Wesentlichen durch **politische und machtorientierte Gesichtspunkte** sowie ökonomisch-rationale Handlungen geprägt. Hierauf ist an verschiedener Stelle zurückzukommen.[19]

II. Internationales Wirtschaftsrecht

8 Die offensichtliche Komplexität des so verstandenen internationalen Wirtschaftssystems führt unmittelbar zu der Frage, ob es ein Internationales Wirtschaftsrecht gibt. In der Wissenschaft wird hierüber seit vielen Jahren gestritten.[20] Im Wesentlichen geht es dabei um die Frage, ob der Begriff des Internationalen Wirtschaftsrechts von den maßgeblichen Rechtsquellen her oder nach dem zu regelnden Gegenstand zu bestimmen

---

13 Zur völkerrechtlichen Entwicklung s statt vieler *Dahm/Delbrück/Wolfrum* Bd I/1, 4ff.

14 Zu Einzelheiten s u Rn 36ff.

15 Zu Regionen als Akteure im internationalen Wirtschaftssystem s zB *Rode* 149ff.

16 Zu den Begriffen und weiteren Einzelheiten s → *Nowrot* § 3 Rn 1ff.

17 Weitere Einzelheiten sind auf der Homepage der WTO verfügbar unter: <wto.org/english/tratop_e/region_e/region_e.htm>.

18 Näher hierzu → *Nowrot* § 2 Rn 22ff.

19 Dazu insb Rn 98ff.

20 Zur Diskussion s insb *Fischer* 143ff; *Joerges*, 43 (1979) 6/8ff; *Behrens*, 50 (1986) 483ff; *Charnovitz* JIEL 14 (2011) 3ff.

ist.[21] Da sich dieses Problem auf die **internationale Dimension** des zur Debatte stehenden rechtsnormativen Systems bezieht, ist in einem ersten Schritt allerdings zunächst kurz auf den Begriff des Wirtschaftsrechts selbst einzugehen.

1. Begriff und Gegenstand des Wirtschaftsrechts

9 Die zahlreichen, im Schrifttum vertretenen Ansätze zur näheren Bestimmung des Gegenstandes des Wirtschaftsrechts sind im Wesentlichen durchgehend vom sozioökonomischen Vorverständnis der jeweiligen Autoren geprägt, auch wenn dieses nur selten offengelegt wird. Dabei stehen sich rein dogmatische und eher sozialwissenschaftlich orientierte Betrachtungen ebenso gegenüber, wie solche, die die Marktfreiheit der Wirtschaftssubjekte oder aber die Wirtschaftsintervention des Staates in den Vordergrund der Überlegungen stellen.[22] In historischer Perspektive sind in dieser Diskussion **zwei rechts- und wirtschaftswissenschaftliche Strömungen** von großer Bedeutung gewesen: Die Diskussionen über die staatliche Daseinsvorsorge[23] und damit im Zusammenhang den (interventionistisch orientierten) Wohlfahrtsstaat[24] sowie in einem darüber hinausgehenden Sinne die Debatte über das Modell der sog *mixed economy.*[25] Über diese vorverständnisprägenden Grundsatzfragen hinausgehend wurde die Frage nach der Existenz und dem Gegenstand des Wirtschaftsrechts schließlich immer wieder von dem Problem geprägt, ob die sachgegenständliche Weite des gesamten auf die Wirtschaft bezogenen Rechts überhaupt eine eigenständige Erfassung der insofern maßgeblichen Rechtsnormen als Rechtssystem zulasse.

10 Heute bestehen zunächst kaum noch Zweifel, dass die Komplexität des Gegenstandes des Wirtschaftsrechts nicht daran hindert, es als **eigenständiges Rechtsgebiet** systematisch zu erfassen.[26] Ebenso wie in anderen Rechtsbereichen, deren Komplexität und zum Teil Querschnittscharakter es zunächst erschwert haben, sie als rechtssystematisch eigenständige Rechtsbereiche anzuerkennen – beispielhaft sei auf das Umweltrecht verwiesen[27] –, weist das Wirtschaftsrecht **übergeordnete Systemzusammenhänge** auf, die seine eigenständige Erfassung als zusammenhängendes Rechtsgebiet rechtfertigen. Allerdings bedarf es dazu noch einer näheren Bestimmung des spezifischen Gegenstandes des Wirtschaftsrechts sowie seiner über die Gegenständlichkeit hinausgehenden theoretischen Fundierung.

11 Die Diskussion zum eigentlichen Gegenstand „Wirtschaft"[28] ist im Wesentlichen durch die Fragen bestimmt, ob auf die „Wirtschaft" im umfassenden ökonomischen

21 *Fikentscher* 50.

22 Einen ausf Überblick bietet *Fikentscher* 16ff.

23 Grundl *Forsthoff* Die Verwaltung als Leistungsträger (1938); vgl auch *ders* Lehrbuch des Verwaltungsrechts Bd I, 10. Aufl (1973) 368ff.

24 Zur Debatte im Überblick Stichwort „Wohlfahrtsstaat" von *Esping-Andersen* in Nohlen/Schultze/Schüttemeyer (Hrsg) Lexikon der Politik Bd 7 (1998) 730ff.

25 Zur Problematik dieser wirtschaftspolitischen Vorstellung zB *Williams/Reuten* Review of Political Economy 9 (1997) 411ff.

26 *Fikentscher,* 31; *Oberrath* Öffentliches Wirtschaftsrecht (2002) 1; *Schmidt,* 37.

27 S zB *Kimminich* Das Recht des Umweltschutzes, 2. Aufl (1973) 11ff; *Kloepfer* Umweltrecht, 3. Aufl (2004) § 1 Rn 59 Fn 166 mwN.

28 Zusammenfassend hierzu *Schmidt* 38ff.

Sinne insgesamt abzustellen ist sowie ob es überdies einer normativen Konkretisierung des zunächst nur ökonomisch-tatsächlichen Begriffes bedarf. Was zunächst die Frage nach der Reichweite des maßgeblichen Begriffes „Wirtschaft“ angeht, so erweisen sich Versuche einer inhaltlichen Reduzierung auf Einzelaspekte wie den Unternehmens-, Produktions-, Konfliktlösungs- oder konkreten Transaktionsbereich als untauglich,[29] da es bei Anwendung eines solchen Ansatzes nie gelingen kann, den ökonomisch vorgegebenen und damit von der Rechtswissenschaft hinzunehmenden Lebenssachverhalt zu erfassen. Insofern hat die Rechtswissenschaft – wie auch in anderen Regelungsbereichen – die **soziale Tatsächlichkeit zu akzeptieren**. Diese geht über Einzelbereiche hinaus und determiniert den Begriff der Wirtschaft in einem umfassenderen Sinne als all die Tätigkeiten, die der Versorgung mit knappen Gütern und Dienstleistungen dienen.[30]

12 Die gegenständliche Weite des anzuwendenden Wirtschaftsbegriffes ist allerdings in einem zentralen Punkt zu konkretisieren. Um den Wirtschaftsbegriff dem Wirtschaftsrecht als eigenständigem Rechtsgebiet zugrunde legen zu können, bedarf es einer **normativen Zweckbestimmung**. Andernfalls wäre eine systematische rechtswissenschaftliche Erfassung des Wirtschaftsrechts kaum möglich. Die Verwendung des Begriffes „Wirtschaftsrecht“ und seine abstrakte wie auch konkrete Anwendung würden beliebig werden.[31] Daraus würde zwangsläufig folgen, dass eine eigenständige Erfassung des Wirtschaftsrechts scheitern müsste. Insofern ist es auch nicht verwunderlich, dass gerade eine behauptete fehlende normative Absicherung und daraus folgende Beliebigkeit als zentraler Einwand gegen die Eigenständigkeit des Internationalen Wirtschaftsrechts vorgebracht wurde.[32]

13 Der normative Gehalt des Wirtschaftsrechts erschließt sich bei einem Blick auf die zwei Dimensionen, die mit dem Sachgegenstand „Wirtschaft“ immer verbunden sind: Jede wirtschaftliche Tätigkeit stellt sich ganz oder zumindest zum Teil als freie Betätigung einer natürlichen oder juristischen Person auf der einen Seite oder als hoheitliche Intervention in Wirtschaftsprozesse auf der anderen Seite dar.[33] Diese grundlegende Erkenntnis ist in den Blick zu nehmen, um die normative Zielrichtung des Wirtschaftsrechts zu bestimmen, wobei hiermit keine Festlegung auf eine ausschließliche Perspektive impliziert ist. Vielmehr geht es nur darum, das **Regel-/Ausnahmeverhältnis** zwischen individueller wirtschaftlicher Betätigung und hoheitlicher Intervention zu bestimmen. Auf das Wirtschafts*recht* bezogen bedeutet dies, dass man, wenn man mit dem Recht eine prinzipielle Steuerungsfunktion verbindet, eine Entscheidung zwischen Selbststeuerung und Außensteuerung zu treffen hat.[34]

14 Wirtschaft ist untrennbar mit Selbststeuerung der individuellen Wirtschaftssubjekte verbunden. Im Lichte der hier nicht im Einzelnen nachzuzeichnenden philosophischen Fundierung der Wirtschaft[35] kann diese nur gedacht und gelebt werden,

29 Zu den diesbezüglich vertretenen Ansätzen s *Fikentscher* 21ff; *Schmidt* 38 jeweils mwN.

30 S bereits oben Rn 2f.

31 Grundl *Fikentscher* 37; hiergegen aber zB *Schmidt* 39.

32 Ausf begründet von *Joerges* 43 (1979) 6/17.

33 *Fikentscher* 4.

34 *Fikentscher* 38f.

35 Einen guten Überblick bietet *Priddat* Theoriegeschichte der Wirtschaft (2002).

wenn die sie bestimmenden Vorgänge als **individuelle Freiheitsverwirklichung** verstanden werden. Damit ist nicht gesagt, dass es ausschließlich hierum geht; es besteht heute kein prinzipieller Streit mehr darüber, dass diese individuelle Freiheitsverwirklichung nur dann zu optimalen Ergebnissen führen kann, wenn sie durch eine hoheitlich gesetzte Rechtsordnung gesichert wird.[36] Allerdings ist der so zum Ausdruck kommende Gedanke einer gesetzten Ordnung der oder für die Wirtschaft nicht der Ausgangspunkt von Wirtschaft. Vielmehr geht es zunächst um die **spontane Ordnung der Wirtschaft**, die einer „Ordnung aufgrund Gesetzgebung" immer überlegen ist, da letztere nie die Komplexität menschlichen Verhaltens für alle Beteiligten befriedigend regeln kann.[37] Wenn es aber bei der Wirtschaft gerade um eine befriedigende Regelung der Versorgung mit knappen Gütern geht, kann kein Ansatz verfolgt werden, der diese Aufgabe nie erfüllen kann.

15 Gegen die normative Vorrangstellung individueller Freiheitsverwirklichung im Wirtschaftsbereich wurde immer wieder vorgebracht, dass damit die Möglichkeit und Notwendigkeit der rechtlichen Gestaltung der Gesellschaft als Aufgabe des Staates aus der Hand gegeben werde und die so wirkenden außerrechtlichen Kräfte einen Selbstzerstörungsprozess der Gesellschaft zur Folge haben müssten.[38] Diese, insb in der Staatsrechtslehre vertretene Auffassung, **verkennt die rechtsphilosophische Fundierung** der Wirtschaft[39] und ist überdies schon mit positivrechtlichen Verfassungsvorgaben nicht zu vereinbaren. Das folgt namentlich aus der fundamentalen Grundentscheidung der Verfassungsordnung für die Freiheit des Individuums als Basis des Staates, die in Art 1 Abs 1 Satz 1 GG und Art 1 Satz 1 EU-GRCh ihren Ausdruck findet,[40] sowie aus der verfassungsrechtlichen Verbürgung der speziellen Freiheitsrechte.[41] Die bis heute insb in der Staatsrechtslehre vorzufindende Skepsis gegenüber der Vorrangigkeit der Selbststeuerung der Wirtschaft durch individuelle Freiheitsverwirklichung ist letztlich in der Tradition aristotelischen Gedankengutes begründet. Nach *Aristoteles* ist die wirtschaftliche Betätigung, die über den eigentlichen Gebrauch von Gütern hinausgeht, keinen Maßen und Gewohnheiten unterworfen und daher grenzen-, dh maßlos. In diesem Sinne erachtete er insb den Handel als „unnatürlich" und als Störung der Ordnung der Polis.[42] Die bereits genannte Auffassung der zeitgenössischen Staatsrechtslehre entspricht weitgehend dieser aristotelischen Theorie der Ökonomie:

---

36 Grundl *Mestmäcker* 59ff und *passim*.

37 *von Hayek* Gesetzgebung und Freiheit Bd I (1980) 33ff; *ders* Die Verfassung der Freiheit (1971) 194; zu den philosophischen Grundlagen s a *ders* Individualism and Economic Order (1948) 16 u *passim*; zu von Hayeks Ordnungstheorie s a *Hoffmann* Theorie des internationalen Wirtschaftsrechts (2009) 7ff.

38 Besonders deutlich so formuliert von *Krüger* Allgemeine Staatslehre, 2. Aufl (1966) 591; hierzu ausf *Mestmäcker* 38ff.

39 Umfassend *Mestmäcker passim*.

40 S Art I Abs 1 Herrenchiemsee-Entwurf („Der Staat ist um des Menschen willen da, nicht der Mensch um des Staates willen."), abgedruckt in JöR NF 1 (1951) 48.

41 *Rupp* in Isensee/Kirchhof (Hrsg) HdbStR Bd IX (1997) § 203 Rn 21: „Allgemeine Entfaltungsfreiheit, Meinungs- und Pressefreiheit, Versammlungs- und Koalitionsfreiheit, Freizügigkeit, Berufsfreiheit und Schutz des Privateigentums in seinen verschiedenen Ausprägungen sprechen in der Tat nicht nur für eine liberale ‚Wirtschaftsverfassung', sondern für eine solche, die – um mit von Hayek zu sprechen – eine Verfassung ‚spontaner Ordnung' ist".

42 Zusammenfassend hierzu *Priddat* 16f.

Die Selbststeuerung der Wirtschaft, die im Sinne ökonomischer Rationalität zwangsläufig mit Gewinnstreben verbunden ist, wird als Gefährdung des Staates bzw der rechtlichen Ordnung des Gemeinwesens angesehen. Der Begriff des Wirtschaftsrechts wird daher in nahezu unwissenschaftlicher Unterkomplexität nur als „ein Instrument der Steuerung und Marktordnung verstanden“.[43] Das kann in einer freiheitlichen Verfassungsordnung nicht überzeugen.

Im Ergebnis sind Wirtschaft und Verfassungsrechtsordnung damit untrennbar verbunden, und zwar im Sinne der verfassungsrechtlichen Anerkenntnis individueller Freiheitsverwirklichung als Grundbedingung des demokratisch verfassten Gemeinwesens. Der moderne Verfassungsstaat verbürgt „jene ‚spontane Ordnung‘ im Sinne *von Hayeks*, die als komplexes Entdeckungs-, Informations- und Lernverfahren den offenen Austauschprozess in Gang hält, dynamisch steuert und Anbieter und Nachfrager beteiligt“.[44] In dieser normativen Dimension ist Wirtschaft daher **grundsätzlich immer Selbststeuerung** und nur im Ausnahmefall Außensteuerung, wobei der Hoheitsträger sich für die Ausübung von Außensteuerung stets rechtfertigen muss. 16

Wirtschaftsrecht ist also **mehr als das Recht des Wirtschaftens** in einem wertneutralen Sinne. Es handelt sich vielmehr um das gesamte Recht,[45] das sich auf die Selbststeuerung der Wirtschaft als Grundsatz und die Außensteuerung der Wirtschaft als Ausnahme bezieht. Wirtschaftsrecht kann es daher nur in einer Rechtsordnung geben, die die Selbst- und die Außensteuerung der Wirtschaft im dargelegten Regel-/Ausnahmeverhältnis verbürgt.[46] 17

Zugleich bedingen Begriff und Gegenstand des Wirtschaftsrechts im dargestellten Sinne, dass eine Unterteilung in ein privates und ein öffentliches Wirtschaftsrecht im Sinne der **Differenzierung zwischen Zivilrecht und öffentlichem Recht nicht möglich** ist.[47] Es lassen sich zwar einzelnen Regelungen des Wirtschaftsrechts im Schwerpunkt eher dem Zivilrecht oder dem öffentlichen Recht zuordnen. Eine solche Zuordnung kann indes nur im Einzelfall erfolgen und berührt damit nicht die Struktur des Wirtschaftsrechts insgesamt. Insofern handelt es sich bei einer Zuordnung im Einzelfall nicht um mehr als eine „nützliche grobe Gliederung des Rechtsstoffes“, die keine darüber hinausgehende Bedeutung hat.[48] 18

2. Internationales Wirtschaftsrecht als Rechtsordnung

Wirtschaftsrecht im dargelegten Sinne ist **inhärent international.**[49] Das bedingt schon der das Wirtschaftsrecht prägende tatsächliche Begriff der Wirtschaft, der heute im Schwerpunkt als internationale Wirtschaft zu verstehen ist.[50] Ruft man insofern 19

---

43 So zB *Schmidt* in Isensee/Kirchhof (Hrsg) HdbStR Bd IV, 3. Aufl (2006) § 92 Rn 7 mwN.

44 *Rupp* (Fn 41) § 203 Rn 23.

45 Zur Ausgrenzung einzelner Bereiche des Zivilrechts und ökonomisch orientierter rechtswissenschaftlicher Methoden s *Fikentscher* 15f.

46 Zu entsprechenden Ansätzen s insb *Mestmäcker* 59ff und *passim*; *Fikentscher* 1ff.

47 Weitgehend unstrittig, s zB *Schmidt* 56f; *Fikentscher* 32f.

48 *Fikentscher* 32.

49 S a *Drucker* Foreign Affairs 73 (1994) 99.

50 Zur tatsächlichen Dimension s noch u Rn 58ff.

nur in Erinnerung, dass in Deutschland allein die Summe der Exporte von Waren in Relation zum Bruttoinlandsprodukt noch immer regelmäßig fast 50 % beträgt,[51] zeigt sich, dass eine Reduzierung des Wirtschaftsrechts auf innerstaatliches Recht an der Realität vorbeigehen würde.

a) Internationales Wirtschaftsrecht als funktional verstandenes Recht der internationalen Wirtschaft

20 Die inhärente Internationalität des Wirtschaftsrechts hat allerdings dogmatisch noch nicht dazu geführt, dass es Einigkeit über den Begriff selbst gibt – im Gegenteil: Bis heute wird immer wieder versucht, eine begriffliche Konkretisierung herbeizuführen bzw bestritten, dass diese möglich ist.[52] Hierbei bestehen im Wesentlichen folgende Probleme: Zunächst ist unklar, ob nur einzelne Sachbereiche oder das gesamte Recht der internationalen Wirtschaft dem Begriff zuzuordnen sind. Im wissenschaftlichen Schrifttum wurde der Begriff „Internationales Wirtschaftsrecht" lange Zeit nur selten gebraucht.[53] Der Fokus einzelner Abhandlungen zu Sachbereichen, die dem Internationalen Wirtschaftsrecht zugeordnet werden können, war und ist weitgehend beschränkt auf ua das Welthandelsrecht, das internationale Finanz- und Währungsrecht, das internationale Kaufrecht, das Investitionsschutzrecht, Wirtschaftssanktionen und das institutionelle Recht internationaler Wirtschaftsorganisationen. Auf der Grundlage dieser und anderer Regelungsbereiche wird daher auch heute noch versucht, das Internationale Wirtschaftsrecht **anhand einer systematischen Zusammenstellung** zahlreicher einzelner Normenkomplexe zu erfassen.[54] Dieser Ansatz ist allerdings zwangsläufig deskriptiv geprägt und konzentriert sich auf diejenigen Rechtsregime, die primär der marktinterventionistischen Dimension des Wirtschaftsrechts zuzuordnen sind, was nicht überzeugt.[55] Aber auch unabhängig hiervon kann es einer rein deskriptiven Systematik des Internationalen Wirtschaftsrechts kaum gelingen, die prägenden Grundstrukturen dieses Rechtsgebietes aufzuzeigen.

21 Eine zweite Problematik im Hinblick auf die Konkretisierung von Begriff und Gegenstand des Internationalen Wirtschaftsrechts besteht in der Frage danach, ob ein an Rechtsquellen oder am Sachgegenstand orientiertes Vorgehen angezeigt ist. Bei einer rechtsquellenorientierten Betrachtungsweise ist Ausgangspunkt der Analyse, dass es um „Internationales" Wirtschaftsrecht geht. Dementsprechend werden nur die „internationalen" Rechtsbereiche **dem Internationalen Wirtschaftsrecht zugeordnet.**

---

51 Zu den Zahlen siehe zB BMWi, Fakten zum deutschen Außenhandel 2020, verfügbar unter: <bmwi.de/Redaktion/DE/Publikationen/Aussenwirtschaft/fakten-zum-deuschen-aussenhandel.pdf?__blob=publicationFile&v=6>.

52 Im Überblick zu den verschiedenen Ansätzen insb *Schanze* Investitionsverträge im internationalen Wirtschaftsrecht (1986) 21ff; *Weiler* Colum J Transnat'l L 42 (2003) 35ff; jeweils mwN.

53 *Jackson* in Bernhardt (Hrsg) EPIL Bd II (1995) 20/21; s jetzt aber ua *Herdegen* Internationales Wirtschaftsrecht, 12. Aufl (2020); *Lowenfeld* International Economic Law, 2. Aufl (2008); sowie das „Journal of International Economic Law"; weiterführend zur Verbreitung des Begriffes *Charnovitz* JIEL 14 (2011) 3ff.

54 S insb *Fischer* 143ff; *ders* in Hummer (Hrsg) Paradigmenwechsel im Völkerrecht (2002) 209ff.

55 S insb die Systematik von *Fischer* 143/160ff; kritisch hierzu *Fikentscher* 51f; hierzu auch noch u Rn 26ff.

Das sind namentlich das Völkerrecht (als internationales öffentliches Recht) und das Kollisions- bzw Rechtsanwendungsrecht (als internationales Privatrecht). Bei diesem Ansatz kann man sogar noch einen Schritt weiter gehen und nur das internationale Recht der Wirtschaft im engeren Sinne als Internationales Wirtschaftsrecht ansehen. Da das Kollisions- und Rechtsanwendungsrecht in erster Linie innerstaatliches Recht ist, führt dies zu einer Begrenzung des Internationalen Wirtschaftsrechts auf das Wirtschaftsvölkerrecht. Dieser Ansatz wurde insb von *Georg Schwarzenberger* prominent vertreten.[56] Er definierte International Economic Law als „the branch of Public International Law which is concerned with (1) the ownership and exploitation of natural resources; (2) the production and distribution of goods; (3) invisible international transactions of an economic or financial character; (4) currency and finance; (5) related services and (6) the status and organisation of those engaged in such activities"[57]. Eine ähnliche, auf das Wirtschaftsvölkerrecht begrenzte Definition findet sich auch heute noch vereinzelt im Schrifttum.[58]

Die Reduktion des Internationalen Wirtschaftsrechts auf das Wirtschaftsvölker- 22
recht steht in der Tradition des im Sinne eines Formalismus zu verstehenden strengen Rechtspositivismus der sog juristischen Methode, die in der zweiten Hälfte des 19. Jahrhunderts maßgeblich entwickelt wurde.[59] Bevor diese methodische Strömung ihre volle Wirkungskraft entfalten konnte, wurden durchaus über eine formalistische Rechtsquellenbetrachtung hinausgehende Konzepte zu einem umfassenden Recht der internationalen Wirtschaft entwickelt. So finden sich bei *Savigny* (1779 bis 1861) Gedanken zu einem privatrechtlich strukturierten Recht des „Verkehr[s] der Völker" als neben dem klassischen staatsorientierten Völkerrecht stehendem internationalen Recht der Wirtschaft.[60] In ähnlicher Weise legte *Lorenz von Stein* (1815 bis 1890) den Entwurf eines **internationalen Verwaltungsrechts** als funktionales, die Differenzierung zwischen innerstaatlichem und internationalem Recht aufhebendes, umfassendes Rechtssystem vor. Auch seine Theorie eines internationalen Verwaltungsrechts bezog sich im Schwerpunkt auf den Wirtschaftsbereich.[61]

Die Theoriebildungen des 19. Jahrhunderts zu einem funktionalen Zusammen- 23
hang von innerstaatlichem und internationalem Recht insb im Bereich der Wirtschaft waren von geistes- und sozialwissenschaftlichen Überlegungen geprägt, die über die positivistische Rechtsdogmatik hinausgehen. Mit dem Aufkommen der juristischen Methode konnten diese Ansätze aus damaliger Perspektive keinen Bestand mehr haben.[62] Besonders deutlich wird dies mit Blick auf die sich schnell durchsetzende Auffassung, dass innerstaatliches und internationales Recht klar voneinander zu trennen

56 *Schwarzenberger*, 5ff; vgl auch bereits *ders* International Law Quarterly 2 (1948) 402/405ff.

57 *Schwarzenberger*, 7.

58 S ua *VerLoren van Themaat*, 9f; *ders* RabelsZ 43 (1979) 632/636f; *Seidl-Hohenveldern*, 1ff; *Fink* in Fink/Schwartmann/Schollendorf (Hrsg) Steuerberater Rechtshandbuch (Stand 11/02) 1/6ff; *Booysen* (2003) 9; *Schneider* in Menzel/Pierlings/Hoffmann (Hrsg) Völkerrechtsprechung (2005) 685.

59 Umfassend hierzu *Pauly* Der Methodenwandel im deutschen Spätkonstitutionalismus (1993).

60 *von Savigny* System des heutigen Römischen Rechts Bd VIII (1849) 29ff; hierzu *Joerges*, 6/10f.

61 Ausf zu *Lorenz von Stein* und anderen Autoren der damaligen Zeit, ua *Robert von Mohl*, und ihren entsprechenden Gedanken *Tietje* Verwaltungshandeln, 50ff.

62 Mit Blick auf das Internationale Wirtschaftsrecht hierzu bereits *Joerges*, 6/13ff; ausf *Tietje* Verwaltungshandeln, 86ff.

seien. *Heinrich Triepel* hat hierzu in seiner Monografie „Völkerrecht und Landesrecht" unter konsequenter Anwendung der juristischen Methode die maßgeblichen dogmatischen Ausführungen im Sinne eines strikten Dualismus vorgelegt. Für *Triepel* war es ein „schlimmer Fehler", die „internationalen" Rechtsgebiete sowohl im Völkerrecht als auch im innerstaatlichen Recht zu verorten.[63] Dementsprechend sei es auch eine „im höchsten Grade irreführende Ausdrucksweise" von „Grenzgebieten" zwischen Völkerrecht und Staatsrecht zu sprechen; es handelte sich hierbei immer um ganz verschiedene Rechtsgebiete.[64] In der Konsequenz des so begründeten und in der Wissenschaft schnell nahezu **umfassend rezipierten Dualismus**[65] verselbstständigten sich die Einzeldisziplinen Völkerrecht, Internationales Verwaltungsrecht (jetzt als rein innerstaatliches Kollisions- bzw Rechtsanwendungsrecht begriffen[66]) und Internationales Privatrecht. Ein Internationales Wirtschaftsrecht, das sachgegenständlich begründet und nicht ausschließlich rechtsquellenorientiert dem Völkerrecht zugeordnet wird, konnte es damit nicht mehr geben.[67]

24 Das dualistische Verständnis des Verhältnisses von internationalem und innerstaatlichem Recht herrscht bis heute vereinzelt vor. Sofern man diesem positivistischen Rechtsverständnis folgt, ist es konsequent, als Internationales Wirtschaftsrecht nur das „internationale Recht der Wirtschaft" anzusehen, was wiederum eine Konzentration auf das Wirtschaftsvölkerrecht bedingt.[68] Überzeugen kann dies allerdings nicht. Der Dualismus begründet sich insb auf der Vorstellung, dass internationales und innerstaatliches Recht **grundlegend unterschiedliche Strukturmerkmale** in dem Sinne aufweisen, dass „[w]enn es ein Völkerrecht giebt, ... es nur für die Verkehrsbeziehungen koordinirter Staaten unter einander gelten [kann]."[69] Das innerstaatliche Recht demgegenüber zeichne sich durch das Verhältnis Bürger-Hoheitsträger aus, eine Rechtsdimension, die das Völkerrecht gerade nicht kenne.[70] Diese Aussagen mögen Ende des 19. Jahrhunderts noch richtig gewesen sein, heute hingegen sind sie kaum noch zu vertreten. Das internationale Recht hat sich in weiten Bereichen über die reine Koordination partikularer staatlicher Interessen hinausgehend fortentwickelt. Das zeigt sich zum Beispiel deutlich im Bereich des Menschenrechtsschutzes und des Schutzes globaler öffentlicher Güter.[71] Gerade die Regelung grenzüberschreitender wirtschaftlicher Sachverhalte war überdies schon immer von einer Vielzahl von Rechtsnormen geprägt, deren Entstehung und Anwendung von einem Wechselverhältnis von innerstaatlichem und internationalem Recht geprägt ist.[72] Schließlich

---

63 *Triepel* Völkerrecht und Landesrecht (1899) 23–25.

64 *Triepel* (Fn 63) 26.

65 Ausf hierzu *Tietje* Verwaltungshandeln, 90ff.

66 Zu diesem radikalen inhaltlichen Wandel des Begriffes insb aufgrund der Arbeiten von *Karl Neumeyer* s ausf *Tietje* Verwaltungshandeln, 94ff mwN.

67 S a *Joerges*, 6/13ff.

68 So heute noch *Schollendorf* in Fink/Schwartmann/Schollendorf (Hrsg) (Fn 58) 1/2f; ebenso früher ua *Schwarzenberger*, 5ff; *VerLoren van Themaat*, 9f; *ders* RabelsZ 43 (1979) 632/636f.

69 *Triepel* (Fn 63) 20.

70 Näher zu dieser von Triepel begründeten Ansicht *Tietje* Verwaltungshandeln, 90ff; *Gassner* Heinrich Triepel – Leben und Werk (1999) 446ff.

71 Im Überblick hierzu *Tietje* DVBl 2003, 1081ff mwN.

72 Grundl bereits *Erler*, 9ff.

zeigt sich auch materiellrechtlich eine zunehmende Konvergenz grundlegender Strukturprinzipien auf innerstaatlicher und internationaler Ebene; hierauf ist mit Blick auf das Wirtschaftsrecht noch näher einzugehen.[73]

Die hier nur angedeuteten Entwicklungen bestätigen eine vermehrt im Schrifttum vertretene Erkenntnis, die *Daniel Thürer* prägnant mit den folgenden Worten zusammengefasst hat: „Die alte Kluft zwischen den Werten des Staatsrechts und des Völkerrechts gibt es nicht mehr“[74]. Die Relativierung der Rolle des Staates im internationalen System sowie die zunehmende Herausbildung einer Gemeinwohlverantwortung, die unabhängig von territorialen Grenzen zu betrachten ist, führen zu einem System von innerstaatlichem und internationalem Recht als funktional verbundene Einheit.[75] Damit ist freilich nicht von vornherein ein monistisches Modell gemeint. Ebenso wenig verlangt der Erklärungsansatz von der **funktionellen Einheit von innerstaatlichem und internationalem Recht**, die einzelstaatlichen Einflussmöglichkeiten auf die Rezeption des internationalen Rechts *per se* zu negieren. Entscheidend ist nur, dass eine zunehmende gegenseitige Beeinflussung, eine Durchdringung der in ihren Rechtsquellen getrennten Rechtsräume stattfindet; die im Lichte gemeinsamer Wertegrundlagen bestehende Abhängigkeit des staatlichen und des internationalen Rechts voneinander, ihre „gegenseitige strukturelle Bedingtheit“,[76] nimmt insoweit zu. Die hiermit zusammenhängenden rechtlichen Fragen nach dem Verhältnis von innerstaatlichem und internationalem Recht lassen sich nicht mehr in einem monokausalen und eindimensionalen Modell des Monismus oder Dualismus lösen,[77] wie es in der Nachfolge *Triepels* bis heute immer wieder versucht wird. 25

Die funktionale Einheit von innerstaatlichem und internationalem Recht zeigt sich insb im Wirtschaftsbereich, worauf *Georg Erler* schon 1956 in seinem grundlegenden Werk „Grundprobleme des Internationalen Wirtschaftsrechts“ dezidiert hingewiesen hat.[78] Beispielhaft hierfür kann heute zunächst auf das Außenwirtschaftsrecht verwiesen werden, das sich namentlich für die EU-Mitgliedstaaten als komplexe Regelungsstruktur im Mehrebenensystem von völkerrechtlichen, unionsrechtlichen und innerstaatlichen Rechtsnormen darstellt.[79] Eine ausschließliche Verortung des Außenwirtschaftsrechts im innerstaatlichen Recht oder im Unionsrecht ist daher nicht mehr möglich. Eine vergleichbare Situation lässt sich im Internationalen Privatrecht nachweisen. Die **strikte Trennung** zwischen dem (innerstaatlichen) Internationalen Privatrecht und dem (internationalen) Völkerrecht ist **kaum noch aufrechtzuerhalten.** Mit Blick auf die das Internationale Privatrecht und das Völkerrecht einheitlich verbindenden Menschenrechte,[80] die maßgeblich anzuwendenden Rechtsnormen bei 26

73 S u Rn 28ff.

74 *Thürer* SZIER 9 (1999) 217/220.

75 Ausf *Tietje* Verwaltungshandeln, 640ff; *Thürer* SZIER 9 (1999) 217ff.

76 *Thürer* SZIER 9 (1999) 217/220.

77 Vgl *Tietje* DVBl 2003, 1081/1093f; *Paulus* in Nijman/Nollkaemper (Hrsg) New Perspectives on the Divide Between National and International Law (2007) 216/217; sowie *Häberle* FS Schelsky (1978) 141/173.

78 *Erler*, 9ff; ähnlich nachfolgend *ders* in Strupp/Schlochauer (Hrsg) Wörterbuch des Völkerrechts Bd 3, 2. Aufl (1962) 862f; sowie im Grundsatz bereits im Jahre 1954 *ders* in Der Göttinger Arbeitskreis (Hrsg) FS Kraus (1954) 31/44.

79 Ausf hierzu → *Tietje* § 18 Rn 1ff.

80 *Jayme*, 4.

komplexen internationalen Vertragsprojekten, das Binnenrecht internationaler Organisationen, das internationale Einheitsrecht, die Überwindung des Dogmas der Nichtanwendung ausländischen öffentlichen Rechts, die von der Rechtsprechung praktizierte Konkretisierung unbestimmter Rechtsbegriffe durch universelle Wertevorstellungen, den zunehmenden Einsatz des innerstaatlichen Zivilprozessrechts zur Verfolgung individueller Ansprüche aufgrund von Völkerrechtsverletzungen sowie die Proliferation internationaler Streitbeilegungsinstanzen mit unmittelbaren Klagemöglichkeiten für Individuen ist heute eine Einheit von Internationalem Privatrecht und Völkerrecht zu konstatieren.[81]

27 Im Ergebnis erweist sich damit eine inhaltliche Begrenzung des Internationalen Wirtschaftsrechts auf das internationale Recht der Wirtschaft und dabei insb auf das Wirtschaftsvölkerrecht als wenig überzeugend. Vielmehr ist der Begriff „Internationales Wirtschaftsrecht" in Übereinstimmung mit der heute wohl hM sachgegenständlich **als Recht der internationalen Wirtschaft** zu bestimmen, ohne dass hiermit eine prinzipielle Differenzierung zwischen öffentlichem oder privatem Recht verbunden wäre.[82] Allerdings bedarf es zu einer theoretischen Fundierung des so verstandenen Internationalen Wirtschaftsrechts auch einer Erfassung der wesentlichen materiellen Grundstrukturen, die diesem Rechtsgebiet zugrunde liegen.[83]

b) Die materielle Grundausrichtung des Internationalen Wirtschaftsrechts

28 Ebenso wenig wie mit Blick auf den isolierten Begriff des Wirtschaftsrechts ist es für das Internationale Wirtschaftsrecht möglich, eine wertneutrale theoretische Fundierung dieses Rechtsgebietes zu begründen. Vielmehr verlangt der unmittelbare Wirtschaftsbezug des Internationalen Wirtschaftsrechts eine Aussage dazu, wie zum einen allgemein das Verhältnis von Recht und Wirtschaft und zum anderen konkret das **Verhältnis von Selbststeuerung und Außensteuerung** der Wirtschaft aus der Sicht des Internationalen Wirtschaftsrechts zu beurteilen ist.

29 Die sachgegenständliche Bezogenheit des Internationalen Wirtschaftsrechts verlangt zunächst nach einer Klärung darüber, ob von einer Einheit der maßgeblichen internationalen Wirtschaft gesprochen werden kann. Das ist an erster Stelle aus ökonomischer Perspektive zu beurteilen. Bei allen Unterschieden, die es zwischen der konkreten Ausgestaltung der Wirtschaftssysteme in den Staaten weltweit gibt, lassen sich doch auf die internationalen Wirtschaftsbeziehungen bezogen Aussagen zur „Einheit der Weltwirtschaft"[84] treffen. An erster Stelle steht dabei die internationale Arbeitsteilung als Ausdruck der **Theorie komparativer Kostenvorteile**. Nach der fundamentalen Erkenntnis der klassischen Freihandelstheorie, die heute in erster Li-

81 Ausf *Jayme*, 4; sowie die Beiträge in *Leible/Ruffert* (Hrsg) Völkerrecht und IPR (2006).

82 Ebenso ua *Fikentscher*, 50 (allerdings mit der Bezeichnung „Weltwirtschaftsrecht"); *Schanze* (Fn 52), 21ff; *Fischer*, 143/150; *ders* (Fn 54), 209/212f; *Herdegen*, § 1 Rn 10; *Schliesky* Öffentliches Wirtschaftsrecht, 4. Aufl (2014) 4; *Behrens*, 483ff; *Jackson* (Fn 53), 20ff; *Lowenfeld*, 3; *Wildhaber* BerDGVR 18 (1978) 7/37f; *Hübner* Die methodische Entwicklung des Internationalen Wirtschaftsrechts (1980) 26ff; *Krajewski*, Rn 2.

83 *Joerges*, 6/7; *Behrens*, 483/485.

84 *Behrens*, 483/487.

nie durch das *Heckscher-Ohlin*-Modell weiterentwickelt wurde, erweist es sich als zweckmäßig, die volkswirtschaftlichen Kräfte auf die Erzeugung der Gegenstände (Waren und Dienstleistungen) zu konzentrieren, bei denen sich die relativen Vorteile als am größten erweisen und diese Gegenstände gegen solche einzutauschen, bei deren Produktion ein nicht so großer Vorteil und damit relativer Nachteil entstehen würde. Da diese Überlegungen für alle Volkswirtschaften weltweit gelten, wird überall eine Produktionsmaximierung unter optimaler Ressourcenausnutzung verfolgt, wodurch weltweite Wohlfahrtsgewinne eintreten.[85] Diese ökonomischen Erkenntnisse prägen bis heute die internationalen Wirtschaftsbeziehungen. Sie sind zugleich die Grundlage für eine wechselseitige Verbundenheit der einzelnen nationalen Wirtschaftssysteme, die sich als zunehmend intensivierende weltweite Interdependenz darstellt.[86] Damit tritt eine Internationalisierung des bereits für den isolierten Begriff des Wirtschaftsrechts festgestellten konstitutiven Prozesses marktwirtschaftlicher Entscheidungen ein, und zwar umfassend ungeachtet des tatsächlichen wirtschaftlichen Entwicklungsstandes der Staaten.[87]

In einer zweiten Dimension kennzeichnet das internationale Wirtschaftssystem 30
die vorgegebene **Existenz einzelner Jurisdiktionsräume.** Trotz der sich intensivierenden weltweiten Interdependenz sind wirtschaftliche Transaktionen auch von ordnungspolitischen Rahmenbedingungen mitbestimmt. Diese werden von den Staaten oder regionalen Integrationszonen, soweit sie – wie die EU – über entsprechende Kompetenzen verfügen, politisch und/oder rechtlich gesetzt. Das internationale Wirtschaftssystem akzeptiert insofern eine „wirtschaftspolitische Reaktionsverbundenheit“[88] der zuständigen Hoheitsträger. Allerdings bedeutet das nicht, dass ihnen umfassend die Freiheit zukommt, wirtschaftliche Prozesse zu steuern.[89] Die Verfolgung ordnungspolitischer Ziele ist zunächst nur im Rahmen der durch das Welthandelsrecht der WTO-Rechtsordnung sowie ein dichtes Netz bilateraler und plurilateraler Handels- und Investitionsschutzabkommen ausdrücklich belassenen Handlungsfreiräume möglich.[90] Als Grundsatz gilt dabei, dass ordnungspolitische Maßnahmen der zuständigen Hoheitsträger diskriminierungsfrei, ohne Beeinträchtigung der Marktoffenheit und unter Beachtung des Verhältnismäßigkeitsprinzips angewandt werden müssen. Dieser Grundsatz ist durch die WTO-Rechtsordnung, zahlreiche Freihandelsabkommen sowie eine große Anzahl bilateraler Investitionsschutzabkommen differenziert und weitreichend ausgestaltet.[91]

Neben der WTO-Rechtsordnung, den genannte Freihandels- sowie bilateralen und 31
plurilateralen Investitionsschutzabkommen enthalten zahlreiche weitere internationale Rechtsregime zum Teil weitreichende Vorgaben, an denen sich ordnungspolitische

85 Statt vieler *Siebert*, 94f; *Dieckheuer*, 85ff.

86 *Behrens*, 483/487f; *Dieckheuer*, 25ff; *Siebert*, 11ff.

87 *Behrens*, 483/488; vgl auch *Tietje/Nowrot* in dies (Hrsg) Verfassungsrechtliche Dimensionen des Internationalen Wirtschaftsrechts (2007) 9/13f.

88 *Behrens*, 483/488.

89 So aber wohl *Behrens*, 483/488.

90 Umfassend hierzu auch die Beiträge in *Lewis/Frankel* International Economic Law and National Autonomy (2011).

91 Ausf hierzu → *Tietje* § 4 Rn 86ff.

Entscheidungen in den zuständigen Jurisdiktionsräumen ausrichten müssen. Das betrifft zB das internationale Einheitsrecht im Transaktionsbereich,[92] das internationale Finanz- und Währungsrecht,[93] das internationale Transportrecht[94] und das internationale Kommunikationsrecht.[95] Eine rechtlich oder tatsächlich bestehende ordnungspolitische Autonomie der Staaten oder der EU ist damit heute kaum mehr gegeben. Vielmehr zeigt sich ein System einer **fortschreitenden globalen Vereinheitlichung** ordnungspolitischer Rahmenbedingungen auf der einen Seite und verbleibender Handlungsspielräume auf der anderen Seite. Das entspricht dem ökonomischen Modell einer sinnvollen Balance zwischen Harmonisierung und Systemwettbewerb.[96] Zugleich folgt aus dieser Entwicklung, dass sich aus dem Internationalen Wirtschaftsrecht zunehmend Vorgaben für die einzelstaatlichen Verfassungsordnungen im Hinblick auf demokratische und rechtsstaatliche Strukturen ergeben.[97] Dem liegt die Erkenntnis zugrunde, dass demokratische und rechtsstaatliche Strukturen eine wesentliche Voraussetzung für optimale Wohlfahrtsgewinne sind. Die damit auch und gerade im Internationalen Wirtschaftsrecht zu beobachtende „Harmonisierung der Zielstrukturen der Staaten“[98] steht im Übrigen im Einklang mit einem nachweisbaren völkerrechtlichen Konstitutionalisierungsprozess insgesamt.[99]

32 Schließlich wirken über die Vornahme und ordnungspolitische Ausgestaltung wirtschaftlicher Transaktionen im engeren Sinne hinausgehend auch globale Gemeinwohlverpflichtungen einheitsstiftend im internationalen Wirtschaftssystem.[100] Hierbei geht es in erster Linie um die Bedeutung, die globalen öffentlichen Gütern im internationalen System allgemein[101] und damit auch im internationalen Wirtschaftssystem zukommt.[102] Insb mit Blick auf den Umweltschutz zeigt sich durch das Prinzip der nachhaltigen Entwicklung[103] eine **enge Verbindung** zwischen ökonomischen Gesichtspunkten einer optimalen Ressourcenallokation und Mechanismen zum Schutz und zur Verteilung globaler öffentlicher Güter.[104]

---

92 Hierzu → *Gruber* § 16 Rn 1ff.

93 Hierzu → *Schlemmer-Schulte/Pohlmann* § 10 Rn 1ff; *dies* FS Shihata (2001) 677ff; *Tietje* Architektur der Weltfinanzordnung (2011).

94 Hierzu → *Otte/Maurer* § 8 Rn 1ff.

95 Hierzu → *Lüdemann/Hermstrüwer* § 11 Rn 1ff; *Tietje* Global Information Law – Some Systemic Thoughts (2011).

96 Näher hierzu zB *Tietje* in Grabitz/Hilf/Nettesheim (Hrsg) EUV/AEUV Bd 2 (Stand März 2011), Art 114 AEUV Rn 25ff.

97 *Herdegen* § 6 Rn 6f mwN.

98 So für das internationale System insg *Sommermann* Staatsziele und Staatszielbestimmungen (1997) 253.

99 Umfassend hierzu insb *Frowein* BerDGVR 39 (2000) 427ff.

100 Eingehender *Nowrot*, 485ff mwN.

101 Ausf hierzu u Rn 133ff.

102 *Behrens*, 483/489.

103 Hierzu noch u Rn 55f.

104 Hierzu noch u Rn 133ff; sowie zB *Kluttig* Welthandelsrecht und Umweltschutz – Kohärenz statt Konkurrenz (2003); *Tietje* in Winter (Hrsg) Multilevel Governance of Global Environmental Change (2006) 254ff.

Die **genannten Grundstrukturen** des internationalen Wirtschaftssystems sind nicht nur sozialer Natur, sondern zudem auch **rechtlich verfestigt**. Hierauf wurde zum Teil schon hingewiesen. In einem größeren Zusammenhang lassen sie sich auf Rechtsvorgaben der UN-Charta als Verfassungsurkunde der internationalen Gemeinschaft[105] zurückführen.[106] Die UN-Charta statuiert in Art 55 lit a) und lit b) iVm Art 56 eine für die UN und ihre Mitgliedstaaten bindende Verpflichtung zur Förderung der „Verbesserung des Lebensstandards, [der] Vollbeschäftigung und [der] Voraussetzungen für wirtschaftlichen und sozialen Fortschritt und Aufstieg“ sowie zur „Lösung internationaler Probleme wirtschaftlicher, sozialer, gesundheitlicher und verwandter Art sowie [der] internationale[n] Zusammenarbeit auf den Gebieten der Kultur und der Erziehung“. In diesen Bestimmungen, die unmittelbar auf entsprechenden Festlegungen zur internationalen wirtschaftlichen Zusammenarbeit in der Atlantik-Charta von 1941 zurückgehen[107] und auf deren Grundlage sich weitreichende Aktivitäten im Rahmen des UN-Systems gerade auf den Wirtschaftsbereich und speziell das Internationale Wirtschaftsrecht bezogen vollziehen,[108] kommt das internationale Verfassungsprinzip des positiven Friedens zum Ausdruck. Dieses kann auch als Konstitution des Friedens als Rechtsordnung, orientiert an internationaler Wohlfahrt, sozialer Sicherheit iwS und den Menschenrechten insgesamt, umschrieben werden.[109] 33

Neben diesen objektiv-rechtlichen Vorgaben ist das Internationale Wirtschaftsrecht durch **subjektive Rechtsgarantien der individuellen Wirtschaftssubjekte** geprägt. Ebenso wie im innerstaatlichen Bereich ist es dabei in erster Linie der Grundkanon der Menschenrechte, der systemprägend wirkt.[110] Die auf dem Bekenntnis zur Menschenwürde[111] aufbauenden Gewährleistungen klassischer Freiheits- und Gleichheitsrechte sowie zum Teil auch darüber hinausgehender Leistungs- und Teilhaberechte[112] konstituieren zumindest in den wesentlichen Grundstrukturen eine globale freiheitliche Ordnung, die bereits für den isolierten Begriff des Wirtschaftsrechts als Grundlage marktwirtschaftlicher Strukturen herausgestellt wurde.[113] Zugleich wurde hierdurch die Vorstellung einer vollständigen Mediatisierung des Individuums durch den Staat aufgegeben und das Individuum selbst zum partiellen Völkerrechtssubjekt, was einen vermeintlichen Ausschließlichkeitsanspruch des Staates deutlich relativier- 34

---

105 Im Hinblick auf diese Sichtweise s ua *Dupuy* MPYUNL 1 (1997) 1ff; *Franck* FS Eitel (2003) 95ff; *Crawford* RdC 319 (2006) 325/371ff; *Fassbender* Colum J Transnat'l L 36 (1998) 529ff.

106 Vgl auch *Nowrot* 499f.

107 S *Wolfrum* in Simma (Hrsg) Charter of the United Nations Vol II, 3. Aufl (2012) Art 55 (a) and (b) Rn 3.

108 Ausf *Wolfrum* (Fn 107) Rn 23ff.

109 Zur Konstitution des Friedens als Rechtsordnung s die Abhandlungen in *Delbrück* Die Konstitution des Friedens als Rechtsordnung (1996); sowie *ders/Dicke* in Nerlich/Rendtorff (Hrsg) Nukleare Abschreckung – Politische und ethische Interpretation einer neuen Realität (1989) 797ff.

110 Ausf hierzu *Fikentscher*, 100ff; *Petersmann* in ders/Pollack (Hrsg) Transatlantic Economic Disputes, the EU, the US, and the WTO (2003) 18ff; kurz auch *Herdegen* § 1 Rn 15ff.

111 Zur Menschenwürde als Basis des internationalen Menschenrechtsschutzes s *Dicke* FS Schwartländer (1992) 161ff.

112 Zur Differenzierung der unterschiedlichen Dimensionen der Menschenrechte s *Riedel* in ders, Die Universalität der Menschenrechte, hrsg von Koenig/Lorz (2003) 28ff; *Hobe*, 354ff.

113 S o Rn 14ff.

te.[114] Die Zuerkennung eigener, völkerrechtsunmittelbarer Rechte ist dabei nicht zwingend an die Möglichkeit der individuellen Rechtsverfolgung auf internationaler Ebene geknüpft, wie der Internationale Gerichtshof ausdrücklich anerkannt hat.[115] Dessen ungeachtet stehen natürlichen und juristischen Personen zahlreiche Möglichkeiten der unmittelbaren und mittelbaren Rechtsverfolgung im Wirtschaftsbereich offen. Das betrifft ua die Investitionsschiedsgerichtsbarkeit[116] und die internationale Schiedsgerichtsbarkeit allgemein,[117] aber auch die spezifischen Mechanismen zB im Rahmen der Weltbank[118] sowie mit Blick auf das Welthandelsrecht.[119] Damit findet die Gewährleistung individueller Rechtsgarantien im Wirtschaftsbereich heute auch eine weitgehende prozedurale Absicherung.

35 Zusammenfassend zeigt sich damit, dass auch für das Internationale Wirtschaftsrecht von einem Regel-/Ausnahmeverhältnis zwischen Selbst- und Außensteuerung in dem Sinne gesprochen werden kann, dass es zunächst immer die spontane Ordnung des Marktes ist, die strukturprägend wirkt. Mit dieser Aussage muss nicht zwingend eine vollumfängliche menschenrechtliche Ausrichtung des Internationalen Wirtschaftsrechts verbunden sein.[120] Entscheidend ist nur, dass durch die wirtschaftsbezogenen Aussagen in Art 55, 56 UN-Charta und die hiermit im unmittelbaren Zusammenhang stehenden menschenrechtlichen Garantien für die Annahme einer rein politisch-machtorientierten Ausrichtung des internationalen Wirtschaftssystems kein Raum mehr ist.[121] Damit entfällt ein wesentliches Argument gegen die Begründbarkeit eines einheitlichen Internationalen Wirtschaftsrechts.[122] Zugleich wird deutlich, dass sich das Internationale Wirtschaftsrecht längst nicht mehr in einem „Rohzustand eines ungeordneten Laisser-faire" befindet.[123] Über die „Integration der nationalen Wirt-

---

114 Statt vieler *Delbrück* (Fn 109), 26f; *Hobe* 166ff; *Dahm/Delbrück/Wolfrum* Bd I/2, 259ff; eingehend *Peters* Jenseits der Menschenrechte (2014), sowie frühzeitig und grundl zum gesamten Themenkomplex *Menzel* DÖV 1970, 509ff.

115 IGH, ICJ Rep 2001, 466/494 – *LaGrand Case*; deutsche Übersetzung EuGRZ 2001, 287ff: „Auf der Grundlage des Wortlauts dieser Bestimmungen schließt der Gerichtshof, daß Art. 36 Abs. 1 Individualrechte schafft, die mit Blick auf Art. 1 des Fakultativprotokolls vor diesem Gerichtshof vom Heimatstaat der festgenommenen Person geltend gemacht werden können."; vgl auch *Tietje* DVBl 2003, 1081/1085; *Dörr* JZ 2005, 905/906.

116 Hierzu zB *Tietje* Grundstrukturen und aktuelle Entwicklungen des Rechts der Beilegung internationaler Investitionsstreitigkeiten (2003); sowie ausf → *Reinisch* § 21 Rn 1ff.

117 Hierzu zB *Gottwald* in ders (Hrsg) Internationale Schiedsgerichtsbarkeit (1997) 1–160; *Girsberger* BerDGVR 39 (2000) 231ff; sowie → *Oberhammer* § 19 Rn 1ff.

118 *Tjardes* Das Inspection Panel der Weltbank (2003); *Mosler* Finanzierung durch die Weltbank (1987) 176; *Lucke* Internationaler Währungsfonds (1997) 281; vgl hierzu auch → *Schlemmer-Schulte/Pohlmann* § 10 Rn 113ff.

119 Hierzu ausf *Tietje/Nowrot* EBOLR 5 (2004) 321/334ff.

120 S hierzu die Kontroverse zwischen *Petersmann* EJIL 13 (2002) 621ff, 845ff; und *Howse* EJIL 13 (2002) 651ff; *Alston* EJIL 13 (2002) 815ff.

121 Ein etatistisch orientiertes Verständnis des Weltwirtschaftsrechts wurde hingegen noch vertreten von zB *Langer* Grundlagen einer internationalen Wirtschaftsverfassung (1995) *passim*; hierzu *Tietje* GYIL 38 (1995) 456ff.

122 Anders allerdings noch *Joerges*, 6/49.

123 So noch *Raiser* FS Böhm (1975) 485/491; dem in der Tendenz folgend auch *Schmidt*, 204.

schaftsordnungen in den globalen Wirtschaftsverkehr“[124] hinausgehend, ist das Internationale Wirtschaftsrecht **Ausdruck des Regel-/Ausnahmeverhältnisses von Selbst- und Außensteuerung** in der internationalen Wirtschaft. Es ist damit mehr als eine wertneutrale „Ordnung der Wirtschaftsbeziehungen von Staaten und internationalen Organisationen, des von Privaten getragenen Verkehrs von Gütern, Dienstleistungen und Produktionsfaktoren sowie der grenzüberschreitenden Aspekte von Unternehmensstrukturen und Produktionsstandards“[125]. Aufgrund seiner materiellen Ausrichtung ist das Internationale Wirtschaftsrecht vielmehr in Übereinstimmung mit *Fikentscher* als dasjenige Recht zu definieren, „dessen Aufgabe es ist, die Freiheit des Zuordnungswechsels und die Zuordnung der für die Weltwirtschaft erheblichen Güter in allgemeinen Grundsätzen sowie durch globale und spezielle Eingriffe mit dem Ziel gerecht ausgewogener Entfaltung und Versorgung zu regeln“[126].

C. Die historische Entwicklung des Internationalen Wirtschaftsrechts

Ein Verständnis für das Internationale Wirtschaftsrecht ist nur möglich, wenn man sich auch mit den wesentlichen **historischen Entwicklungslinien** der rechtlichen Struktur des internationalen Wirtschaftssystems befasst.[127] Zugleich ist eine Darstellung der historischen Entwicklung des Internationalen Wirtschaftsrechts allerdings inhärent mit dem Problem behaftet, dass es sich hierbei letztlich um die Geschichte des Rechts insgesamt handelt. Das Recht war in seiner historischen Entwicklung immer auch durch die Wirtschaft geprägt; es hatte hierbei auch immer einen „internationalen Bezug“ in dem Sinne, dass insb die Ausgestaltung des Handels mit Gebietsfremden seine jeweils aktuelle Struktur mitbestimmte. Das zeigt sich ua daran, dass die ersten bekannten schriftlich fixierten Übereinkommen verschiedener Herrschaftsverbände aus dem 3. Jahrtausend v Chr Handelsfragen betrafen.[128] Überdies sind frühzeitige Ansätze im römischen Recht nachweisbar, im Interesse einer Absicherung und Erleichterung des Außenhandels Roms ein Einheitsprivatrecht zu schaffen, das als *Ius Gentium* bezeichnet wurde.[129] Das Recht insgesamt und insb die heutigen Rechtsgebiete des Völkerrechts und des Internationalen Privatrechts haben sich damit in weiten Bereichen als Wirtschaftsrecht entwickelt. 36

Ungeachtet der langen Geschichte von Rechtsregeln, die für die im heutigen Verständnis internationale Wirtschaft Bedeutung hatten, beginnen die bislang vorliegenden Abhandlungen zur Geschichte des Internationalen Wirtschaftsrechts regelmäßig erst im 15./16. Jahrhundert.[130] Das ist in erster Linie darin begründet, dass als Interna- 37

---

124 *Herdegen* § 1 Rn 11.

125 So die Definition von *Herdegen* § 1 Rn 12.

126 *Fikentscher*, 49, der insofern allerdings von Weltwirtschaftsrecht spricht.

127 So auch zB *Charnovitz* JIEL 22 (2019) 93/95: „For decades, I have urged junior scholars seeking to do historical analysis in IEcL to start no later than the mid 19th century. Increasingly, good IEcL scholarship looks back at least a century“.

128 *Ziegler* Völkerrechtsgeschichte, 2. Aufl (2007) 12f.

129 Hierzu statt vieler *von Bar/Mankowski* Internationales Privatrecht Bd I, 2. Aufl (2003) § 2 Rn 2ff.

130 S insb *Fikentscher*, 88ff; *Scheuner*, A 27ff.

tionales Wirtschaftsrecht oftmals nur das zwischenstaatliche Recht der Wirtschaftsbeziehungen angesehen wurde, so dass von einem Internationalen Wirtschaftsrecht auch **erst mit der Herausbildung des Territorialstaates** gesprochen werden konnte.[131] Unabhängig von der bereits erörterten Erkenntnis, dass eine etatistische begriffliche Erfassung des Internationalen Wirtschaftsrechts heute nicht mehr angebracht ist, verdeckt dieser historische Ansatz aber auch die weitreichenden Außenhandelsbeziehungen der Herrschaftsverbände des Mittelalters. Hierzu liegen detaillierte historische Forschungsergebnisse vor.[132] Sie zeigen zumindest die empirische Bedeutung des Handels für die damalige gesellschaftliche Entwicklung auf. Überdies korrespondiert die wirtschaftliche Entwicklung im Mittelalter mit der zunehmenden Herausbildung einheitsrechtlicher und kollisionsrechtlicher Standards in Europa.[133]

38 Eine wichtige Entwicklung des Internationalen Wirtschaftsrechts vollzog sich in Europa bereits vor der Herausbildung des modernen Territorialstaates: **Die Städtebünde der Hanse**. Sie entstanden ab 1252 (Hanse zu Brügge) und erfuhren ihre bedeutendste Ausprägung durch die Deutsche Hanse von 1358. Die Hanse hatte eigene Rechtspersönlichkeit und Vertragsschlussfähigkeit. Ihre militärischen und rechtsnormativen Anstrengungen hatten insb die Erleichterung und Absicherung des kaufmännischen Verkehrs zwischen den großen mittelalterlichen Städten zum Gegenstand.[134] Das führte ua zur Herausbildung der sog fremdenrechtlichen Mindeststandards, die es den Kaufleuten ermöglichten, mit relativer persönlicher und materieller Sicherheit verbunden ihre Geschäfte in der Ferne durchzuführen.[135] Zugleich steht die Zeit der Hanse für die Etablierung des auch heute noch für die internationale Wirtschaft wichtigen Konsularwesens, das seine Ursprünge in der Zielsetzung des Schutzes des Handels und der fremden Händler hat.[136]

39 In einem weiteren Entwicklungsschritt wurden die internationalen Wirtschaftsbeziehungen ab dem Ende des 16. Jahrhunderts in der Folge der Entstehung des auf *Jean Bodin* zurückgehenden Souveränitätsbegriffes[137] zunächst konzeptionell durch den **Merkantilismus** geprägt. Dem mit dem Namen *Jean-Baptiste Colbert* (1619–1683) eng verbundenen Merkantilismus ging es in erster Linie um eine Stärkung der Staatsmacht in finanzieller Hinsicht.[138] Hierzu wurde eine nationalstaatliche Wirtschaftspolitik betrieben, die auf eine weitgehende Abschottung gegenüber Einfuhren von ausländischen Fertigwaren durch eine Stärkung der heimischen Rohstoffverarbeitung abzielte. In dieser Zeit wurden dementsprechend die zentralen rechtlichen Steuerungsinstrumentarien entwickelt, die heute noch das staatliche Außenwirtschafts-

---

131 In diesem Sinne zB *Scheuner,* A 27.

132 S insb *Bernard* in Cipolla/Borchardt (Hrsg) Europäische Wirtschaftsgeschichte Bd 1 (1978) 177ff; *Miller* in Cipolla/Borchardt (Hrsg) Europäische Wirtschaftsgeschichte Bd 1 (1978) 219/226ff.

133 Zum Law Merchant in England und der Entwicklung des IPR s *von Bar/Mankowski* (Fn 129), § 2 Rn 7ff und 19ff.

134 Statt vieler hierzu *Grewe* Epochen der Völkerrechtsgeschichte, 2. Aufl (1988) 81f mwN.

135 *Schnitzler* in Strupp/Schlochauer (Hrsg) Wörterbuch des Völkerrechts Bd 2, 2. Aufl (1961) 537.

136 *Grewe* (Fn 134) 81f.

137 Zur historischen Entwicklung zB *Grewe* (Fn 134) 198f; *Quaritsch* Staat und Souveränität (1970) 20ff; *Schliesky* Souveränität und Legitimität von Herrschaftsgewalt (2004) 59ff jeweils mwN.

138 Vgl ua *Fikentscher,* 89; *Cameron* Geschichte der Weltwirtschaft Bd I (1991) 191ff; *Glamann* in Cipolla/Borchardt (Hrsg) Europäische Wirtschaftsgeschichte Bd 2 (1979) 271ff.

recht prägen.[139] Allerdings darf hieraus nicht geschlossen werden, dass die rechtliche Struktur der damaligen internationalen Wirtschaft ausschließlich protektionistisch ausgerichtet war – im Gegenteil: Auch die Zeit des Merkantilismus war rechtlich von der **Freiheit des Handels und der Schifffahrt**, der *libertas navigationis et commerciorum*, geprägt.[140] Die rechtliche Grundlage für diese frühzeitige Verankerung wirtschaftsliberaler internationaler Ordnungsvorstellungen ist in zahlreichen Handelsverträgen der damaligen Zeit zu finden.[141] Auch wenn die Staatenpraxis im 16. und 17. Jahrhundert sicherlich nicht auf eine unbegrenzte Handelsfreiheit schließen lässt, vertrat *E. de Vattel* im 18. Jahrhundert dann doch immerhin die Auffassung, dass „tout nation, en vertu de sa liberté naturelle, est en droit de faire le commerce"[142]. Das Zeitalter des Merkantilismus steht damit für eine zunehmende rechtliche Verfestigung einer wirtschaftlichen Öffnung des Staates, zugleich aber auch für die Etablierung rechtlich anerkannter Beschränkungsmöglichkeiten. Entscheidend ist dabei, dass sich immer deutlicher zeigte, dass und in welcher Form der Außenhandel einer rechtlichen Absicherung der Tätigkeit der Kaufleute als der maßgeblichen Akteure bedurfte.[143] Sichtbarer und deutlicher Ausdruck dieser Entwicklung ist die Aufnahme der Meistbegünstigungsklausel und der Inländergleichbehandlungsgarantie in Wirtschaftsangelegenheiten in die internationale Vertragspraxis ab Beginn des 17. Jahrhunderts.[144]

Ein tatsächlich und rechtlich weitgehend liberales internationales Wirtschaftssystem entstand allerdings erst ab Mitte des 18. Jahrhunderts und dann insb im 19. Jahrhundert. Drei Entwicklungen waren hierfür maßgeblich: Zunächst wurden, erstens, mit den Arbeiten von *Adam Smith* (1723–1790) und *David Ricardo* (1772–1823) die theoretischen Grundlagen der wohlfahrtssteigernden Wirkung der internationalen Arbeitsteilung und damit des internationalen Handels gelegt.[145] Im politischen Bereich war es dann, zweitens, der Wiener Kongress (1814/15), der zu einer bis dahin in Europa unbekannten Stabilität des Staatensystems führte. Die mit dem Namen *Metternichs* zu verbindende **Neuordnung des gesamteuropäischen Staatensystems**, ausgedrückt in der heutigen Wendung vom „Europäischen Konzert", brachte Europa die bis dahin längste Friedensperiode seiner Geschichte. Zwischen 1815 und 1854 herrschte für 40 Jahre Friede in Europa, die von 1854 bis 1878 geführten Kriege waren von kurzer Dauer und regional beschränkt. Damit war bis zum Zeitalter des Imperialismus eine politische Stabilität in Europa erreicht, die Raum gab für eine Konzentration auf tech- 40

139 *Nettesheim* FS Oppermann (2001) 381/383.

140 *Scheuner*, A 30f.

141 *Scheuner*, A 31 mwN.

142 *E. de Vattel* Le Droit des Gens ou Principes de la Loi Naturelle Bd I (1758) 2. Buch, 118.

143 *Scheuner*, A 32ff mwN.

144 *Scheuner*, A 34; zur Entwicklung der Meistbegünstigungsklausel und der Inländergleichbehandlungsgarantie auch *Tietje* Grundstrukturen, 193ff und 221ff; *Bayer* Das System der deutschen Handelsverträge von 1853 bis 1914 (2004) 125ff.

145 *Smith* An Inquiry into the Nature and Causes of the Wealth of Nations, hrsg von Campbell, Skinner und Todd in der Glasgow Edition of the Works and Correspondence of Adam Smith Bd 2, Teilband 1 und 2 (1976); *Ricardo* On the Principles of Political Economy, and Taxation (1817); hierzu zB *Vaggi* A Concise History of Economic Thought: From Mercantilism to Monetarism (2006); *Priddat*, 39ff, 53ff.

nisch-administrative und wirtschaftliche Regelungen der internationalen Beziehungen.[146]

41 Dass die so entstandene **Möglichkeit intensiver internationaler Beziehungen** auch genutzt wurde, liegt schließlich, drittens, im Kern in sozioökonomischen Entwicklungen des 19. Jahrhunderts begründet. Das 19. Jahrhundert ist zunächst das Jahrhundert der Bevölkerungsexplosion in Europa. Die Bevölkerung Europas (einschließlich Russlands) wuchs von ca 180–190 Mio. im Jahre 1800 auf bereits 225 Mio. im Jahre 1830 und erreichte im Jahre 1880 eine Gesamtzahl von 332 Mio.[147] Mit dieser rasanten Bevölkerungsentwicklung ging die sich rasch verbreitende Industrialisierung einher. Spätestens in den 1830er Jahren erfasste die von England ausgehende Industrialisierung die kontinentaleuropäischen Staaten mit aller Macht. Eine beschleunigte Kapitalbildung, die technische Revolution bei den Produktionsapparaten (mechanischer Webstuhl 1769; Dampfmaschine 1766; „Puddelverfahren" der Eisengewinnung 1784; „Bessemer-Verfahren" zur Stahlherstellung 1855), die Steigerung des Arbeitsangebots und das Anwachsen des Außenhandels sind Kennzeichen und Ursachen der als industrielle Revolution bezeichneten Entwicklung.[148] Auch die sog Verkehrsrevolution des 19. Jahrhunderts hängt hiermit zusammen: 1825 fuhr die erste Eisenbahn in England, in Deutschland im Jahre 1835 zwischen Nürnberg und Fürth. Das Eisenbahnverkehrsnetz in Europa wuchs von 188 km im Jahre 1830 auf 168.983 km im Jahre 1880.[149] Ähnlich verlief die Entwicklung in der Dampfschifffahrt. Der Dampferbestand der Welt wuchs gemessen an seinem Netto-Tonnengehalt von 11.500 im Jahre 1821 auf über 5 Mio. im Jahre 1881.[150] Die allgemeine Verkehrsentwicklung im Eisenbahn- und Schifffahrtsbereich führte gleichzeitig zu rasanten Innovationen in der Technik der Nachrichtenübermittlung. Zunächst durch die Beschleunigung des klassischen Postdienstes, ab den 1830er Jahren dann durch die Erfindung und rasche Verbreitung der Telegraphie, zeigten sich bislang unbekannte Möglichkeiten einer weltweiten Kommunikation. Im Sommer 1858 wurde zudem das erste Transatlantikkabel verlegt, das allerdings nach seiner Zerstörung erst 1866 zur dauerhaften Kommunikationseinrichtung werden sollte. Vor diesem Hintergrund zeigte sich nach dem ersten Telegraphenvertrag zwischen Preußen und Sachsen (1849) gerade im Kommunikationsbereich schnell die Notwendigkeit bi- und multilateraler Kooperation.[151] Insgesamt führten all die aufgeführten gesellschaftlichen Entwicklungen schließlich zu einer deutlichen Steigerung des Außenhandels. Der Welthandel wuchs auf Europa bezogen von £ 301 Mio. im Jahre 1830 auf £ 2134 Mio. im Jahre 1880 und weltweit von £ 407 Mio. (1830) auf £ 3033 Mio. (1880).[152]

146 Insg zu dieser Entwicklung *Baumgart* Europäisches Konzert und nationale Bewegung (1999) 146ff.

147 Zahlen nach *Baumgart* (Fn 146) 5.

148 Ausf *Baumgart* (Fn 146) 15ff.

149 Zahlen nach *Baumgart* (Fn 146) 26.

150 Zahlen nach *Baumgart* (Fn 146) 29.

151 Insg zu dieser Entwicklung *Baumgart* (Fn 146) 33ff.

152 Zahlen nach *Baumgart* (Fn 146), 38; umfassend hierzu auch *Woodruff* in Cipolla/Borchardt (Hrsg) Europäische Wirtschaftsgeschichte Bd 4 (1977) 435ff.

Damit waren alle Voraussetzungen gegeben, um das 19. Jahrhundert als Jahrhundert der liberalen Weltwirtschaft in die Geschichte eingehen zu lassen.[153] In rechtlicher Hinsicht sind dabei die folgenden Entwicklungen von besonderer Bedeutung: Zunächst entwickelte sich im 19. Jahrhundert eine **umfassende Vertragspraxis** im internationalen Wirtschaftsbereich. Während die völkerrechtliche Vertragspraxis bis zum Beginn des 19. Jahrhunderts, von einigen Handelsverträgen abgesehen, nahezu ausschließlich von politischen Fragen (Kriegs- bzw Friedensregelungen, Allianzen, militärische Kooperationen, Besetzungen fremder Gebiete, Behandlung von Kriegsgefangenen und Deserteuren etc) gekennzeichnet war,[154] setzte mit dem Wiener Kongress eine merkliche Wende hin zu einer verstärkten internationalen Regelung technisch-administrativer und wirtschaftlicher Sachbereiche ein. *Strupp* umschrieb diese Entwicklung dahingehend, dass spätestens nach dem Pariser Frieden vom 30.3.1856 das Völkerrecht „immer weitere Gebiete des gesamten Rechtslebens in seinen sachlichen Bereich einbezogen hat".[155] Während die in der Wiener Schlussakte vorgesehenen ersten internationalen Flussregime als Vorläufer der heutigen internationalen Organisationen gelten können,[156] ist für das zwei- und mehrseitige Vertragswesen nach 1815 aus deutscher Perspektive zunächst auf die stetig wachsende Anzahl von vertraglichen Regelungen Preußens mit anderen Bundesstaaten zu den damals wichtigen Wirtschaftsbereichen des Zoll-, Steuer-, Münz-, Maß- und Gewichtswesens, der Flussschifffahrt, des Post- und Telegraphenwesens, des „Nachdrucks" und Heimatwesens sowie der Rechtshilfe hinzuweisen. Preußen schloss in der Zeit von 1806 bis 1870 circa 700 Staatsverträge in diesen Sachbereichen.[157] Zugleich wurde die schon bekannte Praxis der Handels-, Freundschafts- und Schifffahrtsverträge kontinuierlich ausgebaut. So schlossen der Deutsche Zollverein und das Deutsche Reich in der Zeit von 1853 bis 1914 allein mindestens 84 solcher Handelsverträge ab. In diesen Verträgen finden sich umfassend die auch heute noch zentralen Prinzipien der Offenheit der Märkte und der Nichtdiskriminierung sowie verbleibender staatlicher Regelungsfreiheit im Detail niedergelegt.[158] Zusätzlich wurden zahlreiche bi- und multilaterale Verträge in wichtigen Wirtschaftsbereichen wie zum Schutz des geistigen Eigentums, der Seuchen- und Krankheitsbekämpfung, der Inländergleichbehandlung bei Berufskrankheiten, des Verkehrswesens und des Zollrechts geschlossen.[159] Insgesamt wird geschätzt, dass es von 1815 bis zum 1. Weltkrieg weltweit zum Abschluss von etwa 16.000 (veröffentlichten) völkerrechtlichen Verträgen kam, die sich in der Mehrzahl 42

153 Vgl ua *Scheuner*, A 36 („klassische Zeit des Freihandels"); *Delbrück* Das Staatsbild im Zeitalter wirtschaftsrechtlicher Globalisierung (2002) 8 („glückliche Zeit des Freihandels"); sowie die weiteren Nachweise bei *Nowrot*, 110.

154 Vgl ua *von Ompteda* Literatur des gesamten natürlichen und positiven Völkerrechts (1785) 583; *von Meier* Über den Abschluss von Staatsverträgen (1874) 18.

155 *Strupp* (Hrsg) Urkunden zur Geschichte des Völkerrechts Bd I (1911) VI.

156 Zur diesbezüglichen Entwicklung zB *Tietje* Verwaltungshandeln, 124ff mwN.

157 *von Meier* (Fn 154) 18; zu ersten Ansätzen eines internationalen Verwaltungsrechts ausgehend von der Staatenpraxis gegen Ende des 18. und zu Beginn des 19. Jahrhunderts s a *Tietje* Verwaltungshandeln, 22ff mwN.

158 Umfassende Analyse hierzu von *Bayer* (Fn 144) 76ff.

159 Einzelheiten und Nachweise bei *Tietje* Verwaltungshandeln, 122f.

auf technisch-administrative bzw wirtschaftliche Sachfragen bezogen.[160] Dabei wurden nicht nur eher zwischenstaatliche Angelegenheiten behandelt. Vielmehr ist die Zeit bis zum 1. Weltkrieg auch durch intensive Bestrebungen der internationalen Rechtsvereinheitlichung im Zivilrecht geprägt. Das betraf insb das Recht des geistigen Eigentums, das Fracht- und Seerecht sowie weitere handels- und wertpapierrechtliche Bereiche.[161] Zusammenfassend kann damit mit guten Gründen von einer rechtlichen Verankerung der Handelsfreiheit im Internationalen Wirtschaftsrecht der Zeit vom Wiener Kongress bis zum 1. Weltkrieg[162] sowie insgesamt von einer umfassenden Verrechtlichung der internationalen Wirtschaftsbeziehungen in dieser Zeit gesprochen werden.

43 Weiterhin ist das 19. Jahrhundert durch eine **rasch fortschreitende Institutionalisierung** der zwischenstaatlichen Kooperation in Sachbereichen mit Wirtschaftsbezug gekennzeichnet. Die geschichtliche Entwicklung des Rechts der internationalen Organisationen, die im 19. Jahrhundert im eigentlichen Sinne beginnt, ist insofern im Wesentlichen auf das internationale Wirtschaftssystem bezogen.[163] Beispielhaft sei hierfür auf die Gründung der Internationalen Telegraphen-Union (heute *International Telecommunications Union* – ITU) im Jahre 1865, des Allgemeinen Postvereins im Jahre 1874 (heute *Universal Postal Union* – UPU) und des Vereinigten Büros der Pariser und Berner Konvention zum Schutzes des geistigen Eigentums (heute *World Intellectual Property Organization* – WIPO) im Jahre 1893 hingewiesen.[164] Neben diesen und weiteren gouvernementalen Organisationen wurden zudem zahlreiche nichtstaatliche Organisationen gegründet, die bis heute einen bedeutenden Einfluss auf die weltweite Vereinheitlichung wirtschaftsrelevanter Rechtsmaterien haben.[165]

44 Schließlich vollzog sich eine weitere bedeutungsvolle Entwicklung im Recht der **friedlichen Streitbeilegung**, dem heute zentrale Bedeutung im Internationalen Wirtschaftsrecht, zB im Rahmen der WTO-Streitbeilegung, der Handelsschiedsgerichtsbarkeit und der Investitionsschiedsgerichtsbarkeit, zukommt. Mit dem *Jay-Treaty* vom 19.11.1794, einem Freundschafts-, Handels- und Schifffahrtsvertrag zwischen den USA und Großbritannien, wurde erstmals eine sog gemischte Schiedskommission zur Beilegung von Grenzstreitigkeiten und im Hinblick auf Schadensersatzansprüche von Bürgern der beiden Staaten eingesetzt.[166] Damit war der Grundstein für die heutige Schiedsgerichtsbarkeit in Internationalen Wirtschaftsrecht gelegt. Ihre umfassende internationale Anerkennung fand dieses Instrumentarium der friedlichen Streitbeilegung mit der *Alabama-Entscheidung* vom 14.9.1872.[167]

---

160 *Bittner* Die Lehre von den völkerrechtlichen Vertragsurkunden (1924) 13; eine Übersicht zu ausgewählten Verträgen nach dem Stand von 1934 gibt *Rühland* Systematisches Verzeichnis völkerrechtlicher Kollektivverträge mit Quellenangaben (1934).

161 Ausf *von Bar/Mankowski* (Fn 129) § 2 Rn 19ff.

162 *Scheuner,* A 36ff; zur wissenschaftlichen Kontroverse im 19. Jahrhundert über die rechtliche Konstituierung einer Handelsfreiheit s ausf *Bayer* (Fn 144) 79ff.

163 Ausf hierzu *Weber.*

164 Im Überblick hierzu und zur weiteren Entwicklung *Tietje* Verwaltungshandeln, 124ff mwN.

165 Im Überblick hierzu *von Bar/Mankowski* (Fn 129) § 2 Rn 23ff.

166 *Schlochauer* in Strupp/Schlochauer (Hrsg) (Fn 135) 170.

167 *Bauer* in Strupp/Schlochauer (Hrsg) Wörterbuch des Völkerrechts Bd 1, 2. Aufl (1960) 20; insg hierzu → *Oberhammer* § 19 Rn 1ff.

Gegen Ende des 19. Jahrhundert erfuhr der bis dahin weitgehend freie Welthandel allerdings bereits immer deutlicher werdende Einschränkungen durch die **einsetzende Hochzollpolitik.**[168] Mit Ausbruch des 1. Weltkrieges und dem Übergang zur Kriegswirtschaft in fast allen Staaten kam die geordnete Weltwirtschaft dann zwangsläufig fast umfassend zum Erliegen. Ansätze zu einer Neuordnung der Internationalen Wirtschaftsordnung finden sich jedoch gleich mit Ende des Weltkrieges in der Satzung des Völkerbundes. Dort war in Art 23 lit e) sehr allgemein niedergelegt, dass „[u]nter Vorbehalt und in Gemäßheit der Bestimmungen der gegenwärtig bestehenden oder in Zukunft zu schließenden internationalen Vereinbarungen die Bundesmitglieder, ... die notwendigen Bestimmungen treffen [werden], um die Freiheit des Verkehrs und der Durchfuhr sowie eine angemessene Behandlung des Handels aller Bundesmitglieder zu sichern und aufrechtzuerhalten, und zwar unter Berücksichtigung der besonderen Bedürfnisse der im Kriege 1914 bis 1918 verwüsteten Gegenden". Aufgrund des Vorbehaltes im ersten Teil der Bestimmung urteilte der Ständige Internationale Gerichtshof indes, dass sich hieraus keine aktuelle Rechtspflicht der Völkerbundmitglieder ergebe.[169] Dessen ungeachtet wurden allerdings unter dem Dach des Völkerbundes zahlreiche internationale Konferenzen durchgeführt, die ua den **Abbau von Handelsschranken** zum Gegenstand hatten. Besonders wichtig und von großer internationaler Aufmerksamkeit begleitet war dabei die Genfer Weltwirtschaftskonferenz im Jahre 1927.[170] 45

Durchgreifende Erfolge im Hinblick auf eine weitreichende Liberalisierung der Weltwirtschaft konnten allerdings in der Zwischenkriegszeit nicht erreicht werden. Aus rechtlicher Perspektive waren dabei zwei Sachbereiche besonders problematisch. Zunächst ist die Zwischenkriegszeit von einem weltumspannenden Netz von Kartellen insb im Rohstoffbereich geprägt gewesen.[171] Weiterhin kam es in den 1920er Jahren zu einer deutlichen Intensivierung der US-amerikanischen Hochzollpolitik.[172] Diese erreichte als Reaktion auf die Weltwirtschaftskrise 1929 ihren Höhepunkt mit dem *Smoot-Hawley-Act* von 1930, der den Präsidenten ermächtigte, zum Schutz der heimischen Produktion einzelne Zölle um bis zu 50 % anzuheben. Maßgeblich von den USA ausgehend war damit endgültig der **Protektionismus** wieder in das Weltwirtschaftssystem eingekehrt. In den USA erkannte man zwar 1934 mit der Verabschiedung des *Reciprocal Trade Act*, dass eine Abkehr vom traditionellen Protektionismus notwendig ist, eine tief greifende Änderung der weltwirtschaftlichen Lage konnte dies bis zum Ausbruch des 2. Weltkrieges aber nicht mehr bewirken. Jedenfalls war aber mit dem *Reciprocal Trade Act* 1934 der Grundstock für die seither, bis heute, nachzuzeichnende weltweite Zollsenkung gelegt. Überdies bildete der *Reciprocal Trade Act* die Grundlage für die Verhandlungen zum GATT 1947.[173] 46

Nach dem Zusammenbruch der geordneten Weltwirtschaft mit Ausbruch des 2. Weltkrieges kam es im August 1941 noch vor dem Kriegseintritt der USA zu einem 47

168 Einzelheiten bei *Scheuner*, A 39f.
169 StIGH, Ser A/B No. 42, 119 – *Railway Traffic Between Lithuania and Poland.*
170 Ausf hierzu *Nörr/Waibel* FS Oppermann (2001) 345ff.
171 Statt vieler hierzu *Nörr/Waibel* (Fn 170) 345/354ff mwN.
172 Einzelheiten bei *Medick-Krakau* Amerikanische Außenhandelspolitik im Wandel (1995) 72f.
173 Insg hierzu *Medick-Krakau* (Fn 172), 73ff; zum GATT 1947 vgl → *Tietje* § 4 Rn 4ff.

Treffen von US-Präsident *Roosevelt* und dem britischen Premierminister *Churchill* auf einem Kriegsschiff vor der Küste von Neufundland, auf dem die gemeinsame Haltung beider Staaten mit Blick auf die Kriegs- und Friedensziele festgelegt wurde. Als Ergebnis wurde am 14. August 1941 die sog **Atlantik Charta** veröffentlicht.[174] Sie stellt in enger Anlehnung an die 14 Punkte von Präsident *Wilson* das **informelle Gründungsdokument der Vereinten Nationen** dar und enthält in den Punkten 4 und 5 zentrale Aussagen für die bis heute andauernde Entwicklung des internationalen Wirtschaftssystems nach dem 2. Weltkrieg. Die beiden Punkte lauten wie folgt: „Fourth, they will endeavor, with due respect for their existing obligations, to further the enjoyment by all States, great or small, victor or vanquished, of access, on equal terms, to the trade and to the raw materials of the world which are needed for their economic prosperity; Fifth, they desire to bring about the fullest collaboration between all nations in the economic field with the object of securing, for all, improved labor standards, economic advancement and social security."[175] Damit war, insb nachdem die Prinzipien der Atlantik Charta im April 1945 bereits von 21 Staaten anerkannt worden waren, die inhaltliche Ausgestaltung des Internationalen Wirtschaftsrechts nach dem 2. Weltkrieg vorbestimmt.[176]

48 Bereits während des Krieges begannen die Vorarbeiten zu einer neuen rechtlichen Struktur des internationalen Wirtschaftssystems. Nach entsprechenden Vorarbeiten in der US-Regierung fand vom 1. bis 22.7.1944 unter Beteiligung von 44 Staaten die **Bretton-Woods-Konferenz** in New Hampshire statt. Ihr Ziel war zunächst die Neuordnung des internationalen Geldwesens und der Aufbau eines internationalen Kreditwesens. Allerdings wurde auf der Konferenz neben Fragen aus dem Währungs- und Kreditwesen auch Einigkeit darüber erzielt, dass der internationale Handel als dritte Säule ebenfalls einer internationalen rechtlichen Ordnung bedarf.[177] Zunächst wurde auf der Bretton-Woods-Konferenz allerdings nur der Grundstein für die Gründung des Internationalen Währungsfonds und der Internationalen Bank für Wiederaufbau und Entwicklung (Weltbank) am 27.12.1945 gelegt.

49 Die bereits auf der Bretton-Woods-Konferenz ins Auge gefasste Errichtung einer internationalen Organisation für den Welthandel wurde durch die am 6.12.1945 von der US-Regierung veröffentlichten „Proposals for the Expansion of World Trade and Employment"[178] vorangetrieben. Am 5.3.1946 verabschiedete der ECOSOC dann die Resolution Nr. 13, mit der die *United Nations Conference on Trade and Employment* einberufen wurde. Grundlage der Arbeiten des Vorbereitenden Ausschusses für diese Konferenz war der von der US-Regierung vorgelegte Entwurf einer Charta für eine Internationale Handelsorganisation.[179] Nach umfangreichen Vorarbeiten fand dann vom 21.11.1947 bis 24.3.1948 die **Havanna-Konferenz** statt. Auf ihr wurde die umfassende „Charter for an International Trade Organization" verabschiedet. Da die USA in-

---

174 Hierzu *Schlochauer* in Bernhardt (Hrsg) EPIL Bd I (1992), 288f.

175 Der Originaltext ist verfügbar unter <avalon.law.yale.edu/wwii/atlantic.asp>.

176 Zur umstrittenen Frage nach der Rechtsqualität der Atlantik Charta s *Schlochauer* in Strupp/ders (Hrsg) (Fn 135) 288f.

177 Insg zur Konferenz *Coing* in Strupp/Schlochauer (Hrsg) (Fn 135) 248f.

178 United States Department of State Publication No. 2411.

179 United States Department of State Publication No. 2598.

des die Havanna-Charta nie ratifizierten[180] und daher auch alle anderen Staaten hierzu nicht bereit waren, konnte die geplante **ITO nie rechtswirksam** gegründet werden. Immerhin entstand aber im Zuge der Ausarbeitung der Havanna-Charta das GATT 1947, das ab dem 1.1.1948 vorläufig angewandt wurde und so bis zum Jahre 1995 das Welthandelssystem maßgeblich prägte.

Insgesamt war es damit in der Zeit unmittelbar nach dem 2. Weltkrieg zwar nicht 50
gelungen, alle drei geplanten Bretton-Woods-Organisationen ins Leben zu rufen. Mit der Gründung der Vereinten Nationen und dem ECOSOC als ihrem ua für die internationalen Wirtschaftsbeziehungen zuständigen Hauptorgan, dem IMF, der Weltbank und dem GATT 1947 war allerdings ein wichtiger **Schritt hin zu einer umfassenden Internationalisierung** und Verrechtlichung der weltweiten Wirtschaftsbeziehungen vollzogen.

Nach 1950 erfuhr das internationale Wirtschaftssystem eine **institutionelle und** 51
materielle Verrechtlichung, die im Einklang mit der allgemeinen Rechtsentwicklung im internationalen Bereich so weitreichend war und ist, dass sie hier im Rahmen eines historischen Überblicks noch nicht einmal im Ansatz dargestellt werden kann. Hinzuweisen ist aber zumindest auf die übergreifenden Themen, die für das Internationale Wirtschaftsrecht bis heute prägend sind.

Wesentlich für die heutige Struktur des Internationalen Wirtschaftsrechts war 52
und ist zunächst die Arbeit der **Vereinten Nationen.** Das betrifft insgesamt deren wirtschaftspolitische Arbeit, an deren Spitze der ECOSOC steht.[181] Institutionell ist im weit verzweigten VN-System weiterhin auf die Arbeit der United Nations Conference on Trade and Development (UNCTAD) als insb den Interessen der Entwicklungsländer verpflichtetes Organ der VN-Generalversammlung hinzuweisen. UNCTAD hat eine wichtige Funktion in der Diskussion über eine neue Weltwirtschaftsordnung in den 1970er und 1980er Jahren eingenommen.[182] Für die Rechtsvereinheitlichung im Zivilrecht und in der Wirtschaftsschiedsgerichtsbarkeit bedeutungsvoll ist die United Nations Commission on International Trade Law (UNCITRAL), die 1966 als Unterorgan der VN-Generalversammlung errichtet wurde.[183]

Materiellrechtlich war die Arbeit der Vereinten Nationen zunächst im Bereich der 53
Menschenrechte von großem Einfluss auf das Internationale Wirtschaftsrecht. Das betrifft die Kodifikationsanstrengungen zu den klassischen Freiheits- und Gleichheitsrechten ebenso wie die Diskussion zu den Menschenrechten der zweiten und dritten Dimension.[184] Weiterhin prägt die materielle Arbeit der Vereinten Nationen im Wirt-

180 Zu den Hintergründen ausf *Benedek* Die Rechtsordnung des GATT aus völkerrechtlicher Sicht (1990) 27ff.

181 Im Überblick zum ECOSOC *Lagoni* in Wolfrum/Philipp (Hrsg) United Nations: Law, Policies and Practice Bd 1 (1995) 451ff; zu den diesbezüglichen Erfolgen und Misserfolgen des ECOSOC sowie entsprechenden Reformbemühungen siehe zB Report of the Commission of Experts of the President of the United Nations General Assembly on Reforms of the International Monetary and Financial System, v 21.9.2009, verfügbar unter: <un.org/en/ga/econcrisissummit/docs/FinalReport_CoE.pdf>; *Schröder/Stetten* VN 3/2010, 104ff.

182 Im Überblick zu UNCTAD *Marxen* in Wolfrum/Philipp (Hrsg) United Nations: Law, Policies and Practice Bd 2 (1995) 1274ff.

183 Im Überblick zu UNCITRAL *Käde* in Wolfrum/Philipp (Hrsg) (Fn 182) 1267ff.

184 Hierzu noch u Rn 70ff.

schaftsbereich bis heute das Bemühen um eine Verbesserung der wirtschaftlichen Situation der Entwicklungsländer. Parallel zu dem weitgehenden Abschluss des von den VN maßgeblich mitbestimmten Prozesses der Dekolonisierung in den 1970er Jahren[185] war es insofern das im VN-System an zahlreichen Stellen institutionell verankerte Bestreben um eine **„New International Economic Order (NIEO)“**, das das internationale Wirtschaftssystem lange Zeit beschäftigte. Das insb im Rahmen der UNCTAD von der sog „Gruppe der 77“ artikulierte Bemühen um eine NIEO verfestigte sich zunächst in der Resolution über „Permanent Sovereignty Over Natural Resources“ vom 14.12.1962 und später dann in der Erklärung und im Aktionsprogramm über die Errichtung einer neuen Weltwirtschaftsordnung vom 1.5.1974,[186] der Resolution über Entwicklung und internationale wirtschaftliche Zusammenarbeit vom 19.9.1973,[187] der Charta der wirtschaftlichen Rechte und Pflichten der Staaten vom 12.12.1974[188] sowie schließlich der Erklärung der 4. UNCTAD-Konferenz von Nairobi 1976 über die Schaffung eines „Integrierten Rohstoff-Fonds“.[189] Inhaltlich ging es den Entwicklungsländern dabei ua um erleichterte Enteignungsmöglichkeiten von Ausländern, verbesserte Ausfuhrmöglichkeiten insb im Rohstoffbereich, Verpflichtungen der industrialisierten Staaten zu einem Technologietransfer in die Entwicklungsländer, eine verstärkte Berücksichtigung von Entwicklungsbelangen im IMF sowie eine Lösung der Schuldenproblematik.[190] Diese Ziele zeigen bereits, dass die NIEO im Kern von interventionistischen und planwirtschaftlichen Ideen geprägt war und somit konzeptionell im deutlichen Widerspruch zum Bretton-Woods-System stand.

54 Die Pläne zur Schaffung einer NIEO stießen auf nachhaltigen Widerstand der industrialisierten Staaten und konnten sich daher international **nicht umfassend** durchsetzen. Allerdings haben einzelne der damals umstrittenen Sachbereiche auch heute noch ihre Bedeutung im Internationalen Wirtschaftsrecht. Das betrifft zB Sonderregelungen im TRIPS zugunsten von Entwicklungsländern,[191] die immer wiederkehrende Diskussion über ein internationales Wettbewerbsrecht in gewisser Nachfolge verschiedener Verhaltenskodizes der 1970er und 1980er Jahre[192] und die rechtliche Struktur der internationalen Rohstoffmärkte.[193] Den umfassendsten kon-

---

185 Im Überblick hierzu *Hobe,* 32ff.

186 UN, Establishment of a New International Economic Order v 1.5.1974, A/RES/S-6/3201 und A/RES/S-6/3202.

187 UN, International Economic Co-operation v 19.9.1973, A/RES/S-7/3362.

188 UN, Charter of Economic Rights and Duties of States v 12.12.1974, A/RES/3281 (XXIX); eingehender zu Inhalt und Bedeutung dieser Resolution *Tomuschat* ZaöRV 36 (1976) 444; *Stemberg* Die Charta der wirtschaftlichen Rechte und Pflichten der Staaten (1983).

189 UNCTAD, Resolution 93 (IV) v Mai 1976.

190 Insg zu Inhalt und Konzept der NIEO ua *Oppermann* in Bryde/Kunig/Oppermann (Hrsg) Neuordnung der Weltwirtschaft? (1986) 11ff; *Bryde* in *ibid,* 29ff; *Kimminich* AVR 20 (1982) 2ff; *Tomuschat* VN 1975, 93ff; *Horn* FS Coing Bd 2 (1982) 149ff.

191 Allgem zum TRIPS → *Götting/Lauber-Rönsberg* § 14 Rn 96ff.

192 Hierzu ua *Horn* RabelsZ 44 (1980) 423ff; *Bryde* Internationale Verhaltensregeln für Private (1981); *Kather* Der Kodex der Vereinten Nationen über wettbewerbsbeschränkende Geschäftspraktiken (1986); ausf zum internationalen Wettbewerbsrecht → *Wagner-von Papp* § 12 Rn 1ff.

193 Hierzu → *Bungenberg/Weiss* § 7 Rn 1ff; *Schorkopf* AVR 46 (2008) 233; *Franke* Historische und aktuelle Lösungsansätze zur Rohstoffversorgungssicherheit (2009).

zeptionellen Ansatz der NIEO haben die Entwicklungsländer indes wohl schon während der Uruguay-Runde des GATT (1986–1994), spätestens dann jedoch auf der neunten UNCTAD-Konferenz (27.4. bis 11.5.1996) in Midrand (Südafrika), bei der ein Bekenntnis zur Notwendigkeit und Bedeutung einer universellen Wirtschaftsliberalisierung abgegeben wurde, aufgegeben.[194]

In der jüngeren Geschichte waren schließlich die Entwicklungen im **Umweltvölkerrecht** prägend für das Internationale Wirtschaftsrecht. Die völkerrechtliche Anerkennung eines genuinen Umweltrechts, das auch unabhängig von staatlichen Souveränitätsinteressen die Umwelt als Rechtsgut schützt,[195] hat zwangsläufig ua zu der Frage nach dem Verhältnis von Ökologie und Ökonomie auf internationaler Ebene geführt. Auf der Grundlage des Brundtland-Berichts, der am 11.12.1987 von der VN-Generalversammlung angenommen wurde,[196] etablierte sich hierzu der Begriff der nachhaltigen Entwicklung. In seiner allgemeinsten Definition ist hierunter eine Entwicklung zu verstehen, „die die Bedürfnisse der Gegenwart befriedigt, ohne die Fähigkeit der künftigen Generation, ihre eigenen Bedürfnisse zu erfüllen, zu beeinträchtigen".[197] Damit umfasst das Konzept nachhaltiger Entwicklung „die Gesamtheit der Umstände, Gegebenheiten und Ressourcen ..., die für die Sicherstellung der Lebensbedingungen künftiger Generationen und damit die Aufrechterhaltung des natürlichen Gleichgewichts notwendig sind"[198]. 55

Obwohl im Einzelnen unklar ist, ob das **Konzept nachhaltiger Entwicklung** auch entwicklungspolitische Aussagen im Verhältnis der industrialisierten Staaten und der Entwicklungsländer betrifft, steht zumindest fest, dass spezifische Gesichtspunkte des umweltschutzorientierten Wirtschaftens im ordnungspolitischen Sinne hiermit in den Blick genommen werden.[199] Das zeigt sich zB in der Präambel des WTO-Übereinkommens, in der ausdrücklich auf das Ziel einer nachhaltigen Entwicklung Bezug genommen wird. In der einschlägigen Rechtsprechung des Appellate Body wurde auch bereits mehrfach auf das Ziel einer nachhaltigen Entwicklung verwiesen, um die Bedeutung des Umweltschutzes im internationalen Wirtschaftssystem herauszustellen.[200] Das steht im Einklang mit entsprechenden Verweisen in der Agenda 21 der Rio-Konferenz zu Umwelt und Entwicklung von 1992.[201] In § 2.3(b) der Agenda 21 heißt es, dass „[t]he international economy should provide a supportive international climate for achieving environment and development goals by ... [m]aking trade and environment mutually supportive ...." Eine ähnliche Formulierung enthält § 2.9(d) der 56

194 S *Melchers* VN 1996, 147ff.

195 Zur Entwicklung im Überblick *Tietje* Verwaltungshandeln, 356ff; *Beyerlin* Umweltvölkerrecht (2000) §§ 2–4; *Proelß* in Graf Vitzthum/Proelß, 532ff.

196 UN, Report of the World Commission on Environment and Development v 11.12.1987, A/RES/42/187.

197 Deutsche Fassung bei *Hauff* Unsere gemeinsame Zukunft (1987).

198 *Epiney/Scheyli* Strukturprinzipien des Umweltvölkerrechts (1998) 52.

199 Weitere Einzelheiten bei *Tietje* Verwaltungshandeln, 365f.

200 WTO, *European Communities – Tariff Preferences* App Body v 7.4.2004, WT/DS246/AB/R para 94f; WTO, *United States – Shrimps* App Body v 12.10.1998, WT/DS58/AB/R para 129.

201 UN, Rio Declaration on Environment and Development v 12.8.1992, A/CONF.151/26; s a Johannesburg Declaration on Sustainable Development v 4.9.2002, verfügbar unter: <un.org/esa/sustdev/documents/WSSD_POI_PD/English/POI_PD.htm>.

Agenda 21, wo als ein Ziel staatlichen Handelns gefordert wird, „[t]o promote and support policies, domestic and international, that make economic growth and environmental protection mutually supportive."

57 Insgesamt zeigt die historische Entwicklung des Internationalen Wirtschaftsrechts damit deutlich, dass neben seiner **fortlaufenden Verrechtlichung** auch eine stetige Ausbreitung seiner rechtsprinzipiellen Grundlagen nachzuweisen ist. Während lange Zeit die Koordination des außenwirtschaftlichen Handelns der Staaten sowie der spezifische Schutz der Wirtschaftssubjekte im Vordergrund des Interesses stand, ist seit der Mitte des 19. Jahrhunderts verstärkt ein ganzheitlicher Ansatz im Sinne einer umfassenden Verrechtlichung aller wirtschaftsrelevanten Sachbereiche mit grenzüberschreitendem Bezug sichtbar. Überdies hat das Internationale Wirtschaftsrecht insb durch die Menschenrechte und das Prinzip nachhaltiger Entwicklung eine umfassende materiellrechtliche und im Rahmen des VN-Systems eine weitreichende institutionelle Basis erlangt.

D. Die heutige tatsächliche Dimension der internationalen Wirtschaft

58 Bereits der Blick auf die historische Entwicklung des internationalen Wirtschaftssystems und Wirtschaftsrechts hat die sich stetig intensivierende **tatsächliche Dimension** der internationalen Wirtschaft deutlich werden lassen. Auf die gegenwärtige Situation bezogen sei insofern auf folgende Zahlen hingewiesen:

59 Im Jahr 2019 entsprach das weltweite Handelsvolumen des Warenexportes einem Wert von ca US-$ 18933 Milliarden; auf der Importseite waren dies US-$ 19263 Milliarden. Für den weltweiten Dienstleistungshandel wurden Werte von US-$ 6139 Milliarden auf der Export- und US-$ 5744 Milliarden auf der Importseite ermittelt.[202] In der regionalen **Verteilung** des Welthandelsvolumens gibt es hierbei freilich **große Unterschiede.** Jeweils deutlich mehr als die Hälfte des Handelsvolumens im Export und im Import von Waren und Dienstleistungen wird in Nordamerika und Westeuropa generiert. An dritter Stelle folgt Asien, der Rest der Welt kann nur geringe Zahlen im Gesamtvolumen vorweisen.[203] Dies führt zwangsläufig auch zu einem nicht unerheblichen Wohlstandsgefälle.[204]

60 Über das aktuelle Handelsvolumen hinausgehend ist auf globaler Ebene insb auch ein Blick auf die wirtschaftlichen **Wachstumsraten der letzten Jahre** und Jahrzehnte zu werfen. Im Exportbereich stellt sich die Entwicklung des weltweiten Handelsvolumens für Güter in Milliarden US-$ wie folgt dar: 1948=59; 1953=84; 1963=157; 1973=579; 1983=1838; 1993=3684; 2003=7380; 2006=11783; 2007=13570; 2011=17816; 2013=18301; 2018=19472. Die Zahlen auf der Importseite korrespondieren hiermit weitgehend.[205] Auf die gesamte Weltproduktion (Waren und Dienstleistungen, Durch-

202 Angaben nach: WTO, World Trade Statistical Review 2019, verfügbar unter: <wto.org/english/res_e/statis_e/wts2019_e/wts19_toc_e.htm>, und UNCTAD: <unctadstat.unctad.org/wds/TableViewer/tableView.aspx?ReportId=101>.

203 WTO, World Trade Statistical Review 2019 (Fn 202).

204 Zu den diesbezüglichen Zahlen und Problemen s zB *Siebert*, 17.

205 Für Details s WTO, World Trade Statistical Review 2019 (Fn 202).

schnitt aus Ausfuhren und Einfuhren) bezogen waren in den Jahren seit 1991 Wachstumsraten zwischen 3,4 % (1991), 10,4 % (1997), 3,7 % (2003), 2,8 % (2013) und 3,5 % (2018) festzustellen. In den Industrieländern betrugen die Wachstumsraten dabei zwischen 1,0 % (1991), 3,3 % (1997), 2,0 % (2003), 1,3 % (2013) und 2,2 % (2018); die chinesische Volkswirtschaft, welche im Zeitraum von 1991 bis 2013 durchgehend Wachstumsraten von jährlich ca 9 % verbuchen konnte, erreichte für das Jahr 2018 eine Wachstumsrate von 6,6 %.[206]

Insgesamt ist in der Geschichte der letzten 250 Jahre fast durchgehend zu beobachten, dass die Wachstumsraten des Welthandels diejenigen des Bruttoinlandsproduktes deutlich übertrafen. Nach den weitgehend kriegsbedingten Entwicklungen der Jahre 1913 bis 1950, die zu einer starken Abnahme des Welthandelsvolumens bzw in den Jahren 1929 bis 1933 geradezu zu einem Kollaps des Welthandels führten, ist seit der Neuordnung des internationalen Wirtschaftssystems nach dem 2. Weltkrieg ein Wachstum des weltweiten Handels in einem historisch unbekannten Ausmaß festzustellen.[207] 61

Im Zusammenhang mit dem Wachstum und der Bedeutung des Welthandelsvolumens zu sehen sind auch die wirtschaftlichen **Entwicklungen im Bereich von Auslandsinvestitionen**. Seit den 1980er Jahren nehmen Auslandsinvestitionen stärker zu als der Welthandel. Mit der zunehmenden Liberalisierung des Welthandels und daraus folgend der zunehmenden Öffnung nationaler Märkte für Auslandsinvestoren hat sich die Summe der jährlichen Auslandsinvestitionen drastisch erhöht. Grenzüberschreitende Investitionen haben sich zwischen 1973 und 1996 von weltweit US-$ 25 Milliarden auf 350 Milliarden jährlich vervierzehntfacht. Der weltweite Bestand an Auslandsinvestitionen durchbrach 1996 die US-$ 3 Billionen-Grenze. Der Anteil von Direktinvestitionen zum Weltwohlstand, dh dem kumulierten Bruttoinlandsprodukt aller Staaten, stieg auf rund 10 %, 1980 waren dies gerade 2 %.[208] Bei dieser Entwicklung kommt Auslandsinvestitionen in Entwicklungsländern eine besondere Bedeutung zu. Sie übersteigen heute deutlich das Volumen der finanziellen Mittel, die als staatliche Entwicklungshilfe transferiert werden.[209] In den Jahren 2001 bis 2003 wurde der Trend eines stetigen Zuwachses der weltweiten Auslandsinvestitionen allerdings vorerst unterbrochen. Nach einem weltweiten Einbruch von minus 41 % im Jahr 2001 und nochmals 5 % im Jahr 2002 betrugen die jährlichen Auslandsinvestitionen im Jahr 2002 aber immerhin noch US-$ 651 Milliarden.[210] Seit 2004 jedoch steigen die Auslandsinvestitionen abermals stark an und erreichten 2007 eine neue Rekordmarke von US-$ 1.833 Milliarden.[211] Aufgrund der Finanzkrise 2007/2008 kam es allerdings zu einem starken Einbruch bei Auslandsinvestitionen, von dem sich die Weltwirtschaft 62

206 Zahlen nach WTO, World Trade Statistical Review 2019 (Fn 202); Sachverständigenrat zur Begutachtung der gesamtwirtschaftlichen Entwicklung, Jahresgutachten 2019/2020, 23: <sachverstaendigenrat-wirtschaft.de/jahresgutachten-2019.html>.

207 Hierzu und zu weiteren Einzelheiten *Rode*, 19ff.

208 Zu den Zahlenangaben s zB *Happ* Schiedsverfahren zwischen Staaten und Investoren nach Artikel 26 Energiechartavertrag (2000) 37ff.

209 Hierzu Weltbank Jahresbericht (2002) 3ff.

210 Ausf hierzu UNCTAD World Investment Report (2003) 3ff.

211 UNCTAD, World Investment Report 2008, Transnational Corporations and the Infrastructure Challenge (2008) 3ff.

erst langsam wieder erholt. Im Jahr 2013 betrugen die jährlichen Auslandsinvestitionen aber bereits wieder US $ 1.450 Milliarden.[212] Das seither gestiegene Volumen erfuhr infolge der Covid-19-Pandemie einen Rückgang auf dieses Niveau mit zuletzt US $ 1.540 Milliarden im Jahr 2019.[213]

63 Als dritter Faktor der internationalen Wirtschaft, der unter tatsächlichen Gesichtspunkten Aufmerksamkeit verdient, ist auf die **Entwicklung des internationalen Finanzmarktes** aufmerksam zu machen. Die täglichen weltweiten Devisenhandelsumsätze betrugen Ende der 1970er Jahr ca US-$ 75 Milliarden und Mitte der 1980er Jahre ca US-$ 150 Milliarden. Mitte der 1990er Jahre belief sich der tägliche weltweite Devisenumsatz bereits auf ca US-$ 1000 Milliarden. Im Verhältnis zum Wachstum des Welthandels entsprachen die Umsätze auf den Devisenmärkten dabei im Jahr 1986 dem Fünfundzwanzigfachen des Welthandelsvolumens; im Jahre 1990 war dieses Verhältnis bereits auf das Siebzigfache angestiegen.[214]

64 Die dargelegten internationalen Entwicklungen prägen zwangsläufig auch die Rolle und Bedeutung der internationalen Wirtschaft für die einzelnen Staaten. Das zeigt sich insb für die **Bundesrepublik Deutschland**. Während die Einfuhren nach Deutschland im Jahre 1950 bei ca € 5,8 Millionen und die Ausfuhren im selben Jahr bei ca € 4,2 Millionen lagen, beliefen sie sich auf ca € 734 Milliarden (Einfuhren) bzw ca € 893 Milliarden (Ausfuhren) im Jahre 2006 und bereits ca € 1328 Milliarden (Ausfuhren) bzw ca € 1104 Milliarden (Einfuhren) im Jahre 2019. In Folge der Covid-19-Pandemie kam es im Jahr 2020 zu einem mäßigen Rückgang auf ca € 1205 Milliarden (Ausfuhren) bzw ca € 1025 Milliarden (Einfuhren).[215] Im Bereich des Güterhandels nahm Deutschland viele Jahre den weltweit zweiten Platz im Gesamthandelsvolumen nach den USA ein, zwischenzeitlich ist hier China vorgerückt. Bei diesen Zahlen ist allerdings zu beachten ist, dass ca 52 % der Ein- und Ausfuhren Deutschlands mit EU-Mitgliedstaaten abwickelt werden. Ähnlich stellt sich die Situation für Deutschland beim Dienstleistungshandel dar: Hier belegte Deutschland im Jahr 2019 mit einem Exportvolumen von ca US-$ 335 Milliarden Platz drei nach den USA und dem Vereinigten Königreich, mit einem Importvolumen von ca US-$ 362 Milliarden ebenfalls Platz drei hinter den USA und China.[216]

65 Die vorstehend genannten Zahlen verdeutlichen die **gesamtgesellschaftliche Relevanz** der internationalen Wirtschaft. Das gilt insg für das internationale System, gerade aber auch für die Bundesrepublik Deutschland. Da letztlich jede der genannten Zahlen mit einer konkreten wirtschaftlichen Transaktion verbunden ist, die ihrerseits wiederum abstrakt oder konkret von Rechtsnormen bestimmt ist, erweist sich überdies, welche Bedeutung dem Internationalen Wirtschaftsrecht zukommt.

---

212 UNCTAD, World Investment Report 2014, 1.

213 UNCTAD, World Investment Report 2020, International Production beyond the Pandemic (2020) X.

214 Zu den Zahlen s zB *Tietje* in Klein/Volger (Hrsg) Globale Problemlösungen in der Bewährungsprobe – Bilanz der Arbeit der Vereinten Nationen vor dem Milleniumsgipfel 2000 (2001) 41ff.

215 Die Zahlen sind auf der Homepage des Statistischen Bundesamtes verfügbar: <destatis.de/DE/Themen/Wirtschaft/Konjunkturindikatoren/Lange-Reihen/Aussenhandel/lrahl01a.html>.

216 WTO, Trade Profiles, verfügbar unter <wto.org/english/res_e/statis_e/trade_profiles_list_e.htm>.

E. Prinzipien des Internationalen Wirtschaftsrechts

Das Internationale Wirtschaftsrecht ist als Rechtsordnung von verschiedenen Rechtsprinzipien geprägt, die in einem unmittelbaren Zusammenhang zu den materiellen Grundstrukturen, die den Begriff „Internationales Wirtschaftsrecht“ kennzeichnen,[217] stehen. Als Rechtsprinzipien werden dabei im Schrifttum zum Internationalen Wirtschaftsrecht in weitgehender Übereinstimmung mit entsprechenden allgemeinen rechtstheoretischen Überlegungen Rechtsnormen bezeichnet, die im Gegensatz zu Rechtsregeln nicht unmittelbar subsumtionsfähig sind, sondern „gebieten, dass etwas in einem relativ auf die rechtlichen und tatsächlichen Möglichkeiten möglichst hohen Maße realisiert wird“.[218] Die Existenz von Rechtsprinzipien ist im Internationalen Wirtschaftsrecht – ebenso wie im allgemeinen Völkerrecht[219] – dem Grund nach anerkannt.[220] Sie dienen nicht nur dazu, Lückenprobleme im Bereich der positiven Rechtsregeln juristisch lösen zu können, sondern dienen auch zur **Systematisierung einer Rechtsordnung** allgemein und damit auch des Internationalen Wirtschaftsrechts als Rechtsordnung.[221] 66

Rechtsprinzipien können danach differenziert werden, ob sie eine subjektiv-rechtliche oder eine objektiv-rechtliche Dimension einnehmen.[222] Diese Differenzierung findet auch im Internationalen Wirtschaftsrecht Anwendung. In ihrer subjektiv-rechtlichen Dimension konstituieren die Rechtsprinzipien des Internationalen Wirtschaftsrechts den Grundsatz der Selbststeuerung. Rechtsprinzipien mit objektiv-rechtlicher Dimension normieren zusätzliche Ordnungsstrukturen, die den Grundsatz der Selbststeuerung ergänzen oder auch einschränken können. 67

I. Rechtsprinzipien mit subjektiv-rechtlicher Dimension im Internationalen Wirtschaftsrecht

Grundlage des Wirtschaftens als Sachgegenstand des Internationalen Wirtschaftsrechts ist die Möglichkeit einer **optimalen Ressourcenallokation** aufgrund rationaler Entscheidungen der Wirtschaftssubjekte. Realisieren kann sich die so notwendige „spontane Ordnung“ nur, wenn den Wirtschaftssubjekten als natürlichen und juristischen Personen ein Grundbestand an Freiheits- und Gleichheitsrechten garantiert ist, sie also dem Grunde nach tatsächlich unter Gleichheitsbedingungen freiheitlich handeln können. Erst durch die Gewährleistung von Privatautonomie, Gewerbefreiheit und Eigentumsschutz sowie ergänzend hierzu einer effektiven Rechtspflege ist es möglich, Transaktionskosten zu minimieren und so zu optimalen Wohlfahrtsgewin- 68

217 S o Rn 8ff.

218 *Alexy* Theorie der Grundrechte, 3. Aufl (1996) 75; *ders* Recht, Vernunft, Diskurs (1995) 216.

219 Hierzu ausf *Tietje* Verwaltungshandeln, 220ff mwN.

220 Grundl *Schwarzenberger*, 66ff; sowie *Roessler* GYIL 21 (1978) 27ff; *Riedel* Theorie der Menschenrechtsstandards (1986) 284ff; *Oppermann/Conlan* ORDO 41 (1990) 75/81f, *Weiler* Colum J Transnat'l L 42 (2003) 35ff, jeweils mwN.

221 Allgemein hierzu mit Blick auf die internationale Rechtsordnung *Tietje* Verwaltungshandeln, 220f.

222 *Alexy* (Fn 218), 117ff.

nen zu gelangen. Diese marktwirtschaftliche, durch individuelle Rechtsgarantien konstituierte Ausrichtung der Wirtschaftsordnung kann heute als „Leitvorstellung" des Internationalen Wirtschaftsrechts bezeichnet werden.[223]

69 Rechtlich werden die wesentlichen Freiheits- und Gleichheitsgarantien der individuellen Wirtschaftssubjekte durch die **internationalen Menschenrechte** gewährleistet. Die fundamentale Bedeutung von Menschenrechten wird bereits in der UN-Charta hervorgehoben (siehe insb Art 1 Nr 3 und Art 55 lit c) UN-Charta). Aufbauend auf den Vorgaben der Charta hat der internationale Menschenrechtsschutz seit 1945 eine beachtliche rechtliche Verfestigung gefunden. Heute kann mit guten Gründen davon gesprochen werden, dass der rechtliche Schutz des Menschen ein **„konstitutionelles Prinzip der Völkerrechtsordnung"** darstellt.[224]

70 Inhaltlich umfasst der internationale Menschenrechtsschutz zunächst die Garantie der klassischen Freiheits- und Gleichheitsrechte. Hierzu gehören der Schutz der Menschenwürde, des Lebens und der körperlichen Unversehrtheit, der Privatsphäre (einschließlich Brief-, Post- und Fernmeldegeheimnis sowie Unverletzlichkeit der Wohnung), die Kommunikationsgrundrechte, die Glaubens-, Gewissens- und Religionsfreiheit, die Eigentumsgarantie, die Freizügigkeit, das Diskriminierungsverbot sowie umfassende rechtsstaatliche Verfahrensgarantien.[225] Diese klassischen Abwehrrechte werden auch als **Menschenrechte der ersten Generation** bzw Dimension bezeichnet.[226] Sie konstituieren im hier interessierenden Zusammenhang den für die spontane Ordnung der Wirtschaft zwingend notwendigen Rechtsrahmen, der den Wirtschaftssubjekten freiheitliche Entscheidungen unter Gleichheitsbedingungen ermöglicht. Entscheidend ist dabei, dass die genannten Menschenrechte – von Ausnahmen wie dem Folterverbot und dem Verbot der unmenschlichen und erniedrigenden Behandlung abgesehen – zwar nicht schrankenlos gewährleistet sind, ihre Einschränkungen aber einer gesetzlichen Grundlage und einer entsprechenden staatlichen Rechtfertigung unter Beachtung des Verhältnismäßigkeitsgrundsatzes bedürfen.[227] Damit bestätigt sich nochmals das bereits mehrfach erwähnte Regel-/Ausnahmeverhältnis von Selbst- und Fremdsteuerung als konstitutionelle Grundlage einer spontanen Ordnung.

71 Neben den Menschenrechten der ersten Generation/Dimension haben sich insb durch den Internationalen Pakt über wirtschaftliche, soziale und kulturelle Rechte (IPwirtR) vom 19. Dezember 1966[228] die sog **Zweitgenerationsrechte** entwickelt.[229] Hierzu gehören ua das Recht auf Arbeit, auf einen angemessenen Lebensstandard, auf Gesundheit und auf Bildung. Auch wenn bei einem Ratifikationsstand des IPwirtR von 171 Staaten (Stand: März 2021)[230] von einer nahezu universellen Anerkennung dieser Rechte gesprochen werden kann, ist doch ihr spezifischer Verpflichtungsgehalt zu be-

---

223 *Herdegen* § 4 Rn 8.

224 In diese Richtung *Hobe*, 353f.

225 Eine ausf Darstellung der einzelnen Rechte bietet *Seidel* Handbuch der Grund- und Menschenrechte auf staatlicher, europäischer und universeller Ebene (1996).

226 Zu den Dimensionen der Menschenrechte s umfassend *Riedel* (Fn 220); im Überblick zB *Hobe*, 354f.

227 S zur Schranken- und Schranken-Schrankensystematik der Menschenrechte im Überblick zB *Nowak* Einführung in das internationale Menschenrechtssystem (2002) 71ff.

228 BGBl 1973 II, 1570.

229 Umfassend zur historischen Entwicklung *Klee*, 55ff.

230 Aktuelle Informationen zum Ratifikationsstand sind verfügbar unter <indicators.ohchr.org>.

achten. Im Gegensatz zu den Menschenrechten der ersten statuieren die Rechte der zweiten Generation nur eine Verpflichtung zur progressiven Verwirklichung (vgl Art 2 I IPwirtR). Hierbei handelt es sich nicht um eine reine Programmformel, der kein rechtlicher Verpflichtungsgehalt zukommt. Allerdings stehen den Vertragsstaaten im Hinblick auf die Verwirklichung der wirtschaftlichen, sozialen und kulturellen Rechte weitergehende Beurteilungs- und Abwägungsfreiräume zu als dies im Bereich der klassischen Abwehrrechte der Fall ist.[231]

Schließlich wird das Internationale Wirtschaftsrecht durch die Debatte über Menschenrechte der dritten Dimension bestimmt. Die rechtspolitische Initiative für entsprechende Rechte ging insb von den Entwicklungsländern aus. Zu den Menschenrechten der **dritten Dimension** gehören in erster Linie **kollektive Rechte** wie das Recht auf eine saubere Umwelt, auf Frieden und Sicherheit sowie auf Entwicklung.[232] Völkerrechtlich ist sehr umstritten, ob diese Rechte bereits universelle Geltung beanspruchen können. Vertraglich sind sie bislang nur vereinzelt niedergelegt, insb auf regionaler Ebene in der Afrikanischen Charta der Rechte der Menschen und der Völker vom 26. Juni 1981.[233] Eine völkergewohnheitsrechtliche Geltung der Rechte wird insb von den industrialisierten Staaten bestritten.[234] 72

Von den Menschenrechten der dritten Dimension ist für das Internationale Wirtschaftsrecht insb das **Recht auf Entwicklung** von zentraler Bedeutung. Spätestens seit der Verabschiedung der *Declaration on the Right to Development* der UN-Generalversammlung am 4. Dezember 1986[235] bestimmt das Recht auf Entwicklung die weltweite wirtschaftspolitische Diskussion. In jüngerer Zeit wurde die Bedeutung des Rechts auf Entwicklung insb in dem Abschlussdokument der Wiener Weltmenschenrechtskonferenz[236] sowie in einer entsprechenden Resolution der UN-Menschenrechtskommission[237] hervorgehoben. In den Dokumenten wird in aller Deutlichkeit davon gesprochen, dass es sich bei dem Recht auf Entwicklung um ein „inalienable human right" handele.[238] Inhaltlich wird das Recht auf Entwicklung definiert als Menschenrecht „by virtue of which every human person and all peoples are entitled to participate in, contribute to, and enjoy economic, social, cultural and political development, in which all human rights and fundamental freedoms can be fully realized"[239]. 73

Die genaue völkerrechtliche Stellung des Rechts auf Entwicklung ist bis heute nicht abschließend geklärt. Das betrifft insb die Frage, ob es sich bereits um Völkergewohnheitsrecht handelt.[240] Hierfür spricht die wiederholte und uneingeschränkte Hervorhebung der Bedeutung und Geltung des Rechts auf Entwicklung in verschiedenen 74

231 Umfassend hierzu *Klee*, 55ff.

232 Im Überblick *Hobe*, 355; ausf *Riedel* EuGRZ 1989, 9ff.

233 ILM 21 (1982) 59ff; ausf *Kriesel* Peoples' Rights (2020) 272ff.

234 *Hobe*, 352.

235 UN, Declaration on the right to development v 4.12.1986, A/RES/41/128.

236 UN, Vienna Declaration and Programme of Action, A/Conf.157/23 (1993).

237 UN, The Right to Development, Commission on Human Rights Resolution v 28.4.1999, E/CN.4/RES/1999/79.

238 S zB Abs 2 Commission on Human Rights Resolution v 28.4.1999, E/CN.4/RES/1999/79; Art 1 Declaration on the Right to Development v 4.12.1986, A/RES/41/128.

239 Art 1 Declaration on the Right to Development v 4.12.1986, A/RES/41/128.

240 Zur Diskussion im Überblick *Klee*, 150ff; *Tietje* FS Delbrück (2005) 783/800ff jeweils mwN.

internationalen Dokumenten der letzten Jahre. Bedenken an der völkergewohnheitsrechtlichen Geltung des Rechts ergeben sich indes aus seiner inhaltlichen Weite, die eine genaue Konkretisierung deutlich erschwert.

75 Ungeachtet der noch nicht abschließend geklärten Frage nach dem Rechtstatus eines umfassenden Rechts auf Entwicklung, hat es aber in jedem Fall folgende aktuelle Bedeutung für das Internationale Wirtschaftsrecht. Zunächst ist zu beachten, dass – wie bei allen Rechten der dritten Dimension – auch das Recht auf Entwicklung durch eine **subjektiv-rechtliche und eine objektiv-rechtliche Komponente** geprägt ist. Im subjektiv-rechtlichen Bereich bestätigt das Recht auf Entwicklung die untrennbare Einheit zwischen den Menschenrechten und der wirtschaftlichen Entwicklung. So heißt es in der Resolution der UN-Menschenrechtskommission zum Recht auf Entwicklung explizit, dass ua „[r]espect for all human rights and fundamental freedom [is] ... an essential part of the necessary foundations for the realization of social- und people-centred sustainable development".[241] Damit steht das Recht auf Entwicklung nicht im Konflikt zur bereits dargelegten rechtsnormativen Ausrichtung des Internationalen Wirtschaftsrechts insgesamt – im Gegenteil: Die Gewährleistung von Menschenrechten als Grundlage für die spontane Ordnung der Wirtschaft wird bekräftigt. Die Entwicklung eines darüber hinausgehenden Menschenrechtes auf Entwicklung im eigentlichen Sinne bleibt vorerst indes abzuwarten. Allerdings hat es hier durch eine erste Entscheidung der African Commission on Human and Peoples' Rights vom 4. Februar 2010 in der Rechtssache *„Centre for Minority Rights Development (Kenya) and Minority Rights Group International on behalf of Endorois Welfare Council v. Kenya"* eine wichtige Entwicklung gegeben.[242] In dieser Entscheidung stellt die afrikanische Menschenrechtskommission eine Verletzung des in Art 22 der Charta statuierten Rechts auf Entwicklung aufgrund einer Zwangsumsiedlung einer indigenen Volksgruppe fest. Weiterhin legte am 8. März 2010 die „High Level Task Force on the Implementation of the Right to Development", deren Aufgabe in der Konkretisierung des Rechts auf Entwicklung bestand, ihren vorläufigen Bericht zu den „right to development criteria and operational sub-criteria" vor. Hiernach werden drei Merkmale (attributes) (comprehensive and human-centred development policy; participartory human rights processes; social justice in development), 18 Kriterien (criteria), 68 Unterkategorien (sub-criteria) und 149 Indikatoren (indicators) zum Recht auf Entwicklung ausgemacht.[243]

76 Weiterhin bestehen zwischen dem Recht auf Entwicklung in seiner objektiv-rechtlichen Dimension und bestehenden Rechtsprinzipien des Internationalen Wirtschaftsrechts, auf die sogleich noch näher einzugehen ist, zahlreiche Überschneidungen. Das gilt namentlich für die **internationale Kooperationspflicht** im Internationalen Wirtschaftsrecht, die ihre Grundlage in Art 55, 56 UN-Charta findet. Vor diesem Hintergrund ist das Internationale Wirtschaftsrecht schon jetzt, selbst wenn man das Recht auf Entwicklung noch nicht als Völkergewohnheitsrecht anerkennt, von objektivrechtlichen Rechtsprinzipien geprägt, die inhaltlich auch mit dem Recht auf Entwicklung umschrieben werden.

---

241 3 lit f) Commission on Human Rights Resolution v 28.4.1999, E/CN.4/RES/1999/79.

242 AfCoHPR Communication v 25.11.2009, 276/2003, hierzu umfassend *Kriesel* (Fn 233) 353ff und *passim*.

243 UN Dok A/HRC/15/WG.2/TF/2/Add.2 v 8.3.2010.

II. Rechtsprinzipien mit objektiv-rechtlicher Dimension im Internationalen Wirtschaftsrecht

In objektiv-rechtlicher Hinsicht wird das Internationale Wirtschaftsrecht von Rechtsprinzipien geprägt, die historisch und aktuell ihre Grundlage in Art 55, 56 UN-Charta finden. In einem weiteren historischen Schritt kann dabei auch auf die Atlantik-Charta von 1941 verwiesen werden, in der bereits die grundlegenden Prinzipien des internationalen Wirtschaftssystems formuliert wurden.[244] Die in der Atlantik-Charta sowie in der UN-Charta zum Ausdruck kommenden grundlegenden Ziele des internationalen Wirtschaftssystems lassen sich zwischenzeitlich recht weit reichend konkretisieren und rechtsnormativ absichern. Im Einzelnen sind insofern folgende Rechtsprinzipien des gegenwärtigen internationalen Wirtschaftssystems mit **objektiv-rechtlicher Dimension** zu nennen: 1) Die Beachtung der *rule of law* in den internationalen Wirtschaftsbeziehungen und das Prinzip der *good governance*; 2) das Prinzip der Offenheit der Märkte; 3) das Nichtdiskriminierungsprinzip; 4) das Prinzip relativer staatlicher Regelungsfreiheit; 5) das Kooperations- und Solidaritätsprinzip; und 6) das Prinzip der Bewahrung und gerechten Verteilung von globalen öffentlichen Gütern. 77

1. Die Beachtung der Rule of Law in den internationalen Wirtschaftsbeziehungen und das Prinzip der Good Governance

Es sollte eigentlich eine Selbstverständlichkeit sein, dass das Recht die maßgebliche Handlungsvorgabe im internationalen Wirtschaftssystem darstellt und insofern dem Internationalen Wirtschaftsrecht als Prämisse die Rechtsgebundenheit wirtschaftlich relevanter Verhaltensweisen zugrunde liegt. Eine solche, an der *rule of law* orientierte Ausrichtung des internationalen Wirtschaftssystems war hingegen lange Zeit nicht oder nur schwer nachzuweisen. Die internationalen Wirtschaftsbeziehungen wurden insb von den Staaten als Akteure in erster Linie als **politisch determinierte Machtbeziehungen** aufgefasst, was die Effektivität des Rechts in den maßgeblichen Rechtsregimen deutlich beeinträchtigte. Das galt lange Zeit insb im Welthandelsrecht und im internationalen Finanz- und Währungsrecht.[245] Dem entsprach es, dass aus staatlicher Sicht die internationalen Wirtschaftsbeziehungen dem gubernativen Bereich der „auswärtigen Gewalt" zugeordnet und damit weitgehend den Geboten rechtsstaatlichen Handelns entzogen wurden.[246] Insofern war das internationale Wirtschaftssystem von einem machtorientierten (power-oriented) und nicht von einem rechtsnorm- 78

244 S bereits o Rn 47.

245 Für das Welthandelsrecht s insb die Analysen von *Jackson* Law & Policy in Int'l Business 12 (1980) 21/27f; *ders* The World Trading System, 2. Aufl (2000) 109ff; *ders* Michigan Law Review 82 (1984) 1570/1571f; für das internationale Finanz- und Währungsrecht s zB *Bayne*/ *Woolcock* in dies (Hrsg) The New Economic Diplomacy – Decision-making and negotiation in international economic relations 3. Aufl (2013) 359/369f.

246 Zur Bedeutung des Begriffes der auswärtigen Gewalt s *Tietje* Verwaltungshandeln, 182ff; *Calliess* in Isensee/Kirchhof (Hrsg), HdbStR Bd IV, 3. Aufl (2006) § 83.

orientierten (rule-oriented) Ansatz geprägt.[247] Die *rule of law* hatte als Rechtsprinzip keine nachhaltige Bedeutung.

79 Bereits in der Seoul-Erklärung der International Law Association über die fortschreitende Entwicklung von Völkerrechtsprinzipien einer neuen Weltwirtschaftsordnung vom August 1986,[248] der eine große Bedeutung für die Entwicklung von Rechtsprinzipien des Internationalen Wirtschaftsrechts zukommt,[249] wurde jedoch die Herrschaft des Völkerrechts iVm dem Rechtsgrundsatz *pacta sunt servanda* in den internationalen Wirtschaftsbeziehungen herausgestellt (Prinzipien 1 und 2). Spätestens ab Mitte der 1990er Jahre konnte sich die *rule of law* dann auch umfassend im internationalen Wirtschaftssystem etablieren. Zunächst einmal erfuhr das Welthandelsrecht mit dem Inkrafttreten der WTO-Übereinkommen zum 1. Januar 1995 eine unübersehbare Verrechtlichung.[250] Überdies zwang die internationale Finanzkrise in den Jahren 1997/98 den internationalen Währungsfonds und die Weltbank, den für die Stabilität des internationalen Finanzsystems maßgeblichen Regeln eine verstärkte rechtliche Geltungskraft zuzuweisen.[251] Auch nach der Finanzkrise 2007/2008 kam es nochmals zu einer zunehmenden Verrechtlichung im Finanzsystem.[252] Damit zeigte sich insgesamt im Bretton-Woods-System eine Abwendung von einem *power-oriented* und Hinwendung zu einem *rule-oriented* approach. Mit Blick auf das Welthandelsrecht wurde dies auch bereits mehrfach in WTO-Streitbeilegungsentscheidungen bestätigt.[253] Überdies hat die International Law Association die Bedeutung der Rechtsgebundenheit des internationalen Wirtschaftssystems in ihrer „Declaration on the Rule of Law in International Trade" aus dem Jahre 2000 eindrucksvoll unterstrichen.[254]

80 Über die reine Rechtsbindung im Internationalen Wirtschaftsrecht hinausgehend ergeben sich aus der *rule of law* verschiedene weitere Rechtsprinzipien, die heute weitgehend einheitlich in der internationalen Streitbeilegungspraxis der WTO und der internationalen Schiedsgerichtsbarkeit anerkannt sind. Hierzu gehören zunächst die **Gebote der Rechtssicherheit und des Vertrauensschutzes** und damit im Zusammenhang stehend der zumindest mittelbaren Rechtsrelevanz von Präjudizien.[255] Weiterhin zu nennen sind das Transparenzprinzip, das Prinzip von Treu und Glauben, das Rechtsmissbrauchsverbot, der Verhältnismäßigkeitsgrundsatz sowie das Prinzip des fairen Verfahrens (*due process*).[256] Damit zeigt sich insgesamt, dass sich auf der

---

247 Zu den Begriffen und ihrer Bedeutung s *Jackson* Law & Policy in Int'l Business 12 (1980) 21/27f; *ders* (Fn 245), 109ff; *ders* Michigan Law Review 82 (1984) 1570/1571f; zur Diskussion im Überblick *Tietje* Grundstrukturen, 113ff.

248 International Law Association, Report of the Sixty-Second Conference (1986) 2ff.

249 Ausf *Oppermann* FS Seidl-Hohenveldern (1988) 449ff; *French* Netherlands International Law Review (2008) 3ff.

250 Statt vieler *Krenzler* in Prieß/Berrisch (Hrsg) WTO-Handbuch (2003) A.I. Rn 31ff.

251 *Bayne/Woolcock* in dies (Hrsg) (Fn 245) 287.

252 Zu den Entwicklungen siehe *Tietje* Architektur der Weltfinanzordnung (2011).

253 S insb WTO, *India – Quantitative Restrictions* Panel v 6.4.1999, WT/DS90/R, para. 5.101.

254 International Law Association, Report of the Sixty-Ninth Conference (2000) 193ff.

255 Ausf mit entspr Nachweisen hierzu *Weiler* Colum J Transnat'l L 42 (2003) 35/45ff.

256 Einzelheiten bei *Weiler* Colum J Transnat'l L 42 (2003) 35/77ff; *Hilf* JIEL 4 (2001) 111ff; zu Ausprägungen und Bedeutungen des Transparenzprinzips im Internationalen Wirtschaftsrecht eingehend *Zoellner* Michigan JIL 27 (2006) 579ff.

Grundlage der *rule of law* verstärkt rechtsstaatliche Strukturen des Internationalen Wirtschaftsrechts herausbilden. Besonders deutlich wird dies, wenn man die Spruchpraxis internationaler Investitionsschiedsgerichte analysiert.[257]

In einem engen Zusammenhang zur *rule of law* wird seit Ende der 1980er Jahre das übergreifende **Prinzip der good governance** diskutiert.[258] Der Begriff wurde 1989 durch den Präsidenten der Weltbank im Vorwort zum World Development Report erstmals erwähnt und gehört seitdem zum Standardrepertoire im Internationalen Wirtschaftsrecht.[259] Verallgemeinernd werden mit *good governance* die „Steuerungs- und Regelungsprämissen für die ökonomische, soziale, politische Entwicklung bezeichnet, und zwar va im Hinblick auf die Dritte Welt, aber auch für Transformationsländer, also etwa Verantwortlichkeit als Festlegung von Zuständigkeiten, Rechenschaftspflichten, Kontrollen, verlässliches Recht als *rule of law*, Unabhängigkeit der Gerichte, Absicherung von Eigentumsrechten, Transparenz im Sinne des Zugangs zu Informationen, des Abbaus von Transaktionskosten, der Akzeptanz von politischen Entscheidungen".[260] Aus ökonomischer Perspektive zielt *good governance* damit auf die Schaffung von Rahmenbedingungen ab, die eine optimale Ressourcenallokation ermöglichen. Das entspricht Überlegungen, die frühzeitig bereits von *Max Weber* entwickelt wurden.[261] Seine deutlichste Ausprägung findet der good governance-Ansatz in Verbindung mit der *rule of law* heute im positiven Recht im *fair and equitable treatment standard* des internationalen Investitionsschutzrechts.[262] 81

Good governance ist heute zentraler rechtlicher und gesellschaftspolitischer Ansatzpunkt für die Tätigkeit der maßgeblichen internationalen Währungs-, Finanz- und Entwicklungsorganisationen. Als Rechtsprinzip im Sinne eines **Optimierungsgebots**[263] geht es dabei darum, verlässliche rechtliche und politische Rahmenbedingungen in den Staaten zu schaffen, damit es zu optimalen Wohlfahrtsgewinnen auf der Grundlage einer spontanen Ordnung des Marktes kommen kann. Insofern erweitert das *good-governance*-Konzept das Prinzip der *rule of law* um soziale und gesellschaftspolitische Aspekte. Die inhaltliche Ausrichtung des *good-governance*-Konzeptes entspricht dabei der verfassungsrechtlichen Dimension des Internationalen Wirtschaftsrechts insgesamt. 82

---

257 Ausf hierzu *Schill* in ders (Hrsg) International Investment Law and Comparative Public Law (2010) 151.

258 Allgemein hierzu auch ua *Esty* JIEL 10 (2007) 509ff; *Dolzer/Herdegen/Vogel* (Hrsg) Good Governance – Gute Regierungsführung im 21. Jahrhundert (2007); *Dolzer* ZaöRV 64 (2004) 535ff; *Rudolf* FS Tomuschat (2006) 1007ff; *Hill* in Schuppert (Hrsg) Governance-Forschung, 2. Aufl (2006) 220ff.

259 Ausf zur Genese *Botchway* Florida JIL 13 (2001) 159/162ff.

260 *König* Verwaltete Regierung (2002) 4f.

261 Ausf *Botchway* Florida JIL 13 (2001) 159/167ff.

262 S *Schill* IILJ Working Paper 2006/6 (Global Administrative Law Series), verfügbar unter <https://iilj.org/wp-content/uploads/2016/08/Schill-Fair-and-Equitable-Treatment-under-Investment-Treaties-as-an-Embodiment-of-the-Rule-of-Law-2006-2.pdf>.

263 Zur Einordnung von *good governance* als Rechtsprinzip ausf *Botchway* Florida JIL 13 (2001) 159/180ff.

2. Das Prinzip der Offenheit der Märkte

83 Für das internationale Wirtschaftssystem ist der ökonomische Grundsatz internationaler Arbeitsteilung im Sinne der **Theorie komparativer Kostenvorteile konstitutiv**. Wohlfahrtsgewinne durch internationale Arbeitsteilung können nur dann entstehen, wenn im internationalen Wirtschaftsverkehr Marktzugangsschranken abgebaut werden. Marktzugangsschranken können in der Form von Zöllen oder von nichttarifären Handelshemmnissen[264] bestehen, und zwar im Handels-, Dienstleistungs- und Investitionsbereich gleichermaßen. Das zentrale Anliegen des Internationalen Wirtschaftsrechts nach dem 2. Weltkrieg ist es, eine universelle Zollsenkung verbunden mit einem Abbau nichttarifärer Handelshemmnisse zu realisieren. Dabei wurde und wird allerdings kein universelles Freihandelsregime angestrebt, sondern aus rechtsprinzipieller Perspektive nur eine Liberalisierung des Marktzuganges. Zwischenzeitlich wurde dieser Ansatz auch auf den Dienstleistungshandel, einschließlich ausländische Direktinvestitionen und Finanzmärkte, ausgedehnt, obwohl die Liberalisierungsfortschritte im Warenhandelsbereich sicherlich am intensivsten sind.

84 Historisch lässt sich die primäre Konzentration des Internationalen Wirtschaftsrechts, insb in der Gestalt des GATT 1947, auf eine Zollreduzierung in Anlehnung an die Politik gemäßigter Schutzzölle in der zweiten Hälfte des 19. Jahrhunderts erklären.[265] Im Gegensatz zu dem Neomerkantilismus nach der Weltwirtschaftskrise 1929, der durch den umfangreichen Einsatz tarifärer und nichttarifärer Handelshemmnisse vieler Staaten gekennzeichnet war,[266] zeichnete sich das Welthandelssystem im 19. Jahrhundert durch einen weitgehenden Freihandel aus.[267] An diese Tradition der „golden days before World War I“ sollte im Internationalen Wirtschaftsrecht nach 1945 angeknüpft werden,[268] was auch mit den negativen Erfahrungen der amerikanischen Hochzollpolitik durch den *Smoot-Hawley-Tariff Act* vom 17. Juni 1930 zu erklären ist. Politisch war die Konzentration auf eine Zollreduzierung im GATT 1947 überdies ein Kompromiss zwischen absolutem Freihandel und der rigiden Durchsetzung partikularer Interessen mittels protektionistischer Mittel. Eine völlige Beseitigung weltweiter Handelsschranken war international nicht durchzusetzen.[269] Hierfür waren die wirtschaftlichen Probleme insb vieler europäischer Staaten nach dem 2. Weltkrieg zu gravierend, was dazu führte, dass man den Schutz der heimischen Wirtschaft nicht zugunsten einer völligen Liberalisierung des Welthandelssystems aufgeben wollte oder konnte.[270] Gestützt wurden diese politischen Ziele durch die damals gerade in England populären Lehren zur Vollbeschäftigung von *Keynes*.[271] Um

---

264 Zum Begriff der nichttarifären Handelshemmnisse s ausf *Tietje* Grundstrukturen, 30ff.

265 Zur historischen Entwicklung s bereits o Rn 35ff; sowie *Erler* 73ff; *Frantz* 25 Jahre Welthandelspolitik (1975) 31f.

266 *Frantz* (Fn 265) 33ff; *Erler* 83ff.

267 Ausf hierzu bereits o Rn 41ff.

268 *Senti* GATT-WTO – Die neue Welthandelsordnung nach der Uruguay-Runde (1994) 54; s hierzu insb auch die Ausführungen von *Wilcox* A Charter for World Trade (1949) 4f, der für die USA maßgeblich an der Ausarbeitung der Havanna-Charta beteiligt war.

269 S hierzu die Nachweise aus der Verhandlungsgeschichte der Havanna-Charta bei *Jackson* World Trade and the Law of GATT (1969) 310f.

270 *Wilcox* (Fn 268) 83.

271 *Erler* 101.

aber trotzdem die notwendige Liberalisierung des Welthandels zu erreichen, wurde der Kompromiss über den schrittweisen **Abbau von Zollschranken** iVm einem weitergehenden Verbot sonstiger Handelsbeschränkungen gefunden. Rational begründen lässt sich diese Lösung aus wirtschaftspolitischen Überlegungen, die am eindrucksvollsten von *Wilcox* formuliert wurden:

> „Tariffs permit the volume of trade to grow as costs and prices fall abroad and income and demand increase at home. They permit prices and production within each country to adopt themselves to the changing conditions of the world economy. They permit the direction of trade to shift with changes in comparative efficiency. They can be so devised and administered as to accord equal treatment to all other states. They leave the guidance of trade to private business, uninfluenced by considerations of international politics. Tariffs are the most liberal method that has been devised for the purpose of restricting trade. They are consistent with multilateralism, non-discrimination, and the preservation of private enterprises. Quantitative restrictions, by contrast, impose rigid limits on the volume of trade. They insulate domestic prices and production against the changing requirements of the world economy. They freeze trade into established channels. They are likely to be discriminatory in purpose and effect. They give the guidance of trade to public officials; they cannot be divorced from politics. They require public allocation of imports and exports among private traders and necessitate increasing regulation of domestic business. Quantitative restrictions are among the most effective methods that have been devised for the purpose of restricting trade. They make for bilateralism, discrimination, and the regimentation of private enterprises."[272] 85

86 Die Aussage von *Wilcox* über die Entscheidung für eine gemäßigte Zollpolitik und damit einhergehend eine **absolute Absage an quantitative Handelsbeschränkungen** kann auf eine wesentliche Kernaussage reduziert werden, die das Prinzip der Offenheit der Märkte kennzeichnet: Entscheidend für die Wahl einer nationalen handelspolitischen Maßnahme muss die verbleibende Möglichkeit autonomer Entscheidungsfindung rational handelnder Wirtschaftssubjekte sein. Gewährleisten lässt sich dies nur, wenn Zölle im Gegensatz zu quantitativen Handelsbeschränkungen eingesetzt werden. Grundlage dieser Wertentscheidung sind von *Wilcox* angedeutete wirtschaftspolitische Überlegungen, die auf der Theorie komparativer Kostenvorteile aufbauen.

87 Das Prinzip der Offenheit der Märkte zeichnet sich dementsprechend zunächst durch die Forderung nach **transparenten handelspolitischen Maßnahmen** aus. Zölle genügen diesem Grundsatz, indem sie in aller Regel in allgemeinen Vorschriften niedergelegt sind, die von potentiellen Handelspartnern eingesehen werden können. Dies gilt insb, wenn ein Zolltarif im Rahmen des GATT festgelegt wird und damit integraler Bestandteil der WTO-Rechtsordnung ist.[273] Durch diese Transparenz wird gewährleistet, dass die Wirtschaftssubjekte ökonomische Entscheidungen auf einer verlässlichen Grundlage treffen können; ihre Autonomie wird damit gestärkt.[274] In

272 *Wilcox* (Fn 268) 81f; s hierzu auch die Nachweise bei *Jackson* (Fn 269) 309f, zu den Beratungen der Havanna-Charta, die sich mit der Ansicht von *Wilcox* decken.

273 S Art II GATT und das Marrakesh Protocol to the General Agreement on Tariffs and Trade 1994.

274 Zur Bedeutung der Transparenz von Zöllen s statt vieler *Jackson* (Fn 245) 116; *Hauser/Schanz* Das neue GATT, 2. Aufl (1995) 17; grundl auch *Petersmann* Constitutional Functions and Constitutional Problems of International Economic Law (1991) 222ff.

diesem Sinne verhindert die Wertentscheidung für eine transparente Zollpolitik aus wohlfahrtsökonomischer Perspektive, dass den Wirtschaftssubjekten prohibitiv hohe Informationskosten entstehen, die eine optimale Ressourcenallokation unmöglich machen.[275] Überdies ist, wie bereits hervorgehoben, das Transparenzprinzip auch Bestandteil der *rule of law* im Internationalen Wirtschaftsrecht[276] und überdies des gesamten internationalen Systems.[277]

88 In engem Zusammenhang mit dem Publizitätsmerkmal ist die prinzipiell marktkonforme Wirkung von Zöllen zu sehen, die ebenfalls dem Bedürfnis des freien unternehmerischen Handelns entspricht. Im Gegensatz zu vielen sonstigen handelsbeschränkenden Maßnahmen, insb jedoch quantitativen Beschränkungen, wird durch Zölle im Regelfall nicht das System von Angebot und Nachfrage außer Kraft gesetzt. Indem ein Zoll ausschließlich den Preis eines Produktes beeinflusst, verschiebt er nur das Preisniveau. Im Rahmen des neuen Preisniveaus kann sich ein **prinzipiell marktkonformes Verhalten** konstituieren, gerade wenn sich das durch einen Zoll betroffene Auslandsangebot durch eine besondere Unelastizität auszeichnet, wie es bei Agrarprodukten der Fall ist. Anders ist dies bei der Einführung quantitativer Handelsbeschränkungen. Hier setzt die Kontingentierung den Marktmechanismus absolut außer Kraft; die durch eine Einfuhrbeschränkung negativ betroffene Produktion kann überhaupt nicht mehr am Marktgeschehen teilnehmen, so dass eine Autonomie der Wirtschaftssubjekte im ökonomischen Entscheidungsprozess nicht mehr besteht.[278]

89 Insgesamt zielt das rechtsnormativ in erster Linie in der WTO-Rechtsordnung verankerte Prinzip der Offenheit der Märkte also darauf ab, dass nationale handelspolitische Maßnahmen so ausgestaltet sein müssen, dass den Wirtschaftssubjekten ein **Maximum an autonomer Entscheidungsfreiheit** im wirtschaftlichen Prozess verbleibt. Dementsprechend soll sich der Import oder Export von Waren in erster Linie an politisch unbeeinflussten Entscheidungen der Wirtschaftssubjekte ausrichten, um so eine fortschreitende Liberalisierung des Welthandels zu erreichen. Das Prinzip der Offenheit der Märkte schützt also nicht konkrete außenwirtschaftliche Aktivitäten, sondern primär die universelle Freiheit der Entfaltung solcher Aktivitäten unabhängig von staatlichen Beeinflussungen.[279] Wie auch andere Prinzipien des Internationalen Wirtschaftsrechts hat das Prinzip der Offenheit der Märkte seine Grundlage damit in den philosophischen Grundbedingungen der Freiheit verbunden mit der ökonomischen Theorie komparativer Kostenvorteile.

3. Das Nichtdiskriminierungsprinzip

90 Das Prinzip der Nichtdiskriminierung wird seit langer Zeit als ein **zentrales Rechtsprinzip** des Internationalen Wirtschaftsrechts bezeichnet, obwohl sich zusammenhängende Darstellungen zur Bedeutung und Ausgestaltung dieses Rechtsprinzips

---

275 *Hauser/Schanz* (Fn 274) 26.

276 S o Rn 80.

277 Grundl hierzu *Dicke* FS Schwartländer (1988) 121ff.

278 Vgl *Hauser/Schanz* (Fn 274) 17f; *Rose/Sauernheimer* Theorie der Außenwirtschaft, 14. Aufl ((2006) 606; *Dieckheuer*, 472f.

279 Ausf hierzu bereits *Tietje* Grundstrukturen, 268ff.

kaum finden;[280] dies wurde bereits von *Kewenig* in seinem grundlegenden Werk zum „Grundsatz der Nichtdiskriminierung im Völkerrecht der internationalen Handelsbeziehungen" bemängelt und gilt auch heute noch.[281]

Diskriminierung ist allgemein zu definieren als die **ungleiche Behandlung** vergleichbarer Objekte oder Sachverhalte und ein hieraus folgender **Nachteil** für den Betroffenen.[282] Wenngleich auch diese Definition zumindest in ihren Grundzügen anerkannt ist, so sagt sie doch noch nichts über die Bedeutung des Verbotes der Diskriminierung aus. Rein empirisch ist zunächst auffällig, dass das Diskriminierungsverbot in zahlreichen Rechtsgebieten des internationalen und des supranationalen Rechts an hervorgehobener Stelle steht. Zu nennen ist insb die WTO-Rechtsordnung, das internationale Investitionsschutzrecht,[283] der internationale Menschenrechtsschutz,[284] das Unionsrecht[285] und letztlich das Internationale Wirtschaftsrecht insgesamt.[286] 91

Wendet man sich der genaueren inhaltlichen Ausgestaltung und den Grundlagen des Prinzips der Nichtdiskriminierung zu, so können zunächst die Ebenen unterschieden werden, auf denen das Diskriminierungsverbot wirkt. Das Diskriminierungsverbot wirkt sowohl **zwischen den Staaten** als auch innerhalb der Staaten **zugunsten der Individuen**, also auf zwei unterschiedliche Ebenen: Zunächst auf der zwischenstaatlichen Ebene, die die Beziehungen der Staaten untereinander erfasst, und darüber hinaus auf der innerstaatlichen Ebene, auf der das Individuum als relevantes Handlungssubjekt in den Genuss der Nichtdiskriminierung kommt. 92

Das zwischenstaatliche Diskriminierungsverbot findet seine Grundlage in der Souveränität der Staaten (Art 2 Ziff 1 UN-Charta), die wiederum wesensbedingt die Gleichheit der Staaten verlangt.[287] Aus dem Grundsatz der souveränen Gleichheit der Staaten folgt jedoch noch kein Diskriminierungsverbot im materiellen Sinne. Allgemein wird davon ausgegangen, dass sich die souveräne Gleichheit der Staaten nur auf eine Gleichheit „vor dem Recht" bezieht, während das Diskriminierungsverbot im materiellen Sinne eine „Gleichheit im Recht" verlangt.[288] Hieraus folgt, dass weder aus Art 2 Ziff 1 UN-Charta, noch aus dem Gewohnheitsrecht ein allgemeines Diskriminierungsverbot im materiellen Sinne abgeleitet werden kann,[289] so dass sich dieses nur aus **speziellen völkervertragsrechtlichen Regelungen** ergeben kann. Beson- 93

---

280 S zu den folgenden Ausführungen bereits *Tietje* EuR 1995, 398/407ff.

281 *Kewenig*, 13f und die dortigen Nachweise.

282 Statt vieler *Kewenig* 196; *Hyder* Equality of Treatment and Trade Discrimination in International Law (1968) 14.

283 Siehe zB *DiMascio/Pauwelyn* AJIL 102 (2008) 48–89.

284 Statt vieler *Partsch* in Bernhardt (Hrsg) EPIL Bd I (1992) 1079ff.

285 ZB in Art 18 AEUV.

286 Hierzu insb aus historischer Perspektive umfassend *Schwarzenberger* Year Book of World Affairs 25 (1971) 163ff.

287 Deutlich in diesem Sinne auch *Dahm/Delbrück/Wolfrum* Bd I/1, 236 („Das Gleichheitsprinzip ... ist nur ein anderer Ausdruck für den Grundsatz der Souveränität.").

288 S die ausf Diskussion bei *Kewenig*, 35f.

289 Statt vieler *Dahm/Delbrück/Wolfrum* Bd I/1, 234ff.

ders prominent ist diese vertragliche Festlegung in Form der Meistbegünstigungsklausel in Art I:1 GATT geschehen.[290]

94 Das Diskriminierungsverbot auf zwischenstaatlicher Ebene verlangt demnach die Gleichbehandlung vergleichbarer Sachverhalte auf der Ebene der zwischenstaatlichen Beziehungen, auf der zwischen den Grenzen der Staaten angesiedelten Ebene. Insofern kann von einem **nach außen gerichteten Diskriminierungsverbot** gesprochen werden.[291] Diese Funktion der Meistbegünstigungsverpflichtung als Ausdruck des Nichtdiskriminierungsgebotes wurde bereits vom Internationalen Gerichtshof im Jahre 1952 nach einer Analyse einer Vielzahl von Verträgen, in denen das Meistbegünstigungsprinzip niedergelegt war, mit den Worten festgehalten: „These treaties show that the intention of the most-favoured-nation clauses was to establish and to maintain at all times fundamental equality without discrimination among all of the countries concerned“[292].

95 Neben der äußeren Komponente kennzeichnet das Diskriminierungsverbot ein nach innen gerichtetes Element, einen innerhalb des Herrschaftsgebietes eines Staates anzusiedelnden Wirkungskreis. Klassisches Beispiel für ein **nach innen gerichtetes Gleichbehandlungsgebot** ist das völkerrechtliche Verbot der Rassendiskriminierung, das zum Teil weitreichende Folgen innerhalb einer nationalen Rechtsordnung hat.[293] Darüber hinaus findet das nach innen gerichtete Diskriminierungsverbot seine völkervertragsrechtliche Verankerung im Bereich wirtschaftlicher Aktivitäten in Form der Inländergleichbehandlungsregel des GATT (zum Beispiel Art III:4)[294] sowie des internationalen Investitionsschutzrechts.[295]

96 In materieller Hinsicht besteht die Funktion des Prinzips der Nichtdiskriminierung im Internationalen Wirtschaftsrecht darin, die Gleichheit der von ihm geschützten Subjekte „im Recht“ zu schützen; es weist also allen Begünstigten materiell gleiche Rechte zu.[296] Die Funktion dieser gleichen Rechtszuweisung und Rechtssicherung im internationalen Wirtschaftsystem ergibt sich aus der Kombination des ökonomischen Elements des Wettbewerbs und der philosophischen Grundbedingungen der Freiheit. Eine wesentliche Funktion des Internationalen Wirtschaftsrechts ist es, Rechtssicherheit im

---

290 *Kewenig* 45f; *Fikentscher* 257f; *Gros Espiell* JWTL 5 (1971) 29/34f; hierzu noch → *Tietje* § 4 Rn 66ff.

291 S insofern *Fikentscher* 259, der von dem „nach innen“ gerichteten GATT-Prinzip der Inländerbehandlung spricht; *ders* FS Lukes (2000) 375/380; ihm folgend auch *Drexl* Entwicklungsmöglichkeiten des Urheberrechts (1990) 260f; s a *Petersmann* (Fn 274) 227f; *Hoekman/Kostecki* The Political Economy of the World Trading System, 3. Aufl (2009) 27ff.

292 IGH, ICJ Rep 1952, 175/192 – *Cases Concerning Rights of Nationals of the United States of America in Morocco*; zur Funktion der Meistbegünstigungsverpflichtung als Diskriminierungsverbot s umfassend auch *Kewenig*, 56: „Die Meistbegünstigungsklausel gibt ... einen Anspruch auf ‚egalitäre' Gleichbehandlung“.

293 Hierzu *Delbrück* Die Rassenfrage als Problem des Völkerrechts und nationaler Rechtsordnungen (1971).

294 Anders *Langer* (Fn 121) 108, der dem Grundsatz der Inländerbehandlung „nur eine auf die Sicherung der Meistbegünstigungswirkungen bezogene akzessorische Hilfsfunktion“ zuweist. *Langer* verkennt die hier dargestellte Verbindung der Meistbegünstigungsverpflichtung und der Inländergleichbehandlung im allgemeinen Prinzip der Nichtdiskriminierung.

295 S hierzu → *Reinisch* § 9 Rn 42ff.

296 *Kewenig* 35.

System des internationalen Wettbewerbs der Wirtschaftssubjekte zu garantieren. Der Begriff des Wettbewerbs beschreibt nicht einen Zustand, sondern vielmehr ein Verhalten, das möglich aber nicht zwingend ist.[297] Wettbewerb verlangt nach der Möglichkeit individuellen Verhaltens, wobei diese Möglichkeit an bestimmte Voraussetzungen geknüpft ist. Die wichtigste Voraussetzung ist die Handlungsfreiheit der potentiellen Wettbewerbs-(Markt-)teilnehmer. Hierauf wies schon *Adam Smith* nachdrücklich hin.[298] Der Begriff der Handlungsfreiheit ist für sich genommen aber nicht besonders aussagekräftig. Vielmehr ist die Frage der Handlungsfreiheit der potentiellen Marktteilnehmer immer in Relation zu den Umständen zu sehen, die individuelles Verhalten beeinflussen; hierzu gehört auch das Verhältnis zu den sonstigen den Wettbewerb potentiell bestimmenden Subjekten. Freiheit im angesprochenen Sinne kann nur dann gewährleistet sein, wenn es sich um eine **Freiheit aller unter den gleichen Rechtsbedingungen** handelt, wenn allen materiell die gleichen Rechte zugewiesen sind. In diesem Sinne stellt sich das Diskriminierungsverbot als freiheitsverbürgende Rechtsgarantie dar,[299] die notwendig ist für die Verhaltensmöglichkeit als wesensbestimmendem Faktor ökonomischen Wettbewerbs. Gleichzeitig wird hieraus deutlich, warum das Diskriminierungsverbot eine äußere und eine innere Seite kennzeichnet. Die Möglichkeit, die Freiheit eines Verhaltens muss auf all den Ebenen gewährleistet sein, auf denen es potentiell zu Wettbewerb kommen kann. Nur so ist sichergestellt, dass die im Internationalen Wirtschaftsrecht interessierenden ökonomischen Wirkungen des Wettbewerbes auch tatsächlich eintreten, optimale Wohlfahrtseffekte auch tatsächlich durch optimalen Wettbewerb erreicht werden. Zur universellen Gewährleistung dieses Bedingungs- und Wirkungsgefüges ist es daher notwendig, sowohl im zwischenstaatlichen Bereich als auch innerstaatlich das Diskriminierungsverbot im Sinne der dargelegten freiheitsverbürgenden Funktion festzuschreiben, da diskriminierende Regelungen auf beiden Ebenen getroffen werden können.

Das Diskriminierungsverbot als Rechtsprinzip des Internationalen Wirtschafts- 97
rechts ist in seinen beiden Wirkungsebenen somit insgesamt als **freiheitsverbürgende Rechtsgarantie** zu verstehen, die Grundvoraussetzung von Wettbewerb ist; es ist für die Möglichkeit eines Verhaltens, den Wettbewerb, konstitutiv.[300]

4. Das Prinzip relativer staatlicher Regelungsfreiheit

Nach wie vor wird die Souveränität der Staaten in Art 2 Ziff 1 UN-Charta als zentrales 98
Rechtsprinzip des internationalen Systems genannt. Der genaue Inhalt eines Rechtsprinzips staatlicher Souveränität ist allerdings alles andere als klar, zumal sich sogar

---

297 *Schwintowski* RabelsZ 58 (1994) 232/235 mwN; anders *Langer* (Fn 121) 116, demzufolge internationaler Wettbewerb „kein Wettbewerb auf der Grundlage wirtschaftlicher Freiheiten" sein soll, „sondern ein Wettbewerb, dessen Möglichkeiten sich von dem Stand der zwischenstaatlichen handelspolitischen Vereinbarungen ableiten (Primat der Politik)". Diese Aussage ist in sich widersprüchlich und ordnungspolitisch nicht nachvollziehbar.

298 Hierzu *Mestmäcker* 139ff; *Schwintowski* RabelsZ 58 (1994) 232/237.

299 S zu den philosophischen und staatsrechtlichen Grundlagen der Idee der Gleichheit umfassend *Kirchhof* in Isensee/Kirchhof (Hrsg) HdbStR Bd V (1992) § 124 Rn 47ff.

300 Zu den ökonomischen, rechtlichen und politischen Funktionen des Prinzips der Nichtdiskriminierung s im Überblick auch *Petersmann* (Fn 274) 228f.

fragen lässt, ob im Lichte rechtlicher Globalisierungserscheinungen hiervon überhaupt noch gesprochen werden sollte.[301] Ungeachtet der insofern bedeutungsvollen staats- und völkerrechtstheoretischen Fragen ist für das Internationale Wirtschaftsrecht allerdings wichtig, dass die mit dem Souveränitätsprinzip verbundene **Vorstellung staatlicher Regelungsfreiheit** in wirtschaftlichen Fragen heute eine klare rechtliche Konturierung erfährt. Dabei ist zwischen Gesichtspunkten der allgemeinen staatlichen Regelungsfreiheit (a) sowie spezifischen Jurisdiktionsfragen (b) zu differenzieren.

a) Souveränität und Regelungsfreiheit

99 Die Grundlagen des **Souveränitätsprinzips** finden sich im allgemeinen Völkerrecht, als dessen zentraler Baustein es auch im Lichte fortschreitender Interdependenzen weiterhin gilt.[302] Ausgehend von der klassischen Umschreibung durch *Bodin* als „potestas legibus soluta"[303] wird die staatliche Souveränität vereinfacht als unteilbare Staatsgewalt nach innen und außen umschrieben.[304] Bereits *Bodin* hat diese unteilbare Staatsgewalt aber nie als ein absolutes Merkmal angesehen. Ihm wie auch anderen Staatstheoretikern der damaligen Zeit ging es in erster Linie um die Begründung einer zentralen monarchischen Entscheidungsgewalt, die ihrerseits dem natürlichen und göttlichen Recht unterworfen sein sollte.[305] Auch im Völkerrecht ist die Souveränität daher nie als eine absolute Herrschaftsmacht der Staaten verstanden worden, sondern erfuhr bereits frühzeitig eine Einordnung als ein der Entwicklung des Völkerrechts unterworfenes relatives Konzept.[306]

---

301 Im Überblick zur Diskussion und den Herausforderungen *Tietje* DVBl 2003, 1081ff; *Hobe*, 37ff.

302 Art 2 Abs 1 UN-Charta; IGH, ICJ Rep 1949, 4/35 – *Corfu Channel Case* ("between independent States, respect for territorial sovereignty is an essential foundation of international law"); *Dahm/Delbrück/Wolfrum* Bd I/1, 215f; eingehend zum Souveränitätsprinzip im Völkerrecht auch ua *Anand* RdC 197 (1986) 17/22ff; *Stein/von Buttlar/Kotzur* Völkerrecht, 14. Aufl (2017), 186ff; *Bleckmann* AVR 23 (1985) 450ff.

303 *Bodin* Les Six Livres de la République, deuxième réimpression de l'édition de Paris 1583 (1977) Livre I, Chapitre 8; s hierzu statt vieler *Quaritsch* (Fn 137) 243ff; *Dahm/Delbrück/Wolfrum* Bd I/1, 215.

304 *De Vattel* Le droit des gens ou Principes de la loi naturelle appliqués à la conduiteet aux affaires des nationset des souverains Bd I (1758) Kap 1, para. 4 („Toute nation qui governe elle-même, sous quelque forme qui ce soit, sans dépendance d'aucun étranger, est un *État souverain*"); s a *Max Huber* in seiner Entscheidung *Island of Palmas* Arbitration, RIAA 2 (1928) 829/838 ("Sovereignty in the relation between States dignifies independence. Independence in regard to a portion of the globe is the right to exercise therein, to the exclusion of any other State, the functions of a State"); sowie *Jennings/Watts* Oppenheim's International Law Bd I Introduction and Part 1, 9. Aufl (1992) 122.

305 Hierzu *Delbrück* GYIL 22 (1979) 384/397; *Gading* Der Schutz grundlegender Menschenrechte durch militärische Maßnahmen des Sicherheitsrates – das Ende staatlicher Souveränität? (1996) 185f; *Quaritsch* AVR 17 (1978) 257/259ff.

306 StIGH, PCIJ Rep 1923, Ser B No. 4, 23 – *Nationality Decrees in Tunis and Morocco* (Advisory Opinion): "The question whether a certain matter is or is not solely within the jurisdiction of a State is an essentially relative question; it depends upon the development of international law"; zusammenfassend zur völkerrechtlichen Entwicklung des relativen Souveränitätskonzeptes *Delbrück* Verfassung und Recht in Übersee 26 (1993) 6/9ff.

100 Die Relativität und damit Dynamik des völkerrechtlichen Souveränitätsprinzips führt dazu, dass nicht in erster Linie seine Geltung als solche,[307] sondern Inhalt und Tragweite im Lichte des gegenwärtigen Entwicklungsstandes des Völkerrechts die internationale Diskussion bestimmen.[308] Dies trifft auch auf das Internationale Wirtschaftsrecht zu. Aufbauend auf dem Souveränitätsgedanken ist es ein zentrales Element der internationalen Wirtschaftsordnung, dass die Staaten grundsätzlich in der Wahl ihres nationalen Wirtschafts- und Gesellschaftssystems frei sind,[309] solange sie namentlich die bereits dargelegten fundamentalen freiheitsverbürgenden Individualrechte achten.[310] Dies lässt sich auch ökonomisch rechtfertigen, da die Theorie komparativer Kostenvorteile Unterschiede in den Produktionsmethoden und -bedingungen voraussetzt, um eine wohlfahrtssteigernde internationale Arbeitsteilung zu erreichen. Zusätzlich zu den genannten individualschützenden Freiheitsgarantien zeigt sich allerdings auch faktisch, dass die **fortschreitende Globalisierung und Internationalisierung** eine absolute Freiheit der Staaten in ihrer nationalen Wirtschaftspolitik unmöglich machen; es ist zunehmend fraglich, inwieweit einzelne Staaten neben internationalrechtlichen Restriktionen überhaupt noch die politische Macht besitzen, eine nationale Wirtschaftspolitik „souverän" zu gestalten.[311] Die **Relativität des Souveränitätsprinzips** zeigt sich insofern gerade im internationalen Wirtschaftssystem. Durch die internationalen Wirtschaftsverflechtungen und hiermit einhergehend verstärkten globalen Interessen entsteht ein Spannungsverhältnis zwischen einem weitreichenden nationalstaatlichen Souveränitätsanspruch und (faktischen und normativen) Restriktionen im internationalen System.[312]

101 Dieses Spannungsverhältnis prägt das Internationale Wirtschaftsrecht in zahlreichen Sachbereichen. Dabei zeigt sich vielfach neben der fortschreitenden Normierung rechtlicher Restriktionen einzelstaatlichen Handelns eine zugleich erfolgende Gewährung nationaler Handlungsfreiräume zur Verfolgung von anerkannten Gemeinwohlinteressen.[313] Das lässt sich auch rechtfertigen: Die normative Anerkennung partikularer Souveränitätsinteressen ist zunächst ein Stabilitätsfaktor im internationalen System. Nur die Existenz souveräner Staaten garantiert die Pluralität, die ihrerseits vor totalitären und sonstigen instabilisierenden Tendenzen im internationalen System

---

307 Anders noch *Politis* RdC 6 (1925) 1/111: „Le dogme de la souveraineté est périmé. Il ne repond à rien de réel ... Elle est dès à présent virtuellement abolie ....“; sowie in jüngerer Zeit *Henkin* FS Wang Tieya (1994) 351ff; *Kokott* VVDStRL 63 (2004) 7/24.

308 *Delbrück* Verfassung und Recht in Übersee 26 (1993) 6/10; s a *Schreuer* EJIL 4 (1993) 447/453.

309 Art 1 Charter of Economic Rights and Duties of States v 12.12.1974, A/RES/3281 (XXIX) "Every State has the sovereign and inalienable right to choose its economic system as well as its political, social and cultural systems in accordance with the will of its people, without outside interference, coercion or threat in any form whatsoever"; s hierzu auch *Tomuschat* ZaöRV 36 (1976) 444ff; *Petersmann* in Bernhardt (Hrsg) EPIL Bd I, 561.

310 S o Rn 34f, 68ff.

311 S hierzu im Überblick *Delbrück* IJGLS 1 (1993) 9ff.

312 Grundl hierzu immer noch *Erler* BerDGVR 1 (1957) 29ff.

313 So zB die zunehmende Tendenz in der Praxis des Investitionsrechtschutzes unter Verweis auf das staatliche *right to regulate*, vgl zur einzelstaatlichen Gestaltungsfreiheit im Bereich des Gesundheitsschutzes *Philip Morris Brands Sàrl, Philip Morris Products S.A. and Abal Hermanos S.A. v. Oriental Republic of Uruguay*, ICSID Case No. ARB/10/7, Award, Rn 288ff; hierzu auch *Herdegen* § 23 Rn 23.

schützt;[314] hierauf hat schon *Kant* überzeugend hingewiesen.[315] Dieses **stabilitätsgarantierende Moment** lässt sich im Internationalen Wirtschaftsrecht anhand wirtschaftspolitischer Überlegungen weiter konkretisieren. Indem insb durch Ausnahmebestimmungen und Schutzklauseln in internationalen Wirtschaftsverträgen die Möglichkeit anerkannt wird, unter besonderen Voraussetzungen partikulare Interessen aufrecht zu halten, steigt die Bereitschaft der Staaten zur internationalen Kooperation. Die Gewissheit, „vitale" staatliche Anliegen nicht aufgeben zu müssen, erleichtert es Staaten insoweit in vielen Bereichen, weitreichende völkerrechtliche Verpflichtungen im Internationalen Wirtschaftsrecht einzugehen.[316] Gleichzeitig ermöglicht die normative Anerkennung einzelstaatlicher (oder kollektiver) Interessen, einem innerstaatlichen Protektionismusstreben einzelner gesellschaftlicher Kreise zu begegnen. Indem Regierungen protektionistisch eingestellten Gesellschaftskreisen gegenüber auf Schutzklauseln und Ausnahmeregelungen verweisen können, erleichtern sie die Akzeptanz für liberalisierende Maßnahmen im internationalen Wirtschaftssystem. Schließlich folgt die Anerkennung partikularer Souveränitätsinteressen auch einem Gerechtigkeitsgebot. Die fortschreitende Liberalisierung und Arbeitsteilung im internationalen Wirtschaftssystem führt zwangsläufig zu individuellen Wohlstandsverlusten einzelner gesellschaftlicher Kreise. Diese Verluste werden gesamtwirtschaftlich zwar durch universelle Wohlfahrtsgewinne kompensiert, eine demokratisch legitimierte und sozial verpflichtete Regierung hat aber trotzdem dafür Sorge zu tragen, dass unerträgliche Härten im wirtschaftlichen Prozess vermieden werden oder sich zumindest sozial erträglich gestalten.[317]

102 Das so umschriebene Prinzip staatlicher Regelungsfreiheit wird in erster Linie in einzelnen Bestimmungen der unterschiedlichen Rechtsregime des Internationalen Wirtschaftsrechts konkretisiert.[318] Verallgemeinernd kann hierbei konstatiert werden, dass alle insofern relevanten Konkretisierungen von einem Erlaubnischarakter geprägt sind. Im Gegensatz zu den bisher erörterten Prinzipien der Offenheit der Märkte und der Nichtdiskriminierung handelt es sich also nicht um Gebots- oder Verbotsnormen, sondern um **Festlegungen staatlicher Freiheitsräume**. Ihre weitreichendste Anerkennung finden staatliche Freiheitsräume dabei in den Situationen, die bereits tatbestandlich nicht von Verbotsnormen erfasst werden. Hier könnte natürlich eingewandt werden, dass diese Feststellung wenig gewinnbringend ist, da die Aussage „alles was nicht verboten ist, ist erlaubt" selbstverständlich ist und keine materiellrecht-

---

314 Zur Stabilitätsfunktion des Souveränitätsprinzips statt vieler *Delbrück* Indiana LJ 57 (1982) 567/569ff mwN; *Koskenniemi* Harvard Int'l LJ 32 (1991) 397/407.

315 *Kant* Zum ewigen Frieden (1795, Zitat aus Reclam Band 1501) 32: „Die Idee des Völkerrechts setzt die Absonderung vieler voneinander unabhängiger benachbarter Staaten voraus; und obgleich ein solcher Zustand an sich schon ein Zustand des Krieges ist (wenn nicht eine föderative Vereinigung derselben dem Ausbruch der Feindseligkeiten vorbeugt): so ist doch selbst dieser nach der Vernunftidee besser als die Zusammenschmelzung derselben durch eine die andere überwachsende und in eine Universalmonarchie übergehende Macht, weil die Gesetze mit dem vergrößerten Umfange der Regierung immer mehr an ihrem Nachdruck einbüßen, und ein seelenloser Despotism, nachdem er die Keime des Guten ausgerottet hat, zuletzt doch in Anarchie verfällt".

316 So iE auch *Benedek* (Fn 180) 392.

317 Eingehend *Sykes* Univ Chicago L Rev 58 (1991) 255ff.

318 S zB Art XIX und Art XX GATT 1994.

liche Maxime enthält. Diese Betrachtung würde aber verkennen, dass die alte Maxime des *Lotus*-Urteils des StIGH zu einer immer bestehenden staatlichen Regelungsfreiheit bei Abwesenheit einer völkerrechtlichen Verbotsnorm[319] heute keine Geltung mehr beanspruchen kann.[320]

Auf das Internationale Wirtschaftsrecht bezogen zeigt sich überdies, dass der 103 Grundsatz staatlicher Regelungsfreiheit konstitutiv mit den Prinzipien der Offenheit der Märkte und der Nichtdiskriminierung verbunden ist. Die nähere Betrachtung dieser beiden Rechtsprinzipien belegt, dass wirtschaftspolitische Maßnahmen von Staaten ausdrücklich zugelassen sind, soweit diese innerhalb einer nationalen Volkswirtschaft (Offenheit der Märkte) nichtdiskriminierend nach innen und außen wirken. Diesem Erlaubnissatz liegt die Erkenntnis der ökonomischen **Theorie optimaler Intervention**[321] zugrunde, wonach auf Marktunvollkommenheiten mit Maßnahmen zu reagieren ist, die unmittelbar die Ursache der bestehenden Unvollkommenheit beheben. Da es den Staaten nur in Ausnahmefällen völkerrechtlich möglich ist, Unvollkommenheiten in fremden Märkten unilateral zu beheben,[322] besteht in erster Linie nur die Möglichkeit, innerhalb einer nationalen Volkswirtschaft wirtschaftspolitisch tätig zu werden. Dies ist auch im Verhältnis zu Maßnahmen im Außenhandelsbereich vorzuziehen, da Grenzmaßnahmen weitreichende marktverzerrende Wirkungen haben und nie unmittelbar Marktunvollkommenheiten beheben. Schließlich gewährleistet die Beachtung des Nichtdiskriminierungsprinzips, dass staatliche Eingriffe in den Wirtschaftsprozess die Regeln des Wettbewerbes zwischen inländischen und ausländischen Produkten und Dienstleistern nicht aufheben. Insgesamt zeigt sich damit, dass den aus den einzelnen Verbotstatbeständen des Internationalen Wirtschaftsrechts, insb der WTO-Rechtsordnung, resultierenden Handlungsfreiräumen der Staaten eine bewusste Wertentscheidung im Sinne der ökonomischen Funktion der Theorie optimaler Intervention zugrunde liegt.[323]

Neben den staatlichen Handlungsfreiräumen, die sich aus dem Umkehrschluss zu 104 bestehenden Verbotsnormen ergeben, existieren in vielen völkerrechtlichen Verträgen des Internationalen Wirtschaftsrechts **Schutznormen**. Hierunter sind als Oberbegriff die Ausnahmevorschriften zu verstehen, die in bestimmten wirtschaftlichen oder poli-

---

319 StIGH, PCIJ Rep 1927 Ser A No. 10, 18 – *The Lotus Case* (*France v Turkey*): "International law governs relations between independent States. The rules of law binding upon States therefore emanate from their own free will as expressed in conventions or by usages generally accepted as expressing principles of law and established in order to regulate the relations between these co-existing independent communities or with a view to the achievement of common aims. Restrictions upon the independence of States cannot therefore be presumed".

320 *Tietje* DVBl 2003, 1081/1093 mwN.

321 Grundl hierzu *Corden* in Snape (Hrsg) Issues in World Trade Policy (1986) 121ff; *ders* International Trade Theory and Policy (1992) 141f; *ders* Trade Policy and Economic Welfare (1974) 9–41; s a *Petersmann* (Fn 274) 57f; *Tietje* Grundstrukturen, 80f.

322 Zur Bedeutung des Jurisdiktionsprinzips im Wirtschaftsvölkerrecht grundl *Meng*; speziell für das Welthandelsrecht s *Tietje* in Winter (Fn 104) 254ff; s a sogleich u Rn 106 und 111ff.

323 So iE auch *Petersmann* (Fn 274) 230; grundl auch *Tumlir* in Hilf/Petersmann (Hrsg) GATT und Europäische Gemeinschaft (1986) 87ff; zur Funktion souveräner Entscheidungsfreiheiten der Staaten in der WTO/GATT-Rechtsordnung s a *Roessler* in Bhagwati/Hudec (Hrsg) Fair Trade and Harmonization – Prerequisites for Free Trade?, Vol 2 (1996) 21–56 mwN.

tischen Situationen Abweichungen vom Inhalt oder der Wirksamkeit einzelner Vertragsnormen ermöglichen, um wesentliche einzelstaatliche oder kollektive Interessen zu sichern.[324] Wie diese Definition iVm der umfassenden Untersuchung von *Weber* zur Systematik von Schutznormen im Internationalen Wirtschaftsrecht[325] zeigt, liegt völkervertraglichen Ausnahmevorschriften immer der Grundgedanke der Verfolgung einzelstaatlicher Interessen zugrunde, so dass sich Schutznormen als deutlicher Ausdruck des Souveränitätsprinzips präsentieren. Allerdings ist aus rein ökonomischer Perspektive kaum jemals eine Rechtfertigung für Schutzmaßnahmen zu finden; die Wohlfahrtsverluste durch Schutzmaßnahmen übersteigen regelmäßig die intendierten wirtschaftlichen Vorteile. Die Existenz von Schutznormen im Internationalen Wirtschaftsrecht kann daher letztlich nur damit erklärt werden, dass die Staaten ein „Sicherheitsventil" brauchen, um im Zuge einer fortschreitenden internationalen Liberalisierung der Wirtschaftsbeziehungen auf einen ggf bestehenden innenpolitischen, protektionistischen Handlungsdruck, dem sich Regierungen im demokratischen Prozess nicht entziehen können, reagieren zu können. Die theoretischen Grundlagen für diesen Erklärungsansatz bietet die ***Public-choice*-Theorie**.[326]

105 Schließlich ergibt sich aus der aufgezeigten Systematik mit Blick auf den Souveränitätsgrundsatz auch, ob und ggf inwiefern dem politisch lange Zeit umstrittenen Grundsatz der ständigen Souveränität über natürliche Ressourcen rechtsprinzipielle Bedeutung im Internationalen Wirtschaftsrecht zukommt. **„Permanent Sovereignty over Natural Resources"** war eine zentrale Forderung der Entwicklungsländer in der Debatte über eine sog „Neue Weltwirtschaftsordnung".[327] Besonders deutlich zeigte sich der Streit bei der Verabschiedung der entsprechenden Resolution 1803 (XVII)[328] und der „Charta der wirtschaftlichen Rechte und Pflichten der Staaten" vom 12.12. 1974.[329] Zwischenzeitlich haben die Entwicklungsländer ihre Forderung nach einer absoluten, nicht einschränkbaren Souveränität namentlich im Hinblick auf die Nutzung ihrer natürlichen Ressourcen aber aufgegeben, auch wenn die Entwicklungen in Südamerika in den letzten Jahren wieder Ansätze der längst als überholt erachteten Politik wiedererkennen lassen. Die umfassende Anerkennung des relativen Souveränitätsgrundsatzes im Internationalen Wirtschaftsrecht wird ua in Prinzip 5 der Seoul-Erklärung der ILA über die fortschreitende Entwicklung von Völkerrechtsprinzipien einer neuen Weltwirtschaftordnung klar zum Ausdruck gebracht.[330] Das gilt insb mit Blick auf das lange Zeit strittige Problem von Enteignungen ausländischer Unternehmen, die nur unter bestimmten Voraussetzungen zulässig sind.[331] Insgesamt bestätigt sich damit nochmals der bereits dargestellte Grundsatz, dass Inhalt und Reichweite

---

324 Zu dieser Definition *Weber* Schutznormen und Wirtschaftsintegration – Zur völkerrechtlichen, europarechtlichen und innerstaatlichen Problematik von Schutzklauseln und ordre-public-Vorbehalten (1982) 44.

325 *Weber* (Fn 324) 41 und *passim*.

326 Ausf *Sykes* Univ Chicago L Rev 58 (1991) 255ff.

327 Hierzu bereits o Rn 52.

328 UN, Permanent Sovereignty over Natural Resources v 14.12.1962, A/RES/1803 (XVII).

329 UN, Charter of Economic Rights and Duties of States v 12.12.1974, A/RES/3281 (XXIX); hierzu ausf *Tomuschat* ZaöRV 36 (1976) 444ff.

330 Näher hierzu *Oppermann* FS Seidl-Hohenveldern (1988) 449/460ff.

331 Hierzu ausf → *Reinisch* § 9 Rn 58ff.

des Souveränitätsprinzips im Internationalen Wirtschaftsrecht heute rechtlich konstituiert und konkretisiert sind, obgleich es natürlich über seine Reichweite im Einzelfall immer wieder rechtspolitische und rechtsdogmatische Auseinandersetzungen gibt.

b) Jurisdiktionshoheit

(1) Grundlagen

In unmittelbarem Zusammenhang zum Souveränitätsgrundsatz steht das völkerrechtliche **Prinzip der Jurisdiktionshoheit.** Hierunter ist zu verstehen, dass jeder Staat grundsätzlich nur auf seinem Territorium bzw gegenüber seinen Staatsangehörigen Recht setzen und durchsetzen kann und nur in Ausnahmefällen eine Rechtsetzungs- und Rechtsdurchsetzungsbefugnis besteht, die hierüber hinausgeht.[332] Der konkrete Inhalt und insb die Reichweite der staatlichen Jurisdiktionshoheit ist im Internationalen Wirtschaftsrecht in zahlreichen Rechtsbereichen von großer Relevanz und strittig.[333] In jüngerer Zeit haben sich die insofern bestehenden Rechtsprobleme insb durch sich intensivierende Verflechtungen internationaler wirtschaftlicher Beziehungen und daraus erwachsende Probleme einer klaren Abgrenzung staatlicher Jurisdiktionsräume deutlich verschärft.[334] 106

In historischer Perspektive hat sich der Grundsatz der staatlichen Jurisdiktionshoheit in untrennbarem **Zusammenhang mit dem Territorialitätsprinzip** entwickelt. Das Territorialitätsprinzip findet seine rechtliche Grundlage in der Ablösung des vorwiegend personalen Herrschaftsverbandes des Altertums und Mittelalters durch die Entstehung des modernen Territorialstaates, wie er sich spätestens mit dem Westfälischen Frieden manifestierte.[335] Im genossenschaftlich organisierten Herrschaftsverband des Altertums und des Mittelalters beruhten Hoheitsbefugnisse auf der Idee des Treueverhältnisses als personenrechtliche Bindung. Die „moderne" Vorstellung eines Subordinationsverhältnisses als Grundlage hoheitlicher Regelungsbefugnisse konnte sich demgegenüber erst im Territorialstaat entwickeln, da jetzt nicht mehr ein Personenverhältnis, sondern das Territorium Grundlage des staatsrechtlichen Herrschaftsverhältnisses war.[336] Diese später insb als „Eigenschafts-" oder „Raumtheorie" bezeichnete Eigenart des Territorialstaates ist prägnant im Begriff „imperium" und in dem Rechtssatz „Quidquid est in territorio, est de territorio" zusammengefasst.[337] 107

Auf der Grundlage der allgemeinen Entwicklung des Territorialstaates entstand die Vorstellung einer untrennbaren Verbindung von Rechtsgeltung und Territorium. 108

332 Allgemein hierzu zB *Dahm/Delbrück/Wolfrum* Bd I/1, 316ff.

333 Im Überblick hierzu *Herdegen* § 3 Rn 65ff.

334 Zu diesem Globalisierungsphänomen s *Hingst* Auswirkungen der Globalisierung auf das Recht der völkerrechtlichen Verträge (2001) 112ff.

335 Zum nicht unproblematischen Gegensatz von personalem Herrschaftsverband und Territorialstaat und der Entstehung des „modernen" Staates s *Kimminich* Deutsche Verfassungsgeschichte, 2. Aufl (1987), 113f.

336 *Kimminich* (Fn 335) 114.

337 Einzelheiten hierzu bei *Krüger* (Fn 38) 89; *Stern* Das Staatsrecht der Bundesrepublik Deutschland Bd I, 2. Aufl (1984) 235; *Zippelius* Allgemeine Staatslehre, 17. Aufl (2017) § 12; *Vogel* Der räumliche Anwendungsbereich der Verwaltungsrechtsnorm (1965) 43ff mwN.

Sie wurde später dann durch den Souveränitätsbegriff maßgeblich geprägt. Auch wenn *Bodin*, der allgemein als Begründer der Souveränitätslehre gilt, noch keineswegs zwingend den Territorialstaat vor Augen hatte,[338] zeichnet sich doch in seiner Zeit die Herausbildung der staatsrechtlichen Vorstellung einer untrennbaren Verbundenheit von **Territorium, Herrschaft, Rechtsgeltung** und damit staatlicher Existenz im umfassenden Sinne deutlich ab. Das, was den Staat in seiner Existenz und Tätigkeit ausmacht, nämlich die Rechtsordnung,[339] wurde nun zentral am Territorium festgemacht. Damit war auch der Boden geebnet, um die völkerrechtliche Verankerung der Souveränitätslehre zum maßgeblichen Gegenstand des *ius inter gentes* zu erheben. Die völkerrechtlich garantierte Unverletzlichkeit des territorialen Herrschaftsgebietes führte zur anerkannten Abgrenzung staatlicher Rechtsordnungen und damit zur Manifestation des territorialen Bezuges des Rechts.[340]

109 In der Rechtswissenschaft führte die Territorialisierung von Herrschaftsausübung und damit des Rechts neben eher im Bereich der Staatslehre anzusiedelnden staatstheoretischen Forschungsansätzen des *ius publicum universale*[341] maßgeblich im Kollisionsrecht zu weitreichenden neuen Erkenntnissen bzw überhaupt erst zur eigenständigen Herausbildung dieses Rechtsgebietes. Es war insoweit *Ulrik Huber* (1636–1694), der sich 1684 erstmals intensiver mit dem räumlichen Anwendungsbereich der Gesetze befasste und – allerdings ohne sich der heutigen Begrifflichkeit zu bedienen – die Lehre vom **territorialen Bezug des Rechts** begründete.[342] Das so begründete Territorialitätsprinzip erfuhr rasch weitreichende Zustimmung und sollte die kollisionsrechtlichen Lehren im Privat-, Straf- und Verwaltungsrecht lange Zeit prägen. In den *Commentaries on the Conflict of Laws* von *Joseph Story* heißt es hierzu zusammenfassend, dass „[t]he first and most general maxim or proposition is that ...: that every nation possesses an exclusive sovereignty and jurisdiction within its own territory".[343]

110 Das so begründete Territorialitätsprinzip konnte sich später allerdings im Kollisionsrecht nicht umfassend halten und wurde im Zivilrecht durch die Aufgabe des Souveränitäts- zugunsten des Interessenprinzips und zahlreicher verschiedener Kollisionsnormen ersetzt.[344] Im Strafrecht zeigt sich **die Relativierung des Territorialitätsprinzips** heute in der Anerkennung des aktiven und passiven Personalitätsprinzips, des Prinzips der stellvertretenden Strafrechtspflege und insb des Weltrechtsprinzips (vgl §§ 5, 6 und 7 StGB). Im „internationalen" öffentlichen Recht hingegen wird trotz deutlicher Relativierungen und der insoweit zu konstatierenden Absage an die apriori-

---

338 Einzelheiten bei *Vogel* (Fn 337) 51ff.

339 S zB *Heller* Staatslehre (1934) 191 („Das Recht muss als die notwendige Bedingung des heutigen Staates, der Staat aber auch als die notwendige Bedingung des heutigen Rechtes erkannt werden."); *Isensee* in ders/Kirchhof (Hrsg) HdbStR, Bd II, 3. Aufl (2004) § 15 Rn 21ff; *Zippelius* (Fn 337) § 8 (Der Staat als rechtlich verfasste Gemeinschaft).

340 Einzelheiten bei *Vogel* (Fn 337) 43ff; *Meng*, 26ff; *Dahm/Delbrück/Wolfrum* Bd I/1, 316f; zur Entwicklung des Souveränitätsbegriffes im Überblick *Randelzhofer* in Isensee/Kirchhof (Hrsg) Bd II, 3. Aufl (2004) § 17 Rn 13ff mwN.

341 *Stolleis* Geschichte des öffentlichen Rechts in Deutschland Bd I (1988) 291ff.

342 Ausf hierzu *Vogel* (Fn 337) 28ff mwN.

343 *Story* Commentaries on the Conflict of Laws, 2. Aufl (1841) Chapter II, § 18; weitere Einzelheiten zum Territorialitätsprinzip, ebd. §§ 18ff; insg zu dieser Entwicklung *Vogel* (Fn 337) 28ff mwN.

344 Zusammenfassend hierzu *Kegel/Schurig* Internationales Privatrecht, 9. Aufl (2004) § 6.

sche Geltung des Territorialitätsprinzips,[345] immer wieder auf seine zentrale Stellung im kollisionsrechtlichen Sinne abgestellt.[346] Dem entspricht die völkerrechtliche Verankerung des Territorialitätsprinzips, das hier in der Ausprägung als territoriale Souveränität und Gebietshoheit, letztere wiederum unterteilt in Rechtssetzungs- und Vollzugsgewalt, bekannt ist.[347]

Die Bindung des Rechts an das Territorium führt für die internationale Wirtschaft zu verschiedenen Problemen. Zunächst verlangt das Territorialitätsprinzip, dass ein einheitlicher grenzüberschreitender wirtschaftlicher Sachverhalt immer in Einzelbereiche zerlegt wird, um den jeweiligen Territorialbezug zur Anwendung innerstaatlichen Rechts herzustellen. Dieses **„parzellierende Trennungsdenken"**[348] **wirtschaftlicher Zusammenhänge** im Falle der Anwendung innerstaatlichen Rechts ist regelmäßig ökonomisch suboptimal. Durch die Anwendung globalen Einheitsrechts (zum Beispiel UN-Kaufrecht)[349] und die Inanspruchnahme der internationalen Schiedsgerichtsbarkeit[350] wird daher versucht, die negativen Auswirkungen des Territorialitätsprinzips zu vermeiden. Weitere Probleme ergeben sich regelmäßig dann, wenn ein zusammenhängender wirtschaftlicher Sachverhalt von der Rechtsordnung eines Staates auf der Grundlage des Territorialitätsprinzips erfasst wird und ein anderer Staat sich für denselben Sachverhalt auf das Personalitätsprinzip berufen kann, um seinerseits ebenfalls eine Jurisdiktionshoheit zu begründen. Auch diese Konstellation ist bei internationalen Wirtschaftstransaktionen typisch. Insgesamt kann die namentlich auf dem Territorialitätsprinzip begründete Jurisdiktionshoheit damit zutreffend als Transaktionskosten verursachend und insofern als „ein wesentliches Hemmnis für den Außenhandel" angesehen werden.[351] 111

(2) Territoriale und personelle Jurisdiktionsbegründung

Die für das Internationale Wirtschaftsrecht heute relevanten **Grundlagen der Jurisdiktionshoheit** sind zunächst weiterhin im Territorialitäts- und im Personalitätsprinzip zu sehen. Hiernach ist ein Staat befugt, innerhalb seines Territoriums insgesamt sowie überdies in Bezug auf seine staatsangehörigen natürlichen und seine staatszugehörigen juristischen Personen Recht zu setzen und durchzusetzen. Aus dem Umfang der Völkerrechtssubjektivität der EU folgt, dass auch ihr diese Rechte zustehen.[352] 112

345 Frühzeitig hierzu *Vogel* (Fn 337) 113ff; allgemein auch *Dahm/Delbrück/Wolfrum* Bd I/1, 321ff jeweils mwN.

346 BVerwGE 75, 285/286f; *Kegel/Schurig* (Fn 344) § 23 I. 2; *Hofmann* Grundrechte und grenzüberschreitende Sachverhalte (1994) 196ff mwN.

347 *Dahm/Delbrück/Wolfrum* Bd I/1, 318f; *Graf Vitzthum* in Isensee/Kirchhof (Hrsg) HdbStR Bd II, 3. Aufl (2004) § 18 Rn 4; *Verdross/Simma/Geiger* Territoriale Souveränität und Gebietshoheit (1980) 15ff mwN.

348 *Herdegen* § 1 Rn 6.

349 Hierzu → *Gruber* § 16 Rn 1ff.

350 Hierzu → *Oberhammer* § 19 Rn 1ff.

351 *Herdegen*, § 3 Rn 42, unter Verweis auf *Schmidt-Trenz* Außenhandel und Territorialität des Rechts (1990) 167ff und *passim*.

352 S *Dörr* in Grabitz/Hilf/Nettesheim (Hrsg) EUV/AEUV Bd 1 (Stand Mai 2011) Art 47 EUV Rn 23ff.

113 Das **Territorialitätsprinzip** ist nach klassischer völkerrechtlicher Lehre noch vor dem Personalitätsprinzip der **zentrale Anknüpfungspunkt** für die staatliche Jurisdiktion.[353] Seine Bedeutung im Internationalen Wirtschaftsrecht zeigt sich zum Beispiel im Bankenaufsichtsrecht, das auf der Grundlage von § 32 KWG zum Teil wirtschaftliche Aktivitäten ausländischer Banken im Staatsterritorium selbst dann genehmigungspflichtig macht, wenn es sich nicht unmittelbar um Bankgeschäfte handelt.[354] Im Übrigen ist das Außenwirtschaftsrecht in weiten Bereichen durch das Territorialitätsprinzip gekennzeichnet. Ebenso wie viele andere Außenwirtschaftsgesetze regelt auch das deutsche AWG den Wirtschaftsverkehr vom und in das Staatsterritorium (vgl § 1 Abs 1 AWG).[355] Das gilt ebenso für das europäische Außenwirtschaftsrecht, das insb im Hinblick auf die Wareneinfuhr aus dem und die Warenausfuhr in das Gebiet der EU das deutsche AWG weitgehend verdrängt.[356] Ein besonders sensibler Bereich des Außenwirtschaftsrechts, der zunächst durch das Territorialitätsprinzip geregelt wird, stellt insofern das Exportkontrollrecht dar. Es zielt auf eine Exportkontrolle durch Genehmigungsverfahren sowie ggf Exportverbote im Bereich von Waren mit doppeltem (zivil- und militärischem) Verwendungszweck und Kriegswaffen ab.[357] Zugleich ist das Exportkontrollrecht ein Rechtsbereich, in dem oftmals Probleme aufgrund einer über das Territorialitätsprinzip hinausgehenden Rechtsanwendung auf der Grundlage des Personalitätsprinzips erwachsen.[358]

114 Nach dem **Personalitätsprinzip** ist es völkerrechtlich für einen Staat (bzw die EU) zulässig, Recht mit Wirkung für die eigenen staatsangehörigen natürlichen und staatszugehörigen juristischen Personen zu setzen und durchzusetzen. Die Regelung der Staatsangehörigkeit ist dabei in erster Linie dem nationalen Recht überlassen; das Völkerrecht verlangt von völkervertraglichen Sonderregelungen abgesehen insofern nur einen *genuine link* zwischen dem Staat und der entsprechenden natürlichen Person.[359] Mit Blick auf juristische Personen stellt sich die Situation ähnlich dar:[360] Hier entscheidet das nationale Gesellschaftsrecht als Kollisionsrecht über die Frage, welches Recht auf eine Gesellschaft anwendbar ist, dh nach welchem Recht sich die Rechtsstellung der Gesellschaft und ihrer Binnenorganisation richtet (Gesellschafts- oder auch Personalstatut). Dabei werden in den einzelnen Staaten heute im Wesentlichen zwei rechtliche Ansätze praktiziert: Die Gründungstheorie und die Sitztheorie.

115 Nach der vorwiegend im angloamerikanischen Rechtsraum vorzufindenden **Gründungstheorie** ist zur Bestimmung des Gesellschaftsstatus in erster Linie auf den Staat abzustellen, in dem die Gesellschaft rechtlich gegründet wurde. Demgegenüber

---

353 Statt vieler *Meng* 501ff und *passim*.

354 S Merkblatt Hinweise zur Erlaubnispflicht nach § 32 Abs 1 KWG in Verbindung mit § 1 Abs 1 und Abs 1a KWG von grenzüberschreitend betriebenen Bankgeschäften und/oder grenzüberschreitend erbrachten Finanzdienstleistungen, Stand April 2005, verfügbar unter: <bafin.de>; hierzu auch → *Sethe/Lehmann* § 15 Rn 41ff.

355 Ausf hierzu noch → *Tietje* § 18 Rn 1ff.

356 Ausf hierzu noch → *Tietje* § 18 Rn 7ff.

357 Näher hierzu → *Tietje* § 18 Rn 99ff.

358 Hierzu noch sogleich sowie im Überblick auch *Herdegen*, § 3 Rn 48ff.

359 S IGH, ICJ Rep 1955, 4/4 – *Nottebohm*; ausf *Dahm/Delbrück/Wolfrum* Bd I/2, 26ff mwN.

360 Zu den Gemeinsamkeiten und Unterschieden im Hinblick auf Staatsangehörigkeit und Staatszugehörigkeit s *Dahm/Delbrück/Wolfrum* Bd I/2, 100ff.

bestimmt die vorwiegend im kontinentaleuropäischen Bereich angewandte **Sitztheorie** das Gesellschaftsstatut nach dem Ort, an dem die Gesellschaft ihren tatsächlichen Geschäftssitz hat.[361] Für beide Theorien sprechen unterschiedliche Gründe, wobei im Vordergrund der Auseinandersetzung über den anzuwendenden Anknüpfungspunkt das Problem steht, dass nach der Gründungstheorie die Möglichkeit besteht, in einem Staat A rechtlich wirksam eine Scheingesellschaft zu gründen, deren Rechtsfähigkeit im Staat B anzuerkennen ist, ohne dass die Rechtsordnung von B auf die Tätigkeit der Gesellschaft umfassende Anwendung findet. Diesem Problem lässt sich mit der Anwendung der Sitztheorie begegnen. Allerdings hat die Sitztheorie ihrerseits zur Folge, dass für Gesellschaften im internationalen Geschäftsverkehr ein Ortswechsel erheblich erschwert wird.[362] Der EU-Gerichtshof hat vor diesem Hintergrund mit Blick auf eine Beschränkung der Niederlassungsfreiheit (Art 49ff AEUV) die Möglichkeit der EU-Mitgliedstaaten zur Anwendung der Sitztheorie im Binnenmarkt erheblich eingeschränkt.[363]

Aus völkerrechtlicher Perspektive ist eine Anknüpfung sowohl auf der Grundlage der Gründungs- wie auch der Sitztheorie gewohnheitsrechtlich zulässig; das wurde vom IGH zumindest indirekt im *Barcelona-Traction*-Fall bestätigt.[364] Im Übrigen steht den Staaten ein weitgehender Ermessensspielraum im Hinblick auf die konkrete Ausgestaltung weiterer Kriterien zur Bestimmung des Gesellschaftsstatuts zu. Allerdings sind im Internationalen Wirtschaftsrecht auf der Grundlage völkerrechtlicher Verträge zunehmend Rechtsentwicklungen auszumachen, die sich als deutliche **Einschränkung der** Möglichkeit der **Anwendung der Sitztheorie** darstellen. Das gilt zunächst mit Blick auf Bestimmungen in zahlreichen Freundschafts-, Handels- und Schifffahrtsverträgen, die eine gegenseitige Anerkennung der Rechtsfähigkeit von Gesellschaften verlangen. Der BGH hat diesbezüglich in einem Urteil vom 29. Januar 2003 der entsprechenden Klausel in dem deutsch-amerikanischen Freundschafts-, Handels- und Schifffahrtsvertrag von 1954 unmittelbare Anwendbarkeit zugesprochen mit der Konsequenz, dass das Personalstatut der betroffenen Gesellschaft aus Florida nach US-amerikanischem Recht bestimmt werden musste.[365] Der BGH traf dabei die folgende zentrale Aussage: „Wenn Inländerbehandlung, Meistbegünstigung und Niederlassungsfreiheit vereinbart sind und eine Gesellschaft demgemäß sich in einem anderen Land geschäftlich betätigen darf, kann ihr dort nicht die Rechtspersönlichkeit abgesprochen werden, die ihr nach dem Recht des Staates zusteht, in dem sie errichtet worden ist. Insb die Niederlassungsfreiheit hat die volle Anerkennung der Rechts- und Parteifähigkeit mit zum Inhalt“.[366] 116

Die zitierte Feststellung des BGH hat unmittelbare Konsequenzen für den wohl bedeutungsvollsten völkerrechtlichen Vertrag, der die Anwendung der Sitztheorie ein- 117

361 Im Überblick hierzu *Dahm/Delbrück/Wolfrum* Bd I/2, 102ff; *Herdegen* § 16 Rn 5f; *Großfeld* Internationales und europäisches Unternehmensrecht, 2 Aufl (1995) 38ff.

362 S a *Herdegen* § 16 Rn 5ff.

363 S insb EuGH, Rs C-208/00, Slg 2002, I-9919ff – *Überseering*; EuGH, EuZW 2003, 687ff – *Inspire Art*; hierzu statt vieler *Leible/Hoffmann* EuZW 2003, 677ff.

364 IGH, ICJ Rep 1970, 3/42 – *Barcelona Traction.*

365 BGH, DB 2003, 818/819.

366 BGH, DB 2003, 818/819.

schränkt, das GATS. Nach den Regelungen des GATS[367] besteht in Dienstleistungsbereichen, für die von den WTO-Mitgliedern Liberalisierungsverpflichtungen übernommen wurden, ua das Recht von ausländischen Gesellschaften zur sog **kommerziellen Präsenz**. Kommerzielle Präsenz wird definiert als „jede Art geschäftlicher oder beruflicher Niederlassung durch – ua – die Errichtung oder Fortführung einer juristischen Person" (Art XXVIII lit d (i) GATS). Als juristische Person gilt dabei „eine nach geltendem Recht ordnungsgemäß gegründete oder anderweitig errichtete rechtsfähige Organisationseinheit" (Art XXVIII lit l GATS). Aus diesen Festlegungen, die sich als Niederlassungsrecht (vgl Art XVI GATS) zusammenfassen lassen und die durch die Garantie der Inländergleichbehandlung (Art XVII GATS) und der Meistbegünstigung (Art II GATS) abgesichert werden, folgt im Sinne des zitierten BGH-Urteils unmittelbar, dass eine in einem WTO-Mitglied wirksam gegründete Gesellschaft zumindest in Deutschland – und nach WTO-Recht letztlich auch in jedem anderen WTO-Mitglied – in ihrer Rechtsfähigkeit anzuerkennen ist, soweit es um die Erbringung von Dienstleistungen geht. Für die Anwendung der Sitztheorie verbleibt damit kaum noch Raum. Der BGH selbst ist diesen konsequenten Schritt dann allerdings nicht gegangen. In seiner Trabrennbahn-Entscheidung vom 27. Oktober 2008 stellt der BGH folgendes fest: „Eine Pflicht zur Anerkennung schweizerischer Gesellschaften mit Verwaltungssitz in Deutschland lässt sich auch nicht aus dem Allgemeinen Übereinkommen über den Handel mit Dienstleistungen (...) herleiten (...[368]). Dieses Übereinkommen, das allein eine Förderung des Handels mit Dienstleistungen bezweckt, richtet sich nur an die Mitgliedstaaten und begründet keine subjektiven Rechte der Angehörigen dieser Staaten. Eine völkerrechtsfreundliche Auslegung des nationalen Rechts (...) im Sinne einer Gewährleistung auch der Niederlassungsfreiheit für Gesellschaften scheitert bereits daran, dass das Übereinkommen international nicht so verstanden wird (...[369])." Eine Begründung im eigentlichen juristischen Sinne bietet der BGH für seine Ansicht ersichtlich nicht. Es bleibt insofern zunächst bei der unbefriedigenden Feststellung, dass spezifische völkerrechtliche Einschränkungen der Ausgestaltungen des innerstaatlichen internationalen Gesellschaftsrechts aus bilateralen Freundschafts- und Handelsverträgen folgen sollen, nicht jedoch aus dem regelungstechnisch vergleichbaren multilateralen Dienstleistungsabkommen.[370]

118 Ein weiteres Problem der Anwendung des Personalitätsprinzips auf juristische Personen besteht mit Blick auf die Frage nach der **Behandlung** von internationalen Konzerngesellschaften, dh multinationalen bzw **transnationalen Unternehmen**.[371] Bei ihnen stellt sich insb die Frage, ob und ggf inwieweit der Staat des Mutterunternehmens über Tochterunternehmen in anderen Staaten Jurisdiktion ausüben darf. Angesichts der großen Anzahl multinationaler Unternehmen[372] sind die hiermit zusammen-

---

367 Ausf hierzu → *Weiss* § 5 Rn 1ff.

368 Der BGH zitiert wie folgt: *Kindler*, in MünchKomm, 4. Aufl (2001) IntGesR Rn 481f; aA *Hoffmann*, in AnwKomm-BGB, Anh zu § 12 EGBGB Rn 146ff.

369 Der BGH zitiert hier *Lehmann* RIW 2004, 816; *Jung* NZG 2008, 681.

370 Siehe hierzu auch bereits *Tietje* Die Juristische Person des Privatrechts im Allgemeinen Völkerrecht und im internationalen Wirtschaftsrecht – Entwicklungen und rechtliche Herausforderungen (2013).

371 Allgem hierzu *Nowrot* 39ff mwN; vgl auch → *Nowrot* § 2 Rn 30ff; sowie → *Nowrot* § 17 Rn 1ff.

372 S hierzu → *Nowrot* § 2 Rn 31.

hängenden Probleme von erheblicher praktischer Relevanz; sie zeigen sich ua im Außenwirtschaftsrecht, im Steuerrecht, im individuellen und kollektiven Arbeitsrecht und im internationalen Wettbewerbsrecht.[373] Eine abschließende, völkerrechtlich akzeptierte Lösung der Frage liegt nicht vor. Vielmehr reicht das Meinungsspektrum von einer prinzipiellen Ablehnung der Jurisdiktionsausübung auf in anderen Staaten tätige Tochterunternehmen bzw konzernzugehörige Gesellschaften bis zu Ansätzen, die eine weit reichende Jurisdiktionshoheit auch ihnen gegenüber begründen.[374] Dabei sind im Wesentlichen zwei Argumentationslinien vorherrschend: Zum einen wird vertreten, dass sich die Frage nach einer zulässigen Jurisdiktionsausübung nach dem Grad der Abhängigkeit der ausländischen Gesellschaft von der Muttergesellschaft richte, es also auf die gesellschaftsrechtlichen Beherrschungsstrukturen ankomme. Demgegenüber steht die insb im einflussreichen *Restatement of the Law* des *American Law Institute*[375] vertretene Auffassung, dass eine Jurisdiktionsausübung gegenüber ausländischen Zweigniederlassungen zulässig sei, wenn es sich um rechtlich unselbstständige Handlungseinheiten ohne Rechtspersönlichkeit handele – das ist auch unstrittig.[376] Unzulässig sei die Jurisdiktionsausübung indes gegenüber rechtlich selbstständigen Tochtergesellschaften, sofern nicht besondere Gründe eine Jurisdiktion im Ausnahmefall begründen können. Als besondere Gründe, die eine Jurisdiktionsausübung begründen, werden im Wesentlichen Konstellationen angeführt, in denen die Anwendung einer innerstaatlichen rechtlichen Regelung zwingend eine Erstreckung des Anwendungsbereiches auch auf ausländische Tochtergesellschaften erfordert, zB mit Blick auf eine einheitliche Rechnungslegung oder Steuerveranlagung.[377]

Die insb im Restatement vertretene Auffassung, dass in bestimmten Regelungsberei- 119
chen eine extensive Jurisdiktionsausübung gegenüber selbstständigen ausländischen Tochterunternehmen zulässig sei, ist völkergewohnheitsrechtlich problematisch. Eine Ausweitung der Personalhoheit auf selbstständige ausländische Tochterunternehmen ist nach den Gedanken, die dem IGH-Urteil im *Barcelona-Traction*-Fall zugrunde liegen, nur möglich, wenn die grenzüberschreitende konzernrechtliche Struktur zur Umgehung besonders wichtiger staatlicher Regelungen geschaffen wurde. Hierzu zählen insb Fälle, in denen sicherheitspolitisch motivierte hoheitliche Regelungen umgangen werden sollen.[378] In keinem Fall jedoch ist es völkerrechtlich zulässig, durch eine **extensive Interpretation des Personalitätsprinzips** multinationale Unternehmen nahezu umfassend einer bestimmten Jurisdiktionshoheit zu unterstellen. Im Ergebnis führen solche Bestrebungen, die namentlich in der US-amerikanischen Rechtspraxis zum Teil

---

373 Ausf hierzu *Muchlinski* Multinational Enterprises and the Law, 2. Aufl (2007) 125ff; *Wallace* The Multinational Enterprise and Legal Control – Host State Sovereignty in an Era of Economic Globalization (2002).

374 Im Überblick hierzu *Meng*, 509ff.

375 American Law Institute, Restatement of the Law, Third, The Foreign Relations Law of the United States (1987) § 414.

376 *Meng*, 510.

377 American Law Institute, Restatement of the Law, Third, The Foreign Relations Law of the United States (1987) § 414 (2).

378 *Meng*, 513; s a *Mann* RdC 186 (1984) 9/65.

nachzuweisen sind, zu einer Anwendung der Kontrolltheorie, die indes völkerrechtlich keine Anerkennung findet.[379]

(3) Extraterritoriale Rechtsanwendung

120 Neben den bereits zahlreichen Problemen, die sich im Rahmen der klassischen Jurisdiktionsanknüpfung nach dem Territorialitäts- und Personalitätsprinzip ergeben, kommt es aufgrund extraterritorialer Rechtsanwendung regelmäßig und in jüngerer Zeit zunehmend zu Schwierigkeiten im Internationalen Wirtschaftsrecht. Als extraterritoriale Rechtsanwendung werden dabei Situationen bezeichnet, in denen ein Staat sein Recht auf Sachverhalte anwendet, die sich tatsächlich außerhalb seines Territoriums zutragen, **ohne über eine Jurisdiktionsanknüpfung** nach dem Territorialitäts- oder dem Personalitätsprinzip zu verfügen. Entscheidend ist insofern, dass der Anknüpfungspunkt für die Jurisdiktionsausübung im Ausland belegen ist.[380] Damit ist zugleich klargestellt, dass es bei der extraterritorialen Jurisdiktion nicht um die Auswirkungen einer auf der Grundlage des Territorialitäts- und/oder Personalitätsprinzips zulässigen Jurisdiktionsausübung im Ausland geht. Ebenso wenig erfasst werden von dem Begriff Konstellationen, die sich als extensive Interpretation der beiden klassischen Jurisdiktionsprinzipien darstellen.[381]

121 Die völkerrechtliche Zulässigkeit der extraterritorialen Jurisdiktion im eigentlichen Sinne ist problematisch. Im internationalen Wirtschaftssystem kommt es daher auch immer wieder zu **politisch-diplomatischen Streitigkeiten**, wenn von einem Staat außenwirtschaftsrelevante Maßnahmen in Ausübung extraterritorialer Jurisdiktion ergriffen werden. Dies zeigte sich insb bei dem sog „Pipeline-Embargo" der USA im Jahre 1982, das sich auf umfangreiche Erdgasröhrengeschäfte westeuropäischer Unternehmen mit der Sowjetunion bezog[382] und das seine historische Fortsetzung in den Sanktionen gegen am Bau der Nord Stream 2-Pipeline beteiligte nicht-US Unternehmen im Jahre 2020/21 fand.[383] Zu nennen sind aber auch zB US-amerikanische Sanktionsmaßnahmen gegen Kuba (*Helms-Burton-Gesetz*), Iran und Libyen (*Iran and Libya Sanctions Act*) im Jahre 1996[384] und seit dem 11. September 2001 weitreichende Maßnahmen zur Bekämpfung des internationalen Terrorismus, insbesondere durch den USA PATRIOT Act.[385] Auch diese Gesetzesakte der USA knüpften ua an die Tätigkeit von Unternehmen an, die nicht die US-amerikanische Staatszugehörigkeit haben. Der US-amerikanische *Sarbanes-Oxley Act* aus dem Jahre 2002 wirft hier Probleme extraterritorialer Jurisdiktion im Verhältnis der USA und der EU in einem ganz anderen

379 *Meng*, 474ff.
380 Ausf zum Begriff *Meng*, 73ff.
381 Etwas unklar insofern *Herdegen* § 3 Rn 58ff.
382 Ausf hierzu *Meng*, 301ff.
383 Ausf *Tietje/Valentin* Liebesgrüße aus Washington: Völkerrechtliche Aspekte der angedrohten US-Sanktionen gegen die Fährhafen Sassnitz GmbH, Policy Paper on Transnational Economic Law 57 (10/2020), verfügbar unter <telc.jura.uni-halle.de/sites/default/files/PolicyPaper/Policy%20Paper_57.pdf>.
384 Hierzu zB *Meng* EuZW 1997, 423ff.
385 Einzelheiten hierzu zB *Graves* Extraterritoriale Anwendung des USA PATRIOT Act, verfügbar unter <docplayer.org/10132522-Extraterritoriale-anwendung-des-usa-patriot-act.html>.

Bereich des Wirtschaftsrechts, nämlich des Aktienrechts, auf.[386] Schließlich stellt das Wettbewerbsrecht eine klassische Materie dar, in der es zu Problemen aufgrund seiner extraterritorialen Anwendung kommt.[387] Als Reaktion auf vermeintlich unzulässige Maßnahmen extraterritorialer Jurisdiktion erlassen betroffene Staaten und die EU regelmäßig sog Abwehrgesetze (blocking statutes), die ua eine zivilrechtliche Durchsetzung entsprechender Maßnahmen verhindern sollen.[388]

Bei der rechtlichen Bewertung der extraterritorialen Jurisdiktion muss zwischen ihrer tatbestandlichen Zulässigkeit und der Ausübung auf der Rechtsfolgenseite differenziert werden. Tatbestandlich ist die extraterritoriale Jurisdiktion zulässig, wenn es hierfür eine **sinnvolle Anknüpfung** gibt. Diese ist im Internationalen Wirtschaftsrecht anerkannt, wenn der als Anknüpfung gewählte Sachverhalt im Ausland spürbare, direkte oder beabsichtigte Wirkungen im Inland hat. Ob es darüber hinaus noch weitere zulässige Anknüpfungspunkte, insb mit Blick auf den Schutz von Rechtsgütern von Staatsangehörigen im Ausland sowie den Schutz des handelnden Staates als solches (Schutzprinzip), gibt, ist unklar.[389] 122

Wenn extraterritoriale Jurisdiktion tatbestandlich zulässig ist, kommt es allerdings zwangsläufig zu einem **Jurisdiktionskonflikt**. In einem solchen Fall steht nämlich nicht nur dem Staat, der sich auf extraterritoriale Jurisdiktion beruft, eine Regelungsbefugnis zu, sondern natürlich auch dem Staat, in dem sich der maßgebliche Sachverhalt zuträgt bzw dessen Staatsangehörigen hieran beteiligt sind (Territorialitäts- und/oder Personalitätsprinzip). Damit bedarf es auf der Rechtsfolgenseite einer Abwägung der konfligierenden Jurisdiktionen. Heute ist weitgehend anerkannt, dass diese Abwägung im Sinne des Verhältnismäßigkeitsgrundsatzes zu erfolgen hat.[390] Das Restatement of the Law enthält hierzu in § 403 einen ausführlichen Kriterienkatalog, der bei der Verhältnismäßigkeitsentscheidung zu beachten ist.[391] 123

5. Das Kooperations- und Solidaritätsprinzip

Das Internationale Wirtschaftsrecht wird weiterhin von Rechtsprinzipien geprägt, die sich auf das nicht unproblematische Verhältnis von Staaten mit unterschiedlichem Entwicklungsstand beziehen. In der historischen Entwicklung des Internationalen Wirtschaftsrechts war dieses, politisch oftmals als „Nord-Süd-Konflikt“ umschriebene Verhältnis lange Zeit durch die Bestrebungen der Entwicklungsländer zur Schaffung einer „New International Economic Order (NIEO)“ geprägt.[392] Nach dem Scheitern dieser Bemühungen hat sich heute eine differenzierte rechtliche Struktur durchgesetzt. Sie ist dadurch gekennzeichnet, dass grundsätzlich eine **gleichberechtigte rechtliche Teilnahme** aller Staaten, unabhängig von ihrem Entwicklungsstand, anerkannt 124

---

386 Im Überblick hierzu *Buxbaum* IPRax 2003, 78ff.

387 S ausf → *Wagner-v Papp* § 12 Rn 1ff.

388 S *Meng* EuZW 1997, 423f.

389 Statt vieler *Meng* EuZW 1997, 423/427.

390 Ausf *Meng*, 603ff.

391 Der Text des § 403 ist wiedergegeben bei *Großfeld* (Fn 361) 33; hierzu auch *Herdegen* § 3 Rn 70ff mwN.

392 Hierzu schon o Rn 53, 105.

ist. Zugleich werden allerdings in einzelnen Sachbereichen die besonderen Bedürfnisse der Entwicklungsländer durch Sonderregelungen anerkannt. Das wurde bereits bei der Darstellung des subjektiv-rechtlich ausgerichteten Rechts auf Entwicklung deutlich,[393] mit dem das objektivrechtliche Kooperations- und Solidaritätsprinzip korrespondiert.[394]

125 Normativer Ansatzpunkt der Bestimmung des rechtlichen Verhältnisses von Entwicklungsländern und entwickelten Staaten ist **Art 55 lit a) UN-Charta**, in dem sich die Vereinten Nationen verpflichten, zur Herbeiführung eines Zustandes der Stabilität und Wohlfahrt „die Verbesserung des Lebensstandards, der Vollbeschäftigung und die Voraussetzungen für wirtschaftlichen und sozialen Fortschritt und Aufstieg" zu fördern. Inhalt und konkrete Rechtsverbindlichkeit dieser Vorschrift sind zwar umstritten,[395] in ihrer allgemeinen Aussage der Pflicht zur internationalen wirtschaftlichen Kooperation unter besonderer Berücksichtigung der Interessen schwächer entwickelter Staaten wird man ihr aber eine völkerrechtliche Bedeutung nicht absprechen können. Dies zeigt sich insb an einer Vielzahl von Maßnahmen der Vereinten Nationen und in ihrem Umfeld, deren Grundlagen sich in Kapitel IX UN-Charta (Internationale Zusammenarbeit auf wirtschaftlichem und sozialem Gebiet) finden.[396] Eine rechtsnormative Absicherung findet das in Art 55 UN-Charta niedergelegte Kooperations- und Solidaritätsprinzip auch in der Präambel der WTO-Satzung: „*Recognizing* further that there is need for positive efforts designed to ensure that developing countries, and especially the least developed among them, secure a share in the growth in international trade commensurate with the needs of their economic development" (Abs 2).[397]

126 Die positive Verpflichtung der Staaten, der wirtschaftlichen Situation der schwächer entwickelten Mitglieder der internationalen Staatengemeinschaft durch entsprechende Maßnahmen angemessen Rechnung zu tragen, lässt sich auf ein im Völkerrecht vermehrt anerkanntes **Prinzip globaler Gerechtigkeit** zurückführen, das seine philosophische Grundlage in dem Fairnesskonzept von *John Rawls* findet.[398] Das prozedurale, und damit (vorgeblich) nicht von vorgegebenen materiellen Gerechtigkeitskriterien ausgehende Fairnesskonzept von *Rawls*[399] basiert auf der Annahme, dass Gerechtigkeit nicht notwendig egalitär ausgestaltet sein muss, sondern auf zwei sich ergänzenden Elementen beruht. Für die immateriellen Grundgüter (die Grundfreihei-

---

393 S o Rn 73ff.

394 Vgl hierzu auch ua *Tietje* in Delbrück (Hrsg) International Law of Cooperation and State Sovereignty (2002) 45ff; *ders* JWT 36 (2002) 501ff; *Wolfrum* FS Tomuschat (2006) 1087/1096ff; *Hilpold* JöR NF 55 (2007) 195/203ff; ausführlich zu Stellung von Entwicklungs- und Schwellenländern in der Völkerrechtsgemeinschaft *Kaltenborn* AVR 46 (2008) 205ff.

395 Zur Diskussion statt vieler *Wolfrum* (Fn 107) Rn 1ff; *Schütz,* 42 ff jeweils mwN.

396 Eingehend hierzu *Schütz,* 57ff, mit umfangreichen Nachweisen; zusammenfassend auch *Gloria* in Ipsen Völkerrecht, 5. Aufl (2004) § 44 Rn 1–12.

397 Zur Bedeutung dieser Passage der Präambel des WTO-Übereinkommens s WTO, *European Communities – Tariff Preferences* App Body v 7.4.2004, WT/DS246/AB/R para 92; insg hierzu *Jessen* WTO-Recht und „Entwicklungsländer" (2006).

398 Umfassend hierzu *Franck* Fairness in International Law and Institutions (1995) *passim*.

399 Zur Kritik an der behaupteten Wertneutralität des Fairnesskonzepts statt vieler *Kersting* John Rawls zur Einführung, 4. Aufl (2008) 165ff; *Kaufmann* Grundprobleme der Rechtsphilosophie (1994) 211ff mwN.

ten) gilt ein egalitärer Verteilungsgrundsatz: „Each person is to have an equal right to the most extensive basic liberty compatible with a similar liberty for others“[400]. Für die – hier interessierenden – materiellen Grundgüter hingegen gilt das *Differenzprinzip*. Dieses verlangt als nicht-egalitärer Verteilungsgrundsatz[401] nicht notwendig eine Gleichverteilung, sondern unterwirft ökonomische Ungleichverteilungen nur dem Rechtfertigungszwang des Nachweises allgemeiner Vorteilhaftigkeit.[402] *Rawls* charakterisiert dies wie folgt: „Social and economic inequalities are to be arranged so that they are both (a) reasonably expected to be to everyone's advantage, and (b) attached to positions and offices open to all"[403]. Im Umkehrschluss hierzu sind Ungerechtigkeiten damit „inequalities that are not to the benefit of all“[404].

Das Gerechtigkeitskonzept von *Rawls* ist freilich nicht ohne Kritik geblieben.[405] 127
Ohne hierauf an dieser Stelle aus philosophischer Sicht eingehen zu können, sind aber doch mehrere Aspekte hervorzuheben, die insb die **Anwendung des Differenzprinzips** im internationalen Wirtschaftssystem rechtfertigen können. Zunächst ist es unstreitig das Verdienst von *Rawls*, Aspekte sozioökonomischer Gerechtigkeit in die politische Philosophie eingeführt zu haben, so dass überhaupt ein rationaler Diskurs hierüber möglich ist.[406] Auf der Grundlage des Differenzprinzips kann dieser Diskurs die bestehenden Ungleichheiten im internationalen Wirtschaftssystem zum einen erklären, zum anderen aber auch aufzeigen, wann das Ungleichheitsmaß überschritten ist und damit positive Handlungen notwendig sind. Indem das Differenzprinzip nämlich besagt, dass eine Ungleichverteilung nur insofern und in dem Maße gerechtfertigt ist, wie sie notwendig erscheint, um die Aussichten der Minderbegünstigten auf lange Sicht zu verbessern, gebietet es gleichzeitig Umverteilungen, wenn dieses Ungleichheitsmaß überschritten wird.[407] Durch diesen Beurteilungsmaßstab wird eine Korrektur der ansonsten im Weltwirtschaftssystem anerkannten *pareto-optimalen* Verteilungsstruktur herbeigeführt, wie sie auch den bereits herausgearbeiteten Prinzipien der Nichtdiskriminierung und der Offenheit der Märkte zugrunde liegt.[408] Dass diese Korrektur notwendig ist, beweisen der empirische Befund über die Stellung schwächer entwickelter Staaten im Weltwirtschaftssystem und die zitierte Passage aus der Präambel des WTO-Übereinkommens, aus der eine entsprechende Verpflichtung abzuleiten ist.[409]

Gegen eine Korrektur der grundsätzlich anerkannten *pareto-optimalen* Vertei- 128
lungsstruktur in den internationalen Wirtschaftsbeziehungen lässt sich auch nicht durchgreifend einwenden, eine Bestimmung von Gerechtigkeitskriterien sei gar nicht möglich und widerspreche dem Freiheitsideal liberaler Gesellschaften. Diese insb von

400 *Rawls* A Theory of Justice (1973) 60.
401 S *Kersting* (Fn 399), 50; *ders* Die politische Philosophie des Gesellschaftsvertrags (1996) 275.
402 *Kersting* (Fn 399) 51f, *ders*, Politisches Denken – Jahrbuch (1995/96), 275f.
403 *Rawls* (Fn 400) 60.
404 *Rawls* (Fn 400) 62.
405 S im Überblick *Kersting* (Fn 399) 55ff; *Geis* JZ 1995, 324ff mwN.
406 *Kersting* (Fn 399) 68.
407 *Kersting* (Fn 399) 67.
408 Zum Gegensatz des Differenzprinzips zur *pareto-optimalen* Verteilungsstruktur s *Rawls* (Fn 400) 66f, 71f; *Kersting* (Fn 399) 55f.
409 WTO, *European Communities – Tariff Preferences* App Body v 7.4.2004, WT/DS246/AB/R para 92.

von Hayek vertretene These[410] mag einem konsequenten Liberalismus folgend in sich überzeugend sein, ist aber nicht mit einem empirisch und rechtsnormativ nachweisbaren Grundkonsens der internationalen Staatengemeinschaft vereinbar, nach dem **Elemente distributiver Gerechtigkeit** Bestandteil des internationalen Systems sind.[411] Der von *von Hayek* befürchteten Willkür in der Anwendung von Regelungen über Redistribution ist damit unter pragmatischen und rechtsnormativen Gesichtspunkten zu begegnen.

129 In ähnlicher Weise sind Ausführungen von *Rawls* zu werten, in denen er seine Theorie der Gerechtigkeit als Fairness zwar auf das internationale System überträgt, die Aspekte distributiver Gerechtigkeit hiervon aber ausdrücklich ausnimmt.[412] Die Skepsis *Rawls* liegt maßgeblich darin begründet, dass die internationale Gemeinschaft nicht fähig sei, anerkannte Grundsätze distributiver Gerechtigkeit zu ermitteln. Dass dem nicht so ist, wurde bereits angedeutet und umfassend ua von *Thomas Franck* nachgewiesen.[413] Darüber hinaus scheint *Rawls* selbst nicht völlig von seiner Ausklammerung des Differenzprinzips überzeugt zu sein, wenn er anerkennt, dass auch im internationalen System gewisse Solidarpflichten bestehen.[414]

130 Der Vorzug des Differenzprinzips als Umschreibung des Prinzips globaler Gerechtigkeit (Kooperations- und Solidaritätsprinzip) im Internationalen Wirtschaftsrecht liegt rechtspolitisch schließlich darin, die wirtschaftlich nicht zu realisierenden und politisch nicht konsensfähigen, ausschließlich egalitären Forderungen im Rahmen der „neuen Weltwirtschaftsordnung“ aufzugeben.[415] Anstatt eine den Realitäten nicht entsprechende Wirtschaftsordnung zu fordern, die strikt egalitär aufgebaut ist und in ihren ökonomischen Wirkungen kaum überzeugt,[416] vermag das Prinzip globaler Gerechtigkeit eine **sachangemessene Synthese** zwischen den anerkannten wohlfahrtssteigernden Wirkungen des internationalen Freihandels basierend auf der Theorie komparativer Kostenvorteile einerseits und notwendigen Elementen distributiver Gerechtigkeit andererseits hervorzubringen.[417]

---

410 Zur Kritik *von Hayeks* an Vorstellungen distributiver Gerechtigkeit s umfassend *Gray* Freiheit im Denken Hayeks (1995) 71ff.

411 Umfassend hierzu *Franck* (Fn 398) *passim* für das Internationale Wirtschaftsrecht insb 413–437; hierzu auch bereits *Benedek* in Dicke/Petersmann (Hrsg) Foreign Trade in the Present and a New International Economic Order (1988) 71/101ff.

412 *Rawls* in Shute/Hurley (Hrsg) On Human Rights (1993) 41/75f; aus philosophischer Sicht hierzu *Pogge* Philosophy & Public Affairs 23 (1994) 195ff; *Kersting* Politisches Denken – Jahrbuch (1995/96), 196/237ff.

413 *Franck* (Fn 398) insb 18f und *passim*; s a die umfassende Studie von *Schütz, passim* der zu einem ähnlichen Ergebnis kommt.

414 *Rawls* (Fn 412) 76: „Although no liberal principle of distributive justice would be adopted for dealing with unfavorable conditions, that certainly does not mean that the well-ordered and wealthier societies have no duties and obligations to societies burdened by such conditions“.

415 Zur Diskussion über eine neue Weltwirtschaftordnung s bereits o Rn 53.

416 Zur ökonomischen Sicht s im Überblick *Hardes/Krol* Volkswirtschaftslehre, 20. Aufl (1999) 448ff mwN.

417 Zur Funktion des Prinzips globaler Gerechtigkeit in Abgrenzung zu den egalitären Forderungen einer neuen Weltwirtschaftsordnung s a *Franck* (Fn 398) 19ff; entgegen dem hier vertretenen Ergebnis erachtet *Thürer* in ders/Kux (Hrsg) GATT 94 und die Welthandelsorganisation (1996) 41/65, es auch heute

Insgesamt ist das Kooperations- und Solidaritätsprinzip im Internationalen Wirtschaftsrecht damit wie folgt zu charakterisieren. Grundlage des normativen Ordnungsrahmens des Welthandelssystems ist der internationale Freihandel in seiner theoretischen Absicherung in der Theorie komparativer Kostenvorteile. Diese Theorie setzt Ungleichverteilungen der Güter in der Welt voraus, um so zu einer internationalen Arbeitsteilung zu gelangen, die ihrerseits universell wohlfahrtsfördernde Wirkungen hat; eine egalitäre Gleichheit wird also bewusst negiert, da zunächst davon auszugehen ist, dass auch die schwächer entwickelten Staaten von der nicht bestehenden Gleichheit in der Form von Wohlfahrtsgewinnen profitieren (Differenzprinzip). Normativ konkretisiert findet sich diese Ausgangsüberlegung insb in den Prinzipien der Nichtdiskriminierung und der Offenheit der Märkte. Von den Grundüberlegungen des liberalen Welthandels ist als Gebot des Differenzierungsprinzips aber abzuweichen, wenn die universellen Ungleichverteilungen ein Maß erreichen, das den am wenigsten begünstigten Staaten nicht mehr (selbst auf lange Sicht) zum Vorteil gereicht. Wirtschaftspolitisch bedeutet dies, dass die Prinzipien der Nichtdiskriminierung und der Offenheit der Märkte zurückweichen müssen, wenn die ihnen zugrunde liegenden Funktionen den schwächer entwickelten Staaten keinen Vorteil mehr bringen. Ist dies der Fall, verlangt das Kooperations- und Solidaritätsprinzip universelle Umverteilungen, die die dann **bestehenden Ungerechtigkeiten ausgleichen**. Dabei kann es durchaus Unterschiede in der Behandlung der Entwicklungsländer untereinander geben, wie der WTO Appellate Body ausdrücklich festgestellt hat.[418] 131

Insgesamt können heute nicht unwesentliche Konkretisierungen des Kooperations- und Solidaritätsprinzips im Internationalen Wirtschaftsrecht nachgewiesen werden. Das betrifft zunächst zahlreiche **Ausnahme- und Sonderregelungen für Ent-** 132

noch für notwendig, egalitäre Gleichheitsprinzipien im Sinne der „neuen Weltwirtschaftsordnung" im Weltwirtschaftssystem zu gewährleisten. *Thürer* scheint die Bedeutung des Differenzprinzips mit seinen zwei Elementen zu verkennen. An dieser Stelle ist nachdrücklich darauf hinzuweisen, dass das hier zugrunde gelegte Prinzip globaler Gerechtigkeit nicht einen Weltbürgerstaat verlangt, wie es in der politischen Philosophie teilweise in konsequenter Anwendung der Gedanken *Rawls*' vertreten wird. Die Ideen einer globalen Rechtsordnung im Sinne von *Kants* Ewigem Frieden schließen es nicht aus, zumindest im Weltwirtschaftssystem das Differenzprinzip anzuwenden. Eben diese Möglichkeit einer Synthese des Differenzprinzips mit der Idee einer den Weltstaat (zu Recht) negierenden universellen Rechtsordnung im Sinne von Kant verkennt *Kersting* Politsches Denken – Jahrbuch (1995/96) 197ff. Die schonungslose Kritik von *Kersting*, an der Idee weltweiter Verteilungsgerechtigkeit beruht auf dem Missverständnis, dass globale Gerechtigkeit notwendig und primär zu universeller Redistribution führe. Nach hier vertretener Ansicht ist dies gerade nicht der Fall, da das Prinzip globaler Gerechtigkeit – aus ökonomischer und juristischer Sicht – notwendig und primär Ungleichverteilungen voraussetzt und nur in Ausnahmefällen zu Mitteln der Redistribution zwingt. Es ist daher nicht so, dass die Idee globaler Gerechtigkeit „die Mitglieder bevorzugter Volkswirtschaften zu Produktionssklaven in einem globalen unpersönlichen Verteilungsarrangement [verurteilt]" (*Kersting* (Fn 412) 197/232). Vielmehr verbleibt es bei der bereits von *Kant* vorausgesetzten – und von *Kersting* (Fn 412) betonten – zwischenstaatlichen Rechts- und Friedensordnung.

418 WTO, *European Communities – Tariff Preferences* App Body v 7.4.2004, WT/DS246/AB/R; hierzu ausf *Jessen* Zollpräferenzen für Entwicklungsländer: WTO-rechtliche Anforderungen an Selektivität und Konditionalität – Die GSP-Entscheidung des WTO Panel und Appellate Body (2004); *ders* WTO-Recht und „Entwicklungsländer": „special and differential treatment for developing countries" im multidimensionalen Wandel des Wirtschaftsvölkerrechts (2006).

wicklungsländer und am wenigsten entwickelte Länder in der WTO-Rechtsordnung,[419] wobei der sog *enabling-clause* und damit dem allgemeinen Zollpräferenzsystem (General System of Preferences – GSP) besondere Bedeutung zukommt.[420] Weiterhin lässt sich im internationalen Finanz- und Währungssystem umfassend feststellen, dass es zwar keinen Anspruch auf finanzielle und technische Hilfe gibt, der Ermessensspielraum der industrialisierten Länder bei Entscheidungen über die Gewährung entsprechender Unterstützung allerdings auf der Grundlage des Kooperations- und Solidaritätsprinzips erheblich eingeschränkt ist.[421] Im Technologiebereich lässt sich gerade in neuerer Zeit nachweisen, dass die Bereitschaft der industrialisierten Staaten besteht, Einschränkungen des internationalen Schutzstandards für geistiges Eigentum anzuerkennen, um so spezifischen Bedürfnissen der Entwicklungsländer entgegen zu kommen.[422] Recht weitreichende Kooperations- und Solidaritätspflichten bestehen schließlich im Rohstoffbereich.[423]

6. Das Prinzip der Bewahrung und gerechten Verteilung von globalen öffentlichen Gütern

133 Schließlich gewinnt in jüngerer Zeit das Prinzip der Bewahrung und gerechten Verteilung globaler öffentlicher Güter im Internationalen Wirtschaftsrecht ebenso wie in der internationalen Rechtsordnung insgesamt zunehmende Bedeutung. Die Diskussion über globale öffentliche Güter hat zunächst einen wirtschaftswissenschaftlichen Hintergrund. Öffentliche Güter werden volkswirtschaftlich von privaten Gütern durch die Merkmale der Rivalität und der Ausschließbarkeit voneinander abgegrenzt.[424] Das **Kriterium der Rivalität** bezieht sich dabei darauf, dass ein Wirtschaftsgut grundsätzlich nur individuell konsumiert werden kann, also zB nur eine Person die Hose trägt. Bei der **Ausschließbarkeit** geht es dann um die Frage, ob das betreffende Gut so kontrollierbar ist, dass dritte Personen von seinem Konsum ausgeschlossen werden können. Im Gegensatz zu privaten Gütern sind die Rivalität und/oder die Ausschließbarkeit bei öffentlichen Gütern nunmehr gerade nicht gegeben. Daraus folgt, dass öffentliche Güter keine Güter sind, auf die der normale (spontane) Marktmechanismus Anwendung finden kann. Insofern ist eine optimale Ressourcenallokation bei öffentlichen Gütern auf der Grundlage der spontanen Marktmechanismen nicht möglich. Damit liegt ein Marktversagen (market failure) vor, das grundsätzlich eine entspre-

---

419 Hierzu zB *Kessie* World Competition 22 (2, 1999) 83ff; *Michalopoulos* Developing Countries in the WTO (2001); *Jessen* (Fn 397) 384ff.

420 Zu den Rechtsentwicklungen im Rahmen des GSP s *Jessen* (Fn 397) 8ff.

421 Umfassend hierzu *Schütz*, 133ff.

422 S hierzu insb die entsprechenden Rechtsentwicklungen im Bereich des TRIPS, vgl ua *Abbott/Reichman* JIEL 10 (2007) 921ff; *Hestermeyer* Human Rights and the WTO – The Case of Patents and Access to Medicines (2008); *Matthews* JIEL 7 (2004) 73ff; *Slonina* Gesundheitsschutz contra geistiges Eigentum? Aktuelle Probleme des TRIPS-Übereinkommens (2003); *ders* Durchbruch im Spannungsverhältnis von TRIPS and Health: Die WTO-Entscheidung zu Exporten unter Zwangslizenzen (2003); zu weiteren vereinzelten Ansätzen s *Schütz*, 239ff; *Stoll* Technologietransfer: Internationalisierungs- und Nationalisierungstendenzen (1994).

423 *Schütz*, 318ff; hierzu auch noch → *Bungenberg/Weiss* § 7 Rn 1ff.

424 Statt vieler hierzu zB *Gruber/Kleber* Grundlagen der Volkswirtschaftslehre, 4. Aufl (2000) 130ff.

chende hoheitliche Intervention in das Marktgeschehen rechtfertigt und notwendig macht. Am bekanntesten ist insofern die hoheitliche Marktintervention mit dem Ziel der Internalisierung externer Kosten im Umweltbereich.[425]

Dem internationalen System klassischer Prägung war das Rechtsinstitut globaler öffentlicher Güter weitgehend fremd, da es in seiner rechtlichen Struktur von staatlichen Interessen geprägt war, die in einem Reziprozitätsverhältnis standen.[426] Die so begründete Koordinationsstruktur des Völkerrechts kannte keine Rechtsgüter, die aus einem übergeordneten, von staatlichen Partikularinteressen losgelösten Interesse heraus zu schützen sind. Dieses rechtliche Bild änderte sich aber seit ungefähr Anfang der 1970er Jahre. Der IGH sprach in seinem Urteil im *Barcelona-Traction*-Fall aus dem Jahre 1970 auf einmal, ohne dass eine unmittelbare Fallrelevanz erkennbar war, von grundlegenden Menschenrechten als „obligations of a State towards the international community as a whole"[427]. Kurze Zeit später, im November 1972, wurde die UNESCO-Konvention über den Schutz des Kultur- und Naturerbes der Welt verabschiedet.[428] In deren Präambel heißt es, „... dass Teile des Kultur- und des Naturerbes von außergewöhnlicher Bedeutung sind und daher als Bestandteil des Welterbes der ganzen Menschheit erhalten werden müssen." In dieser Formulierung, dem zitierten IGH-Urteil und parallelen Entwicklungen zur sog Internationalisierung staatsfreier Räume[429] kommt zum Ausdruck, dass einzelne globale Rechtsgüter einem Schutz unterstellt werden, der nicht mehr eine konditionale Verknüpfung mit einzelstaatlichen Interessen aufweist.[430] Ähnlich wie mit Blick auf die staatsfreien Räume durch die Herausbildung des Konzeptes eines „Gemeinsamen Erbes der Menschheit" (***common heritage of mankind***),[431] begann sich nun die rechtliche Erkenntnis durchzusetzen, dass ein etatistische Interessen transzendierendes Staatengemeinschaftsinteresse am Schutz einzelner Rechtsgüter besteht. Heute lässt sich in weiten Bereichen des internationalen Lebens ein solches Konzept des Schutzes globaler öffentlicher Güter nachweisen.[432] 134

Für das Internationale Wirtschaftsrecht ergeben sich zahlreiche Hausforderungen aus der Lehre von internationalen öffentlichen Gütern. Im Vordergrund des Interesses 135

---

425 *Boie* Ökonomische Steuerungselemente im europäischen Umweltrecht (2006).

426 Zur Bedeutung des Reziprozitätsgrundsatzes im Völkerrecht statt vieler *Simma* Das Reziprozitätselement im Zustandekommen völkerrechtlicher Verträge (1972); *Verdross/Simma* Universelles Völkerrecht, 3. Aufl (1984) §§ 64ff.

427 IGH, ICJ Rep 1970, 3/32 – *Barcelona Traction.*

428 BGBl 1977 II, 215.

429 Hierzu umfassend die gleichnamige Schrift von *Wolfrum* Die Internationalisierung staatsfreier Räume (1984) *passim.*

430 Zu weiteren Nachweisen vgl *Dahm/Delbrück/Wolfrum* Bd I/1, 451; *Delbrück* in Kühne (Hrsg) Blauhelme in einer turbulenten Welt (1993) 101/113ff.

431 Hierzu umfassend statt vieler *Kewenig* FS Schlochauer (1981) 385ff; *Wolfrum* ZaöRV 43 (1983) 312ff; *Hobe* Die rechtlichen Rahmenbedingungen der wirtschaftlichen Nutzung des Weltraums (1992) 113ff; *ders* FS Delbrück (2005) 329ff.

432 Zu globalen öffentlichen Gütern insg die Beiträge in *Kaul/Grundberg/Stern* (Hrsg) Global Public Goods – International Cooperation in the 21st Century (1999); hierzu auch *Tietje* Zeitschrift für Rechtssoziologie 24 (2003) 27/39ff.

steht dabei die Frage, wie und durch welche internationalen Regelungsmechanismen die Bewahrung und gerechte Verteilung globaler öffentlicher Güter in Abwägung zur grundsätzlich anerkannten Notwendigkeit einer spontanen Ordnung der Märkte realisiert werden kann. Das betrifft den Weltwarenhandel[433] ebenso wie zum Beispiel zahlreiche Bereiche des geistigen Eigentumsschutzes,[434] wobei jeweils der Umwelt- und der Gesundheitsschutz sowie die Menschenrechte insgesamt als globale öffentliche Güter zur Debatte stehen. Im Einklang mit Art 55 UN-Charta lässt sich darüber hinaus heute konstatieren, dass das Internationale Wirtschaftsrecht als Rechtsordnung seine Legitimation zu einem beachtlichen Teil daraus erfährt, dass es auch dem Schutz von Gemeinschaftsgütern – globalen öffentlichen Gütern – dient.[435] Dem entspricht es im Übrigen, die rechtliche Ausgestaltung des internationalen Wirtschaftssystems insgesamt als globales öffentliches Gut einzuordnen.[436] Überdies weist das bereits dargestellte Prinzip nachhaltiger Entwicklung unmittelbar auf die **Bedeutung globaler öffentlicher Güter** auch im Internationalen Wirtschaftsrecht hin.[437]

136 Über die materiellrechtliche Dimension hinausgehend hat die rechtsnormative Verankerung des Schutzes und der Bewahrung globaler öffentlicher Güter auch Auswirkungen auf die für das internationale Wirtschaftssystem maßgebliche Akteursstruktur. Aus rechtlicher und gesellschaftspolitischer Perspektive wurde die Verantwortung für öffentliche Güter bislang regelmäßig dem Staat zugewiesen. Rechtsterminologisch hat sich hierfür der Begriff der **Gewährleistungsverantwortung des Staates** herausgebildet.[438] Hiermit wird im Wesentlichen die staatliche Aufgabe der Sicherung der Versorgung der Bürger mit bestimmten öffentlichen Gütern und Dienstleistungen zur Befriedigung ihrer Lebensbedürfnisse umschrieben.[439] Die exklusive Verortung der so

---

433 Besonders deutlich werden die entsprechenden Schwierigkeiten mit Blick auf die welthandelsrechtliche Bewertung von sog processes and production measures (PPMs), hierzu *Puth* WTO und Umwelt: Die Produkt-Prozess-Doktrin (2003); *Tietje* Grundstrukturen, 209f, 212, 234f; *ders* (Fn 104) 254ff.

434 Hierzu zB *Drahos* JIEL 7 (2004) 321ff.

435 Ausf hierzu *Nowrot/Wardin* Liberalisierung der Wasserversorgung in der WTO-Rechtsordnung – Die Verwirklichung des Menschenrechts auf Wasser als Aufgabe einer transnationalen Verantwortungsgemeinschaft (2003) 45ff mwN.

436 *Siebert* in WTO Secretariat (Hrsg) From GATT to the WTO: The Multilateral Trading System in the New Millennium (2000) 137f.

437 S o Rn 54f.; siehe auch IGH, Order v 13.7.2006, para 80 – *Case Concerning Pulp Mills on the River Uruguay (Argentine v. Uruguay)*, Request for the Indication of Provisional Measures: "Whereas the present case highlights the importance of the need to ensure environmental protection of shared natural resources while allowing for sustainable economic development; whereas it is in particular necessary to bear in mind the reliance of the Parties on the quality of the water of the River Uruguay for their livelihood and economic development; whereas from this point of view account must be taken of the need to safeguard the continued conservation of the river environment and the rights of economic development of the riparian States".

438 Ausf hierzu ua *Schoch* NVwZ 2008, 241ff; *Schulze-Fielitz* in Hoffmann-Riem/Schmidt-Aßmann/Voßkuhle (Hrsg) Grundlagen des Verwaltungsrechts Bd I (2006) § 12 Rn 51ff, 154ff; *Schuppert* in ders (Hrsg) Der Gewährleistungsstaat (2005) 11ff; *Voßkuhle* VVDStRL 62 (2003) 266/304ff; *Hermes* Staatliche Infrastrukturverantwortung (1998); *Weiß* Privatisierung von Staatsaufgaben (2002) jeweils mwN.

439 S zB *Hermes* (Fn 438) 337.

verstandenen Gewährleistungsverantwortung im staatlichen Bereich[440] erscheint indes mit Blick auf globale öffentliche Güter heute problematisch. Das liegt in erster Linie daran, dass die Staaten im Prozess einer Denationalisierung und Entstaatlichung zunehmend die Fähigkeit verlieren, die mit der Gewährleistungsverantwortung verbundenen Aufgaben tatsächlich und rechtlich effektiv wahrnehmen zu können. Hieraus erwächst die Notwendigkeit, den Schutz und die gerechte Verteilung globaler öffentlicher Güter verstärkt durch kooperative Anstrengungen staatlicher, intermediärer und nichtstaatlicher Akteure zu gewährleisten.[441] Der Global Compact der Vereinten Nationen[442] zeigt dies besonders deutlich. Im wissenschaftlichen Schrifttum wird die so für den Schutz und die gerechte Verteilung globaler öffentlicher Güter im internationalen Wirtschaftssystem relevante multiple Akteursstruktur zutreffend mit dem Begriff der **transnationalen Verantwortungsgemeinschaft** umschrieben.[443]

Insgesamt ist das Internationale Wirtschaftsrecht materiellrechtlich und in seiner 137
Akteursstruktur damit heute dadurch gekennzeichnet, dass es über gesellschaftspolitische Anliegen hinausgehend auch rechtlich globalen öffentlichen Gütern Bedeutung beimessen muss. Wie dieses rechtsprinzipielle Gebot im Einzelnen in Rechtsregeln zu konkretisieren ist, kann nicht einheitlich beantwortet werden. In den Teilbereichen des Internationalen Wirtschaftsrechts finden sich hierzu unterschiedliche Lösungsansätze. Allerdings zeigt sich insofern immer wieder, dass dem **Gebot praktischer Konkordanz** und damit dem Verhältnismäßigkeitsgrundsatz regelmäßig beachtliche Bedeutung zukommt.[444] Überdies verdeutlicht der Verweis auf globale öffentliche Güter nochmals, dass einzelne Sachbereiche des Internationalen Wirtschaftsrechts nicht isoliert betrachtet werden können, sondern immer in einem größeren internationalrechtlichen Kontext zu sehen sind.[445]

---

440 Vgl nur *Eifert* Grundversorgung mit Telekommunikationsdienstleistungen im Gewährleistungsstaat (1998) 18, welcher das neue Leitbild des „Gewährleistungsstaates" als „den an seiner konkreten Gemeinwohlverantwortung festhaltenden Staat" charakterisiert.

441 Hierzu ua *Tietje* DVBl 2003, 1081/1092; *Delbrück* GS Sonnenschein (2003) 793/801ff; *Ruffert* Die Globalisierung als Herausforderung an das Öffentliche Recht (2004) 48f; *Schuppert* Staatswissenschaft (2003) 883; *Nowrot*, 504ff mwN.

442 Vgl auch → *Nowrot* § 2 Rn 40; ausf hierzu *von Schorlemer* in dies (Hrsg) Praxis-Handbuch UNO (2003) 507ff; *Nowrot* The New Governance Structure of the Global Compact (2005); *Hörtreiter* Die Vereinten Nationen und Wirtschaftsunternehmen – zwischen Kooperation und Kontrolle (2007) 93ff jeweils mwN.

443 Grundl *Nowrot/Wardin* (Fn 435) insb 53ff; vgl auch *Nowrot* in Tietje/Nowrot (Hrsg) Verfassungsrechtliche Dimensionen des Internationalen Wirtschaftsrechts (2007) 57/97ff.

444 Für das WTO-Recht hierzu frühzeitig *Tietje* Grundstrukturen, 322; allgemein auch *Krugmann* Der Grundsatz der Verhältnismäßigkeit im Völkerrecht (2004).

445 In diesem Sinne auch *Charnovitz* JIEL 17 (2014) 624ff.

§ 2
Steuerungssubjekte und -mechanismen im Internationalen Wirtschaftsrecht

Karsten Nowrot

Gliederung **Rn**

Schrifttum

Abbott/Snidal Hard and Soft Law in International Governance, IO 54 (2000), 421; *von Arnauld* Völkerrecht 4. Aufl (2019); *von Bar/Mankowski* Internationales Privatrecht, Bd I, 2. Aufl (2003); *Böckstiegel* Der Staat als Vertragspartner ausländischer Privatunternehmen (1971); *Chayes/Handler Chayes* The New Sovereignty – Compliance with International Regulatory Agreements (1995); *Cottier/Schefer* (Hrsg) Elgar Encyclopedia of International Economic Law (2017); *Dahm/Delbrück/Wolfrum* Völkerrecht, Bd I/1, 2. Aufl (1989); *dies* Völkerrecht, Bd I/2, 2. Aufl (2002); *dies* Völkerrecht, Bd I/3, 2. Aufl (2002); *Hafner* The Effect of Soft Law on International Economic Relations, Griller (Hrsg) International Economic Governance and Non-Economic Concerns (2003) 149; *Herdegen* Internationales Wirtschaftsrecht, 12. Aufl (2020); *Herrmann/Weiß/Ohler* Welthandelsrecht 2. Aufl (2007); *Hingst* Auswirkungen der Globalisierung auf das Recht der völkerrechtlichen Verträge (2001); *Hobe* Einführung in das Völkerrecht, 11. Aufl (2020); *Kegel/Schurig* Internationales Privatrecht, 9. Aufl (2004); *Krajewski* Völkerrecht, 2. Aufl (2020); *ders* Wirtschaftsvölkerrecht, 4. Aufl (2017); *Meng* Das Recht der Internationalen Organisationen – eine Entwick-

https://doi.org/10.1515/9783110630718-002

lungsstufe des Völkerrechts (1979); *Möllers* Transnationale Behördenkooperation, ZaöRV 65 (2005) 351; *Muchlinski* Multinational Enterprises and the Law, 2. Aufl (2007); *Nowrot* Normative Ordnungsstruktur und private Wirkungsmacht – Konsequenzen der Beteiligung transnationaler Unternehmen an den Rechtssetzungsprozessen im internationalen Wirtschaftssystem (2006); *Oeter* Internationale Wirtschaftsorganisationen, Ehlers/Fehling/Pünder (Hrsg) Besonderes Verwaltungsrecht, Bd 1, 4. Aufl (2019) 73; *ders* Wirtschaftsvölkerrecht, Ipsen (Hrsg) Völkerrecht, 7. Aufl (2018) 926; *Peters/Petrig* Völkerrecht – Allgemeiner Teil, 5. Aufl (2020); *Qureshi/Ziegler* International Economic Law, 4. Aufl (2019); *Rost* Die Herausbildung transnationalen Wirtschaftsrechts auf dem Gebiet der internationalen Finanz- und Kapitalmärkte (2007); *Ruffert* Die Globalisierung als Herausforderung an das Öffentliche Recht (2004); *ders/Walter* Institutionalisiertes Völkerrecht 2. Aufl (2015); *Sands/Klein* Bowett's Law of International Institutions, 6. Aufl (2009); *Schmahl* Die Internationalen und die Supranationalen Organisationen, Graf Vitzthum/Proelß (Hrsg) Völkerrecht, 8. Aufl (2019) 319; *Schermers/Blokker* International Institutional Law, 6. Aufl (2018); *Schmidt* Öffentliches Wirtschaftsrecht, Allgemeiner Teil (1990); *Seidl-Hohenveldern* International Economic Law, 3. Aufl (1999); *ders/Loibl* Das Recht der Internationalen Organisationen einschließlich der Supranationalen Gemeinschaften, 7. Aufl (2000); *Thürer* „Soft Law" – eine neue Form von Völkerrecht?, ZSR NF 104 (1985) 429; *Tietje* Internationalisiertes Verwaltungshandeln (2001); *ders* The Changing Legal Structure of International Treaties as an Aspect of an Emerging Global Governance Architecture, GYIL 42 (1999) 26; *ders/Brouder* (Hrsg) Handbook of Transnational Economic Governance Regimes (2009); *Tully* Corporations and International Lawmaking (2007); *Verdross/Simma* Universelles Völkerrecht, 3. Aufl (1984); *Graf Vitzthum* Begriff, Geschichte und Rechtsquellen des Völkerrechts, ders/Proelß (Hrsg) Völkerrecht, 8. Aufl (2019) 1; *Voitovich* International Economic Organizations in the International Legal Process (1995); *Zamora* Is There Customary International Economic Law?, GYIL 32 (1989) 9.

A. Vielfalt an Steuerungssubjekten und -mechanismen als Kennzeichen des Internationalen Wirtschaftsrechts

Das Internationale Wirtschaftsrecht ist in noch deutlich ausgeprägterer Weise als andere Rechtsgebiete durch eine Vielzahl an unterschiedlichen Steuerungssubjekten und -mechanismen gekennzeichnet.[1] Der Begriff der **Steuerungssubjekte** beschreibt in diesem Zusammenhang diejenigen staatlichen, unterstaatlichen, überstaatlichen und nichtstaatlichen Wirkungseinheiten,[2] welche entweder unmittelbar oder zumindest mittelbar an den der Herausbildung und Fortentwicklung des Internationalen Wirtschaftsrechts zugrunde liegenden Rechtssetzungsprozessen beteiligt oder in die, der Realisierung der in diesem Rechtsgebiet zusammengefassten Verhaltensvorgaben dienenden, Rechtsverwirklichungsprozesse[3] eingebunden sind. Er ist damit in Bezug auf die von ihm umfassten Akteurskategorien weiter als der allgemein anerkannte Kreis der **Völkerrechtssubjekte.**[4] Eine bloße *de facto* Beteiligung an den Rechtsbil- 1

1 S → *Tietje* § 1 Rn 5f.

2 Der Begriff der Wirkungseinheit selbst geht in diesem Zusammenhang zurück auf *Mosler* BerDGVR 4 (1961) 39/44f; vgl zur Vorstellung des Staates als „organisierte Entscheidungs- und Wirkungseinheit" bereits *Heller* Staatslehre (1934) 228ff.

3 Eingehender zum Begriff und Konzept der Rechtsverwirklichung im über die Rechtsdurchsetzung hinausgehenden Sinne *Tietje* Normative Grundstrukturen der Behandlung nichttarifärer Handelshemmnisse in der WTO/GATT Rechtsordnung (1998) 132ff mwN.

4 Exemplarisch zu dieser Inkongruenz speziell in Bezug auf Unternehmen zB bereits *Friedmann* Columbia LR 62 (1962) 1147/1158 („It would be as dangerous to uncritically accord subjectivity to the private

dungs- und Rechtsverwirklichungsprozessen im internationalen System ist nach herkömmlichem Verständnis für sich genommen nicht ausreichend, um als Völkerrechtssubjekt qualifiziert werden zu können. Vielmehr ist es hierfür nach ganz überwiegend vertretener Auffassung erforderlich, dass die in Frage stehende Wirkungseinheit in der Weise durch die Völkerrechtsgemeinschaft – insbesondere die Staaten als so genannte „originäre“ bzw „geborene“ Völkerrechtssubjekte[5] – Anerkennung gefunden hat, dass ihr wenigstens in begrenztem Umfang explizit völkerrechtliche Rechtspositionen oder Pflichten übertragen worden sind.[6] Demgegenüber umfasst der Begriff der Steuerungssubjekte auch solche Akteurskategorien, denen entweder – wie beispielsweise nationalen Verwaltungseinheiten und internationalen gerichtlichen bzw gerichtsähnlichen Institutionen – im Regelfall keine Rechtspersönlichkeit zukommt oder deren Völkerrechtssubjektivität gegenwärtig noch umstritten ist. Letzteres gilt ua für non-governmental organizations (NGOs) und transnationale Unternehmen.[7]

2 Ebenfalls unter Zugrundelegung eines weiten Verständnisses werden als **Steuerungsmechanismen** alle normativ erheblichen Verhaltensvorgaben aufgefasst, durch die das Beziehungsgefüge der unterschiedlichen Akteure des internationalen wirtschaftlichen Lebens einer Regelung unterworfen wird und die damit in ihrer Gesamtheit das Recht der internationalen Wirtschaft bilden.[8] Dieser weite Ansatz findet seine Rechtfertigung in dem Umstand, dass die normativen Ordnungsstrukturen des internationalen Wirtschaftssystems gerade in jüngerer Zeit nicht mehr allein durch die klassischen völkerrechtlichen und innerstaatlichen Rechtssetzungsprozesse ihre Prägung erfahren. Vielmehr konstituieren sich die relevanten Steuerungsmechanismen zunehmend auch auf der Grundlage nichthierarchischer und formaler wie informaler Beziehungen zwischen einer Vielzahl an Akteuren, welche durch kooperatives Handeln und wechselseitiges Einwirken aufeinander zwar nicht im engeren Sinne rechtsverbindliche, aber gleichwohl vielfach durchaus effektive Formen der Verhaltenslenkung entwickeln.[9]

3 Die **Pluralität an Steuerungssubjekten und -mechanismen** ist dem Internationalen Wirtschaftsrecht im Grundsatz schon seit langem immanent. Sie resultiert aus dem Umstand, dass der soziale Sachverhalt dieses Rechtsgebietes – das internationale Wirtschaftssystem – selbst bereits traditionell von einer Vielzahl verschiedener, gera-

---

corporation in international law as it would be to deny its factual participation in the evolution of public international law.“).

5 Zu dieser Einteilung der Völkerrechtssubjekte statt vieler *Kau* in Graf Vitzthum/Proelß (Hrsg) Völkerrecht, 8. Aufl (2019) 159/171f mwN. Kritisch hierzu allerdings zB *Peters* Beyond Human Rights (2016) 42ff mwN.

6 Vgl statt vieler *Dahm/Delbrück/Wolfrum* Bd I/1, 21f; *Herdegen* Völkerrecht, 20. Aufl (2021) 74; *Klabbers* International Law, 3. Aufl (2021) 74f; s jedoch auch zur Kritik an diesem Ansatz ua *Higgins* Problems and Process – International Law and how we use it (1994) 49f; *Nowrot* Zeitschrift für Rechtssoziologie 28 (2007) 21ff mwN. S a → *Nowrot* § 17 Rn 10ff.

7 Eingehender hierzu ua *Dahm/Delbrück/Wolfrum* Bd I/2, 231ff, 243ff; *Hobe* AVR 37 (1999) 152ff; *Nowrot* 523ff; *Hempel* Die Völkerrechtssubjektivität internationaler nichtstaatlicher Organisationen (1999). Vgl a → *Nowrot* § 17 Rn 18ff.

8 Zu dem in dieser Weise aufzufassenden Begriff des Internationalen Wirtschaftsrechts → *Tietje* § 1 Rn 20ff.

9 Vgl u Rn 87ff.

de auch nichtstaatlicher Wirkungseinheiten bestimmt war,[10] welche nicht allein als Regelungsadressaten eine Verbindung zum Internationalen Wirtschaftsrecht aufwiesen. Vielmehr haben sie auch – ua durch Koordinations-, Informations- und Standardisierungsaktivitäten – unmittelbar oder wenigstens mittelbar Einfluss auf die Entwicklung dieser Rechtsordnung genommen. Die für das Internationale Wirtschaftsrecht charakteristische Vielfalt an Steuerungsmechanismen ergibt sich überdies bereits aus der Tatsache, dass die normative Steuerung im internationalen System allgemein schon seit dessen Entstehung in vielschichtiger Weise auch durch Verhaltensvorgaben geprägt ist, die sich nicht ohne weiteres auf die traditionellen Rechtssetzungsprozesse zurückführen lassen.[11] Die gerade heute wachsende Komplexität der rechtlichen Steuerungssystematik schafft die Voraussetzungen dafür, in einem kurzen Zeitraum und in flexibler Weise auf die wachsenden tatsächlichen Herausforderungen im internationalen Wirtschaftssystem reagieren zu können und das Verhalten der beteiligten Akteure einer normativen Steuerung zu unterwerfen.[12] Die zunehmende Erkenntnis der Vorteile einer solch ausdifferenzierten Steuerungssystematik zeigt sich überdies daran, dass diese Entwicklung keinesfalls auf das internationale Wirtschaftssystem beschränkt ist, sondern überdies in **Informalisierungstendenzen** in anderen Bereichen der internationalen Rechtsordnung[13] sowie in dem Phänomen des informalen Handelns im innerstaatlichen Verfassungs- und Verwaltungsrecht ihren Niederschlag gefunden haben.[14]

Das Internationale Wirtschaftsrecht ist also im Grundsatz bereits seit seiner Entste- 4
hung durch eine Vielfalt an unterschiedlichen Steuerungssubjekten und -mechanismen geprägt gewesen. Gleichwohl hat diese Komplexität der rechtlichen Steuerungssystematik und die Vielzahl der an ihrer Herausbildung beteiligten Wirkungseinheiten gerade in jüngerer Zeit sowohl in quantitativer als auch qualitativer Hinsicht noch einmal eine deutliche Steigerung erfahren.[15] Ihren Ausdruck findet sie ua in den fließender werdenden Grenzen zwischen rechtsverbindlichen und unverbindlichen Steuerungs-

10 S → *Tietje* § 1 Rn 4ff; *ders* FS Delbrück (2005) 783/785; *Oeter* Wirtschaftsvölkerrecht 943f.

11 Vgl *Delbrück* in Nerlich/Rendtorff (Hrsg) Nukleare Abschreckung – Politische und ethische Interpretationen einer neuen Realität (1989) 353/358ff; *Tietje* Zeitschrift für Rechtssoziologie 24 (2003) 27/31ff.

12 Allgem *Tietje* Zeitschrift für Rechtssoziologie 24 (2003) 27/31; *Riedel* EJIL 2 (1991) 58ff; *Abbott/Snidal* 434ff; *Thürer* 431ff.

13 Zu dieser Wahrnehmung *von Arnauld* Rn 57; *Peters/Petrig* XI; *Meyer* EJIL 27 (2016) 161ff; *Nowrot* in Zumbansen (Hrsg) The Many Lives of Transnational Law (2020) 105ff mwN.

14 *Tietje* Verwaltungshandeln, 263; ausf hierzu *Schoch* in Isensee/Kirchhof (Hrsg) HdbStR, Bd III, 3. Aufl (2005) § 37 Rn 1ff; *Remmert* in Ehlers/Pünder (Hrsg) Allgemeines Verwaltungsrecht, 15. Aufl (2016) § 37 Rn 1ff; *Fehling* in Hoffmann-Riem/Schmidt-Aßmann/Voßkuhle (Hrsg) Grundlagen des Verwaltungsrechts, Bd II, 2. Aufl (2012) § 38 Rn 1ff.

15 Vgl UN, The United Nations in Global Economic Governance, Report of the Secretary-General, A/73/356 v 31.8.2018 para 3 („Global economic governance has been characterized by disparate arrangements, with norm-setting and policy coordination roles spread across a variety of global entities and arrangements."); sowie statt vieler *Delbrück* FS Vagts (2010) 56ff; *Tietje* ZVglRWiss 101 (2002) 404/414ff; *Nowrot* in Tietje/Nowrot (Hrsg) Verfassungsrechtliche Dimensionen des Internationalen Wirtschaftsrechts (2007) 57/66ff; diese Entwicklung frühzeitig voraussehend *Erler* Grundprobleme des Internationalen Wirtschaftsrechts (1956) 18ff.

mechanismen im internationalen System.[16] Die Gründe für diese fortdauernde Entwicklung sind vielfältig und können hier nur angedeutet werden. Über die zunehmende Erkenntnis der mit einer kooperativen Rechtssetzung und damit einem „Formenwandel staatlicher Steuerung" verbundenen Vorteile hinaus,[17] ist in diesem Zusammenhang zunächst auf diejenigen Prozesse im internationalen Wirtschaftssystem hinzuweisen, welche vielfach mit dem Begriff der **„Globalisierung"** umschrieben werden.[18] Die gesellschaftliche Denationalisierung und faktische sowie rechtliche Entstaatlichung als dem charakteristischen Merkmal der Globalisierung[19] – im Schrifttum ua auch als „Verlust der territorialen Radizierung des Staates"[20] bzw „Entgrenzung"[21] beschrieben – basieren auf einer Reihe von neueren Entwicklungen ua auf den Gebieten der Kommunikations- und Informationsverarbeitungstechnologien, des internationalen Waren- und Dienstleistungshandels sowie der Kapitalmärkte und der Tätigung ausländischer Direktinvestitionen. Diese und weitere insgesamt mit dem Begriff der Globalisierung charakterisierten Prozesse haben zur Folge, dass jedenfalls die einzelnen Staaten mangels territorialer Reichweite, Informationen und Ressourcen in wachsendem Umfang nicht mehr in der Lage sind, eine effektive Regelung der sich weltweit vollziehenden ökonomischen, ökologischen, technischen und gesellschaftlichen Vorgänge allein zu bewältigen. Dies zeigte sich nicht zuletzt an den notwendigerweise gerade auch durch ein kooperatives und inklusives Vorgehen geprägten Reaktionen auf den Ausbruch der globalen Wirtschafts- und Finanzkrise 2008.[22] Vor diesem Hintergrund ist daher bereits zu Recht vielfach ein deutlicher Verlust der einstmals beinahe unumstrittenen Steuerungsfähigkeit des Staates konstatiert worden,[23] wobei diese Feststellung gerade auch für die normative Steuerung im internationalen Wirtschaftssystem Geltung beanspruchen kann.[24]

5 Entgegen einer in jüngerer Zeit zunehmend geäußerten Wahrnehmung hat sich an diesem Befund im Grundsatz auch weder durch die bisherigen Auswirkungen der

---

16 Zu diesem Phänomen ua *Graf Vitzthum* 11f; *Dahm/Delbrück/Wolfrum* Bd I/3, 517; *Verdross/Simma* § 657; *Tietje* in Wouters/Nollkaemper/de Wet (Hrsg) The Europeanisation of International Law (2008) 55/68; *Peters* in Mastronardi/Taubert (Hrsg) Staats- und Verfassungstheorie im Spannungsfeld der Disziplinen (2006) 100/112.

17 *Trute* in Schuppert (Hrsg) Jenseits von Privatisierung und „schlankem" Staat (1999) 13/19; eingehender zB *Michael* Rechtsetzende Gewalt im kooperierenden Verfassungsstaat (2002) 203ff; *Köpp* Normvermeidende Absprachen zwischen Staat und Wirtschaft (2001) 102ff; *Nowrot* 444ff mwN.

18 Ausf zu den bisherigen Definitionsansätzen für den Begriff der Globalisierung und den von ihm beschriebenen Prozessen *Hingst* 19ff; *Puttler* in Isensee/Kirchhof (Hrsg) HdbStR, Bd XI, 3. Aufl (2013) § 234 Rn 1; *Dicke* BerDGVR 39 (2000) 13ff; sowie grundlegend *Delbrück* IJGLS 1 (1993) 9ff.

19 S ua *Delbrück* Das Staatsbild im Zeitalter wirtschaftsrechtlicher Globalisierung (2002) 10; *Tietje* Verwaltungshandeln, 165; *Hobe* AVR 37 (1999) 253/256f.

20 *Di Fabio* Das Recht offener Staaten (1998) 97ff.

21 So ua *Sommermann* KritV 1998, 404/415ff; *Dörr* JZ 2005, 905/916; *Stoll* DVBl 2007, 1064; *Schuppert* in ders (Hrsg) The Europeanisation of Governance (2006) 9/10ff.

22 Vgl exemplarisch *Tietje* BDGVR 45 (2012) 243/259ff; *Weber* in Cottier ua (Hrsg) International Law in Financial Regulation and Monetary Affairs (2012) 151ff; *Singh* in Wolfson/Epstein (Hrsg) The Handbook of the Political Economy of Financial Crises (2013) 213ff.

23 Hierzu → *Tietje* § 1 Rn 136.

24 S zur Diskussion ua *Jackson* American University Journal of International Law and Policy 10 (1995) 595/603; *Dolzer* FS Steinberger (2002) 137ff; *Nowrot* 424ff mwN.

Corona-Krise seit Anfang 2020[25] noch durch andere krisenhafte Entwicklungen im aktuellen internationalen System[26] etwas geändert. Zwar ist es zutreffend, dass sich der moderne Territorialstaat bislang gerade im Kontext der COVID-19-Pandemie als eine im Prinzip ausgesprochen wirkungsmächtige Handlungseinheit erwiesen und auf diese Weise seine Position als weiterhin zentraler Akteur im internationalen System bestätigt hat. Und es steht zu erwarten, dass der staatliche Einfluss auf das Wirtschaftsgeschehen insgesamt aus einer Vielzahl von Gründen im Lichte der Corona-Krise weiter zunehmen wird. Dies gilt nicht zuletzt für den Bereich der grenzüberschreitenden Wirtschaftsbeziehungen. Viele Staaten, hierunter insbesondere auch westliche Industriestaaten, werden dabei als Reaktion auf die Corona-Krise ihre Außenwirtschaftspolitik jedenfalls in Teilbereichen wohl auch längerfristig neu ausrichten oder haben dies schon getan.[27] Gleichwohl ist schon ua angesichts der zahlreichen Vorteile grenzüberschreitender Wirtschaftsbeziehungen nicht zu erwarten, dass eine Abkehr von dem die moderne internationale Rechtsordnung allgemein prägenden globalen **Leitbild offener und damit gerade auch kooperationsoffener Staatlichkeit**[28] im Sinne einer weitgehenden (wirtschaftlichen) Deglobalisierung erfolgen wird. Die fortgesetzte Verwirklichung dieses normativen Leitbildes in den internationalen Beziehungen ist keine bloße Politikpräferenz, sondern stellt sich für die allermeisten Staaten in den allermeisten Situationen als Notwendigkeit dar.[29] Dies zeigen und bestätigen nicht zuletzt die großen Herausforderungen der Corona-Krise, welche eben auch nur gemeinsam durch globale Zusammenarbeit und grenzüberschreitendes solidarisches Handeln bewältigt werden können.[30]

Der wachsende **Verlust einzelstaatlicher Steuerungsfähigkeit** hat in mehr- 6
facher Hinsicht Auswirkungen auf die sich gegenwärtig vollziehende Erweiterung des Kreises der Steuerungssubjekte und -mechanismen im Internationalen Wirtschaftsrecht. Zunächst bringt er für die Staaten die Notwendigkeit mit sich, die erforderliche Normierung von Verhaltensvorgaben im internationalen Wirtschaftssystem nunmehr in Kooperation nicht nur mit anderen Staaten,[31] sondern auch mit internationalen Organisationen sowie insbesondere den zunehmend einflussreicher werdenden nicht-

---

25 Hierzu speziell im Kontext des Internationalen Wirtschaftsrechts *Nowrot* „Long Live Deglobalization“ vs. „Free Trade Saves Lives“: Die Rolle des Internationalen Wirtschaftsrechts in Zeiten der Corona-Krise (2020) 5ff.

26 Exemplarisch *von Arnauld* Rn 53 („Krise des Multilateralismus“).

27 *Nowrot* (Fn 25) 20ff mwN.

28 Allgem zum Konzept des offenen bzw kooperationsoffenen Staates eingehend *Hobe* Der offene Verfassungsstaat zwischen Souveränität und Interdependenz (1998); vgl überdies ua *Sommermann* in von Bogdandy/Cruz Villalón/Huber (Hrsg) Handbuch Ius Publicum Europaeum, Bd II (2008) § 14 Rn 1ff; *Tomuschat* in Isensee/Kirchhof (Hrsg) HdbStR, Bd XI, 3. Aufl (2013) § 226 Rn 1ff; *Wahl* JuS 2003, 1145ff; sowie grundlegend *Vogel* Die Verfassungsentscheidung des Grundgesetzes für eine internationale Zusammenarbeit (1964) 3ff.

29 Ähnlich auch zB *von Arnauld* Rn 54.

30 Vgl *Peters/Petrig* X; *Klabbers* (Fn 6) XIII; *Nowrot* (Fn 25) 22f.

31 Zu den Defiziten einer lediglich auf staatliche Akteure begrenzten Kooperation bei den Rechtssetzungsprozessen im internationalen Wirtschaftssystem *Bayne* in ders/Woolcock (Hrsg) The New Economic Diplomacy – Decision-Making and Negotiations in International Economic Relations, 4. Aufl (2017) 15/18ff.

staatlichen Akteuren wie NGOs und transnationalen Unternehmen zu vollziehen.[32] Über die erforderliche Kooperation staatlicher Akteure mit nichtstaatlichen Wirkungseinheiten hinaus hat die wachsende Inadäquanz staatlicher Regelungen aber auch unter weiteren Gesichtspunkten zu einer „Privatisierung der Rechtserzeugung",[33] „Entstaatlichung der Rechtssetzung"[34] bzw der wachsenden Bedeutung eines „staatsfrei entstehenden Rechts"[35] – um nur einige Beschreibungsansätze für dieses Phänomen im Schrifttum zu nennen – geführt. Hiermit wird auf die Entstehung von sich gänzlich ohne staatliche Beteiligung, also gesellschaftsautonom herausbildenden Selbstregulierungssystemen beispielsweise zur normativen Verhaltenssteuerung der betroffenen Akteure im Internet, im internationalen Sportwesen, aber gerade auch im internationalen Wirtschaftssystem Bezug genommen, welche mit Begriffen wie *lex informatica,*[36] *lex sportiva internationalis*[37] oder *lex mercatoria*[38] umschrieben werden. Diese Tendenzen finden ihren Ausdruck ua in der Herausbildung institutionalisierter Kooperationsformen privater Wirkungseinheiten ohne Beteiligung staatlicher oder überstaatlicher Akteure.[39] In ihrer Gesamtheit leisten sie ebenfalls einen wesentlichen Beitrag zur wachsenden Komplexität der Steuerungsmechanismen und der zunehmenden Anzahl der an ihrer Herausbildung beteiligten Subjekte.[40]

7 Einen weiteren Grund bildet die zunehmende Bedeutung von über die bloße Rechtsdurchsetzung hinausgehenden **kooperativen Rechtsverwirklichungsstrukturen** im internationalen System.[41] In einer von der klassischen Koordinationsstruktur geprägten konfrontativen Ausrichtung des Völkerrechts oblag es weitgehend den einzelnen Staaten, den internationalen Rechtsnormen zur Durchsetzung zu verhelfen. Demgegenüber haben sich vor dem Hintergrund der mit diesem repressiven Ansatz verbundenen Probleme zunehmend weitaus differenziertere, kooperative Rechtsverwirklichungsinstrumentarien herausgebildet, um unter Wahrung des Rechtsfriedens

---

32 In Bezug auf die Notwendigkeit eines kooperativen Zusammenwirkens der Staaten mit internationalen Organisationen und nichtstaatlichen Akteuren bei den Rechtssetzungs- und Rechtsverwirklichungsprozessen s zB *Tietje* DVBl 2003, 1081/1092; *Delbrück* GS Sonnenschein (2003) 793/801ff; *Ruffert* 48f; *Reinisch* GYIL 44 (2001) 270ff; vgl auch → *Tietje* § 1 Rn 136.

33 *Schmidt* FS Vogel (2000) 21/43; ähnlich *Robé* in Teubner (Hrsg) Global Law Without a State (1997) 45/49.

34 *Schuppert* FS Badura (2004) 529/542.

35 *Ruffert* 54.

36 *Mefford* IJGLS 5 (1997) 211ff; zur Struktur der Steuerungsprozesse im Internet zB *Christou/Simpson* in Jorgensen/Laatikainen (Hrsg) Handbook on the European Union and International Institutions (2013) 344ff; *Tietje* in Hans-Bredow-Institut (Hrsg) Internationales Handbuch Medien, 28. Aufl (2009) 15/20f, 39f; *Dederer* Korporative Staatsgewalt (2004) 516ff.

37 *Teubner* in ders (Hrsg) Global Law Without a State (1997) 3/4; eingehender zu den weitgehend gesellschaftsautonomen normativen Steuerungsprozessen im internationalen Sportwesen *Siekmann/Soek* (Hrsg) Lex Sportiva: What is Sports Law? (2012); *Duval* in Zumbansen (Hrsg) The Many Lives of Transnational Law (2020) 269ff.

38 Vgl u Rn 88f.

39 Hierzu u Rn 40f, 95ff.

40 S ua *Grimm* in Isensee/Kirchhof (Hrsg) HdbStR, Bd I, 3. Aufl (2003) § 1 Rn 91; *Herdegen* VVDStRL 62 (2003) 7/11; *Nowrot* Global Governance and International Law (2004) 8.

41 Eingehend *Chayes/Handler Chayes* 1ff; *Tietje* Verwaltungshandeln, 264ff mwN; zum Begriff und Konzept der Rechtsverwirklichung selbst s überdies *Tietje* (Fn 3) 132ff mwN.

die Normeffektivität insgesamt zu sichern. Dies gilt nicht nur ua für den Bereich des internationalen Umweltrechts[42] und das Regime des internationalen Menschenrechtsschutzes,[43] sondern lässt sich gerade auch in Bezug auf die normative Struktur des internationalen Wirtschaftssystems nachweisen. Beispielhaft sei im Hinblick auf solche „weichen" bzw indirekten Rechtsverwirklichungsinstrumente wie Notifikations- und Berichtspflichten sowie ökonomischen Steuerungsmechanismen nur auf den „Trade Policy Review Mechanism" der WTO-Rechtsordnung[44] und die Regelung des Art 66 Abs 2 TRIPS[45] verwiesen. Insgesamt führen diese kooperativen Rechtsverwirklichungsstrukturen nicht nur zu einer weiteren Ausdifferenzierung der normativen Steuerungsmechanismen im internationalen Wirtschaftssystem, sondern tragen darüber hinaus auch zu einer wachsenden Vielfalt an insbesondere überstaatlichen und nichtstaatlichen Steuerungssubjekten im Internationalen Wirtschaftsrecht bei.[46]

Schließlich ist in diesem Zusammenhang auch auf die **Konstitutionalisierungs-** 8
prozesse im Internationalen Wirtschaftsrecht hinzuweisen.[47] Die vielfältigen Entwicklungen, welche in Bezug auf die normative Verfasstheit des internationalen Wirtschaftssystems die Annahme eines sich verfestigenden Prozesses der Konstitutionalisierung stützen können, sollen vorliegend nicht im Einzelnen nachgezeichnet werden.[48] Im Hinblick auf die wachsende Vielfalt an Steuerungssubjekten ist insbesondere ein Aspekt von Bedeutung. Charakteristisch für die Konstitutionalisierungstendenzen ist die Herausbildung einer Rechtsordnung, welche primär der Verwirklichung von Staatengemeinschaftsinteressen dient und sich damit im Kern durch ihre Ausrichtung auf globale öffentliche Güter auszeichnet.[49] Diese Gemeinwohlausrichtung der normativen Struktur des internationalen Wirtschaftssystems lässt sich vor dem Hintergrund der durch die Prozesse der Globalisierung verminderten Steuerungsfähigkeit der Staaten, durch die „der Staat [auch] seine lange Zeit über behauptete Monopolstellung als Hüter, Interpret und Durchsetzungsinstanz des Gemeinwohls verloren" hat,[50] nur dadurch in effektiver Weise verwirklichen, dass über die Staaten

---

42 S *Beyerlin/Marauhn* International Environmental Law (2011) 317ff; *Nowrot* Illegal Trade in Wild Animals and Derived Products during Armed Conflicts: What Role for International Wildlife Agreements? (2020) 14ff jeweils mwN.

43 Vgl ua *Tomuschat* Human Rights – Between Idealism and Realism, 3. Aufl (2014) 183ff mwN.

44 Eingehend *Tietje* in Prieß/Berrisch (Hrsg), WTO-Handbuch (2003) Abschn C.I.1. Rn 1ff.

45 Ausf hierzu *Correa* Trade Related Aspects of Intellectual Property Rights – A Commentary on the TRIPS Agreement, 2. Aufl (2020) 473ff.

46 Allgem zu diesem Zusammenhang *Redgwell* in Gowlland-Debbas (Hrsg) Multilateral Treaty-Making (2000) 89/103f; *Nowrot* 449ff.

47 Zur Konstitutionalisierung des Völkerrechts insgesamt statt vieler *Klabbers/Peters/Ulfstein* The Constitutionalization of International Law (2009).

48 Vgl zur Diskussion ua *Tietje* in Prieß/Berrisch (Hrsg), WTO-Handbuch (2003) Abschn A.II. Rn 24ff; *Oeter* in Hilf/Oeter (Hrsg), WTO-Recht, 2. Aufl (2010) § 1 Rn 54ff; *Nowrot/Sipiorski* AVR 55 (2017) 265ff mwN.

49 Eingehender → *Tietje* § 1 Rn 133ff; allgem zum Gemeinwohlbezug dieser Konstitutionalisierungsprozesse überdies *Bryde* Der Staat 42 (2003) 61/63f; *Thürer* in ders/Aubert/Müller (Hrsg) Verfassungsrecht der Schweiz (2001) 37/42f; *Ruffert* 39.

50 *Fassbender* EuGRZ 30 (2003) 1; ähnlich *Doehring* ZaöRV 64 (2004) 659/660; *Nowrot/Wardin* Liberalisierung der Wasserversorgung in der WTO-Rechtsordnung (2003) 49ff mwN.

hinaus auch eine Vielzahl wirkungsmächtiger über- und nichtstaatlicher Akteure in die Entwicklung normativer Steuerungsmechanismen eingebunden werden.[51] Die Konstitutionalisierungstendenzen im internationalen Wirtschaftssystem stellen sich also als ein „Prozess mit vielen Stimmen" dar,[52] welche ebenfalls zur gegenwärtigen Multiplizierung der relevanten Steuerungssubjekte beitragen.

B. Die Steuerungssubjekte im Internationalen Wirtschaftsrecht

I. Staaten

9 Trotz des bereits vielfach konstatierten Verlustes staatlicher Steuerungsfähigkeit kommt den Staaten nach allgemeiner Auffassung weiterhin eine zentrale Funktion als Akteure im internationalen System zu.[53] Bezogen auf ihre **Position im internationalen Wirtschaftssystem** gilt dies nicht allein für ihre aktive Teilnahme am grenzüberschreitenden Waren- und Dienstleistungshandel sowie – in jüngerer Zeit ua im Wege der kontrovers diskutierten so genannten „Staatsfonds"[54] – an der Tätigung von Investitionen. Vielmehr ist hierbei gerade auch die weiterhin maßgebliche Bedeutung der Staaten als Steuerungssubjekte hervorzuheben.[55]

10 Ihr **fortbestehender Einfluss** lässt sich bereits aus dem Umstand ablesen, dass sie an der Ausarbeitung und Verabschiedung der ganz überwiegenden Mehrzahl von Steuerungsmechanismen im internationalen Wirtschaftssystem zumindest – vielfach in entscheidender Weise – beteiligt sind. So gehören Staaten beispielsweise weiterhin zu den maßgeblichen Parteien völkerrechtlicher Verträge. Weiterhin bildet ihre von Rechtsüberzeugung getragene Praxis die normative Grundlage für die Herausbildung von Völkergewohnheitsrecht. Überdies sind sie – abgesehen von den sich gesellschaftsautonom herausbildenden Selbstregulierungssystemen[56] – grundsätzlich auch

---

51 Zur Bedeutung und Funktion dieser Akteure bei der normativen Verwirklichung von Gemeinwohlbelangen allgem *Delbrück* FS Jaenicke (1998) 17/31ff; *Tietje* DVBl 2003, 1081/1092ff; *Nowrot/Wardin* (Fn 50) 55ff; zur Vorstellung der Gemeinwohlverwirklichung als einem „offenen, arbeitsteiligen Prozeß aller Akteure im Gemeinwesen" auf innerstaatlicher Ebene *Isensee* in ders/Kirchhof (Hrsg) HdbStR, Bd IV, 3. Aufl (2006) § 71 Rn 110; *Nowrot* Das Republikprinzip in der Rechtsordnungengemeinschaft (2014) 415.

52 *Biaggini* ZSR NF 119 (2000) 445/470; allgem in Bezug auf die „offene Gesellschaft der Völkerrechtsinterpreten und -gestalter" *Häberle* FS Zuleeg (2005) 80/88.

53 S zB *Delbrück* (Fn 19) 19; *Graf Vitzthum* Der Staat der Staatengemeinschaft (2006) 95f; *Tietje* Verwaltungshandeln, 165f; ausf zur völkerrechtlichen Stellung der Staaten im internationalen System statt vieler *Kau* (Fn 5) 199ff; *Dahm/Delbrück/Wolfrum* Bd I/1, 125ff; *Dahm/Delbrück/Wolfrum* Bd I/3, 775ff jeweils mwN.

54 Hierzu ua *Hild* Sovereign Wealth Funds (2019); *Bassan* (Hrsg) Research Handbook on Sovereign Wealth Funds and International Investment Law (2015); *Wang* FS Sornarajah (2016) 405ff; *Preisser* Souvereign Wealth Funds (2013).

55 So ua *Qureshi/Ziegler* 45f; *Oeter* Wirtschaftsvölkerrecht 944; *Seidl-Hohenveldern* 11; *Krajewski* Wirtschaftsvölkerrecht Rn 43.

56 Hierzu o Rn 6; sowie u Rn 40f, 95ff.

an Entwicklung und Verabschiedung der weiteren normativ erheblichen Steuerungsmechanismen beteiligt.

11 Für die gegenwärtige Stellung der Staaten in den normativen Ordnungsstrukturen des internationalen Wirtschaftssystems ist jedoch ebenso kennzeichnend, dass das Internationale Wirtschaftsrecht heute in einem aus historischer Perspektive präzedenzlosen Umfang die **Ausgestaltung des innerstaatlichen Rechts** mitdeterminiert.[57] So enthält etwa die WTO-Rechtsordnung in nahezu jedem ihrer einzelnen Übereinkommen Transparenz- und Rechtsschutzgarantien. Dabei stellt sich die in Art X:2 GATT enthaltene Verpflichtung zur einheitlichen, unparteiischen und gerechten Verwaltungspraxis sowie die Pflicht zur Sicherstellung eines unabhängigen und effektiven Rechtsschutzes in Zollangelegenheiten als ein erheblicher Eingriff in die innerstaatlichen Rechtsordnungen der WTO-Mitglieder dar.[58] Gleiches gilt für die zumindest potentiell weitreichenden Auswirkungen des WTO-Übereinkommens über Subventionen und Ausgleichsmaßnahmen (SCM-Übereinkommen) auf die Ausgestaltung des nationalen Rechts der WTO-Mitglieder.[59] Dieses Phänomen ist jedoch nicht allein auf die WTO-Rechtsordnung begrenzt. In mindestens ebenso großem Umfang lässt sich diese Entwicklung beispielsweise auch im internationalen Investitionsrecht nachweisen.[60]

12 Im Völkerrecht haben sich zwar im Grundsatz allgemein anerkannte Kriterien für die Qualifizierung einer Wirkungseinheit als Staat herausgebildet.[61] Gleichwohl stellen die Staaten gerade auch im internationalen Wirtschaftssystem keineswegs eine homogene Akteursgruppe mit gleichgelagerten Interessen dar. Von hervorgehobener Bedeutung für die inhaltliche Ausgestaltung des heutigen Internationalen Wirtschaftsrechts ist vielmehr seit dem weitgehenden Abschluss des Prozesses der Dekolonialisierung insbesondere die **ökonomische Heterogenität der Staatengemeinschaft**, welche – bei aller Vorsicht gegenüber schematischen Vereinfachungen – in der Differenzierung zwischen Industrieländern auf der einen und den Entwicklungsländern auf der anderen Seite ihren primären Niederschlag gefunden hat. Die vielfach divergierenden Interessenlagen und daraus folgenden Auseinandersetzungen zwischen industrialisierten Staaten und Entwicklungsländern bildeten zunächst seit den 1970er Jahren den Hintergrund der Diskussion über die Etablierung einer „New International Economic Order" (NIEO).[62]

13 Zwar sind die fortdauernden Bestrebungen um eine Verbesserung der wirtschaftlichen Situation der Entwicklungsländer heute ganz überwiegend durch eine im Vergleich zu den Vorstellungen einer NIEO deutlich differenzierteren rechtlichen Struktur gekennzeichnet.[63] Das vielfach nicht unproblematische Verhältnis von Staaten mit

57 Allgem zu diesem Phänomen *Dolzer* FS Isensee (2007) 61/63ff mwN.

58 Vgl → *Tietje* § 4 Rn 62ff.

59 Hierzu → *Tietje* § 4 Rn 164ff.

60 S ua → *Tietje* Internationales Investitionsschutzrecht im Spannungsverhältnis von staatlicher Regelungsfreiheit und Schutz wirtschaftlicher Individualinteressen (2010) 10ff; *Krajewski/Ceyssens* AVR 45 (2007) 180ff; ausf zum internationalen Investitionsrecht → *Reinisch* § 9 Rn 1ff.

61 Ausf hierzu zB *Crawford* The Creation of States in International Law, 2. Aufl (2006); *Dahm/Delbrück/Wolfrum* Bd I/1, 125ff; *Krajewski* Völkerrecht § 7 Rn 12ff; grundlegend *Jellinek* Allgemeine Staatslehre, 3. Aufl (1914) 394ff.

62 Vgl → *Tietje* § 1 Rn 53f.

63 Im Einzelnen hierzu → *Tietje* § 1 Rn 73ff, 124ff.

unterschiedlichem Entwicklungsstand stellt gleichwohl weiterhin einen wesentlichen Faktor dar. Unter anderem vor dem Hintergrund des bisherigen Verlaufs der Verhandlungen im Rahmen der **„Doha-Runde"** der WTO seit November 2001,[64] welche maßgeblich von den oftmals divergierenden Interessen der industrialisierten Staaten und ökonomisch weniger entwickelten Länder geprägt waren und sind,[65] sowie entsprechenden Tendenzen im Bereich des internationalen Investitionsrechts[66] ist überdies zu vermuten, dass gerade auf universeller Ebene die Bedeutung dieser Thematik für die zukünftige Ausgestaltung des Internationalen Wirtschaftsrechts noch weiter zunehmen wird.[67]

II. Stabilisierte De facto-Regime

14 Neben den Staaten gibt es im internationalen System mit den stabilisierten De facto-Regimen noch einen zweiten Typus territorialer Akteure, deren Bedeutung als Steuerungssubjekte im Internationalen Wirtschaftsrecht allerdings bislang im Schrifttum keine weitergehende Aufmerksamkeit erfahren hat. Hierbei handelt es sich um **territoriale Herrschaftsgebilde, deren Staatsqualität** insbesondere mangels entsprechender Anerkennung durch einen substantiellen Teil der internationalen Staatengemeinschaft **umstritten** ist. Stabilisierte De facto-Regime entstehen regelmäßig als Resultat nicht gänzlich erfolgreicher, nonkonsensualer **Sezessionsbestrebungen**, in deren Folge die Aufständischen über einen oftmals sehr langen Zeitraum hinweg die effektive Herrschaftsgewalt über einen Gebietsteil eines bestehenden Staatsverbandes ausüben, ohne dass dieser Zustand von dem betroffenen Staat und der Mehrheit der anderen Mitglieder der internationalen Staatengemeinschaft im Sinne der Bildung eines neuen Staates anerkannt wird.[68] Aktuelle Beispiele bilden Abchasien, Somaliland, Taiwan, Transnistrien und die Türkische Republik Nordzypern.

15 Aus **sicherheitspolitischer Perspektive** und aus dem Blickwinkel des Rechts der internationalen Friedenssicherung betrachtet, stellen stabilisierte De facto-Regime nicht nur eine „Anomalie" in dem weiterhin primär aus Staaten bestehenden internationalen System dar,[69] sondern werden vielfach auch als eine potentielle Bedrohung für die globale Stabilität und Sicherheit wahrgenommen, da die ihrer Existenz regelmäßig zugrunde liegenden so genannten „eingefrorenen" Konflikte im Prinzip jeder-

64 WTO, Doha Ministerial Declaration, WT/MIN(01)/DEC/1 v 20.11.2001, ILM 41 (2002) 746ff; allgem zum bisherigen Verlauf der Verhandlungen ua *Kessie* EYIEL 4 (2013) 481ff; *Meng* in Giegerich (Hrsg) Internationales Wirtschafts- und Finanzrecht in der Krise (2011) 155ff; *Hörmann* in Hilf/Oeter (Hrsg), WTO-Recht, 2. Aufl (2010) § 32 Rn 16ff.

65 Umfassend *Jessen* WTO-Recht und „Entwicklungsländer" (2006) 399ff.

66 Vgl *Tietje/Nowrot/Wackernagel* Once and Forever? The Legal Effects of a Denunciation of ICSID (2008) 5f, 31f.

67 Hierzu ua *Meng* BerDGVR 41 (2005) 1ff; *Oeter* Wirtschaftsvölkerrecht 936f, 940f; *Kaltenborn* AVR 46 (2008) 205/213ff; *Jessen* (Fn 65) 29ff mwN.

68 Allgem hierzu *Frowein* De Facto Regime, MPEPIL (3/2013); *von Arnauld* Rn 69; *Schoiswohl* Status and (Human Rights) Obligations of Non-Recognized De Facto Regimes in International Law (2004) 206ff; sowie grundlegend *Frowein* Das de facto-Regime im Völkerrecht (1968).

69 *Charnovitz*, Asian J of WTO and Int Health L and Policy 1 (2006) 401/423.

zeit zu internationalen Spannungen oder sogar bewaffneten Konflikten führen können.[70] Dies zeigt beispielsweise der bewaffnete Konflikt um Nagorny Karabach im Herbst 2020.

Obgleich diese sicherheitspolitischen Aspekte sich verschiedentlich auch auf die 16
Ausgestaltung der grenzüberschreitenden Wirtschaftsbeziehung mit diesen Akteuren auswirken,[71] ist dennoch zu konstatieren, dass stabilisierte De facto-Regime aus **ökonomischer Perspektive** betrachtet regelmäßig gleichsam „normale" politische Gemeinwesen darstellen, die ebenso wie Staaten auf ein funktionierendes Wirtschaftssystem angewiesen sind und in diesem Zusammenhang auch eine Einbindung in das internationale Wirtschaftssystem und seine institutionellen sowie materiellrechtlichen Ordnungsstrukturen anstreben.[72] Ein besonders deutliches Beispiel für die Relevanz dieser mit völkerrechtlicher Vertragsschlussfähigkeit ausgestatteten partiellen Völkerrechtssubjekte[73] als Steuerungssubjekte im Internationalen Wirtschaftsrecht bildet Taiwan. **Taiwan** ist nicht nur als „gesondertes Zollgebiet" iSv Art XII:1 WTO-Übereinkommen seit 2002 Mitglied der WTO,[74] sondern hat ua auch Freihandelsabkommen und bilaterale Investitionsverträge mit einer ganzen Reihe von Staaten abgeschlossen.[75] Überdies haben einige stabilisierte De facto-Regime Investitionsgesetze erlassen, die beispielsweise Schutzstandards und Investitionsanreize für ausländische Investoren vorsehen. Ein entsprechendes Beispiel bildet das Gesetz über die staatliche Unterstützung von Investitionsaktivitäten, welches Transnistrien im Juni 2018 in Kraft gesetzt hat.[76]

III. Nationale Verwaltungseinheiten

Eine weitere Kategorie von Steuerungssubjekten bilden die nationalen Verwaltungs- 17
einheiten. Insbesondere ihre grenzüberschreitende Zusammenarbeit im **technisch-administrativen Bereich** stellt ein zunehmend bedeutsamer werdendes Phänomen der normativen Steuerung im internationalen Wirtschaftssystem dar.

Nach klassischer Auffassung wurden die Staaten in Bezug auf ihre Interaktionen 18
im internationalen System jeweils als eine in sich abgeschlossene Einheit begriffen. Diese Sichtweise korrespondierte mit der ganz überwiegend vertretenen Prämisse,

70 *Kolstø/Blakkisrud* in Caspersen/Stansfield (Hrsg) Unrecognized States in the International System (2011) 110ff. Allgem zum Phänomen „eingefrorener" Konflikte *Grant* Cornell ILJ 50 (2017) 361ff.

71 Allgem zu diesem Zusammenhang *Meng* ZaöRV 57 (1997) 269/271f; *Boor/Nowrot* FW 89 (2014) 211/241.

72 *Nowrot* Non-Recognized Territorial Entities in the Post-Soviet Space from the Perspective of WTO Law: Outreach to Outcasts? (2019) 6ff.

73 Hierzu *Verdross/Simma* § 406; *Krajewski* Völkerrecht § 7 Rn 51; *Epping* in Ipsen (Hrsg) Völkerrecht, 7. Aufl (2018) 436/446.

74 Allgem zur Mitgliedschaft in der WTO → *Tietje* § 4 Rn 24ff.

75 Zur Stellung Taiwans im Internationalen Wirtschaftsrecht vgl ua *Charnovitz* Asian J of WTO and Int Health L and Policy 1 (2006) 401ff; *Hsieh* JWT 39 (2005) 1195ff; *Lee* EYIEL 8 (2017) 513ff. Allgem zu Freihandelsabkommen → *Nowrot* § 3 Rn 9ff; zu bilateralen Investitionsverträgen → *Reinisch* § 9 Rn 13.

76 Vgl hierzu *Lisenco/Nowrot* in Ackermann/Wuschka (Hrsg) Investments in Conflict Zones (2021) 387/403ff. Allgem zu nationalen Investitionsgesetzen → *Reinisch* § 9 Rn 24.

dass der **Bereich der auswärtigen Gewalt** sich weitgehend als eine Aufgabe der Gubernative, also der Regierung als Spitze der Exekutive, darstellt.[77] Die Verortung des auswärtigen Handelns als Domäne der Regierung erklärte sich aus einer Vorstellung von der Natur der Außenpolitik heraus, welche diese als allein staatsexistenzielle Fragen der Selbstbehauptung gegenüber den anderen Staaten betreffend qualifizierte.[78] Ausgehend von diesem Verständnis war eine Erfassung nationaler Verwaltungseinheiten als eigenständige Akteure im internationalen System dementsprechend nicht möglich.[79]

19 Demgegenüber setzt sich zunehmend die Erkenntnis durch, dass die über die Staatsgrenzen hinausgehende Handlungssphäre nicht allein durch die Sicherung der staatlichen Selbstbehauptung als Aufgabe der Regierung charakterisiert ist. Vielmehr kommt gerade im Bereich der an Bedeutung gewinnenden funktionalen technisch-administrativen internationalen Zusammenarbeit den unterstaatlichen Verwaltungseinheiten eine weitgehend selbständige Stellung als Steuerungssubjekte in auswärtigen Angelegenheiten zu.[80] Unter diesem Phänomen der **internationalen Verwaltungskooperation** können in einem weit gefassten Sinne „transnationale Verhandlungsmechanismen“[81] verstanden werden, die als administrative Beziehungsgeflechte zwischen der nationalen Exekutive und dem Exekutivorgan einer internationalen Organisation oder sonstigen Institution sowie auf zwischenstaatlicher exekutiver Ebene dazu beitragen, in transnationaler Kooperation öffentliche Aufgaben wahrzunehmen.

20 Die Bedeutung des Steuerungspotentials der internationalen Verwaltungskooperation für eine Erhöhung der Leistungsfähigkeit internationaler Organisationen und anderer übernationaler Rechtsregime zeigt sich ua an dem Umstand, dass die Zusammenarbeit zwischen nationalen Verwaltungsbehörden untereinander bzw mit den Exekutivorganen internationaler Organisationen gerade auch im Internationalen Wirtschaftsrecht eine zunehmende **völkervertragsrechtliche Institutionalisierung** erfahren hat.[82] Ein Beispiel für eine ausdrückliche normative Verankerung findet sich im Rahmen der WTO-Rechtsordnung in Art 10 TBT-Übereinkommen. Nach dieser Vorschrift sind die Mitglieder der WTO verpflichtet, zur Erleichterung des internationalen Handels in Bezug auf die Beachtung technischer Vorschriften und Normen jeweils mindestens eine nationale Auskunftsstelle zu errichten, welche in der Lage ist, Anfragen von anderen WTO-Mitgliedern und interessierten Parteien im Gebiet anderer Mitglieder zu den in Art 10 TBT-Übereinkommen detailliert aufgeführten Sachbereichen

---

77 Ausf *Tietje/Nowrot* in Morlok/Schliesky/Wiefelspütz (Hrsg) Parlamentsrecht (2016) § 45 Rn 1ff mwN.

78 Besonders pointiert *Krüger* Allgemeine Staatslehre, 2. Aufl (1966) 24f, 507f.

79 *Tietje* Verwaltungshandeln, 182f.

80 Vgl bereits *Keohane/Nye* World Politics 27 (1974) 39/41, welche diese von ihnen als „transgovernmental relations“ qualifizierten internationalen Verwaltungsbeziehungen als „sub-units of governments on those occasions when they act relatively autonomously from higher authority in international politics“ definierten; eingehend jetzt *Tietje* Verwaltungshandeln, 171ff; *Möllers* 351ff; *Dilling/Herberg/Winter* (Hrsg) Transnational Administrative Rule-Making (2011).

81 *König* Verwaltungsstaat im Übergang (1999) 139.

82 Eingehender *Tietje* Verwaltungshandeln, 278ff; *ders* in Delbrück/Einsele (Hrsg) Wandel des Staates im Kontext europäischer und internationaler Integration (2006) 53/64ff.

zu beantworten sowie die entsprechenden Dokumente zur Verfügung zu stellen.[83] Eine vergleichbare Regelung enthält Art 7 in Verbindung mit Anhang B Ziff 3 des SPS-Übereinkommens.[84] Überdies lässt sich im Rahmen der Europäischen Union eine Vielzahl an Regelungen über die Kooperation nationaler Verwaltungsstellen untereinander sowie mit Unionsorganen nachweisen.[85] Auch die Konventionen der ILO enthalten häufig die Verpflichtung zur Benennung einer nationalen Verwaltungsbehörde als Auskunfts- und Kontaktstelle für den jeweiligen Regelungsbereich.[86] Weiterhin ist eine intensive Zusammenarbeit zwischen nationalen Verwaltungsträgern auf der Grundlage von entsprechenden Empfehlungen der OECD[87] in zahlreichen Doppelbesteuerungsabkommen[88] sowie in internationalen Kooperationsabkommen auf dem Gebiet des Wettbewerbsrechts vorgesehen.[89]

Die Verwaltungskooperation auf der Grundlage einer völkervertrags- oder uni- 21
onsrechtlichen Institutionalisierung stellt jedoch lediglich eine Form der Steuerung im Internationalen Wirtschaftsrecht durch die Zusammenarbeit nationaler Administrativeinheiten dar. Von mindestens ebenso großer Bedeutung sind die vielfältigen Koordinations-, Informations- und Standardisierungsaktivitäten **anderer Formen der institutionalisierten Kooperation** von nationalen Verwaltungsstellen. Beispiele hierfür bilden der sich aus Vertretern der Zentralbanken und nationaler Bankaufsichtsbehörden zusammensetzende Baseler Ausschuss für Bankenaufsicht[90] sowie die vielfältigen intermediären Wirtschaftsinstitutionen, in denen nationale Verwal-

---

83 Vgl *Tietje* in Prieß/Berrisch (Hrsg), WTO-Handbuch (2003) Abschn B.I.5. Rn 152; *Koebele* in Wolfrum/Stoll/Seibert-Fohr (Hrsg) WTO – Technical Barriers to Trade and SPS Measures (2007), Article 10 TBT paras 1ff; allgem zum TBT-Übereinkommen → *Tietje* § 4 Rn 120ff.

84 S *Böckenförde* in Wolfrum/Stoll/Seibert-Fohr (Hrsg) WTO – Technical Barriers to Trade and SPS Measures (2007), Article 7 and Annex B SPS paras 11ff; eingehender zum SPS-Übereinkommen → *Tietje* § 4 Rn 110ff.

85 Hierzu ua *Schmidt-Aßmann* in Hoffmann-Riem/Schmidt-Aßmann/Voßkuhle (Hrsg) Grundlagen des Verwaltungsrechts, Bd I, 2. Aufl (2012) § 5 Rn 25ff; *von Bogdandy* in Hoffmann-Riem/Schmidt-Aßmann/Voßkuhle (Hrsg) Grundlagen des Verwaltungsrechts, Bd II, 2. Aufl (2012) § 25 Rn 1ff; *Ruffert* DÖV 2007, 761ff; *Sydow* Verwaltungskooperation in der Europäischen Union (2004).

86 S *Tietje* GYIL 42 (1999) 26/42f; *Wild* Flexibilität in multilateralen Instrumenten (1992) 155ff.

87 Vgl OECD, Revised Recommendations of the Council Concerning Co-operation Between Member Countries on Anticompetitive Business Practices Affecting International Trade v 27./28.7.1995, OECD-Dok. C(95)130/FINAL; sowie die OECD, Model Tax Convention on Income and on Capital idF v 21.11.2017; eingehender zu früheren Fassungen der OECD Model Convention *Vogel* FS Bernhardt (1995) 1143/1146ff; *ders* FS Oppermann (2001) 477ff.

88 Vgl *Engelschalk* in Vogel/Lehner (Hrsg) Doppelbesteuerungsabkommen der Bundesrepublik Deutschland auf dem Gebiet der Steuern vom Einkommen und Vermögen – Kommentar auf der Grundlage der Musterabkommen, 6. Aufl (2015) Art 26 Rn 1ff mwN. Allgem zu Doppelbesteuerungsabkommen vgl → *Rust* § 13 Rn 7ff.

89 S zB das Abkommen zwischen den Europäischen Gemeinschaften und der Regierung der Vereinigten Staaten von Amerika über die Anwendung ihrer Wettbewerbsregeln v 23.9.1991, ABl EG 1995 L 95/45 sowie ABl EG 1995 L 131/38; hierzu sowie zu weiteren Kooperationsabkommen in diesem Bereich *Mehta* in Petersmann/Pollack (Hrsg) Transatlantic Economic Disputes – The EU, the US, and the WTO (2003) 281ff; *Lampert* EuZW 1999, 107ff; eingehender überdies → *Wagner-von Papp* § 12 Rn 89ff.

90 Vgl *Rost* 106ff; *dies* in Tietje/Brouder (Hrsg) 319ff; *Milano/Zugliani* JIEL 22 (2019) 163ff; *Barr/Miller* EJIL 17 (2006) 15ff.

tungsstellen mit nichtstaatlichen Organisationen zusammenarbeiten.[91] Schließlich sei auch noch auf die Vielzahl an informellen Praktiken hingewiesen, welche sich gerade in jüngerer Zeit im Hinblick auf die Zusammenarbeit nationaler Verwaltungsbehörden untereinander und mit Exekutivorganen internationaler Organisationen herausgebildet haben.[92]

IV. Internationale und supranationale Organisationen

22 Jenseits der staatlichen, quasi-staatlichen bzw substaatlichen Ebene bilden die internationalen und supranationalen Organisationen bedeutende Steuerungssubjekte des Internationalen Wirtschaftsrechts. Zwar existieren auch andere intergouvernementale Kooperationsformen wie die seit 1975 bestehende G-7 bzw G-8 sowie die namentlich seit der globalen Finanzkrise 2008 eine prominente Position einnehmende G-20, welche ebenfalls einen erheblichen Einfluss im internationalen Wirtschaftssystem ausüben.[93] Unter **internationalen Organisationen** im engeren Sinne,[94] häufig auch terminologisch etwas ungenau als internationale zwischenstaatliche Organisationen bezeichnet,[95] versteht man aber nach allgemeiner Auffassung nur einen Zusammenschluss von zwei oder mehreren Staaten, internationalen Organisationen oder anderen Völkerrechtssubjekten auf völkervertragsrechtlicher Basis durch die auf Dauer angelegte Errichtung einer mit mindestens einem handlungsfähigen Organ ausgestatteten Organisationsstruktur zur Verfolgung gemeinsamer Zwecke.[96] **Supranationale Organisationen** wie die Europäische Union weisen gegenüber den klassischen internationalen Organisationen einen deutlich höheren Integrationsgrad auf. Dieser findet vor allem in der Besonderheit seinen Ausdruck, dass ihre Organe nicht nur gegenüber den Mitgliedern rechtsverbindlich handeln können. Vielmehr besitzen sie darüber hinaus die Kompetenz, Rechtsakte mit unmittelbarer Wirkung in den nationalen Rechtsordnungen der Mitgliedstaaten zu verabschieden.[97]

---

91 S ua *Möllers* 351ff; *Zaring* Texas ILJ 33 (1998) 281ff; *Levit* Yale JIL 30 (2005) 125ff; zum Begriff und den Steuerungsaktivitäten der intermediären Organisationen vgl u Rn 26ff.

92 Ausf *Tietje* Verwaltungshandeln, 281ff.

93 Ausf zur G-8 zB *Brouder* in Tietje/Brouder (Hrsg) 95ff; *Gstöhl* (Hrsg) Global Governance und die G8 (2003). Zur heutigen Bedeutung der G-20 s ua *Tietje* BDGVR 45 (2012) 243/259ff; *Hajnal* in Cottier/Schefer (Hrsg) 84ff; *Wouters/Ramopoulos* JIEL 15 (2012) 751ff.

94 Zu den internationalen nichtstaatlichen Organisationen vgl u Rn 34ff.

95 Der letztgenannte Begriff assoziiert Unzutreffenderweise, dass lediglich Staaten Mitglieder internationaler Organisationen sein können. Wie jedoch ua das Beispiel der WTO verdeutlicht, steht die Mitgliedschaft in internationalen Organisationen zunehmend auch anderen Akteuren offen, vgl Art XI:1 und Art XII:1 WTO-Übereinkommen.

96 Vgl *Ruffert/Walter* 3ff; *Dahm/Delbrück/Wolfrum* Bd I/2, 210; *Peters/Petrig* 249; *Schmahl* 333.

97 S *Hobe/Fremuth* Europarecht 10. Aufl (2020) § 6 Rn 10; *Schmahl* 333; *Ruffert/Walter* 6; eingehender zum Begriff der Supranationalität zB *Ipsen* FS Scheuner (1973) 211ff; *Orakhelashvili* Akehurst's Modern Introduction to International Law, 8. Aufl (2019) 115f; *Skordas* Supranational Law, MPEPIL (5/2014); zum Verhältnis der supranationalen zu den klassischen internationalen Organisationen *Seidl-Hohenveldern/Loibl* Rn 117.

Die Existenz dieser grundsätzlich mit abgeleiteter Völkerrechtssubjektivität ausgestatteten Akteure[98] ist Ausdruck der seit dem 19. Jahrhundert zunehmend institutionalisierten Zusammenarbeit der Staaten in denjenigen Regelungsbereichen, in denen ein einzelstaatliches Handeln keinen Erfolg verspricht. Einen auslösenden Faktor für diesen auch mit dem Begriff der „**Internationalisierung**" umschriebenen Prozess bildete dabei die Industrielle Revolution, welche ua im Hinblick auf die stark anwachsenden grenzüberschreitenden Wirtschaftsaktivitäten eine internationale Koordination erforderte.[99] Dies erklärt auch, warum sich die institutionalisierte zwischenstaatliche Kooperation durch die Gründung internationaler Verwaltungsunionen als den Vorgängerinstitutionen der heutigen internationalen Organisationen im 19. Jahrhundert im Wesentlichen auf das internationale Wirtschaftssystem bezog.[100] 23

Obgleich demgegenüber heute für praktisch alle Regelungsbereiche im internationalen System auch entsprechende internationale Organisationen gegründet wurden, sind auch weiterhin die wohl ganz überwiegende Mehrzahl der gegenwärtig ungefähr 280 Organisationen[101] von ihrem **Aufgabenspektrum** her entweder ausschließlich oder zumindest sektoral mit Aspekten der internationalen Wirtschaftsbeziehungen befasst. Dies gilt auf universeller Ebene bereits für die Vereinten Nationen selbst, welche insbesondere durch den ECOSOC als ihrem ua für die internationalen Wirtschaftsbeziehungen zuständigen Hauptorgan, aber auch durch weitere Unterorgane wie der UNCTAD und der UNCITRAL einen wesentlichen Beitrag zur Struktur des Internationalen Wirtschaftsrechts leistet.[102] In Bezug auf weitere auf universeller Ebene tätige internationale Wirtschaftsorganisationen sei nur beispielhaft auf die WTO,[103] die OECD,[104] die ILO,[105] die ITU,[106] die WIPO,[107] den Weltpostverein[108] und im Bereich des internationalen Finanz- und Währungssystems insbesondere auf die Weltbank und den IWF ver- 24

98 Zur Völkerrechtssubjektivität internationaler und supranationaler Organisationen *Schmahl* 368ff; *Dahm/Delbrück/Wolfrum* Bd I/2, 207ff mwN.

99 *Dahm/Delbrück/Wolfrum* Bd I/2, 212.

100 Zu den Verwaltungsunionen s bereits frühzeitig *Jellinek* Die Lehre von den Staatenverbindungen (1882) 158ff; *Kaufmann* RdC 3 (1924) 177/189ff; *Starke* Die Völkerrechtssubjektivität der Verwaltungsunionen (1933) 1ff; zum Prozess der Internationalisierung im Wirtschaftssystem des 19. Jahrhunderts eingehender → *Tietje* § 1 Rn 40ff.

101 *Krajewski* Völkerrecht § 7 Rn 91; eingehender zur Entwicklung der Anzahl internationaler Organisationen ua *Rittberger/Zangl/Kruck* Internationale Organisationen, 4. Aufl (2013) 78ff.

102 S → *Tietje* § 1 Rn 52ff.

103 Vgl → *Tietje* § 4 Rn 22ff.

104 *Oeter* Wirtschaftsorganisationen Rn 58ff; *Gaukrodger* in Cottier/Schefer (Hrsg) 81ff; *Bonucci/Kothari* Organization for Economic Cooperation and Development (OECD), MPEPIL (9/2013); *Böhmer* in Tietje/Brouder (Hrsg) 227ff.

105 *Sauer* International Labour Organization (ILO), MPEPIL (8/2014); *Ghebali* The International Labour Organisation (1989) 1ff.

106 Ausf zur ITU → *Lüdemann/Hermstrüwer* § 11 Rn 14ff.

107 *Cottier* The World Intellectual Property Organization (WIPO), MPEPIL (3/2009); *Stoll* in Wolfrum/Philipp (Hrsg) United Nations: Law, Policies and Practice, Vol 2 (1995) 1431ff.

108 *Magiera* in Wolfrum/Philipp (Hrsg) United Nations: Law, Policies and Practice, Vol 2 (1995) 1382ff.; *Bratspies* Universal Postal Union, MPEPIL (11/2006).

wiesen.[109] Vervollständigt wird das Bild schließlich auf regionaler Ebene durch eine wachsende Anzahl internationaler Organisationen im Bereich der regionalen Wirtschaftsintegration.[110]

25 Als Foren institutionalisierter globaler oder regionaler Kooperation üben internationale und supranationale Organisationen vielfältige **Steuerungsfunktionen im internationalen Wirtschaftssystem** aus. Sie sind an der Erarbeitung und Verabschiedung sowohl rechtsverbindlicher Vorschriften[111] als auch anderer für die normative Steuerung bedeutsamer Standards beteiligt.[112] Des Weiteren leisten sie einen bedeutenden Beitrag zur Durchsetzung und Verwirklichung des Internationalen Wirtschaftsrechts. So verfügen sie vielfach über Organe mit gerichtlichen bzw gerichtsähnlichen Funktionen.[113] Darüber hinaus sind sie häufig mit der Sammlung von Informationen und weiteren Überwachungsaufgaben betraut und hierdurch in zentraler Weise in die kooperativen Rechtsverwirklichungsstrukturen im internationalen Wirtschaftssystem eingebunden.

V. Private und intermediäre Wirtschaftsinstitutionen

26 Insbesondere im Bereich der Standardisierungsaktivitäten kommt auch einer Vielzahl privater und intermediärer Wirtschaftsinstitutionen eine erhebliche Bedeutung zu. Die **privaten** Wirtschaftsinstitutionen sind dadurch gekennzeichnet, dass an den sich in ihrem Rahmen vollziehenden Aktivitäten und Entscheidungsfindungsprozessen ausschließlich nichtstaatliche, insbesondere juristische Personen wie Unternehmen und Vereinigungen mitwirken. Demgegenüber werden als **intermediäre** Organisationen im internationalen Wirtschaftssystem solche Institutionen bezeichnet, in denen die Standardisierungsaktivitäten von staatlichen bzw substaatlichen Akteuren unter unmittelbarer und vielfach sogar gleichberechtigter Beteiligung nichtstaatlicher Wirkungseinheiten erfolgen.

27 Zu den bedeutendsten **privaten Wirtschaftsorganisationen** gehört die bereits im Jahre 1919 gegründete und in Paris ansässige Internationale Handelskammer (ICC), welche sich aus über neunzig nationalen Sektionen und insgesamt über 7.000 Unternehmen und nationalen Wirtschaftsorganisationen in mehr als 140 Staaten zusammensetzt.[114]

---

109 Zu den internationalen Finanzorganisationen → *Schlemmer-Schulte/Pohlmann* § 10 Rn 82ff; allgem zu den genannten und weiteren mit den internationalen Wirtschaftsbeziehungen befassten internationalen Organisationen auch zB *Oeter* Wirtschaftsorganisationen Rn 1ff; *Voitovich* 16ff; *Fikentscher* Wirtschaftsrecht, Bd 1 (1983) 171ff; *van Meerhaeghe* International Economic Institutions, 7. Aufl (1998) 1ff; *Seidl-Hohenveldern/Loibl* Rn 2900ff; *Weber* Geschichte der internationalen Wirtschaftsorganisationen (1983) 24ff. In Bezug auf die wachsende Anzahl an formalisierten Kooperationsbeziehungen zwischen internationalen Organisationen vgl am Beispiel der WTO → *Tietje* § 4 Rn 39f.

110 Ausf zur regionalen Wirtschaftsintegration → *Nowrot* § 3 Rn 1ff.

111 Vgl hierzu u Rn 65ff.

112 S u Rn 82ff.

113 Vgl hierzu u Rn 42f.

114 S hierzu die Informationen unter <iccwbo.org/>; eingehender zur ICC *Kelly* in Tietje/Brouder (Hrsg) 143ff; *Martiny* International Chamber of Commerce (ICC), MPEPIL (9/2009); *Dahlgrün* Funktionen und Rechtspersönlichkeit der Internationalen Handelskammer (1969).

Im Bereich des Lufttransportrechts nimmt die International Air Transport Association (IATA), eine im April 1945 mit Hauptsitz in Montreal gegründete Vereinigung von gegenwärtig beinahe 300 Luftfahrtunternehmen, eine zentrale Rolle ua bei der Standardisierung der Vertragsbestimmungen für die Personen- und Frachtbeförderung im Luftverkehr ein.[115] Das Gegenstück zur IATA bildet auf dem Gebiet des Seetransportrechts das Comité Maritime International (CMI), ein seit dem Jahre 1897 bestehender Zusammenschluss von gegenwärtig über fünfzig nationalen Vereinigungen – hierunter aus Deutschland der „Deutsche Verein für Internationales Seerecht" – aus dem Bereich des Seerechts, welcher gemäß Art 1 seiner Verfassung den Zweck verfolgt, „to contribute by all appropriate means and activities to the unification of maritime law in all its aspects"[116] und hierbei ua eng mit UNICTRAL und der IMO zusammenarbeitet.[117] Als eine der wichtigsten privaten Institutionen für den Bereich der Standardisierung der Rechnungslegung ist überdies das im Jahre 1973 gegründete und als private Stiftung mit Sitz in den USA konstituierte International Accounting Standards Board (IASB) zu nennen.[118] Aus der Vielzahl an weiteren privaten Wirtschaftsinstitutionen und Interessenvereinigungen sei überdies nur beispielhaft auf die 1920 gegründete und sich gegenwärtig aus 150 nationalen Arbeitgeberverbänden zusammensetzende International Organisation of Employers (IOE),[119] das seit den 1970er Jahren existierende und durch seine jährlichen Veranstaltungen in Davos bekannt gewordene World Economic Forum,[120] die seit dem Jahre 1985 bestehende International Swaps and Derivatives Association (ISDA)[121] und das die Interessen der Privatwirtschaft im Rahmen der OECD vertretende Business and Industry Advisory Committee (BIAC)[122] hingewiesen. Obgleich sich ihr Tätigkeitsfeld nicht allein auf das Internationale Wirtschaftsrecht beschränkt, gehören zu den relevanten Institutionen schließlich auch die internationalen privaten Juristenvereinigungen wie das Institut de Droit International und die International Law Association.[123]

---

115 Stand März 2021, s <iata.org/en/about/members/airline-list/>; vgl überdies ua *Haanappel* International Air Transport Association (IATA), MPEPIL (5/2009); *Havel/Sanchez* in Tietje/Brouder (Hrsg) 755ff; *Chuang* The International Air Transport Association (1972); sowie → *Otte/Maurer* § 8 Rn 143ff.

116 S Constitution of the CMI <comitemaritime.org/governance/constitution/>.

117 Hierzu zB *Maurer* Lex Maritima (2012) 74ff; *Kropholler* Internationales Einheitsrecht (1975) 89f; *Berlingierie* Tulane LR 57 (1982/83) 1260ff.

118 Bis zum 1.4.2001 existierte diese Organisation unter dem Namen International Accounting Standards Committee (IASC); zur Struktur dieser Institution und ihren Standardisierungsaktivitäten *Richardson/Eberlein* J Business Ethics 98 (2011) 217ff; *Hallström* Organizing International Standardization (2004) 75ff; *Rost* 173ff; *Botzem* in Graz/Nölke (Hrsg) Transnational Private Governance and its Limits (2008) 44/49ff; zur Rezeption der vom IASB entwickelten International Financial Reporting Standards (IFRS) im Unionsrecht und in Deutschland *Huber* AöR 133 (2008) 389ff.

119 Stand März 2021, s <ioe-emp.org/>; sowie zB *Birk/Maack* in Tietje/Brouder (Hrsg) 177ff.

120 Eingehender *Brouder* in Tietje/Brouder (Hrsg) 279ff mwN.

121 S <www2.isda.org/>.

122 S hierzu ua *Aubry* in Tietje/Brouder (Hrsg) 51ff.

123 Zu den wirtschaftsrechtlich relevanten Aktivitäten dieser beiden Organisationen im Überblick *von Bar/Mankowski* 42f; *Kropholler* (Fn 117) 86ff; speziell in Bezug auf das Institut de Droit International überdies *Makarov* FS Institut de Droit International (1974) 63ff; *Wengler* FS Institut de Droit International (1974) 133ff; s überdies auch bereits → *Tietje* § 1 Rn 79.

28 Zwei Beispiele für wirkungsmächtige **intermediäre Organisationen** bilden die im Jahre 1947 gegründete International Organization for Standardisation (ISO) und die bereits seit 1906 existierende International Electrotechnical Commission (IEC). Sowohl die ISO als auch IEC, welche auf der Grundlage einer Vereinbarung aus dem Jahre 1976 eng miteinander kooperieren, sind privatrechtliche Vereinigungen mit Sitz in der Schweiz, deren Mitglieder jeweils die bedeutendsten nationalen Standardisierungsorganisationen aus über 160 bzw über 60 Staaten sind. Hierbei handelt es sich teilweise um staatliche Verwaltungseinheiten, vielfach aber auch um nichtstaatliche Vereinigungen wie beispielsweise in Bezug auf Deutschland das Deutsche Institut für Normung e.V. (DIN), welche in gleichberechtigter Weise zunächst rechtlich unverbindliche Normen für die Vereinheitlichung einer Vielzahl von technischen Sachbereichen erarbeiten.[124] Auf dem Telekommunikationssektor sind die Standardisierungsaktivitäten des European Telecommunications Standards Institute (ETSI) von erheblicher Bedeutung, dem über 900 Unternehmen, Organisationen und Verwaltungseinheiten aus weltweit mehr als 60 Staaten angehören.[125] In Europa sind auf dem Gebiet der technischen Normung überdies das im Jahre 1961 gegründete Comité Européen de Normalisation (CEN) und im Bereich der elektrotechnischen Vereinheitlichung das seit 1973 existierende Comité Européen de Normalisation Electrotechnique (CENELEC) zu nennen.[126] Weitere wichtige intermediäre Organisationen sind die International Association of Insurance Supervisors (IAIS), welche über die für die Aufsicht über das Versicherungsgewerbe zuständigen nationalen Verwaltungsstellen hinaus seit 1999 auch private Versicherungsunternehmen und ihre Interessenverbände als Mitglieder mit Beobachterstatus aufnimmt,[127] sowie die im Jahre 1983 gegründete International Organisation of Securities Commissions (IOSCO), ein Zusammenschluss nationaler Wertpapieraufsichtsbehörden, welche unter bestimmten Voraussetzungen auch nichtstaatlichen Institutionen die Möglichkeit einer Mitgliedschaft eröffnet.[128]

29 In Bezug auf ihre Funktion darf nicht übersehen werden, dass sich insbesondere die privaten Organisationen vielfach natürlich auch als **Interessenvertretung** der in ihnen zusammengeschlossenen privaten Wirtschaftssubjekte verstehen. Dieser Befund, welcher im Übrigen in gleicher Weise auf die ebenfalls häufig auch durch die Verfolgung von Partikularinteressen gekennzeichneten Aktivitäten von Unternehmen und NGOs[129] Anwendung findet, steht jedoch nach zu Recht vielfach vertretener Auf-

---

124 Eingehender zur Struktur und Tätigkeit von ISO und IEC *Kannevskaia* in Cottier/Schefer (Hrsg) 148ff; *Zubke-von Thünen* Technische Normung in Europa (1999) 805ff; *Hallström* in Tietje/Brouder (Hrsg) 201ff; *Buck* in Tietje/Brouder (Hrsg) 573ff.

125 Ausf hierzu die Informationen unter: <etsi.org/website/homepage.aspx>.

126 Vgl *Di Fabio* Produktharmonisierung durch Normung und Selbstüberwachung (1996) 33ff; *Breulmann* Normung und Rechtsangleichung in der Europäischen Wirtschaftsgemeinschaft (1993) 41ff; *Anselmann* Technische Vorschriften und Normen in Europa (1991) 65ff.

127 Eingehender zur IAIS ua *Kuan-Chun* in Cottier/Schefer (Hrsg) 93ff; *Baker/Mathews* in Tietje/Brouder (Hrsg) 377ff; *Hohlfeld* in Basedow ua (Hrsg) Economic Regulation and Competition (2002) 211ff.

128 Zur IOSCO *Alexander* in Tietje/Brouder (Hrsg) 439ff; *Papadopoulos* International Organization of Securities Commissions (IOSCO), MPEPIL (1/2019); *Bühler* in Cottier/Schefer (Hrsg) 95ff; *Rost* 137ff.

129 Vgl hierzu u Rn 30ff, 34ff.

fassung einer gemeinwohlorientierten Partizipation dieser Wirkungseinheiten an den Rechtssetzungs- und -verwirklichungsprozessen nicht prinzipiell entgegen.[130]

VI. Private Wirtschaftssubjekte

Die Aktivitäten privater Wirtschaftssubjekte wie Individuen und Unternehmen prägen 30 in maßgeblicher Weise die Interaktionen im internationalen Wirtschaftssystem.[131] In besonderem Umfang gilt dies für die Kategorie der **transnationalen bzw multinationalen Unternehmen.**[132] Obgleich sich bislang noch keine allgemein anerkannte Definition herausgebildet hat,[133] zeichnen sich diese Akteure vor allem durch das Vorhandensein mehrerer Gesellschaften oder anderer unselbständiger betrieblicher Einheiten mit Sitz in mindestens zwei Staaten aus, welche durch die Möglichkeit einer zentralisierten Kontrolle durch ein oder mehrere Entscheidungszentren miteinander verbunden sind.[134]

Die **ökonomische Bedeutung** transnationaler Unternehmen im gegenwärtigen 31 internationalen Wirtschaftssystem ist kaum zu überschätzen. Dies zeigt sich bereits daran, dass die für diese Akteure charakteristische Tätigung von ausländischen Direktinvestitionen gerade in Folge der zunehmenden Öffnung nationaler Märkte einen, wenn nicht sogar den zentralen Bestandteil des Weltwirtschaftssystems darstellt.[135] Mitte der 2010er Jahre machten die ökonomischen Aktivitäten dieser Wirtschaftsakteure nach Einschätzung der OECD rund ein Drittel des globalen Bruttoinlandsproduktes aus und waren für ungefähr die Hälfte der weltweiten Importe und Exporte verantwortlich. Überdies beschäftigten transnationale Unternehmen ungefähr ein Viertel aller Arbeitnehmerinnen und Arbeitnehmer weltweit.[136] Vor diesem Hintergrund erscheint es wenig verwunderlich, dass die größten der gegenwärtig ungefähr 90.000 transnatio-

---

130 Allgem hierzu ua *Isensee* (Fn 51) Rn 35ff, 40ff; *Hermes* Staatliche Infrastrukturverantwortung (1998) 132; ausf zur Verwirklichung von Gemeinwohlbelangen als Zwecksetzung der Steuerungsprozesse im internationalen Wirtschaftssystem *Nowrot* 484ff mwN.

131 Vgl nur WTO, *US-Sections 301–310*, Panel v 22.12.1999, WT/DS152/R para 7.76 („The multilateral trading system is, per force, composed not only of States but also, indeed mostly, of individual economic operators.").

132 In Bezug auf die uneinheitliche Terminologie zur Bezeichnung dieser Akteure nur *Nowrot* 40ff; *Voon* Adelaide Law Review 21 (1999) 219/220; *Merciai* Les Entreprises Multinationales en Droit International (1993) 36ff.

133 *Dahm/Delbrück/Wolfrum* Bd I/2, 245; *Nowrot* 39; *Wallace* The Multinational Enterprise and Legal Control (2002) 118.

134 Eingehender zu den im Einzelnen umstrittenen konstitutiven Merkmalen transnationaler Unternehmen *Nowrot* 79ff; *Wildhaber* BerDGVR 18 (1978) 7/13ff; *Krajewski* in Giegerich (Hrsg) Internationales Wirtschafts- und Finanzrecht in der Krise (2011) 35/37ff; *Muchlinski* 5ff; in Bezug auf die Probleme im Zusammenhang mit der Feststellung ihrer Nationalität vgl ua *Dahm/Delbrück/Wolfrum* Bd I/2, 101ff; *Staker* BYIL 61 (1990) 155ff.

135 Allgem zur Bedeutung von Auslandsinvestitionen zB UNCTAD World Investment Report 2020, International Production beyond the Pandemic (2020); sowie → *Tietje* § 1 Rn 62; zum internationalen Investitionsschutzrecht s → *Reinisch* § 9 Rn 1ff.

136 OECD, Multinational Enterprises in the Global Economy (2018) 6.

nalen Unternehmen, welche mehr als 800.000 Zweigstellen und Tochtergesellschaften kontrollieren, Umsätze in einer Größenordnung erzielen, „die das Bruttosozialprodukt einer großen Zahl von, wenn nicht sogar der meisten Staaten der Welt übersteigt".[137]

32 Die zentrale Bedeutung der Transaktionen privater Wirtschaftssubjekte allgemein spiegelt sich überdies in der heutigen Orientierung des Internationalen Wirtschaftsrechts an einer marktwirtschaftlichen, durch individuelle Rechtsgarantien konstituierten Ausrichtung der Wirtschaftsordnung wider.[138] Diese Akteure sind jedoch nicht allein aufgrund ihrer ökonomischen Transaktionen als Regelungsadressaten in dieses Rechtsgebiet eingebunden. Vielmehr lässt sich auch eine wachsende, wenngleich noch ganz überwiegend indirekte **Beteiligung an den Rechtssetzungs- und Standardisierungsprozessen** nachweisen.[139] Über die bereits seit langem anerkannte Bedeutung von vertraglichen Investitionsvereinbarungen zwischen transnationalen Unternehmen und Staaten hinaus,[140] sei zunächst die maßgebliche Funktion hervorgehoben, welche eine Reihe von transnationalen Unternehmen im Vorfeld der Verabschiedung des TRIPS innehatten.[141] Gleiches gilt beispielsweise für die Erarbeitung von Standards im Rahmen der Codex Alimentarius Kommission und der ISO, bei denen Unternehmen ebenfalls häufig in erheblichem Umfang beteiligt sind.[142]

33 Darüber hinaus partizipieren sie auch in wachsendem Umfang an den **Rechtsdurchsetzungs- und -verwirklichungsprozessen**. Dies gilt natürlich zunächst einmal in Bezug auf diejenigen internationalen gerichtlichen und gerichtsähnlichen Institutionen wie beispielsweise dem EuGH und dem EuG, welche natürlichen und juristischen Personen unter bestimmten Umständen ein individuelles Klagerecht einräumen.[143] Eine Teilnahme privater Wirtschaftssubjekte an der Durchsetzung des Internationalen Wirtschaftsrechts erfolgt überdies notwendigerweise in den Fällen der privaten Schiedsgerichtsbarkeit sowie der gemischten Investitionsschiedsgerichtsbarkeit in Gestalt von Investor-Staat-Streitbeilegungsverfahren.[144] Aber auch soweit

---

137 So *Dahm/Delbrück/Wolfrum* Bd I/2, 249; ähnlich ua *Oeter* Wirtschaftsvölkerrecht 949; *Hobe* (Fn 28) 261; *Schmidt* FS Brohm (2002) 535. S vor diesem Hintergrund a zur Ordnungsidee internationaler Unternehmensverantwortung → *Nowrot* § 17 Rn 1ff.

138 Zu dieser subjektiv-rechtlichen Dimension des Internationalen Wirtschaftsrechts → *Tietje* § 1 Rn 68ff.

139 Zu dieser Wahrnehmung auch ua *Krajewski* Völkerrecht § 7 Rn 140; *Oeter* Wirtschaftsvölkerrecht 951; ausf *Nowrot* 214ff; *Tully* 29ff.

140 S hierzu u Rn 78ff; sowie → *Reinisch* § 9 Rn 25ff.

141 Hierzu nur *Matthews* Globalising Intellectual Property Rights (2002); *Ryan* Knowledge Diplomacy (1998) 67ff; *Sell* Private Power, Public Law (2003); *Nowrot* 218ff. Allgemein zur Beteiligung von Unternehmen an den Entscheidungsprozessen der WTO *McGuire* in Narlikar ua (Hrsg) World Trade Organization (2012) 320ff.

142 Vgl *Nowrot* 308ff, 320ff; *Trebilcock/Howse/Eliason* The Regulation of International Trade, 4. Aufl (2013) 328f; *Makatsch* Gesundheitsschutz im Recht der Welthandelsorganisation (WTO) (2004) 231; *Sander* ZEuS 2000, 335/345f u 352f; zur Codex Alimentarius Kommission s auch u Rn 91.

143 Eingehend *Wiater* Internationale Individualkläger (2020) 23ff; vgl a → *Tietje* § 18 Rn 178ff.

144 S hierzu → *Oberhammer* § 19; → *Reinisch* § 21. Vgl insb zur Rechtsstellung privater Wirtschaftssubjekte als Investoren im Bereich der gemischten Investitionsschiedsgerichtsbarkeit *Plama Consortium Ltd v Bulgaria*, ICSID Case No ARB/03/24, Decision on Jurisdiction v 8.2.2005 para 141; *Corn Products International, Inc v Mexico*, ICSID Case No ARB(AF)/04/01, Decision on Responsibility v 15.1.2008 paras

Streitbeilegungsverfahren im internationalen Wirtschaftssystem keine unmittelbare Prozessstellung von Unternehmen und Individuen als Verfahrenspartei oder Nebenintervenient vorsehen, kann ihnen eine bedeutende Funktion bei den Entscheidungsprozessen zukommen. Dies zeigt sich ua an den vielfältigen formellen und insbesondere informellen Möglichkeiten der Beteiligung von Unternehmen in allen Phasen des Streitbeilegungsverfahrens der WTO,[145] welche bereits als ein deutliches Anzeichen für eine Abkehr von der ursprünglich ausschließlich zwischenstaatlichen Streitbeilegung und damit die Herausbildung von so genannten „Public-Private Partnerships in WTO Litigation" qualifiziert worden sind.[146] Abgesehen von Streitbeilegungsmechanismen bieten schließlich auch institutionalisierte Netzwerkstrukturen wie der Global Compact der Vereinten Nationen[147] und der Forest Stewardship Council (FSC)[148] anschauliche Beispiele für die zunehmende Einbindung privater Wirtschaftssubjekte in die Rechtsverwirklichungsstrukturen des internationalen Wirtschaftssystems.

VII. Non-Governmental Organizations

Mit den Vertretern der so genannten „Zivilgesellschaft", also den internationalen nichtstaatlichen Organisationen (NGOs), kommt gerade in jüngerer Zeit noch einer weiteren Kategorie nichtstaatlicher Wirkungseinheiten Bedeutung als Steuerungssubjekte zu. Aus der kaum mehr überschaubaren Anzahl von NGOs sei hier nur auf Organisationen wie *Greenpeace*, *Amnesty International*, *Attac*, *Oxfam*, *Friends of the Earth*, *World Wide Fund for Nature*, *Third World Network* und *Consumers International* hingewiesen. Neben der regelmäßig unterschiedlichen Organisationsstruktur unterscheiden sich NGOs von Unternehmen gerade auch durch ihre **nicht gewinnorientierte Zwecksetzung.**[149] Im Schrifttum werden verschiedentlich auch private und intermediäre Wirtschaftsinstitutionen wie beispielsweise die ISO und die Internationale Handelskammer in die Definition von NGOs miteinbezogen.[150] Gleiches gilt ua für die Praxis der WTO.[151] Für eine Darstellung der verschiedenen Steuerungssubjekte erscheint jedoch eine Dif- 34

167ff; *Nowrot* „Wer Rechte hat, hat auch Pflichten!"?: Zum Zusammenhang zwischen völkerrechtlichen Rechten und Pflichten transnationaler Unternehmen (2012) 9ff mwN.

145 Eingehender zB *Nowrot* IJGLS 18 (2011) 803/814ff; *Jansen* ZEuS 2000, 293ff; *Ohlhoff/Schloemann* MPYUNL 5 (2001) 675ff; *Tully* 245ff; *Bronckers* JWT 42 (2008) 245/247ff; *Dunoff* JIEL 1 (1998) 433/441ff; *Schwartmann* Private im Wirtschaftsvölkerrecht (2005) 424ff; allgem zum Streitbeilegungsverfahren der WTO *Tietje* in Ehlers/Schoch (Hrsg) Rechtsschutz im Öffentlichen Recht (2009) § 3; sowie → *Weiss* § 20 Rn 1ff.

146 So insb *Shaffer* Defending Interests – Public-Private Partnerships in WTO Litigation (2003); ähnlich *Peters* FS Delbrück (2005) 535/543; *Arup* JWT 37 (2003) 897/905.

147 Vgl hierzu u Rn 40; zur Funktion des Global Compact s auch → *Tietje* § 1 Rn 136.

148 Eingehender u Rn 41.

149 *Hobe* AVR 37 (1999) 152/173; eingehend zu den im Einzelnen umstrittenen Merkmalen von NGOs *Dahm/Delbrück/Wolfrum* Bd I/2, 232ff; *Hempel* (Fn 7) 19ff; *Nowrot* IJGLS 6 (1999) 579/615ff.

150 So zB *Dahm/Delbrück/Wolfrum* Bd I/2, 233f; *Charnovitz* AJIL 100 (2006), 348/350; *Krajewski* Wirtschaftsvölkerrecht Rn 65.

151 Vgl *Tietje* in Dicke/Fröhlich (Hrsg) Wege multilateraler Diplomatie (2005) 12/24; *Krajewski* Verfassungsperspektiven und Legitimation des Rechts der Welthandelsorganisation (WTO) (2001) 108; *Nowrot* 268.

ferenzierung zwischen diesen beiden Akteurskategorien schon aufgrund ihrer vielfach unterschiedlichen Aktivitäten und Zwecksetzung angebracht. Für NGOs im engeren Sinne ist hinsichtlich ihrer Funktion und ihrem Selbstverständnis insbesondere kennzeichnend, dass sie sich primär als Interessenvertreter zur Verwirklichung einzelner oder mehrerer nichtökonomischer Gemeinwohlbelange wie dem Schutz der Menschenrechte, der Durchsetzung von Belangen des Umweltschutzes und der Einhaltung von Arbeits- und Sozialstandards verstehen. Demgegenüber sind die privaten und intermediären Wirtschaftsinstitutionen zwar ebenfalls nicht selbst gewinnorientiert, verfolgen jedoch durch ihre ganz überwiegend beratende und koordinierende Tätigkeit vielfach eine primär wirtschaftliche Zielsetzung.[152]

35 Die Stellung von NGOs als Steuerungssubjekte findet ihren Ausdruck zunächst in ihrer **Einbindung in die Aktivitäten internationaler Organisationen.**[153] So unterhält beispielsweise der ECOSOC als das für die internationalen Wirtschaftsbeziehungen zuständige Hauptorgan der Vereinten Nationen auf der Grundlage von Art 71 UN-Charta umfangreiche Konsultativbeziehungen mit einer Vielzahl von NGOs.[154] Ihre Beteiligung an den Aktivitäten der Vereinten Nationen im Bereich des Internationalen Wirtschaftsrechts zeigte sich überdies beispielsweise im Zeitraum von 1999 bis 2003 an der Entwicklung der „Norms on the Responsibility of Transnational Corporations and Other Business Enterprises with Regard to Human Rights".[155] Weiterhin sind NGOs ua im Rahmen der Weltbank sowohl in die verschiedenen Phasen der von ihr durchgeführten Projekte als auch – wenngleich in geringerem Umfang – in die Diskussionen über ihre allgemeinen Politiken eingebunden.[156]

36 Eine gegenwärtig besonders kontrovers diskutierte Thematik bildet die Erforderlichkeit bzw Möglichkeit einer verstärkten **Beteiligung von NGOs an den Entscheidungsprozessen der WTO.**[157] Obgleich Art V:2 WTO-Übereinkommen die Möglichkeit eröffnet, Maßnahmen für Konsultationen und Zusammenarbeit mit NGOs zu treffen,[158] ist das Vorgehen der WTO auf diesem Gebiet gerade im Vergleich zu anderen internationalen Organisationen – trotz einer Reihe von Kooperationsmaßnahmen – als deutlich restriktiv zu bezeichnen.[159] Es erscheint überdies insbesondere vor dem Hinter-

152 *Dahm/Delbrück/Wolfrum* Bd I/2, 233; *Oeter* Wirtschaftsvölkerrecht 947.

153 Vgl ua *Rossi* Legal Status of Non-Governmental Organizations in International Law (2010) 67ff; *Hempel* (Fn 7) 139ff; *Lindblom* Non-Governmental Organisations in International Law (2005) 366ff.

154 Für eine eingehende Darstellung dieser Konsultativbeziehungen *Hobe* in Simma/Khan/Nolte/Paulus (Hrsg) Charter of the United Nations, Vol II, 3. Aufl (2012) Art 71 Rn 1ff; *Rossi* (Fn 153) 70ff.

155 Hierzu *Nowrot* 250ff; *ders* Die UN-Norms on the Responsibility of Transnational Corporations and Other Business Enterprises with Regard to Human Rights – Gelungener Beitrag zur transnationalen Rechtsverwirklichung oder das Ende des Global Compact? (2003) 10; vgl a → *Nowrot* § 17 Rn 46.

156 S *Hempel* (Fn 7) 178ff; *Shihata* Cornell ILJ 25 (1992) 623ff; *Hobe* in Baudenbacher/Busek (Hrsg) Europa und die Globalisierung (2002) 365/374f.

157 Vgl *Steffek* in Narlikar ua (Hrsg) World Trade Organization (2012) 301ff; *Benedek* FS Ginther (1999) 228ff; *Tietje/Nowrot* EBOLR 5 (2004) 321/330ff; *Esty* JIEL 1 (1998) 123ff. S hierzu auch → *Tietje* § 4 Rn 41.

158 S auch WTO, Guidelines for Arrangements on Relations with Non-Governmental Organisations, WT/L/162 v 23.7.1996.

159 *Jackson* JIEL 4 (2001) 67/77; *Tietje/Nowrot* EBOLR 5 (2004) 321/331; zu den durchgeführten Maßnahmen im Einzelnen auch *Marceau/Pedersen* JWT 33 (No 1, 1999), 5/11ff; *Charnovitz* Fordham ILJ 24 (2000) 173/190ff mwN.

grund der ablehnenden Haltung vieler Entwicklungsländer zweifelhaft, dass sich die WTO in absehbarer Zeit in größerem Umfang auf formeller Grundlage einer Mitarbeit von Seiten der NGOs öffnet.[160]

Gleichwohl sind die Vertreter der Zivilgesellschaft in vielfacher Weise vor allem informell in die Steuerungsprozesse eingebunden. Dies gilt im Übrigen auch für die WTO selbst wie beispielsweise die Beteiligung von *Greenpeace* und des *World Wide Fund for Nature* an den Diskussionen im WTO Committee on Trade and Environment zeigen.[161] Eine weitere bedeutende Rechtsentwicklung, die das Verhältnis von WTO und NGOs bestimmt, vollzog sich im Streitbeilegungssystem. Obgleich das DSU diesbezüglich keine ausdrückliche Regelung enthält, sah der Appellate Body in einer Zusammenschau einzelner Vorschriften des DSU eine ausreichende Rechtsgrundlage für die Panels[162] wie für sich selbst,[163] bei den Entscheidungen auch unaufgefordert zugesandte ***amicus curiae*-Schriftsätze** von NGOs und anderen nichtstaatlichen Akteuren berücksichtigen zu können. Zwar handelt es sich trotz dieser Spruchpraxis hierbei weiterhin um eine unter den WTO-Mitgliedern umstrittene Thematik.[164] Überdies steht die tatsächliche Berücksichtigung der *amicus curiae*-Schriftsätze im freien Ermessen des Appellate Body und der Panels. Gleichwohl wird man insgesamt das Recht von NGOs, entsprechende Eingaben zu machen, nicht mehr prinzipiell in Frage stellen können.[165] Schließlich ist zu berücksichtigen, dass diese Form der Einbeziehung von NGOs zunehmend gerade auch in den Streitbeilegungsverfahren des internationalen Investitionsrechts im Kontext von Investor-Staat-Schiedsverfahren ihren Niederschlag findet.[166] 37

VIII. Netzwerke

Der Umstand, dass sich die Steuerungsstrukturen des internationalen Wirtschaftssystems zunehmend auf der Grundlage nichthierarchischer und formaler wie informaler Beziehungen zwischen einer Vielzahl an unterschiedlichen Wirkungseinheiten konsti- 38

---

160 Zur ablehnenden Haltung insb der Entwicklungsländer *Tietje* in Prieß/Berrisch (Hrsg), WTO-Handbuch (2003) Abschn A.III. Rn 85.

161 Vgl *Shaffer* FS Hudec (2002) 349/374f.

162 WTO, *US-Shrimp* App Body v 12.10.1998, WT/DS58/AB/R para 99ff.

163 WTO, *US-Carbon Steel* App Body v 10.5.2000, WT/DS138/AB/R para 39ff.

164 In Bezug auf die ablehnende Haltung einiger WTO-Mitglieder und die umfangreiche Diskussion im Schrifttum ua *Tietje/Nowrot* EBOLR 5 (2004) 321/339f; *Nowrot* 398ff; *Howse* ELJ 9 (2003) 496ff; *Knahr* Participation of Non-State Actors in the Dispute Settlement System of the WTO: Benefit or Burden? (2007) 39ff; *Trachtman/Moreman* Harvard ILJ 44 (2003) 221ff; *Lim* Chinese JIL 4 (2005) 85ff; *Steger* FS Ehlermann (2002) 419ff.

165 *Tietje* (Fn 160) Rn 84.

166 S → *Reinisch* § 21 Rn 45; sowie ua *Segger* Der Amicus Curiae im Internationalen Wirtschaftsrecht (2017) 164ff; *Wiik* Amicus Curiae before International Courts and Tribunals (2018) 115ff; *Born/Forrest* ICSID Review 34 (2019) 626ff; *Tams/Zoellner* AVR 45 (2007) 217ff; *Nowrot* Ein notwendiger „Blick über den Tellerrand“: Zur Ausstrahlungswirkung der Menschenrechte im internationalen Investitionsrecht (2012) 23ff mwN.

tuieren, hat zur Herausbildung einer weiteren Akteurskategorie geführt. Deren verschiedenartige Ausprägungen werden vielfach unter dem Oberbegriff „Netzwerk" zusammengefasst.[167] Netzwerke sind polyzentrische, aus mehreren grundsätzlich gleichberechtigten Elementen bestehende und in einem Grenzbereich zwischen hierarchisch strukturierten Institutionen sowie ausschließlich marktorientierten Mechanismen verortete Organisationsformen.[168] Sie werden häufig als sich weitgehend spontan bildende und zusammensetzende, strukturell flexible sowie informelle Dialog- und Regelbildungsforen angesehen.[169] Diese **Eigenschaften** sollen sie einerseits von den traditionellen Regelungsstrukturen auf innerstaatlicher Ebene sowie andererseits von den einen höheren institutionellen Organisationsgrad aufweisenden und nur bestimmten Akteuren offen stehenden internationalen Organisationen unterscheiden. Zwar trifft diese Charakterisierung auch weiterhin auf viele Netzwerke zu. Gleichwohl rechtfertigt sich ihre Qualifizierung als eigenständige Kategorie von Steuerungssubjekten insbesondere aus dem Umstand, dass eine wachsende Anzahl von Netzwerken gerade in jüngerer Zeit einen erheblichen Grad an Verselbständigung und institutioneller Verfestigung erfahren hat.[170]

39 Die vermehrte Bezugnahme auf den Netzwerkansatz ist in der Rechtswissenschaft allgemein bereits verschiedentlich auf Kritik gestoßen.[171] Die Vorbehalte, welche insbesondere auf seine Defizite im Rahmen einer rechtswissenschaftlichen Analyse der entsprechenden Organisationsstrukturen abstellen, sind jedoch dahingehend zu relativieren, dass in Bezug auf die Rechtfertigung und Grenzen der Anwendung des Netzwerkbegriffs zwischen der Adäquanz als Beschreibungskategorie einerseits und der systematischen Durchdringung des zugrunde liegenden Rechtsphänomens andererseits zu differenzieren ist. Der Rückgriff auf den Netzwerkansatz dient gerade auch im Rahmen des Internationalen Wirtschaftsrechts zunächst allein der **terminologischen Erfassung und Kategorisierung einer Vielzahl neuer Steuerungsphänomene**. Er findet also seine primäre Rechtfertigung darin, dass gerade „die Kategorie des Netzwerkes ein ernst zu nehmendes Beschreibungsangebot für Organisationsstrukturen

---

167 Vgl statt vieler *Schmidt-Aßmann* Der Staat 45 (2006) 315/323; *Ruffert* 50ff; *Tietje* Verwaltungshandeln, 653ff; *Ladeur* FS Bull (2011) 639ff; *Picciotto* in Dilling/Herberg/Winter (Hrsg) Responsible Business (2008) 315ff.

168 Hierzu zB *Peters* Elemente einer Theorie der Verfassung Europas (2001) 217ff; *Waschkuhn* Regimebildung und Netzwerke (2005) 22; *Powell* in Kenis/Schneider (Hrsg) Organisation und Netzwerk (1996) 213/214ff.

169 Vgl ua *Raustiala* Virginia JIL 43 (2002) 1/5; *Kadushin* Understanding Social Networks (2012) 14ff; *Sommer* Verwaltungskooperation am Beispiel administrativer Informationsverfahren im Europäischen Umweltrecht (2003) 41; *Eifert* in ders/Hoffmann-Riem (Hrsg) Innovation und rechtliche Regulierung (2002) 88/94ff.

170 Hierzu *Möllers* 371; *Nowrot* in Dilling/Herberg/Winter (Hrsg) Transnational Administrative Rule-Making (2011) 255/260ff; *Warning* in Winter (Hrsg) Multilevel Governance of Global Environmental Change (2006) 305/322f.

171 S ua *Jestaedt* in Hoffmann-Riem/Schmidt/Aßmann/Voßkuhle (Hrsg) Grundlagen des Verwaltungsrechts, Bd I, 2. Aufl (2012) § 14 Rn 18; *von Bogdandy/Dann* in von Bogdandy ua (Hrsg) The Exercise of Public Authority by International Institutions (2010) 883/890; *Mager* in Trute ua (Hrsg) Allgemeines Verwaltungsrecht (2008) 369/394ff.

[macht], die sich nicht mehr in die Matrix herkömmlicher juristischer Unterscheidungen einfügen lassen".[172]

Die als Netzwerke beschriebenen Strukturen sind im internationalen Wirtschafts- 40
system in vielfältiger Weise identifiziert worden. Hingewiesen sei nur auf die Kooperation zwischen Behörden auf europäischer und internationaler Ebene[173] beispielsweise in Gestalt des im Jahre 2001 gegründeten International Competition Network (ICN),[174] die Regelungs- und Kooperationsstrukturen des Weltwirtschaftssystems,[175] internationaler Finanzmärkte[176] und der internationalen Informationsordnung,[177] das Phänomen des transnationalen Zusammenwirkens gerichtlicher Institutionen[178] sowie weitere Formen kooperativer Steuerungsmechanismen unter Beteiligung nichtstaatlicher Akteure wie der Extractive Industries Transparency Initiative (EITI)[179] und dem Financial Stability Board (FSB).[180] Eines der bekanntesten Beispiele für diese letztgenannte Gruppe von Netzwerken bildet der von dem damaligen UN-Generalsekretär *Kofi Annan* im Jahre 1999 initiierte **United Nations Global Compact.** Zielsetzung dieses sich aus Vertretern verschiedenster Akteurskategorien zusammensetzenden Netzwerkes ist es, dass die aktuell über 5.000 beteiligten Unternehmen im Rahmen ihrer wirtschaftlichen Tätigkeit sowie durch sonstige Initiativen in zehn Einzelprinzipien niedergelegte Wertsetzungen aus den Bereichen Menschenrechts- und Umweltschutz, Arbeits- und Sozialstandards sowie Korruptionsbekämpfung unterstützen und verwirklichen.[181] Weiterhin sei in diesem Zusammenhang auf die 1997 auf Initiative der *Coalition for Environmentally Responsible Economies* (CERES) und des *Tellus Institute* gegründete **Global Reporting Initiative** (GRI) hingewiesen. Dieses sich ebenfalls aus verschiedenen über- und nichtstaatlichen Akteurskategorien zusammensetzende Netzwerk verfolgt von seiner Zwecksetzung her die Erarbeitung glo-

---

172 *Möllers* in Oebbecke (Hrsg) Nicht-normative Steuerung in dezentralen Systemen (2005) 285/295; vgl auch *Groß* in Gosewinkel/Schuppert (Hrsg) Politische Kultur im Wandel von Staatlichkeit (2008) 141/156; *Poto* EPL 13 (2007) 633/646; eingehender hierzu überdies ua *Schuppert* in Hoffmann-Riem/Schmidt/Aßmann/Voßkuhle (Hrsg) Grundlagen des Verwaltungsrechts, Bd I, 2. Aufl (2012) § 16 Rn 134ff; *Boysen* ua (Hrsg) Netzwerke (2007); *Nowrot* Netzwerke im transnationalen Wirtschaftsrecht und Rechtsdogmatik (2007) 5ff mwN.

173 S ua *Tietje* Verwaltungshandeln, 653ff; *Möllers* 380ff; *Pache* VVDStRL 66 (2007) 106/132ff; *Schliesky* DÖV 2009, 641ff; *Glaser* Internationale Verwaltungsbeziehungen (2010) 263ff; *Raustiala* Virginia JIL 43 (2002) 1/4ff; zu nationalen Verwaltungseinheiten als Steuerungssubjekte vgl o Rn 17ff.

174 Hierzu → *Wagner-von Papp* § 12 Rn 111 mwN.

175 Vgl → *Tietje* § 4 Rn 36ff.

176 Vgl zB *Marcussen* in Djelic/Sahlin-Andersson (Hrsg) Transnational Governance (2006) 180ff; *Levit* Yale JIL 30 (2005) 125/182ff; *Pan* Chicago JIL 11 (2010) 243ff; *Tietje* ZVglRWiss 101 (2002) 404/407ff; *Nowrot* in Fenwick/Van Uytsel/Wrbka (Hrsg) Networked Governance, Transnational Business and the Law (2014) 231ff; *Eernisse* Duke JCIL 22 (2012) 239ff.

177 *Tietje* Global Information Law (2011) 8 u 10.

178 *Slaughter* A New World Order (2004) 65ff; *Kadelbach/Kleinlein* AVR 44 (2006) 235/265.

179 S zB *Brouder* in Tietje/Brouder (Hrsg) 849ff. Vgl hierzu a → *Bungenberg/Weiss* § 7 Rn 84.

180 Zum FSB vgl *Ruddigkeit* Das Mandat des IWF (2013) 176ff; *dies* Das Financial Stability Board in der internationalen Finanzarchitektur (2011); *Brummer* Soft Law and the Global Financial System (2012).

181 Eingehender zum Global Compact vgl <unglobalcompact.org/>; sowie ua *Nowrot* The New Governance Structure of the Global Compact (2005); *Hörtreiter* Die Vereinten Nationen und Wirtschaftsunternehmen (2007) 93ff jeweils mwN.

baler Standards für die Berichte von Unternehmen sowie anderen Institutionen und Organisationen in Bezug auf die wirtschaftlichen, ökologischen und sozialen Dimensionen ihrer Aktivitäten, Produkte und Dienstleistungen. Hinsichtlich ihrer Organisationsstruktur besteht die GRI ua aus einem „Board of Directors", einem Sekretariat, einem fünfzigköpfigen „Stakeholder Council", einem „Due Process Oversight Committee" und einem „Global Sustainability Standards Board".[182]

41 Darüber hinaus existieren institutionalisierte Kooperationsformen zwischen insbesondere privaten Wirtschaftssubjekten und NGOs, welche sich ganz ohne Beteiligung staatlicher oder überstaatlicher Akteure vollziehen. Ein prägnantes Beispiel bildet der **Forest Stewardship Council** (FSC). Diese im Jahre 1993 gegründete und seit Januar 2003 in Bonn ansässige Institution verfolgt das Ziel, auf der Grundlage eines Zertifizierungsverfahrens zum Schutz der weltweiten Waldbestände durch die Förderung nachhaltiger Forstwirtschaft und Holzverarbeitung beizutragen. Dem FSC gehören gegenwärtig über 1.100 ausschließlich nichtstaatliche Mitglieder – Unternehmen, NGOs, wissenschaftliche Einrichtungen, Wirtschaftsvereinigungen und Gewerkschaftsverbände – an. Von seiner Organisationsstruktur her besteht der FSC – ähnlich wie traditionelle internationale Organisationen – zunächst aus einer „General Assembly" als Plenarorgan. Überdies weist diese Institution mit einem „Board of Directors", bestehend aus zwölf von der „General Assembly" gewählten Vertretern, sowie mit einem dem Sekretariat vorstehenden Executive Director zwei Exekutivorgane auf.[183] Eine ähnliche Funktion übt der von *Unilever* und dem *World Wide Fund for Nature* (WWF) im Jahre 1997 gegründete **Marine Stewardship Council** (MSC) aus, welcher sich auf der Grundlage von Zertifizierungsverfahren für eine nachhaltige Bewirtschaftung der Fischbestände einsetzt. Er verfügt ebenfalls über **eine den traditionellen internationalen Organisationen vergleichbare Organisationsstruktur** bestehend ua aus einem Plenarorgan, dem „Stakeholder Council", sowie mehreren Exekutivorganen.[184] Weitere Beispiele bilden die Fair Trade Labelling Organization (FLO),[185] die Ethical Trading Initiative (ETI)[186] und die Fair Labor Association (FLA).[187]

---

182 Vgl <globalreporting.org/Home>; sowie *Haller/Ernstberger* BB 2006, 2516ff; *Dingwerth* The New Transnationalism (2007) 99ff; *Nowrot* in Tietje/Brouder (Hrsg) 117ff.

183 Eingehender zum FSC <fsc.org/en/>; sowie zB *Nowrot* in Tietje/Brouder (Hrsg) 865ff; *Schuppert* FS Schmidt (2006) 561/594ff; *Dingwerth* Global Governance 14 (2008) 53/56ff; *McNichols* in Djelic/Sahlin-Andersson (Hrsg) Transnational Governance (2006) 349/353ff; *Meidinger* in Dilling/Herbert/Winter (Hrsg) Responsible Business – Self-Governance and Law in Transnational Economic Transactions (2008) 259ff; *ders* EJIL 17 (2006) 47ff.

184 Vgl <msc.org/>; sowie ua *Hallström/Boström* Transnational Multi-Stakeholder Standardization (2010) 61ff; *Nowrot* in Tietje/Brouder (Hrsg) 705ff; *Fowler/Heap* in Bendell (Hrsg) Terms for Endearment – Business, NGOs and Sustainable Development (2000) 135ff; allgem zur wachsenden Bedeutung informeller Steuerungsinstrumente im internationalen Fischerreirecht *Czybulka* FS Schmidt (2006) 803ff.

185 S hierzu die Informationen unter <fairtrade.net/sites/aboutflo/aboutflo.html>; sowie *Brouder* in Tietje/Brouder (Hrsg) 75ff.

186 Vgl <ethicaltrade.org/>; sowie ua *Blowfield* in Jenkins ua (Hrsg) Corporate Responsibility and Labour Rights (2002) 184ff.

187 Siehe <fairlabor.org/index.html>.

IX. Internationale gerichtliche und gerichtsähnliche Institutionen

Eine ebenfalls wirkungsmächtige Akteursgruppe – insbesondere im Bereich der Rechtsdurchsetzungs-, aber zum Teil auch der Rechtsbildungsprozesse[188] – stellen schließlich die internationalen gerichtlichen und gerichtsähnlichen Institutionen dar. Hierzu gehören zunächst die **mit judikativen Funktionen ausgestatteten Organe inter- und supranationaler Organisationen** wie beispielsweise auf universeller Ebene im Rahmen der Vereinten Nationen der IGH[189] und in Bezug auf die WTO der DSB.[190] Auf regionaler Ebene finden sich solche Formen institutionalisierter Streitbeilegung durch Organe und andere Institutionen internationaler Wirtschaftsorganisationen bzw -abkommen ua bei der Europäischen Union, MERCOSUR, der Andengemeinschaft, der Eurasischen Wirtschaftsunion, der East African Community und dem Common Market for Eastern and Southern Africa (COMESA).[191] 42

Eine ähnliche Vielfalt lässt sich überdies im **Bereich der gemischten und privaten Schiedsgerichtsbarkeit** nachweisen. Abgesehen von dem weiterhin verbreiteten Rückgriff auf *ad hoc* Schiedsgerichte ohne institutionelle Einbettung, sind hier im Hinblick auf schiedsgerichtliche Institutionen, welche entsprechende Streitbeilegungsverfahren verwalten und sowohl im Rahmen der privaten Schiedsgerichtsbarkeit als auch der internationalen Investitionsschiedsgerichtsbarkeit in Anspruch genommen werden, unter anderem der ICC International Court of Arbitration, der London Court of International Arbitration, das Arbitration Institute of the Stockholm Chamber of Commerce zu nennen.[192] Im Hinblick auf internationale Investor-Staat-Schiedsverfahren gilt dies überdies ua für das International Centre for the Settlement of Investment Disputes (ICSID)[193] sowie den Ständigen Schiedshof in Den Haag (PCA).[194] 43

---

188 Vgl hierzu u Rn 101ff.

189 Eingehender zB *Schröder* in Graf Vitzthum/Proelß (Hrsg) Völkerrecht, 8. Aufl (2019) 691/736ff; *Merrills* International Dispute Settlement, 6. Aufl (2017) 124ff

190 S → *Weiss* § 20 Rn 10ff.

191 Zu den Streitbeilegungsmechanismen im Konntext regionaler Wirtschaftsintegrationsorganisationen und -abkommen *Chase/Yanovich/Crawford/Ugaz* Mapping of Dispute Settlement Mechanisms in Regional Trade Agreements (2013); *Donaldson/Lester* in Lester ua (Hrsg) Bilateral and Regional Trade Agreements, 2. Aufl (2015) 385ff; *Nowrot* ZEuS 2017, 493/504ff; *Klumpp* Schiedsgerichtsbarkeit und Ständiges Revisionsgericht des MERCOSUR (2013); allgem zur regionalen Wirtschaftsintegration → *Nowrot* § 3 Rn 1ff.

192 S hierzu ua *Zukova* in Cottier/Schefer (Hrsg) 307ff; *Cullborg* in *ibid* 309ff; *Vasani* in *ibid* 311f; *de Nanteuil* International Investment Law (2020) 194ff.

193 Ausf *Schreuer/Malintoppi/Reinisch/Sinclair* The ICSID Convention: A Commentary, 2. Aufl (2009); allgem zur Streitbeilegung im internationalen Investitionsrecht *Reinisch* International Investment Law (2020) 99ff; *Sabahi/Rubins/Wallace* Investor-State Arbitration, 2. Aufl (2019) 47ff; *Tietje* in Ehlers/Schoch (Hrsg) Rechtsschutz im Öffentlichen Recht (2009) § 4; sowie → *Reinisch* § 21 Rn 1ff.

194 Zur Rolle des PCA in der Investitionsschiedsgerichtsbarkeit vgl *Radi* Rules and Practices of International Investment Law and Arbitration (2020) 272f; *de Nanteuil* (Fn 192) 193f.

C. Die Steuerungsmechanismen im Internationalen Wirtschaftsrecht

I. Völkerrechtliche Steuerungsmechanismen

44 Gemäß der Aufzählung in Art 38 Abs 1 lit a bis c IGH-Statut gehören zu den Völkerrechtsquellen die völkerrechtlichen Verträge, das Völkergewohnheitsrecht und die allgemeinen Rechtsgrundsätze.[195] Zwar wird heute zu Recht ganz überwiegend davon ausgegangen, dass diese Vorschrift **keinen *numerus clausus* der möglichen Rechtsquellen des Völkerrechts** statuiert.[196] Gleichwohl bildet Art 38 IGH-Statut auch im internationalen Wirtschaftssystem zumindest den Ausgangspunkt für die Bestimmung der traditionellen völkerrechtlichen Steuerungsmechanismen.[197]

1. Völkerrechtliche Verträge

45 Völkerrechtliche Verträge sind Vereinbarungen zwischen zwei oder mehreren Staaten bzw anderen vertragsschlussfähigen Völkerrechtssubjekten wie internationalen Organisationen, welche in rechtlich verbindlicher Weise auf die Begründung, Änderung oder Aufhebung von Rechten und Pflichten der Vertragsparteien gerichtet und von ihnen dem Völkerrecht unterstellt worden sind.[198] Als Surrogat für die weitgehend fehlende zentrale Legislativgewalt auf internationaler Ebene stellen völkerrechtliche Verträge im gegenwärtigen internationalen System allgemein die **praktisch bedeutendste unter den formellen Quellen des Völkerrechts** dar.[199] Dies gilt auch für die völkerrechtlichen Steuerungsmechanismen im internationalen Wirtschaftssystem.[200]

46 Unter Heranziehung der verbreiteten Systematisierung völkerrechtlicher Verträge nach der Zahl der Vertragsbeteiligten[201] kann in Bezug auf **bilaterale vertragliche Vereinbarungen** im Internationalen Wirtschaftsrecht zunächst auf die große Anzahl zwischen Staaten geschlossener Freundschafts-, Handels-, Niederlassungs- und Schifffahrtsabkommen als bereits seit langem bekannte Beispiele vertraglich geregelter internationaler wirtschaftlicher Zusammenarbeit verwiesen werden.[202] Darüber hi-

195 Ausf *Pellet/Müller* in Zimmermann/Tams (Hrsg) The Statute of the International Court of Justice – A Commentary 3. Aufl (2019) Art 38 Rn 1ff.

196 So ua *Jennings/Watts* Oppenheim's International Law, Bd I, Introduction and Part 1, 9. Aufl (1992) 45; *Graf Vitzthum* 67f; *Kempen/Hillgruber* Völkerrecht, 2. Aufl (2012) 54; vgl auch *Nowrot* 141ff mwN.

197 Wie hier auch *Seidl-Hohenveldern* 29; *Schmidt* 205; *Herrmann/Weiß/Ohler* Rn 58.

198 Vgl ua *Aust* Modern Treaty Law and Practice, 3. Aufl (2013) 14ff; *Dahm/Delbrück/Wolfrum* Bd I/3, 513; *von Arnauld* Rn 189ff; *Stein/von Buttlar/Kotzur* Völkerrecht, 14. Aufl (2017) Rn 27ff.

199 Statt vieler *Binder/Zemanek* in Reinisch (Hrsg) Österreichisches Handbuch des Völkerrechts, Bd 1, 5. Aufl (2013) 50/51; *Heintschel von Heinegg* in Ipsen (Hrsg) Völkerrecht, 7. Aufl (2018) 453/455.

200 *Jackson* Sovereignty, the WTO, and Changing Fundamentals of International Law (2006) 47f; *Cottier/Oesch* International Trade Regulation (2005) 63; *Kohona* The Regulation of International Economic Relations Through Law (1985) 6; *Reinisch/Fischer* in Reinisch (Hrsg) Österreichisches Handbuch des Völkerrechts, Bd 1, 5. Aufl (2013) 547/549; *Booysen* Principles of International Trade Law as a Monistic System (2003) 171.

201 Allgem zur Systematisierung völkerrechtlicher Verträge *Dahm/Delbrück/Wolfrum* Bd I/3, 519ff.

202 Eingehender *Paulus* Treaties of Friendship, Commerce and Navigation, MPEPIL (3/2011); vgl überdies → *Tietje* § 1 Rn 39ff.

naus kommt den gegenwärtig beinahe 2.900 bilateralen Investitionsverträgen (BITs) eine erhebliche Bedeutung zu.[203] Überdies ist im Bereich der regionalen Wirtschaftsintegration die gerade in jüngerer Zeit wachsende Anzahl an bilateralen Freihandelsabkommen zu nennen.[204]

Zu den klassischen bilateralen Verträgen traten insbesondere seit dem Ende des Zweiten Weltkrieges in vielen Regelungsbereichen vermehrt **multilaterale Abkommen** auf universeller und regionaler Ebene hinzu. Hierzu gehören beispielsweise die Vielzahl an Übereinkommen der WTO-Rechtsordnung, die vertraglichen Vereinbarungen über die Errichtung regionaler Freihandelszonen und Zollunionen[205] sowie die überregionalen Rohstoffabkommen.[206] Überdies sind die zahlreichen multilateralen Abkommen hervorzuheben, auf deren Grundlage die sich insgesamt oder zumindest mit sektoralen Aspekten der internationalen Wirtschaftsbeziehungen befassten internationalen und supranationalen Organisationen errichtet worden sind.[207] 47

Weiterhin gehören hierzu die völkervertragsrechtlichen Kodifikationen des **internationalen Einheitsrechts bzw Einheitsprivatrechts.**[208] Zwar erfolgt die Privatrechtsvereinheitlichung auch mittels rechtlich nicht verbindlicher Modellgesetze, Musterregeln oder weiterer gerade auch von privaten Organisationen geschaffener internationaler Standards.[209] Abgesehen von Bestrebungen im Rahmen der Europäischen Union auf der Grundlage sekundären Unionsrechts mittels Richtlinien und Verordnungen[210] erfolgt die internationale Vereinheitlichung des Privatrechts jedoch hauptsächlich durch völkerrechtliche Verträge.[211] Beispiele hierfür bilden im Bereich des gewerblichen Rechtsschutzes das Madrider Übereinkommen über die Unterdrückung falscher oder irreführender Herkunftsangaben v 14.4.1891,[212] im Hinblick auf die Personen- und Güterbeförderung das Übereinkommen über den internationalen Eisenbahnverkehr (COTIF) vom 9.5.1980[213] sowie auf dem Gebiet des vertraglichen Schuldrechts insbesondere die United Nations Convention on Contracts for the International Sale of Goods (CISG) v 11.4. 1980.[214] Über die Vereinheitlichung des auf inter- 48

---

203 UNCTAD World Investment Report 2020, International Production beyond the Pandemic (2020) 106; vgl auch ua *Salacuse* The Law of Investment Treaties, 3. Aufl (2021); sowie → *Reinisch* § 9 Rn 13.

204 Vgl zur regionalen Wirtschaftsintegration → *Nowrot* § 3 Rn 1ff.

205 Hierzu → *Nowrot* § 3 Rn 9ff.

206 Eingehender → *Bungenberg/Weiss* § 7 Rn 6ff.

207 Vgl hierzu bereits o Rn 22ff.

208 Zur uneinheitlichen Verwendung des Begriffs des „internationalen Einheitsrechts" und seinen verschiedenen Bedeutungsgehalten ausf *Gruber* Methoden des internationalen Einheitsrechts (2004) 14ff; *Kropholler* (Fn 117).

209 Hierzu statt vieler *Kegel/Schurig* 112ff; *von Bar/Mankowski* 41ff; *Kropholler* Internationales Privatrecht, 6. Aufl (2006) 96f.

210 Eingehender ua *von Hoffmann/Thorn* Internationales Privatrecht, 9. Aufl (2007) 25ff; *Kegel/Schurig* 107ff.

211 Ausf hierzu *von Bar/Mankowski* 37ff; *Kegel/Schurig* 74ff; *von Hoffmann/Thorn* (Fn 210) 12ff.

212 RGBl 1925 II S 215, zuletzt revidiert in Lissabon am 31.10.1958, BGBl 1961 II, 293; vgl hierzu → *Götting/Lauber-Rönsberg* § 14 Rn 81.

213 BGBl 1985 II, 132; s hierzu → *Otte/Maurer* § 8 Rn 94ff.

214 UN-Übereinkommen über Verträge über den internationalen Warenkauf v 11.4.1980, BGBl 1989 II, 586; ausf → *Gruber* § 16 Rn 23ff.

nationale Sachverhalte anwendbaren Sachrechts hinaus kommt aber auch der Kollisionsrechtsvereinheitlichung im Wege völkerrechtlicher Verträge eine ständig wachsende Bedeutung zu.[215]

49 Obgleich völkerrechtliche Verträge bereits seit langem zu den wichtigsten normativen Steuerungsmechanismen zählen, zeigen sich gerade in Bezug auf ihre Regelungstruktur eine Reihe neuerer Entwicklungen. Trotz der Verschiedenheit hinsichtlich ihres jeweiligen Ansatzes sind sie übereinstimmend darauf ausgerichtet, eine akzeptable Balance zwischen dem souveränitätsschützenden einzelstaatlichen Konsenserfordernis und der Notwendigkeit einer flexiblen und zeitnahen internationalen Rechtssetzung und Rechtsanpassung zu finden.[216] Die in diesen **„dynamischen“ bzw „dynamisierten“ Vertragsregimen**[217] zum Ausdruck kommende regulatorische Flexibilisierung des traditionell an dem Grundsatz der Reziprozität orientierten Völkervertragsrechts findet dabei gerade auch in den multilateralen Abkommen zur Regelung internationaler Wirtschaftsfragen ihren Niederschlag.[218]

50 Über die den Exekutivorganen übertragene Kompetenz zur autoritativen Interpretation einzelner Vertragsbestimmungen,[219] die Institutionalisierung internationaler Verwaltungskooperation[220] und die Bezugnahme auf vertragsexterne Standards staatlicher, intermediärer und privater Institutionen[221] hinaus, bilden so genannte **Rahmenabkommen** eine weitere Form dieser dynamischen Vertragsstrukturen. Kennzeichnend für diesen Vertragstypus ist, dass seine Bestimmungen lediglich eine Reihe weit gefasster Rechtsprinzipien im Hinblick auf die mit dem Vertragsregime verfolgte Zwecksetzung enthalten. Die prozedurale Absicherung dieser Prinzipienvereinbarungen erfolgt grundsätzlich durch eine normative Verankerung von Verhandlungspflichten der Vertragsparteien mit dem Ziel der Verabschiedung detaillierter Vorschriften zur Erreichung der mit dem Abkommen verfolgten Zwecke. Die konkrete Ausgestaltung spezifischer Verhaltenspflichten erfolgt dann zumeist in der Form von nachfolgenden „Protokollen“, welche zu ihrem Inkrafttreten eine gesonderte Ratifikation durch die Vertragsparteien erfordern.[222]

51 Zwar haben Rahmenkonventionen ihren Ursprung im internationalen Umweltrecht. Aber auch im Bereich des Internationalen Wirtschaftsrechts lässt sich die Existenz solcher Abkommen nachweisen. In diesem Zusammenhang sei aus dem Bereich

---

215 Vgl hierzu u Rn 76.

216 *Tietje* Verwaltungshandeln, 245; ähnlich *Hingst* 175.

217 So zB *Tietje* Zeitschrift für Rechtssoziologie 24 (2003) 27/34; *Ott* Umweltregime im Völkerrecht (1998) 268; *Schuppert* Neue Steuerungsinstrumente im Umweltvölkerrecht am Beispiel des Montrealer Protokolls und des Klimaschutzrahmenübereinkommens (1998) 30.

218 Allgem zu den verschiedenen Erscheinungsformen dynamischer internationaler Vertragsregime in den einzelnen Gebieten des Völkerrechts *Tietje* Verwaltungshandeln, 245ff; *ders* GYIL 42 (1999) 26/35ff; *Chayes/Handler Chayes* 197ff; *Hingst* 163ff.

219 Vgl hierzu u Rn 71ff.

220 S bereits o Rn 20.

221 Vgl hierzu u Rn 90ff.

222 Ausf zur Technik der Rechtssetzung durch Rahmenkonventionen *Tietje* Verwaltungshandeln, 247ff; *Matz-Lück* Goettingen JIL 1 (2009) 439ff; *Beyerlin/Marauhn* Rechtssetzung und Rechtsdurchsetzung im Umweltvölkerrecht nach der Rio-Konferenz 1992 (1997) 30ff; *Nowrot* GYIL 44 (2001) 396/399f; *Brunnée* Leiden JIL 15 (2002) 1/7ff.

der regionalen Wirtschaftsintegration nur beispielhaft auf das Framework Agreement on Comprehensive Economic Co-operation between ASEAN and China vom 4. November 2002,[223] das von den sieben Mitgliedstaaten der Bay of Bengal Initiative for Multi-Sectoral Economic and Technical Cooperation (BIMST-EC) am 8. Februar 2004 unterzeichnete und am 30. Juni 2004 in Kraft getretene „Framework Agreement on the BIMST-EC Free Trade Area“[224] sowie das am 6. Juni 2012 von Chile, Kolumbien, Mexiko und Peru unterzeichnete „Pacific Alliance Framework Agreement“[225] verwiesen. Überdies finden sich einzelne Vertragsbestimmungen innerhalb völkerrechtlicher Abkommen, welche strukturell deutliche Gemeinsamkeiten mit Rahmenkonventionen aufweisen. Im Rahmen der WTO-Rechtsordnung können als Beispiele für diese Art von **„in-built framework provisions“**,[226] welche zur Erlangung eines operativen Inhalts weiterer konkretisierender Entscheidungen durch die Mitglieder bzw Organe der WTO bedürfen, die Vorschriften der Art 10 Abs 2 sowie Art 20 Übereinkommen über die Landwirtschaft angesehen werden. Danach verpflichten sich die WTO-Mitglieder zur Ausarbeitung von Disziplinen für die Bereitstellung von Exportkrediten, Exportkreditbürgschaften oder Versicherungsprogrammen bzw zur Fortsetzung der Verhandlungen über eine Senkung der Stützungs- und Schutzmaßnahmen im Agrarbereich.[227] Gleiches gilt für Art XV GATS und Art 24 Abs 1 TRIPS, in denen sich die Mitglieder der WTO ebenfalls zur Aufnahme von Verhandlungen über den Abbau von Subventionen im Bereich des Handels mit Dienstleistungen bzw über eine Verstärkung des Schutzes einzelner geographischer Angaben zur Kennzeichnung von Weinen und Spirituosen verpflichten.[228]

Eine weitere Entwicklung stellen die **vereinfachten Änderungs- und Ergänzungsmechanismen** dar.[229] Während das herkömmliche, die Souveränität der einzelnen Vertragsstaaten betonende Verfahren zur Änderung völkerrechtlicher Verträge nach den Art 39ff WVRK auf dem Erfordernis unbedingter einzelstaatlicher Zustimmung basiert,[230] ermöglichen die vereinfachten Änderungs- und Ergänzungsverfahren unter weitgehender Zurückstellung partikularer Staateninteressen eine flexiblere und damit effektivere Anpassung des jeweiligen Vertragsregimes an veränderte Rahmenbedingungen. 52

223 S <https://investmentpolicy.unctad.org/international-investment-agreements/treaties/treaties-with-investment-provisions/3201/asean-china-framework-agreement>.

224 Framework Agreement on the BIMST-EC Free Trade Area v 8.2.2004, abgedruckt in: Report on the Fifth BIMST-EC Trade/Economic Ministerial Meeting, 2004, Phuket, Thailand, Annex VII.

225 S Alianza del Pacífico <acuerdoscomerciales.gob.pe/images/stories/alianza/docs/acuerdo_marco_AP_firmado.pdf>.

226 *Tietje* GYIL 42 (1999) 26/37.

227 Zum Übereinkommen über die Landwirtschaft → *Tietje* § 4 Rn 102ff.

228 Hierzu sowie in Bezug auf weitere Beispiele für solche Rahmenbestimmungen aus dem Bereich des Internationalen Wirtschaftsrechts vgl *Tietje* GYIL 42 (1999) 26/37 u 47f.

229 Vgl zur Systematisierung der verschiedenen Formen vereinfachter Vertragsänderung und -ergänzung *Tietje* Verwaltungshandeln, 250ff; *Hingst* 167ff.

230 Ausf zu den Möglichkeiten einer Vertragsmodifikation nach den Art 39ff WVRK *Dahm/Delbrück/Wolfrum* Bd I/3, 661ff mwN.

53 Auf dem Gebiet des Internationalen Wirtschaftsrechts finden sich diese Mechanismen ua im Rahmen der internationalen Finanz- und Währungsorganisationen.[231] So sieht **Art XXVIII lit a des IWF-Übereinkommens** vor, dass Änderungen des Übereinkommens, von einigen in Art XXVIII lit b aufgelisteten Ausnahmen abgesehen, nach Genehmigung durch den Gouverneursrat als angenommen gelten, wenn mindestens drei Fünftel der Mitglieder, die über fünfundachtzig Prozent aller Stimmen verfügen, der Vertragsmodifikation zugestimmt haben. Die jeweilige Änderung tritt gemäß Art XXVIII lit c des IWF-Übereinkommens drei Monate nach einer förmlichen Mitteilung über die erforderliche Zustimmungsmehrheit für alle Mitglieder des IWF verbindlich in Kraft. Ein beinahe identisches Änderungs- und Ergänzungsverfahren ist in Art VIII des Weltbank-Übereinkommens sowie Art VII des Abkommens über die Internationale Finanz-Corporation enthalten.[232] Weiterhin kann auf die Vorschriften der Art VI:4 und Art XXI:5 GATS verwiesen werden.[233] Gemäß Art VI:4 GATS erarbeitet der Rat für den Handel mit Dienstleistungen in verbindlicher Weise die notwendigen Disziplinen, um zu gewährleisten, dass Maßnahmen der Mitglieder in Bezug auf Qualifikationserfordernisse und -verfahren, technische Normen und Zulassungserfordernisse keine unnötigen Hemmnisse für den Dienstleistungshandel darstellen.[234] Gleiches gilt auf der Grundlage von Art XXI:5 GATS für Verfahrensvorschriften zur Berichtigung oder Änderung der von den WTO-Mitgliedern angefertigten Listen ihrer spezifischen Liberalisierungsverpflichtungen nach Art XX GATS.

54 Zwar verbleibt den Parteien in den meisten dieser Vertragsregime die Möglichkeit, durch ein „opting out" die rechtliche Bindungswirkung der jeweiligen Modifikation für sich selbst auszuschließen.[235] Überdies besteht unter bestimmten Bedingungen als *ultima ratio* für die der Vertragsänderung nicht zustimmenden Staaten auch die Option, sich durch Kündigung ganz von dem Vertragsregime zu lösen.[236] Diese Möglichkeit wird jedoch in der Praxis nur in den seltensten Fällen in Anspruch genommen. Vielmehr lässt sich allgemein beobachten, dass Staaten, selbst wenn sie im Einzelfall Bedenken gegen eine ohne ihre Zustimmung erfolgte Vertragsänderung haben, es in Anbetracht des in zunehmendem Maße gegebenen „kooperativen Rechtsbefolgungsdruckes im internationalen System" unterlassen, von der **Möglichkeit eines „opting**

---

231 Ausf zu den internationalen Finanz- und Währungsorganisationen → *Schlemmer-Schulte/Pohlmann* § 10 Rn 1ff.

232 Vgl zu den vereinfachten Vertragsänderungs- und -ergänzungsverfahren im IWF- und Weltbank-Übereinkommen *Tietje* GYIL 42 (1999) 26/45 mwN.

233 S *Tietje* Verwaltungshandeln, 250f.

234 Vgl allerdings zu den in der nachfolgenden Praxis erfolgten Einschränkungen in Bezug auf den Anwendungsbereich dieser Vorschrift *Krajewski* National Regulation and Trade Liberalization in Services (2003) 130ff; *ders* in Wolfrum/Stoll/Feinäugle (Hrsg) WTO – Trade in Services (2008) Article VI GATS paras 31ff.

235 Eingehender zum Begriff des „opting out" und der normativen Verankerung dieses Regelungsmechanismus in internationalen Vertragsregimen *Tietje* GYIL 42 (1999) 26/51f; *Sommer* ZaöRV 56 (1996) 628/645ff; *Ott* (Fn 217) 161ff.

236 Zu den Voraussetzungen für die Kündigung eines multilateralen völkerrechtlichen Vertrages bzw dem Recht auf Austritt aus einer internationalen Organisation *Dahm/Delbrück/Wolfrum* Bd I/3, 716ff; *Feist* Kündigung, Rücktritt und Suspendierung von multilateralen Verträgen (2001); *Zeidler* Der Austritt und Ausschluß von Mitgliedern aus den Sonderorganisationen der Vereinten Nationen (1990) 9ff.

out" oder gar eines Rückzugs aus dem internationalen Vertragsregime Gebrauch zu machen.[237] Diese – zumindest *de facto* – weitgehende Vereitelung der Rückzugsmöglichkeiten eines Staates wird von *Abram Chayes* und *Antonia Handler Chayes* in treffender Weise folgendermaßen umschrieben: „It is that, for all but a few self-isolated nations, sovereignty no longer consists in the freedom of states to act independently, in their perceived self-interest, but in membership in reasonably good standing in the regimes that make up the substance of international life. To be a player, the state must submit to the pressure that international regulations impose".[238]

2. Völkergewohnheitsrecht

Gemäß dem Wortlaut des Art 38 Abs 1 lit b IGH-Statut stellt sich das internationale Ge- 55
wohnheitsrecht als „Ausdruck einer allgemeinen, als Recht anerkannten Übung" dar. Nach traditioneller Auffassung setzt die **Bildung von Völkergewohnheitsrecht** also zum einen als objektives Element den Nachweis einer seit langem bestehenden, gleichförmigen und allgemein geübten Staatenpraxis voraus. Zum anderen muss diese Praxis subjektiv von der Überzeugung begleitet werden, rechtlich zu dem in Frage stehenden Verhalten verpflichtet zu sein.[239]

Im Internationalen Wirtschaftsrecht wird dem Völkergewohnheitsrecht **vielfach** 56
eine nur untergeordnete Bedeutung zugemessen.[240] Diesem Befund ist insoweit zuzustimmen, als es in denjenigen Rechtsregimen kaum noch Einfluss ausübt, welche eine völkervertragsrechtliche Regelung erfahren haben. Des weiteren ist zu berücksichtigen, dass sich seine Entstehung jedenfalls nach klassischer Auffassung als ein langwieriger, schwerfälliger und zumindest in der Anfangsphase mit erheblichen Rechtsunsicherheiten verbundener Prozess darstellt, welcher im Gegensatz zu völkervertragsrechtlichen Regelungen nur sehr bedingt dazu in der Lage ist, in flexibler Weise innerhalb eines kurzen Zeitraums auf neu auftretende Entwicklungen zu reagieren und diese einer angemessenen normativen Steuerung zu unterwerfen.[241] Zusätzlich erschwert wird seine Herausbildung dabei durch die bereits hervorgehobene ökonomische Heterogenität der Staatengemeinschaft. Schließlich ist zu berücksichtigen, dass völkergewohnheitsrechtliche Normen vielfach lediglich sehr allgemeine Regelungen für ein Sachgebiet bereithalten und sich aufgrund dieser normativen Unschärfe häufig nur sehr bedingt für die zur rechtlichen Bewertung von Sachfragen im Internationalen Wirtschaftsrecht erforderlichen detaillierten Regelungen eignen.[242]

---

237 So *Tietje* Verwaltungshandeln, 251; ähnlich *Tomuschat* RdC 241 (1993) 195/265f; *Hingst* 171.

238 *Chayes/Handler Chayes* 27.

239 Ausf zu den Voraussetzungen für die Bildung von Völkergewohnheitsrecht statt vieler *Dahm/Delbrück/Wolfrum* Bd I/1, 55ff; *Crawford* Brownlie's Principles of Public International Law, 9. Aufl (2019) 21ff; zu neueren Entwicklungen in diesem Bereich überdies *Tietje* Zeitschrift für Rechtssoziologie 24 (2003) 27/32ff mwN.

240 Vgl ua *Schwarzenberger* RdC 117 (1966) 1/14; *Qureshi/Ziegler* 33f; *VerLoren van Themaat* RabelsZ 43 (1979) 632/637; *Schöbener/Herbst/Perkams* Internationales Wirtschaftsrecht (2010) 50; *Herrmann/Weiß/Ohler* Rn 62; eingehender hierzu *Zamora* 10ff.

241 Vgl *Schmidt* 206f; *Zamora* 40; *Herdegen* § 3 Rn 9.

242 *Oeter* Wirtschaftsvölkerrecht 954; *Zamora* 34f u 40; *Qureshi/Ziegler* 34.

57 Gleichwohl ist festzustellen, dass das Völkergewohnheitsrecht bis auf weiteres auch auf dem Gebiet des Internationalen Wirtschaftsrechts für eine ganze Reihe von Sachbereichen die maßgebliche Rechtsquelle geblieben ist. Dies ergibt sich bereits aus dem Umstand, dass aufgrund des weitgehenden Fehlens zentraler Rechtssetzungsinstanzen dem Gewohnheitsrecht im internationalen System insgesamt eine **wesentlich größere Bedeutung als im innerstaatlichen Bereich** zukommt.[243] Überdies ist zu berücksichtigten, dass nicht alle Sachgebiete einer völkervertragsrechtlichen Regelung unterliegen bzw die bestehenden Vertragsregime nicht alle auftretenden Rechtsfragen umfassend regeln[244] und außerdem ganz überwiegend keine universale Geltung beanspruchen können.

58 So sind zentrale und gerade auch für das Internationale Wirtschaftsrecht relevante Regelungsbereiche wie beispielsweise das Regime der völkerrechtlichen Verantwortlichkeit,[245] das Recht des diplomatischen Schutzes[246] sowie die **Grundsätze der Staatenimmunität**[247] auch heute noch vielfach von Normen des internationalen Gewohnheitsrechts bestimmt. Gleiches gilt für die zunehmend an Bedeutung gewinnende Abgrenzung der staatlichen Jurisdiktionsbereiche, insbesondere der völkerrechtlichen Zulässigkeit extraterritorialer Anwendung von Vorschriften des nationalen Wirtschaftsrechts.[248]

59 Auch in der WTO kommt der weiterhin bestehende Einfluss völkergewohnheitsrechtlicher Normen zum Ausdruck. Verwiesen sei zunächst auf Art 3 Abs 2 DSU, wonach die Bestimmungen der WTO-Übereinkommen „im Einklang mit den herkömmlichen Regeln der Auslegung des Völkerrechts" zu interpretieren sind. Bereits dieser Verweis auf die völkergewohnheitsrechtlichen Auslegungsregeln, welche nach allgemeiner Auffassung eine weitgehende Kodifizierung in den Art 31 ff WVRK erfahren haben[249] und in dieser Form auch von den Panels und dem Appellate Body bei der In-

243 Statt vieler *Simma* Das Reziprozitätselement in der Entstehung des Völkergewohnheitsrechts (1970) 25.

244 Vgl zB zur vielfältigen Herausbildung und Funktion von Völkergewohnheitsrecht innerhalb der Rechtsordnung des GATT 1947 *Benedek* Die Rechtsordnung des GATT aus völkerrechtlicher Sicht (1990) 126ff mwN.

245 Ausf *Dörr* in Ipsen (Hrsg) Völkerrecht, 7. Aufl (2018) 625ff; *von Arnauld* Rn 376ff; *Crawford/Olleson* in Bungenberg ua (Hrsg) International Investment Law (2015) 411ff.

246 *von Arnauld* Rn 596ff; *Epping* in Ipsen (Hrsg) Völkerrecht, 7. Aufl (2018) 76/132ff; *Dolzer/Schreuer* Principles of International Investment Law, 2. Aufl (2012) 232ff.

247 S zB *Yang* State Immunity in International Law (2012); *Fox/Webb* The Law of State Immunity, 3. Aufl (2015); speziell zur Bedeutung dieser Grundsätze im internationalen Investitionsrecht *Lim/Ho/Paparinskis* International Investment Law and Arbitration (2018) 460ff.

248 Vgl → *Tietje* § 1 Rn 120ff.

249 Vgl zB IGH, ICJ-Rep 1999, 1045/1059 – *Kasikili/Sedudu*; IGH, ICJ-Rep 1994, 6/21 – *Territorial Dispute Libyen/Tschad*; EGMR, Urt v 21.2.1975, Appl-No 4451/70 Rn 29 – *Golder*; *Chevron Corporation/Texaco Petroleum Company v Ecuador* UNCITRAL Arbitration, Partial Award v 30.3.2010 paras 159ff; *Phoenix Action, Ltd v The Czech Republic*, ICSID Case No ARB/06/5, Award v 15.4.2009 para 75; sowie aus dem Schrifttum *Jennings/Watts* Oppenheim's International Law, Bd I, Parts 2 to 4, 9. Aufl (1992) 1271; *Dahm/Delbrück/Wolfrum* Bd I/3, 640; *Dörr* in ders/Schmalenbach (Hrsg) Vienna Convention on the Law of Treaties – A Commentary, 2. Aufl (2018) Article 31 Rn 6.

terpretation der WTO-Übereinkommen herangezogen werden,[250] zeigt die fortbestehende **Bedeutung dieser Rechtsquelle im Bereich der WTO-Rechtsordnung**. Aber auch darüber hinaus haben im WTO-Streitbeilegungsverfahren sowohl der Appellate Body als auch Panels verschiedentlich auf völkergewohnheitsrechtliche Regelungen wie die Grundsätze der völkerrechtlichen Verantwortlichkeit,[251] die nähere Ausgestaltung des so genannten „non-violation complaint"[252] sowie das Verbot der rückwirkenden Anwendung völkerrechtlicher Verträge[253] Bezug genommen.[254] In vergleichbarem Umfang findet das Völkergewohnheitsrecht überdies in der Rechtsprechungspraxis der internationalen Investitionsschiedsgerichtsbarkeit Berücksichtigung.[255]

3. Allgemeine Rechtsgrundsätze

Schließlich ist im Rahmen der traditionellen völkerrechtlichen Steuerungsmechanismen noch auf „die von den Kulturvölkern anerkannten allgemeinen Rechtsgrundsätze" im Sinne von Art 38 Abs 1 lit c IGH-Statut einzugehen. Hierbei handelt es sich um Rechtssätze, welche sich im Wege der Rechtsvergleichung übereinstimmend in den nationalen Rechtsordnungen zumindest aller bedeutenden Rechtskreise nachweisen lassen und zur Übertragung auf das Völkerrecht geeignet sind.[256] Dem Begriff „Kulturvölker" kommt hierbei heute in Anbetracht des universalen Charakters der Völker- 60

250 So zB WTO, *US-Gasoline* App Body v 29.4.1996, WT/DS2/AB/R 16f; WTO, *US-Clove Cigarettes* App Body v 4.4.2012, WT/DS406/AB/R para 258; WTO, *China-Raw Materials* App Body v 30.1.2012, WT/DS394 ua/AB/R paras 278 u 307; WTO, *US-Lumber* Panel v 13.4.2004, WT/DS264/R para 7.3; zu dieser Praxis *McRae* JIEL 3 (2000) 27/35ff; *Schollendorf* Die Auslegung völkerrechtlicher Verträge in der Spruchpraxis des Appellate Body der Welthandelsorganisation (WTO) (2005) 152ff; *Stoll* in Wolfrum/Stoll/Kaiser (Hrsg) WTO – Institutions and Dispute Settlement (2006) Article 3 DSU Rn 14ff.

251 So zB WTO, *Turkey-Textile* Panel v 31.5.1999, WT/DS34/R paras 9.42ff; eingehend zur Anwendung dieser Grundsätze im WTO-Streitbeilegungsmechanismus *Tietje* (Fn 3) 388ff; *Garcia-Rubio* On the Application of Customary Rules of State Responsibility by the WTO Dispute Settlement Organs (2001) 6ff; *Villalpando* JIEL 5 (2002) 393ff.

252 S WTO, *Korea-Government Procurement* Panel v 1.5.2000, WT/DS163/R paras 7.93ff; allgem zu Zweck und Voraussetzungen der „non-violation complaints" *Tietje* (Fn 3) 340ff; *ders* JWT 29 (No 5, 1995) 123/151ff; *Cottier/Schefer* in Petersmann (Hrsg) International Trade Law and the GATT/WTO Dispute Settlement System (1997) 145ff.

253 Vgl WTO, *Brazil-Coconut* App Body v 21.2.1997, WT/DS22/AB/R 15; WTO, *EC-Hormones* App Body v 16.1.1998, WT/DS48/AB/R para 128; s auch *Stoll* (Fn 250) Article 3 DSU Rn 46f.

254 Ausf zur Diskussion über die Anwendbarkeit des allgemeinen Völkergewohnheitsrechts in der WTO-Rechtsordnung zB *Tietje* (Fn 3) 374ff; *Herrmann/Weiß/Ohler* Rn 345ff; *Weiß* World Trade Review 2 (2003) 183/197ff; *Ohlhoff* in Prieß/Berrisch (Hrsg), WTO-Handbuch (2003) Abschn C.I.2. Rn 36ff; *Pauwelyn* Conflict of Norms in Public International Law (2003); *Bartels* JWT 35 (2001) 499ff; *Neumann* ZaöRV 61 (2001) 529/557ff.

255 Vgl ua *Al-Warrq v Indonesia*, UNCITRAL Arbitration, Award on Respondent's Preliminary Objections to Jurisdiction and Admissibility of the Claims v 21.6.2012 paras 70ff; *Hamester v Ghana*, ICSID Case No. ARB/07/24, Award v 18.6.2010 paras 171ff.

256 Ausf ua *Jennings/Watts* (Fn 196) 36ff; *Dahm/Delbrück/Wolfrum* Bd I/1, 62ff; *Verdross/Simma* §§ 597ff; *Graf Vitzthum* 64ff.

rechtsgemeinschaft keine einschränkende Bedeutung mehr zu.[257] Die **Funktion der allgemeinen Rechtsgrundsätze** besteht vor allem in der Auslegung und Ergänzung des Vertrags- und Gewohnheitsrechts. Ihnen wird daher vielfach eine nur subsidiäre Bedeutung als Völkerrechtsquelle zugewiesen.[258]

61 Auch im Bereich des Internationalen Wirtschaftsrechts spielen sie nach häufig vertretener Auffassung lediglich eine untergeordnete Rolle.[259] Gleichwohl finden sich einige allgemeine Rechtsgrundsätze, denen auch auf diesem Rechtsgebiet Bedeutung zukommt. Hierzu gehört der Grundsatz von Treu und Glauben, welcher ua in dem Verbot des ***venire contra factum proprium*** seinen Ausdruck findet.[260] Überdies kommt eine Anwendung der Grundsätze über die ungerechtfertigte Bereicherung in Betracht.[261]

62 Weiterhin kann auf das Verbot des *ultra alterum tantum*, die Möglichkeit des Schuldners, sich auf eine seine Existenz gefährdende höhere Gewalt zu berufen, die Grundsätze der Verwirkung und Verjährung sowie das Erfordernis der Zahlung von Verzugszinsen verwiesen werden,[262] welche insbesondere bei der Behandlung von staatlichen Geldschulden eine nicht unerhebliche Rolle spielen. Vor dem Hintergrund der **staatlichen Finanzkrisen** seit Ende der 1990er Jahre ua in Pakistan, der Ukraine sowie insbesondere Argentinien und den sich hieraus ergebenen rechtlichen Implikationen[263] kam und kommt diesen allgemeinen Rechtsgrundsätzen sowie der – im Einzelnen umstrittenen – Möglichkeit einer Berufung auf den wegen Zahlungsunfähigkeit erklärten Staatsnotstand eine erhebliche praktische Bedeutung zu.[264] Es ist überdies gegenwärtig keineswegs ausgeschlossen, dass dieser Befund zukünftig auch hinsichtlich weiterer Finanzkrisen im europäischen und außereuropäischen Raum Geltung beansprucht.

63 Ihre fortbestehende Relevanz lässt sich auch daran ablesen, dass die WTO-Mitglieder verschiedentlich als Parteien **im Rahmen des WTO-Streitbeilegungsverfah-**

---

257 Vgl beispielsweise *Hobe* 171; *Hernández* International Law (2019) 46f; *Stein/von Buttlar/Kotzur* (Fn 198) Rn 161; *Dörr* in Ipsen (Hrsg) Völkerrecht, 7. Aufl (2018) 560/561f.

258 Zur Funktion der allgemeinen Rechtsgrundsätze *Dahm/Delbrück/Wolfrum* Bd I/1, 68f; *Verdross/Simma* §§ 607ff; *Doehring* Völkerrecht, 2. Aufl (2004) Rn 416; *Booysen* (Fn 200) 173.

259 Vgl in soweit nur *Schwarzenberger* RdC 117 (1966) 1/14; *Langen* Studien zum internationalen Wirtschaftsrecht (1963) 6; *Schmidt* 207 mwN.

260 Eingehender ua *Cheng* General Principles of Law as Applied by International Courts and Tribunals (1963) 105ff; *Menzel* in Strupp/Schlochauer (Hrsg) Wörterbuch des Völkerrechts, Bd 1, 2. Aufl (1960) 441f.

261 S zB *Dahm/Delbrück/Wolfrum* Bd I/3, 960f; *Binder/Schreuer* Unjust Enrichment, MPEPIL (6/2017); *Seybold* Die ungerechtfertigte Bereicherung auf internationaler Ebene (2004) 21ff.

262 Vgl *Dahm/Delbrück/Wolfrum* Bd I/1, 64 u Fn 69, 70 mwN; speziell zur Geltung des Grundsatzes der Verjährung im Völkerrecht *Müller* Vertrauensschutz im Völkerrecht (1971) 67ff; *Fleischhauer* in Strupp/Schlochauer (Hrsg) Wörterbuch des Völkerrechts, Bd 3, 2. Aufl (1962) 509ff.

263 Ausf hierzu ua *Lowenfeld* International Economic Law, 2. Aufl (2008) 667ff; *Szodruch* Staateninsolvenz und private Gläubiger (2008); *Tietje* Die Argentinien-Krise aus rechtlicher Sicht: Staatsanleihen und Staateninsolvenz (2005) jeweils mwN.

264 Zu diesem im Hinblick auf seinen Anwendungsbereich umstrittenen Rechtsgrundsatz BVerfGE 118, 124ff; sowie ua *Lorz* FS Riedel (2013) 289ff; *Tietje/Szodruch* ZZB 2007, 498ff; *Kämmerer* ZaöRV 65 (2005) 651ff; *Reinisch* ZaöRV 68 (2008) 3ff.

rens auf allgemeine Rechtsgrundsätze Bezug nehmen.[265] Auch die Panels und der Appellate Body haben in ihren Entscheidungen zumindest bei verfahrensrechtlichen Fragen bereits häufiger auf sie zurückgegriffen,[266] so beispielsweise in Bezug auf die Beweislastverteilung,[267] die Geltung des Grundsatzes *jura novit curia*,[268] die prinzipielle Unzulässigkeit der Vertretung zweier verfahrensbeteiligter WTO-Mitglieder durch einen Rechtsbeistand[269] und den Grundsatz, dass Gerichte in ihren Entscheidungen nicht auf alle von den Parteien vorgetragenen Argumente eingehen müssen (*judicial economy*).[270] Demgegenüber enthalten die Berichte der Panels und des Appellate Body zu Fragen des materiellen Rechts nur sehr eingeschränkt Bezugnahmen auf allgemeine Rechtsgrundsätze.[271] Eine Ausnahme gilt insoweit für den Grundsatz von Treu und Glauben, welcher nach Auffassung des Appellate Body als „at once a general principle of law and a general principle of international law" zu qualifizieren ist.[272] Auch das ebenfalls auf dem Grundsatz von Treu und Glauben basierende Prinzip des *estoppel* ist bereits diskutiert worden,[273] wobei allerdings weiterhin umstritten ist, ob es im Rahmen des WTO-Streitbeilegungsverfahrens Anwendung finden kann.[274]

---

265 Vgl nur die ausdrückliche Bezugnahme Guatemalas auf den Grundsatz des „harmless error" als allgemeinen Rechtsgrundsatz gemäß Art 38 Abs 1 lit c IGH-Statut in WTO, *Guatemala-Cement* Panel v 24.10.2000, WT/DS156/R para 6.383; sowie die Argumentation der damaligen Europäischen Gemeinschaften in Bezug auf die Voraussetzung eines *locus standi* als allgemeinen Rechtsgrundsatz in WTO, *EC-Bananas* App Body v 9.9.1997, WT/DS27/AB/R paras 15f; allgem hierzu mit weiteren Beispielen *Weiß* AVR 39 (2001) 394/418f.

266 Zur Heranziehung allgemeiner Rechtsgrundsätze durch GATT und WTO Panel sowie den Appellate Body auch *Sandrock* Allgemeine Rechtsgrundsätze im Verfahrensrecht der WTO (2004) 62ff; *Matsushita/Schoenbaum/Mavroidis/Hahn* The World Trade Organization – Law, Practice, and Policy, 3. Aufl (2015) 60ff; *Cameron/Gray* ICLQ 50 (2001) 248/292ff.

267 S ua WTO, *US-Shirts* App Body v 25.4.1997, WT/DS33/AB/R, 14; WTO, *EC-Sardines* App Body v 26.9.2002, WT/DS231/AB/R para 270; WTO, *EC-Tariff Preferences* App Body v 7.4.2004, WT/DS246/AB/R para 87; WTO, WTO, *EC-Sardines* Panel v 29.5.2002, WT/DS231/R para 7.50; WTO, *Brazil-Aircraft* Panel v 14.4.1999, WT/DS46/R para 7.47; vgl überdies *Grando* Evidence, Proof, and Fact-Finding in WTO Dispute Settlement (2009).

268 S WTO, *EC-Tariff Preferences* App Body v 7.4.2004, WT/DS246/AB/R para 105.

269 Vgl WTO, *EC-Tariff Preferences* Panel v 1.12.2003, WT/DS246/R paras 7.9ff.

270 So zB WTO, *Australia-Salmon* App Body v 20.10.1998, WT/DS18/AB/R para 223; WTO, *Turkey-Textile* Panel v 31.5.1999, WT/DS34/R para 9.54; WTO, *US-Wheat Gluten* Panel v 31.7.2000, WT/DS166/R para 7.5.

271 Zu den Gründen hierfür eingehender *Weiß* AVR 39 (2001) 394/419f.

272 Vgl WTO, *US-Shrimp* App Body v 12.10.1998, WT/DS58/AB/R para 158; ähnlich auch WTO, *EC-Sardines* App Body v 26.9.2002, WT/DS231/AB/R para 278; WTO, *US-"Foreign Sales Corporations"*, App Body v 24.2.2000, WT/DS108/AB/R para 166; vgl auch *Panizzon* Good Faith in the Jurisprudence of the WTO (2006) 49ff.

273 S ua WTO, *Argentina-Poultry* Panel v 22.4.2003, WT/DS241/R para 7.38; WTO, *Guatemala-Cement* Panel v 24.10.2000, WT/DS1656/R para 8.23.

274 Ausdrücklich die Geltung dieses Grundsatzes in Frage stellend WTO, *EC-Sugar* Panel v 15.10.2004, WT/DS265/R, para 7.63; ähnlich *EC-Sugar* App Body v 28.4.2005, WT/DS265/DS266/DS283/AB/R, para 310ff.

64 Weiterhin werden die allgemeinen Rechtsgrundsätze beispielsweise auch im Rahmen **internationaler Investitionsschiedsverfahren** herangezogen. Dies gilt unter anderem für Fragen der Beweislastverteilung,[275] den Grundsatz von Treu und Glauben,[276] das Prinzip des *estoppel* und des Rechtsmissbrauchs,[277] den Anspruch auf rechtliches Gehör[278] sowie die Grundsätze der Verzinsung.[279]

4. Rechtssetzung durch internationale und supranationale Organisationen

65 Neben den in Art 38 Abs 1 lit a bis c IGH-Statut aufgeführten Quellen des Völkerrechts sind auch die Beschlüsse internationaler und supranationaler Organisationen zu berücksichtigen. Die **Einordnung dieser Rechtsakte in das System der internationalen Rechtsquellen** ist zwar weiterhin umstritten.[280] Die mittlerweile wohl überwiegende Auffassung geht jedoch zu Recht davon aus, dass das Sekundärrecht internationaler Organisationen als eine eigenständige Form der Fortbildung des Völkerrechts zu qualifizieren ist, welche sich über den Kreis der in Art 38 Abs 1 IGH-Statut aufgelisteten Rechtssetzungsprozesse hinaus als selbständige Rechtsquelle etabliert hat.[281] Mit dieser Charakterisierung wird nicht nur der ständig zunehmenden Bedeutung dieses sekundären Völkerrechts Rechnung getragen.[282] Vielmehr spiegelt sich in ihr auch die Erkenntnis wider, dass internationale Organisationen eine gegenüber ihren Mitgliedern eigenständige völkerrechtliche Existenz aufweisen, „deren Willensbildung sich nach eigenen Gesetzen vollzieht".[283]

66 Aus der Vielfalt der Beschlüsse internationaler Organisationen wird zunächst nur auf diejenigen eingegangen, denen unzweifelhaft rechtsverbindliche Wirkung zu-

275 Vgl ua *Lim/Ho/Paparinskis* (Fn 247) 165ff mwN.

276 Ausf *Sipiorski* Good Faith in International Investment Arbitration (2019).

277 *Chevron et al v Ecuador* UNCITRAL Arbitration, Partial Award v 30.3.2010 paras 333ff; *Orascom v Algeria*, ICSID Case No. ARB/12/35, Decision on Annulment v 17.9.2020 paras 224ff; *Kulick* EJIL 27 (2016) 107ff.

278 *Fraport v Philippines*, ICSID Case No. ARB/03/25, Decision on Annulment v 23.12.2010 paras 197ff.

279 *Quiborax v Bolivia*, ICSID Case No. ARB/06/2, Award v 16.9.2015 paras 513ff.

280 S *Skubiszewski* in Bernhardt (Hrsg) EPIL, Bd II (1995) 1255/1258 („There is no agreement among writers as to how to define this type of law."); allgem zu dieser Diskussion *Schweitzer/Dederer* Staatsrecht III, 12. Aufl (2020) Rn 509ff; *Meng* 152ff; *Rudolf* Völkerrecht und deutsches Recht (1967) 42ff; *Pallieri* RdC 127 (1969) 1/11ff.

281 S zB *Dahm/Delbrück/Wolfrum* Bd I/1, 69f; *Alvarez* International Organizations as Law-makers (2005) 258; *Ruffert/Walter* 35f; *Schroeder/Schreuer* in Reinisch (Hrsg) Österreichisches Handbuch des Völkerrechts, Bd 1, 5. Aufl (2013) 99/100; *Aston* Sekundärgesetzgebung internationaler Organisationen zwischen mitgliedstaatlicher Souveränität und Gemeinschaftsdisziplin (2005) 219f; *Nowrot* 159f mwN; in diese Richtung auch bereits *Bernhardt* BerDGVR 12 (1973) 7/21ff.

282 So *Dahm/Delbrück/Wolfrum* Bd I/1, 69; allgem die wachsende Bedeutung dieser Rechtssetzung hervorhebend ua *Frowein* ZaöRV 36 (1976) 147/148; *Gaeta/Vinuales/Zappala* Cassese's International Law, 3. Aufl (2020) 197; *Schmalenbach/Schreuer* in Reinisch (Hrsg) Österreichisches Handbuch des Völkerrechts, Bd 1, 5. Aufl (2013) 205/247ff.

283 *Dahm/Delbrück/Wolfrum* Bd I/1, 70; ähnlich zB *Monaco* in Bernhardt (Hrsg) EPIL, Bd IV (2000) 467/472f; aA zB *Hillgruber* JZ 2002, 1072/1076.

kommt.[284] Hierbei handelt es sich zum einen um die organisationsinternen Organakte, über deren rechtliche Bindungswirkung grundsätzlich Einigkeit besteht.[285] Als **organisationsinterne Akte** werden dabei alle von den Organen internationaler Organisationen verabschiedeten Rechtsäußerungen qualifiziert, die sich auf die Sicherung ihres Bestandes und ihrer Funktion beziehen. Hierzu gehören die Verfahrens- und Geschäftsordnungen, die Annahme des Haushalts, die Wahlen zur Besetzung der Organe und weiterer Gremien sowie die Ausgestaltung des Dienstrechts der bei der Organisation beschäftigten Personen.[286]

Zum anderen haben einige internationale Organisationen aber auch Rechts- 67
setzungsbefugnisse, die über den internen Organisationsbereich hinausgehen. Diese **„externe Rechtssetzung"** bezieht sich auf diejenigen Regelungen, welche in Erfüllung der jeweiligen Aufgaben der internationalen Organisation gesetzt werden.[287] Sie zeichnet sich dadurch aus, dass durch sie neue Verpflichtungen für die Mitglieder geschaffen werden bzw – wie im Falle supranationaler Organisationen – den Rechtsakten sogar unmittelbare Wirkung in den Mitgliedstaaten zuerkannt wird.[288]

Obgleich bislang nur eine relativ geringe Anzahl internationaler Organisationen 68
eine solche Kompetenz zur verbindlichen externen Rechtssetzung hat,[289] lassen sich entsprechende Beispiele gerade auch im Kreise der zumindest mit sektoralen Aspekten der internationalen Wirtschaftsbeziehungen befassten Organisationen nachweisen.[290] Dies gilt jedenfalls insoweit, als man zutreffenderweise nicht allein die Erzeugung neuer Normen, sondern auch die **Gewährung von Ausnahmen von einer im Gründungsvertrag der Organisation vorgesehenen Verpflichtung** der Mitglieder als externe Rechtssetzung qualifiziert.[291] Diese Einordnung erscheint deswegen als zulässig, da auch durch eine solche teilweise Befreiung die Verpflichtungen aus dem Gründungsvertrag für einzelne Mitglieder modifiziert werden und dieses von den übrigen Mitgliedern der Organisation aufgrund des Organbeschlusses rechtsverbindlich anzuerkennen ist, mithin also entsprechend dem Charakteristikum externer Rechtssetzung neue Verpflichtungen für die Mitglieder geschaffen werden. Ein Beispiel bil-

---

284 Zu den zunächst für sich betrachtet unverbindlichen Erklärungen internationaler Organisationen als Bestandteil des so genannten „soft law" vgl u Rn 82ff.

285 Vgl ua *Dörr* in Ipsen (Hrsg) Völkerrecht, 7. Aufl (2018) 566/567; *Frowein* ZaöRV 49 (1989) 778/779f; *Seidl-Hohenveldern/Loibl* Rn 1526; *Klabbers* An Introduction to International Organizations Law, 3. Aufl (2015) 174.

286 Eingehender zu diesen organisationsinternen Organakten *Schermers/Blokker* §§ 1196ff; *Meng* 82ff mwN.

287 So ua *Meng* 81f; *Ott* (Fn 217) 167; allgem zu der in Bezug auf internationale Organisationen gebräuchlichen Differenzierung zwischen organisationsinternen Akten und externer Rechtssetzung überdies zB *Schermers/Blokker* §§ 1196ff u 1216ff; *Sands/Klein* 284ff; *Frenzel* Sekundärrechtsetzungsakte internationaler Organisationen (2011) 14.

288 Vgl *Seidl-Hohenveldern/Loibl* Rn 1526; *Schroeder/Schreuer* (Fn 281) 103; *Ott* (Fn 217) 167.

289 S *Schermers/Blokker* § 1318ff; *Meng* 82; *Ott* (Fn 217) 167; *Klabbers* (Fn 285) 161.

290 Eingehend zur Rechtssetzung durch internationale Wirtschaftsorganisationen allgem *Voitovich* 39ff; zur verbindlichen externen Rechtssetzung im Rahmen anderer internationaler Organisationen *Sands/Klein* 284ff; *Frenzel* (Fn 287) 54ff; *Meng* 86ff; *Schermers/Blokker* §§ 1318ff mwN.

291 So zB *Meng* 87; vgl aber demgegenüber *Schermers/Blokker* § 1201, welche eine derartige Ausnahmegewährung als organisationsinternen Akt qualifizieren.

det die Befugnis der Ministerkonferenz der WTO nach Art IX:3 WTO-Übereinkommen, unter außergewöhnlichen Umständen ein Mitglied von einer Verpflichtung aus diesem Übereinkommen zu entbinden.[292] Darüber hinaus hat auch der Gouverneursrat des Internationalen Währungsfonds nach Art VII Abs 3 IWF-Übereinkommen die Kompetenz, unter bestimmten Voraussetzungen einzelne Mitgliedstaaten zur Beschränkung des Handels mit knappen Währungen zu ermächtigen.[293]

69 Umstritten ist demgegenüber, ob auch die Befugnis des Rates der OECD nach Art 5 lit a OECD-Übereinkommen, für alle Mitglieder verbindliche Beschlüsse zu fassen, als externe Rechtssetzung qualifiziert werden kann. Obgleich auf der Grundlage dieser Vorschrift nicht nur organisationsinterne Akte erlassen werden, sondern gerade auch Recht, welches in Erfüllung der Aufgaben der OECD gesetzt wird, geht die wohl überwiegende Auffassung davon aus, dass es sich bei den **Beschlüssen nach Art 5 lit a OECD-Übereinkommen** nicht um externe Rechtssetzung im eigentlichen Sinne handelt.[294] Zur Begründung wird insbesondere auf den Umstand verwiesen, dass die Rechtssetzungskompetenz der OECD, im Gegensatz zu ihrer Vorgängerorganisation, der auf der Basis des Abkommens über die Europäische Wirtschaftliche Zusammenarbeit vom 16. April 1948 errichteten Organisation für Europäische Wirtschaftliche Zusammenarbeit (OEEC),[295] dahingehend qualifiziert ist, dass gemäß Art 6 Abs 3 OECD-Übereinkommen die Beschlüsse für ein Mitglied so lange nicht bindend sind, „als es seine verfassungsrechtlichen Erfordernisse nicht erfüllt hat".[296]

70 Ein herausragendes Beispiel für verbindliche externe Rechtssetzung stellt die **Europäische Union** dar. Ihr im Vergleich zu den klassischen internationalen Organisationen deutlich höherer Integrationsgrad findet seinen Ausdruck insbesondere in den Rechtssetzungsbefugnissen ihrer Organe.[297] Diese haben gemäß Art 288 AEUV die Kompetenz, verbindliches sekundäres Unionsrecht in Form von Verordnungen, Richtlinien und Beschlüssen zu erlassen.[298]

71 Jedenfalls im weiteren Sinne zur Rechtssetzung durch internationale Organisationen zählt überdies die einigen Exekutivorganen übertragene **Kompetenz zur auto-**

---

292 Vgl hierzu *Wolfrum* in ders/Stoll/Kaiser (Hrsg) WTO – Institutions and Dispute Settlement (2006) Article IX WTO Agreement Rn 18ff; *Tietje* (Fn 160) Rn 52; *Feichtner* The Law and Politics of WTO Waivers (2012) 58ff.

293 Hierzu sowie hinsichtlich weiterer Beispiele für externe Rechtssetzung *Voitovich* 84ff; *Meng* 87.

294 So *Meng* 88; *Seidl-Hohenveldern/Loibl* Rn 1557; einschränkend auch *Schermers/Blokker* § 1323; anders aber wohl *Ott* (Fn 217) 167f.

295 Vgl die Art 13 u 14 des Abkommens über die Europäische Wirtschaftliche Zusammenarbeit v 16.4.1948, Auswärtiges Amt (Hrsg) Verträge der Bundesrepublik Deutschland, Serie A, Bd 1 (1955) 3ff; eingehender zur OEEC *Dahm* Völkerrecht, Bd 2 (1961) 641ff; *Robertson* RdC 91 (1957) 105/130ff; *Bülck* BerDGVR 3 (1959) 66/82ff.

296 S hierzu *Schermers/Blokker* § 1323; *Meng* 88; *Seidl-Hohenveldern/Loibl* Rn 1557; anders aber wohl *Hahn/Weber* Die OECD (1976) 96f, welche davon ausgehen, dass ein Mitgliedstaat gegebenenfalls vor der Stimmabgabe im Rat die Zustimmung des nationalen Parlaments einholen muss.

297 So zB bereits *von Bogdandy* in ders (Hrsg), Die Europäische Option (1993) 97/120.

298 Eingehend zur Rechtsnatur und den vielfältigen Rechtswirkungen von Verordnungen, Richtlinien und Beschlüssen *Streinz* Europarecht, 11. Aufl (2019) Rn 471ff; *Hobe/Fremuth* Europarecht 10. Aufl (2020) § 10 Rn 19ff, jeweils mwN; allgem zu den Rechtssetzungsverfahren der Europäischen Union statt vieler *Bieber/Epiney/Haag/Kotzur* Die Europäische Union, 14. Aufl (2021) § 7 Rn 1ff.

ritativen Vertragsinterpretation.[299] Zwar sind diese Organe streng rechtsdogmatisch betrachtet nicht mit einer Rechtssetzungsbefugnis ausgestattet. Vielmehr haben sie lediglich die Kompetenz, einzelne bereits existierende Bestimmungen eines Vertrages auszulegen. Gleichwohl ist zu Recht bereits verschiedentlich betont worden, dass die normativen Wirkungen solch autoritativer Vertragsinterpretation oftmals der eigentlichen Rechtssetzung zumindest sehr nahe kommen.[300]

Das wohl älteste Beispiel bildet **Art XXIX lit a und lit b des IWF-Übereinkommens.** Danach werden alle Fragen der Auslegung des IWF-Übereinkommens, die sich zwischen einem Mitglied und dem Fonds oder zwischen Mitgliedern des Fonds ergeben, dem nach Art XII Abs 3 eingerichteten Exekutivdirektorium zur Entscheidung unterbreitet. Im Hinblick auf die ergangene Entscheidung kann sodann jedes Mitglied innerhalb von drei Monaten verlangen, dass die Auslegungsfrage dem nach Art XII Abs 2 errichteten Gouverneursrat vorgelegt wird, welcher gemäß Art XXIX lit b die Auslegung endgültig in für alle Mitglieder verbindlicher Weise vornimmt.[301] Ein prägnantes Beispiel stellt die Entscheidung für den Übergang von festen zu freien Wechselkursen zu Beginn der 1970er Jahre dar.[302] Über eine vergleichbare Kompetenz verfügen auch das Direktorium und der Gouverneursrat nach Art IX lit a und lit b des Weltbank-Übereinkommens. 72

Aber auch über den Kreis der internationalen Finanzorganisationen hinaus finden sich Fälle solcher Kompetenzübertragung an Exekutivorgane. So sind nach **Art IX:2 WTO-Übereinkommen** die Ministerkonferenz und der Allgemeine Rat befugt, dieses Abkommen sowie die übrigen multilateralen Handelsübereinkommen des WTO-Regimes auszulegen. Einschränkend ist allerdings vorgesehen, dass die verbindliche Annahme einer Auslegungsentscheidung einer Dreiviertelmehrheit der WTO-Mitglieder bedarf und überdies die Interpretation nicht in einer Weise angewendet werden soll, welche die Vorraussetzungen für eine Änderung des WTO-Vertragsregimes nach Art X WTO-Übereinkommen unterlaufen würde.[303] Weiterhin kann hier auf die Kompetenz der nach Art 30.1 des am 1.7.2020 als Nachfolgeabkommen des 73

299 Vgl hierzu auch *Tietje* Verwaltungshandeln, 252f; *Chayes/Handler Chayes* 209ff; *Zamora* in Schachter/Joyner (Hrsg) United Nations Legal Order, Bd 1 (1995) 503/556ff; *Schermers/Blokker* §§ 1355ff; sowie eingehend *Pan* Harvard ILJ 38 (1997) 503ff.

300 So ua *Tietje* Zeitschrift für Rechtssoziologie 24 (2003) 27/37; *Dahm/Delbrück/Wolfrum* Bd I/3, 674; *Karl* in Schreuer (Hrsg) Autorität und internationale Ordnung (1979) 9/23f; *Chayes/Handler Chayes* 209; zurückhaltender allerdings zB *Bernhardt* Die Auslegung völkerrechtlicher Verträge (1963) 47f.

301 Vgl zu dem Verfahren nach Art XXIX IWF-Übereinkommen bzw der weitgehend identischen Vorgängervorschrift auch *Chayes/Handler Chayes* 210f; *Seidl-Hohenveldern/Loibl* Rn 1312; *Sato* Evolving Constitutions of International Organizations (1996) 193ff; *Mann* BYIL 43 (1968/69) 1ff; *Hexner* ZaöRV 20 (1959) 73ff; *Pan* Harvard ILJ 38 (1997) 503/519; allgem zu den internationalen Finanz- und Währungsorganisationen → *Schlemmer-Schulte/Pohlmann* § 10 Rn 1ff.

302 Hierzu eingehender *Hahn* Währungsrecht (1990) 175ff; *ders* in Kewenig (Hrsg) Völkerrecht und internationale wirtschaftliche Zusammenarbeit (1978) 215/218ff; *Weber* FS Mann (1977) 807ff; zur Vorgeschichte und den Hintergründen dieser Entscheidung überdies *Kapstein* Governing the Global Economy (1994) 30ff; *Stratmann* Der Internationale Währungsfonds (1977) 141ff.

303 Vgl *Gazzini* ICLQ 57 (2008) 169ff; *Wolfrum* (Fn 292) Article IX WTO Agreement Rn 15ff; *Tietje* GYIL 42 (1999) 26/40; *Pan* Harvard ILJ 38 (1997) 503/521f; *Chayes/Handler Chayes* 215.

NAFTA in Kraft getretenen United States-Mexico-Canada Agreement (USMCA) errichteten **USMCA Free Trade Commission** verwiesen werden. Die Kompetenz zur autoritativen Vertragsinterpretation ergibt sich aus Art 30.2 (2) lit f USMCA. Die Bindungswirkung der auf dieser Grundlage getroffenen Entscheidungen für Investitionsschiedsgerichte ist überdies ausdrücklich in Art 14.D.9 (2) USMCA statuiert, demzufolge „[a] decision of the Commission on the interpretation of a provision of this Agreement under Article 30.2 (Functions of the Commission) shall be binding on a tribunal, and any decision or award issued by a tribunal must be consistent with that decision". Die frühere NAFTA Free Trade Commission, welche über vergleichbare Kompetenzen verfügte, hatte hiervon auch bereits gelegentlich Gebrauch gemacht. So hatte sie beispielsweise bezogen auf die Zulässigkeit von *amicus curiae*-Schriftsätzen – anknüpfend an erste positive Entscheidungen im Rahmen von NAFTA-Investitionsstreitbeilegungsverfahren – am 7. Oktober 2003 ein „Statement on Non-Disputing Party Participation" angenommen. Bereits am 31. Juli 2001 hatte die NAFTA Free Trade Commission überdies eine entsprechende Erklärung hinsichtlich der Veröffentlichung von Schriftsätzen und Entscheidungen der Schiedsgerichte sowie in Bezug auf die Auslegung bestimmter materieller Investitionsschutzstandards verabschiedet.[304] Vergleichbare Regelungen finden sich ua auch in Art 8.31 (3) des am 30.10.2016 unterzeichneten Comprehensive Economic and Trade Agreement (CETA) zwischen Canada und der EU sowie in Art 3.42 (5) des Investitionsabkommens zwischen der EU und Vietnam vom 30.6.2019.[305] Im Übrigen lassen sich weitere Beispiele im Rahmen der ILO[306] sowie der durch das internationale Kaffee-Übereinkommen von 1962 errichteten Internationalen Kaffeeorganisation (ICO)[307] nachweisen.

II. Innerstaatliche Steuerungsmechanismen

74 Über die dargestellten klassischen völkerrechtlichen Rechtssetzungsprozesse und die Normsetzung im Rahmen internationaler Organisationen hinaus kann auch inner-

304 NAFTA Free Trade Commission, Notes of Interpretation of Certain Chapter 11 Provisions, v 31.7.2001, <international.gc.ca/trade-agreements-accords-commerciaux/disp-diff/NAFTA-Interpr.aspx?lang=en&view=d>; NAFTA Free Trade Commission, Statement on Non-Disputing Party Participation, v 7.10.2003, <international.gc.ca/trade-agreements-accords-commerciaux/assets/pdfs/Nondisputing-en.pdf>. Vgl auch *Nowrot* in Ehlers ua (Hrsg) Aktuelle Entwicklungen des Rechtsschutzes und der Streitbeilegung im Außenwirtschaftsrecht (2013) 81/90ff; *Blackaby/Richard* in Waibel ua (Hrsg) The Backlash Against Investment Arbitration (2010) 253/259ff.

305 Allgem zur autoritativen Vertragsinterpretation im Kontext von Investitionsabkommen vgl *Boor/Nowrot* KSzW 2016, 91/102ff; *Methymaki/Tzanakopoulos* in Kulick (Hrsg) Reassertion of Control over the Investment Treaty Regime (2017) 155/162ff.

306 S *Chayes/Handler Chayes* 215; *Maupain* in Gowlland-Debbas (Hrsg) Multilateral Treaty-Making (2000) 129/135; *Morhard* Die Rechtsnatur der Übereinkommen der Internationalen Arbeitsorganisation (1988) 68ff.

307 Internationales Kaffee-Übereinkommen v 28.9.1962, BGBl 1963 II, 915; zur Zulässigkeit autoritativer Interpretation nach Art 61 dieses Abkommens *Pan* Harvard ILJ 38 (1997) 503/520f; *Chayes/Handler Chayes* 211ff mwN. Eingehender zur ICO → *Bungenberg/Weiss* § 7 Rn 41ff.

staatlichen Regelungen eine erhebliche Steuerungswirkung im internationalen Wirtschaftssystem zukommen.[308]

Hierzu zählen zunächst solche Vorschriften, welche sich von ihrem Anwendungsbereich her – wie das jeweilige **Außenwirtschaftsrecht** eines Staates – speziell auf den grenzüberschreitenden Wirtschaftsverkehr beziehen.[309] Weiterhin gehört auch das unvereinheitlichte und damit autonome **Internationale Privatrecht (IPR)** der einzelnen Staaten zu den relevanten innerstaatlichen Steuerungsmechanismen. Während in anderen Rechtsordnungen mit dem Begriff des IPR oftmals alle Rechtsnormen charakterisiert werden, die Sachverhalte mit Auslandsberührung regeln, werden in Deutschland traditionell nur Kollisionsnormen als IPR bezeichnet.[310] Gemäß Art 3 EGBGB dient das IPR dazu, diejenige Rechtsordnung zu bestimmen, welche bei Sachverhalten mit einer Verbindung zum Recht eines ausländischen Staates zu deren rechtlicher Beurteilung durch deutsche Gerichte heranzuziehen ist.[311] Die Frage des anwendbaren Sachrechts ist beispielsweise von Relevanz, wenn ein deutsches Gericht über eine Streitigkeit aus einem Wohnraummietvertrag zwischen einem Finnen und einem Spanier in Bezug auf ein in Deutschland belegenes Appartement entscheiden muss. 75

Zwar ist zu Recht bereits verschiedentlich betont worden, dass das IPR insgesamt seit der Mitte des 20. Jahrhunderts erheblich an Bedeutung gewonnen hat. Als Gründe hierfür sind ua der wachsende internationale Warenhandel, aber auch grenzüberschreitender Tourismus sowie Migrationsbewegungen zu nennen.[312] Gleichwohl verliert bei isolierter Betrachtung das autonome nationale IPR selbst zunehmend an Einfluss. Dies ist auf den Umstand zurückzuführen, dass über die internationale Sachrechtsvereinheitlichung hinaus[313] auch die nationalen Kollisionsnormen nicht nur im Bereich der Europäischen Union zunehmend durch sekundäres Unionsrecht verdrängt werden,[314] sondern sich überdies eine wachsende **völkervertragsrechtliche Kollisionsrechtsvereinheitlichung** nachweisen lässt. Beispiele hierfür bilden das Haager Übereinkommen über das auf die Produktenhaftpflicht anwendbare Recht vom 2.10.1973 sowie das Haager Übereinkommen betreffend das auf internationale Kaufverträge über bewegliche Sachen anwendbare Recht vom 15.6.1955.[315] Als Folge dieser Entwicklung kommen Regelungen des völkervertragsrechtlich vereinheitlichten IPR bereits jetzt „auf manchen Rechtsgebieten häufiger zur Anwendung [...] als die entsprechenden nationalen Normen".[316] 76

---

308 Wie hier *Herdegen* § 3 Rn 42.

309 Vgl hierzu → *Tietje* § 18 Rn 1ff.

310 Statt vieler *von Hoffmann/Thorn* (Fn 210) 7f mwN.

311 S Art 3 EGBGB: „Soweit nicht [...] maßgeblich sind, bestimmt sich das anzuwendende Recht bei Sachverhalten mit einer Verbindung zu einem ausländischen Staat nach den Vorschriften dieses Kapitels (Internationales Privatrecht)."

312 Vgl ua *von Hoffmann/Thorn* (Fn 210) 1; *Kropholler* (Fn 209) 2.

313 S hierzu bereits o Rn 48.

314 Vgl hierzu *Van Calster* European Private International Law, 2. Aufl (2016); *Stone* EU Private International Law, 3. Aufl (2014).

315 S zu diesen Übereinkommen sowie ausf zur völkervertragsrechtlichen Kollisionsrechtsvereinheitlichung *von Bar/Mankowski* 142ff.

316 *Kropholler* (Fn 209) 56.

77 Weiterhin sind im Zusammenhang mit nationalen Steuerungsmechanismen vor allem auch Fallkonstellationen zu berücksichtigen, in denen ein Staat sein nationales Wirtschaftsrecht aufgrund **territorialer oder personeller Jurisdiktionsbegründung** auf sich außerhalb seines Territoriums zutragende Sachverhalte anwendet.[317] Schließlich fallen hierunter die rechtlich problematischen Fälle der **extraterritorialen Anwendung innerstaatlichen Wirtschaftsrechts**, also diejenigen Situationen, in denen ein Staat sein Recht auf Sachverhalte anwendet, die sich tatsächlich außerhalb seines Territoriums zutragen, ohne über eine Jurisdiktionsanknüpfung nach dem Territorialitäts- oder dem Personalitätsprinzip zu verfügen.[318]

III. „State Contracts"

78 Trotz der mittlerweile großen Anzahl an zwischenstaatlichen BITs und anderen Abkommen mit investitionsrechtlichem Bezug[319] werden im Bereich des internationalen Investitionsrechts weiterhin regelmäßig **vertragliche Vereinbarungen zwischen Gaststaaten und privaten Investoren**, in der Regel transnationalen Unternehmen, geschlossen.[320] Die wohl bekannteste und älteste Kategorie solcher Vereinbarungen bilden die **Konzessionsverträge** auf dem Gebiet der Rohstoffgewinnung. Hierbei wird einem ausländischen Unternehmen das Recht übertragen, Bodenschätze zu suchen und abzubauen. Als Gegenleistung erhält der Gaststaat von dem Unternehmen nicht nur regelmäßige Geldzahlungen. Vielmehr verpflichtet sich das Unternehmen gelegentlich im Rahmen so genannter „economic development agreements",[321] einen Beitrag zum Ausbau der Infrastruktur des Staates, beispielsweise durch die Errichtung von Straßen, Schulen und Krankenhäusern zu leisten. Bemerkenswert ist überdies in diesem Zusammenhang, dass insbesondere in der ersten Hälfte des 20. Jahrhunderts den ausländischen Privatunternehmen über das Recht zum Abbau von Rohstoffen und die Verpflichtung zur Errichtung öffentlicher Dienstleistungseinrichtungen hinaus oftmals sogar hoheitliche Funktionen übertragen worden sind und sie „Immunitäten und Privilegien ähnlich jener der Diplomaten" genossen.[322] Außerhalb des Roh-

---

317 Eingehend → *Tietje* § 1 Rn 112ff.
318 S → *Tietje* § 1 Rn 120ff.
319 S bereits o Rn 46; sowie → *Reinisch* § 9 Rn 11ff.
320 Vgl beispielsweise in Bezug auf Investitionen im Infrastrukturbereich UNCTAD World Investment Report 2008, Transnational Corporations and the Infrastructure Challenge (2008) 162; ausf zu diesen Vereinbarungen ua *Böckstiegel* Der Staat als Vertragspartner ausländischer Privatunternehmen (1971); *Rengeling* Privatvölkerrechtliche Verträge (1971); *Kischel* State Contracts (1992); *Fischer* Die internationale Konzession (1974); *Stoll* Vereinbarungen zwischen Staat und ausländischem Investor (1982); *Karavias* in Tams/Tzanakopoulos/Zimmermann (Hrsg) Research Handbook on the Law of Treaties (2014) 597/606ff; *Nowrot* 339ff; s hierzu auch → *Reinisch* § 9 Rn 25ff.
321 Vgl *Verdross* ZaöRV 18 (1957/58) 635/647; *Hyde* RdC 105 (1962) 267ff; *Nwogugu* RdC 153 (1976) 167/210ff.
322 *Hummer* in Neuhold/Hummer/Schreuer (Hrsg) Österreichisches Handbuch des Völkerrechts, Bd 1, 4. Aufl (2004) 233/238; vgl auch *Wildhaber* (Fn 134) 38f; *Dahm/Delbrück/Wolfrum* Bd I/2, 251; sowie die entsprechenden Ausführungen in der Schiedsgerichtsentscheidung *Texaco Overseas Petroleum Company/California Asiatic Oil Company v. Government of the Libyan Arab Republic* ILM 17 (1978) 1/16f.

stoffsektors zählen heute zu den typischen Vereinbarungen dieser Art beispielsweise Verträge, welche die Errichtung ganzer Industriekomplexe einschließlich der technischen Wartung der Anlagen sowie der Schulung des Personals zum Gegenstand haben[323] bzw die Übernahme öffentlicher Dienstleistungen wie die Energie- und Wasserversorgung oder den Betrieb von Verkehrseinrichtungen vorsehen.[324]

Vertragliche Vereinbarungen zwischen Gaststaaten und ausländischen Investoren beschäftigen Rechtspraxis wie Schrifttum bereits seit Ende des 19. Jahrhunderts.[325] Grund hierfür ist in erster Linie ihre bereits in der vielfach anzutreffenden Bezeichnung *state contracts* zum Ausdruck kommenden Sonderstellung im Rahmen der Steuerungsmechanismen des Internationalen Wirtschaftsrechts. In der Sache geht es primär um die **Frage nach der anwendbaren Rechtsordnung**, insbesondere den Möglichkeiten einer „Internationalisierung" der Vereinbarungen zum Schutz des privaten Vertragspartners.[326] In Übereinstimmung mit dem traditionellen Verständnis von einem ausschließlich auf die Rechtsbeziehungen zwischen Staaten beschränkten Anwendungsbereich des Völkerrechts wurde zunächst ganz überwiegend die Ansicht vertreten, dass diese Vereinbarungen einem innerstaatlichen Recht zuzuordnen seien, und zwar im Zweifel dem Recht des staatlichen Vertragspartners.[327] Erst seit den 1950er Jahren setzt sich sowohl in der internationalen Schiedsgerichtspraxis als auch im Schrifttum zunehmend die Auffassung durch, dass sie nicht notwendigerweise der nationalen Rechtsordnung eines Staates unterliegen müssen, sondern im Prinzip die Möglichkeit ihrer **„Internationalisierung"** besteht.[328] Keine Einigkeit besteht jedoch sowohl über die Voraussetzungen einer solchen Internationalisierung als auch hinsichtlich der Frage, welches Rechtsregime Anwendung finden soll. 79

Soweit die Vereinbarung nicht – einer zunehmend weit verbreiteten Praxis entsprechend – kraft Autonomie der Vertragsparteien einer staatlichen Rechtsordnung unterworfen wird, kann als **Indiz für eine Internationalisierung** zunächst die Exis- 80

323 Hierzu *Böckstiegel* FS Sandrock (2000) 95ff; *von Oppen* Der internationale Industrieanlagenvertrag (2001); *Dünnweber* Vertrag zur Erstellung einer schlüsselfertigen Industrieanlage im internationalen Wirtschaftsverkehr (1984).

324 Vgl zur Entwicklung und dem inhaltlichen Wandel dieser Vereinbarungen *Dolzer/Schreuer* (Fn 246) 79f; *Lim/Ho/Paparinskis* (Fn 247) 52ff; *Kischel* (Fn 320) 60ff; *Adede* RdC 180 (1983) 9/122ff.

325 S hierzu ua die Darstellungen von *Rengeling* (Fn 320) 26ff; *Borchers* Verträge von Staaten mit ausländischen Privatpersonen (1966) 142ff; *Nowrot* 344ff.

326 Im Hinblick auf die Komplexität dieser Rechtsfragen vgl zB *Bindschedler* BerDGVR 5 (1964) 232 („Wir stehen hier vor einem der schwierigsten rechtstheoretischen Probleme unserer Zeit."); *Kreuter-Kirchhof* in Graf Vitzthum/Proelß (Hrsg) Völkerrecht, 8. Aufl (2019) 585/627. Zur weiterhin kontroversen Diskussion s auch ua *Lim/Ho/Paparinskis* (Fn 247) 37ff mwN.

327 StIGH, Urteil v 12.7.1929, PCIJ Ser A, No 20, 41 – *Serbian Loans* („Any contract which is not a contract between States in their capacity as subjects of international law is based on the municipal law of some country."); sowie ua *von Bar* ZfVR 7 (1913) 429/431; *Nippold* Der völkerrechtliche Vertrag (1894) 104; eingehender hierzu *Böckstiegel* 106ff. Gleichwohl findet sich auch bereits in der ersten Hälfte des 20. Jahrhunderts eine Vielzahl weiterer, hiervon abweichender rechtsdogmatischer Ansätze, vgl *Nowrot* 347ff mwN.

328 Der Begriff „Internationalisierung" geht in diesem Zusammenhang wahrscheinlich zurück auf *Mann* BYIL 21 (1944) 11/19 („may enable and justify the parties to de-localize their contract and to submit it to what may be called public international law, i.e. to internationalize it").

tenz von Vertragsbestimmungen angesehen werden, welche den Schutz des privaten Investors vor legislativen Eingriffen durch den staatlichen Vertragspartner bezwecken. Hierzu gehören **Stabilisierungsklauseln**, welche das Recht des Gaststaates, soweit es für die Vereinbarung von Relevanz ist, zeitlich auf einen bestimmten Zeitpunkt fixieren und den Gaststaat dazu verpflichten, den begünstigten Investor von nachteiligen Änderungen der Rechtslage auszunehmen bzw Schadensersatz zu zahlen,[329] wobei in der Praxis vielfach die zweite Rechtsfolge zum Tragen kommt. Eine vergleichbare Funktion üben **Rechtswahlklauseln** aus, welche die Vereinbarung beispielsweise dem Völkerrecht oder allgemeinen Rechtsgrundsätzen unterstellen.[330] Weiterhin lassen sich auch Vertragsbestimmungen, nach den Streitigkeiten zwischen den Parteien nicht von den nationalen Gerichten des Gaststaates entschieden, sondern im Wege **internationaler (gemischter) Schiedsverfahren** beigelegt werden sollen,[331] als Hinweis heranziehen. Gleiches gilt schließlich für die Art und den Umfang der dem privaten Investor durch die Vereinbarung eingeräumten Rechtspositionen.[332]

81 In Bezug auf die Frage, welche Rechtsordnung auf diese internationalisierten Vereinbarungen Anwendung finden kann, lassen sich in Rechtsprechung und Schrifttum im Wesentlichen drei Ansätze nachweisen. Zunächst wird vertreten, *state contracts* entsprechend ihrer Sonderstellung einem neben den nationalen Rechtsordnungen und dem Völkerrecht stehenden, **eigenständigen dritten Rechtsregime** zu unterwerfen. Prominente Beispiele bilden die Charakterisierung als „quasi-völkerrechtliche Verträge" durch *Alfred Verdross* sowie die von *Hans-Werner Rengeling* vorgeschlagene Zuordnung zu einem „Privatvölkerrecht".[333] Ein dieser Auffassung nahe stehender Ansatz sieht ein System von **allgemeinen Rechtsgrundsätzen** als geeigneten Rechtsrahmen an,[334] welche allerdings nicht mit der gleichnamigen Völkerrechtsquelle im Sinne von Art 38 Abs 1 lit c IGH-Statut zu verwechseln sind.[335] Demgegenüber besteht

---

329 Vgl *MINE v Guinea*, ICSID Case No. ARB/84/4, Decision on Annulment v 22.12.1989 para 6.36; *AGIP Company v Congo*, ICSID Case No. ARB/77/1, Award v 30.11.1979, ILM 21 (1982), 726ff, para 86; *Gjuzi* Stabilization Clauses in International Investment Law (2018); *Besch* in Bungenberg ua (Hrsg) International Investment Law (2015) 93/106ff; s hierzu auch → *Reinisch* § 9 Rn 28.

330 Ausf hierzu mit vielfältigen Beispielen aus der Vertragspraxis *Böckstiegel* 84ff, 249ff; *Besch* (Fn 329) 97ff; hinsichtlich der allgemeinen Rechtsgrundsätze in diesem Zusammenhang s noch u Rn 81.

331 Hierzu → *Reinisch* § 21 Rn 15ff.

332 Zu diesen Indizien für eine Internationalisierung der Vereinbarung ua *Texaco Overseas Petroleum Company/California Asiatic Oil Company v. Government of the Libyan Arab Republic* ILM 17 (1978) 1/15ff; *In the Matter of Revere Copper and Brass Inc and Overseas Private Investment Corporation* ILR 56 (1980) 258/275ff; *Wildhaber* (Fn 134) 38ff; *Dahm/Delbrück/Wolfrum* Bd I/2, 251ff; *Nowrot* 358ff mwN.

333 S *Verdross* ZaöRV 18 (1957/58) 635/638ff; *ders* SJIR 21 (1964) 15ff; *Rengeling* (Fn 320) 192ff; ähnlich ua *Kipp* BerDGVR 5 (1964) 133/167 („individuell-autonomes Vertragsrecht"); *Borchers* (Fn 325) 209 („internationales Wirtschaftsvertragsrecht").

334 Vgl ua *Arbitration between Petroleum Development (Trucial Coast) Ltd and the Sheikh of Abu Dhabi* ILR 18 (1951) 144/149 („principles rooted in the good sense and common practice of the generality of civilised nations"); ähnlich *Ruler of Qatar v. International Marine Oil Company* ILR 20 (1953) 534/545; *Saudi Arabia v. Arabian American Oil Company (ARAMCO)*, ILR 27 (1963) 117/169; sowie ua *McNair* BYIL 33 (1957) 1ff; *Zweigert* BerDGVR 5 (1964) 194/206ff.

335 Hierzu bereits o Rn 60ff.

nach einer zumindest im Vordringen befindlichen Ansicht keine Notwendigkeit für die Anerkennung eines neben der innerstaatlichen und völkerrechtlichen Rechtsordnung angesiedelten dritten Rechtsregimes. Vielmehr bildet das **Völkerrecht** selbst die auf internationalisierte Verträge anwendbare Rechtsordnung.[336] Mit der Möglichkeit des völkerrechtlichen Charakters von *state contracts* eng verbunden ist überdies die kontrovers diskutierte Frage, ob die privaten Investoren auf der Grundlage dieser Vereinbarungen mit dem Gaststaat einen Status als abgeleitete, zumindest partielle Völkerrechtssubjekte erlangen können.[337]

IV. Weitere normativ erhebliche Steuerungsmechanismen

1. Soft Law

Auch wenn die Verwendung dieses Terminus gelegentlich auf zum Teil deutliche Kritik gestoßen ist,[338] hat sich der Ausdruck „soft law“[339] doch allgemein zur Beschreibung von Rechtserscheinungen im internationalen System durchgesetzt, welche sich gerade durch ihren zunächst **für sich genommen rechtlich unverbindlichen und damit „weichen“ Charakter** auszeichnen.[340] Hierzu gehören die Empfehlungen der UN-Generalversammlung nach Art 10 UN-Charta,[341] andere unverbindliche Erklärungen internationaler Organisationen,[342] nicht rechtsverbindliche Übereinkommen zwischen Staaten wie die Schlussakte der Konferenz über Sicherheit und Zusammenarbeit 82

336 So im Grundsatz zB *Texaco Overseas Petroleum Company/California Asiatic Oil Company v. Government of the Libyan Arab Republic* ILM 17 (1978) 1/11ff; *Award of the Arbitral Tribunal in the Dispute between Libyan American Oil Company (LIAMCO) and the Government of the Libyan Arab Republic Relating to Petroleum Concessions 16, 17 and 20*, ILM 20 (1981) 1/68ff; *In the Matter of Revere Copper and Brass Inc and Overseas Private Investment Corporation* ILR 56 (1980) 258/272ff; *Mann* FG Gutzwiller (1959) 465/479ff; *Böckstiegel* 303ff; *Dahm/Delbrück/Wolfrum* Bd I/1, 25f; *Wildhaber* (Fn 134) 37ff; sowie frühzeitig in diese Richtung *Pflug* Staatsbankerott und internationales Recht (1898) 21ff.

337 So ua *Texaco Overseas Petroleum Company/California Asiatic Oil Company v. Government of the Libyan Arab Republic* ILM 17 (1978) 1/17; *Böckstiegel* 186ff; *Wildhaber* (Fn 134) 42; *Dahm/Delbrück/Wolfrum* Bd I/1, 26; *Hummer* (Fn 322) 238; hiergegen jedoch zB *Tomuschat* RdC 281 (1999) 9/154; *Epping* (Fn 73) 450f.

338 Vgl insb *Vogel* VVDStRL 36 (1978) 145; sowie ua *Klabbers* Nordic JIL 65 (1996) 167ff; *Raustiala* AJIL 99 (2005) 581/586ff.

339 Der Ausdruck „soft law“ ist wahrscheinlich auf den britischen Völkerrechtler *Lord McNair* zurückzuführen, vgl nur *Wengler* JZ 1976, 193/195 Fn 19; *Thürer* Soft Law, MPEPIL (3/2009) Rn 5.

340 Im Hinblick auf die umfangreiche Diskussion dieses Rechtsphänomens im Schrifttum s zB *Davarnejad* Menschenrechtsverantwortung multinationaler Unternehmen und Corporate Social Responsibility (CSR) (2020) 217ff; *Knauff* Der Regelungsverbund: Recht und Soft Law im Mehrebenensystem (2010) 213ff; *Tietje* Verwaltungshandeln, 255ff; *Heusel* „Weiches“ Völkerrecht (1991) 21ff.

341 Eingehend zur Diskussion über die Rechtswirkungen von Resolutionen der UN-Generalversammlung ua *Klein/Schmahl* in Simma/Khan/Nolte/Paulus (Hrsg) Charter of the United Nations, Vol I, 3. Aufl (2012) Art 10 Rn 47ff; *Sohn* FS Skubiszewski (1996) 549ff.

342 Vgl *Detter* FS Skubiszewski (1996) 381ff; *Schroeder/Schreuer* (Fn 281) 102f; *Schermers/Blokker* §§ 1217ff mwN.

in Europa (KSZE) von Helsinki aus dem Jahre 1975[343] sowie die Deklarationen und Aktionsprogramme als Abschlussdokumente der so genannten „Weltordnungskonferenzen" wie beispielsweise der Konferenz für Umwelt und Entwicklung in Rio de Janeiro von 1992 und dem Weltgipfel für nachhaltige Entwicklung in Johannesburg von 2002.[344]

83 Die Bedeutung des *soft law* im internationalen Wirtschaftssystem wird bereits an dem Umstand deutlich, dass das Internationale Wirtschaftsrecht neben dem Umweltrecht zu den ersten Rechtsgebieten gehörte, in denen diese Rechtserscheinungen in größerem Umfang identifiziert und analysiert wurden.[345] Beispielhaft[346] sei auf die im Rahmen der Diskussion über eine so genannte **„New International Economic Order"** in den 1970er und 1980er Jahren bedeutsame Resolution der UN-Generalversammlung unter dem Titel „Charta der wirtschaftlichen Rechte und Pflichten der Staaten",[347] die Richtlinien der Weltbank wie ua die „Guidelines on the Treatment of Foreign Direct Investment"[348] sowie die „Voluntary Guidelines on the Responsible Governance of Tenure of Land, Fisheries and Forests in the Context of National Food Security" der Ernährungs- und Landwirtschaftsorganisation der Vereinten Nationen (FAO)[349] verwiesen. Weiterhin sind hier die im Rahmen von internationalen Organisationen verabschiedeten Verhaltenskodizes und Leitprinzipien zu nennen, welche vor allem an transnationale Unternehmen gerichtet sind oder diese zumindest in ihren Anwendungsbereich einbeziehen.[350]

84 Obgleich sich *soft law* zunächst gerade durch seine rechtliche Unverbindlichkeit auszeichnet, handelt es sich hierbei nicht um ein allein außerrechtliches Phänomen. Vielmehr kann ihm als Mechanismus der Verhaltenssteuerung in erheblichem Umfang

---

343 Zur völkerrechtlichen Bedeutung der KSZE-Schlussakte von Helsinki nur *Skubiszewski* in Bernhardt/von Münch/Rudolf (Hrsg) Drittes deutsch-polnisches Juristen-Kolloquium, Bd 1 (1977) 13ff; *Delbrück* in *ibid* 31ff; *Kooijmans* FS Skubiszewski (1996) 425ff; *Schweisfurth* ZaöRV 36 (1976) 681ff.

344 Zur normativen Bedeutung dieser Konferenzen *Tomuschat* FS Skubiszewski (1996) 563ff; *Charney* AJIL 87 (1993) 529/543ff.

345 *Tietje* Verwaltungshandeln, 256; *Dupuy* Michigan JIL 12 (1991) 420/421; zum Phänomen des *soft law* im Bereich des internationalen Umweltrechts ua *Fitzmaurice* RdC 293 (2001) 9/123ff; *Beyerlin/Marauhn* (Fn 42) 289ff.

346 Allgem zur Herausbildung und Bedeutung von *soft law* im Internationalen Wirtschaftsrecht auch *Seidl-Hohenveldern* 39ff; *Hailbronner* Entwicklungstendenzen des Wirtschaftsvölkerrechts (1983) 19ff; *Nowrot* 195ff; *Hoffmann* Theorie des internationalen Wirtschaftsrechts (2009) 194ff; *Voitovich* 90ff; *Fischer* GYIL 19 (1976) 143/154ff; *Hafner* 149ff.

347 UN Doc GA-Res 3281 (XXIX) v 12.12.1974; zu Inhalt und Bedeutung dieser Resolution *Tomuschat* ZaöRV 36 (1976) 444ff; *Stemberg* Die Charta der wirtschaftlichen Rechte und Pflichten der Staaten (1983); allgem zur Diskussion über eine „Neue Weltwirtschaftsordnung" → *Tietje* § 1 Rn 53f.

348 Guidelines on the Treatment of Foreign Direct Investment v 21.9.1992, ILM 31 (1992) 1363/1379ff; hierzu *Muchlinski* 662ff; *Shihata* Legal Treatment of Foreign Investment: "The World Bank Guidelines" (1993) 29ff.

349 FAO Voluntary Guidelines on the Responsible Governance of Tenure of Land, Fisheries and Forests in the Context of National Food Security v 11.5.2012 <fao.org/fileadmin/user_upload/newsroom/docs/VGsennglish.pdf>; vgl auch *von Bernstorff* FS Riedel (2013) 165ff.

350 Ausf hierzu → *Nowrot* § 17 Rn 43ff.

normative Relevanz zukommen.[351] Wenn sich auch frühere Versuche, beispielsweise den Resolutionen der UN-Generalversammlung entgegen dem Wortlaut des Art 10 UN-Charta eine unmittelbar rechtssetzende Wirkung beizumessen, zu Recht nicht haben durchsetzen können,[352] lässt sich im heutigen internationalen System in vielfältiger Weise ein von *soft law* ausgehender **rechtsgestaltender Effekt** nachweisen. Abgesehen von seinem mittlerweile weitgehend anerkannten Beitrag zur **Herausbildung von Völkergewohnheitsrecht**[353] und die auch in der völkerrechtlichen Vertragspraxis auf dem Gebiet des Internationalen Wirtschaftsrechts verschiedentlich nachweisbare ausdrückliche Einbeziehung dieser Steuerungsinstrumente in internationale Vertragsregime,[354] zeigt sich dies an dem Verhalten verschiedener Staaten bei der Ausarbeitung und Verabschiedung von *soft law*. So fühlten sich die Staaten zum Beispiel im Falle des auf der Konferenz für Umwelt und Entwicklung in Rio de Janeiro verabschiedeten „Non-Legally Binding Authoritative Statement of Principles for a Global Consensus on the Management, Conservation and Sustainable Development of All Types of Forests" angehalten, den unverbindlichen Charakter dieser an sich schon von ihrer Rechtsqualität her nicht verbindlichen Erklärung noch einmal ausdrücklich zu betonen.[355] Weiterhin findet sich in Kapitel 9 des ebenfalls auf der Konferenz für Umwelt und Entwicklung angenommenen Aktionsprogramms „Agenda 21" eine eigentlich nicht erforderliche und sonst nur in manchen völkerrechtlichen Verträgen enthaltene Klarstellung des Verhältnisses der „Agenda 21" zu bereits existierenden einschlägigen Abkommen.[356] Überdies ist bemerkenswert, dass Staaten gelegentlich sogar **formale Vorbehalte** gegenüber einzelnen Textpassagen erklären; eine Vorgehensweise, welche ebenfalls bislang nur im Zusammenhang mit völkerrechtlichen Verträgen zu finden war.[357] Eine zumindest

---

351 Exemplarisch *Möllers* in Schuppert/Zürn (Hrsg) Governance in einer sich wandelnden Welt (2008) 238/242 („Im internationalen Recht hat sich mit Blick auf soft law vielmehr die Einsicht durchgesetzt, dass die Durchsetzungschance einer Norm völlig unabhängig von der Frage zu beurteilen ist, ob diese Norm eine juristisch anerkennenswerte Rechtsbindung beanspruchen kann oder nicht."); vgl überdies zB *Tietje* Verwaltungshandeln, 257ff; *Thürer* Soft Law, MPEPIL (3/2009) Rn 25ff; *Baxter* ICLQ 29 (1980) 549/564ff; *Kolvenbach* ZGR 1986, 47/49.

352 Für eine ausf Darstellung dieser Diskussion vgl ua *Verdross/Simma* §§ 634ff; *Dahm/Delbrück/Wolfrum* Bd I/1, 71ff.

353 S *von Arnauld* Rn 278f; zur diesbezüglichen Rechtsprechung des IGH *Charney* in Delbrück (Hrsg) New Trends in International Lawmaking – International 'Legislation' in the Public Interest (1997) 171/174ff; *Mendelson* RdC 272 (1998) 155/378ff; *Francioni* FS Jennings (1996) 167/168ff.

354 Hierzu am Beispiel der 2030 Agenda for Sustainable Development, UN Doc GA-Res 70/1 v 21.10.2015 *Nowrot* Das gesellschaftliche Transformationspotential der Sustainable Development Goals (2020) 7ff.

355 UN, Report of the Conference on Environment and Development, Annex III, A/CONF.151/26 (Vol III) v 14.8.1992, ILM 31 (1992) 882ff; hierzu sowie zu den Implikationen für die normative Bedeutung von *soft law* vgl a *Tomuschat* (Fn 344) 568f; *Tietje* Verwaltungshandeln, 258f.

356 UN, Report of the Conference on Environment and Development, UN Doc A/CONF.151/26 (Vol II) para 9.2.

357 Vgl zB die Protokollerklärungen der USA und Guatemalas zu den Deklarationen und Aktionsprogrammen des Copenhagen World Summit for Social Development, Report of the World Summit on Social Development, UN Doc A/CONF.166/9, v 19.4.1995 Chapter V, paras 8, 17; und der Fourth World Conference on Women in Peking, Report of the Fourth World Conference on Women, UN Doc A/CONF.177/20, v 17.10.1995 Chapter V, paras 10, 30; sowie die Vorbehaltserklärungen des Heiligen Stuhls

mittelbare Rechtswirkung des *soft law* manifestiert sich auch in dem Umstand, dass es als „spätere Übung" im Sinne des Art 31 Abs 3 lit b WVRK qualifiziert wird und ihm somit Einfluss auf die **Interpretation völkerrechtlicher Verträge** zukommt.[358]

85 Hiermit in Einklang steht, dass die **internationale bzw supranationale Judikatur** bei der Begründung rechtsnormativer Verpflichtungen zunehmend auch auf *soft law* Bezug nimmt. So stützte im WTO-Streitbeilegungsverfahren der Appellate Body die Existenz einer völkerrechtlichen Kooperationsverpflichtung maßgeblich auf Prinzip 12 der „Rio Declaration on Environment and Development".[359] Überdies hat ein Panel zur Auslegung des TRIPS den zu diesem Zeitpunkt noch nicht in Kraft getretenen „WIPO Copyright Treaty" herangezogen.[360] Als bemerkenswert ist weiterhin auch die Rechtsprechung des EuGH einzustufen, derzufolge Behörden und Gerichte der Mitgliedstaaten auch völkerrechtlich unverbindliche Beschlüsse und Empfehlungen internationaler Organisationen und Gremien, in denen die Unionsorgane aufgrund eines völkerrechtlichen Vertrages mitwirken, bei ihren Entscheidungen zu beachten haben.[361] Schießlich entfalten auch die bereits erwähnten, an Wirtschaftsunternehmen gerichteten Verhaltenskodizes und Leitprinzipien, welche im Konntext internationaler Organisationen verabschiedet worden sind, ebenfalls in vielfältiger Weise rechtliche Wirkungskraft – beispielsweise in Bezug auf ihren Beitrag zur Herausbildung von Völkergewohnheitsrecht – und sind daher als normativ erhebliche Steuerungsmechanismen zu qualifizieren.[362]

86 Die **Gründe für die wachsende Bedeutung** des *soft law* sind vielfältig.[363] Zum einen bietet es im Unterschied zu den gelegentlich schwerfälligen klassischen Rechtssetzungsprozessen die Möglichkeit, innerhalb eines überschaubaren Zeitraums in flexibler Weise auf neu auftretende Problemfelder zu reagieren und das Verhalten der Akteure zumindest in gewissem Umfang einer normativen Steuerung zu unterwer-

---

und Ecuadors gegenüber der Abschlussdeklaration der Cairo Conference on Population and Development, Report of the International Conference on Population and Development, UN Doc A/CONF.171/13, v 18.10.1994 paras 15.1ff, 16.1ff; Chapter V, paras 24, 27; s auch *Tomuschat* (Fn 344) 569f; *Tietje* Verwaltungshandeln, 259.

358 Vgl die diesbezüglichen Ausführungen in der Dissenting Opinion des Vizepräsidenten des IGH, *Weeramantry* in IGH, ICJ Rep 1999, 1153/1158ff – *Kasikili/Sedudu*; sowie ua *Tietje* Verwaltungshandeln, 260.

359 Rio Declaration on Environment and Development, in UN, Report of the United Nations Conference on Environment and Development, A/CONF.151/26 (Vol I), Annex I, v 12.8.1992, ILM 31 (1992) 876ff; vgl WTO, *US-Shrimp* App Body v 12.10.1998, WT/DS58/AB/R para 168; ebenso WTO, *US-Shrimp/Recourse to Article 21.5 of the DSU by Malaysia* App Body vom 22.10.2001, WT/DS58/AB/RW para 124; zu diesem Aspekt der Entscheidungen überdies *Tietje* in Delbrück (Hrsg) International Law of Cooperation and State Sovereignty (2002) 45/61f; *Neumann* ZaöRV 61 (2001) 529/540.

360 WIPO Copyright Treaty v 20.12.1996, BGBl 2003 II, 755; ILM 36 (1997) 67ff; vgl WTO, *US-Copyright Act* Panel v 15.6.2000, WT/DS160/R paras 6.67ff; hierzu auch *Neumann* ZaöRV 61 (2001) 529/540.

361 So EuGH, Rs C-188/91, Slg 1993, I-363 Rn 13ff – *Shell*; vgl auch *Tietje* Verwaltungshandeln, 261 u 574f.

362 Hierzu → *Nowrot* § 17 Rn 48ff.

363 Eingehender ua *Abbott/Snidal* 434ff; *Knauff* (Fn 340) 248ff; *Tietje* Verwaltungshandeln, 263f; *Thürer* 431ff; *Boyle* ICLQ 48 (1999) 901/902ff.

fen.[364] Vor dem Hintergrund der – ua mangels genauer naturwissenschaftlicher Erkenntnisse – gelegentlich bestehenden Unsicherheit über eine effektive Regelungsstrategie bietet *soft law* zum anderen einen geeigneten Ansatz für Versuche der Regelbegründung und ihrer Erprobung in der Praxis bereits im Vorfeld oder anstelle traditioneller völkerrechtlicher Regelungen.[365] *Soft law* leistet somit aufgrund seines im Wesentlichen **rechtsstützenden und rechtsergänzenden Charakters** einen wichtigen Beitrag zur Verfestigung des normativen Ordnungszustands im gegenwärtigen internationalen Wirtschaftssystem.

2. Steuerungsmechanismen intermediärer und privater Akteure

Darüber hinaus finden sich im internationalen Wirtschaftssystem weitere Mechanis- 87
men normativ erheblicher Steuerung durch intermediäre und private Akteure. Ihnen ist gemeinsam, dass sie sich nicht ohne weiteres bzw überhaupt nicht mehr auf die nach herkömmlicher Auffassung als Rechtssetzungsprozesse im engeren Sinne qualifizierten Normgebungsverfahren zurückführen lassen.[366]

a) Die so genannte „lex mercatoria"

Am bekanntesten ist sicherlich das Phänomen der so genannten *lex mercatoria*. Ihre 88
Existenz und normative Relevanz sind bereits seit den 1960er Jahren Gegenstand einer intensiven und kontrovers geführten Diskussion.[367] Die *lex mercatoria* – verschiedentlich auch unzutreffenderweise als „transnationales Wirtschaftsrecht" charakterisiert[368] – bezeichnet das **autonome, von den staatlichen Zivilrechtsordnungen losgelöste und nicht völkervertragsrechtlich kodifizierte Recht des internationalen Handels**. Es handelt sich um Verhaltensvorgaben, welche weder dem in völker-

364 So zB *Tietje* Verwaltungshandeln, 264; *Tomuschat* RdC 281 (1999) 9/349; *Thürer* 431ff; *Hafner* 165; *Kaltenborn* Entwicklungsvölkerrecht und Neugestaltung der internationalen Ordnung (1998) 99f.

365 Vgl zu diesem Aspekt *Thürer* 452; *Tietje* Zeitschrift für Rechtssoziologie 24 (2003) 27/41; sowie ausf *Abbott/Snidal* 441ff.

366 Vgl allgem *Tietje* Zeitschrift für Rechtssoziologie 24 (2003) 27/38ff; *Vesting* in Ladeur (Hrsg) Public Governance in the Age of Globalization (2004) 247/252ff; *Ladeur* RabelsZ 64 (2000) 60/99; *Nowrot* (Fn 15) 66ff; *Baudenbacher* in ders ua (Hrsg) Europa und die Globalisierung (2002) 33/36; *Vogel* ARPS 11 (2008) 261ff; *Bernstein/Hannah* JIEL 11 (2008) 575ff.

367 S zB *von Bar/Mankowski* 75ff; *Stein* Lex Mercatoria – Realität und Theorie (1995) 1ff; *Berger* Formalisierte oder „schleichende" Kodifizierung des transnationalen Wirtschaftsrechts (1996) 7ff; *Cutler* Private Power and Global Authority (2003) 180ff; *Dasser* Internationale Schiedsgerichte und lex mercatoria (1989) 32ff; *Kassis* Théorie Générale des Usages du Commerce (1984) 271ff; *Meyer* Bona fides und lex mercatoria in der europäischen Rechtstradition (1994) 13ff; *Weise* Lex Mercatoria (1990) 57ff; *Schmitthoff* RabelsZ 28 (1964) 47/58ff.

368 S ua *Berger* (Fn 367) 1ff; *Mertens* RabelsZ 56 (1992) 219/226ff; *Meessen* Economic Law in Globalizing Markets (2004) 323; *Calliess* in Zangl ua (Hrsg) Verrechtlichung (2004) 160ff; *Zumbansen* RabelsZ 67 (2003) 637/677; *Latty* in Daillier/La Pradelle/Ghérari (Hrsg) Droit de l'Économie Internationale (2004) 109ff; sowie die weiteren Nachweise bei *Kassis* (Fn 367) 550f; *Nowrot* 656; hiergegen jedoch zB *Tietje* ZVglRWiss 101 (2002) 404/407; *Stein* (Fn 367) 2; *Siehr* in Holl ua (Hrsg) Internationales Privatrecht – Internationales Wirtschaftsrecht (1985), 103/112; *Gessner* in ders ua (Hrsg) Emerging Legal Certainty (1998) 427/434.

rechtlichen Verträgen kodifizierten internationalen Einheitsrecht[369] noch dem unvereinheitlichten und damit autonomen IPR eines Staates[370] zugeordnet werden können.

89 Dieses „unechte Einheitsprivatrecht“[371] hat ua in den **INCOTERMS der ICC**, den UNIDROIT-Principles of International Commercial Contracts und den Principles of European Contract Law seinen Niederschlag gefunden.[372] Weiterhin findet es, ebenso wie im innerstaatlichen Bereich[373] und in den völkerrechtlichen Vorgaben des internationalen Einheitsrechts,[374] seinen Ausdruck in der normativen Relevanz der **Gepflogenheiten der Vertragsparteien sowie bestimmter internationaler Handelsbräuche**. Der Begriff „Gepflogenheiten“ bezieht sich dabei auf Verhaltensweisen, die sich zwischen den Vertragsparteien als üblich entwickelt haben. Beispiele bilden spezifische Rügemodalitäten, bestimmte Liefertoleranzen oder das Praktizieren eines anderen Zahlungsortes als gesetzlich vorgesehen.[375] Internationale Handelsgebräuche sind geschäftliche Verhaltensvorgaben, welche bei Geschäften der entsprechenden Art im internationalen Handel von den beteiligten Handelskreisen üblicherweise eingehalten werden, ohne durch Rechtsnormen vorgeschriebenen zu sein.[376] Hierzu gehören beispielsweise Schiedsvereinbarungen qua Handelsbrauch im internationalen Fellhandel.[377] Demgegenüber erfordern die Regeln zum Schweigen auf ein kaufmännisches Bestätigungsschreiben im Hinblick auf ihren Charakter als internationaler Handelsbrauch eine differenziertere Betrachtung.[378]

b) Ausarbeitung internationaler Standards

90 Die Ausarbeitung internationaler Standards bildet einen weiteren Steuerungsansatz, dessen Bedeutung gerade auch im Internationalen Wirtschaftsrecht zunehmend Anerkennung findet. Im **Unterschied zum *soft law***, welches ausschließlich von Staaten und internationalen Organisationen hervorgebrachte Rechtserscheinungen um-

---

369 S hierzu bereits o Rn 48; vgl überdies → *Gruber* § 16 Rn 23ff; zur Abgrenzung zwischen internationalem Einheitsrecht und dem unechten Einheitsprivatrecht der *lex mercatoria* ausf *Gruber* (Fn 208) 16ff mwN.

370 Vgl hierzu o Rn 75f.

371 *von Bar/Mankowski* 75ff.

372 Eingehender → *Gruber* § 16 Rn 173ff.

373 Vgl zB § 346 HGB.

374 Vgl ua Art 9 Abs 2 CISG; s auch → *Gruber* § 16 Rn 181ff.

375 Eingehender hierzu *Magnus* in Staudingers Kommentar zum BGB, Wiener UN-Kaufrecht, Neubearbeitung 2005, Art 9 CISG Rn 12f; *Achilles* in Ensthaler (Hrsg) Gemeinschaftskommentar zum Handelsgesetzbuch mit UN-Kaufrecht, 7. Aufl (2007) nach § 382 HGB, Art 9 CISG Rn 2 jeweils mwN.

376 S hierzu ua Schiedsgericht der Handelskammer Hamburg, NJW 1997, 613/614; *Schmidt-Kessel* in Schlechtriem/Schwenzer (Hrsg) Kommentar zum Einheitlichen UN-Kaufrecht, 7. Aufl (2019) Art 9 CISG Rn 1ff.

377 BGH NJW 1993, 1798f. Vgl überdies zB OGH IPrax 2004, 350ff; *Huber* IPrax 2004, 358ff, zu der Frage, ob es nach Handelsbrauch im internationalen Hochseefischhandel üblich ist, dass bei Kaufgeschäften über tiefgekühlte Ware stets ein aus der aktuellen Fangquote stammender Fisch gemeint ist.

378 Eingehender → *Gruber* § 16 Rn 183ff mwN.

fasst,[379] werden sie von privaten Organisationen bzw zumindest unter unmittelbarer und weitgehend gleichberechtigter Beteiligung privater Akteure von intermediären Institutionen geschaffen. Trotz des im Grundsatz rechtlich unverbindlichen Charakters dieser Standards kommt ihnen in wachsendem Maße sowohl normative Relevanz als auch Effektivität zu.[380]

Ihre rechtliche Bedeutung lässt sich insbesondere in den Fällen einer **Bezugnahme auf externe Standards in völkervertragsrechtlichen Regimen** verdeutlichen.[381] Ein Beispiel hierfür bildet in der WTO-Rechtsordnung die Regelung des **Art 2.4. TBT-Übereinkommen.**[382] Bei den einschlägigen Normen im Sinne dieser Vorschrift handelt es sich ua um die im Rahmen der ISO und IEC ausgearbeiteten Standards.[383] Die Bezugnahme auf rechtlich unverbindliche technische Normen ist weiterhin in **Art 3.1. SPS-Übereinkommen** vorgesehen.[384] Die internationalen Normengremien, auf deren Standards sich die WTO-Mitglieder nach Art 3.1. SPS-Übereinkommen bei dem Erlass ihrer gesundheitspolizeilichen und pflanzenschutzrechtlichen Maßnahmen stützen sollen, sind im Einzelnen in Anhang A Nr 3 des SPS-Übereinkommens aufgeführt. Hierbei handelt es sich zunächst im Hinblick auf die Nahrungssicherheit nach Nr 3 lit a dieses Anhangs um die Normen, Richtlinien und Empfehlungen, welche von der **Codex Alimentarius Kommission** ua in Bezug auf Nahrungsmittelzusätze, Rückstände von Tierarzneimitteln und Pestiziden entwickelt worden sind.[385] Weiterhin werden in Nr 3 lit b und lit c das Internationale Tierseuchenamt und das Sekretariat der Internationalen Pflanzenschutzkonvention als internationale Normengremien im Sinne von Art 3.1. SPS-Übereinkommen qualifiziert.[386] 91

Aber auch außerhalb der WTO-Rechtsordnung gibt es Beispiele für eine Bezugnahme auf vertragsexterne Standards. So finden sich in den Richtlinien der **Europäischen Union** seit Mitte der 1980er Jahre in zunehmendem Umfang Verweise auf technische Normen insbesondere europäischer Standardisierungsinstitutionen wie CEN, CENELEC und ETSI.[387] Als Ausgangspunkt dieser Entwicklung wird allgemein die 92

---

379 S *Thürer* 434; *Krajewski* ZGR 2018, 271/276; *Nowrot* 207; aA ua *Giegerich* BDGIR 46 (2014) 101/111; zum Rechtsphänomen des *soft law* siehe o Rn 82ff.

380 So ua *Schmidt-Aßmann* FS Schmidt (2006) 149/159; *Tietje* ZVglRWiss 101 (2002) 404/407ff; *Delimatsis* (Hrsg) The Law, Economics and Politics of International Standardisation (2015); *Schreiber* International Standards (2005) 67ff; *Morrison/Roht-Arriaza* in Bodansky ua (Hrsg) The Oxford Handbook of International Environmental Law (2007) 498ff; *Mattli* in Kahler/Lake (Hrsg) Governance in a Global Economy (2003) 199ff; *Scheuerman* in Appelbaum ua (Hrsg) Rules and Networks (2001) 103ff.

381 Allgem hierzu *Tietje* Verwaltungshandeln, 253ff; *von Bogdandy* MPYUNL 5 (2001) 609/633; *Hingst* 171ff.

382 Ausf hierzu → *Tietje* § 4 Rn 120ff.

383 *Tietje* GYIL 42 (1999) 26/41; *Herrmann/Weiß/Ohler* Rn 590; zur ISO und IEC s bereits o Rn 28.

384 Ausf hierzu → *Tietje* § 4 Rn 110ff.

385 Zur Entstehungsgeschichte, organisatorischen Struktur und Arbeitsweise der CAK *Tietje* Verwaltungshandeln, 309ff; *Edeson* in Wolfrum/Röben (Hrsg) Developments of International Law in Treaty Making (2005) 63/64ff; *Fortin* in Tietje/Brouder (Hrsg) 645ff.

386 Eingehender zu diesen beiden Institutionen *Tietje* Verwaltungshandeln, 313ff; *Stewart/Johanson* Syracuse JIL & Commerce 26 (1998) 27/46ff; zur Öffnungsklausel nach Nr 3 lit d des Anhangs s *Böckenförde* Grüne Gentechnik und Welthandel (2004) 331ff.

387 Eingehender hierzu ua *Ehricke* EuZW 2002, 746ff; *Zubke-von Thünen* (Fn 124) 630ff.

Entschließung des Rates vom 7.5.1985 über eine **neue Konzeption auf dem Gebiet der technischen Harmonisierung und Normung** angesehen.[388] Das Verfahren ist grundsätzlich so ausgestaltet, dass die europäischen Normierungsorganisationen die jeweiligen technischen Standards auf der Basis eines Mandats der Kommission und – jedenfalls theoretisch – auch nach deren Vorgaben entwickeln. Angesichts der Vielzahl an Normaufträgen ist es der Kommission in der Praxis jedoch kaum möglich, spezifische Vorgaben für die auszuarbeitenden technischen Normen zu machen. Dies hat zur Folge, dass Institutionen wie CEN und CENELEC der Kommission die Art und den Umfang des Mandats selbst vorschlagen bzw die Vorgaben der Kommission so abstrakt gefasst werden, dass die Normierungsinstitutionen „ihre Arbeiten faktisch selbst bestimmen können".[389] Der Einfluss der Organe der Europäischen Union wie der Mitgliedstaaten auf den Inhalt der technischen Normen ist also in der Praxis vielfach als gering einzustufen.

93 Dieser Regelungsansatz verdeutlicht nicht nur die wachsende normative Relevanz der Standardisierungsaktivitäten intermediärer und privater Institutionen. Vielmehr hat er auch weitreichende **Implikationen für die Stellung der Vertragsparteien** und ihrer Einflussmöglichkeiten auf die ihnen aus dem Vertragsregime erwachsenden Verpflichtungen. So werden wesentliche Vorgaben in ihrer detaillierten Ausgestaltung und dynamischen Anpassung nicht mehr durch das von den Vertragsstaaten ratifizierte Übereinkommen selbst festgelegt, sondern lediglich durch Verweisung auf die Arbeit externer Institutionen unabhängig von spezifischen Konsenserfordernissen in den Vertrag einbezogen. Hierbei ist es unerheblich, dass die betreffenden Normungsgremien vielfach nur privatrechtlich organisiert sind und den von ihnen erarbeiteten technischen Standards häufig erst durch die Bezugnahme in einem völkerrechtlichen Vertragsregime normative Wirkung zukommt.[390] Trotz der deutlich gewachsenen Bedeutung der Entscheidungsprozesse über die Annahme und den Inhalt der Standards spielt es überdies für die verpflichtende Einbeziehung keine Rolle, dass die Mitgliedstaaten und gegebenenfalls Organe des Vertragsregimes häufig nur sehr beschränkten Einfluss auf die inhaltliche Ausgestaltung der Standardisierung nehmen können.[391] Die Bezugnahme auf vertragsexterne Standards bildet daher ein weiteres Indiz für eine zunehmende Relativierung des klassischen staatszentrierten Grundsatzes, demzufolge die Vertragsparteien als alleinige „Herren der Verträge" anzusehen sind.[392]

---

388 ABl EG 1985, Nr C 136/1; vgl auch nachfolgend ua ABl EG 1992, Nr C 173/1; ABl EG 2000, Nr C 141/1. S hierzu zB *Langner/Klindt/Schucht* in Dauses/Ludwigs (Hrsg) Handbuch des EU-Wirtschaftsrechts, Bd 1, C VI (Stand März 2020) Rn 1ff mwN.

389 *Becker* FS Wlotzke (1996) 445/449; vgl allerdings auch zur „steuernden Rezeption" der vom IASB entwickelten International Financial Reporting Standards (IFRS) im Unionsrecht *Huber* AöR 133 (2008) 389/401.

390 *Tietje* GYIL 42 (1999) 26/41f.

391 S zB *Tietje/Nowrot* EBOLR 5 (2004) 321/345; *Stoll/Schorkopf* WTO – World Economic Order, World Trade Law (2006) Rn 434; *Joerges/Godt* in Leibfried/Zürn (Hrsg) Transformations of the State? (2005) 93/111f; kritisch zu dieser Entwicklung ua *Hilf* BerDGVR 40 (2003) 257/268; *Krajewski* JWT 35 (2001) 167/176.

392 So ua *Tietje* GYIL 42 (1999) 26/41; *Hingst* 174, jeweils in Bezug auf die im unionsrechtlichen Kontext geprägte Charakterisierung durch BVerfGE 89, 155/190; 123, 267/349f u *passim*.

Aber auch soweit eine solche Bezugnahme nicht erfolgt, zeigt doch gerade die jüngere Steuerungspraxis, dass die ausgearbeiteten Standards – beispielsweise im Bereich der Regulierung der internationalen Finanzmärkte[393] oder in Bezug auf die von der ISO verabschiedeten Vereinheitlichungsrichtlinien[394] – **vielfach so gut wie universelle Beachtung** bei den betroffenen Wirtschaftssubjekten und Verwaltungseinheiten finden.[395] Überdies stößt ein von den Standards abweichendes – und damit rechtfertigungsbedürftiges – Verhalten grundsätzlich auf Ablehnung und hat für die entsprechenden Akteure oftmals eine Verschlechterung ihrer Stellung im Rahmen des jeweiligen Steuerungssystems zur Folge.[396] 94

c) Kooperative Steuerungsmechanismen

Gerade in jüngerer Zeit hat sich eine bemerkenswerte Vielzahl an Formen der **Zusammenarbeit insbesondere zwischen NGOs und privaten Wirtschaftssubjekten** entwickelt, welche sich in einigen Fällen sogar ohne Beteiligung staatlicher und überstaatlicher Akteure vollziehen und zur Entstehung neuartiger, effektiver Steuerungsmechanismen führen.[397] Hierzu gehören zunächst die Verhaltensvorgaben, Zertifizierungsverfahren und Standards, welche im Rahmen institutionell verfestigter Netzwerke wie dem United Nations Global Compact, der GRI, dem FSC und dem MSC entwickelt und implementiert werden.[398] 95

Eine weitere Kooperationsform bildet die **gemeinsame Ausarbeitung von Verhaltenskodizes** durch Unternehmen und andere nichtstaatliche Akteure. So wurde im Jahre 1997 von transnationalen Unternehmen aus dem Wasserversorgungssektor und der *International Trade Unions Federation Public Services International* ein Verhaltenskodex mit dem Titel „Sign Up for Clean and Safe Drinking Water and Fair Labour Practices in Water Services" für den Bereich der Wasserwirtschaft entwickelt, dessen Implementierung von einem International Water Industry Council überwacht 96

---

393 Vgl ua *Brummer* Soft Law and the Global Financial System (2012); *Eernisse* Duke JCIL 22 (2012) 239ff; *Tietje* ZVglRWiss 101 (2002) 404/407ff; *Ohler* in Möllers/Voßkuhle/Walter (Hrsg) Internationales Verwaltungsrecht (2007) 259ff; *Jordan* San Diego ILJ 12 (2011) 333ff; *McVea* ICLQ 57 (2008) 1ff; s auch → *Schlemmer-Schulte/Pohlmann* § 10 Rn 17.

394 S zB in Bezug auf die ISO 9000 Serie *Roht-Arriaza* Yearbook of International Environmental Law 6 (1995) 107/119f („The ISO 9000 series quickly became a de facto requirement for doing business in Europe and other parts of the world. Companies required proof through independent, registered certifier that their suppliers and sub-contractors complied with the standards.").

395 Statt vieler *Schmidt-Aßmann* (Fn 380) 159; *Ohler* DVBl 2007, 1083/1086; *Morrison/Roht-Arriaza* in Bodansky ua (Hrsg) The Oxford Handbook of International Environmental Law (2007) 498/511ff mwN.

396 Hierzu ua *Nowak/Rott/Mahr* ZGR 34 (2005) 252ff; *Steinat* Comply or Explain (2005) 10; *Borges* ZGR 32 (2003) 508/534ff.

397 Vgl allgem ua *Conzelmann/Wolf* in Graz/Nölke (Hrsg) Transnational Private Governance and its Limits (2008) 98ff; *Biagiotti* in Thoyer/Martimort-Asso (Hrsg) Participation for Sustainability in Trade (2007) 121ff; *Walter* in Héritier ua (Hrsg) European and International Regulation after the Nation State – Different Scopes and Multiple Levels (2004) 37ff; *Nowrot* 324ff; *Morrison/Roht-Arriaza* (Fn 380) 498ff; *Kerwer* Governance 18 (2005) 611ff; *Keim* in Doh/Teegen (Hrsg) Globalization and NGOs (2003) 19/27ff; *Millar/Choi/Chen* Business and Society Review 109 (2004) 395ff.

398 S hierzu bereits o Rn 40f.

wird.[399] Überdies unterzeichneten *IKEA* und die *International Federation of Building and Wood Workers* (IFBWW) ein Abkommen, welches in seinem Anhang einen gemeinsam ausgearbeiteten „Code of Conduct Regarding the Rights of Workers" enthält und die Überwachung der Einhaltung der darin enthaltenen Verhaltensvorgaben durch eine „Monitoring Group" bestehend aus jeweils zwei Repräsentanten von *IKEA* und der IFBWW vorsieht.[400] Weiterhin kann auf das „Agreement between Fonterra Co-operative Group Ltd., the IUF and the New Zealand Dairy Workers Union" vom 8.4.2002[401] und das „Global Agreement between AngloGold Ltd. and the International Federation of Chemical, Energy, Mine and General Workers" Unions (ICEM) on the Promotion and Implementation of Good Human and Industrial Relations in AngloGold Operations Worldwide" vom 13.9.2002[402] verwiesen werden. Schon vor dem Hintergrund, dass sie Implementierungsmaßnahmen durch paritätisch besetzte Gremien der Vertragsparteien vorsehen, kommt diesen Vereinbarungen eine auch normativ erhebliche Steuerungsfunktion zu.[403]

97 Als ein wesentlicher Grund für die sich gerade in jüngerer Zeit verstärkt herausbildenden Kooperationsformen zwischen nichtstaatlichen Akteuren wird vielfach eine **„strategic reorientation" insbesondere der großen NGOs** genannt. Diese betrachten die direkte Zusammenarbeit mit Unternehmen zunehmend als eine flexiblere und effektivere Alternative zu ihrer vormals fast ausschließlich auf das Einwirken auf staatliche und überstaatliche Akteure beschränkten Beteiligung an den Rechtssetzungsprozessen.[404]

d) Selbstregulierungsmechanismen einzelner nichtstaatlicher Akteure

98 Insbesondere seit Mitte der 1990er Jahre lässt sich eine Entwicklung dahingehend nachweisen, dass auch einzelne Akteure – hierunter zunächst vor allem transnationale Unternehmen – Verhaltenskodizes ausarbeiten, um an den darin enthaltenen Vorgaben ua in Bezug auf die Förderung der Menschenrechte, den Schutz der Umwelt und die Beachtung von Arbeits- und Sozialstandards ihre Aktivitäten auszurichten. Das erste Unternehmen, welches auf diese Form von Selbstregulierungsinstrumenten zurückgegriffen hat, ist wahrscheinlich *Levi Strauss & Co.*, dessen „Global Sourcing and Operation Guidelines" bereits seit dem Jahre 1991 Anwendung finden.[405] Die gegenwärtige Popularität dieses Steuerungsansatzes zeigt sich schon an der kaum mehr überschaubaren Anzahl an **unternehmenseigenen Verhaltenskodizes**.[406] Beispiel-

---

399 Der Verhaltenskodex ist abgedruckt bei *Blanpain* (Hrsg) Multinational Enterprises and the Social Challenges of the XXIst Century (2000) 379ff.

400 Abgedruckt bei *Mares* (Hrsg) Business and Human Rights (2004) 233ff.

401 *Ibid* 245ff.

402 *Ibid* 251f.

403 Vgl ua *Spiro* Chicago JIL 3 (2002) 161/168.

404 So zB *Furger* in Appelbaum ua (Hrsg) Rules and Networks (2001) 201/223; *Love* in dies (Hrsg) Beyond Sovereignty, 2. Aufl (2003) 71/91; *Pattberg* Private Institutions and Global Governance (2007) 95.

405 Abgedruckt ua bei *Mares* (Fn 400) 400ff; vgl hierzu auch *Radin* Business and Society Review 109 (2004) 415/419ff.

406 Hierzu sowie für weitere Beispiele s ua *Nowrot* 332ff; *Herberg* Globalisierung und private Selbstregulierung (2007) 68ff.

haft sei hingewiesen auf den „Nokia Code of Conduct" von 1997,[407] die „General Business Principles" von *Philips* vom Juni 2019,[408] den „Code of Conduct for Manufacturers" der *Walt Disney Company*,[409] und die „Declaration on Social Rights and Industrial Relationships" der *Volkswagen AG* vom 7.6.2002.[410]

Das Effektivitätspotential dieser Selbstregulierungsmechanismen wird kontrovers diskutiert.[411] So ist ihre Wirksamkeit ua im Hinblick auf die mangelnden Durchsetzungsmöglichkeiten gelegentlich bereits kritisch hinterfragt worden. Gleichwohl lässt sich konstatieren, dass ihnen zumindest in einer Vielzahl von Fällen sowohl Effektivität als auch normative Relevanz zukommen. Dies gilt zunächst für diejenigen Unternehmenskodizes, deren Implementierung auf der Grundlage von Vereinbarungen **durch NGOs oder externe Kontrollorganisationen überwacht** wird.[412] So lässt *C&A* seinen „Code of Conduct for the Supply of Merchandise" durch die Prüfungsorganisation *Service Organisation for Compliance Audit Management* (SOCAM) überwachen, welche seit 1998 jährliche Berichte über ihre Kontrollaktivitäten veröffentlicht.[413] 99

In Bezug auf Durchsetzungsmöglichkeiten kommt zumindest bei massiven Verstößen gegen den Verhaltenskodex unter bestimmten Voraussetzungen vor innerstaatlichen Gerichten die Erhebung von **Klagen nach den Grundsätzen des *false/misleading advertising*** – in Deutschland auf der Grundlage der §§ 3 und 5 UWG – in Betracht. Aber auch aufgrund anderer Faktoren können sich diese Selbstregulierungsmechanismen als effektiv erweisen. Mit ihrer Entwicklung und Veröffentlichung verfolgt das entsprechende Unternehmen den Zweck, sich nicht lediglich als auf Gewinnmaximierung ausgerichtete Wirkungseinheit, sondern vielmehr **als verantwortungsbewusster und gemeinwohlorientierter Akteur** darzustellen. Auf diese Weise soll verhindert werden, dass Staaten, internationale Organisationen sowie insbesondere NGOs durch negative Berichte oder Kampagnen das Ansehen des Unternehmens bei gegenwärtigen und potentiellen Kunden und Investoren beschädigen. Überdies wird angestrebt, aufgrund des mit dem Selbstregulierungsmechanismus verbundenen Imagegewinns neue Konsumenten und Investoren zu gewinnen.[414] Mit dieser Motivation korrespondiert eine **Erwartungshaltung** der Kunden, Investoren, NGOs, internationalen Organisationen und Staaten dahingehend, dass sich das entsprechende Unternehmen nunmehr auch ohne rechtliche Verpflichtungen in seinem Verhalten 100

407 Erhältlich im Internet <nokia.com/nokia/0,5184,5278,00.html>.

408 S im Internet <philips.com/a-w/about/investor/governance/business-principles.html>.

409 Abgedruckt ua bei *Mares* (Fn 400) 367ff.

410 *Ibid* 454f.

411 Vgl ua *Kocher* GRUR 2005, 647ff; *dies* in Dilling/Herberg/Winter (Hrsg) Responsible Business – Self-Governance and Law in Transnational Economic Transactions (2008) 67ff; *Glinski* Die rechtliche Bedeutung der privaten Regulierung globaler Produktionsstandards (2011) 173ff; *Haufler* A Public Role for the Private Sector (2001) 8ff; *Sethi* Setting Global Standards (2003) 85ff; *Herberg* in Winter (Hrsg) Multilevel Governance of Global Environmental Change (2006) 149ff; *Nowrot* 334ff mwN.

412 S *Koenig-Archibugi* in Held ua (Hrsg) Global Governance and Public Accountability (2005) 110/129ff mwN.

413 Vgl *Williams* in Blanpain (Hrsg) Multinational Enterprises and the Social Challenge of the XXIst Century (2000) 151ff.

414 Hierzu zB *Teubner* FS Weiss (2005) 109/115ff; *Herberg* (Fn 406) 68ff; *Koenig-Archibugi* (Fn 412) 125f; *Schrader* Corporate Citizenship (2003) 82f.

an dem Kodex orientiert. Die Unternehmen sind sich der Bedeutung dieser Verhaltenserwartung auch bewusst, veröffentlichen eine Vielzahl von ihnen doch in regelmäßigen Abständen Tätigkeitsberichte hinsichtlich der zur Implementierung ihrer Verhaltenskodizes unternommenen Aktivitäten. Die Wirksamkeit dieser Selbstregulierungsmechanismen beruht also – auch wenn sie nicht externen Implementierungskontrollen unterliegen – in zentraler Weise auf der hierdurch erfolgten **Selbstbindung der entsprechenden Wirtschaftsakteure** und den bei Verstoß gegen diese Handlungsrichtlinien drohenden **„reputational consequences“**.[415]

3. Entscheidungen internationaler gerichtlicher und gerichtsähnlicher Institutionen

101 Die Entscheidungen internationaler gerichtlicher und gerichtsähnlicher Institutionen leisten zunächst natürlich einen wesentlichen Steuerungsbeitrag auf dem Gebiet der **Rechtsdurchsetzung.**[416] Darüber hinaus kommt ihnen jedoch auch eine Funktion im Rahmen der **Rechtsbildungsprozesse** selbst zu. Dies mag zunächst verwundern, wird doch die **Differenzierung zwischen Rechtssetzung und Rechtsanwendung** als den beiden „Urtypen abendländischen Rechtsdenkens“ jedenfalls auf innerstaatlicher Ebene zu den „Essentialien der Gewaltenteilungs-Doktrin“ gezählt.[417]

102 Auch im Bereich des Völkerrechts hat diese Unterscheidung ua darin ihren Ausdruck gefunden, dass gemäß Art 38 Abs 1 lit d IGH-Statut richterliche Entscheidungen lediglich „als Hilfsmittel zur Feststellung von Rechtsnormen“ qualifiziert werden, also keine selbständigen Rechtsquellen darstellen.[418] Darüber hinaus legt Art 59 IGH-Statut fest, dass die Entscheidungen des IGH **Bindungswirkung nur für die Streitparteien** und nur in Bezug auf die Sache, in der entschieden wurde, aufweisen.[419] Eine entsprechende Regelung findet sich hinsichtlich der Bindungswirkung von Entscheidungen der Investitionsschiedsgerichte in Art 14.D.13 (7) USMCA, wonach „an award made by a tribunal has no binding force except between the disputing parties in respect of the particular case“. Gleiches gilt für Empfehlungen und Entscheidungen im Rahmen des WTO-Streitbeilegungsverfahrens, welche nach ständiger Rechtsprechung des Appellate Body ebenfalls nur eine Wirkung *inter partes* entfalten[420] und überdies gemäß Art 3 Abs 2 und Art 19 Abs 2 DSU „die in den unter die Vereinbarung fallenden Übereinkommen enthaltenen Rechte und Pflichten weder ergänzen noch einschränken“ können.

---

415 So *Bhagwati* in Siebert (Hrsg) Global Governance: An Architecture for the World Economy (2003) 23/35; ähnlich ua *McCorquodale* in Bottomley ua (Hrsg) Commercial Law and Human Rights (2002) 89/111ff; *Cloghesy* in Kirton ua (Hrsg) Hard Choices, Soft Law (2004) 323/325.

416 Allgem statt vieler *Aksar* (Hrsg) Implementing International Economic Law through Dispute Settlement Mechanisms (2011).

417 So ua *Bettermann* in Isensee/Kirchhof (Hrsg) HdbStR, Bd III, 2. Aufl (1996) § 73 Rn 27.

418 Vgl *Graf Vitzthum* 67; *Dahm/Delbrück/Wolfrum* Bd I/1, 77.

419 Eingehend *Brown* in Zimmermann/Tams (Hrsg) The Statute of the International Court of Justice – A Commentary 3. Aufl (2019) Art 59 Rn 1ff mwN.

420 S ua WTO, *Japan-Beverages* App Body v 4.10.1996, WT/DS8/DS10/DS11/AB/R, 14; *US-Foreign Sales Corporation* App Body v 24.2.2000, WT/DS108/AB/R para 108; sowie *Benedek* Die Europäische Union im Streitbeilegungsverfahren der WTO (2005) 295ff.

Gleichwohl besteht weitgehende Einigkeit, dass die Judikative – entgegen der berühmten Forderung von *Montesquieu*[421] – nicht lediglich „la bouche qui prononce les paroles de la loi“ ist,[422] sondern gerade die Entscheidungen internationaler gerichtlicher und gerichtsähnlicher Institutionen über den Aspekt der Rechtsauslegung und -anwendung hinaus auch einen **„most important factor in the development of international law“** darstellen.[423] Zwar ist hierbei auch zu berücksichtigen, dass die Frage, ob und aufgrund welcher Kriterien die Auslegung einer Rechtsnorm von der Rechtsfortbildung im Einzelfall unterschieden werden kann, weiterhin den Gegenstand einer kontrovers geführten Diskussion bildet.[424] Dennoch ist im Ergebnis zu Recht bereits verschiedentlich konstatiert worden, dass vor allem die internationale Judikatur gerade auch „rechtsschöpferisch tätig geworden“ ist.[425] Die entsprechenden Rechtsfindungsprozesse können daher zumindest teilweise auch als Rechtsbildungsprozesse[426] bzw „Rechtsnormproduktion aus Konfliktlösung“[427] und damit als **Rechtssetzungsprozesse im weiteren Sinne** charakterisiert werden.[428] 103

Dies gilt über die Beispiele aus der Rechtsprechung des StIGH und des IGH[429] hinaus gerade auch für gerichtsähnliche Institutionen im internationalen Wirtschaftssystem. So ist im **WTO-Streitbeilegungsverfahren** die Entscheidungspraxis der Panels und des Appellate Body gelegentlich auch von richterlicher Rechtsfortbildung geprägt.[430] Zwar kann man die auch von WTO-Mitgliedern in diesem Zusammenhang vorgebrachte Kritik[431] zum Teil als bloße politische Rhetorik ansehen.[432] Dennoch findet jedenfalls prinzipiell auch auf die Tätigkeit der Panels und des Appellate Body der Grundsatz Anwendung, dass „dispute resolution is not simply a mechanism for neutral application of legislated rules but is itself a mechanism of legislation and of gover- 104

421 *Montesquieu* De l'Esprit des Lois, Bd 1, hrsg v Derathé (1987) 176.

422 So *Tomuschat* FS Ress (2005) 857; deutlich auch *Bernhardt* FS Wildhaber (2007) 91/93 („hoffnungslos antiquierte Auffassung“).

423 *Jennings/Watts* (Fn 196) 41; ähnlich ua *Dahm/Delbrück/Wolfrum* Bd I/1, 77; *Verdross/Simma* § 619; *Ginsburg* in Voigt ua (Hrsg) International Conflict Resolution (2006) 155ff.

424 Hierzu statt vieler *Hirsch* Rechtsanwendung, Rechtsfindung, Rechtsschöpfung – Der Richter im Spannungsverhältnis von Erster und Dritter Gewalt (2003) 11ff.

425 *Bernhardt* FS Zemanek (1994) 11; vgl hierzu auch zB von Bogdandy/Venzke (Hrsg) International Judicial Lawmaking (2012); in Bezug auf die internationale Schiedsgerichtsbarkeit s *Sandrock* in Böckstiegel (Hrsg) Rechtsfortbildung durch Internationale Schiedsgerichtsbarkeit (1989) 21ff.

426 So *Cottier* FS Ehlermann (2002) 99/118.

427 *Teubner* ZaöRV 63 (2003) 1/14.

428 S zB *Lauterpacht* The Development of International Law by the International Court (1958) 155; *Brownlie* RdC 255 (1995) 9/45; sowie aus gesellschaftstheoretischer Perspektive *von Hayek* Law, Legislation and Liberty, Bd 1 (1973) 119.

429 Grundlegend *Lauterpacht* (Fn 428) 155ff; s auch ua *Petersen* in von Bogdandy/Venzke (Hrsg) International Judicial Lawmaking (2012) 411ff.

430 S zB *Steinberg* AJIL 98 (2004) 247ff; *Greenwald* JIEL 6 (2003) 113ff; *Trachtman/Moremen* Harvard ILJ 44 (2003) 221/223; *Appleton* JIEL 2 (1999) 477/495f.

431 Hierzu ua *Shaffer* (Fn 146) 151; *Matsushita* JWT 38 (2004) 185/201; *Steinberg* AJIL 98 (2004) 247f.

432 *Tietje* Current Developments under the WTO Agreement on Subsidies and Countervailing Measures as an Example for the Functional Unity of Domestic and International Trade Law (2004) 16; deutlich relativierend auch zB *Howse* in Cottier ua (Hrsg) The Role of the Judge in International Trade Regulation (2003) 11ff.

nance".[433] Dies entspricht im Übrigen auch der Intention gerade derjenigen WTO-Mitglieder, welche – wie insbesondere die USA und die EU – an einer Vielzahl von Streitbeilegungsverfahren beteiligt sind und über das Obsiegen in einem spezifischen Fall hinaus durch ihre Partizipation auch zur Etablierung neuer, präziserer Normen beitragen wollen.[434]

433 *Trachtman* Harvard ILJ 40 (1999) 333/336; ähnlich *Jackson* FS Mestmäcker (2003) 197/204ff.
434 Hierzu *Shaffer* JIEL 7 (2004) 459/470.

§ 3
Regionale Wirtschaftsintegration

Karsten Nowrot

Gliederung

Schrifttum

Acharya (Hrsg) Regional Trade Agreements and the Multilateral Trading System (2016); *Balassa* The Theory of Economic Integration (1962); *Blank/Clausen/Wacker* Internationale ökonomische Integration (1998); *Behrens* Integrationstheorie: Internationale wirtschaftliche Integration als Gegenstand politologischer, ökonomischer und juristischer Forschung, RabelsZ 45 (1981) 8; *Boysen* Regionale Handelsabkommen, Hilf/Oeter (Hrsg) WTO-Recht, 2. Aufl (2010) § 31; *Cottier/Schefer* (Hrsg) Elgar Encyclopedia of International Economic Law (2017); *Diebold/Tanner* WTO-Recht und regionale Integration, SRIEL 29 (2019) 173; *Dieckheuer* Internationale Wirtschaftsbeziehungen, 5. Aufl (2001); *Germelmann* Perspektiven bilateraler und regionaler Freihandelsabkommen im Welthandelsrecht, EuZW 2016, 207; *Griller/Obwexer/Vranes* (Hrsg) Mega-Regional Trade Agreements: CETA, TTIP, and TiSA (2017); *Grimmel/Jakobeit* (Hrsg) Regionale Integration (2015); *Herrmann/Weiß/Ohler* Welthandelsrecht, 2. Aufl (2007); *Herrmann/Würdemann* Der wirtschaftsvölkerrechtliche und unionsrechtliche Rahmen für regionale Integrationsgemeinschaften, Felbermayr ua (Hrsg) Multilateralismus und Regionalismus in der EU-Handelspolitik (2017) 33; *Jovanović* The Economics of International Integration (2006); *Kim* Das Freihandelsabkommen zwischen der Eurasischen Wirtschaftsunion und der Sozialistischen Republik Vietnam und das Abkommen über eine verstärkte Partnerschaft und Zusammenarbeit zwischen der Republik Kasachstan und der Europäischen Union: Ein Vergleich (2020); *Krajewski* Wirtschaftsvölkerrecht, 4. Aufl (2017); *Mathis* Regional Trade Agreements in the GATT/WTO (2002); *Matsushita/Schoenbaum/Mavroidis/Hahn* The World Trade Organization – Law, Practice, and Policy, 3. Aufl (2015); *Nowrot* „Competing Regionalism“ vs. „Cooperative Regionalism“: On the Possible Relations between Different Regional Economic Integration Agreements (2018); *Rensmann* (Hrsg) Mega-Regional Trade Agreements (2017);

https://doi.org/10.1515/9783110630718-003

Steinberger GATT und regionale Wirtschaftszusammenschlüsse (1963); *Trachtman* International Trade: Regionalism, Guzman/Sykes (Hrsg) Research Handbook in International Economic Law (2007) 151; *Van den Bossche/Zdouc* The Law and Policy of the World Trade Organization, 4. Aufl (2017); *Viner* The Customs Union Issue (1950).

A. Begriff und Zwecksetzung

1 Zwar ist heute vor allem auf der Grundlage der fünf Säulen der WTO-Rechtsordnung[1] auf multilateraler Ebene eine weitgehende Verrechtlichung der zwischenstaatlichen Handelsbeziehungen erreicht. Gleichwohl kommt dem Phänomen der regionalen Wirtschaftsintegration in der normativen Ordnungsstruktur des internationalen Wirtschaftssystems nicht nur weiterhin eine erhebliche, sondern **gegenwärtig sogar ständig wachsende Bedeutung** zu.[2] Unter regionaler Wirtschaftsintegration werden dabei die verschiedenen Arten ökonomischer Kooperation in Form der tatsächlichen Beseitigung von Handelshemmnissen[3] sowie zunehmend unter anderem auch der Statuierung von Investitionsschutzregelungen[4] sowie Mechanismen regulatorischer Kooperation[5] zwischen einer – im Unterschied zu multilateralen Übereinkünften – nur begrenzten Anzahl von Staaten bzw supranationalen Organisationen auf der Basis völkerrechtlicher Verträge verstanden. Insbesondere im Lichte des letztgenannten Charakteristikums stellen sich regionale Wirtschaftsintegrationsprojekte somit gerade auch als **internationale Rechtsphänomene** dar.[6]

2 Der **Begriff „regionale Wirtschaftsintegration"** selbst ist zu Recht bereits verschiedentlich als **irreführend** bezeichnet worden,[7] beschränkt sich doch die Kooperation durch Integrationsabkommen gerade heute nicht mehr allein auf Staaten einer Region oder eines Kontinents. Vielmehr verdeutlichen in jüngerer Zeit Beispiele wie die Abschlüsse von bilateralen Freihandelsabkommen durch die USA mit Singapur und Jordanien sowie durch Mexiko mit der EU und Japan die Existenz gerade auch kontinentalübergreifender, gleichwohl nicht- bzw sub-multilateraler Wirtschaftsin-

1 S → *Tietje* § 4 Rn 1.

2 Vgl hierzu noch u Rn 22ff.

3 In Bezug auf dieses Merkmal wirtschaftlicher Integration als Abgrenzungskriterium zu anderen Formen wirtschaftlicher Kooperation bereits *Balassa* 2; für eine Vielzahl weiterer Definitionsansätze vgl ua *Jovanović* International Economic Integration (1992) 3ff mwN.

4 S ua *Crawford/Kotschwar* Investment Provisions in Preferential Trade Agreements: Evolution and Current Trends (2018); *Nowrot* in Rensmann (Hrsg) 155ff; Trakman/Ranieri (Hrsg) Regionalism in International Investment Law (2013); sowie bereits UNCTAD, Investment Provisions in Economic Integration Agreements (2006). Zum Phänomen der „deep integration"-Abkommen s auch u Rn 10.

5 Zu diesem Steuerungskonzept und seiner aktuellen Verwirklichung in regionalen Wirtschaftsabkommen *Nowrot* ZG 31 (2016) 1ff.

6 Eingehender zu den wesentlichen Charakteristika des regionalen Integrationsvölkerrechts *Nowrot* in Grimmel/Jakobeit (Hrsg) 54/61ff mwN.

7 So ua *Mavroidis* The General Agreement on Tariffs and Trade (2005) 225; *Matsushita/Schoenbaum/Mavroidis/Hahn* 507 Fn 1; *Van den Bossche/Zdouc* 671f; *Bartels* in Ortino/Petersmann (Hrsg) The WTO Dispute Settlement System 1995–2003 (2004) 263 Fn 1; *Kallmayer* Verbot und Rechtfertigung von Präferenzabkommen im GATT (2005) 44.

tegrationsbestrebungen.[8] Insgesamt machen diese **regionenübergreifenden Integrationsabkommen** gegenwärtig sogar bereits ca 50 Prozent aller entsprechenden Vereinbarungen aus.[9] Hinzu kommen – in Gestalt so genannter **„megaregional agreements"** – die gegenwärtigen Verhandlungen über den Abschluss von Freihandelsabkommen zwischen einer größeren Anzahl an ökonomisch wirkungsmächtigen Staaten und supranationalen Organisationen wie beispielsweise das im März 2018 unterzeichnete Comprehensive and Progressive Agreement for Trans-Pacific Partnership (CPTPP), die im November 2020 unterzeichnete Regional Comprehensive Economic Partnership (RCEP) und das im Februar 2019 in Kraft getretene Economic Partnership Agreement zwischen der EU und Japan.[10] Die Herkunft des Begriffs „regionale Wirtschaftsintegration" begründet sich in dem Umstand, dass sich jedenfalls traditionellerweise Formen nicht-multilateraler Integration ganz überwiegend zwischen Staaten einer Region vollzogen haben. Überdies ist auf der Grundlage der bisherigen Praxis zu konstatieren, dass geographische Nähebeziehungen zwischen den beteiligten Staaten einen wesentlichen Motivationsfaktor insbesondere für vertiefte wirtschaftliche Integrationsgemeinschaften bilden.[11] Dies zeigt sich unter anderem an dem Umstand, dass weitergehende Integrationsformen wie Zollunionen auch gegenwärtig noch ausschließlich zwischen geographisch benachbarten Staaten geschlossen werden.[12] Vor dem Hintergrund seiner Ursprünge und der zwischenzeitlichen Etabliertheit im Schrifttum spricht im Grundsatz auch nichts gegen die fortgesetzte Heranziehung dieses Terminus, jedenfalls wenn man hierbei berücksichtigt, dass damit keine Eingrenzung der Thematik auf Integrationsmechanismen geographisch eng verbundener Staaten einhergeht.[13]

Zunächst dient die Errichtung regionaler Wirtschaftsintegrationszonen natürlich 3
dem Ziel der Erleichterung des grenzüberschreitenden Wirtschaftsverkehrs durch die Verringerung von Zöllen und die Beseitigung sonstiger Handels- und Investitionshemmnisse. Die **Motivation für den Abschluss von Wirtschaftsintegrationsabkommen** beruht jedoch oftmals nicht allein auf ökonomischen Gesichtspunkten. Vielmehr spielen häufig gerade auch sicherheitspolitische Überlegungen und weitere nichtökonomische Erwägungen eine Rolle, welche in ihrer Gesamtheit auf die friedensstabilisierende Ordnungsfunktion zwischenstaatlicher Handelsbeziehungen abzielen.[14] Ebenso wie das Außenwirtschaftsrecht, dient die regionale Wirtschafts-

8 Allgem zum Phänomen der wachsenden Anzahl an „cross-regional RTAs" *Fiorentino/Verdeja/Toqueboeuf* The Changing Landscape of Regional Trade Agreements: 2006 Update, WTO Discussion Paper No 12 (2007) 8ff.

9 WTO, World Trade Report 2013, 75; *Van den Bossche/Zdouc* 673; *Diebold/Tanner* 174.

10 Allgem zu „Megaregionals" und ihren rechtlichen sowie wirtschaftspolitischen Herausforderungen UNCTAD World Investment Report 2014, Investing in the SDGs: An Action Plan (2014) 118ff.; Rensmann (Hrsg) Mega-Regional Trade Agreements (2017); *Stoll* in Cottier/Schefer (Hrsg) 37f; *Pauwelyn/Alschner* in Dür/Elsig (Hrsg) Trade Cooperation (2015) 497/512; *Riffel* Mega-regionals, MPEPIL (12/2016).

11 *Herrmann/Weiß/Ohler* Rn 603.

12 *Fiorentino/Verdeja/Toqueboeuf* (Fn 8) 6 u Fn 16; eingehender zur Intergrationsform der Zollunion u Rn 13f.

13 So auch zB *Trachtman* 153.

14 S hierzu *Van den Bossche/Zdouc* 675; *Cottier/Foltea* in Bartels/Ortino (Hrsg) Regional Trade Agreements and the WTO Legal System (2006) 43/44ff; *Nowrot* in Müller-Graff (Hrsg) EU-Nachbarschaftspolitik – Nordafrika und Nahost (2017) 65/66ff; *Hirsch* EJIL 19 (2008) 277/286; *Müller* ZEuS 2007, 353/366f.

integration also nicht nur der Verwirklichung ökonomischer, sondern zunehmend auch der Verfolgung allgemeiner außen- und sicherheitspolitischer Zwecksetzungen.[15]

4 Bereits *Immanuel Kant* hat in seiner Schrift „Zum ewigen Frieden" aus dem Jahre 1795 auf die **politischen Stabilisierungseffekte grenzüberschreitender Wirtschaftsverbindungen** hingewiesen.[16] Vor diesem Hintergrund haben denn auch beispielsweise die USA schon in der Vergangenheit, insbesondere während des Kalten Krieges, ihre Außenhandelspolitik in vielfältiger Weise an sicherheitspolitischen Zwecksetzungen ausgerichtet.[17] In jüngerer Zeit hat die US-Regierung infolge der Terroranschläge vom 11.9.2001 verschiedentlich zum Ausdruck gebracht, dass die Bekämpfung des internationalen Terrorismus nicht allein mit militärischen Mitteln vollzogen werden kann, sondern gerade auch der Abschluss regionaler Integrationsabkommen aufgrund der damit verbundenen Wohlfahrtssteigerungen und politischen Stabilisierungseffekte zumindest auf längere Sicht eine wirksame Vorgehensweise darstellt.[18] Ihren Ausdruck findet diese partielle Akzentverschiebung in der Außenwirtschaftspolitik der USA[19] in der verstärkten Aufnahme von Verhandlungen über den Abschluss bilateraler Freihandelsabkommen. Die Aushandlung regionaler Integrationsabkommen ist zwar keine prinzipiell neue Erscheinung in der Handelspolitik der USA.[20] Hervorzuheben sind jedoch die deutlich vermehrten Angebote zum Abschluss von Freihandelsabkommen insbesondere gegenüber arabischen und afrikanischen Staaten, denen primär auch sicherheitspolitische Überlegungen zugrunde liegen.[21]

5 Diese friedensstabilisierende Ordnungsfunktion regionaler Wirtschaftsintegrationsabkommen, welche ihre zentrale Ausprägung und Bestätigung in prominenter Weise seit Beginn der 1950er Jahren im Prozess der europäischen Integration findet,[22] erweist sich natürlich auch gegenwärtig als prinzipiell zutreffend und bedeutsam. Gleichwohl ist gerade in jüngerer Zeit – und dies wiederum nicht zuletzt im weiteren europäischen Kontext – deutlich geworden, dass von der Verfolgung ambitionierter bilateraler und regionaler Wirtschaftsintegrationsprojekte unter bestimmten Umständen auch aus sicherheitspolitischer Perspektive nachteilige, **destabilisierende Effekte** ausgehen können. Dies gilt insbesondere für den Fall, dass zwei sich in einer geographischen Nähebeziehung befindende sowie ökonomisch und politisch in einem Konkurrenzverhältnis stehende Integrationsregime um die Mitgliedschaft bzw nähere Einbindung einzelner Staaten konkurrieren und sich im Hinblick auf ihre jeweiligen

---

15 In Bezug auf die Zielsetzungen des Außenwirtschaftsrechts s → *Tietje* § 18 Rn 5.

16 *Kant* Zum ewigen Frieden, Ausgabe Reclam jun Stuttgart (1984) 33.

17 Vgl hierzu ua *Bhagwati* Protectionism (1988) 38ff; *McRae* RdC 260 (1996) 99/146f.

18 Eingehender *Nowrot* in Bungenberg/Meessen (Hrsg) Internationales Wirtschaftsrecht im Schatten des 11. September 2001 (2004) 49/62ff; *Sheppard* George Washington ILR 34 (2003) 743/769f; *Glick* Cornell ILJ 35 (2002) 627/637.

19 Allgem hierzu *Nowrot* (Fn 18) 49ff mwN.

20 S *Pearson* United States Trade Policy (2004) 106ff.

21 *Hilaire/Yang* JWT 38 (2004) 603/605; *Nowrot* 7f; sowie allgem *Weatherall* in Broude ua (Hrsg) The Politics of International Economic Law (2011) 40/42ff; *Heydon/Woolcock* The Rise of Bilateralism (2009) 151ff.

22 Ausf hierzu statt vieler *van Middelaar*, The Passage to Europe (2014) 136ff.

Partizipationsoptionen wechselseitig schon aus rechtlicher Perspektive als nicht miteinander kompatibel[23] erweisen. Ein Beispiel aus der Staatenpraxis für dieses Phänomen eines **„competing regionalism"**[24] und der sich im Extremfall hieraus ergebenden negativen Konsequenzen bildet die 2013/14 einsetzende Ukraine-Krise, welche im Hinblick auf ihre Ursachen verschiedentlich unter anderem auf das Spannungsverhältnis zwischen dem von der EU anvisierten Assoziierungsprozess mit der Ukraine einerseits und der hiermit auch rechtlich weitgehend unvereinbaren, namentlich von der Russischen Föderation angestrebten Mitgliedschaft dieses Staates in der Eurasischen Zollunion zurückgeführt wird.[25]

B. Formen regionaler Wirtschaftsintegration

Die inhaltlichen und gegebenenfalls auch institutionellen Ausgestaltungen regionaler 6
Wirtschaftsintegration sind so vielfältig wie die ihrer Entstehung zugrunde liegenden politischen, ökonomischen sowie rechtlichen Konstellationen und die von den beteiligten Staaten angestrebten Ziele. Vor dem Hintergrund der sehr verschiedenartigen Formen ist daher bereits vertreten worden, dass sich dieses Phänomen zumindest einer eingängigen ordnenden Systematisierung insgesamt entzieht.[26] Gleichwohl hat in den Wirtschaftswissenschaften eine **an dem jeweiligen Intensitätsgrad des ökonomischen Zusammenschlusses orientierte Kategorisierung** anhand von fünf Integrationstypen ganz überwiegende Anerkennung gefunden.[27] Schon aufgrund des inhärent interdisziplinären Charakters dieses Sachgebiets[28] wird sie vielfach auch im Rahmen rechtswissenschaftlicher Analysen und Darstellungen regionaler Wirtschaftsintegrationsformen herangezogen.[29]

---

23 Zur rechtlichen Vereinbarkeit der gleichzeitigen Zugehörigkeit eines Staates zu verschiedenen regionalen Wirtschaftsintegrationsabkommen vgl ausf *Nowrot* 12ff mwN.

24 Zum Phänomen des „competing regionalism" *ibid* 5ff; sowie speziell im Vorfeld der Ukraine-Krise ua auch *Kembayev* Osteuropa 59 (2013) 369/376 („we can clearly state that those processes are in principle of competitive character").

25 Hierzu ua *Van der Loo* The EU-Ukraine Association Agreement and Deep and Comprehensive Free Trade Area (2016) 131; *Kühn* ZEuS 2017, 185/186ff; *Nowrot* 8ff mwN.

26 Vgl ua *Trachtman* 153 („regional integration defies simple categorization"); *de Mestral* Economic Integration, Comparative Analysis, MPEPIL (4/2011) para 4 („the form and scope of RTAs can vary greatly"); allgem zur Vielfalt regionaler Wirtschaftsintegration statt vieler bereits *Steinberger* 32.

27 Statt vieler *Blank/Clausen/Wacker* 32ff, 57ff; *Dieckheuer* 194ff; *Jovanović* 21ff; vgl im Grundsatz auch bereits *Balassa* 2, dessen Klassifizierung allerdings lediglich vier Integrationstypen umfasst.

28 Hierzu deutlich *Behrens* 8ff.

29 S zB *Marceau/Reiman* LIEI 28 (2001) 297/302; *Hilpold* MPYUNL 7 (2003) 219/224ff; *Herrmann/Weiß/Ohler* Rn 602; *Krajewski* Rn 970ff; *Herrmann/Würdemann* 38ff; *Schöbener/Herbst/Perkams* Internationales Wirtschaftsrecht (2010) 33ff; *Fischer/Köck/Karollus* Europarecht, 4. Aufl (2002) Rn 12ff; *Bobe* Die Vereinbarkeit von vertiefter (regionaler) wirtschaftlicher Integration mit dem Welthandelsrecht am Beispiel des EG-Binnenmarktes (2006) 56f.

I. Präferenzielles Handelsabkommen

7 Auf der Grundlage dieses Schemas stellen **präferenzielle Handelsabkommen** den wirtschaftlichen Kooperationstypus in Form der tatsächlichen Beseitigung von Handelshemmnissen mit der geringsten Integrationsintensität dar.[30] Kennzeichnend für sie ist zunächst eine auf die Vertragsparteien beschränkte Gewährung von Vorzugsbedingungen hinsichtlich des Marktzugangs bestimmter Güter. Diese präferenzielle Behandlung findet in der Reduzierung oder Beseitigung von Zöllen und mengenmäßiger Beschränkungen bei Ein- und Ausfuhren, aber auch dem Abbau anderer Handelsschranken ihren Ausdruck. Im Unterschied zu den übrigen Formen regionaler Wirtschaftsintegration beschränkt sich diese Handelsliberalisierung allerdings **lediglich auf einzelne Wirtschaftsbereiche.** Gleichwohl ergibt sich in Bezug auf die erfassten Güter auch bereits bei diesem Typus regionaler Wirtschaftsintegration das Erfordernis, **präferenzielle Ursprungsregeln** zwischen den Vertragsparteien zu vereinbaren. Ursprungsregeln verfolgen den Zweck, Vorgaben für die Bestimmung der – unter anderem zollrechtlich relevanten – Herkunft einer Ware aufzustellen.[31] Im Rahmen regionaler Wirtschaftsintegration dienen sie der Feststellung, ob die entsprechenden Produkte als Güter aus einem der Vertragsparteien dem privilegierten Handelsregime des Abkommens unterfallen und damit beispielsweise auf eine Ware der vereinbarte präferenzielle Zolltarif anzuwenden ist.[32]

8 Präferenzielle Handelsabkommen sind schon in der Vergangenheit häufig zwischen Staaten mit einem vergleichbaren ökonomischen Entwicklungsprofil geschlossen worden.[33] Auch gegenwärtig findet sich noch eine solche vertragliche Einräumung von Vorzugsbehandlungen in Bezug auf Zölle und nichttarifäre Handelshemmnisse, obgleich diese Praxis vor dem Hintergrund der entsprechenden Vorgaben der WTO-Rechtsordnung[34] auf die vertraglichen Wirtschaftsbeziehungen zwischen Entwicklungsländern beschränkt ist.[35] Demgegenüber stellen sich die von verschiedenen Industrieländern und der Europäischen Union als Instrument der Entwicklungspolitik eingeführten **Allgemeinen Präferenzsysteme zugunsten von Entwicklungsländern**[36] grundsätzlich als einseitig gewährte Handelsvorteile dar.

---

30 Vgl zu präferenziellen Handelsabkommen auch ua *Krajewski* Rn 972; *Dieckheuer* 194; *Blank/Clausen/Wacker* 32.

31 Vgl hierzu → *Tietje* § 4 Rn 54f mwN.

32 Allgem zu präferenziellen Ursprungsregeln ua *Abreu* in Acharya (Hrsg) 58ff; *Brenton* in Chauffour/Maur (Hrsg) Preferential Trade Agreement Policies for Development (2011) 161ff; *Inama* Rules of Origin in International Trade (2009) 174ff; *Puth/Stranz* in Hilf/Oeter (Hrsg), WTO-Recht, 2. Aufl (2010) § 11 Rn 57.

33 S zB den Methuen-Vertrag vom 27.12.1703 als präferenzielles Handelsabkommen zwischen Großbritannien und Portugal, hierzu *Held* in Strupp/Schlochauer (Hrsg) Wörterbuch des Völkerrechts, Bd 2, 2. Aufl (1961) 522f; *Erler* Grundprobleme des Internationalen Wirtschaftsrechts (1956) 60.

34 S u Rn 32ff.

35 Vgl hierzu ua *Jessen* in Hilf/Oeter (Hrsg), WTO-Recht, 2. Aufl (2010) § 26 Rn 32.

36 Ausf *Jessen* WTO-Recht und „Entwicklungsländer" (2006) 323ff, 538ff; vgl hierzu auch → *Tietje* § 4 Rn 53, 98ff.

II. Freihandelszone

9 Auch die nach der Intensität des ökonomischen Zusammenschlusses sich anschließende Kategorie der **Freihandelszone** weist, wie alle Formen regionaler Wirtschaftsintegration, eine lediglich auf die Vertragsparteien begrenzte präferenzielle Behandlung auf.[37] Allerdings umfasst die Liberalisierung des Handels im Unterschied zu präferenziellen Handelsabkommen zum einen nicht lediglich eine Reduzierung, sondern die vollständige Beseitigung der Zölle und mengenmäßigen Beschränkungen. Zum anderen dürfen von dieser Vorzugsbehandlung nicht lediglich einzelne Wirtschaftsbereiche, sondern es müssen **grundsätzlich so gut wie alle Sektoren erfasst** sein, um das für diese ökonomische Integrationsform begriffsprägende Kriterium eines im Prinzip freien Handels zwischen den Vertragsparteien zu erfüllen.[38]

10 In Bezug auf ihren Anwendungsbereich umfasst die Freihandelszone dabei in der Praxis über den Handel mit Waren hinaus in jüngerer Zeit zunehmend häufiger auch weitere Regelungsbereiche. Hierbei handelt es sich zum einen um solche Sachgebiete, die zwar gegenwärtig auch grundsätzlich bereits eine Normierung durch die multilaterale Rechtsordnung der WTO gefunden haben, im Rahmen entsprechender Freihandelsabkommen aber – mittels so genannter **„WTO-plus" Verpflichtungen** – weitergehenden rechtlichen Anforderungen unterworfen werden. Hierzu gehören beispielsweise Regelungen in Bezug auf den Dienstleistungshandel und den Schutz des geistigen Eigentums. Zum anderen enthalten diese regionalen Integrationsabkommen aber in wachsendem Umfang auch Vorgaben hinsichtlich solcher Regelungsbereiche, welche über den derzeitigen, gemäß Art II:2 WTO-Übereinkommen für alle Mitglieder verbindlichen Anwendungsbereich des WTO-Rechts hinausgehen. Diese so genannten **„WTO-extra" bzw „WTO-X" Verpflichtungen** beziehen sich unter anderem auf wettbewerbsrechtliche Fragestellungen, die Festlegung von Schutzstandards für Investitionen aus den anderen Vertragsparteien,[39] die Normierung von Regelungen über das öffentliche Beschaffungswesen sowie die Statuierung von Arbeitsschutzstandards und Umweltschutzvorgaben.[40] Beispiele für solche, durch einen **„deep integration"-Ansatz** gekennzeichneten Freihandelsabkommen finden sich gegenwärtig unter anderem in der Vertragspraxis der USA und der EU. Hingewiesen sei hier nur auf das am 6.10.2010 unterzeichnete Freihandelsabkommen zwischen der EU und Südkorea,[41] das am 30.10.2016 unterzeichnete Comprehensive Economic and Trade Agreement

---

37 S allgem zu Freihandelszonen auch zB *Balassa* 69ff; *Köbele* Free Trade Areas, MPEPIL (4/2011); *Krajewski* Rn 973ff; *Fischer/Köck/Karollus* (Fn 29) Rn 14ff; *Blank/Clausen/Wacker* 32 u 57ff; *Dieckheuer* 194f.

38 Vgl zur Legaldefinition einer Freihandelszone nach Art XXIV:8 lit b GATT und den sich hieraus ergebenden Anforderungen u Rn 34ff.

39 Zu dem „shift in treaty-making activity from BITs towards FTAs and other economic integration treaties that combine trade and investment liberalization" vgl bereits UNCTAD World Investment Report 2008, Transnational Corporations and the Infrastructure Challenge (2008) 17. S nachfolgend auch UNCTAD World Investment Report 2013, Global Value Chains: Investment and Trade for Development (2013) 103ff („Regionalism on the rise"); sowie bereits o Rn 1.

40 Für diese Differenzierung zwischen „WTO-plus" und „WTO-X" Verpflichtungen in regionalen Integrationsabkommen s *Horn/Mavroidis/Sapir* The World Economy 33 (2010) 1565/1567ff; WTO, World Trade Report 2011, 128ff.

41 ABl EU 2011 L 127/6.

(CETA) zwischen Canada und der EU[42] sowie das Freihandelsabkommen der USA mit Singapur vom 6.5.2003[43] und die entsprechende Vereinbarung der USA mit Südkorea vom 30.5.2007, dessen nachfolgend neu verhandelte Fassung am 1.1.2019 in Kraft trat.[44]

11 Während die Freihandelszone sich also durch eine weitgehende, wirtschaftssektorenübergreifende Liberalisierung des Binnenhandels zwischen den an ihr beteiligten Staaten auszeichnet, bleibt die Gestaltung des Außenverhältnisses, also die **Handelspolitik gegenüber Drittstaaten**, bei dieser Integrationsform weiterhin den einzelnen Partnerländern überlassen. Mangels Vereinbarung eines gemeinsamen Außenzolls entscheidet also jeder beteiligte Staat autonom über die Festsetzung von tarifären und nichttarifären Handelshemmnissen in Bezug auf Waren aus nicht von der Freihandelszone umfassten Ländern. Die hieraus regelmäßig resultierende Beibehaltung unterschiedlicher Zollniveaus führt dazu, dass Warenimporte aus Drittstaaten zunächst in dasjenige Land erfolgen, welches den jeweils geringsten Zolltarif hat, um sie von dort aus in die anderen Partnerstaaten der Freihandelszone weiterzuleiten. Um diese Handelsumlenkung zu vermindern, sehen Freihandelszonen entweder eine Beschränkung der Zollfreiheit auf Waren, die in dem Territorium der beteiligten Staaten ihren Ursprung haben, oder die Erhebung von Ausgleichszöllen vor.[45] Vor diesem Hintergrund wird deutlich, dass der Vereinbarung von präferenziellen Ursprungsregeln[46] gerade im Rahmen von Freihandelszonen eine hervorgehobene Bedeutung zukommt.

12 Freihandelszonen bilden in der Praxis gegenwärtig die quantitativ mit großem Abstand **bedeutendste aller Formen regionaler Wirtschaftsintegration**. Von allen der WTO bis März 2021 notifizierten und bereits in Kraft getretenen Abkommen[47] verstanden sich über fünfundsiebzig Prozent als Freihandelszone, während sich beispielsweise lediglich knapp acht Prozent als Zollunion qualifizierten.[48] Aus dieser Vielzahl an Freihandelszonen seien hier nur beispielhaft in Bezug auf den nordamerikanischen Raum das am 1.7.2020 in Kraft getretene United States-Mexico-Canada Agreement (USMCA) als Nachfolgeabkommen des NAFTA, hinsichtlich des europäischen Bereichs die European Free Trade Association (EFTA) und das Abkommen über

---

42 ABl EU 2017 L 11/23.

43 Für den Text des Abkommens s <ustr.gov/trade-agreements/free-trade-agreements/singapore-fta/final-text>.

44 S <ustr.gov/trade-agreements/free-trade-agreements/korus-fta/final-text>. Allgem zum Phänomen der „deep integration"-Abkommen s auch WTO, World Trade Report 2011, 110ff, 128ff; *Trebilcock/Howse/Eliason* The Regulation of International Trade, 4. Aufl (2013) 95ff; *Hoekman/Kostecki* The Political Economy of the World Trading System, 3. Aufl (2009) 502ff; *Melo Araujo* EYIEL 5 (2014) 263ff.

45 S hierzu sowie zu den negativen Konsequenzen für die durch die Errichtung von Freihandelszonen intendierten Wohlfahrtsgewinne *Behrens* 31; *Fischer/Köck/Karollus* (Fn 29) Rn 16f.

46 Vgl bereits o Rn 7.

47 Zu diesen Notifizierungserfordernissen s u Rn 49ff.

48 Vgl die Angaben der WTO unter: <http://rtais.wto.org/UI/publicsummarytable.aspx>; zu möglichen Gründen hierfür *Ovádek/Willemyns* EJIL 30 (2019) 361; *Fiorentino/Verdeja/Toqueboeuf* (Fn 8) 6f; sowie ua *Korth* Regionalintegration in Zentralamerika und ihre Übereinstimmung mit dem Welthandelssystem der WTO (2008) 226.

den Europäischen Wirtschaftsraum (EWR),[49] in Asien die ASEAN Free Trade Area (AFTA) der Association of South-East Asian Nations (ASEAN)[50] sowie für den afrikanischen Raum der Common Market for Eastern and Southern Africa (COMESA)[51] und die 30.5.2019 in Kraft getretene African Continental Free Trade Area (AfCFTA) genannt.

III. Zollunion

Während sowohl im Rahmen von präferenziellen Handelsabkommen als auch insbesondere von Freihandelszonen grundsätzlich Vereinbarungen über präferenzielle Ursprungsregeln getroffen werden, entfällt dieses Erfordernis bei der **Zollunion** als nächst höherem Integrationstypus.[52] Grund hierfür ist der Umstand, dass die Zollunion zwar prinzipiell auch alle Charakteristika einer Freihandelszone aufweist, sich darüber hinaus aber durch die **Einführung eines einheitlichen Außenzolls** gegenüber Waren aus Drittstaaten sowie die hiermit häufig einhergehende Harmonisierung weiterer außenhandelspolitischer Maßnahmen auszeichnet. Vor dem Hintergrund eines gemeinsamen Außenzolls können Waren aus Drittländern innerhalb der Zollunion „frei zirkulieren", so dass zwischen den teilnehmenden Staaten die zur Verminderung handelsumlenkender Effekte im Rahmen von Freihandelszonen gebotenen Ursprungsregeln nicht mehr notwendig sind.[53] 13

Wie bereits angeführt verstehen sich in der Praxis gegenwärtig lediglich knapp acht Prozent aller regionalen Wirtschaftsintegrationsabkommen als Zollunionen, ein Umstand, der bereits zur Charakterisierung dieser Integrationsform als nicht nur „less popular", sondern auch „perhaps out of tune with today's trading climate" geführt hat.[54] Im Hinblick auf mögliche Gründe für die im Vergleich mit Freihandelszonen deutlich geringere Zahl an Zollunionen ist jedoch insbesondere ihr erheblich höheres Integrationsniveau zu berücksichtigen, welches in prägnanter, wenngleich in der Sache natürlich etwas überzeichneter Weise als „affinity with statehood" beschrieben worden ist.[55] Die Einigung auf einen gemeinsamen Zolltarif setzt ebenso wie die weitgehende Harmonisierung der Außenhandelspolitik ein hohes Maß an Integrationsbereitschaft auf Seiten der beteiligten Staaten voraus, welches regelmäßig nur bei gleichzeitiger Verfolgung auch politischer Integrationsbemühungen gegeben ist. Bereits Zollunionen erfordern damit, ebenso wie die weitergehenden Integrationsformen 14

49 S hierzu → *Tietje* § 18 Rn 67f mwN.

50 Agreement on the Common Effective Preferential Tariff Scheme for the ASEAN Free Trade Area v 28.1.1992: <aseansec.org/12375.htm>.

51 Eingehender zu COMESA ua *Gathii* African Regional Trade Agreements as Legal Regimes (2011) 165ff; Murinde (Hrsg) The Free Trade Area of the Common Market for Eastern and Southern Africa (2001).

52 Vgl in Bezug auf die Legaldefinition einer Zollunion nach Art XXIV:8 lit a GATT u Rn 34ff; allgem zu Zollunionen s überdies zB *Ovádek/Willlemyns* EJIL 30 (2019) 361; *Behrens* 31f; *Balassa* 21ff; *Blank/Clausen/Wacker* 32f u 88ff; *Jovanović* 28ff; *Kaufmann* Customs Unions, MPEPIL (8/2014); sowie grundlegend bereits *Viner* 3ff.

53 S ua *Fischer/Köck/Karollus* (Fn 29) Rn 20; *Dieckheuer* 195.

54 *Fiorentino/Verdeja/Toqueboeuf* (Fn 8) 5.

55 *Ballreich* in Bernhardt (Hrsg) EPIL, Bd I (1992) 920/921; ähnlich *Fischer/Köck/Karollus* (Fn 29) Rn 20.

des gemeinsamen Marktes und der Wirtschaftsunion, über den Verzicht auf außenwirtschaftspolitische „Alleingänge" hinaus regelmäßig **eine weitgehende politische wie ökonomische Homogenität zwischen den Vertragsparteien** – ein Charakteristikum, welches nicht zuletzt darin seinen deutlichen Ausdruck findet, dass Zollunionen im Unterschied zu Freihandelszonen auch gegenwärtig noch ausschließlich zwischen Staaten eines geographisch zusammenhängenden Raumes etabliert werden.[56] Ein bekanntes Beispiel bildet zunächst die EU, deren Grundlage gemäß Art 28 Abs 1 AEUV eine Zollunion bildet, welche sich auf den gesamten Warenaustausch erstreckt. Weiterhin kann auf die Zollunionen der EU mit Andorra,[57] mit San Marino[58] und mit der Türkei,[59] die im Oktober 2007 gegründete Zollunion zwischen der Russischen Föderation, Weißrussland und Kasachstan, welche nunmehr – unter Beteiligung von Armenien und Kirgistan – einen Bestandteil der am 1.1.2015 in Kraft getretenen Eurasischen Wirtschaftsunion bildet,[60] sowie auf die nach eigenen Angaben älteste noch existierende Zollunion der Welt, die im Jahre 1910 gegründete Southern African Customs Union (SACU),[61] verwiesen werden.

IV. Gemeinsamer Markt

15 Obgleich in der gegenwärtigen Praxis auch Freihandelszonen vermehrt eine sektorale Liberalisierung des Dienstleistungshandels sowie Regelungen in Bezug auf Investitionen aus den anderen Teilnehmerstaaten mit umfassen, sind sie doch ebenso wie Zollunionen typischerweise im Schwerpunkt auf die Beseitigung von Handelshemmnissen im Warenverkehr ausgerichtet. Demgegenüber zeichnet sich die Wirtschaftsintegrationsform des **gemeinsamen Marktes**, welcher jedenfalls typischerweise auch eine Zollunion umfasst,[62] durch einen umfassenderen Liberalisierungs- bzw Integrationsansatz aus. Über den Warenhandel hinaus sind in einem gemeinsamen Markt auch die Bewegungen der Produktionsfaktoren Arbeit und Kapital liberalisiert, also der **freie Dienstleistungs-, Personen- und Kapitalverkehr** verwirklicht.[63] Erst diese Integration der Dienstleistungs-, Arbeits- und Kapitalmärkte ermöglicht es, dass „die Produktionsfak-

---

56 S hierzu bereits o Rn 2.

57 S das Abkommen v 28.6.1990, ABl EG 1990 L 374/16; vgl hierzu auch → *Tietje* § 18 Rn 71.

58 ABl EG 2002 L 84/43.

59 Vgl hierzu WTO, *Turkey-Textiles* Panel v 31.5.1999, WT/DS34/R paras 2.10ff.; *Colares/Durmus* JIEL 22 (2019) 99/104ff; *Nowrot* 19ff mwN.

60 Hierzu ua *Kim* 26ff; *Kembayev* Eurasian Economic Union, MPEPIL (2/2018); *Kühn* ZEuS 2017, 185/197ff; *Hoffmann* in Grimmel/Jakobeit (Hrsg) 146/151ff; *Schladebach/Kim* WiRO 2015, 161ff.

61 Eingehendere Informationen hierzu unter: <sacu.int/>; s überdies ua *Gantz* Regional Trade Agreements (2009) 435ff; *Meyn* The Impact of EU Free Trade Agreements on Economic Development and Regional Integration in Southern Africa – The Example of EU-SACU Trade Relations (2006) 45ff.

62 Umstritten ist, ob eine Zollunion notwendiger Bestandteil eines gemeinsamen Marktes ist. Vgl hierzu *Herrmann/Weiß/Ohler* Rn 602 mwN.

63 Vgl hierzu sowie allgem in Bezug auf diese Integrationsform *Blank/Clausen/Wacker* 33 u 125ff; *Jovanović* (Fn 3) 88ff; *Krajewski* Rn 982ff; *Herrmann/Würdemann* 40; *Dieckheuer* 195f.

toren tatsächlich an den Ort ihrer jeweils größten Produktivität im Integrationsraum wandern können".[64]

16 Das in der gegenwärtigen Praxis wohl bedeutendste **Beispiel für einen gemeinsamen Markt bildet die EU.** Die in Art 26 Abs 2 AEUV statuierte Definition des Binnenmarktes als ein „Raum ohne Binnengrenzen, in dem der freie Verkehr von Waren, Personen, Dienstleistungen und Kapital gemäß den Bestimmungen dieses Vertrags gewährleistet ist" kann dabei nach dem Vorgenannten auch – zumindest hinsichtlich seiner binnengerichteten Dimension – als allgemeine Umschreibung der Integrationsform des gemeinsamen Marktes angesehen werden.[65] Aus institutioneller Perspektive verdeutlicht das Beispiel der EU überdies, dass die Errichtung eines gemeinsamen Marktes aufgrund der hierfür erforderlichen engen Kooperation der beteiligten Staaten prinzipiell mit dem Aufbau einer **ausdifferenzierten Organstruktur der Integrationsgemeinschaft** einhergeht. Weiterhin ist hier insbesondere die am 1.1.2015 in Kraft getretene Eurasische Wirtschaftsunion zu nennen, welche einen weitgehend ungehinderten Verkehr von Waren, Arbeitnehmern, Dienstleistungen und Kapital zwischen den aktuell fünf Mitgliedstaaten (Armenien, Kasachstan, Kirgistan, Russische Föderation, Weißrussland) ermöglicht.[66]

17 Die Integrationsform des gemeinsamen Marktes zielt zunächst einmal auf die umfassende Liberalisierung des Personen-, Waren-, Dienstleistungs- und Kapitalverkehrs zwischen den beteiligten Staaten ab und basiert damit im Prinzip ausschließlich auf einem so genannten **‚negativen Integrationsansatz'**.[67] Vor diesem Hintergrund können jedoch hinsichtlich der Erzielung der gewünschten Integrationswirkung in mehrfacher Hinsicht Probleme auftreten. Zum einen können aus Perspektive der Mitgliedstaaten **unterschiedliche Standortbedingungen innerhalb des gemeinsamen Marktes** zur Folge haben, dass die Produktionsfaktoren Arbeit und Kapital sich lediglich in bestimmten beteiligten Staaten niederlassen, also beispielsweise Unternehmen ihre Produktionstätigkeit in das Mitglied des gemeinsamen Marktes mit den diesbezüglich niedrigsten Kosten verlagern. Zum anderen ist aus Sicht der Unternehmen zu berücksichtigen, dass sich aus den jeweils **divergierenden Wirtschaftspolitiken der beteiligten Staaten** Risiken und damit erhöhte Transaktionskosten ergeben können.[68]

V. Wirtschaftsunion

18 Angesichts dieser möglichen Effekte und zur Vermeidung ihrer nachteiligen Folgen ergibt sich im Grundsatz bereits im Rahmen eines gemeinsamen Marktes für die beteiligten Staaten die Notwendigkeit einer Koordinierung sowie Harmonisierung ihrer Wirtschaftsordnungen und -politiken. Wenn sich diese Vereinheitlichung der rechtlichen

64 *Behrens* 33.
65 So auch ua *Krajewski* Rn 982.
66 Zur Eurasischen Wirtschaftsunion s bereits o Rn 14.
67 Vgl hierzu *Tinbergen* International Economic Integration, 2. Aufl (1965) 76ff; *Behrens* 33f.
68 S zu diesen mit der Errichtung eines gemeinsamen Marktes verbundenen Herausforderungen ua *Blank/Clausen/Wacker* 33; *Behrens* 33f; *Dieckheuer* 195f; *Balassa* 191ff.

sowie politischen Rahmenbedingungen und damit die Angleichung der Standortfaktoren innerhalb des gemeinsamen Marktes auf eine Vielzahl an Politikfeldern erstrecken, sind die Voraussetzungen für die Entstehung einer **Wirtschaftsunion** als höchster Form regionaler Wirtschaftsintegration gegeben.[69] Die Übergänge zwischen einem ausschließlich gemeinsamen Markt und diesem weitergehenden Integrationstyp sind in der Praxis also fließend. Kennzeichnend für die Wirtschaftsunion ist in ihrer äußeren Dimension das Bestehen einer Zollunion sowie im Binnenbereich sowohl die Existenz eines gemeinsamen Marktes als auch – entsprechend dem ihr zugrunde liegenden auch ‚**positiven Integrationsansatz**'[70] – eine weitgehende Vereinheitlichung der rechtlichen und ökonomischen Rahmenbedingungen.

19 Diese Harmonisierung einer Vielzahl von Politikfeldern kann über den wirtschaftlichen Bereich im engeren Sinne hinaus auch auf eine **monetäre Integration** zwischen den Partnerländern in Form fester Wechselkurse oder der Einführung einer einheitlichen Währung abzielen. Das gegenwärtig bedeutendste Beispiel für eine solche **Wirtschafts- und Währungsunion** bildet die EU im Hinblick auf die an der Währungsunion teilnehmenden Mitgliedstaaten.[71] Außerhalb der Praxis regionaler Wirtschaftsintegrationsabkommen kann in historischer Perspektive überdies beispielsweise auf den im Rahmen des Prozesses der deutschen Wiedervereinigung am 18.5.1990 von der Bundesrepublik Deutschland und der Deutschen Demokratischen Republik geschlossenen Staatsvertrag über die Schaffung einer Währungs-, Wirtschafts- und Sozialunion verwiesen werden.[72]

VI. Typencharakter der Formen regionaler Wirtschaftsintegration

20 Die dargestellte Kategorisierung anhand des entsprechenden Integrationsgrades ökonomischer Zusammenschlüsse dient **primär einer ordnenden Systematisierung der in der Praxis vorhandenen Vielzahl und Vielgestaltigkeit** regionaler Integrationsabkommen. In der Wirklichkeit sind die Übergänge nicht nur wie bereits dargelegt zwischen gemeinsamem Markt und Wirtschaftsunion, sondern insgesamt zwischen den einzelnen Integrationstypen fließend. Dies folgt bereits aus dem Umstand, dass eine Reihe von regionalen Vereinbarungen von ihrem Integrationsansatz her in der Weise dynamisch ausgestaltet sind, dass sie die Verwirklichung einer bestimmten Integrationsform lediglich als Endziel anstreben. Beispielhaft sei zunächst auf die Economic Community of West African States (ECOWAS) verwiesen, welche auf die Errichtung einer Wirtschafts- und Währungsunion abzielt und zu diesem Zweck zunächst

---

69 Allgem zur Integrationsform der Wirtschaftsunion ua *Jovanović* 318ff; *Blank/Clausen/Wacker* 33ff, 181ff; *Behrens* 34f; *Herrmann/Würdemann* 40f; *Dieckheuer* 196f.

70 Vgl *Tinbergen* (Fn 67) 78ff.

71 Ausf hierzu statt vieler *Streinz* Europarecht, 11. Aufl (2019) Rn 1139ff; *Bieber/Epiney/Haag/Kotzur* Die Europäische Union, 14. Aufl (2021) § 24 Rn 1ff; vgl überdies → *Schlemmer-Schulte/Pohlmann* § 10 Rn 69ff.

72 BGBl 1990 II, 537; vgl hierzu ua *Kilian* in Isensee/Kirchhof (Hrsg) HdbStR, Bd I, 3. Aufl (2003) § 12 Rn 79ff.

die Schaffung einer Zollunion und dann eines gemeinsamen Marktes anstrebt.[73] Im Hinblick auf den Mercado Común del Sur (MERCOSUR) ist umstritten, ob er nach seinem gegenwärtigen Integrationsstand – ein gemeinsamer Außenzoll gilt noch nicht für alle Waren aus Drittstaaten – bereits als Zollunion qualifiziert werden kann.[74]

Es existieren also **zahlreiche Zwischenstufen bzw Mischformen**, welche die schematische Zuordnung spezifischer Integrationsabkommen zumindest erschweren, wenn nicht gelegentlich sogar unmöglich machen.[75] Hieraus folgt, dass sich mit Hilfe der fünf Kategorien regionaler Wirtschaftsintegration nicht alle in der Praxis auftretenden Formen zwischenstaatlicher Kooperation auf ökonomischem Gebiet begrifflich präzise erfassen lassen. Vielmehr weisen diese Klassifizierungen einen **Typencharakter** im Sinne der juristischen Methodenlehre auf, indem die mit ihnen umschriebenen Merkmale nicht jeweils für sich genommen betrachtet werden, sondern – abstufbar und damit in bestimmtem Umfang variabel – im Wege einer Zusammenschau die spezifische Form regionaler Wirtschaftsintegration charakterisieren.[76] 21

C. Bedeutung und Auswirkungen regionaler Wirtschaftsintegration

Das Phänomen einer engeren ökonomischen Kooperation von Staaten bzw territorialen Wirkungseinheiten auf der Basis regionaler Integrationsabkommen ist **im Grundsatz nicht erst jüngeren Datums**. Die seit dem Jahre 1252 entstandenen Städtebünde der Hanse,[77] der Methuen-Vertrag vom 27.12.1703 als präferenzielles Handelsabkommen zwischen Großbritannien und Portugal[78] sowie die Gründung des Deutschen Zollvereins am 1.1.1834[79] bilden nur drei von zahlreichen Beispielen regionaler Wirtschaftsintegration vergangener Jahrhunderte.[80] Überdies zeigt bereits die Aufnahme der Regelung des Art XXIV über Freihandelszonen und Zollunionen in das GATT 1947, dass die Thematik regionaler Wirtschaftsintegration im Allgemeinen wie deren Ver- 22

73 S die Informationen von ECOWAS unter: <ecowas.int/>; vgl überdies ua *Gathii* (Fn 51) 144ff; *Oppong* Legal Aspects of Economic Integration in Africa (2011); *Gans* Die ECOWAS – Wirtschaftsintegration in Westafrika (2006) 38ff.

74 Vgl zB die Charakterisierung von *Herdegen* Internationales Wirtschaftsrecht, 12. Aufl (2020) § 12 Rn 37 („Mittlerweile sind auch die Grundlagen für eine (noch unvollkommene) Zollunion gelegt."); allgem zum MERCOSUR ua Franca Filho ua (Hrsg) The Law of MERCOSUR (2010); *Fuders* Die Wirtschaftsverfassung des MERCOSUR (2008) 33ff; *Vervaele* ICLQ 54 (2005) 387ff; *Müller* ZEuS 2007, 353/354ff.

75 S auch *Brummer* Minilateralism (2014) 61f; *Marceau/Reiman* LIEI 28 (2001) 297/303; *Jovanović* (Fn 3) 122; *Krajewski* Rn 970; *Blank/Clausen/Wacker* 34f.

76 Ausf zu Typenbegriffen und ihrer Abgrenzung zu Klassenbegriffen bzw Begriffen im engeren Sinne vgl ua *Larenz/Canaris* Methodenlehre der Rechtswissenschaft, 3. Aufl (1995) 41ff, 290ff; *Engisch* Die Idee der Konkretisierung in Recht und Rechtswissenschaft unserer Zeit, 2. Aufl (1968) 237ff, 308ff; *Nowrot* Das Republikprinzip in der Rechtsordnungengemeinschaft (2014) 486ff mwN.

77 Vgl → *Tietje* § 1 Rn 38.

78 S hierzu bereits die Nachweise in Fn 33.

79 Hierzu *Wadle* JuS 1984, 586ff; *Schorkopf* Zollverein (German Customs Union), MPEPIL (10/2010).

80 Eingehender zB *Bosc* Zollallianzen und Zollunionen in ihrer Bedeutung für die Handelspolitik der Vergangenheit und Zukunft (1907); *Viner* 6ff; *Anderson/Norheim* in Anderson/Blackhurst (Hrsg) Regional Integration and the Global Trading System (1993) 19/26ff.

einbarkeit mit der Welthandelsordnung im Besonderen bereits zu diesem frühen Zeitpunkt Berücksichtigung gefunden hat.[81]

I. Gegenwärtiger Stand der regionalen Wirtschaftsintegration

23 Gleichwohl hat sowohl die Anzahl als auch die regionale Verbreitung dieser Integrationsabkommen erst **seit Beginn der 1990er Jahre eine starke Zunahme** erfahren. Bis März 2021 sind der WTO insgesamt 553 zurzeit verhandelte, unterzeichnete oder bereits in Kraft getretene regionale Wirtschaftsintegrationsabkommen bzw Beitritte hierzu notifiziert worden. Im Einzelnen handelt es sich um 311 Notifizierungen unter Art XXIV GATT (davon 290 in Bezug auf Freihandelsabkommen, 21 in Bezug auf Zollunionen), 181 Notifizierungen unter Art V GATS sowie 61 Notifizierungen unter der so genannten *Enabling Clause*.[82] 342 dieser Abkommen sind zu diesem Zeitpunkt in Kraft gewesen. Demgegenüber sind von 1948 bis 1956 lediglich insgesamt drei sowie im gesamten Zeitraum bis zum Inkrafttreten der WTO-Übereinkommen nur 107 Abkommen unter Art XXIV GATT[83] sowie 17 unter der so genannten *Enabling Clause*[84] notifiziert worden. Zwischen Januar 1995 und November 2003 erfolgte bereits die Mitteilung über 149 regionale Wirtschaftsintegrationsabkommen oder Beitritte hierzu[85] und in den knapp drei Jahren von Dezember 2003 bis Oktober 2006 ist diese Anzahl noch einmal um 93 angestiegen.[86] Im Zeitraum von Oktober 2019 bis Oktober 2020 allein erfolgten weitere 12 Notifizierungen.[87] Insgesamt hatte sich die Anzahl der regionalen Integrationsabkommen bereits im Zeitraum von 1990 bis 2010 damit ungefähr vervierfacht.[88] Hierbei ist überdies hervorzuheben, dass es sich lediglich um die der WTO von ihren Mitgliedern notifizierten Abkommen handelt.[89]

---

81 Zum Regelungsgehalt des Art XXIV GATT vgl u Rn 34ff; ausf zu seiner Entstehungsgeschichte ua *Mathis* 31ff; *Chase* World Trade Review 5 (2006) 1ff; *Steinberger* 94ff.

82 Vgl die Angaben der WTO unter: <wto.org/english/tratop_e/region_e/region_e.htm>; weitere ständig aktualisierte Angaben finden sich in der Datenbank der WTO zu regionalen Integrationsabkommen unter: <rtais.wto.org/UI/PublicMaintainRTAHome.aspx>. Allgem zu den entsprechenden Notifizierungserfordernissen u Rn 49ff.

83 S die Angaben in WTO, *Turkey-Textiles* Panel v 31.5.1999, WT/DS34/R paras 2.3f.

84 GATT, Decision on Differential and More Favourable Treatment, Reciprocity and Fuller Participation of Developing Countries v 3.12.1979, L/4903; vgl hierzu u Rn 47; sowie s → *Tietje* § 4 Rn 99ff.

85 WTO, Report (2003) of the Committee on Regional Trade Agreements to the General Council v 5.12.2003, WT/REG/13 para 4.

86 WTO, Report (2006) of the Committee on Regional Trade Agreements to the General Council v 24.11.2006, WT/REG/17 para 4; s hierzu auch die zusammenfassende Feststellung von *Fiorentino/Verdeja/Toqueboeuf* (Fn 8) 4 („this amounts to an annual average RTA notification of 20 for the WTO years compared to less than three during the four and a half decades of the GATT").

87 WTO, Report (2020) of the Committee on Regional Trade Agreements to the General Council v 23.11.2020, WT/REG/31, para 4.1.

88 WTO, World Trade Report 2011, 3.

89 Vgl auch ua *Fiorentino/Verdeja/Toqueboeuf* (Fn 8) 1 („In addition to these, many more agreements are currently being negotiated and being considered."); s überdies allgem zu den methodischen Herausforderungen im Hinblick auf eine statistische Erfassung regionaler Integrationsabkommen *ibid* 2f.

Über die gegenwärtig exponentiell wachsende Zahl an regionalen Integrationsabkommen hinaus wird ihre Bedeutung im internationalen Wirtschaftssystem auch an dem Umstand deutlich, dass sich bereits im Jahre 2008 schätzungsweise **50 Prozent des gesamten Welthandels** innerhalb dieser ökonomischen Zusammenschlüsse vollzogen hat.[90] Weiterhin ist die regionale Wirtschaftsintegration gegenwärtig durch **vier Charakteristika** gekennzeichnet, welche zusammengenommen ebenfalls den erheblichen Einfluss dieser ökonomischen Kooperationsform in der Außenwirtschaftspolitik der Staaten verdeutlichen.[91] Abgesehen von dem bereits angeführten Phänomen „regionaler" und dennoch kontinentalübergreifender Wirtschaftsintegration[92] handelt es sich hierbei vor allem auch um die wachsende Anzahl von Integrationsabkommen, welche unter ausschließlicher Beteiligung von Entwicklungsländern geschlossen werden. Drittens ist in Bezug auf ihren sachlichen Anwendungsbereich zu konstatieren, dass die entsprechenden Vereinbarungen zunehmend komplexer werden, indem sie – in Gestalt von „deep integration"-Abkommen – über den Handel mit Waren hinaus auch weitere Bereiche wie den Dienstleistungshandel, eine intensivierte Kooperation im Transport- und Kommunikationswesen sowie die Festlegung von Rahmenregelungen für ausländische Direktinvestitionen umfassen.[93] Schließlich lässt sich die gegenwärtige Bedeutung regionaler Wirtschaftsintegration an dem Umstand ablesen, dass – obgleich Europa weiterhin der Kontinent mit der größten Anzahl an entsprechenden Abkommen ist – sie sich heute gerade auch in größerem Umfang in Regionen wie dem amerikanischen und asiatisch-pazifischen Raum[94] nachweisen lässt, in denen sie aufgrund verschiedener Umstände früher nicht weit verbreitet war.[95] 24

Die **Gründe** für die seit Anfang der 1990er Jahre erheblich gestiegene Bedeutung regionaler Wirtschaftsintegration sind vielfältig. So haben unter anderem das Ende der Sowjetunion und des „Rates für gegenseitige Wirtschaftshilfe" (RGW) zur Herausbildung neuer regionaler Wirtschaftsintegrationsabkommen unter Beteiligung der Nachfolge- bzw ehemaligen Mitgliedstaaten geführt.[96] Weiterhin sei in Bezug auf Europa die Erweiterung bestehender Zusammenschlüsse durch Einbeziehung der Staaten Mittel- und Osteuropas sowie des Balkans genannt. Darüber hinaus lässt sich aber auch ein deutlicher Zusammenhang zwischen dem Stand sowie den Aussichten multilateraler Wirtschaftsliberalisierung auf der einen und dem Abschluss regionaler Integrationsabkommen auf der anderen Seite nachweisen. Anfang der 1990er Jahre waren es gerade auch die unsicheren Aussichten für einen erfolgreichen Abschluss der Uru- 25

---

90 WTO, World Trade Report 2011, 64ff.

91 *Fiorentino/Verdeja/Toqueboeuf* (Fn 8) 2 („for most countries RTAs have become the centrepiece of their commercial policy implying in many cases a shift of resources from multilateral trade objectives to the pursuance of preferential agreements").

92 S o Rn 2.

93 S o Rn 10.

94 Zur regionalen Wirtschaftsintegration im asiatischen Raum s zB *Hamanaka* JWT 46 (2012) 1239ff; *Lynch* Trade and Globalization (2010) 129ff; *Webster* Berkeley JIL 25 (2007) 434ff.

95 Eingehender zu diesen Charakteristika sowie der regionalen Verbreitung von Integrationsabkommen WTO, World Trade Report 2011, 54ff; *Fiorentino/Verdeja/Toqueboeuf* (Fn 8) 2ff, 13ff; *Crawford/Fiorentino* The Changing Landscape of Regional Trade Agreements, WTO Discussion Paper No 8 (2005) 2ff.

96 Ausf ua *Dragneva/de Kort* ICLQ 56 (2007) 233ff.

guay-Runde des GATT 1947 auf multilateraler Ebene,[97] welche bei vielen Staaten eine Hinwendung zu Formen regionaler Wirtschaftsintegration zur Folge hatte.[98] Gleiches gilt gegenwärtig – und dies bereits seit dem Scheitern der fünften Ministerkonferenz der WTO im September 2003 in Cancún[99] – für die **stockenden Verhandlungen im Rahmen der „Doha-Runde"** der WTO.[100] Vor diesem Hintergrund ist davon auszugehen, dass die Bedeutung dieser Vereinbarungen zumindest in den kommenden Jahren weiter wachsen wird.[101]

II. Konsequenzen für die multilateralen Ordnungsstrukturen im internationalen Wirtschaftssystem

26 Angesichts der gegenwärtigen Bedeutung regionaler Wirtschaftsintegration ist nicht zu verkennen, dass die Proliferation dieser Abkommen als globaler Prozess zur Zeit eine Eigendynamik angenommen hat, der sich kaum ein Staat entziehen kann. Diese Erkenntnis findet beispielsweise auch darin ihren deutlichen Ausdruck, dass die **ganz überwiegende Mehrheit der gegenwärtig 164 WTO-Mitglieder** – eine Ausnahme bildet ausweislich nicht vorhandener Notifizierungen an die WTO ua Mauretanien – gleichzeitig Vertragspartei von wenigstens einem regionalen Integrationsabkommen ist.[102] Im Durchschnitt hat dabei jedes WTO-Mitglied aktuell entsprechende regionale Vereinbarungen mit ungefähr fünfzehn anderen Staaten abgeschlossen.[103] Schon dieser Umstand verdeutlicht die gegenwärtige Bedeutung der Frage nach den möglichen Auswirkungen dieses Trends für die multilateralen Ordnungsstrukturen des internationalen Wirtschaftssystems in Gestalt der WTO-Rechtsordnung.[104]

27 So wie das internationale Wirtschaftssystem einen Bestandteil des internationalen Systems insgesamt darstellt, führt das Phänomen regionaler Integrationsabkommen wiederum zur Herausbildung von Teilsystemen innerhalb des internationalen Wirtschaftssystems. Aus **juristischer Perspektive** handelt es sich hierbei zunächst um eigenständige, gegebenenfalls über den Bereich des Warenhandels hinaus auch

---

97 Vgl hierzu → *Tietje* § 4 Rn 7 mwN.

98 S ua *Fiorentino/Verdeja/Toqueboeuf* (Fn 8) 13; *Cottier/Evtimov* ZEuS 2000, 477/482.

99 Vgl zu entsprechenden Äußerungen von Staatenvertretern schon *Nowrot* (Fn 18) 67ff mwN.

100 Allgem zur „Doha-Runde" der WTO → *Nowrot* § 2 Rn 13; s → *Tietje* § 4 Rn 8ff.

101 *Fiorentino/Verdeja/Toqueboeuf* (Fn 8) 1 („The impasse in the Doha Development Round (DDA) negotiations is further strengthening Members' resolve to conclude such agreements and indeed a flurry of new RTA initiatives has emerged in recent months whose effects will be felt in the years to come.").

102 Stand März 2021; vgl auch die Präambel des WTO, Transparency Mechanism for Regional Trade Agreements, WT/L/671 v 18.12.2006 („Noting that trade agreements of a mutually preferential nature [...] have greatly increased in number and have become an important element in Members' trade policies and developmental strategies; [...])".

103 S hierzu zB *Bungenberg* in Hofmann/Schill/Tams (Hrsg) Preferential Trade and Investment Agreements (2013) 269/270; *Nowrot* 6.

104 Zu dem von dieser im Folgenden eingenommenen vertikalen Untersuchungsperspektive zu unterscheidenden – horizontalen – Analysefokus, welcher sich auf die rechtliche Vereinbarkeit einer parallelen Mitwirkung eines Staates an mehreren verschiedenen Wirtschaftsintegrationsprojekten bezieht, vgl ausf *Nowrot* 12ff mwN.

weitere Sachbereiche erfassende Rechtsregime innerhalb des Internationalen Wirtschaftsrechts.[105] Dies kann unter anderem zur Folge haben, dass auf bestimmte Sachverhalte sowohl die multilateralen Regelungen der Welthandelsordnung als auch Normen eines Integrationsabkommens – und damit zwei parallele völkerrechtliche Regime – Anwendung finden.[106] Von besonderer Bedeutung ist überdies, dass die für regionale Wirtschaftsintegration charakteristische Gewährung von Vorteilen nur gegenüber einzelnen Staaten in **Widerspruch zum Meistbegünstigungsprinzip** als einem der tragenden Grundsätze der WTO-Rechtsordnung steht.[107]

In **ökonomischer Hinsicht** wird das Verhältnis zwischen regionaler Wirtschafts- 28
integration und multilateraler Handels- und Investitionsordnung seit langem intensiv und kontrovers diskutiert.[108] Als methodischer Ausgangspunkt der modernen ökonomischen Theorie regionaler Wirtschaftsintegration kann das Werk „The Customs Union Issue" von *Jacob Viner* aus dem Jahre 1950 angesehen werden. Hierin stellte er die **handelserzeugenden („trade-creating")** und damit wohlfahrtsfördernden Effekte durch die Wirtschaftsliberalisierung innerhalb der regionalen Integrationszone den – durch die relative Verteuerung und damit Verdrängung von Waren und Dienstleistungen aus Drittstaaten – ebenfalls auftretenden **handelsverzerrenden („trade-diverting")** und auf diese Weise im Vergleich zu einem Abbau von Handelshemmnissen auf multilateraler Ebene wohlfahrtsmindernden Folgen gegenüber.[109]

Über die – statische – Analyse der ökonomischen Vorzüge bzw Nachteile einzel- 29
ner regionaler Integrationsabkommen hinaus wird aus außenhandelspolitischer – dynamischer – Perspektive in diesem Zusammenhang insbesondere diskutiert, wie sich ein intensiviertes Bemühen der Staaten um den Abschluss regionaler Vereinbarungen auf die Zukunft der WTO-Rechtsordnung auswirkt. Hierbei geht es also um die Frage, ob sich diese Kooperationsformen eher als **„Bausteine" („building blocks")** oder doch vielmehr als **„Stolpersteine" („stumbling blocks")** bei der Weiterentwicklung der normativen Ordnungsstrukturen auf multilateraler Ebene darstellen.[110] Einerseits wird unter anderem auf den nachteiligen Effekt hingewiesen, dass ein Konzentrieren der Staaten auf regionale Wirtschaftsintegration in vielen Fällen ein Nachlassen der

---

105 S ua *Trachtman* 152 („Regional integration creates international economic law subsystems.").

106 Hierzu statt vieler *Cone* Michigan JIL 26 (2005) 563/565 mwN; zu dem hieraus folgenden Problem paralleler Streitbeilegungsverfahren vgl u Rn 58.

107 Vgl Art I:1 GATT, Art II GATS; ausf zum Prinzip der Meistbegünstigung s → *Tietje* § 4 Rn 66ff.; u → *Weiss* § 5 Rn 17ff.

108 Eingehender zu dieser Kontroverse statt vieler WTO, World Trade Report 2011, 164ff; Bagwell/Mavroidis (Hrsg) Preferential Trade Agreements (2011); *Baldwin* in Narlikar ua (Hrsg) World Trade Organization (2012) 632ff; *Trakman* JWT 42 (2008) 367ff; *Abbott* JIEL 10 (2007) 571/575ff; *Baldwin/Venables* in Grossman/Rogoff (Hrsg) Handbook of International Economics, Bd III (1995) 1597/1600ff; *Jovanović* 3ff jeweils mwN.

109 *Viner* 41ff; zur Bedeutung dieser Abhandlung bereits statt vieler *Dam* University of Chicago Law Review 30 (1963) 615/623ff; sowie ua *Trachtman* 157f; *Krishna* in Choi/Hartigan (Hrsg) Handbook of International Trade, Bd II (2005) 294/295f u 307.

110 So zuerst wohl *Bhagwati* The World Trading System at Risk (1991) 77 („so that these arrangements more readily serve as building blocks of, rather than stumbling blocks to, GATT-wide free trade"); nachfolgend zB *ders/Panagariya* The American Economic Review 86 (No 2, 1996) 82/83f; in der Sache jedoch auch bereits ua *Dam* University of Chicago Law Review 30 (1963) 615ff.

Bemühungen um einen Abbau von Handelshemmnissen auf multilateraler Ebene zur Folge habe.[111] Andererseits wird jedoch auch vertreten, dass regionale Wirtschaftsintegrationsabkommen in Bezug auf die WTO-Rechtsordnung eine positive, unterstützende Funktion als „opportunity for experimentation" für zukünftige konzeptionelle Weiterentwicklungen der multilateralen Ordnungsstrukturen innehaben.[112]

30 Während also über die generelle Einordnung des Phänomens regionaler Wirtschaftsintegration als **‚Motor' oder ‚Bremse' multilateraler Handelsliberalisierung** weiterhin keine Einigkeit erzielt worden ist, scheint sich doch zumindest in Bezug auf eine wesentliche nachteilige Konsequenz der Proliferation dieser Abkommen zunehmend ein allgemeiner Konsens herauszubilden:[113] die Existenz des **„spaghetti bowl phenomenon"**.[114] Mit diesem Begriff werden die (Re-)Bilateralisierung der normativen Handelsordnungsstrukturen sowie die sich hieraus beispielsweise ergebenden unterschiedlichen Zollsätze für Waren gleicher Art in Abhängigkeit von den anwendbaren Ursprungsregeln[115] charakterisiert. Als negative Folgen hiervon sind sowohl erhöhte Transaktionskosten der Wirtschaftsteilnehmer als auch – in Bezug auf die Bestimmung der zollrechtlich relevanten Herkunft der Güter – gesteigerte Verwaltungskosten zu verzeichnen.

31 Insgesamt verdeutlicht bereits dieser Überblick über die kontrovers geführte Diskussion in den Wirtschaftswissenschaften die Komplexität des Phänomens regionaler Wirtschaftsintegration und seiner Auswirkungen. Im Ergebnis wird man vor diesem Hintergrund der Auffassung zustimmen müssen, dass **keine eindeutigen generalisierenden Aussagen** über die Konsequenzen regionaler Wirtschaftsintegration für die multilaterale Handelsordnung der WTO möglich sind. Vielmehr lassen sich die diesbezüglichen Effekte *ex ante* wohl allenfalls spezifisch im Hinblick auf jedes einzelne Integrationsabkommen vorhersagen – eine Erkenntnis, welche im Übrigen in Bezug auf Zollunionen auch bereits *Jacob Viner* in seinem Grundlagenwerk der modernen ökonomischen Integrationsforschung aus dem Jahre 1950 postuliert hat.[116]

---

111 Vgl *Fiorentino/Verdeja/Toqueboeuf* (Fn 8) 2 („for most countries RTAs have become the centrepiece of their commercial policy implying in many cases a shift of resources from multilateral trade objectives to the pursuance of preferential agreements"). S zu diesem „stumbling block effect" mit Beispielen zB *Jovanović* 7f; *Limão* Preferential Trade Agreements as Stumbling Blocks for Multilateral Trade Liberalization: Evidence for the US. CEPR Discussion Paper No. 4884 (2005); *Bhagwati* Free Trade Today (2002) 106ff; *ders* Termites in the Trading System – How Preferential Agreements Undermine Free Trade (2008).

112 *Jackson* The World Economy 16 (1993) 121/130; s hierzu auch ua *Cho* Harvard ILJ 42 (2001) 419/432ff mwN.

113 So ua *Panagariya* Journal of Economic Literature 38 (2000) 287/328.

114 So zuerst wohl *Bhagwati* in ders/Krueger (Hrsg) The Dangerous Drift to Preferential Trade Agreements (1995) 1/2ff; vgl überdies nachfolgend zB *Bhagwati/Panagariya* in Bhagwati/Krishna/Panagariya (Hrsg) Trading Blocks – Alternative Approaches to Analyzing Preferential Trade Agreements (1999) 33/77f; *Bhagwati* Free Trade Today (2002) 112ff; sowie *Leal-Arcas* International Trade and Investment Law (2010) 76.

115 Vgl hierzu o Rn 7.

116 *Viner* 52 („Confident judgment as to what the over-all balance between these conflicting considerations would be, it should be obvious, cannot be made for customs unions in general and in the abstract, but must be confined to particular projects and be based on economic surveys thorough enough to jus-

D. Regionale Wirtschaftsintegration und WTO-Rechtsordnung

Die Ambivalenz hinsichtlich der Auswirkungen regionaler Wirtschaftsintegration auf die multilateralen Ordnungsstrukturen spiegelt sich gerade auch in den entsprechenden Vorgaben der WTO-Rechtsordnung sowie deren Anwendung in der Praxis wider. In Bezug auf die **Regelungssystematik** dieses Phänomens ist zunächst hervorzuheben, dass regionale Integrationsabkommen grundsätzlich in **Widerspruch zum Meistbegünstigungsprinzip** – an zentraler Stelle verankert in den drei materiellrechtlichen Säulen der WTO in Art I:1 GATT, Art II GATS und Art 4 TRIPS und allgemein als „one of the cornerstones of the world trading system" angesehen[117] – stehen sowie gegebenenfalls gegen weitere Normen der WTO-Übereinkommen verstoßen. Da die Mitglieder der WTO gemäß Art XXIV:4 Satz 1 GATT sowie der Präambel der Vereinbarung zur Auslegung dieses Artikels[118] jedoch im Grundsatz anerkennen, dass die Herbeiführung einer größeren Freiheit des Handels auf der Grundlage regionaler Vereinbarungen „wünschenswert ist", sind sie **nicht *per se* mit der WTO-Rechtsordnung unvereinbar**. 32

Vielmehr statuieren die Übereinkommen in spezifischen Vorschriften eine Reihe von Anforderungen, bei deren Erfüllung regionale Integrationsabkommen keinen Verstoß gegen WTO-Recht darstellen. Diese als **Rechtfertigungsgründe** zu qualifizierenden Normen[119] finden sich für den Bereich des Warenhandels in Art XXIV GATT, der Vereinbarung zur Auslegung dieses Artikels sowie im Hinblick auf Präferenzabkommen mit bzw zwischen Entwicklungsländern in der so genannten *Enabling Clause*. Für den Handel mit Dienstleistungen sind die entsprechenden Zulässigkeitsanforderungen in Art V und V*bis* GATS niedergelegt. Insgesamt sollen die in diesen Regelungen statuierten Vorgaben von ihrer Zwecksetzung her sicherstellen, dass durch regionale Wirtschaftsintegrationsabkommen „so weitgehend wie möglich nachteilige Auswirkungen auf den Handel anderer Mitglieder vermieden"[120] und damit – unter Ausnut- 33

tify reasonable reliable estimates as to the weights to be given in the particular circumstances to the respective elements in the problem. Customs unions are, from the free-trade point of view, neither necessarily good nor necessarily bad; [...]."); vgl überdies ua *Matsushita/Schoenbaum/Mavroidis/Hahn* 513; *Krajewski* Rn 992; *Hilpold* RIW 1993, 657/666; *Diebold/Tanner* 181.

117 So ua WTO, *US-Section 211*, App Body v 2.1.2002, WT/DS176/AB/R para 297; vgl überdies zB WTO, *EC-Tariff Preferences* App Body v 7.4.2004, WT/DS246/AB/R para 101; s hierzu auch → *Tietje* § 4 Rn 66ff.

118 Vereinbarung zur Auslegung des Artikels XXIV des Allgemeinen Zoll- und Handelsabkommens 1994, abgedruckt in Tietje (Hrsg) Welthandelsorganisation, 6. Aufl (2020) 71ff; vgl überdies ua WTO, Doha Ministerial Declaration, WT/MIN(01)/DEC/1 v 20.11.2001, ILM 41 (2002) 746ff, para 4 („also recognizing that regional trade agreements can play an important role in promoting the liberalization and expansion of trade and in fostering development").

119 Vgl WTO, *Turkey-Textile* App Body v 22.10.1999, WT/DS34/AB/R para 45; *Diebold/Tanner* 194; zu den Konsequenzen in Bezug auf die Beweislastverteilung und mögliche Anforderungen an einen entsprechenden Anscheinsbeweis im WTO-Streitbeilegungsverfahren WTO, *US-Line Pipe* Panel v 29.10.2001, WT/DS202/R paras 7.142ff; *Matsushita/Schoenbaum/Mavroidis/Hahn* 532f; s in diesem Zusammenhang aber auch WTO, *US-Line Pipe* App Body v 15.2.2002, WT/DS202/AB/R para 199.

120 Vgl die Präambel der Vereinbarung zur Auslegung des Artikels XXIV des Allgemeinen Zoll- und Handelsabkommens 1994; s überdies Art XXIV:4 Satz 2 GATT.

zung ihrer positiven Funktionen – die negativen Folgen dieser Integrationsformen für die multilateralen Ordnungsstrukturen minimiert werden.

I. Zulässigkeitsvoraussetzungen regionaler Wirtschaftsintegration

1. Warenhandel: Art XXIV GATT

34 Mit Ausnahme von Sonderregelungen für präferenzielle Abkommen mit bzw zwischen Entwicklungsländern[121] sind die Zulässigkeitsvoraussetzungen für regionale Integrationsvereinbarungen in Gestalt von Freihandelszonen und Zollunionen[122] hinsichtlich des Warenhandels in Art XXIV GATT und der Vereinbarung zur Auslegung dieses Artikels, welche gemäß Ziff 1 lit c Nr iv des einführenden Textes zum GATT 1994[123] einen Bestandteil dieses Abkommens bildet, statuiert. Darüber hinaus finden sich in diesen Vorschriften Anforderungen an so genannte **„vorläufige Vereinbarungen"**. Hierbei handelt es sich um Abkommen, welche auf die zukünftige Bildung einer Zollunion oder Freihandelszone abzielen und zu diesem Zweck Übergangsfristen für die Binnenliberalisierung sowie ggf die Einführung eines einheitlichen Außenzolls vorsehen.[124] Abgesehen von dem – prozeduralen – Erfordernis der Notifizierung[125] lassen sich die **zentralen materiellen Vorgaben** in Anforderungen an die Ausgestaltung des Handelsregimes zwischen den beteiligten Staaten als **interne Dimension** der Zollunionen und Freihandelszonen auf der einen Seite sowie Erfordernisse im Hinblick auf die Gestaltung der Beziehungen zu Drittstaaten als **externe Dimension** auf der anderen Seite kategorisieren.

35 Im Hinblick auf die **interne Dimension** regionaler Integrationsabkommen verlangt Art XXIV:8 GATT, dass sich zwischen den Vertragsparteien die Liberalisierung des Warenverkehrs und damit die Beseitigung von Zöllen und beschränkenden Handelsvorschriften auf „annähernd den gesamten Handel mit den aus den teilnehmenden Gebieten" stammenden Waren bezieht. Dies gilt sowohl für Zollunionen gemäß Art XXIV:8 lit a i) GATT als auch nach lit b dieser Vorschrift für Freihandelszonen. Ausdrücklich ausgenommen von diesem **Erfordernis einer möglichst umfassenden Binnenliberalisierung des Warenhandels** sind nach Art XXIV:8 lit a i) bzw lit b GATT lediglich eine Reihe von Handelsbeschränkungen, soweit sie mit den entsprechenden Regelungen des GATT vereinbar sind. Aus diesen Anforderungen an die interne Dimension von Zollunionen und Freihandelszonen kann zunächst gefolgert wer-

---

121 S hierzu u Rn 46ff.

122 Zur Anwendbarkeit von Art XXIV GATT auf Vereinbarungen, welche – wie beispielsweise der gemeinsame Markt – in ihrer Integrationsintensität über Freihandelszonen und Zollunionen hinausgehen, vgl *Herrmann/Weiß/Ohler* Rn 625ff; *Steinberger* 122ff.

123 Abgedruckt ua in Tietje (Hrsg) Welthandelsorganisation, 6. Aufl (2020) 14f.

124 Vgl zB Art 6 des Assoziations-Abkommens zwischen den Europäischen Gemeinschaften/Mitgliedstaaten und Jordanien v 24.11.1997, ABl EG 2002 L 129/3 („In einer Übergangszeit von höchstens zwölf Jahren ab Inkrafttreten dieses Abkommens errichten die Gemeinschaft und Jordanien nach den Bestimmungen dieses Abkommens [...] schrittweise eine Freihandelszone."); eingehender zu den in Art XXIV GATT und Ziff 3 der Vereinbarung zur Auslegung dieser Vorschrift statuierten Anforderungen an vorläufige Vereinbarungen *Herrmann/Weiß/Ohler* Rn 616.

125 Vgl hierzu u Rn 49ff.

den, dass **präferenzielle Handelsabkommen nicht nach Art XXIV GATT gerechtfertigt** werden können, da sich die Handelsliberalisierung bei dieser Integrationsform lediglich auf einzelne Produktgruppen bzw die bloße Reduzierung von Zöllen und somit nicht auf „annähernd den gesamten Handel“ iSd Art XXIV:8 lit a i) bzw lit b GATT bezieht.[126] Im Übrigen herrscht allerdings auch über siebzig Jahre nach Inkrafttreten dieser Vorschrift weiterhin Unklarheit darüber, unter welchen Voraussetzungen das Tatbestandsmerkmal der Beseitigung von Zöllen und beschränkenden Handelsvorschriften **„für annähernd den gesamten Handel“** (*substantially all the trade*) bereits als gegeben angesehen werden kann.[127] Im Kern geht es um die Frage, ob über eine quantitative Bewertung im Sinne eines hinreichend hohen Prozentsatzes des Warenhandels zwischen den teilnehmenden Staaten hinaus auch erforderlich ist, dass – als qualitative Komponente – kein wesentlicher Wirtschaftssektor von der Handelsliberalisierung ausgeschlossen ist.[128] Die diesbezüglichen Ausführungen des Appellate Body im Verfahren *Turkey-Textile* tragen nur sehr bedingt zur Konkretisierung bei. Zwar betont er, dass dieses Tatbestandsmerkmal den Mitgliedern einer Freihandelszone bzw Zollunion gewisse Flexibilität („*some flexibility*“) hinsichtlich der Binnenliberalisierung bietet. Im Übrigen beschränkt er sich jedoch auf die Feststellung, dass „annähernd der gesamte Handel“ „is not the same as *all* the trade, and [...] something considerably more than merely *some* of the trade“.[129] Diese Aussagen lassen sich nur dahingehend interpretieren, dass der Appellate Body eine auf die **Umstände des Einzelfalls** abstellende Bewertung für angezeigt hält.

Hinsichtlich der materiellen Vorgaben für die Gestaltung der Beziehungen zu 36
Staaten, welche nicht an dem regionalen Wirtschaftsabkommen teilnehmen (**externe Dimension**), differenziert Art XXIV GATT vor dem Hintergrund ihrer strukturellen Unterschiede zwischen Freihandelszonen und Zollunionen. Art XXIV:5 lit b GATT sieht vor, dass die bei der Gründung einer **Freihandelszone** geltenden Zölle und Handelsvorschriften in Bezug auf Drittstaaten „nicht höher oder einschränkender sind als die entsprechenden Zölle und Handelsvorschriften, die in den teilnehmenden Gebieten“ vorher bestanden. Dieses Erfordernis steht im Einklang mit der übergreifenden Zwecksetzung der WTO-Vorgaben für regionale Wirtschaftsintegration – der Vermeidung nachteiliger Auswirkungen auf den Handel anderer Mitglieder durch die Errichtung neuer Handelshemmnisse.[130] Zu beachten ist jedoch, dass Art XXIV:5 lit b GATT – im

---

126 Vgl allerdings zu Ausnahmeregelungen in der WTO-Rechtsordnung in Bezug auf Entwicklungsländer u Rn 46ff. Allgem zu präferenziellen Handelsabkommen o Rn 7f.

127 S ua das Fazit des App Body in WTO, *Turkey-Textile* App Body v 22.10.1999, WT/DS34/AB/R para 48 („Neither the GATT CONTRACTING PARTIES nor the WTO Members have ever reached an agreement on the interpretation of the term 'substantially' in this provision."); sowie ua *Mitchell/Lockhart* in Lester/Mercurio/Bartels (Hrsg) Bilateral and Regional Trade Agreements: Commentary and Analysis, 2. Aufl (2015) 81/94; *Diebold/Tanner* 195f.

128 In der Praxis ist dies insb hinsichtlich des Handels mit Agrarprodukten als einem häufig von der Binnenliberalisierung ausgeschlossenen Sektor von Relevanz. Vgl zu dieser Kontroverse *Matsushita/Schoenbaum/Mavroidis/Hahn* 518ff; *Herrmann/Weiß/Ohler* Rn 612f; *Cottier/Evtimov* ZEuS 2000, 477/489f; *Mathis* 234ff.

129 WTO, *Turkey-Textile* App Body v 22.10.1999, WT/DS34/AB/R para 48 (Hervorhebungen im Original).

130 S hierzu bereits o Rn 33.

Unterschied zu den diesbezüglichen Anforderungen an Zollunionen nach lit a – nicht auf Zölle und Handelsregelungen in ihrer Gesamtheit Bezug nimmt, sondern das in ihm statuierte ‚externe Verschlechterungsverbot' dem Wortlaut nach **auf jede individuelle Handelsregelung** Anwendung findet. Praktische Bedeutung erlangt dieses Erfordernis insbesondere für die Vereinbarung präferenzieller Ursprungsregeln anlässlich der Gründung einer Freihandelszone.[131]

37 Eine **Zollunion** iSd WTO-Rechtsordnung wird durch Art XXIV:8 lit a ii) GATT hinsichtlich ihrer externen Dimension dahingehend definiert, dass ihre Mitglieder „im Handel mit nicht teilnehmenden Staaten im wesentlichen dieselben Zölle und Handelsvorschriften anwenden" müssen. Dieses Erfordernis eines im Grundsatz gemeinsamen Außenhandelsregimes[132] gleicht in seiner offenen Formulierung den Anforderungen an die Binnenliberalisierung. Es verwundert daher wenig, dass auch die inhaltliche Präzisierung des Tatbestandsmerkmals **„im Wesentlichen dieselben Zölle und Handelsvorschriften"** Probleme bereitet. Wiederum deuten die Ausführungen des Appellate Body im Verfahren *Turkey-Textile* darauf hin, dass eine **einzelfallbezogene Bewertung** erforderlich ist. In methodischer Hinsicht stimmt er dem Panel insoweit zu, als die Qualifizierung als „im Wesentlichen dieselben" (*substantially the same*) sowohl qualitative als auch quantitative Komponenten aufweist, wobei allerdings in Bezug auf Zollregelungen der quantitative Aspekt überwiegt. Überdies bietet dieses Tatbestandsmerkmal den Mitgliedern einer Zollunion wiederum ein gewisses Maß an Flexibilität bei der Ausgestaltung des gemeinsamen Außenhandelsregimes. Gleichwohl betont der Appellate Body, dass Art XXIV:8 lit a ii) GATT nicht schon bei Vorliegen von vergleichbaren Handelsregelungen mit ähnlicher Wirkung erfüllt ist, sondern „something closely approximating 'sameness'" erfordert.[133]

38 Die Mitglieder so definierter Zollunionen haben zwei Verpflichtungen. Zunächst dürfen gemäß **Art XXIV:5 lit a GATT** die Zölle und Handelsvorschriften in Bezug auf Waren aus Drittstaaten „in ihrer Gesamtheit nicht höher oder einschränkender" sein als vor Bildung der Zollunion. Eine Konkretisierung der hierbei anzuwendenden Bewertungsmaßstäbe findet sich in Bezug auf Zollsätze in Ziff 2 der Vereinbarung zur Auslegung des Artikels XXIV. Dem Erfordernis liegt im Prinzip dieselbe *ratio* wie der bereits angesprochenen Vorgabe nach Art XXIV:5 lit b GATT für Freihandelszonen zugrunde. Es nimmt jedoch durch sein Abstellen auf **die Gesamtheit** der Zölle und Handelsregelungen Rücksicht auf die bei der Bildung einer Zollunion notwendigen Anpassungen. Die nach Art XXIV:8 lit a ii) GATT grundsätzlich gebotene Einführung eines einheitlichen Außenzolls[134] kann in Bezug auf einige Mitglieder dazu führen, dass im Vergleich zur Situation vor Gründung der Zollunion eine Zollerhöhung vorliegt. Dieser Effekt ist insoweit mit Art XXIV:5 lit a GATT vereinbar, als der einheitliche Außenzollsatz insgesamt nicht höher ist, als der durchschnittliche Zollsatz der Mitglieder vor Er-

---

131 Vgl hierzu auch *Matsushita/Schoenbaum/Mavroidis/Hahn* 523ff; zur Bedeutung präferenzieller Ursprungsregeln im Rahmen von Freihandelszonen s bereits o Rn 11.

132 WTO, *Turkey-Textile* App Body v 22.10.1999, WT/DS34/AB/R para 49 („The constituent members of a customs union are thus required to apply a common external trade regime, [...]").

133 Vgl WTO, *Turkey-Textile* App Body v 22.10.1999, WT/DS34/AB/R para 49f; *Herrmann/Weiß/Ohler* Rn 614; *Ovádek/Willlemyns* EJIL 30 (2019) 361/366f.

134 Zum einheitlichen Außenzoll als Charakteristikum einer Zollunion vgl auch bereits o Rn 13.

richtung der Zollunion.[135] Überdies sieht **Art XXIV:6 GATT** als zweite – prozedurale – Verpflichtung für den Fall einer solchen Erhöhung des Zollsatzes durch Mitglieder der Zollunion vor, dass diese auf der Grundlage des Verfahrens zur Änderung der Zolllisten nach Art XXVIII GATT mit den so genannten „hauptsächlich beteiligten" WTO-Mitgliedern iSd Abs 1 dieser Vorschrift **Verhandlungen über ausgleichende Regelungen** führen.[136]

Hinsichtlich des Anwendungsbereichs von Art XXIV GATT ist unstrittig, dass diese Vorschrift Verstöße gegen das Meistbegünstigungsprinzip nach Art I:1 GATT rechtfertigen kann. Darüber hinaus hat der Appellate Body in *Turkey-Textile* die **Reichweite dieses Rechtfertigungsgrundes** jedoch auf Abweichungen von anderen Regelungen des GATT ausgedehnt.[137] Hintergrund war der – im Widerspruch zu Art XI und XIII GATT stehende – Erlass mengenmäßiger Importbeschränkungen für Textilprodukte durch die Türkei anlässlich der vereinbarten Zollunion mit der EG. Nach Auffassung des Appellate Body müssen **zwei Voraussetzungen** erfüllt sein, damit Art XXIV GATT Rechtfertigungswirkung bei Verstößen gegen andere GATT-Vorschriften entfalten kann. Zum einen muss die handelsbeschränkende Maßnahme anlässlich der Gründung einer Zollunion ergriffen worden sein (*introduced upon the formation of a customs union*), welche die Voraussetzungen der Abs 5 lit a und 8 lit a des Art XXIV GATT erfüllt.[138] Zum anderen muss die Maßnahme für die Gründung der Zollunion in dem Sinne notwendig sein, dass ohne sie die Zollunion nicht errichtet werden könnte.[139] In der Sache handelt es sich bei der zweiten Voraussetzung um eine **Erforderlichkeitsprüfung**.[140] 39

2. Dienstleistungshandel: Art V und V*bis* GATS

Das Pendant zu Art XXIV GATT bildet im Bereich des Dienstleistungshandels **Art V GATS**. Im Gegensatz zu Art XXIV GATT findet sich aber aufgrund der strukturellen Besonderheiten des Handels mit Dienstleistungen keine Unterscheidung zwischen Freihandelszonen und Zollunionen.[141] Der **Anwendungsbereich** erstreckt sich unabhängig von ihrem jeweiligen Integrationsgrad auf alle Übereinkünfte, welche eine Liberalisierung des Dienstleistungshandels zum Gegenstand haben, einschließlich 40

135 S auch ua *Krajewski* Rn 998.

136 Vgl auch Ziff 4ff der Vereinbarung zur Auslegung des Artikels XXIV. Ausf hierzu *Herrmann/Weiß/Ohler* Rn 620; *Tevini* in Wolfrum/Stoll/Hestermeyer (Hrsg) WTO – Trade in Goods (2011) Article XXIV GATT paras 20f u 68ff.

137 Anders noch WTO, *Turkey-Textile* Panel v 31.5.1999, WT/DS34/R paras 9.186ff.

138 WTO, *Turkey-Textile* App Body v 22.10.1999, WT/DS34/AB/R para 58. Ein entsprechender Maßstab wird für – in dem Verfahren nicht entscheidungserhebliche – Maßnahmen anlässlich der Bildung von Freihandelszonen anzunehmen sein.

139 *Ibid* para 58 („And, second, that party must demonstrate that the formation of that customs union would be prevented if it were not allowed to introduce the measure at issue.").

140 Vgl *Herrmann/Weiß/Ohler* Rn 618 („Sofern die Zollunion auch ohne die angegriffene Maßnahme oder mit einer weniger GATT-widrigen Maßnahme errichtet werden kann, muss auf diese zurückgegriffen werden.").

141 Hierzu *Cottier/Molinuevo* in Wolfrum/Stoll/Feinäugle (Hrsg) WTO – Trade in Services (2008) Article V GATS para 7.

vorläufiger Vereinbarungen.[142] In Bezug auf seine Reichweite ist überdies – im Unterschied zu Art XXIV GATT[143] – weiterhin ungeklärt, ob Art V GATS ausschließlich Verstöße gegen das Meistbegünstigungsprinzip nach Art II GATS oder auch Abweichungen von anderen Verpflichtungen der WTO-Mitglieder rechtfertigen kann.[144] Im Grundsatz lassen sich jedoch die in Art V GATS statuierten Anforderungen wiederum – ebenso wie bei Art XXIV GATT – in eine prozedurale Pflicht zur Notifizierung[145] und in materielle Vorgaben für die **interne sowie externe Dimension** von Integrationsabkommen einteilen.

41 Hinsichtlich der Ausgestaltung des Handelsregimes zwischen den Vertragsparteien (**interne Dimension**) müssen im Wesentlichen **zwei Voraussetzungen** erfüllt sein. Zunächst verlangt Art V:1 lit a GATS, dass das Integrationsabkommen „einen beträchtlichen sektoralen Geltungsbereich" (substantial sectoral coverage) aufweist. Dieses Tatbestandsmerkmal ist ersichtlich angelehnt an das ebenfalls sehr offen formulierte Erfordernis einer Beseitigung von Zöllen und beschränkenden Handelsvorschriften „für annähernd den gesamten Handel" nach Art XXIV:8 lit a i) bzw lit b GATT. Zwar wird in einer **Fußnote**, welche einen integralen und gleichrangigen Bestandteil des Übereinkommens bildet,[146] der Bedeutungsgehalt von *substantial sectoral coverage* dahingehend konkretisiert, dass sich dieses Tatbestandsmerkmal sowohl auf das betroffene Handelsvolumen als auch auf die Zahl der Dienstleistungssektoren[147] sowie die Erbringungsarten bezieht und damit für eine Bewertung unstrittig quantitative und qualitative Komponenten heranzuziehen sind.[148] Überdies sollte in dem entsprechenden Integrationsabkommen keine der vier Erbringungsarten von Dienstleistungen von vornherein ausgeschlossen sein (*no a priori exclusion*).[149] Trotz dieser Konkretisierungen verbleiben jedoch Unklarheiten hinsichtlich des Bedeutungsgehalts dieses Tatbestandsmerkmals.[150] Dies gilt umso mehr, als Art V GATS insgesamt in WTO-Streitbeilegungsverfahren bislang so gut wie keine Beachtung gefunden hat.[151] Als zweite Voraussetzung muss das Integrationsabkommen gemäß Art V:1

---

142 Art V:1 GATS („oder auf der Grundlage eines angemessenen Zeitplans"); s auch *Cottier/Molinuevo* (Fn 141) Article V GATS paras 28f; zu vorläufigen Vereinbarungen iSd Art XXIV GATT vgl bereits o Rn 34.

143 S o Rn 39.

144 Eingehender *Cottier/Molinuevo* (Fn 141) Article V GATS para 6 mwN.

145 S u Rn 49ff.

146 Allgem zum Gebrauch von Fußnoten in der Gestaltung völkerrechtlicher Verträge *Aust* Modern Treaty Law and Practice, 3. Aufl (2013) 372.

147 Zu den zwölf Dienstleistungssektoren s GATT, Services Sectoral Classification List, MTN.GNS/W/120 v 10.7.1991; vgl überdies ua *Pitschas* in Prieß/Berrisch (Hrsg), WTO-Handbuch (2003) Abschn B.II. Rn 11ff; sowie s → *Weiss* § 5 Rn 13.

148 *Cottier/Evtimov* ZEuS 2000, 477/492; *Cottier/Molinuevo* (Fn 141) Article V GATS para 11; zur diesbezüglichen Kontroverse bei Art XXIV:8 GATT s bereits o Rn 35.

149 Für die vier Erbringungsarten selbst vgl die Auflistung in Art I:2 GATS; sowie zB *Pitschas* (Fn 147) Rn 14ff; u s → *Weiss* § 5 Rn 14.

150 Eingehender *Cottier/Molinuevo* (Fn 141) Article V GATS paras 12ff; *Stephenson* in Sauvé/Stern (Hrsg) GATS 2000 – New Directions in Services Trade Liberalization (2000) 509/514ff; *Marceau/Reiman* LIEI 28 (2001) 297/324.

151 Vgl allerdings die Auseinandersetzung mit dieser Vorschrift durch das WTO-Panel in WTO, *Canada-Automotive Industry* Panel v 11.2.2000, WT/DS139 u DS142/R paras 10.265ff.

lit b GATS die **Beseitigung praktisch jeder Diskriminierung** (*absence or elimination of substantially all discrimination*) im Sinne des Art XVII GATS (Inländergleichbehandlung)[152] in denjenigen Dienstleistungssektoren vorsehen, welche in seinen Geltungsbereich fallen. Diese Regelung weist schon von ihrer Formulierung her ebenfalls eine enge Verbindung zu dem entsprechenden Tatbestandsmerkmal des Art XXIV:8 lit a i) bzw lit b GATT (*substantially all the trade*) auf. Abgesehen von bestimmten diskriminierenden oder handelsbeschränkenden Maßnahmen, welche nach Art V:1 lit b GATS ausdrücklich von den Liberalisierungsverpflichtungen ausgenommen sind,[153] stellt sich also wiederum die Frage, wann die Voraussetzungen des Tatbestandsmerkmals „Beseitigung praktisch jeder Diskriminierung" vorliegen. Mangels hinreichend präziser Vorgaben ist auch hier eine an den spezifischen Umständen des jeweiligen Integrationsabkommens orientierte Bewertung erforderlich.[154] Als **Auslegungshilfe** kann hierbei im Übrigen gemäß der – allerdings enigmatisch formulierten und daher viele Fragen offen lassenden[155] – Vorschrift des Art V:2 GATS das Verhältnis zwischen dem in Frage stehenden Abkommen und „dem umfassenden Prozess der wirtschaftlichen Integration oder der Handelsliberalisierung unter den betroffenen Ländern" berücksichtigt werden.

In Bezug auf die Beziehungen zu Drittstaaten (**externe Dimension**)[156] sind die 42
Vertragsparteien nach Art V:4 GATS verpflichtet, „das allgemeine Niveau der Hemmnisse für den Dienstleistungshandel" im Vergleich zur Situation vor Abschluss des Integrationsabkommens nicht zu erhöhen. Dieser Vorschrift liegt dieselbe *ratio* wie dem ‚externen Verschlechterungsverbot' nach Art XXIV:5 lit a bzw lit b GATT zugrunde.[157] Von seinem **Regelungsansatz** her nimmt Art V:4 GATS dabei im Vergleich zu den entsprechenden Vorgaben für Freihandelszonen und Zollunionen auf dem Gebiet des Warenhandels eine **Zwischenstellung** ein. Einerseits stellt er – im Unterschied zu Art XXIV:5 lit b GATT – nicht auf jede individuelle Handelsregelung ab, sondern zieht als Bewertungsmaßstab das „allgemeine Niveau" der Handelshemmnisse heran. Anderseits wird – dieses Mal in Abweichung von Art XXIV:5 lit a GATT – nicht die Gesamtheit aller Hemmnisse für den Dienstleistungshandel sektorenübergreifend in den Blickpunkt genommen. Vielmehr verbietet Art V:4 GATS im Verhältnis zu Drittstaaten eine Absenkung des allgemeinen Liberalisierungsniveaus der Vertragsparteien bezogen auf jeden einzelnen Dienstleistungssektor und Teilsektor. Gleichwohl besteht nach dieser Vorschrift – ebenso wie bei Art XXIV:5 lit a GATT – grundsätzlich die Möglichkeit, dass einzelne Vertragsparteien des Integrationsabkommens die von ihnen im Rahmen des GATS eingegangenen spezifischen Verpflichtungen[158] modifizieren. Daher sieht die Art XXIV:6 GATT entsprechende Regelung des **Art V:5 GATS** vor, dass

152 Eingehender hierzu s → *Weiss* § 5 Rn 42f.

153 Vgl *Van den Bossche/Zdouc* 690; *Cottier/Molinuevo* (Fn 141) Article V GATS paras 30ff.

154 *Cottier/Molinuevo* (Fn 141) Article V GATS para 33.

155 Hierzu *ibid* paras 34ff; *Marceau/Reiman* LIEI 28 (2001) 297/325.

156 Die ebenfalls in Art V:4 GATS enthaltene und die interne Dimension betreffende Vorgabe, nach der das Integrationsabkommen so zu gestalten ist, dass der Handel zwischen den Vertragsparteien erleichtert wird, hat im Lichte von Art V:1 GATS wohl keinen eigenständigen Regelungsgehalt, vgl hierzu auch *Cottier/Molinuevo* (Fn 141) Article V GATS para 46 Fn 37; *Pitschas* (Fn 147) Rn 66 Fn 141.

157 Vgl hierzu o Rn 36ff.

158 Zur Regelungssystematik des GATS *Pitschas* (Fn 147) Rn 38ff; sowie s → *Weiss* § 5 Rn 8ff.

WTO-Mitglieder, welche als Vertragsparteien eines Integrationsabkommens spezifische Verpflichtungen nach GATS modifizieren wollen, dieses mindestens 90 Tage im Voraus bekanntgeben und gegebenenfalls mit betroffenen Drittstaaten **Verhandlungen über Ausgleichsmaßnahmen nach Art XXI GATS** führen müssen. Ein Beispiel hierfür bilden in jüngerer Zeit die Verhandlungen über den Abschluss entsprechender Abkommen zwischen der EU und achtzehn anderen WTO-Mitgliedern. Hintergrund ist das Bestreben der EU, die spezifischen Verpflichtungen der in den Jahren 1995 und 2004 beigetretenen dreizehn Mitgliedsländer in Übereinstimmung mit ihren unionsrechtlichen Bindungen zu bringen sowie in den Anwendungsbereich der horizontalen Beschränkungen der EU und der ihr im Jahre 1994 angehörenden zwölf Staaten aufzunehmen.[159]

43 Eine Regelung ohne Pendant im Bereich des Warenhandels bildet schließlich **Art V:6 GATS**. Hiernach erstreckt sich die auf der Grundlage des Integrationsabkommens vorgenommene Liberalisierung des Dienstleistungshandels auch auf **Dienstleistungserbringer anderer WTO-Mitglieder**, welche nicht selbst Vertragsparteien des Integrationsabkommens sind. Voraussetzung hierfür ist zunächst, dass es sich bei dem entsprechenden Dienstleistungserbringer um eine nach dem Recht einer Vertragspartei des Integrationsabkommens gegründete juristische Person handelt. Wie sich aus einer **Zusammenschau mit der Begriffsbestimmung in Art XXVIII lit m GATS** ergibt, fallen in den personellen Anwendungsbereich des Art V:6 GATS überdies nur solche juristischen Personen, die Dienstleistungen mittels kommerzieller Präsenz[160] im Hoheitsgebiet einer Vertragspartei des Integrationsabkommens erbringen und im Eigentum natürlicher oder juristischer Personen eines anderen WTO-Mitglieds stehen bzw von diesen beherrscht werden. Weiterhin muss der Dienstleistungserbringer im Hoheitsgebiet der Vertragsparteien des Integrationsabkommens in erheblichem Umfang Geschäfte (*substantive business operations*) tätigen – ein Tatbestandsmerkmal, welches sich in Formulierung wie daraus resultierender Unbestimmtheit in das gesamte Rechtsregime der WTO in Bezug auf regionale Integrationsabkommen einfügt.[161]

44 Neben Art V GATS bildet **Art V*bis* GATS** einen weiteren Rechtfertigungsgrund für Verstöße gegen das Meistbegünstigungsprinzip des Art II GATS sowie möglicherweise hinsichtlich anderer GATS-Verpflichtungen.[162] Sein Anwendungsbereich umfasst lediglich den sehr speziellen Fall von Abkommen, welche „die volle Integration der Arbeitsmärkte zwischen oder unter den Vertragsparteien" herbeiführen.[163] Art V*bis*

---

159 Vgl Abschluss von Abkommen nach Artikel XXI GATS, Zustimmung des Europäischen Parlaments, ABl EU 2008 C 227 E/118 v 4.9.2008; sowie *Tietje/Nowrot* ZAR 2007, 213/217 mwN.

160 Zu dieser Erbringungsart vgl Art I:2 lit c GATS u Art XXVIII lit d GATS; eingehender zB *Sidhu* Die Regelung von Direktinvestitionen in der WTO (2004) 200ff; u s → *Weiss* § 5 Rn 14f.

161 S bereits o Rn 35ff.

162 Für eine solch große Reichweite dieses Rechtfertigungsgrundes *Bast* in Wolfrum/Stoll/Feinäugle (Hrsg) WTO – Trade in Services (2008) Article V*bis* GATS para 8.

163 Die Formulierung „zwischen oder unter den Vertragsparteien" bringt, ebenso wie im Rahmen von Art V:1 GATS, zum Ausdruck, dass nicht notwendigerweise alle Vertragsparteien eines multilateralen Abkommens in ihrem Verhältnis zueinander diesen hohen Integrationsgrad erreicht haben müssen. Vgl hierzu *Bast* (Fn 162) Article V*bis* GATS para 25.

GATS ist damit für solche Integrationsvereinbarungen von Bedeutung, welche zwar beispielsweise aufgrund des Ausschlusses einzelner Erbringungsformen keinen beträchtlichen sektoralen Geltungsbereich iSd Art V:1 lit a GATS aufweisen oder die Anforderungen an die externe Dimension nach Art V:4 GATS nicht erfüllen, dafür aber umfassend integrierte Arbeitsmärkte vorsehen. Eines der seltenen Beispiele für ein ausschließlich auf eine Integration der Arbeitsmärkte abzielendes Übereinkommen bildet der zwischen Dänemark, Finnland, Island, Norwegen und Schweden errichtete Common Nordic Labour Market.[164] Zwar ist die für solche Abkommen grundsätzlich einschlägige Erbringungsart der **Präsenz natürlicher Personen im Hoheitsgebiet eines anderen WTO-Mitglieds gemäß Art I:2 lit d GATS (Mode 4)** insbesondere in Zusammenschau mit der entsprechenden Anlage zum GATS[165] so restriktiv ausgestaltet, dass ein Großteil der zur Errichtung integrierter Arbeitsmärkte erforderlichen Liberalisierungsmaßnahmen gar nicht vom Anwendungsbereich des GATS erfasst ist. Dieser bezieht sich vielmehr ausschließlich auf den temporären Aufenthalt natürlicher Personen in Akzessorietät zu einer spezifischen grenzüberschreitenden Dienstleistungserbringung.[166] Die Aufnahme von Art V*bis* in das GATS ist gleichwohl geboten gewesen, da der Anwendungsbereich von Arbeitsmarktintegrationsabkommen auch Dienstleistungserbringungen iSv Art I:2 lit d GATS umfassen kann.[167]

Über die prozedurale Pflicht zur Notifizierung des Integrationsabkommens nach Art V*bis* lit b GATS hinaus statuiert diese Vorschrift **zwei inhaltliche Voraussetzungen**. Zum einen muss das in Frage stehende Abkommen die **„volle Integration der Arbeitsmärkte“** herbeiführen. Entsprechend einer erläuternden Fußnote zu Art V*bis* GATS setzt dies im Regelfall voraus, dass den Staatsangehörigen „das Recht auf freien Zugang zu den Beschäftigungsmärkten der Vertragsparteien“ gewährt wird. Weiterhin sollte das Abkommen nicht nur Marktzugang gewähren, sondern auch in inhaltlicher Hinsicht Standards bezüglich der Behandlung von Arbeitnehmern aus den anderen Vertragsstaaten zum Gegenstand haben, indem es „Maßnahmen der Verdienstbedingungen, anderer Beschäftigungsbedingungen und Sozialleistungen“ umfasst. Zum anderen erfüllt eine so qualifizierte Integration der Arbeitsmärkte die Vorgaben dieses Rechtfertigungsgrundes, wenn das entsprechende Abkommen überdies gemäß Art V*bis* lit a GATS eine **Freistellung** der Staatsangehörigen der anderen Vertragsparteien **von der Pflicht zur Beschaffung von Aufenthalts- und Arbeitserlaubnissen** vorsieht. Problematisch erscheint in diesem Zusammenhang, ob von diesem Erfordernis auch Visumsregelungen erfasst sind.[168] 45

164 Agreement Concerning a Common Nordic Labour Market v 6.3.1982, 1347 UNTS No 22678. In Bezug auf vorangegangene Vereinbarungen vgl die Hinweise in der Präambel des Übereinkommens.

165 Anlage zum grenzüberschreitenden Verkehr natürlicher Personen, die im Rahmen des Übereinkommens Dienstleistungen erbringen, abgedruckt in Tietje (Hrsg) Welthandelsorganisation, 6. Aufl (2020) 293.

166 Vgl *Tietje/Nowrot* ZAR 2007, 213/214ff mwN.

167 Vgl auch *Pitschas* (Fn 147) Rn 71; *Bast* (Fn 162) Article V*bis* GATS para 6.

168 Eingehender hierzu *Bast* (Fn 162) Article V*bis* GATS paras 30f.

3. Entwicklungsländer: Enabling Clause und V:3 GATS

46 Wie sich aus den in Art XXIV GATT statuierten Anforderungen an die interne Dimension von Zollunionen und Freihandelszonen ergibt, **verstößt die Integrationsform der präferenziellen Handelsabkommen grundsätzlich gegen WTO-Recht**, da sich die Handelsliberalisierung lediglich auf einzelne Wirtschaftsbereiche bzw die bloße Reduzierung von Zöllen[169] und somit – unabhängig von der im Einzelnen weiterhin umstrittenen Auslegung dieses Tatbestandsmerkmals[170] – nicht auf „annähernd den gesamten Handel" iSd Art XXIV:8 lit a i) bzw lit b GATT bezieht. Vergleichbares gilt angesichts der Vorgaben des Art V:1 GATS für regionale Integrationsabkommen im Bereich des Handels mit Dienstleistungen. Als Ausnahmen hiervon finden sich in der WTO-Rechtsordnung jedoch auch in Bezug auf die regionale Wirtschaftsintegration Vorschriften zur **Sonder- und Vorzugsbehandlung von Entwicklungsländern.**

47 Eine wichtige Ausprägung des **Kooperations- und Solidaritätsprinzips**[171] **stellt für den Warenverkehr** die bereits 1979 im Rahmen des GATT 1947 als Beschluss angenommene und nach Ziff 1 lit b Nr iv des einführenden Textes zum GATT 1994[172] einen Bestandteil dieses Übereinkommens bildende *Enabling Clause* dar. Als Ausnahme vom Meistbegünstigungsprinzip[173] sowie in Abweichung von den strengeren Vorgaben des Art XXIV GATT sind danach entwickelte WTO-Mitglieder unter bestimmten Voraussetzungen zu einer präferenziellen Zollbehandlung für Waren aus Entwicklungsländern sowie einer differenzierten Anwendung nichttarifärer Maßnahmen berechtigt. Weiterhin können sich auf dieser Grundlage Entwicklungsländer untereinander Zollpräferenzen einräumen.[174]

48 Im Bereich des **Handels mit Dienstleistungen** ist in diesem Zusammenhang **Art V:3 GATS** zu beachten.[175] Die nach Art V:3 lit a GATS vorgesehene „flexible Handhabung" der in Art V:1 GATS statuierten Anforderungen an Integrationsabkommen zur Liberalisierung des Dienstleistungshandels im Falle der Beteiligung von Entwicklungsländern stellt zwar nicht im eigentlichen Sinne eine Ausnahmeregelung für Entwicklungsländer dar.[176] Es wird jedoch auf die entsprechenden regionalen Vereinbarungen ein **präferenzieller Prüfungsmaßstab** hinsichtlich ihrer Vereinbarkeit mit der WTO-Rechtsordnung angewandt, welcher seine Grundlage ebenfalls in den besonderen Bedürfnissen der Entwicklungsländer und der sich daraus ergebenden Erforderlichkeit einer Vorzugsbehandlung hat.

---

169 Allgem zu präferenziellen Handelsabkommen bereits o Rn 7f.

170 S bereits o Rn 35.

171 Ausf hierzu s → *Tietje* § 1 Rn 124ff; u s → *ders* § 4 Rn 98ff.

172 Abgedruckt in Tietje (Hrsg) Welthandelsorganisation, 6. Aufl (2020) 14f.

173 Zum rechtlichen Ausnahmecharakter der *Enabling Clause* und ihrem Verhältnis zu Art I:1 GATT s WTO, *EC-Tariff Preferences* App Body v 7.4.2004, WT/DS246/AB/R paras 90ff; *Jessen* (Fn 36) 565ff; *Choi/Lee* Minnesota JIL 21 (2012) 1ff.

174 GATT, Decision on Differential and More Favourable Treatment, Reciprocity and Fuller Participation of Developing Countries v 3.12.1979, L/4903; vgl hierzu s → *Tietje* § 4 Rn 99ff; sowie ausf *Jessen* (Fn 36) 331ff, 551ff; *Häberli* in Cottier/Schefer (Hrsg) 177ff.

175 Eingehender *Cottier/Molinuevo* (Fn 141) Article V GATS paras 37ff.

176 S hierzu *Jessen* (Fn 36) 503.

4. Notifizierungs- und Berichtserfordernisse

Über die inhaltlichen Anforderungen hinaus müssen regionale Integrationsabkommen der WTO notifiziert werden. Dieses prozedurale Erfordernis ist für den Warenhandel in Art XXIV:7 GATT und den Ziff 7 bis 11 der Vereinbarung zur Auslegung dieses Artikels bzw Ziff 4 lit a der *Enabling Clause* niedergelegt. In Bezug auf den Handel mit Dienstleistungen findet es sich in Art V:7 GATS sowie Art V*bis* lit b GATS. Ebenso wie die materiellen Vorgaben dieser Regelungen findet auch das Notifizierungsverfahren in umfassender Weise auf alle Integrationsabkommen Anwendung, an denen **wenigstens ein WTO-Mitglied beteiligt** ist. Die Informationspflicht erstreckt sich hierbei nicht lediglich auf die Bildung von Integrationszonen bzw den Beitritt hierzu. Vielmehr müssen die Vertragsparteien nachfolgend auch in regelmäßigen Zeitabständen über die **Durchführung und Entwicklung des Integrationsabkommens berichten**. In Bezug auf den Warenhandel ist dieses Berichtserfordernis in Ziff 11 der Vereinbarung zur Auslegung des Art XXIV GATT niedergelegt.[177] Für den Handel mit Dienstleistungen statuiert Art V:7 lit b GATS eine vergleichbare Verpflichtung hinsichtlich vorläufiger Vereinbarungen. 49

Von ihrer **Zwecksetzung** her verfolgen die Notifizierungs- und Berichtspflichten einerseits eine Erhöhung der Transparenz im Bereich regionaler Wirtschaftsintegration.[178] Anderseits wird auf diese Weise der WTO und ihren übrigen Mitgliedern die Möglichkeit eröffnet, die Vereinbarkeit der Integrationsabkommen mit den Vorgaben der WTO-Rechtsordnung im Rahmen des Ausschusses für regionale Handelsabkommen zu evaluieren bzw mittels des WTO-Streitbeilegungsverfahrens zu überprüfen.[179] Daher kommt sowohl der Frage des **Zeitpunkts der Notifizierung** als auch ihres Inhalts zentrale Bedeutung zu. Zwar legt der insofern identische Wortlaut von Art XXIV:7 lit a GATT und Art V:7 lit a GATS („*shall promptly notify*") auch eine möglichst frühzeitige Benachrichtigung der WTO sowie die Übermittlung umfassender Informationen nahe.[180] Gleichwohl wurden in der Praxis Integrationsabkommen vielfach erst lange nach ihrer Unterzeichnung, gelegentlich sogar erst nach ihrem Inkrafttreten, notifiziert.[181] 50

Unter anderem vor dem Hintergrund der problematischen Notifizierungspraxis hat der Allgemeine Rat der WTO am 14.12.2006 als Bestandteil der laufenden „Doha- 51

177 Vgl hierzu auch WTO, Procedures on Reporting on Regional Trade Agreements, G/L/286 v 16.12.1998; für ein Beispiel eines solchen Berichts s ua WTO, European Free Trade Association – Biennial Report on the Operation of the Convention, Communications from the EFTA States, G/L/805 v 23.11.2006.

178 Allgem zu Ausprägungen und Bedeutungen des Transparenzprinzips im Internationalen Wirtschaftsrecht *Zoellner* Das Transparenzprinzip im internationalen Wirtschaftsrecht (2009) 103ff; sowie s → *Tietje* § 1 Rn 80f, 87.

179 Zu diesen beiden Vorgehensweisen in der Praxis der WTO s u Rn 52ff.

180 Zum Umfang der Notifizierung vgl für den Dienstleistungshandel auch WTO Council for Trade in Services, Guidelines for Notifications under the General Agreement on Trade in Services, WTO Doc S/L/5 v 4.4.1995, para 3 („obligation to notify the full texts of the agreements concerned, or any significant modification of them").

181 Vgl hierzu mit entsprechenden Beispielen sowie zu den aus dieser Praxis resultierenden Problemen *Matsushita/Schoenbaum/Mavroidis/Hahn* 517f; *Mavroidis* in Choi/Hartigan (Hrsg) Handbook of International Trade, Bd II (2005) 239/247.

Runde“[182] einen **neuen Transparenzmechanismus** für Integrationsabkommen zunächst[183] vorläufig in Kraft gesetzt.[184] Danach sollen sich die WTO-Mitglieder bemühen, das Sekretariat der WTO bereits über die Aufnahme von Verhandlungen über den Abschluss von Integrationsabkommen sowie – nach Unterzeichnung – über den Inhalt des Abkommens zu informieren (*early announcements*), damit dieses die übrigen Mitglieder und die Öffentlichkeit hiervon in Kenntnis setzen kann.[185] Die hiervon unberührt bleibenden Notifizierungspflichten nach Art XXIV:7 GATT, Art V:7 GATS, Art V*bis* lit b GATS und Ziff 4 lit a der *Enabling Clause* sind grundsätzlich nicht später als unmittelbar nach Ratifizierung des Integrationsabkommens und in jedem Fall vor Implementierung desselben zu erfüllen.[186] Überdies sollen die entsprechenden Mitglieder innerhalb von zehn Wochen nach der Notifizierung dem Sekretariat Datenmaterial – dessen Umfang in einem Anhang zum Transparenzmechanismus dargelegt ist – zum Integrationsabkommen zur Verfügung stellen.[187] Weiterhin enthält der Transparenzmechanismus Vorgaben für die Notifizierung von Änderungen sowie für Berichtspflichten hinsichtlich der Umsetzung von Integrationsabkommen.[188]

II. Regionale Wirtschaftsintegration in der Praxis der WTO

52 Die Notifizierungspflichten dienen gerade auch dazu, den übrigen WTO-Mitgliedern Gelegenheit zu geben, die **Vereinbarkeit der Integrationsabkommen mit der WTO-Rechtsordnung zu prüfen**. Hierfür existieren in der Praxis der WTO **zwei Optionen**. Zum einen kann die entsprechende Evaluation auf multilateraler Basis im

182 Zu regionalen Integrationsabkommen als Verhandlungsgegenstand im Rahmen der „Doha-Runde“ vgl WTO, Doha Ministerial Declaration, WT/MIN(01)/DEC/1 v 20.11.2001, ILM 41 (2002) 746ff, para 29.

183 Zu Überlegungen, die auf eine ständige Verankerung dieses Mechanismus in der WTO-Rechtsordnung abzielen, s ua WTO, Nairobi Ministerial Declaration, WT/MIN(15)/DEC v 19.12.2015, para 28.

184 WTO, Transparency Mechanism for Regional Trade Agreements, WT/L/671 v 18.12.2006, abgedruckt in Tietje (Hrsg) Welthandelsorganisation, 6. Aufl (2020) 76ff; s hierzu auch WTO, Report (2007) of the Committee on Regional Trade Agreements to the General Council v 3.12.2007, WT/REG/18 para 5; sowie *Crawford/Lim* JWT 45 (2011) 375ff; *Bering/Nowrot* The 2010 WTO Transparency Mechanism for Preferential Trade Arrangements (2012) 7ff; allgem zur Möglichkeit eines vorläufigen Inkraftsetzens von erzielten Teilergebnissen vgl WTO, Doha Ministerial Declaration, WT/MIN(01)/DEC/1 v 20.11.2001, ILM 41 (2002) 746ff, para 47.

185 Vgl hierzu WTO, Transparency Mechanism for Regional Trade Agreements, WT/L/671 v 18.12.2006 paras 1f; bis März 2021 hat der für Integrationsabkommen im Bereich des Waren- und Dienstleistungshandels zuständige Ausschuss für regionale Handelsabkommen insgesamt 36 solcher *early announcements* von WTO-Mitgliedern erhalten, vgl die Angaben der WTO unter: <http://rtais.wto.org/UI/PublicEARTAList.aspx>.

186 S hierzu sowie zum spezifizierten Inhalt der Notifizierungspflichten WTO, Transparency Mechanism for Regional Trade Agreements, WT/L/671 v 18.12.2006 paras 3f.

187 Hierzu sowie in Bezug auf Ausnahmen für Entwicklungsländer s *ibid* para 8.

188 *Ibid* paras 14f. Für ein vergleichbares Steuerungsinstrument der WTO außerhalb des Bereichs der regionalen Wirtschaftsintegration vgl nachfolgend auch WTO, Transparency Mechanism for Preferential Trade Arrangements, Decision v 14.12.2010, WT/L/806 v. 16.12.2010; sowie hierzu *Bering/Nowrot* (Fn 184) 2ff.

Rahmen des Ausschusses für regionale Handelsabkommen erfolgen. Zum anderen besteht die Möglichkeit, auf bilateralem Wege die Frage der Erfüllung der Zulässigkeitsvoraussetzungen für Integrationsabkommen zum Gegenstand eines WTO-Streitbeilegungsverfahrens zu machen.[189]

1. Überprüfung in Ausschüssen der WTO

Im Rahmen des GATT 1947 erfolgte die Überprüfung in **Arbeitsgruppen (*working parties*)**, welche jeweils *ad hoc* für ein Integrationsabkommen eingesetzt wurden. Wie sich aus Art XXIV:7 lit a und lit b GATT ergibt, hatten schon diese Arbeitsgruppen im Grundsatz weitreichende Kompetenzen indem sie unter anderem den Parteien solche Empfehlungen erteilen konnten, „die sie für angezeigt erachten".[190] Gleichwohl haben in der Praxis bereits unter dem GATT 1947 die Vertragsparteien **in keinem Fall Empfehlungen zur Modifizierung oder gar Außerkraftsetzung eines Integrationsabkommens abgegeben**. Hintergrund hierbei war der Umstand, dass entsprechende Empfehlungen – wie alle Entscheidungen im GATT 1947 – im **Konsensusverfahren** angenommen wurden. Hierfür wäre es erforderlich gewesen, dass alle beteiligten Vertragsparteien des GATT 1947, also einschließlich der Parteien des Integrationsabkommens selbst, eine ablehnende Empfehlung zumindest ohne Widerspruch hingenommen hätten[191] – eine in der Praxis zumindest sehr unwahrscheinliche Konstellation. Andererseits ist aber auch lediglich ein Integrationsabkommen – die am 1. Januar 1993 in Kraft getretene Vereinbarung über die Errichtung einer **Zollunion zwischen der Tschechischen und der Slowakischen Republik** – im Rahmen einer Arbeitsgruppe ausdrücklich für mit den Vorgaben von Art XXIV GATT vereinbar erklärt worden.[192] Die übrigen Abschlussberichte enthielten demgegenüber keine abschließenden Bewertungen hinsichtlich der GATT-Kompatibilität, sondern spiegelten lediglich die diesbezügliche Uneinigkeit zwischen den Vertragsparteien des GATT 1947 wider.[193] 53

Nach Gründung der WTO errichtete der Allgemeine Rat durch Entscheidung vom 7.2.1996 den **Ausschuss für regionale Handelsabkommen (CRTA)** „as a means to improve the organization of the work of the WTO in this area".[194] Das CRTA ersetzt als ständige Institution, welche allen WTO-Mitgliedern offensteht, die bisherigen Arbeitsgruppen. Seine Zuständigkeit erstreckt sich umfassend auf die Überprüfung aller nach GATT, GATS und der *Enabling Clause* notifizierten Integrationsabkommen. Weiterhin ist vorgesehen, dass – je nach Zuständigkeit – der Rat für Warenhandel bzw für 54

189 Vgl zu diesen beiden Vorgehensweisen bereits ua *Mavroidis* JWT 40 (2006) 187/192ff.

190 Vgl auch Art XXIV:7 lit b Satz 2 GATT: „Die teilnehmenden Parteien werden die Vereinbarung weder beibehalten noch in Kraft setzen, wenn sie nicht bereit sind, sie gemäß den Empfehlungen abzuändern."

191 Eingehender zum Konsensus-Verfahren s → *Tietje* § 4 Rn 31 mwN.

192 GATT, Working Party on the Customs Union between the Czech Republic and the Slovak Republic, L/7501 v 15.7.1994, para 17.

193 Vgl zB GATT, Working Party on the Free Trade Agreements between the EFTA States and the Czech Republic and the Slovak Republic, L/7570 v 8.12.1994, paras 31ff.

194 So WTO, Report (1996) of the Committee on Regional Trade Agreements to the General Council, WT/REG/2 v 6.11.1996, para 2.

Dienstleistungshandel oder der Ausschuss für Handel und Entwicklung auf der Grundlage der von CRTA verfassten Berichte gegebenenfalls Empfehlungen an die Vertragsparteien des Integrationsabkommens richtet.[195] In den nunmehr bereits mehr als 24 Jahren seiner Tätigkeit hat das CRTA zwar in Bezug auf eine Reihe von Integrationsabkommen die Ermittlung und Evaluation der Fakten abgeschlossen (*factual examination*),[196] jedoch – soweit ersichtlich – noch kein Überprüfungsverfahren mit einem entsprechenden Bericht (*examination report*) beendet. Zentraler Grund hierfür ist die Beibehaltung des Konsensusverfahrens im Rahmen der WTO (Art IX:1 WTO-Übereinkommen), welches auch für die Entscheidungsfindung des CRTA gilt.[197] Die daraus resultierende **„Paralysierung" des multilateralen Überprüfungsverfahrens** weist zwar in aller Deutlichkeit auf die Notwendigkeit einer grundsätzlichen Reform hin. Für die entsprechenden Vertragsparteien ergeben sich aus der gegenwärtigen Situation jedoch keine negativen Konsequenzen, da die Implementierung eines Integrationsabkommens keiner positiven Evaluierung bzw Autorisierung durch das CRTA bedarf.[198] Hierin dürfte allerdings auch eine der Hauptursachen dafür liegen, dass es den WTO-Mitgliedern bislang nicht gelungen ist, sich über eine Optimierung des multilateralen Überprüfungsverfahrens zu verständigen.

55 Auch in Bezug auf das Überprüfungsverfahren wurden mit dem **neuen Transparenzmechanismus** eine Reihe von Verfahrensänderungen bzw -konkretisierungen eingeführt. So soll die Überprüfung eines Integrationsabkommens nunmehr im Normalfall innerhalb eines Jahres nach Notifizierung abgeschlossen sein.[199] Um das Verfahren entsprechend zu beschleunigen, ist die Evaluierung eines Abkommens grundsätzlich innerhalb eines Treffens des CRTA abzuschließen.[200] Zur Vorbereitung fertigt nunmehr das WTO-Sekretariat für jedes Integrationsabkommen einen Sachbericht (*factual presentation*) an, welcher spätestens acht Wochen vor diesem Treffen vorliegen muss.[201] Überdies wurde die Aufgabe der Umsetzung des Transparenzmechanismus zwischen dem CRTA – weiterhin verantwortlich für Integrationsabkommen nach Art XXIV GATT, Art V GATS und Art V*bis* GATS – und dem nach Art IV:7 WTO-Übereinkommen errichteten Ausschuss für Handel und Entwicklung, zuständig für Notifizierung nach Ziff 4 lit a der *Enabling Clause*, aufgeteilt.[202] Zwar sind diese neuen Verfahrensvorgaben im Grundsatz zu begrüßen. Im Ergebnis haben sie jedoch bislang – und werden aller Voraussicht nach auch zukünftig – in der Praxis kaum Auswirkungen zei-

195 WTO, Committee on Regional Trade Agreements, WT/L/127 v 7.2.1996 para 1 lit a.

196 So hat das CRTA beispielsweise im Jahre 2012 drei *factual* examinations abgeschlossen, vgl WTO, Report (2012) of the Committee on Regional Trade Agreements to the General Council v 26.11.2012, WT/REG/22 para 6.

197 Vgl hierzu auch WTO, Rules of Procedure for Meetings of the Committee on Regional Trade Agreements, WT/REG/1 v 14.8.1996 insb Rule 33.

198 So auch ua *Mavroidis* (Fn 181) 262; *Herrmann/Weiß/Ohler* Rn 619; *Marceau/Reiman* LIEI 28 (2001) 297/311.

199 WTO, Transparency Mechanism for Regional Trade Agreements, WT/L/671 v 18.12.2006 para 6.

200 *Ibid* para 11.

201 *Ibid* 7ff; für ein Beispiel eines solchen Sachberichts vgl WTO, Factual Presentation – Free Trade Agreement between Southern Common Market (MERCOSUR) and Israel (Goods), Report by the Secretariat, WT/REG398/1/Rev1 v 2.10.2020.

202 WTO, Transparency Mechanism for Regional Trade Agreements, WT/L/671 v 18.12.2006 para 18.

gen, da sie das **strukturelle Problem der Anwendung des Konsensusverfahrens im Überprüfungsprozess** ausklammern.[203]

2. Bedeutung des WTO-Streitbeilegungsverfahrens

Vor dem Hintergrund der fortbestehenden Defizite des multilateralen Überprüfungsverfahrens sollte eigentlich der zweiten Alternative, der bilateralen Prüfung der Vereinbarkeit von Integrationsabkommen mit den Vorgaben der WTO-Rechtsordnung mittels WTO-Streitbeilegungsverfahren,[204] in der Praxis eine hervorgehobene Bedeutung zukommen. Auch nach Gründung der WTO und der hiermit einhergehenden Optimierung des Streitbeilegungsmechanismus[205] sind jedoch nur **vergleichsweise wenige Streitbeilegungsverfahren** eingeleitet worden, welche auf der Grundlage von Integrationsabkommen ergriffene Maßnahmen zum Gegenstand hatten.[206] Das mit Abstand aussagekräftigste unter ihnen bildet immer noch das bereits im Oktober 1999 mit einem Bericht des Appellate Body abgeschlossene Verfahren *Turkey-Textile*.[207] 56

Seit Gründung der WTO ist im Grundsatz unbestritten, dass Maßnahmen von WTO-Mitgliedern auch dann in die **Zuständigkeit *ratione materiae*** der Panels und des Appellate Body fallen, wenn sie im Zusammenhang mit Integrationsabkommen stehen. Für den Bereich des Warenhandels wird dies nunmehr ausdrücklich in Ziff 12 der Vereinbarung zur Auslegung des Art XXIV GATT klargestellt, für den Dienstleistungshandel und Abkommen auf Grundlage der *Enabling Clause* folgt die Zuständigkeit aus dem Geltungsbereich des WTO-Streitbeilegungsverfahrens nach Art 1 iVm Anhang 1 DSU. Keine Einigkeit besteht jedoch weiterhin darüber, ob sich die somit grundsätzlich gegebene Prüfungskompetenz der Panels und des Appellate Body lediglich auf einzelne Maßnahmen wie beispielsweise die Nichtanwendung des präferenziellen Zollsatzes auf Waren aus Drittstaaten erstreckt[208] oder ob im Wege der **Inzidentprüfung** hierbei auch ein **Integrationsabkommen als Ganzes** auf seine Vereinbarkeit mit Art XXIV GATT bzw den Parallelvorschriften in anderen WTO-Übereinkommen überprüft werden kann.[209] 57

203 Allgem zu den aus der Anwendung des Konsensusverfahrens in der WTO resultierenden Herausforderungen s → *Tietje* § 4 Rn 33ff.

204 Allgem zum WTO-Streitbeilegungsverfahren *Tietje* in Ehlers/Schoch (Hrsg) Rechtsschutz im Öffentlichen Recht (2009) § 3; sowie s → *Weiss* § 20 Rn 1ff.

205 Vgl hierzu ua *Krajewski* Rn 240; sowie s → *Weiss* § 20 Rn 11.

206 Eingehender hierzu, zur vergleichbaren Situation unter dem GATT 1947 sowie hinsichtlich möglicher Ursachen für die Zurückhaltung der WTO-Mitglieder *Mavroidis* JWT 44 (2010) 1145/1150.

207 WTO, *Turkey-Textile* App Body v 22.10.1999, WT/DS34/AB/R; WTO, *Turkey-Textile* Panel v 31.5.1999, WT/DS34/R.

208 So wohl WTO, *Turkey-Textile* Panel v 31.5.1999, WT/DS34/R paras 9.48ff; aus rechtspolitischer Perspektive auch ua *von Bogdandy/Makatsch* EuZW 2000, 261/263f, jeweils unter Hinweis auf die Komplexität einer solchen Überprüfung, die weitreichenden Folgen einer Entscheidung und der hieraus resultierenden Notwendigkeit einer Berücksichtigung politischer und ökonomischer Argumente.

209 Vgl ua *Cottier/Evtimov* ZEuS 2000, 477/497ff; *Herrmann/Weiß/Ohler* Rn 621ff; allgem zu dem dieser Frage zugrunde liegenden Verhältnis zwischen politischen und gerichtsähnlichen Gremien der WTO *Roessler* FS Jackson (2000) 325ff.

58 Hiermit eng zusammenhängend wird überdies diskutiert, in welchem **Verhältnis das multilaterale Überprüfungsverfahren im CRTA zum WTO-Streitbeilegungsverfahren** steht. Der bloße Umstand, dass die WTO-Kompabilität eines Integrationsabkommens zeitgleich auch im CRTA überprüft wird, stellt nach allgemeiner Auffassung kein Hindernis für die Durchführung eines Streitbeilegungsverfahrens dar. Aber auch der – gegenwärtig noch theoretische – Fall einer abschließenden positiven bzw negativen Evaluierung durch das CRTA soll für die Panels und den Appellate Body keine Bindungswirkung entfalten. Die Unanwendbarkeit der Grundsätze einer *res iudicata* hat allerdings umgekehrt auch zur Konsequenz, dass das CRTA in seiner Entscheidungsfindung nicht an rechtliche Schlussfolgerungen der Panels bzw des Appellate Body gebunden ist.[210] Angesichts der Anwendung des Konsensusverfahrens im CRTA ist die Wahrscheinlichkeit solch divergierender Überprüfungsergebnisse in der Praxis allerdings mehr als gering.

59 Der **Appellate Body** hat sich im Verfahren *Turkey-Textile* zu diesen Fragestellungen bislang nur in Form eines ***obiter dictum*** äußern können. Dieses wird zutreffend dahingehend interpretiert, dass Integrationsabkommen hinsichtlich ihrer Vereinbarkeit mit der WTO-Rechtsordnung **umfassend justiziabel** und die Streitbeilegungsgremien hierbei auch nicht an Beurteilungen des CRTA gebunden sind.[211] Im Sinne einer effektiven Durchsetzung der WTO-rechtlichen Vorgaben ist diese Sichtweise vor dem Hintergrund der fortdauernden Paralysierung des Überprüfungsverfahrens im CRTA auch prinzipiell zustimmungswürdig. Allerdings ist den vom Panel in *Turkey-Textile* und Teilen des Schrifttums zugunsten eines eingeschränkten Prüfungsmaßstabs (*standard of review*) angeführten Argumenten ebenfalls Gewicht beizumessen. Sie weisen auf die auch im Zusammenhang mit der regionalen Wirtschaftsintegration bestehende Gefahr hin, dass die gegenwärtige Inflexibilität der WTO-Entscheidungsverfahren im politischen Bereich möglicherweise zu Entscheidungen der Streitbeilegungsgremien führen kann, die das System insgesamt überfordern und unter den betroffenen WTO-Mitgliedern nicht mehr auf das gebotene Maß an Akzeptanz stoßen.[212]

60 Eine weitere Problematik divergierender Entscheidungen ergibt sich in jüngerer Zeit aus dem Umstand, dass eine wachsende Anzahl regionaler Integrationsabkommen selbst über institutionalisierte Streitbeilegungsmechanismen verfügt (zB CETA, RCEP).[213] Da auf einzelne Sachverhalte sowohl die multilateralen Regelungen der WTO-Rechtsordnung als auch Vorgaben eines Integrationsabkommens Anwendung finden können, ist nicht ausgeschlossen, dass die Streitparteien zeitgleich oder nacheinander Streitbeilegungsverfahren sowohl nach dem DSU als auch dem entsprechenden Mechanismus des regionalen Abkommens einleiten. Vor dem Hintergrund **paralleler Streitbeilegungsoptionen** stellt sich die Frage nach möglichen prozessualen

---

210 Hierzu zB auch *Boysen* § 31 Rn 58.

211 WTO, *Turkey-Textile* App Body v 22.10.1999, WT/DS34/AB/R para 60, unter Verweis auf seine Ausführungen in WTO, *India-Quantitative Restrictions* App Body v 23.8.1999, WT/DS90/AB/R paras 80ff; vgl auch ua *Cottier/Evtimov* ZEuS 2000, 477/498f; *Herrmann/Weiß/Ohler* Rn 622f; *Bartels* (Fn 7) 267f; *Marceau/Reiman* LIEI 28 (2001) 297/313; *Cremona* CMLR 2001, 359/366.

212 Allgem zu dieser Gefahr s → *Tietje* § 4 Rn 33 mwN.

213 Hierzu statt vieler *Nowrot* in Grimmel/Jakobeit (Hrsg) 54/68ff mwN.

Auswirkungen auf das WTO-Streitbeilegungsverfahren.[214] Diskutiert wird hierbei unter anderem ein **Beziehungszusammenhang iSv *res iudicata*** zwischen den Entscheidungen der verschiedenen Streitbeilegungsgremien. Nach Auffassung des Appellate Body beschränkt sich der Anwendungsbereich von *res iudicata* jedoch ausschließlich auf Verfahren innerhalb des WTO-Streitbeilegungssystems. Entscheidungen im Rahmen von Streitbeilegungsmechanismen regionaler Integrationsabkommen oder die Anhängigkeit entsprechender Verfahren begründen daher nach bisheriger WTO-Entscheidungspraxis kein Verfahrenshindernis.[215]

214 Zu den aus der Vermehrung von institutionalisierten Streitbeilegungsmechanismen im internationalen Wirtschaftssystem erwachsenden Herausforderungen allgem *Finke* Die Parallelität internationaler Streitbeilegungsmechanismen (2004); *Sauer* Jurisdiktionskonflikte in Mehrebenensystemen (2008); *Neumann* Die Koordination des WTO-Rechts mit anderen völkerrechtlichen Ordnungen (2002).
215 Eingehender hierzu *Zang* WTR 18 (2019) 33ff; *de Mestral* JIEL 16 (2013) 777ff; *Henckels* EJIL 19 (2008) 571ff; *Pauwelyn* JIEL 9 (2006) 197ff; *Kwak/Marceau* in Bartels/Ortino (Hrsg) Regional Trade Agreements and the WTO Legal System (2006) 465ff; *Hamelmann* Internationale Jurisdiktionskonflikte und Vernetzungen transnationaler Rechtsregime (2006).

§ 4
WTO und Recht des Weltwarenhandels

Christian Tietje

Gliederung **Rn**

https://doi.org/10.1515/9783110630718-004

Schrifttum

Bagwell/Mavroidis (Hrsg) Preferential Trade Agreements. A Law and Economics Analysis (2011); *Bäumler* WTO, in Krenzler/Herrmann/Niestedt (Hrsg) EU-Außenwirtschafts- und Zollrecht, 131a (EL 14, Okt 2019); *Benedek* Die Rechtsordnung des GATT aus völkerrechtlicher Sicht (1990); *Bethlehem/McRae/Neufeld/van Damme* (Hrsg) The Oxford Handbook of International Trade Law (2009); *Bonzon* Public Participation and Legitimacy in the WTO (2014); *Cass* The Constitutionalization of the World Trade Organization – Legitimacy, Democracy, and Community in the International Trading System (2005); *Daunton/Narlikar/Stern* The Oxford Handbook on the World Trade Organization (2012); *Dür/Elsig* Trade cooperation: the purpose, design and effects of preferential trade agreements world trade forum (2015); *Fischer* Technische Handelshemmnisse im Welthandelsrecht (2004); *Herdegen* Internationales Wirtschaftsrecht, 12. Aufl (2020); *Herrmann/Weiß/Ohler* Welthandelsrecht, 2. Aufl (2007); *Hilf/Oeter* (Hrsg) WTO-Recht – Rechtsordnung des Welthandels, 2. Aufl (2010); *Hoekman/Kostecki* The Political Economy of the World Trading System, 3. Aufl (2010); *Jackson* The World Trading System: Law and Policy of International Economic Relations (2000); *ders* Sovereignty, the WTO and Changing Fundamentals of International Law (2006); *Jessen* WTO-Recht und „Entwicklungsländer" – „Special and Differential Treatment for Developing Countries" im multidimensionalen Wandel des Wirtschaftsvölkerrechts (2006); *Koul* Guide to the WTO and GATT – Economics, Law and Politics, 6. Aufl (2018); *Krajewski* Wirtschaftsvölkerrecht, 4. Aufl (2017); *ders* Verfassungsperspektiven und Legitimation des Rechts der Welthandelsorganisation (2001); *Lester/Mercurio/Davies* World Trade Law, 3. Aufl (2018); *Matsushita/Schoenbaum/Mavroidis/Hahn* The World Trade Organization – Law, Practice, and Policy, 3. Aufl (2015); *Mavroidis* The General Agreement on Tariffs and Trade (2005); *McMahon* The WTO Agreement on Agriculture (2006); *Michalopoulos* Emerging Powers in the WTO: Developing Countries and Trade in the 21st Century (2014); *Petersmann* Constitutional Functions and Constitutional Problems of International Economic Law (1991); *ders* International Economic Law in the 21st Century: Constitutional Pluralism and Multilevel Governance of Interdependent Public Goods (2012); *Prieß/Berrisch* (Hrsg) WTO-Handbuch – World Trade Organization (2003); *Scott* The WTO Agreement on Sanitary and Phytosanitary Measures (2007); *Senti* WTO – System und Funktionsweise der Welthandelsordnung, 2. Aufl (2017); *Siebert/Lorz* Außenwirtschaft, 9. Aufl (2014); *Steger* (Hrsg) The World Trade Organization, Bd. 1–5 (2014); *Stoll* Internationaler Warenverkehr in Ehlers/Fehling/Pünder (Hrsg) Besonderes Verwaltungsrecht Bd 1, 3. Aufl (2012) § 5; *ders/Schorkopf* WTO – Welthandelsordnung und Welthandelsrecht (2002); *Tietje* Internationalisiertes Verwaltungshandeln (2001); *ders* Normative Grundstrukturen der Behandlung nichttarifärer Handelshemmnisse in der WTO/GATT-Rechtsordnung (1998); *ders/Finke* Welthandelsorganisation in Ehlers/Fehling/Pünder (Hrsg) Besonderes Verwaltungsrecht Bd 1, 3. Aufl (2012) § 4; *Trebilcock/Howse/Eliason* The Regulation of International Trade, 4. Aufl (2012); *Van den Bossche/Zdouc* The Law and Policy of the World Trade Organization – Text, Cases and Materials, 4. Aufl (2017).

A. Einleitung

1 Das Welthandelsrecht ist heute neben einer Vielzahl bi- und plurilateraler präferentieller Handelsabkommen[1] auf universeller Ebene im Wesentlichen in der Rechtsordnung der Welthandelsorganisation (WTO) kodifiziert. Die WTO-Rechtsordnung besteht aus dem Übereinkommen über die Errichtung der WTO (WTO-Übereinkommen), den multilateralen Übereinkommen über den Warenhandel, den Dienstleistungshandel und die Rechte des geistigen Eigentums sowie die Streitbeilegungsregelungen und die Vorschriften über die Überwachung.[2] Während diese Übereinkommen der WTO-Rechtsordnung für alle WTO-Mitglieder verbindlich sind, steht es ihnen frei, die beiden plurilateralen Übereinkommen, das Übereinkommen über das öffentliche Beschaffungswesen und das Übereinkommen über den Handel mit Zivilluftfahrzeugen, zu ratifizieren. Wenn man die Streitbeilegung (Vereinbarung über Regeln und Verfahren zur Beilegung von Streitigkeiten – DSU) und die Überwachung (Mechanismus zur Überprüfung der Handelspolitik – TPRM) als Instrumente der repressiven und der präventiven Rechtsverwirklichung zusammenfasst,[3] kann demnach von **fünf Säulen der WTO-Rechtsordnung** gesprochen werden: Den Regelungen über den Warenhandel, über den Dienstleistungshandel, über die Rechte des geistigen Eigentums, über die repressive und präventive Rechtsverwirklichung sowie die etwas außerhalb dieses Säulenmodells stehenden plurilateralen Abkommen. Das Dach dieser Säulen bildet die WTO als internationale Organisation.

2 Jede der genannten Säulen der WTO-Rechtsordnung, ebenso wie die institutionelle Struktur der WTO selbst, ist von einer **hohen rechtlichen Komplexität** gekennzeichnet. Das bedingt bereits der Umfang der jeweiligen Übereinkommen. Maßgeblich geprägt ist die genannte Komplexität indes auch durch die umfangreiche Rechtsprechung der WTO-Panel und des Appellate Body. Vor diesem Hintergrund ist es heute nur noch in umfangreichen Werken, die sich ausschließlich mit der WTO-Rechtsordnung befassen, möglich, diese Rechtsordnung wissenschaftlich detailliert aufzuarbeiten.[4] Im Gesamtgefüge des Internationalen Wirtschaftsrechts ist es allerdings auch

1 Hierzu → *Nowrot* § 3 Rn 1ff.

2 Die wichtigsten Rechtstexte sind abgedr in *Tietje* (Hrsg) Welthandelsorganisation, 6. Aufl (2020).

3 Zu dieser Konzeption *Tietje* Grundstrukturen, 132ff.

4 S hierzu zB *Van den Bossche/Zdouc* The Law and Policy of the World Trade Organization – Text, Cases and Materials, 4. Aufl (2017); *Lester/Mercurio/Davies* World Trade Law (2018); *Prieß/Berrisch* (Hrsg) WTO-Handbuch – World Trade Organization (2003); *Matsushita/Schoenbaum/Mavroidis* The World Trade Organization: Law, Practice and Policy, 3. Aufl (2015); deutschsprachig auch noch *Herrmann/Weiß/Ohler* Welthandelsrecht, 2. Aufl (2007); *Hilf/Oeter* WTO-Recht, 2. Aufl (2010); deutlich kürzer und wenig in die Tiefe gehend *Stoll/Schorkopf* WTO – Welthandelsordnung und Welthandelsrecht (2002).

nicht zwingend notwendig, die WTO-Rechtsordnung im Detail zu kennen, zumal die quantitativ umfangreiche WTO-Rechtsprechung in ihrer großen Dynamik immer wieder neue rechtliche Gesichtspunkte hervorbringt. Für das Studium und den wissenschaftlichen Zugang zum Internationalen Wirtschaftsrecht erscheint es vertretbar, wenn zunächst die Grundstrukturen der WTO-Rechtsordnung beherrscht werden.

Die Grundstrukturen der WTO-Rechtsordnung sind **institutioneller und materiellrechtlicher Natur**. Auf der institutionellen Seite geht es in erster Linie um die WTO als internationale Organisation, ihren Aufbau, ihre Befugnisse und ihre Entscheidungsabläufe. Materiellrechtlich wird die WTO-Rechtsordnung maßgeblich durch das Allgemeine Zoll- und Handelsabkommen aus dem Jahr 1994 (**GATT 1994**) als Grundlage des gesamten Rechts des Warenhandels geprägt. Die neben dem GATT 1994 bestehenden weiteren multilateralen Übereinkommen zum Warenhandel (vgl Art II:2 WTO-Übereinkommen) konkretisieren und spezifizieren in weiten Bereichen die Fundamentalnormen des Allgemeinen Zoll- und Handelsabkommens. Einen sachgegenständlich anderen Anwendungsbereich hat hingegen das multilaterale Übereinkommen zum Dienstleistungshandel (GATS), auch wenn es inhaltlich eng an die Regelungen des GATT angelehnt ist.[5] Das Übereinkommen über handelsbezogene Aspekte der Rechte des geistigen Eigentums (TRIPS) hingegen ist in weiten Bereichen systematisch kaum mit GATT und GATS zu vergleichen, sondern betrifft mit dem Recht des geistigen Eigentumsschutzes eine weitgehend eigenständige Rechtsmaterie.[6] Der präventive Rechtsverwirklichungsmechanismus der WTO (TPRM) ist in einem komplexen Zusammenhang ähnlicher „weicher" Instrumentarien in einer Vielzahl internationaler Rechtsregime zu sehen und wird hier nicht vertiefend behandelt.[7] Das Streitbeilegungsrecht der WTO indes ist zwar zunächst spezifisch auf das WTO-Recht ausgerichtet, weist allerdings zunehmende Verschränkungen mit der Vielzahl von Streitbeilegungsmechanismen im Internationalen Wirtschaftsrecht insgesamt auf.[8] Daher ist es angezeigt, das WTO-Streitbeilegungsrecht im umfassenderen Kontext der Streitbeilegung im Internationalen Wirtschaftsrecht zu behandeln.[9] 3

B. Die historische Entwicklung der WTO-Rechtsordnung

Die multilaterale Verrechtlichung der zwischenstaatlichen Handelsbeziehungen hat ihre bis heute prägenden Ursprünge in der umfangreichen Vertragspraxis des 19. Jahrhunderts. Aufbauend auf der damaligen Verfestigung bestimmter Strukturprinzipien 4

5 Hierzu → *Weiss* § 5 Rn 1ff; krit zur Parallelstruktur v GATT und GATS *Tietje* Probleme der Liberalisierung des internationalen Dienstleistungshandels – Stärken und Schwächen des GATS (2005), Beiträge zum Transnationalen Wirtschaftsrecht, Heft 48 (2005) 15, erhältlich im Internet: <tietje.jura.uni-halle.de/de/forschungen-und-publikationen/beitr%C3 %A4ge-transnationalen-wirtschaftsrecht>.

6 Hierzu → *Götting/Lauber-Rönsberg* § 14 Rn 96ff.

7 Ausf hierzu *Laird/Valdés* in Daunton/Narlikar/Stern (Hrsg) The Oxford Handbook on the World Trade Organization (2012) S 464ff.; deutschsprachig auch *Tietje* in Prieß/Berrisch (Hrsg) WTO-Handbuch (2003) C I 1 Rn 1ff.

8 Ausf *McRae* JIEL 3 (2000) 27ff mwN.

9 Hierzu → *Weiss* § 20 Rn 1ff; *Tietje* in Ehlers/Schoch (Hrsg) Rechtsschutz im öffentlichen Recht (2009) § 3.

wie insb der Meistbegünstigungsklausel und der Inländergleichbehandlungsgarantie und in Erkenntnis der Notwendigkeit eines schrittweisen Zollabbaus kam es dann über die Atlantik-Charta zur Ausarbeitung der **Havanna-Charta** zur Gründung einer International Trade Organization (ITO).[10] Die Havanna-Charta legte ein umfassendes Rechtsregime für den internationalen Handel nieder. Dieses betraf neben Regelungen zur Zollsenkung und zu nichttarifären Handelshemmnissen[11] Vorschriften zur Beschäftigungs- und Wirtschaftspolitik, zur wirtschaftlichen Entwicklung und zum Wiederaufbau sowie zur Wettbewerbspolitik.[12] Dieser institutionell und materiellrechtlich umfassende Ansatz der Havanna-Charta war jedoch nicht von dem verfassungsrechtlich notwendigen Verhandlungsmandat des US-amerikanischen Präsidenten durch den US-Kongress gedeckt.[13] Dieses umfasste nur ein Abkommen zur Zollsenkung. Daher wurde parallel zur Ausarbeitung der Havanna-Charta an einem multilateralen Abkommen zu tarifären und nichttarifären Handelshemmnissen gearbeitet, dem **GATT**. Noch vor Abschluss der Beratungen über die Havanna-Charta trat das GATT am 1.1.1948 durch das **Protokoll über dessen vorläufige Anwendbarkeit**[14] in Kraft. Dabei wurde die Annahme des GATT insb dadurch erreicht, dass das GATT 1947 in Verbindung mit dem Protokoll über seine vorläufige Anwendbarkeit als *executive agreement* nach dem Verfassungsrecht der USA behandelt wurde, so dass keine Zustimmung zur Ratifikation durch den US-Kongress notwendig war. Um dieses Ergebnis zu erreichen, war es indes zugleich notwendig, in das Protokoll über die vorläufige Anwendbarkeit die sog Grandfather-Klausel aufzunehmen. Sie gewährleistete, dass innerstaatliche Regelungen, die vor dem 1.1.1948 in Kraft getreten und inhaltlich mit dem GATT 1947 unvereinbar waren, nicht aufgehoben werden mussten. Die Grandfather-Klausel gehört zu den wichtigsten **„birth defects" des GATT**.[15]

5 Das GATT 1947 war keine Gründungsurkunde einer internationalen Organisation, sondern enthielt weitgehend nur materiellrechtliche Bestimmungen. Institutionell war nur eine Entscheidungsbefugnis der VERTRAGSPARTEIEN als gleichsam organschaftlich handelndes Gremium aller Vertragsparteien vorgesehen (daher auch in Großbuchstaben geschrieben). Allerdings wurden die Sekretariatsaufgaben des GATT schnell von der **„Interim Commission for the International Trade Organization" (ICITO)**, die für die Vorbereitung der Errichtung der durch die Havanna-Charta vorgesehenen internationalen Handelsorganisation eingerichtet wurde, wahrgenommen.

---

10 UN, United Nations Conference on Trade and Employment held at Havana, Cuba, from November 21, 1947, to March 24, 1948 Final Act and Related Documents, E/Conf 2/78; ausf zur historischen Entwicklung → *Tietje* § 1 Rn 36ff.

11 Zum Begriff der nichttarifären Handelshemmnisse ausf *Tietje* Grundstrukturen, 30ff mwN.

12 Statt vieler *Krenzler* in Prieß/Berrisch (Hrsg) WTO-Handbuch (2003) A I Rn 7ff.

13 Die entspr Probleme ergeben sich aus Article I, Sec 8 (3) der Verf der USA, wo es heißt: „Congress shall have Power ... to regulate Commerce with foreign Nations ..."; Einzelheiten zur Verfassungsrechtslage in den USA mit Blick auf den Abschluss v Handelsverträgen b *Jackson* The World Trading System 81ff; *Kluttig/Nowrot* Der „Bipartisan Trade Promotion Authority Act of 2002" – Implikationen für die Doha-Runde der WTO (2002) 6ff mwN.

14 Protocol of Provisional Application of the General Agreement of Tariffs and Trade, signed at Geneva on October 30, 1947, 55 UNTS 308.

15 Ausf zu den *birth defects* des GATT *Jackson*, 39ff; Nachw auch bei *Tietje* Grundstrukturen, 206, 400f.

Die ICITO blieb dann bis zum 31.12.1998 Dienstherrin der Beschäftigten des GATT bzw für einige Jahre sogar derjenigen der WTO.[16]

Das materielle Recht des GATT entwickelte sich in erster Linie in den sog **Handelsrunden** fort. Diese Handelsrunden (Genf 1947; Annecy 1949; Torquay 1950/51; Genf 1955/56; Dillon-Runde Genf 1961/62; Kennedy-Runde Genf 1964–1967; Tokio-Runde 1973–1979; Uruguay-Runde 1986–1994) dienten zunächst ausschließlich der fortschreitenden Zollsenkung. Mit der Kennedy-Runde wurden dann auch nichttarifäre Handelshemmnisse in die Beratungen einbezogen, in dieser Runde allerdings nur mit geringem Erfolg. Erst in der **Tokio-Runde** gelang es, Einzelabkommen zu Antidumping, Subventionen, öffentlichem Beschaffungswesen, Handel mit Rindfleisch und mit Milchprodukten sowie Handel mit zivilen Luftfahrzeugen zu vereinbaren.[17] Allerdings wurden diese Abkommen nicht in das GATT-Recht integriert, sondern standen als eigenständige völkerrechtliche Verträge neben diesem. Das führte zu einer unklaren Verpflichtungsstruktur im Verhältnis der GATT-Vertragsparteien zueinander. Die so entstandene Unübersichtlichkeit des GATT-Rechts wurde von *John H. Jackson* als **„Balkanisierung"** beschrieben.[18] 6

Die unbefriedigenden Ergebnisse der Tokio-Runde und eine Weltwirtschaftskrise Ende der 1970er Jahre führten zunehmend zu einer Erosion der Ordnungsfunktion des GATT für den Welthandel.[19] Bereits ab 1982 drängten die USA daher auf Einleitung einer neuen Handelsrunde. Nach umfangreichen Vorbereitungen wurde schließlich am 20.9.1986 die Ministererklärung von Punta del Este (Uruguay)[20] verabschiedet, mit der die sog **Uruguay-Runde** des GATT 1947 eingeleitet wurde.[21] Die Erklärung von Punta del Este sah ua eine Stärkung des GATT-Regelwerkes sowie Verhandlungen zu den bislang nicht vom GATT erfassten Themen des Dienstleistungshandels und des Schutzes der Rechte des geistigen Eigentums vor. Damit wurde unmittelbar auf die spätestens seit Anfang der 1980er Jahre klar zu erkennende Bedeutung dieser beiden Bereiche für den Welthandel insgesamt reagiert. Zugleich war allerdings auch klar, dass die Verhandlungen hierzu ebenso wie zur Landwirtschaft als weiterhin einbezogenem Beratungsgegenstand insb im Verhältnis der industrialisierten Staaten und der Entwicklungsländer schwierig und langwierig werden. Im Laufe der wechselvollen und von zahlreichen Rückschlägen gekennzeichneten Verhandlungen kamen dann zusätzlich Streitpunkte im Verhältnis der EG (jetzt: EU) und der USA hinzu (insb der Bereich der audiovisuellen Medien[22]). Erst am 15.12.1993 gelang es schließlich, die Uruguay-Runde erfolgreich in Genf zu beenden.[23] Neben den materiellrechtlichen Ergebnissen konnte dabei auch eine Einigung über die Gründung der Welthandelsorga- 7

16 Einzelheiten b *Tietje* in Prieß/Berrisch (Hrsg) WTO-Handbuch (2003) A III Rn 44.

17 Ausf hierzu zB *Petersmann* AVR 1980, 23/70ff.

18 S *Tietje* Grundstrukturen, 188.

19 *Stoll* ZaöRV 54 (1994) 241/245.

20 Doc. GATT/1395 v 25.9.1986, BISD 33S/19ff.

21 Ausf zur Entwicklung zB *Krenzler* (Fn 12) A I Rn 7ff.

22 Zu den diesbezüglichen Problemen s *Tietje* in Grabitz/Hilf/Krenzler (Hrsg) Recht der EU, Bd V (Stand Oktober 1999) E 27 Rn 60ff.

23 Ausf zur Geschichte der Uruguay-Runde *Croome* Reshaping the World Trading System – A History of the Uruguay Round, 2. Aufl (1999); *Preeg* in Daunton/Narlikar/Stern, The Oxford Handbook on the World Trade Organization (2012), 6 S 123.

nisation als neuer internationaler Organisation für den Welthandel erzielt werden, obgleich Verhandlungen hierzu im ursprünglichen Mandat der Erklärung von Punta del Este gar nicht vorgesehen waren.[24] Die WTO-Übereinkommen traten zum 1.1.1995 in Kraft. Für das GATT 1947 war ein Weiterbestehen bis zum 31.12.1995 vorgesehen, um den Übergang von der alten in die neue Rechtsordnung des internationalen Handels ohne Komplikationen zu ermöglichen.[25]

8 Das Welthandelssystem wurde auch nach der Gründung der WTO weiterentwickelt. Wesentliche Ziele der WTO-Mitglieder bei den folgenden Verhandlungen blieben der Abbau von Zöllen und Subventionen.[26] Die Ministerkonferenzen 1997 und 1999 waren jedoch im Wesentlichen durch Stagnation geprägt. Hauptgrund waren die immer stärker zu Tage tretenden Interessensgegensätze zwischen der EU und den USA sowie den Entwicklungsländern. Im Jahr 2001 wurde darum eine neue multilaterale Verhandlungsrunde eröffnet, die sog *Doha Development Agenda* (DDA).[27] Die DDA rückte insbesondere Themenbereiche in den Mittelpunkt, die die Interessen der Entwicklungsländer stärker berücksichtigen sollten,[28] wofür sie auch den Beinamen der Doha-Entwicklungsrunde erhielt.[29] Die Doha-Runde verfolgt einen *single package-approach* mit der Vorgabe, dass die Verhandlungsparteien Einigungen über alle Punkte des Arbeitsprogrammes erzielen müssen, um dieses zum Abschluss zu bringen. Die Verhandlungen sollten ursprünglich am 1.1.2005 beendet sein. Die große Anzahl der Verhandlungsgegenstände und die konträren Positionen der Parteien verhinderten jedoch eine fristgemäße Einigung. Einen Streitpunkt bildete zB die Subventionierung der heimischen Landwirtschaft durch Indien, auf deren Abschaffung insbesondere die USA bestand. Die fortwährende Ergebnislosigkeit der Verhandlungen führte zu einer ernsthaften Legitimationskrise der WTO und bewegte ihre Mitglieder dazu, sich vermehrt bilateralen und regionalen Freihandelsabkommen zuzuwenden.[30]

9 Nach zwölf Jahren erfolgloser Verhandlungen gelang es der 9. Ministerkonferenz auf Bali im Dezember 2013 schließlich, sich auf einen Katalog von Maßnahmen zu einigen (sog *Bali Package*).[31] Das Paket enthält insgesamt zehn Einzelvereinbarungen. Den zentralen Bestandteil bildet das sog *Trade Facilitation Agreement* (TFA), das erste

24 Zu den Hintergründen über die Verhandlungen zur Gründung der WTO s *Tietje* Grundstrukturen, 86ff; zu den Ergebnissen der Uruguay-Runde auch *Behrens* in Hilf/Oeter (Hrsg) WTO-Recht – Rechtsordnung des Welthandels, 2. Aufl (2010) § 4 Rn 16ff.

25 Details bei *Marceau* JWT 29 (No 4, 1995) 147ff; s auch *Tietje* Grundstrukturen, 97f.

26 *Krajewski*, § 2 Rn 195ff.

27 Zur Doha-Handelsrunde ausf *Hörmann* in Hilf/Oeter (Hrsg) WTO-Recht – Rechtsordnung des Welthandels, 2. Aufl (2010) § 32 Rn 11ff.

28 *Krajewski*, § 2 Rn 200ff.

29 So zB BT-Drs 18/632, 1.

30 So zB die Verhandlungen, die von 2013 bis 2016 zwischen der EU und den USA über ein transatlantisches Freihandels- und Investitionsschutzabkommen (TTIP) liefen, jedoch durch Entscheidung vom 09.04.2019 vom Europäischen Rat für „obsolet und nicht mehr relevant" erklärt wurden (Council Decision 6052/19) sowie jeweils bilaterale Verhandlungen der EU und der USA mit China über Investitionsschutzabkommen, vgl dazu *Horn/Mavroidis/Sapir* Beyond the WTO? An anatomy of EU and US preferential trade agreements 2009; *Omiunu* MC11 Think Conference working paper (2017).

31 Bali Ministerial Declaration v 11.12.2013, WT/MIN(13)/DEC, vlg dazu *Bering* Der Welthandel nach Bali – die WTO zurück auf der Leinwand? JuWissBlog Jan 2014.

große Handelsübereinkommen seit Gründung der WTO. Des Weiteren umfasst das Paket ua (weitgehend unverbindliche) Beschlüsse zur Vereinfachung der Ursprungsregeln, zur öffentlichen Lagerhaltung und Nahrungsmittelsicherheit, Regelungen für den zoll- und quotenfreien Marktzugang zugunsten der am wenigsten entwickelten Länder, zum Abbau von Agrarsubventionen, zur Sonder- und Vorzugsbehandlung von Entwicklungsländern sowie zum Thema Baumwolle. Die Ergebnisse der Bali-Konferenz stellten die erste substanzielle Fortentwicklung des Welthandelssystems seit Gründung der WTO dar,[32] auch wenn es sich in erster Linie um rechtlich unverbindliche Beschlüsse handelt.

10 Die Zukunft des Trade Facilitation-Abkommens, des einzigen rechtverbindlichen Vertragswerkes, über das in Bali entschieden wurde, war indes zunächst ungewiss: Die Verabschiedung des finalen Protokollentwurfs und Einleitung des Ratifikationsprozesses am 31. Juli 2014 scheiterte am Widerstand Indiens. Als Stolperstein stellte sich heraus, dass die Einigung über das Abkommen auf der 9. Ministerkonferenz nur durch Vertagung der Debatte über Indiens Ernährungssicherheitsprogramm erzielt werden konnte.[33] Da in der Folge zunächst ein Kompromiss ausblieb, verweigerte Indien die Zustimmung zu dem Vertragsentwurf. Erst mit einer Einigung zwischen Indien und den USA über die strittigen Fragen des indischen Ernährungssicherheitsprogrammes am 13.11.2014 wurde der Weg für ein Inkrafttreten des Trade Facilitation-Abkommens frei.[34] Das TFA trat am 22.2.2017 in Kraft.[35]

Ein Erfolg der 10. Ministerkonferenz im Jahr 2015 in Nairobi, welche im Übrigen von gemischten Erwartungen und Reaktionen begleitet wurde, ist das beschlossene **Verbot von Exportsubventionen** im Agrarbereich, welches für Industriestaaten ab dem Zeitpunkt des Beschlusses („as of the date of adoption of this Decision") und für Entwicklungsländer zum Ende des Jahres 2018 wirksam wurde.[36] Die Konferenz in Nairobi wurde aber auch von Rufen nach einem Abbruch der Doha-Runde begleitet.[37] Unter dem Eindruck des weitgehenden Stillstandes grundlegender Reformprozesse innerhalb der WTO werden seither vermehrt plurilaterale Kooperationsmodelle unter dem Dach der Welthandelsorganisation diskutiert, welche sich unter dem Schlagwort einer **„WTO der zwei Geschwindigkeiten"** zusammenfassen lassen.[38]

Eine weitere, bis heute nicht gelöste Herausforderung für die WTO-Rechtsordnung liegt im Spannungsverhältnis zwischen der durch die Welthandelsordnung fest-

32 Krit *Altemöller* Perspektiven der Weiterentwicklung des Welthandelssystems nach der Ministerkonferenz von Bali EuZW 2014, 41.

33 Indien hatte als Koordinator einer Gruppe von Entwicklungländern, der sog G 33, gefordert, das WTO-Recht zur Ermöglichung nationaler Ernährungssicherheitsprogramme entsprechend umzugestalten. Indien selbst subventioniert derzeit ein Nahrungsmittelprogramm für 820 Millionen Menschen. Diese Maßnahme stellt nach WTO-Recht eine handelsverzerrende Subvention dar, vgl BT-Drs 18/632, 1.

34 S WTO: 2014 News Items, 13 November 2014, Azevêdo applauds India-US agreement on key Bali issues, verfügbar unter: <wto.org/english/news_e/news14_e/dgra_13nov14_e.htm>.

35 <wto.org/english/docs_e/legal_e/tfa-nov14_e.htm>.

36 WTO, Ministerial Decision, 19.12.2015, WT/MIN(15)/45 WT/L/980; vgl allg zur 10. Ministerkonferenz *Altemöller* EuZW 2016, 374.

37 *Wilkonson/Hannah/Scott* Global Policy 7/2 (2016) 247/253f.; *Martin/Mercurio* sprechen sogar davon, dass the Ministerkonferenz in Nairobi „finally buried the [Doha] Round", s JITLP 16/1 (2017) 49f.

38 Vgl zB *Basedow* JIEL 21(2018) 411; *Ansong* JIEL 21(2018) 395 jeweils mwN; *Altmöller* EuZW 2017, 917.

gelegten Liberalisierung des internationalen Handels auf der einen Seite und den internationalen Bemühungen um mehr Umwelt- und Klimaschutz auf der anderen Seite begründet.[39] Auch die Streitbeilegung der WTO ist immer wieder mit der Abwägung zwischen Freihandel und Umweltschutz konfroniert,[40] was ua die Frage aufwirft, ob man handelsbezogenen Umweltbedenken mit Exportzöllen begegnen sollte.[41] Außerdem werden in verschiedenen plurilateralen Abkommen neue Unterklassifizierungen für umweltfreundliche Produkte eingeführt (sog *ex outs*), um durch niedrigere Zölle Anreize zu schaffen für den Import von umweltfreundlichen Waren.[42]

C. Die Ordnungsfunktion des WTO-Rechts

I. Ökonomische Grundlagen

11 Aus ökonomischer Perspektive zielt die WTO-Rechtsordnung darauf ab, durch eine Liberalisierung des Welthandels universelle Wohlfahrtsgewinne zu ermöglichen (vgl Abs 1 Präambel WTO-Übereinkommen). Diesem Ziel liegen die wirtschaftswissenschaftlichen Erkenntnisse der **Freihandelstheorie** zugrunde. Die klassische, namentlich von *David Ricardo* entwickelte Freihandelstheorie wird in der heutigen Außenwirtschaftslehre in erster Linie durch das *Heckscher-Ohlin-Modell* ergänzt. Trotz aller Kritik bleibt sie weiterhin der maßgebliche Erklärungsansatz des Welthandels.[43] Hiernach ist der Außenhandel mit den komparativen Kostenvorteilen der jeweils am Handel beteiligten Länder zu erklären. Dies bedeutet, dass es sich für jedes Land als zweckmäßig erweist, die volkswirtschaftlichen Kräfte auf die Erzeugung der Waren zu konzentrieren, bei denen sich die relativen Vorteile als am größten erweisen und es diese Erzeugnisse gegen Waren eintauscht, bei deren Produktion es einen nicht so großen Vorteil und damit relativen Nachteil erleiden würde. Die gleiche Überlegung gilt auch in entsprechender Weise für den jeweiligen Handelspartner.[44] Daraus folgt, dass jedes Land eine Produktionsmaximierung unter optimaler Ressourcenallokation ver-

---

39 Für einen Überblick bis 2000 vgl zB *Tietje* EuR (2000) 285-296; *Brown Weiss* JIEL 19 (2016) 367; *Mavroidis/Neven* JIEL 22 (2019) 373.

40 GATT, *US – Imports of Tuna (Tuna I)*, Panel v 3.9.1991 (nicht angenommen), DS21/R – 39S/155 para 5.26, 5.31.; GATT, *US – Imports of Tuna (Tuna II)*, Panel v 16.6.1994 (nicht angenommen), DS29/R; WTO AB Reports, *China — Measures Related to the Exportation of Various Raw Materials*, WT/DS394/AB/R; WT/DS395/AB/R; WT/DS398/AB/R, v 30.1.2012, WTO AB Reports, *China — Measures Related to the Exportation of Rare Earths, Tungsten, and Molybdenum*, WT/DS431/AB/R; WT/DS432/AB/R; WT/DS433/AB/R, v 7.8.2014; im Fall WTO, *China- Raw Materials II* wurde seit 2016 immer noch kein Panel zusammengestellt.

41 Ausf hierzu *Jiang* ‚Greening' the WTO Ban on China's Export Duties: Should WTO law allow China to use export duties to protect the environment and, if so, in what manner? (2020).

42 *Mavroidis/Neven* JIEL 22 (2019), 374; allg zum Greening s a *Herdegen* § 10 Rn 156 mwN; *Vossenaar* ICTSD Issue Paper No 19 (2014).

43 Statt vieler *Siebert/Lorz* 27ff; *Siebert/Rauscher* Neuere Entwicklung der Außenhandelstheorie (1991) 2ff; *Rose/Sauernheimer* Theorie der Außenwirtschaft, 14. Aufl (2006) 383ff, 389.

44 Hierzu eingehend *Rose/Sauernheimer* (Fn 43) 354f, 383ff; *Dieckheuer* Internationale Wirtschaftsbeziehungen, 5. Aufl (2001) 29–104.

folgt, wodurch sich der Welthandel optimal gestaltet.[45] Der Außenhandel der Staaten führt damit zu universellen Wohlfahrtsgewinnen.[46]

Die durch Freihandel zu erzielenden **weltweiten Wohlfahrtsgewinne** müssten nun eigentlich erwarten lassen, dass es im Interesse aller Staaten liegt, eine möglichst liberale Handelspolitik zu betreiben. Wie die Erfahrung zeigt, ist dies aber nicht der Fall. Wissenschaftlich und politisch begründet wird immer wieder zu **protektionistischen Maßnahmen** gegriffen, was mit verschiedenen Argumenten versucht wird zu rechtfertigen. Eine nähere Betrachtung der insoweit diskutierten Argumente zugunsten protektionistischer Maßnahmen zeigt indes, dass hierdurch regelmäßig Wohlfahrtsverluste entstehen.[47] Mithin lässt sich die Neigung zu protektionistischen Maßnahmen im internationalen Handelssystem unter Wohlfahrtsgesichtspunkten nicht erklären. Vielmehr ist der Protektionismus auf eine Diskrepanz zwischen anerkannten ordnungspolitischen Grundsätzen internationaler Wohlfahrtssteigerung aufgrund arbeitsteiliger Ressourcenallokation einerseits und innenpolitischem Handlungsdruck andererseits zurückzuführen. 12

Diese Diskrepanz ist auch unter dem im Rahmen der Theorie der Wohlfahrtsökonomie des Außenhandels von *Corden* entwickelten Stichwort der **„konservativen sozialen Wohlfahrtsfunktion"** bekannt.[48] Hiernach wird von nationalen Regierungen als den maßgeblichen Entscheidungsträgern der Außenhandelsbeziehungen eines Staates den möglichen Einkommenszuwächsen aufgrund von Außenhandelsgewinnen in der Regel ein geringeres Gewicht beigemessen, als den im Rahmen der internationalen Arbeitsteilung zwangsläufig entstehenden vorübergehenden Einkommensrückgängen in der Form von Außenhandelsverlusten.[49] Protektionistische Maßnahmen stellen sich folglich als staatliche Reaktion auf innenpolitischen Handlungsdruck dar, der sich aus individuellen Wohlstandsverlusten ergibt, die im Rahmen internationalen Freihandels und damit universeller Wohlfahrtsmehrung nicht vermeidbar sind.[50] Ei- 13

45 *Herdegen* § 4 Rn 1ff; *Siebert/Lorz* 27ff; unberücksichtigt bleiben sollen an dieser Stelle Marktverzerrungen insb durch Protektionismus.

46 *Siebert/Lorz* 159ff.

47 Ausf zu den möglichen Argumenten zugunsten des Protektionismus sowie zu den Gegenargumenten *Siebert/Lorz* 177ff.

48 *Corden* Trade Policy and Economic Welfare, 2. Aufl (1997) 107ff; *ders* in Snape (Hrsg) Issues in World Trade Policy (1987) 121/125f; *ders* International Trade Theory and Policy (1992) 109f, 269f.

49 *Corden* aaO; s auch *Lorenz* in Arbeitskreis Europäische Integration (Hrsg) Neuer Protektionismus in der Weltwirtschaft und EG-Handelspolitik (1985) 9/12; *Deardorff* Why do Governments prefer Nontariff Barriers? (1987) 14f.

50 *Deardorff* (Fn 49) 14f; *Williamson/Milner* The World Economy – A Textbook in International Economics, 2. Aufl (1995) 139ff; *Schulz* in Arbeitskreis Europäische Integration (Hrsg) Neuer Protektionismus in der Weltwirtschaft und EG-Handelspolitik (1985) 35/36f; *Ray* Northwestern J of Int'l L & Bus 8 (1987) 285ff; *Ohlinger* Die Relevanz nichttarifärer Handelshemmnisse (1986) 100ff; *Petersmann* RabelsZ 47 (1983) 478/481ff; *ders* (1991) 110ff; *Schuknecht* Trade Protection in the European Community (1995) 17ff; s a *Langhammer* in Zippel (Hrsg) Ökonomische Grundlagen der europäischen Integration (1993) 41/44f, der drei vermeintliche Ziele des Einsatzes v nichttarifären Handelshemmnissen nennt: (1) Bestandsschutz insb in Form der Faktorprotektion im Gegensatz zur Konsumentenprotektion, (2) Kompensation kurzfristig auftretender Zahlungsbilanzengpässe und (3) außenwirtschaftliche Absicherung der inländischen Nachfrageexpansion.

nen ähnlichen Erklärungsansatz bietet die **public-choice-Theorie**,[51] nach der Protektionismus der „politische Preis“ ist, den Regierungen zum Erhalt ihrer demokratisch legitimierten Macht zahlen.[52]

II. Die Bedeutung des Rechts in den internationalen Handelsbeziehungen

14 Die WTO-Rechtsordnung hat die Funktion, das beschriebene faktische Dilemma universeller Handelsliberalisierung im Spannungsverhältnis zwischen weltweiten Wohlfahrtsgewinnen und möglichen individuellen Wohlstandsverlusten aufzulösen, und zwar in dem Sinne, dass verlässliche Rahmenbedingungen für die spontane Ordnung[53] des internationalen Handels geschaffen werden. Wenn von der WTO-Rechtsordnung gesprochen wird, ist hiermit also die Ordnung gemeint, die die Bedingungen schafft, unter denen sich die spontane Ordnung des internationalen Wirtschaftens – die faktische Wirtschaftsordnung[54] – bilden kann.[55] Damit ist zugleich die Verbindung zwischen Recht und Ordnung zur Rechtsordnung hergestellt. Wenn es Aufgabe des Rechts ist, die Bedingungen zur **Schaffung der spontanen Ordnung des internationalen Handels** und des Wirtschaftens insgesamt bereitzustellen, kommt einer Rechtsordnung des internationalen Handels maßgeblich die Aufgabe der Gewährleistung von Rechtssicherheit zu. Nur durch Rechtssicherheit hinsichtlich der Rahmenbedingungen der durch individuelle Freiheit realisierten internationalen Wirtschaftsbeziehungen lassen sich die zum Gelingen der spontanen Wirtschaftsordnung erforderlichen wohlfahrtssteigernden Effekte erzielen.[56]

15 Damit ist der zentrale Punkt ausgemacht, um dem beschriebenen faktischen Dilemma von universellen Wohlfahrtsgewinnen und partikularen Protektionismusinteressen entgegenzuwirken. Die **Rechtssicherheit** gewährleistende Funktion der WTO-Rechtsordnung ermöglicht und verlangt wirtschaftspolitische Entscheidungen, die im universellen Wohlfahrtsinteresse partikulare, egoistisch-rationale Erwägungen gerade nicht berücksichtigen. Diese Funktion der WTO-Rechtsordnung lässt sich durch das spieltheoretische Modell des Gefangenendilemmas, demzufolge einzig die durch

51 Umfassend zur Public-Choice Theorie s die Beiträge in *Buchanan/Tollison* (Hrsg) Theory of Public Choice, Bd 1 u 2 (1984); s a *Petersmann* (1991) 116ff; *Hauser/Moser/Planta/Schmid* ORDO 39 (1988) 219/224ff; *Schuknecht* (Fn 50) 17ff; speziell zu nichttarifären Handelshemmnissen a *Donges* in Albers/Born/Dürr (Hrsg) HdWW, Bd 3 (1981) 784/787.

52 Hierzu und zu der aus dieser Theorie folgenden Notwendigkeit einer effektiven Weltwirtschaftsordnung auch zur Wahrung der politischen Unabhängigkeit nationaler Regierungen gegenüber gut organisierten Interessengruppen umfassend *Petersmann* (1991) 116ff und *passim*; *ders* Außenwirtschaft 49 (1994) 31/39ff; *ders* Europa-Archiv 1991, 265/267f; aus wirtschaftswissenschaftlicher Sicht auch *Siebert/Rauscher* (Fn 43) 11ff.

53 Hierzu bereits ausf → *Tietje* § 1 Rn 14ff.

54 Zur Unterscheidung zwischen faktischer und normativer Wirtschaftsordnung s *Benedek* 10.

55 S *Mestmäcker* FS Carstens, Bd 1 (1984) 417/418; *Behrens* RabelsZ 50 (1986) 483/489; *Petersmann* (1991) 49ff.

56 Hierzu *Benedek* 10f; *Röpke* RdC 86 (1954) 203/218; *Petersmann* in Bernhardt (Hrsg) EPIL, Bd IV (2000) 1542/1549f.

Rechtssicherheit bedingte Koordination zu optimalen Ergebnissen führt,[57] anschaulich verdeutlichen.[58]

Hinweise auf die Funktion der Schaffung von Rechtssicherheit durch die WTO-Rechtsordnung finden sich auch schon seit längerer Zeit in entsprechenden Ausführungen des Streitbeilegungsorgans des GATT 1947 bzw nun der WTO. So heißt es schon in der Panel-Entscheidung zur *„United States Manufacturing Clause"* aus dem Jahre 1984: „The Panel further noted that one of the basic aims of the General Agreement was security and predictability in trade relations among contracting parties."[59] Noch klarer wird diese Funktion in einer Panel-Entscheidung aus dem Jahre 1985 verdeutlicht, in der auf den „aspect of law and order in international trade relations as governed by the GATT" hingewiesen wird.[60] Die Rechtssicherheitsfunktion der WTO-Rechtsordnung wurde auch in zahlreichen Panel-Entscheidungen und Entscheidungen des Appellate Body immer wieder herausgestellt.[61] Dem entspricht es, dass die Garantie von Rechtssicherheit im Welthandelssystem in verschiedenen WTO-Abkommen ausdrücklich hervorgehoben wird.[62] 16

Die beschriebene und rechtsnormativ abgesicherte **Rechtssicherheitsfunktion** der WTO-Rechtsordnung, die schon dem alten GATT 1947 zugrunde lag, zeigt auch, dass das institutionell verankerte Welthandelsrecht nicht in erster Linie dazu dient, ein **Verhandlungsforum für das Aushandeln politischer Konzessionen** zu bieten. Diese Funktion wurde dem GATT 1947 und wird auch der WTO insb von Handelsdiplomaten und Politikern zugeschrieben.[63] Wenn der WTO-Rechtsordnung tatsächlich eine solche primär politische Funktion zukäme, würde das Welthandelsrecht gleichsam legalisiert zum Spielball der Politik. Genau dies soll aber durch die Rechtssicherheitsfunktion der WTO-Rechtsordnung vermieden werden. 17

---

57 Hierzu aus spieltheoretischer Sicht einführend *Dixit/Nalebuff* Thinking Strategically, 2. Aufl (1993) 95ff.

58 Hierzu einführend *Dixit/Nalebuff* (Fn 57) *passim*; für das Internationale Wirtschaftsrecht statt vieler *Thorbecke* Journal of Institutional and Theoretical Economics 151 (1995) 373ff; und ausf *Abbott* Harvard ILJ 26 (1985) 501ff; zur Bedeutung der Spieltheorie speziell für die WTO/ GATT-Rechtsordnung *Hoekman/Kostecki*, 26ff, 100ff.

59 GATT, *US Manufacturing Clause*, Panel v 15/16.5.1984, BISD 31S/74 para 39; s a GATT, *Newsprint*, Panel v 20.11.1984, BISD 31S/114 para 52 („The Panel shared the view expressed before it relating to the fundamental importance of the security and predictability of GATT tariff bindings, a principle which constitutes a central obligation of the General Agreement").

60 GATT, *New Zealand – Electrical Transformers From Finland*, Panel v 18.7.1985, BISD 32S/55 para 4.4.

61 S zB WTO, *US – Sections 301–310 of the Trade Act of 1974*, Panel v 22.12.1999, WT/DS152/R para 7.74ff mit zahlreichen wN in Fn 663; *European Communities – Customs Classification of Certain Computer Equipment*, App Body v 5.6.1998, WT/DS62/AB/R, WT/DS67/AB/R, WT/DS68/AB/R para 82.

62 S Präambel Abs 1 Agreement on Textiles and Clothing; Art 3 Abs 2 DSU („The dispute settlement system of the WTO is a central element in providing security and predictability to the multilateral trading system."); Abs 3 Declaration on the Contribution of the World Trade Organization to Achieving Greater Coherence in Global Economic Policymaking („The strengthened multilateral trading system emerging from the Uruguay Round has the capacity to provide an improved forum for liberalization, to contribute to more effective surveillance, and to secure strict observance of multilaterally agreed rules and disciplines.").

63 *Hoekman/Kostecki*, 25ff; *Molsberger* FS Oppermann (2001) 533.

18 Schließlich bedingt die Rechtssicherheitsfunktion der WTO-Rechtsordnung auch zentral, dass das **Verhalten individueller Wirtschaftssubjekte** in die *ratio* dieser Rechtsordnung einbezogen wird. Über die mit dem Gefangenendilemma umschriebene Vertrauensschutzgarantie im zwischenstaatlichen Verhältnis hinausgehend ist Rechtssicherheit eine zentrale Voraussetzung optimaler individueller Ressourcenallokation im ökonomischen Bereich. Die Existenz eines multilateralen Regelwerkes für den internationalen Handel ermöglicht dementsprechend, dass die privaten Wirtschaftssubjekte auf der Grundlage von Rechtssicherheit ressourcenoptimale Entscheidungen treffen können. Damit entfallen Transaktionskosten, die bei Rechtsunsicherheit entstehen würden. Das Panel im Fall zu *Sections 301–310 US Trade Act 1974* fasste diese Erkenntnis und Bedeutung der WTO-Rechtsordnung wie folgt zusammen: „Many of the benefits to Members which are meant to flow as a result of the acceptance of various disciplines under the GATT/WTO depend on the activity of individual economic operators in the national and global market places. The purpose of many of these disciplines, indeed one of the primary objects of the GATT/WTO as a whole, is to produce certain market conditions which would allow this individual activity to flourish."[64]

19 Diese Ausführungen bestätigen, dass die WTO-Rechtsordnung weit über den rein zwischenstaatlichen Bereich hinausgehend auf das Verhalten privater Wirtschaftssubjekte abzielt und es in seinen funktionellen Gewährleistungsbereich einbezieht. Die ökonomische *ratio* dieses Ansatzes erschließt sich über die genannte Rechtssicherheitsfunktion hinausgehend, wenn ein Blick auf die **Theorie bestreitbarer Märkte** geworfen wird. Diese aus der Industrieökonomik entwickelte Theorie stellt nicht auf ein bestehendes, tatsächliches Wettbewerbsverhalten ab, wie es bei herkömmlicher Betrachtungsweise der Theorie komparativer Kostenvorteile oftmals geschieht. Der Blick richtet sich vielmehr auf den potentiellen Wettbewerb. Dadurch wird es möglich, selbst auf einem Markt mit nur einem Anbieter ressourcenoptimale Allokationsergebnisse zu erzielen, da die potentielle Konkurrenz den Monopolisten zwingt, so zu handeln, wie es bei vollständiger Konkurrenz der Fall wäre.[65] Sofern Märkte vollständig bestreitbar sind, kommt es zu einer optimalen Marktstruktur und damit größtmöglichen Wohlfahrtsgewinnen. Damit im Zusammenhang werden gerade in Hochtechnologiebereichen Innovationseffekte erzielt.[66] Insgesamt ergibt sich somit die ordnungspolitische Forderung, rechtliche Regelungen zu schaffen, die eine möglichst vollständige Bestreitbarkeit von Märkten sicherstellen.

20 Eine wesentliche Funktion der WTO-Rechtsordnung ist es, bestreitbare Märkte zu gewährleisten. Das WTO-Recht erfasst nicht nur tatsächlich gegebene ökonomische Transaktionen bzw zwischenstaatliche Handelsbeziehungen, sondern schon den **potentiellen Wettbewerb zwischen in- und ausländischen Produkten bzw Dienstleistungen**. Das wird zunächst an der gefestigten Spruchpraxis zur *ratio* der zentralen Regelungen des GATT, dem Gebot der **Inländergleichbehandlung** (Art III GATT) und dem **Verbot nichttarifärer Handelshemmnisse** (Art XI:1 GATT) deutlich. Diese beiden fundamentalen Rechtsgarantien des Welthandelsrechts, die sich auch im Dienst-

64 WTO, *US – Sections 301–310 of the Trade Act of 1974*, Panel v 22.12.1999, WT/DS152/R para 7.73.

65 Zur Theorie bestreitbarer Märkte umfassend *Baumol/Panzarund/Willig* Contestable Markets and the Theory of Industry Structure (1988); s a *Tietje* (Fn 5) 8f.

66 S a *Siebert/Lorz* 123ff.

leistungsübereinkommen finden (vgl Art XVIff GATS), sollen in ihrem systematischen Zusammenwirken garantieren, dass außerhalb von Zöllen keine handelsbeschränkenden Grenzmaßnahmen ergriffen werden (Art XI:1 GATT) und der damit gewährleistete Marktzugang nicht durch protektionistische Maßnahmen zugunsten heimischer Produkte bzw Dienstleistungen in seiner Wirksamkeit beeinträchtigt wird (vgl Art III:1 GATT, Art XVII:3 GATS). Auf die Beeinträchtigung eines tatsächlich gegebenen Handels kommt es dabei nicht an: „The general prohibition of quantitative restrictions under Article XI, ..., and the national treatment obligation of Article III, ..., have essentially the same rational, namely to protect expectations of the contracting parties as to the competitive relationship between their products and those of the other contracting parties. Both articles are not only to protect current trade but also to create the predictability needed to plan future trade."[67]

Die WTO-Rechtsordnung ist damit darauf angelegt, durch Rechtssicherheit garan- 21
tierte Wettbewerbsbedingungen zu schaffen, die eine **optimale Ressourcenallokation** ermöglichen. Dabei steht die Idee bestreitbarer Märkte im Vordergrund, soweit es um die Rechtsstellung der privaten Wirtschaftssubjekte geht. Insoweit entfaltet die WTO-Rechtsordnung zumindest eine **indirekte unmittelbare Wirkung** zugunsten des Individuums.[68] Ob sich hieraus auch umfassende individualistische, menschenrechtliche Verbürgungen in der Welthandelsordnung ableiten lassen, ist strittig, in der Tendenz aber zu bejahen.[69] In jedem Fall ist die Ordnungsfunktion der WTO-Rechtsordnung aber **transnational** im Sinne einer zwischenstaatliche und private Interessen schützenden Dimension ausgerichtet.[70]

D. Die WTO als internationale Organisation

I. Aufgaben und Kompetenzen

Die WTO ist eine internationale Organisation mit Völkerrechtssubjektivität (vgl Art 22
VIII WTO-Übereinkommen). Damit hat sich mit Gründung der WTO die alte Streitfrage zur **Völkerrechtssubjektivität des GATT 1947** erledigt.[71] Als internationale Organisation kommt der WTO die Aufgabe zu, die Verwaltung, Wirkungsweise und Zielverwirklichung der multilateralen und der plurilateralen Handelsübereinkommen zu erleichtern (Art III:1 WTO-Übereinkommen). Diese Aufgabenumschreibung entspricht dem Konzept internationaler Organisationen im institutionalisierten internationalen Kooperationsprozess insgesamt.[72]

---

67 GATT, *US – Taxes on Petroleum,* Panel v 17.6.1987, BISD 34S/136 para 5.2.2; aus jüngerer Zeit insb WTO, *US – Sections 301–310 of the Trade Act of 1974*, Panel v 22.12.1999, WT/DS152/R para 7.84ff mwN.

68 WTO, *US – Sections 301–310 of the Trade Act of 1974*, Panel v 22.12.1999, WT/DS152/R para 7.78.

69 S im Überblick zur Diskussion *Tietje* (Fn 16) A III Rn 38ff mwN.

70 Umfassend hierzu *Tietje/Nowrot* EBOLR 5 (2004) 321/324ff.

71 Zu der problematischen Frage der Einordnung des GATT 1947 als internationale Organisation statt vieler *Benedek*, 248ff.

72 Ausf *Tietje* (Fn 16) A III Rn 1ff mwN; vgl überdies allgem in Bezug auf internationale Organisationen als Steuerungssubjekte im Internationalen Wirtschaftsrecht → *Nowrot* § 2 Rn 22ff.

23 Aus der **Völkerrechtssubjektivität der WTO** folgt ua ihre Fähigkeit, völkerrechtliche Verträge abzuschließen, was namentlich mit Blick auf Kooperationsabkommen mit anderen internationalen Organisationen (ua VN, IMF, Weltbank) auch praktiziert wird.[73] Weiterhin gilt für die WTO als internationale Organisation zwar das Prinzip der begrenzten Einzelermächtigung, so dass sie nur Wahrnehmungs- und Entscheidungsbefugnisse in den Sachbereichen hat, die ihr von den Mitgliedern zugewiesen wurden.[74] Daraus folgt allerdings nicht, dass die WTO insgesamt „member driven" im Sinne einer vollständig fehlenden Eigenständigkeit ist.[75] Vielmehr obliegt ihr als eigenständige Aufgabe die Wahrnehmung der Verantwortung für die weltweite Wohlfahrtssteigerung als globales öffentliches Gut. Hierzu findet insb die *implied-powers*-Lehre als anerkanntes Rechtsinstitut im Recht der internationalen Organisationen Anwendung.[76] Weiterhin bedingt die Völkerrechtssubjektivität der WTO die ihr, ihren Bediensteten und den Vertretungen der WTO-Mitglieder in Genf zustehenden Vorrechte (Privilegien) und Immunitäten.[77]

II. Mitgliedschaft

24 Hinsichtlich der Mitgliedschaft in der WTO ist zwischen ursprünglichen Mitgliedern und dem späteren Beitritt zu differenzieren. **Ursprüngliche Mitglieder** der WTO sind all die Vertragsparteien des GATT 1947, die (1.) diesem zum 1.1.1995 rechtswirksam zugehörten, für die (2.) Listen von Zugeständnissen und Verpflichtungen nach dem GATT 1994 sowie Listen spezifischer Verpflichtungen nach dem GATS bestanden und die (3.) das WTO-Übereinkommen nebst der weiteren Übereinkommen, die integraler Bestandteil der WTO-Rechtsordnung sind (vgl Art II:2 WTO-Übereinkommen), völkerrechtswirksam angenommen haben (Art XI:1 WTO-Übereinkommen), und zwar bis spätestens zum 1.1.1997 (vgl Art XIV:1 Satz 3 WTO-Übereinkommen).[78] Eine Besonderheit stellte dabei die ursprüngliche Mitgliedschaft der früheren EG (jetzt: EU) in der WTO dar. Die EG war *de iure* nicht Vertragspartei des GATT 1947. Gleichwohl, insb mit Blick auf ihr funktionales Einrücken in die Stellung der EG-Mitgliedstaaten als Ver-

---

73 Zu den Kooperationsbeziehungen im Einzelnen *Tietje* (Fn 16) A III Rn 75ff; sowie u Rn 36f.

74 Zu diesem völkerrechtlichen Grundsatz allgem s StIGH, *Jurisdiction of the European Commission of the Danube* Advisory Opinion, PCIJ Ser B, No 14, 64: „As the European Commission [für die Donau, Anm Verf] is not a state but an international institution with a special purpose, it only has the functions bestowed upon it by the Definitive Statute with a view to the fulfilment of that purpose, but it has the power to exercise those functions to their full extent, in so far as the Statute does not impose restrictions on it." Bestätigt in IGH, ICJ Rep 1996, 66 (para 25) – *Nuclear Weapons*: „The Court need hardly point out that international organizations are subjects of international law which do not, unlike States, possess a general competence. International organizations are governed by the 'principle of speciality', that is to say, they are invested by the States which create them with powers, the limits of which are a function of the common interests whose promotion those States entrust to them."

75 Zum Begriff und zur Diskussion *Jackson* JIEL 4 (2001) 67/72.

76 Allgem hierzu zB *Verdross/Simma* Universelles Völkerrecht, 3. Aufl (1984) § 780; *Schermers/Blokker* International Institutional Law, 4. Auflage (2003) §§ 232ff.

77 Einzelheiten hierzu b *Tietje* (Fn 16) A III Rn 14f.

78 Zu bestimmten zeitlichen Ausnahmen s *Tietje* (Fn 16) A III Rn 61ff.

tragsparteien,[79] wurde ihr das Recht zugesprochen, ursprüngliches Mitglied der WTO zu werden (Art XIV:1 Satz 1 WTO-Übereinkommen).

25 Neben der ursprünglichen Mitgliedschaft besteht für jeden Staat oder jedes gesonderte Zollgebiet die Möglichkeit, der WTO beizutreten (Art XII:1 WTO-Übereinkommen). Die Voraussetzungen eines solchen **Beitritts** sind in Art XII WTO-Übereinkommen nur recht allgemein umschrieben. Es ist nur von Bedingungen die Rede, „die zwischen ihm und der WTO vereinbart werden". Sofern der Beitritt erfolgt, gilt dieser für die gesamte WTO-Rechtsordnung einschließlich der multilateralen Handelsübereinkommen (Art XII:1 WTO-Übereinkommen). Der Beschluss über den Beitritt wird auf Seiten der WTO von der Ministerkonferenz mit Zwei-Drittel-Mehrheit gefasst; die Genehmigung des Beitritts kann – wie in der Praxis regelmäßig der Fall – aber auch durch den Allgemeinen Rat erfolgen (vgl Art IV:2 WTO-Übereinkommen). Nur für den Beitritt zu den plurilateralen Handelsübereinkommen, die nicht *eo ipso* Bestandteil der WTO-Rechtsordnung sind (vgl Art II:3 WTO-Übereinkommen), gelten in diesen Übereinkommen vorgesehene Sonderregelungen.

26 Die **Einzelheiten des Beitrittsverfahrens** richten sich im Wesentlichen nach einer Praxis, die sich bereits im GATT 1947 etabliert hatte und die gemäß Art XVI:1 WTO-Übereinkommen weiterhin Anwendung findet: Nachdem ein Beitrittsantrag an den Generaldirektor der WTO gestellt und dieser allen WTO-Mitgliedern übermittelt wurde, wird die Sache dem Allgemeinen Rat vorgelegt. Dieser entscheidet über die **Einsetzung einer Arbeitsgruppe**, die sich mit dem Antrag näher befasst; Mitglieder der Arbeitsgruppe können alle interessierten WTO-Mitglieder werden. Der Arbeitsauftrag einer entsprechenden Arbeitsgruppe lautet regelmäßig „to examine the application for accession to the WTO under Article XII and to submit to the General Council/ Ministerial Conference recommendations which may include a draft Protocol of Accession".[80] Im Sinne dieses Arbeitsauftrages kommt es in der Arbeitsgruppe und mit dem Beitrittskandidaten zu umfassenden Verhandlungen, die sich multilateral insb auf die Anpassung der innerstaatlichen Rechtslage an die Vorgaben der WTO-Rechtsordnung sowie bilateral auf die spezifischen Zollbindungen und Verpflichtungen im Dienstleistungssektor beziehen.[81] Am Ende des zT langwierigen Verfahrens steht ein **Beitrittsprotokoll** als völkerrechtlicher Vertrag, das von der Ministerkonferenz bzw dem Allgemeinen Rat und dem Beitrittskandidaten anzunehmen ist.[82]

---

79 Hierzu → *Tietje* § 18 Rn 81; umfassend *Berrisch* Der völkerrechtliche Status der Europäischen Wirtschaftsgemeinschaft im GATT (1992).

80 Hierzu sowie insg zum Verfahren: WTO, Accession to the World Trade Organization, Procedures for Negotiations under Article XII, Note by the Secretariat v 24.3.1995, WT/ACC/1; s a *Marceau* Canadian YIL 35 (1997) 233/238ff.

81 Einzelheiten b *Tietje* (Fn 16) A III Rn 67ff.

82 Zur Rechtnatur eines Beitrittsprotokolls und zum umstrittenen Verhältnis zum sonstigen WTO-Recht siehe zB *Kennedy* JWT 47 (1/2013) 45ff; *Liu* JWT 48 (4/2014) 751ff.

III. Institutionelle Struktur

27 Die institutionelle Struktur der WTO ist zunächst durch ihre wichtigsten Entscheidungsorgane, die Ministerkonferenz und den Allgemeinen Rat, gekennzeichnet. Die **Ministerkonferenz**, die mindestens alle zwei Jahre zusammentritt (Art IV:1 Satz 1 WTO-Übereinkommen), steht an der Spitze des WTO-Organigramms; ihr stehen umfassende Befugnisse in allen WTO-Angelegenheiten zu (vgl Art IV:1 WTO-Übereinkommen). Die tatsächliche Bedeutung der regelmäßigen Ministerkonferenzen liegt in erster Linie im politischen Bereich mit Blick auf die zukünftige Entwicklung der Welthandelsordnung.[83] Demgegenüber ist der unterhalb der Ministerkonferenz angesiedelte **Allgemeine Rat** das zentrale operative Organ der WTO. Er setzt sich aus Vertretern aller WTO-Mitglieder, bei denen es sich in aller Regel um Botschafter oder Personen in vergleichbaren Positionen handelt, zusammen (Art IV:2 WTO-Übereinkommen). Er tagt in der Praxis zumindest monatlich in Genf am Sitz der WTO und nimmt die Aufgaben der Ministerkonferenz zwischen deren Tagungen wahr (Art IV:2 WTO-Übereinkommen). Überdies tritt der Allgemeine Rat auch als Trade Policy Review Body und als Dispute Settlement Body zusammen und übt die in den diesbezüglichen WTO-Übereinkommen niedergelegten Funktionen aus (Art IV:3 und 4 WTO-Übereinkommen). Schließlich unterstehen dem Allgemeinen Rat zahlreiche Unterausschüsse, Arbeitsgruppen sowie die drei sachbezogenen Räte für den Warenhandel, den Handel mit Dienstleistungen und die handelsbezogenen Aspekte der Rechte des geistigen Eigentums (vgl Art IV:5 WTO-Übereinkommen). Die so vorliegende komplexe Struktur im Organigramm der WTO ist nicht unproblematisch und führt zu Verwaltungsineffizienzen, was immer wieder zu entsprechenden Reformüberlegungen Anlass bietet.[84]

28 Neben den Organen und Einrichtungen der WTO, in denen jeweils sämtliche WTO-Mitglieder vertreten sind (sog Plenarorgane), verfügt die WTO über ein **Sekretariat** als unabhängige Einrichtung (vgl Art VI WTO-Übereinkommen).[85] Die Aufgaben und Befugnisse des Sekretariats, das von einem Generaldirektor geleitet wird, sind im Vergleich zu zahlreichen anderen internationalen Organisationen bewusst restriktiv ausgestaltet. Die WTO-Mitglieder legen großen Wert darauf, dass das WTO-Sekretariat nur sehr begrenzte, in erster Linie rein administrative Aufgaben wahrnimmt. Insofern ist die Rede davon, die WTO sei eine „member driven" Organisation.[86] An dieser Umschreibung ist sicherlich richtig, dass die WTO-Mitglieder versuchen, die Tätigkeit der Organisation umfassend von ihren Vorgaben und ihrer Kontrolle abhängig zu machen. Allerdings darf der informelle und auch formelle Einfluss des Sekretariats im Allgemeinen und gerade mit Blick auf den Trade Policy Review Mechanismus und das

83 Im Überblick zu den bish Ministerkonferenzen *Tietje* (Fn 16) A III Rn 19ff.

84 Zur Diskussion s *Tietje* (Fn 16) A III Rn 26ff.

85 Allgem zur Funktion und Bedeutung der Sekretariate internationaler Organisationen *Schermers/Blokker* (Fn 76) §§ 434ff.

86 Krit hierzu und zur Begrifflichkeit *Jackson* JIEL 4 (2001) 67/71f; der Behauptung, die WTO sei „member driven": unkritisch zust *Oeter* in Hilf/Oeter (Hrsg) WTO-Recht – Rechtsordnung des Welthandels, 2. Aufl (2010) § 6 Rn 14; differenziert *Tietje* in Dicke/Fröhlich (Hrsg) Wege multilateraler Diplomatie: Politik, Handlungsmöglichkeiten und Entscheidungsstrukturen im UN-System (2005) 24; *Tietje* (Fn 16) A III Rn 33ff; *Steger* JIEL 10 (2007) 483/487.

Streitbeilegungsverfahren nicht übersehen werden.[87] Das ändert jedoch nichts daran, dass die genannte Grundhaltung der WTO-Mitglieder dazu führt, dass dem WTO-Sekretariat bewusst kaum Kompetenzen zugesprochen werden und es überdies gerade im Vergleich mit der Weltbank und dem IWF mit nur einem sehr kleinen Mitarbeiterstab auskommen muss.[88]

Im Ergebnis entspricht das institutionelle Gefüge der WTO damit zunächst dem Vorbild sonstiger internationaler Organisationen. Allerdings dürfen die genannten **spezifischen Besonderheiten** nicht übersehen werden, woraus sich zwei wesentliche Schlussfolgerungen ergeben: Zum einen führt die komplexe Struktur der zahlreichen Einrichtungen der WTO zu **ineffektiven Arbeitsstrukturen** und -abläufen. Dieses Problem wurde auch von den WTO-Mitgliedern bereits erkannt und begründete eine laufende Reformdebatte.[89] Zum anderen stellt sich die institutionelle Struktur der WTO aufgrund der zahlreichen institutionellen Abhängigkeiten in ihrem Organigramm als „hinkend" dar.[90] Damit kann es bislang in der WTO auch kein „institutionelles Gleichgewicht" geben, wie es aus der Rechtsprechung des EuGH bekannt ist.[91] 29

IV. Willensbildung und Entscheidungsstrukturen

Die Entscheidungsstrukturen in der Welthandelsorganisation sind ausgesprochen komplex. Dies bezieht sich auf die formellen und die informellen Verfahren der Willensbildung und Entscheidungsfindung sowie auf die Vielzahl der mit Blick auf einen Entscheidungsfindungsprozess beteiligten Akteure. 30

Mit Blick auf die **formellen Regeln** der Entscheidungsfindung ist zunächst zu beachten, dass das GATT 1947 für Entscheidungen der Vertragsparteien vorsah, dass diese – soweit nicht ausdrücklich anders geregelt – mit Mehrheit der abgegebenen Stimmen gefasst werden (Art XXV:4 GATT 1947). In der Praxis kam es allerdings schnell zu einer faktischen Derogation dieser Vorgabe. Alle Entscheidungen im GATT 1947 wurden im **Konsensusverfahren** angenommen. Der Konsensus entwickelte sich so zu einem tragenden Strukturmerkmal der Rechtsordnung des GATT 1947.[92] Für die WTO ist in ihrer Gründungsurkunde vorgesehen, dass sie die nach dem GATT 1947 übliche Praxis der Beschlussfassung durch Konsensus fortsetzt (Art IX:1 WTO-Übereinkommen). Hierbei ist zu berücksichtigen, dass die deutsche Übersetzung des Übereinkom- 31

87 Ausf hierzu *Tietje* (Fn 16) A III Rn 35ff.

88 Hierzu a *Hilf* in ders/Oeter (Hrsg) WTO-Recht – Rechtsordnung des Welthandels, 2. Aufl (2010) § 6 Rn 14.

89 Ausf hierzu *Rudisch* Die institutionelle Struktur der Welthandelsorganisation (WTO): Reformüberlegungen (2002); *Steger* JIEL 12(2009) 803ff; zur Diskussion über eine ‚WTO der zwei Geschwindigkeiten' s nochmals zB *Basedow* JIEL 21(2018) 411–431; *Ansong*, JIEL 21(2018) 395–410 jeweils mwN; zur Legitimationskrise zB *Omiunu* MC11 Think Conference working paper (2017).

90 *Hilf* (Fn 88) § 6 Rn 19 mwN.

91 Ausf WTO, *India – Imports of Agricultural Textile and Industrial Products*, App Body v 23.8.1999, WT/DS90/AB/R para 98ff; z institutionellen Gleichgewicht im EG-Recht s *Streinz* Europarecht, 11. Aufl (2019) Rn 276, 628.

92 *Tietje* (Fn 16) A III Rn 50; vertiefend *Benedek*, 232ff.

mens, die von einer „Beschlussfassung durch Konsens“ spricht, falsch ist. In der authentischen englischen Fassung des WTO-Übereinkommens kommt deutlich zum Ausdruck, dass es um das Konsensus-Verfahren geht. Der Konsensus wird dabei in einer erläuternden Fußnote zu Art IX:1 WTO-Übereinkommen wie folgt definiert: „The body concerned shall be deemed to have decided by consensus on a matter submitted for its consideration, if no member, present at the meeting when the decision is taken, formally objects to the proposed decision“. Das somit gemeinte Konsensusverfahren hat sich schon vor längerer Zeit im allgemeinen Völkerrecht, namentlich in der Praxis der Vereinten Nationen, etabliert.[93] Durch das Abstellen auf das **Fehlen einer ausdrücklichen Ablehnung** und nicht eine ausdrückliche inhaltliche Zustimmung, werden die WTO-Mitglieder nicht gezwungen, zu einer bestimmten Sachfrage explizit Stellung zu beziehen. Der Konsensus lässt damit nicht unmittelbar auf einen sachlichen Konsens schließen, er ist aber für die Gesamtstabilität einer internationalen Organisation und ihrer Rechtsordnung von großer Bedeutung. Vereinfacht gesagt ermöglicht er Kompromisse, ohne dass es zu einem „Gesichtsverlust“ kommt.[94]

32 Neben der Anwendung des Konsensusverfahrens sieht die WTO-Rechtsordnung in Einzelbereichen zT sehr komplexe Regelungen zu spezifischen Abstimmungsmodalitäten und notwendigen Mehrheitsverhältnissen vor.[95] Wichtig ist dabei, dass die die WTO-Rechtsordnung tragenden **Verfassungsprinzipien**, insb die **Meistbegünstigungsklausel**, nur geändert werden können, wenn alle WTO-Mitglieder eine entsprechende Änderung explizit annehmen (Art X:2 WTO-Übereinkommen). Diese Regelung ist ebenso wie andere Verfahrensvorschriften, die ein erschwertes Entscheidungsverfahren vorschreiben (vgl insgesamt Art IX und X WTO-Übereinkommen), maßgeblich von einem Souveränitätsinteresse und einem verfassungsstabilisierenden Interesse der WTO-Rechtsordnung insgesamt geprägt.

33 Als Zwischenergebnis kann damit festgehalten werden, dass die in der WTO-Rechtsordnung enthaltenen Regelungen für die formelle Entscheidungsfindung wesentlich komplexer sind als im alten GATT 1947.[96] Diese normierte Komplexität, die zudem nur einstimmig geändert werden kann (vgl Art X:2 WTO-Übereinkommen), führt zu einer gewissen **Inflexibilität und Ineffektivität** mit Blick auf eine dynamische Weiterentwicklung der WTO-Rechtsordnung und versperrt den Blick auf die eigentlich anstehenden Sachfragen. Überdies besteht die Gefahr, dass die Inflexibilität des WTO-Entscheidungs- und damit auch Vertragsänderungsverfahrens dazu führt, dass das Streitbeilegungssystem der WTO vermehrt mit Sachfragen konfrontiert wird, die eigentlich eine substantielle Vertragsänderung durch die WTO-Mitglieder erfordern. Dies könnte zu Entscheidungen des Streitbeilegungsorgans führen, die das System überfordern und politisch nicht mehr akzeptiert werden. Die negativen Auswir-

93 Ausf *Suy* in Bernhardt EPIL, Bd I (1992) 759ff mwN; der Unterschied zwischen „Konsens“ und „Konsensus“ wird zu wenig beachtet v *Krajewski* Verfassungsperspektiven der WTO, 80ff.

94 Zu weiteren Einzelheiten der Bedeutung des Konsensus-Verfahrens s *Tietje* (Fn 86) 18ff.

95 Ausf hierzu *Tietje* (Fn 16) A III Rn 57f; *Senti* WTO – System und Funktionsweise der Welthandelsordnung, 2. Aufl (2017) Rn 321ff.

96 *Steger* in Bronckers/Quick (Hrsg) New Directions in International Economic Law – Essays in Honour of John H. Jackson (2000) 135/150.

kungen einer solchen Entwicklung für die WTO-Rechtsordnung insgesamt liegen auf der Hand.[97]

Neben den dargestellten formellen kommt den **informellen Regeln** der Willensbildung und Entscheidungsfindung in der WTO in der Praxis eine große Bedeutung zu. Diese informellen Regeln sind zugleich seit einigen Jahren ein zentraler Kritikpunkt ua der Zivilgesellschaft an der Welthandelsorganisation.[98] Das betraf lange Zeit die Bedeutung und Willensbildung in der Gruppe der sog **„Quad"** (Kanada, EU, Japan und die USA). Insb Verhandlungen zu wichtigen Themen in der WTO begannen regelmäßig in der Gruppe der „Quad". Hieran schlossen sich dann sog **„Green-Room"**-Gespräche an, die ein zentrales Strukturelement der WTO darstellten.[99] An den „Green-Room"-Gesprächen war nur eine begrenzte Anzahl von WTO-Mitgliedern beteiligt; es handelt sich regelmäßig um ca 20 bis 30 WTO-Mitglieder. Benannt sind die Gespräche nach einem entsprechenden Verfahren, das sich im Rahmen der Uruguay-Runde des GATT 1947 etablierte. Die damaligen Gespräche einer kleineren Anzahl von GATT-Vertragsparteien fanden in einem Raum statt, der mit grünen Tapeten versehen war.[100] Dieses System der informellen Willensbildung und Entscheidungsfindung ist von einer starken Intransparenz gekennzeichnet und ein weiterer Bestandteil in der bereits angedeuteten Diskussion über eine institutionelle Reform der WTO.[101] Daran hat sich auch nichts dadurch geändert, dass die „Quad"-Staaten heute deutlich an Einfluss in der WTO eingebüßt haben. Ihre frühere Rolle wurde zum Teil durch die BRICS-Staaten (Brasilien, Russland, Indien, China, Südafrika) übernommen bzw ist eine auch informelle Entscheidungsfindung in der WTO ohne die BRICS-Staaten nicht mehr möglich.[102] 34

Zusammenfassend betrachtet zeigen die **informellen Willensbildungs- und Entscheidungsverfahren** in der WTO in aller Deutlichkeit ein Spannungsverhältnis auf zwischen einer formal verstandenen souveränen Gleichheit der Staaten auf der einen Seite und der Notwendigkeit einer hiervon abweichenden Entscheidungsfindung, die von Realisierungschancen und damit von Effektivitätsgesichtspunkten gekennzeichnet ist, auf der anderen Seite. Vorschläge zur Reform der informellen Verfahren in der WTO, die im Ergebnis auf eine verstärkte Anwendung formeller Regeln hinauslaufen, können für sich genommen daher nicht abschließend überzeugen. Die hier angedeuteten Probleme des informellen Entscheidungsverfahrens in der WTO lassen sich nur im Rahmen einer umfassenderen **institutionellen Reform der Welthandelsorganisation** lösen. Das betrifft in erster Linie die Forderung nach Einrichtung eines Organs der WTO, in dem nur eine Auswahl von WTO-Mitgliedern vertreten ist. Solche Nicht-Plenarorgane sind aus zahlreichen anderen internationalen Organisationen be- 35

---

97 Zum gesamten Themenkomplex ausf *Jackson* JIEL 4 (2001) 67/71ff; Ehlermann/Ehring JIEL 8 (2005) 51ff.

98 Ausf hierzu zB *Rudisch* (Fn 89) 26ff; *Krajewski* Verfassungsperspektiven der WTO, 86ff.

99 Hierzu *Rudisch* (Fn 89) 26f mwN.

100 *Krajewski* Verfassungsperspektiven der WTO, 86.

101 Statt vieler a *Hilf* (Fn 88) § 6 Rn 42; zu Reformvorschlägen s insbes WTO, Improving the Functioning of the WTO System, Discussion Paper from the European Community to the WTO General Council v 6.10.2000, WT/GC/W/412.

102 S zB *Matsushita* JIEL 17 (2014) 701/705.

kannt. Sie gewährleisten regelmäßig eine effektive Aufgabenwahrnehmung, die von der Schwerfälligkeit der Entscheidungsfindung unter hundert oder mehr Mitgliedstaaten befreit ist. Vorschläge zur Errichtung eines entsprechenden Organs in der Welthandelsorganisation liegen seit längerer Zeit auf dem Tisch. Ob ihnen Realisierungschancen zukommen, ist allerdings fraglich.[103]

V. Die WTO in der Netzwerkstruktur des Weltwirtschaftssystems

36 Die Aufgaben und Funktionen der WTO können nur erfasst werden, wenn – neben der Kenntnis ihrer internen Struktur – auch ein Blick auf die umfassende Netzwerkstruktur geworfen wird, in die die WTO eingebunden ist. Das betrifft drei Bereiche: (1) Das weltweite Beziehungsgefüge von Personen und Institutionen, die unmittelbar mit der WTO befasst sind, (2) die Beziehungen der WTO zu anderen internationalen Organisationen und (3) zu Nichtregierungsorganisationen.

37 Das **personelle und institutionelle Beziehungsgefüge**, das unmittelbar die WTO betrifft, wird zunächst dadurch bestimmt, dass für die Wahrnehmung der Aufgaben, die sich für die WTO-Mitglieder im Rahmen des dargestellten formellen und informellen Willensbildungs- und Entscheidungsprozesses ergeben, in Genf die dortigen Vertretungen der Staaten und der EU bei den verschiedenen Organisationen der Vereinten Nationen zuständig sind. Hierbei ist allerdings zu beachten, dass nicht alle WTO-Mitglieder entsprechende Vertretungen in Genf haben bzw ihre Vertretungen zT personell nur unzureichend ausgestattet sind.[104] Die damit begrenzte Anzahl an Personen, die in Genf am Ort der WTO aktiv an Entscheidungsprozessen teilnehmen, darf allerdings nicht darüber hinwegtäuschen, dass die Willensbildung und Entscheidungsfindung im Welthandelsrecht in einem darüber hinausgehenden Maße in die bürokratischen Systeme in den WTO-Mitgliedern eingebunden ist.[105] Dies bedingt natürlich eigene Komplexitätsprobleme. Ein gutes Beispiel hierfür ist die Entscheidungsfindung in welthandelsrechtlichen Fragen in der Europäischen Union.[106]

38 Überdies ist zu beachten, dass außenhandelspolitische und -rechtliche Fragen in weiten Bereichen von der Exekutive bestimmt werden; die **Gubernative**, dh die eigentliche Staatsleitung, ist nur in seltenen Fällen mit Fragen, die sich auf die WTO beziehen, befasst.[107] Allerdings ist durchaus erwähnenswert, dass die innerstaatlichen Parlamente seit einiger Zeit vermehrt WTO-Fragen aufgreifen. So hat der Deutsche Bundestag im Jahr 2003 erstmals eine ausführliche Debatte über die weitere Liberali-

---

103 Ausf zum gesamten Thema *Rudisch* (Fn 89) 8ff; *Steger* JIEL 10 (2007) 483; dies (Hrsg) WTO – Redesigning the World Trade Organization for the Twenty-First Century (2010); EU concept paper on WTO reform v 18.9.2018, verfügbar unter: <trade.ec.europa.eu/doclib/html/157331.htm>.

104 Zu dieser problematischen Situation s *Krajewski* Verfassungsperspektiven der WTO, 8ff; *Hilf* (Fn 88) § 6 Rn 21.

105 Ausf hierzu *Tietje* (Fn 16) A III Rn 45; *Blackhurst* in Krueger (Hrsg) The WTO as an International Organization (1998) 31/35ff; *Krajewski* Verfassungsperspektiven der WTO, 88ff.

106 S hierzu → *Tietje* § 18 Rn 31f.

107 *Krajewski* Verfassungsperspektiven der WTO, 91ff.

sierung im internationalen Dienstleistungsverkehr geführt;[108] seither gibt es regelmäßig zumindest Anfragen von Abgeordneten an die Bundesregierung ua zur Fortentwicklung des WTO-Systems.[109] Auch der US-amerikanische Kongress, dem im amerikanischen Verfassungsrechtssystem ohnehin eine hervorgehobene Stellung in welthandelsrechtlichen Fragen zukommt, nimmt immer wieder die Möglichkeit in Anspruch, der Administration zT überaus detaillierte Handlungsanweisungen ua auf die WTO bezogen zu geben. Das zeigt zB die vor einigen Jahren verabschiedete sog Trade Promotion Authority.[110]

Von Bedeutung sind weiterhin die **Kooperationsbeziehungen der WTO zu an- 39
deren internationalen Organisationen** (vgl Art III:5 und V:1 WTO-Übereinkommen). Nicht unproblematisch ist diesbezüglich zunächst, dass die WTO nach dem ausdrücklichen Willen ihrer Mitglieder keine Sonderorganisation der Vereinten Nationen (VN) ist. Ein Abkommen zwischen der WTO und den Vereinten Nationen gem Art 57, 63 VN-Charta wurde nicht geschlossen. Vielmehr wurde das bisherige informelle Verhältnis von GATT 1947 und VN fortgesetzt, indem in einem Briefwechsel des Generaldirektors der WTO und des Generalsekretärs der VN umfassend hierauf Bezug genommen wurde.[111]

Abgesehen von dem damit nicht ganz widerspruchsfreien und unzweifelhaften 40
Verhältnis zwischen WTO und VN bestehen jedoch zahlreiche Kooperationsbeziehungen der Welthandelsorganisation mit sonstigen internationalen Organisationen.[112] In einen formellrechtlichen Rahmen eingebettet sind zunächst die **Beziehungen zum IMF und zur Weltbank.** Zwischen der WTO und den beiden Bretton-Woods-Organisationen wurden Kooperationsabkommen geschlossen, die verschiedene Formen der administrativen Zusammenarbeit vorsehen.[113] Weitere Kooperationsabkommen beste-

---

108 S BT-Drs 15/576 v 12.3.2003, 2ff, wo der Bundestag die Bundesregierung auffordert, „auf die EU-Kommission nachdrücklich einzuwirken", um ua eine stärkere Berücksichtigung der nationalen Parlamente sowie interessierter Organisationen und Verbände bei den Vorbereitungen der GATS-Verhandlungen zu ermöglichen und hierdurch die Transparenz des Entscheidungsvorgangs zu erhöhen; s hierzu auch *Nowrot/Wardin* Liberalisierung der Wasserversorgung in der WTO-Rechtsordnung – Die Verwirklichung des Menschenrechts auf Wasser als Aufgabe einer transnationalen Verantwortungsgemeinschaft, in Beiträge zum Transnationalen Wirtschaftsrecht Heft 14 (2003) 36, erhältlich im Internet: <telc.jura.uni-halle.de/de/forschungen-und-publikationen/beitr%C3%A4ge-transnationalen-wirtschaftsrecht>.

109 Siehe zB BT-Drs 18/632 v 20.2.2014, Antwort der Bundesregierung auf die Kleine Anfrage der Abgeordneten Uwe Kekeritz et al., Die Beschlüsse von Bali, bilaterale Handels- und Investitionsschutzabkommen und die Auswirkungen auf Entwicklungsländer.; BT-Drs 19/12206 v 7.8.2019, Kleine Anfrage der Abgeordneten Alexander Kulitz et al., Position der Bundesregierung zu den WTO Reformen.

110 Ausf hierzu *Kluttig/Nowrot* (Fn 13) 5ff mwN.

111 WTO, Arrangement for Effective Cooperation with Other International Organizations, Relations between the WTO and the UN, Communication from the Director-General v 15.12.1995, WT/GC/W/10; ausf hierzu *Tietje* (Fn 16) A III Rn 77; *von Schorlemer* Vereinte Nationen 49 (2001) 101ff; *Benedek* in Weiss/Denters/de Waart (Hrsg) International Economic Law with a Human Face (1998) 479ff.

112 Umfassend hierzu auch *Tietje* JWT 36 (2002) 501ff; *Van den Bossche/Zdouc* 105f.

113 Die Abkommen sind abgedr in WTO, WTO Agreements with the Fund and the Bank – Approved by the General Council at its Meeting on the 7, 8 and 13 November 1996 v 18.11.1996, WT/L/195; vertiefend hierzu *Ahn* JWT 34 (2000) 1ff; *Benedek* (Fn 111) 486ff; *Vines* in Krueger (Hrsg) The WTO as an International Organization (1998) 59ff; *Nogués* in Krueger (Hrsg) The WTO as an International Organization (1998)

hen mit der Internationalen Telekommunikations-Union (ITU),[114] dem Internationalen Tiergesundheitsamt,[115] der WIPO[116] und der OECD.[117] Ebenfalls hinzuweisen ist auf die umfassende Kooperation zwischen WTO, UNCTAD und ITC-Sekretariat, IMF, Weltbank und UNDP, bei der es unter dem Titel „Enhanced Integrated Framework for Trade-Related Assistance for the Least Developed Countries" (EIF)[118] um zahlreiche Maßnahmen zur technischen Unterstützung der am wenigsten entwickelten Staaten geht.[119] Schließlich sind Vertreter zahlreicher internationaler Organisationen regelmäßig oder auf *ad-hoc*-Basis als Beobachter zu den Sitzungen der einzelnen Organe und Gremien der WTO zugelassen.

41 Ein nicht unwesentlicher Faktor im Netzwerk der in der Entscheidungsfindung im Welthandelsrecht beteiligten Akteure sind schließlich **Nichtregierungsorganisationen** (NGOs). Im WTO-Kontext werden hierunter politische Organisationen ebenso verstanden wie wirtschaftliche Interessenverbände. Ihre formelle Einbindung in das WTO-System ist zwar nur begrenzt,[120] mit Blick auf informelle Willensbildungs- und Entscheidungsprozesse haben NGOs allerdings eine bedeutende Funktion.[121] Beispielhaft sei insofern nur hervorgehoben, dass einzelne Unternehmen und Wirtschaftsverbände in großem Umfang die Einleitung und zT sogar Durchführung von WTO-Streitbeilegungsmechanismen mitbestimmen, obwohl diese aus rechtlicher Perspektive

82ff; zur Einordnung des Abkommens mit dem IMF als rein administratives Übereinkommen s WTO, *Argentina – Measures Affecting Imports of Footwear Textiles Apparel and other Items – Complaint by the US*, App Body v 27.3.1998, WT/DS56/AB/R para 71f.

114 WTO, Agreement between the International Telecommunication Union and the WTO v 21.9.2000, S/C/11.

115 WTO, Committee on Sanitary and Phytosanitary Measures – Draft Agreement between the WTO and the Office International des Epizooties – Note by the Secretariat v 22.5.1996, G/SPS/W/61; Einzelheiten hierzu b *Stewart/Johanson* Syracuse Journal of International Law & Commerce 26 (1998) 27ff.

116 WTO, Council for Trade-Related Aspects of Intellectual Property Rights – Agreement between the World Intellectual Property Organization and the WTO – Addendum v 17.1.1996, IP/C/6/Add.1; hierzu *Abbott* JIEL 3 (2000) 63ff; im Oktober 2015 hielt die WTO eine Fachtagung mit der WHO und WIPO zu dem Thema 'Public Health, Intellectual Property, and TRIPS at 20: Innovation and Access to Medicines', welche sich mit dem Zugang zu und Innovationen im medizinischen Bereich beschäftigte, s WTO, Annual Report 2016, 146.

117 Im Oktober 2015 unterzeichneten die WTO und die OECD eine gemeinsame Erklärung, die Zusammenarbeit im Hinblick auf Probleme des Handels in Entwicklungsländern und am wenigsten entwickelten Ländern zu stärken, vgl WTO, Annual Report 2016, 144f.

118 <enhancedif.org>. Das EIF löste im Jahr 2007 das zwischen 1999 und 2006 bestehende „Integrated Framework for Trade-Related Technical Assistance to Least-Developed Countries" (IF), welches aufgrund mangelnder Ressourcen und struktureller Fehler nicht die erhofften Erfolge bei der wirtschaftsbezogenen Entwicklungshilfe von LDCs erzielte, ab.

119 Weitere Informationen hierzu in WTO, High-Level Meeting on Integrated Initiatives for Least-Developed Countries' Trade Development v 23.10.1997, WT/LDC/HL/1/Rev 1.

120 S WTO, Art V:2 WTO-Übereinkommen und WTO, Guidelines for Arrangements on Relations with Non-Governmental Organizations, Decision adopted by the General Council v 18.7.1996, WT/L/162; vgl auch → *Nowrot* § 2 Rn 36f.

121 Ausf *Tietje* (Fn 16) A III Rn 80ff; *ders/Nowrot* (Fn 70) 321ff jeweils mwN; *Steffek* in Daunton/Narlikar/Stern (Hrsg) The Oxford Handbook on The World Trade Organization (2012) 301ff.

ausschließlich den WTO-Mitgliedern vorbehalten sind.[122] Über diesen Bereich hinausgehend herrscht eine rege Lobbytätigkeit durch politische Nichtregierungsorganisationen und Wirtschaftsverbände in Genf und in den Hauptstädten der WTO-Mitglieder.[123]

E. Die multilateralen Übereinkommen zum Warenhandel

I. Einleitung

Das internationale Recht des Warenhandels ist neben dem Recht des Dienstleistungs- 42
handels (GATS) und den handelsbezogenen Rechten des geistigen Eigentums (TRIPS) eine der **drei materiellrechtlichen Säulen der WTO-Rechtsordnung**. Es ist im Einzelnen in den 13[124] multilateralen Übereinkommen zum Warenhandel, die als integraler Bestandteil der WTO-Rechtsordnung für alle WTO-Mitglieder verbindlich sind (vgl Art II:2 WTO-Übereinkommen), kodifiziert. **Das Verhältnis der einzelnen multilateralen Übereinkommen** zum Warenhandel zueinander wird zunächst von dem völkerrechtlichen Grundsatz geprägt, dass es eine Vermutung für das konfliktfreie Nebeneinander von Rechtsnormen gibt.[125] Dementsprechend findet der *lex-specialis*-Grundsatz nicht umfassend Anwendung. Vielmehr ist zu differenzieren: Nur sofern sich eine *lex-specialis*-Beziehung explizit oder implizit, wie insb mit Blick auf das Verhältnis des SPS- und des TBT-Übereinkommens,[126] nachweisen lässt, tritt ein entsprechendes Übereinkommen zurück. Ansonsten besteht regelmäßig nicht *per se* ein Exklusivitätsverhältnis der einzelnen multilateralen Übereinkommen zum Warenhandel; vielmehr ist grundsätzlich eine parallele oder ergänzende Anwendung von verschiedenen Übereinkommen möglich, obgleich die neben dem GATT 1994 stehenden Übereinkommen prozessual regelmäßig vorrangig zu prüfen sind.[127] Eine Ausnahme besteht nur dann, wenn gem der „Allgemeinen Auslegungsregel zu Anhang 1A", die Bestandteil der Gesamtheit der multilateralen Übereinkommen zum Warenhandel ist, ein echter Kollisionsfall vorliegt; in einem solchen Fall gehen die Regelungen eines entsprechenden Übereinkommens dem GATT 1994 vor.[128]

Unabhängig von den spezifischen Kollisions- und Rechtsverhältnisregelungen im 43
Bereich der multilateralen Übereinkommen über den Warenhandel stellt sich weiter-

---

122 Ausf hierzu *Tietje/Nowrot* (Fn 70) 321ff; *Nowrot* Normative Ordnungsstruktur und private Wirkungsmacht (2006) 377ff.

123 Einzelheiten bei *Krajewski* Verfassungsperspektiven der WTO, 107ff; *Nowrot* (Fn 122) 271ff.

124 Davon ist zum 1.1.2015 das Übereinkommen über Textilwaren und Bekleidung außer Kraft getreten; mit Inkrafttreten des Abkommens über Handelserleichterungen (TFA) zum 22.2.2017 sind es derzeit wieder 13.

125 WTO, *Indonesia – Automobile Industry*, Panel v 23.7.1999, WT/DS54 para 14.28.

126 S Art 1.4 SPS-Übereinkommen und Art 1.5 TBT-Übereinkommen; s hierzu auch WTO, *EC – Meat and Meat Products (Hormones)*, Panel v 18.8.1997, WT/DS48/R/CAN para 8.32; ausf z Verhältnis der Übereinkommen zueinander auch ua *Fischer*, 144ff; *Tietje* in Prieß/Berrisch (Hrsg) WTO-Handbuch (2003) B I 5 Rn 40ff.

127 Hierzu umfassend *Montaguti/Lugard* JIEL 3 (2000) 473ff; *Tietje* (Fn 126) B I 5 Rn 42ff.

128 Hierzu WTO, *Brazil – Desiccated Coconut*, App Body v 21.2.1997, WT/DS22/AB/R, 14; WTO, *US – Foreign Sales Corporations*, App Body v 24.2.2000, WT/DS108/AB/R para 116.

hin die Frage, ob und ggf wie das **komplexe Warenhandelsrecht systematisch zu erfassen** ist. Während zT insofern eine Darstellung anhand der einzelnen Übereinkommen vorgezogen wird,[129] unternehmen andere Untersuchungen den Versuch, eine übergreifende Systematisierung orientiert an Sachgegenständen vorzunehmen.[130] Gegen die letztgenannte Möglichkeit spricht jedoch die oben angedeutete, den Vorgaben der WTO-Rechtsordnung folgende Praxis der WTO-Streitbeilegung. Diese differenziert zwischen der Prüfung der einzelnen WTO-Übereinkommen, zumal nur so festgestellt werden kann, ob ggf eine spezifische Vorrangbeziehung zu beachten ist. Auch die nachfolgende Darstellung orientiert sich daher an den einzelnen WTO-Übereinkommen, obgleich übergreifende inhaltliche Rechtsprinzipien Beachtung finden.

II. GATT 1994

1. Ursprung und rechtliche Bestandteile

44 Schon aus historischen Gründen ist das General Agreement on Tariffs and Trade (GATT) das **Herzstück des Welthandelsrechts**. Es enthält im Wesentlichen Regelungen zu tarifären und nichttarifären Handelshemmnissen, also zu Zöllen und protektionistischen Maßnahmen, die nicht durch Zölle realisiert werden. Das ursprüngliche GATT 1947, das am 1.1.1948 durch ein Protokoll über seine vorläufige Anwendbarkeit in Kraft trat, existierte rechtlich bis zum 31.12.1995. Bereits am 1.1.1995 trat das jetzt als GATT 1994 bezeichnete Regelwerk zusammen mit den sonstigen WTO-Übereinkommen in Kraft. Allerdings handelt es sich beim GATT 1994 nicht um eine einheitliche, umfassende Kodifikation. Das als **GATT 1994** bezeichnete Regelwerk setzt sich vielmehr **aus den folgenden Texten** zusammen: (1) Den Bestimmungen des alten GATT 1947, (2) verschiedenen unter dem GATT 1947 in Kraft getretenen ergänzenden Rechtsinstrumenten wie Zolllisten und Beitrittsprotokolle, (3) allen sonstigen Beschlüssen der VERTRAGSPARTEIEN des GATT 1947, (4) insgesamt sechs Interpretationsvereinbarungen der WTO-Mitglieder zu einzelnen Vorschriften des GATT sowie (5) dem Marrakesch-Protokoll zum GATT 1994, das als Anhang die Liste der Zollbindungen der WTO-Mitglieder enthält.[131] Damit existiert namentlich der Text des alten GATT 1947 weiter, allerdings nicht im Sinne einer Rechtskontinuität bzw -nachfolge. Vielmehr stellt Art II:4 WTO-Übereinkommen klar, dass das GATT 1994 ein vollständig neues Übereinkommen ist, so dass eine Anwendung von Art 30 WVK ausscheidet. Die namentlich aus dieser Regelung zu ziehende Konsequenz eines vollständig neuen und damit auch konsolidierten Textes des GATT wurde indes bislang nicht vollzogen, was gewisse **Probleme für den Rechtsanwender** mit sich bringt. Insofern ist der Text des GATT immer im Zusammenhang mit den Erläuterungen im GATT 1994 zu lesen. Überdies ist zu beachten, dass sich „die WTO von den Beschlüssen, Verfahren und übli-

129 Vgl *Hilf/Oeter* (Hrsg) WTO-Recht – Rechtsordnung des Welthandels, 2. Aufl (2010) §§ 10ff; *Prieß/Berrisch* (Hrsg) WTO-Handbuch – World Trade Organisation (2003) B I 1ff.

130 S *Herrmann/Weiß/Ohler* §§ 11ff.

131 S im Einzelnen den Text des GATT 1994, abgedr b *Tietje* (Fn 2) 14f.

chen Praktiken der VERTRAGSPARTEIEN des GATT 1947 sowie der im Rahmen des GATT 1947 eingesetzten Organe leiten [lässt]" (Art XVI:1 WTO-Übereinkommen).[132]

2. Die Regelungsprinzipien des GATT 1994

Schon der reine Text des alten GATT 1947 war von einer hohen Komplexität gekennzeichnet. Da dieser Text in das GATT 1994 ohne Konsolidierung übernommen wurde und heute zudem eine Reihe von Primär- und Sekundärrechtstexten gleichsam parallel mitzulesen sind, hat sich das so entstehende Problem einer gewissen Intransparenz noch verstärkt. Schon vor diesem pragmatischen Hintergrund, insb aber mit Blick auf die Notwendigkeit einer rechtswissenschaftlichen Systematisierung, bietet es sich an, das GATT-Recht anhand von **zentralen Rechtsprinzipien** zu erschließen.[133] 45

Die materiellen Regelungsprinzipien des GATT erschließen sich ausgehend von seiner **zentralen Zielsetzung**. Das GATT zielt nicht auf einen umfassenden internationalen Freihandel ab, sondern unternimmt vielmehr „nur" den Versuch, die Warenmärkte weltweit zu liberalisieren, um so Wohlfahrtsgewinne im Sinne der Theorie komparativer Kostenvorteile zu ermöglichen. Dafür ist zunächst ein möglichst freier Marktzugang für Waren notwendig, so dass die **Offenheit der Märkte** als erstes Rechtsprinzip des GATT genannt werden kann. Um faire Wettbewerbsbedingungen zwischen inländischen und ausländischen Waren zu garantieren, ist neben dem reinen Marktzugang weiterhin erforderlich, dass die Waren auf einem bestimmten Markt gleichbehandelt werden. Das gilt dabei nicht nur für das Verhältnis von in- und ausländischen Waren, sondern auch für Waren aus unterschiedlichen Drittländern untereinander. Aus diesen Überlegungen, die sich in konkreten Rechtsnormen des GATT widerspiegeln, folgt die Existenz des **Nichtdiskriminierungsprinzips** im Welthandelsrecht. Darüber hinaus ist das GATT-Recht davon geprägt, dass den WTO-Mitgliedern ein ordnungspolitischer Spielraum verbleiben muss und sie insofern über – freilich rechtlich determinierte – Regelungsfreiräume verfügen (**Prinzip staatlicher Regelungsfreiheit**). Schließlich sind die zahlreichen Sonderregelungen für Entwicklungsländer im GATT zu beachten, die zusammengefasst Ausdruck eines **Kooperations- und Solidaritätsprinzips** sind.[134] Unter Zugrundelegung dieser Rechtsprinzipien erschließen sich nicht nur die einzelnen Rechtsregeln des GATT, sondern auch das zugrunde liegende ökonomische Modell: Neben der besonderen Berücksichtigung der Bedürfnisse der Entwicklungsländer, geht es dem GATT nicht um ein vollständiges Verbot hoheitlicher Intervention in die spontane Ordnung des Marktes, sondern darum, optimale Interventionsergebnisse zu erreichen. Die hierbei zugrunde liegende Idee der **Theorie optimaler Intervention** ist, dass sich die Effektivität hoheitlicher Intervention erhöht, je unmittelbarer auf den Umstand eingewirkt wird, der eine Mark- 46

132 Hierzu WTO, *Japan – Alcoholic Beverages*, App Body v 4.10.1996, WT/DS8/AB/R, WT/DS10/ AB/R, WT/DS11/AB/R, S 107f.

133 Ausf *Tietje* Grundstrukturen, 177ff mwN; a zB *Berrisch* in Prieß/Berrisch (Hrsg) WTO-Handbuch (2003) B I 1 Rn 13ff; ebd Rn 20ff a zur ebenso möglichen Einteilung anhand v Regelungszielen sowie im Sinne eines Regel-Ausnahmen-Mechanismus.

134 Ausf zu diesen Regelungsprinzipien bereits → *Tietje* § 1 Rn 77ff.

tunvollkommenheit auslöst.[135] Genau diese Wirkung wird erreicht, wenn die Prinzipien der Offenheit der Märkte und der Nichtdiskriminierung beachtet werden.[136]

3. Einzelne Rechtsregeln des Prinzips der Offenheit der Märkte

a) WTO/GATT-Zollrecht einschließlich Zollwertbestimmung, Vorversandkontrollen und Ursprungsregeln

47 Die Offenheit der Märkte der WTO-Mitglieder wird zunächst durch das GATT-Zollrecht bestimmt. Zölle sind Abgaben, die anlässlich des Grenzübertritts einer Ware oder ggf auch Dienstleistung erhoben werden.[137] Sie stellen in der Geschichte eine der ältesten Abgabenarten überhaupt dar. Seit der Zeit des Merkantilismus[138] werden Zölle neben ihrer Funktion zur **Finanzierung des Staatshaushaltes** insb zur **Steuerung des grenzüberschreitenden Wirtschaftsverkehrs** eingesetzt.[139] Das kann durch die zwei Arten von Zöllen, Import- und Exportzölle, erreicht werden. **Importzölle** werden dabei auf ausländische Waren bei der Einfuhr an der Zollgrenze erhoben. **Exportzölle** sind Abgaben, die bei der Ausfuhr von Waren aus einem Zollgebiet zu entrichten sind. Vom WTO/GATT-Recht werden grundsätzlich nur Einfuhrzölle erfasst (vgl Art II GATT), obgleich es grundsätzlich möglich ist, auch Ausfuhrzölle in die Zolllisten der WTO-Mitglieder aufzunehmen. Ausfuhrzölle haben allerdings im GATT noch nie eine große Rolle gespielt; ihnen kommt heute im Wesentlichen nur in noch eher planwirtschaftlich orientierten Staaten sowie insgesamt im Energie- bzw Rohstoffbereich eine gewisse Bedeutung zu.[140] Dementsprechend haben Exportzölle bislang auch nur in Beitrittsprotokollen einzelner WTO-Mitglieder eine explizite Regelung erfahren.[141]

48 Das WTO/GATT-Zollrecht findet seine **Rechtsgrundlage** im Wesentlichen in Art II GATT iVm den spezifischen Zolllisten der WTO-Mitglieder, die durch das Marrakesch-Protokoll Bestandteil des WTO-Primärrechts sind. Ergänzend sind für das WTO-Zollrecht das „Übereinkommen zur Durchführung des Artikels VII des Allgemeinen Zoll- und Handelsabkommens" (Zollwertübereinkommen), das „Übereinkommen über Vorversandkontrollen" und das „Übereinkommen über Ursprungsregeln" von Bedeutung. Während die genannten Übereinkommen Einzelheiten in Bezug auf die konkrete Zollberechnung, -festlegung und -erhebung und das entsprechende Verfahren regeln,

---

135 Grundl hierzu *Cordon* Trade Policy and Economic Welfare (1974) 9ff; *ders* International Trade Theory and Policy (1992) 141f.

136 Ausf *Tietje* Grundstrukturen, 80ff und *passim*; s auch bereits → *Tietje* § 1 Rn 83ff, 90ff.

137 Statt vieler *Hoekman/Kostecki*, 147; *Puth/Stranz* in Hilf/Oeter (Hrsg) WTO-Recht – Rechtsordnung des Welthandels, 2. Aufl (2010) § 11 Rn 4.

138 Vgl → *Tietje* § 1 Rn 39.

139 Einzelheiten bei *Witte/Wolffgang* Lehrbuch des Europäischen Zollrechts, 8. Aufl (2016) 1ff.

140 Bspw WTO, *China – Measures Related to the Exportation of Various Raw Materials*, App Body v 30.1.2012 WT/DS394/AB/R, WT/DS395/AB/R, WT/DS398/AB/R; WTO, *China – Measures Related to the Exportation of Rare Earths, Tungsten Molybdenum*, App Body v 7.8.2014, WT/DS431/AB/R, WT/DS432/AB/R, WT/DS433/AB/R; aus dem Schrifttum *Klaus* Erdöl und Erdgas im WTO-Vertragssystem – Ein Überblick am Beispiel der Russischen Föderation (2005) 3; ähnlich *Puth/Stranz* (Fn 137) § 11 Rn 5.

141 Namentlich Kroatien, Lettland, Mongolei, Saudi-Arabien, Ukraine, Vietnam, siehe hierzu WTO, *China – Measures Related to the Exportation of Various Raw Materials*, Panel Report v 5.7.2011, WT/DS394/R, WT/DS395/R, WT/DS398/R, Fn 186.

erfolgt über Art II GATT iVm den spezifischen Zolllisten der WTO-Mitglieder die völkerrechtliche Bindung an konkrete Zollsätze für einzelne Waren. In jüngerer Zeit wird das WTO-Zollrecht noch durch das Trade Facilitation Agreement vom Dezember 2013 ergänzt. Dieses wurde nach einer Entscheidung der WTO-Mitglieder vom 27.11.2014 in den Anhang 1A des WTO-Rechts aufgenommen.[142]

Die **Bestimmung des Zollwerts** der Waren, für die Zollbindungen bestehen, er- 49
folgt auf der Grundlage von Art VII GATT iVm dem Übereinkommen zur Zollwertbestimmung (**Customs Valuation Agreement – CVA**). Das Übereinkommen legt im Wesentlichen[143] in abgestufter Reihenfolge die unterschiedlichen Berechnungsmöglichkeiten für den Zollwert fest. Im Einzelnen kann hiernach der Zollwert bestimmt werden als 1) Transaktionswert für die eingeführten Waren (Art 1), 2) Transaktionswert für gleiche Waren, 3) Transaktionswert für gleichartige Waren (Art 3), 4) ein nach festgelegten Kriterien berichtigter Verkaufspreis im Einfuhrland (Art 5), 5) ein nach Herstellungskosten errechneter Wert, oder 6) ein nach einer bestimmten Methode geschätzter Wert (Art 7).[144]

Im Zusammenhang mit den Methoden der Zollwertberechnung steht auch das 50
Übereinkommen über Vorversandkontrolle (**Agreement on Preshipment Inspection – PSI**). Es statuiert Rechte und Pflichten für den Fall, dass die Zollprüfung von Waren (Qualität, Menge und Wert) im Gebiet des Ausfuhrstaates, also vor dem Versand der Waren, durch ein vom Einfuhrland hierzu beauftragtes privates Unternehmen erfolgt. Dieser Praxis bedienen sich insb zahlreiche Entwicklungsländer, die nicht über die administrativen Ressourcen zur Zollabfertigung bei der Wareneinfuhr verfügen.[145]

Die ausgehandelten[146] und **rechtlich verbindlichen Zollsätze** für spezifische 51
Waren der WTO-Mitglieder stellen **Maximalsätze** dar, so dass nur die Verpflichtung besteht, die Sätze nicht zu überschreiten. Die Anwendung eines niedrigeren Zollsatzes ist jederzeit möglich,[147] allerdings darf dies aufgrund der Verpflichtung zur Meistbegünstigung[148] nicht selektiv erfolgen. Im Übrigen ist zu beachten, dass die neben Zöllen in Art II GATT genannten „anderen Abgaben und Belastungen" nur erhoben werden dürfen, wenn sie in den Zolllisten der WTO-Mitglieder aufgeführt sind. Einzelheiten hierzu sind in der „Vereinbarung über die Auslegung des Artikels II Absatz 1 lit b des Allgemeinen Zoll- und Handelsabkommens 1994"[149] niedergelegt, wobei sich

142 WTO, Protocol Amending the Marrakesh Agreement Establishing the World Trade Organization, Decision v 27.11.2014, WT/L/940; ausf zum Trade Facilitation Agreement *Zeugner* Das WTO Trade Facilitation-Übereinkommen vom 7. Dezember 2013: Hintergrund, Analyse und Einordnung in den Gesamtkontext der Trade Facilitation im internationalen Wirtschaftsrecht, Beiträge zum Transnationalen Wirtschaftsrecht Heft 131 (2014), erhältlich im Internet: <telc.jura.uni-halle.de/sites/default/files/BeitraegeTWR/Heft%20131.pdf>.

143 Einzelheiten bei *Prieß* in ders/Berrisch (Hrsg) WTO-Handbuch (2003) B I 8 Rn 3.

144 *Prieß* (Fn 143) B I 8 Rn 6.

145 Im Überblick hierzu *Puth/Stranz* (Fn 137) § 11 Rn 67ff; ausf *Berrisch* in Prieß/Berrisch (Hrsg) WTO-Handbuch (2003) B I 9; *Van den Bossche/Zdouc* 514ff.

146 Zu Einzelheiten des Aushandelns und der Veränderung der Zolllisten s *Herrmann/Weiß/Ohler* Rn 445ff; *Puth/Stranz* (Fn 137) § 11 Rn 9ff.

147 *Herrmann/Weiß/Ohler* Rn 407; *Puth/Stranz* (Fn 137) § 11 Rn 10.

148 Hierzu noch u Rn 65ff.

149 ABl EG 1994 L 336/12; abgedr bei *Hummer/Weiss* Vom Gatt '47 zur WTO '94 (1994) 561f.

dies nur auf solche Abgaben bezieht, die anlässlich des Grenzübertritts einer Ware erhoben werden. Interne Abgaben und finanzielle Belastungen sind jederzeit möglich, soweit der Grundsatz der Inländergleichbehandlung beachtet wird (Art III:2 GATT).

52 Die umfangreichen und auf den ersten Blick nicht ganz einfach zu verstehenden Zolllisten basieren zentral auf einem System von **Codenummern** für einzelne Produkte. Dieses System wurde unter dem Dach der **World Customs Organization (WCO)**[150] erarbeitet und ist in der Convention on the Harmonized Commodity Description and Coding System[151] niedergelegt. Es besteht aus einer vierstelligen Hauptwarengruppe und einer bis zu sechsstelligen Unterklassifizierung (zB Joghurt = 0403.10) und gilt weit über den eigentlichen Bereich der Zollklassifizierung hinausgehend als „The Common Language of International Trade“. Im Rahmen des APEC Abkommens[152] wurden weitere Unterklassifizierungen für umweltfreundliche Produkte eingeführt, die über die sechsstelligen Codes hinausgehen (sog *ex outs*). Auch der Entwurf des Environmental Goods Agreements, über welches derzeit (Stand Nov 2020) 18 Parteien verhandeln, greift diese Klassifizierung auf.[153] Die Zölle auf Güter dieser Unterklassifizierungen sind niedriger als die Zölle der sechsstelligen Unterklassifizierungen, um Anreize zu schaffen für den Import von umweltfreundlichen Waren.[154] Das sog HS-System findet zB auch im Bereich der Handelsstatistik und der internen Steuererhebung Anwendung. Die HS-Konvention, die am 1.1.1988 in Kraft trat, haben heute 159 Staaten einschließlich der EU und ihrer Mitgliedstaaten ratifiziert.[155] Faktisch angewendet wird das HS-System allerdings von nahezu allen Staaten weltweit, so dass fast 100 % des Weltwarenhandels von ihm erfasst sind. Ergänzt wird die Konvention durch die Kyoto Convention on the Harmonization and Simplification of Customs Procedures, die am 25.9.1974 in Kraft trat. Eine überarbeitete Version der Kyoto-Konvention wurde am 26.6.1999 verabschiedet; sie ist am 3.2.2006 in Kraft getreten. Überdies sind unter dem Dach der WCO zahlreiche weitere Konventionen zum Zollrecht und Zollverfahren im weiten Sinne erarbeitet worden.[156] Die vorhandenen Rechtsinstrumente der WCO zur (erleichterten) administrativen Zollabwicklung werden durch das WTO Trade Facilitation Agreement vom Dezember 2013 komplementiert und ergänzt.[157]

53 Im Hinblick auf die WTO-Zolllisten ist weiterhin die Differenzierung zwischen **Meistbegünstigungszöllen** (MFN-Zoll) und **Präferenzzöllen** zu beachten. Diese beiden Arten von Zollsätzen sind für jedes Produkt gesondert in der jeweiligen Zollliste ausgewiesen. Meistbegünstigungszölle sind entsprechend dem Meistbegünstigungs-

---

150 S Hauptseite der WCO: <wcoomd.org>.

151 ABl EG 1987 L 198/1.

152 Abkommen der Asian Pacific Economic Cooperation v 12.9.2012 unterzeichnet von 21 WTO Mitgliedern zur freiwilligen Reduzierung von Zöllen auf 54 umweltfreundliche Güter.

153 Die 18 Parteien, darunter die EU in Vertretung aller EU-Mitgliedstaaten, verhandeln seit dem 14.7.2014 über das EGA, vgl <wto.org/english/tratop_e/envir_e/ega_e.htm>.

154 *Mavroidis/Neven* JIEL 22 (2019), 374; allg zum Greening s a *Herdegen* § 10 Rn 156 mwN; *Vossenaar* ICTSD Issue Paper No 19 (2014).

155 Liste der Vertragsstaaten [Stand: 21. Februar 2020]: <wcoomd.org/en/topics/nomenclature/overview/list-of-contracting-parties-to-the-hs-convention-and-countries-using-the-hs.aspx>.

156 Eine Auflistung der Konventionen z Zollrecht und Zollverfahren findet sich unter: <wcoomd.org/en/about-us/legal-instruments/conventions.aspx>.

157 S dazu *Zeugner* (Fn 142).

grundsatz (Art I:1, II:1 GATT) allen WTO-Mitgliedern gegenüber gleichermaßen anzuwenden. Bei Zollpräferenzen handelt es sich demgegenüber um Vorzugszölle, die niedriger sind als die vereinbarten MFN-Zölle. Ihre selektive und damit eigentlich diskriminierende Anwendung ist nur aufgrund entsprechender Ausnahmeregelungen im WTO-Recht möglich. Neben spezifischen Waivern, die gem Art IX:3 WTO-Übereinkommen durch Entscheidung des Allgemeinen Rates der WTO mit der Wirkung einer beschränkten Entbindung von WTO-Verpflichtungen gewährt werden können,[158] ist das Allgemeine Zollpräferenzsystem (**General System of Preferences – GSP**) der WTO diesbezüglich von großer Bedeutung. Es besteht im Kern seit dem Jahr 1971 und ermöglicht es den industrialisierten WTO-Mitgliedern, im entwicklungspolitischen Interesse Entwicklungsländern Zollpräferenzen zu gewähren. Seit 1979 findet sich die Rechtsgrundlage hierfür in einer entsprechenden und weiterhin anwendbaren Entscheidung der VERTRAGSPARTEIEN des GATT 1947.[159]

Im Zusammenhang mit den zollrechtlichen Regelungen der WTO-Rechtsordnung 54
ist schließlich noch auf das Übereinkommen über Ursprungsregeln (**Agreement on Rules of Origin – ARO**) hinzuweisen, das sowohl für das allgemeine WTO/GATT-Zollrecht wie auch für den speziellen Bereich der Antidumpingzölle[160] von Bedeutung ist. Durch Ursprungsregeln wird versucht, klare Vorgaben für die Bestimmung der zollrechtlich relevanten Herkunft einer Ware zu statuieren. Im allgemeinen WTO/GATT-Recht ist das insb dann wichtig, wenn zu entscheiden ist, ob auf eine Ware ein präferentieller Zolltarif anzuwenden ist.[161]

Das GATT selbst enthält in Art IX nur einen sehr allgemeinen Verweis auf die Be- 55
deutung und potentiell handelsbeschränkende Wirkung von Ursprungsregeln. Ein erster multilateraler Versuch zur Konkretisierung von Ursprungsregeln wurde 1973 im Rahmen der heutigen Weltzollorganisation (WCO) mit der **Kyoto Convention on the Simplification and Harmonization of Customs Procedures**, die im Jahre 1999 überarbeitet wurde, unternommen.[162] Da die Konvention indes nur Empfehlungen an die Staaten enthält, wurde durch sie keine rechtsverbindliche Harmonisierung der natio-

158 Der wichtigste, auf Zollpräferenzen bezogene Waiver wurde für die EG (jetzt: EU) mit Blick auf ihre Beziehungen zu den AKP-Staaten gewährt, s *Herrmann/Weiß/Ohler* Rn 403; ausführlich *Feichtner* The Law and Politics of WTO Waivers – Stability and Flexibility in Public International Law (2012).

159 GATT, Decision on Differential and More Favourable Treatment, Reciprocity and Fuller Participation of Developing Countries v 3.12.1979, L/4903; ausf hierzu und zu der einschlägigen Rspr *Jessen* Zollpräferenzen für Entwicklungsländer: WTO-rechtliche Anforderungen an Selektivität und Konditionalität – Die GSP-Entscheidung des WTO Panel und Appellate Body, Beiträge zum Transnationalen Wirtschaftsrecht Heft 27 (2004), erhältlich im Internet: <telc.jura.uni-halle.de/de/forschungen-und-publikationen/beitr%C3 %A4ge-transnationalen-wirtschaftsrecht>; *ders* WTO-Recht und „Entwicklungsländer“: „special and differential treatment for developing countries“ im multidimensionalen Wandel des Wirtschaftsvölkerrechts (2006).

160 Hierzu noch u Rn 143ff.

161 Weitere Einzelheiten zur Bedeutung v Ursprungsregeln bei *Puth/Stranz* in Hilf/Oeter (Hrsg) WTO-Recht – Rechtsordnung des Welthandels, 2. Aufl (2010) § 11 Rn 48ff; *Van den Bossche/Zdouc* 457ff.

162 Text der Kyoto Convention on the Simplification and Harmonization of Customs Procedures verfügbar unter: <wcoomd.org/en/topics/facilitation/instrument-and-tools/conventions/pf_revised_kyoto_conv.aspx>.

nalen Ursprungsregeln erreicht.[163] Das gelang in Ansätzen erst mit dem WTO-Übereinkommen über Ursprungsregeln. Allerdings enthält dieses Übereinkommen neben institutionellen Regelungen im Kern nur einen Verhandlungsauftrag an die WTO-Mitglieder zur Ausarbeitung objektiver, transparenter und einheitlicher konkreter Ursprungsregeln. Dabei wird zwar auf das Kriterium der vollständigen Gewinnung oder Herstellung sowie auf die letzte wesentliche Be- oder Verarbeitung zur Bestimmung des Warenursprungs abgestellt,[164] konkrete Rechtspflichten ergeben sich indes nur rudimentär aus Art 2 des Übereinkommens; dort sind in erster Linie Transparenz-, Neutralitäts- und Rechtsschutzverpflichtungen im Hinblick auf die Verwaltungspraxis der Ursprungsregeln niedergelegt.[165] Ansonsten sieht das Übereinkommen vor, dass bis Ende 1998 die Verhandlungen über harmonisierte Ursprungsregeln abgeschlossen sein sollten (Art 9.2 lit a). Hierzu ist es bislang noch nicht gekommen.[166] Neben diesem Problem ist auch noch zu beachten, dass das Übereinkommen über Ursprungsregeln grundsätzlich nur für nichtpräferentielle Ursprungsregeln gilt. Für präferentielle Ursprungsregeln, die angesichts der großen Bedeutung von Zollunionen und Freihandelszonen heute eine zentrale Rolle spielen, sind in Anhang II nur sehr allgemeine Vorgaben niedergelegt.[167]

b) Verbot nichttarifärer Handelshemmnisse (Art XI:1 GATT) einschließlich Einfuhrlizenzverfahren

56 Wie bereits an anderer Stelle ausgeführt, verfolgt das Welthandelsrecht aus verschiedenen Gründen das Ziel, Zölle schrittweise zu senken – was bei einem durchschnittlichen Zollsatz von ca 3% auf Industrieprodukte im Handel der industrialisierten Staaten untereinander[168] erfolgreich gelungen ist – und **nichttarifäre Handelshemmnisse** vollständig zu verbieten. Hieraus folgt zugleich eine Hierarchie handelspolitischer Maßnahmen im Hinblick auf ihre negativen Auswirkungen auf den internationalen Handel. Insofern haben quantitative Handelsbeschränkungen die weitaus negativsten Auswirkungen. Ihnen sind Zölle als Grenzmaßnahmen deutlich vorzuziehen. Den gleichsam schonendsten Eingriff in den internationalen Warenverkehr stellen nach der Theorie der Handelspolitik schließlich heimische Subventionen (also nicht Exportsubventionen) dar. Im Ergebnis führt diese **Hierarchie ordnungspoliti-**

---

163 Hierzu und insg zur Geschichte des Ursprungrechts *Prieß* in ders/Berrisch (Hrsg) WTO-Handbuch (2003) B I 10 Rn 4f.

164 Hierzu näher *Prieß* (Fn 143) B I 10 Rn 13ff.

165 Einzelheiten b *Prieß* (Fn 143) B I 10 Rn 22.

166 S WTO, Report (2014) of the Committee on Rules of Origin to the Council for Trade in Goods v 4.11.2014, G/L/1085; allerdings wurden auf der 9. Ministerkonferenz in Bali (2013) und der 10. Ministerkonferenz in Nairobi (2015) Kriterien für präferenzielle Ursprungsregeln aufgestellt, die am wenigsten entwickelten Ländern zugute kommen sollen, vgl WTO, Preferential Rules of Origin for Least-Developed Countries v 11.12.2013, WT/MIN(13)/42WT/L/917 und WTO, Preferential Rules of Origin for Least-Developed Countries v 21.12.2015, WT/MIN(15)/47 — WT/L/917.

167 *Prieß* (Fn 143) B I 10 Rn 24; allgem zu Freihandelszonen und Zollunionen → *Nowrot* § 3 Rn 9ff, 13f; ausführlich zu Ursprungsregeln auch *Inama* Rules of origin in international trade (2009).

168 Zu Einzelheiten siehe WTO/ITC/UNCTAD, World Tariff Profiles 2019 unter: <unctad.org/en/PublicationsLibrary/wto2019_en.pdf>.

scher Maßnahmen zu einer umfassenden Theorie optimaler Intervention[169] als Kernelement des Prinzips offener Märkte. Während Subventionen einem Sonderrechtsregime unterliegen,[170] ist die zentrale Vorschrift für quantitative Handelsbeschränkungen in Art XI:1 GATT zu finden.

Art XI:1 GATT verbietet seinem Wortlaut nach „außer Zöllen, Abgaben und sonstigen Belastungen" umfassend „Verbote oder Beschränkungen, sei es in der Form von Kontingenten, Einfuhr- und Ausfuhrbewilligungen oder in Form von anderen Maßnahmen". Durch den Verweis auf den Oberbegriff der „anderen Maßnahmen" wird deutlich, dass die Vorschrift nicht nur klassische quantitative Beschränkungen des grenzüberschreitenden Warenverkehrs erfasst, sondern umfassend ein Verbot aller Beschränkungen des Grenzübertritts von Waren außerhalb der Zollerhebung statuiert.[171] Der damit **potentiell weite Anwendungsbereich** der Vorschrift auf alle nichttarifären Handelshemmnisse[172] wird allerdings in der WTO-Rechtsordnung dadurch eingeschränkt, dass ua durch das SPS-, TBT-, TRIMs- und SCM-Übereinkommen **Sonderregelungen** vorliegen, die Art XI:1 GATT jedenfalls weitgehend verdrängen.[173] 57

Der potentiell weite Anwendungsbereich des Art XI:1 GATT wird weiterhin dadurch eingeschränkt, dass – wie insgesamt in der WTO-Rechtsordnung – **nur staatliche Maßnahmen, die zu einer Beschränkung des Grenzübertritts von Waren führen**, erfasst werden.[174] Das schließt im Einklang mit Regeln des allgemeinen Völkerrechts freilich nicht aus, dass private Maßnahmen, die handelsbeschränkend wirken, einem Staat zugerechnet werden, wenn eine hinreichende staatliche Einflussnahme nachweisbar ist.[175] Überdies ist immer zu beachten, dass Art XI:1 GATT nur auf **Grenzmaßnahmen** Anwendung findet. Sonstige handelsbeschränkende Maßnahmen, die nicht beim Grenzübertritt verwirklicht werden, unterfallen dem Gebot der Inländergleichbehandlung nach Art III GATT.[176] Im Einzelfall können sich allerdings bei der klaren Abgrenzung von Art XI:1 und Art III GATT Probleme ergeben, insb dann, wenn produktionsbezogene Maßnahmen zur Debatte stehen.[177] 58

Einen Sonderfall im Anwendungsbereich des Art XI:1 GATT stellen sog **Einfuhrlizenzen** dar. Soweit die Einfuhr einer Ware von der Erteilung einer Einfuhrlizenz abhängig gemacht wird, liegt grundsätzlich nach Art XI:1 GATT eine verbotene Handelsbeschränkung vor. Dementsprechend dürfen Lizenzen nur dann zur Bedingung der 59

---

169 Ausf mit entspr Nachw *Tietje* Grundstrukturen, 80f, 269f, 295f; s hierzu auch bereits o Rn 46.
170 Hierzu noch u Rn 164ff.
171 WTO, *India – Automotive Sector,* Panel v 21.12.2001, WT/DS146/R, WT/DS175/R para 7.264f; ausf bereits *Tietje* Grundstrukturen, 274ff.
172 Zum Begriff der nichttarifären Handelshemmnisse ausf *Tietje* Grundstrukturen, 30ff.
173 *Herrmann/Weiß/Ohler* Rn 462.
174 Ausf *Tietje* Grundstrukturen, 374ff; WTO, *Argentina – Export of Bovine Hides and Import of Finished Leather,* Panel v 19.12.2000, WT/DS155/R para 11.18.
175 WTO, *Japan – Consumer Photographic Film and Paper,* Panel v 31.3.1998, WT/DS44/R para 10.56; *Argentina – Measures Affecting the Export of Bovine Hides and the Import of Finished Leather,* Panel v 19.12.2000, WT/DS155/R para 11.18; zu den konkreten Zurechnungskriterien ausf *Tietje* Grundstrukturen, 366ff.
176 S *Tietje* Grundstrukturen, 221ff; *Krajewski* Wirtschaftsvölkerrecht § 2 Rn 339.
177 Ausf zu den Problemen *Herdegen* § 10 Rn 56ff; *Tietje* in Winter (Hrsg) Multilevel Governance of Global Environmental Change (2006) 254/259.

Wareneinfuhr gemacht werden, wenn die WTO-Rechtsordnung dies zulässt. Das ist in geringem Ausmaß heute noch im Landwirtschaftsbereich der Fall. Anders ist die Rechtslage hingegen, wenn es sich um sog automatische Einfuhrlizenzen handelt, die zu statistischen Zwecken auf Antrag vergeben werden. Sie werden nur dann von Art XI:1 GATT erfasst, wenn sie zu einer spürbaren zeitlichen Verzögerung der Wareneinfuhr führen.[178] Durch das WTO-Übereinkommen über Einfuhrlizenzverfahren werden für automatische und nichtautomatische Einfuhrlizenzverfahren grundlegende Transparenzverpflichtungen und Anforderungen an das jeweilige Verwaltungsverfahren statuiert. Im Kern soll hierdurch sichergestellt werden, dass Einfuhrlizenzverfahren nicht zu über ihren zulässigen Zweck hinausgehenden Handelshemmnissen führen.[179]

60 Vor dem Hintergrund des weiten Anwendungsbereichs des Art XI:1 GATT ist es im Übrigen nicht möglich, **handelsbeschränkende Grenzmaßnahmen** unter Verweis auf immanente Schutzbereichsbegrenzungen des Art XI:1 GATT zu rechtfertigen. Das wurde zwar in Streitbeilegungsverfahren unter dem alten GATT 1947 verschiedentlich versucht. In der Panel-Rechtsprechung wurde eine solche Argumentation indes zu Recht zurückgewiesen.[180] Damit müssen auch Versuche scheitern, sog freiwillige Exportselbstbeschränkungsabkommen im Sinne einer Schutzbereichsbegrenzung des Art XI:1 GATT als WTO/GATT-rechtskonform darzustellen.[181] Die Unzulässigkeit von freiwilligen Exportselbstbeschränkungen folgt heute im Übrigen aus Art 11 lit b Übereinkommen über Schutzmaßnahmen.[182]

61 Im Ergebnis lässt sich vor dem Hintergrund des weiten Anwendungsbereiches des Art XI:1 GATT mit guten Gründen fragen, ob die Vorschrift ein **umfassendes Beschränkungsverbot** in Analogie zu Art 34 AEUV (ex-Art 28 EG) in der *Dassonville*-Auslegung durch den EuGH[183] statuiert.[184] Hierzu liegt zwar noch keine explizite WTO-Rechtsprechung vor, so dass man an einer solchen Interpretation des Art XI:1 GATT Zweifel anmelden kann.[185] Es sollte in jedem Fall jedoch nicht außer Acht gelassen werden, dass Art 34 AEUV (ex-Art 28 EG) bei der Schaffung des E(W)G-Vertrages in nahezu wörtlicher Anlehnung an Art XI:1 GATT 1947 formuliert wurde.

---

178 WTO, *China – Measures Related to the Exportation of Various Raw Materials*, Panel v 5.7.2011, WT/DS394/R, WT/DS395/R, WT/DS398/R para 7.957–7.958; *Puth/Stranz* (Fn 137) § 11 Rn 71.

179 Zu Einzelheiten s *Prieß* (Fn 143) B I 11; im Überblick auch *Puth/Stranz* (Fn 137) § 11 Rn 73ff.

180 GATT, *EEC – Products from Hong Kong*, Panel v 12.7.1983, BISD 30S/129 para 15ff; GATT, *Imports of Leather*, Panel v 15/16.5.1984, BISD 31S/94 para 21f; ausf auch *Tietje* Grundstrukturen, 276f.

181 Zur Diskussion s *Tietje* Grundstrukturen, 277f.

182 Hierzu a *Senti* WTO – System und Funktionsweise der Welthandelsordnung Rn 913.

183 EuGH, Rs. 8/74, Slg. 1974, 837/847 – *Dassonville*.

184 S *Tietje* Grundstrukturen, 282f.

185 Zweifelnd zB *Herdegen* § 12 Rn 8; *Herrmann/Weiß/Ohler* Rn 468; *Bender* in Hilf/Oeter (Hrsg) WTO-Recht – Rechtsordnung des Welthandels, 2. Aufl (2010) § 10 Rn 22; WTO, *Dominican Republic – Measures Affecting the Importation and Internal Sale of Cigarettes*, Panel v 26.11.2004, WT/DS302/R para 7.261: „not every measure affecting the opportunities for entering the market would be covered by Article XI, but only those measures that constitute a prohibition or restriction on the importation of products, i.e. those measures which affect the opportunities for importation itself."

c) Transparenz, due process, einheitliche Verwaltungspraxis und Rechtsschutz (Art X GATT)

Die Liberalisierung der Märkte setzt nicht nur den Abbau von handelsbeschränkenden Grenzmaßnahmen voraus, sondern verlangt neben der hier nicht weiter behandelten Transitfreiheit (Art V GATT)[186] auch danach, dass die handeltreibenden Wirtschaftssubjekte auch tatsächlich bestehende Marktchancen wahrnehmen können. Das wiederum ist nur möglich, wenn auch im Handelsbereich zentrale rechtsstaatliche Garantien, die unter dem Stichwort der *good governance* zusammengefasst werden können,[187] gesichert sind. Die WTO-Rechtsordnung enthält hierzu in beinahe jedem ihrer einzelnen Übereinkommen Transparenz- und Rechtsschutzgarantien.[188] Als gleichsame Grundnorm wirkt Art X GATT.[189] Dabei kann die Aussage des Appellate Body, dass das in Art X GATT ua enthaltene **Transparenzprinzip** „obviously due process dimensions" enthält,[190] auf die gesamte Vorschrift bezogen werden. Insofern ist auch von Bedeutung, dass Art X GATT in Ergänzung zu den sonstigen GATT-Vorschriften, die sich auf Waren und/oder WTO-Mitglieder beziehen, Rechtsgarantien für individuelle Wirtschaftssubjekte statuiert: „Indeed, the focus is on the treatment accorded by government authorities to the traders in question."[191] 62

Im Einzelnen differenziert Art X GATT zwischen der Pflicht zur Veröffentlichung von abstrakt-generellen Rechts- und Verwaltungsvorschriften (Art X:1 und 2) und ihrer konkret-individuellen Anwendung (Art X:2 GATT). Dabei greift die in Art X:3 lit. a) GATT enthaltene Verpflichtung zur unparteiischen und gerechten (uniform, impartial and reasonable) Verwaltungspraxis sowie die Pflicht zur Sicherstellung eines unabhängigen und effektiven Rechtsschutzes in Zollangelegenheiten tief **in die innerstaatlichen Rechtsordnungen der WTO-Mitglieder** ein. Das bereitet ua der EU Probleme, da der Verwaltungsvollzug und Rechtsschutz im Verhältnis der EU und ihrer Mitgliedstaaten dezentral erfolgt.[192] Es ist fraglich, ob diese dezentralen und damit zwangsläufig nicht vollständig einheitlichen Verwaltungs- und Rechtsschutzverfahren in den EU-Mitgliedstaaten mit Art X:3 GATT im Einklang stehen.[193] 63

Obwohl damit in der WTO-Rechtsordnung zentrale Vorgaben für das **Verwaltungsverfahren**, das den Grenzübertritt von Waren betrifft, enthalten sind, bestehen in diesem Bereich des internationalen Warenhandels noch zahlreiche Probleme. Es wird insofern geschätzt, dass die Kosten, die aufgrund der notwendigen administrati- 64

---

186 Hierzu WTO, *Colombia – Indicative Prices and Restrictions on Ports of Entry*, Panel v 27.4.2009, WT/DS366/R; *Puth/Stranz* (Fn 137) § 11 Rn 75; *Senti* WTO – System und Funktionsweise der Welthandelsordnung Rn 726.

187 S → *Tietje* § 1 Rn 81f.

188 Zu den zahlreichen Transparenzregelungen s zB die Nachw bei *Tietje* Grundstrukturen 183 Fn 211; *Zöllner* Das Transparenzprinzip im internationalen Wirtschaftsrecht (2009) 103ff.

189 Hierzu auch *Herrmann/Weiß/Ohler* Rn 499ff; *Tietje* Grundstrukturen, 283ff; *Puth/Stranz* (Fn 137) § 11 Rn 35.

190 WTO, *US – Cotton and Man-made Fibre Underwear*, App Body v 10.2.1997, WT/DS24/AB/R, para 21.

191 WTO, *Argentina – Export of Bovine Hides and the Import of Finished Leather*, Panel v 19.12.2000, WT/DS155/R para 11.76.

192 S → *Tietje* § 18 Rn 141ff.

193 S hierzu das Verfahren WTO, *EC – Selected Customs Matters*, App Body v 13.11.2006, WT/DS315/AB/R para 200f, para 47f.

ven Abwicklung eines Import- bzw Exportgeschäftes entstehen, deutlich über den zu entrichtenden Zöllen liegen.[194] Um dem so gegebenen Problem erhöhter Transaktionskosten entgegenzuwirken, wurde im Rahmen der Doha-Runde der WTO intensiv über die sog trade facilitation verhandelt.[195] Der Begriff der *trade facilitation* umfasst vorrangig die technischen Aspekte der Handelsliberalisierung.[196] Mithilfe spezifischer praktischer Maßnahmen sollen Transparenz, Vereinfachung, Standardisierung und Harmonisierung des Warenverkehrs gewährleistet werden.[197] Im Juli 2004 beschloss der Allgemeine Rat der WTO, dass gesonderte Verhandlungen „to clarify and improve relevant aspects of Articles V, VIII and X of the GATT 1994 with a view to further expediting the movement, release and clearance of goods, including goods in transit“[198] begonnen werden sollten. Ein Ergebnis konnte auf der 9. Ministerkonferenz von Bali, Indonesien, im Jahr 2013 mit dem ***Trade Facilitation Agreement*** **(TFA)** erzielt werden.[199] Das TFA besteht aus drei Abschnitten: Der erste Abschnitt enthält einen umfassenden Katalog handelserleichternder Maßnahmen, welcher die bereits in den Art V, VIII und X GATT verankerten Trade Facilitation-Regelungen ergänzt und reformiert,[200] zB die Einrichtung von Auskunftsstellen, die Bereitstellung handelsbezogener Informationen im Internet, die Einführung elektronischer Zollverfahren sowie die Etablierung von Rechtsmittelverfahren. In Abschnitt II sind Vorschriften zum *special and differential treatment*, welche es Entwicklungsländern und LDCs ermöglichen sollen, jeweils einen eigenen Zeitrahmen zur Umsetzung der einzelnen Regelungen des Übereinkommens festzusetzen. Dazu stehen ihnen drei Kategorien (sog „A, B and C Commitments“) zur Verfügung. Außerdem können sie Vorschriften benennen, die sie erst nach der Gewährung von spezifischen Entwicklungshilfemaßnahmen implementieren müssen. Diese Ausnahmeregelungen erlauben den Entwicklungsländern, sich schrittweise an die vergleichsweise hohen Standards des Übereinkommens, welche in den Industriestaaten bereits weitverbreitete Praxis darstellen, anzupassen. In Abschnitt III des TFA werden die Einrichtung eines ständigen Komitees zur Handelserleichterung der WTO sowie die Verpflichtung der WTO-Mitglieder zur Einführung nationaler Gremien zur innerstaatlichen Umsetzung des Übereinkommens normiert. Die juristische Überarbeitung des TFA wurde im Juli 2014 abgeschlossen. Ferner wurde ein Protokoll zur Änderung von Annex 1A des WTO-Übereinkommens entworfen, mit dem das TFA in den Annex 1A des WTO-Übereinkommens eingefügt werden soll. Die Verabschiedung des Protokolls scheiterte jedoch zunächst am Widerstand Indiens. Erst nach schwierigen bilateralen Verhandlungen zwischen Indien und den USA konnte am 27.11.2014 eine Entscheidung der WTO-Mitglieder herbeigeführt werden, die den Weg für die Integration des TFA in die WTO-Rechtsordnung frei macht.[201] Das Übereinkom-

---

194 *Puth/Stranz* (Fn 137) § 11 Rn 79 mwN.

195 S insb WTO, Doha Work Programme „July package“ v 1.8.2004, WT/L/579 Annex D.

196 *Altemöller* EuZW 2014, 42.

197 Zu den Ausprägungen der Trade Facilitation im Einzelnen vgl *Zeugner* (Fn 142).

198 WTO, Doha Work Programme "July package" v 1.8.2004, WT/L/579 para 1 lit g, Annex D.

199 WTO, Agreement on Trade Facilitation v 15.7.2014, WT/L/931, erhältlich im Internet: <wto.org/english/tratop_e/tradfa_e/tradfa_e.htm>.

200 Hierzu ausf *Zeugner* (Fn 142).

201 WTO, Protocol Amending the Marrakesh Agreement Establishing the World Trade Organization, Decision v 27.11.2014, WT/L/940.

men trat am 22.2.2017 in Kraft. Zuletzt im Oktober 2020 appellierten die USA, Brasilien, Kolumbien, Japan und Australien an die übrigen WTO-Mitglieder, das TFA möglichst rasch in das WTO-Übereinkommen zu implementieren.[202] Dieser Appell erfolgte aufgrund der Covid-19 Pandemie, denn das TFA sei dazu geeignet, so die Mitglieder, globale Lieferketten zu unterstützen und effizienter zu machen, was die medizinische und gesundheitliche Versorgung sichert.

4. Einzelne Rechtsregeln des Nichtdiskriminierungsprinzips

Das Prinzip der Nichtdiskriminierung ist ein zentraler Baustein der internationalen Wirtschaftsordnung insgesamt.[203] In der WTO-Rechtsordnung wird dieses Prinzip in einer **nach außen und einer nach innen gerichteten Dimension** konkretisiert.[204] In seiner äußeren Dimension verbietet es insb durch die Verpflichtung zur **Meistbegünstigung** (Art I:1 GATT) eine Ungleichbehandlung von ausländischen Produkten untereinander. Ein nach innen gerichtetes Diskriminierungsverbot stellt namentlich der Grundsatz der **Inländergleichbehandlung** (Art III GATT) dar, der eine Gleichbehandlung von inländischen und ausländischen Waren innerhalb des Territoriums eines WTO-Mitglieds verlangt. 65

a) Meistbegünstigungsklausel

Die Verpflichtung zur Meistbegünstigung ist das **wohl älteste Strukturprinzip des Internationalen Wirtschaftsrechts**. Insb seit dem 19. Jahrhundert ist die Meistbegünstigungsverpflichtung regelmäßiger Bestandteil bi- und multilateraler Handelsverträge.[205] In der WTO-Rechtsordnung finden sich Meistbegünstigungsklauseln an zentraler Stelle in den drei materiellrechtlichen Säulen der Welthandelsordnung: Art I:1 GATT, Art II GATS und Art 4 TRIPS. 66

Der Begriff der Meistbegünstigung ist in seiner in der deutschen Sprache gebräuchlichen Verwendung etwas unscharf. Es geht bei ihr nicht in erster Linie, wie der Begriff vermuten lassen könnte, um die positive Gewährung von Leistungen, sondern vielmehr um ein **Verbot der Schlechterbehandlung**. Unter Meistbegünstigung ist insofern allgemein zu verstehen, dass ein Staat einen anderen Staat oder dessen Angehörige bei der Anwendung legislativer oder exekutiver Maßnahmen so behandelt, wie es der günstigsten Behandlung entspricht, die der handelnde Staat irgendeinem dritten Staat zukommen lässt.[206] Diese Zielrichtung der Meistbegünstigungsverpflichtung wird treffend durch den englischen Begriff „most-favoured-nation clause" und die Umschreibung in Art II:1 GATS zum Ausdruck gebracht. Dort heißt es präzise: „With 67

202 WTO, Committee on Trade Facilitation, Supporting the timely and efficient release of Global Goods through accelerated implementation of the WTO Trade Facilitation Agreement v 26.10.2020, G/TFA/W/25/Rev.1.

203 Ausf → *Tietje* § 1 Rn 90ff.

204 Zu dieser Differenzierung *Tietje* Grundstrukturen, 190ff mwN.

205 Ausf *Bayer* Das System der deutschen Handelsverträge von 1853 bis 1914 – Völkerrechtliche Prinzipien und ihre Gemeinsamkeiten mit dem heutigen Weltwirtschaftsrecht (2004) 123ff.

206 *Tietje* Grundstrukturen, 194 mwN.

respect to any measure covered by this Agreement, each Member shall accord immediately and unconditionally ... to services and service supplies of any other Member treatment no less favourable than that it accords to like services and service supplies of any other country". Auf den Warenverkehr bezogen entspricht die so formulierte Verpflichtung der in Art I:1 GATT getroffenen Aussage.

68 Die Verpflichtung zur Meistbegünstigung ist, in den Worten des Appellate Body, ein „cornerstone of the GATT" und „one of the pillars of the WTO trading system".[207] Diese hervorgehobene Rolle in der WTO-Rechtsordnung erklärt sich neben der allgemeinen Bedeutung des Grundsatzes der Nichtdiskriminierung mit **fünf spezifischen Funktionen** der Meistbegünstigungsverpflichtung. Ihre Beachtung 1) sichert eine optimale Ressourcenallokation im Sinne der Theorie komparativer Kostenvorteile, 2) verhindert ein gegenseitiges „Ausspielen" verschiedener Handelspartner und garantiert so für alle WTO-Mitglieder den Wert der von ihnen eingegangenen Liberalisierungsverpflichtungen, 3) relativiert *de facto* bestehende Unterschiede zwischen den WTO-Mitgliedern, 4) bewirkt eine Internationalisierung der nationalen Wirtschaftspolitik und 5) schützt vor willkürlichen exekutiven Maßnahmen im Außenhandelsbereich.[208]

69 Bei der konkreten Prüfung des Art I:1 GATT ist zunächst zu beachten, dass es sich um eine **Gleichbehandlungsgarantie** handelt, die sich dem Wortlaut der Vorschrift nach auf „alle Vorteile, Vergünstigungen, Vorrechte oder Befreiungen" bezieht. Dementsprechend ist in einem ersten Schritt zu prüfen, ob eine von Art I:1 GATT erfasste Maßnahme vorliegt, die einen „Vorteil" beinhaltet. Im Anschluss hieran ist zu untersuchen, ob dieser „Vorteil" allen gleichartigen Produkten der WTO-Mitglieder bedingungslos gewährt wird.[209]

70 Der Begriff des „**Vorteils**" in Art I:1 GATT wird in der Streitbeilegungspraxis als Oberbegriff für die in der Vorschrift genannten „Vorteile, Vergünstigungen, Vorrechte oder Befreiungen" benutzt, so dass dementsprechend auch nur dieser Begriff geprüft wird. Dabei hat der Appellate Body deutlich gemacht, dass eine weite Auslegung geboten ist, da Art I:1 GATT von „any advantage" spricht.[210] Dementsprechend ist letztlich jede hoheitliche Maßnahme, die den grenzüberschreitenden Warenfluss direkt oder indirekt beeinflusst, ein „Vorteil" iSv Art I:1 GATT.[211] Dabei kommt es mit Blick auf die Eröffnung des Anwendungsbereiches von Art I:1 GATT auch nicht auf eine Zollbindung eines Produktes an. Vielmehr bezieht sich die Vorschrift auf alle Maßnahmen bei der Ein- oder Ausfuhr von Produkten.[212] Überdies wird durch den Verweis in Art I:1

---

207 St Rspr, s zB WTO, *EC – Measures Prohibiting the Importation and Marketing of Seal Products,* App Body v 22.5.2010, WT/DS401/AB/R para 5.86 mwN.

208 Grundl hierzu *GATT* International Trade 1983/84 (1985) 20f; ausf auch *Tietje* Grundstrukturen, 196f mwN.

209 Sog four-tier test etabliert durch WTO, *EC – Measures Prohibiting the Importation and Marketing of Seal Products,* App Body v 22.5.2014, WT/DS400/AB/R, WT/DS401/AB/R, para 5.86; damit wurde der three-tier test aus WTO, *Indonesia – Automobile Industry,* Panel v 2.7.1998, WT/DS54/R, WT/DS55/R, WT/DS59/R, WT/DS64/R para 14.138 abgelöst; zu Einzelheiten s auch *Tietje* Grundstrukturen, 200ff; *Van den Bossche/Zdouc* 311.

210 WTO, *Canada – Automotive Industry,* App Body v 31.5.2000, WT/DS139/AB/R, WT/DS142/AB/R para 79.

211 Ausf mit entspr Bsp aus der Rspr *Tietje* Grundstrukturen, 205ff; *Prieß/Berrisch* (Fn 129) B I 1 Rn 93.

212 *Herrmann/Weiß/Ohler* Rn 389ff; unklar insoweit *Bender* (Fn 185) § 10 Rn 33 Fn 67.

GATT auf Art III:2 und 4 GATT die Verpflichtung zur Gleichbehandlung ausländischer Produkte untereinander auf den heimischen Markt der WTO-Mitglieder ausgedehnt.

Sofern ein von Art I:1 GATT erfasster „Vorteil" vorliegt, ist dieser gleichartigen Waren ohne Differenzierung und bedingungslos zu gewähren. Die **Unbedingtheit der Meistbegünstigungsverpflichtung** ist dabei ein zentraler Fortschritt des heutigen Welthandelsrechts im Verhältnis zu entsprechenden Regelungen bis ungefähr zum Jahr 1860, die weitgehend davon geprägt waren, dass die Gewährung der Meistbegünstigung von Gegenleistungen abhängig gemacht wurde.[213] Durch die Unbedingtheit der Meistbegünstigungsverpflichtung wird im Übrigen klargestellt, dass es sich um ein absolutes Differenzierungsverbot handelt. Eine sachliche Rechtfertigung einer Ungleichbehandlung ausländischer Produkte untereinander kommt – von den allgemeinen Ausnahme- bzw Rechtfertigungsvorschriften des WTO-Rechts, insb Art XIX und XX GATT, abgesehen – nicht in Betracht.[214] Nur die sehr spezifische Nichtdiskriminierungsvorschrift der sog *enabling clause* eröffnet diese Möglichkeit.[215] 71

Wie insgesamt bei den Nichtdiskriminierungsvorschriften der WTO-Rechtsordnung stellen sich die schwierigsten Fragen bei dem Tatbestandsmerkmal der **gleichartigen Waren** (like products). Hierauf wird bei der Darstellung des Gebots der Inländergleichbehandlung näher eingegangen.[216] Ansonsten ist mit Blick auf Art I:1 GATT noch zu beachten, dass sich das dortige Gleichbehandlungsgebot auf **Diskriminierungen de iure und de facto** bezieht und daher auch Maßnahmen erfasst, die auf den ersten Blick als „origin-neutral" erscheinen.[217] 72

Die hervorgehobene Bedeutung, die der Meistbegünstigungsverpflichtung zukommt, wird in der **Praxis des Welthandelssystems heute deutlich relativiert**. Namentlich aufgrund der Möglichkeit, von der Meistbegünstigungsklausel im Rahmen von Zollunionen und Freihandelszonen (Art XXIV GATT) sowie unter Anwendung der sog enabling clause zugunsten von Entwicklungsländern abzuweichen,[218] werden heute nur noch die wenigsten Handelsbeziehungen tatsächlich von Art I:1 GATT erfasst. Am Beispiel der EU lässt sich dies anschaulich verdeutlichen: Sie gewährt im Einklang mit den genannten Möglichkeiten der Abweichung von Art I:1 GATT nur noch maximal zehn Handelspartnern tatsächlich Meistbegünstigungszölle,[219] wobei 73

---

213 Ausf *Bayer* (Fn 205) 139f.

214 WTO, *EC – Sale and Distribution of Bananas*, App Body v 9.9.1997, WT/DS27/AB/R para 206; ausf *Tietje* Grundstrukturen, 214ff mwN.

215 WTO, *EC – Tariff Preferences to Developing Countries*, App Body v 7.4.2004, WT/DS246/AB/R para 153ff; hierzu *Jessen* Zollpräferenzen für Entwicklungsländer: WTO-rechtliche Anforderungen an Selektivität und Konditionalität – Die GSP-Entscheidung des WTO Panel und Appellate Body, Beiträge zum Transnationalen Wirtschaftsrecht Heft 27 (2004) 31ff., erhältlich im Internet: <telc.jura.uni-halle.de/de/forschungen-und-publikationen/beitr%C3%A4ge-transnationalen-wirtschaftsrecht>.

216 S u Rn 74f.

217 WTO, *Canada – Automotive Industry*, App Body v 31.5.2000, WT/DS139/AB/R, WT/DS142/AB/R para 78.

218 Zu diesen und weiteren Ausnahmen von der Meistbegünstigungsverpflichtung s *Senti* WTO – System und Funktionsweise der Welthandelsordnung (2017) Rn 397ff; sowie → *Nowrot* § 3 Rn 32ff; und u Rn 99ff.

219 Bspw USA, Australien, Neuseeland, Hongkong und Russland [Stand: 2021].

diese Zahl mit dem voraussichtlichen Inkrafttreten weiterer Freihandelsabkommen der EU in naher Zukunft weiter sinken wird. Insgesamt besteht damit eine gewisse Gefahr, dass ein Eckpfeiler des multilateralen Handelssystems in der Bedeutungslosigkeit verschwindet.[220]

b) Gebot der Inländergleichbehandlung

74 Neben der Meistbegünstigungsverpflichtung des Art I:1 GATT kommt der Inländergleichbehandlungsregel des Art III GATT entscheidende Bedeutung als Ausgestaltung des Nichtdiskriminierungsprinzips in der WTO/GATT-Rechtsordnung zu (vgl auch Art XVII GATS, Art 3 TRIPS). Die Garantie der Inländergleichbehandlung zielt zentral darauf ab, eine **unverzerrte Marktsituation von Angebot und Nachfrage** und damit eine **optimale Ressourcenallokation** zu ermöglichen.[221] Ebenso wie die Meistbegünstigungsklausel ist die Inländergleichbehandlungsverpflichtung des Art III GATT dabei im Anwendungsbereich nicht auf zollgebundene Waren beschränkt, sondern gilt umfassend für alle ausländischen Produkte nach deren Grenzübertritt im Verhältnis zu inländischen Produkten. Allerdings gibt es hierzu in den Absätzen 5 bis 10 des Art III sowie Art IV GATT noch einige, historisch bedingte Ausnahmen.

75 Die genannte *ratio* der Verpflichtung zur Inländergleichbehandlung wird rechtlich durch das in Art III:1 GATT klar zum Ausdruck gebrachte **Protektionismusverbot** umgesetzt. Art III:1 GATT hat zwar keine eigenständige rechtliche Bedeutung, bestimmt jedoch die Auslegung der in Art III:2 und Art III:4 GATT spezifizierten Inländergleichbehandlungsgarantien.[222]

76 Die Verpflichtung zur Inländergleichbehandlung gilt nach Art III:2 GATT für die Besteuerung von Produkten und nach Art III:4 GATT für sonstige ordnungspolitische Maßnahmen der WTO-Mitglieder. Der insgesamt zunehmend intensiver von der WTO-Rechtsordnung beeinflusste **Bereich des Steuerrechts**[223] unterliegt mit Blick auf die Inländergleichbehandlung dabei zwei unterschiedlichen Regelungen. Sofern es zu einer unterschiedlich hohen Besteuerung gleichartiger Produkte (like products) kommt, greift ein absolutes Differenzierungsverbot (Art III:2 Satz 1 GATT). Wenn hingegen nicht gleichartige, sondern „nur" direkt konkurrierende oder substituierbare in- und ausländische Produkte vorliegen, kann eine Rechtswidrigkeit einer steuerrechtlichen Maßnahme gem Art III:2 Satz 2 GATT nur festgestellt werden, wenn eine protektionistische Wirkung iSv Art III:1 GATT nachweisbar ist.[224] Im Gegensatz zu dieser differenzierenden Regelung für das Steuerrecht erfasst Art III:4 GATT mit Blick auf alle

---

220 Zu diesem Phänomen und den Gefahren ausf *Sutherland ua* The Future of the WTO – Addressing Institutional Challenges in the New Millennium, Report by the Consultative Board to the Director-General Supachai Panitchpakdi (2004) 19ff.

221 Ausf zur *ratio* der Inländergleichbehandlungsgarantie in der WTO-Rechtsordnung *Tietje* Grundstrukturen, 221ff.

222 WTO, *Canada – Renewable Energy/Feed in Tariff Programm*, App Body v 6.5.2013, WT/DS412/AB/R, WT/DS426/AB/R; WTO, *EC – Asbestos*, App Body v 12.3.2001, WT/DS135/AB/R para 94.

223 Umfassend hierzu *Robra* Welthandelsrechtliche Aspekte der internationalen Besteuerung aus europäischer Perspektive (2005).

224 S hierzu die Anmerkungen und ergänzenden Bestimmungen zu Art III GATT, abgedr bei *Tietje* (Fn 2) 63.

sonstigen hoheitlichen Maßnahmen nur die Ungleichbehandlung von gleichartigen Produkten.

Die Bestimmung der **Gleichartigkeit von Produkten** iSv Art III:2 und Art III:4 GATT erfolgt nach gefestigter Rechtsprechung zunächst anhand von vier zentralen Kriterien: 1) Eigenschaften, Qualität und Natur der Produkte, 2) Endverbrauch, 3) Neigungen und Gewohnheiten der Verbraucher und 4) Zollklassifikation.[225] Aus der systematischen Interpretation von Art III:2 auf der einen Seite und Art III:4 GATT auf der anderen Seite folgt allerdings, dass im konkreten Einzelfall der Begriff „like products" in Art III:2 Satz 1 eine engere Auslegung erfahren muss als in Art III:4 GATT.[226] Überdies ist zusätzlich zu den genannten vier Kriterien jedenfalls bei der Bestimmung von „like products" im Rahmen von Art III:4 GATT das **Protektionismusverbot des Art III:1 GATT** zu beachten. Sein Einfluss auf die Auslegung von Art III:4 GATT führt zu der zentralen Erkenntnis, dass die Wettbewerbssituation von Produkten mit in Betracht zu ziehen ist, um ihre Gleichartigkeit zu bestimmen.[227] 77

Im Zusammenhang mit der Frage, ob Produkte gleichartig sind, besteht das Problem, ob und ggf inwieweit über die spezifischen Produkteigenschaften hinausgehende **Prozess- und Produktionsmethoden** (*processes and production measures* [PPMs]) Beachtung finden können. Das wurde lange Zeit mit den Argumenten abgelehnt, dass vom Wortlaut her Art III GATT – ebenso wie Art I:1 GATT – nur von Produkten spreche und überdies eine Mitberücksichtigung von PPMs den ökonomischen Erkenntnissen der Theorie komparativer Kostenvorteile widersprechen würde. Aufgrund der dargestellten Notwendigkeit, auch die Wettbewerbssituation von Produkten bei der Bestimmung ihrer Gleichartigkeit zu beachten, wird man heute aber von einer im Einzelfall sogar bestehenden Verpflichtung zur Beachtung von PPMs sprechen müssen. Damit ist es namentlich möglich bzw ggf sogar geboten, Umwelt- und Gesundheitsschutzaspekte, die sich auf den Herstellungsprozess von Produkten bzw deren Produktionsmethoden beziehen, bei der Prüfung ihrer (Un-)Gleichartigkeit zu beachten.[228] 78

Wenn die Gleichartigkeit von Produkten feststeht, ist in einem zweiten Schritt zu prüfen, ob eine **Gleichbehandlung** der entsprechenden in- und ausländischen Produkte vorliegt. Dabei ist die zentrale *ratio* der Inländergleichbehandlungsgarantie nach Art III GATT zu beachten. Es entspricht gefestigter Rechtsprechung, dass Art III GATT eine **faire Wettbewerbssituation** zwischen inländischen und ausländischen Produkten garantiert. Bereits im Jahre 1958 stellte das Panel im italienischen *Landmaschinenfall* hierzu fest, dass von Art III:4 GATT „any laws or regulations which might adversely modify the conditions of competition between the domestic and im- 79

---

225 Grundl GATT, Working Party Report on Border Tax Adjustments, L/3464, BISD 18S/97; aus der Rspr insbes WTO, *EC – Asbestos*, App Body v 12.3.2001, WT/DS135/AB/R para 101ff.

226 Ausf WTO, *EC – Asbestos*, App Body v 12.3.2001, WT/DS135/AB/R para 98f.

227 WTO, *EC – Asbestos*, App Body v 12.3.2001, WT/DS135/AB/R para 98f; *Brazil – Certain Measures Concerning Taxation And Charges*, App Body v 13.12.2018, WT/DS472/AB/R, WT/DS497/AB/R, para 5.16; *EC – Measures Prohibiting the Importation and Marketing of Seal Products*, App Body v 22.05.2014, WT/DS400/AB/R, WT/DS401/AB/R, para 5.101ff; ausf *Tietje* (Fn 126) B I 5 Rn 56f mwN.

228 Ausf hierzu zB *Tietje* Grundstrukturen, 366ff; *Puth* WTO und Umwelt.

ported products on the internal market" erfasst werden.[229] Diese Aussage wurde seither in zahlreichen Entscheidungen in der GATT- und WTO-Streitbeilegung wiederholt. Zugleich steht heute fest, dass es im Lichte der Gewährleistung fairer Wettbewerbsbedingungen auch nicht darauf ankommt, ob eine hoheitliche Maßnahme eine **tatsächliche Auswirkung auf ein spezifisches Handelsvolumen** hat. Entscheidend ist vielmehr, wie der Appellate Body klar herausstellte, die Erwartung einer fairen Wettbewerbssituation: „... Article III obliges Members of the WTO to provide equality of competitive conditions for imported products in relation to domestic products. ... Article III protects expectations not of any particular trade volume but rather of the equal competitive relationship between imported and domestic products."[230] Im Ergebnis verbietet Art III:4 GATT damit schon das **Risiko einer Diskriminierung**, und zwar sowohl einer *de iure*- wie auch einer *de facto*-Diskriminierung.[231] Ob hieraus insgesamt auf ein umfassendes Beschränkungsverbot durch Art III GATT geschlossen werden kann, ist allerdings noch nicht abschließend geklärt.

c) Weitere Nichtdiskriminierungsregeln

80 Das Nichtdiskriminierungsprinzip wird neben der Meistbegünstigungsklausel und dem Inländergleichbehandlungsgebot in einer Reihe von weiteren Rechtsregeln im GATT konkretisiert. Hinzuweisen ist hierbei zunächst auf den bereits genannten[232] **Art X:3 lit a GATT**, der die WTO-Mitglieder dazu verpflichtet, auf das Zollrecht bezogene Gesetze, sonstige Vorschriften und Verwaltungsentscheidungen „einheitlich, unparteiisch und gerecht" anzuwenden. Wie der Wortlaut der Vorschrift verdeutlicht, handelt es sich hierbei um ein Willkürverbot.[233]

81 Weiterhin zu nennen ist der auch in der Streitbeilegungspraxis relevante **Art XIII GATT**. Er verpflichtet die WTO-Mitglieder dazu, aufgrund spezifischer Ausnahmevorschriften mögliche Einfuhr- oder Ausfuhrbeschränkungen im Sinne der Meistbegünstigungsklausel anzuwenden (Art XIII:1). Weiterhin verlangt Art XIII:2 GATT, dass Einfuhrbeschränkungen nach spezifischen und in der Vorschrift ausführlich niedergelegten Kriterien gleichmäßig auf die einzelnen Handelspartner verteilt werden.[234]

82 Eine heikle und immer wieder Interpretationsprobleme hervorrufende Nichtdiskriminierungsvorschrift findet sich schließlich in **Art XVII GATT**, der die Besonderheiten des Staatshandels und staatlicher Monopole regelt. Die Vorschrift ist ihrer *ratio*

229 GATT, *Italian Discrimination Agricultural Machinery*, Panel v 23.10.1958, BISD 7S/60 para 12.

230 WTO, *EC – Asbestos*, App Body v 12.3.2001, WT/DS135/AB/R para 97 mwN; ausf zu dieser Ausrichtung des Art III GATT überdies *Tietje* Grundstrukturen, 230ff; kurz auch *Bender* (Fn 185) § 10 Rn 53ff.

231 Zur de iure Diskriminierung WTO, *Korea – Various Measures on Beef*, Panel v 31.7.2000, WT/DS161/R, WT/DS169/R para 627; zur de facto-Diskriminierung WTO, *Japan – Alcoholic Beverages II*, App Body v 1.11.1996, WT/DS/8/AB/R, WT/DS10/AB/R, WT/DS11/AB/R 15ff; zur de facto-Diskriminierung ausf *Ehring* JWT 36 (2002) 921ff.

232 Vgl o Rn 63.

233 Ausf *Tietje* Grundstrukturen, 261ff mwN; siehe auch WTO, *Thailand – Customs and Discal Measures on Cigarettes from the Philippines*, Panel Report v 15.11.2010, WT/DS371/R para 7.873–7.874.

234 Zu Einzelheiten s *Herrmann/Weiß/Ohler* Rn 487ff; *Prieß/Berrisch* (Fn 129) B I 1 Rn 101ff, jew mwN.

nach Ausdruck der Erkenntnis, dass selbst in marktwirtschaftlich organisierten Staaten eine zT erhebliche unmittelbare Einflussnahme des Staates auf das Wirtschaftsgeschehen erfolgt und sich insofern der Staat aktiv als Wirtschaftssubjekt betätigt. Überdies gibt es natürlich auch weiterhin Staaten, die sich durch Elemente eines Staatshandels auszeichnen, wie die Beispiele China und Russland belegen.

Was genau als **staatliches Handelsunternehmen** bzw Unternehmen, dem recht- 83
lich oder faktisch ausschließliche oder besondere Vorrechte gewährt werden (vgl Art XVII:1 GATT), zu verstehen ist, konnte bislang noch nicht abschließend geklärt werden. Aufbauend auf der Praxis des GATT 1947 findet sich aber in der „Vereinbarung zur Auslegung des Artikels XVII des Allgemeinen Zoll- und Handelsabkommens 1994", die in der Uruguay-Runde erarbeitet wurde, ein Definitionsansatz. Hiernach handelt es sich um „[s]taatliche und nichtstaatliche Unternehmen einschließlich Vertriebsorganisationen, denen ausschließliche oder besondere Vorrechte einschließlich gesetzlicher oder verfassungsrechtlicher Befugnisse gewährt worden sind, in deren Ausübung sie durch ihre Käufe oder Verkäufe den Umfang oder die Bestimmung von Ein- und Ausfuhren beeinflussen".[235] Diese Definition gilt zwar streng genommen nur für die in der genannten Auslegungsvereinbarung spezifizierte Transparenzverpflichtung. Da sie aber der Praxis des GATT 1947 und der Auslegung des Art XVII GATT entspricht, kann sie auch auf Art XVII insgesamt Anwendung finden.[236]

Die **inhaltliche Reichweite** der in Art XVII:1 lit a GATT statuierten Gleichbehand- 84
lungsverpflichtung ist noch nicht abschließend geklärt. Dem Wortlaut der Vorschrift nach müssen die WTO-Mitglieder gewährleisten, dass ihrer Jurisdiktion unterstehende Staatshandelsunternehmen entsprechend den „general principles of non-discriminatory treatment" des GATT handeln. Damit könnten die Meistbegünstigungsverpflichtung und das Inländergleichbehandlungsgebot gemeint sein. Allerdings findet die Gleichbehandlungsverpflichtung dem Wortlaut des Art XVII:1 lit a GATT nach nur auf „governmental measures affecting imports or exports of private traders" Anwendung. Damit wird scheinbar nur der eigentliche Grenzübertritt von Waren erfasst, so dass die ausschließlich auf die interne Wettbewerbssituation bezogene Vorschrift des Art III GATT keine Berücksichtigung finden würde. Gegen diese Auslegung spricht jedoch, dass die zentrale Bedeutung des Nichtdiskriminierungsprinzips dann nur sehr begrenzt zum Tragen kommen würde, wenn es um Staatshandelsunternehmen geht. Vor diesem Hintergrund wird auch in der Streitbeilegungspraxis der WTO vertreten, dass in Art XVII:1 GATT auf die Meistbegünstigungs- und die Inländergleichbehandlungsverpflichtung Bezug genommen wird.[237]

Die Verpflichtung zur Achtung des Nichtdiskriminierungsprinzips durch Staats- 85
handelsunternehmen erfährt durch Art XVII:1 lit b GATT eine zweite Dimension. Neben der allgemeinen Beachtung von Art I:1 und Art III GATT, müssen Staatshandelsunternehmen ihre Tätigkeiten an kaufmännischen Gesichtspunkten ausrichten (sog **commercial considerations clause**). Damit soll erreicht werden, dass sie bei An- und Verkäufen nur nach ökonomisch-rationalen Erwägungen handeln, ohne von politi-

235 Abgedr bei Tietje (Fn 2) 70.

236 *Tietje* Grundstrukturen, 248ff.

237 WTO, *Korea – Imports of Beef*, Panel v 31.7.2000, WT/DS161/R, WT/DS169/R para 754ff mwN.

schen Interessen des jeweils hinter dem Unternehmen stehenden Staates beeinflusst zu werden.[238]

5. Einzelne Rechtsregeln des Prinzips staatlicher Regelungsfreiheit

86 Das GATT ist nicht auf die Errichtung eines vollständigen globalen Freihandelsregimes ausgerichtet, sondern strebt nur eine **weitgehende Liberalisierung der Märkte** an. Die damit weiterhin verbleibende **wirtschaftspolitische Regelungsfreiheit der WTO-Mitglieder** zeigt sich schon im Zusammenspiel von Art I:1, III und XI GATT: Betrachtet man das Nichtdiskriminierungsgebot der Inländergleichbehandlungsregel und der Meistbegünstigungsverpflichtung im Zusammenhang mit dem Verbot, handelsbeschränkende Grenzmaßnahmen zu erlassen, zeigt sich, dass die WTO-Mitglieder zunächst jede ordnungspolitische Maßnahme ergreifen dürfen, solange eine solche unterschiedslos nach innen und außen wirkt und keine Beeinträchtigung des Handels an der Grenze darstellt.[239] Die sich damit zeigende grundsätzliche Regelungsfreiheit der WTO-Mitglieder gilt allerdings nicht umfassend. In Bereichen, in denen eine hieraus erwachsende Protektionismusgefahr besonders groß ist, schränkt das WTO-Recht den Handlungsspielraum ihrer Mitglieder zT weitreichend ein. Das gilt ua für Art 2.2 TBT-Übereinkommen und Art VI GATS.

87 Über die grundsätzlich gewährte Handlungsfreiheit hinausgehend, erkennt das GATT Situationen an, in denen aus unterschiedlichen Gründen ein spezifisches Interesse eines WTO-Mitglieds dem allgemeinen Interesse an einem liberalisierten Welthandelssystem überwiegen kann. Am bedeutungsvollsten in diesem Zusammenhang sind die **Ausnahmeregelungen**, die sich in Art XIX, XX und XXI GATT finden. Bei Art XIX GATT geht es dabei um die Möglichkeit des Abweichens von Rechtsregeln des GATT aus wirtschaftlichen Gründen; Art XX und Art XXI GATT beziehen sich ausschließlich auf nichtwirtschaftliche Gesichtspunkte. Es ist dementsprechend auch konsequent, dass im Zollstreit der USA mit ua China und der EU[240] ein Panel in seinem Report v 15.9.2020[241] feststellte, dass spezifischen Sonderzölle der USA auf Stahl und Aluminium nicht von Art XXI GATT gedeckt sind.

a) Schutzmaßnahmen gem Art XIX GATT

88 Art XIX GATT, der im Zusammenhang mit dem **Übereinkommen über Schutzmaßnahmen (ÜSM)** zu lesen ist,[242] ermöglicht es WTO-Mitgliedern, unter bestimmten – restriktiven – Voraussetzungen im Falle erhöhter Einfuhren aus dem Ausland und da-

238 Siehe auch WTO, *Canada – Measures Relating to Exports of Wheat and Treatment of Imported Grain*, AB Report v 30.8.2004, WT/DS276/AB/R para 110ff.

239 *Tietje* (Fn 126) B I 5 Rn 67; *ders* Grundstrukturen, 295f.

240 Ausf hierzu *Tietje/Sacher* Stahl und Whiskey – ein transatlantischer Handelskrieg als Bedrohung der Welthandelsorganisation, Policy Papers on Transnational Economic Law No 48 (2018), erhältlich im Internet: <tietje.jura.uni-halle.de/de/forschungen-und-publikationen/policy-papers>.

241 WTO, *US – Tariff Measures on Certain Goods from China*, Panel Rep v 15.9.2020, WT/DS543/R, para 7.96ff, para 7.3.2.5.

242 WTO, *Argentina – Imports of Footwear*, App Body v 14.12.1999, WT/DS121/AB/R para 84 mwN.

durch bedingter Krisenerscheinungen der heimischen Industrie temporäre Schutzmaßnahmen zu ergreifen. Die **ökonomische** *ratio* dieser Möglichkeit protektionistischer Maßnahmen ist überaus problematisch. Theoretisch und empirisch lässt sich nachweisen, dass Schutzmaßnahmen mit dem Ziel, der heimischen Industrie gleichsam eine „Atempause" zu ermöglichen, kaum jemals ihre Funktion erfüllen, die eigene Industrie wieder wettbewerbsfähig zu machen. Vielmehr sind erhöhte Einfuhren und ein hieraus resultierender Anpassungsdruck der inländischen Produktion notwendige und konsequente Folgen der internationalen Arbeitsteilung. Dementsprechend lässt sich die Existenz des Art XIX GATT im Ergebnis nur aus **public-choice-Gesichtspunkten** erklären. Die Vorschrift hat letztlich lediglich die Funktion, namentlich demokratisch legitimierten Regierungen mit Blick auf einen überhöhten innenpolitischen Protektionismusdruck ein „Sicherheitsventil" zu bieten, damit eine Beteiligung am WTO-Liberalisierungsprozess überhaupt noch möglich ist.[243]

Die **materiellrechtlichen Voraussetzungen** für eine Schutzmaßnahme nach Art 89
XIX GATT sind dort iVm Art 2.1 ÜSM niedergelegt.[244] Hiernach ist 1) ein Importanstieg, 2) ein erheblicher Schaden des entsprechenden inländischen Wirtschaftszweiges oder das Drohen eines solchen sowie 3) ein kausaler Zusammenhang zwischen Importanstieg und Schaden erforderlich. Die Importsteigerung kann sowohl absoluter wie relativer Natur sein und muss auf im Rahmen der WTO eingegangene Liberalisierungsverpflichtungen sowie unvorhergesehene Entwicklungen zurückzuführen sein. Nach der Rechtsprechung ist dabei entscheidend, dass nicht jede Importsteigerung ausreicht, sondern es vielmehr darauf ankommt, dass „the increase in imports must have been recent enough, sudden enough, sharp enough, and significant enough, both quantitatively and qualitatively, to cause or threaten to cause 'serious injury'."[245] Überdies muss der erforderliche ernsthafte Schaden, dessen Merkmale in Art 4.1. ÜSM näher umschrieben sind, von erheblichem Ausmaß sein. Dabei ist stets zu beachten, dass hierbei besonders hohe Schadensanforderungen anzulegen sind.[246] Ähnliches gilt bei der Prüfung der in Art 4.2. ÜSM detailliert niedergelegten Kriterien für die Feststellung der Kausalität zwischen Importanstieg und Schaden.[247]

Neben materiellrechtlichen Anforderungen unterliegen Schutzmaßnahmen de- 90
taillierten **verfahrensrechtlichen Vorgaben**, namentlich mit Blick auf das durchzuführende Untersuchungsverfahren (vgl Art 3 ÜSM). Überdies sind Dauer und Umfang möglicher Schutzmaßnahmen im Einzelnen geregelt (Art 5, 7 und 9 ÜSM). Die entsprechenden Regelungen sind dabei durchgehend von Verhältnismäßigkeitsgesichtspunkten geprägt. Neben diesen verfahrensrechtlichen Regelungen ist wichtig, dass durch das ÜSM die unter dem alten GATT 1947 noch sehr strittige Frage geklärt

243 Ausf hierzu *Sykes* Uni Chicago LRev 58 (1991) 255ff; *Tietje* Grundstrukturen, 298ff.

244 Insg zu den Einzelheiten des ÜSM *Prieß/Berrisch* (Fn 129) B I 13; zu Schutzmaßnahmen nach Art 8.2 ÜSM der EU gegen die USA *Tietje/Sacher* (Fn 240), 7ff.

245 WTO, *Argentina – Imports of Footwear,* App Body v 14.12.1999, WT/DS121/AB/R para 131.

246 WTO, *US – Imports of Lamb Meat,* App Body v 1.5.2001, WT/DS177/AB/R, WT/DS178/AB/R para 126.

247 Zu Einzelheiten s WTO, *US – Imports of Wheat Gluten from the EC,* Panel v 31.7.2000, WT/DS166/R para 8.91; zum Ausnahmecharakter von Maßnahmen nach Art XIX GATT und der daher notwendigen restriktiven Interpretation der Vorschrift siehe zB WTO, *Argentina – Safeguard Measures on Imports on Footwear,* App Body v 14.12.1999, WT/DS121/AB/R para 94.

wurde, ob und ggf inwieweit bei der Anwendung von Schutzmaßnahmen der Meistbegünstigungsgrundsatz zu beachten ist (vgl Art 2.2. ÜSM). Das gilt ebenso für die Regelungen über eine Kompensationspflicht und Gegenmaßnahme, die ein von einer Schutzmaßnahme betroffenes WTO-Mitglied ergreifen kann (vgl Art 8 ÜSM).

b) Allgemeine Ausnahmen (Art XX und Art XXI GATT)

91 Insb dem Schutz öffentlicher, nichtökonomischer Güter dienen die in Art XX GATT im Einzelnen vorgesehenen allgemeinen Ausnahmemöglichkeiten. Durch Art XX GATT wird insofern das Recht der WTO-Mitglieder anerkannt, im Einklang mit ökonomischen Erkenntnissen **zum Schutz und zur Bewahrung öffentlicher Güter in die spontane Ordnung des Marktes zu intervenieren.** Zugleich ist aber auch klar, dass dieses Recht nicht grenzenlos gewährleistet sein kann, da andernfalls die zentralen Rechtsgarantien der WTO-Rechtsordnung unter Berufung auf Art XX GATT umgangen werden könnten. Daher stellt Art XX GATT letztlich den Versuch dar „of locating and marking out a line of equilibrium between the right of a Member to invoke an exception under Article XX and the rights of the other Members under varying substantive provisions (e.g., Article XI) of the GATT 1994, so that neither of the competing rights will cancel out the other and thereby distort and nullify or impair the balance of rights and obligations constructed by the Members themselves in that Agreement“.[248]

92 Die Prüfung, ob sich ein WTO-Mitglied auf Art XX GATT berufen kann, erfolgt nach ständiger Rechtsprechung zweistufig (sog **two-tier test**).[249] In einem ersten Schritt ist zu untersuchen, ob die fragliche Maßnahme eines WTO-Mitglieds die spezifischen Voraussetzungen einer der in Art XX GATT lit a bis j GATT genannten Ausnahmegründe erfüllt. Von Einzelheiten abgesehen,[250] ist dabei zu beachten, dass Maßnahmen nach den besonders praxisrelevanten Art XX lit a, b und d GATT notwendig („necessary“) zur Erreichung der jeweils genannten Ziele sein müssen. Nach der Rechtsprechung des Appellate Body ist die Bestimmung, ob eine Maßnahme **„necessary“** ist, in jedem Einzelfall durch Abwägung („a process of weighing and balancing a series of factors“) vorzunehmen.[251] Im Rahmen des notwendigen **Abwägungsprozesses** ist insb zu fragen, ob für das betreffende WTO-Mitglied „an alternative measure which it could reasonably be expected to employ and which is not inconsistent with other GATT provisions is available to it.“[252] Zur Beantwortung dieser Frage sind insb zwei Faktoren zu beachten: „one aspect of the ‘weighing and balancing process [...] comprehended in the determination of whether a WTO-consistent alternative measure’ is reasonably available is the extent to which the alternative measure ‘contributes to the realization of the end pursued’. Another factor to be taken into account in determining whether an alternative measure is reasonably available is the importance of

248 WTO, *US – Import of Shrimp*, App Body v 12.10.1998, WT/DS58/AB/R para 159.
249 Grundl WTO, *US – Standards for Gasoline*, App Body v 29.4.1996, WT/DS2/AB/R, S 22.
250 Ausf *Koul* 344f; *Senti* WTO – System und Funktionsweise der Welthandelsordnung (2017) Rn 933ff.
251 WTO, *Korea – Imports of Beef*, App Body v 11.12.2000, WT/DS161/AB/R, WT/DS169/AB/R para 164; WTO, *Dominican Republic – Internal Sale of Cigarettes*, App Body v 25.4.2005, WT/DS302/AB/R para 66.
252 WTO, *Dominican Republic – Internal Sale of Cigarettes*, App Body v 25.4.2005, WT/DS302/AB/R para 67.

the interests or values pursued: '[t]he more vital or important [the] common interests or values' pursued, the easier it would be to accept as 'necessary' measures designed to achieve those ends."[253] Damit kommt es bei der Frage, ob eine Maßnahme „necessary" ist, zunächst entscheidend auf das verfolgte Ziel an. Einem WTO-Mitglied steht dabei das ausdrücklich eingeräumte Recht zu, das „ob" und das „wie" des Schutzes bestimmter öffentlicher Güter autonom festzulegen. Nur unter Berücksichtigung des so bestehenden **Beurteilungsspielraums** kann dann eine Abwägung im Hinblick auf mögliche handelsbeschränkende Wirkungen einer Maßnahme erfolgen.

Ist eine Schutzmaßnahme durch eine der Ausnahmen nach Art XX lit a–j GATT 93
vorläufig gerechtfertigt, ist in einem nächsten Schritt zu prüfen, ob die Anwendung der Maßnahme den **Anforderungen des Chapeaus** genügt. Die als Chapeau bezeichnete Regelung im Einleitungssatz von Art XX GATT qualifiziert die Zulässigkeit von Ausnahmen in zweierlei Hinsicht: Danach dürfen die Schutzmaßnahmen zunächst nicht so angewendet werden, dass sie zu einer willkürlichen oder ungerechtfertigten Diskriminierung („arbitrary or unjustifiable discrimination") zwischen Ländern führen, in denen gleiche Verhältnisse bestehen. Zudem dürfen die Maßnahmen nicht zu einer verschleierten Beschränkung des internationalen Handels führen („disguised restriction on international trade"). Diese Standards sind inhaltlich weitgehend unbestimmt, so dass ihre Anwendung im Einzelfall an Sinn und Zweck des Einleitungssatzes zu messen ist.

Der Appellate Body hat festgestellt, dass der Zweck der Chapeau-Regelung darin 94
besteht, ein angemessenes Gleichgewicht zwischen den Rechten und Pflichten der WTO-Mitglieder herzustellen. Folgerichtig betont der Appellate Body bei der Auslegung der Chapeau-Regelung das Ziel, einen Missbrauch der Ausnahmen nach Art XX GATT zu verhindern.[254] Damit spiegelt der Einleitungssatz des Art XX GATT als Ausprägung des „principle of good faith" das **allgemeine Verbot des Rechtsmissbrauchs** wider.[255] Schwerpunkt der Prüfung ist deshalb, ob die für eine Handelsbeschränkung angeführten Schutzziele nur vorgeschoben sind und dazu dienen, eine willkürliche oder ungerechtfertigte Diskriminierung zwischen in- und ausländischen Produzenten oder Erzeugnissen zu verschleiern. Maßgebend ist in diesem Zusammenhang nicht nur, welches Rechtsgut geschützt wird, sondern auch die Art und Weise, wie das Rechtsgut geschützt wird.[256] Dabei kann es im Einzelfall notwendig sein, gerade mit Blick auf Maßnahmen zum Schutz globaler Umweltgüter vor dem Ergreifen unilateraler Handelsbeschränkungen iSd Kooperationsprinzips zu versuchen, eine bi- oder multilaterale Lösung des entsprechenden Umweltschutzproblems außerhalb des WTO-Rechts anzustreben.[257]

---

253 WTO, *Dominican Republic – Internal Sale of Cigarettes*, App Body v 25.4.2005, WT/DS302/AB/R para 68 mwN zur einschlägigen Rspr.

254 WTO, *US – Import of Shrimp* App Body v 12.10.1998, WT/DS58/AB/R para 156f; WTO, *EC – Seal Products*, App Body v 22.5.2014, WT/DS400/AB/R, WT/DS401/AB/R para 5.297.

255 WTO, *US – Import of Shrimp*, App Body v 12.10.1998, WT/DS58/AB/R para 166; generell zur Bedeutung allgemeiner Rechtsgrundsätze im Internationalen Wirtschaftsrecht → *Nowrot* § 2 Rn 60ff.

256 WTO, *US – Standards for Gasoline*, App Body v 29.4.1996, WT/DS2/AB/R para 20.

257 WTO, *US – Import of Shrimp*, App Body v 12.10.1998, WT/DS58/AB/R para 166ff; zur *ratio* und zu Ausnahmen v dieser Kooperationspflicht s *Tietje/Wolf* REACH Registration of Imported Substances – Compatibility with WTO Rules (2005) 39ff mwN.

95 Die dargestellte Konkretisierung des Einleitungssatzes des Art XX GATT löst im Übrigen auch weitgehend die Probleme, die sich mit Blick auf den Schutz sog **extraterritorialer** Rechtsgüter ergeben. Hierbei geht es um die Frage, ob ein WTO-Mitglied Handelsrestriktionen nach Art XX GATT rechtfertigen kann, die sich auf den Schutz von Rechtsgütern beziehen, die im Territorium eines anderen WTO-Mitglieds oder gänzlich in staatsfreien Räumen belegen sind. In der Entscheidung des Panel im sog *Thunfischfall I* wurde unter Hinweis auf die Souveränität der Staaten der Anwendungsbereich der Ausnahmevorschrift des Art XX GATT zunächst nur auf inländische Rechtsgüter beschränkt.[258] Hintergrund war die Befürchtung, dass protektionistischen Maßnahmen Vorschub geleistet werde, wenn einseitig nationale Schutzstandards auf fremde Territorien ausgeweitet werden könnten.[259] Diesen frühen Standpunkt gab das Panel im *Thunfischfall II* auf. Dabei unterschied das Panel zwischen Extraterritorialität und Extrajurisdiktionalität. Nach der Interpretation des Panel ergibt sich aus Art XX keine territoriale Beschränkung in Bezug auf das Schutzgut.[260] Weder der Wortlaut des Art XX lit b[261] noch eine systematische Interpretation[262] schließen die Anwendung von Maßnahmen zum Schutz extraterritorial belegener Güter aus. Dementsprechend kam das Panel zu dem Schluss, dass eine extraterritoriale Anwendung nach Art XX GATT grundsätzlich möglich sei.[263] Der Appellate Body vermied im Verfahren *US – Shrimp* eine ausdrückliche Entscheidung dazu, ob Art XX GATT eine implizite Jurisdiktionsbeschränkung enthält.[264] Verlangt wurde jedoch zumindest ein **hinreichender Anknüpfungspunkt** (sufficient nexus) zwischen der Maßnahme und dem Schutzgut. Zwischenzeitlich kann es als dem Grunde nach herrschende Meinung angesehen werden, dass handelsbeschränkende Maßnahmen zum Schutz extraterritorialer Rechtsgüter nicht *per se* verboten sind.[265] Dementsprechend hat auch der Appellate Body in *US – Shrimp* eine extraterritoriale Rechtsanwendung nicht ausdrücklich verboten und die Rechtmäßigkeit einer handelsbeschränkenden Maßnahme von einer Abwägung der widerstreitenden Interessen abhängig ge-

258 GATT, *US – Imports of Tuna (Tuna I)*, Panel v 3.9.1991 (nicht angenommen), DS21/R – 39S/155 para 5.26, 5.31.

259 GATT, *US – Imports of Tuna (Tuna I)*, Panel v 3.9.1991 (nicht angenommen), DS21/R – 39S/155 para 5.27, 5.32.

260 GATT, *US – Imports of Tuna (Tuna II)*, Panel v 16.6.1994 (nicht angenommen), DS29/R para 5.20, 5.31.

261 Im Gegensatz zu Art XX lit f GATT enthält lit b keine Beschränkung auf nationale Schutzgüter; vgl a *Senti* WTO – System und Funktionsweise der Welthandelsordnung (2017) Rn 666; *Sander* Internationaler und europäischer Gesundheitsschutz (2004) 174.

262 Art XX lit e GATT bezieht sich bspw auf Produkte, die in Gefängnissen anderer Länder hergestellt werden.

263 *Mavroidis* JWT 34 (2000) 73/76; *Wiemer* Produktsicherheit und freier Warenverkehr in GATT/WTO (2001) 228f.

264 WTO, *US – Import of Shrimp*, App Body v 12.10.1998, WT/DS58/AB/R para 133.

265 WTO, *US – Import of Shrimp*, App Body v 12.10.1998, WT/DS58/AB/R para 164; bestätigt und konkretisiert durch WTO, *US – Import of Shrimp* Recourse to Article 21.5 by Malaysia, Panel v 15.6.2001, WT/DS58/RW para 5.43ff.

macht.[266] Insofern ist die Rechtfertigung solcher Maßnahmen danach zu beurteilen, ob bei der extraterritorialen Rechtsanwendung die Interessen betroffener Drittstaaten angemessen berücksichtigt werden.[267] Die Frage, ob die Interessen betroffener Drittstaaten ausreichend Berücksichtigung gefunden haben, hängt damit maßgeblich von den bereits dargestellten Anforderungen der Chapeau-Regelung des Art XX GATT ab.

Im Gegensatz zu **Art XX GATT** fristete die Ausnahmeklausel des Art XXI GATT zur 96
Wahrung der Sicherheit seit ihrer Aufnahme in den GATT 1947 über nahezu sechs Jahrzehnte ein Schattendasein. Erst in der jüngeren Zeit mehrten sich die Berufungen von Staaten auf ihre nationalen Sicherheitsinteressen zur Rechtfertigung von Handelsbeschränkungen.[268] Hinsichtlich der konkreten Voraussetzungen des Art XXI GATT bestand indes Uneinigkeit. So war bereits umstritten, ob die Ausnahmeklausel ***self-judging*** ist mit der Konsequenz, dass die Beurteilung des Vorliegens ihrer Voraussetzungen allein dem WTO-Mitglied obliegt, das sich auf die Ausnahme beruft. Im Jahr 2019 setzte sich erstmals ein Panel im Fall *Russia Traffic in Transit* mit den Voraussetzungen des Art XXI lit b) GATT auseinander.[269] Die Vorschrift erlaubt den WTO-Mitgliedern, Maßnahmen zum Schutz ihrer wesentlichen Sicherheitsinteressen zu treffen, wenn ein Sachverhalt einer der drei Unterkategorien i) bis iii) zugeordnet werden kann. Das Panel stellte zunächst klar, dass sich eine Berufung auf Art XXI lit b) GATT an objektiven Kriterien orientieren müsse, welche im Streitbeilegungsverfahren überprüfbar seien;[270] andernfalls würde die Ausnahmebestimmung die Möglichkeit eröffnen, sich den Verpflichtungen aus dem GATT willkürlich zu entziehen. Prinzipiell überprüfbar ist demnach erstens, ob wesentliche Sicherheitsinteressen des Staates berührt sind, und zweitens, ob die Maßnahmen zum Schutz dieser Interessen notwendig sind. Bei der Beantwortung dieser Fragen gesteht das Panel den WTO-Mitgliedern indes im Einklang mit dem Wortlaut des Art XXI lit b) GATT („nach ihrer Auffassung") einen weiten Beurteilungsspielraum zu. Besonders groß ist die staatliche Handlungsfreiheit gemäß UAbs iii) „in Kriegszeiten oder bei sonstigen ernsten Krisen in den internationalen Beziehungen". Aus der völkerrechtlichen Treu- und Glaubens-Obligation der WTO-Mitglieder, so das Panel, folge aber eine Verpflichtung zur schlüssigen Artikulation der behaupteten Sicherheitsinteressen.[271] Dabei erachtet das Panel die Anforderungen an die Spezifität der Begründung, warum es sich um ein sonstige ernste Krise handelt, als umso höher, je weiter diese Krisensituation von dem Vergleichsmaßstab des bewaffneten Konflikts entfernt ist.[272] Die Entscheidung des Panel im Fall

---

266 WTO, *US – Import of Shrimp*, App Body v 12.10.1998, WT/DS58/AB/R para 164; hierzu auch zB *Weiher* Nationaler Umweltschutz und internationaler Warenverkehr (1997) 135; *Diem* Freihandel und Umweltschutz in GATT und WTO (1996) 131.

267 *Prieß/Berrisch* (Fn 129) B I 1 Rn 250ff; *Cheyne* Georgia Journal of International and Comparative Law 24 (1995) 433/464; *Hanson* Virginia JIL 39 (1999) 1017/1038ff; *Meng* Extraterritoriale Jurisdiktion im öffentlichen Wirtschaftsrecht (1994) 595ff.

268 *Cohen* Nations and Marktes, JIEL 23 (2020), 793ff; *Herdegen* § 10 Rn 75, jeweils mwN.

269 WTO, *Russia – Measures Concerning Traffic in Transit*, Panel v 5.4.2019, WT/DS512/R; vgl hierzu *Cohen* AJIL 114 (2020), 96ff; *Bogdanova* EJIL:Talk!, 12.4.2019, abrufbar unter: <ejiltalk.org/the-wto-panel-ruling-on-the-national-security-exception-has-the-panel-cut-the-baby-in-half>.

270 WTO, *Russia – Measures Concerning Traffic in Transit*, Panel v 5.4.2019, WT/DS512/R para 7.79.

271 WTO, *Russia – Measures Concerning Traffic in Transit*, Panel v 5.4.2019, WT/DS512/R para 7.132ff.

272 WTO, *Russia – Measures Concerning Traffic in Transit*, Panel v 5.4.2019, WT/DS512/R para 7.135.

Saudi Arabia – Protection of IPR bestätigt diese Prüfkriterien und überträgt sie auf die im Wortlaut identische Ausnahmevorschrift des Art 73 TRIPS.[273]

97 Ungeklärt ist noch, ob Handelsrestriktionen in Reaktion auf schwere Menschenrechtsverletzungen auf Art XXI lit b) GATT gestützt werden können.[274] Im Lichte des Bewertungsmaßstabes des Panels in *Russia – Traffic in Transit*, welcher an eine Situation vergleichbar mit einem bewaffneten Konflikt und einer daraus resultierenden Gefährdung für das jeweilige WTO-Mitglied anknüpft, erscheint eine derartige Auslegung eher fernliegend.

6. Ausprägungen des Solidaritätsprinzips – Special and Differential Treatment von Entwicklungsländern

98 Das in Anlehnung an das von ***John Rawls*** entwickelte **Differenzprinzip** zu erklärende Solidaritätsprinzip im Internationalen Wirtschaftsrecht findet sich in der WTO-Rechtsordnung an zahlreichen Stellen in geradezu unüberschaubarer Vielfalt realisiert.[275] In der Fortentwicklung des schon im alten GATT 1947 existenten Art XVIII und des im Jahre 1966 eingefügten Teil IV des GATT 1947 (Art XXXVIff) sind heute in nahezu jedem WTO-Übereinkommen Vorschriften zur Sonder- und Vorzugsbehandlung von Entwicklungsländern und den am schwächsten entwickelten Ländern zu finden, die es diesen WTO-Mitgliedern erlauben, von spezifischen Verpflichtungen abzuweichen oder/und besondere Vorteile in Anspruch zu nehmen. Dabei erfolgt die **Bestimmung als Entwicklungsland**, von Sonderregelungen im Rahmen eines Beitrittsprotokolls abgesehen,[276] nach dem Prinzip der Selbstwahl. Die Einordnung als „am wenigsten entwickeltes Land" (***least developed country*** – LDC) ergibt sich hingegen konstitutiv aus einer von den VN geführten und regelmäßig aktualisierten Liste (vgl Art XI:2 WTO-Übereinkommen).[277]

99 Von besonderer Bedeutung für die Rechtsstellung der Entwicklungsländer in der WTO-Rechtsordnung ist die sog **Enabling Clause.**[278] Nach diesem – am 28.11.1979 von den VERTRAGSPARTEIEN des GATT 1947 angenommenen und gem Abs 1 lit b Nr iv des einführenden Textes zum GATT 1994 in der WTO-Rechtsordnung weitergeltenden – Beschluss ist den Industriestaaten zunächst unter bestimmten Voraussetzungen und in **Abweichung vom Meistbegünstigungsgrundsatz** eine günstigere Zoll-

273 WTO, Saudi Arabia – Measures concerning the Protection of Intellectual Property Rights, Panel v 16.6.2020, WT/DS567/R.

274 Zu einem derzeit anhängigen Verfahren Venezuelas gegen USA s *Bogdanova* EJIl:Talk!, 31.1.2019, verfügbar unter: <ejiltalk.org/wto-dispute-on-the-us-human-rights-sanctions-is-looming-on-the-horizon>.

275 Umfassend *Jessen* (Fn 215); im Überblick *Herrmann/Weiß/Ohler* Rn 995ff; zum Differenzprinzip s bereits → *Tietje* § 1 Rn 126ff.

276 S hierzu insb die entspr Diskussion beim Beitritt Chinas zur WTO, dazu zB *Araki* in Cass/Williams/Barker (Hrsg) China and the World Trading System (2003) 202/210.

277 Die „List of Least Developed Countries" wird geführt v „Office of the High Representative for the Least Developed Countries, Landlocked Developing Countries and Small Island Developing States" und umfasst aktuell (Stand 2020) 47 Staaten: <un.org/development/desa/dpad/least-developed-country-category/ldcs-at-a-glance.html>.

278 GATT, Decision on Differential and More Favourable Treatment, Reciprocity and Fuller Participation of Developing Countries v 3.12.1979, L/4903; vgl hierzu auch → *Nowrot* § 3 Rn 47.

behandlung für Waren aus Entwicklungsländern sowie eine differenzierte Anwendung nichttarifärer Maßnahmen gestattet. Überdies wird – ebenfalls als Ausnahme zur Meistbegünstigungsverpflichtung – den Entwicklungsländern gestattet, sich untereinander Zollpräferenzen einzuräumen. Schließlich enthält die Enabling Clause verschiedene Aussagen, die im Ergebnis auf eine nur begrenzte Anwendung des Reziprozitätsgrundsatzes im Rahmen von Liberalisierungsverhandlungen hinauslaufen.

Intensiv diskutiert wurde, ob und ggf inwieweit ein industrialisiertes WTO-Mit- 100
glied, das nach der Enabling Clause Zollpräferenzen zugunsten von Entwicklungsländern gewährt, hierbei eine Differenzierung anhand von *prima facie* nichtökonomischen Kriterien vornehmen darf. Konkret geht es darum, dass zB die EU die Gewährung von Zollpräferenzen in gewissem Umfang davon abhängig macht, ob Entwicklungsländer völkerrechtliche Verträge ua im Umweltschutz- und Menschenrechtsbereich ratifiziert haben. Dem Appellate Body zufolge ist eine solche **Differenzierung bei der Präferenzgewährung** möglich, wenn sich diese mit Blick auf Entwicklungsbedürfnisse an „objektiven Kriterien" orientierte. Dabei sind „der Standard des WTO-Übereinkommens oder der Rechtsinstrumente anderer internationaler Organisationen" mögliche objektive Kriterien.[279] Im Lichte dieser Anforderungen ist auch die Rechtmäßigkeit des seit 2005 geltenden Allgemeinen Präferenzsystems der EU, das unter den Stichworten „nachhaltige Entwicklung und verantwortungsvolle Staatsführung" eine entsprechende Differenzierung zwischen Entwicklungsländern vorsieht, zu bewerten.[280]

Insgesamt enthält die WTO-Rechtsordnung damit durchaus beachtliche Ansätze 101
zur besonderen und differenzierten Behandlung von Entwicklungsländern. Allerdings fehlt es jedenfalls mit Blick auf die zahlreichen Einzelbestimmungen, die dieser Normkategorie zuzuordnen sind, an einer einheitlichen Systematik und Kohärenz. Überdies besteht ein zentrales Problem darin, dass es rechtlich keine **Differenzierung zwischen den Entwicklungsländern**, die heute mehr als 2/3 aller WTO-Mitglieder ausmachen, gibt. Von den 34 WTO-Mitgliedern, die als LDCs anerkannt sind, abgesehen, werden in der WTO-Rechtsordnung alle Entwicklungsländer unabhängig von ihrem ökonomischen und gesellschaftlichen Entwicklungsstand gleichbehandelt. Angesichts der zT weitreichenden diesbezüglichen Unterschiede zwischen einzelnen Entwicklungsländern bereitet dies immer wieder rechtliche und politische Probleme und kann nicht mehr überzeugen. Es erscheint daher dringend notwendig, verstärkt Instrumente einer **„graduation"**, also einer Differenzierung zwischen einzelnen Entwicklungsländern einzuführen.[281]

---

279 WTO, *EC – Granting of Tariff Preferences*, App Body v 7.4.2004, WT/DS246/AB/R para 163; ausf hierzu *Jessen* (Fn 215) 32f.

280 VO 978/2012 vom 25. Oktober 2012 über ein Schema allgemeiner Zollpräferenzen und zur Aufhebung der Verordnung (EU) Nr. 732/2008 des Rates, ABl EU 2012 L 303 v 31.10.2012; zur Vorgänger-VO Nr 980/2005 des Rates v 27.6.2005 siehe *Jessen* „GSP Plus" – Zur WTO-Konformität des zukünftigen Zollpräferenzsystems der EG, Policy Papers on Transnational Economic Law No 9 (2004), erhältlich im Internet: <tietje.jura.uni-halle.de/de/forschungen-und-publikationen/policy-papers>.

281 Umfassend *Jessen* (Fn 159).

III. Übereinkommen über Landwirtschaft

102 Der Landwirtschaftssektor ist letztlich seit der Entstehung des modernen internationalen Handelssystems ein zentraler Konfliktpunkt im internationalen Wirtschaftssystem. Vor dem Hintergrund der **Sensibilität** des Landwirtschaftssektors und den **traditionell intensiven hoheitlichen Interventionen** in den Markt mit landwirtschaftlichen Produkten wurden in das GATT 1947 kaum hierauf bezogene Regelungen aufgenommen. Das betraf den Bereich der Landwirtschaftssubventionen ebenso wie Import- bzw Exportbeschränkungen.[282] Überdies werden internationale Regulierungsanstrengungen zur Liberalisierung des weltweiten Handels mit landwirtschaftlichen Produkten seit vielen Jahren dadurch massiv erschwert, dass die EU im Rahmen ihrer Gemeinsamen Agrarpolitik (Art 38ff AEUV, ex-Art 32ff EG) eine zentrale internationale Machtposition mit dezidiert protektionistischer Ausrichtung einnimmt.[283] Im Ergebnis konnte so erst in der **Uruguay-Runde** nach schwierigen Verhandlungen erreicht werden, dass mit dem **Übereinkommen über die Landwirtschaft (Agreement on Agriculture, AoA)** ein Konsens zu einem multilateralen Ansatz zum Abbau protektionistischer Handelsschranken im Agrarsektor erzielt wurde. Das AoA trat zusammen mit den sonstigen WTO-Übereinkommen zum 1.1.1995 in Kraft.

103 Inhaltlich enthält das AoA, das jedenfalls weitgehend **lex specialis** zu den sonstigen WTO-Übereinkommen ist,[284] **fünf Kernverpflichtungen**: 1) die Schaffung eines verbesserten Marktzuganges, 2) Disziplinen für interne Unterstützungsmaßnahmen und 3) für Exportsubventionen, 4) die Beachtung der in Art 13 AoA enthaltenen „Friedensklausel" sowie 5) die besondere und differenzierte Behandlung der Entwicklungsländer.[285]

104 Der vom AoA angestrebte verbesserte **Marktzugang** als erste Verpflichtungskategorie wird durch die sog **Tarifizierung** (tarification) angestrebt. Hierunter ist zu verstehen, dass zunächst die vormaligen nichttarifären Handelshemmnisse im Agrarbereich, insb mengenmäßige Beschränkungen, in Zölle umgewandelt wurden. Die entsprechenden Zölle der WTO-Mitglieder für landwirtschaftliche Produkte sind, wie auch im GATT für sonstige Waren, in völkerrechtlich verbindlichen Zolllisten festgelegt (vgl Art 4.1. AoA). Überdies sind, als Besonderheit des AoA, die jeweiligen Zölle mit linearen Senkungsverpflichtungen versehen, die sich ebenfalls in den Zolllisten finden.[286] Die durch diese Mechanismen erreichte Marktöffnung wird allerdings dadurch wieder eingeschränkt, dass nach Art 5 AoA in Abweichung von Art XIX GATT erleichterte Möglichkeiten für **Schutzmaßnahmen** gegeben sind, wenn in der Zollliste eines WTO-Mit-

---

282 Im Überblick hierzu *Jessen* in Hilf/Oeter (Hrsg) WTO-Recht – Rechtsordnung des Welthandels, 2. Aufl (2010) § 17 Rn 3; ausf *Desta* The Law of International Trade in Agricultural Products (2002) 15ff.

283 Einzelheiten bei *Jessen* (Fn 282) § 17 Rn 4ff.

284 S Art 21.1. AoA; sowie *Prieß/Pitschas* in Prieß/Berrisch (Hrsg) WTO-Handbuch – World Trade Organization (2003) B I 2 Rn 7ff; z Verhältnis z SPS-Übereinkommen s Art 14 AoA sowie *Jessen* (Fn 282) § 17 Rn 7ff; z Verhältnis z Subventionsübereinkommen s WTO, *US – Subsidies on Upland Cotton*, App Body v 1.6.2008, WT/DS267/AB/RW para 532.

285 *Jessen* (Fn 282) § 17 Rn 17.

286 Zu Einzelheiten s *Jessen* (Fn 282) § 17 Rn 19; *Desta* (Fn 282) 73ff.

glieds landwirtschaftliche Erzeugnisse, für die Schutzmaßnahmen ergriffen werden sollen, mit dem Zusatz „SSG“ (special safeguards) versehen wurden.[287]

Als zweite Verpflichtungskategorie regelt das AoA in Art 6 Inhalt und Umfang der Liberalisierungsverpflichtungen der WTO-Mitglieder in Bezug auf **interne Unterstützungsmaßnahmen**, also solcher Subventionen, die keinen direkten Bezug zum Export landwirtschaftlicher Erzeugnisse aufweisen.[288] Im Kern ergibt sich aus Art 6 AoA die Verpflichtung, interne Stützungsmaßnahmen auf der Grundlage des sog **gesamten aggregierten Stützungsmaßes** (total aggregate measurement of support – AMS) um 20 % bezogen auf sechs Jahre (seit dem 1.1.1995) zu senken, soweit eine entsprechende Verpflichtung in die Liste des entsprechenden WTO-Mitglieds aufgenommen wurde.[289] Für diejenigen WTO-Mitglieder, die keine Senkungsverpflichtungen übernommen haben, gelten die gem Art 7.2. lit b in Art 6.4. AoA im Einzelnen niedergelegten allgemeinen Grenzwerte. WTO-Mitglieder, die Verpflichtungen in ihren Listen eingegangen sind, können sich hingegen insb auf die in Art 6.5. AoA geregelten Ausnahmetatbestände zu zulässigen internen Stützungsmaßnahmen berufen. Im Ergebnis ergibt sich damit aus der komplexen Regelungsstruktur des AoA zu internen Stützungsmaßnahmen eine Differenzierung zwischen drei verschiedenen Kategorien zulässiger bzw unzulässiger heimischer Subventionen; für ihre Bezeichnung bedient man sich unterschiedlicher Farben: Stützungsmaßnahmen, die schrittweise abgebaut werden müssen (**amber box** – Art 6.1. AoA); Maßnahmen, die unter bestimmten Voraussetzungen weiterhin zulässig sind (**blue box** – Art 6.5. AoA); und Maßnahmen, die von vornherein keinen Senkungsverpflichtungen unterliegen (**green box** – Art 6.1. iVm Anhang 2 AoA). 105

Disziplinen zu **Export-(Ausfuhr-)subventionen** stellen eine dritte Verpflichtungskategorie im WTO-Landwirtschaftsrecht dar. Angesichts der allgemeinen ökonomischen Erkenntnis, dass Exportsubventionen immer gravierende marktverzerrende Auswirkungen haben,[290] war es möglich, in Art 9 AoA diesbezüglich recht genaue Verpflichtungen niederzulegen. Im Einzelnen sind in Art 9.1. AoA die vom Übereinkommen erfassten Exportsubventionen definiert bzw umschrieben. Art 9.2. AoA statuiert dann konkrete Vorgaben zur schrittweisen haushaltsanteiligen und mengenmäßigen Kürzung der erfassten Exportsubventionen, Art 10 AoA auf die Verpflichtungen aus Art 9 AoA bezogene Umgehungsverbote. Allerdings ist es verschiedenen WTO-Mitgliedern nicht umfassend gelungen, ihren Verpflichtungen im Hinblick auf Kürzung von Exportsubventionen, die bis zum 31.12.2000 zu erfüllen waren, nachzukommen.[291] Auf der 10. WTO-Minsterkonferenz in Nairobi wurden Fristen zum endgültigen Auslaufen von Exportsubventionen verabschiedet.[292] 106

287 Einzelheiten bei *Prieß/Pitschas* (Fn 284) B I 2 Rn 36ff.

288 Zur Typologie und einzelnen Erscheinungsformen interner Stützungsmaßnahmen s *Desta* (Fn 282) 309ff.

289 Zu Einzelheiten s auch Art 1 lit h sowie Anh 3 iVm Anh 4 AoA.

290 S zB *Kenen* The International Economy, 4. Aufl (2000) 133ff.

291 S zB WTO, *Canada – Importation of Milk and Exportation of Dairy Products*, App Body v 13.10.1999, WT/DS103/AB/R, WT/DS113/AB/R; WTO, *EC – Export Subsidies on Sugar*, App Body v 28.4.2005, WT/DS265/AB/R, WT/DS266/AB/R, WT/DS283/AB/R; vgl hierzu auch ua *Jessen* (Fn 282) § 17 Rn 31.

292 WTO, Minsterial Decision, 19.12.2015, WT/MIN(15)/45 WT/L/980, vgl o Rn 10.

107 Zusätzlich zu den genannten zentralen materiellrechtlichen Verpflichtungen aus dem Landwirtschaftsübereinkommen findet sich in Art 13 AoA eine bedeutende verfahrensrechtliche Regelung, die ebenfalls zu den Kernregelungen des Übereinkommens zu rechnen ist. Art 13 AoA legt im Einzelnen fest, dass während des Durchführungszeitraums des Übereinkommens, der auf Art 13 AoA bezogen erst am 31.12.2003 auslief (vgl Art 1 lit f AoA), keine Ausgleichzollmaßnahmen oder WTO-Streitbeilegungsverfahren eingeleitet werden durften, die interne Stützungsmaßnahmen oder Exportsubventionen betrafen. Die Verlängerung der interpretationsbedürftigen, sog **„Friedensklausel"** des Art 13 AoA[293] ist ein zentraler Punkt in den Verhandlungen über die Fortsetzung des Reformprozesses im Landwirtschaftsbereich (vgl Art 20 AoA).[294] Im Zusammenhang mit der 9. Ministerkonferenz in Bali konnten sich die WTO-Mitglieder auf eine Verlängerung der „Friedensklausel" jedenfalls für Maßnahmen der Vorratshaltung von Nahrungsmitteln zum Zwecke der Versorgungssicherheit bis zum Jahr 2017, dh der 11. WTO-Ministerkonferenz einigen, wobei angestrebt wurde bereits im Jahr 2015 eine endgültige Lösung der Problematik zu finden.[295] Allerdings gelang es weder auf der 11. WTO-Ministerkonferenz noch darüber hinaus bis heute die befristete Lösung in eine dauerhafte zu überführen, sodass weiterhin auf die verlängerte Ausnahmeregel zurückgegriffen wird.[296]

108 Schließlich folgt auch das AoA dem Prinzip der **besonderen und differenzierten Behandlung von Entwicklungsländern** (Art 15 AoA). Im Wesentlichen ist hierzu vorgesehen, dass Entwicklungsländer ihre Senkungsverpflichtungen in einem Zeitraum von zehn Jahren erfüllen konnten und von den am wenigsten entwickelten Ländern überhaupt keine Senkungsverpflichtungen verlangt werden. Auch die Frage, ob und ggf inwieweit die besondere und differenzierte Behandlung von Entwicklungsländern verlängert und ausgebaut werden soll, stellt einen wichtigen und strittigen Punkt in den Verhandlungen über eine fortschreitende Liberalisierung des Landwirtschaftssektors dar.[297]

109 Insgesamt ist das AoA ein bedeutender Schritt auf dem Weg zur **Beendigung des weltweiten „Subventionswettlaufes"** im Landwirtschaftssektor. In der gegenwärtig vorliegenden Form ist es indes noch von zahlreichen Kompromissen gekennzeichnet, die nur unter public-choice-Gesichtspunkten zu erklärenden Probleme zahlreicher WTO-Mitglieder, ua der EU, widerspiegeln, im innerstaatlichen Bereich tatsächliche Marktmechanismen auf den Märkten für landwirtschaftliche Erzeugnisse zu etablieren. Überdies sind die internationalen Verhandlungen über eine fortschreitende Liberalisierung des Landwirtschaftsbereiches davon gekennzeichnet, dass die sog **Multifunktionalität** der Landwirtschaft, also ihre gesamtgesellschaftliche Rolle ua im Kultur- und Umweltschutzbereich, sowie ihre Bedeutung für Entwicklungsländer immer mehr in den Vordergrund gerückt werden. Ob die damit immer komplexer wer-

293 S insb WTO, *US – Upland Cotton*, App Body v 3.3.2005, WT/DS267/AB/R para 310ff.

294 S zB WTO, EC Comprehensive Negotiating Proposal v 14.12.2000, G/AG/NG/W/90 para 25.

295 Zu Einzelheiten siehe General Council: Decision of 28 November 2014, WT/L/939, Public stockholding for food security purposes, 27 November 2014.

296 S zB *Schmieg/Rudloff*, SWP-Aktuell 9 (2016), 2.

297 Einzelheiten bei *Jessen* (Fn 282) § 17 Rn 38ff.

denden, unterschiedlichen Interessenlagen im Rahmen multilateraler Verhandlungen in Einklang gebracht werden können, bleibt abzuwarten.

IV. Übereinkommen über die Anwendung gesundheitspolizeilicher und pflanzenschutzrechtlicher Maßnahmen (SPS-Übereinkommen)

Die Gesundheit von Menschen, Tieren und Pflanzen ist ökonomisch zwar zunächst kein öffentliches Gut. Allerdings hat das private Gut „Gesundheit" regelmäßig positive externe Effekte, die ihrerseits als öffentliches Gut einzustufen sind. Wenn daher insb kaum zu kontrollierende Gesundheits- oder Lebensgefährdungen wie Seuchen zur Debatte stehen, geht es im Ergebnis doch um ein **öffentliches Gut**.[298] Damit sind hoheitliche Interventionen in die spontane Ordnung des Marktes zum **Schutz der Gesundheit von Menschen, Tieren und Pflanzen** grundsätzlich legitim und notwendig. Allerdings ist zugleich klar, dass inhärent die Gefahr besteht, dass unter dem Deckmantel des Gesundheitsschutzes hoheitliche Maßnahmen ergriffen werden, die über ihr eigentliches Schutzziel hinausgehen und protektionistische Wirkung entfalten. Damit liegt ein offensichtliches Spannungsverhältnis vor, das im Interesse eines notwendigen Gesundheitsschutzes auf der einen Seite und einer Wohlfahrtsgewinne garantierenden Verhinderung protektionistischer Maßnahmen auf der anderen Seite nur dahingehend gelöst werden kann, dass hoheitliche Interventionen in das Marktgeschehen zum Schutz der Gesundheit von Menschen, Tieren und Pflanzen auf das notwendige Maß beschränkt bleiben. Rechtlich ist die diesem Gedanken zugrunde liegende Regelungsidee bereits aus Art XX GATT bekannt.[299] Allerdings enthält Art XX GATT keine detaillierten Vorgaben dazu, wie der beschriebene Interessenausgleich im Einzelnen zu realisieren ist. Diesem Zweck dient das SPS-Übereinkommen. 110

Das SPS-Übereinkommen ist **lex specialis** zum GATT. Trotz seiner Funktion zur Konkretisierung von Art XX lit b GATT entfaltet es allerdings eigenständige Regelungswirkung, ist also in seiner Anwendbarkeit nicht von einem tatbestandlichen Verstoß gegen Vorschriften des GATT abhängig.[300] Ebenfalls *lex-specialis*-Wirkung entfaltet das SPS-Übereinkommen, soweit sein Anwendungsbereich eröffnet ist, im Verhältnis zum TBT-Übereinkommen (Art 1.4 SPS- und Art 1.5. TBT-Übereinkommen). 111

Der **Anwendungsbereich** des SPS-Übereinkommens ist gem dessen Art 1.1. eröffnet, wenn eine gesundheitspolizeiliche oder pflanzenschutzrechtliche Maßnahme vorliegt und sich diese mittelbar oder unmittelbar auf den internationalen Handel auswirken kann. Eine mögliche Handelsauswirkung ist dabei immer gegeben, wenn eine SPS-Maßnahme vorliegt, die auf ausländische Waren Anwendung findet.[301] Dem 112

298 Ausf WHO, Global Public Goods and Health: Concepts and Issues, verfügbar unter <who.int/trade/distance_learning/gpgh/gpgh1/en/>.

299 Vgl o Rn 88ff.

300 WTO, *Australia – Importation of Salmon*, Panel v 12.6.1998, WT/DS18/R para 8.39; WTO, *EC – Meat and Meat Products (Hormones)*, Panel v 18.8.1997, WT/DS26/R/USA para 8.38; weitere Einzelheiten z Verhältnis SPS-GATT bei *Kamann* in Prieß/Berrisch (Hrsg) WTO-Handbuch – World Trade Organization (2003) B I 3 Rn 24ff.

301 *Kamann* (Fn 300) B I 3 Rn 23 mwN.

zweiten in Art 1.1. SPS-Übereinkommen genannten Merkmal kommt damit kaum eigenständige Bedeutung zu. Entscheidend ist vielmehr, was unter einer SPS-Maßnahme zu verstehen ist. Das wird im Einzelnen in Anhang A SPS-Übereinkommen definiert. Hiernach ist erforderlich, dass 1) die fragliche Maßnahme das Ziel des Schutzes des Lebens oder der Gesundheit von Menschen, Tieren oder Pflanzen verfolgt und 2) eine spezifische Gefahrenursache als Anknüpfungspunkt der drei genannten Schutzobjekte gegeben ist.[302] Wichtig ist hierbei, dass es nicht – wie der Wortlaut in Anhang A vermuten lassen könnte – ausschließlich auf die subjektive Betrachtungsweise des handelnden WTO-Mitglieds ankommt. Vielmehr ist im Interesse der Rechtssicherheit jeweils zu prüfen, ob sich die Gesundheitsschutzausrichtung einer Maßnahme anhand objektiver Kriterien begründen lässt.[303] Im Übrigen ist das SPS-Übereinkommen dem klaren Wortlaut von Anhang A zufolge auf Maßnahmen im Gebiet des handelnden WTO-Mitglieds beschränkt. Im Gegensatz zu Art XX GATT findet das Übereinkommen also keine Anwendung auf den Schutz sog extraterritorialer Rechtsgüter. In zeitlicher Hinsicht erfasst das SPS-Übereinkommen indes auch Maßnahmen, die vor dem 1.1. 1995 in Kraft getreten sind.[304]

113 In **materiellrechtlicher Hinsicht** statuieren Art 2.2. und 2.3. SPS-Übereinkommen die zentralen Verpflichtungen der WTO-Mitglieder. Sie haben in Anerkennung ihres grundsätzlichen Rechts, SPS-Maßnahmen zu ergreifen (Art 2.1.), die Pflicht, diese so anzuwenden, wie es aus wissenschaftlichen Gründen notwendig ist (Art 2.2.), und dabei darauf zu achten, dass keine willkürliche Diskriminierung oder verschleierte Handelsbeschränkung eintritt (Art 2.3.). Besondere Bedeutung kommt hierbei Art 2.2. SPS-Übereinkommen zu. Die hier statuierten Grundsätze der Wissenschaftlichkeit und der Erforderlichkeit sind in weiteren Vorschriften des SPS-Übereinkommens, namentlich Art 5, konkretisiert.[305]

114 Bei der konkreten Rechtmäßigkeitsprüfung einer SPS-Maßnahme ist an erster Stelle danach zu differenzieren, ob ein harmonisierter oder ein nicht-harmonisierter Bereich vorliegt. Das hängt davon ab, ob ein **internationaler Standard** existiert, der sich mit dem zur rechtlichen Bewertung anstehenden Problem des Gesundheits- oder Pflanzenschutzes befasst (vgl Art 3.2. SPS-Übereinkommen). Internationale Standards sind dabei alle verbindlichen oder unverbindlichen Regeln, die von der Codex Alimentarius Commission – einer gemeinsamen Kommission der Weltgesundheitsorganisation (WHO) und der Welternährungsorganisation (FAO) –, dem Internationalen Tierseuchenamt, dem Sekretariat des internationalen Pflanzenschutzübereinkommens und sonstigen fachlich kompetenten internationalen Organisationen erarbeitet werden (vgl Anhang A Nr 3 SPS-Übereinkommen). Nach Art 3.2. SPS-Übereinkommen wird vermutet, dass nationale Maßnahmen, die mit internationalen Standards übereinstimmen, notwendig zum Gesundheitsschutz sind und insofern in Übereinstimmung mit dem SPS-Übereinkommen und dem GATT stehen. Dessen ungeachtet können die WTO-Mitglieder jedoch nach Art 3.3. SPS-Übereinkommen von den internationalen Standards abweichende nationale Maßnahmen ergreifen, wenn ein höheres Schutz-

---

302 *Kamann* (Fn 300) B I 3 Rn 14 mwN.
303 *Kamann* (Fn 300) B I 3 Rn 15 mwN.
304 WTO, *EC – Meat and Meat Products (Hormones)*, Panel v 18.8.1997, WT/DS26/R/USA.
305 WTO, *Australia – Importation of Salmon*, Panel v 12.6.1998, WT/DS18/R para 8.50ff mwN.

niveau erreicht werden soll und hierfür eine wissenschaftliche Begründung vorliegt. Für die insoweit notwendige Risikobewertung legt Art 5 SPS-Übereinkommen den zu beachtenden rechtlichen Maßstab fest.

Über die genaue Auslegung der genannten Vorgaben der Art 3 und 5 SPS-Über- 115
einkommen bestand einige Zeit Ungewissheit. Im **Hormon-Streit zwischen der EG (EU) und den USA**[306] entschied das erstinstanzliche Panel im Sinne einer nur unter engen Voraussetzungen bestehenden Möglichkeit, von internationalen Standards abzuweichen, da in der systematischen Abfolge der Absätze des Art 3 SPS-Übereinkommen ein Regel-Ausnahme-Verhältnis zugunsten internationaler Standards zu sehen sei.[307] Diese Entscheidung, die den unverbindlichen internationalen Standards im Ergebnis eine Rechtsverbindlichkeit zumaß, wurde in der Revisionsinstanz modifiziert.[308] Nach der nunmehr weitgehend anerkannten Rechtsprechung des Appellate Body besteht keine völkerrechtliche Verpflichtung, die nationalen Gesundheitsstandards in Übereinstimmung mit internationalen Standards zu bringen.[309] Dies folgt aus dem *prima facie* unverbindlichen Charakter internationaler Gesundheitsstandards und dem Wortlaut des Art 3.1. SPS-Übereinkommen, wonach sich die WTO-Mitglieder bei ihren nationalen Maßnahmen auf vorhandene internationale Standards nur „stützen" sollen (*shall base*).[310] Demgegenüber besteht nach Art 3.2. SPS-Übereinkommen eine widerlegbare Vermutung der Rechtmäßigkeit einer nationalen Maßnahme, wenn sie in Übereinstimmung (*which conform to*) mit internationalen Standards steht. In einem dritten Schritt ergibt sich damit, dass die WTO-Mitglieder frei sind, ein höheres Schutzniveau einzuführen, als in internationalen Standards vorgesehen, soweit sie nur den nach Art 3.3. iVm Art 5.1. SPS-Übereinkommen erforderlichen wissenschaftlichen Nachweis der Notwendigkeit hierfür erbringen und im Übrigen der Verhältnismäßigkeitsgrundsatz gewahrt ist.[311] Dies führt allerdings nicht zu einer Umkehr der Beweislast in dem Sinne, dass schon das Abweichen von internationalen Standards für sich genommen begründungsbedürftig wäre.[312]

Insgesamt ergibt sich damit, dass dem SPS-Übereinkommen als allgemeines Ziel 116
zwar die Vorstellung einer möglichst weitreichenden **internationalen Harmonisie-**

306 Zur Geschichte dieses langjährigen Streitfalles statt vieler *Hilf/Eggers* EuZW 1997, 559/559f; *Quick/Blüthner* JIEL 2 (1999) 603/605; *McNiel* Virgina JIL 39 (1998) 89/99ff.

307 WTO, *EC – Meat and Meat Products (Hormones)*, Panel v 18.8.1997, WT/DS26/R/USA und WT/DS48/R/CAN para 8.70ff; zur Entscheidung ausf und krit *Hilf/Eggers* EuZW 1997, 559ff.

308 WTO, *EC – Meat and Meat Products (Hormones)*, App Body v 16.1.1998, WT/DS48/AB/R para 162ff; zur Entscheidung statt vieler *Quick/Blüthner* JIEL 2 (1999) 603ff; *McNiel* Virgina JIL 39 (1998) 89ff; *Eggers* EuZW 1998, 147ff; *Slotboom* CMLRev 36 (1999) 471/ 478ff.

309 WTO, *EC – Meat and Meat Products (Hormones)*, App Body v 16.1.1998, WT/DS48/AB/R para 165f.

310 WTO, *EC – Meat and Meat Products (Hormones)*, App Body v 16.1.1998, WT/DS48/AB/R para 163f; s a *Quick/Blüthner* JIEL 2 (1999) 603/610f.

311 Zur Notwendigkeit der Beachtung des Verhältnismäßigkeitsgrundsatzes vgl Art 5.6 SPS-Übereinkommen; WTO, *Japan – Agricultural Products*, App Body v 19.3.1999, WT/DS76/AB/R para 123; WTO, *Australia – Importation of Salmon*, App Body v 6.11.1998, WT/DS18/AB/R para 194; *Pauwelyn* JIEL 2 (1999) 641/652.

312 WTO, *EC – Meat and Meat Products (Hormones)*, App Body v 16.1.1998, WT/DS48/AB/R para 169ff; s a *Quick/Blüthner* JIEL 2 (1999) 603/612; vgl allgemein zur Bedeutung internationaler Standards als Steuerungsmechanismen im internationalen Wirtschaftsrecht → *Nowrot* § 2 Rn 90ff.

rung von Gesundheitsstandards zugrunde liegt und dies auch rechtlich durch die in Art 3.2. SPS-Übereinkommen normierte Vermutungsregel gewürdigt wird, im Übrigen aber die WTO-Mitglieder ihre eigenen Standards einführen dürfen, soweit sie nur den im Einzelnen präzisierten wissenschaftlichen Nachweis der Notwendigkeit hierfür erbringen[313] und das Gebot der Verhältnismäßigkeit beachtet wird. Entscheidende Bedeutung kommt damit dem Maßstab zu, der nach Art 5 SPS-Übereinkommen für die **Risikobewertung** bei Festlegung einer gesundheitspolizeilichen oder pflanzenschutzrechtlichen Maßnahme anzuwenden ist.[314] Genau an dieser Stelle ergeben sich dann auch die schwierigsten Rechtsfragen im Spannungsverhältnis von Gesundheitsschutz und liberalisiertem Welthandel. Dabei geht es insb um die Frage, welche Faktoren in die Risikobewertung einbezogen werden dürfen. Nach der Rechtsprechung des Appellate Body ist zunächst von dem Grundsatz auszugehen, dass eine einzelfallabhängig zu bewertende rationale Beziehung (*rational relationship*) zwischen der ergriffenen Maßnahme und der Risikobewertung bestehen muss.[315] Hinsichtlich der Risikoanalyse selbst traf der Appellate Body die folgende, zentrale Aussage:

> "It is essential to bear in mind that the risk that is to be evaluated in a risk assessment under Article 5.1 is not only risk ascertainable in a science laboratory operating under strictly controlled conditions, but also risk in human societies as they actually exist, in other words, the actual potential for adverse effects on human health in the real world where people live and work and die."[316]

117 Durch diese Aussage des Appellate Body, die sich mit Blick auf Wortlaut und Systematik des Art 5 SPS-Übereinkommen kritisieren lässt,[317] wurde eine intensive Diskussion in den maßgeblichen internationalen Foren darüber eingeleitet, inwieweit **gesellschaftspolitische Faktoren** eine Risikobewertung im Gesundheitswesen neben wissenschaftlich-technischen Erkenntnissen mitbestimmen können.[318]

118 Zusätzlich zu den materiellrechtlichen Regelungen enthält das SPS-Übereinkommen umfangreiche Verpflichtungen im Hinblick auf die Veröffentlichung von SPS-Maßnahmen (Art 7 iVm Anhang B) und gewährt Sonderregelungen für die besondere und differenzierte Behandlung von Entwicklungsländern.[319]

119 Insgesamt kommt dem SPS-Übereinkommen eine **wichtige Funktion in der WTO-Rechtsordnung** zu. Das liegt zunächst an der großen Anzahl von SPS-Maßnah-

---

313 Zu den Schwierigkeiten des Umgangs mit wissenschaftlichen Erkenntnissen im WTO-Recht s *Wagner* Law Talk v. Science Talk: The Languages of Law and Science in WTO Proceedings (November 29, 2011). Fordham International Law Journal 35 (2011); University of Miami Legal Studies Research Paper No. 2012-12, erhältlich im Internet: <ssrn.com/abstract=1966055>.

314 Hierzu ausf *Kamann* (Fn 300) B I 3 Rn 66ff.

315 WTO, *EC – Meat and Meat Products (Hormones)*, App Body v 16.1.1998, WT/DS48/AB/R para 193: "The requirement that an SPS measure be 'based on' a risk assessment is a substantive requirement that there be a rational relationship between the measure and the risk assessment".

316 WTO, *EC – Meat and Meat Products (Hormones)*, App Body v 16.1.1998, WT/DS48/AB/R para 187.

317 Ausf *Quick/Blüthner* JIEL 2 (1999) 603/618ff.

318 Zu der gerade in der Codex Alimentarius Commission hierzu bes intensiv geführten Diskussion s *Eckert* ZLR 1999, 371/376ff.

319 Einzelheiten b *Gehring* in Hilf/Oeter (Hrsg) WTO-Recht – Rechtsordnung des Welthandels, 2. Aufl (2010) § 19 Rn 26f.

men, die von den WTO-Mitgliedern ergriffen wurden: Bereits bis 2019 wurden der WTO 26.734 SPS-Maßnahmen notifiziert.[320] Im Rahmen der Pandemiebekämpfung kam es allein bis Mitte November 2020 zu weiteren 79 Notifikationen, die sich explizit auf Covid-19 beziehen.[321] Der intensive Einsatz von SPS-Maßnahmen bedingt zugleich immer wieder auftretende Handelskonflikte, die hiermit im Zusammenhang stehen. Von den bis Mitte 2020 über 596 Streitverfahren, die unter dem Dispute Settlement Understanding (DSU) eingeleitet wurden, betrafen über 49 ua das SPS-Übereinkommen. In mehr als 13 Verfahren kam es zur Einsetzung von Streitbeilegungspanels, die sich mit SPS-Maßnahmen zu befassen hatten.[322] Schon diese Zahlen belegen die Bedeutung und das Konfliktpotential im SPS-Bereich. Ob allerdings die rechtlichen Vorgaben im SPS-Übereinkommen im Hinblick auf den Ausgleich von Gesundheitsschutz- und Welthandelsinteressen umfassend überzeugen, ist eine andere Frage. Insb die hohen Anforderungen an den wissenschaftlichen Nachweis von Risiken nach Art 5 SPS-Übereinkommen werden zT kritisiert, zumal hierbei die Bedeutung des **Vorsorgeprinzips** noch nicht abschließend klar ist.[323] Ebenfalls nicht unproblematisch ist die intensive Ausrichtung des SPS-Übereinkommens an internationalen Standards, die in Gremien erarbeitetet werden, deren Legitimation jedenfalls nicht sofort klar ist. Zugleich wird so allerdings der **dynamische Charakter der Regulierung im internationalen Gesundheitsrecht** gesichert, was angesichts der rasanten technologischen Entwicklung sowie vermehrt auftretender globaler Gesundheitsrisiken notwendig ist.[324]

V. Übereinkommen über technische Handelshemmnisse (TBT-Übereinkommen)

1. Einleitung

Technische Standards als obligatorisch bzw fakultativ zu beachtende technische Spe- 120
zifikationen[325] sind ein zentraler Gegenstand der Welthandelspolitik und des Welthandelsrechts. Mehrere Aspekte sind von Bedeutung und zugleich für die Schwierigkeit des Umganges mit technischen Standards verantwortlich: Technische Standards sind zunächst Festlegungen, die *prima facie* immer dem **Schutz eines öffentlichen Gutes**[326] dienen. Die Intention ihrer Ausarbeitung und Kodifikation besteht dem Grunde nach immer darin, Rechtsgüter wie die menschliche Gesundheit oder die Umwelt zu schützen und Informationsasymmetrien zu vermeiden. Dementsprechend ist die

---

320 S die Angaben auf der WTO-Homepage, <wto.org/english/tratop_e/sps_e/sps_e.htm>.

321 Vgl hierzu die Angaben der WTO, <wto.org/english/tratop_e/covid19_e/notifications_e.htm#:~:text=COVID%2D19-,WTO%20members'%20notifications%20on%20COVID%2D19,notifications%20related%20to%20COVID%2D19>.

322 S die Angaben auf der WTO-Homepage, <wto.org/english/tratop_e/dispu_e/dispu_agreements_index_e.htm?id=A19>; sowie aktuell *Leitner/Lester* JIEL 20 (2017) 171.

323 Hierzu *Kamann* (Fn 300) B I 3 Rn 72ff mwN; *Herwig/Joerges* in van Calster/Prevost Research Handbook on Environment, Health and the WTO (2013) 22f.

324 Ausf *Sander* (Fn 261).

325 Zur Terminologie noch näher u Rn 122.

326 Zur ökonomischen Definition öffentlicher Güter statt vieler *Hardes/Rahmeyer/Schmid* Volkswirtschaftslehre, 17. Aufl (1990) 32f; ausf zur ökonomischen Bewertung technischer Standards *Tietje* (Fn 126) B I 5 Rn 5ff.

Berechtigung und Notwendigkeit der technischen Standardisierung heute universell anerkannt.[327] Allerdings verleitet die **grundsätzliche Legitimität der technischen Standardisierung** zugleich dazu, dieses Regelungsinstrumentarium zu **protektionistischen Zwecken** einzusetzen. Mit der Begründung eines notwendigen Schutzes öffentlicher Güter wird zunehmend versucht, partikulare Interessen eines bestimmten Industriezweiges zu manifestieren. Dies kann durch staatliche Regelung oder durch freiwillige – privatrechtliche – Maßnahmen der entsprechenden Industriebranche geschehen. Die Strategie, die solchen Bestrebungen zugrunde liegt, ist dabei immer gleich: Der technisch festgelegte Standard wird bewusst so gewählt, dass er aufgrund ökonomisch-technischer Gegebenheiten nur von einem bestimmten Produzenten oder einer bestimmten Produzentengruppe eingehalten werden kann. Andere Marktteilnehmer, die ebenfalls in der fraglichen Produktpalette produzieren, werden damit unmittelbar oder mittelbar vom Markt gedrängt. Ein solches Verhalten erweist sich im Welthandelssystem zunehmend als gravierendes Problem.

121 Im Welthandelsrecht wurde, von sehr begrenzten Regelungsanstrengungen im 19. Jahrhundert abgesehen, erstmals mit dem Agreement on Technical Barries to Trade der **Tokio-Runde** des **GATT 1947** versucht, multilaterale Regelungen zu technischen Standards als potentiellem nichttarifärem Handelshemmnis zu etablieren. Das gelang allerdings nicht umfassend, zumal das Abkommen nur von 47 Staaten ratifiziert wurde.[328] Erfolgreicher waren hingegen die Bemühungen zur Harmonisierung technischer Standards. Besondere Bedeutung kommt hierbei der **International Organization for Standardization (ISO)** zu, die bereits am 23.2.1947 ihre Arbeit aufnahm. Unter dem Dach der ISO, der die Standardisierungsorganisationen einzelner Staaten angehören – zB aus Deutschland das Deutsche Institut für Normung e.V. (DIN) – wurden bislang mehr als 23.302 technische Standards erarbeitet.[329] Das am 1.1.1995 in Kraft getretene WTO-Übereinkommen über technische Handelshemmnisse (TBT-Übereinkommen) versucht, die faktisch weitreichende Harmonisierung technischer Standards bei der welthandelsrechtlichen Lösung des beschriebenen **Spannungsverhältnisses zwischen** prima facie **legitimer technischer Standardisierung und drohendem Protektionismus** angemessen zu berücksichtigen. Insofern weist das TBT-Übereinkommen Parallelen zum SPS-Übereinkommen auf.

2. Anwendungsbereich

122 Der **Anwendungsbereich** des TBT-Übereinkommens bezieht sich zunächst auf alle Bereiche des Warenhandels, soweit es nicht durch das SPS-Übereinkommen oder das

---

327 S zB die Präambel des Übereinkommens über technische Handelshemmnisse, abgedr bei *Tietje* (Fn 2) 130.

328 Zur historischen Entwicklung umfassend *Tietje* Die historische Entwicklung der rechtlichen Disziplinierung technischer Handelshemmnisse im GATT 1947 und in der WTO-Rechtsordnung, Arbeitspapiere aus dem Institut für Wirtschaftsrecht, Heft 4 (2002), erhältlich im Internet: <wirtschaftsrecht.uni-halle.de/sites/default/files/altbestand/Heft4.pdf>.

329 Vgl <iso.org/standards-catalogue/browse-by-ics.html>; hierzu und zu zahlreichen weiteren europäischen und internationalen Standardisierungsorganisationen *Tietje* (Fn 126) B I 5 Rn 13ff; vgl überdies → *Nowrot* § 2 Rn 26ff.

WTO-Übereinkommen über das öffentliche Beschaffungswesen verdrängt wird (vgl Art 1.4. und 1.5. TBT-Übereinkommen).[330] Standards im Dienstleistungsbereich werden durch Art VI und VII GATS gesondert geregelt. In zeitlicher Hinsicht entfaltet das TBT-Übereinkommen – ebenso wie das SPS-Übereinkommen – Rückwirkung und gilt auch für solche technische Standards, die vor dem 1.1.1995 in Kraft gesetzt wurden.[331]

Im Übrigen ist der Anwendungsbereich des TBT-Übereinkommens für alle tech- 123
nischen Vorschriften eröffnet, die sich auf eine Ware beziehen (vgl Art 1.3 TBT-Übereinkommen). Als **technische Vorschrift** definiert das TBT-Übereinkommen ein „[d] ocument which lays down product characteristics or their related processes and production methods, including the applicable administrative provisions, with which compliance is mandatory. It may also include or deal exclusively with terminology, symbols, packaging, marking or labelling requirements as they apply to a product, process or production method" (Anhang 1 Nr 1 TBT-Übereinkommen). Technische Vorschriften sind also zunächst **verbindliche Vorgaben** zu Produkteigenschaften sowie hierauf bezogene Verwaltungsverfahren. Um welche Eigenschaften – Charakteristika – es sich dabei handelt, ist weit zu bestimmen. In den Worten des Appellate Body kommen insoweit „any objectively definable 'features', 'qualities', 'attributes', or other 'distinguishing marks'" eines Produktes in Betracht. Solche Produktcharakteristika können sich ua auf „a product's composition, size, shape, colour, texture, hardness, tensile strength, flammability, conductivity, density, or viscosity" beziehen.[332] Überdies zeigt die zitierte Formulierung in Nr 1 Satz 2 Anhang 1 TBT-Übereinkommen, wonach es sich „unter anderem oder ausschließlich" um Festlegungen über Terminologie, Bildzeichen sowie Verpackungs-, Kennzeichnungs- oder Beschriftungserfordernisse handeln kann, dass eine technische Vorschrift auch dann vorliegt, wenn nur einzelne Charakteristika eines Produktes geregelt werden, nicht jedoch alle ein Produkt betreffenden Merkmale.[333] Entscheidend ist dabei nur, dass es sich um verbindliche Festlegungen handelt. Ob sich diese Verbindlichkeit dabei auf ein Gebot oder ein implizites Verbot hinsichtlich des Vorhandenseins eines Produktmerkmales bezieht, ist unerheblich.[334] Ebenso wenig von Belang ist es, ob eine Kennzeichnungs- oder eine Namensgebungsvorschrift in Frage steht.[335] Nach der Rechtsprechung des Appellate Body ist auch nicht erforderlich, dass sich ein vorgeschriebenes Produktmerkmal auf im Einzelnen festgelegte Einzelprodukte bezieht. Ausreichend ist vielmehr die **Bestimmbarkeit eines Produktes.** „Bestimmbar" sind Produkte dabei ua im Hinblick auf die vorgeschriebenen Produktmerkmale.[336] Schließlich ist bei der Analyse, ob die Voraussetzungen der zitierten Definition vorliegen, eine **Gesamtschau** des fraglichen

330 Ausf, auch zum Verhältnis z GATT, *Tietje* (Fn 126) B I 5 Rn 38ff.

331 WTO, *EC – Sardines,* App Body v 26.9.2002, WT/DS231/AB/R para 196f.

332 WTO, *EC – Asbestos,* App Body v 12.3.2001, WT/DS135/AB/R para 67; ebenso WTO, *EC – Sardines* Panel v 29.5.2002, WT/DS231/R para 7.24; ausführlich hierzu und zu den nachfolgenden Ausführungen auch WTO, *US – Tuna II,* App Body v. 16.5.2012, para 183ff.

333 WTO, *EC – Asbestos,* App Body v 12.3.2001, WT/DS135/AB/R para 67; WTO, *EC – Sardines,* Panel v 29.5.2002, WT/DS231/R para 7.26.

334 WTO, *EC – Asbestos,* App Body v 12.3.2001, WT/DS135/AB/R para 69; WTO, *EC – Sardines,* Panel v 29.5.2002, WT/DS231/R para 7.44.

335 WTO, *EC – Sardines,* Panel v 29.5.2002, WT/DS231/R para 7.39f.

336 WTO, *EC – Asbestos,* App Body v 12.3.2001, WT/DS135/AB/R para 70.

Regelwerkes vorzunehmen, so dass keine Differenzierung in Bereiche, die als technische Vorschrift einzustufen sind, und solche, die nicht diese Anforderungen erfüllen, möglich ist.[337]

124 Wie der Wortlaut von Anhang 1 Nr 1 TBT-Übereinkommen zeigt, können sich technische Vorschriften als verbindliche Festlegungen nicht nur auf Produkteigenschaften, sondern auch auf **Produktionsmethoden** beziehen. Nach dem authentischen englischen Wortlaut muss es sich dabei um „product characteristics or their related processes and production methods" handeln. Damit könnte gemeint sein, dass nicht jede Festlegung zu Produktionsmethoden vom TBT-Übereinkommen erfasst wird, sondern nur solche Regelungen, die sich auf Produkteigenschaften beziehen (*related to*). Die Formulierung „related to" findet sich zwar nicht mehr in Satz 2 der Definition, das ist aber nur auf redaktionelle Nachlässigkeit bei der Ausarbeitung des Übereinkommens zurückzuführen; während der Beratungen zu dem TBT-Übereinkommen ging man wie selbstverständlich davon aus, dass das „related to" auch für den Satz 2 der Definition gilt.[338] Allerdings ist damit noch nicht klar, was „related to" genau meint. Der Appellate Body scheint jetzt, entgegen einer früher noch im Schrifttum geäußerten Ansicht, nach der sich die fragliche Produktionsmethode in den spezifischen Merkmalen des Endproduktes niederschlagen muss,[339] der Ansicht zu sein, dass jede Art von Produktionsmethode, solange sie waren- und nicht zB dienstleistungsbezogen ist, vom TBT-Übereinkommen erfasst ist.[340] Eine Differenzierung zwischen produktbezogenen und nicht-produktbezogenen PPMs gäbe es damit nicht.[341]

125 Auch der Begriff der **technischen Norm** wird im Anhang 1 zum TBT-Übereinkommen legal definiert. Der einzige, wenngleich auch zentrale Unterschied zwischen technischen Vorschriften und technischen Normen ist die Frage ihrer Rechtsverbindlichkeit. Während technische Vorschriften, wie dargelegt, rechtlich zwingend vorgeschriebene Produkt- und gegebenenfalls Produktionsmerkmale festlegen, handelt es sich bei technischen Normen um Spezifikationen, deren Beachtung **nicht zwingend vorgeschrieben** ist (vgl Anhang 1 Nr 2 TBT-Übereinkommen). Bei technischen Normen ist insofern in erster Linie an technische Spezifikationen zu denken, die von privaten Normenorganisationen – zB DIN e.V. – erarbeitet werden. Aber auch hoheitliche Regelungen können eine technische Norm darstellen. Das gilt zB für Kennzeich-

---

337 WTO, *EC – Asbestos*, App Body v 12.3.2001, WT/DS135/AB/R para 64; WTO, *US – Tuna II*, App Body v. 16.5.2012, para 188.

338 Nachw zur insoweit relevanten Entstehungsgeschichte bei *Appleton* Environmental Labelling Programmes (1997) 93 Fn 36; s a *Wha Chang* JWT 31 (No. 1, 1997) 137/141f; *Tietje* in Grabitz/Hilf (Hrsg) Das Recht der EU, Bd V (Stand Januar 2000) E 29 Rn 73.

339 *Tietje* JWT 29 (No. 5, 1995) 123/134; *Appleton* (Fn 338) 92f; *Fischer*, 140f; *Gesser* Harvard ILJ 39 (1998) 501/538; *Rege* JWT 28 (No. 3, 1994) 95/110; *Schick* Das Abkommen über technische Handelshemmnisse im Recht der WTO (2004) 79f; *Wha Chang* JWT 31 (No. 1, 1997) 137/142ff; *Wiemer* (Fn 263) 188 mwN; zur Entstehungsgeschichte s WTO, Note by the Secretariat, Negotiating History of the Coverage of the Agreement on Technical Barriers to Trade with Regard to Labelling Requirements, Voluntary Standards, and Process and Production Methods Unrelated to Product Characteristics v 29.8.1995, G/TBT/W/11.

340 WTO, *US – Tuna II*, App Body v. 16.5.2012, para 190ff.

341 Hierzu zB auch *Crowley/Howse* World Trade Rev 13, 2 (2014) 325ff; *Silveira/Obersteiner* Global Trade and Customs Journal 8 (2013) 112.

nungsregelungen, die, wie der deutsche Umweltengel oder die europäische Umweltblume, freiwillig eingesetzt werden können, um so im Marktgeschehen eine erhöhte Verbraucherakzeptanz zu erlangen.[342]

3. Rechte und Pflichten im Hinblick auf technische Vorschriften

Die zentralen Regelungen zu technischen Vorschriften finden sich in Art 2 TBT-Übereinkommen. An erster Stelle steht dabei das in **Art 2.1. TBT**-Übereinkommen niedergelegte **Nichtdiskriminierungsgebot**. Es beinhaltet in zunächst inhaltlicher Übereinstimmung mit dem GATT den Grundsatz der Inländergleichbehandlung und die Meistbegünstigungsklausel.[343] Im GATT können auch Maßnahmen, die nicht zwingend an die ausländische Herkunft eines Produktes anknüpfen, negativen Einfluss auf die fairen Wettbewerbsbedingungen zwischen in- und ausländischen Produkten haben und damit gegen Art I:1 oder III GATT verstoßen. Diese weite Auslegung findet auch auf Art 2.1. TBT-Übereinkommen Anwendung, auch wenn sich hieraus auf den ersten Blick ein Wertungswiderspruch mit Art 2.2. TBT-Übereinkommen ergeben könnte.[344] Der Appellate Body hat in seinen wegweisenden Entscheidungen zum TBT-Übereinkommen aus dem Jahre 2012 erkannt, dass eine unbesehene Übernahme der aus dem GATT bekannten Auslegung zu fairen Wettbewerbsbedingungen dazu führen würde, dass technische Vorschriften, die einen **legitimen Zweck** erfüllen, letztlich immer rechtswidrig wären, da es anders als im GATT aufgrund des dortigen Art XX im TBT-Übereinkommen keine Rechtfertigungsmöglichkeit für Verstöße gegen Art 2.1. gibt. Hieraus hat der Appellate Body überzeugend gefolgert, dass es sich bei Art 2.1. TBT-Übereinkommen nur um ein relatives Diskriminierungsverbot handelt, also nur Ungleichbehandlungen bzw. negative Auswirkungen auf die faire Wettbewerbsposition verboten sind, die keinem legitimen Zweck entsprechen.[345] 126

Art 2.2. TBT-Übereinkommen stellt überdies für **technische Vorschriften** darauf ab, dass sie „not be more trade restrictive than necessary to fulfill a legitimate objective, taking into account of the risks non-fulfillment would create" sein dürfen. Diese Formulierung ist im Zusammenhang mit der Aussage in der Präambel des TBT-Übereinkommens zu lesen, wonach sichergestellt werden soll, dass ua technische Vorschriften „do not create unnecessary obstacles to international trade" (Abs 5) und dass sie dementsprechend nicht in einer Art und Weise eingesetzt werden „which would constitute a mean of arbitrary or unjustifiable discrimination between countries where the same conditions prevail or a disguised restriction on international trade" (Abs 6). Die letztgenannte Formulierung geht auf den Einleitungssatz in Art XX GATT zurück und findet sich in ähnlicher Form auch in weiteren Vorschriften der WTO-Rechtsordnung.[346] Im Kern geht es bei all diesen Formulierungen darum, einen angemessenen 127

342 Zu Kennzeichnungsregelungen im Umweltrecht s zB *von Danwitz* in Rengeling (Hrsg) Handbuch zum europäischen und deutschen Umweltrecht, Bd 1, 2. Aufl (2003) 1436ff; *Tietje* (Fn 339) Rn 108ff.

343 S hierzu o Rn 65ff u 74ff; sowie *Tietje* (Fn 126) B I 5 Rn 47ff.

344 Anders daher noch *Tietje* (Fn 126) B I 5 Rn 50ff mwN.

345 WTO, *US – Clove Cigarettes*, App Body v 4.4.2012, WT/DS406/AB/R, para 180ff; WTO, *US – Tuna II*, App Body v. 16.5.2012, WT/DS381/AB/R, para 215, s a *Broude/Levy* World Trade Rev 13 (2014) 357.

346 Bspw Art 2.3. SPS-Übereinkommen; Art XIV GATS.

Ausgleich zwischen berechtigten Interessen der WTO-Mitglieder und den Grundsätzen eines möglichst unbeschränkten weltweiten Handels zu ermöglichen.[347] Das verdeutlicht insb die WTO-Rechtsprechung zur Konkretisierung der im Einleitungssatz des Art XX GATT genannten Merkmale der „arbitrary or unjustifiable discrimination" bzw der „disguised restriction on international trade". In diesem Zusammenhang ist zwischenzeitlich anerkannt, dass 1) kein entscheidender materieller Regelungsunterschied zwischen den beiden Formulierungen gegeben ist und dass es 2) insgesamt auf eine **Abwägung der widerstreitenden Interessen** ankommt, wenn es um die Frage der Einschlägigkeit der Bestimmung geht.[348]

128 Bei der konkreten Prüfung des Art 2.2. TBT-Übereinkommen ist in drei Schritten vorzugehen: Zunächst 1) ist zu prüfen, ob die fragliche Maßnahme „trade-restrictive" ist. Sodann 2) kommt es darauf an, ob die Maßnahme „fulfils a legitimate objective". Schließlich 3) ist entscheidend, dass die Maßnahme „not more trade-restrictive than necessary" ist.[349] Einzelheiten hierzu hat der Appellate Body in seinen **Entscheidungen Tuna II und US-COOL** aus dem Jahre 2012 ausführlich herausgearbeitet.[350]

129 Bei der von Art 2.2. TBT-Übereinkommen geforderten Abwägung kann auch **Art 2.8. TBT**-Übereinkommen beachtet werden. Hiernach sind, „wherever appropriate", technische Vorschriften zu verwenden, „based on product requirements in terms of performance rather than design or descriptive characteristics". Dieser Verweis darauf, technische Vorschriften im Hinblick auf die **Gebrauchstauglichkeit von Produkten** und nicht unter Verweis auf die Konstruktion oder beschreibende Merkmale auszugestalten, ist von dem Bestreben geprägt, technische Vorschriften möglichst einfach zu halten. Dies ist der Fall, soweit nur die Gebrauchstauglichkeit durch eine technische Vorschrift spezifiziert wird. Ebenfalls im Rahmen von Art 2.2. ist **Art 2.7. TBT**-Übereinkommen zu beachten. Nach dieser Vorschrift besteht die Verpflichtung der WTO-Mitglieder, zu prüfen, ob eine ausländische technische Vorschrift evtl anerkannt werden kann, anstatt eine eigene technische Vorschrift für das ausländische Produkt zur Anwendung zu bringen.[351]

130 Eine ähnliche Intention verfolgen die **Art 2.3., Art 2.4. und 2.5. TBT**-Übereinkommen.[352] Nach Art 2.3. TBT-Übereinkommen besteht die im Imperativ formulierte Verpflichtung, technische Vorschriften nicht beizubehalten, wenn die ihrer Annahme zugrunde liegenden Umstände oder Ziele nicht mehr bestehen oder wenn veränderte Umstände oder Ziele in einer weniger handelsbeschränkenden Weise behandelt werden können. In Art 2.4. TBT-Übereinkommen ist im Einzelnen niedergelegt, dass heimische technische Vorschriften möglichst im Einklang mit entsprechenden technischen Vorschriften stehen sollen, die von internationalen Standardisierungsorgani-

347 *Tietje* Grundstrukturen, 291ff.

348 WTO, *US – Gasoline,* App Body v 20.5.1996, WT/DS2/AB/R para 25; WTO, *US – Import of Shrimp,* App Body v 12.10.1998, WT/DS58/AB/R para 158f; vgl auch o Rn 92ff.

349 *Van den Bossche/Zdouc* 912ff.

350 WTO, *US – Tuna II,* App Body v 16.5.2012, WT/DS381/AB/R para 301ff; WTO, *US – COOL,* App Body v 29.6.2012, WT/DS384/AB/R, WT/DS386/AB/R para 368ff.

351 Einzelheiten b *Tietje* (Fn 126) B I 5 Rn 92.

352 Zu den weiterhin relevanten Art 2.9. bis 2.12. TBT-Übereinkommen s *van den Bossche/Zdouc* 926ff; Tietje (Fn 126) B I 5 Rn 105ff.

sationen ausgearbeitet wurden. Soweit eine nationale technische Vorschrift in Übereinstimmung mit einer entsprechenden internationalen technischen Vorschrift steht, wird widerlegbar vermutet, dass sie keine unnötige Beschränkung des internationalen Handels darstellt (Art 2.5. Satz 2 TBT-Übereinkommen). Durch diese beiden Regelungen wird eine zunehmende **Harmonisierung der weltweiten technischen Standardisierung** erstrebt.[353] Diese materielle Zielrichtung wird für die WTO-Mitglieder durch das prozedurale Gebot in Art 2.6. TBT-Übereinkommen bestärkt, nach Kräften in den maßgeblichen internationalen Standardisierungsorganisationen mitzuarbeiten. Welche internationalen Normenorganisationen hiermit angesprochen sind, ist im TBT-Übereinkommen nicht geregelt. Dort findet sich nur eine sehr weite Definition einer entsprechenden internationalen Organisation (vgl Nr 4 Anhang 1 TBT-Übereinkommen).

Überdies wurde Art 2.4. TBT-Übereinkommen von der WTO-Rechtsprechung als eigenständige Verpflichtung dahingehend interpretiert, dass eine **fortlaufende Verpflichtung zur Überprüfung** nationaler technischer Vorschriften anhand einschlägiger internationaler Normen besteht: „[A]rticle 2.4 of the TBT Agreement imposes an ongoing obligation on Members to reassess their existing technical regulations in light of the adoption of new international standards or the revision of existing international standards."[354] Diese Interpretation des Art 2.4. TBT-Übereinkommen hat weitreichende Auswirkungen ua auf die Harmonisierung technischer Vorschriften nach Art 114 AEUV.[355] 131

Eine zwar rechtlich in erster Linie nur deklaratorische, handelspolitisch aber überaus wichtige Konkretisierung der Verpflichtungen der WTO-Mitglieder im Hinblick auf technische Vorschriften trifft **Art 3 TBT-Übereinkommen.** Hiernach sind die WTO-Mitglieder umfassend für Maßnahmen im Zusammenhang mit der Ausarbeitung, Annahme und Anwendung technischer Vorschriften durch Stellen einer lokalen (unterstaatlichen) Regierung oder Verwaltung und durch nichtstaatliche Stellen verantwortlich. Einzelheiten zur Definition der genannten unterstaatlichen und nichtstaatlichen Stellen finden sich in Nr 6 bis 8 Anhang 1 TBT-Übereinkommen.[356] 132

4. Rechte und Pflichten im Hinblick auf technische Normen

Technische Normen iSd TBT-Übereinkommens unterscheiden sich von technischen Vorschriften nur dadurch, dass sie **unverbindlich sind.** Da sie aufgrund ihrer zT weitreichenden ökonomischen Bedeutung trotz ihrer rechtlichen Unverbindlichkeit erhebliche handelsverzerrende Wirkung haben können, findet sich für sie in Art 4 TBT-Übereinkommen ein Sonderrechtsregime. Art 4 verpflichtet die WTO-Mitglieder im Wesentlichen dazu, sicherzustellen, dass die „Normenorganisationen der Zentralregierung" den in Anhang 3 TBT-Übereinkommen niedergelegten **Verhaltenskodex** 133

353 Art 2.4. TBT-Übereinkommen siehe auch WTO, *US – Tuna II*, App Body v 16.5.2012, WT/DS381/AB/R para 343ff.

354 WTO, *EC – Sardines*, Panel v 29.5.2002, WT/DS231/R para 7.78; ausf *Tietje* (Fn 126) B I 5 Rn 95ff.

355 Hierzu a *Tietje* in Grabitz/Hilf/Nettesheim (Hrsg) Das Recht der EU, Bd II (Stand Juli 2016) Art 114 AEUV Rn 149ff.

356 S a *Tietje* (Fn 126) B I 5 Rn 108ff.

annehmen. Der Verhaltenskodex enthält nahezu umfassend die bereits dargestellten Regelungen des Art 2 TBT-Übereinkommen.[357]

5. Rechte und Pflichten im Hinblick auf Konformitätsbewertungsverfahren

134 Neben den materiellrechtlichen Verpflichtungen für die Ausarbeitung und Anwendung technischer Standards enthält das TBT-Übereinkommen umfangreiche Regelungen zur Ausgestaltung des **Verfahrens der Konformitätsbewertung**, die sich auf technische Vorschriften und Normen gleichermaßen beziehen. Mit dem nunmehr in den Art 5ff TBT-Übereinkommen einheitlich für alle Konformitätsbewertungsverfahren geltenden Rechtsregime wurde die noch im TBT-Abkommen der Tokio-Runde getroffene Unterscheidung zwischen Konformitätsbewertung und Zertifizierung aufgegeben. Damit gelten die Art 5ff TBT-Übereinkommen umfassend für „[j]edes Verfahren, das mittelbar oder unmittelbar der Feststellung dient, dass einschlägige Erfordernisse in technischen Vorschriften und Normen erfüllt sind". Hierzu gehören „unter anderem Verfahren für Probenahme, Prüfung und Kontrolle, Bewertung, Nachprüfung und Bescheinigung der Konformität, Registrierung, Akkreditierung und Genehmigung sowie Kombinationen solcher Verfahren" (Nr 3 Anhang 1 TBT-Übereinkommen). Durch diesen umfassenden Ansatz soll sichergestellt werden, dass alle mit technischen Vorschriften und Normen einhergehenden Konformitätsbewertungsverfahren den in Art 5ff TBT-Übereinkommen niedergelegten Regelungen unterfallen, so dass handelsbeschränkende Wirkungen solcher Verfahren weitgehend vermieden werden.[358] Dabei entsprechen die einzelnen Regelungen zu Konformitätsbewertungsverfahren weitgehend den Anforderungen, die aus Art 2 und 3 TBT-Übereinkommen bekannt sind.

135 Eine handelspolitisch zwischenzeitlich bedeutungsvolle zusätzliche Regelung zur Konformitätsbewertung enthält Art 6 TBT-Übereinkommen. Die Vorschrift verpflichtet die WTO-Mitglieder „soweit möglich" die Ergebnisse von Konformitätsbewertungsverfahren anderer WTO-Mitglieder anzuerkennen (Art 6.1.). Überdies ermutigt Art 6.3. TBT-Übereinkommen die WTO-Mitglieder dazu, bi- oder multilaterale Abkommen zur Konformitätsanerkennung (**Mutual Recognition Agreements – MRAs**) abzuschließen. Zahlreiche Staaten und die EU haben zwischenzeitlich in verschiedenen technischen Sachbereichen entsprechende MRAs abgeschlossen.[359] Auch in präferentiellen Handelsabkommen, die sog TBT-Plus-Regelungen enthalten, finden sich oftmals entsprechende Vorschriften zur gegenseitigen Anerkennung.

6. Sonstige Regelungen und Ausblick

136 Weitere Regelungen des TBT-Übereinkommens betreffen umfassende Transparenzpflichten (Art 10), Verpflichtungen zur technischen Unterstützung sowie zur besonderen und differenzierten Behandlung von Entwicklungsländern (Art 11f), zur institutio-

357 Zu Einzelheiten s *Tietje* (Fn 126) B I 5 Rn 112ff.

358 Zu Bsp für den handelsbeschränkenden Einsatz v Konformitätsbewertungsverfahren s zB *Sykes* Product Standards for Internationally Integrated Goods Markets (1995) 25.

359 Ausf *Tietje* (Fn 126) B I 5 Rn 131ff; *Mathis* JWT 32 (1998) 5ff.

nellen Struktur des WTO-Ausschusses Technische Handelshemmnisse (Art 13) sowie zur Streitbeilegung (Art 14).[360]

137 Insgesamt kann das TBT-Übereinkommen als umfassendes und kohärentes Regelwerk für die Probleme bewertet werden, die durch den Einsatz technischer Vorschriften, technischer Normen und Konformitätsbewertungsverfahren entstehen. Diese Einschätzung ändert freilich nichts daran, dass es im TBT-Bereich noch **offene Probleme** gibt. Hierzu gehört neben Unklarheiten in spezifischen Sachbereichen wie den Umweltschutzkennzeichen (eco-labelling), die allerdings durch die Entscheidungen des Appellate Body aus dem Jahre 2012 zum Teil geklärt wurden, insb die weiterhin schleppende innerstaatliche Implementierung des Übereinkommens. Damit im Zusammenhang stehen technische Schwierigkeiten, die namentlich viele Entwicklungsländer im Hinblick auf die innerstaatliche Erfüllung der Verpflichtungen aus dem TBT-Übereinkommen haben. Schließlich gibt es noch ungelöste Probleme in der Arbeit regionaler und internationaler Normenorganisationen, denen nach dem TBT-Übereinkommen eine wichtige Rolle zukommt. Die Verfahren zur Ausarbeitung technischer Standards in den einschlägigen Normenorganisationen sind zT wenig transparent und weisen Defizite im Hinblick auf umfassende Partizipationsmöglichkeiten interessierter und betroffener Akteure auf.[361]

VI. Übereinkommen über handelsbezogene Investitionsmaßnahmen (TRIMs-Übereinkommen)

138 Die Havanna-Charta zur Gründung der ITO sah in ihrem Art 12 umfangreiche Regelungen zu internationalen Investitionsmaßnahmen vor. In das GATT 1947 wurden diese Regelungen allerdings nicht übernommen, so dass sich die Rechtmäßigkeit von hoheitlichen Maßnahmen, die sich auf Investitionen auswirken, nach dem GATT nur dann beurteilen ließ, wenn ein Bezug zum Warenhandel gegeben war. Ein solcher Sachverhalt lag dem wegweisenden Panelverfahren aus dem Jahre 1983/1984 in der Sache **Canada – Administration of the Foreign Investment Review Act (FIRA)**[362] zugrunde. Obwohl sich außerhalb des GATT 1947 ein umfangreiches Investitionsschutzrecht herausgebildet hatte,[363] gab das FIRA-Verfahren Anlass, den Investitionsbereich mit in die Verhandlungen der Uruguay-Runde aufzunehmen. Im Ergebnis führten die Verhandlungen hierüber allerdings nur zu einem inhaltlich sehr begrenzten Ergebnis in der Form des TRIMs-Übereinkommens.[364]

139 Das TRIMs-Übereinkommen enthält in seinem materiellrechtlichen Teil letztlich eine konkretisierende Wiederholung der Rechtsaussagen des FIRA-Panel. Das Übereinkommen ist lediglich auf **handelsbezogene Investitionsmaßnahmen** anwend-

360 Zu Einzelheiten s *Tietje* (Fn 126) B I 5 Rn 138ff.

361 Zu weiteren Einzelheiten s *Tietje* (Fn 126) B I 5 Rn 148ff.

362 WTO, *Canada – Administration of (FIRA)*, Panel v 7.2.1984, BISD 30S/140.

363 Ausf → *Reinisch* § 9 Rn 1ff.

364 Im Überblick zur Entwicklung Senti WTO – System und Funktionsweise der Welthandelsordnung (2017) Rn 1075ff.

bar (Art 1 TRIMs)[365] – lässt also das außerhalb der WTO-Rechtsordnung existierende internationale Investitionsrecht unberührt – und es gilt **nicht für den Dienstleistungshandel**.[366] Welche Maßnahmen im Einzelnen erfasst sind, lässt sich beispielhaft der nicht erschöpfenden Liste, die dem Übereinkommen als Anhang beigefügt ist, entnehmen. Im Kern geht es hierbei um Maßnahmen, nach denen eine Investitionstätigkeit an spezifische Verpflichtungen zur Verwendung inländischer Waren bei der Produktion (local-content) oder im Hinblick auf die Ein- oder Ausfuhr von Waren konditional geknüpft wird bzw die Erlangung eines staatlichen Vorteils (zB Steuervergünstigungen) hiervon abhängt.[367]

140 Art 2 TRIMs enthält die **zentralen materiellrechtlichen Aussagen** des Übereinkommens. Hiernach dürfen von den WTO-Mitgliedern keine handelsbezogenen Investitionsmaßnahmen ergriffen werden, die mit den Art III und XI:1 GATT unvereinbar sind. Der Systematik der Art III und XI:1 GATT entsprechend geht es also um Maßnahmen, die sich im Zeitpunkt des Grenzübertritts einer Ware auswirken (Art XI:1 GATT) und solchen, die auf dem heimischen Markt im Anschluss an den Grenzübertritt wirken (Art III GATT).[368] Beispiele für nach **Art 2 TRIMs verbotene Maßnahmen** sind wiederum der nicht erschöpfenden Liste im Anhang zu dem Übereinkommen zu entnehmen.[369] Da es damit im Ergebnis zentral auf die Auslegung von Art III und XI:1 GATT zur Feststellung eines Verstoßes gegen das TRIMs ankommt, ist es aus prozessökonomischen Gründen oftmals angezeigt, in einem konkreten Verfahren gleich mit einer Prüfung des GATT zu beginnen. Damit bleibt für einen eigenständigen Wirkungsbereich des TRIMs-Übereinkommens kaum Raum,[370] zumal auch die Ausnahmeregelungen des GATT vollumfänglich Anwendung finden (Art 3 TRIMs).

141 Neben den materiellrechtlichen Regelungen des Art 2 enthält das TRIMs-Übereinkommen Sonderregelungen für Entwicklungsländer (Art 4), umfangreiche Notifikations- und Transparenzverpflichtungen (Art 5 und 6) sowie Festlegungen zur Einrichtung eines Ausschusses für handelsbezogene Investitionsmaßnahmen (Art 7).

142 Die **materiellrechtliche Bedeutung** des TRIMs-Übereinkommens ist insgesamt als **eher gering** zu bewerten, obgleich in der Streitbeilegungspraxis dem Übereinkom-

---

365 Einige Hinw zur Interpretation dieser Anwendungsvoraussetzung finden sich in WTO, *Indonesia – Automobile Industry*, Panel v 2.7.1998, WT/DS54/R, WT/DS55/R, WT/DS59/R, WT/DS64/R para 14.71ff.

366 Zur Bedeutung des GATS für internationale Investitionen s *Kurtz* The WTO and International Investment Law – Converging Systems (2016) 50; *Wolf* in Tietje (Hrsg) International Investment Protection and Arbitration – Theoretical and Practical Perspectives (2008) 71/99ff; *ders* Welthandelsrechtliche Rahmenbedingungen für die Liberalisierung ausländischer Direktinvestitionen – Multilaterale Investitionsverhandlungen oder Rückbesinnung auf bestehende Investitionsregelungen im Rahmen der WTO? Beiträge zum Transnationalen Wirtschaftsrecht, Heft 61 (2006) 29f, erhältlich im Internet: <telc.jura.uni-halle.de/de/forschungen-und-publikationen/beitr%C3%A4ge-transnationalen-wirtschaftsrecht>; vgl überdies auch → *Weiss* § 5 Rn 15; sowie → *Reinisch* § 9 Rn 15.

367 Zur wichtigen Einbeziehung v Regelungen nicht zwingenden Charakters s *Stoll* in Prieß/Berrisch (Hrsg) WTO-Handbuch – World Trade Organization (2003) B I 6.

368 Zu Art III und XI:1 GATT s bereits o Rn 56ff u 74ff.

369 Weiter Einzelheiten b *Stoll* (Fn 367) B I 6 Rn 13ff.

370 S hierzu WTO, *Canada – Automobile Industry*, Panel v 11.2.2000, WT/DS139/R, WT/DS142/R para 10.58ff mwN.

men ein sehr weiter Anwendungsbereich zugesprochen wird.[371] Wichtig ist aber, dass mit dem Übereinkommen die herausragende Bedeutung des internationalen Investitionsrechts zumindest politisch auch im Kontext der WTO-Rechtsordnung gewürdigt wurde. Aus handelsdiplomatischer Perspektive stellte dies einen ersten Schritt dahingehend dar, in Zukunft Investitionsschutzregelungen verstärkt in die WTO-Rechtsordnung aufzunehmen. Ob es hierzu jemals kommen wird, ist indes mehr als ungewiss, zumal entsprechende Bemühungen in der Doha-Runde der WTO gescheitert sind.[372]

VII. Übereinkommen zur Durchführung des Artikels VI des Allgemeinen Zoll- und Handelsabkommens 1994 (Antidumping-Übereinkommen)

1. Einleitung

Maßnahmen gegen gedumpte oder subventionierte Wareneinfuhren gehören zusam- 143
men mit Schutzmaßnahmen nach Art XIX GATT zur sog Kategorie der ***trade remedies***, die auch als **Trade Defense Instruments (TDI)** bezeichnet werden. Während Schutzmaßnahmen als Reaktion auf „faire" Handelspraktiken angesehen werden, wird mit Blick auf Dumping und Subventionen vorgetragen, dass es hier um die **Abwehr „unfairer" Handelspraktiken** gehe.[373] Diese Begrifflichkeit ist allerdings nahezu ausschließlich handelspolitisch motiviert und entbehrt jedenfalls auf das Antidumpingrecht bezogen[374] in Teilbereichen einer ökonomischen Rationalität.

Dumping ist vereinfacht gesagt der Verkauf von Waren zu einem Preis, der unter 144
dem Herstellungs- bzw Normalpreis liegt. Wohlfahrtsökonomisch ist gegen eine solche Praxis, die auf einer freien unternehmerischen Entscheidung beruht, grundsätzlich nichts einzuwenden. Es handelt sich vielmehr um eine Preisgestaltung mit der Folge der Erhöhung der Konsumentenrente, die sich im Rahmen der normalen Marktmechanismen bewegt. Die Gründe für eine solche Preisgestaltung können vielschichtig sein. Dem Unternehmen, das unter Herstellungspreis verkauft, kann es darum gehen, einen neuen Markt zu erschließen, Produktionsüberkapazitäten abzubauen oder das Verhalten von Marktkonkurrenten zu beeinflussen. Eine Preisgestaltung vor einem dieser Hintergründe, die zu einem Verkaufspreis führt, der unter dem Herstellungspreis liegt, ist dem Grunde nach marktkonform. Problematisch ist Dumping nur, wenn es darum geht, Konkurrenten vollständig auszuschalten, um anschließend die Produktpreise ohne Wettbewerbsdruck anheben zu können. In einem solchen Fall des sog räuberischen Dumping (**predatory dumping**) läge tatsächlich eine „unfaire" Maßnahme vor. Allerdings ist es bis heute wohl nicht gelungen, den Nachweis zu füh-

---

371 Siehe insbes WTO, *Canada – Renewable Energy / Feed-In Tariff Program*, Panel v 19.12.2012, WT/DS412/R, WT/DS426/R para 7.108–7.112.

372 S hierzu die Beiträge v *Braun* in Tietje (Hrsg) International Investment Protection and Arbitration – Theoretical and Practical Perspectives (2008) 65/66ff; und *Wolf* in Tietje (Hrsg) International Investment Protection and Arbitration – Theoretical and Practical Perspectives (2008) 71ff.

373 Ausf hierzu *Nettesheim* Ziele des Antidumping- und Antisubventionsrechts (1994) 34ff; im Überblick *Berrisch/Düerkop* in Prieß/Berrisch (Hrsg) WTO-Handbuch – World Trade Organization (2003) B I 7 Rn 1.

374 Zu Subventionen als „unfairer" Handelspraktik s noch u Rn 164ff.

ren, dass es jemals in der Geschichte der internationalen Handelsbeziehungen einen Fall von erfolgreichem räuberischem Dumping gab.

145 Damit zeigt sich bereits die **grundlegende Problematik des Antidumpingrechts.** Eine Begründung dafür, dass es sich beim Dumping um eine „unfaire" Handelspraktik handelt, ist ökonomisch-rational kaum möglich. Wenn überhaupt – im Falle des sog räuberischen Dumping – liegt ein Problem vor, das innerstaatlich und auf EU-Ebene herkömmlich dem Wettbewerbsrecht zugeordnet wird; im EU-Recht wäre insofern Art 102 AEUV (Missbrauch einer marktbeherrschenden Stellung) einschlägig.[375] Allerdings gibt es bislang noch kein einheitliches, effektives **internationales Wettbewerbsrecht.** In den ohnehin wettbewerbsrechtlich unproblematischen sonstigen Fällen einer Politik niedriger Preise bleibt es damit mit Blick auf das Antidumpingrecht bei der Feststellung, dass seine *ratio* nicht ökonomisch zu begründen ist, sondern sich nur aus **public-choice**-Gesichtspunkten erklärt. Antidumpingmaßnahmen stellen sich insofern als protektionistische Handelspolitik dar, die ihren Grund in dem Handlungsdruck heimischer Produzenten, die von ausländischer Konkurrenz betroffen sind, findet. Insofern können Antidumpingpolitik und Antidumpingrecht gleichsam als **„Sicherheitsventil"** und damit durchaus stabilisierende Faktoren auf Märkten, die von intensiver internationaler Interdependenz gekennzeichnet sind, verstanden werden.[376]

146 Das Antidumping-Übereinkommen (ADÜ) der WTO-Rechtsordnung versucht im Ergebnis, vor dem Hintergrund der aufgezeigten politökonomischen Schwierigkeiten eine **rechtliche Disziplinierung der Antidumpingpraktiken der WTO-Mitglieder** zu erreichen. Die dabei zwangsläufig notwendigen Kompromisse zwischen eher liberal und eher protektionistisch eingestellten WTO-Mitgliedern sind ein wesentlicher Grund für die Komplexität des ADÜ. Zugleich ist das ADÜ von einem hohen Grad an detaillierter Verrechtlichung gekennzeichnet, was auch auf die historischen Erfahrungen im GATT 1947 zurückzuführen ist. Das erste Antidumpingabkommen des GATT wurde bereits in der Kennedy-Runde (1968) abgeschlossen. Als Ergebnis der Tokio-Runde des GATT 1947 kam es dann (1979) zu einem zweiten Abkommen. Auf diesem Abkommen baut das heutige ADÜ ganz wesentlich auf.[377] Ebenso wie die Vorläuferabkommen stellt auch das ADÜ eine Konkretisierung des **Art VI GATT**, der einschlägigen aber nur von einer sehr geringen Regelungsdichte gekennzeichneten Vorschrift für Dumping im GATT, dar. Zwischenzeitlich wird der Zugang zum WTO-Antidumpingrecht zusätzlich zu der angedeuteten Komplexität des eigentlichen Rechtstextes auch wesentlich dadurch erschwert, dass das Übereinkommen in beachtlichem Umfang **Gegenstand zahlreicher Streitbeilegungsverfahren** und entsprechender Entscheidungen von Panels und des Appellate Body war. Die vorliegenden Panel- und Appellate Body-Entscheidungen sind zwingend zu beachten, um einzelne Rechtsfragen des WTO-Antidumpingrechts zu klären.

147 Die **Struktur des WTO-Antidumpingrechts** erschließt sich zunächst, wenn der wesentliche Mechanismus, der diesem Rechtsgebiet zugrunde liegt, verdeutlicht wird.

---

375 Zum „predatory pricing" als Fallgruppe des Behinderungsmissbrauchs gem Art 102 AEUV s *Jung* in Grabitz/Hilf/Nettesheim (Hrsg) Das Recht der EU, Bd II (Stand April 2015) Art 102 AEUV Rn 218 mwN.

376 S hierzu a die zusammenfassende Darstellung v *Berrisch/Düerkop* (Fn 373) B I 7 Rn 6ff mwN.

377 Zur historischen Entwicklung im Überblick *Berrisch/Düerkop* (Fn 373) B I 7 Rn 3.

Wie bereits Art VI GATT zum Ausdruck bringt, ist Dumping als solches welthandelsrechtlich nicht verboten. Vielmehr besteht nur die Möglichkeit, beim Vorliegen einer durch Dumping hervorgerufenen bedeutenden Schädigung (material injury) Gegenmaßnahmen zu ergreifen. Bei diesen Gegenmaßnahmen – Antidumpingmaßnahmen –, die im Anschluss an ein entsprechendes Untersuchungsverfahren ergriffen werden können, handelt es sich regelmäßig um die Erhebung eines Antidumpingzolls. Dieser soll die Differenz, die zwischen Herstellungs- bzw Normalpreis und Verkaufspreis im Drittland besteht, ausgleichen. Auf der Grundlage dieser zentralen Bestandteile des Antidumpingrechts erschließt sich die konkrete Regelungsstruktur des ADÜ. **Im Einzelnen** regelt das ADÜ:[378]

1) die materiellrechtlichen Voraussetzungen für eine Antidumpingmaßnahme (Art 2: Dumping; Art 3: Schädigung und Kausalität; Art 4: inländischer Wirtschaftszweig);
2) die prozeduralen Verpflichtungen für ein Antidumpingverfahren (Art 5 und Art 12.1.: Einleitung des Verfahrens; Art 6 und Anhang I, II: Durchführung der Untersuchungen; Art 11.3. bis 11.5.: Überprüfung von Untersuchungen);
3) die Rechtsfolgen eines durchgeführten Untersuchungsverfahrens (Art 7 und Art 9: Festsetzung vorläufiger und endgültiger Maßnahmen; Art 10: Rückwirkung; Art 11.1.: Geltungsdauer; Art 12.2.: spezifische prozedurale Vorschriften; Art 8: Preisverpflichtungen);
4) die gerichtliche Überprüfung von Antidumpingmaßnahmen (Art 13);
5) Sonderfälle (Art 14: Antidumpingmaßnahmen zugunsten eines Drittlandes; Art 15: Berücksichtigung der besonderen Situation von Entwicklungsländern);
6) Sonstiges (Art 16: Ausschuss für Antidumpingpraktiken; Art 17: Konsultationen und Streitbeilegung; Art 18: Schlussbestimmungen).

2. Materiellrechtliche Voraussetzungen für Antidumpingmaßnahmen

Antidumpingmaßnahmen können ergriffen werden, wenn **drei Voraussetzungen** gegeben sind: 1) **Dumping** (Art 2 ADÜ), 2) eine bedeutende **Schädigung** eines inländischen Wirtschaftszweiges (Art 3 und 4 ADÜ) und 3) **Kausalität** zwischen Dumping und Schädigung (Art 3.5. ADÜ). 148

Art 2 ADÜ regelt detailliert, wann Dumping iSd Übereinkommens gegeben ist. An zentraler Stelle wird Dumping dabei in Art 2.1. ADÜ definiert als Situation, in der der Preis einer Ware „bei Ausfuhr von einem Land in ein anderes niedriger ist als der vergleichbare Preis der zum Verbrauch im Ausfuhrland bestimmten gleichartigen Ware im normalen Handelsverkehr". Entscheidend für die Feststellung von Dumping ist mithin, dass **der Ausfuhrpreis niedriger ist als der Normalwert.**[379] Hierbei ist die Bestimmung des Ausfuhrpreises aufgrund der Angaben in den internationalen Frachtdokumenten etc zumeist nicht mit größeren Problemen behaftet. Problematisch ist hingegen regelmäßig die genaue **Berechnung und Festlegung des Normalwertes,** 149

378 Hierzu a *Berrisch/Düerkop* (Fn 373) B I 7 Rn 19.

379 *Berrisch/Düerkop* (Fn 373) B I 7 Rn 24; unklar im Hinblick auf die gebräuchliche Terminologie *Bender/Michaelis* in Hilf/Oeter (Hrsg) WTO-Recht – Rechtsordnung des Welthandels, 2. Aufl (2010) § 12 Rn 14.

da das hierfür in Art 2.1. ADÜ an erster Stelle vorgesehene Abstellen auf den Verkaufspreis vergleichbarer Waren auf dem heimischen Markt des Ausfuhrlandes oftmals nicht möglich ist, weil es diese Waren nicht gibt. Art 2.2. ADÜ regelt im Einzelnen, wie in einer solchen Situation, in der keine vergleichbaren Waren vorhanden sind oder aber die Marktlage einen Vergleich nicht zulässt, vorzugehen ist. Konkret ist für die Bestimmung des Normalwertes dann auf einen Alternativpreis abzustellen, der entweder durch Vergleich mit dem Preis für Ausfuhren gleichartiger Waren in ein Drittland (**Drittlandsausfuhrpreis**) oder aber als sog **konstruierter Normalwert** anhand einer Kalkulation der Herstellungskosten zuzüglich eines angemessenen Betrages für die Verwaltungs-, Vertriebs- und Gemeinkosten sowie für den Gewinn zu bestimmen ist. In der Praxis spielt der Drittlandsausfuhrpreis kaum eine Rolle; wesentlich wichtiger ist hingegen der konstruierte Normalwert. Genaue Vorgaben zur spezifischen Berechnung des konstruierten Normalwerts finden sich in Art 2.2.1.1. und 2.2.2. ADÜ.[380]

150 Wenn der Normalwert und der Ausfuhrpreis festgestellt sind, ist in einem zweiten Schritt ein Vergleich zwischen beiden Werten vorzunehmen. Hierdurch wird festgestellt, ob überhaupt Dumping vorliegt und zugleich die sog **Dumpingspanne**, dh die Differenz zwischen Normalwert und Ausfuhrpreis, die für die spätere Erhebung eines Antidumpingzolls von Bedeutung ist, ermittelt. Einzelheiten dazu, wie und unter Berücksichtigung welcher Kriterien dieser Vergleich vorzunehmen ist, sind in Art 2.4.ff ADÜ geregelt.[381] Zu beachten ist dabei die prinzipielle und für den gesamten Art 2 ADÜ wichtige Aussage in Art 2.4. ADÜ, dass ein richtiger bzw fairer Vergleich vorzunehmen ist (**fair comparison**). Dieser zunächst unbestimmte Rechtsbegriff spielt in der Streitbeilegungspraxis eine zunehmend wichtiger werdende Rolle, insb mit Blick auf die strittige Frage, ob sich positive und negative Dumpingspannen in unterschiedlichen Handelszeiträumen gegenseitig aufheben oder aber ob in einem spezifischen Zeitraum gegebene negative Dumpingspannen mit Null gleichgesetzt werden können, so dass sie im Ergebnis keine Auswirkung auf die positive Dumpingfeststellung haben (sog **„zeroing“**).[382]

151 Im Anschluss an die Feststellung von Dumping ist in einem weiteren Schritt zu bestimmen, ob eine Schädigung vorliegt. **„Schädigung“ iSd Antidumpingrechts** ist nach Art VI:6 lit a GATT und Fn 9 ADÜ als 1) bedeutende Schädigung, oder 2) drohende bedeutende Schädigung, oder 3) erhebliche Verzögerung der Errichtung eines inländischen Wirtschaftszweiges zu verstehen. Wichtig ist in diesem Zusammenhang zunächst der Begriff des inländischen Wirtschaftszweiges, der in Art 4 ADÜ konkretisiert ist. Im Übrigen ist in einem zweistufigen Verfahren zunächst der Umfang der Einfuhren gedumpter Produkte und deren Einfluss auf Preise gleichartiger Waren auf dem Importmarkt zu untersuchen. Anschließend sind die Folgen dieser Einfuhren für die inländischen Hersteller der fraglichen Waren zu analysieren (Art 3.1. ADÜ). Einzelheiten zur Feststellung von Umfang und Preisauswirkungen sind in Art 3.2. ADÜ geregelt; die Kriterien für die Analyse der Auswirkungen auf den betroffenen inländi-

380 Einzelheiten b *Berrisch/Düerkop* (Fn 373) B I 7 Rn 38ff.

381 Einzelheiten b *Berrisch/Düerkop* (Fn 373) B I 7 Rn 43ff.

382 Ausf hierzu und zur Bedeutung des Tatbestandsmerkmals „fair comparison“ zB WTO, *US – Calculating Dumping Margins („Zeroing“)*, Panel v 31.10.2005, WT/DS294/R para 7.251ff mwN.

schen Wirtschaftszweig finden sich in Art 3.4.ff ADÜ.[383] Zwischen der so festgestellten Schädigung und dem Dumping muss schließlich, drittens, ein **kausaler Zusammenhang** bestehen, der auf der Grundlage einer objektiven Untersuchung und anhand eindeutiger Beweise zu begründen ist (Art 3.5. ADÜ).

3. Prozedurale Verpflichtungen

Antidumpingmaßnahmen werden durch das jeweilige Außenwirtschaftsrecht der WTO-Mitglieder realisiert. Überdies sind sie, wie die vorhergehenden Ausführungen gezeigt haben, von komplexen tatsächlichen Untersuchungen abhängig. Schließlich greift die Verhängung von Antidumpingzöllen intensiv in wirtschaftliche Freiheitsrechte der jeweiligen Ausführer ein. Diese Überlegungen verdeutlichen unmittelbar, dass der verfahrensrechtlichen Seite des Antidumpingrechts große Bedeutung zukommt. Wohl kein anderer Bereich des Internationalen Wirtschaftsrechts enthält daher ein so **umfangreiches internationales Verwaltungsverfahrensrecht** wie das ADÜ. 152

Bei der Betrachtung der verfahrensrechtlichen Seite des Antidumpingrechts ist zunächst von entscheidender Bedeutung, dass die **Einleitung eines Antidumpingverfahrens** regelmäßig von einem entsprechenden **Antrag** des potentiell geschädigten inländischen Wirtschaftszweiges abhängt (Art 5.1. ADÜ). Nur im Ausnahmefall kann eine Verfahrenseinleitung *ex officio* erfolgen (Art 5.6. ADÜ). Als antragsberechtigten inländischen Wirtschaftszweig definiert das ADÜ dabei inländische Hersteller, die **mindestens 25 % der Gesamtproduktion** gleichartiger inländischer Waren repräsentieren, wobei die Produktion dieser Hersteller gleichzeitig 50 % der Gesamtproduktion der inländischen Hersteller, die den Antrag unterstützen oder ablehnen, darstellen muss. Im Ergebnis ist damit vereinfacht gesagt immer ein Viertel des betreffenden inländischen Wirtschaftszweiges zur Antragsstellung notwendig.[384] 153

Zusätzlich zur Antragsberechtigung muss ein Antrag auf Einleitung eines Antidumpingverfahrens die in Art 5.2. ADÜ genau spezifizierten **Beweise** für 1) Dumping, 2) Schädigung und 3) Kausalität enthalten, wobei die Anforderungen an die Beweisführung niedriger sind als mit Blick auf die tatsächliche Verhängung einer vorläufigen oder endgültigen Antidumpingmaßnahme (vgl Art 5.3. ADÜ). Bevor über die Einleitung eines Untersuchungsverfahrens durch die zuständige Behörde entschieden wird, ist der Antrag nicht der Öffentlichkeit bekannt zu geben (Art 5.5. ADÜ). Wenn „ausreichende Beweise“ vorliegen, ist das Untersuchungsverfahren einzuleiten und den WTO-Mitgliedern, deren Waren Gegenstand der Untersuchung sind, sowie sonstigen interessierten Parteien detailliert öffentlich bekannt zu machen (Art 12.1. ADÜ). 154

Das sich im Anschluss an den Beschluss zur Verfahrenseinleitung vollziehende **Untersuchungsverfahren** der zuständigen Behörde wird detailliert durch Art 5.7. 155

383 Im Überblick hierzu *Bender* in Hilf/Oeter (Hrsg) WTO-Recht – Rechtsordnung des Welthandels 2. Aufl (2010) § 11 Rn 25; *Herrmann/Weiß/Ohler* Rn 667ff; *van den Bossche/Zdouc* 729f; ausf *Berrisch/Düerkop* (Fn 373) B I 7 Rn 56ff.

384 *Berrisch/Düerkop* (Fn 373) B I 7 Rn 73.

bis 5.10., Art 6 und Anhang I, II ADÜ geregelt.[385] Bei diesen Regelungen handelt sich im Hinblick auf die Detailgenauigkeit und Tragweite der Vorschriften um eine herausragende Erscheinung rechtlicher Einflussnahme internationalen Rechts auf innerstaatliches Verwaltungsverfahrensrecht, also **internationalisierten Verwaltungsrechts.**[386] Letztlich wird durch die genannten Vorschriften das gesamte Untersuchungsverfahren, das die zuständige Behörde zur Ermittlung des Vorliegens der Voraussetzungen für das Ergreifen von Antidumpingmaßnahmen durchführt, determiniert. Rechtlich liegt den einzelnen Vorschriften dabei umfassend der Gedanke der Verfahrensgerechtigkeit (**due process**) zugrunde.[387]

4. Rechtsfolgen und Rechtsschutz

156 Das Untersuchungsverfahren endet mit einer **Einstellung des Verfahrens**, wenn sich herausstellt, dass die Voraussetzungen für Dumping, Schädigung oder Kausalität nicht gegeben sind (Art 5.8. ADÜ). Andernfalls stehen **drei Handlungsmöglichkeiten** offen: Es kann eine sog Preisverpflichtung zwischen Ausführer und zuständiger Behörde geschlossen (Art 8 ADÜ) oder von der zuständigen Behörde eine vorläufige (Art 7 ADÜ) oder endgültige Antidumpingmaßnahme (Art 9 ADÜ) ergriffen werden.

157 Bei einer **Preisverpflichtung** handelt es sich um eine Vereinbarung zwischen dem Ausführer, dem gegenüber die Voraussetzungen für eine Antidumpingmaßnahme festgestellt wurden, und der zuständigen Behörde dahingehend, dass der Ausführer sich bereit erklärt, seine Preise zu ändern oder die Ausfuhr zu Dumpingpreisen in das Gebiet des betroffenen WTO-Mitglieds zu unterlassen (Art 8.1. ADÜ). Da die „Freiwilligkeit" solcher Vereinbarungen, die sich regelmäßig in einem Verhältnis ungleicher Machtverteilung bewegen, inhärent problematisch ist und überdies kaum Rechtsschutzmöglichkeiten bestehen, sind Preisverpflichtungen von zahlreichen, in Art 8 ADÜ konkretisierten Bedingungen abhängig.

158 Schon vor dem definitiven Abschluss eines Antidumpingverfahrens können **vorläufige Maßnahmen** ergriffen werden (Art 7 ADÜ). Voraussetzung hierfür ist, dass 1) ein Untersuchungsverfahren bereits eröffnet wurde, 2) den betroffenen Parteien in hinreichendem Ausmaß rechtliches Gehör gewährt wurde, 3) eine vorläufige Feststellung von Dumping und Schädigung erfolgt ist sowie 4) die zuständige Behörde vorläufige Maßnahmen für notwendig hält, um eine weitere Schädigung während des laufenden Verfahrens zu verhindern (Art 7.1. ADÜ). Wenn diese Voraussetzungen gegeben sind, kommen die Erhebung eines vorläufigen Antidumpingzolls oder die Verpflichtung zu einer Sicherheitsleistung in Höhe des vorläufig geschätzten Antidumpingzolls in Betracht (Art 7.2. ADÜ). Die Maßnahmen dürfen nicht länger als maximal neun Monate in Kraft sein (Art 7.4. ADÜ). Problematisch ist mit Blick auf vorläu-

385 Im Überblick hierzu *Bender/Michaelis* (Fn 379) § 12 Rn 33ff; ausf *Berrisch/Düerkop* (Fn 373) B I 7 Rn 79ff.

386 Umfassend zu diesem Phänomen *Tietje* Internationalisiertes Verwaltungshandeln (2001).

387 WTO, *Thailand – Anti-Dumping Duties on Angles Shapes and Sections on Iron or Non-Alloy Steel*, App Body v 12.3.2001, WT/DS122/AB/R para 109: „Article 6 ... establishes a framework of procedural and due process obligations"; s a *Czako/Human/Miranda* A Handbook on Anti-Dumping Investigations (2003) 13; *Berrisch/Düerkop* (Fn 373) B I 7 Rn 79.

fige Maßnahmen, dass das WTO-Recht keine zwingende **Rückerstattungsverpflichtung** für den Fall vorsieht, dass sich bei der Entscheidung über die Erhebung eines endgültigen Antidumpingzolls herausstellt, dass dieser niedriger ist, als bei der vorläufigen Maßnahme angenommen, oder aber sich insgesamt keine endgültige Maßnahme rechtfertigen lässt. Art 10.3. ADÜ sieht hierzu nur vor, dass „the difference shall be reimbursed or the duty recalculated, as the case may be".

Endgültige Antidumpingzölle dürfen gem Art 9.3. ADÜ in keinem Fall die ermit- 159
telte Dumpingspanne übersteigen; sie sollten jedoch – ohne dass es sich hierbei um eine strikte Rechtsverpflichtung handelt – niedriger sein (Art 9.1. ADÜ). Die konkrete Zollfestsetzung kann dabei nach zwei Systemen erfolgen: Bei Anwendung des sog **rückwirkenden Systems** (Art 9.3.1. ADÜ), das ua in den USA zur Anwendung kommt, wird zunächst ein Antidumpingzoll festgesetzt, der zB durch Schuldschein zu erfüllen ist. Anschließend erfolgt für jede einzelne Warenlieferung die Bestimmung der spezifischen Zollhöhe. Wenn im Ergebnis der ursprünglich gezahlte Zoll zu hoch ist, wird die Differenz zurückerstattet. Demgegenüber wird im **System des erwarteten Zolls**, das ua von der EU angewendet wird, sofort ein endgültiger Zoll festgesetzt. Wenn sich später herausstellt, dass der Zoll die Dumpingspanne überschritten hat, kann der Einführer Rückerstattung verlangen (Art 9.3.2. ADÜ).[388] Im Übrigen ist zu beachten, dass Antidumpingzölle nur so lange und in dem Umfang in Kraft bleiben dürfen, „wie dies notwendig ist, um das schädigende Dumping unwirksam zu machen" (Art 11.1. ADÜ); in jedem Fall werden sie nach fünf Jahren aufgehoben (Art 11.3. ADÜ).[389]

Für den von einem Antidumpingzoll betroffenen Ausführer und andere „interes- 160
sierte Parteien" besteht nach Ablauf einer angemessenen Zeitspanne bereits vor dem Erreichen der maximalen Dauer der Zollerhebung die Möglichkeit, bei der zuständigen Behörde ein **Überprüfungsverfahren** zu beantragen (Art 11.2. ADÜ). Überdies sind die WTO-Mitglieder, die Antidumpingverfahren innerstaatlich vorsehen, verpflichtet, „Gerichte, Schiedsgerichte oder Verwaltungsgerichte oder Verfahren" für die Überprüfung des Antidumpingverfahrens vorzuhalten (Art 13 ADÜ).

5. Streitbeilegung

Für die Streitbeilegung im Antidumpingbereich, die sich grundsätzlich nach den all- 161
gemeinen Regelungen der WTO-Streitbeilegung nach dem DSU richtet, sieht Art 17 ADÜ einige **Sonderregelungen** vor.[390] Unabhängig von hier nicht weiter zu behandelnden Einzelheiten ist dabei insb auf Art 17.5. und 17.6. ADÜ hinzuweisen. Durch diese Vorschriften wird der Versuch unternommen, einen **eingeschränkten Prüfungsmaßstab** für das Panel bzw den Appellate Body in Antidumpingverfahren festzuschreiben. Das betrifft sowohl die nur eingeschränkte Überprüfbarkeit von Sachverhaltsfeststellungen durch die zuständige Behörde (Art 17.6 lit i ADÜ), als auch die

---

388 Hierzu a *Berrisch/Düerkop* (Fn 373) B I 7 Rn 100.

389 Zu weiteren Einzelheiten zur Erhebung endg Antidumpingzölle s *Berrisch/Düerkop* (Fn 373) B I 7 Rn 99ff.

390 Ausf *Berrisch/Düerkop* (Fn 373) B I 7 Rn 114ff; allgem zum WTO-Streitbeilegungsverfahren → *Weiss* § 20 Rn 1ff.

Regelung in Art 17.6 lit ii ADÜ, wonach in einer Situation, in der mehr als eine Auslegung einer Vorschrift des ADÜ möglich ist, „die Maßnahme der Behörden als mit dem Übereinkommen vereinbar [zu erklären ist], sofern sich diese Maßnahme auf eine der zulässigen Auslegungen stützt".[391]

6. Ausblick

162 Zusammenfassend ist das WTO-Antidumpingrecht auf der einen Seite von der Schwierigkeit gekennzeichnet, es auf eine überzeugende, ökonomisch-rationale *ratio* zurückzuführen und auf der anderen Seite von einer **beachtlichen Regelungsdichte** gerade mit Blick auf verwaltungsverfahrensrechtliche Gesichtspunkte geprägt. Hierdurch kann zwar immer noch nicht gänzlich vermieden werden, dass Antidumpingmaßnahmen zu protektionistischen Zwecken eingesetzt werden. Allerdings sind einem diesbezüglichen Bestreben der WTO-Mitglieder, das sich gerade in wirtschaftlich schwierigen Zeiten zeigt, nunmehr deutliche Grenzen gesetzt. Das zeigt nicht zuletzt die beachtliche Anzahl bereits vorliegender WTO-Streitbeilegungsverfahren. Dessen ungeachtet bleiben zahlreiche **rechtspolitische Forderungen zur Reform des Antidumpingrechts** bestehen: Im Einzelnen ist es insofern notwendig, den Einsatz von Antidumpingmaßnahmen auf Fälle zu begrenzen, in denen effektive Wettbewerbsverfälschungen vorliegen. Weiterhin ist zu beachten, dass das gegenwärtige Antidumpingrecht ausschließlich Produzenteninteressen berücksichtigt. Es erscheint dringend notwendig, verstärkt auch Verbraucherinteressen in die Kriterien zur Zulässigkeit von Antidumpingmaßnahmen aufzunehmen. Auch werden Antidumpingverfahren oftmals dazu genutzt, nur durch die Verfahrenseinleitung – unabhängig vom tatsächlichen Erfolg des Verfahrens – negativ auf die Wettbewerbssituation von Konkurrenten Einfluss zu nehmen. Diesem unfairen Einsatz des Instrumentariums des Antidumpingverfahrens ist durch noch straffere zeitliche Vorgaben sowie eine inhaltliche Vereinfachung des Verfahrens zu begegnen.[392]

163 Unabhängig von diesen und anderen konkreten Reformnotwendigkeiten ist schließlich darauf hinzuweisen, dass rechts- und wirtschaftspolitisch die wohl größten Herausforderungen im Antidumpingrecht darin bestehen, wie mit sog Nichtmarktwirtschaftsstaaten umzugehen ist. Nach einer Zusatzanmerkung zu Art VI:2 GATT ist es in diesen Fällen möglich, ganz andere Methoden der Bestimmung der Dumpingmarge zur Anwendung zu bringen als eigentlich im WTO-Antidumpingrecht vorgesehen. In der Praxis geschieht dies durch den sog Drittlandsvergleich, dh der Normalpreis eines Produktes wird vollständig auf dem Markt eines Drittlandes für dort verfügbare gleichartige Produkte bestimmt. Von dieser Praxis, die wirtschaftspolitisch zweifelhaft ist, waren am intensivsten Ausfuhren aus China betroffen, da China nach Art 15 lit a ii des Beitrittsprotokolls bis Dezember 2016 als Nichtmarktwirtschaft einge-

391 Zur Problematik dieser Bestimmung ausf *Oesch* Standards of Review in WTO Dispute Resolution (2004).

392 S hierzu Das globale Europa – Die handelspolitischen Schutzinstrumente der EU in einer sich wandelnden globalen Wirtschaft, Grünbuch für die öffentliche Konsultation, KOM(2006) 763 endg. v 6.12. 2006.

stuft werden durfte.[393] Seither gibt es eine weitreichende Diskussion dazu, wie nunmehr im Antidumpingrecht mit Einfuhren aus China umzugehen ist.[394] Wenn man sich vor Augen hält, dass sich allein in der EU fast jedes zweite Antidumpingverfahren gegen chinesische Einfuhren richtet, wird die Brisanz der Thematik deutlich. Die EU hat auf die Forderung Chinas, als Marktwirtschaft anerkannt zu werden, mit einer Reform des unionalen Antidumpingrechts reagiert.[395]

VIII. Übereinkommen über Subventionen und Ausgleichsmaßnahmen

1. Einleitung

Während Dumping von privaten Wirtschaftssubjekten ausgeht, handelt es sich bei Sub- 164
ventionen immer – zumindest mittelbar – um eine **hoheitliche Intervention in das Marktgeschehen**. Aus ökonomischer Perspektive wird im Falle einer Subvention also in die spontane Ordnung des Marktes eingegriffen, was *prima facie* immer wohlfahrtsmindernde Effekte hat. Damit ist es auf den ersten Blick gerechtfertigt mit Blick auf Subventionen – im Gegensatz zum Dumping – von einer unfairen Handelspraktik zu sprechen. Allerdings darf hierbei nicht übersehen werden, dass Subventionen weltweit eingesetzt werden, um **soziale, ökologische und andere gesellschaftliche Ziele** zu erreichen. Das damit ersichtliche Spannungsverhältnis, in dem sich rechtliche Regelungen zu Subventionen zwangsläufig bewegen, wurde in dem Subventionsabkommen der Tokio-Runde des GATT 1947 klar zum Ausdruck gebracht. In Art 8.1. Tokio-Subventionsabkommen erkannten die Vertragsparteien an, „dass Subventionen nachteilige Auswirkungen auf die Interessen anderer Unterzeichner haben können". Zugleich wurde in Art 11.1. des Abkommens aber hervorgehoben, „dass andere Subventionen als Ausfuhrsubventionen sehr häufig als wichtige Instrumente zur Förderung sozial- und wirtschaftspolitischer Ziele verwendet werden; [die Staaten] beabsichtigen nicht, das Recht ... solche Subventionen ... zu gewähren, einzuschränken". Auch das WTO-Subventionsrecht ist von dem Versuch geprägt, die ökonomisch negativen Auswirkungen von Subventionen in einen **angemessenen Ausgleich** mit den unter public-choice-Gesichtspunkten zu erklärenden Interessen der WTO-Mitglieder an der Möglichkeit der Subventionsgewährung zu bringen.[396]

---

393 Zu Einzelheiten s *Tietje/Nowrot* Policy Papers on Transnational Economic Law 34 (2011), erhältlich im Internet: <telc.jura.uni-halle.de/de/node/24>.

394 Nach Außerkrafttreten des Beitrittsprotokolls wurden Stimmen in der EU und den USA laut, China weiterhin als Nichtmarktwirtschaft einzustufen, woraufhin China mit Verfahren sowohl gegen die EU als auch gegen die USA reagiert hat vgl hierzu zB *Washington* Chicago Journal of Int'l Law, 1/2018, 260ff; *Flynn* Georgetown Journal of Int'l Law, 1/2016, 297ff; siehe zur rechtlichen Diskussion im Übrigen zB *Bungenberg/Van Vaerenbergh* ZEuS 23 (2020) 267ff; *Tietje/Sacher* in Beiträge zum transnationalen Wirtschaftsrecht 153 (2018), erhältlich im Internet: <telc.jura.uni-halle.de/sites/default/files/BeitraegeTWR/Heft%20153.pdf>.

395 S hierzu → Tietje § 18 Rn 130ff.

396 Näher zu diesen Problemen eines internationalen Subventionsregimes *Jackson* The World Trading System 279ff.

165 Das gegenwärtige Subventionsrecht der WTO-Rechtsordnung, das neben Art VI und XVI GATT zentral im Übereinkommen über Subventionen und Ausgleichsmaßnahmen (**Agreement on Subsidies and Countervailing Measures – SCM**) kodifiziert ist, hat seine wesentliche Grundlage im Subventionskodex der Tokio-Runde aus dem Jahre 1979.[397] Das SCM-Übereinkommen ist **in seiner Regelungssystematik zunächst zweigeteilt**. Es regelt auf der einen Seite die Unzulässigkeit bzw Zulässigkeit sog verbotener, anfechtbarer und nichtanfechtbarer Subventionen und auf der anderen Seite, unter welchen Voraussetzungen gegen Subventionen der genannten Art unilateral durch Ausgleichsmaßnahmen oder multilateral im Rahmen der WTO-Streitbeilegung vorgegangen werden kann. Hierbei hat sich die folgende **Terminologie** herausgebildet: Die **drei unterschiedlichen Subventionsarten** werden den Farben einer Verkehrsampel entsprechend als rote, gelbe und grüne Subventionen bezeichnet.[398] Die beiden genannten Möglichkeiten, **unilateral oder multilateral** gegen Subventionen vorzugehen, werden als Track I und Track II bezeichnet.[399]

166 Im Übrigen enthält das SCM-Übereinkommen Regelungen über die Einrichtung und Arbeit des Ausschusses für Subventionen und Ausgleichsmaßnahmen (Art 24), zu Notifikationsverpflichtungen der WTO-Mitglieder (Art 25) und zur entsprechenden Überwachung durch den Ausschuss (Art 26) sowie zur differenzierten Sonderbehandlung von Entwicklungsländern (Art 27). Die weiterhin vorgesehenen Sonderregelungen für im Zeitpunkt des In-Kraft-Tretens des Übereinkommens existierende Subventionsprogramme (Art 28) und zu WTO-Mitgliedern, die sich im Übergang von einer Planwirtschaft zu einer Marktwirtschaft befinden (Art 29), sind zwischenzeitlich weitgehend obsolet.

2. Subventionsbegriff

167 Das SCM-Übereinkommen enthält erstmals in der Geschichte des GATT-Rechts eine **Definition** des Subventionsbegriffs, was ganz wesentlich zur Rechtssicherheit in diesem Bereich beiträgt.[400] Nach Art 1.1. SCM-Übereinkommen muss für eine Subvention iSd Übereinkommens (1.) eine **finanzielle Beihilfe** von einem WTO-Mitglied oder einer hierzu hoheitlich angewiesenen privaten Stelle vorliegen, die (2.) eine **Vorteilsgewährung** beim Empfänger darstellt. Was in diesem Sinne als finanzielle Beihilfe in Betracht kommt, wird in Art 1.1 lit a SCM-Übereinkommen näher umschrieben. Im Einzelnen werden genannt 1) der direkte (zB Kredite) oder potentielle Transfer (zB Bürgschaften) von Geldern, 2) der Verzicht auf normalerweise zu entrichtende Abgaben, 3) die Bereitstellung von Waren oder Dienstleistungen, die nicht zur normalen Infrastruktur gehören, oder der Warenankauf sowie 4) Zahlungen der Regierung an einen

397 Zum GATT-Subventionskodex 1979 im Überblick *Pitschas* in Prieß/Berrisch (Hrsg) WTO-Handbuch – World Trade Organization (2003) B I 12 Rn 6ff.

398 Aktuell sind lediglich rote und gelbe Subventionsarten relevant, nichtanfechtbare Subventionen entfalten nach Art 31 SCM-Übereinkommen seit Ende 1999 keine Rechtswirksamkeit mehr, näheres u Rn 174.

399 Statt vieler *Jackson*, 290.

400 Zu den Problemen des Subventionsbegriffs und der historischen Entwicklung s *Jackson*, 293ff.

Fördermechanismus. Als Sonderfall werden weiterhin Einkommens- oder Preisstützungen iSv Art XVI GATT genannt.[401]

Im Zusammenhang mit den beiden zentralen Merkmalen des Subventionsbegriffs stellte sich in der WTO-Rechtsprechung die Frage, ob das Vorliegen einer Subvention das **Entstehen von „Kosten" für öffentliche Stellen** voraussetzt. Dieses Problem ist auch aus dem Beihilfenrecht des Gemeinschaftsrechts bekannt. Der EuGH hat in der *Preussen Elektra*-Entscheidung festgestellt, dass eine Beihilfe von der unmittelbaren oder mittelbaren Übertragung staatlicher Mittel auf ein privates Unternehmen abhängig sei.[402] In diesem Sinne müssen also unmittelbar oder mittelbar „Kosten" für einen öffentlichen Haushalt entstehen. In der WTO-Rechtsprechung wurde zwischenzeitlich klargestellt, dass es nicht darauf ankommt, ob einer öffentlichen Stelle „Kosten" entstehen. Wie der Appellate Body im ersten kanadischen Flugzeugfall ausführlich darlegte, kommt es für den Subventionsbegriff nach Art 1 SCM-Übereinkommen vielmehr nur darauf an, dass ein Vorteil beim Empfänger der finanziellen Zuwendung vorliegt. Daher sei es irrelevant, ob Kosten auf der Seite des WTO-Mitglieds entstanden sind.[403] Man mag zwar dogmatisch darüber streiten, ob die Diskussion zu dieser Frage im Tatbestandsmerkmal der Vorteilserlangung richtig angesiedelt ist, oder ob es hier nicht vielmehr um ein Problem im Zusammenhang mit dem Merkmal der Gewährung einer Beihilfe (Art 1.1 lit a SCM-Übereinkommen) geht.[404] Am Ergebnis ändert dies aber nichts, da für das WTO-Subventionsübereinkommen die Verfälschung einer Wettbewerbssituation und nicht der formelle Aspekt der Entstehung von Kosten von zentraler Bedeutung ist,[405] so dass ein weitreichender Unterschied zum EU-Beihilfenrecht vorliegt.[406] In diesem Sinne ist auch die Aussage des Appellate Body zu werten, dass bei der Bestimmung, ob ein „Vorteil" als Tatbestandsvoraussetzung einer Subvention vorliegt, unter bestimmten Voraussetzungen unberücksichtigt bleiben kann, dass der für die Vorteilsbestimmung maßgebliche Markt erst durch die fragliche staatliche Intervention entstanden ist.[407] Es handelt sich hier um ein Phänomen, das ua im Rahmen der Förderung erneuerbarer Energien von Bedeutung ist.[408] 168

401 Einzelheiten hierzu sowie insg zum Subventionsbegriff bei *Pitschas* (Fn 397) B I 12 Rn 59ff; und *Grave* Der Begriff der Subvention im WTO-Übereinkommen über Subventionen und Ausgleichsmaßnahmen (2002) 129ff.

402 EuGH EuZW 2001, 242 Rn 58f – *PreussenElektra ./. Schleswag AG.*

403 WTO, *Canada – Export of Civilian Aircraft,* App Body v 2.8.1999, WT/DS70/AB/R para 154ff; hierzu a *Pitschas* (Fn 397) B I 12 Rn 65ff; bestätigt in WTO, *EC – Measures affecting Trade in Large Civil Aircraft,* App Body v 18.5.2011, WT/DS316/AB/R para 975ff nachdem das Panel im selben Fall auf öffentlich entstandene Kosten abstellen wollte.

404 So überzeugend *Pitschas* (Fn 397) B I 12 Rn 66.

405 Zur Bedeutung der Marktsituation als Bewertungsmaßstab für die Bestimmung einer Vorteilsgewährung s WTO, *Canada – Export of Civilian Aircraft,* App Body v 2.8.1999, WT/DS70/AB/R para 157.

406 Ausf zu diesem Vergleich und Ergebnis *Slotboom* JWT 36 (2002) 517ff; *Tietje* in Ehlers/ Wolffgang/ Pünder (Hrsg) Rechtsfragen der Ausfuhrförderung (2003) 9/23f.

407 WTO, *Canada – Renewable Energy/Feed-In Tariff Program,* Panel v 19.12.2012, WT/DS412/R, WT/DS426/R, para 5.185ff; ausf dazu *Müller* WTO Agreement on Subsidies and Countervailing Measures – A Commentary (2017) 132ff; *Coppens* WTO Disciplines on Subsidies and Countervailing Measures (2014) 75ff.

408 Ausführlich hierzu *Gerstetter/Meyer-Ohlendorf/Tietje ua* Welthandelsrechtliche Grenzen des Ausbaus erneuerbarer Energien (2014), erhältlich im Internet: <ecologic.eu/de/10985>.

169 Zusätzlich zur Definition des Subventionsbegriffs hat das SCM-Übereinkommen das sog **Spezifitätskriterium** in das Welthandelsrecht eingeführt. Die in Art 2 SCM-Übereinkommen näher konkretisierte Spezifität einer Subvention muss insb gegeben sein, um eine angreifbare Subvention feststellen und Ausgleichsmaßnahmen ergreifen zu können (Art 1.2. SCM-Übereinkommen). Durch die Einführung des Spezifitätskriteriums soll die welthandelsrechtliche Angreifbarkeit von Subventionen auf solche beschränkt werden, die aufgrund ihrer Spezifität eine klare Ressourcenfehlallokation bewirken sowie handelsverzerrende Wirkung haben. Überdies wird damit dem politischen Willen der WTO-Mitglieder Rechnung getragen, durch nichtspezifische Subventionen allgemeine gesellschaftspolitische Ziele zu verfolgen.[409] Die Einzelheiten zur Spezifität einer Subvention sind in Art 2 SCM-Übereinkommen ausführlich geregelt. Im Wesentlichen gilt danach, dass ausdrückliche unternehmens- und industriebezogene Beihilfen stets als spezifische Subventionen gelten (vgl Art 2.1. lit a SCM-Übereinkommen). Die Bedeutung dieses Kriteriums wird in negativer Abgrenzung zu generellen Subventionen nach Art 2.1. lit b SCM-Übereinkommen deutlich: Eine Subvention ist nur dann generell, wenn sich der Kreis der Anspruchsberechtigten und die Höhe der zu gewährenden Subvention nach objektiven Kriterien oder Bedingungen richtet. Dabei ist nach einer erläuternden Fußnote entscheidend, dass horizontal anwendbare Kriterien oder Bedingungen wirtschaftlicher Art, die neutral sind und bestimmte Unternehmen gegenüber anderen nicht bevorzugen, wie zB die Zahl der Beschäftigten oder die Größe der Unternehmen, zur Anwendung kommen.[410] Auch wenn aufgrund der Beachtung dieser Voraussetzungen *prima facie* eine nichtspezifische Subvention vorliegt, kann allerdings aufgrund der tatsächlichen Praxis unter einem entsprechenden Subventionsprogramm doch noch eine Spezifität gegeben sein, wenn die Einzelumstände eine solche Bewertung verlangen (Art 2.1. lit c SCM).[411] Im Übrigen gilt ungeachtet der allgemeinen Spezifitätskriterien jede Ausfuhrsubvention und jede diskriminierende Subvention iSv Art 3 SCM-Übereinkommen unwiderlegbar als spezifische Subvention (Art 2.3. SCM-Übereinkommen).

3. Verbotene, anfechtbare und nichtanfechtbare Subventionen

a) Verbotene Subventionen

170 Nach Art 3 SCM-Übereinkommen sind sog Ausfuhrsubventionen und diskriminierende Subventionen verboten. **Ausfuhrsubventionen** werden definiert als „Subventionen, die für sich allein oder als eine von mehreren anderen Bedingungen ... von der Ausfuhrleistung abhängig gemacht sind". Beispiele für die angesprochenen Bedingungen finden sich in der Beispielliste von Ausfuhrsubventionen in Anhang I SCM-Übereinkommen. Im Übrigen wird angesichts der weitreichenden Rechtsfolgen, die mit der Feststellung des Vorliegens einer Exportsubvention verbunden sind, in zwischenzeitlich gefestigter Rechtsprechung ein strenger Maßstab angelegt, der aus-

409 Statt vieler hierzu *Pitschas* (Fn 397) B I 12 Rn 26.

410 Fußnote 2 zu Art 2.1. SCM.

411 Umfassend zur Spezifität *Müller* WTO Agreement on Subsidies and Countervailing Measures – A Commentary (2017) 161ff; *Coppens* WTO Disciplines on Subsidies and Countervailing Measures (2014) 100ff.

gehend vom Wortlaut der Vorschrift eine **konditionale Verknüpfung** der Subventionierung und der Ausfuhrleistung fordert.[412] Mit Blick auf eine gesetzliche Regelung lässt sich eine solche konditionale Verknüpfung recht einfach feststellen. Probleme bereitet aber die Frage, wann nach den tatsächlichen Umständen die Ausfuhrleistung als Bedingung für die Subventionierung gewertet werden kann. Hierzu wurde in WTO-Streitverfahren von Klägern ua mehrfach vertreten, dass eine Überproduktion auf dem heimischen Markt sowie eine ohnehin gegebene Exportorientierung des Subventionsempfängers gleichsam eine Vermutung dahingehend begründen, dass eine Ausfuhrleistung verlangt werde. Der Appellate Body folgte dieser Argumentation indes nicht, sondern stellte klar, dass die Kenntnis des Subventionsgebers von diesen Umständen „alone is not proof that the granting of the subsidy is tied to the anticipation of exportation".[413] Die WTO-Rechtsprechung hat zur näheren Konkretisierung der damit notwendigen Einzelfallprüfung zwischenzeitlich verschiedene Kriterien herausgearbeitet, die insgesamt darauf abzielen, eine umfassende, an objektiven Gesichtspunkten orientierte strikte Prüfung zu verlangen.[414] Die insofern engen Kriterien finden auch bei der Frage Anwendung, ob die Gewährung einer Subvention von der Bevorzugung heimischer Produkte abhängig ist, also eine **diskriminierende Subvention** iSv Art 3.1. lit b SCM-Übereinkommen vorliegt.[415]

Das Verbot insb von Ausfuhrsubventionen durch Art 3.1. lit a SCM-Übereinkom- 171
men ist immer wieder Kritik ausgesetzt. Insb die sog **strategische Handelspolitik** argumentiert, dass ein Staat durch Marktintervention einem inländischen Unternehmen zu einem Monopol oder zu einer besseren Oligopolstellung auf dem Weltmarkt verhelfen könne und hierfür als zentrales Instrumentarium Ausfuhrsubventionen einzusetzen seien.[416] Das Konzept der strategischen Handelspolitik wurde im wirtschaftswissenschaftlichen Schrifttum vielfach kritisch gewürdigt. Dabei hat sich im Wesentlichen gezeigt, dass es durchaus ökonomisch bestimmbare Anreize für einen Staat geben kann, eine strategische Handelspolitik zu betreiben. Zugleich ist heute aber auch weitgehend anerkannt, dass eine strategische Handelspolitik durch Exportsubventionen zu erheblichen Problemen führt und auch konzeptionell wenig überzeugt.[417] Der zentrale Kritikpunkt an der strategischen Handelspolitik besteht dabei darin, dass diese nie nur von einem Staat eingesetzt werden wird. Wenn jedoch alle Staaten namentlich Ausfuhrsubventionen für ihre Gestaltung der Handelspolitik nutzen, steigt weltweit das Preis-

412 S zB WTO, *Canada – Export of Civilian Aircraft,* App Body v 2.8.1999, WT/DS70/AB/R para 166; WTO, *Canada – Regional Aircraft,* Panel v 28.2.2002, WT/DS222/R para 7.365.

413 WTO, *Canada – Export of Civilian Aircraft,* App Body v 2.8.1999, WT/DS70/AB/R para 172.

414 S insbes WTO, *Canada – Export of Civilian Aircraft,* App Body v 2.8.1999, WT/DS70/AB/R para 169ff; WTO, *Canada – Regional Aircraft,* Panel v 28.1.2002, WT/DS222/R para 7.370ff; WTO, *US – Tax Treatment for „Foreign Sales Corporations",* App Body v 24.2.2000, WT/DS108/AB/R para 96ff; s a *Ohlhoff* EuZW 2000, 645/648f.

415 *Pitschas* (Fn 397) B I 12 Rn 87ff.

416 Grundl *Brander/Spencer* Journal of International Economics 18 (1985) 83ff.

417 Zur Entwicklung und zum Stand der wirtschaftswissenschaftlichen Diskussion zur strategischen Handelspolitik s *Welzel* Das Argument der „strategischen Handelspolitik" – was ist geblieben? Diskussionsbeitrag Nr. 172, Institut für Volkswirtschaftslehre, Universität Augsburg (1998).

niveau der betreffenden Waren, was zwangsläufig zu Wohlfahrtsverlusten insgesamt führt.[418]

b) Anfechtbare Subventionen

172 Die Kategorie der anfechtbaren Subventionen ist in den Art 5ff SCM-Übereinkommen geregelt. Entscheidend bei anfechtbaren Subventionen ist, dass sie zusätzlich zu dem Kriterium der Spezifität (Art 1.2., 2 SCM-Übereinkommen) **nachteilige Auswirkungen** auf die Interessen anderer WTO-Mitglieder haben müssen. Art 5 SCM-Übereinkommen nennt als in diesem Sinne nachteilige Auswirkungen 1) Schädigung eines inländischen Wirtschaftszweiges, 2) Zunichtemachung oder Schmälerung von Vorteilen aus dem GATT sowie 3) ein ernsthafter Nachteil (*serious prejudice*)[419] für die Interessen eines anderen WTO-Mitglieds.

173 Das Tatbestandsmerkmal der **Schädigung eines inländischen Wirtschaftszweiges** entspricht nach Fn 11 SCM-Übereinkommen vollinhaltlich der entsprechenden Voraussetzung im Hinblick auf das Ergreifen unilateraler Ausgleichsmaßnahmen und wird an dieser Stelle sogleich noch erörtert werden.[420] Die Voraussetzung der **„Zunichtemachung oder Schmälerung" von Vorteilen** kommt aus Art XXIII GATT. Im Wesentlichen geht es hierbei um entweder die Verletzung von GATT-Vorschriften oder aber um einen Rechtsmissbrauch im Hinblick auf eigentlich rechtmäßiges Handeln (vgl Art XXIII:1 lit a und lit b GATT).[421] Das dritte Merkmal eines **ernsthaften Nachteils für die Interessen anderer WTO-Mitglieder** erfährt seine Bedeutung aus dem Umstand, dass mit unilateralen Ausgleichsmaßnahmen nur Subventionen begegnet werden kann, die schädigende Auswirkung auf einen heimischen Wirtschaftszweig haben (vgl Art VI:6 lit a GATT, Art 10 und 15 SCM-Übereinkommen). Damit ist es im Wege des sog Track I-Verfahrens nicht möglich, gegen Subventionen, die sich negativ auf Drittmärkten auswirken, vorzugehen. Mit der Einführung des Merkmals eines ernsthaften Nachteils für die Interessen anderer WTO-Mitglieder in der Kategorie der anfechtbaren Subventionen besteht jetzt die Möglichkeit, in Fällen eines ausschließlichen Drittlandsbezugs zumindest ein multilaterales Track II-Verfahren einzuleiten.[422] Die Voraussetzungen für einen ernsthaften Nachteil iSv Art 5 lit c SCM-Übereinkommen sind in Art 6 im Einzelnen konkretisiert. Nach Art 6.1. SCM-Übereinkommen liegt ein ernsthafter Nachteil ua bei einer wertmäßigen Subventionierung einer Ware, die 5 % überschreitet, vor. Allerdings ist diese Vorschrift zum 1.1.2000 außer Kraft getreten (vgl Art 31 SCM-Übereinkommen). Damit ist gegenwärtig in erster Linie auf die in Art 6.3. SCM-Übereinkommen genannten Merkmale abzustellen. Hiernach liegt ein

---

418 Zusammenfassend zur Kritik an Ausfuhrsubventionen *Collie* Open Economic Review 11 (2000) 229ff; *Gerstetter/Meyer-Ohlendorf/Tietje* ua (Fn 408) 118ff.

419 In der amtlichen dt Übersetzung wird bei Art 5 lit c und Art 6 SCM-Übereinkommen v „ernsthafte Schädigung" gesprochen. Das ist eine irreführende Übersetzung, da es sich bei Schädigung (injury) iSv Art VI:6 GATT, Art 15 SCM-Übereinkommen um ein anderes Rechtskonzept handelt.

420 Vgl u Rn 176.

421 Ausf hierzu *Tietje* Grundstrukturen, 157ff und 346ff mwN; sowie spezifisch für das SCM-Übereinkommen *Pitschas* (Fn 397) B I 12 Rn 92ff.

422 *Nowak* in Hilf/Oeter (Hrsg) WTO-Recht – Rechtsordnung des Welthandels, 2. Aufl (2010) § 13 Rn 18.

ernsthafter Nachteil ua vor, wenn eine Subvention zu einer Verdrängung oder Verhinderung von Einfuhren in das subventionierende WTO-Mitglied oder Drittlandsmärkten führt.[423]

c) Nichtanfechtbare Subventionen

Schließlich ist noch kurz auf die sog **grüne Kategorie von Subventionen** iSd WTO-Ampelansatzes einzugehen. 174
Nach Art 8 SCM-Übereinkommen sind bestimmte Forschungs- und Entwicklungs-, Regionalförderungs- und Umweltschutzsubventionen nicht anfechtbar, wenn sie spezifische Kriterien erfüllen. Auf Einzelheiten dieser Freistellung bestimmter Subventionen vom WTO-Subventionsrecht muss allerdings nicht eingegangen werden, denn die zitierte Vorschrift entfaltet **keine Rechtswirksamkeit mehr**. Sie ist vielmehr – ebenso wie der bereits genannte Art 6.1. SCM-Übereinkommen – nach Art 31 SCM mit Ablauf des 31.12.1999 außer Kraft getreten. Zu einem in Art 31 SCM vorgesehenen Beschluss über eine Verlängerung der Geltung der Regelungen zu nichtanfechtbaren Subventionen ist es bislang nicht gekommen. Es gab zwar im Komitee zu dem Subventionsübereinkommen und im Allgemeinen Rat der WTO Ende 1999 und Ende 2000 Diskussionen über eine mögliche Verlängerung.[424] Ein Konsensus der WTO-Mitglieder konnte allerdings nicht erreicht werden. Dem liegt die Kritik von Entwicklungsländern zugrunde, dass die nichtanfechtbaren Subventionen von den Industriestaaten so eingesetzt werden, dass sie die Exportchancen der Entwicklungsländer erheblich beeinträchtigten. Dementsprechend haben die Entwicklungsländer eine Ergänzung des ursprünglichen Art 8 SCM um weitere Ausnahmekategorien, insb im Bereich zulässiger Exportsubventionen, zur Bedingung der Zustimmung zur Verlängerung der Vorschrift gemacht. Das hingegen wurde von den industrialisierten Staaten abgelehnt.[425] Damit gilt seit dem 1.1.2000, dass auch die in Art 8 SCM-Übereinkommen genannten Subventionen nach den Vorschriften des WTO-Subventionsübereinkommens angreifbar sind, wenn die hierfür erforderlichen, allgemeinen Voraussetzungen gegeben sind. Die EU reagierte auf diese neue Rechtslage am 5.11.2002 mit einer Änderung der EU-Antisubventionsverordnung.[426]

423 Ausf hierzu *Pitschas* (Fn 397) B I 12 Rn 96ff.

424 S insb WTO, General Council – Minutes of the Meeting of 17. Dec 1999 v 3.1.2000, WT/GC/M/52; WTO, Report (2000) on the Committee of Subsidies and Countervailing Measures v 10.11.2000, G/L/408 und WTO, Minutes of the Special Meeting held on 20. Dec 1999 v 17.2.2000, G/SCM/M/22; s a Ministry of Economy, Trade and Industry (METI) Japan, 2004 Report on the WTO Consistency of Trade Policies by Major Trading Partner, 271.

425 S insb WTO, Minutes of the Special Meeting held on 20. Dec 1999 v 17.2.2000, G/SCM/M/22; sowie Ministry of Economy, Trade and Industry (METI) Japan, 2004 Report on the WTO Consistency of Trade Policies by Major Trading Partner, 271.

426 Verordnung Nr. 1973/2002 zur Änd der Verordnung Nr. 2026/97 über den Schutz gegen subventionierte Einfuhren aus nicht zur Europäischen Gemeinschaft gehörenden Ländern, ABl EG 2002 L 305/4; im Unionsrecht gilt aktuell die Verordnung (EU) Nr. 2016/1037 des Europäischen Parlaments und des Rates vom 8. Juni 2016 über den Schutz gegen subventionierte Einfuhren aus nicht zur Europäischen Union gehörenden Ländern, ABl EU 2016 L 176/55.

4. Gegenmaßnahmen

a) Unilaterale Ausgleichsmaßnahmen (Track I)

175 Im Track I-Verfahren zur Festsetzung unilateraler Ausgleichsmaßnahmen (*countervailing measures*) kann gegen verbotene und anfechtbare Subventionen vorgegangen werden. Hierdurch ist es möglich, zusätzliche Zölle auf subventionierte Waren bei deren Einfuhr zu erheben, um so den (unfairen) Wettbewerbsvorteil, den diese Waren aufgrund der erlangten Subvention haben, auszugleichen. Die materiellrechtlichen und prozeduralen Voraussetzungen für die Erhebung von Ausgleichszöllen sind in Art 10ff SCM-Übereinkommen iVm Art VI GATT niedergelegt. Namentlich im prozeduralen Bereich besteht dabei eine weitgehende Überstimmung mit den bereits dargestellten Regelungen des WTO-Antidumpingrechts, worauf insofern verwiesen werden kann.[427] Auch ein Verfahren zur Erhebung von Ausgleichszöllen setzt dementsprechend einen Antrag eines inländischen Wirtschaftszweiges voraus, verlangt die Beibringung von hinreichenden Beweisen und muss unter Beachtung rechtsstaatlicher Garantien der betroffenen ausländischen Ausführer durchgeführt werden (vgl insbes Art 11 und 12 SCM-Übereinkommen). Ebenso wie im Antidumpingbereich dürfen Ausgleichszölle überdies nur für maximal fünf Jahre erhoben werden, ohne eine erneute Untersuchung durchzuführen (Art 21.3. SCM-Übereinkommen).

176 In **materiellrechtlicher Hinsicht** können Ausgleichszölle in Bezug auf verbotene und anfechtbare Subventionen erhoben werden, wenn jeweils zusätzlich zum Vorliegen einer spezifischen **Subvention** ein **Schaden** sowie **Kausalität** nachgewiesen werden (Art 10, 15 SCM-Übereinkommen). Die Einzelheiten zur Schadensbestimmung sind in Art 15 SCM-Übereinkommen niedergelegt. Der Schadensstandard selbst wird dabei in Fn 45 dahingehend definiert, dass ein inländischer Wirtschaftszweig bedeutend geschädigt (*material injury)* wird oder geschädigt zu werden droht oder dass die Errichtung eines inländischen Wirtschaftszweiges erheblich verzögert wird.

b) Multilaterale Streitbeilegung (Track II)

177 Die Einleitung eines Track II-Verfahrens (**WTO-Streibeilegung**) unterliegt für verbotene und für anfechtbare Subventionen etwas unterschiedlichen Anforderungen. Bei **verbotenen Subventionen** werden keine spezifischen materiellrechtlichen Voraussetzungen an die Einleitung eines Streitbeilegungsverfahrens gestellt. Vielmehr sind nur einige im Verhältnis zu dem grundsätzlich anwendbaren DSU spezielle Verfahrensfragen in Art 4 SCM-Übereinkommen geregelt. Diese ermöglichen im Ergebnis ein beschleunigtes Streitbeilegungsverfahren.[428]

178 Wenn ein Streitbeilegungsverfahren zu dem Ergebnis führt, dass eine verbotene Subvention vorliegt, so führt dies zur Verpflichtung des betroffenen WTO-Mitglieds, die Subvention unverzüglich zurückzunehmen (**withdraw the subsidy without delay**) (Art 4.7. SCM-Übereinkommen). Diese Regelung hat einige Interpretationsprobleme in der Streitbeilegungspraxis aufgeworfen, insb mit Blick auf die Frage, welche Auswirkungen es auf die zitierte völkerrechtliche Rücknahmeverpflichtung hat, dass der Subventionsgeber nach innerstaatlichem öffentlichen Recht oder Zivilrecht eine

---

427 Vgl o Rn 152ff.
428 *Pitschas* (Fn 397) B I 12 Rn 43ff.

Zahlungsverpflichtung gegenüber dem Subventionsempfänger hat. Ebenso relevant ist das Problem, dass der Subventionsempfänger seinerseits im Vertrauen auf die Subvention möglicherweise vertragliche Verpflichtungen gegenüber Dritten eingegangen ist, die er ohne die Subvention nicht erfüllen kann. Nach WTO-Recht hat all dies allerdings keine Bedeutung. Der Appellate Body stellte hierzu unmissverständlich klar: „[A] Member's obligation ... to withdraw prohibited subsidies, 'without delay' is unaffected by contractual obligations that the Member itself may have assumed under municipal law. Likewise, a Member's obligation to withdraw prohibited export subsidies ... cannot be affected by contractual obligations which private parties may have assumed *inter se* in reliance on laws conferring prohibited export subsidies."[429] Noch einen Schritt weiter ging das Panel im *Australischen Lederfall.* Es entschied, dass die Rücknahmeverpflichtung nach Art 4.7. SCM-Übereinkommen eine **Rückwirkung** dahingehend statuiere, dass auch die bereits ausgezahlte und ggf verbrauchte Subvention zurückgefordert werden müsse.[430] Sollte diese umstrittene[431] Entscheidung bestätigt werden, wofür neben einer zumindest nicht ablehnenden und vorsichtig bestätigenden Bezugnahme in einer Entscheidung aus dem Januar 2002[432] Gesichtspunkte der Effektivität des WTO-Subventionsrechts sprechen,[433] würde das WTO-Recht die gleichen umfangreichen Anforderungen an das nationale Recht des subventionierenden WTO-Mitglieds statuieren, die aus dem Beihilfenrecht der Unionsrechtsordnung hinlänglich bekannt sind (Stichwort: *Alcan*[434]) und zu weitreichenden Kontroversen Anlass gegeben haben.[435]

Bei einem Track II-Verfahren im Hinblick auf **anfechtbare Subventionen** muss 179
zusätzlich zum Vorliegen einer spezifischen Subvention dargelegt werden, dass diese zu den im Einzelnen in Art 5 SCM-Übereinkommen genannten nachteiligen Auswirkungen führt (vgl Art 7.1. SCM-Übereinkommen). Weiterhin sind in Art 7 SCM-Übereinkommen wiederum einige Verfahrensmodifikationen im Verhältnis zum DSU vorgesehen.[436] Als Rechtsfolge gewährt Art 7.8. SCM-Übereinkommen dem Mitglied, das eine anfechtbare Subvention gewährt, die Möglichkeit, entweder die nachteili-

429 WTO, *US – Tax Treatment for „Foreign Sales Corporations"*, App Body v 14.1.2002, WT/DS108/AB/RW para 230.

430 WTO, *Australia – Automotive Leather,* Panel v 21.1.2000, WT/DS126/RW para 6.18ff; hierzu *Moulis/Freehills* International Trade Law & Regulation (2000) 168ff.

431 S insbes die Diskussion im Dispute Settlement Body der WTO: Minutes of DSB Meeting of 11 February 2000 v 7.3.2000, WT/DSB/M/75; ausf *Goh/Ziegler* JIEL 6 (2003) 545ff; *Hübschen* Rückforderung WTO-rechtswidriger Subventionen (2005).

432 WTO, *Canada – Regional Aircraft,* Panel v 28.1.2002, WT/DS222/R para 7.170: „In our view, however, it is not entirely clear that the WTO dispute settlement system only provides for prospective remedies in cases involving prohibited export subsidies. In this regard, we recall that the Australia – Leather – Article 21.5 panel found that remedies in cases involving prohibited export subsidies may encompass (retrospective) repayment in certain instances".

433 Ausf *Hübschen* (Fn 431); *Nowak* (Fn 422) § 13 Rn 18; krit *Goh/Ziegler* (Fn 431).

434 EuGH, Rs C-24/95, Slg. 1997, I-1591, 1617 Rn 27ff – *Alcan*; im Überblick zur Rechtslage zB *Bär-Bouyssière* in Schwarze (Hrsg) EU-Kommentar (2000) Art 88 EGV Rn 28ff mwN.

435 Ausf *Kadelbach* Allgemeines Verwaltungsrecht unter europäischem Einfluss (1999) 206ff; *Salehifar* A Comparative Study Between 'Withdrawal of Export Subsidy' And 'Recovery of State Aid' (2013).

436 Einzelheiten b *Müller* (Fn 407) 356ff.

gen Auswirkungen dieser Subvention zu beseitigen oder aber die Subvention zurückzunehmen.

5. Ausblick

180 Das SCM-Übereinkommen kann zwar bis heute nicht verhindern, dass weltweit weiterhin Subventionen in beträchtlicher Höhe geleistet werden und damit nicht unerhebliche Wohlfahrtsverluste entstehen, die aus politischen Gründen in Kauf genommen werden. Allerdings bietet es einen von einem beachtlichen Grad an Konkretisierung gekennzeichneten Rechtsrahmen, der die Subventionspolitik der WTO-Mitglieder diszipliniert. Namentlich für die WTO-Mitglieder, die Mitgliedstaaten der EU sind, sind damit neben Art 107 AEUV zusätzliche Restriktionen bei der politischen Entscheidung über eine innerstaatliche Subventionspolitik zu beachten. Angesichts von jährlichen Subventionen allein in Deutschland iHv mindestens 50 Milliarden Euro[437] ist das aus wohlfahrtsökonomischer Perspektive zu begrüßen.

181 Zusätzlich zu den allgemeinen Begrenzungen, die sich aus dem SCM-Übereinkommen für die Subventionspolitik der WTO-Mitglieder ergeben, sind **seine potentiell weitreichenden Auswirkungen auf die Ausgestaltung der innerstaatlichen Rechtsordnung** zu beachten. Es wurde bereits darauf hingewiesen, welche Konsequenzen eine WTO-rechtswidrige Subvention für innerstaatliche Rechtsverhältnisse im Allgemeinen haben kann.[438] Von besonderer Sensibilität gekennzeichnet sind überdies die Auswirkungen, die das SCM-Übereinkommen potentiell auf die **Steuergesetzgebung** der WTO-Mitglieder haben kann und absehbar haben wird.[439]

---

437 27. Subventionsbericht der Bundesregierung (2020).

438 Vgl o Rn 178.

439 Umfassend hierzu *Robra* (Fn 223).

§ 5
Internationaler Dienstleistungshandel

Friedl Weiss

Gliederung **Rn**

Schrifttum

Adlung The Contribution of Services Liberalization to Poverty Reduction: What Role for the GATS?, JWIT 8 (2007) 549; *ders/Molinuevo* Bilateralism in Services Trade: Is there fire behind the (BIT-) smoke?, JIEL 11 (2008) 365; *ders/Morrison/Roy/Zhang* FOG in GATS commitments – why WTO Members should Care, WTR 12 (2013) 383; *ders/Roy* Turning Hills into Mountains? Current Commitments Under the General Agreement on Trade in Services and Prospects for Change, JWT 39 (2005) 1161; *ders/Zhang* Trade Disciplines with a Trapdoor: Contract Manufacturing JIEL 16 (2013) 383; *Barth* Das allgemeine Übereinkommen über den internationalen Dienstleistungshandel (GATS), EuZW 1994, 455; *Bloch* Market Access and National Treatment in China-Electronic Payment Services: An Illustration of the Structural and Interpretive Problems in GATS. Chi. JIL 14 (2014) 652; Calliess/Ruffert (Hrsg) EUV/AEUV, Das Verfassungsrecht der Europäischen Union mit Grundrechtecharta, 5. Aufl (2016); *Cantore* 'Shelter from the Storm': Exploring the Scope of Application and Legal Function of the GATS Prudential Carve-Out, JWT 48 (2014) 1223; *Chanda* Movement of Natural Persons and the GATS, The World Economy 24 (2001) 631; *Cremer/Poscher/Langer* Bildungsdienstleistungen und GATS: unter besonderer Berücksichtigung der Grundschulen und der weiterführenden Schulen in Deutschland, ZEuS 2011, 115; *Delimatsis* Don't Gamble with

https://doi.org/10.1515/9783110630718-005

GATS – The Interaction between Articles VI, XVI, XVII and XVIII GATS in the Light of the US-Gambling Case, JWT 40 (2006) 1059; *De Meester* Liberalization of Financial Flows and Trade in Financial Services under the GATS, JWT 46 (2012) 733; *Diebold* Non-discrimination in international trade in services: „likeness" in WTO/GATS (2010); *Farrokhnia/Richards* E-Commerce Products Under the World Trade Organization Agreements: Goods, Services, Both or Neither?, 50 JWT (2016) 793; *Fleuter* Chicago JIL 17 (2016) 153; *Footer/George* The General Agreement on Trade in Services, *Macrory*/Appleton/Plummer (Hrsg) The World Trade Organization: Legal, Economic and Political Analysis, Vol I (2005) 799; *Gaffney* The GATT and the GATS: Should They Be Mutually Exclusive Agreements?, Leiden JIL 12 (1999) 135; *Gari* GATS Disciplines on Capital Transfers and Short-term Capital Inflows: Time for Change?, JIEW 17 (2014) 399; *Hernekamp* Die Liberalisierung von Gesundheitsdienstleistungen nach dem Weltdienstleistungshandelsabkommen GATS (2013); *Herrmann* Grundzüge der Welthandelsordnung – Institutionen, Strukturen und Bezüge zum Europäischen Gemeinschaftsrecht, ZEuS 2001, 453; *Hubner/Sauvé* Liberalization scenarios for International Air Transport, JWT 35 (2001) 973; *Hufbauer/Stephenson* Services Trade: Past Liberalization and Future Challenges, JIEL (2007), 605; *Hummer/Weiss* Vom GATT '47 zur WTO '94, Dokumente zur alten und neuen Welthandelsordnung (1997); *Ismail* E-commerce in the World Trade Organization: History and latest developments in the negotiations under the Joint Statement, International Institute for Sustainable Development and CUTS International (2020); *Koehler* Das Allgemeine Übereinkommen über den Handel mit Dienstleistungen (GATS) (1999); *Kokott* Liberalisierung der Finanzdienstleistungen im Rahmen der WTO, RIW 2000, 401; *Krajewski* National Regulation and Trade Liberalization in Services (2003); *ders* Wirtschaftsvölkerrecht 4. Aufl (2017); *Lim/De Meester* WTO Domestic Regulation and Services Trade: Putting Principles into Practice (2014); *Marchietti/Mavroidis* The Genesis of the GATS (General Agreement on Trade in Services), EJIL 2011, 689; *Mattoo* Services in a Development Round: Three Goals and Three Proposals, JWT 39 (2005) 1223; *McDonald* Der Begriff der Dienstleistung im europäischen Binnenmarkt und WTO-System (GATS) (2001); *Michaelis* Dienstleistungshandel (GATS) Hilf/Oeter (Hrsg) WTO-Recht – Rechtsordnung des Welthandels (2005) 375; *Muller* Trade Agreements and Legal Services: An Anatomy of the GATS and Preferential Trade Arrangements GTCJ 9 (2014) 223; *Munin* Legal Guide to GATS (2010); *Petersmann* Multilevel Governance Problems of the World Trading System beyond the WTO Conference at Bali 2013, JIEL 17 (2014) 233; *Reimold* Der Handel mit Bildungsdienstleistungen nach dem GATS (2010); *Robertson* Perspektiven für den grenzüberschreitenden Dienstleistungshandel: das EU-Dienstleistungsrecht und sein Verhältnis zum GATS (2012); *Siebold* Die Welthandelsorganisation und die Europäische Gemeinschaft (2003); *Singh/Abdel-Latif/Tuthill* Governance of International Trade and the Internet: Existing and Evolving Regulatory Systems, in *CIGI*, Mapping the Digital Frontiers of Trade and Intellectual Property (2016); *Staiger/Sykes* The Economic Structure of International Trade-in-Services Agreements, NBER Working Paper No. 22960 (2016); *Stoll/Schorkopf* WTO – Welthandelsordnung und Welthandelsrecht (2002); *Tietje* Probleme der Liberalisierung des internationalen Dienstleistungshandels – Stärken und Schwächen des GATS (2005); *Weiss* The General Agreement on Trade in Services 1994, CMLR 32 (1995) 1177; *ders* Dispute Settlement under the General Agreement on Trade in Services, *Cameron* (Hrsg) Dispute Resolution in the WTO (1998) 148; *ders* Trade and Investment, Muchlinski/Ortino/Schreuer (Hrsg) The Oxford Handbook of International Investment Law (2008) 310; *Weiss/Steiner* Transparency as an Element of Good Governance in the Practice of the EU and the WTO: Overview and Comparison, Fordham ILJ 30 (2007) 1545.

A. Einleitung

1 Ganz im Gegensatz zum weltweiten Warenhandel, durch das GATT bereits seit 1947 in internationalem Rahmen geregelt,[1] wurde der internationale Handel mit Dienstleis-

1 Eingehend hierzu → *Tietje* § 4 Rn 44ff.

tungen erst seit Beginn der 1980er Jahre als wichtiger Teil der internationalen Wirtschaftsordnung wahrgenommen. Seit dieser Zeit ist er der wachstumsstärkste Bereich im Welthandel und ist auch weniger konjunkturabhängig als der Warenhandel.[2] Bis zum Beginn der 1990er Jahre wurde der Dienstleistungshandel überwiegend durch bilaterale Abkommen geregelt; Regelungen oder Richtlinien internationaler Organisationen gab es nur für Teilbereiche oder bestimmte Aspekte von Dienstleistungen. Deshalb sahen va die USA als größter Exporteur von Dienstleistungen, aber auch andere Industrienationen, die Notwendigkeit, den Dienstleistungshandel auf internationaler Ebene zu regeln und zu liberalisieren.[3]

Aus diesem Grund, aber auch auf dem Hintergrund einer sich anbahnenden ra- 2
schen, aber in seinen Ausmaßen noch unabsehbaren raschen Entwicklung digitaler Technologien und der Ausbreitung des Internethandels, drängten diese Staaten darauf, auch den Bereich der Dienstleistungen in die 8. Multinationale Verhandlungsrunde, die **Uruguay-Runde** (1986–1993), aufzunehmen. Dies stieß jedoch auf den Widerstand der Entwicklungsländer, die wegen ihrer Handelsdefizite und mangelnden eigenen Wettbewerbsfähigkeit im Dienstleistungshandel die Sorge hatten, durch eine zu weitgehende Liberalisierung zu stark von ausländischen Firmen abhängig zu werden.[4] Deshalb einigte man sich darauf, dass zwar im Rahmen der Verhandlungsrunde, aber parallel in zwei unterschiedlichen Verhandlungsgremien beraten werden sollte.[5] Nach langen und zähen Verhandlungen wurde die Uruguay-Runde am 15.12.1993 beendet und die abgeschlossenen Abkommen inklusive des multilateralen ***Allgemeinen Abkommens über den Handel mit Dienstleistungen*** **(GATS)**[6] am 15.4.1994 in Marrakesch unterzeichnet, so dass sie zum 1.1.1995 in Kraft treten konnten. Mit dem GATS wird dieser Wirtschaftsbereich nun zum ersten Mal durch ein multilaterales Abkommen geregelt, das allgemeine Standards, Verpflichtungen und Regelungen aufstellt, die die Legislativrechte von Staaten einschränken und **interventionistische Eingriffe** im Dienstleistungsbereich regulieren.[7] Es erwies sich aber, dass zwar die Abkommen des multilateralen Handelssystems, insb das GATS, bereits ein breites Spektrum grenzübergreifenden Aspekte erfasst,[8] inklusive einiger des Onlinehandels,[9] dass aber die zunehmend digitalisierte Weltwirtschaft[10] viele Fragen aufwirft, die diskutiert und geklärt werden müssen. Deshalb beauftragte die zweite Ministerkonferenz den All-

---

2 *Barth*, 455; *Weiss* CMLR 32 (1995), 1177/1178f.

3 *Siebold*, 97; *Weiss* CMLR 32 (1995), 1177f.

4 *Siebold*, 97.

5 *Weiss* CMLR 32 (1995), 1177/1179.

6 General Agreement on Trade in Services, Text abgedruckt ua in *Hummer/Weiss*, 1006ff; s a Amtsblatt Nr. L 336 vom 23/12/1994, 0191 – 0212.

7 *Weiss* CMLR 32 (1995), 1177/1178.

8 GATS und Annex zu Fernmeldegrunddiensten und zu Finanzdienstleistungen; ITA, Information Technology Agreement (ITA I und ITA II 2015); TBT Übereinkommen über Technische Handelshemmnisse; TRIPS Abkommen über handelsbezogene Aspekte des geistigen Eigentums; TFA, Handelserleichterungsabkommen (Trade Facilitation Agreement).

9 S die Zusammenfassung der Geschichte des Internethandels auf: <miva.com/blog/the-history-of-ecommerce-how-did-it-all-begin/>.

10 UNCTAD's 2019 Digital Economy Report, p. 4 beschreibt diese Entwicklung als „the transition of businesses through the use of digital technologies, products and services".

gemeinen Rat mittels Erklärung über den globalen Internethandel vom 20.5.1998 zur Erarbeitung eines umfassenden Arbeitsprogramms über handelsbezogene Aspekte des globalen Internethandels unter Beibehaltung der bestehenden Praxis, elektronische Transfers nicht mit Zöllen zu belasten.[11] Das im September 1998 etablierte Arbeitsprogramm des Allgemeinen Rats der WTO definierte Internethandel als „the production, distribution, marketing, sale or delivery of goods and services by electronic means".[12] Es war lediglich explorativ und informativ angelegt und nicht auf künftige Verhandlungen ausgerichtet. Entsprechende Diskussionen wurden vor allem im GATS Rat, aber auch weit weniger intensiv im TRIPS Rat sowie im GATT Rat und Komitee für Handel und Entwicklung geführt, langsam und zerstreut vor allem zufolge des Stillstands der Doha Runde.

B. Unterschied zwischen Gütern und Dienstleistungen

3 Der Unterschied zwischen Gütern und Dienstleistungen besteht in der **Gegenständlichkeit** des Objekts. Eine Ware ist gegenständlich, eine Dienstleistung hingegen kann sich zwar in einem gegenständlichen Resultat manifestieren, der Prozess der Erbringung der Dienstleistung selbst ist aber nicht greifbar oder körperlich.[13]

4 So wie es im GATT keine Definition des Begriffs „Ware" gibt, fehlt eine solche auch für den Begriff „Dienstleistung" im GATS, mangels Einigung der verhandelnden Parteien über eine allgemeine Begriffsdefinition.[14] Andererseits war man sich aber auch darüber einig gewesen, hierauf nicht zu viel Zeit zu verwenden, da man am Beispiel der fehlenden Definition des Begriffs „Ware" im Rahmen des GATT sah, dass für ein Funktionieren des Abkommens eine Begriffspräzisierung nicht zwingend notwendig war.[15] Trotzdem wäre es aus Gründen der rechtlichen Präzision wünschenswert gewesen, sich auf eine möglichst genaue Definition zu einigen, um damit Ländern, die die Einfuhr einer Dienstleistung verhindern wollen, die generelle Möglichkeit zu nehmen, den **Dienstleistungscharakter** der betroffenen Sache oder Handlung überhaupt in Zweifel zu ziehen.

5 Der unterschiedliche Charakter von Waren und Dienstleistungen wurde aber während der Verhandlungen zum GATS problematisch, als man wegen der großen Paralle-

11 WT/MIN/(98)/DEC/2. Dieses Moratorium bzgl der Einhebung von Zöllen wurde vom Allgemeinen Rat im Dezember 2019 bis zur geplanten zwölften Ministerkonferenz in Nur-Sultan, Kazakhstan, Juni 2020 verlängert, nach deren COVID-19 bedingten Suspendierung sollten aber Diskussionen wieder belebt, thematisch erweitert, und zu einem festen Bestandteil der Arbeit relevanter WTO Gremien aufgewertet und regelmäßiger Prüfung durch den Allgemeinen Rat unterzogen werden, s Work Programme on Electronic Commerce, Reinvigorating the work under the 1998 Work Programme on Electronic Commerce, 4.12.2020, WT/GC/W/812.

12 WT/L/274; die Begriffe Onlinehandel (e-commerce) und digitaler Handel (digital trade) werden oft austauschbar gebraucht, wenn auch verschiedentlich definiert, zB enger von der OECD als von der WTO; s OECD, Trade in the Digital Era, 2019.

13 Es mag sicherlich Grenzfälle geben, wo diese Unterscheidung nicht völlig zutrifft, aber für die meisten denkbaren Fälle mag sie ausreichen.

14 *Siebold*, 101.

15 *Barth*, 455; *Siebold*, 101f.

litäten zum GATT zunächst dessen Prinzipien als Ausgangspunkt für die Verhandlungen nahm, dann jedoch feststellte, dass der Dienstleistungssektor wegen seiner ihm inhärenten Verschiedenartigkeit, Heterogenität und Komplexität sich nicht für eine direkte Anwendung dieser Grundsätze eignete. Man kann Güter an der Grenze mit einem Zoll belegen oder ihre Einfuhr mengenmäßig beschränken. Bei Dienstleistungen ist dies nicht möglich, da diese auch über das Telefonnetz, per Post oder durch persönlichen Kontakt zwischen Kunden und Dienstleistungserbringer erbracht werden können. Überdies ist allgemein anerkannt, dass auch elektronische Lieferung von Dienstleistungen in den Anwendungsbereich des GATS fallen, da das Abkommen auf alle Dienstleistungen anwendbar ist, unabhängig von der Art ihrer Erbringung. Hinzu kommt, dass der Dienstleistungssektor eines Staates – viel stärker als der Warenhandel – oft durch eine Vielzahl von Gesetzen, Verordnungen und anderen Regelungen geordnet wird, die in unterschiedlicher Weise diskriminierend wirken können.[16] Es gibt weder eine allgemeine Verpflichtung der Anwendung des Prinzips der Inländerbehandlung bei innerstaatlicher Regulierung und Besteuerung wie jene in Art III des GATT, noch gibt es eine allgemein anwendbare Analogie des Verbots quantitativer Beschränkungen im Sinne des Art XI des GATT. Mitglieder behielten sich dadurch vor, protektionistische Maßnahmen zu setzen. Nichtsdestotrotz können sie bezüglich der Anwendbarkeit von Marktzugangs- und Inländerbehandlungsregelungen Zugeständnisse eingehen.

Auch bleibt es dabei, dass es keine allgemein anerkannte Definition von Dienstleistungen gibt, was für die Anwendbarkeit des GATS kein unüberwindliches Hindernis darstellt – insbesondere deshalb nicht, weil nicht versucht wird, Handelsbeschränkungen durch spezifische Instrumente zu verhindern, sondern vielmehr durch nationale Zugeständnisse diese zu gestatten. Dieses Integrationsmodell zeigt dennoch erhebliche Herausforderungen bei Verhandlungen zur Marktzugangsausweitung auf, die es so bei einem ganzheitlichen Integrationsansatz wie dem des GATT nicht geben würde.[17]

C. Das GATS

Das GATS ist das erste multilaterale, rechtlich durchsetzbare Übereinkommen über 6
den Handel mit Dienstleistungen.[18] Gleichzeitig schafft das GATS einen Rahmen für künftige, regelmäßig stattfindende Verhandlungen über den weiteren Abbau von Handelsbeschränkungen und -hemmnissen.[19]

Die Verhandlungen hatten mit der Ministererklärung von Punta del Este (Uruguay) 7
vom 20.9.1986 begonnen.[20] Im zweiten Teil dieser Erklärung – der erste Teil bezieht sich auf das GATT, das ja parallel verhandelt werden sollte – wurden die drei **Hauptziele der Verhandlungen zum GATS** genannt: Erstens sollte ein multilateraler Rechtsrahmen

16 *Weiss* CMLR 32 (1995), 1177/1180.
17 *Staiger/Sykes*, 8/42f.
18 *Barth*, 455/456.
19 *McDonald*, 91.
20 S den vollen Wortlaut der Erklärung in *Hummer/Weiss*, 280.

für den Dienstleistungshandel geschaffen werden, der nach Möglichkeit auch spezielle Regelungen für einige Sektoren enthalten sollte. Zweitens sollte eine Ausweitung des Handels in Dienstleistungen durch eine voranschreitende Liberalisierung bei umfassender **Transparenz** der Handelsbedingungen erreicht werden. Drittes Ziel war, wenn auch etwas vage formuliert, die Förderung wirtschaftlichen Wachstums aller Vertragsparteien und die weitere Entwicklung der Entwicklungsländer unter Beachtung ihrer nationalen Politiken und Gesetze.[21]

I. Struktur und Reichweite

8 Das GATS kann als das dynamischste Abkommen der Uruguay-Runde angesehen werden, wenn es auch keine direkt durchsetzbaren Rechte verleiht.[22] Es basiert auf der Annahme, dass Deregulierung ökonomisches Wachstum schafft, also auf derselben Annahme, die man auch immer mit der vorherrschenden Strategie des GATT in Bezug auf den Handel mit Gütern verband. Es ist geleitet von der Überzeugung, dass Freihandel, insb unbeschränkter Marktzugang zu fremden Märkten und zunehmende Spezialisierung, die ökonomische Entwicklung fördert und durch eine optimale internationale Arbeitsteilung allgemeinen Wohlstand hervorruft.[23]

9 Vom Standpunkt der juristischen Regelungstechnik aus betrachtet, betritt das GATS kein Neuland, sondern basiert grundsätzlich auf den alten **GATT-Prinzipien**, der unbeschränkten Anwendung des Meistbegünstigungsprinzip („*Most-Favoured-Nation*" = MFN) und der Inländerbehandlung („*National-Treatment*" = NT), die speziell an die sektorspezifischen Anforderungen des Dienstleistungshandels angepasst wurden. Unter dem **Meistbegünstigungsprinzip** versteht man, dass ein Staat die Behandlung, die er einem Handelspartner einräumt, ganz gleich ob dieser Vertragsstaat des betreffenden Abkommens ist oder nicht, auch allen anderen Handelspartnern des Abkommens zu gewähren hat. Das NT-Prinzip wiederum sieht vor, dass juristische oder natürliche Personen aus dem Gebiet eines Mitglieds, wenn sie auf dem Gebiet eines anderen Mitglieds agieren, hierbei nicht gegenüber den inländischen Konkurrenten benachteiligt werden dürfen.

10 Das GATS enthält Regelungen, die sich zum einen auf das konkrete Verhalten der WTO-Mitglieder beziehen und zum anderen die prozeduralen und organisatorischen Verfahren zur Umsetzung und Anwendung des Abkommens festschreiben. Bildlich gesprochen baut es auf einer **Drei-Säulen-Struktur** auf. Die erste Säule besteht aus dem für alle WTO-Mitglieder generell verbindlichen Rahmenabkommen, dem multilateralen Teil des Abkommens. In der zweiten Säule finden sich die generellen und sektoralen Anhänge, welche die spezifischen Regelungen der einzelnen WTO-Mitglieder in Bezug auf deren Finanz-, Schifffahrt-, Transport und Telekommunikationsdienstleistungsmärkte enthalten. In der dritten Säule finden sich die Listen der einzelnen WTO-Mitglieder, in denen festgehalten ist, wann und wie diese Mitglieder anderen WTO-Mitgliedern die Vorteile des GATS, wie zB die Meistbegünstigung, die

21 Para 2 Präambel GATS, para 1 Präambel WTO; *Weiss* CMLR 32 (1995), 1177/1179.
22 *Weiss* CMLR 32 (1995), 1177/1182.
23 *Weiss* CMLR 32 (1995), 1177/1183.

Inländerbehandlung oder Marktzugang gewähren, sei es in spezifischen Sektoren oder Untersektoren.[24]

11 Das allgemein verbindliche Rahmenabkommen, die erste Säule, ist wiederum in sechs Abschnitte unterteilt, die das Herzstück des Abkommens bilden: „Allgemeine Pflichten und Disziplinen", „Spezifische Verpflichtungen", „Fortschreitende Liberalisierung", „Institutionelle Bestimmungen" und die „Schlussbestimmungen". Die Anhänge in Säule 2 können in zwei Gruppen unterteilt werden, einige decken den generellen Bereich ab, zB der „Anhang über Ausnahmen von Artikel II" oder der „Anhang über die Freizügigkeit von natürlichen Personen, die im Rahmen dieses Abkommens Dienstleistungen erbringen", während die zweite Gruppe die sektoralen Anhänge enthält, in denen sich dem GATS angepasste Regelungen befinden, sowie weitere Regelungen, die sich mit besonderen Sektoren wie Lufttransport, Finanz- oder Telekommunikationsdienstleistungen befassen. Hinzugefügt wurden auch noch eine Reihe von Anhängen, sog **„Related Instruments"**, ua in Marrakesch getroffene Ministerielle Entscheidungen; einerseits, um Entscheidungen vorzubereiten, die der *Rat für den Handel mit Dienstleistungen* in Zukunft noch treffen sollte, andererseits zur Einsetzung von Verhandlungsgruppen für weitere Liberalisierungsverhandlungen, zB zur Personenfreizügigkeit, zum Seetransport und zur Basistelekommunikation.[25]

12 Der Teil I („Geltungsbereich und Begriffsbestimmung") des GATS besteht nur aus einem Artikel und regelt den **Anwendungsbereich** des Abkommens. Die Formulierung in Art I:3(a) GATS ist sehr weit gefasst – man kann sagen allumfassend. Alle Maßnahmen auf allen staatlichen Ebenen, die den Dienstleistungshandel beeinflussen,[26] sind einbezogen.[27] Die Regelung betrifft also nicht nur Gesetze, sondern auch Verwaltungsrichtlinien und Maßnahmen der Verwaltungspraxis, selbst Verwaltungsakte sind somit erfasst.[28] Dies stellt eine weitreichende Regelung dar, insb für föderal organisierte Staaten wie Deutschland oder Österreich, da auch Maßnahmen von anderen Organen als der Zentralregierung vom GATS erfasst werden, also Maßnahmen und Regelungen der Landesregierungen oder gar der Kommunen.[29]

13 Auch sektoral erfasst das GATS in Art I:1 nach dem **Prinzip des „universellen Deckungsbereichs"** alle **kommerziell „handelbaren" Dienstleistungen**.[30] In der

---

24 *Weiss* CMLR 32 (1995), 1177/1184.

25 *Weiss* CMLR 32 (1995), 1177/1184. Der GATS Rat wird von zwei Komitees unterstützt betr Finanzdienstleistungen und Spezifische Verpflichtungen, sowie von zwei Arbeitsgruppen betr Innerstaatliche Regelungen (Art VI GATS) und GATS Regeln.

26 Das Zeitwort „beeinflussen" ist umfassender zu verstehen als zB das Zeitwort „beeinträchtigen"; s zur Begriffsbestimmung auch WTO, *Canada-Automotive Industry*, Panel v 11.2.2000, WT/DS142/R; und WTO, *Canada-Automotive Industry*, App Body v 31.5.2000, WT/DS142/AB/R sowie *EC-Bananas III*, App Body v 9.9.1997, WT/DS27/AB/R para 220; angewendet durch *US-Gambling*, Panel v 10.11.2004, WT/DS285/R para 6.251 und in *China-Audiovisuals*, Panel v 12.8.2009, WT/DS363/R para 7.971.

27 *Weiss* CMLR 32 (1995), 1177/1185.

28 Art XXVIII(a) GATS.

29 *Barth*, 455/456.

30 In WTO, *China-Electronic Payment Services*, Panel v 16.7.2012, WT/DS413/R paras 7.95–7.97, hat das Panel im Kontext von Zahlungs- und Überweisungsdienstleistungen das Konzept „Dienstleistung" analysiert und festgestellt, dass Zahlungs- und Überweisungsdienstleistungen all jene Dienstleistungen beinhalten, die das Zahlen und Überweisen selbst managen, unterstützen oder ermöglichen; Zahlungs-

offiziellen, nicht abschließenden sog „Sektorenliste“[31] werden die Bereiche genannt, die das GATS umfassen soll, ua „Professional Services“[32], Computerdienstleistungen, Bau-, Handel- und Finanzdienstleistungen und Telekommunikation.[33] Der Geltungsbereich umfasst also nahezu alle Bereiche, in denen Dienstleistungen erbracht werden. Ausgenommen bleiben wie üblich gemäß Art I:3(b) GATS solche Dienstleistungen, die in Ausübung hoheitlicher Befugnisse erbracht werden.[34] Außerdem sind auch große Teile des Lufttransports von den Regelungen des GATS ausgenommen, da weder die Luftverkehrsrechte noch Dienstleistungen, die mit der Ausübung dieser Rechte zusammenhängen, von dem zum GATS angefügten Anhang erfasst werden, so dass dessen Anwendbarkeit für den Luftverkehr äußerst eingeschränkt ist.[35]

14 In Art I:2(a)–(d) GATS sind alle im Dienstleistungshandel möglichen **Dienstleistungs-Erbringungsformen** (sog „modes“) geregelt. So kann die Erbringung einer Dienstleistung sowohl vom Gebiet eines Mitglieds aus in das Gebiet eines anderen Mitglieds (*mode 1 = grenzüberschreitende Erbringung einer Dienstleistung*)[36] als auch auf dem Gebiet eines Mitglieds an eine aus einem Mitglied stammende juristische oder natürliche Person (*mode 2 = Konsum einer Dienstleistung im Ausland*) erfolgen. Ferner kann die Dienstleistung mittels einer kommerziellen Präsenz eines Dienstleistungserbringers eines Mitglieds im Hoheitsgebiet eines anderen Mitglieds erbracht werden (*mode 3 = kommerzielle Präsenz*), was auch Investitionen umfasst. In Unterparagraph c wird also die weitreichende Niederlassungsfreiheit festgehalten. Ebenso kann aber die Dienstleistung auch durch eine Präsenz natürlicher Personen des Dienstleistungserbringers eines Mitglieds im Hoheitsgebiet eines anderen Mitglieds erfolgen (*mode 4 = Präsenz*

---

und Überweisungsdienstleistungen bestehen aus mehreren einzelnen Dienstleistungen, die als jeweils notwendige Voraussetzung zusammen ein sog. „integrated service“ bilden; ein Dienstleister kann entweder alle einzelnen Dienstleistungen, die zusammen das sog. „integrated service“ darstellen, eigenständig erbringen oder die einzelnen Dienstleistungen werden von unterschiedlichen Dienstleistern erbracht, vgl WTO, *China-Electronic Payment Services*, Panel v 16.7.2012, WT/DS413/R paras 7.58-7.62; entscheidend dafür, ob eine einzelne Dienstleistung als Teil eines sog. „integrated service“ bewertet werden muss, ist die Frage, ob die einzelnen Dienstleistungen zusammen eine neue eigene Dienstleistung darstellen; die Tatsache, dass einzelne Dienstleistungen von anderen Dienstleistern erbracht werden, stellt keine ausreichende Grundlage dar, um diese einzelnen Dienstleistungen unter unterschiedliche Subsektoren zu klassifizieren, vgl WTO, *China-Electronic Payment Services*, Panel v 16.7.2012, WT/DS413/R paras 7.182–7.184. Dazu näher *Bloch*, 652ff.

31 Services Sectoral Classification List v 10.7.1991, GATT-Dokument MTN GNS/W/120.

32 Darunter sind in erster Linie die sog „freien Berufe“ zu verstehen, also ua Rechtsanwälte, Architekten oder Wirtschaftsprüfer.

33 *Barth*, 455.

34 *Barth*, 455/456; *Weiss* CMLR 32 (1995), 1177/1182.

35 *Hubner/Sauvé*, 973/975.

36 Bei dieser Erbringungsart ist der Standort des Dienstleistungserbringers unerheblich, s WTO, *Mexico-Telecoms*, Panel v 2.4.2004, WT/DS204/R paras 7.30-7.31; ferner darf der Dienstleistungserbringer weder Eigentümer noch Besitzer der gesamten Infrastruktur zur Erbringung der Dienstleistung sein, s WTO, *Mexico-Telecoms*, Panel v 2.4.2004, WT/DS204/R paras 7.34, 7.42; Die Erbringung von Telekommunikationsdienstleistungen beinhaltet zudem die Erbringung mittels Verknüpfung mit einem anderen Betreiber („linking to another operator“), s WTO, Panel Report, *Mexico-Telecoms*, Panel v 2.4.2004, WT/DS204/R para 7.41.

natürlicher Personen).[37] Die Leistungserbringung mittels Post oder anderer, auch elektronischer Kommunikationsmittel, wird in der Liste der Dienstleistungen gem. Art 1:2 GATS zwar nicht explizit erwähnt, ist aber natürlich auch (von *mode* 1) erfasst.[38]

Von besonders herausragender Bedeutung ist die **Niederlassungsfreiheit**, denn trotz aller immer weiter entwickelten Kommunikationsmöglichkeiten ist der persönliche Kontakt zwischen Dienstleistungserbringern und Kunden oft unerlässlich, zB im Bereich der Finanzdienstleistungen. Das GATS geht in diesem Bereich weit über den früher vorherrschenden Handelsbegriff hinaus, der eher die grenzüberschreitenden Transaktionen im Auge hatte. Somit wird das GATS, indem es die Beachtung der Prinzipien der Meistbegünstigung, der Transparenz, der Streitschlichtung und gegebenenfalls der Inländerbehandlung oder des Marktzugangs verpflichtend stellt, auch zu einem multilateralen Investitionsabkommen für Dienstleistungen. Durch die verpflichtend gestellte Garantie der soeben genannten Prinzipien geht das GATS über die bisher bestehenden Regelungen – bilaterale Investitionsschutzabkommen[39] aber auch der Codizes der OECD zu Kapitalbewegungen – hinaus, es enthält aber bedauerlicherweise keine expliziten und detaillierten Regelungen für den Schutz ausländischer Investoren und ihrer Investitionen.[40] 15

II. Allgemeine Pflichten und Disziplinen

Der Teil II des GATS regelt in den Art II bis XV die „allgemeinen Pflichten und Disziplinen" der WTO-Mitglieder. Wichtigste Norm ist Art II, der die **Meistbegünstigungspflicht** regelt – die Zentralnorm, auf der alle anderen Bestimmungen des GATS fußen und die den weiten Anwendungsbereich des GATS ermöglicht. Weitere Regelungen beziehen sich ua auf das Transparenzgebot (Art III) und die Offenlegung vertraulicher Informationen (Art III*bis*), die Förderung der Entwicklungsländer (Art IV), die Anwendung innerstaatlichen Rechts auf liberalisierte Bereiche (Art VI) oder die allgemeine Anerkennung ausländischer Qualifikationen (Art VII). Es sind aber auch Regelungen für unvorhergesehene Umstände eingeführt worden, zum einen generelle „Notstands- 16

37 Zur Differenzierung der einzelnen Dienstleistungserbringungsarten s a *Krajewski* (2017) Rn 436ff; Secretariat Note on the Structure of Commitments for Modes 1,2 and 3, S/C/W/99, v 3.3.1999, und Corr.1 und Background Note on the Presence of Natural Persons (Mode 4), S/C/W/301 v 15.9.2009.

38 Bei Telekommunikationsmitteln ist natürlich zuallererst an das Internet zu denken, sei es an versandte E-Mails, aber auch an das Herunterladen von Software oder anderer Daten. Dies zeigt auch, wie schwierig, wenn nicht unmöglich es ist, Handelsbarrieren im Netz aufzubauen, was noch einmal den unterschiedlichen Charakter von Ware und Dienstleistung verdeutlicht; in WTO, *US-Gambling*, Panel v 10.11.2004, WT/DS285/R para 6.285, hat das Panel unter Verweis auf das Prinzip der „technologischen Neutralität", welches unter den WTO-Mitgliedern allgemein anerkannt ist, explizit festgestellt, dass die grenzüberschreitende Dienstleistungserbringung (Modus 1) durch jegliches Mittel der Dienstleistungserbringung erfolgen kann; zur technologischen Neutralität vgl Work Programme on Electronic Commerce-Progress Report to the General Council v 27 July 1999, S/L/74 Rn 4.

39 Für nähere Informationen zum Vergleich des Regelungsinhaltes von BITS und dem GATS s *Adlung/Molinuevo*, 365ff.

40 *Barth*, 455/456.

maßnahmen“ (Art X) und zum anderen die Möglichkeit, „Beschränkungen zum Schutz der Zahlungsbilanz“ vorzunehmen (Art XII).

1. Meistbegünstigungspflicht („*Most-Favoured-Nation*“-Treatment)

17 Als wichtigste Regelung im GATS ist die in Art II:1 GATS niedergelegte Verpflichtung anzusehen, das aus dem GATT stammende Prinzip der Meistbegünstigung, dessen Wurzeln bis zur ersten GATT-Version von 1947 zurückreichen, auf alle Handelspartner anzuwenden, die aus den Gebieten anderer WTO-Mitglieder stammen. Im Einklang mit diesem Prinzip ist allen solchen Handelspartnern sofort und bedingungslos eine Behandlung im Inland zu gewähren, die nicht weniger günstig ist als diejenige, die gleichartigen Dienstleistungen oder Dienstleistungserbringern aus anderen Ländern im Inland des Mitglieds gewährt wird.[41] Selbst die Behandlung, die einem Nichtmitglied der WTO gewährt wird, ist hierbei mit einzubeziehen. Hätte also ein Land A besonders enge Beziehungen zu einem Land B, welches nicht Mitglied der WTO ist, und mit diesem besonders weitreichende Liberalisierungsschritte vereinbart, müssten alle in diesem Zusammenhang gewährten Vergünstigungen und Vorrechte auch allen WTO-Mitgliedern gewährt werden. Dies verdeutlicht die äußerst weitreichende Wirkung der Vorschrift.

18 Zwar gewährleistet das Prinzip noch nicht liberale oder unbeschränkte Marktzugangsbedingungen, aber die **Nichtdiskriminierung** zwischen ausländischen Dienstleistungsanbietern, unabhängig vom jeweiligen Grad der Liberalisierung des betroffenen Marktes, wird gewährleistet.[42] Es muss also jeder **Handelsvorteil**, der einem Land gewährt wird, auch allen anderen Partnern des Abkommens zugestanden werden. Auf diese Weise werden Handelsvorteile weitergereicht und es findet eine zunehmende Liberalisierung des Welthandels statt. Im GATT-System hat sich diese Meistbegünstigungspflicht bewährt und fand deshalb auch Eingang in das neue Abkommen über Dienstleistungen.[43] Jedoch sieht das Abkommen eine beträchtliche Anzahl von Ausnahmen vor, die ihrerseits die Verpflichtung zur Gewährung der Meistbegünstigung wieder aushöhlen und darüber hinaus die Anwendbarkeit des GATS unübersichtlicher und damit unpraktischer machen.

19 So gibt Art II:2 GATS den WTO-Mitgliedern die Möglichkeit, in sog „selbstgenannten Ausnahmen“ bestimmte **sensible Bereiche** zeitlich begrenzt von der Meistbegünstigungspflicht auszuschließen, zB den Telekommunikationssektor oder den Bereich der Finanzdienstleistungen. Jedes Mitglied kann die gewünschten Bereiche, in denen es Handelshemmnisse und diskriminierende Maßnahmen aufrechterhalten will, in einem Anhang zum Abkommen nennen, dem „Anhang über Ausnahmen von Artikel II“. So können **Reziprozitätsklauseln** und andere **handelsbeschränkende Vorschriften**, die mit dem unbeschränkbaren Prinzip der Meistbegünstigung aus Art II:1 GATS nicht vereinbar sind, weiter aufrechterhalten werden, wenn sie in die Listen der Ausnahmen von Art II aufgenommen wurden.[44] Vor Inkrafttreten des GATS

41 Das Meistbegünstigungsprinzip des Art II:1 GATS erfasst sowohl *de jure* als auch *de facto* Diskriminierung, s WTO, *EC-Bananas III*, App Body v 9.9.1997, WT/DS27/AB/R paras 231–234.

42 *Footer/George*, 827; *Barth*, 455/456.

43 *Barth*, 455/456.

44 *McDonald*, 98.

konnten sich die Gründungsmitglieder Ausnahmen von der Meistbegünstigung genehmigen lassen. Diese Gelegenheit, die Meistbegünstigungsregeln zu umgehen, wird allerdings auch allen anderen, später beitretenden WTO-Mitgliedern gewährt, so dass das Prinzip doch nicht prinzipiell nur vor Inkrafttreten des GATS zur Anwendung kam, wie man es aufgrund des Textes von Art II:1 GATS zunächst vermuten könnte. Dieses Verfahren zugelassener, in Anhängen angeführter Ausnahmen, macht das ganze Abkommen in der Handhabung sehr viel komplexer, muss doch nicht nur der Text selbst, sondern auch der Anhang gelesen werden, um den Stand der Liberalisierung jedes einzelnen Mitglieds in diesem oder jenem Bereich feststellen zu können.

Die Möglichkeit, das Meistbegünstigungsprinzip außer Kraft zu setzen, hat die EU 20 genutzt, um bspw alle von ihr genannten **„Kulturprodukte“** zu schützen. Dadurch ist sie weiter in der Lage, ihre eigene „Kulturindustrie“ zu subventionieren und Quoten für außereuropäische Produktionen im Fernsehen aufrechtzuerhalten.[45]

Diese „selbstgenannten Ausnahmen“ diskriminieren *per definitionem* andere 21 WTO-Mitglieder. Dies geschieht entweder durch eine Bevorzugung der in der Liste spezifizierten Staaten durch ausschließlich diesen gewährten Handelsvorteilen oder durch die Gewährung von Vorteilen an andere Staaten unter der Bedingung der Erfüllung bestimmter zusätzlicher Anforderungen.[46]

“Selbstgenannte Ausnahmen“ sollten nicht länger als zehn Jahre in Kraft bleiben 22 und müssen in neuen Verhandlungsrunden stets neu ausgehandelt werden. Sie werden zudem gemäß dem auf Art XXIX GATS beruhenden „Anhang über Ausnahmen von Artikel II“ alle fünf Jahre vom *Rat für den Handel mit Dienstleistungen* überprüft. Inwieweit diese Überprüfung den aushöhlenden Charakter dieser Maßnahmen zu begrenzen vermag, ist aber zweifelhaft.[47] Jedoch ist es nach Inkrafttreten des GATS für WTO-Mitglieder nun schwieriger geworden, weitere „selbstgenannte Ausnahmen“ hinzuzufügen, da hierfür nun eine **Genehmigung der Ministerkonferenz** in Zusammenarbeit mit dem *Rat für den Handel mit Dienstleistungen* erforderlich ist, die nur bei „außergewöhnlichen Umständen“ erteilt wird.[48] Wann und unter welchen Bedingungen solche Umstände vorliegen, wurde nicht präzise festgelegt. Damit dürfte es den WTO-Mitgliedern erheblich erschwert worden sein, ihren Listen von Ausnahmen vom Meistbegünstigungsprinzip neue Ausnahmen hinzuzufügen.

In Art V enthält das GATS aber auch noch eine systematische horizontale Ausnahme 23 vom Meistbegünstigungsprinzip, nämlich für **Abkommen wirtschaftlicher Integration**, also zB für Verträge zur Schaffung eines Binnenmarktes wie desjenigen der Europäischen Union (EU). Diese Ausnahme, die auf Art XXIV des GATT 1947 beruht, stellt sicher, dass die Mitglieder von Freihandelszonen oder Zollunionen die intern gewährten Vorteile nicht allen WTO-Mitgliedern gewähren müssen.[49] Wären bspw die

45 *McDonald*, 98f.

46 *McDonald*, 99.

47 *McDonald*, 100.

48 Art XXIX GATS in Verbindung mit dem Anhang über Ausnahmen von Art II:2, Text abgedr ua in *Hummer/Weiss*, 1035.

49 In WTO, *Canada-Autos*, Panel v 11.2.2000, WT/DS139/R u WT/DS142/R paras 10.269–10.272, hat das Panel zudem festgestellt, dass die bevorzugte Behandlung allen Mitgliedern des betreffenden Abkommens gleichermaßen zukommen muss, damit die Ausnahme des Art V GATS anwendbar ist.

Mitgliedstaaten der EU verpflichtet, allen WTO-Mitgliedern die Bedingungen zu gewähren, die innerhalb der EU im internen Markt gelten, würden die Regelungen des internen Marktes weltweit gelten. Dies wäre absolut unmöglich gewesen und wurde deshalb verständlicherweise ausgeklammert. Es ist jedoch festzustellen, dass diese generelle Ausnahme einen weitreichenden Einfluss auf die weitere Entwicklung des GATS und des weltweiten Handels mit Dienstleistungen hat, da über 90 % aller Mitglieder der WTO in der einen oder anderen Form an solchen regionalen Abkommen zur engeren wirtschaftlichen Kooperation beteiligt sind.[50]

24 Ebenso ausgeschlossen vom Meistbegünstigungsprinzip sind die gegenseitige **Anerkennung von Qualifikationsnormen und -kriterien** für die Zulassung von Dienstleistungsanbietern (Art VII GATS) sowie **Doppelbesteuerungsabkommen** (Art XIV(e) GATS), die wegen ihrer individuellen, zwischen zwei Staaten ausgehandelten Inhalte nicht allgemein anwendbar sind. Eine weitere universelle Ausnahme ist vorgesehen für **Maßnahmen zum Schutz der öffentlichen Sittlichkeit oder der öffentlichen Ordnung** sowie zum Schutz des Lebens oder der Gesundheit von **Menschen**, Tieren oder Pflanzen, ferner um die Einhaltung von Gesetzen oder sonstiger Vorschriften, zB zur Verhinderung irreführender oder betrügerischer Geschäftspraktiken, zu gewährleisten (Art XIV(a)–(c) GATS). Ferner ist gemäß Art XII:1 GATS die Einschränkung des Dienstleistungshandels unter bestimmten Umständen und für eine gewisse Zeitspanne zugestanden, wenn das betroffene Mitglied schwerwiegende **Zahlungsbilanzstörungen** hat oder ihm diese drohen oder wenn enorme Zahlungsschwierigkeiten bestehen. Ebenso kann nach Art XIV*bis* GATS die Wirkung des Abkommens eingeschränkt werden, wenn Interessen der Wahrung der nationalen Sicherheit dies erfordern.

25 Diese Ausnahmen, wenn sie auch zumeist nur zeitlich begrenzt zulässig sind, wurden relativ weit gefasst und sind in ihrem Umfang nicht immer klar umrissen, so dass sie den WTO-Mitgliedern einigen **Handlungsspielraum** gewähren, das weitreichende Meistbegünstigungsprinzip einzuschränken, zeitweise vielleicht sogar auszuhöhlen. Anzumerken ist, dass Art XIV GATS strukturell sowie inhaltlich vergleichbar ist mit Art XX GATT und abschließend zulässige Regelungsziele aufzählt. Das bedeutet, dass auch bei dieser Norm die Maßnahme notwendig sein muss und gemäß der Einführungsklausel nicht zu einer willkürlichen oder unberechtigten Diskriminierung, bzw zu einer verschlechterten Handelsbeschränkung, führen darf.[51]

26 Des Weiteren ist das Meistbegünstigungsprinzip zufolge Art XIII GATS nicht auf das öffentliche Vergaberecht anwendbar. In diesem Bereich bleibt allein das *Internationale Übereinkommen über das öffentliche Beschaffungswesen* (GPA) gültig, welches als plurilaterales Abkommen im Anhang 4 des Abkommens zur Errichtung der WTO zu finden ist.[52]

---

50 Eingehender zur regionalen Wirtschaftsintegration → *Nowrot* § 3 Rn 1ff.

51 In WTO, *US-Gambling* hat der App Body explizit festgestellt, dass die Entscheidungen, die im Rahmen des Streitschlichtungsverfahrens hinsichtlich des Art XX GATT getroffen wurden, ebenso bei der Anwendung des Art XIV GATS zu berücksichtigen sind; vgl WTO, *US-Gambling*, Panel v 10.11.2004, WT/DS285/R; WTO, *US-Gambling*, App Body v 7.4.2005, WT/DS285/AB/R sowie *Delimatsis*, 1059; *Zleptnig* ÖZW 2005, 117; s a Diskussion im GATS Rat über Massnahmen Australien's, der USA und Indien's betr 5G und TikTok, Secretariat Note v 2.11.2020, S/C/M143.

52 Ausf hierzu → *Bungenberg/Weiss* § 6 Rn 25ff.

Im Anhang über die Freizügigkeit natürlicher Personen, die im Rahmen des Übereinkommens Dienstleistungen erbringen, wird festgestellt, dass es den WTO-Mitgliedern unbenommen bleibt, Regelungen zur **Visapflicht** dieser natürlichen Personen einzuführen, ohne damit gegen das Meistbegünstigungsprinzip zu verstoßen. Dies gewährt den Mitgliedern der WTO natürlich ebenso einigen Spielraum, der es ihnen ermöglicht, durch komplizierte Visaregelungen die Dienstleistungsfreiheit zumindest zu erschweren. Des Weiteren ergibt sich dieser Spielraum aus der Möglichkeit, allein schon aus aufsichtsrechtlichen Gründen Handelsbeschränkungen einführen zu können. Dies kann insb im Finanzsektor zu Diskriminierungen führen, wenn ein Mitglied zum Schutz von Investoren oder zur Sicherung der Stabilität seines Finanzsystems einschränkende Maßnahmen ergreifen darf. Inwieweit diese Ausnahmeklausel für aufsichtsrechtliche Vorschriften tatsächlich zu Einschränkungen führt, kann wegen deren großer Anzahl lediglich geschätzt werden, sie erleichtert aber in jedem Fall die Umgehung des MFN-Prinzips.[53] 27

Die EU, die für die Mitgliedstaaten die Verhandlungen führte, verzichtete am Ende der Verhandlungen auf die von ihr anfänglich geforderte Einführung einer Reihe von EU-rechtlichen und nationalen Reziprozitätserfordernissen. Durch **Reziprozitätsvereinbarungen** wird erreicht, dass Ausländern bzw Angehörigen von Nicht-EU-Mitgliedstaaten nur solche Rechte, zB die Anerkennung eines Studienabschlusses, gewährt zu werden brauchen, die gleichzeitig auch EU-Bürgern in dem anderen Mitglied gewährt werden. Die angestrebten Liberalisierungsvorschriften schienen den EU-Verhandlern ausreichend, um auf diese Möglichkeit bilateral voranschreitender Liberalisierung verzichten zu können.[54] Dieser EU-Katalog von Erfordernissen bezog sich auf Reziprozitätsmaßnahmen in verschiedenen Sektoren, zB Banken, Versicherungen oder „freien Berufen", welche als diskriminierende Maßnahmen nicht mit dem Meistbegünstigungsprinzip vereinbar gewesen wären. 28

Abschließend sei darauf hingewiesen, dass das Meistbegünstigungsprinzip, so umfassend dessen Anwendungsbereich zunächst erscheint, durch die Vielzahl von Ausnahmen in seiner Wirkung deutlich eingeschränkt wird. Hinzu kommt, dass durch die unübersichtlichen Anhänge und Verweise die Handhabung des GATS-Abkommens erheblich erschwert wird.[55] 29

2. Transparenz

Die Transparenz von Gesetzen, also die Gesetzgebung, die Anwendung und die Zugänglichkeit, waren bereits zentrale Punkte in der GATT-Praxis, obschon dies in keinem juristischen Dokument ausdrücklich erwähnt wird.[56] So sind diese Transparenzanforderungen in Bezug auf die Schaffung, Anwendung und Zugänglichkeit von nationalen Gesetzen auch für das GATS zentrale Verhandlungspunkte gewesen. Die **Erklärung von Punta del Este** forderte die GATS-Verhandler auf, den Handel durch mehr Transparenz auszuweiten. Dieses Ziel wird auch in der Präambel und eben in Art 30

53 *McDonald*, 97f.
54 *Barth*, 455/456.
55 Hierzu a *McDonald*, 101f.
56 *Weiss* CMLR 32 (1995), 1177/1199.

III GATS wiederholt. Außer in Ausnahmesituationen sind die WTO-Mitglieder verpflichtet, alle Gesetze und Verordnungen sowie die Änderungen hierzu sofort zu veröffentlichen, wenn diese Regelungen die Anwendung des GATS beeinflussen.[57]

31 Die Einführung einer Transparenzverpflichtung in das GATS[58] ist ein großer Schritt vorwärts, der es jetzt allen Dienstleistungsanbietern ermöglicht, sich Informationen über die für ihren Sektor geltenden Regelungen zu verschaffen. Dies war vorher nicht der Fall und somit für den ausländischen Dienstleistungsanbieter gegenüber den nationalen Anbietern nachteilig. Mit der Verpflichtung zur Transparenz haben in- und ausländische Konkurrenten wenigstens in Bezug auf die Kenntnis der gegenwärtigen Gesetzeslage die gleichen Chancen auf dem jeweiligen Markt.

3. Anerkennung

32 Um die Erleichterungen des Marktzutritts, die sich aus dem **MFN-Prinzip** ergeben, nicht der Gefahr auszusetzen, durch Maßnahmen des Staates auf anderen Gebieten wieder zunichte gemacht zu werden, ist eine Bestimmung über die gegenseitige Anerkennung eingefügt worden, die es den WTO-Mitgliedern ermöglicht, Ausbildungen, Berufserfahrungen, Lizenzen oder Zulassung bzw die Voraussetzungen hierzu, die im Gebiet des anderen Mitglieds erfüllt worden sind, anzuerkennen (Art VII:2 S 2 GATS). Den Mitgliedern der WTO stehen dabei mehrere Wege zur Anerkennung offen. Zum einen kann dies im Wege der Harmonisierung geschehen, zum anderen aber auch auf dem Verhandlungswege durch bi-, pluri- oder multilaterale Abkommen.[59] Eine einseitige Anerkennung ist natürlich auch möglich.

33 Darüber hinaus schreibt Art VII:2 S 1 GATS vor, dass die Staaten generell bereit sein müssen, in angemessener Weise mit anderen interessierten WTO-Mitgliedern über Anerkennungsabkommen zu verhandeln oder aber ihnen Zutritt zu solchen bereits mit anderen WTO-Mitgliedern bestehenden Verträgen oder Abkommen zu gewähren. Ein solcher Beitritt zu einem bereits bestehenden Abkommen würde vorherige Verhandlungen und eine Zustimmung aller an diesem Abkommen beteiligten Mitglieder der WTO erfordern. Diese Verpflichtung zur generellen **Verhandlungsbereitschaft** ist natürlich vom Willen der Mitglieder abhängig, tatsächlich den Abschluss von Verträgen und Absprachen voranzutreiben, denn was verhandeln in „angemessener Weise" genau umfassen soll, ist kaum definierbar und lässt viel Interpretationsspielraum für das verhandelnde Mitglied. Es dürfte daher äußerst schwierig sein, den Nachweis zu erbringen, dass ein Mitglied zweckdienliche Verhandlungen nicht in angemessener Weise geführt hat.

34 Die Erfüllung dieser Verpflichtung wird aber durch die in Art VII:3 GATS enthaltene Einschränkung erschwert, dass die Anerkennung dann nicht gewährt werden darf, wenn es durch die Anerkennung von erworbenen Qualifikationen oder gewährten Lizenzen zu Diskriminierungen unter den WTO-Mitgliedern käme oder eine verschleierte

---

57 *Weiss* CMLR 32 (1995), 1177/1199f.

58 Art III GATS verpflichtet die WTO-Mitglieder unter dem Titel „Transparenz", alle Maßnahmen, die den Anwendungsbereich des GATS berühren, unverzüglich bzw spätestens bis zum Zeitpunkt ihres Inkrafttretens zu veröffentlichen. S hierzu *Weiss/Steiner*, 1545/1579f.

59 *Footer/George*, 839.

Beschränkung des Dienstleistungshandels entstünde.[60] Gerade im Bereich von **Ausbildungsnachweisen** kann dies zu starken Einschränkungen der Anwendbarkeit führen. Würde zB Deutschland ohne weiteres die juristische Ausbildung in den USA als gleichwertig anerkennen und amerikanischen Juristen erlauben, in Deutschland zu praktizieren, so könnte dies entweder eine Diskriminierung einzelner anderer WTO-Mitglieder bedeuten, zB Kanadas oder Australiens,[61] oder aber auch eine Beschränkung des Dienstleistungsverkehrs, denn Juristen aus den Gebieten anderer WTO-Mitglieder wäre die Arbeit in Deutschland ja noch verwehrt. In Bezug auf dieses Problem findet sich im GATS keine Lösung, so dass hier ein Maß an Rechtsunsicherheit verbleibt.[62]

4. Monopole und Dienstleistungserbringer mit ausschließlichen Rechten

In einzelnen Staaten und in bestimmten Bereichen gibt es, sei es aus rechtlichen oder 35
wirtschaftlichen Gründen, eine **Monopolstellung** eines Anbieters von Dienstleistungen. Art VIII GATS verpflichtet die WTO-Mitglieder, sicherzustellen, dass der Monopolist nicht in einer Art und Weise auf dem Markt agiert, die mit den Verpflichtungen aus Art II GATS und mit den spezifischen in der Liste eingegangenen Verpflichtungen nicht vereinbar wäre.

Da es sich bei dem GATS, wie in Erinnerung zu rufen ist, um ein Staatenabkommen 36
handelt, entstehen keine direkt einklagbaren Rechte für Private. Nur die Vertragsstaaten, also die WTO-Mitglieder trifft die Pflicht, für die Umsetzung und Beachtung der Regelungen zu sorgen, dh gegebenenfalls private Firmen – auch mit Zwang – dazu zu bringen, dass ihr Handeln mit den Regelungen des GATS übereinstimmt. In Bezug auf andere Wettbewerbsbeschränkungen besteht zufolge Art IX GATS lediglich eine gegenseitige Informations- und Konsultationspflicht der Mitglieder der WTO untereinander.

Der Anwendungsbereich des Art VIII GATS erstreckt sich auch auf die an den Mo- 37
nopolmarkt **„angrenzenden Märkte"**, in denen der Monopolist ebenso aktiv ist, sei es durch das Unternehmen selbst oder durch mit ihm verbundene oder von ihm kontrollierte Unternehmen. Unterliegen diese angrenzenden Dienstleistungsmärkte den spezifischen Verpflichtungen, denen sich das Mitglied unterworfen hat, so hat dieses dafür Sorge zu tragen, dass der Dienstleistungserbringer seine Monopolstellung nicht missbraucht, indem er im Hoheitsgebiet des Mitglieds in einer Weise handelt, die mit den von diesem eingegangenen Verpflichtungen unvereinbar ist.

III. Spezifische Verpflichtungen

Im Teil III des GATS finden sich die eigentlichen Liberalisierungsverpflichtungen und 38
damit die zentralen Regelungen des GATS. Die wichtigsten Verpflichtungen betreffen

60 *McDonald*, 106f.

61 Die Situation mit anderen EU-Staaten ist separat zu betrachten, denn die im Rahmen der EU-Verträge gewährte gegenseitige Anerkennung von Qualifikationen oder Erfahrungen muss nicht gegenüber Dritten gewährt werden. Die regionalen Abkommen dürfen ihre Exklusivität beibehalten.

62 *McDonald*, 107.

den **Marktzugang** und die **Behandlung von Inländern**. Das Besondere hieran ist, dass die Liberalisierungspflicht nicht unmittelbar durch den Vertragsabschluss zum GATS entsteht, sondern jeweiliger bilateraler Verhandlungsabschlüsse bedarf, in denen die WTO-Mitglieder individuell vereinbaren, welche Öffnungsverpflichtungen hinsichtlich einzelner Dienstleistungssektoren eingegangen werden sollen. Diese eingegangenen Verpflichtungen werden in der Liste spezifischer Verpflichtungen aufgenommen, sodass transparent und nachvollziehbar erkennbar ist, welche Liberalisierungsschritte ein Mitglied einzugehen bereit ist.[63] Art XVI GATS enthält also keine generelle und direkte Verpflichtung, Marktzugang zu gewähren.

39 Die Listen mit den spezifischen Verpflichtungen haben die WTO-Mitglieder vor Inkrafttreten des GATS vorgelegt, sie wurden mit Inkrafttreten des GATS gültig. Die Anwendbarkeit dieser in den Listen beschriebenen Verpflichtungen kann aber nach Art XVI:1 und XVII:1 GATS wieder durch individuelle Beschränkungen und Bedingungen eingeschränkt werden.[64] Dieses System individueller Selbstverpflichtungen und Ausnahmen, zusammen mit der Möglichkeit einerseits behindernde Maßnahmen in Ausnahmefällen doch beibehalten und andererseits auch individuelle Meistbegünstigungsausnahmen zugestehen zu können, gibt den Mitgliedern der WTO die Möglichkeit, das Abkommen sehr flexibel zu gestalten. Die Reichweite des GATS ist dadurch entsprechend stärker von der Liberalisierungsbereitschaft der WTO-Mitglieder abhängig.[65] Anwendbarkeit und Verständlichkeit des GATS leiden allerdings darunter, dass das konkrete Ausmaß der von einzelnen Mitgliedern eingegangenen Verpflichtungen sowie die festgelegten Ausnahmen von diesen jeweils gesondert analysiert werden müssen. Diese Unübersichtlichkeit kompliziert Interpretation und Handhabung des GATS.

1. Marktzugang

40 Ein WTO-Mitglied muss in den Bereichen, die es Dienstleistungserbringern anderer Mitglieder zugänglich machen will und die es deshalb in seiner Liste der „vereinbarten und festgelegten Bestimmungen, Beschränkungen und Bedingungen“ seiner Liberalisierungsverpflichtungen aufgenommen hat, alle gesetzlichen Regelungen sowie Maßnahmen abschaffen, die den Marktzugang behindern, sofern es sich um solche handelt, die in Art XVI:2 GATS genannt werden.[66] Da die Liste der in Art XVI:2 GATS

63 *Barth*, 455/458. S a die Guidelines for the Scheduling of Specific Commitments under the General Agreement on Trade in Services (GATS) des Rates für den Handel mit Dienstleistungen vom 23.3.2001, S/L92.

64 Zur Auslegung dieser Artikel s a WTO, China – Publications and Audiovisual Products, Panel v 12.8.2009, WT/DS363/R, App Body v 21.9.2009, WT/DS363/AB/R.

65 *Barth*, 455/458.

66 „Geht ein Mitglied eine Marktzutrittsverpflichtung in Bezug auf die Erbringung einer Dienstleistung über einen in Artikel 1 Absatz 2 lit a genannten Weg ein und stellt der grenzüberschreitende Kapitalverkehr einen wesentlichen Bestandteil der Dienstleistung dar, ist das Mitglied verpflichtet, diesen Kapitalverkehr zuzulassen. Geht ein Mitglied eine Marktzutrittsverpflichtung in Bezug auf die Erbringung einer Dienstleistung über einen in Artikel 1 Absatz 2 lit c genannten Weg ein, ist das Mitglied verpflichtet, den entsprechenden Kapitaltransfer in sein Gebiet zuzulassen“, zit in *Hummer/Weiss*, 1024.

definierten Maßnahmen jedoch abschließend ist,[67] werden einige dort nicht aufgeführte Maßnahmen von der Regelung des Art XVI:2 GATS auch nicht erfasst.[68] Dementsprechend müssen solche gesetzlichen Regelungen bzw Maßnahmen weder abgeschafft, noch die auf diesen Regelungen beruhenden Beschränkungen, die aufrechterhalten werden sollen, in der Liste aufgeführt werden. Ein WTO-Mitglied gewährt dementsprechend nach der Lesart des GATS dann **„freien Marktzugang"**, wenn es in den liberalisierten Bereichen keine der in Art XVI:2 aufgeführten Regelungen bzw Maßnahmen aufrechterhält.[69]

Ein völlig freier Marktzugang ist dann aber keinesfalls gewährleistet. Hier ver- **41**
bleibt den WTO-Mitgliedern demzufolge noch ein beträchtlicher Spielraum, um den eigenen Markt mit „erlaubten" protektionistischen Mitteln gegen ausländische Konkurrenz zu schützen. Regelungen, die nicht von der Abschaffungspflicht erfasst werden und dementsprechend weiter gelten dürfen, sind zB steuerliche Maßnahmen wie eine hohe, diskriminierende Steuerbelastung oder ein überbordendes System von Lizenz-, Konzessions- und Erlaubnispflichten, die sowohl den Marktzutritt als auch das Agieren im Markt erheblich erschweren können. Für Lizenzpflichten gilt natürlich, dass diese, soweit das Mitglied sich gemäß anderer Regelungen des GATS, zB der „Anerkennung" nach Art VII GATS, zu Erleichterungen der Anerkennung von Lizenzen oder Qualifikationen anderer WTO-Mitglieder verpflichtet hat, zu beachten sind, so dass die liberalisierungsfeindliche Maßnahme abgeschafft werden muss, obwohl sie nicht in den Anwendungsbereich des Art XVI:2 GATS fällt.

2. Inländerbehandlung („National Treatment")

Das Prinzip der **Inländerbehandlung** ist in Art XVII GATS geregelt und hat zum In- **42**
halt, ausländische Anbieter wie inländische Anbieter zu behandeln. Dies bedeutet konkret, dass alle ausländischen Dienstleistungen und Dienstleistungserbringer in den liberalisierten Bereichen eine solche Behandlung erwarten können, die nicht weniger günstig sein darf, als die den gleichartigen inländischen Dienstleistungen und Dienstleistungserbringern zukommende Behandlung.[70] Der Anwendungsbereich ist

---

67 *Footer/George*, 846.

68 Vgl WTO, *US-Gambling*, Panel v 10.11.2004, WT/DS285/R paras 6.318, 6.298–6.299 und *China-Electronic Payment Services*, Panel v 16.7.2012, WT/DS413/R paras 7.628–7.631, 7.748.

69 Keine der in Art XVI:2 GATS genannten Kategorien erfasst zeitliche Limitierungen in den Listen der Liberalisierungsverpflichtungen bzgl
des Zeitpunkts des Inkrafttretens oder der Umsetzung der eingegangenen Verpflichtungen, vgl WTO, *Mexico-Telecoms*, Panel v 2.4.2004, WT/DS204/R paras 7.357–7.358; gewährt die Liberalisierungsverpflichtung Marktzugang für die grenzüberschreitende Dienstleistungserbringung (Modus 1), so ist davon jede Erbringungsart („mode of delivery") erfasst, vgl WTO, *US-Gambling*, Panel v 10.11.2004, WT/DS285/R para 6.285.

70 In diesem Zusammenhang hat das Panel in WTO, *China-Electronic Payment Services*, Panel v 16.7.2012, WT/DS413/R paras 7.698–7.702, Dienstleistungen als dann gleichartig eingestuft, wenn die inländische und die ausländische Dienstleistung wesentlich oder generell („essentially or generally") gleich sind und im Wettbewerb zueinanderstehen. In WTO, *China-Audiovisuals*, Panel v 12.8.2009, WT/DS363/R paras 7.975–7.976, hat das Panel festgestellt, dass, wenn die Herkunft der einzige Anknüpfungspunkt für eine ungleiche Behandlung von inländischen und ausländischen Dienstleistungserbrin-

weit gefasst und bezieht sich auf alle Maßnahmen, die die Erbringung von Dienstleistungen beeinträchtigen, der Ansatz ist hier also ein anderer als beim Marktzugang nach Art XVI GATS. Im Gegensatz zur Inländerregelung in Art III GATT enthält Art XVII GATS keine Differenzierung zwischen Steuern und regulierenden Maßnahmen, zudem ist Art XVII GATS sowohl auf Dienstleistungen als auch auf die Dienstleistungserbringer anwendbar.[71] Das Prinzip der Inländerbehandlung ist allerdings nicht als eine Pflicht zur formalen rechtlichen Gleichbehandlung zu verstehen, vielmehr geht es darum, sowohl inländischen als auch ausländischen Anbietern die gleichen Wettbewerbsbedingungen zu verschaffen,[72] also ein sog **„level playing field"** herzustellen.[73] Dies umfasst auch ein vergleichbares Ausmaß an Rechtsschutz und Zugang zu Gerichten, um bspw gegen Verwaltungsentscheidungen vorgehen zu können. Die Einräumung von Rechten wäre sinnlos, wenn diese im Fall der Missachtung durch Behörden nicht auch effektiv durchgesetzt werden könnten. Insofern ist die Inländerbehandlung vor Gericht genauso wichtig wie das Zugeständnis einer ebenso günstigen Behandlung auf dem Dienstleistungsmarkt selbst.

43 Dieses „level playing field", das aus- und inländische Dienstleistungserbringern als Ergebnis der Umsetzung und konsequenten Durchführung des Prinzips der Inländergleichbehandlung durch die WTO-Mitglieder, zusammen mit stets umfangreicheren Listen geöffneter Sektoren, zur Verfügung steht, muss als ein erheblicher Fortschritt in die Richtung einer weiteren Liberalisierung des Weltmarktes für Dienstleistungen angesehen werden.

3. Zusätzliche Verpflichtungen

44 Art XVIII GATS bietet WTO-Mitgliedern die Möglichkeit, hinsichtlich jener Maßnahmen, die den Handel mit Dienstleistungen beeinträchtigen, die aber nicht gemäß der

---

gern ist, die Gleichartigkeit von Dienstleistungserbringern gegeben ist. In WTO, *EC-Bananas III*, Panel v 22.5.1997, WT/DS27/R/ECU, WT/DS27/R/GTM, WT/DS27/HND, WT/DS27/R/MEX und WT/DS27/R/USA para 7.322, hat das Panel festgestellt, dass Dienstleistungserbringer, die gleichartige Dienstleistungen erbringen, als gleichartig gelten.

71 In *Argentina – Financial Services* hob der App Body die rechtliche Feststellung des Panels bzgl der Gleichartigkeit von Dienstleistungen und Dienstleistungserbringern aufgrund der Herkunft gem Art II:1 und XVII:1 GATS auf und stellte ferner fest, dass eine Maßnahme dann keine Behandlung zur Folge hat, „die nicht weniger günstig ist", wenn sie die Wettbewerbsbedingungen zum Nachteil der Dienstleistungen und Dienstleistungserbringer anderer Mitglieder verändert, Panel v 30.9.2015, WT/DS453/R App Body v 14.4.2016, WT/DS453/AB; *Footer/George*, 849. Zum Konzept der Inländergleichbehandlung s a *Michaelis*, Rn 66ff.

72 Vgl WTO, *China-Electronic Payment Services*, Panel v 16.7.2012, WT/DS413/R para 7.687 und *China-Audiovisuals*, Panel v 12.8.2009, WT/DS363/R paras 7.978–7.979; ferner stellte das Panel in *China-Audiovisuals*, Panel v 12.8.2009, WT/DS363/R paras 7.1130–7.1131, klar, dass der Beschwerdeführer die tatsächlichen nachteiligen Auswirkungen einer formal schlechter behandelnden Maßnahme auf die Wettbewerbsbedingungen nachweisen muss.

73 In einer Fußnote zu Art XVII para 1 wird angemerkt, dass spezifische Bindungen nach diesem Artikel nicht so ausgelegt werden, dass ein Mitglied Ausgleich für etwaige Wettbewerbsnachteile gewähren muss, die sich daraus ergeben, dass die Dienstleistung oder der Erbringer der Dienstleistung aus einem anderen Land stammt.

Art XVI und XVII GATS in den Listen aufgeführt werden, zusätzliche Verpflichtungen auszuhandeln, zB in Bezug auf Maßnahmen zu Qualifikations-, Normen- oder Zulassungsfragen. Die im Rahmen dieses Verfahrens eingegangenen Verpflichtungen werden in den Listen der WTO-Mitglieder angeführt. Um die Reichweite des gewährten Marktzugangs und der Inländerbehandlung eines einzelnen Mitglieds feststellen zu können, muss man die Liste des betreffenden Mitglieds studieren, insb die zu den Art XVI, XVII und XVIII GATS eingegangenen Verpflichtungen. Zum besseren Verständnis der Listen sind auch die beiden letzten Vorschriften des Teil III, die Art XX und XXI GATS zu berücksichtigen.

In Art XX GATS ist detailliert niedergelegt, welche Informationen über die nach 45
Teil III übernommenen Verpflichtungen die Liste enthalten muss. So muss sie zB Bestimmungen, Beschränkungen und Bedingungen für den Marktzugang darlegen oder die Bedingungen und Qualifikationen für die Inländerbehandlung nennen. Dazu müssen zusätzliche Verpflichtungen benannt werden, außerdem der Zeitrahmen und der Zeitpunkt ihres Inkrafttretens. Art XX:2 GATS regelt weiter, wie in Zweifelsfällen die Einträge vorgenommen werden müssen, die dann in der Liste zu Art XVI GATS einzutragen sind. Grundlegender aber ist Abs 3, der die Feststellung enthält, dass die Listen spezifischer Verpflichtungen als Anlagen Teil des Abkommens und somit bindend sind.

4. Weitere Bestimmungen

Im Teil IV des GATS wird die fortschreitende Liberalisierung geregelt. Da man sich 46
während der Uruguay-Runde nicht auf eine umfangreiche Liberalisierung einigen konnte, wurde vereinbart, dass regelmäßig aufeinander folgende Verhandlungsrunden stattfinden würden, die nach spätestens fünf Jahren ein höheres **Liberalisierungsniveau** ermöglichen sollten. Gemäß Art XIX:1 GATS wird als Ziel eindeutig definiert, dass Handelshemmnisse beseitigt oder ihre Wirkungen vermindert werden sollen, um optimalen Marktzugang zu verwirklichen. Dabei soll ein ausgewogenes Verhältnis zwischen Rechten und Pflichten in einer Weise erreicht werden, durch welche die Interessen aller Beteiligten zum gemeinsamen und gegenseitigen Nutzen gefördert werden. Abs 3 erklärt, dass für jede Verhandlungsrunde Richtlinien und Verfahren festgelegt werden sollen. Um diese erarbeiten zu können, wird dem Rat für den Handel mit Dienstleistungen auferlegt, eine genaue Analyse des Dienstleistungshandels allgemein und jeweils nach einzelnen Sektoren vor dem Hintergrund der im Abkommen genannten Ziele vorzunehmen. Hierbei wird auch die Situation der am wenigsten entwickelten Länder untersucht, um über ihre stärkere Beteiligung am Dienstleistungshandel verhandeln zu können. Abs 4 formuliert das Fernziel, nämlich durch eine schrittweise Liberalisierung in jeder Runde den allgemeinen Umfang der spezifischen eingegangenen Verpflichtungen der WTO-Mitglieder zu vergrößern.

Seit Beginn des Jahres 2000 wird das GATS dementsprechend neu verhandelt. 47
Erstes Etappenziel hierbei war die 4. Ministerkonferenz in Doha, Katar, die in ihrer Ministererklärung in 21 Punkten den Verhandlungsrahmen absteckte.[74] Die Verhandlun-

74 WTO, Ministerial Declaration v 20.11.2001, WT/MIN(01)/DEC/1, die sog „Doha Development Agenda"; s a zur 4. WTO-Ministerkonferenz in Doha, Katar *Siebold*, 69f.

gen sollten mit mehreren Zwischenetappen bis zum Ende des Jahres 2004 abgeschlossen sein. Zwar scheiterten die Verhandlungen zunächst auf dem WTO-Minister-Treffen in Cancún, Mexiko, im September 2003, so dass der ursprüngliche Zeitplan nicht einzuhalten war, die Verhandlungen wurden aber nach Empfehlung des Rates für den Handel mit Dienstleistungen durch die Entscheidung des Allgemeinen Rates vom 31.7.2004 aufrecht erhalten.[75] Seit 31.5.2003 sind 69 Verhandlungsangebote eingegangen, seit 19.5.2005 30 verbesserte Angebote.[76] Es hat sich wieder einmal bestätigt, dass einzelne Gruppen von Mitgliedern der WTO unterschiedliche Ziele verfolgen und es daher bisher nicht gelungen war, hier einen Ausgleich zu erreichen, zB zwischen einer Öffnung der Agrarmärkte der Industrieländer im Gegenzug für weitere Zugeständnisse der Entwicklungsstaaten bei Zöllen und Abgaben. Die WTO mit ihren gegenwärtig 164 Mitgliedern[77] muss ihre Beschlüsse im Konsensusverfahren[78] fassen und ist dementsprechend schwerfällig.[79] Zu befürchten bleibt, dass diese Form der Verhandlung Schaden genommen haben könnte und in Zukunft die starken Industrienationen, allen voran die USA, ihre Zukunft in bilateralen oder regionalen Freihandelsverträgen sehen werden, die einfacher zu verhandeln sind und schnelleren Erfolg versprechen.[80] Allerdings sind bei diesen Verhandlungen die Positionen meist unterschiedlich stark, da die reichen Länder aus einer stärkeren Position heraus verhandeln können. Genau dies wollte das GATS eigentlich verhindern.

IV. Bestimmungen für Entwicklungsländer

48 Die **Entwicklungsländer** standen den Liberalisierungsverhandlungen der Uruguay-Runde anfänglich skeptisch gegenüber, trotz der Feststellung in der Ministererklärung von Punta del Este, wonach die Verhandlungen die Entwicklung der Entwicklungsländer fördern sollten.[81] Sie sahen ihre Position als zu schwach an und fürchteten bspw die Niederlassung finanzstarker ausländischer Unternehmen auf ihrem Hoheitsgebiet. So verbanden sie die Forderung nach einer Öffnung ihrer Dienstleistungsmärkte mit der Gegenforderung großzügigerer Zulassung ausländischer Arbeitnehmer auf den Arbeitsmärkten der Industriestaaten, einem Bereich in dem die Entwicklungsländer Vorteile haben. Deshalb setzte sich mit der Zeit auch die Erkenntnis durch, dass die Ent-

75 WTO, Doha Work Program, Decision adopted by the General Council v 1 August 2004, WT/L/579. lit e.

76 Einige Mitglieder haben in Bezug auf ihre eingebrachten Vorschläge die Geheimhaltung aufheben lassen – jene Dokumente sind als TN/S/O-Dokumente öffentlich zugänglich und über die Homepage der WTO abrufbar.

77 Stand Februar 2021.

78 Dieses Verfahren stammt aus der Arbeit unter dem GATT. Demnach gibt es keine direkten Abstimmungen, sondern ein Beschluss gilt als gefasst, wenn kein Mitglied aktiv widerspricht. Der Unterschied zur Einstimmigkeit liegt darin, dass bei der Einstimmigkeit keine Enthaltungen möglich sind.

79 Allg zu Willensbildung und Entscheidungsstrukturen in der WTO → *Tietje* § 4 Rn 30ff.

80 Eingehender zur wachsenden Bedeutung regionaler Wirtschaftsintegration im internationalen Wirtschaftssystem → *Nowrot* § 3 Rn 1ff.

81 *Barth*, 455/457.

wicklungsländer ebenfalls von einer Liberalisierung profitieren könnten, zB im Bereich des Tourismus oder bei der Anwerbung ausländischer Investoren.[82]

Da die Verhandlungsposition der Entwicklungsländer schwach war, musste auch die Entwicklungskomponente eine zentrale Rolle in den Verhandlungen spielen und adäquat eingebunden werden. Hierfür sah man drei Möglichkeiten: Eine war, dem GATT-System zu folgen mit einer differenzierten und günstigeren Behandlung der Entwicklungsländer und der Möglichkeit, bestimmte Verpflichtungen auszusetzen, um die Entwicklung der Länder zu fördern. Zweitens kam eine Erwähnung allein in der Präambel in Betracht, was aber doch einige ausdauernde Verhandlungen über den endgültigen Wortlaut nach sich gezogen hätte, um die Wünsche der Entwicklungsländer zu erfüllen. Die dritte Möglichkeit, für die man sich am Ende entschied, sah eine Konzentration auf spezifische Regelungen im Rahmen der Vereinbarung mit dem Ziel vor, die Entwicklungsländer durch allgemeine Regelungen zu fördern, die festlegen, welche Handlung unter welchen Umständen in welchem Staat erlaubt sein sollte. Es sollte keine spezielle Sonderbehandlung für Entwicklungsländer mehr geben, vielmehr sollte Entwicklung als integraler Bestandteil des GATS behandelt werden. Dies rief die Kritik einiger Kommentatoren hervor, die in diesen Vorschlägen keine wirklichen Chancen für die Entwicklungsländer erkennen konnten. 49

Jedenfalls ist es den **Entwicklungsländern** unter den WTO-Mitgliedern gestattet, einige Regelungen flexibler anzuwenden als andere, zB nach Art III, Art V:3 und Art XIX GATS.[83] So können Entwicklungsländer, die sich in einem regionalen Verbund zusammengeschlossen haben, dem nur Entwicklungsländer angehören, ihre Handelsbarrieren gemäß Art V:3(a) und (b) GATS in einer Weise abbauen, die ausländische Dienstleistungserbringer aus Mitgliedern der WTO, die nicht dem Verbund angehören, diskriminiert. Darüber hinaus sind die Industriestaaten verpflichtet, die Entwicklungsländer durch verschiedene Maßnahmen zu fördern. So soll der Dienstleistungssektor gestärkt und seine Wettbewerbsfähigkeit und Effizienz durch den Zugang zu Technologien, Vertriebswegen und Informationsnetzwerken verbessert werden, um den Marktzugang von Dienstleistungsanbietern aus Entwicklungsländern zu erleichtern.[84] Zusätzlich wurde im Dezember 2011 von der Ministerkonferenz ein „waiver" zugunsten der am wenigsten entwickelten Länder angenommen, der den Mitgliedern der WTO ermöglicht, bei Dienstleistungen als auch Dienstleistungserbringen aus den am wenigsten entwickelten Mitgliedern vom Meistbegünstigungsprinzip abzuweichen und diese bevorzugt zu behandeln.[85] Auf der 9. WTO-Ministerkonferenz auf Bali im Dezember 2013 wurde daraufhin ein Verfahren zur Umsetzung dieses Dienstleistungswaivers vereinbart.[86] Bezug nehmend auf den „waiver" 2011 sowie auf seine Operationalisierung 2013 aber auch auf die Präambel des WTO Abkommens, die auf die Notwendigkeit „positiver Bemühungen" verweist, „damit die Entwicklungsländer, 50

82 *Barth*, 455/457.

83 *Weiss* CMLR 32 (1995), 1177/1201.

84 *Weiss* CMLR 32 (1995), 1177/1202.

85 WTO, Special Treatment to Services and Service Suppliers from Least- Developed-Countries, Decision v 17.12.2011, WT/L/847.

86 WTO, Operationalization of the Waiver Concerning Preferential Treatment to Services and Service Suppliers of Least-Developed Countries, Decision v 7.12.2013, WT/L/918.

insbesondere die am wenigsten entwickelten unter ihnen, einen Anteil am Wachstum des internationalen Handels erreichen", beschloss die 10. Ministerkonferenz in Nairobi im Dezember 2015 diesen waiver bis 31 Dezember 2030 zu verlängern sowie den Rat für den Handel mit Dienstleistungen mit seiner Durchführung zu beauftragen.[87]

D. Spezielle Dienstleistungssektoren

51 Wie schon erwähnt, wird der internationale Dienstleistungshandel, anders als der Warenhandel, aus vielerlei Gründen staatlich stark reguliert. Einige Dienstleistungsbereiche gelten als besonders sensibel. Dies trifft speziell auf den Sektor der Finanzdienstleistungen zu, wo der Staat, schon um seiner Schutzpflicht gegenüber seinen Bürgern genügen zu können, an bestimmten Kontrollpflichten festhalten muss, um etwa finanziellen Unregelmäßigkeiten, zB dem Zusammenbruch einer ausländischen Bank mit enormen Auswirkungen auf den gesamten Bankensektor, zuvorkommen zu können. Aus diesem Grund bedurfte es für bestimmte Bereiche gewisser restriktiverer Vereinbarungen, um dem **Schutz- und Kontrollbedürfnis der WTO-Mitglieder** Rechnung zu tragen.

I. Finanzdienstleistungen

52 Der Sektor der Finanzdienstleistungen profitiert sehr stark von jeder Form von Liberalisierung. Der Markt ist international, sehr flexibel und kann mit verhältnismäßig kleinem Aufwand ausgedehnt werden. Alle vier **Erbringungsarten** sind für Dienstleistungsanbieter der Finanzbranche interessant, sei es, dass Industrieunternehmen eines WTO-Mitglieds einen Kredit bei einer in einem anderen WTO-Mitglied ansässigen Bank aufnimmt (*mode 1*) oder dass Banken oder Versicherungen Tochtergesellschaften oder Niederlassungen in den Hoheitsgebieten anderer WTO-Mitglieder errichten, um dort Leistungen an Privat- und Geschäftskunden anzubieten (*mode 3*).[88] Von letzterem Beispiel wird auch die Personenfreizügigkeit erfasst, wenn das Unternehmen in der ausländischen Tochter eigene Mitarbeiter mit anderer Nationalität beschäftigen möchte. Darauf wird später noch einzugehen sein.

53 Die generellen Regelungen und Prinzipien des GATS gelten auch für den Finanzdienstleistungssektor. Um aber den besonderen Anforderungen des Finanzsektors besser entsprechen zu können, war bereits bei den Verhandlungen zum GATS festgelegt worden, dass weitere Verhandlungen zur Liberalisierung dieses Sektors folgen sollten.[89] Diese wurden im Dezember 1997 beendet. Die Liberalisierungsschritte, auf die sich die 70 WTO-Mitglieder in den Verhandlungen geeinigt hatten, wurden im 5. Protokoll zusammengefasst, dem GATS angefügt und traten zum 1.3.1999 in Kraft. Die

---

87 WT/MIN(15)/48, WT/L/982 v 21.12.2015; s a die Note by the Secretariat on Market Access for products and services of export interest to Least Developed Countries v 23.10.2020, WT/COMTD/LDC/W/68.

88 *Kokott*, 401/402.

89 S den Beschluss der Minister über Finanzdienstleistungen v 15.12.1993, Text abgedruckt ua in *Hummer/Weiss*, 1071.

für den Finanzsektor wichtigen Regelungen finden sich also im GATS selbst, im Anhang mit den Ausnahmen zu Art II GATS und den Listen mit den spezifischen Verpflichtungen. Darüber hinaus wurden aber auch eine Anlage mit spezifischen Regelungen für den Finanzdienstleistungssektor sowie eine Vereinbarung über Verpflichtungen bezüglich Finanzdienstleistungen dem GATS angefügt, um Regelungsregime für die speziellen Anforderungen dieses Bereichs zu schaffen.[90]

1. Anhang mit den Ausnahmen zu Art II GATS und die Anlage zu Finanzdienstleistungen

Die länderspezifische Liste, welche die Ausnahmen der WTO-Mitglieder zum Meistbegünstigungsprinzip enthält, beinhaltet natürlich auch jene im Bereich des **Finanzsektors**. Im Zusammenhang mit dem 5. Protokoll wurden die Listen mit den Befreiungen allerdings modifiziert und erweitert. Von besonderer Bedeutung sind die Ausnahmen zu Übereinkünften zur wirtschaftlichen Integration (für den Raum der gemeinsamen europäischen Währung von Bedeutung), des Aufsichtsrechts (aufsichtsrechtliche Maßnahmen, die ein Mitglied etwa zum Schutz von Investoren oder zur Sicherung der Stabilität seines Finanzsystems ergreifen darf) sowie der Geld- und Währungspolitik. Ebenso vorbehalten bleiben Ausnahmen von der Meistbegünstigung im Bereich der Anerkennung von ausländischen Maßnahmen des Aufsichtsrechts, aber auch von ausländischen Qualifikationen.[91] 54

Ebenso zu beachten ist aber der Anhang zu Finanzdienstleistungen,[92] der Regelungen enthält, die speziell auf den Finanzsektor zugeschnitten sind. Bedeutsam ist die Definition des Begriffs „Finanzdienstleistungen", die für den Geltungsbereich des GATS und seiner Anhänge einen einheitlichen Anwendungsbereich schafft und somit der Definitionshoheit der Mitglieder der WTO entzogen ist. Weiterhin finden sich in dem Anhang Bestimmungen zu den Souveränitätsrechten sowie zum Bereich des Aufsichtsrechts und der Geld- und Währungspolitik – Bereiche, in denen die nationale Komponente naturgemäß eine starke Rolle spielt und Liberalisierungen nur besonders vorsichtig vorgenommen werden.[93] 55

Die durch das 5. Protokoll eingeführten Liberalisierungen sind in den jeweiligen Länderlisten niedergeschrieben. Da es sich bei diesen um sog **Positivlisten** handelt, wurden nun mit dem 5. Protokoll jene Bereiche in das Abkommen mit aufgenommen, welche die WTO-Mitglieder für ausländische Wettbewerber öffnen wollen. Die Liberalisierungen im EU-Raum sind in der Verpflichtungsliste der EU festgehalten, auch die jeweiligen Länderlisten der EU-Mitgliedstaaten. Die EU hat ihren Finanzsektor mit dem 5. Protokoll geöffnet, so dass nun Anbieter aus dem Gebiet anderer Mitglieder innerhalb des EU-Binnenmarktes EU-Unternehmen oder EU-Bürgern gleichgestellt sind. Für die Behörden änderte sich dementsprechend nicht viel, abgesehen davon, dass sie die Vorteile der Gleichbehandlung, die bisher nur Unternehmen oder Bürger der EU in Anspruch nehmen konnten, nun auch allen anderen juristischen oder natürlichen Per- 56

---

90 Zur aktuellen Diskussion, s *Gari*, 399ff; *De Meester*, 733ff.

91 *Kokott*, 401/403.

92 Der Text des Anhangs ist ua abgedruckt in *Hummer/Weiss*, 1038f.

93 *Kokott*, 401/402.

sonen aus Gebieten von WTO-Mitgliedern gewähren müssen. Dies bedeutet zB, dass ausländische Anbieter nur eine einzelne Lizenz zur Ausführung von Finanzgeschäften benötigen, wenn sie durch ein Tochterunternehmen oder eine Niederlassung in einem der Mitgliedstaaten der EU vertreten sind.[94] Dadurch wird der Markteinstieg erleichtert und der gesamte EU-Raum für ausländische Anbieter aus dem Hoheitsgebiet anderer WTO-Mitglieder interessanter.

57 Weil die Mitgliedstaaten der EU und diese selbst im Bereich der Dienstleistungen über eine **konkurrierende Kompetenz** verfügen, waren sie zwar zu einem einheitlichen Auftreten nach außen gezwungen, es verblieb ihnen aber dennoch die Möglichkeit, in ihren Länderlisten einzelstaatliche Ausnahmen vom Meistbegünstigungsprinzip festzuschreiben. Da zB Deutschland aber über einen der am weitesten liberalisierten Märkte der Welt verfügt, gibt es keine nennenswerten Beschränkungen mehr.[95]

58 Zu bemerken ist noch, dass mit der Anwendbarkeit des WTO **Streitbeilegungsverfahrens**[96] auch auf die Verpflichtungen unter dem 5. Protokoll ausländische Investitionen besser geschützt werden, was insgesamt der fortschreitenden Liberalisierung nur zugutekommen kann, va für einen Staat wie Deutschland mit einem großen Exportvolumen von Finanzdienstleistungen.[97]

2. Vereinbarung über Verpflichtungen bezüglich Finanzdienstleistungen

59 Auf freiwilliger Basis haben die Mehrzahl der Mitgliedstaaten der OECD überdies die Vereinbarung über Verpflichtungen bezüglich Finanzdienstleistungen angenommen,[98] welche den Staaten noch weitergehende Liberalisierungsverpflichtungen im **Finanzdienstleistungssektor** auferlegt. Diese Vereinbarung, die ebenfalls zum 1.3.1999 in Kraft trat, normiert rechtlich aber überwiegend lediglich die bereits vorgenommenen Liberalisierungen in diesen Staaten.[99] So sollen ua bestehende Monopole im Finanzsektor zunächst in den Länderlisten genannt, dann aber in weiteren Schritten in ihrer Reichweite verringert werden. Des Weiteren finden sich Liberalisierungsvereinbarungen in Bezug auf die Eröffnung von Niederlassungen (Part B, Punkte 5 und 6 der Vereinbarung) und das Anbieten neuer Finanzdienstleistungen (Punkt 7). Ebenso finden sich weitere Liberalisierungen für das Anbieten von bestimmten Versicherungsdienstleistungen, zB für See- und Luftfrachtversicherungen oder den internationalen Güterverkehr (Punkt 3). Außerdem soll bestimmten Personen, zB Senior-Managern oder Spezialisten zur Durchführung von Finanzdienstleistungen, der zeitweise Aufenthalt auf dem Gebiet anderer WTO-Mitglieder gestattet werden (Punkt 9).

---

94 *Kokott*, 401/403.

95 Zu nennen sind hier letztlich nur Vorbehalte im Bereich von Lufttransporthaftpflichtversicherungen, die nur von Anbietern mit einer Niederlassung in Deutschland angeboten werden dürfen, vgl *Kokott*, 401/404.

96 Eingehend hierzu → *Weiss* § 20 Rn 1ff.

97 *Kokott*, 401/406.

98 Understanding on Commitments in Financial Services, Text abgedruckt ua in *Hummer/Weiss*, 1072.

99 *Kokott*, 401/402.

II. Telekommunikation

60 Telekommunikationsdienstleistungen spielen eine besondere Rolle.[100] Sie stellen zum einen selbst einen wichtigen Wirtschaftsbereich dar und sind zum anderen oftmals die Grundvoraussetzung für Dienstleistungen durch andere. Gerade für die grenzüberschreitende erste Erbringungsform von Dienstleistungen sind wohl in den meisten Fällen **Telekommunikationseinrichtungen** notwendig.[101] Zudem ist kaum vorstellbar, dass sich ein großes international tätiges Unternehmen in einem anderen Staat niederlässt, wenn es dort nicht über die nötige Infrastruktur zur Ausübung internationaler Aktivitäten verfügen kann.

1. Anhang zum GATS über Fernmeldewesen und GATT-Bestimmungen

61 Der Anhang über Fernmeldewesen (**Telekommunikationsdienstleistungen**) basiert auf den Artikeln VIII (Monopole) und IX (Geschäftspraktiken) des GATS, da dieser Bereich zur Zeit der Verhandlungen in vielen Staaten noch von Monopolen beherrscht oder zumindest staatlich stark reguliert war.[102] Die besondere Rolle dieses Anhangs für das GATS besteht in der Sicherstellung des Zugangs zu Telekommunikationsdienstleistungen,[103] so dass Aktivitäten in anderen Bereichen des Marktes nicht dadurch behindert oder unmöglich gemacht werden, dass kein Zugang zu diesen Diensten besteht oder gewährt wird. Deshalb ergänzt der Anhang die bereits gegebenen Verpflichtungen zum Marktzugang und zur Inländerbehandlung und garantiert Dienstleistungserbringern in Sektoren, in denen der Staat besondere Liberalisierungsverpflichtungen übernommen hat, freien Zugang zu den öffentlichen Kommunikationsnetzen. Zu beachten ist diesbezüglich eine wichtige Differenzierung. Der Anhang gibt lediglich das Recht auf Zugang zu den Netzen, gewährt aber nicht das Recht, selbst solche Netze aufzubauen oder zu betreiben. Deswegen ist die Anwendbarkeit des Anhangs unabhängig von etwaigen eingegangenen Verpflichtungen im Telekommunikationsbereich. Folglich müssen auch WTO-Mitglieder, die im Telekommunikationsbereich keinerlei Verpflichtungen eingegangen sind, die den Vereinbarungen des Anhangs entsprechenden Zugeständnisse machen.[104]

2. Das 4. Protokoll zum GATS

62 Am 15.2.1997 wurden die Verhandlungen über den Marktzugang zu Fernmeldegrunddiensten (**Basistelekommunikationsdienstleistungen**) erfolgreich abgeschlossen. Insgesamt 69 WTO-Mitglieder übernahmen Verpflichtungen, die in 55 Listen enthalten

100 Eingehend zu Telekommunikationsdienstleistungen in der WTO-Rechtsordnung → *Lüdemann/Hermstrüwer* § 11 Rn 38ff.

101 *Krajewski* (2003), 167.

102 Text abgedruckt ua in *Hummer/Weiss*, 1043f.

103 Allgem zum Marktzugang im Telekommunikationsbereich WTO, *Mexico-Telecommunications*, Panel v 2.4.2004, WT/DS204/R.

104 *Krajewski* (2003), 167; *Tietje* in Grabitz/Hilf/Krenzler (Hrsg) EGV, Bd V (Stand Oktober 1999) E 29, Rn 203ff.

waren und dem 4. Protokoll zum GATS angefügt wurden.[105] Die teilnehmenden Länder decken ungefähr 91 % des Weltmarktes ab. Das Abkommen beinhaltet eine Reihe von Prinzipien zur Sicherung des freien Marktzugangs. So soll ein effektiver Wettbewerb gefördert bzw geschützt werden und die Interoperabilität von Netzen, also der Zugang von einem Netz zum anderen, ebenso wie ein transparentes Lizenzierungsverfahren garantiert werden. Dazu sollen die Staaten die Unabhängigkeit der Regulierungsbehörden sichern. Zum 5.2.1998 traten diese Vereinbarungen in Kraft und sind seitdem Bestandteil der Listen mit den Liberalisierungsverpflichtungen, die die Mitglieder der WTO in diesem Bereich schon während der GATS-Verhandlungen aufgestellt hatten und die seit 1995 in Kraft sind.[106]

III. Luftverkehrsdienstleistungen

63 Im Jahre 1944 wurde das Chicagoer Luftfahrtsabkommen geschlossen, dessen Einhaltung heute von der Internationalen Organisation für die Zivilluftfahrt, einer Sonderorganisation der UNO, überwacht wird.[107] Im Rahmen dieses Abkommens wurden über 3.000 bilaterale Vereinbarungen über den Luftverkehr abgeschlossen, die zu einer rechtlich äußerst unübersichtlichen Situation geführt haben. Dies konnte die Mehrheit der Verhandler während der Uruguay-Runde dennoch nicht davon überzeugen, den Flugverkehr in das GATS zu integrieren. Stattdessen wurde lediglich ein Anhang zum GATS über Luftverkehrsdienstleistungen verabschiedet. Dessen Anwendungsbereich ist allerdings sehr begrenzt und schließt Luftverkehrsrechte und „Dienstleistungen, die mit der Ausübung dieser Rechte verbunden sind“, aus.[108] Um welche Dienstleistungen es sich genau handelt, wurde nicht definiert, und so nutzen die WTO-Mitglieder diese Unklarheit, um die Ausnahmen vom GATS-Anhang so weit wie möglich auszudehnen.[109]

64 Ausdrücklich abgedeckt von dem Anhang sind nur Flugzeugreparaturen und -wartungen sowie der Verkauf und die Werbung für **Luftverkehrsdienstleistungen** und Computerreservierungssysteme. Allerdings wird die Bedeutung des Anhangs weiter dadurch gemindert, dass relativ wenige Staaten diesen Bereich, und dann meist auch nur teilweise, geöffnet haben. Da es zurzeit unwahrscheinlich erscheint, dass der Luftverkehr komplett in das GATS aufgenommen werden wird, konzentrieren sich weitere Verhandlungen auf eine Präzisierung und Erweiterung des Anhangs. Um den Anwendungsbereich des Anhangs zu erweitern, müsste die Definition der Dienstleistungen, die direkt mit der Ausübung der Luftverkehrsrechte verbunden sind, enger gefasst werden, um den Ländern Schlupflöcher zu verschließen. Dies hätte zur Folge, dass viele unterstützende oder infrastrukturelle Dienstleistungen im Bereich des Luftverkehrs vom GATS erfasst würden. Es gibt zudem auch einige Vorschläge, Dienstleistungen mit einzubeziehen, die mit der Ausübung von Luftverkehrsrechten verbunden

105 Text abgedruckt ua in *Hummer/Weiss*, 1067f.
106 Ausf hierzu *Tietje* (Fn 104) Rn 256ff.
107 International Civil Aviation Organisation (ICAO).
108 Text abgedruckt ua in *Hummer/Weiss*, 1036f.
109 *Hubner/Sauvé*, 973/975.

sind, zB Charterdienste, Luftfracht oder Expresslieferungen.[110] Jedoch ist selbst bei diesem Minimalkonsens, sich auf den Anhang zu konzentrieren, nicht alsbald mit einem Ergebnis zu rechnen.[111]

IV. Erziehungswesen

Das **Erziehungswesen** im GATS umfasst die Primär- und Sekundarausbildung, die Postgraduierten-, Sekundar- und Erwachsenenbildung sowie besonders spezielle Ausbildungen, zB im Bereich des Sports. Das Erziehungswesen ist naturgemäß ein sensibler Bereich, bei dem die WTO-Mitglieder weniger aktiv eine Liberalisierung anstreben, da man das Erziehungs- und Ausbildungswesen für eine der zentralen Aufgaben des Staates hält. Daher ist es nicht weiter verwunderlich, dass weniger als 60 Mitglieder der WTO Verpflichtungen für zumindest einen Untersektor eingegangen sind. Das spezielle Verpflichtungssystem des GATS erlaubt es den WTO-Mitgliedern, so flexibel wie möglich den eigenen Markt zugänglich zu machen oder eben auch ganze Sektoren auszuschließen. Dennoch gelten natürlich die allgemeinen Verpflichtungen wie das Meistbegünstigungsprinzip oder das Transparenzgebot auch hier. Wie auch in anderen Bereichen soll die Liberalisierung durch einzelne Verhandlungsrunden weiter vorangetrieben werden, so dass sich die WTO-Mitglieder bereitfinden, weitere Bereiche in ihre Liste der Verpflichtungen aufzunehmen. 65

Die bisher eingegangenen Verpflichtungen beziehen sich fast gleichmäßig auf alle Bereiche der Ausbildung. Auffallend ist jedoch, dass etwa zwei Drittel aller OECD-Mitglieder Liberalisierungen zugestimmt haben und dass später beigetretene Mitglieder des GATS generell eine größere Bereitschaft zu Verpflichtungen gezeigt haben, was aber auch mit den speziellen Gegebenheiten des Beitrittsverfahrens zusammenhängen dürfte.[112] Insgesamt ist festzustellen, dass es eine größere Bereitschaft für Liberalisierungen im Bereich der kommerziellen Niederlassungen (*mode 3*) und der Präsenz natürlicher Personen (*mode 4*) gibt. 66

Im Laufe der seit Anfang 2000 andauernden Verhandlungen wurden auch Vorschläge für eine weitere Liberalisierung des Ausbildungsbereichs eingebracht, ua von Australien, Neuseeland und den USA, mit dem Ziel einer weitergehenden Liberalisierung des Bereichs für Bildungsdienstleistungen. Jedoch werden alle Bemühungen in dieser Richtung sehr kritisch betrachtet, va von NGOs, die befürchten, dass die Bildungsdienstleistungen, die in Ausübung hoheitlicher Gewalt vorgenommenen werden, durch eine zunehmende Liberalisierung im Privatausbildungsbereich unterminiert werden könnten. Zudem wird befürchtet, dass die souveränen Rechte der Regierungen in diesen sensiblen Bereichen beschnitten oder eingeschränkt würden.[113] Insgesamt sind im Bildungsbereich in dieser neuen Verhandlungsrunde keine tiefgreifenden weiteren Liberalisierungen zu erwarten, was sich auch an der relativ geringen 67

---

110 *Hubner/Sauvé*, 973/980.

111 Zum Fortgang der GATS Verhandlungen in Rahmen der multilateralen Verhandlungsrunde s Rn 83ff.

112 Eingehender zum Beitrittsverfahren der WTO → *Tietje* § 4 Rn 24ff.

113 *Larsen/Martin/Morris* The World Economy 25 (2002) 849ff.

Zahl von Vorschlägen ablesen lässt, die zudem überwiegend von den drei genannten Staaten herrühren.

V. Personenfreizügigkeit

68 Die Personenfreizügigkeit ist mit der vierten, der in Art I:2(d) GATS genannten Erbringungsart von Dienstleistungen (*mode 4*), verbunden. Sie ist nicht nur seit dem Inkrafttreten des GATS von besonderer Bedeutung, sondern war dies auch schon während der Verhandlungen der Uruguay-Runde. Da viele Entwicklungsländer einen Wettbewerbsvorteil beim Export arbeitsintensiver Dienstleistungen und der hierfür benötigten Arbeitskräfte haben, wurde *mode 4* als Form der Dienstleistungserbringung im Bereich der **Personenfreizügigkeit** seitens der Industrieländer nur unwillig und sehr eingeschränkt liberalisiert. Die Personenfreizügigkeit bezieht sich ausschließlich auf den zeitlich beschränkten Aufenthalt im Hoheitsgebiet eines anderen Mitglieds und hat weder eine dauerhafte Aufenthalts- oder Arbeitserlaubnis zur Folge, noch den Erwerb der Staatsbürgerschaft des anderen WTO-Mitglieds zum Ziel.[114] Die nach dem Ende der Uruguay-Runde stattfindende weitere Verhandlungsrunde zur Liberalisierung der Personenfreizügigkeit brachte keinen größeren Fortschritt. Wiewohl aber verlässliche Daten kaum verfügbar sind, bleibt der temporäre Aufenthalt von natürlichen Personen auf dem Gebiet eines anderen Mitglieds wegen seiner Größenordnung von außerordentlicher Bedeutung für den internationalen Dienstleistungshandel unter dem GATS.[115]

69 Die Mitglieder hatten verschiedene Möglichkeiten, wie sie mit der Personenfreizügigkeit umgehen wollten. Sie konnten entweder bindende Verpflichtungen für eine Liberalisierung gemäß der Art XVI (Marktzugang) und XVII (Inländerbehandlung) GATS oder eine partielle Verpflichtung mit beschränkter Liberalisierung eingehen, wobei die dann gewährten Vergünstigungen in den Länderlisten festzuhalten wären. Ferner konnten sie sich aber auch jeglicher **Liberalisierung** enthalten.

70 Die Beschränkungen der Personenfreizügigkeit können in insgesamt vier Kategorien zusammengefasst werden. Erstens gibt es einwanderungsrechtliche Bestimmungen, die die Einreise und den Aufenthalt von Personal beschränken, zweitens bestehen restriktive Regelungen in Bezug auf die Anerkennung von Abschlüssen und Qualifikationen und drittens gibt es weiterhin unterschiedliche Behandlung von in- und ausländischem Personal. Schließlich gibt es viertens auch Beschränkungen durch Regelungen für andere Arten der Dienstleistungserbringung, va in Bezug auf die kommerzielle Präsenz auf dem Gebiet eines Mitglieds, die mit Personal aus dem Gebiet eines anderen Mitglieds betrieben werden sollen, zB ausländische Mitarbeiter einer Bankfiliale. Insgesamt kann festgehalten werden, dass das Ziel einer weitgehenden Li-

114 S hierzu den „Anhang über die Freizügigkeit von natürlichen Personen die im Rahmen dieses Abkommens Dienstleistungen erbringen", der dem GATS angefügt wurde, Text abgedruckt ua in *Hummer/Weiss*, 1036.

115 *Chanda*, 631/632f; ausführlich zu Stand und Perspektiven der Liberalisierung der Regelungen zum temporären Aufenthalt natürlicher ausländischer Personen nach dem GATS *Tietje/Nowrot* Zeitschrift für Ausländerrecht und Ausländerpolitik 2007, 213ff.

beralisierung des *mode 4* nicht erreicht wurde, wobei der Grad der Liberalisierung zwischen entwickelten und Entwicklungsländern erhebliche Unterschiede aufweist. Zwar sind erstere sehr viel weitergehende Verpflichtungen eingegangen als die Entwicklungsländer, dabei haben sie allerdings nahezu alle Restriktionen im Bereich des Marktzugangs und der Inländerbehandlung beibehalten. Va aber Bereiche wie der Gesundheitssektor oder juristische oder Buchhaltungs-Dienstleistungen sind zudem fast vollständig ausgeklammert worden.[116]

Gemäß Art XIX:1 GATS wird seit dem Jahr 2000 neu über weitere Liberalisierungs- 71
schritte verhandelt, wobei auch diese Verhandlungen – wie alle anderen Bereiche – durch das Scheitern des Cancún-Ministertreffens zumindest negativ beeinflusst wurden. Es gibt eine Reihe von Vorschlägen von 69 Mitgliedern und verbesserte Angebote von mehr als 30 Mitgliedern der WTO, wobei va die Vorschläge der Entwicklungsländer in die Richtung einer weitergehenden Liberalisierung des *mode 4* tendieren, da diese für sie vorteilhaft wäre. Inwieweit die Industriestaaten, die ihrerseits auch eine Reihe von Vorschlägen gemacht haben, hierauf eingehen, wird von den Entwicklungsländern auch als Test der Liberalisierungsbereitschaft der entwickelten Welt angesehen. Allerdings wird eine Einigung nur erzielt werden können, wenn die Entwicklungsländer ihrerseits zu Zugeständnissen in Bezug auf ihre Dienstleistungssektoren bereit sind, besonders in jenen, die bisher noch wenig liberalisiert sind.

E. Streitbeilegung im GATS

Wo immer intensiver Handel getrieben wird und wo es Verträge zu dessen Gewährleis- 72
tung gibt, kommt es bisweilen auch zu Differenzen über deren Auslegung. Sei es, weil ein Land sich diskriminiert erachtet oder weil gravierende Zweifel bestehen, ob nicht eine interne Regel eines regionalen Verbunds mit dem Recht der internationalen Organisation kollidiert. Ein bekanntes Beispiel in diesem Zusammenhang ist der Streit über die EG-Bananenmarktordnung, der die Streitschlichtungsorgane der WTO über mehrere Jahre hinweg beschäftigte.[117] Vor Inkrafttreten der WTO-Regeln gab es den Mechanismus des GATT zur Streitschlichtung, dessen Effizienz aber va durch das Problem der Beschlussfassung im Konsensprinzip beschränkt blieb. Da alle Beschlüsse nur im Konsensverfahren gefasst werden konnten, war es für die beklagte Partei relativ einfach, gegen die Annahme eines Streitbeilegungsberichts zu stimmen, so dass dieser dann keine Wirkung entfalten konnte.[118] Auch das Fehlen eines effektiven Durchsetzungsmechanismus im GATT wurde als gravierender Mangel betrachtet.

---

116 *Chanda* The World Economy 24 (2001), 631/641.

117 Im Rahmen der WTO – zuvor hatte es bereits unter dem GATT zwei Bananen-Streitfälle gegeben – begann der Bananenstreit III mit dem Antrag auf Konsultationen durch Ecuador am 5. Februar 1996. Nach einer Einigung im Jahr 2001 wurde der Streit im Jahr 2006 durch das Ansuchen Ecuadors um die Einsetzung eines Panels nach Art 21 Abs 5 DSU wiederbelebt. Nach 20 Jahren wurde der Streit schließlich im November 2012 beigelegt, vgl Notification of a Mutually Agreed Solution v 12 November 2012, WT/DS16/8.

118 *McDonald*, 134.

73 In Art XXIII GATS finden sich die Regeln zur Streitbeilegung und Durchsetzung des Abkommens.[119] Diese Norm verweist auf das interne Streitschlichtungssystem der WTO, die ***Vereinbarung über Regeln und Verfahren zur Streitbeilegung*** (**DSU**).[120] Zu beachten ist hierbei, dass einseitig erklärte Handelssanktionen auch im Dienstleistungshandel ausgeschlossen sind, da das WTO-Übereinkommen gemäß Art XVI:4 seine Mitglieder verpflichtet, jederzeit bei allen legislativen, exekutiven und judikativen Maßnahmen in Einklang mit dem Übereinkommen zu handeln.[121]

74 Andererseits erweitert die sog ***„cross-sector-retaliation"*** den Rahmen der Durchsetzungsmöglichkeiten. Damit ist der Entzug von Handelskonzessionen in einem anderen Handelssektor als dem betroffenen gemeint. Beharrlicher Vertragsbruch eines Mitglieds kann dazu führen, dass der betroffene Staat als *ultima ratio* zum Entzug von Privilegien in anderen Bereichen, zB im Dienstleistungshandel, ermächtigt wird. Um dieses Mittel aber nicht ausufern zu lassen, muss zunächst der Einsatz des gesamten Instrumentariums an Streitschlichtungsmaßnahmen erfolglos geblieben sein.[122]

F. Das GATS und andere Handelsdisziplinen

75 Ein so grundlegend eingreifendes Regime wie das des GATS kann nicht für sich allein gesehen, sondern muss im Zusammenhang und in seiner **Wechselwirkung** mit anderen Abkommen betrachtet und eingeordnet werden. Zunächst soll das Verhältnis des GATS zum GATT dargestellt werden. Wirken die Abkommen gegenseitig ausschließlich, so dass eine Maßnahme, die vom GATT gedeckt ist, nicht unter Berufung auf das GATS für nichtig erklärt werden kann? Wie soll verfahren werden, wenn eine Maßnahme entweder von beiden Abkommen erfasst wird („overlap") oder wenn die Ergebnisse, die sich aus den Rechtsfolgen des einen Abkommens ergeben, im Widerspruch zu den Regelungen des anderen stehen („conflict")?[123]

76 Dieses Problem wurde in zwei Fällen von Panels und vom *Appellate Body* der WTO in Entscheidungen behandelt – zum einen im Fall *Canadian Periodicals*[124] und zum anderen im Fall **EG-Bananenmarktordnung**[125] – die beide ua das Verhältnis von GATS und GATT betrafen. Die Entscheidungen in diesen Fällen unterschieden die Konzepte von Koexistenz, Überlappung und des Konflikts von Regelungen. Dabei wurde klargestellt, dass das GATS und das GATT einander in ihrer Anwendbarkeit nicht einschränken. Vielmehr war beabsichtigt gewesen, dass jene Bereiche, die bisher vom GATT nicht abgedeckt wurden, durch das GATS abgedeckt werden sollten. So kann es dazu kommen, dass GATT- und GATS-Regeln auf dieselbe Maßnahme an-

119 S a den Beschluss der Minister über bestimmte Streitbeilegungsverfahren im Rahmen des GATS v 15.12.1993, Text abgedruckt ua in *Hummer/Weiss*, 1052f.
120 Eingehender zum Streitbeilegungsverfahren der WTO → *Weiss* § 20 Rn 1ff.
121 *Barth*, 455/458.
122 Art 22 Abs 3 DSU.
123 *Gaffney*, 135/138f.
124 WTO, *Canada – Periodicals*, Panel v 14.3.1997, WT/DS31/R und WTO, *Canada – Periodicals*, App Body v 30.7.1997, WT/DS31/AB/R, AB-1997-2.
125 WTO, *EC – Bananas III*, Panel v 22.5.1997, WT/DS27/R/ECU, WT/DS27/R/GTM, WT/DS27/HND, WT/DS27/R/MEX und WT/DS27/R/USA und *EC – Bananas III*, App Body v 9.9.1997, WT/DS27/AB/R.

wendbar sind, aber zu verschiedenen Ergebnissen kommen können. Wenn diese Konstellation eintritt, so soll nach Ansicht des *Appellate Body* im EG-Bananenmarktordnungsfall auf Basis des Einzelfalls entschieden werden, ob das GATT oder das GATS anwendbar ist.[126] Die Folge dieses Ansatzes ist, dass GATT und GATS zwar gegenseitig ausschließlich anzuwenden sind, es aber in der Praxis zu einer Überlappung der Regelungen kommen kann.

In der Literatur wird hier ein anderer Ansatz vorgeschlagen, der zu zufrieden stellenderen Ergebnissen führen soll.[127] Dieser Vorschlag sieht vor, dass zwecks Erreichung einer eindeutigen Entscheidung in einem solchen Fall entweder die Linie verfolgt werden könnte, die Kanada im „Canada Periodicals"-Fall[128] vorschlagen hatte, oder eine an das EU-Recht angelehnte (der sog „subjektive Test").[129] Etwas vereinfacht dargestellt, werden hierbei zunächst die Maßnahmen und ihre spezifischen Aspekte genau analysiert, es wird sodann in einem zweiten Schritt auf Basis dieser Analyse eine Unterscheidung zwischen **Grundaktivität (principal activity)** und ihren **unbeabsichtigten Begleiterscheinungen** vorgenommen. Die Zuordnung der Grundaktivität soll dann bestimmen, welches Regime anzuwenden ist.[130] Fraglich bleibt allerdings, worin hier der grundlegende Unterschied zu der Linie des *Appellate Body* im EG-Bananenmarktordnungsfall liegt, denn im Ergebnis läuft auch das vorgeschlagene Modell auf eine Einzelfallprüfung hinaus, deren Ergebnis nicht vorhersehbar ist, wenn auch die Kriterien im Vorhinein bekannt sind. Wie immer man diese Problematik auch löst, entscheidend bleibt, dass sich das GATT und das GATS in ihrer Anwendung gegenseitig ausschließen, wenn auch Überlappungen vorkommen können, die dann auf die eine oder andere Weise gelöst werden müssen. 77

Bei Abschluss der Uruguay-Runde ergab sich die Frage, ob die EU alleine oder aber zusammen mit den Mitgliedstaaten im Wege eines gemischten Abkommens der WTO beitreten sollte. Gerade in Bezug auf das GATS und den dadurch erheblich erweiterten Regelungsbereich des WTO-Abkommens gab es kompetenz- bzw vertretungsrechtliche Schwierigkeiten. Aus diesem Grund bat die Europäische Kommission den EuGH um ein Gutachten.[131] 78

In diesem Gutachten hatte der EuGH keine prinzipiellen Zweifel, dass auch Regelungen über den Handel mit Dienstleistungen in den Bereich der Gemeinsamen Handelspolitik, und damit in den Anwendungsbereich des damaligen 113 EGV) fielen, allerdings mit der Einschränkung, dass nach Art der Dienstleistungserbringung zu unterscheiden sei. So sollten nur solche Dienstleistungen erfasst sein, die nicht mit dem Grenzübertritt einer Person (*mode 4*) oder der dauerhaften geschäftlichen Niederlassung in einem anderen Mitgliedstaat (*mode 3*) verbunden waren.[132] Neben dieser 79

---

126 WTO, *EC – Bananas III*, App Body v 9.9.1997, WT/DS27/AB/R para 95.

127 *Gaffney*, 135/147ff.

128 WTO, *Canada – Periodicals*, Panel v 14.3.1997, WT/DS31/R paras 5.13f.

129 „ancillary theory" oder auch lat. „*auxiliarum principali sequitur*"; s zB EuGH, Rs C-275/92, Slg 1994, I-01039, *H.M. Customs and Excise v Schindler*; EuGH, Rs C-55/93, Slg 1994, I-04837, *Van Schaik*.

130 S hierzu ausf *Gaffney*, 135/152.

131 Rechtsgrundlage für ein solches Gutachten ist Art 218 Abs 11 AEUV; s Gutachten 1/94 des EuGH, Slg 1994, I-5267.

132 EuGH, Slg 1994, I-5267 Rn 41, 43, 45–47. Es sollten also, nach Meinung des EuGH, lediglich die *modes* 1 und 2 erfasst sein.

ausdrücklichen Kompetenz kann sich die Kompetenz zum Abschluss völkerrechtlicher Verträge auch aus dem AEUV oder aus Sekundärrecht ergeben, beruhend auf der sog **„implied-powers doctrine"**. Die Anwendung dieses Prinzips wurde aber für das GATS ausdrücklich durch den EuGH untersagt, der für das GATS (und auch für das TRIPS) eine gemeinsame (konkurrierende) Kompetenz von EU und den EU-Mitgliedstaaten annahm.[133] Somit sind sowohl die EU als auch die Mitgliedstaaten Mitglieder der WTO geworden. Dort allerdings müssen sie sich in ihrer Abstimmungspolitik koordinieren, denn entweder darf nur die EU abstimmen oder die EU-Mitgliedstaaten selbst. Diese Koordination erfolgt gemeinsam in einem vom Rat bestellten Sonderausschuss[134] (vormals sog. 133er-Ausschuss von Kommission und Mitgliedstaaten).[135]

Durch den Vertrag von Lissabon wurden die Kompetenzen der Union zur gemeinsamen Handelspolitik unter anderem dem geltenden WTO-Recht angeglichen. Damit wurde die für die Interessenvertretung äußerst praxisrelevante Koppelung von EU-Kompetenzen und WTO-Regelungsbereich vollzogen.[136]

80 Mit dem **Beitritt der EU zum WTO-Abkommen** wurde auch die Frage der **direkten Wirkung der WTO-Abkommen** (und damit auch des GATS) diskutiert.[137] Begründet wurde dies ua mit Art 218 Abs 7 AEUV (damals Art 300 Abs 7 EGV), demzufolge völkerrechtliche Verträge der Union für ihre Organe und ihre Mitgliedstaaten verbindlich sind.[138] Ein Teil der Literatur vertritt die Meinung, dass die besseren Argumente für eine direkte Anwendung der WTO-Abkommen sprechen.[139] Der EuGH ist dieser Auffassung aber nicht gefolgt und hat bestätigt, dass sich die Mitgliedstaaten bei Klagen gegen die Kommission nicht direkt auf die Abkommen berufen können. Begründet wird dies in ständiger Rechtsprechung ua damit, dass auch Gerichte anderer WTO-Mitglieder den Abkommen keine unmittelbare Wirkung zuerkennen.[140] Eine Änderung dieser Rechtsprechung wird in nächster Zeit nicht erwartet, eher wird mit einer Ausweitung bereits bestehender Ausnahmen zu diesem Prinzip gerechnet.[141]

81 Jedoch gesteht der EuGH den Mitgliedstaaten zu, dass sie dort, wo sie für die Umsetzung der Abkommen zuständig sind, also wo die Gemeinschaftskompetenz von EU und den Mitgliedstaaten eine Umsetzung durch die Nationalstaaten vorsieht,

---

133 *Ibid* Rn 98 u 105.

134 Vgl Art 207 Abs 3 UA 3 AEUV.

135 *Herrmann*, 453/464ff.

136 Die Kompetenz zur gemeinsamen Handelspolitik umfasst nunmehr den Abschluss von Abkommen, die sowohl den Handel mit Dienstleistungen als auch Handelsaspekte geistigen Eigentums betreffen, vgl Art 207 AEUV und *Hahn*, in Calliess/Ruffert, Art 207 Rn 15f; s a EuGH, *Gutachten 1/94*, Slg 1994 I-5267.

137 Vgl hierzu a → *Tietje* § 18 Rn 41ff.

138 *Herrmann*, 453/470.

139 *Herrmann*, 453/470; *Müller-Ibold* in Lenz/Borchardt (Hrsg) EU-Verträge Kommentar, 6. Aufl (2012) Art 207 AEUV Rn 87.

140 EuGH, Rs C-149/96, Slg 1999, I-8395 *Portugal/Rat*; die Entscheidung EuGH, Rs C-280/93, Slg 1994, I-4973 *Deutschland/Rat* bezog sich noch auf das GATT 1947, inhaltliche Unterschiede bestehen aber nicht.

141 *Müller-Ibold* Art 207 AEUV Rn 88f.

bestimmen können, ob die Abkommen eine direkte Wirkung haben sollen oder nicht.[142]

G. Zukunft des GATS

Auch wenn beim Ministertreffen der WTO in Cancún nicht direkt über die GATS-Verhandlungen gesprochen wurde und dies auch nicht vorgesehen war, so war das Scheitern der Gespräche in Genf im Juli 2006 auch ein Hindernis für die weiteren Verhandlungen über das GATS, da bisher immer parallel, wenn auch über verschiedene Inhalte debattiert wurde. 82

Wie im GATS vorgesehen, hatte man im Jahr 2000 mit Neuverhandlungen begonnen, die sich nach zähem Beginn positiv entwickelten. Ab Juli 2002 wurden gegenseitige Forderungen ausgetauscht. Mit einer Forderung wird einem anderen Mitglied oder mehreren anderen Mitgliedern der WTO mitgeteilt, dass man gerne einen bestimmten Sektor in diesem Staat liberalisiert sähe, den dieser bisher nicht für ausländische Anbieter geöffnet hatte. Geht dann ein Verhandlungsangebot ein, können die Staaten direkt verhandeln, ob eine Liberalisierung erfolgen wird und gegebenenfalls zu welchen Bedingungen. Diese Verhandlungsangebote werden seit März 2003 verschickt. Die EU verhandelt für all ihre Mitgliedstaaten zusammen, natürlich in enger Rücksprache mit diesen.[143] Es liegen zahlreiche Verhandlungsangebote vor, sodass zumindest ein gewisses Interesse an der Fortführung der multilateralen Verhandlungen vorhanden zu sein scheint, allerdings ist der Inhalt der Angebote weitgehend unter Verschluss gehalten worden. Beeinflusst auch von externen Einflüssen, zB Wahlen in wichtigen Industrienationen, scheinen derzeit die Möglichkeiten, eine schnelle und substantielle Veränderung zu erreichen, sehr gering. 83

Es wird sich erweisen müssen, inwieweit das sehr viel forschere Auftreten der Entwicklungsländer seit Cancún, auch unterstützt durch Globalisierungskritiker und Dritte-Welt-Gruppen in den entwickelten Staaten, zu einer nachhaltigen Verhärtung der Fronten führt oder ob sich die notwendige Erkenntnis aller Beteiligten durchsetzt, dass nur bei gegenseitiger Konsensbereitschaft grundsätzliche Veränderungen erreicht werden können. Ansonsten ist nicht ausgeschlossen, dass das GATS unverändert bleibt, welches zwar einen ersten Schritt darstellte, aber nach mittlerweile 25 Jahren seit seinem Inkrafttreten dringend einer Revision bedarf. Ungeachtet dieser grundsätzlichen Bedenken sei jedoch angemerkt, dass die Entscheidung des Allgemeinen Rates der WTO vom 31.7.2004 betreffend die Annahme eines Rahmenabkommens über Modalitäten des Handels mit landwirtschaftlichen Produkten, va aber die beim 84

---

142 S ua EuGH, Rs C-300/98, Slg 2000, I-11307 *Parfums Christian Dior/TUK Consultancy* (allerdings zu Art 50 des TRIPS-Abkommens). Zu neueren Entwicklungen in der Rspr vgl ua *Boor* Das Vertragsverletzungsverfahren gegen das ungarische Hochschulgesetz und seine Auswirkungen auf die Internationalisierung des Europäischen Verwaltungsrechts (2020) 5ff.

143 Basis für diese „Stellvertretung" ist Art 207 Abs 3 UA 3 AEUV, der regelt, dass die Europäische Kommission die Außenwirtschaftspolitik in enger Kooperation mit den Mitgliedstaaten ausführt. Dazu trifft sich wöchentlich ein vom Rat bestellter Sonderausschuss, in dem die Kommission, das Parlament und die Mitgliedstaaten ihre Positionen abstecken.

Ministertreffen in Hongkong im Dezember 2005 angenommene prinzipielle Entscheidung zur Beseitigung aller Exportsubventionen auf landwirtschaftliche Produkte, die Doha Verhandlungsrunde doch – wenn auch nur vorübergehend bis zum vorläufigen letzten Scheitern in Genf im Juli – wieder in Gang gebracht hatten.[144] Obwohl die Doha Verhandlungsrunde in der jetzigen Form des „single undertaking approach" seit Jahren stockt[145], wurde im Dezember 2011 von der Ministerkonferenz immerhin ein „waiver" zugunsten der am wenigsten entwickelten Länder angenommen. Dieser „waiver" ermöglicht den Mitgliedern der WTO bei Dienstleistungen als auch Dienstleistungserbringer aus den am wenigsten entwickelten Mitgliedern vom Meistbegünstigungsprinzip abzuweichen und damit bevorzugt zu behandeln.[146] Der bis Ende August 2020 amtierende Generaldirektor *Roberto Azevêdo* hatte einen erfolgreichen Abschluss der Doha Verhandlungsrunde zu seiner Amtspriorität erklärt.[147] Auf der 9. Ministerkonferenz auf Bali im Dezember 2013 wurde immerhin ein erster signifikanter Fortschritt in Form des – freilich auf Warenhandel konzentrierten – *Trade Facilitation Agreement* (TFA) erzielt.[148] Darüber hinaus wurde ein Verfahren zur Umsetzung des 2011 vereinbarten Dienstleistungswaivers vereinbart. Es wird sich zeigen, welche Impulse von der Verhandlungsrunde ausgehen werden.[149]

85 Die beachtlichen Schwierigkeiten, die mit einer fortschreitenden Liberalisierung des Dienstleistungshandels im Rahmen der WTO verbunden sind, haben dazu geführt, dass es seit März 2013 offizielle Verhandlungen zu einem **Trade in Services Agreement (TiSA)** gibt. An diesen Verhandlungen beteiligen sich 23 Mitglieder der WTO, einschließlich die EU. Das geplante Abkommen soll inhaltlich im Wesentlichen der Struktur des GATS folgen, allerdings konkrete Liberalisierungsfortschritte dort bringen, wo es im GATS bislang nicht möglich ist, zB im Bereich der fortschreitenden Liberalisierung und Regulierung von Finanzdienstleistungen.[150] Bis Ende 2016 fanden dazu rund 21 Verhandlungsrunden statt, die seitdem bis heute (Stand: September 2020) unterbrochen wurden. Formell gibt es keine Endfrist für Verhandlungen, der politische Kontext scheint jedoch eine Weiterführung augenblicklich nicht zuzulassen.

---

144 WTO, Ministertreffen, Sixth Session, Hong Kong v 13.–18.12.2005, WT/MIN(05)/W/3/Rev 2. Nach dem Aussetzen der multilateralen Verhandlungen im Rahmen der Doha Runde im Juli 2006 standen auch die Verhandlungen über eine weitere Liberalisierung im Dienstleistungsbereich vorübergehend still. Seit Februar 2007 wurde jedoch wieder weiterverhandelt – allerdings nur in Form von Gruppentreffen. Dabei trafen sich Experten auf bilateraler oder plurilateraler Ebene, um die Möglichkeit sowie gegebenenfalls den Umfang weitergehender Liberalisierungsvorschläge zu überprüfen. Nichtsdestotrotz werden weitergehende Liberalisierungen erst dann beschlossen werden können, wenn die Doha-Verhandlungsrunde im Allgemeinen wieder fortgesetzt wird.

145 Vgl WTO, Ministertreffen, Eight Session, Genf v 15.–17.12.2011, Chairman's Concluding Statement, WT/MIN(11)/11.

146 WTO, Special Treatment to Services and Service Suppliers from Least- Developed-Countries, Decision v 17 December 2011, WT/L/847.

147 Wall Street Journal, WTO's Azevedo: Resumption of Doha Talks Slow, Difficult, 22.5. 2013: <online.wsj.com/article/BT-CO-20130522-714613.html#>.

148 S näher hierzu → *Tietje* § 4 Rn 9f., 64.

149 S *Petersmann*, 233ff; *Altemöller* EuZW 2014, 41ff.

150 Ausführliche Informationen erhältlich unter <ec.europa.eu/trade/policy/in-focus/tisa/>.

Nicht zuletzt diskutierten die Mitglieder im Rat für den Handel mit Dienstleistungen am 1.7.2020 im Hinblick auf die COVID-19 Krise über Chancen und Bedenken zu digitalen Produkten, so etwa zu vorinstallierten Software, Cloudservices, 5G Kommunikationsnetzwerke und Cybersecurity. Hervorzuheben ist dabei, dass die rechtliche Klassifizierung von digitalen Produkten noch immer nicht eindeutig geklärt ist. Obwohl es einige Argumente gibt, sie dem GATT zu unterstellen (so etwa ein formalistischer Ansatz nach Definitionen und dem Rechtssicherheitsgedanken durch Anwendung des Gleichartigkeitsprinzips bei Existenz eines physischen Pendants), so gibt es durchaus beachtliche Gegenargumente, die digitalen Produkte aufgrund eines funktionalen Ansatzes dem GATS unterzuordnen.[151] 86

151 S insb *Fleuter* Chicago JIL 2016, 153ff; *Farrokhnia/Richards* JWT 2016, 793ff; *Singh/Abdel-Latif/Tuthill* 103ff.

§ 6
Internationales öffentliches Beschaffungswesen

Marc Bungenberg und Friedl Weiss

Gliederung **Rn**

https://doi.org/10.1515/9783110630718-006

Schrifttum

Anderson Renewing the WTO Agreement on Government Procurement: Progress to Date and Ongoing Negotiations, PPLR 16 (2007) 255; *ders/Schooner/Swan* The WTO's Revised Government Procurement Agreement – An Important Milestone Toward Greater Market Access and Transparency in Global Public Procurement Markets, The Government Contractor, Jan 11, 2012; *Arrowsmith* Reviewing the GPA: The Role and Development of the Plurilateral Agreement After Doha, JIEL 5 (2002) 761; *dies* Towards a Multilateral Agreement on Transparency in Government Procurement, ICLQ 47 (1998) 793; *dies/Davies* (Hrsg) Public Procurement: Global Revolution (1998); *dies/Linarelli/Wallace* Regulating Public Procurement: National and International Perspectives (2000); *Benedict* Sekundärzwecke im Vergabeverfahren (2000); *Bhagwati* Don't Cry for Cancun, Foreign Affairs 83 (2004) 52; *Borson* Reforms under the World Bank Procurement and the Policy Implications for Developing Countries, EPPPL 12 (2017) 146; *Bungenberg* Die Ausweitung des Geltungsbereichs des Government Procurement Agreement, WuW 50 (2000) 872; *ders* Vergaberecht im Wettbewerb der Systeme (2007); *ders* Die Zukunft der WTO nach Nairobi, IFO-Schnelldienst 69 (5/2016) 8; *ders/Schelhaas* Die Modernisierung des deutschen Vergaberechts, WuW 67 (2017) 72; *Burgi* Vergaberecht, 2. Aufl (2018); *ders/Dreher/Opitz* (Hrsg) Beck'scher Vergaberechtskommentar, Band 1, 4. Aufl (2021); *Daiber* Das Freihandelsabkommen zwischen der EU und Südkorea, EuR 50 (2015) 542; *Davies* The GATT Article III:8(a) Procurement Derogation and Canada – Renewable Energy, JIEL 18 (2015) 543; *ders* The World Trade Organisation Agreement on Government Procurement: Current Initiatives to Expand Membership, ECLR 18 (1997) 300; *Diehl* Völkerrechtliche Beschaffungsabkommen (2008); *Dischendorfer* The Existence and Development of Multilateral Rules on Government Procurement under the Framework of the WTO, PPLR 9 (2000) 1; *Evenett* (Hrsg) The Singapore Issues and the World Trading System: The Road to Cancun and beyond (2003); *Fischer/Barth* Europäisches Vergaberecht und Umweltschutz – Zur Berücksichtigung von Umweltbelangen bei der Vergabe öffentlicher Aufträge, NVwZ 21 (2002) 1184; *Forum Vergabe* (Hrsg) Jahrbuch 2010 (2011); *Frenz* Handbuch Europarecht, Band 3, Beihilfe- und Vergaberecht (2007); *Gabriel/Krohn/Neun* (Hrsg) Handbuch Vergaberecht, 3. Aufl (2021); *Georgopulos/Hoekman/Mavroidis* (Hrsg) The Internationalization of Government Procurement Regulation (2017); *Hauser* Die WTO nach Cancun, Aussenwirtschaft 58 (2003) 459; *Hillebrecht* Das Eigenvergaberecht der Europäischen Union – Grundlagen, Verfahren der Auftragsvergabe und Rechtschutz, 2013; *Hoekman/Mavroidis* (Hrsg) Law and Policy in Public Purchasing: The WTO Agreement on Government Procurement (1997); *Hummer/Weiss* Vom GATT'47 zur WTO'94 (1997); *Killmann* Procurement Activities of International Organizations – An Attempt of a First Insight in Evolving Legal Principles, ARIEL 8 (2003) 277; *Kovács* The global procurement harmonization initiative, PPLR 14 (2005) 15; *Kunnert* WTO-Vergaberecht (1998); *Löwenheim/Meessen/Riesenkampff* (Hrsg) Kartellrecht, 2. Aufl (2009); *Mader* Das neue EG-Vergaberecht, EuZW 15 (2004) 425; *McCrudden* International Economic Law and the Pursuit of Human Rights: A Framework for Discussion of the Legality of "Selective Purchasing" Laws under the WTO Government Procurement Agreement, JIEL 2 (1999) 3; *Müller* Wettbewerb und Unionsverfassung, Begründung und Begrenzung des Wettbewerbsprinzips in der europäischen Verfassung (2014); *Müller-Graff* (Hrsg) Europäisches Binnenmarkt- und Wirtschaftsordnungsrecht, Enzyklopädie Europarecht, Band 4, 2. Aufl (2020); *Neilson* Public Procurement and International Labour Standards, PPLR 4 (1995) 94; *Neumann* United Nations Procurement Regime (2008) *Nichols* Iraq Reconstruction: US Government Procurement Practices in a Coalition Government PPLR 13 (2004) 103; *Palmeter/Meagher* WTO Issues Relating to U. S. Restrictions on Participation in Iraq Reconstruction Contracts, ASIL Insight, December 2003, abrufbar unter https://www.asil.org/insights/volume/8/issue/29/wto-issues-relating-us-restrictions-participation-iraq-reconstruction; *Petersmann* (Hrsg) International Trade Law and the GATT/WTO Dispute Settlement System (1997); *Pitschas* (Hrsg) Handel und Entwicklung im Zeichen der WTO (2007); *ders* Award of Prime Contracts for Infrastructure Reconstruction in Iraq – An Assessment under the WTO Agreement of Government Procurement, PPLR 13 (2004) 85; *Prieß* Handbuch des europäischen Vergaberechts, 3. Aufl (2005); *ders* Award Procedures for EU Institutions in Caranta/Edelstam/Trybus (Hrsg) EU Public Contract Law (2014); *ders/Berrisch* (Hrsg) WTO Handbuch (2003); *Rege* Transparency in Government Procurement – Issues of Concern and Interest to Developing Countries, JWT 35 (2001) 489; *Reich* International Public Procurement Law:

The Evolution of International Regimes on Public Purchasing (1999); *ders* The New GATT Agreement on Government Procurement, JWT 31 (1997) 125; *ders* The New Text Of The Agreement On Government Procurement: An Analysis And Assessment, JIEL 12 (2009) 989; *Reus/Mühlhausen/Stöhr* Haushalts- und Beihilferecht der EU (2017); *Sakane* Public Procurement in the United Nations System in Thai (Hrsg) International Handbook of Public Procurement (2008) 233; *Schäfer* Der EU-Verordnungsvorschlag zum Marktzugang aus Drittstaaten zu EU-Beschaffungsmärkten, VergabeR 14 (2014) 266; *Schlachter/Heinig* (Hrsg) Europäisches Arbeits- und Sozialrecht, Enzyklopädie Europarecht, Band 7, 2. Aufl (2020); *Schulze/Janssen/Kadelbach* (Hrsg) Europarecht, Handbuch für die deutsche Rechtspraxis, 4. Aufl (2020); *Spennemann* The WTO Agreement on Government Procurement: A Means of Furtherance of Human Rights?, ZEuS 4 (2001) 43; *Stöckli* Das Vergaberecht der Schweiz – Übersicht und Streitfragen, NZBau 3 (2002), 7; *Summa* Vergaberecht und ILO-Kernarbeitsnormen, VergabeR 16 (2016) 147; *Terhechte* (Hrsg) Internationales Kartell- und Fusionskontrollrecht (2008); *Thai* (Hrsg) International Handbook of Public Procurement (2008); *Thürer/Weber/Zäch* (Hrsg) Bilaterale Verträge Schweiz – EG (2001); *Tietje* (Hrsg) Welthandelsorganisation, 6. Aufl (2020); *Trennt* Die Vergabe internationaler Sportveranstaltungen (2012); *von der Groeben/Schwarze/Hatje* (Hrsg) Europäisches Unionsrecht, 7. Aufl (2015); *von Lindeiner* Die neuen Vergaberegeln der Europäischen Zentralbank, VergabeR 16 (2016) 580; *Weiss* Public Procurement in European Community Law (1993).

A. Einleitung

1 Dieses Kapitel über das internationale öffentliche Beschaffungswesen kann die vorhandenen Regelungen nur ausschnittsweise erfassen, wobei ein Hauptaugenmerk auf die internationalen Regelungen unter der WTO gelegt wird; regionale Regelungen, zB das Beschaffungswesen der EU oder das Eigenvergaberecht Internationaler Organisationen, werden im Rahmen einer internationalen Gesamtentwicklung berücksichtigt. Es lassen sich in den verschiedenen und untereinander nur wenig abgestimmten internationalen Regelungen allerdings – zumindest auf dem Papier – gemeinsame Grundprinzipien erkennen: Transparenz, Wirtschaftlichkeit, Nichtdiskriminierung. Hierauf wird zurückzukommen sein.

I. Begriffsumschreibung

2 Unter dem Begriff „öffentliches Beschaffungswesen" versteht man die rechtlichen (institutionellen, prozeduralen), ökonomischen und sozialpolitischen Bedingungen, unter denen die **öffentliche Hand** (staatliche Stellen und Betriebe) die zu ihrem Funktionieren bzw zur Erfüllung ihrer gesetzlichen Verpflichtungen erforderliche Anschaffung von Waren und Dienstleistungen besorgt. Das Recht des öffentlichen Beschaffungswesens umfasst alle **fiskalischen Aktivitäten** der öffentlichen Hand zur Wahrnehmung ihrer Funktionen.[1] Diese Aktivitäten sind auf die Beschaffung sogenannter **öffentlicher**

1 Als fiskalisches Handeln bezeichnet man Tätigkeiten der öffentlichen Verwaltung, in denen sie als juristische Person am Privatrechtsverkehr teilnimmt und nicht als Hoheitsträger handelt. Darunter ist sowohl die privatrechtliche Beschaffungstätigkeit als auch eine etwaige erwerbswirtschaftliche Betätigung der Verwaltung zu verstehen.

Güter gerichtet und reichen vom Bau von Straßen oder der Besorgung der Müllabfuhr bis hin zum Kauf militärischer Ausrüstung sowie der Büroausstattung der im öffentlichen Dienst tätigen Beschäftigten. Wiewohl Umfang und Größe der im Einzelfall zur öffentlichen Hand gehörenden Organe und Betriebe bzw Versorgungseinrichtungen (auf der Ebene staatlicher, Landes-, Regional- und Kommunalverwaltungen) von Staat zu Staat, aber auch von Zeit zu Zeit, verschieden sein können, so tritt die öffentliche Hand doch insgesamt als größter einzelner Konsument von Waren, Dienstleistungen und Bauleistungen auf. Somit ist das öffentliche Beschaffungswesen von herausragender volkswirtschaftlicher Bedeutung, trägt es doch ca 10–15 % des Bruttoinlandsproduktes (BIP) bei.[2]

Trotz der erheblichen gesamtwirtschaftlichen Bedeutung des Beschaffungswesens 3
wurde es aber in multilateralen Abkommen nicht geregelt, weder hinsichtlich des Marktzugangs für Waren, noch für Dienstleistungen. Weil die Auftraggeber der öffentlichen Hand einerseits „konkurrenzlos" auftreten, dh keinem Wettbewerb ausgesetzt sind, andererseits aber mit öffentlichen Steuergeldern wirtschaften, sollen insbesondere Regelungen auf der nationalen Ebene über unterschiedliche Vergabeverfahren **Wettbewerb sicherstellen** und dem Prinzip *„value for money"* zur Geltung verhelfen, also gewährleisten, dass dem **wirtschaftlich günstigsten Angebot** der Zuschlag erteilt wird. Traditionsgemäß war dies aber niemals der Fall, weil öffentliche Auftraggeber praktisch immer *„protektionistisch"* handelten, dh nationalen Anbietern den Vorzug gaben, häufig unter Missachtung marktorientierter Wirtschaftlichkeit, also von Kosten und Qualität. Diese Praxis verfestigte sich zusehends, sei es aus allgemeinen politischen oder makroökonomischen Überlegungen, zur Förderung des heimischen Arbeitsmarktes oder bestimmter Regionen oder, weil Steuergelder im eigenen Land und nicht im Ausland ausgegeben werden sollten.[3] Ob rechtlich geboten oder nur systematisch praktiziert, Diskriminierungen ausländischer Waren und Dienstleistungen schaden der eigenen Wirtschaft und stellen überdies eine beträchtliche Beschränkung des (internationalen) Handels dar.

Daher ist es allgemeines Ziel und Aufgabe der verschiedenen – staatlichen, 4
regionalen und internationalen – Vergabe-Regelungssysteme, durch transparente, nichtdiskriminierende und rechtlich durchsetzbare Regeln den zur Kosten- und Quali-

---

2 *Hoekman* in ders/Mavroidis (Hrsg) 1/1; *Arrowsmith/Linarelli/Wallace* 7.

3 Die Verknüpfung von Internationalem Handelsrecht, insbesondere WTO-Recht, mit nichtwirtschaftlichen Zielen bzw Zwecken erweist sich in der Praxis als schwierig. Gleichwohl muss sich die WTO zumindest insofern mit den nichtwirtschaftlichen Zielen befassen, als sie im Zuge der Interpretation von multilateralen und plurilateralen Abkommen die Angemessenheit und den Umfang der von den Mitgliedstaaten in diesem Bereich getroffenen nichtwirtschaftlichen Maßnahmen beurteilen muss, s a *McCrudden* JIEL 2 (1999), 3/47f. Arbeits-, sozial- oder umweltpolitische Kriterien, die sich nicht auf den Vertragsgegenstand beziehen, dh die nicht produkt- oder leistungsbezogen sind, finden als sog Sekundärzwecke im Vergabeverfahren ihre Berücksichtigung. Sekundärzwecke sind negativ als Gegenbegriff zum Primärzweck, welcher sich wiederum nur auf die Sicherung der Funktionsfähigkeit der Verwaltung bezieht, zu definieren, s *Benedict* 20. Allerdings erscheint eine Unterscheidung in leistungsbezogene (= primäre) und sekundäre Kriterien wie Umweltschutz wenig sinnvoll, da etwa die Berücksichtigung von Umweltschutzgedanken nie unmittelbar mit dem primären Vergabezweck zusammenhängt, sondern stets Resultat eines politischen Entscheidungsprozesses ist, s *Fischer/Barth* NVwZ 21 (2002), 1184/1185.

tätsoptimierung erforderlichen Wettbewerb um öffentliche Vergabeaufträge sicherzustellen. Dies soll durch die Liberalisierung und Internationalisierung, dh Öffnung des Vergabeverfahrens auch für den Wettbewerb einer größeren Anzahl qualifizierter ausländischer Anbieter, erreicht werden. Insoweit gilt das für den Handel herrschende Prinzip des **komparativen Vorteils** zwecks optimaler und damit wohlstandsfördernder Allokation von Ressourcen auch für das öffentliche Beschaffungswesen.[4]

II. Historische Entwicklung des internationalen öffentlichen Beschaffungswesens

5 Obschon man das Beschaffungswesen bis zu den Ursprüngen des Staatswesens zurückverfolgen kann, erregte es erst durch die beständige Ausweitung staatlicher Aktivitäten und der damit verbundenen stärkeren wirtschaftlichen Präsenz von Staaten auf verschiedenen Märkten die Aufmerksamkeit von Ökonomen, Juristen und Politikwissenschaftlern.[5] Erst in den Verhandlungen zur Errichtung der ***International Trade Organisation*** **(ITO)** nach dem 2. Weltkrieg machten die Vereinigten Staaten den Vorschlag, das öffentliche Beschaffungswesen in den Art 8 und 9 der ITO-Havanna Charta sowohl dem **Prinzip der Meistbegünstigung** ***(Most Favoured Nation)*** als auch dem der **Inländergleichbehandlung** ***(National Treatment)*** zu unterwerfen. Sie scheiterten jedoch an der Weigerung nahezu aller Verhandlungspartner, sich bei der Auftragsvergabe der öffentlichen Hand durch internationale Vereinbarungen in ihrer Souveränität beschränken zu lassen. Zum damaligen Zeitpunkt sahen die Staaten das Beschaffungswesen noch als zentralen Aufgabenbereich des Staates, der keinen internationalen Regelungen unterworfen werden konnte, weil dies eine Einschränkung eigener staatlicher Kompetenzen bedeutet hätte. So wurde lediglich in Art XVII:2 des GATT 1947 im Abschnitt „Staatshandel"[6] bestimmt, dass in Bezug auf Importe im Bereich des Beschaffungswesens eine „faire und gleichberechtigte Behandlung" stattzufinden habe.[7]

6 IE enthielt das **GATT 1947** also keine effektiven Regelungen, die eine Diskriminierung ausländischer Anbieter bei Vergabeverfahren verboten hätten. In Art III:8(a) GATT wurde sogar ausdrücklich bestimmt, dass das Prinzip der Inländergleichbehandlung nicht anwendbar ist auf *„Gesetze, Verordnungen oder sonstige Vorschriften über die Beschaffung von Waren durch staatliche Stellen, sofern die Waren für staatliche Zwecke, nicht aber für den kommerziellen Wiederverkauf oder für die Erzeugung von Waren zum kommerziellen Verkauf erworben werden."* Da dieselbe Bestimmung im GATT 1994 zu finden ist und auch Art XIII:1 des ***Allgemeinen Abkommens über den Handel mit Dienstleistungen*** **(GATS)** die Anwendbarkeit des Abkommens auf öffentliche

4 *Prieß* in ders/Berrisch (Hrsg) 621/624.

5 *Weiss* 1f.

6 In der Havanna Charta von 1948 findet sich in Art 29 die Regelung des Art XVII:2 GATT 1947 fast wortwörtlich wieder. In Bezug auf das Beschaffungswesen war die Havanna Charta nicht mehr verändert worden.

7 *Spennemann* ZEuS 4 (2001), 43/47f; ebenso *Blank/Marceau* in Hoekman/Mavroidis (Hrsg) 31/31f.

Dienstleistungsaufträge ausdrücklich ausschließt, bleiben beide Bestimmungen auch heute auf jene WTO-Mitglieder anwendbar, die nicht Vertragsstaaten des *Übereinkommens über das öffentliche Beschaffungswesen* (GPA) geworden sind.[8] Nach allgemeiner Auffassung erstreckt sich diese Ausnahme – auch ohne ausdrückliche Erwähnung – auch auf das Meistbegünstigungsprinzip.[9] Bei der praktischen Anwendung der Ausnahmeregelung zeigen sich besonders sensible Probleme hinsichtlich der Klassifizierung des Folgezwecks als (nicht-)kommerziell.[10] Ein im Rahmen des WTO Streitbeilegungssystems ergangener Fall bezüglich der Interpretation des Art III:8(a) GATT illustriert etwa, wie das Panel und der Appellate Body eine grundauf unterschiedliche und doch nachvollziehbare Ansicht zum kommerziellen bzw wettbewerbsrelevanten Zweck und damit letztlich zur Anwendung der Ausnahme vertreten haben.[11] Besonders heikel ist diese Auslegung nämlich dann, wenn ein rechtliches Vakuum entstehen könnte, dh wenn der Sachverhalt weder vom GATT, GATS, noch vom GPA erfasst werden würde.

Im Rahmen der Welthandelsorganisation ist heute das **plurilaterale Abkommen über das öffentliche Beschaffungswesen** das zentrale Abkommen. Weitergehende Bemühungen hinsichtlich einer Multilateralisierung dieses Abkommens ebenso wie die Ergänzung des plurilateralen GPA um zumindest ein multilaterales Abkommen im Vergaberecht sind bislang als gescheitert anzusehen.[12] Zuletzt lässt sich nach einem offensichtlichen Stagnieren der Weiterentwicklung des WTO-Beschaffungswesens in inhaltlicher Sicht wie auch insbesondere hinsichtlich einer nur schleichenden Ausdehnung des Mitgliederkreises dieses Abkommens eine Verlagerung der internationalen Weiterentwicklungen auf die regionale Ebene sowie in vielfach auch bilaterale Freihandelsverträge feststellen. Sodann haben auch **Internationale Organisationen** (endlich) Rechtsregeln für sog Eigenvergaben veröffentlicht. Der nächste zu vollziehende Schritt dürfte die Verpflichtung auch **internationaler Sportverbände** – die vielfach mit Sonderechten ausgestattet sind und quasi-hoheitliche Macht in ihren Organisationseinheiten ausüben – auf transparente und nichtdiskriminierende Vergaberegeln sein.[13] 7

8 Der Text des Übereinkommens ist ua abgedruckt in *Hummer/Weiss* 1139ff sowie in *Tietje* 385ff.

9 *Dischendorfer* PPLR 9 (2000) 1/14ff; *Kunnert* 82; *Reich* JWT 31 (1997) 125/142ff.

10 *Davies* in Georgopulos/Hoekman/Mavroidis (Hrsg) (2017) 23ff; *Davies* JIEL 18 (2015) 543ff.

11 ZB WTO, *Canada – Certain Measures Affecting the Renewable Energy Generation Sector* and *Canada – Measures Relating to the Feed-In Tariff Programme*, App Body v 6.5.2013, WT/DS412/AB/R, WT/DS426/AB/R.

12 Vgl hierzu *WTO* Ministerial Conference, Singapore Ministerial Declaration, WT/MIN(96)DEC v 18.12.1996, 21; hierzu auch *WTO* Working Group on Transparency in Government Procurement, Synthesis of the Information available on Transparency-related Provisions in existing international Instruments on Government Procurement Procedures and on National Pactices, WT/WGTGP/W6 v 14.10.1997; vgl zu diesem Themengebiet ua *Arrowsmith* ICLQ 47 (1998) 793/793ff; *Evenett* in ders (Hrsg) 169/169ff; *Bungenberg* 252ff.

13 Hierzu unten Rn 91ff.

B. Auswahl internationaler Regelungen des öffentlichen Beschaffungswesens

8 Verbindliche internationale Regime für das öffentliche Beschaffungswesen, die einer Anzahl von Staaten oder Internationalen Organisationen gemeinsame Regeln auferlegen, gibt es nur in begrenzter Zahl. Es handelt sich dabei in erster Linie um Regeln regionaler Wirtschaftsorganisationen wie der EU oder des MERCOSUR.[14] Auch die **Vereinten Nationen (VN)** und zahlreiche ihrer Spezialorganisationen[15] und Programme[16] haben Richtlinien für ihr Beschaffungswesen veröffentlicht. Es gibt aber auch unverbindliche Regeln empfehlender Natur wie die von **APEC,**[17] **COMESA,**[18] **der *Weltbank* (IBRD)**[19] und bestimmter **regionaler Entwicklungsbanken**, bspw die der Europäischen Bank für Wiederaufbau und Entwicklung (EBWE),[20] der Afrikanischen, Asiatischen[21] und Inter-Amerikanischen bzw Nord-Amerikanischen Entwicklungsbanken,[22] sowie gewisser anderer Internationaler Finanzeinrichtungen, wie zB der **Europäischen Investitionsbank (EIB)**. Zunehmende Bedeutung erlangen Vergabekapitel in immer umfassenderen Freihandelsabkommen sowie das Eigenvergaberecht Internationaler Organisationen. Keines dieser Systeme kann als vollständig ausgereift bezeichnet werden, da die meisten von ihnen ständig weiterentwickelt und verbessert werden.

9 Ein weltweit einheitliches Vergabeverfahrensrecht gibt es also nicht. Das GPA mit einer steigenden Vertragsstaatenzahl gewinnt zwar an Bedeutung, allerdings insbesondere neben dem UNCITRAL-Modellgesetz als Orientierungspunkt für die Ausgestaltung anderer Regime. Allen internationalen Regimen gemeinsam ist allerdings die Betonung der **Prinzipien des Freihandels, der Nichtdiskriminierung und der Transparenz des Vergabeverfahrens.** Im Folgenden sollen einzelne Systeme oder Mechanismen zur Förderung des Beschaffungswesens kurz angerissen werden. Umfassender behandelt bzgl Entwicklung und Inhalten wird das WTO Agreement on Government Procurement.

---

14 Allgemein zum Phänomen regionaler Wirtschaftsintegration → *Nowrot* § 3 Rn 1ff.

15 ZB Organisation der VN für Erziehung, Wissenschaft und Kultur (UNESCO); Internationale Zivilluftfahrtorganisation (ICAO).

16 Welternährungsprogramm (WPF); Entwicklungsprogramm der VN (UNDP); Internationaler Fonds für landwirtschaftliche Entwicklung (IFAD).

17 Asia-Pacific Economic Cooperation, errichtet in 1989, seit 1994 auf die Herstellung von Freihandel bis 2010 (für entwickelte Mitgliedsländer) und bis 2020 für alle anderen orientiert; im Jahr 1999 nahm APEC die *Non-Binding Principles of Government Procurement* an.

18 Common Market for Eastern and Southern Africa, errichtet im Jahre 1994; Richtlinien zum Öffentlichen Beschaffungswesen auf Basis des UNCITRAL-Model Laws wurden im März 2003 verabschiedet.

19 Internationale Bank für Wiederaufbau und Entwicklung (International Bank for Reconstruction and Development).

20 European Bank for Reconstruction and Development.

21 African Development Bank; Asian Development Bank; s a OPEC Fund for International Development.

22 Inter-American Development Bank; North American Development Bank, errichtet im Rahmen des NAFTA.

I. Weltbank (IBRD)

Mit ihren „**Guidelines**“[23] verfolgt die IBRD das Ziel, internationalen Wettbewerb zwischen Anbietern herzustellen, dh in jenen Staaten, denen Kredite zur Verfügung gestellt werden, ein möglichst effektives Beschaffungswesen einzuführen oder ein bestehendes System zu fördern. Zu diesem Zweck hat die IBRD das Werkzeug der sog „***Country Procurement Assessment Reports***“ entwickelt, um es den Staaten zu ermöglichen, ihr Beschaffungswesen zu prüfen und zu bewerten. Es handelt sich bei diesem Verfahren also nicht um verbindliche Regeln, die Anwendung auf mehrere Staaten finden, sondern mehr um interne Empfehlungen bzw Anforderungen, die die IBRD an die Vergabesysteme der Länder stellt, die finanzielle Hilfe der Bank nachfragen. Trotzdem wird auf diese Weise indirekt Einfluss auf die nationalen Vergaberegime genommen, da Länder, die sich um Kredite bemühen, die Anforderungen der IBRD erfüllen müssen. 10

II. OECD

Die **Organisation für wirtschaftliche Zusammenarbeit und Entwicklung**, die eine verantwortungsbewusste Regierungsführung fördern will, ist hinsichtlich des öffentlichen Beschaffungswesens lediglich unterstützend tätig[24] – verbindliche Regelungen werden unter ihrer Federführung nicht ausgehandelt, allerdings regelmäßig aktualisierte Empfehlungen für die Ausgestaltung des nationalen Beschaffungswesens gegeben. Ein Ziel ihrer Arbeit ist – neben der Förderung demokratischer Strukturen in den Mitgliedstaaten – die Verbesserung des öffentlichen Dienstes, zB die Stärkung seiner marktwirtschaftlichen Bedingungen. Deshalb befasst sich die OECD im Rahmen von Kooperationen sowohl mit der Weltbank[25] als auch der EU[26] mit der **Förderung effektiverer Vergabeverfahren zwecks besserer Nutzung begrenzter öffentlicher Mittel.** Obwohl ihre begleitenden Forschungsarbeiten, Datensammlungen und Berichte 11

23 Guidelines Relating to Procurement Under Bank Loans and IDA (International Development Agency) Credits, erstmals 1964 veröffentlicht, 1994 revidiert, va um gewisse Anbieter ausschließen zu können, zwecks Implementierung von Sanktionen des UN-Sicherheitsrates; 1996 wurden Bestimmungen gegen Betrug und Korruption eingefügt. Die Guidelines wurden 2011 und sodann 2016 überarbeitet. Vgl zuletzt *World Bank* New Procurement Framework and Regulations for Projects after July 1, 2016, <www.worldbank.org/en/projects-operations/products-and-services/brief/procurement-new-framework>; vgl zudem *Borson* EPPPL 12 (2017) 146/146ff.

24 S zB *OECD* Recommendation of the Council on Improving the Environmental Performance of Public Procurement, C(2002)3 v 23.1.2002; *OECD* Recommendation on Anti-Corruption Proposals for Aid-Funded Procurement v 6./7.5.1996; vgl zuletzt *OECD* Recommendation of the Council on Public Procurement, 2015, <www.oecd.org/gov/public-procurement/OECD-Recommendation-on-Public-Procurement.pdf>.

25 S zB *OECD/DAC* World Bank Roundtable on Strengthening Procurement Capacities in Developing Countries, DCD(2004)14 v 12.10.2004.

26 Projekt SIGMA (Support for Improvement in Governance and Management), welches sich aber auch mit einer Reihe anderer Aufgaben beschäftigt; ua wurden die Vergabesysteme einer Reihe von Beitrittskandidaten zur EU untersucht und die Ergebnisse in Berichten zusammengefasst.

für die Arbeit anderer Organisationen von erheblicher Bedeutung sind, spielt die OECD seit den 1960er und 1970er Jahren in diesem Bereich keine zentrale Rolle mehr. Damals waren die in der OECD verhandelten Entwürfe für ein Abkommen zum öffentlichen Beschaffungswesen zum großen Teil in den Vergabekodex von 1979 der Tokio-Runde des GATT aufgenommen worden.[27]

III. Vereinte Nationen

1. UNCITRAL

12 Wiewohl das **UNCITRAL-Modellgesetz** als „international" bezeichnet werden kann, weil seine Wirkung international ist, nämlich auf die Förderung des internationalen Handels abzielt, so ist es letztlich doch ebenfalls – wie die OECD Recommendations – nur ein Instrument zur Anleitung staatlicher Gesetzgeber bei der Ausarbeitung innerstaatlicher Regeln für das öffentliche Beschaffungswesen. Gleichzeitig verfolgt es das allgemeine Ziel der Harmonisierung staatlicher Regelsysteme, um internationale Beschaffung und den Zugang zu internationalen Beschaffungssystemen zu erleichtern.

13 Im Jahr 1989 begann eine UNCITRAL-Arbeitsgruppe mit der Ausarbeitung eines Modellgesetzes zum öffentlichen Beschaffungswesen, nachdem eine Studie zu dem Ergebnis gekommen war, dass das Beschaffungswesen in vielen Staaten unzureichend oder gar nicht gesetzlich geregelt war, was zu Ineffizienz des Vergabeprozesses und außerdem – mangels Wettbewerbs – zu einer Beschränkung des internationalen Handels führte. Das erste UNCITRAL-Modellgesetz aus dem Jahre 1993,[28] welches nur Waren und Bauleistungen erfasste, besonders aber das revidierte Modellgesetz von 1994, das außerdem Dienstleistungen in seinen Anwendungsbereich einbezog,[29] sollte diese Mängel beseitigen, indem es für ein **transparentes, effizientes und von Wettbewerb geprägtes Vergabeverfahren** sorgte.[30] Dieser sehr ausführliche Gesetzentwurf, der nur als Modell oder Reformvorschlag zu verstehen ist und keinerlei bindende Wirkung hat, stellt in sechs Kapiteln mit 57 Artikeln diejenigen Maßstäbe dar, welche die teilnehmenden Staaten in der Kommission als den **Mindeststandard** erachteten, den ein nationales öffentliches Beschaffungswesen erfüllen muss, also zB breiten Wettbewerb, Wirtschaftlichkeit und Effizienz.[31]

14 In einigen Ländern Zentral- und Osteuropas, ua in Polen und Lettland, aber auch in lateinamerikanischen und afrikanischen Ländern,[32] ja selbst in China diente das UNCITRAL-Modellgesetz als Basis für nationale Gesetze zum öffentlichen Beschaf-

---

27 Ausf *Blank/Marceau* in Hoekman/Mavroidis (Hrsg) 31/37ff.

28 Text in Annex I zum UNCITRAL Bericht über die Arbeit der 26 Session, Official Records of the General Assembly, Suppl No 17, A/48/17; gleichzeitig wurde auch der Leitfaden angenommen, s *UN* Guide to Enactment of UNCITRAL Model Law on Procurement of Goods and Construction, A/CN.9/393 v 1.12.1993.

29 Model Law on Procurement of Goods, Construction and Services und der Leitfaden Guide to Enactment (1994); das alte Modellgesetz bleibt neben dem neuen in Geltung.

30 *Hunja* in Arrowsmith/Davies (Hrsg) 97/97f.

31 *Hunja* in Arrowsmith/Davies (Hrsg) 97/108f; in vieler Hinsicht gleichen die Regeln des Modellgesetzes denen der EU-Richtlinien.

32 ZB Malawi, Uganda, Kenia, Tansania; in Vorbereitung in Nigeria, Ghana, Äthiopien.

fungswesen, ua auch deswegen, weil die Weltbank und andere Entwicklungsorganisationen dessen Anwendung in Reformprojekten des Beschaffungswesens verlangt oder doch zumindest empfiehlt. Bereits 2003 beschloss **UNCITRAL**,[33] die Arbeiten auf dem Gebiet des öffentlichen Beschaffungswesens fortzusetzen. Themen wie die elektronische Beschaffung, stärkere Transparenz, der Umgang mit ungewöhnlich niedrigen Angeboten, die Zulässigkeit von Rahmenvereinbarungen, die Verwirklichung ökologischer, sozialer und ökonomischer Zielsetzungen fanden Eingang in das im Juli 2011 verabschiedete revidierte Modellgesetz.[34]

2. UN-Konvention gegen Korruption

Schließlich ist auf Ebene der Vereinten Nationen auch die UN-Konvention gegen Kor- 15
ruption erwähnenswert.[35] Die Vertragsparteien dieser Konvention werden verpflichtet, geeignete Vergabesysteme *„based on transparency, competition and objective criteria in decision-making"* einzurichten.[36] Die Konvention ist auch für die EU bindend.[37] Daher muss auch die EU ihr Eigenvergaberecht an der Konvention ausrichten. Die Konvention sieht in Art 9 Abs 1 für Vergabeverfahren vor:

> „(1) Jeder Vertragsstaat trifft in Übereinstimmung mit den wesentlichen Grundsätzen seiner 16
> Rechtsordnung die erforderlichen Maßnahmen, um geeignete Vergabesysteme einzurichten, die auf Transparenz, Wettbewerb und objektiven Entscheidungskriterien beruhen und wirksam unter anderem bei der Verhütung von Korruption sind. Diese Systeme, die bei ihrer Anwendung angemessene Schwellenwerte berücksichtigen können, behandeln unter anderem
> a) die öffentliche Bekanntmachung von Informationen über Vergabeverfahren und Aufträge, einschließlich Informationen über Ausschreibungen und sachdienliche Informationen über die Auftragsvergabe, wobei möglichen Bietern eine ausreichende Frist zur Erstellung und Abgabe ihrer Angebote eingeräumt wird;
> b) die vorherige Festlegung der Teilnahmebedingungen, einschließlich Auswahl und Vergabekriterien sowie Ausschreibungsregeln und deren Veröffentlichung;
> c) die Verwendung objektiver und vorab festgelegter Entscheidungskriterien für die Vergabe von öffentlichen Aufträgen, um die spätere Überprüfung der korrekten Anwendung der Regeln oder Verfahren zu erleichtern;

---

33 S *UN* GAOR Report of UNCITRAL on its Thirty-Sixth Session v 30.6.–11.7.2003, Suppl No 17 A/58/17, paras 225–230; *UN* Current activities of international organisations in the area of public procurement, Note by the Secretariat, A/CN9/539 v 30.4.2003; *UN* Current activities of international organizations in the area of public procurement, Note by the Secretariat Addendum, A/CN9/539/Add.1 v 30.4.2003.

34 Das revidierte Modellgesetz 2011 ist abrufbar unter <uncitral.un.org/sites/uncitral.un.org/files/media-documents/uncitral/en/2011-model-law-on-public-procurement-e.pdf>. Für Näheres zu ua Neurungen des neuen Modellgesetzes 2011 siehe *UNCITRAL* Guide to Enactment of the UNCITRAL Model Law on Public Procurement, <uncitral.un.org/sites/uncitral.un.org/files/media-documents/uncitral/en/guide-enactment-model-law-public-procurement-e.pdf>.

35 Übereinkommen der Vereinten Nationen gegen Korruption v. 31.10.2003, BGBl 2014, II-673.

36 *Dörr* in Burgi/Dreher/Opitz (Hrsg) Einleitung Rn 238.

37 Rat, Beschluss des Rates vom 25. September 2008 über den Abschluss – im Namen der Europäischen Gemeinschaft – des Übereinkommens der Vereinten Nationen gegen Korruption, 2008/801/EG, ABl 2008 L 287/1.

d) ein wirksames System der innerstaatlichen Überprüfung einschließlich eines wirksamen Rechtsmittelsystems, um die Beschreitung des Rechtswegs für den Fall sicherzustellen, dass die nach diesem Absatz vorgesehenen Regeln oder Verfahren nicht eingehalten werden;

e) gegebenenfalls Maßnahmen zur Regelung von Angelegenheiten, die das für die Vergabe verantwortliche Personal betreffen, wie zum Beispiel die Forderung der Bekanntgabe des Interesses an bestimmten öffentlichen Aufträgen, Auswahlverfahren und Ausbildungsanforderungen."

IV. Internationale Arbeitsorganisation

17 Die immer stärkere Berücksichtigung allgemeinpolitischer Ziele bei der Beschaffungstätigkeit in verschiedenen Staaten rückt auch die Arbeiten im Rahmen der Internationalen Arbeitsorganisation (ILO) stärker in den Fokus des unionalen wie auch nationalen Vergaberechts. Nationales Vergaberecht verweist auf ILO-Kernarbeitsnormen[38] und verlangt von Bietern, zu unterlassen, was gegen diese Übereinkommen verstoßen könnte. ZB verlangt in der EU Art 18 Abs 2 RL 2014/24/EU von den Mitgliedstaaten, dafür zu sorgen, dass Unternehmen bei der Ausführung öffentlicher Aufträge die Verpflichtungen einhalten, die sich aus den in Anhang X aufgeführten ILO-Kernarbeitsnormen ergeben; gem Art 56 Abs 1 UAbs 2 kann der Auftraggeber entscheiden, den Zuschlag nicht auf das wirtschaftlichste Angebot zu erteilen, wenn er festgestellt hat, dass das Angebot nicht den anwendbaren Verpflichtungen gem Art 18 Abs 2 genügt; ein nachweisbarer Verstoß gegen ILO-Kernarbeitsnormen ist gem Art 57 Abs 4 lit a) ein Ausschlussgrund, und gem Art 69 Abs 2 lit d) kann sich die notwendige Aufklärung schließlich bei einem ungewöhnlich niedrigen Angebot bzw. Preis auch auf die Nichtbeachtung der ILO-Kernarbeitsnormen erstrecken. Das jüngst in Deutschland beschlossene Lieferkettensorgfaltspflichtengesetz[39] soll vorsehen, dass Verstöße gegen ILO-Normen zu einem Ausschluss von Vergabeverfahren oder einer Vergabesperre führen können.

18 Bereits 1949 hatte die ILO die Labour Clauses (Public Contracts) Convention Nr 94 verabschiedet.[40] Ziel dieser Konvention ist die Aufnahme von Labour Standards in

38 Übereinkommen Nr 29 über Zwangs- und Pflichtarbeit v 28.6.1930; Übereinkommen Nr 87 über die Vereinigungsfreiheit und den Schutz des Vereinigungsrechtes v 9.7.1948; Übereinkommen Nr 98 über die Anwendung der Grundsätze des Vereinigungsrechts und des Rechts zu Kollektivverhandlungen v 9.7.1949; Übereinkommen Nr 100 über die Gleichheit des Entgelts männlicher und weiblicher Arbeitskräfte für gleichwertige Arbeit v 29.6.1951; Übereinkommen Nr 105 über die Abschaffung der Zwangsarbeit v 25.6.1957; Übereinkommen Nr 111 über die Diskriminierung in Beschäftigung und Beruf v 25.6.1958; Übereinkommen Nr 138 über das Mindestalter für die Zulassung zur Beschäftigung v 26.6.1973; Übereinkommen Nr 182 über das Verbot und unverzügliche Maßnahmen zur Beseitigung der schlimmsten Formen der Kinderarbeit v 17.6.1999; hierzu ua *Summa* VergabeR 16 (2016) 147/147ff.

39 BT-Drs 19/28649 u 19/29592. Der Gesetzesentwurf der Bundesregierung wurde am 11.6.2021 mit bestimmten Änderungen vom Bundestag angenommen (BR-Drs 495/21) und am 25.6.2021 vom Bundesrat gebilligt (BR-Drs 495/21(Beschluss)). Mit einer Verkündung im Bundesgesetzblatt ist in Kürze zu rechnen. Allgem zur internationalen Unternehmensverantwortung → *Nowrot* § 17 Rn 1ff.

40 Hierzu *Neilson* PPLR 4 (1995), 94/94ff.

Vergabeverträge. Art 2 sieht eine Gleichstellung auswärtiger mit heimischen Arbeitnehmern/Arbeitern hinsichtlich Gehaltes, Arbeitszeit und anderer Arbeitsbedingungen vor.

V. Europäische Union

Das öffentliche Beschaffungswesen wird im **europäischen Primärrecht**, abgesehen 19
von drei Ausnahmen – Art 179 Abs 2 AEUV (Forschung, technologische Entwicklung und Raumfahrt), Art 199 Abs 4 AEUV (besondere Regeln für die überseeischen Länder und Hoheitsgebiete) und Art 346 AEUV (Nichtanwendung des Vertrags aus Gründen der nationalen Sicherheit)[41] –, nicht ausdrücklich behandelt, so dass im öffentlichen Beschaffungswesen ursprünglich allein die Grundfreiheiten im Allgemeinen sowie das Diskriminierungsverbot, der Gleichbehandlungsgrundsatz sowie das daraus folgende Transparenzgebot im Besonderen zu beachten waren (sog Vergabeprimärrecht[42]).[43] Dieses Regime erwies sich aber als nicht ausreichend, als man der gewachsenen Bedeutung des öffentlichen Beschaffungswesens gewahr wurde.[44] Deshalb begann man, über speziellere Regelungen zu diskutieren. Nach mühsamen Verhandlungen wurden in den 1970er Jahren zwei Richtlinien erlassen – eine bereits im Jahre 1971 zur Regelung des **öffentlichen Beschaffungswesens für Bauaufträge**[45] und eine für **Warenlieferungsverträge**[46] im Jahre 1976.[47] Diese Regelungen gingen aber noch nicht weit genug, um wirklich effektiv einen Raum für ein europäisches Beschaffungswesen zu schaffen. Außerdem unterminierten die Mitgliedstaaten das Vorhaben, indem sie die Richtlinien entweder gar nicht oder lediglich fehlerhaft umsetzten. Die Kommission untersuchte die Effizienz ihres Vergaberegimes und stellte gravierende Mängel fest; dennoch dauerte es bis Anfang der 1990er Jahre, ehe Regelungen als Grundlage eines „europäischen Vergaberegimes" erlassen und in den Mitgliedstaaten implementiert werden konnten.[48] Hier zeigte sich immer wieder, ähnlich wie beim GPA, dass selbst in einem EU-

---

41 Die Ausnahme muss allerdings von einem Mitgliedstaat angerufen und spezifisch begründet werden und ist eng auszulegen, s EuGH, Rs C-414/97, ECLI:EU:C:1997:417 – *Kommission/Spanien*. Im August 2009 ist allerdings eine Richtlinie über die Beschaffung von Verteidigungs- und Sicherheitsgütern in Kraft getreten, s RL über die Koordinierung der Verfahren zur Vergabe bestimmter Bau-, Liefer- und Dienstleistungsaufträge in den Bereichen Verteidigung und Sicherheit und zur Änderung der Richtlinien 2004/17/EG und 2004/18/EG v 13.7.2009, 2009/81/EG, ABl 2009 L 216/76.

42 Zum „Primärvergaberecht" vgl *Bungenberg* in Müller-Graff (Hrsg) § 16; *ders* (2007) 204ff.

43 S EuGH Rs C-324/07, ECLI:EU:C:2008:642 Rn 25 – *Coditel Brabant*.

44 Das öffentliche Auftragswesen hat in der Europäischen Union ein jährliches Gesamtvolumen von ca. 2 Milliarden Euro erreicht, was ca. 13,5 % des Bruttoinlandsprodukts der Europäischen Union entspricht, s *Europäische Kommission* Public Procurement Indicators v. 9.7.2019, 8f.

45 RL über die Koordinierung der Verfahren zur Vergabe öffentlicher Bauaufträge v. 26.7.1971, 71/305/EWG, ABl 1971 L 185/5.

46 RL über die Koordinierung der Verfahren zur Vergabe öffentlicher Lieferaufträge v. 21.12.1976, 77/62/EWG, ABl 1977 L 13/1.

47 S hierzu ua *Prieß* 84ff; *Frenz* Rn 1909.

48 RL betreffend die Auftragsvergabe durch Auftraggeber im Bereich der Wasser-, Energie- und Verkehrsversorgung sowie im Telekommunikationssektor v 17.9.1990, 90/531/EWG, ABl 1990 L 297/1, er-

Binnenmarkt Staaten nicht gewillt sind, sich im öffentlichen Beschaffungswesen, einem zentralen Bereich staatlichen Handelns, umfassend einschränken zu lassen.

20 Das Vergaberechtsregime bestand damals aus den Richtlinien zu den klassischen Bereichen zur Vergabe **öffentlicher Bau-, Liefer- und Dienstleistungsaufträge**[49] sowie erstmals einer **„Sektorenrichtlinie"**[50] für die Bereiche **Wasser-, Energie- und Verkehrsversorgung sowie Postdienste.**[51] Hinzu kamen zudem erstmals die sog Rechtsmittelrichtlinien,[52] die für eine wirksame und rasche Nachprüfung von beanstandeten Vergaberechtsverstößen sorgen sollten. Die Richtlinien mussten allerdings schon bald wieder geändert werden, um sie an das geänderte GPA, dem die EU mitsamt allen Mitgliedstaaten beigetreten war, anzupassen. Für den Verkehr innerhalb der EU änderte das GPA nichts, aber im Verhältnis zu anderen Unterzeichnerstaaten müssen die EU-Staaten das GPA anwenden. Ende 2003 wurde das europäische öffentliche Beschaffungswesen erneut überarbeitet, um es den veränderten Anforderungen anzupassen. So wurden klarere Kriterien für die Zuschlagserteilung und die Auswahl der Bieter eingeführt, um das Verfahren transparenter zu gestalten. Ebenso sollten nun bei der Vergabe von Aufträgen zB auch soziale oder ökologische Kriterien Berücksichtigung finden können.[53] Außerdem wurde der Telekommunikationssektor vom Anwen-

---

setzt durch RL zur Koordinierung der Auftragsvergabe durch Auftraggeber im Bereich der Wasser-, Energie- und Verkehrsversorgung sowie im Telekommunikationssektor v 14.6.1993, 93/38/EWG, ABl 1993 L 199/84; RL über die Koordinierung der Verfahren zur Vergabe öffentlicher Dienstleistungsaufträge v 18.6.1992, 92/50/EWG, ABl 1992 L 209/1; RL über die Koordinierung der Verfahren zur Vergabe öffentlicher Lieferaufträge v 14.6.1993, 93/36/EWG, ABl 1993 L 199/1; RL zur Koordinierung der Verfahren zur Vergabe öffentlicher Bauaufträge v 14.6.1993, 93/37/EWG, ABl 1993 L 199/54; zudem wurden die sog Rechtsmittelrichtlinien erlassen, RL zur Koordinierung der Rechts- und Verwaltungsvorschriften für die Anwendung der Nachprüfungsverfahren im Rahmen der Vergabe öffentlicher Liefer- und Bauaufträge v 21.12.1989, 89/665/EWG, ABl 1989 L 395/33; RL zur Koordinierung der Rechts- und Verwaltungsvorschriften für die Anwendung der Gemeinschaftsvorschriften über die Auftragsvergabe durch Auftraggeber im Bereich der Wasser-, Energie- und Verkehrsversorgung sowie im Telekommunikationssektor v 25.2.1992, 92/13/EWG, ABl 1992 L 76/14.

49 RL 92/50/EWG, RL 93/36/EWG, 93/37/EWG.

50 RL 93/38/EWG.

51 Die genannten Sektoren wurden in den bisherigen RL ausdrücklich von deren Anwendungsbereich ausgenommen. Dies hatte den Hintergrund, dass die betreffenden Versorgungsbetriebe in den Mitgliedstaaten unterschiedlich organisiert und demgemäß in einigen Mitgliedstaaten dem öffentlichen Recht und in anderen Mitgliedstaaten dem Privatrecht unterworfen waren. Um diese Versorgungsbetriebe aufgrund ihrer Rechtsform vergaberechtlich nicht unterschiedlich zu behandeln, wurden diese vom Anwendungsbereich der damaligen RL ausgenommen, s Erwg 4ff RL 71/305/EWG.

52 RL 89/665/EWG; RL 92/13/EWG.

53 Dem öffentlichen Auftraggeber war es freigestellt, zusätzliche Bedingungen für die Ausführung des Auftrages vorzuschreiben, sofern diese mit dem Gemeinschaftsrecht vereinbar waren und in der Bekanntmachung oder in den Verdingungsunterlagen angegeben wurden; insbesondere konnten diese Bedingungen soziale und umweltbezogene Aspekte betreffen, s Art 26 der Vergabekoordinationsrichtlinie 2004/18/EG, ABl 2004 L 134/114 sowie Art 38 Sektorenkoordinierungsrichtlinie 2004/17/EG, ABl 2004 L 134/1; allerdings mussten solche zusätzlichen Bedingungen diskriminierungsfrei sein, dh die Zuschlagskriterien waren bei der Bewertung der Gebote objektiv und für alle Bieter einheitlich anzuwenden und bereits in den Ausschreibungsunterlagen festzulegen, s EuGH, Rs C-448/01, ECLI:EU:C:2003:651 Rn 49f – *Wienstrom*; hierzu auch *Mader* EuZW 15 (2004) 425/428. Der Grundsatz der Gleichbehandlung beinhalte-

dungsbereich der Sektorenrichtlinie ausgenommen, da hier der bestehende Wettbewerb als ausreichend angesehen wurde. Die neuen Richtlinien[54] waren bis Ende Januar 2006 umzusetzen. Im Mai 2003 ist ferner ein „***Practical Guide***" zu den Regeln des öffentlichen Beschaffungsverfahrens veröffentlicht worden, die auf die Vergabe von Verträgen anwendbar sind, welche aus verschiedenen auswärtigen Aktionsprogrammen finanziert werden.[55] Im August 2009 trat eine Richtlinie[56] über die Beschaffung von Verteidigungs- und Sicherheitsgütern in Kraft, welche spezielle Regelungen für die Beschaffung von Waffen, Munition, Kriegsmaterial sowie für sensible nichtmilitärische Aufträge enthält.[57] Die Vergabe öffentlicher Dienstleistungsaufträge im öffentlichen Personenverkehr ist mittels einer Verordnung speziell geregelt,[58] die im Bereich der Vergabe von Schienenpersonenverkehrsdiensten kürzlich umfassend novelliert worden ist.[59] 2014 hat die EU durch die Verabschiedung von drei neuen Richtlinien eine grundlegende Modernisierung des Europäischen Vergaberechts vorgenommen.[60] Zweck dieser Reform des EU-Vergaberechts war ua die Vereinfachung und Flexibilisierung der Vergabeverfahren, die Erweiterung der elektronischen Vergabe sowie die Verbesserung des Zugangs für kleine und mittlere Unternehmen. Im Mittelpunkt stand jedoch die Aufwertung der „strategischen Vergabe", wonach das Beschaffungswesen verstärkt zur Unterstützung gemeinsamer gesellschaftlicher Ziele wie bspw der Förderung von Beschäftigung und deren sozialen Bedingungen sowie sozialer Eingliederung genutzt werden sollte.[61] Am 28.3.2014 wurden sodann drei neue EU-Vergabe-

---

te auch eine Verpflichtung zur Transparenz, wodurch einerseits die Beachtung der Gleichbehandlung, andererseits die Nachprüfung der unparteiischen Durchführung des Vergabeverfahrens gewährleistet werden sollte. Die Zuschlagskriterien mussten außerdem vom öffentlichen Auftraggeber auf die Richtigkeit der Angaben des Bieters überprüft werden. Ein grundsätzlicher Ausschluss einer solchen Überprüfung von Seiten des öffentlichen Auftraggebers verstieß gegen den Grundsatz der Gleichbehandlung, da ein solches Kriterium die erforderliche Transparenz und Objektivität des Vergabeverfahrens nicht gewährleisten konnte, s EuGH, Rs C-448/01, ECLI:EU:C:2003:651 Rn 51 – *Wienstrom*.

54 S RL zur Koordinierung der Zuschlagserteilung durch Auftraggeber im Bereich der Wasser-, Energie- und Verkehrsversorgung sowie der Postdienste v 31.3.2004, 2004/17/EG, ABl 2004 L 134/1 und RL über die Koordinierung der Verfahren zur Koordinierung der Verfahren zur Vergabe öffentlicher Bauaufträge, Lieferaufträge und Dienstleistungsaufträge v 31.3.2004, 2004/18/EG, ABl 2004 L 134/114.

55 S die gegenwärtig anwendbare Version von 2020 des von *EuropeAid* veröffentlichten „Practical Guide on Contract Procedures for European Union External Action", <ec.europa.eu/europeaid/prag/>. Dieser „Practical Guide" erläutert die Vergabeverfahren für Verträge, die im Rahmen der auswärtigen Aktionsprogramme vergeben werden und einerseits aus dem Gesamthaushaltsplan der EU, andererseits aus dem Europäischen Entwicklungsfonds (EEF) finanziert werden. Die Regelung der Finanzierung dieser Verträge beruht auf den Finanzregelungen für den EU-Haushaltes bzw. EEF und den jeweiligen Basisrechtsakten.

56 RL 2009/81/EG.

57 S *Conrad* in Gabriel/Krohn/Neun (Hrsg) § 56 Rn 4ff.

58 VO über öffentliche Personenverkehrsdienste auf Schiene und Straße und zur Aufhebung der Verordnungen (EWG) Nr 1191/69 und (EWG) Nr 1107/70 des Rates v vom 23.10.2007, 1370/2007, ABl 2007 L 315/1.

59 S *Bungenberg/Schelhaas* in Burgi/Dreher/Opitz (Hrsg) § 131 GWB Rn 11ff.

60 S *Bungenberg/Schelhaas* WuW 67 (2017) 72/73.

61 S Erwg 2 RL 2014/24/EU; s a *Europäische Kommission* Grünbuch über die Modernisierung der europäischen Politik im Bereich des öffentlichen Auftragswesens – Wege zu einem effizienteren europäi-

richtlinien im EU-Amtsblatt veröffentlicht: die Richtlinie 2014/24/EU über die Vergabe öffentlicher Aufträge,[62] die die bisherige Vergabekoordinierungsrichtlinie 2004/18/EG ersetzt, die neue Sektoren-Richtlinie 2014/25/EU,[63] welche die Richtlinie 2004/17/EG ersetzt und die Richtlinie 2014/23/EU über die Konzessionsvergabe,[64] die erstmals ausführliche Regelungen zur Vergabe von Bau- und Dienstleistungskonzessionen im europäischen Sekundärrecht kodifiziert. Diese neuen Vergaberichtlinien mussten von den Mitgliedstaaten bis April 2016 umgesetzt werden.[65] Aktuell befindet sich das „Instrument betreffend das Internationale Beschaffungswesen"[66] (IPI) im Gesetzgebungsverfahren, welches den Grundsatz der Reziprozität im internationalen Beschaffungswesen einfordern soll.[67] Zudem hat die Kommission Leitlinien erlassen, die die Teilnahme von Bietern und Waren aus Drittländern am EU-Beschaffungsmarkt regeln, um so einen fairen Wettbewerb auf dem Binnenmarkt zu gewährleisten.[68]

VI. MERCOSUR

21 Der **MERCOSUR** ist eine zwischenstaatliche Organisation ohne supranationale Elemente, entwickelte sich zunächst von einer Freihandelszone zu einer **Zollunion.**[69] Die dritte und letzte Phase dieser Entwicklung sieht einen Gemeinsamen Markt vor, somit auch die Freizügigkeit der Arbeitskräfte und freien Kapitalverkehr. Weder der Gründungsvertrag von 1991 noch nachfolgende Instrumente[70] enthalten Regelungen zum öffentlichen Beschaffungswesen. Erst das ***„Protokoll von Montevideo"*** aus dem Jahr 1997,[71] welches die regionale Integration mittels eines stärker liberalisierten Dienstleistungshandels zu fördern suchte, enthält einige Aussagen zum Vergaberecht. So sollen gemäß seinem Art 15 die Art 3–5 dieses Protokolls, welche sich mit dem MFN-Prinzip, dem Marktzugang und dem NT-Prinzip befassen, generell nicht auf das öf-

---

schen Markt für öffentliche Aufträge, KOM(2011) 15 endg v 27.1.2011, 38f; zur „strategischen Vergabe" nach den neuen Richtlinien im Hinblick auf die Berücksichtigungsfähigkeit sozialer Aspekte s *Bungenberg/Schelhaas* in Schlachter/Heinig (Hrsg) § 37 Rn 14ff.

62 S RL über die Vergabe öffentlicher Aufträge v. 26.2.2014, 2014/24/EU, ABl 2014 L 94/65.

63 S RL über die Vergabe von Aufträgen durch Auftraggeber im Bereich der Wasser-, Energie- und Verkehrsversorgung sowie der Postdienste v. 26.2.2014, 2014/25/EU, ABl 2014 L 94/243.

64 S RL über die Konzessionsvergabe v. 26.2.2014, 2014/23/EU, ABl 2014 L 94/1.

65 Zur Umsetzung im deutschen Recht s *Bungenberg/Schelhaas* WuW 67 (2017) 72/73ff.

66 *Europäische Kommission* Geänderter Vorschlag für eine Verordnung des Europäischen Parlaments und des Rates über den Zugang von Waren und Dienstleistungen aus Drittländern zum EU-Beschaffungsmarkt für öffentliche Aufträge und über die Verfahren zur Unterstützung von Verhandlungen über den Zugang von Waren und Dienstleistungen aus der Union zu den Märkten für öffentliche Aufträge von Drittländern v 29.1.2019, COM(2016) 34 final; s a Rat Mandate for negotiations with the European Parliament, Interinstitutional File 2012/0060(COD) v 28.5.2021.

67 S *Bungenberg* in Müller-Graff (Hrsg) § 16 Rn 153ff.

68 S *Europäische Kommission* Leitlinien zur Teilnahme von Bietern und Waren aus Drittländern am EU-Beschaffungsmarkt, ABl 2019 C 271/43.

69 Zu den Formen regionaler Wirtschaftsintegration → *Nowrot* § 3 Rn 6ff.

70 ZB das der institutionellen Stärkung von MERCOSUR dienende Protokoll von Ouro Preto v 17.12.1994.

71 Protocolo de Montevideo sobre el comercio de servicios del Mercosur v 15.12.1997.

fentliche Beschaffungswesen Anwendung finden. Allerdings findet sich in Art 15 Abs 2 die etwas widersprüchliche Regelung, dass die allgemeinen MERCOSUR-Regeln auch in diesem Bereich prinzipiell beachtet werden sollen.

Am 15.12.2003 wurde schließlich vom MERCOSUR-Rat, dem höchsten Organ, ein **Protokoll zum Öffentlichen Beschaffungswesen** angenommen – zur Stärkung der seit Beginn des Jahres 1995 größtenteils verwirklichten Zollunion, aber auch als Beitrag zur Konstruktion eines künftigen Gemeinsamen Marktes.[72] Die im Anhang I zum Protokoll angeführten Behörden und Einrichtungen sowohl der Zentralregierungen als auch subregionaler Regierungsstellen unterliegen den Vorschriften des Protokolls hinsichtlich ihrer Beschaffung von Waren, Dienstleistungen und Bauleistungen über dem Schwellenwert. Neben den Standardprinzipien der Legalität, Objektivität, Unparteilichkeit, Gleichheit, Öffentlichkeit und des Wettbewerbs sind va die in den Art 4 und Art 5 Abs 2 enthaltenen Prinzipien der Nichtdiskriminierung und der Inländergleichbehandlung, also das MFN-Prinzip und das NT-Prinzip, hervorzuheben. Erwähnenswert ist, dass Art 5 Abs 2 die Diskriminierung der in einem Vertragsstaat ansässigen Firmen und Dienstleistungserbringer verbietet, je nach dem Ausmaß, zu dem diese in ausländischem Eigentum oder unter ausländischer Kontrolle stehen. 22

VII. Beschaffungsregeln im Welthandelsrecht

1. Bestimmungen des GATT und GATS

Wie bereits erwähnt, wurde das öffentliche Beschaffungswesen weder im GATT noch im GATS geregelt. Das GATT 1947 enthielt zu keiner Zeit Regelungen zum öffentlichen Beschaffungswesen. Die Vorschriften des GATT zur Meistbegünstigung (MFN) und Inländergleichbehandlung (NT) sollten ausdrücklich nicht auf Aufträge der öffentlichen Hand „zum Eigenverbrauch“ ohne jegliche kommerzielle Weiterverwertung angewandt werden.[73] Art XVII:2 GATT enthielt allerdings die missverständliche Bestimmung, dass in Bezug auf staatliche **Käufe für nichtkommerzielle Zwecke** allen Vertragsparteien faire und gleiche Behandlung zugesichert werden sollte.[74] Trotz dieser unklaren Formulierung bestand aber Einigkeit darüber, dass das öffentliche Beschaffungswesen nicht vom GATT erfasst sein sollte, was sich auch in der parallelen Verhandlung des GPA im Jahr 1979[75] zeigte. Denn dieser hätte es nicht bedurft, wenn man das öffentliche Beschaffungswesen als durch das GATT abschließend geregelt angesehen hätte. Dennoch wurde diese unglückliche Regelung auch in das GATT 1994 über- 23

72 Dieses Protokoll wurde auf der Basis der entsprechenden NAFTA-Regeln entwickelt, unter Berücksichtigung abweichender Interessen von MERCOSUR-Mitgliedern in den Bereichen Ursprungsregeln, Kompensationsgeschäfte und technische Standards.

73 Art III:8(a) des GATT 1947.

74 Vgl *Blank/Marceau* in Hoekman/Mavroidis (Hrsg) 31/37, die der Meinung sind, dass dieser Hinweis auf „faire und gleiche Behandlung“ besser unterlassen worden wäre, da er in Widerspruch zu dem ausdrücklichen Ausschluss der Anwendbarkeit des GATT auf das Beschaffungswesen in Art III:8(a) stünde. Auf den Streit, ob der ausdrückliche Ausschluss in Art III:8(a) auch für das MFN-Principle in Art I galt, soll hier nicht eingegangen werden, s hierzu *Reich* 103f.

75 Übereinkommen über das öffentliche Beschaffungswesen, ABl 1980 L 71/44.

nommen, welches in das WTO-Abkommen von 1994 integriert wurde.[76] In Art XIII:1 GATS wurde die Anwendbarkeit des GATS-Abkommens auf öffentliche Dienstleistungsaufträge ausdrücklich verneint.[77] Somit bleibt es WTO-Mitgliedern unbenommen, ihre zur Anschaffung von Dienstleistungen für öffentliche Zwecke zuständigen Personen und Einrichtungen zur Diskriminierung zugunsten der eigenen Anbieter oder solcher von bestimmten WTO-Mitgliedern ungeachtet kommerzieller Erwägungen anzuhalten.

24 Gem Art II:3 des WTO-Abkommens wurde das in seinem Anhang 4 bei den plurilateralen Abkommen enthaltene GPA in den **„gemeinsamen institutionellen Rahmen"** der WTO eingefügt. Somit waren sich alle Beteiligten einig, das öffentliche Beschaffungswesen nicht im GATT und auch nicht im Welthandelsabkommen zu regeln, sondern ein eigenes plurilaterales Abkommen dafür zu schaffen bzw die bereits vorhandenen Regelungen weiterzuentwickeln.

2. Das WTO-Übereinkommen über das öffentliche Beschaffungswesen

a) Historische Entwicklung des WTO-Beschaffungswesens

25 Das erste Abkommen, das sich direkt mit dem Beschaffungswesen befasste, war das „*Tokyo Round Code on Government Procurement*" von 1979 (**GPC** oder **Vergabekodex**), das parallel zur Tokio-Runde des GATT ausgehandelt worden war.[78] Dieses Abkommen basierte zum größten Teil auf den Vorarbeiten der OECD in der Zeit zwischen 1962 und 1975, deren Mitgliedstaaten in zunehmendem Maße über Diskriminierungen im öffentlichen Beschaffungswesen besorgt waren und in diesen ein ernstzunehmendes Hindernis für eine Ausweitung des Welthandels sahen. Aus dieser Erkenntnis wurde die Notwendigkeit abgeleitet, diesen Bereich staatlichen Handelns wenigstens ansatzweise internationalen Regeln zu unterwerfen.[79]

26 Der plurilaterale Vergabekodex blieb aber auf Waren beschränkt – Dienstleistungen waren noch nicht erfasst. Angesichts der geleisteten Vorarbeiten überrascht es kaum, dass die unterzeichnenden Staaten fast ausschließlich OECD-Mitgliedstaaten waren. Obwohl einige Entwicklungsländer wie Indien, Jamaika und Nigeria aktiv an den Verhandlungen teilgenommen hatten und das Abkommen auch einige sie begünstigende Regelungen enthielt,[80] sahen sie darin doch mehr Nach- als Vorteile und unterzeichneten es folglich nicht.[81] Fast gleichzeitig mit dem Inkrafttreten des GPC zu Beginn des Jahres 1981 begannen bereits Neuverhandlungen, wie es in Art IX:6(b) GPC vorgesehen war. Ziel war es ua, das Abkommen auf mehrere Bereiche des Staates aus-

---

76 *Arrowsmith* JIEL 5 (2002) 761/762; *Bungenberg* WuW 50 (2000), 872/872ff.

77 *Bungenberg* WuW 50 (2000) 872/872ff.

78 *Bungenberg* WuW 50 (2000) 872/872ff.

79 *Spennemann* ZEuS 4 (2001) 43/48; ausf zu diesen vorbereitenden Arbeiten und den auslösenden Ursachen, ua Verstärkung von Preisdiskriminierungen bei US-amerikanischen Vergabeverfahren *Blank/Marceau* in Hoekman/Mavroidis (Hrsg) 31/37f.

80 Ua konnten die Entwicklungsländer bestimmte Einschränkungen des NT-Prinzips vereinbaren oder aber mit Entwicklungshilfe finanzierte öffentliche Aufträge waren nicht dem GPA unterworfen, vgl *Blank/Marceau* in Hoekman/Mavroidis (Hrsg) 31/42.

81 Lediglich Singapur, Israel und Hong Kong haben, damals als Entwicklungsländer, das Abkommen unterzeichnet, s hierzu ausf *Blank/Marceau* in Hoekman/Mavroidis (Hrsg) 31/31ff.

zudehnen und auch **Dienstleistungen** einzubeziehen. Der einzige bei Verhandlungsende im Jahr 1986[82] erzielte Fortschritt lag darin, dass fortan auch Dienstleistungen umfasst sein sollten und dass der für die Anwendbarkeit des Abkommens entscheidende Schwellenwert für die Auftragssumme gesenkt werden konnte.

Bereits im Mai 1985 wurde eine ***Internationale Arbeitsgruppe*** (***International Working Group***) beauftragt, Verhandlungen zur Weiterentwicklung des Abkommens zu führen. Bis zum Jahr 1990 einigte man sich im Rahmen dieser Arbeitsgruppe darauf, die Anwendbarkeit des Abkommens auf verschiedene Kategorien von Verwaltungseinheiten auszudehnen.[83] Ab 1991 rückten andere Belange in den Vordergrund, ua die Streitbeilegung, die Fragen der Reichweite des Abkommens und insbesondere auch der Reziprozität, aber auch Einzelfragen, wie die der Einteilung einzelner Verwaltungseinheiten. Obschon keine offizielle Verbindung zu den WTO-Verhandlungen der **Uruguay-Runde** bestand, kamen auch die GPA-Verhandlungen, wie die der Uruguay-Runde, zunächst ins Stocken und konnten erst wieder auf der Grundlage eines völlig überarbeiteten Vorschlags des Vorsitzenden der Arbeitsgruppe, inklusive der Einteilung staatlicher Verwaltungseinheiten in einen Appendix mit fünf Anhängen, fortgesetzt werden.[84] 27

Weitere wichtige Schritte waren die Einigung über das Streitbeilegungsverfahren und das Verbot der **„Überkreuzvergeltung"** (***cross-retaliation***), also das Verhängen einer Gegenmaßnahme in einem anderen Handelsbereich als Vergeltung für einen tatsächlichen oder vermeintlich erlittenen Vertragsbruch im Bereich des GPA.[85] Ebenso wichtig war aber auch die auf höchster Ebene verhandelte Vereinbarung zwischen den USA und der damaligen EG, ihre Märkte im Beschaffungswesen wechselseitig zu öffnen, sozusagen im Vorgriff auf die zu erwartenden erweiterten Regelungen im geänderten GPA.[86] 28

Die Anwendbarkeit des GPA auch auf Dienstleistungen konnte im GPA 1996[87] verwirklicht werden. Außerdem waren die **Schwellenwerte** von 150.000 Sonderziehungsrechten (SZR) auf 130.000 SZR gesenkt worden, wodurch der sachliche Anwendungsbereich auf eine größere Anzahl von Aufträgen erweitert wurde.[88] Eine Teilung von Aufträgen, um deren Wert unter den anwendbaren Schwellenwert zu drücken und damit die Vergabe außerhalb des GPA-Anwendungsbereichs zu bringen, ist nicht zulässig. 29

Unbestritten war auch, dass das Abkommen **„plurilateral"** sein sollte, ein Mitglied der zu gründenden WTO also nicht automatisch Vertragspartei des GPA werden würde. Hierdurch ist es bis heute nicht gelungen, den Mitgliederkreis des GPA umfassend auszuweiten. Eine Multilateralisierung wird heute nicht ernsthaft themati- 30

82 Das geänderte Abkommen trat am 1.1.1988 in Kraft.

83 *Blank/Marceau* in Hoekman/Mavroidis (Hrsg) 31/45f.

84 *Blank/Marceau* in Hoekman/Mavroidis (Hrsg) 31/46.

85 Die WTO ihrerseits wiederum verbietet die Vergeltung im Bereich des Beschaffungswesens.

86 *Blank/Marceau* in Hoekman/Mavroidis (Hrsg) 31/48.

87 Übereinkommen über das öffentliche Beschaffungswesen, ABl 1994 L 336/273, in Kraft seit 1.1.1996.

88 Diese Werte beruhen auf Sonderziehungsrechten (SZR) des Internationalen Währungsfonds, einer auf Basis eines Währungskorbes der 5 wichtigsten IWF Mitglieder täglich errechneten internationalen künstlichen Währungseinheit.

siert.[89] Das GPA wurde zusammen mit der Schlussakte der Uruguay-Runde in Marrakesch am 15.4.1994 paraphiert und trat am 1.1.1996 in Kraft. Das geänderte Abkommen wurde zunächst nur von elf Parteien[90] unterzeichnet und als plurilaterales Abkommen in den Anhang 4 des WTO-Abkommens und somit in dessen institutionellen Rahmen eingefügt.

31 Nachdem man sich im Dezember 2006 auf eine provisorische Neufassung des GPA geeinigt hatte,[91] wurde im Dezember 2011 eine politische Einigung auf eine Neufassung des GPA erzielt. Der neugefasste Vertragstext, der klarer formuliert, transparenter und anwendungsfreundlicher ist, wurde im März 2012 durch einen Beschluss des *Committee on Government Procurement* angenommen[92] und ist seit dem 6. April 2014 in Kraft. Durch das GPA 2012, welches nach wie vor auf dem alten GPA 1994 beruht, konnten notwendige Anpassungen umgesetzt werden, die den Zugang zu einem der wichtigsten Märkte um geschätzte 80-100 Milliarden US-Dollar jährlich erweitert.[93]

32 Es finden sich im reformierten GPA 2012 erstmals sowohl Definitionen relevanter, im Abkommen verwendeter Begriffe als auch eine übersichtliche Zusammenfassung der Ausnahmen vom Anwendungsbereich des GPA.[94] Die einzelnen Artikel sind dem Ablauf eines öffentlichen Beschaffungsvorganges entsprechend gegliedert und systematisch angeordnet.

33 Der Anwendungsbereich wurde um mindestens 200 zusätzliche staatliche Einrichtungen und weitere Güter und Dienstleistungen erweitert.[95] In der Präambel des neuen GPA 2012 wird explizit auf die Bedeutung elektronischer Instrumente für die Beschaffung hingewiesen, und es wurden erstmalig auch Regeln zur Beschaffung mittels elektronischer Auktionen sowie kürzere Submissionszeiten für Angebote beschlossen. Im Einklang mit den in der Präambel ebenfalls neu aufgenommenen Zielen der **Vermeidung von Korruption und Interessenskonflikten** wurden diesbezüglich neue Regelungen aufgenommen.[96] Auch eine Ausweitung der auf die speziellen Anforderungen der Entwicklungsländer im konkreten Fall zugeschnittenen Übergangsmaßnahmen (zB höhere Schwellenwerte, Beibehaltung von Präferenzpreisen) ist vorgese-

---

89 S dazu unten Rn 99ff; für einen ersten Eindruck über die Versuche, den Kreis der Mitglieder des GPA 1996 zu vergrößern s *Davies* ECLR 18 (1997) 300/300ff.

90 Unterzeichnerstaaten waren zu Beginn Österreich, Finnland, die USA, die EU, Norwegen, die Schweiz, Schweden, Israel, Japan, Südkorea und Kanada. Zu beachten ist, dass die Paraphierung im April 1994 stattfand, Finnland, Schweden und Österreich aber erst mit Wirkung v 1.1.1995 in der 4. Erweiterungsrunde der EU beitraten.

91 S *WTO* Comittee on Government Procurement, Revision of the Agreement on Government Procurement as at 8 December 2006, GPA/W/297 v 11.12.2006.

92 *WTO* Committee on Government Procurement, Adoption of the results of the negotiations under article XXIV:7 of the Agreement on Government Procurement, GPA/113 v 2.4.2012.

93 *Anderson/Schooner/Swan* 1.

94 S *Reich* JIEL 12 (2009) 989/1000ff; Art I des GPA 2012.

95 *Anderson/Schooner/Swan* 3.

96 Neben der Vermeidung von Korruption und Interessenskonflikten wurden in die Präambel weitere Hinweise auf die Bedeutung von Transparenz und Unparteilichkeit sowie von elektronischen Beschaffungsmethoden und der Integrität und Vorhersehbarkeit des Beschaffungswesens aufgenommen, Preamble of the Annex to the Protocol Amending the Agreement on Government Procurement, recital 6; vgl *Reich* JIEL 12 (2009) 989/996ff.

hen, um diesen den Beitritt zum GPA 2012 zu erleichtern.[97] Die durch das GPA 2012 förderbaren nichtwirtschaftlichen Sekundärzwecke werden hingegen lediglich auf technische Vorgaben für den Umweltschutz beschränkt.[98]

Zusammenfassend lässt sich das überarbeite Abkommen als notwendige Anpassung eines Vertragswerkes einstufen, die den Zugang zu einem der wichtigsten Märkte erweitert und zusätzliche Geschäftsmöglichkeiten im Wert von geschätzten 80-100 Milliarden US-Dollar jährlich eröffnet.[99] Ein bedeutenderer Zuwachs ist in Zukunft durch den Beitritt neuer Mitglieder, insbesondere der Schwellenländer, zu erwarten.[100] Die erfolgreich abgeschlossenen Verhandlungen sind zudem ein wichtiger Schritt hinsichtlich der Förderung offener internationaler Märkte und guter Regierungsführung als auch der Reduzierung protektionistischer Anreize im öffentlichen Beschaffungswesen.[101] 34

b) Die Grundprinzipien des GPA

Die wesentlichsten **Grundprinzipien** sind die Gebote der Inländergleichbehandlung und der Meistbegünstigung. Das in Art IV:1(a) niedergelegte Prinzip der Inländergleichbehandlung verbietet es den Vertragsparteien, Waren, Dienstleistungen und Anbieter anderer Vertragsparteien ungünstiger[102] zu behandeln als inländische Anbieter. Somit sind ausländische Anbieter einer anderen Vertragspartei wie Inlandsanbieter zu behandeln, dh ihre Waren und Dienstleistungen sowie sie selbst dürfen keiner Ungleichbehandlung ausgesetzt sein. Das Prinzip der Inländergleichbehandlung ist somit ein **Diskriminierungsverbot**, mit dem die Bevorzugung nationaler Anbieter – ***„national champions“*** – ausgeschlossen werden soll. 35

Im Unterschied dazu verbietet das in Art IV:1(b) GPA geregelte Prinzip der Meistbegünstigung, so wie schon Art I GATT,[103] die Bevorzugung gewisser ausländischer Anbieter aus anderen Vertragsstaaten, bzw deren Waren und Dienstleistungen, gegenüber anderen ausländischen Anbietern. Ähnlich bestimmt Art IV:2(b) GPA, dass im 36

---

97 Zu den wesentlichen Neuerungen des revidierten GPA-Textes s ausführlich *Anderson* PPLR 16 (2007) 255/260ff; kritisch zum neuen Vertragstext *Reich* JIEL 12 (2009) 989/993ff.

98 *Reich* JIEL 12 (2009) 989/1012.

99 *Anderson/Schooner/Swan* 1.

100 Von den derzeit 35 WTO-Mitgliedern, die Beobachterstatus genießen, verhandeln bereits elf über einen Beitritt zum Abkommen – Albanien, Brasilien, China, Georgien, Jordanien, Kasachstan, Kirgistan, Nordmazedonien, Oman, Russland und Tadschikistan.

101 *Anderson/Schooner/Swan* 5f.

102 Einerseits müssen ausländische Anbieter keineswegs günstiger behandelt werden, andererseits aber ist jegliche Differenzierung hinsichtlich der Verfahrenskriterien – zB betreffend die Ausschreibung, die wirtschaftlichen und technischen Qualifikationen der Anbieter oder hinsichtlich des Vertragszuschlags – dann unzulässig, wenn diese nur oder leichter von inländischen Anbietern erfüllt werden könnten.

103 Das GATT-Prinzip der Meistbegünstigung ist allerdings weiter gefasst, da es im Verhältnis der WTO-Mitglieder untereinander zur Gewährung der günstigsten Behandlung verpflichtet, die ein Produkt aus irgendeinem Drittstaat – selbst wenn dieser nicht WTO-Mitglied ist – erfährt. Das GPA stellt demgegenüber nur auf die günstigste Behandlung von Waren und Dienstleistungen aus WTO-Mitgliedern ab.

Inland niedergelassene Lieferanten aus einem anderen GPA-Vertragsstaat nicht aufgrund des Ursprungs der Ware oder Dienstleistung unterschiedlich behandelt werden dürfen, wodurch der Diskriminierungsschutz auf **Niederlassungen ausländischer Bieter** erstreckt wird. Beide Grundprinzipien, also die Gebote der Inländergleichbehandlung und der Meistbegünstigung, werden aber durch zahlreiche Ausnahmen eingeschränkt, die für jeden einzelnen GPA-Vertragsstaat in dessen Anhang I ersichtlich sind.

c) Die Voraussetzungen der Anwendbarkeit des GPA

37 Die Reichweite des GPA von 1996 wird in Art I geregelt, der auf das Vorliegen eines **Beschaffungsvertrages** abstellt.

(1) Sachlicher Anwendungsbereich

38 Der **sachliche Anwendungsbereich** umfasst alle Beschaffungen von Waren, Dienstleistungen sowie Kombinationen hieraus, aber auch von Bauleistungen, die einen bestimmten Schwellenwert überschreiten,[104] sofern nicht in einem Anhang eine Ausnahme vereinbart wurde.[105] Grundsätzlich sind alle Waren erfasst, mit Ausnahme jener, die nach dem sog ***„negative list approach“*** einer Ausnahmeregel oder, als militärische Anschaffung, eigenen Regeln unterliegen, sofern nicht die Beschaffung einzelner militärischer Güter nach dem sog ***„positive list approach“*** ausdrücklich dem Anwendungsbereich des GPA unterstellt wurde. Hinsichtlich der Dienstleistungen gilt, dass nur die im 4. Annex des Anhangs I nach dem ***„positive list approach“*** aufgezählten Dienstleistungen nach den Bestimmungen des GPA angeschafft werden müssen. Der jeweilige Stand der Liberalisierung wurde aber von zahlreichen GPA-Vertragsstaaten sowohl direkten – Ausnahmen und Prinzip der Gegenseitigkeit – als auch indirekten – Marktzugang und Wettbewerb werden nicht im GPA, sondern im GATS geregelt und müssen daher nach diesem beurteilt werden – Beschränkungen unterworfen. Bei Bauleistungen hingegen wurden von GPA-Vertragsstaaten keine Ausnahmen beansprucht, so dass alle auf Bauverträgen[106] beruhenden, nach dem ***„positive list approach“*** im Annex 5 des Anhangs I aufgezählten Bauleistungen erfasst sind.

---

104 Im GPA 2012 sind Schwellenwerte für alle Beschaffungen in Anlagen zu den einzelnen Vergabestellen festgeschrieben; sie liegen bei den zentralen Staatseinheiten bei 130.000 SZR, bei dezentralen Stellen in der 2. Kategorie bei 200.000 SZR und für die öffentlichen Unternehmungen in der letzten Kategorie bei 400.000 SZR. Bei Bauleistungen liegt der Schwellenwert generell bei 5.000.000 SZR.

105 Prinzipiell sind alle erworbenen Waren umfasst, aber im sensiblen Bereich der Verteidigung gibt es eine Positiv-Liste, dh nur die Waren, die explizit vermerkt sind, werden vom Abkommen umfasst. Für den Dienstleistungsbereich im Ganzen gibt es eine Positiv-Liste in den Anhängen 4 und 5, so dass nur solche dort ausdrücklich aufgeführten Einheiten und Dienstleistungen vom GPA erfasst werden. Dies gilt jedoch nur insoweit, als nicht noch Ausnahmen oder Begrenzungen dieser Vereinbarungen in den relevanten Anhängen festgeschrieben sind.

106 Als Bauvertrag gilt *“a contract which has as its objective the realization by whatever means of civil or building works, in the sense of Division 51 of the Central Product Classification (CPC)”*, s Annex 5 GPA.

(2) Persönlicher Anwendungsbereich

Der **persönliche Anwendungsbereich** erfasst auch nichtzentrale staatliche Stellen, insb um dem weltweiten Trend zur Auslagerung von öffentlichen Funktionen zentraler, regionaler oder lokaler Verwaltungsstellen auf flexiblere autonome oder semi-autonome Einrichtungen Rechnung zu tragen. Welche Stellen genau umfasst sind, wird gem Art II:4 GPA im Anhang I in den Anlagen 1 bis 3 festgelegt.[107] Nach der Entscheidung eines WTO-Panels im ***Inchon International Airport*** **Fall** sind auch in den Anhängen nicht erfasste Vergabestellen dem GPA unterworfen, wenn sie mit einer erfassten Vergabestelle entweder eine Einheit bilden oder zu dieser in einem Abhängigkeitsverhältnis stehen.[108] 39

Die Ausdehnung des Abkommens mit dem GPA 1996 auch auf andere staatliche Einheiten hatte zur Folge, dass der Wert der vom GPA des Jahres 1996 erfassten öffentlichen Aufträge 13mal höher lag als unter dem GPA von 1979, welches nur zentrale Staatseinheiten umfasste.[109] Eine wichtige Einschränkung aber erfährt der persönliche Anwendungsbereich des Abkommens durch das Beharren nahezu aller Staaten auf dem **Prinzip der Gegenseitigkeit**. Das führt dazu, dass viele Staaten Einschränkungen in der Anwendung des GPA in Bezug auf Unternehmen aus solchen Ländern aufrecht halten, in denen das GPA nicht oder nicht korrekt angewendet wird.[110] Eine weitere Einschränkung betrifft Dienstleistungen. Danach wenden eine Reihe von Staaten, unter ihnen die USA und die Schweiz, das GPA auf Dienstleistungen nur dann an, wenn der andere Staat seinerseits das GPA auf diese Art von Dienstleistung anwendet. Zufolge dieser unübersichtlichen Kombination von Positiv- und Negativlisten kann es im Einzelfall außerordentlich schwierig sein, den genauen Anwendungsbereich des GPA zu bestimmen. Der damit verbundene beträchtliche verwaltungstechnische Aufwand ist sicherlich einer der Gründe dafür, dass einige Staaten davor zurückschrecken, dem GPA beizutreten.[111] 40

d) Art und Natur der Verpflichtungen

Die zwei Hauptziele des GPA sind zum einen die **Nichtdiskriminierung von ausländischen und inländischen Bietern** im Vergabeverfahren und zum anderen die **Transparenz** des gesamten Verfahrens, so dass die Entscheidung über den Zuschlag 41

107 Anlage 1 betrifft die Zentralstellen, Anlage 2 die Einheiten unterhalb der Zentralstellen, also Auftraggeber der regionalen oder kommunalen Ebene, und Anlage 3 enthält als Auffangregel alle anderen Beschaffungsstellen, die Beschaffungsaufträge vergeben, inklusive privatrechtliche Unternehmen, sofern diese staatlichem Einfluss oder staatlicher Kontrolle unterliegen. Im Falle der Privatisierung öffentlicher Unternehmen werden diese gem Art IXX:6(b) GPA aus der Anlage 3 im Anhang I gestrichen. Teil D ist nicht integriert, da er die Einheiten umfasst, die gerade nicht vom GPA geregelt werden sollten.

108 WTO, *Korea-Procurement* Panel v 19.6.2000, WT/DS163/R para 7.59; s a u Rn 79ff.

109 *Spennemann* ZEuS 4 (2001) 47/49, basierend auf einer Schätzung im Grünbuch „Das öffentliche Beschaffungswesen in der Europäischen Union" der Europäischen Kommission, KOM(96) 583 v 27.11. 1996, 58.

110 *Hoekman/Mavroidis* in dies (Hrsg) 13/16.

111 Ein Beitritt nach derzeitigem Stand würde nicht nur Verhandlungen über den Beitritt zum GPA verlangen, sondern ebenso bilaterale Verhandlungen mit allen Mitgliedstaaten, um die einzelnen Ausnahmen auszuhandeln.

nachvollzogen und gegebenenfalls überprüft werden kann.[112] Des Weiteren soll sich auch das öffentliche Beschaffungswesen dem Wettbewerb im Markt stellen und die ihm zur Verfügung stehenden Mittel effektiver einsetzen.[113]

(1) Materiell-rechtliche Verpflichtungen

42 Das Abkommen findet Anwendung auf jedes Gesetz, jede Verordnung, jedes Verfahren oder jede Praxis im Bereich des Vergabeverfahrens. Das Vergabeverfahren, das in den Art VII und XVIII GPA geregelt ist, kann in drei Formen abgewickelt werden, nämlich als **offenes**, **selektives** (nicht offenes) oder sogenanntes **freihändiges** (eingeschränktes) **Verfahren**. Die Wahl des im Einzelfall anwendbaren Regelverfahrens, offen bzw selektiv, liegt im Ermessen der zuständigen Vergabestelle. Das freihändige Verfahren hingegen darf nur in abschließend aufgezählten Ausnahmefällen (Art XIII) zur Anwendung kommen. Beim offenen Verfahren können alle interessierten Anbieter ein Angebot abgeben. Beim selektiven Verfahren findet bereits im Vorfeld eine meist an technischen Kriterien ausgerichtete Vorauswahl statt. Im eigentlichen Vergabeverfahren werden dann nur jene Bieter zugelassen, die auch tatsächlich in der Lage sind, einen solchen Auftrag auszuführen, wodurch das Verfahren beschleunigt wird. Beim freihändigen Vergabeverfahren wendet sich die vergebende Einheit direkt an die Unternehmen, die sie zu einer Angebotsabgabe einladen möchte. Dieses Verfahren darf aber nur unter bestimmten Voraussetzungen angewandt werden, zB wenn in einem vorherigen anderen Verfahren keine Angebote eingingen oder das Vorhaben besonders eilig ist. Art XIII weist ausdrücklich darauf hin, dass dieses Verfahren nicht eingesetzt werden darf, um den Wettbewerb der Bieter zu umgehen oder um Aufträge diskriminierend zu vergeben.

43 Das GPA legt besonderen Wert auf Transparenz. So schreibt Art VII:3 vor, dass jede Einheit Aufträge in einer der **Amtssprachen der WTO**[114] öffentlich ausschreiben muss, um zur Angebotsabgabe einzuladen. Die Ausschreibung darf nicht so gestaltet sein, dass sie den internationalen Handel beeinträchtigt, zB durch technische Anforderungen, die diskriminierend wirken (Art X). Der Auftrag muss an denjenigen Anbieter vergeben werden, der bei gleicher Qualifikation das billigste Angebot gemacht hat oder aber das günstigste, gemessen an den speziellen Anforderungen, die an ihn gestellt werden (Art XV:5).

44 Problematisch ist aber die Ausnahmevorschrift in Art III:2, die wie eine **Generalklausel** wirkt und es erlaubt, den Auftrag doch nicht zu vergeben, wenn dies im **öffentlichen Interesse** liegt. Bisher ist diese Vorschrift nie Gegenstand eines Verfahrens gewesen. So scheint es, dass die staatlichen Einheiten ihren Gestaltungsspielraum schon bei der Ausschreibung nutzen, anstatt einen Auftrag im Nachhinein zurückzuziehen.

45 Im Gegensatz zu anderen WTO-Abkommen muss die vergebende Einheit nur nachträglich auf Nachfrage eines unterlegenen Bieters die Gründe ihrer Entscheidung darlegen (Art XVII). Eine solche Regelung überrascht, steht sie doch im Widerspruch

---

112 *Spennemann* ZEuS 4 (2001) 43/47 u 49.

113 *Hoekman/Mavroidis* in dies (Hrsg) 13/13.

114 Englisch, Französisch oder Spanisch.

zu den **WTO-Abkommen zu Subventionen und Antidumping** sowie entsprechenden Streitbeilegungsentscheidungen, die eine Begründung der Entscheidung verlangen.[115]

Jedes Mitglied der WTO kann dem GPA beitreten (Art XXII:2), aber Art V gewährt den Entwicklungsländern – wie schon der Vergabekodex von 1979 – die Möglichkeit, in Verhandlungen bessere Bedingungen für sich zu fordern, zB die **Aussetzung der Anwendbarkeit des Prinzips der Inländergleichbehandlung**. Diese Bevorzugungsregel hat allerdings die Attraktivität des Abkommens für Dritte-Welt-Staaten nicht wesentlich erhöht. Bis heute hat kein Entwicklungsland das GPA unterzeichnet.[116] 46

(2) Rechtsschutzmöglichkeiten

Keine der verschiedenen materiell-rechtlichen Verpflichtungen wäre ohne ein wirksames Rechtsschutzsystem durchsetzbar. Dieser schon in der Präambel zum GPA anerkannten Einsicht trägt das GPA durch die Einführung eines **doppelten Rechtsschutzmechanismus** Rechnung. So sind die Vertragsstaaten verpflichtet, ***„nichtdiskriminierende, zügige, transparente und wirksame Verfahren“*** festzulegen, in denen Anbieter selbst gegen vermutete Verletzungen des GPA Beschwerde erheben können (Art XVIII:2). 47

Andererseits kommt der reguläre zwischenstaatliche **WTO-Streitbeilegungsmechanismus** zur Anwendung (Art XXII).[117] Vertragsparteien des GPA können sich in Bezug auf ihre Bieter, die sich ungerecht behandelt fühlen, des bindenden Streitschlichtungsverfahrens der WTO bedienen (Art XX:3), welches durch die **Vereinbarung über Regeln und Verfahren zur Streitbeilegung (DSU)**[118] geregelt wird. Bereits für das GPA 1996 wurde angenommen, dass dies allerdings die Ausschöpfung der von den GPA-Vertragsstaaten eingerichteten innerstaatlichen Widerspruchsverfahren voraussetzt.[119] Aufgrund der relativ langen Verfahrensdauer des DSU stellt dies keine wirkliche Alternative für den Bieter dar. 48

Insofern bildet die Regelung des Art XX GPA nur dann einen wirklichen Fortschritt, wenn der Staat ausländischen Bietern auch effektiven Rechtsschutz gewährt. Die Verpflichtung zur Einführung eines **Anfechtungsverfahrens** ist die eigentliche 49

115 *Hoekman/Mavroidis* in dies (Hrsg) 13/19.

116 Es liegt grundsätzlich im Ermessen des Vertragsstaates, sich als Entwicklungsland zu deklarieren (als solche erklärten sich Korea, Israel, Singapur und Hong Kong-China); einen allgemeinen Kriterienkatalog gibt es bislang nicht. Durch die demnächst zu erwartenden Beitritte Jordaniens und Saudi-Arabiens werden nun erstmals möglicherweise „wirkliche“ Entwicklungsländer den Vertrag unterzeichnen.

117 Art XX GPA enthält als *lex specialis* gegenüber den Bestimmungen des DSU nur unwesentliche Besonderheiten; hervorzuheben ist die Bestimmung des Art XX:7, der die sog „cross-retaliation“ verbietet, dh die Möglichkeit, auf die Verletzung des GPA durch die Aussetzung von Zugeständnissen, die unter anderen Abkommen gemacht wurden, zu reagieren. Umgekehrt darf auch in anderen nicht das GPA betreffenden Streitigkeiten nicht auf Zugeständnisse und Verpflichtungen unter dem GPA Rückgriff genommen werden; s hierzu auch *Weiss* in Petersmann (Hrsg) 439/439ff.

118 Understanding on Rules and Procedures Governing the Settlement of Disputes (DSU) v 15.4.1994, BGBl 1994, II-1749; allgem zum WTO-Streitbeilegungsverfahren → *Weiss* § 20 Rn 1ff.

119 S im Einklang mit der hL *Prieß* 650.

Neuerung des GPA von 1996 gewesen. Soweit dies nicht oder nur unvollständig geschehen ist, kann sich der unterlegene Bieter nicht auf das GPA berufen, das wie das gesamte WTO-Recht zumindest **in der EU nicht unmittelbar anwendbar** ist.[120]

e) Abschluss des GPA aus unionaler Sicht

50 War das GPA 1994 noch als gemischtes Abkommen abgeschlossen worden – dh neben der EU haben auch die EU-Mitgliedstaaten das Abkommen ratifiziert – wurde das GPA 2012 allein von der EU abgeschlossen. Diese Auffassung wurde letztlich vom EuGH in seinem Singapur-Gutachten bestätigt, in welchem der Gesamtbereich der öffentlichen Auftragsvergabe in internationalen Handelsabkommen **der ausschließlichen Kompetenz der EU** zugeordnet worden ist.[121] Allerdings stützt er den Bereich der Verkehrsdienstleistungen in diesem Gutachten auf implizite ausschließliche Zuständigkeiten.[122]

51 Großbritannien hat nach dem Austritt aus der EU das GPA eigenständig ratifiziert.[123] Am 2.12.2020 hat Großbritannien der WTO sein "instrument of accession" übermittelt. Großbritannien ist nunmehr – nach dem vollzogenen BREXIT – eigenständiges WTO-Mitglied (seit dem 1. Januar 2021).

f) Weiterentwicklung des WTO-Vergaberechts

52 Zurzeit hat das GPA noch immer nur 21 Vertragsstaaten, diese umfassen allerdings einen **Großteil des Weltmarktes**. Weiterhin bleibt das Ziel, den Mitgliederkreis des GPA möglichst stark auszudehnen. Für beitrittswerbende Nicht-Mitglieder der WTO könnte dies in Verbindung mit Beitrittsverhandlungen geschehen, wobei es sich erwiesen hat, dass der Beitritt zur WTO scheinbar leichter fällt als der zum GPA.[124] Derzeit laufen mit 11 WTO-Mitgliedern Verhandlungen über einen Beitritt zum GPA, die Verhandlungen mit China erweisen sich als scheinbar unendliche Geschichte (seit 2002), ebenso wie die mit Russland. Die bisherigen Ansätze haben sich allerdings nicht als weiterführend erwiesen. Um Schwellen- und Entwicklungsländer an regulierte und insbesondere transparente öffentliche Beschaffung über völkerrechtliche Verpflichtungen heranzuführen, wird dieser Politikbereich vielfach in den Rahmen bilateraler und regionaler Handelsabkommen einbezogen.[125]

53 Es gab weitere Initiativen im Rahmen der WTO. Zum einen existierte im Rahmen der WTO eine *Working Group*, die an einem ***Interim Agreement on Transparency*** arbeitet(e), welches zunächst nur vorschreiben soll(te), dass im öffentlichen Beschaffungswesen bestimmte Mindeststandards der Transparenz eingehalten werden müs-

---

120 *Bungenberg* WuW 50 (2000) 872/872f; s hierzu a EuGH, Rs C-149/96, ECLI:EU:C:1999:574 – *Portugal/Rat*.

121 EuGH, Gutachten 2/15, ECLI:EU:C:2017:376 Rn 76f – *EUSFTA*.

122 EuGH, Gutachten 2/15, ECLI:EU:C:2017:376 Rn 223f – *EUSFTA*.

123 https://www.wto.org/english/news_e/news20_e/gpro_02dec20_e.htm.

124 S in diesem Zusammenhang das Beispiel von Panama (nicht Paraguay, wie *Reich* 352f fälschlicherweise angibt). Panama verhandelte parallel über den Beitritt zur WTO und zum GPA, mittlerweile ist es der WTO, aber nicht dem GPA beigetreten.

125 *Reich* 353; hierzu auch unten Rn 55ff.

sen.[126] Die diesbezüglichen Verhandlungen werden jedoch auf der Grundlage einer Entscheidung vom August 2004 zumindest im Rahmen der „Doha-Runde“ nicht mehr fortgesetzt.[127]

Andere Überlegungen gehen dahin, Regelungen zum Beschaffungswesen, zB der UNCITRAL oder der Weltbank, in die Weiterentwicklung des GPA einzubeziehen.[128] Eine andere Idee wiederum, über deren Konkretisierung derzeit verhandelt wird, sieht die **Ausdehnung des GATS** auch auf das öffentliche Beschaffungswesen zumindest für Dienstleistungen vor.[129] Jedoch scheinen keine dieser Überlegungen ausreichend gereift zu sein. Eine Lösung sollte auf jeden Fall eine noch stärkere **Vorzugsbehandlung** für die Entwicklungsländer vorsehen, um deren Interesse am Beitritt zum GPA zu stärken.[130] 54

VIII. Vergabekapitel in anderen umfassenden Freihandelsabkommen

Völkerrechtliche Handelsverträge, insbesondere Freihandelsabkommen, enthalten 55
zunehmend auch eigene Kapitel über das öffentliche Beschaffungswesen. Diese können inhaltlich generell danach unterschieden werden, ob eine oder mehrere Vertragsparteien des jeweiligen Abkommens bereits durch das GPA verpflichtet werden.

1. CPTPP

Die **Transpazifische Partnerschaft** (*TPP*) ist ein Handelsabkommen zwischen Aus- 56
tralien, Brunei, Chile, Japan, Kanada, Malaysia, Mexiko, Neuseeland, Peru, Singapur, Vietnam und ursprünglich den USA, wobei sich die USA aus diesem Abkommen 2017 zurückgezogen haben. Die verbliebenen elf TPP-Mitglieder schlossen im November 2017 das Abkommen als *CPTPP* (Comprehensive and Progressive Agreement for Trans-Pacific Partnership) ab.[131] Das Vergabekapitel baut auf die bekannten Grundprinzipien einer regulierten Auftragsvergabe auf, dh Nichtdiskriminierung, keine oder reduzierte local content Vorgaben, Marktöffnung, Transparenz etc. Das Abkommen sieht unterschiedliche Schwellenwerte vor, inhaltlich arbeitet das Kapitel mit umfassenden Annexen zur Festlegung des jeweiligen Anwendungsbereichs und Marktzugangs der am CPTPP/TPP-Abkommen beteiligten Staaten. Da an diesem Abkommen

---

126 *Davies* ECLR 18 (1997) 300/303f.

127 S *WTO* Doha Working Programme, Decision adopted by the General Council on 1 August 2004 („July Package“), WT/L/579 v 2.8.2004, para 1 lit g: „Relationship between Trade and Investment, Interaction between Trade and Competition Policy and Transparency in Government Procurement: the Council agrees that these issues, mentioned in the Doha Ministerial Declaration in paragraphs 20–22, 23–25 and 26 respectively, will not form part of the Work Programme set out in that Declaration and therefore no work towards negotiations on any of these issues will take place within the WTO during the Doha Round.“

128 *Reich* 354.

129 *Reich* 356.

130 *Reich* 358.

131 Text abrufbar unter <www.international.gc.ca/trade-commerce/trade-agreements-accords-commerciaux/agr-acc/cptpp-ptpgp/agreement-entente.aspx?lang=eng>.

auch eine Reihe von Nicht-GPA-Vertragsstaaten beteiligt sind, kommt es zum Export von strukturierten, am GPA orientierten Vorgaben in diese Staaten.

2. Der EWR

57 Die Schaffung eines europäischen Wirtschaftsraumes (EWR) zwischen der damaligen Europäischen Gemeinschaft und den EFTA-Staaten mit dem **EWR-Vertrag**[132] führt zu einer Anwendung der EU-Regelungen zum Vergaberecht[133] auch für die drei EFTA-Staaten Island, Liechtenstein und Norwegen. Dieses Assoziierungsabkommen beinhaltet weitreichende Freihandelsregelungen und dehnt die europäischen Grundfreiheiten und damit einen Großteil des EU-Vergabeprimärrechts auf die genannten EFTA-Staaten aus.[134] Von den EWR-Partnern der Europäischen Union wird primäres wie auch sekundäres Unionsrecht übernommen, also auch das gesamte unionale Vergaberecht.[135] Außerhalb des Anwendungsbereichs der Vergabekoordinierungsrichtlinien ist die Auftrags- und Konzessionsvergabe weiterhin am europäischen Vergabeprimärrecht zu messen.

3. NAFTA/USMCA

58 Kanada und die USA sind beide – im Gegensatz zu Mexiko – GPA-Mitglieder; daher orientiert sich das USMCA (United States-Mexico-Canada Agreement), welches das NAFTA ersetzt, in weiten Teilen in vergaberechtlicher Sicht am GPA. Im Kap 13 des USMCA[136] wird das öffentliche Beschaffungswesen geregelt. Das Verhältnis zwischen Kanada und den USA wird bestimmt durch die Verpflichtungen des WTO-GPA, wohingegen in Bezug auf Mexiko die spezifischen USMCA-Regelungen des Kapitel 13 Anwendung finden. Für die Kanada-Mexiko-Beziehungen findet das Beschaffungskapitel des CPTPP/TPP-11 Anwendung. Dies bedeutet allerdings für die Beziehungen zwischen Kanada und den USA einen teilweisen Rückschritt gegenüber Verpflichtungen nach dem NAFTA. In Bezug auf Mexiko werden die NAFTA-Verpflichtungen weitgehend übernommen. Insgesamt wurden übliche internationale Beschaffungsstandards erhalten und das Abkommen folgt in weiten Teilen dem Text von TPP und GPA.

59 Der Großteil der Regelungen befasst sich mit Fairness-, Transparenz- und Wettbewerbsfragen im Vergabeverfahren. Das Abkommen enthält auch detaillierte Verfahrensbestimmungen, nach denen die zuständigen Behörden und Einrichtungen vor-

---

132 Abkommen über den Europäischen Wirtschaftsraum v 2.5.1992, ABl 1994 L 1/3.

133 S oben Rn 19ff.

134 Abkommen über den Europäischen Wirtschaftsraum v 2.5.1992, ABl 1994 L 1/3, Teil 2 u 3; hierzu ua *Bungenberg* in Terhechte (Hrsg) § 82.

135 Der inhaltliche Umfang der Übernahmepflicht ergibt sich aus Art 65 Abs 1 EWR-Vertrag iVm Anhang XVI, der die zu übernehmenden Rechtsakte auflistet. Die neuen Vergaberichtlinien wurden zum 30.4.2016 in Anhang XVI des EWR-Vertrags übernommen, vgl Beschluss des Gemeinsamen EWR-Ausschusses zur Änderung von Anhang XVI (Öffentliches Auftragswesen) des EWR-Abkommens v 29.4.2016, Nr 97/2016, ABl 2016 L 300/49.

136 <ustr.gov/trade-agreements/free-trade-agreements/united-states-mexico-canada-agreement/agreement-between>.

zugehen haben, so zB hinsichtlich der Ausschreibung und des Zuschlags von Verträgen, aber auch über die Qualifikation der Anbieter und deren Würdigung, über Fristen, Empfang und Öffnung von Angeboten. Außerdem bestimmt es, wie ein Anfechtungsverfahren zu gestalten ist, welches von einem unterlegenen Mitbieter angestrengt werden kann, der sich unfair behandelt fühlt. Unabhängige Prüfungsbehörden sind einzurichten.

4. Weitere, insbesondere bilaterale Abkommen

Mit einem aufkommenden Bilateralismus in den internationalen Handelsbeziehungen ab ca 2005 finden sich auch zunehmend Vergabekapitel in umfassenderen Freihandelsabkommen. Diese lassen sich in zwei Gruppen einteilen: es handelt sich zunächst um solche Abkommen zwischen GPA-Mitgliedern, sowie solchen Abkommen, bei denen bislang maximal eine Vertragspartei das GPA ratifiziert hat. Nachfolgend wird ein Fokus auf die durch die EU abgeschlossenen Abkommen gelegt. 60

a) GPA-basierte Abkommen

Insbesondere die EU schließt verstärkt bilaterale Abkommen mit umfassenden Vergabekapiteln mit GPA-Staaten ab, so mit Kanada, Singapur, Südkorea, der Schweiz, Japan und zuletzt dem Vereinigten Königreich. Daneben werden vereinzelt auch Spezialabkommen zur Auftragsvergabe abgeschlossen. In diesen Abkommen werden insbesondere der personelle wie materielle Anwendungsbereich der Abkommen ausgedehnt. 61

Das letzte abgeschlossene Abkommen dürfte sicherlich das für die EU wie auch deren Vertragspartner wichtigste Abkommen bislang darstellen: Am 24.12.2020 einigten sich die **EU und das Vereinigte Königreich** auf ein Handels- und Kooperationsabkommen.[137] Die Verpflichtungen im Abschnitt über das öffentliche Beschaffungswesen (Titel VI) gehen weit über die des GPA hinaus, welchem Großbritannien seit dem 1.1.2021 als eigenständiges Mitglied angehört. Im Rahmen des Abkommens ist Gleichbehandlung garantiert, wobei auch Nichtdiskriminierung bei Aufträgen von geringem Wert vorgesehen ist. Das Abkommen ermöglicht auch die Nutzung seiner bilateralen Streitbeilegungsmechanismen für mögliche Streitigkeiten im Zusammenhang mit unter das GPA fallenden Ausschreibungen. 62

Das **EU-Südkorea Abkommen,**[138] am 13.12.2015 endgültig[139] in Kraft getreten, weitet die gegenseitigen Verpflichtungen zB auf den Bereich der Baukonzessionen in der EU und BOT-Projekte (Build-Operate-Transfer-Projekte) in Südkorea aus; bereits 63

137 Handels- und Kooperationsabkommen zwischen der Europäischen Union und der Europäischen Atomgemeinschaft einerseits und dem Vereinigten Königreich Großbritannien und Nordirland andererseits, ABl 2020 L 444/14.

138 Freihandelsabkommen zwischen der Europäischen Union und ihren Mitgliedstaaten einerseits und der Republik Korea andererseits, ABl 2011 L 127/6; s zu diesem Abkommen *Daiber* EuR 50 (2015) 542/543.

139 *Europäische Kommission* Annual Report on the Implementation of the EU-Korea Free Trade Agreement, COM(2016) 268 final v. 30.6.2016, 2.

früher wurde mit Korea auf dem Gebiet der Telekommunikation ein die Vereinbarungen des GPA erweiterndes Abkommen abgeschlossen.[140]

64 Das **Verhältnis der Europäischen Union zur Schweiz** wird über das Abkommen über bestimmte Aspekte des öffentlichen Beschaffungswesens[141] geregelt.[142] Schweizerischen Anbietern in der EU und Anbietern aus der EU in der Schweiz wird gleichermaßen Marktzugang gewährleistet, was aufgrund einer gegenseitigen Anerkennung der jeweiligen Konformitätsbewertungen erreicht werden soll.[143] Damit unterstehen auch die Sektoren Telekommunikation und Schienenverkehr sowie alle Beschaffungen der Gemeinden und von konzessionierten bzw aufgrund eines besonderen oder ausschließlichen Rechts tätigen privaten Unternehmen diesen Ausschreibungs- und Vergaberegeln. Die Kombination von GPA und bilateralem Abkommen bewirkt eine nahezu vollständige gegenseitige Öffnung der Vergabemärkte.[144]

65 Mit **Israel** wurden in einem Abkommen über die Beschaffung im Telekommunikationssektor die gegenseitigen Märkte nahezu vollständig geöffnet.[145] In einem zusätzlichen Abkommen werden die Zugeständnisse des GPA auf weitere Bereiche und der persönliche Anwendungsbereich des GPA auf Einheiten unterhalb der Bundesebene erstreckt.[146] Im Rahmen dieses Abkommens ist auch das Streitbeilegungsverfahren des GPA anwendbar.[147] Über diese speziellen Abkommen hinaus wurde auch ein Europa-Mittelmeer-Abkommen[148] mit Israel abgeschlossen. In dessen Art 35 verpflichten sich beide Vertragsparteien, Maßnahmen hinsichtlich der Marktöffnung zu ergreifen, die über die Verpflichtungen des damaligen GPA hinausgehen.

140 Abkommen über die Beschaffung im Telekommunikationssektor zwischen der Europäischen Gemeinschaft und der Republik Korea, ABl 1997 L 321/32; allerdings wieder gekündigt durch *Rat* Beschluss über die Mitteilung an die Republik Korea der Kündigung des Abkommens über die Beschaffung im Telekommunikationssektor zwischen der Europäischen Gemeinschaft und der Republik Korea seitens der Europäischen Gemeinschaft v 19.7.2004, 2004/589/EG, ABl 2004 L 260/8.

141 Abkommen zwischen der Europäischen Gemeinschaft und der Schweizerischen Eidgenossenschaft über bestimmte Aspekte des öffentlichen Beschaffungswesens, ABl 2002 L 114/430; am 1.6.2002 in Kraft getreten; hierzu ausf *Weber/Skripsky* in Thürer/Weber/Zäch (Hrsg) 65/68ff; zum schweizerischen Beschaffungswesen *Stöckli* NZBau 3 (2002) 7/7ff.

142 So auch *Frenz* Rn 233f.

143 *Weber/Skripsky* in Thürer/Weber/Zäch (Hrsg) 65/69; *Noch* in Schulze/Janssen/Kadelbach (Hrsg) § 30 Rn 67.

144 Hierzu umfassend ua *Biaggini* in Thürer/Weber/Zäch (Hrsg) 307/307ff.

145 Abkommen zwischen der Europäischen Gemeinschaft und dem Staat Israel über die Beschaffungen der Betreiber von Telekommunikationsdiensten, ABl 1997 L 202/74.

146 Abkommen zwischen der Europäischen Gemeinschaft und dem Staat Israel über das öffentliche Beschaffungswesen, ABl 1997 L 202/85.

147 *Bungenberg* in Löwenheim/Meessen/Riesenkampff (Hrsg) Vor § 97ff GWB Rn 126.

148 Europa-Mittelmeer-Abkommen zur Gründung einer Assoziation zwischen den Europäischen Gemeinschaften und ihren Mitgliedstaaten einerseits und dem Staat Israel andererseits, ABl 2000 L 147/3.

Umfassende Freihandelsabkommen wurden zudem mit **Kanada**[149], **Singapur**[150] 66
und **Japan**[151] abgeschlossen; auch diese Abkommen erweitern die GPA 2012-Bestimmungen und öffnen gleichzeitig die jeweiligen Beschaffungsmärkte über die GPA-Verpflichtungen hinaus. So haben EU-Unternehmen auch die Möglichkeit, sich um Liefer- und Dienstleistungsaufträge auf Bundes-, Provinz- und Gemeindeebene in Kanada zu bewerben.[152] Im Abkommen mit Japan wurde der japanische Markt für Eisenbahnmaterial und -infrastruktur weitgehend geöffnet.[153] Zudem hat Japan zugestimmt, EU-Unternehmen einen diskriminierungsfreien Zugang zu den Beschaffungsmärkten von 48 japanischen Großstädten zu gewähren.[154]

Im Jahr 2018 hat die EU zudem Verhandlungen mit **Neuseeland** über ein Freihan- 67
delsabkommen begonnen.[155] Auch hier ist zu erwarten, dass dieses Abkommen im Bereich des öffentlichen Beschaffungswesens eine größere Marktöffnung insbesondere seitens Neuseelands mit sich bringt.

b) Verträge mit Nicht-GPA-Staaten

Insbesondere die EU hat auch mit einer größeren Zahl von „Nicht-GPA-Staaten" Ab- 68
kommen abgeschlossen, die Vergabebestimmungen enthalten, um diese Staaten an das GPA heranzuführen, in diesen Staaten auch Good Governance Strukturen zu stärken und schließlich auch Drittlandsmärkte für EU-Unternehmen zu öffnen.

Ein Assoziierungsabkommen zwischen der EU und ihren Mitgliedstaaten einer- 69
seits und **Zentralamerika** (Republik Costa Rica, Republik El Salvador, Republik Guatemala, Republik Honduras, Republik Nicaragua, Republik Panama) andererseits[156] sieht ein umfassendes eigenständiges Beschaffungsregime vor.[157] Keine der mittelamerikanischen Vertragsparteien ist bislang Mitglied des GPA.

149 Umfassendes Wirtschafts- und Handelsabkommen (CETA) zwischen Kanada einerseits und der Europäischen Union und ihren Mitgliedstaaten andererseits, ABl 2017 L 11/23; vorläufig in Kraft getreten am 21.9.2017.

150 Freihandelsabkommen zwischen der Europäischen Union und der Republik Singapur, ABl 2019 L 294/3.

151 Abkommen zwischen der Europäischen Union und Japan über eine Wirtschaftspartnerschaft, ABl 2018 L 330/3.

152 *Europäische Kommission* Überblick über CETA, 4, <trade.ec.europa.eu/doclib/docs/2017/september/tradoc_156057.pdf>.

153 *Europäische Kommission* Einführung zum Wirtschaftspartnerschaftsabkommen EU-Japan, Vergabe öffentlicher Aufträge, 1, <trade.ec.europa.eu/doclib/docs/2017/july/tradoc_155752.pdf>.

154 *Europäische Kommission* Einführung zum Wirtschaftspartnerschaftsabkommen EU-Japan, Vergabe öffentlicher Aufträge, 3, <trade.ec.europa.eu/doclib/docs/2017/july/tradoc_155752.pdf>.

155 *Europäische Kommission* EU and New Zealand launch trade negotiations, Pressemitteilung v 21.6.2018, <trade.ec.europa.eu/doclib/press/index.cfm?id=1869>.

156 Abkommen zur Gründung einer Assoziation zwischen der Europäischen Union und ihren Mitgliedstaaten einerseits und Zentralamerika andererseits, ABl 2012 L 346/3.

157 S Art 209ff Abkommen zur Gründung einer Assoziation zwischen der Europäischen Union und ihren Mitgliedstaaten einerseits und Zentralamerika andererseits, ABl 2012 L 346/3.

70 Mit **Kolumbien und Peru** wurde im Jahr 2012 ein Handelsabkommen[158] abgeschlossen, welches zum 1.3.2013 vorläufig in Kraft getreten ist; **Ecuador** ist dem Abkommen zum 1.1.2017 beigetreten.[159] Das Abkommen beinhaltet in seinen Art 172ff ebenfalls ausführliche Regelungen zum öffentlichen Beschaffungswesen.

71 Am 28.6.2019 hat sich die EU grundsätzlich auf ein Handelsabkommen mit den **MERCOSUR**-Staaten Argentinien, Brasilien, Paraguay und Uruguay geeinigt, wodurch diese erstmals ihr öffentliches Beschaffungswesen für europäische Unternehmer öffnen.[160] Das Abkommen ist bisher[161] nicht in Kraft getreten.

72 Mit **Vietnam** hat die EU im Juni 2019 ein Freihandelsabkommen[162] unterzeichnet. Dieses sieht einen Marktzugang für EU-Unternehmen im Bereich der öffentlichen Auftragsvergabe vor, der bisher keinem anderen Staat gewährt worden ist.[163] So erhalten die unionalen Unternehmen nach dem Inkrafttreten des Abkommens Zugang zu Infrastrukturprojekten auf Bundesebene sowie den Ausschreibungen der beiden größten vietnamesischen Städte, Hanoi and Ho Chi Min City.[164]

73 Auch das mit der **Republik Chile** geschlossene Assoziierungsabkommen[165] beinhaltet einen Abschnitt über das öffentliche Beschaffungswesen;[166] Ziel ist auch hier die Gewährleistung der wirksamen beiderseitigen Marktöffnung der öffentlichen Beschaffungsmärkte der Vertragsparteien auf Basis der Grundsätze Nichtdiskriminierung und Wettbewerb.[167] Aktuell plant die Kommission eine Neuverhandlung insbesondere des Handelsabschnitts dieses Abkommens.[168]

74 Auf der Grundlage eines Interimsabkommens über Handel und handelsbezogene Fragen zwischen der damaligen EG und **Mexiko**[169] wurden auch Bestimmungen über das öffentliche Beschaffungswesen vereinbart. Der Anwendungsbereich erstreckt sich auf im Anhang aufgelistete Vergabestellen sowie ebenfalls gelistete Lieferungen, Bau-

158 Handelsübereinkommen zwischen der Europäischen Union und ihren Mitgliedstaaten einerseits sowie Kolumbien und Peru andererseits, ABl 2012 L 354/3.

159 S *Europäische Kommission* EU-Mercosur trade agreement: The Agreement in Principle and its texts, <trade.ec.europa.eu/doclib/press/index.cfm?id=2048>; S *Europäische Kommission* Countries and Regions, Andean Community, <ec.europa.eu/trade/policy/countries-and-regions/regions/andean-community>; s a Beitrittsprotokoll zum Handelsübereinkommen zwischen der Europäischen Union und ihren Mitgliedstaaten einerseits sowie Kolumbien und Peru andererseits betreffend den Beitritt Ecuadors, ABl 2016 L 356/3.

160 *Europäische Kommission* EU und Mercosur erzielen Einigung in Handelsfragen, Pressemitteilung v 28.6.2019, <ec.europa.eu/commission/presscorner/detail/de/IP_19_3396>.

161 Stand: 26.7.2021.

162 Freihandelsabkommen zwischen der Europäischen Union und der Sozialistischen Republik Vietnam, ABl 2020 L 186/3.

163 *Europäische Kommission* EU-Vietnam Trade Agreement, Main Benefits, 3, <trade.ec.europa.eu/doclib/docs/2018/october/tradoc_157444.pdf>.

164 *Ibid.*

165 Abkommen zur Gründung einer Assoziation zwischen der Europäischen Gemeinschaft und ihren Mitgliedstaaten einerseits und der Republik Chile andererseits, ABl 2002 L 352/3.

166 Art 136ff Abkommen zur Gründung einer Assoziation zwischen der Europäischen Gemeinschaft und ihren Mitgliedstaaten einerseits und der Republik Chile andererseits, ABl 2002 L 352/3.

167 *Dörr* in Burgi/Dreher/Opitz (Hrsg) Einleitung Rn 235.

168 S *Europäische Kommission* Modernisation of the trade part of the EU Chile Association Agreement, <ec.europa.eu/trade/policy/countries-and-regions/countries/chile/>.

leistungen und Dienstleistungen.[170] Dieses Abkommen wird jedoch durch ein neues Handelsabkommen ersetzt werden, über welches im April 2018 eine grundsätzliche Einigung zwischen der EU und Mexiko erzielt worden ist.[171] Die Regelungen über das Beschaffungswesen sehen dabei eine größere Marktöffnung Mexikos, eine Verbesserung der Transparenz und Nichtdiskriminierung in Mexiko sowie die Möglichkeit, die Beschaffung umwelt- und sozialverträglich zu gestalten, vor.[172]

Mit **Südafrika** hat die EU im Rahmen eines Handels-, Entwicklungs- und Kooperati- 75
onsabkommens[173] vereinbart, dass Vertragsparteien für einen fairen und transparenten Zugang zu den Beschaffungsaufträgen der Vertragsparteien sorgen. Südafrika ist zudem Teil der *Southern African Development Community* (SADC), die am 10.6.2016 ein Wirtschaftspartnerschaftsabkommen[174] mit der EU unterzeichnet hat,[175] welches seit dem 10.10.2016 vorläufig angewendet wird.[176] Dieses Abkommen enthält in seinem Art 17 Bestimmungen zur Zusammenarbeit im Bereich öffentlicher Aufträge, die insbesondere auf eine Verbesserung der Transparenz abzielen.

Mit **mittel- und osteuropäischen Staaten** hat die Europäische Union eine An- 76
zahl von Assoziierungsabkommen geschlossen, die zugunsten der Reformstaaten eine asymmetrische Marktöffnung im Vergaberecht festlegen. In einem solchen Abkommen mit der **Republik Mazedonien**[177] haben die Vertragsparteien „die Öffnung der Vergabeverfahren für öffentliche Aufträge auf der Grundlage der Nichtdiskriminierung und der Gegenseitigkeit, vor allem im Rahmen der WTO als erstrebenswertes Ziel" angesehen (Art 72 Abs 1 des Abkommens). Das Abkommen wurde im Jahre 2004 abgeschlossen. Vergleichbare Abkommen der Europäischen Union wurden mit **Albanien** im Jahr 2009,[178] **Montenegro** im Jahre 2010,[179] **Serbien** im Jahr 2013,[180]

---

169 Abkommen über wirtschaftliche Partnerschaft, politische Koordinierung und Zusammenarbeit zwischen der Europäischen Gemeinschaft und ihren Mitgliedstaaten einerseits und den Vereinigten Mexikanischen Staaten andererseits, ABl 2000 L 276/45.

170 *Bungenberg* in Löwenheim/Meessen/Riesenkampff (Hrsg) vor § 97ff GWB Rn 138.

171 S zu diesem Abkommen *Europäische Kommission* Leitfaden zum neuen Handelsabkommen zwischen der EU und Mexiko, April 2018, <trade.ec.europa.eu/doclib/docs/2018/june/tradoc_157036.pdf>.

172 *Ibid.*

173 Abkommen über Handel, Entwicklung und Zusammenarbeit zwischen der Europäischen Gemeinschaft und ihren Mitgliedstaaten einerseits und der Republik Südafrika andererseits, ABl 1999 L 311/3.

174 Wirtschaftspartnerschaftsabkommen zwischen der Europäischen Union und ihren Mitgliedstaaten einerseits und den SADC-WPA-Staaten andererseits, ABl 2016 L 250/3.

175 S *Europäische Kommission* Overview of Economic Partnership Agreements, Updated July 2021, 5, <trade.ec.europa.eu/doclib/docs/2009/september/tradoc_144912.pdf>.

176 *Ibid.*

177 Stabilisierungs- und Assoziierungsabkommen zwischen den Europäischen Gemeinschaften und ihren Mitgliedstaaten einerseits und der ehemaligen jugoslawischen Republik Mazedonien andererseits, ABl 2004 L 84/13.

178 Stabilisierungs- und Assoziierungsabkommen zwischen den Europäischen Gemeinschaften und ihren Mitgliedstaaten einerseits und der Republik Albanien andererseits, ABl 2009 L 107/166.

179 Stabilisierungs- und Assoziierungsabkommen zwischen den Europäischen Gemeinschaften und ihren Mitgliedstaaten einerseits und der Republik Montenegro andererseits, ABl 2010 L 108/3.

180 Stabilisierungs- und Assoziierungsabkommen zwischen den Europäischen Gemeinschaften und ihren Mitgliedstaaten einerseits und der Republik Serbien andererseits, ABl 2013 L 278/16.

Bosnien und Herzegowina im Jahr 2015[181] sowie dem **Kosovo** im Jahr 2016[182] abgeschlossen.

77 Mit **Armenien,**[183] **Aserbaidschan,**[184] **Georgien,**[185] **Kasachstan,**[186] **Kirgisistan,**[187] der **Republik Moldau,**[188] der **Russischen Föderation,**[189] **Tadschikistan,**[190] der **Ukraine**[191] und **Usbekistan**[192] ist im Rahmen von sog „Partnerschafts- und Kooperationsabkommen“ die Angleichung der Rechtsvorschriften ua im Bereich des öffentlichen Auftragswesens vorgesehen. Die Vertragsparteien dieser Abkommen arbeiten daran, Bedingungen für die offene und wettbewerbliche Vergabe von Liefer- und Dienstleistungsaufträgen, insbesondere im Wege der Ausschreibung, zu entwickeln.

C. Probleme der Anwendung internationaler Normen auf das öffentliche Beschaffungswesen in der EU

78 In manchen Fällen, so zB in der Frage der vom Amerikanischen Verteidigungsministerium bzw der sog ***Vorläufigen Koalitionsbehörde*** (***Coalition Provisional Authority***) ausgeschriebenen Beschaffungsverträge für den **Wiederaufbau des Irak**, stellte sich

181 Stabilisierungs- und Assoziierungsabkommen zwischen den Europäischen Gemeinschaften und ihren Mitgliedstaaten einerseits und Bosnien und Herzegowina andererseits, ABl 2015 L 164/2.
182 Stabilisierungs- und Assoziierungsabkommen zwischen der Europäischen Union und der Europäischen Atomgemeinschaft einerseits und dem Kosovo andererseits, ABl 2016 L 71/3.
183 Abkommen über Partnerschaft und Zusammenarbeit zwischen den Europäischen Gemeinschaften und ihren Mitgliedstaaten einerseits und der Republik Armenien andererseits, ABl 1999 L 239/3.
184 Abkommen über Partnerschaft und Zusammenarbeit zwischen den Europäischen Gemeinschaften und ihren Mitgliedstaaten einerseits und der Republik Aserbaidschan andererseits, ABl 1999 L 246/3.
185 Abkommen über Partnerschaft und Zusammenarbeit zwischen den Europäischen Gemeinschaften und ihren Mitgliedstaaten einerseits und Georgien andererseits, ABl 1999 L 205/3.
186 Abkommen über Partnerschaft und Zusammenarbeit zwischen den Europäischen Gemeinschaften und ihren Mitgliedstaaten und der Republik Kasachstan, ABl 1999 L 196/3.
187 Abkommen über Partnerschaft und Zusammenarbeit zur Gründung einer Partnerschaft zwischen den Europäischen Gemeinschaften und ihren Mitgliedstaaten einerseits und der Kirgisischen Republik andererseits, ABl 1999 L 196/48.
188 Abkommen über Partnerschaft und Zusammenarbeit zwischen den Europäischen Gemeinschaften und ihren Mitgliedstaaten einerseits und der Republik Moldau andererseits, ABl 1998 L 181/3.
189 Abkommen über Partnerschaft und Zusammenarbeit zur Gründung einer Partnerschaft zwischen den Europäischen Gemeinschaften und ihren Mitgliedstaaten einerseits und der Russischen Föderation andererseits, ABl 1997 L 327/3.
190 Partnerschafts- und Kooperationsabkommen zur Gründung einer Partnerschaft zwischen den Europäischen Gemeinschaften und ihren Mitgliedstaaten einerseits und der Republik Tadschikistan andererseits, ABl 2009 L 350/3.
191 Abkommen über Partnerschaft und Zusammenarbeit zwischen den Europäischen Gemeinschaften und ihren Mitgliedstaaten und der Ukraine, ABl 1998 L 49/3.
192 Abkommen über Partnerschaft und Zusammenarbeit zur Gründung einer Partnerschaft zwischen den Europäischen Gemeinschaften und ihren Mitgliedstaaten einerseits und der Republik Usbekistan andererseits, ABl 1999 L 229/3.

die Frage, ob denn das GPA überhaupt anwendbar sei.[193] Überdies können sich bei der Anwendung solcher internationaler Normen wie jener des GPA Auslegungs- und Umsetzungsschwierigkeiten ergeben, die für das GPA am Beispiel des Falles eines großen Flughafenprojektes dargestellt werden sollen.

An dem ***Inchon International Airport* Fall**[194] ist deutlich erkennbar, wie schwierig es sein kann, aus dem GPA resultierende Rechte zu überprüfen. Anfang des Jahres 1990 wurde der Bau begonnen, im Februar 1999 wurde das Verfahren vor dem DSB eingeleitet, der dann in nur 15 Monaten zu einer Entscheidung kam. Insgesamt waren aber bereits mehr als zehn Jahre vergangen, denn die Aufträge waren größtenteils schon vor Baubeginn vergeben worden. Es ist zu berücksichtigen, dass nur ein entsprechend großes Auftragsvolumen ein Verfahren vor dem DSB der WTO rechtfertigen würde, weil der Aufwand eines solchen Verfahrens die wirtschaftliche und finanzielle Überlebenskraft kleinerer Unternehmen übersteigen würde. 79

Daher stellt sich immer wieder die Frage der **unmittelbaren innerstaatlichen bzw innerunionalen Anwendbarkeit** des GPA wie auch anderer völkerrechtlicher Beschaffungsregeln, insbesondere solcher aus Freihandelsabkommen. Diese Fragestellung ist von Jurisdiktion zu Jurisdiktion bzw von Staat zu Staat ggf abweichend zu untersuchen. 80

Internationale Verpflichtungen der EU sind integrierender Bestandteil der Unionsrechtsordnung.[195] Gem Art 216 Abs 2 AEUV binden sie Unionsorgane und Mitgliedstaaten.[196] Alle internationalrechtlichen Verpflichtungen der Union im Bereich der Auftragsvergabe entfalten daher bindende Wirkung für die EU wie auch die EU-Mitgliedstaaten. Innerhalb des Unionsrechts nehmen die völkervertraglichen Verpflichtungen unter unmittelbarer Beteiligung der EU einen **Rang zwischen Primär- und Sekundärrecht** ein.[197] Sie haben zugleich als integrierender Unionsrechtsbestandteil Teil am Prinzip des Vorrangs des Unionsrechts vor den mitgliedstaatlichen Rechtsordnungen.[198] Grundsätzlich kommt völkerrechtlichen Abkommen der Union daher auch Anwendungsvorrang vor entgegenstehenden nationalem deutschen Recht zu. 81

---

193 Manche Autoren sind der Meinung, dass das GPA anwendbar und der Ausschluss von Bietern anderer Vertragsstaaten des GPA daher unrechtmäßig sei, s *Pitschas* PPLR 13 (2004) 85/85ff; andere sind eher zurückhaltend, so zB *Nichols* PPLR 13 (2004) 103/103ff. Strittig ist va die Auslegung des Art I:3 GPA, der besagt: „*Where entities in the context of procurement covered under this Agreement require enterprises not included in Appendix I to award contracts in accordance with particular requirements Article III shall apply mutatis mutandis to such requirements.*" Ein WTO-Panel hat festgestellt, dass es den Zielen des GPA widerspricht, wenn eine gelistete Beschaffungsstelle eine andere, nicht gelistete Einheit beauftragte, um den Verpflichtungen des GPA zu entgehen, s WTO, *Korea-Procurement* Panel v 19.6.2000, WT/DS163/R; s a *Palmeter/Meagher*.

194 Ein WTO-Panel hat festgestellt, dass es den Zielen des GPA widerspricht, wenn eine gelistete Beschaffungsstelle eine andere, nicht gelistete Einheit beauftragte, um den Verpflichtungen des GPA zu entgehen, s WTO, *Korea-Procurement* Panel v 19.6.2000, WT/DS163/R; s a *Palmeter/Meagher*.

195 St Rspr seit EuGH, verb Rs 21-24/72, ECLI:EU:C:1972:115 – *International Fruit*; EuGH, Rs 183/73, ECLI:EU:C:1974:50 – *Haegeman*.

196 Hierzu ua *Dörr* in Burgi/Dreher/Opitz (Hrsg) Einleitung Rn 221.

197 *Lachmayer/von Förster* in von der Groeben/Schwarze/Hatje (Hrsg) Art 216 AEUV Rn 24.

198 Zur Rangfrage *Bungenberg* in von der Groeben/Schwarze/Hatje (Hrsg) Art 218 AEUV Rn 120; *Dörr* in Burgi/Dreher/Opitz (Hrsg) Einleitung Rn 222.

82 Getrennt von dem Grundsatz der Einbeziehung der völkerrechtlichen Abkommen der EU als integrierender Bestandteil des Unionsrechts ist die Frage **der unmittelbaren Anwendbarkeit** zu behandeln. Für das GPA lässt sich auf die ständige Rechtsprechung des EuGH seit der Entscheidung „*Portugal/Rat*" zurückgreifen, wonach das WTO-Recht wegen seiner Natur und Struktur grundsätzlich nicht zu den völkerrechtlichen Verträgen gehört, „*an denen der Gerichtshof die Rechtmäßigkeit von Handlungen der Gemeinschaftsorgane misst.*"[199] Die Begründung des EuGH stellt insbesondere auf das WTO-Streitbeilegungsverfahren und die Implementierung von Entscheidungen ab (vgl Art 21 u 22 DSU). Diese Begründungsansätze sind umfassend auf das GPA übertragbar.[200] Die Regeln über das Streitschlichtungsverfahren mit seinem entscheidenden Art 22 Abs 2 DSU finden auch auf das GPA Anwendung; die anderen großen Handelspartner der EU haben das GPA ebenfalls ratifiziert und lehnen eine unmittelbare Anwendbarkeit ab.

83 Ähnlich stellt sich die Sachlage heute in Bezug auf die seitens der EU zuletzt abgeschlossenen vergaberechtlich relevanten **bilateralen Abkommen** dar. Diese schließen eine unmittelbare Anwendbarkeit zunehmend explizit aus, so etwa mit dem EU-Kanada-Abkommen,[201] mit dem EU-Vietnam-Abkommen[202] ebenso wie mit dem EU-Singapur-Abkommen.[203] Soweit ersichtlich, ist lediglich im EU-Südkorea-Abkommen[204] der Ausschluss unmittelbarer Anwendbarkeit nicht ausdrücklich angeordnet.

84 Ein weiterer vielfach nicht zur Kenntnis genommener Punkt ist die Verpflichtung zur **völkerrechtskonformen Auslegung.**[205] EU-Vergabesekundärrecht ist im Einklang mit völkerrechtlichen Verpflichtungen auszulegen.

D. Zugang zum europäischen Beschaffungsmarkt und das International Procurement Instrument

85 Der europäische Beschaffungsmarkt ist einer der weltweit attraktivsten und zugleich offensten.[206] Der **Zugang von Drittstaatsunternehmen** zum Binnenmarkt wird vom

---

199 EuGH, Rs C-149/96, ECLI:EU:C:1999:574 Rn 46 – *Portugal/Rat.*

200 Zur – zu verneinenden – Frage nach der unmittelbaren Anwendung des GPA vgl *Bungenberg* WuW 50 (2000) 872/872f; *Dörr* in Burgi/Dreher/Opitz (Hrsg) Einleitung Rn 232; *Diehl* 80ff.

201 Umfassendes Wirtschafts- und Handelsabkommen (CETA) zwischen Kanada einerseits und der Europäischen Union und ihren Mitgliedstaaten andererseits, ABl 2017 L 11/23; vorläufig in Kraft getreten am 21.9.2017.

202 Freihandelsabkommen zwischen der Europäischen Union und der Sozialistischen Republik Vietnam, ABl 2020 L 186/3.

203 Freihandelsabkommen zwischen der Europäischen Union und der Republik Singapur, ABl 2019 L 294/3.

204 Freihandelsabkommen zwischen der Europäischen Union und ihren Mitgliedstaaten einerseits und der Republik Korea andererseits, ABl 2011 L 127/6.

205 St Rspr, vgl ua EuGH, Rs C-61/94, ECLI:EU:C:1996:313 Rn 52 – *Kommission/Deutschland*; EuGH, Rs C-311/04, ECLI:EU:C:2006:23 Rn 25 – *Allg. Scheeps Agentuur Dordrecht*; so auch ua *Dörr* in Burgi/Dreher/Opitz (Hrsg) Einleitung Rn 221 u 232; *Bungenberg* 109f u 114f.

206 S *Europäische Kommission* Instrument betreffend das öffentliche Beschaffungswesen, 1, <op.europa.eu/de/publication-detail/-/publication/4545bd05-574c-11e9-a8ed-01aa75ed71a1/language-de/form

europäischen Vergabesekundärrecht fast nicht diskutiert und als grundsätzlich gegeben angesehen.[207] Insbesondere Unternehmen und Waren aus der Volksrepublik China scheinen heute zunehmend auch auf den europäischen Beschaffungsmarkt zu drängen. Hintergrund dieser Entwicklung ist, dass in Drittländern vielfach – wenn überhaupt – nur reduzierte Arbeits-, Sozial- oder Umweltstandards gelten, oder auch Unternehmen in Drittstaaten durch diese umfassend subventioniert werden oder sogar in Staatseigentum stehen. Hieraus können sich **Wettbewerbsvorteile** für die in Drittstaaten ansässigen Unternehmen ergeben.[208] Die EU-Kommission hat die hieraus resultierenden Verzerrungseffekte auf dem europäischen Beschaffungsmarkt in Leitlinien analysiert.[209] Es wird die Frage gestellt, ob auch weiterhin umfassend ein **vollständiger Zugang** zum EU-Beschaffungsmarkt gewährt werden soll.[210] Dies gilt insbesondere vor dem Hintergrund, dass viele Drittländer ihre Beschaffungsmärkte nur zögerlich öffnen,[211] und EU-Unternehmen auf diesen Märkten regelmäßig restriktiven bzw. diskriminierenden Maßnahmen ausgesetzt sind.[212] Die Kommission schlägt daher vor, den Grundsatz der Reziprozität im internationalen Beschaffungswesen einzufordern. So wurde im Jahr 2012 (geändert erstmals im Jahr 2016[213]) eine „*Verordnung über den Zugang von Waren und Dienstleistungen aus Drittländern zum EU-Binnenmarkt für öffentliche Aufträge*" (das sog **International Procurement Instrument – IPI**) vorgelegt.[214] Es soll darauf reagiert werden, dass bestimmte Länder bislang nicht

at-PDF>; *Europäische Kommission* Eine funktionierende öffentliche Auftragsvergabe in und für Europa, COM(2017) 572 final v 3.10.2017, 12; *Europäische Kommission* EU-China – Strategische Perspektiven, JOIN(2019)5 final v 12.3.2019, 8.

207 *Europäische Kommission* Instrument betreffend das öffentliche Beschaffungswesen, 2, <op.europa.eu/de/publication-detail/-/publication/4545bd05-574c-11e9-a8ed-01aa75ed71a1/language-de/format-PDF>.

208 *Europäische Kommission* Leitlinien zur Teilnahme von Bietern und Waren aus Drittländern am EU-Beschaffungsmarkt, ABl 2019 C 271/43, 45.

209 *Europäische Kommission* Leitlinien zur Teilnahme von Bietern und Waren aus Drittländern am EU-Beschaffungsmarkt, ABl 2019 C 271/43.

210 Hierzu bereits *Bungenberg* in Forum Vergabe (Hrsg) 91/100.

211 *Europäische Kommission* Geänderter Vorschlag für eine Verordnung des Europäischen Parlaments und des Rates über den Zugang von Waren und Dienstleistungen aus Drittländern zum EU-Beschaffungsmarkt für öffentliche Aufträge und über die Verfahren zur Unterstützung von Verhandlungen über den Zugang von Waren und Dienstleistungen aus der Union zu den Märkten für öffentliche Aufträge von Drittländern, COM(2016) 34 final v 29.1.2016, 2.

212 *Europäische Kommission* Leitlinien zur Teilnahme von Bietern und Waren aus Drittländern am EU-Beschaffungsmarkt, ABl 2019 C 271/43, 45; s a *Europäische Kommission* Instrument betreffend das öffentliche Beschaffungswesen, 3, <op.europa.eu/de/publication-detail/-/publication/4545bd05-574c-11e9-a8ed-01aa75ed71a1/language-de/format-PDF>.

213 *Europäische Kommission* Geänderter Vorschlag für eine Verordnung des Europäischen Parlaments und des Rates über den Zugang von Waren und Dienstleistungen aus Drittländern zum EU-Beschaffungsmarkt für öffentliche Aufträge und über die Verfahren zur Unterstützung von Verhandlungen über den Zugang von Waren und Dienstleistungen aus der Union zu den Märkten für öffentliche Aufträge von Drittländern, COM(2016) 34 final v 29.1.2016.

214 *Europäische Kommission* Vorschlag für eine Verordnung des Parlaments und des Rates über den Zugang von Waren und Dienstleistungen aus Drittländern zum EU-Binnenmarkt für das öffentliche Beschaffungswesen und über die Verfahren zur Unterstützung von Verhandlungen über den Zugang von

genügend Bereitschaft zeigen, das öffentliche Beschaffungswesen für ausländische Bieter zu öffnen.[215] Nicht genannt, aber gemeint ist offensichtlich die Volksrepublik China. Chinesische Bieter sind auf dem EU-Beschaffungsmarkt aktiv, vielfach mit sog Dumping-Angeboten. Mit einem solchen „International Procurement Instrument" würde nach Ansicht der Kommission auch die Hebelwirkung der EU in Verhandlungen über die **gegenseitige Marktöffnung im Bereich des öffentlichen Beschaffungswesens** und damit auch die Chancen für einen Beitritt der Volksrepublik China zum GPA-Abkommen (GPA) gestärkt werden.[216] Im Frühjahr 2019 hat der Europäische Rat den Wunsch nach einer Wiederaufnahme der Beratung über das IPI-Instrument bekräftigt.[217] Das Verhandlungsmandat des Rates wurde am 28.5.2021 festgelegt. Dabei sollen die Trilog-Verhandlungen mit dem Europäischen Parlament nach der Sommerpause 2021 aufgenommen werden. Das IPI sieht vor, Untersuchungen in Fällen von Diskriminierung von EU-Unternehmen in Drittländern einzuleiten und Konsultationen mit diesen zu führen.[218] Die Überlegungen, wie auf Angebote von Unternehmen aus „verschlossenen Beschaffungsmärkten" zu reagieren ist, reichen von einem **Komplettausschluss bis hin zu Sanktionen.**[219]

Waren und Dienstleistungen aus der Union zu den öffentlichen Beschaffungsmärkten von Drittländern, COM(2012) 124 final v 21.3.2012; dazu zB *Schäfer* VergabeR 14 (2014) 266/266ff.

215 *Europäische Kommission* Vorschlag für eine Verordnung des Parlaments und des Rates über den Zugang von Waren und Dienstleistungen aus Drittländern zum EU-Binnenmarkt für das öffentliche Beschaffungswesen und über die Verfahren zur Unterstützung von Verhandlungen über den Zugang von Waren und Dienstleistungen aus der Union zu den öffentlichen Beschaffungsmärkten von Drittländern, COM(2012) 124 final v 21.3.2012, 2f.

216 *Europäische Kommission* EU-China – Strategische Perspektiven, JOIN(2019)5 final v 12.3.2019, 8; *Europäische Kommission* Instrument betreffend das öffentliche Beschaffungswesen, 4, <op.europa.eu/de/publication-detail/-/publication/4545bd05-574c-11e9-a8ed-01aa75ed71a1/language-de/format-PDF>; *Europäische Kommission* Geänderter Vorschlag für eine Verordnung des Europäischen Parlaments und des Rates über den Zugang von Waren und Dienstleistungen aus Drittländern zum EU-Beschaffungsmarkt für öffentliche Aufträge und über die Verfahren zur Unterstützung von Verhandlungen über den Zugang von Waren und Dienstleistungen aus der Union zu den Märkten für öffentliche Aufträge von Drittländern, COM(2016) 34 final v 29.1.2016, 2.

217 *Europäischer Rat* Tagung des Europäischen Rates (21. u 22.3.2019) – Schlussfolgerungen, EUCO 1/19 v 22.3.2019, 3.

218 *Europäische Kommission* Geänderter Vorschlag für eine Verordnung des Europäischen Parlaments und des Rates über den Zugang von Waren und Dienstleistungen aus Drittländern zum EU-Beschaffungsmarkt für öffentliche Aufträge und über die Verfahren zur Unterstützung von Verhandlungen über den Zugang von Waren und Dienstleistungen aus der Union zu den Märkten für öffentliche Aufträge von Drittländern, COM(2016) 34 final v 29.1.2016, Art 6f.

219 Das IPI 2012 sah noch einen Komplettausschluss vor, s *Europäische Kommission* Vorschlag für eine Verordnung des Parlaments und des Rates über den Zugang von Waren und Dienstleistungen aus Drittländern zum EU-Binnenmarkt für das öffentliche Beschaffungswesen und über die Verfahren zur Unterstützung von Verhandlungen über den Zugang von Waren und Dienstleistungen aus der Union zu den öffentlichen Beschaffungsmärkten von Drittländern, COM(2012) 124 final v 21.3.2012, Art 10 Abs 2 lit a. Hiervon wurde jedoch im IPI 2016 aufgrund der möglichen negativen Folgen abgesehen, s *Europäische Kommission* Geänderter Vorschlag für eine Verordnung des Europäischen Parlaments und des Rates über den Zugang von Waren und Dienstleistungen aus Drittländern zum EU-Beschaffungsmarkt für öffentliche Aufträge und über die Verfahren zur Unterstützung von Verhandlungen über den Zugang von

E. Eigenvergabe Internationaler Organisationen

Internationale Organisationen haben vielfach endlich ein autonomes Regelwerk für ihre eigene Beschaffungstätigkeit geschaffen. So hoch die Anforderungen an (mitglied-)staatliche Regelwerke für öffentliche Beschaffungstätigkeiten vielfach sind, so vielfach lückenhaft ist das sog Eigenvergaberecht Internationaler Organisationen, insbesondere was effektive Rechtsschutzmöglichkeiten angeht. 86

I. Vereinte Nationen

Die Vereinten Nationen[220] kaufen Waren und Dienstleistungen über 18 Milliarden US-Dollar ein (2018).[221] Die größte Nachfrage besteht dabei nach medizinischen Geräten, Pharmazeutika, Impfstoffen, Pflanzen sowie Dienstleistungen im Bereich Transport, Management und Verwaltung. Zentrale Beschaffungseinheit ist die *Procurement Division* (UNPD) des UN-Generalsekretariats. Daneben gibt es ca 40 verschiedene VN-Organisationen, die teilweise unterschiedliche Beschaffungssysteme haben; ein Großteil der Beschaffungstätigkeiten erfolgt über die zentrale Einkaufsdatenbank UNGM (*United Nations Global Marketplace*).[222] Für eine Beteiligung an UN-Beschaffungen ist eine Registrierung unbedingt erforderlich. Aufträge werden auf der Grundlage von Qualität und Kostenfaktor vergeben, bezogen auf den gesamten Produktlebenszyklus bzw die Dienstleistungen, einschließlich Flexibilität bei Sonderwünschen, technische Kompatibilität, Einhaltung von Lieferfristen, Möglichkeit einer Wartung vor Ort und Verfügbarkeit von Ersatzteilen. Angebote und Kostenvoranschläge werden im Rahmen eines Ausschreibungsverfahrens eingeholt. Das Sekretariat bietet drei Arten von Bewerbungsunterlagen an, die zu einer Bewerbung an einer Ausschreibung berechtigen. Insoweit kommt es zu Preisanfragen mit der informellen Aufforderung, ein Angebot für Anforderungen von relativ niedrigem Beschaffungswert abzugeben. Gewöhnlich erhält der niedrigste Bieter, der den Anforderungen entspricht, den Zuschlag. Sodann erfolgen Aufforderungen zur Angebotsabgabe; hierbei handelt es sich um eine formelle Aufforderung, ein Angebot für Anforderungen abzugeben, die einen Beschaffungswert über dem Schwellenwert der Preisanfrage haben, aber zum Zeitpunkt der Ausschreibung nicht vollständig definiert sind und die Expertise und Innovationsfähigkeit des Angebotslegers gefragt ist, um den Anforderungen der Ausschreibung besser gerecht zu werden, sowie Ausschreibungsaufforderungen. Gerichtliche Rechtsschutzmöglichkeiten bei Beschaffungstätigkeiten der Vereinigten Nation bestehen nicht. 87

Waren und Dienstleistungen aus der Union zu den Märkten für öffentliche Aufträge von Drittländern, COM(2016) 34 final v 29.1.2016, 4.

220 *Sakane* in Thai (Hrsg) International Handbook of Public Procurement, 2008, 233ff. Instruktiv a *Killmann* ARIEL 8 (2003) 277/277ff; vgl a *Neumann* (2008).

221 <unprocurement.de/geschaefte-mit-der-un/>.

222 <ungm.org/>.

II. WTO

88 Die WTO-Beschaffungsabteilung[223] ist verantwortlich für die rechtzeitige und kostengünstige Beschaffung von Waren und Dienstleistungen (ua Informatiksoftware und -hardware, Sicherheitsprodukte und -dienstleistungen, reprografische und verlegerische Geräte und Materialien, verschiedene Beratungsdienstleistungen sowie Güter und Dienstleistungen im Zusammenhang mit dem Betrieb der WTO-Gebäude). Die WTO wendet folgende – übliche – Prinzipien an: Nichtdiskriminierender, fairer, unparteiischer und offener Wettbewerb, Transparenz, Bestes Preis-Leistungs-Verhältnis, Rechenschaftspflicht und Integrität. Ausschreibungen werden über den United Nations Global Marketplace (UNGM) veröffentlicht; daher sollte auch eine Registrierung interessierter Unternehmen über UNGM erfolgen. UNGM bietet registrierten Unternehmen einen sicheren Zugang zu Informationen und ermöglicht es, an WTO-Ausschreibungen wie Expression of Interest (EOI), Request for Quotation (RFQ), Invitation to Bid (ITB) und Request for Proposal (RFP) teilzunehmen. Streitigkeiten, Meinungsverschiedenheiten oder Beschwerden im Zusammenhang mit Verträgen mit der WTO werden durch ein Schiedsverfahren gemäß der UNCITRAL-Schiedsgerichtsordnung durch einen Einzelschiedsrichter entschieden. Der Schiedsspruch ist endgültig und kann nicht vor nationalen Gerichten angefochten werden, aus welchem Grund auch immer.

III. EU und EZB

89 Das **EU-Eigenvergaberecht**[224] findet sich in den Art 160ff VO 2018/1046[225] (zuvor Art 101ff VO (EU) 966/2012 über die Haushaltsverordnung und über den Gesamthaushaltsplan der EU[226] und den Art 121ff der Delegierten VO (EU) 1268/2012 der Kommission).[227] Leitende Grundsätze der Auftragsvergabe sind **Verhältnismäßigkeit, Gleichbehandlung und Nichtdiskriminierung**. Vergabeverfahren sollen nach Möglichkeit auf der Grundlage breiten Wettbewerbs durchgeführt werden. Da kein spezifisches Vergabenachprüfungsverfahren in diesem Regelwerk vorgesehen ist, muss das allgemeine Rechtsschutzsystem mit der Nichtigkeitsklage, Art 263 Abs 4 AEUV, An-

223 <wto.org/english/thewto_e/procurement_e/procurement_e.htm>.

224 Hierzu knapp *Prieß* in Caranta/Edelstam/Trybus (Hrsg) Ch 16; *Reus/Mühlhausen/Stöhr passim*.

225 VO (EU, Euratom) 2018/1046 des Europäischen Parlaments und des Rates vom 18. Juli 2018 über die Haushaltsordnung für den Gesamthaushaltsplan der Union, zur Änderung der Verordnungen (EU) Nr 1296/2013, (EU) Nr 1301/2013, (EU) Nr 1303/2013, (EU) Nr 1304/2013, (EU) Nr 1309/2013, (EU) Nr 1316/2013, (EU) Nr 223/2014, (EU) Nr 283/2014 und des Beschlusses Nr 541/2014/EU sowie zur Aufhebung der Verordnung (EU, Euratom) Nr 966/2012, ABl 2018 L 193/1.

226 VO (EU, Euratom) Nr 966/2012 des Europäischen Parlaments und des Rates vom 25. Oktober 2012 über die Haushaltsordnung für den Gesamthaushaltsplan der Union und zur Aufhebung der Verordnung (EG, Euratom) Nr 1605/2002 des Rates, ABl 2012 L 298/1; hierzu ua *Hillebrecht*; *Müller* 213ff.

227 Delegierte VO (EU) Nr 1268/2012 der Kommission vom 29. Oktober 2012 über die Anwendungsbestimmungen für die Verordnung (EU, Euratom) Nr 966/2012 des Europäischen Parlaments und des Rates über die Haushaltsordnung für den Gesamthaushaltsplan der Union, ABl 2012 L 362/1.

wendung finden.[228] Es ist daran zu erinnern, dass die EU selbst an völkerrechtliche Verpflichtungen – wie sie mit dem GPA, Freihandelsabkommen mit Vergabekapiteln sowie der UN-Konvention gegen Korruption oben aufgezeigt worden sind – gebunden ist. Es bedarf hier noch vertiefter Analysen, ob die EU intern diesen Verpflichtungen umfassend nachkommt.[229] Interessant ist jedenfalls die wiederholte Betonung, dass sich das Eigenvergaberecht an den durch die Mitgliedstaaten umzusetzenden Vergabekoordinierungsrichtlinien orientieren soll. Zudem sollen Auftragsvergaben im Rahmen der Eigenvergabe nur Wirtschaftsteilnehmern offenstehen, die Mitglieder des GPA sind.

Die **Europäische Zentralbank**[230] hat ein eigenes Vergaberegime,[231] da sie über 90
ein eigenes, vom EU-Haushalt getrenntes Budget verfügt. Die Schwellenwerte entsprechen denen der Vergaberichtlinien, auch für Vergaben unterhalb der Schwellenwerte ist ein besonderes Vergabeverfahren vorgesehen. Die Regeln finden Anwendung auf Dienst- und Werkleistungen sowie Lieferverträge im eigenen Namen und auf Rechnung der EZB.[232] Die Vergaberichtlinien orientieren sich bzgl Grundsätzen und Verfahrensablauf sehr stark an den für die Mitgliedstaaten geltenden Vergaberichtlinien.[233] Rechtsschutz unterlegener Bieter kann durch einen speziellen verwaltungsinternen Rechtsbehelf in Vergabesachen bei der Nachprüfungsstelle der EZB gesucht werden; im Anschluss steht Bietern der Rechtsweg zum Gerichtshof der Europäischen Union offen, zuständig ist dann das EuG; einschlägige Verfahrensart dürfte grds die Nichtigkeitsklage gem Art 263 Abs 4 AEUV sein.[234] Auch kann Schadensersatz gem Art 268 AEUV iVm Art 340 AEUV im Einzelfall in Betracht kommen.[235]

F. Vergabepraktiken von Sportverbänden

Internationale Sportverbände sind bislang – wenn überhaupt – erst ansatzweise in die 91
Nähe des Anwendungsbereichs eines auf sie möglicherweise anwendbaren internationalen Vergaberechts gekommen.[236] Dass zumindest das EU-Vergaberecht auf Verbände mit Sitz in der EU – vielleicht sogar auch auf solche mit Regelungsauswirkungen auf den EU-Binnenmarkt – Anwendung finden kann, sollte Sportverbänden seit ins-

228 Vgl zuletzt etwa EuG, Rs T-63/06, ECLI:EU:T:2010:368 – *EBDD*; EuG, Rs T-300/07, ECLI:EU:T:2010:372 – *Evropaïki Dynamiki*; EuGH, Rs C-561/10 P, ECLI:EU:C:2011:598 – *Evropaïki Dynamiki*; EuG, verb Rs T-339/10 u T-532/10, ECLI:EU:T:2013:38 – *EFSA*.

229 Vgl bzgl Defizite auch *Burgi* 62.

230 Hierzu *von Lindeiner* VergabeR 16 (2016) 580/580ff.

231 Vgl zuletzt *Europäische Zentralbank* Beschluss über die Festlegung der Vergaberegeln v 9.2.2016, EZB/2016/2, ABl 2016 L 45/15 sowie Europäische Zentralbank Beschluss zur Änderung des Beschlusses (EU) 2016/245 (EZB/2016/2) über die Festlegung von Vergaberegeln v 7.6.2016, EZB/2016/17, ABl 2016 L 159/21.

232 *von Lindeiner* VergabeR 16 (2016) 580/582.

233 Vgl hierzu oben Rn 19f.

234 Vgl ua EuG, Rs T-279/06, ECLI:EU:T:2009:241 – *Evropaïki Dynamiki*; EuG, Rs T-553/11, ECLI:EU:T:2014:275 – *European Dynamics Luxembourg*; EuG, Rs T-468/09, ECLI:EU:T:2012:639 – *JSK/EZB*.

235 Hierzu *von Lindeiner* VergabeR 16 (2016) 580/587.

236 Hierzu umfassend insbesondere *Trennt*.

besondere der Bosman-Entscheidung des EuGH[237] bewusst gewesen sein. Der EuGH hat nunmehr festgehalten, dass jedenfalls für den italienischen Fußballverband die EU-Vorschriften über die öffentliche Auftragsvergabe gelten.[238]

G. Öffentliches Beschaffungswesen und Entwicklungsländer

92 Auch wenn der Anteil öffentlicher Aufträge am Bruttoinlandsprodukt in Entwicklungsländern im Vergleich zu entwickelten Ländern im Allgemeinen niedriger ist, so ist auch in diesen Staaten die Bedeutung von Aufträgen der öffentlichen Hand sehr groß; zum einen betreffend die Angebote ausländischer Anbieter bei der Vertragsvergabe im Inland, zum anderen aber auch betreffend die Ausführung von Arbeiten im Ausland. Zwar wird diese in der Regel durch private Unternehmen vorgenommen, aber der **Herkunftsstaat** solcher Unternehmen hat ein nicht unerhebliches Interesse daran, dass heimische Unternehmen im Ausland erfolgreich arbeiten.

93 Art V GPA sieht vor, dass die Vertragsparteien bei der Anwendung und Durchführung des Abkommens die Entwicklungs-, Finanz- und Handelsbedürfnisse der Entwicklungsländer gebührend in Betracht zu ziehen haben, ihnen also eine **besondere und differenzierte Behandlung** zukommen lassen müssen. Überdies ist es Entwicklungsländern gem Art V:4 GPA gestattet, hinsichtlich bestimmter in ihren Listen enthaltenen Beschaffungsstellen, Waren und Dienstleistungen Ausnahmen vom Meistbegünstigungsprinzip auszuhandeln bzw – zum Zeitpunkt ihres Beitritts – **Kompensationsgeschäfte** im Hinblick auf ihre entwicklungspolitischen Bedürfnisse (Art XVI) zu tätigen. Ferner dürfen Entwicklungsländer, die an regionalen oder weltweiten Vereinbarungen zwischen Entwicklungsländern teilnehmen, auch Ausnahmen vom Prinzip der Nichtdiskriminierung in Anspruch nehmen – ein Vorteil, der scheinbar bislang noch von keinem Entwicklungsland genutzt wurde.

94 Die Entwicklungsländer stehen einer internationalen Regelung des Beschaffungswesens nicht grundsätzlich ablehnend gegenüber, bewerten aber offensichtlich die Risiken einer zu starken Beschränkung ihrer Entscheidungsmacht höher als den zu erwartenden wirtschaftlichen Nutzen als Folge einer Liberalisierung des Marktes. Dies zeigte sich zuerst bei den Verhandlungen zum Vergabekodex von 1979 und bei dessen Abänderungsverhandlungen von 1981 bis 1986, aber auch im Verhältnis zum GPA des Jahres 1996.[239] Der sicherlich wichtigste Grund für die anhaltende Zurückhaltung der Entwicklungsländer ist in ihrem Verständnis **staatlicher Souveränität** zu suchen, die

---

237 EuGH, Rs C-415/963, ECLI:EU:C:1995:463 – *Bosman.*

238 EuGH, verb Rs C- 155/19 u C-159/19, ECLI:EU:C:2021:88 – *Federazione Italiana Giuoco Calcio.*

239 Das GPA hat gegenwärtig 21 Vertragsstaaten. Diese sind neben der EU, die mit ihren 27 Mitgliedern (Belgien, Bulgarien, Dänemark, Deutschland, Estland, Finnland, Frankreich, Griechenland, Irland, Italien, Kroatien, Lettland, Litauen, Luxemburg, Malta, Niederlande, Österreich, Polen, Portugal, Rumänien, Schweden, Slowakei, Slowenien, Spanien, Tschechische Republik, Ungarn, Zypern) als ein Mitglied angesehen wird, Armenien, Australien, Hong Kong/China, Island, Israel, Japan, Kanada, Korea, Liechtenstein, die Republik Moldau, Montenegro, Neuseeland, die Niederlande in Bezug auf Aruba, Norwegen, Singapur, die Schweiz, Chinesisch Taipei (Taiwan), die Ukraine, die USA sowie das Vereinigte Königreich. Beitrittsverhandlungen finden statt mit Albanien, Brasilien, China, Georgien, Jordanien, Kasachstan, der Kirgisischen Republik, Nordmazedonien, Oman, Russland und Tadschikistan. Drei

nicht im geringsten aufgegeben bzw beschränkt werden soll.[240] Allerdings ist dieses Argument wenig überzeugend, denn eine Vielzahl dieser Länder ist der WTO beigetreten, wodurch sie in diesem Rahmen auch teilweise auf die Ausübung von Hoheitsrechten verzichtet haben. Es ist demnach wahrscheinlicher, dass ein zweiter hiermit verbundener Aspekt maßgeblicher ist, nämlich der Wille, das Instrumentarium des öffentlichen Beschaffungswesens weiterhin uneingeschränkt zu nutzen, um bestimmte Firmen, Gruppen oder Personen innerhalb des Staates protegieren zu können.[241] Länder der Dritten Welt scheinen für einen so begründeten **Protektionismus** besonders anfällig. Ein letztes, häufig vorgebrachtes Argument lautet, dass das GPA die mit der Vergabe befassten Einheiten verwaltungstechnisch zu stark belastet.[242] In der Tat sind die oben beschriebenen Verfahren mit einigem Aufwand verbunden, ebenso wie die **Einteilung der staatlichen Verwaltungseinheiten** in die Kategorien 1 bis 3. Dennoch sind diese Aufgaben mit gutem Willen und Unterstützung entwickelter Länder sicherlich zu bewältigen.

Die Entwicklungsländer sehen die Vorteile des Beitritts überwiegend darin, selbst 95
als Anbieter im Ausland auftreten zu können, weniger darin, dass durch Wettbewerb in den öffentlichen Beschaffungsmärkten im eigenen Land die Kosten für die öffentliche Hand gesenkt werden könnten. Weiter ist zu bedenken, dass die Entwicklungsländer durch das dem Abkommen immanente **Prinzip der vollen Gegenseitigkeit** benachteiligt werden, denn als Entwicklungsländer haben sie weniger anzubieten als die Industrieländer. Aus diesem Grund konnte das Argument verfangen, dass durch den Beitritt mehr zu verlieren als zu gewinnen sei.[243]

Der Zugang zum Abkommen wurde einigen Entwicklungsländern – ua Indien, 96
den Philippinen und Chile –, obwohl sie an den Verhandlungen der Tokio-Runde zum Vergabekodex 1979 teilgenommen hatten, dadurch unmöglich gemacht, dass keine Einigung über die **Liste von öffentlichen Unternehmen** erzielt werden konnte, deren Auftragsvergabe vom GPA erfasst werden sollte. Aus diesem Grunde wurde den prinzipiell beitrittswilligen Staaten die Mitgliedschaft verwehrt.[244] Erfahrungen dieser Art könnten der Grund dafür sein, dass vielleicht der eine oder andere interessierte Staat einem Beitritt zum GPA zurückhaltend gegenübersteht.

Im Ergebnis haben alle diese Punkte die Entwicklungsländer dazu bewogen, dem 97
GPA vorerst nicht beizutreten. Eine Reihe von entwickelten Staaten hingegen hat diesen Verlust von Souveränität hingenommen, da für sie die Vorteile überwiegen, während bei den Entwicklungsländern die Interessen aber noch anders gewichtet sind.

---

weitere WTO-Mitglieder haben sich aufgrund ihrer Beitrittsprotokolle zur WTO ebenfalls zu Beitrittsverhandlungen verpflichtet. Diese sind: Mazedonien, Mongolei und Saudi-Arabien.

240 *Reich* 350f.

241 *Reich* 351.

242 *Reich* 351f. Interessant ist in diesem Zusammenhang die Schlussfolgerung von *Walker*, der erklärt, dass Neuseeland sich gegen das GPA ausgesprochen habe, da dieses eine nicht gewünschte Wiederregulierung und Zentralisierung des deregulierten Marktes bedeute, *Walker* in Hoekman/Mavroidis (Hrsg) 171/187.

243 *Reich* 352.

244 *Reich* 351.

H. Ausblick

98 Das Bestehen einer Vielzahl meistens begrenzt anwendbarer, internationaler Regeln für das internationale öffentliche Beschaffungswesen, die zT verbindlicher, zT empfehlender Natur sind, legt es nahe, deren Harmonisierung zu erwägen. In der Tat ist es schwer vorstellbar, dass der Hauptzweck aller Regeln – die Erzielung **größerer wirtschaftlicher Effizienz der Beschaffungsverfahren** – in einem „normativ zersplitterten" globalen Markt erzielt werden könnte. Schon wurden diesbezüglich erste Initiativen ergriffen[245] bzw zur Diskussion gestellt.[246] Angesichts nach wie vor bestehender **traditioneller etatistischer Denkweisen** bleibt allerdings abzuwarten, ob, inwieweit und wie rasch dieses gemeinsame Ziel verwirklicht werden kann.

99 Im Gegensatz zu multilateralen Abkommen, wie zB dem GATT, ist das **WTO-Agreement on Government Procurement** von 1994, wie auch der Vergabekodex 1979, als „plurilaterales Abkommen" nur für diejenigen WTO-Mitglieder verbindlich, die speziell dieses Abkommen ratifiziert haben. Für die anderen WTO-Mitglieder begründet es weder Rechte noch Pflichten. Trotz des begrenzten Teilnehmerkreises[247] ist das GPA in den institutionellen Rahmen der WTO integriert. Das GPA ist in den vergangenen Jahren leicht reformiert worden – einen Quantensprung stellt dies allerdings nicht dar. Und auch der Mitgliederkreis hat sich nur leicht erweitert.[248] Weitere Reformen des WTO-Beschaffungswesens unter Beteiligung der EU sind – so kann man es recht kurz zusammenfassen – gescheitert.

100 Umfassendere **allgemeine Transparenzverpflichtungen** wollen viele Staaten – insbesondere solche, die sich durch schlechte Regierungsführung auszeichnen – nicht, ein multilaterales Transparenzübereinkommen im Vergaberecht konnte nicht ausgehandelt werden.[249] Ein solches Transparenzabkommen sollte als eines der sog ***„Singapore Issues"*** im Rahmen der WTO verhandelt werden; die EU hatte sich hierfür wiederholt eingesetzt, jedoch ist dieses Thema dann mit der Cancun-Ministerkonferenz wieder von der Verhandlungsagenda genommen worden.[250] Und auch eine Einbeziehung des Vergaberechts in das GATS ist niemals wirklich vorangekommen.[251]

---

245 S die Rome Declaration on Harmonisation v 25.2.2003, die ua von OECD's DAC, UNDP sowie zahlreichen Fonds und Entwicklungsbanken angenommen wurde, <oecd.org/development/effectiveness/31451637.pdf>.

246 *Kovács* PPLR 14 (2005) 15/15ff.

247 Dies sind ursprünglich gewesen: Kanada, Hong Kong (China), Israel, Japan, Südkorea, Liechtenstein, Aruba, Norwegen, Singapur, Schweiz, die Vereinigten Staaten von Amerika, Island sowie die damalige Europäische Gemeinschaft mit ihren Mitgliedstaaten.

248 Hinzugekommen sind Armenien, Australien, Island, Kanada, Montenegro, Taiwan, Neuseeland, Moldawien und die Ukraine und das Vereinigte Königreich. Verhandlungen über einen Beitritt werden derzeit ua mit Albanien, China und Georgien geführt.

249 Allgemein hierzu *Reich* 354ff; *Rege* JWT 35 (2001) 489/489ff.

250 Vgl das Abschlussdokument von Cancun, WT/MIN(03)/W/24. Vgl zum Scheitern von Cancun ua *Hauser* Außenwirtschaft 58 (2003) 459/459ff; *Bungenberg* in Pitschas (Hrsg) 233/256; *Bhagwati* Foreign Affairs 83 (2004) 52/52ff.

251 Vgl hierzu *WTO* annual report of the working party of GATS rules, <wto.org/english/tratop_e/gproc_e/gpserv_e.htm>.

Der eingesetzten Arbeitsgruppe gelang es bislang nicht, einen Konsens über die das GATS ergänzenden materiell-rechtlichen Bestimmungen zu erzielen.[252]

Nicht nur hat also die Doha-Runde bis heute keinen Erfolg gehabt, sondern muss als gescheitert angesehen werden,[253] vielmehr haben auch alle außerhalb der Doha-Verhandlungsagenda angelegten WTO-Ansätze zu einer Fortentwicklung des internationalen Vergaberechts zu keinerlei Ergebnissen geführt. **101**

Im Vergaberecht zeigt sich allerdings derzeit sehr anschaulich, was auch in anderen Bereichen des internationalen Wirtschaftsrechts zu beobachten ist: Eine Multilateralisierung wird angestrebt, hat bis zu einem bestimmten Punkt Erfolg, dann allerdings – wie zuletzt im WTO-Bereich mit dem Scheitern der Implementierung der *„Singapore Issues"* in die Doha-Runde und letztlich sogar dem Scheitern eben dieser – kommt es zu einer Phase der Stagnation und sodann zu **bilateralen Ansätzen**. Insoweit finden sich Kapitel über die Auftragsvergabe derzeit in einer größeren Anzahl von bilateralen und regionalen Abkommen, jedenfalls in allen wirtschaftsrechtlichen Abkommen, die die EU abschließt. So hat die EU zuletzt entsprechende Freihandelsabkommen ua mit Peru und Kolumbien, den Staaten Mittelamerikas und Südkorea abgeschlossen, und bereits abschließend Freihandelsabkommen mit Vietnam, Singapur und Kanada verhandelt. **102**

Es bleibt zu hoffen, dass die Ideen und Grundprinzipien der internationalen Vergaberegeln mittelfristig umfassend unter anderem auch Internationale Organisationen und Sportverbände – die mit umfassender Sonderstellung ausgestattet sind und sich vielfach als besonders korruptionsanfällig erwiesen haben – erfassen, die letztlich einen Einfluss auf Wirtschaft und Wettbewerb nehmen können, vielfach aber Transparenz, Effizienz und Nichtdiskriminierung zwischen möglichen Vertragspartnern deutlich vermissen lassen. **103**

---

252 *WTO* Report of the Meeting held on 18 September 2014, Note by the Secretariat, S/WPGR/M/85 v 5.11.2014.

253 Hierzu ua *Bungenberg* IFO-Schnelldienst 69 (5/2016) 8/8ff.

§ 7
Internationale Rohstoffmärkte

Marc Bungenberg und Friedl Weiss

Gliederung **Rn**

Schrifttum

Ascher The ‚Ressource Curse‘, Bastida/Wälde/Warden-Fernández (Hrsg) International and Comparative Mineral Law and Policy: Trends and Prospects (2005) 569; *Bernhardt* (Hrsg) Encyclopedia of Public International Law, Band II (1995); *Böckstiegel* Der Staat als Vertragspartner ausländischer Privatunternehmen (1971); *Bremmer/Keat* The Fat Tail – The Power of Political Knowledge for Strategic Investing (2009); *Bungenberg* Die Gemeinsame Handelspolitik, parlamentarische Beteiligung und das Singapur-Gutsachten des EuGH, Kadelbach (Hrsg) Die Welt und Wir (2017) 133; *ders* Investitionsschutz für Rohstoffkonzessionen und Förderanlagen in Drittstaaten, Ehlers/Herrmann/Wolffgang/Schröder (Hrsg) Rechtsfragen des internationalen Rohstoffhandels (2012) 131; *ders* Europäische Wirtschaftsverfassung zwischen Freiheit und Regulierung am Beispiel des Umweltschutzes, Fastenrath/Nowak (Hrsg) Der Lissabonner Reformvertrag (2009); *ders* Natural Resources and Investment Law, in particular Investor State Contracts, Fremuth/Griebel/Heinsch (Hrsg) Natural Resources and International Law, Liber Amicorum S. Hobe (2021) 259; *ders/Hobe* (Hrsg) Permanent Sovereignty over Natural Resources (2015); *ders/Griebel/Hobe/Reinisch*

https://doi.org/10.1515/9783110630718-007

(Hrsg) International Investment Law – A Handbook (2015); *Cameron* International Energy Investment Law: The Pursuit of Stability (2010); *Chimni* International Commodity Agreements: A Legal Study (1987); *Clark/Lesourd/Thiéblemont* International Commodity Trading: Physical and Derivative Markets (2001); *Dahm/Delbrück/Wolfrum* Völkerrecht, Bd I/2, 2. Aufl (2002); *Dederer* Rohstoffausbeutung, -bewirtschaftung und -verteilung aus der Sicht des allgemeinen Völkerrechts, Ehlers/Herrmann/Wolffgang/Schröder (Hrsg) Rechtsfragen des internationalen Rohstoffhandels (2012) 37; *Dimopoulos* Foreign Investment Insurance and EU Law, Bungenberg/Reinisch/Tietje (Hrsg) EU and Investment Agreements, Open Questions and Remaining Challenges (2013) 171; *Espa* Chinese Natural Resources Disputes: A Never-Ending Story?, Bungenberg/Krajewski/Tams/Terhechte/Ziegler (Hrsg) European Yearbook of International Economic Law 2018 (2019) 39; *dies* Export Restrictions on Critical Minerals and Metals: Testing the Adequacy of WTO Disciplines (2015); *Feichtner* Rohstoffe und Entwicklung, Dann/Kadelbach/Kaltenborn (Hrsg) Entwicklung und Recht (2014) 287; *Fischer* Die internationale Konzession (1974); *Frey* Globale Energieversorgungssicherheit: Analyse eines völkerrechtlichen Rahmens (2013); *Gilbert* International Commodity Agreements: An Obituary Notice, World Development 24 (1996) 1; *Gordon-Ashworth* International Commodity Control: A Contemporary History and Appraisal (1984); *Hartwig* Die Haftung der Mitgliedstaaten für Internationale Organisationen (1993); *Herdegen* Internationales Wirtschaftsrecht, 12. Aufl (2020); *ders* Rechtsprobleme des internationalen Konzessionswesens, Baur/Hobe (Hrsg) Rechtsprobleme bei Auslandsinvestitionen (2003) 13; *Hermann* Die Zukunft der mitgliedstaatlichen Investitionspolitik nach dem Vertrag von Lissabon, EuZW 21 (2010) 207; *Heße/Klimke* Die EU-Verordnung zu Konfliktmineralien: Ein stumpfes Schwert?, EuZW 28 (2017) 446; *Hummer/Weiss* Vom GATT '47 zur WTO '94, Dokumente zur alten und neuen Welthandelsordnung (1997); *Khan* The Law and Organisation of International Commodity Agreements (1983); *LeClair* International Commodity Markets and the Role of Cartels (2000); *Kobrin* Diffusion as an Explanation of Oil Nationalization: Or the Domino Effect Rides Again, Journal of Conflict Resolution 29 (1985) 3; *Krajewski* The Impact of International Investment Agreements on Energy Regulation, Herrmann/Terhechte (Hrsg) European Yearbook of International Economic Law 2012 (2012) 343; *Kreindler* Rechtsschutz für ausländische Direktinvestitionen im Energiesektor, Ehlers/Wolffgang/Schröder (Hrsg) Energie und Klimawandel (2010) 49; *Krenzler/Herrmann/Niestedt* (Hrsg) EU-Außenwirtschafts- und Zollrecht, 17. EL (2021); *Mares* Resource Nationalism and Energy Security in Latin America: Implications for Global Oil Supplies, Working Paper, James A. Baker Institute for Public Policy, Rice University (2010); *Marhol/Weiss* Energy and Fossil Fuels as a Topic of WTO Accession Protocols, Bungenberg/Krajewski/Tams/Terhechte/Ziegler (Hrsg) European Yearbook of International Economic Law 2018 (2019) 61; *Matsushita/Schoenbaum* (Hrsg) Emerging Issues in Sustainable Development (2016); *Metje* Internationaler Anlagenbau (2008); *Michaelowa* Der Gemeinsame Fonds und die speziellen Rohstoffabkommen (1995); *Müller/Khan/Scharf* EC and WTO Anti-Dumping Law, 2. Aufl (2009); *Nowrot* The 2017 EU Conflict Minerals Regulation: An Effective European Instrument to Globally Promote Good Raw Materials Governance? (2018); *ders* Bilaterale Rohstoffpartnerschaften: Betrachtungen zu einem neuen Steuerungsinstrument aus der Perspektive des Europa- und Völkerrechts (2013); *ders* Normative Ordnungsstruktur und private Wirkungsmacht (2006); *Oehl* Global Commodity Governance (2021); *Pelikahn* Internationale Rohstoffabkommen (1990); *Polzin* Kompetenzreichweite der EU und die zukünftige Architektur von EU-Handelsabkommen – Abschied von „Deep and Comprehensive Trade and Investment Agreements"?, Herrmann (Hrsg) Die gemeinsame Handelspolitik im Europäischen Verfassungsverbund, EuR-Beiheft 2/2020 113; *Oehl* Global Commodity Governance (2021); *Radetzki/Wårell* A Handbook of Primary Commodities in the Global Economy (2017); *Reinisch* (Hrsg) Standards in International Investment Law (2009); *ders/Schreuer* International Protection of Investments: The Substantive Standards (2020); *Schanze* Internationales Rohstoffrecht, Kaal/Schwartze/Schmidt (Hrsg) FS Kirchner (2014) 253; *Schirmer/Meyer-Wöbse* Internationale Rohstoffabkommen (1980); *Schladebach* Zur Renaissance des Rohstoffvölkerrechts, Lorenzmeier/Folz (Hrsg) FS Vedder (2017) 593; *Schöllhorn* Internationale Rohstoffregulierungen (1955); *Schorkopf* Internationale Rohstoffverwaltung zwischen Lenkung und Markt, AVR 46 (2008) 233; *Schreuer/Malintoppi/Reinisch/Sinclair* The ICSID Convention: A Commentary on the Convention on the Settlement of Investment Disputes between States and Nationals of Other States, 2. Aufl (2009); *Schulte-Beckhausen* Energy Trading in the EU: Commoditisation of Electricity and the Emergence of Energy Exchanges, Journal of Net-

work Industries 1 (2000) 339; *Terhechte* OPEC und europäisches Wettbewerbsrecht (2008); *ders* Konsolidierung oder Emergenz – Impulse des Lissabonner Vertrages für ein europäisches Rohstoffrecht, Nowak (Hrsg) Europäisches Umweltrecht in der Konsolidierung (2015) 357; *Weberpals* Internationale Rohstoffabkommen im Völker- und Kartellrecht (1989); *Wenzel* Das Recht der internationalen Rohstoffabkommen (1961).

A. Einleitende Bemerkung

1 Seit jeher beherrschen überwiegend zwei Fragen die Diskussion um Rohstoffe, nämlich zum einen, ob die **Versorgung der Verbraucherstaaten** (meist also der Industrienationen) mit Rohstoffen gesichert ist und zum zweiten, inwieweit der Rohstoffhandel durch konstante oder sogar zunehmende Erträge die **Entwicklung der Exportstaaten** (meist also der Schwellen- oder Entwicklungsländer der Dritten Welt) fördern und unterstützen kann.[1] Aufgrund von Schwierigkeiten, auf völkerrechtlicher Ebene zu übergreifenden Lösungen zu gelangen, besteht der rohstoffrelevante Rechtsbereich aus einer Vielzahl paralleler und gegenläufiger Regelungen auf nationaler, regionaler und völkerrechtlicher Ebene. Als Startschuss für die Entwicklung eines internationalen Rohstoffrechts kann aus völkerrechtlicher Sicht die am 14. Dezember 1962 verabschiedete Resolution 1803 (XVII) der UN-Vollversammlung zur Souveränität über die nationalen Naturreichtümer angesehen werden.[2] Die letzten Jahre sind von Diskussionen über die stärkere Verankerung von Transparenzverpflichtungen aller Akteure zur Stärkung von Good Governance Strukturen geprägt, zudem durch die Verwirklichung der Sustainable Development Goals auch im Rohstoffsektor.[3] Neben der Betonung staatlicher Souveränität bestimmen heute Fragen der gerechten Ressourcenverteilung, zunehmend gekennzeichnet durch menschen- und umweltrechtliche Akzente, das internationale Rohstoffrecht. Diese grundlegenden Diskussionen sowie ein kurzer Überblick über Rohstoffmärkte sind aber erst dann möglich und sinnvoll, wenn geklärt ist, was genau unter dem Begriff „Rohstoff" zu verstehen ist.

B. Der Rohstoffbegriff

2 Eine anerkannte Definition für den Begriff Rohstoff gibt es nicht. Vielmehr kann je nach Regelungsansatz differenziert werden zwischen Grundstoffen und Rohstoffen.[4] Eine Definition für den Begriff „Rohstoff" findet sich in Art 56 Abs 1 der *Havanna-Charta* von 1948.[5] Danach ist unter dem Ausdruck **„Grundstoff"** jedes Erzeugnis der

1 *Pelikahn* 41.
2 UN Res 1803 of 14 December 1962, abgedruckt in ILM 1963, 223.
3 Vgl hierzu die Arbeiten des Committees Sustainable Development in Natural Resources Management der International Law Association, zusammenfassend insbesondere RESOLUTION No. 4 /2020 The Role of International Law in Sustainable Natural Resources Management for Development.
4 Hierzu a *Oehl* 7ff.
5 United Nations Conference on Trade and Employment held at Havana, Cuba, from November 21, 1947, to March 24, 1948 Final Act and Related Documents, E/Conf 2/78; s *Hummer/Weiss* 11ff; vgl hierzu a → *Tietje* § 1 Rn 49; u s → *ders* § 4 Rn 4.

Landwirtschaft, der Forstwirtschaft oder der Fischerei und jedes Mineral zu verstehen, einerlei, ob dieses Erzeugnis sich in seiner natürlichen Form befindet oder ob es eine Veränderung erfahren hat, die im Allgemeinen für den Verkauf in bedeutenden Mengen auf dem internationalen Markt notwendig ist.[6] Diese Definition wird auch heute noch, obschon über 50 Jahre alt, allgemein angewandt, wenn auch bisweilen mit Abweichungen oder Variationen, indem die regulatorische Möglichkeit vorbehalten wird, auch andere Güter oder Produkte in den Anwendungsbereich von Abkommen einzubeziehen.[7] Auch heute, so stellt man fest, wird in internationalen Rahmenvereinbarungen oder Abkommen keine neue Definition des Begriffs vorgenommen, aber ebenso wenig wird in diesen auf die *Havanna-Charta* verwiesen.[8]

Der Rohstoffbegriff ist also zweifelsohne weit zu fassen. Fraglich erscheint aber 3
zunehmend, inwieweit der Begriff „Rohstoff" weiterhin mit dem des englischen „***commodity***" gleichzusetzen ist. Im englischsprachigen Raum geht man von einer voranschreitenden „***Commoditisierung***" aus, was bedeutet, dass man mehr und mehr Gütern einen „*commodity-status*" zumisst.[9] Solche Güter verfügen also über allgemein anerkannte Qualitätsmerkmale, die den weltweiten Handel mit ihnen in großer Menge ermöglichen.[10] Genannt seien hier als Beispiele für solche Waren, die man neuerdings als „*commodities*" anerkennt, Kohle, Elektrizität[11] und sogar Mikrochips. Auch Daten (-sammlungen) werden zunehmend als Rohstoffe bezeichnet, bauen auf ihnen doch ganze Wirtschaftsbereiche auf. Gerade letzteres macht aber deutlich, dass eine Differenzierung stattfinden muss, denn ein technisch so hoch entwickeltes Produkt wie ein Mikrochip ist sicherlich nicht mehr als Roh- oder Grundstoff anzusehen. Vielmehr ist davon auszugehen, dass hier der Begriff „*commodity*" mit „Massenware" übersetzt werden muss. Solche Produkte sollen aber in dieser Betrachtung der Rohstoffmärkte keine Rolle spielen.

Dieses Kapitel orientiert sich an einem engeren Rohstoffbegriff und konzentriert 4
sich daher auf die „klassischen" Rohstoffmärkte, wie zB Öl, Kaffee oder Zinn. Auf andere Entwicklungen, wie etwa die voranschreitende „*Commoditisierung*" im internationalen Handel, kann es nur dort eingehen, wo dies zum tieferen Verständnis der Materie unumgänglich und im Rahmen des Umfangs dieses Beitrags möglich ist.

---

6 Übersetzung entnommen aus: Deutsches Handels-Archiv 103 (1949) 32ff; eine amtliche deutsche Übersetzung existiert nicht.

7 So wurden zB in der Tokio-Verhandlungsrunde des GATT (1973–1979) Minerale nicht mehr als Rohstoffe betrachtet, um sie einem strengeren Regelungsregime, dem für „Verarbeitete Erzeugnisse", zuzuordnen. S zB Art II iVm Art IV der UNCTAD-Resolution 93(IV) v 30.5.1976 für das Integrierte Rohstoffprogramm, s UN UNCTAD Integrated Programme for Commodities, Resolution adopted by UNCTAD IV TD/RES/93(IV) v 10.6.1976.

8 S zB den Beschluss über die Umsetzung einer neuen Rohstoffpolitik in der Resolution 93(IV) der UNCTAD vom 30.5.1976 oder die unter dem Dach der World Customs Union (WCU) erarbeitete „International Convention on the Harmonized Commodity Description and Coding System" von 1983, ABl EG 1987 L 198/1.

9 Hierzu auch *Oehl*, der insgesamt von Commodities Governance spricht.

10 *Clark/Lesourd/Thiéblemont* 247ff.

11 Zur Commoditisierung von Elektrizität s *Schulte-Beckhausen* Journal of Network Industries 1 (2000) 339ff.

C. Entwicklung der internationalen Rohstoffpolitik

5 Die Rohstoffabkommen der Nachkriegszeit haben zweifelsohne den Handel mit diesen Gütern bis in die heutige Zeit nachhaltig geprägt, dennoch stellen sie nicht den Beginn der Entwicklung internationaler Rohstoffpolitik dar. Dieser ist vielmehr schon spätestens Ende des 19. Jahrhunderts erfolgt, als erste multinationale Absprachen unterschiedlicher Art und Qualität zur Kontrolle und Regulierung der Märkte getroffen wurden.

I. Die Entwicklung von Rohstoffabkommen vor Abschluss der Havanna-Charta 1948

6 Das Pariser Zuckerabkommen von 1864[12] – abgeschlossen zwischen Frankreich, den Niederlanden, Belgien, Großbritannien und Irland – stellte den ersten Versuch dar, mittels zwischenstaatlicher **Rohstoffabkommen** eine Überproduktion auf dem Weltmarkt durch ein Verbot von Exportsubventionen zu beseitigen. Da aber die Überwachungsmechanismen unzureichend waren und über deren Nachjustierung keine Einigung erzielt werden konnte, war dieses Abkommen wenig effektiv. Die Brüsseler Zuckerkonvention von 1902[13] hingegen, die erstmalig die Gründung einer internationalen Organisation zum Zwecke der Überwachung des Abkommens vorsah und hierzu eine Ständige Kommission mit weitreichenden Kompetenzen einrichtete, führte tatsächlich zu einer Stabilisierung des Marktes und der Preise. Erreicht wurde dies sowohl durch die Abschaffung der Exportsubventionen als auch durch ein wirksames System von Strafzöllen auf subventionierte importierte Produkte aus Drittstaaten.[14] Der Ausbruch des 1. Weltkriegs setzte allerdings der Tätigkeit der Kommission ein Ende. Später konnte über eine solch weitreichende Übereinkunft keine Einigung mehr erzielt werden. So sah das Zuckerabkommen von 1937[15] nur noch Quotenregelungen, aber kein Verbot von Subventionierungen mehr vor und verlor damit einen Großteil seiner Effektivität.

7 Auf Grund der starken Erhöhung der Produktion vieler Rohstoffe Anfang der 1920er Jahre entstand ein Überangebot auf dem Markt, dem die Beteiligten durch die Bildung von internationalen **Rohstoffkartellen** begegnen wollten. Hierzu wurde eine Vielzahl von Absprachen durch private Unternehmen mit dem Ziel getroffen, das Produktionsvolumen der einzelnen Produzenten – meistens durch Quotenregelungen – zu steuern, um so die Preise auf dem Weltmarkt zu stabilisieren. Beispielhaft seien hier das Teekartell von 1920 oder das Zinnabkommen von 1931 genannt. Es wurden aber auch Absprachen für eine Vielzahl anderer Märkte getroffen, zB für die von Erdöl, Blei oder Zink.[16] Die bedeutendsten Absprachen dieser Zeit betrafen Produkte der britischen und niederländischen Kolonien, weshalb diese Zeit der Kartellbildung auch

12 Ausf hierzu ua *Pelikahn* 488ff; in Bezug auf Fundstellennachweise zu diesem und weiteren im Folgenden angeführten Rohstoffabkommen vgl die umfangreiche Übersicht bei *ibid* 699ff.

13 Brüsseler Zuckerkonvention v 5.3.1902, RGBl 1903, 7.

14 *Pelikahn* 491.

15 Der Text des Abkommens ist ua abgedruckt bei *Schirmer/Meyer-Wöbse* 638ff.

16 *Chimni* 17.

als „Anglo-Dutch-Phase"[17] bezeichnet wird. Die Kartellmechanismen dieser Absprachen waren wenig entwickelt und konnten kaum durchgesetzt werden. Dementsprechend waren die meisten Absprachen nicht besonders wirksam und wurden nicht lange eingehalten. Auch grundsätzlichere Beratungen über solche Kartellabsprachen auf der Genfer Weltwirtschaftskonferenz von 1927 führten nicht zu einer Effizienzsteigerung. Es wurden lediglich recht allgemeine Anforderungen formuliert, die eine Kartellvereinbarung beinhalten sollten.[18] Jedoch sind keine verbindlichen Vereinbarungen getroffen worden, wie solche Absprachen in Zukunft zwingender und damit für die Beteiligten durchsetzbarer gestaltet werden könnten.

Mit Beginn der **Weltwirtschaftskrise** im Jahr 1929 wurde deutlich, dass diese Kartellabsprachen nicht zum Ziel einer Stabilisierung des Marktes führten, und eine Politik stärkerer staatlicher Intervention setzte ein. Zwar wurden noch zu Beginn der 1930er Jahre eine Reihe privater Produzenten-Vereinbarungen getroffen, welche aber – in Abkehr von den reinen Produzenten-Vereinigungen[19] – eher als halbstaatliche Maßnahmen anzusehen sind. Obwohl diese zwar überwiegend von Privaten geschlossen wurden, setzte doch ihre Umsetzung zumindest das Wohlwollen, wenn nicht sogar aktive Maßnahmen der betroffenen Staaten voraus, die sich auf diese Weise mehr Einfluss auf die Rohstoffproduktion und gleichzeitig die effektivere Durchsetzung der Absprachen erhofften.[20] 8

Parallel dazu entwickelten sich aber auch schon die ersten „modernen" völkerrechtlichen Abkommen solcher Art, wie sie die Zeit nach dem 2. Weltkrieg prägen sollten, also zwischenstaatliche Vereinbarungen über die Organisation von Märkten, zB das Zinnabkommen von 1931 oder das bereits erwähnte Zuckerabkommen von 1937, welches im Gegensatz zu dem Abkommen von 1931 nun zwischen den Staaten geschlossen worden war. 9

Die **Londoner Währungs- und Wirtschaftskonferenz** von **1933** befasste sich intensiv mit Rohstoffabkommen und legte eine Reihe von Grundsätzen für ihren Abschluss vor.[21] Rückblickend ist denn auch feststellbar, dass die in diesem Jahrzehnt geschlossenen Abkommen durchwegs über eine besser entwickelte Regelungstechnik und verbesserte Überwachungsmethoden zu deren Einhaltung verfügen. Besonders zu erwähnen ist die Beteiligung der Importstaaten, also der Verbraucher, an den Abkommen, die bis zu diesem Zeitpunkt nicht vorgesehen war.[22] Hierin lässt sich erstens eine Abkehr von der herkömmlichen Kartellform sehen und zweitens im Ansatz die künftige Ausrichtung der Rohstoffabkommen erkennen: Instrumente, die sowohl die Interessen der Produzenten als auch die der Verbraucher berücksichtigen und mit ihren Regelungsinstrumenten eine Ordnung des Welthandels schaffen, die beiden Sei- 10

17 *Khan* 52; *Pelikahn* 89.

18 ZB keine künstliche Erhöhung der Preise, keine Kürzung der Versorgung und keine Ungleichbehandlung der Rohstoffe exportierenden Staaten, aber auch Berücksichtigung der Interessen der Arbeiter in diesen Ländern.

19 ZB das Chadbourne-Zuckerabkommen v 1931 oder die Teeabkommen von 1933, 1936 und 1939, zitiert nach *Pelikahn* 90.

20 *Pelikahn* 90 mit Verweis ua auf die Präambel des Zuckerabkommens von 1931, vgl auch *Schöllhorn* 31 u 88; *Chimni* 18.

21 Ausführlicher zu der Konferenz und deren Beschlüssen s *Khan* 57ff.

22 *Pelikahn* 92f.

ten nützt. Dass dies letztlich nicht wie erhofft gelang, hat vielfältige, im Folgenden noch zu erläuternde Gründe.

II. Rechtsvorschriften des GATT[23] über internationale Rohstoffabkommen

11 Die Weichen für eine veränderte Ordnung auf dem Weltmarkt für Rohstoffe wurden früh gestellt. Bereits in der Atlantik-Charta vom 12.8.1941 wurde allen Staaten die Beteiligung am Welthandel und der Zugang zu Rohstoffen unter gleichen Bedingungen in Aussicht gestellt.[24] Eine besonders einflussreiche Rolle bei der Formulierung dieser neuen Politik spielten die USA, gestärkt durch ein neues Selbstvertrauen der Verbraucherstaaten. Neben den USA ist zu diesem Zeitpunkt va noch Großbritannien zu erwähnen. Zwar hatte es nach der Londoner Konferenz im Jahr 1933 schon Tendenzen zur Berücksichtigung der Verbraucherinteressen gegeben, den Importstaaten ging dies aber nicht weit genug. Ziel dieses neuen Ansatzes war es dementsprechend, den Protektionismus der Produzentenstaaten in den 1920er und 1930er Jahren zugunsten einer liberaleren Marktordnung aufzugeben oder zumindest zurückzudrängen.

12 Dieses Interesse spiegelt sich auch wider in den Positionen, welche die USA in den Verhandlungen zur Havanna-Charta (1948) und zum **GATT** vertraten. Auf die *Havanna-Charta* soll hierbei nicht weiter eingegangen werden, da sie nie in Kraft getreten ist.[25]

13 Die Verhandlungen zum GATT wurden bereits am 30.10.1947 abgeschlossen, als deutlich wurde, dass mit einem baldigen Abschluss der Verhandlungen über die *Havanna-Charta* nicht mehr gerechnet werden konnte. Diese vorgezogene Inkraftsetzung der handelspolitischen Regelungen der *Havanna-Charta* geschah wiederum va auf Initiative der USA, die sich davon eine Belebung des Welthandels und eine beständige Versorgung mit benötigten Importgütern erhofften.

14 Das GATT enthält keine selbstständigen Regelungen des Rohstoffhandels. Vielmehr übernimmt es mittels einer sehr komplizierten Verweisungstechnik die Regelungen der *Havanna-Charta*. Auf diese Weise ist im GATT zum ersten Mal ein für die Vertragsstaaten verbindlicher **Katalog zum Abschluss von Rohstoffabkommen** geschaffen worden. Die wichtigste Vorschrift ist in **Art XX:1(h) GATT** enthalten. Sie bestimmt, dass trotz des Verbots ungerechtfertigter Diskriminierung und der Beschränkung des internationalen Handels Maßnahmen zur Durchführung von Grundstoffabkommen beschlossen und durchgeführt werden dürfen, wenn diese entweder bestimmten, den VERTRAGSPARTEIEN[26] vorgelegten und von diesen nicht abgelehnten Merkmalen entsprechen oder wenn das betreffende Rohstoffabkommen den VERTRAGSPARTEIEN vorgelegt und nicht zurückgewiesen wurde.

23 General Agreement on Tariffs and Trade, Text ua abgedruckt in *Hummer/Weiss* 553ff. Ausf hierzu → *Tietje* § 4 Rn 44ff.

24 Vgl hierzu auch → *Tietje* § 1 Rn 47.

25 S hierzu auch → *Tietje* § 1 Rn 49; → *ders* § 4 Rn 4.

26 Mit Vertragsparteien sind die kollektiv handelnden Unterzeichnerstaaten des GATT-Abkommens gemeint, s hierzu → *Tietje* § 4 Rn 5.

In der Anlage I zum Buchst (h) wurde zudem festgelegt, dass die Ausnahme des Art XX nur gelten soll, wenn das entsprechende Abkommen den **Grundsätzen** der vom *Wirtschafts- und Sozialrat* (**ECOSOC**) der UNO am 28.3.1947 angenommenen **Resolution 30 (IV)** entspricht. In dieser Resolution hatte der ECOSOC die allgemeine Anerkennung des gesamten Kapitels VII der sog „*Londoner Fassung*" der *Havanna-Charta* als Leitlinie für den Abschluss von Rohstoffabkommen beschlossen, dabei aber schon berücksichtigt, dass diese nicht die endg Fassung sein würde.[27] 15

Die VERTRAGSPARTEIEN sind nie übereingekommen, allgemeine Maßstäbe zu Rohstoffabkommen iSv Art XX:1(h) zu formulieren. Trotz mehrerer multilateraler Verhandlungsrunden konnte hierüber keine Einigkeit erzielt werden. Ebenso wenig wurde den VERTRAGSPARTEIEN jemals ein Abkommen zur Prüfung vorgelegt, sei es zu seiner Billigung oder Ablehnung. 16

Eine wirksame Anwendung dieser Kriterien auf in den 1950er und 1960er Jahren geschlossene Abkommen hat also nicht stattgefunden. Auch das Verhandeln von Abkommen überließen die VERTRAGSPARTEIEN weitgehend den relevanten internationalen Organisationen und beschränkten sich selbst auf die Erörterung spezifischer handelspolitischer Probleme. Diese Passivität der VERTRAGSPARTEIEN stieß auf entschiedene Kritik der Entwicklungsländer, die sich in ihrem Bestreben nach stabilen bzw steigenden Rohstofferlösen nicht ausreichend unterstützt sahen, und förderte sicherlich die Gründung der UNCTAD im Jahre 1964. Die VERTRAGSPARTEIEN reagierten darauf mit der Erweiterung des **GATT** um den **Teil IV** (**Handel und Entwicklung**), in dem festgeschrieben wird, dass Rohstoffabkommen den weniger entwickelten Vertragsparteien günstigere und annehmbare Bedingungen für den Zugang zu den Weltmärkten verschaffen sollen. Damit wird einerseits die Abkehr von der *Havanna-Charta* erklärt, die marktintervenierende Maßnahmen nur für Notsituationen vorsah, und andererseits auch eine Beschränkung des allzu liberalen Konzepts der Nachkriegszeit eingeführt. 17

Im Ergebnis hat aber diese Ergänzung des GATT keine großen Auswirkungen gehabt und auch keine Veränderung der Haltung der VERTRAGSPARTEIEN herbeigeführt. Das GATT blieb gegenüber der Rohstoffpolitik passiv und überließ das Handeln anderen internationalen Organisationen, eben zB der UNCTAD. Ausnahmen waren die Teilnahme an Verhandlungsrunden über Milchprodukteabkommen und, während der Tokio-Runde im Jahr 1979, über ein Rindfleischabkommen. Die Uruguay-Runde, beginnend 1986 in Punta-del-Este, beschäftigte sich nicht unmittelbar mit Rohstoffabkommen, jedoch wurden die bereits angesprochenen Abkommen über Milchprodukte und über Rindfleisch im Jahr 1994 verlängert.[28] Die aus der Uruguay-Runde hervorgehende WTO[29] bezieht als Organisation zur Förderung und Regulierung des internationalen Handels zwar allgemein auch zu Rohstofffragen Stellung, aber sie setzt die passive Rolle 18

---

27 Die am 28.3.1948 beschlossene Endfassung der *Havanna-Charta* regelte die Rohstoffabkommen in Kapitel VI, im Unterschied zu der für den *Wirtschafts- und Sozialrat* relevanten *Londoner Fassung* von 1947, in der die Rohstoffabkommen noch in Kapitel VII behandelt wurden; gleichwohl unterscheidet sie sich inhaltlich nicht wesentlich von der früheren Fassung.

28 Die beiden Abkommen traten am 1.1.1998 außer Kraft, vgl WTO, International Dairy Agreement v 30.9.1997, IDA/8, u International Bovine Meat Agreement v 30.9.1997, IMA/9.

29 Vgl hierzu → *Tietje* § 4 Rn 22ff.

der VERTRAGSPARTEIEN des GATT fort, trägt also nicht aktiv zur Gestaltung der Rohstoffpolitik bei.

19 Erhebliche Relevanz für den internationalen Rohstoffhandel hatte in der Vergangenheit allerdings das Verbot der mengenmäßigen Exportbeschränkungen gemäß Art XI:1 GATT sowie dessen Erweiterung auf fiskalische Beschränkungsformen im Rahmen des Beitritts von Ländern wie bspw China oder Russland.[30] In den Entscheidungen „*China – Raw Materials*" und „*China – Rare Earths*" haben sich die Beschwerdeführer erfolgreich gegen die von China gegenüber einzelnen Rohstoffarten verhängten Exportbeschränkungen gewandt.[31] Der Appellate Body hat in diesen Fällen ua im Hinblick auf Abschnitt 11.3 des Chinesischen Beitrittsprotokolls[32] festgestellt, dass sich China mangels eindeutiger Verknüpfung der Zugeständnisse mit dem GATT nicht auf die Ausnahmebestimmungen des Art XX GATT berufen kann. In Folge hat Russland seine Verpflichtungen durch Schaffung eines neuen Abschnitts (Abschnitt V) innerhalb der Listen der Zugeständnisse mit dem GATT verknüpft.[33] Insgesamt ist erkennbar, dass die Mitglieder im Rahmen von Beitrittsverhandlungen auf einen besseren Rohstoffzugang drängen.[34] Dies führt im Ergebnis zu einem unterschiedlichen Regelungsrahmen für die einzelnen WTO-Mitglieder.[35]

III. Entwicklungen im Bereich der UNCTAD

20 Die ***Vereinten Nationen*** (VN), insb durch ihre UNCTAD, begriffen die Rohstoffabkommen als ein Mittel der Entwicklungspolitik. Bereits 1951 veröffentlichte die VN eine Studie, die zu dem Ergebnis kam, dass Rohstoffabkommen der Preisstabilisierung und -entwicklung dienen können.[36] Diese Erkenntnis wurde auch dadurch bestätigt, dass die Rohstoffpolitik bei den Verhandlungen der UNCTAD-Konferenzen I und IV einen Schwerpunkt bildete und breiten Raum einnahm.

21 Die erste UNCTAD-Konferenz von 1964 beschäftigte sich eher grundlegend mit der Bedeutung der Rohstoffe für die **Entwicklungsländer**, insb wurde deren Abhängigkeit von stabilen Rohstofferlösen hervorgehoben. Vordringlich wurde darauf hingearbeitet, durch internationale Maßnahmen ausgewogenere Verhältnisse auf den Welt-

30 Vgl hierzu die umfassende Darstellung bei *Espa* 125ff.

31 WTO, *China-Raw Materials*, App Body v 30.1.2012, WT/DS394/395/398/AB/R; WTO, *China-Rare Earths*, App Body v 7.8.2014, WT/DS431/432/433/AB/R. Dazu bspw *Paschke* China-EU Law Journal 1 (2013) 97ff; *Matsushita/Schoenbaum*, in dies (Hrsg) 79ff; *Espa* in Bungenberg/Krajewski/Tams/Terhechte/Ziegler (Hrsg) 39ff.

32 WTO, Accession of the People's Republic of China, WT/L/432 v 23.11.2001.

33 Hierzu *Espa* 156ff; *Marhol/Weiss* in Bungenberg/Krajewski/Tams/Terhechte/Ziegler (Hrsg) 61ff.

34 Auf dieses Bestreben hat die Europäische Kommission bspw ausdrücklich in ihrer Mitteilung zur sog „Rohstoffinitiative" ebenso hingewiesen, wie ein aktives Vorgehen gegen Zugangsbeschränkungen mittels WTO-Streitbeilegungsverfahren; vgl Mitteilung der Europäischen Kommission, Die Rohstoffinitiative – Sicherung der Versorgung Europas mit den für Wachstum und Beschäftigung notwendigen Gütern, KOM(2008) 699 endg v 4.11.2008, 7.

35 Krit dazu *Qin* JWT 46 (2012) 1147/1162.

36 UN, Measures for International Economic Stability: A United Nations Study/National Association of Manufactures of the USA v 1951, E/2156(ST/ECA/13).

märkten zu erreichen, um den Entwicklungsstaaten stabilere und angemessen steigende Erlöse zu sichern. Hierbei setzte sich die am GATT erkennbare Tendenz fort, Rohstoffabkommen als ein probates Mittel zur Erreichung dieser Ziele anzusehen, im Gegensatz zur *Havanna-Charta*, die noch davon ausgegangen war, dass sich die Abkommen auf die Ergreifung von Notmaßnahmen bei bedrohlichen Gleichgewichtsstörungen beschränken sollten.[37] Ziel der ersten UNCTAD-Konferenz war weiterhin, eine breitere Basis für solche Abkommen zu schaffen und bei interessierten Staaten für größere Aufgeschlossenheit hinsichtlich derartiger Verträge zu werben. Die Konferenz beschloss eine allgemeine Empfehlung über Ziele, Prinzipien und Geltungsbereiche solcher Abkommen und verfolgte dabei einen Ansatz, der über den Abschluss bloßer Einzelabkommen für spezifische Rohstoffe hinausging.

Auf den UNCTAD-Folgekonferenzen[38] wurden diesbezüglich keine grundlegenden Fortschritte gemacht. Erst 1976, auf der UNCTAD IV, konnten konkretere Maßnahmen beschlossen werden. In der Resolution 93 kamen die Export- und Importstaaten überein, ein ***Integriertes Rohstoffprogramm*** mit dem Ziel ins Leben zu rufen, für einen Katalog von Rohstoffen[39] eine Stabilisierung der Marktbedingungen herbeizuführen. Dadurch sollten den Entwicklungsländern verlässliche Erlöse und den Industrienationen kalkulierbare stabile Preise zugesichert werden. 22

Dies sollte nicht nur durch jeweilige Einzelabkommen für bestimmte Rohstoffe geschehen, sondern auch durch den sog „***Gemeinsamen Fonds für Rohstoffe***“[40], der mit Hilfe zweier sog „***Schalter***“[41] einerseits zur Finanzierung von marktintervenierenden „***buffer stocks***“[42] beitragen, andererseits Mittel in Form von Krediten zur Förderung von Entwicklungsvorhaben im Bereich der Rohstoffmärkte bereitstellen sollte. Jedoch verliefen die Verhandlungen über die Einrichtung des Fonds äußerst schleppend und konnten erst 1980 abgeschlossen werden.[43] Im Jahr 1989 trat das Abkommen schließlich in Kraft. 23

Auch der zweite Teil des *Integrierten Rohstoffprogramms* brachte nicht die erhofften Erfolge. Neben den bereits bestehenden Abkommen wurden nur wenige neue **Rohstoffabkommen** abgeschlossen, so zB ein Jute- und ein Tropenholz-Abkommen in den frühen 1980er Jahren. Dies erklärt sich einerseits daraus, dass sich die Industrienationen nicht vertraglich binden wollten. Andererseits ist hierbei aber auch das 24

37 *Pelikahn* 129; s hierzu ausf *Prebisch* Towards a New Trade Policy for Development, Report by the Secretary General of UNCTAD v 1964, E/Conf.46/3.

38 UNCTAD II 1968 in Neu Delhi und UNCTAD III 1972 in Santiago de Chile.

39 Insgesamt werden unter dem Begriff „*core commodities*“ 18 Rohstoffe von dem Integrierten Rohstoffprogramm zusammengefasst, unter ihnen Bananen, Kautschuk und Zinn.

40 Common Fund for Commodities (CFC).

41 Der englische Begriff „*account*“ wird im Deutschen in diesem Zusammenhang mit „*Schalter*“ übersetzt, vgl hierzu ua *Pelikahn* 606ff.

42 Ein „*buffer stock*“ soll der Marktstabilisierung dienen: In Zeiten niedriger Preise werden Rohstoffe aufgekauft, um mittels der dadurch bewirkten künstlichen Verknappung die Preise zu heben, während in Zeiten zu hoher Preise diese Waren dann wieder auf dem Weltmarkt verkauft werden, um durch das zusätzliche Angebot die Preise wieder auf ein angestrebtes Maß zu senken. Solche Maßnahmen sind nicht mit leicht verderblichen Waren möglich, zudem bedarf ein solches Programm hoher Finanzmittel, die von den Vertragsstaaten, also Produzenten und Verbrauchern, aufgebracht werden müssen.

43 Vgl hierzu ua *Pelikahn* 646ff mwN.

Fehlen einer einheitlichen Verhandlungsposition der Produzentenländer zu berücksichtigen, denen es deshalb nicht möglich war, ausreichenden Druck auf die Einfuhrländer auszuüben. Ein dritter Aspekt betraf die Situation auf dem Weltmarkt, auf dem die Preise für nahezu alle Rohstoffe fielen. Dieser Verfall der Weltmarktpreise betraf auch solche Rohstoffe, für die Abkommen mit marktintervenierenden Maßnahmen bestanden, die also sogar aktiv in den Welthandel eingreifen konnten und dies auch taten, wenn auch durchweg erfolglos und unter bisweilen hohen Verlusten für alle Beteiligten. So scheiterte 1985 das Zinnabkommen, als der Internationale Zinnrat, die zur Durchsetzung des Abkommens und zur Verwaltung der marktintervenierenden *buffer stocks* eingesetzte internationale Organisation, wegen immenser Zahlungsrückstände die Arbeit einstellen musste.[44]

25 In den 1990er Jahren werden zwar eine Reihe von Abkommen über Rohstoffe geschlossen bzw verlängert, aber diese befassen sich eher allgemein mit Fragen der Kooperation, des Informationsaustauschs oder auch mit Umweltaspekten, wirken aber nicht mehr marktintervenierend. Eine Alternative besteht in den sog **„*study groups*"**, also Arbeitsgruppen, die sich regelmäßig treffen, um Informationen auszutauschen. Sie sind unverbindlich, sorgen dafür, dass der Kontakt zwischen Produzenten und Verbrauchern nicht abreißt und sind weitaus kostengünstiger im Vergleich zu den Beträgen, die für Finanzierungsmaßnahmen zwecks Anlegung und Verwaltung von *buffer stocks* unter marktintervenierenden Abkommen benötigt worden waren.

26 Das Konzept **marktintervenierender Rohstoffabkommen** hat sich daher nicht durchgesetzt. Somit wurde der regulatorische Standard der *Havanna-Charta*, auch wenn dieser selbst nie vollends zur Anwendung kam, nicht wieder erreicht. Gegenwärtig ist keine Tendenz erkennbar, auf dem Gebiet marktintervenierender Rohstoffabkommen global wieder tätig zu werden. Es scheint vielmehr, dass sich regionale Blöcke wie zB die Mitglieder der Gruppe der Staaten in Afrika, im karibischen Raum und im Pazifischen Ozean einerseits und die EU und ihre Mitgliedstaaten andererseits in den regelmäßig verlängerten AKP-Abkommen[45] über entsprechende Maßnahmen verständigen.

---

44 Näher dazu Rn 56; Die letzten beiden *buffer stocks*, die der Kakao- und Kautschukabkommen, wurden ebenso aufgelöst, der für Kakao nach einem Beschluss der ICCO 1990 durch Verkäufe der Lagerbestände bis 1998, der für Kautschuk nach der Auflösung der INRO im Jahre 1999 bis 2001. Damit existieren keine Abkommen mehr, die das Unterhalten von *buffer stocks* zur Marktstabilisierung vorsehen. Dadurch hat auch der erste Schalter des CFC vollständig seine Funktion eingebüßt, denn es gibt keine zu stützenden *buffer stocks* für Rohstoffe mehr. Die hierfür vorgesehenen Mittel könnten von den Geberstaaten für den zweiten Schalter umgewidmet werden. Dies ist bisher aber kaum geschehen, denn noch immer verfügt der erste Schalter über mehr Mittel als der zweite. Der zweite Schalter funktioniert mittlerweile und unterstützt finanziell Projekte, die ihm von *International Commodity Bodies* zur Förderung vorgeschlagen werden.

45 Die früheren sog Lomé-Abkommen, ersetzt durch das seit 2000 geltende Cotonou-Abkommen, welches bis Ende 2021 verlängert wurde und anschließend durch ein neues Abkommen ersetzt werden soll. Näher dazu u Rn 47.

D. Überblick über bestehende Regelungen der Rohstoffmärkte

I. Rohstoffabkommen und ihre Organisationen

Rohstoffabkommen sind völkerrechtliche Verträge, die der Regulierung des Weltmarktes für einen bestimmten Rohstoff dienen sollen. Fast alle dieser Abkommen wurden von Produzenten- und Verbraucherstaaten[46] gemeinsam geschlossen und sehen die Errichtung einer mit Völkerrechtssubjektivität ausgestatteten Internationalen Organisation vor.[47] Die reinen Produzentenvereinigungen sind heute nicht mehr so einflussreich,[48] mit Ausnahme der sehr bekannten Organization of Petroleum Exporting Countries (OPEC), die im Weiteren noch ausführlich beschrieben wird. 27

1. Rohstoffabkommen

In einem Rohstoffabkommen verpflichten sich die Unterzeichnerstaaten zu den in dem Vertrag festgelegten Verhaltensweisen und Maßnahmen im Zusammenhang mit dem betreffenden Rohstoff. Die Ausgestaltung der Abkommen ist unterschiedlich, zwei grundsätzliche Typen sind aber unterscheidbar. Zum einen gibt es Abkommen, die **marktintervenierende Elemente** beinhalten, also etwa *buffer stocks* oder Quotenregelungen,[49] und zum anderen solche Abkommen, die sich auf Vereinbarungen **allgemeiner Kooperation** beschränken.[50] Ein Abkommen der ersten Kategorie existiert, wie schon erwähnt, heute nicht mehr. Die Bemühungen, mit Hilfe solcher Instrumente die Rohstoffmärkte zu regulieren, sind weitgehend fehlgeschlagen – zum einen, weil bei – wenn auch kurzfristigen – Hochpreisphasen eines Rohstoffs der politische Wille fehlte, sich dennoch an beschränkende Vereinbarungen zu halten bzw diese fortzuführen, zum anderen, weil der Kreis der Anbieter oder Produzenten eines Rohstoffs so groß wurde, dass eine Einigung auf effektive Maßnahmen nicht mehr zustande kam. 28

Die heutigen **Rohstoffabkommen** sind also überwiegend kooperativer bzw **administrativer Art**, dh sie befassen sich mit der Förderung der internationalen Zusammenarbeit zwischen den Produzenten, aber auch zwischen Produzenten und Verbrau- 29

46 Dies geht zurück auf die Londoner Währungs- und Wirtschaftskonferenz, wo man übereinkam, dass für die effektive Verhandlung und Umsetzung solcher Abkommen eine angemessene Beteiligung der Exportstaaten angestrebt werden sollte. Mit der Zeit führte dies zu einer gleichmäßigen Stimmenverteilung in den Gremien auf Produzenten und Verbraucher.

47 Die ICO (International Coffee Organization) zB wurde 1963 gegründet, um das erste Kaffeeabkommen umzusetzen, die ICCO (International Cacao Organization) 1973 zur Umsetzung des ersten Kakaoabkommens.

48 1989 gab es noch bei 13 Rohstoffen solche Produzentenvereinigungen, ua Tee, Bananen und Pfeffer, s hierzu *Pelikahn*.

49 Die UNCTAD bezeichnet solche Abkommen als „Internationale Rohstoffabkommen mit ökonomischen Regelungen", s UN, Intergovernmental Producer-Consumer Cooperation in Commodities in Mid 1990s v 1998, UNCTAD/ITCD/COM/11.

50 Solche Abkommen werden als „administrative Abkommen" bezeichnet. Die UNCTAD verwendet noch eine dritte Beschreibung, „Entwicklungsabkommen", für solche Abkommen, die nur noch eine sehr lockere, konsultative Zusammenarbeit vorsehen. Die Unterschiede zur zweiten Kategorie sind fließend und eher marginal, weswegen auf eine strenge Unterscheidung verzichtet wird.

chern, um zB den Handel auszuweiten oder für den Konsum des Rohstoffs zu werben. Des Weiteren sollen die internationalen Organisationen als Zentren zur Sammlung, Auswertung und Aufbereitung von Daten aller Art dienen, die den Mitgliedsländern bei ihren Planungen behilflich sein können. Auch sollen sie sich um die Ausführung und Betreuung von Studien zu dem betreffenden Rohstoff bemühen.[51] Diese Studien können sich mit den ökonomischen Hintergründen wie Preis- und Marktentwicklung befassen, sich aber auch auf die technische Seite beziehen, also zB auf An- bzw Abbaumethoden von Rohstoffen und ihre technische Weiterentwicklung. Zudem können sie Fragen des Umweltschutzes oder der Verbesserung der Situation von Kleinproduzenten bzw den Arbeitern in den Produzentenstaaten betreffen.

30 Der Grad der Verbindlichkeit der administrativen Abkommen ist naturgemäß sehr viel geringer. Es werden allgemeine Konsultationen durchgeführt, die sicherstellen, dass ein regelmäßiger Kontakt bestehen bleibt, sie zwingen aber keine Seite mehr zu einem bestimmten Verhalten. Die heutige Bevorzugung dieser Abkommen gegenüber solchen mit marktintervenierenden Elementen hängt mit dem Unwillen der beteiligten Staaten zusammen, sich fester zu binden und gleichzeitig durch Annahme solcher Abkommen ggf gewissen Zahlungsverpflichtungen zu unterliegen. Der Verzicht auf Abkommen mit marktintervenierenden Elementen erklärt sich auch daraus, dass diese im Allgemeinen mit hohen Kosten verbunden sind, zB für das Unterhalten eines *buffer stocks* oder für die Kontrolle von Quotenvereinbarungen. Demgegenüber ist ein kleines Büro, welches lediglich mit der Umsetzung eines administrativen Abkommens beschäftigt ist, für die Staaten vergleichsweise wesentlich kostengünstiger.

31 Eine weitere, nicht unwichtige Aufgabe der jeweiligen Organisationen ist die Vorbereitung der neuen **Vertragsentwürfe**. In der Regel haben die Abkommen eine bestimmte Laufzeit, müssen also regelmäßig nach einigen Jahren entweder verlängert oder neu ausgehandelt werden. Hierbei kommt den jeweiligen Organisationen eine Schlüsselfunktion zu. Wenn auch die derzeitigen Abkommen keine marktintervenierenden Mechanismen mehr vorsehen, so beinhalten manche Abkommen dennoch die Aufforderung an die betreffende Organisation, auf ihre Einführung in einem späteren Abkommen hinzuwirken. Wie ernsthaft diese Organisationen darauf hinarbeiten, solche Instrumente wieder einzuführen, ist nicht bekannt, aber es ist davon auszugehen, dass es kurz- und mittelfristig keine Bestrebungen geben wird, marktintervenierende Elemente wieder einzuführen.

2. Produzentenvereinigungen

a) Allgemeines

32 Das Ziel solcher Vereinigungen ist die **Manipulation des Weltmarktpreises** durch Absprachen zwischen den Produzenten zB über die Drosselung der Produktion oder durch Quotenregelungen, die jedem Produzenten den Verkauf einer bestimmten Menge erlauben. Dadurch sollen die Preise künstlich auf höherem Niveau, aber auch stabiler gehalten werden, was insb für die Entwicklungsländer wichtig ist, die im Besonderen von den Einnahmen aus ihren Rohstoffexporten abhängig sind.

51 Vgl allgem zu diesen von internationalen Organisationen im internationalen Wirtschaftssystem ausgeübten Funktionen → *Nowrot* § 2 Rn 25.

Zwar wurden eine Reihe solcher Vereinigungen gegründet, doch war ihr Erfolg eher gering. Dies hängt damit zusammen, dass auch für **Kartellabsprachen zwischen Nationalstaaten** die ökonomischen Besonderheiten von Kartellen zu beachten sind, dh je mehr Teilnehmer es gibt, desto schwieriger ist es, zu kontrollieren, ob sich alle Staaten an die Absprachen halten. Je effektiver das Kartell funktioniert, desto attraktiver ist der Markt für Neueinsteiger usw. Auch wenn im Detail manche solcher Absprachen gewisse Erfolge verzeichnen konnten, werden sie doch allgemein als bedeutungs- und erfolglos eingestuft. Am ehesten wird einer bestimmten Produzentenvereinigung, der OPEC, effektiver Einfluss zugeschrieben. Diese soll zunächst näher beleuchtet werden. 33

b) Organization of the Petroleum Exporting Countries (OPEC)

Die bekannteste Produzentenvereinigung ist zweifelsohne die OPEC. Ihre Wurzeln reichen zurück bis ins Jahr 1949. Damals regte Venezuela einen regulären Meinungsaustausch und eine engere Zusammenarbeit mit Iran, Irak, Kuwait und Saudi-Arabien an. Im Jahre 1960 wurde diese Zusammenarbeit dann durch die Gründung der OPEC verwirklicht, einer internationalen Organisation, die 1965 ihren Sitz in Wien nahm.[52] Die OPEC hat drei Organe – die Konferenz, das Direktorium[53] und das Sekretariat, dem der Generalsekretär als Repräsentant der OPEC nach außen vorsteht. Die Konferenz tagt zweimal pro Jahr und gibt die Richtlinien für die Politik vor, die dann von Direktorium und Sekretariat umgesetzt werden sollen. Das Direktorium setzt sich aus jeweils einem Repräsentanten der Mitgliedstaaten zusammen und ist zuständig für das Management der Organisation, für die Umsetzung von Resolutionen der Konferenz, die Vorbereitung des Budgets, und es stimmt über Berichte ab, die der Generalsekretär vorlegt. Das Sekretariat ist in verschiedene Abteilungen gegliedert, die zum größten Teil mit der Beobachtung und Analyse des Weltmarktes für Öl und Gas befasst sind. 34

Ziel der OPEC ist die **Koordinierung** und einheitliche Formulierung **der Erdölpolitik** der Mitgliedstaaten, um ihre Interessen so effektiv wie möglich zu fördern. Dies bedeutet zunächst, den Mitgliedern durch einen stabilen Weltmarktpreis ein gesichert hohes Einkommen zu ermöglichen, aber es wird gleichzeitig auch das Ziel formuliert, den Verbraucherstaaten eine reguläre Versorgung mit Öl zu gewährleisten.[54] 35

Obschon die OPEC immer noch in den Medien erwähnt wird, darf ihr Einfluss nicht überschätzt werden. Sie vertritt heute nur noch ca 30 % der Weltproduktion. Das war Ende der 60er, Anfang der 70er Jahre des 20. Jahrhunderts anders, als die OPEC noch die Kontrolle über 50 % der Produktion in Händen hielt und damit über größeren Einfluss verfügte. Sie konnte zu dieser Zeit auch Preiserhöhungen durchsetzen, zB 36

---

52 Die fünf Staaten von 1949 waren auch die Gründerstaaten. Heute hat die OPEC 13 Mitglieder, neben den Gründern noch Gabun, Nigeria, Libyen, Vereinigte Arabische Emirate, Angola, Algerien, Äquatorialguinea und Republik Kongo. Indonesien hat seine Mitgliedschaft 2016 suspendiert. Katar ist 2019 und Ecuador ist 2020 endgültig aus der OPEC ausgetreten, s <opec.org/opec_web/en/about_us/25.htm>.

53 *Board of Governors*, welches sich aus je einem Repräsentanten eines jeden Mitgliedstaats zusammensetzt, die für zwei Jahre in das Gremium entsandt werden und der Zustimmung durch die Konferenz bedürfen.

54 So die OPEC in einer Informationsschrift über ihre Tätigkeiten, s <opec.org/opec_web/static_files_project/media/downloads/publications/GenInfo.pdf>.

nach dem Putsch *Gaddafis* in Libyen 1970, aber auch nach dem *Yom-Kippur*-Krieg während der durch diese beiden Ereignisse verursachten Ölkrise im Jahre 1973, als die OPEC ein Ölembargo gegen die USA beschloss und ihre Produktion insgesamt um 5 % reduzierte. Um der dadurch verursachten Ölknappheit zu begegnen, wurden in Deutschland und anderen Ländern Sparmaßnahmen – inklusive autofreier Sonntage – ergriffen. Überdies wurde auf der Grundlage eines Beschlusses des Rates der OECD vom 15.11.1974[55] und einem völkerrechtlichen Vertrag, dem Übereinkommen über ein Internationales Energieprogramm vom 18.11.1974,[56] im Rahmen der OECD die **Internationale Energie-Agentur** gegründet, welche von ihrem Tätigkeitsfeld her einer koordinierten und institutionalisierten Sicherstellung der Selbstversorgung der Teilnehmerstaaten mit Erdöl in Notfällen dient.[57] Von 1973 bis 1979 stieg der Ölpreis von 3,14 US-Dollar pro Fass auf 36,68 US-Dollar. Diese Preissteigerung um etwa 1165 % wurde maßgeblich durch die von der OPEC beschlossene Drosselung der Förderung von Öl hervorgerufen, welche damit den Sinn eines Kartells voll und ganz erfüllt hatte.[58]

37 Doch dieser Erfolg war nur von begrenzter Dauer, führte die Ölkrise doch zu einem Umdenken der Industrienationen und zu verstärkten Bemühungen, Energie zu sparen und auf andere Energiequellen umzusteigen. Zudem lockten die exzessiven Gewinne neue Produzenten an. Ölvorkommen, die bisher nicht lohnend schienen, wurden nun doch ausgebeutet und neue Vorkommen konnten auf Grunde neuer technischer Möglichkeiten erschlossen werden. So wurde die Förderung des Nordseeöls für Norwegen erst durch die Krise lohnend, wodurch sich Norwegen, neben Mexiko und Russland, zu einem der großen Ölexporteure entwickelte und zu einer Konkurrenz für die OPEC wurde. Bis 1985 konnte die OPEC den Ölpreis überdurchschnittlich hoch halten, doch der dann einsetzende Preisdruck wurde durch die Überschwemmung des Marktes durch Saudi-Arabien, das auf diese Weise seine Partner in der OPEC zur Räson bringen wollte, noch verstärkt, so dass der Preis um mindestens 50 % fiel.

38 In den folgenden Jahren verlor die OPEC weiter an Einfluss. Der erste Golfkrieg zwischen 1985 und 1988 zwischen den beiden OPEC-Staaten Iran und Irak schwächte die Handlungsfähigkeit der OPEC, ebenso die Handelssanktionen der UNO gegen den Irak nach dem zweiten Golfkrieg im Jahr 1991. In Folge fortgesetzter Überproduktion sank der Ölpreis 1993 bis auf 11 US-Dollar pro Fass.[59] 1997 vereinbarte die OPEC zusammen mit Norwegen eine Erhöhung der Förderquoten, musste diese aber 1998 schon wieder zurücknehmen, weil der Preis auf den niedrigsten Stand seit 10 Jahren gefallen war. Zu Beginn des Jahres 1999 verständigten sich OPEC- und Nicht-OPEC-Staaten auf eine Beschränkung der Förderung, was bis September 1999 eine Verdoppelung des Preises bewirkte.[60] Als die OPEC im Februar 2004 eine Verknappung an-

---

55 Beschluss des Rates der OECD zur Errichtung einer Internationalen Energie-Agentur der Organisation v 15.11.1974, abgedruckt in BGBl 1975 II, 739.

56 Übereinkommen über ein Internationales Energieprogramm v 18.11.1974, abgedruckt in BGBl 1975 II, 702.

57 Eingehender hierzu zB *Miehsler* in Bernhardt (Hrsg) EPIL, Bd II (1995) 1137ff; *Nowrot* Normative Ordnungsstruktur und private Wirkungsmacht (2006) 315ff, jeweils mwN.

58 *LeClair* 67ff.

59 Ein sog „Petrol Barrel" Öl sind 158,97 Liter.

60 Im März 2000 agierten die Staaten wieder gemeinsam. Im September 2000 wurde die Produktion erhöht, um den Preis zu senken, der zwischenzeitlich 36 US-Dollar überstieg. Ab Januar 2002 wollte

kündigte, kletterte daraufhin der Preis um ca 0,60 US-Dollar, obschon die Ankündigung der OPEC nur noch gut 30 % der Weltproduktion betrifft.

Die OPEC verfügt also über einen gewissen Einfluss als Orientierungspunkt, an 39
dem sich auch die Nichtmitglieder ausrichten – allerdings nur dann, wenn sie sich mit den Nichtmitgliedern verständigt und es zu konzertierten Verhaltensweisen kommt. Unter dieser Voraussetzung erscheint somit eine effektive Einflussnahme auf den Weltmarktpreis möglich. Festzuhalten ist aber auch, dass Öl ein „sensibler" Rohstoff ist, dessen Marktentwicklung sich nicht nur nach Angebot und Nachfrage richtet, sondern bei dem auch politische oder gesamtwirtschaftliche Entwicklungen immer eine Rolle spielen. Aus diesem Grund ist nicht genau abschätzbar, wie hoch eigentlich der Einfluss der OPEC im konkreten Fall ist. Gewiss ist aber, dass sie einer der am besten organisierten und am längsten bestehenden Zusammenschlüsse von Produzenten ist und schon deshalb aus der Reihe der Produzentenvereinigungen hervorsticht.

3. Kooperative Abkommen und Organisationen

a) Allgemeines

Die meisten wichtigen Nachkriegsabkommen im Bereich der Rohstoffe wurden un- 40
ter Federführung entweder der UNO selbst oder später ihrer Handelsorganisation UNCTAD abgeschlossen.[61] Solche Abkommen sahen immer die Bildung einer kooperativen Organisation vor, in der Produzenten und Verbraucher gleichberechtigt vertreten sind.

b) International Coffee Organization (ICO)

Die ICO wurde 1963 gegründet, um Angebot und Preis von Kaffee durch ein System 41
von Exportquoten zu regulieren. Grundlage für die Gründung war das ***International Coffee Agreement*** (ICA), abgeschlossen im selben Jahr va unter Federführung der Hauptproduzenten Brasilien und Kolumbien, die so ihre Marktanteile und ihre Erlöse stabilisieren wollten. Die Besonderheit des Abkommens war, dass es auch von Importstaaten unterzeichnet wurde, ua den USA und Deutschland, die sich davon eine wesentliche Verringerung der Preisschwankungen am Weltmarkt erhofften.

Das Abkommen litt von Beginn an unter der Missachtung der Quoten, sowohl 42
durch die Produzenten als auch durch die Importländer, die sich durch teilweise sehr einfallsreiche Methoden günstigeren Kaffee für die heimischen Absatzmärkte beschafften.[62] Die Folge davon waren eine chronische Überproduktion und ein Verfall der Preise, bis in den frühen 1970er Jahren ein schwerer Frost Teile der Ernte zerstörte

---

OPEC ihre Fördermenge senken, wenn die Nicht-OPEC-Staaten dies ihrerseits getan hätten. Zwar wurde offiziell im Januar 2002 die Produktion gesenkt, zumindest Russland aber hielt sich nicht an die Fördermengenquoten. Ende 2002 legte die OPEC erneut Fördermengen fest und forderte ausdrücklich dazu auf, sich an die Quote zu halten, ein Hinweis darauf, dass die Staaten zu viel produziert hatten. Das Preisband der OPEC lag zu dieser Zeit zwischen 22–28 US-Dollar je Fass.

61 Die UNCTAD hat dementsprechend in allen bestehenden Rohstofforganisationen und *Study Groups* Beobachterstatus, s hierfür zB Art 12, 16 des Kaffeeabkommens v 1963.

62 S hierzu die genaue Beschreibung bei *Pelikahn* 341ff.

und so zu einer Verknappung des Angebots und infolgedessen zu einem Preisanstieg führte. Dieser Anstieg bewirkte, dass die Exporteure das Interesse an einer Preisregulierung verloren, so dass die Verhandlungen über eine Verlängerung des Abkommens 1976 zunächst scheiterten und erst 1980 zu einem erfolgreichen Abschluss geführt werden konnten. Das neue Abkommen sah vor, eine erhebliche Menge Kaffee vom Markt zu nehmen, um den Preis wieder zu stabilisieren. Das Nachfolgeabkommen von 1983 beinhaltete ein ausgefeiltertes Überwachungssystem hinsichtlich der festgelegten Exportquoten, welches an den Grenzen der Importstaaten vollzogen werden sollte. Allerdings hielten sich die Exporteure wieder nicht an ihre Quoten bzw sie exportierten zu Dumpingpreisen in Nicht-Mitgliedstaaten, umgingen dadurch ihre Beschränkungen und drückten so die Preise.

43 Wenn das Kartell auch nicht vollständig funktionierte, so ist doch feststellbar, dass in der Zeit zwischen 1980 und 1989, in der das Quotensystem mehr oder weniger eingehalten wurde, die Preisschwankungen nachweislich geringer waren, mithin das Kartell zumindest teilweise seinen Zweck erfüllte. Im nachfolgenden Zeitraum von 1990 bis 1994, in dem das Abkommen von 1983 zwar weiter galt,[63] aber in dem die Quotenregelungen und die Kontrollmechanismen suspendiert worden waren, schwankten die Preise wieder deutlicher. Im Jahr 1994 wurde zwar erneut ein Abkommen verabschiedet, jedoch konnte dies zunächst nur vorläufig in Kraft treten, da es nicht von einer ausreichenden Zahl von Staaten ratifiziert worden war. Es sah kein Quotensystem mehr vor, sondern bezog sich eher allgemein auf Fragen der Zusammenarbeit zwischen Ex- und Importeuren, auf die Sammlung und Auswertung von Daten oder die eher unspezifische Vereinbarung, den Kaffeekonsum im Allgemeinen zu steigern. Das Abkommen sah allerdings die Aufforderung an den *International Coffee Council*[64] vor, ein neues Abkommen auszuhandeln, welches wieder marktregulierende Elemente enthalten sollte. Es kam aber nicht zum Abschluss eines solchen Abkommens. Auf Beschluss des International Coffee Council war die Geltungsdauer des 1994 geschlossenen Abkommens im Jahre 1999 für zwei Jahre verlängert worden.

44 Das neue Kaffee-Abkommen 2001 führt die Regelungen des 1994er Abkommens inhaltlich größtenteils unverändert fort.[65] Marktintervenierende Elemente sind nicht enthalten. Die Neuerungen des Abkommens zielen vielmehr auf eine Stärkung der ICO als globalem Forum sowie auf eine Betonung des Bemühens um eine nachhaltige Entwicklung des Kaffeesektors. Die ICO ist somit weiterhin aktiv, aber überwiegend damit beschäftigt, Daten zu sammeln, auszuwerten und sie den Mitgliedstaaten zur Verfügung zu stellen. Daneben beschäftigt sich die Organisation mit ökonomischen Methoden,

63 Es wurde zunächst bis 1991 provisorisch verlängert, später dann noch mehrfach bis zum September 1994. Die Mitgliedstaaten benötigten diese Zeit, um die Verhandlungen für ein neues Abkommen beenden zu können.

64 Im International Coffee Council sitzen die Repräsentanten der Mitgliedstaaten der ICO. Er ist vergleichbar mit der Konferenz der OPEC, also das Organ, dass die grundlegenden Entscheidungen trifft und die generelle Politik der Organisation vorgibt. Die Sitzungen des International Coffee Council werden durch das Executive Board vorbereitet, vergleichbar dem Direktorat der OPEC.

65 S ua <treaties.un.org/doc/source/RecentTexts/xix-43eng.pdf>. Am 28.9.2007 wurde überdies bereits das 7. Internationale Kaffee-Abkommen von den Mitgliedern des International Coffee Council im Rahmen ihres Treffens in London durch Resolution 431 angenommen. Für den Text des am 2.2.2011 in Kraft getretenen Abkommens s ABl 2008 L186/13.

um den Welthandel auszuweiten, oder mit technischen Anbaumethoden zur Erhöhung der Produktivität beizutragen. Abgesehen von den partiellen Erfolgen der Preisstabilisierung in den Jahren 1976 bis 1989 ist die ICO also weitgehend erfolglos geblieben.

II. Bilaterale völkerrechtliche Verträge

Die eigenständige Bedeutung bilateraler Abkommen auf dem Gebiet des Rohstoff- 45
handels ist für die Bundesrepublik Deutschland und die anderen EU-Mitgliedstaaten nur noch gering. Da **Rohstoffabkommen als handelspolitische Instrumente iSd Art 207 AEUV** angesehen werden,[66] besitzt die EU hier die Vertretungskompetenz für ihre Mitgliedstaaten.[67] Die Staaten sind nur dann beteiligt, wenn zB die finanziellen Beiträge nicht allein aus dem EU-Haushalt bestritten werden und wenn sich das Abkommen auch mit Sachfragen beschäftigt, die nicht einer EU-Kompetenz unterfallen. In einem solchen Fall handelt es sich dann um eine geteilte Außenzuständigkeit.

Der EuGH hat festgelegt, dass die EU und ihre Mitgliedstaaten sich eng abstim- 46
men sollen, um ein einheitliches Auftreten aller Staaten nach außen zu erreichen.[68] Um dies sicherzustellen, gibt es einen vom Rat bestellten Sonderausschuss[69] (sog *207er-Ausschuss*), der wöchentlich in Brüssel tagt und die gemeinsame Linie festlegt. Schwerpunkt der Tätigkeit dieses Gremiums ist die Vertretung der EU in der WTO, um über multilaterale Verhandlungen ein stabiles Regelwerk zu errichten, welches den internationalen Handel erleichtert. Des Weiteren legt das Gremium aber auch die gemeinsame Linie für regionale Handelsabkommen fest, die die EU parallel zu den Verträgen der WTO aushandelt.

Besonders hervorgehoben werden können hierbei die Abkommen mit den Mittel- 47
meeranrainerstaaten[70] und die **AKP-Abkommen**[71]. Letztere bezeichnen eine Reihe von Kooperationsvereinbarungen, die zuerst im Jahr 1964 mit der AKP-Gruppe vereinbart wurden.[72] In diesen Verträgen wurden den Mitgliedstaaten der AKP-Gruppe Zoll-

---

66 EuGH, Gutachten 1/78, ECLI:EU:C:1979:224 2871/2912ff – *Naturkautschukabkommen*.

67 S hierzu → *Tietje* § 18 Rn 7, 21ff.

68 S hierzu → *Tietje* § 18 Rn 31.

69 Vgl Art 207 Abs 3 UA 3 AEUV.

70 Nach ca 20 Jahren bilateraler Handelsbeziehungen wurden diese Verbindungen 1995 in Barcelona in der sog „*Euromediterranen Partnerschaft*" vergemeinschaftet. 2008 wurde die „Union über das Mittelmeer" (auch „Mittelmeerunion") gegründet.

71 AKP steht für *Afrikanische Karibische und Pazifische Staaten*, eine Gruppe von 79 Entwicklungsländern dieser drei Regionen, vgl <acpsec.org/>.

72 Das erste Abkommen wurde 1964 in Yaundé unterzeichnet, weiter entwickelt wurde diese Kooperation dann in den nachfolgenden Lomé-Abkommen. Das erste wurde 1975 unterzeichnet und wurde dann in regelmäßigen Abständen, letztmalig 1990, verlängert (Lomé II–IV) bevor es Anfang 2000 endg auslief und durch das Cotonou-Abkommen, ABl 2000 L 317/3, ersetzt wurde. Letzteres wurde 2005 und 2010 überarbeitet und bis Ende 2021 verlängert. Es soll anschließend durch ein neues Abkommen ersetzt werden. S EPRS Briefing, After Cotonou: Towards a new agreement with the African, Caribbean and Pacific states, PE 659.453, January 2021, <europarl.europa.eu/RegData/etudes/BRIE/2021/659453/EPRS_BRI(2021)659453_EN.pdf>.

und Abgabenfreiheit auf ihre Produkte gewährt. Des Weiteren wurde ein Fonds, das sog STABEX- bzw SYSMIN-System, eingerichtet, der bei allzu starken Schwankungen der Weltmarktpreise oder bei Ernteausfällen für bestimmte Produkte Ausgleichszahlungen an die AKP-Staaten vorsah. Dieses System für Ausgleichszahlungen wurde jedoch nicht mehr in das im Juni 2000 in Cotonou, Benin, unterzeichnete neue AKP-Abkommen übernommen, sondern durch die Möglichkeit zusätzlicher Unterstützungen innerhalb des Finanzrahmens für die Unterstützung der langfristigen Entwicklung ersetzt.[73] Dies ermöglicht eine temporäre Unterstützung im Falle kurzfristiger Schwankungen der Ausfuhrerlöse.[74] Eine wesentliche Neuerung dabei ist, dass kein Automatismus für die Gewährung zusätzlicher Mittel mehr besteht. Mit einzelnen AKP-Staaten bzw regionalen Gruppen verhandelt die EU sog Wirtschaftspartnerschaftsabkommen (WPA)[75], die teilweise auch Regelungen zu Formen der fiskalischen Exportbeschränkung vorsehen, dh über die bestehenden WTO-Verpflichtungen hinausgehen.[76] Vor dem Hintergrund der strategischen Bedeutung Grönlands für die Europäische Union wurde im Juni 2012 zudem eine Absichtserklärung zwischen der EU und Grönland unterzeichnet, welche eine verstärkte Kooperation der EU mit Grönland im Bereich von Rohstoffen vorsieht.[77]

48 Die Bundesrepublik Deutschland sowie alle anderen Mitgliedstaaten der EU können in Handelsfragen bilateral also nur noch eingeschränkt tätig werden und müssen dabei immer die Interessen der Union berücksichtigen. Dennoch hat beispielsweise die Bundesrepublik Deutschland in den Jahren 2011, 2012 und 2014 Regierungsabkommen über eine Rohstoffpartnerschaft mit der Mongolei, Kasachstan und Peru abgeschlossen.[78] Diese wurden zum einen um Rohstoffkooperationen in Form von Memoranden of Understanding oder Briefwechseln mit Australien, Chile und Kanada erweitert, um zusätzliche Dialogmöglichkeiten zu schaffen. Zum anderen wurden an

---

73 Kap 3 des Cotonou-Abkommens, ABl 2000 L 317/3, idF des Änderungsabkommens ABl 2005 L 209/27, iVm Anhang II, Kap 3 des Cotonou-Abkommens ABL 2000 L 317/3.

74 Die EU stellte aber über den 11. Europäischen Entwicklungsfonds (EEF) den AKP-Staaten (mit Ausnahme von Südafrika) und den überseeischen Ländern und Gebieten Gelder von etwa 30,5 Mrd Euro für den Zeitraum 2014–2020 sowie zusätzliche 2,6 Mrd Euro in Form von Darlehen aus Eigenmitteln der Europäischen Investitionsbank (EIB) zur Verfügung; vgl EU-Kooperation mit den AKP-Staaten: 11. Europäischer Entwicklungsfonds, <eur-lex.europa.eu/legal-content/DE/TXT/HTML/?uri=LEGISSUM:1103_1&from=DE>.

75 S hierzu den Überblick der EU-Kommission <ec.europa.eu/trade/policy/countries-and-regions/development/economic-partnerships/>.

76 S bspw Art 26 im Wirtschaftspartnerschaftsabkommen zwischen der Europäischen Union und ihren Mitgliedstaaten einerseits und den SADC-WPA-Staaten andererseits, ABl 2016 L 250/3.

77 Presseerklärung der Europäischen Kommission v 13.6.2012: <ec.europa.eu/commission/presscorner/detail/de/IP_12_600>; Memorandum der Europäischen Kommission v 13.6.2012: <europa.eu/rapid/press-release_MEMO-12-428_en.htm?locale=en>.

78 Abkommen zwischen der Regierung der Bundesrepublik Deutschland und der Regierung der Mongolei über Zusammenarbeit im Rohstoff-, Industrie- und Technologiebereich, BGBl 2012 II 247; Bekanntmachung des deutsch-kasachischen Abkommens über Partnerschaft im Rohstoff-, Industrie- und Technologiebereich, BGBl 2012 II 625. Zu Rohstoffpartnerschaften als Steuerungsinstrument *Nowrot* Bilaterale Rohstoffpartnerschaften: Betrachtungen zu einem neuen Steuerungsinstrument aus der Perspektive des Europa- und Völkerrechts (2013).

Auslandshandelskammern (AHK) ausgewählter rohstoffreicher Länder (Australien, Brasilien, Chile, Kanada, Peru und Südafrika) vom BMWi geförderte Kompetenzzentren für Bergbau und Rohstoffe eingerichtet, die deutsche Unternehmen unterstützen sollen.[79]

Mit Inkrafttreten des Vertrages von Lissabon am 1. Dezember 2009 wurde die Unionszuständigkeit neben dem Handel mit Dienstleistungen und Handelsfragen geistigen Eigentums auch auf ausländische Direktinvestitionen erweitert.[80] In dem Gutachten 2/15 zum Freihandelsabkommen der EU mit Singapur hat der EuGH eine ausschließliche Kompetenz zum Abschluss von Investitionsschutzabkommen abgelehnt.[81] Die EU ist in Folge dazu übergegangen getrennte Freihandels- und Investitionsschutzabkommen zu schließen, wobei Erstere jedoch gleichwohl Bestimmungen über den Marktzugang von Investitionen enthalten.[82] Investitionsschutzabkommen dienen aber in erster Linie dazu, Investitionen in anderen Ländern vor rechtlich unsicheren Situationen zu schützen; sie beziehen sich nicht ausdrücklich auf den Rohstoffhandel.[83] Dies ist anders bei den Freihandelsabkommen der „neuen Generation", bei denen die EU – wie in der Strategie für den Handel mit Rohstoffen[84] vorgesehen – verstärkt das Ziel verfolgt, die für das Funktionieren der globalen Rohstoffmärkte relevanten Regelungen in Handelsabkommen zu integrieren.[85] Zum einen äußert sich dies durch die Senkung oder vollständige Abschaffung von Zöllen für landwirtschaftliche Erzeugnisse und dem Verbot von Zöllen, Abgaben, Gebühren oder sonstigen Belastungen auf oder im Zusammenhang mit der Ausfuhr von Waren.[86] Zum anderen ist die EU bestrebt, eigene Kapitel über Energie und Rohstoffe in die Handelsabkommen aufzunehmen.[87] In diesen werden vor allem Regelungen über die Exploration und Förderung, aber auch die (Preis-)Regulierung von Rohstoffen und Energiegütern getroffen sowie ein Kooperationsmechanismus vereinbart.[88] 49

79 *BMWi* Rohstoffstrategie der Bundesregierung – Sicherung einer nachhaltigen Rohstoffversorgung Deutschlands mit nichtenergetischen mineralischen Rohstoffen, Dezember 2019, 5f.

80 Hierzu *Herrmann* EuZW 21 (2010), 207ff.

81 EuGH, Gutachten 2/15, EU:C:2017:376 – *Singapur-Freihandelsabkommen*. Dazu bspw *Bungenberg* in Kadelbach (Hrsg) 133ff; *Polzin* EuR-Beiheft 2/2020, 113ff.

82 *Polzin* EuR-Beiheft 2/2020, 113/122ff.

83 Vgl allgem zum internationalen Investitionsschutzrecht → *Reinisch* § 9 Rn 1ff.

84 Mitteilung der Europäischen Kommission v 9.11.2010, Handel, Wachstum und Weltgeschehen, Handelspolitik als Kernbestandteil der EU-Strategie Europa 2020, KOM(2010) 612 endg v 9.11.2010.

85 Vgl den Bericht der Europäischen Kommission v 2010, EU Trade Policy for Raw Materials – Second Activity Report, 2010, 8.

86 Freihandelsabkommen zwischen der Europäischen Union und ihren Mitgliedstaaten einerseits und der Republik Korea andererseits, Abschnitt B und Art 2.11, ABl 2011 L 127/6.

87 EU-Kommission, Handel für alle – Hin zu einer verantwortungsbewussten Handels- und Investitionspolitik, 16, <trade.ec.europa.eu/doclib/docs/2015/october/tradoc_153846.pdf>; *Europäische Kommission* Mitteilung, Überprüfung der Handelspolitik – Eine offene, nachhaltige und entschlossene Handelspolitik, COM(2021) 66 final v 18.2.2021, 14.

88 So zB Kapitel 7 in New EU-Mexico agreement, s EU-Kommission, The agreement in principle, 23 April 2018, <trade.ec.europa.eu/doclib/docs/2018/april/tradoc_156791.pdf>.

50 Seit 1. März 2013 bzw 1. August 2013 wird ferner das Freihandelsabkommen mit Peru und Kolumbien[89] vorläufig angewendet[90], welches vor dem Hintergrund des Rohstoffvorkommens in beiden Ländern insbesondere ein Verbot von Ausfuhrzöllen enthält.[91] Im Wirtschafts- und Handelsabkommens CETA zwischen Kanada und der EU wird der Handel mit Rohstoffen zwar nicht ausdrücklich erfasst, allerdings sieht Art X.05 des Abkommens die Einrichtung eines regelmäßigen bilateralen Dialogs vor, in dem Möglichkeiten der gemeinsamen Kooperationen erörtert werden sollen.[92]

E. Rechtsbeziehungen zwischen Rohstofforganisationen, Staaten und Privaten unter internationalen Rohstoffabkommen

I. Interne Streitbeilegung, Streitigkeiten zwischen Staaten

51 Heute haben die Rohstofforganisationen wegen ihres mehr konsultativen Charakters kaum mehr direkten Einfluss auf den Weltmarkt, so dass die Bedeutung der Rohstoffabkommen insgesamt abgenommen hat. Dementsprechend haben die Verfahren zur internen Streitbeilegung bei Differenzen über die Auslegung oder Anwendung der Abkommen weniger Gewicht als das früher der Fall war. Als die Abkommen noch marktintervenierende Elemente enthielten, konnten Streitigkeiten für die beteiligten Staaten schwerwiegende finanzielle Konsequenzen haben, zB wenn es einem Staat durch eine Quotenregelung unmöglich gemacht wurde, die von ihm gewünschte Menge eines Rohstoffs zu exportieren.

52 Es können zwei Kategorien von Streitigkeiten unterschieden werden, zum einen die Nichterfüllung von Verpflichtungen aus dem Vertrag (***complaint***) und zum anderen Streitigkeiten in Bezug auf die Auslegung oder Anwendung des gesamten Abkommens oder aber spezifischer Regelungen (***dispute***).

53 Entscheidendes **Streitbeilegungsgremium** ist der **Rat der jeweiligen Organisation**. Dort werden die Streitigkeiten diskutiert und auch letzten Endes entschieden, entweder durch einfache Mehrheit oder durch ein gewichtetes Votum. Da die Differenzen ebenso durch eine Entscheidung des Rates selbst entstanden sein können, erscheint es verwunderlich, dass dann auch der Rat wiederum selbst über diesen Streit

89 Beschluss des Rates vom 31. Mai 2012 zur Unterzeichnung — im Namen der Union — des Handelsübereinkommens zwischen der Europäischen Union und ihren Mitgliedstaaten einerseits sowie Kolumbien und Peru andererseits und über die vorläufige Anwendung dieses Übereinkommens, 2012/735/EU, ABl 2012 L 354/1; Handelsübereinkommen zwischen der Europäischen Union und ihren Mitgliedstaaten einerseits sowie Kolumbien und Peru andererseits, ABl 2012 L 354/3.

90 Mitteilung über die vorläufige Anwendung zwischen der Europäischen Union und Peru des Handelsübereinkommens zwischen der Europäischen Union und ihren Mitgliedstaaten einerseits sowie Kolumbien und Peru andererseits, ABl 2013 L 56/1; Mitteilung über die vorläufige Anwendung zwischen der Europäischen Union und Kolumbien des Handelsübereinkommens zwischen der Europäischen Union und ihren Mitgliedstaaten einerseits sowie Kolumbien und Peru andererseits, ABl 2013 L 201/7.

91 *Ibid*, Art 25.

92 S Comprehensive Economic and Trade Agreement, Comprehensive v 26.9.2014, <trade.ec.europa.eu/doclib/docs/2014/september/tradoc_152806.pdf>, Art X.05.

entscheidet, mithin Richter in eigener Sache sein darf. Um diese kritische Gewaltenballung abzumildern, sehen fast alle Statuten der Organisationen die Einsetzung eines Gutachtergremiums (***advisory panels***) vor, das sich in unterschiedlicher Zusammensetzung[93] auf Beschluss des Rates mit dem Streit beschäftigt und ein Gutachten dazu anfertigt. Dieses Gutachten ist nicht bindend, gibt dem Rat aber eine unabhängige Entscheidungshilfe. Diese Entscheidung ist dann für die betroffenen Parteien bindend. Die einzige Möglichkeit, sich der Wirkung einer für sie nicht tragbaren Entscheidung zu entziehen, wäre der Austritt aus der Organisation. Ein Streitentscheid durch den **IGH** ist nicht möglich, da vor dem IGH nur Staaten die Parteifähigkeit besitzen.[94] Ebenso wenig können Rohstofforganisationen vom IGH ein Rechtsgutachten einholen, da dieses Recht nur Organisationen zusteht, die von der UNO als Sonderorganisationen anerkannt worden sind. Dies ist bei Rohstofforganisationen regelmäßig nicht der Fall.[95]

Insoweit Freihandelsabkommen durch Aufnahme von rohstoffbezogenen Rege- 54
lungen an die Stelle von klassischen Rohstoffabkommen treten, kommt den regelmäßig ebenfalls darin enthaltenen Streitbeilegungsmechanismen eine wichtige Rolle für die Auslegung und Weiterentwicklung des internationalen Rohstoffrechts zu. In einem ersten bilateralen Streitverfahren zwischen der EU und der Ukraine auf Grundlage des zwischen beiden Seiten geschlossenen Assoziierungsabkommens hat ein Panel die ukrainischen Beschränkungen bei der Holzausfuhr als teilweise im Widerspruch zu den Verpflichtungen des Abkommens gesehen.[96] Allerdings handelte es sich dabei noch um eine eher klassische Handelsstreitigkeit, wie sie auch im Rahmen der WTO geführt wird.

II. Streitigkeiten zwischen Organisationen oder Staaten und Privaten

Streitigkeiten zwischen den Organisationen und den Staaten, soweit sie sich außer- 55
halb des Rahmens des Abkommens bewegen, werden nach den normalen völkerrechtlichen Regeln für internationale Organisationen entschieden. Die Völkerrechtsfähigkeit einer Organisation bedingt nicht notwendigerweise ihre Zivilrechtsfähigkeit im Sitzstaat oder in anderen Mitgliedstaaten. Die Rechtsfähigkeit im Inland kann entweder durch den Vertragstext und eine explizite Feststellung, dass Rechts- und Ge-

93 Im Art 50 des Kakaoabkommens v 1972 ist geregelt, dass das Gutachtergremium aus fünf Personen bestehen soll, von denen jeweils zwei von den Export- und den Importstaaten des Abkommens nominiert werden und diese sich dann wiederum einstimmig auf einen Vorsitzenden verständigen müssen.

94 Art 34 Abs 1 IGH-Statut.

95 Nur der *Gemeinsame Fonds für Rohstoffe* ist eine Sonderorganisation der UNO. Bemerkenswert ist aber, dass die Mitgliedstaaten des Olivenölabkommens zugestimmt haben, bei einem Streit über die Auslegung des Abkommens den IGH um ein Gutachten zu bitten, dass dann für die Parteien auch bindend sein soll, freilich nur im Rahmen des Abkommens selbst. Eine Durchsetzbarkeit dieser Vereinbarung ist nicht gegeben.

96 *Restrictions applied by Ukraine on exports of certain wood products to the European Union*, Final Report of the Arbitration Panel established pursuant to Article 307 of the Association Agreement between Ukraine, of the one part, and the European Union and its Member States, of the other part, 11 December 2020, <trade.ec.europa.eu/doclib/docs/2020/december/tradoc_159181.pdf>.

schäftsfähigkeit in allen Mitgliedstaaten gegeben sein soll, entstehen, oder aber durch eine explizite Anerkennung der Rechtsfähigkeit durch die jeweiligen Staaten.[97]

56 Für sich allein hilft die Anerkennung als juristisches Subjekt aber nicht weiter, wenn die Organisation selbst in Finanzschwierigkeiten geraten ist. Als Beispiel dafür, wie schwierig in der Praxis die Durchsetzung von Forderungen gegen internationale Organisationen bzw gegen die hinter ihnen stehenden Staaten ist, kann der Zusammenbruch des Zinnabkommens dienen. Dieser Fall führte zu vielfältigen Rechtsstreitigkeiten Privater – nämlich Gläubiger der Organisation, zB Banken ua – mit der Rohstofforganisation. Deren *buffer stock*-Manager hatte durch riskante Finanztransaktionen einen Schuldenberg von etwa £ 500 Mio angehäuft, der nicht mehr finanziert werden konnte. Zu klären war, ob die Mitgliedstaaten nun sekundär für diese Schulden einzustehen hatten. Die englischen Gerichte wiesen alle Ansprüche gegen die Mitgliedstaaten mit der Begründung ab, dass es kein völkerrechtliches Gewohnheitsrecht gäbe, welches eine Sekundärhaftung der Mitglieder einer internationalen Organisation vorsieht. Auch wenn diese Ansicht in der Literatur umstritten ist, scheint sie vertretbar.[98]

57 Vor diesem Hintergrund verwundert es nicht, dass die heutigen Abkommen denn auch durchweg den Ausschluss jeglicher staatlichen Sekundärhaftung vorsehen.[99] Unter den heutigen Abkommen, die ja wie erwähnt keine Marktinterventionen mehr vorsehen und dementsprechend solche auch nicht mehr finanzieren müssen, sind Ansprüche in solcher Höhe allerdings auch nicht mehr denkbar. Das grundsätzliche Problem der Forderungsdurchsetzung gegenüber internationalen Organisationen bleibt aber dennoch bestehen.

III. Internationale Streitbeilegung durch Schiedsgerichtsbarkeit, insbesondere den Ständigen Schiedshof oder das ICSID

58 Eine Streitbeilegung zwischen den Staaten ist – neben dem Gang vor den IGH bzw der Einholung eines unverbindlichen Gutachtens – auch durch Anrufung eines Schiedsrichters (arbitration) möglich. Hierfür gibt es, basierend auf den Verträgen über die friedliche Erledigung internationaler Streitfälle von 1899 und 1907,[100] den ***Ständigen Schiedshof*** in *Den Haag*. Dieser hält ein Büro zur administrativen Unterstützung und eine Liste von Schiedsrichtern bereit, aus der die Streitparteien (auch bei Streitigkeiten zwischen Staaten und ausländischen Privatpersonen) „ihren“ Schiedsrichter auswählen können.

59 Auf die Beilegung wirtschaftsrechtlicher Streitigkeiten ist besonders das **ICSID**[101] spezialisiert, welches bei der Streitbeilegung im Zusammenhang mit Auslandsinvestitionen aller Art assistiert. Das ICSID bietet den Parteien Unterstützung an, beteiligt

---

97 *Pelikahn* 547ff.

98 S hierzu Nachweise bei *Dahm/Delbrück/Wolfrum* 228; *Pelikahn* 565; sowie ausf ua *Hartwig* Die Haftung der Mitgliedstaaten für Internationale Organisationen (1993) 307ff.

99 S zB Art 26 des Kaffeeabkommens v 1963; Art 7 Abs 2 u Art 24 des Kakaoabkommens v 1971.

100 Diese Verträge wurden auf den Haager Friedenskonferenzen dieser Jahre beschlossen.

101 Übereinkommen zur Beilegung von Investitionsstreitigkeiten zwischen Staaten und Angehörigen anderer Staaten v 18.3.1965, BGBl 1969 II 371; eingehender hierzu → *Reinisch* § 21 Rn 27ff.

sich selbst aber nicht an dem Schiedsverfahren. Dieses wird durch von den Parteien ernannte Schiedsrichter geführt, deren Entscheidung bindend ist, wenn sich der Gaststaat der Investition und der Heimatstaat des Investors der ICSID-Konvention unterworfen haben. Auch Private können vor dem ICSID als Partei auftreten, selbst wenn sie nicht aus einem Unterzeichnerstaat der Konvention stammen. Inzwischen finden sich in vielen Verträgen, zB in einer Vielzahl bilateraler Investitionsabkommen, Klauseln, die eine Streitbeilegung durch das ICSID vorsehen. Unter dem ICSID sind eine große Anzahl von Streitigkeiten mit Bezug zu Rohstoffen beigelegt worden, ua ging es um Öl, aber auch um Bauxit oder Holz. Aufgrund starker Kritik an dem bestehenden Investor-Staat-Streitbeilegungssystem wird derzeit im Rahmen der UNCITRAL Working Group III über eine Reform der Investitionsstreitbeilegung diskutiert.[102]

F. Insbesondere: Investitionsschutz im Rohstoffsektor[103]

Rohstoffförderung und die Absicherung von Investitionen in die sehr kostenintensive Rohstoffförderung stehen in unmittelbarem Zusammenhang. Politische Unsicherheit in den Investitionsgaststaaten bildet einen der Hauptgründe für die Ein- und Fortführung eines möglichst umfassenden und effektiven rechtlichen Investitionsschutzes. Die Nutzung von Rohstoffvorkommen erfordert vielfach hohe Anfangsinvestitionen.[104] Dem Handel mit Rohstoffen vorangestellt muss zunächst im Rahmen der Rohstoffförderung von dem Staat, auf dessen Territorium sich Rohstoffe finden, entschieden werden, ob eine staatliche „Eigenausbeutung" erfolgen soll oder ob an dem Gesamtprozess der Rohstoffausbeutung private in- und ausländische Unternehmen beteiligt werden sollen. In letzterem Fall werden mit diesen Privatunternehmen vielfach **Konzessionsverträge** abgeschlossen, oder die Investitionen sind über **völkerrechtliche Investitionsschutzverträge** abgesichert. Vielfach werden über diese Konzessionsverträge auch Public-Private-Partnerships begründet. Sodann erfolgen Erkundungen im Wege geologischer Untersuchungen, bei der Erdölförderung beispielsweise va Probebohrungen. Hieran schließen sich letztendlich die Errichtung von Förder- und Weiterverarbeitungsanlagen wie Raffinerien an, zudem kommt es zur Schaffung von Transportwegen wie Pipelines, Verlade- und Verschiffungsinfrastrukturen. Dieser langwierige, kostenintensive und zumeist nur langfristig für den Investor gewinnbringende Prozess findet heute überwiegend in und mit Regionen und Märkten statt, die durch Instabilität und Unsicherheit gekennzeichnet sind. Insoweit sind Instabilität und Unsicherheit im Grunde die Daseinsberechtigung des internationalen Investitionsschutzrechtes im Rohstoffsektor. 60

102 Die Reformdiskussionen werden dokumentiert unter <uncitral.un.org/en/working_groups/3/investor-state>; vgl a → *Reinisch* § 21 Rn 52.

103 Die Ausführungen in diesem Abschnitt sind teilidentisch mit *Bungenberg* in Ehlers/Herrmann/Wolffgang/Schröder (Hrsg) 131ff.

104 *Seeking Alpha* Oil and Gas Exploration Costs Rise Again for the Majors Oil and Gas Exploration Costs Rise Again for the Majors, 23.3.2011, <seekingalpha.com/article/259687-oil-and-gasexploration-costs-rise-again-for-the-majors>.

61 Im Jahre 2005 wurde das **Prinzip der ständigen Souveränität über natürliche Ressourcen** vom IGH als Völkergewohnheitsrecht anerkannt.[105] Kerninhalt des Prinzips der ständigen Souveränität über natürliche Ressourcen ist der Schutz wirtschaftlicher Unabhängigkeit und Entwicklung der rohstoffreichen Staaten. Hier geht es um Fragen des staatlichen Zugriffs auf Rohstoffe, Förder- und Ausbeutungskonzessionen sowie die dafür erforderliche Infrastruktur. Aus der Gegenperspektive der Unternehmen, die Rohstoffe fördern, und ihrer Heimatstaaten geht es entsprechend um den Schutz von „Investitionen in Rohstoffe". Die noch immer populären Enteignungen ausländischer Investitionen im Rohstoffsektor – zuletzt unter anderem im Ölsektor in Argentinien, Bolivien und Venezuela – sollten nach der 1962er Resolution über die Permanente Souveränität über natürliche Ressourcen noch eine „angemessene" Entschädigung erfahren. Im Zuge der Diskussionen um die „neue Weltwirtschaftsordnung" sollte die Entschädigungshöhe zwar im Ermessen des enteignenden Staates stehen, wobei der fremdenrechtliche Mindeststandard aber schon eine höhere, nämlich „adäquate" Entschädigung vorgibt. Im Rahmen der meist bilateralen völkervertraglichen Fundierung des internationalen Investitionsschutzrechts haben insbesondere die kapitalexportierenden Staaten aber eine am tatsächlichen Marktwert der Investition orientierte Entschädigungshöhe durchgesetzt. Enteignungen durch die „souveränen Staaten" wurden damit tatsächlich erschwert.

62 Den jeweiligen Staaten kommt also die Souveränität über die auf ihrem Gebiet gelegenen natürlichen Ressourcen zu.[106] Häufig versuch(t)en diese Staaten, Private, die sich durch Investitionen engagiert haben, aus dem jeweiligen Bereich heraus zu drängen, nachdem sich dieser als lukrativ erwiesen hat. Solche **politischen Risiken für Auslandsinvestitionen** lassen sich vielfältig und in allen Regionen der Welt für nahezu alle Rohstoffe aufzeigen. Außerhalb oder neben direkten Zugriffen auf die Investition sind es vielfach sog regulative Maßnahmen, die zu anschließend staatlichen Monopolen oder umfassenden Einflussnahmemöglichkeiten führen.

63 Rohstoffvorkommen sind vielfach nicht in Staaten angesiedelt, die durch eine stabile und auf Rechtsstaatlichkeit verpflichtete Staatsstruktur gekennzeichnet sind.[107] So stammen aus Entwicklungsländern, die zugleich auch durch die zuvor schon angeführte politische Instabilität gekennzeichnet sind, über 60 % der Metalle und Erze, 63 % der Kohle und 64 % des Erdöls.[108] Insbesondere unter veränderten politischen Führungen ist der Rohstoffbereich besonders anfällig für Enteignungen und regulative Maßnahmen. Somit ist ein **Schutz der Auslandsinvestitionen** über Staat-Investor-Verträge, Investitionsschutzabkommen, Investitionsschutzversicherungen und Projektfinanzierungsverträge erforderlich. Zwar hat seit den späten 80er Jahren die

---

105 ICJ, *Armed Activities on the Territory of the Congo* (Democratic Republic of the Congo v. Uganda), Judgement of 19 December 2005, para 244.

106 S UN Res 1803 of 14 December 1962: "the rights of peoples and nations to permanent sovereignty or their natural wealth and resources must be exercised in the interest of their national development and of the well-being of the people of the state concerned", abgedruckt in ILM 1963, 223; vgl hierzu ausf den Beitrag von *Dederer* in Ehlers/Herrmann/Wolffgang/Schröder (Hrsg) 37ff.

107 Vgl auch zum „Ressourcenfluch", dem Zusammenhang von Rohstoffreichtum und Staatsentwicklung *Ascher* in Bastida/Wälde/Warden-Fernández (Hrsg) 569ff; *Ross* World Politics 53(2001) 325ff.

108 Bundesamt für Statistik, Materialaufwand der Schweiz, Nr 14 (2008); Erklärung von Bern (Hrsg) Rohstoff, Das gefährlichste Geschäft der Schweiz (2011).

Anzahl der Enteignungen abgenommen, dennoch haben sie in den vergangenen Jahrzehnten nach wie vor einen Großteil der Auszahlungen von politisch verursachten Ausfallzahlungen der amerikanischen Overseas Private Investment Corporation[109] – der nationalen amerikanischen Investitionsschutzversicherung – ausgemacht.[110] Immer wieder im Rahmen des Investitionsschutzes im Rohstoffbereich herangezogene Beispiele betreffen den Iran, Libyen, Mittel- und Südamerika sowie Russland.

Bis 1951 wurde die iranische Ölindustrie von der Anglo-Iranian Oil Company, dem Vorgänger des heutigen BP, dominiert. Zu diesem Zeitpunkt nahmen die Ressentiments gegen die britische Präsenz in diesem Wirtschaftsfeld im Iran zu. Irans Regierung nationalisierte daher Konzessionen der Anglo-Iranian Oil Company.[111] Durch die Nationalisierung ist in globalökonomisch relevanten Bereichen so viel Unruhe hervorgerufen worden, dass im Anschluss 1953 insbesondere auf Grund von Aktivitäten der CIA im Iran neue Konzessionsverträge mit ausländischen Konsortialpartnern abgeschlossen worden sind.[112] Ein neues Konsortium (National Iranian Oil Company), in dem allerdings amerikanische Firmen eine entscheidende Stellung hatten, wurde hiernach mit einer Konzession versehen.[113] In Libyen hat das Gaddafi-Regime nach seiner Machtübernahme 1969 die Erdölindustrie verstaatlicht, was zu drei der im Wirtschaftsvölkerrecht nach wie vor mit am häufigsten zitierten Schiedssprüche geführt hat, die ihren Ausgangspunkt jeweils in sog Investor-Staat-(Konzessions)Verträgen[114] gehabt haben.[115] In Algerien erfolgte 1971 eine Verstaatlichung der französischen Ölunternehmen durch die staatliche Übernahme des Mehrheitsanteils von vier französischen Erdöl- und Erdgaskonzernen.[116] 1938 hat Mexiko die zuvor von US-amerikanischen, britischen und niederländischen Unternehmen kontrollierte Ölindustrie nationalisiert. Bis dahin waren alle Ölunternehmen in Mexiko ausländischen Ursprungs. Die Verstaatlichung umfasste die Exploration, Produktion, Raffinierung und den Handel mit Erdöl und Erdgas sowie die Herstellung und den Verkauf von petrochemischen Grundstoffen.[117] In Chile wurden in den 70er Jahren des letzten Jahrhunderts ua Kupfermi- 64

109 S <opic.gov/insurance>.

110 *Bremmer/Keat* 121f.

111 Anglo-Iranian Oil Company Case in EPIL; ICJ, *Anglo Iranian Oil Company*, Judgement v 22.7.1952, ICJ Reports (1952) 93–171.

112 Anschaulich hierzu *Weiner* CIA, Die wahre Geschichte (2008) 122ff.

113 Ausführlich hierzu ua *Kinzer* All the Shah's Men (2003) 195f.

114 Zum Modell der Investor-Staat-Verträge vgl u Rn 66ff.

115 *BP vs Libya*, Award of Merits v 10.10.1973, 53 ILR 297 (1979); *TOPCO/CALASIATIC vs Libya*, Award v 19.1.1977, 53 ILR 389 (1979), hierzu ua *Cantegreil* EJIL 22 (2011) 441ff; *LIAMCO vs Libya*, Award v 12.4.1977, 62 ILR 140. Zu den libyschen Nationalisierungsfällen ausführlich zB *van Mehren/Kourides* AJIL 75 (1981) 476ff.

116 *Grimaud* Middle East Journal 40 (1986) 252/254; *Nellis* Journal of Modern African Studies 15 (1977) 529/532; die algerischen Rechtsquellen zur Nationalisierung sind abgedruckt in ILM 10 (1971), 847ff; vgl a *Kobrin* Journal of Conflict Resolution 29 (1985) 3ff.

117 Teilweise wird angenommen, dass die mexikanischen Enteignungen von 1936–38 und die Entwicklung der Hull Formel (US Secretary of State to Mexican Ambassador, 22 August 1938, AJIL 38, supplement et 191 – 201) in Zusammenhang gestanden haben, so OECD Working Paper on International Investment 2004/4, Fn 1; tatsächlich waren es aber vornehmlich Enteignungen im Zuge von Landreformen, auf die *Cordell Hull* in seinem Schriftwechsel reagiert hat.

nen verstaatlicht.[118] Venezuela hat 2006 unter Präsident Chavez verfügt, dass alle privaten Investoren in ein joint venture mit dem staatlichen Ölunternehmen PDVSA, dem eine Kontrollmöglichkeit im Bereich der Ölkonzessionen zugesprochen wurde, eintreten mussten.[119] In Bolivien hat Präsident Morales seit 2006 die Rechtsstellung ausländischer Unternehmen ua im Gassektor geändert.[120] Ecuador hat 2010 dagegen von Investoren verlangt, Konzessionsverträge innerhalb von 120 Tagen neu zu verhandeln. In einem faktischen Wechsel von Production Sharing Agreements zu Dienstleistungsverträgen sind nun alle Einnahmen über 24 US-Dollar pro Barrel an den Staat abzugeben; die früheren Konzessionsverträge hatten vorgesehen, dass lediglich 50 % aller Einnahmen über 24 US-Dollar pro Barrel abzuführen sind.[121]

In Russland sind die Staatsunternehmen Gazprom und Rosneft die führenden Öl- und Gasproduzenten, nachdem es zu Zwangsverkäufen von Lukoil, TNK-BP und Yukos gekommen ist und die früheren Eigentümer mit juristischen Mitteln vielfach unter Druck gesetzt worden sind.[122] Hierbei wurden den Privatunternehmen Verstöße gegen Umweltauflagen, Steuergesetze oder Buchhaltungsvorgaben vorgeworfen. Gegen die russischen Handlungen wurde und wird vor dem EGMR[123] sowie auch ICSID-Schiedsgerichten vorgegangen.[124]

65 Der **Schutz vor nationalen Instanzen des Gaststaates** wird meist als nicht weiterführend angesehen, insbesondere wenn mit der Investitionsbeeinträchtigung politische Unruhen in Zusammenhang stehen. Der Investor ist somit auf die Schutzinstrumente des Völkerrechts angewiesen, aber auch hier finden sich nur unzureichende Gewährleistungen. Viele Investitionsrisiken fallen nicht in den Schutzbereich des Völkergewohnheitsrechts. Zudem besteht für Investoren keine Möglichkeit, vorhandene Schutzstandards auf der völkerrechtlichen Ebene eigenständig gegenüber dem verletzenden Staat geltend zu machen. Eine Ausnahme stellt hier lediglich die EMRK dar, die über das 1. Zusatzprotokoll vor Eigentumsverletzungen schützt und Investoren bei Verletzungen dieser

---

118 Zum Chile-Fall vgl ua *Seidl-Hohenveldern* Außenwirtschaftsdienst 20 (1974) 428ff.

119 *Mobil Cerro Negro vs Venezuela/PDVSA*; hierzu ua ausf *Witten* Texas Journal of Oil, Gas and Energy Law 4 (2009) 55f; *Dargin* The Rising Tide of Expropriation in Venezuela: A Look at 21st Century Resource Nationalism, OGEL 2 (2008): <ogel.org/article.asp?key=2749>; *Ellsworth* Oil Companies in Venezuela Face More Control by State, NY Times, 15.4.2005.

120 Hierzu ausf zB *Cameron* International Energy Investment Law (2010) 242ff; *Wegen/Raible* SchiedsvZ 4 (2006) 225/227; *Rochlin* Third World Quaterly 28 (2007) 1327/1328. Das Dekret ist abgedruckt in ILM 45 (2006) 1020ff.

121 In der Folge beschlossen einige Unternehmen, sich aus dem Ölgeschäft in Ecuador zurückzuziehen, deren Ölfelder wurden sodann der staatlichen Produktion hinzugefügt; *US Department of State* U. S. Relations with Ecuador, <state.gov/r/pa/ei/bgn/35761.htm>; weiterführend *Mares* Resource Nationalism and Energy Security in Latin America: Implications for Global Oil Supplies, Working Paper, James A. Baker Institute for Public Policy, Rice University (2010).

122 EGMR, Urt v 31.05.2011, 5829/04, Rn 250ff – *Khodorkovskiy v Russia*; ua a *Bean* The Rule of Law in Russia: Getting Khodorkovsky, TDM 3/2 (04/2006): <transnational-dispute-management.com>, Europarat, Doc 10368, The circumstances surrounding the arrest and prosecution of leading Yukos executives, Doc 10368 v 29.11.2004.

123 Exemplarisch EGMR, Urt v 31.05.2011, 5829/04 – *Khodorkovskiy v Russia*; EGMR, Urt v 20.09.2011, 14902/04 – OAO *Neftyanaya Kompaniya Yulos v Russia*.

124 Exemplarisch ICISD PCA Case No AA 227, *Yukos Universal Limited (Isle of Man) v Russian Federation*, Interim Award on Jurisdiction and Admissibility, v 30.09.2009, ICISD PCA Case No. AA 227.

Gewährleistung eine Individualklagemöglichkeit vor dem EGMR zugesteht.[125] Auf Grund dieser Defizite des allgemeinen Völkerrechts ist den investitionsspezifischen Schutzinstrumenten nachzugehen, die große Bedeutung im Rohstoffsektor erlangt haben.

I. Staat-Investor-Verträge und internationale Rohstoffkonzessionen

Ein investitionsspezifisches Schutzinstrument im Rohstoffbereich sind die sog Staat-Investor-Verträge, die unmittelbar zwischen dem Investor und dem Gaststaat der Investition abgeschlossen werden. In der Praxis der Rohstoffbewirtschaftung kommt diesem Schutzmechanismus große Bedeutung zu,[126] wenngleich Ausführungen hierzu in den Lehrbüchern zum Internationalen Investitionsschutzrecht vergleichsweise knapp gehalten sind.[127] Mittels dieser Verträge kann ein im Einzelfall möglicherweise **bestehendes Schutzvakuum ausgeglichen** werden; ein internationaler Konzern wird und muss insoweit seine Aktivität in einem Drittstaat nicht von der Existenz eines durch seinen Heimatstaat abgeschlossenen Investitionsschutzvertrags abhängig machen, wenn er seine Risiken eigenständig durch den Abschluss eines Staat-Investor-Vertrags mindern kann. Ein Nachweis der Relevanz ist allerdings nur schwer möglich, da auf Staat-Investor-Verträgen basierende Schiedssprüche überwiegend nicht veröffentlicht werden.[128] 66

Mit den Staat-Investor-Verträgen werden den Investoren vielfach **„internationale Konzessionen"**[129] eingeräumt. Eine Legaldefinition der internationalen Konzession existiert nicht, allerdings geben verschiedene Quellen Hinweise auf die Charakteristika einer Konzession, so zB im Entwurf des Multilateral Agreement on Investment (MAI) der OECD – *„A concession is any delegation, direct or indirect, which entails a transferring of operation of activities, carried out by a government authority, national or subnational, or any public or para-public authority (to a distinct and independent legal entity)."*[130] –, zu denen die Überwälzung einer ursprünglich staatlichen Funktion auf private Investoren zählt, woraufhin der Investor im Rohstoffsektor zumeist eine Abschöpfungsbefugnis auf (im Normalfall) eine bestimmte Zeit erhält. 67

Die internationale Konzession im Rahmen von Staat-Investor-Verträgen räumt insoweit den Investoren zunächst im Allgemeinen **Lizenzen und Genehmigungen** für die wirtschaftliche Tätigkeit – in einem definierten Umfang und unter festgelegten Bedingungen – ein. Aus Sicht des rohstoffreichen Gaststaates wird mit der Konzession insbesondere **ausländisches Know-how zur effektiven Ausbeutung von Rohstoff-** 68

125 Vgl Art 34 EMRK.

126 So zB auch *Wolkewitz* RdE 4 (2011) 136/137.

127 Vgl ua *Pritchard* in Bastida/Wälde/Warden-Fernández (Hrsg) International and Comparative Mineral Law and Policy: Trends and Prospects (2005) 73/89.

128 Vgl aber die Schiedssprüche im Falle der Libyen-Enteignungen *BP vs Libya*, Award of Merits v 10.10.1973, 53 ILR 297 (1979); *TOPCO/CALASIATIC vs Libya*, Award v 19.1.1977, 53 ILR 389 (1979) und *LIAMCO vs Libya*, Award v 12.4.1977, 62 ILR 140.

129 Hierzu grundlegend *Fischer*; vgl auch *Böckstiegel*.

130 Vgl OECD Negotiating Group on the Multilateral Agreement on Investment (MAI), The Multilateral Agreement on Investment, Draft Consolidated Text, DAFFE/MAI(98)7/REV1 v 22.4.1998, 41, <www.oecd.org/daf/mai/pdf/ng/ng987r1e.pdf>.

vorkommen und damit zum Aufbau akzessorischer Infrastrukturprojekte wie Förderanlagen und Pipelines „eingekauft“. Konzessionsverträge können so ua auch über den Förderanlagenbau und -betrieb geschlossen werden und den Investoren für eine bestimmte Zeitspanne Nutzungsrechte geben, nach einem festgelegten Zeitablauf wird die Anlage an den Staat übertragen (sog BOT-Projekte – „Build-Operate-Transfer“).[131]

69 Wichtiger Bestandteil dieser Verträge sind neben **Schiedsklauseln**, mit denen eine Rechtsdurchsetzung der Investoren vor internationalen Schiedsgerichten ermöglicht wird,[132] vielfach **Stabilisierungsklauseln**, mit denen dem Investor stabile rechtliche und wirtschaftliche Rahmenbedingungen zugesagt werden.[133] Beispielsweise schließt Chiles Regierung nach den eingangs angeführten Enteignungen im Jahre 1971 heute Abkommen, die eine Stabilität der rechtlichen Grundlagen für eine Dauer von 20 Jahren garantieren, um Investitionen im Rohstoffbereich anzuziehen.

70 Mit der Konzession werden dem privaten Vertragspartner des Staates (Ausbeutungs-)Rechte übertragen und Pflichten auferlegt,[134] etwa zum tatsächlichen Abbau von Rohstoffen. Die dem privaten Investor im Gegenzug eingeräumten, zeitlich beschränkten Abschöpfungsbefugnisse privilegieren ihn für diesen Zeitraum gegenüber anderen Wirtschaftsteilnehmern.[135] In den sog **Production Sharing Agreements** werden gerade in der Öl- und Gasindustrie gängige Produktionsteilungen vereinbart;[136] auch in den Genehmigungen und Lizenzen können **Produktions- und Gewinnteilungen** vereinbart werden. Das Förderunternehmen erhält hiernach nur einen Teil des geförderten Rohstoffes. Daneben oder auch gleichzeitig können im Rahmen von Förderabgaben Zahlungen an den Gaststaat festgeschrieben werden, etwa in einem Prozentsatz der Produktion oder vom Verkaufswert. Damit besteht für den Gaststaat eine vom Gewinn unabhängige Einnahmequelle. Schließlich besteht die Möglichkeit, dass die gesamte Fördermenge an den Gaststaat bzw das staatliche Rohstoffunternehmen weiterzugeben ist und das private ausländische Förderunternehmen für die Förderung entlohnt wird. Hierbei handelt es sich dann allerdings weniger um eine Konzession als vielmehr um einen klassischen öffentlichen Auftrag.

71 Für den **Ablauf eines Konzessionsvergabeverfahrens** gibt es im internationalen Wirtschaftsrecht – anders als beispielsweise im Europarecht – bislang allenfalls nur Ansätze. So hat der MAI-Vertragsentwurf vorgesehen, dass die Vergabe von Konzessionen an gewisse Transparenzanforderungen geknüpft sein soll,[137] denn vielfach ist dieses Vergabeverfahren sehr anfällig für Korruption, wodurch für den konzessionsvergebenden Staat langfristig erhebliche wirtschaftliche Nachteile entstehen. Der eingangs angeführte Fall der Enteignungen der Ölproduzenten im Iran 1951 hatte sei-

---

131 Hierzu ua *Nicklisch* BB 1 (1998) 2ff.

132 Vgl die bereits mehrfach angeführten Libyen-Entscheidungen (Fn 128); vgl auch zB *Elf Aquitaine (Iran) vs National Iranian Oil Company*, Preliminary Award v 14.1.1982, abgedr in Yearbook of International Commercial Arbitration XI (1986) 97ff; *Wintershall AG et al vs Quatar*, Entsch v 5.2.1988 u 31.5.1988, abgedr in ILM 28 (1989) 798ff u 833ff.

133 Hierzu *Bungenberg* 259ff.

134 Vgl insoweit zB *Payne* in Merna/Smith (Hrsg) Projects Procured by Privately Financed Concession Contracts (1996) 75ff.

135 *Fischer* 101; *Metje* Internationaler Anlagenbau (2008) 8.

136 *Wolkewitz* RdE 4 (2011) 137.

137 *Herdegen* in Baur/Hobe (Hrsg) Rechtsprobleme bei Auslandsinvestitionen (2003) 13/27.

nen Ursprung in der der Anglo-Persian/Anglo-Iranian Oil Company im Jahre 1901 eingeräumten Konzession, die über 60 Jahre laufen sollte und einseitig Vorteile für den Investor vorgesehen hatte. Auch die Schiedssprüche im libyschen Erdölstreit, wo den ausländischen Ölgesellschaften in Konzessionsverträgen eingeräumte Nutzungsrechte entzogen worden sind,[138] macht deutlich, dass einseitig ausgestaltete Konzessionsverhältnisse langfristig erhebliches Konfliktpotential in sich bergen. Wünschenswert ist in diesem Bereich die **Schaffung eines Konzessionsvergaberegimes** vergleichbar mit der Auftragsvergabe in rechtsstaatlich geprägten Staaten. Eine wirtschaftliche und rechtsstaatliche Konzessionsvergabe kann insoweit als Teilausformung von verstärkter Good Governance angesehen werden.

II. Völkerrechtliche Investitionsschutzverträge

Völkerrechtliche Verträge zwischen Heimatstaat des Investors und Gaststaat zum Schutz von Investitionen werden in großer Zahl abgeschlossen. Wichtigster multilateraler Vertrag ist der **Energiechartavertrag**[139] mit heute 56 Mitgliedern[140]. Da der Energiechartavertrag aber einen begrenzten Anwendungsbereich („Energie") hat, ist in nicht unmittelbar „Energie" betreffenden Rohstoffbereichen sowie in Bezug auf den Rohstoffabbau in nicht dem Energiechartavertrag unterfallenden Staaten weiterer Schutz durch spezifische **„BITs"** erforderlich. Diese spezifischen völkerrechtlichen Verträge gehen von einem weiten Investitionsbegriff aus, unter den insbesondere zumeist auch öffentlich-rechtliche Konzessionen fallen. Der deutsch-chinesische BIT von 2003[141] erstreckt beispielsweise seinen Anwendungsbereich auf „gesetzliche oder vertragliche Konzessionen auf Grund von gesetzlichen Vorschriften, einschließlich Konzessionen zur Aufsuchung, Bearbeitung, Förderung und Gewinnung von natürlichen Ressourcen", gleiches gilt etwa für den Energiechartavertrag.[142] Auch besteht über die Mehrzahl der spezifischen Investitionsschutzverträge auch ein Schutz vor sog mittelbaren oder schleichenden Enteignungen.[143] 72

Die Besonderheit dieser spezifisch völkerrechtlichen Schutzverträge ist darin zu sehen, dass sie neben über das Völkergewohnheitsrecht hinausgehenden materiell-rechtlichen **Schutzstandards**[144] – dem Grundsatz der fairen und gerechten Behandlung, der Inländergleichbehandlung, der Meistbegünstigung, dem Grundsatz von „full protec- 73

138 Hierzu ua zusammenfassend *Herdegen* § 20; *ders* in Baur/Hobe (Hrsg) Rechtsprobleme bei Auslandsinvestitionen (2003) 13/19f.

139 Energy Charter Treaty, Annex 1 to the final Act of the European Energy Charter Treaty Conference, 17.12.1994, ILM 34 (1995) 381; hierzu ausf zB *Kreindler* in Ehlers/Wolffgang/Schröder (Hrsg) Energie und Klimawandel (2010) 49ff; vgl a → *Reinisch* § 21 Rn 40.

140 S <energycharter.org/who-we-are/members-observers/>.

141 Abkommen der Bundesrepublik Deutschland und der Volksrepublik China über die Förderung und den gegenseitigen Schutz von Kapitalanlagen, BGBl 2005 II 733.

142 Vgl hier Art 18 IV Energiechartervertrag.

143 Vgl etwa Art 4 Abs 2 deutsch-chinesischer BIT; Art 3 Energiechartervertrag.

144 Zu den Standards ausf insb a *Reinisch* (Hrsg); *Krajewski* in Herrmann/Terhechte (Hrsg) 343/354ff; *Reinisch/Schreuer*; *Bungenberg/Griebel/Hobe/Reinisch* (Hrsg); s a → *Reinisch* § 9 Rn 41ff.

tion and security" und dem Verbot der entschädigungslosen Enteignung – heute vielfach die Möglichkeit vorsehen, dass der Investor sog **Investor-Staat-Schiedsverfahren** einleiten kann.

III. Investitionsschutzversicherungen im Rohstoffsektor

74 Ein weiterer wichtiger Komplex des Investitionsschutzes sind nationale und internationale Versicherungssysteme. Über das Angebot der nationalen Versicherungsagenturen hinaus bietet auf der internationalen Ebene die **Multilaterale Investitions-Garantie-Agentur (MIGA)** Investitionsversicherungen an.[145] Viele Staaten stellen selbst oder über staatsnahe Einrichtungen ihren Investoren Versicherungen für Auslandsinvestitionen zur Verfügung. Unternehmen bestätigen, dass die Absicherung ihres Auslandsgeschäfts einen zentralen Erfolgsfaktor darstellt und für sie mehr Bedeutung hat als die Rahmenbedingungen im Zielland.[146]

75 In den USA werden diese Versicherungen ua über die schon erwähnte Overseas Private Investment Corporation abgewickelt, in Deutschland werden die PricewaterhouseCoopers GmbH Wirtschaftsprüfungsgesellschaft und die Euler Hermes Deutschland Niederlassung der Euler Hermes SA als von der Bundesregierung beauftragte Mandatare im Rahmen eines Konsortiums bei der Bearbeitung deutscher Investitionsgarantien tätig.[147] Es ist Ziel der deutschen Investitionsgarantien, insbesondere Investitionen zur Sicherung der Rohstoffversorgung zu unterstützen, und zwar vornehmlich den Zugang deutscher Unternehmen zu Rohstoffquellen im Ausland.[148] Von einer **Garantie** sind nach dem deutschen Garantiesystem folgende Risiken umfasst: Verstaatlichung, Enteignung oder enteignungsgleiche Maßnahmen, Bruch rechtsverbindlicher Zusagen staatlicher oder staatlich kontrollierter Stellen, Krieg, kriegerische Auseinandersetzungen, Revolution und Aufruhr oder terroristische Akte, die im Zusammenhang mit solchen Ereignissen stehen, sowie Zahlungsmoratorien und Konvertierungs- oder Transferbeschränkungen. Die Höchsthaftung des Bundes aus dem valutierenden Garantiebestand beläuft sich Ende des Jahres 2020 auf 27,6 Milliarden Euro. Bislang ist es aus deutscher Sicht nur ganz ausnahmsweise notwendig gewesen, Entschädigungszahlungen leisten zu müssen.

76 Die **Garantien für Ungebundene Finanzkredite (UFK-Garantien)** sind integraler Bestandteil der Rohstoffstrategie der Bundesregierung.[149] UFK-Garantien sichern Kreditgeber von ausländischen Rohstoffvorhaben gegen wirtschaftliche und politische Kreditausfallrisiken ab. Das finanzierte Vorhaben muss als rohstoffwirtschaftlich förderungswürdig beurteilt werden und im besonderen staatlichen und gesamtwirtschaftlichen Interesse Deutschlands liegen. Darüber hinaus ist der Abschluss eines

---

145 MIGA-Übereinkommen, BGBl 1987 II 454; ILM 24 (1985) 1598. Vgl a → *Reinisch* § 9 Rn 94.

146 *DIHK-Tag* Going Global, Erfahrungen und Perspektiven der deutschen Wirtschaft im Auslandsgeschäft, Ergebnisse der IHK-Unternehmensumfrage 2010, Berlin/Brüssel, Oktober 2010.

147 Vgl <agaportal.de>.

148 *BMWi* Jahresbericht 2008, Investitionsgarantien der Bundesrepublik Deutschland.

149 <agaportal.de/ufk-garantien/grundlagen-ufk/grundzuege-ufk>.

langfristigen Rohstoffliefervertrags mit einem deutschen Abnehmer Voraussetzung für die Garantieübernahme.[150]

In diesem Bereich ist die Frage des Einflusses des Europarechts zu diskutieren. Das Thema ist bislang nur wenig thematisiert worden.[151] Der EU steht in diesem Bereich ebenso eine Kompetenz zu wie zum Abschluss neuer völkerrechtlicher Abkommen. Garantieeinrichtungen stellen ein wichtiges Element in einer Förderpolitik europäischer Direktinvestitionen in Drittstaaten dar. Auch sind der Vorschrift des Art 207 AEUV diesbezüglich keine Beschränkungen zu entnehmen. Daher fällt parallel zum Abschluss von Investitionsschutzverträgen die Errichtung von effektiven Garantie- und Versicherungssystemen in den **Kompetenzbereich der EU**. Einen entsprechenden Vorschlag hatte die Kommission dem Rat mit der Einführung eines Garantiesystems für Privatinvestitionen in Drittländern bereits 1972 unterbreitet. 77

G. Rohstoffpolitik der Europäischen Union

I. Der Rahmen der EU-Rohstoffpolitik

Angesichts extrem volatiler Rohstoffpreise und der enormen Bedeutung einer sicheren Rohstoffversorgung für die europäische Wirtschaft kommt der Rohstoffpolitik auf europäischer Ebene besondere Bedeutung zu.[152] Die Europäische Kommission hat 2008 in ihrer Mitteilung „Rohstoffinitiative“[153] eine umfassende Strategie für die Rohstoffpolitik der Europäischen Union entworfen. Diese Strategie wurde 2011 in einer Mitteilung[154] weiter verfeinert. Oberste Priorität hat die Sicherung der Versorgung Europas mit Rohstoffen. Zu diesem Zweck sollen ein **diskriminierungsfreier Zugang zu Rohstoffvorkommen in Drittstaaten** gewährleistet, die **nachhaltige Versorgung mit Rohstoffen aus europäischen Quellen** gefördert sowie die **Ressourceneffizienz** gesteigert werden.[155] Kernpunkte dieses umfassenden strategischen Politikansatzes sind unter anderem das Bestreben, die Rohstoffderivatemärkte integrer, transparenter und stabiler zu gestalten, die Ermittlung kritischer Rohstoffe und ständige Aktualisierung der Liste kri- 78

---

150 So die zusammenfassende Darstellung bei <agaportal.de/ufk-garantien/grundlagen-ufk/grundzuege-ufk>.

151 Hierzu auch *Tietje* EuZW 21 (2010), 647/648; *Herrmann* EuZW 21 (2010), 207/210; *Dimopoulos* in Bungenberg/Reinisch/Tietje (Hrsg) EU and Investment Agreements: Open Questions and Remaining Challenges (2013) 171ff.

152 Vgl Mitteilung der Europäischen Kommission, Grundstoffmärkte und Rohstoffe: Herausforderungen und Lösungsansätze, KOM(2011) 25 endg v 2.2.2011; s näher zur EU-Rohstoffpolitik *Terhechte* in Nowak (Hrsg) 357ff.

153 Mitteilung der Europäischen Kommission, Die Rohstoffinitiative – Sicherung der Versorgung Europas mit den für Wachstum und Beschäftigung notwendigen Gütern, KOM(2008) 699 endg v 4.11.2008.

154 Mitteilung der Europäischen Kommission, Grundstoffmärkte und Rohstoffe: Herausforderungen und Lösungsansätze, KOM(2011) 25 endg v 2.2.2011.

155 Vgl Mitteilung der Europäischen Kommission, Die Rohstoffinitiative – Sicherung der Versorgung Europas mit den für Wachstum und Beschäftigung notwendigen Gütern, KOM(2008) 699 endg v 4.11.2008, als auch Mitteilung der Europäischen Kommission, Grundstoffmärkte und Rohstoffe: Herausforderungen und Lösungsansätze, KOM(2011) 25 endg v 2.2.2011.

tischer Rohstoffe, die Umsetzung der EU-Strategie für den Handel mit Rohstoffen[156] sowie die weitere Förderung von Forschung und Innovation.[157] Im Jahr 2014, 2017 und 2020 hat die Europäische Kommission aktualisierte Listen kritischer Rohstoffe vorgelegt, mit deren Hilfe ein Anreiz für die Produktion kritischer Rohstoffe geschaffen und damit die Wettbewerbsfähigkeit der Wirtschaft in der EU verbessert werden soll.[158] Zuletzt hat die Europäische Kommission neben der Bedeutung von Recycling insbesondere die verstärkte Förderung von Rohstoffen in der EU als Mittel zu stärkerer Unabhängigkeit von Einfuhren betont.[159] Gleichzeitig wird durch den innerhalb der neuen Industriestrategie ausgerufenen, digitalen und ökologischen Wandel die Notwendigkeit eines gesicherten Zugangs zu Rohstoffen für die Produktion von Zukunftstechnologien deutlich.[160]

II. Rohstoffe und EU-Wirtschaftssanktionen

79 Rohstoffe werden in den internationalen Beziehungen im Rahmen sog Wirtschaftssanktionen oftmals als **Druckmittel** eingesetzt, um bestimmte Verhaltensweisen von Staaten zu erzwingen. Auf europäischer Ebene begrenzen die Art 21 und 22 EUV den Einsatz von Sanktionen. Die Europäische Union kann demnach im vertraglich gewährleisteten Rahmen gegenüber Drittstaaten Sanktionen, insbesondere Wirtschaftssanktionen,[161] verhängen, um unter anderem ihre Interessen und Sicherheit zu verteidigen als auch um Demokratie, Menschenrechte und die Grundsätze des Völkerrechts zu fördern und zu festigen oder Frieden zu erhalten, Konflikte zu verhüten und die internationale Sicherheit zu stärken.[162] Die jüngsten Wirtschaftssanktionen der Europäischen Union, welche unter anderem Rohstoffe zum Gegenstand haben, wurden gegen den Iran, Syrien und Russland verhängt.[163] Im Fall des **Irans** führten die steigende interna-

---

156 Mitteilung der Europäischen Kommission, Handel, Wachstum und Weltgeschehen, Handelspolitik als Kernbestandteil der EU-Strategie Europa 2020, KOM(2010) 612 endg v 9.11.2010.

157 Vgl Mitteilung der Europäischen Kommission, Die Rohstoffinitiative – Sicherung der Versorgung Europas mit den für Wachstum und Beschäftigung notwendigen Gütern, KOM(2008) 699 endg v 4.11.2008.

158 S die Mitteilungen der Europäischen Kommission, KOM(2014) 297 endg v 26.5.2014; s a Europäische Kommission, Report on Critical Raw Materials for the EU v 5/2014; Mitteilung über die Liste kritischer Rohstoffe für die EU 2017, COM(2017) 490 final v 15.11.2017; Widerstandsfähigkeit der EU bei kritischen Rohstoffen: Einen Pfad hin zu größerer Sicherheit und Nachhaltigkeit abstecken, KOM(2020) 474 final v 3.9.2020.

159 Mitteilung der Europäischen Kommission, Widerstandsfähigkeit der EU bei kritischen Rohstoffen: Einen Pfad hin zu größerer Sicherheit und Nachhaltigkeit abstecken, KOM(2020) 474 final v 3.9.2020.

160 Mitteilung der Europäischen Kommission, Eine neue Industriestrategie für Europa, KOM(2020) 102 final v 10.3.2020, 17.

161 Die Rechtsgrundlage für die Verhängung von restriktiven Maßnahmen findet sich in Art 215 AEUV. Demnach bedarf es zunächst eines Beschlusses im Rahmen der GASP, auf dessen Grundlage der Rat entsprechende restriktive Maßnahmen erlässt.

162 Art 21 Abs 2 lit a–b.

163 EU-Kommission, Restrictive measures (sanctions), <ec.europa.eu/info/business-economy-euro/banking-and-finance/international-relations/restrictive-measures-sanctions_en>.

tionale Besorgnis über den friedlichen Charakter des iranischen Atomprogrammes und das Scheitern der Verhandlungen zur Verhängung von Sanktionen, die 2015 in Folge der Vereinbarungen zum Nuklearprogramm des Irans jedoch gelockert wurden.[164] Die verhängten Sanktionen umfassten unter anderem ein Verbot des Imports, des Erwerbs und der Beförderung von Rohöl und Erdölerzeugnissen, die aus dem Iran ausgeführt werden oder iranischer Herkunft sind, sowie der mit diesem in Zusammenhang stehenden Finanzierung und Versicherung.[165] Des Weiteren war der Import, Erwerb und die Beförderung petrochemischer Produkte, die aus dem Iran ausgeführt werden oder iranischer Herkunft sind oder sich im Iran befinden sowie die mit dieser in Zusammenhang stehenden Finanzierung und Versicherung untersagt. Der Export von Schlüsselausrüstung und Technologie für diesen Sektor war ebenso verboten.[166] Der Verkauf, die Lieferung, die Weitergabe oder die Ausfuhr von Grafiten und Metallen in Roh- oder Halbzeugform, ebenso wie jegliche damit zusammenhängende Dienstleistung und Finanzierungen, bleibt jedoch genehmigungsbedürftig.[167] Im Fall **Syriens** hat die Europäische Union unter dem Eindruck anhaltender gewaltsamer Repressionen und Menschenrechtsverletzungen durch das syrische Regime unter *Baschar al-Assad* Sanktionsmaßnahmen beschlossen.[168] Diese verbieten sowohl den Import, den Kauf, die Beförderung und die Finanzierung von Rohöl und Erdölerzeugnissen, die syrischer Herkunft sind oder aus Syrien eingeführt werden als auch die damit in Zusammenhang stehende Finanzierung und Versicherung.[169] Weiter darf keine Schlüsselausrüstung und Technologie zur Ausrüstung der Öl- und Gasindustrie an syrische Personen, Einrichtungen oder Organisationen exportiert, verkauft, geliefert oder weitergegeben werden.[170] Im Fall **Russlands** hat die Besorgnis über bestimmte Handlungen Russlands, die die territoriale Unversehrtheit, Souveränität und Unabhängigkeit der Ukraine untergraben, die Europäische Union dazu bewogen, Wirtschaftssanktionen gegen Russland zu verhängen, um die Kosten für die Handlungen Russlands zu erhöhen und um eine friedliche Beilegung der Krise zu unterstützen.[171] Die diversen Sanktionen umfassen ua bestimmte für die Ölindustrie zum Einsatz bei der Erdölexploration und -förderung geeignete Technologien, insb bestimmte für die Förderung und Fernleitung von Öl erforderliche Rohre.[172] In engem Zusammenhang

164 DurchführungsVO (EU) 2015/1862, ABl 2015 L 274/161.

165 VO (EU) 267/2012 des Rates über restriktive Maßnahmen gegen Iran und und zur Aufhebung der Verordnung (EU) Nr 961/2010, ABl 2012 L 88/1, Art 11. Ausgesetzt in Folge von Durchführungsverordnung (EU) 2015/1862.

166 *Ibid*, Art 13. Ebenso ausgesetzt auf Grundlage von Durchführungsverordnung (EU) 2015/1862.

167 *Ibid* Art 15a u Anhang VIIB.

168 Beschluss des Rates über restriktive Maßnahmen gegen Syrien, 2013/255/GASP v 31.3.2013, ABl 2013 L 147/14.

169 VO (EU) 36/2012 des Rates über restriktive Maßnahmen angesichts der Lage in Syrien und zur Aufhebung der Verordnung (EU) Nr 442/2011, ABl 2012 L 16/1, Art 6.

170 *Ibid*, Art 9 u Anhang VI.

171 Beschluss des Rates über restriktive Maßnahmen angesichts der Handlungen Russland, die die Lage in der Ukraine destabilisieren, 2014/512/GASP v 31.7.2014, ABl 2014 L 229/13.

172 VO (EU) 833/2014 des Rates über restriktive Maßnahmen angesichts der Handlungen Russlands, die die Lage in der Ukraine destabilisieren, ABl 2014 L 229/1, Art 3 u Anhang II.

damit stehen die regionalen Beschränkungen, die gegenüber der Krim und Sewastopol als annektiertem Gebiet der Ukraine erlassen wurden.[173]

80 Abgesehen von rohstoffbezogenen Beschränkungen in Folge von Verstößen gegen die internationale Sicherheit und den internationalen Frieden, erhebt die EU Sanktionen auch aufgrund von Rohstoffkonflikten selbst. Dabei muss die Rechtsfolgenseite nicht zwingend einen Bezug zur Rohstoffförderung oder zum Rohstoffhandel aufweisen. In einem Konflikt zwischen Zypern und der Türkei um Erdöl- und Erdgasvorkommen im Mittelmeer hat die EU wegen „illegaler Bohrtätigkeiten" Sanktionen gegen einzelne Individuen verhängt und im Rahmen dessen deren Gelder und wirtschaftliche Ressourcen eingefroren.[174]

III. Rohstoffe und Handelsschutzinstrumente

81 Im Rahmen ihrer autonomen Handelspolitik geht die EU mit Schutzmaßnahmen ua gegen sog „unfaire Handelspraktiken" vor. Art 207 Abs 1 S 1 AEUV nennt in diesem Zusammenhang ausdrücklich „Dumping und Subventionen". Beim **Dumping** handelt es sich um eine Form der Preisdiskriminierung, bei der Exporteure eine Ware auf dem europäischen Markt zu einem niedrigeren Preis veräußern als auf dem Heimatmarkt.[175] Abgesehen von Fällen, in denen Exporteure die europäische Konkurrenz durch Kampfpreise gezielt aus dem Markt drängen wollen, wird Dumping vielfach als Ausdruck von asymmetrischen Marktbedingungen angesehen.[176] Kommt es durch Dumping zu einer Schädigung der Unionsindustrie, kann ein Antidumpingzoll erhoben werden, um die Wettbewerbsbedingungen wieder anzugleichen. Einer ähnlichen Argumentation folgt das Vorgehen gegen **Subventionen** des Ausfuhrstaates, das auf den Ausgleich von subventionsbedingten Vorteilen gerichtet ist. Eingriffe in die Rohstoffversorgung der Exporteure kann für die Anwendung der beiden Handelsschutzmaßnahmen von Bedeutung sein: Im Antidumpingrecht[177] geht die Kommission als Ermittlungsbehörde grundsätzlich von den tatsächlichen Preisen des Exporteurs auf seinem Heimatmarkt aus, nicht aber wenn auf diesem sog „nennenswerte Verzerrungen" feststellbar sind.[178] Das Vorliegen einer nennenswerten Verzerrung wird im Wege einer gesamtheitlichen Betrachtung der wirtschaftlichen Rahmenbedingungen im Ausfuhrland ermittelt, bei der auch eine staatliche Beeinflussung der Rohstoffpreise eine Rolle spielen kann. Kann die Kommission aufgrund von nennenswerten Verzerrungen nicht auf den tatsächlichen Preis zurückgreifen, berechnet sie einen alternativen Wert unter Bezugnahme auf Preise in anderen Staaten mit ähnlichen Rahmenbedingungen. Staatliche Verzerrungen des Roh-

173 VO (EU) Nr 692/2014 des Rates vom 23. Juni 2014 über Beschränkungen für die Einfuhr von Waren mit Ursprung auf der Krim oder in Sewastopol in die Union als Reaktion auf die rechtswidrige Eingliederung der Krim und Sewastopols durch Annexion, ABl 2014 L 183/9.

174 VO (EU) 2019/1890 des Rates vom 11. November 2019 über restriktive Maßnahmen angesichts der nicht genehmigten Bohrtätigkeiten der Türkei im östlichen Mittelmeer, ABl 2019 L 291/3.

175 Umfassend zur Feststellung von Dumping *Bungenberg/Reinhold* in Krenzler/Herrmann/Niestedt (Hrsg) (Stand 2020) Art 2 AD-GVO 2016 Rn 1ff.

176 Vgl dazu *Müller/Khan/Scharf* EC and WTO Anti-Dumping Law, 2. Aufl (2009) Rn I.06ff.

177 Verordnung (EU) 2016/1036, ABl 2016 L 176/21 (AD-GVO).

178 *Ibid*, Art 2 Abs 6a.

stoffpreises führen dazu, dass diese Staaten keine taugliche Informationsquelle für Preisdaten darstellen können.[179] Ist die Kommission berechtigt eine Antidumpingmaßnahme zu erlassen, so übt sie das ihr dabei eingeräumte Ermessen seit einer Reform des Antidumpingrechts in 2018 in der Regel zu Lasten der Exporteure aus, wenn das Ausfuhrland den Rohstoffexport in irgendeiner Weise beschränkt.[180] Damit bestraft die EU letztlich derartige Verzerrungen des internationalen Rohstoffhandels. In Antisubventionsverfahren[181] überprüft die Kommission demgegenüber die Maßnahmen des Ausfuhrstaates selbst. Dabei hat sie in der Vergangenheit Exportbeschränkungen gegenüber Rohstoffen als eine Form der indirekten Subvention iSv Art 3 AS-GVO angesehen und infolgedessen Ausgleichszölle erhoben.[182] Damit zeigt die Kommission, dass sie gewillt ist, gegen Preisdiskriminierungen bei Rohstoffen mit handelspolitischen Schutzinstrumenten vorzugehen. Es ist vor diesem Hintergrund zu erwarten, dass eine Verzerrung des Rohstoffpreises auch im Rahmen eines neuen Instruments zur „Gewährleistung fairer Wettbewerbsbedingungen bei Subventionen aus Drittstaaten" eine Rolle spielen wird.[183]

H. Rohstoffmärkte, Transparenz, Menschenrechte und Umweltschutz

Mit der Rohstoffförderung und dem Rohstoffhandel verbunden sind Pflichten der Roh- 82
stoffstaaten und Unternehmen, die der Bevölkerung zugutekommen sollen. Die oben bereits angeführte Resolution 1803 über die Permanente Souveränität über natürliche Ressourcen steht insoweit in Zusammenhang mit dem Beginn der Diskussion einer – auf massive Umverteilung des wirtschaftlichen Reichtums von Industrie- in Schwellen- und Entwicklungsländer abzielenden – neuen Weltwirtschaftsordnung in den 1970er Jahren, die tatsächlich bis heute mit der verstärkten Berücksichtigung von Entwicklung, Nachhaltigkeit, Menschenrechten sowie durch die Bestrebungen der Förderung einer **Good Governance** auf der völkerrechtlichen Ebene fortwirkt. Die daraus folgenden Pflichten halten die Rohstoffstaaten wie auch Förderunternehmen heute zu regelkonformem Verhalten an. Verstärkt diskutiert wird die Frage, in welchem Umfang **ökologische und soziale Gesichtspunkte** den internationalen Handel be-

---

179 ZB in DurchführungsVO (EU) 2020/492 der Kommission vom 1. April 2020 zur Einführung endgültiger Antidumpingzölle betreffend die Einfuhren bestimmter gewebter und/oder genähter Erzeugnisse aus Glasfasern mit Ursprung in der Volksrepublik China und Ägypten, ABl 2020 L 108/1, Rn 204.

180 Europe's Trade Defence Instruments now stronger and more effective, 3, <trade.ec.europa.eu/doclib/docs/2018/june/tradoc_156921.pdf>.

181 VO (EU) 2016/1037 des Europäischen Parlaments und des Rates vom 8. Juni 2016 über den Schutz gegen subventionierte Einfuhren aus nicht zur Europäischen Union gehörenden Ländern, ABl 2016 L 176/55 (AS-GVO).

182 Erstmals in DurchführungsVO (EU) 2020/387 der Kommission vom 9. März 2020 zur Änderung der Verordnungen (EU) Nr 321/2013, (EU) Nr 1302/2014 und (EU) 2016/919 hinsichtlich der Erweiterung des Verwendungsgebiets und der Übergangszeiträume, ABl 2016 L 73/1.

183 Weißbuch der Europäischen Kommission, Gewährleistung fairer Wettbewerbsbedingungen bei Subventionen aus Drittstaaten, COM (2020) 253 final v 19.6.2020. Dazu *Kühling/Reinhold/Weck* ZWeR 18 (2020) 472ff.

schränken können.[184] Besondere Einfuhrregime bestehen daher auch in der EU aus Gründen des Umwelt- und Menschenrechtsschutzes, indem in den Einfuhrregimen die Verpflichtungen aus Art 21 EUV in Einzelbereichen konkretisiert werden.

83 Das moderne Umweltvölkerrecht verlangt etwa von den Rohstoffstaaten **Umweltverträglichkeitsprüfungen bei der Rohstoffausbeutung** wegen potentiell grenzüberschreitender Umweltschäden, nachdem früher vielfach die Auffassung vertreten worden war, dass selbst bei großen grenzüberschreitenden Belastungen jeder Staat über die Art und Weise der Nutzung der natürlichen Ressourcen souverän bestimmen können sollte. Gegen einzelne nichtstaatliche Akteure kommt es teilweise zur extraterritorialen Rechtsanwendung nationalen Rechts. So wurde Royal Dutch (Shell) wegen Verschmutzungen von Boden und Grundwasser in Nigeria erstmals vor einem Gericht in Den Haag auf Schadensersatz verurteilt.

84 Der sich am dynamischsten entwickelnde Bereich dürfte allerdings die **Korruptionsbekämpfung durch Transparenzförderung** im Rahmen von Good-Governance-Bestrebungen sein. Hier ist binnen weniger Jahre ein internationaler Konsens zugunsten größerer Transparenz im Rohstoffsektor entstanden. Die EU dringt darauf, dass zukünftig europäische Rohstoffunternehmen ihre Zahlungen an Drittstaaten nicht nur Land für Land, sondern sogar Projekt für Projekt offenlegen sollen.[185] Ähnliche Unternehmensverpflichtungen wurden in Amerika mit Durchführungsbestimmungen zum Dodd-Frank-Gesetz aus dem Jahre 2010, welches das amerikanische Finanzmarktrecht umfassend neugestaltet hat, schon für alle an amerikanischen Börsen gehandelten Unternehmen eingeführt.[186] Parallel zu diesen Verpflichtungen entwickelt sich die Extractive Industries Transparency Initiative (EITI), in der sich mittlerweile 36 Staaten und viele Rohstoffunternehmen, Verbände, öffentliche und private Organisationen sowie eine große Zahl institutioneller Investoren zusammengeschlossen haben. Zudem gibt es die mittlerweile zehn Jahre alte zivilgesellschaftliche „Publish What You Pay"-Initiative, die ebenfalls Zahlungsströme in diesem Sektor veröffentlicht sehen will.

85 Vor fünfzig Jahren wurde somit der Startschuss für ein „internationales Rohstoffrecht" abgegeben. Aus dem ursprünglich besonders stark auf die wirtschaftlichen Interessen der Entwicklungsländer fokussierten Recht hat sich das internationale Rohstoffrecht heute zu einem Rechtsbereich entwickelt, der in verschiedenen völkerrechtlichen und nationalen Regelungen zunehmend die vielfältigen Interessen der Staaten, der Investoren, der Menschenrechte, des Umweltrechts sowie der guten Regierungsführung und Korruptionsbekämpfung widerspiegelt. Daneben werden Kämpfe um elementare Grundrohstoffe wie das „Recht auf Wasser" als Menschenrechte der dritten Dimension die Frage einer internationalen Verteilungsgerechtigkeit mitbestimmen und zu noch größerer Bedeutung führen.

86 Das **Zertifikationssystem des Kimberley-Prozesses** für den internationalen **Handel mit Rohdiamanten** verfolgt beispielsweise das Ziel, den Handel mit Blut- bzw Konfliktdiamanten durch den Ausschluss vom legalen Rohdiamantenhandel zu unterbinden, um Rebellengruppen die Möglichkeit zu nehmen, sich und ihre gewalt-

---

184 Hierzu aus EU-Perspektive allg zB *Bungenberg* in Fastenrath/Nowak (Hrsg) 205ff.

185 Richtlinie 2013/34/EU, ABl 2013 L 182/19, Ewg 45.

186 Dodd-Frank Wall Street Reform and Consumer Protection Act, Public Law 111-203, US Statutes at Large 124 (2010) 1376. Dazu bspw *Peirce/Broughel*, Dodd-Frank: What It Does and Why It's Flawed (2012).

samen Konflikte durch den illegalen Diamantenhandel zu finanzieren. Aufgrund der in der KimberleyVO[187] genannten Beschränkungen ist die Einfuhr von Rohdiamanten in die EU seit der Einführung des Zertifikationssystems nur noch mit gültigem (Kimberley-)Zertifikat und zwischen Teilnehmerstaaten am Zertifikationssystem des Kimberley-Prozesses (KPCS) möglich.[188]

Im Bereich **Corporate Social Responsability** („CSR") legt die **Konfliktmineralien-Verordnung**[189] seit 2017 Pflichten für Unionseinführer von Mineralien aus Konflikt- und Hochrisikogebieten fest.[190] Mit dieser Verordnung wird ein Unionssystem für die Erfüllung der **Sorgfaltspflicht in der Lieferkette** geschaffen mit dem Ziel, die Möglichkeiten für bewaffnete Gruppen und Sicherheitskräfte zum Handel mit Zinn, Tantal und Wolfram, deren Erzen und Gold einzuschränken und für Transparenz und Sicherheit hinsichtlich der Lieferpraktiken von Unionseinführern[191] sowie von Hütten und Raffinerien zu sorgen, die Rohstoffe aus Konflikt- und Hochrisikogebieten beziehen (so Art 1 Abs 1 Konfliktmineralien-VO). Die Begrenzung auf eine Auswahl von Mineralien ist bereits auf Kritik gestoßen[192], jedoch bleibt in Folge einer von Art 17 Abs 2 Konfliktmineralien-VO vorgesehenen Überprüfung die Möglichkeit einer späteren Erweiterung.[193] 87

Inspiriert ua von Section 1502 des US-amerikanischen Dodd-Frank Act[194] werden weite Teile der **OECD-Leitsätze für die Erfüllung der Sorgfaltspflicht zur Förderung verantwortungsvoller Lieferketten für Minerale aus Konflikt- und Hochrisikogebieten**[195] dadurch übernommen, dass die Konfliktmineralien-VO auf sie verweist und sie zu (Mindest-)Standards erklärt (von „Soft Law" zu „Hard Law").[196] Zu 88

187 VO (EG) Nr 2368/2002, ABl 2002 L 358/28.

188 Hierzu aus der Literatur ua *Schram*, The Legal Aspects of the Kimberley Process (2007) 15ff; allg zum Kimberley Prozess s *Schorkopf* Bonner Rechtsjournal (2008) 2; *Haufler* Journal of Business Ethics 89 (2009) 403ff; *Paes* in Basedau/Mehler (Hrsg) Resource Politics in Sub-Saharan Africa (2005) 305 ff; *Schefer* in Cottier/Pauwelyn/Bürgi (Hrsg) Human Rights and International Trade (2005) 391ff; ausf zur KimberleyVO s *Dulski-Alfes/Bungenberg* in Krenzler/Herrmann/Niestedt (Hrsg) (Stand 13 EL Mai 2019) KimberleyVO; sa EU-Kommission, Leitlinien für den Handel mit der Europäischen Union, September 2015, 3ff, <eeas.europa.eu/archives/docs/blood_diamonds/docs/guidelines-on-trading-with-the-european-community-012015_en.pdf>.

189 VO (EU) Nr 2017/821, ABl 2017 L 130/1. Allgem zur Corporate Social Responsibility a → *Nowrot* § 17 Rn 40ff.

190 Allgem dazu *Rausch* CCZ 13 (2020) 355ff.

191 Nach Art 1 Abs 3 Konfliktmineralien-VO gilt die Verordnung „nicht für Unionseinführer von Mineralen oder Metallen, wenn deren jährliche Einfuhrmengen bei den einzelnen betroffenen Mineralen oder Metallen unterhalb der in Anhang I festgelegten Mengenschwellen liegen".

192 *Van der Velde*, The End of Conflict Minerals on the EU Market?, ASSER Policy Brief No. 2017-01 (2017) 8ff.

193 So bspw *Nowrot* The 2017 EU Conflict Minerals Regulation: An Effective European Instrument to Globally Promote Good Raw Materials Governance? (2018) 15.

194 S Erwägungsgrund 9 der KonfliktmineralienVO; s allgemein zu den Berichtspflichten über menschenrechtliche Standards in der Lieferkette *Fleischer/Hahn* RIW 2018, 397; s zur Entstehungsgeschichte der Verordnung sowie einem kritischen Ausblick über die Folgen *Heße/Klimke* EuzW 2017, 446ff.

195 S dazu *BMWi/OECD* OECD-Leitsätze für die Erfüllung der Sorgfaltspflicht, 2015, <bmwi.de/Redaktion/DE/Downloads/M-O/oecd-leitsaetze-fuer-die-erfuellung-der-sorgfaltspflicht.pdf?__blob=publicationFile&v=1>.

196 Vgl Art 4 lit b) und d) KonfliktmineralienVO; *Teicke/Rust* CCZ 11 (2018), 39/42.

den Pflichten der Unionseinführer gehören ua die Festlegung ihrer Lieferkettenpolitik für die möglicherweise aus Konflikt- und Hochrisikogebieten stammenden Minerale und Metalle und die Mitteilung aktueller Informationen hierüber in unmissverständlicher Weise an ihre Lieferanten und die Öffentlichkeit sowie die Strukturierung ihrer jeweiligen internen Managementsysteme so, dass die Erfüllung der Sorgfaltspflicht in der Lieferkette unterstützt wird, insbesondere indem Mitglieder des gehobenen Managements damit betraut werden, den Prozess der Erfüllung der Sorgfaltspflicht in der Lieferkette zu überwachen (Art 4 lit a) und c) Konfliktmineralien-VO). Unionseinführer müssen auch einen Beschwerdemechanismus als Frühwarnsystem zur Risikoerkennung einführen oder einen solchen Mechanismus bereitstellen (Art 4 lit e) Konfliktmineralien-VO). Es bestehen daneben umfangreiche Dokumentationspflichten zur Rückverfolgbarkeit der Konfliktmineralien und der Wirtschaftsbeteiligten, in deren Gewahrsam sich die Ware zeitweilig befunden hat (Art 4 lit f), g) und h) Konfliktmineralien-VO). Art 5 Konfliktmineralien-VO enthält **Risikomanagementpflichten** für die Unionseinführer zur Ermittlung und Bewertung der Risiken schädlicher Auswirkungen in ihrer Lieferkette für Minerale und Metalle sowie zur Umsetzung einer Strategie als Reaktion auf die ermittelten Risiken.

89 Die **EU-Holzhandelsverordnung** (EUTR – Verordnung (EU) Nr 995/2010[197]) soll den Handel mit Holz und Holzerzeugnissen aus illegalem Einschlag in der EU unterbinden.[198] Sie bildet einen Bestandteil des Maßnahmenpakets, welches die Kommission bereits in ihrer Mitteilung „Rechtsdurchsetzung, Politikgestaltung und Handel im Forstsektor (FLEGT)“ vom 21. Mai 2003 für die Bekämpfung des illegalen Holzeinschlags in Aussicht gestellt hatte.[199] Daneben wurde bspw durch die VO (EG) Nr 2173/2005 ein **Genehmigungssystem** geschaffen, um auf Grundlage von freiwilligen Partnerschaftsabkommen mit Drittländern sicherzustellen, dass nur nach dem nationalen Recht des Erzeugerlandes legal geschlagenes Holz in die Gemeinschaft eingeführt wird (FLEGT-Genehmigungssystem).[200] Gemäß Art 4 Abs 1 EUTR ist es verboten, Holz und Holz-

197 VO (EU) Nr 995/2010 des Europäischen Parlaments und des Rates vom 20. Oktober 2010 über die Verpflichtungen von Marktteilnehmern, die Holz und Holzerzeugnisse in Verkehr bringen, ABl 2010 L 295/23, zuletzt geändert durch VO (EU) Nr 2019/1010, ABl 2019 L 170/115; vgl auch die Delegierte VO (EU) Nr 363/2012 der Kommission vom 23. Februar 2012 zu den Verfahrensvorschriften für die Anerkennung und den Entzug der Anerkennung von Überwachungsorganisationen gemäß der Verordnung (EU) Nr 995/2010 des Europäischen Parlaments und des Rates über die Verpflichtungen von Marktteilnehmern, die Holz und Holzerzeugnisse in Verkehr bringen, ABl 2012 L 115/12 sowie die DurchführungsVO (EU) Nr 607/2012 der Kommission vom 6. Juli 2012 über die detaillierten Bestimmungen für die Sorgfaltspflichtregelung und die Häufigkeit und Art der Kontrollen der Überwachungsorganisationen gemäß der Verordnung (EU) Nr 995/210 des Europäischen Parlaments und des Rates über die Verpflichtungen von Marktteilnehmern, die Holz und Holzerzeugnisse in Verkehr bringen, ABl 2012 L 177/16.

198 Vgl hierzu *Falke* ZUR 22 (2011), 50/53 *Sieveking* NuR 36 (2014), 542ff.

199 Mitteilung der Kommission an den Rat und das Europäische Parlament, Rechtsdurchsetzung, Politikgestaltung und Handel im Forstsektor (FLEGT), Vorschlag für einen EU-Aktionsplan, KOM (2003) 251 endg v 21.5.2003, 16f; s a Work Plan 2018-2022 for the Implementation of the Forest Law Enforcement, Governance and Trade Action Plan, September 2018, <ec.europa.eu/environment/forests/pdf/FLEGT_Work_Plan_2018_2022.pdf>.

200 VO (EG) Nr 2173/2005 des Rates vom 20. Dezember 2005 zur Einrichtung eines FLEGT-Genehmigungssystems für Holzeinfuhren in die Europäische Gemeinschaft, ABl 2005 L 347/1, zuletzt geändert

erzeugnisse aus illegalem Einschlag auf dem Binnenmarkt in Verkehr zu bringen. Für natürliche oder juristische Personen, die Holz oder Holzerzeugnisse in den Verkehr bringen oder diese in Verkehr gebrachten Güter ver- oder ankaufen, enthalten die Art 4–6 EUTR besondere **Sorgfaltspflichten** in Bezug auf das Risiko eines illegalen Holzeinschlags (Bereitstellung von Informationen sowie Maßnahmen zur Risikobewertung und Risikominimierung).[201] Eine umfassende Auflistung der von der Rechtsvorschrift betroffenen Produkte enthält der Anhang der EUTR. Diejenigen Holzprodukte, die mit einer CITES- oder einer FLEGT-Genehmigung geliefert werden, gelten im Sinne der EU-Holzhandelsverordnung als legal geschlagen (Art 3 EUTR).[202]

Abgesehen von den bereichsspezifischen Regelungen zeichnet sich sowohl in 90
Deutschland als auch auf EU-Ebene die Schaffung einer **allgemeinen Sorgfaltspflicht für Umwelt- und Menschenrechtsverstöße entlang der Lieferkette** ab. Anfang 2020 hat die Kommission eine von ihr in Auftrag gegebene umfassende Studie mit dem Titel „Due dilligence requirements through the supply chain" veröffentlicht, die Menschenrechts-, Sozial- und Umweltstandards einbezieht.[203] Am 1. Dezember 2020 hat der Rat Schlussfolgerungen gebilligt, in denen die Mitgliedstaaten und die Kommission aufgefordert werden, Menschenrechte in globalen Lieferketten sowie menschenwürdige Arbeit weltweit zu fördern.[204] Am 27. Januar 2021 stimmte der Rechtsausschuss des Europaparlaments ebenfalls für die Erarbeitung eines Lieferkettengesetzes.[205] Entsprechend der allgemeinen Zustimmung wird im Laufe des Jahres 2021 ein Verordnungsentwurf durch die Kommission erwartet.[206]

Neben globaler Verteilungskämpfe wird das „Recht der internationalen Rohstoff- 91
märkte" in der Zukunft somit neue Gerechtigkeitskriterien in das Blickfeld rücken, wie

---

durch VO (EU) 2019/1010 des Europäischen Parlaments und des Rates vom 5. Juni 2019 zur Angleichung der Berichterstattungspflichten im Bereich der Rechtsvorschriften mit Bezug zur Umwelt und zur Änderung der VO (EG) Nr 166/2006 und (EU) Nr 995/2010 des Europäischen Parlaments und des Rates, der Richtlinien 2002/49/EG, 2004/35/EG, 2007/2/EG, 2009/147/EG und 2010/63/EU des Europäischen Parlaments und des Rates, der VO (EG) Nr 338/97 und (EG) Nr 2173/2005 des Rates und der Richtlinie 86/278/EWG des Rates, ABl 2019 L 170/115. S a VO (EG) Nr 1024/2008 der Kommission vom 17. Oktober 2008 mit Durchführungsbestimmungen zu der VO (EG) Nr 2173/2005 des Rates zur Einrichtung eines FLEGT-Genehmigungssystems für Holzeinfuhren in die Europäische Gemeinschaft, ABl 2008 L 277/23. Ein Überblick über das FLEGT-Genehmigungssystem findet sich a unter <flegtlicence.org>.

201 *Falke* ZUR 22 (2011) 50/53; *Sieveking* NuR 36 (2014) 542/544f.

202 Um entstandenen Unklarheiten in Bezug auf die Reichweite und Handhabung der EUTR zu begegnen, hat die Kommission am 12. Februar 2016 einen Leitfaden zur EUTR veröffentlicht, vgl Mitteilung der Europäischen Kommission, Leitfaden zur EU-Holzverordnung, KOM (2016) 755 final v 12.2.2016.

203 S EU-Kommission, Study on due diligence requirements through the supply chain, Final Report, January 2020, <op.europa.eu/en/publication-detail/-/publication/8ba0a8fd-4c83-11ea-b8b7-01aa75ed71a1/language-en>.

204 Rat, Council Conclusions on Human Rights and Decent Work in Global Supply Chains, 13512/20 v 1.12.2020.

205 S EU-Parlament, MEPS: Hold companies accountable for harm caused to people and planet, Pressemitteilung v 27.1.2021, <europarl.europa.eu/news/en/press-room/20210122IPR96215/meps-hold-companies-accountable-for-harm-caused-to-people-and-planet>.

206 Dazu *BDI* Auf dem Weg zu einem europäischen Lieferkettengesetz, 6.4.2021, <bdi.eu/artikel/news/auf-dem-weg-zu-einem-europaeischen-lieferkettengesetz>.

die Berücksichtigung von Umweltgesichtspunkten, der Menschenrechte, der Korruptionsbekämpfung und der Good Governance.

I. Zukunftsperspektiven der Rohstoffmärkte

92 Wie wird sich der Rohstoffhandel entwickeln? Im Zuge der immer besseren Vernetzung der Welt, der besseren Technik zum Ab- bzw Anbau von Rohstoffen und mit dem Ansteigen der Nachfrage nach qualitativ hochwertigen Produktionsmitteln ist davon auszugehen, dass der Weltmarkt für Rohstoffe weiterwachsen wird. Der Markt wird sich noch schneller verändern, da einerseits neue Produzenten in lukrative Märkte drängen und dadurch den **Preisdruck** aufrechterhalten, wie das Beispiel des Schiefer-Öl-Booms in den USA gezeigt hat,[207] und andererseits noch nicht vollständig absehbar ist, wie sich die weltweite Corona-Krise womöglich auch strukturell auf die internationalen Rohstoffmärkte auswirkt.[208] Dies trifft in erster Linie die örtlichen Kleinproduzenten, aber auch die nach wie vor so exporterlösabhängigen Produzentenstaaten.

93 Eine Tendenz, zu weitgreifenden Einigungen zu kommen, ist nicht zu erkennen. Im Gegenteil, wie aus oben Dargelegtem deutlich wird, sind die Staaten eher unwillig, sich auf eine gemeinsame Politik zu verständigen. Es scheint sich zu bewahrheiten, was schon eine Analyse aus dem Jahre 1995 konstatierte: Die Regulierung von Rohstoffmärkten passt nicht (mehr) in unsere Zeit, und diese Sichtweise hat zu einer Unwilligkeit und Unfähigkeit geführt, zu umfassenderen Regelungen zu kommen.[209] Eine Rückkehr zu marktintervenierenden Abkommen scheint in einem überschaubaren mittelfristigen Zeitrahmen undenkbar. Zwar werden die derzeit existierenden Abkommen regelmäßig verlängert, aber der Einfluss der Verträge ist, wie oben beschrieben, begrenzt – beinhalten die Abkommen doch nur eher allgemeine Regelungen, zB zur Datenerhebung, zur Förderung des Handels mit einem Rohstoff oder zur Finanzierung allgemeiner Forschung über verbesserte oder zu verbessernde An- oder Abbaumethoden.

94 Auch wegen der Situation der beteiligten Verhandlungspartner erscheint eine weitergehende Einigung unwahrscheinlich. Auf der einen Seite herrscht Uneinigkeit unter den Produzenten. Jeder Staat ist darauf bedacht, bei dauerhaft schlechten Bedingungen noch das Beste für sich selbst herauszuholen, so dass die Situation nicht durch konzertierte Aktionen aller Produzenten verbessert werden kann. Auch bei den Verbraucherstaaten mangelt es an ausreichendem Interesse, wodurch eine Verständigung auf gemeinsame Maßnahmen vereitelt wird. Überdies können die Staaten nur begrenzt Einfluss ausüben, da der Markt von internationalen Großkonzernen beherrscht wird. Zum zweiten sind die Interessen naturgemäß unterschiedlich verteilt. Einige Staaten sind ihren früheren Kolonien noch stärker verbunden, andere haben aus anderen historischen oder politischen Gründen unterschiedlich stark ausgeprägte Beziehungen zu einzelnen Staaten.

---

207 *The Economist* The new economics of oil, Sheiks v shale, 6.12.2014, 1, <economist.com/news/leaders/21635472-economics-oil-have-changed-some-businesses-will-go-bust-market-will-be?frsc=dg%7Cc>.

208 *Wellenreuther* Wirtschaftsdienst 2 (2021) 147f.

209 *Gilbert* World Development 24 (1996) 1ff.

Zwar wird nach wie vor Entwicklungshilfe geleistet, aber ein direkter Zusammenhang zwischen der Produktion eines Rohstoffs und geleisteten Zahlungen ist nicht mehr vorhanden. Auch die EU, die sich den Ausgleich des Nord-Süd-Gefälles und die Bekämpfung der Armut zum Ziel gesetzt hat, ist hier nicht mehr aktiv, seit sie mit dem Abschluss des Cotonou-Abkommens das STABEX-System der Lomé-Abkommen mit den AKP-Staaten auslaufen ließ.[210] 95

Es scheint eine Rückbesinnung auf den Nationalstaat oder zumindest den Regionalblock stattzufinden. Das mutet eigentlich verwunderlich an zu einer Zeit, in der jeder Ort der Welt in weniger als 24 Stunden erreicht werden kann. Die **Bildung von Regionalblöcken** dient einerseits zwar dem Freihandel innerhalb dieses Systems, aber gleichzeitig führt sie auch zur Abschottung des Marktes im Verhältnis zu anderen Staaten.[211] 96

Zu erwarten ist auch, dass **Umweltaspekte** eine stärkere Rolle spielen werden. Das muss nicht unbedingt bedeuten, dass umweltfreundlicher produziert werden wird. Eher ist vorstellbar, dass in manchen Regionen der Welt gar keine Landwirtschaft mehr betrieben werden kann, da die Umwelt so nachhaltig geschädigt ist. In diesem Zusammenhang ist auch der Zugang zu und der Nutzen von Nutzwasser zu berücksichtigen. Inwiefern dies in der Zukunft eine Rolle spielen wird, kann nur geschätzt werden. Sicher scheint aber, dass dies ein potenziell konfliktträchtiger Bereich ist. Gleichzeitig lässt der ökologische Wandel der Industrien und die damit verbundene Umstellung auf Zukunftstechnologien wie bspw Elektroautos die Nachfrage nach einer Reihe von Rohstoffarten in den nächsten Jahrzehnten erheblich steigen. Inwieweit sich diese Nachfrage wiederum auf die Umwelt auswirken wird, bleibt offen.[212] 97

Dies gilt ebenso für den **digitalen Wandel**, der zur Schaffung neuer Märkte führt, während andere Märkte und die damit zusammenhängende Industrie verschwindet. Die Staaten befinden sich bereits in einem starken Wettbewerb um die Vormachtstellung auf den Zukunftsmärkten. Dieser Wettbewerb wird auch durch den Zugang zu den notwendigen Rohstoffen bzw dem Rohstoffpreis bestimmt. Nicht abzusehen ist in diesem Zusammenhang, inwieweit technische Innovationen auch umgekehrt zu einer stärkeren Ressourceneffizienz führen können. 98

Eine besondere Rolle kommt der **Volksrepublik China** als neuer Wirtschaftsgroßmacht zu. Das Land hat sich als Herausforderer des marktwirtschaftlichen Systems der USA und der EU etabliert. Dabei ist China einerseits an die Spitze der globalen Rohstoffnachfrage gerückt, während andererseits der Großteil der weltweiten Förderung von seltenen Erden in China selbst erfolgt.[213] Mittels Ausfuhrbeschränkungen oder anderer Formen der Preisdiskriminierung kann das Land sich daher einen erheblichen Wettbewerbsvorteil gegenüber der internationalen Konkurrenz verschaffen.[214] Wie gezeigt, sind Staaten bereits vor der WTO gegen Exportbeschränkungen 99

---

210 Näher dazu o Rn 48.

211 Vgl zu den Auswirkungen regionaler Wirtschaftsintegration → *Nowrot* § 3 Rn 26ff.

212 *Hund ua* The World Bank Group, Minerals for Climate Action: The Mineral Intensity of the Clean Energy Transition (2020) 37ff.

213 *Schüler-Zhou/Felizeter/Ottsen* DERA Rohstoffinformationen 41 (2020) 10ff u 44ff.

214 WTO, 3rd Trade Policy Review China v 26.4.2010, WT/TPR/S/230, 44; *van Tongeren* in OECD (Hrsg) Globalisation, Comparative Advantage and the Changing Dynamics of Trade (2011).

vorgegangen. Es besteht jedoch die Gefahr, dass durch die Länge des Verfahrens der einmal eingetretene Schaden nicht wieder ausgeglichen werden kann.[215] Auch drängt China insbesondere auf Grund seines Rohstoffhungers, dh seiner immensen Rohstoffnachfrage, immer stärker auch auf den afrikanischen wie auch den südamerikanischen Kontinent. Darüber hinaus stellt sich eine Reihe von weiteren Fragen. Zum Beispiel die Frage, ob in Märkte überhaupt noch regulativ eingegriffen werden kann und ob die Industrienationen auch in der Zukunft weiterhin bereit sein werden, den Entwicklungsländern unter die Arme zu greifen. Weiterhin ist offen, ob nicht gerade die zunehmende Regionalisierung von Handelsblöcken ein Hindernis für globale Lösungen darstellt. Zudem stellt sich angesichts zunehmender Umweltschutzbestimmungen die Frage, wie damit umzugehen ist, dass diese für eine Reihe von Exportländern eine Importbeschränkung bedeuten. Streitigkeiten wie zwischen Indonesien und der EU um die Einfuhr von Palmöl in den Binnenmarkt weisen auf eine Reihe zukünftiger Konfliktlinien hin.[216]

100 Die internationalen Rohstoffmärkte bleiben ein interessantes Feld, indem aber in naher Zukunft nicht mit bahnbrechenden Veränderungen zu rechnen sein wird, sondern – das ist eher wahrscheinlich – die Politik des kleinsten gemeinsamen Nenners weiterhin das Maß aller Dinge sein wird.

215 *Wu* WTR 16 (2017) 673ff.
216 *Mitchell/Merriman* TL&D 12 (2020) 548ff.

§ 8
Internationales Transportrecht

Karsten Otte und Andreas Maurer

Gliederung — Rn

https://doi.org/10.1515/9783110630718-008

Schrifttum
Basedow Internationale multimodale Gütertransporte. Rechtsvergleichung, Einheitsrecht, Kollisionsrecht in Lagoni/Paschke (Hrsg) Seehandelsrecht und Seerecht. Festschrift für Rolf Herber zum 70. Geburtstag (1999) 15–44; *Bauer* (Hrsg) Handbuch Verkehrspolitik (2009); *Buchholz/Clausen/Vastag* (Hrsg) Handbuch der Verkehrslogistik (1998); *Baumbach/Hopt* Kommentar zum Handelsgesetzbuch, 39. Aufl (2020); *Ferrari/Kieninger/Mankowski/Otte/Saenger/Schulze/Staudinger*, Internationales Vertragsrecht: EGBGB, CISG, CMR, FactÜ – Kommentar, 3. Aufl (2018); *Fremuth/Thume* Kommentar zum Transportrecht (1996 und 2000); *Frerich/Müller* Europäische Verkehrspolitik, Bd. I–III (2004, 2006, 2010); *Giemulla/Schmid* Frankfurter Kommentar zum Luftverkehrsrecht, Loseblatt (1984–2018); *Hartenstein/Reuschle* (Hrsg) Handbuch des Fachanwalts. Teil: Transport- und Speditionsrecht, 3. Aufl (2015); *Hailbronner* Arbeitsgenehmigungserfordernisse für türkische Fernfahrer im grenzüberschreitenden Güterfernverkehr in TranspR 2004, 393ff; *Herber/Piper* CMR: Internationales Straßentransportrecht (1996); *Herber* Seehandelsrecht. Systematische Darstellung, 2. Aufl (2016); *Koller* Transportrecht, 10. Aufl (2020); *Lagoni/Paschke* (Hrsg) Festschrift Rolf Herber (1999) 15; *Kühling/Otte* (Hrsg) AEG, ERegG, Kommentar (2020); *Otte* Transport- und Verkehrsrecht in Schulze/Zuleeg (Hrsg) Europarecht – Handbuch für die deutsche Rechtspraxis (2006) 1504; *ders* Der multimodale Transportvertrag im deutschen internationalen Privatrecht in Mansel/Krüger (Hrsg) Liber Amicorum Gerhard Kegel (2002) 141; *Paschke/Furnell* Transportrecht (2011); *Prüssmann/Rabe* Seehandelsrecht 4. Aufl (2000); *Thume* Kommentar zur CMR 3. Aufl (2013); *Regner* Das Binnenschiffsverkehrsrecht der EG (2008); *v Waldstein/Holland* Binnenschiffahrtsrecht Kommentar (2007).

A. Einleitung

Begrifflich und sachlich ist zu unterscheiden: Internationales **Transportrecht** im **engeren Sinne** ist autonomes Kollisionsrecht zur Bestimmung des für grenzüberschreitende Transporte und durch sie aufgeworfene Rechtsfragen anwendbaren Rechts. Hauptsächlich geht es hierbei um die Bestimmung des auf Transportverträge anwendbaren Vertragsrechts (vor deutschen Gerichten früher die Art 27–37 EGBGB als Umsetzung des EVÜ[1] – ab 17.12.1999 abgelöst durch die direkt geltende Verordnung (EG) Nr 593/2008 = Rom-I-VO[2]) – bzw um die Bestimmung des auf internationale außervertragliche Schuldverhältnisse (vor deutschen Gerichten die Art 38–42 EGBGB) anwendbaren Rechts – ab 1.11.2009 abgelöst durch die direkt geltende Rom-II-VO in dem nach Art 1 Rom-II-VO benannten Anwendungsbereich.[3] 1

Internationales Transportrecht im **weiteren Sinne** sind zwischenstaatliche (bi- und multilateral) verkehrsträgerbezogen (Straße, Schiene, Wasser, Luft) geschlossene **Transportrechtsübereinkommen** mit dem Ziel der Rechtsvereinheitlichung. Die Übereinkommen gelten im Rahmen ihres jeweiligen persönlichen, sachlichen und räumlichen Anwendungsbereichs zwingend und haben entweder zivil-, kollisions- 2

---

1 Übereinkommen von Rom über das auf vertragliche Schuldverhältnisse anzuwendende Recht Nr 80/934/EWG, ABl EG 1980 L 266/1.

2 Verordnung Rom I Nr 593/2008, ABl EU 2008 L 177/6, in Kraft seit 17.12.2009 (mit Ausnahme Dänemarks).

3 Verordnung Rom II Nr 864/2007, ABl EU 2007 L 199/40. Sie ist am 11.1.2009 in Kraft getreten (mit Ausnahme Dänemarks). Ihr Anwendungsbereich umfasst Delikte, Geschäftsführung ohne Auftrag, ungerechtfertigte Bereicherung und auch *culpa in contrahendo*.

oder völker-, verkehrs- bzw ordnungsrechtlichen Regelungsgehalt. Übereinkommen mit zivilrechtlichem Regelungsgehalt betreffen in erster Linie wiederum die vertraglichen und deliktischen Rechtsbeziehungen der Transport- und Ladungsbeteiligten. Diese Abkommen enthalten hauptsächlich sog Sachnormen. Diese gelten unmittelbar und verdrängen innerhalb ihres sachlichen Anwendungsbereichs das Recht, das – ohne ein solches Übereinkommen – über eine kollisionsrechtliche Anknüpfung des autonomen IPR des angerufenen Forums aufgefunden würde und anwendbar wäre. Bei sogenannten Multimodalverträgen (Verträgen über den Transport auf verschiedenen Transportmodi) kann das auf die Teilstreckentransporte anwendbare Vertragsrecht bzw Deliktsrecht von dem auf den Gesamtvertrag (Multimodalvertrag) anwendbaren Recht unter bestimmten Voraussetzungen durchaus abweichen.[4] Regelungslücken im Übereinkommensrecht gibt es immer wieder. Sie sollten möglichst durch Auslegung des betreffenden Abkommens selbst (übereinkommensautonome Auslegung, insbesondere für den Anwendungsbereich des Abkommens) vermieden und – soweit die Auslegung nicht reicht oder nicht möglich ist – durch Anwendung des ergänzend anwendbaren Sachrechts geschlossen werden. Dieses Sachrecht findet sich dann wiederum entweder über eigene Kollisionsnormen in den Übereinkommen (die Lücke wurde gleichsam vorhergesehen) oder letztlich über Kollisionsrecht des ausgerufenen Forums. Der jeweils aktuelle Stand der Ratifizierungen von Staatsverträgen kann in Deutschland dem Bundesgesetzblatt Teil II, dessen vom BMJ jeweils zum 31.12. aktualisierten Jahresregister (Fundstellenverzeichnis B, Bundesanzeiger-Verlag), sowie für das See(fracht)recht ggf der Übersicht des *Comité Maritime International* (CMI)[5] entnommen werden.

3 Von internationalem Transportrecht im vorgenannten Sinne zu unterscheiden ist **Markt- bzw Verkehrswirtschaftsrecht.** Es ist für das Verkehrsgeschehen nicht minder prägend. Es steht – teilweise nach Vorgaben des EU-Rechts – stark im Zeichen von Deregulierung und Liberalisierung der Verkehrsmärkte und ist in Deutschland geprägt durch folgende Schritte:

- Ersetzung bilateraler Kontingente durch Gemeinschaftskontingente 1988
- verkehrsträgerübergreifende Aufhebung der Tarifbindung im Güterverkehr Anfang 1994[6]
- Schrittweise Aufhebung des Verbots der Kabotage (Seeverkehr 1.1.1993, Luftverkehr 1.4.1997, Straßenverkehr 1998, Personenbeförderung 1.6.1992)

---

4 Dazu unten Rn 232ff.

5 Vgl <comitemaritime.org/>.

6 Hintergrund der Neuregelungen ist die vorangegangene Ausweitung der Liberalisierung des Güterverkehrs in den Mitgliedstaaten der Europäischen Gemeinschaft (betr Eisenbahngüterverkehrstarife bereits durch Entscheidung des Rates 82/529/EWG v 19.7.1982; Straßengüterverkehr: Die obligatorischen Tarife im grenzüberschreitenden Straßengüterverkehr wurden zum 1.1.1989 in Empfehlungspreise überführt; ab 1.1.1993 fiel die Tarifbindung im Straßengüterverkehr weg) und ihr Ziel, die Sicherung der Wettbewerbsfähigkeit des deutschen Transportgewerbes. Zum 1.1.1994 ist das Gesetz zur Aufhebung der Tarife im Güterverkehr (Tarifaufhebungsgesetz – TAufhG v 13.8.1993, BGBl 1993 I, 1489) in Kraft getreten (vgl Art 12 S 1 TAufhG). Folge des TAufhG ist, dass die Tarifpflicht und damit auch die Tarifüberwachung im Güterkraftverkehr (GüKG), im Schienengüterverkehr (AEG und EVO) und im Binnenschiffsgüterverkehr (BinSchG, BinSchAufGG) beseitigt sind. Eingeführt wurde die freie Preisbildung bei den Beförderungsentgelten; die bisher obligatorischen Tarife wurden aufgehoben.

- Aufhebung des Kontrahierungszwangs für Gütertransporte, Tier- und Expressverkehre
- (schrittweise) Aufhebung von Wettbewerbsregelungen zwischen Straße und Schiene
- (schrittweise) Privatisierung der staatlichen Verkehrsträger (Luftverkehr und Bahn)
- Harmonisierung der Markt- bzw. Netzzugangsregulierung (gewerblicher Luftverkehr von Personen, Post, Luftfracht[7] und Bahnverkehr[8])
- Stärkung der Interoperabilität (Bahn: Energie, Zugsteuerung, Zugsicherung, Signalgebung; Fahrzeugzulassung)[9]

Die Entwicklung im Markt- bzw Verkehrswirtschaftsrecht der einzelnen Verkehrsmodi ist weiter im Fluss und nicht abgeschlossen.

B. Straßentransport

I. Ordnungsrecht

In Deutschland besteht für den **gewerblichen Güterkraftverkehr** eine inländische, 4
rein ordnungsrechtliche **Erlaubnispflicht** nach § 3 Güterkraftverkehrsgesetz[10] (GüKG, Inlandssitz, Zuverlässigkeit, finanzielle Leistungsfähigkeit, fachliche Eignung). Die Genehmigung wird befristet auf bis zu 10 Jahre erteilt. Andere Staaten haben in der Regel entsprechende Genehmigungspflichten.

Wegen der beschränkten Reichweite staatlicher Genehmigungen (**Territoriali-** 5
tätsprinzip) bedürfen **grenzüberschreitende Güterkraftverkehre** einer staatlichen Genehmigung des Landes, das vom Transport berührt wird. Grenzüberschreitender Güterverkehr ist definiert in Art 1 Abs 1 des Übereinkommens über den Beförderungsvertrag im internationalen Straßengüterverkehr (CMR[11]) und liegt vor, wenn bei der Beförderung von Gütern mit Fahrzeugen der Ort der Übernahme und der Ort der Ablieferung des Gutes in zwei verschiedenen Ländern liegen – ohne Rücksicht auf den

---

7 Gesetz zur Erleichterung des Marktzugangs im Luftverkehr v 21.8.2002, BGBl 2002 I, 3355.

8 Betr Marktzugang: RL 91/440/EG und RL 2001/12/13/14/EG (1. Eisenbahnpaket). Es folgten weitere Eisenbahnpakete 2003 und 2007 sowie punktuelle Revisionen 2008 sowie die RL 2012/34/EU, welche durch ein weiteres Eisenbahnpaket 2016 (RL 2016/2370/EU) geändert wurde, ferner zahlreiche RL 2012/34/EU konkretisierende Durchführungsverordnungen, vgl unten Rn 82ff.

9 RL 96/48/EG (aufgehoben) über das transeuropäische Hochgeschwindigkeitsbahnsystem; RL 2001/16/EG (aufgehoben), ABl EG 2001 L 110/1 über das konventionelle transeuropäische Eisenbahnsystem; RL 2004/50/EG v 29.4.2004, ABl L 220/40 zur Änderung der beiden vorgenannten Richtlinien, zusammengefasst in RL 2008/57/EG, ABl L 191/1, zuletzt geändert durch RL 2014/106/EU am 12.12.2014. Betroffen sind die Teilsysteme struktureller (Energie, Zugsteuerung, Zugsicherung und Signalgebung, Fahrzeuge) oder funktioneller Art (Verkehrsbetrieb und Verkehrssteuerung, Instandhaltung, Telematikanwendungen). Technische Spezifikationen Interoperabilität (TSI) setzen Vorgaben.

10 V 22.6.1998 BGBl 1998 I, 1485, zuletzt geändert durch Art 141 G v 20.11.2019 BGBl 2019 I, 1626.

11 *Convention relative au Contrat de transport international de Marchandises par Route* v 19.5.1956. Für die Rechtsanwendung verbindlich sind allein der französische und der englische Wortlaut.

Wohnsitz und die Staatsangehörigkeit der Parteien. Ausführende sind Unternehmen mit Sitz im In- oder Ausland, die Güterkraftverkehrsgenehmigungen ihrer Sitzstaaten haben und deren Fahrzeuge in ihrem Sitzstaat zugelassen sind. Die Erteilung solcher Genehmigungen kann zwischenstaatlich durch **bilaterale** (vgl sogleich unten 1., Rn. 7ff) **oder multilaterale Übereinkommen** geregelt werden. **Multilateral** beispielsweise wirken die sog **CEMT-Genehmigung**[12] bzw innerhalb der EU die **Gemeinschaftslizenz.**

6 Mit Inkrafttreten des ***„Road Package"*** zum 4.12.2011 wurden EU-intern zahlreiche Vorschriften des Markt- und Berufszugangs für Kraftverkehrsunternehmer neu gefasst.[13] Es handelt sich um die Verordnungen (EG) Nr 1071/2009 zur Festlegung gemeinsamer Regeln für die **Zulassung zum Beruf** des Kraftverkehrsunternehmers,[14] Nr 1072/2009 über gemeinsame Regeln für den **Zugang zum Markt des grenzüberschreitenden Güterkraftverkehrs**[15] und Nr 1073/2009 über gemeinsame Regeln für den **Zugang zum grenzüberschreitenden Personenkraftverkehrsmarkt.**[16]

1. Marktzugang durch bilaterale Genehmigungen auf der Basis zwischenstaatlicher Verwaltungsabkommen

7 Bilaterale Genehmigungen beruhen auf zwischenstaatlichen Verwaltungsabkommen. Solche Genehmigungen können für den Verkehr zwischen zwei Vertragsstaaten erteilt werden: Für sog Wechselverkehre (Beförderungen direkt zwischen den Vertragsstaaten), für bloßen Transitverkehr durch einen Vertragsstaat oder für einen bestimmten Drittland- oder für Dreiländerverkehr (Bsp: Im Verhältnis der Vertragsstaaten Österreich-Deutschland übernimmt ein österreichischer Unternehmer in Deutschland eine Ladung auf in Richtung des angrenzenden Nichtvertragsstaates Kroatien [= Drittstaat] und durchfährt auf verkehrsüblichem Weg Österreich als Zulassungsland des Kfz). Für Wechsel- und Transitverkehre sind in der Regel für die Transportunternehmen der betroffenen Länder gleiche Höchstzahlen der zugelassenen Lkw und Sattelschlepper kontingentiert. Die Kontingente werden regelmäßig überprüft und den Marktbedingungen angepasst. Das BMVBS kann **Sonderkontingente** im Verkehr mit bestimmten Staaten einräumen, um etwa Verkehr über bestimmte Wege (zB Seehäfen) zu intensivieren. **Kooperations-Kontingente** dienen der verstärkten Einbindung deutscher Unternehmen.

---

12 Vgl unten Rn 11ff.

13 Ersetzte Vorläuferregelungen sind neben der VO Nr 881/92 v 26.3.1992 die VO Nr 3118/93, die VO des Rates Nr 96/26/EG v 29.4.1996 über den Zugang zum Güterkraftverkehrsmarkt in der Gemeinschaft, die RL 98/76/EG des Rates v 1.10.1998 über den Zugang zum Beruf des Güterkraftverkehrsunternehmers im innerstaatlichen und grenzüberschreitenden Verkehr sowie die RL 2006/94/EG.

14 VO Nr 1071/2009 v 14.11.2009, ABl 2009 L 300, 51, zuletzt geändert durch VO (EU) Nr 517/2013 v 13.5.2013, ABl 2013 L 158, 1.

15 VO Nr 1072/2009 v 14.11.2009, ABl 2009 L 300, 72, zuletzt geändert durch VO (EU) Nr 517/2013 v 13.5.2013, ABl 2013 L 158, 1. Die Regelungen zur Kabotage in Art 8ff VO (EU) Nr 1072/09 sind bereits am 14.5.2010 in Kraft getreten.

16 VO Nr 1073/2009 v 14.11.2009, ABl 2009 L 300, 88, zuletzt geändert durch VO (EU) Nr 517/2013 v 13.5.2012, ABl 2013 L 158, 1 und berichtigt durch (1073/2009) v 16.10.2015, ABl 2015 L 272, 15.

Bilaterale Genehmigungen können **auf Zeit** für eine unbestimmte Anzahl von Fahrten (Zeitspanne von drei Monaten bis zu einem Jahr) oder für eine bestimmte **Anzahl** von Fahrten innerhalb einer bestimmten Zeitspanne erteilt werden. Sie werden vom befahrenen Staat erteilt und durch eine Behörde des Heimatstaates des Transportunternehmens (in Deutschland die Außenstellen des Bundesamtes für Güterverkehr [BAG] oder die Bezirksregierungen) ausgeteilt. Die Genehmigungen werden den Unternehmern erteilt oder sie sind fahrzeuggebunden. Unternehmensgebundene Genehmigungen können zur gleichen Zeit immer nur für ein einziges Kraftfahrzeug verwendet werden und sind nicht übertragbar. Wegen der unkontingentierten EU-Lizenzen innerhalb des Europäischen Wirtschaftsraums (EWR) wird grenzüberschreitender Straßengüterverkehr mit bilateralen Genehmigungen heute nur noch in Verkehren zwischen einem EWR-Staat und einem Drittstaat und zwischen Drittstaaten abgewickelt. Nach dem Beitritt der neuen EU-Mitglieder verschieben sich die Fälle bilateral genehmigungspflichtiger **Drittlandverkehre** also nach Osten. Bis an die EU-Grenze sind die Verkehre unter der **Gemeinschaftslizenz** frei (vgl unten 3., Rn 15ff). Rechts- und Verwaltungsvorschriften des Aufnahmestaates (zu Fahrzeuggewichten, -abmessungen, Lenk- und Ruhezeiten, Sondervorschriften über die Beförderung bestimmter Güter und die Mehrwertsteuerpflicht auf Beförderungsleistungen) sind einzuhalten. 8

Werkverkehre (nach § 1 Abs 2 GüKG ein Güterverkehr für eigene Zwecke desselben Unternehmens – auch möglich zwischen in verschiedenen Ländern belegenen Unternehmensteilen) sind grundsätzlich vom Genehmigungs- und Kontingentierungszwang ausgenommen (mit Ausnahme der Verkehre im Verhältnis zu Zypern, der Türkei und osteuropäischen Ländern). Gleiches gilt für verkehrspolitisch unbedeutende Beförderungen kleineren Ausmaßes (kleiner deutsch-schweizerischer Grenzverkehr im Radius von 10 km, Messe- und Ausstellungsgüter, zulässiges Gesamtgewicht nicht über 6 Tonnen, Leerfahrten). 9

Für den internationalen Straßenpersonen- und Güterverkehr mit den neueren EU-Staaten (etwa das Abkommen zwischen der Bundesrepublik Deutschland und Polen vom 8.11.1991) gibt es **Übergangsfristen** mit Wirkung auf Genehmigungspflicht, Kabotagefreiheit ua. Die letzten Übergangsregelungen liefen spätestens 2017 aus. Enthält der Transport zwischen zwei EU-Mitgliedstaaten eine Transitstrecke durch einen Nicht-EU-Mitgliedstaat (etwa die Schweiz), so ist für das zu durchfahrende Transitland Schweiz weiterhin eine bilaterale Genehmigung notwendig. 10

2. CEMT-Genehmigung

Die CEMT-Genehmigung wird auf der Basis eines Beschlusses des Verkehrsministerrates vom 11. März 1974 ausgegeben, der damit ein **multilaterales Kontingent** für Beförderungen im Straßengüterverkehr zwischen den beteiligten Staaten und für den Transitverkehr schuf.[17] Beteiligt sind europäische Staaten innerhalb und außerhalb der EU. 11

17 Der Name stammt von der 1953 begründeten, ständigen Konferenz der Europäischen Verkehrsminister (*Conférence Européenne des Ministres des Transports* – CEMT; engl: *European Conference of Ministers of Transport* – ECMT) mit zZ 43 Mitgliedstaaten. 2006 wurde auf Beschluss der CEMT die Plattform des *International Transport Forum* (ITF) gegründet, das der OECD angegliedert ist und dem heute 60 Staaten angehören (Stand: 2020). Das CEMT-System wird unter seinem alten Namen vom ITF und den dort an-

Jedem Land ist eine bestimmte Anzahl von Genehmigungen zugeteilt.[18] Solche CEMT-Genehmigungen berechtigen zur Durchführung von Beförderungen im gewerblichen Straßengüterverkehr, bei denen Be- und Entladeort in zwei verschiedenen Mitgliedstaaten der CEMT liegen, dh zu grenzüberschreitenden Güterbeförderungen zwischen allen CEMT-Staaten bzw zu Transitverkehr (auch zu Leerfahrten). Sie berechtigen nicht zu Binnenverkehr in einem CEMT-Mitgliedstaat (**Kabotage**). Sie berechtigen auch nicht zu Beförderungen zwischen einem Mitgliedstaat der CEMT und einem Nicht-Mitgliedstaat. Die CEMT-Genehmigung ersetzt die inländisch sonst notwendige Erlaubnis für den Güterkraftverkehr. Einzelheiten der Verteilung regelt eine CEMT-Genehmigungsverordnung. Eine CEMT-Genehmigung bekommt, wer bereits eine Erlaubnis gem GüKG oder eine **Gemeinschaftslizenz** hat. Die CEMT-Genehmigung ist befristet auf ein Jahr (Jahresgenehmigung), in besonderen Fällen auf 30 Tage (Kurzzeitgenehmigung). Sie erlischt, wenn in dem Fahrtenberichtsheft für den Gültigkeitszeitraum weniger als 26 Fahrten nachgewiesen werden bzw wenn über drei Monate keine Fahrtätigkeit im Zuge der CEMT-Genehmigung nachgewiesen wird. Die CEMT-Genehmigung wird auf das antragstellende Unternehmen ausgestellt, ist nicht übertragbar und jeweils nur für ein Fahrzeug verwendbar. Der Antrag auf Erteilung einer CEMT-Genehmigung ist bei der jeweiligen Außenstelle des BAG einzureichen, in deren Bezirk der Unternehmer seine Hauptniederlassung hat.[19]

12 CEMT-Genehmigungen gibt es in verschiedenen Kontingenten, **gestaffelt** nach Lärmemission, Abgasausstoß sowie technischen und Sicherheitsmindestanforderungen. So wurde in der Vergangenheit unterschieden zwischen Genehmigungen aus dem herkömmlichen Kontingent, aus dem Kontingent für sog „grüne Lkw" und dem Kontingent für „supergrüne Lkw". Um supergrüne Lkw handelte es sich bei Fahrzeugen, die bei einer Leistung von mehr als 150 kW eine maximale Lärmemission von 80 dB(A) aufweisen und die der Abgasnorm Euro 2 entsprachen. Genehmigungen aus dem Kontingent einer höheren Qualifikation konnten gegen mehrere Genehmigungen aus dem Kontingent einer niedrigeren Qualifikation eingetauscht werden. Seit dem 1.1.2009 ist für multilaterale Kontingente ein CEMT-Nachweis der Übereinstimmung mit den technischen Voraussetzungen hinsichtlich des Abgas- und Lärmverhaltens und mit den Sicherheitsanforderungen für ein „EURO III sicheres", „EURO IV sicheres" „EURO V sicheres" oder „EURO VI sicheres" Kraftfahrzeug (in deutscher, englischer und französischer Sprache) zu erbringen.

13 Wer eine CEMT-Genehmigung einsetzt, muss ein vom BAG ausgehändigtes **Fahrtenberichtsheft** führen (§ 6 I S 1 CEMT-Genehmigungsverordnung). Darin sind einzutragen: Amtliches Kennzeichen, Abfahrt- und Ankunftsdatum, Be- und Entladeort,

---

geschlossen Staaten fortgeführt. Die durch CEMT geschaffenen Genehmigungen für den grenzüberschreitenden Güterkraftverkehr bedürfen der Ratifikation durch die jeweiligen nationalen Gesetzgebungsorgane.

18 Dokument CEMT/CS/TR [91] 21 v 18.11.1998.

19 Merkblatt des BAG – 13/17–2322.1 CEMT 2020 v 30.04.2020: <https://www.bag.bund.de/SharedDocs/Downloads/DE/Merkblaetter/NachweisblaetterCEMT_Okt_2014.pdf?__blob=publicationFile> und ITF, ECMT Multilateral Quota User Guide, v Januar 2014 <itf-oecd.org/sites/default/files/docs/13mqguide.pdf>.

Güterart, Bruttogewicht der Ladung in Tonnen, Entfernung, Tonnenkilometerangabe oder Leerfahrten. Mit der CEMT-Genehmigung ist **kein Zollverfahren** mehr nötig, Absender und Empfänger müssen nur ihre Umsatzsteuer-Identifikationsnummer (UID)-Nummer angeben.

Mit einer CEMT-Genehmigung kann zwischen allen Staaten, die diesem System 14 angeschlossen sind, unbegrenzt Güterverkehr abgewickelt werden. Die 89. Europäische Verkehrsminister-Konferenz[20] hatte 2005 aber die **Nutzung** der für den internationalen Straßengüterverkehr zwischen EU-Mitgliedsländern, Norwegen und der Schweiz einerseits und **Drittstaaten** außerhalb dieser Wirtschaftsgemeinschaft andererseits ausgegebenen CEMT-Genehmigungen weiter **eingeschränkt**. Bis dahin galten die CEMT-Genehmigungen im Verhältnis zu Drittstaaten für sechs Wochen;[21] seit dem 1.1.2006 gilt eine weitere zahlenmäßige Einschränkung für diese CEMT-Genehmigungen: Der Transportunternehmer darf außerhalb des Niederlassungsstaates innerhalb von sechs Wochen nur noch drei Beförderungen mit einer CEMT-Genehmigung durchführen. Nach der dritten Beförderung müssen sie mindestens eine Fahrt zurück in den Niederlassungsstaat durchführen. Eine Leer- oder Transitfahrt durch den Niederlassungsstaat ist ausreichend. Werden entgegen der Auflage mehr als drei Beförderungen außerhalb des Niederlassungsstaates durchgeführt, so gelten diese Fahrten als ungenehmigter Güterverkehr. Zuwiderhandlungen werden als Ordnungswidrigkeiten geahndet. Die zahlenmäßige Beschränkung soll den Missbrauch von CEMT-Genehmigungen erschweren, da diese in der Vergangenheit häufig für unerlaubte Kabotage-Transporte verwendet wurden. Damit hat sich die EU gemeinsam mit der Schweiz und Norwegen unter anderem auch gegen Forderungen aus Drittstaaten (vor allem Russland und Weißrussland) durchgesetzt, deren Fahrer sich in Europa aufhalten, solange ihr Visum (drei Monate!) gültig ist, und die in dieser Zeit CEMT-Genehmigungen für Transporte innerhalb des EU-Binnenmarktes nutzen. Die in der Regel als Billigtransporte durchgeführten Fahrten sollten eingeschränkt werden. Neueste Informationen halten stets das BAG und das ITF bereit.[22]

3. Gemeinschaftslizenz

Eine EU-Gemeinschaftslizenz berechtigt zum grenzüberschreitenden und innerstaatli- 15 chen Transport des gewerblichen Güterkraftverkehrs in allen Ländern der EU. Mit der **Verordnung (EWG) Nr 881/92 vom 26.3.1992**[23] wurde mit Wirkung zum 1.1.1993 festgelegt, dass alle bis dahin zwischen den EU-Ländern geltenden bilateralen Genehmi-

20 Vgl: <itf-oecd.org/>; vgl dazu ITF, Report of the High Level Group for the Development of the Multilateral Quota System v 4.5.2011: <internationaltransportforum.org/Pub/pdf/11Bayliss.pdf>.

21 Die CEMT-Resolution CM (2003) 15/endg, umgesetzt durch die VO über den grenzüberschreitenden Güterkraftverkehr und den Kabotageverkehr idF v 22.12.1998, BGBl 1998 I 3976, aufgehoben durch die VO v 28.12.2011, BGBl 2012 I, 41, diese zuletzt geändert durch VO v 19.12.2016, BGBl 2016 I, 2920.

22 S <bag.bund.de/DE/Home/home_node.html>.

23 VO Nr 881/92 (aufgehoben) über den Zugang zum Güterkraftverkehrsmarkt in der Gemeinschaft für Beförderungen aus oder nach einem Mitgliedstaat oder durch einen oder mehrere Mitgliedstaaten, ABl EG 1992 L 095/1; ersetzt durch die VO (EG) Nr 1072/2009 v 21.10.2009, diese zuletzt geändert durch VO (EU) Nr 1055/2020, ABl L 249 v 31.07.2020.

gungen entfallen sollten und zwischen ihnen zukünftig keine mengenmäßigen Marktzugangsregelungen mehr bestehen sollten. Damit sind ab diesem Zeitpunkt für Wechsel- und Transitverkehre mit bzw durch EU- und EWR-Staaten sog Gemeinschaftslizenzen ausreichend und keine bilateralen Genehmigungen mehr notwendig. Die Gemeinschaftslizenz ist nicht kontingentiert. Entscheidend für den Marktzugang sind damit nur noch subjektive Zulassungsvoraussetzungen (Zuverlässigkeit, finanzielle Leistungsfähigkeit, fachliche Eignung). Ihre Erfüllung verschafft einen Anspruch auf Erteilung der EU-Lizenz.

16 Anträge auf Erteilung einer Erlaubnis und/oder einer Gemeinschaftslizenz sind bei der für den Betriebssitz zuständigen Verkehrsbehörde (Stadt- oder Kreisverwaltung) oder oberen Landesverkehrsbehörde (Regierungspräsidenten) zu stellen, die auch die entsprechenden Antragsformulare aushändigen.

17 Aufgrund des **EWR-Abkommens** vom 2.5.1992 gilt die Gemeinschaftslizenz auch im Verkehr mit Island, Norwegen und Liechtenstein. Seit dem 1.7.1998 gilt sie insgesamt für Binnenverkehre in den EWR-Staaten. Im Verhältnis zur Schweiz (EFTA-Staat, aber nicht EWR-Staat) ist die EU-Lizenz durch Landesverkehrsabkommen zwischen EU und der Schweiz seit dem 1.7.2002 einsetzbar (mit zusätzlicher Höchstgewichtsgenehmigung); sie berechtigt zur Einreise in die Schweiz mit einem tatsächlichen Gesamtgewicht von bis zu 34 Tonnen. Zum 1.1.2005 erhöhte sich das zulässige tatsächliche Gesamtgewicht auf 40 Tonnen. Eine Höchstgewichtsgenehmigung ist seitdem somit nicht mehr erforderlich; Leer- und Leichtgewichtsgenehmigungen fielen ebenfalls weg. Kabotage ist dort auch mit EU-Lizenz nicht erlaubt. Im grenzüberschreitenden Verkehr mit den zehn ost- und südosteuropäischen EU-Beitrittsstaaten gilt die EU-Lizenz seit dem 1.5.2004.

18 Die Genehmigungsvoraussetzungen für **Drittlandverkehre** (vgl oben Rn. 7f.) deutscher Unternehmen aus anderen EU-Staaten heraus unter Durchfahrung der Bundesrepublik sind verwickelt und wegen zwischenstaatlicher Verhandlungen im Fluss: Die Gemeinschaftslizenz erlaubt immer den Verkehr in oder durch einen Mitgliedstaat. Für Verkehre von, durch oder nach Drittstaaten bedarf es zusätzlich bilateraler Genehmigungen des Bestimmungslandes oder einer **CEMT-Genehmigung**. Einige EU-Abgangsländer erfordern für Drittlandverkehre noch eine bilaterale Genehmigung und lassen die EU-Lizenz bis zur EU-Außengrenze nicht genügen.

19 Die notwendigen **Nachweise** (Auszug aus dem Gewerbezentralregister, Bescheinigungen über die steuerliche Zuverlässigkeit, Bescheinigungen der Sozialversicherungsträger, Bescheinigungen der Berufsgenossenschaft) zur Erlangung der Lizenz dürfen nicht älter als sechs Monate sein. Mit der Einführung der Gemeinschaftslizenz sind viele ehemalig genehmigungsfrei gestellte Beförderungen seit dem 1.1.1990 lizenzpflichtig. Darunter fallen etwa:

- die Beförderung in einem Grenzgebiet gemäß § 5 Nr 6 GüKGrenzV (kleine Grenzzone)
- die gelegentliche Beförderung von Gütern nach und von Flughäfen bei Umleitung der Flugdienste
- die Beförderung von Ersatzteilen für Seeschiffe und Flugzeuge
- die Beförderung von Waren zur Versorgung von Seeschiffen und Flugzeugen.

Bei Verkehren zwischen EU-Mitgliedstaaten sind eine beglaubigte Abschrift der Lizenz (nicht notwendig das Original) und der **CMR-Frachtbrief** mitzuführen. Fahrtenbuch und Fahrtenberichtsheft sind nicht zu führen (§ 1 I Nr 4 GüKFV[24]). Die EU-Lizenz ersetzt auch die innerstaatlich sonst notwendige Erlaubnis für den Güterkraftverkehr gem §§ 3, 5 GüKG.

Mit Neufassung der Verordnung (EG) Nr 1071/2009[25] durch das sog „*Road Package*"[26] 20
zum 4.12.2011 wurden EU-intern zahlreiche Vorschriften des Markt- und Berufszugangs für Kraftverkehrsunternehmer neu gefasst.[27] So werden ua

- die Genehmigungszeit der **Gemeinschaftslizenz** von zuvor 5 auf jetzt 10 Jahre verlängert. Eine einmal erhaltene EU-Gemeinschaftslizenz kann dann auf Antrag – auf unbegrenzte Zeit – verlängert werden,
- Möglichkeiten der **Versagung oder des Widerrufs der Genehmigungen** vereinheitlicht, teilweise auch verschärft,[28]
- die **Zugangsvoraussetzungen** sowohl für den Güterkraftverkehr als auch für den Personenkraftverkehr neu gefasst und EU-weit vereinheitlicht,
- ein EU-weites **elektronisches Zentralregister** für Güter- und Personenkraftverkehrsunternehmen eingeführt, umgesetzt in jedem Mitgliedstaat,
- die Optimierung und Modernisierung des gemeinschaftsweiten **Austauschs solcher Informationen** festgelegt, die für die Beurteilung der Zuverlässigkeit eines Verkehrsunternehmers und damit für die Erteilung oder den Entzug einer Gemeinschaftslizenz erheblich sind. Dazu werden die einzelstaatlichen Register vernetzt und nationale Kontaktstellen eingerichtet (Art 16, 18 Verordnung (EG) Nr 1071/2009).

Die **faktische Niederlassung** eines Unternehmens im Mitgliedstaat ist Teil der Berufs- 21
zugangsvoraussetzungen (Art 5 Verordnung (EG) Nr 1071/2009). Eine faktische Niederlassung ist gegeben, wenn das Unternehmen tatsächlich eine dauerhafte Niederlassung eingerichtet hat. Hierdurch sollen Briefkastenfirmen und damit verbundene Wettbewerbsverzerrungen verhindert werden. Ein Unternehmen, welches selbst nicht über die notwendige **Fachkunde** verfügt, kann Externe mit der Wahrnehmung der Aufgaben des Verkehrsleiters beauftragen (Art 4 Abs 2 Verordnung (EG) Nr 1071/2009). Externe dürfe die Verkehrstätigkeiten von höchstens vier Unternehmen mit einer Fahrzeugflotte von insgesamt höchstens 50 Fahrzeugen leiten (Art 4 Abs 2 lit c

24 Fahrtenbuch-Verordnung GüKG.

25 VO Nr 1071/2009 zur Durchführung der Verkehrsunternehmensdatei nach dem Güterkraftverkehrsgesetz, ABl v 14.11.2009, L 300, 51, zuletzt geändert durch VO (EU) Nr 517/2013 v 13.05.2013, ABl 2013 L 158, 1.

26 Dieses „*Road Package*" enthielt die VO (EG) Nr 1071/2009 – Zulassung zum Beruf des Kraftverkehrsunternehmers, die VO (EG) Nr 1072/2009 – Regeln für Zugang zum Markt des grenzüberschreitenden Güterkraftverkehrs und die VO (EG) Nr 1073/2009 – Zugang zum grenzüberschreitenden Personenkraftverkehrsmarkt.

27 Ersetzte Vorläuferregelungen sind neben der VO Nr 881/92 v 26.3.1992 die VO Nr 3118/93, die VO des Rates Nr 96/26/EG v 29.4.1996 über den Zugang zum Güterkraftverkehrsmarkt in der Gemeinschaft, die RL 98/76/EG des Rates v 1.10.1998 über den Zugang zum Beruf des Güterkraftverkehrsunternehmers im innerstaatlichen und grenzüberschreitenden Verkehr sowie die RL 2006/94/EG.

28 Soweit die in der Anlage IV zu Art 6 der VO Nr 1071/2009 neu eingeführten Katalogtaten („7 Todsünden des Güterverkehrs") vorliegen, ist das Ermessen der zuständigen Behörden, ob sie die Genehmigung entziehen oder nicht, nahezu auf Null reduziert.

Verordnung (EG) Nr 1071/2009). Einem Unternehmer bzw der zur Führung von Kraftverkehrsgeschäften bestellten Person (Verkehrsleiter) kann gem Art 14 Verordnung (EG) Nr 1071/2009 die Führung von Kraftverkehrsgeschäften wegen **Unzuverlässigkeit** untersagt werden. Einzelheiten für Unternehmen mit Sitz in Deutschland regeln das geänderte GüKG[29], die am 21.12.2011 geänderte Berufszugangsverordnung für den Güterkraftverkehr (GBZugV)[30] und die ebenfalls am 21.12.2011 erlassene neue Verkehrsunternehmens-Durchführungsverordnung (VUDat-DV).

4. Kabotage

22 Kabotage ist der rein inländische Verkehr durch ein ausländisches Unternehmen und war durch Verordnung (EWG) Nr 4059/89 bis zum 30. Juni 1998 jeweils genehmigungspflichtig. Das Kabotageverbot für Unternehmen mit Sitz innerhalb der EU ist zum 1.7.1998 durch EU-Verordnung aufgehoben worden.[31] Das heißt, ausländischen Unternehmen mit Sitz in einem EU-Staat ist es erlaubt, in einem anderen EU-Staat gewerblich Transporte durchzuführen. Bei der Durchführung von Kabotageverkehren sind aber weiter Rechts- und Verwaltungsvorschriften des Mitgliedstaates einzuhalten, in dem der Verkehr durchgeführt wird (Aufnahmestaat). Dies sind zB folgende Vorschriften:

- GüKG; StVZO, StVO,
- für die Beförderung geltende Tarife und Bedingungen,
- Regelungen der Fahrzeuggewichte und Fahrzeugabmessungen,
- Vorschriften über die Beförderung bestimmter Güter (Gefahrgüter, Tiere, Lebensmittel),
- Regelungen der Lenk- und Ruhezeiten und
- die auf die Beförderungsleistung anzuwendenden MwSt-Sätze.

Für Kabotagebeförderungen **in Deutschland** durch ausländische Frachtunternehmen gilt daher unter anderem die **Versicherungspflicht nach § 7a GüKG**. Hiernach hat sich jeder Unternehmer gegen die Schäden zu versichern, für die er regelmäßig haftet. Eine Versicherungspflicht für jede **Haftung**, insbesondere für die Haftung bei qualifiziertem Verschulden, schreibt § 7a GüKG hingegen nicht vor. Der Versicherungsabschluss deutscher Unternehmen ist der Genehmigungsbehörde, der Abschluss ausländischer Unternehmen dem BAG nachzuweisen.

23 Die Verordnung (EWG) Nr 3118/93 des Rates vom 25.10.1993 (sog Kabotage-Verordnung) sah **für die EU-Beitrittsländer aus 2004 Einschränkungen** vor (keine Übergangsfristen für Slowenien, Zypern und Malta):

---

29 Güterkraftverkehrsgesetz (GüKG) v 22.6.1998, BGBl 1998 I, 1485, zuletzt geändert durch Art 141 des Gesetzes v 20.11.2019, BGBl 2019 I, 1626.

30 Berufszugangsordnung für den Güterverkehr v 21.11.2011, BGBl 2011 I, 3120, zuletzt geändert durch Art 7 Abs 5 v 5.11.2013, BGBl 2013 I, 3920.

31 Gesetz zur Reform des Güterkraftverkehrsrechts v 22.6.1998, BGBl 1998 I, 1485, Umsetzung der VO Nr 3118/93, ABl EG 1993 L 279/1, geändert durch VO Nr 3315/94, ABl EG 1994 L 350/9, und durch VO Nr 484/02, ABl EU 2002 L 76/1 (außer Kraft).

- Für die Beitrittsländer Tschechische Republik, Estland, Lettland, Litauen, Slowakei war bis zum 1.5.2006 und für die Staaten Ungarn und Polen bis zum 1.5.2007 **keine Kabotage** in den anderen Mitgliedstaaten zulässig. Auch in anderen Mitgliedstaaten zugelassene Verkehrsunternehmer sind vom innerstaatlichen Güterkraftverkehr in den Beitrittsländern ausgeschlossen.
- Vor Ende des zweiten Jahres ab dem Tag des Beitritts (im Falle Ungarns und Polens: vor Ende des dritten Jahres ab dem Beitritt) mussten die Mitgliedstaaten der Kommission mitteilen, ob das Kabotageverbot um höchstens zwei Jahre verlängert wird oder ob sie künftig eine uneingeschränkte Kabotage in ihrem Staat zulassen.
- Im Falle der Tschechischen Republik, Estlands, Lettlands, Litauens und der Slowakei bestand die Möglichkeit, dass die Mitgliedstaaten vor Ablauf des vierten Jahres ab dem Tag des Beitritts im Falle „schwerer Störungen des nationalen Güterkraftverkehrsmarktes oder der Gefahr derartiger Störungen“ der Kommission mitteilen, ob sie den Übergangszeitraum um ein weiteres Jahr verlängern.
- Nur Verkehrsunternehmer, die in den Mitgliedstaaten ansässig sind, in denen Kabotage uneingeschränkt zugelassen ist, sind im Gegenzug zum innerstaatlichen Güterkraftverkehr in den anderen Mitgliedstaaten, in denen ebenfalls uneingeschränkter Kabotageverkehr zulässig ist, berechtigt.
- Aufgrund dessen war eine uneingeschränkte Kabotage in allen derzeitigen und fast allen neuen Mitgliedstaaten erst ab dem 1.5.2009 vorgesehen. Für Rumänien und Bulgarien liefen die Übergangsregelungen noch bis zum 31.12.2011. Die deutsche Übergangsfrist für Kroatien lief bis zum 30.6.2015 und mit allen weiteren der EU-/EWR-Staaten bis 30.6.2017.

Die Beschränkungen der Kabotage im Güterkraftverkehr sollten schrittweise fallen und 2014 gänzlich aufgehoben werden. In diese Richtung ging auch zunächst die Diskussion im Europäischen Parlament bei der Abstimmung über die **EU-Verordnung zum Marktzugang** im Güterkraftverkehr.[32]

Mit Neufassung der Verordnung (EG) Nr 1072/2009[33] und Verordnung (EG) Nr 1073/ 24
2009[34] durch das „*Road Package*“ zum 4.12.2011 wurden EU-intern auch Kabotage-Regelungen für Kraftverkehrsunternehmer neu gefasst.[35] So wurden mit Wirkung ab 14.5.2010 etwa gemeinschaftsweit einheitliche Kabotagebestimmungen (Art 8ff Verordnung (EG) Nr 1072/2009) festgelegt, die freilich kompliziert sind: Jeder Verkehrsunternehmer, der Inhaber einer **Gemeinschaftslizenz** ist und dessen Fahrer, wenn er Staatsangehöriger eines Drittlandes ist, eine Fahrerbescheinigung mit sich führt, ist

---

32 Vgl hierzu Deutsche Verkehrs-Zeitung (DVZ) v 24.1.2008.

33 VO Nr 1072/2009 v 14.11.2009, ABl EU 2009 L 300/72, zuletzt geändert durch VO (EU) Nr 517/2013 v 13.05.2013, ABl 2013 L 158, 1. Die Regelungen zur Kabotage in Art 8ff VO (EU) Nr 1072/09 sind bereits am 14.5.2010 in Kraft getreten.

34 ABl 2009 L 300/88, zuletzt geändert durch VO (EU) Nr 517/2013 v 13.05.2013, ABl 2013 L 158, 1.

35 Ersetzte Vorläuferregelungen sind neben der VO Nr 881/92 v 26.3.1992 die VO Nr 3118/93, die VO des Rates Nr 96/26/EG v 29.4.1996 über den Zugang zum Güterkraftverkehrsmarkt in der Gemeinschaft, die RL 98/76/EG des Rates v 1.10.1998 über den Zugang zum Beruf des Güterkraftverkehrsunternehmers im innerstaatlichen und grenzüberschreitenden Verkehr sowie die RL 2006/94/EG.

unter den in diesem Kapitel festgelegten Bedingungen zur Durchführung von Kabotage berechtigt. Diese Güterkraftverkehrsunternehmer sind berechtigt, im Anschluss an eine grenzüberschreitende Beförderung aus einem anderen Mitgliedstaat oder aus einem Drittland in den Aufnahmemitgliedstaat nach vollständiger Auslieferung der Güter und Entladung des Fahrzeugs bis zu drei Kabotagebeförderungen mit demselben Fahrzeug oder im Fall von Fahrzeugkombinationen mit dem Kraftfahrzeug desselben Fahrzeugs durchzuführen. Bei Kabotagebeförderungen erfolgt die letzte Entladung, bevor der Aufnahmemitgliedstaat verlassen wird, innerhalb von sieben Tagen nach der letzten Entladung der in den Aufnahmemitgliedstaat eingeführten Lieferung. Innerhalb dieser Sieben-Tages-Frist können die Verkehrsunternehmer einige oder alle der Kabotagebeförderungen, zu denen sie berechtigt sind, in jedem Mitgliedstaat unter der Voraussetzung durchführen, dass sie auf eine Kabotagebeförderung je Mitgliedstaat innerhalb von drei Tagen nach der Einfahrt des unbeladenen Fahrzeugs in das Hoheitsgebiet dieses Mitgliedstaates beschränkt sind (Art 8 Abs 2).

Ferner kann innerhalb von drei Tagen nach der Einfahrt mit einem unbeladenen Fahrzeug in einen Mitgliedstaat dort eine Kabotagebeförderung durchgeführt werden, wenn zuvor eine grenzüberschreitende Beförderung in einen anderen Mitgliedstaat stattgefunden hatte und insgesamt die 7-Tage-Frist zwischen der ersten und letzten Entladung eingehalten wird (Art 8 Abs 2 UAbs 2 Verordnung (EG) Nr 1072/2009). Seit Januar 2012 besteht auch für Transportunternehmen aus Rumänien und Bulgarien die Möglichkeit, in Deutschland Kabotagebeförderungen durchzuführen.

25 Anfang 2014 hat die Kommission einen Bericht über den Stand des Güterkraftverkehrs im Binnenmarkt vorgelegt, von dem ua eine weitere Freigabe der Kabotage abhängig gemacht werden soll, Art 17 Abs 3 Verordnung (EG) Nr 1072/2009.[36] Die Kommission ist vor allem um Reduktion ineffizienter Leerfahrten bemüht, erkennt aber an, dass es zwischen den Mitgliedstaaten weiter Unterschiede bei der Durchsetzung von Regeln etwa zu den Arbeitsbedingungen gibt: Marktöffnung müsse zu angemessenen Arbeitsbedingungen erfolgen.

5. Abrechnung

26 Staatlich verordnete **Tarife**, das heißt zwingende Regelungen der Frachtberechnung grenzüberschreitender Beförderungen, gibt es seit dem 1.1.1990 innerhalb der EU nicht mehr. Beförderungsentgelte dürfen von den Parteien eines Frachtvertrages frei vereinbart werden. Sie sind nur verpflichtet, den zuständigen Behörden Angaben über die vereinbarten Entgelte zu machen, um die Marktbeobachtung zu ermöglichen. Gleiches gilt für die Parteien eines Speditionsvertrages.

6. Sicherung der Marktordnung durch das BAG

27 Innerhalb Deutschlands hat das BAG die Aufgabe, die Einhaltung der Vorschriften über den grenzüberschreitenden Güterkraftverkehr und über die Kabotage durch in-

36 Bericht der Kommission an das Europäische Parlament und den Rat über den Stand des Kraftverkehrsmarkts in der Union, Brüssel, 14.4.2014, KOM (2014) 222 endg, vgl <eur-lex.europa.eu/legal-content/DE/TXT/PDF/?uri=CELEX:52014DC0222&from=LV>.

ländische wie ausländische Frachtführer, Spediteure und andere Ladungsbeteiligte zu überwachen. Regelungsverstöße sind bußgeldbewehrt.

7. Weitere Dokumente und Papiere

Neben EU-Gemeinschaftslizenz, CEMT-Genehmigung oder bilateraler Genehmigung sind weiterhin mitzuführen: 28

- Fahrzeugpapiere
- Fahrerpapiere
- Ladungsbezogene Papiere (**CMR-Frachtbrief** und Begleitpapiere für den konkreten Beförderungsvorgang, Ladelisten, Papiere für Gefahrguttransporte)
- Zolldokumente (ggf auch Zollverschlussanerkenntnis, Ausfuhrmeldung, Versandscheine T 1 oder T 2, Carnet-TIR)
- in einigen Ländern die grüne Versicherungskarte
- je nach Land auch eine Erklärung des Fahrzeughalters, dass der angestellte Fahrer verfügungsberechtigt für das Zugfahrzeug und den Anhänger ist
- Bescheinigungen über die legale Beschäftigung von Fahrern aus Drittländern, die von Transportunternehmen mit Sitz in einem EU-Mitgliedstaat beschäftigt sind (Aufenthaltstitel nach Aufenthaltsgesetz, Aufenthaltsgestattung oder Duldung, die zur Ausübung der Beschäftigung berechtigen, oder eine von einer inländischen Behörde ausgestellte gültige Fahrerbescheinigung)[37]im grenzüberschreitenden Verkehr mit Frankreich das sog „*document de suivi*" (Dokumentation der Be- und Entladezeiten).

8. Berufszugang – Neue EU-Fahrerlizenz

Nach der Verordnung (EG) Nr 484/2002[38], betreffend die Einführung einer Fahrerbescheinigung, müssen im grenzüberschreitenden gewerblichen Güterkraftverkehr oder im Kabotageverkehr eingesetzte Lenker aus Drittstaaten seit dem 19.3.2003 einen **Nachweis über ihre legale Beschäftigung (EU-Fahrerlizenz)** bei den EWR-Güterkraftverkehrsunternehmen mitführen.[39] Fahrer, die weder Staatsangehörige eines Mitgliedstaates noch langfristig Aufenthaltsberechtigte im Sinne der Richtlinie 2003/109/EG vom 25.11.2003, betreffend die Rechtsstellung der langfristig aufenthaltsberechtigten Drittstaatsangehörigen, sind, bedürfen einer EU-Fahrerlizenz. Die Verpflichtung gilt nur für den gewerblichen Straßengüterverkehr, für den eine EU-Gemeinschaftslizenz erforderlich ist. Im Werkverkehr ist daher eine EU-Fahrerlizenz nicht erforderlich. 29

---

37 Die entsprechenden Verweise im GüKG auf das Aufenthaltsgesetz sind im Zeitpunkt der Drucklegung fehlerhaft. S hierzu unten Rn 29f.

38 ABl Nr L 076 v 19.03.2002, 0001–0006 (nicht mehr in Kraft). Jetzt geregelt durch VO (EG) Nr 1072/2009 v 21.10.2009 über gemeinsame Regeln für den Zugang zum Markt des grenzüberschreitenden Güterkraftverkehrs (Neufassung), ABl L 300/72 v 14.11.2009, Art 3/Art 5.

39 Dazu *Hailbronner* Arbeitsgenehmigungserfordernisse für türkische Fernfahrer im grenzüberschreitenden Güterfernverkehr, TranspR 2004, 393ff.

30 Das dazu bereits am 2.9.2001 ergangene **„Gesetz zur Bekämpfung der illegalen Beschäftigung im gewerblichen Güterkraftverkehr"** (GüKBillBG) hatte die **§§ 7b und 7c GüKG** neu eingefügt und richtet sich an alle am Transportgeschehen Beteiligten mit Sitz in den EU-Mitgliedstaaten: Speditionen und Güterkraftverkehrsunternehmer, aber vor allem auch an deren Auftraggeber. Fahrer aus Drittstaaten müssen im Besitz eines Aufenthaltstitels, einer Aufenthaltsgestattung oder einer Duldung, die zur Ausübung der Beschäftigung berechtigen, sein, einer solchen Berechtigung nicht bedürfen oder im Besitz einer von einer inländischen Behörde – auf Antrag des Inhabers einer Gemeinschaftslizenz – ausgestellten gültigen Fahrerbescheinigung nach Art 5 der Verordnung (EG) Nr 1072/2009 (Fahrer-Lizenz) sein. Die entsprechenden Verweise in § 7b GüKG sind wohl fehlerhaft, soweit sie auf § 4 Abs 3 des Aufenthaltsgesetzes verweisen, denn nach einer Änderung des Aufenthaltsgesetzes zum 1.3.2020 ist § 4 Abs 3 entfallen. Der Verweis müsste sich wohl eigentlich auf § 4a des Aufenthaltsgesetzes beziehen, wobei diese Vorschrift nicht identisch mit dem § 4 Abs 3 aF Aufenthaltsgesetz ist. Dem Gesetzgeber ist dieser Fehler bekannt, und er wird den § 7b GüKG redaktionell bei nächster Gelegenheit überarbeiten.[40] Die jeweiligen Bescheinigungen sind auf der Fahrt mitzuführen.

31 Unproblematisch bleibt der Einsatz von Arbeitnehmern aus EU-Mitgliedstaaten. Folge des ordnungsrechtlich wirkenden **Territorialitätsprinzips** ist, dass Deutschland von dem in der EWR ansässigen Güterkraftverkehrsunternehmen die Beachtung der **§§ 7b und 7c GüKG** verlangen und durchsetzen kann. Neu ist, dass neben den schon zuvor betroffenen Arbeitgebern nun **auch die Auftraggeber von Frachtführern oder Spediteuren** Verantwortung für die Einhaltung der gesetzlichen Bestimmungen übernehmen müssen. Der Auftraggeber kann mit einem Bußgeld von bis zu 250.000 € belegt werden, wenn er einen Unternehmer beauftragt, von dem er weiß oder fahrlässig nicht weiß, dass dieser Fahrpersonal einsetzt, das nicht den erforderlichen Aufenthaltstitel oder die erforderliche Arbeitserlaubnis besitzt oder einen Subunternehmer einsetzt, der „illegale Fahrer" beschäftigt. In diesem Fall darf der Auftraggeber die Leistungen aus dem Vertrag nicht ausführen lassen. Der Vertrag bleibt trotzdem wirksam. Die Bußgeldbestimmungen gelten auch für die Frachtführer.

32 Grundsätzlich kann der Auftraggeber bei der Beauftragung von Spediteuren und Frachtführern davon ausgehen, dass sich diese rechtstreu verhalten. Wenn Anhaltspunkte für unredliches Verhalten vorliegen, muss eine Kontrolle durch den Auftraggeber erfolgen. Solche Anhaltspunkte können sehr viel günstigere Transportpreise oder die Nichtvorlage der Dokumente sein. In den Fällen, in denen **längerfristige Geschäftsbeziehungen** zwischen Auftraggeber und Auftragnehmer bestehen, werden häufig **Rahmenverträge** abgeschlossen. Für solche Fälle, aber auch für Einzelverträge, die schriftlich abgeschlossen werden, empfiehlt es sich, angesichts der Regelungen im GüKG folgende vertragliche Regelungen zu treffen:

- Der Auftragnehmer sollte gegenüber dem Auftraggeber versichern, dass er oder die von ihm eingesetzten Subunternehmer über die für den Transport erforderlichen Erlaubnisse und Berechtigungen nach §§ 3, 6 GüKG (Erlaubnis, EU-Lizenz, Drittlandgenehmigungen, **CEMT-Genehmigung**) verfügen.

40 Stand Oktober 2020.

- Der Auftragnehmer sollte verpflichtet werden, nur Fahrpersonal (auch ausländische Fahrer aus Drittstaaten) einzusetzen, das über den erforderlichen Aufenthaltstitel verfügt. Er sollte weiterhin verpflichtet werden, dafür Sorge zu tragen, dass das Fahrpersonal eine amtliche Bescheinigung mit einer amtlich beglaubigten Übersetzung in deutscher Sprache nach § 7b Abs 1 S 2 GüKG besitzt und auf jeder Fahrt mitführt.
- Des Weiteren sollte der Auftragnehmer verpflichtet werden, dem Auftraggeber alle mitzuführenden Dokumente bei Kontrollen durch den Auftraggeber auf Verlangen zur Prüfung auszuhändigen. Der Auftragnehmer sollte sich zur Erteilung entsprechender genereller Weisungen an sein Personal verpflichten.
- Schließlich sollte eine schriftliche Verpflichtung des Auftragnehmers erfolgen, dass dieser die Vorlagepflicht und die weiteren vorstehend bereits beschriebenen Pflichten in den Frachtvertrag mit ausführenden Frachtführern aufnimmt und nur solche Frachtführer einsetzt, die die Voraussetzungen des § 7b GüKG zuverlässig erfüllen.

9. Mautabgaben

Die **EU-Wegekosten-Richtlinie (Eurovignetten-Richtlinie)** führte 1999 unionsweit 33
eine den Mitgliedstaaten freistehende Bemautung von Lkw-Verkehren auf Autobahnen ein pro gefahrenen km zur Kompensation der mit dem Schwerverkehr verbundenen Abnutzung der Fahrflächen.[41] Mit der Revision 2006 wird der Geltungsbereich der Richtlinie ab Mitte 2008 auf alle europäischen Straßen und Lkw ab 7,5 t ausgeweitet. Die Richtlinie befasst sich namentlich nur mit den Transeuropäischen Netzen, überlässt aber räumliche Erweiterungen nach dem Subsidiaritätsprinzip den Mitgliedstaaten. Die Summe der eingenommenen Gebühren darf die Infrastrukturkosten (Baukosten, Betriebskosten) nicht übersteigen. Gebühren können aber nach Zeit und Emissionen differenziert werden; ferner gibt es zusätzliche Steuerungsmöglichkeiten, etwa für verkehrssensible Zonen. Für sie sind Zuschläge von 25 % möglich. Über die Verwendung der Einnahmen entscheiden die Mitgliedstaaten. Um den Ausbau des Verkehrsnetzes als Ganzes sicherzustellen, sollten die Einnahmen aus Gebühren zum Nutzen des Verkehrssektors und zur Optimierung des Gesamtverkehrssystems eingesetzt werden (Art 9 Abs 2).[42]

Mit der erneuten Revision der Richtlinie vom 27.9.2011[43] dürfen – erweitert auf 34
Lkw ab 3,5 t und mit Übergangsfristen für strengste EURO-StandardsV und VI – erstmals die Kosten von Lärm, Schadstoffen und Staus in die Lkw-Maut einberechnet werden. In Berggebieten (bspw Österreich, Schweiz) dürfen die Lärm- und Schadstoffaufschläge verdoppelt werden. Damit soll das Verursacherprinzip bei der Kostenverursachung zur Geltung kommen und ein Schritt in Richtung einer nachhaltigeren Ver-

41 RL Nr 1999/62 über die Erhebung von Gebühren für die Benutzung bestimmter Verkehrswege durch schwere Nutzfahrzeuge, ABl L 187 v. 20.7.1999, 42–50, zunächst geändert durch RL Nr 2006/38, ABl EG 2006 L 157/8, zuletzt geändert durch RL Nr 2011/76/EU, ABl EU 2011 L 269/1.

42 Querfinanzierung von Schiene und Wasserstraße gab es bis 2011, vgl: <toll-collect-blog.de/wie-werden-die-mauteinnahmen-verwendet/> (Stand 28.10.2020).

43 RL Nr 2011/76/EU, ABl EU 2011 L 269/1.

kehrspolitik gesetzt werden. Es steht den EU-Staaten aber frei, von der Einbeziehung dieser zusätzlichen Faktoren Gebrauch zu machen. Bei der Verwendung der zusätzlich generierten Mittel besteht außerdem keine Zweckbindung. Weitere Vorschläge zur verpflichtenden Bemessung der Höhe in Abhängigkeit von CO^2-Emissionen und Mautpflicht für Lkw bis 3,5 t Gewicht werden seit 2017 kontrovers diskutiert (Stand Juli 2020).

35 In **Deutschland** wurde die Lkw-Maut auf Bundesautobahnen im Jahr 2005 eingeführt und zum 1.8.2012 und 1.7.2015 auf rund 2.300 km vierstreifige Bundesstraßen ausgedehnt. Zum 1.10.2015 wurde zudem die Mautpflichtgrenze von 12 auf 7,5 t zulässiges Gesamtgewicht gesenkt. Zum 1.7.2018 wurden dann alle ca 40.000 km Bundesstraßen für Lkw mautpflichtig.[44] Für Bundesautobahnen und Bundesstraßen gelten einheitliche Mautsätze. Hinzu kam eine Differenzierung der Mautsätze nach dem Schadstoffausstoß der Fahrzeuge und ab 1.1.2019 an Gewichtsklassen. Insbesondere leichtere Nutzfahrzeuge mit einem zulässigen Gesamtgewicht zwischen 7,5 und 18 t werden so verursachergerechter belastet. Für Elektro- und Erdgas-Fahrzeuge sieht das Bundesfernstraßenmautgesetz eine zeitlich gestaffelte Mautbegünstigung vor, um den Markthochlauf dieser Fahrzeuge zu unterstützen.[45] Die Nettoeinnahmen aus der Lkw-Maut– dh nach Abzug der Kosten für Erhebung, Kontrolle und Mautharmonisierung – werden seit 2011 ausschließlich für die Bundesfernstraßen verwendet. Im Jahr 2018 betrugen die Einnahmen rund 5,1 Mrd Euro.

36 In Europa gibt es unterschiedliche Mautsysteme mit verschiedenen Mauterfassungsgeräten. Der europäische elektronische Mautdienst (EEMD/EETS) ermöglicht, mit nur einem Fahrzeuggerät (*On-Board-Unit*) und einem Vertragspartner (EETS-Anbieter) die Lkw-Maut auf allen mautpflichtigen europäischen Straßen entrichten zu können.[46]

37 In **Österreich** bspw wird seit 1997 auf allen Autobahnen und Schnellstraßen des Landes von allen ausländischen und inländischen Fahrzeugen eine Maut erhoben. Zunächst ein Sonderweg emissionsgebundener Kontingentierung war zuvor das Öko-Punkte-System für den Schwerlaster-Transit durch Österreich, um die empfindlichen Ökosysteme der Alpen vor Schadstoffen zu schützen. Berechnungsgrundlage für den Grad an Luftverschmutzung durch Lkw waren so genannte Ökopunkte, die je nach Ausstoß von schädlichen Stickoxiden als Kontingente an andere Länder zugeteilt wurden: Mit je weniger Punkten ein Lkw bewertet wurde, desto umweltfreundlicher war er. Jedem Land, das Lkw auf Transittour durch Österreich schickte, teilte die Kommission ab 2004 jährlich ein Kontingent dieser Punkte für die verschiedenen Euro-Klassen 1–3 zu, das jährlich um 5 % gekürzt werden sollte. Das Ökopunkte-Regime galt nur bis zur Verabschiedung der neuen EU-Wegekosten-Richtlinie[47] im Jahr 2006. Auf ausgewählten Strecken (Inntal-Autobahn) gelten außerdem mittlerweile – mit Duldung der EU-Kommission – zum Teil generelle, sektorale und zeitliche (nachts) Lkw-Fahrverbote. Für Pkw, Motorräder sowie Kraftfahrzeuge bis 3,5 t zulässige Gesamtmasse

---

44 Viertes Gesetz zur Änderung des Bundesfernstraßenmautgesetzes vom 27. März 2017 (BGBl I, 564).

45 Einzelheiten s <bmvi.de/SharedDocs/DE/Artikel/StV/Strassenverkehr/lkw-maut.html> .

46 <bag.bund.de/DE/Navigation/EETS/mautdienst_node.html>.

47 RL 2006/38 zur Änderung der RL 1999/62 über die Erhebung von Gebühren für die Benutzung bestimmter Verkehrswege durch schwere Nutzfahrzeuge, ABl EG 2006 L 157/8.

wird Maut auf Schnellstraßen zeitabhängig in Form von Autobahnvignetten (auch Autobahnpickerl oder Mautpickerl genannt) erhoben, die auf der Windschutzscheibe angebracht werden müssen oder deren *online*-Erwerb anhand des Kennzeichens digital verifizierbar ist.

In der **Schweiz** müssen seit dem 1.1.2001 alle in- und ausländischen Lastwagen mit einem Gesamtgewicht von mehr als 3,5 t auf allen Straßen eine **leistungsabhängige Schwerverkehrsabgabe** (LSVA) entrichten.[48] Die Höhe ist abhängig vom zulässigen Gesamtgewicht des Fahrzeugs, der zurückgelegten Strecke und von den Emissionen, die der benutzte Lastwagen entwickelt. Mit der LSVA werden alle Kosten, die der Schwerverkehr verursacht, dem Verursacher angelastet, also nicht nur die Straßenkosten, sondern auch die indirekten Kosten die durch Lärm, Erschütterung und Abgase verursacht werden. Diese Korrektur schafft die Rahmenbedingungen, damit Schiene und Straße unter vergleichbaren Bedingungen konkurrieren können. 38

II. Zivilrecht

1. Der Frachtvertrag nach CMR

Für den Bereich des grenzüberschreitenden Straßentransports von Gütern hat das **Übereinkommen vom 19.5.1956 über den Beförderungsvertrag im internationalen Straßengüterverkehr (CMR)** zentrale Bedeutung erlangt. Die CMR ist ein völkerrechtlicher Vertrag und in Deutschland, weil vom Gesetzgeber ratifiziert, außerdem innerstaatliches Recht.[49] Die CMR stellt Vertragsrecht und nicht etwa Ordnungsrecht dar und enthält umfassende Vorschriften für entgeltliche Frachtverträge,[50] insbesondere hinsichtlich der Beförderungsurkunden (Art 4ff CMR) und der **Haftung** des Frachtführers (Art 17ff CMR). Darüber hinaus werden bestimmte Nebenpflichten von Absender, Frachtführer und Empfänger geregelt. Die CMR stand in vielen Punkten Pate für das deutsche Transportrechtsreformgesetz, das zum 1.7.1998 das 4. Buch des HGB änderte. 39

Für die **Anwendbarkeit der CMR** auf grenzüberschreitenden Güterverkehr genügt es, wenn ein Staat Vertragsstaat des Übereinkommens ist. Bei grenzüberschreitendem Güterkraftverkehr vom oder in das Bundesgebiet Deutschland ist die CMR folglich immer zwingend anzuwenden – auch auf die innerstaatliche Strecke. Nach Art 41 CMR sind von der CMR abweichende Vereinbarungen im Einzelnen oder die Vereinbarung des Rechts eines Nichtvertragsstaates unwirksam (Ausnahmen für Regress und Zahlungsunfähigkeit des Frachtführers finden sich in den Art 40, 37, 38 40

48 Bundesgesetz über eine leistungsabhängige Schwerverkehrsabgabe (SVAG) v 19. Dezember 1997 (Stand 1.1.2018); VO über eine leistungsabhängige Schwerverkehrsabgabe (SVAV) v 6. März 2000 (Stand 1.2.2019); Bundesgesetz über die Abgabe für die Benützung von Nationalstrassen (NSAG) v 19. März 2010 (Stand 1.1.2020); VO über die Abgabe für die Benützung von Nationalstrassen (NSAV) v 24. August 2011 (Stand 1.1.2020).

49 *Koller* Transportrecht (2020) Vorb v Art 1 CMR Rn 2.

50 Die CMR gilt mithin nicht für Speditionsverträge im Sinne von § 453 HGB, jedoch in den Fällen, in denen Frachtrecht auf den Spediteur anwendbar ist (§§ 458, 459, 460 HGB). Speditionsrecht ist international nicht vereinheitlicht.

CMR). Die CMR gilt auf der gesamten Beförderungsstrecke, unabhängig davon, ob die Transporte durchgehend oder mit Unterbrechungen abgewickelt werden. Ausgenommen sind Beförderungen nach Bestimmungen internationaler Postübereinkommen und Beförderung von Umzugsgut (Art 1 Abs 4 CMR).

a) Geplante Regelungslücken

41 Die CMR enthält materielles Recht und außerdem Kollisionsrecht; sie verweist in einigen Artikeln also selbst auf die **nationalen Rechte.**[51] Die CMR ist wie das **Warschauer Abkommen (WA)** und das **Abkommen zum Internationalen Eisenbahngüterverkehr (CIM)** Einheitsrecht, auf das besondere Auslegungs- und Lückenfüllungsmaxime anwendbar sind. Nicht gewollte Lücken sind im Wege der Auslegung, der Analogie, des Umkehrschlusses und aus den Prinzipien des Übereinkommens selbst heraus zu schließen. Unbestimmte Rechtsbegriffe sind entsprechend zu konkretisieren. Hier helfen Wortlaut, Systematik, Materialien und Rechtsvergleich.[52]

42 Das Kollisionsrecht des angerufenen Gerichts ist daher nur insoweit anzuwenden, als die CMR bewusst Lücken enthält, also keinen Regelungsanspruch hat. **Bei Anwendung deutschen Rechts** sind die Lücken durch die Parteivereinbarungen, durch die in den Vertrag einbezogenen AGB, ggf auch noch durch die Allgemeinen Deutschen Spediteurbedingungen (ADSp – Ziff 20 für das Pfandrecht, Ziff 19 für das Aufrechnungsverbot) oder durch andere allgemeine Geschäftsbedingungen, hilfsweise durch Frachtrecht des HGB und Lücken darin wiederum durch das BGB, zu schließen. **Gerichte von Nichtvertragsstaaten** sind an die CMR nicht gebunden, sondern wenden das durch ihr nationales IPR berufene Sachrecht an. Hiergegen hilft nur die Vereinbarung im Frachtbrief gem Art 6 Abs 1 lit k CMR, dass die CMR trotz gegenteiliger Abmachungen anwendbar sein soll.

43 Geregelt ist der Ersatz für Schäden aufgrund Verlustes des Gutes, seiner Beschädigung oder Lieferfristüberschreitung abschließend in den Art 17ff CMR. **Bewusst nicht geregelt** sind Ansprüche des Frachtführers auf Beförderungsentgelt, sein Pfand- und Zurückbehaltungsrecht und das Aufrechnungsverbot. Diese richten sich nach dem jeweils geltenden nationalen Recht. Weitergehende **Ansprüche aus (positiver) Vertragsverletzung** (PVV – Schlechtleistung) ergeben sich ebenfalls nur aus nationalem Recht. Im Bereich der Frachtführerhaftung sind dies die Regeln über eine Pflichtverletzung des Vertrages (§§ 280ff BGB).[53] Ersetzt werden können Schäden aufgrund falscher Beratung, nicht ordnungsgemäßer Ausführung des Beförderungsvertrags, Verletzung der Verschwiegenheitspflicht uä. Auch die **Frage des wirksamen Vertragsschlusses** ist nur rudimentär in der CMR erörtert.

44 Die Pflichten zur Beladung, Ablieferung und Entladung sind in der CMR nicht geregelt. Die Art 17 Abs 4c und Art 17 Abs 2 CMR regeln nur, wer das Risiko einer fehlerhaften **Be-** oder **Entladung** oder **Verstauung** zu tragen hat, nicht aber, wen primär die Pflicht dazu trifft. Die Auslegung des Frachtvertrages hat insoweit gemäß dem für Be-

51 Art 1 Abs 1, Art 5 Abs 1 S 2, Art 16 Abs 5, Art 29, 32 Abs 1 und 4 CMR.

52 *Koller* Transportrecht (2020) Vorb v Art 1 CMR Rn 4.

53 *Koller* Transportrecht (2020) Vorb v Art 1 CMR Rn 9/30.

förderungsverträge einschlägigen Art 5 ROM-I-VO ermittelten Vertragsstatuts zu erfolgen. Nach deutschem Recht ist die Verteilung der Pflichten in § 412 HGB geregelt.

Schutzpflichten des Frachtführers zur Sicherung der beförderten Güter und weitere Vermögensinteressen des Absenders sind in der CMR nur vereinzelt behandelt (Art 7 Abs 1, Art 11 Abs 2 und Abs 3, Art 12 Abs 7, Art 16 Abs 2, Art 21, Art 22 Abs 2 CMR). Im Bereich der Frachtführerhaftung gelten im deutschen Recht für positive Vertragsverletzungen wie dargelegt die Regeln über eine Pflichtverletzung des Vertrages (§§ 280ff BGB).[54] Dies gilt vor allem für Schäden vor der Übernahme oder nach der Ablieferung, also für Schäden außerhalb der Obhut des Frachtführers. Solche Schäden resultieren insbesondere aus falscher Auslieferung,[55] falschen Auskünften, falscher Beratung, Verletzung von Vermögensinteressen, erhöhte Abrechnung etc.[56] Nicht in der CMR geregelt ist – anders als im deutschen Recht – eine **Versicherungspflicht** des Frachtführers. 45

Vergütungsfragen sind nicht geregelt. Dies gilt für die Höhe der Vergütung und ihre Fälligkeit (abgesehen von Art 13 Abs 2 CMR).[57] Für die Frage des Standgeldes ist dies umstritten.[58] Für bestimmte Ereignisse nach Art 10, 11, 14 und 15 CMR treffen die Art 10, 11 Abs 2 S 2, Art 16 Abs 1 CMR eine abschließende Regelung. Für in der CMR nicht genannte Ereignisse kann Standgeld frei vereinbart werden. Mangels Vereinbarung ergeben sich Standgeldansprüche bei Anwendung deutschen Rechts aus den §§ 412 Abs 3, 420 Abs 3 HGB. Vergütung für die Bereithaltung des Transportmittels im Sinne von Standgeld kann auch in Gestalt einer Vergütungsvereinbarung privatautonom vereinbart werden. **Aufwendungsersatz** ist in der CMR nur vereinzelt behandelt (Art 18 Abs 3 S 3, Art 12 Abs 5 lit a, Art 16 Abs 1, Abs 4 CMR).[59] Die **Vereinbarung der Frachten im Güterverkehr** ist – in Anlehnung an die Freigabe der **Tarife** innerhalb der Mitgliedstaaten der EU – in Deutschland durch Gesetz zur Aufhebung der Tarife im Güterverkehr vom 13.8.1993 (Tarifaufhebungsgesetz) mit Wirkung zum 1.1.1994 frei. Eine Frachtenprüfung wird nicht mehr vorgenommen, Preise können in den gesetzlichen Grenzen von § 138 BGB frei festgelegt oder vereinbart werden. Gefordert wird nur die kostendeckende Abwicklung der Transporte. 46

Feste **Lieferfristen** sind der CMR unbekannt. Die CMR nimmt nur Bezug auf vereinbarte Lieferfristen, Art 6 Abs 2. Diese sind im Frachtbrief einzutragen. Dennoch sind auch mündliche Vereinbarungen möglich. Den Fall der Überschreitung der Lieferfrist und eine normale Beförderungsdauer bei ordentlicher Geschäftsabwicklung regelt Art 19 CMR. Art 12 CMR regelt das **Verfügungsrecht** über das Gut. 47

---

54 *Ibid.*

55 Falsche Auslieferung wird zumeist als Verlust innerhalb des Obhutszeitraums betrachtet. Mit Übergabe an einen nicht Empfangsberechtigten kann der Frachtführer nicht abliefern. Seine Obhut endet damit nicht. Geht das Gut verloren, so war der Verlust auch noch innerhalb der Obhut und ist somit ein Fall des Art 17 CMR.

56 *Koller* Transportrecht (2020) Vorb v Art 1 CMR Rn 30.

57 Vgl § 420 HGB.

58 Für völlige Vertragsfreiheit wegen Nichtregelung durch die CMR Nachweise bei *Koller* Transportrecht (2020) Vorb v Art 1 CMR Fn 61.

59 Vgl § 420 Abs 1 S 2 AGBG.

b) Der Frachtbrief

48 Der Frachtvertrag ist Konsensualvertrag. Die Ausstellung des Frachtbriefs hat keine konstitutive, sondern nur deklaratorische Wirkung. Der Frachtbrief beeinflusst jedoch die Beweisführung über den Zustand des übernommenen Gutes. Denn bei Übernahme des Gutes hat der Frachtführer die Pflicht zur Prüfung der Angabe, des Güterzustandes und der Verpackung, Art 8 CMR. Der Frachtbrief ist in drei Originalausfertigungen zu erstellen (Art 5 Nr 1 CMR): ein rosa Blatt für den Absender, ein blaues Blatt für den Empfänger und ein grünes Blatt für den Frachtführer. Alle drei Originalausfertigungen sind vom Absender und vom Frachtführer zu unterschreiben, damit er seine Beweiswirkungen (Art 9 CMR) voll entfalten kann. Die Form des Frachtbriefes ist nicht vorgeschrieben, jedoch sein Inhalt (Art 6 CMR). In der Regel wird auf das von der *International Road Union* (IRU) empfohlene Muster zurückgegriffen. In den einzelnen Vertragsstaaten wird dieses Muster auch in modifizierter Form verwendet. Zusatzblätter dienen administrativen Zwecken. International tätige Speditionen, die Frachtführer einsetzen, treten zumeist selbst als Absender auf. Sie können ihre Unterschrift auch durch Stempel oder durch Aufdruck leisten. Bisher war das Ausstellen eines **elektronischen Frachtbriefes** nach den Regeln der CMR nicht möglich. Vorgesehen ist das jedoch im Zusatzprotokoll zum Übereinkommen über den Beförderungsvertrag im internationalen Straßengüterverkehr (CMR) betreffend den elektronischen Frachtbrief vom 20.2.2008, das mittlerweile auch in Kraft getreten ist.[60] Da einige Mitgliedstaaten der EU das Zusatzprotokoll bislang noch nicht ratifiziert haben, wird eine entsprechende EU-weite Ratifikationspflicht bis 2026 erwartet. In Deutschland sind die gesetzlichen Vorkehrungen für elektronische Frachtpapiere bereits in § 408 Abs 3 HGB (und für das Seefrachtrecht in § 526 Abs 4 HGB) geschaffen worden, wobei aber nähere Ausgestaltungen noch fehlen.

49 Fehlt eine der beiden Unterschriften, entfaltet das Dokument nicht die umfassende Beweiswirkung des Art 9 CMR. Es kann jedoch nach dem ergänzend anzuwendenden nationalen Beweisrecht dennoch eine Beweisvermutung für bestimmte Tatsachen bestehen. Die Eintragung im Frachtbrief begründet den **Beweis des ersten Anscheins** einer wirksamen Vereinbarung, der mit anderen Beweismitteln entkräftet werden muss. Abweichende Vereinbarungen außerhalb des Frachtbriefes sind daher zwar möglich, können aber in Beweisschwierigkeiten münden. ZB sind Erklärungen des Absenders über eine Werterhöhung nur wirksam, wenn sie im Frachtbrief eingetragen sind (Art 24, 26 CMR). Da die CMR in den Vertragsstaaten für grenzüberschreitende Verkehre zwingend auch dann gilt, wenn das andere Land kein Vertragsstaat

60 In Kraft getreten in Bulgarien, Lettland, Litauen, den Niederlanden und der Schweiz (alle 5.6.2011), in Spanien (9.8.2011), der Tschechischen Republik (13.7.2011), Dänemark (26.9.2013), Slowakei (22.5.2014), Frankreich (3.1.2017), Estland (31.1.2017), Slowenien (13.11.2017), mit Vorbehalten im Iran (6.2.2018), Luxemburg (26.3.2018), mit Vorbehalten in der Türkei (1.5.2018), Russland (4.6.2018), Moldau (12.6.2018), Finnland (11.4.2019), Belarus (8.5.2019), Rumänien (12.6.2019), Polen (11.9.2020), Tadschikistan (7.10.2019), Portugal (25.12.2019), Vereinigtes Königreich (19.3.2020), Norwegen (9.9.2020) und gezeichnet in Belgien, Quelle: SR 0.741.611.2 (Schweiz): <admin.ch/opc/de/classified-compilation/20082796/index.html>.; vgl *Gehrke* Das elektronische Transportdokument, Frachtbrief und Konnossement in elektronischer Form im deutschen und internationalen Recht (2005) 189.

der CMR ist, sollte der Frachtbrief einen deutlichen Hinweis auf die CMR enthalten. Abweichende Vereinbarungen sind ohnehin nichtig. Die Klausel soll aber als Parteivereinbarung die Anwendung der Bestimmungen der CMR auch vor Gerichten außerhalb der Vertragsstaaten sichern.

Das Fehlen eines CMR-Frachtbriefes berührt indes weder die Gültigkeit noch den Bestand des Beförderungsvertrages unter der Geltung der CMR. Ohne gegenteilige Angaben im Frachtbrief gilt die Vermutung, dass der Frachtführer das Gut in einwandfreiem Zustand erhalten hat und es auch so abgeliefert hat. Die CMR schweigt darüber, wer den Frachtbrief auszufüllen hat. Dies ist entweder der Absender oder der Spediteur nach Angaben des Absenders. Unabhängig davon haftet der Absender für alle Kosten und Schäden, die dem Vertragspartner durch unrichtige Angaben entstanden sind (Art 7 CMR). Nach Art 8 CMR deutscher Fassung ist der Frachtführer – anders als nach der englischen und der französischen Fassung (bloße Sollvorschrift) – verpflichtet, die Richtigkeit der Angaben im Frachtbrief zu überprüfen. Die Regelung fungiert im Zusammenspiel mit Art 9 CMR als Beweiserleichterung zugunsten des Frachtführers. 50

Für Verzögerungen infolge mangelhafter Ausfüllung von Begleitpapieren haftet der Absender, wenn den Frachtführer kein Verschulden trifft (Art 11 Abs 2 CMR). Dies betrifft neben Zolldokumenten die Dokumente für die Devisenkontrollen, Einfuhr- und Ausfuhrbeschränkungen, Genehmigungen nach Außenwirtschaftsrecht, Gefahrgutspapiere, lebensmittelrechtliche Bescheinigungen und Urkunden nach dem Veterinär- und sonstigen Gesundheitsrecht. Obwohl die CMR die Eintragung der einzelnen Begleitpapiere im Frachtbrief nicht erfordert, ist dies in der Praxis vorgesehen. 51

c) Leistungsstörungen

Die CMR regelt nur die Rechtsfolgen von verspäteter Ablieferung und von Verlust und Beschädigung im Obhutszeitraum, Art 17, 19 CMR. Ferner geregelt ist die Haftung für unzulängliche Angaben im Frachtbrief (Art 7 CMR), für unvollständige Begleitpapiere, für fehlerhaften Umgang mit Begleitpapieren (Art 11 CMR), für Nichtbeachtung oder Missachtung von Weisungen (Art 12 Abs 7 CMR) und Nachnahmen (Art 21 CMR), für fehlende oder fehlerhafte Informationen über die Gefahr gefährlicher Güter nach deren Übergabe (Art 22 Abs 2 CMR) und teilweise für Folgen von Beförderungs- und Ablieferungshindernissen (Art 14, 15, 16 Abs 1 CMR). Andere Leistungsstörungen werden nur vereinzelt behandelt, sodass auf das Vertragsstatut zurückgegriffen werden muss. Hier entsteht ein kompliziertes Regelungsgeflecht. Es ist darauf zu achten, ob die Störungen vor Vertragsschluss, nach Vertragsschluss vor Übernahme des Gutes oder nach Übernahme des Gutes eintraten. Auf Verschulden bei Vertragsschluss und auf Störungen vor Übernahme des Gutes – etwa Verzögerungen der Beladung durch den Frachtführer – sind die abdingbaren §§ 311 Abs 2, Abs 3 BGB in Verbindung mit § 280 Abs 1 BGB und für anfängliches Unvermögen § 311a Abs 2 BGB anwendbar. Der Absender hat für verzögerte Beladung nur eine angemessene Vergütung zu zahlen, § 412 Abs 3 HGB. Nach Übernahme des Gutes hat der Frachtführer bei Unmöglichkeit oder Unzumutbarkeit der Weiterbeförderung Weisungen einzuholen und kann dafür Entschädigung und Aufwendungsersatzansprüche (Art 16 CMR) geltend machen. Bei Beendigung des Transports besteht ein Frachtzahlungsanspruch, § 421 Abs 2 HGB. Bei verschuldeter Unmöglichkeit haftet der Frachtführer nach § 280 BGB; auch hier wer- 52 den Nebenleistungspflichten oder Schutzpflichten verletzt. Dies regelt die CMR nur in bestimmten Fällen (Art 10, 11 Abs 3, Art 12 Abs 7, Art 16 Abs 2, Art 17, 21, 22 CMR). Lücken füllen auch insoweit wieder die Bestimmungen des Vertragsstatuts (§ 280 BGB).

53 Das **Pfandrecht** ist in der CMR nicht geregelt. Dem CMR-Frachtführer kann ein Pfandrecht aber nach den Vorschriften des Vertragsstatuts (§§ 440ff HGB) zustehen. Einem Spediteur in der Rechtsstellung eines CMR-Frachtführers steht das vertragliche Pfandrecht nach Ziff 20 ADSp zu, wenn auf Basis der ADSp gearbeitet wird.

d) Erlöschen der Ansprüche aus dem Beförderungsvertrag

54 Vor Übernahme des Gutes ist eine Beendigung durch Kündigung oder Rücktritt in der CMR nicht geregelt. Anwendbar ist nationales Recht (über Art 5 ROM-I-VO), nach deutschem Recht §§ 415, 417 HGB. Nach Übernahme des Gutes regeln die Art 12, 16 CMR das Kündigungsrecht. Geregelt werden allerdings nur die Rechtsfolgen für Aufwendungen und nicht für die zu zahlende Fracht (über Art 5 ROM-I-VO gilt nationales Recht, §§ 415, 418 HGB). Art 12 eröffnet sowohl dem Absender wie auch dem Empfänger ein umfassendes Weisungsrecht. Gegebenenfalls wird auch das Recht zur Beendigung des Transports gewährt. Bei Beförderungs- oder Ablieferungshindernissen hat der Frachtführer ein Ausladerecht gem Art 16 Abs 2 CMR, mit dem seine Transportpflichten enden.

2. Haftung

55 Die Bestimmungen über die Haftung des Frachtführers sind **Kernbestandteil** der CMR. Die Haftung des Frachtführers ist in den Art 17–29 CMR geregelt. Art 30 und 31 normieren Reklamationen und Klagen, die Art 34 und 40 die Haftung der Beförderung einer Sendung durch mehrere Frachtführer.

56 Der Frachtführer haftet gem Art 17 CMR für Verlust und Beschädigung des Gutes in der Zeit zwischen Übernahme und Ablieferung (Obhutshaftung) und für Lieferfristüberschreitung. Umstritten ist, ob der Frachtführer verschuldensunabhängig haftet oder ob sein Verschulden vermutet wird. Die Befürworter einer Haftung für vermutetes Verschulden verlangen eine stark erhöhte Sorgfaltspflicht, so dass sich dieser Meinungsstreit in der Praxis kaum oder nicht auswirkt.

57 Der Frachtführer ist von dieser Haftung befreit, wenn der Verlust, die Beschädigung oder die Überschreitung der Lieferfrist durch ein Verschulden des Verfügungsberechtigten, durch eine nicht vom Frachtführer verschuldete Weisung des Verfügungsberechtigten, durch besondere Mängel des Gutes oder durch Umstände verursacht worden ist, die der Frachtführer nicht vermeiden oder deren Folge er nicht abwenden konnte. Ein unabwendbares Ereignis liegt erst dann vor, wenn der Frachtführer beweist, dass auch ein besonders gewissenhafter Frachtführer bei Anwendung der äußersten ihm zumutbaren Sorgfalt den Schaden nicht hätte vermeiden können. Dies entspricht weitgehend § 426 HGB, der gleichsam vor der Haftung für höhere Gewalt schützt. Der Frachtführer kann sich zur Haftungsbefreiung weder auf Mängel des für die Beförderung verwendeten Fahrzeugs noch auf ein Verschulden des Vermieters des Fahrzeugs oder des Bediensteten berufen, Art 17 Abs 3. Der Frachtführer haftet hierbei auch für das Verhalten seiner Erfüllungsgehilfen bei der Durchführung des Frachtvertrages.

Der **Haftungszeitraum** nach Art 17 CMR beginnt mit Übernahme des Gutes und setzt keine Beförderung voraus. Er endet mit Ablieferung an den Empfänger. Hierzu gibt der Frachtführer die Obhut am Gut im Einverständnis mit dem Empfänger auf und setzt ihn in die Lage, die tatsächliche Gewalt über das Gut auszuüben. Beginn und Ende der Obhut hängt davon ab, wer zur Be- und Entladung verpflichtet ist. Dazu trifft die CMR anders als § 412 HGB keine Regelung. Entscheidend ist insoweit die Vereinbarung der Parteien. Mangels Parteivereinbarung gilt ergänzend das anwendbare Vertragsstatut: nach deutschem Recht trifft den Frachtführer keine Be-und Entladepflicht. Die Schadensursachen lassen sich in der CMR unterteilen in die Gruppen unabwendbares Ereignis, Betriebsunfall, Betriebsstörung, Transportmittelunfall und Dispositionsfehler. 58

Liquidierbare Güterschäden sind wertmindernde substantielle Veränderung des Frachtgutes und Verlust. Zum Verlust gehören auch die Auslieferung an einen nicht herausgabebereiten Nichtberechtigten oder die endgültige Beschlagnahme durch eine Behörde. Nach Art 20 CMR greift eine Verlustvermutung, wenn die Ablieferung nicht innerhalb von 30 Tagen nach dem vereinbarten Termin oder – bei fehlender Vereinbarung – nicht 60 Tage nach der Übernahme erfolgt. Der Frachtführer haftet nach der CMR grundsätzlich nur für Sachschäden (Beschränkung der Haftung auf Wertersatz). 59

Güterfolgeschäden sind regelmäßig nicht zu ersetzen. Hierfür ist nur ausnahmsweise beim Vorliegen von qualifiziertem Verschulden Ersatz zu leisten, Art 29 CMR. **Reine Vermögensschäden** werden nur etwa bei Überschreitung der Lieferfrist (Art 17 Abs 1 iVm Art 19 CMR) und nur bis zum einfachen Betrag der Fracht (Art 23 Abs 5 CMR) ersetzt. Außerdem werden gem Art 21 CMR Vermögensschäden aufgrund von Fehlern bei der Einziehung der Nachnahme ersetzt. Ist ein besonderes Interesse an der Lieferung vereinbart, können auch hier Vermögensschäden geltend gemacht werden. Nach Maßgabe des Art 23 CMR kann die Haftungshöchstgrenze durch Vereinbarung eines besonderen Interesses erhöht werden. Da dies aber nur gegen Zahlung eines zusätzlichen Entgelts möglich ist, wird in der Praxis kaum davon Gebrauch gemacht. Entgangener Gewinn, Verdienstausfall und Betriebsausfallzeiten werden nach der CMR regelmäßig nicht ersetzt. Etwas anders gilt beim Vorliegen der Voraussetzungen des Art 29 CMR. Dieser schließt eine Haftungsbegrenzung bzw **Beweislastumkehr** aus, wenn der Schaden vorsätzlich oder schuldhaft verursacht wurde, welches nach dem Recht des angerufenen Gerichts dem Vorsatz gleichsteht. 60

Haftungsumfang und Haftungsausschlussgründe entsprechen weitgehend dem HGB. Der Frachtführer ist von der Haftung befreit, wenn Ursachen eines Schadens sind: 61

- Verwendung anderer Fahrzeuge als vereinbart und im Frachtbrief vermerkt,
- mangelhafte Verpackung,
- Manipulationen am Gut durch Absender, Empfänger oder durch einen von diesen Beauftragten Dritten,
- natürliche Beschaffenheit des Gutes (Verderblichkeit, Schwund etc),
- unzureichende Kennzeichnung der Güter.

Die Voraussetzungen der Haftungsausschlüsse sind grundsätzlich von demjenigen zu **beweisen**, der sich auf sie beruft. In Art 18 CMR finden sich jedoch einige besondere Regelungen für die Beweisführung. Nach Art 18 Abs 1 obliegt dem Frachtführer die 62 volle **Beweislast** für die Haftungsausschlüsse nach Art 17 Abs 2. Die Art 18 Abs 2 und 3 erleichtern die Beweislast für die Haftungsausschlüsse, die in Art 17 Abs 4 zusammengefasst sind, zugunsten des Frachtführers. Gelingt es dem Frachtführer nur die Möglichkeit der Kausalität ausreichend darzulegen, greift zu seiner Entlastung die Vermutung ein, dass der Schaden aus der dargelegten Gefahr entstanden ist (sog bevorrechtigter Haftungsausschlussgrund).

63 Die Entschädigung berechnet sich nach dem **Wert des Gutes** am Ort und zZ der Übernahme zu Beförderungen. Berechnungsgrundlage sind Börsenpreis, Marktpreis oder der gemeine Wert (in dieser Reihenfolge). Die Entschädigung darf 8,33 SZR (Sonderziehungsrechte des Internationalen Währungsfonds)[61] für jedes fehlende oder beschädigte kg Rohgewicht des Gutes nicht überschreiten.

64 Die Haftungsbeträge des Übereinkommens wurden durch das **Protokoll zur CMR von 1978** von Franken (Germinal) auf SZR umgestellt. Die **Haftungshöchstgrenze** errechnet sich gemäß den Art 23ff CMR in der Fassung des Protokolls vom 5.7.1978 jeweils nach dem Rohgewicht der als Einheit zu betrachtenden gesamten Sendung ohne Unterschied, ob die Werte einzelner Waren für sich die Höchstsumme bereits erreichen oder nicht. Die Haftung ist in Art 23 Abs 3 CMR auf 8,33 SZR für jedes fehlende oder beschädigte kg des Rohgewichts begrenzt. Die Haftungsbegrenzung umfasst hierbei nicht die Kosten für Fracht und Zölle. Diese sind gemäß Art 23 Abs 4 CMR gesondert zu erstatten.[62] Ist der Sitzstaat des Frachtführers kein Mitglied des Internationalen Währungsfonds, so gilt für den Frachtführer die Haftungshöchstgrenze von 25 Werteinheiten. Eine Werteinheit entspricht 10/31 Gramm Gold von 900/1000 Feingehalt. Im Falle der gerichtlichen Auseinandersetzung werden die jeweiligen Kurse am Tage der Urteilsverkündung zugrunde gelegt.

65 Daneben treffen den Frachtführer auch **Ersatzpflichten** für Fracht, Zölle und sonstige aus Anlass der Beförderung des Gutes entstandene Kosten, Art 23 Abs 4 CMR. Dazu zählen nur die mit dem Transport selbst verbundenen Kosten. Weiterer Schadensersatz ist ausgeschlossen.

66 Werden gegen den Frachtführer bei Verlusten, Beschädigungen oder Überschreiten der Lieferfrist nach dem jeweils anzuwendenden nationalen Recht **außervertragliche Ansprüche** erhoben, so kann er sich in Bezug auf Haftungsausschlüsse, Haftungsumfang und Haftungsbeschränkungen auf die CMR berufen, Art 28 CMR.

---

61 Das Sonderziehungsrecht (SZR) ist eine künstliche Währungseinheit, die nicht auf den Devisenmärkten gehandelt wird. Sie wurde 1969 vom Internationalen Währungsfonds (IWF) eingeführt. Der Wechselkurs eines SZR ist durch einen Währungskorb wichtiger Weltwährungen definiert. ZZ enthält dieser Korb US-Dollar, Yen, Pfund Sterling und Euro. Als Maßstab für die Höhe des Betrages und damit des Gewichts der einzelnen Währung dient der Anteil des betreffenden Staates am Weltexport. Von Zeit zu Zeit werden die Gewichtung und die teilnehmenden Währungen vom IWF-Vorstand überprüft. Der Wert eines SZR wird täglich vom IWF festgelegt, basierend auf den Umtauschraten der Währungen, aus denen sich das SZR bildet. Es gilt die Kursnotierung der Londoner Börse um 12 Uhr. Falls die Börse in London geschlossen ist, gilt die Notierung in New York und sollte diese ebenfalls geschlossen sein, gilt der Referenzkurs der Europäischen Zentralbank. Der tagesaktuelle Wert der SZR hinsichtlich des US-Dollars kann unter <imf.org/external/np/fin/data/param_rms_mth.aspx> vom IWF> abgefragt werden. Dort finden sich auch Umrechnungskurse für alle anderen Währungen. Zum 17.8.2020: SZR 1 = US$ 1.411790und 1.191080 €. Vgl allgem hierzu a → *Schlemmer-Schulte/Pohlmann* § 10 Rn 42ff.

62 *Thume* Kommentar zur CMR (2013) Art 23 Rn 21.

Der Frachtführer kann sich auf die Bestimmungen, die seine Haftung ausschließen oder begrenzen oder die **Beweislast** umkehren, **nicht berufen**, wenn er den Schaden vorsätzlich oder durch ein ihm zur Last fallendes Verschulden verursacht hat, das **nach dem Recht des angerufenen Gerichtes** dem Vorsatz gleichsteht, Art 29 CMR. Das gleiche gilt, wenn Bediensteten des Frachtführers oder sonstigen Personen, deren er sich bei Ausführung der Beförderung bedient, Vorsatz oder ein dem Vorsatz gleichstehendes Verschulden zur Last fällt, wenn diese in Ausübung ihrer Verrichtungen handeln. In solchen Fällen können sich auch diese Personen hinsichtlich ihrer persönlichen Haftung nicht auf die in Absatz 1 bezeichneten Bestimmungen dieses Kapitels berufen. 67

Mit der Reformierung und Vereinheitlichung des deutschen Transportrechts wurde nun ein einheitlicher Verschuldensbegriff eingeführt. Gem. **§ 435 HGB** haftet der Frachtführer unbeschränkt auf Schadensersatz, wenn er vorsätzlich oder leichtfertig und in dem Bewusstsein, dass ein Schaden mit Wahrscheinlichkeit eintreten wird, handelt. Dieser neu eingeführte Verschuldensmaßstab ist vor deutschen Gerichten über Art 29 CMR, nun auch bei einer Haftung nach der CMR anzuwenden.[63] Auch unter Geltung der CMR haftet der Frachtführer dann auf unbegrenzten Schadensersatz, wenn er leichtfertig und in dem Bewusstsein, dass ein Schaden mit Wahrscheinlichkeit eintreten wird, handelt.[64] 68

Der **Verschuldensmaßstab der Leichtfertigkeit** in dem Bewusstsein, dass ein Schaden mit Wahrscheinlichkeit eintreten wird, war bis zur Einführung des § 435 HGB durch das Transportrechtsreformgesetz im deutschen Zivilrecht unbekannt. Definition und Anwendung sind dementsprechend schwierig. Eine Lösung wird in Anlehnung an das **Warschauer Abkommen von 1955 (WA/Haager Protokoll)** gesucht. Art 25 WA/Haager Protokoll enthält als Voraussetzung der Durchbrechung der Haftungsbegrenzungen und -befreiungen eine mit der des § 435 HGB fast identische Formulierung. Zumindest bei den materiellen Voraussetzungen des § 435 HGB ist die Übertragbarkeit der zu Art 25 WA/Haager Protokoll herausgebildeten Rechtsprechungsgrundsätze jedoch zu überprüfen. Auch oder gerade der Art 25 WA/Haager Protokoll ist bis heute nicht eindeutig definiert und seine Anwendung dementsprechend umstritten. Trotzdem tendiert die Literatur und Rechtsprechung weitgehend dazu, die im Rahmen des Art 25 WA/Haager Protokoll entwickelten Grundsätze auf § 435 HGB zu übertragen. Insbesondere sei es der Wille des Gesetzgebers gewesen, die aus dem Luftfrachtrecht bekannten Voraussetzungen für die Durchbrechung der Haftungsbegrenzung in das deutsche HGB-Frachtrecht zu integrieren.[65] Tatsächlich sind die Materialien zum Gesetzgebungsverfahren in sich widersprüchlich, so dass sich der Wille des Gesetzgebers nicht genau feststellen lässt. Teilt man diese Bedenken nicht und geht insbesondere mit der Rechtsprechung von der Übertragbarkeit der zu Art 25 WA/Haager Protokoll gebildeten Anwendungsgrundsätze aus, so sind die Voraussetzungen für qualifiziertes Verschulden folgendermaßen zu definieren: Das Tatbestandsmerkmal der Leicht- 69

63 *Helm* Frachtrecht: CMR, 2. Aufl (2002) Art 29 CMR Rn 7; *Starck* in FS Herber (1999) 128/134; OLG Bamberg OLGR München 1999, 25; OLG Frankfurt TranspR 2000, 120; AG Hamburg-Harburg TranspR 2000, 258 mit Anm *Dißars*; AG Bremen TranspR 2000, 308.

64 Dazu umfassend *Otte* in Ferrari et al, Art 29 CMR.

65 OLG Bamberg OLGR München 1999, 25.

fertigkeit erfordert einen besonders schweren Pflichtverstoß, bei dem sich der Frachtführer oder seine „Leute" in krasser Weise über die Sicherheitsinteressen der Vertragspartner hinwegsetzen.[66] Dabei wird angenommen, dass an die Leichtfertigkeit strengere Anforderungen zu stellen sind als an die grobe Fahrlässigkeit.[67] Das subjektive Erfordernis des Bewusstseins von der Wahrscheinlichkeit des Schadenseintritts ist eine sich dem Handelnden aus seinem leichtfertigen Verhalten aufdrängende Erkenntnis, es werde wahrscheinlich ein Schaden entstehen.[68] Leichtfertiges Handeln setze aber nicht immer auch ein Schadensbewusstsein voraus.[69] Vielmehr müsse im Einzelfall entschieden werden, ob Inhalt und Umstände des leichtfertigen Verhaltens einen solchen Schluss zulassen. Dieser Schluss ist insbesondere bei besonders schwerer Leichtfertigkeit möglich. Eine klare Absage erteilt die Rechtsprechung denjenigen, die das Schadensbewusstsein nur dann bejahen wollen, wenn der Schädiger davon ausging, dass ein Schaden überwiegend wahrscheinlich (> 50 %) sein muss.[70] Im Fall elementarer Sorgfaltspflichtverletzungen, zB in der Organisation eines Betriebes, komme es darauf aber auch nicht an, weil schon die Kenntnis der elementaren Sorgfaltspflichtverletzung das Bewusstsein der Wahrscheinlichkeit eines Schadenseintritts einschließe.[71]

70 Bei **Anrufung ausländischer Gerichte** ist das dem Vorsatz gleichstehende Verschulden nach der jeweils geltenden Rechtsordnung zu bestimmen.[72] Die Rechte anderer Vertragsstaaten (Italien, Frankreich) sind teilweise weniger streng bei der Durchbrechung der Haftungsbegrenzungen und zurückhaltender mit der Annahme eines qualifizierten Verschuldens.[73]

71 Ansprüche gegenüber dem Frachtführer **verjähren** nach einem Jahr, bei Vorsatz nach drei Jahren. Die Frist beginnt bei teilweisem Verlust, Beschädigung und Lieferfristüberschreitungen am Tag der Ablieferung, bei Totalverlust am 30. Tag nach Ablauf der vereinbarten Lieferfrist bzw am 60. Tag nach Übernahme des Gutes.

72 Vermittelt ein Spediteur Transporte zu festen Kosten oder übernimmt er den Transport selbst, hat er ausschließlich die Rechte und Pflichten eines Frachtführers und ist Hauptfrachtführer. Der von ihm eingesetzte Frachtführer ist Unterfrachtführer. Der Spediteur muss in diesem Falle entweder eine **Versicherungserklärung** des Unterfrachtführers über die Eindeckung einer Güterschadensversicherung bekommen

---

66 BGH TranspR 2004, 309/310. Verweisend auf Urteile zum Luftfrachtrecht: BGH TranspR 1982, 100/101; OLG Hamburg OLGR Bremen/Hamburg/Schleswig 2003, 411; OLG Hamburg TranspR 2002, 238; BGH TranspR 2001, 29/33; OLG Hamburg OLGR Bremen/Hamburg/Schleswig 2002, 348; OLG Köln TranspR 2001, 407 mwN.

67 OLG Bamberg OLGR München 1999, 25.

68 BGH NJW 2004, 2445; OLG Köln TranspR 2001, 407.

69 BGH TranspR 2001, 29/33; OLG Hamburg OLGR Bremen/Hamburg/Schleswig 2002, 348.

70 So OLG Frankfurt VersR 1981, 164.

71 BGH NJW 2004, 2445.

72 Ein Überblick über die Anwendung in anderen Staaten: *Basedow* in MüKo, Aktualisierungsband 7a (2000) Art 29 CMR Rn 8ff; *Koller* Transportrecht (2020) Art 29 CMR Rn 4; *Bahnsen* in Ebenroth/Boujong/Joost/Strohn (Hrsg) Kommentar zum HGB, Bd 2 (2015) Art 29 CMR Rn 10ff.

73 Umfassend *Thume* Durchbrechung der Haftungsbeschränkungen nach § 435 HGB im internationalen Vergleich, TranspR (2002) 1/5f (zu Frankreich, Großbritannien, Italien, Niederlande, Schweiz).

oder eine eigene Versicherung für grenzüberschreitende Transporte nach CMR eindecken.

Der Absender haftet für **unrichtige Frachtbriefangaben** (Art 7 Nr 1 CMR), wenn dadurch Schäden entstehen. Grund der Haftung ist, dass er die besseren Kenntnisse über das zu verladende Gut hat und dass die Frachtbriefangaben sich auf das Gut beziehen. In der CMR ist keine Regelung enthalten, wer den Frachtbrief auszustellen hat. Selbst wenn der Spediteur oder der Frachtführer den Frachtbrief ausstellt, haftet der Absender für unrichtige Angaben im Brief. 73

Der Absender haftet ausschließlich auch für alle weiteren **Begleitpapiere**, insbesondere für solche, die für die Zollabwicklung erforderlich sind. Gleiches gilt für den Spediteur, falls er als Absender auftritt. Der Frachtführer ist nicht verpflichtet, diese Papiere auf Richtigkeit und Vollständigkeit hin zu überprüfen. Der Absender haftet mithin auch für Verzögerungen, die durch das Fehlen der Papiere an der Grenze entstehen. Den Frachtführer trifft nur die Pflicht, diese Papiere sorgfältig zu bewahren und ihrem Verwendungszweck entsprechend einzusetzen. 74

Art 10 CMR begründet die Haftung des Absenders gegenüber dem Frachtführer für Schäden und Kosten, die durch **mangelhafte Verpackung** des zu befördernden Gutes verursacht werden. Dies ist keine Verschuldenshaftung und entspricht weitgehend § 414 HGB. Über den Umfang der Verpackungspflicht bestimmt die CMR nichts. Maßstäbe für die konkrete Erforderlichkeit bilden sich in der Rechtsprechung. Nach Art 8 CMR obliegt es dem Frachtführer, den äußeren Zustand des Gutes und seiner Verpackung zu überprüfen. 75

Die **Be- und Entladung der Fahrzeuge** ist in der CMR nicht ausdrücklich geregelt. Wenn nichts anderes vereinbart wird, trifft den Frachtführer keine Verpflichtung zum Be- und Entladen. Das entspricht § 412 HGB. Der Frachtführer ist aber für die betriebssichere Ladung des Fahrzeugs verantwortlich. Nach Art 17 Abs 4 lit c CMR ist eine Haftung des Frachtführers für Schäden bei Beladung und Entladung ausgeschlossen, wenn das Beladen, Verstauen oder Entladen durch den Absender oder Empfänger vorgenommen wurden. Nach einer Überprüfung durch den Zoll hat der Frachtführer freilich dafür zu sorgen, dass das Gut wieder sachgerecht geladen und verstaut wird. Trotz dieser klaren Regelung bürden einige ausländische Gerichte dem Frachtführer stets die Verpflichtung zur Stauung bzw zu seiner Kontrolle auf. Die Haftung des Frachtführers für Drittschäden durch unsachgemäße Beladung im Sinne einer Haftung als Fahrzeughalter nimmt ihm hingegen niemand ab. 76

3. Unterschiede zum HGB

a) Umladeverbot

Im Vergleich zum deutschen HGB ergeben sich zahlreiche Unterschiede: 77

- ein Umladeverbot kann in den Frachtbrief eingetragen werden (Art 6 Abs 2 lit a CMR);
- trägt der Absender einen höheren Betrag als die Haftungshöchstsumme ein und zahlt er hierfür einen Frachtzuschlag, gilt das Umladeverbot automatisch (Art 24 CMR);
- trägt der Absender ein besonderes Interesse an der Lieferung ein und zahlt er hierfür einen Frachtzuschlag, gilt das Umladeverbot automatisch (Art 26 CMR).

b) Lieferfristenregelung

78 Die Haftung aus Lieferfristüberschreitungen ist im Vergleich zum HGB eingeschränkt. Der Frachtführer haftet, falls der Verfügungsberechtigte innerhalb von 21 Tagen schriftlich einen Anspruch geltend gemacht hat (Art 30 Abs 3 CMR) und bis zur Höhe der Fracht (Art 23 Abs 5 CMR). Höhere Entschädigungen können nur beansprucht werden, wenn besondere Wertangaben gemacht worden sind oder die Angabe eines besonderen Interesses im Frachtbrief erfolgte. Für die Eintragung eines solchen Interesses ist ein Frachtzuschlag zu zahlen.

c) Nachträgliche Verfügungen

79 Art 12 Nr 1 CMR enthält eine nicht abschließende Aufzählung möglicher Absenderverfügungen. Nur derjenige kann eine Verfügung geltend machen, der die rosa Ausfertigung des Frachtbriefes vorlegt, auf der die Weisung eingetragen werden muss. Dieser Frachtbriefausfertigung kommt damit eine **Sperrwirkung** zu. Werden Weisungen nicht in die rote Ausfertigung eingetragen, sondern telefonisch oder per Fax übermittelt, enthalten sie nur eine sogenannte **relative Wirksamkeit** im Verhältnis zum Frachtführer. Für eine **absolute Wirksamkeit** der Weisung gegenüber Dritten ist die Eintragung in die erste Ausfertigung (rosa) weiter notwendig. Eine Weisung darf nicht zu einer Teilung der Sendung führen. Eine Absenderverfügung kann solange erfolgen bis das blaue Exemplar des Frachtbriefs dem Empfänger übergeben worden ist. Weisungen hat der Frachtführer nur dann zu befolgen, wenn sie rechtzeitig übermittelt worden sind. Ist vor Grenzübertritt bereits eine Eingangszollabfertigung ins Ausland erfolgt, kann das Gut nicht mehr angehalten werden.

d) Beförderung- und Ablieferungshindernisse

80 Treten während der Transportabwicklung **Beförderungshindernisse** (Zollstreik, Blockaden) auf, muss der Frachtführer beim verfügungsberechtigten Absender Weisungen einholen. Sind innerhalb einer angemessenen Frist Weisungen nicht einzuholen, kann der Frachtführer eigenständig Maßnahmen ergreifen, um das Gut zu erhalten (Einlagerung, Umwegtransport, Verkauf verderblicher Güter). Ist das Gut am Empfangsort eingetroffen und kann es dem Empfänger nicht zugestellt werden, liegen **Ablieferungshindernisse** vor. Auch in diesem Fall muss der Frachtführer Weisungen des Absenders einholen. Verweigert der Empfänger die Annahme, kann der Absender auch ohne erste Frachtbriefausfertigung über das Gut nachträglich verfügen. Kosten, die dem Frachtführer durch das Einholen von Weisungen, durch die Befolgung von Weisungen oder durch eigene Maßnahmen entstehen, sind ihm zu erstatten.

e) Haftung

81 Anders als in § 449 Abs 2 S 2 Nr 1 HGB gibt es in der CMR keine Korridorlösung. Die Vertragsparteien können folglich keine 8,33 SZR übersteigende Haftungsbegrenzung festlegen. Bei Lieferfristüberschreitungen wird abweichend von § 431 Abs 3 HGB (dreifache Fracht) nur bis zur Höhe der einfachen Fracht gehaftet (Art 23 Abs 5 CMR).

C. Eisenbahntransport

I. Marktzugang

Der europäische Gesetzgeber hat durch Erlass verschiedener Eisenbahn-Gesetzgebungspakete mit ordnungsrechtlichem und privatrechtlichem Inhalt Schrittmacherfunktion bei der Marktöffnung von Eisenbahnnetzen für Verkehrsunternehmen mit Sitz im Ausland, bei Kabotageverkehren und bei der Interoperabilität der nationalen Eisenbahnsysteme geleistet. 82

Das Erste Eisenbahninfrastrukturpaket 2001 (Richtlinie [EG] 2001/ 12, 13 und 14 sowie die Revision der Richtlinie [EG] 91/440, 95/18 und 95/19) sah die Privatisierung staatlicher Eisenbahnen, die Trennung von Netz (EIU) und Fahrbetrieb (EVU), die Regulierung des Netzes, den Zugang der EVU zum Netz, Kapazitätsregelungen und die Kontrolle von Trassenpreisen vor. Es ist in den EU-Mitgliedstaaten mittlerweile – mit teils erheblichen Abweichungen und Lücken – umgesetzt.[74] Die Kommission hat 2008 deswegen gegen 24 Mitgliedstaaten Vertragsverletzungsverfahren eingeleitet. Zur Profilschärfung des Eisenbahnpakets wurde Mitte 2012 der sog *Recast* (vgl unten Rn 86ff) beschlossen. 83

Das Zweite Eisenbahnpaket 2004 (drei Richtlinien und eine Verordnung)[75] zielt auf eine rechtlich und technisch vereinheitlichte europäische Eisenbahn. Verfolgt wurde dieses Ziel mit der Errichtung einer Europäischen Eisenbahnagentur (Verordnung (EG) Nr 881/2004 v 29.4.2004), mit der Richtlinie zu Eisenbahnsicherheit und Unfalluntersuchung (Richtlinie 2004/49), mit der Interoperabilitätsrichtlinie (Richtlinie 2004/50) und der Richtlinie 2004/51 über die Entwicklung der Eisenbahnen in der Gemeinschaft. Alle Richtlinien wurden umgesetzt und zum Teil später neu gefasst.[76] 84

Das Dritte Eisenbahnpaket 2007[77] enthält Richtlinienvorschläge zum Ordnungsrecht, insbesondere zur Liberalisierung des **Eisenbahnpersonenverkehrs** und zur Festlegung europaweit einheitlicher Vorschriften für die Zertifizierung von Fahrzeugführern. Weiter enthält es wirtschaftsprivatrechtliche Vorschläge zur Ausgestaltung des Eisenbahntransportrechts, etwa über die Rechte und Pflichten der Fahrgäste im grenzüberschreitenden Eisenbahnverkehr und über Entschädigungen bei Nichterfüllung vertraglicher Qualitätsanforderungen im **Schienengüterverkehr**. Zum bisherigen Ordnungsrecht tritt also nun die Gestaltung der privatrechtlichen Verhältnisse zwischen dem Eisenbahnunternehmen und seinen Kunden (Reisenden und Absendern von Gütern) hinzu. Durch diese Initiativen wird den gewerblich tätigen Eisen- 85

74 Vgl jüngst die Einführung einer Regulierung in Frankreich, *Projet de loi relatif à l'organisation et à la régulation des transports ferroviaires et guidés et portant sur diverses dispositions visant des transports* (2008–2009).

75 ABl EG L 164/1. Dazu *Freise* TranspR 2003, 265/273ff.

76 RL 96/48/EG über das transeuropäische Hochgeschwindigkeitsbahnsystem; RL 2001/16/EG über das konventionelle transeuropäische Eisenbahnsystem, RL 2004/50/EG v 29.4.2004, ABl L 220/40, zusammengefasst in RL 2008/57/EG v 17.6.2008 über Interoperabilität des Eisenbahnsystems in der Gemeinschaft, ABl 2008 L 191/1 (*cross-acceptance-package*).

77 VO Nr 1370/2007, VO Nr 1371/2007, RL 2007/58/EG, RL 2007/59/EG; vgl a Mitteilung der Kommission v 3.3.2004, KOM (2004) 140 endg. Dazu umfassend bereits *Freise* TranspR (2004) 377.

bahnunternehmen in Zukunft die Tätigkeit auf den Netzen anderer Länder wesentlich erleichtert. Die wirtschaftsprivatrechtlichen Vorschläge der Kommission im dritten Eisenbahnpaket betreffen das bestehende internationale Eisenbahntransportrecht COTIF vom 9.5.1980 mit seinen Anhängen (dazu sogleich II., Rn 94ff), sind aber weniger diesem entlehnt, sondern lehnen sich an die Entwicklungen im Luftverkehrsrecht an.[78] Hintergrund dieser Entscheidung war, dass die Fahrgastrechte nach COTIF der EU-Kommission nicht weit genug gingen.[79]

86 Am 15.12.2012 trat der ***Recast* des Ersten Eisenbahnpakets** in Kraft.[80] Damit wurden die drei Richtlinien des ersten EU-Eisenbahnpakets in einer Richtlinie zur Schaffung eines Einheitlichen Europäischen Eisenbahnraumes zusammengefasst, teilweise präzisiert und inhaltlich verschärft.

87 Der *Recast* stärkt die Unabhängigkeit der Regulierungsbehörden in Bezug auf Entscheidungen und Personalbestellungen sowie deren finanzielle Ausstattung. Zeitlich gestrafft werden anderseits die Entscheidungsabläufe der Regulierer. Über Beschwerden soll innerhalb von sechs Wochen nach Vorliegen aller Unterlagen entschieden werden. Damit ist ein rascheres Reagieren auf Marktprobleme möglich. Die Einrichtung eines Netzwerks der Regulatoren soll die internationale Zusammenarbeit und den Erfahrungsaustausch untereinander und mit der Kommission und die Koordinierung von Verfahren in grenzüberschreitenden Angelegenheiten fördern. Eine verbesserte Kontrolle von Serviceeinrichtungen (zB Bahnhöfe und Abstellanlagen für Züge) durch die Regulierungsbehörden und präzisere finanzielle Regeln durch getrennte Rechnungskreise für die einzelnen Serviceeinrichtungen werden festlegt. In der Gesamtschau soll ein einheitlich hohes Regulierungsniveau geschaffen werden.

88 Zur Kontrolle der Infrastruktur-Nutzungsentgelte werden die Grundsätze für die Berechnung (relevante Kostenbestandteile) konkretisiert. Mehr Transparenz soll den Regulierungsbehörden eine genauere Überprüfung der Höhe des Entgelts ermöglichen. Schließlich wird auch die Marktbeobachtung zugelassen.

89 Die Gestaltung der Rechnungsführung muss die Überwachung des Verbots der Übertragung öffentlicher Gelder zwischen den Geschäftsbereichen und soll die Kontrolle der (freilich zulässigen freien) Verwendung der Erträge aus Infrastrukturnutzungsentgelten und der Gewinne aus anderen geschäftlichen Bereichen ermöglichen.

90 Vorgesehen sind weiter Kompetenzerweiterungen der Kommission. Sie kann die Anhänge der Richtlinien durch delegierte Rechtsakte ändern und hat Befugnisse zum Erlass von Durchführungsbestimmungen.[81] Die notwendig stärkere (europäische) Regulierungsaufsicht soll in zwei Jahren nach Umsetzung der Richtlinie überprüft werden.

---

78 Mitteilung KOM (2004) 140 endg, 9; VO-Vorschlag KOM (2004) 143 endg, 3/7–9; Mitteilung der Kommission v 7.5.2002 „Verbraucherpolitische Strategie 2002 bis 2006“, KOM (2002) 208 endg, 18; Konsultationspapier der Generaldirektion Energie und Verkehr v 4.10.2002, 5.

79 Mitteilung KOM (2004) 140 endg, 8.

80 RL 2012/34/EU v 21.11.2012, ABl 2012 L 343/32, 32ff, Art 66.

81 Ergangen sind bisher (Stand Oktober 2020) die Durchführungsverordnungen VO (EU) Nr 869/2014; VO (EU) Nr 2015/10; VO (EU) Nr 2015/171; VO (EU) Nr 2015/429; VO (EU) Nr 2015/909; VO (EU) Nr 2015/1100; VO (EU) Nr 2016/545; VO (EU) Nr 2017/2177; VO (EU) Nr 2018/1795 und der delegierte Beschl (EU) 2017/2075.

Das am 14.12.2016 beschlossene **vierte** und vorerst letzte **Eisenbahnpaket**[82] – bestehend aus drei Verordnungen (Verordnung [EU] Nr 2016/796, Verordnung [EU] Nr 2016/2338, Verordnung [EU] 2016/2337) und drei Richtlinien (Richtlinie [EU] 2016/797, Richtlinie [EU] 2016/798, Richtlinie [EU] 2016/2370) – soll den Binnenmarkt für Eisenbahndienstleistungen vollenden. Europäische Unternehmen erhalten das Recht, überall in der EU tätig zu werden, und die Regeln für den Wettbewerb werden verschärft. So soll die Unparteilichkeit der Infrastrukturbetreiber sichergestellt und damit dafür gesorgt werden, dass neue Marktteilnehmer, die Zugang zum Netz beantragen, ohne Diskriminierung behandelt werden. 91

Das Paket besteht aus einer „technischen Säule" und einer „Marktsäule". Die **Marktsäule** soll den mit dem Ersten Eisenbahnpaket begonnenen Prozess der schrittweisen Marktöffnung abschließen. Ferner wird ua die Vergabe öffentlicher Dienstleistungsaufträge für inländische Schienenpersonenverkehrsdienste geregelt. Die **technische Säule** soll die Interoperabilität und Verknüpfung der nationalen Eisenbahnnetze sowie den Zugang zu diesen Netzen fördern[83] sowie die Genehmigungsverfahren auf Unionsebene modernisieren und vereinheitlichen, um einen Beitrag zur Vollendung des einheitlichen europäischen Eisenbahnraums zu leisten, Kosten und Dauer der Genehmigungsverfahren zu senken und die Eisenbahnsicherheit zu verbessern.[84] Durch die Vereinheitlichung der Genehmigungsverfahren müssen Unternehmen keine mehrfachen Anträge stellen, wenn sie grenzüberschreitend Verkehrsdienste aufnehmen wollen. So müssen Eisenbahnunternehmen und Hersteller nicht mehr einzeln von den nationalen Sicherheitsbehörden aller Mitgliedstaaten, in denen Züge betrieben werden sollen, zertifiziert werden. Vielmehr wird die Europäische Eisenbahnagentur (ERA) Genehmigungen für die Inbetriebnahme von Fahrzeugen erteilen und den Eisenbahnunternehmen Sicherheitsbescheinigungen ausstellen, die in der gesamten EU anerkannt werden.[85] 92

Ferner wurde auch die *Recast*-Richtlinie durch die Richtlinie (EU) 2016/2370 geändert, um weitere Anforderungen zur Gewährleistung der Unabhängigkeit des Infrastrukturbetreibers einzuführen (7. Erwägungsgrund Richtlinie [EU] 2016/2370). 93

II. Zivilrecht

1. COTIF

Für die grenzüberschreitende Beförderung durch ein oder mehrere nationale Eisenbahnunternehmen wirken im internationalen Eisenbahnverkehr zwischenstaatliche Vereinbarungen zivilrechtsvereinheitlichend. Herausragend ist das multilaterale Über- 94

---

82 Vgl *Staebe* Das Vierte Eisenbahnpaket der EU und der deutsche Regulierungsrahmen, EuZW 2018, 146ff; *Ludwigs* Gesetz zur Stärkung des Wettbewerbs im Eisenbahnbereich, NVwZ 2016, 1665ff; <ec.europa.eu/transport/modes/rail/packages/2013_de>.

83 2. Erwägungsgrund, RL (EU) 2016, 797.

84 4. Erwägungsgrund, RL (EU) 2016, 797.

85 Vgl <ec.europa.eu/commission/presscorner/detail/de/MEMO_16_1383>.

einkommen über den internationalen Eisenbahnverkehr vom 9.5.1980 (**COTIF**)[86]. Das COTIF regelte bereits in seiner Fassung vor dem Änderungsprotokoll von Vilnius vom 3. Juni 1999 mit seinen beiden **Anhängen** die einheitlichen Rechtsvorschriften für den Vertrag über die internationale Eisenbahnbeförderung von Gütern (Anhang B: ER/**CIM**[87]) bzw von Personen und Reisegepäck (Anhang A: ER/**CIV**[88]) sowie das Eisenbahntransportrecht für den grenzüberschreitenden Verkehr in Europa. **Weitere Anlagen zu ER/CIM** regelten die internationale Ordnung für die Beförderung von gefährlichen Gütern (Anlage I: **RID**[89]), von Privatwagen (Anlage II: **RIP**[90]), von Containern (Anlage III: **RICo**[91]) und von Expressgut (Anlage IV: **RIEx**[92]). Sie wurden automatisch Grundlage jedes internationalen Eisenbahnfrachtvertrages. Hinzu kamen **Ergänzungen** der CIM-Artikel durch einheitliche Zusatzbestimmungen (DCU[93]) und besondere Zusatzbestimmungen (DCS[94]).

95 Die zwischenstaatliche Organisation für den internationalen Eisenbahnverkehr (**OTIF**)[95] besteht seit 1.5.1985 mit Sitz in Bern in der Schweiz. Völkerrechtliche Grundlage ist das Übereinkommen vom 9.5.1980 (COTIF).[96] Auf der Grundlage des COTIF will die OTIF den internationalen Eisenbahnverkehr fördern, verbessern und erleichtern.[97] Zweck dieser Regierungsorganisation war bis zur Unterzeichnung des Protokolls vom 3. Juni 1999 (Protokoll von Vilnius) zur Änderung der COTIF in erster Linie die Weiterentwicklung der seit Jahrzehnten bestehenden **einheitlichen Rechtsord-**

---

86 *Convention relative aux transports internationaux ferroviaires/Convention concerning International Carriage by Rail*; BGBl 1985 II, 132.

87 *Uniform Rules concerning the Contract for International Carriage of Goods by Rail.*

88 *Uniform Rules concerning the Contract for International Carriage of Passengers and Luggage by Rail.*

89 *Règlement concernant le transport international ferroviaire des marchandises dangereuses* = Ordnung für die internationale Eisenbahnbeförderung gefährlicher Güter (Anlage I zur CIM). In Deutschland in der weitgehend entsprechenden GGVSE geregelt.

90 *Règlement concernant le transport international ferroviaire des wagons de particuliers* = Ordnung für die internationale Eisenbahnbeförderung von Privatwagen (Anlage II zur CIM).

91 *Règlement concernant le transport international ferroviaire des conteneurs* = Ordnung für die internationale Eisenbahnbeförderung von Containern (Anlage III zur CIM).

92 *Règlement concernant le transport international ferroviaire des colis express* = Ordnung für die internationale Eisenbahnbeförderung von Expressgut (Anlage IV zur CIM).

93 *Dispositions complémentaires uniformes.*

94 *Dispositions complémentaires spéciales.*

95 Sitz der Organisation ist Bern in der Schweiz. Als Organe wirken die Generalversammlung, der Verwaltungsausschuss als finanzielles und administratives Aufsichtsorgan, der Revisionsausschuss, der Fachausschuss für die Beförderung gefährlicher Güter, der Fachausschuss für technische Fragen und der Ausschuss für Erleichterungen im Eisenbahnverkehr. Die Sekretariatsgeschäfte werden vom Generalsekretär besorgt.

96 Vgl <cit-rail.org/de/eisenbahntransportrecht/cotif/>; Vorläufer der OTIF war das 1893 geschaffene Zentralamt für den internationalen Eisenbahnverkehr.

97 Vgl <otif.org>. Daneben arbeitet das Internationale Eisenbahntransportkomitee (CIT), ein Verband von ca 213 Eisenbahnverkehrs- und Schifffahrtsunternehmen, die grenzüberschreitenden Personen- und/oder Güterverkehr betreiben (Verein nach schweizerischem Recht, Art 60ff ZGB, mit Sitz in Bern). Das CIT setzt das internationale Eisenbahntransportrecht auf Eisenbahnebene durch Erarbeitung, Pflege und Standardisierung der Dokumente und Vertragsbeziehungen zwischen Kunde, Beförderer und Infrastrukturbetreiber um.

nungen für die durchgehende internationale Beförderung von Reisenden und Gütern mit der Eisenbahn, der einheitlichen Rechtsvorschriften **CIV** und **CIM**. Der OTIF und damit dem *COTIF-Regime* gehören derzeit **51**[98] **Staaten** (Stand September 2020) an.

Die COTIF und ihre Anhänge unterliegen einem starken Wandel. Die wohl größte 96
Herausforderung für das internationale Eisenbahntransportrecht ging vom **europäischen Integrationsprozess** einerseits sowie den allgemeinen Liberalisierungstendenzen in der Verkehrspolitik zahlreicher Mitgliedstaaten und bei den Eisenbahnen andererseits aus. Die in einigen Mitgliedstaaten bereits vollzogene oder geplante Lösung der Eisenbahnen aus der staatlichen Verwaltung und ihre rechtliche Verselbständigung als Unternehmen privaten oder öffentlichen Rechts sowie die Trennung zwischen Betrieb der Infrastruktur und Beförderung von Personen und Gütern erforderten eine tiefgreifende Revision des geltenden internationalen Eisenbahntransportrechts. Die COTIF selbst wurde daher 3.6.1999 durch das **Protokoll von Vilnius** grundlegend in institutionellen Angelegenheiten und Finanzfragen **überarbeitet**.[99] Diese COTIF-Reform ist am 1.7.2006 in Kraft getreten.[100]

Die EU hatte im Rahmen des „zweiten Eisenbahnpakets" früh den Beitritt zur CO- 97
TIF als eines ihrer Ziele bereits erklärt[101] und ist dem COTIF dann nach langen Verhandlungen mit Wirkung vom 1.7.2011 beigetreten. Dies hat zum einen zur Folge, dass die EU-Mitgliedstaaten zwar Vertragsstaaten der COTIF und Mitglieder der OTIF sind. Zum anderen ist aber auch die europäische Union selbst gem Art 38 COTIF als regionale Organisation für wirtschaftliche Integration Mitglied von COTIF und OTIF. Die EU-Mitgliedstaaten, die das Übereinkommen ratifiziert haben, werden künftig in Bern in all jenen Fällen von der Europäischen Kommission vertreten, in denen die EU über die ausschließliche Zuständigkeit verfügt.

Nach der Reform durch das Protokoll von Vilnius ergibt sich folgendes Bild[102]:

Der **Anwendungsbereich** bei Schienenbeförderungen wird **erweitert**. Ausrei- 98
chend ist, wenn Abgangs- und Bestimmungsort in zwei verschiedenen Mitgliedstaaten der OTIF liegen, die das Protokoll 1999 ratifiziert oder die Anwendung von CIV/CIM 1999 erklärt haben. Transitstaaten müssen nicht mehr Vertragsstaaten des COTIF sein (Art 1 § 1 CIV, Art 1 § 1 CIM)[103].

---

98 Afghanistan, Albanien, Algerien, Armenien, Aserbaidschan, Belgien, Bosnien-Herzegowina, Bulgarien, Dänemark, Deutschland, Estland, Finnland, Frankreich, Georgien, Griechenland, Irak, Iran, Irland, Italien, Kroatien, Lettland, Libanon, Liechtenstein, Litauen, Luxemburg, Marokko, Monaco, Montenegro, Niederlande, Nordmazedonien, Norwegen, Österreich, Pakistan, Polen, Portugal, Rumänien, Russland, Schweden, Schweiz, Serbien, Slowakische Republik, Slowenien, Spanien, Syrien, Tschechische Republik, Tunesien, Türkei, Ukraine, Ungarn und Vereinigtes Königreich und Jordanien als ein assoziiertes Mitglied.

99 Protokoll v 3.6.1999, BGBl 2002 II, 2140, 2142 – in Kraft seit 1.7.2006; auszugsweise abgedruckt in TranspR 1999, 461ff.

100 Bekanntmachung des Auswärtigen Amts v 2.8.2006, BGBl 2006 II, 827.

101 Vgl KOM (2003) 696 endg v 17.11.2003.

102 Vgl *Freise* Neue Entwicklungen im Eisenbahnrecht anläßlich des Inkrafttretens des Übereinkommens COTIF 1999, TranspR 2007, 45ff.

103 Das System eingetragener Linien in CIV bzw CIM, das für die jeweilige CIV- bzw CIM-Beförderung auch in Transitstaaten nicht unterbrochen sein durfte (vgl Art 2, 3, 10 COTIF 1980) ist auf Spezialfälle reduziert (Art 24 COTIF 1999); *Freise* (Fn 102) 46.

99 Das COTIF-Regime kann auch auf sog **durchgehenden internationalen Beförderungen** angewendet werden, die außer auf Eisenbahnlinien auch auf vordefinierten Linien von Straßen oder von Binnengewässern im Binnenverkehr eines Mitgliedstaates erfolgen, Art 1 § 2 CIV, Art 1 § 3 CIM. Dem einheitlichen Eisenbahntransportrecht CIV/CIM ist damit der Verkehr auf rund 240.000 km Eisenbahnstrecke, auf 8.000 km Straße und auf rund 23.000 km Binnenschifffahrtswegen unterstellt.

2. Die Anhänge CIV und CIM

100 CIM und CIV wurden durch Angleichung an das für andere Verkehrsträger (CMR) geltende Recht liberalisiert und modernisiert: Beförderungs- und Tarifpflicht fallen weg; der Beförderungsvertrag ist nicht Real- sondern Konsensualvertrag. Der **Spielraum für Vereinbarungen** zwischen Eisenbahnunternehmen und Kunden einerseits und für Vereinbarungen zwischen Eisenbahnunternehmen andererseits wurde erweitert. Damit ist eine Ausweitung der Vertragsfreiheit verbunden. Der Beförderer kann seine Verpflichtungen und seine Haftung gegenüber den Kunden erweitern.[104]

101 Über den erweiterten Anwendungsbereich der COTIF hinaus kommt die CIM im internationalen Schienengüterverkehr auch dann zur Anwendung, wenn nur Abgangsort oder nur Ablieferungsort in einem Mitgliedstaat liegen, die Parteien des Frachtvertrags die Geltung der CIM aber privatautonom vereinbart haben (Art 1 § 2 CIM). Die Verwendung des CIM-Frachtbriefs kann eine solche Vereinbarung begründen.[105] Durch die Rechtswahl wird die CIM in Mitgliedstaaten anwendbares Gesetzesrecht. Folglich unterliegt sie nicht etwa richterlicher AGB-Kontrolle.

102 Über den eigentlichen Anwendungsraum hinaus kann die Rechtswahl der CIM ihre durchgehende Geltung in den Bereich des Abkommens über den internationalen Eisenbahn-Güterverkehr (SMGS) bis nach Russland und Asien bewirken. In einem Nichtmitgliedstaat können freilich gesetzliche Beschränkungen oder sonstige Eingriffsnormen (zwingende Vorschriften des materiellen Rechts) die Wirksamkeit der Rechtswahl einschränken.

103 Außerdem kann der räumliche **Anwendungsbereich** der CIM **vertraglich ausgeweitet** werden. Dadurch werden durchgehende Beförderungsverträge im Ost-West-Verkehr mit SMGS-Staaten ermöglicht.[106]

---

104 *Ibid* 47.

105 *Ibid* 50.

106 In Osteuropa wurden von der OSShD (Organisation für die Zusammenarbeit der Eisenbahnen der früheren RGW-Staaten bzw Ostblock-Länder) eigene Vorschriften für die Beförderung gefährlicher Güter per Eisenbahn veröffentlicht, insbesondere die Anlage II zum SMGS (Übereinkommen über den internationalen Eisenbahnverkehr – *Soglaschenje Meshdunarodnoje Grusowoje Ssoobschtschenije*). Arbeitssprachen der OSShd sind russisch und chinesisch. Das SMGS-Übereinkommen gilt für verschiedene osteuropäische und asiatische Staaten (Aserbeidschan, Albanien, Weißrussland, Bulgarien, China, Estland, Georgien, Iran, Kasachstan, Kirgisien, Koreanische Volksrepublik, Lettland, Litauen, Mongolei, Polen, Moldawien, Russland, Vietnam, Tadschikistan, Turkmenistan, Ukraine, Usbekistan). Einige Staaten wie zB Polen, Tschechien, Slowakei, Lettland, Litauen, Ungarn, Rumänien, Bulgarien und Iran haben sowohl das COTIF-Übereinkommen (mit RID), als auch das SMGS gezeichnet. In diesen Staaten sind derzeit beide Vorschriften zur Beförderung gefährlicher Güter per Eisenbahn anwendbar. Im Verkehr zwischen CIM-Staaten und SMGS-Staaten wird ein CIM-Frachtbrief und ein SMGS-Frachtbrief benötigt. An bestimmten

Ein Eisenbahnverkehrsunternehmen kann ferner die von ihm übernommene internationale Schienenbeförderung im Rahmen seiner Netzzugangsrechte[107] entweder als vertraglicher Beförderer allein oder unter Hinzuziehung von aufeinanderfolgenden und/oder – neu von ausführenden Beförderern abwickeln.[108] 104

Das **System der Solidarhaftung** der an einer Beförderung beteiligten Eisenbahnunternehmen wurde beibehalten. Die Betreiber der Eisenbahninfrastruktur werden kraft Gesetzes als **Erfüllungsgehilfen des Beförderers** qualifiziert. Für deren Handlungen hat der Beförderer nach den bisher schon geltenden strengen Haftungsbestimmungen einzustehen. 105

Die Haftung des Beförderers wird betragsmäßig verschärft. Rechtliche Grundlagen für die Haftung der Eisenbahn bei **Tötung und Verletzung von Reisenden** enthalten die Art 26–31 CIV. Die Haftung der Eisenbahn für das Reisegepäck, Sachen und Fahrzeuge regeln die Art 33–47 CIV. Hinzu kommen allgemeine Bestimmungen (Art 48–52 CIV), Vorschriften zur Geltendmachung der Ansprüche (Art 54–60 CIV) und Regeln zur Beziehung der Eisenbahnen untereinander (Art 61–64 CIV). Die **Höhe** des für Verletzung oder Tötung von Reisenden zu leistenden Schadensersatzes bestimmt gem Art 30 CIV vorrangig das Landesrecht. Bei Anwendung der einheitlichen Rechtsvorschriften gilt jedoch für jeden Reisenden eine Höchstgrenze von 175.000 Rechnungseinheiten für den Kapitalbetrag oder eine diesem Betrag entsprechende Jahresrente, sofern das Landesrecht eine niedrigere Höchstgrenze vorsieht.[109] 106

Für **Verlust oder Beschädigung von Reisegepäck/mitgeführter Sachen** liegt die Höchstgrenze bei 1.400 Rechnungseinheiten für jeden Reisenden, Art 34, 33 § 1 CIV. Die Entschädigung darf nicht übersteigen: 107

a. wenn das gesamte Reisegepäck durch die Beschädigung entwertet ist, den Betrag, der bei gänzlichem Verlust zu zahlen wäre;
b. wenn nur ein Teil des Reisegepäcks durch die Beschädigung entwertet ist, den Betrag, der bei Verlust des entwerteten Teiles zu zahlen wäre.

Bei **gänzlichem oder teilweisem Verlust des Reisegepäcks/mitgeführter Sachen** hat die Eisenbahn nach Art 41 CIV ohne Weiteres Schadensersatz zu zahlen: 108

a. wenn die Höhe des Schadens nachgewiesen ist, eine Entschädigung in dieser Höhe, die jedoch 80 Rechnungseinheiten je fehlendes kg Bruttomasse oder 1.200 Rechnungseinheiten je Gepäckstück nicht übersteigen darf;
b. wenn die Höhe des Schadens nicht nachgewiesen ist, eine Pauschalentschädigung von 20 Rechnungseinheiten je fehlendes kg Bruttomasse oder von 300 Rechnungseinheiten je Gepäckstück.

Grenzbahnhöfen sind die Sendungen neu aufzugeben. Im Verhältnis zu Weißrussland bzw Russland und Deutschland können seit dem 1.9.1998 nach dem Gütertarif GBRT Containersendungen vom Versand- bis zum Bestimmungsbahnhof nach durchgehendem Frachtrecht transportiert werden.

107 RL 2012/34/EU v 21.11.2012, ABl L 343/32, Art 10, geändert durch RL (EU) 2016/2370, ABl L 352/1; Delegierter Beschluss (EU) Nr 2017/2075, ABl L 295/69.

108 Art 3 lit a und b CIV bzw CIM; Art 26 § 5, Art 38, 39, 56 CIV; Art 26, 27, 45 CIM.

109 In Deutschland liegt der Haftungshöchstbetrag nach HaftPflG bei 600.000 €; die CIV hat folglich insoweit keine Bedeutung.

Bei Beschädigung des Reisegepäcks/der mitgeführten Sachen hat die Eisenbahn eine Entschädigung zu zahlen, die der Wertminderung des Reisegepäcks entspricht, Art 42 CIV. Weiterer Schadensersatz ist nicht zu leisten. Die Anknüpfung der Entschädigung an kg des Gutes oder an das Gepäckstück wird durch die internationalen **Tarife** festgelegt. Die Eisenbahn hat außerdem Gepäckfracht, Zölle und sonstige aus Anlass der Beförderung des verlorenen Gepäckstückes gezahlte Beträge zu erstatten.

109 Rechtliche Grundlagen für die **Haftung im internationalen Güterverkehr** enthalten abschließend die Art 23–41 CIM. Diese Vorschriften über Haftungsgrund und Haftungszeitraum (Art 23 § 1 CIM), über Haftungsbefreiungen (Art 23 §§ 2 und 3 CIM) und über Entschädigungsgrundsätze und -höhen (Art 30, 32 und 33 CIM) sind nicht verändert worden.

110 Voraussetzung ist ein Eisenbahnfrachtvertrag. Im Obhutszeitraum gilt eine Verschuldenshaftung mit Haftungsbefreiungen für bestimmte bezeichnete, nicht zurechenbare Ereignisse, Art 23 CIM. Als **Höchsthaftung** sind im Falle des Güterverlustes oder der Beschädigung gem Art 30, 31, 32 CIM 17 SZR je kg in brutto vorgesehen. Bei Lieferfristüberschreitung haftet der **Frachtführer** gem Art 33 § 1 CIM auf höchstens das Vierfache der Fracht.

111 Bereits Anfang 1993 wurde für den internationalen Wagenladungsverkehr ein **einheitliches Frachtbriefmuster** eingeführt. Seither ist nur noch ein Formular notwendig. Der internationale Frachtbrief besteht als Frachtbriefsatz aus 5 nummerierten Blättern:

- das **Frachtbrieforiginal** wird dem Empfänger mit dem Gut übergeben,
- die **Frachtkarte** verbleibt bei der Empfangsbahn und dient der Datenerfassung,
- der **Empfangsschein** verbleibt beim Bestimmungsbahnhof,
- das **Frachtbriefdoppel** wird dem Absender nach Annahme des Gutes übergeben,
- der **Versandschein** verbleibt bei der Versandbahn und dient der Datenerfassung.

Möglich ist noch ein zusätzlicher Beleg für den Absender. In der Praxis werden die Blätter 1 bis 3 als Frachtbrief bezeichnet.

112 Der Frachtbrief einschließlich des Frachtbriefdoppels kann nach der Reform des CIM auch in elektronischen Datenaufzeichnungen bestehen, die in lesbare Schriftzeichen umwandelbar sind. Die zur Aufzeichnung und Verarbeitung der Daten verwendeten Verfahren müssen, insbesondere hinsichtlich der Beweiskraft des verkörperten Frachtbriefs, funktional gleichwertig sein (Art 6 § 9 CIM).

113 Neu im Haftungssystem der CIM ist die Haftung für Verlust oder Beschädigung von Eisenbahnfahrzeugen, die als Beförderungsgut geliefert werden, aber auf eigenen Rädern rollen. Der Beförderer haftet für Schäden nur, sofern er nicht beweist, dass der Schaden nicht durch sein Verschulden verursacht worden ist (Art 24 § 1 gegenüber Art 23 § 2 CIM bei der gewöhnlichen Güterbeförderung). Hier gelten im Detail Besonderheiten (Art 30 § 3, Art 32 § 3 CIM); Nutzungsausfallschäden sind nicht liquidierbar.

114 Regelungen zur Beförderungs- und Tarifpflicht und zur **Frachtberechnung (Gütertarife)** sind in der **COTIF** nicht mehr enthalten,[110] Tarife für grenzüberschreitenden

110 Nur für den Personenverkehr sowie für die Beförderung von Gepäck, Tieren und Fahrzeugen können die Mitgliedstaaten der OTIF weiterhin untereinander Beförderungspflichten vereinbaren (Art 4 § 3 CIV), vgl *Freise* (Fn 102) 45/47.

Güterverkehr können frei gebildet werden.[111] Man unterscheidet grundsätzlich durchgehende und getrennte Abrechnung.[112] Durchgehende Tarife sind für die gesamte Strecke der betroffenen Länder vorgesehen. Sie unterliegen bilateralen oder multilateralen Vereinbarungen der beteiligten nationalen Eisenbahngesellschaften (Verbandsgütertarife).[113] In sog Stationstarifen kann das Entgelt von Bahnhof zu Bahnhof berechnet werden. Schnitttarife geben Entgelte zwischen Schnittpunkten (etwa dem Grenzübergang) an. Durchfuhrtarife bestehen in Transitländern für Durchfuhrgüter. Weiter können Tarife auch warenbezogen sein.

Für eine getrennte Abrechnung ergeben sich verschiedene Möglichkeiten: 115

1. Bei der Abfertigung von Bahn zu Bahn wird auf der Basis eines Frachtvertrages nach einheitlichem Frachtrecht ohne Umladung die Fracht nicht durchgehend berechnet, sondern von jeder eingesetzten Bahn getrennt. Die beteiligten Bahnen können ihre Preise also im sog Binnentarif ihres Landes (bis zur Grenze oder ab der Grenze) berechnen.
2. Bei der Reexpedition auf einem Gemeinschaftsbahnhof wird nicht umgeladen. Es wird der Frachtvertrag entweder mit der Inlandsbahn oder der Auslandsbahn geschlossen und ein Frachtbrief verwendet. Die Entgelte werden getrennt von den Bahnen berechnet.
3. Bei der Reexpedition auf einem Inlandsbahnhof werden für die grenzüberschreitenden Strecken internationale Bestimmungen und für die nationale Strecke nationale Bestimmungen angewendet.

Die Art der Abrechnung bestimmt der Absender/Spediteur im internationalen Frachtbrief je nach der gewählten Beförderungsstrecke.

3. Weitere Anhänge

Das Gesamtregelwerk wurde zudem um **mehrere Anhänge** erweitert: **Die neuen Einheitlichen Rechtsvorschriften für Verträge über die Verwendung von Wagen im internationalen Eisenbahnverkehr (CUV)** unterscheiden klar zwischen der technischen Zulassung einerseits und den vertraglichen Vereinbarungen über die Verwendung von Wagen als Beförderungsmittel andererseits. Sie differenzieren nicht mehr zwischen bisherigen sogenannten bahneigenen Wagen, Privatwagen und sonstigen Wagen sowie zwischen den verschiedenen Arten von Verwendungsverträgen. Die Parteien haben – auch im Bereich der Haftung – weitgehende Vertragsgestaltungsfreiheit. Nur die Verjährungsvorschriften sind zwingend. 116

Die neuen einheitlichen Rechtsvorschriften für den Vertrag über die Nutzung der Infrastruktur im internationalen Eisenbahnverkehr (CUI) regeln aus- 117

111 Zurückgehend auf die Entscheidung des Rates 82/529/EWG v 19.7.1982, ABl 1982 L 234, 5 und inzwischen aufgenommen in der *Recast*-RL 2012/34/EU v 21.11.2012, ABl 2012 L 343/32.

112 *Büter* Außenhandel (2007), 225; zur historischen Entwicklung *Frerich/Müller* Europäische Verkehrspolitik, Bd 2 (2004) 345ff/701ff.

113 Bsp: NORDEG; Internationaler Eisenbahngütertarif für Wagenfracht (Schweden/Norwegen/Finnland – Bundesrepublik Deutschland); DFGT, DNIWT, DNWT, DNSWT, DNÖWT.

schließlich die vertraglichen Beziehungen, insbesondere die **Haftung**, zwischen dem Betreiber der Eisenbahninfrastruktur und dem Beförderer sowie die Ansprüche der Hilfspersonen des Infrastrukturbetreibers oder des Beförderers gegen die jeweils andere Partei des Nutzungsvertrages.

118 **Öffentlich-rechtliche Vorschriften,** zB die Richtlinien der EG über die Zugangsrechte und deren Voraussetzungen, bleiben unberührt. Die Haftungsbestimmungen und die Verjährungsvorschriften sind zwingend, im Übrigen wird den Parteien weitgehende Vertragsgestaltungsfreiheit hinsichtlich ihrer gegenseitigen Rechte und Pflichten eingeräumt.

119 Das **RID** (Gefahrgutrecht) wird zu einem eigenständigen Anhang zur **COTIF**. Damit wird die Anwendung des RID nicht mehr vom Bestand eines CIM-Beförderungsvertrages abhängig sein. Die Schaffung von Definitionen und die Festlegung der Pflichten der an einem Gefahrguttransport Beteiligten schafft größere Rechtsklarheit. Für **ergänzende Beförderungen auf Seestrecken** werden Rechtsgrundlagen für Sonderbestimmungen geschaffen. Das RID liegt nun in anwenderfreundlicherer Form vor und unterscheidet sich vom **ADR** (Europäisches Übereinkommen über die internationale Beförderung gefährlicher Güter auf der Straße) und vom **ADN** (Europäisches Übereinkommen über die internationale Beförderung gefährlicher Güter auf Binnenwasserstraßen) nur noch in den verkehrsträgerspezifischen Teilen. Darüber hinaus wurde hinsichtlich des Inhalts und des Aufbaus der Vorschriften eine weitestgehende Harmonisierung mit den UN-Empfehlungen für die Beförderung gefährlicher Güter (UN-Modellvorschriften) erzielt.[114] Die **Fortentwicklung des RID** erfolgt zurzeit in einem Zweijahresrhythmus. Die zweimal jährlich tagende gemeinsame RID/ADR/ADN-Tagung beschließt über die Übernahme von verkehrsträgerübergreifenden Änderungen aus den UN-Modellvorschriften. Darüber hinaus entscheidet sie über Anträge, die alle europäischen Landverkehrsträger gemeinsam betreffen. Nach Auffassung der Organisation besteht ein Ziel der Neufassung der COTIF darin, „auf eine zügige Beseitigung von Hindernissen beim Grenzübertritt im internationalen Eisenbahnverkehr unter Berücksichtigung besonderer öffentlicher Belange hinzuwirken, soweit diese Hindernisse ihre Ursache im staatlichen Verantwortungsbereich haben".

120 Wichtig war, dass die Regierungen und auch die Eisenbahnen erkannten, dass sich die internationale Zusammenarbeit im Rahmen der OTIF nicht nur auf die notwendige Fortschreibung und Anpassung des Eisenbahntransportrechts beschränken darf. Im Hinblick auf die Bedeutung der Technik für die Eisenbahnbeförderung sollte eine weitere Aufgabe darin bestehen, auch und gerade im Rahmen der OTIF, auf staatlicher Ebene verstärkte Anstrengungen zur Harmonisierung in diesem Bereich zu unternehmen. Dies gilt sowohl für die Verbindlicherklärung **einheitlicher technischer Normen** für Eisenbahnmaterial, für eine Vereinheitlichung des Verfahrens der **technischen Zulassung** von Eisenbahnmaterial zur Verwendung im internationalen Verkehr als auch für einheitliche Bau- und Betriebsvorschriften.

121 Ebenfalls als neue Anhänge zur COTIF legen die neuen einheitlichen Rechtsvorschriften **APTU** das Verfahren fest, nach dem technische Normen und einheitliche technische Vorschriften für Eisenbahnmaterial, das zur Verwendung im internationa-

114 Bspw ECOSOC Resolution 2005/53; eine Anpassung und Revision finden etwa alle zwei Jahre statt.

len Verkehr bestimmt ist, für verbindlich erklärt werden. Die verbindlich erklärten technischen Normen und angenommenen einheitlichen technischen Vorschriften werden in Anlagen zu den APTU aufgenommen. In diese technischen Anlagen zu den APTU werden das völkerrechtlich immer noch gültige Übereinkommen von 1882 über die technische Einheit im Eisenbahnwesen (TE), dem nicht weniger als 26 der 51 OTIF-Mitgliedstaaten angehören, sowie andere auf der Ebene der Eisenbahnen bestehende technische Regelwerke wie das RIV, RIC und die technischen Merkblätter der UIC einbezogen. Ziel der APTU ist es, die Interoperabilität der für den internationalen Eisenbahnverkehr erforderlichen technischen Systeme und Komponenten sicherzustellen. Die für verbindlich erklärten technischen Normen und einheitlichen technischen Vorschriften sollen dazu beitragen, die Sicherheit, die Zuverlässigkeit und die Betriebsbereitschaft im internationalen Verkehr zu gewährleisten und den Belangen der Umwelt sowie der öffentlichen Gesundheit Rechnung tragen. Die Ausarbeitung technischer Normen und einheitlicher technischer Vorschriften bleibt weiterhin den bisher zuständigen nationalen oder internationalen Normungsinstituten (zB CEN, CENELEC, ETSI usw) oder den im Eisenbahnbereich tätigen internationalen Verbänden, insbesondere der UIC, überlassen. Die APTU schaffen für den Eisenbahnbereich eine ähnliche Rechtsgrundlage wie das Genfer Homologierungsübereinkommen von 1958 für den Straßenverkehr.

Die neuen Einheitlichen Rechtsvorschriften **ATMF** legen das Verfahren fest, nach 122
dem Eisenbahnfahrzeuge (und analog sonstiges Eisenbahnmaterial) zur Verwendung im internationalen Verkehr zugelassen werden. Die technische Zulassung ist Aufgabe der nationalen (oder allenfalls der internationalen) Behörden, die nach den Gesetzen und Vorschriften des jeweiligen Staates hierfür zuständig sind. Die technische Zulassung erfolgt entweder direkt durch Erteilung der Betriebserlaubnis für ein bestimmtes einzelnes Eisenbahnfahrzeug oder in zwei Stufen. Die erste Stufe erfolgt in Form der Bauartzulassung für ein bestimmtes Baumuster gefolgt von der Betriebserlaubnis für einzelne Fahrzeuge, die dem Baumuster entsprechen. Diese Erlaubnis erfolgt in einem vereinfachten Verfahren. Der technischen Zulassung sind die gemäß den APTU für verbindlich erklärten Normen und angenommenen einheitlichen technischen Vorschriften zugrunde zu legen. Die technische Zulassung durch die zuständige Behörde eines Staates ist in den übrigen Staaten von Behörden, Eisenbahnverkehrsunternehmen und Infrastrukturbetreibern ohne erneute Prüfung und technische Zulassung anzuerkennen. Die **Haftpflichtversicherung** ist eine zusätzliche Voraussetzung für die Erteilung einer Betriebsgenehmigung an Eisenbahnunternehmen in Mitgliedstaaten der EU und betrifft das Verhältnis zwischen Eisenbahnunternehmen und Staat.[115]

Wie die APTU und die ATMF, welche im Kern ein „COTIF-Zulassungsrecht“ be- 123
gründen, zielgerecht und wirksam gehandhabt werden können, wird sich noch zeigen müssen. Das COTIF 1999 schafft dafür als Organ den Fachausschuss für technische Fragen, der in vergleichbarer Weise wie der bereits bestehende und eingespielte Fachausschuss RID arbeiten könnte. Der neue Fachausschuss muss getragen sein von den nationalen Zulassungsbehörden, wobei deren Rolle in Zukunft stark von der Entwick-

115 RL 2012/34/EU, ABl L 343/32, geändert durch RL (EU) 2016/2370, ABl L 352/1; Delegierter Beschluss (EU) 2017/2075, ABl L 295/69.

lung innerhalb der EG bestimmt sein wird. Das Gemeinschaftsrecht der EG insbesondere mit dessen Richtlinien betreffend die Interoperabilität und die Sicherheit der Eisenbahnen setzt die Maßstäbe und wird auch die Grundlage bilden für die konkrete Ausgestaltung der APTU.

124 **Insgesamt** ergibt sich durch das Änderungsprotokoll zur geltenden COTIF folgendes verändertes Bild:

- neues Grundübereinkommen COTIF (Art 1–45) mit institutionellen Bestimmungen;
- Protokoll über die Vorrechte internationaler Immunitäten der zwischenstaatlichen Organisationen für den internationalen Eisenbahnverkehr (OTIF) mit institutionellen Bestimmungen (14 Artikel);
- Anhang A (ER/CIV/Personenbeförderungsvertrag mit 64 Artikeln);
- Anhang B (ER/CIM/Frachtvertrag mit 52 Artikeln);
- Anhang C (RID – ohne technische Anlagen – Beförderung gefährlicher Güter);
- Anhang D (CUV/Verträge über die Verwendung von Wagen);
- Anhang E (CUI/Vertrag über die Nutzung der Infrastruktur);
- Anhang F (APTU/Verbindlicherklärung technischer Normen und Annahme einheitlicher technischer Vorschriften);
- Anhang G (ATMF/technische Zulassung von Eisenbahnmaterial).

4. Zukunft der OTIF

125 Durch die Neufassung der COTIF wurden einerseits die institutionellen Grundlagen der **OTIF** angepasst und modernisiert (Englisch als neue Arbeitssprache neben Französisch und Deutsch; neues Finanzierungssystem; Verpflichtung der Mitgliedstaaten, ihre Zusammenarbeit in der OTIF zu konzentrieren; Schaffung eines Fachausschusses für technische Fragen und eines Ausschusses für Erleichterungen im Eisenbahnverkehr; erleichtertes Revisionsverfahren; Beitrittsmöglichkeit für regionale Organisationen für wirtschaftliche Integration mit eigener Gesetzgebungskompetenz; Assoziierungsmöglichkeit uam). Andererseits werden die bisherigen, im Wesentlichen auf das Transportrecht und Gefahrgutrecht beschränkten, Aufgaben auf alle Sachgebiete ausgeweitet, die im Verantwortungsbereich der Staaten liegen, den internationalen Eisenbahnverkehr betreffen und deren Vereinheitlichung oder Verbesserung durch eine enge Zusammenarbeit der Staaten im Rahmen der OTIF erreicht werden kann.

126 Künftige Schwerpunkte der Tätigkeit des OTIF sind:

1. Beobachtung und Weiterentwicklung des Eisenbahntransportrechts in den Bereichen
   - Beförderungsverträge (internationaler Personen- und Güterverkehr, CIV und CIM),
   - Beförderung gefährlicher Güter (RID),
   - Verträge über die Verwendung von Wagen (CUV),
   - Verträge über die Nutzung der Eisenbahninfrastruktur (CUI),
   - Interoperabilität, durch Verbindlicherklärung technischer Normen und Annahme einheitlicher technischer Vorschriften für Eisenbahnmaterial (APTU),
   - Verfahren für die technische Zulassung von Eisenbahnfahrzeugen und sonstigem Eisenbahnmaterial zur Verwendung im internationalen Verkehr (ATMF).

2. Ermöglichung langfristig durchgehender Eisenbahnbeförderungen vom Atlantik bis zum Pazifik unter einem einheitlichen Rechtsregime durch Ausweitung des Geltungsbereiches der COTIF.
3. Wahrnehmung des Sekretariats der Aufsichtsbehörde über das Register für internationale Sicherungsrechte an rollendem Eisenbahnmaterial; Überwachung der Einhaltung des Protokolls von Luxemburg zum Übereinkommen über internationale Sicherungsrechte an beweglichen Ausrüstungen betreffend Besonderheiten des rollenden Eisenbahnmaterials vom 23.2.2007.[116]
4. Beseitigung von Hindernissen beim Grenzübertritt im internationalen Eisenbahnverkehr.
5. Mitwirkung an der Ausarbeitung anderer internationaler Übereinkommen betreffend den Eisenbahnverkehr im Rahmen von ECE/UNO und anderen internationalen Organisationen (Bsp UNIDROIT).

Damit wurde der Tätigkeitsbereich der OTIF so ausgeweitet, dass sie mittelfristig nach 127
dem Beispiel der **IMO**[117] und der **ICAO**[118] eine zwischenstaatliche Organisation des Verkehrsträgers Eisenbahn werden kann, die möglichst für alle Fragen des Eisenbahnverkehrs zuständig ist. Das Änderungsprotokoll und damit die revidierte COTIF (COTIF 1999) trat zum 1.7.2006 in Kraft, nachdem es von mehr als zwei Drittel der Mitgliedstaaten der OTIF, also damals von 27 Staaten, ratifiziert wurde. Gemäß COTIF 1999 steht der Beitritt zur COTIF nicht nur einzelnen Staaten, sondern auch regionalen Organisationen für wirtschaftliche Integration offen (so die EU, vgl oben Rn. 119).

Eine Ausweitung des Geltungsbereichs der COTIF, um durchgehende Eisenbahn- 128
beförderungen vom Atlantik bis zum Pazifik zu ermöglichen, ist nach dem Niedergang der staatswirtschaftlichen Systeme in der Mitte und im Osten Europas weiter vorangekommen. Im Verhältnis zu zahlreichen Ländern des Eurasischen Raums besteht indes noch Handlungsbedarf. Sowohl in der Europäischen Union, wie auch in verschiedenen Staaten außerhalb der EU entwickelt sich das Verkehrswesen in unterschiedlichem Tempo. Daraus folgend zeichnet sich auf längere Sicht die Möglichkeit ab, das jahrzehntelang bestehende Nebeneinander zweier Eisenbahntransportrechtssysteme – CIM/CIV einerseits und das auf der staatlichen Planwirtschaft basierende Abkommen SMGS/SMPS andererseits – zu überwinden. Wo noch keine Harmonisierung des Eisenbahntransportrechts auf Gesetzesebene erfolgt ist, steht mit der neuen COTIF eine vertragsrechtliche Lösung zur Verfügung, die es ermöglicht, Eisenbahngüterbeförderungen zwischen den Mitgliedstaaten der COTIF und Staaten, die nicht Mitgliedstaaten sind, unter einem einheitlichen Rechtsregime durchzuführen. Nach den einheitlichen Rechtsvorschriften CIM in der Fassung des Protokolls 1999 können die Parteien eines Beförderungsvertrags vereinbaren, dass der Vertrag den CIM unterliegt, wenn der Ort der Übernahme des Gutes zur Beförderung und der für die Ablieferung vorgesehene Ort in zwei verschiedenen Staaten liegen, von denen nur einer Mitgliedstaat ist.

---

116 S <cit-rail.org/de/eisenbahntransportrecht/unidroit/>.

117 *International Maritime Organization*, die 1948 gegründet wurde und bis 1984 unter dem Namen *Inter-Governmental Maritime Consultative Organization* (IMCO) agierte.

118 *International Civil Aircraft Organiziation*, vgl unten Rn 132.

D. Lufttransport

I. Ordnungsrecht – Die Organisation des Welt-Luftverkehrs

1. Internationaler Luftverkehr

129 Sowohl die Verwendung von Luftfahrzeugen als auch der grenzüberschreitende Luftverkehr sind genehmigungspflichtig. Luftfahrtunternehmen benötigen daher eine **nationale Betriebsgenehmigung.** Innereuropäisch bedürfen sie als Luftfahrtunternehmen der Gemeinschaft (also mit Sitz innerhalb der Europäischen Union) einer **europäischen Betriebsgenehmigung** gem Art 3 Verordnung (EG) Nr 1008/2008. Diese europäische Betriebsgenehmigung führt als Genehmigung auf der Grundlage höherrangigen Rechts zu einer nahezu unbeschränkten, freien wirtschaftlichen Betätigungsmöglichkeit der Luftfahrtunternehmen innerhalb der EU, sodass auch innerstaatlich für Luftfahrtunternehmen, die dem Luftverkehrsrecht der Europäischen Union unterliegen, nur diese Betriebsgenehmigung erforderlich ist, § 21 Abs 1 **LuftVG.** Früher benötigten einige Luftfahrtunternehmen mit den Betriebsarten nach § 20 Abs 1 LuftVG aF noch eine nationalen Betriebsgenehmigung nach § 20 Abs 1 LuftVG aF. Mit dem 15. Gesetz zur Änderung des Luftverkehrsgesetzes[119] ist national nach § 20 LuftVG nF für Luftfahrtunternehmen, die dem Luftverkehrsrecht der Europäischen Union unterliegen, nur noch die europäische Betriebsgenehmigung erforderlich. Denn durch Verordnung (EU) Nr 965/2012 sind die Betriebsarten des § 20 Abs 1 LuftVG aF erfasst, sodass sie bereits deshalb der behördlichen Aufsicht unterliegen.[120] Luftfahrtunternehmen, die ihren Hauptsitz nicht im Geltungsbereich des Luftverkehrsrechts der Europäischen Gemeinschaft haben, bedürfen einer Betriebsgenehmigung zur Durchführung von Fluglinienverkehr von und nach Deutschland nach § 21a LuftVG. Luftfahrtunternehmen, die Personen oder Sachen gewerbsmäßig durch Luftfahrzeuge auf bestimmten Linien öffentlich und regelmäßig befördern (Fluglinienverkehr), bedürfen dafür der besonderen **Fluglinienggenehmigung** nach § 21 Abs 1 LuftVG.

130 Die **Genehmigungspflicht grenzüberschreitender (Linien- oder Gelegenheits-)Verkehre** knüpft an zwischenstaatliche Vereinbarungen und EG-Recht an. Erstere sind notwendig, denn selbständige Staaten haben über ihrem Hoheitsgebiet nach internationalem Recht die Lufthoheit. Dieser Luftraum kann nur mit Genehmigung der zuständigen staatlichen Stellen – in Deutschland das Bundesverkehrsministerium – genutzt werden (Überfliegen, Landen, Ladung aufnehmen oder absetzen). Um Luftverkehr durchführen zu können, müssen **Verkehrsrechte** (Freiheiten der Lüfte) gewährt werden. Da bei der Beförderung von Luftfracht zum Teil viele Länder überflogen werden, bedarf es zwischenstaatlicher **Vereinbarungen**, um diese Länder ungehindert überfliegen zu dürfen.

131 Grundlage des internationalen Luftverkehrs sind die sogenannten Freiheiten der Luft oder Luftverkehrs-Freiheiten. Im Verkehr zwischen den Staaten müssen wegen der international allgemein anerkannten Lufthoheit der Nationalstaaten als Ausprägung des völkerrechtlichen Souveränitäts- und Territorialitätsprinzips Verkehrsrechte ausdrücklich eingeräumt werden.

---

119 G v 28.06.2016 BGBl I, 1548.
120 S BT-Drs 18/6988, 30.

Die erste Fassung dieser standardisierten Rechte geht auf das Chicagoer Abkommen vom 7.12.1944 zurück, bei dem die Errichtung der *International Civil Aircraft Organiziation* (**ICAO**)[121], einer Unterorganisation der UNO, beschlossen wurde. Die Freiheiten selbst sind von der ICAO entwickelt, aber erst in Zusatzvereinbarungen zum Chicagoer Abkommen geregelt. Die 1947 gegründete ICAO ist öffentlich-rechtliche Vertretung der Regierungen aller am internationalen Luftverkehr beteiligten Staaten. Die Tätigkeitsbereiche der ICAO liegen im Bereich Technik (Richtlinien), Wirtschaft (Untersuchungen) und Recht. Auf rechtlichem Gebiet befasst sich die ICAO vornehmlich mit der Koordinierung der bilateralen Luftverkehrsabkommen, der Schaffung eines Mustervertrages, der Herausgabe von Richtlinien und Empfehlungen, der Beratung auf Luftrechtskonferenzen und der Ergänzung bestehender Abkommen. Bewältigung und organisatorische Abwicklung der Beschlüsse von Chicago ist der ICAO übertragen. 132

Die **Luftverkehrs-Freiheiten**, die sich die Vertragspartner gewähren können, sind derzeit in neun verschiedenen Varianten denkbar: 132

1. Überflug: Die Fluggesellschaft darf von ihrem Heimatstaat aus das Land A überfliegen, um in B zu landen.
2. Technische Zwischenlandung: Die Fluggesellschaft hat ein Recht auf Zwischenlandung zu nicht kommerziellen Zwecken (zB zur Brennstoffaufnahme).
3. Direkter Transport: Die Fluggesellschaft hat ein Recht auf Beförderung von Passagieren oder von Frachtgütern vom Heimatstaat der Fluggesellschaft ins Ausland. Sie bringt Passagiere oder Frachtgüter.
4. Direkter Transport: Die Fluggesellschaft hat ein Recht auf Beförderung von Passagieren oder Frachtgütern vom Ausland in den Heimatstaat der Fluggesellschaft. Sie holt Passagiere oder Frachtgüter.
5. Transport zwischen fremden Staaten (Start- oder Endpunkt im Heimatstaat): Die Fluggesellschaft vom Heimatstaat befördert Passagiere oder Frachtgüter nach Land A, darf dort Passagiere aufnehmen und diese nach Land B bringen. Sie darf Passagiere von Land B aufnehmen, in Land A entladen und dort Passagiere wieder aufnehmen und zum Heimatstaat bringen.
6. Transport zwischen fremden Staaten (Zwischenlandung im Heimatstaat): Eine Fluggesellschaft befördert Passagiere oder Frachtgüter zwischen Land A und B mit Zwischenlandung in ihrem Heimatstaat.
7. Transport zwischen fremden Staaten (ohne Berührung des Heimatstaates): Eine Fluggesellschaft befördert Passagiere oder Frachtgüter zwischen zwei fremden Staaten ohne Zwischenstopp im Heimatstaat.

Ergänzt werden diese Freiheiten der Luft durch das **Kabotagerecht**. Es erlaubt einer Fluggesellschaft, innerhalb eines fremden Landes (also nicht ihr Sitz- und Zulassungsstaat) zwischen den dortigen Flughäfen Passagiere, Fracht und Post zu befördern. 134

8. Eine Fluggesellschaft befördert Passagiere oder Frachtgüter innerhalb eines anderen Staates auf einem Flug, der im Heimatland der Fluggesellschaft begann oder dort enden wird (aufeinanderfolgende Kabotage).

---

121 Ihre Aufgaben und Befugnisse sowie ihre Organisation sind im Chicagoer Abkommen festgelegt. 191 Staaten sind Mitglieder (Stand: 19.9.2020), vgl <icao.int/about-icao/Pages/member-states.aspx/>.

9. Eine Fluggesellschaft befördert Passagiere oder Frachtgüter innerhalb eines anderen Staates ohne Berührung eines weiteren Staates (unabhängige Kabotage).

135 Auf der Zivilluftfahrtkonferenz von Chicago wurden lediglich Überflugrechte und Rechte für technische Zwischenlandungen mehrseitig international vereinbart. Die 1. und 2. Freiheit (sog nichtkommerzielle Verkehrsrechte) sind dabei Bestandteil der Transitvereinbarung (auch aus 1944), während die Freiheiten 3.–5. zusätzlich in der Transportvereinbarung geregelt sind. Die Freiheiten 6.–9. (sog kommerzielle Verkehrsrechte) sind hingegen nicht in völkerrechtlichen Verträgen festgelegt. Zu einem weltweiten Austausch von mehrseitigen Verkehrsrechten durch ein internationales Übereinkommen ist es bisher nicht gekommen.

136 Die internationalen Verkehrsrechte werden nach den Empfehlungen der **ICAO** zwischenstaatlich im Rahmen von **zweiseitigen Luftverkehrsabkommen** völkerrechtlich zwischen souveränen Staaten bzw supranationalen Vereinigungen verbindlich auf Gegenseitigkeit gewährt oder aufgrund provisorischer Betriebsbewilligung erteilt. Die geschieht heute in weltweit etwa 4.000 bilateralen Luftverkehrsabkommen. Beispielhaft ist das erst nach langwierigen Verhandlungen am 30.3.2008 in Kraft getretene ***Open-Skies*-Abkommen** zwischen der EU und den USA,[122] das in einer weiteren Phase der Verhandlungen weiterentwickelt werden soll.

137 **Innerhalb der EU** sind Beschränkungen des Marktzugangs für Luftfrachtdienste seit dem 1.4.1997 aufgehoben. Die in einem EU-Staat zugelassenen Luftfrachtunternehmen dürfen diese Verkehrsrechte in allen anderen EU-Staaten ausüben und dort auch **Kabotagetransporte** durchführen. Ferner dürfen Verkehre zwischen einem Gemeinschaftsflughafen und einem Drittlands-Flughafen nicht abgelehnt werden, sofern das betreffende Drittland seine Zustimmung erteilt.

138 Die Marktöffnung stützt sich auf die ***Open-Sky*-Politik der Kommission, die auf mehreren Liberalisierungspaketen** basiert. Es handelt sich dabei um das

1. Liberalisierungspaket (Dezember 1987)
   - Anwendung der Wettbewerbsregeln (Verordnung Nr 3975, 3976/87)
   - Tarife im Fluglinienverkehr der Mitgliedstaaten (Richtlinie 87/601/EWG)
   - Kapazitäten im Fluglinienverkehr der Mitgliedstaaten (Entsch 87/602/EWG)

2. Liberalisierungspaket (Juli 1990)
   - Tarifautonomie der Luftfahrtunternehmen (Verordnung Nr 2342/90)
   - Zugang von Luftfahrtunternehmen zu EG-Strecken (Verordnung Nr 2343/90)
   - Freistellung von Wettbewerbsregeln (Verordnung Nr 2344/90)

3. Liberalisierungspaket (Januar 1993)
   - Erteilung von Betriebsgenehmigungen (Verordnung Nr 2407/92)
   - Zugang von Luftfahrtunternehmen zu EG-Strecken (Verordnung Nr 2408/92)
   - Flugpreise und Flugfrachtraten (Verordnung Nr 2409/92)
   - Anwendung der Wettbewerbsregeln (Verordnung Nr 2410/92)
   - Freistellung von Wettbewerbsregeln (Verordnung Nr 2411/92)

---

122 ABl EG L 134/4 v 25.5.2007.

Es folgte ferner ein **Legislativpaket zum Flugverkehrsmanagement** mit dem Ziel, ab dem 31.12.2004 einen **einheitlichen europäischen Luftraum** zu schaffen. Mit dem einheitlichen europäischen Luftraum sollte eine optimierte Nutzung des europäischen Luftraums ermöglicht werden. Dieses Paket „einheitlicher europäischer Luftraum" besteht aus einer **Rahmenverordnung**[123] und **drei technischen Verordnungen** über die Erbringung von Flugsicherungsdiensten, die Ordnung und Nutzung des Luftraums und die Interoperabilität des europäischen Flugverkehrsmanagementnetzes. Ziel dieser Verordnungen ist vor allem die Erhöhung der Sicherheit und die Umstrukturierung des Luftraums nach Maßgabe des Verkehrs und nicht nach Maßgabe nationaler Grenzen. 139

Die Rahmenverordnung soll die derzeitigen Sicherheitsstandards verbessern und die Gesamteffizienz des allgemeinen Flugverkehrs in Europa steigern. Dazu soll die Kapazität in der Weise optimiert werden, dass den Anforderungen aller Luftraumnutzer entsprochen wird und Verspätungen minimiert werden. Die EU-Mitgliedstaaten benennen oder richten danach gemeinsam oder einzeln eine oder mehrere Stellen als nationale **Aufsichtsbehörde** ein. Die nationalen Aufsichtsbehörden sind von den Flugsicherungsorganisationen unabhängig. Der nach der Verordnung eingesetzte **Ausschuss für den einheitlichen europäischen Luftraum** unterstützt die Kommission bei der Verwaltung des einheitlichen Luftraums und sorgt für eine angemessene Berücksichtigung der Interessen aller Kategorien von Nutzern. Er setzt sich aus zwei Vertretern jedes EU-Mitgliedstaates zusammen. Ein Vertreter der Kommission führt den Vorsitz. Der Ausschuss kann *Eurocontrol* mit der Ausarbeitung von **Durchführungsvorschriften** beauftragen. Die Zusammenarbeit zwischen zivilen und militärischen Stellen im einheitlichen europäischen Luftraum soll nach einer allgemeinen Erklärung verstärkt werden, insofern dies von allen betroffenen Mitgliedstaaten für erforderlich gehalten wird. Der sog ***Industry Consultation Body*** berät die Kommission hinsichtlich der technischen Aspekte der Schaffung eines einheitlichen europäischen Luftraums. Ihm gehören Flugsicherungsorganisationen, Verbände der Luftraumnutzer, Flughafenbetreiber, die Herstellerindustrie und Vertretungsorgane des Fachpersonals an. Eine **Leistungsüberprüfung** soll die Leistungsfähigkeit der Flugsicherungsdienste und Netzfunktionen im einheitlichen europäischen Luftraum in den Schlüsselbereichen Sicherheit, Umwelt- und Kosteneffizienz feststellen und verbessern helfen. Außerdem können die EU-Mitgliedstaaten zur Wahrung wichtiger Interessen im Rahmen ihrer Sicherheits- oder Verteidigungspolitik **Schutzmaßnahmen** treffen. 140

Im Jahre 2008 erging sodann eine **Mitteilung** der Europäischen Kommission an den Rat, das Europäische Parlament, den Europäischen Wirtschafts- und Sozialausschuss und den Ausschuss der Regionen vom 25.6.2008 zur Fortentwicklung des einheitlichen europäischen Luftraums.[124] Dieser revidierte Europäische Luftraum stützt sich auf die vier Pfeiler Leistungsregulierung, Sicherheit, neue Technologien und Kapazität am Boden (a–d): 141

123 VO Nr 549/2004 des Europäischen Parlaments und des Rates v 10.3.2004 zur Festlegung des Rahmens für die Schaffung eines einheitlichen europäischen Luftraums („Rahmenverordnung"), ABl 2004 L 96, 1.

124 „Einheitlicher europäischer Luftraum II: Kurs auf einen nachhaltigeren und leistungsfähigeren Luftverkehr", KOM(2008) 389 endg – nicht im Amtsblatt veröffentlicht.

a) Im Bereich **Leistungsregulierung** schlägt die Kommission drei Maßnahmen vor: Unabhängige Überwachung der Leistung des Flugverkehrsmanagementsystems zur Reduzierung von Verspätungen und Kosten und zur Verkürzung von Strecken. Die Kommission genehmigt vorgeschlagene Ziele und gibt sie an die nationalen Aufsichtsbehörden weiter, die mit den Marktteilnehmern Konsultation organisieren, um sich auf verbindliche nationale oder regionale Ziele zu einigen.
Erleichterte Integration der Diensterbringung, um funktionale Luftraumblöcke zu verwirklichen.
Stärkung der Netzmanagementfunktion durch Auslegung des europäischen Streckennetzes, Koordinierung und Zuweisung von Zeitnischen und Ausübung des europäischen Flugverkehrsmanagementsystems der neuen Generation (SESAR).
b) Verkehrswachstum und Einsatz neuer Technologien erfordern eine **harmonisierte Entwicklung der Sicherheitsvorschriften** zur Aufrechterhaltung bzw zur Anhebung des Sicherheitsniveaus im Luftverkehr. Dazu schlägt die Kommission vor, die Zuständigkeit der Europäischen Agentur für Flugsicherheit (EASA) auf Flughäfen, Flugverkehrsmanagement und Flugsicherungsdienste auszuweiten.
c) Flugsicherung und Flugverkehrsmanagement sollen beschleunigt für **neue Technologien** geöffnet werden.
d) Verwaltung der Kapazität am Boden.

142 Die **Flughafenkapazität** soll an die Kapazitäten des Flugverkehrsmanagements angepasst und die Gesamteffizienz des Netzes aufrechterhalten bleiben. Eine **Beobachtungsstelle** aus Vertretern der Mitgliedstaaten, einschlägigen Behörden und Beteiligten soll Daten und Informationen zur Flughafenkapazität gewinnen, austauschen und bei Ausbau und Implementierung der Flughafenkapazität in der Gemeinschaft beraten. Ferner soll eine Reform Führungs- und Aufsichtsstrukturen von **Eurocontrol** am einheitlichen europäischen Luftraum ausgerichtet werden.

2. *International Air Transport Association* – IATA

143 Die am 19.4.1945 gegründete IATA ist als privatrechtlicher Verein eine nach kanadischem Recht gegründete internationale Interessenvertretung der Luftverkehrsgesellschaften. Ihr Zweck ist die Förderung eines sicheren, regelmäßigen und wirtschaftlichen Luftverkehrs. Im Vordergrund stehen die **Festlegung von einheitlichen Tarifen**, die **Vereinheitlichung** von Dokumenten und der Erlass von Richtlinien für die Zulassung von Abschlussvertretern der Luftverkehrsgesellschaften, den IATA-Agenten. Ferner müssen die benutzten Abkürzungen international verständlich, die Aufteilung der am Abflughafen gezahlten Frachtkosten geregelt und die Container genormt sein. Mit der zunehmenden Liberalisierung des Luftverkehrs und der Ratenentwicklung in den Luftfrachtmärkten ist die tarifgestaltende Tätigkeit der IATA zurückgegangen. Die IATA befasst sich aber auch mit technischen Problemen des Luftverkehrs, mit der Vereinheitlichung aller Abfertigungsschritte sowie mit allen Fragen, welche bei der Beförderung von Passagieren und Fracht mit Buchungsverfahren, mit Verfahren für die Berechnung von Verträgen und Kosten und mit Bordservice aufkommen.

144 Fast der gesamte Weltluftverkehr wird nach den Richtlinien der IATA betrieben. Mitglied der IATA können Fluggesellschaften nur dann werden, wenn sie von einem Staat zugelassen sind, welcher in der UNO wählbar ist, und wenn sie nach einem veröffent-

lichten Flugplan Passagier- und/oder Frachtverkehr anbieten. Die IATA ist überregional organisiert. Da viele Fluggesellschaften nur regionale Interessen haben und um die wirtschaftlichen Besonderheiten der verschiedenen Weltregionen berücksichtigen zu können, hat die IATA die Erde in drei Konferenzgebiete aufgeteilt (*Traffic Conference Areas*). Die führenden Fluggesellschaften nehmen an allen Gebietskonferenzen teil, wobei eine Teilnahme nicht Pflicht ist. Man spricht auch von der sog IATA-Geographie.

- Im ersten Konferenzgebiet befinden sich Grönland, Nordamerika, Mittelamerika und Südamerika sowie Hawaii.
- Im zweiten Konferenzgebiet befinden sich Europa, Afrika und der geographische mittlere Osten, mit dem Iran, aber auch Ägypten und Sudan sowie Zypern.
- Im dritten Konferenzgebiet befinden sich Asien und Australien.

Die Verkehrskonferenzen tagen für Passage- und Frachtangelegenheiten. Daneben gibt es besondere Frachtkonferenzen: die *IATA-Cargo Agency* Konferenz regelt das Verhältnis zwischen *Airlines* und Agenten; sie legt die Frachtagenturregeln und den Inhalt des Agenturvertrages fest.

Die IATA hat in der ganzen Welt Speditionen zu Luftfrachtagenturen ernannt. Diese haben den Auftrag, die Interessen der IATA-Fluggesellschaften bei der verladenden Wirtschaft zu vertreten. Durch den **Frachtagenturvertrag** ist der von der IATA zum Agenten ernannte Spediteur der *Airline* gegenüber zur Förderung und zum Verkauf internationaler Luftfracht verpflichtet. Ein Mindestumsatz wird nicht vorgeschrieben. Der Luftfrachtspediteur wird nicht selbst Vertragspartei des Luftfrachtbeförderungsvertrages, sondern vermittelt lediglich dessen Zustandekommen zwischen Versender und *Airline*. Zwischen dem Spediteur und dem Versender besteht ein Speditionsvertrag. Der Luftfrachtspediteur vermittelt als IATA-Frachtagent indirekte Sendungen oder stellt als ***Consolidator*** im eigenen Namen und für eigene Rechnung Luftfracht-Sammelladungen zusammen. 145

II. Luftfrachtrecht

1. Der internationale Luftfrachtvertrag

Der Luftfrachtvertrag ist, wie jeder andere Beförderungsvertrag auch, ein Werkvertrag. 146
Er ist an keine bestimmte Form gebunden. Mit ihm wird in der Regel eine grenzüberschreitende Luftfrachtbeförderung vereinbart.

Im Unterschied zu anderen Verkehrsträgern gibt es für die Luftfrachtbeförderung 147
kein einheitliches internationales Frachtvertragsrecht. Das sog **„Warschauer Übereinkommenssystem“** besteht vielmehr aus einer Abfolge revidierter und aufeinander aufbauender Abkommen und Zusatzprotokolle. Es ist als das grundlegende internationale privatrechtliche Regelwerk für die Zivilluftfahrt zu begreifen.

Das System geht zurück auf das „Abkommen vom 12. Oktober 1929 zur Vereinheit- 148
lichung von Regeln über die Beförderung im internationalen Luftverkehr“ (= Warschauer Abkommen = „WA“).[125] Dieses Abkommen ist in der Folgezeit fortgeschrieben worden durch

125 RGBl 1933 II, 1039.

- das *Haager Protokoll* von 1955,
- das *Guadalajara-Zusatzabkommen* von 1961,
- das *Montreal Interim Agreement* von 1966,
- das *Guatemala-City-Protokoll* von 1971,
- vier *Montrealer Protokolle* (1),(2),(3),(4) von 1975,
- das „*Malta-Agreement*“ von 1976,
- regional in Teilbereichen durch besondere Regelwerke (zB innerhalb der EU durch Verordnung Nr 2027/97 über die Haftung von Luftfahrtunternehmen bei Unfällen[126]),
- das *Montrealer Übereinkommen* von 1999 (ersetzt das WA).

149 Das Warschauer Übereinkommenssystem regelt für den Luftverkehr im Wesentlichen das Recht der Gepäck- und Frachttransportgeschäfte, das Vertragsschließungsrecht für Passagierbeförderungsverträge, Besonderheiten gemischter Beförderungen einschließlich des „*Code-Sharing*“, die vertragsrechtliche und deliktische Haftung für Personen- und Sachschäden sowie Einzelfragen der Rechtsdurchsetzung (Gerichtszuständigkeit, Verfahrenskosten, Fristen).

150 Da der **räumliche Anwendungsbereich** an die beiderseitige Ratifikation der betroffenen Staaten anknüpft, kommt es vor, dass im Verhältnis zu einem Abgangsstaat oder Zielstaat des Transports eine ältere Version des Luftfrachtübereinkommens gilt. Die verschiedenen Regelwerke sind im Verhältnis zu den jeweiligen Mitgliedstaaten in einem unterschiedlichen Umfang in Kraft. So hat Thailand das Warschauer Abkommen von 1929 gar nicht unterzeichnet; die USA haben das Haager Protokoll von 1955 nicht unterzeichnet, dafür aber die Montrealer Zusatzprotokolle. Auch Deutschland hat nicht alle Montrealer Protokolle ratifiziert. Bei dem Warschauer Übereinkommenssystem handelt es sich daher um ein in vielen Einzelpunkten **zersplittertes Regelwerk**. Im Verhältnis zu den meisten Mitgliedstaaten gilt das **Warschauer Abkommen** jedoch in der Fassung des Haager Protokolls vom 28. September 1955.[127] Vielfache Kritik hatte zum Abschluss des **Montrealer Übereinkommens** von 1999 geführt.[128]

2. Das Warschauer Abkommen 1929

151 Das **Warschauer Abkommen** regelt die Rechtsfragen bei der Beförderung von Personen und Gütern im internationalen Luftverkehr, insbesondere den **Inhalt der Beförderungsdokumente, Weisungen** und die **Haftung des Luftfrachtführers für Personen- und Sachschäden (Reisegepäck und Güter)**. Es wurde von mittlerweile etwa 125 Ländern ratifiziert und in nationales Recht umgesetzt. Nicht durch vertragsautonome Auslegung oder Analogien zu schließende Lücken werden durch das Vertragsstatut gefüllt, das über das Kollisionsrecht (in der Bundesrepublik: Art 5 ROM-I-VO) des jeweils angerufenen Gerichts zu bestimmen ist. Räumliche **Anwendungsvoraussetzung** ist, dass die Luftbeförderung zwischen zwei Staaten erfolgt, die beide das Abkommen unterzeichnet haben. Erfolgt die Beförderung zwischen Vertragsstaat

126 ABl EG 1997 L 285/1.
127 BGBl 1958 II, 291/312.
128 Dazu unten Punkt 7., Rn 168ff.

und Nichtvertragsstaat, so ist das Abkommen nicht anwendbar. Sachlich ist es auf Postsendungen nicht anzuwenden. Die Vorschriften haben zum größten Teil zwingenden Charakter. Die Haftung kann aber erweitert werden.

Bei der Beförderung von Luftfrachtgut verlangt das WA die **Dokumentation** 152
durch einen **Luftfrachtbrief** (*Air Waybill*, AWB): Er ist ein internationales Beförderungsdokument und muss daher in Englisch ausgestellt werden. Die Funktionen des Luftfrachtbriefes sind unter anderem:
- Beweis über den Abschluss eines Luftfrachtvertrages,
- Empfangsbestätigung der Fluggesellschaft,
- Anerkenntnis des Absenders der Rechtsgrundlagen,
- Verwendung als Frachtrechnung,
- Verwendung als Gestellungsverzeichnis für die Zollanmeldung,
- Verwendung als Versicherungsschein (wenn eine Transportversicherung mit der Fluggesellschaft abgeschlossen wurde).

Der AWB ist **wertpapierrechtlich nicht begebbar** und kein Warenwertpapier. Für die Richtigkeit der Angaben haftet der Absender. Die **Weisungsregeln** entsprechen im Wesentlichen denen des **CMR** und des HGB.

Die **Haftung im Frachtverkehr** für Verspätungsschäden, Schädigungen, Zerstö- 153
rungen und Verlustschäden richtet sich nach dem Warschauer Abkommen, wenn der Schaden während der Luftbeförderung, auf einem Flughafen bzw bei Landung außerhalb eines Flughafens entstanden ist oder wenn der Luftfrachtführer mit der Luftbeförderung in Zusammenhang stehende Transporte (die Ablieferung) durchführt und dabei Schäden entstehen. Das **Haftungsprinzip** ist die Haftung des Luftfrachtführers für vermutetes Verschulden für alle in seiner **Obhut** entstandenen Schäden, Art 18, 20 WA. Die Führung eines Entlastungsbeweises ist möglich.

Der Luftfrachtführer haftet grundsätzlich nicht für:
- Schäden aufgrund der Eigenart der Güter,
- Schäden aufgrund mangelhafter Verpackung
- Schäden infolge von Krieg,
- Schäden aufgrund hoheitlichen Handelns

Der **Haftungszeitraum** beginnt mit der Annahme des Gutes durch den Luftfrachtfüh- 154
rer, welcher sich dazu verpflichtet, das Gut sachgemäß zu behandeln und zu transportieren. Dieser Zeitraum endet mit der Übergabe an den Empfänger. Der Empfänger hat einen Auslieferungsanspruch, nachdem er seinen Zahlungsverpflichtungen nachgekommen ist. Kann die Sendung sieben Tage nach dem vorhergesehenen Ankunftstag dem Empfänger nicht übergeben werden, kann sie als verloren angesehen werden. Der Empfänger kann diese Ansprüche aber erst geltend machen, wenn der Luftfrachtführer dies anerkannt hat. Es sind offene Schäden sofort und verdeckte Schäden innerhalb einer Frist von sieben Tagen zu melden. Die Verjährungsfrist beträgt zwei Jahre.

3. Warschauer Abkommen/Haager Protokoll 1955

Durch das Haager Zusatzprotokoll von 1955 wurden die Regeln über Beförderungs- 155
dokumente vereinfacht, die Anzeigefristen bei Schäden verlängert und die Haftungs-

höchstgrenzen bei Personenschäden verdoppelt. Die Haftung ist auf bestimmte Haftungshöchstgrenzen beschränkt, und zwar

- bei Schäden beförderter Personen auf 250.000 Franken (= ca 26.000 € [die Umrechnung der „Franken" vollzieht sich nach Art 22 Abs 5 WA] – gilt auch für den Kapitalwert einer Rente), Art 22 Abs 1 WA/Haager Protokoll,
- bei Schäden an mitgeführten Sachen in der Obhut des Fluggastes bis zu 5.000 Franken (= ca 500 €), Art 22 Abs 3 WA/Haager Protokoll,
- bei Reisegepäck- oder **Güterschäden** und Vermögensschäden mit 250 Goldfranken.[129] Dies entspricht etwa 27,35 € je kg Rohgewicht.

156 Die Haftungsgrenzen des Warschauer Übereinkommenssystems gelten jedoch nur für internationale Beförderungen. Nach Art 25 WA/Haager Protokoll haftet der Luftfrachtführer unbegrenzt, wenn ihm der Geschädigte ein **qualifiziertes Verschulden** nachweist. Hier haben sich die Voraussetzungen für eine Durchbrechung der Haftungsbeschränkung verschärft. Während die Haftungsbegrenzung in der Ursprungsfassung erst bei Vorsatz oder einer ihm gleichstehenden Verschuldensform durchbrochen worden war, verlangt Art 25 WA/Haager Protokoll entweder Absicht oder lässt ein leichtfertiges Handeln des Luftfrachtführers ausreichen, welches in dem Bewusstsein zu erfolgen hat, dass der Schaden mit Wahrscheinlichkeit eintreten wird. Die Auslegung der Regel und die Abgrenzung zu herkömmlichen Verschuldensformen bereitet bis heute dogmatisch erhebliche Schwierigkeiten: Leichtfertigkeit („*wilful misconduct*, *recklessly*, *témérairement*, rücksichtslos") verlangt in Verbindung mit dem Schadensbewusstsein eigentlich ein über grobe Fahrlässigkeit hinausgehendes weitergehendes Verschulden.[130] Trotzdem wird dieses Verhalten mangels Zwischenstufe zwischen grober Fahrlässigkeit und Eventualvorsatz weitgehend der groben Fahrlässigkeit im deutschen Recht gleichgesetzt.

157 Die **Haftungsbeschränkungen des WA/Haager Protokolls** sind seit Jahren im Streit. Vorbehalte bestehen in erster Linie gegenüber den geltenden **Haftungsgrenzen**, die von vielen Staaten als nicht mehr zeitgemäß angesehen werden, da sie gerade bei leichten, aber hochwertigen **Gütern** wegen ihrer Anknüpfung an das Rohgewicht allgemein als zu niedrig angesehen werden. Hinzu kommt, **dass dem Geschädigten ein Verschuldensnachweis wegen seiner natürlichen Sachferne kaum gelingt**. Die Umstände, die zum Schaden geführt haben, treten regelmäßig außerhalb seiner Wahrnehmungssphäre in Erscheinung. Nähere Informationen hierüber können vom Geschädigten kaum beschafft werden.

158 Im Hinblick auf diesen Umstand hat die Rechtsprechung unter Bezugnahme auf Art 28 WA/Haager Protokoll, der wegen der Verfahrensfragen und damit auch der Beweisführung auf das Recht des angerufenen Gerichts verweist, in mehreren Entscheidungen[131] die von der deutschen Rechtsprechung entwickelten Regeln zur **Beweis-**

---

129 Die Haftungshöchstgrenzen sind in Goldfranken (*Poincarè*-Franken) festgelegt. Sie werden auf der Grundlage der Vierten VO über den Umrechnungssatz für französische Franken v 4.12.1973 (BGBl 1973 I, 1815) bestimmt.

130 Der deutsche Reformgesetzgeber hat in § 435 HGB diese Begrifflichkeit übernommen.

131 OLG Köln TranspR 1996, 26; bestätigt durch BGH TranspR 2001, 29ff; Vorinstanz OLG Frankfurt a.M. TranspR 1999, 24.

lastumkehr zur ADSp und aus dem internationalen Straßengütertransportrecht (**CMR**) zur **Durchbrechung der Haftungsbeschränkung bei qualifiziertem Verschulden** und zur Verletzung der Einlassungsobliegenheit des Beklagten zum Vorteil des Passagiers und seiner Angehörigen auf das Warschauer Haftungssystem übertragen. Trifft den Luftfrachtführer ein qualifiziertes Verschulden, haftet er unbegrenzt gem Art 25 WA/Haager Protokoll. Dessen Voraussetzungen werden vermutet, wenn der Kläger dazu vorträgt und der Beklagte sich nicht substantiiert einlässt. Die genannten **Urteile** sind im Hinblick auf die niedrigen Haftungssummen des WA/Haager Protokoll zwar verständlich, sie setzen sich aber über die im Abkommen selbst niedergelegten Beweislastregeln hinweg. Die Haftungsbeschränkungen des WA sind damit praktisch abgeschafft.[132]

Von großer praktischer Bedeutung ist hier das grobe Organisationsverschulden, 159 das dem Luftfrachtführer vorgeworfen wird, wenn er nicht in der Lage ist, die Ursache des Schadens in räumlicher und in zeitlicher Hinsicht einzugrenzen, und wenn er nicht darstellen kann, wie die Sendung gegen unberechtigten Zugriff gesichert wurde. Die deutsche Rechtsprechung vermutet hier, dass die Organisation des Sendungslaufes nicht geeignet war, Schäden zu verhindern. Weil der Geschädigte in der Regel keine oder nur begrenzte Kenntnisse über den Transportablauf und Schadensverhütungsmaßnahmen hat, ist es ihm grundsätzlich nicht möglich nachzuweisen, ob ein Schaden grob fahrlässig oder leichtfertig und in dem Bewusstsein des wahrscheinlichen Schadenseintritts verursacht wurde. Die Luftfrachtführer trifft nach der deutschen Rechtsprechung in solchen Situationen eine **Obliegenheit** zur Auskunft über den Sendungslauf und über Sicherheitsmaßnahmen zur Abwendung von Schäden (Einlassungsobliegenheit). Das Ergebnis ist praktisch eine Beweislastumkehr zu Lasten des Luftfrachtführers mit der Folge unbegrenzter Haftung (Durchbrechung der Haftungsbegrenzung).

4. Montrealer Protokolle 1–4

In Kraft getreten sind bisher die **Montrealer Protokolle** (MP) 1, 2 und 4. Von besonde- 160 rer Bedeutung ist das MP 4. Es gilt grundsätzlich auch im Bereich der Brief- und Paketpost. Vereinfacht werden Eintragungen in den Luftfrachtbrief und der Umgang mit diesem Punkt. Ein Hinweis auf die Haftungsordnung des Warschauer Abkommens ist nicht mehr vorgeschrieben. Durch neue Möglichkeiten der elektronischen Datenverarbeitung muss der nun nicht mehr notwendig zu unterzeichnende Luftfrachtbrief das Gut nicht länger begleiten und kann sogar vollständig entfallen, wenn in anderer Weise die Angaben über die Beförderung des Gutes erfasst werden. Der Absender erhält Gelegenheit, diese Angaben einzusehen. Neu ist auch eine Regelung der Haftung in Art 18 MP 4, in dem eine grundlegende Abkehr vom Prinzip der Verschuldensvermutung zu Lasten des Luftfrachtführers stattfindet: Der Luftfrachtführer soll bei Verspätungsschäden die Möglichkeit erhalten, sich von einer Haftung zu befreien, wenn er beweist, dass er den Schaden nicht verhindern konnte.

132 *Giemulla* in Müller-Rostin/Schmid (Hrsg) FS Guldimann (1997) 115; zust aber *Ruhwedel* TranspR (2006) 421/423f; vgl auch VO Nr 2027/97, ABl EG 1997 L 285/1.

161 Im Falle der Zerstörung, Schädigung oder des Verlustes des Gutes kann die Haftung hingegen **nur in vier begrenzten Fällen ausgeschlossen** werden:

1. der Schaden ist durch die Eigenart der Güter oder durch einen ihnen innewohnender Mangel verursacht,
2. der Schaden ist durch mangelhafte Verpackung der Güter durch Dritte (als der Luftfrachtführer oder seine Leute) verursacht,
3. Ursache des Schadens sind Kriegshandlungen oder bewaffneter Konflikt,
4. der Schaden ist durch hoheitliches Handeln bei Einfuhr, Ausfuhr oder Durchfuhr verursacht.

162 Erhalten bleibt die Haftungsbegrenzung bei 17 SZR pro kg Sendungsgewicht. Wie in Art 22 Abs 2 lit b WA kann eine unbegrenzte Haftung verschuldensunabhängig durch besondere Wertdeklaration des Absenders erreicht werden. Die Haftungsbegrenzung soll nach MP 4 selbst bei besonders schwerem Verschulden nicht mehr durchbrochen werden können.

5. *Intercarrier-Agreement on Passenger Liability*

163 Mit dem „**IATA-*Intercarrier-Agreement on Passenger Liability***" vom 31.10.1995 (verbindlich ab 1.11.1996) haben sich mehr als 100 Luftfahrtunternehmen auf Initiative der USA freiwillig vertraglich verpflichtet, in ihren Vertragsbedingungen **auf Höchstgrenzen für Personenschäden zu verzichten**. Das Agreement stellt keinen völkerrechtlichen Vertrag, sondern ein Bedingungswerk dar. Nach diesen Musterregelungen haftet das Luftfahrtunternehmen unbegrenzt und nicht mehr der Höhe nach beschränkt, wie nach Art 22 WA. Zudem wird auf die Führung des Entlastungsbeweises nach Art 20 WA verzichtet, wenn der Schaden nicht mehr als 100.000 SZR (ca 97.000 €) beträgt. Art 22 Abs 1 S 3 WA lässt den Abschluss einer höheren Haftungssumme mit dem Luftfrachtführer zu. Ein Verstoß gegen das WA liegt daher nicht vor.

6. Verordnung (EG) Nr 2027/97 des Rates vom 9.10.1997 über die Haftung von Luftfahrtunternehmen bei Unfällen[133]

164 Inhaltlich stark an das *Intercarrier-Agreement* angelehnt ist die Verordnung (EG) Nr 2027/97. Seit 1997 sind alle Fluggesellschaften mit Sitz in Europa oder im EWR (**Luftfahrtunternehmen der Gemeinschaft**) durch diese EU-Verordnung verpflichtet. Der räumliche **Anwendungsbereich der Verordnung** ist umstritten. Unter Hinweis auf mögliche Kollisionen mit internationalem Recht und den Interimscharakter der Verordnung wird der Anwendungsbereich **auf den innergemeinschaftlichen Luftverkehr** (grenzüberschreitende Flüge in der EU/EWR und für Flüge innerhalb eines EU/EWR-Staates) **beschränkt.**[134] Der Wortlaut der Art 1 und Art 3 Abs 1 geht indes weiter. Auch die Kommission stellt insoweit deutlich heraus, dass die Verordnung unabhängig von der bedienten Strecke für sämtliche Luftfahrtunternehmen der Europäi-

---

133 VO Nr 2027/97, ABl EG 1997 L 285/1, zuletzt geändert durch VO Nr 889/2002 des Europäischen Parlaments und des Rates v 13.5.2002 (ABl Nr L 140, 2).

134 So *Giemulla/Schmid* NZV 1998, 225; *Gansfort* ZLW 1998, 263.

schen Gemeinschaft verbindlich ist und dass somit ihre Vorschriften gleichermaßen für die **Beförderung von Fluggästen im inländischen, innereuropäischen und internationalen Verkehr** gelten.[135] Mit der Verordnung (EG) Nr 2027/97 hat die Europäische Union im Jahre 1998 die Haftungsregelungen für den Lufttransport für Passagier- und Sachschäden entscheidend verbessert. Obwohl die Vereinbarkeit dieser Verordnung mit dem **Warschauer Abkommen** zweifelhaft ist, wird doch ihre Geltung inhaltlich nicht durch eine etwaige Völkerrechtswidrigkeit beeinflusst.[136]

Luftfahrtunternehmen der Europäischen Union hafteten zunächst grundsätzlich unbegrenzt für Schäden aufgrund des Todes, der Verletzung oder sonstiger gesundheitlicher Schädigung eines **Fluggastes**, Art 3 Abs 1 lit a Verordnung Nr 2027/97. Die Unternehmen waren nach Art 3 Abs 2 Verordnung Nr 2027/97 nur dann von der Haftung befreit, 165

- wenn das Luftfahrtunternehmen nachweisen konnte, dass der Schaden durch die Fahrlässigkeit der geschädigten oder getöteten Person verursacht oder mitverursacht worden war,
- soweit Schäden den Betrag von 100.000 SZR (ca 97.000 €) überschritten, wenn das Luftfahrtunternehmen nachweisen konnte, dass es selbst oder sein Personal alle erforderlichen Maßnahmen zur Verhütung des Schadens getroffen hatte oder dass diese Maßnahmen nicht getroffen werden konnten (Entlastungsbeweis).

Als mit der Verabschiedung des Montrealer Übereinkommens sodann neue weltweit 166
geltende Regelungen für die Haftung bei Unfällen im internationalen Luftverkehr festgelegt wurden, welche die des Warschauer Abkommens teilweise ersetzten, wurde die Verordnung Nr 2027/97 durch Verordnung Nr 889/2002 v 13.5.2002 den Bestimmungen des Montrealers-Übereinkommens angeglichen, um eine einheitliche Haftungsregelung für den internationalen Luftverkehr zu schaffen (6. Erwägungsgrund Verordnung (EG) Nr 889/2002), da im Übereinkommen von Montreal die unbeschränkte Haftung für Tod oder Körperverletzung von Fluggästen vorgesehen ist (vgl 4. Erwägungsgrund Verordnung Nr 889/2002) und die Union dieses auch unterzeichnet (5. Erwägungsgrund) hat. Damit gelten nach Art 3 Abs 1 der Verordnung Nr 2027/97 konsolidierte Fassung für die Haftung eines Luftfahrtunternehmens der Gemeinschaft für Fluggäste und deren Gepäck alle einschlägigen Bestimmungen des Übereinkommens von Montreal.

Luftfahrtunternehmen der Europäischen Union haben unverzüglich und in jedem 167
Fall nicht später als fünfzehn Tage, nachdem die entschädigungsberechtigte Person feststeht, eine **Vorauszahlung im Verhältnis zur Schwere des Falles** zu leisten, um die unmittelbaren wirtschaftlichen Bedürfnisse zu befriedigen. Diese Vorauszahlung muss im Todesfall mindestens 16.000 SZR je Fluggast betragen. Eine Vorauszahlung bewirkt nicht die Anerkennung der Haftung und kann mit späteren Zahlungen verrechnet werden. Sie darf grundsätzlich nicht zurückgefordert werden, es sei denn, der

135 Begründung des Vorschlags für eine VO des Europäischen Parlaments und des Rates zur Änderung der VO Nr 2027/97 über die Haftung von Luftfahrtunternehmen bei Unfällen v 6.6.2000 KOM(2000) 340 – siehe auch BR-Drs 397/00, bestätigt vom Juristischen Dienst des Rates im Gutachten v 30.3.2001 – Dokument EG 7620/01.

136 *Herber* Internationales Handelsrecht (2004) 89ff.

Empfänger ist Verursacher oder Mitverursacher des Schadens oder hatte keinen Schadensersatzanspruch. Anders als im LuftVG ist die Haftung für mitgeführte Sachen,[137] Gepäck und Fracht[138] sowie Haftung gegenüber Dritten[139] nicht in der Verordnung geregelt.

7. Übereinkommen zur Vereinheitlichung bestimmter Vorschriften für die Beförderung im internationalen Luftverkehr (Montrealer Übereinkommen 1999)

168 Das Montrealer Übereinkommen wurde am 28.5.1999 von 52 Staaten gezeichnet. Von Deutschland wurde es mit Gesetz vom 6.4.2004 ratifiziert, seit dem 28.6.2004 ist es dort in Kraft.[140] Gegenstand der Regelung sind Verträge über Luftbeförderung von Personen und Gütern zwischen den Vertragsstaaten. Erfasst sind nun auch postalische Sendungen im Verhältnis zwischen der zuständigen Postverwaltung oder dem Postunternehmen und dem Luftfrachtführer. Inhaltlich ist das Montrealer Abkommen eine Zusammenfassung der Regelungen des WA in seiner Ursprungsform und der verschiedenen Zusatzprotokolle und Zusatzabkommen. Es dient der **Haftungserweiterung** bei Personenschäden, wie sie schon durch das *IATA-Intercarrier-Agreement* und durch die EU-Verordnung (EG) Nr 2027/97 erreicht werden sollten.

169 So wurden insbesondere die Haftungstatbestände verschärft und der Haftungsumfang ausgeweitet: Wird bei einem Luftverkehrsunfall ein **Passagier getötet oder gesundheitlich** geschädigt, haftet das Luftfahrtunternehmen im Wege reiner **Gefährdungshaftung** bis zu einem Betrag von 100.000 SZR (entspricht ca 97.000 €) je Anspruchsteller. Darüber hinaus haftet das Luftfahrtunternehmen für **vermutetes Verschulden** in unbegrenzter Höhe. Einer über 100.000 SZR hinausgehenden Haftung kann das Luftfahrtunternehmen also nur durch den Nachweis fehlenden Verschuldens entgehen.

170 Die Haftung ist strikt und verschuldensunabhängig. Nur bei Verspätungsschäden haftet der Luftfrachtführer nach vermutetem Verschulden. Er haftet nicht, wenn er nachweisen kann, dass er und seine Leute alle zumutbaren Maßnahmen zur Vermeidung des Schadens getroffen haben oder nicht hätten treffen können. Ausgeschlossen ist die Haftung nur in den auch im Montrealer Protokoll Nr 4 aufgezählten Situationen (Art 18 Abs 2 Montrealer Übereinkommen). Der Haftungszeitraum wird erweitert. Der Luftfrachtführer haftet für Schadensereignisse während der Obhutszeit. Auf die Flugpassagen oder den Aufenthalt der Güter auf einem Flughafen kommt es nicht an. Da-

137 Haftung bis zu 1.700 €, § 46 Abs 2 LuftVG.

138 Haftung bis zu 1.700 €, § 46 Abs 2 LuftVG.

139 Gefährdungshaftung (Haftung ohne Verschulden) bis zu 600.000 € pro Person jedoch insgesamt nur bis zu einem Höchstbetrag von 1,5 bis 60 Mio € für einen Unglücksfall, je nach Gewichtsklasse des verunglückten Luftfahrzeugs, §§ 33, 37 LuftVG.

140 Vgl hierzu für Deutschland das Gesetz zur Durchführung des Übereinkommens v 28.5.1999 zur Vereinheitlichung bestimmter Vorschriften über die Beförderung im internationalen Luftverkehr und zur Durchführung der Versicherungspflicht zur Deckung der Haftung für Güterschäden nach der VO Nr 785/2004, Montrealer-Übereinkommen-Durchführungsgesetz v 6.4.2004 (BGBl 2004 I, 550/1027), zuletzt geändert durch Art 581 Zehnte ZuständigkeitsanpassungsVO vom 31.8.2015 (BGBl I, 1474). Mittlerweile haben mehr als 80 Staaten das Montrealer Übereinkommen ratifiziert. Umfassend *Reuschle* Montrealer Übereinkommen (2005).

mit wird das Montrealer Übereinkommen auf den Bereich der Landtransporte zum Teil ausgedehnt. Erlaubte Luftersatzverkehre für Güter unterliegen den Vorschriften der Teilstrecke, auf der sich der Schaden ereignet, unerlaubte Luftersatzverkehre den Vorschriften nach MA. Wegen der Möglichkeit der Durchbrechung der Haftungsgrenzen nach **CMR** hätte sich für unerlaubte Luftersatzverkehre eigentlich die strengere Haftung angeboten. An Luftersatzverkehre von Personen wurde offenbar nicht gedacht.

Für Gepäck-, Fracht- und Verspätungsschäden wurden **neue Haftungshöchstgrenzen** der Luftfahrtunternehmen vereinbart. Der Haftungshöchstbetrag für **Güterschäden** bleibt mit 17 SZR pro kg Sendungsgewicht unverändert. Für Reisegepäck liegt die Höchstgrenze bei 1.000 SZR (entspricht ca 970 €), sofern keine höhere Summe vereinbart ist. Schadensersatzansprüche mit Strafcharakter werden durch Art 29 MA ausgeschlossen; damit sind anglo-amerikanische *punitive damages* nicht möglich. Eine **Anpassungsklausel** im Übereinkommen gewährleistet die Überprüfung dieser Haftungsgrenzen und ihre entsprechende Anpassung in einem Rhythmus von 5 Jahren. 171

Das MA enthält keine Regelung zur unbegrenzten Haftung, wie sie in Art 25 des Warschauer Abkommens enthalten ist, wobei der vergleichbare Art 22 Abs 5 Montrealer Übereinkommen nur Schadensformen bei Personenbeförderungen erwähnt. Dadurch bleibt es bei der Haftungsbegrenzung auch bei grober Fahrlässigkeit oder Vorsatz. Die damit verbundenen enteignenden Effekte sind vielfach kritisiert worden.[141] Eine höhere Haftung ist nur bei Wertdeklaration möglich, was dann zur höheren Versicherung des Gutes führt. 172

Mit der neuen Konvention wurde ebenfalls die Möglichkeit geschaffen, Luftfahrtunternehmen aufgrund nationaler Regelung zu schnellen **Vorauszahlungen im Schadensfall** zu verpflichten (vgl Art 28). Neben dem vertraglichen haftet auch der ausführende Luftfrachtführer. Außerdem wurde für Klagen des Geschädigten ein **zusätzlicher Gerichtsstand** geschaffen: Der Passagier hat unter bestimmten Voraussetzungen bei Personenschäden nach Art 46 Montrealer Übereinkommen die Möglichkeit – insbesondere wenn ihm die möglichen Gerichtsstände als nicht ausreichend oder zweckdienlich erscheinen –, das Luftfahrtunternehmen an seinem Geschäftssitz zu verklagen (vgl Art 33). Daneben kann die Klage wie schon nach Art 28 WA/Haager Protokoll am Bestimmungsflughafen, dem Sitz des vertraglichen Luftfrachtführers oder seiner Hautbetriebsleitung erhoben werden. 173

Hinsichtlich der **Dokumentation** der Luftbeförderung und der Verwendung von elektronischer Datenverarbeitung orientiert sich das Abkommen am Montrealer Protokoll Nr 4. Das Montrealer Übereinkommen enthält **Bestimmungen über die Beförderungsdokumente** (Flugschein, Fluggepäckschein, Luftfrachtbrief), die den neuen technischen Entwicklungen der elektronischen Buchungs- und Luftfrachtbriefverfahren entsprechen und den wirtschaftlichen Bedürfnissen der Luftfahrtunternehmen (zB 174

141 *Schmid/Müller-Rostin* NJW 2003, 3516/3522 („nicht unbedingt bedenkenfrei, doch letztendlich hinnehmbar"); *Ruhwedel* TranspR 2001, 189/196 („macht sie besonders fragwürdig"); *Müller-Rostin* TranspR 2000, 234/234f („erzeugt nach deutschem Rechtsverständnis nicht unerhebliche Bedenken, da sie in krassem Widerspruch steht zu § 276 Abs 2 BGB und auch kaum mit dem *Ordre Public* vereinbar scheint"); *Harms/Schuler-Harms* TranspR 2003, 369/369f („könnte auch deshalb verfassungswidrig sein"); *Otte* Gedächtnisschrift Lüderitz (2000) 523ff; zuletzt *Gran* TranspR 2004, 72ff.

im Bereich des „*Code-Sharing*") Rechnung tragen. Neue Haftungshöchstgrenzen wurden für Gepäck-, Fracht- und Verspätungsschäden vereinbart. Ferner ist die Überprüfung und Anpassung dieser Haftungsgrenzen alle fünf Jahre vorgesehen.

175 Mit Beschluss vom 5.4.2001 hat die Europäische Gemeinschaft das Montrealer Übereinkommen als „*Regional Economic Integration Organisation*" genehmigt. Die in Art 53 Abs 3 des Übereinkommens vorgesehene Urkunde sowie eine Zuständigkeitserklärung werden durch den Rat bei der Internationalen Zivilluftfahrt-Organisation zur gleichen Zeit hinterlegt wie die Ratifikationsurkunden sämtlicher Mitgliedstaaten.[142] Da die EU-Mitgliedstaaten auch weiterhin dem **Warschauer Abkommenssystem** angehören, können sie im Verhältnis zu Drittländern, die das Montrealer Übereinkommen noch nicht ratifiziert haben, zumindest das Warschauer Abkommen – soweit in den Drittstaaten in Kraft – weiter anwenden. Im Übrigen ist autonomes Kollisionsrecht des angerufenen Forums zur Bestimmung des anwendbaren Rechts anzuwenden.

8. IATA-Beförderungsbedingungen

176 Die gesetzlichen Grundlagen werden ergänzt durch die **IATA-Beförderungsbedingungen**. Inhaltlich regeln sie Teilbereiche des Luftbeförderungsvertrages. Hier handelt es sich um allgemeine Geschäftsbedingungen, die als Empfehlungen der IATA von der Luftfrachtbranche als eigene Geschäftsbedingungen weitgehend übernommen wurden. Sie unterliegen vor deutschen Gerichten der AGB-Kontrolle. Die Beförderungsbedingungen befinden sich auf der Rückseite der Beförderungsdokumente (des Luftfrachtbriefs). Die verschärfte AGB-Kontrolle vor deutschen Gerichten kann international zu Verwerfungen bei der Gültigkeit von einzelnen Klauseln und damit zu Wettbewerbsverzerrungen führen. Insbesondere sind zahlreiche Haftungsbeschränkungen der Beförderungsbedingungen nach der Rechtsprechung des BGH unwirksam.

177 Neben den IATA-Beförderungsbedingungen bestehen verschiedene **bilaterale Geschäftsbedingungen**. So haben global agierende Logistikdienstleister (*integrators*) zum Teil eigene allgemeine Geschäftsbedingungen geschaffen. Einige haben sich dabei bereiterklärt, die an das Sendungsgewicht anknüpfende Haftungsgrenze bei sehr leichten Sendungen über den gesetzlichen Rahmen hinaus anzuheben.

9. Innerdeutsche Flüge – LuftVG

178 **Innerhalb Deutschlands** richtet sich nur die Haftung von **Nicht-EU/EWR-Luftfahrtunternehmen** (also solchen, die keiner Betriebsgenehmigung nach Verordnung (EG) Nr 1008/2008 bedürfen) nach dem LuftVG. Nach deutschem Recht (dh LuftVG bzw BGB) wird gegenüber Passagieren unbegrenzt gehaftet, wenn entweder **Vorsatz oder grobe Fahrlässigkeit** nachgewiesen werden kann (§ 48 LuftVG, § 823 BGB). Ohne diesen Nachweis gelten die Haftungshöchstgrenzen der §§ 45–47 LuftVG. Auch gegenüber Dritten (dh keine Fluggäste) wird **unbegrenzt gehaftet**, wenn ein **Verschulden** (dh auch leichte Fahrlässigkeit!) nachgewiesen werden kann (§ 42 LuftVG, § 823 BGB). Weil die Übereinkommen und Protokolle stets die Ratifikation der durch die Luftbeför-

142 ABl EG 2001 L 194/38.

derung berührten Staaten fordert, erzeugen **unterschiedliche Ratifikationsstände** Verwerfungen. Das internationale Luftfrachtrecht ist daher relativ unübersichtlich. Durch die überholende Ratifikation des Montrealer Übereinkommens von 1999 können diese Verwerfungen nur begrenzt wieder eingeebnet werden. Daraus ergibt sich die folgende **Prüfungsreihenfolge:**
- Handelt es sich um einen **gewerblichen** Transport mit einem **Luftfahrzeug**?
- Ist der Transport **Vertragsstaaten des WA** zuzuordnen? (Keine Anwendung des WA, wenn Start- oder Zielort nicht in einem WA-Staat liegen.)
- Welche **Fassung des WA** oder des **Montrealer Übereinkommens** haben diese Staaten ratifiziert?
- **Gilt die EU-Verordnung (weil Luftfahrtunternehmen der Gemeinschaft)**?
- Welches **nationale Luftfrachtrecht** kommt ergänzend über die Regeln des IPR zur Anwendung?
- Welche **Beförderungsbedingungen** gelten? Einschlägig können sein
  - die IATA-Beförderungsbedingungen
  - die Beförderungsbedingungen eines *Non-IATA-Carriers*.

E. Seetransport

Das bis in die Antike zurückreichende Seerecht stand in den vergangenen Jahrhunderten stark unter dem Einfluss des englischen *common law*. Seit Ende des 19. Jahrhunderts setzen verstärkt Bemühungen zur internationalen Vereinheitlichung ein. Federführend sind hier in unterschiedlicher Ausprägung das privatrechtlich verfasste *Comité Maritime International* (CMI) und die Vereinten Nationen mit ihren mitgliedstaatlich leider unterschiedlich zusammengesetzten Sonderorganisationen *International Maritime Organisation* (**IMO**), der *United Nations Conference on Trade and Development* (**UNCTAD**) und der *United Nations Commission on International Trade Law* (**UNCITRAL**) sowie das Seerecht mitgestaltend weitere privatrechtliche Vereinigungen (BIMCO, FONASBA, INTERTANKO, ICS, LOF und ICC). 179

I. Seevölkerrecht

1. Grundsatz

Seevölkerrecht regelt den Umfang der Schifffahrtsfreiheit auf hoher See und in den Territorialgewässern einschließlich Hafenzugang, Inländerbehandlung, den Zugang des Seebeförderers zur Ladung und das Seekriegsrecht.[143] Weitere Regelungsgegenstände sind die Einräumung der **Meistbegünstigung**, Erleichterungen für die Schifffahrt und Umweltschutzbestimmungen. Sie finden sich sowohl in bilateralen als auch in multilateralen Übereinkommen.[144] 180

---

143 Vgl dazu statt vieler *Herber* Seehandelsrecht: Systematische Darstellung, 2. Aufl (2016) 3.

144 So zB das UN-Seerechtsübereinkommen v 10.12.1982 (in Kraft seit 16.11.1994), 34 ILM (1994) 1393; vgl dazu eingehend *Herber* aaO, 32ff.

2. Flaggenrecht und Registerrecht

181 Schiffe sind in Schiffsregister (getrennt für See- und Binnenschiffe) einzutragen (zuständig ist das Schiffsregister am Amtsgericht des sog Heimathafens, von dem aus das Schiff betrieben wird). Das Schiffsregister gibt Auskunft über das Schiff, die Eigentümer und Rechte Dritter am Schiff. Es ist dem Grundbuch nachgebildet und unterscheidet wie dort zwischen formellem[145] und materiellem[146] Schiffsregisterrecht. Das Schiff unterliegt dadurch dem Recht des Registerstaates, was idR nach außen durch das Führen der Flagge des Registerstaates angezeigt wird.[147] Die für Deutschland maßgebenden Bestimmungen finden sich im Flaggenrechtsgesetz, dem Schiffsregistergesetz und in der Schiffsregisterordnung. Ausflaggung unter das Recht sog Billigflaggen-Staaten[148] (*flags of convenience*) verschafft den Reedereien ggf Steuervorteile, günstigere arbeitsrechtliche Voraussetzungen (geringere Personalkosten und geringere Besatzungsstärken) und niedrigere Sicherheits- und Besetzungsstandards. Um ausgeflaggte Schiffe rechtlich teilweise wieder einzubinden, haben zahlreiche Länder sog Zweitregister eingerichtet. In Deutschland ist dies seit 1989 das Internationale Seeschiffsregister, das erlaubt, die deutsche Flagge zu führen, aber die Besatzung außerhalb des deutschen Arbeits- und Tarifrechts zu beschäftigen. Die auf solchen Schiffen arbeitenden ausländischen Besatzungsmitglieder können nach ihren Heimatlohnbedingungen beschäftigt werden, während die Schiffsführung mit deutschen Patentinhabern besetzt ist.[149] Die deutschen Schiffsregister stehen aufgrund der Angleichung an EU-Recht allen EU-Reedern offen.

II. Internationales Seeverwaltungsrecht

1. Grundsatz

182 Seeverwaltungsrecht regelt die öffentliche Ordnung und (Verkehrs-)Sicherheit des Seeschiffsverkehrs und findet sich in nationalen wie in internationalen Quellen (Seeschifffahrtstraßenordnung, Hafenordnungen, Sicherheitsbestimmungen, Untersuchung von Seeunfällen, Schiffsvermessung ua).

---

145 Dh Recht über die Führung und Einrichtung des Schiffsregisters, über Arten der Schiffsregister, Registerbehörde, Voraussetzungen und Gegenstände der Eintragung und Eintragungsverfahren, Einsichtnahme in das Schiffsregister. Die maßgeblichen Bestimmungen finden sich in der Schiffsregisterordnung (SchRegO).

146 Dingliche Zuordnung: Recht an den eingetragenen Schiffen und den Schiffsbauwerken, bspw über Erwerb und Verlust des Eigentums, Schiffshypotheken, Nießbrauch an Schiffen, das Recht an Schiffsbauwerken.

147 An den Heimathafen knüpft die hM auch international-sachenrechtlich an, BGH, Urt v 6.3.1995, II ZR 84/94, mwN, NJW 1995, 2097-2099; WM 1995, 1060–1064.

148 Laut Zählung der Internationalen Transportarbeiter Föderation (ITF) zur Zeit 35 Staaten, darunter auch Deutschland wegen seines Internationalen Seeschiffsregisters, vgl <itfglobal.org/en/sector/seafarers/flags-of-convenience>.

149 Vgl dazu auch *Ehlers* Recht des Seeverkehrs (2017), § 21 FlRG Rn 9–11 und die sog Zweitregisterentscheidung des BVerfG (BVerfGE 92, 26).

2. Internationaler Schiffssicherheitsvertrag von 1974 (ISSV, SOLAS)

Das weltweit geltende internationale Übereinkommen vom 1.11.1974 zum Schutz des menschlichen Lebens auf See (**SOLAS** 1974)[150] der **IMO** normiert im Wesentlichen die technischen Rahmenbedingungen für die Sicherheit auf Seeschiffen. Kodifiziert wurden unter anderem die unterschiedlichen Seegebiete, eine Ausrüstungspflicht für Fracht- und Fahrgastschiffe, mitzuführende Urkunden sowie Dienstbehelfe an Bord. Das SOLAS[151] enthält zahlreiche *Codes*, wie den nach den Anschlägen des 11. September 2001 auf das *World Trade Center* eingeführten *ISPS-Codes*[152], welche ausfüllende Standards festlegen, konkret umfangreiche Regelungen zur gesteigerten Schiffssicherheit, der Containersicherheit und zur Sicherheit der Seehäfen. Parallel zum *ISPS-Code* gibt es ein leicht abweichendes europäisches Regelwerk.[153] 183

III. Internationales Seeprivatrecht (zum Teil eingearbeitetes Einheitsrecht)

Seeschifffahrt wird im Linienverkehr (fahrplanmäßige Seetransportleistung in geographisch abgegrenztem Gebiet) nach Seefrachttarifen und im Gelegenheitsverkehr ohne festen Fahrplan nicht nach festen Raten (Trampschifffahrt) erbracht. In der Trampschifffahrt werden die Schiffe in der Regel gechartert. Rechtsgrundlage des Transports in der Linienschifffahrt sind in der Regel Stückgutfrachtverträge unter Verwendung eines Konnossements auf der Basis der Haager Regeln, des HGB und besonderer Verlade- bzw Konnossementsbedingungen. In der Trampschifffahrt sind Rechtsgrundlagen häufig Charterverträge oder privatrechtliche Vereinbarungen. 184

Im Seetransportrecht wurden zahlreiche weitere Übereinkommen geschlossen, deren Anwendbarkeit im Einzelfall geprüft werden muss. Ein Teil von ihnen wurde in das HGB eingearbeitet (Haager Regeln), zum Teil auch ohne für Deutschland völkerrechtlich verbindlich zu sein (Haag-Visby-Regeln). Bei Einarbeitung in deutsches Sachrecht erfolgt die Auslegung des materiellen Sachrechts in erster Linie autonom und den Regeln der Wiener Vertragsrechtskonvention[154] vom 23.5.1963 folgend, aufgrund der fortbestehenden völkerrechtlichen Bindung aber auch möglichst übereinkommensautonom.[155] 185

1. Seefrachtrecht

Der Seefrachtvertrag wird zwischen Befrachter (*charterer* oder auch *shipper*) und Verfrachter (*carrier*) geschlossen und der Verfrachter durch diesen verpflichtet, das Gut 186

150 Internationales Übereinkommen von 1974 vom 1.11.1974 zum Schutze des menschlichen Lebens auf See (SOLAS 1974) – Anlagenband zum BGBl 1998 II Nr 40, nebst Protokoll v 11.11.1988 (BGBl 2000 II 489).

151 *International Convention for the Safety of Life at Sea* (SOLAS) von 1914, revidiert 1929, 1948, 1960, 1974 und 1992.

152 *International Ship and Port Facility Security Code* 2002, in Kraft seit 1.7.2004 (Annex zu SOLAS).

153 VO Nr 725/2004, ABl EU 2004 L 129/6; verwandte Rechtsakte sind die RL 84/2002, ABl EU 2002 L 324/53 und die RL 75/2003, ABl EU 2003 L 190/6.

154 BGBl 1985 II, 926.

155 Anderer Ansicht *Herber* (Fn 136) 3.

mit einem Schiff über See zu einem Bestimmungsort zu befördern und dort dem Empfänger (*consignee*) abzuliefern. Nach deutschem Recht nimmt der Ablader (*shipper*) die Aufgaben des Befrachters im Seehafen (Verschiffungshafen, Ladehafen) in dessen Namen wahr (Anlieferung oder Abladung und Übergabe der Sendung an den Verfrachter).[156] Das HGB geht vom Stückgutfrachtvertrag als Normalfall des Seefrachtvertrages aus.[157] Stückgutfrachtverträge sind frei gestaltbar. In der Linienschifffahrt ist allerdings die Vorformulierung von Verfrachtungsbedingungen der Verfrachter (sog *liner terms*) üblich, mit denen Bindungen an Konferenzbedingungen (dazu unten 5., Rn. 212) berücksichtigt werden. Die Vereinbarung der Bedingungen erfolgt durch Bekanntgabe gegenüber dem Befrachter, zumeist in den Konnossementen der Reeder (sog **Konnossementsbedingungen**) bzw auf der Rückseite der nicht handelbaren *seaway bills* (Frachtbriefe).

a) CMI-Übereinkommen zur Vereinheitlichung von Regeln über Konnossemente

187 Mit dem vom CMI vorbereiteten Übereinkommen zur Vereinheitlichung von Regeln über Konnossemente vom 25.8.1924, die sog **Haager Regeln**, wurden einheitliche Regeln für die Haftung der Verfrachter für Ladungsschäden und deren Begrenzung im Fall der Ausstellung eines Konnossements beschlossen.[158] Die Haager Regeln wurden von Deutschland ratifiziert und inhaltlich durch das Seefrachtgesetz vom 10.8.1937[159] in das HGB (in Kraft 1.1.1940) eingearbeitet. Zwingende Rechtsvorschriften gelten für die in § 525 HGB genannten Tatbestände (Haftung), ansonsten sind die Bestimmungen abdingbar. Die Haager Regeln wurden später durch die Haag-Visby-Regeln revidiert (dazu unten b), Rn. 196) und die Revision ebenfalls in deutsches Recht eingearbeitet. Mit dem Seehandelsrechtsreformgesetz wurden im Jahr 2013 auch die Vorschriften über das Konnossement modernisiert. So wurde – wenn auch in der Praxis noch nicht umgesetzt – die rechtliche Grundlage für das elektronische Konnossement geschaffen.[160] Dabei blieben die Haager Regeln und Haag-Visby-Regeln Vorbild.[161]

aa) Das Konnossement

188 Ein **Konnossement** (*bill of lading*) iSd der §§ 513ff HGB ist eine im Rahmen des Seefrachtvertrages vom Verfrachter oder seinem Vertreter ausgestellte Urkunde, die eine Empfangsbescheinigung über die zur Beförderung übernommenen Güter, die Beförderungsverpflichtung sowie eine Auslieferungsverpflichtung gegenüber dem legiti-

---

156 Vertieft zu den Personen des Seefrachtrechts vgl *Bahnsen* in Rabe/Bahnsen Seehandelsrecht (2018), § 481, 17ff.

157 *Herber* (Fn 136) 245.

158 Bis 1982 von 42 Staaten gezeichnet. Nicht ratifiziert haben in Europa Dänemark, Finnland, Griechenland, Italien, Niederlande, Norwegen, Schweden, und außerhalb Europas Brasilien, Chile, China, Korea, Kolumbien und Taiwan.

159 RGBl 1937 II, 891.

160 *Herber* (Fn 136) 26.

161 Gesetzesentwurf der Bundesregierung, Entwurf eines Gesetzes zur Reform des Seehandelsrechts, BT-Drs 17/10309, 1.

mierten Inhaber dieser Urkunde verbrieft.[162]. Anspruch auf Ausstellung haben der Befrachter bzw der Ablader. Das Konnossement regelt als Urkunde des Stückgutfrachtvertrages einerseits das vertragliche **Rechtsverhältnis** zwischen Verfrachter und Befrachter auf der gesetzlichen Basis der Haager Regeln und der vertraglichen Basis der Konnossementsbedingungen.

Andererseits stellt das Konnossement eine **Empfangsbescheinigung** über Art und Zustand der übernommenen und verladenen Güter dar; dies ist auch sein historischer Ursprung. Es gewährt außerdem dem sich aus der Urkunde ergebenden Anspruchsberechtigten (dem urkundlich legitimierten und die Urkunde präsentierenden Empfänger) gegenüber dem Verfrachter einen **wertpapiermäßig verbrieften** selbständigen **Anspruch auf Auslieferung** des Gutes im urkundlich bezeichneten Löschhafen. Das HGB nennt den Inhalt in § 643 HGB als Sollvorschrift. Es besteht kein Formularzwang. Enthält das Konnossement keine Namens- oder Orderklausel, so ist es ein Inhaberpapier. Der Ablader kann darüber entscheiden, welche Art von Konnossement ausgestellt werden soll. 189

Das Konnossement statuiert ein **Beförderungsversprechen** des Verfrachters und außerdem eine Verpflichtung zur Ablieferung an den konnossementsmäßig Berechtigten.[163] Nach dem deutschen Verständnis schafft das Konnossement damit einen zweiten Anspruch auf Ablieferung an den Empfänger, der neben den Anspruch des Empfängers aus dem Frachtvertrag tritt. Es verbrieft somit nicht den Anspruch aus dem Frachtvertrag, sondern den (zweiten) Anspruch, den es selbst schafft. Weiterhin hat das Konnossement Traditionsfunktion, dh die Übergabe des Papiers an den konnossementsmäßig Legitimierten hat unter gewissen Umständen die Wirkung der Übergabe der Güter. Ist ein Konnossement ausgestellt, ersetzt dessen Übergabe die Übergabe der Sachen. Ferner begründet das Konnossement die grundsätzlich widerlegbare Vermutung, dass der Verfrachter die Güter so übernommen hat, wie sie in dem Konnossement beschrieben sind (Beweisurkunde).[164] Schließlich führt die Konnossementsausstellung dazu, dass einige gesetzliche Verpflichtungen des Verfrachters nicht mehr im Voraus durch Rechtsgeschäft ausgeschlossen oder beschränkt werden können. Diese Regeln sind hauptsächlich die Haftungsregeln im Seefrachtgeschäft. Damit führt die Ausstellung eines Konnossements zu einer Mindesthaftung. Das deutsche Seefrachtrecht stimmt insofern mit den Haager Regeln überein, die gerade diese Mindesthaftung des Verfrachters bei Konnossementsausstellung erreichen wollten. Diese Mindesthaftung des Verfrachters dürfte auch einer der Gründe dafür sein, dass bei Akkreditivgeschäften die Konnossementsausstellung regelmäßig verlangt wird. Sechstens hat das Konnossement teilweise Sperrfunktion.[165] Diese geht aber nicht so weit wie die Sperrfunktion des CMR-Frachtbriefs. 190

Ablader ist derjenige, der die Güter dem Verfrachter tatsächlich zur Beförderung übergibt. Zunächst wird dadurch der Verfrachter geschützt. Er kann sich, wenn er über 191

162 OLG Rostock, Urt v 3.5.2001 – 1 U 145/99, TranspR 2001, 264.

163 Man unterscheidet je nach Übernahmeort Bordkonnossement und Übernahmekonnossement, nach Transportart Durchkonnossement oder *Combined*/Multimodales Konnossement, Orderkonnossement mit Orderklausel und auf den Namen lautendes Rektakonnossement.

164 Vgl § 517 S 1 HGB.

165 Vgl § 525 Abs 1 HGB.

den Befrachter im Zweifel ist, auf die Weisungen dessen, der ihm die Güter übergibt, bezüglich der Konnossementsausstellung verlassen. Darüber hinaus ist die Figur interessant, wenn der Befrachter nicht mit dem Ablader identisch ist. Man spricht dann von einem Drittablader. Der Drittablader hat regelmäßig andere Interessen als der Befrachter. Dies wird augenscheinlich bei einem Überseekauf, dem die INCOTERM-Klausel FOB (*free on board*) zugrunde liegt. In diesem Fall ist nämlich der Käufer der Güter derjenige, der den Seefrachtvertrag schließen muss und damit zum Befrachter wird, weil die Beförderung zur See nicht mehr zu den Verkäuferpflichten gehört. Der Verkäufer, der hier nicht Befrachter ist, ist aufgrund eines vertraglichen Verhältnisses mit dem Verfrachter nicht in der Lage, über das Gut zu verfügen, weil zwischen ihm und dem Verfrachter ein vertragliches Verhältnis ja gerade nicht besteht. Um legitime Sicherungsinteressen des Verkäufers zu wahren, stattet ihn das deutsche Recht mit gesetzlichen Ansprüchen aus, sobald ein Konnossement ausgestellt ist. Der Verkäufer wird dann Konnossementspartei. Dies gilt unabhängig davon, ob er Befrachter ist oder nicht, also gleichermaßen für den Ablader wie den Drittablader.

192 Klar tritt der Vorteil der deutschen Regelung in den Fällen hervor, in denen deutsches Recht nicht gilt und der Befrachter Ausstellung des Konnossements verlangen kann. Dann hat nämlich der Verkäufer keine Verfügungsmöglichkeit mehr. Außerdem kommt der Verkäufer nur sehr schwer an das Konnossement heran, das der Befrachter verlangt und vom Verfrachter erhält. Diese Schwierigkeit zeigt eine äußerst ungünstige Wirkung, wenn der Käufer in einem Dokumentenakkreditiv die Übermittlung des Konnossements an die Bank verlangt und dem Verkäufer das Konnossement einfach nicht herausgibt. Dann bleibt nur die nachträgliche Abrechnung, das Akkreditiv wird praktisch entwertet.

bb) Die Paramount-Klausel

193 Die Haager Regeln werden durch eine sog Paramount-Klausel in bestimmten Charterverträgen bzw Konnossementen zum Bestandteil der Bedingungen des Konnossements kraft vertragsergänzender Einbeziehung. Sie ist gebräuchliche Hinweisklausel.

cc) FIATA *Multimodal Transport Bill of Lading*

194 Dieses vom Weltspediteurverband (FIATA)[166] vereinheitlichte Dokument[167] ist ein Spediteur-Konnossement[168], gleichbedeutend einem Durchkonnossement[169] mit dem Unterschied, dass es sich auf Land-See-Strecken bezieht (multimodales Papier). Der Spediteur tritt als Verfrachter (*Combined Transport Operator*) auf, indem er das *Bill of Lading* ausstellt und somit für die gesamte Transportstrecke seinem Kunden gegenüber voll haften muss.

166 *International Federation of Freight Forwarders Associations* (FIATA).
167 Mögliche Bezeichnungen: FIATA-BL, combined B/L, FBL.
168 Daher synonym auch *Forwarder's Bill of Lading*.
169 Ein Konnossement, das die ganze Reisestrecke der Ware vom Beginn bis zum Ende deckt, ohne dass Umschlagsunternehmen oder weitere Frachtführer genannt werden müssen.

dd) Seefrachtbrief (*Seaway bill*)

Wegen der vergleichsweise kurzen Reisezeiten von Gütern und langen Postlaufzeiten von güterbezogenen Papierdokumenten steht das Konnossement häufig nicht rechtzeitig bei Ankunft des Schiffes im Zielhafen zur Geltendmachung des Auslieferungsanspruchs des Empfängers gegen den Verfrachter zur Verfügung. Daher wurde der nichthandelbare (und daher nicht akkreditivfähige) Seefrachtbrief (*non-negotiable sea waybill, seaway bill, seawaybill, ocean waybill* oder *waybill*) entwickelt, der äußerlich die gleiche Aufmachung wie das Konnossement besitzt, Beweisurkunde und Sperrpapier ist (nachträgliche Verfügung über das Gut kann nur durch Vorlage der *Seaway bill* ausgeübt werden), aber anders als das Konnossement kein Wertpapier (daher „nicht-handelbar") ist. Keine Unterschiede ergeben sich in den Vertrags- und Haftungskonditionen. Per Datenfernübertragung werden Einzelheiten zu den Gütern und dem Empfänger übermittelt und auf einen *Seaway bill*-Formular mit einer „*arrival notice*" versehen dem Empfänger zugesendet, der das Formular im Löschhafen dem Verfrachter präsentieren kann. Es ist also Transportdokument ohne Wertpapiercharakter. Der Seefrachtbrief weist den „An Bord"-Verlader der Ware und den Empfänger aus. Für die Entgegennahme der Ware ist die Vorlage des Seefrachtbriefs durch den darin genannten Empfänger allerdings nicht (wie beim Konnossement) rechtlich notwendig, was die Abfertigung am Bestimmungshafen beschleunigen kann. Im 4. SÄG wurde der zunehmenden praktischen Bedeutung des Seefrachtbriefes mit dem neuen § 526 HGB Rechnung getragen. Dort wurden in Abs 4 auch die rechtlichen Voraussetzungen für die Ausstellung eines ausschließlich elektronischen Seefrachtbriefs geschaffen. 195

b) (Haag-)Visby-Regeln 1968

Die Haager Regeln[170] wurden durch Protokoll vom 23.2.1968 zur Änderung des Übereinkommens vom 25.8.1924 zur Vereinheitlichung der Regeln von Konnossementen ergänzt und diese auf einer CMI-Konferenz in Stockholm durch Protokoll vom 21.12.1979 nochmals geändert.[171] Einschneidend sind vor allem die Änderungen hinsichtlich der **Haftung**. Die Änderungen (Originaltext englisch und französisch) wurden formell in der Stadt Visby übernommen. Das Protokoll trat am 23.6.1977 in Kraft. Deutschland hat diese sog (**Haag**-)**Visby-Regeln** (HVR) bislang zwar nicht ratifiziert,[172] jedoch durch das 2. SÄG vom 25.7.1986[173] in das HGB eingearbeitet. Auch in der bislang letzten Reform des Seehandelsrechts hat Deutschland grundsätzlich an der Technik festgehalten, das internationale Einheitsrecht indirekt über die Einarbeitung seiner Grundsätze in das Deutsche Recht zur Geltung zu bringen. Der Anwendungsbereich der **Haag-Visby-Regeln** ist eröffnet bei allen Verträgen mit Konnossementen, die sich auf die Beförderung von Gütern zwischen zwei Häfen in verschiedenen Staaten beziehen, wenn das Konnossement in einem Vertragsstaat ausgestellt ist, die Beförderung 196

170 Übereinkommen v 25.8.1924 zur Vereinheitlichung einzelner Regeln von Konnossementen.

171 Abgedruckt bei *Prüßmann/Rabe* Seehandelsrecht: 5. Buch des HGB (2000) Anh II § 663 b.

172 Ratifiziert haben Belgien, Dänemark, Finnland, Frankreich, Italien, Kroatien, Lettland, Litauen, Niederlande, Norwegen, Polen, Schweden, Schweiz, Spanien und das Vereinigte Königreich, nicht jedoch Griechenland und fast alle überseeischen Länder.

173 BGBl 1986 I, 1120ff.

in einem Vertragsstaat beginnt oder die Geltung der Haag-Visby-Regeln im Konnossement vorgesehen ist (Art 10 HVR). Häufig werden die Haager Regeln und/oder die Haag-Visby-Regeln (in der jeweils im Einzelfall unterschiedlichen Fassung dieser Regeln) für den einzelnen Seefrachtvertrag vereinbart durch Aufnahme sog **Paramount-Klauseln** in die Konnossemente.[174] Durch die HVR wurde der Haftungsbegrenzungsbetrag neu festgelegt: Durch das Protokoll vom 21.12.1979 wurde zum Einen auf die Sonderziehungsrechte des IWF umgestellt. Die Haftungsbegrenzung wurde ferner nicht mehr allein nach der Packung oder Einheit, sondern alternativ nach dem Gewicht bemessen. Im Seehandelsrecht wurde damit ein sehr niedriger Haftungshöchstbetrag (2 SZR pro kg befördertes Gut oder 666,67 SZR pro Stück oder Ladeeinheit) festgelegt. Der höhere verwirkte Haftungsbetrag gibt Maß (§ 504 HGB). Zum anderen wurde eine Sonderregelung für die Beförderung von Gütern in Containern geschaffen. Wesentliche Änderungen des Haftungssystems gegenüber den Haager Regeln ergaben sich aber nicht. Die Freistellung des Verfrachters für nautisches Verschulden blieb erhalten. Die Haag-Visby-Regeln sind in Deutschland im Gegensatz zu den Haager Regeln (dies mit Wirkung zum 1.1.1940) nicht ratifiziert worden. Unmittelbar anwendbar sind die Übereinkommen im deutschen Recht daher nicht.

c) Hamburg-Regeln 1978

197 Das UN-Übereinkommen vom 31.3.1978 über die Beförderung von Gütern auf See (sog Hamburg-Regeln, HR) ist am 1.11.1992 in Kraft getreten.[175] Regelungsinhalt ist unter anderem die Haftung des **Frachtführers**. Anders als die Haag-Visby-Regeln erneuerten die Hamburg-Regeln nicht nur die Haager Regeln, sondern wiesen für das Seefrachtrecht inhaltliche Änderungen auf. Die Haftungsfreistellung für nautisches Verschulden wurde beseitigt. Die Decksverladung von Containern wurde erstmals geregelt. Ferner sollten die Hamburg-Regeln auch auf solche Seefrachtverträge anwendbar sein, bei denen kein Konnossement ausgestellt worden ist. Aufgrund der vorgenommenen Verschärfung der Verfrachterhaftung sind die Hamburg-Regeln aber dem Widerstand von Seebeförderern und Seeversicherern ausgesetzt und wurden bisher weder von den großen Schifffahrtsstaaten noch von den EU-Staaten (außer Österreich, Ungarn, Tschechien und Rumänien) ratifiziert. Gleiches gilt also auch für Deutschland.

d) Rotterdam-Regeln

198 Die *United Nations Convention on Contracts for the International Carriage of Goods Wholly or Partly by Sea* (engl Kurzbezeichnung: ***Rotterdam Rules*** oder **RR; dt: Rotterdam-Regeln**) ist das jüngste multilaterale Seefrachtübereinkommen, das nach den Hamburg-Regeln einen neuen Anlauf der UNCITRAL für eine einheitliche Regelung des Seefrachtrechts darstellte und auf das sich die Generalversammlung der UN im Herbst 2008 geeinigt hatte. Auf der Zeichnungskonferenz in Rotterdam ist das Über-

174 *Basedow* Der Transportvertrag (1987), 264.

175 *United Nations Convention on the Carriage of Goods by Sea* („Hamburg-Rules"). Bis heute nur 34 Vertragsstaaten, vgl <uncitral.un.org/en/texts/transportgoods/conventions/hamburg_rules/status>.

einkommen am 23.10.2009 von 16 Staaten, seither von insgesamt 25 Staaten, unterzeichnet worden. Erst mit der Ratifikation von 20 Staaten kann es in Kraft treten, Art 94 RR.[176] Bisher liegen erst fünf von zwanzig notwendigen Ratifikationen (Spanien, Togo, Benin, Kamerun und Kongo – Stand: 17.9.2020) vor. Originalsprachen sind die sechs offiziellen Sprachen der Vereinten Nationen (UN) (vorletzter Absatz der RR). In Deutschland wurde parallel dazu an einem eigenen Entwurf für ein neues deutsches Seehandelsrecht gearbeitet. Das Gesetz zur Reform des Seehandelsrechts ist mittlerweile am 25.4.2013 in Kraft getreten.[177] Entgegen den Vorschlägen der Sachverständigenkommission wurde das Haftungsrecht nicht grundlegend verändert. Nach den Voraussetzungen des § 504 HGB nF gilt auch weiterhin eine Haftungshöchstgrenze von 2 SZR pro kg Rohgewicht oder 666,67 SZR pro Ladungseinheit oder -stück, je nachdem, welcher Betrag höher ist (Haftungsvorgaben der Haager Regeln und der Haag-Visby-Regeln). Diese Haftungshöchstgrenzen entfallen bei vorsätzlicher oder leichtfertiger Schädigung (§ 507 HGB nF). Eine Enthaftung des Verfrachters bei Feuer oder nautischem Verschulden ist nicht *eo ipso* gesetzlich vorgesehen, kann aber individualvertraglich und in AGB vereinbart werden. Nachdem die Rotterdam-Regeln nunmehr bereits seit 12 Jahren existieren, von einem Inkrafttreten aber noch weit entfernt sind und wichtige Seehandelsnationen von einer Ratifikation weiterhin Abstand nehmen, ist davon auszugehen, dass die Rotterdam-Regeln gescheitert sind und jedenfalls in absehbarer Zeit nicht in Kraft treten werden. Deutschland jedenfalls hat sich mit dem Bezug auf die Haag-Visby-Regeln im Rahmen der Reform des Seehandelsrechts im Jahr 2013 bewusst gegen die Rotterdam-Regeln gestellt.[178]

e) Internationale Lieferklauseln – INCOTERMS

In internationalen Handelsgeschäften werden einheitliche, nichtgesetzliche Klauseln 199
vereinbart zur Aufteilung von Transportkosten und Transportrisiken zwischen Käufer und Verkäufer mit der Pflicht zur Erstellung der Dokumente und zum Abschluss von Versicherungen. Diese **INCOTERMS** (*International Commercial Terms*, dt: Internationale Handelsklauseln) sind standardisierte internationale Regeln spezifizierter Handelsbedingungen im Außenhandelsgeschäft.[179] Die Auslegung dieser Klauseln regelt sich nach den Regeln zur einheitlichen Auslegung der handelsüblichen Vertragsformel (ERA) der Internationalen Handelskammer (ICC) in Paris, die seit 1936 mehrfach revidiert worden sind. Sie sollen eine gemeinsame Basis für den internationalen Handel schaffen. Die INCOTERMS regeln die Art und Weise der Lieferung von Gütern und Verlustfolgen. Die Bestimmungen legen fest, welche Transportkosten der Verkäufer, welche der Käufer zu tragen hat und wer im Falle eines Verlustes der Ware das finanzielle Risiko trägt. Nicht geregelt werden Ort und Zeit des Eigentumsübergangs, Zah-

176 Vgl <uncitral.org/uncitral/en/uncitral_texts/transport_goods/rotterdam_status.html>. Mitgliedstaaten zum Stand September 2020: Armenien, Kamerun, Kongo, Demokratische Republik Kongo, Dänemark, Frankreich, Gabun, Ghana, Griechenland, Guinea, Guinea-Bissau, Luxemburg, Madagaskar, Mali, Niederlande, Niger, Nigeria, Norwegen, Polen, Senegal, Spanien, Schweden, Schweiz, Togo, USA.

177 Zur Begründung vgl RegE v 12.7.2012, BT-Drs 17/10309.

178 BT-Drs 17/10309 S 42. S auch *Rabe/Bahnsen* Seehandelsrecht, 5. Aufl 2018, Vor § 481, Rn 49ff.

179 Vgl <iccgermany.de/icc-regeln-und-richtlinien/icc-incotermsR.html>; vgl: <www.iccwbo.org>.

lungsbedingungen und Gerichtsstand. Gebräuchlich sind zZ 11 Lieferklauseln[180] betreffend:
- den Ort der Erfüllung der Lieferverpflichtung des Verkäufers,
- den Übergang der Preisgefahr von Verkäufer auf Käufer (Gefahr der Zahlungspflicht bei unverschuldeter Sachuntergang),
- die Kostenverteilung,
- die Verantwortlichkeit für die Beförderung des Gutes,
- die Dokumentenbeschaffung,
- die Verpflichtung zur Ein- und Ausfuhrabfertigung,
- die Versicherungspflicht,
- die Entrichtung evtl weiterer Abgaben.

200 Die INCOTERMS geben keine Auskunft darüber, wann und wo das Eigentum an der Ware von dem Verkäufer auf den Käufer übergeht. Die 11 Regeln werden im internationalen Rechtsverkehr allgemein anerkannt, ebenso von Gerichten. Die INCOTERMS haben keine Gesetzeskraft. Sie gelten als *Usance* (Handelsbrauch), die von den Vertragsparteien akzeptiert wird. Die Anerkennung durch Gerichte erfolgt daher auch nur, wenn die INCOTERMS wirksam in einen Vertrag einbezogen worden sind. Die Verwendung der INCOTERMS im Vertrag (durch Angabe des Kürzels der Klausel und des jeweiligen in Bezug genommenen Ortes) ist freiwillig. Eine Anwendung wird aber empfohlen, um mögliche Missverständnisse und Streitigkeiten auszuschließen. Der Stand der INCOTERMS wird durch Angabe der Jahreszahl gekennzeichnet. Gültig sind zZ die INCOTERMS 2020 (8. Revision). Daneben gibt es noch weitere internationale Vereinbarungen zur Auslegung von Klauseln (COMBITERMS 1980, US-Handelsklauseln 1919, Regeln von Warschau und Oxford 1932). Der Transporteur oder Spediteur ist durch die die Kaufvertragsparteien betreffenden INCOTERMS nur indirekt berührt. Der Umfang der Pflichten aus dem Speditions- oder Frachtvertrag ergibt sich aus der im Kaufvertrag vereinbarten Handelsklausel. Die Verwendung in verschiedenen Statistiken ist üblich: In der Außenhandelsstatistik wird für die Ausfuhren idR immer der FOB-Wert (*free on board*), für Einfuhren immer der CIF-Wert (*cost-insurance-freight*) angegeben. In der Zahlungsbilanzstatistik wird sowohl bei den Ausfuhren als auch bei den Einfuhren der FOB-Wert benutzt. Die durch den INCOTERM ausgedrückte Lieferbedingung ist auch Grundlage für die Ermittlung des Zollwertes.

2. Sonstige Übereinkommen

201 Die Darstellung wird aufgrund der Vielzahl und fortlaufenden Überarbeitungen auf die wichtigsten Konventionen beschränkt.[181]

---

180 *Ex Works* (EXW), *Free Carrier* (FCA), *Free Alongside Ship* (FAS), *Free On Board* (FOB), *Cost And Freight* (CFR), *Cost, Insurance and Freight* (CIF), *Delivered at place unloaded* (DPU), *Delivered At Terminal* (DAT), *Carriage Paid To* (CPT), *Carriage and Insurance Paid to* (CIP), *Delivered Duty Paid* (DDP).
181 Zusammenstellung bei *Herber* (Fn 136) 32ff.

a) CMI-Übereinkommen über Bergung und Hilfeleistung in Seenot

Vorschriften aus dem **Übereinkommen über Bergung und Hilfeleistung in Seenot** 202
vom 23.9.1910 waren durch Gesetz vom 7.1.1913[182] in das fünfte Buch des HGB in den §§ 740ff HGB aF eingearbeitet worden. Sie enthielten Regeln über die Bemessung von Bergelohn. Am 28.4.1989 wurde das Übereinkommen von 1910 durch das **Internationale Übereinkommen von 1989 über Bergung** (*International Convention on Salvage*)[183] ersetzt, welches generell am 14.7.1996 und in Deutschland am 24.5.2001 in Kraft getreten ist.[184] Danach hat der Berger Anspruch auf Bergelohn nur bei Erfolg; daneben besteht aber nun Anspruch auf Entschädigung für Aufwendungen bei drohenden Umweltschäden. Das Übereinkommen von 1989 wurde mit dem 3. SÄG vom 16.5.2001 in das HGB eingearbeitet und inhaltlich im Wesentlichen auch mit dem 4. SÄG vom 20.4.2013 in den §§ 574ff HGB übernommen.

b) Übereinkommen vom 23.9.1910 über den Zusammenstoß von Schiffen

Das vom CMI vorbereitete Übereinkommen[185] regelt die Schadensersatzpflicht beim Zu- 203
sammenstoß von Schiffen in Form einer Verschuldenshaftung. Das Übereinkommen wurde durch Gesetz vom 7.1.1913[186] in das fünfte Buch des HGB (§§ 734ff aF) übernommen. Mit der Reform des Seehandelsrechts im Jahr 2013 sind die entsprechenden Regeln des HGB allerdings weggefallen, und der Gesetzgeber hat ausdrücklich festgestellt, dass das Übereinkommen direkte Anwendung finden soll.[187] Gleiches geschah mit dem **CMI-Übereinkommen vom 10.5.1952 zur Vereinheitlichung von Regeln über die zivilgerichtliche Zuständigkeit bei Schiffszusammenstößen** (*International Convention on Certain Rules Concerning Civil Jurisdiction in Matters of Collision*), das prozessrechtliche Bestimmungen enthält.[188] Auch dieses Übereinkommen ist bewusst nicht in das HGB eingearbeitet worden und gilt jedenfalls in Deutschland unmittelbar.[189]

c) CMI-Übereinkommen vom 10.5.1952 zur Vereinheitlichung von Regeln über den Arrest in Seeschiffe

Das auf Vorarbeiten der CMI beruhende Übereinkommen[190] regelt die vorläufige Voll- 204
streckung in Seeschiffe durch Arrest zur Sicherung zivilrechtlicher Schadensersatz-

182 RGBl 1913 I, 49.

183 Das von der IMO ausgearbeitete Übereinkommen ist 1996 in Kraft getreten und gilt für 74 Vertragsstaaten.

184 BGBl 2001 II, 15.

185 Internationales Übereinkommen zur einheitlichen Feststellung von Regeln über den Zusammenstoß von Schiffen (*Convention for the unification of certain rules of law respecting collisions between vessels*) v 23.10.1910, RGBl 1913 I, 49. Es ist noch heute bei 50 Vertragsstaaten in Kraft, vgl Übereinkommensdatenbank der Niederlande: <verdragenbank.overheid.nl/en/Verdrag/Details/003382>.

186 RGBl 1913 I, 49.

187 BT-Drs 17/10309, 42.

188 Das Übereinkommen mit 34 Vertragsstaaten ist in Kraft seit dem 14.9.1955; BGBl 1972 II, 653/663.

189 BT-Drs 17/10309, 42.

190 BGBl 1972 II, 655, Gesetz v 21.6.1972 II 653, in Kraft gem Bek v 8.3.1973 II 172 mit Wirkg v 6.4.1973; dazu *Berlingieri* Arrest of Ships, A commentary on the 1952 Arrest Convention, 2. Aufl 1996.

ansprüche aus einem Seetransport. Es gilt nur für Tatbestände mit Beteiligung Angehöriger von Vertragsstaaten. Eine Nachfolgeregelung ist das **(UNCTAD/IMO) Übereinkommen von 1999 über den Arrest in Seeschiffe.**[191] Dieses Übereinkommen ist jedoch noch nicht von Deutschland ratifiziert worden. Auch die meisten anderen Mitgliedstaaten sind dem Übereinkommen von 1999 noch nicht beigetreten, sodass es nicht vollständig das Übereinkommen von 1952 ersetzt hat.

d) CMI-Übereinkommen über Schiffsgläubigerrechte und Schiffshypotheken von 1967

205 Das Übereinkommen ist nicht in Kraft getreten und wurde von Deutschland auch nicht ratifiziert, allerdings in seinen wesentlichen Rechtsgedanken durch das 1. SÄG 1972 in die §§ 754ff aF HGB eingearbeitet. Die §§ 754ff HGB wurden durch das Gesetz zur Reform des Seehandelsrechts[192] aufgehoben. Dabei wurden die Regelungen der §§ 754 bis 764 HGB weitgehend unverändert in die neuen §§ 596 bis 604 HGB übernommen.[193] Es ist durch das **(UNCTAD/IMO-)Übereinkommen vom 6.5.1993 über Schiffsgläubigerrechte und Schiffshypotheken[194], das seit dem 5.9.2004 völkerrechtlich in Kraft ist,** ersetzt.

e) Londoner IMCO[195]-Übereinkommen vom 19.11.1976 über die Beschränkung der Haftung für Seeforderungen (HBÜ)

206 Das Übereinkommen folgt dem Prinzip der bereits durch Übereinkommen vom 10.10.1957 **über die Beschränkung der Haftung für Seeforderungen**[196] eingeführte summenmäßig beschränkten, persönlichen Haftung des Schiffseigentümers sowie des Bergers und Retters. Wiederum wurden die rechtlichen Regelungen eines Übereinkommens durch das 2. SÄG in das HGB übernommen. Das Übereinkommen von 1976 (*Convention on Limitation of Liability for Maritime Claims, LLMC Convention* 76) ersetzte das Übereinkommen von 1957. Es ging in die Regelung des 5. Buches, § 611 HGB, mit ein. In einem Änderungsprotokoll vom 2.5.1996[197] wurden die Haftungssummen nochmals deutlich angehoben.

---

191 *International Convention on Arrest of Ships*, 1999, Doc A/CONF.188.6. In Kraft seit dem 14.9.2011; vgl auch *Nieschulz* Der Arrest in Seeschiffe (Rvgl D-GB-NL) 1997.

192 Art 1 G v 20.04.2013 BGBl I, 831.

193 BT-Drs 17/10309, 49/130f.

194 *International Convention on Maritime Liens and Mortgages*, in Kraft seit dem 5.9.2004 (nicht in der BRD), UN Treaty Series, Vol 2276, 39, DOC A/CONF.162/7; dt Fassg in TranspR 1994, 253; vgl dazu *Czerwenka* TranspR 1994, 212/213ff; *Jackson* LMCLQ 1994, 12; *Wersel* Das Übereinkommen über Schiffsgläubigerrechte und Schiffshypotheken v 6. Mai 1993 (1996); *Schmidt-Vollmer* Schiffsgläubigerrechte und ihre Geltendmachung (2003), 30f.

195 *Inter-Governmental Maritime Consultative Organization* (Unterorganisation der UN) – seit 1982 IMO.

196 Abdruck bei *Schadee/Claringbould* International Transport Treaties, Bd I (1974–1987) 86.

197 LLMC Protocol 96, abgedr in TranspR 1997, 462ff.

f) Athener IMCO-Übereinkommen vom 13.12.1974 über die Beförderungen von Reisenden und ihrem Gepäck auf See (*Athens Convention relating to the Carriage of Passengers and their Luggage by Sea* [PAL])

Das Athener Übereinkommen regelt die Beförderung von Reisenden und ihrem Gepäck auf See. Es wurde jedoch wegen zu niedriger Haftungssummen zunächst nicht von Deutschland ratifiziert. Vielmehr hat der Gesetzgeber die Rechtsgedanken weitgehend unverändert als Anhang zu § 664 in das HGB übernommen. Nachdem die Haftungssummen durch das Änderungsprotokoll vom 1.11.2002[198] erhöht wurden, konnte eine Überführung der Regelungen in EU-Recht erfolgen. Zunächst wurden dabei ein Großteil der Bestimmungen in die Verordnung (EG) Nr 392/2009 übernommen, bevor die EU mit dem Beschluss des Rates vom 12.12.2011 (2012/22/EU) selbst dem Athener Übereinkommen beigetreten ist. 207

Mit dem Gesetz zur Reform des Seehandelsrechts sind die Regelungen über die Haftung für Schiffspassagiere und deren Gepäck nicht mehr in einer Anlage zum Handelsgesetzbuch enthalten, sondern wieder unmittelbarer Bestandteil des 5. Buches des Handelsgesetzbuchs, §§ 536ff HGB. Allerdings ist dabei zu berücksichtigen, dass die EU mit der Verordnung (EG) Nr 392/2009 vom 23.4.2009 über die Unfallhaftung von Beförderern und von Reisenden auf See bereits ein Regelungsregime erlassen hat, welches in seinem Anwendungsbereich Anwendungsvorrang vor den nationalen Regelungen zukommt. Dies gilt auch für das Athener Übereinkommen von 1974 über die Beförderung von Reisenden und ihrem Gepäck auf See in der Fassung des Protokolls von 2002 soweit es als unmittelbar anwendbares Recht oder auf Grund der Verordnung (EG) Nr 392/2009, die in ihrem Artikel 3 auf das Übereinkommen Bezug nimmt, unmittelbar zur Anwendung gelangt.[199] 208

Eine Abgrenzung der Vorschriften des Handelsgesetzbuchs zu europäischen und internationalen Regelungswerken wird in § 536 Abs 2 HGB – als Regelung über den Anwendungsbereich Personenbeförderungsverträge – vorgenommen.[200] 209

3. Geschäftsbedingungen und Empfehlungen

Ergänzt werden die internationalen Übereinkommen durch allgemeine Geschäftsbedingungen und Empfehlungen internationaler Organisationen. Hierzu gehören etwa die *York-Antwerp-Rules*, die *CMI-Rules* über die *Sea Waybills*[201] und die *Lloyds Open Form* (LOF – *Lloyd's standard form of salvage agreement*)[202] für die Bergung. Die Gestaltung von Seefrachtpapieren wird in Empfehlungen der BIMCO angesprochen. 210

---

198 Die Diplomatische Konferenz der 29 Vertragsstaaten der Internationalen Seeschifffahrts-Organisation (IMO) hatte in London ein entsprechendes Protokoll zur Änderung des Athener Übereinkommens beschlossen. Das Protokoll tritt in Kraft, wenn 10 Staaten es ratifiziert haben. Momentan haben erst vier Staaten ratifiziert.

199 BT-Drs 17/10309, 41ff.

200 BT-Drs 17/10309, 106.

201 *Herber* TranspR 1991, 361ff.

202 Vgl <lloyds.com/resources-and-services/lloyds-agency/salvage-arbitration-branch/lloyds-open-form-lof>.

4. Europarecht

211 Der grenzüberschreitende Seeverkehr zwischen den Mitgliedstaaten der EU und zwischen Mitgliedstaaten und Drittstaaten ist durch die Verordnung (EWG) Nr 4055/86 geregelt worden.[203] Vereinbarungen dieser Staaten über Ladungsaufteilung sind nicht mehr zulässig.[204] Die Kabotagefreiheit – also die Möglichkeit für ein Transportunternehmen, einen Transport ausschließlich in einem anderen Land auszuführen – ist im Seeverkehr nahezu verwirklicht. Unter der Flagge eines EU-Mitgliedstaates oder bei Eintragung in ein mitgliedstaatliches Register können EU-Staatsangehörige nach der SeekabotageVO Nr 3577/92[205] freie Küstenschifffahrt betreiben. Die Fahrgastrechte im See- und Binnenschiffsverkehr regelt seit Ende 2010 (mit Wirkung ab 18.12.2012) die Verordnung (EU) Nr 1177/2010.[206]

5. Kartellrecht

212 In der Seeschifffahrt sind **Linienkonferenzen**, **Schifffahrts-Pools** und **Konsortien** üblich. Konferenzen sind freiwillige satzungsmäßige Zusammenschlüsse von Linienreedereien mit Sitz in verschiedenen Ländern mit verbindlichen Absprachen von Frachtraten und Beförderungsbedingungen. Schifffahrts-Pools sind Abrechnungsgemeinschaften über das gesamte in einem Gebiet und in einem Zeitraum verteilbare Ladungsaufkommen (Ladungspool) oder über die gesamten in einem Gebiet und in einem Zeitraum erzielten Frachteinnahmen. Pflicht der Poolmitglieder ist eine bestimmte Schiffsraumgestellung. Konsortien schließlich sind zweckgebundene Zusammenschlüsse mit Vereinbarungen über technische, betriebliche oder wirtschaftliche Gesichtspunkte (Art, und Umfang der einzubringenden Tonnage; *Operating*, *Marketing*, Akquisition, zentrale Steuerung etc, aber keine Preisabsprachen). Linienkonferenzen und Konsortien sind durch Gruppenfreistellungsverordnungen zulässig und von dem Verbot wettbewerbsbeschränkender Vereinbarungen in den Art 105 und 106 AEUV (ex Art 85 und 86 EGV) ausgenommen.[207]

---

203 Dazu *Basedow* Transportrecht 1994, 85; *ders* in Immenga/Mestmäcker (Hrsg) Wettbewerbsrecht, Bd 1/Teil 2, 4. Aufl (2007) Abschnitt VII; *Epiney* in Dauses (Hrsg) Handbuch des EG Wirtschaftsrechts, Bd 2 (Stand April 2003) Rn 463.

204 *Ibid* Rn 463ff.

205 VO Nr 3577/92, ABl EG 1992 L 364/7.

206 Vgl oben Fn 185.

207 Für Linienkonferenzen die VO Nr 4056/86, ABl EG 1986 L 378/4 (aufgehoben durch VO (EG) Nr 1419/2006 des Rates v 25.9.2006), für Konsortien die VO Nr 479/92 ABl EG 1992 L 55/3 und Nr 870/95 ABl EG 1995 L 89/7 (aufgehoben durch VO (EG) Nr 246/2009 des Rates v 26.2.2009). Die Regelungen erfolgen nunmehr in den jeweiligen zuvor genannten Nachfolgeverordnungen. Im Einzelnen *Tostmann* Containerkonsortien im Seelinienverkehr (1998).

F. Binnenschiffstransport

I. Revidierte Rheinschifffahrtsakte von 1868 („Mannheimer Akte")[208]

Die Grundsätze der Rheinschifffahrtsakte der Rheinanliegerstaaten sind 213
- freie Schifffahrt,
- Freistellung von Schifffahrtsabgaben,
- vereinfachte Zollabfertigung,
- Gleichbehandlung der Schiffer und Flotten,
- Verpflichtung der Anliegerstaaten zur Instandhaltung des Rheins als Schifffahrtsstraße,
- Vereinheitlichung der Schiffssicherheitsvorschriften,
- Vereinheitlichung der Schiffsverkehrsvorschriften,
- einheitliche Gerichtsbarkeit für Schifffahrtsangelegenheiten,
- Einrichtung von Rheinschifffahrtsgerichten,
- Einrichtung einer Kommission zur Überwachung der vorgenannten Grundsätze.

Die mehrfach geänderte Rheinschifffahrtsakte hat materiell-frachtrechtlich heute 214 kaum mehr Bedeutung. Große Bedeutung hat hingegen die in ihr enthaltene Regelung der **Abgabenfreiheit** der Schifffahrt auf dem Rhein, die **Gerichtszuständigkeit** und die Zuständigkeit der **Zentralkommission für die Rheinschifffahrt** (ZKR) in Straßburg zur Setzung rheinschifffahrtsbezogener Regelwerke. Mit Zusatzprotokoll Nr 2 zur Revidierten Rheinschifffahrtsakte haben die Signatarstaaten der Rheinschifffahrtsakte am 17.10.1979 den Staaten der EU hinsichtlich des Zugangs zum Rhein dieselben Bedingungen eingeräumt wie ihren eigenen Mitgliedstaaten. Dazu haben die ZKR und die Europäische Gemeinschaft einheitliche Vorschriften zur Bestimmung der zur Rhein- bzw EU-Schifffahrt gehörigen Schiffe erlassen.

Die von der ZKR erlassenen Rechtsakte dienen jedoch inhaltlich zumeist als Vor- 215 lage für nationale und europäische Bestimmungen. Weil aber auch die Schweiz als Nicht-EU-Staat Vertragsstaat ist, behindert die Mannheimer Akte als zwischenstaatliche Vereinbarung aber die Ausdehnung der EU-Verkehrsregelungskompetenz auf die Rheinschifffahrt. Die Abgabenfreiheit auf dem Rhein bleibt auf diese Weise unantastbar. Seit mehreren Jahren laufen zahlreiche Kooperations- und Konsultationsbemühungen zwischen der EU und den ZKR-Staaten. So wurde zeitweise sogar der Beitritt der EU zur Mannheimer Akte erwogen.[209]

Auf der Grundlage einer Vereinbarung über die Zusammenarbeit zwischen der 216 Zentralkommission für die Rheinschifffahrt und der Europäischen Kommission vom 3.3.2003 wurden die Zusammenarbeit und Abstimmung zwischen den beiden Institutionen durch regelmäßige Koordinierungssitzungen verstärkt.[210] Mit der Verwaltungs-

208 Vgl <ccr-zkr.org>.

209 Hierzu vertieft: *Woehrling* Die ZKR im Wandel zu Beginn des neuen Jahrtausends – seit 2000 in Kümper/Maurer (Hrsg) FS 150 Jahre Mannheimer Akte (2018), 110ff.

210 Vereinbarung über die Zusammenarbeit zwischen der Zentralkommission für die Rheinschifffahrt und der Europäischen Kommission v 3.3.2003, abrufbar unter: <ccr-zkr.org/files/cooperation/accord_CCNR-CE_03032003_de.pdf>.

vereinbarung gewährte die ZKR der Europäischen Kommission Beobachterstatus für die eigenen Sitzungen und erlangte diesen umgekehrt im EU-Binnenschifffahrtsausschuss. Am 22.5.2013 unterzeichneten die Generaldirektion für Mobilität und Verkehr der Europäischen Kommission (GD MOVE) und die ZKR eine neue Verwaltungsvereinbarung, um die Zusammenarbeit in vielen Bereichen zusätzlich zu stärken.[211]

217 2004 wurde auf Grundlage der ersten Verwaltungsvereinbarung eine gemeinsame Arbeitsgruppe (*Joint Working Group* – JWG) geschaffen, um die technischen Vorschriften für Binnenschiffe, die sowohl für die Schiffe auf dem Rhein als auch für die Schiffe auf den anderen europäischen Wasserstraßen gelten sollen, zu aktualisieren. Die Arbeiten dieser Arbeitsgruppe haben, was die europäische Regelung betrifft, zur Erarbeitung der Richtlinie 2006/87/EG über die technischen Vorschriften für Binnenschiffe geführt (mittlerweile aufgehoben und ersetzt durch die Richtlinie [EU] 2016/1629). Dadurch konnten in der Richtlinie sowie der Rheinschiffsuntersuchungsordnung der ZKR zur Ausrüstung und Sicherheit von Schiffen gleichlautende Vorschriften niedergeschrieben werden. Die Harmonisierung der ZKR- und EU-Vorschriften wurde mit dem Europäischen Standard der technischen Vorschriften für Binnenschiffe (ES-TRIN)[212] weitergeführt. Dieser wird von einem 2015 gegründeten Arbeitsgremium, dem Europäischen Ausschuss für die Ausarbeitung von Standards im Bereich der Binnenschifffahrt (CESNI)[213], fortlaufend ausgearbeitet. Sowohl in die Richtlinie (EU) 2016/1629, als auch in die Rheinschiffsuntersuchungsordnung wurden Verweise aus den ES-TRIN aufgenommen, um diesen zum einheitlichen Standard für das gesamte Binnenwasserstraßennetz der Europäischen Union zu machen.

II. Belgrader Donaukonvention von 1948

218 In der Belgrader Donaukonvention vom 18.8.1948 verpflichteten sich die Mitgliedstaaten, ihr Hoheitsgebiet, soweit es die Donau umfasst, den Staatsangehörigen, Handelsschiffen und Gütern aller Staaten auf der Grundlage der Gleichberechtigung bezüglich der Hafen- und Schifffahrtsgebühren sowie der Bedingungen der Handelsschifffahrt offen zu halten. Deutschland trat diesem Abkommen 1999 bei.[214] Abgabenfreiheit ist in der Donau-Konvention nicht geregelt.

---

211 Verwaltungsvereinbarung über einen Rahmen für die Zusammenarbeit zwischen dem Sekretariat der Zentralkommission für die Rheinschifffahrt und der Generaldirektion Mobilität und Verkehr der Europäischen Kommission (GB MOVE), abrufbar unter: <ccr-zkr.org/files/cooperation/Arrangement20130522_de.pdf>.

212 Aktueller Standard ist ES-TRIN 2019, angenommen am 8.11.2018 bzw 15.10.2019 für das Korrigendum 1, abrufbar unter: <cesni.eu/wp-content/uploads/2018/05/ES_TRIN_2019_de.pdf> und <cesni.eu/wp-content/uploads/2019/11/ES_TRIN_2019de_corr1.pdf>.

213 Der CESNI wurde 2015 auf der Frühjahrsplenartagung der ZKR in Rotterdam durch Beschluss eingerichtet. Er besteht aus Sachverständigen der Mitgliedstaaten der ZKR und der EU sowie Vertretern von internationalen Organisationen der Binnenschifffahrt.

214 BGBl 1999 II, 578.

III. Moselvertrag von 1956

Der Vertrag zwischen der Bundesrepublik Deutschland, der Französischen Republik und dem Großherzogtum Luxemburg über die Schiffbarmachung der Mosel („Moselvertrag") vom 27.10.1956 hat ebenfalls nahezu nur noch verfahrensrechtliche Bedeutung. 219

IV. Übereinkommen zur Vereinheitlichung von Regeln über den Zusammenstoß von Binnenschiffen (ZusÜBin)

Das Übereinkommen[215] wurde in die §§ 92ff des Binnenschifffahrtsgesetzes (BinSchG) eingearbeitet und begründet insbesondere eine gesamtschuldnerische Haftung für die Schiffseigner der an Zusammenstößen beteiligten Schiffe.[216] 220

V. Straßburger Übereinkommen von 2012 über die Beschränkung der Haftung in der Binnenschifffahrt (CLNI 2012)

Das Straßburger Übereinkommen über die Beschränkung der Haftung in der Binnenschifffahrt (CLNI 2012)[217] regelt die Beschränkung der Haftung der an der Binnenschifffahrt beteiligten Personen für Ansprüche aus dem Betrieb von Binnenschiffen, die zum Erwerb durch die Schifffahrt verwendet werden. Es ist am 1.7.2019 in Deutschland in Kraft getreten[218] und löst damit die CLNI aus dem Jahre 1988 (CLNI 1988)[219] ab. Mit den CLNI 1988 war erstmals ein international einheitliches Recht der Haftungsbeschränkungen für die Binnenschifffahrt gelungen. Weiterhin sorgte das Übereinkommen dafür, dass Seehandelsrecht und Binnenschifffahrtsrecht einander wieder mehr angeglichen und die aufgrund unterschiedlicher Haftungsbeschränkungsregime bestehenden Wettbewerbsnachteile eines Verkehrsträgers abgebaut werden.[220] Da jedoch gemäß Art 16 Abs 1 CLNI 1988 der Kreis der möglichen Vertragsstaaten sehr eng beschränkt war und auch andere Staaten ihr Interesse an einer Beteiligung bekundeten, wurde 2007 eine Arbeitsgruppe der ZKR zur Revision der CLNI 1988 ins Leben ge- 221

---

215 Übereinkommen v 15.3.1960 zur Vereinheitlichung einzelner Regeln über den Zusammenstoß von Binnenschiffen (BGBl 1972 II, 1005/1008).

216 Siehe dazu detailliert *Ramming* Das Recht der schifffahrtsrechtlichen Haftungsbeschränkung – ein Update, RdTW 2020, 4.

217 Straßburger Übereinkommen vom 27.9.2012 über die Beschränkung der Haftung in der Binnenschifffahrt (CLNI 2012) (BGBl 2016 II, 738).

218 Deutschland hat die CLNI 1988 mit Wirkung zum 1.7.2019 gekündigt. Gleichzeitig mit den CLNI 2012 trat das 2. BinHaftÄndG in Kraft, welches neben dem BinSchG auch die ZPO, die SVertO (Schifffahrtsrechtliche Verteilungsordnung), das USchadG (Umweltschadensgesetz), das HGB und das WaStrG änderte.

219 Straßburger Übereinkommen vom 4.11.1988 über die Beschränkung der Haftung in der Binnenschifffahrt (CLNI) (BGBl 1998 II, 1643).

220 Begründung der Bundesregierung zum Zustimmungsgesetz, BT-Drs 13/8220 v 15.7.1997, 22; vgl die Darstellung von *Bank* ZaöRV 1999, 941.

rufen. Am 27.9.2012 konnte auf einer diplomatischen Konferenz in Straßburg schließlich das neue Abkommen verabschiedet werden.[221] Die innerstaatliche Umsetzung erfolgte insbesondere in den §§ 4 bis 5n BinSchG. Das bereits durch die CLNI 1988 geschaffene System folgt dem Prinzip einer auf Höchstbeträge beschränkten Haftung für den Schiffseigner sowie weitere am Schiffsbetrieb beteiligte Personen. Die Durchführung der Haftungsbeschränkung in Deutschland erfolgt nach der Schifffahrtsrechtlichen Verteilungsordnung[222], nach der eine Haftungssumme in einen Fond eingezahlt und nach einem insolvenzrechtlichen Verfahren anteilig auf die Gläubiger aufgeteilt wird. Neben der Öffnung für weitere Vertragsstaaten dienten die CLNI 2012 insbesondere der Erhöhung der Haftungshöchstbeträge und einem vereinfachten Verfahren zur Änderung der Höchstbeträge.

VI. Donau-Abkommen von 1989 (Bratislava-Abkommen)

222 1989 einigten sich mehrere Schifffahrtsunternehmen auf ein Abkommen über die allgemeinen Verpachtungsbedingungen im internationalen Güterverkehr auf der Donau. Dieses hat zum Ziel, auch für die Flussschifffahrt vereinheitlichte Regeln über Frachtpapiere und die Haftung des Frachtführers zu schaffen. Diese multilaterale Vereinbarung trat zum 1.1.1990 in Kraft. Sie ist kein zwischenstaatliches Übereinkommen.

VII. Budapester Übereinkommen über den Vertrag über die Güterbeförderung in der Binnenschifffahrt (CMNI)

223 Eine Rechtsvereinheitlichung des binnenschiffsbezogenen Frachtvertragsrechts gelang den binnenschifffahrtstreibenden Nationen erst mit dem **Budapester Übereinkommen** über den Vertrag über die Güterbeförderung in der Binnenschifffahrt vom 3.12.2000 (**CMNI**).[223] Die CMNI stellt in Grundfragen des Vertragsrechts eine Rechtsvereinheitlichung dar. Sie regelt materiell- und kollisionsrechtliche Fragen des grenzüberschreitenden Frachtgeschäfts und gibt den Vertragsstaaten außerdem ein Optionsrecht für eine Anwendung der CMNI auf rein innerstaatliche Transporte (Art 31a CMNI).

224 Der **räumliche Anwendungsbereich** ist nach Art 2 CMNI schon dann eröffnet, wenn der grenzüberschreitende Transport zwischen Staaten erfolgt, von denen mindestens einer Vertragsstaat ist – also unabhängig von der Herkunft des Schiffes (Art 2 Abs 3 CMNI) und unabhängig davon, ob der Sachverhalt Bezüge zu einem anderen

---

221 Hierzu vertieft: *Ramming* Die CLNI 2012 – eine Enkelin der Mannheimer Akte in Kümper/Maurer (Hrsg) FS 150 Jahre Mannheimer Akte (2018), 157ff.

222 Gesetz über das Verfahren bei der Errichtung und Verteilung eines Fonds zur Beschränkung der Haftung in der See- und Binnenschifffahrt (Schifffahrtsrechtliche Verteilungsordnung – SVertO) v 23.3.1999 (BGBl 1999 Abs 1, 530, berichtigt BGBl 2000 Abs 1, 149), anlässlich der CLNI 2012 geändert durch Art 3 des Gesetzes vom 5.7.2016 (BGBl 2016 Abs 1, 1578).

223 CMNI/CONF (99) 2/FINAL ECE/TRANS/CMNI/CONF/2/FINAL 3.10.2000, abrufbar unter: <ccr-zkr.org/files/conventions/cmni_de.pdf>.

Vertragsstaat hat.[224] Auf dem Rhein macht sich diese Eigenschaft nach Inkrafttreten in allen Vertragsstaaten allerdings nicht bemerkbar, denn alle Rheinanliegerstaaten sind Unterzeichnerstaaten – wohl aber auf der Donau: Am 22.6.2001 wurde die CMNI gezeichnet von Belgien, Bulgarien, Deutschland, Frankreich, Kroatien, Niederlande, Portugal, Schweiz, Slowakei, Tschechien, Ungarn, ferner inzwischen von Luxemburg, Rumänien, Moldawien, Serbien, Polen und der Ukraine.[225] Von den Donauanliegerstaaten haben Deutschland, Rumänien, Bulgarien, Slowakei, Kroatien, Tschechien, Serbien, die Ukraine und Ungarn das Abkommen gezeichnet. Die CMNI wurde damit mittlerweile auch durch alle Anrainerstaaten zur Donau – außer Österreich – ratifiziert.[226] Die CMNI ist seit dem 1.4.2005 in Kraft.[227]

Die CMNI bestimmt – ebenso wie sonstiges internationales Einheitsrecht auch – 225
seinen Anwendungsbereich autonom. Danach hat das Gericht eines Staates, der die CMNI ratifiziert hat, ungeachtet der im Forumstaat geltenden kollisionsrechtlichen Vorschriften der CMNI vorrangig (gleichsam als *lex fori*) anzuwenden, wenn die in der CMNI genannten sachlichen und räumlichen Anwendungsvoraussetzungen gegeben sind, Art 2 Abs 1 CMNI. Die materiell-rechtlichen Regelungen betreffen die Rechte und Pflichten der an der Ausführung des Frachtvertrages beteiligten Personen (Art 3 bis 7, 9 und 10 CMNI), den Inhalt und die Funktion der Frachturkunden (Art 11 bis 13 CMNI), das Verfügungsrecht von Absender und Frachtführer (Art 14 und 15 CMNI), die Haftung von Absender (Art 8 CMNI), vertraglichem Frachtführer (Art 16–22, 4 Abs 2), ausführendem Frachtführer (Art 4 Abs 1 iVm Art 16–22 CMNI) und die Haftung für deren Bedienstete/Beauftragte (Art 17 Abs 1, 2 CMNI) sowie die Eigenhaftung Bediensteter und Beauftragter (Art 17 Abs 3 CMNI). Die CMNI enthält eine deutliche Hinwendung zum Haftungsrecht des international vereinbarten Seefrachtrechts der Haager-Visby-Regeln. Zwar regelt Art 16 Abs 1 CMNI offenbar die Obhutshaftung.[228] Die Haftung für Verlust oder Beschädigung des Gutes vor dem Einladen oder nach dem Ausladen bestimmt sich hingegen nach Vertragsstatut, Art 16 Abs 2 CMNI. Ein Kompromiss findet sich in der Regelung über die Möglichkeit der Haftungsfreizeichnung für nautisches Verschulden von Frachtführer oder ausführendem Frachtführer: Anders als im deutschen Seefrachtrecht bzw im niederländischen Binnenschifffahrtsrecht (Art 8:901 Abs 1 und 2 BW[229]) ist der Frachtführer für Schäden durch ein nautisches Verschulden der Schiffsbesatzung nicht *eo ipso* befreit. Die Vertragsstaaten können jedoch generell für eine Freizeichnung für solche Transporte optieren, die innerstaatliche Relationen bedienen und Relationen zwischen gleichartig optierenden Staaten, Art 32 Abs 1 CMNI. Die Parteien des Frachtvertrages haben darüber hinaus unabhängig von der vertragsstaatlichen Entscheidung für oder gegen eine Freizeichnung für nautisches Verschulden die Möglichkeit, die Haftungsfreizeichnung für nautisches Verschulden

224 Entscheidend ist freilich, dass die CMNI im Forumstaat in Kraft ist.

225 Vgl <unece.org/trans/main/sc3/sc3_cmni_legalinst.html>.

226 *Schindler/Zimmermann* Die Großschifffahrtsstraße Rhein-Main-Donau – ein Modell für Europa?, IWRZ 2019, 208/212.

227 Für Deutschland in Kraft seit dem 1.11.2007, BGBl 2007 II, 1390.

228 Eine Ausnahme besteht bei der Unabwendbarkeit von Schäden. Hier wird die Parallele zu § 426 HGB deutlich.

229 *Langendoen* Burgerlijk Wetboek: Boek 8 (2003) Kap III (Binnenvaartrecht).

vertraglich zu vereinbaren, Art 25 Abs 2 lit a CMNI.[230] Das Gleiche gilt für Schäden infolge Feuer oder Explosion an Bord, ohne Verschulden der Besatzung und ohne Schiffsmangel, Art 25 Abs 2 lit b und lit c CMNI.

226 Die Haftungshöchstbeträge entsprechen gem Art 20 Abs 1 CMNI – mit Modifikationen zum Containertransport (1.500 RE allein für den Container, 25.000 RE für die darin verstauten Güter) – den Haager-Visby-Regeln (666,67 RE/Packung oder Ladungseinheit oder 2 kg/Gewicht des beschädigten oder verlorenen Gutes, vgl auch § 504 HGB).[231] Geregelt sind ferner Schadensanzeige und Verjährung (Art 23 und 24 CMNI). Die Haftungshöchstbeträge sind über Art 20 Abs 4 CMNI einer Individualvereinbarung (über höhere Haftungshöchstbeträge oder bei höherer Wertangabe) zugänglich. Alle anderen haftungsändernden Vereinbarungen sind gemäß Art 25 Abs 1 CMNI nichtig. Nichtig sind also insbesondere Vereinbarungen, mit denen Haftungsbestimmungen des Übereinkommens ausgeschlossen, beschränkt oder verschärft werden, mit denen die Beweislast umgekehrt, Anzeige- oder Verjährungsfristen verkürzt werden oder dem Frachtführer Ansprüche aus der Versicherung abgetreten werden. Mit der Erstreckung der Haftungsbefreiungen und Haftungsgrenzen auf in der CMNI nicht mitgeregelte deliktische Ansprüche gegen den Frachtführer oder dessen Bedienstete/Beauftragte (Art 17 Abs 3, 22, CMNI) strahlt das Abkommen auf außervertragliche Haftung aus. Sachlich erfasst ist nach Art 3 Abs 2 iVm Art 6 CMNI der Transport von Hafen zu Hafen (nicht von Haus zu Haus).

227 Kollisionsrechtliches regelt die CMNI in mehrfacher Hinsicht. Nach Art 29 CMNI bestimmt sie ganz allgemein das Vertragsstatut für Frachtverträge: Soweit die CMNI bestimmte, das Frachtgeschäft betreffende Fragen nicht selbst regelt, findet ergänzend das anwendbare nationale Recht (Vertragsstatut) Anwendung, das entweder durch Rechtswahl (Abs 1) oder durch objektive Anknüpfung (Abs 2) bestimmt wird. Objektives Anknüpfungskriterium ist die engste Verbindung des Frachtvertrages zum Recht eines Staates. Dazu wird nach Abs 3 vermutet, dass der Frachtvertrag die engsten Verbindungen zu dem Staat aufweist, in dem der Frachtführer im Zeitpunkt des Vertragsschlusses seine Hauptniederlassung hat, sofern sich in diesem Staat auch der Ladehafen oder der Übernahmeort oder der Löschhafen oder der Ablieferungsort oder die Hauptniederlassung des Absenders befindet. Hilfsweise reicht unter den vorgenannten Voraussetzungen auch eine Anknüpfung an den Registrierungsort des Schiffes oder an das Flaggenrecht. Diese Regelung ähnelt den Anknüpfungen in den Art 3ff Rom-I-VO (bis 17.12.2009: Art 27, 28 Abs 4d EGBGB bzw Art 4ff EVÜ[232]). Nach Art 1 Nr 9 CMNI handelt es sich dabei immer um Sachnormverweisungen.

228 Wichtige Teile des Frachtvertragsrechts sind in der CMNI nicht geregelt: Dies sind der Abschluss des Frachtvertrages, die Haftung des Frachtführers für eine Nichtausführung des Frachtvertrages und die Rechte und Pflichten des Frachtführers bei einem

---

230 Und zwar möglicherweise weitergehend als im deutschen Recht auch durch AGB („vertragliche Bestimmungen").

231 666,67 RE für jede Packung oder andere Ladungseinheit oder 2 RE für jedes kg des in der Frachturkunde erwähnten Gewichts der verlorenen oder beschädigten Güter, je nachdem, welcher Betrag höher ist.

232 Römisches Übereinkommen über das auf vertragliche Schuldverhältnisse anzuwendende Recht v 19.6.1980 (BGBl 1986 II, 810).

vor, während oder am Ende der Reise auftretenden Beförderungs- oder Ablieferungshindernis. Ungeregelt sind die Frachten, die Dauer der Lade- und Löschzeiten, die Frage, ob und unter welchen Voraussetzungen Liegegelder zu zahlen sind, sowie Gasöl-, Gas-, Öl- und Kleinwasserzuschläge sowie Zuschläge bei Eis und bei Hochwasser. Unklar ist, was unter den nach dem Frachtvertrag geschuldeten Beträgen im Sinne von Art 6 Abs 1 CMNI zu verstehen ist.[233]

Frachtvertragsrechtliche Regelungen mit Geltung für den Binnenschiffstransport 229
finden sich in zahlreichen formellen Gesetzen der binnenschifffahrttreibenden Nationen.[234] Dazu kommen Unterschiede im deliktischen Haftungsrecht.[235] Zahlreiche inhaltliche Unterschiede der staatlich-autonomen Rechte zum Frachtvertragsrecht haben ihre Ursachen in konzeptionell unterschiedlichen Ausrichtungen der Regelwerke auf Interessen der Verlader- oder Schifferseite. In Fragen der Vertragshaftung konkurrieren außerdem noch immer seefrachtrechtliches und landfrachtrechtliches Denken miteinander.

Selbst die Musterbedingungswerke der national organisierten Schifffahrtsverbän- 230
de (die IVTB[236] des VBW, die SRTB,[237] die Transportbedingungen des CBRB[238] und eu-

---

233 Die der Diplomatischen Konferenz zur Beratung vorgelegten Protokollentwürfe zur CMNI – der Protokollentwurf Nr 1 über die Lade- und Löschzeiten und Liegegelder in der Binnenschifffahrt und der Protokollentwurf Nr 2 über die Berechnung der Frachten und Verteilung der Schifffahrtskosten in der Binnenschifffahrt – waren aus Zeitgründen ersatzlos gestrichen worden. Außerdem hatte die einhellige Auffassung bestanden, dass insoweit kein internationaler Regelungsbedarf bestehe. Dazu *Czerwenka* TranspR 2001, 277/279.

234 Deutschland: BinSchG vor 1.7.1998 und Art 407ff HGB seit 1.7.1998; VO über die Lade- und Löschzeiten sowie das Liegegeld in der Binnenschifffahrt (Lade- und Löschzeitenverordnung – BinSchLV) v 23.11.1999, BGBl 1999 I, 54, abgedruckt bei *Otte* (Hrsg), Binnenschifffahrtsrechtliche Gesetze, Bd 1 (2004); Niederlande: B.W. Kap 8, Art 770–1066, insbes Art 890–961, 990–998, aufrufbar unter: <https://wetten.overheid.nl/BWBR0005034/2019-07-01>; Wet van 18 maart 1993, houdende enige bepalingen vaninternationaal privaatrecht met betrekking tot het zeerecht, het binnenvaartrecht en het luchtrecht, Versie 1.10.1996, Art 1–7, Staatsblad 1995, 71; Staatsblad 1995, 283; Wetboek van Burgerlijke Rechtsvordering Art 571, 642a; Wet vervoer binnenvaart; vgl dazu die Zusammenstellung in: <overheid. nl/op/ index.html>; unbedeutend dagegen mittlerweile das *Wetboek van Koophandel*; Frankreich: *Code de commerce, partie législative annexe à l'ordonnance* n° 2000-912 du 18.9.2000, Art L 133-1 – 133-7; Art 189–189-10ff *Code navigation Intérieure*, in der Fassung des Gesetzes Nr 2001–43 (J.O. v 17.1. 2001); Belgien: vgl unter: <storme.be/belius.html>; Schweiz: Art 440 – 457 (iVm Art 394ff [Auftragsrecht]), Art 1153–1155 Schweizer Obligationenrecht, Bundesgesetz betreffend die Ergänzung des Schweizerischen Zivilgesetzbuches (Fünfter Teil: Obligationenrecht) v 30.3.1911 (Stand 3.6.2003) BBl 1905 II, 1; BBl 1909 III, 725, 1911 I, 845, vgl: <admin.ch/ch/d/sr/2/220.de.pdf>); Österreich: Gesetz, betreffend die privatrechtlichen Verhältnisse der Binnenschifffahrt, StF: dRGBl 868/1898, idF: BGBl Nr 10/1991 (NR: GP XVIII IA 9/A AB 23, 5. BR: AB 4004, 535.), Bundesgesetz über die Binnenschifffahrt (Schifffahrtsgesetz) StF: BGBl I, Nr 62/1997, idF: BGBl I, Nr 65/2002 (NR: GP XXI RV 772 AB 885, 83. BR: 6488 AB 6496, 682), Handelsgesetzbuch v 10.5.1897, dRGBl 219/1897 in Verordnungsrecht.

235 Vgl ausf dazu *Trost* Die Haftung des Frachtführers in der Donauschifffahrt (1999); *Herber* Transport- und Haftungsrecht in der Binnenschifffahrt (2000); *Holland* Das französische Binnenschifffahrtsrecht – Haftungsrecht als Kriterium der Kurswahl? (2003).

236 Internationale Verlade- und Transportbedingungen für die Binnenschifffahrt v 23.6.1999.

237 Schweizer Rheintransport-Bedingungen v 9.1.2002.

238 *Vervoervoorwaarden des Centraal Bureau voor de Rijn- en Binnenvaart* v 16.5.2002.

ropäische Schubbedingungen etc) weisen zum Teil erhebliche Unterschiede untereinander und vom Gesetzesrecht des jeweiligen Sitzlandes auf.

VIII. Weitere Übereinkommen[239] mit privatrechtsgestaltenden Wirkungen

231 – Europäisches Übereinkommen über die Beförderung gefährlicher Güter auf Binnenwasserstraßen (ADN), vom 26.5.2000,
- Abkommen über die Arbeitsbedingungen der Rheinschiffer,
- Regionale Vereinbarung über den Binnenschifffahrtsfunk,
- Verwaltungsvereinbarung über die gegenseitige Anerkennung der Schifferdienstbücher[240],
- Übereinkommen über die Sammlung, Abgabe und Annahme von Abfällen (CDNI),
- Übereinkommen über die Soziale Sicherheit der Rheinschiffer.[241]

G. Multimodaler Transport

232 Ein **multimodaler Transport** ist nach der in Art 1 Abs 1 des nie in Kraft getretenen UN-Übereinkommens[242] enthaltenen Legaldefinition eine Beförderung aufgrund einheitlichen Frachtvertrages zwischen Absender und Multimodalbeförderer (engl MTO)[243] mit verschiedenen Beförderungsmitteln („*modes of transport*"). Internationale Multimodaltransporte überschreiten Staatsgrenzen. Der MTO selbst kann, muss aber nicht die Beförderung des Gutes auf Einzelstrecken unternehmen. Gewöhnlich schließt er Unterfrachtverträge mit Unternehmen zur Bedienung der einzelnen Teilstrecken ab. Im Unterschied zum gebrochenen Verkehr wird beim multimodalen Transport ein für die Gesamtstrecke des Transports geltendes Transportdokument ausgestellt.

233 Deutsches Recht (§ 452 HGB) definiert den Multimodaltransport als eine Beförderung über wenigstens zwei Teilstrecken, auf denen bei Annahme hypothetisch abgeschlossener Einzelverträge über die jeweiligen Teilstrecken verschiedenes Recht

---

239 Abrufbar unter <ccr-zkr.org/12070000-de.html>.

240 Am 8.12.2010 in Straßburg zwischen der ZKR und den zuständigen Ministerien von sieben mitteleuropäischen Staaten (Bulgarien, Österreich, Polen, Rumänien, Slowakei, Tschechische Republik und Ungarn) geschlossen, Quelle: <ccr-zkr.org/files/equipagepersonnel/livretsdeservice/ArrangementLS_de.pdf> (Aufruf 9.9.2020).

241 Das Übereinkommen über die Soziale Sicherheit der Rheinschiffer wurde 1979 revidiert, trat in dieser Fassung am 1.12.1983 in Kraft und übernahm die zwischenzeitlich mit der EG-Ratsverordnung Nr 1408/71 über Wanderarbeitnehmer eingeführten Regeln; vgl <ccr-zkr.org/12050300-de.html>.

242 Das UN-Übereinkommen über die Internationale Multimodale Güterbeförderung wurde 1980 auf einer Konferenz des UNCTAD in Genf verabschiedet. Das Übereinkommen basierte auf einem vereinfachten Entwurf des UN-Übereinkommens über das Seefrachtrecht von 1978 (sog „Hamburg-Regeln"). Unter anderem aufgrund der geringen Zahl von Teilnehmern an den „Hamburg-Regeln" trat das Übereinkommen über die Internationale Multimodale Güterbeförderung nie in Kraft. Vgl hierzu *Herber* in MüKo HGB, Vor § 452, Rn 10.

243 „*Multimodal-operator*".

gelten würde.[244] Dies kann verschiedenes staatliches Recht sein. Es reicht nach der Regelung von § 452 HGB aber auch schon aus, wenn einzelne Normen des anwendbaren Transportrechtsregimes bei der einen Teilstrecke einschlägig sind, bei der anderen hingegen nicht.[245] Die Teilstreckenrechte müssen also weder völlig verschiedenstaatlich noch völlig verschieden sein. Abreden im dispositiven Bereich des Rechts werden bei dieser Beurteilung nicht berücksichtigt. Diese deutsche rechtsbezogene Sichtweise ist damit enger als die gängige verkehrsträgerbezogene Definition (unterschiedliche Transportmodi) in anderen Rechten und zwischenstaatlichen Vereinbarungen.

Für das auf den Vertrag eines multimodalen Transports anwendbare Recht sind 234
stets zwei in sich weiterdifferenzierte Ebenen auseinander zu halten: Erstens ist zu fragen nach dem auf den Multimodalvertrag selbst anwendbaren Recht (sog Vertragsstatut: Gilt Einheitsrecht oder nationales Recht?). Zweitens ist zu fragen, ob im Vertragsstatut eine Differenzierung der Ansprüche der Ladungsbeteiligten nach Teilstreckenrecht stattfindet.[246] Bei grenzüberscheitenden multimodalen Frachtverträgen bestimmt sich das auf den gesamten **Multimodalvertrag** anwendbare Recht aus deutscher Sicht nach vorrangigem Übereinkommensrecht, hilfsweise nach Art 5 ROM-I-VO.[247] Im Rahmen der ersten Frage kann dann das Vertragsstatut den Multimodalvertrag umfassend oder nur hinsichtlich einzelner Gesichtspunkte (etwa die Haftung der Ladungsbeteiligten) beherrschen. Im Rahmen der zweiten Frage lässt sich differenzieren: Entweder alle Rechtsfragen[248] unterliegen – unabhängig von jeglichem Bezug zu einer Teilstrecke – direkt bestimmten einheitlichen Regeln oder – allgemeiner – einem Recht (daher sog **Einheitsprinzip**) oder alle Rechtsfragen unterliegen dem für die (durch das Regelungsbedürfnis) betroffene Teilstrecke geltenden Recht (daher sog **Netzwerkprinzip**). In der Praxis ist kein Modell konzeptionell rein verwirklicht, es finden sich Mischsysteme unterschiedlicher Ausprägung, je nachdem, ob sich Rechtsfragen besser einheitlich oder teilstreckenspezifisch interessengerecht lösen lassen.[249] Zunehmend Verbreitung findet ein **modifiziertes Netzwerksystem**, das ausgehend vom weitreichenden Einheitsprinzip nur noch wenige Rechtsbereiche dem Netzwerkprinzip überantwortet (etwa die Frage der Haftungsbegrenzung).[250]

Auch die speziellen verkehrsträgerbezogenen **unimodalen** transportrechtlichen 235
Übereinkommen regeln Teilaspekte von Multimodalität, und zwar sachrechtlich und

244 Von „multimodalem" Transport spricht § 452 HGB selbst nicht, sondern vom „Vertrag über die Beförderung mit verschiedenartigen Beförderungsmitteln".

245 *Koller* Transportrecht (2020) § 452 HGB, Rn 15ff.

246 Wie bei § 452a HGB.

247 Der Vorrang von Völkervertragsrecht ergibt sich aus Art 3 Abs 2 EGBGB nur hinsichtlich der in ihnen enthaltenden kollisionsrechtlichen Regelungen, iÜ nach dem auf der Ebene einfachen Gesetzesrechts entwickelten allgemeinen Grundsätzen *lex posterior* und *lex specialis* zwischen transformiertem Völkervertragsrecht und Gesetzesrecht. Wegen seines beschränkten räumlich-persönlichen Anwendungsbereichs gilt der völkerrechtliche Vertrag auch gegenüber nach der Transformation geändertem Gesetzesrecht als Spezialgesetz, sein Vorrang ist also änderungsfest, vgl BGHZ 89, 325/326; *Firsching/von Hoffmann* Internationales Privatrecht, 9. Aufl (2007) Rn 75–79.

248 ZB Festlegung der Primärpflichten oder ein Haftungsereignis.

249 *Basedow* in FS Herber (1999) 15ff; ebenso *Otte* Liber Amicorum Kegel (2002) 141ff.

250 Siehe dazu und zu den Vor- und Nachteilen des Einheits- bzw Netzwerksystems ausführlich *Staub/Maurer* Handelsgesetzbuch, 5. Aufl 2020, Vor § 452, Rn 12ff.

kollisionsrechtlich. Zum Teil wirken die Regelungen verwickelt. Art 18 Abs 3 des Abkommens zur Vereinheitlichung von Regeln über die Beförderung im internationalen Luftverkehr (**WA/Haager Protokoll**/Art 18 Abs 4 Montrealer Übereinkommen[251]) etwa nimmt Anschlussstrecken außerhalb von Flughäfen (zu Lande oder zur See) von der Obhutshaftung des Luftfrachtführers aus. Eingeschlossen sind hingegen Hilfsbeförderungen (Umladung; Verteilung) auf dem Flughafengelände mit anderen Transportmitteln. Besteht nur ein Luftfrachtvertrag, werden Hilfsbeförderungen in Ausführung des Luftbeförderungsvertrages außerhalb des Flughafengeländes (Zubringerverkehr, Verladung, Ablieferung, Umladung) nach Art 18 Abs 3 S 2 WA von der Obhutshaftung in der Weise erfasst, dass bei unbekanntem Schadensort widerleglich vermutet wird, der Schaden sei während der Luftbeförderung entstanden.[252] Ist vertraglich hingegen von vornherein gemischte Beförderung vereinbart, ordnet Art 31 WA die Geltung aller Vorschriften des WA nur für die Luftbeförderung an. Die Vermutungsregel des Art 18 Abs 3 S 2 WA ist dann nicht anwendbar.[253] Bei unbekanntem Schadensort strahlt das WA also nicht aus. Die Anschlussstrecken unterliegen folglich mangels kollisionsrechtlicher Übereinkommen dem Recht, auf das autonomes Kollisionsrecht verweist. Diesem Recht sind dann die Regeln über den Umgang mit nicht lokalisierbaren Schäden zu entnehmen.[254]

236 Nach Art 2 S 1 des Übereinkommens über den Beförderungsvertrag im internationalen Straßengüterverkehr (**CMR**) ist das Abkommen anwendbar auf alle Teilstrecken des Lkw auf dem See-, Binnenwasser-, Eisenbahn- oder Luftweg, wenn das Gut vom Auflieger, Trailer oder Sattelschlepper nicht umgeladen wird (Huckepack-Transport; Ausnahme: Beförderungshindernis, Art 14 CMR).[255] Nach Art 2 Abs 1 S 2 CMR ist bei nachweisbarem Schaden während und aufgrund der Huckepack-Teilstreckenbeförderung auf die Haftung des Straßenfrachtführers das Recht anwendbar, das für einen (hypothetischen) direkten Vertrag zwischen Absender und Frachtführer des Trägerfahrzeugs (als Unterfrachtführer) zwingend gegolten hätte. Die Vorschrift soll zum einen vermeiden, dass bei Einschaltung eines Unterfrachtführers die Haftung des Straßenfrachtführers gegenüber dem Absender diejenige des Unterfrachtführers gegenüber dem Straßenfrachtführer übersteigt. Gleichzeitig soll der Straßenfrachtführer dem Absender aber auch nicht mildere Haftungsvereinbarungen (Beschränkungen; Freizeichnungen) mit dem Unterfrachtführer entgegenhalten können. Gilt im Unterfrachtvertrag daher nur dispositives Recht (etwa in der Binnenschifffahrt), bleibt es bei

251 Art 18 Abs 4 S 2 des Übereinkommens zur Vereinheitlichung bestimmter Vorschriften über die Beförderung im internationalen Luftverkehr (Montrealer Übereinkommen) v 18.5.1999 erweitert die Haftung wie folgt: Ersetzt der Luftfrachtführer ohne Zustimmung des Absenders die vereinbarte Luftbeförderung durch ein anderes Beförderungsmittel, so gilt diese als innerhalb des Zeitraums der Luftbeförderung ausgeführt.

252 Näher *Mast* Der multimodale Frachtvertrag nach deutschem Recht (2002) 114.

253 *Kronke* in MüKo, Aktualisierungsband 7a (2000) Art 18 WA 1955, Rn 8/32; *Giemulla/Schmid* Europäisches Luftverkehrsrecht (Stand 2002) Art 31WA, Rn 1; *Basedow* (Fn 203) 15–33; *Mast* (Fn 252) 113; *Otte* (Fn 249) 141ff; aA *Zuellig* Der Combined Transport Vertrag im schweizerischen Recht (1983) 53ff.

254 Ebenso *Basedow* (Fn 203) 15/34; vgl auch *Otte* (Fn 249) 141ff.

255 In der Praxis steht beim multimodalen Überseetransport nur Art 2 CMR im Vordergrund, vgl *Herber* TranspR (2001) 101/102.

der CMR-Haftung des Straßenfrachtführers gegenüber dem Absender.[256] CMR als Mindeststandard und zwingendes Teilstreckenrecht als Höchstmaß bilden hier folglich einen Haftungskorridor. Bei unbekanntem Schadensort gilt die CMR. War Umladung erfolgt und die CMR auf den Teilstrecken folglich nicht anwendbar, ist das kollisionsrechtlich bestimmte Teilstreckenrecht anzuwenden.

Vereinzelte Multimodalvorschriften (Eisenbahnrecht auf definierten Linien, etwa **237**
Bahnen auf Schiffen) finden sich auch in Art 2 (2) und in Art 3 (3) des Übereinkommens über den internationalen Eisenbahnverkehr (**COTIF**), und in Art 48 der Einheitlichen Rechtsvorschriften für den Vertrag über die internationale Eisenbahnbeförderung von Gütern (ER/CIM).

256 Näher *Mast* (Fn 252) 117ff.

§ 9
Internationales Investitionsschutzrecht

August Reinisch

Gliederung **Rn**

Schrifttum

Bishop/Crawford/Reisman Foreign Investment Disputes: Cases, Materials and Commentary, 2. Aufl (2014); *Brown* (Hrsg) Commentaries on Selected Model Investment Treaties (2013); *Bungenberg/Griebel/Hobe/Reinisch* (Hrsg) International Investment Law: A Handbook (2015); *Collins* An Introduction to International Investment Law (2016); *Dolzer* Eigentum, Enteignung und Entschädigung im geltenden Völkerrecht (1985); *Dolzer/Schreuer* Principles of International Investment Law, 2. Aufl (2012); *Higgins* The Taking of Foreign Property by the State, RdC 176 (1982) 259; *Horn/Kröll* (Hrsg) Arbitrating Foreign Investment Disputes: Procedural and Substantive Legal Aspects (2004); *Kinnear/Fischer/Minguez Almeida/Fernanda Torres/Uran Bidegain* (Hrsg) Building International Investment Law: The First 50 Years of ICSID (2015); *Krajewski/Hoffmann* (Hrsg) Research Handbook on Foreign Direct Investment (2019); *Leben* La théorie du contrat d'état et l'évolution du droit international des investissements, RdC 302 (2003) 197; *Lim/Ho/Paparinskis* International Investment Law and Arbitration: Commentary, Awards and Other Materials (2018); *Lowenfeld* International Economic Law, 2. Aufl (2008); *Muchlinski* Multinational Enterprises and the Law, 3. Aufl (2021); *ders/Ortino/Schreuer* (Hrsg) The Oxford Handbook of

https://doi.org/10.1515/9783110630718-009

International Investment Law (2008); *Nadakavukaren Schefer* International Investment Law: Text, Cases and Materials, 3. Aufl (2020); *Newcombe/Paradell* Law and Practice of Investment Treaties: Standards of Treatment (2009); *Ortino* The Origin and Evolution of Investment Treaty Standards (2019); *Paparinskis* The International Minimum Standard and Fair and Equitable Treatment (2011); *Reinisch* (Hrsg) Standards of Investment Protection (2008); *Reinisch/Schreuer* International Protection of Investments: The Substantive Standards (2020); *Reinisch* Advanced Introduction to International Investment Law (2020); *ders/Knahr* (Hrsg) International Investment Law in Context (2008); *Rubins/Kinsella* International Investment, Political Risk and Dispute Resolution (2005); *Salacuse* The Law of Investment Treaties, 3. Aufl (2021); *Sauvant* (Hrsg) Yearbook on International Investment Law & Policy 2010–2011 (2012); *Schill* (Hrsg) International Investment Law and Comparative Public Law (2010); *Sornarajah* The International Law on Foreign Investment, 5. Aufl (2021); *Tietje* (Hrsg) International Investment Protection and Arbitration – Theoretical and Practical Perspectives (2008); *Tudor* The Fair and Equitable Treatment Standard in the International Law of Foreign Investment (2008); *Vandevelde* United States Investment Treaties: Policy and Practice (1992); *Weiler* (Hrsg) International Investment Law and Arbitration: Leading Cases from the ICSID, NAFTA, Bilateral Treaties and Customary International Law (2005); *Yannaca-Small* (Hrsg) Arbitration Under International Investment Agreements, 2. Aufl (2018).

A. Wirtschaftlicher und politischer Hintergrund

Die verstärkte wirtschaftliche **Interdependenz** der Staaten und der Trend zur **Globalisierung** machen sich zu Beginn des 21. Jahrhunderts nicht nur im Bereich des Welthandels, sondern auch bei Auslandsinvestitionen bemerkbar. Diese Entwicklung geht Hand in Hand mit der steigenden Bedeutung von transnationalen bzw multinationalen Unternehmen, die als wichtige nicht-staatliche Akteure „an der Schwelle" zur Völkerrechtssubjektivität stehen.[1] 1

Das Investitionsrecht ist auch im Kontext politischer Entwicklungen zu sehen, da es in beachtlichem Maße die ideologischen Auseinandersetzungen des 20. Jahrhunderts reflektiert. Dazu gehört ua die revolutionäre *Nationalisierungswelle* der Jahre nach dem 1. Weltkrieg in der UdSSR und in Mexiko. Dabei handelte es sich um **Verstaatlichungen** auch ausländischer Investitionen zu Zwecken der Sozialisierung des Produktionskapitals bzw als Instrument der Landreform.[2] 2

Auch nach dem 2. Weltkrieg blieb die Behandlung ausländischer Investitionen ein politisch kontroverses Thema. Parallel zur Erlangung ihrer politischen Unabhängigkeit im Zuge der *Dekolonisierung* herrschte in vielen Entwicklungsländern eine Tendenz zur Gewinnung staatlicher Kontrolle über Auslandsinvestitionen insb im Rohstoffbereich vor. Die in diesem Zusammenhang verfügten Enteignungen befassten bis in die 1970er und 1980er Jahre zahlreiche internationale Schiedsgerichte.[3] Darüber hinaus brachte der Drang nach wirtschaftlicher Selbstbestimmung in vielen Staaten auch eine restriktive Zugangspolitik und eine starke Regulierung von Auslandsinvestitionen mit sich, welche sich in zahlreichen nationalen Investitionskodizes niederschlugen.[4] 3

1 Vgl → *Nowrot* § 2 Rn 1, 30ff.
2 *Lowenfeld* 469ff.
3 Vgl die Erdölkonzessionstreitigkeiten u Rn 63.
4 S u Rn 24.

4 Rechtlichen Ausdruck fand diese weitgehend kontrovers geführte Debatte ua in der Diskussion um die Gestaltung einer **Neuen Internationalen Wirtschaftsordnung** (NIWO) in den 1960er und 1970er Jahren. Im Rahmen der *United Nations Conference on Trade and Development* (UNCTAD), der *United Nations Industrial Development Organization* (UNIDO), aber vor allem auch der Generalversammlung der Vereinten Nationen wurden umfassende Resolutionen dazu verabschiedet.[5] Die politische Kontroverse entzündete sich vor allem an einer der Kernfragen des Investitionsrechts, nämlich der **Zulässigkeit von Enteignungen** sowie dem Erfordernis und der Höhe der dabei geschuldeten **Entschädigung.**[6]

5 Zu einer Trendwende kam es in den 1980er Jahren, als die NIWO am Widerstand der (westlichen) OECD-Staaten gescheitert war, und die Bedeutung ausländischer Investitionen für die wirtschaftliche Entwicklung einer Volkswirtschaft von vielen Entwicklungsländern anerkannt wurde. Die Konfrontationshaltung wurde durch liberalere nationale Politiken abgelöst, die nun weitgehend versuchten, ein *attraktives Investitionsklima* zu schaffen. Dazu zählen häufig in bilateralen Investitionsverträgen (BITs)[7] vereinbarte Marktzugangsmöglichkeiten für ausländische Investoren sowie deren Schutz durch hohe Eigentumsstandards und durch die Möglichkeit internationaler Streitbeilegung.

6 Hier zeigt sich eine klare Parallele zur Handelsliberalisierung im Zuge der GATT-Reformen durch die Uruguay-Runde[8] und zu den Öffnungs- und Privatisierungstendenzen, welche die Weltbank und der Internationale Währungsfonds ihren Mitgliedern zur Strukturreform verschreiben.[9]

7 Mit dem Inkrafttreten des Lissabonner Vertrags 2009 und der Erweiterung der Gemeinsamen Handelspolitik um ausländische Direktinvestitionen wurde die EU zum eigenständigen Akteur des internationalen Investitionsrechts.[10] Die Verhandlungen über Investitionskapitel in Freihandelsabkommen der EU (etwa im CETA mit Kanada) und in einem geplanten Transatlantischen Handels- und Investitionsabkommen (TTIP) mit den USA haben zu einer auch öffentlich sehr kontrovers geführten Debatte über den Sinn des Investitionsschutzes und vor allem der Investitionsschiedsgerichtsbarkeit zwischen OECD-Staaten geführt. Der Widerstand einiger NGOs (*Greenpeace*, *Attac* ua) erinnert an die Anti-Globalisierungsbewegung der 1990er Jahre, die vor allem gegen die WTO gerichtet war. Mittlerweile wurden die CETA-Verhandlungen erfolgreich abgeschlossen. Dessen Investitionskapitel enthält zahlreiche Änderungen gegenüber traditionellen Investitionsschutzabkommen, sowohl in der Form eines materiell abgeschwächten Investorenschutzes,[11] als auch einer grundlegenden Reform der Streitbeilegung hin zu einem quasi-permanenten Investitionsgerichtssystem mit Berufungsinstanz.[12]

---

5 S hierzu auch → *Tietje* § 1 Rn 53f.
6 S u Rn 65ff.
7 S u Rn 13.
8 S → *Tietje* § 4 Rn 7.
9 S → *Schlemmer-Schulte/Pohlmann* § 10 Rn 57ff.
10 S u Rn 16.
11 S u Rn 47/81.
12 S → *Reinisch* § 21 Rn 51f.

B. Rechtsquellen

Die oben geschilderte Entwicklung der grundsätzlichen Haltung(en) der Staatengemeinschaft zu Fragen der Auslandsinvestitionen findet ihren Niederschlag in den rechtlichen Instrumenten des Investitionsrechts, wobei eine oftmals verwirrende Gemengelage unterschiedlicher Rechtsquellen vorliegt.[13] Es ist daher durchaus zutreffend, das internationale Investitionsrecht als typisches Beispiel des modernen **transnationalen Rechts**, das aus Elementen des klassischen Völkerrechts, des innerstaatlichen Rechts sowie allgemeiner Handelsprinzipien besteht, anzusehen.[14] 8

Historisch gesehen stammen zahlreiche Grundprinzipien des Investitionsrechts aus dem sog **Fremdenrecht**, welches generelle völker(-gewohnheits-)rechtliche Verhaltenspflichten der Staaten gegenüber Ausländern enthält. Dazu zählen ua Fragen des Aufenthaltsrechts und des Eigentumsschutzes sowie des Rechtsschutzes für Ausländer. In der Konkretisierung der Verpflichtung der Staaten zur Respektierung insb des Eigentums von Ausländern durch zahlreiche Schiedssprüche seit Ende des 19. Jahrhunderts finden sich die Grundlagen des modernen Investitionsrechts. 9

Damit zusammenhängend bildet auch der Bereich der **Staatenverantwortlichkeit** eine wichtige Quelle investitionsrechtlicher Prinzipien. Dazu zählen insb Fragen der Zurechnung des Handelns dezentraler Organe, Rechtfertigungsgründe wie Notstand und die Grundsätze der Geltendmachung von Staatenverantwortlichkeit, etwa durch die Ausübung diplomatischen Schutzes.[15] 10

I. Verträge

Vor allem in Hinblick auf die darin vorgesehene Streitbeilegungsmöglichkeit durch eine gemischte Schiedskommission, welche die Geltendmachung von Ansprüchen britischer Staatsangehöriger gegen die USA und amerikanischer Staatsangehöriger gegen das Vereinigte Königreich vorsah, kommt dem sog *Jay Treaty* von 1794[16] eine wichtige Vorbildfunktion für spätere Investitionsverträge zu. Nach diesem Modell, bzw nach dem Vorbild eines Handelsvertrags mit Frankreich,[17] haben die USA im Laufe des 19. Jahrhunderts zahlreiche bilaterale **Freundschafts-, Handels- und Schifffahrtsabkommen** (*Friendship, Commerce and Navigation Treaties = FCN Treaties*) abgeschlossen.[18] Sie enthielten Meistbegünstigungs- und Inländergleichbehandlungsklauseln, die – in heutiger Diktion – auch Investitionen betrafen. 11

13 Allgem zu den Rechtsquellen des Internationalen Wirtschaftsrechts → *Nowrot* § 2 Rn 44ff.

14 Vgl *Jessup* Transnational Law (1956); *Friedmann/Henkin/Lissitzyn* (Hrsg) Transnational Law in a Changing Society – Essays in Honor of Philip C. Jessup (1972); *Tietje* ZvglRWiss 101 (2002) 404ff.

15 Vgl auch den ursprünglichen ILC-Entwurf zur Staatenverantwortlichkeit durch *Garcia-Amador*, der sich im Wesentlichen auf fremdenrechtliche Probleme des Eigentumsschutzes konzentrierte, UN Doc A/CN.4/80. S a *Garcia-Amador/Sohn/Baxter* Recent Codification of the Law of State Responsibility for Injuries to Aliens (1974).

16 Treaty of Amity, Commerce and Navigation v 19.11.1794, 8 Stat 116 (1794).

17 Treaty of Amity and Commerce v 6.2.1778: <avalon.law.yale.edu/18th_century/fr1788-1.asp>.

18 Vgl *Vandevelde* United States Investment Treaties; *Paulus* Treaties of Friendship, Commerce and Navigation, in Bernhardt (Hrsg) MPEPIL 9 (2012) 1141.

12 Einzelne investitionsrelevante Bereiche finden sich sogar in den Ergebnissen der *Haager Friedenskonferenzen* von 1899 und 1907. So sah etwa die *Drago-Porter Konvention* vom 18.10.1907 ein teilweises Verbot der gewaltsamen Eintreibung von „Vertragsschulden, die bei der Regierung eines Landes von der Regierung eines anderen Landes für deren Angehörige eingefordert werden", vor.[19] Da das klassische Völkerrecht vor dem 1. Weltkrieg kein allgemeines Kriegs- oder Gewaltverbot kannte, kam es immer wieder zur auch gewaltsam-militärischen Ausübung des **diplomatischen Schutzrechts** zugunsten eigener Staatsangehöriger. Die *Drago-Porter Konvention* zielte auf die Beseitigung dieser von zahlreichen europäischen Mächten vor allem gegenüber lateinamerikanischen Staaten ausgeübten sog *Kanonenbootpolitik* ab.[20]

13 Seit den 1960er Jahren sind **bilaterale Investitionsschutzabkommen**[21] die wichtigsten einschlägigen völkerrechtlichen Verträge. Meist wird das *deutsch-pakistanische Abkommen* aus dem Jahr 1959[22] als Beginn der BIT-Ära angesehen. Wurden BITs ursprünglich vor allem zwischen OECD-Staaten einerseits und Entwicklungsländern, später auch sozialistischen Staaten und dann Transformationsländern, andererseits geschlossen, so gibt es heute eine steigende Anzahl von BITs auch zwischen Entwicklungsländern. Derzeit existieren fast 3000 dieser weitgehend standardisierten Verträge.[23] Darüber hinaus haben viele Staaten eigene Modellabkommen entwickelt, die sie ihren Vertragsverhandlungen zugrunde legen.[24] Ein BIT enthält normalerweise Regelungen in folgenden Bereichen: Zulassung von Investitionen, Behandlungsstandards, Geldtransfer, Enteignungsschutz einschließlich Entschädigungsstandards, sowie Streitbeilegungsvorschriften.[25] Neben BITs enthalten auch bilaterale und multilaterale Freihandelsabkommen (Free Trade Agreements) investitionsbezogene Bestimmungen, die häufig in eigenen Investitionskapiteln zusammengefasst sind.

19 Art 1 des II. Haager Übereinkommens betreffend die Beschränkung der Anwendung von Gewalt bei der Eintreibung von Vertragsschulden v 18.10.1907, AJIL Supp 2 (1908) 81.

20 Das Recht auf gewaltsame Schuldeneintreibung lebte allerdings auch nach der *Drago-Porter-Konvention* dann wieder auf, wenn sich der Schuldnerstaat weigerte, sich einem Schiedsverfahren zu unterwerfen oder einem Schiedsspruch nachzukommen.

21 Vgl *Dolzer/Stevens* Bilateral Investment Treaties; *Johnson Jr/Gimblett* From Gunboats to BITs: The Evolution of Modern International Investment Law, in Sauvant (Hrsg) YB Intl Invest L & Poly 2010–2011 (2012) 649.

22 Vertrag zur Förderung und zum Schutz von Kapitalanlagen zwischen der Bundesrepublik Deutschland und Pakistan v 25.11.1959, BGBl 1961 II, 793.

23 Geltende BITs können auf der von UNCTAD betriebenen Seite <investmentpolicy.unctad.org/international-investment-agreements> gefunden werden.

24 Vgl zB den deutschen Mustervertrag über die Förderung und den gegenseitigen Schutz von Kapitalanlagen des Bundesministeriums für Wirtschaft und Technologie in der Fassung von 2005 und 2008, abgedruckt in *Konrad* German Model Bilateral Investment Treaties (2005 and 2008) in 4 World Arbitration Reporter (2010) 54ff; der österreichische Mustervertag 2008 ('Agreement for the Promotion and Protection of Investment between the Republic of Austria and [...]') ist abgedruckt in Austrian Review of International and European Law 13 (2008) 143ff; die Schweiz verwendet keinen eigenen Mustervertag, viele Verträge gleichen aber dem Swiss Draft Agreement, 1986/1995, abgedruckt in UNCTAD Compendium of International Investment Instruments, Vol III (1996) 177. S a *Brown* (Hrsg) Commentaries on Selected Model Investment Treaties (2013).

25 S hierzu u Rn 34ff.

Investitionsrechtliche Fragen sind auch auf **multilateraler** Ebene geregelt, sei es regional – wie etwa im *Chapter 11* des *North American Free Trade Agreements* (NAFTA) des Jahres 1992[26] zwischen Kanada, Mexiko und den USA – oder sektoral – wie etwa im *Energy Charter Treaty* von 1994.[27] 14

Der Versuch einer umfassenderen multilateralen Regelung ist zuletzt im Rahmen der OECD mit den 1998 abgebrochenen Verhandlungen über ein *Multilaterales Abkommen über Investitionen* (MAI)[28] gescheitert. Dass solche innerhalb der WTO wieder aufgenommen werden, erscheint daher unwahrscheinlich. Im Rahmen der WTO dient das *Übereinkommen über handelsbezogene Investitionsmaßnahmen* (TRIMs) aus dem Jahr 1994[29] der Vermeidung von handelsverzerrenden Investitionsmaßnahmen. Auch das *WTO-Übereinkommen über den Handel mit Dienstleistungen* (GATS)[30] enthält mit seinen Bestimmungen über die grenzüberschreitende Dienstleistungserbringung in Form geschäftlicher Niederlassungen – was weitgehend dem Begriff der Direktinvestition entspricht – investitionsrechtlich relevante Verpflichtungen.[31] 15

Mit der **Erweiterung der Kompetenzen der EU** im Rahmen der Gemeinsamen Handelspolitik[32] um den Abschluss von Verträgen im Bereich von ausländischen Direktinvestitionen durch den Vertrag von Lissabon[33] tritt die EU als wichtiger Akteur bei der Gestaltung bilateraler Investitionsverträge bzw von Investitionskapiteln in Freihandelsabkommen auf. Weil die neue EU-Investitionskompetenz – im Gegensatz zum weiten Investitionsbegriff moderner BITs[34] – ausdrücklich auf Direktinvestitionen beschränkt ist, werden EU-Investitionsverträge als gemischte Abkommen geschlossen.[35] Ebenso bedeutet die Aufnahme von Bestimmungen zur Streitbeilegung zwischen Investoren und Staaten, dass der Abschluss von Investitionsverträgen nicht in die ausschließliche Zuständigkeit der EU fallen kann.[36] Solche EU-Investitionskapitel, wie sie im CETA sowie in den Verträgen mit Vietnam und Singapur zu finden sind, ersetzen die bisherigen BITs der EU-Mitgliedstaaten. Während einer Übergangszeit sind die Mitgliedstaaten jedoch ermächtigt, bestehende BITs weiteranzuwenden bzw 16

---

26 North American Free Trade Agreement between the Government of Canada, the Government of the United Mexican States and the Government of the United States of America v 17.12.1992, ILM 32 (1993) 289. NAFTA wurde 2020 durch das United States-Mexico-Canada Agreement (USMCA) ersetzt, dessen Investitionsschutzkapitel (Chapter 14) im Vergleich zur NAFTA sehr abgeschwächt wurde.

27 Energy Charter Treaty, Annex 1 to the Final Act of the European Energy Charter Treaty Conference, 17.12.1994, ILM 34 (1995) 381.

28 OECD, *MAI Negotiating Text* Final Version v 24.4.1998, DAFFE/MAI(98)7/REV1, 11: <oecd.org/daf/mai/pdf/ng/ng987r1e.pdf>. Vgl a *Böhmer* GYIL 41 (1998) 267ff; *Karl* RIW 44 (1998) 432ff.

29 WTO, Agreement on Trade-Related Investment Measures v 15.4.1994 in *Tietje* (Hrsg) Welthandelsorganisation 6. Aufl (2020) 152.

30 WTO, General Agreement on Trade in Services v 15.4.1994 in *Tietje* (Hrsg) Welthandelsorganisation 6. Aufl (2020) 271; vgl hierzu → *Weiss* § 5 Rn 1ff.

31 S → *Weiss* § 5 Rn 14f; u → *Tietje* § 4 Rn 139.

32 S → *Tietje* § 18 Rn 22ff.

33 Art 207 Abs 1 und Abs 4 AEUV.

34 S hierzu u Rn 30ff.

35 Vgl Gutachten 2/15 („Singapur-Gutachten"), EuGH, Gutachten v 16.5.2017, ECLI:EU:C:2017:376, Rn 225–244.

36 *Ibid* Rn 285–293.

sogar neue abzuschließen.[37] Besonders kontrovers war und ist das Schicksal bestehender BITs zwischen EU-Mitgliedstaaten (so genannte **Intra-EU-BITs**). Nach Auffassung einiger Mitgliedstaaten sollen sie durch den EU-Beitritt gemäß Artikel 59 WVRK hinfällig geworden sein, da sie frühere Verträge zwischen denselben Vertragsparteien über denselben Gegenstand seien, deren Bestimmungen in solchem Maße miteinander unvereinbar wären, dass eine gleichzeitige Anwendung unmöglich wäre. Die bisherige Praxis von Investitionsschiedsgerichten ist jedoch der gegenteiligen Auffassung gefolgt, wonach die Investitionsschutzstandards in BITs und die Liberalisierungsbestimmungen des EGV (jetzt AEUV) nicht denselben Gegenstand zum Inhalt hätten und auch nicht miteinander unvereinbar wären.[38] Mittlerweile hat der EuGH in der Rechtssache *Achmea*[39] entschieden, dass auf **Intra-EU-BITs** basierende Schiedsgerichte mangels Vorlagebefugnis an den EuGH das Auslegungsmonopol desselben im Hinblick auf EU-Recht gefährden und daher mit den Grundsätzen des Europarechts unvereinbar sind. In weiterer Folge haben die EU-Mitgliedstaaten erklärt, dass aus dieser EU-Rechtswidrigkeit folge, dass **Intra-EU-BITs** keine gültige Zustimmung zu Investitionsschiedsverfahren verleihen können[40] und im Mai 2020 hat ein Großteil der EU-Mitgliedstaaten einen **Vertrag zur Beendigung der Intra-EU-BITs geschlossen.**[41]

II. Völkergewohnheitsrecht

17 Völkergewohnheitsrecht ist im Bereich des **Eigentumsschutzes** und des **Entschädigungsrechts**,[42] das sich vor allem aus dem Fremdenrecht herausgebildet hat, von großer Bedeutung. Das Gleiche gilt für die völkergewohnheitsrechtlich erforderlichen Behandlungsstandards.[43]

---

37 Verordnung (EU) Nr 1219/2012 des Europäischen Parlaments und des Rates vom 12. Dezember 2012 zur Einführung einer Übergangsregelung für bilaterale Investitionsschutzabkommen zwischen Mitgliedstaaten und Drittländern, ABl Nr L 351, 40.

38 *Eastern Sugar BV v Czech Republic* SCC Case No 088/2004, Partial Award v 27.3.2007; *Eureko BV v The Slovak Republic* PCA Case No 2008-13, UNCITRAL Award on Jurisdiction, Arbitrability and Suspension v 26.10.2010; *Electrabel S.A. v Republic of Hungary* ICSID Case No. ARB/07/19, Decision on Jurisdiction, Applicable Law and Liability v 30.11.2012; *European American Investment Bank AG v The Slovak Republic* PCA Case No. 2010-17, Award on Jurisdiction v 22.10.2012; *Marfin Investment Group v The Republic of Cyprus* ICSID Case No. ARB/13/27, Award v 26.7.2018; *UP and C.D Holding Internationale v Hungary* ICSID Case No. ARB/13/35, Award v 9.10.2018; *United Utilities (Tallinn) B.V. and Aktsiaselts Tallinna Vesi v Republic of Estonia* ICSID Case No. ARB/14/24, Award v 21.6.2019; *Addiko Bank AG and Addiko Bank d.d. v Republic of Croatia* ICSID Case No. ARB/17/37, Decision on Croatia's Jurisdictional Objection Related to the Alleged Incompatibility of the BIT with the *EU Acquis* v 12.6.2020.

39 *Slowakische Republik v Achmea BV*, EuGH C-284/16, Urteil v 6.3.2018, ECLI:EU:C:2018:158.

40 Declaration of the Member States on 15 January 2019 on the legal consequences of the *Achmea* judgment and on investment protection, <ec.europa.eu/info/publications/190117-bilateral-investment-treaties_en>.

41 Übereinkommen zur Beendigung bilateraler Investitionsschutzverträge zwischen den Mitgliedstaaten der Europäischen Union, 29.05.2020, ABl Nr L 169, 1.

42 S u Rn 58ff.

43 S u Rn 41ff.

In diesem Zusammenhang stellt sich regelmäßig das generelle völkerrechtsquellentheoretische Problem, welche Bedeutung vertragsrechtliche Regelungen für den Inhalt von Gewohnheitsrecht haben können, insb, ob etwa die hohen Behandlungsstandards und Schutzgarantien der BITs als Indiz für entsprechende völkergewohnheitsrechtliche Normen oder eher als Beweis für das Vorliegen von gegenteiligem Völkergewohnheitsrecht zu werten sind.[44] 18

Die Bedeutung von Völkergewohnheitsrecht beschränkt sich nicht auf Rechtsverhältnisse im vertragslosen Bereich. Zahlreiche Investitionsverträge enthalten entweder ausdrückliche oder als solche interpretierte Verweise auf gewohnheitsrechtliche Standards.[45] Auch im Bereich der Rechtfertigungsmöglichkeit für Verletzungen von BIT Standards etwa durch Staatsnotstand spielt das Völkergewohnheitsrecht in der Praxis eine wichtige Rolle.[46] Darüber hinaus darf die Bedeutung des Völkergewohnheitsrechts für die Auslegung von Vertragsbestimmungen nicht unterschätzt werden. Ähnlich wie WTO-Panels[47] haben Investitionsschiedsgerichte betont, dass BITs und andere Investitionsverträge nicht in klinischer Isolation vom allgemeinen Völkerrecht gesehen werden sollen, und im Bereich der Vertragsinterpretation eine systemische Integration von Völkergewohnheitsrecht zugelassen.[48] 19

III. Allgemeine Rechtsgrundsätze

Allgemeine Rechtsgrundsätze iSv Art 38 Abs 1 lit c IGH Statut werden in der Schiedspraxis häufig zur Ausfüllung allgemeiner und interpretationsbedürftiger Bestimmungen, die sich in den einschlägigen völkerrechtlichen Verträgen finden, herangezogen.[49] Neben ICSID-Schiedstribunalen[50] hat vor allem das *Iran-US Claims Tribunal*[51] 20

---

44 S a IGH, ICJ Rep 1969, 1 – *Nordsee-Kontinentalsockel*. Vgl dazu allgem *Baxter* RdC 129 (1970) 25.

45 S u Rn 50.

46 S u Rn 86ff.

47 WTO, *US –Gasoline*, App. Body v 29.4.1996, WT/DS2/AB/R, 18.

48 Vgl *Phoenix Action Ltd. v Czech Republic* ICSID Case No ARB/06/5, Award v 15.4.2009, Rz 78 („It is evident to the Tribunal that the same holds true in international investment law and that the ICSID Convention's jurisdictional requirements – as well as those of the BIT – cannot be read and interpreted in isolation from public international law, and its general principles."); *Accession Mezzanine Capital L.P. and Danubius Kereskedohaz Vagyonkezelo v Republic of Hungary* ICSID Case No. ARB/12/3, Decision on Respondents Objection under Arbitration Rule 41(5) v 16.1.2013, Rz 68 („It is true that BITs have become the most reliable source of law in this area [...]. But that is not inconsistent with the continuing relevance of customary and general principles of international law, at least as to BIT obligations that are silent as to scope and content [...].").

49 So unter ausdrücklichem Verweis auf Art 38 Abs 1 lit c StIGH Statut schon *Lena Goldfields Arbitration (Lena Goldfields Company Ltd. v Soviet Union)*, Final Award v 2.9.1930, Cornell Law Quarterly 36 (1959) 42.

50 Vgl *Amco Asia Corp v Indonesia* ICSID Case No ARB/81/1, Final Award v 21.11.1984, ILM 24 (1985) 1022/1036 (volle Entschädigung bei Enteignungen als allgemeiner Rechtsgrundsatz); *Inceysa Vallisoletana S.L. v El Salvador* ICSID Case No ARB/03/26, Award v 2. 8. 2006 (der allgemeine Rechtsgrundsatz *nemo auditur propriam turpitudinem allegans* impliziert, dass eine durch Betrug erzielte Vergabeentscheidung zugunsten eines ausländischen Investors rechtwidrig ist und daher nicht dem Schutz des anwendbaren BITs unterliegt).

51 S → *Reinisch* § 21 Rn 26.

in einigen Investitionsstreitigkeiten zwischen amerikanischen Staatsangehörigen und dem Iran auf international anerkannte Rechtsgrundsätze zurückgegriffen.[52]

IV. Soft Law

21 Zahlreiche internationale Organisationen (zB UNO, Weltbank, OECD) haben investitionsrelevante, nicht verbindliche **Verhaltenskodizes** und **Richtlinien** verabschiedet.[53] Diese regeln häufig nicht bloß die Pflichten der Gaststaaten von Investoren, sondern auch Verpflichtungen der Investoren selbst, wie etwa die Enthaltung von politischer Einflussnahme im Gaststaat, das Verbot von Bestechung, die Respektierung umwelt- und menschenrechtlicher Mindeststandards etc. Besonders erwähnenswert sind in diesem Zusammenhang die *Richtlinien der Weltbank über die Behandlung von ausländischen Direktinvestitionen* aus 1992,[54] die *OECD Richtlinien für multinationale Unternehmen* aus 1976,[55] welche zuletzt 2011 revidiert wurden,[56] oder die *ILO Prinzipienerklärung* aus 1977,[57] die ebenfalls bereits mehrfach überarbeitet wurde.[58]

22 Unter dem Begriff der **Corporate Social Responsibility** hat diese Debatte in den letzten Jahren wieder an Aktualität gewonnen und führte dazu, dass sich zahlreiche multinationale bzw transnationale Unternehmen – nicht zuletzt aufgrund der Kritik von NGOs und der Drohung mit Konsumentenboykotten – eigene, freiwillige Verhaltenskodizes gegeben haben.[59] Diese Kodizes enthalten oft eine ganze Reihe von Selbstverpflichtungen, die von arbeitsrechtlichen Mindeststandards, Umweltschutzpflichten bis zur Achtung von Menschenrechten reichen.[60] Auch der beim Weltwirtschaftsforum in Davos 1999 von UNO-Generalsekretär *Kofi Annan* proklamierte *Global*

52 Art V der Streitbeilegungsvereinbarung von Algier, Claims Settlement Declaration of Algiers v 19.1.1981, ILM 20 (1981) 230, enthält eine ausdrückliche Ermächtigung, die anwendbaren Prinzipien des Handelsrechts heranzuziehen: „The Tribunal shall decide all cases on the basis of respect for law, applying such choice of law rules and principles of commercial and international law as the Tribunal determines to be applicable, taking into account relevant usages of the trade, contract provisions and changed circumstances." Vgl auch *Crook* AJIL 83 (1989) 278.

53 Vgl hierzu sowie allgem zum Rechtsphänomen des „soft law" → *Nowrot* § 2 Rn 82ff.

54 Guidelines on the Treatment of Foreign Direct Investment v 6.5.1992, ILM 31 (1992) 1363.

55 OECD, Guidelines for Multinational Enterprises v 21.6.1976, ILM 15 (1976) 969.

56 OECD, Guidelines for Multinational Enterprises, Revision 2011, <oecd.org/dataoecd/43/29/48004323.pdf>. Vgl a → *Nowrot* § 17 Rn 44.

57 International Labour Organisation (ILO), Tripartite Declaration of Principles Concerning Multinational Enterprises and Social Policy v 16.11.1977, ILM 17 (1978) 423. Vgl a → *Nowrot* § 17 Rn 45.

58 Zu den diversen Verhaltenskodizes für Unternehmen allgem vgl *Horn* (Hrsg) Legal Problems of Codes of Conduct for Multinational Enterprises (1980); *Compa/Hinchliffe-Darricarrere* Columbia J Transnat'l L 33 (1995) 663ff; *Muchlinski* International Affairs 77 (2001) 31ff; sowie → Nowrot § 17 Rn 40ff.

59 S hierzu auch → *Nowrot* § 2 Rn 98ff. Allgem zur Corporate Social Responsibility vgl a → *Nowrot* § 17 Rn 40ff.

60 Vgl die Liste der „Self-Imposed Company Codes" im Proposed draft human rights code of conduct for companies: UN, Working paper prepared by Mr *David Weissbrodt* Addendum, List of the principal source materials for the draft code of conduct for companies v 25.5.2000, E/CN.4/Sub.2/2000/WG.2/WP.1/Add.2.

Compact[61] steht in dieser Tradition. Kritiker verweisen allerdings auf die Schwächen dieses Selbstregulierungsmodells, das häufig nur als Public-Relations-Mittel verwendet werde, um negative Publicity abzuwenden.[62] Ob der im Rahmen der UNO-Unterkommission für die Verbreitung und den Schutz der Menschenrechte verabschiedete *Menschenrechtskodex für transnationale Unternehmen*[63] oder die vom UNO-Sonderbeauftragten für Wirtschaft und Menschenrechte *John Ruggie* erarbeiteten *Leitprinzipien für Wirtschaft und Menschenrechte*[64] hier zu einer stärkeren „Verrechtlichung" führen werden, bleibt abzuwarten.[65]

Ebenfalls den rechtlich nicht verbindlichen Quellen zuzuordnen sind die vor allem im Rahmen der Generalversammlung der UNO angenommenen Resolutionen zur Etablierung einer NIWO.[66] 23

V. Nationales Recht

Das Recht des Investitionsstaates ist idR auch für ausländische Investoren das primär anwendbare Recht. Einige Staaten haben ihre investitionsrelevanten Rechtsvorschriften in eigenen **Investitionskodizes** oder -gesetzen zusammengefasst.[67] Sie gehen häufig über das völkerrechtlich Gebotene hinaus, um einen entsprechenden Investitionsanreiz zu bieten, sind aber jederzeit abänderbar, soweit sich ein Staat nicht ausdrücklich zur Beibehaltung bestimmter Standards, etwa in sog *Stabilisierungsklauseln*,[68] verpflichtet hat. 24

---

61 Vgl UN, Secretary-General Kofi Annan, Rede v 31.1.1999 beim World Economic Forum in Davos, Schweiz, SG/SM/6448 (1999). S a *The Global Compact*: <unglobalcompact.org>; vgl a → *Tietje* § 1 Rn 136; → *Nowrot* § 2 Rn 40.

62 Vgl *International Council on Human Rights* (Hrsg) Beyond Voluntarism: Human Rights and the Developing International Legal Obligations of Companies (2002): <reliefweb.int/sites/reliefweb.int/files/resources/F7FA1F4A174F76AF8525741F006839D4-ICHRP_Beyond%20Voluntarism.pdf>.

63 *UN Sub-Commission on the Promotion and Protection of Human Rights* Norms on the Responsibilities of Transnational Corporations and Other Business Enterprises with Regard to Human Rights v 26.8.2003, E/CN.4/Sub.2/2003/12/Rev.2. Vgl ua *Nowrot* Die UN-Norms on the Responsibility of Transnational Corporations and Other Business Enterprises with Regard to Human Rights – Gelungener Beitrag zur transnationalen Rechtsverwirklichung oder das Ende des Global Compact? (2003); s hierzu a → *Nowrot* § 17 Rn 46.

64 *UN Human Rights Council* Guiding Principles on Business and Human Rights: Implementing the United Nations 'Protect, Respect and Remedy' v 21.3.2011, verabschiedet vom UN Menschenrechtsrat am 16.6.2011, A/HRC/17/31. Vgl a → *Nowrot* § 17 Rn 47.

65 S hierzu allgem *Reinisch/Hobe/Kieninger/Peters* (Hrsg) Unternehmensverantwortung und Internationales Recht (2020). Zurzeit wird von der Open-ended Intergovernmental Working Group (OEIGWG) auf Grundlage einer Resolution des UN Menschenrechtsrates ein völkerrechtlicher Vertrag zur Regulierung von transnationalen Unternehmensaktivitäten im Lichte von Menschenrechtsbestimmungen erarbeitet. S hierzu <ohchr.org/EN/HRBodies/HRC/WGTransCorp/Pages/IGWGOnTNC.aspx>. Vgl a → *Nowrot* § 17 Rn 21.

66 S u Rn 68–70.

67 Vgl *ICSID* (Hrsg) Investment Laws of The World (Loseblattsammlung). Vgl auch *Parra* ICSID Review 7 (1992) 428.

68 S u Rn 28.

VI. Investitionsvereinbarungen zwischen Investoren und Staaten

25 Zusätzlich zu bi- oder multilateralen Rahmenverträgen werden vor allem bei größeren Investitionsprojekten häufig direkte Verträge zwischen privaten Investoren und Gaststaaten geschlossen.[69] Besonders im Energie- und Rohstoffgewinnungsbereich wurden diese Vereinbarungen oft als **Konzessionsverträge** geschlossen, in denen sich Investoren Abbaurechte gegen die Zahlung von Abgaben zusichern ließen. Einige dieser in der ersten Hälfte des 20. Jahrhunderts vereinbarten Erdölkonzessionen enthielten neben den eigentlichen wirtschaftlichen Kernbestimmungen weitreichende Steuerprivilegien und sogar teilweise die Übertragung hoheitlicher Rechte.[70] Moderne, allerdings nicht weniger umfangreiche und komplexe **Investitions- und Konzessionsverträge** sind auf rein wirtschaftliche Fragen konzentriert. Im Bereich von Rohstoffabbauverträgen ist man etwa meist auf reine *service agreements* oder *production sharing contracts* übergegangen. Zu den typischen Investitionsvereinbarungen gehören Verträge über die Errichtung eines Gemeinschaftsunternehmens (*joint ventures*) – häufig in der Form einer gemeinsamen Tochtergesellschaft mit einem lokalen staatlichen oder quasi-staatlichen Partnerunternehmen des ausländischen Investors – zur Durchführung der geplanten wirtschaftlichen Tätigkeit, Verträge zur Lieferung einer schlüsselfertigen Betriebsanlage (*turnkey contracts*) oder darüber hinausgehend zum zeitlich begrenzten Betrieb einer solchen Anlage in sog BOT-Verträgen (*build, operate and transfer*).[71]

26 Großes Interesse haben vor allem zwei Arten von Vertragsabsprachen hervorgerufen, die auf eine Erhöhung des rechtlichen Schutzes der getätigten Investition abzielten und von diversen Schiedsgerichten teilweise unterschiedlich bewertet wurden. Es handelt sich dabei um **Internationalisierungs**- und um **Stabilisierungsklauseln**. Beide sollen gegen einseitige Eingriffe des Gaststaates in die Investitionsvereinbarungen etwa durch Änderungen der rechtlichen Rahmenbedingungen schützen.

27 Durch **Rechtswahlklauseln**, die idR zusätzlich zum nationalen Recht des Gaststaates das Völkerrecht oder allgemeine Rechtsgrundsätze für anwendbar erklären, soll eine solche Internationalisierung erzielt werden. Sie werden häufig durch begleitende Streitbeilegungsklauseln ergänzt, die eine direkte Klagebefugnis der privaten Investoren idR vor gemischten Schiedsgerichten vorsehen.[72]

28 **Stabilisierungsklauseln** zielen darauf ab, die Rechtsordnung des Gaststaates zugunsten des Investors einzufrieren. Es ist jedoch klar, dass sich ein Staat in einem Vertrag mit einem Privaten niemals seiner souveränen Rechtssetzungsbefugnisse entledigt. Daher werden Stabilisierungsklauseln oft dahingehend interpretiert, dass sie einen Gaststaat verpflichten, den begünstigten Investor von nachteiligen Änderungen der Rechtslage auszunehmen bzw schadlos zu halten.[73]

---

69 S auch → *Nowrot* § 2 Rn 78ff.

70 Vgl *Fischer* Die internationale Konzession (1975) 296/325.

71 Vgl *Rubins/Kinsella* 34ff.

72 S → *Reinisch* § 21 Rn 15ff.

73 Vgl *Award in the Matter of an Arbitration between Kuwait and the American Independent Oil Company (Aminoil)*, Final Award v 24.3.1982, ILM 21 (1982) 976.

In jüngerer Zeit scheinen Internationalisierungs- und Stabilisierungsklauseln eher selten zur Anwendung zu kommen.[74] Wie sich aus der einschlägigen Schiedspraxis schließen lässt, unterstehen Investor-Staat-Verträge regelmäßig dem Recht des staatlichen Vertragspartners. Allerdings bieten anwendbare BITs parallel dazu einen völkerrechtlichen Schutz für Investoren, sofern das Verhalten des Gaststaates unabhängig von der Einhaltung der vertraglichen Vereinbarungen als Verletzung der BIT-Standards qualifiziert werden kann. 29

C. Reichweite und Zulassung von Auslandsinvestitionen

I. Investitionsbegriff

Generell unterscheidet man zwischen ausländischen Direktinvestitionen (FDI) und Portfolioinvestitionen. **Direktinvestitionen** werden idR unter der unmittelbaren Kontrolle und mit der entsprechenden Management- und Risikoteilhabe der ausländischen Investoren getätigt. **Portfolioinvestitionen** werden zumeist durch bloße Kapitalbeteiligung – sei es in Form von Unternehmensaktien oder Darlehen – vorgenommen. 30

Gerade im Zusammenhang mit dem völkervertragsrechtlichen Schutz von Auslandsinvestitionen durch BITs ist die Definition des Begriffs „Investition" oder „Kapitalanlage" von entscheidender Bedeutung, bestimmt sie doch den Umfang der geschützten wirtschaftlichen Tätigkeit. Typischerweise verwenden moderne BITs wie auch multilaterale Abkommen einen sehr **weiten Investitionsbegriff**, wonach darunter „Vermögenswerte jeder Art" zu verstehen sind, zu denen neben klassischen Eigentumsrechten an beweglichen und unbeweglichen Sachen und sonstigen dinglichen Rechten häufig auch Anteilsrechte von Aktionären, vertragliche Ansprüche wie etwa Darlehensforderungen, geistige Eigentumsrechte sowie Konzessionen gehören.[75] 31

Demgegenüber tendieren Entwicklungsländer in ihrer Investitionsgesetzgebung dazu, einen **engeren Investitionsbegriff** zu verwenden, der sich im Wesentlichen auf Direktinvestitionen beschränkt, da sie der Auffassung sind, dass nur solche, mit un- 32

---

74 Vgl aber *Duke Energy v Peru* ICSID Case No ARB/03/28, Award v 18.8.2008, Rn 219, worin ein ICSID-Tribunal eine Steuerstabilisierungsklausel nicht nur auf die formellen Rechtsvorschriften, sondern auch auf die Auslegungspraxis erstreckte.

75 Vgl etwa die Definition im deutschen Modell BIT 2008: „the term 'investments' comprises every kind of asset which is directly or indirectly invested by investors of one Contracting State in the territory of the other Contracting State. The investments include in particular: (a) movable and immovable property as well as other rights in rem, such as mortgages, liens and pledges; (b) shares of companies and other kinds of interest in companies; (c) claims to money which has been used to create an economic value or claims to any performance having an economic value; (d) intellectual property rights, in particular copyrights, patents, utility-model patents, industrial designs, trade-marks, trade-names, trade and business secrets, technical processes, know-how, and good-will; (e) business concessions under public law, including concessions to search for, extract and exploit natural resources [...]", zitiert nach *Dolzer/Schreuer* 363.

mittelbaren Managementaufgaben verbundene Investitionen einen Beitrag zur wirtschaftlichen Entwicklung eines Landes leisten.[76]

33 Der Umfang des Investitionsbegriffs ist nicht nur zentral im Hinblick auf den sachlichen Anwendungsbereich von BITs und multilateralen Investitionsabkommen. Er ist auch im Zusammenhang mit der **ICSID-Konvention** relevant, da sich die sachliche Zuständigkeit des ICSID (und damit von ICSID-Schiedsgerichten) auf Streitigkeiten über Investitionen beschränkt.[77]

II. Die Zulassung von und Zugangsschranken für Auslandsinvestitionen (entry and establishment)

34 Das traditionelle Prinzip des *Völkergewohnheitsrechts*, wonach jeder Staat eine uneingeschränkte Kontrolle über den Zugang von Ausländern zu seinem Staatsgebiet hat, gilt im Wesentlichen auch heute noch. Diese Zugangskontrolle beinhaltet die **Ermessensfreiheit**, ob und gegebenenfalls in welchem Umfang ausländische Investitionen zugelassen werden.

35 Damit sind der **Zugang** und die **Niederlassung** (*entry and establishment*) ausländischer Investoren weitgehend dem *nationalen Recht* des Gaststaates unterworfen. Dieses reicht im Einzelfall von absoluten Investitionsverboten über selektive Konzessionssysteme bis zur völligen Öffnung mit bloßen Registrierungserfordernissen. Häufig werden strategisch und sicherheitspolitisch relevante Schlüsselindustrien (Rüstungs- und Hochtechnologieindustrie) von Auslandsinvestitionen ausgenommen. Auch aus entwicklungs- oder versorgungspolitischen Gründen können bestimmte Sektoren (zB Banken und Versicherungen, Verkehrs- und Energieunternehmen) ausländischen Investoren verschlossen bleiben.

36 Das nationale Recht regelt auch das Verfahren der Zulassung von Auslandsinvestitionen, wobei sich eine unübersichtliche Zahl von Genehmigungsverfahren häufig als *de facto*-Investitionshindernis darstellt. Transparenz- und Informationspflichten in manchen investitionsrelevanten Verträgen wollen dem entgegensteuern. Auch versuchen Gaststaaten durch Verfahrensvereinheitlichung („*one stop shop*") für Auslandsinvestoren attraktiver zu werden.

37 Einige Staaten machen die Zulassung ausländischer Investoren von der Einhaltung bestimmter **Leistungsbedingungen** (sog *performance requirements*) abhängig, um die gewünschten positiven Effekte in sozial-, wirtschafts- oder entwicklungspolitischen Bereichen sicherzustellen.[78] Zu den wichtigsten Leistungsbedingungen gehören: *local employment requirements* (die Verpflichtung, lokales Personal einzustellen), *local content requirements* (die Verpflichtung, lokale Zulieferer im Produktionsprozess in Anspruch zu nehmen), *export requirements* (die Verpflichtung, einen bestimmten Produktionsanteil zu exportieren) und *capitalisation requirements* (die Verpflichtung, einen bestimmten Kapitalanteil aus dem Ausland zu beschaffen). Solche *performance requirements* müssen nicht immer Bedingung für die Zulassung von Auslandsinvesti-

76 Vgl *Parra* ICSID Review 7 (1992) 428.
77 S → *Reinisch* § 21 Rn 31.
78 Vgl *Shihata* ICSID Review 9 (1994) 47.

tionen sein. In vielen Fällen werden sie auch nur zur Gewährung von steuerlichen und anderen Vorteilen vorausgesetzt.

In den letzten Jahren wurden *performance requirements* vor allem wegen der häufig mit ihnen verbundenen Intransparenz und Korruptionsanfälligkeit mehr und mehr in Frage gestellt. Darüber hinaus wird auch immer öfter ihre grundsätzliche Eignung zur Erreichung wirtschaftlicher und anderer Ziele bezweifelt.[79] Das WTO-TRIMs-Übereinkommen sowie NAFTA und einige US-BITs untersagen daher einige der genannten *performance requirements*.[80] 38

Eine **Verpflichtung** zur **Zulassung** ausländischer Investoren ergibt sich teilweise aufgrund vertragsrechtlicher Bestimmungen. Die weitreichendsten Verpflichtungen enthalten die Bestimmungen über die Niederlassungsfreiheit des **AEU-Vertrags**.[81] Doch auch das **NAFTA** enthält Zulassungsverpflichtungen, die sich aus den Meistbegünstigungs- und vor allem den Inländergleichbehandlungspflichten dieses Abkommens ergeben, welche sich nicht bloß auf die Behandlung bereits getätigter, sondern auch auf die Zulassung von Auslandsinvestitionen erstrecken.[82] Dieses Liberalisierungskonzept fußt auf dem Modell der von den USA und Kanada geschlossenen BITs.[83] Die daraus folgenden Zugangsrechte ausländischer Investoren werden bloß durch Ausnahmebestimmungen in den BIT-Anhängen eingeschränkt. Die meisten von europäischen Staaten geschlossenen BITs regeln hingegen Fragen der Zulassung entweder überhaupt nicht und belassen damit die Zugangskontrolle den Vertragsstaaten, oder sie enthalten bloß allgemeine Verpflichtungen zur Förderung und wohlwollenden Prüfung von Auslandsinvestitionen.[84] 39

Im Rahmen des zwischenzeitlich in der WTO diskutierten Investitionsabkommens war unter anderem vorgeschlagen worden, dem amerikanischen und gleichzeitig dem GATS-Modell folgend generelle Zulassungsverpflichtungen vorzusehen, die allerdings erst durch spezifische Zusagen Verbindlichkeit erlangen sollten.[85] Die diesbezüglichen Verhandlungen werden jedoch im Rahmen der „Doha-Runde" nicht mehr fortgesetzt.[86] 40

---

79 Vgl *Sacerdoti* JWIT 1 (2000) 105/106.

80 Art 2 and Annex to TRIMs; Art 1106 NAFTA; s a Art 5 Energy Charter Treaty.

81 Vgl Art 49–54 AEUV (ex Art 43–48 EG).

82 Vgl Art 1102–1104 NAFTA.

83 *Dolzer/Stevens* 56.

84 Vgl Art 2 Abs 1 des BIT zwischen Deutschland und Guayana: „Each Contracting Party shall in its territory promote as far as possible the investments by nationals or companies of the other Contracting Party and admit such investments in accordance with its legislation." (zitiert nach *Dolzer/Stevens* 51f).

85 Die Doha Deklaration 2001 spricht in diesem Zusammenhang von „modalities for pre-establishment commitments based on a GATS-type, positive list approach." Abs 20 WTO, Doha Ministerial Declaration v 20.11.2001, ILM 41 (2002) 746.

86 S WTO, Doha Working Programme, Decision adopted by the General Council on 1 August 2004 („July Package"), WTO Doc WT/L/579 of 2 August 2004, Rn 1 lit g: „Relationship between Trade and Investment, Interaction between Trade and Competition Policy and Transparency in Government Procurement: the Council agrees that these issues, mentioned in the Doha Ministerial Declaration in paragraphs 20–22, 23–25 and 26 respectively, will not form part of the Work Programme set out in that Declaration and therefore no work towards negotiations on any of these issues will take place within the WTO during the Doha Round".

D. Standards für die Behandlung von Auslandsinvestitionen (treatment obligations)

41 Die Behandlung zugelassener Investitionen durch Gaststaaten ist nicht nur völkergewohnheitsrechtlich, sondern vor allem auch durch zahlreiche BITs und andere Investitionsschutzverträge determiniert. Zu den wichtigsten Standards gehören:
- Inländergleichbehandlung (*national treatment*)
- Meistbegünstigung (*most-favoured nation treatment*)
- internationaler Mindeststandard (*international minimum standard*)
- gerechte und billige Behandlung (*fair and equitable treatment*)
- voller und dauerhafter Schutz und Sicherheit (*full and constant protection and security*).

Darüber hinaus enthalten Investitionsschutzverträge detaillierte Regeln über die Zulässigkeit von Enteignungen und die Form der Entschädigung sowie weitere Bestimmungen, die etwa den für Investitionen notwendigen Kapital- und Zahlungsverkehr ermöglichen sollen[87] oder als sog. Mantelverpflichtungen privatrechtliche Verpflichtungen von Gaststaaten in ihren Schutzbereich einbeziehen.[88]

I. Inländergleichbehandlung (national treatment) und Meistbegünstigung (most-favoured nation treatment)

42 Das Völkergewohnheitsrecht kennt kein allgemeines Diskriminierungsverbot, das den Staaten gebietet, Ausländer prinzipiell so wie Inländer oder wie Staatsangehörige bestimmter anderer Staaten zu behandeln. Im Investitionsbereich steht es Staaten daher frei, gewisse Aktivitäten und Rechte ihren eigenen oder nur bestimmten anderen Staatsangehörigen vorzubehalten. Einschränkungen dieses Grundsatzes können sich freilich insb aus völkerrechtlichen Verträgen ergeben.

43 Bereits in einigen FCN Treaties waren über den internationalen Mindeststandard[89] hinausgehende **Nicht-Diskriminierungspflichten** enthalten, die heute in den meisten BITs zu finden sind.[90] Dabei handelt es sich einerseits um die **Inländergleichbehandlung** (*national treatment*), wonach ausländische Investoren nicht schlechter behandelt werden dürfen als inländische, andererseits um die **Meistbegünstigung** (*most-favoured nation treatment*), wonach ausländischen Investoren die beste den Angehörigen eines Drittstaates zukommende Behandlung eingeräumt werden muss.

44 Vor allem lateinamerikanische Staaten haben im Sinne der von dem argentinischen Juristen *Carlos Calvo* entwickelten ***Calvo*-Doktrin**[91] eine materielle und verfahrensmäßige Besserstellung ausländischer Investoren durch den Genuss eines hohen internationalen Mindeststandards und des diplomatischen Schutzrechts durch

---

87 S u Rn 82–83.
88 S u Rn 84–85.
89 S u Rn 48.
90 *Dolzer/Stevens* 63ff.
91 *Carlos Calvo* Le droit international théorique et pratique (1868).

ihre Heimatstaaten unter Berufung auf das Prinzip der Inländergleichbehandlung bekämpft. Dieses Prinzip der generellen Gleichbehandlung von in- und ausländischen Investoren fand seinen Niederschlag in einer Reihe von lateinamerikanischen Verfassungen[92] und in Dokumenten des Andenpaktes.[93] Es wurde jedoch von den westlichen Industriestaaten, soweit es hinter dem internationalen Mindeststandard zurückblieb, immer abgelehnt und mittlerweile auch von den meisten lateinamerikanischen Staaten aufgegeben.[94] Allerdings finden sich mittlerweile in einigen OECD-Staaten Tendenzen, die sich grundsätzlich gegen die Investitionsschiedsgerichtsbarkeit als verfahrensmäßige Besserstellung ausländischer Investoren richten.

Beide **Nichtdiskriminierungsstandards** haben ihre Grenzen. So ist die Relevanz der Inländergleichbehandlung im Bereich des Enteignungsschutzes[95] gering. Da es nach völkerrechtlichen Grundsätzen den Staaten freisteht, ihre eigenen Staatsangehörigen auch entschädigungslos zu enteignen, wird die Inländergleichbehandlung hier von einem entschädigungsrechtlichen Mindeststandard überlagert. Insoweit kann und muss es zu einer Besserstellung von Ausländern gegenüber Inländern kommen.[96] 45

Auch die Meistbegünstigung gilt nicht uneingeschränkt. Regelmäßig werden von ihrer Reichweite Vergünstigungen ausgenommen, die Drittstaaten aufgrund **regionaler Integrationsabkommen**, wie etwa Freihandelszonen, Zollunionen, Wirtschaftsgemeinschaften oder dergleichen, gewährt werden.[97] 46

Traditionell ging man davon aus, dass **Meistbegünstigungsklauseln** nur materielle Behandlungsstandards erfassen. In der Schiedspraxis wurden aber auch **verfahrensrechtliche Verpflichtungen**, wie etwa der in einem BIT mit einem dritten Staat vereinbarte Zugang zu bestimmten Streitbeilegungsmechanismen, nach der sog. *Maffezini*-Rechtsprechung als von der Meistbegünstigung mit umfasst angesehen.[98] Allerdings wird diese Frage in der Praxis uneinheitlich beantwortet. So haben Schiedsgerichte darauf hingewiesen, dass eine Meistbegünstigungsklausel zwar eine beschränkte Streitbeilegungsvorschrift durch eine günstigere ersetzen kann, nicht aber einen nicht vorhandenen Zugang zur Investitionsschiedsgerichtsbarkeit eröffnen soll.[99] Rezentere Investitionsschutzverträge haben Meistbegünstigungsklauseln teilweise explizit auf materielle Schutzstandards beschränkt. Das CETA geht sogar so 47

92 Vgl *Herdegen* ZvglRWiss 94 (1995) 341.

93 Vgl Entscheidung 24 v 31.12.1970 der Kommission des Andenpaktes, wonach Streitigkeiten nicht der Zuständigkeit nationaler Gerichte entzogen werden durften, ILM 11 (1972) 126.

94 Vgl Entscheidung 291 v 21.3.1991 der Kommission des Andenpaktes, ILM 30 (1991) 1283. Vgl auch *Zagel* Auslandsinvestitionen in Lateinamerika (1999).

95 S u Rn 58ff.

96 Vgl *The United States of America On Behalf of George W. Hopkins v Mexico* (Docket No 39), AJIL 21 (1926) 160/166.

97 *Dolzer/Stevens* 71; allgem zur Bedeutung und den Formen regionaler Wirtschaftsintegration → *Nowrot* § 3 Rn 1ff.

98 *Emilio Agustín Maffezini v The Kingdom of Spain* ICSID Case No ARB/97/7, Decision on Jurisdiction v 25.1.2000, ILM 40 (2001) 1129, Rn 54: „[...] if a third party treaty contains provisions for the settlement of disputes that are more favorable to the protection of the investor's rights and interests than those in the basic treaty, such provisions may be extended to the beneficiary of the most favored nation clause [...]".

99 Vgl → *Reinisch* § 21 Rn 46f.

weit, jegliches „Importieren" materiell- oder verfahrensrechtlicher Vorteile aus Drittstaatsverträgen zu unterbinden und beschränkt die Klausel auf die faktische Behandlung von Investoren.

II. Internationaler Mindeststandard (international minimum standard)

48 Nach den herkömmlichen völkergewohnheitsrechtlichen Prinzipien des Fremdenrechts stand zwar die Zulassung von Ausländern im Allgemeinen und damit auch von ausländischen Investoren im Besonderen im alleinigen Ermessen der Staaten. Einmal zugelassene Investoren mussten aber nach einem völkerrechtlich vorgegebenen Mindeststandard behandelt werden. Eine nähere Determinierung dieses internationalen **Mindeststandards** (*international minimum standard*) erfolgte vor allem durch die fremdenrechtliche Schiedspraxis des 19. und 20. Jahrhunderts. Dazu gehören ua die Zuerkennung von Rechtspersönlichkeit und Rechtsfähigkeit sowie das Recht auf Zugang zu den Gerichten des Gaststaates und auf ein faires Verfahren, dessen Verweigerung ein *denial of justice* darstellen würde.[100]

49 Traditionell wurde die Latte für eine Verletzung des völkerrechtlichen Mindeststandards recht hoch gelegt. So wurde im Jahre 1926 eine „skandalöse, schlechtgläubige, bewusst nachlässige oder unzulängliche Behandlung von Ausländern, deren Unzulässigkeit jedem vernünftigen und unparteiischen Dritten erkennbar ist", als Verletzung dieses Standards angesehen.[101] Da der internationale Mindeststandard jedoch – so wie Gewohnheitsrecht ganz allgemein – einem dynamischen Entwicklungsprozess unterliegt,[102] sind solche ältere Entscheidungen für die Feststellung des gegenwärtigen völkerrechtlichen Mindeststandards im Bereich des Investitionsrechts nur bedingt relevant.[103] Dennoch betonen auch heute Investitionstribunale, dass der internationale Mindeststandard eine absolute untere Grenze der völkerrechtlich zulässigen Behandlung von ausländischen Investoren darstellt.[104]

50 Gegenwärtig hat der internationale Mindeststandard vor allem auch deswegen erhöhte Aktualität gewonnen, weil NAFTA-Schiedsgerichte die im NAFTA enthaltene

---

100 Vgl *Paparinskis* (2011) 20ff.

101 *Neer Claim (USA v Mexico)*, Final Award v 15.10.1926, AJIL 21 (1927) 555/556: „[...] the treatment of an alien, in order to constitute an international delinquency, should amount to an outrage, to bad faith, to willful neglect of duty, or to an insufficiency of governmental action so far short of international standards that every reasonable and impartial man would readily recognize its insufficiency".

102 Vgl *ADF Group Inc v United States of America* ICSID Case No ARB(AF)/00/1, Additional Facility v 9.1.2003, Rn 179.

103 *Mondev International Ltd v United States of America* ICSID Case No ARB(AF)/99/2, Additional Facility v 11.10.2002, ILM 42 (2003) 85, Rn 116: „To the modern eye, what is unfair or inequitable need not equate with the outrageous or the egregious".

104 *Glamis Gold, Ltd. v United States of America* UNCITRAL Award v 8.6.2009, Rn 615: „The customary international law minimum standard of treatment is just that, a minimum standard. It is meant to serve as a floor, an absolute bottom, below which conduct is not accepted by the international community. Although the circumstances of the case are of course relevant, the standard is not meant to vary from state to state or investor to investor".

Verpflichtung zur **gerechten und billigen Behandlung**[105] – entsprechend einer Auslegung durch die NAFTA Free Trade Commission – als **gleichbedeutend** mit der Einhaltung des ***international minimum standard*** interpretieren.[106] Nach dieser Auffassung liegt eine Verletzung des „*minimum standard of treatment of fair and equitable treatment*" dann vor, wenn es sich um schädigendes staatliches Verhalten handelt, das „willkürlich, schwerwiegend unfair, ungerecht oder eigensinnig ist, oder diskriminierend ist und den Kläger lokalen und rassistischen Vorurteilen aussetzt oder ein Fehlen eines fairen Verfahrens beinhaltet, welches zu einem Ergebnis führt, das die richterliche Angemessenheit verletzt."[107] Im Hinblick auf das Vorliegen eines *denial of justice* kam ein NAFTA-Tribunal zu dem Ergebnis, dass dies keine Schlechtgläubigkeit oder Absicht erfordere, sondern bereits dann gegeben sei, wenn „eine offensichtliche Ungerechtigkeit im Sinne des Fehlens eines fairen Verfahrens zu einem Ergebnis führt, das die richterliche Angemessenheit verletzt."[108]

III. Gerechte und billige Behandlung (fair and equitable treatment)

Die Verpflichtung des Gaststaates zur **gerechten und billigen Behandlung** (*fair and* 51
equitable treatment)[109] ausländischer Investitionen finden sich in fast allen bi- und

105 Art 1105 NAFTA: „Each Party shall accord to investments of investors of another Party treatment in accordance with international law, including fair and equitable treatment and full protection and security".

106 2001 hat die NAFTA Free Trade Commission festgestellt, dass „1. Article 1105(1) prescribes the customary international law minimum standard of treatment of aliens as the minimum standard of treatment to be afforded to investments of investors of another Party. 2. The concepts of 'fair and equitable treatment' and 'full protection and security' do not require treatment in addition to or beyond that which is required by the customary international law minimum standard of treatment of aliens". NAFTA Free Trade Commission Clarifications Related to NAFTA Chapter 11, Entscheidung v 31.7.2001: <sice.oas.org/tpd/nafta/commission/ch11understanding_e.asp>. Dieser Interpretation sind ua die folgenden NAFTA-Entscheidungen nachgekommen: *Mondev International Ltd v United States of America* ICSID Case No ARB(AF)/99/2, Additional Facility v 11.10.2002, ILM 42 (2003) 85, Rn 122; *United Parcel Service of America Inc v Government of Canada* UNCITRAL Decision on Jurisdiction v 22.11.2002, Rn 97; *ADF Group Inc v United States of America* ICSID Case No ARB(AF)/00/1, Additional Facility v 9.1.2003, Rn 199.

107 *Waste Management v Mexico II* ICSID Case No ARB(AF)/00/3, Additional Facility v 30.4.2004, ILM 43 (2004) 967, Rn 98: „[T]he minimum standard of treatment of fair and equitable treatment is infringed by conduct attributable to the State and harmful to the claimant if the conduct is arbitrary, grossly unfair, unjust or idiosyncratic, is discriminatory and exposes the claimant to sectional or racial prejudice, or involves a lack of due process leading to an outcome which offends judicial propriety [...]".

108 „Manifest injustice in the sense of a lack of due process leading to an outcome which offends a sense of judicial propriety is enough [...]", s *The Loewen Group Inc and Raymond L Loewen v USA* ICSID Case No ARB(AF)/98/3, Additional Facility v 26.6.2003, ILM 42 (2003) 811, Rn 132. Zwar stellte das Tribunal eine solche Verletzung im Rahmen eines Geschworenenverfahrens in den USA fest, doch es kam zu dem Ergebnis, dass ein *denial of justice* erst nach Ausschöpfung von Berufungsmöglichkeiten angenommen werden könnte.

109 Vgl *Schreuer* JWIT 6 (2005) 357; *Vascannie* BYIL 70 (1999) 99; *UNCTAD* (Hrsg) Fair and equitable treatment, UNCTAD series on issues in international investment agreements (1999); *Tudor* The Fair and Equitable Treatment Standard in International Foreign Investment Law (2008); *Paparinskis* The International Minimum Standard and Fair and Equitable Treatment (2011).

multilateralen Investitionsverträgen.[110] Sie geht auf entsprechende Bestimmungen in amerikanischen FCN Treaties,[111] im Vertragsentwurf der *Havanna Charta* aus 1948[112] sowie im OECD-Konventionsentwurf über den Schutz ausländischen Eigentums aus 1967[113] zurück. Aufgrund der besonderen Formulierung dieses Standards im NAFTA[114] wurde die Verpflichtung des Gaststaates zur gerechten und billigen Behandlung als gleichbedeutend mit dem internationalen Mindeststandard angesehen.[115] Demgegenüber wird aber auch vertreten, dass *fair and equitable treatment*-Klauseln in BITs, die keinen Bezug zum internationalen Mindeststandard aufweisen, über den gewohnheitsrechtlichen Standard hinausgehen.[116] Dementsprechend haben Schiedsgerichte die Verpflichtung zur gerechten und billigen Behandlung auch als eine höhere Verpflichtung angesehen.[117] In rezenteren Entscheidungen haben Schiedsgerichte darauf hingewiesen, dass diese theoretische Fragestellung aufgrund der dynamischen Interpretation des Standards nur eingeschränkte praktische Bedeutung für die konkrete Falllösung hat.[118]

52 Ein mittlerweile als zu hoch angesehener Schutzstandard kam in Entscheidungen zum Ausdruck, die davon ausgingen, dass der *fair and equitable treatment*-Standard die **grundlegenden legitimen Erwartungen** von Investoren umfassend schützen soll. Dazu gehöre die Erwartung, dass „der Gaststaat in einer konsistenten Weise, frei von Mehrdeutigkeit und völlig transparent in seinen Beziehungen zum ausländischen Investor zu handeln habe, so dass dieser im Vorhinein alle Normen und Regeln kenne, die seine Investition betreffen, sowie die Ziele der einschlägigen Politiken und Verwaltungspraktiken und -anweisungen, um seine Investition planen und diesen Regelungen entsprechen zu können."[119] Darüber hinaus wurde teilweise festgehalten, dass die

---

110 *Dolzer/Stevens* 5; S a Art 1105 NAFTA; Art 10 Abs 1 Energy Charter Treaty.

111 *Vandevelde*, The Bilateral Investment Treaty Program of the United States, Cornell Int'l LJ 21 (1988) 203, 204; *Dolzer/Schreuer* 130f.

112 UN, Havana Charter for an International Trade Organization, Final Act of the United Nations Conference on Trade and Employment, E/Conf 2/78 v April 1948: <wto.org/english/docs_e/legal_e/havana_e.pdf>; S hierzu a → *Tietje* § 4 Rn 4.

113 OECD, Draft Convention on the Protection of Foreign Property and Resolution of the OECD on the Draft Convention, No 23081 (1967), ILM 7 (1968) 117.

114 S o Rn 50.

115 S o Rn 50.

116 So schon *Mann* BYIL 52 (1981) 241.

117 Vgl *CME Czech Republic B V v The Czech Republic* UNCITRAL Partial Award v 13.9.2001, ILM 40 (2001) 1408, Rn 156: „The broad concept of fair and equitable treatment imposes obligations beyond customary international requirements of good faith treatment."; s a *Azurix v Argentine Republic* ICSID Case No ARB/01/12, Award v 14.7.2006, Rn 361: „The clause, as drafted, permits to interpret fair and equitable treatment and full protection and security as higher standards than required by international law. The purpose of the third sentence is to set a floor, not a ceiling, in order to avoid a possible interpretation of these standards below what is required by international law".

118 Vgl nur *Saluka Investments BV (The Netherlands) v The Czech Republic* UNCITRAL Partial Award v 17.3.2006, Rn 291, wonach der Unterschied „when applied to the specific acts of a case, may well be more apparent than real".

119 *Technicas Medioambientales Tecmed S.A. v Mexico* ICSID Case No ARB(AF)/00/2, Additional Facility v 29.5.2003, ILM 43 (2004) 133, Rn 154: „The foreign investor expects the host State to act in a consistent manner, free from ambiguity and totally transparently in its relation with the foreign investor, so

Verpflichtung des Gaststaates zur gerechten und billigen Behandlung nicht bloß ein passives Verhalten fordere, sondern vielmehr ein Verhalten, das in einer ausgeglichenen und gerechten Weise aktiv auf die **Förderung von Investitionen** abzielt.[120] Seither hat sich jedoch eine Rechtsprechung entwickelt, die eine Abwägung mit den regulatorischen Interessen des Gaststaates fordert.[121]

Hinsichtlich der Legitimität von Investorenerwartungen haben Schiedstribunale 53
entschieden, dass nicht jegliche Profiterwartungen geschützt sind, sondern dass vielmehr explizite Zusagen diese Legitimität erhöhen, während bekannt risikoreiche Investitionen zu geringeren legitimen Erwartungen führen.[122] Darüber hinaus haben sie klargestellt, dass es – außer im Fall spezifischer Zusicherungen wie etwa durch Stabilisierungsklauseln[123] – nicht legitim sei, wenn Investoren erwarteten, keinerlei Änderungen der rechtlichen Rahmenbedingungen im Gaststaat unterworfen zu sein.[124] Vor

---

that it may know beforehand any and all rules and regulations that will govern its investments, as well as the goals of the relevant policies and administrative practices or directives, to be able to plan its investment and comply with such regulations".

120 *MTD Equity v Chile* ICSID Case No ARB/01/7, Final Award v 25.5.2004, ILM 44 (2005) 91, Rn 113: „Fair and equitable treatment should be understood to be treatment in an even-handed and just manner, conducive to fostering the promotion of foreign investment. Its terms are framed as a pro-active statement – "to promote", "to create", "to stimulate" – rather than prescriptions for a passive behavior of the State or avoidance of prejudicial conduct to the investors".

121 Vgl *Perenco Ecuador Limited v The Republic of Ecuador* ICSID Case No. ARB/08/6, Decision on Jurisdiction and Liability v 12.9.2014, Rn 560: „The search is for a balanced approach between the investor's reasonable expectations and the exercise of the host State's regulatory and other powers"; *United Utilities (Tallinn) B.V. and Aktsiaselts Tallinna Vesi v Republic of Estonia* ICSID Case No. ARB/14/24, Award v 21.6.2019, Rn 767: „The essence of the FET standard is to assess and balance, in the circumstances and on the facts of a given case, the State's right to regulate (which entails the right to interfere to some degree with investors' rights) and the legitimate expectations of foreign investors. A finding of a violation of the FET standard necessarily entails a determination that the State exceeded its reasonable right to regulate, and to interfere with investors' rights."

122 *Total S.A. v Argentina* ICSID Case No ARB/04/01, Decision on Liability v 27.12.2010, Rn 121: „The balance between these competing requirements and hence the limits of the proper invocation of "legitimate expectations" in the face of legislative or regulatory changes (assuming that they are not contrary to a contractual, bilateral or similar undertaking, binding in its own right) has been based on a weighing of various elements pointing in opposite directions. On the one hand, the form and specific content of the undertaking of stability invoked are crucial. No less relevant is the clarity with which the authorities have expressed their intention to bind themselves for the future. Similarly, the more specific the declaration to the addressee(s), the more credible the claim that such an addressee (the foreign investor concerned) was entitled to rely on it for the future in a context of reciprocal trust and good faith. Hence, this accounts for the emphasis in many awards on the government having given 'assurances', made 'promises', undertaken 'commitments', offered specific conditions, to a foreign investor, to the point of having solicited or induced that investor to make a given investment.".

123 S o Rn 28.

124 *EDF (Services) Limited v Romania* ICSID Case No ARB/05/13, Award and Dissenting Opinion v 8.10.2009, Rn 217: „The idea that legitimate expectations, and therefore FET, imply the stability of the legal and business framework, may not be correct if stated in an overly-broad and unqualified formulation. The FET might then mean the virtual freezing of the legal regulation of economic activities, in contrast with the State's normal regulatory power and the evolutionary character of economic life. Except where specific promises or representations are made by the State to the investor, the latter may not rely

allem sind es unerwartete Änderungen von rechtlichen Rahmenbedingungen, auf die Investoren vertrauen, welche zu Verletzungen des *fair and equitable treatment*-Standards geführt haben.[125]

54 Zur Auslegung des *fair and equitable treatment*-Standards rekurrieren manche Schiedsgerichte auf den allgemeinen **Gutglaubensgrundsatz**[126] sowie auf die, oft in Vertragspräambeln festgelegten Ziele und Zwecke von Investitionsschutzverträgen.[127]

55 Neben den legitimen Erwartungen der Investoren hat die Rechtsprechung der Investitionstribunale vor allem folgenden Elementen Beachtung geschenkt:
- ob ein Staat transparent handelt
- ob ein Staat in gutem Glauben handelt
- ob ein Staat nicht willkürlich, extrem unfair, ungerecht, eigenwillig, oder diskriminierend handelt
- ob ein Staat Verfahrensgarantien einhält.[128]

Die sehr allgemeine und vage Verpflichtung des Gaststaates zur gerechten und billigen Behandlung (*fair and equitable treatment*) hat durch die einschlägige Investiti-

---

on a bilateral investment treaty as a kind of insurance policy against the risk of any changes in the host State's legal and economic framework. Such expectation would be neither legitimate nor reasonable."

125 *AWG v Argentina* ICSID Case No ARB/03/19 Decision on Liability v 30.7.2010, Rn 226: „It was not the investor's legitimate expectations alone that led tribunals to find a denial of fair and equitable treatment. It was the existence of such expectations created by host country laws, coupled with the act of investing their capital in reliance on them, and a subsequent, sudden change in those laws that led to a determination that the host country had not treated the investors fair and equitably."; *SolEs Badajoz GmbH v Kingdom of Spain* ICSID Case No. ARB/15/38, Award v 31.7.2019, Rn 462: „Having considered the evidence, the Tribunal concludes that the Second Set of Disputed Measures changed the basic features of the regulatory regime that was in place when Claimant made its investment, exceeding the changes that Claimant could have reasonably anticipated at that time. The Second Set of Disputed Measures was disproportionate in the sense that the term was used in *Charanne*, because those measures suddenly and unexpectedly removed the essential features of the regime in place when Claimant invested. The Second Set of Disputed Measures did not meet Claimant's legitimate expectations. [...]"

126 *Técnicas Medioambientales Tecmed S. A. v Mexico* ICSID Case No ARB(AF)/00/2, Additional Facility Award v 29.5.2003, ILM 43 (2004) 133, Rn 153: „This Arbitral Tribunal finds that the commitment of fair and equitable treatment [...] is an expression and part of the *bone fide* principle recognized by international law, although bad faith is not required for its violation".

127 *Occidental Exploration and Production Company v Republic of Ecuador* LCIA Case No UN 3467, Award v 1.7.2004, Rn 183: „Although fair and equitable treatment is not defined in the treaty, the Preamble clearly records the agreement of the parties that such treatment ‚is desirable in order to maintain a stable framework for investment and maximum effective utilization of economic resources.' The stability of the legal and business framework is thus an essential element of fair and equitable treatment".

128 *Rumeli Telekom v Kazakhstan* ICSID Case No ARB/05/16 Award v 29.7.2008, Rn 609: „[The fair and equitable treatment] standard encompasses *inter alia* the following concrete principles: – the State must act in a transparent manner; – the State is obliged to act in good faith; – the State's conduct cannot be arbitrary, grossly unfair, unjust, idiosyncratic, discriminatory, or lacking in due process; – the State must respect procedural propriety and due process. The case law also confirms that to comply with the standard, the State must respect the investor's reasonable and legitimate expectations"; *Ioannis Kardassopoulos & others v The Republic of Georgia* ICSID Case No ARB/05/18 and ARB/07/15, Award v 3.3.2010, Rn 441: „[...] basic requirements of consistency, transparency, even-handedness and non-discrimination".

onsschiedsgerichtsbarkeit teilweise klarere Konturen gewonnen. So wurden ua folgende Maßnahmen und Handlungen als **Verletzungen** dieses Standards angesehen:

- mangelnde Transparenz bei der Darlehensvergabe durch eine staatliche Institution[129]
- ein völlig intransparentes und unvorhersehbares Verfahren zur Genehmigung einer Abfallbeseitigungsanlage[130]
- die intransparente Verweigerung der Verlängerung einer Betriebsanlagengenehmigung für eine Abfallverwertungsanlage, nachdem eine solche Verlängerung in Aussicht gestellt worden war[131]
- die Verhinderung eines Stadtentwicklungsprojekts wegen Verstoßes gegen einen Flächenwidmungsplan, nachdem das Projekt zuvor gefördert worden war[132]
- die Maßnahmen einer staatlichen Medienbehörde, die das Vertrauen des Investors in ursprüngliche Vereinbarungen zunichtemacht[133]
- die einseitige Abänderung staatlich zugesicherter Tarifberechnungen von Energieverteilerunternehmen[134]
- die einseitige Abänderung staatlicher Beihilfengewährung für erneuerbare Energiegewinnung entgegen ausdrücklicher gesetzlicher Zusicherung, dass zukünftige Änderungen der Beihilfengewährung keinen rückwirkenden Effekt haben[135]
- die offenkundige, systematische und weitreichende Nichtdurchsetzung staatlicher Umwelt- und Veterinärgesetze in Bezug auf die Behandlung von gefährlichen tierischen Nebenprodukten über einen Zeitraum von zwei Jahren[136]

---

129 *Emilio Agustín Maffezini v The Kingdom of Spain* ICSID Case No ARB/97/7, Final Award v 9.11.2000, ILM 40 (2001) 1129, Rn 83: „[...] the lack of transparency with which this loan transaction was conducted is incompatible with Spain's commitment to ensure the investor a fair and equitable treatment [...]".

130 *Metalclad v Mexico* ICSID Case No ARB(AF)/97/1, Additional Facility v 30.8.2000, ILM 40 (2001) 36, Rn 99: „Mexico failed to ensure a transparent and predictable framework for Metalclad's business planning and investment. The totality of these circumstances demonstrates a lack of orderly process and timely disposition in relation to an investor of a Party acting in the expectation that it would be treated fairly and justly in accordance with the NAFTA".

131 *Technicas Medioambientales Tecmed S.A. v Mexico* ICSID Case No ARB(AF)/00/2, Additional Facility v 29.5.2003, ILM 43 (2004) 133, Rn 173.

132 *MTD Equity v Chile* ICSID Case No ARB/01/7, Final Award v 25.5.2004, ILM 44 (2005) 91, Rn 166.

133 *CME Czech Republic BV v The Czech Republic* UNCITRAL Partial Award v 13.9.2001, ILM 40 (2001) 1408, Rn 611: „The Media Council breached its obligation of fair and equitable treatment by evisceration of the arrangements in reliance upon with the foreign investor was induced to invest".

134 *CMS Gas Transmission Company v The Argentine Republic* ICSID Case No ARB/01/8, Final Award v 12.5.2005, ILM 44 (2005) 1205; *LG&E Energy Corp., LG&E Capital Corp., LG&E International Inc. v The Argentine Republic* ICSID Case No ARB/02/1, Decision on Liability v 3.10.2006, ILM 46 (2007) 40.

135 *OperaFund Eco-Invest SICAV PLC and Schwab Holding AG v Kingdom of Spain* ICSID Case No. ARB/15/36, Award v 6.9.2019, Rn 510–513; *Watkins Holdings S.à r.l. and others v Kingdom of Spain* ICSID Case No. ARB/15/44, Award v 21.1.2020, Rn 537–538.

136 *Zelena N.V. and Energo-Zelena d.o.o Inđija v Republic of Serbia* ICSID Case No. ARB/14/27, Award v 9.11.2018, Rn 293/267 zitiert nach *Ioan Micula and others v Romania II* ICSID Case No. ARB/14/29, Award v 5.3.2020, Rn 370–371. Vgl auch grsd *Gami Investments Inc. v Mexico* UNCITRAL, Award v 15.11.2004, Rn 103: „[...] A claim of maladministration would likely violate Article 1105 if it amounted to an „outright and unjustified repudiation" of the relevant regulations. There may be situations where even lesser failures would suffice to trigger Article 1105. It is the record as a whole – not dramatic incidents in iso-

- die Erzwingung eines Vergleichsabschlusses durch finanziellen und physischen Druck[137]
- willkürliche Strafverfolgung, Festnahmen, und Reiseverbote sowie willkürliches Einfrieren von Bankkonten und die ungerechtfertigte Versäumnis der Aufhebung dieser Maßnahmen nach dem Freispruch[138]
- die Verweigerung der Genehmigung einer Bergbaumine trotz Erfüllung aller gesetzlichen Voraussetzungen und trotz legitimer Erwartungen auf Seiten des Investors um ein eigenes staatliches Bergbauprojekt zu verwirklichen.[139]

IV. Voller und dauerhafter Schutz und Sicherheit (full protection and security)

56 Die ebenfalls in zahlreichen BITs enthaltene Verpflichtung, ausländischen Investitionen **vollen (und dauerhaften) Schutz und Sicherheit** (*full [and constant] protection and security*)[140] zu gewähren, ist vor allem als Abwehr- und Verhinderungspflicht gegenüber Eingriffen Dritter zu verstehen. Dabei trifft den Gaststaat, entsprechend der traditionellen Auslegung im Rahmen der Prinzipien der Staatenverantwortlichkeit, keine absolute Verhinderungspflicht,[141] sondern vielmehr eine *due-diligence*-**Pflicht**[142]

---

lation – which determines whether a breach of international law has occurred. [...]"; s a *Olin Holdings Limited v State of Libya*, ICC Case No. 20355/MCP Final Award v 25.5.2018, Rn 308 („[...] the Tribunal considers that it was reasonable and legitimate for Olin to expect that Libya would not act in breach of its newly enacted Investment Law. The Tribunal considers that the issuance by the Libyan State of all necessary permits and licenses to build and operate Olin's factory also reinforced the Claimant's expectations that Libya would abide by its laws and respect Olin's fundamental rights as an investor."

137 *Desert Line Projects LLC v Republic of Yemen* ICSID Case No. ARB/05/17, Award v 6.2.2008, Rn 193–194: „The Arbitral Tribunal holds that the conduct of the Respondent, by inadmissibly pressuring the Claimant to accept and execute the Settlement Agreement instead of the final and binding Yemeni Arbitral Award, amounted to a breach of Art. 3 of the BIT. Considering and weighing all of the circumstances before it, the Arbitral Tribunal concludes that the Settlement Agreement was entered into by the Claimant under financial and physical duress and that the Respondent's objections in this regard should be dismissed. [...]".

138 *Mohamed Abdel Raouf Bahgat v Arab Republic of Egypt* PCA Case No. 2012-07, Final Award v 23.12.2019, Rn 245–253, 278–282.

139 *Tethyan Copper Company Pty Limited v Islamic Republic of Pakistan* ICSID Case No. ARB/12/1, Decision on Jurisdiction and Liability v 10.11.2017, Rn 1264–1265.

140 *Cordero Moss* Full Protection and Security in Reinisch (Hrsg), Standards of International Protection (2008) 131; *Schreuer* Full Protection and Security, Journal of International Dispute Settlement 1 (2010) 353.

141 IGH, ICJ Reports (1989) 15/65 – *Elettronica Sicula S.p.A. (ELSI)* „[T]he provision of 'constant protection and security' cannot be construed as the giving of a warranty that property shall never in any circumstances be occupied or disturbed."; *Technicas Medioambientales Tecmed S.A. v Mexico* ICSID Case No ARB/AF/00/2, Award v 29.5.2003, ILM 43 (2004) 133, Rn 177: „[T]he guarantee of full protection and security is not absolute and does not impose strict liability upon the State that grants it".

142 *Asian Agricultural Production Ltd (AAP) v Republic of Sri Lanka* ICSID Case No ARB/87/3, Final Award v 27.6.1990, ILM 30 (1991) 580, Rn 77: „[R]easonable measures of prevention which a well-administered government could be expected to exercise under similar circumstances".

zur Ergreifung notwendiger und zumutbarer Abwehrmaßnahmen.[143] Dementsprechend haben ICSID-Tribunale Verletzungen dieses Behandlungsstandards darin gesehen, dass ein Gaststaat seine Sorgfaltspflichten bei militärischen Maßnahmen gegen Aufständische verletzt hat[144] oder keinerlei Maßnahmen zum Schutz und zur Sicherheit der ausländischen Investitionen getroffen hat.[145] Es bleibt abzuwarten, ob sich ein rezenter Trend mancher Investitionsschiedsgerichte, diesen Standard mit jenem der gerechten und billigen Behandlung **gleichzusetzen,**[146] wird durchsetzen können.

Darüber hinaus sehen zahlreiche in Investitionsschutzverträgen enthaltene *full* 57 *protection and security* Bestimmungen ein spezifisches Diskriminierungsverbot bei etwaigen Entschädigungsleistungen vor. Sollte der Gaststaat Kompensationen für durch kriegerische Ereignisse oder innere Unruhen erlittene Schäden anbieten, so sind diese idR den Investoren des Vertragspartners auf der Grundlage der Meistbegünstigung und/oder Inländergleichbehandlung zu gewähren.

V. Enteignungsschutz

Zweck des Investitionsschutzes ist der rechtliche Schutz vor Maßnahmen des Gaststaa- 58 tes, welche die Interessen des Investors schädigen. **Kernbereich** des Investitionsschutzes ist der Schutz gegen **Enteignungen** oder **enteignungsgleiche Maßnahmen.**

Das völkerrechtliche Enteignungsrecht gehört historisch zu den ältesten Berei- 59 chen des internationalen Wirtschaftsrechts. Die zahlreichen Kontroversen über seinen völkergewohnheitsrechtlichen Kern haben wesentlich zu seiner Konkretisierung in bi- und multilateralen Verträgen beigetragen.

---

143 *Ronald S. Lauder v The Czech Republic* UNCITRAL: Final Award v 3.9.2001, World Trade and Arbitration Materials 14 (2002) 35, Rn 308: „The Arbitral Tribunal is of the opinion that [full protection and security] obliges the parties to exercise such due diligence in the protection of foreign investment as reasonable under the circumstances".

144 *Asian Agricultural Production Ltd (AAP) v Republic of Sri Lanka* ICSID Case No ARB/87/3, Final Award v 27.6.1990, ILM 30 (1991) 580, Rn 67: „Once failure to provide 'full protection and security' has been proven [...] the host State's responsibility is established, and compensation is due according to the general international law rules and standards previously developed with regard to the States failure to comply with its 'due diligence' obligation under the minimum standard of customary law".

145 *American Manufacturing & Trading Inc (AMT) (US) v Republic of Zaire* ICSID Case No ARB/93/1, Award v 21.2.1997, ILM 36 (1997) 1531, Rn 6.08: „[...] Zaire has breached its obligation by taking no measure whatever that would serve to ensure the protection and security of the investment in question. [...] Zaire is responsible for its inability to prevent the disastrous consequences of these events adversely affect the investments of AMT which Zaire had the obligation to protect". Ähnlich *Wena Hotel Ltd v Arab Republic of Egypt* ICSID Case No ARB/98/4, Award on Merits v 8.12.2000, ILM 41 (2002) 896.

146 Vgl *Occidental Exploration and Production Company v Ecuador* LCIA Case No UN 3467, Award v 1.7.2004, Rn 187: „[...] the question of whether in addition [to a breach of fair and equitable treatment] there has been a breach of full protection and security under this Article becomes moot as a treatment that is not fair and equitable automatically entails an absence of full protection and security".

1. Enteignung (expropriation)

60 Kernbereiche des Investitionsrechts sind Fragen der **Zulässigkeit** und der **Rechtsfolgen** von **Enteignungen** ausländischer Investoren. Dazu zählen neben **Nationalisierungen**, dh der Verstaatlichung ganzer Wirtschaftssektoren (etwa des Mineralölsektors oder des Banken- und Versicherungsbereichs), oder **Konfiskationen**, dh dem entschädigungslosen Entzug von Eigentumsrechten, auch sog indirekte Enteignungen, bei denen die Eigentümerposition zwar formell unangetastet bleibt, wirtschaftlich jedoch ein Eigentumsentzug vorliegt.[147]

61 Prinzipiell gestattet es das Völkerrecht den Staaten, ausländisches Vermögen zu enteignen, sofern solche Maßnahmen

- einem öffentlichen Zweck/dem allgemeinen Wohl dienen,
- in nicht-diskriminierender Weise vorgenommen werden und
- gegen Leistung einer Entschädigung erfolgen.

62 Darüber hinaus wird auch ein **rechtsstaatliches Enteignungsverfahren** als Zulässigkeitsvoraussetzung angesehen. Diesen völkergewohnheitsrechtlich verankerten Standard haben zahlreiche BITs und multilaterale Verträge[148] festgeschrieben. Dementsprechend haben Schiedstribunale Enteignungen, die den Betroffenen keine Möglichkeit einer Bekämpfung einräumen, für unvereinbar mit den Mindesterfordernissen eines fairen Verfahrens (***due process***) und damit für rechtswidrig angesehen.[149]

63 In der einschlägigen schiedsgerichtlichen Praxis wird das Erfordernis eines **öffentlichen Enteignungszwecks** zwar immer wieder betont,[150] sein Vorliegen aber

---

147 S u Rn 76.

148 Vgl Art 1110 NAFTA, Art 13 Energy Charter Treaty. S a *Dolzer/Stevens* 114.

149 *Ioannis Kardassopoulos & others v The Republic of Georgia* ICSID Case Nos ARB/05/18 and ARB/07/15, Award v 3.3.2010, Rn 404: „Viewed in its totality, the process by which the Respondent took GTI's rights, and thereby expropriated Mr. Kardassopoulos' investment, cannot by any definition be considered to have been carried out under due process of law. Moreover, the Respondent's failure to grant Mr. Kardassopoulos a reasonable chance within a reasonable time to have his claims heard following the expropriation of his investment unquestionably, in the eyes of the Tribunal, falls short of what is required by this criterion"; *ADC Affiliate Limited and ADC & ADMC Management Limited v Republic of Hungary* ICSID Case No ARB/03/16, Award v 2.10.2006, Rn 435: „Some basic legal mechanisms, such as reasonable advance notice, a fair hearing and an unbiased and impartial adjudicator to assess the actions in dispute, are expected to be readily available and accessible to the investor to make such legal procedure meaningful. In general, the legal procedure must be of a nature to grant an affected investor a reasonable chance within a reasonable time to claim its legitimate rights and have its claims heard. If no legal procedure of such nature exists at all, the argument that "*the actions are taken under due process of law*" rings hollow".

150 Vgl *Norwegian Shipowners' Claims* Final Award v 13.10.1922, RIAA, I (1948) 307/332; *INA Corp v Iran* Iran-US CTR 8 (1985), 373/378; *Amoco v Iran* Iran-US CTR 15 (1987) 222; *Amco Asia Corporation v Republic of Indonesia* ICSID Case No ARB/81/1, Award v 20.11.1984, 1 ICSID Reports 413/466; *Southern Pacific Properties (Middle East) Limited v Arab Republic of Egypt* ICSID Case No ARB/84/3, Award v 20.5.1992, Rn 158; *Compañía del Desarrollo de Santa Elena S.A. v Republic of Costa Rica* ICSID Case No ARB/96/1, Award v 17.2.2000, Rn 71.

selten hinterfragt.[151] Teilweise wurde sogar vertreten, dass Staaten völlig frei seien, zu beurteilen, was in ihrem öffentlichen Interesse läge.[152] In einem der libyschen Erdölfälle kam ein *ad-hoc*-Einzelschiedsrichter zu dem Ergebnis, dass die konkrete Enteignungsmaßnahme aus rein politischen Gründen und willkürlich vorgenommen worden war.[153] Auch in ICSID-[154] und *Iran-US Claims Tribunal*-Fällen wurden Enteignungsmaßnahmen als rechtswidrig qualifiziert, weil sie nicht einem öffentlichen Zweck dienten.

Enteignungen gelten als **diskriminierend**, wenn sie rechtlich oder tatsächlich 64
nur Ausländer oder bestimmte Gruppen von Ausländern betreffen. Dementsprechend wurden etwa die kubanischen Enteignungen, die ursprünglich nur amerikanische Plantagenbesitzer betrafen, als völkerrechtswidrig angesehen.[155] Auch bei den libyschen Erdölfällen wurde teilweise ein diskriminierender Charakter der staatlichen Maßnahmen festgestellt.[156] Ebenso haben einige rezente Investitionsschiedsgerichte Enteignungen für rechtswidrig befunden, weil sie sich in diskriminierender Weise gegen bestimmte ausländische Investoren richteten.[157]

2. Entschädigung (compensation)

Die Entschädigungsleistung, insb deren Höhe, gehört zu den umstrittensten Fragen 65
des Investitionsrechts. Seit langem wird die Art und Weise der nach Völkerrecht zu leistenden Entschädigung kontrovers diskutiert.

---

151 Vgl *Shufeldt Claim (US v Guatemala)*, Final Award v 24.7.1930, RIAA 1930, II, 1079/1095. AA die Entscheidung im *Walter Fletcher Smith Claim (US v Cuba)*, Final Award v 2.5.1929, 2 RIAA 913/917f, wonach die Erweiterung eines Vergnügungsparks als nicht im öffentlichen Interesse gelegen beurteilt wurde.

152 *Libyan American Oil Company (Liamco) v Libya* Award v 12.4.1977, 62 ILR (1981) 140/194: „Motives are indifferent to international law, each state being free to judge for itself what it considers useful or necessary for the public good".

153 *British Petroleum v Libya* Award v 10.10.1973 und 1.8.1974, 53 ILR (1973) 297/329: „[...] for purely extraneous political reasons and [...] arbitrary and discriminatory in character".

154 Der Widerruf einer Konzession „was not for a *bona fide* public purpose, was discriminatory and was not accompanied by an offer of appropriate compensation", siehe *Liberian Eastern Timber Corporation v Republic of Liberia* ICSID Case No ARB/83/2, Final Award v 31.3.1986, ILM 26 (1987) 647/648; in *ADC v Hungary* verneinte ein ICSID Schiedsgericht das Vorliegen eines öffentlichen Zwecks und führte dazu aus: „a treaty requirement for '*public interest*' requires some genuine interest of the public. If mere reference to '*public interest*' can magically put such interest into existence and therefore satisfy this requirement, then this requirement would be rendered meaningless since the Tribunal can imagine no situation where this requirement would not have been met." *ADC Affiliate Limited and ADC & ADMC Management Limited v Republic of Hungary* ICSID Case No ARB/03/16, Award v 2.10.2006, Rn 432.

155 *Banco Nacional de Cuba v Sabbatino* 376 US 398, 428f (1964).

156 *British Petroleum v Libya* Award v 10.10.1973 und 1.8.1974, 53 ILR (1973) 297.

157 *Liberian Eastern Timber Corporation v Republic of Liberia* ICSID Case No ARB/83/2, Final Award v 31.3.1986, 2 ICSID Reports 343, 366/367; *Eureko B.V. v Republic of Poland Partial Award v 19.8.2005*, Rn 242; *ADC Affiliate Limited and ADC & ADMC Management Limited v Republic of Hungary* ICSID Case No ARB/03/16, Award v 2.10.2006, Rn 443.

66 Die traditionelle Auffassung der westlichen Industriestaaten orientiert sich an der sog *Hull*-Formel,[158] wonach Ausländer nur gegen **angemessene** (*adequate*), **prompte** und **effektive** Entschädigung enteignet werden dürfen.[159]

67 Demgegenüber forderten vor allem lateinamerikanische Staaten und in der Folge zahlreiche afrikanische und asiatische Entwicklungsländer ein weitgehend unbeeinträchtigtes Recht auf jederzeitige Enteignung ausländischer Investoren als Ausfluss ihrer **Souveränität** und akzeptierten bloß eine eingeschränkte Entschädigungspflicht, deren Höhe sich grundsätzlich nur nach nationalem Recht bestimmen sollte.

68 Zur Unterstützung dieser Auffassung verwiesen sie auf das sowohl in den gemeinsamen Artikeln 1 der beiden UNO-Menschenrechtspakte als auch in der *Resolution der UNO-Generalversammlung Nr 1803 (XVII)* enthaltene Recht aller Völker, „für ihre eigenen Zwecke frei über ihre natürlichen Reichtümer und Mittel zu verfügen". Das daraus abgeleitete Recht auf Verstaatlichungs- oder sonstige Enteignungsmaßnahmen darf allerdings nur „in Übereinstimmung mit dem Völkerrecht" ausgeübt werden, wozu insb eine „angemessene" (*appropriate*) Entschädigung zählt.[160]

69 Erst die unter Stimmenthaltung der meisten OECD-Staaten angenommene *UNO-Generalversammlungsresolution Nr 3171 (XXVIII)* brachte die Auffassung der Entwicklungsländer stärker zum Ausdruck. Sie sah vor, dass „jeder Staat berechtigt ist, den Betrag der möglicherweise zu leistenden Entschädigung und die Zahlungsweise zu bestimmen, und dass alle diesbezüglichen Streitfälle in Übereinstimmung mit dem Recht des verstaatlichenden Staates geregelt werden sollen."[161] In ähnlicher Weise bestimmte die **Charta der wirtschaftlichen Rechte und Pflichten der Staaten,** *Resolution der UNO-Generalversammlung Nr 3281 (XXIX)* vom 12.12.1974, bloß eine Pflicht des enteignenden Staates „unter Berücksichtigung seiner einschlägigen Rechts- und sonstigen Vorschriften und aller von ihm für wesentlich erachteten Umstände eine angemessene Entschädigung zu zahlen." Bei Streitigkeiten über die Frage der Entschädigung sollten diese „nach dem innerstaatlichen Recht des verstaatlichenden Staates und vor seinen Gerichten beigelegt" werden.[162]

70 Die rechtliche Konsequenz dieser NIWO-Dokumente für den völkerrechtlichen Enteignungsstandard bleibt weitgehend unklar. War es für viele, vor allem sozialistische Staaten und Entwicklungsländer, ein klares Indiz dafür, dass die *Hull*-Formel nicht mehr als allgemein verbindlich angesehen werden könne, so verwiesen die westlichen Staaten bald auf das Scheitern der NIWO[163] und damit der in ihrem Rahmen an-

---

158 Genannt nach der diplomatischen Note des amerikanischen Außenministers *Cordell Hull*, in welcher er von Mexiko diesen Entschädigungsstandard mit folgenden Worten forderte: „The Government of the United States merely adverts to a self-evident fact when it notes that the applicable and recognized authorities on international law support its declaration that, under every rule of law and equity, no government is entitled to expropriate private property, for whatever purpose, without provision for prompt, adequate and effective payment therefore." Vgl *Hackworth Digest of International Law 3* (1942) § 288 58/59.

159 S u Rn 74.

160 UN-GA Res Nr 1803 (XVII) v 14.12.1962, ILM 2 (1963) 223/225.

161 UNO-Generalversammlungsresolution Nr 3171 (XXVIII) v 17.12.1973, ILM 13 (1974) 238.

162 Art 2 Abs 2 lit c) der Charta der wirtschaftlichen Rechte und Pflichten der Staaten, Resolution der UNO-Generalversammlung Nr 3281 (XXIX) v 12.12.1974, ILM 14 (1975) 251.

163 Vgl *Wälde* FS Seidl-Hohenveldern (1998) 771; s hierzu a → *Tietje* § 1 Rn 54.

genommenen Resolutionen, die gemäß Art 10 UNO-Charta ohnedies keine völkerrechtliche Bindungswirkung entfalten könnten.

In der Praxis kam es im Zeitraum von 1960 bis 1980 vor allem mit kommunistischen Staaten oft zum Abschluss sog **Globalentschädigungsabkommen**, worin sich diese verpflichteten, einen meist unter dem vollen Wert des enteigneten Vermögens liegenden Abfindungsbetrag an den Heimatstaat der geschädigten Eigentümer zu zahlen. Diese Globalentschädigung wurde dann idR nach einem staatlichen Verteilungsgesetz anteilsmäßig auf die Geschädigten aufgeteilt. Ob die solcherart vertragsrechtlich vereinbarten reduzierten Entschädigungsleistungen als Ausdruck eines völkergewohnheitsrechtlichen Standards angesehen werden konnten[164] oder ob sie hingegen als bewusste Abweichung von Gewohnheitsrecht zu werten waren,[165] blieb umstritten. 71

Ebenso umstritten ist heute die Frage, ob die praktisch gleich lautenden, an der *Hull*-Formel orientierten, hohen Entschädigungsstandards, die in zahlreichen BITs enthalten sind, als Indiz für eine entsprechende Anpassung des **gewohnheitsrechtlichen** Standards angesehen werden können.[166] 72

Fest steht, dass im Anwendungsbereich der zahlreichen BITs und anderer Verträge, die eine entsprechend angemessene, prompte und effektive Entschädigung vorsehen,[167] dieser Entschädigungsstandard völkerrechtlich verpflichtend ist. Daher haben Investitionsschiedsgerichte die Rechtswidrigkeit entschädigungsloser Enteignungen festgestellt.[168] 73

Aus der Rechtsprechung sowie teilweise aus präzisierenden BIT-Bestimmungen ergibt sich, dass darunter im Wesentlichen Folgendes zu verstehen ist: 74
- Prompt ist eine Entschädigungsleistung, die ohne Verzögerungen bzw gegebenenfalls mit Verzugszinsen erbracht wird.
- Effektiv ist eine Entschädigungszahlung in einer frei konvertierbaren Währung bzw in einer anderen wirtschaftlich unmittelbar verwertbaren Form.
- Angemessen/*adequate* ist als voller Gegenwert der Investition zu verstehen.

Für die **Berechnung** dieses vollen Gegenwerts stehen mehrere **Methoden** zur Auswahl, die vom Marktwert, über den Wiederbeschaffungswert, den Buchwert, den Liquidationswert bis zur Berechnung der tatsächlich getätigten Auslagen reichen.[169] Zahlreiche BITs sehen auch vor, dass der Wert der Investitionen unmittelbar vor Bekanntwerden der Enteignung heranzuziehen ist. Jedenfalls bei rechtswidrigen Enteignungen ist neben dem investierten Kapital (*damnum emergens*) auch der entgangene Gewinn (*lucrum cessans*), soweit es sich nicht um bloß spekulative Gewinnposten han- 75

---

164 *Libyan American Oil Company (Liamco) v Libya* Award v 12.4.1977, ILM 20 (1981) 1/72.

165 *Sedco Inc. v National Iranian Oil Co.*, Award v 24.10.1985, ILM 25 (1986) 629/633.

166 Vgl *Hindelang* JWIT 5 (2004) 789; *Schwebel* ASIL Proc 98 (2004) 27.

167 *Dolzer/Stevens* 109.

168 *Siemens A.G. v Argentina* ICSID Case No ARB/02/08, Award v 6.2.2007, Rn 273: „[...] compensation has never been paid on grounds that, as already stated, the Tribunal finds that are lacking in justification. For these reasons, the expropriation did not meet the requirements of Article 4(2) and therefore was unlawful."; vgl a *ADC Affiliate Limited and ADC & ADMC Management Limited v Republic of Hungary* ICSID Case No ARB/03/16, Award v 2.10.2006, Rn 444; *Bernardus Henricus Funnekotter and Others v Zimbabwe* ICSID Case No ARB/05/6, Award v 22.4.2009.

169 *Reisman/Sloane* BYIL 74 (2003) 115.

delt, zu erstatten.[170] Darüber hinaus unterscheiden zahlreiche Investitionsschiedsgerichte zwischen Entschädigung für (rechtmäßige) Enteignungen und Schadensersatz für (unrechtmäßige) Enteignungen,[171] obwohl diese Unterscheidung – auch terminologisch – nicht immer eingehalten wird.[172]

3. Indirekte Enteignungen

76 Neben dem Schutz vor direkten Enteignungen, die in den letzten Jahren ohnedies immer seltener vorkommen, beinhalten die meisten modernen BITs auch einen Schutz vor indirekten Enteignungen („*measures having equivalent effect*“[173] oder „*measures tantamount to expropriations*“[174] im Sinne des NAFTA). Solche **indirekten, schleichenden oder *de-facto*-Enteignungen** (*indirect, creeping, de facto expropriations*) sind besonders problematisch, da sie ohne formellen Entzug der Eigentümerposition der Investoren die wirtschaftliche Grundlage ihrer Investition zerstören.[175]

77 In der Literatur wurden ua die folgenden Beispiele als enteignungsgleiche Eingriffe identifiziert:[176]

---

170 *Amco Asia Corp v Indonesia* ICSID Case No ARB/81/1, Final Award v 21.11.1984, ILM 24 (1985) 1022/1036; *Metalclad v Mexico* ICSID Additional Facility v 30.8.2000, ILM 40 (2001) 36. Vgl a *Bowett* BYIL 59 (1988) 49/61.

171 *Southern Pacific Properties (Middle East) Limited v Arab Republic of Egypt* ICSID Case No ARB/84/3, Award v 20.5.1992, Rn 183: „[...] the Claimants are seeking 'compensation' for a lawful expropriation, and not 'reparation' for an injury caused by an illegal act such as a breach of contract. The cardinal point [...] in determining the appropriate compensation is that [...] Claimants are entitled to receive fair compensation for what was expropriated rather than damages for breach of contract.“; *Metalclad v Mexico* ICSID Case No ARB(AF)/97/1, Additional Facility v 30.8.2000, ILM 40 (2001) 36, Rn 122; „The award to Metalclad of the cost of its investment in the landfill is consistent with the principles set forth in *Chorzów* [...] namely, that where the state has acted contrary to its obligations, any award to the claimant should, as far as is possible, wipe out all the consequences of the illegal act and re-establish the situation which would in all probability have existed if that act had not been committed (the status quo ante).“; *ADC Affiliate Limited and ADC & ADMC Management Limited v Republic of Hungary* ICSID Case No ARB/03/16, Award v 2.10.2006, Rn 483:„Since the BIT does not contain any *lex specialis* rules that govern the issue of the standard for assessing damages in the case of an unlawful expropriation, the Tribunal is required to apply the default standard contained in customary international law in the present case“.

172 Vgl *Siemens A.G. v Argentina* ICSID Case No ARB/02/08, Award v 6.2.2007, Rn 349: „The law applicable to the determination of compensation for a breach of such Treaty obligations is customary international law. The Treaty itself only provides for compensation for expropriation in accordance with the terms of the Treaty.“ S auch *Marboe* JWIT 7 (2006) 723.

173 Vgl Art 13 Energy Charter Treaty; *Dolzer/Stevens* 100f.

174 Vgl Art 1110 NAFTA.

175 Vgl *Starrett Housing v Iran* Interim Award v 19.12.1983, Iran-US CTR 4 (1983) 122: „[I]t is recognized in international law that measures taken by a State can interfere with property rights to such an extent that these rights are rendered so useless that they must be deemed to have been expropriated, even though the State does not purport to have expropriated them and the legal title to the property formally remains with the original owner“.

176 Vgl *Higgins* RdC 176 (1982) 259; *Sohn/Baxter* AJIL 55 (1961) 545/553; *Christie* BYIL 38 (1962) 307.

- exzessive und willkürliche Besteuerung
- Zwangsverkauf
- die Einsetzung eines staatlichen Verwalters
- die Verweigerung des Zugangs zu notwendigen Rohmaterialien oder erforderlicher Ein- oder Ausfuhrbewilligungen.

Es kommt jedoch selten zur tatsächlichen Feststellung einer indirekten Enteignung. Die Beurteilung, ob eine indirekte Enteignung vorliegt, ist in besonderem Maße einzelfallbezogen und hängt von den jeweiligen Begleitumständen ab.[177] Dennoch lässt die rezente Schiedspraxis einige verallgemeinerungsfähige Leitlinien erkennen. So wird etwa gefordert, dass die Beeinträchtigung von Eigentumsrechten eine bestimmte **„Schwere und Intensität"**[178] aufzuweisen hat und ein **„wesentlicher Entzug"**[179] sein muss, um als enteignungsgleich gewertet werden zu können.[180] Eine indirekte Enteignung kann auch dann vorliegen, wenn es zu keiner entsprechenden Bereicherung des Staates oder Dritter kommt.[181] Überwiegend wird davon ausgegangen, dass es bei der Feststellung, ob eine enteignungsgleiche Handlung vorliegt, auf die **Aus-**

---

177 „[E]ach determination under Article 1110 is necessarily fact-specific.", s *Marvin Feldman v Mexico* ICSID Case No ARB(AF)/99/1, Additional Facility v 16.12.2002, ILM 42 (2003) 625, Rn 107. Vgl a die Klarstellung zur Enteignungsbestimmung des kanadischen Modell BIT von 2004, Annex B 13(1)(b): „The determination of whether a measure or series of measures of a Party constitute an indirect expropriation requires a case-by-case, fact-based inquiry [...]".

178 „Magnitude or severity", vgl *Pope & Talbot v Canada* NAFTA Interim Award v 26.6.2000, ILM 40 (2001) 36, Rn 96; ähnlich „severity of the economic impact", *LG&E v Argentina* ICSID Case No ARB/02/1, Decision on Liability v 3.10.2006, Rn 191; „sufficiently severe", *Metalpar v Argentina* ICSID Case No ARB/03/5, Award v 6.6.2008, Rn 173

179 „Substantial deprivation", vgl *Pope & Talbot v Canada* NAFTA Interim Award v 26.6.2000, ILM 40 (2001) 36, Rn 88; *Occidental Exploration and Production Company v Republic of Ecuador* LCIA Case No UN 3467, Final Award v 1.7.2004, Rn 89; *CMS Gas Transmission Company v The Argentine Republic* ICSID Case No ARB/01/8, Final Award v 12.5.2005, ILM 44 (2005) 1205, Rn 263; *Casinos Austria International GmbH and Casinos Austria Aktiengesellschaft v Argentine Republic* ICSID Case No. ARB/14/32, Decision on Jurisdiction v 29.6.2018, Rn 228.

180 *Compañía del Desarrollo de Santa Elena S.A. v Republic of Costa Rica* ICSID Case No ARB/96/1, Final Award v 17.2.2000, ILM 39 (2000) 1317, Rn 76: „What has to be identified is the extent to which the measures taken have deprived the owner of the normal control of his property".

181 *Técnicas Medioambientales Tecmed S.A. v Mexico* ICSID Case No ARB(AF)/00/2, Additional Facility v 29.5.2003, ILM 43 (2004) 133, Rn 113: „Although formally an expropriation means a forcible taking by the Government of tangible or intangible property owned by private persons by means of administrative or legislative action to that effect, the term also covers a number of situations defined as de facto expropriation, where such actions or laws transfer assets to third parties different from the expropriating State or where such laws or actions deprive persons of their ownership over such assets, without allocating such assets to third parties or to the Government."; *Rumeli Telekom v Kazakhstan* ICSID Case No ARB/05/16, Award v 29.7.2008, Rn 707: „[...] the fact that the expropriation was not directly for the benefit of the State but for the benefit of Telecom Invest does not affect this conclusion, since, as the parties agree, expropriation can exist despite there being no obvious benefit to the State concerned." Vgl auch *Tippetts Abbett McCarthy Stratton v TAMS-AFFA Consulting Engineers of Iran* Final Award v 29.6.1984, 6 Iran-US CTR 219/225; *Amco Asia Corporation v Republic of Indonesia* ICSID Case No ARB/81/1, Final Award v 20.11.1984.

wirkungen auf den Investor, nicht jedoch auf die Intentionen des Staates ankommen soll.[182] Dies wird in der Literatur auch als *„sole-effect-doctrine"* bezeichnet.[183] Immer häufiger werden bei der Prüfung, ob es sich um eine indirekte Enteignung handelt, auch die legitimen Erwartungen der Investoren[184] sowie das Vorliegen von Diskriminierung[185] mitberücksichtigt.

78 Vor allem im Bereich der NAFTA-Investitionsstreitbeilegung mussten sich einige Schiedsgerichte mit dem Begriff der indirekten Enteignung auseinandersetzen. In *Pope & Talbot* war das Schiedsgericht der Auffassung, dass eine schleichende Enteignung dann vorläge, wenn der Eigentümer nicht mehr in der Lage ist, sein Eigentum zu verwenden, auszuüben und zu veräußern, und dies mit einem wesentlichen Entzug einhergeht.[186] In *S.D. Myers* interpretierte das Schiedsgericht eine schleichende Enteignung als eine „andauernde Beseitigung der Fähigkeit des Eigentümers, über seine wirtschaftlichen Rechte zu verfügen".[187] Nur in der nicht unumstrittenen *Metalclad*-Entscheidung wurde tatsächlich eine indirekte Enteignung festgestellt, die das Tribunal folgendermaßen definierte: „eine verdeckte oder nebensächliche Einmischung in die Eigentumsverwendung, die bewirkt, dass dem Eigentümer, entweder zur Gänze oder in wesentlichem Maße, die Verwendung oder der vernünftigerweise zu erwartende wirtschaftliche Nutzen des Eigentums entzogen wird, selbst wenn dies nicht notwendigerweise zugunsten des Gaststaates erfolgt".[188] Im konkreten Fall wurde die

---

182 *Técnicas Medioambientales Tecmed S.A. v Mexico* ICSID Case No ARB(AF)/00/2, Additional Facility v 29.5.2003, ILM 43 (2004) 133, Rn 116: „The government's intention is less important than the effects of the measures on the owner of the assets or on the benefits arising from such assets affected by the measures; and the form of the deprivation measure is less important than its actual effects"; s a *Tippetts Abbett McCarthy Stratton v TAMS-AFFA Consulting Engineers of Iran* Final Award v 29.6.1984, 6 Iran-US CTR 219/225; *Phelps Dodge Corp. et al. v Iran* 10 Iran-US CTR (1986-I) 121/130. S jedoch die gegenteilige Auffassung in *Sea-Land Serv., Inc. v Iran* 6 Iran-US CTR (1984) 149/167: „A finding of expropriation would require, at the very least, that the Tribunal be satisfied that there was deliberate governmental interference with the conduct of Sea-Land's operation, the effect of which was to deprive Sea-Land of the use and benefit of its investment".

183 *Dolzer* NYU Environmental Law Journal 11 (2002) 64/79.

184 *Metalclad v Mexico* ICSID Case No ARB(AF)/97/1, Additional Facility v 30.8.2000, ILM 40 (2001) 36, Rn 103: „reasonably-to-be-expected economic benefit"; im Zusammenhang mit der Prüfung, ob eine indirekte Enteignung vorlag, hielt es ein ICSID Tribunal für „relevant to consider the vicissitudes of the economy of the state that is host to the investment in determining the investor's legitimate expectations." *Generation Ukraine Inc. v Ukraine* ICSID Case No ARB/00/9, Final Award v 16.9.2003, ILM 44 (2005) 404, Rn 20.37. Vgl auch den kanadischen Modell BIT von 2004, Annex B 13(1)(b)(ii): „The determination of whether a measure or series of measures of a Party constitute an indirect expropriation requires a case-by-case, fact-based inquiry that considers [...] the extent to which the measure or series of measures interfere with distinct, reasonable investment-backed expectations".

185 *Methanex Corporation v United States of America* NAFTA Final Award v 3.8.2005, IV D Rn 7: „[A]n intentionally discriminatory regulation against a foreign investor fulfils a key requirement for establishing expropriation." S a *Eureko B.V. v Republic of Poland* Partial Award v 19.8.2005, Rn 242.

186 *Pope & Talbot v Canada* NAFTA Interim Award v 26.6.2000, ILM 40 (2001) 36, Rn 102.

187 *S D Myers v Canada* NAFTA Final Award v 13.11.2000, ILM 40 (2001) 1408, Rn 283.

188 *Metalclad v Mexico* ICSID Case No ARB(AF)/97/1, Additional Facility v 30.8.2000, ILM 40 (2001) 36, Rn 103. Die Entscheidung spricht von „covert or incidental interference with the use of property which

entgegen früheren Zusagen nicht gewährte Bewilligung für die Errichtung einer Abfallbeseitigungsanlage als entschädigungspflichtige schleichende Enteignung angesehen.

Insgesamt scheinen Investitionsschiedsgerichte bei der Feststellung von **indirekten Enteignungen** jedoch durchaus **zurückhaltend** zu sein. Diesem Befund entspricht es, dass einige ICSID- und NAFTA-Tribunale ausdrücklich festgehalten haben, dass es nicht Aufgabe des völkerrechtlichen Enteignungsschutzes sein kann, die normalen wirtschaftlichen Risiken einer Auslandsinvestition zu eliminieren.[189] Dementsprechend wurde auch die bloße Nichtbezahlung vertraglicher Schulden einer staatlichen Einrichtung gegenüber einem ausländischen Investor nicht als indirekte Enteignung angesehen.[190] Andererseits haben Investitionsschiedstribunale auch festgestellt, dass vertragliche Rechte enteignet werden können und dass Eingriffe hoheitlicher Natur in solche Rechte als Enteignungen qualifiziert werden können.[191] 79

Des Weiteren wurden in der Rechtsprechung internationaler Schiedsgerichte als indirekte Enteignungen ua qualifiziert: 80

- Schwerwiegende Eingriffe in das Management eines Unternehmens etwa durch ungerechtfertigte Verhaftung[192] oder Strafverfolgung[193] von Managern oder durch das Einsetzen staatlicher Geschäftsführer[194]
- der Widerruf staatlicher Genehmigungen oder Privilegien, wie etwa von Steuer- oder Zollvergünstigungen[195] oder allgemeiner Betriebslizenzen[196]
- die diskriminierende Nichtzuteilung weiterer Beteiligungen im Rahmen einer Privatisierung entgegen ursprünglichen Zusagen[197]

---

has the effect of depriving the owner, in whole or in significant part, of the use or reasonably-to-be-expected economic benefit of property even if not necessarily to the benefit of the host state".

189 *Marvin Feldman v Mexico* ICSID Case No ARB(AF)/99/1, Additional Facility v 16.12.2002, ILM 42 (2003) 625, Rn 11.

190 *Waste Management v Mexico II* ICSID Case No ARB(AF)/00/3, Additional Facility v 30.4.2004, Rn 175.

191 *Bayindir Insaat Turizm Ticaret Ve Sanayi A.S. v Islamic Republic of Pakistan* ICSID Case No ARB/03/29, Award v 27.8.2009, Rn 444. Dieser Schiedsspruch postuliert als Test „whether the alleged interference with the property or the rights of the investor has been made in the State's exercise of its sovereign powers".

192 *Biloune and Marine Drive Complex Ltd. v Ghana Investments Centre and the Government of Ghana* UNCITRAL ad hoc Tribunal, Final Award v 27.10.1989, 95 ILR (1989) 183/209.

193 *Benvenuti & Bonfant v Congo* ICSID Case No ARB/77/1, Final Award v 8.8.1980.

194 *Tippetts Abbett McCarthy Stratton v TAMS-AFFA Consulting Engineers of Iran* Final Award v 29.6.1984, 6 Iran-US CTR 219; *Starrett Housing Corp. v Government of the Islamic Republic of Iran* Final Award v 19.12.1983, 4 Iran-US CTR 122.

195 *Goetz and Others v Republic of Burundi* ICSID Case No ARB/95/3, Final Award v 2.9.1998; *Middle East Cement Shipping and Handling Co. S.A. v Arab Republic of Egypt* ICSID Case No ARB/99/6, Final Award v 12.4.2002.

196 *Técnicas Medioambientales Tecmed S.A. v Mexico* ICSID Case No ARB(AF)/00/2, Additional Facility v 29.5.2003, ILM 43 (2004) 133, Rn 151; *Abengoa, S.A. y COFIDES, S.A. v Mexico* ICSID Case No. ARB(AF)/09/2, Award v 18.4.2013, Rn 605/610.

197 *Eureko B.V. v Republic of Poland* Partial Award v 19.8.2005, Rn 242.

- der Druck auf einen ausländischen Investor durch eine staatliche Medienbehörde, der zu einem Vertragsbruch durch den lokalen Partner führte[198]
- eine Reihe von unfairen Gerichtsentscheidungen, die zu einem *de facto* Entzug von Eigentümerrechten führten[199]
- extreme Steuer- und Abgabenerhöhungen entgegen früheren Zusicherungen[200]
- die Abschaffung von Steuervergünstigungen für Essensgutscheine, die von privaten Anbietern veräußert werden, wobei der Vertrieb von neu eingeführten Essensgutscheinen von einem staatlichen Unternehmen weiterhin steuerbegünstigt bleibt, wodurch Anteile an den privaten Anbietern wertlos wurden[201]
- das Verbot der Ausübung von Stimmrechten für Anteilen an Banken und die Verpflichtung die Anteile frühzeitig zu veräußern[202]
- ein einjähriges Ausreiseverbot für ein Segelkreuzfahrtschiff[203]
- eine staatlich angeordnete Einstellung von Zahlungen, die im Rahmen eines *Joint Activity Agreement* zwischen einem privaten und staatlichen Unternehmen fällig waren.[204]

---

198 *CME Czech Republic B V v The Czech Republic* UNCITRAL Partial Award v 13.9.2001, ILM 40 (2001) 1408, Rn 591–609.

199 *Rumeli Telekom v Kazakhstan* ICSID Case No ARB/05/16, Award v 29.7.2008, Rn 708.

200 *Revere Copper and Brass Inc. v Overseas Private Investment Corporation* Final Award v 24.8.1978, 56 ILR (1987) 258/291–292.

201 *UP and C.D Holding Internationale v Hungary* ICSID Case No. ARB/13/35, Award v 9.10.2018, Rn 303–304, 330–356, 410–419.

202 *PL Holdings S.A.R.L. v Republic of Poland* SCC Case No V2014/163, Partial Award v 28.6.2017 Rn 320–323, s insb Rn 320: „At least technically, Claimant was not deprived of its investment, but rather of certain rights forming part of it, viz, the right to vote its shares in the Bank and the right to dispose of the investment as it saw fit (here, more specifically, the right to offer the shares in an IPO rather than selling them three years earlier through a different procedure and under different less favourable circumstances). However, the KNF measures severely restricted these rights, rights that constitute essential elements of the right of ownership. These restrictions thus deprived the Claimant of the full benefit of its rights of ownership to such an extent as to constitute an expropriation. [...] In indirect expropriation cases, the investor almost invariably retains ownership; expropriation will have occurred because, notwithstanding that fact, the investment has been deprived of virtually all value".

203 *Inmaris Perestroika Sailing Maritime Services GmbH and others v Ukraine* ICSID Case No. ARB/08/8, Excerpts of Award v 1.3.2012, Rn 300–305, s insb Rn 300: „As described above, the Tribunal finds that the telegram instructing [X] not to let the ship leave the territorial waters of Ukraine, and the continuation of the travel ban for the ensuing year, was a sovereign act taken by Respondent. That act deprived Claimants of access to and control over the essential asset for its investment, i.e., the ship, and thus of Claimants' contractual rights to use that asset. While Respondent asserts that any deprivation was merely temporary because the travel ban was lifted after one year, the damage to the investment had by that time been done. An entire sailing season was cancelled, and Claimants' business suffered substantial harm such that they could not reasonably have been expected to resume operations as nothing had happened. Indeed, at that stage, two of the Claimants were in insolvency proceedings, and, even if those entities had remained solvent, it is not reasonable to assume that customers would be willing to work with them in light of these events".

204 *Alpha Projektholding GmbH v Ukraine* ICSID Case No. ARB/07/16, Award v 8.11.2010, Rn 408–412.

4. Regulative Enteignungen

Besondere Schwierigkeiten bereitet die Abgrenzung zwischen enteignungsähnlichen 81 und daher entschädigungspflichtigen **regulativen Enteignungen** (*regulatory takings*) und legitimen regulativen Maßnahmen (*regulatory measures*).[205] Besonders im Bereich von **Umweltschutzmaßnahmen** fürchten zunehmend auch westliche Industriestaaten durch eine weite Auslegung des indirekten Enteignungsbegriffs in ihrer souveränen Politikgestaltung eingeschränkt zu werden.[206] Die meisten Staaten stützen sich daher auf die traditionelle Auffassung, dass nichtdiskriminierende hoheitliche Regelungsmaßnahmen, die legitimen öffentlichen Interessen dienen, auch im Falle einer Eigentumsbeschränkung keine Entschädigungspflichten auslösen.[207] In jüngerer Zeit werden solche Feststellungen auch in BITs aufgenommen.[208] Allerdings dürfte eine generelle Ausnahme für Maßnahmen, die in Ausübung dessen, was traditionellerweise oft als **Polizeigewalt (*police powers*)** bezeichnet wird, erlassen werden, zu weit gehen.[209] Auch in der rezenten Schiedspraxis findet sich häufig die Auffassung, dass Staaten dann „nicht entschädigungspflichtig werden, wenn sie im Rahmen der normalen Ausübung ihrer regulativen Befugnisse in nichtdiskriminierender Weise gut-

205 *Saluka Investments BV (The Netherlands) v The Czech Republic* UNCITRAL Partial Award v 17.3.2006, Rn 263: „[...] international law has yet to identify in a comprehensive and definitive fashion precisely what regulations are considered "permissible" and "commonly accepted" as falling within the police or regulatory power of States and, thus, non-compensable. In other words, it has yet to draw a bright and easily distinguishable line between non-compensable regulations on the one hand and, on the other, measures that have the effect of depriving foreign investors of their investment and are thus unlawful and compensable in international law." Vgl a *Wälde/Kolo* ICLQ 50 (2001) 811; *Ratner* AJIL 102 (2008) 475ff; *Reinisch* in Muchlinski/Ortino/Schreuer (Hrsg) (2008) 407ff; *Newcombe* The Boundaries of Regulatory Expropriation in International Law, ICSID Review 20 (2005) 1ff.

206 Vgl den kontroversen Ethyl-Fall: *Ethyl Corporation v Canada* ICSID Additional Facility, Decision on Jurisdiction v 24.6.1998, ILM 38 (1999) 708, der allerdings zu einem Vergleich zwischen den Streitparteien führte.

207 Vgl das US-amerikanische Restatement (Third) of the Foreign Relations Law, § 712 Rn 1 Comment g: „A state is not responsible for loss of property of for other economic disadvantage resulting from *bona fide* general taxation, regulation, forfeiture for crime, or other actions of the kind that is commonly accepted as within the police powers of states, if it is not discriminatory [...] and is not designed to cause the alien to abandon his property to the state or sell it at a distress price".

208 Annex 10-B des FTA zwischen den US und Chile aus 2004: „Except in rare circumstances, non-discriminatory regulatory actions by a Party that are designed and applied to protect legitimate public welfare objectives, such as public health, safety, and the environment, do not constitute indirect expropriations."; Annex B 134 (1)(c) des kanadischen Modell BITs aus 2004: „Except in rare circumstances, such as when a measure or series of measures are so severe in the light of their purpose that they cannot be reasonably viewed as having been adopted and applied in good faith, non-discriminatory measures of a Party that are designed and applied to protect legitimate public welfare objectives, such as health, safety and the environment, do not constitute indirect expropriation".

209 Vgl das NAFTA-Panel in *Pope & Talbot*: „Canada appears to claim that, because the measures under consideration are cast in the form of regulations, they constitute an exercise of 'police powers', which, if non-discriminatory, are supposedly beyond the reach of NAFTA rules regarding expropriations. [...] Regulations can indeed be exercised in a way that would constitute creeping expropriation. [...] Indeed, much creeping expropriation could be conducted by regulation, and a blanket exception for regulatory measures would create a gaping loophole in international protections against expropriation." Vgl *Pope & Talbot v Canada* NAFTA Interim Award v 26.6.2001, ILM 40 (2001) 36, Rn 99.

gläubig regulative Maßnahmen erlassen, die dem allgemeinen Wohl dienen".[210] Entsprechende Bestimmungen finden sich auch in den Investitionskapiteln der Verträge der EU.

VI. Kapital- und Zahlungstransfers

82 Die Möglichkeit, **Kapital- und Zahlungstransfers** in den und aus dem Gaststaat durchzuführen, ist zentrale Voraussetzung für ausländische Investoren, um eine Investition überhaupt zu tätigen, im Zusammenhang mit der Investition aufgenommene Darlehen zurückzuzahlen, spätere Erweiterungen zu finanzieren und letztlich ihre Gewinne zu repatriieren. Solche Geldtransfers können jedoch durch nationale Transferbeschränkungen der Gaststaaten zum Schutz ihrer Devisenbestände oder im Falle von Zahlungsbilanzschwierigkeiten massiv behindert, wenn nicht gar gänzlich ausgeschlossen werden.

83 Die Bestimmungen des *Abkommens über den Internationalen Währungsfonds*[211] statuieren zwar ein grundsätzliches Verbot der Beschränkungen im internationalen Zahlungsverkehr, sie enthalten jedoch keine vergleichbar weitgehenden Verpflichtungen für den Kapitaltransfer.[212] Daher sehen BITs und andere investitionsrechtlich relevante Rechtsquellen weiterreichende Transfergarantien vor. Dazu gehören neben dem Transfer des ursprünglichen Investitionskapitals auch Transfers von Erträgen, Darlehensrückzahlungen, Lizenzgebühren, Erlösen aus der Investitionsverwertung, Entschädigungsleistungen für Enteignungen und von Einkommenszahlungen von

---

210 *Saluka Investments BV (The Netherlands) v The Czech Republic* UNCITRAL Partial Award v 17.3.2006, Rn 255: „It is now established in international law that States are not liable to pay compensation to a foreign investor when, in the normal exercise of their regulatory powers, they adopt in a non-discriminatory manner *bona fide* regulations that are aimed at the general welfare." Vgl auch *Methanex Corporation v United States of America* NAFTA Arbitral Tribunal, Final Award v 3.8.2005, IV D Rn 7: „[...] as a matter of general international law, a non-discriminatory regulation for a public purpose, which is enacted in accordance with due process and, which affects, inter alios, a foreign investor or investment is not deemed expropriatory and compensable unless specific commitments had been given by the regulating government to the then putative foreign investor contemplating investment that the government would refrain from such regulation". S a *Glamis Gold, Ltd. v United States of America* UNCITRAL Award v 8.6.2009, Rn 354: „A State is not responsible [...] 'for loss of property or for other economic disadvantage resulting from *bona fide* [...] regulation [...] if it is not discriminatory'"; *Magyar Farming Company Ltd, Kintyre Kft and Inicia Zrt v Hungary* ICSID Case No. ARB/17/27, Award v 13.7.2019, Rn 366: „[M]easures annulling rights of the investor [...] can be exempt from the otherwise applicable duty of compensation only in a narrow set of circumstances. These circumstances can be categorized in two broad groups: First, the exemption from compensation may apply to generally accepted measures of police powers that aim at enforcing existing regulations against the investor's own wrongdoings, such as criminal, tax and administrative sanctions, or revocation of licenses and concessions. [...] The second group consists of regulatory measures aimed at abating threats that the investor's activities may pose to public health, environment or public order. This line of case law relates to measures such as the prohibition of harmful substances, tobacco plain packaging, or the imposition of emergency measures in times of political or economic crises. [...]."

211 Abkommen über den Internationalen Währungsfonds v 22.7.1944, 2 UNTS No 38.

212 S ausf zum IWF → *Schlemmer-Schulte/Pohlmann* § 10 Rn 27ff.

Beschäftigten. Üblicherweise wird in den BITs der Transfer in frei konvertierbarer Währung, zu marktüblichen Wechselkursen und ohne Verzögerungen garantiert.[213]

VII. Mantelverpflichtungen (umbrella clauses)

Zahlreiche BITs enthalten auch sog **Mantelverpflichtungen** (*umbrella clauses, pacta-sunt-servanda clauses, traité de couverture*), worin sich Gaststaaten völkervertragsrechtlich verpflichten, gegenüber Investoren eingegangene Bindungen einzuhalten.[214] Nach herkömmlicher Auffassung wird damit jegliche Verletzung eines Konzessions-, Investitions- oder eines anderen Vertrags zwischen privatem Investor und Gaststaat **gleichzeitig** zu einer Verletzung des die Mantelverpflichtung enthaltenden BITs.[215] Klar ist freilich, dass es sich um vertragliche Verpflichtungen des Gaststaates selbst handeln muss. Wenn Verträge mit staatsnahen Einrichtungen geschlossen werden, die dem Staat nicht zurechenbar sind, gehen auch Mantelverpflichtungen meist ins Leere.[216] 84

Demgegenüber zeigt sich in der rezenten Schiedspraxis eine unterschiedliche Interpretation von *umbrella clauses*. So hielt eine ICSID-Entscheidung aus 2003 diese automatische Rechtsfolge für zu weitgehend und meinte zur einschlägigen BIT-Bestimmung,[217] dass sie nicht dazu führe, dass eine Vertragsverletzung automatisch zu einer Verletzung des BITs „erhoben" werden könne.[218] Kurz darauf hielt jedoch ein anderes ICSID-Tribunal diese restriktive Auslegung für nicht überzeugend und fand, 85

213 Vgl *Dolzer/Stevens* 86ff.

214 Vgl Art 2 Abs 2 des BIT zwischen dem Vereinigten Königreich und S. Lucia aus 1989: „Each Contracting Party shall observe any obligations it may have entered into with regard to investments of nationals or companies of the other Contracting Party", zitiert nach *Dolzer/Stevens* 82.

215 Vgl hierzu ua *Mann* BYIL 52 (1981) 241; *Sinclair* Arbitration International 20 (2004) 411; *Wälde* JWIT 6 (2005) 183.

216 *Gustav F W Hamester GmbH & Co KG v Republic of Ghana* ICSID Case No ARB/07/24, Award v 18.6.2010, Rn 346: „[...] a contractual obligation between a public entity distinct from the State and a foreign investor cannot be transformed by the magic of the so-called "umbrella clause" into a treaty obligation of the State towards a protected investor"; s a *Impregilo S.p.A. v Islamic Republic of Pakistan* ICSID Case No ARB/03/3, Decision on Jurisdiction v 22.4.2005, Rn 223; *Limited Liability Company Amto v Ukraine* SCC Case No 080/2005 (ECT), Final Award v 26.3.2008, Rn 110.

217 Artikel 11 des Schweiz-Pakistan BIT sah vor: „Each Contracting Party shall constantly guarantee the observance of the commitments it has entered into with respect to the investments of the investors of the other Contracting Party".

218 *SGS Société Générale de Surveillance S.A. v Islamic Republic of Pakistan* ICSID Case No ARB/01/13, Decision on Jurisdiction v 6.8.2003, ILM 42 (2003) 1290, Rn 172: „[The tribunal rejects that] breaches of a contract [...] concluded with a State (widely considered to be a matter of municipal rather than international law) are automatically 'elevated' to the level of breaches of international law. Having regard to the distinction in principle between breaches of contract and breaches of treaty, contractual claims could only be brought under Article 11 'under exceptional circumstances'."; ähnlich *El Paso Energy International Company v The Argentine Republic* ICSID Case No ARB/03/15, Decision on Jurisdiction v 27.4.2006, Rn 70ff; *Pan American Energy LLC and BP Argentina Exploration Company v Argentine Republic* ICSID Case No ARB/03/13, Decision on Preliminary Objections v 27.7.2006, Rn 101ff.

dass die anwendbare *umbrella clause*[219] bewirkte, dass die Nichteinhaltung bindender vertraglicher Zusagen im Zusammenhang mit Investitionen durch den Gaststaat sehr wohl zu einer BIT-Verletzung führte.[220] Letzterer Meinung folgte eine Reihe weiterer Schiedssprüche.[221] Allerdings bleibt die Frage der genauen Wirkung einer *umbrella clause* unterschiedlich beantwortet, wobei Tribunale oft auf den genauen Wortlaut der entsprechenden BIT-Bestimmungen Rücksicht nehmen.[222]

E. Spezielle Rechtsprobleme bei Auslandsinvestitionen

I. Staatsnotstand und andere Rechtfertigungsgründe

86 Die Verletzung von Schutzstandards, wie sie in BITs und anderen Investitionsverträgen enthalten sind, kann meistens von den betroffenen Investoren direkt vor „gemischten" Schiedstribunalen geltend gemacht werden.[223] Investitionsverträge regeln allerdings selten, ob ihre Verletzung in bestimmten Situationen gerechtfertigt sein kann. Nur ausnahmsweise enthalten BITs so genannte *non precluded measures* oder *safeguard clauses*, die ein Abweichen von Schutzstandardverpflichtungen etwa bei wirtschaftlichen Krisen erlauben.[224]

---

219 Artikel X(2) des Schweiz-Philippinen BIT lautete: „Each Contracting Party shall observe any obligation it has assumed with regard to specific investments in its territory by investors of the other Contracting Party".

220 *SGS Société Générale de Surveillance S.A. v Philippines* ICSID Case No ARB/02/6, Decision on Jurisdiction v 29.1.2004, Rn 128: <icsidfiles.worldbank.org/icsid/ICSIDBLOBS/OnlineAwards/C6/DC657_En.pdf>: „[An umbrella clause] makes it a breach of the BIT for the host State to fail to observe binding commitments, including contractual commitments, which it has assumed with regard to specific investments. But it does not convert the issue of the *extent or content* of such obligations into an issue of international law".

221 *Eureko B.V. v Republic of Poland* Partial Award v 19.8.2005, Rn 244; *Noble Ventures Inc. v Romania* ICSID Case No ARB/01/11, Award v 12.10.2005, Rn 52/53; *CMS Gas Transmission Company v The Argentine Republic* ICSID Case No ARB/01/8, Final Award v 12.5.2005, ILM 44 (2005) 1205, Rn 302; *Siemens A.G. v Argentina* ICSID Case No ARB/02/08, Award v 6.2.2007, Rn 206; *SGS Société Générale de Surveillance S. A. v Republic of Paraguay* ICSID Case No. ARB/07/29, Award v 10.2.2012, Rn 89–96; *Mobil Exploration and Development Inc. Suc. Argentina and Mobil Argentina S.A. v Argentine Republic* ICSID Case No. ARB/04/16, Decision on Jurisdiction and Liability v 10.4.2013, Rn 1010–1013.

222 Im Hinblick auf Artikel 2(4) des Jordanien-Italien BIT („Each Contracting Party shall create and maintain in its territory a legal framework apt to guarantee to investors the continuity of legal treatment, including the compliance, in good faith, of all undertakings assumed with regard to each specific investor.") meinte ein ICSID Tribunal, dass diese Bestimmung „only committed the host State to create and maintain in its territory a 'legal framework' favourable to investments, and did not bind it to 'observe' any 'obligation' it had previously assumed with regard to specific investments of investors of the other contracting Party." Vgl *Salini Costruttori S.p.A and Italstrade S.p.A v The Hashemite Kingdom of Jordan* ICSID Case No ARB/02/13, Decision on Jurisdiction v 15.11.2004, ILM 44 (2005) 573, Rn 126.

223 Vgl → *Reinisch* § 21 Rn 15ff.

224 Vgl Art XI US-Argentina BIT (1991), wonach "[t]his treaty shall not preclude the application by either Party of measures necessary for the maintenance of public order, the fulfillment of its obligations

Darüber hinaus haben Investitionsschiedsgerichte jedoch klargestellt, dass auch die allgemeinen **Rechtfertigungsgründe**, insb **Staatsnotstand**, nach den völkergewohnheitsrechtlichen Grundsätzen der **Staatenverantwortlichkeit** im Verhältnis zwischen privaten Investoren und Gaststaaten anwendbar sind.[225] Allerdings kam es im Anlassfall der argentinischen Wirtschaftskrise 2001–2003 zu widersprüchlichen Beurteilungen, ob sie als Staatsnotstand zu werten war. Während dies von den meisten Tribunalen verneint wurde,[226] haben einige ein solches Ausmaß der Krise angenommen und damit die Rechtswidrigkeit der argentinischen BIT-Verletzungen zumindest zeitweise für ausgeschlossen gehalten.[227]

87 Prüfmaßstab war in den meisten Fällen Artikel 25 der ILC-Artikel über die Staatenverantwortlichkeit,[228] der allgemein als Kodifikation des völkergewohnheitsrechtlichen Grundsatzes des Staatsnotstands angesehen wird.[229] Trotz der Divergenzen hinsichtlich der konkreten Qualifikation der argentinischen Wirtschaftskrise zeigen die bisherigen Investitionsschiedssprüche jedoch ein hohes Maß an Übereinstimmung bei der Auslegung der Grundsätze des Staatsnotstandes. So wird allgemein be-

---

with respect to the maintenance or restoration of international peace or security, or the protection of its own essential security interests".

225 Anders jedoch BVerfG, 2 BvM 1/03, v 8.5.2007: <bverfg.de/entscheidungen/ms20070508_2bvm000103.html>, der die Berufung Argentiniens auf Staatsnotstand gegenüber privaten Anleihegläubigern ablehnte. S a *Reinisch* Sachverständigengutachten zur Frage des Bestehens und der Wirkung des völkerrechtlichen Rechtfertigungsgrundes „Staatsnotstand", ZaöRV 68 (2008) 3–34.

226 *CMS Gas Transmission Company v Argentina* ICSID Case No ARB/01/8, Final Award v 12.5.2005, ILM 44 (2005) 1205; *Enron Corporation and Ponderosa Assets, L.P. v Argentine Republic* ICSID Case No ARB/01/3, Award v 22.5.2007; *Sempra Energy International v Argentine Republic* ICSID Case No ARB/02/16, Award v 28.9.2007; *BG Group Plc v Argentina* UNCITRAL Award v 24.12.2007; *National Grid plc v The Argentine Republic* UNCITRAL Award v 3.11.2008; *Suez, Sociedad General de Aguas de Barcelona SA, and Vivendi Universal SA v The Argentine Republic* ICSID Case No ARB/03/19, Decision on Liability v 30.7.2010; *Impregilo S.p.A. v Argentine Republic* ICSID Case No ARB/07/17, Award v 21.6.2011.

227 *LG&E Energy Corp., LG&E Capital Corp., LG&E International Inc. v Argentina* ICSID Case No ARB/02/1, Decision on Liability v 3.10.2006, ILM 46 (2007) 40; *Continental Casualty Company v Argentine Republic* ICSID Case No ARB/03/9, Award v 5.9.2008.

228 „1. Necessity may not be invoked by a State as a ground for precluding the wrongfulness of an act not in conformity with an international obligation of that State unless the act: (*a*) is the only way for the State to safeguard an essential interest against a grave and imminent peril; and (*b*) does not seriously impair an essential interest of the State or States towards which the obligation exists, or of the international community as a whole.

2. In any case, necessity may not be invoked by a State as a ground for precluding wrongfulness if: (*a*) the international obligation in question excludes the possibility of invoking necessity; or (*b*) the State has contributed to the situation of necessity." Commentaries to the draft articles on Responsibility of States for internationally wrongful acts, adopted by the International Law Commission at its fifty-third session (2001), reprinted in: Report of the International Law Commission on the work of its Fifty-third session, *Official Records of the General Assembly, Fifty-sixth session, Supplement No. 10* (A/56/10).

229 Vgl nur *Continental Casualty Company v Argentine Republic* ICSID Case No ARB/03/9, Award v 5.9.2008, Rn 168.

jaht, dass er auch bei wirtschaftlichen Krisen[230], allerdings nur in Extremfällen[231], vorliegen kann.

88 Uneins sind sich Investitionsschiedsgerichte auch hinsichtlich des Verhältnisses zwischen *non precluded measures clauses* und Artikel 25 der ILC-Artikel. Während die meisten Tribunale der Meinung sind, dass eine erfolgreiche Berufung auf solche BIT Klauseln dazu führt, dass gar keine Verletzung eintritt und sich daher eine Rechtfertigung durch Staatsnotstand erübrigt,[232] haben einige Tribunale auf Artikel 25 entweder unmittelbar oder zur Interpretation der anwendbaren *non precluded measures clauses* zurückgegriffen.[233] Letzterer Zugang wird als irrtümliche Anwendung der sekundärrechtlichen Staatenverantwortlichkeitsgründe bei Vorliegen primärrechtlicher Lösungsmöglichkeiten aus dem anwendbaren Vertrag selbst angesehen. Im *Sempra*-Fall hat ein ICSID *ad-hoc*-Komitee dies sogar als annullierungsfähige Nichtanwendung des anwendbaren Rechts gewertet.[234]

II. Rechtsbehelfe: Restitutio in integrum – Schadensersatz – Entschädigung

89 Wie schon im Zusammenhang mit den Enteignungsbestimmungen in BITs erwähnt, unterscheiden zahlreiche Investitionsschiedsgerichte zwischen Entschädigung für (rechtmäßige) Enteignungen und Schadensersatz für (unrechtmäßige) Enteignungen.[235] Kommt es zu einer entschädigungslosen oder sonst unrechtmäßigen Enteignung, so wenden Investitionsschiedstribunale die Grundsätze der Rechtsfolgen bei Eintritt von Staatenverantwortlichkeit an. In diesem Zusammenhang rekurrieren Schiedsgerichte häufig auf den *Chorzów*-Fall des StIG, der als *locus classicus* des Re-

---

230 So schon das Schiedsgericht im *Russische Entschädigungen*-Fall, *Affaire de l'Indemnité Russe* (*Russian Indemnity* Case), XI *UNRIAA* 431, 443 (1912) (« l'obligation pour un Etat d'executer les traités peut fléchir « si l'existence même de l'Etat vient à être en danger, si l'observation du devoir international est [...] *self destructive*. »).

231 *LG&E Energy Corp., LG&E Capital Corp., LG&E International Inc. v Argentina* ICSID Case No ARB/02/1, Decision on Liability v 3.10.2006, Rn 253: „The interest must be threatened by a serious and imminent danger. The threat [...] "must be 'extremely grave' and imminent."

232 *CMS Gas Transmission Company v The Argentine Republic* ICSID Case No ARB/01/8, Decision on Annulment v 25.9.2007, Rn 129: „The Committee observes first that there is some analogy in the language used in Article XI of the BIT and in Article 25 of the ILC's Articles on State Responsibility. [...] However Article XI specifies the conditions under which the Treaty may be applied, whereas Article 25 is drafted in a negative way: it excludes the application of the state of necessity on the merits, unless certain stringent conditions are met. Moreover, Article XI is a threshold requirement: if it applies, the substantive obligations under the Treaty do not apply. By contrast, Article 25 is an excuse which is only relevant once it has been decided that there has otherwise been a breach of those substantive obligations".

233 *Sempra Energy International v Argentine Republic* ICSID Case No ARB/02/16, Award v 28.9.2007, Rn 376; *Enron v Argentina*, ICSID Case No ARB/01/3, Award v 22.5.2007, Rn 334.

234 *Sempra Energy International v Argentine Republic* ICSID Case No ARB/02/16, Decision on Annulment v 29.6.2010, Rn 208: „The Tribunal adopted Article 25 of the ILC Articles as the primary law to be applied, rather than Article XI of the BIT, and in so doing made a fundamental error in identifying and applying the applicable law".

235 S o Rn 75.

parationsprinzips gilt. Demnach ist primär *restitutio in integrum* vorgesehen und, sollte dies nicht möglich sein, finanzieller Schadensersatz, der die geschädigte Partei so stellt, als ob der Schaden nicht eingetreten wäre.[236] In einzelnen Fällen haben Investitionsschiedstribunale sogar immateriellen Schaden zugesprochen.[237]

Obwohl Investoren in der Regel finanziellen Schadensersatz fordern, sind Investitionstribunale nicht auf finanzielle Rechtsbehelfe beschränkt. So haben ICSID-Schiedstribunale ua die Beendigung nationaler Gerichtsverfahren angeordnet und festgestellt, dass nach der ICSID-Konvention auch nicht-finanzielle Anordnungen bindend sind.[238] Bezüglich des Rechtsbehelfs der *restitutio in integrum* haben ICSID-Schiedstribunale allerdings wiederholt festgestellt, dass diese im Vergleich zu finanziellem Schadenersatz ein unverhältnismäßiger Eingriff in die staatliche Souveränität sei, sofern sie die Wiedereinsetzung einer früheren Gesetzeslage zum Ziel habe.[239] 90

III. Investitionsversicherungen

Viele Staaten stellen ihren Staatsangehörigen eigene **Versicherungen** für Auslandsinvestitionen zur Verfügung. Diese werden entweder von den **Staaten** selbst oder von **staatsnahen Einrichtungen** angeboten. In Deutschland werden Investitionsversicherungen im Auftrag der Bundesregierung von der *PricewaterhouseCoopers (PwC) GmbH Wirtschaftsprüfungsgesellschaft*, in Österreich von der *Österreichischen Kontrollbank*, in den USA von der *International Development Finance Corporation (DFC)* angeboten.[240] Darüber hinaus treten vermehrt auch private Versicherer auf. 91

Investitionsversicherungen versichern nicht-kommerzielle, **politische Risiken**, wie etwa (direkte und indirekte) *Enteignungen*, fehlende Konvertibilität der Währung des Gaststaates (*Transferrisiko*) und *Schäden durch bewaffnete Konflikte*. Vorausset- 92

---

236 *Saipem S.p.A. v Bangladesh* ICSID Case No ARB/05/7, Award v 30.6.2009, Rn 201: „The essential principle contained in the actual notion of an illegal act [...] is that reparation must [...] wipe-out all the consequences of the illegal act and re-establish the situation which would, in all probability, have existed if that act had not been committed".

237 *Desert Line Projects LLC v Yemen* ICSID Case No ARB/05/17, Award v 6.2.2008, Rn 289: „Even if investment treaties primarily aim at protecting property and economic values, they do not exclude, as such, that a party may, in exceptional circumstances, ask for compensation for moral damages".

238 *ATA Construction, Industrial and Trading Company v The Hashemite Kingdom of Jordan* ICSID Case No ARB/08/2, Award v 18.5.2010, Rn 130: „There is no doubt that an obligation imposed by an award that is expressed not in monetary terms but in terms of an obligation to perform a particular act or to refrain from a certain course of action is equally binding and gives rise to the effect of *res judicata*".

239 *LG&E Energy Corp., LG&E Capital Corp. and LG&E International Inc. v Argentina* ICSID Case No. ARB/02/1, Award v 25.7.2007, Rn 87; *Infrastructure Services Luxembourg S.à.r.l. and Energia Termosolar B.V. v Kingdom of Spain* ICSID Case No. ARB/13/31, Award v 15.6.2018, Rn 636; *RWE Innogy GmbH and RWE Innogy Aersa S.A.U. v Kingdom of Spain* ICSID Case No. ARB/14/34, Decision on Jurisdiction, Liability and Certain Issues of Quantum v 30.12.2019, Rn 681/685.

240 Vgl *OECD* (Hrsg) The Export Credit Financing System in OECD Member and Non-Member Countries (1995). Früher wurde die Investitionsversicherung in den USA von der Overseas Private Investment Corporation (OPIC) angeboten, die 2019 zusammen mit der Development Credit Authority der U. S. Agency for International Development in der neu geschaffenen Development Finance Corporation (DFC) aufging.

zung für den Abschluss von Investitionsversicherungen sind häufig rechtliche Garantien im Gaststaat sowie das Bestehen eines BIT zwischen diesem und dem versichernden Staat.

93 Zahlreiche BITs regeln ausdrücklich die rechtlichen Konsequenzen einer Entschädigung des Investors durch den Versicherer für das rechtliche Verhältnis zwischen Investor und Gaststaat.[241] So sehen sie oft den (versicherungsrechtlich selbstverständlichen) **Forderungsübergang** (*subrogation*) vom Investor auf den Versicherer im Falle einer Versicherungsleistung vor. Häufig verpflichten sie darüber hinaus den bereits entschädigten Versicherten, seine Forderungen gegenüber dem Gaststaat weiter zu verfolgen, und schließen den Einwand des Gaststaates aus, der versicherte Investor sei bereits entschädigt worden.[242] Solche Bestimmungen ermöglichen insb eine Durchsetzung von Entschädigungsansprüchen vor gemischten Schiedsgerichten, wie etwa dem ICSID, zu denen der Versicherungsstaat selbst keinen Zugang hätte.

94 Über das Angebot der nationalen Versicherungseinrichtungen hinaus bietet die Multilaterale Investitions-Garantie-Agentur (MIGA),[243] eine im Rahmen der Weltbank entstandene eigenständige internationale Organisation, Investitionsversicherungen an. Neben eigenen Versicherungen für Investoren bietet sie Rückversicherungen für staatliche Investitionsversicherungen an. Versicherbar sind Investitionen aus Mitgliedstaaten der MIGA, die wirtschaftlich sinnvoll sind und den gesetzlichen Voraussetzungen und entwicklungspolitischen Zielen des Gaststaates entsprechen. Versicherbar ist neben dem Transferrisiko das Enteignungsrisiko, das Risiko des Vertragsbruchs ohne angemessenen Rechtsschutz (*denial of justice*) und das Risiko bewaffneter Konflikte oder innerer Unruhen.[244] Bei Leistung im Versicherungsfall kommt es zum Forderungsübergang vom entschädigten Investor auf die MIGA, die ihre Ansprüche gegenüber dem Gaststaat vor einem internationalen Schiedsgericht, das sich von den ICSID-Verfahrensregeln leiten lässt, geltend machen kann.[245]

---

241 Vgl *Dolzer/Stevens* 156ff.

242 *Dolzer/Stevens* 163.

243 Übereinkommen über die Errichtung einer Multilateralen Investitions-Garantie-Agentur v 11.10.1985, ILM 24 (1985) 1598; vgl hierzu auch → *Schlemmer-Schulte/Pohlmann* § 10 Rn 124ff.

244 Art 11 (a) MIGA-Übereinkommen.

245 Art 57 (b) und Anlage II des MIGA-Übereinkommens.

§ 10
Internationales Währungs- und Finanzrecht

Sabine Schlemmer-Schulte und Markus Pohlmann

Gliederung **Rn**

https://doi.org/10.1515/9783110630718-010

Schrifttum

Åhman Facts, Evidence and the Burden of Proof in the World Bank Group Sanctions System, JIEL 23 (2020) 685; *Banerjee/Duflo* Poor Economics: A Radical Rethinking of the Way to Fight Global Poverty (2011); *Bhagwati* The Wind of the Hundred Days: How Washington Mismanaged Globalization (2000); *Bode* Der IWF im Wandel – Rückkehr zu einem neuen System (2017); *Boughton* Silent Revolution – The IMF 1979–1989 (2001); *Bradlow/Schlemmer-Schulte* Negotiating International Financial Transactions and Restructuring Debts – A Guide and Online Course for Developing Countries' Government Officials, United Nations Institute for Training and Research (UNITAR) e-journal 2003 Online Training Course Series (2003); *Broches* International Legal Aspects of the Operations of the World Bank, Recueil des Cours 98 (1959) 301; *Broos/Grund* The IMF's Jurisdiction Over The Capital Account – Reviewing the Role of Surveillance in Managing Cross-Border Capital Flows, JIEL 21 (2018) 489; *Buira* (Hrsg) Reforming the Governance of the IMF and the World Bank (2005); *Canuto/Liu* (Hrsg) Until Debt Do Us Part: Subnational Debt, Insolvency, and Markets (2013); *Clark/Dolan* Pleasing the Principal: U. S. Influence in World Bank Policymaking, American Journal of Political Science 65 (2021) 36; *Crow/Lodha* The Atlas of Global Inequalities (2011); *Dann/Riegner* The World Bank's Environmental and Social Safeguards and the Evolution of Global Order, Leiden JIL 32 (2019) 537; *Eichengreen* Global Monetary Order (2017); *ders* Globalizing Capital: A History of the International Monetary System (1996); *Faundez* The Rule of Law of Washington Consensus: The Evolution of the World Bank's Approach to Legal and Judicial Reform, in Perry-Kessaris (Hrsg) Law in the Pursuit of Development (2010) 180; *Gardener* Sterling-Dollar Diplomacy in Current Perspective: The Origins and the Prospects of Our International Economic Order (1980); *Feibelman* The IMF and Regulation of Cross-Border Capital Flows, Chicago JIL 15 (2015) 409; *Garritsen de Vries* The IMF 1972–1978: Cooperation on Trial, Bd I-III (1985); *dies* The IMF 1966–1971: The System under Stress, Bd I–II (1976); *Gold* Interpretation: The IMF and International Law (1996); *ders* Legal and Institutional Aspects of the International Monetary System: Selected Essays, Bd II (1984); *ders* Legal and

Institutional Aspects of the International Monetary System: Selected Essays, Bd I (1979); *Gramlich* Eine neue internationale „Finanzarchitektur" oder: Der IMF in der Krise? AVR 38 (2000) 399; *Grajzl/Dimitrova-Grajzl* The Choice in the Lawmaking Process: Legal Transplants vs. Indigenous Law, Review of Law and Economics 5 (2009) 615; *Hahn/Häde* Währungsrecht, 2. Aufl. (2010); *Head* Losing the Global Development War: A Contemporary Critique of the IMF, the World Bank, and the WTO (2008); *Hell* Reichweite der Haftungsimmunität Internationaler Organisationen, IWRZ (2019) 134; *Horsefield* The IMF 1945–1965, Bd I–III (1969); *Hudes/Schlemmer-Schulte* Accountability in Bretton Woods, ILSA JICL 15 (2009) 501; *Kapur/Lewis/Webb* (Hrsg) The World Bank – Its First Half Century (1997); *Kaufmann/Kraay* Governance Indicators: Where Are We, Where Should We Be Going? (2008); *Kawai/Prasad* (Hrsg) Financial Market Regulation and Reforms in Emerging Markets (2011); *Krajewski* Wirtschaftsvölkerrecht, 4. Aufl (2017); *Lowenfeld* International Economic Law, 2. Aufl (2008); *MacDonalds* Third World Health Hostage to First World Wealth (2005); *Marshall* The World Bank: From Reconstruction to Development to Equity (2008); *Mason/Asher* The World Bank since Bretton Woods (1973); *Meyer* (Hrsg) Legitimacy, Justice and Public International Law (2009); *Okeke* Jurisdictional Immunity of International Organizations in the United States in the Wake of the Supreme Court Decision in Jam v. IFC, Intergovernmental Organizations In-house Counsel Journal (2020), 1ff; *Park/Vetterlein* Owning Development: Creating Policy Norms in the IMF and the World Bank (2010); *Phillips* Reforming the World Bank: Twenty Years of Trial – and Error (2009); *Primo Braga/Vincelette* (Hrsg) Sovereign Debt and the Financial Crisis: Will This Time Be Different? (2011); *Primo Braga/Dömeland* (Hrsg) Debt Relief and Beyond: Lessons Learned and Challenges Ahead (2009); *Reinisch* International Organizations before National Courts (2000); *Rendell* (Hrsg) International Financial Law, Bd I–II, 2. Aufl (1983); *Rodrik* The Globalization Paradox: Democracy and the Future of the World Economy (2011); *Rowden* The Deadly Ideas of Neoliberalism: How the IMF has Undermined Public Health and the Fight Against AIDS (2009); *Ruddigkeit* Das Mandat des IWF (2013); *Sachs* Common Wealth: Economics for a Crowded Planet (2008); *Schlemmer-Schulte* The World Bank – Monograph (2015); *dies* Structural Adjustment Programme, International Bank for Reconstruction and Development, and International Monetary Fund, in Peters (Hrsg) Max Planck Encyclopedia of Public International Law, online edition (2012); *dies* International Investment and Finance Law versus Human Rights, Global Business & Development Law Journal 25 (2012) 409; *dies* Sovereign Debt: The Argentine Bonds Case, FS Bothe (2008) 973; *dies* Die Rolle der Internationalen Finanzinstitutionen im Nord-Süd-Konflikt, BerDGVR 41 (2005) 149; *dies* Building an International Grievance System: The World Bank Inspection Panel – Selected Issues, FS Ress (2005) 249; *dies* The World Bank's Promotion of the Rule of Law in Developing Countries, *dies/Tung* (Hrsg) Liber Amicorum Ibrahim F.I. Shihata – International Finance and Development Law (2001) 677; *dies* The World Bank and Human Rights, Austrian Review of International and European Law 4 (1999) 230; *dies* The World Bank's Experience with its Inspection Panel, ZaöRV 58 (1998) 353; *Schreuer/Malintoppi/Reinisch/Sinclair* The ICSID Convention: A Commentary, 2. Aufl (2009); *Sen* Inequality Reexamined (2004); *Shaffer/Waibel* The (Mis)Alignment of the Trade and Monetary Legal Order, University of California, Irvine Legal Studies Research Paper 27 (2016) 187; *Shihata* The World Bank in a Changing World, Bd III (2000); *ders* The World Bank Inspection Panel: In Practice (2000); *ders* The World Bank Legal Papers (2000); *ders* The World Bank in a Changing World, Bd II (1995); *ders* The World Bank in a Changing World, Bd I (1991); *Skogly* The Human Rights Obligations of the World Bank and the International Monetary Fund (2001); *Stefano* Reforming the Governance of International Financial Law in the Era of Post-Globalization, JIEL 20 (2017) 509; *Stell* The Battle of Bretton Woods: John Maynard Keynes, Harry Dexter White, and the Making of a New World Order (2013); *Stiglitz* The Price of Inequality (2013); *ders* Globalization and Its Discontents (2002); *Tietje* Architektur der Weltfinanzordnung, BerDGV 45 (2012) 243; *Truman* Survival of the International Monetary Fund and Global Economic Cooperation, Peterson Institute for International Economics (2019) No 5; *Waltz/Ramachandran* Brave New World: A Literature Review of Emerging Donors and the Changing Nature of Foreign Assistance (2011); *Woods* Whose Aid? Whose Influence? China, Emerging Donors, and the Silent Revolution in Development Assistance, International Affairs 84 (2008) 1205.

A. Einleitung

1 Das Kapitel zum internationalen Währungs- und Finanzrecht befasst sich in erster Linie mit dem **internationalen Währungssystem**, wie es seit dem 2. Weltkrieg durch den Internationalen Währungsfonds (IWF) organisiert wird. Es beschäftigt sich weiterhin mit dem **Europäischen Währungssystem**, wie es in der EG bzw EU assoziiert ist, sowie mit den internationalen Finanzflüssen und deren Zweckbestimmungen. Bei den Finanzgebern muss es sich jedoch um **internationale Finanzinstitutionen (IFIs)**, dh den IWF, die Weltbankgruppe, regionale Finanzinstitutionen und bilaterale Entwicklungshilfeagenturen, handeln. Folglich werden in diesem Kapitel die Regelung zu Währungen und Finanzen auf internationaler und europäischer Ebene sowie „öffentlich-rechtliche" Geldgeber, dh internationale Organisationen und Regierungen bzw deren Agenturen, dargestellt. Demgegenüber wird das internationale Bank- und Finanzdienstleistungsrecht „privatrechtlicher" Finanzströme eingehend an anderer Stelle in diesem Lehrbuch behandelt.[1]

2 Die **Rechtsquellen des internationalen Währungs- und Finanzrechts** finden sich in den Gründungsverträgen og internationaler Organisationen, den Transaktionen, die diese Organisationen eingehen bzw in den Verträgen, die diesen Transaktionen zu Grunde liegen. Sie sind zudem in den allgemeinen *policies*, die diese Organisationen sich selbst gegeben haben und nach denen sie ihre Finanzierungen gestalten, sowie in den Kreditvergabevorgaben nationaler Entwicklungshilfeagenturen enthalten.[2] Der Großteil dieser Rechtsquellen schlägt, soweit es sich um Rechtsinstrumente handelt, auf denen IFI Operationen basieren, ein neues und eigenständiges, vom klassischen Völkerrecht weitgehend unabhängiges Kapitel internationalen Rechts auf.[3]

1 Vgl → *Sethe/Lehmann* § 15 Rn 1ff.

2 Aus völkerrechtlicher Sicht sei hier angemerkt, dass es sich bei diesen Rechtsquellen, soweit es um internationale Finanzinstitutionen und nicht um nationale Entwicklungshilfeagenturen geht, mit Ausnahme der Gründungsverträge um selbständiges, dh von diesen Institutionen geschaffenes oder vereinbartes Recht handelt, auf das das klassische Völkerrecht nach Auffassung der internationalen Finanzinstitutionen keine Anwendung findet. Auch wenn diese Ansicht in der Literatur vielfach kritisiert wird, findet sie in der Praxis dieser Institutionen insbesondere im Zusammenhang mit Menschenrechtsfragen ihren deutlichen Ausdruck. S zB für die Auffassung der Weltbank zu Menschenrechtsfragen *Shihata* World Bank Bd II, 553; *ders* World Bank Bd III, 567; *Schlemmer-Schulte* Austrian Review of International and European Law 4 (1999) 230. AA IGH, ICJ Rep 1980, 73/89f – *WHO/Egypt*. Dort heißt es in einem *obiter dictum*, dass „[i]nternational organisations are subjects of international law and, as such, bound by general rules of international law [...]." Eingehender zu dieser Problematik *Nowrot* Normative Ordnungsstruktur und private Wirkungsmacht (2006) 572ff mwN.

3 Allgem zu den Rechtsquellen des Internationalen Wirtschaftsrechts → *Nowrot* § 2 Rn 44ff. Die *sui generis* Rechtsnatur von IFI-Finanzierungsabkommen / *arrangements* mit Mitgliedsländern und die zahlreichen daran geknüpften Bedingungen, die zumeist abstrakt-generell formulierten *policies* enstammen, erklärt sich aus der Tatsache, dass diese Abkommen / *arrangements* und *policies* weder der Wiener Vertragsrechtskonvention für Verträge zwischen internationalen Organisationen und Staaten noch sonst irgendwelchem allgemeinen Völkerrecht unterliegen. Die einzigen Instrumente der IFIs, die allgemeinem Völkerrecht unterliegen sind die IFI Gründungsverträge. Zum Problem der fehlenden *accountability* wegen der Tatsache, dass kaum allgemeines Völkerrecht auf die IFIs anwendbar ist, s *Hudes/Schlemmer-Schulte* ILSA JICL 15 (2009) 501ff.

Das Kapitel zum internationalen Währungs- und Finanzrecht erlaubt sich bewusst, überwiegend chronologisch vorzugehen, um anhand der historischen Dimension zu zeigen, wie sich insbesondere der Charakter der beiden wichtigsten IFIs seit ihrer Gründung nach dem 2. Weltkrieg verändert hat. So hat sich der IWF von seiner ursprünglichen Rolle als reinem Wächter über Währungen und Währungspolitik seiner Mitglieder durch den Ausbau seiner Finanzierungsfunktion entfernt. Auch die Weltbank[4] distanzierte sich von ihrer Rolle als Finanziererin des Wiederaufbaus der im 2. Weltkrieg zerstörten Wirtschaften und beschränkt sich nicht nur auf die Entwicklung von Infrastruktur, Landwirtschaft und Industrie in den Entwicklungsländern. Unterdessen legen der IWF und die Weltbank als entscheidende ***policy-maker*** weitreichende **volkswirtschaftliche, institutionelle und rechtliche Rahmenbedingungen in den Entwicklungsländern und den am wenigsten entwickelten Ländern** fest, ohne dass aber ihre Gründungsverträge, die eine solche Rolle nicht ausdrücklich vorsehen, nennenswert geändert wurden. Seit der Mitte der 1970er Jahre veränderten sich aufgrund einer Umgestaltung des IWF-Übereinkommens die materiellen Parameter des vom IWF gemanagten internationalen Währungsregimes. Das Kapitel schließt mit einer kritischen Betrachtung dieser neuen Rolle von IWF und Weltbank und stellt die daraus entstandenen ungelösten Probleme dar. 3

B. Das internationale Währungssystem

I. Vorläufer des Bretton Woods Systems

1. Münzverträge vs Devisenbewirtschaftung

Parallel zur Industrialisierung, dem verstärkten Warenhandel und der Tätigung privater Investitionen über die Staatsgrenzen hinweg nahm zum Ende des 19. und Beginn des 20. Jahrhunderts der Druck auf die Regierungen wichtiger Wirtschaftsnationen zu, die Konvertibilität und Stabilität der Währungen zu garantieren und Wechselkursschwankungen am Handel beteiligter Währungen zu minimieren.[5] Bis zu diesem Zeitpunkt hatten die meisten Staaten aufgrund ihrer Souveränität[6] die ihnen obliegende Währungshoheit im zwischenstaatlichen Verkehr eindimensional ausgeübt, dh die Bedingungen der Konvertibilität ihrer Währung sowie die Wechselkurse gegenüber anderen Währungen einseitig bestimmt. Jetzt gerieten diese Staaten durch die Zunahme von grenzüberschreitendem Handel und Investitionen von Unternehmern unter Zugzwang. Sie sahen sich nunmehr gezwungen, diese bisherige einseitige Ausübung 4

4 Falls nicht ausdrücklich angegeben, bezieht der Begriff Weltbank im Folgenden sowohl die 1944 gegründete International Bank for Reconstruction and Development (IBRD) als auch die 1960 entstandene International Development Association (IDA) ein.

5 Für eine Beschreibung der Situation vor Ende des 2. Weltkriegs und der Einführung eines rechtsverbindlichen einheitlichen internationalen Währungssystems durch die Bretton Woods Konferenz s ausf *Eichengreen* Globalizing Capital; sowie kursorisch *Mann* The Legal Aspect of Money: With Special Reference to Comparative Private and Public International Law, 5. Aufl (1992) Kap II; *Lowenfeld*, 598ff; *Krajewski*, Rn 712ff.

6 Eingehender hierzu → *Tietje* § 1 Rn 99ff.

von Währungshoheit aufzugeben und zum Wohle privater Geschäftsleute und Kunden eine sinnvolle Koordination in ähnlicher Form wie die seit längerer Zeit existierenden bilateralen Handelsabkommen anzustreben. Die am Handel und an Investitionen interessierten Länder Europas und Amerikas, deren Währungen nach Einführung von Papiergeld innerstaatlich mittlerweile vom reinen Metallmünzstandard sowie von verschiedenen gemischten Metallstandards einschließlich der in Kontinentaleuropa üblichen bimetallischen auf Gold und Silber beruhenden Standards abgerückt waren und deren Papiergeld auf dem Goldstandard basierte, schlossen eine Reihe von **bilateralen Münzverträgen** ab. Vorübergehend übernahmen diese auf dem Goldstandard aufbauenden Münzverträge die Rolle, ein internationales Währungsnetzwerk zu organisieren, welches bis zum Ausbruch des 1. Weltkrieges ein hohes Maß an Stabilität zeigte und durch verantwortungsvolle Kreditpolitik der Zentralbanken der beteiligten Wirtschaftsnationen erste Ansätze zur Harmonisierung von Währungspolitiken auf internationaler Ebene zur Folge hatte.

5 Diese erste Phase des auf internationaler Solidarität beruhenden stabilen Währungsregimes wurde mit dem Beginn des 1. Weltkrieges abrupt beendet. Die relative monetäre Stabilität auf zwischenstaatlicher Ebene vor dem 1. Weltkrieg wurde in der Nachkriegszeit nie mehr erreicht, da die meisten Staaten ihre Währung in der Zeit zwischen dem 1. und 2. Weltkrieg nicht mehr kontinuierlich auf Goldreserven stützten. Der 1. Weltkrieg und die Nachkriegszeit erwiesen sich als wirtschaftlich so schwierig, dass die meisten Staaten nicht nur ihre **Reservepolitik** aufgaben, sondern auch von etwaigen Verpflichtungen aus Münzverträgen Abstand nahmen. Zur Lösung der Wirtschaftsprobleme wurde eine Politik der sog **Devisenbewirtschaftung** angestrebt. Hierbei handelt es sich um ein System der planwirtschaftlichen Lenkung des gesamten Zahlungs-, Kredit- und Kapitalverkehrs mit dem Ausland, der Erfassung und Verwendung aller vorhandenen und anfallenden Devisen sowie der einseitigen Festsetzung der Wechselkurse. Über die Politik der Devisenbewirtschaftung gelang es den Staaten zwar, das Risiko möglicher Spekulationen aufgrund enormer Wechselkursschwankungen bei nicht mehr an Gold gekoppelten Währungen zu verringern. Die Devisenbewirtschaftung mit staatlich organisierter Auf- und Abwertung von Währungen und Manipulationen der Wechselkurse führte aber letztlich zu einer Inflation und einem monetären Chaos.[7] Die Wirtschaftsprobleme wurden weder durch die Devisenbewirtschaftung noch durch parallel eingeführte Handelskontrollen wie ua Zölle und Quoten auf Einfuhren gelöst. Auch die Subvention von Ausfuhren und die Substitution von Importen mit einheimischen Gütern waren insoweit nicht hilfreich. Vielmehr war das Gegenteil die Folge dieser staatlichen währungspolitischen und volkswirtschaftlichen Interventionen: Es trat eine Periode ein, in der der Handel und damit die Produktivität stark zurückging, die Arbeitslosigkeit drastisch zunahm und Preise und damit Währungen ausgesprochen instabil wurden.

6 Die Kombination von Ausfuhrreduktion, Substitution von Importen durch einheimische Produktion, Auferlegung von Zöllen auf Einfuhren, Abwertung der einheimischen Währung zur künstlichen Verbesserung der Wettbewerbsfähigkeit einheimischer Produkte und zum Ausgleich von Handelsbilanzdefiziten sowie Einführung

---

7 *Eichengreen* Globalizing Capital, 65 qualifiziert zu Recht die Zeit zw den Weltkriegen als Zeit der „*interwar instability*“.

von Wechselkurskontrollen führte lediglich zum „Export“ der wirtschaftlichen Rezession in die Nachbarländer, dh dem sog ***beggar-thy-neighbor*-Phänomen**.[8] Es waren die Erinnerungen an diese Zeit der ***great depression***, des monetären Chaos und des *beggar-thy-neighbor*-Phänomens sowie der politische Wille, die Fehler der Zeit zwischen dem 1. und 2. Weltkrieg nicht zu wiederholen, die nach dem 2. Weltkrieg zum Aufbau eines internationalen Währungssystems, dem sog **Bretton Woods System**, als Korrelat zu einem internationalen Handelsregime führen sollten.

2. Bank für Internationalen Zahlungsausgleich (BIZ)

Im Jahre 1930 wurde die BIZ errichtet, die aber den allgemeinen Rückgang des Welt- 7
handels, die Verminderung nationaler Bruttosozialprodukte sowie den Verfall der Preise für Rohstoffe und Agrarprodukte nicht aufhalten konnte. Weder die BIZ noch die zwischenzeitliche Bildung von Handels- und Währungsblöcken konnten den Niedergang volkswirtschaftlicher Nachfrage an Produkten, die Massenarbeitslosigkeit und das Währungschaos als Folge der Aufgabe des Goldstandards und der Devisenbewirtschaftung stoppen.[9]

Die Errichtung der BIZ in Basel erfolgte aus zwei Gründen:[10] Zum einen sollte ein 8
internationales Finanzinstitut zur finanztechnischen Regelung der deutschen Reparationszahlungen nach dem 1. Weltkrieg gegründet werden und zum anderen ein Institut geschaffen werden, welches allgemein die Zusammenarbeit von Zentralbanken fördern sollte. Diese beiden Zielsetzungen führten zu den **Haager Vereinbarungen** über den ***Young*-Plan**, der den *Dawes*-Plan ablöste. Der *Young*-Plan stellte den zweiten wirtschaftlichen Lösungsversuch des Versailler Friedensvertrages dar, welcher das Ende des 1. Weltkrieges besiegelte.[11]

Die BIZ kam auf der Basis eines Regierungsabkommens zwischen der Schweiz, 9
Deutschland, Belgien, Frankreich, Großbritannien, Italien, Japan und den USA zustande.[12] Das anfängliche **Nominalkapital der BIZ** von 0,5 Mrd Goldfranken[13] (welches 1969 auf 1,5 Mrd Goldfranken erhöht wurde) ist nur zu 25 % eingezahlt worden. Der amerikanische Anteil am Aktienkapital wurde von einer Gruppe dreier Privatbanken (JP Morgan & Co, The First National Bank of New York, The First National Bank of Chicago) gezeichnet.

---

8 Weiterführend zur Weltwirtschaftskrise zw den Weltkriegen und ihren Ursachen, s *Gabler* Bank-Lexikon, 13. Aufl (2002) Stichwort Devisenbewirtschaftung; *ders* Wirtschaftslexikon – Classic Edition, 16. Aufl (2004) Stichworte Außenwirtschaftspolitik und Protektionismus.

9 S für einen Überblick über die BIZ die Angaben auf der Website <bis.org>.

10 *Hahn* 712.

11 Der *Dawes*- und *Young*-Plan strukturierten die Reparationszahlungen Deutschlands durch die Ausgabe neuer Anleihen sowie einer Belastung der Reichsbahn und Industrie und einer Verpfändung gewisser Zoll- und Steuereinnahmen um. Endg wurde die deutsche Auslandsverschuldung infolge des ersten Weltkriegs erst 1952 mit dem Londoner Abkommen geregelt, vgl hierzu *Simpson* ICLQ 6 (1957) 472ff.

12 S Convention Respecting the Bank for International Settlements v 20.1.1930, erhältlich ua auf der webpage der BIZ; eingehender zur einzigartigen Rechtsstellung der BIZ ua *Krajewski* Rn 809ff; *Lowenfeld* 754f.

13 Ein Goldfranken entsprach 0,29032258 Gramm Feingold. Die von der BIZ herausgegeben Aktien lauteten ursprünglich auf einen Nennwert von 2.500 Goldfranken.

10 In den 1930gern kümmerte sich die BIZ um die Eintreibung, die Verwaltung, und die Austeilung der jährlich zu zahlenden deutschen Reparationen. Außerdem agierte die BIZ als Treuhänderin und verwaltete die Darlehen, die unter dem *Dawes-* und *Young*-Plan an Deutschland gewährt worden waren. Zudem begann sie Funktionen auszuüben, die später dezidiert und in erheblich größerem Umfang dem IWF übertragen wurden. So vergab die BIZ anfangs der 1930er allein oder zusammen mit anderen Zentralbanken in Millionenhöhe Kredite in verschiedenen Währungen an die Zentralbanken von Spanien, Österreich, Ungarn, Deutschland, die Bank von Danzig, und Jugoslawien zur Stabilisierung der Währung der jeweiligen Empfängerländer bzw Unterstützung bei volkswirtschaftlichen Schwierigkeiten. Ebenfalls rief sie öffentlich dazu auf, den Goldstandard nicht aufzugeben. Diesen Standpunkt gab die BIZ allerdings im Februar 1936 auf, als klar war, dass sowohl Länder wie das Vereinigte Königreich, Frankreich und die USA sowie weitere europäische Länder kaum mehr an der kontinuierlichen Aufrechterhaltung des Goldstandards interessiert waren.

11 Seit Mitte der 1970er Jahre wird das Nominalkapital der BIZ in Sonderziehungsrechten bzw ***Special Drawing Rights*** (SDR), dh einem Korb von Währungen, denominiert.[14] Der IWF hat Ende der 1960er Jahre die SDR als neue Reserveeinheit eingeführt und seit Ende der 1970er Jahre die Quoten (dh Anteile), die Mitgliedsländer an ihm halten, in SDR ausgedrückt. Zurzeit beträgt das Nominalkapital der BIZ 21.6 Mrd SDR.[15]

12 Die **BIZ** ist zwar eine Aktiengesellschaft nach schweizerischem Recht;[16] dennoch ist sie mit internationalen Privilegien ausgestattet und genießt **Immunität** in Bezug auf ihr Eigentum, ihre Aktiva, ihre Einlagen und andere ihr anvertraute Werte in Friedens- und Kriegszeiten. Streitigkeiten, welche die BIZ betreffen, werden einem internationalen Schiedsgericht unterbreitet.

13 Die **Organe** der BIZ sind die Generalversammlung, der Verwaltungsrat und die Geschäftsführung.[17] Stimmberechtigte Mitglieder der Generalversammlung, die einmal im Jahr zusammentrifft, sind die Zentralbanken der Gründungsregierungen bzw der Regierungen später beitretender Staaten.[18] An der Generalversammlung können auch andere Währungs- und Finanzinstitutionen als Beobachter teilnehmen.

14 Der **Verwaltungsrat** legt die strategische Ausrichtung der BIZ und die Grundsätze ihrer Geschäftspolitik fest und überwacht die Geschäftsleitung.[19] Er setzt sich aus sechs *ex officio* Mitgliedern – die Vorsitzenden der Zentralbanken von Belgien, Frankreich, Deutschland, Italien, dem Vereinigten Königreich und den USA – zusammen.

---

14 Ausf zu den SDR u Rn 42ff.

15 S BIZ Annual Report (2019/20) 39.

16 S Art 1 und Art 2 der BIZ Statuten; vgl allerdings zu dem auch diesbezüglich besonderen Status der BIZ innerhalb der schweizer Rechtsordnung *Krajewski* Rn 809ff.

17 S Art 26ff und Art 44ff der BIZ Statuten.

18 S Art 44 und 14 der BIZ Statuten. Mittlerweile halten 63 Zentralbanken Aktien an der BIZ. Es sei angemerkt, dass mit der Änderung der BIZ-Statuten vom 8.1.2001 die Möglichkeit für private Investoren, BIZ-Aktieninhaber zu sein, abgeschafft wurde. Die völkerrechtlichen Probleme, insb die Frage der angemessenen Entschädigung privater Aktieninhaber, sind in einem Schiedsgerichtsverfahren vor dem Permanent Court of Arbitration (PCA) in Den Haag per Schiedssprüchen vom 22.11.2002 und 22.9.2003 beigelegt worden. Die PCA Schiedssprüche sind online erhältlich unter <pca-cpa.org>.

19 S Art 26 der BIZ Statuten.

Diese sechs Verwaltungsratsmitglieder können weitere sechs Mitglieder der gleichen Nationalität bestimmen. Darüber hinaus können bis zu neun weitere Mitglieder in den Verwaltungsrat gewählt werden.[20] Der Verwaltungsrat bestellt wiederum den Präsidenten der Bank und ernennt den Generaldirektor, welcher gegenüber dem Verwaltungsrat für die Durchführung der von diesem geschlossenen Geschäfte verantwortlich ist.

Die **Aufgaben der BIZ** umfassten ursprünglich die Übernahme von Treuhänder- 15
funktionen zur Abwicklung deutscher Reparationszahlungen nach dem 1. Weltkrieg. Weitere Treuhandagenturtätigkeiten betrafen die Gewährung von Stützungskrediten an Mitglieder, die Organisation von Syndikaten, die solche Stützungskredite vergeben, die Schaffung neuer Möglichkeiten für internationale Finanzgeschäfte (zB Swaps für Gold- und Devisengeschäfte) und allgemein die Förderung der Zusammenarbeit der Zentralbanken.[21]

Die einzelnen **satzungsmäßigen Geschäfte der BIZ** weisen diese als eine über- 16
nationale Bank, aber nicht als Zentralbank aus. Zu den heute noch getätigten Geschäften gehören Gold- und Devisengeschäfte auf eigene Rechnung und für die Rechnung der Zentralbanken der Mitglieder sowie die Verwahrung von Gold für diese. Des Weiteren beschäftigt sich die BIZ mit **Diskont- und Lombardgeschäften**[22] der Zentralbanken, Kauf und Verkauf von börsengängigen Wertpapieren (mit Ausnahme von Aktien) auf eigene und für Rechnung von Zentralbanken sowie mit der Führung von Einlagekonten und Unterhaltung solcher Konten bei diesen. Sofern die Zentralbanken nicht widersprechen, dürfen auch Geschäfte mit Privatbanken und -unternehmen abgeschlossen werden.[23] Ausdrücklich untersagt sind der BIZ die Ausgabe von Noten, die Kreditgewährung an Regierungen und die Annahme von Wechseln.[24]

Neben den Stützungsvereinbarungen (gegenseitigen Swap-Vereinbarungen, *ad-* 17
hoc-Kredithilfen, Bereitschaftskrediten), die im Wesentlichen als kommerzielle Arbeiten gekennzeichnet sind,[25] hat die BIZ von Anbeginn gleichfalls Arbeit bei der **Förderung der Zusammenarbeit unter den Notenbanken** geleistet.[26] Heutzutage kann

20 Vgl Art 27 der BIZ Statuten. Zurzeit sind die Vorsitzenden der Zentralbanken von Kanada, China, Indien, Japan, Mexiko, den Niederlanden, Schweden, der Schweiz und der Europäischen Zentralbank als weitere Verwaltungsratsmitglieder gewählt.

21 Die Aufgaben der BIZ sind allgem in Art 3 der BIZ Statuten beschrieben.

22 Unter Diskontgeschäften versteht man den Ankauf von noch nicht fälligen Wechseln und Schecks unter Abzug der Zinsen bis zum Fälligkeitstag. Der anzurechnende Zinssatz richtet sich nach dem Notenbankdiskontsatz, der Qualität des Wechselmaterials und den Geldmarktsätzen. Unter Lombardgeschäften versteht man die Gewährung eines Kredits gegen Verpfändung von Waren und Wertpapieren. Diskont- und Lombardkredit sind Mittel der Geldpolitik der Zentralbanken.

23 S Art 21 bis 23 der BIZ Statuten.

24 Art 24 der BIZ Statuten.

25 Die BIZ ist genau wie private Banken um ihren Kredit, um die Liquidität ihrer Bilanz und um das Gleichgewicht ihrer Gewinn- und Verlustrechnung besorgt. Obwohl die Liquidität gem Art 25 der BIZ Statuten nicht absolut festgelegt ist, ist auf letztere vom Verwaltungsrat bei der Geschäftsausübung zu achten. Traditionsgemäß werden aus Geschäftserträgen Dividenden an Aktieninhaber ausgeschüttet sowie Sonderfonds bestückt.

26 Für die Geschichte der Gründung und Tätigkeit der BIZ bis in die heutige Zeit s die Angaben auf der Website der BIZ.

die BIZ als Informations-, Daten- und *Knowledge*-Bank zur statistischen Erfassung der internationalen Finanzmärkte bezeichnet werden.[27] Unter ihrem Einfluss und ihrer Führung erarbeitet eine Reihe von Ausschüssen nationaler Aufsichtsbehörden Finanz- und Kapitalmarkt betreffende, aufsichtsrechtliche Standards. So sind unter der Schirmherrschaft **der BIZ** vom **Basel Committee on Banking Supervision (BCBS)** Empfehlungen zur international konsolidierten Rechnungsführung der Banken und zu bankaufsichtsrechtlichen Regelungen (sog Basel I Accord von 1988, Basel II Accord von 2004 sowie dem sog Basel III *leverage ratio framework* von 2008 sowie der Basel III Reform von 2017) formuliert worden. Wenngleich diese Empfehlungen rechtlich nicht verbindlich sind, kommt ihnen in der Praxis eine quasi-verbindliche Wirkung zu, da sie in aller Regel von den Mitgliedsländern der BIZ per Gesetz oder Verordnung eingeführt werden.[28] Zu weiteren beratenden Ausschüssen, die insbesondere im Zusammenhang mit der Formulierung von Standards und *best practices* als Antwort auf die letzte globale Finanzkrise in Sachen Währungs- und Finanzmarktstabilität beschäftigt sind, gehören das Committee on the Global Financial System, das Committee on Payments and Market Infrastructure, und das Markets Committee.

18 Während der 1930er Jahre waren die Befugnisse der BIZ zu schwach und ihre finanziellen Mittel zu gering, um den protektionistischen volkswirtschaftlichen und währungspolitischen Strategien der Länder einschließlich derer, die die Bank grundsätzlich aktiv unterstützten, effektiv Einhalt zu gebieten. Während des 2. Weltkrieges verhielt sich die BIZ im Übrigen strikt neutral, obwohl sie einige fragwürdige Transaktionen zu Gunsten von Nazideutschland (Transfer von Goldreserven der tschechoslowakischen Zentralbank zur deutschen Reichsbank im März 1939; mögliche Gehilfenrolle bei Nazideutschlands Plünderung von belgischen Goldreserven) tätigte. Die Tatsache der Beteiligung Deutschlands und Japans an der BIZ führte fast dazu, dass im Rahmen der Bretton Woods Konferenz, von den westlichen Alliierten initiiert, aber weiteren europäischen Ländervertretern unterstützt, beschlossen wurde, die BIZ zu liquidieren.[29] Glücklicherweise überlebte die BIZ und konnte ihre substantiell wichtige Rolle im internationalen Finanzsystem weiterführen und ausbauen – mit der vollen Unterstützung durch die neuen Nachkriegsregierungen in Westdeutschland und Japan.

II. Das Bretton Woods System

1. Bretton Woods Konferenz: Keynes vs White

19 Bereits kurz nach Ausbruch des 2. Weltkriegs begannen Amerikaner und Engländer über eine neue Ordnung der Weltwirtschaftsbeziehungen nach dem Krieg nachzudenken. Um die negativen Erfahrungen aus der Zeit der *great depression* nicht zu wiederholen, befürworteten sie ein **liberales Weltwirtschaftssystem**, das primär auf freien Marktkräften beruhen und lediglich minimale Barrieren gegenüber dem freien Fluss

27 Für Details der Tätigkeit der BIZ s die Website der BIZ; sowie ua *Krajewski* Rn 817ff; *Lowenfeld* 754ff.
28 Allgem zur Bedeutung internationaler Standards als Steuerungsinstrumente im internationalen Wirtschaftssystem → *Nowrot* § 2 Rn 90ff.
29 S *Stell*, 226ff.

von Kapital zulassen sollte.[30] Der Konsens zwischen Amerikanern und Briten, die Weltwirtschaftsbeziehungen auf der Basis von freiem Handel und einem starken internationalen Währungssystem neu zu ordnen, hörte allerdings dort auf, wo es um die Details der neu zu schaffenden Institutionen ging, welche das neue Weltwirtschaftssystem unterhalten sollten.

Die unterschiedlichen Positionen, mit denen die Vertreter beider Regierungen zusammen mit weiteren 42 Nationen in die **Konferenz** in **Bretton Woods**, New Hampshire, im Juli 1944 gingen, erklären sich in erster Linie aus den unterschiedlichen wirtschaftlichen Ausgangspositionen der USA und Großbritanniens zum Ende des 2. Weltkriegs. Zu diesem Zeitpunkt waren die USA im Besitz von ungefähr 60 % der Weltgoldreserven, besaßen das meiste Kapital für Investitionen, die meisten Produktionsmittel und tätigten die meisten Exporte. Weiterhin förderten die USA die Hälfte der Kohle der Welt sowie zwei Drittel des Erdöls und produzierten mehr als die Hälfte der Elektrizität. Dies hatte zur Folge, dass die USA zur Nutzung ihres Wirtschaftspotenzials um eine Expansion auf ausländischen Märkten bemüht waren. Demgegenüber war Großbritannien arm an Gold und Devisen, wegen des Krieges hoch verschuldet (insb den USA gegenüber) sowie zerstört und benötigte in erster Linie Wiederaufbaufinanzierung. 20

In Bretton Woods bildeten der von der amerikanischen Regierung vertretene **Plan** von *Harry Dexter* ***White*** und der von der britischen Regierung vorgelegte **Plan** von *John Maynard* ***Keynes*** die Grundlage der Beratungen. Gemeinsam war beiden Plänen, dass die internationale währungspolitische Zusammenarbeit, die bis dahin nur in Form von bilateralen Zahlungsabkommen und lockerer Koordination im Rahmen der BIZ vor sich ging, durch eine **neue übergeordnete internationale Institution auf multilateraler Grundlage** geregelt werden sollte. Diese Institution sollte befugt sein, Wechselkursänderungen zu kontrollieren und Maßnahmen der Länder zu überwachen, die das internationale Gleichgewicht gefährden konnten. Beide Pläne schlossen die Schaffung übernationaler Finanzreserven ein, um Zahlungsbilanzschwierigkeiten zu bekämpfen. Zudem sahen sie vor, internationales Geld zu schaffen. Dieses internationale Geld sollte auf Goldgewicht bezogen und nur unter Zentralbanken ausgetauscht werden. Im Falle von Liquiditätsüberschüssen aus der Zahlungsbilanz einzelner Länder sollten besondere Maßnahmen ergriffen werden. 21

Dem **White-Plan** zufolge sollte ein internationaler Stabilisierungsfonds errichtet werden. Es war eine finanzielle Ausstattung des Fonds von mindestens $ 5 Mrd geplant. Die diesbezüglichen Quoten der Mitglieder sollten zu einem Viertel aus Gold, einem weiteren Viertel aus Devisen und zur Hälfte aus Staatspapieren der Mitgliedsländer bestehen. 50 % der Quoten hätten sofort eingezahlt werden müssen, der Rest sollte nur abrufbar sein. Bei Zahlungsbilanzdefiziten sollten die Mitglieder kurzfristig Fremdwährungen vom Fonds gegen eigene Währung kaufen können und zwar bis zu 200 % der jeweiligen Länderquote. In Ausnahmefällen sollten Mitgliedsländer Fremdwährungen auch darüber hinaus kaufen können, allerdings nur auf der Basis einer 4/ 22

30 Die Verhandlungen der Bretton Woods Konferenz sind festgehalten in Proceedings and Documents of the United Nations Monetary and Financial Conference, Bretton Woods, New Hampshire, July 1–22, 1944, Bd I–II (1948). S a *Gardener*; *Horsefield* Bd I, 3; *Mason/Asher* 11; *Bittermann* International Lawyer 5 (1971) 59ff; *Lowenfeld* 600ff.

5-Mehrheitsentscheidung aller Mitglieder. Nach Fristablauf sollte die Fremdwährung, aufgrund derer eine Besserung der Zahlungsbilanzsituation im Defizitstaat zu erwarten wäre, wieder an den Fonds zurückverkauft werden. Der Fonds sollte befugt sein, von einem Mitgliedsland die Ergreifung von Maßnahmen zu verlangen, die zur Beseitigung von Handelsbilanzschwierigkeiten beitragen. Es war geplant, dass der Fonds die neue Währungseinheit ***Unitas***, die $ 10 oder 8,8867 Gramm Feingold repräsentieren sollte, einführt. Die *Unitas*-Einlagen sollten voll in Gold gedeckt sein. Von den unter den Währungen aller Mitglieder festgelegten Paritäten sollte nur aufgrund einer 4/5-Mehrheitsentscheidung aller Mitglieder abgewichen werden können. Für den Fall, dass die Bestände des Fonds an der Währung eines Landes aufgrund außergewöhnlichen Zahlungsbilanzüberschüssen zu sehr absinken würde, sah der White-Plan vor, auch diesen Ländern Maßnahmen vorzuschlagen, welche die Zahlungsbilanz wieder normalisieren würden.

23 Der **Keynes-Plan** sah demgegenüber die Errichtung einer ***Clearing Union*** vor, die ein bestimmtes Volumen internationalen Geldes schaffen und kontrollieren sollte. Mit Hilfe dieses internationalen Geldes sollte die effektive Nachfrage in den internationalen Handelsbeziehungen ausgebaut, eingeengt oder auf einer gewünschten Höhe gehalten werden. Es war vorgesehen, das Geldvolumen durch die Summe der Quoten der Mitglieder in der *Clearing Union* zu begrenzen. Die Höhe der einzelnen Quoten sollte für jedes Mitglied anhand der Summe von Exporten und Importen der letzten drei Vorkriegsjahre errechnet werden. Für die Zukunft war geplant, die Quoten nicht statisch auf dem ursprünglichen Niveau verharren zu lassen, sondern dynamisch anhand der wirtschaftlichen tatsächlichen Entwicklung des Mitgliedslandes zu korrigieren. Die Summe der Quoten hätte zu Beginn ca $ 26 Mrd ausgemacht. Die Quoten sollten nicht tatsächlich eingezahlt werden, sondern lediglich als fiktive nominale Höchstgrenzen für die von der Institution zu schaffenden Guthaben und Kredite dienen. Mit anderen Worten, die Quoten sollten die maximale Verschuldungsgrenze eines Mitglieds bilden bzw die maximale Grenze darstellen, bis zu der es anderen Mitgliedern Kredit einräumen konnte.

24 Die neue internationale Währung sollte der ***Bancor*** sein. Der Wert eines *Bancor* war in Gold auszudrücken. Die Zentralbanken sollten verpflichtet werden, *Bancor* und Gold grundsätzlich als gleichwertig im internationalen Wirtschaftsverkehr zum Ausgleich von Zahlungsbilanzschwierigkeiten anzusehen. Wenngleich der *Bancor* damit theoretisch Gold wert war und gegen Gold eingekauft werden konnte, sollte er nicht in Gold einlösbar sein. Er sollte daher in erster Linie als internationales Buchgeld dienen. Die Stabilität der Wechselkurse sollte über feste Paritäten der Mitgliedslandwährungen zum *Bancor* garantiert werden.

25 Zum Ausgleich von **Zahlungsbilanzschwierigkeiten** sollte jedes Mitgliedsland auf Antrag einen Kredit in Höhe eines Viertels seiner Quote erhalten. Sollte ein größerer Kredit benötigt werden, hätte eine Genehmigung der *Clearing Union* eingeholt werden müssen. Sobald ein Mitgliedsland einen Kredit in Höhe der Hälfte der Quote verlangt hätte, hätte die *Clearing Union* das Land auffordern können, seine Währung abzuwerten, eine Kontrolle des auswärtigen Kapitalverkehrs einzuführen oder einen Teil der nationalen Gold- und Devisenreserven zum Abdecken des Defizits zu benutzen. Soweit ein Mitgliedsland Kredite in Höhe von drei Vierteln seiner Quote in Anspruch genommen hätte, hätte die *Clearing Union* ein Ende der Kreditvergabe beschließen können. Für den Fall, dass ein Mitgliedsland aufgrund anhaltender

Zahlungsbilanzüberschüsse in die Position eines Gläubigers geraten würde, die über die Hälfte seiner Quote hinausging, hätte die *Clearing Union* diesem Land anraten können, Kredite aufzunehmen, die Nachfrage effektiv zu erhöhen, seine Währung aufzuwerten und mehr Kapital zu exportieren. Letztendlich hätte die *Clearing Union* positive Salden langfristig gestrichen. Im Gegenzug wären Schuldenpositionen von Ländern mit chronischem Defizit ebenfalls gestrichen worden. Vor dem Streichen chronischer Positionen hätten die Länder, die solche Positionen (sowohl Kredit- als auch Debitsalden) innehielten, zunächst Zinsen entrichten müssen.

Als **wesentliche Unterschiede** zwischen dem White-Plan und dem Keynes-Plan lassen sich folgende Punkte anführen: Die Geldschöpfung durch die von den Briten vorgeschlagene *Clearing Union* hätte relativ schnell zum Ausgleich von Schulden genutzt werden können. Darüber hinaus wäre Mitgliedsländern mit Handelsbilanzüberschüssen automatisch ein Teil der Last der Länder mit Defiziten aufgegeben worden. Demgegenüber basierte der amerikanische Plan primär auf der Nutzung des realen Geldwertes internationaler Kreditvergabe und enthielt keinen Mechanismus, der Länder mit Handelsbilanzüberschüssen sanktioniert hätte. 26

2. Internationaler Währungsfonds (IWF)

a) Gründung

Der aus der Konferenz von Bretton Woods (1944) hervorgegangene und am 27.12.1945 gegründete IWF mit Sitz in Washington, DC entspricht überwiegend dem Konzept des White-Plans.[31] Zusätzlich zum IWF hat die Konferenz die Errichtung der Weltbank ebenfalls mit Sitz in Washington, DC beschlossen.[32] Demgegenüber scheiterte die Idee zur Errichtung einer Internationalen Handelsorganisation.[33] Da jedoch ab dem Jahre 1948 zumindest das Allgemeine Zoll- und Handelsabkommen (GATT) einen relativ freien Handel von Waren ermöglichte,[34] erwies sich die Errichtung des IWF mit seinem internationalen System von Währungs- und Wechselkursstabilität als durchaus praktisch verwertbares **Korrelat zum Handelsregime** des GATT. 27

b) Mitglieder

Insgesamt 37 der 44 Länder, die an der Konferenz in Bretton Woods teilgenommen hatten, plus Dänemark sind dem IWF im Zeitraum zwischen seiner Gründung und der konstituierenden Sitzung des IWF-Gouverneursrates im März 1946 als Mitglieder beigetreten. Von diesen 38 Gründungsmitgliedern waren 29 „westliche" Länder aus Euro- 28

31 S allgem <imf.org>; und insb für Details über die Struktur und Aktivitäten des IWF Treasurer's Department IMF, s Financial Organization and Operations of the IMF, IMF Pamphlet Series 45, 6. Aufl (2001). Zur Geschichte des IWF vgl ua *Horsefield* Bd I-III; *Garritsen de Vries* IMF 1966–1971, Bd I–II; *dies* The IMF 1972–78, Bd I–III; *Boughton*. S a die Annual Reports des IWF. Für Analysen des IWF und seiner Aktivitäten aus juristischer Sicht s ua *Gold* Monetary System, Bd I–II; *ders* Interpretation; *Lowenfeld* 601ff.

32 Zur Weltbank s u Rn 85ff.

33 S hierzu → *Tietje* § 4 Rn 4.

34 Vgl → *Tietje* § 4 Rn 4ff.

pa, Nordamerika und Zentral- und Südamerika. Bei den neun anderen Ländern handelte es sich um drei Länder aus Afrika (Äthiopien, Liberia und Südafrika), drei asiatische Länder (China, Indien und die Philippinen) sowie Ägypten, Iran und Irak. Die Sowjetunion, die an der Konferenz in Bretton Woods teilgenommen hatte, entschied sich gegen eine Mitgliedschaft. Zum Zeitpunkt der Gründung des IWF wurde China durch die Regierung in Taiwan vertreten.[35] Die Bundesrepublik Deutschland trat dem IWF im Jahr 1952 bei. Die Schweiz trat im Jahre 1992 bei. Die Anzahl der Mitglieder wuchs schubweise – zum einen während der Entkolonialisierung, zum anderen nach dem Fall der Berliner Mauer[36] – und beträgt heute 190 Staaten.[37] Einzige formale **Voraussetzung der Mitgliedschaft** im IWF ist, dass der Antragsteller ein Staat im völkerrechtlichen Sinne ist[38] und eine vom IWF bestimmte Anzahl von Quoten oder Anteilen an der Organisation kauft.[39] Materiell ergeben sich jedoch anhand des IWF-Übereinkommens implizit weitere Mitgliedschaftsvoraussetzungen wie etwa ein liberales Währungsregime, das Währungskonvertibilität erfordert. Hierbei handelt es sich um Bedingungen, welche kommunistische Planwirtschaften im Regelfall nicht erfüllten.

29 Wie im Rahmen von traditionellen internationalen Organisationen üblich, kann ein IWF Mitglied aufgrund einfacher Ankündigung freiwillig aus der Organisation austreten.[40] Im Zusammenhang mit der **Nichterfüllung von Verpflichtungen** insbesondere finanzieller Art nach dem IWF-Übereinkommen besteht ebenfalls die Möglichkeit ein Mitglied zwangsweise auszuschließen.[41] Ein solcher Ausschluss ist allerdings die letzte Maßnahme, die der IWF ergreifen würde, nachdem weniger drastische Mittel ausgeschöpft worden sind. Bevor man ein Mitglied, das mit seinen Zahlungsverpflichtungen im Rückstand ist, ausschließen würde, würde man dem Mitglied verbieten, weitere Ressourcen des IWF zu nutzen.[42] Oder man würde die Stimmrechte des Mitglieds im Währungsfonds suspendieren.[43] Die Möglichkeit die Stimmrechte eines Mitglieds zu suspendieren wurde mit der dritten Änderung des IWF-Übereinkommens, das in 1992 in Kraft trat, eingeführt. Von der Suspendierungsmöglichkeit hat der IWF gelegentlich Gebrauch gemacht. Er hat aber bisher noch kein Mitglied zwangsweise ausgeschlossen.

---

35 Zur Geschichte Taiwans in den Washingtoner internationalen Finanzinstitutionen s *Chiu* FS Shihata (2001), 103.

36 So traten die osteuropäischen Staaten sowie die ehemaligen Sowjetrepubliken, sofern sie nicht wie die Tschechoslowakei und Jugoslawiens schon vorher Mitglieder geworden waren, dem IWF und der Weltbank nach dem Mauerfall bei. Zur Behandlung von Rechtsnachfolgeproblemen bzgl Mitgliedschaft und Anteilen in IWF und Weltbank in den Fällen der Dismembration der Tschechoslowakei und Jugoslawiens s *Shihata* World Bank, Bd III, 407.

37 Stand: Januar 2021; vgl hierzu auch die jeweils aktualisierten Informationen unter <imf.org/external/about/members.htm>.

38 S allgem hierzu → *Nowrot* § 2 Rn 9ff mwN.

39 Vgl Art II IWF-Übereinkommen.

40 Art XXVI Abs 2 IWF-Übereinkommen.

41 Art XXVI Abs 2 (c) IWF-Übereinkommen.

42 Art XXVI Abs 2 (a) IWF-Übereinkommen.

43 Art XXVI Abs 2 (b) IWF-Übereinkommen.

c) Geschäftsbeginn: Realität vs Erwartungen der Gründer der Organisation

Die Errichtung eines freien Zahlungsverkehrs und die für den internationalen Handel so wichtige Abkehr von der Devisenbewirtschaftung mit seinen Kapitalausfuhr- und Kapitaleinfuhrkontrollen, Wechselkursmanipulationen, Auf- und Abwertungen von Währungen sowie begleitenden Handelsbeschränkungen durch Zölle, Quoten und Diskriminierungen nahmen fast das gesamte erste Jahrzehnt nach der Gründung des IWF in Anspruch. Während das IWF-Übereinkommen bereits am 27.12.1945 – wenige Monate nach der Bretton Woods Konferenz – in Kraft trat, nahm der IWF seine operative Tätigkeit erst im März 1947 auf. Der Wiederaufbau Europas nach dem 2. Weltkrieg verzögerte in den **ersten operativen Jahren** die Durchführung der wirtschafts- und währungspolitischen Aufgaben. Der Beginn des Kalten Krieges kam erschwerend hinzu. 30

d) Privilegien und Immunität

Bei der Erfüllung seiner Aufgaben genießt der IWF absolute **Immunität.**[44] Gegen den IWF kann daher vor keinem nationalen Gericht prozessiert werden.[45] Als internationale Organisation ist er auch vor internationalen Gerichten weder aktiv noch passiv beteiligtenfähig.[46] Der IWF hat zwar entsprechend dem Abkommen, das er mit den Vereinten Nationen im Jahre 1948 geschlossen hat und welches ihn zu einer Sonderorganisation der Vereinten Nationen macht, die Möglichkeit, ein Gutachten vom Internationalen Gerichtshof (IGH) etwa zu Streitigkeiten, die die Auslegung des IWF-Übereinkommens betreffen, einzuholen. Hiervon hat er bisher jedoch noch nie Gebrauch gemacht. Vielmehr hat er die Möglichkeit wahrgenommen, streitige Passagen in seinem Gründungsvertrag von den dazu ausdrücklich befugten eigenen Organen (dem Exekutivdirektorium und dem Gouverneursrat) rechtsverbindlich auslegen zu lassen.[47] 31

e) Auslegung

Zusätzlich zu der allgemeinen Völkerrechtsregel, nach der jede Praxis einer internationalen Organisation als Auslegung des jeweiligen Gründungsvertrages gilt,[48] hat das IWF-Übereinkommen den IWF-Organen spezielle Auslegungskompetenzen zugesprochen. Nach dem IWF-Übereinkommen soll jede Frage der Auslegung der Bestimmungen dieses Übereinkommens zwischen einem Mitglied und dem Fonds oder zwischen mehreren Mitgliedern dem Exekutivdirektorium zwecks einer Entscheidung übermit- 32

---

44 Art IX IWF-Übereinkommen.

45 Allgem hierzu *Reinisch*; s aber US Supreme Court, Entscheidung v 27.2.2019, 586 US (2019), No 17-1011-Jam/International Finance Corp, der die Immunität einer internationalen Organisation mit der staatlichen Immunität gleichstellt. Daher sei zumindest dann von einer limitierten Immunität auszugehen, sofern die Internationale Organisation wie ein Privater auf dem Markt auftritt. Dazu a *Hell* IWRZ (2019) 134.

46 Vgl hierzu *Wellens*.

47 Vgl Art XXIX IWF-Übereinkommen; s hierzu a → *Nowrot* § 2 Rn 72.

48 Vgl Art 31 WVRK von 1969.

telt werden.[49] Es besteht die Möglichkeit, die Entscheidung des Exekutivdirektorium zur Auslegung im Rahmen einer Berufung beim Gouverneursrat anhängig zu machen, dessen Entscheidung dann endgültig ist.[50] Dieses ausdrückliche niedergelegte Auslegungsverfahren ist im Fonds einige Dutzend Male benutzt worden, während das Exekutivdirektorium über 13.000 Entscheidungen, die das IWF Übereinkommen und weiteres Sekundärrecht auslegen, getroffen hat, ohne die formale Auslegungskompetenz dabei anzusprechen. Obwohl das *Relationship*-Abkommen zwischen dem IWF und den Vereinten Nationen dem IWF die Möglichkeit eröffnet, beim IGH ein Gutachten zu Auslegungsfragen anzufordern, hat der IWF in seiner Praxis von dieser Möglichkeit nie Gebrauch gemacht. Der IWF hat im Gegenteil zwecks Auslegung auf die Kompetenzen seiner eigenen Organe vertraut. Die besondere Auslegungskompetenz ist einzigartig in dem Sinne, als dass die Organe, die über das ob und wie von Finanzierungen bestimmen, ebenfalls darüber bestimmen, ob sie sich im Rahmen dieser Finanzierungen innerhalb ihres Mandates bewegt haben.

f) Änderung

33 Eine Änderung des IWF-Übereinkommens kann über einen Vorschlag von einem Mitglied, dem Exekutivdirektorium oder einem Gouverneur initiiert werden. Sie bedarf, um wirksam zu werden, einer Entscheidung des Gouverneursrates mit einfacher Mehrheit. Darüber hinaus tritt diese Änderung nur in Kraft, wenn 3/5 aller Mitglieder, die über 85 % der gesamten Stimmrechte verfügen, die vorgeschlagene Änderung akzeptieren.[51] *De facto* gibt die Vorschrift über die Akzeptanz der Änderung durch die Mitglieder dem größten Anteilseigner des IWF, nämlich den USA (mit derzeit 16.51 % der Stimmrechte), ein Veto-Recht.[52] Die erste Änderung des IWF Übereinkommens, mit dem die Sonderziehungsrechte bzw *Special Drawing Rights* (SDR) eingeführt wurden, trat 1969 in Kraft. Die zweite Änderung, die 1978 wirksam wurde, schaffte das ursprüngliche feste Wechselkurssystem ab und führte das System der flexiblen Wechselkurse ein. Die dritte Änderung, die 1992 wirksam wurde, erlaubt es dem IWF, die Stimmrechte eines Mitglieds zu suspendieren in dem Falle, in dem das Mitglied seinen Zahlungsverpflichtungen nicht nachkommt. Die vierte Änderung betraf eine 1998 beschlossene Sonderzuteilung von SDRs, welche 2009 wirksam wurde. Der Vorschlag zu einer fünften Änderung aus dem Jahre 2002 betraf die Errichtung eines Sovereign Debt Restructuring Mechanism. Dieser Vorschlag wurde 2003 vom Gouverneursrat abgewiesen. Der nächste Vorschlag einer fünften Änderung des IWF Übereinkommens wurde 2008 gemacht. Er betraf die Ausweitung des Mandates der IWF *investment authority* und trat im Februar 2011 in Kraft. Eine sechste Änderung, die 2007 vorgeschlagen und in 2010 überarbeitet wurde, aber erst im Januar 2016 in Kraft trat, führte zu einer fundamentalen Veränderung der Quota und Governance Struktur des Exekutivdirektorium, in der die IWF Quoten auf SDR 477 Mrd verdoppelt wurden, Schwellen- und Entwicklungsländern mehr Repräsentations- und Stimmrechte eingeräumt wur-

49 Vgl Art XXIX (a) IWF Übereinkommen.
50 *Ibid.*
51 Vgl Art XXVIII (a) IWF Übereinkommen.
52 Vgl insb zur problematischen Blockade-Haltung der Trump-Regierung *Truman* (2019).

den (ohne das *de facto* Veto-Recht der USA anzutasten) und sämtliche Mitglieder des Direktoriums nunmehr gewählt werden müssen.[53]

g) Organstruktur

Der IWF verfügt über drei Organe: 34

den Gouverneursrat,
das Exekutivdirektorium und
den geschäftsführenden Direktor.[54]

Im **Gouverneursrat** sind alle Mitgliedsländer durch jeweils einen Repräsentanten vertreten. Er tritt zweimal im Jahr zusammen, um die ihm vom Gründungsvertrag für den IWF übertragenen, nicht delegierbaren Aufgaben zu erfüllen.[55] Als ihre Vertreter im Gouverneursrat entsenden die Mitgliedsländer in der Regel den Finanzminister oder den Direktor ihrer Zentralbank. Dem Gouverneursrat obliegt in umfassender Weise die Wahrnehmung aller Befugnisse mit Ausnahme derjenigen, die ausdrücklich einem der beiden anderen Hauptorgane übertragen sind.[56] In der Praxis hat der Gouverneursrat allerdings die delegierbaren Befugnisse an das Exekutivdirektorium abgegeben. Somit übt er nur die nicht übertragbaren Befugnisse aus. Dazu gehören: 35

die Entscheidung, die Abteilung Sonderziehungsrechte (SDR) aufzulösen,[57]
die Operationen und Transaktionen des Fonds mittelfristig zu suspendieren,[58]
den gesamten Fonds zu liquidieren,[59]
einer Änderung des Gründungsvertrages zuzustimmen,[60]
über eine Berufung einer Interpretation des Gründungsvertrages durch das Exekutivdirektorium zu entscheiden,[61]
über die Mitgliedschaftsbedingungen im Währungsfonds zu entscheiden,[62]
über die Anpassung der Quoten eines Mitglieds im Fonds zu entscheiden,[63]
über die Zuzahlungen von Mitgliedern bei Quotenänderung zu entscheiden,[64]
über die Zulassung neuer Mitglieder zu entscheiden[65] und
über die Zuweisung oder Rücknahme von Sonderziehungsrechten zu entscheiden.[66]

---

53 Zum weiteren Reformbedarf s *Eichengreen* (2017).
54 Vgl Art XII Abs 1 IWF-Übereinkommen.
55 Vgl Abs 3(a) der IMF By-laws.
56 S Art XII Abs 2(a) IWF-Übereinkommen.
57 Art XXV (a) IWF-Übereinkommen.
58 Art XXVII Abs 1(b) IWF-Übereinkommen.
59 Art XXVII Abs 2 IWF-Übereinkommen.
60 Art XXVIII IWF-Übereinkommen.
61 Art XXIX (b) IWF-Übereinkommen; vgl hierzu auch → *Nowrot* § 2 Rn 72.
62 Art II Abs 2 IWF-Übereinkommen.
63 Art III Abs 2 IWF-Übereinkommen.
64 Art III Abs 3 IWF-Übereinkommen.
65 Art II Abs 2 IWF-Übereinkommen.
66 Art XVIII Abs 4 IWF-Übereinkommen.

36 Der Gouverneursrat hat zwei ihm zur Seite stehende Komitees errichtet, die sich mit zwei Hauptaspekten der Arbeit des IWF beschäftigen.[67] Sie bestehen aus 24 Gouverneuren des IWF oder aus Landesvertretern von vergleichbarem Rang und kommen zweimal im Jahr zusammen. Zum einen handelt es sich um das **Internationale Währungs- und Finanzkomitee** (bis zum September 1999 auch als das Interims-Komitee bekannt). Es ist verantwortlich für Fragen der internationalen Währungspolitik, einschließlich globaler Liquidität. Es berät den Gouverneursrat auch in Fällen plötzlicher Störungen, die das internationale Währungssystem bedrohen (Stichwort: akute Finanzkrisen) sowie im Zusammenhang mit Vorschlägen des Exekutivdirektoriums zu Änderungen des Gründungsvertrages des IWF. Zum anderen handelt es sich um das **Entwicklungskomitee**, welches gemeinsam vom IWF und der Weltbank errichtet worden ist. Es berät die Gouverneursratsräte des Fonds und der Weltbank in allen Fragen der Entwicklungshilfestrategien.

37 Das **Exekutivdirektorium** des Fonds besteht aus 24 Exekutivdirektoren.[68] Den Vorsitz bei Sitzungen des Exekutivdirektoriums hat der geschäftsführende Direktor oder einer seiner drei Stellvertreter. Das Exekutivdirektorium trifft sich regelmäßig dreimal in der Woche zu ganztägigen Sitzungen und, wenn nötig, sogar öfter am Hauptsitz der Organisation. Vor dem Inkrafttreten der 6. Änderung des IWF Übereinkommens (2016) ernannten die fünf größten Anteilseigner bzw die fünf Mitgliedsländer mit den größten Quoten im IWF (die USA, Japan, Deutschland, Frankreich und Großbritannien) ihre eigenen Exekutivdirektoren selbst. China, Russland und Saudi-Arabien stellten ebenfalls – entsprechend einer sich im Laufe der Zeit entwickelten Praxis – ihren eigenen Direktor im Exekutivdirektorium auf. Die weiteren 16 Exekutivdirektoren vertreten jeweils Gruppierungen mehrerer anderer der gegenwärtig insgesamt 182 übrigen Mitgliedsländer. Diese Gruppierungen, die auch als *constituencies* bekannt sind, wählten jeweils einen Exekutivdirektor für zwei Jahre. Seit 2016 besteht das Exekutivdirektorium nunmehr nur noch aus gewählten Direktoren.[69]

38 Der Entscheidungsprozess im IWF beruht anders als bei den klassischen internationalen Organisationen nicht auf dem Prinzip *one state, one vote,* sondern auf dem **Prinzip der Stimmengewichtung**. Dabei richten sich die Stimmen nach den Quoten, die das entsprechende Mitgliedsland im IWF hält. Jedes Mitgliedsland hat von Anfang an 250 Stimmen plus eine zusätzliche Stimme für jeden Teil seiner Quote, die nach der zweiten Vertragsänderung Mitte der 1970er Jahre das Äquivalent zu 100.000 SDRs ausmacht.[70] Wie viele Stimmen ein Mitgliedsland abgeben kann, bestimmt sich dem-

67 Vgl Art XII Abs 2 (j) IWF-Übereinkommen, der die Berufung von *committees* explizit erlaubt. S a *Gold* Monetary System, Bd I, 238, welcher diese Komitees auch als *political bodies* bezeichnet.

68 Vgl Art XII, Abs 3(b) IWF-Übereinkommen mit einer Angabe von ursprünglich 20 Exekutivdirektoren, deren Anzahl – wie die Vorschrift explizit erlaubt – auf 24 aufgestockt wurde.

69 Vgl Art XII Abs 3(b) IWF-Übereinkommen.

70 Vgl Art XII Abs 5 iVm Art III Abs 1 und 2 IWF-Übereinkommen. Für den derzeitigen Stand der Quoten- bzw Stimmenanteile von IWF Mitgliedsländern, s IMF Annual Report (2014), Appendix IV. Ursprünglich war die Quote in Gold bzw US-Dollar, dem am Stichtag des 1.7.1944 ein bestimmter Goldwert gegeben war, ausgedrückt worden. An besagtem Stichtag hatte die US-Regierung eine Unze Gold $ 35 wert sein lassen. Damit war $ 1 genau 0,888671 Gramm Feingold wert. Während der Zeit, in der die Quoten am IWF in US-Dollar ausgedrückt waren, wurde eine zusätzliche Stimme für jeden Teil einer Quote, die das Äquivalent von $ 100.000 ausmachte, vergeben.

nach nach der Größe seiner Anteilseignerschaft im IWF. Letztere wird wiederum vom IWF aufgrund volkswirtschaftlicher Daten bestimmt. Wirtschaftsstarke Nationen halten entsprechend mehr Anteile als wirtschaftsschwache Nationen und haben dementsprechend ein größeres Stimmengewicht. Beispielsweise würden bereits die Stimmen aller OECD Länder zusammengefasst eine einfache Mehrheit ergeben. Aufgrund der existierenden *constituencies* ist jedoch eine solche gebündelte Stimmenabgabe der OECD Länder hypothetisch. Im April 2008 stimmte der Gouverneursrat einer vom Exekutivrat vorgeschlagenen, weitreichenden „quota and voice reform" zu, aufgrund derer sich die Quotenverteilung und Stimmengewichtung im IWF verschoben hat. Auf Basis dieser Reform wurden die Quoten mehrerer Entwicklungsländer (u a China, Korea, Mexiko und Türkei) signifikant angehoben. Im Zuge der 6. Änderung des IWF Übereinkommens (2016) haben zwei kleinere europäische Nationen ihre Direktorenposten zugunsten von Schwellen -und Entwicklungsländern verloren. Allerdings kontrollieren die reichsten Quotenhalter die Institution nach wie vor.

Entscheidungen des Gouverneursrats und des Exekutivdirektoriums werden re- 39
gelmäßig auf der Basis einer **einfachen Mehrheit** getroffen, sobald das jeweils erforderliche Quorum eingehalten ist.[71] Allerdings ist nach dem Gründungsvertrag des IWF für eine Reihe von wichtigen Entscheidungen eine qualifizierte Mehrheit von 70 % oder 85 % der gesamten Stimmen erforderlich.[72] Ungeachtet dieser formalen Mehrheitserfordernisse werden die Entscheidungen im Exekutivdirektorium jedoch typischerweise auf Konsensusbasis getroffen.[73]

Die **Befugnisse des Exekutivdirektoriums** umfassen die Entscheidungen über 40
die vom IWF genehmigten Finanzierungen sowie die Bedingungen, die ein Staat für die Kreditaufnahme erfüllen muss. Diese Befugnisse wurden ihm vom Gouverneursrat übertragen. Das Exekutivdirektorium ernennt überdies den geschäftsführenden Direktor.[74] In der Praxis hatte es sich allerdings eingespielt, dass die europäischen Anteilseigner des Fonds den geschäftsführenden Direktor nominieren, während die USA im Gegenzug den Präsidenten der Weltbank ernennen. Diese Praxis basiert jedoch auf keiner Vorschrift des IWF-Übereinkommens und könnte daher aufgrund der sich verändernden politischen und ökonomischen Machtverhältnisse in Zukunft aufgegeben werden. Der **geschäftsführende Direktor** leitet die täglichen Geschäfte des Fonds unter Führung des Exekutivdirektoriums. Er hat auch den Vorsitz während der Sitzungen des Exekutivdirektoriums inne, ohne jedoch stimmberechtigt zu sein.[75]

---

71 Im Gouverneursrat müssen bevor rechtlich verbindliche Entscheidungen getroffen werden können, eine Mehrheit von Gouverneuren, die nicht weniger als 2/3 der gesamten Stimmen repräsentieren, anwesend sein. Vgl Art XII Abs 2 (d) IWF-Übereinkommen. Ein Quorum für Entscheidungen im Exekutivdirektorium ist gegeben, wenn eine Mehrheit der Exekutivdirektoren, die nicht weniger als die Hälfte der Stimmen repräsentieren, anwesend ist. Vgl Art XII Abs 3 (h) IWF Übereinkommen.

72 Für eine Liste der IWF Gründungsvertragsvorschriften, die eine besondere Mehrheit bei Abstimmungen erfordern s Financial Organization and Operations of the IMF (Fn 31) 172.

73 Vgl zur Bedeutung dieses Verfahrens und seiner Anwendung im Rahmen der WTO → *Tietje* § 4 Rn 30ff.

74 Vgl Art XII Abs 4(a) IWF-Übereinkommen.

75 Art XII Abs 4(a) und (b) IWF-Übereinkommen.

h) Mittelaufkommen

41 Die Kapitalausstattung des IWF besteht zunächst aus Quoten, die jedem Mitgliedsland zu Beginn seiner Mitgliedschaft zugewiesen werden. Das ursprüngliche Kapital bestand aus Quoten im Wert von insg $ 8,8 Mrd zum Goldwert des US-Dollar am 1.7.1944 ($ 1 = 0,888671 Gramm Feingold).[76] Die Quoten eines jeweiligen Landes, die seit 1978 aufgrund der ersten Änderung des Gründungsvertrages nunmehr in SDR ausgewiesen sind, werden anhand der sog Bretton Woods Formel bestimmt.[77] Diese Formel spiegelt die relative Größe und Bedeutung der Wirtschaft eines jeweiligen Mitgliedslandes in der globalen Wirtschaft wider. Da sich diese relative Wirtschaftsstärke durchaus ändern kann, werden sowohl in regelmäßigen Abständen als auch unter Umständen *ad-hoc* sog Quotenrevisionen durchgeführt. Bislang wurden die Quoten der Mitgliedsländer 15 Überprüfungen unterzogen.[78] Mit 17.44 % der Gesamtsumme aller Quoten halten die USA zurzeit den größten Quotenblock, während Tuvalu mit 0,001 % den kleinsten Anteil hat. Die bereits erwähnte „quota and voice reform", die der Gouverneursrat im April 2008 verabschiedete, in 2010 im Zuge der 14. Quotenüberprüfung überarbeitete und die im Januar 2016 in Kraft trat, hat die konkrete Quotenverteilung sowie die Quotenberechnungsformel nachhaltig verändert. Aufgrund der Quoten- und Stimmenreform stiegen die Quotenanteile von 54 Ländern um 12 % bis 106 % an, wobei die größten Gewinne an die Schwellenländer gingen.[79] Insgesamt stiegen die Quotenanteile aller 54 Länder um 4,9 % an. Die neue Quotenformel, aufgrund derer berechnet wird, wie wirtschaftsstark ein Mitglied im weltweiten Vergleich ist und aufgrund derer dann die Quoten zugeteilt werden, besteht nunmehr aus vier Variablen: Bruttosozialprodukt, dem Grad der Offenheit innerhalb der globalen Wirtschaft, Variabilität, und Währungsreserven. Das Bruttosozialprodukt wird zu 60 % in Marktwechselkursen angegeben und zu 40 % in Kaufkraftparität ausgedrückt. Ein Kompressionsfaktor stockte die Formel um 0,95 % auf, was bei großen Quoteneignern zu Reduktionen, bei kleineren zu Anhebungen führte. Neben der Größe des Anteils bestimmen die Quoten – wie bereits erwähnt – auch, wie viele Stimmen das entsprechende Mitglied bei Entscheidungen im Gouverneursrat und Exekutivdirektorium abgeben kann. Darüber hinaus definieren die Quoten, in welchem Umfang das Mitglied Kredite erhalten kann. Die Kreditaufnahme darf nämlich regelmäßig pro Jahr nicht mehr als 200 % seiner Quoten betragen.[80] In seiner Praxis hat der IWF jedoch diese Begrenzung aufgehoben und den Mitgliedern über die Einführung von Sonderreserven und Kreditaufnahme von den *low-income-facilities*, dh Fonds, aus denen nur die ärmeren IWF Mitglieder Gelder erhalten können, weitere Geldquellen eröffnet.

42 Ursprünglich mussten die Mitglieder des IWF anlässlich ihres Beitritts nach einem zweiteiligen Schema nur den kleineren Betrag von entweder 25 % ihrer Quoten oder

76 S Schedule A im Anhang des IWF-Übereinkommens.

77 Für die genaue derzeitige Formel s Financial Organization and Operations of the IMF (Fn 31) 57.

78 Der 16. *general review of quotas* wird voraussichtlich im Dezember 2023 abgeschlossen.

79 Unter den Top 10 IMF Mitgliedstaaten mit den größten Quotenblocks finden sich nunmehr neben den USA, Japan, UK, Deutschland, Frankreich und Italien erstmals auch 4 Schwellenländer wieder (China, Brasilien, Indien und Russland).

80 S Art V Abs 3(b) (iii) IWF-Übereinkommen.

10 % ihres offiziellen Bruttogoldbestandes in Gold einzahlen.[81] Der Rest ihrer Quoten konnte in der einheimischen Währung des jeweiligen Mitgliedslandes bezahlt werden bzw in Form von Schuldscheinen in Mitgliedslandwährung denominiert hinterlegt werden.[82] Über den Mechanismus der *par value*, der alle Währungen direkt oder indirekt an Gold koppelte und feste Wechselkurse fixierte, waren damit auch die Einzahlungen der Restquotenbeträge von 75 % bzw 90 % im Prinzip von Gold gedeckt. Die Zusammensetzung des Kapitals änderte sich jedoch, als im Jahre 1969 die Sonderziehungsrechte bzw ***Special Drawing Rights*** (SDRs)[83] als neues Rücklagevermögen eingeführt wurden. Gleichzeitig schürte das langanhaltende Außenhandelsdefizit der USA Ängste der übrigen Mitglieder, dass sowohl das Fondsvermögen als auch die eigenen US-Dollarreserven in Wirklichkeit nicht mehr den Wert besaßen, den sie auf dem Papier auswiesen. Als neue Rücklage wurde beim IWF entsprechend der ersten Änderung des IWF-Gründungsvertrages ein SDR-Konto eingerichtet und den Mitgliedern erlaubt, sich an diesem Konto proportional zu ihrer Quote zu beteiligen.[84] Ursprünglich besaß das SDR den gleichen Wert wie der US-Dollar. Nach der Abkehr der USA vom Goldstandard im Jahre 1971 wurde der Wert eines SDR nach einem Währungskorb errechnet, in dem zunächst bestimmte Mengen der Währungen von 16 Ländern enthalten waren. Von 1981 bis 1999 wurde der Wert der SDRs am Marktwert des US-Dollars, der Deutschen Mark, dem japanischen Yen, dem französischen Franc und dem britischen Pfund Sterling berechnet, die mit jeweils bestimmten Mengen an dem Währungskorb teilnahmen. Mit der Einführung des Euro wurden die Deutsche Mark und der französische Franc durch den Euro ersetzt. Nachdem der chinesische Renminbi (RMB) dem Währungskorb in 2015 hinzugefügt wurde, schließen die SDRs nunmehr den US-Dollar, den Euro, das britische Pfund Sterling, den japanischen Yen sowie den RMB mit ein. Die Abkehr der USA vom Goldstandard führte zum Zusammenbruch des sog Bretton Woods Regimes und löste die zweite Änderung des IWF-Übereinkommens aus, der zufolge schließlich seit 1978 auch die Quoten eines Mitgliedslandes in SDR ausgedrückt werden.

Die **Kapitalausstattung des IWF** wuchs von ursprünglich insgesamt $ 8,8 Mio 43
auf ca 238 Mrd SDR oder $ 353 Mrd in 2014 an.[85] Seit der 6. Änderung des IWF Übereinkommens wurden die IWF Quoten auf 477 Mrd SDR zu einem gegenwärtigen Wert von $ 652 Mrd verdoppelt.[86] Neben den von den Mitgliedern gezeichneten Anteilen und eingezahlten Kapitalbeträgen werden die Finanzen des IWF kurzfristig auch durch **Darlehen**, die der Fonds bei Mitgliedsländern und deren Zentralbanken oder der Bank

81 S Art III Abs 3 IWF-Übereinkommen in der ursprünglichen Fassung. Vgl auch Financial Organization and Operations of the IMF (Fn 31) 19.

82 S Art III Abs 3 IWF-Übereinkommen in der ursprünglichen Fassung.

83 Bei ihrer Einführung im Jahre 1969, dh noch im System fester Paritäten und des Goldstandards, wurde ein Sonderziehungsrecht mit 0,888671 Gramm Feingold gleichgesetzt.

84 S Art XVIII Abs 2(b) IWF-Übereinkommen. Eine einmalige Neuzuweisung von SDR 21.4 Mrd unabhängig vom Quotensystem ist als vierte Änderung des IWF-Übereinkommens im Januar 1998 vom IWF Gouverneursrat angenommen worden.

85 Am 10.10.2014 entsprach 1 SDR genau $ 1,486420.

86 Am 30.4.2020 entsprach 1 SDR genau $ 1.36640. Vgl die Informationen auf der IWF Webseite <imf.org>.

für Internationalen Zahlungsausgleich aufnimmt, aufgestockt.[87] Seit dem Jahr 1962 kann der IWF Darlehen aufgrund eines Rahmenabkommens (General Agreement to Borrow oder GAB) aufnehmen, welches er mit den zehn Regierungen bzw Zentralbanken der *Group of Ten* (G-10) und der Schweiz geschlossen hat, sobald seine Operationen die vorhandenen Finanzmittel übersteigen. Die Darlehen haben eine Laufzeit von vier bis sieben Jahren. Seit 1997 gibt es ein weiteres Rahmenabkommen (*New Arrangements to Borrow* oder NAB), das der IWF mit insgesamt 25 Ländern und Institutionen geschlossen hat. Im April 2009 haben die Regierungen der *Group of Twenty* (G-20) sich bereiterklärt, die Kreditvergabekapazität des IWF zu verdreifachen. Das insoweit erweiterte NAB-Abkommen, das seit März 2011 in Kraft ist, erlaubt dem IWF weitere $ 366 Mrd als Darlehen aufzunehmen. Die Darlehen sind insbesondere dadurch gekennzeichnet, dass die Kreditgeberländer mit Ausnahme der BIZ ein Anrecht auf die frühe Rückzahlung des Darlehens haben, sobald sie in Zahlungsbilanzschwierigkeiten geraten. Im Zusammenhang mit beiden Rahmenabkommen hat der IWF Zugang zu zusätzlichem Kapital in Höhe von 387 Mrd SDR (ungefähr $ 575 Mrd). Seit Beginn der globalen Finanzkrise im Jahre 2008 hat der IWF weitere bilaterale Abkommen geschlossen mit 38 Mitgliedern, die ihm erlauben auf weitere $ 461 Mrd zuzugreifen für den Fall, dass GAB und NAB angesichts des steigenden Bedarfs an Krediten nicht ausreichen. Seit längerem besteht bereits ein Abkommen mit Saudi-Arabien, aufgrund dessen der IWF über weitere $ 1,5 Mrd verfügt.

44 Eine weitere Finanzquelle für den IWF sind die verschiedenen **Gebühren und Zinsen**, welche die Organisation im Zusammenhang mit seiner Kreditvergabe erhebt.[88] Seit Kurzem hat der IWF, welcher aufgrund einer temporären Aussetzung von Gebühren- und Zinserhebung im Zusammenhang mit Krediten, die aus den *low-income-countries facilities* vergeben werden, momentan niedrigere Einnahmen in Form von Gebühren und Zinsen zu verzeichnen hat, eine neue Finanzquelle erschlossen. Er hat ein sog ***Investment Account*** eröffnet, welches ihm erlaubt, sein nicht durch Kredite der Mitglieder genutztes Kapital in Bundes- und Landesobligationen bestimmter Mitglieder und internationaler Finanzinstitutionen zu investieren.[89] Der IWF beobachtet seine **Liquidität** genau. In seiner gesamten Geschichte ist sein Liquiditätsgrad nie unter die 25 bis 30 %-Grenze gefallen.[90] Per fünfter Änderung seiner Gründungsverträge, die im April 2011 in Kraft trat, sind die Möglichkeiten für den IWF, in risikoreichere Papiere zu investieren, erweitert worden.

---

87 Zu der Aufnahme von Darlehen durch den IWF s *Gold* Monetary System, Bd II, 478ff.

88 Für einen Überblick über die verschiedenen *charges* des IWF im Zusammenhang mit Krediten s die Tabelle über IWF Kreditvergabe und Finanzierungsbedingungen im IWF Annual Report (2014) 32–33 sowie Financial Statements Appendix zum IWF Annual Report (2014) 5, 18 (Note 6).

89 Vgl auch Art XII Abs 6 (f) IWF-Übereinkommen, der die Eröffnung eines *investment account* ausdrücklich erlaubt. Damit kann der IWF nunmehr Anleihen, die von bestimmten Mitgliedern herausgegeben werden, kaufen und damit die bekannten Vorteile dieser Geldanlagen als relativ risikofreie Anlagen mit vergleichbar günstigen Zinserträgen genießen.

90 Die monatliche Liquiditätsposition des IWF kann auf der Website unter <imf.org/cgi-shl/create_x.pl?liq> abgerufen werden.

i) Aufgaben

Das allgemeine Mandat des IWF hat sich bis heute nicht geändert. Nach wie vor lauten gem Art I des IWF-Übereinkommens die **Aufgaben** des IWF: 45

- Unterstützung der internationalen währungspolitischen Zusammenarbeit,[91]
- Mitwirkung bei der Erweiterung und beim gleichmäßigen Wachstum des internationalen Handels durch den Abbau von Devisenbeschränkungen,[92]
- Förderung der Wechselkursstabilität, Organisation geordneter Wechselkursarrangements und die Verhinderung wettbewerbsfördernder Abwertungen,[93]
- Aufbau eines multilateralen Systems für laufende Zahlungen,[94]
- Vorübergehende Bereitstellung von Währungsreserven im Falle von Zahlungsbilanzschwierigkeiten der Mitglieder,[95]
- Verkürzung bzw Verringerung der Länge und des Ausmaßes von Zahlungsbilanzschwierigkeiten.[96]

Diese Zweckbestimmungen lassen sich in folgende **Funktionen des IWF** übersetzen. 46
Die aufsichtsrechtliche Funktion bezieht sich auf die Überwachung des internationalen Zahlungsverkehrs.[97] Während der ersten 25 Jahre seiner Tätigkeit war hiervon auch die Überwachung der fixen Wechselkurse von Währungen mitumfasst. Des Weiteren übt der IWF auch eine beratende Funktion (*surveillance*) aus.[98] Seit dem Wegfall der Funktion als Währungshüter Anfang der 1970er Jahre hat der IWF seine beratende Funktion immer mehr ausgebaut, insb der sog bilateralen *surveillance* eine multilaterale hinzugefügt. Die volkswirtschaftlichen, insb währungsbezogenen Daten und Informationen, die er im Zusammenhang mit seiner Beratungstätigkeit sammelt, unterstützen ihn auch bei der Ausübung der Finanzierungsfunktion. Im Rahmen dieser dritten Funktion gewährt der IWF Mitgliedsländern, die sich in Zahlungsbilanzschwierigkeiten befinden, kurzfristige Kredite.[99] Als vierte Funktion ist der Informationsdienst zu nennen.[100] Die großen Mengen an volkswirtschaftlichen Daten, die er über einzelne Mitgliedsländer oder deren Wirtschaftsbeziehungen sowie über internationale wirtschaftliche und währungsbezogene Entwicklungen sammelt, sind ganz überwiegend öffentlich zugänglich. Zur vierten Dienstleistungsfunktion gehört auch technische Hilfe ua Training von Beamten und Angestellten der Finanz- und Wirtschaftsministerien sowie Zentralbanken von Mitgliedsländern mit mittlerem oder geringerem Einkommen.

---

91 Art I (i) IWF-Übereinkommen.
92 Art I (ii) IWF-Übereinkommen.
93 Art I (iii) IWF-Übereinkommen.
94 Art I (iv) IWF-Übereinkommen.
95 Art I (v) IWF-Übereinkommen.
96 Art I (vi) IWF-Übereinkommen.
97 Art VIII IWF-Übereinkommen.
98 Art IV IWF-Übereinkommen.
99 Art V IWF-Übereinkommen.
100 Diese Funktion ergibt sich aus der Zusammenschau konkreter Kompetenzen, sowie der allgemeinen Aufgaben des Fonds.

j) Internationales Währungsregime

47 Die Instrumentarien, die dem IWF bei der Erfüllung seines **Mandats als Währungshüter** zur Verfügung stehen, haben sich Ende der 1960er bzw Anfang der 1970er Jahre grundlegend geändert. Die hiermit verbundene Entwicklung des IWF soll anhand von zwei der insgesamt fünf Änderungen des Gründungsvertrages bzw diesbezüglichen Vorschlägen nachvollzogen werden.

(1) Bretton Woods Regime

48 Das vom IWF propagierte internationale Währungssystem, auch **Bretton Woods Regime** genannt, beruhte in den ersten 25 Jahren des Fonds nach seiner Gründung auf

- dem sog *par value* System, einem System relativ fester Wechselkurse zwischen den Währungen aller beteiligten Mitgliedsländer, die entweder direkt oder indirekt auf Gold basierten,
- der Konvertibilität aller beteiligten Währungen,
- der Freiheit des Zahlungsverkehrs sowie
- dem Ausgleich von Zahlungsbilanzdefiziten durch Finanzinterventionen seitens des IWF.[101]

49 Im Rahmen des *par value* **Systems** musste jedes Mitgliedsland im Einvernehmen mit dem Fonds seine Währung in Goldwert ausdrücken. Darüber hinaus ergaben sich Paritäten zu den Währungen anderer Mitgliedsländer. Ein Mitgliedsland war verpflichtet, entweder Gold in der Menge, die der Gesamtsumme seiner im Umlauf befindlichen Währung entsprach, bereitzuhalten oder eine entsprechende Menge an US-Dollar. In der Praxis waren die USA das einzige Mitgliedsland im Fonds, das Gold in Höhe der von ihr ausgegebenen US-Dollars hatte, während alle anderen Mitgliedsländer stattdessen US-Dollar bereithielten. Im Falle von wirtschaftlichen Entwicklungen, die die gesetzten Paritäten mit der wirklichen Stärke einer Währung maßgeblich (bei Abweichungen in Höhe von +/–1 %) in Konflikt geraten ließen, durften die Paritäten nur mit Zustimmung des Fonds angepasst werden.[102]

50 Grundsätzlich funktionierte das Bretton Woods System nach dem Wiederaufbau Europas zufriedenstellend. Als jedoch die USA, auf deren wirtschaftlicher und monetärer Stärke dieses System *de facto* aufbaute, infolge von stetig steigenden Importen und gleichzeitig sinkenden Exporten in ein Handelsbilanzdefizit und damit selbst in Zahlungsbilanzschwierigkeiten geriet, war der **Zusammenbruch des Bretton Woods Systems** unausweichlich.[103] Ende der 1960er Jahre befanden sich die USA, das klassische Handelsbilanzüberschussland, in einem tiefen Defizit. Entsprechende Maßnahmen, wie die vorübergehende Einführung von Importquoten und anderen Handelsbeschränkungen, zeigten nur kurzfristigen Erfolg. Grund für die Schwierigkeiten waren insbesondere die wachsenden finanziellen Belastungen des US-Haushalts auf-

---

101 Für eine Beschreibung des sog Bretton Woods Systems vgl auch ua *Gold* Monetary System, Bd I, 520ff; *ders* Monetary System, Bd II, 74ff; *Lowenfeld* 622ff; *Krajewski* Rn 719ff.

102 Vgl den Wortlaut des ursprünglichen Art IV Abs 1–7 IWF-Übereinkommen, wiedergegeben bei *Gold* Monetary System, Bd I, 574.

103 Zum historischen Hintergrund *Garritson de Vries* The IMF 1966–1971, Bd I, 517. Zum Handelsbilanzdefizit und zu Zahlungsbilanzschwierigkeiten allgem *Gabler* Wirtschaftslexikon (Fn 8).

grund des militärischen Engagements der USA im Ausland, zu diesem Zeitpunkt vor allem in Vietnam. Zudem übte die Preisentwicklung auf dem freien Goldmarkt in London auf das Bretton Woods System Druck aus. Die Unze Gold wurde zunehmend für einen Preis gehandelt, der über dem offiziellen Preis von $35 pro Unze im Rahmen des Bretton Woods Systems lag. Diesem Druck hätte nur ausgewichen werden können, indem entweder der offizielle Preis dem Preis am freien Markt angeglichen worden wäre oder der Preis am freien Markt durch Intervention nahe am offiziellen Preis gehalten worden wäre. Die US-Regierung entschied sich für einen dritten Weg, welcher allerdings mit einer Verletzung ihrer Verpflichtungen als Mitglied des IWF verbunden war. Am 15.8.1971 informierten die USA den IWF, dass sie sich vom Goldstandard abwenden. Sie würden kein Gold mehr entsprechend der Ausgabe zusätzlicher US-Dollar ankaufen sowie keine US-Dollar mehr gegen Gold entgegennehmen. Als Folge hiervon existierten zwei zentrale Merkmale des Bretton Woods Systems – *par value* und Konvertibilität der Währungen aller beteiligten Länder – nur noch auf dem Papier. *De facto* begannen die Währungen, frei zu fluktuieren.

Während die Länder der EWG einen ersten Anlauf zum Aufbau eines regionalen, 51
nicht in den IWF eingebundenen Währungssystems unternahmen, wurde auf der Grundlage eines multilateralen Vertrages vom 18.12.1971 (**Washingtoner Abkommen**) ein vorübergehendes Regime von wesentlich breiter angelegten Wechselkursmargins (im Vergleich zu den minimalen, die das IWF *par value* System erlaubt hatte) eingeführt. Ein Sonderkomitee erarbeitete ein neues internationales Währungssystem, welches schließlich zur zweiten Änderung des Gründungsvertrages des IWF führte und am 1.4.1978 in Kraft trat.

(2) Post-Bretton Woods Regime

Von nun an erlaubte der IWF seinen Mitgliedern, eine Reihe von **flexiblen Wechsel-** 52
kursarrangements einzugehen. Ein Mitgliedsland konnte seine Währung

> an die Sonderziehungsrechte bzw ***Special Drawing Rights***, also den Korb von bestimmten Währungen,
> an eine andere Rechnungseinheit,
> an die Währung eines anderen Mitgliedslandes oder
> an eine Gruppe von Währungen anlehnen („*pegging*") bzw
> einem regionalen Währungsarrangement beitreten oder
> seine Währung frei auf dem Markt fluktuieren lassen.[104]

Nach der Einführung des Systems von flexiblen Wechselkursarrangements nach dem 53
Wegfall der Funktion des IWF als Währungshüter verlagerte sich der Schwerpunkt der Arbeit des IWF zum einen auf die ***surveillance*** und zum anderen auf die Kreditvergabe. Die surveillance erfolgt aufgrund der IWF Mitgliederverpflichtung, mit dem Fonds zusammenzuarbeiten und ihm für seine Beratung des jeweiligen Landes zu

104 Art IV Abs 2(b) IWF-Übereinkommen; vgl im Einzelnen auch *Gold* Monetary System, Bd II, 278ff; *Lowenfeld*, 628ff; *Shaffer/Waibel* University of California Legal Studies Research Paper Series No 27 (2016) 204ff.

Haushalts- und Finanzpolitik, Wechselkurs- und Strukturpolitik maßgebliche volkswirtschaftliche Daten und Fakten zur Verfügung zu stellen. Seit den Finanzkrisen der 1990er hat der IWF seinen analytischen Rahmen für die *surveillance* zunehmend ausgebaut. Zuletzt hat er im Juli 2012 die bilaterale und multilaterale *surveillance* neu formuliert.[105] Bilaterale *surveillance* wird zukünftig auf Währungs-, Haushalts-, Struktur- und Finanzpolitikpolitik ausgerichtet sein, die sowohl Wechselkursstabilität und eine ausgewogene Zahlungsbilanz des jeweiligen Landes als auch der Weltwirtschaft insgesamt fördern. Der Fonds wirft ein Auge auf nationale Politiken, die möglicherweise zu systemischer Instabilität beitragen oder mit der sich ein Mitglied über Wechselkursmanipulationen einen ungerechtfertigten Handelsvorteil verschaffen will. Multilaterale *surveillance* schaut auf die Wechselkurse zwischen allen Ländern, den Zahlungsverkehr für laufende Zahlungen, die globalen Kapitalbewegungen, internationale Währungsreservetrends und Phänomene, die uU die Stabilität der globalen Wirtschaft beeinträchtigen wie bedeutende Zahlungsbilanzasymmetrien, instabile Wechselkurse, sinkende globale Liquidität, massive Kapitalflucht und *spillovers* von Schwächen im Finanzsystem eines Mitglieds auf weitere Länder. Außerdem erweiterte der IWF im September 2012 seine Arbeit um eine umfassende *Financial Surveillance Strategy*,[106] die og bilaterale und multilaterale *surveillance* und bereits erfolgende *financial sector* Arbeit ergänzt. Mit der neuen Strategie will der IWF seine Analyse von *macrofinancial risks*, insb die Identifizierung systemischer Risiken im Finanzsystem, in die bereits erprobte *surveillance*, Datenerhebungen und *financial sector assessment programs* besser integrieren und in diesem Zusammenhang noch enger mit Partnern, die ebenfalls auf globaler Ebene aktiv sind, wie ua BIS, der Weltbank, OECD (Organization for Economic Cooperation and Development) und dem 2009 von der G20 gegründetem Financial Stability Board (FSB), dem auch der IWF als Mitglied angehört, zusammenarbeiten.

54 Die og neuen flexiblen Wechselkursarrangements waren neben der Ölkrise der 1970er Jahre ursächlich für die unmittelbar danach größere Nachfrage nach Krediten des IWF, aber auch weiterer Kreditgeber durch die Entwicklungsländer und ließen damit internationale Finanzmärkte größeren Umfangs entstehen. Letztere wurden ua mit dem sog **Petro-Dollar**, dh den überdimensionalen Einnahmen der Erdöl-fördernden Länder, gespeist. Der Petro-Dollar wiederum wurde *recycelt*, indem private Finanzinstitutionen in größerem Umfang Gelder an Entwicklungsländer vergaben. Sobald letztere jedoch wirtschaftlich weniger erfolgreich operierten als erhofft, dh in chronische oder akute Zahlungsbilanzschwierigkeiten gerieten, erhöhte sich ihr Bedarf an Finanzmitteln vom IWF drastisch.

---

105 S Decision on Bilateral and Multilateral Surveillance v 28.8.2012 (Integrated Surveillance Decision), abrufbar auf der IWF-Webseite unter, <imf.org\\external\\np\\pp\\eng\\2012\\071712.pdf>; s dazu ausf *Broos/Grund* JIEL 21 (2018), 489ff; *Feibelman* Chicago JIL 15 (2015) 426ff.

106 S zur *Financial Surveillance Strategy* auch die IWF Webseite (Fn 105).

k) Die Evolution des IWF: Von der reinen Währungsinstitution zur Entwicklungshilfeinstitution

Ab den 1970er Jahren befanden sich bis zur globalen Finanzkrise (US subprime Hypothekenkrise und Euro-Verschuldungskrise), die auch wieder entwickelte Länder beim IWF um Kredite nachfragen ließ, *de facto* unter den Kreditnehmern nur noch Entwicklungsländer, deren Bedarf an Finanzen die ursprüngliche Kapitalausstattung des IWF bei weitem überstieg.[107] Auf diese bis vor kurzem anhaltende Entwicklung reagierte der IWF mit zwei Maßnahmen: 55

der Errichtung von low-income-country-facilities und
dem Ausbau der auf dem sog Washington Konsensus aufbauenden Finanzierungsbedingungen.[108]

Parallel zum eigentlichen Kapital des IWF wurde ein **Treuhandfonds für *low-income-countries*** eingerichtet. In diesen Fonds zahlten die reichen Mitgliedsländer freiwillig Summen ein, und der IWF vergab daraus als Treuhänder armen Mitgliedsländern, dh solchen Ländern, die iSd Internationalen Entwicklungsorganisation (IDA) oder dem *soft lending arm* der Weltbank[109] ärmer als sog *middle-income-countries* sind, zusätzliche Kredite.[110] Im Jahre 1976 errichtete der IWF den ersten Treuhandfonds, aus dem Entwicklungsländer Kredite zur Beseitigung von Zahlungsbilanzschwierigkeiten erhalten konnten.[111] Er finanzierte sich aus Gewinnen, die der IWF durch den Verkauf von Gold machte. 1986 wurde dieser Treuhandfonds zur *Structural Adjustment Facility* umstrukturiert. Ein Jahr später wurde diese zur *Enhanced Structural Adjustment Facility*. Letztere ging im Jahr 1999 in der sog *Poverty Reduction and Growth Facility* auf. Seit Beginn der 1980er Jahre werden diese *facilities* aus freiwilligen bilateralen Geldzuwendungen der reicheren Länder und Goldverkäufen des IWF finanziert. 56

Die zweite Antwort auf die gestiegene Nachfrage war die Formulierung eines immer länger werdenden Katalogs von Bedingungen, die die Entwicklungsländer erfüllen müssen, wenn sie Finanzmittel vom IWF erhalten möchten. Die materiellen Inhalte dieser Bedingungen (auch *conditionalities* genannt) sind grundsätzlich dieselben – ungeachtet, ob Finanzierungsmittel dem eigentlichen IWF Kapital oder den *low-inco-* 57

107 *De jure* beruht die Finanzierungsfunktion, wie bereits erläutert, auf dem *uniformity* Prinzip, nach welchem jedes Mitglied Finanzierung bei Zahlungsbilanzschwierigkeiten nachfragen kann. Im Zuge der *de facto* Änderung des Kreditnehmerprofils wurde der IWF jedoch zur Entwicklungshilfeorganisation. Zur Evolution des IWF von einer ursprünglich rein monetären Institution zu einem der einflussreichsten global *policy-maker* s auch *Schlemmer-Schulte* BerDGVR 41 (2005) 149ff.

108 Diese *de facto* Einengung des Kundenkreises des IWF sowie die Verfestigung ders durch die Errichtung der *low-income-country-facilities* widerspricht dem fundamentalen Konzept der IWF-*uniformity*. Zu diesem Konzept *Gold* Monetary System, Bd II, 255ff.

109 Zur IDA s u Rn 119ff.

110 Juristisch lässt sich die Errichtung von *low-income-facilities* als Nutzung von Kompetenzen, die sich implizit aus dem IWF-Übereinkommen ergeben, einordnen. Allgem zu diesem Konzept der *implied powers* vgl ua *Dahm/Delbrück/Wolfrum* Völkerrecht, Bd I/3 (2002) 648ff mwN.

111 S zu dieser Innovation auf der Basis einer weiten Auslegung des IWF-Übereinkommens *Gold* Monetary System, Bd II, 15ff.

me-country-facilities entnommen werden. Diese Bedingungen sind unter dem Stichwort **Washington Consensus *conditionalities***[112] oder volkswirtschaftliche Anpassungsmaßnahmen bekannt.[113]

58 Seit Ende der 1970er Jahre müssen die Kreditnehmerländer zur Abwendung von Zahlungsbilanzschwierigkeiten bzw Handelsbilanzdefiziten folgende vom IWF verlangte **volkswirtschaftliche Reformen** durchführen:

Haushaltsdisziplin,
Steuerreformen,
Liberalisierung des Zinssatzes (dh Bestimmung von Zinssätzen durch den Markt),
wettbewerbsfähiger Wechselkurs,
Liberalisierung des Handels,
Liberalisierung des Kapitalverkehrs einschließlich von Direktinvestitionen,
Privatisierung von öffentlichen Unternehmen und freie Preisgestaltung für Waren und Dienstleistungen auf dem Markt,
Deregulierung,
Sicherung von privaten Eigentumsrechten und
Umverteilung hoher gesamtwirtschaftlicher Gewinne auf ärmere Bevölkerungsschichten.[114]

59 Die Mehrheit aller **volkswirtschaftlichen Anpassungsprogramme**, die vom IWF finanziert werden, konzentriert sich in der Praxis auf das folgende Trio:

die Liberalisierung von Handel, Finanz- und Kapitalmärkten,
die Privatisierung öffentlicher Betriebe und
die Deregulierung der Wirtschaft.[115]

---

112 Die Inhalte dieser volkswirtschaftlichen Anpassungsprogramme werden als Washington Consensus bezeichnet, da diese Finanzierungsbedingungen nicht nur von internationalen Finanzinstitutionen (Internationaler Währungsfonds und Weltbank), die ihren Sitz in Washington haben, gestellt werden. Vielmehr stellen sie auch einen Bestandteil der amerikanischen Außenpolitik dar.

113 Die Einforderung einer immer länger und detaillierter werdenden Liste von conditionalities durch den IWF, die mittlerweile neben dem Washington Konsensus auch noch governance-Bedingungen enthält, beruht auf einer weiten Auslegung der Aufgaben des IWF nach Art I und Art V Abs 3 IWF-Übereinkommen.

114 Der Begriff *Washington Consensus* selbst geht auf *J. Williamson* vom Institute for International Economics in Washington, DC, zurück, der in einem 1990 veröffentlichten Aufsatz die Antwort der internationalen Finanzinstitutionen auf die Finanzkrisen der 1980er Jahre in Latein-Amerika untersuchte, vgl *Williamson* in ders (Hrsg) Latin-American Adjustment: How Much Has Happened? (1990) Kap 2. Er stützte seine Analyse auf Vorarbeiten des Institute for International Economics, insb die Publikation von *Balassa* Toward Renewed Economic Growth in Latin-America (1986). Dass sich seit den 1980er Jahren inhaltlich im Prinzip wenig geändert hat, zeigt *Dreher* The Development and Implementation of IMF and World Bank Conditionality (2002). Änderungen betrafen und betreffen idR die Einbeziehung institutioneller Komponenten in Wirtschaftsprogramme, vgl auch *Ghosh* IMF Occasional Paper 241 (2005).

115 Da die zu einzelnen Kreditvergaben gehörenden Dokumente idR nicht öffentlich zugänglich sind, ist es oft für Außenstehende nicht leicht, den sog Washington Konsensus-Gehalt von IWF-Programmen nachzuvollziehen. Die im IMF Exekutivdirektorium diskutierten policy papers und guidelines (Anweisungen an Mitarbeiter für den Umgang mit IMF Ressourcen) – beides interne, abstrakt-generell formulierte und damit deutschen Verwaltungsvorschriften ähnliche Instrumente – werden zwar auf der Web-

Seit den 1990er Jahren verlangen die Anpassungsprogramme von Kreditnehmerländern darüberhinausgehende institutionelle und rechtliche Reformen. Diese Bedingungen sind unter dem Stichwort ***good governance*** bekannt.[116] *Good governance* schließt auch bestimmte als *rule of law* bezeichnete Komponenten ein.[117] Im Rahmen konkreter Finanzierungen erwartet der IWF von Kreditnehmerländern, dass sie das Management öffentlicher Ressourcen durch Reformen der Institutionen des öffentlichen Sektors (zB des Finanzministeriums, der Zentralbank, öffentlicher Unternehmen, des Beamtenregimes und der offiziellen Statistik) einschließlich der Verwaltungsverfahren (zB in der Haushaltskontrolle und der Steuererhebung) verbessern. Des Weiteren sollen diese Bedingungen dem Aufbau einer transparenten Wirtschaftsaufsicht dienen.[118] 60

Die Finanzierung von *good governance* und *rule of law* Programmen durch den IWF wirft rechtliche Probleme auf. Dies bezieht sich insbesondere auf solche Fallkonstellationen, in denen eine **Finanzierung politischer Reformen** im Kreditnehmerland vorgesehen ist. Ein solches Vorgehen wird gelegentlich als Kompetenzüberschreitung des IWF und damit als Handlung *ultra vires* qualifiziert. Hierbei ist allerdings zu bedenken, dass das IWF-Übereinkommen, anders als der Gründungsvertrag der Weltbank, kein ausdrückliches Verbot politischer Aktivitäten statuiert. Das Exekutivdirektorium, welches in erster Instanz den Gründungsvertrag verbindlich interpretiert, hat gleichwohl betont, dass sich der IWF aufgrund seiner ökonomischen Zweckbestimmung weder von der Regierungsform eines Kreditnehmerlandes beeinflussen lassen noch in dessen innere politische Angelegenheiten einmischen darf.[119] 61

---

site des IWF veröffentlicht, enthalten jedoch selten konkrete Listen von Washington Konsensus conditionalities. Zu diesen policies und guidelines s *Gold* Interpretation, 371ff.

116 S *Gold* Interpretation, 503ff. Vgl auch Good Governance – The IMF's Role, IMF Pamphlet (1997), in dem eine sog *Guidance Note* des IWF zu *governance* vollständig abgedruckt ist.

117 Ausf hierzu auch → *Tietje* § 1 Rn 81f.

118 Für Details der *good governance* Programme s u Rn 109ff und Rn 155.

119 Der Text der in Fn 116 angeführten Guidance Note bestimmt: „Although it is difficult to separate economic aspects of governance from political aspects, confining the IMF's involvement in governance issues to areas outlined above should help to establish boundaries of this involvement. In addition, general principles that are more broadly applicable to the IMF's activities should also guide the IMF's involvement in governance issues. Specifically, the IMF's judgements should not be influenced by the nature of the political regime of a country, nor should it interfere in domestic or foreign politics of any member. The IMF should not act on behalf of a member country in influencing another country's political orientation or behavior. Nevertheless, the IMF needs to take a view on whether the member is able to formulate and implement appropriate policies. This is especially clear in the case of countries implementing economic programs supported by the IMF from the guidelines on conditionality that call on IMF management to judge that 'the program is consistent with the IMF's provisions and policies and that it will be carried out.' [Zitat aus den Guidelines on Conditionality, Decision No. 6056-79/38, March 2, 1979, Selected Decisions and Selected Documents of the International Monetary Fund, 21st Issue (IMF Publication 1996) 99] As such, it is legitimate for Management to seek information about the political situation in member countries as an essential element in judging the prospects for policy implementation." Vgl a *Gold* Interpretation, 503.

l) Finanzierungsvoraussetzungen

62 Die wichtigste Voraussetzung, die erfüllt sein muss, um vom IWF einen Kredit zu erhalten, ist, dass das betreffende Kreditnehmerland / IWF-Mitglied sich in ***Zahlungsbilanzschwierigkeiten*** befinden muss. Die volkswirtschaftliche Zahlungsbilanz eines Landes erfasst für einen bestimmten Zeitraum wertmäßig alle wirtschaftlichen Transaktionen zwischen Inländern und Ausländern und gibt Auskunft über die ökonomische Verflechtung einer Volkswirtschaft mit dem Ausland. Die Transaktionen werden in der Zahlungsbilanz in Form von Einnahmen und Ausgaben dargestellt. Die Zahlungsbilanz gliedert sich in drei Teile: Leistungsbilanz, Kapitalbilanz, und Bilanz der Vermögensübertragungen. In der Leistungsbilanz werden der Außenbeitrag des Warenverkehrs und der Dienstleistungen, die Arbeit- und Kapitaleinkommen und die laufenden Übertragungen zusammengefasst. In der Kapitalbilanz werden alle Änderungen von Forderungen und Verbindlichkeiten gegenüber dem Ausland erfasst, dh Kapitalexport und Kapitalimport festgehalten. In der Bilanz der Vermögensübertragungen werden diejenigen unentgeltlichen Leistungen verbucht, die nicht direkt das Einkommen oder den Verbrauch der beteiligten Länder verändern (zB Schuldenerlass) und nur einmalig erfolgen. Viele Entwicklungsländer verzeichnen Schwierigkeiten in ihrer Leistungs- und Kapitalbilanz. Zum Beispiel ist die Leistungsbilanz eines Entwicklungslandes oft negativ, weil der Wert der Einfuhr von Waren den Wert der Ausfuhr von Waren im Regelfall überschreitet. Normalerweise wird die negative Leistungsbilanz dadurch wieder ausgeglichen, dass das entsprechende Entwicklungsland Kapital importiert, dh Darlehen aufnimmt und dadurch seine Verbindlichkeiten gegenüber dem Ausland ansteigen. Obwohl dann die Gesamtbilanz wieder ausgeglichen ist, befindet sich das Entwicklungsland in Zahlungsbilanzschwierigkeiten. Es kann in diesem Falle von seinem im IWF Übereinkommen niedergelegten Recht Gebrauch machen, die Ressourcen des IWF zum kurzfristigen Ausgleich der Bilanz zu nutzen bzw günstige Kredite aus den IWF *low-income-countries facilities* erhalten, was den Ausgleich billiger macht, als teurere Darlehen an den Finanzmärkten aufzunehmen.

m) Finanzierungsinstrumente

63 Der IWF verwendet im Rahmen der Finanzierung dieser Anpassungsprogramme zwei verschiedene Instrumente.[120] Bei der Kreditvergabe aus dem Kapital des IWF, welche entsprechend dem IWF-Übereinkommen als „Nutzung der allgemeinen Ressourcen" des IWF sowie „Kauf" und „Rückkauf" von Währungen bezeichnet wird,[121] werden in der Regel sog ***stand-by-arrangements*** bzw ***extended arrangements*** eingegangen.[122] Im Rahmen dieser Vereinbarungen erfolgt vor der Entscheidung des Fonds über die Kreditvergabe zunächst eine Bewertung durch Mitarbeiter des IWF (*staff assessement*), in welchem die einzelnen Kreditvergabebedingungen aufgelistet werden. Daraufhin erhält der IWF vom Kreditnehmer einen *letter of intent*, dem eventuell *memoranda* beigefügt sind, die eine Reihe erforderlicher volks- und finanzwirtschaftlicher sowie insti-

120 S auch *Gold* in Rendell (Hrsg) Bd 2, 65.

121 Art V Abs 3 IWF-Übereinkommen.

122 Vgl Art V Abs 3(a) IWF-Übereinkommen, der das Finanzinstrument des stand-by arrangement explizit aufführt.

tutioneller Maßnahmen aufzählen. Sie beinhalten die Finanzierungsbedingungen, die in der Regel mit der Einschätzung der IWF-Mitarbeiter identisch sind. Das Exekutivdirektorium des IWF entscheidet anschließend, ob dem Kreditantragsteller kurzfristig starke Währungen aus dem Kapital des IWF zu finanziell günstigeren Bedingungen als auf dem Markt gegen die eigene Währung gewährt werden.

Bei diesen *stand-by-arrangements* bzw *extended arrangements*, aufgrund derer Mitglieder des IWF starke Währungen innerhalb eines bestimmten kurzen Zeitraumes kaufen und nach Ablauf des Zeitraums diese Währungen dem IWF wieder zurückgeben bzw ihre eigene Währung zurückkaufen, handelt es sich nicht um Darlehensverträge, sondern um ein **Finanzierungsinstrument *sui generis*.**[123] Solche Arrangements übernehmen aus ökonomischer Sicht zwar die Funktion eines Darlehens, ihre Struktur entspricht aber nicht der eines Vertrages. Die Rechtsverbindlichkeit dieser Arrangements mit den jeweiligen Rechten und Pflichten ergibt sich aus dem Gründungsvertrag des IWF einschließlich begleitender Erklärungen der Mitgliedsländer, welche Details der Arrangements enthalten.[124] Nach Auffassung des IWF sind die Arrangements weder als Vertrag noch als einseitige Willenserklärungen zu qualifizieren.[125] Die Nichteinhaltung der Finanzierungsbedingungen durch den Kreditnehmer (dh die Nichterfüllung von quantitativen und strukturellen ***performance criteria***) stellt daher keinen Vertragsbruch dar und wird auch nicht als Verletzung einer einseitigen Zusage beurteilt. Die einzige praktische Konsequenz der Nichterfüllung von Finanzierungsbedingungen ist, dass die ursprünglich dem Kreditnehmer in verschiedenen Raten zur Verfügung zu stellenden Gelder nicht zugänglich gemacht werden, es sei denn, es wird vom IWF ein Verzicht bzw ***Waiver*** bzgl der Erfüllung der Finanzierungsbedingungen erteilt. Eine Verletzung des Gründungsvertrages des IWF ergibt sich nur, wenn ein Rückkauf der eigenen Währung durch das Mitgliedsland innerhalb der bestimmten Zeit ausbleibt. Die Nichtrückzahlung der vom IWF gewährten Kredite kann dann allerdings zur Suspendierung des Stimmenabgaberechts im Exekutivdirektorium und Gouverneursrat führen und mit dem zwangsweisen Verlust der Mitgliedschaft im IWF geahndet werden.[126] In der Praxis wird die erst genannte Sanktion durchaus verhängt. Jedoch hat noch kein Mitglied seine Mitgliedschaft im IWF verloren. 64

Die **längerfristigen Kredite**, die Entwicklungsländer aus den *low-income-countries-facilities* vom IWF erhalten, werden zwar als Darlehen (*loans*) bezeichnet, unterscheiden sich aber kaum von den Arrangements.[127] Die Darlehensverträge gelten als abgeschlossen, sobald die positive Entscheidung des Exekutivdirektoriums dem Antragsteller mitgeteilt wird. Bei Finanzierungen aus den *low-income-facilities* wird die spätere Nichteinhaltung der Bedingungen ebenfalls nicht als Vertragsbruch, sondern als Nichterfüllung einer Vorbedingung eingestuft. Allein die Nichtrückzahlung des Darlehens stellt einen Vertragsbruch dar. Die praktische Konsequenz der Nichteinhal- 65

123 S *Gold* Interpretation, 362.

124 Mangels Vertragsqualität hinterlegen die Mitglieder diese Finanzierungsarrangements mit dem IWF auch nicht gem Art 102 UN-Charta beim UN-Generalsekretär.

125 S *Gold* Interpretation, 362.

126 Für Einzelheiten s Financial Organization and Operations of the IMF (Fn 31) 162f.

127 S *Gold* Interpretation, 367.

tung von Finanzierungsbedingungen ist, dass der IWF grundsätzlich seine Zahlungen einstellt.

n) Kontroverse um IWF Kreditvergabe

66 Neben der aus den Medien bekannten Kritik am IWF und anderen internationalen Finanzinstitutionen durch NGOs,[128] die insb anlässlich der Jahrestreffen der Gouverneure von IWF und Weltbank geäußert wird, sind die vom IWF finanzierten volkswirtschaftlichen und institutionellen Anpassungsprogramme aus juristischer, wirtschaftswissenschaftlicher und rechtspolitischer Sicht kritisiert worden. Die **völkerrechtliche Kritik** richtet sich hierbei gegen die umfangreichen Kreditvergabebedingungen, die vielfach als völkerrechtswidrige Eingriffe in innere Angelegenheiten der Kreditnehmerländer angesehen werden.[129] Dieser Kritik ist jedoch insb unter Hinweis auf die formale Struktur der Kredite des IWF entgegenzutreten. Die Aufnahme von Krediten erfolgt nämlich lediglich auf Antrag, also mit Einverständnis des Kreditnehmerlandes. Darüber hinaus steht es im freien Ermessen des Kreditnehmerlandes, jederzeit von der Erfüllung der Finanzierungsbedingungen Abstand zu nehmen. Ein solches Verhalten wird weder als Vertragsbruch noch als sonstige Verletzung eines Versprechens eingeordnet. Aus **wirtschaftswissenschaftlicher Sicht** richtet sich die Kritik darauf, dass die vom IWF unterstützten Anpassungsprogramme in Entwicklungsländern für deren Entwicklung oftmals kontraproduktiv seien.[130] Im Mittelpunkt steht das Argument, dass die verlangten Maßnahmen zu überstürzten Liberalisierungen und Privatisierungen geführt hätten, die mit dem Ausverkauf nationaler Industriezweige einhergehen würden und so zu volkswirtschaftlichen und sozialen Krisen geführt hätten. Im Rahmen seiner Finanzierungen als Antwort auf die globale Finanzkrise (US sub-prime Hypothekenkrise und Euro-Verschuldungskrise) hat der IWF begonnen, seine Praxis der strikten Anwendung der Washington Konsensus *conditionalities* zu überdenken. Er hat neue *facilities* eingerichtet, im Rahmen derer Mitglieder Kredite auf sehr flexible Art und Weise nachfragen können. Im Zusammenhang mit Finanzierungen in Island und mehreren westeuropäischen Ländern (insbesondere Griechenland, Irland, und Portugal) hat der IWF von drei Washington Konsensus Maßnahmen, die er bis dato immer vom Kreditnehmerland verlangt hat durchzuführen, Abstand genommen. So hat er im Falle von Island eindeutig das Gebot der Kapitalmarktliberalisierung relativiert und erlaubt, Kapitalmarktkontrollen temporär einzuführen. Von den Geboten der Deregulierung und des flexiblen Arbeitsmarktes hat er bei seinen Finanzierungen in westeuropäischen, von der Euro-Verschuldungskrise erfassten Ländern, abgesehen. Im Zusammenhang mit diesen Finanzierungen, hat der IWF eine verbesserte Banken-, Finanz-, und Kapitalmarktaufsicht unterstützt sowie Maßnahmen gefordert, die die Arbeitslosigkeit reduzieren, auch wenn sie die Ausgaben eines Landes erhöhen. An den *good governance* und *rule of law* Komponenten der vom IWF (und der Weltbank) finanzierten Anpassungsprogramme ist aus **rechtspolitischer Sicht** kritisiert worden,

128 Allgem zu NGOs als Steuerungssubjekte im internationalen Wirtschaftssystem → *Nowrot* § 2 Rn 34ff.

129 S zB *Meng* VRÜ 1988, 263.

130 S hierzu *Easterly* The Elusive Quest for Growth (2001).

dass sie vorwiegend westlich geprägte Wertvorstellungen in die Entwicklungsländer exportieren würden, ohne auf lokale Eigenheiten Rücksicht zu nehmen.[131] Seit 2004 haben IWF (und Weltbank) sich bei der inhaltlichen Gestaltung der von ihnen finanzierten *good governance* und *rule of law* Programme von den gemeinsam von Weltbank und *International Finance Corporation* (IFC) herausgegebenen *Doing Business* Studien leiten lassen. Diese Studien bauen auf der *legal origins hypothesis* auf, nach der positivere Korrelationen im Hinblick auf *economic outcomes* in *common law* Ländern denn in *civil law* Ländern zu finden sind. Aufgrund von Schwächen methodologischer Art in den Weltbank- / IFC-Studien, die Wissenschaftler analysiert haben, findet ein Überdenken der Inhalte von *good governance* Programmen statt.

o) Bedeutung der IWF Finanzierungen in der globalen Wirtschaft

Ungeachtet der Kritik an den Anpassungsprogrammen sei hervorgehoben, dass der 67 IWF und die Weltbank auf der Grundlage dieser Programme einen erheblichen Einfluss auf volkswirtschaftliche und rechtliche Rahmenbedingungen in den Entwicklungsländern ausüben. Darüber hinaus besteht *de facto* eine Abhängigkeit der Entwicklungsländer von der Finanzierung durch den IWF. In der Praxis kann es sich nämlich kaum ein Entwicklungsland leisten, die Finanzierung von Anpassungsprogrammen nicht in Anspruch zu nehmen. Eine Ausnahme bilden lediglich China und erdölfördernde bzw -exportierende Länder.[132] Das Volumen der Finanzierung durch den IWF ist dabei zwar relativ gering und macht allenfalls ein Fünftel bis ein Viertel der gesamten Summe an Kapital, welches in Entwicklungsländer fließt, aus. Die übrigen Anteile an Kapitalzufluss sind in der Regel private Gelder, vor allem in Gestalt von Direktinvestitionen.[133] Der Finanzierung von Anpassungsprogrammen in den Entwicklungsländern durch den IWF und die Weltbank kommt jedoch eine **Katalysatorfunktion** zu.[134] Ohne diese Programme und die auf ihrer Grundlage gegebene Sicherheit in Bezug auf die Rahmenbedingungen würden nämlich die von Privaten getätigten Investitionen erheblich geringer ausfallen.

---

131 Dazu *Schlemmer-Schulte* BerDGVR 41 (2005) 149/173.

132 In diesem Zusammenhang ist unter Umständen eine Wende im Trend der *de facto* Abhängigkeit mehrerer Entwicklungsländer von IWF-Finanzierung erkennbar. Beispielsweise haben vor einiger Zeit einige Langzeitkunden des IWF wie Russland, Argentinien, Brasilien und Indonesien ihre Kredite vorzeitig zurückbezahlt und damit dem IWF finanziell geschadet, s IMF Annual Report (2006–2007) 16. Ob dieser Trend nur vorübergehend ist und mit dem Ausbleiben akuter Finanzkrisen in den letzten Jahren zusammenhängt, oder ob es sich tatsächlich um eine Wende in der Abhängigkeit von IWF-Krediten handelt, ist fraglich. Jedenfalls haben alle eben genannten Länder ihre durchaus immer noch bestehenden Geldbedürfnisse woanders gedeckt.

133 Zur Funktion und Bedeutung ausländischer Direktinvestitionen für das wirtschaftliche Wachstum von Entwicklungsländern vgl ua *Tietje* in Marauhn (Hrsg) Streitbeilegung in den internationalen Wirtschaftsbeziehungen (2005) 47/49f; *Schreuer* FS Ginther (1999) 285; *Nowrot* (Fn 2) 357f mwN. Allgem zur Bedeutung von Auslandsinvestitionen zB UNCTAD World Investment Report 2008, Transnational Corporations and the Infrastructure Challenge (2008); sowie → *Tietje* § 1 Rn 62; ausf zum internationalen Investitionsschutzrecht → *Reinisch* § 9 Rn 1ff.

134 Für die Zusammensetzung des aus dem Norden in den Süden fließenden Kapitals s die Tabelle in Global Development Finance – The Development Potential of Surging Capital Flows (2006) 3.

p) Moderner Accountability Mechanismus

68 Aufgrund einer Entscheidung vom 10.4.2000 errichtete der IWF ein **Independent Evaluation Office** (IEO),[135] welches als Gremium unabhängiger Experten auf Anfrage der Exekutivdirektoren die Qualität von IWF-Programmen überprüft und diese bei der Entscheidung über die individuellen Finanzierungen sowie bei der Formulierung allgemeiner Finanzierungsbedingungen unterstützt. Diese institutionellen Maßnahmen waren eine Reaktion auf Kritik an den IWF-Programmen und lösten wiederum die Errichtung diverser Inspektorgremien in internationalen Finanzinstitutionen aus. Die Welle dieser Maßnahmen begann im Jahre 1994 mit dem Aufbau des Weltbank Inspection Panel.[136] Anders als das Ausgangsmodell des Weltbank Inspection Panel wird das IEO allerdings nicht auf Anfrage von Bürgern in Kreditnehmerländern tätig.[137]

C. Exkurs: Europäisches Währungssystem

69 Auf regionaler Ebene nahmen sich nach dem 2. Weltkrieg in Europa die Organisation für Europäische Wirtschaftliche Zusammenarbeit (OEEC)[138] sowie die Europäische Zahlungsunion (EZU) der Aufgabe an, die Devisenbewirtschaftung abzubauen. Zudem wollten sie durch das multilaterale Clearingsystem zur Verrechnung und Abwicklung regionaler Zahlungsverpflichtungen und die allgemeine Liberalisierung des Zahlungsverkehrs den grenzüberschreitenden Wirtschaftsverkehr von Einschränkungen befreien.[139] Die EZU stellte allerdings Ende der 1950er Jahre ihre Tätigkeit ein und wurde durch das im Jahre 1955 geschlossene **Europäische Währungsabkommen (EWA)** ersetzt.

70 Mit dem EWA wurde ein europäischer Fonds und ein **System des regionalen Zahlungsausgleichs** begründet. In der Nachfolge der EZU sollte das EWA die währungspolitische Zusammenarbeit der europäischen Mitgliedsländer aufrechterhalten und durch die Bereitstellung kurzfristiger Devisenkredite die Realisierung der in der OECD, der Nachfolgeorganisation der OEEC, geltenden Liberalisierungsverpflichtungen sicherstellen.[140] Die Mitglieder hatten obere und untere Interventionsgrenzen im Verhältnis zum US-Dollar festzulegen, wobei sich diese Koppelung der Währungen von Vertragsparteien des EWA auch bereits über die Mitgliedschaft im IWF und das *par value* System ergab. Sie mussten bei Erreichen der Interventionsgrenze zu Gunsten der angebotenen Währung eingreifen. Die Bandbreite betrug +/– 1 %. Innerhalb der Bandbreiten schwankten die Wechselkurse frei. Dieses Interventionsschema ermög-

135 S <ieo-imf.org>.

136 S dazu u Rn 113f.

137 Zur Frage, ob ein Inspection Panel im Rahmen des IWF aus juristischer Sicht Sinn macht s *Schlemmer-Schulte* in Blokker/Schermers (Hrsg) Proliferation of International Organizations: Legal Issues (2000) 483ff.

138 S hierzu → *Nowrot* § 2 Rn 69.

139 Für Details europäischer Währungspolitik nach dem 2. Weltkrieg s *Overturf* Money and the European Union (1997).

140 Die OECD hat ab 1965 auf der Basis ihres Kodex zur Liberalisierung des Kapitalverkehrs den Abbau von Beschränkungen für jegliche Kapitalbewegungen unter OECD Mitgliedern gefördert.

lichte den europäischen Wirtschaften, den Verpflichtungen von *par value* und festen Wechselkursen sowie den Liberalisierungen des Zahlungsverkehrs nachzukommen.

Die Vorschriften der **Europäischen Wirtschaftsgemeinschaft** zum freien Zahlungsverkehr und zur Kapitalverkehrsfreiheit blieben für die Entwicklung des Europäischen Währungssystems zunächst von geringer Bedeutung. Zwar war der Zahlungsverkehr zwischen den Mitgliedern der EWG bis Anfang der 1970er Jahre vollständig zu liberalisieren, jedoch sah der EWG-Vertrag davon ab, währungsrechtliche Parameter zu setzen. Diese Parameter waren im internationalen Rahmenregime des IWF und in anderen regionalen Verträgen geregelt. Die Kapitalverkehrsfreiheit selbst – eine Verpflichtung, die die vom IWF zur Sicherstellung der Zahlungsfreiheit verlangte Währungskonvertibilität logisch voraussetzt, die jedoch materiell über die IWF-Zahlungsfreiheit, die nur Kapitalbewegungen im Zusammenhang mit Handel betrifft, hinausgeht – brauchte unter dem EWG-Vertrag zunächst nicht vollständig hergestellt zu werden. Erst mit dem Inkrafttreten des Vertrages von Maastricht am 1.11.1993 wurde die vollständige Liberalisierung des Kapitalverkehrs ab 1.1.1994 zur Verpflichtung für die Mitgliedstaaten der EG.[141] 71

Das System des EWA lief auf natürliche Weise Anfang der 1970er Jahre aus, als das übergeordnete System im Rahmen des IWF durch die Abkehr der USA vom Goldstandard für den US-Dollar aus den Angeln gehoben wurde. Auf internationaler Ebene reagierte man auf diese Maßnahme der USA zunächst mit einem Übergang zu flexiblen Wechselkursen. Vorübergehend einigte man sich dann im **Washingtoner Währungsabkommen** vom 18.12.1971 auf neue Paritäten mit vergrößerten Bandbreiten bzw Margins innerhalb derer die Wechselkurse von Währungen beteiligter Mitglieder schwanken durften. 72

Im Rahmen der EWG löste die Einrichtung des **Europäischen Wechselkursverbundes** und dessen sog Euro-Schlange am 10.4.1972 auf regionaler Ebene das Washingtoner Währungsabkommen ab.[142] In der ersten Phase des Europäischen Wechselkursverbundes operierten die europäischen Währungen unter dem **Konzept der „Schlange im Tunnel“**. Dieses Bild ergab sich daraus, dass die Schwankungsbreite der EG-Währungen zum einen untereinander auf 4,5 % begrenzt war[143] und ihr zum anderen entsprechend dem Washingtoner Abkommen äußere Grenzen durch den US-Dollar gesetzt wurden.[144] Sowohl die Einhaltung der EG-internen Margen als auch derjenigen gegenüber dem US-Dollar führten teilweise zu Interventionskäufen und -verkäufen von Währungen. Es zeigte sich bald, dass die Folgen der inhomogenen Wirt- 73

141 Hierzu statt vieler *Bröhmer* in Calliess/Ruffert (Hrsg) EUV/EGV, 3. Aufl (2007) Art 56 EGV Rn 1ff.

142 Das Washingtoner Abkommen hatte die Bandbreite für Nicht-Dollarwährungen auf 4,5 % gegenüber dem US-Dollar ausgeweitet. Damit konnte die Schwankungsbreite insg 9 % für Wechselkurse der Nicht-Dollar-Währungen betragen. Der EWG-Raum entschloss sich auf der Basis einer Entscheidung des EG-Rates am 21.3.1972 zu einer Sonderregelung mit engeren Bandbreiten.

143 Die maximale Abweichung des Wechselkurses einer EG-Währung gegenüber einer anderen durfte damit nach oben einen Wert von 2,275 % und nach unten einen Wert von 2,225 % des entsprechenden Parikurses nicht überschreiten.

144 Der obere Rand des Tunnels wurde durch den maximal möglichen Aufwertungssatz gegen den US-Dollar, der untere durch den maximal möglichen Abwertungssatz ebenfalls gegenüber dem US-Dollar gebildet. Die Schlangenlinien illustrierten die Bewegungen, die EG-Währungen untereinander innerhalb der äußeren Grenzen, die der US-Dollar setzte, machen konnten.

schaftsentwicklung der EG-Länder und der Spannungen mit den USA weitere Änderungen des Systems notwendig machten. Die Mehrheit der am Wechselkursverbund beteiligten europäischen Staaten ging am 19.3.1973 zu einem Floating gegenüber dem US-Dollar und anderen Drittwährungen über, hielten jedoch untereinander an festen Wechselkursrelationen mit einer bestimmten Bandbreite fest (sog Blockfloating).[145] Diese sog **„Schlange ohne Tunnel"** bewährte sich nur schlecht, da in unregelmäßiger Abfolge europäische Teilnehmer aus- und wieder eintraten.

74 Der Europäische Wechselkursverbund wurde am 13.3.1979 durch das **Europäische Währungssystem (EWS)** abgelöst. Dieses System war darauf ausgerichtet, die Wechselkurse der Währungen der EWG-Länder zu stabilisieren sowie durch währungspolitische Zusammenarbeit auf die Schaffung einer europäischen Währungs- und Wirtschaftsunion hinzuarbeiten. Im Zentrum des EWS stand die europäische Währungseinheit, auch **European Currency Unit (ECU)** genannt. Der ECU war eine künstliche Währung, ein Währungskorb, der aus absoluten Beträgen der Währungen der einzelnen am EWS teilnehmenden Länder zusammengesetzt war. Er wurde als Recheneinheit seit 1981 in allen Bereichen der EWG benutzt und als Zahlungsmittel und Reserveinstrument der Zentralbanken der EWG-Mitglieder eingesetzt. Wie zu Zeiten der Euro-Schlange wurden unter den teilnehmenden Währungen Leitkurse fixiert, auf deren Grundlage ein Gitter bilateraler Wechselkurse festgelegt wurde.[146] Zusätzlich zum Mechanismus der Schlange wurde das Wechselkurssystem durch eine Abweichungsschwelle ergänzt.[147] Sobald die Abweichungsschwelle erreicht war, waren die Teilnehmerländer verpflichtet zu intervenieren.[148] Die Finanzierung zur Erfüllung der Interventionsverpflichtungen erfolgte durch die Inanspruchnahme einer Kreditlinie in unbeschränkter Höhe beim Europäischen Fonds für währungspolitische Zusammenarbeit. Zusätzlich gewährten sich die Zentralbanken untereinander kurzfristige Devisenkredite zur Überbrückung von Zahlungsbilanzschwierigkeiten.

75 Das EWS, welches innerhalb Europas die Wechselkurse der beteiligten europäischen Währungen relativ fixierte, funktionierte in den 1980er Jahren verhältnismäßig reibungslos. Für eine dauerhafte europäische Integration war jedoch über die währungspolitische Konvergenz hinaus auch die **wirtschaftspolitische Konvergenz** erforderlich. Die Notwendigkeit einer solchen Konvergenz ergab sich auch aus der nunmehr beschlossenen Liberalisierung des Kapitalverkehrs im Jahre 1986 durch die Einheitliche Europäische Akte, um dadurch nachteilige Folgen bei nunmehr juristisch erlaubten Kapitalverschiebungen jeglicher Art zu vermeiden.

76 Im Juni 1988 setzte sich der Europäische Rat die Realisierung der **Europäischen Wirtschafts- und Währungsunion** (EWWU) zum Ziel,[149] welche schließlich in drei

---

145 Die Bandbreite für Wechselkursschwankungen von europäischen Währungen untereinander war auf 2,25 % festgesetzt.

146 Von den festgelegten Wechselkursen durfte eine Währung nur in Höhe von +/− 2,25 % abweichen. Ausnahmsweise durfte die Schwankungsbreite bis zu +/− 6 % betragen.

147 Diese Abweichungsschwelle lag bei 75 % des maximalen Abstands von Währungen untereinander.

148 Die Rechtsverbindlichkeit der Verpflichtungen im Rahmen des EWS unterschied letzteres von seinem Vorgänger, dem Europäischen Wechselkursverbund.

149 Für eine detaillierte Beschreibung der Einführung der EWWU s ua *Mehnert-Meland* Central Bank to the EU: European Monetary System, European System of Central Banks, European Central Bank –

Stufen erreicht wurde. Mit Beginn der ersten Stufe am 1.7.1990 als Folge der EEA wurden alle Beschränkungen des Kapitalverkehrs zwischen den EG-Mitgliedstaaten aufgehoben, die Zusammenarbeit der Zentralbanken der EG-Mitgliedsländer *in puncto* Geldpolitik verstärkt und die Koordination der Wirtschaftspolitiken in Angriff genommen.

Die Verwirklichung der zweiten und dritten Stufe der EWWU erfolgte durch die zweite Änderung des EWG-Vertrages im Rahmen des Abschlusses des Vertrages über die EU, der am 7.2.1992 in Maastricht unterzeichnet wurde. Entsprechend der **Maastrichter Vereinbarung** begann am 1.1.1994 die zweite Stufe der EWWU, die den Ausschuss der Zentralbankpräsidenten auflöste und das **Europäische Währungsinstitut (EWI)** errichtete. Während die Mitgliedstaaten und ihre Zentralbanken nach wie vor für die Geldpolitik und die Durchführung von Devisenmarktinterventionen zuständig blieben, bestand die Aufgabe des EWI insbesondere darin, die Zusammenarbeit zwischen den Zentralbanken der Mitgliedstaaten noch mehr zu stärken und die notwendigen Vorarbeiten für die Errichtung des Europäischen Systems der Zentralbanken, die Einführung einer einheitlichen Geldpolitik durch die Europäische Zentralbank und die Schaffung einer einheitlichen Währung in der dritten Stufe zu leisten. 77

Am 2.3.1998 entschied der Rat der EU, dass elf der Mitgliedstaaten,[150] welche die wirtschafts- und geldpolitischen Konvergenzkriterien des Vertrages von Maastricht[151] erfüllten, an der dritten Stufe der EWWU teilnehmen konnten. Diese elf Mitglieder der EWWU führten dementsprechend am 1.1.1999, dem Beginn der dritten Stufe der Wirtschafts- und Währungsunion, die neue **einheitliche europäische Währung Euro** ein. Zusätzlich brachten sie ihre Zentralbanken in das neue europäische System der Zentralbanken ein, gaben ihre nationale Geldpolitik auf und unterwarfen sich von nun an der einheitlichen Geldpolitik der **Europäischen Zentralbank** (EZB) mit Sitz in Frankfurt am Main. Die gemeinsame Wirtschaftspolitik der an der EWWU teilnehmenden EG-Mitgliedstaaten schließt im sog Stabilitätspakt ähnliche Vorgaben für Staatshaushaltsführung und Staatsverschuldung, wie die og Konvergenzkriterien anlässlich des Beginns der EWWU, ein.[152] 78

Der Euro floatet zwar auf internationaler Ebene gegenüber anderen Währungen. Auf regionaler Ebene ist die EU jedoch mit der Einführung einer einheitlichen Währung, der Überführung der an der Eurozone beteiligten Währungen in eine einzige, 79

Structures, Tasks and Functions (1995); *Grahl* After Maastricht: A Guide to the European Monetary Union (1997).

150 Dazu gehörten Belgien, Deutschland, Spanien, Frankreich, Irland, Italien, Luxemburg, Niederlande, Österreich, Portugal und Finnland. Seit dem 1.1.2001 gehören auch Griechenland, seit dem 1.1.2007 Slowenien, seit dem 1.1.2008 Malta und Zypern und seit dem 1.1.2009 auch die Slowakei der Europäischen Wirtschafts- und Währungsunion an. Schließlich traten auch die baltischen Staaten der Eurozone bei (Estland am 1.1.2011, Lettland am 1.1.2014 und Litauen am 1.1.2015).

151 Ua schlossen diese Konvergenzkriterien die Einhaltung einer bestimmten durch Bezug auf das Bruttosozialprodukt errechneten maximalen Höhe des Staatshaushaltsdefizites sowie maximalen Höhe der gesamten Staatsschulden ein. Das Staatshaushaltsdefizit von EWWU Mitgliedern durfte nicht größer als 3 % des Bruttosozialproduktes des Mitglieds sein. Die Gesamtverschuldung des EWWU Mitgliedes durfte nicht größer als 60 % des Bruttosozialproduktes sein.

152 Eingehender zur Wirtschafts- und Währungsunion ua *Lowenfeld* 771ff; *Streinz* Europarecht, 11. Aufl (2019) Rn 1039ff jeweils mwN.

neue Währung sowie deren Anbindung an strenge volkswirtschaftliche Parameter einen Weg gegangen, welcher dem derzeitigen IWF Konzept des flexiblen Wechselkursarrangements und der Abkehr vom Goldstandard diametral gegenübersteht.

80 Die **Euro-Verschuldungskrise** (oder auch **Euro-Krise**[153] genannt) ist eine seit 2009 andauernde Krise innerhalb der Eurozone. Dabei handelt es sich um eine Krise, die Aspekte einer Staatsschuldenkrise, einer Bankenkrise und einer Wirtschaftskrise aufweist. Die Eurokrise resultierte aus einer Vielzahl unterschiedlicher Faktoren, deren jeweilige Gewichtung umstritten ist. Insbesondere im Fall Griechenlands steht die ungeheure Staatsverschuldung im Vorfeld der Krise im Vordergrund. Auch in anderen Ländern der Eurozone macht es die Euro-Krise schwierig bis unmöglich, die Staatsschulden ohne Hilfe von Dritten zu refinanzieren. Zum Teil werden weniger die Staatsschulden an sich als vielmehr die gesamtwirtschaftliche Verschuldung als eigentlich ausschlaggebend für die Refinanzierungsprobleme gesehen. Außerdem haben institutionelle Eigenschaften der Eurozone sowie die Folgen der von den USA ausgehenden Finanzkrise ab 2008 zur Schuldenkrise beigetragen. Als wichtige Ursache der Krise gilt aus wirtschaftswissenschaftlich konservativer Sicht, dass in vielen Euro-Ländern nach dem Wegfall der nationalen Währungen und des damit verbundenen Wechselkursmechanismus die Entwicklung geeigneter interner Anpassungsmechanismen missglückt war.

81 Die EU reagierte auf die Krise mit sofortigen ***bail-out*** Maßnahmen, die den IWF Interventionen in Ländern mit Zahlungsbilanzschwierigkeiten teilweise ähneln. Der Schuldenerlass von privaten Investoren, Hilfskredite und Bürgschaften durch EU und mehrere Mitgliedstaaten (Euro-Rettungsschirm), Maßnahmen zur Haushaltsdisziplin in betroffenen Ländern, Maßnahmen zum Ausgleich volkswirtschaftlicher Ungleichgewichte, der EU Fiskalpakt, die Reform der europäischen Finanzaufsicht, und die Einführung der Finanztransaktionssteuer gehören neben EZB Zinssenkungen und Ankäufen von *troubled* Staatsanleihen zum Paket der von EU und Mitgliedstaaten sowie im Falle einiger EU Mitgliedsländer gemeinsam mit dem IWF und EZB („Troika") aufgestellten Maßnahmen. Aus den ersten Sofortmaßnahmen finanzieller Art entwickelte sich 2010 die Europäische Finanzstabilisierungsfazilität (EFSF). Als deren Nachfolger wurde 2011 ein Europäischer Stabilitätsmechanismus (ESM) als permanenter Rettungsschirm eingerichtet, dessen Struktur (EU Eurozonen Mitgliedsländer sind Anteilseigner aufgrund der jeweiligen wirtschaftlichen Stärke im Vergleich innerhalb der EU / Eurozone und haben dementsprechend mehr oder weniger Stimmrechte) und Aufgaben, denen eines EU / Eurozonen-Mini-IWF ähneln, so dass man vorsichtig formuliert sagen kann, dass die Euro-Krise in gewissem Grade IWF *policies* in Europa wiedereingeführt hat.

153 Die Bezeichnung Euro-Krise ist missverständlich, da der Außenwert des Euro relativ stabil blieb.

D. Internationale Finanzen

I. Globale Finanzinstitutionen

1. Der IWF

Die Finanzierungsfunktion des IWF, dh die Vergabe von kurzfristigen bzw mittelfristigen Krediten an Mitgliedsländer, die in Zahlungsbilanzschwierigkeiten stecken, ist bereits im Zusammenhang mit der Rolle des IWF als Hüter über Währungsstabilität dargestellt worden.[154] An dieser Stelle ist lediglich hinzuzufügen, dass der IWF den Mitgliedern, die Strukturreformen aufgrund von Finanzierungsbedingungen durchführen müssen, auch *technical assistance* zur Verfügung stellt. 82

Darüber hinaus verwaltet der IWF neben den bereits erwähnten *low-income-country-facilities* eine ganze Reihe weiterer **spezieller Treuhandfonds**, aus denen Mitglieder Gelder für besondere Zwecke erhalten können – ua bei Naturkatastrophen, nach Kriegen oder Bürgerkriegen und im Falle besonders hoher Staatsverschuldung. 83

Schließlich sei hinzugefügt, dass das IWF-Übereinkommen von sämtlichen Mitgliedern zwar die Liberalisierung des Zahlungsverkehrs verlangt,[155] jedoch keine Kapitalverkehrsfreiheit fordert. Vielmehr steht es den Mitgliedern im Prinzip frei, den Kapitalverkehr zu beschränken.[156] Wie bereits erwähnt, verlangte der IWF aber von den kreditbeziehenden Mitgliedern seit langem auch eine Liberalisierung der Kapitalmärkte. In den letzten Jahren hatte sich das Internationale Währungs- und Finanzkomitee des IWF allerdings darüber hinaus verstärkt für eine **schrittweise Liberalisierung der Kapitalmärkte** als dauerhaft verbindliche, globale Verpflichtung ausgesprochen. Ohne soweit zu gehen, sich durch Änderung des Gründungsvertrages eine neue aufsichtsbehördliche Kompetenz zuzulegen, verfolgte der IWF im Rahmen des Konzepts für eine neue internationale Finanzarchitektur sowie der Einrichtung des International Capital Market Department im März 2001 die graduelle Liberalisierung der Kapitalmärkte.[157] Im Zusammenhang mit IWF-Finanzierungen von Island als Antwort auf die globale Finanzkrise ist der IWF aber, wie gesagt, von dem absoluten Grundsatz der Liberalisierung der Kapitalmärkte abgerückt und hat vorübergehende Kapitalmarktkontrollen in Krisensituationen unterstützt. 84

2. Die Weltbank

a) Gründung

Neben dem IWF wurde auf der **Bretton Woods Konferenz** im Juli 1944 auch die Errichtung einer Internationalen Bank für Wiederaufbau und Entwicklung, die all- 85

154 Vgl hierzu bereits o Rn 43f.

155 Vgl Art VIII Abs 2 IWF-Übereinkommen.

156 Vgl Art VI IWF-Übereinkommen.

157 Dieses Konzept, welches der Gouverneursrat des IWF im Oktober 1998 verabschiedete, wurde unmittelbar nach der Finanzkrise Mitte der 1990er Jahre in Asien angenommen und mündete insb in die Initiative zur Formulierung wichtiger Standards für die Finanzindustrie. Zum internationalen Finanzaufsichtsrecht im Werden s u Rn 155.

gemein als Weltbank bekannt wurde, beschlossen.[158] Im Gegensatz zu den Verhandlungen über den IWF, die wegen der unterschiedlichen Vorstellungen seitens der USA und Großbritanniens nicht einfach waren, wurde ein Kompromiss bzgl der Weltbank deutlich schneller erzielt.[159]

b) Mitglieder

86 Die **Mitgliedschaft in der Weltbank** stand *de jure* allen Ländern, die IWF-Mitglieder waren, offen[160] und umfasst derzeit 189 Mitglieder.[161] Ähnlich wie der IWF schloss die Weltbank zwar im Jahre 1948 ein Abkommen mit der UNO (United Nations Organization) ab, durch welches sie den Status einer *Specialized UN Agency* in Form einer unabhängigen internationalen Organisation erhielt.[162] Jedoch änderte dieses Abkommen weder die materiellen Voraussetzungen für eine Mitgliedschaft in der Weltbank – dh man führte weder weitere Voraussetzungen wie etwa die UN-Mitgliedschaft ein – noch hatte es zur Folge, dass die UN maßgeblichen Einfluss auf die Weltbankaktivitäten ausüben konnten.[163] In der Praxis wurden die Staaten, die dem IWF beitraten, typischerweise auch Mitglieder der Weltbank. Somit erlebte die Weltbank die gleichen Schübe an Mitgliedschaftserweiterungen wie der IWF.[164]

87 Wie im Rahmen von traditionellen internationalen Organisationen üblich, kann ein Weltbankmitglied aufgrund einfacher Ankündigung freiwillig aus der Organisation austreten.[165] Im Zusammenhang mit der **Nichterfüllung von Verpflichtungen**, insbesondere finanzieller Art, nach dem Weltbankübereinkommen besteht ebenfalls die Möglichkeit, ein Mitglied zu suspendieren und uU sogar zwangsweise auszuschließen.[166] Ein solcher Ausschluss ist allerdings die letzte Maßnahme, die die Weltbank ergreifen würde, nachdem weniger drastische Mittel ausgeschöpft worden sind. Bevor

---

158 Für Details zur Entwicklung der Weltbank seit ihrer Gründung vgl *Mason/Asher*; und *Kapur/Lewis/Webb*. In Bezug auf die ersten drei Jahrzehnte ihrer Tätigkeit überdies *Broches* Recueil des Cours 98 (1959) 301; *ders* in Rendell (Hrsg) Bd 2, 83. Hinsichtlich ihrer Aktivitäten seit den 1980er Jahren s insb die Werke von *Shihata* World Bank, Bd I–III; und *ders* Legal Papers.

159 Vgl ua *Bittermann* International Lawyer 5 (1971) 59.

160 S Art II Abs 1 Weltbank-Übereinkommen.

161 Stand: 20.11.2020.

162 S Art I Abs 2 Agreement between the United Nations and the International Bank for Reconstruction and Development v 15.4.1948.

163 Das Abkommen zwischen der UNO und der Weltbank verpflichtet lediglich zur gegenseitigen unverbindlichen Konsultation. Selbst Entscheidungen des UN-Sicherheitsrates sind danach lediglich *due regard* entgegenzubringen, vgl *Shihata* Legal Papers, 799; und *Mason/Asher* 561.

164 Völkerrechtlich interessant ist in diesem Zusammenhang, wie die Weltbank Probleme der Staatensukzession von Mitgliedern gelöst hat. So hat sie im Falle des Auseinanderfallens Jugoslawiens, nachdem der IWF allen neu entstandenen Staaten und dem verbleibenden Rumpfteil Jugoslawiens Mitgliedschaft nur auf erneuten Antrag hin gewährte, auf der Basis dieser IWF-Mitgliedschaft alle früheren Teilstaaten die Rechtsnachfolge Jugoslawiens antreten lassen und alle diesem Staat vormals gehörenden Anteile an der Weltbank unter den Rechtsnachfolgestaaten verteilt. Überdies hat die Weltbank die Schuldenlast Jugoslawiens ebenfalls unter den Rechtsnachfolgestaaten verteilt, vgl *Shihata* World Bank, Bd III, 407ff.

165 Art VI Abs 1 Weltbank-Übereinkommen.

166 Art VI Abs 2 Weltbank-Übereinkommen.

man ein Mitglied, das mit seinen Zahlungsverpflichtungen im Rückstand ist, ausschließen würde, würde man dem Mitglied keine weiteren Kredite gewähren bzw im Rahmen laufender Kredite, keine Ausschüttungen mehr vornehmen.[167] Von der Nichtgewährung neuer Kredite und Nichtausschüttung bestehender Kredite hat die Weltbank gelegentlich Gebrauch gemacht. Sie hat aber bisher noch kein Mitglied zwangsweise ausgeschlossen.

c) Geschäftsbeginn: Realität vs Erwartungen der Gründer

Wie der offizielle Name der Weltbank als „Internationale Bank für Wiederaufbau und 88
Entwicklung" andeutet, sollte sie sich nach dem 2. Weltkrieg primär um den Wiederaufbau der vom Krieg zerstörten Länder kümmern. Die Weltbank sollte somit konkrete Projekte und keinen volkswirtschaftlichen Zahlungsbilanzausgleich finanzieren. Entsprechend den Ideen der Gründer sollte der **Wiederaufbau Europas** hauptsächlich aus privaten Geldern finanziert werden und die Weltbank in diesem Zusammenhang eigentlich lediglich die Rückzahlung der privaten Finanzierungen mit Bürgschaften absichern. In der Realität benötigten die europäischen Länder jedoch zunächst Geld, um insbesondere Lebensmittel und Rohstoffe kaufen zu können. Der diesbezügliche Bedarf überstieg bei weitem die Beträge, die Privatbanken zur Verfügung stellen konnten. Also begann die Weltbank mit der **Finanzierung volkswirtschaftlicher Anpassungsprogramme**. Diese Aufgabe war ihr jedoch gemäß Gründungsvertrag nur ausnahmsweise gestattet.[168] Eigentlich sollte sie vom IWF übernommen werden. Anstatt Bürgschaften mit geringerer finanzieller Exposition zu zeichnen, stieg die Weltbank somit von Anfang an umfassend ins Darlehensgeschäft ein, welches in der Praxis auch heute noch ihr Hauptbetätigungsfeld bildet.

d) Privilegien und Immunität

Zur Erfüllung ihrer Aufgaben ist die Weltbank mit Rechtspersönlichkeit ausgestattet 89
und genießt **Immunität** gegenüber der Gerichtsbarkeit ihrer Mitglieder.[169] Allerdings verzichtet sie gemäß ihres Gründungsvertrages für einen Teilbereich ihrer Aktivitäten – die Kapitalaufnahme am privaten Markt durch die Ausgabe von Wertpapieren – auf diese Immunität.[170] Für ihre Darlehens- und Bürgschaftsgeschäfte ist die Weltbank jedoch immun und kann nicht vor Gerichten in Mitgliedsländern verklagt werden.[171]

167 S Art VII Abs 7.02 IBRD General Conditions for Investment Project Financing (December 2020).
168 Vgl Art III Abs 4 (vii) Weltbank-Übereinkommen.
169 S Art VII Weltbank-Übereinkommen.
170 S Art VII Abs 3 Weltbank-Übereinkommen.
171 Im Fall *Jam vs International Finance Corporation (IFC)* vor dem US Supreme Court entschied der Supreme Court am 27.2.2019, dass dem IFC als Internationaler Organisation und Teil der Weltbankgruppe – in Abwesenheit anderweitiger klarer Regelungen in dem IFC Gründungsvertrag – unter dem US International Organizations Immunities Act (IOIA) lediglich „restriktive Immunität" – ähnlich der von Staaten unter dem US Foreign Sovereign Immunities Act (FSIA) – zukommt. Im Detail, s *Okeke* Jurisdictional Immunity of International Organizations in the United States in the Wake of the Supreme Court Decision in Jam v. IFC, in: Intergovernmental Organizations In-house Counsel Journal, Vol. 2020, 1–8.

Überdies hat sie – genauso wie der IWF – noch nicht von der Möglichkeit Gebrauch gemacht, ein Rechtsgutachten bzgl der **Auslegungsfragen des Weltbank-Übereinkommens** vom IGH einzuholen. Insoweit sind grundsätzlich – wie auch im IWF – die weltbankeigenen Organe zuständig.[172] In der Praxis haben regelmäßig die *General Counsel* der Weltbank die Rechtsgutachten zu Auslegungsfragen verfasst, welche von den Exekutivdirektoren angenommen wurden.[173] Die Weltbank ist in diesem Zusammenhang für fehlende *accountability* kritisiert worden.[174]

e) Auslegung

90 Zusätzlich zu der allgemeinen Völkerrechtsregel nach der jede Praxis einer internationalen Organisation als Auslegung des jeweiligen Gründungsvertrages gilt,[175] hat das Weltbankübereinkommen den Weltbankorganen spezielle Auslegungskompetenzen zugesprochen. Jede Frage der Auslegung der Bestimmungen dieses Übereinkommens zwischen einem Mitglied und der Weltbank oder zwischen mehreren Mitgliedern soll dem Exekutivdirektorium zwecks einer Entscheidung übermittelt werden.[176] Es besteht die Möglichkeit, die Entscheidung des Exekutivdirektorium zur Auslegung im Rahmen einer Berufung beim Gouverneursrat anhängig zu machen, dessen Entscheidung dann endgültig ist.[177] Dieses ausdrückliche niedergelegte Auslegungsverfahren ist in der Weltbank knapp einige Dutzend Male zwischen 1946 und 1964 durchlaufen worden. Mit Ausnahme einer förmlichen Auslegungsentscheidung zum Goldstandard im Jahre 1986 hat sich das Exekutivdirektorium seit 1964 nicht mehr des formalen Auslegungsverfahrens bedient. Stattdessen hat das Exekutivdirektorium zu Auslegungsfragen Gutachten des *general counsel* eingeholt und sich seinen Empfehlungen zur Auslegung regelmäßig angeschlossen. Wie der IWF kann die Weltbank aufgrund des *Relationship* Abkommen zwischen ihr und den Vereinten Nationen beim Internationalen Gerichtshof ein Gutachten zu Auslegungsfragen anfordern. Ebenfalls wie der IWF hat sie in ihrer Praxis von dieser Möglichkeit nie Gebrauch gemacht. Die Weltbank hat im Gegenteil zwecks Auslegung auf die Kompetenzen ihrer eigenen Organe vertraut. Die besondere Auslegungskompetenz ist einzigartig in dem Sinne, als dass sie den Organen, die über das ob und wie von Finanzierungen bestimmen, ebenfalls zuspricht, darüber zu bestimmen, ob sie sich im Rahmen dieser Finanzierungen innerhalb ihres Mandates bewegt haben.

---

172 Vgl Art IX Weltbank-Übereinkommen, nach dem Fragen der Auslegung dieses Übereinkommens in erster Instanz von den Exekutivdirektoren und in zweiter Instanz von den Gouverneuren entschieden werden. Vgl hierzu auch → *Nowrot* § 2 Rn 72.

173 Vgl *Shihata* Legal Papers. Dieses Buch enthält sämtliche bis zum Ende seiner Amtszeit von *Shihata* selbst, Mitarbeitern des Weltbank Legal Department bzw seinen Vorgängern geschriebene Rechtsgutachten, die von den Exekutivdirektoren als rechtsgültige Auslegungen des Weltbank-Übereinkommens angenommen wurden.

174 Vgl hierzu International Law Association, Committee on Accountability of International Organizations, Final Report Berlin (2004); s ua auch *Wellens*; *Reinisch*; *Dominicé* FS Shihata (2001) 155ff.

175 Vgl Art 31 WVRK von 1969.

176 Vgl Art IX (a) IBRD-Übereinkommen und Art X (a) IDA-Übereinkommen.

177 Vgl Art IX (b) IBRD-Übereinkommen und Art X (b) IDA-Übereinkommen.

f) Änderung

Eine Änderung des Weltbankübereinkommens kann über einen Vorschlag von einem Mitglied, dem Exekutivdirektorium, oder einem Gouverneur initiiert werden. Sie bedarf, um wirksam zu werden, einer Entscheidung des Gouverneursrates mit einfacher Mehrheit. Darüber hinaus tritt diese Änderung nur in Kraft, wenn 3/5 aller Mitglieder, die im Falle von IBRD über 85 % und im Falle von IDA über 4/5 der gesamten Stimmrechte verfügen, die vorgeschlagene Änderung akzeptieren.[178] *De facto* gibt die Vorschrift über die Akzeptanz der Änderung durch die Mitglieder dem größten Anteilseigner der Weltbank, nämlich den USA, ein Veto-Recht. Die erste Änderung des IBRD-Übereinkommens fand 1965 statt, um der IBRD die Möglichkeit zu geben, an die gerade errichtete *International Finance Corporation* (IFC), einen *private sector arm* der Weltbank, Kredite zu vergeben. Die zweite Änderung fand im Jahre 1989 statt, um das Vetorecht der USA im Rahmen von Vertragsänderungen des IBRD-Übereinkommens weiterhin zu garantieren. Damals war nach dem ursprünglichen IBRD-Übereinkommen die Akzeptanz von 3/5 der Mitglieder, die 4/5 (oder 80 %) der gesamten Stimmrechte innehaben, notwendig. Diese Schwelle wurde auf 85 % erhöht, da die Anteile der USA unter 20 % gefallen waren. Die dritte Änderung, die im Juni 2012 wirksam wurde, führte einen 25. Exekutivdirektorsitz ein und erhöhte das Kapital der IBRD und die Stimmrechte der *developing and transition countries* auf insgesamt 47,10 % von zuvor 42 %. Das IDA-Übereinkommen ist noch nie geändert worden. 91

g) Organstruktur

Wie der IWF besitzt die Weltbank **drei Organe**.[179] Das höchste Organ der Weltbank ist der Gouverneursrat.[180] Jedes Mitgliedsland ernennt einen Gouverneur und dessen Vertreter.[181] Diese repräsentieren das Mitgliedsland bei den einmal jährlich stattfindenden Treffen. Dem Gouverneursrat sind im Grundsatz alle Befugnisse der Institution übertragen.[182] In der Praxis haben die Gouverneure allerdings diejenigen Befugnisse, welche delegierbar sind, auf das Exekutivdirektorium weiterübertragen. Von einer solchen Weiterübertragung sind ausgenommen: 92

- die Aufnahme neuer Mitglieder,
- Entscheidungen über die Erhöhung oder Reduzierung des Kapitals der Bank,
- die Suspendierung von Mitgliedern,
- Entscheidungen über eine Berufung aufgrund der Auslegung des Weltbank-Übereinkommens durch das Exekutivdirektorium,
- der Abschluss formaler Kooperationsabkommen mit anderen internationalen Organisationen,

178 Vgl Art VIII IBRD Übereinkommen und Art IX IDA Übereinkommen; zum Vetorecht s *Clark/Dolan* American Journal of Political Science 65 (2021) 36ff.

179 S Art V Abs 1 Weltbank-Übereinkommen.

180 Art V Abs 2(a) Weltbank-Übereinkommen.

181 *Ibid.*

182 *Ibid.*

die Entscheidung über die dauerhafte Suspendierung der Operationen der Bank sowie über die Aufteilung des Bankvermögens und
Entscheidungen über die Disposition des Nettoeinkommens der Bank.[183]

93 Bei Abstimmungen kann jeder Gouverneur die Stimmenanzahl abgeben, die den Anteilen des zu vertretenen Landes an der Bank entspricht (**Prinzip der Stimmengewichtung**). Wie im Rahmen des IWF erhielt jedes Mitgliedsland der Bank zunächst 250 sog Basisstimmanteile.[184] Seit Inkrafttreten der dritten Änderung des IBRD-Übereinkommens werden die Basisanteile aufgrund einer neuen Formel bestimmt. Die Basisstimmanteile jeden Mitglieds sind jetzt die Anzahl der Stimmen, die sich aus der gleichmäßigen Verteilung der Gesamtsumme aller Stimmrechte an alle Mitglieder ergibt. Über die Basisstimmanteile hinaus kann es so viele weitere Anteile erwerben, wie es seiner wirtschaftlichen Bedeutung entspricht.[185] Die Weltbank bedient sich bei der Bestimmung der wirtschaftlichen Bedeutung von Mitgliedsländern der gleichen Formeln wie der IWF. Dementsprechend halten Mitgliedsländer im IWF und in der Weltbank grundsätzlich die gleiche Anzahl von Anteilen und besitzen dadurch die gleiche Stimmenanzahl. Im Gouverneursrat der Weltbank wird regelmäßig auf der Basis einer einfachen Stimmenmehrheit abgestimmt.[186]

94 Wie im IWF bestand das **Exekutivdirektorium** der Weltbank aus 24 Direktoren.[187] Im Zusammenhang mit der dritten Änderung des IBRD-Übereinkommens und der „governance and voice reform" kam ein 25. Direktor in der Weltbank dazu. Die fünf größten Anteilseigner (die USA, Japan, China, Deutschland, Frankreich und Großbritannien teilen sich bei gleichen Aktienpaketen den fünften Sitz) ernennen jeweils einen Exekutivdirektor.[188] Zwei weitere Länder (Russland und Saudi-Arabien) durften ebenfalls ihren eigenen Exekutivdirektor bestimmen. Alle übrigen Mitgliedsländer haben sich zu 17 Gruppierungen zusammengeschlossen, die jeweils für zwei Jahre einen Exekutivdirektor wählen. Die Stimmengewichtung nach der Anzahl von Anteilen gilt auch für die Abstimmungen im Exekutivdirektorium.[189] Auch im Exekutivdirektorium wird auf der Basis einer einfachen Stimmenmehrheit votiert.[190] In der Praxis der Weltbank wird im Exekutivdirektorium allerdings – wie im IWF – grundsätzlich auf Konsensus-Basis abgestimmt.[191]

95 Die Exekutivdirektoren treffen sich regelmäßig zweimal in der Woche. Zu ihren typischen **Entscheidungsbefugnissen** gehören die Vergabe von Darlehen und Bürgschaften sowie die Verabschiedung allgemeiner Finanzierungsbedingungen. Darüber

183 S Art V Abs 2(b) Weltbank-Übereinkommen.
184 S Art V Abs 3(a) Weltbank-Übereinkommen.
185 *Ibid.*
186 S Art V Abs 3(b) Weltbank-Übereinkommen.
187 S Art V Abs 4(b) Weltbank-Übereinkommen. Dort wird von einer ursprünglichen Anzahl von zwölf Exekutivdirektoren ausgegangen, aber die Erhöhung der Anzahl durch den Gouverneursrat ist ausdrücklich erlaubt.
188 S Art V Abs 4(b)–(i) Weltbank-Übereinkommen.
189 S Art V Abs 3(a) Weltbank-Übereinkommen.
190 S Art V Abs 3(b) Weltbank-Übereinkommen.
191 Vgl zur Bedeutung dieses Verfahrens und seiner Anwendung im Rahmen der WTO → *Tietje* § 4 Rn 30ff.

hinaus bestimmen die Exekutivdirektoren über das Verwaltungsbudget, über die längerfristige Entwicklungshilfestrategie sowie die Kreditaufnahme der Weltbank am freien Markt.

Der **Präsident der Weltbank** stellt alle Mitarbeiter der Bank ein.[192] Wie bereits er- 96
wähnt, ernennen bislang die USA *de facto* den Weltbankpräsidenten, welcher formal vom Exekutivdirektorium gewählt wird.[193] Der Präsident der Weltbank leitet als Vorsitzender ohne Stimme die Sitzungen des Exekutivdirektoriums.[194] Seine wichtigste Befugnis ist das Initiativrecht, das sich gewohnheitsrechtlich in Folge einer Abmachung zwischen einem der ersten Weltbankpräsidenten und dem Exekutivdirektorium seit 1947 herausgebildet hat.[195] Dieses Recht ermöglicht es dem Präsidenten, dem Exekutivdirektorium konkrete Projektfinanzierungen und allgemeine Finanzierungsbedingungen zur Entscheidung vorzulegen.

h) Mittelaufkommen

Die **Kapitalstruktur der Weltbank** ähnelt einer Aktiengesellschaft. Sie begann mit 97
einem zur Ausgabe genehmigten Nennkapital in Höhe von $ 10 Mrd.[196] Allerdings waren nur 20 % dieses Anfangskapitals von den Anteilseignern, dh den Mitgliedsländern, anlässlich ihres Beitritts zur Weltbank einzuzahlen. Von diesen 20 % einzuzahlenden Kapitals waren wiederum nur 2 % in Gold oder US-Dollar einzubringen.[197] Die restlichen 18 % konnten in Währungen der Mitgliedsländer bezahlt werden.[198] Die Zahlung dieser 18 % erfolgte in den ersten Jahren der Bank nur mit Zustimmung ihrer Mitglieder.[199] Verständlicherweise hielten die europäischen Mitglieder ihre Zustimmung zur Zahlung anfangs zurück, sodass die Gelder der Bank nur mit Verzögerung zur Verfügung standen.[200] Die verbleibenden 80 % des gesamten Kapitals der Weltbank müssen auf Abruf von den Mitgliedsländern bereitgestellt werden.[201] Das Kapital der Weltbank ist mehrfach aufgestockt worden.[202] Mittlerweile verfügt die Bank über $ 292.804 Mio an gezeichnetem Kapital, wovon $ 18.598 Mio bereits eingezahlt und

---

192 S Art V Abs 5(b) Weltbank-Übereinkommen.
193 S Art V Abs 5(a) Weltbank-Übereinkommen.
194 S Art V Abs 5(a) Weltbank-Übereinkommen.
195 S *Mason/Asher* 49.
196 S Art II Abs 2 und 3 Weltbank-Übereinkommen. Die IBRD nimmt ausdrücklich auf den US-Dollar im Werte von Gold am 1.7.1944 Bezug. Zur Reaktion der Weltbank auf die Entscheidung der USA, vom Goldstandard Abstand zu nehmen und damit das Konzept des Stichtags vom 1.7.1944 aufzugeben s *Shihata* World Bank, Bd II, 71.
197 S Art II Abs 5 Weltbank-Übereinkommen.
198 S Art II Abs 7 Weltbank-Übereinkommen.
199 S Art IV Abs 2 iVm Art II Abs 7(i) Weltbank-Übereinkommen.
200 S *Mason/Asher* 108ff.
201 S Art II Abs 5(ii) iVm Art IV Abs 1(a)(ii) und (iii) Weltbank-Übereinkommen. Diese übrigen 80 % sind lediglich für den Fall abrufbar, dass die Bank ihren Verpflichtungen gegenüber den Gläubigern (Investoren am Privatmarkt, die Weltbankinhaberschuldpapiere kaufen) nicht würde nachkommen können, vgl a *Shihata* Legal Papers, 92ff.
202 Zuletzt 2018 durch eine Kapitalaufstockung der Weltbank in Höhe von US$ 7.5 Mrd (paid-in) und US$ 52.6 Mrd (callable).

$ 274.206 Mio noch nicht eingebracht aber abrufbar sind.[203] Die Darlehens- und Bürgschaftsvergabetätigkeit der Bank ist ausdrücklich auf ein Maximalvolumen begrenzt, welches bei 100 % des gezeichneten Kapitals der Rückstellungen und Rücklagen liegt (**maximales Geschäftsvolumen**).[204]

98 Ebenso wie der IWF hat die Weltbank für ihre Darlehensnehmer weitere Finanzquellen über **Treuhandfonds (*trust funds*)** erschlossen. Neben einigen großen *trust funds* mit speziellen Schwerpunkten, wie der *Global Environment Facility*,[205] dem Westbank- und Gaza-Treuhandfonds[206] oder diversen Klimafonds,[207] verwaltet die Weltbank an die tausend zusätzliche Fonds, über die sie weitere Mrd an Entwicklungshilfe leistet.[208]

i) Ziele und Aufgaben

99 Das Ziel der Weltbank ist es heute, in den Entwicklungsländern die Armut zu reduzieren und den gemeinsamen Wohlstand zu mehren (sog *Twin Goals*). Nach Art I des Gründungsvertrages der Weltbank steht ihr die Aufgabe zu, den „Wiederaufbau und die Entwicklung" in Mitgliedsländern durch Investitionen für „produktive Zwecke" sowie das Wirtschaftswachstum zu fördern. Dadurch soll die Bank zur **Erhöhung des Lebensstandards** und zur Verbesserung der Arbeitsbedingungen beitragen.[209] Gem Art III Abs 4 des Gründungsvertrages hat sie überdies zur **Verwirklichung spezifischer Entwicklungsprojekte** Kredite zu gewähren sowie Bürgschaften zu geben.[210] Nur unter besonderen Umständen darf die Bank Gelder für nicht spezifische – dh nicht direkt zum Bruttosozialprodukt beitragende – Programme bereitstellen.

100 Auf der Grundlage einer **weiten Auslegung des Weltbank-Übereinkommens**[211] schließt ihre Tätigkeit heute die Förderung von Industrie, Landwirtschaft, Infrastruktur, Gesundheit,[212] Erziehung,[213] Ernährung, Umweltschutz[214] sowie die Verhinderung von Kinderarbeit[215] ein. Des Weiteren umfasst sie den Schutz von Eingeborenen und zwangsumgesiedelten Menschen, die Beteiligung der Bevölkerung an der Ausgestal-

---

203 Stand: 31.12.2020; S World Bank Financial Statements (2020).

204 S Art III Abs 3 Weltbank-Übereinkommen.

205 Vgl *Shihata* World Bank, Bd III, 487ff.

206 *Shihata* World Bank, Bd II, 355ff.

207 ZB *Forest Carbon Partnership Facility*, *Transformative Carbon Asset Facility*, *Climate Investment Funds* etc.

208 Hierzu a *Shihata* World Bank, Bd III, 111ff.

209 Vgl Art I (i)–(iii) Weltbank-Übereinkommen, in dem allein die Wörter *productive purposes* oder *productive resources* dreimal erscheinen.

210 Vgl Art III Abs 4 (vii) Weltbank-Übereinkommen.

211 Zur teleologischen Auslegung des Weltbank-Übereinkommens sowie den diesbezüglichen Grenzen ua *Shihata* World Bank, Bd III, 3ff.

212 S hierzu *Szasz* FS Shihata (2001) 793ff.

213 S hierzu *Sohn* FS Shihata (2001) 741ff.

214 S hierzu *Shihata* World Bank, Bd I, 183ff; *ders* World Bank, Bd III, 487ff; *Dolzer* FS Shihata (2001) 141ff.

215 S hierzu *Shihata* World Bank, Bd III, 183ff; *Schlemmer-Schulte* in Nesi/Nogler/Pertile (Hrsg) Child Labour in a Globalized World – A Legal Analysis of ILO Action (2008) 229ff.

tung von Entwicklungshilfeprojekten,[216] Schuldenumstrukturierung und -erlass,[217] sowie Kultur, Frauen, Handel und Investitionen.[218] Außerdem beinhaltet die Weltbankentwicklungshilfe die Förderung von Privatisierungen, Steuern, Rechtsreformen,[219] Reform des Gerichtswesens, Reform der Verwaltung sowie die Verringerung von Korruption.[220] Die Weltbank unterstützt auch Mikrofinanzprojekte, AntiHIV/AIDS Kampagnen, und *empowerment* Programme. Sie finanziert im Regelfall keinen Tabakanbau. Die Erweiterung dieses Katalogs wurde in der Regel von neuen Erkenntnissen der Wissenschaft der *development economics* geprägt. Ihre Legitimierung aus juristischer Sicht erhielten sie in der Praxis der Weltbank durch *legal opinions* der *General Counsel.*[221]

j) Finanzierungsinstrumente

Die Weltbank bedient sich primär zur Finanzierung von Entwicklungshilfeprojekten 101
grundsätzlich drei verschiedener Finanzinstrumente:
- **Investment Project Financing (IPF)**: Darlehen (*loans*), Beihilfen (*grants*) und Bürgschaften (*guarantees*)[222] an Regierungen für Aktivitäten, die die zur Armutsbekämpfung und nachhaltigen Entwicklung notwendige physische und soziale Infrastruktur schaffen.
- **Development Policy Financing (DPF)**: Darlehen, Beihilfen und Bürgschaften an Regierungen oder politische Unterabteilungen für ein *Policy* Programm und institutionelle Aktivitäten zum Zwecke des nachhaltigen, gemeinsamen Wachstums und der Armutsbekämpfung; und
- **Program-for-Results (PforR)**: Finanzierung, in Form eines Darlehens, in der die Auszahlung von Geldern direkt von der Erzielung vorab definierter Ergebnisse abhängt und damit dem Land hilft, eigene Entwicklungsprogramme zu entwerfen und effektiv umzusetzen.

Anders als im Rahmen von IWF Finanzierungen, die alle IWF-Mitglieder erhalten können, solange sie Zahlungsbilanzschwierigkeiten haben, sind nur solche Weltbankmitglieder in der Lage Weltbankfinanzierungen zu bekommen, die ähnliche Finanzierun-

---

216 S hierzu *Shihata* World Bank, Bd II, 237ff; *Schlemmer-Schulte* JICL 7 (2001) 400ff.

217 S *Shihata* World Bank, Bd III, 327ff; *ders* FS Bedjaoui (1999) 615ff.

218 S *Shihata* World Bank, Bd II, 391ff. Zu den von der Weltbank erlassenen Guidelines for the Treatment of Foreign Direct Investment s *ders* Legal Treatment of Foreign Investment (1993); *Salacuse* FS Shihata (2001) 639ff; *Weil* FS Shihata (2001) 839ff; zu ihrer Einordnung als *soft law* vgl → *Nowrot* § 2 Rn 83.

219 S *Shihata* Complimentary Reform – Essays on Legal, Judicial, and Other Institutional Reform Supported by the World Bank (1997).

220 S *Shihata* World Bank, Bd III, 603ff.

221 Zu der damit verbundenen Entwicklung der Position des General Counsel als *de facto* in dem Weltbank-Übereinkommen selbst nicht aufgeführtes Organ mit *checks and balance* Funktion s *Schlemmer-Schulte* BerDGVR 41 (2005) 149/170.

222 Die Finanzinstrumente Darlehen und Bürgschaften werden explizit in dem Weltbank-Übereinkommen erwähnt, s Art III Abs 4 Weltbank-Übereinkommen. Die Befugnis, auch Beihilfen zu vergeben, beruht auf einer weiten Auslegung des Weltbank-Übereinkommens, vgl *Shihata* Legal Papers, 184. Daneben bietet die Weltbank ebenso wie der IWF technical assistance an.

gen auf dem Finanzmarkt nicht erhalten können. Nur Länder mit mittlerem oder geringerem Einkommen (dh Länder mit einem $ 10.000 Bruttoinlandsprodukt pro Kopf für Finanzierungen durch IBRD oder weniger bzw einem $ 1.000 Bruttoinlandsprodukt pro Kopf oder weniger für Finanzierungen durch IDA) können von der Weltbank Kredite erhalten. Zahlungsbilanzschwierigkeiten sind keine Voraussetzung für Weltbankfinanzierungen.

102 Die über **Bürgschaften** organisierte Entwicklungshilfe – welche nur einen geringen Teil der Weltbankgeschäfte ausmacht – betrifft typischerweise die Absicherung nichtkommerzieller Risiken iVm großen Infrastrukturprojekten und erfordert eine komplexe *project finance* Dokumentation.[223] Die **Beihilfe** ist eine Finanzierungsform, die ebenfalls einen kleinen Anteil der Weltbankgeschäfte umfasst. Das bevorzugte Finanzinstrument der Weltbank ist das **Darlehen.** Für diese Finanzierungsform hat sie auch Allgemeine Geschäftsbedingungen formuliert.[224]

103 Im Wesentlichen verwendet die Bank **zwei Kategorien von Darlehensverträgen**. Für die Finanzierung der klassischen Infrastruktur- und Sozialprogramme bedient sie sich des sog ***IPF-investment loan*** Formats.[225] Nach sorgfältiger Identifizierung des zu finanzierenden Projekts[226] finden zunächst die Vorbereitung und Planung (einschließlich Besprechung der rechtlichen Implikationen) statt.[227] Anschließend erfolgen die Evaluierung und Zustimmung. Nachdem die Bank auch die letzten Einzelheiten (insb die Darlehensverträge) verhandelt und ausgearbeitet hat, setzt der Darlehensnehmer das Projekt mit Hilfe der Weltbankfinanzierung um. Diese Umsetzung wird wiederum von der Weltbank überwacht.[228] Das *investment loan* ist juristisch mit klassischen kommerziellen Darlehensverträgen dahingehend vergleichbar, dass es neben der Anordnung der rückzahlbaren Gesamtdarlehenssumme samt Zinsen auch die Sanktionen anführt, welche die Weltbank bei Vertragsverletzungen ergreifen kann.[229] Die Verträge sehen diesbezüglich ua die Möglichkeit vor, die Darlehensauszahlung zeitweise zu unterbrechen, die Auszahlung zu beenden oder die Rückforderung zu beschleunigen.[230] Diese *investment loans* können als völkerrechtliche Verträge zwischen einer internationalen Organisation und einem (Mitglieds-)Staat eingeordnet und müssen dann vom je-

---

223 Einführend s *Shihata* World Bank, Bd III, 84ff; und ausf *ders* Legal Papers, 461ff.

224 General Conditions for IBRD/IDA Financing: IPF (2020), DPF (2020) und PforR (2018), erhältlich auf der Website der Weltbank.

225 *Investment loans* betreffen idR längerfristige Kredite (5–10 Jahre).

226 Für diese Aufgabe ist aus rechtlicher Perspektive eigentlich der Kreditnehmer verantwortlich, wenngleich auch die Weltbank durch *country assistance strategies* (in Zukunft werden diese von *country partnership frameworks* abgelöst) und *poverty reduction strategy papers* intensiv involviert ist, vgl *Schlemmer-Schulte* FS Shihata (2001) 677/716.

227 Juristisch ist hierfür ebenfalls der Kreditnehmer verantwortlich. Die Bank leistet aber oft *technical assistance* und ist daher wiederum faktisch beteiligt.

228 Zu diesem sog *project cycle* s *Bradlow/Schlemmer-Schulte*; vgl auch *Baum* Project Cycle – World Bank (1982).

229 Vgl Art III–VI der Worldbank General Conditions Applicable to Loan and Guarantee Agreements; s allgem zum Sanktionssystem der Weltbank *Åhman* Journal of International Economic Law 23 (2020) 687ff.

230 Zu *loan suspension, loan cancellation* und *acceleration of maturity* vgl Art VI Abs 6.02 and 6.03 sowie Art VII Worldbank General Conditions for Loans / Credits.

weiligen Mitglied gem Art 102 Abs 1 UN-Charta beim UN-Generalsekretär registriert werden. Die Weltbank *investment loans* enthalten überdies Sonderklauseln für die Austragung von Streitigkeiten vor Schiedsgerichten.[231] In der Praxis wurden bislang Streitigkeiten allerdings immer gütlich beigelegt. Die Weltbank veröffentlicht im Übrigen die *investment loans* nicht. Allerdings erlauben Kurzinformationen[232] sowie Verwaltungsvorschriften oder *policies*,[233] welche die Mitarbeiter der Weltbank bei der Projektplanung beachten müssen, dem Außenstehenden, die einzelnen Standards für Infrastruktur oder Sozialprojekte relativ gut nachzuvollziehen. Die Darlehensnehmerländer müssen bei der Vergabe öffentlicher Aufträge sowie der Anstellung von Beratern und Dienstleistungsunternehmen zur Durchführung der von der Weltbank mit *investment loans* finanzierten Vorhaben die Weltbank *Procurement* und *Consultant Guidelines* anwenden, die genauso wie andere *policies* Bestandteil der Darlehensverträge sind. Unternehmen die an der öffentlichen Auftragsvergabe teilnehmen und im Rahmen dieser betrügen oder bestechen können von der Weltbank auf eine „*blacklist*" gesetzt werden. Wer auf der „*blacklist*", die man auch auf der Weltbank Webseite findet, aufgeführt ist, hat sein Recht, an einer bestimmten öffentlichen Auftragsvergabe oder an zukünftigen Vergaben teilzunehmen verwirkt. Unternehmen, die auf der „*blacklist*" gelandet sind, haben die Möglichkeit dagegen zunächst vor dem Weltbank *Suspension and Debarment Officer* Einspruch zu erheben. Sollte dieser den Eintrag auf der „*blacklist*" nicht aufheben, können betroffene Firmen vor dem Weltbank *Sanctions Board* einen weiteren Antrag auf Aufhebung des Eintrags stellen. Das *Sanctions Board*, welches zur Mehrheit aus externen Mitgliedern, also solchen besteht, die kein Weltbank *staff* sind, führt nochmals eine Tatsachen- und Rechtsprüfung durch und hebt den Eintrag auf der „*blacklist*" nur dann nicht auf, wenn „es mehr als wahrscheinlich ist", dass die Firma Betrug bzw Bestechung begangen hat.[234]

Im Gegensatz zu den *IPF-investment loans* ähneln Struktur und Dokumentation 104
der sog ***DPF-development policy loans*** (früher *adjustment loans* genannt) den Darlehensverträgen, die der IWF bei Finanzierungen aus den *low-income-facilities* abschließt. Diese Verträge begleiten die von der Weltbank finanzierten Anpassungsprogramme. In einem *letter of development policy* fragt der potentielle Kreditnehmer bei der Weltbank wegen eines Kredites an. Hierbei handelt es sich gleichzeitig um eine den Washington Konsensus wiedergebende Maßnahme, die der Kreditnehmer bereit ist durchzuführen. Über die Anfrage entscheidet das Exekutivdirektorium der Bank auf Basis einer Empfehlung der Weltbankmitarbeiter. In Weltbankdarlehensverträgen zur Finanzierung von Anpassungsprogrammen wird die Nichterfüllung von Finanzierungsbedingungen – wie den Washington Konsensus-Maßnahmen – ähnlich wie in

231 Vgl Art X Weltbank General Conditions for Loans / Credits; allgem zur internationalen Schiedsgerichtsbarkeit → *Reinisch* § 16 Rn 1ff.

232 Zu jedem Projekt werden auf der Weltbankwebpage sog *project information documents* (PID) veröffentlicht, die eine Zusammenfassung der wesentlichen Projektelemente enthalten. Der Jahresbericht der Weltbank enthält ebenfalls eine Auflistung der Projekte.

233 Die Weltbank *policies* sind ebenfalls auf der Website der Weltbank erhältlich.

234 S für Details zum Weltbank *Sanctions Board* das entsprechende Kapitel *Schlemmer-Schulte* The World Bank – Monograph in Blanpain/Wouters (Hrsg) International Encyclopedia of Laws International Organizations Series (2015).

IWF-Darlehen aus *low-income-country facilities* nicht als Vertragsbruch eingeordnet. Die Nichterfüllung führt lediglich dazu, dass Vorbedingungen zur Inanspruchnahme einer *tranche* des Darlehens nicht erfüllt sind und somit kein Anspruch auf Geld besteht, es sei denn, das Exekutivdirektorium verzichtet auf die Erfüllung der Bedingungen. Weitere Sanktionen im Zusammenhang mit der Nichterfüllung von *conditionalities* können gegenüber dem Kreditnehmerland nicht ausgesprochen werden. Anders als bei den *IPF-investment loans* haben die Weltbankmitglieder die *DPF-development policy loans* selten beim UN-Generalsekretär registriert. Die Weltbank selbst veröffentlicht diese Darlehensverträge nicht. Sie publiziert allerdings Kurzinformationen zum finanzierten Programm auf ihrer Website, sofern das Kreditnehmerland einverstanden ist. Bis zum Jahre 2004 konnte man den Washington Konsensus-Inhalt von Anpassungsprogrammen, die von der Weltbank finanziert wurden, auch in der Verwaltungsvorschrift der Weltbank zu Anpassungsdarlehen (*policy on adjustment lending*) von 1992 nachlesen. Diese Verwaltungsvorschrift beinhaltete ua die Stabilisierung der Handelsbilanz, die Reduzierung der Haushaltsdefizite, die kontrollierte Abwertung der lokalen Währung sowie Einsparungen von Staatsausgaben. Zudem regelte die Verwaltungsvorschrift eventuelle Reformen des Steuerwesens, Einsparungen von Subventionen, Deregulierung, Liberalisierung von Handels- und Finanzströmen, Privatisierungen und die Beurteilung der Wirkungen von Anpassungsmaßnahmen auf den sozialen Sektor und den Umweltschutz. Die seit 2004 bestehende *DPF-development policy finance* Verwaltungsvorschrift (zuletzt 2017 überarbeitet), die die alte *adjustment lending policy* abgelöst hat, ist nicht mehr so detailliert wie ihre Vorgängerin, was allerdings nicht heißt, dass nicht nach wie vor die gleichen Reformen in Entwicklungsländern befürwortet werden. Im Zusammenhang mit *development policy finance* sind im Übrigen die Weltbank *Procurement* und *Consultant Guidelines* nicht anwendbar.

105 Weitere Instrumente der Weltbankentwicklungshilfe sind *technical assistance, cofinance,* und PforR-*program-for-results-lending.*

k) Die Evolution der Weltbankentwicklungshilfe: Schwerpunktverlagerungen

106 Nachdem in Bezug auf den Wiederaufbau Europas die Anfangsschwierigkeiten überwunden worden waren, besannen sich die Mitglieder der Weltbank auf die ausdrücklichen Vorgaben des Gründungsvertrages. Während der 1950er und 1960er Jahre finanzierte die Weltbank in Entwicklungsländern Projekte zum Aufbau der Infrastruktur, der Industrie und der Agrarwirtschaft. Zum Ende der 1960er und Anfang der 1970er Jahre machte sie die Finanzierung von Projekten im sozialen Sektor zu ihrem zweiten wichtigen Einsatzgebiet. Den Bezug zu spezifischen Projekten verlor sie als Geldgeberin von sozialen Projekten zunächst nicht. Jedoch begann sich die Weltbank Ende der 1970er und Anfang der 1980er Jahre verstärkt dem sog ***non-project lending*** zuzuwenden. In diesem Zusammenhang wurden vor allem volkswirtschaftliche Anpassungsprogramme finanziert.[235]

107 Seit den 1990er Jahren ist das *non-project lending* neben dem traditionellen *project-lending* zur Regelaktivität geworden. Das *non-project lending* – zumeist in Form

---

235 Zu dem sich erweiternden Aufgabenbereich s ua *Shihata* Legal Papers, 157ff. Zur Problematik der Verlagerung des Weltbankschwerpunktes auf *non-project lending* vgl *ders* Legal Papers, 173ff.

von allgemein gehaltenen Struktur- und speziell ausgerichteten Sektoranpassungsprogrammen – hat in den letzten Geschäftsjahren oft um die 50 % der gesamten Darlehenstätigkeit der Weltbank ausgemacht.[236] Ebenso wie der IWF kann die Weltbank damit zu Recht als ***policy-maker* in den Entwicklungsländern** bezeichnet werden. Obwohl vor dem Hintergrund ihrer völkervertragsrechtlichen Grundlagen nicht zu einer Koordination bei der Finanzierung von volkswirtschaftlichen Rahmenprogrammen verpflichtet, arbeiten Weltbank und IWF in diesem Bereich seit Jahrzehnten zusammen.[237]

Die von der Weltbank finanzierten Struktur- und Sektoranpassungsprogramme, **108** welche seit 2004 ***development policy programs*** genannt werden, tragen ähnlich wie die vom IWF finanzierten volkswirtschaftlichen Anpassungsprogramme die Handschrift des sog Washington Konsensus.[238] Auch sie verlangen von den Kreditnehmerländern die Ergreifung von Maßnahmen mit dem Ziel einer Liberalisierung von Handel, Finanz- und Kapitalmärkten sowie der Privatisierung öffentlicher Betriebe und Deregulierung der Wirtschaft.

Die Weltbank hatte den von ihr finanzierten volkswirtschaftlichen Anpassungs- **109** programmen bereits vor dem IWF eine zusätzliche, institutionell ausgerichtete Komponente im Sinne der Verwirklichung von ***good governance*** und der ***rule of law*** hinzugefügt.[239] Seit einer Grundsatzdebatte aus dem Jahre 1989 bezeichnet die Weltbank die in den Entwicklungsländern geförderte *good governance* als ein effizientes Management der wirtschaftlichen und sozialen Ressourcen eines Landes. Dies erfordert unter anderem ein verlässliches Justizsystem und eine effiziente, transparente sowie gegenüber der Öffentlichkeit verantwortliche Verwaltung.

Finanzierungen zur Verwirklichung der ***rule of law*** bedeuten, dass den Kredit- **110** nehmerländern angeraten wird, ihre Rechtssysteme in der Weise zu entwickeln, dass sie über die folgenden drei Elemente verfügen:
- rechtlich verbindliche Normen,
- geeignete Prozesse, anhand derer diese Normen geschaffen, durchgesetzt und verändert werden und
- funktionierende Institutionen, die die verbindlichen Normen anwenden und durchsetzen.[240]

Anders als man in Anlehnung an verfassungsrechtliche Konzepte zu denken geneigt **111** ist, weisen die Konzepte von *good governance* und der *rule of law* im Rahmen von Weltbankentwicklungshilfe **keine direkten politischen Inhalte** auf.[241] Art IV Abs 10 des Gründungsvertrages verbietet ihr ausdrücklich, sich in die politischen Angelegenheiten eines Mitgliedes einzumischen oder in ihren Entscheidungen über Finanzierungen

236 Zur veränderten Rolle der Weltbank s bereits *Schlemmer-Schulte* BerDGVR 41 (2005) 149ff.

237 Einzelheiten dieser Kooperation werden auf der Grundlage informeller Absprachen festgelegt, vgl hierzu *Shihata* Legal Papers, 773ff.

238 Zu den Washington Consensus *conditionalities* s bereits o Rn 55ff.

239 Vgl *Shihata* World Bank, Bd I, 53ff; *Schlemmer-Schulte* FS Shihata (2001) 677ff; allgem hierzu auch → *Tietje* § 1 Rn 78ff.

240 S hierzu *Shihata* Legal Papers, 245ff.

241 S hierzu *Shihata* World Bank, Bd III, 139 u 155.

durch das politische System eines Mitgliedes beeinflusst zu werden. Lediglich wirtschaftliche Erwägungen sollen für die Weltbank bei ihren Finanzierungen relevant sein.[242] Solange unter dem Titel *good governance* Faktoren wie die wirtschaftliche Prosperität einer Volkswirtschaft, nicht aber die Regierungsform des Kreditnehmerlandes und der Umgang dieses Landes mit politischen Menschenrechten berücksichtigt werden, wird die Bank dem expliziten Verbot politischer Aktivitäten gerecht.[243]

l) Kontroverse um Weltbankentwicklungshilfe

112 Die von der Weltbank finanzierten Anpassungsprogramme sind – ebenso wie die Kreditvergaben des IWF – aus völkerrechtlicher, wirtschaftswissenschaftlicher und rechtspolitischer Perspektive bereits verschiedentlich kritisiert worden.[244] An dieser Stelle muss noch einmal betont werden, dass der IWF und die Weltbank durch die Finanzierung von Anpassungsprogrammen die volkswirtschaftlichen und rechtlichen Rahmenbedingungen fast aller Entwicklungsländer maßgeblich beeinflussen. *De facto* ist die Abhängigkeit der Entwicklungsländer von dieser Finanzierung ausgesprochen hoch, da, wie bereits angeführt, ohne die Anpassungsprogramme private Kapitalzuwendungen ausbleiben. Letztere machen ca 80 % des gesamten Kapitals aus, welches den Entwicklungsländern aus den industrialisierten Staaten zufließt.[245]

m) Weltbank Accountability Mechanism – Inspektionsgremium (*Inspection Panel*) und Streitbeilegungsstelle (*Dispute Resolution Service*)

113 Ende der 1980er und Anfang der 1990er Jahre wurde die Weltbank im Zusammenhang mit der fehlerhaften Überwachung zweier von ihr finanzierter großer Infrastrukturprojekte in Sadar Sarovar, Indien heftig kritisiert.[246] Eine unabhängige Untersuchungskommission sollte feststellen, ob die Weltbankmitarbeiter bei der Projektumsetzung die von der Weltbank selbst aufgestellten Umsiedlungs- und Umweltstandards für Entwicklungshilfeprojekte einhalten. Daraufhin entschied das Weltbankexekutivdirektorium im September 1993, eine permanente Untersuchungskommission bzw ein Inspektionsgremium – das sog Weltbank Inspection Panel[247] – zu errichten. Es war ein Prototyp eines modernen sog *accountability mechanisms* für eine multilaterale Entwicklungsbank und sollte den Exekutivdirektoren helfen, die Einhaltung der von der Weltbank selbst aufgestellten und für Weltbankmitarbeiter verpflichtenden Verwaltungsvorschriften zu Umwelt- und Sozialstandards (sog *Safeguards Policies*[248]) für

242 Vgl Art IV Abs 10 Weltbank-Übereinkommen.

243 Die Weltbank ist häufig wegen ihres Ansatzes, den Umgang eines Mitgliedes mit politischen Menschenrechten nicht bei der Kreditvergabe zu berücksichtigen, kritisiert worden. S zB *Skogly*.

244 Vgl hierzu in Bezug auf den IWF bereits o Rn 66.

245 Vgl auch bereits die Nachweise o in Fn 134.

246 S *Shihata* Inspection Panel, 9ff.

247 S <worldbank.org\\inspectionpanel>.

248 Die sog *Safeguards Policies* umfassen etwa Verwaltungsvorschriften zu Environmental Assessments (OP 4.01), Natural Habitats (OP 4.04), Pest Management (OP 4.09), Indigenous Peoples (OP 4.10), Physical Cultural Resources (OP 4.11), Involuntary Resettlement (OP 4.12), Forests (OP 4.36), Safety of Dams (OP 4.37), Projects on International Waterways (OP 7.50) und Projects in Disputed Areas (OP 7.60).

Entwicklungshilfeprojekte zu gewährleisten.[249] Nachdem die Weltbank in einem langjährigen Verfahren ihre Umwelt- und Sozialstandards im Zuge von weltweiten Beratungen mit Interessenvertretern überarbeitete, wurden die bisherigen Safeguards Policies durch eine Umwelt- und Sozialverwaltungsvorschrift zu IPF-*investment projects*, die ein neues *Environmental and Social Framework* mit zehn Umwelt- und Sozialstandards[250] verankert, abgelöst.[251] Diese neuen Standards wurden am 4.8.2016 vom Exekutivdirektorium verabschiedet und traten am 1.10.2018 in Kraft. Das Inspektionsgremium, dem drei unabhängige, vom Weltbankpräsidenten nominierte und vom Exekutivdirektorium bestellte Inspektoren angehören, wird jeweils für einen Zeitraum von fünf Jahren eingesetzt. Es wird entweder auf Anfrage des Exekutivdirektoriums oder auf der Basis einer Beschwerde von privaten Individuen, die aufgrund der Verletzung von Umwelt- und Sozialstandards der Weltbank bei der Umsetzung von Weltbankentwicklungshilfeprojekten in ihren Rechten oder Interessen geschädigt oder in Zukunft wahrscheinlich geschädigt werden, tätig.[252] Im Rahmen eines zweistufigen Verfahrens stellt das Inspektionsgremium zunächst sicher, dass die Beschwerdebefugnis der Antragsteller gegeben ist. Das ist dann der Fall, wenn die Untersuchung eine mögliche Verletzung von Weltbankstandards durch die Weltbank im Zusammenhang mit den von ihr finanzierten Projekten und sich eine mögliche Interessenschädigung der Privaten durch die Verletzung der Standards ergeben würde.[253] Zudem darf keine Abhilfe durch das Weltbankmanagement erfolgt sein. Sobald diese Voraussetzungen vorliegen, untersucht das Inspektionsgremium die Beschwerde auf ihre inhaltliche Richtigkeit hin. Dies beinhaltet sowohl eine Analyse der Projektdokumentation als auch eine Ortsbesichtigung des Projekts. Schließlich legt es dem Exekutivdirektorium einen Bericht über seine Untersuchung vor, auf dessen Basis das Exekutivdirektorium nach Anhörung des Managements über etwaige Korrekturen am Projekt verfügt, um es in Einklang mit den Weltbankstandards zu bringen.

Im Zuge einer Überprüfung der Effektivität des Inspektionsgremiums schuf das 114
Exekutivdirektorium per Resolutionen vom 8.9.2020[254] einen neuen Weltbank *Accountability Mechanism*, der neben dem bisherigen Inspektionsgremium eine Option zur

249 Eingehend hierzu *Shihata* Inspection Panel; vgl auch *Schlemmer-Schulte* ZaöRV 58 (1998) 353ff; *dies* ZEuS 1 (1998) 347ff; *dies* FS Ress (2005) 249ff.

250 Environmental and Social Standard (ESS) 1: Assessment and Management of Environmental and Social Risks and Impacts; ESS 2: Labor and Working Conditions; ESS 3: Resource Efficiency and Pollution Prevention and Management; ESS 4: Community Health and Safety; ESS 5: Land Acquisition, Restrictions on Land Use and Involuntary Resettlement; ESS 6: Biodiversity Conservation and Sustainable Management of Living Natural Resources; ESS 7: Indigenous Peoples/Sub-Saharan African Historically Underserved Traditional Local Communities; ESS 8: Cultural Heritage; ESS 9: Financial Intermediaries; und ESS 10: Stakeholder Engagement and Information Disclosure.

251 S Environmental and Social Framework auf der Weltbank Website; *Dann/Riegner* The World Bank's Environmental and Social Safeguards and the evolution of global order, Leiden Journal of International Law 32 (2019) 537–559.

252 S Abs 13 der Resolution Establishing the World Bank Inspection Panel (in der Fassung vom 8.9.2020), abrufbar auf der Website des Inspection Panels.

253 S *Shihata* Inspection Panel, 28.

254 Resolution No IBRD 2020-0005 und Resolution No IDA 2020-0004 (The World Bank Accountability Mechanism), abrufbar auf der Website des Inspection Panels.

Streitbeilegung (*Dispute Resolution Service*) vorsieht[255] und von einem Accountability Mechanism Sekretariat geleitet wird.

115 Das Inspektionsgremium, dessen Verfahren in bisher drei Überarbeitungen verfeinert wurde,[256] hat seit seiner Geschäftsaufnahme **150 Beschwerden** bearbeitet und mit seiner Arbeit die Weltbankentwicklungshilfe maßgeblich verbessert.[257] Die Unabhängigkeit des Inspektionsgremiums vom Management der Weltbank ist in der *Inspection Panel Resolution* ausdrücklich verankert. Auch die Resolution zum neuen Weltbank *Accountability Mechanism* sieht vor, dass das *Accountability Mechanism* Sekretariat lediglich eine Koordinierungs-, jedoch keine Überwachungsfunktion gegenüber dem Inspektionsgremiums einnimmt. Zu beachten ist in diesem Zusammenhang, dass die Weltbank selbst als internationale Organisation bzgl ihrer Finanzierung von Entwicklungshilfe keiner internationalen oder nationalen Gerichtsbarkeit unterliegt, ihre Projektfinanzierungen jedoch vielfältige negative Effekte in Entwicklungsländern haben können. Angesichts dieser Tatsache war die Einrichtung des Weltbank Inspektionsgremiums sowie die Schaffung eines neuen und umfassenderen *Accountability Mechanims* eine **wichtige Pionierarbeit** zur Verbesserung der *accountability* internationaler Organisationen im Allgemeinen und der Weltbank im Besonderen.[258]

3. Die Weltbankgruppe: Vier weitere Institutionen

116 Zur Weltbankgruppe gehören mittlerweile **vier weitere internationale Organisationen:** das Internationale Zentrum zur Beilegung von Investitionsstreitigkeiten (ICSID[259]), die Internationale Entwicklungsorganisation (IDA[260]), die Internationale Finanz-Corporation (IFC[261]) und die Multilaterale Investitions-Garantie-Agentur (MIGA[262]). Bis auf ICSID ähneln IDA, IFC und MIGA der Weltbank im Hinblick auf ihre Organisationsstruktur, der Stimmengewichtung in den entscheidungsbefugten Orga-

---

255 Die Resolutionen zum Inspektionsgremium sowie zum *Accountability Mechanism* sehen vor, dass Beschwerden des Beschwerdeführers weiterhin zunächst beim Inspektionsgremium eingereicht werden müssen. Nur im Falle einer vom Exekutivdirektorium unterstützten Empfehlung des Inspektionsgremiums, die Beschwerde offiziell zu untersuchen, können Beschwerdeführer und Kreditnehmerland (Parteien) vereinbaren, ihren Streit vor der Streitbeilegungsstelle beizulegen. Nur wenn sich die Parteien gegen das Streitbelegungsverfahren entscheiden oder dieses Verfahren den Streit nicht beilegt, führt das Inspektionsgremium seine Untersuchung der Beschwerde durch. Legen die Parteien ihren Streit jedoch im Zuge des Streitbeilegungsverfahrens bei, gilt die Beschwerde als erledigt.

256 Zuletzt durch Resolution No IBRD 2020-0004 and Resolution No IDA 2020-0003 des Exekutivgremiums am 8.9.2020 zur Anpassung der Verfahren des Inspektionsgremiums an den neuen Weltbank *Accountability Mechanism*, abrufbar auf der Website des Inspection Panels; s grundlegend *Shihata* Inspection Panel, 155.

257 Stand: Februar 2021; s *Schlemmer-Schulte* ZaöRV 58 (1998) 353ff; *dies* FS Ress (2005) 249ff.

258 Zum Pionieraspekt und der Modellfunktion der Inspection Panels s *Bradlow/Schlemmer-Schulte* ZaöRV 54 (1994) 392; *Schlemmer-Schulte* in Blokker/Schermers (Hrsg) Proliferation of International Organizations: Legal Issues (2000) 483ff.

259 International Centre for Settlement of Investment Disputes.

260 International Development Association.

261 International Finance Corporation.

262 Multilateral Investment Guarantee Agency.

nen[263] und der Kapitalausstattung. Der Präsident der Weltbank ist auch gleichzeitig Präsident der IDA, IFC und MIGA. Der *General Counsel* der Weltbank ist traditionell auch *General Counsel* der IDA und *Secretary General* von ICSID. Die Exekutivdirektoren der Weltbank üben überwiegend die gleiche Funktion im Rahmen von IDA, IFC und MIGA aus.

a) Internationale Finanz-Corporation (IFC)

Die IFC ist im Jahre 1956 als **unabhängiger *private sector arm* der Weltbankgruppe** errichtet worden.[264] Ihr können nur Länder beitreten, die bereits Weltbankmitglieder sind.[265] Im Gegensatz zur Weltbank, die primär Finanzgeschäfte mit den Regierungen ihrer Mitgliedsländer tätigt, finanziert die IFC mit heute 185 Mitgliedern[266] den Privatsektor direkt. Dies geschieht sowohl durch Kreditvergabe als auch durch Kapitalbeteiligungen an privaten Unternehmen, die in Entwicklungsländern mit oder ohne Beteiligung ausländischer Investoren gegründet werden.[267] Die IFC operiert zwar auch mit dem Kapital, das die Mitgliedsländer anlässlich ihres Beitritts eingezahlt haben. Jedoch mobilisiert sie den größten Teil der benötigten Finanzierung auf dem privaten Markt (Stichworte „*project finance*“ und Syndikatbildung).[268] 117

Die **Finanzstruktur der IFC** basierte zunächst auf einem genehmigten Nennkapital in Höhe von $ 100 Mio.[269] Dieses Kapital ist entsprechend einer Aufteilung im Anhang zum Gründungsvertrag von den Mitgliedstaaten der IFC voll gezeichnet und eingezahlt worden.[270] Das Kapital des IFC ist mehrfach aufgestockt worden. Mittlerweile verfügt der IFC über $ 21,796 Millionen an gezeichnetem Kapital, wovon $ 19,868 Millionen bereits eingezahlt und $ 1,928 Millionen noch nicht eingebracht aber abrufbar sind.[271] 118

Seit dem Jahre 1999 verfügt die IFC zusammen mit MIGA über einen unabhängigen Untersuchungsmechanismus, den sog **IFC/MIGA Compliance Advisor bzw Om-** 119

---

263 Zu einer Besonderheit bei MIGA s u Rn 124.

264 S a <ifc.org>. Vgl überdies ua *Camacho* in Rendell (Hrsg) Bd 2, 97ff; *Woicke* VN 1999, 157ff; speziell zu den Umwelt- und Sozialstandards der IFC s *Lee* FS Shihata (2001) 469ff.

265 Vgl Art II Abs 1 IFC-Gründungsvertrag.

266 Stand: Februar 2021.

267 Im Gegensatz zur Weltbank, die für eine direkte Partnerschaft mit einem privaten Investor eine Bürgschaft der Regierung des Landes, in dem investiert wird, benötigt, ist es der IFC erlaubt, auch ohne eine solche Bürgschaft in ein privates Unternehmen einzusteigen, vgl Art III Abs 4(i) Weltbank-Übereinkommen bzw Art III Abs 1 IFC-Gründungsvertrag.

268 Unter Projektfinanzierungen der IFC versteht man Finanzierungen, die der Erschließung und Ausbeutung von Rohstoffen oder anderen *assets* dient, im Rahmen derer der Hauptanteil der Finanzierung nicht durch Vergabe von Anteilen am Unternehmen, sondern vornehmlich durch Rückzahlung aus den Einnahmen des finanzierten Projektes erfolgt. Unter Syndikatsbildung versteht man, dass ein Kreditgeber, wie in diesem Fall die IFC, nur einen bestimmten Teil eines Darlehens übernimmt und durch Bildung eines Syndikats weitere Banken in die Kreditvergabe einbezieht.

269 Vgl Art III Abs 2(a) IFC-Gründungsvertrag.

270 Vgl Art III Abs 3(a)–(c) IFC-Gründungsvertrag und Schedule A im Anhang zum IFC-Gründungsvertrag.

271 Stand: 31.12.2020; s IFC Financial Statements (2020).

budsman.[272] Ähnlich wie das Weltbank *Inspection Panel* behandelt dieser Beschwerden von privaten Personen, denen aufgrund von Projekten, welche IFC und MIGA fördern, Schaden zugefügt wurde. Außerdem agiert der *IFC/MIGA Compliance Advisor/ Ombudsman* als neutrale Kontrollinstanz, die den Exekutivdirektoren von IFC und MIGA berichtet, inwieweit die Projekte mit den von IFC und MIGA verfügten Umwelt- und Sozialstandards übereinstimmen. Schließlich berät er den Präsidenten und weitere führende Mitarbeiter der IFC und MIGA allgemein im Rahmen der Verabschiedung von Finanzierungsbedingungen, insb mit Blick auf eine Verbesserung von Umwelt- und Sozialstandards.

b) Internationale Entwicklungsorganisation (IDA)

120 Im Jahre 1960 wurde die IDA als sog *soft lending arm* neben der Weltbank gegründet.[273] Dieser Organisation können ebenfalls nur Länder beitreten, die bereits Mitglied der Weltbank sind.[274] Die IDA mit heute 173 Mitgliedern[275] versorgt die ärmeren Entwicklungsländer, dh solche, in denen das Bruttonationaleinkommen pro Kopf weniger als 1.185 US-Dollar beträgt.[276] Aufgrund des Ausmaßes der Armut in diesen Ländern erfüllen letztere nicht einmal die Kriterien für die Kreditwürdigkeit der Weltbank, die selbstverständlich schon unter denen privater Banken liegen.[277] IDA vergibt diesen **ärmsten Ländern der Welt** ausgesprochen langfristige (Laufzeit von 35 bis 40 Jahren) und prinzipiell zinsfreie Kredite.[278] Aufgrund dieser Kreditvergabepraxis kann IDA nicht allein auf der Basis des Kapitals operieren, welches die Mitgliedsländer anlässlich ihres Beitritts eingezahlt haben.

121 Die IDA begann mit einem Kapital von insg $ 1 Mrd.[279] Die beitretenden Mitgliedsländer mussten 10 % dieses Kapitals entweder in Gold oder in frei konvertierbarer Währung einzahlen.[280] Die weiteren 90 % mussten in fünf aufeinander folgenden Raten von den sog „Part I“ Mitgliedsländern, dh denjenigen, die auf Grund ihrer erheblichen Wirtschaftskraft keine Kredite von IDA erhalten würden, ebenfalls in Gold oder frei konvertierbarer Währung eingebracht werden.[281] Demgegenüber konnten die sog „Part II“ Mitgliedsländer, dh diejenigen, die als Entwicklungsländer Darlehensempfänger der IDA sein können, diese restlichen 90 % ihrer Anteile auch in einheimischer

272 S hierzu die Informationen unter <cao-ombudsman.org>.

273 Informationen über IDA sind auf der Webpage der Weltbank (<worldbank.org>) zu finden. S a *Broches* in Rendell (Hrsg) Bd 2, 93ff; *Shihata* World Bank, Bd III, 129ff.

274 Vgl Art II Abs 1 IDA-Vertrag.

275 Stand: Februar 2021.

276 Stand: laufendes Geschäftsjahr 2021; diese Grenze wird von den Exekutivdirektoren der IDA regelmäßig angepasst. Gegenwärtig sind 74 Entwicklungsländer berechtigt, IDA Finanzhilfen in Anspruch zu nehmen.

277 Vgl Art V Abs 1(c) IDA-Vertrag, nach dem IDA arme Mitglieder nicht finanzieren soll, sofern diese Kredite zu vernünftigen Bedingungen auf dem Privatmarkt oder von der Weltbank erhalten können.

278 Neben Krediten vergibt IDA in geringerem Umfang auch *grants* oder Beihilfen.

279 Vgl Art II Abs 2(a) und (b) IDA-Vertrag.

280 Vgl Art II Abs 2(c) IDA-Vertrag.

281 Vgl Art II Abs 2(d) der IDA-Vertrag.

Währung einzahlen.[282] Zurzeit verfügt die IDA über ein gezeichnetes Kapital von insg $ 292,909 Mio, von denen $ 244,549 Mio bereits eingebracht sind.[283]

Das **Kreditvergabevolumen** hat einen ähnlich hohen Umfang wie das gezeichnete und eingezahlte Kapital. Im Hinblick auf die stetigen Mittelverluste wegen der für die Kreditnehmer so günstigen Kreditvergabebedingungen bedarf IDA in regelmäßigen Abständen neuer Finanzmittel. Daher treffen sich alle drei Jahre turnusmäßig die IDA-Geldgeber (*donors*), dh die reicheren Mitglieder der IDA, um über ein sog *replenishment* (eine Extrazufuhr von Mitteln) zu verhandeln. Das 19. *replenishment* (sog IDA19) für den Zeitraum von Juli 2020 – Juni 2023 hat eine historisch hohe Extrakapitalspritze von $ 82 Mrd für IDA eingebracht. An den *replenishment* Verhandlungen und Ergebnissen ist Kritik geübt worden, da die IDA-Geldgeber typischerweise Bedingungen in Bezug auf eine Änderung der Kreditvergabebedingungen an ihre Mittelzufuhr knüpfen. Nach der Organstruktur der IDA fällt dies jedoch – wie im Rahmen der Weltbank – in den Kompetenzbereich des Exekutivdirektoriums.[284] Als Beispiel für diese Art von Einfluss kann die Einführung von *performance criteria* für Empfängerländer als Grundvoraussetzung für zukünftige Finanzierungen genannt werden. Während der IWF und die Weltbank die Umsetzung von bereits beschlossenen Entwicklungshilfeprojekten beobachten und gegebenenfalls Sanktionen verhängen, gab es bislang keine allgemeine Vorabüberprüfung potentieller Kreditnehmer. Ein solches *pre-screening* ist jedoch vor wenigen Jahren zumindest für Kredite der IDA eingeführt worden. Nachfolgend ist diese Vorgehensweise vom IWF für die Kreditvergabe aus dem *poverty reduction and growth trust* (PRGT) übernommen worden.[285] Um der Kritik entgegenzuwirken, dass *de facto* nur die wenigen IDA-Geldgeber die IDA Kreditvergabebedingungen bestimmen, obwohl *de jure* dies das IDA Exekutivdirektorium tun sollte, haben die IDA *replenishment* Treffen die Teilnehmerrunde ausgeweitet. Seit Anfang dieses Millenniums treffen sich die Geldgeber und weitere *participants* unter denen regional repräsentative Vertreter von IDA Kreditnehmerländern sind. Die Berichte und Empfehlungen des jeweiligen *replenishment* werden von allen Teilnehmern des Treffens gezeichnet.[286] 122

c) Internationales Zentrum zur Beilegung von Investitionsstreitigkeiten (ICSID)

Im Jahre 1966 wurde ICSID als vierte Organisation innerhalb der Weltbankgruppe gegründet.[287] Im Gegensatz zu IFC und IDA steht ICSID allen Staaten – also auch solchen, die nicht Mitglied der Weltbank sind – offen. Das ICSID ist keine Finanzorgani- 123

282 *Ibid.*

283 Stand: 31.12.2020; s IDA Financial Statements (2020).

284 Vgl Art VI Abs 2(a) und (c) IDA-Vertrag, auf dessen Grundlage der Gouverneursrat in der Praxis dem Exekutivdirektorium die Formulierung von *lending policies* übertragen hat.

285 Vgl ua *Schlemmer-Schulte* FS Shihata (2001) 677/719.

286 Das IDA19 *replenishment* weist zB 5 Themenschwerpunkte auf: (1) Klima, (2) Fragilität, Konflikt und Gewalt, (3) Geschlecht (*gender*), (4) Regierungsführung (*governance*) und Institutionen und (5) Arbeit und wirtschaftliche Transformation.

287 S hierzu die Informationen unter <icsid.org>; sowie ausf *Schreuer*; vgl überdies → *Reinisch* § 21 Rn 27ff.

sation, sondern organisiert Schiedsgerichts- und Schlichtungsverfahren bei **Investitionsstreitigkeiten zwischen ausländischen Investoren und ihren Gastländern.**[288] 155 Staaten sind Vertragsparteien des ICSID-Übereinkommens.[289] Mittlerweile hat das ICSID über 530 Verfahren abgeschlossen, wobei zurzeit noch knapp 300 weitere Verfahren anhängig sind.[290]

d) Multilaterale Investitions-Garantie-Agentur (MIGA)

124 Im Jahre 1988 wurde MIGA als fünfte Organisation der Weltbankgruppe und nach der IFC als zweiter *private sector arm* errichtet. Die MIGA, welche gegenwärtig 182 Mitgliedstaaten hat,[291] vergibt **Bürgschaften an private Anleger, die in Entwicklungsländern investieren.**[292] Zu den Risiken, die die Bürgschaften der MIGA abdecken, gehören die Ausfuhr von Währungen, Enteignung oder enteignungsgleiche Maßnahmen, Vertragsbruch sowie Schäden, die dem Investor aufgrund von Kriegen oder Bürgerkriegen entstehen.[293] Darüber hinaus berät MIGA die Mitgliedsländer in Bezug auf eine investitionsfreundliche Ausgestaltung ihrer volkswirtschaftlichen und rechtlichen Rahmenbedingungen. Überdies bietet sie im Zusammenhang mit Streitigkeiten zwischen Mitgliedsländern und ausländischen Investoren Mediationsdienste an.

125 Wie die Weltbank und die IFC operiert die MIGA auf der Basis des **Kapitals**, das die Mitgliedsländer bei ihrem Beitritt eingezahlt haben. Das genehmigte Nennkapital der MIGA bestand im Zeitpunkt ihrer Gründung aus 1 Mrd SDR,[294] von denen 25 % von den beitretenden Industrienationen in frei konvertierbaren Währungen und von den Entwicklungsländern in einheimischem Geld einzuzahlen waren.[295] Die restlichen 75 % waren abrufbar. Infolge von neuen Beitritten und einer Änderung der MIGA Konvention beträgt das gezeichnete Kapital der MIGA mittlerweile $ 1.919,6 Mio.[296] Bei der Bürgschaftsvergabe muss MIGA gem Art 22 der MIGA-Konvention darauf achten, dass ihre potentielle Haftung nicht über 150 % des ihr zur Verfügung stehenden Kapitals hinausgeht, es sei denn der Governeursrat hebt dieses Limit an. Dieses Haftungslimit ist

---

288 Anders als bei den übrigen Organisationen der Weltbankgruppe fehlt ICSID in seinem Gründungsvertrag ein ausdrücklicher Bezug auf die Thematik Entwicklung. Die Gründungsväter von ICSID sind vermutlich, ohne dass sie es ausgesprochen haben, in Anbetracht des damals typischerweise von Norden nach Süden, also von den Industrienationen in die Entwicklungsländer fließenden Kapitals davon ausgegangen, dass der Streitbeilegungsmechanismus von ICSID ausschließlich im Rahmen von Streitigkeiten zwischen Investoren aus Industrienationen einerseits und Entwicklungsländern andererseits genutzt würde. Dies hat sich jedoch in der Praxis mittlerweile geändert.

289 Stand: Februar 2021; zu dem im Mai 2007 erklärten Austritt Boliviens und den sich vor diesem Hintergrund stellenden Herausforderungen s *Tietje/Nowrot/Wackernagel* Once and Forever? The Legal Effects of a Denunciation of ICSID (2008) 5ff.

290 Stand: Februar 2021; vgl Angaben unter <icsid.worldbank.org>.

291 Stand: Februar 2021, vgl die Angaben unter <miga.org/>.

292 S allgem die Informationen unter <miga.org>, sowie ua *Shihata* MIGA and Foreign Investment (1988); *Dodero* FS Shihata (2001) 109ff; vgl überdies → *Reinisch* § 9 Rn 94.

293 Vgl Art 11(a) MIGA-Konvention.

294 Vgl Art 5 der MIGA-Konvention.

295 Vgl Art 8 der MIGA-Konvention und Schedule A im Anhang der Konvention.

296 Stand: 31.12.2020; s MIGA *Financial Statements* (2020).

mittlerweile durch Beschluss ihres Gouverneursrats auf 500 % erhöht worden.[297] In der Praxis ist die MIGA bisher allerdings immer unterhalb dieser Haftungsgrenze geblieben.[298]

Als einzige Organisation in der Weltbankgruppe ist die MIGA so konzipiert, dass zwischen ihren Mitgliedern aus Industrienationen und denen aus Entwicklungsländern **Stimmengleichheit** besteht.[299] Auch als nach Ende des Kalten Krieges der MIGA mehr Staaten als vorhergesagt beitraten, konnte die Stimmengleichheit in der Praxis problemlos realisiert werden.[300] Wie bereits im Zusammenhang mit der IFC erwähnt, gibt es seit dem Jahr 1999 für die IFC und die MIGA gemeinsam einen **IFC/MIGA Compliance Advisor/Ombudsman.**[301] 126

4. Weitere globale (Entwicklungshilfe- und) Finanzinstitutionen

a) United Nations Development Programme (UNDP)

UNDP[302] ist eine **semi-autonome Agentur der Vereinten Nationen** mit Sitz in New York, die im Jahre 1965 durch den Zusammenschluss des speziellen Fonds der UNO und des erweiterten Programms für technische Zusammenarbeit der UNO entstand. Es beruht auf einem Beschluss der UN-Generalversammlung.[303] Ein *Governing Council*, der sich aus einer einfachen Mehrheit von Vertretern der Entwicklungsländer und im Übrigen aus Vertretern wirtschaftsstarker Nationen zusammensetzt (alle Repräsentanten werden vom ECOSOC bestimmt), formuliert Maßnahmen für die Entwicklungshilfe. Letztere müssen allerdings vom ECOSOC akzeptiert werden. Ein Administrator, der vom Generalsekretär der Vereinten Nationen berufen wird, ist verantwortlich für die Durchführung von Entwicklungshilfeprogrammen. Ihre Finanzierung erfolgt über freiwillige Beiträge von UN-Mitgliedern. Im Jahre 2021 machte das UNDP Gesamtbudget ungefähr $ 5,3 Mrd aus. Damit wird in mehr als 170 Ländern eine traditionelle Entwicklungshilfe für wirtschaftliche und soziale Projekte finanziert, die mit der vom IWF und der Weltbank geleisteten Entwicklungshilfe vergleichbar ist. Daneben fördert das UNDP auch politische Programme, insb die Errichtung von demokratischen Institutionen in Entwicklungsländern, die sich im politischen Umbruch befinden. Der **UN Capital Development Fund (UNCDF)**[304] mit Schwerpunkt *microfinance* steht UNDP seit dem Jahr 1966 zur Seite. Der UNCDF fördert schwerpunktmäßig die ärmsten Entwicklungsländer. 127

297 S MIGA Resolution No 101 v 11.11.2016 (MIGA/R2016-0094).

298 Zum derzeitigen Stand der maximalen Haftungsgrenze in Höhe von $ 15.721 Mio und dem aktuellen *net exposure* gegenüber Versicherungsansprüchen aus Bürgschaften in Höhe von $ 9,2 Mrd s MIGA Annual Report (2020).

299 Vgl Art 39(a) MIGA Konvention.

300 Für Einzelheiten s *Dodero* FS Shihata (2001) 109/123ff.

301 S im Einzelnen bereits o Rn 118.

302 S <undp.org>.

303 S UN GA Res 2029 (XX) vom 22.11.1965.

304 S <uncdf.org>.

b) United Nations Development Group (UNDG)

128 Zur UN-Familie gehören weitere prominente Entwicklungshilfeagenturen wie der UN Children's Fund (UNICEF),[305] der UN Population Fund (UNFPA),[306] und das World Food Programme (WFP).[307] Diese drei finanzieren sich genauso wie das UNDP über die Vereinten Nationen, dh sie erhalten Zuschüsse aus dem Haushalt der UN.[308] Im Jahre 1997 erfolgte die Gründung der UNDG.[309] Hierbei handelt es sich um einen durch den UN-Generalsekretär angestoßenen **informellen Zusammenschluss von mittlerweile 32 Mitgliederorganisationen**[310] von UN-Programmen, Fonds usw sowie fünf Beobachtern unter Führung von UNICEF, UNFPA, WFP und UNDP. Die UNDG, deren vier Führungsmitglieder sich monatlich treffen, konzentriert sich darauf, die Kooperation unter Entwicklungshilfe leistenden Mitgliedern der UN zu stärken. Des Weiteren will die UNDG durch die Harmonisierung von Richtlinien, die der Vorbereitung und Durchführung von UN-finanzierten Entwicklungsprogrammen dienen, Entwicklungshilfe auf der Ebene des Empfängerlandes effizienter gestalten.[311]

c) International Fund for Agricultural Development (IFAD)

129 IFAD[312] mit Sitz in Rom wurde im Jahre 1977 errichtet und ging aus der von den Vereinten Nationen im Jahre 1974 abgehaltenen **Welternährungskonferenz** hervor. Mittlerweile gehören ihm 177 Mitglieder an.[313] Im Gegensatz zum IWF und zur Weltbank, welche vor den Vereinten Nationen errichtet wurden und daher mit diesen nur in einer relativ losen Verbindung stehen, ist der IFAD eine Sonderorganisation der Vereinten Nationen.

---

305 S <unicef.org>.

306 S <unfpa.org>.

307 S <wfp.org>.

308 Die Direktfinanzierung von UNDP, UNICEF, UNFPA, und WFP aus dem UN-Haushalt erklärt sich aus der Tatsache, dass alle vier Programme auf der Grundlage von Resolutionen der UN-Generalversammlung als Unterorgane derselben errichtet worden sind.

309 S <undg.org>.

310 Weiter gehören zu UNDG der UN High Commissioner for Human Rights, der UN Development Fund for Women, das UN Office for Project Services, das Joint UN Programme on HIV/AIDS, das UN Human Settlements Programme, das UN Office on Drugs and Crime, die World Health Organization, das Department of Economic and Social Affairs, der International Fund for Agricultural Development, UNCTAD, die UN Educational, Scientific, and Cultural Organization, die Food and Agriculture Organization, die UN Industrial Development Organization, die ILO, das UN Department of Public Information, das Office of the High Representative for the Least Developed Countries, Landlocked Countries and Small Island Developing Countries, der Special Representative of the Secretary-General for Children in Armed Conflict, UNEP, der UN High Commissioner for Refugees, die UN World Tourism Organization, die World Meteorological Organization, die ITU, die Weltbank, der UN Fund for International Partnerships und das Office for the Coordination of Humanitarian Affairs.

311 S zB UN Common Country Assessment (CCA) and UN Development Assistance Framework (UNDAF) – Guidelines for UN Country Teams on Preparing a CCA and UNDAF (February 2007), abrufbar auf der Website der UNDG.

312 S <ifad.org>; sowie ua *Al-Sultan* FS Shihata (2001) 37ff.

313 Stand: Februar 2021, vgl die Angaben unter <ifad.org/en/member-states>.

II. Regionale und quasi-regionale Finanzinstitutionen

Neben den großen internationalen Finanzinstitutionen mit Sitz in Washington, DC, 130
gibt es eine Reihe von regionalen Finanzinstitutionen. Diese finanzieren meistens keine Anpassungsprogramme, sondern leisten **Entwicklungshilfe auf traditionelle Weise**. Dabei funktionieren sie wie die Weltbank *project lending* Programme und deren für den privaten Sektor zuständigen Tochterorganisationen.

Mit Ausnahme der Europäischen Bank für Wiederaufbau und Entwicklung 131
(EBRD), die sich gemäß ihrem Gründungsvertrag ausdrücklich für die Förderung von Demokratie und Menschenrechten in Osteuropa und der früheren Sowjetunion einsetzen darf, werden die meisten regionalen Finanzinstitutionen von ihren Mandaten als **nicht-politische Organisationen** ähnlich den älteren Vorbildern in Washington, DC, charakterisiert. Die Ähnlichkeit zeigt sich auch im Bereich der Organisationsstruktur, der Stimmengewichtung, Kapitalausstattung sowie Immunität.

Die **Afrikanische Entwicklungsbank (AfDB)** mit Sitz in Abidjan, Elfenbeinküste, 132
wurde im Jahre 1964 errichtet und nahm im Jahre 1967 ihre Tätigkeit auf.[314] Ihr gehören 54 afrikanische Staaten sowie 28 nicht-afrikanische Länder aus Amerika, Asien und Europa an. Die AfDB unterstützt seit 1991 auch den privaten Sektor direkt durch Finanzierungen, die den Operationen der IFC ähnlich sind. Zur Gruppe der AfDB gehören noch der Afrikanische Fonds für Entwicklung[315] sowie der Nigeria Trust Fund[316]. Diese beiden Institutionen konzentrieren sich ähnlich wie die IDA auf die ärmsten afrikanischen Entwicklungsländer. Die **Ostafrikanische Entwicklungsbank (EADB)**[317] wurde 1967 auf der Grundlage des Vertrages über Ostafrikanische Zusammenarbeit gegründet. Nach dem Zusammenbruch dieser Vertragsgemeinschaft im Jahre 1970 wurde die Bank 1980 erneut unter ihrem eigenen Gründungsvertrag errichtet. Ihr Sitz ist in Kampala, Uganda. Ihr gehören vier Mitglieder (Kenia, Uganda, Ruanda und Tansania) an. Weitere Anteilseigner sind ua die AfDB, FMO Niederlande, DEG Deutschland, SBIC Africa Holdings, die Commercial Bank of Africa, Nordea Bank Sweden AB, Standard Chartered Bank London und die Barclays Bank International. Die EADB finanziert Entwicklungshilfeprojekte in ihren ostafrikanischen Mitgliedsländern. Die **Westafrikanische Entwicklungsbank (BOAD)**[318] mit Sitz in Lomé, Togo, wurde 1973 errichtet. Ihr gehören die acht afrikanischen Länder der Westafrikanischen Wirtschafts- und Währungsunion an. Nichtwestafrikanische Eigner sind Frankreich, Deutschland, Belgien, Marokko, die European Investment Bank (EIB), die AfDB, Eximbank Indien, und die People's Bank der Volksrepublik China. Sie finanziert Landwirtschafts-, Infrastruktur-, Energie-, Telekommunikations-, Transport-, Industrie- und Touristikprojekte.

Die **Islamische Entwicklungsbank (IsDB)**[319] mit Sitz in Dschidda, Saudi-Ara- 133
bien, wurde im Jahre 1973 gegründet und nahm ihre Tätigkeit 1975 auf. Ihr gehören derzeit 57 Länder an. IsDB fördert die wirtschaftliche und soziale Entwicklung in Mit-

---

314 S <afdb.org>.

315 S <afdb.org/en/about-us/african-development-fund-adf/>.

316 S <afdb.org/en/about-us/nigeria-trust-fund-ntf/>.

317 S <eadb.org>.

318 S <boad.org>.

319 S <isdb.org>; vgl überdies ua *Hamid* FS Shihata (2001) 387ff.

gliedsländern und sonstigen moslemischen Gemeinschaften, die mit den Prinzipien der Scharia im Einklang stehen. Der Gruppe der IsDB gehören außerdem noch die Islamische Corporation zur Entwicklung des Privatsektors (ICD)[320] und die Islamische Corporation für Versicherungen von Auslandsinvestitionen und Exportkrediten (ICIEC)[321] an, die grundsätzlich die Funktionen von IFC und MIGA im Rahmen der IsDB-Gruppe übernehmen. Voraussetzung ist jedoch, dass sich ICD und ICIEC nach dem Recht der Scharia orientieren. Des Weiteren gehört ihr die Internationale Islamische Handelsfinanzierungscorporation an, welche den Handel zwischen den Mitgliedsländern fördert. Der **OPEC Fonds für Internationale Entwicklung (OFID)**[322] mit Sitz in Wien wurde 1976 von den Mitgliedern der OPEC (Organization of Petroleum Exporting Countries) errichtet. Dem OFID gehören derzeit 12 Länder an. Die **Arabische Bank für Wirtschaftliche Entwicklung in Afrika (BADEA)**[323] mit Sitz in Khartum, Sudan, wurde im Jahre 1975 von den Mitgliedstaaten der Liga der Arabischen Staaten errichtet. Ihr gehören derzeit 18 Länder an. Der **Arabische Fonds für Wirtschaftliche und Soziale Entwicklung (AFESD)**[324] mit Sitz in Shuwaik, Kuwait, wurde im Jahre 1968 auf Initiative der Liga der Arabischen Staaten errichtet. Ihm gehören 20 arabische und nordafrikanische Staaten an. Die **Inter-Arabische Investitionsgarantiecorporation (IAIGC)**[325] mit Sitz in Safat, Kuwait, wurde zur Förderung von grenzüberschreitenden Investitionen unter arabischen Staaten im Jahre 1974 errichtet. Ihre Mitglieder setzen sich aus 22 arabischen und nordafrikanischen Staaten zusammen. Der **Arabische Währungsfonds (AMF)**[326] mit Sitz in Abu Dhabi, Vereinigte Arabische Emirate, wurde im Jahre 1976 errichtet. Ihm gehören derzeit 22 arabische und nordafrikanische Staaten an.

134 Die **Asiatische Entwicklungsbank (ADB)**[327] mit Sitz in Manila, Philippinen, wurde im Jahre 1966 errichtet. Ursprünglich gehörten ihr 31 Länder an. Die Anzahl der Mitgliedsländer ist mittlerweile auf 68 gestiegen. Mitglied der ADB können sowohl Staaten aus der Region als auch aus anderen Teilen der Welt werden. 49 Mitglieder sind aus der Region, 19 von außerhalb. Neben der Finanzierung von Entwicklungshilfeprojekten, die den Weltbankprojekten ähneln, bietet die ADB auch direkte Finanzierung von Projekten privater Investoren an. Letzteres ist mit der Tätigkeit von IFC und MIGA zu vergleichen.

135 Die **Karibische Entwicklungsbank (CarDB)**[328] mit Sitz in Bridgetown, Barbados, wurde im Jahre 1969 errichtet. Ihr gehören 23 regionale und fünf weitere Mitglieder an.

---

320 S <icd-idb.com>.

321 S <iciec.com>.

322 S <ofid.org/>; vgl a *Shihata* The Other Face of OPEC: Financial Assistance to the Third World (1982).

323 S <badea.org>; s auch *Al-Hamad* FS Shihata (2001) 25ff, in Bezug auf *Shihata* als maßgebliche Kraft hinter der Errichtung von BADEA.

324 S <arabfund.org>; vgl a *Al-Hamad* (Fn 308) 25ff, über *Shihata* als zentrale Kraft hinter der Errichtung des Arabischen Fonds.

325 S <iaigc.net>; s überdies *Al-Hamad* (Fn 308) 25ff, über *Shihata* als maßgebliche Kraft hinter der Errichtung des IAIGC.

326 S <amf.org.ae>.

327 S <adb.org>; vgl a *Jhong* in Rendell (Hrsg) Bd 2, 133.

328 S <caribank.org>.

Die CarDB verwaltet mehrere Treuhandfonds, ua den Besonderen Entwicklungsfonds[329] und den *Basic Needs Trust Fund,*[330] aus denen weitere Entwicklungshilfeprojekte finanziert werden. Die **Inter-Amerikanische Entwicklungsbank (IADB)**[331] mit Sitz in Washington, DC, wurde im Jahre 1959 errichtet. Derzeit hat sie 48 Mitglieder. Davon sind 26 Mitglieder aus der Region und 22 von außerhalb.[332] Interessanterweise halten die regionalen Mitglieder, also die Kreditnehmerländer die Mehrheit der Anteile an der IADB. Die IADB finanziert ähnliche Entwicklungshilfeprojekte wie die Weltbank. Sie unterstützt zudem wie IFC und MIGA in begrenztem Umfang direkt private Investitionen in Entwicklungsländern Lateinamerikas. Diese Tätigkeit der IADB wird ergänzt durch die Arbeit der Inter-Amerikanischen Investitionscorporation,[333] dem institutionellen Äquivalent zur IFC, und des Multilateralen Investmentfonds,[334] dem Äquivalent zur MIGA.

Die **Europäische Bank für Wiederaufbau und Entwicklung (EBRD)**[335] mit Sitz 136
in London wurde 1991 errichtet.[336] Ihr gehören derzeit 69 regionale und nicht-regionale Mitglieder an. Außerdem sind die EU und die EIB Mitglieder. Die EBRD fördert Privatinvestitionen in osteuropäischen Mitgliedsländern. Die **Europäische Investitionsbank (EIB)**[337] mit Sitz in Luxemburg, wurde im Rahmen der EWG im Jahre 1958 errichtet. Ihre Mitglieder sind die Mitglieder der EU. Im Einklang mit der sich vertiefenden Kooperation bei der Entwicklungshilfe zwischen den EG-Mitgliedern ist auch das finanzielle Engagement der EIB in den Entwicklungsländern gewachsen. Die **Handels- und Entwicklungsbank des Schwarzen Meeres (BSTDB)**[338] mit Sitz in Thessaloniki ist im Jahre 1999 gegründet worden. Ihr gehören elf regionale und nicht-regionale Mitglieder an. Die **Nordische Investitionsbank (NIB)**[339] mit Sitz in Helsinki wurde im Jahre 1976 errichtet. Sie hat acht regionale Mitglieder aus Skandinavien und dem Baltikum. Die NIB finanziert nicht nur in ihren Mitgliedstaaten Projekte, sondern ist darüber hinaus auch in dreißig afrikanischen, asiatischen und osteuropäischen Ländern tätig. 1989 wurde der **Nordic Development Fund (NDF)** von fünf skandinavischen Ländern (Dänemark, Finnland, Island, Norwegen und Schweden) gegründet.

---

329 S <caribank.org/programmes/sdfu>.

330 S <caribank.org/programmes/basic-needs-trust-fund>.

331 S <iadb.org>.

332 S *Levinson* in Rendell (Hrsg) Bd 2, 105ff; *Niehuss* FS Shihata (2001) 495ff.

333 S <iic.org>; s a *Herrera* FS Shihata (2001) 429ff.

334 S <fomin.org/en-us/>.

335 S <ebrd.com>.

336 S a *Shihata* The European Bank for Reconstruction and Development – A Comparative Analysis of the Constituent Agreement (1990).

337 S <eib.europa.eu>.

338 S <bstdb.org>.

339 S <nib.int>; vgl a *Hellén* FS Shihata (2001) 401.

III. Bilaterale Entwicklungshilfe

1. Bilaterale Entwicklungshilfe ieS

a) Das Development Assistance Committee der OECD (OECD-DAC)

137 Bilaterale Entwicklungshilfe ieS besteht aus Darlehen, technischer Hilfe und anderen Formen von Unterstützung, die Entwicklungsländern von Regierungen entwickelter Länder gewährt wird. Die OECD bzw ihr Development Assistance Committee (OECD-DAC) teilt bilaterale Entwicklungshilfe in **zwei Kategorien** ein:

offizielle Entwicklungshilfe (ODA),
andere offizielle Finanzierungen (other official finance).

138 Unter die Kategorie der **ODA** fallen Gelder, die den Entwicklungsländern aus offiziellen Quellen, dh Regierungs- und multilateralen Quellen, zufließen und einen wirtschaftlichen und sozialen Entwicklungshilfezweck sowie ein Darlehenselement von mindestens 25 % aufweisen. Die sog **anderen offiziellen Finanzierungen** bestehen aus Geldern, die ebenfalls aus öffentlichen Quellen zur Verfügung gestellt werden, aber einen anderen Zweck verfolgen oder deren Darlehenselement weniger als 25 % der Gesamtsumme beträgt. Die letztere Kategorie schließt Finanzierungen durch Exportkreditagenturen ein.

139 Im Jahre 2019 gaben die 30 Mitgliedsländer des OECD-DAC,[340] also die größten Entwicklungshilfegeber der Welt, **$ 153 Mrd für Entwicklungshilfe (ODA)** aus.[341] Im Vergleich zu den 1990er und den frühen 2000er Jahren stiegen die ODA-Ausgaben seit dem Jahr 2011 nach vorübergehendem Einbruch wegen der globalen Finanzkrise wieder an. Dennoch sind die individuellen Beiträge der meisten OECD-DAC Mitglieder geringer als das in den Millennium Development Goals von 2000 niedergelegte Ziel der Vereinten Nationen, mindestens 0,7 % des Bruttonationaleinkommens für die Entwicklungshilfe zu verwenden.[342] In absoluten Zahlen gemessen gehören die USA gefolgt von Deutschland, dem Vereinigten Königreich, Japan und Frankreich zu den größten Entwicklungshilfegebern.

140 Jährlich fließen im Rahmen der Kategorie „andere offizielle Finanzierungen“[343] **weitere $ 9 Mrd** aus den Mitgliedsländern des OECD-DAC. Damit wird in Entwicklungsländern unter anderem Unterstützung des bilateralen Handels durch die Exportkreditagenturen geleistet. Demgegenüber machte die **multilaterale Entwicklungs-**

---

340 Die folgenden 29 Länder mit ihren jeweiligen offiziellen Entwicklungshilfeagenturen bzw Entwicklungshilfeministerien gehören zur OECD-DAC Gruppe: Australien, Österreich, Belgien, Tschechien, Kanada, Dänemark, Finnland, Frankreich, Deutschland, Griechenland, Irland, Island, Italien, Japan, Korea, Luxemburg, Niederlande, Neuseeland, Norwegen, Polen, Portugal, Slowakei, Slowenien, Spanien, Schweden, die Schweiz, das Vereinigte Königreich und die USA. Für weitere Informationen s <oecd.org/dac/dacmembers.htm>. Die EU-Kommission ist *de facto* das 29. Mitglied des OECD-DAC.

341 Für weitere Zahlen und Daten s die DAC Statistical Tables, abrufbar auf der OECD-Website.

342 S <oecd.org/dac/financing-sustainable-development/development-finance-standards/ official-development-assistance.htm>; lediglich Dänemark, Luxemburg, das Vereinigte Königreich, Norwegen und Schweden erreichten 2019 dieses Ziel.

343 Als „andere offizielle Finanzierungen“ bezeichnet OECD-DAC Finanzierungen, die weniger als 25 % als Zuschusselement enthalten.

hilfe im Jahre 2012 insg **$ 14 Mrd** aus.[344] Zusätzlich flossen über **$ 1,082 Mrd an privatem Kapital** in Entwicklungsländer.[345]

141 Die bilateralen Entwicklungshilfeprogramme der meisten Geberländer sind historisch, politisch sowie oft auch wirtschaftlich motiviert. Hinzu kommt das allgemeine Interesse, zur Entwicklung und Verminderung der Armut in den entsprechenden Zielländern beizutragen. Diese **außenpolitisch motivierte Zwecksetzung bilateraler Entwicklungshilfe** ist völkerrechtlich – im Gegensatz zu ähnlichen Tendenzen im Rahmen multilateraler Entwicklungshilfe – unproblematisch. Die Forderungen der Entwicklungsländer, bilaterale Entwicklungshilfe aus moralischen oder rein entwicklungspolitischen Gründen zu geben, haben wenig Erfolg gehabt. Nur in Bezug auf eine Reihe besonders dringender Problemfelder – insbesondere soweit sich auch die Vereinten Nationen engagierten – konnten die 30 Mitgliedsländer des OECD-DAC erfolgreich aufgerufen werden, bilaterale Entwicklungshilfeschwerpunkte zu setzen. So existieren OECD-DAC Empfehlungen für die Konfliktbeseitigung und -verhütung, Gleichbehandlung der Geschlechter sowie für den Umweltschutz. Darüber hinaus sollen bei bilateraler Entwicklungshilfe Vorschläge des OECD-DAC zu Governance, zur Förderung der institutionellen Kapazität sowie des Handels und der Entwicklung, zur Verminderung von Armut und zu den Millenniumentwicklungszielen (*Millennium Development Goals*) der Vereinten Nationen (2000) beachtet werden.[346]

142 Erwähnenswert sind insbesondere die folgenden **drei Initiativen** im Rahmen des OECD-DAC:
- die aus dem Jahre 2001 stammende Empfehlung zu *untied aid*
- die aus dem Jahre 2005 stammende Pariser Erklärung zur *aid effectiveness* und Folgeerklärungen und
- die im Jahre 2005 gemeinsam mit der WTO gegründete *Aid-for-Trade Initiative.*

143 Auf Druck der Entwicklungsländer hat das OECD-DAC im Jahre 2001 empfohlen, die Bereitstellung von offizieller Entwicklungshilfe an *Least Developed Countries* (LDCs) nicht länger von der Bedingung abhängig zu machen, dass die Empfängerländer Waren und Dienstleistungen von Privatunternehmen aus den jeweiligen Geberländern in Anspruch nehmen müssen (Stichwort: *untied aid*).[347] Im März 2006 wurde der Anwendungsbereich dieser Empfehlung schließlich auch auf Verträge mit einem geringeren Entwicklungshilfevolumen von weniger als $ 1 Mio erstreckt. Anlässlich einer umfassenden Überprüfung im Jahre 2020 konnte OECD DAC feststellen, dass der Anteil von *untied aid* seit 2000 von 42 % auf 87 % (2018) angestiegen ist.

144 Die im Jahre 2005 von 90 Ländervertretern und 26 Vertretern internationaler Organisationen auf dem vom OECD-DAC organisierten Treffen in Paris abgegebene **Pariser Erklärung zur Effektivität von Entwicklungshilfe**[348] stellt den internationalen Kon-

344 Für Einzelheiten s Table 1 on Net Capital Flows to Developing Countries von 2007 bis 2012 in International Debt Statistics – World Bank (2014) 6.

345 Vgl International Debt Statistics – World Bank (2014) 6. Die og Zahlen schließen sowohl *equity* als auch *debt flows* und *foreign direct investment* ein.

346 S <oecd.org\\dac\\guidelines>.

347 S <oecd.org/dac/untied-aids>.

348 S <oecd.org/dac/effectiveness/parisdeclaration>.

sensus im Zusammenhang mit dem Monterey-Folgetreffen zu den 8 Millenniumsentwicklungszielen (*Millennium Development Goals*) der Vereinten Nationen[349] dar. Hiernach erfordert ein Erreichen der Millenniumentwicklungszielen eine effektivere Ausgestaltung der Entwicklungshilfe. Im Rahmen der Pariser Erklärung hat man sich auf fünf fundamentale Entwicklungshilfeprinzipien geeinigt.[350] Die Pariser Erklärung wurde 2008 von der *Accra Agenda for Action* ergänzt. Mittlerweile haben über die 30 Mitgliedsländer des OECD-DAC hinaus ca 116 Entwicklungsländer der Pariser Erklärung zugestimmt. Im Rahmen der Folgetreffen zur Pariser Erklärung haben am Ende 2011 die Delegierten eine weitere Erklärung abgegeben, die das sog *Busan Partnership Agreement* unterstützt. Letzteres stellt ein Rahmenabkommen für die Zusammenarbeit von Entwicklungshilfegebern aus dem Westen, sog Süd-Süd Zusammenarbeit, den BRICS Ländern (Brasilien, Russland, Indien, China und Südafrika), NGOs und privaten Geldgebern auf.

145 Im Jahre 2005 haben OECD DAC und WTO gemeinsam die ***Aid-for-Trade*** Initiative ergriffen, um Entwicklungsländern verbesserte Möglichkeiten zu geben, von der Liberalisierung des Handels zu profitieren. Aus der Einsicht heraus, dass eine Öffnung nur dann vorteilhaft für das sich öffnende Entwicklungsland ist, wenn dieses über eine effiziente Infrastruktur verfügt, die in der Lage ist die lokalen Produzenten und Händler mit den regionalen und globalen Märkten zu verknüpfen. Außerdem sollte das Entwicklungsland über einen soliden rechtlichen und institutionellen Rahmen verfügen, der den privaten Sektor unterstützt bei der Produktion und dem Verkauf einschließlich Export, zB Agrarprodukte so anbaut, dass sie den WTO Vorschriften für den Export genügen. Die *Aid-for-Trade* Initiative hilft Entwicklungsländern, diese rechtlichen und institutionellen Rahmenbedingungen für effektiven Innen- und Außenhandel durch Reformen, Information und Training zu schaffen. In diesem Zusammenhang werden regelmäßig auch *monitoring* und *evaluation* von Dritten Experten sowie *self-assessments* durchgeführt, um den Fortschritt bei der Kapazitätsbildung zu messen.

146 Weiterhin ist noch auf den sog **Paris Club** zu verweisen.[351] Dieses lose organisierte, nicht auf völkerrechtlichen Verträgen basierende Netzwerk[352] setzt sich aus Russ-

349 UN General Assembly Resolution 55/2 v 8.9.2000; die 8 Millenniumsentwicklungsziele, die von 2000-2015 umgesetzt werden sollten, wurden in 2015 per UN General Assembly Resolution A/RES/70/1 (2030 Agenda for Sustainable Development) v 25.9.2015 durch 17 Nachhaltigkeitsentwicklungsziele (*Sustainable Development Goals*), die von 2015-2030 umgesetzt werden sollen, abgelöst.

350 Bei diesen Vorgaben handelt es sich im Einzelnen um: 1) *Ownership* Die Entwicklungsländer arbeiten selbst eine operationale längerfristige Entwicklungshilfestrategie zur Reduktion von Armut aus, verbessern ihre Institutionen, und gehen gegen Korruption vor. 2) *Alignment* Geldgeberländer stellen sich hinter diese Strategie und nutzen lokale Systeme bei der Entwicklungshilfe. 3) *Harmonization* Geldgeberländer koordinieren die Entwicklungshilfe, vereinfachen das damit verbundene Prozedere und informieren sich untereinander, um Duplikation zu vermeiden. 4) *Results* Die Betonung für Entwicklungshilfeprojekte liegt auf Ergebnissen. 5) *Mutual Accountability* Alle am Prozess Beteiligten sind verantwortlich.

351 S <clubdeparis.org>.

352 Allgem zu Netzwerken als Steuerungssubjekte im internationalen Wirtschaftssystem → *Nowrot* § 2 Rn 38ff.

land sowie den wichtigsten Industrienationen, die OECD Mitglieder und gleichzeitig Gläubiger von Entwicklungsländern sind, zusammen. Der Paris Club, dem das französische Finanzministerium Räumlichkeiten in Paris zur Verfügung stellt, hat ein förmliches Verfahren zu Verhandlungen über Schuldenumstrukturierung und -erlass erarbeitet, welches ein einheitliches Auftreten seitens der Gläubiger gegenüber den Schuldnern der Dritten Welt fördern soll.[353] Er beschäftigt sich im Schwerpunkt nicht mit Entwicklungshilfe *per se*, sondern mit einem besonders komplexen und problembehafteten Aspekt, nämlich der chronischen Auslandsverschuldung von Entwicklungsländern.[354]

b) Agenturen ohne OECD-DAC Verbindung

In Bezug auf weitere, nicht dem OECD-DAC angehörende Entwicklungshilfeagentu- 147
ren sind insbesondere der im Jahre 1961 gegründete **Kuwait Fonds für Arabische Wirtschaftliche Entwicklung** und der im Jahre 1974 gegründete **Saudi Fonds für Entwicklung** erwähnenswert. Neben direkter Finanzierung von bilateraler Entwicklungshilfe zeichnet sich der Kuwait Fonds auch dadurch aus, dass er multilaterale Entwicklungshilfeorganisationen mit finanziellen Beiträgen unterstützt. Der Saudi Fonds kombiniert die Finanzierung von Entwicklungshilfeprojekten in Entwicklungsländern mit der Finanzierung nationaler Erdölexporte.

2. Bilaterale Entwicklungshilfeagenturen iwS – Exportkreditagenturen (ECAs)

Primärer Zweck von Exportkreditagenturen ist, wie der Name besagt, die **Förderung** 148
von Exporten. Bilaterale, öffentlich-rechtlich betriebene Exportkreditagenturen finden sich sowohl in den wirtschaftsstarken OECD-Ländern als auch in Entwicklungsstaaten. Typischerweise bieten sie Darlehen, Garantien und Versicherungen an, um den Verkauf von Waren und Dienstleistungen durch private Unternehmen des Heimatlandes an ausländische Käufer zu fördern. Ein Nebeneffekt dieser Exportförderung kann dabei auch die Förderung der wirtschaftlichen Entwicklung in Entwicklungsländern sein. Letzteres tritt zwangsläufig ein, sobald es sich um eine Exportkreditagentur eines Entwicklungslandes handelt. Sofern Exporte aus den Industrie- in die Entwicklungsländer unterstützt werden, kann dieses uU positive Auswirkungen auf die Entwicklung eines Landes haben. Möglich sind allerdings auch negative Effekte, wie bspw die Monopolstellung ausländischer Exporteure im Entwicklungsland.

Die institutionelle Struktur der verschiedenen Exportkreditagenturen sowie die 149
Bandbreite der Dienstleistungen, die sie anbieten, variieren. In Deutschland operieren die **Euler Hermes Kreditversicherungsaktiengesellschaft**[355] sowie die **IPEX Bank der Kreditanstalt für den Wiederaufbau (KfW)**[356] als Exportkreditagenturen. In den

353 S *Bradlow/Schlemmer-Schulte* (Kap 13).

354 S dazu u Rn 161ff.

355 S <eulerhermes.com>.

356 S <kfw-ipex-bank.de>; vgl a *Harries* Wiederaufbau, Welt und Wende: 50 Jahre Kreditanstalt für den Wiederaufbau – Eine Bank mit öffentlichem Auftrag (1998).

USA sind diesbezüglich die Aktivitäten der Export-Import Bank[357] und der Overseas Private Investment Corporation[358] hervorzuheben.

150 Exportkreditagenturen unterliegen vorwiegend der Regulierung durch nationales Recht. Seit dem Jahr 1978 gibt es überdies für die Exportkreditagenturen von OECD-Ländern ein unverbindliches internationales **Arrangement von Richtlinien für offiziell unterstützte Exportkredite.**[359] Hiermit wird versucht zu verhindern, dass Exportkreditagenturen sich gegenseitig Konkurrenz machen. Dementsprechend enthält es die Empfehlung, dass Exportkreditagenturen nicht mehr als 85 % der Gesamtfinanzierung einer bestimmten Transaktion übernehmen sollten. Darüber hinaus empfiehlt das Arrangement, bestimmte, immer wieder neue angepasste Zinsraten anzuwenden. Weiterhin schlägt es die Anpassung der Rückzahlung des Exportkredites und der Zinsen nach einem vorgeschriebenen Schema vor. Typischerweise decken Exportkredite kommerzielle und politische Risiken des Exporteurs ab. Mit anderen Worten, die Exportkreditagentur springt ein, wenn der Käufer die Exporte aufgrund von Konkurs, Zahlungsunfähigkeit oder politischen Ereignissen (Krieg, Bürgerkrieg, Kapitalverkehrssperrung) nicht zahlen kann.

151 Abgesehen von der Kritik, welche NGOs sowohl an globalen als auch bilateralen Entwicklungshilfeagenturen einschließlich Exportkreditagenturen aufgrund des sich trotz aller Hilfe erweiternden Nord-Süd-Gefälles äußern,[360] sei hier auf das problematische Verhältnis zwischen diesen Dienstleistungen und dem **Subventionsregime der WTO**[361] hingewiesen.[362]

IV. Neue Bilateral und Multilaterale Konkurrenz für OECD und IFIs/MDBs

152 Der Druck auf den IWF und die Weltbank sowie weitere multilaterale Entwicklungshilfebanken, den Washington Konsensus zu überdenken, steigt weiter. In den letzten Jahren haben bilaterale Entwicklungshilfegeber, die nicht OECD Mitglieder sind, und multilaterale Entwicklungshilfeinitiativen, besonders diejenigen die von einigen lateinamerikanischen und asiatischen Ländern und den BRICS Ländern (Brasilien, Russland, Indien, China, und Südafrika) begonnen wurden, den OECD Entwicklungshilfegebern und IWF und Weltbank sowie weiteren multilateralen Entwicklungsban-

357 S <exim.gov>.

358 S <opic.gov>.

359 S *Arrangement on Officially Supported Export Credits*, abrufbar auf der OECD-Webpage: <oecd.org/trade/xcred/theexportcreditsarrangementtext.htm>; allgemein zur Bedeutung von *soft law* als Steuerungsmechanismus des Internationalen Wirtschaftsrechts → *Nowrot* § 2 Rn 82ff.

360 Vgl hierzu ua die Website von ECA-Watch <eca-watch.org>, welche Einblicke in die Kernkritikpunkte der seit 1997 international geführten NGO Kampagne mit dem Ziel einer ECA-Reform vermittelt.

361 Allgem hierzu → *Tietje* § 4 Rn 164ff.

362 Annex I (k) zum WTO Agreement on Subsidies and Countervailing Measures nimmt allerdings unter bestimmten Voraussetzungen Exportkredite nationaler ECAs von der Definition verbotener Exportsubventionen aus, vgl hierzu *Tietje* in Ehlers/Wolffgang/Pünder (Hrsg) Rechtsfragen der Ausfuhrförderung (2003) 9ff.

ken (MDBs) Konkurrenz gemacht.[363] Über die letzten zwei Jahrzehnte hinweg, ist die **von nicht-westlichen Regierungen vergebene Entwicklungshilfe** dramatisch angestiegen, während im gleichen Zeitraum westliche Entwicklungshilfe unter dem Strich abgenommen hat. Der Anstieg von Entwicklungshilfefinanzierungen von nicht westlichen Regierungen fordert das existierende Entwicklungshilferegime, das von der OECD koordiniert wird, heraus. Als prominente Akteure der neuen, nicht westlichen Entwicklungshilfe sind Venezuela und die BRICS Länder zu nennen. Die zunehmende Konkurrenz von nicht westlichen Entwicklungshilfegebern erlaubt Entwicklungsländern, "*to shop around*" für den Typ von Entwicklungshilfe, der ihre Interessen am besten unterstützt.

Venezuelas und Chinas Aktivitäten in Entwicklungsländern sind von besonderem 153 Interesse wegen ihrer finanziellen Dimension sowie ihrer Undurchsichtigkeit. Die meisten Zahlen und Informationen zu **Venezuelas und Chinas Entwicklungshilfe** in Entwicklungsländern sind anekdotisch und basieren auf Einzelfällen, die zufällig bekannt werden, weil weder Venezuela nach China das Datensystem der OECD füttern. Allerdings hat die vor einigen Jahren begonnene Initiative *AidData*, die per Medien und Internet Daten und Informationen zu Entwicklungshilfe pro Land, Region, Jahr, Sektor, Dollar Betrag, Finanzierungsinstrument, Status des Projektes und einiger weiterer Variablen sammelt, dazu geführt, dass man mittlerweile ein besseres Bild von der Entwicklungshilfe, die Venezuela und China vergeben, hat.[364] Es stellt sich heraus, dass Venezuela und China Entwicklungshilfe vergeben, die nicht in den wohl bekannten Formaten von Exportkrediten, Darlehen auf kommerzieller oder *concessional* Basis, Projektfinanzierungen einschließlich Bürgschaften, beruhen, sondern oft ein Tauschelemente (Öl für andere Güter wie Zucker, Reis, Bananen, unter Umständen Gesundheitsversorgung unter dem venezolanischen PetroCaribe Entwicklungshilfeprogramm; oder Geld für Öl und andere Rohstoffe in vielen chinesischen Entwicklungshilfeprogrammen) auftaucht. Was ebenfalls hervorsticht, ist, dass die neue bilaterale vergebene Entwicklungshilfe typischerweise kaum Bedingungen, schon gar keine volkswirtschaftlichen Anpassungsmaßnahmen oder Rechtsreformen, an Finanzierungen anknüpft.

Zusätzlich zu dem starken Anstieg von bilateraler Entwicklungshilfe kommt für 154 den IWF und die Weltbank neue Konkurrenz von Seiten junger multilateraler Initiativen auf, insbesondere der Bank des Südens, der Neuen Entwicklungsbank der BRICS sowie der Asiatischen Infrastrukturinvestmentbank. Die **Bank des Südens** (*Bank of the South*) wurde 2009 von Argentinien, Brasilien, Paraguay, Uruguay, Ecuador, Bolivien und Venezuela mit einem Anfangskapital von 7 Milliarden eingerichtet, von dem Argentinien, Brasilien und Venezuela jeweils 2 Milliarden zahlen wollen, Ecuador und Uruguay jeweils 400 Millionen sowie Bolivien und Paraguay jeweils 100 Millionen.[365]

363 Einen ausgezeichneten Überblick über neue Geldgeber und das sich verändernde Bild der globalen Entwicklungshilfe geben *Waltz/Ramachadran* Brave New World: A Literature Review for Emerging Donors and the Changing Nature of Foreign Assistance – Center for Global Development Working Paper No 273 (2011).

364 *Woods*.

365 S Presseberichte wie zB v. 29.7.2014 <globovision.com/mercosur-acelera-pasos-para-activar-el-banco-del-sur/>.

Die Bank des Südens wurde als Teil der Bewegung einer immer engeren, wirtschaftlichen Integration unter lateinamerikanischen Staaten eingerichtet. Sie soll im Rahmen dieser engeren Integration Infrastruktur und Sozialprogramme unterstützen als auch vorübergehende Hilfen gegen Verschuldung und Situationen von Zahlungsbilanzschwierigkeiten liefern. Letztere Hilfen sind, wie man Pressemitteilungen entnehmen kann, ausdrücklich ohne die Washington Konsensus-Bedingungen angekündigt. Die Bank des Südens nahm ihre Operationen Ende 2014 auf.

155 Im Jahre 2014 wurde zudem die **Neue Entwicklungsbank** (**New Development Bank (NDB)**[366], ehemals BRICS Development Bank genannt, von den BRICS-Staaten (Brasilien, Russland, Indien, China und Südafrika) als weitere multilaterale Entwicklungsbank mit Sitz in Shanghai und als Alternative zu den bereits existierenden Institutionen Weltbank und IWF gegründet. Die NDB hat ein anfängliches Nennkapital von $ 100 Mrd. Das Ziel der NDB ist im Wesentlichen, Infrastruktur- und Entwicklungsprojekte in BRICS-Staaten sowie Schwellen- und Entwicklungsländern zu fördern. Die NDB ist in der Lage, weitere Gelder am Markt aufzunehmen und somit ihre Kapazität Darlehen zu vergeben erheblich zu erhöhen. Zusammen mit dem ***Contingent Reserve Arrangement***,[367] einer anderen Initiative der BRICS Länder, der weitere $ 100 Mrd an Währungsreserven zur Verfügung stellt, für den Austausch an solche Mitglieder, die in Zahlungsbilanzschwierigkeiten stecken, könnte sich die NDB zu einem ernst zu nehmenden Konkurrenten für IWF- und Weltbank-Entwicklungshilfe an Entwicklungsländer entwickeln, insbesondere dann, wenn sie weniger Bedingungen an ihre Kreditvergabe knüpft als IWF und die Weltbank.

Im Jahre 2015 wurde schließlich die **Asiatische Infrastrukturinvestmentbank (AIIB)**[368] im Zuge der Unzufriedenheit Chinas über die Dominanz der USA im IWF und in der Weltbank als neue multilaterale Entwicklungsbank mit Sitz in Peking im Jahre 2015 gegründet. Ihr gehören derzeit 85 Mitgliedstaaten an (18 Staaten sind zudem als künftige Mitglieder gelistet).[369] Ziel der AIIB ist es, Infrastrukturvorhaben in Asien zu fördern und eng mit weiteren multilateralen und bilateralen Entwicklungsinstitutionen zu kooperieren.[370] Das genehmigte Nennkapital der AIIB ist $ 100 Mrd.[371] Die IIAB hat – ähnlich zur Weltbank – per Verwaltungsvorschrift ein *Environmental and Social Framework* (2016) geschaffen, welches allerdings – im Gegensatz zur Weltbank – lediglich drei Umwelt- und Sozialstandards umfasst.

---

366 S <ndb.int>; Agreement on the New Development Bank v 15.7.2014.

367 S Treaty for the Establishment of a BRICS Contingent Reserve Arrangement v 15.7.2014, Fortaleza, Brazil, auf der Website des 6. Gipfeltreffens der BRICS-Länder <brics6.itamaraty.gov.br/>.

368 S <aiib.org>.

369 Stand: Februar 2021; zu den Mitgliedern zählen auch eine Reihe von EU-Mitgliedstaaten, einschließlich Deutschland, jedoch nicht die USA und Japan.

370 Artikel 1 des AIIB Gründungsvertrags.

371 Artikel 4(1) des AIIB Gründungsvertrags.

V. Internationales Finanzaufsichtsrecht im Werden

Durch die akuten Finanzkrisen in den 1990er Jahren wachgerüttelt, haben der IWF und die Weltbank im Zusammenhang mit ihrer Finanzierung volkswirtschaftlicher Rahmenprogramme und *good governance* in Entwicklungsländern verstärkt die aufsichtsrechtlichen Standards für bestimmte Wirtschaftsbereiche, darunter insbesondere den Finanzsektor, in das Zentrum ihrer Aufmerksamkeit gerückt. In Zusammenarbeit mit einer Reihe internationaler Wirtschaftsinstitutionen haben der IWF und die Weltbank **zwölf aufsichtsrechtliche Sachgebiete** identifiziert, deren materielle Standards nach und nach in den Entwicklungsländern einzuführen sind. Über deren Einhaltung müssen die Entwicklungsländer, welche IWF- und Weltbankgelder beziehen, regelmäßig berichten.[372] Im Einzelnen gehören die Standards – auch als *key standards* bezeichnet – der folgenden aufsichtsrechtlichen Sachgebiete zu den neuen vom IWF und von der Weltbank geförderten *good governance*-Maßnahmen in Entwicklungsländern: 156

- Accounting,[373]
- Anti-money laundering und Antiterrormaßnahmen,[374]
- Auditing,[375]
- Bankaufsichtsrecht,[376]
- corporate governance,[377]
- Datendissemination,[378]
- fiskalische Transparenz,[379]
- Konkursordnung und Gläubigerschutz,[380]
- Versicherungsaufsichtsrecht,[381]
- Währungs- und finanzpolitische Transparenz,[382]

---

372 S <imf.org/external/NP/rosc/rosc.aspx>.

373 Als Schlüsselagenturen für die Formulierung internationaler Accounting Standards fungieren das *International Accounting Standards Board*, die *International Federation of Accountants* (IFAC) und das *Basel Committee on Banking Supervision* (BCBS).

374 Als Schlüsselagentur für die Formulierung internationaler *Antimoney laundering* und Antiterrormaßnahmen fungiert die *Financial Action Task Force*.

375 Als Schlüsselagentur für die Formulierung internationaler *Auditing Standards* fungiert die IFAC.

376 Als Schlüsselagentur für die Formulierung internationaler bankaufsichtsrechtlicher Standards fungiert das BCBS.

377 Als Schlüsselagentur für die Formulierung internationaler *corporate governance* Standards fungieren die OECD, das BCBS und die World Bank.

378 Als Schlüsselagentur für die Formulierung internationaler Datendisseminationsstandards fungiert der IWF.

379 Als Schlüsselagentur für die Formulierung internationaler Standards zu fiskalischer Transparenz fungiert der IWF.

380 Als Schlüsselagentur für die Formulierung internationaler Standards für Konkursordnung und Gläubigerschutz fungieren die Weltbank, die UN Commission on International Trade und die International Bar Association.

381 Als Schlüsselagentur für die Formulierung internationaler Versicherungsaufsichtsrechtsstandards fungiert die International Association of Insurance Supervisors (IAIS).

382 Als Schlüsselagentur für die Formulierung internationaler Standards zu Währungs- und finanzpolitischer Transparenz fungiert der IWF.

- Zahlungssysteme[383] sowie
- Kapitalmarktaufsichtsrecht.[384]

157 Zurzeit bilden die Standards in den og aufsichtsrechtlichen Sachgebieten noch keine rechtsverbindlichen Verpflichtungen und haben demnach *soft law* **Charakter.**[385] Allerdings verfolgen insbesondere die bereits angeführten Berichterstattungsobliegenheiten der Entwicklungsländer unter anderem auch die Zwecksetzung, eine möglichst umfassende Implementierung dieser Standards in die nationalen Rechtsordnungen dieser Staaten herbeizuführen.[386]

158 Diese Standards und Codes Initiative wird mittlerweile auch von dem ***Framework for Strong, Sustainable, and Balanced Growth*** unterstützt, der das übergeordnete Ziel ist, welches die *Group of Twenty* (G-20) sich gesetzt hat. Die G-20[387] entstand im Jahre 2009 als eine Erweiterung der *Group of Seven* (G-7) der größten, westlichen Industrienationen, die im Zuge der Vernetzung der Welt, einen intensiveren und verbesserten Dialog mit Schwellenländern und Entwicklungsländern suchten, um mittel- und langfristige Antworten auf die globale Finanzkrise zu formulieren. Unter der Schirmherrschaft der G-20, die sich als „premier forum for our international cooperation" bezeichnet, entstand auch das **Financial Stability Board** (FSB),[388] welches maßgeblich die Arbeiten an Standards und Codes für Aufsichtsregeln und Informationssystemen für die Finanz- und Kapitalmärkte leitet. Unter Führung des FSB sind die og *key standards* aufgrund der Erfahrungen nationaler und internationaler *regulators* während und im Nachgang zur globalen Finanzkrise (*US sub-prime morgage crisis* und Euroverschuldenskrise) neu formuliert und ergänzt worden.[389] Insb ist den *key standards* ein neuer Standard zur Bewältigung von Finanzkrisen und Einlagensicherung hinzugefügt worden. Ebenfalls aufgrund der globalen Finanzkrise als neue Schwerpunkte der Arbeit des FSB hinzugekommen sind die Identifizierung, Beobachtung und Bewertung von Schwachstellen im internationalen Finanzsystem durch das eigens da-

383 Als Schlüsselagentur für die Formulierung internationaler Standards für Zahlungssysteme fungiert das Committee on Payment and Settlements Systems.

384 Als Schlüsselagentur für die Formulierung internationaler Standards zum Kapitalmarkaufsichtsrecht fungiert die International Organization of Securities Commissions (IOSCO).

385 Ausf hierzu → *Nowrot* § 2 Rn 82ff.

386 Allgem zu diesen Mechanismen der Rechtsverwirklichung im Internationalen Wirtschaftsrecht → *Nowrot* § 2 Rn 7 mwN.

387 S auch die Website der G-20 <g20.org>.

388 S auch die Webseite des FSB <financialstabilityboard.org>. Dem FSB, welches sich im Januar 2013 die Rechtsform eines Vereins nach Schweizer Recht mit Sitz in Basel gegeben hat, gehören die G-20 Länder sowie die EU, Hongkong, die Niederlande, Singapur, Spanien, die Schweiz, die internationalen Finanzinstitutionen BIS, IWF, die Weltbank, die OECD, das BIS Basel Committee on Banking Supervision, das BIS Committee on the Global Financial System, das BIS Committee on Payments and Market Infrastructure, IAIS, IASB (International Accounting Standards Board) und IOSCO als Mitglieder an. S a *Ruddigkeit* Das Financial Stability Board in der internationalen Finanzarchitektur (2011); *Stefano* JIEL 20 (2017) 509.

389 S auch die Tabelle der *Key Standards for Sound Financial Systems* auf der Website des FSB unter <financialstabilityboard.org/what-we-do/about-the-compendium-of-standards/key_standards/table-of-key-standards-for-sound-financial-systems/>.

für eingerichtete Standing Committee on Assessment of Vulnerabilities (SCAV) des FSB. Das SCAV arbeitet eng mit den wichtigsten Daten erhebenden internationalen Finanzinstitutionen (IWF, BIS, Weltbank, und OECD) und den nationalen Kapitalmarkt- und Börsenaufsichtsbehörden per IOSCO zusammen, um sog *spillovers* von Schwierigkeiten eines nationalen Finanzsystems auf andere Länder vorzubeugen. Ein weiterer Schwerpunkt des FSB nach den Erfahrungen mit der globalen Finanzkrise, aber oft noch *work in progress,* sind die Verbesserung der aufsichtsrechtlichen Rahmenbedingungen und *best practice of management* von Finanzinstitutionen, die Formulierung von Rahmenbedingungen über den Umgang mit sog *systemically important financial institutions* (SIFIs) und dem damit zusammenhängenden Problem der *too-big-to-fail* Institutionen (TBTFs), der Formulierung eines Regimes der effektiven Liquidierung von das Finanzsystem erodierenden Institutionen, der Reform des Marktes für Derivate und des sog *shadow banking.*[390] Auf den letzten G-20 Treffen wurde insb die FSB-Arbeit an Methoden gelobt, die systemische Risiken auf den Finanzmärkten frühzeitig zu erkennen und ua durch Bankenliquidierung anzugehen. Als neue Aufgabe wird mittlerweile ein globaler flächendeckender Steuercode angesehen.

E. Ungelöste Probleme

Die Globalisierung hat das bekannte **Nord-Süd-Gefälle** nicht ausgleichen können. 159
Vielmehr haben die Prozesse der Globalisierung diese Problematik bislang eher weiter verschärft.[391] Trotz der erheblichen Summen, die aus den verschiedenen Quellen in die Entwicklungsländer fließen und den Erfolgen in der Armutsbekämpfung zwischen 1993 und 2017 (insbesondere in China und Indien), lebten im Jahr 2017 weiterhin ca 700 Mio Menschen von insgesamt 7,5 Mrd von weniger als $ 2 pro Tag. Diese Zahl ist im Zuge von Covid 19 in 2020 um etwa 100 Mio weitere Menschen angestiegen, sodass Schätzungen zur Folge im Jahr 2030 6.1 % (von derzeit etwa 9,1 %) der Weltbevölkerung (insbesondere in Sub-Sahara Afrika) weiterhin in extremer Armut verharren werden und damit das entsprechende Nachhaltigkeitsentwicklungsziel der Eliminierung extremer Armut wahrscheinlich verfehlt wird.[392] Das Durchschnittseinkommen ist in den zwanzig reichsten Ländern 30-mal höher als in den zwanzig ärmsten Ländern – und dieses Missverhältnis hat sich in den letzten 50 Jahren verdoppelt.[393] Aus Sicht des internationalen Währungs- und Finanzrechts stellen die immer wiederkehrenden Finanzkrisen sowie die Pandemien, chronische Armut und Staatsverschuldung in den meisten Entwicklungsländern nach wie vor ungelöste Probleme dar, welche zu dieser

390 Zum Zusammenspiel der diversen Akteure beim Aufbau eines global besser funktionierenden Finanzsystems s a *Tietje* Architektur der Weltfinanzordnung (2011).

391 Deshalb haben namhafte Wirtschaftswissenschaftler das Phänomen der Globalisierung als disorderly, asymmetrisch, oder mismanaged beschrieben, vgl ua *Bhagwati*; *Stiglitz* Globalization and its Disconents; und *Helleiner* Markets, Politics and Globalization: Can the Global Economy be Civilized? (2000); allgem zum Phänomen der Globalisierung → *Nowrot* § 2 Rn 4.

392 S World Development Indicators – World Bank (2020) – Atlas of Sustainable Development Goals 2020.

393 World Development Indicators – World Bank (2012). S auch *Crow/Lodha*.

Negativentwicklung einen wesentlichen Beitrag leisten. Die globale Finanzkrise, die von den USA und der Eurozone ausging, hat die üblichen Probleme vieler Entwicklungsländer – kontinuierliche Zahlungsbilanzschwierigkeiten wegen mehr Import (insb Öl) als Export und der Notwendigkeit sich deshalb weiter zu verschulden – nur verschlimmert, da wegen der *bail-outs* in den USA und Europa eine ungeheure weltweite Liquiditätskrise entstand. Nach wie vor sind als globale *policy-makers* in diesem Zusammenhang zunächst der IWF und die Weltbank gefordert.

I. Akute Finanzkrisen in Entwicklungsländern

160 Seit Anfang der 1980er Jahre wurde die Welt in unregelmäßigen Abständen von **akuten Finanzkrisen** erschüttert, die vormals grundsätzlich von Entwicklungsländern ausgingen und sich herdförmig ausbreiteten.[394] Ohne sofortige Intervention durch den IWF und die Weltbank bestünde die Gefahr, dass sich diese Krisen auf alle anderen Finanzmärkte der Welt ausdehnen könnten.[395] Die Ursachen dieser Finanzkrisen sind vielschichtig. Es fällt allerdings auf, dass das Phänomen akuter internationaler Finanzkrisen zeitlich in die *post-Bretton Woods Ära* der flexiblen Wechselkursarrangements sowie der Washington Konsensus-Empfehlungen in Bezug auf die Liberalisierung und Deregulierung von Finanz- und Kapitalmärkten in Entwicklungsländern fällt, welche die Internationalisierung der Währungs- und Finanzmärkte seit den 1970er[396] bzw deren Globalisierung seit den 1980er Jahren[397] maßgeblich gefördert haben und die Geldflüsse – insb des privaten Kapitals – in den Entwicklungsländern

---

394 Die großen Finanzkrisen der 1980er Jahre begannen im Sommer 1982. Mexiko machte damals den Auftakt mit seiner Ankündigung, dass es die Rückzahlung mehrerer Darlehen von US-Banken nicht leisten könne. Weitere lateinamerikanische Staaten ereilte etwas später das gleiche Schicksal und bald standen auch Argentinien, Brasilien, Chile, Ecuador, Peru, Uruguay und andere Länder vor der Zahlungsunfähigkeit bzw dem Bankrott. Von Finanzkrisen größeren Ausmaßes betroffen waren überdies Mexiko (1994–95), Ostasien (1997–98), Russland (1998), Brasilien (1998–99), Argentinien und die Türkei (2001–02). Die Krisen zeigten nicht nur die Verwundbarkeit einzelner nationaler Währungen und Finanzmärkte, sondern der gesamten Weltwirtschaft. Zwar haben *bail-out* Maßnahmen seitens des IWF und der Weltbank diesen Krisen bisher immer wieder Einhalt gebieten können. Gleichwohl sollte die Tatsache, dass diese Krisen immer wiederkehren, zumindest zu einem Überdenken der materiell-rechtlichen Grundpfeiler der internationalen Währungs- und Finanzrechtsordnung Anlass geben.

395 In diesem Zusammenhang ist dem IWF aus völkerrechtlicher Sicht gelegentlich ein Verhalten *ultra vires* vorgeworfen worden, da seine Interventionen in Finanzkrisen im Grunde genommen nicht die Zahlungsbilanzschwierigkeiten von IWF-Mitgliedern zum Gegenstand hatten, sondern die Rückzahlung von Schulden der Entwicklungsländer gegenüber privaten Investoren, vgl ua *Reisenhuber* The IMF under Constraint: Legitimacy of Its Crisis Management (2001).

396 Mit der Internationalisierung der Finanz- und Kapitalmärkte wird die Periode bezeichnet, in der sich Finanzmärkte außerhalb eines nationalen Marktes und damit idR außerhalb der Reichweite seiner Regulierungsmechanismen (dh *off shore*) etablierten, für einen Überblick s *Bradlow/Schlemmer-Schulte* (Kap1 u 10).

397 Die Globalisierung der Finanz- und Kapitalmärkte wurde seit den 1980er Jahren dadurch unterstützt, dass die reichen Länder ihre Kapitalverkehrskontrollen grundlegend abbauten und somit ihren Finanzinstitutionen und Banken grundsätzlich ermöglichten, Geldgeschäfte aller Art weltweit zu tätigen, für einen Überblick s *Bradlow/Schlemmer-Schulte* (Kap 1).

exponentiell ansteigen ließen.[398] Diese Kapitalströme sind mit erheblichen Risiken verbunden.[399] Vor diesem Hintergrund ist das in jüngerer Zeit verstärkte Bemühen des IWF hinsichtlich der Einführung von Finanz- und Kapitalmarktaufsichtsrecht in Entwicklungsländern als positiv zu bewerten.[400] Ob diese Maßnahmen jedoch ausreichen, wird die Zukunft erweisen. Unter Wirtschaftswissenschaftlern werden ua in diesem Zusammenhang als weitere, komplementäre Maßnahmen die Einführung einer neuen Form globalen Geldes, sog *global greenbacks*,[401] oder einer einheitlichen globalen Währung vorgeschlagen.[402]

Im Rahmen akuter Finanzkrisen haben IWF und Weltbank insofern positive Arbeit geleistet als sie im sog *three-ring-circus* Erste Hilfe mit Überbrückungskrediten geleistet haben und den in der Krise befindlichen Ländern Zeit zum Aufatmen gegeben haben für den *second ring*, in dem dann mit den offiziellen Gläubigern im *Paris Club* ein Schuldenerlass verhandelt werden konnte und schließlich im *third ring* mit den privaten Gläubigern ebenfalls eine Umschuldung organisiert werden kann. Der gewohnheitsrechtlich für Jahrzehnte von allen am Ring Beteiligten anerkannte Ritus ist leider in den letzten Jahren von den sog *vulture funds* unterlaufen worden. Der Default Argentiniens im Sommer 2014 wegen mehrerer Urteile von US-amerikanischen Gerichten,[403] die *vulture funds*, die nicht an der Umschuldung nach dem $ 90 Mrd Kollaps Argentiniens im Jahre 2001 teilgenommen hatten, ein Recht geben, in argentinisches Vermögen zu 100 % zu vollstrecken, wird vermutlich die Bereitschaft anderer Gläubiger, in Zukunft an Umschuldungen teilzunehmen, sinken lassen. Damit wird das Instrument der *collective action clause* (CAC), welches der IWF empfohlen hat, in das Vertragswerk von Staatsanleihen einzubauen, damit eine Umschuldung möglich wird im Falle eines Defaults, sobald eine kritische Masse der Gläubiger einer Umschuldung zustimmt, unterwandert. Auch die Einführung von neuer Gesetzgebung wie im Vereinigten Königreich, der eine Vollstreckung in Vermögen von Regierungen durch *vulture funds* verbietet, ist auf Dauer keine Lösung, da *vulture funds* leicht „forum shoppen" gehen können und sich die Jurisdiktion aussuchen werden, die ihnen entgegenkommt. Es besteht die Hoffnung, dass der im Jahre 2003 von IWF-Deputy Mana- 161

398 S Private Capital Flows to Developing Countries (World Bank Policy Research Report 1997) 9ff. Mitte der 1990er Jahre war das Volumen an privatem Kapital, dass in den Süden floss, etwa sechs Mal so groß wie zu Beginn der 1990er Jahre bzw vier Mal so groß wie während des ersten Booms von privaten Darlehensgeschäften in den Jahren 1978–1982.

399 Hierzu gehören ua die plötzliche Kapitalflucht in Krisensituationen, die *adverse selection* (Selektion eines zu riskanten Geschäftspartners aufgrund ungenügender Information) und der *moral hazard* (Tätigen von riskanten Finanzgeschäften trotz besseren Wissens aufgrund der Vorstellung, dass im Zweifelsfalle die IFIs in Krisen eingreifen). Vgl hierzu ua *Eichengreen* IMF Occasional Paper 172 (1999); *Tirole* Financial Crisis, Liquidity, and the International Monetary System (2002).

400 Zum internationalen Finanzaufsichtsrecht im Werden s bereits o Rn 156; s a zur Kritik und Reformbestrebungen ausf *Bode* Der IWF im Wandel – Rückkehr zu einem neuen System (2017).

401 *Stiglitz* Economic Times v 22.3.2002. Die Idee, *global greenbacks* einzuführen, ähnelt der von Keynes vorgeschlagenen Einführung des *bancor*.

402 Vgl hierzu *Eichengreen* Globalizing Capital 136ff mwN.

403 S zB NML Capital Ltd. V. Republic of Argentina 680 F. 3rd 254 Court of Appeals, 2nd Circuit 2012; NML Capital Ltd. V. Republic of Argentina 727 F. 3rd 230 Court of Appeals, 2nd Circuit 2013; and Republic of Argentina v. NML Capital Ltd. 134 Supreme Court 2250 (2014) No. 12-842.

ging Director *Anne O. Krueger* vorgebrachte Vorschlag im Hinblick auf die Errichtung eines **Sovereign Debt Restructuring Mechanism** durch Änderung des IWF-Übereinkommens,[404] der damals vom IWF Gouverneursrat abgelehnt wurde, wieder aufgegriffen wird.

II. Chronische Staatsverschuldung und Zahlungsunfähigkeit der Entwicklungsländer

162 So wenig wie für die Herausforderung akuter Finanzkrisen ist für das sich hiermit teilweise überschneidende Problem der internationalen Verschuldung von Entwicklungsländern bislang ein aussichtsreicher Lösungsansatz ersichtlich. Hierbei ist zu berücksichtigen, dass Entwicklungsländer weniger bei den IFIs als vielmehr bei den Industrieländern und privaten Kreditgebern verschuldet sind. Daher sind Sanktionen, die bei Nichtrückzahlung der Kredite von IFIs ergriffen werden können, im Hinblick auf das Gesamtphänomen der Verschuldung von Entwicklungsländern unzureichend. Auch ein so radikaler Schritt wie der kürzlich erfolgte **umfangreiche Schuldenerlass** durch einige internationale Finanzinstitutionen (*multilateral debt relief initiative* oder MDRI)[405] für Länder, deren pro Kopfeinkommen unter 380 US-Dollar liegt,[406] sowie für *heavily indebted poor countries* (HIPCs),[407] der im Zusammenhang mit dem im Jahr 1996 vom IWF und von der Weltbank gemeinsam gegründeten HIPC-Fonds steht,[408] vermag das Problem der Auslandsverschuldung vieler Länder der Dritten Welt nicht wirklich zu lösen.

163 Auf der Basis eines umfangreichen volkswirtschaftlichen und institutionellen Reformprogramms, dessen Fortschritte vom IWF und der Weltbank beobachtet und evaluiert werden, stellen IWF, Weltbank und IADB einen umfangreichen (100 %) Schuldenerlass im Falle der erfolgreichen Durchführung von Reformen in den entsprechenden Entwicklungsländern in Aussicht. Diese neuere Praxis garantiert – ebenso wie die vorhergehende, welche noch keinen Schuldenerlass gegenüber IWF und Weltbank vorsah – dass die Kreditnehmerländer jedenfalls nicht völlig von Krediten ausgeschlossen werden, die eine **Brückenfinanzierungsfunktion** übernehmen können. Auf diese Weise werden die Entwicklungsländer unter anderem in die Lage versetzt, mit anderen Kreditgebern, bei denen weiterhin hohe Schulden vorhanden sind, Rückzahlungen neu zu verhandeln.

---

404 Vgl IMF Annual Report (2002) 35.

405 Die MDRI wurde im Rahmen des G-8 Gipfels im Juni 2005 initiiert und hat zur Folge, dass der IWF, die Weltbank und die IDB den HIPC-Ländern 100 % ihrer Schulden erlassen, wenn diese Länder die letzte Phase des Schuldenerlassprogramms erreicht haben.

406 Zu diesen Ländern gehören Burundi, Gambia, Guinea-Bissau, die Volksrepublik Kongo und der Tschad. Ein MDRI II Treuhandfonds hat den Schuldenerlass auf einige Länder, die über dieser Einkommensgrenze liegen, ausgedehnt. Hierzu gehört ua Haiti.

407 Zu den HIPCs, die von diesem Schuldenerlass bereits profitiert haben, gehören Burkina Faso, Äthiopien, Ghana, Madagaskar, Malawi, Mali, Mosambik, Niger, Ruanda, São Tomé und Principe, Sierra Leone, Tansania und Uganda. Weitere Länder können unter Umständen zukünftig diesen Schuldenerlass in Anspruch nehmen.

408 Für Einzelheiten in Bezug auf den HIPC Fonds s ua *Shihata* FS Bedjaoui (1999) 615ff.

Die eigentliche Herausforderung stellen jedoch die Schulden dar, welche die Entwicklungsländer mittlerweile bei den **Industriestaaten** angehäuft haben. Mit Ausnahme der bereits erwähnten MDRI- und HIPC-Länder ist diesbezüglich noch keine umfassende Lösung gefunden worden.[409] Es stellt sich die Frage, ob nicht der Schuldenerlass, den die im *Paris Club* zusammengeschlossenen Kreditgeber den HIPC-Ländern ermöglichen, auf eine Vielzahl weiterer Entwicklungsländer ausgedehnt werden sollte. Zusätzlich gilt es zu überlegen, wie mit den erheblichen Schulden umgegangen werden sollte, die viele Nehmerländer gegenwärtig bei **privaten Banken und Investoren** haben.[410] 164

UU wichtiger wäre es, die Rahmenbedingungen in der globalen Wirtschaft so zu gestalten, dass Entwicklungsländer statt sich immer wieder verschulden zu müssen sofern sie keine Rohstoffe haben und diese einführen müssen, eine echte Chance bekommen mit Handel und Dienstleistungen Wachstum zu erzielen. Dafür müssten allerdings der Washington Konsens, der von IWF, Weltbank und WTO eine einseitige Liberalisierung von Handel, Finanz- und Kapitalmärkten, Deregulierung und Privatisierung fordert, ohne den sich öffnenden Ländern im Gegenzug gleichen Zugang zu den Märkten der westlichen Welt zu schaffen, grundlegend überdacht werden.[411] Positiv zu vermerken sind hier die Erfahrungen vom IWF bei seinen Finanzierungen in Island und weiteren EU / Eurozonen Ländern, die eventuell eine Abkehr des IWF von der strikten Anwendung des Washington Konsensus belegen. Im Rahmen seiner Finanzspritzen für die von der globalen Finanzkrise geschüttelten westlichen Industrienationen ist der IWF *soft* in Sachen einiger Washington Konsens Bedingungen gewesen. So hat er vorübergehende Kapitalmarktkontrollen befürwortet, statt strikter 165

409 In vielen Entwicklungsländern erreicht der Stand der Verschuldung gegenwärtig weit über 50 % des Bruttosozialprodukts.

410 Wie gigantisch die Auslandsverschuldung bei privaten Banken und Investoren sein kann, zeigt das Beispiel Argentiniens. Im Dezember 2001 stellte Argentinien seine Zahlungen gegenüber privaten Gläubigern ein. Zu diesem Zeitpunkt betrugen Argentiniens Schulden ungefähr $ 195 Mrd. In mehreren Gerichts- bzw Schiedsgerichtsverfahren ist Argentinien von Investoren angehalten worden, seine Schuld abzutragen, s hierzu ua *Schmerler* in Silkenat/Schmerler (Hrsg) The Law of International Insolvencies and Debt Restructuring (2006) 431ff; *Tietje* Die Argentinien-Krise aus rechtlicher Sicht: Staatsanleihen und Staateninsolvenz (2005); *Szodruch* Staateninsolvenz und private Gläubiger (2008). Beim AG Frankfurt/Main waren einige Klagen gegen Argentinien anhängig. In diesem Zusammenhang hat das BVerfG die Frage nach der Existenz einer völkerrechtlichen Regel, die einen Staat gegenüber Privatpersonen berechtigt, die Erfüllung fälliger privatrechtlicher Zahlungsansprüche unter Berufung auf Zahlungsunfähigkeit wegen Staatsnotstands zeitweise zu verweigern, dezidiert verneint, vgl BVerfGE 118, 124ff; s auch ua *Tietje/Szodruch* ZZB 2007, 498ff; *Schlemmer-Schulte* FS Bothe (2008) 973ff; sowie → *Nowrot* § 2 Rn 62 mwN. Bei ICSID sind ebenfalls einige von Investoren betriebene Schiedsverfahren anhängig, s zB *Giovanna a Beccara and others v Argentine Republic* (Case No. ARB/07/5). In einem bereits gegen Argentinien ergangenen Schiedsspruch, dessen Gegenstand zwar kein Zahlungsanspruch wertpapierrechtlicher Natur, sondern ein Anspruch aus einer Investition in die Gastransportindustrie war, hat ein ICSID Schiedsgericht Argentiniens Rechtfertigung der Nichtzahlung wegen Staatsnotstands bereits 2003 abgelehnt.

411 S zum Fehlen von Gegenseitigkeit und anderen Ungereimtheiten der Weltwirtschaftsordnung *Schlemmer-Schulte* FS Bothe (2008) 1012–1017; *Schlemmer-Schulte* Global Business & Development Law Journal 25 (2012).

Haushaltsdisziplin vorübergehenden Stimulus akzeptiert und sich für den Ausbau von Aufsichtsregelwerken statt einer Deregulierung ausgesprochen.[412]

F. Schlussbetrachtung

166 Das Nord-Süd-Gefälle in der globalen Wohlstandsverteilung und die hiermit verbundenen Probleme akuter Finanzkrisen und chronischer Staatsverschuldung von Entwicklungsländern bilden einige der größten Herausforderungen für den internationalen Währungs- und Finanzrechtsrahmen im 21. Jahrhundert. Anders als es sich die Väter von Bretton Woods vorgestellt haben und ihre Söhne und Töchter – welche mittlerweile die maßgeblichen internationalen Finanzinstitutionen in Washington, DC, unter zum Teil veränderten Rahmenbedingungen leiten – wünschen, scheint die Kombination der derzeitigen währungs- und finanzrechtlichen Ordnungsprinzipien und Steuerungsmechanismen nur bedingt geeignet zu sein, eine Angleichung des Wohlstandsniveaus in Nord und Süd herbeizuführen.[413] Die **Anpassung des internationalen Währungs- und Finanzrechts an die veränderten Realitätsbedingungen** stellt sich damit schon vor dem Hintergrund der Verwirklichung globaler Gemeinwohlbelange als zentraler Zwecksetzung der normativen Ordnungsstrukturen im internationalen Wirtschaftssystem[414] als bleibende Aufgabe der gegenwärtigen sowie zukünftiger Generationen dar. Nicht zuletzt die gerade auch die Industriestaaten erfassende globale Finanzkrise, welche im Frühsommer 2007 mit der *Subprime*-Krise in den USA ihren Anfang genommen hat und mit der Euro-Krise ihre Fortführung erfuhr, sowie die Gefahr, dass westliche Entwicklungshilfe wegen der zunehmenden Süd-Südentwicklungshilfe uU reduziert wird, sollten Anlass genug sein, die rechtliche Rahmenordnung der internationalen Finanz- und Währungsbeziehungen zu überdenken und weiterzuentwickeln.

---

412 S IMF Annual Report (2013) 19.

413 Zu den wichtigen Ordnungsprinzipien des gegenwärtigen internationalen Finanzsystems gehören 1) das *system of flexible exchange rates* und die damit verbundene relative Währungsinstabilität verglichen mit dem früheren *par value system* 2) ein *multilateral payments system*, welches *de facto* die Züge einer weltweit eingeführten, fast ungehinderten Kapitalverkehrsfreiheit angenommen hat und 3) die Finanzierung von Handelsbilanzdefiziten durch die IFIs, welche allerdings allein Entwicklungsländer dem *Washington Consensus* unterwerfen. Für konstruktive Vorschläge zur Verbesserung insbesondere des *soft law* Bereichs des internationalen Finanz- und Währungssystems s *Stiglitz* in Chang (Hrsg) World Bank – The Rebel Within (2001) 17ff; *ders* Making Globalization Work (2006); allgem zu den Rechts- und Ordnungsprinzipien des Internationalen Wirtschaftsrechts → *Tietje* § 1 Rn 66ff.

414 Hierzu → *Tietje* § 1 Rn 133ff; *Schlemmer-Schulte* FS Bothe (2008) 973/1012; sowie ausf *Nowrot* (Fn 2) 484ff mwN.

§ 11
Internationales Kommunikationswirtschaftsrecht (Telekommunikationsrecht und Postrecht)

Jörn Lüdemann und Yoan Hermstrüwer

Gliederung Rn

Schrifttum

*Benvenisti/Downs*The Empire's New Clothes: Political Economy and the Fragmentation of International Law, Stanford Law Review 60 (2007) 595; *Bischoff et al* International Post Organisations: A European Perspective, Journal of European Competition Law & Practice 10 (2019) 10; *Blouin* The WTO Agreement on Basic Telecommunications: a Reevaluation, Telecommunications Policy 24 (2000) 135; *Bronckers/Larouche* Telecommunications Services and the World Trade Organization, JWT 31 (1997) 5; *Buckingham et al* Telecommunications Reform in Emerging Markets, Walden (Hrsg) Telecommunications Law and

https://doi.org/10.1515/9783110630718-011

Regulation, 5. Aufl (2018) 847; *Burri* Telecommunications and Media Services in Preferential Trade Agreements: Path Dependences Still Matter, Hoffmann/Krajewski (Hrsg) Coherence and Divergence in Services Trade Law – European Yearbook of International Economic Law (2020) 169; *Coase* The Problem of Social Cost, Journal of Law and Economics 3 (1960) 1; *Copiz* Scarcity in Space. The International Regulation of Satellites, CommLaw Conspectus 10 (2002) 207; *Dieke/Niederprüm/Thiele* UPU-Endvergütungen und internationaler E-Commerce, WIK Diskussionsbeitrag Nr 412 (2016); *Drake/Noam* The WTO Deal on Basic Telecommunications: Big Bang or Little Whimper? Telecommunications Policy 21 (1997) 799; *Drake/Wilson III* (Hrsg) Governing Global Electronic Networks: International Perspectives on Policy and Power (2008); *Engel* Wege zur Bewältigung der Konflikte in der globalen Informationsgesellschaft, Mestmäcker (Hrsg) Kommunikation ohne Monopole II (1995) 179; *Fox* The WTO's First Antitrust Case – Mexican Telecom: A Sleeping Victory for Trade and Competition, JIEL 9 (2006) 271; *Grewlich* Konflikt und Ordnung in der globalen Kommunikation (1997); *Hazlett* The Political Spectrum (2017); *Koenig/Neumann* Rechtliches und organisatorisches Umfeld der Satellitenkommunikation, MMR 2000 151; *Kwak/Kim* Trade Negotiations in the Digital Era: The Case of OTT Video Streaming Services, Global Policy 11 (2020) 14; *Lüdemann* Wettbewerb und Regulierung in der Telekommunikation, ders (Hrsg) Telekommunikation, Energie, Eisenbahn – Welche Regulierung brauchen die Netzwirtschaften? (2008) 69; *Lyall* International Communications: The International Telecommunication Union and the Universal Postal Union (2016); *Lyall/Larsen* Space Law: A Treatise, 2. Aufl (2018); *Manner/Hernandez* An Overlooked Basis of Jurisdiction for Net Neutrality: The World Trade Organization Agreement on Basic Telecommunications Services, CommLaw Conspectus 22 (2014) 57; *Mathew* The WTO Agreements on Telecommunications (2003); *Mazou* L'Union postale universelle: Passé, présent et avenir (2004); *Mestmäcker* Über den Einfluss von Ökonomie und Technik auf Recht und Organisation der Telekommunikation und der elektronischen Medien, ders (Hrsg) Kommunikation ohne Monopole II (1995) 13; Monopolkommission Post 2017: Privilegien abbauen, Regulierung effektiv gestalten! Sondergutachten 79 (2017); *Moos* Die Bindung der Telekommunikationsregulierung durch das GATS-Abkommen (2003); *Nagle* Going Postal: President Trump and the United States' Tumultuous Current Relationship with the Universal Postal Union, and Its Effect on the International Shipment of Opioids, Penn State Journal of Law & International Affairs 8 (2020) 264; *Neu* Marktöffnung im nationalen und internationalen Postwesen (1999); *Noll* The International Telecommunication Union (ITU), MMR 1999, 465; *Orji* International Telecommunications Law and Policy (2018); *Peng* GATS and the Over-the-Top Services: A Legal Outlook, JWT 50 (2016) 21; *ders* Trade in Telecommunications Services: Doha and Beyond, JWT 41 (2007) 293; *Ryan* The ITU and the Internet's Titanic Moment, Stanford Technology Law Review (2012) 8; *Scherer* Telecommunications Laws in Europe, 6. Aufl (2013); *Senti* Die Welthandelsordnung der Telekommunikation, Außenwirtschaft 56 (2001) 43; *Spulber/Yoo* Networks in Telecommunications: Economics and Law (2009); *Tegge* Die Internationale Telekommunikations-Union (1994); *Tietje* Grundzüge und rechtliche Probleme der internationalen Informationsordnung, Hans-Bredow-Institut (Hrsg) Internationales Handbuch Medien, 28. Aufl (2009) 15; *ders* Medien, Telekommunikation und Informationstechnologie, Grabitz/Hilf (Hrsg) Das Recht der Europäischen Union, Bd V (Stand 34. EL 2008) E 27; *Tuthill* User's Rights? The Multilateral Rules on the Access to Telecommunications, Telecommunications Policy 20 (1996) 89; *Vivet/Leray* Is the Universal Postal Union Still Relevant?, Crew/Parcu/Brennan (Hrsg) The Changing Postal and Delivery Sector (2017) 333; *Walden* International Regulatory Law, ders (Hrsg) Telecommunications Law and Regulation, 5. Aufl (2018) 791.

A. Grundlagen

I. Die Märkte

Kommunikation ist nicht nur ein menschliches Grundbedürfnis,[1] sondern auch ein **bedeutender Wirtschaftsfaktor**. Wenngleich sich die euphorischen Hoffnungen der späten 1990er Jahre als übertrieben erwiesen haben, gehören die Kommunikationsmärkte weltweit zu den wichtigsten und zugleich dynamischsten Dienstleistungsbranchen.[2] So stieg die Zahl der Mobilfunkanschlüsse weltweit auf mittlerweile rund 7 Milliarden an. Die Zahl der Internetnutzer hat 2005 erstmals die Milliardengrenze überschritten; 2020 lag sie bereits bei knapp 4,6 Milliarden. Und während der traditionelle Briefverkehr aufgrund verstärkter Konkurrenz durch elektronische Substitute – etwa E-Mails – auf gegenwärtig rund 310 Milliarden Briefpostsendungen pro Jahr zurückgegangen ist, wächst der Markt für internationale Paketzustellungen angesichts des zunehmenden elektronischen Warenhandels (***E-Commerce***) rapide.[3] 1

Die Kommunikationsbranche verdient aber nicht nur als eigenständiger Wirtschaftszweig Beachtung. Sie ist für die Weltwirtschaft auch insoweit von herausragender Bedeutung, als sie zugleich das **infrastrukturelle Rückgrat für den Handel** mit zahlreichen anderen Dienstleistungen und Gütern bildet:[4] *E-Banking* und *E-Commerce* sind auf Telekommunikationsdienstleistungen beispielsweise ebenso angewiesen wie der elektronische Wertpapierhandel oder *Streaming*-Dienste. Deshalb ist die Liberalisierung der Kommunikationsmärkte häufig auch Voraussetzung und Motor für die Liberalisierung vor- und nachgelagerter digitaler Märkte. 2

II. Thematische Eingrenzung

Man kann den Begriff „Kommunikationswirtschaftsrecht" sehr unterschiedlich verwenden. Ganz allgemein versteht man unter Kommunikation bekanntlich den Austausch von Sprache, Daten, Zeichen, Bildern usw. Dabei unterscheidet man traditionell die Individualkommunikation (zum Beispiel das Telefongespräch) von der **Massenkommunikation** (etwa Hörfunk und Fernsehen). Die Grenzen zwischen Individual- und Massenkommunikation sind mit dem Zusammenwachsen früher getrennter Kommunikationsformen und -netze (sog **Konvergenz**) allerdings immer fließender geworden.[5] Im **Internet** sind sie heute praktisch aufgehoben. Im Folgenden soll das Augenmerk va auf dem **Übertragungsvorgang**, also dem Transport von Kommunikationsinhalten, liegen. Im Mittelpunkt steht daher das internationale Wirtschaftsrecht 3

---

1 Und entsprechend universal und regional freiheitsrechtlich verbürgt, vgl *Tietje* Informationsordnung 26.

2 Vgl die Statistiken der ITU: <itu.int/en/ITU-D/Statistics/Pages/default.aspx>; ITU Handbook for the collection of administrative data on telecommunications/ICT (2020).

3 Zu den jeweils aktuellen Zahlen: <upu.int>.

4 Zu dieser Doppelrolle *McLartey* Federal Communications Law Journal 51 (1998) 1ff.

5 Statt vieler *Degenhart* in Lüdemann/Tschon (Hrsg) Kommunikationsordnung im 21. Jahrhundert (2000) 57.

der Telekommunikationsdienstleistungen und der entsprechenden Infrastrukturen, daneben das Weltpostrecht als das Transportrecht der verkörperten Kommunikationsinhalte. Auch wenn die Grenze zwischen Übertragung und Inhalt brüchiger wird, bleiben inhaltliche, medienrechtliche Fragen wie etwa die Inhaltskontrolle im Internet[6] ebenso ausgeblendet wie der Handel mit Kommunikationsinhalten oder der Schutz geistigen Eigentums.[7] Gleiches gilt für den *E-Commerce*,[8] der als Wirtschaftstätigkeit unter bloßer Benutzung des Internets rechtssystematisch eher dem internationalen Warenhandel zuzuordnen ist.

4 Der Anlage dieses Lehrbuchs entsprechend liegt der Schwerpunkt der Darstellung auf dem **internationalen,** beziehungsweise **transnationalen Recht**[9] der Kommunikation. Auf die **europarechtlichen Vorgaben**, die ebenfalls eine Rechtsquelle des Internationalen Wirtschaftsrechts bilden, kann nur gelegentlich verwiesen werden.[10]

III. Charakteristika und Herausforderungen des internationalen Kommunikationswirtschaftsrechts

5 Bevor in den nächsten Abschnitten das internationale Kommunikationswirtschaftsrecht in seinen bereichsspezifischen Ausprägungen beleuchtet wird, sei der Blick zunächst auf drei Charakteristika und Herausforderungen gelenkt, die dieses Rechtsgebiet in besonderer Weise prägen.

1. Kooperation und Koordination

6 Kommunikation ist nicht erst in unserer Zeit, sondern war eigentlich schon immer ein **grenzüberschreitendes Phänomen**. Deshalb ist auch das Kommunikationswirtschaftsrecht seit jeher von internationaler Kooperation und Koordination geprägt und sind die ersten internationalen Organisationen überhaupt zur Zusammenarbeit in Kommunikationsfragen gegründet worden.[11] Der Bedarf nach zwischenstaatlicher Kooperation und Koordination entwickelte sich historisch zuerst in der Folge der **staatlichen Postmonopole**, die durch ihre Alleinzuständigkeit im jeweiligen Land den grenzüberschreitenden Postverkehr behinderten und eine Abstimmung zwischen den nationalen Postverwaltungen erforderlich machten.[12] Noch größer wurde der Bedarf

---

6 Vgl nur *Engel* AfP 1996 220ff.
7 S dazu ausf → *Götting/Lauber-Rönsberg* § 14 Rn 1ff. Allein auf das Recht der *Internet-Domains* wird unter Rn 34ff kurz eingegangen.
8 Vgl nur *Mann* Washington University Journal of Law and Policy 8 (2002) 215/227ff; *Stoll/Goller* GYIL 41 (1998) 128/150ff; *Tietje/Nowrot* AVR 47 (2009) 328ff.
9 Zum Begriff *Tietje* ZVglRWiss 101 (2002) 404ff.
10 Zum europäischen Kommunikationswirtschaftsrecht *Scherer* 3ff; *Kühling/Schall/Biendl* Telekommunikationsrecht, 2. Aufl (2014) 1ff. Das europäische Telekommunikationsrecht ist im Jahr 2018 durch die bis zum 21.12.2020 in nationales Recht umzusetzende EU-Richtlinie 2018/1972 v 11. Dezember 2018 über den europäischen Kodex für die elektronische Kommunikation (EKEK) reformiert worden.
11 *Walden* 791/806.
12 Zu Einzelheiten *Codding* The Universal Postal Union (1964) 235ff. Dazu näher Rn 58ff.

mit dem Siegeszug der elektronischen Kommunikation. Vor allem zwei Aspekte sind es, die die internationale Zusammenarbeit seither bestimmen:

An erster Stelle ist die Angewiesenheit auf eine gemeinsame technische **Standardisierung** zu nennen. Sie ist im Grunde so alt wie die Telekommunikation selbst. Schon nach der Erfindung des Telegrafen mussten die Staaten die Erfahrung machen, dass die teilweise ganz unterschiedlichen Netze, die in den Ländern nach und nach aufgebaut wurden, dem grenzüberschreitenden Verkehr telegrafischer Nachrichten im Wege standen. Angesichts der rasanten Entwicklung der modernen Telekommunikation, der durch digitale Medien vorangetriebenen Konvergenz und des immer globaleren Kommunikationsverhaltens[13] bleibt die Einigung auf internationale Standards nicht nur eine permanente Aufgabe der Staatengemeinschaft, sondern nimmt an Bedeutung kontinuierlich zu. 7

Ein zweiter Auslöser für internationale Kooperation und Koordination in Kommunikationsfragen ist die gemeinsame Nutzung **internationaler Gemeinschaftsgüter.**[14] Um nur zwei Beispiele zu nennen: Da der Empfang eines terrestrischen Senders ohne störende Interferenzen nur möglich ist, wenn zwei benachbarte Sender nicht die gleiche oder eine Nachbarfrequenz nutzen, bedarf es der zwischenstaatlichen Koordination, um Frequenzkonflikte zu vermeiden. Ebenso setzt die Vergabe der knappen Orbitalpositionen für geostationäre Satelliten internationale Koordinierung voraus. Auch hier drohen Interferenzen, wenn zwei Satelliten zu nah beieinander positioniert werden und auf derselben Frequenz operieren.[15] 8

2. Das Erbe der Staatsbetriebe

Auf diese Formen der Kooperation und Koordination konnte sich das internationale Kommunikationswirtschaftsrecht lange Zeit beschränken. Denn Kommunikation war nicht nur in Deutschland und Europa, sondern beinahe weltweit eine **Domäne von Staatsbetrieben.** Die Postzustellung lag ebenso in den Händen des Staates wie die Telekommunikation. Die staatlichen Monopolrechte schlossen den Markteintritt einheimischer wie ausländischer Wettbewerber bereits rechtlich aus.[16] 9

Die besondere Staatsnähe namentlich der Telekommunikation ist historisch zum einen auf die militärische Bedeutung der elektronischen Kommunikationstechniken zurückzuführen, gründete zum anderen aber auch in der infrastrukturellen Bedeutung der Fernmeldedienste und der damit verbundenen Verpflichtung zu flächendeckender Versorgung. Erst später verwies man zur Rechtfertigung zusätzlich auf die Eigenschaften eines **natürlichen Monopols.** Von einem natürlichen Monopol spricht man in der 10

---

13 *Engel* 180ff.

14 Zum Begriff der Gemeinschaftsgüter *Engel* Die Verwaltung 30 (1997) 429ff.

15 Näher *Copiz* CommLaw Conspectus 10 (2002) 207/208; *Jakhu* Annals of Air and Space Law (1982) 333ff.

16 So schrieb Art 87 Abs 1 GG aF in Deutschland die bundeseigene Verwaltung des gesamten Post- und Fernmeldeverkehrs vor. Heute obliegt dem Bund für den Bereich der privatwirtschaftlich erbrachten Dienstleistungen im Bereich des Postwesens und der Telekommunikation ein Gewährleistungsauftrag (Art 87f Abs 2 S 1 GG). Allein die Hoheitsaufgaben werden in bundeseigener Verwaltung ausgeführt (Art 87f Abs 2 S 2 GG).

ökonomischen Monopoltheorie, wenn ein einzelner Anbieter die Nachfrage auf einem bestimmten Markt zu niedrigeren Kosten bedienen kann als mehrere Anbieter.[17]

11 Auch wenn sich die Ära der staatlichen Monopole weltweit dem Ende zuneigt, prägt dieses **wirtschaftspolitische Erbe** nicht nur die nationalen Rechtsordnungen, sondern auch das internationale Kommunikationswirtschaftsrecht bis heute. Das gilt zum einen für die internationalen Organisationen der Kooperation und Koordination, die in weiten Teilen noch immer struktureller Ausbund der früheren nationalen Monopolstrukturen sind und sich vergleichsweise langsam dem globalen Kommunikationsmarkt mit seiner Vielfalt privater Akteure anpassen. Zum anderen erweisen sich viele ehemalige Monopolisten – und marktbeherrschende Unternehmen von heute – als eine besondere Herausforderung für die Regulierung der Kommunikationsmärkte.

3. Netzwirtschaften

12 Obgleich sich mit dem Netzcharakter der Kommunikationsinfrastrukturen heutzutage angesichts des technischen Fortschritts keine staatlichen Monopole mehr rechtfertigen lassen, führen die Netzeigenschaften doch zu erheblichem **Regulierungsbedarf.**[18] Viele Schwierigkeiten, die aus dem nationalen Kommunikations- und Wettbewerbsrecht bekannt sind, finden sich in ganz ähnlicher Weise im internationalen Kommunikationswirtschaftsrecht wieder.

13 So entstehen in den liberalisierten Märkten insb Probleme des diskriminierungsfreien **Zugangs zu Kommunikationsnetzen** und anderen **wesentlichen Einrichtungen** (sog *essential facilities*[19]).[20] Denn die privatisierten Monopolisten können ihren Wettbewerbern den Netzzugang, auf den diese zur Erbringung ihrer Dienstleistungen angewiesen sind, verweigern oder durch zu hohe Benutzungspreise, Hinhaltetechniken und Zugangsbedingungen erschweren. Verschärft wird dieses Missbrauchspotential durch **Netzwerkeffekte**, also den Umstand, dass der Wert eines Netzwerks sich nicht nur nach dem Zugangspreis bemisst, sondern auch nach der Anzahl der Nutzer.[21] Das Potential der denkbaren Behinderungsstrategien ist beinahe unerschöpflich. Das Weltwirtschaftsrecht der Kommunikation kann sich deshalb nicht auf den Abbau von Grenzbarrieren für den internationalen Handel beschränken, son-

---

17 Zu den Einzelheiten allgemein *Knieps* Wettbewerbsökonomie, 3. Aufl (2008) 23ff; *Fritsch* Marktversagen und Wirtschaftspolitik, 10. Aufl (2018) 210ff; im Kontext der Telekommunikationsregulierung *Spulber/Yoo* 119ff.

18 Ausführlich *Kühling* Sektorspezifische Regulierung in den Netzwirtschaften (2004); *Höffler* in Lüdemann (Hrsg) Telekommunikation, Energie, Eisenbahn (2008) 3ff; vgl auch *v Weizsäcker* WuW 1997, 572ff.

19 Im US-amerikanischen Recht wurde in Reaktion auf die damit verbundene Gefahr des Marktmachtmissbrauches die *essential facilities*-Doktrin entwickelt, die später auch in das Europarecht hineingetragen wurde, vgl EuGH, C-7/97, ECLI:EU:C:1998:569, Urt v 26.11.1998, *Oscar Bronner GmbH & Co. KG gegen Mediaprint Zeitungs- und Zeitschriftenverlag GmbH & Co. KG.* Aus dem fast unübersehbaren Schrifttum s etwa *Haas* Essential Facilities Doctrine und offene Netze (2000).

20 Vgl nur *Engel* Verhandelter Netzzugang (2002).

21 Dazu eingehend *Spulber/Yoo* 120 ff; *Katz/Shapiro* American Economic Review 75 (1985) 424.

dern muss zusätzliche Verhaltenspflichten festschreiben, um wirksamen Wettbewerb auf den Kommunikationsmärkten sicherzustellen.[22]

B. Internationales Telekommunikationsrecht

I. Vorgaben der Internationalen Telekommunikations-Union (ITU)

1. Entwicklung und rechtliche Grundlagen

Das **zentrale Kooperationsforum** für die Telekommunikation ist seit jeher die Internationale Telekommunikations-Union (*International Telecommunication Union*, **ITU**).[23] Die Geschichte dieser ältesten Internationalen Organisation überhaupt reicht bis in die Anfänge elektronischer Kommunikation zurück.[24] Nachdem *Samuel Morse* im Jahr 1844 erstmals via Telegrafenverbindung eine Nachricht von Washington D.C. nach Baltimore übermittelt hatte, bauten mehrere Länder in den Folgejahren öffentliche Telegrafennetze auf. Der grenzüberschreitende Kommunikationsverkehr wurde allerdings – wie bereits eingangs erwähnt – durch unterschiedliche nationale Standards erschwert. Zunächst versuchten einzelne Staaten diesem Problem durch bilaterale Verträge Herr zu werden, bevor im Jahr 1865 in Paris zwanzig Länder gemeinsam die *International Telegraph Union* gründeten, die nach der Patentierung des Telefons im Jahr 1876 in *International Telegraph and Telephone Union* umbenannt wurde. 14

Nach der Erfindung der drahtlosen Telegrafie (einer ersten Form von Radiokommunikation) wurde 1906 eine weitere Konvention unterzeichnet und die *International Radiotelegraph Union* gegründet. Zur besseren Koordination der verschiedenen Bereiche fasste man die beiden Konventionen 1932 in der *International Telecommunications Convention* zusammen und am 1.1.1934 nahm schließlich die ITU (als Rechtsnachfolgerin der Telegrafen-Union) ihre Arbeit auf. Die ITU ist seit 1947 eine Sonderorganisation der UNO und hat ihren Sitz (seit 1948) in Genf. Neben den 193 **Mitgliedstaaten** arbeiten in der ITU gegenwärtig mehr als 800 sog **Sektormitglieder** (Art 19 ITU-Konvention). Bei Letzteren handelt es sich überwiegend um private Unternehmen, die aufgrund staatlicher Ermächtigung innerhalb der Organisation tätig werden.[25] 15

Das **rechtliche Fundament** bilden die Konstitution und die Konvention als Primärrecht der Organisation.[26] Die Konstitution ist der völkerrechtliche Vertrag, in dem die Mitgliedstaaten die Ziele und Arbeitsweise der Union niedergelegt haben. Er geht 16

---

22 Dazu näher Rn 38ff.

23 Dazu die Informationen der ITU: <itu.int/en/history/Pages/home.aspx>. Überblick bei *Noll* MMR 1999, 465ff; *Orji* 56ff.

24 Ausführlich zur Historie *Tegge* 27–81; *Codding* Denver Journal of International Law and Policy 23 (1994) 501ff; *Lyall* 71ff; allgem zu internationalen Organisationen als Steuerungssubjekte des Internationalen Wirtschaftsrechts → *Nowrot* § 2 Rn 22ff.

25 Vgl dazu *MacLean* Telecommunications Policy 23 (1999) 147ff. Zu den Mitgliedern der ITU gehören daneben auch regionale und internationale Organisationen sowie Universitäten: <itu.int/en/join/Pages/benefits.aspx>.

26 Die Rechtsgrundlagen sind abgedruckt in ITU Collection of the Basic Texts of the International Telecommunication Union adopted by the Plenipotentiary Conference (2019).

in der Normenhierarchie der Konvention vor, die in erster Linie die Geschäftsordnungen der Organe enthält. Zu dem für alle Mitgliedstaaten verbindlichen Sekundärrecht der ITU gehören die Vollzugsordnungen (*Administrative Regulations*), namentlich die *International Telecommunications Regulations* (**ITR**) für den Bereich der Telekommunikationsdienste sowie die *Radio Regulations* für den Bereich der Allokation von Nutzungsrechten im Frequenzspektrum (Art 4 Nr 3 ITU-Konstitution).

2. Struktur und Aufgaben

17 Die Konferenz der Regierungsbevollmächtigten (*Plenipotentiary Conference*) tritt als oberstes Organ alle vier Jahre zusammen und entscheidet über die politischen und personellen Grundsatzfragen der ITU (Art 8 ITU-Konstitution).[27] Das zweitwichtigste Organ ist der Rat (*Council*), in dem ein Viertel der Mitglieder vertreten ist. Er agiert als Bevollmächtigter der Regierungskonferenz und koordiniert die Arbeit der Organisation. Für die administrative und finanzielle Verwaltung ist das Generalsekretariat zuständig. Entsprechend der in Art 1 Nr 1 ITU-Konvention niedergelegten Zielvorgaben entfaltet die ITU Aktivitäten va in den folgenden drei Bereichen, die sich organisatorisch in eigenen **Abteilungen** (*Sectors*) widerspiegeln:

18 Der Sektor für Radiokommunikation (ITU-R) nimmt über das *Radio Regulations Board* regulatorische Aufgaben bei der Verteilung zweier knapper Ressourcen wahr. Dazu gehört zum einen die zweckmäßige, ausgewogene und wirtschaftliche Nutzung des Frequenzspektrums, also die **Frequenzplanung** auf internationaler Ebene.[28] Zum anderen stellt ITU-R auch die effiziente und interferenzfreie Verteilung von **Satelliten-Orbitalpositionen** sicher. Alle drei bis vier Jahre organisiert er die Weltfunkkonferenz (*World Radiocommunication Conference*, **WRC**), in deren Mittelpunkt die Anpassung der internationalen Frequenzordnung an die aktuellen technischen Entwicklungen steht (Art 7 ITU-Konvention).[29] Die letzte WRC fand 2019 in Sharm El-Sheikh (Ägypten) statt. Im Mittelpunkt der WRC steht regelmäßig eine Anpassung des Abkommens zur Frequenznutzung, das die Nutzung der Frequenzen für sämtliche Funkanwendungen und die Satelliten-Orbitalpositionen regelt. So werden im Frequenzbereichsplan jeweils die Frequenzbereiche für die einzelnen Übertragungsformen international verbindlich festgelegt. Ferner werden auf der WRC die Tätigkeiten des *Radio Regulations Board* und des *Radiocommunication Bureau* evaluiert und die Leitlinien der zukünftigen Frequenzregulierung bestimmt.

19 Die arbeitsintensivste Aufgabe besteht auch heute noch in der Festlegung einheitlicher technischer Standards für die Telekommunikation. Auch wenn eine ganze Reihe anderer internationaler und regionaler Institutionen ebenfalls mit Standardisierungs-

---

27 Zur genauen Struktur der ITU: <itu.int/en/about/Pages/default.aspx>. Für einen Überblick s *Mathew* 29ff; *Orji* 76ff.

28 Zu den Hintergründen der Allokation von Frequenznutzungsrechten *Hazlett* 192ff; *Milgrom* Discovering Prices (2017).

29 Dazu *Kennedy/Pastor* An Introduction to International Telecommunications Law (1995) 48; *Koenig/Neumann* MMR 2000, 151/153; *Holznagel* FS Hoppe (2000) 767/772ff.

fragen befasst ist,[30] nimmt die ITU hier nach wie vor die Schlüsselrolle ein. Die Standards werden vom Sektor für **Telekommunikationsstandardisierung** (ITU-T) erarbeitet und bieten die technische Gewähr für die weltweite Kompatibilität der verschiedenen Kommunikationssysteme. Sie sind, anders als der erwähnte Frequenzbereichsplan, rechtlich unverbindlich, werden in der Praxis aber weitgehend befolgt.[31] Die mittlerweile weit mehr als 4.000 Standardisierungsempfehlungen betreffen sämtliche Bereiche von der Festnetzkommunikation über die satellitengestützte Kommunikation bis zum Mobilfunk. In jüngerer Zeit gehören dazu etwa die technischen Standards für die weltweite Mobilfunktelekommunikation (5G), moderne Glasfasernetze (*next generation networks*) oder das *Internet Protocol* (IP).[32]

Die ITU-D schließlich nimmt Aufgaben der globalen **Telekommunikationsentwicklung** wahr. Da in vielen Mitgliedstaaten der ITU noch immer kein ausreichender Zugang zu moderner Kommunikationstechnik besteht,[33] geht es insb darum, technische Hilfe beim Aufbau der notwendigen Strukturen zu leisten und die Entwicklungsländer bei der Finanzierung und der Ausbildung von Kommunikationsfachleuten zu beraten. 20

3. International Accounting Rates

Eine für die Telekommunikationswirtschaft bedeutende Rolle kam der ITU bis vor einigen Jahren im System der sog *International Accounting Rates* zu. Bei den *International Accounting Rates* handelt es sich um **Verrechnungspreise** für grenzüberschreitende Telekommunikationsdienstleistungen im Verhältnis zwischen originierendem und terminierendem Telekommunikationsdienstleister.[34] Nach den Regeln der ITU werden die Preise für ein Gespräch zwischen den Telekommunikationsdienstleistern grundsätzlich hälftig geteilt (Art 8.2.5 ITR), um zu verhindern, dass terminierende Dienstleister mit marktbeherrschender Stellung die originierenden Dienstleister auf wettbewerbsintensiven Märkten gegeneinander ausspielen (sog ***Whipsawing***).[35] Dieses System, das noch aus der Zeit stammt, als auf beiden Seiten staatliche Unternehmen verhandelten, errichtete für den internationalen Handel mit Telekommunikationsdienstleistungen für einige Zeit erhebliche Barrieren, die unmittelbar wirtschaftsvölkerrechtlichen Bindungen unterlagen, insb dem GATS. Infolge der in den meisten 21

---

30 Neben der ITU sind hier va die *International Organization for Standardization* (ISO) und die *International Electrotechnical Commission* (IEC) zu nennen. In Europa setzt daneben insb das *European Telecommunication Standard Institut* (ETSI) technische Standards. Zu diesen privatrechtlichen Vereinigungen vgl *Tietje* Medien Rn 15ff; *Werle* HWWA Discussion Paper 157 (2001); s überdies → *Nowrot* § 2 Rn 26ff.

31 Dazu *Tegge* 212f.

32 Vgl *Tietje* Informationsordnung 18. Für einen umfassenden Einblick: <itu.int/en/ITU-T/publications/Pages/recs.aspx>. Zu den mit der Standardisierung verbundenen Problemen *Ryan* Stanford Technology Law Review (2012) 8.

33 Zum Stand der Telekommunikationsinfrastruktur in den Entwicklungsländern umfassend *von Schorlemer* Globale Telekommunikation und Entwicklungsländer (2000) insb 127ff; *Buckingham et al* 847.

34 Zu Einzelheiten etwa *Walden* 791/821ff; *Heilbock* MMR 1999, 129/130.

35 Vgl ITU, Charging and Accounting in International Telecommunication Services v. 1.7.1998, ITU-TRec D.140; ITU, Charging and Accounting in International Telex Service v 1.7.1991, ITU-T Rec D.60.

Ländern vollzogenen Liberalisierung verhandeln nunmehr in der Regel private Telekommunikationsdienstleister über die Verrechnungspreise. Vor diesem Hintergrund sind die ITU-Regeln, deren Anwendungsbereich private Telekommunikationsdienstleister nicht erfasst (Art 8.2.1. ITR), heute weitestgehend durch ein Geflecht privatrechtlicher Verträge zwischen wettbewerbsorientierten Telekommunikationsdienstleistern abgelöst worden.[36] Es ist deshalb kaum überraschend, dass einige WTO-Mitglieder sich in einem **Moratorium** dazu verpflichtet haben, bis auf Weiteres von Rechtsstreitigkeiten über *International Accounting Rates* im Rahmen der WTO abzusehen.[37]

4. Herausforderungen und Perspektiven

22 Die ITU spielt als globales Kooperationsforum im internationalen Kommunikationsrecht noch immer eine zentrale Rolle. Auch in einer liberalisierten Kommunikationsordnung bleiben international einheitliche Standards und gemeinsame Planung unverzichtbar. Doch die Veränderungen des regulatorischen Umfelds und die dynamische Entwicklung der Kommunikationsmärkte zwingen die Organisation zur fortwährenden **Anpassung ihrer Strukturen**. War die ITU in ihrer langen Geschichte va durch Stabilität und Konfliktfreiheit gekennzeichnet, muss sie sich seit geraumer Zeit im Spannungsfeld wettbewerblicher Interessen und divergierender nationaler Regulierungsvorstellungen behaupten. Hatten das frühere wirtschaftsvölkerrechtliche Ausnahmesystem geschlossener Versorgungsgebiete und die gegenseitige Anerkennung der jeweiligen nationalen Monopole ein harmonisches Miteinander in der Organisation leicht gemacht,[38] wurde diese Kartellstruktur der ITU durch die Öffnung der Märkte aufgebrochen.[39]

23 Zugleich hat die Liberalisierung der Standardisierungsarbeit ihre vermeintliche ökonomische Unschuld genommen. Während man die ITU lange Zeit als eine vornehmlich technische Organisation und die Standardisierung als ein bloßes Problem von Ingenieuren ansah,[40] müssen heute zugleich die Folgen in Rechnung gestellt werden, die die Formulierung von Standards für den Wettbewerb auf den internationalen Kommunikationsmärkten zeitigt.[41] Diese Einsicht findet etwa in der institutionellen Kooperation Ausdruck, die die ITU im Jahr 2000 mit der WTO als dem zweiten wichtigen Akteur im internationalen Telekommunikationsrecht vereinbart hat.[42] Darüber hinaus ist in den letzten Jahren deutlich geworden, dass staatszentrierte Kooperations-

36 Zur sich wandelnden Bedeutung der ITU-Regeln *Cowhey* in Geradin/Luff (Hrsg) The WTO and Global Convergence in Telecommunications and Audio-Visual Services (2004) 51ff; *Guermazi* in Geradin/Luff (Hrsg) The WTO and Global Convergence in Telecommunications and Audio-Visual Services (2004) 83ff.

37 *Walden* 791/826–827.

38 Dazu *Mestmäcker* 70f; *Engel* 209.

39 Vgl *Grewlich* 165ff; insg zu den Herausforderungen *Lyall* 193ff.

40 Zu dieser Sichtweise *Mestmäcker* 70f.

41 Vgl nur *Werle* Standards in the International Telecommunications Regime (2001); *Knorr* Ökonomische Probleme von Kompatibilitätsstandards (1993).

42 WTO, Agreement Between the International Telecommunication Union and the WTO v 21.9.2000, Doc S/C/11; abgedruckt bei *Mathew* 207–215; allgemein zur Kooperation der WTO mit anderen internationalen Organisationen → *Tietje* § 4 Rn 39ff.

formen, die sich aus dem traditionellen **Souveränitätsverständnis** der Mitgliedstaaten speisen,[43] den regulatorischen Anforderungen der liberalisierten und globalisierten Kommunikationsmärkte immer weniger gerecht werden. Mit der Einbeziehung von Sektormitgliedern sind gerade im Bereich der Standardisierung wichtige Rahmenbedingungen für ein kooperatives Verwaltungshandeln und die Berücksichtigung privatwirtschaftlicher Interessen geschaffen worden.

Gleichwohl sieht sich die ITU der Gefahr eines zunehmenden Bedeutungsverlus- 24
tes ausgesetzt. Ursache hierfür ist nicht nur der wachsende Wettbewerb mit anderen Organisationen wie ICANN.[44] Va die **digitale Transformation** und die digitale Schere zwischen Industrie- und Entwicklungsländern (***digital divide***) zehrt an der Handlungsfähigkeit der ITU. Gerade angesichts konvergierender Kommunikationstechniken und -dienste (wie *Voice-over-IP* oder *Over-the-Top*-Diensten), besteht ein Bedürfnis nach fortwährender Neupositionierung und Neudefinition der künftigen Regulierungshoheit im internationalen Recht der **digitalen Telekommunikation.**[45] Die der Bürokratie in internationalen Organisationen immanente **institutionelle Trägheit** erschwert es der ITU aber, insoweit eine Führungsrolle zu übernehmen.[46] Ein weiterer Hemmschuh für zwischenstaatliche Kooperation im Rahmen der ITU besteht darin, dass insb der Breitbandausbau in unterschiedlichen Regionen der Welt unterschiedlich weit fortgeschritten ist und die Mitgliedstaaten angesichts des damit verbundenen *digital divide* teilweise gegenläufige Interessen verfolgen.

Schließlich divergieren auch die mitgliedstaatlichen Interessen hinsichtlich der 25
Kontrolle und Sicherheit von Kommunikationsinfrastrukturen. Besonders deutlich geworden ist dies etwa im Jahr 2012 auf der *World Conference on International Telecommunications* (**WCIT**) in Dubai (VAE). Dort stand die Überarbeitung der bereits erwähnten **ITR** aus dem Jahr 1988 auf der Agenda. Die Konferenz endete im Streit. Während einige Länder – darunter Russland, Brasilien, China und Indien – auch die Verwaltung der Internetressourcen zukünftig der ITU anvertrauen wollten, die bislang ICANN obliegt, haben sich namentlich die EU-Staaten und die USA dagegen verwehrt, das Mandat der ITU auf das **Internet** zu erstrecken. Aufgrund von Befürchtungen, einzelne Staaten könnten Formulierungsschwächen der ITR dazu nutzen, staatliche **Maßnahmen der Inhaltskontrolle** des Internets zu begründen, haben die EU-Mitgliedstaaten, die USA und andere ITU-Mitglieder die ITR in der Fassung von 2012 am Ende nicht unterzeichnet.

---

43 Zur Territorialität als völkerrechtliche Grundlage der ITU *Mestmäcker* 60.

44 Dazu näher Rn 33ff.

45 Zu VoIP vgl nur *Engel* Paketvermittelte Telefonie (2006); zu OTT-Diensten *Fetzer* Die Bedeutung von OTT-Diensten für die Telekommunikationsregulierung, Discussion Paper No. 16-057 (2016) 1ff; *Peng* JWT 50 (2016) 21ff.

46 *Walden* 791/827; vgl auch ITU, Strategic plan for the Union for 2020-2023, Resolution 71 (Rev. Dubai 2018).

II. Sonstige Foren der Kooperation und Koordination

1. Die Europäische Konferenz der Verwaltungen für Post und Telekommunikation

26 Auf **regionaler Ebene** haben sich im Sinne einer dezentralen Aufgabenwahrnehmung ebenfalls eine ganze Reihe wichtiger Kommunikationsorganisationen gebildet. Von ihnen soll die **Europäische Konferenz der Verwaltungen für Post und Telekommunikation** (*Conférence Européenne des Administrations des Postes et des Télécommunications/European Conference of Postal and Telecommunications*, **CEPT**) wegen ihrer besonderen Bedeutung über die EU hinaus hier exemplarisch skizziert werden.[47] Die CEPT wurde aufgrund eines Verwaltungsabkommens zwischen den europäischen Postverwaltungen im Jahr 1959 in Montreux (Schweiz) gegründet und diente ursprünglich der Zusammenarbeit in kommerziellen und regulatorischen Fragen ebenso wie der gemeinsamen technischen Normung.[48] Im Jahr 1988 beschloss die CEPT die Gründung des noch heute einflussreichen Europäischen Instituts für Telekommunikationsnormen (*European Telecommunications Standards Institute*, **ETSI**) und übertrug ihm sämtliche Normierungsangelegenheiten.[49]

27 Angesichts der im Rahmen der Liberalisierung der Telekommunikationsmärkte europarechtlich vorgegebenen Trennung zwischen Regulierern und Netzbetreibern wandelte sich die CEPT im Jahr 1992 konsequent zu einer **Organisation der Regulierer**. Seither befasst sie sich ausschließlich mit den politischen und regulatorischen Angelegenheiten im Post- und Telekommunikationssektor, einschließlich der Harmonisierung der nationalen Regelwerke.[50] Mitglieder können alle europäischen Post- und Fernmeldeverwaltungen der Mitgliedstaaten des Weltpostvereins oder der ITU sein. Gegenwärtig sind 48 Länder aus dem gesamten geographischen Europa, einschließlich sämtlicher Mitgliedstaaten der EU, in der CEPT vertreten.[51]

28 Das oberste Organ der Organisation ist die Versammlung, auf der die grundlegenden politischen und strategischen Beschlüsse gefasst[52] und die Präsidentschaft für die Dauer eines Jahres bestimmt werden.[53] Die eigentliche Sacharbeit wird in den Ausschüssen der CEPT geleistet, deren Zahl angesichts der Konvergenz im Kommunikationssektor im Jahr 2001 von drei auf zwei dezimiert wurde. Neben dem weiterhin bestehenden Europäischen Ausschuss für Postregulierung (*Comité Européen de Réglementation Postale*, **CERP**), wurden die ehemals getrennten Ausschüsse für Telekommunikation und für Radiokommunikation zu einem gemeinsamen Ausschuss für elektronische Kommunikation zusammengefasst (*Electronic Communications Committee*, **ECC**). Die Beschlüsse der CEPT sind für ihre Mitglieder nicht bindend, sondern werden lediglich im Rahmen der freiwilligen Selbstbindung der Regulierungsverwaltungen –

---

47 European Conference of Postal and Telecommunications Administrations: <cept.org>. Dabei handelt es sich um eine regionale Organisation iSd Bestimmungen der ITU, vgl Art 2 Abs 2 CEPT-Vereinbarung.

48 Zur Geschichte *Weber* in Bernhardt (Hrsg) EPIL, Bd II (1995) 184.

49 Dazu *Tietje* Medien Rn 15ff.

50 Vgl Art 4 CEPT-Vereinbarung.

51 Stand Oktober 2020.

52 Art 6 CEPT-Vereinbarung.

53 Art 7 CEPT-Vereinbarung.

in Deutschland der Bundesnetzagentur für Elektrizität, Gas, Telekommunikation, Post und Eisenbahnen (**BNetzA**) – umgesetzt.

2. Internationale Satellitenorganisationen

Während die ITU, wie soeben dargestellt, ua für die Zuweisung von Satellitenpositionen und Frequenzen zuständig ist, haben sich daneben mehrere Satellitenorganisationen entwickelt, die dem gemeinsamen Betrieb von Kommunikationsinfrastruktur dienen.[54] Diese Satellitenbetreiber ermöglichen das internationale Telefonieren ebenso wie ein internationales TV-Übertragungssystem, versorgen aber auch die Mobilfunknetze und den Internetzugang. Die drei maßgeblichen internationalen Satellitenorganisationen hießen früher **INTELSAT**, **EUTELSAT** und **INMARSAT**.[55] In dem Bestreben, den globalen Markt der Satellitenkommunikation vollständig zu öffnen,[56] wurden sie in den Jahren 1998 bis 2001 grundlegend umstrukturiert. Die ursprünglich auf der Grundlage von Regierungsabkommen errichteten Satellitenorganisationen wurden in **privatwirtschaftlich geführte Betriebsunternehmen** überführt, denen zusätzlich jeweils eine Internationale Organisation zur Aufsicht an die Seite gestellt worden ist: 29

Die *International Telecommunications Satellite Organization* (**ITSO**) mit Sitz in Washington D.C. soll gewährleisten, dass die privatisierte[57] *Intelsat Ltd* als immer noch größter zwischenstaatlicher Satellitenbetreiber auch weiterhin ihren *Service-Public*-Verpflichtungen nachkommt.[58] Hierzu gehört va die globale Versorgung aller Mitgliedstaaten und die Nichtdiskriminierung beim Zugang zur Satellitenflotte des Unternehmens. *Intelsat Ltd* ist aufgrund des Prinzips des gleichen Zugangs für alle Mitglieder namentlich für die Entwicklungsländer ein attraktives Tor zur Satellitenkommunikation.[59] 30

Im Mai 1999 beschlossen die Vertragsparteien, auch EUTELSAT zum Juli 2001 zu privatisieren. Die Signatare des bisherigen Übereinkommens wurden Anteilseigner des Unternehmens *Eutelsat SA*. Die zwischenstaatliche *European Telecommunication Satellite Organisation* (**Eutelsat**) mit Sitz in Paris trägt als Aufsichtsorgan dafür Sorge, dass der private Satellitenbetreiber nach den Grundsätzen der gesamteuropäischen Versorgung, der **Universaldienstverpflichtung**, der Nichtdiskriminierung und der Einhaltung der Regeln fairen Wettbewerbs verfährt. 31

Die frühere INMARSAT, die zum Zwecke der Satellitenkommunikation für die Schifffahrt gegründet worden ist, wich bereits 1998 einer neuen zweiteiligen Struktur. Der privatrechtlichen Gesellschaft *Inmarsat Ltd* wurde die *International Mobile Satellite Organization* (**IMSO**) mit Sitz in London an die Seite gestellt, die darüber wacht, 32

---

54 Dazu eingehend *Lyall/Larsen* 281ff.

55 Einen Überblick über diese und weitere Satellitensystembetreiber gibt *Polley* INTELSAT (2002) 23ff; *Walden* 791/793ff.

56 Zur vorangegangenen Diskussion vgl nur *Frieden* Telecommunications Policy 18 (1994) 679ff.

57 Gesetz zu den Änderungen vom 17. November 2000 des Übereinkommens vom 20. August 1971 über die Internationale Fernmeldesatellitenorganisation „INTELSAT“ v 11.9.2002, BGBl 2002 II, 2452.

58 Vgl *Katkin* Vanderbilt Journal of Transnational Law 38 (2005) 1323ff.

59 *Copiz* CommLaw Conspectus 10 (2002) 207/220.

dass das Unternehmen seinen spezifischen *Service-Public*-Verpflichtungen im Bereich des globalen Seenotruf- und Sicherheitsfunksystems und des Luftverkehrs nachkommt.

3. ICANN

33 Seit den späten 1990er Jahren hat das **Internet** die globale Kommunikation und damit zugleich die Wirtschaft grundlegend verändert. Technisch betrachtet ist das Internet im Unterschied zu den Telefonfestnetzen oder den zellularen Mobilfunknetzen kein eigenständiges Netz, sondern vielmehr ein aus zahllosen autonomen Netzen (Glasfaser- und Satellitennetze, Teile der öffentlichen Telefonnetze und eine Reihe anderer Netzinfrastrukturen) zusammengesetztes Konstrukt – im Grunde eher ein Dienst mit globaler Infrastruktur.[60] Im Vergleich zu den bisher dargestellten Foren der internationalen Kooperation und Koordination stellt die Verwaltung des Internets einen **regulatorischen Sonderfall** dar. Das gilt insb für die an der Spitze der Internetverwaltung stehende ICANN mit Sitz in Los Angeles.[61] Sie ist ein Musterbeispiel für transnationales Wirtschaftsrecht.

34 Hinter dem Kürzel ICANN verbirgt sich die *Internet Corporation for Assigned Names and Numbers*. ICANN koordiniert und verwaltet verschiedene Bereiche des Internets.[62] Sie ist neben der Verwaltung der zentralen *Root-Server* insb für die Vergabe der sog **IP-Adressen** und für das **Domainnamen-System** zuständig, welche die weltweite Identifikation der im Internet verknüpften Rechner möglich machen.[63] Im hierarchischen *Domain*-System verwaltet ICANN die als *Top-Level-Domains* bezeichneten Ländercodes, wie *.de* oder *.fr*, während die Zuständigkeit innerhalb der Länderdomains bei nationalen Vergabestellen wie der *DENIC* in Deutschland liegt. Ebenfalls in die Zuständigkeit von ICANN fällt die Zuweisung der *Generic Top-Level-Domains*, die inhaltsbezogen sind und weltweit vergeben werden können, wie etwa *.org* für Organisationen oder *.com* für kommerzielle Aktivitäten. ICANN entscheidet dabei sowohl über das Ob als auch das Wie der Ausweitung der *Top-Level-Domains*.

35 Zu den zentralen Aufgaben von ICANN gehört daneben der Schutz gegen missbräuchliche Registrierungen der weltweit einmaligen Internetadressen. Hierzu gehört etwa das sog ***Cybersquatting***, also die Registrierung von Unternehmens-, Marken- oder Künstlernamen als *Domain*, um sie anschließend den Namensinhabern zu einem hohen Preis zu verkaufen oder an sie zu lizenzieren.[64] Unter Federführung der *World Intellectual Property Organization* (**WIPO**) wurde im Jahr 1999 deshalb die *Uniform Dispute Resolution Policy* (**UDRP**) erarbeitet und von ICANN implementiert. Die Ab-

---

60 *Engel* BerDGVR 39 (2000) 353/356.

61 Neben den Hauptsitz in Los Angeles treten im Rahmen der Globalisierungsoffensive von ICANN weitere Standorte in Singapur, Istanbul, Montevideo und Brüssel.

62 Vgl die Statuten von ICANN (sog *Bylaws*) idF v 28.11.2019: <icann.org/en/about/governance/bylaws>; *Froomkin* Duke Law Journal 50 (2000) 17ff; *Hartwig* ICANN – Governance by Technical Necessity in v Bogdandy et al (Hrsg) The Exercise of Public Authority by International Institutions (2010) 575ff.

63 Vgl *Grewlich* Governance in 'cyberspace' (1999) 193ff; *Voegeli* Die Regulierung des Domainnamensystems durch die Internet Corporation for Assigned Names and Numbers (2006).

64 Einzelheiten bei *Boehme-Neßler* CyberLaw (2001) 111ff.

wicklung dieses **außergerichtlichen Streitschlichtungsverfahrens** übernehmen akkreditierte *Dispute Resolution Provider*. Das Verfahren ist ausgesprochen preisgünstig, weil es virtuell durchgeführt wird. Und es ist schnell, denn idR nimmt es nicht mehr als 40 bis 50 Tage in Anspruch. Will sich die unterlegene Partei der Entscheidung nicht beugen, steht es ihr frei, im Anschluss ein staatliches Gericht anzurufen. Rechtsgrundlage des Verfahrens bildet neben UDRP eine entsprechende Verfahrensordnung, die *Rules for Uniform Domain Name Dispute Resolution Provider*.[65] Beide Rechtsgrundlagen gelten entsprechend der Zuständigkeit von ICANN für die *Top-Level-Domains*.[66] Für *Domain*-Streitigkeiten auf Landesebene sind sie nur dann einschlägig, wenn sich die nationale Vergabestelle dem ICANN-Regime unterwirft. Die deutsche *DENIC* hat dies, wie viele ihrer Pendants in anderen Ländern, nicht getan, so dass Streitigkeiten über deutsche *Domains* vor den nationalen Gerichten zu führen sind.

Auch wenn ICANN ähnliche Aufgaben wahrnimmt wie etwa die ITU, handelt es 36
sich bei ihr rechtlich um eine private *Non Profit*-Gesellschaft nach US-amerikanischem Recht,[67] um eine *Public-Private*-Partnership mit globalem Gemeinwohlauftrag ohne staatliche Befugnisse.[68] Weil ICANN globale Gemeinschaftsgüter verwaltet, entzündet sich an der Kontrolle über die Kernressourcen des Internets und die **Aufsicht über ICANN** seit jeher ein lebhafter Streit.[69] Zahlreiche Länder verweisen insb auf die **mangelnde demokratische Legitimation** von ICANN.[70] Während namentlich die USA lange Zeit die Trägerschaft durch eine privatrechtlich organisierte Gesellschaft präferierte, weil sie den Einfluss von Regierungen für eine Gefahr für die Sicherheit und Stabilität des Internets hielt, sähe vor allem die Mehrzahl der Entwicklungsländer die Kontrolle über das Internet seit jeher lieber in den Händen der ITU oder einer anderen Organisation der UNO.[71]

Auf dem UN-Weltgipfel zur Informationsgesellschaft (*World Summit on the Infor-* 37
mation Society, **WSIS**) 2005 in Tunis wurde angesichts des aus Sicht vieler Akteure ungelösten *Governance*-Problems ein *Internet Governance Forum* (**IGF**) gegründet.[72] Das

---

65 S dazu die *Rules for UDRP* von ICANN idF v 28.9.2013: <icann.org/en/help/dndr/udrp/rules>.

66 Vgl *Dinwoodie* Chicago-Kent Law Review 77 (2002) 993/1000f.

67 Detailliert *Dederer* Korporative Staatsgewalt (2004) 556f.

68 *Kleinwächter* Loyola of Los Angeles Law Review 36 (2003) 1103ff.

69 Besonders lebhaft wurde etwa über die Ablehnung der *Top-Level-Domain .xxx* gestritten, unter der pornographische Inhalte zusammengefasst werden sollten. ICANN hatte diese *Domain* nach einem negativen Votum des *United States Department of Commerce* (DoC) schließlich abgelehnt. Viele Staaten werteten diesen Vorgang als Beweis für die dominante Kontrolle der US-Regierung über die Internetverwaltung.

70 Zum demokratischen Defizit eingehend *Hunter* Loyola of Los Angeles Law Review 36 (2003) 1149ff. Vgl auch *Dederer* (Fn 67) 562ff; *ders* AVR 47 (2009) 367ff; *Weinberg* Duke Law Journal 50 (2000) 187ff.

71 Diese Frage gehörte etwa zu den wesentlichen und zugleich kompliziertesten Konflikten während der ersten Phase des UN-Weltgipfels zur Informationsgesellschaft im Dezember 2003 in Genf; dazu eingehend *Kleinwächter* MMR 2004, Heft 2, XXXIff. Zur europäischen Position *Burkert* Loyola of Los Angeles Law Review 36 (2003) 1185ff. Auch auf dem zweiten Weltgipfel 2005 in Tunis stand die Diskussion um Modelle der *Internet Governance* und der Arbeit der ICANN im Mittelpunkt, eingehend *Grewlich* K&R 2006, 156ff. Zur Ausgestaltung der ICANN als internationaler Organisation *Uerpmann-Wittzack* Global Community: Yearbook of International Law & Jurisprudence 1 (2009) 113ff.

72 Dazu *Kleinwächter* MMR 2006, Heft 3, XXff.

IGF ist keine zwischenstaatliche Organisation, sondern eine Diskussionsplattform ohne Entscheidungsbefugnisse, die Regierungsvertreter sowie Vertreter der Privatwirtschaft und der **Zivilgesellschaft vereint.**[73] In der Folge erklärte das *United States Department of Commerce* (DoC) in einer 2009 mit ICANN geschlossenen Vereinbarung (*Affirmation of Commitments*), künftig nicht-staatlichen Interessenvertretern aus der *Internet Community* die Aufsicht über ICANN anzuvertrauen (sog *Multistakeholder*-Modell) und nicht einer zwischenstaatlichen Organisation. Nach dem NSA-Skandal kündigte die US-Regierung 2014 an, sich bei Umsetzung des *Multistakeholder*-Modells aus der Aufsicht über die sog IANA-Funktionen zurückzuziehen.[74] Im März 2016 vereinbarten ICANN und das DoC schließlich die Aufhebung der *Affirmation of Commitments* und damit den Rückzug der US-Regierung aus der Aufsicht über ICANN. Mit den im Oktober 2016 in Kraft getretenen ICANN-Statuten wurde die Aufsicht vollständig in ein *Multistakeholder*-Modell überführt. Danach werden Entscheidungen vom ICANN-Direktorium nach Konsultationen mit den Interessengruppen getroffen. Allerdings haben Regierungsvertreter der Staaten das Recht, über ein *Governmental Advisory Comittee* (**GAC**) beratend mitzuwirken.

III. Telekommunikationsdienstleistungen in der WTO-Rechtsordnung

38 Neben den soeben vorgestellten Organisationen kommt auch der WTO eine tragende Rolle im Recht der internationalen Kommunikationswirtschaft zu. Seit der Erstreckung des GATS auf den Telekommunikationssektor durch das 4. Protokoll zählen nicht mehr allein Kooperation und Koordinierung, sondern auch und vor allem **Wettbewerb und Außenhandel** zu den Koordinaten des internationalen Telekommunikationsrechts. Konnte die WTO gerade in der Frühphase der Liberalisierung wichtige Impulse setzen, hat sie in jüngerer Zeit allerdings an Bedeutung verloren. Dies liegt zum einen daran, dass die Liberalisierung der Märkte für Kommunikationsdienstleistungen in vielen Ländern abgeschlossen ist und die wichtigsten Aufgaben nunmehr va in der **Marktüberwachung und Regulierung** bestehen. Zum anderen ist der lange währende Liberalisierungsenthusiasmus teilweise einer gewissen Skepsis gewichen, weswegen sich im Rahmen der WTO gegenwärtig kaum noch ein breiter Regelungskonsens herstellen lässt. Es verwundert insoweit nicht, dass die 2001 begonnene **Doha-Runde** seit 2016 als gescheitert gilt und viele Staaten das internationale Telekommunikationswirtschaftsrecht in **bi-** oder **plurilateralen Verträgen** – gleichsam an der WTO vorbei – fortentwickelt haben.[75] Nichtsdestotrotz bildet die WTO-Rechtsordnung weiterhin eine wichtige Grundlage für das internationale Telekommunikationswirtschaftsrecht.

73 Zum IGF und zur ersten Tagung 2006 in Athen *Kleinwächter* MMR 2007, Heft 1, XX.

74 Das Kürzel IANA steht für die *Internet Assigned Numbers Authority*, deren Aufgaben seit 2016 durch die dem US-amerikanischen Recht unterliegende *Non-Profit*-Organisation *Public Technical Identifiers* wahrgenommen werden.

75 Dazu *Walden* 791/844. Zur Doha-Runde → *Tietje* § 4 Rn 8ff.

1. Entwicklung

39 Bis dahin war es freilich ein weiter Weg. Noch bis zum Ende der 1970er Jahre erschien der Gedanke geradezu abwegig, der Kommunikationssektor könne auch nur in Teilbereichen nach wettbewerblichen Kriterien geordnet werden.[76] Auch zu Beginn der Verhandlungen in der **Uruguay-Runde** (1986–1993) stand die Öffnung der nationalen Kommunikationsmärkte für ausländische Anbieter zunächst nicht zur Debatte. Erst im Jahr 1989 wurde der Telekommunikationssektor auf Betreiben der USA erstmals in die Verhandlungen einbezogen.[77] Denn für die USA stellte sich die gegenseitige Anerkennung der nationalen Märkte immer mehr als Hemmschuh dar; nicht anders als Japan und Großbritannien – bei allen Unterschieden im Detail – zielten auch die USA darauf ab, ihren eigenen Vorsprung im Telekommunikationssektor auf dem Weltmarkt auszunutzen.[78] Zunächst hielten sich die Erfolge allerdings in engen Grenzen. Zwar machten viele Staaten im Laufe der Verhandlungen Angebote zur Liberalisierung einzelner Kommunikationsdienstleistungen. Diese bezogen sich jedoch beinahe ausschließlich auf die sog **Mehrwertdienste**. Damit sind im Rahmen des GATS solche Dienste gemeint, die neben der reinen Übertragung und Vermittlung von Daten zusätzliche Informations- oder Kommunikationsdienstleistungen umfassen.

40 Bei den wirtschaftlich weitaus bedeutsameren **Basistelekommunikationsdienstleistungen**, die wie etwa die Sprachtelefonie der reinen Datenübertragung und -vermittlung dienen, kam hingegen keine Einigung zustande.[79] Insb die führenden Handelsnationen machten in diesem Bereich, der immerhin mehr als 80 % des gesamten Telekommunikationsdienstleistungsmarktes ausmacht,[80] keine Zugeständnisse. Die Parteien verständigten sich insoweit lediglich auf Nachverhandlungen und erweiterten das GATS um den *Annex on Negotiations on Basis Telecommunication*, der einen entsprechenden Verhandlungsauftrag an die Vertragsstaaten über die Liberalisierung der Basistelekommunikationsdienstleitungen enthielt.

2. Die GATS-Anlage zur Telekommunikation

41 Noch während der Uruguay-Runde einigten sich die Mitglieder allerdings auf die Anlage zur Telekommunikation (***Annex on Telecommunications***).[81] Sie ist am 1.1.1995 in Kraft getreten und enthält als – gem Art XX (3) GATS integraler – Bestandteil des Über-

---

76 Vgl *Mestmäcker* 69.

77 Zur Verhandlungsgeschichte näher *von Schorlemer* (Fn 33) 195ff; *Krystofiak* WTO und Telekommunikation (2008) 178ff; allgemein zur Entstehungsgeschichte und Organisationsstruktur der WTO → *Tietje* § 4 Rn 4ff, 22ff.

78 *Mestmäcker* 66.

79 Zur Unterscheidung von Basis- und Mehrwertdiensten im GATS und zur Kritik an der fragwürdigen Trennung *Tietje* Medien Rn 219ff; *Walden* 791/834. In den Verhandlungen der Doha-Runde sind zu Recht andere Klassifikationen für die Telekommunikationsdienstleistungen vorgeschlagen worden, siehe nur WTO, Council for Trade in Services – Special Session, Communication from the European Communities, Classification in the Telecom Sector under the WTO-GATS Framework, TN/S/W/27, S/CSC/W/44 (10 February 2005).

80 *Senti* 52; *Moos* 148.

81 Abgedruckt bei *Tietje* (Hrsg) Welthandelsorganisation, 6. Aufl (2020). Zu Einzelheiten *Mathew* 77ff; *Tuthill* 89ff.

einkommens telekommunikationsspezifische Hinweise und ergänzende Bestimmungen zum GATS. Anders als ihr Name es nahe legen könnte, bezieht sie sich allerdings nicht auf die Basiskommunikationsdienstleistungen als eigenen Dienstleistungssektor. Vielmehr ist diese Anlage der Doppelrolle der Telekommunikation geschuldet und betrifft die Telekommunikation in ihrer Rolle als **Infrastruktur für die Erbringung anderer Dienstleistungen.**[82] Sie sollte va in der Übergangszeit sicherstellen, dass die Liberalisierung anderer Dienstleistungssegmente, die auf die Nutzung der Telekommunikationsinfrastruktur angewiesen sind, nicht durch die mangelnde Liberalisierung der Telekommunikation behindert wurde.[83] In ihrem zentralen Abs 5 verpflichtet die Anlage die Mitglieder insb zur Gewährleistung des Rechts auf Zugang und Nutzung der Telekommunikationsnetze und -dienste zu angemessenen und nichtdiskriminierenden Bedingungen.[84] Ausdrücklich vom Anwendungsbereich der Anlage ausgenommen ist nach Abs 2 die kabelgebundene oder drahtlose Übertragung von Hörfunk- und Fernsehprogrammen.

42 In der ersten Entscheidung zum GATS-Telekommunikationsrecht aus dem Jahr 2004[85] ist der Anwendungsbereich der Anlage erheblich erweitert worden. Nach Ansicht des zuständigen Panels besteht der Zugangsanspruch auch dann, wenn er nicht anderen Dienstleistungen zugutekommt, sondern der Erbringung von **Basiskommunikationsdienstleistungen** dient. Diese interpretatorische Ausweitung des Anwendungsbereichs mag man mit einer sehr wortlautfixierten Auslegung der maßgeblichen Bestimmungen rechtfertigen.[86] Sie steht aber nicht nur im Widerspruch zur Entstehungsgeschichte der Anlage, die gerade keine vorweggenommene Liberalisierung der Basistelekommunikationsmärkte bezweckte. Die extensive Anwendung ist auch mit Blick auf die Regeln des telekommunikationsspezifischen *Reference Paper*, auf das sogleich noch näher einzugehen ist, ausgesprochen fragwürdig.[87]

3. Das 4. Protokoll zum GATS

43 Nachdem im Anschluss an die Uruguay-Runde über die weitere Liberalisierung der Telekommunikationsdienstleistungen verhandelt worden war,[88] gelang der eigentliche Durchbruch schließlich mit der Unterzeichnung des 4. Protokolls zum GATS, das zum 5.2.1998 in Kraft getreten ist.[89] Während die Anlage zur Telekommunikation – wie

---

82 Vgl Abs 1 der Anlage (Zielsetzung); *Grewlich* 191.

83 Vgl nur *Bronckers/Larouche* JWT 31 (1997) 5/7f.

84 Zu Einzelheiten *Tietje* (Fn 81) 254; *Tuthill* 89ff.

85 WTO, Mexico-Telecommunications Panel v 2.4.2004, WT/DS204/R. Zu den Einzelheiten sogleich Rn 43ff.

86 Zwar schreibt Art 31 der Wiener Konvention über das Recht der Verträge (WVK) die Bindung an den Wortlaut ausdrücklich vor. Er bezweckt damit aber vor allem die Eindämmung der Kompetenzen der Streitbeilegungsorgane, während die Wortlautauslegung in diesem Fall genau das Gegenteil bewirkt hat.

87 Zweifelnd auch *Graber* Medialex 3/2004, 176f. Zustimmend hingegen, allerdings ohne weitere Begründung *Klett/Moos* MMR 2004, 735/740f.

88 Zu Einzelheiten *Fetzer* in Duijm (Hrsg) Aktuelle Probleme der Weltwirtschaftsordnung (1999) 71/84.

89 Gesetz zu dem 4. Protokoll v 15.4.1997 zum Allgemeinen Übereinkommen über den Handel mit Dienstleistungen v 20.11.1997, BGBl II 1997, 1990; auszugsweise abgedruckt bei *Tietje* (Fn 81).

soeben gesehen – an sich noch kein eigenes WTO-Telekommunikationsrecht begründet hatte, erstreckt das 4. Protokoll die Regelungen des GATS in weitem Umfang auf den Telekommunikationsdienstleistungshandel und bildet damit das **eigentliche wirtschaftsvölkerrechtliche Fundament** des internationalen Telekommunikationsrechts.

Das Protokoll erweitert die einzelnen Länderlisten über Ausnahmen zur **Meistbegünstigungsklausel** (Art II GATS) und zur Verpflichtung zum **Marktzugang** und zur **Inländergleichbehandlung** (Art XVI f GATS)[90]auf die sog **Basistelekommunikationsdienstleistungen**. Darunter fallen im Unterschied zu den bereits erwähnten Mehrwertdiensten nach der WTO-Klassifikation insb der Telefonverkehr, der Mobilfunk sowie die mobile und satellitengestützte Datenübertragung.[91] Nicht vom Protokoll erfasst sind neben den Mehrwertdiensten die gesamten audiovisuellen Dienstleistungen, also namentlich Hörfunk und Fernsehen. Inhalt und Umfang der Zugeständnisse der einzelnen Mitgliedstaaten richten sich nach Maßgabe der jeweiligen *List of Commitments and Exemptions*. Die Zugeständnisse der einzelnen Länder unterscheiden sich erheblich.[92] Während manche Mitglieder nur sehr eingeschränkte Liberalisierungsverpflichtungen eingegangen sind, lässt die EU Anbieter aus Drittstaaten an der Liberalisierung des Binnenmarktes beinahe vollständig teilhaben. 44

4. Das Referenzpapier

Besondere Bedeutung im Telekommunikationsrecht der WTO kommt va dem bereits erwähnten *Reference Paper* (RP) zu, das als **Anhang zum 4. Protokoll** verabschiedet wurde[93] und von den meisten Unterzeichnern ganz oder zumindest teilweise als zusätzliche Verpflichtung gem Art XVIII GATS in die Listen spezifischer Verpflichtungen übernommen worden ist.[94] Durch die Aufnahme als zusätzliche Verpflichtung ist gewährleistet, dass das RP als Teil der Rechtsordnung des GATS im Rahmen der WTO-Streitbeilegung vor dem ***Dispute Settlement Body*** durchgesetzt werden kann (vgl Art XXIII GATS). 45

Das RP trägt dem Umstand Rechnung, dass im internationalen Kommunikationsdienstleistungshandel die eigentlichen Handelshemmnisse häufig weniger von Zöllen oder Kontingenten als vielmehr von innerstaatlicher Regulierung ausgehen. So kann ein nationales Lizenzierungsverfahren den Marktzugang und die Marktteilnahme ausländischer Anbieter ebenso beeinträchtigen wie Regulierungsmaßnahmen der Staaten gegenüber ihren einheimischen marktbeherrschenden Unternehmen. Daneben hängt der Erfolg ausländischer Anbieter, wie eingangs bereits erwähnt, von nichtdiskriminierendem Zugang zu den nationalen Infrastrukturen ab. Um die überkommenen welthandelsrechtlichen Liberalisierungsinstrumente zu ergänzen, haben die Unterzeichner deshalb zusätzliche Zugeständnisse hinsichtlich ihrer nationalen Regulie- 46

---

90 Allgem zu diesem Mechanismus des GATS → *Weiss* § 5 Rn 17ff, 40ff, 42ff.

91 WTO, Services Sectoral Classification List, MTN.GNS/W/120 (10 July 1991) 3f.

92 Zu Einzelheiten *Moritz* MMR 1998, 393ff. Für die jeweils aktuelle *List of Commitments and Exemptions*: <wto.org/english/tratop_e/serv_e/telecom_e/telecom_commit_exempt_list_e.htm>.

93 BGBl 1997 II, 2000; abgedruckt in *Tietje* (Fn 81).

94 Details bei *Drake/Noam* Telecommunications Policy 21 (1997) 799/806.

rung gemacht. Wie die Anlage gilt auch das RP ausschließlich für die Basisdienste der Telekommunikation. Die Vorgaben des RP beziehen sich auf sechs zentrale Aspekte der innerstaatlichen Regulierung.[95] Neben Vorschriften über die öffentliche Zugänglichkeit der Kriterien und die übliche Dauer von **Lizenzierungsverfahren** (Abs 4 RP) sowie über die Zuweisung und Nutzung **knapper Ressourcen**, wie Frequenznutzungsrechten, Nummern und Wegerechten, (Abs 6 RP) befasst es sich va mit den folgenden Facetten der nationalen Telekommunikationsregulierung:

47 Der Katalog der Regulierungsprinzipien beginnt in Abs 1 RP mit allgemeinen **Wettbewerbsregeln**. Danach müssen die Staaten dafür Sorge tragen, dass der sog **Hauptanbieter** (*major supplier*), also idR der ehemalige Monopolist, kein wettbewerbsbehinderndes Verhalten an den Tag legen kann. Abs 1.2 RP nennt insoweit drei Regelbeispiele: (i) die Quersubventionierung verlustbringender Bereiche durch Gewinne aus profitablen Sparten, (ii) den Missbrauch von Informationen über Wettbewerber (über welche die ehemaligen Staatsbetriebe etwa verfügen, wenn sie für ihre Konkurrenten die Abrechnung übernehmen) sowie (iii) das Zurückhalten technischer Informationen über *essential facilities* und kommerziell relevanter Informationen.

48 Abs 2 RP stellt wesentliche Verpflichtungen hinsichtlich der Regulierung der **Zusammenschaltung** auf. Nach dieser Vorschrift haben die Mitglieder sicherzustellen („*ensured*“), dass an jedem technisch möglichen Punkt Zugang zum Netz des Hauptanbieters zu nichtdiskriminierenden Bedingungen und in gleicher Qualität wie für eigene Dienstleistungen des Hauptanbieters gewährt wird.[96] Zudem muss die Zusammenschaltung in angemessener Zeit und zu kostenorientierten („*cost-oriented*“) Entgelten erfolgen, die transparent, angemessen, wirtschaftlich realistisch und ausreichend entbündelt sind. Ausweislich des Wortlauts „sicherzustellen“ ist nach dieser Vorschrift ausdrücklich ein Zusammenschaltungserfolg geschuldet. Allerdings entzündet sich regelmäßig Streit um die Auslegung des Begriffs „kostenorientiert“.[97]

49 Vorgaben für die **Universaldienstleistungsverpflichtungen** macht Abs 3 RP. Dabei liegt der Schwerpunkt weniger auf der dort eingangs normierten Verpflichtung zu transparenter, diskriminierungsfreier und wettbewerbsneutraler Verwaltung. Angesichts der bereits aus Art III und XVII GATS folgenden **Transparenz-** und Inländergleichbehandlungspflichten kommt dem lediglich deklaratorische Bedeutung zu. Den eigentlichen Schwerpunkt der Norm bildet ihr zweiter Halbsatz. Danach dürfen die Universaldienstverpflichtungen „nicht belastender als nötig“ sein. Diese Passage ist deshalb beachtlich, weil das RP damit eine Überprüfung nationaler Verpflichtungen am Maßstab der Erforderlichkeit ermöglicht.

95 Zu Einzelheiten *Bronckers* in ders (Hrsg) New Directions in International Economic Law (2000) 371/389; *Bronckers/Larouche* JWT 31 (1997) 5ff; *Mathew* 124/193; *McLartey* Federal Communications Law Journal 51 (1998) 1/48ff.

96 Für die Vorschrift stand die EG-Zusammenschaltungsrichtlinie 97/33/EG Pate, die 2002 im Wesentlichen durch die EG-Zugangsrichtlinie 2002/19/EG und 2018 durch die EU-Richtlinie 2018/1972 v 11. Dezember 2018 über den europäischen Kodex für die elektronische Kommunikation (EKEK) abgelöst wurde.

97 *Nordås* The WTO Reference Paper meets EU common regulatory policy in CETA, Örebro University School of Business Working Paper 1/2020, 1ff.

Da bei Telekommunikationsanbietern im Staatsbesitz Konflikte vorprogrammiert 50 sind, wenn der Staat einerseits Eigentümer und andererseits zugleich Regulierer und Wettbewerbshüter ist,[98] haben sich die Unterzeichnerstaaten in Abs 5 RP verpflichtet, die strukturelle **Unabhängigkeit der Regulierungsinstanzen**[99] von sämtlichen Anbietern zu gewährleisten.[100]

Auch wenn sich die Einigung auf diese spezifischen und vor dem *Dispute Settlement Body* der WTO durchsetzbaren Regulierungspflichten von der in der Präambel 51 des GATS und der in Art VI GATS verankerten grundsätzlichen Freiheit der Mitgliedstaaten hinsichtlich der materiellen Regulierung deutlich abhebt, wurde vielfach kritisiert, dass die im RP eingegangenen Verpflichtungen zu vage seien.[101] In der Tat harren die Regulierungsvorgaben angesichts ihrer Offenheit und der Verwendung unbestimmter Rechtsbegriffe einer näheren Konkretisierung. Angesichts divergierender Regulierungsphilosophien kommt die zentrale Rolle bei der Rechtsauslegung und -fortbildung insoweit der WTO-Streitschlichtung zu. Auf der anderen Seite stellt es bereits einen beachtlichen Erfolg dar, dass sich die Staaten überhaupt auf diese gemeinsamen regulatorischen Prinzipien einigen konnten und damit erstmals in der Geschichte der WTO **Ansätze eines internationalen Wettbewerbsrechts** verwirklicht haben.

Problematischer erscheint der enge Anwendungsbereich des RP. Bislang gilt es 52 ausschließlich für die Telekommunikationsnetze und spiegelt damit die technischen Realitäten der frühen 1990er Jahre wider. Weil aufgrund des technischen Fortschritts früher anderweitig genutzte Netzinfrastrukturen wie Strom-[102] oder Kabelfernsehnetze (Breitbandkabelverteilnetze)[103] nunmehr ebenfalls zur Kommunikationsübertragung genutzt werden können, wäre es sachgerecht, auch das RP auf **sämtliche Netzinfrastrukturen** für elektronische Kommunikation zu erstrecken, also auch auf Internetzugangsdienste oder – allgemeiner – *next generation networks*.[104] Das ist nicht nur erforderlich, um auch in diesen Netzen den Netzzugang sicherzustellen, sondern auch um die in der Zukunft relevanten Zusammenschaltungen zwischen den unterschiedlichen Netzen zu erfassen.[105]

---

98 *Lüdemann* 92f.

99 Dazu näher *Spirelli* International Journal of Communications Law and Policy 2003/2004, 32f.

100 Zu den praktischen Schwierigkeiten bei der Einrichtung unabhängiger Regulierungsbehörden *Henderson/Gentle/Ball* Telecommunications Policy 29 (2005) 210f.

101 Zur Diskussion *Blouin* 135ff; *Drake/Noam* Telecommunications Policy 21 (1997) 799ff; *Fredebeul-Klein/Freytag* Telecommunications Policy 23 (1999) 625ff.

102 Vgl *Reinhardt* Powerline (2003).

103 Dazu etwa *Kühling/Schall/Biendl* Telekommunikationsrecht 2. Aufl (2014) Rn 108ff.

104 In diese Richtung auch *Krancke* Internationaler Handel mit Kommunikationsdienstleistungen (2003) 180ff; *Kariyawasam* Better Regulation of Digital Markets: A New Look at the Reference Paper in Burri/Cottier (Hrsg) Trade Governance in the Digital Age (2012) 241ff; *Manner/Hernandez* CommLaw Conspectus 22 (2014) 57ff. Dafür auch die EU, vgl WTO, WTO Work Programme on Electronic Commerce, Communication from the European Communities and their Member States, S/C/W/183, 30 November 2000, para 6.

105 Zur wettbewerblichen Bedeutung *Laffont/Tirole* Competition in Telecommunications (2000).

5. Der Streitfall USA gegen Mexiko (*Telmex*)

53 Die praktische Bedeutung des GATS und namentlich des RP für das Telekommunikationswirtschaftsrecht ist in einer **wegweisenden Entscheidung** deutlich geworden, in der es um die im Wirtschaftsverkehr bedeutsame Frage der Höhe von Zusammenschaltungsentgelten, insb ihre Kosteneffizienz, ging. Sie ist nicht nur die erste Entscheidung eines WTO-Panels, die sich ausschließlich mit dem Dienstleistungshandel beschäftigt, sondern auch die erste Entscheidung zum Telekommunikationswirtschaftsrecht unter dem GATS überhaupt.

54 Die USA beantragten im August 2000 bilaterale Konsultationen mit Mexiko über die Konformität der mexikanischen Zusammenschaltungsregeln mit dem GATS. Da es zu keiner Einigung zwischen den Parteien kam, wurde im April 2002 ein Panel eingesetzt, das seinen Bericht am 2.4.2004 vorgelegt hat.[106] Dieser Bericht wurde am 1.6.2004 vom *Dispute Settlement Body* angenommen.[107] Auf den Gang zum *Appellate Body* haben beide Parteien verzichtet. Die USA hatten va gerügt, dass der marktbeherrschende mexikanische Anbieter *Telmex* US-amerikanischen Telekommunikationsanbietern keine **Zusammenschaltung zu kostenorientierten Preisen** ermögliche. Das Panel hat den USA in beinahe allen Punkten Recht gegeben und seine Entscheidung dabei (neben der GATS-Anlage zur Telekommunikation) va auf das RP gestützt. Mexiko habe insb gegen seine Verpflichtung aus Abs 2.2 RP verstoßen, indem es nicht gewährleistet habe, dass der marktbeherrschende mexikanische Hauptanbieter *Telmex* Zusammenschaltungen zu kostenorientierten Entgelten gewährleiste. Außerdem liege ein Verstoß gegen Abs 1.1 RP vor, weil das mexikanische Recht *Telmex* zu wettbewerbswidrigen Praktiken selbst angehalten habe.

55 Der beinahe 230 Seiten starke Bericht des Panels provoziert trotz seiner stellenweise akribischen Vorgehensweise **Kritik**. Neben der bereits erwähnten, fragwürdigen Ausweitung des Anwendungsbereiches der GATS-Anlage[108] fällt in methodischer Hinsicht insb auf, dass der Bericht hinter den argumentativen Ansprüchen nationaler Gerichte insoweit zurückbleibt, als er jedwede ökonomische Fundierung vermissen lässt, die im Wettbewerbsrecht und in der sektorspezifischen Regulierung mittlerweile zu Recht zum internationalen Standard gehört.[109]

56 Gleichwohl hat die Entscheidung eine ganze Reihe wichtiger Klarstellungen gebracht. So hat das Panel zutreffend dargelegt, dass Telekommunikationsdienstleistungen (wie von Art I (2) lit a GATS gefordert) auch dann **grenzüberschreitend** erbracht werden, wenn der Dienstleister nicht selbst die Grenze überschreitet. Denn gerade bei der Telekommunikation sei es üblich, dass die Erbringung durch eine Zusammenschaltung von Netzen erfolge. Telekommunikationsdienste werden mit anderen Wor-

---

106 WTO, Mexico-Telecommunications Panel v 2.4.2004, WT/DS204/R.

107 Allgemein zum Ablauf des Streitbeilegungsverfahrens der WTO → *Weiss* § 20 Rn 34ff. Eingehend zum Fall *Fox* JIEL 9 (2006) 271ff.

108 Dazu näher Rn 41ff.

109 Zur Kritik an der mangelnden ökonomischen Analyse und zur Frage der Marktabgrenzung und Marktmacht im konkreten Fall *Sidak/Singer* Federal Communications Law Journal 57 (2004) 1ff. Allgem zur Relevanz ökonomischen Wissens für die Regulierung *Lüdemann* in Augsberg (Hrsg) Extrajuridisches Wissen im Verwaltungsrecht (2013) 121ff. Darüber hinaus ist im Schrifttum kritisiert worden, dass die Entscheidung es namentlich den Entwicklungsländern erschwere, den Ausbau von Telekommunikationsnetzen zu finanzieren: *Neven/Mavroidis* World Trade Review 5 (2006) 271/290.

ten auch dann grenzüberschreitend erbracht, wenn ein arbeitsteiliges Zusammenwirken mehrerer Anbieter erforderlich ist.[110] Va aber hat das Panel die Vorgaben des WTO-Rechts über die Zusammenschaltungsregulierung in mehreren Aspekten konkretisiert und damit – auch wenn man über einzelne Ergebnisse teilweise streiten mag – für die Betroffenen mehr Rechtssicherheit geschaffen.[111] So wurde etwa klargestellt, dass die Regeln des RP auch dann auf internationale Zusammenschaltungen anzuwenden sind, wenn diese dem bereits erwähnten *International Accounting Rates*-Regime der ITU unterliegen.[112] Das bereits erwähnte Moratorium über *International Accounting Rates*, das Klagen hinsichtlich der *International Accounting Rates* eigentlich ausschließt, gelte nur für die Meistbegünstigungspflicht (Art II GATS) und stelle die Zusammenschaltungen nicht generell von einer Prüfung im Streitbeilegungsverfahren frei.[113]

IV. Der Handel mit Telekommunikationsausrüstung

Neben dem Handel mit Telekommunikationsdienstleistungen ist auch der Handel mit 57
Gütern der Telekommunikationsausrüstung vom internationalen Kommunikationsrecht umhegt. Er bewegt sich allerdings weitgehend in den Bahnen des allgemeinen grenzüberschreitenden Warenhandels.[114] Ergänzend sei allein auf das sog *Informations-Technologie-Abkommen* (**ITA**) verwiesen.[115] Dieses im Jahr 1996 vereinbarte Zusatzabkommen zum GATT, das aus einer Ministererklärung und spezifischen Produktlisten besteht, hat den Abbau von Zöllen und zollgleichen Belastungen für Güter zum Gegenstand, die einen Bezug zur Telekommunikation bzw Informationstechnologie aufweisen.[116] Die Besonderheit des ITA besteht darin, dass die darin verankerte Beseitigung von Handelshemmnissen nach dem Meistbegünstigungsgrundsatz (*most favoured nation principle*) erfolgt, also Staaten auch dann Rechte aus den jeweiligen Regeln ableiten können, wenn sie selbst nicht Mitglied des ITA sind. Im Jahr 2015 vereinbarten 50 ITA-Mitglieder eine Erweiterung der Produktlisten auf insgesamt 201 Produkte.[117] Auseinandersetzungen um die Einhaltung der Pflichten aus dem ITA spitzen sich

110 Vgl WTO, Mexico-Telecommunications Panel v 2.4.2004, WT/DS204/R, paras 7.40ff.
111 Zur Bedeutung von Rechtssicherheit für Telekommunikationsunternehmen *Lüdemann* 94.
112 Dazu näher Rn 21. Zur Anwendbarkeit des GATS auf das *International Accounting Rates*-System der ITU ausführlich *Prinzler* Die internationale Zusammenschaltung von Telekommunikationsnetzen und das GATS (2010).
113 Vgl *Tietje* Informationsordnung 32.
114 Ausf hierzu → *Tietje* § 4 Rn 42ff.
115 Für Dokumente und weitere Informationen zur Implementation und den Mitgliedern: <wto.org/english/tratop_e/inftec_e/inftec_e.htm>. Vgl auch *Tasker* Brooklyn Journal of International Law 26 (2001) 917ff; *Senti* Außenwirtschaft 56 (2001) 43/48ff.
116 Wurde das ITA ursprünglich von 29 WTO-Mitgliedstaaten unterzeichnet, ist die Zahl der Signatarstaaten inzwischen auf 81 angewachsen.
117 WTO, Ministerial Declaration on the Expansion of Trade in Information Technology Products, WT/MIN(15)/25, Nairobi, 16 December 2015.

in jüngerer Zeit regelmäßig zu welthandelsrechtlichen Konflikten zu, insb zwischen Indien einerseits und der EU und Japan andererseits.[118]

C. Internationales Postrecht

I. Vorgaben des Weltpostvereins (UPU)

1. Entwicklung und rechtliche Grundlagen

58 Auch wenn der klassische Brief im digitalen Zeitalter zunehmend an Bedeutung verliert, bildet das globale Postnetz bis heute eines der größten und dichtesten **Kommunikationsnetze** der Welt.[119] Die Geschichte des globalen Postnetzes reicht zurück in das Jahr 1840, als auf Vorschlag von Sir *Rowland Hill* in Großbritannien die Briefmarke und eine Pflicht zur Errichtung einheitlicher und entfernungsunabhängiger Versandgebühren eingeführt wurden.[120] Unterschiedliche Gebühren, Gewichts- und Währungseinheiten führten jedoch bald zu Ineffizienzen und Handelshemmnissen im grenzüberschreitenden Postverkehr. Auf Initiative von *United States Postmaster* General *Montgomery Blair* wurde 1863 in Paris eine internationale Konferenz von insgesamt 30 europäischen und US-Bundesstaaten ausgerichtet.[121]

59 Nachdem in Paris lediglich eine Übergangslösung gefunden werden konnte, fand auf Betreiben des Generalpostdirektors *Heinrich von Stephan* im Jahr 1874 der 1. Weltpostkongress in Bern statt, auf dem 22 Staaten den Vertrag zur Gründung eines Allgemeinen Postvereins (*Traité concernant la création d'une Union générale des postes*) unterzeichneten. Auf einem Nachfolgekongress im Jahr 1878 in Paris wurde schließlich der **Weltpostvertrag** geschlossen, und die Organisation erhielt ihren endgültigen Namen Weltpostverein (*Union postale universelle/Universal Postal Union*, **UPU**).[122] Seitdem unterliegt der internationale Briefverkehr dem Regime des Weltpostvereins, der zweitältesten Internationalen Organisation nach der ITU.[123] Der Weltpostverein bildet seit 1947 eine Sonderorganisation der UNO mit Hauptsitz in Bern und zählt gegenwärtig 192 Mitgliedstaaten.

60 Das **rechtliche Fundament** des materiellen internationalen Postrechts bildet der **Weltpostvertrag** (WPV), der als völkerrechtlicher Vertrag jeweils der Umsetzung durch die Mitgliedstaaten in nationales Recht bedarf.[124] Weitere Kernstücke bilden

---

118 WTO, India – Tariff Treatment on Certain Goods in the Information and Communications Technology Sector – Request for Consultations by the European Union, WT/DS582/1, 9 April 2019; WTO, India – Tariff Treatment on Certain Goods, Request for Consultations by Japan, WT/DS584/1, 14 May 2019.

119 Das Postnetz unterscheidet sich von anderen Netzen va dadurch, dass die netzgebundene Infrastruktur im Unterschied etwa zu den Telekommunikationsnetzen oder der leitungsgebundenen Energieversorgung eher auf logistischen als auf physischen Elementen beruht.

120 *Lyall* 217.

121 *Ibid* 230.

122 Französisch ist seit jeher die Amtssprache des Weltpostvereins (Art 6 WPV-Satzung) und zugleich internationale Postsprache. Daneben trat im Jahr 1994 Englisch als weitere Arbeitssprache.

123 Universal Postal Union: <upu.int>. Zur Geschichte eingehend *Codding* (Fn 12); *Mazou* L'Union postale universelle; *Lyall* 213ff; *Nagle* Penn State Journal of Law & International Affairs 8 (2020) 264/286ff.

124 International Bureau of the UPU, Decisions of the 2012 Doha Congress, 2013, 117ff.

die Satzung des Weltpostvereins (WPV-Satzung), die als Basisurkunde die zentralen institutionellen und materiell-rechtlichen Aspekte festschreibt, sowie die Allgemeine Verfahrensordnung und die Ausführungsbestimmungen Briefpost und die Ausführungsbestimmungen Postpakete. Diese Regelwerke sind für alle Mitgliedstaaten des Weltpostvereins verbindlich (Art 22 WPV-Satzung). Teilweise wurden im Rahmen des Weltpostvereins weitere Abkommen und Ausführungsbestimmungen vereinbart, die jedoch nur für die jeweiligen Signatarstaaten verbindlich sind. Daneben können die Organe des Weltpostvereins den Mitgliedstaaten rechtlich unverbindliche Regulierungsvorschläge unterbreiten.

2. Struktur und Aufgaben

Der **Kongress** ist das oberste Organ des Weltpostvereins und tagt alle vier Jahre auf dem Weltpostkongress. Er überprüft und revidiert das Vertragswerk des Weltpostvereins und legt das Arbeitsprogramm für die nächsten Jahre fest, zuletzt im Jahr 2016 auf dem 26. Weltpostkongress in Istanbul bzw im Jahr 2019 auf dem Dritten Sonderkongress in Genf.[125] Der aus 41 Mitgliedstaaten bestehende **Verwaltungsrat** gewährleistet als jährlich zusammentretendes Koordinations- und Exekutivorgan die Kontinuität der Arbeit in der Phase zwischen den Weltpostkongressen. Neben der Beobachtung der Tätigkeit des Kongresses kommt dem Verwaltungsrat eine zentrale Rechtsetzungsfunktion zu. Insb wenn eine Reaktion auf aktuelle Entwicklungen im Postsektor erforderlich wird, steht dem Verwaltungsrat die Befugnis zu, die vom ***Postal Operations Council*** (**POC**) verabschiedeten Regulierungsvorschläge zu genehmigen. Die zentrale Funktion des POC besteht darin, die Postdienstleister bei der operativen und geschäftlichen Entwicklung ihrer Produkte und Leistungen zu unterstützen. In dieser Funktion kann der POC den Mitgliedstaaten auch rechtlich unverbindliche Regulierungsvorschläge unterbreiten, insbesondere zur Festlegung technischer und operativer Standards. Das **Internationale Büro**, an dessen Spitze seit 2013 Generaldirektor *Bishar Hussein* aus Kenia steht, operiert im Wesentlichen als Sekretariat und leistet den drei anderen Organen des Weltpostvereins – Kongress, Verwaltungsrat und POC – logistische und technische Unterstützung. 61

Zur Erweiterung des internationalen Forums und zur Berücksichtigung der Positionen privater *Stakeholder* und regionaler Organisationen hat der Weltpostverein im Jahr 2004 ein **Konsultativkomitee** (*Consultative Committee*) eingerichtet, in dem sich seither erstmals auch private Betroffene und Sektorenpartner an der Arbeit der Organisation beteiligen können. 2012 wurde der EU, die selbst kein Mitglied des Weltpostvereins ist, auf dem 25. Weltpostkongress in Doha (Katar) ein formaler Beobachterstatus zugebilligt.[126] 62

War die Mission des Weltpostvereins zunächst auf die nachhaltige Entwicklung weltweiter hochwertiger, effizienter und allgemein zugänglicher Postdienste und internationale Kooperation ausgerichtet, wurden die Instrumente zur Erfüllung dieser 63

---

125 Der 27. Weltpostkongress soll im Jahr 2021 in Abidjan (Côte d'Ivoire) stattfinden.

126 Resolution C 78/2012: Participation of the European Union in the work of the Universal Postal Union in International Bureau of the UPU, Decisions of the 2012 Doha Congress, 2013, 327.

Aufgabe später deutlich konkretisiert.[127] Wie etwa aus der Präambel des WPV hervorgeht, fördert der Verein diese Aufgabe insb durch den freien Umlauf der Postsendungen auf dem einheitlichen, aus zusammengeschlossenen Netzen bestehenden Postgebiet, durch die Förderung der Annahme gemeinsamer Normen und Technologiestandards, durch die Sicherung der allgemeinen und technischen Zusammenarbeit der Beteiligten sowie durch die Berücksichtigung der Entwicklung von Kundenbedürfnissen. Seit 1969 ist der Verein überdies für die unten erörterte Abwicklung von Ausgleichszahlungen zwischen den nationalen Postverwaltungen zuständig.

3. Materiell-rechtliche Regeln

64 Die Regeln des Weltpostvereins begründen in erster Linie Verpflichtungen für die **Postverwaltung**. Hierzu gehören, anders als es der Wortlaut suggeriert, sowohl staatliche als auch private Postdienste.[128] Postdienste, die von staatlicher Seite mit der Erbringung von Postdienstleistungen – insb Universaldienstleistungen[129] – gegenüber dem Weltpostverein betraut werden, sind nach den Regeln des Weltpostvereins als sog *designated operators* zu qualifizieren.[130]

65 Den Grundpfeiler der Vertragswerke des Weltpostvereins bildet der Grundsatz der **Freiheit des Durchgangs** (Art 4 Abs 1 S 1 WPV iVm Art 1 Abs 1 WPV-Satzung). Danach ist jeder Postdienst verpflichtet, die ihm von einem anderen Postdienst übergebenen Postsendungen stets auf den schnellsten Wegen und mit den sichersten Mitteln weiterzuleiten, die er auch für seine eigenen Sendungen benutzt (Art 4 Abs 1 S 2 WPV). Dies umfasst eine Pflicht, die von anderen Postdiensten im Durchgang zugeleiteten Sendungen zu den gleichen Bedingungen wie Inlandssendungen zu bearbeiten und zu befördern (Art 1bis Nr 4 WPV-Satzung). Abgesichert werden diese Pflichten durch die Schaffung eines **einheitlichen Postgebiets** (Art 1bis Nr 3 WPV-Satzung). Innerhalb des einheitlichen Postgebiets sind die Mitglieder des Weltpostvereins verpflichtet, auf wechselseitiger Basis den Austausch von Postsendungen unter Wahrung der Freiheit des Durchgangs sicherzustellen und Auslandspostsendungen unterschiedslos als eigene Postsendungen zu behandeln (**Diskriminierungsverbot**). Bereits dem Wortlaut nach begründen diese Vorschriften keine Pflicht zur Aufhebung der teilweise noch bestehenden **staatlichen Postmonopole**. Gleichwohl tragen sie über die partielle Schaffung einheitlicher Beförderungsstandards zum Abbau von Hemmnissen im grenzüberschreitenden Postverkehr bei.

---

127 Dazu *Lyall* 267.

128 Der Begriff der Postverwaltung wird von jedem Mitgliedstaat nach Maßgabe seines Rechts definiert, Resolution C 29/1994 des Weltpostvereins, vgl dazu *Herdegen* in Badura/von Danwitz/Herdegen/Sedemund/Stern (Hrsg) Postgesetz, 2. Aufl (2004) § 3 Rn 12.

129 Dabei handelt es sich ähnlich wie im Telekommunikationsrecht um die ständige flächendeckende Bereitstellung von hochwertigen Basispostdiensten zu erschwinglichen Preisen für alle Kunden (Art 3 WPV).

130 Nach Art 4 Abs 1 des Gesetzes zu den Verträgen des Weltpostvereins vom 18.6.2002 (BGBl 2002 II, 1446), zuletzt geändert durch Art 322 der Elften ZuständigkeitsanpassungsVO vom 19.6.2020, nimmt grundsätzlich die Deutsche Post AG (DPAG) als *designated operator* die Rechte und Pflichten wahr, die sich für eine Postverwaltung im Verhältnis zu den Benutzern und zu anderen Postverwaltungen aus dem WPV ergeben.

Zu den wirtschaftlich bedeutsamsten Regeln gehören daneben die mit den Beförderungspflichten korrespondierenden **Endvergütungsregelungen** (Art 28ff WPV).[131] Sie sind im Jahr 1969 an die Stelle des früheren Reziprozitätsprinzips getreten, das es den Aufgabepostdiensten erlaubte, die von ihnen vereinnahmten Beförderungsentgelte für grenzüberschreitende Postsendungen jeweils vollständig einzubehalten.[132] Das Reziprozitätsprinzip erwies sich als finanzielle Belastung insb für Entwicklungsländer, da diese oft deutlich mehr Briefe erhielten als sie versandten und somit im Ergebnis höhere Zustellkosten als Gebühreneinnahmen zu verbuchen hatten. 66

Vor diesem Hintergrund einigten sich die Mitglieder des Weltpostvereins auf die im Grundsatz immer noch geltende Regel, wonach jeder **Zustellpostdienst** (Postdienst im Empfangsland) vom **Aufgabepostdienst** (Postdienst im Versandland) eine Vergütung für die Bearbeitung der zugegangenen Auslandspost verlangen kann (Art 28 Abs 1 WPV). Allerdings wurden dabei für alle Staaten überwiegend vom Gewicht der Postsendungen abhängige und an den Zustellkosten in wirtschaftsstarken Staaten orientierte Endvergütungsregelungen vereinbart. Auch diese erwiesen sich als finanzielle Belastung für Entwicklungsländer, da diese bei grenzüberschreitenden Sendungen von ihrem Postgebiet in wirtschaftsstarke Staaten einen Teil der in wirtschaftsstarken üblichen und damit – gemessen an nationalen Standards – hohen Zustellkosten zu tragen hatten.[133] 67

Zur Bewältigung dieser ungleichen Lastenverteilung verständigten sich die Mitgliedstaaten des Weltpostvereins im Jahr 2004 darauf, die Endvergütungen länderspezifisch und stärker kostenorientiert auszugestalten. Gegenwärtig sind die Mitglieder des Weltpostvereins in vier Vergütungsgruppen eingeteilt (Art 28 Abs 2 WPV), wobei sich die Vergütungsregeln in den ersten drei Gruppen im Wesentlichen an den tatsächlichen Zustellkosten (*target system*) und in der vierten Gruppe an den weltweiten durchschnittlichen Zustellkosten orientieren (*transitional system*).[134] Auf diese Weise kann für die in der vierten Gruppe vereinten Entwicklungsländer eine gewisse finanzielle Entlastung sichergestellt und eine **faire Lastenverteilung** angestrebt werden. Die Kehrseite differenzierter bzw über bi- oder plurilaterale Vereinbarungen flexibel angepasster Endvergütungsregeln besteht darin, dass sie **Fehlanreize** setzen können, va dann, wenn sie nicht kostendeckend sind. 68

Als wirtschaftlich und rechtlich besonders brisant erweist sich insofern das sog ***Remailing***. Beim *Remailing* machen sich Großversender wie bspw Versandhäuser, Versicherungen oder Direktmarketingunternehmen die unterschiedlichen Vergütungssätze in den einzelnen Ländern zunutze. In der als *ABA-Remailing* bezeichneten und am 69

---

131 Die Endvergütung für Briefsendungen (also Sendungen bis 2 kg) wird als *terminal dues*, diejenige für Paketsendungen (also Sendungen von 2 kg bis 20 kg) als *inward land rates* bezeichnet. Zu Einzelheiten *Herdegen* (Fn 128) Rn 14–27; zur Vereinbarkeit mit dem EU-Kartellrecht *Neu* 162–177. Die Standardwährung für Entgelte sind gem Art 7 WPV Sonderziehungsrechte (SZR) und damit die Verrechnungseinheit des Internationalen Währungsfonds (IWF). Weiterführend zu SZR → *Schlemmer-Schulte/Pohlmann* § 10 Rn 42ff.

132 Eingehend *Neu* 55ff.

133 Zur ökonomischen Kritik am früheren Endvergütungssystem vgl nur *ibid* 67ff und 199ff; für eine aktuelle Analyse *Dieke/Niederprüm/Thiele* 5ff.

134 Vgl auch die auf dem 26. Weltpostkongress verabschiedete Resolution C 7/2016. Eingehend *Bischoff et al* Journal of European Competition Law & Practice 10 (2019) 10/11f.

weitesten verbreiteten Variante werden Briefsendungen, die eigentlich an Adressaten im Inland gerichtet sind, vom Versender (Land A) in einem Land mit niedrigen Preisen eingeliefert (Land B), um von dort wieder ins Ausgangsland (Land A) geschickt zu werden.[135] Die Kostenunterdeckung schafft damit einen Anreiz, Waren nicht im Inland zu erwerben, sondern sie aus dem Ausland zu importieren.

70 Was für den Versender finanziell attraktiv sein kann, bringt für die Post des Bestimmungslandes regelmäßig wirtschaftliche Nachteile mit sich. Während nämlich die ausländische Post, bei der der Großversender die Briefe einliefert, diese lediglich an die Post des Bestimmungslandes übergeben muss, hat letztere neben dem weiteren Transport va für die kostspielige Zustellung an die einzelnen Adressaten aufzukommen. Diese Arbeitsbelastung wird für den Zustellpostdienst zum Problem, weil er vom ausländischen Aufgabepostdienst lediglich die Endvergütungen erhält, die üblicherweise deutlich hinter den tatsächlichen Zustellkosten zurückbleiben. Kostenunterdeckende Endvergütungen erhöhen auf diese Weise die Nachfrage nach bestimmten grenzüberschreitenden Postdienstleistungen und schaffen ein Anreiz zu einem **ineffizienten Ausbau** der internationalen Postnetze.[136] Aus diesem Grund enthält Art 12 WPV eine Regelung zur Abwehr solcher Sendungen.[137] Danach sind Postdienste nicht verpflichtet, Briefsendungen zu befördern oder an Empfänger abzugeben, die in seinem Gebiet wohnhafte Absender im Ausland aufgeben oder aufgeben lassen, um aus den dort geltenden, günstigeren Entgelten Vorteile zu ziehen. Ob diese auf die **Abwehr von Rechtsmissbrauch** abzielende Norm auch dann greift, wenn nicht die Briefe als solche ins Ausland verbracht werden, sondern lediglich elektronische Daten in andere Länder übermittelt und dort in Gestalt von Briefen versandfertig gemacht werden (sog *non-physical Remailing*), wird uneinheitlich beurteilt, angesichts des *Telos* der Norm aber überwiegend bejaht.[138]

71 Im Rahmen des Handelsstreits zwischen den USA und China entzündete sich der Streit um die Endvergütungsregeln jüngst erneut. So bemängelte die US-amerikanische Regierung, dass China nach den Endvergütungsregelungen als wirtschaftsschwaches Land (also im *transitional system*) eingestuft war und dies eine ungerechtfertigte Subventionierung von Postsendungen aus China darstelle.[139] Nachdem die US-Regierung 2018 durch Kündigung den Austritt der USA aus dem Weltpostverein erklärte (Art 12 WPV-Satzung) und damit einen Drohpunkt zur Stärkung der Verhandlungsposition gegenüber dem Weltpostverein eingenommen hatte, wurden die Endvergütungsregeln im Jahr 2019 auf dem bereits erwähnten Dritten Sonderkongress angepasst.[140]

---

135 *Neu* 86ff mwN auch zu den anderen Formen des *Remailings*.

136 Monopolkommission Sondergutachten 79 (2017) 82.

137 Zur europarechtlichen Zulässigkeit dieser Praxis EuGH EuZW 2000, 281 – *Inlandspostgebühren*.

138 Vgl BGH NJW 2003, 134/136f mwN.

139 United States Remains in the Universal Postal Union, Rescinding Its Notice of Withdrawal, AJIL 114 (2020) 128.

140 UPU, Decisions of the 2019 Geneva Extraordinary Congress: <upu.int/UPU/media/upu/files/UPU/aboutUpu/acts/actsOfCurrentCycle/actsActsOfTheExtraordinaryCongressGenevaEn.pdf>. Ausf zur Kündigung der USA *Nagle* Penn State Journal of Law & International Affairs 8 (2020) 264/304ff.

72 Nach der Neuregelung dürfen Zustellpostdienste, die besonders hohe Volumina an Auslandspost (über 75.000 Tonnen Briefsendungen) zustellen, seit 2020 **selbstbestimmte Endvergütungssätze** festlegen (*self-declared rates*), wobei diese nicht mehr als 70 % der Beförderungstarife für Inlandssendungen betragen dürfen (Art 28bis Abs 1 WPV).[141] Infolge dieser Anpassung widerrief die US-amerikanische Regierung ihre Kündigungserklärung und sicherte dem Weltpostverein im Gegenzug eine Zahlung von 40 Mio Schweizer Franken zu.[142] Obgleich diese Neuregelung einen Kompromiss darstellt, bleibt sie nicht ohne Kritik von Seiten anderer wirtschaftsstarker Mitglieder des Weltpostvereins. Denn die Neuregelung begünstigt zunächst faktisch allein die USA. Lediglich die Entwicklungsländer werden durch geringere Schwellenwerte geschützt.

II. Die Liberalisierung der internationalen Postmärkte

1. Regionales Postrecht

73 Neben dem Weltpostverein sind seit einiger Zeit regionale Postorganisationen entstanden, die nicht nur staatliche, sondern auch private Postdienste als *designated operators* vereinen. Zu den international bedeutsamen regionalen Postorganisationen gehören etwa die *African Postal Union* (**APU**), die bereits vorgestellte **CEPT**, die *Association of European Public Postal Operators* (**POSTEUROP**) sowie die für den Postverkehr im *Europäischen Wirtschaftsraum* (**EWR**) besonders bedeutsame *International Post Corporation* (**IPC**).

74 Die Gründung solcher Postorganisationen (sog Engere Vereine) und der Abschluss von Sondervereinbarungen sind den Mitgliedstaaten des Weltpostvereins und den *designated operators* grundsätzlich erlaubt (Art 8 Abs 1 Hs 1 WPV-Satzung). Allerdings dürfen die entsprechenden Vereinbarungen keine Bestimmungen enthalten, die ungünstigere Bedingungen für die Öffentlichkeit mit sich bringen als die Vertragswerke des Weltpostvereins (Art 8 Abs 1 Hs 2 WPV-Satzung). Vor diesem Hintergrund haben viele Mitgliedstaaten für das Verhältnis zwischen den Postdiensten bi- oder plurilaterale Verträge geschlossen, die abweichende Sonderregeln für **Vergütungssätze** (vgl Art 29 Abs 1 WPV) und **Durchgangsvergütungen** (vgl Art 32 WPV) vorsehen. So haben etwa die Mitglieder der IPC ausschließliche Vereinbarungen über Endvergütungen für grenzüberschreitende Postsendungen und proprietäre Beförderungsstandards getroffen, die im EWR Vorrang gegenüber den Vergütungsregeln des Weltpostvereins haben.[143]

141 United States Remains in the Universal Postal Union, Rescinding Its Notice of Withdrawal, AJIL 114 (2020) 128/131.

142 Der Haushalt des Weltpostvereins leidet unter erheblichen Defiziten, weswegen auch die Handlungsfähigkeit der Organisation insgesamt in Frage steht, vgl *Vivet/Leray* 340.

143 Hintergrund dieser Regelungen ist nicht zuletzt ein *Statement of Objections* aus dem Jahr 1993, in dem die EU-Kommission die Vereinbarungen zwischen mehreren europäischen Postdiensten als unvereinbar mit Art 101 EUV (ex-Art 81 EGV) und einzelne Regeln aus dem WPV als unvereinbar mit Art 102 AEUV (ex-Art 82 EGV) beanstandete. Dazu Monopolkommission Sondergutachten 79 (2017) 77; *Bischoff et al* Journal of European Competition Law & Practice 10 (2019) 10/11f mwN.

75 Diese **sektorale Abweichung** von den Regeln des Weltpostvereins ist letztlich Ausdruck der erschwerten Möglichkeiten, auf Ebene des Weltpostvereins einen allen Mitgliederinteressen entsprechenden Regelungskonsens herzustellen, und beflügelt die **Fragmentierung des internationalen Postrechts.**[144] Zugleich bergen insb regionale Endvergütungsvereinbarungen zwischen *designated operators* und Dritten die Gefahr, eine Verfestigung von Preissetzungsmacht nach sich zu ziehen. Zwar obliegt dem Internationalen Büro die Aufgabe, die Vorgaben aus Art 8 WPV-Satzung zu gewährleisten und damit die Entgeltkontrolle auszuüben (Art 135.2 Allgemeine Verfahrensordnung). Mangels spezifischer Vollzugsbefugnisse hat das Internationale Büro jedoch keine Möglichkeit zur effektiven Erfüllung dieses Auftrags.[145] Aus diesem Grund obliegt die Aufsicht über regionale Endvergütungsvereinbarungen in erster Linie den **nationalen Regulierungsbehörden.** Den normativen Maßstab bilden dabei kartellrechtliche Vorgaben (etwa Art 101 AEUV) oder sektorspezifische Entgeltvorschriften (etwa aus der Postdiensterichtlinie).[146]

2. Postdienstleistungen in der WTO-Rechtsordnung

76 Die Bedeutung des WTO-Rechts für die Liberalisierung der internationalen Postmärkte ist vergleichsweise gering geblieben. Das GATT erfasst grenzüberschreitende Postdienste überhaupt nur insofern, als sie die Voraussetzungen für einen barrierefreien Warenverkehr schaffen.[147] Demgegenüber gelten die Regelungen des GATS grundsätzlich unmittelbar auch für Postdienstleistungen.[148] Dies bedeutet, dass etwa die **Meistbegünstigungsklausel** aus Art II (1) GATS (*most favoured nation clause*) auch für Postdienste gilt.[149] Darüber hinaus haben bislang 54 WTO-Mitglieder Verpflichtungen in den Sektoren Kurier- und Postdienste übernommen.[150] Während für die entsprechenden Markzugangsverpflichtungen insoweit das sektorale **Diskriminierungsverbot** (Art XVI (1) GATS) gilt, greift für entsprechend eingegangene Verpflichtungen ferner der Grundsatz der **Inländerbehandlung** (Art XVII (1) GATS). Allerdings erweisen sich diese Regeln bislang als vergleichsweise stumpfes Schwert. Denn die bislang eingegangenen Verpflichtungen erfassen in erster Linie Kurierdienste, nicht aber Postdienste. Ferner machen die zunehmende **Digitalisierung** und **Konvergenz der Übertragungswege** neue Definitionen und Klassifikationen erforderlich.[151] Schließlich sind

144 Vgl allgem *Benvenisti/Downs* Stanford Law Review 60 (2007) 595.

145 *Vivet/Leray* 342.

146 Monopolkommission Sondergutachten 79 (2017) 12. Nach Art 6 des Gesetzes zu den Verträgen des Weltpostvereins vom 18.6.2002 (BGBl 2002 II, 1446), zuletzt geändert durch Art 322 der Elften ZuständigkeitsanpassungsVO vom 19.6.2020, ist die BNetzA für die Überwachung und Sicherstellung der Verträge des Weltpostvereins zuständig.

147 WTO, Panel Report Canada – Certain Measures Concerning Periodicals, paras 5.31ff.

148 WTO, Services Sectoral Classification List, MTN.GNS/W/120 (10 July 1991).

149 Die Anlage zu Art II GATS enthält keine Ausnahmen von der Meistbegünstigungsklausel (Art II (2) GATS) für Postdienste, weshalb das Meistbegünstigungsprinzip formal uneingeschränkt gilt.

150 Dazu die Informationen der WTO: <wto.org/english/tratop_e/serv_e/postal_courier_e/postal_courier_e.htm>.

151 WTO, Council for Trade in Services, Communication from the European Communities and their Member States, TN/S/W/26 (17 January 2005).

die bestehenden Verpflichtungen nur bedingt effektiv, da insb bestehende Monopole oder Ungleichbehandlungen ausländischer Postdienste nur partiell überwunden werden.

Vor diesem Hintergrund hat die EU in Anlehnung an das RP für Telekommunikationsdienste vorgeschlagen, ein *Reference Paper* (RP) für Post-, Kurier und Expressdienste als zusätzliche Verpflichtung (Art XVIII GATS) in die Liste der Verpflichtungen aus dem GATS aufzunehmen.[152] Gegenstand dieser Verpflichtungen sollen die Einrichtung unabhängiger Regulierungsbehörden, Maßnahmen gegen wettbewerbshindernde Praktiken marktbeherrschender Anbieter, die Auferlegung von Universaldienstverpflichtungen oder Lizenzpflichten sein. Weitergehende Versuche einer Fortentwicklung sektorspezifischer welthandelsrechtlicher Regelungen für Postdienste wurden auch durch eine intensivierte Zusammenarbeit zwischen WTO und Weltpostverein unternommen. So gewährte die WTO dem Weltpostverein 2006 einen Beobachterstatus im *WTO Council for Trade in Services*. Hierdurch soll der Weltpostverein stärker in die Verhandlungen über sektorspezifische Regeln im Rahmen der 2001 begonnenen Doha-Runde eingebunden werden.[153] Ob dies gelingen kann, erscheint angesichts der seit 2016 als gescheitert geltenden Doha-Runde zweifelhaft. Etwaige Liberalisierungsbemühungen dürften daher bis auf Weiteres va über **bi-** oder **plurilaterale Verträge** auf regionaler Ebene unternommen werden. 77

3. Herausforderungen und Perspektiven

Während sich der Weltpostverein, ebenso wie die ITU, in der Vergangenheit durch große Stabilität ausgezeichnet hat und sich als effiziente Koordinations- und Clearinginstanz im internationalen Postverkehr bewähren konnte, sieht er sich zunehmend verschiedenen Herausforderungen ausgesetzt, die seine Bedeutung im Gefüge des Weltpostrechts erheblich auf die Probe stellen. 78

So verläuft die Liberalisierung und Privatisierung der Postdienste bislang weit zögerlicher als im Telekommunikationssektor.[154] Namentlich zur Überwindung wettbewerbsverzerrender Marktzugangs- und Endvergütungsregelungen (*Remailings*) hat der Weltpostverein nur bedingt Impulse liefern können. Entsprechende Anstöße erfolgen zunehmend auf regionaler Ebene, in der EU etwa durch die **Postdiensterichtlinie** 97/67/EG mit ihren beiden Änderungsrichtlinien[155], durch die die Postmärkte mittlerweile in vielen Bereichen für den Wettbewerb geöffnet wurden. Zugleich hat sie die Mitgliedstaaten parallel zu Universaldienstleistungen verpflichtet, ihnen also die Aufgabe auferlegt, ein flächendeckendes Angebot postalischer Dienste mit bestimmten 79

---

152 WTO, Council for Trade in Services, Communication from the European Communities, Hong Kong China, Japan, New Zealand, Switzerland and the United States, TN/S/W/30 (17 February 2005).

153 Art XIX GATS sieht vor, dass die Mitglieder in regelmäßigen aufeinanderfolgenden Verhandlungsrunden versuchen, schrittweise einen höheren Stand der Liberalisierung zu erreichen.

154 Zu den damit verbundenen Herausforderungen *Neu* 36f.

155 Abl 1998 L 15/14, geändert durch Richtlinie 2002/39/EG, Abl 2002 L 176/21, zuletzt geändert durch Richtlinie 2008/06/EG, Abl 2008 L 52/3.

Qualitätsstandards und vertretbaren Preisen sicherzustellen.[156] Grenzüberschreitende Universaldienstleistungen werden dabei in Kooperation zwischen inländischen und ausländischen Postdiensten erbracht (Art 3 Abs 7 Postdiensterichtlinie iVm § 1 Abs 4 Post-Universaldienstleistungsverordnung).

80 Der eigentliche Grund für die stockende Reform des Weltpostrechts dürfte jedoch darin liegen, dass der Weltpostverein nur noch bedingt ein geeignetes **Vertragsdesign** für die Vereinbarung von Endvergütungs- oder Beförderungsregeln bietet. Obgleich der Weltpostverein als zentrales Verhandlungsforum grundsätzlich die **Transaktionskosten** zwischenstaatlicher Verhandlungen verringert, erscheinen die Interessen zu divers und die Regelungsprobleme zu komplex, um auf zentraler Ebene ausreichende Verhandlungsspielräume zu erhalten.[157] Dies erklärt, weswegen die Mitglieder des Weltpostvereins zunehmend an der Organisation vorbei bi- oder plurilaterale Verträge schließen. Vor diesem Hintergrund wird auch eine **Neuausrichtung des Weltpostvereins** nach dem Vorbild der *International Civil Aviation Organization* (**ICAO**) diskutiert. Während die Flugsicherheit zuvörderst im Rahmen von ICAO geregelt wird, erfolgt die Regelung der Flugrechte über ein kaum mehr überschaubares Geflecht bi- und plurilateraler Verträge.[158] Ob sich im internationalen Postrecht ein ähnliches **duales *Governance*-Modell** (bi- oder plurilaterale Regelungen für Endvergütungen und Regelungen der übrigen Angelegenheiten im Weltpostverein) durchsetzen wird, bleibt abzuwarten. Unwahrscheinlich ist es angesichts der auch in anderen Regelungsbereichen sichtbaren Abkehr von den globalen Vertragsforen jedoch nicht.

---

156 2010 wurde mit Beschluss der EU-Kommission die Gruppe europäischer Regulierungsbehörden für Postdienste (ERGP) eingesetzt.

157 *Vivet/Leray* 341; zum Transaktionskostenproblem grundlegend *Coase* Journal of Law and Economics 3 (1960) 1ff.

158 *Vivet/Leray* 342.

§ 12
Internationales Wettbewerbsrecht

Florian Wagner-von Papp

Gliederung **Rn**

Schrifttum

Antitrust Modernization Commission Report and Recommendations (April 2007); *J. Bätge* Wettbewerb der Wettbewerbsordnungen (2009); *D. Baetge* Globalisierung des Wettbewerbsrechts (2009); *Bardong* Foreign-to-Foreign Mergers: The German Guidance, a Blueprint for European Reform? J Eur Comp L & Pr 6 (2015) 477; *Basedow* Weltkartellrecht (1998); *ders*/*Francq*/*Idot* (Hrsg) International Antitrust Litigation. Conflict of Laws and Coordination (2012); *Botteman*/*Patsa* The Jurisdictional Reach of EU Anti-Cartel Rules: Unmuddling the Limits, Eur Comp J 8 (2012) 365; *Budzinski* The Governance of Global Com-

https://doi.org/10.1515/9783110630718-012

petition (2008); *Cremona/Scott* (Hrsg) EU Law Beyond EU Borders (2019); *Dabbah* The Internationalisation of Antitrust Policy (2003); *Drexl* WTO und Kartellrecht – Zum Warum und Wie dieser Verbindung in Zeiten der Globalisierung, ZWeR 2004, 191; *ders* (Hrsg) The Future of Transnational Antitrust – From Comparative to Common Competition Law (2003); *Epstein/Greve* (Hrsg) Competition Laws in Conflict (2004); *Ezrachi* (Hrsg) Research Handbook on International Competition Law (2012); *Fikentscher/Immenga* (Hrsg) Draft International Antitrust Code (1995); *Gerber* Global Competition: Law, Markets, and Globalization (2010); *Guzman* (Hrsg) Cooperation, Comity, and Competition Policy (2010); *Huber* Auswirkungstheorie und extraterritoriale Rechtsanwendung im internationalen Kartellrecht, ZGR 1981, 510; *International Competition Policy Advisory Committee (ICPAC)* Final Report (2000) <usdoj.gov/atr/icpac/finalreport.html>; *Immenga* Internationales Wettbewerbsrecht: Unilateralismus, Bilateralismus, Multilateralismus (2004); *Kennedy* Competition Law and the World Trade Organisation: Limits of Multilateralism (2001); *Marsden* (Hrsg) Handbook of Research in Transnational Antitrust (2006); *ders* A Competition Policy for the WTO (2003); *Meessen* Völkerrechtliche Grundsätze des internationalen Kartellrechts (1975); *Mestmäcker* Staatliche Souveränität und offene Märkte, RabelsZ 1988, 205; *Möschel* Wettbewerb der Wettbewerbsordnungen, WuW 2005, 599; *Noonan* The Emerging Principles of International Competition Law (2008); *Oberender* (Hrsg) Internationale Wettbewerbspolitik (2006); *Reimers* Probleme und Perspektiven der Internationalisierung des Wettbewerbsrechts (2007); *Rowley* (Hrsg) International Merger Control (2002); *Scherer* Competition Policies for an Integrated World Economy (1994); *Schwarze* (Hrsg) Europäisches Wettbewerbsrecht im Zeichen der Globalisierung (2002); *Sokol* Monopolists Without Borders: The Institutional Challenge of International Antitrust in a Global Gilded Age, Berkeley Bus LJ 4 (2007) 37; *Sweeney* The Internationalisation of Competition Rules (2010); *Taylor* International Competition Law – A New Dimension for the WTO? (2006); *Ullrich* (Hrsg) Comparative Competition Law: Approaching an International System of Antitrust Law (1998); *Veelken* Interessenabwägung im Wirtschaftskollisionsrecht (1988); *Weinrauch* Competition Law in the WTO (2004); *Wagner-von Papp* Competition Law in EU Free Trade and Cooperation Agreements (and What the UK Can Expect After Brexit), European Yearbook for International Economic Law (EYIEL) 8 (2017), 301; *Weiß* Begründung und Grenzen internationaler Fusionskontrollzuständigkeiten, Teil I NZKart 2016, 202, Teil II NZKart 2016, 265; *Wilson* Globalization and the Limits of National Merger Control Laws (2003); *Wurmnest/Lund* Die internationale Reichweite der europäischen Wettbewerbsregeln nach dem Intel-Urteil des EuG, NZKart 2015, 73; *Zäch* (Hrsg) Towards WTO Competition Rules (1999); *Zanettin* Cooperation Between Antitrust Agencies at the International Level (2002).

A. Überblick

1 Sobald internationaler Wettbewerb existiert, gibt es auch Potentiale zu seiner Beschränkung.[1] Das zeigen globale und andere grenzüberschreitende Kartelle,[2] Miss-

1 *Mestmäcker* EuZW 1999, 523/529; *ders* in Schwarze (Hrsg) 11/18; *ders/Schweitzer* Europäisches Wettbewerbsrecht, 3. Aufl (2014) § 7 Rn 1; *Immenga* FS Mestmäcker (1996) 593/594; *Freytag/Zimmermann* RabelsZ 62 (1998) 38/39; *Möschel* FS Lukes (1989) 461. Internationaler Wettbewerb kann zwar lokale Marktmacht durchbrechen (*Möschel ibid* 466; *Guzman* Berkeley J Int'l L 22 (2004) 355/368; *Wagner-von Papp* EYIEL 8 (2017) 301/305), doch kann er seinerseits durch globale Marktmacht beschränkt werden (*Guzman ibid*; *Wagner-von Papp* EYIEL 8 (2017) 301/305f). Anders als bei *Möschel* erwartet, ist die Bedeutung internationaler Kartelle daher keineswegs gesunken; die Anzahl aufgedeckter Kartelle nimmt eher zu, *Fox* Virginia JIL 43 (2003) 911/923, was zwar teilweise, aber nicht vollständig auf die höhere Aufklärungsrate von Altkartellen durch *leniency*-Programme zurückzuführen ist (dazu *Kennedy* 291f).

2 S die Zusammenstellungen bei *Connor* J Ind Compet Trade 6 (2006) 195 (s a *ders* Global Price Fixing, 2. Aufl (2008)); *Budzinski* 14ff.

bräuche globaler marktbeherrschender Stellungen[3] und Zusammenschlüsse ausländischer Unternehmen mit Inlandsauswirkungen.[4] Internationale Wettbewerbsbeschränkungen existieren nicht erst, seit das Wort Globalisierung zum überstrapazierten Klischee geworden ist. Doch steigt ihre praktische Bedeutung mit dem Umfang internationalen Handels, der integrierten Lieferketten und der zunehmenden Bedeutung des Internet. Diesem gestiegenen Gefahrenpotential soll das Internationale Wettbewerbsrecht entgegenwirken, das unilaterale, bilaterale und pluri- bzw multilaterale Ansätze umfasst.

Die praktisch größte Bedeutung kommt der **unilateralen extraterritorialen Anwendung** nationaler oder supranationaler[5] Kartellrechtsordnungen zu (Rn 6ff). Obwohl der *Geltungsbereich hoheitlicher Akte* völkerrechtlich auf das Hoheitsgebiet des jeweiligen Staates beschränkt ist,[6] kann der *Anwendungsbereich* nationalen Rechts auf extraterritoriale Sachverhalte erstreckt werden. Zur Beurteilung, ob das nationale Recht auf extraterritoriale Sachverhalte anzuwenden ist, ist zunächst festzustellen, wie weit der nationale Gesetzgeber Auslandssachverhalte regeln *will* (Frage des nationalen *Kollisionsrechts*), sodann, wie weit er sie regeln *darf* (Frage der *völkerrechtlichen Grenzen*).[7] In den meisten Staaten wird inzwischen die extraterritoriale Kartellrechtsanwendung nach dem *Auswirkungsprinzip* kollisionsrechtlich anerkannt; hieraus ist inzwischen auch die völkerrechtliche Zulässigkeit abzuleiten. Diesbezüglich unterschiedliche Auffassungen haben in der Vergangenheit zuweilen zu Konflikten geführt. 2

Zur Vermeidung solcher Konflikte, zur Koordinierung mehrerer anwendbarer Kartellrechtsordnungen auf denselben Sachverhalt (*enforcement overlaps*) und zur Überwindung der Probleme, die sich aus dem nur territorialen Geltungsbereich nationalen Rechts ergeben (*enforcement gaps*), werden seit den 70er Jahren des 20. Jahrhunderts **bilaterale Abkommen** abgeschlossen (Rn 89ff). 3

---

3 S EuGH, Rs C-413/14 P, ECLI:EU:C:2017:632 – *Intel*; EuG, Rs T-201/04, Slg 2007, II-3601 – *Microsoft* iW Bestätigung von Kommission v 24.3.2004, COMP/C-3/37.792, C (2004) 900 endg – *Microsoft*; EuGH, Rs 60/81, Slg 1981, 2639 – *IBM* (zum Fortgang s Pressemitteilungen WuW 1984, 686; 1989, 207f; *Mestmäcker/Schweitzer* (Fn 1) § 7 Rn 2). Ferner die Google-Verfahren: Kommission v. 27.6.2017, COMP/AT.39740 — *Google Search (Shopping)* (Rechtsmittel beim EuG anhängig unter T-612/17), Kommission v. 18.7.2018, COMP/AT.40099 — *Google Android* (Rechtsmittel beim EuG anhängig unter T-604/18) und Kommission v. 20.3.2019, COMP/AT.40411 – *Google AdSense* (Rechtsmittel beim EuG anhängig unter T-334/19). Zu den völkerrechtlichen Aspekten des *Google Search (Shopping)*-Verfahrens *Wagner-von Papp*, Melbourne JIL 16 (2015) 608/613ff.

4 Kommission, ABl EG 1997 L 336/16 – *Boeing/McDonnell Douglas* (dazu *Kovacic* Antitrust LJ 68 (2001) 805; *Bavasso* ECLR 1998, 243; *Banks* ECLR 1998, 306/309ff; *Fiebig* ECLR 1998, 323/323; *Zanettin* 93ff); Kommission, ABl EG 1997 L 11/30 – *Gencor/Lonrho* bestätigt durch EuG, Rs T-102/96, Slg 1999, II-753 – *Gencor/Kommission*; Kommission, ABl EG 2004 L 48/1 – *GE/Honeywell* im Erg bestätigt durch EuG, Rs T-209/01, Slg 2005, II-5527 – *Honeywell/Kommission* und Rs T-210/01, Slg 2005, II-5575 – *GE/Kommission* (zu den transatlantischen Reaktionen *Gerber* ZWeR 2003, 87/87; *Zanettin* 98ff).

5 Im Verhältnis zu Drittstaaten ist das Wettbewerbsrecht der EU wie nationales Kartellrecht der extraterritorialen Anwendung zugänglich (s Rn 22ff). Um sprachliche Schwerfälligkeit zu vermeiden, wird im Folgenden auf den Zusatz „oder supranational" verzichtet.

6 S u Rn 82ff; s *Meessen/Funke* in Loewenheim/Meessen/Riesenkampff/Kersting/Meyer-Lindemann (Hrsg) Kartellrecht, 4. Aufl (2020) IntKartR Rn 14ff.

7 *Meng* ZaöRV 1981, 469/470.

4 Doch wird die Kombination von unilateraler extraterritorialer Kartellrechtsanwendung und bilateralen Abkommen zuweilen als nicht ausreichend angesehen.[8] Daher werden Forderungen nach umfassenderer internationaler Kooperation oder Harmonisierung des Kartellrechts in **multi- oder plurilateralen Abkommen** erhoben (Rn 103ff).

5 Von den umfassenden internationalen Kooperationen können – hier nicht behandelte – **regionale Kooperationen** unterschieden werden.[9]

B. Unilaterale extraterritoriale Kartellrechtsanwendung

I. Überblick

6 In der Rechtspraxis dominiert bei der Behandlung von Auslandssachverhalten die unilaterale extraterritoriale[10] Anwendung nationaler Kartellrechtsordnungen. Für den Anwendungsbereich einer nationalen Kartellrechtsordnung kann man mit *Meessen*[11]

8 *Basedow* 30, 37 und passim; *Baetge* Globalisierung 433ff, 519; *Immenga* FS Kantzenbach (1996) 155/158, 164.

9 Aufgrund divergenter wettbewerbspolitischer Vorstellungen und Marktverhältnisse wäre ein umfassender *globaler* „one size fits all"-Ansatz wenig erfolgversprechend; weltweite multilaterale Abkommen können aus diesen Gründen allenfalls auf Teilregelungen oder Mindeststandards zielen („kleinster gemeinsamer Nenner"). Regionale Kooperationen haben demgegenüber den Vorteil, homogenere Wettbewerbsbedingungen und -vorstellungen vorzufinden (*Taylor* 342f; *Smith/Hillman* JWT 40 (2006) 405/407; für die EU etwa *Möschel* (Fn 1) 461; s a *Baetge* Uniform L Rev 2004, 501/509). Auf dieser Ebene können daher eine weitergehende Harmonisierung und engere Kooperation verwirklicht werden. Musterbeispiel ist die Europäische Union, die im Innenverhältnis zwischen den Mitgliedstaaten durch ein teilharmonisiertes Kartellrecht und eine enge Kooperation der Kartellbehörden (im *European Competition Network ECN*) geprägt ist. Die EU hat ihrerseits durch zahlreiche bilaterale Handelsabkommen, Wettbewerbsabkommen mit Drittstaaten und Vereinbarungen auf Ebene der Wettbewerbsbehörden ein Netzwerk geschaffen, das sich in konzentrischen Kreisen um die EU mit ihren Nachbarstaaten legt (dazu *Wagner-von Papp* EYIEL 8 (2017) 301/324ff). Einen Überblick über diverse regionale Netzwerke geben *Maher/Papadopoulos* in Ezrachi (Hrsg) 60/64ff, 76ff.

10 Zuweilen wird bestritten, dass es sich um eine „extraterritoriale" Anwendung handele, da die Auswirkungen auf dem Territorium des Auswirkungsstaates eintreten (*Laker Airways v Sabena* 731 F2d 909/921 (DC Cir 1984); *F. Amato* World Comp 24 (2001) 451/461; mit anderer Begründung *Huber* ZGR 1981, 510/526f) oder die Wettbewerbsbeschränkung auf dem Territorium „durchgeführt" wird. Das Territorialitätsprinzip setzt aber voraus, dass mindestens *tatbestandsmäßige* Wirkungen auf dem Territorium eintreten. Da die wirtschaftlichen Auswirkungen und die Durchführung von Wettbewerbsbeschränkungen meist nicht zum Tatbestand der kartellrechtlichen Gefährdungstatbestände gehören (doch s GA *Darmon* Rs 89/85 ua, Slg 1988, 5214 Rn 26 – *Ahlström (Zellstoff I)* unter Hinweis auf die Bewirkensalternative des Art 101 AEUV), ist die Kartellrechtsanwendung nach dem Auswirkungsprinzip (und auch dem Durchführungsprinzip) extraterritorial (s u Fn 72). *Stockmann* in Loewenheim/Meessen/Riesenkampff/Kersting/Meyer-Lindemann (Hrsg) Kartellrecht, 4. Aufl (2020) § 185 Abs 2 GWB Rn 12 scheint auch für das Auswirkungsprinzip „Tatbestandsmäßigkeit" der Wirkung zu verlangen; dann würde aber das Auswirkungsprinzip auf das objektive Territorialitätsprinzip reduziert; es gäbe dann bei Vereinbarungen, die eine Wettbewerbsbeschränkung bloß bezwecken, keine extraterritoriale Anwendung.

11 *Meessen* 109f.

zwischen folgenden denkbaren Anknüpfungsprinzipien unterscheiden: dem *strengen Territorialitätsprinzip*, das auf Handlungen auf dem Staatsgebiet, bspw den Abschlussort eines Kartells, abstellt; dem *objektiven Territorialitätsprinzip*, nach dem der Ort der tatbestandsmäßigen Wirkung maßgeblich ist; dem *Auswirkungsprinzip*, das auf den Ort der tatbestandsmäßigen oder sonstigen Wirkung abstellt; und dem *Personalitätsprinzip*, wonach es auf die Staatsangehörigkeit eines Beteiligten (aktives Personalitätsprinzip) oder eines Betroffenen (passives Personalitätsprinzip) ankommt. Für die Auswahl zwischen diesen Möglichkeiten ist auf den **Grundsatz der sinnvollen Anknüpfung** abzustellen, wonach jede, aber auch ausschließlich eine Anknüpfung zu wählen ist, die der Verwirklichung des Zwecks der jeweiligen materiellen Regelung förderlich ist.[12] Welches Anknüpfungsprinzip für das Kartellrecht sinnvoll ist, bestimmt sich also nach dessen **Schutzzweck.**[13] Dieser besteht – jedenfalls grundsätzlich – im **Schutz des inländischen Wettbewerbs.**[14]

Ausgehend vom Schutzzweck ist es ohne weiteres einsichtig, dass es nicht sinnvoll wäre, ein strenges Territorialitätsprinzip zugrunde zu legen: Die Schädlichkeit eines Kartells für den inländischen Wettbewerb unterscheidet sich nicht danach, ob es im Inland vereinbart wurde oder auf einer Auslandsreise; die Anknüpfungstatsache dieses Kriteriums ist allzu leicht manipulierbar.[15] Ebenso wenig wäre eine Anknüpfung an die Staatsangehörigkeit oder den Sitz der Beteiligten mit dem Schutzzweck des Kartellrechts zu vereinbaren. Der Inlandswettbewerb kann von Ausländern wie von Inländern, vom Ausland wie vom Inland aus angegriffen werden.[16] 7

---

12 KG WuW/E OLG 2419/2420 – *Synthetischer Kautschuk II*; KG WuW/E OLG 3051/3053f – *Morris-Rothmans* (zur Erledigung der Rechtsbeschwerde BGH WuW/E BGH 2211); OLG Frankfurt aM WuW/E DE-R 801/804 – *Brüsseler Buchhandlung*. Begründet wurde der Grundsatz der sinnvollen Anknüpfung von *Mann* Recueil des Cours 111 (1964-I) 9/46–51; *ders* Recueil des Cours 186 (1984-III) 9/28 und passim; speziell zum Kartellrecht auf *Manns* Ansatz aufbauend und für die deutsche Entwicklung maßgebend *Meessen* 101-108; *ders* Economic Law in Globalizing Markets (2004) 32; *ders* Am J Int'l L 78 (1984) 783/800-801; *ders* ZHR 143 (1979) 273/276; LMRKM-*Meessen/Funke* (Fn 6) IntKartR Rn 71; *Möschel* Recht der Wettbewerbsbeschränkungen (1983) 84f; *Wagner-von Papp/Wurmnest* in Münchener Kommentar zum Wettbewerbsrecht, Bd 1, 3. Aufl (2020) Grdl Rn 1339ff; *Rehbinder* in Immenga/Mestmäcker (Hrsg) WettbR-EU, 6. Aufl (2019) Internationales Wettbewerbsrecht Rn 15; *Rehbinder/von Kalben* in Immenga/Mestmäcker (Hrsg) GWB, 6. Aufl (2020) § 185 Rn 127; *Immenga/Wurmnest* in Münchener Kommentar zum Bürgerlichen Gesetzbuch, 7. Aufl (2018) IntWettbR/IntKartR Rn 13f; *Stadler* in Langen/Bunte (Hrsg) Kartellrecht, Bd 1, 13. Aufl (2018) § 185 Rn 143; LMRKM-*Stockmann* (Fn 10) § 185 Abs 2 GWB Rn 10, 11; *Rudolf* in Jaeger/Kokott/Pohlmann/Schroeder (Hrsg) Frankfurter Kommentar § 185 GWB (Aug 2017) Rn 210, 213; dagegen *Bach* WuW 1997, 290/293.

13 *Mestmäcker/Schweitzer* (Fn 1) § 7 Rn 9; LMRKM-*Stockmann* (Fn 10) § 185 Abs 2 Rn 11.

14 StRspr BGH WuW/E BGH 1276/1279 – *Ölfeldrohre*; BGH WuW/E BGH 1613/1614 – *Organische Pigmente*; BGH WuW/E BGH 2596/2597 – *Eisenbahnschwellen*; OLG Düsseldorf WuW/E OLG 1061/1063 – *Kundenschutzvereinbarung*; OLG Stuttgart WuW/E OLG 5895 – *Flugzeugschlepper*; KG in *Synthetischer Kautschuk II* und *Morris-Rothmans* (Fn 12); OLG Frankfurt aM in *Brüsseler Buchhandlung* (Fn 12); *Immenga/Wurmnest* (Fn 12) Rn 16; FK-*Rudolf* (Fn 12) § 185 Rn 219. Doch s u zu Exportbeschränkungen, Rn 78ff.

15 Ua EuGH, Rs 89/85, Slg 1988, 5193 Rn 16 – *Ahlström (Zellstoff I)*; *Meessen* 17; LMRKM-*Meessen/Funke* (Fn 6) IntKartR Rn 67; *Wagner-von Papp* in Ezrachi (Hrsg) 21. Bei Wettbewerbsbeschränkungen handelt es sich um *Distanzdelikte*.

16 FK-*Rudolf* (Fn 12) § 185 Rn 219; *Möschel* (Fn 12) 84f.

8 Der Schutzzweck des Kartellrechts gebietet es vielmehr, auf die Auswirkungen der Wettbewerbsbeschränkung auf den inländischen Wettbewerb abzustellen.[17] Das **Auswirkungsprinzip** gilt sowohl für das Kartellverwaltungsrecht und Kartellordnungswidrigkeitenrecht[18] als auch – seit dem 11.1.2009 in der Ausprägung des Art 6 Abs 3 der Rom II-Verordnung – für das internationale Kartellprivatrecht.[19] Das Auswirkungsprinzip entspricht der inzwischen nahezu allgemeinen internationalen Staatenpraxis, und ist völkerrechtlich als zulässig anzusehen.

9 Obwohl das Auswirkungsprinzip im Grundsatz international anerkannt ist (Rn 10ff), sind die Einzelheiten umstritten. Einschränkungen (dazu Rn 43ff) werden teilweise aus dem Völkerrecht abgeleitet – genannt werden insoweit alternativ oder kumulativ das Einmischungsverbot, das Rechtsmissbrauchsverbot, der Grundsatz der Interessenabwägung und die Völkercourtoisie (*comitas gentium*); teilweise wird auf das nationale Kollisionsrecht abgestellt.

II. Die Durchsetzung des Auswirkungsprinzips

1. USA

10 Die extraterritoriale Anwendung des Kartellrechts auf der Grundlage des Auswirkungsprinzips entwickelte sich in den USA.[20] In der ersten einschlägigen Entscheidung des *US Supreme Court*, der *American Banana*-Entscheidung aus dem Jahr 1909, wurde die extraterritoriale Anwendung des Sherman Act noch wegen völkerrechtlicher Bedenken abgelehnt.[21] Im Jahr 1945 befasste sich das Berufungsgericht des *Second Circuit* im Auftrag des *US Supreme Court* (dem es am notwendigen Quorum

---

17 Nachw Fn 12. Auswirkungen sind der *einzige* sinnvolle Anknüpfungspunkt s MüKo-BGB-*Immenga/Wurmnest* (Fn 12) Rn 14; s a IM-EU-*Rehbinder* (Fn 12) IntWbR Rn 26; L/B-*Stadler* (Fn 12) § 185 Rn 143. AA allerdings der Begründer der Theorie der sinnvollen Anknüpfung, *Mann* Recueil des Cours 111 (1964 I) 9/103-108, der für die Anwendung des Kartellrechts eines Staates verlangt, dass entweder ein Teil der wettbewerbsbeschränkenden Tätigkeit auf dem Territorium dieses Staates stattfindet oder einer der Beteiligten Staatsangehöriger dieses Staates ist (was dann für die Anwendbarkeit gegenüber *allen* Beteiligten ausreichen soll).

18 MüKo-BGB-*Immenga/Wurmnest* (Fn 12) Rn 6ff; LMRKM-*Stockmann* (Fn 10) § 185 Abs 2 Rn 6. Das Auswirkungsprinzip gilt nach umstr Auffassung a für das Verfahrensrecht, LMRKM-*Stockmann ibid* Rn 7; FK-*Rudolf* (Fn 12) § 185 Rn 209, 276ff.

19 Art 6 Abs 3 VO 864/2007 („Rom II") mit Erwägungsgrund 22; zu dieser Vorschrift *Francq/Wurmnest* in Basedow/Francq/Idot (Hrsg) 91; *Mankowski* RIW 2008, 177; MüKo-WettbR-EU-*Wagner-von Papp/Wurmnest* (Fn 12) Grdl Rn 1462ff; s a *Immenga* WuW 2008, 1043.

20 Im Überblick *Baetge* in Gottschalk/Michaels/Rühl/von Hein (Hrsg) Conflict of Laws in a Globalized World (2007) 220, 221ff; *Grimes* in Ullrich (Hrsg) 219ff; *Wagner-von Papp* in Ezrachi (Hrsg) 21/23ff; ausf *Dlouhy* Extraterritoriale Anwendung des Kartellrechts im europäischen und US-amerikanischen Recht (2003).

21 *American Banana v United Fruit* 213 US 347/355f (1909). Doch bestand in diesem Fall die zusätzliche Besonderheit, dass das mit der Klage beanstandete Verhalten – indirekt – ein solches eines ausländischen Staates betraf (dazu Rn 68ff).

fehlte) in der *Alcoa*-Entscheidung erneut mit der Frage.[22] Richter *Learned Hand* führte aus, dass eine Bestrafung zwar dann dem Völkergewohnheitsrecht widerspräche, wenn das Verhalten keinerlei Konsequenzen in den USA habe.[23] Doch sei es anerkannt, dass der Staat extraterritoriales Verhalten auch von Nichtstaatsangehörigen regulieren dürfe, sofern dieses Verhalten Auswirkungen im Inland habe; dies gelte zumindest dann, wenn diese Auswirkungen sowohl tatsächlich eingetreten als auch intendiert gewesen seien.[24]

Seit der *Alcoa*-Entscheidung gilt das **Auswirkungsprinzip** (*effects doctrine*) in 11
den USA als fest etablierter Test zur Bestimmung der Reichweite des Sherman Act.[25]

1982 wurde der **Foreign Trade Antitrust Improvement Act (FTAIA)** erlassen. Er 12
positiviert für den Exporthandel und rein ausländische Sachverhalte ein **qualifiziertes Auswirkungsprinzip**: die Auswirkungen auf den US-amerikanischen Wettbewerb müssen **unmittelbar, wesentlich und objektiv vorhersehbar** sein (*direct, substantial, and reasonably foreseeable*).[26] Den Importhandel erfasst der FTAIA nicht („*import*

---

22 *US v Aluminum Co of America* 148 F2d 416 (2d Cir 1945). Zu beurteilen war ein in der Schweiz abgeschlossenes Quotenkartell zwischen Unternehmen aus Deutschland, Frankreich, der Schweiz, Großbritannien und Kanada. Lieferungen in die USA wurden nach einem expliziten Beschluss des Kartells auf die Quoten angerechnet. – Es handelt sich nicht um eine gewöhnliche Court of Appeals-Entscheidung; der Second Circuit entschied diesen Fall an Stelle des US Supreme Court, an dem sich nicht das nötige Quorum an Richtern gefunden hatte (S 421 der Entscheidung); der Entscheidung kommt daher ein erhöhter Präzedenzwert zu. Zum Hintergrund der *Alcoa*-Entscheidung *Waller* in Fox/Crane (Hrsg) Antitrust Stories (2010) 121–143; *Wagner-von Papp* in Ezrachi (Hrsg) 21/24ff.

23 148 F2d 416/443.

24 *Ibid*; offen gelassen wurde, ob ein Bezwecken auch ohne Wirkung ausreichen würde, um die extraterritoriale Kartellrechtsanwendung zu legitimieren (S 443f).

25 *F. Hoffmann-La Roche v Empagran* 542 US 155/165 (2004); *Hartford Fire v California* 509 US 764/795f (1993); *Carrier Corp v Outokumpu Oyj* 673 F3d 430/438f (6th Cir 2012); *US v Nippon Paper* 109 F3d 1/3f (1st Cir 1997) (auch für das Kartellstrafrecht); In *re Uranium Antitr Lit* 617 F2d 1248/1253ff (7th Cir 1980); *Timberlane Lumber v Bank of America* 549 F2d 597/608ff (9th Cir 1976). Die *American Banana*-Entscheidung wird demgegenüber als weitgehend obsolet angesehen, s *Choy J.* in *Timberlane Lumber v Bank of America* 549 F2d 597/608f (9th Cir 1976).

26 Abschnitt IV des Public Law 97–290 v 8.10.1982, 96 Stat 1233. 15 U. S.C. § 6a, der durch § 402 des FTAIA eingeführt wurde, begrenzt seither den Anwendungsbereich des Sherman Act: „Sections 1 to 7 of this title shall not apply to conduct involving trade or commerce (other than import trade or import commerce) with foreign nations unless (1) such conduct has a direct, substantial, and reasonably foreseeable effect (A) on trade or commerce which is not trade or commerce with foreign nations, or on import trade or import commerce with foreign nations; or (B) on export trade or export commerce with foreign nations, of a person engaged in such trade or commerce in the United States; and (2) such effect gives rise to a claim under the provisions of sections 1 to 7 of this title, other than this section. If sections 1 to 7 of this title apply to such conduct only because of the operation of paragraph (1) (B), then sections 1 to 7 of this title shall apply to such conduct only for injury to export business in the United States.“ Entsprechend ist auch der Anwendungsbereich des FTC Act begrenzt (§ 403 des FTAIA, durch den die Absätze 3 und 4 an § 5 FTC Act angefügt wurden), nicht aber der des Clayton Act. Einen Überblick über die Rechtsprechung und zu Auslegungsproblemen gibt *Huffman* Hous L Rev 44 (2007) 285; s a *Wagner-von Papp* in Ezrachi (Hrsg) 21/26ff; zur Anwendung des FTAIA in *Empagran* s u Rn 71ff. Die inzwischen hM in den USA sieht dies als Beschränkung der materiellen kartellrechtlichen Tatbestände an, nicht als Begrenzung der internationalen Zuständigkeit.

commerce exception"); hier bleibt es bei den Grundsätzen, die in *Alcoa* und dem folgenden Fallrecht entwickelt wurden.[27]

13 Eine bisher geringe Rolle hat die **Öffnung fremder Märkte für amerikanische Exporteure** mit Mitteln des amerikanischen Kartellrechts gespielt.[28] Der FTAIA eröffnet auch diese Option.[29] Als Drohung verwendeten die USA diese Variante gegenüber Japan, dem sie vorwarfen, durch das System vertikaler und konglomerater Beteiligungen und Verträge (*keiretsu*) den japanischen Markt gegenüber amerikanischen Investoren abzuschotten.[30] Diese *outbound commerce*-Fälle sind problematischer als die *inbound commerce*-Fälle, wie sie unter dem Auswirkungsprinzip üblich sind – im Grundsatz müssen die Exportunternehmen die Märkte wohl so nehmen, wie sie sie

---

27 Doch werden ähnliche Maßstäbe angelegt: *Hartford Fire* (Fn 25) 795f, verlangt auch für den Import „some substantial effect in the United States" und in *Empagran* (Fn 25) 173, wird auf die Formulierung in *Timberlane* (Fn 25) 613, Bezug genommen, wonach die Inlandsauswirkung „sufficiently large to present a cognizable injury" sein müsse; *US Department of Justice/Federal Trade Commission* Antitrust Guidelines for International Enforcement and Cooperation (2017) Abschn 3.1 (die darauf hinweisen, dass in diesen Fällen idR auch die FTAIA-Kriterien erfüllt sein werden). S a *Elhauge/Geradin* Global Competition Law and Economics, 2. Aufl (2011) 1143f.

28 *US v Pilkington plc* s <usdoj.gov/atr/cases/pilkin0.html> (die Beschwerde und das competitive impact statement sind aussagekräftiger als das Final Judgment, 1994-2 CCH Trade Cases § 70,842 (D Ariz 1994)); s a *US v C. Itoh* 1982–83 CCH Trade Cases § 65,010 (WD Wash 1982). Zu diesen Fällen *Warner* Nw J Int'l L & Bus 19 (1999) 330/340ff; s a *Grimes* (Fn 20) 226ff. S bereits *Continental Ore v Union Carbide* 370 US 690 (1962).

29 15 U. S.C. § 6a(1)(B) (s Fn 26). Bei dieser Variante wird das Auswirkungs- nicht mit dem Territorialitätsprinzip, sondern mit dem passiven Personalitätsprinzip kombiniert. In den Leitlinien aus dem Jahr 1988 hatte die „Fußnote 159" noch gelautet, dass sich die Kartellbehörden trotz der weitergehenden Ermächtigung im FTAIA auf solche Wettbewerbsbeschränkungen konzentrieren würden, die Auswirkungen auf Verbraucher in den USA hätten. 1992 bekannte sich die US-Regierung öffentlich zu einem Richtungswechsel und strich die Fußnote 159. Auch in den Vorgänger-Leitlinien von 1995 machten die Kartellbehörden deutlich, dass die Anwendung des US-Kartellrechts auf extraterritoriale Sachverhalte auch mit der Behinderung von US-Exporteuren begründet werden könne (*Department of Justice/Federal Trade Commission*, Antitrust Enforcement Guidelines for International Operations (1995) Abschn 3.122. Die Nachfolge-Leitlinien aus dem Jahr 2017 (Fn 27) sind nicht ganz so eindeutig, doch betonen sie zwar (in Abschn 3.2 nach Beispiel D), dass *private* Klagen in diesen Fällen nur Erfolg haben können, wenn ein vom Schutzzweck des Kartellrechts gedeckter Schaden („*antitrust injury*") entsteht; bei der öffentlichrechtlichen Durchsetzung dagegen reiche ein unmittelbarer, erheblicher und objektiv vorhersehbarer Effekt auf den US-Handel. Zur Anwendung des amerikanischen Kartellrechts auf Exportsachverhalte s *ICPAC* Annex 5A.

30 Dies zu einer Zeit, in der die USA offiziell eine Politik der quasi *per se*-Legalität gegenüber vertikalen und konglomeraten Beschränkungen propagierten. Auf diese Ironie verweisen *Trebilcock* JWT 30 (1996) 71/99, und *Kennedy* 261. Konsequent hingegen *Wood* in Epstein/Greve (Hrsg) 177/180, und *Melamed* Geo Mason L Rev 6 (1998) 437/441f. Zum USA/Japan-Konflikt s *Coppel* ECLR 1992, 192; *Ayer/Baker* ECLR 1993, 3; *Warner* Nw J Int'l L & Bus 19 (1999) 330; *Bingaman* The Role of Antitrust in International Trade v 3.3.1994, verfügbar unter <usdoj.gov/atr/public/speeches/intjapan.html>. Im *Kodak-Fuji*-Fall hatten die USA erfolglos versucht, das Nichteinschreiten Japans gegen die Wettbewerbsbeschränkungen als WTO-Verletzung vor dem Panel anzugreifen (s WTO, *Photos*, Panel v 22.4.1998, WT/DS44/R; dazu *Kennedy* 170ff, 329f; *Taylor* 191ff; *Drexl* in Zäch (Hrsg) 225/242f); das Vorgehen der USA wurde von Seiten der EU unterstützt, s *Sir Leon Brittan* ABl EG 1997 C 11/100.

vorfinden, ohne ihr eigenes Kartellrecht mit zu exportieren; anderes mag für direkt oder indirekt diskriminierende Beschränkungen oder gezielte Boykotte gelten.[31]

2. Deutschland

In Deutschland ist das Auswirkungsprinzip seit Inkrafttreten des GWB im Jahre 1958 positiviert. Ursprünglich fand sich die Vorschrift in § 98 Abs 2 GWB 1958; dies verschob sich durch Einfügen des Kartellvergaberechts ins GWB in der sechsten GWB-Novelle, so dass die Vorschrift sich zwischenzeitlich in § 130 Abs 2 GWB fand; seit einer Reform des Vergaberechts im Jahr 2016 entspricht dies dem heutigen **§ 185 Abs 2 GWB**. Für das *Kartellprivatrecht* ist hinsichtlich außervertraglicher Ansprüche jetzt **Art 6 Abs 3 VO (EG) 864/2007 („Rom II")** zu beachten, der gleichermaßen für das europäische und das nationale Kartellrecht gilt (Erwägungsgrund 22); für vertragliche Ansprüche gilt grundsätzlich die **Verordnung (EG) Nr 593/2008 („Rom I")**. Die kollisionsrechtliche Frage des „Ob" eines Auswirkungsprinzips stellt sich in Deutschland somit nicht. Die Diskussion verschiebt sich auf die Frage, ob die Auswirkungen aus kollisions- oder völkerrechtlichen Gründen in irgendeiner Hinsicht qualifiziert sein müssen (Rn 43ff). 14

§ 185 Abs 2 GWB ist eine *zwingende* Kollisionsnorm: Sofern Inlandsauswirkungen vorliegen, kann durch eine Rechtswahlvereinbarung deutsches Kartellrecht nicht abbedungen werden.[32] 15

Im Bereich der extraterritorialen **Zusammenschlusskontrolle**[33] hat das Bundeskartellamt das Merkblatt Inlandsauswirkungen in der Fusionskontrolle im September 16

---

31 *Trebilcock* JWT 30 (1996) 71/97ff; *ders/Iacobucci* in Epstein/Greve (Hrsg) 152/158ff; *Noonan* 264–269; *Wagner-von Papp* in Ezrachi (Hrsg) 21/37ff; ganz ablehnend *F. Amato* World Comp 24 (2001) 451/461f. So wünschenswert ein Aufbrechen fremder Märkte aus Wettbewerbssicht sein mag: Die Präferenzen der dortigen Bevölkerung können andere sein (s u Rn 124).

32 AllgM, etwa KG WuW/E DE-R 384/385 – *Show-Produktions-Vertrag*. Entsprechendes gilt grds für alle eingriffsrechtlichen Kollisionsnormen. Ob deutsches Kartellrecht bei fehlenden Inlandsauswirkungen *zugewählt* werden kann, war streitig (verneinend OLG Karlsruhe WuW/E OLG 2340/2342 – *Ausgleichsanspruch*; L/B-*Stadler* (Fn 12) § 185 Rn 128; bejahend MüKo-BGB-*Immenga/Wurmnest* (Fn 12) Rn 4; nicht eindeutig LMRKM-*Stockmann* (Fn 10) § 185 Abs 2 einerseits Rn 3, andererseits Rn 5) und ist heute für das Kartellprivatrecht auf der Grundlage der Rom I VO zu bestimmen. Durch eine Zuwahl deutschen Kartellrechts würde sich jedenfalls nichts an einer etwaigen Anwendbarkeit ausländischen Kartellrechts als Eingriffsrecht ändern. Da die Parteien regelmäßig kein Interesse an einer Kumulierung mehrerer Kartellrechtsordnungen haben, liegt allein in der generellen Wahl deutschen Rechts keine Zuwahl des deutschen Kartellrechts (daher im Erg zutr OLG Karlsruhe aaO). Doch ist dies letztlich eine *Frage der Auslegung* der Rechtswahlvereinbarung; wenn die Parteien deutsches Kartellrecht zuwählen wollen, sollte ihnen dies gestattet sein. Allerdings ist die Frage wohl eher akademischer Natur: IdR dürfte allenfalls die stärker schutzbedürftige Partei ein Interesse an der Zuwahl zusätzlicher Kartellrechtsvorschriften haben (etwa ein abhängiges Unternehmen an der Zuwahl des § 20 GWB). Gerade diese schwächere Partei wird sich aber bei der Rechtswahlvereinbarung kaum durchsetzen können. Hinsichtlich des *Gerichtsstandes* hat der EuGH entschieden, dass eine vertragliche Gerichtsstandsvereinbarung für Ansprüche aus dem Vertrag und den sich daraus ergebenden Beziehungen (oder der entsprechenden Beziehung) sich auch auf eine aus Art 102 AEUV gestützte Schadensersatzklage bezieht: EuGH, Rs C-595/17, ECLI:EU:C:2018:854, WuW 2018, 630 — *Apple*.

33 S BKartA, Merkblatt zur Inlandsauswirkung (30.9.2014).

2014 überarbeitet, in welchem es Fallgruppen bildete, in denen es die Inlandsauswirkung als klar gegeben (Rn 12–13 des Merkblatts), als klar nicht gegeben (Rn 14–16 des Merkblatts) oder als Frage des Einzelfalls (Rn 17–21 des Merkblatts) ansieht.[34] Zusätzlich zu den nach § 185 Abs 2 GWB erforderlichen Auswirkungen verlangt das Gesetz in § 35 Abs 1 GWB, dass die beteiligten Unternehmen weltweite Umsatzerlöse von insgesamt mehr als € 500 Mio (weltweite Gesamtumsatzschwelle), sowie ein Unternehmen Inlandsumsatzerlöse von mehr als € 50 Mio und ein anderes Unternehmen Inlandsumsatzerlöse von mehr als € 17,5 Mio erzielt haben (doppelte Inlandsumsatzschwelle). Von dem Erfordernis der doppelten Inlandsumsatzschwelle macht nunmehr § 35 Abs 1a eine Ausnahme, wenn der Wert der Gegenleistung für den Zusammenschluss mehr als € 400 Mio beträgt und das erwerbende Unternehmen „in erheblichem Umfang im Inland tätig ist." Wenn beide Inlandsumsatzschwellen überschritten sind und ein *Zielunternehmen* eine dieser Schwellen überschreitet, sieht das Bundeskartellamt regelmäßig auch die Inlandsauswirkung als gegeben an.[35]

17 Die Kombination des Auswirkungsprinzips mit einer seit 2009 zwar doppelten,[36] aber ursprünglich mit € 5 Mio relativ niedrigen[37] zweiten Inlandsumsatzschwelle wurde zuweilen kritisiert, weil die niedrige zweite Schwelle immer noch zu einer Vielzahl von Anmeldungen führe, die keinen hinreichenden Bezug zum deutschen Inlandsmarkt hätten. Diskutiert werden verschiedene – angeblich völker-, kollisions- und/oder verfassungsrechtlich gebotene – Begrenzungen: Nach manchen sollen nur Zusammenschlüsse anmeldepflichtig sein, bei denen die Unternehmen in Deutschland mit Tochtergesellschaften, Niederlassungen oder „unternehmerischem Potential" präsent sind.[38] Andere verlangen, das „Schwergewicht" des Zusammenschlusses müsse in

34 BKartA (Fn 33) und Überblick in MüKo-WettbR-EU-*Wagner-von Papp/Wurmnest* (Fn 12) Grdl Rn 1442ff; dazu *Bardong*, J Eur Comp L & Pr 6 (2015) 477.

35 BKartA (Fn 33) Rn 12; zwingend ist die Inlandsauswirkung selbst in diesen Fällen freilich nicht, so dass eine Prüfung angebracht erscheint, MüKo-WettbR-EU-*Wagner-von Papp/Wurmnest* (Fn 12) Grdl Rn 1444f (nach denen zumindest eine konkrete Möglichkeit einer plausiblen „theory of harm" erforderlich sein soll); gegen eine Einbeziehung einer Betrachtung der materiellen (potentiellen) Wettbewerbsbeeinträchtigung aber *Bardong* J Eur Comp L & Pr 6 (2015) 477/481.

36 Die zweite Inlandsumsatzschwelle wurde durch das Dritte Mittelstandsentlastungsgesetz (MEG III) eingeführt (Art 8 des Gesetzes zum Abbau bürokratischer Hindernisse insbesondere in der mittelständischen Wirtschaft (Drittes Mittelstandsentlastungsgesetz) v 17.3.2009, BGBl 2009 I, S 550/551, in Kraft seit 25.3.2009; zur Begründung s BR-Drs 558/08). Die Forderung nach einer zweiten Schwelle war bereits von *Barthelmeß/Schulz* WuW 2003, 129ff, *Bach* WuW 1997, 291/299f und *Podszun* GRUR Int 2008, 204/208, erhoben worden. Gegen die Einführung (zumindest als Voraussetzung auch für die *materielle*) Fusionskontrolle *Wagner-von Papp* WuW 2008, 1167ff.

37 Bereits kurz nach Einführung der € 5 Mio-Schwelle wurden Forderungen nach einer Anhebung der Schwelle laut (s *von Brevern* BB 2008, 2195/2196, 2199; *Miege* WuW 2009, 475). Dagegen zutreffend *Bardong* WuW 2011, 350ff, auf der Basis einer empirischen Untersuchung der hypothetischen Wirkung, die verschiedene zweite Inlandsumsatzschwellen auf Anmeldungen in den Jahren vor der Einführung der doppelten Inlandsumsatzschwelle gehabt hätten.

38 So – allerdings noch vor Einführung der zweiten Inlandsumsatzschwelle – *Bach* WuW 1997, 291/296ff; *Bechtold* in Oberender (Hrsg) 129/140; *Huber* ZGR 1981, 510/534ff. Dagegen zutr OLG Düsseldorf WuW/E 2477 Rn 35 – *Phonak/ReSound* (aus and Gründen aufgehoben; in der Rechtsbeschwerdeinstanz wurde die Frage der internationalen Zuständigkeit nicht problematisiert).

Deutschland liegen.[39] Spätestens seit der erheblichen Anhebung der Inlandsumsatzschwellen durch das GWB-Digitalisierungsgesetz v. 18.1.2021 sind solche zusätzlichen Hürden nicht mehr erforderlich. Soweit dagegen im neuen § 35 Abs 1a GWB auf die zweite Inlandsumsatzschwelle verzichtet wird, kann eine zusätzliche kollisions- und völkerrechtliche Prüfung notwendig sein: denn nach dieser Vorschrift greift die Zusammenschlusskontrolle bereits dann, wenn allein das erwerbende Unternehmen im Inland tätig ist. Die Anwendung der formellen Fusionskontrolle dürfte durch das Erfordernis des § 35 Abs 1a Nr 4 GWB auch in diesen Fällen völker- und kollisionsrechtlich gerechtfertigt sein. Eine materielle Untersagung eines solchen Zusammenschlusses dagegen erfordert aus völker- und kollisionsrechtlichen Gründen eine zusätzliche Prüfung, ob der Inlandswettbewerb durch den Zusammenschluss beeinträchtigt wird. Das kann in Fällen des § 35 Abs 1a GWB der Fall sein, muss es aber nicht.

18 Zuzugeben ist, dass das Problem der sog **multijurisdictional mergers** derzeit unbefriedigend geregelt ist; die Mehrfachanmeldung materiell häufig unproblematischer Zusammenschlüsse verursacht hohe Transaktionskosten.[40] Jedenfalls für die Frage der *materiellen Untersagungsbefugnis* kann es allerdings auf einen Sitz der Unternehmen in Deutschland nach zutreffender Ansicht nicht ankommen; wie bei Kartellen wäre sonst eine Umgehung der Fusionskontrolle durch strategische Wahl des Unternehmenssitzes in Ländern mit laxer Fusionskontrolle möglich.[41] Auch eine Abgrenzung nach dem „Schwergewicht“ ist nicht sinnvoll: Abgesehen von der Unschärfe dieses Kriteriums läge das Schwergewicht nicht selten im Herkunftsstaat der Unternehmen, so dass man sich auf die Effektivität der Fusionskontrolle gerade desjenigen Staates verlassen müsste, in dem regelmäßig die schwerstwiegenden *public choice*-Bedenken bestehen (Stichwort *national champions*, Arbeitsplätze etc). Eine unkontrollierte Unter-

---

39 So – ebenfalls vor Einführung der zweiten Inlandsumsatzschwelle – das KG WuW/E OLG 2419, 2420 – *Synthetischer Kautschuk II*; zur Frage der Bestimmung des Schwerpunktes s BKartA WuW/E DE-V 777/782 – *Ajinomoto/Orsan* und dazu krit *Barthelmeß/Rudolf* WuW 2003, 1176.

40 Allgem *ICN* Report on the Costs and Burdens of Multijurisdictional Merger Review (Nov 2004), verfügbar unter <internationalcompetitionnetwork.org/uploads/library/doc332.pdf>; *Antitrust Modernization Commission* 217; *ICPAC* 87ff; *Budzinski* 47ff; *Idot* in Drexl (Hrsg) 63/68ff; *Immenga* in Drexl (Hrsg) 81ff; *Becher* in Schwarze (Hrsg) 77ff; *Heckenberger* in Schwarze (Hrsg) 89ff; *Bär-Bouyssière* in Schwarze (Hrsg) 97ff; *Griffin* ECLR 1998, 12; relativierend aber *Bradford* Harvard ILJ 48 (2007) 383/403f; *Ullrich* in ders (Hrsg) 43/59. – In Deutschland sind Lösungen nur ansatzweise vorhanden: Zum einen existiert eine allgemeine Weisung des BMWi, wonach die Freigabe von Auslandszusammenschlüssen ausnahmsweise ohne vollständige Anmeldung erfolgen darf, wenn die Informationen nicht rechtzeitig beschafft werden können und eine Untersagung erkennbar nicht in Betracht kommt (BAnz v 7.6.1980 Nr 103; BKartA (Fn 33) Rn 24). Zum anderen können im europäischen Kontext die Parteien nach Art 4 Abs 5 der FKVO 139/2004 die Verweisung an die Kommission beantragen, wenn der Zusammenschluss sonst durch drei oder mehr EU-Mitgliedstaaten zu prüfen wäre, wobei die Mitgliedstaaten ein Vetorecht gegen die Verweisung haben; auf Antrag eines Mitgliedstaates kann die Kommission das Verfahren auch nach Art 22 der FKVO 139/2004 an sich ziehen. Vgl dazu *Körber* WuW 2007, 330ff, und die Mitteilung der Kommission über die Verweisung in Fusionssachen, ABl EU 2005 C 56/2.

41 Wie hier BKartA WuW/E DE-V 1340/1344 Rn 28 – *Sulzer/Kelmix* (wg fehlerhafter Auslegung der Bagatellmarktklausel aufgehoben, BGH WuW/E DE-R 2133 – *Sulzer/Kelmix* s u bei und in Fn 47); BKartA WuW/E DE-V 1365/1368 Rn 31 – *Phonak/GN ReSound*; FK-*Rudolf* (Fn 12) § 185 Rn 256 mit 218. Der Vergleich mit Kartellen hinkt freilich etwas, weil die Verlagerung des Abschlussortes leichter ist als eine Sitzverlegung.

ordnung des gewichtigen Interesses am Erhalt einer freien Wettbewerbsordnung in Deutschland unter derartige Interessen des Auslandes widerspräche der Gleichheit der Staaten.[42] Hat der Zusammenschluss in einem Staat spürbare Auswirkungen, so kann dieser Staat den Zusammenschluss untersagen – ob andere Staaten auch, mehr, weniger oder gar nicht betroffen sind, ist grds irrelevant.[43] Die seit 2009 vom deutschen Gesetzgeber gewählte Lösung der doppelten Inlandsumsatzschwelle in § 35 Abs 1 Nr 2 GWB scheint auf den ersten Blick zur Aussortierung unproblematischer Fälle eher geeignet; doch erkaufte man dies ursprünglich mit einem vollständigen Verzicht auf die Kontrolle der Eliminierung *potentieller* Wettbewerber (oder aktueller Wettbewerber, die im Markt mit einer *toehold*-Beteiligung präsent sind).[44] Für eine Sonderkonstellation hat das auch der Gesetzgeber erkannt, der die zweite Inlandsumsatzschwelle für die in § 35 Abs 1a GWB genannte Konstellation wieder entfernte. Freilich ist zu beachten, dass manche der Vorschläge in der Literatur allein auf eine Freistellung von der *Anmeldepflicht* zielen, während die materielle Untersagungsbefugnis auch bei reinen Auslandszusammenschlüssen anerkannt bleibt.[45] Rechtspolitisch wäre die doppelte In-

---

42 Hierzu würde letztlich der Ansatz von *Barthelmeß/Rudolf* WuW 2003, 1176 führen, die einen Zusammenschluss wegen der Auswirkungen auf französische Arbeitsplätze der deutschen Kontrolle entziehen wollen, durch den zwei Unternehmen einen gemeinsamen Marktanteil in Deutschland von mehr als 2/3 erzielen würden (und denen in Bezug auf den relevanten Produktmarkt Kartellierung vorgeworfen wird, s *In re Monosodium Glutamate Antitr Litig* 477 F3d 535 (8th Cir 2007)).

43 Vgl im europäischen Recht EuG, Rs T-102/96, Slg 1999, II-753 Rn 98 – *Gencor.*

44 Diese Gefahr sahen a *Barthelmeß/Schulz* WuW 2003, 129/139ff unter zutr Hinweis auf *Monopolkommission* 11. Hauptgutachten 1994/95, BT-Drs 13/5309, S 408 Rn 990; s a Monopolkommission 17. Hauptgutachten 2006/2007, BT-Drs 16/10140, S 239 Rn 529; *Wagner-von Papp* WuW 2008, 1167ff; *ICN* Recommended Practices for Merger Notification Procedures (Sept 2002/Juni 2003), erhältlich über <internationalcompetitionnetwork.org>, unter I.C. – *Comment* 4. Doch meinen *Barthelmeß/Schulz* derartige Fälle seien selten, und die Vorteile der doppelten Inlandsumsatzschwelle überwögen die Nachteile. Richtig ist, dass es sich um einen *tradeoff* handelt, über den man geteilter Meinung sein kann. Doch ist der Schluss von der Seltenheit solcher Fälle in der Vergangenheit auf die Zukunft unzulässig: Da es jetzt deutschen Marktbeherrschern möglich ist, drohenden Wettbewerb aus dem Ausland durch den Aufkauf der potentiellen Konkurrenten ohne Kontrolle zu eliminieren, wird die Zahl der Fälle rasch steigen; Erfahrungen aus anderen Staaten – häufig ohne langjährige Erfahrungen mit einer effektiven Fusionskontrolle – sind nicht notwendigerweise auf Deutschland übertragbar. Zur doppelten Inlandsumsatzschwelle s die empirische Analyse von *Bardong* WuW 2011, 350, der zu dem Ergebnis kommt, dass die Erhöhung der Fehlerquote (*false negatives*) durch Einführung der niedrigen zweiten Inlandsumsatzschwelle noch vertretbar ist, dass eine Anhebung der Schwelle die Fehlerquote aber unvertretbar machen würde. Der Warnung vor einer Anhebung der zweiten Schwelle ist als Minimalforderung zuzustimmen. Die rückblickende Analyse von Altfällen kann aber die soeben beschriebene Änderung des Verhaltens von Marktbeherrschern aufgrund der Einführung der zweiten Inlandsumsatzschwelle nicht erfassen, so dass keinesfalls gesichert ist, dass die Fehlerquote *nach* Einführung der zweiten Schwelle so niedrig ist, wie die Fälle, die *vor* der Einführung der zweiten Schwelle angemeldet wurden, dies vermuten lassen. Die Anhebung der zweiten Inlandsumsatzschwelle von € 5 Mio auf € 17,5 Mio im GWB-Digitalisierungsgesetz ist daher kritisch zu bewerten; immerhin hat die gleichzeitige Einführung des § 35 Abs 1a GWB die vorbeschriebene Gefahr zumindest zum Teil neutralisiert.

45 *Meessen* ZHR 143 (1979) 273/277ff; *Wagner-von Papp* WuW 2008, 1167; anders aber *Barthelmeß/Schulz* WuW 2003, 129ff; *Bach* WuW 1997, 291/295ff, 298, nach dem eine Zusammenlegung unternehmerischer Potentiale im Inland erforderlich sein soll. Seit Einführung der zweiten Inlandsumsatzschwelle ist eine zusätzliche Prüfung von Inlandsauswirkungen zwar nicht vollständig entbehrlich (BKartA

landsumsatzschwelle als Voraussetzung für die *Anmeldepflicht* und das *Vollzugsverbot* tragbar gewesen,[46] doch hat sich der Gesetzgeber im Jahr 2009 entschieden, das Überschreiten der doppelten Inlandsumsatzschwelle zur Voraussetzung für die Anwendbarkeit des Fusionskontrollrecht insgesamt zu machen. Immerhin hat er den Fehler mit der Einführung des § 35 Abs 1a GWB erkannt und teilweise behoben.

Auch die **Bagatellmarktklausel** des § 36 Abs 1 S 2 Nr 2 GWB, die seit der 8. GWB-Novelle allerdings nur noch die Untersagungsbefugnis, nicht mehr das Anmeldeerfordernis und das Vollzugsverbot, betrifft, kann indirekt kollisionsrechtliche Bedeutung erlangen. Nach der zutreffenden Rechtsprechung des BGH wurden schon bisher nur die Inlandsumsätze für die Beurteilung herangezogen, ob ein Bagatellmarkt betroffen ist.[47] Seit dem GWB-Digitalisierunggesetz stellt jetzt schon der Wortlaut des § 36 Abs 1 19

(Fn 33) Rn 7), doch werden diese häufig vorliegen, wenn eine der Schwellen vom Zielunternehmen erreicht wird (s Text bei und in Fn 36). Zutr *von Brevern* BB 2008, 2195/2198 und zur entsprechenden europäischen Rechtslage unten Rn 37f.

46 Man hätte die Zusammenschlüsse, die die zweite Inlandsumsatzschwelle nicht erreichen und daher nach dem hypothetischen Alternativvorschlag anmeldefrei gewesen wären, anzeigepflichtig machen können (bewehrt mit Bußgeldpflicht und Drohung der Entflechtung), *Wagner-von Papp* WuW 2008, 1167. Vergleiche auch den Vorschlag des *ICN* (Fn 44). Freilich mag man einwenden, dass man den Unternehmen Steine statt Brot gegeben hätte – wenn sie die Gefahr der Entflechtungsanordnung nicht eingehen wollen, hätten sie eben doch anmelden müssen. In diese Richtung deuten die Ausführungen bei *Barthelmeß/Schulz* WuW 2003, 129/135, 140 in Fn 44, wonach die Anmeldung letztlich weniger Aufwand verursache als die „Prüfung und Diskussion mit dem Bundeskartellamt, ob der Zusammenschluss [...] spürbare Inlandsauswirkungen hat" (und deshalb zur Vermeidung des Restrisikos nachträglicher Untersagung die Anmeldung vorzuziehen sei) und als die Prozedur zur Befreiung vom Vollzugsverbot. Wenn die Anmeldung in der Praxis allerdings so wenig Aufwand verursacht, ist nicht einzusehen, weshalb man zu seiner Vermeidung reale Risiken für den Wettbewerb akzeptieren sollte. – Umgekehrt kann man auch einwenden, dass der Vorschlag eine Rückkehr zur Differenzierung in eine präventive und eine nachträgliche Kontrolle darstellt und man mit letzterer keine guten Erfahrungen gemacht hat. Doch bliebe die nachträgliche Kontrolle auf rein ausländische Sachverhalte beschränkt, wäre also keine generelle Rückkehr zum ehemaligen System. Zwar mag eine Entflechtung im Ausland noch schwieriger durchzusetzen sein; doch stellen sich diese Durchsetzungsprobleme bereits *de lege lata* wenn das Unternehmen (rechtswidrig) einfach vollzieht, dazu BKartA WuW/E DE-V 1340/1344 – *Sulzer/Kelmix* und o (Fn 41).

47 BGH WuW/E DE-R 2133 – *Sulzer/Kelmix*. Umstritten war bis zu dieser Entscheidung, ob die Umsatzschwelle auf den Inlandsmarkt oder auf den gesamten relevanten, nach ökonomischen Kriterien abgegrenzten Markt zu beziehen war, der möglicherweise weiter ist als der Inlandsmarkt. Für Maßgeblichkeit des ökonomisch relevanten Marktes sprach zwar, dass § 18 Abs 2 GWB dies als Grundsatz vorsieht und in § 36 Abs 1 S 2 Nr 2 GWB aF keine gegenteilige Begrenzung auf Inlandsumsätze (wie etwa in § 39 Abs 3 S 2 Nr 3/4 GWB) vorgesehen war (so das BKartA in der durch den BGH aufgehobenen Entscheidung WuW/E DE-V 1340/1344 – *Sulzer/Kelmix* Rn 30ff; s a *Ruppelt* in Langen/Bunte, Bd 1, 10. Aufl (2006) § 35 Rn 24; anders im Anschluss an die *Sulzer/Kelmix*-Entscheidung des BGH in der 11. Aufl § 35 Rn 25 und *Kallfaß* in Langen/Bunte (Hrsg) Kartellrecht, Bd 1, 12. Aufl (2014) § 36 Rn 131). Doch sprachen schon immer die besseren Gründe, namentlich *Sinn und Zweck* der Bagatellmarktklausel, für eine Beschränkung auf den Inlandsmarkt: Der Gesetzgeber hat mit dieser Klausel zu erkennen gegeben, dass er auf den durch absolute Umsatzzahlen umschriebenen *gesamtwirtschaftlich unbedeutenden* Märkten kein Interesse an einer Regelung hat. Ob ein Markt für Deutschland gesamtwirtschaftliche Bedeutung hat und ob deshalb ein Regelungsinteresse Deutschlands besteht, hängt aber allein vom Inlandsumsatz ab. So BGH WuW/E DE-R 2133 – *Sulzer/Kelmix*; OLG Düsseldorf WuW/E DE-R 1881/1883f – *E.I. du Pont/*

S 2 Nr 2 GWB klar, dass nur Inlandsumsätze relevant sind. Zu beachten ist allerdings, dass die Verschiebung der Bagatellmarktklausel in die materielle Zusammenschlusskontrolle zur Folge hat, dass in Fällen, in denen ein Bagatellmarkt betroffen ist, nunmehr zunächst zu prüfen ist, ob überhaupt eine spürbare Inlandsauswirkung im Sinne des § 185 Abs 2 GWB vorliegt. Wo dies bejaht wird, ist das GWB anwendbar, so dass Anmeldeerfordernis und Vollzugsverbot jetzt auch in Bagatellmarktfällen greifen.

3. Nichtanerkennung durch das Vereinigte Königreich

20 In der Vergangenheit lehnte insb das Vereinigte Königreich das Auswirkungsprinzip als völkerrechtliches Anknüpfungsprinzip für eine extraterritoriale Rechtsanwendung ab: Zulässig seien nur die Prinzipien der (strengen) Territorialität und Personalität.[48] Es kam daher mehrmals zu heftigen Konflikten, als die USA auf der Grundlage des Auswirkungsprinzips ihr Kartellrecht auf Wettbewerbsbeschränkungen anwendeten, die in Großbritannien oder von britischen Unternehmen in Drittstaaten veranlasst worden waren. Zu nennen ist ua der Konflikt in *Westinghouse/Rio Tinto*.[49] Das Ver-

---

Pedex; *Monopolkommission* 16. Hauptgutachten 2004/05, BT-Drs 16/2460, S 265 Rn 457; *Burholt* WuW 2005, 889/891ff; *Beninca* WuW 2005, 43/47f (anderenfalls wäre Schwellenwert anzuheben); *Kahlenberg/Haellmigk* BB 2005, 1509/1511.

48 *Lowe* RabelsZ 52 (1988) 157/179ff; s a *Robertson/Demetriou* ECLR 1995, 461; *Ayer/Baker* ECLR 1993, 3. Zwar protestierten auch andere Staaten gegen die extraterritoriale Anwendung gegenüber ihren Unternehmen; doch betrafen diese Proteste wohl nicht das Auswirkungsprinzip als solches, s *Kennedy* 25f; *Meessen* 149; *Meng* ZaöRV 1981, 469/503. Der Streit um die völkerrechtliche Zulässigkeit des Auswirkungsprinzips wird oft an der Frage aufgehängt, ob im Völkerrecht jede (sinnvolle) Anknüpfung erlaubt ist, für die sich kein Verbot nachweisen lässt, oder ob für jedes Anknüpfungskriterium eine gewohnheitsrechtliche Grundlage nachgewiesen werden muss. Im Anschluss an die *Lotus*-Entscheidung des StIGH ist ersteres richtig: „It does not [...] follow that international law prohibits a State from exercising jurisdiction in its own territory, in respect of any case which relates to acts which have taken place abroad, and in which it cannot rely on some permissive rule of international law. [...] Far from laying down a general prohibition to the effect that States may not extend the application of their laws [...] to persons, property and acts outside their territory, it leaves them in this respect a wide measure of discretion which is only limited in certain cases by prohibitive rules [...]" (*Lotus* PCIJ Series A, Judgment No 10 (1927), 19); das Gericht weist zutr darauf hin, dass angesichts der spärlichen universell nachweisbaren Normen des Völkergewohnheitsrechts die Rechtsentwicklung sonst paralysiert würde (aaO, 20). Zur Bedeutung der *Lotus*-Entscheidung für das Auswirkungsprinzip s GA *Darmon* Rs 89/85 ua, Slg 1988, 5214 Rn 22ff – *Ahlström (Zellstoff I)*; *Ferry* ECLR 1989, 58/67f. Nachw zur Theorie der sinnvollen Anknüpfung o Fn 12.

49 In den 70er Jahren des 20. Jahrhunderts ersuchte ein US-amerikanisches Gericht die britischen Gerichte in einem Zivilverfahren um Amtshilfe, um ein britisches Unternehmen (*Rio Tinto*) zur Vorlage von Dokumenten und zu Zeugenaussagen zu zwingen, damit die Rolle des britischen Unternehmens an einem internationalen Kartell geklärt werden könne. Das *House of Lords* wies das Amtshilfeersuchen zurück. Es begründete die Zurückweisung ua unter Hinweis auf den langjährigen Konflikt zwischen der US-amerikanischen extraterritorialen Kartellrechtsanwendung und der britischen Position, dass diese unzulässig sei und eine Verletzung der britischen Souveränität darstelle. House of Lords, 1978 AC 547/616f – *Rio Tinto Zinc v Westinghouse* (Lord Wilberforce: *„It is axiomatic that in anti-trust matters the policy of one state may be to defend what it is the policy of another state to attack. [O]ver a number of years and in a number of cases the policy of Her Majesty's Government has been against recognition of United States investigatory jurisdiction extraterritorially against United Kingdom companies.*"); *ibid*, 631 (Vis-

einigte Königreich erließ als Reaktion die **Abwehrgesetzgebung** (*blocking statute*) des *Protection of Trading Interests Act 1980.*[50] Die Verschärfung des Konflikts durch diese Abwehrgesetzgebung machte sich im *Laker*-Fall bemerkbar.[51]

---

count Dilhorne: „*For many years now the United States has sought to exercise jurisdiction over foreigners in respect of acts done outside of that country. This is not in accordance with international law [...].*"); *ibid*, 639f (Lord Diplock: "*long-standing controversy [...] unwarrantable invasion of [Her Majesty's] sovereignty*"). – Anschließend erhob *Westinghouse* in den USA eine Schadensersatzklage gegen 20 amerikanische und neun ausländische Kartellteilnehmer. Gegen einige der ausländischen Unternehmen, die nicht vor Gericht erschienen, erging Versäumnisurteil. Das beklagte englische Unternehmen *Rio Tinto* versuchte daraufhin, seine Aktiva aus den USA ins Ausland zu verschaffen, um sie der Vollstreckung zu entziehen und musste durch einen Arrest daran gehindert werden. Das Berufungsgericht, das den Arrest bestätigte, wies die Auffassung der britischen Regierung zurück, die einen *Amicus Curiae*-Schriftsatz zugunsten von *Rio Tinto* mit dem Inhalt eingereicht hatte, das Auswirkungsprinzip reiche nicht aus, um die internationale Zuständigkeit zu begründen. *In Re Uranium Antitrust Litigation* 617 F2d 1248/1254 ff (7th Cir 1980); das Gericht monierte, dass die Beklagten es nicht einmal für nötig befunden hätten, ihre Argumentation selbst vorzutragen; „*shockingly to us the governments of the defaulters have subserviently presented for them their case against the exercise of jurisdiction.*" Vgl zu diesem Konflikt *Meng* ZaöRV 1981, 469/476ff; *Rishikesh* World Comp 14 (1991) 33/40f.

50 Ch 11. Nach dessen sec 1 kann der zuständige Minister es Personen im Königreich unter Strafandrohung (sec 3) verbieten, Anordnungen ausländischer Gerichte Folge zu leisten, wenn diese ihr Recht extraterritorial anwenden wollen. Davon sind insb Anordnungen auf Dokumentvorlage und Auskunftsbegehren im Rahmen einer *pre-trial discovery* erfasst (sec 2). Des Weiteren werden Urteile auf mehrfachen Schadensersatz – und damit insb kartellrechtliche *treble damages*-Urteile nach dem amerikanischen *Clayton Act* – für im Vereinigten Königreich nicht vollstreckbar erklärt (sec 5). Sollten Unternehmen im Ausland bereits mehrfachen Schadensersatz für ein Verhalten geleistet haben, das nicht ausschließlich in dem fremden Staat stattfand, so können diese Unternehmen ihrerseits die Kläger des ursprünglichen Verfahrens verklagen, um den Betrag, der den einfachen Schadensersatz übersteigt, zurückzufordern (sog *clawback* sec 6). Solche *clawback*-Verfahren können nach sec 6(5) sogar gegen Personen eingeleitet werden, die sich nicht im Vereinigten Königreich aufhalten. Zum ganzen *Lowe* RabelsZ 52 (1988) 157/182ff. Zutr krit ggü der *clawback*-Klausel *Meng* ZaöRV 1981, 469/510ff (völkerrechtswidrig wg Verstoßes gg Einmischungsverbot). – Auch andere Staaten, insb solche des Commonwealth (zB Australien, Kanada, Neuseeland, Südafrika), die Niederlande, Frankreich und die Schweiz, erließen Abwehrgesetze (zur Entwicklung *Zanettin* 49ff; *Kennedy* 36ff; *Meng* ZaöRV 1981, 469/492ff). *Kennedy* 37f, weist zu recht darauf hin, dass die *blocking statutes* äußerst selten auch angewandt werden (anders allerdings die Praxis der Schweiz hinsichtlich Art 273 schweizerisches StGB).

51 Das britische Unternehmen *Laker Airways* begann Ende der 70er Jahre des 20. Jahrhunderts, den eingesessenen Unternehmen Konkurrenz auf transatlantischen Strecken durch billige „*no frills*"-Flüge zu bieten. Anfängliche Erfolge verhinderten nicht, dass *Laker* letztlich in die Insolvenz ging. Einer der Gründe war laut *Laker*, dass die eingesessenen, in der IATA zusammengeschlossenen Fluguntemehmen, die transatlantische Flüge anboten, ein Kartell abgeschlossen hätten, um *Laker* mit Kampfpreisen aus dem Markt zu drängen und eine Umschuldung von *Laker* zu torpedieren. *Laker* erhob in den USA eine Klage gegen die IATA-Fluglinien. Die britischen IATA-Unternehmen wendeten sich an die *britischen* Gerichte und beantragten eine Untersagungsverfügung gegen *Laker*, die *Laker* verbieten sollte, die Klage in den USA weiter zu betreiben. Der britische *High Court* lehnte den Erlass einer solchen Verfügung ab. Als jedoch der zuständige Minister eine Entscheidung nach sec 1 des *Protection of Trading Interests Act 1980* erließ (The Protection of Interests (US Antitrust Measures) Order 1983, Statutory Instruments 1983/900), glaubte sich die Berufungsinstanz, der britische *Court of Appeal* gezwungen, die Untersagungsverfügung zu erlassen. Als Reaktion auf die Anrufung britischer Gerichte beantragte *Laker* vor dem *amerikanischen* Gericht, den verbleibenden verklagten Fluggesellschaften zu untersagen, eben-

21 Die Heftigkeit dieser Konflikte beruhte damals im Wesentlichen auf den völlig unterschiedlichen Wettbewerbsphilosophien in den USA und dem Vereinigten Königreich. Mit der Modernisierung des britischen Kartellrechts durch den Competition Act 1998 und den Enterprise Act 2002 nahmen die Konfliktpotentiale in materiell-rechtlicher Hinsicht ab. Außerdem ist nun auch im Vereinigten Königreich das Durchführungsprinzip in Anlehnung an die *Zellstoff I*-Entscheidung des EuGH (Rn 26) positiviert;[52] dies kommt dem Auswirkungsprinzip, das in anderen *Commonwealth*-Staaten gesetzlich eingeführt wurde,[53] zumindest nahe (Rn 27). Die Grundsatzdebatte dürfte daher eigentlich entschieden sein.[54] Es erscheint jedoch möglich, dass das Vereinigte

---

falls vor britischen Gerichten derartige Untersagungsverfügungen zu beantragen. Das amerikanische Gericht erließ die Verfügung zugunsten von *Laker*. Das Rechtsmittel gegen diese Entscheidung blieb erfolglos; das Berufungsgericht für den *District of Columbia Circuit* setzte sich mit den völkerrechtlichen Fragen auseinander (*Laker Airways v Sabena* 731 F2d 909 (DC Cir 1984)), kam aber zu dem Schluss, dass die britische Verfügung, die es *Laker* verbot, in den USA ein Gerichtsverfahren zu betreiben, der ursprüngliche aggressive Akt gewesen sei, so dass sich die amerikanischen Gerichte nicht aus *comitas*-Gesichtspunkten zurücknehmen müssten. Da die britischen Gerichte aufgrund des Personalitätsprinzips zuständig seien und das amerikanische Gericht eine Kompetenz aufgrund des Auswirkungsprinzips habe, das auf dem Territorialitätsprinzip aufbaue, liege eine konkurrierende Zuständigkeit britischer und amerikanischer Gerichte vor. Die britischen Gerichte könnten die konkurrierende Zuständigkeit der amerikanischen Gerichte nicht beschneiden. Die amerikanische Verfügung beschränke sich darauf, den Beklagten die Anrufung britischer Gerichte zu untersagen, die allein das Ziel habe, die amerikanischen Gerichte auszubooten. Der Konflikt entspannte sich erst, als das britische *House of Lords* in letzter Instanz die Untersagungsverfügung des *Court of Appeal* mit der Begründung aufhob, dass *Laker* das Betreiben der Klage vor amerikanischen Gerichten jedenfalls deshalb nicht untersagt werden könne, weil *Laker* im Vereinigten Königreich materiell-rechtlich keinen entsprechenden Anspruch habe, und die Anspruchsdurchsetzung durch eine Versagung des Zugangs zu amerikanischen Gerichten daher nicht auf ein anderes Forum verschoben, sondern völlig vereitelt würde (*British Airways Board Respondents v Laker Airways* 1985 AC 58/80: „*In the result your Lordships are confronted in the civil actions with a case in which there is a single forum only that is of competent jurisdiction to determine the merits of this claim; and the single forum is a foreign court. For an English court to enjoin the claimant from having access to that foreign court is in effect to take upon itself a one-sided jurisdiction to determine the claim against the claimant [...]*“). Ausf *Dautzenberg* Der britisch/amerikanische Kartellrechtsstreit um die IATA-Flugtarife (1987); s a *Rishikesh* World Comp 14 (1991) 33/42f.

52 Sec 2(3) des Competition Act 1998, ch 41, lautet: „Subsection (1) applies only if the agreement, decision or practice is, or is intended to be, implemented in the UK“. Entsprechend für die strafrechtliche Sanktionierung sec 190(3) des Enterprise Act 2002, ch 40. Das Durchführungsprinzip steht dem Auswirkungsprinzip näher als dem Territorialitätsprinzip (Rn 30), so dass die Bemerkung von *Böge* WuW 2005, 590/590 in Fn 4, das britische Recht orientiere sich „ausschließlich am Territorialitätsprinzip“, etwas irreführend ist; richtig *Zimmer* FS Immenga (2004) 475/490 in Fn 100. Die Regelung für Missbrauchsfälle (sec 18(1) Competition Act 1998) dürfte bereits weitgehend dem Auswirkungsprinzip entsprechen; sie setzt lediglich voraus, dass die marktbeherrschende Stellung (auch) im Vereinigten Königreich besteht. Zur Zusammenschlusskontrolle s sec 22(1) Enterprise Act.

53 ZB Südafrika (sec 3(1) Competition Act No 89 of 1998 as amended); Neuseeland (sec 4(1) Commerce Act No 5 of 1986 as amended); nominell noch weitergehend Singapur (sec 33(1) Competition Act No 46 of 2004).

54 So a die Einschätzung von *Basedow* La L Rev 60 (2000) 1037/1040; *Kennedy* 25f. Zur Auslieferung eines britischen Kartellbeteiligten an die USA s u Fn 225. Dennoch kann man noch am ehesten in britischen Beiträgen eine gewisse Skepsis gegenüber extraterritorialer Anwendung finden.

Königreich sich nach dem Austritt aus der EU („Brexit") wieder auf seine alte Auffassung zurückbesinnt, dass nur das Territorialitätsprinzip und das Personalitätsprinzip völkerrechtlich legitim seien, um „Einmischungen" insbesondere von Seiten der EU zurückzuweisen. Denn aufgrund der Tiefe der Integration der Märkte in der EU und im Vereinigten Königreich wird die extraterritoriale Anwendung des EU-Kartellrechts auf der Basis des Auswirkungs- und Durchführungsprinzips (Rn. 22ff) auf Verhalten im Vereinigten Königreich keine Seltenheit sein.

4. Europäische Union

Die Europäische Union als supranationale Organisation hat im **Binnenbereich** die extraterritoriale Anwendung der nationalen Kartellrechtsvorschriften weitgehend dadurch ersetzt, dass zwischenstaatlich relevante Wettbewerbsbeschränkungen durch die Art 101, 102 AEUV und Fusionsfälle von gemeinschaftsweiter Bedeutung durch die FKVO (EG) 139/2004 erfasst werden; nach der Netzwerkbekanntmachung und den Vorschriften des Art 3 Abs 2 VO (EG) 1/2003 bzw des Art 21 Abs 3 FKVO („*one stop shop*") verbleibt daneben nur bedingt Raum für eine uneingeschränkte extraterritoriale Anwendung des nationalen Kartellrechts.[55] Für das internationale Kartellprivatrecht ist insbesondere Art 6 Abs 3 VO (EG) 864/2007 („Rom II"), und im vertraglichen Bereich gegebenenfalls auch die VO (EG) 593/2008 („Rom I"), zu beachten. Im Verhältnis zu Drittstaaten stellt sich die Frage, ob und unter welchen Voraussetzungen das supranationale EU-Recht seinerseits extraterritorial anzuwenden ist. 22

a) Anwendungsbereich des Art 101 AEUV

Zunächst ist zu berücksichtigen, dass für eine extraterritoriale Anwendung der Art 101 und 102 AEUV das Kriterium der *Eignung zur Beeinträchtigung zwischenstaatlichen Handels* erfüllt sein muss. Insoweit hat die Zwischenstaatlichkeitsklausel nicht nur EU-intern, sondern auch im Verhältnis zu Drittstaaten kollisionsrechtliche Bedeutung. Wenn daher eine Wettbewerbsbeschränkung nicht zur Beeinträchtigung des Handels zwischen mindestens zwei Mitgliedstaaten geeignet ist, sondern ausschließlich die Wettbewerbsverhältnisse innerhalb *eines* Mitgliedstaates oder in Drittstaaten verschlechtert, so ist das EU-Wettbewerbsrecht nicht anwendbar.[56] 23

55 S IM-GWB-*Rehbinder/von Kalben* (Fn 12) § 185 Rn 108; LMRKM-*Stockmann* (Fn 10) § 185 Abs 2 Rn 4. Raum bleibt bspw bei Zusammenschlussfällen unterhalb der Umsatzschwellen (doch s Fn 40 zur Verweisungsmöglichkeit an die Kommission), bei Fehlen eines Kontrollerwerbstatbestands, bei einseitigen Verhaltensweisen und soweit die Beschränkung nicht geeignet ist, den zwischenstaatlichen Handel zu beeinträchtigen. Zur Koordination bei wettbewerbsbeschränkenden Vereinbarungen und Missbrauchsfällen s Kommission, Bekanntmachung der Kommission über die Zusammenarbeit innerhalb des Netzes der Wettbewerbsbehörden, ABl 2004 C 101/43 („Netzwerkbekanntmachung").

56 Vgl EuGH, Rs 174/84, Slg 1986, 559 Rn 44 – *Bulk Oil*; EuGH, Rs C-306/96, Slg 1998, I-1983 Rn 15 – *Javico* (zu Art 101 AEUV; im konkreten Fall war aber ein Bewirken von Beschränkungen im Reimport möglich; dazu *Schwarze* in ders (Hrsg) 37/47ff); EuGH, Rs 22/78, Slg 1979, 1869 Rn 17 – *Hugin* (zu Art 102 AEUV: Lieferverweigerung eines extraterritorialen Unternehmens in Bezug auf Ersatzteile für Registrierkassen beeinträchtigte nur regionalen Wettbewerb im Vereinigten Königreich). Eine Rückwirkung auf den zwischenstaatlichen Handel ist bei Beschränkungen in Exportverträgen in Drittstaaten tendenziell

24 Für die extraterritoriale Anwendung der Art 101 und 102 AEUV stellten die Kommission sowie die Generalanwälte *Mayras, Darmon* und *Wahl* seit langem auf das Auswirkungsprinzip ab; in *Gencor* wandte dann auch das EuG das Auswirkungsprinzip im Rahmen der Fusionskontrolle an und in *Intel* begründete das EuG ausführlich, dass das Auswirkungsprinzip allgemein gleichberechtigt neben das sogleich zu besprechende Durchführungsprinzip zu stellen sei.[57] Der EuGH hat es bis zur *Intel*-Entscheidung im Jahr 2017 vermieden, sich eindeutig auf das Auswirkungsprinzip festzulegen, obwohl eine frühe Entscheidung hierauf hinzudeuten schien.[58] Stattdessen hat der EuGH über Jahrzehnte zusätzliche Kriterien herangezogen, bevor er sich in *Intel* dazu durchrang, das Auswirkungsprinzip anzuerkennen: das Kriterium der **„wirtschaftlichen Einheit"** zwischen der extraterritorialen Muttergesellschaft und in der Union ansässigen Tochtergesellschaften, und das Kriterium der **„Durchführung"** der wettbewerbsbeschränkenden Vereinbarung auf dem Gebiet der Union. Da diese Prinzipien weiterhin – jetzt neben dem qualifizierten Auswirkungsprinzip – Anwendung finden, werden sie in den folgenden Randnummern kurz behandelt; doch wird zumindest das Durchführungsprinzip künftig wohl kaum noch eine eigenständige Rolle spielen, da das Auswirkungsprinzip wohl *alle* Fälle erfassen kann, die das Durchführungsprinzip abdecken würde. Denn wenn eine Wettbewerbsbeschränkung ohne qualifizierte Auswirkungen im europäischen Wirtschaftsraum dort durchgeführt würde, wäre zumindest sehr fraglich, ob darauf die internationale Zuständigkeit gestützt werden könnte.

25 Das **Prinzip der wirtschaftlichen Einheit** wendete der EuGH im *Farbstoff*-Fall an.[59] Es handelte sich in diesem Fall um eine abgestimmte Verhaltensweise zwischen europäischen Farbstoffherstellern. Ein Unternehmen, das seinen Sitz außerhalb der Union hatte, zweifelte an der Zuständigkeit der Kommission zur Sanktionierung seiner Beteiligung. Die Kommission hatte ihre Zuständigkeit darauf gestützt, dass die Aus-

---

eher auszuschließen als bei einer Beschränkung des innerstaatlichen Handels. Scheidet eine Rückwirkung auf den zwischenstaatlichen Handel aus, bleibt zu prüfen, ob das *nationale* Kartellrecht des Auswirkungsstaates extraterritorial anzuwenden ist.

57 EuG, Rs T-286/09, ECLI:EU:T:2014:547 – *Intel* Rn 231 ff (das hiergegen eingelegte Rechtsmittel führte dann schließlich zur Anerkennung des Auswirkungsprinzips durch den EuGH, Rs C-413/14, ECLI:EU:C:2017:632—*Intel*; dazu sogl); GA *Wahl* Rs C-413/14 P ECLI:EU:C:2016:788 – *Intel* Rn 278ff, 297 (unter Verweis auf *Wagner-von Papp* in Ezrachi (Hrsg) 41); GA *Mayras* Rs 48/69, Slg 1972, 665/687ff, 691ff – *ICI (Farbstoffe)*; GA *Darmon* Rs 89/85 ua, Slg 1988, 5214 Rn 7ff – *Ahlström (Zellstoff I)*; s schon Kommission, ABl EG 1969 L 195/11 – *Farbstoffe*: „Die Wettbewerbsregeln des Vertrages finden demnach Anwendung auf alle Wettbewerbsbeschränkungen, die die in [Art 101 Abs 1 AEUV] bezeichneten Auswirkungen innerhalb des Gemeinsamen Marktes haben." Seit der *Zellstoff I* Entscheidung des EuGH (dazu sogl Rn 26) beruft sich die Kommission zwar immer noch auf das Auswirkungsprinzip, fügt aber regelmäßig hinzu, dass die Wettbewerbsbeschränkung außerdem in der EU durchgeführt werde (zB Kommission, 1.10.2008, COMP/39181, Rn 187ff, insb 190f – *Kerzenwachse*; ausf Kommission, 8.12.2010, COMP/39309 Rn 230ff – *LCD*); dazu *Botteman/Patsa*, Eur Comp J 8 (2012) 365/374ff. Ausf zum Ganzen MüKo-WettbR-EU-*Wagner-von Papp/Wurmnest* (Fn 12) Grdl Rn 1373ff.

58 EuGH, Rs 22/71, Slg 1971, 949 Rn 10/12 – *Béguelin*: „Dass einer der Vertragspartner in einem dritten Land ansässig ist, steht der Anwendung dieser Vorschrift [Art 85 EWG/Art 101 AEUV] nicht entgegen, wenn die Wirkungen der Vereinbarung sich auf das Hoheitsgebiet des Gemeinsamen Marktes erstrecken." GA *Darmon* weist jedoch darauf hin, dass dort einer der Beteiligten seinen Sitz in der Union hatte (Rs 89/85 ua, Slg 1988, 5214 Rn 13 – *Ahlström (Zellstoff I)*).

59 EuGH, Rs 48/69, Slg 1972, 619 Rn 125ff – *ICI (Farbstoffe)*.

wirkungen der Absprache auf dem Gebiet der Union einträten.[60] Der EuGH äußerte sich nicht dazu, ob Auswirkungen für sich genommen ausreichten. Vielmehr stellte er darauf ab, dass das betreffende Unternehmen Tochtergesellschaften in der Union habe. Nach dem Prinzip der wirtschaftlichen Einheit von Mutter- und Tochterunternehmen könne auch gegen die Muttergesellschaft vorgegangen werden, wenn die Tochtergesellschaften ihr Verhalten nicht wirklich autonom bestimmen können, sondern gegenüber der Muttergesellschaft weisungsgebunden seien;[61] im vorliegenden Fall habe die Muttergesellschaft ihre Weisungsbefugnisse auch tatsächlich ausgeübt.[62] Bestätigt wurden diese Grundsätze etwa in den Missbrauchs-Entscheidungen *Continental Can* und *Zoja*.[63]

Der EuGH dehnte die extraterritoriale Anwendung des europäischen Wettbewerbsrechts in der *Zellstoff I*-Entscheidung erheblich aus.[64] In diesem Verfahren war der Austausch von Informationen zwischen verschiedenen europäischen und außereuropäischen Zellstoff-Herstellern zu beurteilen. Der EuGH entschied, dass es für die Anwendung des europäischen Wettbewerbsrechts nicht auf den Ort der Bildung eines Kartells ankomme, sondern auf den Ort der **Durchführung** des Kartells.[65] Auf den Ort der Bildung des Kartells könne es nicht ankommen, da sich sonst die Kartellteilnehmer dem Kartellrecht leicht entziehen könnten.[66] Ein Kartell werde schon dann in der Union durchgeführt, wenn die extraterritorial ansässigen Unternehmen, die an einem Kartell beteiligt seien, direkt an Abnehmer innerhalb der Union verkauften.[67] Der EuGH stellte explizit fest, dass es *nicht* darauf ankomme, ob Tochtergesellschaften oder Agenten innerhalb der Union zwischengeschaltet seien.[68] Das Durchführungsprinzip sei auch völkerrechtlich unbedenklich, da es vom Territorialitätsprinzip gedeckt sei.[69] 26

Unklar bleibt das **exakte Verhältnis zwischen Auswirkungs- und Durchführungsprinzip**. Die Ausführungen des EuGH in *Zellstoff I* zu der „Durchführung" kommen dem Auswirkungsprinzip zumindest sehr nahe.[70] Wenn schon der Abschluss von 27

---

60 S o Fn 57.

61 EuGH, Rs 48/69, Slg 1972, 619 Rn 132/135 – *ICI (Farbstoffe)*.

62 *Ibid*, Rn 136/141. Die weiteren Ausführungen des EuGH in der *Farbstoff*-Entscheidung lassen vermuten, dass nach seiner Ansicht die Begründung der Zuständigkeit durch die Kommission allein mit dem Auswirkungsprinzip an sich unzureichend war, dieser Mangel aber angesichts der Zuständigkeit aufgrund des Prinzips der wirtschaftlichen Einheit unschädlich sei, Rn 143–144/145.

63 EuGH, Rs 6/72, Slg 1973, 215 Rn 14–17 – *Europemballage und Continental Can*; Rs 6 und 7/73, Slg 1974, 223 Rn 36–41 – *Commercial Solvents (Zoja)*.

64 EuGH, Rs 89/85 ua, Slg 1988, 5193 – *Ahlström (Zellstoff I)*. Die materielle Beurteilung findet sich in EuGH, Rs 89/85 ua, Slg 1993, I-1307 – *Zellstoff II*.

65 *Zellstoff I, ibid*, Rn 16. *Mestmäcker* in Schwarze (Hrsg) 11/25 und *ders/Schweitzer* (Fn 1) § 7 Rn 63, heben hervor, dass der EuGH das Kriterium der Durchführung erst im Rahmen der völkerrechtlichen Beurteilung heranziehe, nicht schon zur Begründung der kollisionsrechtlichen Zuständigkeit. Doch s Rn 13 der Entscheidung („durchführen"; allerdings heißt es in der englischen Fassung dort „put into effect" anstatt in Rn 16 „implement").

66 EuGH, Rs 89/85 ua, Slg 1988, 5193 Rn 16 – *Ahlström (Zellstoff I)*.

67 *Ibid*, Rn 12f.

68 *Ibid*, Rn 17.

69 *Ibid*, Rn 15–18. Dazu in und bei Fn 72.

70 Von der Übereinstimmung von Durchführungs- und Auswirkungsprinzip in der Handhabung des EuGH (nicht im Konzeptionellen) gehen aus: *Mestmäcker* in Schwarze (Hrsg) 11/21; *ders/Schweitzer*

Folgeverträgen – die nicht Teil des Verbotstatbestandes sind –[71] mit in der Union ansässigen Unternehmen ausreicht, um die „Durchführung" der Wettbewerbsbeschränkung in der Union zu begründen, bleiben wenige Sachverhaltskonstellationen nach Art 101 AEUV denkbar, die Auswirkungen in der Union haben, ohne zugleich dort durchgeführt zu werden.

28 In der Literatur werden als Beispiele für fortbestehende Differenzen zwischen dem Auswirkungs- und dem Durchführungsprinzip im Ausland vereinbarte **Lieferverweigerungen und Gebietsaufteilungen** genannt; in diesen Fällen werde die Durchführung auf dem Territorium der Union gerade vermieden.[72] Doch liegt dort der Schwerpunkt der Vorwerfbarkeit der wettbewerbsbeschränkenden Vereinbarung von vornherein in der *Unterlassung* einer Belieferung. Es erscheint sprachlich möglich und sachlich geboten, in der Unterlassung der Belieferung die Durchführung einer Vereinbarung über diese Unterlassung zu sehen,[73] so dass die Nichtbelieferung europäischer Abnehmer als Durchführung einer darauf gerichteten Vereinbarung begriffen werden

(Fn 1) § 7 Rn 59ff; *Zimmer* (Fn 52) 478; *Griffin* Fordham ILJ 17 (1994) 353/378f. S a das Vorbringen der Kommission in EuG, Rs T-102/96, Slg 1999, II-753 Rn 68 – *Gencor*; ähnl *Bavasso* ECLR 1998, 243/245, 246. Ferner *Basedow* 19.

71 Dies betonen zutr *Mestmäcker* in Schwarze (Hrsg) 11/24, und *Mestmäcker/Schweitzer* (Fn 1) § 7 Rn 58; damit ist die Grenze vom objektiven Territorialitätsprinzip zum Auswirkungsprinzip überschritten, s *Meng* ZaöRV 1981, 469/480 Fn 40.

72 *Schödermeier* WuW 1989, 21/24; *Mestmäcker* in Schwarze (Hrsg) 11/24; *ders/Schweitzer* (Fn 1) § 7 Rn 60; *Wood* U Chi Legal F 1992, 277/300; s a *Griffin* Antitrust LJ 67 (1999) 159/187; *Ferry* ECLR 1989, 58/66.

73 *Christophorou/Rockwell* Harv Int'l LJ 30 (1989) 195/204; *Kaczorowska* ECLR 2000, 117/120; *Wagner-von Papp* in Ezrachi (Hrsg) 21/45f; s a *Huber* ZGR 1981, 510/524f; offen gelassen bei *Elhauge/Geradin* (Fn 27) 1175f mwN zu beiden Auffassungen. Vgl im Strafrecht § 9 Abs 1 StGB: „Eine Tat ist an jedem Ort begangen, an dem der Täter gehandelt hat *oder im Falle des Unterlassens hätte handeln müssen* [...]" (Hervorhebung hinzugefügt). Die Entscheidung der Kommission v 24.1.2007, COMP/F/38.899 – *Gasisolierte Schaltanlagen* betrifft genau einen solchen Sachverhalt (*ibid*, Rn 234ff), doch begründete die Kommission die internationale Zuständigkeit hinsichtlich der japanischen Unternehmen leider nicht gesondert; stattdessen stellte sie darauf ab, dass das Kartell zwischen europäischen und japanischen Unternehmen eine einzige fortdauernde Zuwiderhandlung darstelle, die den gesamten Weltmarkt umfasse (Rn 265ff, insb 271ff). Dies *kann* man als Zustimmung zur hier vertretenen Auffassung interpretieren; doch könnte auch *Manns* Auffassung die Erklärung sein, wonach das Territorialitätsprinzip die Verfolgung aller Beteiligten eines Kartells erfasse, wenn auch nur einige Beteiligte auf dem Territorium Handlungen vorgenommen haben (s o Fn 17). Die Ausführungen des EuG in der Rechtsmittelinstanz deuten eher auf die hier vertretene Auffassung hin, ohne jedoch konkret auf die internationale Zuständigkeit einzugehen (Rs T-113/07, Slg 2011, II-3989 Rn 222 – *Toshiba*): „Unter diesen Umständen ist davon auszugehen, dass die passive Rolle der japanischen Hersteller nicht auf ihre freie Entscheidung, sondern auf die Form ihrer Beteiligung am Abkommen über den Markt im EWR zurückzuführen war. Diese Beteiligung war jedoch eine Vorbedingung dafür, dass die GIS-Projekte im EWR entweder nach dem Grundsatz des Schutzes der Stammländer oder nach dem GE-Abkommen unter den europäischen Herstellern aufgeteilt werden konnten." (wegen Wahl des falschen Referenzjahres hob das EuG die Entscheidung zwar auf, doch erließ die Kommission eine entsprechend abgeänderte Entscheidung, Kommission v 27.6.2012, COMP/39.966 – *Gasisolierte Schaltanlagen – Geldbußen*). Zu *Gasisolierte Schaltanlagen* auch *Botteman/Patsa* Eur Comp J 8 (2012) 365/374ff. S a *Griffin* Fordham ILJ 17 (1994) 353/379, der davon ausgeht, dass der EuGH in solchen Fallgestaltungen vermutlich das Auswirkungsprinzip anwenden würde. Mit der Anerkennung des Auswirkungsprinzips durch den EuGH in *Intel* (Rs

kann. Dies würde sich auch mit der EuGH-Rechtsprechung zu Art 102 AEUV decken.[74] Folgt man dieser Interpretation, so besteht selbst in den Fällen der „vermiedenen Auswirkung“[75] zwischen dem Auswirkungs- und dem Durchführungsprinzip im Ergebnis kein Unterschied. Die Frage hat sich mit der Anerkennung des qualifizierten Auswirkungsprinzips deutlich entschärft; denn selbst wenn man auf diese Konstellationen das Durchführungsprinzip als überstrapaziert ansähe, bliebe jedenfalls das (qualifizierte) Auswirkungsprinzip anwendbar.

Nimmt man die Formulierung des EuGH in *Zellstoff I* wörtlich, so könnte jedoch 29
eine andere praktisch relevante Fallgestaltung nach den beiden Kriterien unterschiedlich zu beurteilen sein: Wenn das zwischen Drittstaaten-Unternehmen abgeschlossene Kartell *nicht direkt* an Abnehmer in der Union verkauft, sondern an einen **Zwischenhändler in einem Drittstaat**, der wiederum – mit oder ohne Weiterverarbeitung – an Unternehmen in der Union weiterverkauft, dann kann das Kartell auf der vorgelagerten Marktstufe *Auswirkungen* auf die folgenden Glieder der Lieferkette haben („*pass on*“). Ob die Weiterlieferung in die Union durch ein nicht an der Kartellabsprache beteiligtes Unternehmen aus einem Drittstaat aber noch als *Durchführung* des Kartells im Sinne der EuGH-Rechtsprechung begriffen werden kann, erscheint angesichts der Formulierungen des EuGH in *Zellstoff I* zumindest zweifelhaft.[76] Ob der EuGH in solchen Fällen – wie dies vom Zweck des Kartellrechts geboten erscheint –[77] eine Durchführung des Kartells wenigstens dann angenommen hätte, wenn die Auswirkungen in der EU durch die Weiterlieferung *vorhersehbar und wesentlich* gewesen wären, ist eine ebenso ungeklärte Frage wie diejenige, ob das Kriterium der *Unmittelbarkeit* noch als

C-413/14 P ECLI:EU:C:2017:632) hat sich diese Frage erledigt bzw auf die Frage verschoben, ob die Auswirkungen hinreichend qualifiziert sind.

74 S u Fn 85.

75 So der treffende Titel von *Schödermeier* WuW 1989, 21.

76 EuGH, Rs 89/85 ua, Slg 1988, 5193 Rn 12 – *Ahlström (Zellstoff I)*: „Wenn in diesen Ländern ansässige Zellstoffhersteller *direkt* an in der Gemeinschaft ansässige Abnehmer verkaufen [...]“ (Hervorhebung hinzugefügt). *Botteman/Patsa*, Eur Comp J 8 (2012) 365/379 artikulieren jetzt ausdrücklich, dass indirekte Lieferung für das Durchführungsprinzip nicht ausreichen würden.

77 *Wagner-von Papp* EYIEL 8 (2017), 301/311 ff (mit Diskussion auch der aA des GA *Wathelet* in Rs C-231/14 P, ECLI:EU: C:2015:292 Rn 39–41 — *InnoLux*). Daher zutr Kommission, 8.12.2010, COMP/39309 Rn 380 (iii) – *LCD* (wobei die diesbezügl Umsätze allerdings nicht für die Bußgeldberechnung berücksichtigt wurden, s Rn 9, 381; das zum EuG eingelegte Rechtsmittel wurde zurückgenommen, Beschluss v 13.6.2013 in Rs T-94/11 – *AU Optronics/Kommission*); *US Department of Justice/Federal Trade Commission* (Fn 27) Abschn 3.2 Beispiel C; *In re TFT-LCD (Flat Panel) Antitrust Litigation* 822 F Supp2d 953/959ff (ND Cal 2011); sa *Motorola Mobility v AU Optronics*, 775 F3d 816, 819 (7th Cir 2015) und *US v AU Optronics* (s Brief for the United States v 5.4.2013, <justice.gov/atr/cases/f295500/295524.pdf>); *Wagner-von Papp* in Ezrachi (Hrsg) 21/29f, 46; einschränkend *Koenigs* in Müller-Henneberg/Schwartz/Benisch (Hrsg) Gemeinschaftskommentar, 4. Aufl (Stand 1985) § 98 Abs 2 Rn 21 (wie hier für den Fall, dass nur *eine* Handels-/Verarbeitungsstufe zwischengeschaltet ist); dem zust früher FK-*Lindemann*, § 130 Rn 222; anders jetzt aber FK-*Rudolf* (Fn 12) § 185 Rn 216: zwar seien „die kollisionsrechtlichen Kriterien der objektiven Vorhersehbarkeit und Spürbarkeit ausreichend [*scil*: um Fernwirkungen auszuscheiden] – eine zusätzliche Unmittelbarkeitsschwelle ist hierzu nicht zwingend erforderlich. Im Sinne der Rechtssicherheit und um Konflikte mit dem *ne bis in idem* Grundsatz ... auszuschließen“, solle aber doch ein Unmittelbarkeitskriterium angewendet werden. *Ne bis in idem* greift jedoch bei unterschiedlichen Hoheitsträgern nicht; soweit eine Übersanktion einträte, kann dies bei der Festsetzung der Rechtsfolgen berücksichtigt werden.

erfüllt angesehen würde;[78] seit vom EuGH in der *Intel*-Entscheidung aus dem Jahr 2017 endlich auch das Auswirkungsprinzip anerkannt wurde, verschiebt sich die Diskussion zu der letztgenannten Frage, nämlich ob in diesen Fällen eine *unmittelbare* Auswirkung vorliegt.

30 Das Durchführungsprinzip steht dem Auswirkungsprinzip jedenfalls sehr viel näher als dem Territorialitätsprinzip, an das der EuGH verbaliter anknüpfte.[79] Denn der Bezug der Durchführung zum Territorium wird letztlich nur über die Auswirkungen der Folgeverträge vermittelt. Die Anrufung des völkerrechtlich unumstrittenen Territorialitätsprinzips war daher irreführend.[80] Nur weil auch das Auswirkungsprinzip nach zutreffender Auffassung völkerrechtlich ausreichend legitimiert ist – eine Feststellung, vor der der EuGH bis zur *Intel*-Entscheidung im Jahr 2017 zurückscheute –, ist das vom EuGH in *Zellstoff I* gefundene Ergebnis zutreffend.

31 Die Wirkungskette von einem Kartell zu den Auswirkungen ist zweistufig – zum Abschluss des Kartells, der für die Tatbestandsmäßigkeit ausreicht, muss die Durchführung hinzukommen.[81] Für Wettbewerbsbeschränkungen, die einstufig sind – namentlich manche Missbräuche marktbeherrschender Stellungen und Fusionen – ergibt ein Durchführungsprinzip von vornherein wenig Sinn (Rn 34, 39). Selbst in Bezug auf Kartelle stünde das Durchführungsprinzip – nähme man seine Voraussetzungen ernst – dort vor Problemen, wo die bezweckte Wettbewerbsbeschränkung (noch) nicht durchgeführt wurde. Daher ist es sehr zu begrüßen, dass der EuGH mit der *Intel*-Entscheidung aus dem Jahr 2017 das **qualifizierte Auswirkungsprinzip endlich explizit anerkannt** hat: Da das Auswirkungsprinzip – wie auch das Durchführungsprinzip – geeignet sei, den Wettbewerb auf dem Binnenmarkt effektiv zu schützen, sei die Anwendung des EU-Kartellrechts völkerrechtlich zu rechtfertigen, „wenn *vorhersehbar* ist, dass das fragliche Verhalten in der Union *unmittelbare und wesentliche Auswirkungen* haben wird".[82]

---

78 Im Grundsatz verneinend IM-GWB-*Rehbinder/von Kalben* (Fn 12) § 185 Rn 169 (regelmäßig liege Unmittelbarkeit nur vor, wenn der Intermediär kontrolliert werde; doch relativieren *Rehbinder/von Kalben* die Aussage durch den Hinweis, dass das Unmittelbarkeitskriterium ein Zurechnungs-, kein Kausalitätskriterium sei und nicht „mechanisch" angewendet werden dürfe); im Anschluss an *Rehbinder* ebenso MüKo-BGB-*Immenga/Wurmnest* (Fn 12) Rn 25f; *Huber* ZGR 1981, 510/520f, 524f (der eine Anwendbarkeit deutschen Rechts in derartigen Fällen indirekter Lieferung nach Deutschland ablehnt, aber zu bedenken gibt, dass sich Auswirkungen auf den deutschen Markt in einem solchen Fall nicht leugnen lassen). ME ist das Kriterium der Unmittelbarkeit insg abzulehnen (s u Rn 53f).

79 S o Rn 26f.

80 Zutr *Schödermeier* WuW 1989, 21/23f („Taschenspielertrick"); *Schwarze* WuW 2001, 1190/1195ff; *ders* in ders (Hrsg) 37/42. Dagegen betonen *Botteman/Patsa*, Eur Comp J 8 (2012) 365/379, dass das Durchführungsprinzip dem Territorialitätsprinzip genüge, während das Auswirkungsprinzip umstritten sei.

81 EuGH, Rs 89/85 ua, Slg 1988, 5193 Rn 16 – *Ahlström (Zellstoff I)*.

82 EuGH, Rs 413/14 P ECLI:EU:C:2017:632 Rn 40ff, insb 45, 49 — *Intel* (Hervorhebung hinzugefügt; aus Rn 42–45 geht hervor, dass das Auswirkungsprinzip sowohl für die Anwendung des Art 101 als auch des Art 102 AEUV gilt). Die Rn 50–57 der *Intel*-Entscheidung befassen sich kurz mit den Qualifikationen vorhersehbar, unmittelbar und wesentlich; dort wird zutreffend ferner betont, dass erstens eine Gesamtbetrachtung des Verhaltens notwendig ist, um qualifizierte Auswirkungen festzustellen, und es zweitens „ausreicht, die wahrscheinlichen Auswirkungen eines Verhaltens auf den Wettbewerb zu berücksichtigen, damit das Erfordernis der Vorhersehbarkeit erfüllt ist" (*ibid*, Rn 51). S a die ausführlichere Diskussion in den Schlussanträgen des GA *Wahl*, ECLI:EU:C:2016:788 Rn 280ff — *Intel*.

b) Anwendungsbereich des Art 102 AEUV

Für Art 102 AEUV gilt zunächst das oben (Rn 23) Ausgeführte: Der Missbrauch muss geeignet sein, den zwischenstaatlichen Handel zu beeinträchtigen; Auswirkungen allein auf den Binnenwettbewerb eines Mitgliedstaates reichen nicht aus.[83] Die Zwischenstaatlichkeitsklausel kann allerdings auch durch eine *indirekte* Wirkung auf den zwischenstaatlichen Handel erfüllt werden.[84] 32

In der Literatur wird der extraterritoriale Anwendungsbereich der Art 101, 102 AEUV meist ohne Differenzierung zwischen diesen beiden Tatbeständen erörtert. Demnach schien bis zur *Intel*-Entscheidung des EuGH für Art 102 AEUV ebenfalls das Durchführungsprinzip gelten. Für einige Missbräuche ist das konzipierbar.[85] 33

Einige Missbräuche können jedoch von vornherein nicht sinnvoll in zwei Stufen aufgetrennt werden, wie dies für das Durchführungsprinzip notwendig wäre. Am sinnfälligsten ist dies bei Unterlassungen. Ein Beispiel, das die Praxis beschäftigt, ist die Nichtveröffentlichung von Schnittstelleninformationen durch Drittstaaten-Unternehmen.[86] Die Entscheidung, die Information nicht zu veröffentlichen (Tathandlung), wird extraterritorial getroffen, doch hat sie innerhalb der Union Auswirkungen: Weder Unternehmen, die in der Union ansässig sind, noch Drittstaaten-Unternehmen, die an Abnehmer in die Union liefern würden, können ohne die Schnittstelleninformation in Konkurrenz zu dem Marktbeherrscher treten, wodurch die Wettbewerbsverhältnisse in der EU verändert werden. Doch kann man hier – anders als bei einer auf Unterlassung gerichteten Vereinbarung (Rn 28) – wohl nicht sinnvoll von einer „Durchführung" sprechen. 34

Daraus ergeben sich zwei mögliche Folgerungen. Entweder verzichtet man in solchen Fällen auf eine extraterritoriale Anwendung des Kartellrechts. Oder man gibt das Durchführungskriterium auf, bzw – was auf das gleiche hinausläuft – weicht es so weit auf, dass (ggf qualifizierte) Auswirkungen die Durchführung zwangsläufig implizieren. Das EuG und jetzt auch der EuGH haben in der *Intel*-Entscheidung in zu begrüßender Weise ganz allgemein vertreten, dass das Auswirkungs- und das Durchführungsprinzip zwei gleichberechtigte und völkerrechtlich anerkannte Prinzipien sind, 35

83 EuGH, Rs 22/78, Slg 1979, 1869 Rn 17 – *Hugin*.

84 *Fuchs/Möschel* in Immenga/Mestmäcker WettbR-EU (Fn 12) Art 102 Rn 22ff. Ein solcher Fall liegt etwa vor, wenn ein in der Union tätiges Unternehmen durch eine missbräuchliche Verhaltensweise eines Marktbeherrschers, der sich in einem Drittstaat befindet, vom Markt gedrängt wird; sofern dadurch die *Marktstruktur* in der Union auf einem Markt beeinträchtigt wird, auf dem zwischenstaatlicher Handel stattfindet, ist die Zwischenstaatlichkeitsklausel erfüllt. S EuGH, Rs 27/76, Slg 1978, 207 Rn 198/202 – *United Brands („Chiquita-Bananen")*; dies gilt sogar, wenn das in der Union belegene Unternehmen hauptsächlich in Drittstaaten exportiert, weil bereits in der Marktstrukturänderung eine Inlandsauswirkung zu sehen ist, EuGH, verb Rs 6 und 7/73, Slg 1974, 223 Rn 32f – *Commercial Solvents (Zoja)*; s a Kommission v 24.3.2004, COMP/C-3/37.792, C (2004) 900 endg, Rn 991 – *Microsoft*.

85 So kann die Entscheidung eines Marktbeherrschers, ein Produkt an ein anderes zu koppeln, oder die Entscheidung, durch Kampfpreise Wettbewerber zu verdrängen, durch den Direktabsatz in die Union im Sinne der *Zellstoff I*-Entscheidung „durchgeführt" werden. Ebenso kann eine marktabschottende Vertriebsstruktur durch den Abschluss mit EU-Vertriebshändlern in der Union durchgeführt werden.

86 S die Fälle *IBM* und *Microsoft* (o Fn 3).

die den Anwendungsbereich des Art 102 AEUV legitimieren.[87] Völkerrechtlich gilt das Gebot der für das Kartellrecht sinnvollen Anknüpfung (Rn 6). Das Auswirkungsprinzip ist das einzige Anknüpfungsprinzip, welches das zu schützende Rechtsgut lückenlos gegen Angriffe abzusichern vermag. Sieht man nicht schon die Existenz *jeglicher* Auswirkungen als völkerrechtliche Legitimation an, so müssen die Auswirkungen qualifiziert werden. Der EuGH hat in der *Intel*-Entscheidung (und das EuG hatte zuvor in den *Gencor*- und *Intel*-Entscheidungen) die Voraussetzungen aufgestellt, dass *unmittelbare und erhebliche Auswirkungen in der Union vorhersehbar* sein müssen (Rn 31, 38).

c) Anwendungsbereich der Fusionskontrolle

36 Zusammenschlüsse können auch dann nach der FKVO zu kontrollieren sein, wenn keines der beteiligten Unternehmen seinen Sitz – oder auch nur Produktionsstätten, Zweigstellen oder Tochterunternehmen – im Gebiet der EU hat. Grundsätzlich ist die FKVO anwendbar, wenn ein Zusammenschluss mit gemeinschaftsweiter Bedeutung vorliegt. Dies ist der Fall, wenn die Umsatzschwellen des Art 1 FKVO 139/2004 überschritten werden. Diese Umsatzschwellen knüpfen an den Weltumsatz, und – kumulativ – an den *gemeinschaftsweiten* Umsatz mindestens zweier Beteiligter an (Art 1 Abs 2 lit b bzw Abs 3 lit d FKVO 139/2004).

37 Obwohl das kumulative Erfordernis des Überschreitens gemeinschaftsweiter Mindestumsätze bereits eine gewisse Wahrscheinlichkeit dafür bietet, dass der Zusammenschluss Auswirkungen im Gebiet der Union hat, sind solche Auswirkungen keine zwangsläufige Folge jeglicher Zusammenschlüsse mit gemeinschaftsweiter Bedeutung. Wegen der Verbundklausel des Art 5 Abs 4 FKVO 139/2004 für die Berechnung der Umsätze kann etwa auch die Gründung eines Gemeinschaftsunternehmens, das ausschließlich in Drittstaaten tätig wird, die Voraussetzungen des Art 1 FKVO erfüllen. Es fragt sich in solchen Fällen, ob die bloße Überschreitung der Schwellenwerte des Art 1 FKVO 139/2004 trotz fehlender Auswirkungen des Zusammenschlusses in der Union zur Anwendbarkeit der FKVO führt, oder ob – *de lege lata* oder *de lege ferenda* – Einschränkungen des Anwendungsbereichs im Sinne eines zusätzlich zu prüfenden Auswirkungs- oder gar Durchführungsprinzips geboten sind.[88]

38 Das EuG befasste sich im Zusammenschlussfall *Gencor/Lonrho* mit der Frage der Anwendung der FKVO auf Auslandszusammenschlüsse.[89] Es entschied, dass die ex-

---

87 EuG, Rs T-286/09, ECLI:EU:T:2014:547 – *Intel* Rn 231 ff, 236; insoweit bestätigt in der Rechtsmittelentscheidung EuGH, Rs 413/14 P ECLI:EU:C:2017:632 Rn 40ff — *Intel*.

88 Dazu *Ezrachi* ECLR 2001, 137. Zum deutschen Recht s o Rn 16ff.

89 EuG, Rs T-102/96, Slg 1999, II-753 – *Gencor*; dazu *Fox* ECLR 1999, 334/334ff. Es handelte sich um den Zusammenschluss eines südafrikanischen Platin-Lieferanten mit der südafrikanischen Tochter einer britischen Muttergesellschaft. Nach dem Zusammenschluss wäre auf dem räumlich relevanten Weltmarkt ein marktbeherrschendes Duopol für Platin und Rhodium entstanden. Die Unternehmen lieferten direkt in die Union und überschritten dabei die gemeinschaftsweiten Umsatzschwellen. Zunächst wies das EuG das Vorbringen der Kommission zurück, durch die Anmeldung hätten sich die Parteien freiwillig der europäischen Fusionskontrolle unterworfen; sodann lehnte es die Versuche der Klägerin ab, eine Einschränkung des Anwendungsbereichs der FKVO auf kollisionsrechtlicher Ebene aus den Erwägungsgründen, den Rechtsgrundlagen der FKVO (Art 103 und 352 AEUV [damals Art 87, 235 EGV]) oder aus Art 24 FKVO herzuleiten (aaO, Rn 78ff).

traterritoriale Anwendung dann völkerrechtlich gerechtfertigt sei, wenn **unmittelbare und wesentliche Wirkungen** des Zusammenschlusses auf dem Gebiet der Union **vorhersehbar** seien.[90] Diese Kriterien sind *zusätzlich* zu den Voraussetzungen des Art 1 FKVO 139/2004 zu prüfen, bevor die Zuständigkeit der Kommission zur Beurteilung eines Zusammenschlusses bejaht werden kann.

Es wurde zuweilen moniert, dass die Anwendung der FKVO auf extraterritoriale 39
Zusammenschlüsse nicht dem Durchführungsprinzip genüge, wie es vom EuGH im *Zellstoff I*-Urteil herangezogen worden war.[91] Doch lag dies in den Unterschieden der jeweiligen Wettbewerbsbeschränkungen begründet. Ein Kartell, wie es im *Zellstoff*-Fall potentiell vorlag, zeitigt nur dann Auswirkungen, wenn es durchgeführt wird; die Wirkungskette kann in mindestens zwei Stufen aufgetrennt werden. Eine Fusion führt dagegen zu einer Änderung der Marktstruktur. Das spätere Marktverhalten der fusionierten Einheit kann man kaum noch als „Durchführung der Fusion" bezeichnen. Der in der Fusion liegende wettbewerbsbeschränkende Tatbestand ist einstufig. Seit der EuGH das Auswirkungsprinzip als dem Durchführungsprinzip gleichberechtigte völkerrechtliche Basis anerkannt hat, ist diese Kritik ohnehin überholt.[92]

5. Zusammenfassung und Diskussion

In den USA, in Deutschland und in zahlreichen anderen Staaten ist das Auswirkungs- 40
prinzip nicht nur anerkannt, sondern ist zum Teil sogar gesetzlich fixiert.[93] Selbst das Vereinigte Königreich und andere *Commonwealth*-Staaten haben sich inzwischen zum Durchführungs- oder Auswirkungsprinzip durchgerungen (Rn 21).[94] Für das EU-Wettbewerbsrecht ist die Frage jetzt endlich durch die *Intel*-Entscheidung durch den EuGH zugunsten des qualifizierten Auswirkungsprinzips geklärt. Während die EU-Kommission und verschiedene Generalanwälte ein qualifiziertes Auswirkungsprinzip schon immer zugrunde gelegt hatten, und das EuG seit *Gencor* (und dann der EuG-Entscheidung in *Intel*) entsprechend verfuhr, behalf sich der EuGH lange Zeit mit den Prinzi-

---

90 *Ibid* Rn 90ff (insb Rn 90 und 92). In Rn 96 wird zwar statt „wesentlich" das Wort „erheblich" verwendet; in der maßgeblichen englischen Version ist aber durchgängig von „*substantial*" die Rede.

91 *O'Keeffe* ECLR 1994, 21/28.

92 S o Rn 31, 35.

93 Zu den USA und Deutschland s Rn 12, 14. Ferner ist das Auswirkungsprinzip gesetzlich fixiert in Österreich (§ 24 Abs 2 Bundesgesetz gegen Kartelle und andere Wettbewerbsbeschränkungen, BGBl I Nr 61/2005) und der Schweiz (Art 2 Abs 2 Bundesgesetz über Kartelle und andere Wettbewerbsbeschränkungen v 6.10.1995, SR251, mit Änderungen v 20.6.2003, AS 2004 Nr 11). Zu *Commonwealth*-Staaten s sogl im Text. Für Nachw zu weiteren Staaten, die das Auswirkungsprinzip anwenden (konkret zu Albanien, Belgien, Dänemark, Frankreich, Griechenland, Island, Kroatien, Lettland, Litauen, Mazedonien, Norwegen, Portugal, Rumänien, die Tschechische Republik, Russland, die Slowakei, Spanien, die Türkei, Ungarn, die Ukraine, Argentinien, Brasilien, China, Indien, Israel, Japan, Jordanien, Peru, Singapur, Südafrika, Südkorea), s MüKo-WettbR-EU-*Wagner-von Papp/Wurmnest* (Fn 12) Grdl Rn 1338. Allerdings existiert in manchen dieser Staaten keine Fallpraxis, so dass die extraterritoriale „Anwendung" eher eine Vermutung über die Rechtslage darstellt. Zuweilen ist auch unklar, ob das Auswirkungsprinzip oder das Durchführungsprinzip gilt (s die Nachw für Kanada, Italien, Irland, Luxemburg und die Niederlande *ibid* in Fn 3434).

94 Nachw o Fn 52, 53 sowie 93.

pien der wirtschaftlichen Einheit und einem weit ausgelegten Durchführungsprinzip (Rn 24ff). Der Unterschied zwischen dem Durchführungs- und dem Auswirkungsprinzip dürfte zwar ein marginaler sein, insb bei dem weiten Verständnis der Durchführung, das der EuGH zugrunde legte (Rn 26ff). Soweit das Durchführungsprinzip vom Auswirkungsprinzip abweichende Ergebnisse verlangte, widersprach diese Abweichung dem Schutzzweck des Kartellrechts. Es ist daher sehr zu begrüßen, dass der EuGH in der *Intel*-Entscheidung den letzten Schritt zur Anerkennung des qualifizierten Auswirkungsprinzips vollzogen hat, wie dies schon lange gefordert worden war.[95]

41 Die völkerrechtlichen Bedenken, die zuweilen immer noch gegen das Auswirkungsprinzip geltend gemacht werden, greifen nicht durch. Völkerrechtlich erforderlich ist eine sinnvolle Anknüpfung, wobei sich die Sinnhaftigkeit des Anknüpfungskriteriums nach dem jeweiligen Sachrecht richtet.[96] Im Kartellkollisionsrecht der entwickelten Kartellrechtsordnungen hat sich allgemein das Auswirkungs- oder zumindest das Durchführungsprinzip durchgesetzt. Zwar muss die faktische Wahl dieses kollisionsrechtlichen Kriteriums nicht die völkerrechtliche Zulässigkeit implizieren; dies wäre ein Fehlschluss vom Sein auf das Sollen. Das Auswirkungsprinzip hat sich aber als einzig praktikables und sinnvolles Anknüpfungskriterium erwiesen, welches das zu schützende Rechtsgut des Wettbewerbs umfassend und ohne Manipulationsmöglichkeiten zu sichern vermag.[97]

42 Zuzugeben ist allerdings, dass sich wegen der engen Verknüpfung der Volkswirtschaften wirtschaftliche Auswirkungen in einem Staat häufig sukzessive in andere Staaten ausbreiten, so dass die Zuständigkeit zahlloser Staaten gegeben wäre, wenn *beliebige* Auswirkungen ausreichten. Der US-amerikanische FTAIA und das EuG in *Gencor/Lonrho* haben das Auswirkungsprinzip daher durch die Kriterien der Unmittelbarkeit, der Wesentlichkeit und der Vorhersehbarkeit qualifiziert. Mit derartigen Qualifikationen und weiteren Einschränkungen, insb durch das häufig postulierte Gebot der Interessenabwägung, befasst sich der folgende Abschnitt.

---

95 *Ferry* ECLR 1989, 58/66; *Schödermeier* WuW 1989, 21/24f, 28; *Wagner-von Papp* in Ezrachi (Hrsg), 21, 41 (und auf diesen Bezug nehmend GA *Wahl*, ECLI:EU:C:2016:788 Rn 297 in Fn 187) sowie die *Vorauflagen* an dieser Stelle. Zur post-*Intel*-Lage: IM-EU-*Rehbinder* (Fn 12) IntWbR Rn 10; MüKo-WettbR-EU-*Wagner-von Papp/Wurmnest* (Fn 12) Grdl Rn 1383 („überfällige[r] Schritt"); *Wurmnest/Lund* NZKart 2015, 73.

96 Zur *Lotus*-Entscheidung des StIGH o Fn 48; zum Grundsatz der sinnvollen Anknüpfung Text bei Fn 12.

97 Vgl *Meessen* 87ff, 151. Aus ähnl Gründen darf im internationalen Delikts- und Strafrecht an den Erfolgsort angeknüpft werden (vgl § 9 StGB, Art 40 EGBGB); daher a der häufig gezogene Vergleich des Kartells mit dem Schuss über die Grenze, etwa *Laker Airways v Sabena* 731 F2d 909/922f (DC Cir 1984). *Seidl-Hohenveldern* International Economic Law, 3. Aufl (1999) 63, und *Meessen* 118, weisen allerdings auf die eingeschränkte Vergleichbarkeit der Fälle hin, da ökonomische Auswirkungen sich in einer Kettenreaktion in viele Richtungen fortsetzen und durch Unterlassungen verursacht sein können. Doch stellen sich im Umweltdelikts- und -strafrecht ähnliche Fragen.

III. Qualifikationen und Einschränkungen des Auswirkungsprinzips

Viele Wettbewerbsbeschränkungen haben über den Marktprozess mittelbar gewisse, wenigstens minimale Auswirkungen auf andere Staaten.[98] Wenn der Anwendungsbereich der nationalen Kartellrechtsordnungen nicht „uferlos" werden soll, kann nicht jede beliebige Inlandsauswirkung ausreichen.[99] Zur Begrenzung werden unterschiedliche Kriterien – teils kumulativ, teils alternativ – vorgeschlagen. 43

Die Trias der „unmittelbaren, wesentlichen und objektiv vorhersehbaren Auswirkung" wird sowohl vom US-amerikanischen FTAIA als auch vom EuGH und EuG zugrunde gelegt.[100] Die deutsche Rechtsprechung grenzt den Anwendungsbereich seit der *Ölfeldrohre*-Entscheidung im Anschluss an *Rehbinder*[101] und *Ivo Schwartz*[102] nach dem *Schutzzweck der verletzten Norm* ab und verlangt darüber hinaus wohl allgemein, dass die Auswirkung im Inland spürbar sein müsse.[103] 44

Zuweilen wird über diese Qualifikationen hinaus eine Abwägung der Interessen der beteiligten Staaten vorausgesetzt (Rn 56ff). Besondere Probleme ergeben sich, wenn der ausländische Staat die Wettbewerbsbeschränkung selbst veranlasst hat (Rn 68ff). Schließlich wird eine Begrenzung des Regelungsgegenstandes auf die Inlandsauswirkung verlangt (Rn 70ff). 45

1. Mindestintensität der Inlandsauswirkung: Spürbarkeit/Wesentlichkeit

Allgemein wird die Notwendigkeit einer gewissen Mindestintensität der Inlandsauswirkung postuliert. Es wird bspw verlangt, dass die Auswirkungen im Inland „spürbar", „erheblich", „wesentlich", „beträchtlich" oder „bedeutend" sein müssen. 46

Diese Qualifikationen des kollisionsrechtlichen Auswirkungsprinzips dürfen nicht verwechselt werden mit den Voraussetzungen der anzuwendenden materiellrechtlichen Norm. Doch ist nicht ausgeschlossen, dass die Maßstäbe im Einzelfall identisch sind: So ist bspw aus materiell-rechtlichen Gründen für *jede* Anwendung des § 1 GWB und Art 101 AEUV in der Bewirkensalternative, also auch für reine Inlandssachverhalte, die Spürbarkeit der Wettbewerbsbeschränkung erforderlich. Auch für die Kollisionsnorm des § 185 Abs 2 GWB ist nach herrschender Auffassung nicht mehr als Spürbarkeit – bezogen allerdings auf die Auswirkungen gerade *im Inland* – notwendig. 47

---

98 So bereits die *Alcoa*-Entscheidung (Fn 22) 443; *Meessen* 17; *Zimmer* (Fn 52) 475, 491. Für die Wirkungsmechanismen vgl die Praxis in der EU zur Zwischenstaatlichkeitsklausel; dazu *Kommission* Leitlinien über den Begriff der Beeinträchtigung zwischenstaatlichen Handels, ABl EU 2004 C 101/81.

99 *Alcoa* (Fn 22) 443; BGH WuW/E BGH 1276/1278f – *Ölfeldrohre*; BGH WuW/E BGH 1613/1614 – *Organische Pigmente*; *Basedow* 21f; *Böge* WuW 2005, 590/591; L/B-*Stadler* (Fn 12) § 185 Rn 133.

100 S Wortlaut des FTAIA (Fn 26); EuGH, Rs 413/14 P ECLI:EU:C:2017:632 Rn 40ff (sowie in der Vorinstanz ausf EuG, Rs T-286/09, ECLI:EU:T:2014:547 – *Intel* Rn 233, 242ff); EuG, Rs T-102/96, Slg 1999, II-753 Rn 90–92 – *Gencor*; s a *Antitrust Modernization Commission* 222f (Vorschlag, diese Trias als verbindliche Aufgreifkriterien anzuerkennen).

101 Extraterritoriale Wirkungen des deutschen Kartellrechts (1965) 113ff.

102 Deutsches Internationales Kartellrecht, 2. Aufl (1968) 32f.

103 Nachw Fn 14 (Schutzzweck-Betrachtung) und Fn 108 (Spürbarkeit).

48 Es ergibt wenig Sinn, sich über die terminologische Frage zu streiten, wie die Intensitätsschwelle zu bezeichnen ist, ohne sich darüber im Klaren zu sein, in welchen Fällen die jeweilige Schwelle als erreicht anzusehen ist. So verlangt der **US-amerikanische FTAIA** „*substantial effects*", also „wesentliche" Auswirkungen. Nichtsdestotrotz scheinen die Voraussetzungen, die an dieses Tatbestandsmerkmal gestellt werden, nicht höher zu sein als die, die man bei einem Spürbarkeitskriterium erwarten würde: Ausgeklammert werden nur Bagatellsachverhalte.[104]

49 Für die EU verlangten das EuG in *Gencor* und *Intel* und der EuGH in *Intel* ebenfalls wesentliche Auswirkungen.[105] Welche Art von Auswirkungen als wesentlich angesehen werden, ist nicht vollständig geklärt, doch hat das EuG „wesentliche" Auswirkungen ausdrücklich als synonym mit „spürbaren" und „nicht zu vernachlässigenden" Auswirkungen angesehen.[106]

50 Die **deutsche Rechtsprechung** begrenzt das Auswirkungsprinzip seit der *Ölfeldrohre*-Entscheidung nach dem **„Schutzbereich der jeweiligen verletzten Sachnorm im Inland"**.[107] Hinzukommen muss nach wohl herrschender Auffassung, dass die Inlandsauswirkungen auch **spürbar** sind.[108] Dadurch sollen *de minimis*-Auswirkungen auf den inländischen Wettbewerb ausgeklammert werden; es gilt also eine Bagatellgrenze.[109] Sofern die jeweils anzuwendende Sachnorm bereits eine Spürbarkeitsschwelle voraussetzt (wie § 1 GWB und Art 101 AEUV), sind an die kollisionsrechtliche

---

104 Vgl *US Department of Justice/Federal Trade Commission* (Fn 27) Abschn 3.2: „*The substantiality requirement does not provide a minimum pecuniary threshold, nor does it require that the effects be quantified*". Die Entscheidungspraxis amerikanischer Gerichte erscheint in dieser Hinsicht nicht einheitlich, vgl die Zusammenstellung bei *Link* 1 ALR Fed2d 483 §§ 12–15 (2005).

105 EuGH, Rs 413/14 P ECLI:EU:C:2017:632 Rn 40ff (in der Vorinstanz EuG, Rs T-286/09, ECLI:EU:T:2014:547 Rn 233 – *Intel*); EuG, Rs T-102/96, Slg 1999, II-753 Rn 90, 92 – *Gencor*.

106 S EuG, Rs T-204/03 Slg 2006, II-3779 Rn 167 – *Haladjian Frères/Kommission*; zustimmend zitiert in EuG, Rs T-286/09, ECLI:EU:T:2014:547 – *Intel* Rn 256 (der EuGH als Rechtsmittelinstanz hat die Wesentlichkeit der Auswirkungen aufgrund der erforderlichen Gesamtbetrachtung des Verhaltens von Intel bejaht, ohne auf den genauen Maßstab einzugehen, EuGH, Rs 413/14 P ECLI:EU:C:2017:632 Rn 54–58).

107 Nachw Fn 14. Ausf *Rehbinder* (Fn 101) 138ff; IM-GWB-*Rehbinder/von Kalben* (Fn 12) § 185 Rn 134ff.

108 OLG Stuttgart WuW/E OLG 5895, 5896 – *Flugzeugschlepper*; KG, WuW/E OLG 1993, 1996f – *Organische Pigmente* (aufgegriffen in der Rechtsmittelinstanz BGH, WuW/E BGH 1613, 1615); BKartA, WuW/E DE-V 777/781 – *Ajinomoto/Orsan*; L/B-*Stadler* (Fn 12) § 185 Rn 135f, 151; s a KG WuW/E 5580/5592 – *Selektive Exklusivität* (bestätigt durch BGH WuW/E DE-R 89/91); aA KG WuW/E OLG 3051/3063 – *Morris-Rothmans*; LMRKM-*Stockmann* (Fn 10) § 185 Abs 2 Rn 15: nur, sofern Spürbarkeit von der anzuwendenden Sachnorm verlangt wird.

109 Für die Konkretisierung der Bagatellschwelle werden unterschiedliche Ansätze vorgeschlagen. Teilweise wird der *Inlandsumsatz* als absolute Größe herangezogen. Teilweise wird in der Praxis die Spürbarkeitsschwelle bei relevanten Inlandsumsätzen von 2–3 Mio Euro angesetzt. Derartige absolute Umsatzkriterien mögen bei der Ausübung des Aufgreifermessens der Kartellbehörden im Rahmen des Opportunitätsgrundsatzes eine Rolle spielen; die Anwendbarkeit des GWB – mit Wirkungen etwa auch für die privatrechtliche Kartellrechtsdurchsetzung – können sie dagegen nicht ausschließen. Ausgehend vom Schutzzweck des Kartellrechts erscheint eine an die (Inlands-) *Marktanteile* der Beteiligten anknüpfende, nach der jeweils verletzten Sachnorm differierende Bagatellschwelle sinnvoller (offengelassen in OLG Stuttgart WuW/E OLG 5895, 5896 – *Flugzeugschlepper*).

Spürbarkeitsschwelle keine höheren Anforderungen zu stellen als an die materiellrechtliche.[110]

Zuweilen wird auch für die Anwendbarkeit des deutschen Rechts eine „beträchtliche" oder „wesentliche" Inlandsauswirkung verlangt.[111] Damit ist regelmäßig – wie mit der *substantiality* im FTAIA – nur eine andere, völkerrechtliche Bezeichnung für die Bagatellschwelle der Spürbarkeit gemeint.[112] Abzulehnen wäre die Ansicht, es sei eine in der Sache über die Spürbarkeitsschwelle hinausgehende Intensität der Inlandsauswirkung erforderlich.[113] 51

Umstritten ist die Frage, ob sich die Inlandsauswirkung tatsächlich realisiert haben muss oder ob eine **potentielle Inlandsauswirkung** ausreicht.[114] Auch in dieser Hinsicht wird man die Maßstäbe der jeweiligen materiell-rechtlichen Sachnorm entsprechend heranziehen können.[115] Für Art 101 AEUV und § 1 GWB haben sowohl der EuGH als auch der BGH potentielle Auswirkungen ausreichen lassen (und zwar sowohl in der Bezweckens- wie der Bewirkensalternative), und in *Intel* haben das EuG 52

---

110 Trotz Identität der Maßstäbe müssen die Ergebnisse der kollisionsrechtlichen und der materiellrechtlichen Spürbarkeitsprüfung nicht zusammenfallen: Kollisionsrechtlich müssen die Auswirkungen gerade *im Inland* spürbar sein. – Der Gleichlauf zwischen materieller und kollisionsrechtlicher Spürbarkeit ergibt sich nicht aus logischen Gründen; es ist durchaus vorstellbar, trotz gleicher Bezeichnung des Kriteriums unterschiedliche Maßstäbe anzulegen. Doch dient die materiell- und kollisionsrechtliche Spürbarkeitsschwelle der Identifikation derjenigen Sachverhalte, in denen der Staat ein legitimes Interesse an der Anwendung seines Rechts hat. Bei Überschreitung einer (nicht nur vorgeschobenen) materiell-rechtlichen Spürbarkeitsschwelle wird man auch von der völkerrechtlichen Legitimität ausgehen können. Auf den ersten Blick scheint man damit den Umfang des gesetzgeberischen Dürfens zur Disposition des Gesetzgebers selbst zu stellen. Es kann in der Tat völkerrechtlich nicht *per se* ausreichen, dass der nationale Gesetzgeber materiell- und kollisionsrechtlich vernachlässigbare Auswirkungen als spürbar definiert. Hier soll nur gesagt sein, dass die materiell-rechtlichen Spürbarkeitsschwellen, wie sie derzeit gehandhabt werden, den aus völkerrechtlicher Sicht gebotenen Mindeststandard nicht unterschreiten.

111 *Meessen* 156ff.

112 So *Meessen ibid*; L/B-*Stadler* (Fn 12) § 185 Rn 151; s a *Huber* ZGR 1981, 510/520f; IM-EU-*Rehbinder* (Fn 12) IntWbR Rn A 21 (zum europäischen Recht) und IM-GWB-*Rehbinder/von Kalben* (Fn 12) § 185 Rn 172. Anders früher FK-*Lindemann* § 130 Rn 223; wie hier jetzt aber FK-*Rudolf* (Fn 12) § 185 Rn 215. Vgl auch *Mankowski* RIW 2008, 177/186, der die Wesentlichkeitsschwelle in Art 6 Abs 3 Rom II-VO ebenfalls zutr als Spürbarkeits- iS einer Bagatellklausel interpretiert.

113 Ebenso IM-EU-*Rehbinder* (Fn 12) IntWbR Rn 34 aE; L/B-*Stadler* (Fn 12) § 185 Rn 151.

114 Einerseits *Bechtold/Bosch*, GWB, 8. Aufl (2018) § 185 Rn 20 (tatsächliche Auswirkung erforderlich, wofür bei § 1 GWB eine „konkrete ... Beschränkung des Wettbewerbs" notwendig sei; auch *Bechtold* scheint also keine tatsächliche Auswirkung im Sinne eines nachgewiesenen Schadens beim Konsumenten zu verlangen); andererseits *Meessen* 158f; IM-EU-*Rehbinder* (Fn 12) IntWbR Rn 22 und IM-GWB-*Rehbinder/von Kalben* (Fn 12) § 185 Rn 128, 140ff, 159ff (potentielle Auswirkungen sind ausreichend, sofern die Sachnorm Gefährdungstatbestand ist); MüKo-BGB-*Immenga/Wurmnest* (Fn 12) Rn 21ff; LMRKM-*Stockmann* (Fn 10) § 185 Abs 2 Rn 15; L/B-*Stadler* (Fn 12) § 185 Rn 152 (konkrete Möglichkeit ausreichend); FK-*Rudolf* (Fn 12) § 185 Rn 218.

115 Weitergehend L/B-*Stadler* (Fn 12) § 185 Rn 139: Gleichlauf sei „insoweit zwingend, als die kollisionsrechtliche Eingriffsschwelle jedenfalls nicht höher liegen kann als die sachrechtliche Eingriffsschwelle"). Logisch „zwingend" ist dies wohl nicht, da der Gesetzgeber bei Auslandssachverhalten zuweilen größere Zurückhaltung wahren will als bei Inlandssachverhalten; im Kartellrecht gibt es für letzteres aber in der Tat keine Anhaltspunkte.

und der EuGH im Rahmen eines Art 102 AEUV-Falles ausdrücklich entschieden, dass potentielle Auswirkungen für die Anwendung des Auswirkungsprinzips völkerrechtlich ausreichen;[116] gleiches gilt für die Zusammenschlusskontrolle.[117] Da der nationale Gesetzgeber ein auch völkerrechtlich anzuerkennendes Interesse am Schutz vor *Gefährdungen* des Wettbewerbs hat, sind potentielle Wirkungen als ausreichend anzusehen.

2. Unmittelbarkeit

53 Von der wohl hM wird gefordert, die Inlandsauswirkung müsse „**unmittelbar**" auf der Wettbewerbsbeschränkung beruhen.[118] Doch bleibt dies eine inhaltsleere Formel: Da wirtschaftliche Auswirkungen regelmäßig über eine Kausalkette vermittelt werden, lässt sich die Beschränkung auf unmittelbare Wirkungen nicht streng durchhalten. Die Frage kann allenfalls sein, „wie" mittelbar die Wirkungen sein dürfen; es handelt sich um eine *Gradfrage*.[119] Dies zeigt sich etwa in der Beurteilung von Exportkartellen: Es ist allgemeine Meinung, dass diese jedenfalls dann hinreichende Inlandsauswir-

---

116 EuGH, Rs 413/14 P ECLI:EU:C:2017:632 Rn 51 (dort „wahrscheinliche Auswirkungen"; in der Vorinstanz EuG, Rs T-286/09, ECLI:EU:T:2014:547 Rn 250ff – *Intel*); für das materielle Recht: EuGH, Rs C-7/95, Slg 1998, I-3111 Rn 72–78 – *John Deere*; Rs C-8/95 P, Slg 1998, I-3175 Rn 88–92 – *New Holland Ford*; BGH WuW/E BGH 2088/2089f – *Korkschrot* (offengelassen in WuW/E BGH 1276/1280 – *Ölfeldrohre*). Dabei reichen die potentiellen Auswirkungen sowohl für die Zwischenstaatlichkeitsklausel als auch die materiell-rechtliche Spürbarkeit, EuGH aaO. „Nur gedanklich vorstellbare", also rein theoretische Auswirkungen reichen allerdings nicht.

117 Vgl BGH WuW/E BGH 1613/1615 – *Organische Pigmente.*

118 EuGH, Rs 413/14 P ECLI:EU:C:2017:632 Rn 49, 52 (sowie in der Vorinstanz ausf EuG, Rs T-286/09, ECLI:EU:T:2014:547 Rn 233, 277ff– *Intel*); EuG, Rs T-102/96, Slg 1999, II-753 Rn 90, 92 – *Gencor*; FTAIA (Fn 26); so bereits GA *Mayras* Rs 48/69, Slg 1972, 665/693f – *ICI (Farbstoffe)*; GA *Darmon* Rs 89/85 ua, Slg 1988, 5214 Rn 53 – *Ahlstöm (Zellstoff I)*; *Meessen* 162f; LMRKM-*Meessen/Funke* (Fn 6) IntKartR Rn 71; differenzierend: IM-EU-*Rehbinder* (Fn 12) IntWbR Rn 21, 35 (Unmittelbarkeit erforderlich, aber „gradueller Maßstab"); IM-GWB-*Rehbinder/von Kalben* (Fn 12) § 185 Rn 153ff (Unmittelbarkeit bei Veranlassung durch *inländische* Unternehmen nicht erforderlich), 167ff (Unmittelbarkeit bei Veranlassung ausschließlich durch ausländische Unternehmen aber erforderlich); ebenso: MüKo-BGB-*Immenga/Wurmnest* (Fn 12) Rn 24ff. Insoweit nicht ganz eindeutig, aber wohl wie *Rehbinder/von Kalben*: *Stadler* (Fn 12) § 185 (einerseits Rn 137: „zumindest" bei Beteiligung inländischer Unternehmen mittelbare Auswirkungen ausreichend, andererseits Rn 150: unmittelbare Wirkung der im Ausland bestehenden oder veranlassten Wettbewerbsbeschränkung völkerrechtlich erforderlich). Gegen die Differenzierung FK-*Rudolf* (Fn. 12) § 185 Rn 216: Unmittelbarkeit sei generell erforderlich, um Doppelsanktionierung zu vermeiden. Das überzeugt nicht: s o Fn 77.

119 *Meessen* 163; IM-EU-*Rehbinder* (Fn 12) IntWbR Rn 21, 35; IM-GWB *Rehbinder/von Kalben* (Fn 12) § 185 Rn 167; ähnl *Basedow* 22 („Unmittelbarkeit kein Kriterium, das ökonomischen Prozessen angemessen wäre"); *Baetge* in Gottschalk/Michaels/Rühl/von Hein (Hrsg) Conflict of Laws in a Globalized World (2007) 220, 232 („Which kinds of effects are ‚direct'[...] depends entirely on the discretion of the person who decides the case. There is no objective standard [...]"). Ähnl zum Unmittelbarkeitskriterium im FTAIA *Minn-Chem v Agrium* 683 F3d 845, 856ff (7th Cir 2012) *cert den* 2013 WL 3790907; tendenziell auch *Motorola Mobility v AU Optronics*, Docket No 14-8003 (7th Cir 26.11.2014), S 5; s a *In re Vitamin C Antitr Lit* 904 F.Supp.2d 310/318ff (EDNY 2012); *In re TFT-LCD (Flat Panel) Antitrust Litigation*, 822 F Supp2d 953/959ff (ND Cal 2011); abweichendes Votum in *US v LSL Biotechnologies* 379 F3d 672, 691ff; *Areeda/Hovenkamp* Antitrust Law Bd IB, 3. Aufl (2006) § 272i1 aE. AA die Mehrheit in *LSL Biotechnologies* aaO.

kungen haben, wenn die konkrete Möglichkeit eines Reimports besteht.[120] Doch wird die Inlandsauswirkung durch den Reimport vermittelt; sie ist nicht unmittelbare, sondern mittelbare Folge des Exportkartells.

Das Erfordernis der **Unmittelbarkeit ist verzichtbar**. Seine Funktion soll darin bestehen, den Unternehmen normgerechtes Verhalten zu ermöglichen.[121] Diese Funktion wird bereits durch das Kriterium der Vorhersehbarkeit erfüllt (Rn 55). Die Funktion der beiden Kriterien ist die gleiche und beide Kriterien sind gradueller Natur, so dass ihre Anwendung jeweils normative Wertungen voraussetzt.[122] Die Kumulierung beider Kriterien ist daher weitgehend redundant. Darüber hinaus besteht die Gefahr, dass „Unmittelbarkeit" wörtlich verstanden wird und deshalb Situationen nicht erfasst werden, in denen die mittelbar hervorgerufene Auswirkung vorhersehbar (oder sogar vorhergesehen) ist; dies würde Umgehungsmöglichkeiten eröffnen.[123] Auf das überflüssige und missverständliche Kriterium der Unmittelbarkeit sollte daher verzichtet werden.[124] 54

3. Objektive Vorhersehbarkeit

Zutreffend wird überwiegend verlangt, dass die Inlandsauswirkungen objektiv vorhersehbar sein müssen;[125] subjektives Vorhersehen ist nicht erforderlich.[126] Die Begründung für das Kriterium der Vorhersehbarkeit liegt darin, dass die verhaltenssteuernde Wirkung, die von einer Kartellrechtsordnung ausgehen soll, nicht erfüllt werden kann, wenn die Anwendbarkeit dieser Kartellrechtsordnung *ex ante* nicht erkennbar war.[127] Soweit das Kriterium der Vorhersehbarkeit unter Hinweis darauf abgelehnt wird, dass spürbare Wettbewerbsbeschränkungen „in aller Regel" auch vorhersehbar seien,[128] ist zwar der Prämisse zuzustimmen, doch mag es eben vereinzelt auch zu 55

---

120 EuGH, Rs C-306/96, Slg 1998, I-1983 Rn 22ff – *Javico*; s a IM-EU-*Rehbinder* (Fn 12) IntWbR Rn 37. Noch weitergehend KG WuW/E OLG 1339/1346 – *Linoleum*: Das KG ließ als Inlandsauswirkung ausreichen, dass die aufgrund einer Exportbeschränkung verminderte Produktionsmenge zum Nichtausschöpfen von Skalenvorteilen führte, was auch den Inlandsabsatz verteuerte.

121 IM-EU-*Rehbinder* (Fn 12) IntWbR Rn 21.

122 Dies kommt a bei *Rehbinder* zum Ausdruck, *ibid* Rn 35: „Unmittelbarkeit ist [...] typisierter Ausdruck von Vorhersehbarkeit und Zurechenbarkeit [...]"; ebenso IM-GWB-*Rehbinder/von Kalben* (Fn 12) § 185 Rn 167, 169 aE. S a *Baetge* in Gottschalk/Michaels/Rühl/von Hein (Hrsg) Conflict of Laws in a Globalized World (2007) 220, 232.

123 Zur Konstellation der indirekten Lieferung eines Kartells über ein nicht beteiligtes Drittstaatenunternehmen o bei Fn 78.

124 Zutr LMRKM-*Stockmann* (Fn 10) § 185 Abs 2 Rn 15 (Unmittelbarkeit nur, wenn von Sachnorm gefordert; nicht bei § 1 GWB Art 101 AEUV); *Basedow* 22. Im Erg meist identisch IM-GWB-*Rehbinder/von Kalben* (Fn 12) § 185 Rn 169 aE; doch lehnen diese, anders als hier vertreten (o Fn 78), die Kartellrechtsanwendung bei indirekter Lieferung über ein kartellunbeteiligtes Unternehmen wegen mangelnder Unmittelbarkeit ab (*ibid*, Rn 169 am Anfang).

125 EuGH, Rs 413/14 P ECLI:EU:C:2017:632 Rn 48f, 51 (sowie in der Vorinstanz EuG, Rs T-286/09, ECLI:EU:T:2014:547 Rn 233ff– *Intel*); GA *Mayras* Rs 48/69, Slg 1972, 665/694; IM-EU-*Rehbinder* (Fn 12) IntWbR Rn 21; LMRKM-*Stockmann* (Fn 10) § 185 Abs 2 Rn 14; aA *Basedow* 22.

126 LMRKM-*Stockmann* (Fn 10) § 185 Abs 2 Rn 14.

127 *Meessen* 162.

128 So *Basedow* 22.

spürbaren Auswirkungen kommen, die nicht vorhersehbar waren; dies gilt insb wenn man an das Kriterium der Spürbarkeit keine hohen Anforderungen stellt.

4. Interessenabwägung

56 Nach wie vor kontrovers diskutiert wird die Frage, ob neben den qualifizierten Auswirkungen zusätzlich eine Abwägung zwischen den Interessen des Auswirkungsstaates und denen des Veranlassungsstaates vorzunehmen ist. Zum Teil wird eine solche Interessenabwägung für völkerrechtlich notwendig oder zumindest durch die Völkercourtoisie oder auf Ebene des Kollisionsrechts als geboten angesehen.

57 Namentlich *Meessen* hat sich in Deutschland früh dafür ausgesprochen, dass eine Interessenabwägung aus dem völkerrechtlichen **Einmischungsverbot** herzuleiten sei.[129] Bei diesem normativen Ausgangspunkt – anders als wenn man das Rechtsmissbrauchsverbot zugrunde legt – reicht bereits ein einfaches Überwiegen der Interessen des betroffenen Staates aus, um die extraterritoriale Anwendung unzulässig zu machen. Die Interessenabwägung ist auch nach *Meessen* nicht in allen Fällen, sondern nur dann notwendig, wenn die kartellrechtliche Entscheidung des Auswirkungsstaates ihrerseits „erhebliche Störungen" im Veranlassungsstaat hervorrufen würde.[130] Welche Interessen in die Abwägung einzustellen sind, bleibt letztlich der diskretionären Wertentscheidung der Staaten überlassen: Da es an einem verbindlichen völkerrechtlichen Standard fehle, könne das Gewicht der Interessen nicht allgemein bestimmt werden, sondern müsse – sofern sich nicht ein Wertekonsens zwischen den beteiligten Staaten feststellen lasse – im Wege eines Diskurses ermittelt werden.[131]

58 In der US-amerikanischen Rechtsprechung wurde zuweilen ebenfalls für eine Interessenabwägung plädiert. Insb die *Timberlane*-Entscheidung des Bundesberufungsgerichts für den *Ninth Circuit* versuchte sich an einer Präzisierung und Einschränkung des reinen Auswirkungsprinzips.[132] Das Gericht in *Timberlane* schlug einen **dreiteiligen Test** vor,[133] dessen dritte Stufe eine **Interessenabwägung** zwischen den Interessen der USA und den Interessen des Veranlassungsstaates vorsah. Bei dieser Interessenabwägung sei etwa zu berücksichtigen, wie stark die Auswirkungen in den USA relativ zu denjenigen im Ausland seien, welche Staatsangehörigkeit die Betroffenen hätten, wie effektiv die Verfolgung durch den einen oder anderen Staat sei, ob Auswirkungen in den USA beabsichtigt gewesen seien oder ob sie zumindest objektiv vorhersehbar waren, und wie stark der Konflikt der unterschiedlichen Wertvorstellungen zwischen den betroffenen Staaten sei.[134]

---

129 *Meessen* 198ff; LMRKM-*Meessen/Funke* (Fn 6) IntKartR Rn 102ff; zust etwa *Schödermeier* WuW 1989, 21/25ff; s a *Beck* WuW 1984, 447/452ff.

130 *Meessen* 224ff.

131 *Meessen* 229.

132 *Timberlane Lumber v Bank of America* 549 F2d 597/610ff (9th Cir 1976).

133 *Ibid*, 613ff. Auf der ersten Stufe sei zu prüfen, ob eine Auswirkung der Wettbewerbsbeschränkung in den USA tatsächlich eingetreten oder intendiert gewesen sei. Zweitens müsse der Kläger aufzeigen, dass diese Auswirkung spürbar gewesen sei.

134 *Ibid*, 614f.

Die Interessenabwägung in der *Timberlane*-Entscheidung wurde von anderen Gerichten aufgegriffen[135] und wurde vom American Law Institute in das – als solches unverbindliche, aber praktisch einflussreiche – Restatement (Third) of Foreign Relations Law übernommen (§ 403); in der neueren Version, Restatement (Fourth) of Foreign Relations Law, wird dagegen allgemein auf das Kriterium der „reasonableness" verwiesen, das die Ausführungen im alten § 403 ablöst (so Reporters' Note 6 zum neuen § 405), und darauf, dass der *Supreme Court* in *Empagran* für das Kartellrecht eine einzelfallorientierte Abwägung abgelehnt habe (so Reporters' Note 5 zum neuen § 405; dazu sogl in Rn 62, 71ff). Die *Timberlane*-Interessenabwägung stieß aber auch auf Ablehnung.[136] Die Mehrheit am *US Supreme Court* lehnte im Jahr 1993 in *Hartford Fire* eine Interessenabwägung ebenfalls ab.[137] 59

Hartford Fire betraf einen Boykott von US-amerikanischen Versicherern durch englische Rückversicherer. Die Mehrheit von fünf Richtern ließ die Frage offen, ob die Völkercourtoisie der extraterritorialen Anwendung überhaupt eine Grenze setze. Sofern eine solche Grenze existiere, sei sie jedenfalls erst dann überschritten, wenn es einen **„wahren Konflikt"** zwischen der Anwendung des Sherman Act und der ausländischen Rechtsordnung gebe. Dies sei nicht der Fall, wenn die ausländische Rechtsordnung das Verhalten zwar als zulässig ansehe, aber nicht *positiv gebiete*, da sich der Akteur dann rechtskonform mit beiden Rechtsordnungen verhalten könne, indem er das Verhalten unterlasse.[138] 60

Richter *Scalia*, dem sich drei weitere Richter anschlossen, sprach sich dagegen in einem Minderheitsvotum für die Notwendigkeit einer Interessenabwägung aus.[139] 61

Die Ablehnung einer Interessenabwägung durch die Mehrheit in *Hartford Fire* schien die Frage für das US-amerikanische Recht verbindlich zu klären.[140] Doch bietet die neuere Entscheidung *Empagran*, die eine deutliche Annäherung an das Minderheitsvotum in *Hartford Fire* zeigt, doch wieder Ansatzpunkte für eine Interessenabwägung, wenn auch in pauschalierter Form (Rn 71ff). Auch die gemeinsamen Leitlinien zur internationalen Kartellrechtsdurchsetzung des Department of Justice und der Federal Trade Commission aus dem Jahr 2017 sehen eine Interessenabwägung durch die *Kartellbehörden* unter *comity*-Gesichtspunkten vor.[141] 62

---

135 *Mannington Mills v Congoleum Corp* 595 F2d 1287/1297f (3d Cir 1979).

136 *Laker Airways v Sabena* 731 F2d 909/948f (DC Cir 1984).

137 *Hartford Fire Insurance v California* 509 US 764 (1993); krit *Robertson/Demetriou* ECLR 1995, 461.

138 *Ibid*, 798f.

139 *Ibid*, 800ff. Wenn diese Abwägung gegen eine Anwendung des US-amerikanischen Rechts spreche, so erfasse der Sherman Act das entsprechende Verhalten nicht; die Klage sei dann als unbegründet („*failure to state a claim*") – und nicht wegen fehlender Zuständigkeit als unzulässig („*lack of subject matter jurisdiction*") – abzuweisen.

140 Doch s nach *Hartford* und vor *Empagran* bereits *Metro Industry v Sammi Corp* 82 F3d 839/846 in Fn 5 (9th Cir 1996); dazu *Kennedy* 30 und *Griffin* Antitrust LJ 67 (1999) 159/166f.

141 Die Vorgänger-Leitlinien aus dem Jahr 1995 machten noch die ausdrückliche Einschränkung in Abschn 3.2, dass Gerichte bei behördlichen Klagen davon ausgehen könnten, dass die Behörde die Interessenabwägung bereits vorgenommen hätten, so dass die Gerichte die Abwägung nur bei Privatklagen vornehmen müssten; die Leitlinien aus dem Jahr 2017 machen die gleiche Einschränkung implizit, indem sie erwähnen, dass „manche Gerichte eine Comitas-Analyse *in Streitigkeiten zwischen privaten Par-*

63 In *Nippon Paper* weitete die Mehrheit der Richter am Bundesberufungsgericht für den *First Circuit* die Grundsätze aus *Hartford Fire* auf die Anwendung des Sherman Act als **Strafgesetz** aus, während das Sondervotum eine Interessenabwägung in Strafsachen befürwortete, weil bei diesen ein erhöhtes Potential zu internationalen Konflikten bestehe.[142]

64 In der **EU** haben die europäischen Gerichte die Existenz eines völkerrechtlichen Grundsatzes der Nichteinmischung dahin stehen lassen und allenfalls auf Fälle eines **echten Konflikts** beschränkt; er könne nur dann verletzt sein, wenn das ausländische Recht ein Verhalten gebiete (nicht nur zulasse), das im Widerspruch zu europäischem Recht stehe.[143] In *Gencor* sprach das EuG zusätzlich den **Grundsatz der Verhältnismäßigkeit** an; im konkreten Fall scheiterte eine Verletzung dieses Grundsatzes daran, dass Südafrika keine „*vital interests*" vorgetragen habe.[144] Dies deutet darauf hin, dass das EuG bei Vorbringen hinreichend gewichtiger Gründe prinzipiell bereit gewesen wäre, eine Interessenabwägung vorzunehmen. Unklar bleibt, aus welchem völkerrechtlichen Grundsatz das Verhältnismäßigkeitsprinzip abgeleitet wird und welche Maßstäbe daran angelegt werden.[145]

65 In der **deutschen Praxis** wird bisweilen von einer Pflicht zur Interessenabwägung ausgegangen.[146]

---

teien vorgenommen haben" (*US Department of Justice/Federal Trade Commission* (Fn 27) Abschn 4.1; Hervorhebung hinzugefügt).

142 *US v Nippon Paper* 109 F3d 1 (1st Cir 1997) (m Anm *Reynolds* ECLR 1998, 151). Auch das Sondervotum kam allerdings zur Anwendung US-amerikanischen Rechts, da sich das Kartell gezielt gegen die USA gerichtet hatte. Die Leitlinien der Kartellbehörden aus dem Jahr 2017 (*US Department of Justice/Federal Trade Commission* (Fn 27)) enthalten jetzt einen eigenen Abschnitt (Abschn 5.2) zur internationalen Kooperation in Strafsachen.

143 EuGH, Rs 89/85 ua, Slg 1988, 5193 Rn 19f – *Ahlström (Zellstoff I)*; EuG, Rs T-102/96, Slg 1999, II-753 Rn 103 – *Gencor*.

144 In der deutschen Version wird von „Lebensinteressen" gesprochen. „*Vital interests*" kann aber wohl besser iSv „schwerwiegenden" Anliegen verstanden werden.

145 Doch lässt der Kontext – insb das Klägervorbringen in Rn 63 – vermuten, dass das Gericht nicht eine allgemeine, mehrdimensionale Interessenabwägung im Auge hatte, sondern lediglich bei einem krassen Missverhältnis zwischen ganz geringen Auswirkungen auf der einen und Vorliegen schwerwiegender Interessen auf der anderen Seite ausnahmsweise das Interesse an der Durchsetzung des Kartellrechts zurückstellen würde. Dies würde sich mit der Ansicht decken, die eine Interessenabwägung erst bei extremem Interessenungleichgewicht als zulässig ansieht (vgl IM-EU-*Rehbinder* (Fn 12) IntWbR Rn 24f; LMRKM-*Stockmann* (Fn 10) § 185 Abs 2 Rn 19 (Anwendung des Rechtsmissbrauchsverbots); wohl a L/B-*Stadler* (Fn 12) § 185 Rn 153; aA *Meessen* 198ff).

146 KG WuW/E OLG 2419/2420 – *Synthetischer Kautschuk II* (Nichteinmischungsprinzip; Schwergewicht maßgebend); BKartA (Fn 41) Rn 26 – *Sulzer/Kelmix*; wohl a BKartA WuW/E DE-V 1365/1368 Rn 30 (doch s Rn 25) – *Phonak/GN ReSound* und ähnl im gleichen Fall OLG Düsseldorf WuW/E DE-R 2477 Rn 35 (Ablehnung der Schwerpunkttheorie, aber „Frage ..., ob die nationale Fusionskontrolle im Einzelfall deshalb zurücktreten muss, weil sie mit vorrangigen wettbewerblichen oder wettbewerbspolitischen Interessen eines ausländischen Staates kollidiert"); der BGH befasste sich in der Rechtsbeschwerde-Entscheidung nicht mit der Frage.

Gegen eine völker- oder kollisionsrechtliche Pflicht zur Interessenabwägung werden zahlreiche **Einwände** erhoben.[147] Besonders problematisch erscheint, dass staatliche Interessen vielgestaltig sein können, ohne dass ein übergeordneter Maßstab zur Beurteilung der Legitimität oder Wertigkeit dieser Interessen existiert oder – wegen der Souveränität der Beteiligten – auch nur existieren kann. Das Problem besteht also nicht allein darin, dass die zu vergleichenden Interessen an der Kartellrechtsdurchsetzung des einen Staates und die Interessen des anderen Staates *inkommensurabel* sind.[148] Vielmehr ist die Menge der potentiell in die Abwägung einzustellenden staatlichen Interessen *vollständig undefiniert*. Sofern zur Eingrenzung der einzustellenden Interessen auf einen Wertekonsens oder eine Kompromissbildung im Diskurs gesetzt wird, verlässt man – mangels justiziabler Grundlagen – den Boden der *rule of law*.[149] Die Berücksichtigung der Interessen des anderen Staates mag für Behörden im Rahmen des Aufgreifermessens nach dem Opportunitätsprinzip in Grenzen konzipierbar sein; für Gerichte jedenfalls scheidet diese Vorgehensweise aus.[150] Auch könnte gerade die Abwägung der Interessen zu zusätzlichen internationalen Verstimmungen führen, wenn sie – wie meist – im Ergebnis zugunsten der Kartellrechtsanwendung ausfällt und damit der Eindruck entsteht, dass die Interessen des Auslands „gewogen und für zu leicht befunden" wurden.[151] 66

Nach hier vertretener Auffassung kann bei der Rechtsanwendung eine Interessenabwägung nur insoweit stattfinden, als sonst die Grenze zum **Rechtsmissbrauchsverbot** überschritten würde. Dies wird nur bei Auswirkungen der Fall sein, an deren Spürbarkeit man schon unabhängig von einer Interessenabwägung zweifeln kann.[152] Im Übrigen können die ausländischen Interessen nur bei der vorgelagerten Frage der Ausübung des *Aufgreifermessens*, bei der Bestimmung des *Regelungsgegenstandes* 67

147 Ausf *Veelken* Interessenabwägung im Wirtschaftskollisionsrecht (1988) 59ff, 83ff, 152; MüKo-BGB-*Immenga/Wurmnest* (Fn 12) Rn 48ff, 56f; *Immenga* FS Neumayer (1986) 323/332ff; *Mestmäcker* RabelsZ 52 (1988) 205/241ff; *ders/Schweitzer* (Fn 1) § 7 Rn 71ff; *Lowe* RabelsZ 52 (1988) 157/202f. Erheblich offener gegenüber einer Interessenabwägung aber IM-GWB-*Rehbinder/von Kalben* (Fn 12) § 185 Rn 129ff.

148 *Huber* ZGR 1981, 510/545.

149 S *Mestmäcker* RabelsZ 52 (1988) 205/250; *Huber* ZGR 1981, 510/545; s a IM-EU-*Rehbinder* (Fn 12) IntWbR Rn 33 aE; *Immenga* FS Neumayer (Fn 147), der zutr darauf hinweist, dass die formelle Deklarierung einer politischen Abwägung zur Rechtspflicht die im Kern politische Entscheidung nicht zu einer rechtlichen macht (ähnl *ders* (Fn 8) 162).

150 *Laker Airways v Sabena* 731 F2d 909/948ff (DC Cir 1984); IM-EU-*Rehbinder* (Fn 12) IntWbR Rn 20 (Ausnahme für Extremfälle). Selbst für Kartellbehörden ist die Interessenabwägung nicht unproblematisch, wenn es sich um unabhängige Behörden handelt, da sie dann von der politischen Verantwortung abgekoppelt sind; um ihre demokratische Legitimation dennoch zu wahren, müssen sie grundsätzlich auf eindimensionale Zielsetzungen ausgerichtet sein. Ähnl. LMRKM-*Stockmann* (Fn 10) § 185 Abs 2 Rn 19.

151 Vgl *Fox* in Guzman (Hrsg) 265/269 stellt fest: „Comity sounds good and does little work. Through all the years from the famous *Timberlane* case to the present, not one U. S. court has ever found that the interest of another nation outweighed the interest of the United States in cases in which the United States had an antitrust interest at stake." (interne Anführungszeichen und Zitate ausgelassen).

152 *Veelken* 151f. Insofern ist fraglich, ob man in diesen Fällen eine Interessenabwägung überhaupt anstellen sollte oder ob dies eher den Blick auf die eigentlich relevante Frage der Spürbarkeit der Auswirkung verstellt. Vgl *Laker Airways v Sabena* 731 F2d 909/950f (DC Cir 1984).

und bei der Festsetzung der *Rechtsfolgen* berücksichtigt werden.[153] In der Praxis steht der Behörde der Vorfeldkontakt zu ausländischen Kartellbehörden auf der Plattform internationaler Kooperationen offen.[154] Auf diesem Wege dürften viele Konflikte auf politischer Ebene sehr ähnlich gelöst werden, wie *Meessen* dies für völkerrechtlich geboten ansieht. Auf der Ebene des von den Gerichten allein anzuwendenden Rechts erscheint eine Abwägung dagegen unzulässig.

5. Staatliche Veranlassung von Wettbewerbsbeschränkungen

68 Das Wettbewerbsrecht befasst sich mit privaten Wettbewerbsbeschränkungen. **Hoheitliches Handeln** von Staaten unterliegt wegen der Gleichheit der Staaten grundsätzlich keiner kartellrechtlichen Kontrolle;[155] Ausnahmen hiervon sind allenfalls in föderalen Mehrebenen-Systemen denkbar.[156] Auf der anderen Seite sehen sich weder die USA noch die EU daran gehindert, ihr Kartellrecht auf **private Wettbewerbsbeschränkungen, die ein fremder Staat zulässt**, anzuwenden, die er den Unternehmen also nicht ver-, aber auch nicht gebietet.[157] In diesem Falle liege *kein echter Konflikt* zwischen den Rechtsordnungen vor, da sich die Unternehmen keiner Pflichtenkollision ausgesetzt sehen: sie können sich normgerecht zu beiden Rechtsordnungen verhalten, indem sie das

153 Ähnl *Stadler* (Fn 12) § 185 Rn 156; s a LMRKM-*Stockmann* (Fn 10) § 185 Abs 2 Rn 19 (zuweilen Verzicht auf Verfolgung ausländischer Kartellbeteiligter aufgrund Ermessensausübung der Kartellbehörde); IM-EU-*Rehbinder* (Fn 12) IntWbR Rn 24f; IM-GWB-*Rehbinder/von Kalben* (Fn 12) § 185 Rn 131 (die allerdings auch außerhalb des Opportunitätsprinzips für eine Interessenabwägung eintreten); MüKo-BGB-*Immenga/Wurmnest* (Fn 12) Rn 57.

154 S bereits Art 4(2) des US-deutschen Abkommens (1976), Bekanntmachung des Abkommens zwischen der Regierung der Bundesrepublik Deutschland und der Regierung der Vereinigten Staaten von Amerika über die Zusammenarbeit in Bezug auf restriktive Geschäftspraktiken v 27.9.1976, BGBl 1976 II, 1711; detaillierter Art VI des 1991-EU-US-Abkommens, ABl EG 1995 L 95/47. S u Rn 89ff, 103ff.

155 IM-EU-*Rehbinder* (Fn 12) IntWbR Rn 24; *Kennedy* 34. In den USA sind fremde Staaten durch den Foreign Sovereign Immunity Act (28 USC §§ 1604–1607, FSIA) gegen Klagen immunisiert, soweit hoheitliches Handeln betroffen ist. Der FSIA enthält allerdings eine Ausnahme für ‚wirtschaftliches Handeln'. Doch auch insoweit kann der Staat durch die ‚state action doctrine' geschützt sein. Die Entscheidung über die Ausbeutung natürlicher Ressourcen wird teilweise als souveräner Hoheitsakt aufgefasst, so dass die Staaten der OPEC – dem Kartell ölexportierender Staaten – als durch den FSIA immunisiert angesehen werden. Andere Gerichte qualifizierten (wohl zutr) das Handeln der OPEC als wirtschaftliches Handeln, haben aber die OPEC Staaten – und private Unternehmen, deren Teilnahme staatlich angeordnet wurde –, von der *act of state doctrine* geschützt angesehen, s *Int'l Ass'n Machinists and Aerospace Workers (IAM) v Organization of Petroleum Exporting Countries (OPEC)* 649 F2d 1354 (9th Cir 1981); *In re Refined Petroleum Antitr Lit* 649 F Supp2d 572 (S D Tex 2009).

156 Zur EU etwa *Klasse* Gemeinschaftsrechtliche Grenzen für staatlich veranlasste Wettbewerbsbeschränkungen (2006) passim, mwN 22f in Fn 10 und 15; rechtsvergleichend zur *state action doctrine* in den USA *Fl. Wagner* WuW 2003, 454ff.

157 EuGH, Rs 89/85 ua, Slg 1988, 5193 Rn 19f – *Ahlström (Zellstoff I)*; EuG, Rs T-102/96, Slg 1999, II-753 Rn 103 – *Gencor*; Kommission, ABl EG 1985 L 92/1 Abschn 14.8 – *Aluminiumeinfuhren*; *Hartford Fire Insurance v California* 509 US 764/798f (1993); *Continental Ore v Union Carbide* 370 US 690/706f (1962); *In re Uranium Antitrust Litig* 617 F2d 1248/1254 in Fn 21 (7th Cir 1980); *Mannington Mills v Congoleum Corp* 595 F2d 1287/1293f (3d Cir 1979); *In re Potash Antitr Lit*, 686 F Supp2d 816/825 (ND Ill 2010). Ausf *Immenga* Pac Rim L & Pol'y J 4 (1995) 93/109ff. S a *Benini/Bermig* Competition Policy Newsletter 2007 (1), 20f.

wettbewerbsbeschränkende Verhalten unterlassen. Dieser Staatenpraxis ist zuzustimmen.

69 Weniger deutlich ist, wie **Fälle des „echten Konflikts“** zu lösen sind, in dem ein Verhalten von einem Staat positiv geboten, vom anderen verboten wird.[158] Beispiele sind etwa die Frage der Sanktionierung der Teilnahme an einem staatlich veranlassten Zwangskartell oder -boykott oder die Frage, ob ein Unternehmen Unterlagen übermitteln muss, obwohl ihm dies durch Abwehrgesetze (*blocking statutes*, Art 273 schweizerisches StGB) des Veranlassungsstaats untersagt ist. Umstritten ist, ob in solchen Fällen automatisch auf die extraterritoriale Rechtsanwendung auf vom anderen Staat gebotenes Verhalten zu verzichten ist, oder ob eine Abwägung der entgegenstehenden Interessen erforderlich ist.[159] Auf der einen Seite kann man gegen eine automatische Kapitulation des Auswirkungsstaates anführen, dass dies einen Anreiz für Veranlassungsstaaten böte, Wettbewerbsbeschränkungen – oder die Nichtbefolgung ausländischen Kartellrechts – obligatorisch anzuordnen (und sie damit zu zementieren) statt sie nur zuzulassen.[160] Auf der anderen Seite würde die extraterritoriale Anwendung eines Verbots (Gebots) auf ein vom Veranlassungsstaat positiv gebotenes (verbotenes) Verhalten dazu

---

158 *Baetge* in Gottschalk/Michaels/Rühl/von Hein (Hrsg) Conflict of Laws in a Globalized World (2007) 220, 224, hält Fälle des echten Konflikts für mehr theoretisch als praktisch relevant, bezieht sich dabei allerdings nur auf den Fall des Zwangs-Hardcore-Kartells. Am ehesten wird man einen solchen Konflikt im Fall von *blocking statutes* finden (dazu Fn 159). Doch s a *Trugman-Nash v New Zealand Dairy Board* 954 F Supp 733/736 (SDNY 1997) (neuseeländisches Gesetz verbot Erteilung einer Exportlizenz); *Interamerican Refining Corp v Texaco Maracaibo* 307 F Supp 1291/1298 (D Del 1970) (Boykott durch Venezuela vorgeschrieben).

159 Dazu IM-GWB-*Rehbinder/von Kalben* (Fn 12) § 185 Rn 129, die darauf hinweisen, dass das BKartA zuweilen staatlich erzwungene Kartelle verfolgte; Kommission, ABl EG 1976 L 192/27 – *CSV* (Vorlagepflicht von Art 273 schweizerisches StGB unberührt; allerdings war abzusehen, dass die Schweiz diese Vorschrift nicht anwenden würde, wenn eine hoheitliche Anordnung die Vorlage erzwang). *Immenga* FS Neumayer (Fn 147) 334 hält es dagegen zutr grds für „ausgeschlossen“, vom anderen Staat angeordnetes Verhalten zu sanktionieren, wobei allerdings, worauf MüKo-BGB-*Immenga/Wurmnest* (Fn 12) Rn 56 hinweisen, Umgehungsfälle anders zu behandeln sein können; ebenso nach der US-amerikanischen *foreign sovereign compulsion doctrine*: *Trugman-Nash v New Zealand Dairy Board* 954 F Supp 733/736 (SDNY 1997); *Interamerican Refining Corp v Texaco Maracaibo* 307 F Supp 1291/1298 (D Del 1970); s a *United Nuclear Corp v General Atomic* 629 P2d 231/261 (NM 1980) (prinzipielle Anerkennung der Doktrin, aber mangelnder Nachweis ausländischen Zwangs im konkreten Fall); *Mannington Mills v Congoleum Corp* 595 F2d 1287/1293ff (3d Cir 1979) (*obiter*); *Department of Justice/Federal Trade Commission* (Fn 27) Abschn 4.2.2 (sofern Zwang durch Androhung strafrechtlicher oder anderer gravierender Sanktionen vorliegt und das vorgeschriebene Verhalten auf dem Gebiet des Veranlassungsstaats verwirklicht werden kann); *Kennedy* 35f; *Griffin* Fordham ILJ 17 (1994) 353/385; *ders* Antitrust LJ 60 (1991) 543/546. Für die Notwendigkeit einer Abwägung bei *blocking statutes*: *Société Nationale Industrielle Aérospatiale v US District Court* 482 US 522/544 Fn 29 (1987); *Richmark Corp v Timber Falling Consultants* 959 F2d 1468/1474f (9th Cir 1992); *In re Honda American Motor Dealership Relations Lit* 168 FRD 535 (D Md 1996); s a *Reino de Espana v American Bureau of Shipping* 2005 WL 1813017 (SDNY 2005); wohl a *Wood* U Chi Legal F 1992, 277/308. Der Wandel der Rspr hin zu einer Abwägung dürfte durch die opportunistische Ausnutzung der *foreign sovereign compulsion doctrine* durch strategischen Erlass von *blocking statutes* ausgelöst worden sein, wie sie etwa *Lowe* RabelsZ 52 (1988) 157/188 propagierte; dazu *Griffin* Antitrust LJ 67 (1999) 159/194f; s a *Zanettin* 52.

160 *Immenga* Pac Rim L & Pol'y J 4 (1995) 93/129. Diese Konsequenz hat etwa die Akzessorietätsthese im EU-Recht, s *Klasse* (Fn 156) 103; *Fl. Wagner* WuW 2003, 454/464 (Beispiel Buchpreisbindungsgesetz).

führen, dass die betroffenen **Unternehmen zuweilen zwischen den konfligierenden Anordnungen zerrieben** würden:[161] Es bestünde für sie häufig keine Möglichkeit, den kollidierenden Pflichten gleichzeitig nachzukommen.[162] Dies ist den Unternehmen nicht zumutbar, zumal solche Pflichten häufig Straftaten oder Ordnungswidrigkeiten darstellen oder mit Zwangsmitteln durchgesetzt werden. Das mag auf Ebene des Völkerrechts irrelevant sein, weil es sich nicht um Staaten-, sondern Individualinteressen handelt; kollisionsrechtlich aber muss man diese berücksichtigen. Das eröffnet Manipulationsmöglichkeiten: Die Strafandrohungen in den *blocking statutes* dürften häufig im augenzwinkernden Einvernehmen zwischen dem blockierenden Staat und seinen Unternehmen mehr vorgeschoben als ernstgemeint sein.[163] Man mag dieser Gefahr durch einen entsprechenden Vorbehalt gegen Kollusion entgegentreten und Anstrengungen des Unternehmens zur Befreiung von dem ausländischen Verbot verlangen; aus dem gleichen Grund sollte man Behauptungen, eine Anregung des Staates zur Kartellierung stelle faktisch einen echten Zwang dar, äußerst skeptisch gegenübertreten.[164] Selbst soweit das ausländische Ver- oder Gebot als Einmischung in die Angelegenheiten des anderen Staates erscheint,[165] sind solche Konflikte auf diplomatischem Wege zwischen den Staaten

---

161 *Fox* in Ullrich (Hrsg) 131/133; s a *Meng* ZaöRV 1981, 469/505 in Fn 127. Die Rspr des *Second Circuit* trägt dem – anders als die des *US Supreme Court* – immerhin insoweit Rechnung, als die Härte für den Betroffenen in der Abwägung berücksichtigt wird, s *Reino de Espana v American Bureau of Shipping* 2005 WL 1813017 (SDNY 2005). Zum Fall *Adams* s u Fn 163.

162 Dies stellt einen entscheidenden Unterschied zur Situation der Akzessorietät im EU-Kartellrecht (Fn 160) dar: Auch bei Aufgabe der Akzessorietät könnte ein Verstoß eines Mitgliedstaates gegen Art 4 Abs 3 EUV bejaht werden, ohne dass damit eine Pflichtenkollision für die betroffenen Unternehmen hervorgerufen würde (sei es, dass man bei einem Verstoß gegen EU-Recht wegen dessen Anwendungsvorrangs das nationale Gesetz für nicht anwendbar hält, oder sei es, dass man eine Bindung der Unternehmen an die Wettbewerbsregeln (zumindest bis zur Feststellung der Wettbewerbswidrigkeit des nationalen Gesetzes) verneint; vgl EuGH, Rs C-198/01, Slg 2003, I-8055 Rn 45ff, insb 51–58 – *CIF*). Der echte Konflikt besteht jedoch nicht in Fällen, in denen die Unternehmen, die zwangskartelliert werden, die freie Wahl haben, ob sie auf ausländischen Märkten tätig werden, in denen das Kartell verboten ist. Hier kann man den Unternehmen, gewissermaßen als *actio libera in causa*, vorwerfen, dass für sie eine Alternative bestanden hätte, nämlich von jenen Märkten fernzubleiben.

163 *Zanettin* 52 in Fn 234. Wie der tragische Fall *Adams* belegt, trifft dies aber nicht auf alle Verbote zu: *Adams* verhalf der Kommission zu Beweismaterial gegen *Hoffmann-La Roche*; die schweizerischen Behörden fanden aufgrund einer Verletzung des Berufsgeheimnisses der Kommission heraus, dass *Adams* der Informant war, und verurteilten ihn wegen „wirtschaftlichen Nachrichtendienstes" nach Art 273 StGB (Schweiz); seine Frau nahm sich das Leben. Zu Sachverhalt und Schadensersatzanspruch gegen die Union s EuGH, Rs 145/83, Slg 1985, 3539 – *Adams*.

164 *In re Vitamin C Antitr Lit*, 810 F Supp 2d 522, 552 (EDNY 2011): „a post-hoc attempt to shied defendant's conduct from antitrust scrutiny"; s a den Beschluss, im gleichen Fall, 2012 WL 425234 (EDNY 2012); Überblick bei *Briggs* Antitrust (Fall) 2014, 79. Der Second Circuit Court of Appeal als Revisionsinstanz glaubte sich dagegen an die Ausführungen der chinesischen Regierung gebunden (*In re Vitamin C Antitr Lit* 837 F3d 175, 189 (2d Cir 2016). Diese Entscheidung des Second Circuit wurde aber vom US Supreme Court einstimmig aufgehoben (*Animal Science Products v Hebei Welcome Pharmaceutical* 138 S Ct 1865 (2018)). Vgl schon *Immenga* (Fn 12) Rn 56; s a *Société Internationale v Rogers* 357 US 197/205ff (1958) (zu Vorlagepflichten, die gegen Art 273 des schweizerischen StGB verstoßen hätten, in einem Verfahren zum Trading with the Enemy Act). Doch s a *Griffin* Antitrust LJ 60 (1991) 543/547 (Kongress-Kommittee Empfehlung für Anwendung der *Noerr-Pennington*-Doktrin). S a oben Fn 162 aE.

165 S *Griffin* Antitrust LJ 60 (1991) 543/547.

und nicht auf dem Rücken der Unternehmen auszutragen, wenn diese wirklich keine Möglichkeit haben, dem Konflikt auszuweichen.

6. Beschränkung des Regelungsgegenstandes auf Inlandsauswirkungen

Das legitime Interesse eines Staates an der extraterritorialen Anwendung seines Kartellrechts liegt nicht darin, dass die Welt am deutschen (oder amerikanischen oder europäischen etc) Kartellrechts-Wesen genesen soll, sondern allein in der Beseitigung der inländischen Auswirkungen. Der Auswirkungsstaat darf *alle*, aber auch *nur diejenigen* Maßnahmen treffen, die geeignet und erforderlich sind, um die Inlandsauswirkungen zu beseitigen. In manchen Fällen ist es möglich, den Regelungsgegenstand so zu fassen, dass nur die Inlandsauswirkungen beseitigt werden. Besteht diese Möglichkeit, so ist sie – wie das KG in *Morris-Rothmans* entschied – zu ergreifen.[166] Ist es dagegen nicht möglich, den Regelungsgegenstand bzw eine Abhilfemaßnahme so zu begrenzen, dass nur die Inlandsauswirkungen beseitigt werden, so darf die Abhilfemaßnahme grundsätzlich ergriffen werden, auch wenn damit Auslandswirkungen verbunden sind.[167] 70

166 KG WuW/E OLG 3051/3057 – *Morris-Rothmans* (Beschränkung auf eine *Teiluntersagung* des fingierten Zusammenschlusses der inländischen Konzernunternehmen); s a BKartA WuW/E BKartA 2363/2369 – *Linde-Lansing*; IM-EU-*Rehbinder* (Fn 12) IntWbR Rn 64; MüKo-BGB-*Immenga/Wurmnest* (Fn 12) Rn 30f; *Bechtold* (Fn 38) 139; *Bavasso* ECLR 1998, 243/247. Der Veranlassungsstaat sollte jedoch auf die Initiative von Auswirkungsstaaten auch in die Lage versetzt werden, deren Interessen zu berücksichtigen (so Italien in *Mannesmann/Italimpianti* dazu *Fox* Virginia JIL 43 (2003) 911/922; allgem u Rn 78ff). Zu ähnl Beschränkungen des Regelungsgegenstandes in der US-amerikanischen Fusionskontrolle *Griffin* Antitrust LJ 67 (1999) 159/169f m zahlr Nachw in Fn 58.

167 KG WuW/E OLG 4537/4539 – *Linde-Lansing* (wirtschaftliche Unteilbarkeit des Zusammenschlusses kein Grund, auf Untersagung des Erwerbs der Inlandstochter zu verzichten; offengelassen, ob auch Auslandsteil des Zusammenschlusses untersagbar, wenn durch diesen Inlandsauswirkungen erzeugt werden, S 4538); insoweit zust BGH WuW/E BGH 2731/2734 – *Inlandstochter* (jedoch im Erg Aufhebung der KG-Entscheidung, weil die Trennung der Inlandstochter bei identischen Warenzeichen freien Warenverkehr und damit Wettbewerb beeinträchtigen würde; diese Qualifizierung eröffnet Umgehungsmöglichkeiten); BKartA WuW/E DE-V 1365/1367 Rn 27 mwN – *Phonak/ReSound*; BKartA WuW/E DE-V 1340/1344 Rn 26 mwN – *Sulzer/Kelmix* (aus anderen Gründen aufgehoben, BGH WuW/E DE-R 2133 – *Sulzer/Kelmix*); *Meessen* ZHR 143 (1979) 273/281; IM-EU-*Rehbinder* (Fn 12) IntWbR Rn 64f; MüKo-BGB-*Immenga/Wurmnest* (Fn 12) Rn 44, 47; s a EuGH, verb Rs 6 und 7/73, Slg 1974, 223 Rn 48f – *Commercial Solvents (Zoja)* (Lieferverweigerung durch ausländisches Unternehmen ggü EWG-Unternehmen, das zur Eliminierung des EWG-Unternehmens geführt hätte, hat auch dann Inlandsauswirkungen, wenn das EWG-Unternehmen hauptsächlich in Drittstaaten exportiert; Belieferungsanordnung nicht aufzuteilen nach Liefergebieten); aA *Bach* WuW 1997, 291/297; *Bechtold* (Fn 38) 139f, 145. Anders wohl BKartA WuW/E BKartA 2363/2369 – *Linde-Lansing* (auch Auslandsteil des Zusammenschlusses verstärkt marktbeherrschende Stellung in Deutschland; aus „völkerrechtlichen Gründen" aber Beschränkung auf Untersagung des Inlandszusammenschlusses; offengelassen vom KG aaO). Im Fall *IBM* (Fn 3) wird häufig vorgebracht, die Veröffentlichung von Schnittstelleninformationen sei eine unzulässige Abhilfe gewesen (so sogar *Fox* FS Immenga (2004) 149/154). Doch würde der Verzicht auf das zur Abhilfe notwendige Mittel eine Privilegierung multinationaler Konzerne bedeuten, die der Gleichheit der Staaten widerspräche (*Mestmäcker/Schweitzer* (Fn 1) § 7 Rn 79f); die Probleme der Externalisierung negativer Effekte, die durch das Auswirkungsprinzip beseitigt werden sollen, entstünden aufs Neue.

71 Obwohl die Logik der Begrenzung des Regelungsgegenstandes auf das für die Beseitigung der Inlandsauswirkung erforderliche Maß der *Empagran*-Entscheidung des *US Supreme Court* nicht explizit zugrunde gelegt wurde, erscheint diese als eine alternative Erklärung der Entscheidung.[168]

72 In *Empagran* entschied der *Supreme Court*: Sofern die ausländischen Kläger durch eine Transaktion im Ausland einen Schaden erlitten hätten, der unabhängig von der in den USA eingetretenen Auswirkung sei, verstoße die extraterritoriale Anwendung des amerikanischen Kartellrechts gegen Völkergewohnheitsrecht. In solchen Fällen hätten die anderen betroffenen Staaten ein Interesse daran, dass nicht amerikanische Gerichte im Wege eines „**legal imperialism**" dreifachen Schadensersatz zusprächen, was möglicherweise die Wirksamkeit von *leniency*-Programmen in diesen Staaten beeinträchtigen könne und jedenfalls einen Eingriff in die Befugnis dieser Staaten darstelle, ihre inneren Angelegenheiten selbst souverän zu regeln.[169]

---

168 *F. Hoffmann-La Roche v Empagran* 542 US 155 (2004) = WuW/E KRInt 37; dazu ausf *Baetge* in Gottschalk/Michaels/Rühl/von Hein (Hrsg) Conflict of Laws in a Globalized World (2007) 220, 224ff; *Baudenbacher/Behn* ZWeR 2004, 604/604ff; *Michaels/Zimmer* IPrax 2004, 451/451ff; *Shenefield/Beninca* WuW 2004, 1267; *Mehra* Temp L Rev 77 (2004) 47; s a *Graf Lambsdorff* WuW 2004, 877; zu einer weiteren Alternativbegründung von *Empagran* s *Huffman* SMU L Rev 60 (2007) 103; zur Vorinstanzentscheidung ausf *Zimmer* (Fn 52) 475ff; *Graf Lambsdorff* WuW 2003, 710. Die Kläger machten geltend, Vitamine zu einem Preis bezogen zu haben, der aufgrund eines internationalen Kartells überhöht gewesen sei. Unstreitig war, dass diejenigen Kläger ihre Ansprüche vor den amerikanischen Gerichten geltend machen konnten, die diese Vitamine in den USA gekauft hatten. Doch handelte es sich bei einigen Klägern um ausländische Unternehmen, die Vitamine *von ausländischen Unternehmen im Ausland* (Ukraine, Australien, Ecuador und Panama) bezogen hatten. Die Motivation dieser ausländischen Kläger, die ausländischen Beklagten vor amerikanische Gerichte zu ziehen, bestand allein darin, die Besonderheit des US-amerikanischen Kartellrechts auszunutzen, wonach nicht nur einfacher, sondern dreifacher Schadensersatz (*treble damages*) geltend gemacht werden kann und wegen der prozessualen Erleichterungen zugunsten Kartellrechtsgeschädigter in den USA. Die Kläger begründeten die Zuständigkeit der amerikanischen Gerichte ua mit dem Wortlaut des FTAIA (Fn 26): Zwar sei ihr eigener Schaden durch rein ausländische Transaktionen entstanden, doch seien die Voraussetzungen der Gegenausnahme im FTAIA erfüllt – das internationale Vitaminkartell habe zu einer unmittelbaren, spürbaren und objektiv vorhersehbaren Auswirkung in den USA geführt und habe dort auch „einen" Anspruch nach dem Sherman Act begründet, nämlich die Ansprüche all derjenigen Abnehmer, die ihre Vitamine in den USA bezogen hatten. Diese Argumentation betonte die Formulierung „gives rise to *a* claim" – nimmt man dies wörtlich, kommt es für die Anwendbarkeit des Sherman Act nicht darauf an, dass gerade der Anspruch *des Klägers* in den USA begründet ist, sondern allein darauf, dass im Zusammenhang mit der beanstandeten Wettbewerbsbeschränkung *irgendein* Anspruch in den USA entstanden ist. Für diese Argumentation hatten sich *Kruman v Christie's* 284 F3d 384 (2d Cir 2002), *cert den* 539 US 978 (2003), und die Vorinstanz in *Empagran*, 315 F3d 338 (DC Cir 2003), ausgesprochen, dagegen *Den Norske Stats Oljeselskap v HeereMac Vof* 241 F3d 420 (5th Cir 2001), *cert den* 534 US 1127 (2002); ausf hierzu *Zimmer* aaO. Als substantielles Argument für die Klagemöglichkeit wurde vorgetragen, dass sie zur Abschreckung internationaler Kartelle beitrage (so das Argument in *Pfizer v Government of India* 434 US 308 (1978)); dazu *Zimmer* (Fn 52) 482f.

169 In diesem Teil der Entscheidung lehnt sich der *Supreme Court* deutlich an die Minderheitsauffassung von *Scalia* in der *Hartford Fire*-Entscheidung an (*Huffman* SMU L Rev 60 (2007) 103/123f, 134 spricht von einer „Kehrtwende" gegenüber der Mehrheitsentscheidung in *Hartford Fire*). Doch wird die dort vorgeschlagene Interessenabwägung nur pauschaliert vorgenommen: Es werden nicht die betroffenen Interessen im Einzelfall abgewogen, sondern es wird die extraterritoriale Anwendung des Sherman

Der *Supreme Court* ließ jedoch explizit offen, ob die ausländischen Kläger nicht mit ihrer alternativen „**Arbitrage-Argumentation**" durchdringen könnten.[170] Das ist insofern bedauerlich, als die dem Argument zugrundeliegende Marktsituation bei internationalen Kartellen nicht die Ausnahme, sondern die Regel sein wird.[171] 73

Verschiedene Bundesberufungsgerichte haben zwischenzeitlich das Arbitrage-Argument zurückgewiesen, da äquivalente Kausalität zwischen der Auswirkung in den USA und dem Schaden des Klägers nicht ausreichend sei; der Schaden des Klägers müsse *unmittelbar* auf den Auswirkungen der Wettbewerbsbeschränkung auf die USA beruhen (*proximate cause*), und dies sei bei der hypothetischen Kausalkette über Arbitragegeschäfte nicht der Fall.[172] Da aber ein klärendes Wort des *Supreme Court* in Bezug auf das Arbitrage-Argument fehlt – das diesbezügliche Schweigen könnte entwe- 74

Act für die Kategorie des rein ausländischen Schadens, der unabhängig von einem in den USA eingetretenen Schaden ist, *pauschal* abgelehnt. – Ein weiterer Grund, die Zuständigkeit in *Empagran* zu verneinen, wurde im Gesetzesziel des FTAIA gesehen, die Jurisdiktion zu begrenzen und nicht auszuweiten. Gegen das Argument, dass durch Klagemöglichkeiten in den USA die Wirksamkeit von *leniency*-Programmen beeinträchtigt würden *Mehra* Temp L Rev 77 (2004) 47/54: Zwar würden dadurch die Kosten des *whistleblower* erhöht, doch stiegen die Kosten seiner am Kartell beteiligten Konkurrenten überproportional. Hiergegen ist einzuwenden: Praktisch dürften die unmittelbaren Kosten für den potentiellen *whistleblower* entscheidungsrelevanter sein.

170 Die Kläger hatten vorgetragen, dass der ihnen entstandene Schaden nicht unabhängig von dem Schaden sei, der bei den Abnehmern in den USA eingetreten war. Da der räumlich relevante Markt für Vitamine ein weltweiter sei, habe das Kartell nur deshalb funktionieren können, weil auch in den USA die Preise überhöht gewesen seien. Wären die Preise in den USA niedriger gewesen, hätten die Kläger – unmittelbar oder über Mittelspersonen – ihren Bedarf durch Bestellungen in den USA gedeckt. Das Preiskartell in Bezug auf die amerikanischen Preise sei daher eine *condicio sine qua non* für den Schaden der ausländischen Kläger gewesen.

171 Eine Einbindung von ausländischen Unternehmen in ein Kartell wird regelmäßig nur dann erfolgen, wenn sonst die Gefahr der das Kartell unterminierenden Arbitrage bestünde. Dazu *Baetge* Gottschalk/Michaels/Rühl/von Hein (Hrsg) Conflict of Laws in a Globalized World (2007) 220, 231f; *Diamond* Brooklyn JIL 31 (2006) 805/808; *Schmidt* Yale JIL 31 (2006) 211/214; *Shenefield/Beninca* WuW 2004, 1276/1281f, 1283, 1284. In *Sniado v Bank Austria* 378 F3d 210 (2d Cir 2004) handelte es sich nicht um ein solches globales Kartell; das Gericht sah die Märkte als unabhängig an (oder den Zusammenhang jedenfalls als nicht hinreichend dargelegt).

172 *In re DRAM Antitr Lit* 546 F3d 981 (9th Cir 2008); *In re Monosodium Glutamate Antitr Lit* 477 F3d 535/538 ff (8th Cir 2007); *Empagran v Hoffmann-La Roche* 417 F3d 1267/1270 f (DC Cir 2005) (nach Rückverweisung). S a die District Court-Entscheidungen *Emerson Elec Co v Le Carbone Lorraine* 500 F Supp 2d 437 (DNJ 2007); *In re Graphic Electrodes Antitr Lit* 2007-1 Trade Cases § 75,560 = 2007 WL 137684 (ED Pa 2007); *In re Intel Corp Microprocessor Antitr Lit* 452 F Supp 2d 555 (D Del 2006), und 476 F Supp 2d 452 (D Del 2007); *Latino Quimica-Amtex v AKZO Nobel Chemicals* 2005-2 CCH Trade Cases § 74,974 (SDNY 2005). Der District Court in *In re Capacitators Antitr Lit* 2016 WL 5724960, 2016-1 CCH Trade Cases § 79,777 (ND Cal 2016) betonte, dass dadurch nur eine pauschale Berufung auf eine „global pricing theory" ausgeschlossen wird; möglich bleibe dagegen der Nachweis, dass die ausländische Transaktion unmittelbare Auswirkungen in den USA verursacht habe. Besonders gelagert war *Boyd v AWB Ltd* 2008 WL 793633 (SDNY 2008): der dort geltend gemachte US-Effekt war das *Sinken* der Inlandspreise, der zu geringeren Gewinnspannen der Farmer führte; dies dürfte wohl schon keine relevante „*antitrust injury*" darstellen. Nach *Huffman* SMU L Rev 60 (2007) 103/105 hat sich „die Schlacht um Extraterritorialität jetzt auf die Frage verschoben, wie der Kausalzusammenhang zu definieren ist, der nach der *Empagran*-Ausnahme erforderlich ist".

der als stillschweigende Billigung oder als nur prozessual bedingte Zurückhaltung angesehen werden –, besteht weiterhin Unsicherheit, ob entsprechende Klagen vor anderen Berufungsgerichten nicht doch Erfolg haben könnten.[173] Die **Antitrust Modernization Commission** empfiehlt daher eine Auslegung des FTAIA, wonach Schäden, die aufgrund von *rein* ausländischen Transaktionen entstehen, nicht vor amerikanischen Gerichten durchgesetzt werden können.[174] Besser als über das (abzulehnende, Rn 54) Kriterium der „Unmittelbarkeit" lässt sich die *Empagran*-Problematik durch eine Begrenzung des Regelungsgegenstandes auf die Inlandsauswirkungen erfassen.

IV. Privilegierungen von Wettbewerbsbeschränkungen im Export

75 Die Fokussierung auf Inlandsauswirkungen lässt die umgekehrte Konstellation leicht aus dem Blick geraten: Es stellt sich die Frage, ob das Kartellrecht auch auf im Inland veranlasste Wettbewerbsbeschränkungen im Export angewendet werden kann, die **keine Inlands-, sondern allein Auslandswirkungen** zeitigen.[175]

76 Die meisten Staaten – selbst solche mit ausgereiften Kartellrechtsordnungen – lassen Wettbewerbsbeschränkungen im Export zu, deren Wirkungen *ausschließlich* in anderen Staaten auftreten.[176] Dahinter steht eine *„beggar thy neighbour"*-Poli-

---

173 Zugunsten des Arbitrage-Arguments entschied kurz nach *Empagran* ein District Court: *MM Global Services v Dow Chemical Co.*, 329 F Supp 2d 337 (D Conn 2004) (Verwerfung einer *motion to dismiss*); dazu *Shenefield/Beninca* WuW 2004, 1276/1283. Laut *In re Graphic Electrodes* und *Latino* (beide Fn 172) unterscheidet sich *MM Global* von den übrigen Fällen dadurch, dass dort immerhin ein US-Unternehmen beteiligt war. Obwohl die Erfassung von exportbezogenen Wettbewerbsbeschränkungen begrüßenswert wäre (Rn 78), differenziert der FTAIA insoweit eigentlich nicht. Anders interpretieren *Elhauge/Geradin* (Fn 27) 1171 die Differenz zwischen *MM Global* und den übrigen Entscheidungen: das Gericht in *MM Global* habe die ausländische Wettbewerbsbeschränkung als *Mittel zur* (und nicht als *Ergebnis der*) Beschränkung des US-Wettbewerbs angesehen. Zu *foreign-to-foreign claims* bei engem sachlichem Zusammenhang mit inländischen Klagen s die englische Entscheidung UK High Court, 2003 EWHC 961 (Comm) – *Provimi v Aventis* (dazu *Ryngaert* ECLR 2004, 611).

174 *Antitrust Modernization Commission* 215, 225ff. Die Kommission betont, dass dies nicht von der Staatsangehörigkeit der Kläger abhänge, sondern von der Lokalisierung der Transaktion, die zu dem Schaden geführt habe, *ibid* 230. Die Hälfte der Kommission befürwortete eine entsprechende Gesetzesänderung.

175 Dabei ist klarzustellen, dass auch Exportbeschränkungen *mittelbar* den Inlandswettbewerb beeinträchtigen können. Dass solche „gemischten" Exportbeschränkungen erfasst werden können, ist unstreitig. EuGH, Rs C-306/96, Slg 1998, I-1983 Rn 12ff – *Javico*; im US-Recht vgl den Wortlaut des FTAIA (Fn 26); im deutschen Recht unterschied schon der Gesetzeswortlaut bis zur 6. GWB-Novelle reine von gemischten Exportkartellen, § 6 Abs 1 und Abs 2 GWB aF.

176 In den USA existieren explizite Freistellungen im *Webb-Pomerene Act* (15 U. S.C. §§ 61–65, insb § 62) und im *Export Trading Company Act 1982* (15 U. S.C. §§ 4001–21, insb §§ 4013, 4016); dazu *Davidow* Geo Mason L Rev 6 (1998) 449. Für das europäische Recht (implizite Freistellung, da die Zwischenstaatlichkeitsklausel nicht erfüllt ist) vgl EuGH, Rs 174/84, Slg 1986, 559 Rn 44 – *Bulk Oil*; Kommission, ABl EG 1975 L 38/10 – *Goodyear Italiana-Euram*; *Mestmäcker/Schweitzer* (Fn 1) § 7 Rn 91ff; *Zimmer* in Immenga/Mestmäcker, WettbR-EU (Fn 12) Art 101 Abs 1 Rn B 221f. Zu Deutschland s sogl im Text (Rn 78). In der Schweiz ist die Frage umstr (obwohl die Gesetzesformulierung mit der deutschen in etwa übereinstimmt), s *Zäch* Schweizerisches Kartellrecht, 2. Aufl (2005) 126f; *Reich/Reinert* in Jaeger ua (Hrsg)

tik,[177] die von der Motivation getragen wird, dass die Kartellgewinne bei den inländischen Kartellteilnehmern anfallen, die Verluste dagegen als negative Externalitäten bei der ausländischen Marktgegenseite.[178] In Parallele zu einer „strategischen Handelspolitik" kann man hier von einer „strategischen Wettbewerbspolitik" sprechen.[179]

Freilich ist das Exportkartell des einen Staates das Importkartell eines anderen. 77
Da die bloße Billigung des Exportkartells durch den Veranlassungsstaat vom Auswirkungsstaat nicht berücksichtigt werden muss (Rn 68), kann der Auswirkungsstaat das Importkartell verfolgen. Funktionierte das Auswirkungsprinzip perfekt, so entstünde daher durch die Freistellung von Exportkartellen kein Schaden für den internationalen Wettbewerb, weil die Freistellung ins Leere liefe.[180] Doch funktioniert das Auswirkungsprinzip nicht perfekt: Insb wegen der territorialen Begrenzungen für hoheitliche Handlungen des Auswirkungsstaates (Rn 82ff) sieht sich dieser bei Ermittlung und Vollstreckung hinsichtlich ausländischer Kartelle Problemen gegenüber.[181] Dem Ver-

---

Frankfurter Kommentar (Stand April 2005) Ausland Schweiz, Rn 12: Rückwirkung in Form der Erhaltung ineffizienter Strukturen in der Schweiz ausreichend. Rechtsvergleichender Überblick bei *Levenstein/Suslow* Am U Int'l L Rev 20 (2005) 785/800ff; *Sweeney* JIEL 10 (2007) 87/97ff; *Basedow* 26ff; *Immenga* Pac Rim L & Pol'y J 4 (1995) 93/96ff.

177 *Möschel* WuW 2005, 599/605; *ders* (Fn 1) 468; *Budzinski* 54; *Trebilcock* JWT 30 (1996) 71/96f; *Durand/Galarza/Mehta* World Comp 27 (2004) 3/7; *Mitchell* World Comp 24 (2001) 343/347f; *Weinrauch* 70ff.

178 *Scherer* 43ff; *Budzinski* 95ff; *Guzman* in Epstein/Greve (Hrsg) 99/100ff; *ders* Virginia JIL 43 (2003) 933/938ff; *ders* NYU L Rev 73 (1998) 1501/1510ff; im EU-Kontext *Fl. Wagner* WuW 2003, 454/465f.

179 *Budzinski* 53ff; *Möschel* WuW 2005, 599/601f.

180 *Basedow* 30; *Möschel* (Fn 1) 465f; *Elhauge/Geradin* (Fn 27) 1138; *Bradford* Harvard ILJ 48 (2007) 383/394 (s a 398).

181 Die völkerrechtliche Zulässigkeit des Vorgehens gegen Beschränkungen im Veranlassungsstaat scheint zunächst unproblematisch durch das Territorialitätsprinzip gedeckt zu sein (so *Drexl* ZWeR 2004, 191/241; *Becker* J Competition L & Econ 3 (2007) 97/107f). Sieht man das Auswirkungsprinzip als das einzige völkerrechtlich sinnvolle Anknüpfungskriterium an, kann es aber auch zuständigkeitsbegrenzend wirken: Eine Anknüpfung an die Veranlassungshandlung wäre danach unzulässig (so ausdr *Meessen* 113: „Es ist kein Grund ersichtlich, warum das Inland auf Vereinbarungen, die lediglich im Inland abgeschlossen oder durchgeführt werden, aber keine Inlandswirkungen hervorrufen, inländisches Recht anwenden sollte"). Man wird daher, um eine Einmischung in die Angelegenheiten des Auswirkungsstaates zu vermeiden, zumindest dessen *Widerspruch* akzeptieren müssen (wenn nicht gar die Zustimmung verlangen). Zwar könnte man annehmen, dass der Auswirkungsstaat die „altruistische" Beseitigung eines zu seinen Lasten wirkenden Kartells durch den Veranlassungsstaat begrüßen und daher die Einmischung willkommen heißen sollte. Doch gibt es Fälle, in denen der Auswirkungsstaat ein (vermeintliches) Interesse an der Existenz des Kartells hat (*Meessen* WuW 2000, 5/13). So haben in der Vergangenheit Staaten aus protektionistischen Gründen Kartelle zwischen ausländischen Exporteuren als Ersatz von (inzwischen handelsrechtlich verbotenen) „Selbstbeschränkungsabkommen" angeregt, um Importe aus dem Ausland mengenmäßig zu drosseln und auf diese Weise die inländischen Unternehmen vom internationalen Wettbewerb abzuschirmen und die Handelsbilanz zu verbessern (auch Deutschland und die EU sind so verfahren, ausf *Immenga* RabelsZ 49 (1985) 303; *ders* Pac Rim L & Pol'y J 4 (1995) 93/93ff; s a *Huber* ZGR 1981, 510/518f mit Fn 23; *Freytag/Zimmermann* RabelsZ 62 (1998) 38/41; *Scherer* 49ff). Wendete der Veranlassungsstaat sein Kartellrecht auf ein reines Exportkartell an, machte er die (unsinnige, *Hauser/Schoene* Außenwirtschaft (1994) 205/212f, aber souveräne) Politik des Auswirkungsstaates zunichte, ohne dass er selbst sich auf einen für das Kartellrecht sinnvollen Anknüpfungspunkt berufen kann. *Problematisch* an der Beachtung des Widerspruchs des Auswir-

anlassungsstaat stehen die besseren Ermittlungs- und Vollstreckungsmöglichkeiten offen; er ist uU besser geeignet, die Wettbewerbsbeschränkung zu verfolgen. Dies gilt insb, wenn der Auswirkungsstaat ein Entwicklungsland ist, das über kein Kartellrecht verfügt oder es nicht effektiv extraterritorial anwenden kann. Die Folge der Freistellung von Exportbeschränkungen ist, dass gerade die – in besonderem Maße auf Importe angewiesenen – wirtschaftsschwachen Regionen ohne Furcht vor Sanktionen ausgeplündert werden können.[182]

78 Daher wird in der Literatur übereinstimmend und zutreffend die **Abschaffung der Privilegierungen von Exportbeschränkungen** gefordert.[183] In Deutschland

kungsstaates ist freilich, dass damit erstens die vom Auswirkungsstaat praktizierte Ausbeutung der Konsumenten zugunsten der Produzenten unterstützt wird und dass zweitens die Kartellmitglieder doch wieder Druck auf den Auswirkungsstaat ausüben können, seinen Widerspruch zu erklären. Beides scheint mir die Konsequenz aus dem Grundsatz der Souveränität der Staaten zu sein; „[n]o one has elected the United States or the European Union to be enforcer for the world." (*Fox* Virginia JIL 43 (2003) 911/924); doch s *dies* Tul L Rev 80 (2005) 571; anders *Becker* J Competition L & Econ 3 (2007) 97/107f.

182 *Möschel* (Fn 1) 466f; *Jenny* in Zäch (Hrsg) 3/22f; *Becker* J Competition L & Econ 3 (2007) 97/111. Internationale Kartelle haben erhebliche Folgen für Entwicklungsländer, wenn über die Höhe auch unterschiedliche Schätzungen bestehen. Es handelt sich wohl um Verluste in der Größenordnung der gesamten geleisteten Entwicklungshilfe, vgl *Levenstein/Suslow* Antitrust LJ 71 (2004) 801ff; *Levenstein/Suslow/Oswald* International Price Fixing Cartels and Developing Countries, NBER Working Paper Nr 9511 (2003); *OECD* Promoting Pro-Poor Growth: The Private Sector (2006) 39f, verfügbar unter <oecd.org/dataoecd/43/63/36427804.pdf> (jährliche Verluste allein durch aufgedeckte Kartelle in mehrstelliger Milliardenhöhe); *Hoekman/Mavroidis* JWT 37 (2003) 1/10f, 23; *Sokol* Berkeley Bus LJ 4 (2007) 37/54. Freigestellte Exportkartelle sind hierfür allerdings nur zT verantwortlich; ein Großteil wird durch (verbotene) globale Kartelle verursacht. Zur zahlenmäßig eher geringen Bedeutung freigestellter Exportkartelle *Scherer* 46; *Levenstein/Suslow* Am U Int'l L Rev 20 (2005) 785/800ff und Tab 1; *Sokol* J Competition L&Econ 4 (2008) 967ff. Wegen der Importabhängigkeit der Entwicklungsländer wirken sie sich jedoch überproportional in diesen aus. Selbst wenn die Auswirkungen der Exportkartelle wirklich gering wären, hätte die Abschaffung zumindest Signalwirkung.

183 *Baetge* Globalisierung 104ff, 503f; *Basedow* 47f; *Becker* J Competition L & Econ 3 (2007) 97ff; *Correa* in Zäch (Hrsg) 361/389; *Drexl* ZWeR 2004, 191/239; *Durand/Galarza/Mehta* World Comp 27 (2004) 3/5ff, 12; *Fox* Virginia JIL 43 (2003) 911/919; *dies* World Comp 27 (2004) 149/150, 153, 156; *dies* (Fn 161) 136; *Guzman* in Epstein/Greve (Hrsg) 99/119; *ders* Berkeley J Int'l L 22 (2004) 355/372f; *Mestmäcker* RabelsZ 52 (1988) 205/221f; *Mitchell* World Comp 24 (2001) 343/364; *Immenga* (Fn 1) 603; *ders* in Fikentscher/Immenga (Hrsg) 9/12; *ders* Pac Rim L & Pol'y J 4 (1995) 93/151; *Fikentscher/Heinemann* WuW 1994, 97/104; *Hoekman/Mavroidis* JWT 37 (2003) 1/11; *Levenstein/Suslow* Am U Int'l L Rev 20 (2005) 785/815f; *Martyniszyn* JIEL 15 (2012) 181/221f; *Möschel* WuW 2005, 599/605; *ders* (Fn 1) 461ff; *Trebilcock* JWT 30 (1996) 71/104; *ders/Iacobucci* in Epstein/Greve (Hrsg) 152/156f; *Ullrich* (Fn 40) 67 (s a 53, wo er insoweit von einem „general consensus" spricht); *Freytag/Zimmermann* RabelsZ 62 (1998) 38/58; Art 4 DIAC (dazu Rn 117ff) m Comment 2 in Fikentscher/Immenga (Hrsg) 77; *Wagner-von Papp* in Ezrachi (Hrsg) 21/49–51; MüKo-WettbR-EU-*Wagner-von Papp/Wurmnest* (Fn 12) Grdl Rn 1371f; wohl a *Grewlich* World Comp 24 (2001) 367/401; *McGinnis* in Epstein/Greve (Hrsg) 126/143 (aber gegen Durchsetzbarkeit mittels Streitbeilegungsmechanismus). Leicht variierend *Scherer* 93 (Verbot, aber jeder Staat dürfe Exportkartelle in drei Ausnahme-Industrien benennen). Einschränkend *Sweeney* JIEL 10 (2007) 87; *Sokol* J Competition L&Econ 4 (2008) 967ff; *Davidow/H. Shapiro* JWT 37 (2003) 49/66f; *Bhattacharjea* JWT 38 (2004) 331/331ff; deren Argumente richten sich vornehmlich gegen ein *per se*-Verbot für alle exportbezogenen Beschränkungen, das sie als schädlich ansehen, weil es nützliche Kooperation gerade in den Entwicklungsländern zerstöre. Die Einwände beruhen gleich auf zwei Fehlannahmen: Erstens plädiert die hM

wurde hieraus zwar die Konsequenz gezogen, die Freistellung für Exportkartelle (§ 6 GWB aF) im Zuge der 6. GWB-Novelle mit der Begründung abzuschaffen, dass sie „angesichts der Bestrebungen, weltweit staatliche und private Wettbewerbsbeschränkungen abzubauen, keine Existenzberechtigung mehr [habe]".[184] Übersehen wurde dabei aber, dass § 185 Abs 2 GWB der Anwendung des GWB auf reine Exportkartelle weiterhin entgegensteht;[185] dies ist erstaunlich, da man den gleichen Fehler schon einmal begangen hatte.[186]

Eine Alternative läge in der Anwendung des Kartellrechts des Auswirkungsstaates durch den Veranlassungsstaat.[187] Anders als im *internationalen Privatrecht*[188] wird im internationalen öffentlichen Recht jedoch die Anwendung ausländischen öffentlichen Rechts durch nationale Behörden abgelehnt;[189] diese Alternative hat daher geringe Chancen auf Realisierung. 79

Man kann sich die Frage stellen, welchen Anreiz die Veranlassungsstaaten zur effektiven Anwendung ihres Kartellrechts haben, wenn sie doch mittels der Exportkartelle deren Kartellgewinne internalisieren und die Verluste externalisieren. Hierauf gibt es zwei Antworten. Erstens führen Exportkartelle zu einer allgemeinen Minderung des internationalen Wettbewerbs, was letztlich auch auf den Veranlassungsstaat zurückfallen kann: „Unternehmen, die in Bezug auf ausländische Märkte zusammenarbeiten, werden nach aller Lebenserfahrung im Inland nicht in scharfen Wettbewerb zueinander treten."[190] Zweitens kann die einseitige Privilegierung von Exportkartellen bei einer kurzfristigen Betrachtungsweise auf einem Gefangenendilemma beruhen:[191] 80

---

lediglich für eine *Inlandsgleichbehandlung*, die selbstverständlich Raum für Immanenzgesichtspunkte wie den Arbeitsgemeinschaftsgedanken (vgl *Immenga* (Fn 1) 603) und Kooperation (soweit „*reasonable*") ließe. Zweitens existiert die postulierte Freistellung von Exportkartellen *zugunsten* der Entwicklungsänder schon *de lege lata* nicht, da die Industrienationen auf Exportkartelle der Entwicklungsländer ihr Kartellrecht im Import strikt anwenden (zutr *Elhauge/Geradin* (Fn 27) 1242).

184 BT-Drs 852/97, S 33. Insofern scheint *Möschels* Bemerkung, es habe sich „[n]ichts [...] in dieser Richtung bewegt" (WuW 2005, 599/605) zu pessimistisch; doch s sogl im Text.

185 Statt aller L/B-*Stadler* (Fn 12) § 185 Rn 134, 160. Notwendig wäre eine ergänzende Klausel in § 185 Abs 2 GWB nach Art des alten § 98 Abs 2 S 2 GWB idF v 1980 gewesen. *Levenstein/Suslow* Am U Int'l L Rev 20 (2005) 785/815 weisen zutr darauf hin, dass durch diesen Übergang von einer expliziten (aber meldepflichtigen) zu einer impliziten Freistellung sogar Information über Exportkartelle verloren geht (freilich existieren Anmeldepflichten seit der 7. GWB-Novelle generell nicht mehr).

186 Den durch die *Ölfeldrohre*-Entscheidung des BGH WuW/E BGH 1276/1278 aufgedeckten Mangel hatte man in der 4. GWB-Novelle repariert; dazu *Huber* ZGR 1981, 510/515ff.

187 S *Kronstein* Das Recht der internationalen Kartelle (1967) 286ff.

188 Danach soll ausländisches Kartellrecht – soweit nach IPR-Grundsätzen anwendbar – berücksichtigt werden, *Meessen* FS Folz (2003) 231/235ff und *Basedow* 39f mwN. In der EU gilt für das Kartellprivatrecht jetzt Art 6 Abs 3 VO (EG) Nr 864/2007 („Rom II") mit Erwägungsgrund 22; Nachw s Fn 19.

189 BGHZ 31, 367/371; dazu *Mestmäcker* RabelsZ 52 (1988) 205/233ff; *Basedow* 38f.

190 *Basedow* 28; s a *Becker* J Competition L & Econ 3 (2007) 97/119f; *Durand/Galarza/Mehta* World Comp 27 (2004) 3/9. Diese Rückwirkung wird häufig nicht als „spürbare, objektiv vorhersehbare Auswirkung" nachweisbar sein. Zudem führen die Fehlallokationen durch die Exportbeschränkung zu Verzerrungen des weltweiten Wettbewerbs, s *Fox* Virginia JIL 43 (2003) 911/918 in Fn 19.

191 *Budzinski* 57ff; *Durand/Galarza/Mehta* World Comp 27 (2004) 3/5ff; *Immenga* Pac Rim L & Pol'y J 4 (1995) 93/122ff; *Weinrauch* 72f. Ob ein Gefangenendilemma tatsächlich vorliegt, hängt von der Auszahlungsmatrix ab; nicht immer ist strategische Wettbewerbspolitik für die nationale Wohlfahrt individuell

Letztlich würde sich die Staatengemeinschaft besser stellen, wenn alle Staaten Exportkartelle verböten, doch kann es für jeden Staat eine individuell rationale (dominante und damit *Nash-*)Strategie sein, die eigene Privilegierung beizubehalten. Da die Staaten aber „*repeat player*" sind, also immer wieder miteinander agieren, sollte es nach den spieltheoretischen *Folk*-Theoremen möglich sein, eine „Abrüstungsaktion" für Exportkartellprivilegierung zu erreichen.[192]

81 Auf indirektem Wege könnte sich die Problematik allerdings in naher Zukunft durch die bilateralen Rechtshilfeabkommen entschärfen: Soweit der Veranlassungs- und der Auswirkungsstaat ein Rechtshilfeabkommen nach Art des deutsch-amerikanischen abgeschlossen haben, droht dem im Veranlassungsstaat freigestellten Exportkartell ggf die Verfolgung über den Weg eines Rechtshilfeersuchens des Auswirkungsstaates (Rn 99).

V. Beschränkung des Geltungsbereichs hoheitlicher Akte

82 Völkerrechtlich unumstritten ist der Grundsatz, dass ein Staat Hoheitsakte nur auf dem eigenen Staatsgebiet vornehmen darf; der *Geltungsbereich hoheitlicher Akte* ist also streng territorial begrenzt.[193] Ausnahmen von diesem Grundsatz gibt es nur bei Zustimmung des anderen Staates und aufgrund völkerrechtlicher Übereinkommen.

83 Für das Kartellrecht bedeutet dies va, dass Kartellbehörden nur in ihrem jeweiligen Hoheitsgebiet Ermittlungsmaßnahmen durchführen dürfen, dass Verwaltungsakte und Klagen im Ausland nicht öffentlich zugestellt werden dürfen, und dass Urteile nicht im Ausland vollstreckt werden können. Dieses Verbot hoheitlichen Handelns im Ausland darf auch nicht dadurch umgangen werden, dass Private als Hilfsorgane für Ermittlungen zwischengeschaltet werden.[194]

---

vorteilhaft, *Budzinski* 61f: Positive Auszahlungen an die politischen Akteure können trotz nationaler Nachteiligkeit zur Einführung solcher Politik führen; skeptisch gegenüber der Existenz eines Gefangenendilemmas *Bradford* Harvard ILJ 48 (2007) 383/387ff.

192 *Budzinski* aaO. Ähnl, aber differenzierend *Kirchner* in Drexl (Hrsg) 301/307. Der Hinweis bei *Budzinski*, dass die Kooperation nur eine mögliche, nicht aber zwingende *Nash*-Strategie sei, ist ebenso richtig wie evident: sonst gäbe es keine Privilegierungen für Exportkartelle. Der weitere Hinweis auf andere Ergebnisse bei endlicher Wiederholung des Spiels ist dagegen einerseits verkürzend (für ein *unravelling* muss es sich um eine *bekannte* endliche Anzahl von Spielrunden handeln; und selbst dort ist der *cheat* zwar die theoretisch dominante Strategie, die aber in Experimenten häufig nicht gefunden wird) und zweitens mE im vorliegenden Kontext kaum praxisrelevant. Zu den spieltheoretischen Grundlagen s *Wagner-von Papp* Marktinformationsverfahren (2004) 93ff mwN. Der Ausdruck der „Abrüstungsaktion", der angesichts der spieltheoretisch isomorphen Situation gut passt, stammt von *Möschel* (Fn 1) 469; s a *ders* WuW 2005, 599/605.

193 *Zanettin* 41f; *Huber* ZGR 1981, 510/527f; *Meng* ZaöRV 1981, 469/472, 500; LMRKM-*Meessen/Funke* (Fn 6) IntKartR Rn 52ff, 53; FK-*Rudolf* (Fn 12) § 185 Rn 267.

194 LMRKM-*Meessen/Funke* (Fn 6) IntKartR Rn 57 (allerdings darf man aus den dortigen Ausführungen zum Fall Adams nicht ableiten, dass jede Ermunterung von Whistleblowern, Belege vorzulegen, diese zu Hilfsorganen der Behörde macht). Umstrittener ist dies für die Frage, ob Rechtsakte mittels einfachem oder eingeschriebenen Briefs durch die private Post zugestellt werden dürfen; dazu LMRKM-*Meessen/Funke*, *ibid*, Rn 52ff; IM-EU-*Rehbinder* (Fn 12) IntWbR Rn 80.

Dies scheint die Effektivität extraterritorialer Rechtsanwendung auf den ersten Blick ganz erheblich zu begrenzen. Doch kann der gewünschte Effekt häufig über die Ausübung von Hoheitsgewalt *im Inland* erzielt werden: Nach deutschem Recht kann die **Zustellung** an eine von den ausländischen Unternehmen benannte zustellungsbevollmächtigte Person erfolgen, oder, sofern keine benannt ist, durch Bekanntmachung im Bundesanzeiger, § 61 Abs 1 S 3 und S 4 GWB; Schreiben, die nicht förmlich zugestellt werden müssen, können auch direkt ins Ausland übersandt werden.[195] Im europäischen Recht können nach dem Prinzip der wirtschaftlichen Einheit Hoheitsakte an ausländische Unternehmen meist auch an inländische Konzernunternehmen zugestellt werden, etwa formelle Auskunftsverlangen.[196] An die Verweigerung der Auskunft durch ausländische Unternehmen können Sachverhaltsannahmen zulasten des Unternehmens geknüpft werden. Ferner richtet die EU-Kommission Schreiben, die nicht förmlich zugestellt werden müssen, auch direkt an Unternehmen im Ausland, insb die Mitteilung der Beschwerdepunkte[197] und informelle Auskunftsverlangen.[198] Der EuGH akzeptiert sogar die Bekanntgabe von Kommissionsentscheidungen durch eingeschriebenen Brief.[199] Die **Vollstreckung** kann in Inlandsvermögen erfolgen, einschließlich der Forderungen, die aus Geschäften mit dem Inland resultieren.[200] 84

Auch wenn auf diese Weise viele Probleme der territorialen Begrenzung von Hoheitshandlungen abgemildert oder umgangen werden, stellt diese Begrenzung die praktisch relevanteste Hürde für die Effektivität unilateraler Rechtsanwendung dar.[201] Dies gilt va für die **Ermittlungen**: „*Dawn raids*" im Ausland sind – ohne Rechtshilfe der dortigen Behörden – ausgeschlossen. Bei Auskunftsverlangen sind die Behörden weitgehend auf eine freiwillige Kooperation der beteiligten Unternehmen angewiesen; *blocking statutes* tragen weiter dazu bei, die Ermittlungen zu komplizieren. Zeugenvernehmungen sind nur auf freiwilliger Basis (oder bei Kooperation der ausländischen Behörden) zu erlangen. 85

Vereinzelt existiert Gesetzgebung, die bei Ermittlungen ausländischer Stellen hilft: Nach US-Recht *kann* ein Bezirksgericht die Vorlage von Dokumenten und Zeugenvernehmungen anordnen, wenn dies für ein Verfahren vor einem ausländischen „*tribunal*" zweckdienlich ist (28 U. S.C. § 1782(a)). In *Intel v AMD* entschied der *US Supreme Court*, dass die EU-Kommission als solches *tribunal* gilt, so dass Beteiligte an dem Verfahren vor der Kommission auf diese Weise in den Genuss einer *discovery* 86

---

195 FK-*Rudolf* (Fn 12) § 185 Rn 279.

196 *Ferry* ECLR 1989, 58/67f; *Zanettin* 43ff (a zur Praxis der USA).

197 EuGH, Rs 52/69, Slg 1972, 787 Rn 11 – *Geigy*; IM-EU-*Rehbinder* (Fn 12) IntWbR Rn 78ff; *Ferry* ECLR 1989, 58/67.

198 IM-EU-*Rehbinder* (Fn 12) IntWbR Rn 84f; *Zanettin* 42f.

199 EuGH, Rs 6/72, Slg 1973, 215 Rn 9f – *Continental Can* (es komme allein auf die Möglichkeit der Kenntnisnahme an, um rechtliches Gehör zu gewähren; förmliche Zustellung nicht erforderlich).

200 LMRKM-*Meessen*/*Funke* (Fn 6) IntKartR Rn 60; *Zanettin* 47ff; *Huber* ZGR 1981, 510/528; *Ferry* ECLR 1989, 58/68.

201 *First* in Zäch (Hrsg) 95/96; *Budzinski* 37f; *Melamed* Geo Mason L Rev 6 (1998) 437/438; aA *Hauser*/*Schoene* (Fn 181) 205/211f, die das Problem durch die Vollstreckung bei Konzernunternehmen als beseitigt ansehen.

kommen können, selbst wenn in Europa kein gleichartiges Recht der *discovery* existiert.[202]

87 Bei der **Durchsetzung** können sich zwar ökonomisch wichtige Märkte – namentlich die USA und die EU – meist darauf verlassen, dass die Unternehmen verhängte Sanktionen freiwillig begleichen; anderenfalls drohte die Vollstreckung, notfalls in Forderungen gegen inländische Kunden, und dies wäre nur dadurch vermeidbar, dass sich das Unternehmen aus dem gesamten Markt zurückzieht.[203] Auf diese faktische Selbstunterwerfung können weniger wichtige Märkte, insb viele Entwicklungs- und Schwellenländer, nicht in gleichem Maße vertrauen: Ganz abgesehen von den geringeren Ressourcen für die Kartellverfolgung, kann dort das Interesse, die Unternehmen im Markt zu halten, eine effektive Kartellrechtsdurchsetzung verhindern.[204]

88 Die Begrenzung des hoheitlichen Geltungsbereiches erfordert eine Kooperation zwischen den Staaten. Bereits vorhanden sind Lösungsansätze auf bilateraler Basis (sogl Rn 89ff). Immer wieder werden Versuche unternommen, das internationale Wettbewerbsrecht auch auf multilateraler oder plurilateraler Basis zu regeln (Rn 103ff).

C. Bilaterale Abkommen

89 Bilaterale Abkommen im Bereich des Kartellrechts sollen die Zusammenarbeit zwischen den Behörden erleichtern und so va die Durchsetzungsdefizite aufgrund der territorialen Beschränkung für Hoheitsakte (Rn 82ff) abmildern.

Während die älteren Abkommen eher geringen rechtlichen Gehalt hatten (Rn 90ff), weisen die Rechtshilfeabkommen der jüngsten Generation (MLATs, Rn 95ff) sehr viel handfestere Ergebnisse auf.[205]

---

202 *Intel v AMD* 542 US 241/253ff (2004). Der *Supreme Court* betont, dass das um Rechtshilfe ersuchte Gericht Ermessen hat, ob und in welchem Umfang die *discovery* angeordnet wird (264ff). Auch die Kommission selbst könnte um *discovery* ersuchen (255f). Die Kommission verlautbarte als *amicus curiae* in *Intel v AMD* allerdings, keinen Gebrauch hiervon machen zu wollen. Ua deshalb wies der *District Court* nach Rückverweisung das Auskunftsverlangen von *AMD* gegen *Intel* zurück, 2004-2 CCH Trade Cases § 74,569 (ND Cal 2004).

203 *Basedow* 84; LMRKM-*Meessen/Funke* (Fn 6) IntKartR Rn 60; *Huber* ZGR 1981, 510/528f.

204 Hinzu kommt dort oft das Interesse an Konfliktvermeidung mit politisch und ökonomisch stärkeren Staaten. S *Levenstein/Suslow* Antitrust LJ 71 (2004) 801/844f; *Immenga* Internationales Wettbewerbsrecht 7 und 17; *Kennedy* 268f; *Fox* Virginia JIL 43 (2003) 911/916, 919, 925; *Drexl* ZWeR 2004, 191/200, 231, 233, 235; *Budzinski* 38f; *Hoekman/Mavroidis* JWT 37 (2003) 1/11; *Freytag/Zimmermann* RabelsZ 62 (1998) 38/52; *Nicolaides* JWT 30 (1996) 131/136; s a *Sweeney* JIEL 10 (2007) 87/106f; *F. Amato* World Comp 24 (2001) 451/457, 469. Skeptisch *Elhauge/Geradin* (Fn 27) 1140.

205 Ausf zu Entwicklung, Verbreitung und Inhalten der inzwischen zahlreichen bilateralen Abkommen *Zanettin* 57ff; *Kennedy* 40ff; *Galloway* World Comp 28 (2005) 589ff; *Taylor* 107ff. Zur bilateralen EU/US-Zusammenarbeit s a *Canenbley/Rosenthal* ECLR 2005, 178/178ff.

I. Abkommen D-US 1976, EG-US 1991/1995 und 1998

Die ersten bilateralen Abkommen wurden – nach einer Anregung durch die OECD –[206] bereits in den 70er Jahren des 20. Jahrhunderts geschlossen. Das Abkommen zwischen Deutschland und den USA aus dem Jahr 1976 war eines der ersten seiner Art.[207] 1991 schloss auch die EG ein Abkommen mit den USA.[208] Im Jahr 1998 wurde ein ergänzendes, sog „*positive comity*"-Abkommen vereinbart.[209] Wer angesichts der – im Vergleich zu vielen Drittstaaten – zumindest in den Grundlagen relativ homogenen Wettbewerbspolitiken der EU und der USA eine weitreichende, rechtlich verbindliche Kooperation zwischen den Behörden erwartet, wird vom Inhalt der Abkommen eher enttäuscht sein.[210] 90

Im **EG-US-Abkommen von 1991/1995** sind *Notifizierungspflichten* über Ermittlungen und die Kartellrechtsanwendung vorgesehen, wenn wesentliche Interessen der anderen Partei betroffen sind, um ihr Gelegenheit zur Stellungnahme zu geben (Art II). Zwar werden die Behörden zur *Kooperation und Koordinierung* paralleler Verfahren angehalten (Art IV), doch bleibt die Entscheidung über ein Tätigwerden letztlich in ihr Ermessen gestellt (Art IV(4)). So kann zwar nach dem sog *positive comity*-Artikel (Art V) eine Partei an die andere herantreten mit einem *Gesuch, Ermittlungen in Bezug auf Wettbewerbsbeschränkungen aufzunehmen*, die sich im ersuchenden Staat auswirken und im ersuchten Staat veranlasst sind; ob die ersuchte Partei die Ermittlungen aufnimmt oder nicht, steht ihr aber frei (Art V(4)) – sie muss nur die ersuchende Partei über ihre Entscheidung und ggf über wesentliche Entwicklungen informieren. Auch sollen die Behörden *Informationen austauschen* (Art III), doch steht dies unter dem Vorbehalt, dass es sich nicht um vertrauliche Information handelt und keine wichtigen Interessen des Staates entgegenstehen, der im Besitz der Information ist (Art VIII). In Art VI ist schließlich vorgesehen, dass die Behörden bei Betroffenheit der 91

---

206 Dazu *Zanettin* 53ff.

207 S o Fn 154.

208 ILM 30 (1991) 1491. Zwar erklärte der EuGH dieses Abkommen 1994 für nichtig, weil nur die Union, nicht deren Organe (hier: die Kommission) Abkommen mit Drittstaaten abschließen könne, EuGH, Rs C-327/91, Slg 1994, I-3641 – *Frankreich/Kommission*. Doch beschlossen der (zuständige) Rat und die Kommission die Genehmigung des Abkommens 1995 und ordneten die rückwirkende Geltung seit 1991 an (ABl EG 1995 L 95/45, berichtigt ABl EG 1995 L 131/38).

209 ABl EG 1998 L 273/28 (Ratsbeschluss: *ibid*, 26). Als „*positive comity*", die bereits in Art V des 1991-Abkommens enthalten war, bezeichnet man die Rücksichtnahme, die sich nicht allein darauf beschränkt, dass ein Staat sein eigenes Kartellrecht nicht oder nur eingeschränkt auf Auslandssachverhalte anwendet (*negative comity*), sondern auch darauf erstreckt, *positiv* das eigene Kartellrecht auf Anregung eines anderen Staates anzuwenden.

210 Ähnl die Einschätzung bei *Marsden* in Ezrachi (Hrsg) 110/115ff; *ders* in Guzman (Hrsg) 302ff; *Wood* U Chi Legal F 1992, 277/296f; *Budzinski* 52f; *Hauser/Schoene* (Fn 181) 205/211 in Fn 7; s a *Drexl* ZWeR 2004, 191/202; *Guzman* Berkeley J Int'l L 22 (2004) 355/369f; positiver MüKo-BGB-*Immenga/Wurmnest* (Fn 12) Rn 198ff, 202. Zum Inhalt der Abkommen ausf *Völcker* in Immenga/Mestmäcker WettbR-EU (Fn 12) Internationales Wettbewerbsrecht, Rn B 14ff; *Immenga* aaO Rn 91ff; *Zanettin* 78ff. S a *M. Müller* ECLR 2005, 309ff der zutr den Vorwurf einer Verletzung des Abkommens durch die europäische *Microsoft*-Entscheidung aus dem Jahr 2004 zurückweist.

anderen Partei durch die Kartellrechtsanwendung eine *Interessenabwägung* nach Art der *Timberlane*-Entscheidung vorzunehmen haben.

92 Das **„Positive Comity"-Abkommen von 1998** ergänzt, dass *positive comity*-Gesuche nicht davon abhängig sind, dass das Verhalten auch gegen die Wettbewerbsregeln der ersuchenden Partei verstößt (Art III); nach Art IV soll die ersuchende Partei ihre eigenen Durchsetzungsmaßnahmen unter bestimmten Bedingungen (Art IV(2)) in der Regel zurückstellen; auch von dieser Pflicht können sich die Behörden aber unter Angabe von Gründen befreien (Art IV(2) aE).

93 Die Bedeutung solcher Abkommen auf „klimatischer" Ebene sollte dennoch nicht unterschätzt werden. Die Abkommen und der damit verbundene gesteigerte persönliche Kontakt hat in den vergangenen Jahren das Verhältnis zwischen den europäischen und US-amerikanischen Kartellrechtsbehörden verbessert und die Zahl der Konsultationen zwischen den Behörden erheblich gesteigert,[211] auch wenn die Fusionskontrollentscheidungen *Boeing/McDonnell Douglas* und *GE/Honeywell* für zwischenzeitliche Verstimmungen sorgten.[212] Auch ist der Informationsaustausch faktisch nicht so stark beschränkt, wie dies auf den ersten Blick angesichts des Vorbehalts für vertrauliche Informationen scheinen könnte: In Fusionskontrollverfahren (und zT auch anderen Verfahren, zB *Microsoft*) erteilen die beteiligten Unternehmen nicht selten ihr Einverständnis mit der Weitergabe vertraulicher Informationen an andere Wettbewerbsbehörden (sog *waiver*).[213]

94 Die Bedeutung der vorgenannten bilateralen Abkommen liegt somit weniger in einer Verrechtlichung der Kooperation als in der formalen Dokumentation der Bereitschaft zur engen Zusammenarbeit und in der Institutionalisierung von Kontakten der Behördenmitarbeiter. Dies setzt sich fort in den ergänzenden bilateralen Bemühungen zwischen den EU- und US-Behörden.[214] Die Durchsetzungsschwierigkeiten, die sich aufgrund der territorialen Einschränkung des Geltungsbereichs hoheitlicher Maßnahmen ergeben, können jedoch selbst durch *positive comity*-Abkommen nicht behoben werden. Dazu sind nicht nur die diskretionären Spielräume der Behörden, ob im Einzelfall kooperiert wird oder nicht, zu weit. Die begrenzte Wirksamkeit resultiert auch daraus, dass die ersuchte Behörde nur ihr eigenes Kartellrecht anwenden kann. Bei (zB Export-) Kartellen, die nach dem nationalen Recht des ersuchten Staates frei-

---

211 Statistik und Darstellung der Zusammenarbeit aufgrund der Abkommen bei *Zanettin* 78ff; s a *Griffin* Antitrust LJ 67 (1999) 159/181; *Pons* in Zäch (Hrsg) 195/198f; *Rill* Whittier L Rev 18 (1997) 321/323ff; *Ezrachi* in Marsden (Hrsg) 622/630; *Papadopoulos ibid* 641/663. *Marsden* in Ezrachi (Hrsg) 110 stellt fest: „[I]n international antitrust, talk is actually *more* valuable than treaty."

212 Fn 4; zu den Reaktionen auf *GE/Honeywell* s *Gerber* ZWeR 2003, 87. Die Verstimmung lag nicht an einem Mangel an Kooperation, die intensiv war, sondern an der Art der konfligierenden Interessen.

213 Skepsis an der praktischen Bedeutung von *waivers* äußert *Papadopoulos* in Marsden (Hrsg) 641/658f; auf Probleme wegen unterschiedlicher Ausformung des Anwaltsprivilegs weist *Harkrider* Antitrust (Spring) 2013, 61, hin.

214 So verständigte man sich auf eine gegenseitige Teilnahme an Anhörungen, vgl das „Administrative Arrangement on Attendance" (dazu Kommission, Bericht über die Anwendung des Abkommens zwischen der EG und der Regierung der USA über die Anwendung ihrer Wettbewerbsregeln, KOM (2000) 618 endg Abschn 3). Ferner wurden 2002 und erneut 2011 (unverbindliche) *best practices* über die Zusammenarbeit in Fusionskontrollfällen vereinbart, abrufbar über <ec.europa.eu/competition/mergers/legislation/international_cooperation.html>.

gestellt sind, hilft auch *positive comity* nicht weiter.[215] Obwohl der Übergang zu *positive comity*-Abkommen seinerzeit als großer Fortschritt gefeiert wurde, ist die praktische Bedeutung deutlich hinter den Erwartungen zurückgeblieben.[216]

II. Rechtshilfeabkommen (MLATs/AMAAs)

Einen bedeutenden Schritt für die Überwindung der Grenzen der Gebietshoheit für Verfahrenshandlungen dürfte der Abschluss von Rechtshilfeabkommen, sog **Mutual Legal Assistance Treaties (MLATs)**, oder spezieller **Antitrust Mutual Assistance Agreements (AMAAs)**[217] bringen. 95

Als erstes – und bisher auch einziges – AMAA ist das Abkommen zwischen den USA und Australien in Kraft getreten. Allgemeinere Rechtshilfeabkommen wurden dagegen von den USA mit zahlreichen Staaten verstärkt nach dem 11. September 2001 mit dem primären Zweck abgeschlossen, die Rechtsverfolgung von Terroristen im Ausland zu erleichtern. Zwischen **Deutschland und den USA** sowie zwischen der **EU und den USA** wurden 2003 und 2006 **Rechtshilfe- und Auslieferungsabkommen** geschlossen.[218] 96

Nach dem **deutsch-amerikanischen Rechtshilfevertrag** in Strafsachen, der ausdrücklich auch für Ermittlungen und Verfahren wegen Ordnungswidrigkeiten nach deutschem Kartellrecht gilt,[219] wird Rechtshilfe jeder zulässigen Art gewährt. Dies schließt ua Zustellungen, Durchsuchungen und Beschlagnahmen, die Überlassung von Urkunden, Akten und anderen Gegenständen, Zeugenvernehmungen, verdeckte Ermittlungen, die Fernmeldeüberwachung und gemeinsame Ermittlungsteams 97

---

215 *Immenga* (Fn 8) 163f; *Griffin* Antitrust LJ 67 (1999) 159/184; *Melamed* Geo Mason L Rev 6 (1998) 437/439; ausf *Zanettin* 199ff.

216 *Marsden* in Ezrachi (Hrsg) 110/117f; *Zanettin* 184ff. Formal wurde bisher nur in *Amadeus/SABRE* ein *positive comity*-Antrag gestellt (dazu Pressemitteilungen der Kommission IP/99/171 und IP/00/835; *Marsden* aaO); a im Fall *AC Nielsen* wurde die Kommission auf Anregung tätig (dazu *Zanettin* 188ff; *Papadopoulos* in Marsden (Hrsg) 641/655f; *Melamed* Geo Mason L Rev 6 (1998) 437/439; *Griffin* Antitrust LJ 67 (1999) 159/184; *Budzinski* 52).

217 Dazu *Antitrust Modernization Commission* 218. Der US-amerikanische Kongress hatte 1994 den Weg für Abkommen, die auch den Austausch vertraulicher Informationen vorsehen, im International Antitrust Enforcement Assistance Act (IAEAA, 15 U. S.C. §§ 6201–12) bereitet. S dazu *Zanettin* 119ff (zu Grenzen der nach dem IAEAA zulässigen Kooperation 161ff); *Kennedy* 57ff; *Taylor* 113ff; *Rill* Whittier L Rev 18 (1997) 321/325ff; *Ormonov* Asper Rev Int'l Bus & Trade L 6 (2006) 343/354ff.

218 Es handelt sich um (1) den bilateralen Rechtshilfevertrag in Strafsachen zwischen Deutschland und den USA, unterzeichnet am 14.10.2003 (BGBl 2007 II, 1620, in Kraft seit 18.10.2009); (2) einen Zusatzvertrag zu diesem Rechtshilfevertrag, unterzeichnet am 18.4.2006 (BGBl 2007 II, 1637, in Kraft seit 18.10.2009); (3) den zweiten Zusatzvertrag v gleichen Tage zum deutsch-amerikanischen Auslieferungsabkommen (BGBl 2007 II, 1634, in Kraft seit 1.2.2010); (4) das Auslieferungsabkommen zwischen der EU und den USA, unterzeichnet am 25.6.2003 (BGBl 2007 II, 1643, in Kraft seit 1.2.2010); und (5) das Rechtshilfeabkommen zwischen der EU und den USA, unterzeichnet am 25.6.2003 (BGBl 2007 II, 1652, in Kraft seit 1.2.2010). Entsprechende Verträge wurden auch zwischen den USA und den übrigen Mitgliedstaaten der EU sowie den USA und einer Reihe von Drittstaaten abgeschlossen.

219 Art 1 Abs 1 Ziff 1 des Rechtshilfevertrags USA-Deutschland, in der Fassung des Zusatzvertrages v 18.4.2006 (dort Art 1). Dazu *J. Bätge* 233ff.

ein. Auch nicht öffentlich zugängliche Unterlagen können zwischen den Behörden der Vertragsparteien so ausgetauscht werden wie dies zwischen innerstaatlichen Behörden möglich wäre (Art 9 Abs 2). Die Rechtshilfe ist grundsätzlich unabhängig davon, ob die betreffende Handlung auch im ersuchten Staat eine Straftat oder Ordnungswidrigkeit darstellt (Art 1 Abs 4).[220]

98 Der neue Rechtshilfevertrag geht weit über die bisherigen Abkommen hinaus. Dies gilt erstens für die **Verbindlichkeit** der Verpflichtung zur Rechtshilfe: Zwar sieht auch dieser Rechtshilfevertrag vor, dass die Rechtshilfe verweigert werden kann, wenn „die Souveränität, die Sicherheit oder andere wesentliche Interessen des ersuchten Staates" beeinträchtigt würden (Art 3). Doch sind echte Verpflichtungen der Vertragsstaaten hier sehr viel deutlicher definiert als in den bisherigen kartellrechtlichen bilateralen Abkommen. Eine Verweigerung der Rechtshilfe kommt nach dem neuen Rechtshilfevertrag ersichtlich nur in Ausnahmefällen in Betracht, während in den älteren Abkommen die Rechtshilfe von vornherein nahezu im Belieben der Behörden stand.[221]

99 Ein zweiter Faktor, der den neuen Vertrag von den älteren Abkommen unterscheidet, ist, dass der ersuchte Staat nunmehr die Verfahrenshandlungen grundsätzlich **unabhängig davon** vornehmen kann, **ob das Verhalten** nach seinem eigenen Recht eine **verbotene Handlung** darstellt. Die oben (Rn 94) angesprochene Limitierung der *positive comity* entfiele damit. Damit würden Wettbewerbsbeschränkungen, die nach dem Recht des ersuchten Staates freigestellt sind – insb, aber nicht ausschließlich, Exportkartelle –, für den Auswirkungsstaat verfolgbar. Freilich ist derzeit nicht absehbar, inwieweit sich die Staaten bei freigestellten Wettbewerbsbeschränkungen auf den Vorbehalt des Art 3 berufen werden.

100 Drittens wird durch die **Übermittlung auch nicht öffentlich zugänglicher Unterlagen** das bisherige grundsätzliche Verbot der Übermittlung vertraulicher Informationen überwunden.[222]

101 Die Auswirkungen der MLATs lassen sich noch nicht vollständig absehen. Klar ist, dass damit wesentliche Begrenzungen, die sich aus der territorialen Reichweite hoheitlicher Handlungen ergeben, überwunden werden. Freilich können damit auch Probleme verbunden sein, wie sie der *US Supreme Court* im *Empagran*-Verfahren an-

---

220 Anderes gilt etwa für Durchsuchungen (Art 11 Abs 1).

221 Zur *de facto* Unverbindlichkeit der alten Abkommen *Jenny* (Fn 182) 28; *Guzman* Berkeley J Int'l L 22 (2004) 355/369f (*de iure* handelt es sich dagegen um verbindliche Abkommen, s *Zanettin* 76f). Erst die Praxis wird zeigen, inwieweit die Rechtshilfe unter Geltung der MLATs verweigert wird. Vermutlich wird dies häufiger als unter Art 13 des Haager Zustellungsübereinkommens der Fall sein (dazu BVerfGE 91, 335/340; 108, 238/247f; BVerfG, 2 BvR 1133/04 v 24.1.2007; im Kartellrechtskontext: OLG Naumburg WuW/E DE-R 1774/1776f – *Electrical Carbon*). Erstens ist Art 13 HZÜ enger formuliert als Art 3 des Rechtshilfevertrags, zweitens wird die Zustellung nach HZÜ häufig damit gerechtfertigt, dass *ordre public*-Vorbehalte gegen den Inhalt der zuzustellenden Klage auf späterer Stufe geprüft werden können, während die Rechtshilfemaßnahmen tw eigenständige Eingriffe darstellen.

222 Das Verbot des Austauschs vertraulicher Informationen war als einer der gravierendsten Mängel bei der Untersuchung in Kartellfällen empfunden worden, s Bericht der Kommission (Fn 214) Abschn 2.2; *Rill* Whittier L Rev 18 (1997) 321/330; *Immenga* (Fn 8) 157; *Kennedy* 60ff. Zum Austausch vertraulicher Informationen ausf *Zanettin* 119ff.

gesprochen hat:[223] Die Befürchtung, dem strengen US-amerikanischen Kartellrecht unterworfen zu werden, kann Auswirkungen auf die Bereitschaft der Unternehmen haben, sich in *leniency*-Programmen zu offenbaren. Viel wird davon abhängen, wie weit die Vorbehalte gehandhabt werden.

Von etwas geringerer Bedeutung für das deutsche Kartellrecht dürften derzeit die 102
Auslieferungsabkommen und -verträge sein, da diese voraussetzen, dass die betreffende Handlung sowohl im ersuchenden als auch im ersuchten Staat eine *Straftat* mit einem Höchststrafmaß von mindestens einem Jahr darstellt.[224] In Deutschland – im Gegensatz zu einigen anderen Mitgliedstaaten der Europäischen Union – sind nur Submissionskartelle nach §§ 298, 263 StGB Straftaten. Doch haben eine bedeutende Anzahl krimineller Preiskartelle eine „bid rigging"-Komponente, die diese Straftatbestände erfüllt.

Und so war einer der ersten Auslieferungsfälle unter den Abkommen eine Auslieferung eines italienischen Staatsangehörigen aus Deutschland in die Vereinigten Staaten, zu der das Bundesverfassungsgericht im Februar 2014 und der EuGH im April 2018 Stellung nahmen: die Frage war, ob sich ein EU-Staatsangehöriger nach Art. 3 GG oder dem europäischen Diskriminierungsverbot in Art 18, 21 AEUV auf Art 16 GG berufen kann, um eine Auslieferung an einen Drittstaat zu vermeiden; sowohl das BVerfG als auch der EuGH verneinten diese Frage.[225] Einer Auslieferung deutscher Staatsangehöriger aus Deutschland stünde allerdings Art 16 GG entgegen. Sobald Deutsche aber einen Fuß ins – europäische oder außereuropäische – Ausland setzen, und dieser Staat ebenfalls ein Auslieferungsabkommen abgeschlossen hat, kann die Auslieferung genau so gut Deutsche treffen.

---

223 Zwar wird die Rechtshilfe nicht unmittelbar für private Schadensersatzklagen gewährt (vgl Art 1 Abs 6). Doch können die in einem öffentlichen Verfahren bekannt gewordenen Informationen auch für private Klagen nutzbar gemacht werden. Zu beachten ist insoweit Art 16 idF des Zusatzvertrages, wonach im Kartellrecht die übermittelten Informationen grds in öffentlichen Verfahren verwendet werden dürfen; dies hat nur bei einem Widerspruch des ersuchten Staates zu unterbleiben, der ausdrücklich auf „außergewöhnliche Fälle" begrenzt ist. Zu weiteren möglichen Bedenken *Zanettin* 131ff (insb zur Frage von Zeugnisverweigerungsrechten und *legal privilege* 141ff).

224 S Art 4 des Auslieferungsabkommens EU-USA.

225 EuGH, Rs C-191/16, ECLI:EU:C:2018:222 – *Romano Pisciotti/BRD*; BVerfG, 17.2.2014, 2 BvQ 4/14, WuW/E DE-R 4275 – *Auslieferung wegen Kartellverstoßes* (Hochseeschläuche/*Marine Hose*-Kartell) (Abweisung eines Antrags auf Erlass einer einstweiligen Anordnung gegen OLG Frankfurt aM, 22.1.2014, 2 Ausl A 104/13, openJur 2014, 10919 mit dem Hinweis, dass eine Verfassungsbeschwerde offensichtlich unbegründet wäre, WuW/E 4275, 4277); s dazu *Röhrig*, J Eur Comp L & Pr 2015, 168; *Jungermann* WuW 2014, 563; *ders* NZKart 2014, 311. Zu der Auslieferung *Ian Norris* aus dem Vereinigten Königreich in die Vereinigten Staaten s die Entscheidung des House of Lords, 2008 UKHL 16, 2 WLR 2008 673 – *Norris v Government of the United States of America*; zur Vorinstanz (High Court of Justice, QBD (Admin) 2007 EWHC 71 (Admin) = WuW/E KRInt 158) s *Grant* Brooklyn JIL 33 (2007) 209. Aus Gründen des intertemporären Strafrechts war die strafrechtliche Bestimmung des britischen Kartellrechts (s 188 des Enterprise Act 2002 ch 40) nicht anwendbar. Die Bedingung beiderseitiger Strafbarkeit wäre daher nur erfüllt, wenn ein *common law*-Delikt (etwa das der *conspiracy to defraud*) anwendbar wäre. Das House of Lords entschied, dass ein Preiskartell als solches, ohne ein zusätzliches Element der Täuschung oä, keinen *common law*-Straftatbestand erfüllt (zsfd 2 WLR 2008 673/695 Rn 62).

D. Multi- und plurilaterale Ebene

I. Überblick

103 Die Kombination von unilateraler extraterritorialer Kartellrechtsdurchsetzung und bilateralen Abkommen wird von manchen als unzureichend angesehen.

104 Dahinter steht etwa folgender Gedankengang: (1) Wettbewerbsbeschränkungen mit Auslandswirkung werden vom Veranlassungsstaat – mangels eigenen Interesses – nicht hinreichend verfolgt. (2) Die unilaterale Rechtsanwendung kann dem zwar theoretisch, wegen Durchsetzungsschwierigkeiten aber nicht immer praktisch entgegenwirken. (3) Diese Durchsetzungsschwierigkeiten werden durch die bilateralen Abkommen zwar abgemildert, aber nicht beseitigt. Außerdem ist das Netz bilateraler Abkommen zwar verbreitet, aber nicht flächendeckend.[226] (4) Von Wettbewerbsbeschränkungen mit Auslandswirkung gehen daher nach wie vor negative externe Effekte aus. (5) Um diese negativen externen Effekte zu internalisieren, muss die Regelungsebene „hochgezont" werden. (6) Zu diesen *Lücken* der Durchsetzung tritt der umgekehrte Fall der *Kumulierung* der Verfahren, was mit einer Multiplikation der Kosten für die Behörden und die Unternehmen verbunden ist.

105 Das Spektrum der Ansätze zu multi- und plurilateralen Lösungen ist vielfältig. Teilweise wird eine (Mindest-)Harmonisierung der materiellen Kartellrechtsstandards oder nur der Verfahrensvorschriften vorgeschlagen. ZT wird die Einrichtung einer globalen Behörde und/oder eines globalen Streitbeilegungsorgans befürwortet, wobei über die Kompetenzen solcher Organe unterschiedliche Vorstellungen bestehen; andere wollen die Durchsetzung nationalen Behörden oder Privaten überlassen. Manche befürworten verbindliche Standards, andere den Weg freiwilliger Konvergenz. Und während die meisten Vorschläge auf plurilaterale Abkommen im Rahmen der WTO zielen, wird von anderen eine multilaterale Lösung angestrebt oder das Forum der WTO als ungeeignet angesehen.

II. Bisherige multilaterale Ansätze: Havanna-Charta, OECD, UNCTAD, WTO, ICN

106 Bis zur Gründung des International Competition Network (ICN, Rn 111) war die multilaterale Zusammenarbeit auf dem Gebiet des Kartellrechts von mäßiger praktischer Bedeutung.[227] Die **Havanna-Charta** aus dem Jahr 1948 enthielt zwar einen Abschnitt über das Wettbewerbsrecht (Kapitel V),[228] doch trat sie nie in Kraft; die ursprünglichen Ambitionen zur Schaffung einer Internationalen Handelsorganisation (ITO) mündeten schließlich im GATT, das wettbewerbsrechtliche Fragen ausklammerte. Die **OECD** hat durch ihr (heute sog) *Competition Committee* seit 1967 Empfehlungen nichtverbindli-

---

226 *Immenga* (Fn 8) 158; *F. Amato* World Comp 24 (2001) 451/463f.

227 Ausf zur Entwicklung seit den 20er Jahren des 20. Jahrhunderts *Gerber* 19ff. Einen knappen Überblick über jüngere Entwicklungen bietet BKartA, Tätigkeitsbericht 2005/2006, BT-Drs 16/5710, S 60ff; insg *J. Bätge* 54ff.

228 Abgedruckt bei *Basedow* 124ff. Zum Scheitern s *Wood* U Chi Legal F 1992, 277/281ff; vgl hierzu a → *Tietje* § 4 Rn 4.

cher Art abgegeben und auf verschiedenen Foren, insb dem 2001 gegründeten *Global Forum on Competition*, die Kartellrechtsbehörden der Welt zusammengebracht; unter diesen Empfehlungen ist jene zur internationalen Kooperation in Untersuchungen und Verfahren in Wettbewerbsfällen aus dem Jahr 2014 besonders hervorzuheben, die im Wesentlichen die Inhalte der oben beschriebenen bilateralen Abkommen (Rn 90–94) – gegenseitige Information, *positive* und *negative comity*, und gegenseitige Rechtshilfe – allgemein auf OECD-Ebene empfiehlt.[229] Das einzige bisher auf multilateraler Ebene angenommene materiellrechtliche Instrument ist das von der **UNCTAD** erarbeitete **„Set of Multilaterally Agreed Principles and Rules for the Control of Restrictive Business Practices“** (UN-RBP-Set), das von der UN-Generalversammlung 1980 angenommen wurde.[230] Dieses Instrument hat jedoch ebenfalls lediglich empfehlenden Charakter.

Das UN-RBP-Set soll va Entwicklungs- und Schwellenländern eine Hilfestellung zur Einführung wettbewerbsrechtlicher Prinzipien bieten. Nach Auffassung von *Lianos* ist nicht ausgeschlossen, dass es auf diesem Wege für die internationale Durchsetzung des Wettbewerbsgedankens Bedeutung erlangt und langfristig mittelbar zur Herausbildung von Völkergewohnheitsrecht führt.[231] **107**

Im Jahr 2010 hat das UNCTAD-Sekretariat außerdem eine neue Version des Model Law on Competition mit Kommentaren und Alternativansätzen in verschiedenen Staaten vorgelegt.[232] **108**

Seit den 90er Jahren des 20. Jahrhunderts propagierte va die EU-Kommission die Etablierung von **Wettbewerbsregeln auf WTO-Ebene.**[233] Dabei hat die europäische Erkenntnis eine Rolle gespielt, dass eine Handelsliberalisierung durch den Abbau **109**

---

229 OECD, Recommendation concerning International Co-operation on Competition Investigations and Proceedings 2014, 16.9.2014, C(2014) 108. Zur Tätigkeit der OECD im Recht der Wettbewerbsbeschränkungen: *Sokol* Berkeley Bus LJ 4 (2007) 37/46ff, 97ff; *ders* in Guzman (Hrsg) 187/198f; *Kennedy* 95ff.; *Maher/Papadopoulos* in Ezrachi (Hrsg) 60/67ff.

230 UN, UNCTAD, A/C.2/35/6, Annex, angenommen durch die UN-Generalversammlung in Res 35/63 v 5.12.1980, erneut bestätigt in der fünften Überprüfungskonferenz der UNCTAD v 18.11.2005, TD/RBP/CONF.6/15. Ausf dazu *Lianos* Tul J Int'l & Comp L 15 (2007) 415; *Brusick* World Comp 24 (2001) 23/26ff; *Taylor* 130ff; *Kennedy* 118ff (zu einem Vorläufer aus dem Jahr 1953 S 115ff); *Wood* U Chi Legal F 1992, 277/285ff; zur Tätigkeit von UNCTAD *Sokol* Berkeley Bus LJ 4 (2007) 37/48f, 104f; *ders* in Guzman (Hrsg) 187/199f; *Maher/Papadopoulos* in Ezrachi (Hrsg) 60/70 ff; sowie → *Tietje* § 1 Rn 52ff.

231 *Lianos* Tul J Int'l & Comp L 15 (2007) 415; zur Anerkennung des Auswirkungsprinzips ähnl *Meng* ZaöRV 1981, 469/499.

232 UNCTAD, Model Law on Competition – Substantive Possible Elements for a competition law, commentaries and alternative approaches in existing legislations (2010), TD/RBP/CONF.7/8. Diese Version wird kontinuierlich Kapitel für Kapitel ergänzt und aktualisiert und baut auf der Version aus dem Jahr 2007 (TD/RBP/CONF.5/7/Rev.3) auf.

233 Kommission, Mitteilung an den Rat: Auf dem Weg zu einem internationalen Wettbewerbsrecht, KOM (96) 284; Bericht der Sachverständigengruppe über die Wettbewerbspolitik in der neuen Handelsordnung: Stärkung der internationalen Zusammenarbeit und der internationalen Wettbewerbsregeln, KOM (95) 359-C4–0352/95; dazu Entschließung des EP, ABl EG 1996 C 362/243; *Petersmann* in Zäch (Hrsg) 43ff; *Sokol* Berkeley Bus LJ 4 (2007) 37/49ff; *ders* in Guzman (Hrsg) 187/192ff; *Kennedy* 181ff; *Taylor* 135ff; MüKo-BGB-*Immenga/Wurmnest* (Fn 12) Rn 204ff; *Pons* (Fn 211) 202ff.

staatlicher Schranken durch die Errichtung privater Wettbewerbsbeschränkungen konterkariert werden kann.[234]

110 Auf der WTO-Ministerkonferenz 1996 in Singapur wurde eine Arbeitsgruppe zur Schnittstelle zwischen Handel und Wettbewerb eingesetzt.[235] Nach der *Doha*-Erklärung sah es zunächst so aus, als ob es zu einer Einigung über wettbewerbsrechtliche Prinzipien kommen könnte.[236] Doch scheiterte – aus anderen Gründen – die Konferenz in *Cancún* und 2004 beschloss der *General Council* der WTO, dass die Vorbereitungen für Verhandlungen zur Schnittstelle zwischen Handel und Wettbewerb in der *Doha*-Runde einzustellen seien.[237] Zwar muss damit noch nicht das letzte Wort gesprochen sein; doch ist es unwahrscheinlich, dass die WTO kurz- oder mittelfristig das Thema einer Lösung zuführen wird.[238]

111 Die USA standen dem WTO-Ansatz von vornherein skeptisch gegenüber und favorisierten einen anderen Ansatz. In den USA war 1997 das *International Competition Policy Advisory Committee* (ICPAC) eingesetzt worden, das im Jahr 2000 seinen Abschlussbericht vorlegte.[239] ICPAC plädierte ua für die Einrichtung einer „Global Competition Initiative".[240] In der Folge gründeten 16 Wettbewerbsbehörden aus 14 Jurisdiktionen[241] am 25.10.2001 auf der Jahreskonferenz zum internationalen Kartellrecht am Fordham

---

234 Der Abbau staatlicher Schranken muss daher durch eine wettbewerbsrechtliche Kontrolle komplementiert werden. Allgem zu diesem Gedanken *Baetge* Globalisierung 128ff, 489; *Immenga* (Fn 1) 594f, 600; *ders* (Fn 8) 155f; *Basedow* 2f; *Budzinski* 29ff; *Jenny* (Fn 182) 13ff; *Fikentscher/Heinemann* WuW 1994, 97/101; *Mitchell* World Comp 24 (2001) 343/343ff; s a *Taylor* 179ff (Angreifbarkeit der Märkte als gemeinsamer Nenner).

235 WTO, Doha Ministerial Declaration v 13.12.1996, WT/MIN(96)/DEC para 20.

236 WTO, Doha Ministerial Declaration v 14.11.2001, WT/MIN(01)/DEC/1 para 23–25. Der Auftrag lautete: „[F]urther work in the Working Group on the Interaction between Trade and Competition Policy will focus on the clarification of: core principles, including transparency, non-discrimination and procedural fairness, and provisions on hardcore cartels; modalities for voluntary cooperation; and support for progressive reinforcement of competition institutions in developing countries through capacity building [...]", *ibid*, para 25.

237 WTO, Entscheidung des Allgemeinen Rates v 1.8.2004, WT/L/579 para 1(g): „[T]he Council agrees that these issues, mentioned in the Doha Ministerial Declaration in paragraphs [...] 23–25 [...], will not form part of the Work Programme set out in that Declaration and therefore no work towards negotiations on any of these issues will take place within the WTO during the Doha Round." Zu den Gründen vgl *Bradford* Harvard ILJ 48 (2007) 383, insb 410ff.; *Baetge* Globalisierung 438ff.

238 Pessimistisch a *Immenga* Internationales Wettbewerbsrecht 14f; MüKo-BGB-*Immenga/Wurmnest* (Fn 12) Rn 209; *Reimers* 248ff; dagegen selbst nach *Cancún* noch optimistisch *Baetge* Globalisierung 492 (relativierend aber 444, wo er darauf hinweist, dass es Aufgabe der Wissenschaft ist „die sachlich beste Lösung aufzuzeigen und nicht die gegenwärtig politisch am realistischsten scheinende"); *Weinrauch* 184. In der *Telmex*-Panelentscheidung (*Telmex*, Panel v 2.4.2004, WT/DS204/R; dazu etwa *Baetge* Globalisierung 204ff) wurden zwar kartellrechtliche Grundsätze angewendet, doch existieren im Telekommunikationsbereich sektorspezifische WTO-Regelungen (dazu *Baetge* aaO 196ff), und trotz dieser wurde die *Telmex*-Entscheidung vielfach kritisiert und blieb vereinzelt.

239 Zum ICPAC s *Janow/Lewis* World Comp 24 (2001) 3ff.

240 *ICPAC* 281ff.

241 Zu den Gründern gehörten die Behörden Australiens, Deutschlands, der EU, Frankreichs, Israels, Italiens, Japans, Kanadas, Koreas, Mexikos, Südafrikas, der USA, des Vereinigten Königreiches und Zambias. Inzwischen sind Behörden aus mehr als 80 Jurisdiktionen Mitglieder des ICN.

Corporate Institute in New York das **International Competition Network (ICN).**[242] Das ICN ist ein Forum für Wettbewerbsbehörden, das projektorientiert arbeitet und auf dem Konsensualprinzip beruht und seit seiner Entstehung enormen Einfluss erlangt hat. Da nicht die Staaten, sondern die Behörden Mitglieder des ICN sind, ist das Hauptziel nicht die Erarbeitung von Vorschlägen für eine Gesetzgebung; vielmehr steht die praktische Behördentätigkeit im Vordergrund. Das ICN steht dem Beitritt durch andere Wettbewerbsbehörden offen, die bereit sind, die Grundsätze des Netzwerkes[243] mitzutragen. Beim ICN handelt es sich um eine „virtuelle Organisation";[244] es hat keine eigenen Sachmittel und kein Sekretariat. Geleitet wird es von einer *steering group*. Die Projekte werden in Arbeitsgruppen bearbeitet; sie münden in einen Bericht über *best practices* oder in Richtlinien, in jedem Falle also (unverbindliche) Empfehlungen. Das Netzwerk erreicht sein Ziel zum einen durch die **freiwillige Konvergenz** der Kartellrechtsanwendung (und ggf der Kartellrechtsordnungen), die durch den Erfahrungsaustausch im Netzwerk befördert wird.[245] Zum anderen schafft es soziale Kontakte auf persönlicher Ebene zwischen den Behördenmitarbeitern, wodurch eine enge Zusammenarbeit auch bei der Bearbeitung von Einzelfällen begünstigt wird.[246]

III. Reformvorschläge

Die bisherigen multilateralen Bemühungen sehen keinerlei Zwangsmechanismen vor, 112
sondern beschränken sich darauf, denjenigen Staaten, die ein Wettbewerbsrecht einführen oder ihr bestehendes verbessern wollen, verschiedene für gut befundene Optionen zu präsentieren und insgesamt einen „good will" unter den Staaten zu schaffen.[247]

---

242 Zum ICN ausf *Hollman/Kovacic/Robertson* in Ezrachi (Hrsg) 89ff; *Sokol* Berkeley Bus LJ 4 (2007) 37/105ff; *Todino* World Comp 26 (2003) 283/283ff; s a *Baetge* Uniform L Rev 2004, 501/504f; *Böge* WuW 2005, 590/593ff; *Budzinski* 142ff; *Drexl* ZWeR 2004, 191/203ff; *Immenga* Internationales Wettbewerbsrecht 15f; *ders* (Fn 12) Rn 103ff.

243 Memorandum on the Establishment and Operation of the International Competition Network verfügbar unter <internationalcompetitionnetwork.org/wp-content/uploads/2019/07/ICNMemo_on_Establishment.pdf>.

244 *Baetge* Uniform L Rev 2004, 501/505; *Böge* WuW 2005, 590/594.

245 Diese Konvergenz beruht allein auf der freiwilligen Übernahme einer als überlegen erkannten Lösung. Man hat diesen Prozess als „kognitive Konvergenz" (*Böge* WuW 2005, 590/595f), als „Konvergenz über den Ideenwettbewerb" (*ibid*, 599), als „weiche Konvergenz" (*Drexl* ZWeR 2004, 191/204; *Immenga* Internationales Wettbewerbsrecht 16) als „bottom up-Ansatz" (*Drexl* aaO, 205; *Möschel* WuW 2005, 599/605), als „Konvergenz von unten" (*Immenga* aaO) bzw als „Type I – regulatory competition via mutual learning (yardstick competition)" (*Kerber/Budzinski* ZWeR 2003, 411/414; *dies* in Epstein/Greve (Hrsg) 31/33ff; *Budzinski* 74ff; *Kerber* in Drexl (Hrsg) 269/296) bezeichnet.

246 Diese sozialen Kontakte mögen ihrerseits durch sozialen und politischen Druck (*peer pressure*) zur Konvergenz beitragen, vgl *Böge* WuW 2005, 590/595f; allgem zu nationalen Verwaltungseinheiten als Steuerungssubjekte im Internationalen Wirtschaftsrecht → *Nowrot* § 2 Rn 17ff.

247 Eine Ausnahme bilden einige wenige wettbewerbsrechtliche Annexregelungen in verschiedenen WTO-Abkommen (GATS, TRIPS, TRIMs, Basic Telecommunications Agreement, Safeguards Agreement etc). Dazu ausf *Kennedy* 122ff, 145ff, 311ff; *Taylor* 158ff; *Mitchell* World Comp 24 (2001) 343/359ff Fn 12; *F. Amato* World Comp 24 (2001) 451/464.

In der Literatur werden Forderungen nach weitergehenden, verbindlichen internationalen Instrumenten erhoben.[248]

1. Extrempositionen

113 Denkbare Extrempositititionen lauten am einen Ende des Spektrums, dass die unilaterale extraterritoriale Anwendung nationalen Kartellrechts ausreicht, und am anderen, dass der internationale Wettbewerb auch ein voll harmonisiertes und von globalen Wettbewerbsbehörden und -gerichten durchzusetzendes Weltkartellrecht erfordere.[249] In der derzeitigen Diskussion spielen beide Extrempositionen in Reinform zu recht keine Rolle.[250]

114 **Gegen die rein unilaterale Kartellrechtsanwendung** – nach dem Motto „wenn jeder an sich selbst denkt, ist an alle gedacht" – wird angeführt:

- Ein ausschließliches Vertrauen auf die unilaterale Anwendung lässt **Durchsetzungslücken** entstehen, weil die Veranlassungsstaaten gegen Wettbewerbsbeschränkungen mit – aus ihrer Sicht – externen negativen Effekten nicht effektiv vorgehen *wollen* und die Auswirkungsstaaten dagegen wegen der Begrenztheit von Verfahrenshandlungen auf das Hoheitsgebiet nicht effektiv vorgehen *können*.[251]
- Umgekehrt kann das reine Auswirkungsprinzip in mehreren Staaten zu einer **Kumulierung der Verfahren, Abhilfemaßnahmen und Sanktionen** und der damit für die Behörden und Unternehmen verbundenen Kosten führen, insb im Kontext der Fusionskontrolle.[252]
- Aus polit-ökonomischen Gründen resultiert die unilaterale Kartellrechtsdurchsetzung zwar für „große" Wirtschaftsordnungen wie die USA und die EU in einem relativ lückenlosen Schutz, weil die Unternehmen sich einer Durchsetzung dieser Rechtsordnungen faktisch nur dadurch entziehen könnten, dass sie sich aus diesen Märkten zurückziehen; dies wäre meist wirtschaftlich nicht tragbar. Dagegen kann eine **Situation der „Hilflosigkeit" für kleine, insb Entwicklungsländer**, gegenüber Auswirkungen von im Ausland veranlassten Wettbewerbsbeschränkungen eintreten, die zu einem Einkommenstransfer von Armen zu Reichen führt.[253]

---

248 *Baetge* Globalisierung 500ff und passim; s a *Immenga* (Fn 1) 600; MüKo-BGB-*Immenga/Wurmnest* (Fn 12) Rn 214ff; *Basedow* La L Rev 60 (2000) 1037/1050.

249 Ausf zu diesen Extrempositionen *Budzinski* 26ff; *Taylor* 337ff.

250 Am ehesten auf unilaterale Lösungen setzen *First* in Ullrich (Hrsg) 17ff; *ders* in Drexl (Hrsg) 23ff; *Hauser/Schoene* (Fn 181) 205ff; *Stephan* in Epstein/Greve (Hrsg) 66ff; s a *Möschel* WuW 2005, 599ff; *J. Bätge* 311ff und passim; am ehesten zentralistisch orientiert argumentieren *Sedemund* in Schwarze (Hrsg) 107ff (globale Fusionskontrolle durch einheitliche Behörde); *Nicolaides* JWT 30 (1996) 131ff; für eine zentrale Behörde a *Scherer* 91ff.; für ein bindendes multilaterales WTO-Abkommen mit Ausrichtung an der weltweiten Verbraucherwohlfahrt sowie Einsatz des WTO-Streitentscheidungsverfahrens *Baetge* Globalisierung 500ff, 513f.

251 *Fox* Virginia JIL 43 (2003) 911/916ff. Das Argument hinsichtlich der Begrenztheit von Verfahrenshandlungen gilt nur eingeschränkt im Verhältnis zwischen Staaten mit weitreichenden Rechtshilfeabkommen, s o Rn 95ff.

252 S o Fn 40.

253 S o Fn 204, 182.

Gegen eine Vollharmonisierung des Kartellrechts und zentrale Durchsetzung dieses globalen Kartellrechts wird vorgebracht: 115

- Wie bei jeder rechtlichen Vollharmonisierung wäre ein **Verlust des Ideenwettbewerbs** zwischen nebeneinander bestehenden, konkurrierenden Rechtsordnungen zu beklagen.
- Es gilt hier das Gleiche wie für den platonischen Philosophenkönig: Wäre man gewiss, die optimale Lösung bereits zu kennen, so wäre die Entscheidung durch eine zentrale Stelle gewiss der effizienteste Weg. Doch ist niemand allwissend, so dass die optimale Lösung *ex ante* unbekannt ist. Gerade in einem dynamischen Rechtsgebiet wie dem Kartellrecht muss sich die beste Lösung erst in einem evolutionären Prozess herausstellen, wobei die Rechtsvergleichung den Selektionsmechanismus darstellt; diese Suche gelingt am besten bei einer hinreichend großen Varietät der Ausgangsoptionen.[254]
- Unterschiedliche Kartellrechtssysteme spiegeln auch nationale oder regionale Präferenzen (oder institutionelle Unterschiede) wider, die schlicht übergangen würden – **one size does not fit all.**[255]
- Beruht das Kartellrecht auf einem multilateralen Abkommen, kann es nur in schwerfälligen Verfahren geändert werden, wenn neue Sachverhalte oder Erkenntnisse eine Anpassung geboten erscheinen lassen („**Erstarrung der Regeln**").[256]
- Selbst bei einer Harmonisierung des Wortlautes der Kartellrechtsbestimmungen käme es wegen ihres Generalklauselcharakters, der stark faktenspezifischen Beurteilung und deren häufig prognostischen oder hypothetischen Charakters zu **Divergenzen in der Rechtsanwendung,**[257] soweit nicht *jede* Streitigkeit vor einer zentralen Behörde und/oder einem zentralen Gericht ausgetragen würde.
- Unter **public choice**-Aspekten ist die Zentralisierung mindestens ambivalent: Zwar wird verhindert, dass die einzelstaatlichen Interessen an der Steigerung der eigenen Wohlfahrt bzw derjenigen der Lobbyisten direkt in die Entscheidungen einfließen. Doch kann das Lobbying auf die zentrale Instanz konzentriert werden.[258]

---

254 So va das Plädoyer von *First* für ein „Netzwerk" konkurrierender Antitrustsysteme (*First* in Drexl (Hrsg) 23/25ff; ähnl *ders* in Ullrich (Hrsg) 17/23ff) und von *Kerber* und *Budzinski* für Mehrebenensysteme (*Budzinski* 72ff; (Hrsg) 299; *Kerber/Budzinski* ZWeR 2003, 411/412ff, 444f; *dies* in Epstein/Greve (Hrsg) 33ff); *McGinnis* in Epstein/Greve (Hrsg) 126/130ff; *Mestmäcker* in Schwarze (Hrsg) 11/35; *Meessen* WuW 2000, 5/11. S a *Basedow* 53ff und *Baetge* Uniform L Rev 2004, 501/504, die darauf hinweisen, dass eine *Mindestharmonisierung* noch Raum für Ideenwettbewerb ließe.

255 *Trebilcock* JWT 30 (1996) 71/95, 104; *Budzinski* 104f; *Jenny* (Fn 182) 39; s a *Wood* U Chi Legal F 1992, 277/307f. S u Rn 124.

256 *Möschel* WuW 2005, 599/604; *Budzinski* 71f, 107f; *Stephan* in Epstein/Greve (Hrsg) 66/80; *Meessen* WuW 2000, 5/10, 15; s a *Mestmäcker* in Schwarze (Hrsg) 11/35; *Fox* Virginia JIL 43 (2003) 911/927.

257 *Nicolaides* JWT 30 (1996) 131/138; *Ullrich* in ders (Hrsg) 55; für die Differenzen zwischen der US- und der EU-Fusionskontrolle *Budzinski* 42.

258 Zu dieser Ambivalenz *Möschel* WuW 2005, 599/603; *Budzinski* 69f, 105f, 212f; *McGinnis* in Epstein/Greve (Hrsg) 126/128ff; s a *First* in Ullrich (Hrsg) 17/25ff; *Mestmäcker* in Schwarze (Hrsg) 11/34f; *Guzman* Berkeley J Int'l L 22 (2004) 355/366f.

- Eine **Fehlerkorrektur aufgrund paralleler Prüfverfahren** entfällt.[259]
- Es entsteht eine neue Bürokratie mit den ihr eigenen selbstverstärkenden Tendenzen. Außerdem lassen sich **Subsidiaritätsargumente** anführen, etwa die bessere Kenntnis der Märkte durch ortsnähere Behörden.[260]
- Neben die bisher genannten grundsätzlichen Argumente, die schon die Erwünschtheit einer Harmonisierung verneinen, tritt die pragmatische Frage der **Realisierbarkeit**: Die Meinungen über das richtige Kartellrecht liegen – trotz der Fortschritte, die bisher im Wege der kognitiven Konvergenz erzielt wurden – immer noch weit auseinander. Dies gilt nicht nur im Verhältnis zu der stetig abnehmenden Anzahl von Staaten, die überhaupt kein Kartellrecht haben, sondern auch zwischen den Kartellrechtsordnungen. Darüber hinaus haben die Staaten insb in dem politisch sensitiven Schnittfeld zwischen Wettbewerbs- und Industriepolitik kein Interesse daran, ihre Souveränität zu beschneiden. Eine weltweite Harmonisierung ist daher – selbst wenn man sie als erwünschten Endzustand ansähe – jedenfalls praktisch nicht realisierbar.[261] Selbst bei einer Beschränkung auf wenige Staaten im Rahmen eines plurilateralen Abkommens dürften praktisch allenfalls Mindeststandards durchsetzbar sein.

116 Auf **vermittelnde Lösungen** sind diese Argumente nur mit Vorsicht zu übertragen. Global harmonisierte Regeln müssen nicht zwangsläufig mit einer zentralen Durchsetzungsbehörde verbunden sein.[262] Harmonisierte Regeln können sich auf **Mindeststandards** beschränken. Doch selbst Mindeststandards sind nicht völlig unproblematisch.[263] Sie werden häufig auf den *kleinsten gemeinsamen Nenner* hinauslaufen: Nur die Staaten, die diesen Mindeststandard bereits erfüllen, werden sich auf ihn verständigen. Dieser Mindeststandard wäre dann aber auch ohne die Harmonisierung durchgesetzt worden. Mindeststandards lassen den Staaten zwar die Option eines strengeren Rechts offen. Doch wird geltend gemacht, es bestehe latent die Gefahr, dass es zu einer „*Verwässerung der Standards*" komme.[264] Umgekehrt kann selbst das, was in einem Zeitpunkt als „Mindeststandard" konsensfähig ist, kurze Zeit später wieder in

---

259 *Budzinski* 68 und 109ff; *Möschel* WuW 2005, 599/604. Die Gefahr der Fehlerpotenzierung ggü dem Ist-Zustand besteht hauptsächlich in Bezug auf fehlerhafte Freistellungen/Freigaben (*false negatives*). Bei effektiver Realisierung des Auswirkungsprinzips würde sich nämlich das strengste Recht ohnehin durchsetzen, so dass sich fehlerhafte Verbote (*false positives*) auch unter diesem Regime nicht vermeiden lassen; immerhin kann es bei parallelen Verfahren im Vorfeld zu gegenseitigem Lernen kommen.

260 *Budzinski* 67ff (auch zu regionalen Präferenzen hinsichtlich der Ziele des Kartellrechts etc); s a *Mestmäcker* in Schwarze (Hrsg) 11/34. Es wird zutr darauf hingewiesen, dass die Multiplizierung von Prüfverfahren nicht ineffizient ist, wenn sie auf der Unterschiedlichkeit der relevanten Märkte beruht, *Kennedy* 297.

261 *Basedow* 7.

262 Erstens kann die Durchsetzung auf nationale Behörden übertragen werden (trotz der für diese nicht optimalen Anreizstruktur); zweitens können Privaten Klagebefugnisse eingeräumt werden (vgl *Wolf* in Zäch (Hrsg) 205/209; *Guzman* Berkeley J Int'l L 22 (2004) 355/371; ausf *Buxbaum* Yale JIL 26 (2001) 219; *Mehra* Colum J Transnat'l L 40 (2002) 275).

263 *Taylor* 350ff.

264 *Möschel* WuW 2005, 599/604; dagegen *Jenny* (Fn 182) 35f; *F. Amato* World Comp 24 (2001) 451/468; s a *Basedow* 56: „Ansporn zur Selbstkritik" werde nicht ausgeschaltet.

Zweifel gezogen werden, wie sich jüngst wieder an der vertikalen Preisbindung zeigte.[265] Eine als Mindeststandard formulierte Regel kann dann nach neuem (potentiell richtigeren) Verständnis wettbewerbskonforme Maßnahmen unterbinden (*Erstarrungsargument*).[266] Im Folgenden sollen exemplarisch[267] einige der vermittelnden Lösungen dargestellt werden.

2. Draft International Antitrust Code (DIAC)

Im Jahr 1993 legte ein international besetztes Gremium von Wissenschaftlern[268] den 117
Draft International Antitrust Code (DIAC) vor.[269] Die Verfasser des DIAC waren sich der Einwände gegen eine materiell-rechtliche Harmonisierung und zentralisierte Durchsetzung bewusst und waren bemüht, ihnen durch ein abgestuftes System Rechnung zu tragen. Der DIAC soll nach dem Willen der Verfasser als plurilaterales Abkommen im Rahmen der WTO umgesetzt werden.

---

265 So nannte *Basedow* 65, 97 und 109 (sowie *ders* La L Rev 60 (2000) 1037/1047, 1051; ebenso Art 5 Abs 2 Ziff 2 DIAC; abgedr in Fikentscher/Immenga (Hrsg) 78; *Immenga* (Fn 1) 604; *Fikentscher/Heinemann* WuW 1994, 97/104f) noch im Jahr 2000 die Preisbindung der zweiten Hand als eines der ganz wenigen konsensfähigen *per se*-Verbote. Inzwischen ist in den USA das diesbezügliche *per se*-Verbot (*Dr Miles v John D Park* 220 US 373 (1911)) gefallen: In *Leegin Creative Leather Products v PSKS* 127 S. Ct. 2705 (2007) = WuW/E KRInt 185, hat der US Supreme Court am 28.6.2007 entschieden, die *rule of reason* auf die Preisbindung der zweiten Hand anzuwenden, wie ihm dies von den Kartellbehörden in einem *Amicus Curiae*-Schriftsatz nahegelegt worden war (*Amicus Curiae Brief for the US* 2007 WL 173650; dazu *Kasten* RIW 2007, 419; *ders* WuW 2007, 994; *Sosnitza/Hoffmann* AG 2008, 107). Man mag diese Entscheidung mit guten Gründen für unglücklich halten; doch ändert dies nichts an dem Argument, dass selbst fest etabliert geglaubte Grundsätze im Kartellrecht rasch über Bord geworfen werden können. Nur wenn man sicher wäre, dass die neuere Auffassung stets die schlechtere sei, wären Mindeststandards unschädlich. S a *Budzinski* 107ff.

266 S o Fn 256. Außerdem kann va in Fällen, in denen im Einzelfall zwei Wettbewerbsfunktionen konfligieren (zB allokative gegen dynamische Effizienz; *interbrand*- gegen *intrabrand*-Wettbewerb), die Einordnung als Mindeststandard davon abhängen, von welcher Richtung man kommt: Der Minimalstandard des einen kann der Maximalstandard des anderen sein.

267 Vgl a die extensivere Zusammenstellung bei *Ullrich* (Fn 40) 44ff; bewertend *Conrad* World Comp 26 (2003) 101/104ff; aus jüngerer Zeit ferner die Arbeiten von *J. Bätge* 76ff, 240ff; *Taylor* 423ff; *Dabbah* 247ff; *Marsden*; *Wilson*.

268 Beteiligt waren J. Drexl, W. Fikentscher, E.M. Fox, A. Fuchs, A. Heinemann, U. Immenga, H.P. Kunz-Hallstein, E.-U. Petersmann, W.R. Schluep, A. Shoda, St. Soltysinski und L.A. Sullivan.

269 Zunächst veröffentlicht in Antitr & Trade Reg Rep 65 (1993) No 1628; mit Kommentaren abgedruckt in Fikentscher/Immenga (Hrsg) 53ff. Zum DIAC s neben Fikentscher/Immenga (mit Beiträgen von *Immenga*, *Fikentscher/Drexl* und *Fikentscher/Heinemann* = WuW 1994, 97) a *Fikentscher* Chi-Kent L Rev 72 (1996) 533; *ders* in Zäch (Hrsg) 73ff (mwN in der Bibliographie, 89ff); *Basedow* 70ff; *Immenga* Internationales Wettbewerbsrecht 18ff; MüKo-BGB-*Immenga/Wurmnest* (Fn 12) Rn 215ff; s a *Kennedy* 110ff; im Wesentlichen zust *Zimmer* (Fn 52) 494; *Gröner/Knorr* FS Mestmäcker (1996) 579/588f. Kritik bei *Taylor* 302ff, 307ff; *Gifford* Minn J Global Trade 6 (1997) 1; *Wins* Eine internationale Wettbewerbsordnung als Ergänzung zum GATT (2000) 122; *Freytag/Zimmermann* RabelsZ 62 (1998) 38/48ff. Zu einer „light"-Version des DIAC s *Fox* (Fn 167) 149ff.

118 Einerseits werden für grenzüberschreitende Wettbewerbsbeschränkungen gewisse *Mindeststandards* etabliert, die *in nationales Recht zu transformieren* sind.[270] Die nationalen Kartellrechtsordnungen dürfen über diese Mindeststandards hinausgehen, also strengere Regelungen vorsehen; sofern sie von dieser Möglichkeit Gebrauch machen, müssen sie diese strengeren Regelungen aber auch auf internationale Sachverhalte anwenden, dürfen also insb Exportkartelle nicht gegenüber Importkartellen privilegieren (Inlandsbehandlung). Die Durchsetzung soll grundsätzlich durch unabhängige nationale Behörden und vor nationalen Gerichten erfolgen. Die einzurichtende International Antitrust Authority (IAA) soll nach dem DIAC va eine die nationalen Behörden überwachende Funktion erhalten: sie soll die nationalen Behörden um Verfahrenseinleitung ersuchen und sie wegen Untätigkeit verklagen können. Außerdem soll sie Unterlassungsklagen gegen Unternehmen vor nationalen Gerichten erheben können und zur Einlegung von Rechtsmitteln befugt sein. Wenn ein Vertragsstaat seinen Pflichten aus dem Abkommen nicht nachkommt, hat die IAA nach dem DIAC die Möglichkeit, diesen Staat vor einem – ebenfalls neu zu errichtenden – Panel zu verklagen. Schließlich soll das Panel über Streitigkeiten zwischen den Vertragsparteien entscheiden.

3. Weltkartellrecht (*Basedow*) und wertgebundenes konstitutionelles Modell (*Baetge*)

119 *Basedow* hat in einem umfassenden Gutachten für die Monopolkommission die vorhandenen Vorschläge untersucht. Er sieht dabei ein Bedürfnis nach Harmonisierung als gegeben an, das über unverbindliche Verhaltenskodizes nach Art des UN-RBP-Set oder der OECD-Empfehlungen nicht zu erreichen sei.[271] Wie der DIAC befürwortet *Basedow* unter Beschränkung auf Staaten, die bereits über ein Kartellrechtssystem verfügen, eine etappenweise Harmonisierung durch plurilaterale Abkommen im Rahmen der WTO.[272] Ebenfalls wie der DIAC schlägt auch *Basedow* eine Mindestharmonisierung für international wirkende Wettbewerbsbeschränkungen vor, die durch Umsetzung in nationales Recht erfolgen solle.[273] Anders als der DIAC will er aber erstens politisch sensitive Bereiche wie die materielle Fusionskontrolle und die Tätigkeit öffentlicher Unternehmen zunächst ausklammern und zweitens im innerstaatlichen Bereich strengere Regelungen ermöglichen, die nicht nach dem Gebot der Inlands-

---

270 Zu diesen Mindestandards zählen ein *per se*-Verbot von *hardcore*-Kartellen, Preisbindungen der zweiten Hand und vertikalen Vereinbarungen, die mittelbar horizontale Kartellen begünstigen; eine abgestufte *rule of reason* für andere horizontale und vertikale Vereinbarungen, mit Sonderregelungen für geistiges Eigentum und gewerbliche Schutzrechte; Anzeigepflicht und Vollzugsverbot für Zusammenschlüsse mit internationaler Bedeutung; Untersagung von Zusammenschlüssen, die den effektiven Wettbewerb behindern; eine Entflechtungsregelung; ein Verbot des Missbrauchs einer marktbeherrschenden Stellung; sowie Regelungen über Mindestsanktionen.

271 *Basedow* 90 (schon beim Verfassen sei die gebotene Ernsthaftigkeit und Sorgfalt nicht immer gegeben).

272 *Ibid*, 89f.

273 *Ibid*, 91f. Der vorgeschlagene Mindestinhalt (S 95ff) deckt sich im Wesentlichen mit dem des DIAC. S a *Baetge* Uniform L Rev 2004, 501/509.

gleichbehandlung auf internationale Sachverhalte angewendet werden müssen.[274] Exportkartelle sollen zwischen den Vertragsstaaten des plurilateralen Abkommens verboten werden, nicht aber gegenüber Drittstaaten.[275] Wie im DIAC soll eine internationale Agentur (neben Unternehmen) eine Klagebefugnis im Rahmen einer – prozessual modifizierten – WTO-Streitbeilegung erhalten; anders als im DIAC wird der Agentur aber (zunächst) keine Klagebefugnis vor nationalen Gerichten eingeräumt.[276] Über die Verpflichtungen im DIAC hinaus fordert *Basedow* eine Kooperationspflicht zwischen den nationalen Kartellbehörden untereinander und mit der internationalen Agentur.[277] Um der Tatsache Rechnung zu tragen, dass Rechtshilfeverpflichtungen je nach Eingriffsintensität auf unterschiedliche Akzeptanz stoßen, schlägt er vor, mehrere plurilaterale Abkommen unterschiedlicher Eingriffsintensität zu verfassen, unter denen die Staaten wählen können.[278] Insgesamt deckt sich der Ansatz von *Basedow* in den wesentlichen Punkten mit dem des DIAC. *Cum grano salis* wird in *Basedows* Ansatz der DIAC um Kooperationspflichten angereichert und um politisch sensitive Bereiche entspeckt, um die praktische Realisierbarkeit zu erhöhen.

Baetges „wertgebundenes konstitutionelles Modell"[279] ähnelt *Basedows* insoweit als auch *Baetge* eine bindende Regelung auf WTO-Ebene befürwortet.[280] Auch teilt er die Ansicht *Basedows*, dass die WTO-Regelung auf „internationale Wettbewerbsbeschränkungen" zu begrenzen sei.[281] Im Gegensatz zu *Basedow* zieht *Baetge* allerdings ein multilaterales Abkommen einem plurilateralen vor,[282] befürwortet aber eine Zweiteilung in „general obligations and disciplines" und „specific commitments" nach Art des GATS.[283] Auch erwägt *Baetge* eine unmittelbare Anwendbarkeit der WTO-Regeln[284] und befürwortet die Anwendung des Streitbeilegungsmechanismus.[285] Die „Wertgebundenheit" *Baetges* Modells liegt in der Verfolgung eines globalen Konsumentenwohlfahrtsstandards unter Berücksichtigung freihandelsrechtlicher Zusammenhänge

274 *Basedow* 58f, 91, 95f, 98f. Anders DIAC Art 2 Abs 2(b) (Inlandsgleichbehandlung) und Art 11 (FK).

275 *Ibid*, 92, 109. Dieser Vorschlag erscheint insb deshalb problematisch, weil voraussichtlich va Entwicklungs- und Schwellenländer dem plurilateralen Abkommen zunächst fernbleiben würden. Diese Staaten in Bezug auf Exportkartelle für vogelfrei zu erklären, dürfte dem a von *Basedow* 90 verfolgten Ziel, den Nordsüdkonflikt nicht zu akzentuieren, entgegenstehen. Aus diesem Grund spricht sich *Drexl* ZWeR 2004, 191/234 dafür aus, auch den Staaten, die kein eigenes Kartellrecht eingeführt haben, die Berufung auf das Verbot von Exportkartellen zu ermöglichen.

276 *Basedow* 102ff.

277 *Ibid.*

278 *Ibid*, 105f.

279 *Baetge* Globalisierung 469ff.

280 *Ibid*, 487ff, 492.

281 *Ibid*, 471f.

282 *Ibid*, 492ff, 500.

283 *Ibid*, 500ff.

284 *Ibid*, 508.

285 *Ibid*, 513f (mit Modifizierung der Sanktionen: statt Aussetzung von handelsrechtlichen Zugeständnissen Schadensersatz, wobei die vorgeschlagene Fondslösung eher einer Strafzahlung als einem Schadensersatz gleicht).

und der Bedürfnisse von weniger entwickelten Ländern, verbunden mit einer Senkung der Belastung für Unternehmen.[286]

4. Kompetenzabgrenzung im Mehrebenensystem (*Kerber*/*Budzinski*)

120 *Budzinski* und *Kerber* haben ein Alternativmodell erarbeitet, dessen ausführlichste Darlegung sich in der Habilitation von *Budzinski* findet.[287] *Budzinski* konzipiert ein strukturiertes System für die Analyse verschiedener Formen der internationalen Kompetenzabgrenzung.[288] Zur Bewertung untersucht er die Fähigkeit dieser Kompetenzabgrenzungskriterien, folgende Zielfunktionen zu erfüllen: (1) externe Effekte zu internalisieren; (2) Kosteneffizienz für Behörden und Unternehmen herzustellen; (3) Präferenzen der betroffenen Jurisdiktionen zu berücksichtigen; (4) Einflüsse durch Interessengruppen zu vermeiden; und (5) Anpassungsflexibilität an geänderte Marktbedingungen oder wettbewerbspolitische Konzeptionen zu bieten. Das Auswirkungsprinzip, auf dem die bisherige Praxis im Wesentlichen basiert, schneidet in *Budzinskis* Bewertung schlecht ab: weder internalisiere es die externen Effekte (Durchsetzungslücken), noch sei es kosteneffizient, da es zu Verfahrenshäufungen komme.[289] Er favorisiert – wie vor ihm etwa *Trebilcock* – eine Kombination der Bestimmung einer ausschließlich zuständigen bestgeeigneten Behörde (*mandatory lead jurisdiction*) mit einem Nichtdiskriminierungsprinzip.[290] Nach diesem Ansatz existieren keine internationalen materiellen Mindeststandards, so dass Varietät der Kartellrechtssysteme und damit Ideenwettbewerb gewährleistet ist. Die globale Handlungsebene („International Competition Panel") beschränkt sich auf eine Auswahl und Kontrolle der bestgeeigneten (supra-) nationalen Behörde zur Regelung eines konkreten Falles und entscheidet in Konfliktfällen zwischen Staaten und Unternehmen.[291]

5. Wettbewerb als globales öffentliches Gut (*Drexl*)

121 Für weniger radikale Änderungen hat sich *Drexl* ausgesprochen. Er befürwortet das Festhalten am Auswirkungsprinzip,[292] will es aber um ein auf WTO-Ebene verbindli-

---

286 *Ibid*, 469ff, 510f.

287 S *Budzinski*; *Budzinski*/*Kerber* in Oberender (Hrsg) 9ff; *Kerber*/*Budzinski* in Epstein/Greve (Hrsg) 31ff; *Kerber*/*Budzinski* ZWeR 2003, 411; *Budzinski* NYU J Int'l L & Pol 36 (2003) 1; *Kerber* in Drexl (Hrsg) 269/269ff.

288 Analysiert werden (in Kap V) das Auswirkungsprinzip, eine Orientierung an Umsatzschwellen nach Art der europäischen FKVO, das Prinzip der Nichtdiskriminierung zwischen Inlands- und Auslandssachverhalten, ein System des gegenseitigen Lernens durch *best practices* und *peer pressure* nach Art des ICN, das Herkunftslandsprinzip, eine am relevanten Markt orientierte Kompetenzzuweisung, eine „x-plus-Regel" (dh Hochzonung, wenn mehr als x Nationen betroffen sind), ein System der primären Zuständigkeit (*voluntary lead jurisdiction*) und ein System der obligatorischen Festlegung einer ausschließlichen Zuständigkeit (*mandatory lead jurisdiction*).

289 *Budzinski* 168ff.

290 *Ibid*, 207ff und 218ff; *Trebilcock* JWT 30 (1996) 71/96ff, 102.

291 *Budzinski* 223ff.

292 *Drexl* ZWeR 2004, 191/241 (jedenfalls notwendig, solange es Staaten ohne Kartellrecht gebe).

ches Diskriminierungsverbot – insb zur Erfassung von Exportkartellen – erweitern;[293] die Einhaltung des Diskriminierungsverbots soll im WTO-Streitbeilegungsverfahren durchsetzbar sein.[294] Materielle Kartellregeln sollen auf WTO-Ebene dagegen nicht vorgeschrieben werden; es stehe den Staaten daher frei, keinerlei Kartellrecht einzuführen.[295] In verfahrensrechtlicher Hinsicht greift *Drexl* die Vorschläge *Podszuns* auf, wonach die bestgeeignete Behörde die Informationen erheben und an andere Behörden weiterleiten solle.[296]

IV. Stellungnahme

Eine abschließende Stellungnahme ist nicht nur aus Platzgründen unmöglich; es wäre 122
auch vermessen, in einem derart dynamischen Feld der Weisheit letzten Schluss für sich in Anspruch zu nehmen.

Chancen auf Realisierung dürften nur Ansätze haben, die das derzeit existierende 123
System, das im Wesentlichen auf der extraterritorialen Anwendung nationalen Rechts beruht, behutsam weiterentwickeln. Revolutionäre Ansätze, selbst wenn sie aus theoretischer Perspektive vorzugswürdig sein sollten, scheiden aus Gründen der Pfadabhängigkeit aus. Dafür sorgen jedenfalls die USA, die auf eine extraterritoriale Kartellrechtsanwendung zum Schutz des Heimatmarktes nicht verzichten werden.[297]

Ein weiteres Problem tritt hinzu: Auf einzelstaatlicher Ebene werden kartellrecht- 124
liche Verbote in Ausgleich gebracht mit konfligierenden Politikzielen (Stichwort Ausnahmebereiche und hoheitliche Maßnahmen). Von einer supranationalen Ebene aus können solche nationalen Interessen einerseits nicht bedingungslos akzeptiert werden; andererseits würde die Souveränität der Einzelstaaten missachtet, wenn das supranationale Kartellrecht über diese politischen Entscheidungen einfach hinwegginge.[298] Wollte man eine globale (oder zumindest plurilaterale) Kartellrechtsordnung

293 *Ibid*, 238f.

294 *Ibid*, 244f.

295 *Ibid*, 234ff (erwogen werden allerdings Regelungen zu Sanktionen, 243f). Einem entsprechenden Vorschlag zust *Meessen* WuW 2000, 5/7f.

296 *Ibid*, 242 in Anlehnung an *Podszun* Internationales Kartellverfahrensrecht (2003).

297 *First* in Ullrich (Hrsg) 17/39, 41; *Möschel* WuW 2005, 599/605; *Meessen* WuW 2000, 5/6; *Baetge* Uniform L Rev 2004, 501/508; *Zäch* in ders (Hrsg) 395/403f; s a *Correa* (Fn 183) 379; *Guzman* NYU L Rev 73 (1998) 1501/1536. Für eine Zusammenfassung amerikanischer Bedenken s *Melamed* Geo Mason L Rev 6 (1998) 437/440ff; letztlich handelt es sich um die gleichen Argumente, wegen derer die Havanna Charta scheiterte (s *Wood* U Chi Legal F 1992, 277/283f). Wenn man bedenkt, dass der US-amerikanische Markt für viele Produkte einen großen Anteil des Weltmarkts ausmacht und der Schutz des Wettbewerbs dort eine besonders ausgeprägte Tradition hat, kann man ihnen das auch kaum verdenken. Daher rührt es, dass die USA informelle Netzwerke und Kooperation zwischen Wettbewerbsbehörden zur internationalen Koordination bevorzugen (vgl *Brandenburger* in Charbit/Ramundo/Chehtova/Slater (Hrsg) Liber Amicorum William E Kovacic Bd I (2012) 389ff), da diese Formen internationaler Kooperation die unilaterale Rechtsanwendung weitgehend unangetastet lassen.

298 Dies ist die Problematik der *state action doctrine* in den USA bzw die *effet utile*-Rechtsprechung in Europa. S *Klasse* (Fn 156); *Fl. Wagner* WuW 2003, 454/466ff. *Baetge* Globalisierung 477f sieht die Souveränitätswahrung nicht als anzuerkennende Maxime an. Zwar ist *Baetge* zuzustimmen, dass „der An-

schaffen, müsste geregelt werden, nach welchen Maßstäben darüber zu entscheiden ist – und wer darüber entscheidet –, ob eine wettbewerbsbeschränkende Politikentscheidung (zB zur Zulassung von Gewerkschaften als Arbeitnehmerkartell, zur Anwendung des Kartellrechts auf Krankenkassen oder die Zulässigkeit einer Buchpreisbindung) hinzunehmen ist[299] – eine Frage, auf die selbst föderale Systeme wie die USA und die EU noch keine befriedigende Antwort gefunden haben.[300]

1. Defizite des bestehenden Systems

125 Ist man auf eine Reform des Bestehenden beschränkt, so sind zunächst dessen Defizite zu identifizieren. Aus theoretischer Sicht ist am Auswirkungsprinzip va zu bemängeln, dass einerseits Durchsetzungslücken entstehen und es andererseits zur Verfahrenskumulierung kommt.

126 Bei Betrachtung der Kartellrechtspraxis relativiert sich das **Problem der Durchsetzungslücken**: Große Marktordnungen wie die USA und die EU stoßen eher selten auf Schwierigkeiten. Die derzeit noch existierenden Probleme bei der extraterritorialen Ermittlung und beim Informationsaustausch werden vermutlich durch die AMAAs und MLATs weiter gelindert (Rn 95ff). Von der extraterritorialen Anwendung dieser Kartellrechtsordnungen können häufig auch Drittmärkte als Trittbrettfahrer profitieren. Letzteres gilt insb für Kartelle, wenn der relevante Markt ein Weltmarkt ist: Wirken das US- und EU-Kartellrecht hinreichend abschreckend, kann das Kartell nicht unter Ausklammerung dieser Märkte in Drittstaaten praktiziert werden, weil es sonst zur Arbitrage aus den USA/der EU käme. Die extraterritoriale Kartellrechtsanwendung kann daher auch *positive* externe Effekte erzeugen.[301] Trotz dieser Relativierung werden *Durchsetzungslücken nicht vollständig beseitigt*. Handelt es sich nicht um Weltmärkte – oder besteht für das betreffende Produkt in den größeren Marktordnungen keine Nachfrage, etwa für inferiore Güter, oder ist die Arbitrage aus anderen Gründen ausgeschlossen –, so bleiben Kartelle möglich, die die Märkte mit effektiv extraterrito-

---

spruch jedes Staates, selbst bei grenzüberschreitenden Wettbewerbsbeschränkungen in vollkommener Eigenständigkeit entscheiden zu können [...] als Ideal ausgedient hat." Dieses „Ideal" ist durch das Auswirkungsprinzip in der Tat überholt. Dagegen ist *Baetges* weitergehendes Postulat, dass Souveränitat überhaupt keine Rolle mehr spielen solle, aus den Gründen, die im Text nach dieser Fußnote genannt werden, nicht zuzustimmen. *Baetges* Wertmaßstab der globalen Konsumentwohlfahrt kann Souveränitätsgesichtspunkte nicht ersetzen. In einem demokratischen Staat sind Entscheidungen eines souveränen Volkes hinzunehmen, selbst wenn sie nicht effizient sind. Dies mag man als externe Kritik begreifen (etwa im Sinne einer kantianischen Ablehnung eines reinen Utilitarismus) oder als interne Kritik (weil auf einer Metaebene Demokratie vermutlich zum größeren Glück der größeren Zahl führt).

299 Zutr *Meessen* WuW 2000, 5/10. Es handelt sich hier um das von *Budzinski* als „Preference Conformity" bezeichnete Kriterium. S a Nachw in Fn 256.

300 Nachw bei *Klasse* (Fn 156) und *Fl. Wagner* WuW 2003, 454/466ff. *Baetges* materieller Wertmaßstab der globalen Effizienz hilft nicht, oder allenfalls begrenzt, weiter, soweit die Effizienz verschiedener materieller Regeln von den Modellannahmen (zB über Transaktionskosten, den relevanten Zeithorizont oder Rationalität der Beteiligten) abhängt.

301 *Correa* (Fn 183) 389 („international co-ordination [...] in order to act against anti-competitive practices of global suppliers may be one of the most significant achievements for developing countries"); *Guzman* Berkeley J Int'l L 22 (2004) 355/362.

rial anwendbaren Kartellgesetzen ausklammern (insb Exportkartelle); und auch wenn US-/EU-Recht auf die Wettbewerbsbeschränkung anwendbar ist, sind die Sanktionen jedenfalls prinzipiell an den Inlandsauswirkungen dieser Jurisdiktionen orientiert.[302] Der in der Theorie richtige Einwand, dass sich auch kleinere Marktordnungen, insb Entwicklungs- und Schwellenländer, durch extraterritorial anwendbare Kartellgesetze schützen könnten,[303] versagt in der Praxis: Sofern existent, verfügen die dortigen Kartellbehörden über geringere Ressourcen und die Länder können es sich meist nicht leisten, multinationale Konzerne gegen sich aufzubringen.[304] Als *erster* praktisch relevanter Defekt des existierenden Systems ist daher eine **Durchsetzungslücke zulasten von Ländern von geringerer wirtschaftlicher Bedeutung** zu verzeichnen.[305]

Zweitens können wegen der territorialen Begrenztheit hoheitlicher Maßnahmen **Durchsetzungslücken auch zulasten wirtschaftsstärkerer Jurisdiktionen** entstehen,[306] wenn erstens intraterritoriale Hoheitsmaßnahmen nicht ausreichen und zweitens auch bilaterale Abkommen nicht weiterhelfen, sei es, weil mit dem Veranlassungsstaat kein Abkommen abgeschlossen wurde, sei es, dass sich der Veranlassungsstaat auf eine Vorbehaltsklausel im Abkommen beruft. 127

Ein *drittes* Problem stellt die **Marktzugangsproblematik** dar: Wird nationales Kartellrecht nicht strikt durchgesetzt, kann der Markt abgeschottet werden.[307] 128

Doch steht in wirtschaftsstärkeren Jurisdiktionen, die ihr Kartellrecht regelmäßig effektiv extraterritorial durchzusetzen vermögen, das **Problem der Verfahrenshäufung** im Vordergrund. 129

In der Praxis von besonderer Bedeutung sind insoweit Fusionen (**multijurisdictional mergers**). Die Beurteilung einer Fusion durch mehrere Jurisdiktionen bringt mehrere Probleme mit sich. Medienwirksam sind va **Fälle konfligierender Entschei-** 130

---

302 *Guzman* Berkeley J Int'l L 22 (2004) 355/362f; *Fox* Tul L Rev 80 (2005) 571/580ff. Dagegen argumentieren *Connor/Bush* Penn S. L Rev 112 (2008), 813, dass US Gerichte auch rein ausländische Wettbewerbsbeschränkungen (s Rn 72ff) sanktionieren sollten (dazu *Wagner-von Papp* in Ezrachi (Hrsg) 21/36 bei und in Fn 63). Der Supreme Court hat in *Empagran I* privaten Schadensersatz abgelehnt, aber die Möglichkeit von öffentlich-rechtlichen Sanktionen 'helpful to those injured abroad' offen gelassen.

303 Angedeutet bei *Möschel* (Fn 1) 469; *Meessen* WuW 2000, 5/13.

304 S o Fn 204. Zur Notwendigkeit, den Schwierigkeiten und zu beachtenden Modalitäten bei der Einführung von Wettbewerbsordnungen in diesen Staaten s *Jenny* (Fn 182) 3ff, insb 15ff; zu Besonderheiten der Anwendung des Kartellrechts von kleinen Staaten auf internationale Wettbewerbsbeschränkungen s *Gal* in Guzman (Hrsg) 97 (insb 112ff); allgemeiner *dies* Fordham Int'l LJ 33 (2009) 1; *dies* Competition Policy in Small Market Economies (2003); skeptisch *Elhauge/Geradin* (Fn 27) 1243ff.

305 Selbst wenn sie gegen extraterritoriale Wettbewerbsbeschränkungen vorgehen wollten, werden sich auf dem Territorium dieser Staaten seltener Niederlassungen befinden; die intraterritoriale Ermittlung und Vollstreckung ist daher seltener möglich als in den großen Märkten (*Correa* (Fn 183) 389). Auch die extraterritoriale Durchsetzung ist problematischer: Während große Marktordnungen *untereinander* häufig bilaterale Rechtshilfeabkommen abgeschlossen haben, ist ihr Interesse am Abschluss mit Staaten von geringerer wirtschaftlicher Bedeutung kleiner. *Fox* Virginia JIL 43 (2003) 911/917; *F. Amato* World Comp 24 (2001) 451/463. Die USA haben 1999 und 2000 immerhin mit Brasilien und Mexiko bilaterale Abkommen geschlossen (dazu *Zanettin* 69); doch handelt es sich hier um kartellrechtlich relativ weit fortgeschrittene Länder.

306 *Fox* Virginia JIL 43 (2003) 911/916f, 919f.

307 Dieses Problem ist nach *Immenga* (Fn 8) 163 „eines der wichtigsten gegenwärtigen Probleme"; s a *Baetge* Globalisierung 137ff, 507f. Zu Beispielen s o bei Rn 13.

dungen: Können sich die Fusionspartner der Durchsetzung durch die untersagende Jurisdiktion nicht entziehen,[308] so setzt sich bei Geltung des Auswirkungsprinzips stets die strengste anwendbare Fusionskontrolle durch. Etwas relativiert wird diese Gefahr dann, wenn die strengere Jurisdiktion sich auf eine Teiluntersagung beschränkt, wie dies ggf in Deutschland möglich ist (Rn 70); doch sind Zusammenschlüsse in der Praxis häufig nicht teilbar, so dass eine Teiluntersagung ausscheidet.

131 Wirtschaftlich von insgesamt größerer Bedeutung, weil weitaus häufiger, sind die weniger publikumswirksamen materiell unproblematischen Fusionen. Hier verursacht die notwendige **Mehrfachanmeldung** einen **hohen Kostenaufwand**, weil zunächst identifiziert werden muss, in welchen Jurisdiktionen anzumelden ist; dann müssen die für die Anmeldung erforderlichen Unterlagen, die sich von Jurisdiktion zu Jurisdiktion unterscheiden, zusammengetragen und häufig in mehrere Sprachen übersetzt werden; schließlich müssen die Anmeldegebühren gezahlt werden. Viele Kartellrechtsordnungen sehen Vollzugsverbote bis zur kartellbehördlichen Genehmigung von unterschiedlicher Dauer vor; dies kann zu Fristenproblemen führen, etwa für die Finanzierung der Fusion. Dies führt zu einer erheblichen Belastung auf Seiten der beteiligten Unternehmen; auch auf Seiten der Behörden entsteht durch die mehrfache Prüfung Kostenaufwand.

132 Weniger drängend ist die Problematik der Verfahrenshäufung in **Kartellfällen**. Dort wird von Seiten der Unternehmen zuweilen die Kumulierung der Sanktionen beklagt. Dagegen sind Studien zu dem Ergebnis gelangt, dass trotz der Mehrfachverfolgung durch mehrere Jurisdiktionen und trotz der Kumulierung von Bußgeldern, Geldstrafen und privaten Schadensersatzverfahren der Kartellgewinn nicht vollständig abgeschöpft wird.[309] Soweit ausschließlich *hardcore*-Kartelle betroffen sind, ist eine gewisse Übersanktionierung aus sozialer Sicht nicht unbedingt schädlich.[310] Die Kumulierung der Kosten für die Behörde spielen regelmäßig ebenfalls keine entscheidende Rolle: die Verfahren können sukzessive erfolgen, so dass die Behörden ihre Erfolgschancen anhand der vorigen Verfahren abschätzen können, und im Erfolgsfalle werden die Kosten bei den mit Buße belegten Unternehmen internalisiert. Wegen der international weitgehend übereinstimmenden Beurteilung in Kartellfällen ergeben sich auch selten Konflikte zwischen den Staaten. Schwierigkeiten können sich dagegen auch im Kartellbereich im Bereich der **Leniency-Programme** ergeben, da unterschiedliche Staaten unterschiedliche Regelungen über derartige Kronzeugenregelungen treffen;[311] das Spektrum reicht von einer vollständigen und automatischen Amnestie für mehrere Unternehmen über diskretionäre Nachlässe bis hin zur vollständigen Nichtexistenz. Den Unternehmen bereitet dies Schwierigkeiten nicht nur bei der

---

308 Dieser nicht unbedenkliche Ausweg scheint in der Praxis hinsichtlich „weniger wichtiger" Jurisdiktionen nicht selten zu sein, *Bechtold* (Fn 38) 139.

309 *Connor* J Ind Compet Trade 6 (2006) 195/211ff, schätzt, dass die kumulierten Sanktionen aus behördlicher und privater Kartellrechtsverfolgung im Medianwert der untersuchten internationalen Kartelle bei etwa 40 % der Kartellgewinne liegen; weniger als 20 % der in der Studie untersuchten Kartelle zahlten insgesamt mehr als ihren Kartellgewinn.

310 Aus sozialer Sicht problematisch wäre die Übersanktionierung nur, wenn auch von zulässigem Verhalten abgeschreckt würde. Dies kann der Fall sein, wenn *ex ante* die Möglichkeit besteht, dass an sich zulässiges Verhalten später fehlerhaft als *hardcore*-Absprache interpretiert wird (*chilling effect*).

311 *Bechtold* (Fn 38) 141f.

Frage, *ob* trotz der fortbestehenden Bebußung in anderen Staaten und ggf privaten Schadensersatzforderungen ein Kartell aufgedeckt werden soll, sondern auch bei der Koordination der Anmeldungen an die diversen Behörden zur „Rangwahrung".

Anders als in Kartellfällen bestehen über die Bewertung von **Missbrauchsfällen** 133
häufig Meinungsverschiedenheiten. Da viele missbräuchliche Verhaltensweisen in der Hand eines nicht marktbeherrschenden Unternehmens unproblematisch wären, ist die Differenzierung von Missbrauch und legitimem Wettbewerbsverhalten häufig eine feine Maß- und Gradfrage. Dementsprechend ist es nicht verwunderlich, dass der Veranlassungsstaat – dessen Marktbeherrscher nicht selten ein *national champion* ist – das Verhalten als noch wettbewerblich beurteilt, während der Auswirkungsstaat allein die negativen Auswirkungen vor Augen hat. Dies führt insb dann zu Konflikten, wenn die Sanktionen sich letztlich auf die ganze Welt erstrecken, wie dies unvermeidlich ist, wenn Schnittstelleninformationen offengelegt werden sollen.[312]

2. Lösungsansätze

Optimale Lösungen für die bestehenden Probleme mögen am Reißbrett konzipierbar 134
sein; praktisch realisierbar sind sie auf absehbare Zeit nicht. Folgende Vorschläge, mögen sie auch nur *second best*-Lösungen – ein Herumdoktern am Symptom – darstellen, könnten einige Probleme weiter relativieren.

Hinsichtlich der **Durchsetzungslücke** in Bezug auf Wettbewerbsbeschränkun- 135
gen zulasten von wirtschaftsschwächeren Staaten könnte mehr geleistet werden als die technische Hilfestellung im Rahmen der UNCTAD, der OECD und des ICN, wenn die Veranlassungsstaaten ihr Kartellrecht diskriminierungsfrei auf exportbezogene Wettbewerbsbeschränkungen anwendeten. In der Wissenschaft besteht ein breiter Konsens über die **Abschaffung der Privilegierung von Exportbeschränkungen**.[313] Die Industrienationen würden hierüber auch ihre Glaubwürdigkeit gegenüber den Entwicklungsländern hinsichtlich der Bedeutung des Wettbewerbsschutzes erhöhen.[314] Aus theoretischer Sicht mag man bemängeln, dass die Veranlassungsstaaten keine effizienten Anreize für die effektive Durchsetzung des Kartellrechts gegenüber exportbezogenen Beschränkungen haben; eine solche Durchsetzung wäre im wesentlichen „altruistisch". Gewisse Anreize bestehen immerhin in Form von der Staatskasse zufließenden Bußgeldern, der Steigerung der Erfolgsbilanz der Wettbewerbsbehörde und ggf der Schaffung von *good will* beim Auswirkungsstaat (etwa in der Hoffnung auf

---

312 S o Fn 3.

313 S o Fn 183f. *Fox* in Guzman (Hrsg) 265/280 konstatiert nach eingehender Analyse (*ibid* 273ff) der heute noch ungelösten Probleme: „The one problem that may be fully resistant to lower-level solutions is outward-oriented harm (export/world cartels) and the trade-restrictive state action that supports it. For this problem, we need flanking principles in the WTO.".

314 So schon *Möschel* (Fn 1) 469; s a *Drexl* ZWeR 2004, 191/231ff. Zur Skepsis der Entwicklungsländer gegenüber den Industrienationen, weil diese zwar auf Marktöffnung drängen, gegenüber Exportkartellen jedoch lax verfahren: *Jenny* (Fn 182) 20f; *Correa* (Fn 183) 381f. Es dürfte diese Skepsis sein, die manche Entwicklungsländer davon abhält, sich auf Wettbewerbsregeln einzulassen, an denen ihnen wegen ihrer Importabhängigkeit eigentlich mehr gelegen sein müsste als den Industrienationen (*Elhauge/Geradin* (Fn 27) 1242ff; *Guzman* Virginia JIL 43 (2003) 933/946). Noch glaubwürdiger würden die Industrienationen freilich, wenn sie protektionistische Schutzzölle und Antidumping-Maßnahmen abschafften.

Reziprozität). Es wäre schon viel gewonnen, wenn die Unternehmen wenigstens in Rechnung stellen müssten, dass die Behörden im Veranlassungsstaat (etwa EU/USA) einschreiten *können.*

136 Um das Anreizproblem *vollständig* zu überwinden, müsste theoretisch – wie häufig postuliert – eine übergeordnete Instanz geschaffen werden, die den externen Effekt der unterlassenen Kartellrechtsanwendung auf Exportbeschränkungen bei den Veranlassungsstaaten internalisiert. Doch kann dies allenfalls ein zweiter Schritt sein.[315] Schon der erste Schritt der Abschaffung von Privilegierungen für Exportbeschränkungen hat sich bisher trotz des darüber bestehenden wissenschaftlichen Konsenses politisch nicht durchsetzen können. Man sollte den ersten jedenfalls vor dem zweiten Schritt tun.

137 Die **Marktzugangsproblematik** kann bei direkter oder indirekter Diskriminierung unilateral angegangen werden.[316] Wirkt die Marktabschottung dagegen gleichermaßen gegen in- und ausländische Newcomer, wird man die Politik des Veranlassungsstaates, der hier gleichzeitig Auswirkungsstaat ist, als souveräne Politikentscheidung hinzunehmen haben (Rn 124); die Hinwendung zum Kartellrecht sollte der Staat im eigenen Interesse vollziehen.[317]

138 Hinsichtlich des dringlicheren Problems der **Verfahrenskumulierung in der Fusionskontrolle** existieren derzeit Reformbestrebungen in Richtung auf eine Verfahrensvereinheitlichung und die Schaffung einer zentralen Notifizierungsinstanz, die deshalb Aussicht auf Erfolg haben, weil sie von den USA mitgetragen werden.[318] Vollständig gelöst wird das Problem der Verfahrenskumulierung dadurch nicht: Konfligierende Entscheidungen bleiben möglich und die strengste anwendbare Fusionskontrollordnung setzt sich durch. Doch ist das Konfliktpotential weniger durch das institutionelle Arrangement begründet als durch die betroffenen nationalen Interessen. Die Existenz dieser Interessen verhindert die Änderung der institutionellen Arrangements in Richtung auf eine übergeordnete Entscheidungsinstanz, die dazu führen würde, dass diese Interessen im Einzelfall nicht mehr berücksichtigt werden könnten.[319] Selbst wenn man kontrafaktisch davon ausginge, die Entscheidung über Fusionen mit grenzüberschreitender Wirkung würde *einer* Instanz übertragen – sei es einer

315 Ob man diesen befürwortet oder nicht, hängt von einer Kosten-Nutzen-Analyse ab, und diese wiederum davon, für wie schwerwiegend man die verbleibenden Externalisierungseffekte hält und wie sehr man bei Einrichtung einer übergeordneten Instanz im Laufe der Zeit weitergehende Zentralisierungseffekte befürchten müsste; Bürokratien pflegen eine Eigendynamik zu entwickeln. Zur Principal-Agent-Problematik in diesem Zusammenhang *Stephan* in Epstein/Greve (Hrsg) 66/77ff; s a *Meessen* WuW 2000, 5/16.

316 S bei Fn 31.

317 Externe Kontrolle wäre schon in praktischer Hinsicht kaum möglich: Handelt es sich um eine zulässige Wertung, den intrabrand-Wettbewerb zugunsten des interbrand-Wettbewerbs einzuschränken? Ist der Marktzugang wegen Marktzutrittsbarrieren oder wegen geringerer Effizienz unmöglich? S dazu *Melamed* Geo Mason L Rev 6 (1998) 437/441f; *Wood* (Fn 30) 180; *Marsden* ECLR 1998, 530/532f.

318 *Antitrust Modernization Commission* 217. Befürwortend a *Meessen* WuW 2000, 5/14, 15f; *Möschel* WuW 2005, 599/604.

319 *Hauser/Schoene* (Fn 181) 205/219, weisen zu Recht auf folgendes Dilemma hin: Wo ein hohes Konfliktpotential besteht und daher koordiniertes Vorgehen am wichtigsten wäre, besteht auch die geringste Chance auf eine Einigung.

„Weltkartellbehörde“, sei es einer „bestgeeigneten“ nationalen Behörde –, so würden diese nationalen Interessen und damit das Konfliktpotential dadurch nicht verschwinden.

Die Verfahrenshäufung bei extraterritorialer Anwendung der immer zahlreicheren Kartellrechtsordnungen ist in der Tat ein Problem. Im Bereich der Kartelle ist derzeit wohl dennoch eher eine *underdeterrence* als eine Übersanktionierung zu konstatieren. Das Problem besteht bei Fusionen. Auch hier zeichnen sich Lösungen ab: Zum einen bietet der ICN-Ansatz der weichen Konvergenz eine Möglichkeit, entstehende Konflikte in einen geordneten Rahmen zu lenken. Zum anderen ist eine Tendenz zu regionalen Kooperationen zu beobachten.[320] Sofern sich diese, in sich homogeneren, Staatengruppen darauf einigen können, Hoheitsbefugnisse an die supranationale Ebene abzugeben, mag die Zahl der international zuständigen Akteure auch künftig überschaubar bleiben. 139

Ob man dies begrüßt oder nicht: Auf absehbare Zeit wird es wohl bei der derzeitigen Kombination von extraterritorialer Anwendung (supra-)nationalen Kartellrechts, durch MLATs/AMAAs intensivierter Rechtshilfe aufgrund bilateraler Abkommen und informeller Kooperation und Koordination im ICN und auf anderen Foren bleiben. Zu hoffen wäre, dass es dabei nicht nur zu einer Verfahrensangleichung für *multijurisdictional mergers*, sondern auch zu der längst fälligen „Abrüstungsaktion“[321] im Bereich der exportbezogenen Wettbewerbsbeschränkungen kommt. Wenn ein diesbezügliches multi- oder plurilaterales Abkommen nicht erzielbar ist, sollten die Industrienationen mit gutem Beispiel vorangehen. Optimal sind diese Lösungen nicht, da sie die Probleme nicht vollständig beseitigen; doch ist der relevante Vergleichsmaßstab jedes institutionellen Vergleichs nicht die optimale Lösung, sondern die beste *aller machbaren* Optionen. 140

---

320 ZB APEC (dazu *Taylor* 72ff; *Kennedy* 106ff); CARICOM (*Smith-Hillman* JWT 40 (2006) 405ff); NAFTA (*Kennedy* 85ff); MERCOSUR (*Kennedy* 79ff); Anden-Gemeinschaft und UEMOA. Zur Wettbewerbspolitik in diesen regionalen Handelsabkommen s *Reimers* 69ff; *Brusick/Alvarez/Cernat* (Hrsg) Competition Provisions in Regional Trade Agreements: How to Assure Development Gains (2005); UNCTAD/DITC/CLP/2005/1; *Solano/Sennekamp* Competition Provisions in Regional Trade Agreements (2006), OECD Working Paper No 31, COM/DAF/TD (2005)3/FINAL. S a Fn 9. *Nicolaides* JWT 30 (1996) 131ff sieht regionale Kooperationen als einen Zwischenschritt hin zu einem global harmonisierten Regime. *Wood* U Chi Legal F 1992, 277/313 schlug ein trilaterales Abkommen zwischen der EG, Kanada und den USA vor.

321 *Möschel* (Fn 1) 469.

§ 13
Internationales Steuerrecht

Alexander Rust

Gliederung **Rn**

Schrifttum

Aigner/Kofler/Tumpel (Hrsg) Kommentar zu den Doppelbesteuerungsabkommen, 2. Aufl (2019); *Bendlinger/Kanduth-Kristen/Kofler/Rosenberger* Internationales Steuerrecht, 2. Aufl (2019); *Brauner/Stewart* (Hrsg) Tax, Law and Development (2013); *Bravo* A Multilateral Instrument for Updating the Tax Treaty Network (2020); *Bühler* Prinzipien des Internationalen Steuerrechts (1964); *Cordewener* Europäische Grundfreiheiten und nationales Steuerrecht (2002); *De Broe* International Tax Planning and Prevention of Abuse (2008); *Endres/Spengel* International Company Taxation and Tax Planning (2015); *Engelen* Interpretation of Tax Treaties under International Law (2004); *Englisch* Dividendenbesteuerung (2005); *ders* Wettbewerbsgleichheit im grenzüberschreitenden Handel (2008); *Frotscher,* Internationales Steuerrecht, 5. Aufl (2020); *ders/Hummel* Grenzüberschreitende Tätigkeit in einem sich ändernden steuerlichen Umfeld (2021); *Haase* Außensteuergesetz Doppelbesteuerungsabkommen, 3. Aufl (2016); *ders* Multilaterales Instrument (2017); *ders* Internationales und Europäisches Steuerrecht, 6. Aufl (2020); *Hagemann/Kahlenberg* Kommentar zur Anti Tax Avoidance Directive (ATAD) (2018); *Haslehner/Pantazatou/Kofler/Rust* A Guide to the Anti-Tax-Avoidance Directive (2020); *Jacobs* Internationale Unternehmensbesteuerung, 8. Aufl (2016); *Kluge* Das Internationale Steuerrecht, 4. Aufl (2000); *Kofler* Doppelbesteuerungsabkommen und Europäisches Gemeinschaftsrecht (2007); *ders* Kommentar zur Mutter-Tochter-Richtlinie (2011); *ders/Schnitger* BEPS-Handbuch (2019); *Kokott* Das Steuerrecht der Europäischen Union (2018); *Kraft* Kommentar zum Außensteuergesetz, 2. Aufl (2019); *Lang/Pistone/*

https://doi.org/10.1515/9783110630718-013

Schuch/Staringer The impact of the OECD and UN Model Conventions on Bilateral Tax Treaties *(2012); ders/Pistone/Rust/Schuch/Staringer* The OECD Multilateral Instrument for Tax Treaties (2018); *ders/Rust/Schuch/Staringer* Die Anti-Tax-Avoidance-Richtlinie (2017); *Lang et al.* Introduction to European Tax Law on Direct Taxation, 6. Aufl (2020); *Lang et al.* Base Erosion and profit Shifting (BEPS) – The Proposals to Revise the OECD Model Convention (2016); *Lang et al.* The UN Model Convention and Its Relevance for the Global Tax Treaty Network (2017); *Lang et al.* The OECD Multilateral Instrument for Tax Treaties: Analysis and Effects (2018); *Lehner* Möglichkeiten zur Verbesserung des Verständigungsverfahrens auf der Grundlage des EWG-Vertrages (1982); *Lüdicke* Überlegungen zur deutschen DBA-Politik (2008); *Mayer* Die Zinsschranke (2019); *Mössner et al.* Steuerrecht international tätiger Unternehmen 5. Aufl (2018); *Musil/Weber-Grellet* (Hrsg) Kommentar zum Europäischen Steuerrecht (2019); *Oestreicher/Schnitger/Wellens* Gewinnabgrenzung nach dem Autorised OECD Approach (AOA) (2020); *Reimer/Rust* Klaus Vogel on Double Taxation Conventions, 4. Aufl (2015); *Rust* Double Taxation within the European Union (2011); *ders/Micheau* State Aid and Tax Law (2013); *Sauvant/Sachs* The Effect of Treaties on Foreign Direct Investment (2009); *Schaumburg* (Hrsg) Internationales Steuerrecht, 4. Aufl (2017); *Schaumburg/Englisch* (Hrsg) Europäisches Steuerrecht, 2. Aufl (2020); *Schön* Die Auslegung europäischen Steuerrecht (1993); *ders/Beck* Zukunftsfragen des deutschen Steuerrechts (2009); *Schön/Heber* Grundfragen des Europäischen Steuerrechts (2015); *Schönfeld/Ditz* (Hrsg) Kommentar zu den Doppelbesteuerungsabkommen, 2. Aufl (2019); *Schmidt* (Hrsg) Kommentar zum Einkommensteuergesetz, 39. Aufl (2020); *Spitaler* Das Doppelbesteuerungsproblem bei den direkten Steuern (1936); *Vogel/Lehner* (Hrsg) Doppelbesteuerungsabkommen der Bundesrepublik Deutschland auf dem Gebiet der Steuern vom Einkommen und Vermögen – Kommentar auf der Grundlage der Musterabkommen, 6. Aufl (2015); *Wassermeyer/Andresen/Ditz* Betriebstätten Handbuch, 2. Aufl (2018); *Wassermeyer/Baumhoff* Verrechnungspreise international verbundener Unternehmen (2014); *Weber-Grellet* Europäisches Steuerrecht, 2. Aufl (2016).

A. Begriff des Internationalen Steuerrechts

Unter **Internationalem Steuerrecht** ist die Gesamtheit der Normen zu verstehen, die 1
die Besteuerung grenzüberschreitender Sachverhalte regeln.[1] Davon erfasst werden zum einen die Vorschriften des nationalen Steuerrechts, die sich mit internationalen Sachverhalten befassen (sog. Außensteuerrecht). Die Normen des Außensteuerrechts finden sich vor allem im EStG, im KStG, im AStG und in der AO. Zum Internationalen Steuerrecht zählen aber auch die Doppelbesteuerungsabkommen, die ihrer Quelle nach völkerrechtlicher Natur sind.[2]

B. Regelungen des deutschen Außensteuerrechts

I. Die Regelungen der unbeschränkten Steuerpflicht

Nach § 1 Abs 1 S 1 EStG sind natürliche Personen, die im Inland einen Wohnsitz (s § 8 2
AO) oder ihren gewöhnlichen Aufenthalt (s § 9 AO) haben, unbeschränkt steuerpflich-

---

1 Zum Begriff des Internationalem Steuerrechts s *Bühler*, 1ff; *Schaumburg* in ders (Hrsg), Rn 1.1ff; *Frotscher*, Rn 27.

2 Allgem zu völkerrechtlichen Verträgen und ihrer Bedeutung im Internationalen Wirtschaftsrecht → *Nowrot* § 2 Rn 45ff.

tig.[3] Unbeschränkt Steuerpflichtige sind mit ihren Welteinkünften – also ihren im Inland wie im Ausland erzielten Einkünften – in Deutschland steuerpflichtig (sog. **Welteinkommensprinzip**). Für unbeschränkt Steuerpflichtige gilt das Prinzip der sieben Einkunftsarten. Der unbeschränkt Steuerpflichtige ist mit allen Einkünften steuerpflichtig, die unter eine der in § 2 Abs 1 EStG aufgezählten Einkunftsarten fallen. Der unbeschränkt Steuerpflichtige kommt in den Genuss des Grundfreibetrages nach § 32a Abs 1 S 2 Nr 1 EStG, kann im Falle einer Verheiratung den Splittingtarif nach § 32a Abs 5 EStG wählen und nach § 2 Abs 4 EStG auch Sonderausgaben (§ 10 EStG) und außergewöhnliche Belastungen (§ 33 EStG) von der Steuerbemessungsgrundlage abziehen. Werden die im Ausland erwirtschafteten Einkünfte auch von dem ausländischen Staat besteuert, so kommt es zur **Doppelbesteuerung**.[4] Diese Doppelbesteuerung wird nach § 34c, § 34d EStG, § 68a EStDV grundsätzlich dadurch vermieden, dass die ausländische Steuer von der inländischen Steuerschuld auf die ausländischen Einkünfte abgezogen werden kann (sog. **Anrechnungsmethode**).[5] Die unilaterale Anrechnungsmethode unterliegt allerdings den folgenden Einschränkungen: Zum einen können Steuern eines anderen Staates nur dann angerechnet werden, wenn sie auf ausländische Einkünfte im Sinne des § 34d EStG erhoben werden. Zum anderen ist die Anrechnung auch der Höhe nach begrenzt. Ausländische Steuern können maximal bis zu der Höhe der deutschen Steuer angerechnet werden, die auf die ausländischen Einkünfte anfällt. Dadurch wird ausgeschlossen, dass die ausländische Steuer die deutsche Steuer auf inländische Einkünfte mindert.

3 Auf Antrag können gemäß § 1 Abs 3 EStG auch natürliche Personen als unbeschränkt steuerpflichtig behandelt werden, die in Deutschland weder ihren Wohnsitz noch ihren gewöhnlichen Aufenthalt haben (sog. **fiktive unbeschränkte Steuerpflicht**).[6] Voraussetzung dafür ist, dass die Einkünfte im Kalenderjahr zu mindestens 90 % der deutschen Einkommensteuer unterliegen oder die nicht der deutschen Einkommensteuer unterliegenden Einkünfte den Grundfreibetrag nach § 32a Abs 1 S 2 Nr 1 EStG nicht übersteigen.

4 Körperschaften sind nach § 1 Abs 1 KStG in Deutschland unbeschränkt steuerpflichtig, wenn sie ihre Geschäftsleitung (s § 10 AO) oder ihren Sitz (s § 11 AO) im Inland haben.[7] Die unbeschränkte Körperschaftsteuerpflicht erstreckt sich nach § 1 Abs 2 KStG auf die inländischen und ausländischen Einkünfte. Unterliegen die ausländischen Einkünfte auch im Ausland der Besteuerung, so können die ausländischen Steuern nach Maßgabe des § 26 KStG iVm § 34c EStG angerechnet werden.

---

3 Zu den Begriffen „Wohnsitz" und „gewöhnlicher Aufenthalt" s *Schaumburg* in ders (Hrsg), Rn 6.12ff; *Frotscher*, Rn 164f.

4 Zum Begriff der Doppelbesteuerung grundlegend *Spitaler* Das Doppelbesteuerungsproblem. S a *Schaumburg* in ders (Hrsg), Rn 15.1ff; *Frotscher*, Rn 3ff.

5 Zur unilateralen Anrechnungsmethode nach § 34c EStG s *Schaumburg* in ders (Hrsg), Rn 18.3ff; *Frotscher*, Rn 322ff.; *Heinicke* in Schmidt (Hrsg), § 34c Rn 1ff.

6 *Schaumburg* in ders (Hrsg), Rn 6.40ff; *Frotscher*, Rn 178ff.

7 Zu den Begriffen „Geschäftsleitung" und „Sitz" s *Schaumburg/von Freeden* in Schaumburg (Hrsg), Rn 7.2ff; *Frotscher*, Rn 167f.

II. Die Regelungen der beschränkten Steuerpflicht

Natürliche Personen, die weder ihren Wohnsitz noch ihren gewöhnlichen Aufenthalt im Inland haben, sind nach § 1 Abs 4 EStG beschränkt steuerpflichtig, wenn sie inländische Einkünfte im Sinne des § 49 EStG erzielen.[8] § 49 EStG listet diejenigen Einkünfte auf, die im Inland erwirtschaftet werden. Der beschränkten Steuerpflicht liegt also das **Territorialitätsprinzip** zugrunde. Für die beschränkte Steuerpflicht wird bei den sieben Einkunftsarten jeweils ein besonderer Inlandsbezug verlangt. Im Gegensatz zur unbeschränkten Steuerpflicht werden bei der beschränkten Steuerpflicht die persönlichen Verhältnisse des Steuerpflichtigen nur eingeschränkt berücksichtigt; die beschränkte Steuerpflicht hat daher **Objektsteuercharakter**. So findet bei beschränkt Steuerpflichtigen etwa das Splittingverfahren keine Anwendung. Auch kommen beschränkt Steuerpflichtige nicht in den Genuss des Grundfreibetrages; Sonderausgaben und außergewöhnliche Belastungen sind grundsätzlich nicht abzugsfähig; Betriebsausgaben und Werbungskosten können nur insoweit abgezogen werden, als sie mit inländischen Einkünften in wirtschaftlichen Zusammenhang stehen. Grundsätzlich gilt die Einkommensteuer bei beschränkt Steuerpflichtigen für Einkünfte, die dem Steuerabzug unterliegen, mit dem Steuerabzug als abgegolten. Eine Veranlagung ist nur in den in § 50 Abs 2 S 2 EStG genannten Fällen durchzuführen, etwa wenn der Steuerpflichtige im Inland eine Betriebstätte unterhält. 5

Körperschaften, die im Inland weder ihre Geschäftsleitung noch ihren Sitz haben, sind in Deutschland nach § 2 Nr 1 KStG beschränkt steuerpflichtig, wenn sie inländische Einkünfte im Sinne des § 49 EStG erzielen. Bei beschränkt steuerpflichtigen Körperschaften wird die Steuer entweder nach Veranlagung durch Steuerbescheid festgesetzt oder im Wege eines Steuerabzuges erhoben. 6

C. Recht der Doppelbesteuerungsabkommen

I. Historie der Doppelbesteuerungsabkommen

Doppelbesteuerung wird durch das nationale Steuerrecht nur unzureichend beseitigt. Zum einen kennt § 34c EStG nur die Anrechnungsmethode, nicht dagegen die Freistellungsmethode. Zum anderen können nach § 34c iVm § 34d EStG nur Steuern auf bestimmte ausländische Einkünfte in Deutschland angerechnet werden. Die Quellenbesteuerung in anderen Staaten geht aber häufig über das hinaus, was in Deutschland angerechnet werden kann. Schon früh haben Staaten daher völkerrechtliche Verträge – sogenannte Doppelbesteuerungsabkommen – abgeschlossen,[9] in denen sie ihre Besteuerungsansprüche wechselseitig einschränkten. Das weltweit erste Doppelbesteuerungsabkommen wurde im Jahre 1869 zwischen Preußen und Sachsen abge- 7

8 Zu den Regelungen der beschränkten Einkommensteuerpflicht s *Schaumburg* in ders (Hrsg), Rn 6.122ff; *Frotscher*, Rn 191f.

9 Zu völkerrechtlichen Verträgen vgl a → *Nowrot* § 2 Rn 45ff.

schlossen.[10] Mittlerweile sind weltweit mehr als 3.000 bilaterale Doppelbesteuerungsabkommen abgeschlossen worden.

8 Der **Völkerbund** trug ganz wesentlich zu einer Angleichung der Doppelbesteuerungsabkommen und zur Entwicklung einheitlicher Abkommensmuster bei. Der Völkerbund erarbeitete im Jahre 1928 erstmals ein Abkommensmuster. Nach dem zweiten Weltkrieg bemühte sich auch die OEEC und ihre Nachfolgeorganisation, die **OECD**, um die Ausarbeitung eines Musterabkommens. Im Jahr 1963 veröffentlichte die OECD das erste **Musterabkommen** mit offiziellen Kommentaren. Das Musterabkommen sowie die Kommentare stellen nach Art 5 lit b der OECD-Satzung eine Empfehlung des Rates der OECD an ihre Mitgliedstaaten dar. In den Jahren 1977, 1992, 1994, 1995, 1997, 2000, 2003, 2005, 2008, 2010, 2012 und 2014 wurden die OECD-MA und ihre Kommentare abgeändert. Die letzte Änderung erfolgte im Jahr 2017, wodurch die Vorschläge der BEPS-Aktionspläne umgesetzt wurden. Neuerungen des OECD-MAs erforderten in der Vergangenheit eine Abänderung der bilateralen Doppelbesteuerungsabkommen, was sich als sehr zeitaufwändig herausgestellt hat. Viele Doppelbesteuerungsabkommen entsprechen noch nicht dem neuesten Stand des letzten OECD-MAs. Angesichts der vielen Änderungen durch die BEPS-Aktionspläne hat die OECD für die Umsetzung erstmals den Weg eines **Mehrseitigen Übereinkommens** gewählt.[11] Durch dieses multilaterale Abkommen werden einzelne Vorschriften der bilateralen Doppelbesteuerungsabkommen abgeändert. Voraussetzung für eine Abänderung des jeweiligen bilateralen Doppelbesteuerungsabkommens ist, dass beide Vertragsstaaten das Mehrseitige Übereinkommen ratifiziert und das Mehrseitige Übereinkommen auf das bilaterale Doppelbesteuerungsabkommen für anwendbar erklärt haben. Das Mehrseitige Übereinkommen bietet eine Vielzahl von Optionsmöglichkeiten.[12] Solange eine Vorschrift des Mehrseitigen Übereinkommens nicht zum Mindeststand gehört, findet sie auf das bilaterale Doppelbesteuerungsabkommen nur dann Anwendung, wenn beide Vertragsstaaten die gleiche Option ausgeübt haben. Deutschland hat das Mehrseitige Übereinkommen am 18. Dezember 2020 ratifiziert.[13] Es kommt daher auf deutsche Doppelbesteuerungsabkommen ab dem 1. April 2021 zur Anwendung.

9 Auch die **UNO** gibt Musterabkommen mit eigenständigen Kommentaren heraus.[14] Die UN-Musterabkommen folgen im Wesentlichen den OECD-MA, berücksichtigen aber stärker die wirtschaftlichen Interessen der Entwicklungsländer.[15] So räumen die

---

10 Abdruck des weltweit ersten Doppelbesteuerungsabkommens in IStR 24/2006, IIf.

11 Zum Mehrseitigen Übereinkommen s *Schönfeld/Häck* in Schönfeld/Ditz (Hrsg), Systematik Rn 87ff; Kofler in *Bendlinger/Kanduth-Kristen/Kofler/Rosenberger*, 471ff; *Haase* Multilaterales Instrument; *Bravo* A Multilateral Instrument; *Reimer* IStR 2017, 1ff.

12 Zu den Optionsmöglichkeiten s *Schönfeld/Häck* in Schönfeld/Ditz (Hrsg), Systematik Rn 87ff; *Miladinovic/Rust* in Lang et al., The OECD Multilateral Instrument for Tax Treaties: Analysis and Effects (2018) 139ff.

13 S Gesetz zu dem Mehrseitigen Übereinkommen v 24. November 2016 zur Umsetzung steuerabkommensbezogener Maßnahmen zur Verhinderung der Gewinnverkürzung und Gewinnverlagerung v 22. November 2020, BGBl II 2020, 946ff.

14 Allgem zu den Aktivitäten der Vereinten Nationen im Bereich des Internationalen Wirtschaftsrechts → *Tietje* § 1 Rn 52ff.

15 Zu den Besonderheiten der UN-Musterabkommen s *Lehner* in Vogel/Lehner (Hrsg), Grundlagen Rn 36ff; *Lang et al.* The UN Model Convention and its Relevance for the Global Tax Treaty Network;

Verteilungsnormen des UN-Musterabkommens vermehrt dem Quellenstaat das Recht zur Besteuerung ein. Als Beispiele sind hier die Quellensteuersätze für Dividenden, Zinsen, Lizenzgebühren und technische Dienstleistungen sowie die Annahme einer Dienstleistungsbetriebstätte zu nennen.[16]

Die meisten bilateralen Doppelbesteuerungsabkommen basieren auf dem OECD- oder dem UN-Musterabkommen. Die Musterabkommen haben somit zu einer Harmonisierung und Standardisierung der bilateralen Doppelbesteuerungsabkommen beigetragen. Die Musterabkommen dienen zum einen als Checkliste für die Abkommensverhandler beim Abschluss von Doppelbesteuerungsabkommen. Zum anderen helfen sie bei der Auslegung der einzelnen Begriffe der Vorschriften der Doppelbesteuerungsabkommen. Gebraucht ein bilaterales Abkommen die gleichen Begriffe wie das OECD-MA, so ist davon auszugehen, dass diesen Begriffen die Bedeutung zukommen soll, die sich aus den Erläuterungen des OECD-Musterkommentars ergibt. 10

Doppelbesteuerungsabkommen sind als völkerrechtliche Verträge grundsätzlich nach Art 31ff der WVK auszulegen.[17] Die Ausführungen in den Kommentaren zum OECD-MA sind für die **Auslegung** der Doppelbesteuerungsabkommen deswegen relevant, da sie als besondere Bedeutung der Ausdrücke im Sinne von Art 31 Abs 4 der WVK anzusehen sind.[18] Das OECD-MA enthält in seinen Artikeln 3 bis 5 überdies eigenständige Begriffsbestimmungen, die den allgemeinen Auslegungsregelungen vorgehen. Wenn der Zusammenhang nichts anderes erfordert, ist für die Auslegung der Abkommensbegriffe nach Art 3 Abs 2 OECD-MA auch ein Rückgriff auf die Bedeutung der Begriffe nach dem nationalen Steuerrecht des Anwenderstaates möglich.[19] 11

Kommt es aufgrund unterschiedlicher Auslegung in beiden Vertragsstaaten zu einer Doppelbesteuerung, so kann der Steuerpflichtige ein **Verständigungsverfahren** einleiten.[20] Führt dieses Verständigungsverfahren zu keinem Erfolg, so ist in 12

Krabbe IStR 2000, 618ff; *Ritter* DStZ 1979, 419ff; *Lennard* BIT 2012, 631ff; *Arnold* BIT 2011, 118ff. Für die Einführung sogenannter Tax Sparing-Vorschriften in DBA mit Entwicklungsländern *Schoueri* in Brauner/Stewart (Hrsg), 106ff.

16 S Art 10, 11, 12, 12a und Art 5 Abs 2 lit b UN-Musterabkommen 2017.

17 Zur Auslegung der Doppelbesteuerungsabkommen s *Schaumburg/Häck* in Schaumburg (Hrsg), Rn 19.49ff; *Lehner* in Vogel/Lehner (Hrsg), Grundlagen Rn 96ff; *Schönfeld/Häck* in Schönfeld/Ditz (Hrsg), Systematik Rn 93ff.

18 *Schaumburg/Häck* in Schaumburg (Hrsg), Rn 19.76; *Ault* Intertax 1994, 146; *Arnold* BIT 2010, 13; *Lehner* in Vogel/Lehner (Hrsg), Grundlagen Rn 126f und *Schönfeld/Häck* in Schönfeld/Ditz (Hrsg), Systematik, Rn 114 lassen dagegen offen, ob die Ausführungen der Kommentare zum OECD-Musterabkommen entweder bereits die „gewöhnliche Bedeutung" im Sinne von Art 31 Abs 1 WVK verkörpern oder diese eine von den Vertragsrechtsparteien gewollte „besondere Bedeutung" im Sinne von Art 31 Abs 4 WVK darstellen.

19 Zur Bedeutung des Art 3 Abs 2 OECD-MA s *Schaumburg/Häck* in Schaumburg (Hrsg), Rn 19.64ff; *Dürrschmidt* in Vogel/Lehner (Hrsg), Art 3 Rn 98ff; *Pohl* in Schönfeld/Ditz (Hrsg), Art 3 Rn 66ff.

20 Zum abkommensrechtlichen Verständigungsverfahren s *Schaumburg/Häck* in Schaumburg (Hrsg), Rn 19.88ff; *Lehner* in Vogel/Lehner (Hrsg), Doppelbesteuerungsabkommen der Bundesrepublik Deutschland auf dem Gebiet der Steuern vom Einkommen und Vermögen – Kommentar auf der Grundlage der Musterabkommen, 5. Aufl (2008) Art 25 Rn 250; *Lehner* Möglichkeiten zur Verbesserung; *Flüchter* in Schönfeld/Ditz (Hrsg), Art 25 Rn 38ff.

einigen deutschen Doppelbesteuerungsabkommen ein **Schiedsverfahren** vorgesehen.[21]

II. Inhalt der Doppelbesteuerungsabkommen

13 Durch die Doppelbesteuerungsabkommen wird die aus dem Zusammenwirken der nationalen Steuerrechtsordnungen entstehende Doppelbesteuerung beseitigt. Die Doppelbesteuerungsabkommen gelten grundsätzlich für alle Steuern vom Einkommen und vom Vermögen, in Deutschland wird zumeist die Einkommensteuer, die Körperschaftsteuer und die Gewerbesteuer von den Doppelbesteuerungsabkommen erfasst.[22] Doppelbesteuerungsabkommen können aber auch für die Vermögensteuer von Bedeutung sein, wenn ausländische Staaten eine solche Vermögensteuer erheben.[23]

14 Doppelbesteuerungsabkommen finden auf natürliche und juristische Personen Anwendung, wenn diese zumindest in einem der beiden Vertragsstaaten ansässig sind.[24] Personengesellschaften gelten als ansässig und damit als abkommensberechtigt, wenn sie in ihrem Errichtungsstaat als eigenständiges Steuersubjekt behandelt werden.[25] In Deutschland werden Personengesellschaft als transparent besteuert. Dies bedeutet, dass die von der Personengesellschaft erzielten Gewinne den Gesellschaftern in Höhe ihres jeweiligen Anteils zugerechnet werden. Folglich sind Personengesellschaften in Deutschland nicht als ansässig zu betrachten.

15 Ähnlich wie das nationale Steuerrecht sind auch die Doppelbesteuerungsabkommen nach verschiedenen Einkunftsarten gegliedert. Je nach Einkunftsart wird durch die Doppelbesteuerungsabkommen entweder die Besteuerung im Quellenstaat oder die Besteuerung im Ansässigkeitsstaat beschränkt. Einige der **Verteilungsnormen** sehen auch eine Aufteilung der Besteuerung zwischen Quellen- und Ansässigkeitsstaat vor. Wird die Doppelbesteuerung noch nicht durch die Anwendung der Verteilungsnorm beseitigt, so kommt der **Methodenartikel** des Doppelbesteuerungsabkommens zur Anwendung. Danach hat der Ansässigkeitsstaat die verbleibende Doppelbesteuerung entweder durch die **Freistellungsmethode** zu vermeiden oder durch die **Anrechnungsmethode** zu beseitigen.[26] Durch die Freistellungsmethode wird **Kapital-**

---

21 S die Auflistung derjenigen deutschen Abkommen, die eine Schiedsklausel enthalten, in *Lehner* in Vogel/Lehner (Hrsg) (Fn 20), Art 25 Rn 250; Auch haben nur wenige Staaten für Art 18 MLI optiert. Zum Schiedsverfahren s *Schaumburg/Häck* in Schaumburg (Hrsg), Rn 19.110ff; *Flüchter* in Schönfeld/Ditz (Hrsg), Art 25 Rn 263ff.

22 S Art 2 OECD-MA.

23 S Art 22 OECD-MA; hierzu *Schaumburg/Häck* in Schaumburg (Hrsg), Rn 19.478ff; *Stockmann* in Vogel/Lehner (Hrsg), Art 22 Rn 3ff; *Tcherveniachki* in Schönfeld/Ditz (Hrsg), Art 22 Rn 17ff.

24 S Art 1 und 4 OECD-MA.

25 Zur Abkommensberechtigung von Personengesellschaften s *Schaumburg/Häck* in Schaumburg (Hrsg), Rn 19.177ff; *Prokisch* in Vogel/Lehner (Hrsg), Art 1 Rn 13ff; *Dremel* in Schönfeld/Ditz (Hrsg), Art 1 Rn 45ff.

26 Zur Freistellungsmethode s *Schaumburg/Häck* in Schaumburg (Hrsg), Rn 19.521ff; *Ismer* in Vogel/Lehner (Hrsg), Art 23 Rn 32ff; *Schönfeld/Häck* in Schönfeld/Ditz (Hrsg), Art 23 Rn 26ff. Zur Anrechnungsmethode s *Schaumburg/Häck* in Schaumburg (Hrsg), Rn 19.552ff; *Ismer* in Vogel/Lehner (Hrsg), Art 23 Rn 120ff; *Schönfeld/Häck* in Schönfeld/Ditz (Hrsg), Art 23 Rn 52ff.

importneutralität im Investitionsstaat ermöglicht. Übt der Investitionsstaat seine Besteuerung diskriminierungsfrei aus, unterliegen alle Investments in diesem Staat der gleichen Besteuerung. Die Anrechnungsmethode ermöglicht **Kapitalexportneutralität.** Durch die Anrechnungsmethode unterliegen Auslands- und Inlandsinvestitionen im Ansässigkeitsstaat des Investors der gleichen Besteuerung.

Unternehmensgewinne sind ausschließlich im Ansässigkeitsstaat zu besteuern, 16
es sei denn, dass das Unternehmen seine Geschäftstätigkeit im Quellenstaat durch eine dort gelegene Betriebstätte ausübt.[27] In diesem Fall kommt dem Quellenstaat die primäre Besteuerung zu und der Ansässigkeitsstaat hat die Doppelbesteuerung durch Freistellung oder Anrechnung der Steuern des Quellenstaates zu beseitigen. Deutschland als Ansässigkeitsstaat stellt ausländische Betriebstätteneinkünfte grundsätzlich von der Besteuerung frei.

Auch bei **Einkünften aus nichtselbständiger Tätigkeit** ist nach den Doppel- 17
besteuerungsabkommen grundsätzlich ausschließlich der Ansässigkeitsstaat des Steuerpflichtigen zur Besteuerung befugt. Der Quellenstaat darf die Einkünfte aus nichtselbständiger Tätigkeit (von Ausnahmen abgesehen) nur dann besteuern, wenn der Steuerpflichtige die Tätigkeit im Quellenstaat ausübt und sich länger als 183 Tage im Quellenstaat aufhält.[28] Ist der Quellenstaat danach zur Besteuerung befugt, hat der Ansässigkeitsstaat die Einkünfte wiederum entweder freizustellen oder die Steuer des Quellenstaates auf die eigene Steuerschuld anzurechnen. Bei **Zinsen** und **Dividenden** sehen die Doppelbesteuerungsabkommen grundsätzlich eine geteilte Besteuerung vor.[29] Der Quellenstaat darf die Zahlungen in der Höhe begrenzt besteuern und der Ansässigkeitsstaat hat dann die im Quellenstaat gezahlten Steuern auf die eigene Steuerschuld anzurechnen. Bei Zinsen beläuft sich der maximal erlaubte Quellensteuersatz auf 10 %. Bei Dividenden ist die Besteuerung im Quellenstaat je nach Empfänger unterschiedlich geregelt. Ist der Dividendenempfänger eine Körperschaft, die zumindest 25 % der Anteile an der die Dividenden ausschüttenden Gesellschaft hält, so darf der Quellensteuersatz 5 % des Bruttobetrages nicht übersteigen. In allen anderen Fällen, also insbesondere bei natürlichen Personen als Anteilseigner, beträgt der maximale Quellensteuersatz 15 %. Der Ansässigkeitsstaat hat die Quellensteuer in allen Fällen auf die eigene Steuerschuld anzurechnen. **Renten** und **Pensionen** dürfen nach

---

27 Unternehmensgewinne sind in Art 7 OECD-MA geregelt. S hierzu *Schaumburg/Häck* in Schaumburg (Hrsg), Rn 19.229ff; *Hemmelrath* in Vogel/Lehner (Hrsg), Art 7 Rn 2ff; *Ditz* in Schönfeld/Ditz (Hrsg), Art 7 Rn 1ff.

28 Nach Art 15 Abs 2 OECD-MA dürfen Einkünfte für eine im Quellenstaat ausgeübte Tätigkeit nur dann im Quellenstaat besteuert werden, wenn sich der Steuerpflichtige länger als 183 Tage im Quellenstaat aufhält, die Vergütungen von einem Arbeitgeber gezahlt werden, der im Quellenstaat ansässig ist oder wenn die Vergütungen von einer Betriebstätte getragen werden, die der Steuerpflichtige im Quellenstaat unterhält. Zur Besteuerung von Einkünften aus unselbständiger Arbeit s *Schaumburg/Häck* in Schaumburg (Hrsg), Rn 19.419ff; *Prokisch* in Vogel/Lehner (Hrsg), Art 15 Rn 3ff; *Bourseaux/Sendler* in Schönfeld/Ditz (Hrsg), Art 15 Rn 65ff.

29 Dividenden sind in Art 10 OECD-MA geregelt. S *Schaumburg/Häck* in Schaumburg (Hrsg), Rn 19.324ff; *Tischbirek/Specker* in Vogel/Lehner (Hrsg), Art 10 Rn 2ff; *Schönfeld* in Schönfeld/Ditz (Hrsg), Art 10 Rn 24ff. Zinsen werden von Art 11 OECD-MA erfasst. S *Schaumburg*/Häck in Schaumburg (Hrsg), Rn 19.356ff; *Pöllath/Lohbeck* in Vogel/Lehner (Hrsg), Art 11 Rn 11ff; *Körner* in Schönfeld/Ditz (Hrsg), Art 11 Rn 43ff.

dem OECD-MA ausschließlich im Ansässigkeitsstaat des Zahlungsempfängers besteuert werden.[30] Die meisten deutschen Doppelbesteuerungsabkommen sehen bei Sozialversicherungsrenten allerdings in Abweichung zum OECD-MA eine vorrangige Besteuerung im Quellenstaat vor.[31]

18 Weitere Verteilungsnormen finden sich für **Einkünfte aus unbeweglichem Vermögen**[32], aus **Internationaler Seeschifffahrt und Luftfahrt**[33], für **Lizenzgebühren**[34], für **Veräußerungsgewinne**[35], für **Aufsichtsrats- und Verwaltungsratsvergütungen**[36], für **Künstler** und **Sportler**[37], für **Einkünfte aus dem öffentlichen Dienst**[38] und für **Zahlungen an Studenten, Praktikanten und Lehrlinge.**[39] Fallen Einkünfte nicht unter eine dieser besonderen Verteilungsnormen, so werden sie von der **Auffangnorm** des Art 21 OECD-MAs erfasst.[40] Dadurch ist sichergestellt, dass alle Einkünfte gleich welcher Art von in den Anwendungsbereich der Doppelbesteuerungsabkommen fallen.

19 Auch für die **Vermögensteuer** finden sich vergleichbare Verteilungsnormen im OECD-MA.[41] Danach kann unbewegliches Vermögen vorrangig im Belegenheitsstaat besteuert werden. Bewegliches Vermögen, das Teil des Betriebsvermögens einer Betriebstätte ist, ist vorrangig im Betriebstättenstaat zu besteuern. Für Seeschiffe und Luftfahrzeuge existieren Sonderregelungen. Alles sonstige Vermögen darf ausschließlich im Ansässigkeitsstaat des Steuerpflichtigen besteuert werden.

20 Werden zwischen verbundenen Unternehmen **Verrechnungspreise** vereinbart, die dem Fremdvergleich nicht entsprechen, so kann der zu niedrig ausgewiesene Ge-

---

30 Ruhegehälter werden in Art 18 OECD-MA geregelt. S hierzu *Schaumburg/Häck* in Schaumburg (Hrsg), Rn 19.459ff; *Ismer* in Vogel/Lehner (Hrsg), Art 18 Rn 11ff; *Hick* in Schönfeld/Ditz (Hrsg), Art 18 Rn 43ff.

31 S Art 17 Abs 2 der Deutschen Verhandlungsgrundlage sowie die Auflistung der deutschen Doppelbesteuerungsabkommen bei *Ismer* in Vogel/Lehner (Hrsg), Art 18 Rn 80.

32 Einkünfte aus unbeweglichem Vermögen sind in Art 6 OECD-MA geregelt. S hierzu *Schaumburg/Häck* in Schaumburg (Hrsg), Rn 19.219ff.

33 Die Verteilungsnorm für Einkünfte aus Internationaler Seeschifffahrt und Luftfahrt findet sich in Art 8 OECD-MA. S hierzu *Schaumburg/Häck* in Schaumburg (Hrsg), Rn 19.280ff.

34 Lizenzgebühren sind in Art 12 OECD-MA geregelt. S hierzu *Schaumburg/Häck* in Schaumburg (Hrsg), Rn 19.369ff.

35 Die Verteilungsnorm für Veräußerungsgewinne findet sich in Art 13 OECD-MA. S hierzu *Schaumburg/Häck* in Schaumburg (Hrsg), Rn 19.378ff.

36 Aufsichtsrats- und Verwaltungsratsvergütungen sind in Art 16 OECD-MA geregelt. S hierzu *Schaumburg/Häck* in Schaumburg (Hrsg), Rn 19.450ff.

37 Die Verteilungsnorm für Einkünfte von Künstlern und Sportlern findet sich in Art 17 OECD-MA. S hierzu *Schaumburg/Häck* in Schaumburg (Hrsg), Rn 19.453ff.

38 Einkünfte aus dem öffentlichen Dienst sind in Art 19 OECD-MA geregelt. S hierzu *Schaumburg/Häck* in Schaumburg (Hrsg), Rn 19.462ff.

39 Die Verteilungsnorm für Zahlungen an Studenten, Praktikanten und Lehrlinge findet sich in Art 20 OECD-MA. S hierzu *Schaumburg/Häck* in Schaumburg (Hrsg), Rn 19.466ff.

40 Für die Auffangnorm des Art 21 („Andere Einkünfte") s *Schaumburg/Häck* in Schaumburg (Hrsg), Rn 19.473ff; *Rust* in Vogel/Lehner (Hrsg), Art 21 Rn 3ff; *Tcherveniachki* in Schönfeld/Ditz (Hrsg), Art 21 Rn 43ff.

41 S Art 22 OECD-MA. Hierzu *Schaumburg/Häck* in Schaumburg (Hrsg), Rn 19.478ff; *Stockmann* in Vogel/Lehner (Hrsg,), Art 22 Rn 3ff; *Tcherveniachki* in Schönfeld/Ditz (Hrsg), Art 22 Rn 17ff.

winn des betroffenen Unternehmens korrigiert werden.[42] In Deutschland kann eine Gewinnberichtigung nach § 8 Abs 3 S 2 KStG, nach § 4 Abs 1 EStG und nach § 1 AStG erfolgen. Artikel 9 des OECD-MAs stellt sicher, dass die Gewinnerhöhung durch die nationale Steuerbehörde nicht über den Fremdvergleichsmaßstab hinausgeht.[43] Gleichzeitig hat der andere Vertragsstaat bei dem Unternehmen, dessen Gewinn aufgrund des fehlerhaften Verrechnungspreises zu hoch angesetzt wurde, eine Gegenberichtigung vorzunehmen.[44]

Die Doppelbesteuerungsabkommen enthalten weiterhin Vorschriften über **Diskriminierungsverbote**,[45] zum **Informationsaustausch**,[46] zur **Amtshilfe bei der Erhebung von Steuern**[47], zum **Abkommensmissbrauch**[48] und zum **Inkrafttreten**[49] bzw. zur **Kündigung**.[50] Einem Amtshilfeersuchen darf seit der Fassung des OECD-MA 2005 das **Bankgeheimnis** nicht mehr entgegengehalten werden.[51] Dies hat die Effizienz der abkommensrechtlichen Vorschriften zum Informationsaustausch wesentlich erhöht. Allerdings schreibt Art 26 OECD-MA nur einen Informationsaustausch auf Ersuchen vor, ein automatischer Informationsaustausch ist nach dieser Vorschrift nicht vorgesehen. 21

III. Base Erosion and Profit Shifting (BEPS)

In der jüngeren Vergangenheit hat sich die OECD besonders auf die **Bekämpfung aggressiver Steuerplanung** konzentriert. Im Jahr 2013 hat sie den Grundlagenbericht zu **Base Erosion and Profit Shifting (BEPS)** veröffentlicht.[52] In diesem Bericht wurden 22

42 Zu Art 9 OECD-MA s *Wassermeyer/Baumhoff* Verrechnungspreise; *Schaumburg/Häck* in Schaumburg (Hrsg), Rn 19.289ff; *Eigelshoven* in Vogel/Lehner (Hrsg), Art 9 Rn 3ff; *Ditz* in Schönfeld/Ditz (Hrsg), Art 9 Rn 35ff.

43 Sogenannte Schrankenwirkung des Art 9 OECD-MAs. S hierzu *Schaumburg/Häck* in Schaumburg (Hrsg), Rn 19.294ff; *Eigelshoven* in Vogel/Lehner (Hrsg), Art 9 Rn 20; *Ditz* in Schönfeld/Ditz (Hrsg), Art 9 Rn 20.

44 Die Gegenberichtigung ist in Art 9 Abs 2 OECD-MA geregelt. S hierzu *Schaumburg/Häck* in Schaumburg (Hrsg), Rn 19.314ff; *Eigelshoven* in Vogel/Lehner (Hrsg), Art 9 Rn 159ff; *Ditz* in Schönfeld/Ditz (Hrsg), Art 9 Rn 142ff.

45 Zu Art 24 OECD-MA s *Schaumburg* in ders (Hrsg), Rn 4.49ff; *Rust* in Vogel/Lehner (Hrsg), Art 24 Rn 2ff; *Bruns* in Schönfeld/Ditz (Hrsg), Art 24 Rn 39ff.

46 Zu Art 26 OECD-MA s *Schaumburg* in ders (Hrsg), Rn 22.85ff; *Engelschalk* in Vogel/Lehner (Hrsg), Art 26 Rn 29ff; *Czakert* in Schönfeld/Ditz (Hrsg), Art 26 Rn 37ff.

47 Zu Art 27 OECD-MA s *Engelschalk* in Vogel/Lehner (Hrsg), Art 27 Rn 12ff; *Czakert* in Schönfeld/Ditz (Hrsg), Art 27 Rn 23ff.

48 Zu Art 29 OECD-MA s *Bruns* in Schönfeld/Ditz (Hrsg), Systematik Rn 29ff; *Pinetz/Turcan* in Aigner/Kofler/Tumpel (Hrsg), Art 29 Rn 1ff.

49 S Art 31 OECD-MA.

50 S Art 32 OECD-MA.

51 S Art 26 Abs 5 OECD-MA und hierzu *Schaumburg* in ders (Hrsg), Rn 5.17; *Schönfeld/Häck* in Schönfeld/Ditz (Hrsg), Art 26 Rn 87ff.

52 *OECD* Action Plan on Base Erosion and Profit Shifting (2013); *Schaumburg* in ders (Hrsg), Rn 22.85ff; *Engelschalk* in Vogel/Lehner (Hrsg), Art 26 Rn 29ff; *Czakert* in Schönfeld/Ditz (Hrsg), Art 26 Rn 37ff.

15 verschiedene Aktionspunkte identifiziert, die die Besteuerung der digitalen Wirtschaft, hybride Gestaltungen, die Hinzurechnungsbesteuerung, den Zinsabzug, schädliche Steuerpraktiken, den Abkommensmissbrauch, die Betriebstättenbesteuerung, die Verrechnungspreise, Offenlegungsvorschriften für aggressive Steuerplanungsmodelle, die Verrechnungspreisdokumentation, das Verständigungs- und Schiedsverfahren sowie das Mehrseitige Übereinkommen zum Gegenstand haben. Die Aktionspunkte betreffen teilweise das nationale Steuerrecht, teilweise das Recht der Doppelbesteuerungsabkommen.[53] Im Jahr 2015 wurden dann die 15 Aktionspunkte, zumeist in einer endgültigen Fassung, bekannt gemacht. Die abkommensrechtlichen Teile wurden in das OECD-MA 2017 eingearbeitet und können auch über das Mehrseitige Übereinkommen Bestandteil der bilateralen Doppelbesteuerungsabkommen werden. Bislang wurde allerdings noch keine Einigung hinsichtlich der Regeln für die **Besteuerung der digitalen Wirtschaft** erreicht.[54] Digitale Dienstleistungen können im Staat des Verbrauchers ohne Zuhilfenahme einer physischen Einrichtung erbracht werden und unterliegen daher nach den gegenwärtigen Regelungen für Unternehmensgewinne nur im Ansässigkeitsstaat des Unternehmens der Besteuerung. Die bestehenden Regelungen werden zunehmend als nicht angemessen angesehen, da der Staat des Verbrauchers (Marktstaat) von einer Besteuerung ausgeschlossen ist. Digitale Unternehmen können sich durch Sitzverlagerung ins Ausland einer Besteuerung im Marktstaat entziehen und zu besseren steuerlichen Bedingungen reinvestieren als die im Marktstaat ansässigen Unternehmen. Dies führt zu Wettbewerbsverzerrungen. Die neuen Regelungen zielen darauf ab, dem Marktstaat einen Anteil des Gewinns (den sogenannten „zu verteilenden Residualgewinn“) zur Besteuerung zu überlassen.[55] Des Weiteren soll eine **Mindeststeuer** eingeführt werden, um so Gewinnverlagerungen in Niedrigsteuerländer zu vermeiden.[56] Offen ist bislang aber noch die Frage, für welche Unternehmen die Mindeststeuer gelten soll und wie hoch der Mindeststeuersatz ausfallen soll.

D. Europäisches Steuerrecht

23 Anders als im Bereich der indirekten Steuern hat die Europäische Union auf dem Gebiet der direkten Steuern bislang kaum Rechtsetzungsakte erlassen. Das Recht der di-

53 Für die abkommensrechtlichen Vorschriften des BEPS-Projektes s *Lang et al.* (Hrsg) Base Erosion and Profit Shifting (BEPS) – The Proposals to Revise the OECD Model Convention (2016).

54 S *OECD/G20* Addressing the Tax Challenges of the Digital Economy, Action 1: 2014 Deliverable; *OECD/G20* Addressing the Tax Challenges of the Digital Economy, Action 1: 2015 Final Report; *OECD* Addressing the Tax Challenges of the Digitalisation of the Economy – Policy Note (2019); *OECD/G20* Inclusive Framework on BEPS, Programme of Work to Develop a Consensus Solution to the Tax Challenges Arising from the Digitalisation of the Economy (2019); *OECD* Public consultation document, Secretariat Proposal for a "Unified Approach" under Pillar One (2019); *OECD* Public consultation document Global Anti-Base Erosion Proposal ("GloBE") Pillar Two (2019); *OECD/G20* Tax Challenges Arising from Digitalisation – Report on Pillar One Blueprint (2020); *OECD/G20* Tax Challenges Arising from Digitalisation – Report on Pillar Two Blueprint (2020).

55 S hierzu *Ditz/Pinkernell* ISR 2020, 417ff; *Wünnemann* IStR 2021, 73ff; *Bräutigam/Kellermann/Spengel* IStR 2020, 281ff.

56 S hierzu *Ditz/Pinkernell* ISR 2020, 417ff; *Hierstetter*, IStR 2020, 874ff; *Schwarz* IStR 2021, 198ff/158ff.

rekten Steuern bleibt daher grundsätzlich im Kompetenzbereich der Mitgliedstaaten, die allerdings bei ihrer Steuergesetzgebung die **Grundfreiheiten**[57] und die **Beihilfevorschriften**[58] zu beachten haben. Die Europäische Union verfügt über keine eigene Kompetenznorm, um die direkten Steuern sekundärrechtlich zu regeln. Harmonisierungsmaßnahmen auf dem Gebiet der direkten Steuern beruhen daher auf Art 115 AEUV. Aufgrund des Einstimmigkeitserfordernisses hat die Europäische Union davon aber nur in wenigen Ausnahmefällen Gebrauch gemacht.[59] Zu nennen sind hier die Mutter-Tochter-Richtlinie, die Fusionsrichtlinie, die Zins- und Lizenzgebührenrichtlinie, die Anti-BEPS Richtlinie sowie die beiden Amtshilferichtlinien.

I. Sekundärrechtliche Maßnahmen

1. Mutter-Tochter-Richtlinie

Die **Mutter-Tochter-Richtlinie**[60] regelt die Besteuerung von Dividendenausschüttungen zwischen verbundenen Kapitalgesellschaften in der Europäischen Union. Sie verhindert Mehrfachbesteuerungen grenzüberschreitender Dividendenausschüttungen bei verbundenen Unternehmen.[61] Die Richtlinie sieht vor, dass Dividendenausschüttungen im Staat der Tochtergesellschaft unter bestimmten Voraussetzungen von der Besteuerung befreit sind. Der Staat der Muttergesellschaft ist dagegen verpflichtet, die Dividendenausschüttung auf der Ebene der Muttergesellschaft entweder freizustellen oder die Steuer der Tochtergesellschaft auf die Steuerschuld der Muttergesellschaft anzurechnen. Im Ergebnis wird dadurch der Gewinn verbundener Kapitalgesellschaften entweder nur auf der Ebene der Tochtergesellschaft besteuert oder teilweise im Staat der Tochter und teilweise im Staat der Mutter, wobei jedoch in einer Gesamtbetrachtung aufgrund der Anrechnung das Steuerniveau im Staat der Muttergesellschaft nicht überschritten wird. Die Richtlinie findet nur auf Körperschaften Anwendung. Voraussetzung ist, dass die eine Gesellschaft an der anderen Gesellschaft zu mindestens 10 % beteiligt ist, beide Gesellschaften in einem Mitgliedstaat der EU ansässig sind, sie eine der im Annex genannten Gesellschaftsformen innehaben und der Körperschaftsteuer unterliegen. Deutschland hat die Mutter-Tochter-Richtlinie durch § 8b KStG (Befreiung der Dividenden im Ansässigkeitsstaat der Muttergesellschaft) und § 43b iVm § 50d EStG (Quellensteuerbefreiung im Staat der die Dividenden ausschüttenden Tochtergesellschaft) umgesetzt. 24

57 U Rn 42.
58 U Rn 46.
59 S ua *Kokott*, 2.
60 Richtlinie 1990/435/EWG des Rates v 23. Juli 1990 über das gemeinsame Steuersystem der Mutter- und Tochtergesellschaften verschiedener Mitgliedstaaten; neu kodifiziert durch Richtlinie 2011/96/EU des Rates v 30. November 2011, zuletzt geändert durch Richtlinie 2015/121/EU des Rates v 27. Januar 2015. S hierzu ausführlich *Kofler* Kommentar zur Mutter-Tochter-Richtlinie (2011); *Kofler* in Schaumburg/Englisch (Hrsg), Rn 14.1ff; *Weber-Grellet* in Musil/Weber-Grellet (Hrsg), 315ff.
61 *Weber-Grellet* in Musil/Weber-Grellet (Hrsg), 316.

2. Zins- und Lizenzgebührenrichtlinie

25 Die **Zins- und Lizenzgebührenrichtlinie**[62] ist ähnlich wie die Mutter-Tochter-Richtlinie aufgebaut. Sie untersagt eine Besteuerung von grenzüberschreitenden Zins- und Lizenzzahlungen im Quellenstaat. Dadurch soll eine doppelte Quellenbesteuerung verhindert werden. Außerdem ist häufig eine vollständige Anrechnung der Quellensteuer auf Zinsen und Lizenzgebühren im Ansässigkeitsstaat nicht möglich. Auch solche Anrechnungsüberhänge werden durch das Verbot der Erhebung von Quellensteuern vermieden. Anders als bei der Mutter-Tochter-Richtline setzt die Anwendung der Zins- und Lizenzgebührenrichtlinie allerdings eine Beteiligung von mindestens 25 % voraus.[63] Deutschland hat die Zins- und Lizenzgebührenrichtlinie durch § 50g und § 50h EStG ins innerstaatliche Recht umgesetzt.

3. Fusionsrichtlinie

26 Die **Fusionsrichtlinie**[64] verhindert Benachteiligungen grenzüberschreitender Umwandlungen gegenüber rein innerstaatlichen Umwandlungen. Bei rein inländischen Umwandlungsvorgängen kommt es zumeist nicht zu einer sofortigen Aufdeckung der stillen Reserven, der Gesetzgeber sieht hier einen Besteuerungsaufschub vor. Bei grenzüberschreitenden Umwandlungen besteht allerdings die Gefahr, dass die Wirtschaftsgüter nach dem Umwandlungsvorgang nicht mehr der inländischen Besteuerung unterliegen, der Steueraufschub somit zu einer dauerhaften Aufgabe des Besteuerungsrechts führt. Nach der Fusionsrichtlinie kann eine Aufdeckung der stillen Reserven daher nur dann vermieden werden, wenn Deutschland das Besteuerungsrecht an den Wirtschaftsgütern behält. Dies ist der Fall, wenn die Wirtschaftsgüter weiterhin einer inländischen Betriebstätte zuzuordnen sind.[65] Des Weiteren führt auch der Anteilstausch auf der Ebene des Anteilseigners nicht zu einer sofortigen Besteuerung, wenn der Anteilseigner die Buchwerte der früheren Anteile fortführt.[66] Der Anteilseigner darf den zugeteilten Anteilen keinen höheren Wert beimessen als den hingegebenen Anteilen. Durch die Fortführung der steuerlichen Werte ist sichergestellt, dass es bei einer späteren Realisierung zu einer vollständigen Besteuerung der (ursprünglichen) stillen Reserven kommt.[67] Während die Fusionsrichtlinie grundsätzlich nur auf Körperschaften zur Anwendung kommt, kommen als von der Richtlinie begünstigte Anteilseigner sowohl Körperschaften als auch natürliche Personen in

62 Richtlinie 2003/49/EG des Rates v 3. Juni 2003 über eine gemeinsame Steuerregelung für Zahlungen von Zinsen und Lizenzgebühren zwischen verbundenen Unternehmen verschiedener Mitgliedstaaten, zuletzt geändert durch Richtlinie 2013/13/EU v 13. Mai 2013. S hierzu ausführlich *Kofler* in Schaumburg/Englisch (Hrsg), Rn 15.1ff; *Musil* in ders/Weber-Grellet (Hrsg), 381ff.

63 S Art 3 lit b der Richtlinie.

64 Richtlinie 90/434/EWG des Rates v 23. Juli 1990 über das gemeinsame Steuersystem für Fusionen, Spaltungen, die Einbringung von Unternehmensteilen und der Austausch von Anteilen, die Gesellschaften verschiedener Mitgliedstaaten betreffen, zuletzt geändert durch Richtlinie 2013/13/EU v 13. Mai 2013. S ausführlich *Fehling* in Schaumburg/Englisch (Hrsg), Rn 16.1ff; *Musil* in ders/Weber-Grellet (Hrsg), 339ff.

65 S Art 4 der Fusionsrichtlinie.

66 S Art 8 der Fusionsrichtlinie.

67 *Fehling* in Schaumburg/Englisch (Hrsg), Rn 16.60.

Betracht. Überdies enthält die Fusionsrichtlinie auch ein Diskriminierungsverbot: Grenzüberschreitende Umwandlungen dürfen hinsichtlich eines Verlustübergangs nicht schlechter behandelt werden als rein inländische Umwandlungen. Deutschland lässt allerdings den Verlustübergang auch bei rein innerstaatlichen Umwandlungen nicht zu, daher steht es nicht im Widerspruch zur Richtlinie, auch bei grenzüberschreitenden Umwandlungen keinen Verlustübergang zu gewähren.[68] Deutschland hat die Richtlinie durch das SEStEG umgesetzt.[69]

4. Anti-BEPS-Richtlinie

Während die Mutter-Tochter-Richtlinie, die Zins- und Lizenzgebührenrichtlinie und die Fusionsrichtlinie grundsätzlich den staatlichen Steueranspruch einschränken und damit für den Steuerpflichtigen günstig wirken, verlangt die **Anti-BEPS Richtlinie**[70] dagegen, den unfairen Steuerwettbewerb durch aggressive Steuerplanung zu bekämpfen und folglich steuerbegründende Tatbestände einzuführen. Die Richtlinie wurde nach der Veröffentlichung der Abschlussberichte des sogenannten BEPS-Projekts der OECD und G20[71] verabschiedet, beruht allerdings auch auf langen Vorarbeiten der EU. Die Anti-BEPS Richtlinie verpflichtet die Mitgliedstaaten zur Einführung einer Zinsschrankenregelung, einer Wegzugsbesteuerung, einer allgemeinen Anti-Missbrauchsvorschrift, einer Hinzurechnungsbesteuerung sowie zur Bekämpfung hybrider Gestaltungen. Die Richtlinie schreibt nur einen Mindeststandard vor, den Mitgliedstaaten ist daher die Einführung bzw Beibehaltung strengerer Anti-BEPS-Regelungen erlaubt.[72] Deutschland verfügte bereits vor Erlass der Richtlinie über diese Missbrauchsinstrument, musste allerdings die bestehenden Vorschriften teilweise an die Vorgaben der Richtlinie anpassen. Die Anti-BEPS Richtlinie findet nur auf Körperschaften Anwendung.[73] Sie war bis zum 31. Dezember 2018 von den Mitgliedstaaten umzusetzen.[74] 27

Die **Zinsschrankenregelung**[75] bezweckt die Abzugsfähigkeit von Zinsaufwendungen in Abhängigkeit von der Ertragssituation des Unternehmens einzuschränken. Die Zinsschrankenregelung orientiert sich an den Empfehlungen zu BEPS-Aktionspunkt 4 der OECD. Nach dem Grundtatbestand der Regelung sind überschüssige Fremdkapitalzinsen des Unternehmens nur bis zu 30 % des EBITDA abzugsfähig. Die 28

68 S § 12 Abs 3 iVm § 4 Abs 2 S 2 UmwStG.

69 Gesetz über steuerliche Begleitmaßnahmen zur Einführung der Europäischen Gesellschaft und zur Änderung weiterer steuerlicher Vorschriften v 7. Dezember 2006, BGBl I 2006, 2782; s hierzu *Fehling* in Schaumburg/Englisch (Hrsg), Rn 16.89ff; *Rödder/Schumacher* DStR 2007, 369ff; *Schumacher/Neumann* DStR 2008, 325ff.

70 Richtlinie 2016/1164/EU des Rates v 12. Juli 2016 mit Vorschriften zur Bekämpfung von Steuervermeidungspraktiken mit unmittelbaren Auswirkungen auf das Funktionieren des Binnenmarkts, zuletzt geändert durch Richtlinie 2017/952/EU v 29. Mai 2017. S ausführlich *Fehling* in Schaumburg/Englisch (Hrsg), Rn 17ff; *Musil* in ders/Weber-Grellet (Hrsg), 395ff.

71 Für die Einzelheiten zu diesem Projekt s <oecd.org/tax/beps>.

72 S Art 3 der Anti-BEPS Richtlinie.

73 S Art 1 Abs 1 der Anti-BEPS Richtlinie.

74 S jedoch auch die Ausnahmebestimmungen in Art 11 der Anti-BEPS Richtlinie.

75 S Art 4 der Anti-BEPS Richtlinie.

Mitgliedstaaten dürfen allerdings eine *de minimis* Regelung einführen, wonach überschüssige Fremdkapitalzinsen bis zu einer Grenze von 3 Millionen Euro immer abzugsfähig sind.[76] Durch die Zinsschrankenregelung soll vermieden werden, dass Unternehmensgruppen ihren Zinsaufwand vorrangig in Mitgliedstaaten mit hohen Steuersätzen zum Abzug bringen. Außerdem soll die Eigenkapitalbasis der Unternehmen gestärkt werden. Deutschland hat bereits zum 1. Januar 2008 eine Zinsschrankenregelung in § 4h EStG iVm § 8a KStG eingeführt, die als Vorbild für den BEPS-Aktionspunkt 4 der OECD und den Art 4 der Richtlinie gedient hat.

29 Die **Wegzugsbesteuerung**[77] richtet sich gegen eine Verlagerung von Wirtschaftsgütern mit stillen Reserven ins Ausland. Insbesondere durch großzügige Abschreibungsregelungen ist der Marktwert eines Wirtschaftsgutes häufig höher als sein Buchwert. Der Unterschied zwischen Markt- und Buchwert wird stille Reserve genannt. Grundsätzlich sind stille Reserven zum Zeitpunkt der Veräußerung des Wirtschaftsgutes zu versteuern. Verlagert der Steuerpflichtige dagegen das Wirtschaftsgut ins Ausland, so ist dem Ansässigkeitsstaat des Unternehmens eine Besteuerung im Zeitpunkt der Veräußerung häufig verwehrt. Die Wegzugsbesteuerung stellt dagegen die Besteuerung der stillen Reserven im Herkunftsstaat des Unternehmens sicher, indem sie eine Veräußerung im Zeitpunkt der Verlagerung ins Ausland fingiert. Der Zuzugsstaat ist korrespondierend verpflichtet, die Wirtschaftsgüter mit dem Marktwert anzusetzen.[78] Dadurch wird verhindert, dass es zum Zeitpunkt der tatsächlichen Veräußerung zu einer erneuten Besteuerung der stillen Reserven kommt. Die Wegzugsbesteuerung findet in folgenden Konstellationen Anwendung:

- Das steuerpflichtige Unternehmen verlagert Wirtschaftsgüter von seinem Hauptsitz in einem Mitgliedstaat der EU in eine Betriebstätte ins Ausland. Eine Besteuerung der Betriebstätteneinkünfte ist durch ein Doppelbesteuerungsabkommen ausgeschlossen.
- Wirtschaftsgüter werden von einer Betriebstätte in einem Mitgliedstaat der EU in eine Betriebstätte eines anderen Staates verlagert und eine Besteuerung im Herkunftsstaat ist dadurch nicht mehr möglich.
- Das steuerpflichtige Unternehmen verlagert seinen Sitz in einen anderen Staat und die Wirtschaftsgüter verbleiben nicht in einer Betriebstätte im Herkunftsstaat.
- Die Geschäftstätigkeit einer Betriebstätte wird in einen anderen Staat verlagert und der Herkunftsstaat verliert dadurch das Besteuerungsrecht an den der Betriebstätte zuzuordnenden Wirtschaftsgüter.

30 Dem steuerpflichtigen Unternehmen ist die Möglichkeit einer Steuerstundung einzuräumen, wenn der Zuzugsstaat der EU oder dem EWR angehört. In diesem Fall hat der Steuerpflichtige die Wegzugssteuer in fünf jährlichen Raten zu zahlen. Im Falle der Steuerstundung ist der Mitgliedstaat zur Erhebung von Zinsen befugt. In Deutschland war eine Wegzugsbesteuerung bereits vor Schaffung der Anti-BEPS Richtlinie geregelt. Die einzelnen Wegzugstatbestände finden sich verstreut in vielen Einzelrege-

76 S Art 4 Abs 3 lit a der Anti-BEPS Richtlinie.

77 S Art 5 der Anti-BEPS Richtlinie.

78 S Art 5 Abs 5 der Anti-BEPS Richtlinie.

lungen mit teilweise voneinander abweichenden Rechtsfolgen. Zu nennen sind hier § 4 Abs 1 S 3 EStG, § 16 Abs 3a EStG, § 17 Abs 5 EStG, § 36 Abs 5 EStG, § 6 AStG, § 12 KStG sowie im UmwStG. Die Regelungen zur Steuerstundung finden sich in § 4g EStG und § 6 Abs 5 AStG.

Die **Anti-Missbrauchsvorschrift**[79] stellt eine Auffangregelung dar, die immer dann zur Anwendung kommen soll, wenn keine speziellen Missbrauchsregelungen greifen. Nach der Anti-Missbrauchsvorschrift sind Steuergestaltungen bei der Berechnung der Körperschaftsteuerschuld nicht zu berücksichtigen, wenn die Gestaltung als unangemessen zu bewerten ist und einer der wesentlichen Zwecke der Gestaltung darin besteht, einen steuerlichen Vorteil zu erlangen, der Ziel und Zweck des Steuerrechts zuwiderläuft. Eine Steuergestaltung ist als unangemessen anzusehen, wenn sie nicht aus „triftigen wirtschaftlichen Gründen" vorgenommen wurde, die die wirtschaftliche Realität widerspiegelt.[80] Kommt die Anti-Missbrauchsvorschrift zu Anwendung, so wird die Steuerschuld in Einklang mit nationalen Recht berechnet.[81] Dies lässt den Mitgliedstaaten die Möglichkeit, die Steuerschuld so zu berechnen, wie sie bei einer wirtschaftlich angemessenen Gestaltung entstanden wäre. Im deutschen Steuerrecht findet sich in § 42 AO eine allgemeine Missbrauchsregelung. 31

Die Regelungen zur **Hinzurechnungsbesteuerung**[82] sollen eine Verlagerung von Einkünften in niedrig besteuernde Staaten durch die Gründung einer Tochtergesellschaft verhindern. Grundsätzlich sind Einkünfte einer Gesellschaft nur im Sitzstaat dieser Gesellschaft steuerpflichtig. Gründet daher eine Gesellschaft (Muttergesellschaft) eine Tochtergesellschaft in einem anderen Staat und verlagert Einkunftsquellen auf diese Tochtergesellschaft, so können die von der Tochtergesellschaft erzielten Einkünfte nicht mehr im Staat der Muttergesellschaft besteuert werden. Solchen Steuergestaltungen wirkt nun die Hinzurechnungsbesteuerung durch eine fiktive Dividendenausschüttung entgegen. Die Einkünfte der Tochtergesellschaft können dadurch auf der Ebene der Muttergesellschaft besteuert werden. Die Hinzurechnungsbesteuerung kommt allerdings nur dann zur Anwendung, wenn die Muttergesellschaft eine Kontrollbeteiligung an der Tochtergesellschaft hält, die Tochtergesellschaft in einem Niedrigsteuerland ansässig ist und besonders mobile, passive Einkunftsquellen auf die Tochtergesellschaft verlagert wurden. Eine Niedrigbesteuerung wird angenommen, wenn die effektive Steuerbelastung im Staat der Tochtergesellschaft nicht zumindest 50 % des Steuerniveaus der Muttergesellschaft erreicht.[83] Als passive Einkünfte gelten etwa Zinsen, Lizenzgebühren, Dividenden und Einnahmen aus Leasinggeschäften.[84] Eine aktive unternehmerische Tätigkeit der Tochtergesellschaft fällt dagegen nicht unter die Hinzurechnungsbesteuerung, auch wenn diese nur einer geringen Besteuerung unterliegt. Die Regelungen zur Hinzurechnungsbesteuerung gelten entsprechend bei Verlagerung passiver Einkunftsquellen auf eine in einem 32

79 S Art 6 der Anti-BEPS Richtlinie.
80 S Art 6 Abs 2 der Anti-BEPS Richtlinie.
81 S Art 6 Abs 3 der Anti-BEPS Richtlinie.
82 S Art 7ff der Anti-BEPS Richtlinie.
83 S Art 7 Abs 1 lit b der Anti-BEPS Richtlinie.
84 S Art 7 Abs 2 lit a der Anti-BEPS Richtlinie.

Niedrigsteuerland belegene Betriebstätte.[85] In diesem Fall kommt statt der im Doppelbesteuerungsabkommen vereinbarten Freistellungsmethode die Anrechnungsmethode zur Anwendung.[86] Deutschland hatte eine Hinzurechnungsbesteuerung bereits 1972 lange vor Erlass der Anti-BEPS Richtlinie eingeführt. Die Regelungen zur Hinzurechnungsbesteuerung finden sich in §§ 7ff AStG.

33 Die **Vorschriften zur Bekämpfung hybrider Gestaltungen**[87] sollen eine doppelte Nichtbesteuerung verhindern, die entstehen würde, wenn Ausgaben in mehreren Staaten abgezogen werden könnten (sog *double deductions*) oder wenn in einem Staat abzugsfähige Zahlungen nicht korrespondierend im anderen Staat besteuert werden (sog *deduction/non-inclusion*). Um eine solche doppelte Nichtbesteuerung zu erzielen, macht sich der Steuerpflichtige häufig hybrider Gestaltungen zunutze. Dabei nutzt er die Tatsache aus, dass etwa Finanzinstrumente oder Gesellschaften in verschiedenen Staaten unterschiedlich qualifiziert werden. So kann etwa ein Finanzinstrument in einem Staat als Eigenkapital, in einem anderen Staat als Fremdkapital eingestuft werden. Dadurch kommt es in einem Staat zu abzugsfähigen Zinszahlungen, während der andere Staat die Zahlungen als steuerfreie Dividenden qualifiziert. Personengesellschaften werden in manchen Staaten als transparent, in anderen Staaten als intransparent besteuert. So rechnet etwa Deutschland die von einer Personengesellschaft erzielten Einkünfte den Gesellschaftern zu, während etwa Spanien eine Personengesellschaft wie eine Körperschaft besteuert. Durch eine entsprechende Gestaltung kann bei unterschiedlicher Qualifikation der Personengesellschaft eine Zahlung sowohl auf der Ebene der Personengesellschafter als auch auf der Ebene der Personengesellschaft abgezogen werden.

34 Als Abwehrregelung schreibt die Anti-BEPS Richtlinie vor, in den Fällen, in denen eine hybride Gestaltung zu einem doppelten Abzug führen würde, (vorrangig) den Abzug im Mitgliedstaat im Ansässigkeitsstaat des Investors zu versagen. Bei hybriden Gestaltungen, die in einem Staat zu einem Abzug, dagegen im anderen Staat nicht zu einer korrespondierenden Besteuerung führen würden, soll (vorrangig) der Abzug in dem Mitgliedstaat verweigert werden, in dem der Zahlende ansässig ist.[88] In Deutschland finden sich Vorschriften zur Bekämpfung hybrider Gestaltungen in § 4i EStG und § 8b Abs 1 S 2 KStG. Des Weiteren sind ausführliche Vorschriften zur Bekämpfung hybrider Gestaltungen in § 4k des ATAD-Umsetzungsgesetzes geplant.

5. Amtshilfe- und Beitreibungsrichtlinien

35 Da auf der Ebene der Doppelbesteuerungsabkommen ein Informationsaustausch nach Art 26 OECD-MA nur auf Ersuchen erfolgt[89] und auch nicht alle Mitgliedstaaten der EU untereinander Doppelbesteuerungsabkommen abgeschlossen haben, bestand auf europäischer Ebene schon frühzeitig Bedarf für Harmonisierungsmaßnahmen auf dem Gebiet des Informationsaustausches. Im Jahr 1977 erließ die (damalige) EWG eine

85 S Art 7 Abs 1 der Anti-BEPS Richtlinie.
86 Zur Freistellungs- und Anrechnungsmethode s Rn 15.
87 S Art 9 – 9b der Anti-BEPS Richtlinie.
88 *Fehling* in Schaumburg/Englisch (Hrsg), Rn 17.94ff.
89 Hierzu o Rn 21.

Amtshilferichtlinie[90], in der der Informationsaustausch zwischen den Mitgliedstaaten geregelt wurde. Diese Richtlinie wurde in der Folgezeit mehrfach abgeändert und erweitert. Auch eine Amtshilfe bei der Erhebung von Steuern ist nicht in allen Doppelbesteuerungsabkommen zwischen den Mitgliedstaaten der EU vereinbart. Im Jahr 1976 kam es daher zum Erlass der **Beitreibungsrichtlinie**[91], wonach Vollstreckungshilfe zwischen den Mitgliedstaaten der EU zu leisten ist.

In der Neufassung der **Amtshilferichtlinie** wurde erstmals für Zeiträume ab 2014 36
ein **automatischer Informationsaustausch** für bestimmte Einkunftsarten geregelt. Für Vergütungen aus unselbständiger Arbeit, für Aufsichtsrats- oder Verwaltungsratsvergütungen, für bestimmte Lebensversicherungsprodukte, für Ruhegehälter, Renten und ähnliche Zahlungen sowie für Einkünfte aus Vermietung und Verpachtung tauschen die Mitgliedstaaten automatisch Informationen aus, soweit diese Informationen nach nationalem Recht verfügbar sind.[92] Im Jahr 2014 wurde der automatische Informationsaustausch auf Bestände und Erträge (wie zB Zinsen, Dividenden und Veräußerungsgewinne) von Bankkonten erweitert.[93] Durch die Änderung der Richtlinie im Jahr 2015 sind nun auch verbindliche Auskünfte und Zusagen mit grenzüberschreitendem Inhalt sowie Verrechnungspreisvorabzusagen auf automatischer Basis zwischen den Mitgliedstaaten auszutauschen.[94] Aufgrund der Änderung der Richtlinie im Jahr 2016 kam der internationale Austausch sogenannter länderbezogener Berichte (***Country-by-Country-Reporting***) hinzu.[95] 2016 wurde ebenfalls beschlossen, Kontoinformationen auch dann zu erteilen, wenn der Steuerpflichtige eine Körperschaft zwischengeschaltet hat. Im Jahr 2018 wurde die Verpflichtung zum Austausch auf **grenzüberschreitende Steuergestaltungen** erweitert. Dadurch sollen zum einen die Steuerpflichtigen abgeschreckt werden, aggressive Steuergestaltungsmodelle zu verwenden. Zum anderen soll die Finanzverwaltung schon frühzeitig über Steuergestaltungsmodelle informiert werden, um so eine Risikoabschätzung vornehmen und gegebenenfalls den Gesetzgeber zur Änderung der Steuergesetze auffordern zu können.[96]

---

90 Richtlinie 77/799/EWG des Rates v 19. Dezember 1977 über die gegenseitige Amtshilfe zwischen den zuständigen Behörden der Mitgliedstaaten im Bereich der direkten Steuern; neu kodifiziert durch Richtlinie 2011/16/EU des Rates v 15. Februar 2011 über die Zusammenarbeit der Verwaltungsbehörden im Bereich der Besteuerung und zur Aufhebung der Richtlinie 77/799/EWG, zuletzt geändert durch Richtlinie (EU) 2020/876 des Rates v 24. Juni 2020 zur Änderung der Richtlinie 2011/16/EU.

91 Richtlinie 76/308/EWG des Rates v 15. März 1976 über die gegenseitige Unterstützung bei der Beitreibung von Forderungen im Zusammenhang mit Maßnahmen, die Bestandteil des Finanzierungssystems des Europäischen Ausrichtungs- und Garantiefonds für die Landwirtschaft sind, sowie von Abschöpfungen und Zöllen; neu kodifiziert durch Richtlinie 2010/24/EU des Rates v 16. März 2010 über die Amtshilfe bei der Beitreibung von Forderungen in Bezug auf bestimmte Steuern, Abgaben und sonstige Maßnahmen.

92 Für Deutschland s § 117 Abs 1 AO iVm § 7 Abs 1 EUAHiG.

93 Für Deutschland s § 2 FKAustG.

94 Für Deutschland s § 7 Abs 3-6 EUAHiG.

95 Für Deutschland s § 138a AO iVm § 7 Abs 10-11 EUAHiG; *Ditz/Bärsch/Engelen* IStR 2016, 840ff; *Eigelshoven/Tomson* IStR 2019, 242ff; *Lutz/Seebeck* IStR 2020, 55.

96 Für Deutschland s § 138d-k AO; *Schaumburg* in ders/Englisch (Hrsg), Rn 25.39ff; *Schnitger/Brink/Welling* IStR 2018, 513 und IStR 2019, 157ff; *Gsödl/Tschatsch/Umlauff* IStR 2020, 949ff; *Jochimsen/Dietrich* IStR 2020, 241ff/529ff.

Die (vorläufig) letzte Änderung der Richtlinie stammt aus dem Jahr 2021 und nimmt die Anbieter digitaler Plattformen in den Fokus. Danach sollen die Mitgliedstaaten zukünftig automatisch Informationen über Einkünfte austauschen, die durch den Verkauf von Waren und Dienstleistungen auf digitalen Plattformen erzielt werden.[97]

6. Schiedsverfahrenskonvention und EU-Streitbeilegungsrichtlinie

37 Die unterschiedliche Auslegung der Doppelbesteuerungsabkommen durch die Vertragsstaaten führt häufig zu einer Doppelbesteuerung. Auslegungskonflikte werden durch das Verständigungsverfahren nach Art 25 OECD-MA nur unzureichend gelöst, da die Vertragsstaaten nicht verpflichtet sind, zu einer Lösung des Konfliktes zu kommen. Abhilfe wurde daher durch die Einführung eines Schiedsverfahrens gemäß Art 25(1) OECD-MA geschaffen. Allerdings haben bislang nur sehr wenige Staaten ein Schiedsverfahren in ihre Doppelbesteuerungsabkommen aufgenommen.[98] Auf europäischer Ebene wurde im Jahr 1990 ein Übereinkommen über die Beseitigung der Doppelbesteuerung im Falle von Gewinnberichtigungen zwischen verbundenen Unternehmen geschlossen.[99] Bei dieser **Schiedskonvention** handelt es sich um einen multilateralen Vertrag. Es wurde bewusst nicht die Form einer Richtlinie gewählt, um so die Auslegungskompetenz des Europäischen Gerichtshofs zu vermeiden. Nach der Schiedskonvention kann das steuerpflichtige Unternehmen die Einleitung eines Verständigungsverfahrens beantragen; führt dieses Verständigungsverfahren zu keiner Lösung, wird ein Schiedsverfahren eingeleitet. In diesem Schiedsverfahren kommt es dann zu einer Lösung, wie die Doppelbesteuerung zu vermeiden ist. Im Jahr 2017 hat die EU die **Streitbeilegungsrichtlinie** beschlossen.[100] Gegenüber der Schiedsverfahrenskonvention bietet die Streitbeilegungsrichtlinie mehrere Vorteile: Die Streitbeilegungsrichtlinie erfasst anders als die Schiedsverfahrenskonvention nicht nur Streitigkeiten über unternehmerische Einkünfte nach Art 7 OECD-MA und Gewinnberichtigungen nach Art 9 OECD-MA, sondern Streitigkeiten über alle Einkunfts- und Vermögensarten; es werden sowohl natürliche als auch juristische Personen geschützt. Die Richtlinie betreffende Auslegungsfragen können nach Art 267 AEUV durch den EuGH geklärt werden. Durch strengere Fristen ist überdies sichergestellt, dass es auch tatsächlich zu einer Entscheidung kommt.

38 Die Streitbeilegungsrichtlinie war bis zum 30. Juni 2019 von den Mitgliedstaaten umzusetzen. Deutschland hat die Richtlinie (verspätet) durch das EU-Doppelbesteue-

---

97 S *Hidien* BB 2021, 346ff.

98 S die Auflistung der deutschen Abkommen, die eine Schiedsklausel enthalten, in *Lehner* in Vogel/Lehner (Hrsg) (Fn 20), Art 25 Rn 250; Auch haben nur wenige Staaten für Art 18 MLI optiert.

99 Übereinkommen 90/436/EWG v 23. Juli 1990, BStBl I 1993, 819; s hierzu *Schaumburg* in ders/Englisch (Hrsg), Rn 23.1ff; *Weber-Grellet* in Musil/Weber-Grellet (Hrsg), 447ff; *Krabbe* IStR 1996, 5ff.

100 Richtlinie (EU) 2017/1852 des Rates v 10. Oktober 2017 über Verfahren zur Beilegung von Besteuerungsstreitigkeiten in der Europäischen Union; s hierzu *Flüchter* in Schaumburg/Englisch (Hrsg), Rn 24.1ff; *Frotscher*, Rn 495; *Weber-Grellet* in Musil/Weber-Grellet (Hrsg), 467ff; *Rasch* IStR 2017, 43ff; *Hafner/Stiastny* SWI 2018, 12ff; *Zinowsky/Schönfeld* IStR 2018, 7ff.

rungs-Streitbeilegungsgesetz umgesetzt.[101] Die Richtlinie findet auf Beschwerden Anwendung, die ab dem 1. Juli 2019 eingereicht werden, die Streitjahre betreffen, die am oder ab dem 1. Januar 2018 beginnen. Die Richtlinie eröffnet ein Streitbeilegungsverfahren zwischen den Mitgliedstaaten, wenn die Streitigkeiten „durch die Auslegung und Anwendung von Abkommen und Übereinkommen entstehen, welche die Beseitigung von Doppelbesteuerung von Einkommen und gegebenenfalls Vermögen vorsehen." Das betrifft alle Doppelbesteuerungsabkommen sowie die Schiedskonvention. Die Schiedskonvention wurde durch die Streitbeilegungsrichtlinie nicht aufgehoben, da sie für diejenigen grenzüberschreitenden Sachverhalte weiter Bedeutung hat, bei denen die Mitgliedstaaten keine Doppelbesteuerungsabkommen untereinander abgeschlossen haben.

7. Richtlinienentwürfe

Bereits mehrfach hat die EU-Kommission versucht, eine **Gemeinsame Körperschaft- 39
steuerliche Bemessungsgrundlage** (**GKKB**) innerhalb der Europäischen Union zu schaffen.[102] Danach soll der Gewinn bestimmter Körperschaften in allen Mitgliedstaaten der Europäischen Union nach einheitlichen Regelungen ermittelt und dann nach einer Drei-Faktor-Formel – Arbeit, Vermögenswerte und Umsatz – auf die einzelnen Mitgliedstaaten verteilt werden. Während die Kommission zunächst eine automatische Konsolidierung des Ergebnisses aller Gruppenmitglieder befürwortete, ist nach den neuen Entwürfen zunächst eine einheitliche Bemessungsgrundlage zu schaffen und dann zeitlich nachgelagert in einem zweiten Schritt eine Konsolidierung durchzuführen. Bislang sind alle Entwürfe allerdings am Einstimmigkeitserfordernis gescheitert. Überlegt wird daher, die Richtlinie im Rahmen der verstärkten Zusammenarbeit einzuführen.

Im Jahre 2011 legte die EU-Kommission einen Entwurf zur Einführung einer **Fi- 40
nanztransaktionssteuer** vor.[103] Ziel des Entwurfes ist es, die Spekulation mit Aktien und Derivaten, insbesondere den Hochfrequenzhandel, durch höhere Transaktionskosten einzuschränken. Des Weiteren soll der Finanzsektor einen Beitrag zur Bewältigung der Kosten der Finanzkrise leisten. Der Steuersatz betrug 0,1 % auf den Handel mit Aktien und Anleihen und 0,01 % auf Derivate von Aktien und Anleihen. Der Ent-

---

101 Gesetz zur Umsetzung der Richtlinie (EU) 2017/1852 des Rates v 10. Oktober 2017 über Verfahren zur Beilegung von Besteuerungsstreitigkeiten in der Europäischen Union v 10. Dezember 2019, BGBl I 2019, 2103.

102 Vorschlag der Kommission v 16. März 2011 für eine Richtlinie des Rates über eine Gemeinsame konsolidierte Körperschaftsteuer-Bemessungsgrundlage (GKKB) COM(2011) 121 final; Vorschlag der Kommission v 25. Oktober 2016 für eine Richtlinie des Rates über eine Gemeinsame Körperschaftsteuer-Bemessungsgrundlage COM(2016) 685 final; Vorschlag der Kommission für eine Richtlinie des Rates über eine Gemeinsame konsolidierte Körperschaftsteuer-Bemessungsgrundlage (GKKB) COM(2016) 683 final. S hierzu *Fehling* in Schaumburg/Englisch (Hrsg), Rn 18.1ff; *Herzig* FR 2012, 761ff; *Röder* World Tax Journal 2012, 125ff.

103 Vorschlag der Kommission v 28. September 2011 für eine Richtlinie des Rates über das gemeinsame Finanztransaktionssteuersystem und zur Änderung der Richtlinie 2008/7/EG COM(2011) 594 final. S hierzu *Fehling* in Schaumburg/Englisch (Hrsg), Rn 10.18ff; *Dobratz* in Schaumburg/Englisch (Hrsg), Rn 21.25ff; *Vogel* IStR 2012, 12; *Mayer/Heidfeld* EuZW 2011, 373.

wurf erhielt im Rat jedoch nicht die notwendige Einstimmigkeit. Das Projekt wurde dann im Rahmen einer verstärkten Zusammenarbeit weiter verfolgt.[104] Im Jahr 2013 hat die Kommission einen überarbeiteten Richtlinienentwurf vorgelegt;[105] eine Kompromissfindung erweist sich bislang jedoch als schwierig.

41 **Digitalunternehmen** unterliegen zumeist nur in ihrem Sitzstaat der Einkommen- bzw. Körperschaftsteuer. Eine Besteuerung im Staat des Verbrauchers ist grundsätzlich nicht möglich, da Digitalunternehmen in diesem Staat keine Betriebstätte unterhalten.[106] Dadurch entgeht den Marktstaaten Steueraufkommen, überdies unterliegen Digitalunternehmen häufig einer geringeren effektiven Steuerbelastung als ihre Wettbewerber vor Ort, was zu Wettbewerbsverzerrungen führt. Die Europäische Kommission hat daher zwei Vorschläge zur Besteuerung der digitalen Wirtschaft unterbreitet.[107] Zunächst soll in einem ersten Schritt eine **Digitalsteuer** eingeführt werden, wonach alle Mitgliedstaaten der EU eine Quellensteuer in Höhe von 3 % auf bestimmte digitale Dienstleistungen erheben sollen. Folgende digitale Dienstleistungen werden von der Richtlinie erfasst:

- Die Platzierung von Werbung auf einer digitalen Schnittstelle, die sich an den Nutzer dieser Schnittstelle richtet.
- Die Bereitstellung einer mehrseitigen digitalen Schnittstelle für Nutzer, die es diesen ermöglicht, andere Nutzer zu finden und mit ihnen zu interagieren, und die darüber hinaus die Lieferung zugrunde liegender Gegenstände oder Dienstleistungen unmittelbar zwischen Nutzern ermöglichen kann.
- Die Übermittlung gesammelter Nutzerdaten, die aus den Aktivitäten der Nutzer auf digitalen Schnittstellen generiert werden kann.[108]

Die Richtlinie soll auf Unternehmen zur Anwendung kommen, deren weltweiter Gesamtumsatz im Geschäftsjahr 750 Millionen Euro übersteigt und deren Umsätze aus digitalen Dienstleistungen in der Europäischen Union 50 Millionen Euro überschreitet.[109] Nach einer abschließenden Einigung auf OECD Ebene zur Besteuerung der digitalen Wirtschaft, soll die Digitalsteuerrichtlinie durch eine Richtlinie **zur Besteuerung einer signifikanten digitalen Präsenz** ersetzt werden. Dieser Richtlinienentwurf sieht vor, bei Erfüllung bestimmter Schwellenwerte im Marktstaat eine digitale Betriebstätte zu fingieren. Danach wird eine digitale Betriebstätte angenommen, wenn die Gesamterträ-

---

104 Beschluss des Rates v 22. Januar 2013 über die Ermächtigung zu einer Verstärkten Zusammenarbeit im Bereich der Finanztransaktionssteuer, ABl EU 2013 Nr L 22, 11. S *Wäger* ISR 2013, 396; *Englisch* ISR 2013, 387.

105 Vorschlag der Kommission v 14. Februar 2013 für eine Richtlinie des Rates über die Umsetzung einer Verstärkten Zusammenarbeit im Bereich der Finanztransaktionssteuer COM(2013) 71 final.

106 Hierzu o Rn 16.

107 Vorschlag der Kommission v 21. März 2018 für eine Richtlinie des Rates zum gemeinsamen System einer Digitalsteuer auf Erträge aus der Erbringung bestimmter digitaler Dienstleistungen, COM(2018) 148 final; Vorschlag der Kommission v 21. März 2018 zur Festlegung von Vorschriften für die Unternehmensbesteuerung einer signifikanten digitalen Präsenz, COM(2018) 147 final; zu den Richtlinienentwürfen s *Rüscher* MwStR 2018, 419ff; *Kokott* IStR 2019, 123ff; *Farruggia-Weber* DStR 2019, 638ff.; *Schanz/Sixt* DStR 2018, 1985; *Brauneck* EuZW 2018, 624ff.

108 S Art 3 Abs 1 des Richtlinienvorschlages.

109 S Art 4 Abs 1 des Richtlinienvorschlages.

ge des Unternehmens aus digitalen Dienstleistungen in dem betreffenden Mitgliedstaat 7 Millionen Euro übersteigen, die Zahl der Nutzer der digitalen Dienstleistungen in dem Mitgliedstaat 100.000 überschreitet oder die Zahl der Geschäftsverträge über die Bereitstellung digitaler Dienstleistungen in dem betreffenden Mitgliedstaat 3.000 übersteigt.[110] Der Richtlinienentwurf integriert die Besteuerung der digitalen Wirtschaft in das herkömmliche System der Betriebstättenbesteuerung und ermöglicht eine Besteuerung auf Nettobasis. Er setzt allerdings eine Abänderung aller bestehenden Doppelbesteuerungsabkommen voraus. Der Richtlinienentwurf zur Einführung einer Digitalsteuer ist bislang am Einstimmigkeitserfordernis gescheitert. Auch auf der Ebene der OECD konnte bislang noch keine Einigung zur Besteuerung der digitalen Wirtschaft erreicht werden.[111]

II. Einfluss der Grundfreiheiten auf das Steuerrecht

Von zentraler Bedeutung für das gesamte Außensteuerrecht sind die **Grundfreiheiten** 42
des AEUV: die **allgemeine Freizügigkeit** (Art 21), die drei **Personenverkehrsfreiheiten** (Art 45ff, 49ff, 56ff AEUV) und die **Kapitalverkehrsfreiheit** (Art 63ff AEUV).[112] Die Grundfreiheiten sind teils als **Beschränkungsverbote**, teils als **Diskriminierungsverbote** formuliert. Sie erfassen sowohl Benachteiligungen beschränkt Steuerpflichtiger gegenüber unbeschränkt Steuerpflichtigen (sog. *Inbound*-Fälle) als auch Benachteiligungen unbeschränkt Steuerpflichtiger, wenn diese Einkünfte im Ausland und nicht im Inland erzielen (*Outbound*-Fälle). Steuerliche Vorschriften verstoßen gegen die Grundfreiheiten, wenn sie vergleichbare Situationen steuerlich schlechter behandeln, ohne dass die Ungleichbehandlung gerechtfertigt werden kann.

1. Inbound-Fälle

Steuerliche Vorschriften knüpfen an die Ansässigkeit, grundsätzlich aber nicht an 43
die Staatsangehörigkeit an. Beschränkt Steuerpflichtige werden nach anderen Regeln besteuert als unbeschränkt Steuerpflichtige.[113] Nach ihrem Wortlaut verbieten die Grundfreiheiten Diskriminierungen aufgrund der Staatsangehörigkeit. Nach der Rechtsprechung des Europäischen Gerichtshofes sind allerdings nicht nur offene Diskriminierungen verboten, die an die Staatsangehörigkeit anknüpfen, sondern ebenso Diskriminierungen, die an andere Merkmale anknüpfen, im Ergebnis aber zu Diskriminierungen ausländischer Staatsangehöriger führen.[114] Damit sind Differenzierungen aufgrund der Ansässigkeit am Maßstab der Grundfreiheiten zu prüfen. Hier ist aller-

---

110 S Art 4 Abs 3 des Richtlinienvorschlages.

111 Hierzu o Rn 22.

112 Zum Einfluss der Grundfreiheiten auf das Recht der direkten Steuern s insb *Cordewener* Europäische Grundfreiheiten und nationales Steuerrecht (2002); *Kokott/Ost* EuZW 2011, 496ff.; *Kokott*, 37ff/113ff; *Reimer* in Schaumburg/Englisch (Hrsg), Rn 7.1ff; *Musil* in ders/Weber-Grellet (Hrsg), 33f.

113 Für Deutschland s insb § 50 EStG.

114 EuGH, Rs 152/73, Slg 1974, 153 Rn 11 – *Sotgiu;* EuGH, Rs C-279/93, Slg 1995, I-225 Rn 26ff – *Finanzamt Köln-Altstadt/Schumacker*; *Reimer* in Schaumburg/Englisch (Hrsg), Rn 7.154; *Kokott*, § 3 Rn 102ff.

dings ein besonderes Augenmerk auf die Prüfung der Vergleichbarkeit der Situation und auf die Rechtfertigungsprüfung zu legen. Der Europäische Gerichtshof hat in vielen Fällen die Vergleichbarkeit unbeschränkt und beschränkt Steuerpflichtiger verneint. Im berühmten *Schumacker*-Urteil erläuterte der EuGH, dass sich beschränkt Steuerpflichtige in Bezug auf den Grundfreibetrag, das Splittingverfahren und die Abzugsfähigkeit von Sonderausgaben und außergewöhnlichen Belastungen nur dann in einer vergleichbaren Lage mit unbeschränkt Steuerpflichtigen befinden, wenn sie diese steuerlichen Vergünstigungen in ihrem Ansässigkeitsstaat nicht gewährt bekommen.[115]

44 Ein Verstoß gegen die jeweilige Grundfreiheit ist zu verneinen, wenn die Diskriminierung oder Beschränkung gerechtfertigt werden kann. Dazu muss ein unionsrechtlich anerkannter Rechtfertigungsgrund eingreifen. Der EuGH hat im Steuerrecht eine Vielzahl ungeschriebener Rechtfertigungsgründe anerkannt (sog. *rules of reason*): Die Wahrung einer angemessenen Aufteilung der Besteuerungsbefugnis,[116] die Bekämpfung von missbräuchlicher Steuerumgehung und Steuerflucht,[117] die wirksame steuerliche Kontrolle,[118] die Sicherstellung der Durchsetzung des Steueranspruchs,[119] einen Ausgleich von Vor- und Nachteilen[120] bzw die Kohärenz des Steuersystems.[121] Eine Rechtfertigung setzt allerdings auch die Verhältnismäßigkeit der Maßnahme voraus. Im Steuerrecht verstoßen viele Maßnahmen gegen die Grundfreiheiten, da sie trotz eines legitimen Zweckes über ihr Ziel hinausschießen und nicht punktgerecht auf das zur Zielerreichung Notwendige beschränkt sind. So sind etwa Anti-Missbrauchsregelungen häufig zu weit gefasst, so dass sie nicht nur missbräuchliche Gestaltungen, sondern auch legitime und wirtschaftlich sinnvolle Investitionen erfassen.[122]

---

115 EuGH, Rs C-279/93, Slg 1995, I-225 – *Finanzamt Köln-Altstadt/Schumacker.*

116 EuGH, Rs C-446/03, Slg 2005, I-10837 Rn 45 – *Marks & Spencer*; EuGH, Rs C-470/04, Slg 2006, I-7409 Rn 42ff – *N*; EuGH, Rs C-371/10, Slg 2011, I-12273 Rn 45ff – *National Grid Indus*; *Englisch* in Schaumburg/Englisch (Hrsg), Rn 7.224.

117 EuGH, Rs C-264/96, Slg 1998, I-4695 Rn 26 – *ICI*; EuGH, Rs C-9/02, Slg 2004, I-2409 Rn 50 – *De Lasteyrie du Saillant*; EuGH Rs C-196/04, Slg 2006, I-7995 Rn 55 – *Cadbury Schweppes*; *Englisch* in Schaumburg/Englisch (Hrsg), Rn 7.250.

118 EuGH, Rs 120/78, Slg 1979, I-649 Rn 8 – *Cassis de Dijon*; EuGH, Rs C-250/95 Slg 1997, I-2471 Rn 31 – *Futura Participations and Singer*; EuGH Rs C-39/04, Slg 2005, I-2057 Rn 24 – *Laboratoires Fournier*; *Englisch* in Schaumburg/Englisch (Hrsg), Rn 7.289.

119 EuGH, Rs C-290/04, Slg 2006; I-9461 Rn 35f – *FKP Scorpio Konzertproduktionen*; EuGH Rs C-269/09, ECLI:EU:C:2012:439 Rn 64 – *Kommission v Spanien*; EuGH, Rs C-498/10, ECLI:EU:C:2012:635 Rn 39 – *X*; *Englisch* in Schaumburg/Englisch (Hrsg), Rn 7.297.

120 EuGH, Rs C-379/05, Slg. 2007, I-9569 Rn 78ff – *Amurta*; EuGH, Rs C-43/07, Slg 2008, I-6887 Rn 65f – *Arens-Sikken*; *Englisch* in Schaumburg/Englisch (Hrsg), Rn 7.275.

121 EuGH, Rs C-204/90, Slg. 1992, I-249 Rn 21ff – *Bachmann*; EuGH, Rs C-80/94, Slg 1995, I-2492 – *Wielockx*; *Englisch* in Schaumburg/Englisch (Hrsg), Rn 7.279.

122 S etwa EuGH, Rs C-264/96, Slg 1998, I-4695 Rn 26 – *ICI*; EuGH C-196/04, Slg 2006, I-7995 Rn 60 – *Cadbury Schweppes*; *Englisch* in Schaumburg/Englisch (Hrsg), Rn 7.205ff.

2. Outbound-Fälle

Auch wenn die Grundfreiheiten überwiegend als Verbote formuliert sind, Ausländer gegenüber Inländern zu diskriminieren, hat der EuGH schon früh entschieden, dass die Grundfreiheiten auch steuerliche Maßnahmen untersagen können, die den Steuerpflichtigen daran hindern, Einkünfte im Ausland statt im Inland zu erzielen. In der *Daily Mail*-Entscheidung führte der EuGH aus, dass der Inhalt der Grundfreiheiten sinnentleert wären, könnte der „Herkunftsstaat Unternehmen verbieten, auszuwandern, um sich in einem anderen Mitgliedstaat niederzulassen."[123] Im Steuerrecht hat der EuGH etwa einen Verstoß gegen die Grundfreiheiten angenommen, wenn Verluste ausländischer Tochtergesellschaften im Inland nicht berücksichtigt werden können, obwohl gleichartige Verluste inländischer Tochtergesellschaften zum Abzug zugelassen werden;[124] wenn der Wegzug ins Ausland zu einer sofortigen Aufdeckung der in Anteilen gehaltenen stillen Reserven führt;[125] wenn Inlandsdividenden in den Genuss eines Anrechnungsverfahren kommen, eine Anrechnung von Steuern der ausschüttenden Gesellschaft aber bei aus dem Ausland stammenden Dividenden versagt[126] wird oder wenn bei einer Inlandsinvestition ein Steuerfreibetrag eingeräumt wird, ein solcher Freibetrag einer vergleichbaren Auslandsinvestition aber versagt wird.[127] 45

III. Einfluss des Beihilfenrechts auf das Steuerrecht

1. Grundlagen

Neben den Grundfreiheiten haben die Vorschriften über staatliche Beihilfen nach Art 107f AEUV enorme Bedeutung für das Recht der direkten Steuern erlangt.[128] Diese Vorschriften enthalten ein grundsätzliches Verbot aller den Binnenmarkt verzerrenden staatlichen Subventionen. Ausnahmen sind in Art 107 Abs 2 (Legalausnahmen) und Abs 3 (Ermessensausnahmen) geregelt. Nach Art 107 Abs 3 steht das Verbot also unter dem Vorbehalt einer besonderen – tatsächlichen oder fingierten – Erlaubnis der Kommission. Das unionsrechtliche Beihilfenregime stellt als Teilelement des europäischen Wettbewerbsrechts iwS neben den Grundfreiheiten ein zentrales Bauelement des Gemeinsamen Markts bzw. Binnenmarkts dar. 46

Seinen Verbotscharakter hat das Beihilfenrecht mit den Grundfreiheiten gemeinsam; diese beiden Normkomplexe des Europäischen Primärrechts werden deshalb als Bausteine einer negativen Integration bezeichnet, die der positiven Integration durch Gestaltungsentscheidungen – Gebote und Verbote – des Unionsgesetzgebers voraus 47

---

123 EuGH, Rs 81/87, Slg 1988, 5483 Rn 16 – *Daily Mail and General Trust.*

124 EuGH, Rs C-446/03, Slg 2005, I-10837 Rn 45 – *Marks & Spencer; s dazu Englisch* IStR 2006, 22ff; *Lang* SWI 2006, 273ff.

125 EuGH, Rs C-9/02, Slg 2004, I-2409 Rn 50 – *De Lasteyrie du Saillant;* s dazu *Fischer* FR 2004, 630ff; *Ismer/Reimer/Rust* EWS 2004, 207ff.

126 EuGH, Rs C-319/02, Slg – *Manninen*; s dazu *Englisch* IStR 2004, 684ff; *Rust* EWS 2004, 450ff; *Schnitger* FR 2004, 1357ff.

127 EuGH, Rs C-35/98, Slg 2000, I-4071ff – *Verkooijen.*

128 Zum Einfluss des Beihilfenrechts auf das Recht der direkten Steuern s *Rust/Micheau* (Hrsg) State Aid and Tax Law (2012); *Englisch* in Schaumburg/Englisch (Hrsg), Rn 9.1ff; *Dobratz* in Musil/Weber-Grellet (Hrsg), 161ff; *Wartenburger* IStR 2001, 397.

liegen. Für das Recht der direkten Steuern ist entscheidend, ob und unter welchen Voraussetzungen steuerliche Vergünstigungen oder Verschonungen des mitgliedstaatlichen Rechts, die auf bestimmte Steuerpflichtige oder Gruppen von Steuerpflichtigen zugeschnitten sind, dem Beihilfenregime des AEUV und damit der Beihilfenaufsicht der Kommission unterfallen. Im Grundsatz erfasst Art 107 alle Maßnahmen, „die durch die Begünstigung bestimmter Unternehmen oder Produktionszweige den Wettbewerb verfälschen oder zu verfälschen drohen, [...] soweit sie den Handel zwischen den Mitgliedstaaten beeinträchtigen" (Art 107 Abs 1 AEUV). Sofern steuerliche Regelungen Binnenmarktbezug haben, müssen sie auch diesen materiellen Anforderungen genügen. Die Beihilfenregeln kennen insbesondere keinerlei Steuervorbehalt.[129] Allerdings erfassen die Art 107ff AEUV – ähnlich wie die Marktfreiheiten der Art 34ff AEUV – nur wirtschaftliche, dh im Kern unternehmerische, Betätigungen. Hier wirkt das Beihilfenrecht als Instrument zur Eindämmung eines asymmetrisch angelegten Steuerwettbewerbs, der zu künstlichen Verzerrungen im Binnenmarkt führt.

48 Als wichtige Rechtsquelle zur Konkretisierung der Art 107ff AEUV war die „Mitteilung der Kommission über die Anwendung der Vorschriften über staatliche Beihilfen auf Maßnahmen im Bereich der direkten Unternehmensbesteuerung" vom 01. November 1998 heranzuziehen.[130] Sie zeichnet die Leitlinien der Kommissionspolitik in diesem Bereich vor. Seither ist eine Vielzahl von Kommissionsentscheidungen auf diesem Gebiet ergangen und sind zahlreiche Einzelfragen letztinstanzlich durch den Europäischen Gerichtshof geklärt worden. Seit 2013 existieren neue Regelungen zur Freistellung von Genehmigungsverfahren.[131] Besondere Bedeutung hat daneben die sog *de-minimis*-Verordnung erlangt, die ebenfalls 2013 neu gefasst worden ist.[132] Die Kommission hat 2016 im Rahmen ihrer Initiative zur Modernisierung des Beihilfenrechts[133] eine neue Bekanntmachung zum Beihilfebegriff veröffentlicht.[134] Diese Bekanntmachung ersetzt die Mitteilung aus dem Jahre 1998 und hat deren Inhalte teilweise übernommen, teilweise modifiziert und teilweise ergänzt.

2. Tatbestandsvoraussetzungen

49 Materielle Voraussetzung ist zunächst die **Verschaffung eines Vorteils** für den Begünstigten, durch den seine normalerweise zu tragende Steuerlast vermindert wird. Derartige Vorteile können auf der Ebene der Bemessungsgrundlage, des Tarifs oder durch besondere Gestaltungen des Besteuerungsverfahrens – etwa als einfache Steuerstundung – gewährt werden. Selbst strukturelle Erhebungsdefizite können Anlass für ein Beihilfenaufsichtsverfahren geben. Ferner muss der Vorteil **vom Staat** oder

---

129 Mitteilung der Kommission, BStBl I 1999, 205f Rn 8; *Englisch* in Schaumburg/Englisch (Hrsg), Rn 9.4.

130 BStBl I 1999, 205 = Abl EG Nr C 384/3 v 10. Dezember 1998.

131 Verordnungen (EU) Nr 733/2013 und 734/2013 des Rates v 22. Juli 2013.

132 Verordnung (EU) Nr 1407/2013 der Kommission v 18. Dezember 2013.

133 Mitteilung der Kommission v 8. Mai 2012, Modernisierung des EU-Beihilfenrechts, COM(2012) 209 final.

134 Bekanntmachung der Kommission zum Begriff der staatlichen Beihilfe im Sinne des Artikels 107 Abs 1 des Vertrages über die Arbeitsweise der Europäischen Union v 19. Juli 2016, Abl EU Nr C 262/1.

aus staatlichen Mitteln gewährt werden. Mit dem Vorteil auf der Ebene des Unternehmens korrespondiert zumeist eine Steuermindereinnahme, also das Entgehen bestimmter Teile des üblichen Steueraufkommens. Durch den Vorteil muss eine **Beeinträchtigung des Wettbewerbs und des Handels zwischen den Mitgliedstaaten** verursacht werden. Ähnlich wie bei den Grundfreiheiten verlangen damit auch die Art 107f AEUV einen spezifisch grenzüberschreitenden Bezug.

Am schwierigsten gestaltet sich zumeist die Prüfung der **Selektivität** der betref- 50
fenden Maßnahme. Eine steuerliche Maßnahme ist als selektiv anzusehen, wenn sie eine Abweichung von der Anwendung des allgemein geltenden Steuersystems darstellt. Es ist also zu prüfen, ob bestimmte Unternehmen oder Produktionszweige in einer Form begünstigt werden, die nicht „durch die Natur oder den inneren Aufbau" des jeweiligen Steuersystems gerechtfertigt ist.[135] Damit ist zugleich klargestellt, dass alle „allgemeinen Maßnahmen", die aus der notwendig unterschiedlichen Festsetzung von Steuersätzen oder zur Vermeidung von Doppelbesteuerung uä erfolgen, grundsätzlich nicht von Art 107 erfasst werden. Gleiches gilt für Maßnahmen, die Ziele allgemeiner Wirtschaftspolitik verfolgen, indem sie etwa Forschung und Entwicklung, Umweltschutz oder Ausbildung fördern sollen, soweit sie diskriminierungsfrei ausgestaltet sind. Eine Selektivität kann *de jure* oder *de facto* vorliegen.[136] Eine ***De-jure*-Selektivität** ergibt sich unmittelbar aus den rechtlichen Kriterien für die Gewährung einer Maßnahme, die förmlich bestimmten Unternehmen vorbehalten ist. Steuerrechtliche Begünstigungen, die an bestimmte Wirtschaftszweige oder an die Unternehmensgröße anknüpfen, sind damit grundsätzlich verboten. Bei einer ***De-facto*-Selektivität** geht es um steuerliche Vergünstigungen, die formal allen Unternehmen offenstehen, faktisch aber nur von bestimmten Unternehmen in Anspruch genommen werden können. So profitiert etwa der Einzelhandel in wesentlich geringerem Maße von Steueranreizen für Forschung und Entwicklung als beispielsweise die Automobilindustrie oder die Chemiebranche. In diesen Fällen kommt der Vergleichbarkeitsprüfung daher eine besondere Bedeutung zu.[137]

3. Ausnahmen

Als **Ausnahme vom grundsätzlichen Beihilfeverbot** ist für Deutschland insbeson- 51
dere die Vorschrift des Art 107 Abs 2 lit c AEUV relevant. Diese Bereichsausnahme betrifft Steuervergünstigungen im Nachklang zur Wiedervereinigung zum Ausgleich der Folgen der deutschen Teilung. Hierzu hat der EuGH festgestellt, dass diese grundsätzlich eng auszulegende Ausnahmevorschrift zwar auch noch nach der Wiedervereinigung mangels Änderung des Vertrages fortgelte, jedoch in ihrem Anwendungsbereich nach wie vor ausschließlich die entlang der innerdeutschen Grenze hervorgerufenen Nachteile auszugleichen erlaube, nicht hingegen die allgemeine wirtschaftliche Schwäche der neuen Bundesländer.[138]

---

135 *Ibid* Rn 117ff.

136 *Ibid* Rn 120ff.

137 S etwa die Kommissionsmitteilung v 22. November 2006, Wege zu einer wirksameren steuerlichen Förderung von FuE, COM(2006) 728 final; *Englisch* in Schaumburg/Englisch (Hrsg), Rn 9.26f.

138 EuGH, Rs C-156/98, Slg 2000, I-6857 – *Kommission v Deutschland*.

4. Rückforderung unrechtmäßiger Beihilfen

52 Aus Sicht des Unionsrechts sind Beihilfen, die unter Verstoß gegen die Art 107, 108 AEUV gewährt wurden, zurückzuzahlen, nicht erhobene **Steuern nachzuerheben**. Die Finanzverwaltung hat dabei diejenige Steuerbelastung herzustellen, die ohne die Gewährung der rechtswidrigen Beihilfe eingetreten wäre. Darüber hinaus sind Zinsen für die bezogenen geldwerten Vorteile zu entrichten. Zur Sicherung des *effet utile* des Unionsrechts ist die Rückabwicklung unter Durchbrechung der Bestandskraft mitgliedstaatlicher Steuerbescheide und anderer Verwaltungsakte durchzusetzen. Einer Rückforderung rechtswidriger Beihilfen kann nur ausnahmsweise der unionsrechtliche **Grundsatz des Vertrauensschutzes** entgegenstehen, wenn ein Unionsorgan einen tauglichen Vertrauenstatbestand gesetzt hat. Die Kommission kann eine rechtswidrige Beihilfe maximal innerhalb einer Frist von 10 Jahren zurückfordern.[139]

139 S Art 17 Abs 1 der Verordnung 2015/1589.

§ 14
Internationaler Schutz des geistigen Eigentums

Horst-Peter Götting und Anne Lauber-Rönsberg

Gliederung **Rn**

https://doi.org/10.1515/9783110630718-014

Schrifttum

Busche/Stoll/Wiebe(Hrsg) TRIPs – Internationales und europäisches Recht des geistigen Eigentums 2. Aufl (2013); *Chrocziel* Einführung in den Gewerblichen Rechtsschutz und das Urheberrecht 3. Aufl (2019); *Dörmer* Streitbeilegung und neue Entwicklungen im Rahmen von TRIPS – eine Zwischenbilanz nach vier Jahren, GRUR Int 1998, 919; *Dreier* TRIPS und die Durchsetzung von Rechten des geistigen Eigentums, GRUR Int 1996, 205; *Ehlers/Wolffgang/Pünder* (Hrsg) Rechtsfragen des internationalen Schutzes geistigen Eigentums (2002); *Faupel* GATT und geistiges Eigentum – Ein Zwischenbericht zu Beginn der entscheidenden Verhandlungsrunde, GRUR Int 1990, 255; *Götting* Das EU-Einheitspatent – Das Ende einer „unendlichen Geschichte“?, ZEuP 2014, 349; *ders* Gewerblicher Rechtsschutz, 11. Aufl (2020); *ders/Kaiser* Wettbewerbsrecht und Wettbewerbsprozessrecht, 2. Aufl. (2016); *ders* Biodiversität und Patentrecht, GRUR Int 2004, 731; *ders* Die Entwicklung neuer Methoden der Beweisbeschaffung zur Bekämpfung von Schutzrechtsverletzungen – Die Anton-Piller-Order – Ein Modell für das deutsche Recht?, GRUR Int 1988, 729; *Groh/Wündisch* Die EU und TRIPS, GRUR Int. 2001, 497; *Herrmann* TRIPS, Patentschutz für Medikamente und staatliche Gesundheitspolitik: Hinreichende Flexibilität?, EuZW 2002, 37; *Herrmann/Weiß/Ohler* Welthandelsrecht, 2. Aufl (2007); *Hilf/Oeter* WTO-Recht, 2. Aufl (2010); *Katzenberger* TRIPS und das Urheberrecht, GRUR Int 1995, 447; *Knaak* Der Schutz geographischer Angaben nach dem TRIPS-Abkommen, GRUR Int 1995, 642; *Kraßer/Ann* Patentrecht, 7. Aufl (2016); *Krieger* Durchsetzung gewerblicher Schutzrechte in Deutschland und die TRIPS-Standards, GRUR Int 1997, 421; *ders/Dreier* Die Washingtoner Diplomatische Konferenz zum Abschluß eines Vertrages über den Schutz des geistigen Eigentums im Hinblick auf integrierte Schaltkreise – Bericht der deutschen Delegation, GRUR Int 1989, 729; *Kur* TRIPS und das Markenrecht, GRUR Int 1994, 987; *dies* TRIPS und der Designschutz, GRUR Int 1995, 185; *dies/Luginbühl/Waage* (Hrsg) »... und sie bewegt sich doch!« – Patent Law on the Move – FS Kolle/Stauder (2005); *Lehmann* (Hrsg) Rechtsschutz und Verwertung von Computerprogrammen, 2. Aufl (1993); *von Lewinski* (Hrsg) Indigenous Heritage and Intellectual Property, 2. Aufl (2008); *Liebenau/Uhrich/Zech* Erobert der EuGH das Patentrecht durch TRIPS?, sic! 2014, 107; *Loewenheim* (Hrsg) Handbuch des Urheberrechts, 2. Aufl (2010); *Ohly* Auf dem Weg zum Einheitspatent und zum Einheitlichen Patentgericht, ZGE 2012, 419; *Pacón* Was bringt TRIPS den Entwicklungsländern?, GRUR Int 1995, 875; *Peukert* The Colonial Legacy of the International Copyright System, in Diawara/Röschenthaler (Hrsg), Staging the Immaterial. Rights, Style and Performance in Sub-Saharan Africa, 2012; *ders* Vereinheitlichung des Immaterialgüterrechts: Strukturen, Akteure, Zwecke, RabelsZ 81 (2017), 158; *Prieß/Berrisch* (Hrsg) WTO-Handbuch (2003); *Rasmussen-Bonne* (Hrsg) Balancing of Interests – Liber Amicorum Peter Hay (2005); *Rehbinder/Peukert* Urheberrecht, 18. Aufl (2018); *Schack* Urheber- und Urhebervertragsrecht, 9. Aufl (2019); *Spranger* Indigene Völker, „Biopiraterie“ und internationales Patentrecht, GRUR 2001, 89; *Stauder* Überlegungen zur Schaffung eines besonderen Beweisverfahrens im europäischen Patentverletzungsrecht – Saisie-contrefaçon oder actio ad exhibendum als Beispiele?, GRUR Int 1978, 230; *Straus* Bedeutung des TRIPS für das Patentrecht, GRUR Int 1996, 179; *Ullrich* Technologieschutz nach TRIPS-Prinzipien und Probleme, GRUR Int 1995, 623; *Walter/von Lewinski* (Hrsg) Europäisches Urheberrecht (2001).

A. Einleitung

1 Beim **gewerblichen Rechtsschutz** und **Urheberrecht** geht es um den Schutz immaterieller geistiger Güter. Deshalb werden die davon umfassten Rechtsmaterien auch als **Recht des geistigen Eigentums** oder **Immaterialgüterrecht** bezeichnet. Aufgrund der in der Informationsgesellschaft gestiegenen Bedeutung der Immaterialgüter wird das Rechtsgebiet von einigen auch als „Sachenrecht des 21. Jahrhunderts“ apostrophiert. Die zentrale Problematik des Immaterialgüterrechts liegt darin, einen angemessenen Ausgleich zwischen den Interessen der Rechtsinhaber und der Nutzer zu finden. Dabei sollten die Schutzrechte so ausgestaltet sein, dass sie ihre Anreiz- und Belohnungsfunktion optimal erfüllen können und im gesamtgesellschaftlichen Interesse die rechtlichen Rahmenbedingungen für ein reichhaltiges kulturelles Leben setzen. Zugleich sind aber auch die berechtigten Zugangsinteressen der Nutzer zu berücksichtigen. Dass diese Debatte nicht nur in Expertenkreisen, sondern mittlerweile

auch von der breiten Öffentlichkeit geführt wird, zeigen nicht zuletzt die Demonstrationen gegen das im Juli 2012 vom Europäischen Parlament abgelehnte internationale Handelsabkommen ACTA (*Anti-Counterfeiting Trade Agreement*) sowie die Diskussionen um eine Verpflichtung von Videoplattformen zum Einsatz von Upload-Filtern im Zuge der Digital Single Market-Richtlinie.[1] Darüber hinaus weist dieser Themenkomplex auch eine wichtige entwicklungspolitische Dimension auf, da sich häufig die Interessen der Immaterialgüter exportierenden Industriestaaten und der Immaterialgüter importierenden Entwicklungsländer gegenüberstehen.[2] Ein Beispiel hierfür ist der Zugang zu patentgeschützten Medikamenten bei der Bekämpfung von Aids und Covid19.[3]

2 Die hier erörterten Fragen des internationalen Schutzes geistigen Eigentums betreffen nicht die Frage der Anwendbarkeit deutschen oder ausländischen materiellen Rechts oder die Frage der Zuständigkeit deutscher oder ausländischer Gerichte. Erstere regelt das internationale Privatrecht, letztere das internationale Verfahrensrecht. Nach der in Deutschland vorherrschenden Ansicht ist bei grenzüberschreitenden Sachverhalten grundsätzlich das Recht desjenigen Staates anzuwenden, für dessen Gebiet der Immaterialgüterschutz in Anspruch genommen wird. Dieses gewohnheitsrechtlich anerkannte, aus dem sog Territorialitätsprinzip[4] folgende **Schutzlandprinzip** wird für die Europäische Union in Art 8 Rom II-VO (VO (EG) Nr 864/2007 vom 11.7.2007 über das auf außervertragliche Schuldverhältnisse anzuwendende Recht) kodifiziert. Dies kann bei grenzüberschreitenden Nutzungshandlungen, die mehrere Staaten berühren, dazu führen, dass verschiedene Rechtsordnungen parallel zur Anwendung kommen. Nur punktuell wird diese territoriale Fragmentierung durch die Anwendung eines einzigen Ursprungslandsrechts überwunden.[5] Das auf Lizenzverträge anwendbare Recht ergibt sich grds aus dem allgemeinen Vertragsstatut. Hier obliegt es der Privatautonomie der Vertragsparteien, inwieweit global einheitliche Nutzungsrechte festgelegt werden. Aus ökonomischen Gründen werden in der Praxis aber häufig territorial begrenzte Nutzungsrechte eingeräumt.[6] Nicht diesen Fragestellungen ist dieser Beitrag gewidmet, sondern zum ersten den auf europäischer Ebene, insb im Rahmen der EU, im Wege der Rechtsharmonisierung geschaffenen Regelungen zur Vereinheitlichung der Schutzrechtsregime und zum zweiten den auf dem Gebiet des Immaterialgüterrechts wichtigsten multilateralen internationalen Abkommen. Dabei ist zwischen zwei verschiedenen Entwicklungslinien und Regelungsebenen zu differenzieren: Relevant sind zum einen die im Rahmen der World Intellectual Property Organisation (WIPO) bestehenden internationalen Verträge, wie der „Vertrag zum Schutze des gewerblichen Eigentums" vom 20.3.1883, die sog Pariser Verbands-

1 Richtlinie Nr 2019/790 v 17.4.2019 über das Urheberrecht und die verwandten Schutzrechte im digitalen Binnenmarkt, ABl EU 2019 L 130/92.

2 *Peukert* RabelsZ 81, 158/188.

3 Dazu su Rn 148.

4 Dazu su Rn 27.

5 *Peukert* RabelZ 81, 158/178. zB sieht Art 5 Abs 3 der Digital-Single-Market vor, dass für die Nutzungen von urheberrechtlich geschützten Werken über gesicherte elektronische Umgebungen für Unterrichtszwecke das nationale Recht des Mitgliedstaats gilt, in dem die Bildungseinrichtung ihren Sitz hat.

6 *Peukert* RabelZ 81, 158/181f.

übereinkunft (PVÜ), und die Berner Übereinkunft zum Schutz von Werken der Literatur und Kunst vom 9.9.1886 sowie zum anderen das im Rahmen der World Trade Organization (WTO) geschaffene Übereinkommen über handelsbezogene Aspekte der Rechte des Geistigen Eigentums (TRIPS) vom 15.4.1994.

Die Beschäftigung mit diesen Fragen setzt zunächst Grundkenntnisse im gewerblichen Rechtsschutz und Urheberrecht voraus. Zu diesem Zweck soll zunächst ein grober **Überblick** über die verschiedenen Rechtsmaterien gegeben werden, die zum gewerblichen Rechtsschutz und Urheberrecht gehören (B). 3

Um die Hintergründe für die Bemühungen um eine grenzüberschreitende Harmonisierung der maßgeblichen Regeln über den Schutz immaterieller Güter verständlich zu machen, ist es außerdem erforderlich, kurz deren **Rechtsnatur** zu beleuchten (C). 4

Wegen der engen Verzahnung zwischen dem nationalen und dem europäischen Recht wird sodann der Stand der Europäisierung des gewerblichen Rechtsschutzes und Urheberrechts in groben Zügen skizziert (D). 5

Schließlich wird der Horizont erweitert und ein Blick auf die über den europäischen Bereich hinaus gehenden **internationalen Abkommen** gerichtet (E), die angesichts der fortschreitenden Globalisierung zunehmend an Bedeutung gewinnen. Im Mittelpunkt des internationalen Rechts des geistigen Eigentums steht das **TRIPS-Übereinkommen**, dessen Darstellung den breitesten Raum einnimmt. 6

B. Überblick über den gewerblichen Rechtsschutz und das Urheberrecht

Der gewerbliche Rechtsschutz und das Urheberrecht bilden das System der Immaterialgüterrechte. Im Unterschied zu anderen Ländern, in denen der Begriff des „geistigen Eigentums" in der Rechtssprache üblich ist – zB der Begriff „Intellectual Property Law" im angelsächsischen Rechtskreis –, setzt sich diese Bezeichnung in Deutschland erst langsam durch. Ihr wird zu Unrecht entgegengehalten, dass sich der zivilrechtliche Eigentumsbegriff gemäß § 903 BGB dem römischen Recht folgend auf körperliche Sachen beschränkt und die Bezeichnung als „geistiges Eigentum" rechtspolitische Forderungen nach Schaffung und Erweiterung der Immaterialgüterrechte beinhalte.[7] Daher wird zum Teil der wenig anschaulichen Bezeichnung „Gewerblicher Rechtsschutz und Urheberrecht" der Vorzug gegeben, die zugleich darauf hinweist, dass die gewerblichen Schutzrechte dem Schutz geistigen Schaffens auf gewerblichem Gebiet dienen, während das Urheberrecht den Schutz von Schöpfungen auf kulturellem Gebiet bezweckt. 7

I. Gewerblicher Rechtsschutz

Zum gewerblichen Rechtsschutz zählen neben dem Patentrecht das Gebrauchsmuster-, Halbleiter-, Sortenschutz-, Design- und Markenrecht. 8

7 *Rehbinder/Peukert* Urheberrecht, § 1 Rn 32f; s dagegen *Ohly* JZ 2003, 545; *Götting* GRUR 2006, 353; *Pahlow* UFITA 2006, 705/ 724ff.

1. Patentrecht

9 Das Patentrecht schützt **Erfindungen** auf dem Gebiet der Technik, die neu sind, auf einer erfinderischen Tätigkeit beruhen und gewerblich anwendbar sind (§ 1 PatG). Eine Erfindung gilt als neu, wenn sie nicht zum **Stand der Technik** gehört. Der Stand der Technik umfasst alle Kenntnisse, die vor dem für den Zeitrang der Anmeldung maßgeblichen Tag durch schriftliche oder mündliche Beschreibung, durch Benutzung oder in sonstiger Weise der Öffentlichkeit zugänglich gemacht worden sind (§ 3 Abs 1 PatG). Die über die „formale Neuheit" hinaus erforderliche erfinderische Tätigkeit, also der qualitative Fortschritt gegenüber dem bisher bekannten technischen Wissen, liegt vor, wenn sich die Erfindung für den Fachmann nicht in naheliegender Weise aus dem Stand der Technik ergibt (§ 4 PatG). Ein Patentrecht setzt eine Anmeldung der Erfindung bei einem nationalen oder dem Europäischen Patentamt voraus und entsteht mit der Veröffentlichung der Patenterteilung im Patentblatt (§ 58 Abs 1 S 3 PatG). Das Patentrecht gewährt dem Rechtsinhaber grundsätzlich das ausschließliche Recht zur Benutzung der patentierten Erfindung (§ 9 S 1 PatG). § 11 PatG sieht jedoch Ausnahmeregelungen u. a. für nicht-gewerbliche Handlungen und Handlungen zu Versuchszwecken vor. Die Schutzdauer beträgt maximal 20 Jahre ab dem Tag nach Anmeldung der Erfindung (§ 16 PatG).

2. Gebrauchsmusterrecht

10 Eine unmittelbare Verwandtschaft mit dem Patentrecht weist das **Gebrauchsmusterrecht** auf. Es fungiert als dessen Unterbau, indem es ein weniger umfangreiches Schutzrecht bietet. Dementsprechend sind die Schutzvoraussetzungen hinsichtlich der Neuheit der Erfindung niedriger als im Patentrecht.[8] Hinsichtlich der Beurteilung des „erfinderischen Schritts" (§ 1 Abs 1 GebrMG) greift der BGH unter Berücksichtigung der abweichenden Definition des Standes der Technik durch § 3 GebrMG auf die im Patentrecht entwickelten Grundsätze zurück.[9] Technische Verfahren sind einem Gebrauchsmusterschutz nicht zugänglich (§ 2 Nr 3 GebrMG). Die Schutzdauer ist auf 10 Jahre begrenzt und ist demzufolge nur halb so lang wie die patentrechtliche (§ 23 Abs 1 und 2 GebrMG).

11 Im Gegensatz zum Patentrecht, das eine amtliche Vorprüfung der materiellen Schutzvoraussetzungen vorsieht, handelt es sich beim Gebrauchsmusterrecht um ein Registerrecht ohne amtliche Vorprüfung. Die Amtsprüfung beschränkt sich auf die Einhaltung der Anmeldeformalitäten. Die Beurteilung der Schutzvoraussetzungen bleibt einem eventuellen Verletzungsprozess vorbehalten.

3. Halbleiterschutz

12 Eine gewisse Verwandtschaft zum Gebrauchsmusterschutz weist der spezielle Schutz elektronischer Halbleiter auf, der auf dem Gesetz über den Schutz von Topografien

---

8 S dazu *Götting* Gewerblicher Rechtsschutz § 12 Rn 5ff.

9 BGH GRUR 2006, 842 Tz 11–20 – *Demonstrationsschrank*. Str ist allerdings die Schlussfolgerung des BGH, dass die Anforderungen an die Erfindungshöhe für Patente und Gebrauchsmuster gleich sind; s dazu *Kraßer/Ann* § 18 Rn 25–37; *Götting* Gewerblicher Rechtsschutz § 13 Rn 11.

von mikroelektronischen Halbleitererzeugnissen vom 22.10.1987 (**Halbleiterschutzgesetz**) beruht. In Anlehnung an den U. S. Semiconductor Chip Protection Act von 1984, der den Anstoß für eine weitgehend übereinstimmende Richtlinie der EG gab, bilden den Gegenstand des Schutzes dreidimensionale Strukturen von mikroelektronischen Halbleitererzeugnissen (Topografien) ebenso wie selbständig verwertbare Teile und Darstellungen zur Herstellung von Topografien. Voraussetzung ist, dass sie eigenartig sind, dh, dass sie als Ergebnis geistiger Arbeit nicht nur durch bloße Nachbildung einer anderen Topografie hergestellt und nicht alltäglich sind (§ 1 HalblSchG). Der Inhaber des Schutzrechts ist gegen Nachbildung sowie dagegen geschützt, dass Andere ohne seine Zustimmung die Topografie oder das diese enthaltene Halbleitererzeugnis anbieten, in Verkehr bringen, verbreiten oder zu diesen Zwecken einführen (§ 6 Abs 1 HalblSchG). Vom Schutz ausgenommen sind Handlungen im privaten Gebrauch zu nicht geschäftlichen Zwecken. Nicht vom Schutz erfasst wird auch die Nachbildung der Topografie zum Zwecke der Analyse, der Bewertung oder der Ausbildung sowie die geschäftliche Verwertung einer auf diese Weise entwickelten Topografie (sog reverse engineering). Voraussetzung für den Schutz ist die Anmeldung beim Deutschen Patent- und Markenamt (DPMA), bei dem ein besonderes Halbleiterregister besteht. Das Verfahren richtet sich im Wesentlichen nach denselben Grundsätzen, die für das Gebrauchsmusterrecht gelten. Die Schutzdauer ist auf 10 Jahre begrenzt.

4. Sortenschutzrecht

Im engen Zusammenhang mit dem Patentrecht steht auch das **Sortenschutzrecht**. Es 13
bietet unabhängig von der Frage, ob die Patentierungsvoraussetzungen vorliegen, einen Schutz für **Pflanzenzüchtungen**, der im Gegensatz zum Patentschutz auch reine Entdeckungen umfasst. Die Wiederholbarkeit ist nicht erforderlich, sondern es genügt Beständigkeit. An die Stelle des patentrechtlichen Offenbarungserfordernisses tritt die Hinterlegung des Sortenmaterials beim Bundessortenamt.

Im Einzelnen müssen folgende Schutzvoraussetzungen erfüllt sein (s § 1 Nr 1–5 14
SortSchG): Unterscheidbarkeit (§ 3 SortSchG), Homogenität (§ 4 SortSchG), Beständigkeit (§ 5 SortSchG), Neuheit (§ 6 SortSchG) und Bezeichnung durch eine eintragbare Sortenbezeichnung (§ 7 SortSchG).

5. Designrecht

Während das Patent- und Gebrauchsmusterrecht den Schutz technischer Leistungen be- 15
zwecken, dient das **Designrecht** in erster Linie dazu, ästhetische Leistungen wie Stoffmuster, Tapeten, Vasen und das Design von Kaffeemaschinen oder Auto-Karosserien zu schützen. Den Schutzgegenstand bilden zweidimensionale Muster und dreidimensionale Modelle, dh Farb- und Formgestaltungen, die bestimmt und geeignet sind, das geschmackliche Empfinden des Betrachters, insb dessen Formensinn, anzusprechen. Dieses nach der deutschen Terminologie ursprünglich als „Geschmacksmusterrecht“ bezeichnete Immaterialgüterrecht wurde zum 1.1.2014 in Designrecht umbenannt.[10]

10 Gesetz zur Modernisierung des Geschmacksmustergesetzes sowie zur Änderung der Regelung über die Bekanntmachung des Ausstellungsschutzes v 10.10.2013, in Kraft getreten zum 1.1.2014.

16 Erforderlich für einen Schutz ist, dass das Muster neu ist und Eigenart hat (§ 2 Abs 1 DesignG), dh das Ergebnis einer eigenpersönlichen schöpferischen Tätigkeit ist. Das **Designrecht** weist trotz der Eigenständigkeit im Sinne des *„design approach"*, die nach der Reform auf EU-Ebene im Jahre 2004 betont wird, enge Berührungspunkte mit dem **Urheberrecht** auf, das daneben ergänzend eingreifen kann, wenn auch dessen Anforderungen an die Gestaltungshöhe bei Werken der angewandten Kunst gemäß § 2 Abs 1 Nr 4 UrhG erfüllt sind.[11] Praktische Bedeutung erlangt dies va deshalb, weil ein Designrecht erst durch die Eintragung in das Register beim DPMA entsteht und seine Schutzfrist auf 25 Jahre begrenzt ist, während das Urheberrecht ohne Eintragungserfordernis *ipso iure* entsteht und sein Schutz bis 70 Jahre nach dem Tode des Urhebers andauert.

17 Ebenso wie das Gebrauchsmuster ist auch das Designrecht ein Registerrecht ohne amtliche Vorprüfung. Die Beurteilung der Schutzvoraussetzungen findet erst im Rahmen eines eventuellen Verletzungsprozesses statt.

6. Kennzeichenrecht

18 Zum Kennzeichenrecht gehören neben der **Marke** auch der **Name** (§ 12 BGB) und die **handelsrechtliche Firma** (§§ 30, 37 HGB). Das Kernstück des Kennzeichenrechts bildet das Markenrecht, das ebenso wie das Patentrecht zumeist durch Eintragung in das vom Patent- und Markenamt geführte Register entsteht (§ 4 Nr 1 MarkenG, Ausnahme: die Benutzungsmarke § 4 Nr 2 MarkenG, die auf der Bekanntheit bzw Verkehrsgeltung beruht). Als Marken schutzfähig sind alle Zeichen, die geeignet sind, Waren oder Dienstleistungen eines Unternehmens von denjenigen anderer Unternehmen zu unterscheiden (§ 3 Abs 1 MarkenG). Vom Markenschutz umfasst werden auch **geschäftliche Bezeichnungen**, wie insb Unternehmenskennzeichen (§ 5 Abs 1, 2 MarkenG). Darunter sind Zeichen zu verstehen, die zur Kennzeichnung eines Geschäftsbetriebs oder Unternehmens benutzt werden. Deren Schutz entsteht nicht durch Eintragung, sondern formlos durch die Priorität der Benutzung gegenüber kollidierenden Zeichen.

19 Anders als das Patentrecht und andere gewerbliche Schutzrechte sowie das **Urheberrecht** gründet sich das Markenrecht nicht auf eine innovative Leistung, sondern bezweckt die Identifizierung von Produkten, Dienstleistungen und Unternehmen durch einen Schutz vor Zuordnungsverwirrungen aufgrund von Verwechslungsgefahren. Dementsprechend ist nicht die Neuheit Schutzvoraussetzung, sondern die Unterscheidungskraft.

20 Das Kennzeichenrecht insgesamt ist Teil des Wettbewerbsrechts im weiteren Sinne, das im Interesse von Konkurrenten und Verbrauchern die Spielregeln des Wettbewerbs festlegt.

---

11 S dazu EuGH GRUR 2019, 1185 – Cofemel/G-Star; BGH GRUR 2014, 175 – *Geburtstagszug* sowie *Götting* Gewerblicher Rechtsschutz § 39 Rn 2.

II. Urheberrecht

Das **Urheberrecht** schützt Werke der Literatur, Wissenschaft und Kunst (§ 1 UrhG), soweit es sich um „persönliche geistige Schöpfungen" (§ 2 Abs 2 UrhG) handelt. Traditionell war der Schutzgegenstand des Urheberrechts auf schöngeistige Leistungen wie Texte, Musikwerke, Werke der bildenden Kunst, Fotografien und Filme ausgerichtet. Dies hat sich durch die Einbeziehung von **Computerprogrammen** (§§ 69a ff UrhG) und **Datenbanken** (§§ 87a ff UrhG) in den Kreis schutzfähiger Werke geändert. Eine Überschneidung ergibt sich daraus, dass für Computerprogramme sowohl urheberrechtlicher als auch patentrechtlicher Schutz erlangt werden kann, wobei letzterer voraussetzt, dass sie in die Lösung einer technischen Aufgabe eingebunden sind.[12] Gleichwohl verlangt das Urheberrecht grundsätzlich eine gewisse persönliche Prägung durch den Schöpfer, während das Patentrecht objektiv auf die Erkenntnis einer „technischen Lehre" abstellt. An dieser wird dem Patentinhaber ein Monopolrecht gewährt. Demgegenüber erstreckt sich der Urheberrechtsschutz nicht auf die Ausnutzung der im Werk verkörperten abstrakten Information, deren Nutzung jedermann freisteht, sondern beschränkt sich auf den konkreten Ausdruck, den diese in der Werkschöpfung gefunden hat. Auf eine kurze Formel gebracht: Geschützt ist nicht der Inhalt, sondern die Darstellung. Deshalb ist auch die gegenüber dem Patentrecht erheblich längere Schutzfrist von 70 Jahren nach dem Tode des Urhebers (§ 64 UrhG) gerechtfertigt, da andere von der Nutzung der in dem Werk enthaltenen Information nicht ausgeschlossen werden, sofern diese nicht untrennbar mit der Darstellung verbunden sind, wie dies bspw bei Abbildungen der Fall sein kann. 21

Das Urheberrecht weist dem Urheber das ausschließliche Recht zu, sein Werk in der Öffentlichkeit zu verwerten. Ergänzt wird der Schutz durch das Urheberpersönlichkeitsrecht (§§ 12–14 UrhG), das das Recht des Urhebers zur Entscheidung über die (Erst-)Veröffentlichung seiner Werke, das Recht auf Anerkennung der Urheberschaft und einen Schutz gegen Entstellungen des Werkes umfasst. 22

Um den Interessen der Nutzer Rechnung zu tragen, enthalten §§ 44a–63a UrhG Schrankenregelungen, zB das Zitatrecht (§ 51 UrhG) und das Privileg zur Vervielfältigung für private Zwecke (§ 53 Abs 1 UrhG). Diese gestatten die Nutzung von Werken, ohne dass hierfür die Zustimmung des Rechtsinhabers erforderlich ist, erfordern aber zT die Zahlung einer Vergütung an den Rechtsinhaber. 23

C. Die Rechtsnatur der gewerblichen Schutzrechte und des Urheberrechts

I. Immaterialität

Als Immaterialgut ist die Leistung, die den Gegenstand des Schutzrechts bildet, streng von ihrer gegenständlichen Verkörperung und dem daran bestehenden Sacheigentum gem § 903 BGB zu unterscheiden. So ist die patentrechtlich geschützte technische Lehre von der Verkörperungsform, die sie zB in einer Maschine gefunden hat, zu trennen. 24

12 S *Götting* Gewerblicher Rechtsschutz § 10 Rn 21.

Das Eigentum an der Maschine verleiht seinem Inhaber nicht das Recht, den in ihr verkörperten Erfindungsgedanken zu verwerten, etwa indem er identische oder ähnliche Maschinen nachbaut. Das Sacheigentum berechtigt lediglich dazu, die erworbene Maschine zu benutzen oder über sie im Rahmen eines Verkaufs durch Übertragung des Eigentums zu verfügen.

II. Ubiquität

25 Die Unabhängigkeit von der Verkörperungsform hat zur Folge, dass die Erfindung als geistiges Gut auch von Zeit und Ort unabhängig ist und potentiell immer und überall von jedermann nutzbar ist, der von ihr erfährt (sog **Ubiquität**). Hieraus resultiert ihre besondere Verletzlichkeit und Schutzbedürftigkeit. Im Unterschied zum Eigentümer einer Sache, der sich mittels bestimmter Vorkehrungen gegen einen Besitzverlust durch Diebstahl schützen kann, sind die Kontrollmöglichkeiten des Eigentümers geistiger Güter äußerst beschränkt.

III. Erschöpfung

26 Eine wesentliche Beschränkung erfahren **Immaterialgüterrechte** generell durch den Grundsatz der **Erschöpfung** (Konsumtion), der zu den tragenden Prinzipien dieses Rechtsgebiets zählt. Er beruht auf dem Gedanken, dass das Recht an dem immateriellen Gut nicht zu einer unberechtigten Beeinträchtigung der Rechte des Sacheigentümers des geschützten Gegenstandes und zu einer Behinderung des freien Wirtschaftsverkehrs führen darf. Der Zweck des Erschöpfungsgrundsatzes lässt sich am Beispiel des Urheberrechts verdeutlichen. Zum einen steht dem Rechtsinhaber grundsätzlich das Recht zu, den vollen wirtschaftlichen Nutzen aus seiner schöpferischen Leistung zu ziehen. Zum anderen wäre es aber nicht gerechtfertigt, wenn der Rechtsinhaber sämtliche Vertriebsvorgänge im Hinblick auf Vervielfältigungsstücke des urheberrechtlich geschützten Werkes kontrollieren könnte. Deshalb besagt der Erschöpfungsgrundsatz, dass ein einmal mit Zustimmung des Rechtsinhabers in den Verkehr gebrachtes Vervielfältigungsstück von Dritten frei weiterverbreitet werden darf. Das Verbreitungsrecht (§ 17 Abs 1 UrhG) ist erschöpft (§ 17 Abs 2 UrhG). Dahinter steht die Erwägung, dass der Rechtsinhaber (zumindest theoretisch) die Möglichkeit hatte, für seine Zustimmung zu der erstmaligen Veräußerung eine entsprechende Entlohnung zu erhalten. Aufgrund des **Territorialitätsprinzips**[13] tritt die Erschöpfung grundsätzlich nur innerhalb des räumlichen Geltungsbereichs des Immaterialgüterrechts ein. Innerhalb der Europäischen Union und des Europäischen Wirtschaftsraums (EWR) erstreckt sich die Erschöpfungswirkung allerdings aufgrund der Zielvorgabe des freien Warenverkehrs auf das Territorium aller Mitgliedstaaten und des gesamten EWR.[14] Dies hat zur Folge, dass Vervielfältigungsexemplare, die in einem Mitgliedstaat mit Zustimmung des Rechtsinhabers auf den Markt gebracht wurden, frei innerhalb der

13 S dazu sogleich u Rn 27.
14 S dazu sogleich u Rn 28.

gesamten EU und des EWR weiterverbreitet werden dürfen. Dagegen kennt das EU-Recht, anders als zB das US-amerikanische Recht, keine internationale Erschöpfung. Daher kann der Rechtsinhaber sein Urheberrecht der Einfuhr von Vervielfältigungsexemplaren entgegenhalten, die mit seiner Zustimmung außerhalb der EU und des EWR auf den Markt gebracht wurden. Die durch die Möglichkeit zur Untersagung nicht-autorisierter Parallelimporte von immaterialgüterrechtlich geschützten Waren entstehenden Handelshemmnisse sind mit Art 6 TRIPS vereinbar.[15]

IV. Territorialität

Nach dem Territorialitätsprinzip ist das Schutzrecht in seiner Wirkung räumlich auf das jeweilige Staatsgebiet beschränkt, mit der Folge, dass es inhaltlich von Staat zu Staat gravierende Divergenzen aufweisen kann, weil die dahinterstehenden rechts- und wirtschaftspolitischen Bewertungen und Entscheidungen erheblich voneinander abweichen können. Hieraus resultieren wesentliche Unterschiede zum Sacheigentum. Bildlich gesprochen:[16] Wer mit seinem Auto die Grenze von Deutschland nach Frankreich passiert, der verliert damit nicht das ihm daran zustehende dingliche Eigentumsrecht, da dieses in Frankreich ebenso anerkannt wird wie in Deutschland. Anders verhält es sich, wenn in Deutschland ein Patentrecht für eine bestimmte technische Vorrichtung des Autos besteht. Das deutsche Patent hat in Frankreich keine Wirkung. Demzufolge ist die in Deutschland geschützte technische Vorrichtung in Frankreich völlig ungeschützt und damit für jedermann frei verwertbar, wenn nicht auch in Frankreich hierfür ein Patent angemeldet wurde. Diese Territorialität steht im krassen Gegensatz zur **Ubiquität** des Schutzgegenstandes, die aus seiner Unabhängigkeit von der Verkörperungsform resultiert. Hieraus ergibt sich eine territoriale Fragmentierung der immaterialgüterrechtlichen Rahmenbedingungen, die bislang nur in begrenztem Maße durch eine supranationale Vereinheitlichung, wie zB durch die Unionsmarke,[17] überwunden wird. 27

D. Europäisches Recht

I. Überblick

Zwischen den territorial begrenzten Schutzrechten des geistigen Eigentums und dem Ziel eines freien Waren- und Dienstleistungsverkehrs im gemeinschaftsweiten Binnenmarkt besteht insb durch Wettbewerbsverzerrungen aufgrund unterschiedlicher Schutzniveaus ein Spannungsverhältnis. Punktuell hat schon die Rechtsprechung des EuGH zu den Grundfreiheiten, dem Diskriminierungsverbot sowie Art. 101, 102 AEUV zu einer Vereinheitlichung des Immaterialgüterrechts geführt. Ein Beispiel hierfür ist die Ausdehnung des Erschöpfungsgrundsatzes auf alle auf dem Gebiet der EU mit Zu- 28

---

15 S dazu Rn 102.

16 S *Chrocziel* 23 Rn 101.

17 Dazu su Rn 35ff.

stimmung des Rechtsinhabers in den Verkehr gebrachten Güter.[18] Eine solche punktuelle Rechtsangleichung mittels Rechtsprechung wird in der Regel durch Deregulierung, dh durch eine Reduktion des immaterialgüterrechtlichen Schutzes bewirkt, soweit dieser ein nicht gerechtfertigtes Hindernis für die Grundfreiheiten darstellt. Eine umfassende Harmonisierung setzt dagegen legislative Maßnahmen wie Richtlinien oder Verordnungen voraus. Daher werden auf europäischer Ebene seit geraumer Zeit Anstrengungen zur Rechtsangleichung oder gar Rechtsvereinheitlichung unternommen. Auf dem Gebiet der **Immaterialgüterrechte** sind dabei grundsätzlich zwei Vorgehensweisen zu unterscheiden: Zum einen wird durch europäische **Richtlinien**, die in das jeweilige nationale Recht umzusetzen sind, eine Vereinheitlichung der nationalen Regelungen angestrebt. Zum anderen wurden durch unmittelbar anwendbare **Verordnungen** in verschiedenen Bereichen für die gesamte EU geltende Schutzrechte – wie zB die mittlerweile in Unionsmarke umbenannte Gemeinschaftsmarke, das Gemeinschaftsgeschmacksmuster und das Gemeinschaftssortenschutzrecht geschaffen.[19] Dabei ist die Vereinheitlichung des Markenrechts am weitesten fortgeschritten.

II. Europäisches Patentrecht

29 Im Bereich des europäischen Patentrechts war bislang nur eine punktuelle Rechtsangleichung der nationalen Patentrechtsordnungen durch die Richtlinie 98/44 über den rechtlichen Schutz biotechnologischer Erfindungen[20] sowie die Enforcement-Richtlinie 2004/48, die materielle und prozessuale Rechtsbehelfe zur Durchsetzung von Schutzrechten des geistigen Eigentums harmonisiert, konsensfähig.[21] Zudem erlaubt die Verordnung 816/2006 die Zwangslizenzierung von Patenten betreffend die Herstellung von pharmazeutischen Erzeugnissen für die Ausfuhr in bedürftige Länder, um diesen den Zugang dringend benötigten, erschwinglichen Arzneimitteln zu erleichtern.[22] Dagegen scheiterte die Richtlinie für computerimplementierte Erfindungen[23] 2005 aufgrund der Ablehnung des Europäischen Parlaments. Eine grundlegende Rechtsangleichung **außerhalb des Europäischen Unionsrechts** wird zudem durch das aus dem Jahr 1973 stammende und 2000 grundlegend reformierte **Europäische**

18 S zB EuGH, Rs 78/70, Slg1971, 487, Rn 12 – *Deutsche Grammophon/Metro*. S auch oben Rn 26. Zum Diskriminierungsverbot s EuGH, verb. Rs C-92, 326/92, Slg 1993, I-5145, Rn 30ff – *Collins und Patricia Im- und Export/Imtrat und EMI Electrola*, zum Kartellrecht EuGH, Slg 1995, I-743 = GRUR Int. 1995, 490 – *Magill*; EuGH, Slg. 2004, I-5069 = GRUR 2004, 524 – *IMS Health*.

19 *Götting* Gewerblicher Rechtsschutz §§ 66f.

20 Richtlinie Nr 98/44/EG des Europäischen Parlaments und des Rates v 6.7.1998 über den rechtlichen Schutz biotechnologischer Erfindungen ABl EU 1998 L 213/13, umgesetzt durch das Gesetz zur Umsetzung der Richtlinie über den rechtlichen Schutz biotechnologischer Erfindungen v 21.1.2005, BGBl I, 146.

21 Richtlinie Nr 2004/48/EG zur Durchsetzung der Rechte des geistigen Eigentums v 29.4.2004, ABl EU 2004 L 195/16, umgesetzt durch das Gesetz zur Verbesserung der Durchsetzung von Rechten des geistigen Eigentums v 7.7.2008, BGBl I, 1191.

22 ABl 2006 L 157/1.

23 KOM(2002) 92 endg.

Patentübereinkommen (EPÜ) erreicht,[24] das **auf der Grundlage eines völkerrechtlichen Vertrags** begründet wurde. Zu seinen insgesamt 38 Mitgliedern gehören neben den EU-Mitgliedstaaten auch weitere Staaten, sowie weitere Erstreckungs- und Validierungsstaaten, auf die die Schutzwirkung erstreckt oder für die eine Validierung beantragt werden kann. Das europäische Patent (Art 2 Abs 1 EPÜ) ist jedoch nur ein sog **Bündelpatent**, denn es begründet aufgrund der Erteilung durch das Europäische Patentamt keinen für alle Vertragsstaaten einheitlichen Schutz, sondern nur für die Vertragsstaaten, für die der Anmelder Patentschutz begehrt (sog à-la-carte-System). Es hat dieselbe Wirkung und unterliegt denselben Vorschriften wie ein im jeweiligen Staat erteiltes nationales Patent (Art 2 Abs 2 EPÜ). Dies bedeutet, dass das europäische Patent zwar nach den Bestimmungen des EPÜ vom Europäischen Patentamt erteilt wird, dass sich sein weiteres Schicksal aber nach den nationalen Bestimmungen der jeweiligen Vertragsstaaten richtet. Das Territorialitätsprinzip wird somit nicht durchbrochen, sondern bleibt unangetastet (vgl Art 3 EPÜ). Eine gewisse Abmilderung erfährt diese fortbestehende Aufsplitterung in nationale Schutzrechte dadurch, dass die nationalen Patentgesetze der Mitgliedstaaten im Wesentlichen nach den Grundsätzen des EPÜ harmonisiert sind. Allerdings garantieren selbst im Wortlaut identische Regelungen keine einheitliche Rechtsanwendung, da deren Auslegung durch die nationale Rechtsprechung im Lichte ganz unterschiedlicher Traditionen erfolgt und daher auch zu unterschiedlichen Resultaten führt.

Da abgesehen von der Schweiz, Island, Liechtenstein, Monaco, der ehemaligen **30**
jugoslawischen Republik Nordmazedonien, Norwegen und der Türkei alle anderen Mitgliedstaaten des **EPÜ** gleichzeitig Mitgliedstaaten der EU sind, lag es nahe, das europäische Patentrecht in den institutionellen Rahmen der EU zu integrieren. Verschiedene Bemühungen zur Einführung eines Gemeinschaftspatents blieben jedoch zunächst erfolglos. Das bereits 1975 von den neun Staaten der EG unterzeichnete **Gemeinschaftspatent-Übereinkommen** (**GPÜ**)[25] in der Fassung vom Dezember 1989 ist bislang im Wesentlichen an der ungeklärten Sprachenfrage gescheitert. Da die Gemeinschaftspatentschriften vollständig in alle Sprachen der Mitgliedstaaten übersetzt werden sollten (Art 30 Abs 1 und 2 GPÜ), wären äußerst hohe Übersetzungskosten entstanden, die va von kleineren und mittleren Unternehmen kaum zu tragen wären. Daher wurde erwogen, auf anderem Wege als über das GPÜ, nämlich durch Beitritt der EU als solche zum EPÜ, ein einheitliches, europaweites Patentrecht zu schaffen. Gleichzeitig sollte auf der Grundlage von Art 352 AEUV eine Gemeinschaftspatentverordnung erlassen werden, die eine Symbiose zwischen dem Gemeinschaftspatent und dem Europäischen Patentübereinkommen herstellen sollte.[26] In diesem Zusammenhang wurde auch die Einrichtung einer europäischen Patentgerichtsbarkeit mit einem letztinstanzlich entscheidenden, gemeinsamen europäischen Gericht (Europäisches Gericht für geistiges Eigentum) vorgeschlagen, um eine einheitliche Entwicklung der Rechtsprechung zu gewährleisten. Jedoch scheiterten diese Pläne zunächst daran, dass der EuGH das geplante Übereinkommen zur Schaffung eines vereinheitlichten Systems für die Regelung von Patentstreitigkeiten mit dem EUV und AEUV als nicht

---

24 *Götting* Gewerblicher Rechtsschutz §§ 32ff.
25 *Götting* Gewerblicher Rechtsschutz § 34.
26 S KOM(2000) 412 endg 5ff.

vereinbar ansah.[27] Auch die Lösung des Sprachenproblems blieb weiterhin schwierig. Während 25 Mitgliedstaaten die Beschränkung auf die drei Amtssprachen Deutsch, Englisch und Französisch akzeptierten, widersetzten sich Italien und Spanien.

31 Um das Scheitern des Einheitspatents zu verhindern, beschloss der Europäische Rat am 10.03.2011, die Einführung eines EU-weiten Patentsystems im Wege der Verstärkten Zusammenarbeit (Art 20 EUV; Art 118 AEUV) zunächst ohne diese beiden Mitgliedstaaten voranzutreiben.[28] Das „EU-Patentpaket" stützt sich auf drei Säulen, nämlich die am 17.12.2012 beschlossene Einheitspatent-VO (EPVO),[29] die dazugehörige Übersetzungsverordnung[30] sowie das Übereinkommen über ein einheitliches Patentgericht (EPGÜ).[31]

32 Das geplante Einheitspatent beruht auf der Regelung des Art 142 EPÜ, wonach eine Gruppe von Vertragsstaaten, die in einem besonderen Übereinkommen, hier der EPVO,[32] bestimmt hat, dass die für diese Staaten erteilten europäischen Patente für die Gesamtheit ihrer Hoheitsgebiete einheitlich gelten, vorsehen kann, dass europäische Patente nur für alle diese Staaten gemeinsam erteilt werden können. Das „europäische Patent mit einheitlicher Wirkung" ist somit ein EPÜ-Patent, das mit seiner Erteilung einheitliche Wirkung entfaltet (vgl dazu Art 3 Abs 2 EPVO). Das materielle Patentrecht wird hingegen in Art 5 EPVO nur fragmentarisch geregelt. Die in dem ursprünglichen Entwurf enthaltenen materiellen Regelungen sind aufgrund des Widerstands einiger Mitgliedstaaten, insbesondere des damaligen Mitgliedstaats Großbritanniens, in das EPGÜ aufgenommen worden, um sie der Auslegung durch den für seine unzureichende Qualität seiner Rechtsprechung auf dem Gebiet des Immaterialgüterrechts häufig kritisierten EuGH zu entziehen.

33 Das auf einem völkerrechtlichen Übereinkommen beruhende einheitliche Patentgericht wird aus zwei Instanzen bestehen, nämlich einem Gericht Erster Instanz, das eine Zentralkammer sowie dezentrale örtliche bzw. regionale Kammern umfasst, sowie einem Berufungsgericht. Um der Rechtsprechungskompetenz des EuGH Rechnung zu tragen, gilt das einheitliche Patentgericht als ein gemeinsames Gericht der Vertragsmitgliedstaaten und unterliegt daher denselben unionsrechtlichen Verpflichtungen wie die nationalen Gerichte, den Vorrang des Unionsrechts zu achten und bei Unklarheiten über die Auslegung der EPVO ggf dem EuGH im Rahmen des Vorabentscheidungsverfahrens vorzulegen (Art 1, 20, 21 EPGÜ).

---

27 EuGH Gutachten 1/09, GRUR Int. 2011, 309.

28 Die Nichtigkeitsklagen Italiens und Spaniens gegen den Beschluss des Rates wies der EuGH ab, s EuGH verb Rs C-274/11 und C-295/11 GRUR Int 2013, 542 – *Spanien und Italien*. Inzwischen wurde das EPGÜ auch von Italien ratifiziert.

29 Verordnung (EU) Nr 1257/2012 des Europäischen Parlaments und des Rates vom 17.12.2012 über die Umsetzung der Verstärkten Zusammenarbeit im Bereich der Schaffung eines einheitlichen Patentschutzes, ABl EU L 361/1 v 31.12.2012.

30 Verordnung (EU) Nr 1260/2012 des Europäischen Parlaments und des Rates v 17.12.2012 über die Umsetzung der Verstärkten Zusammenarbeit bei der Schaffung eines einheitlichen Patentschutzes im Hinblick auf die anzuwendenden Übergangsregelungen, ABl EU Nr L 361/89 v 31.12.2012.

31 Übereinkommen über ein einheitliches Patentgericht v 11.01.2013, Rat der Europäischen Union, Dok 16351/12.

32 Allerdings wird im Schrifttum bezweifelt, ob eine EU-Verordnung als besonderes Übereinkommen iS von Art 142 EPÜ angesehen werden kann, s *Stjerna* Mitt 2012, 54/57.

Sowohl die EPVO als auch das EPGÜ sind politische Kompromisse. Es ist zwar zu begrüßen, dass nach fast vier Jahrzehnten endlich ein Durchbruch erzielt wurde. Unklar bleibt allerdings, ob das „EU-Patentpaket" den Voraussetzungen des Unionsrechts, insbesondere Art 118 Abs 1 AEUV, genügt und ob die Auslegungskompetenz des EuGH auf die EPVO beschränkt bleibt oder sich durch die Hervorhebung der Einheitlichkeit des Schutzes in Art 5 Abs 2 EPVO auch auf das EPGÜ erstreckt.[33] Wann das einheitliche Patentsystem Anwendung finden wird, lässt sich derzeit nicht absehen. Zwar sind die EPVO und die Übersetzungsverordnung bereits am 20. Januar 2013 in Kraft getreten. Sie finden aber erst ab dem Tag Anwendung, an dem das EPGÜ in Kraft tritt, dh am ersten Tag des vierten Monats nach Hinterlegung der 13. Ratifikations- oder Beitrittsurkunde (sofern darunter die Urkunden der drei Staaten sind, in denen es im Jahr vor dem Jahr der Unterzeichnung des Übereinkommens die meisten gültigen europäischen Patente gab, dh Deutschland, Frankreich und Vereinigtes Königreich, Art 89 EPGÜ). In Deutschland hat das BVerfG inzwischen entschieden, dass das Zustimmungsgesetz zum EPGÜ nicht verfassungsgemäß und daher nichtig ist.[34] Auch wenn die Bundesregierung inzwischen ein neues Zustimmungsgesetz auf den Weg gebracht hat,[35] bleibt die Zukunft des Einheitspatentsystems mit Unsicherheiten behaftet, da sich das Vereinigte Königreich aus dem Einheitspatentsystem zurückgezogen hat. 34

III. Europäisches Markenrecht

1. Materielles Markenrecht

Während es im Patentrecht bisher nicht gelungen ist, ein einheitliches, im gesamten Gebiet der Union wirksames Schutzrecht zu schaffen, konnte dieses Ziel im Markenrecht durch Erlass der auf Art. 352 AEUV gestützten **Unionsmarkenverordnung (UMV)** erreicht werden. Die Unionsmarkenverordnung trat am 6.7.2017 in Kraft und löste damit die bisher geltende Gemeinschaftsmarkenverordnung ab.[36] Das für die Anmeldung zuständige *Amt der Europäischen Union für geistiges Eigentum* (**EUIPO**) (Art 2 UMV) hat seinen Sitz in Alicante, Spanien. Die Schaffung der Unionsmarke dient dem Zweck, die Vollendung und das reibungslose Funktionieren des Binnenmarktes zu fördern. Es soll den Unternehmen die Möglichkeit eröffnet werden, ein Markenrecht zu erwerben, das ihnen erlaubt, ihre Waren und Dienstleistungen gemeinschaftsweit ohne Rücksicht auf nationale Grenzen zu kennzeichnen. Dies bietet Unternehmen, die 35

33 S dazu und zu weiteren Fragen, jeweils mwN, *Götting* Gewerblicher Rechtsschutz § 35; *Luginbühl* GRUR Int 2013, 305; *Ohly* ZGE 2012, 419; *Pagenberg* GRUR 2012, 582.

34 BVerfG GRUR 2020, 506.

35 BT-Drs 19/22847.

36 Verordnung (EU) Nr 2017/1001 des Europäischen Parlaments und des Rates über die Unionsmarke v 14.6.2017 (ABl 2017 L 154/1), vormals Verordnung (EG) Nr 207/2009 des Rates über die Gemeinschaftsmarke v 26.2.2009 (ABl 2009 L 78/1) (kodifizierte Fassung), vormals Nr 40/94 des Rates über die Gemeinschaftsmarke, v 20.12.1993 (ABl 1994 L 11/1). Zu den am 27.3.2013 veröffentlichten Änderungsvorschlägen der Kommission s *Sack* GRUR 2013, 657.

im europäischen Rahmen operieren, die Möglichkeit, ihre Absatzstrategien unionsweit einheitlich zu konzipieren.

36 Entsprechend ihrer Zielsetzung ist die UMV vom **Prinzip der Einheitlichkeit** geprägt. Sofern nicht ausdrücklich etwas anderes bestimmt ist, hat die Unionsmarke eine einheitliche Wirkung für die Union: Sie kann nur für dieses gesamte Gebiet eingetragen oder übertragen werden oder Gegenstand eines Verzichts oder einer Entscheidung über den Verfall der Rechte des Inhabers oder die Nichtigkeit sein und ihre Benutzung kann nur für die gesamte Union untersagt werden (Art 1 Abs 2 UMV).

37 Das Unionsmarkenrecht ersetzt nicht die nationalen Markenrechte, die daneben fortbestehen, weil insb kleinere und mittlere Unternehmen ein Interesse daran haben, ein nur national wirkendes Markenrecht zu erwerben. Durch die Markenrechtsrichtlinie[37] wurden die Markenrechte der Mitgliedstaaten harmonisiert. Durch das geltende deutsche Markenrecht, das am 1.1.1995 in Kraft getreten ist, wurden die Vorgaben der Markenrechtsrichtlinie schließlich umgesetzt. Das Gesetz beschränkt sich in seinem Anwendungsbereich nicht nur auf Marken, sondern erstreckt sich auch auf geschäftliche Bezeichnungen und geografische Herkunftsangaben. Mit der Konzeption einer Gesamtkodifikation des Kennzeichenrechts geht das deutsche Recht weit über die Vorgaben der Harmonisierungsrichtlinie hinaus, die sich ausschließlich auf den Markenschutz im engeren Sinne, also den formellen Schutz eingetragener Marken, bezieht und im Gegensatz zum deutschen Recht nicht nur die nicht eingetragene Benutzungsmarke, sondern auch die geschäftlichen Bezeichnungen und geografischen Herkunftsangaben von der Regelung ausnimmt.

2. Verfahrensrechtliche Regelungen der Unionsmarke

a) Anmelde- und Eintragungsverfahren

38 Die Einreichung der Anmeldung kann beim **EUIPO** in Alicante erfolgen (Art 30 UMV). Die **Anmeldung der Unionsmarke** muss einen Antrag auf Eintragung, Angaben zur Feststellung der Identität des Anmelders, ein Verzeichnis der Waren oder Dienstleistungen, für die die Eintragung begehrt wird, sowie die Wiedergabe der Marke enthalten (Art 31 UMV; Art 2, 3 DVO UMV).

39 Im Unterschied zum deutschen Recht (vgl § 33 MarkenG) erhält die Anmeldung der Unionsmarke den für den Zeitrang maßgeblichen Anmeldetag erst dann, wenn die Anmeldegebühr innerhalb einer Frist von einem Monat nach Einreichung der Unterlagen gezahlt wird (Art 32, 31 Abs 2 UMV). Dies hat zur Folge, dass ein Prioritätsrecht aus einer Unionsmarkenanmeldung erst dann entsteht, wenn die Anmeldegebühr fristgerecht entrichtet worden ist.

b) Rechtsmittel

40 Als Rechtsmittelinstanz fungieren im **EUIPO** Beschwerdekammern, bei denen die Entscheidungen der Prüfer, der Widerspruchsabteilungen, der Registerabteilung und der

37 Erste RL des Rates zur Angleichung der Rechtsvorschriften der Mitgliedstaaten über die Marken Nr 104/89, ABl EG 1988 L 40/1, aufgehoben und ersetzt durch die RL Nr 2008/95/EG, ABl EG 2008 L 299/25, aufgehoben und ersetzt durch die RL (EU) 2015/2436, ABl L 336/1.

Nichtigkeitsabteilungen auf Antrag eines Beteiligten angefochten werden können, sofern dieser durch die getroffene Entscheidung beschwert ist (Art 66, 67 UMV). Die Einreichung der **Beschwerde** unterliegt einer Frist von zwei Monaten und die vorgeschriebene Begründung einer Frist von vier Monaten nach Zustellung der angefochtenen Entscheidung. Die Beschwerde gilt erst als eingelegt, wenn die Beschwerdegebühr entrichtet worden ist (Art 68 UMV). Die Entscheidungen der Beschwerdekammern sind gem Art 72 UMV innerhalb einer Frist von zwei Monaten nach Zustellung beim EuGH mit einer Klage anfechtbar, die jedoch nur auf bestimmte Rechtsverletzungen gestützt werden kann. Sie ist zulässig wegen Unzuständigkeit, der Verletzung wesentlicher Formvorschriften, der Verletzung des Vertrags, der Verordnung über die Unionsmarke oder einer bei ihrer Durchführung anzuwendenden Rechtsnorm oder wegen Ermessensmissbrauchs. Klagebefugt sind die an dem Verfahren vor den Beschwerdekammern Beteiligten, soweit sie durch die Entscheidung beschwert sind.

c) Die Unionsmarkengerichte

Die Mitgliedstaaten haben für ihr Gebiet eine möglichst geringe Anzahl nationaler Gerichte erster und zweiter Instanz zu benennen, die als Unionsmarkengerichte die ihnen durch die UMV zugewiesenen Aufgaben im Zusammenhang mit Streitigkeiten über die Verletzung und Rechtsgültigkeit der Unionsmarken wahrnehmen (Art 123 Abs 1 UMV). Im Einzelnen sind die Unionsmarkengerichte ausschließlich zuständig für Verletzungsklagen, negative Feststellungsklagen, Entschädigungsklagen nach Art 11 Abs 2 UMV und Widerklagen auf Erklärung des Verfalls oder der Nichtigkeit einer Unionsmarke (Art 124 UMV). 41

Die örtliche Zuständigkeit der Unionsmarkengerichte bestimmt sich nach dem nationalen Recht der Mitgliedstaaten. Nach dem deutschen Markenrecht gelten diesbezüglich diejenigen Vorschriften, die auch für die beim DPMA registrierten Marken zur Anwendung kommen. Hilfsweise ist das Gericht örtlich zuständig, bei dem der Kläger seinen allgemeinen Gerichtsstand hat (§ 125g MarkenG). Gem § 125e Abs 1 MarkenG sind als Unionsmarkengerichte erster Instanz im Sinne des Art 123 Abs 1 UMV die Landgerichte ohne Rücksicht auf den Streitwert ausschließlich zuständig. Unionsmarkengericht zweiter Instanz ist das Oberlandesgericht, in dessen Bezirk das Unionsmarkengericht erster Instanz seinen Sitz hat. Analog zur Regelung des § 140 Abs 2 MarkenG für Kennzeichenstreitsachen werden die Landesregierungen gem § 125e Abs 3 MarkenG dazu ermächtigt, durch Rechtsverordnung eine Zuständigkeitskonzentration vorzusehen, wonach die Unionsmarkenstreitsachen für die Bezirke mehrerer Unionsmarkengerichte einem dieser Gerichte zugewiesen werden. Durch eine entsprechende Vereinbarung der Länder kann dies auch über die Ländergrenzen hinweg geschehen (Abs 4). Das Revisionsgericht in Unionsmarkenstreitsachen ist der BGH (Art 133 Abs 3 UMV). 42

Für Klagen, die nicht nach Art 124 UMV den Unionsmarkengerichten zugewiesen sind und etwa Streitigkeiten aufgrund einer Übertragung oder Lizenz betreffen, richtet sich die örtliche und sachliche Zuständigkeit nach den Regelungen, die in dem jeweiligen Mitgliedstaat für eingetragene nationale Marken gelten (Art 134 Abs 1 UMV). 43

IV. Europäisches Sortenschutzrecht

44 Nach der im Jahre 1994 erlassenen **Verordnung über den gemeinschaftlichen Sortenschutz** kann beim Gemeinschaftlichen Sortenamt in Angers, Frankreich, ein für die gesamte EU geltendes einheitliches **Sortenschutzrecht** erlangt werden. Der Schutz dauert bis zum Ende des 25. und bei bestimmten Sorten bis zum Ende des 30. auf die Erteilung folgenden Kalenderjahres (§ 13 SortSchG, Art 19 SortSchVO).

V. Das Europäische Geschmacksmusterrecht

1. Materielles Recht

45 Im Rahmen der Europäisierung und Harmonisierung des rechtlichen Schutzes von Designs wurde von der EU-Kommission ein Konzept gewählt, wie es ähnlich bereits auf dem Gebiet des Markenrechts Mitte der 1990er Jahre verwirklicht werden konnte.[38] Mittels einer Richtlinie sollte die Angleichung der wichtigsten Vorschriften der nationalen Rechte der Mitgliedstaaten erreicht und dadurch Wettbewerbsbehinderungen und -verzerrungen beseitigt werden. Um daneben das aus dem Grundsatz der Territorialität gewerblicher Schutzrechte resultierende Erfordernis der separaten Eintragung des Musters in jedem einzelnen Mitgliedstaat zu beseitigen, wurde außerdem die Schaffung eines einheitlichen Schutzrechts für das Gebiet der gesamten Gemeinschaft angestrebt. Dafür eignete sich, wie bereits im Markenrecht realisiert, das Instrument der Verordnung.

46 Im Jahr 1993 legte die EU-Kommission sowohl einen **Vorschlag für eine Verordnung** als auch **für eine Richtlinie betreffend den Schutz von Geschmacksmustern** vor. Im Zuge des weiteren Verfahrens wurden die beiden, sachlich eigentlich nicht voneinander zu trennenden Vorschläge entkoppelt. Grund dafür waren die unterschiedlichen Rechtsgrundlagen, auf welche Verordnung und Richtlinie gestützt werden mussten. Während erstere nur aufgrund von Art 352 AEUV ergehen konnte, der die Einstimmigkeit im Rat erforderte, ließ sich die Richtlinie auf Art 95 AEUV mit dem daraus resultierenden Verfahren der Mitentscheidung des Europäischen Parlamentes stützen.

47 Die Richtlinie wurde am 13.10.1998 verabschiedet. Die Vorgaben der Richtlinie wurden mit Inkrafttreten des neuen GeschmMG am 1.6.2004 umgesetzt. Mehr als drei Jahre nach Verabschiedung der Richtlinie wurde am 12.12.2001 auch die Gemeinschaftsgeschmacksmusterverordnung (GGVO) als VO (EG) 6/2002 angenommen,[39] die schließlich gem Art 111 Abs 1 GGVO am 6.3.2002 in Kraft trat.[40] Anders als im deutschen Recht ist noch keine Umbenennung in Designrecht erfolgt, so dass dieses Rechtsgebiet auf EU-Ebene weiterhin als Geschmacksmusterrecht bezeichnet wird.

48 Das Prinzip der Einheitlichkeit prägt auch die GGVO. Demgemäß hat das Gemeinschaftsgeschmacksmuster eine EU-weit einheitliche Wirkung. Es kann nur für das gesamte Gebiet eingetragen oder übertragen werden oder Gegenstand eines Verzichts

---

38 S *Götting* Gewerblicher Rechtsschutz § 38.
39 ABl EG 2002 L 3/1.
40 S *Götting* Gewerblicher Rechtsschutz §§ 48ff.

oder einer Entscheidung über die Nichtigkeit sein, und seine Benutzung kann nur für die gesamte Gemeinschaft untersagt werden (Art 1 Abs 3 GGVO).

Das Gemeinschaftsgeschmacksmusterrecht führt, dem Schutzkonzept entsprechend, nicht zu einer Beseitigung der nationalen Musterrechte. Das Nebeneinander von gemeinschaftlichem und nationalem Recht trägt den Bedürfnissen der am Markt tätigen Unternehmen Rechnung. Während größere, gemeinschaftsweit tätige Unternehmen unkompliziert ein einheitliches Schutzrecht erlangen können, wird den kleinen und mittleren Unternehmen weiterhin die Möglichkeit gewährt, ein ausschließlich national wirkendes Schutzrecht zu erhalten. Dies ist insb unter Kostengesichtspunkten von Bedeutung. 49

Ein wesentlicher Unterschied zu den Bestimmungen der Richtlinie und zum deutschen Recht besteht darin, dass das Gemeinschaftsgeschmacksmuster durch zwei verschiedene Formen geschützt werden kann. Die GGVO sieht einen Schutz als nicht eingetragenes Gemeinschaftsgeschmacksmuster (Art 1 Abs 2a GGVO) sowie als eingetragenes Gemeinschaftsgeschmacksmuster (Art 1 Abs 2b GGVO) vor. Der Unterschied liegt in der Form der Entstehung des Schutzrechts. 50

Ein nicht eingetragenes Gemeinschaftsgeschmacksmuster kann ohne förmliche Eintragung für eine Maximaldauer von drei Jahren ab dem Tag erlangt werden, an dem es der Öffentlichkeit erstmals zugänglich gemacht wurde. Ein Muster gilt dann als zugänglich gemacht, wenn es dergestalt offenbart wurde, dass dies den in der Gemeinschaft tätigen Fachkreisen des betreffenden Wirtschaftszweiges im normalen Geschäftsverlauf bekannt sein konnte (Art 11 Abs 1, 2 GGVO). Das nicht eingetragene Gemeinschaftsgeschmacksmuster entsteht bei Vorliegen aller materiellen Schutzvoraussetzungen im Zeitpunkt der Fertigstellung des Erzeugnisses. Es handelt sich folglich um einen *ipso iure* entstehenden Schutz, der von der Form her Parallelen zum Urheberrecht aufweist. Angesichts der relativ geringen Anforderungen an die Erlangung des Rechts ist dessen Schutzbereich jedoch eng. Ob und wie das nicht eingetragene Gemeinschaftsgeschmacksmuster von den betroffenen Wirtschaftszweigen angenommen wird, bleibt abzuwarten. 51

Die Schutzdauer des eingetragenen Gemeinschaftsgeschmacksmusters beträgt 5 Jahre vom Tag der Anmeldung gerechnet und kann auf Antrag um Zeiträume von jeweils weiteren 5 Jahren bis zu einer Gesamtlaufzeit von 25 Jahren verlängert werden. Die Verlängerung wird unter der Voraussetzung eines Antrags sowie der Zahlung der Verlängerungsgebühr innerhalb eines Zeitraums von sechs Monaten vor Ablauf des Tages des Monats, in dem die Schutzdauer endet, gewährt. Sie kann auch noch nachträglich erfolgen, soweit für die Antragstellung bzw die Zahlung eine Nachfrist von sechs Monaten nach Ablauf dieses Tages eingehalten und die Zuschlaggebühr entrichtet wird (vgl Art 12, 13 GGVO). Die Verlängerung wird im Musterregister eingetragen und am Tag nach Ablauf der bestehenden Eintragung wirksam. 52

Das Recht am Gemeinschaftsgeschmacksmuster erlischt entweder mit dem Ablauf der Schutzdauer oder wenn ein Antrag auf Verlängerung nicht oder nicht rechtzeitig gestellt wird. 53

2. Verfahrensrechtliche Regelungen des Gemeinschaftsgeschmacksmusters

a) Anmelde- und Eintragungsverfahren

54 Die **Einreichung der Anmeldung** kann beim **EUIPO** oder beim jeweiligen nationalen Patentamt – in Deutschland also beim DPMA – erfolgen (Art 35 GGVO). Die Anmeldung **des Gemeinschaftsgeschmacksmusters** muss einen Antrag auf Eintragung, Angaben zur Feststellung der Identität des Anmelders sowie eine zur Reproduktion geeignete Wiedergabe des Geschmacksmusters enthalten (Art 36 Abs 1 GGVO). Ferner setzt die Anmeldung zwingend voraus, dass die Erzeugnisse angegeben werden, in die das Muster aufgenommen oder bei denen es verwendet werden soll (Art 36 Abs 2 GGVO). Bei der Anmeldung ist eine Anmelde- sowie Bekanntmachungsgebühr zu entrichten (Art 36 Abs 4 GGVO). Die Verordnung ermöglicht dem Anmelder, mehrere Geschmacksmuster in einer Sammelanmeldung zusammenzufassen (Art 37 GGVO).

b) Rechtsmittel

55 Einheitliches Rechtsmittel gegen Entscheidungen über die Eintragung oder deren Ablehnung des EUIPO ist die **Beschwerde** nach Art 55 Abs 1 GGVO, die den am Verfahren Beteiligten zusteht, sofern diese beschwert sind (Art 56 GGVO). Die Beschwerde muss innerhalb einer Frist von zwei Monaten ab Zustellung der Entscheidung schriftlich beim EUIPO eingelegt werden; sie gilt allerdings erst dann als eingelegt, wenn die Beschwerdegebühr entrichtet worden ist. Die Beschwerde wird der Beschwerdekammer nur dann vorgelegt, wenn die Dienststelle, deren Entscheidung angefochten wurde, der Beschwerde nicht abhilft (Art 58 GGVO). Ist die Beschwerde zulässig, ergeht nach der Prüfung der Begründetheit eine Beschwerdeentscheidung (Art 60 GGVO). Diese ist innerhalb einer Frist von zwei Monaten nach Zustellung mit einer Klage beim EuGH anfechtbar, die jedoch nur auf bestimmte Rechtsverletzungen gestützt werden kann (Art 61 GGVO). Gerügt werden können die Unzuständigkeit, die Verletzung wesentlicher Verfahrensvorschriften des Vertrags, der Verordnung oder der Durchführungsverordnung sowie ein Ermessensmissbrauch.

c) Gemeinschaftsgeschmacksmustergerichte

56 Die Mitgliedstaaten haben nach Art 80 GGVO für ihr Gebiet eine möglichst geringe Anzahl nationaler Gerichte erster und zweiter Instanz zu benennen, die als **Gemeinschaftsgeschmacksmustergerichte** die ihnen durch die GGVO zugewiesenen Aufgaben wahrnehmen. Dies betrifft Streitigkeiten über die Verletzung und die Rechtsgültigkeit eines Gemeinschaftsgeschmacksmusters (Art 81 GGVO). Im Einzelnen sind die Gerichte ausschließlich zuständig für Verletzungsklagen, Klagen auf Feststellung der Nichtverletzung, Klagen auf Erklärung der Nichtigkeit des nicht eingetragenen Musters sowie für Widerklagen auf Erklärung der Nichtigkeit eines Gemeinschaftsgeschmacksmusters, die im Zusammenhang mit Verletzungsklagen erhoben werden. Die Verordnung regelt auch die internationale Zuständigkeit. Grundsätzlich ist demnach das Gericht des Mitgliedstaates zuständig, in dem der Beklagte seinen Wohnsitz hat (Art 82 Abs 1 GGVO). Für Verletzungsklagen sind auch die Gerichte des Mitgliedstaates zuständig, in dem die Verletzungshandlung begangen worden ist (Art 82 Abs 5 GGVO), wobei dieses Gericht nur für Verletzungshandlungen zuständig ist, die in dem Mitgliedstaat begangen worden sind (Art 83 Abs 2 GGVO).

Im Verletzungsverfahren haben die Gerichte gem Art 85 GGVO von der Rechtsgültigkeit des Musters auszugehen, wenn diese nicht vom Beklagten im Wege der Widerklage bestritten wird. Diese Regelung findet sich auch in § 39 DesignG wieder. 57

VI. Europäisches Urheberrecht

Im Unterschied zu anderen Materien, wie insb dem Marken- und Designrecht, ist es im Bereich des **Urheberrechts** bisher nicht gelungen, den Territorialitätsgrundsatz zu überwinden und ein für die gesamte EU geltendes, einheitliches Urheberrecht zu schaffen. Dennoch ist festzustellen, dass das **„europäische Urheberrecht“**[41] mittlerweile nicht mehr nur fragmentarischen Charakter hat, sondern dass durch mittlerweile insgesamt 12 Richtlinien und insbesondere die aktive Rechtsprechung des EuGH große Teile der nationalen Urheberrechtsregime innerhalb der EU harmonisiert wurden. Es ist nicht zu verkennen, dass die Rechtsangleichung angesichts der „industriepolitischen Dimension“, die das Urheberrecht im Laufe der Zeit gewonnen hat, einen wichtigen Beitrag dazu leistet, Wettbewerbsverzerrungen zu verhindern und das Ziel der Vollendung des Binnenmarktes zu verwirklichen. Der Zweck der Urheberrechtsharmonisierung besteht dementsprechend darin, Hindernisse für den freien Waren- und Dienstleistungsverkehr zu beseitigen.[42] 58

1. Sekundärrecht

Die sechs Richtlinien der „ersten Generation“, dh die Computerprogramm-Richtlinie[43] (1991), die Vermiet- und Verleihrechts-Richtlinie[44] (1992), die Kabel-Satelliten-Richtlinie[45] (1993), die Schutzdauer-Richtlinie[46] (1993), die Datenbank-Richtlinie[47] (1996) und die Folgerechts-Richtlinie[48] (2001) strebten eine sektorielle Harmonisierung an. 59

---

41 S dazu den umfassenden Kommentar von *Walter/von Lewinski*.

42 *von Lewinski* in Loewenheim, § 54 Rn 3.

43 Richtlinie des Rates über den Rechtsschutz von Computerprogrammen 91/250, ABl EG 1991 L 122/42, in kodifizierter Fassung RL 2009/24/EG des Europäischen Parlaments und des Rates, ABl EU 2009 L 111/16.

44 S Richtlinie Nr 92/100 zum Vermieterecht und Verleihrecht sowie zu bestimmten dem Urheberrecht verwandten Schutzrechten im Bereich des geistigen Eigentums, ABl EG 1992 L 346/61, als kodifizierte Fassung RL 2006/115/EG, ABl EU 2006 L 376/28.

45 Richtlinie Nr 93/83 zur Koordinierung bestimmter urheber- und leistungsschutzrechtlicher Vorschriften betreffend Satellitenrundfunk und Kabelweiterverbreitung, ABl EG 1993 L 248/15.

46 Die ursprüngliche RL 93/98 des Rates zur Harmonisierung der Schutzdauer des Urheberrechts und bestimmter verwandter Schutzrechte, ABl EG 1993 L 290/9, wurde durch die RL 2006/116/EG des Europäischen Parlaments und des Rates, ABl EU 2006 L 372/12 (kodifizierte Fassung) ersetzt.

47 Richtlinie Nr 9/96 über den rechtlichen Schutz von Datenbanken, ABl EG 1996 L 77/20.

48 Richtlinie Nr 84/2001 über das Folgerecht des Urhebers des Originals eines Kunstwerks, ABl EG 2001 L 272/32.

60 Dagegen bewirkte die Richtlinie zur Harmonisierung des Urheberrechts in der Informationsgesellschaft[49] (2001, Informationsgesellschafts-RL) als Richtlinie der „zweiten Generation" eine horizontale Rechtsangleichung bestimmter Bereiche des Urheberrechts. Die **Richtlinie zur Informationsgesellschaft** stellt die bisher umfassendste Regelung des europäischen Urheberrechts dar. Wie bereits an der Bezeichnung der Richtlinie erkennbar wird, reagiert sie auf die tiefgreifenden Veränderungen, die die modernen Informationstechnologien mit sich gebracht haben, und versucht, diesen durch einen einheitlichen Schutzstandard im Rahmen der EU Rechnung zu tragen. Den Schwerpunkt der Regelung bilden der weite Begriff der Vervielfältigung gem Art 2, die öffentliche Wiedergabe einschließlich des Rechts der öffentlichen Zugänglichmachung gem Art 3, das Verbreitungsrecht einschließlich der Festschreibung des Grundsatzes der EWR-weiten Erschöpfung („*first sale doctrine*") gem Art 4, der Schrankenkatalog gem Art 5 sowie die Pflichten in Bezug auf technische Maßnahmen gem Art 6 und auf den Schutz von Informationen für die Rechtewahrnehmung (das sog „digitale Wasserzeichen") gem Art 7.[50]

61 Hierauf baut die bis zum 7. Juni 2021 in nationales Recht umzusetzende **Digital Single Market-Richtlinie**[51] auf, die das Urheberrecht an die rasanten technischen Entwicklungen in einem digitalen und grenzüberschreitenden Umfeld anpassen soll und zB neben Regelungen zum Text und Data Mining (Art 3f) sowie zur Digitalisierung des kulturellen Erbes (Art 8ff) auch eine sehr umstrittene Regelung zur Verantwortlichkeit von Videoplattformen für urheberrechtsverletzende nutzergenerierte Inhalte (Art 17) vorsieht. Ein begrenzterer Anwendungsbereich kommt wiederum der Richtlinie über die Nutzung verwaister Werke (2012),[52] der Richtlinie über kollektive Wahrnehmung (2014),[53] der Richtlinie zugunsten blinder, sehbehinderter oder anderweitig lesebehinderter Personen (2017, sog. Marrakesch-RL)[54] und der Online-SatCab-

49 Richtlinie Nr 29/2001 zur Harmonisierung bestimmter Aspekte des Urheberrechts und der verwandten Schutzrechte in der Informationsgesellschaft, ABl EG 2001 L 167/10. Die Richtlinie wurde durch eine umfassende Reform des Urheberrechts durch das Erste Gesetz zur Regelung des Urheberrechts in der Informationsgesellschaft v 10.9.2003, BGBl 2003 I, 1774 (sog Erster Korb) ins deutsche Recht umgesetzt.

50 *Von Lewinski* in Loewenheim, § 54 Rn 42.

51 Richtlinie Nr 2019/790 v 17.4.2019 über das Urheberrecht und die verwandten Schutzrechte im digitalen Binnenmarkt, ABl EU 2019 L 130/92. Das BMJV hat am 13.10.2020 einen Referentenentwurf zur Umsetzung der Richtlinie vorgelegt, https://www.bmjv.de/SharedDocs/Gesetzgebungsverfahren/DE/Gesetz_Anpassung-Urheberrecht-dig-Binnenmarkt.html (09.11.2020).

52 Richtlinie Nr 2012/28/EU über bestimmte zulässige Formen der Nutzung verwaister Werke, ABl EU 2012 L 299/5. Die Umsetzung erfolgte durch das Gesetz zur Nutzung verwaister und vergriffener Werke und einer weiteren Änderung des Urheberrechtsgesetzes v 1.10. 2013, BGBl 2013 I, 3728.

53 Richtlinie Nr 2014/26/EU v 26.2.2014 über die kollektive Wahrnehmung von Urheber- und verwandten Schutzrechten und die Vergabe von Mehrgebietslizenzen für Rechte an Musikwerken für die Online-Nutzung im Binnenmarkt, ABl EU 2014 L 4/72.

54 Richtlinie Nr 2017/1564/EU v 13.9.2017 über bestimmte zulässige Formen der Nutzung bestimmter urheberrechtlich oder durch verwandte Schutzrechte geschützter Werke und sonstiger Schutzgegenstände zugunsten blinder, sehbehinderter oder anderweitig lesebehinderter Personen und zur Änderung der RL 2001/29/EG zur Harmonisierung bestimmter Aspekte des Urheberrechts und der verwandten Schutzrechte in der Informationsgesellschaft, ABl. EU 2017 L 242/6; zum Marrakesch-Vertrag s u Rn 95.

Richtlinie[55] (2019) zu. Darüber hinaus harmonisiert die Durchsetzungs-RL (2004) materielle und prozessuale Rechtsbehelfe zur Durchsetzung von Schutzrechten des geistigen Eigentums im Allgemeinen.[56]

2. Harmonisierte Bereiche

Die bislang verabschiedeten Richtlinien führen im Wesentlichen zu einer Harmonisierung der Schutzvoraussetzungen, der Verwertungsrechte, der Schutzdauer des Urheberrechts und bestimmter Leistungsschutzrechte sowie in begrenzterem Umfang der Schrankenregelungen. Die Richtlinien sind zumeist Reaktionen darauf, dass bestimmte technische Entwicklungen zu einem besonderen Harmonisierungsbedürfnis geführt haben. 62

Den Ausgangspunkt für eine Harmonisierung der **Schutzvoraussetzungen des Urheberrechts** bildeten die Computerprogramm-Richtlinie, die Datenbank-Richtlinie und die Schutzdauer-Richtlinie. Durch die Richtlinie wurden die Mitgliedstaaten dazu verpflichtet, einen urheberrechtlichen Schutz von Computerprogrammen (als literarische Werke) zu gewährleisten (Art 1 Abs 1 S 1), wenn diese die „das Ergebnis der **eigenen geistigen Schöpfung** ihres Urhebers sind", ohne damit einen ergänzenden patent-, vertrags- oder wettbewerbsrechtlichen Schutz auszuschließen.[57] Damit wurde der langwierige Streit um die Art des zu gewährenden Softwareschutzes zugunsten des *copyright approach* entschieden und der Schutz von Computerprogrammen in das System der internationalen Urheberrechtskonventionen eingegliedert.[58] Die Richtlinie bezweckte va, die zwischen den Mitgliedstaaten bestehenden Divergenzen hinsichtlich des Originalitätsstandards zu beseitigen und insb das durch die deutsche Rechtsprechung[59] aufgestellte Erfordernis einer überdurchschnittlichen „Schöpfungshöhe" für Computerprogramme aufzuheben.[60] Die gleichen Schutzvoraussetzungen formuliert Art 3 Abs 1 Datenbank-Richtlinie in Bezug auf Datenbankwerke sowie Art 6 Satz 1 Schutzdauer-Richtlinie im Hinblick auf Fotografien. Aus diesen punktuellen Regelungen leitete der EuGH eine umfassende Harmonisierung der Schutzvoraussetzungen 63

55 Richtlinie Nr 2019/789/EU v 17.4.2019 mit Vorschriften für die Ausübung von Urheberrechten und verwandten Schutzrechten in Bezug auf bestimmte Online-Übertragungen von Sendeunternehmen und die Weiterverbreitung von Fernsehen und Hörfunkprogrammen, ABl. EU 2019 L 130/82.

56 Richtlinie Nr 2004/48/EG zur Durchsetzung der Rechte des geistigen Eigentums v 29.4.2004, ABl EU 2004 L 195/16, umgesetzt ins deutsche Recht durch das Gesetz zur Verbesserung der Durchsetzung von Rechten geistigen Eigentums v 7.7.2008, BGBl 2008 I, 1191, 2070.

57 *Walter* in ders/von Lewinski (Hrsg) Art 1 Rn 4 Software-RL.

58 *Walter* in ders/von Lewinski (Hrsg) Art 1 Rn 4 Software-RL. In der Zwischenzeit ist aber auch der patentrechtliche Rechtsschutz von Computerprogrammen anerkannt und weit verbreitet, sofern der Schutz nicht für das Computerprogramm „als solches" (§ 1 Abs 3, Abs 2 Nr 3 PatG; Art 52 Abs 3, Abs 2c EPÜ) begehrt wird, sondern in die Lösung einer technischen Aufgabe eingebunden ist. S dazu auch den gescheiterten Vorschlag einer Richtlinie für computer-implementierte Erfindungen (KOM(2002) 92 endg.).

59 BGH GRUR 1985, 1041 – *Inkasso-Programm*.

60 *von Lewinski* in Loewenheim, § 54 Rn 5.

ab. Danach muss es sich bei dem betreffenden Gegenstand zum einen um ein Original in dem Sinne handeln, dass er eine eigene geistige Schöpfung seines Urhebers darstellt. Zum anderen setzt die Einstufung als „Werk" einen mit hinreichender Genauigkeit und Objektivität identifizierbaren Gegenstand voraus.[61]

64 Darüber hinaus wurden auch die urheberrechtlichen **Verwertungsrechte** insbesondere durch Art 2–4 Informationsgesellschafts-RL – mit Ausnahme des Rechts der öffentlichen Wiedergabe gegenüber Anwesenden – weitgehend harmonisiert. Katalysator war auch hier wiederum der Europäische Gerichtshof, der die Regelungen der Verwertungsrechte in den genannten Richtlinien grds als vollharmonisierend ansieht.[62] Im Hinblick auf die **Schrankenregelungen** ist die Harmonisierung bislang dagegen begrenzt, da insb Art 5 Informationsgesellschafts-RL lediglich einen Maximalkatalog vorsieht und es im Ermessen der Mitgliedstaaten steht, welche gesetzlichen Nutzungserlaubnisse in das nationale Urheberrecht übernommen werden. Allerdings führt Art 17 Abs 7 UA 2 Digital Single Market-Richtlinie nun dazu, dass zumindest die Schrankenregelungen zugunsten von Zitaten, Kritik und Rezensionen sowie von Karikaturen, Parodien und Pastiches zwingend in das nationale Urheberrecht zu übernehmen sind.

65 Durch die **Schutzdauer-Richtlinie** wurden die zunächst in den Mitgliedstaaten unterschiedlichen **Schutzfristen** des Urheberrechts einheitlich auf 70 Jahre *post mortem auctoris* festgesetzt.

66 Auch im Bereich der **Leistungsschutzrechte** haben die Informationsgesellschafts-RL sowie Schutzdauer-Richtlinie für eine teilweise Harmonisierung gesorgt. Ein spezieller *sui generis*-Schutz für **Datenbanken** wurde durch die **Datenbank-Richtlinie** eingeführt, durch das insb die Investitionen, die für die Kompilation und Strukturierung der Daten erforderlich sind, geschützt werden. Art 15f Digital Single Market-Richtlinie verpflichtet die Mitgliedstaaten nun zudem zur Einführung eines **Leistungsschutzrechts für Presseverleger**.

67 Aufgrund der fortbestehenden kulturellen Unterschiede ist dagegen bislang noch keine nennenswerte Rechtsangleichung in den Bereichen des **Urhebervertragsrechts** und **Urheberpersönlichkeitsrechts** erfolgt. Allerdings sehen Art 18ff Digital Single Market-Richtlinie nun einen gesetzlichen Anspruch auf angemessene Vergütung zugunsten des Urhebers vor, der in weiten Teilen der bisherigen urhebervertragsrechtlichen Regelung der §§ 32ff UrhG entspricht.

---

61 EuGH GRUR 2009, 1041 Tz 27ff – *Infopaq*; EuGH GRUR 2019, 73 Tz 33 – *Levola/Smilde*; EuGH GRUR 2019, 1185 Tz 29 – *Cofemel*; kritisch gegenüber der Anerkennung eines einheitlichen Rechtsbegriffs durch richterrechtliche Rechtsfortbildung *Schack* GRUR 2019, 75; zu der umstrittenen Frage, ob der einheitliche Werkbegriff auch Werke der angewandten Kunst umfasst, s BGH GRUR 2014, 175 Tz 32 – *Geburtstagszug* einerseits, EuGH GRUR 2019, 1185 Tz 29 – *Cofemel* andererseits.

62 S zu Art 3 Abs 1 InfoG-RL EuGH GRUR 2014, 360 Tz 33ff – *Svensson*.

E. Internationales Recht

I. Grundlagen

Obgleich die Nutzung von geistigem Eigentum in ihrer Wirkung häufig über die Landesgrenzen hinausgeht,[63] ist es auf internationaler Ebene bisher nicht gelungen, das **Territorialitätsprinzip**, dh die grundsätzliche Begrenzung der Geltung von Schutzrechten auf das jeweilige Staatsgebiet, zu überwinden und ein einheitliches, eventuell sogar universelles Schutzrecht zu etablieren. Diese territoriale Begrenzung wurde früher regelmäßig durch eine Begrenzung des personellen Schutzbereichs flankiert. Ausländern wurde die Erlangung eines inländischen Rechtsschutzes unmöglich gemacht oder zumindest erschwert. Diese sog. **Ausländerdiskriminierung**, die sich zB auch heute noch in § 121 UrhG findet, hat seine Wurzeln nicht nur in Spätfolgen des Privilegienwesens und protektionistische Zielsetzungen, sondern soll auch dazu dienen, einen Anreiz für den Beitritt zu internationalen Abkommen zu schaffen, die auf Grundlage von Gegenseitigkeit bestimmte Schutzstandards etablierten.[64] Die internationalen Verträge, die im Bereich des gewerblichen Rechtsschutzes und Urheberrechts bereits in den 80er Jahren des 19. Jahrhunderts geschlossen wurden und denen im Laufe der Zeit immer mehr Staaten beigetreten sind, erfüllen damit va zwei Funktionen: Zum einen wenden sie sich gegen die Ausländerdiskriminierung, indem sie den **Grundsatz der Inländerbehandlung** statuieren. Zum anderen verfolgen die internationalen Verträge das Ziel, die Einhaltung bestimmter **Mindeststandards** hinsichtlich des Schutzes von geistigem Eigentum durch die Vertragsstaaten sicherzustellen. 68

II. Gewerblicher Rechtsschutz

1. Die Pariser Verbandsübereinkunft

Im Bereich des **gewerblichen Rechtsschutzes** bildet die mehrfach **revidierte Pariser Verbandsübereinkunft (PVÜ)** zum Schutz des gewerblichen Eigentums vom 20.3. 1883 die Grundlage des internationalen Rechts. Deutschland gehört der Übereinkunft in der zuletzt geänderten Fassung nach der Stockholmer Revision vom 14.7.1967 an.[65] Die **PVÜ** ist ein mehrseitiger völkerrechtlicher Vertrag, durch den sich die vertragsschließenden Länder zu einem „Verband zum Schutz des gewerblichen Eigentums" zusammengeschlossen haben (Art 1 Abs 1 PVÜ). Der PVÜ gehören 177 Staaten[66] an, darunter die europäischen und fast alle großen außereuropäischen Staaten sowie auch die VR China (auch zu berücksichtigen ist dabei das **TRIPS-Übereinkommen**, das die PVÜ inkorporiert hat).[67] 69

---

63 *Götting* Gewerblicher Rechtsschutz § 3 Rn 1.

64 *Peukert* RabelsZ 81, 158/163. Gegenüber Angehörigen der EU ist eine Diskriminierung aus Gründen der Staatsangehörigkeit allerdings untersagt (Art 18 AEUV).

65 Pariser Verbandsübereinkunft zum Schutz des gewerblichen Eigentums v 20.3.1883, BGBl 1970 II, 391; zuletzt geändert durch Bekanntmachung v 20.8.1984, BGBl II, 799, ber 975.

66 Stand 15.9.2020.

67 S dazu Rn 100.

2. Gegenstand des Schutzes

70 Der Schutz des gewerblichen Eigentums hat zum Gegenstand Erfindungspatente, Gebrauchsmuster, gewerbliche Muster oder Modelle, Fabrik- oder Handelsmarken, Dienstleistungsmarken, den Handelsnamen und die Herkunftsangaben oder Ursprungsbezeichnungen sowie die Unterdrückung unlauteren Wettbewerbs (Art 1 Abs 2 PVÜ).[68] Das gewerbliche Eigentum wird in der weitesten Bedeutung verstanden und bezieht sich nicht allein auf Gewerbe und Handel im eigentlichen Sinn des Wortes, sondern ebenso auf das Gebiet der Landwirtschaft und der Gewinnung der Bodenschätze und auf alle Fabrikate oder Naturerzeugnisse (Art 1 Abs 3 PVÜ).

3. Grundsätze

71 Von zentraler Bedeutung ist der **Grundsatz der Inländerbehandlung (Assimilationsprinzip)**, der vor dem Hintergrund, der zur Zeit der Entstehung der PVÜ weit verbreiteten Ausländerdiskriminierung zu sehen ist und bis heute als Schutzschild gegen diskriminierende Maßnahmen fungiert. Gem Art 2 Abs 1 PVÜ genießen die Angehörigen eines jeden der Verbandsländer in allen übrigen Ländern des Verbands in Bezug auf den Schutz des gewerblichen Eigentums die Vorteile, welche die betreffenden Gesetze den eigenen Staatsangehörigen gegenwärtig gewähren oder in Zukunft gewähren werden und zwar unbeschadet der durch diese Übereinkunft gesondert vorgesehenen Rechte. Demgemäß haben sie den gleichen Schutz wie diese und die gleichen Rechtsbehelfe gegen jeden Eingriff in ihre Rechte, vorbehaltlich der Erfüllung der Bedingungen und Förmlichkeiten, die den eigenen Staatsangehörigen auferlegt werden. Art 2 Abs 2 wendet sich gegen eine Benachteiligung aufgrund des Erfordernisses eines Wohnsitzes oder einer Niederlassung. Demnach darf der Genuss irgendeines Rechts des gewerblichen Eigentums für die Verbandsangehörigen keinesfalls von der Bedingung abhängig gemacht werden, dass sie einen Wohnsitz oder eine Niederlassung in dem Land haben, in dem der Schutz beansprucht wird. Nach Art 2 Abs 3 PVÜ gilt allerdings ein ausdrücklicher Vorbehalt hinsichtlich der Rechtsvorschriften jedes der Verbandsländer über das gerichtliche und das Verwaltungsverfahren und die Zuständigkeit sowie über die Wahl des Wohnsitzes oder die Bestellung eines Vertreters.

---

68 Nach Maßgabe der PVÜ gehört demnach zum gewerblichen Rechtsschutz auch das in Deutschland im UWG geregelte Wettbewerbsrecht. Diese Integration des Rechts des unlauteren Wettbewerbs in den Begriff und Regelungsbereich des gewerblichen Rechtsschutzes ist historisch bedingt, da zur Zeit der Entstehung der PVÜ viele Staaten kein eigenständiges Wettbewerbsrecht kannten oder die auf den Konkurrentenschutz ausgerichteten Regelungen in engstem Zusammenhang mit dem Kennzeichenrecht (Name, Marke, geschäftliche Bezeichnungen und geografische Herkunftsangaben) standen. Im Laufe der Zeit hat sich das Wettbewerbsrecht nicht nur in Deutschland zu einem eigenständigen Rechtsgebiet entwickelt, das zwar in einem gewissen Zusammenhang zu den gewerblichen Schutzrechten steht, aber hiervon deutlich zu unterscheiden ist. Dies gilt selbst dann, wenn man entsprechend der genannten Regelung in der PVÜ den gewerblichen Rechtsschutz in einem weiteren Sinne versteht und davon ausgeht, dass der Begriff auch das Recht des unlauteren Wettbewerbs erfasst. Aus diesem Grund wird das Wettbewerbsrecht nicht in die Betrachtung einbezogen, sondern entsprechend der international üblichen Definition des „Intellectual Property Law“ die Darstellung auf die gewerblichen Schutzrechte und das Urheberrecht beschränkt.

4. Unionspriorität

Der Gedanke der Gleichbehandlung einer ausländischen mit einer inländischen Schutzrechtsanmeldung in einem anderen Verbandsstaat spiegelt sich in der **Unionspriorität** wider, die in Art 4 A Abs 1 PVÜ verankert ist und große praktische Relevanz besitzt. Danach genießt derjenige, der in einem der Verbandsländer die Anmeldung für ein Erfindungspatent, ein Gebrauchsmuster, ein gewerbliches Muster oder Modell, eine Fabrik- oder Handelsmarke vorschriftsmäßig hinterlegt hat (oder sein Rechtsnachfolger), für die Hinterlegung in den anderen Ländern ein **Prioritätsrecht**. Das bedeutet, er wird hinsichtlich seiner Rechtsstellung so behandelt, als hätte er die Anmeldung nicht im ausländischen Verbandsstaat, sondern im Inland vorgenommen. Nach Art 4C PVÜ betragen die Prioritätsfristen 12 Monate für Erfindungspatente und Gebrauchsmuster und 6 Monate für gewerbliche Muster oder Modelle und für Fabrik- oder Handelsmarken. 72

5. Mindestrechte

Als Beispiele für die Festlegung von **Mindestrechten** durch die PVÜ stehen das Recht auf Erfindernennung (Art 4ter PVÜ) und der sog *telle-quelle*-Schutz der Marke (Art $6^{\text{quinquies}}$ PVÜ). 73

6. Verhältnis zum TRIPS-Übereinkommen

Die Bestimmungen des PVÜ wurden durch Verweis (Art 2 Abs 1 TRIPS) in das TRIPS-Übereinkommen inkorporiert (*incorporation by reference*). In vielerlei Hinsicht geht das Schutzniveau des TRIPS-Übereinkommens über die vom PVÜ garantierten Mindestrechte hinaus. Man spricht deshalb von einem sog **„PVÜplus"-Ansatz.**[69] 74

7. Nebenabkommen

Einige Nebenabkommen zur PVÜ dienen dazu, die Unzuträglichkeiten abzumildern, die sich daraus ergeben, dass entsprechend des **Territorialitätsprinzips** zum Erwerb des Schutzrechts in einem fremden Verbandsstaat alle formellen und materiellen Voraussetzungen der Gesetze dieses Staates zu erfüllen sind. Sie schaffen kein einheitliches, für mehrere Verbandsstaaten geltendes Recht, sondern erleichtern es lediglich, durch eine internationale Anmeldung in mehreren Verbandsstaaten Schutzrechte zu erhalten. 75

a) Patentzusammenarbeitsvertrag

Für den Bereich der Patente und Gebrauchsmuster gibt der Patentzusammenarbeitsvertrag (*Patent Cooperation Treaty* = **PCT**) dem Erfinder die Möglichkeit, durch Einreichung einer einzigen internationalen Anmeldung in einem Vertragsstaat ein Patent oder Gebrauchsmuster in allen von ihm bestimmten Mitgliedstaaten zu erhalten.[70] Ein 76

69 S dazu u Rn 100.
70 S *Götting* Gewerblicher Rechtsschutz § 7 Rn 15ff.

Erfinder, der einem Vertragsstaat (oder Mitgliedstaat der PVÜ) angehört oder dort seinen Wohnsitz hat, kann seine internationale Patentanmeldung bei dem für ihn zuständigen nationalen Patentamt einreichen (Art 10 PCT). Für Deutschland ist das DPMA zuständig (Art III § 1 des Gesetzes über int Patentübereinkommen). Die Anmeldung muss den oder die Vertragsstaaten des PCT angeben, in welchen der Schutz für die Erfindung begehrt wird (Bestimmungsstaaten; Art 11 PCT). Über das **Internationale Büro in Genf** werden die Anmeldungen an die Bestimmungsämter zusammen mit einem Recherchebericht übermittelt (Art 12 PCT). Nach Ablauf von 18 Monaten seit dem Prioritätsdatum wird die internationale Anmeldung mit dem Recherchebericht vom Internationalen Büro veröffentlicht (Art 21 PCT). Die internationale Anmeldung hat in den Bestimmungsstaaten grundsätzlich die Wirkung einer nationalen Anmeldung (Art 11 Abs 3 PCT; Ausnahme: Art 64 Abs 4 PCT). Nach Ablauf von 20 Monaten seit dem Prioritätsdatum beginnt die Weiterbearbeitung der Anmeldung in den Staaten, in denen Schutz begehrt wird, durch Bestimmungsämter (vgl dazu Art III § 4 Abs 2 Gesetz über int Patentübereinkommen). Diese entscheiden dann im Wesentlichen nach ihren nationalen Rechtsvorschriften (vgl Art III § 1 Abs 3 Gesetz über int Patentübereinkommen) über die Erteilung des Schutzrechts.

b) Patentrechtsvertrag

77 Der am 2.6.2000 unterzeichnete *Patent Law Treaty* (**PLT**), der das Verfahren zur Erlangung und Aufrechterhaltung von Patenten weltweit vereinfachen und harmonisieren soll, ist am 28.4.2005 in Kraft getreten und hat 42 Vertragsparteien. Deutschland hat den Vertrag zwar unterzeichnet, aber noch nicht ratifiziert. Der PLT vereinheitlicht bestimmte Formalitäten im Zusammenhang mit der Anmeldung und Aufrechterhaltung eines Patents, ohne jedoch ein weltweit einheitliches Patentverfahrensrecht zu schaffen oder Fragen des materiellen Patentrechts zu regeln.

c) Haager Musterabkommen

78 Auf dem Gebiet des Geschmacksmusterschutzes (Designschutz) können Gewerbetreibende, deren Heimatstaat dem *Haager Musterabkommen* (**HMA**)[71] angehört, durch eine internationale Hinterlegung ihrer Muster oder Modelle den Musterschutz in allen benannten Vertragsstaaten des HMA einschließlich des Heimatstaates erwerben (Art 7 der 1984 in Kraft getretenen Haager Fassung).[72] Das HMA schafft also ebenfalls kein einheitliches Recht, sondern bezweckt lediglich, eine besondere Hinterlegung des Musters in jedem Verbandsstaat, in dem Schutz begehrt wird, entbehrlich zu machen. Die internationale Hinterlegung erfolgt unmittelbar beim **Internationalen Büro der WIPO** in Genf und hat in den Verbandsstaaten des HMA dieselben Wirkungen, als wenn es dort unmittelbar hinterlegt worden wäre (Art 4 Abs 2 HMA). Die Haager Fassung sieht auch eine Hinterlegung durch Vermittlung der Heimatbehörde vor, durch die ohne weitere Formalitäten nationale Musterrechte entstehen, deren materielle Schutzvoraussetzungen und deren Inhalt sich nach den nationalen Gesetzen bestim-

71 Mit Stockholmer Ergänzungsvereinbarung von 1967.
72 S *Götting* Gewerblicher Rechtsschutz § 7 Rn 19ff.

men. Durch die **Genfer Akte** wurden die Möglichkeiten für die internationale Registrierung von Geschmacksmustern bei der WIPO erweitert.[73]

d) Madrider Markenabkommen

Auf dem Gebiet des Markenrechts hat das *Madrider Markenabkommen* (**MMA**) ähnlich wie das HMA eine internationale Registrierung für Marken eingeführt, um eine Vielzahl einzelner nationaler Eintragungen zu vermeiden.[74] Nach Art 4 MMA ist die ordnungsgemäß beim Internationalen Büro in Genf hinterlegte Marke in jedem der Vertragsstaaten ebenso geschützt, als wenn sie dort unmittelbar hinterlegt worden wäre (vgl aber auch Art 3bis, 3ter MMA). Durch die internationale Hinterlegung entsteht ein **„Bündel nationaler Marken"**, deren Schutz sich nach den nationalen Gesetzen richtet,[75] während die Verwaltung, auch die Verlängerung, zentral durch die WIPO erfolgt. Der Antrag auf internationale Registrierung setzt die Eintragung der Marke im Ursprungsland voraus und kann nicht unmittelbar beim Internationalen Büro eingereicht werden, sondern nur durch Vermittlung der Behörde des Ursprungslandes (in Deutschland durch das DPMA). Die Entstehung des internationalen Schutzes ist vom Schutz der Marke im Ursprungsland abhängig; eine Unabhängigkeit vom Heimatschutz ergibt sich erst nach dem Ablauf von 5 Jahren (Art 6 MMA). 79

Das im Jahre 1989 in Madrid vereinbarte und am 1.4.1996 in Kraft getretene **Protokoll zum MMA**[76] verknüpft das System der international registrierten Marke (IR-Marke) mit demjenigen des europäischen Markenschutzes, so dass über eine internationale Registrierung in Genf auch eine Unionsmarke für die EU erlangt werden kann. Dies gilt auch für Länder, die dem MMA nicht angehören. Dem ProtMMA sind 106 Staaten beigetreten.[77] Der Beitritt der EG ist am 1.7.2004 mit Wirkung zum 1.10.2004 erfolgt. Die Vertragsparteien des MMA bilden zusammen mit denen des ProtMMA den Madrider Verband. Dem MMA gehören 55 Mitglieder an.[78] Eine Harmonisierung von Verfahrensvorschriften bezweckt der ***Trademark Law Treaty*** (**TLT**) vom 27.10.1994, dem Deutschland mit Wirkung zum 16.10.2004 beigetreten ist. Der Vertrag zählt derzeit 54 Mitgliedstaaten.[79] 80

e) Madrider Herkunftsabkommen und Lissabonner Ursprungsabkommen

Als Nebenabkommen zur PVÜ wurden zum Schutz von geografischen Herkunftsangaben das **Madrider Herkunftsabkommen (MHA)** vom 14.4.1891[80] sowie das **Lissa-** 81

73 Die Genfer Akte ist am 23.12.2003, für Deutschland allerdings erst am 13.2.2010 in Kraft getreten, vgl das Gesetz zu der Genfer Fassung vom 2.7.1999 (Genfer Akte) des Haager Abkommens vom 6.11.1925 über die internationale Eintragung gewerblicher Muster und Modelle v. 29.7.2009, BGBl 2009 II, 837.

74 S *Götting* Gewerblicher Rechtsschutz § 7 Rn 22ff.

75 BGHZ 18, 12f; 22, 14; vgl auch BGH NJW 1967, 499.

76 S BGBl 1995 II, 1016.

77 Stand 15.9.2020.

78 Stand 15.9.2020.

79 Stand 15.9.2020.

80 Madrider Übereinkommen über die Unterdrückung falscher oder irreführender Herkunftsangaben v 14.4.1891, RGBl 1925 II, 215, zuletzt revidiert in Lissabon am 31.10.1958, BGBl 1961 II, 293.

bonner Ursprungsabkommen (LUA) vom 21.10.1958 abgeschlossen. Beide Abkommen haben praktisch nur geringe Bedeutung, weil ihnen nur 36 (MHA) bzw 30 Staaten (LUA) beigetreten sind. Aus diesem Grund dominieren im Bereich des Schutzes geografischer Angaben bilaterale Abkommen, die einzelne Staaten zum gegenseitigen Schutz ihrer geografischen Herkunftsangaben geschlossen haben.

III. Urheberrecht

82 Als Konsequenz des **Territorialitätsprinzips** und **Personalitätsprinzips** beschränkt sich der Geltungsbereich des Urheberrechtsgesetzes auf das Gebiet der Bundesrepublik und es genießen grundsätzlich urheberrechtlichen Schutz nur deutsche Staatsangehörige für alle ihre Werke sowie Ausländer für ihre in der Bundesrepublik Deutschland erschienenen Werke (§ 120 Abs 1, § 121 UrhG). Den deutschen Staatsangehörigen werden Staatsangehörige anderer EU- oder EWR-Staaten gleichgestellt (§ 120 Abs 2 Nr 2 UrhG).[81] Aufgrund des Territorialitätsprinzips kann es dazu kommen, dass eine andere Rechtsordnung Anwendung findet, welche Deutsche oder die Angehörigen dritter Staaten diskriminiert. Dem wird durch Staatsverträge entgegengewirkt, die eine Verbesserung des Schutzes bezwecken. Nach dem sog **kompensatorischen Fremdenrecht** muss auf diese als Teil des anwendbaren Rechts zurückgegriffen werden, wenn das anwendbare nationale Recht ein höheres Schutzniveau für Inländer als für Ausländer vorsieht.[82]

1. Revidierte Berner Übereinkunft

83 Die wesentliche Grundlage für das internationale **Urheberrecht** bildet die **Revidierte Berner Übereinkunft (RBÜ).**[83] Die Berner Übereinkunft vom 9.9.1886 dient dem „Schutz von Werken der Literatur und Kunst". Um eine stetige Verbesserung des Schutzes zu ermöglichen, sind Revisionen vorgesehen, die mehrfach, zuletzt in Paris im Jahre 1971, stattgefunden haben (Art 27 RBÜ).[84] Im Hinblick auf diese Revisionskonferenzen spricht man (seit der zweiten im Jahre 1908 in Berlin) von der Revidierten Berner Übereinkunft. Die Länder, auf die die Übereinkunft Anwendung findet, bilden einen Verband zum Schutze der Rechte der Urheber an ihren Werken der Literatur und Kunst (Art 1 RBÜ). Das Verwaltungsorgan, das **Internationale Büro in Genf**, ist zugleich Sekretariat der **Weltorganisation für Geistiges Eigentum**, deren Errichtung das Übereinkommen vom 14.7.1967 zugrunde liegt.[85] Der RBÜ gehören heute 179 Vertragsstaaten an.[86]

---

81 S dazu auch EuGH GRUR Int 1994, 54 – *Collins/Imtrat*.
82 *Rehbinder/Peukert* Urheberrecht § 48 Rn 1155.
83 S dazu *Rehbinder/Peukert* Urheberrecht § 48 Rn 1162ff; *Schack* Rn 947ff.
84 Die entsprechenden Revisionen sind für die Bundesrepublik Deutschland im Jahre 1974 in Kraft getreten (BGBl 1974 II, 1079).
85 BGBl 1970 II, 293; für die Bundesrepublik Deutschland in Kraft seit dem 19.9.1970 (BGBl 1970 II, 1070), s dazu *Schack* Rn 948ff.
86 Stand 15.9.2020.

a) Schutzgegenstand

Art 2 Abs 1 geht von einem weiten Werkbegriff aus und umfasst alle Erzeugnisse auf dem Gebiet der **Literatur, Wissenschaft und Kunst**, ohne Rücksicht auf die Art und Form des Ausdrucks. Die beispielhafte Aufzählung der verschiedenen Werkarten ist nicht abschließend. Nach Art 5 Abs 2 darf der Schutz der Rechte und deren Ausübung nicht von der Erfüllung irgendwelcher Förmlichkeiten abhängig gemacht werden. Allerdings bleibt nach Art 2 Abs 2 der Gesetzgebung der Verbandsländer vorbehalten, die Werke der Literatur und Kunst oder eine oder mehrere Arten davon nur zu schützen, wenn sie auf einem materiellen Träger festgelegt sind. 84

b) Anwendungsbereich

Hinsichtlich der **persönlichen Anknüpfung** des Verbandsschutzes bestimmt Art 3, dass Urheber, die die Staatsangehörigkeit eines Verbandslandes besitzen, für ihre veröffentlichten und unveröffentlichten Werke Schutz genießen (Abs 1 lit a; ihnen gleichgestellt sind Urheber, die keinem Verbandsland angehören, jedoch ihren gewöhnlichen Aufenthalt in einem Verbandsland haben (Abs 2)). Darüber hinaus erweitert die RBÜ den Schutz auf nicht verbandsangehörige Urheber und gewährt auch **verbandsfremden Urhebern** Schutz, die ihr Werk erstmals in einem Verbandsland oder gleichzeitig in einem verbandsfremden Land und einem Verbandsland veröffentlicht haben. Auch wenn diese Voraussetzungen nicht vorliegen, schützt die RBÜ **Urheber von Filmwerken**, deren Hersteller seinen Sitz oder seinen gewöhnlichen Aufenthalt in einem Verbandsland hat, sowie die Urheber von Werken der Baukunst, die in einem Verbandsland errichtet worden sind oder von Werken der grafischen und plastischen Künste, die Bestandteile eines in einem Verbandsland gelegenen Grundstücks sind (Art 4 lit a und lit b RBÜ). 85

c) Grundsätze

Im Zentrum der RBÜ steht der **Grundsatz der Inländerbehandlung** gem Art 5 Abs 1, wonach die durch die RBÜ geschützten Werke ausländischer Urheber den Werken von inländischen Urhebern gleichgestellt werden. Zu beachten ist dabei, dass dieses **Assimilationsprinzip** für sich genommen keinerlei materiell-rechtlichen Gehalt besitzt, sondern sich allein damit begnügt, eine formelle Gegenseitigkeit zu statuieren.[87] Der Zweck des Prinzips der Inländerbehandlung besteht nicht darin, dem Inländer im Inland ein bestimmtes Schutzniveau zu garantieren. Vielmehr bleibt dies gem Art 5 Abs 1, Abs 3 S 1 dem nationalen Gesetzgeber überlassen. Art 5 Abs 3 S 1 RBÜ garantiert lediglich eine **fremdenrechtliche Gleichbehandlung** ausländischer mit inländischen Urhebern.[88] Demnach hat ein Urheber eines aufgrund der RBÜ geschützten Werkes, der nicht dem Ursprungsland des Werkes angehört, in diesem Land die gleichen Rechte wie die inländischen Urheber. Die RBÜ vertraut somit darauf, dass die 86

87 *Schack* Rn 959.
88 *Ibid* Rn 960.

Verbandsländer ihre inländischen Urheber im wohlverstandenen Eigeninteresse ausreichend schützen.[89]

87 Mangels einer materiell-rechtlichen Vereinheitlichung ist es aber nicht ausgeschlossen, dass es zu Ungleichgewichten kommen kann. Der **Grundsatz der Inländerbehandlung** kann dazu führen, dass ein ausländischer Urheber in Deutschland höheren Urheberrechtsschutz genießt als umgekehrt ein deutscher Urheber im verbandsangehörigen Ausland.[90] Dieser unbefriedigende Effekt wird nur partiell durch das Erfordernis materieller Gegenseitigkeit, wie insb beim Schutzfristenvergleich nach Art 7 Abs 8 RBÜ, ausgeglichen.[91]

d) Mindestrechte

88 In materiell-rechtlicher Hinsicht statuiert die RBÜ bestimmte konventionseigene **Mindestrechte**, auf die sich die Urheber unmittelbar berufen können.[92] Dazu zählen insb das Urheberpersönlichkeitsrecht (Art 6bis), das Übersetzungsrecht (Art 8), das Vervielfältigungsrecht (Art 9), das Aufführungs-, Sende- und Vortragsrecht (Art 11, Art 11bis, 11ter) sowie das Bearbeitungsrecht (Art 12, 14) und die Mindestschutzfrist von grundsätzlich 50 Jahren *post mortem auctoris* (Art 7 Abs 1 RBÜ). Über diese Frist gehen aber sowohl das deutsche (§ 64 UrhG) als auch das durch die Schutzdauer-Richtlinie insofern vereinheitlichte europäische Recht[93] mit 70 Jahren *post mortem auctoris* hinaus, was von Art 7 Abs 6 RBÜ ausdrücklich zugelassen wird.

e) Verhältnis zum TRIPS-Übereinkommen

89 Überlagert und ergänzt wird die RBÜ durch das **TRIPS-Übereinkommen**,[94] das neben dem **Prinzip der Inländerbehandlung** (Art 3 TRIPS) das **Prinzip der Meistbegünstigung** (Art 4 TRIPS) vorsieht und in Anknüpfung an die RBÜ bestimmte Mindestrechte (Art 1 Abs 1, Art 9ff TRIPS, sog **„Bern-Plus"-Ansatz**, mit Ausnahme des Urheberpersönlichkeitsrechts) garantiert.

2. Das Welturheberrechtsabkommen

90 Das nach dem 2. Weltkrieg in Genf von der UNESCO ins Leben gerufene *Welturheberrechtsabkommen* vom 6.9.1952[95] (**WUA**) verfolgte das Ziel, den USA, deren Rechtssystem sich damals durch die strengen Formerfordernisse vom Urheberrechtsschutz der europäischen Staaten unterschied, den Beitritt zu einem größeren internationalen Abkommen zu ermöglichen.[96] Das WUA weist ein wesentlich geringeres Schutzniveau

---

89 *Ibid* Rn 959.
90 *Ibid* Rn 959.
91 S dazu *Ibid* Rn 964f.
92 BGHZ 11, 135/138; *Schack* Rn 962.
93 S dazu o Rn 65.
94 S dazu allgemein sogleich u Rn 96ff.
95 Revidiert 1971 in Paris.
96 *Rehbinder/Peukert* Urheberrecht § 48 Rn 1171; *Schack* Rn 967.

auf und ist nach dem Beitritt der USA zur RBÜ im Jahre 1989 und auch der VR China im Jahre 1992 weitgehend obsolet geworden, zumal die RBÜ trotz des geringeren Alters der WUA im Verhältnis der RBÜ-Verbandsstaaten untereinander Vorrang genießt (Art XVII WUA).

3. Das Rom-Abkommen

Das **Rom-Abkommen (RA)** vom 26.10.1961 dient dem Schutz der ausübenden Künstler, der Hersteller von Tonträgern und der Sendeunternehmen. Es handelt sich um einen mehrseitigen völkerrechtlichen Vertrag, dem 95 Vertragsstaaten angehören und durch den kein Staatsverband gegründet wurde.[97] Ein wesentliches Manko besteht allerdings darin, dass die USA dem Abkommen bis heute nicht beigetreten sind. Ähnlich wie die RBÜ folgt auch das RA dem **Prinzip der Inländerbehandlung** (Art 2, 4–6 RA) und verankert bestimmte **Mindestrechte**, wie zB die Mindestschutzfrist in Art 14 RA. Nach Art 15 RA bleibt es den Vertragsstaaten vorbehalten, für bestimmte Fälle Ausnahmen von dem durch das Abkommen gewährleisteten Schutz vorzusehen. 91

4. WCT und WPPT

Zum Zwecke der Ergänzung der RBÜ und des RA zur Anpassung an die Digitalisierung und das Internet wurden der *WIPO-Copyright-Treaty* **(WCT)** und der *WIPO-Performances and Phonograms Treaty* **(WPPT)** geschlossen, die für Deutschland durch Zustimmungsgesetz vom 10.8.2003 in Kraft getreten sind und inhaltlich zum 13.9.2003 durch das Gesetz zur Regelung des Urheberrechts in der Informationsgesellschaft umgesetzt wurden.[98] Der EuGH zieht den WCT regelmäßig zur Auslegung der urheberrechtlichen Richtlinien heran, die der Durchführung des WCT dienen.[99] Im Zentrum des WCT stehen die neuen konventionseigenen Mindestrechte der Verbreitung, der gewerblichen Vermietung bestimmter Werkstücke und der öffentlichen Wiedergabe einschließlich der Online-Übermittlung (Art 6-8 WCT) sowie Schutzverpflichtungen in Bezug auf technische Schutzmaßnahmen und (kodierte) Informationen über die Rechteverwaltung (Art 11 und 12 WCT).[100] 92

Der WPPT ergänzt das RA hinsichtlich der Rechte der ausübenden Künstler und der Tonträgerhersteller. Art 4 Abs 1 WPPT statuiert den Grundsatz der **Inländerbehandlung**, allerdings nur in Bezug auf die durch den WPPT gewährten Rechte.[101] Der nach Art 5-10, Art 15-19 WPPT zu gewährende **Mindestschutz** geht erheblich über das Rom-Abkommen hinaus. Der Vertrag sieht ua in Art 5 WPPT als persönlichkeitsrechtlichen Schutz das Recht auf Namensnennung und Integritätsschutz vor. Art 8 WPPT erkennt ein selbständiges Verbreitungsrecht, Art 9 WPPT ein Vermietungsrecht des ausübenden Künstlers an. Art 10 WPPT enthält das Recht auf öffentliche Zugänglich- 93

---

97 Stand 15.9.2020.

98 *Schack* Rn 1004ff.

99 EuGH GRUR 2012, 817 Tz 23 – *Donner*; EuGH GRUR 2015, 665 Tz 23 – *Dimensione Knoll*; EuGH GRUR 2019 161 Tz 20 – *Imran Syed*.

100 *Schack* Rn 1006.

101 BGH GRUR 2016, 1048 Tz 48 – *An Evening with Marlene Dietrich*.

machung. Nach der Rechtsprechung des EuGH entfalten die Bestimmungen des WPPT keine unmittelbare Wirkung im Unionsrecht und können für den Einzelnen keine Rechte begründen, auf die er sich nach diesem Recht vor den Gerichten unmittelbar berufen könnte.[102]

5. WIPO-Vertrag zum Schutz audiovisueller Darbietungen

94 Am 24.6.2012 einigten sich die Mitglieder der WIPO auf einen besseren Schutz für ausübende Künstler in Bezug auf audiovisuelle Aufführungen. Das Abkommen ergänzt den WPPT, der Aufzeichnungen audiovisueller Darbietungen nicht erfasst. Der Vertrag ist am 28.4.2020 in Kraft getreten und hat mittlerweile 34 Vertragsparteien.

6. Weitere Abkommen

95 Neben dem RA hat die Bundesrepublik Deutschland eine Reihe weiterer Abkommen über internationalen Leistungsschutz ratifiziert, deren Bedeutung allerdings äußerst gering ist und auf die im vorliegenden Zusammenhang deshalb lediglich kurz hingewiesen werden soll. Im Einzelnen handelt es sich um folgende Abkommen:[103] **Europäisches Abkommen** vom 22.6.1960 **über den Schutz von Fernsehsendungen,** das den Sendeunternehmen in den Vertragsstaaten für Fernsehsendungen einen ähnlichen Schutz wie das RA gewährt;[104] **Übereinkommen über die Verbreitung der durch Satelliten übertragenen programmtragenden Signale (Brüsseler Satelliten-Abkommen)** vom 21.5.1974, das die Sendeunternehmen gegen die unbefugte Weitersendung von Satelliten-Sendungen schützt;[105] **Europäisches Übereinkommen zur Verhütung von Rundfunksendungen**, die von Sendestellen außerhalb der staatlichen Hoheitsgebiete gesendet werden;[106] **Abkommen zum Schutze der Tonträgerhersteller** (Genfer Tonträger-Abkommen) vom 29.10.1971.[107] Durch den am 27.6.2013 abgeschlossenen **Vertrag von Marrakesch**, der durch die Marrakesch-Richtlinie der EU und die diese implementierenden nationalen Regelungen umgesetzt wurde, soll der Zugang zu veröffentlichten Werken für blinde, sehbehinderte oder sonst lesebehinderte Personen verbessert werden, zB indem die Vertragsstaaten Regelungen in ihre Urheberrechtsgesetze aufnehmen, die es erlauben, urheberrechtlich geschützte Bücher auch ohne Zustimmung des Rechtsinhabers in für Blinde und Sehbehinderte lesbare Formate zu überführen (zB Brailleschrift, Großformatdrucke oder Hörbücher).

---

102 EuGH GRUR 2012, 593 Tz 51 – *SCF/Marco Del Corso*; BGH GRUR 2016, 1048 Tz 43 – *An Evening with Marlene Dietrich.*

103 S dazu die Darstellung bei *Rehbinder/Peukert* Urheberrecht § 48 Rn 1174ff.

104 In Kraft getreten am 9.10.1967, BGBl 1968 II, 134.

105 In Kraft getreten am 25.8.1979, BGBl 1979 II, 113, 816.

106 In Kraft getreten am 28.2.1970, BGBl 1970 II, 258.

107 In Kraft getreten am 18.5.1974, BGBl 1974 II, 336.

IV. Das TRIPS-Übereinkommen

1. Allgemeine Grundsätze

a) Überblick

Im Rahmen der Schaffung der **WTO** in Genf im Jahre 1994 wurde das auf globale Geltung angelegte **TRIPS-Übereinkommen**[108] geschlossen, das am 1.1.1995 in Kraft getreten ist.[109] Seit dem Beitritt Russlands im August 2012 gehören der WTO und damit auch dem TRIPS-Übereinkommen 164 Mitglieder an.[110] Das Übereinkommen gliedert sich in sieben Teile mit 73 Artikeln. Teil I (Art 1–8) fungiert quasi als allgemeiner Teil und statuiert die Grundprinzipien. Im Zentrum steht Teil II (Art 9–40), der die **materiellen Vorschriften zum Recht des geistigen Eigentums** beinhaltet. In Teil III (Art 41–61) wird deren **Durchsetzung** geregelt. Teil IV (Art 62) betrifft den Erwerb und die Aufrechterhaltung von Rechten des geistigen Eigentums, Teil V (Art 63, 64) die **Streitbeilegung**. Teil VI (Art 65–67) sieht Übergangsregelungen, insb für **Entwicklungsländer**, sowie Regeln über technische Zusammenarbeit vor. Teil VII enthält **institutionelle Vorschriften** (Art 68, 69) und Schlussbestimmungen (Art 70–73) über den zeitlichen Anwendungsbereich, die Überprüfung und Änderung des TRIPS sowie über Vorbehalte und Ausnahmen. 96

b) Ziele

Ziel des Übereinkommens ist es, den internationalen Handel durch die **Beseitigung von Hemmnissen** zu fördern und gleichzeitig einen **angemessenen Schutz des geistigen Eigentums** zu gewährleisten. Gem der Präambel sollen Verzerrungen und Behinderungen des internationalen Handels verringert werden, um – unter Berücksichtigung der Notwendigkeit, einen wirksamen und angemessenen Schutz der Rechte des geistigen Eigentums zu fördern – sicherzustellen, dass die Maßnahmen und Verfahren zur Durchsetzung der Rechte des geistigen Eigentums nicht selbst zu Schranken für den rechtmäßigen Handel werden. In Art 7 wird der Zweck des Übereinkommens dahingehend konkretisiert, dass der Schutz und die Durchsetzung von Rechten des geistigen Eigentums zur Förderung der technischen Innovation sowie zur Weitergabe und Verbreitung von Technologie beitragen, dem beiderseitigen Vorteil der Erzeuger und Nutzer technischen Wissens dienen und in einer dem gesellschaftlichen und wirtschaftlichen Wohl zuträglichen Weise erfolgen sowie einen Ausgleich zwischen Rechten und Pflichten herstellen sollen. 97

c) Einschränkungen

Eine Einschränkung erfährt der Schutz der Rechte des geistigen Eigentums durch Art 8 TRIPS, wonach es den Mitgliedstaaten erlaubt wird, im **öffentlichen Interesse** (Gesundheit, Ernährung, lebenswichtige Sektoren) (Abs 1) oder bei einem **Missbrauch** 98

---

108 Agreement on Trade-Related Aspects of Intellectual Property Rights v 15.4.1994, abgedr ua in *Tietje* (Hrsg) Welthandelsorganisation, 6. Aufl (2020) 309.

109 BGBl 1994 II, 1730.

110 Stand 17.9.2020.

von Rechten des geistigen Eigentums (Abs 2) **Begrenzungen** vorzusehen. In dem zuletzt genannten Fall geht es um Missbräuche durch den Rechtsinhaber oder den Rückgriff auf Praktiken, die den Handel unangemessen beschränken oder den internationalen Technologietransfer nachteilig beeinflussen. Damit wird insb auch das bei Immaterialgüterrechten latent vorhandene Spannungsverhältnis zum Kartellrecht angesprochen. Für Patente wird dies in Art 30–31bis TRIPS durch die Regelung der „Ausnahmen von den Rechten aus dem Patent" und „die sonstige Benutzung ohne Zustimmung des Rechtsinhabers" konkretisiert. Entsprechendes gilt auch für die Bestimmung des Art 40 TRIPS über die „Kontrolle wettbewerbswidriger Praktiken in vertraglichen Lizenzen".

d) Anwendungsbereich

99 Die materiellen Vorschriften des TRIPS-Übereinkommens umfassen **die wesentlichen Bereiche des Rechts des geistigen Eigentums** (Art 1 Abs 2). Sie beziehen sich neben dem Urheberrecht und den verwandten Schutzrechten auf die verschiedenen Gebiete des gewerblichen Rechtsschutzes, die Marken (Art 15ff), geografische Angaben (Art 22ff), gewerbliche Muster, Modelle (Art 25f) und Patente (Art 27ff) sowie Topografien integrierter Schaltkreise und nicht offenbarte Informationen (Art 39).

e) Inkorporation von PVÜ und RBÜ

100 Das Übereinkommen erklärt die Regelungen der PVÜ und der RBÜ in den letzten Revisionsfassungen für weitgehend verbindlich für die Mitglieder (Art 2, Art 9 Abs 1) und sieht für die wichtigsten Rechte des geistigen Eigentums einen Mindestschutz vor (Art 1 Abs 1 S 2), der teilweise **über das Schutzniveau der PVÜ und RBÜ erheblich hinausgeht**, wie etwa beim Patentrecht.[111] Damit werden die materiell-rechtlichen Vorschriften der PVÜ sowie der RBÜ in ihren Fassungen mit dem jeweils höchsten Schutzniveau sowie die ungeschriebenen Regeln, die zu deren acquis gehören, inkorporiert (*incorporation by reference*). Somit sind die materiell-rechtlichen Vorschriften der PVÜ und der RBÜ für alle WTO-Mitglieder verbindlich, ohne dass es einer selbständigen Mitgliedschaft in dem jeweiligen Verband bedarf.[112] Die maßgeblichen Bestimmungen der Konventionen unterliegen damit auch der Jurisdiktion der für das TRIPS-Übereinkommen zuständigen Streitbeilegungsorgane.[113] Die **Verknüpfung zwischen dem TRIPS-Übereinkommen und den im Rahmen der WIPO geschlossenen Konventionen**, durch die im Sinne eines „PVÜplus" bzw „RBÜplus" auch Vertragsstaaten, die nicht den WIPO-Verträgen beigetreten sind, in diese einbezogen werden, kommt in Art 1 Abs 3 S 2 TRIPS zum Ausdruck. Die Vorschrift fingiert, dass alle WTO-Mitglieder auch Vertragsparteien der jeweiligen Konventionen sind.[114] Zu beachten ist, dass die Schutzrechtsharmonisierung nicht der eigentliche Regelungszweck des TRIPS-Übereinkommens ist, sondern als ein Mittel verstanden wird, um die **Frei-**

---

111 *Götting* Gewerblicher Rechtsschutz § 7 Rn 26.
112 *Herrmann/Weiß/Ohler* Rn 920.
113 *Ibid.*
114 *Busche* in ders/Stoll/Wiebe (Hrsg) TRIPs Einl 2 Rn 3.

heit des Welthandels durch gleiche Wettbewerbsbedingungen und damit den Abbau von Wettbewerbsverzerrungen zu fördern. Insoweit korrespondiert es mit den Bestrebungen um eine Schutzrechtsharmonisierung in der Europäischen Union, die ebenfalls von dem Gedanken der „Barrierefreiheit des Handels" zwischen den Mitgliedstaaten getragen wird.[115] Der Unterschied zum Unionsrecht wird darin gesehen, dass im Hinblick auf die Stärkung des Binnenhandels innerhalb der EU gerade auch der individualrechtliche Schutz der Inhaber von Immaterialgüterrechten betont wird, während sich das TRIPS-Übereinkommen allein auf die wirtschaftlichen Aspekte der einzelnen Schutzrechte konzentriere, wobei zwischen den Rechtsinhabern und den Personen, die an der Nutzung von Rechten des geistigen Eigentums interessiert sind, ein Interessenausgleich angestrebt werde.[116] Ungeachtet dieser unterschiedlichen Akzentsetzung dürfte zwischen den Zielen eines barrierefreien (Welt-)Handels und der Verbürgung eines harmonisierten individuellen Schutzes auf angemessenem Niveau kein Konflikt, sondern eine Interessenparallelität und damit eine Kongruenz bestehen.

f) Grundsatz der Inländerbehandlung und Meistbegünstigung

Art 3 Abs 1 TRIPS statuiert den **Grundsatz der Inländerbehandlung**, jedoch vor- 101
behaltlich der in der PVÜ, der RBÜ und dem Rom-Abkommen vorgesehenen Ausnahmen. Die deutsche Rspr wendet den Grundsatz der Inländerbehandlung auch auf verfahrensrechtliche Aspekte an und schließt daraus, dass eine Prozesspartei, die einem Mitgliedstaat des TRIPS angehört, keine „Ausländersicherheit" nach § 110 ZPO leisten muss.[117] Art 4 TRIPS statuiert erstmals in einer immaterialgüterrechtlichen Konvention den **Meistbegünstigungsgrundsatz**, wonach in Bezug auf den Schutz des geistigen Eigentums Vorteile, Vergünstigungen, Sonderrechte und Befreiungen, die von einem Mitglied den Angehörigen eines anderen Landes gewährt werden, sofort und bedingungslos den Angehörigen aller anderen Mitglieder gewährt werden müssen. Dieser gilt jedoch gem lit b nicht, soweit die RBÜ oder das Rom-Abkommen materielle Gegenseitigkeit voraussetzen. In Art 73 TRIPS ist eine generelle Ausnahme von den Verpflichtungen des Übereinkommens vorgesehen. Sie betrifft die Offenbarung von Informationen, die wesentlichen Sicherheitsinteressen zuwiderläuft, oder Maßnahmen in Bezug auf spaltbares Material beim Handel mit Waffen, Munition und Kriegsgerät sowie in Kriegszeiten oder bei sonstigen Krisen in internationalen Beziehungen.

g) Erschöpfung

Ein genereller Vorbehalt gilt nach Art 6 TRIPS hinsichtlich der **Regelung der Er- 102
schöpfung**.[118] Danach darf das Übereinkommen für die Zwecke der Streitbeilegung nicht dazu verwendet werden, „die Frage der Erschöpfung von Rechten des geistigen Eigentums zu behandeln." Streitig ist, welche Folgerungen aus dieser Bestimmung für die Ausgestaltung der Reichweite der Erschöpfung in den Mitgliedstaaten zu ziehen

115 *Busche* in ders/Stoll/Wiebe (Hrsg) TRIPs Einl 2 Rn 4.
116 So *Busche* in ders/Stoll/Wiebe (Hrsg) TRIPs Einl 2 Rn 5 unter Hinweis auf Art 7 TRIPS.
117 OLG Frankfurt IPrax 2002, 222/223.
118 S o Rn 26.

sind. Während zum einen angenommen wird, dass eine internationale Erschöpfung unzulässig sei, wird andererseits die Auffassung vertreten, dass die WTO-Rechtsordnung im Ganzen eher eine internationale Erschöpfung favorisiere.[119] Die Ministerkonferenz hat in ihrer Erklärung über das TRIPS-Übereinkommen und die öffentliche Gesundheit im Jahre 2001 unter Ziff 5 lit d festgestellt, dass Art 6 jedem Mitgliedstaat die Freiheit überlässt, über die Ausgestaltung der Erschöpfungsregelung selbst zu bestimmen.[120] Von Bedeutung ist die Frage insb für die Beurteilung von sog **Parallelimporten.** Sofern eine weltweite Erschöpfung gilt, ist eine Abschottung von nationalen Märkten gänzlich ausgeschlossen, da es nicht darauf ankommt, in welchem Territorium die fragliche Ware vom Schutzrechtsinhaber selbst oder mit seiner Zustimmung in den Verkehr gebracht worden ist. Die weltweite Erschöpfung galt nach deutscher Auffassung unter dem früheren Warenzeichengesetz (WZG).[121] Nach Umsetzung der MarkenRL durch das MarkenG beschränkt sich die Erschöpfung auf den EWR, so dass Parallelimporte aus Drittstaaten abgewehrt werden können. Nach der Rechtsprechung des EuGH ist die in Art 15 Abs 1 MarkenRL festgelegte EU-weite und EWR-weite Erschöpfung des Markenrechts für die nationalen Markenrechtsordnungen der Mitgliedstaaten rechtsverbindlich.[122] Die europaweite Erschöpfung gilt auch für alle anderen Immaterialgüterrechte. Zum Teil ist dies ausdrücklich gesetzlich festgeschrieben.[123] Unabhängig davon, für welches Erschöpfungsregime sich ein Staat entscheidet, muss er dieses gem Art 6 entsprechend den Regeln der Meistbegünstigung und der Inländerbehandlung anwenden, dh er kann nicht zugunsten der eigenen Staatsangehörigen die nationale, hinsichtlich fremder jedoch die internationale Erschöpfung zugrunde legen.[124]

h) Rechtsdurchsetzung

103 Hervorzuheben ist, dass das TRIPS-Übereinkommen einen besonderen **Fokus auf die Durchsetzung der Rechte** legt (*enforcement of legal rights*) und hierzu eingehende Regelungen enthält (Art 41ff TRIPS),[125] wie etwa über Unterlassung, Schadensersatz, Vernichtung von Piratenwaren und Auskunft sowie einstweilige Maßnahmen (Art 50 TRIPS) und die Einschaltung von Zollbehörden (Art 51ff TRIPS) zur wirksamen Bekämpfung der Produktpiraterie. Außerdem wurden Vereinbarungen über **Streitvermeidung** und **Streitbeilegung** geschaffen, die internationale Sanktionen gegen vertragsbrüchige Staaten ermöglichen,[126] was ein Novum gegenüber den bisherigen internationalen Abkommen darstellt.[127]

---

119 S zum Streitstand *Höhne* in Busche/Stoll/Wiebe (Hrsg) TRIPs Art 6 Rn 9, 10.

120 Declaration on the TRIPS Agreement and Public Health v 14.11.2001, WT/MIN(01)/DEC/2; s dazu *Höhne* in Busche/Stoll/Wiebe (Hrsg) TRIPs Art 6 Rn 11.

121 S dazu *Götting* Gewerblicher Rechtsschutz § 56 Rn 42.

122 EuGH GRUR 1998, 919/921 Rn 26, 27 – *Silhouette*.

123 S etwa § 24 Abs 1 MarkenG; § 48 GeschmMG; § 17 Abs 2 UrhG für das Verbreitungsrecht.

124 *Herrmann/Weiß/Ohler* Rn 926.

125 *Dreier* GRUR Int 1996, 205; *Krieger* GRUR Int 1997, 421.

126 S dazu *Dörmer* GRUR Int 1998, 919; vgl a allgem zum Streitbeilegungsverfahren der WTO *Weiss* § 20 Rn 1ff.

127 *Götting* Gewerblicher Rechtsschutz § 7 Rn 28.

i) Unmittelbare Anwendbarkeit

104 Die im TRIPS-Abkommen enthaltenen Verpflichtungen richten sich an die Staaten; sie sind aber nicht „*self-executing*", dh der einzelne Staatsangehörige eines Mitgliedstaates kann sich nicht unmittelbar auf die Regelungen berufen.[128] Von der Frage der unmittelbaren Berechtigung und/oder Verpflichtung Einzelner aus dem TRIPS-Übereinkommen, der sog Invokabilität, ist die der unmittelbaren Anwendbarkeit zu unterscheiden. Diese hätte zur Folge, dass die Bestimmungen des TRIPS-Übereinkommens ohne die Umsetzung durch innerstaatliches Recht von den staatlichen Behörden und Gerichten ebenso wie innerstaatliches Recht anzuwenden wären. Hiervon abzugrenzen ist die weitere Möglichkeit, dass bestehende innerstaatliche Regelungen TRIPS-konform auszulegen sind. Die **Intensität der Verbindlichkeit der Bestimmungen** des TRIPS-Übereinkommens richtet sich nach dem innerstaatlichen Recht des jeweiligen Mitglieds, da keine völkerrechtliche Verpflichtung zu einer unmittelbaren Anwendbarkeit besteht.[129] Sowohl die Streitbeilegungsorgane der WTO[130] als auch die des EuGH[131] gehen davon aus, dass das WTO-Übereinkommen, einschließlich des TRIPS-Übereinkommens, nicht die Art und Weise festlegt, wie seine Bestimmungen von den Mitgliedern umzusetzen sind.[132]

Nach **Auffassung des EuGH** ist das TRIPS-Übereinkommen wie alle von der Euro- 105
päischen Union geschlossenen Übereinkünfte integraler Bestandteil der Unionsrechtsordnung. Jedoch komme den Vorschriften des TRIPS-Übereinkommens auf Grund ihrer Natur und ihrer Systematik **keine unmittelbare Wirkung** zu und sie begründeten für den Einzelnen keine Rechte, auf die er sich unmittelbar berufen könnte.[133] Allerdings ist sekundäres Gemeinschaftsrecht gem dem Prinzip der **völkerrechtskonformen Auslegung** im Lichte der Bestimmungen des TRIPS-Übereinkommens, die in die ausschließliche Vertragsschlusskompetenz der EU fallen, auszulegen.[134] Wegen des Vorrangs des Gemeinschaftsrechts hat dieser Grundsatz auch Rückwirkungen auf das innerstaatliche Recht der Mitgliedstaaten. In der **Entscheidung „Dior" hat der EuGH ausgesprochen**, dass die Gerichte der Mitgliedstaaten in einem Bereich, auf den das TRIPS-Übereinkommen anwendbar ist und in dem die Gemeinschaft bereits Rechtsvorschriften erlassen hat, der also in die ausschließliche Vertragsabschlusskompetenz der EU fällt, nach dem Gemeinschaftsrecht verpflichtet sind, so weit wie möglich den Wortlaut und den Zweck von Art 50 des TRIPS-Übereinkommens zu berücksichtigen.[135]

---

128 S *Kaiser* in Busche/Stoll/Wiebe (Hrsg) TRIPs Einl 3 Rn 33ff.

129 *Kaiser* in Busche/Stoll/Wiebe (Hrsg) TRIPs Einl 3 Rn 1; *Prieß/Berrisch* in dies (Hrsg) WTO-Handbuch (2003) Abschn C.II.1. Rn 20.

130 WTO, *United States – Sections 301–310*, Panel v 22.12.1999, WT/DS152/R para 7.72.

131 EuGH, Rs C-27 und 122/00, Slg 2002, I-2569 Rn 89ff – *Omega Air Ltd*; Rs C-149/96, Slg 1999, I-8395 Rn 35ff – *Portugal/Rat*.

132 *Kaiser* in Busche/Stoll/Wiebe (Hrsg) TRIPs Einl 3 Rn 1.

133 EuGH, Rs C-149/96, Slg 1999, I-8395 Rn 47 – *Portugal/Rat*; EuGH, Rs C-135/10 Rn 39, 46 – *SCF/Marco Del Corso* = GRUR 2012, 593 mwN.

134 EuGH, Rs C-53/96, Slg 1998, I-3603 Rn 28 – *Hermès*; EuGH, Rs C-135/10 Rn 51 – *SCF/Marco Del Corso* = GRUR 2012, 593.

135 EuGH, Rs C-300 und 392/98, Slg 2000, I-11307 Rn 47 – *Dior*; s auch EuGH, Rs C-135/10 Rn 51 – *SCF/Marco Del Corso* = GRUR 2012, 593, 594; dazu BGH GRUR Int 2014, 610 (615) – *Tarzan*.

106 In Übereinstimmung mit dem EuGH geht auch der BGH mittlerweile davon aus, dass die Bestimmungen des TRIPS-Übereinkommens zwar integraler Bestandteil der Unionsrechtsordnung und daher in der Union unmittelbar anwendbar sind, dass sich Einzelpersonen jedoch nicht direkt auf das TRIPS-Übereinkommen berufen können, so dass das Abkommen jedenfalls für den unionsrechtlich harmonisierten Bereich des Urheberrechts für Einzelpersonen keine unmittelbare Wirkung entfalten dürfte.[136] Zudem gilt auch in der deutschen Rechtsordnung der Grundsatz der **völkerrechtsfreundlichen Auslegung**. In der Entscheidung **„Faxkarte"** hat der BGH folgendes ausgeführt: „Zwar sind die Vorschriften des dritten Teils des Übereinkommens, der die Durchsetzung der Rechte des geistigen Eigentums betrifft (Art 41–61), nicht ohne weiteres unmittelbar anwendbar; der Gesetzgeber ging jedoch bei der Ratifizierung des Übereinkommens davon aus, dass das deutsche Recht mit den neuen Anforderungen voll in Einklang stehe. Die fraglichen Bestimmungen sind deswegen in einer Weise auszulegen, dass mit ihrer Hilfe den Anforderungen des TRIPS-Übereinkommens genüge getan wird."[137]

2. Materielle Regelungen zum Schutzstandard

107 Das **Kernstück des TRIPS-Übereinkommens** bilden die in Teil II verankerten materiell-rechtlichen Regelungen, die den für die WTO-Mitglieder maßgeblichen und verbindlichen Schutzstandard der verschiedenen Rechte des geistigen Eigentums festlegen. Sie knüpfen dabei im Wesentlichen im Wege einer Inkorporation durch Verweisung (*incorporation by reference*) an das WIPO-Konventionsrecht an und gehen zum Teil im Sinne eines „PVÜplus"- bzw „Bern-plus"-Ansatzes über das dort festgelegte Schutzniveau hinaus.

a) Urheberrecht und verwandte Schutzrechte

108 Bezüglich des Urheberrechts und der verwandten Schutzrechte verweist Art 9 Abs 1 TRIPS auf die Art 1–21 der **RBÜ in ihrer Fassung mit dem höchsten Schutzstandard** von 1971. Von dem Verweis ausgenommen sind jedoch die in Art 6bis gewährten oder daraus abgeleiteten Befugnisse des Urheberpersönlichkeitsrechts. Nach Art 9 Abs 2 TRIPS erstreckt sich der urheberrechtliche Schutz auf Ausdrucksformen, aber nicht auf Ideen, Verfahren, Arbeitsweisen oder mathematische Konzepte als solche. Damit wird das für das Urheberrecht fundamentale Prinzip der Unterscheidung von Form und Inhalt (*idea expression dichotomy*) bestätigt.

109 Die nachfolgenden Regelungen ergänzen als Ausdruck des „Bern-plus"-Ansatzes die Garantien der RBÜ und erweitern sie im Hinblick auf neue Schutzgegenstände. In Übereinstimmung mit den und in Anknüpfung an die Entwicklungen in den USA und in Europa wird in Art 10 Abs 1 TRIPS klargestellt, dass **Computerprogramme**, gleichviel ob sie in Quellcode oder Maschinenprogrammcode ausgedrückt sind, als Werke

---

136 BGH GRUR 2014, 559 Tz 52 – *Tarzan*; BGH GRUR 2016, 1048 Tz 43 – *An Evening with Marlene Dietrich*.

137 BGH GRUR 2002, 1046/1048 – *Faxkarte* unter Hinweis auf Denkschrift, BT-Drs 12/7655 (neu), 347; vgl auch BGH GRUR 2006, 962/ 966 Rn 41 – *Restschadstoffbeseitigung*.

der Literatur nach der Berner Übereinkunft (1971) geschützt werden.[138] Im Hinblick auf die zunehmende Relevanz der Kompilation von Daten und deren Strukturierung bestimmt Art 10 Abs 2, dass die Zusammenstellungen von Daten oder sonstigem Material gleichviel, ob in maschinenlesbarer oder anderer Form, die aufgrund der Auswahl oder Anordnung ihres Inhalts geistige Schöpfungen bilden, als solche geschützt werden. Klargestellt wird, dass dieser Schutz, der sich nicht auf die Daten oder das Material selbst erstreckt, unbeschadet eines an den Daten oder Material selbst bestehenden Schutzes gilt. Der Schutz für **Datenbankwerke** hängt somit nicht davon ab, ob auch die einzelnen Elemente des Datenbankwerks als solche dem Schutz des Urheberrechts unterliegen. Als Reaktion auf das TRIPS-Übereinkommen hat die WIPO den Schutz von Computerprogrammen und Datenbankwerken in dem *WIPO-Copyright-Treaty* vom 20.12.1996[139] in Art 4 und 5 ausdrücklich geregelt. Ein *sui generis*-**Schutz von Datenbanken**, die den Anforderungen eines Datenbankwerkes nicht genügen, weil deren Auswahl und Anordnung der Einzelelemente keine geistige Schöpfung darstellten, wurde unter dem Gesichtspunkt des Investitionsschutzes aufgrund der Datenbank-Richtlinie[140] in den Mitgliedstaaten der EG eingeführt. Für das deutsche Recht wurden entsprechende Regelungen in den §§ 87a–e UrhG umgesetzt. Ein derartiger *sui generis*-Schutz findet sich weder im TRIPS-Übereinkommen noch im WCT. Im Rahmen der WIPO wird über eine spezielle „Database Treaty" nachgedacht.[141] Für Computerprogramme und Filmwerke sieht Art 11 TRIPS zugunsten der Urheber und ihren Rechtsnachfolgern das Recht vor, die **gewerbliche Vermietung** von Originalen oder Vervielfältigungsstücken ihrer urheberrechtlich geschützten Werke an die Öffentlichkeit zu gestatten oder zu verbieten. Dieses Recht zur gewerblichen Vermietung wurde später auch in Art 7 WCT aufgenommen.

Der **Leistungsschutz für ausübende Künstler**, Hersteller von Tonträgern und Sendeunternehmen wird nicht durch einen Verweis auf das einschlägige **Rom-Abkommen**[142] gewährleistet, sondern ist Gegenstand einer eigenständigen Regelung in Art 14 TRIPS. Diese bleibt in ihrem Schutzniveau deutlich hinter dem Standard des Rom-Abkommens sowie des WPPT[143] zurück, durch welchen der urheberpersönlichkeitsrechtliche Schutz der ausübenden Künstler anerkannt wird. Auch an einer Regelung über die Zweitverwertung fehlt es. Weiterhin geht das TRIPS-Übereinkommen auf die Herausforderungen, die die Informationsgesellschaft an das Urheberrecht, insb durch das Internet, stellt, anders als die EU mit der Richtlinie zur Informationsgesellschaft, nicht ein.[144] Der Grund dürfte vor allem darin liegen, dass sich die Tragweite der technologischen Entwicklung und der daraus resultierenden rechtlichen Probleme zum Zeitpunkt des Abschlusses des Übereinkommens noch nicht absehen ließ. 110

138 EuGH, C-393/09, Slg 2010, I-13971 Rn 33 – *BSA/Kulturministerium* = GRUR 2011, 220. S zu den urheberrechtlichen Regelungen des TRIPS-Übereinkommens eingehend *Katzenberger* GRUR Int 1995, 447ff; s auch den Überblick von *Busche* in ders/Stoll/Wiebe (Hrsg) TRIPs Einl 2 Rn 12ff; *Stoll/Raible* in Prieß/Berrisch (Hrsg), WTO-Handbuch (2003) Abschn B.III. Rn 17ff; *Herrmann/Weiß/Ohler* Rn 928.

139 Dazu s o Rn 92.

140 RL Nr 9/96 über den rechtlichen Schutz von Datenbanken, ABl EG 1996 L 77/20; s o Rn 59.

141 S dazu *von Lewinski* GRUR Int 1997, 667/680.

142 S o Rn 91.

143 S o Rn 92.

144 S o Rn 59.

111 Hinsichtlich der **Schutzdauer** trifft das TRIPS-Übereinkommen eine differenzierende, nach den Urheberrechten und den verschiedenen Leistungsschutzrechten graduell abgestufte, Regelung. Nach Art 12 TRIPS darf die **Schutzdauer des Urheberrechts**, die nicht auf der Grundlage der Lebensdauer einer natürlichen Person berechnet wird, grundsätzlich nicht weniger als 50 Jahre ab dem Ende des Kalenderjahrs der gestatteten Veröffentlichung und, wenn es innerhalb von 50 Jahren ab der Herstellung des Werkes zu keiner gestatteten Veröffentlichung kommt, nicht weniger als 50 Jahre ab dem Ende des Kalenderjahrs der Herstellung betragen. Ausdrücklich ausgenommen sind fotografische Werke und Werke der angewandten Kunst. Die Dauer der in Art 14 TRIPS geregelten **Leistungsschutzrechte** von ausübenden Künstlern, Herstellern von Tonträgern (Tonaufnahmen) und Sendeunternehmen richtet sich nach Art 14 Abs 5. Für ausübende Künstler und Hersteller von Tonträgern beläuft sie sich auf mindestens 50 Jahre ab der Darbietung bzw Festlegung (Abs 5 S 1). Für Sendeunternehmen gilt ein Mindestschutz von 20 Jahren, beginnend mit dem Ende des Kalenderjahres der Funksendung (Abs 5 S 2).

112 Art 13 erweitert den Anwendungsbereich des in Art 9 Abs 2 RBÜ für das Vervielfältigungsrecht statuierten sog **„Drei-Stufen-Tests"** auf alle Verwertungsrechte der Urheber- und Leistungsschutzberechtigten. Die Regelung bestimmt, dass Beschränkungen und Ausnahmen von ausschließlichen Rechten nur unter Beachtung enger Voraussetzungen zulässig sind. Sie sind (1.) auf bestimmte Sonderfälle begrenzt, die (2.) weder die normale Auswertung des Werkes beeinträchtigen noch (3.) die berechtigten Interessen des Rechtsinhabers unzumutbar verletzen.[145]

b) Marken

113 Entsprechend der für das TRIPS-Übereinkommen generell typischen Methode der Inkorporation durch Verweisung (*incorporation by reference*) werden die für das Markenrecht geltenden Regelungen der PVÜ (Art 6–9) integriert. Im Sinne des „PVÜplus"-Ansatzes sieht das TRIPS-Übereinkommen weitere Regelungen vor, die über den in der PVÜ festgelegten Standard hinausgehen.[146] Eine wichtige Ergänzung gegenüber den Regelungen der PVÜ sieht das TRIPS-Übereinkommen insb hinsichtlich **der Einbeziehung der Dienstleistungsmarke** (Art 15 Abs 1, Art 16 Abs 1 und 2, Art 62 Abs 3) vor, da die PVÜ sich traditionell auf den Schutz der Fabrik- und Handelsmarke beschränkt. Nicht in das TRIPS-Übereinkommen einbezogen ist das als Sonderabkommen zur PVÜ geschlossene Madrider Abkommen über die internationale Registrierung von Fabrik- und Handelsmarken (MMA) vom 14.4.1891, das die Grundlage für die **sog IR-Marke** schafft. Durch das MMA kann der Schutz einer im Ursprungsland eingetragenen Marke durch eine einzige Registrierung im Internationalen Büro in Genf auf sämtliche andere Verbandsstaaten erstreckt werden.[147] Nach dem Protokoll zum Madrider Abkommen über die internationale Registrierung von Marken (ProtMMA) vom 27.6.1989 steht diese Möglichkeit auch Staaten offen, die nicht Mitglied des MMA sind. Außerhalb des

---

145 S dazu die Kritik von *Senftleben* GRUR Int 2004, 200; *Geiger/Griffiths/Hilty* IIC 2008, 707.

146 S dazu eingehend *Kur* GRUR Int 1994, 987ff; *Busche* in ders/Stoll/Wiebe (Hrsg) TRIPs Einl 2 Rn 19ff; *Stoll/Raible* (Fn 138) Rn 40ff; *Herrmann/Weiß/Ohler* Rn 929ff.

147 S o Rn 79f.

TRIPS-Übereinkommens steht auch der *Trademark Registration Treaty* **(TRT)** vom 12.6.1973, der als ein weiteres Sonderabkommen zur PVÜ das Ziel verfolgt, die Vereinigten Staaten und andere nicht zum MMA gehörende Staaten in ein System der internationalen Markenregistrierung zu integrieren.[148] Beschränkte inhaltliche Überschneidungen mit den markenrechtlichen Regelungen des TRIPS-Übereinkommens weist der *Trademark Law Treaty* **(TLT)** vom 27.10.1994 auf,[149] bei dem es sich um ein Nebenabkommen zur PVÜ handelt, das parallel zum TRIPS-Übereinkommen verhandelt wurde, sich jedoch im Wesentlichen auf verfahrensrechtliche Regelungen zur Markeneintragung, zur Vornahme von Änderungen im Markenregister und zur Verlängerung von Markeneintragungen beschränkt, nachdem im Rahmen der WIPO eine materiell-rechtliche Markenrechtsharmonisierung nicht erreicht werden konnte.[150]

Die markenrechtlichen Bestimmungen des TRIPS-Übereinkommens weisen un- 114
geachtet gewisser Unterschiede deutliche **Parallelen zum europäischen Markenrecht** auf, das in verschiedener Hinsicht als Vorbild gedient und einen nicht unerheblichen Einfluss ausgeübt hat. Von zentraler Bedeutung ist die Regelung des Art 15 TRIPS, in der die generellen Anforderungen an die **Schutzfähigkeit von Marken** niedergelegt sind. In Art 15 Abs 1 S 1 TRIPS wird in Übereinstimmung mit der allgemein als konstitutiv anerkannten **Unterscheidungsfunktion** der Grundsatz aufgestellt, dass alle Zeichen und alle Zeichenkombinationen, die geeignet sind, die Waren oder Dienstleistungen eines Unternehmens von denen anderer Unternehmen zu unterscheiden, eine Marke darstellen können. Als eintragungsfähige **Markenformen** werden solche Zeichen genannt, insb Wörter einschließlich Personennamen, Buchstaben, Zahlen, Abbildungen und Farbverbindungen sowie alle Verbindungen solcher Zeichen (Art 15 Abs 1 S 2 TRIPS). Aus der Formulierung „insbesondere" ergibt sich, dass die Aufzählung nicht abschließend ist, so dass auch die nicht ausdrücklich erwähnten dreidimensionalen Marken erfasst werden.[151] Mit Blick auf den **Erwerb einer faktischen Unterscheidungskraft** für Zeichen, die von Haus aus nicht zur Unterscheidung geeignet sind, bestimmt Art 15 Abs 1 S 3 TRIPS, dass die Mitglieder die Eintragungsfähigkeit von Zeichen von ihrer durch Benutzung erworbenen Unterscheidungskraft abhängig machen können. Nach Art 15 Abs 1 S 4 TRIPS können die Mitglieder die **visuelle Wahrnehmbarkeit** von Zeichen als Eintragungsvoraussetzung festlegen. Abweichend hiervon ist nach dem europäischen Markenrecht die „grafische Darstellbarkeit" zwingende Voraussetzung für die Eintragbarkeit (Art 3 MarkenRL; Art 4 UMV; § 8 Abs 1 MarkenG). Praktisch dürften diese Formulierungsunterschiede aber keine Auswirkungen haben.

Gem der Klarstellung in Art 15 Abs 2 TRIPS bedeutet die prinzipielle Eintragungs- 115
fähigkeit eines Zeichens aufgrund von Art 15 Abs 1 TRIPS nicht ohne weiteres, dass dieses Zeichen auch eingetragen werden muss, sondern die Mitglieder können die Eintragung aus anderen Gründen verweigern, soweit dies nicht im Widerspruch zur PVÜ steht. Nach Art 15 Abs 3 TRIPS können die Mitglieder die Eintragungsfähigkeit von der Benutzung abhängig machen; allerdings darf die tatsächliche Benutzung einer Marke

---

148 *Busche* in ders/Stoll/Wiebe (Hrsg) TRIPs Einl 2 Rn 26.
149 S o Rn 80.
150 *Kur* GRUR Int 1994, 987/988f; *Busche* in ders/Stoll/Wiebe (Hrsg) TRIPs Einl 2 Rn 19; *Herrmann/Weiß/Ohler* Rn 929.
151 *Kur* GRUR Int 1994, 987/991.

keine Voraussetzung für die Einreichung eines Antrags auf Eintragung sein. Ein Antrag darf nicht allein aus dem Grund abgelehnt werden, dass die beabsichtigte Benutzung nicht vor Ablauf einer Frist von mindestens 3 Jahren, gerechnet ab dem Tag der Antragstellung, stattgefunden hat. Da somit eine beabsichtigte Benutzung genügt, die aber innerhalb einer Frist von 3 Jahren auch tatsächlich erfolgen muss, ist im Ergebnis eine Benutzungsschonfrist von 3 Jahren zu gewähren. Im europäischen (Art 18 UMV, Art 16 MarkenRL) und deutschen Markenrecht (§ 25 MarkenG) ist eine Benutzungsschonfrist von 5 Jahren vorgesehen. Die fehlende Benutzung der Marke durch den Rechtsinhaber oder durch einen seiner Kontrolle unterliegenden Dritten berechtigt zur Löschung, sofern der Inhaber nicht triftige Gründe für die Nichtbenutzung nachweisen kann. Umstände, die unabhängig vom Willen des Inhabers der Marke eintreten und die ein Hindernis für die Benutzung der Marke bilden, zB Einfuhrbeschränkungen oder sonstige staatliche Auflagen für durch die Marke geschützte Waren oder Dienstleistungen, werden als triftige Gründe für die Nichtbenutzung anerkannt (Art 19 Abs 1, Abs 2 TRIPS). Keinesfalls ein Hindernis für die Eintragung der Marke darf nach Art 15 Abs 4 TRIPS die Art der Waren oder Dienstleistungen sein, für die eine Marke verwendet werden soll. Art 15 Abs 5 TRIPS begründet die Verpflichtung, alle Marken entweder vor ihrer Eintragung oder sofort nach ihrer Eintragung zu veröffentlichen und eine angemessene Gelegenheit für Anträge auf Löschung der Eintragung vorzusehen. Darüber hinaus kann die Möglichkeit geschaffen werden, gegen die Eintragung einer Marke Widerspruch einzulegen.

116 Art 16 TRIPS regelt die Rechte aus der Marke und bestätigt den das Markenrecht prägenden Schutz vor Verwechslungsgefahren, die bei der Benutzung identischer Zeichen für identische Waren oder Dienstleistungen vermutet wird. Dabei wird klargestellt, dass bestehende ältere Rechte hierdurch nicht beeinträchtigt werden und den Mitgliedstaaten die Möglichkeit gegeben wird, Rechte aufgrund von Benutzung vorzusehen, dh als Erwerbstatbestand neben der Eintragung die Benutzung sowie die daraus resultierende Verkehrsgeltung als Voraussetzung für den markenrechtlichen Schutz anzuerkennen (sog Benutzungsmarke). Von dieser Möglichkeit hat der deutsche Gesetzgeber (§ 4 Nr 2 MarkenG) anders als der europäische Gesetzgeber Gebrauch gemacht. In Art 16 Abs 2 TRIPS wird der bereits in Art 6bis der PVÜ verankerte Schutz der notorisch bekannten Marke festgeschrieben und auf Dienstleistungsmarken erstreckt. Art 16 Abs 3 TRIPS begründet einen Schutz für bekannte Marken außerhalb des Ähnlichkeitsbereichs. Damit wird dem außergewöhnlichen Werbewert besonders erfolgreicher und deshalb bekannter Zeichen Rechnung getragen, der dem Markeninhaber die Möglichkeit eröffnet, den wertvollen Goodwill, den er sich in einem bestimmten Marktsegment erworben hat, im Wege des Imagetransfers auf andere Waren oder Dienstleistungen zu übertragen (zB Porsche für Sonnenbrillen). Dementsprechend gewährt Art 16 Abs 3 TRIPS einen Schutz auch außerhalb des Ähnlichkeitsbereichs, wenn die Benutzung der Marke auf eine Verbindung zwischen den Produkten und dem Inhaber der notorisch bekannten Marke hinweisen würde, die bei diesen mit Wahrscheinlichkeit zu einem Schaden führt. Art 9 Abs 2c UMV sieht einen solchen erweiternden Schutz für bekannte Marken vor. Der deutsche Gesetzgeber hat in § 14 Abs 2 Nr 3 MarkenG von dieser Option Gebrauch gemacht. Begrenzte Ausnahmen von den Rechten aus einer Marke, wie etwa eine lautere Benutzung beschreibender Angaben, sind nach Art 17 TRIPS zulässig, wenn diese Ausnahmen die berechtigten Interessen des Inhabers der Marken und Dritter berücksichtigen.

Hinsichtlich der Schutzdauer bestimmt Art 18 TRIPS, dass die Laufzeit der ursprünglichen Eintragung und jeder Verlängerung der Eintragung einer Marke mindestens 7 Jahre beträgt. Die Eintragung kann unbegrenzt verlängert werden. Damit nimmt das Markenrecht eine Sonderstellung im System der Immaterialgüterrechte ein, weil es bei entsprechender Verlängerung keiner zeitlichen Begrenzung unterliegt. Die Regelung der Bedingungen für die Vergabe von Lizenzen und für die Übertragung von Marken bleibt gem Art 21 TRIPS weitgehend den Mitgliedstaaten überlassen. Allerdings wird die Zwangslizenzierung von Marken für unzulässig erklärt. Damit wird eigentlich nur eine Selbstverständlichkeit festgeschrieben, da eine zwangsweise Lizenzierung von Marken mit deren Funktionen, insb der Unterscheidungs- und Herkunftsfunktion, unvereinbar wäre und unweigerlich zu einer Irreführung der angesprochenen Verkehrskreise führen würde. Darüber hinaus bestimmt Art 21 TRIPS, dass der Inhaber einer eingetragenen Marke berechtigt ist, seine Marke mit oder ohne den Geschäftsbetrieb, zu dem die Marke gehört, zu übertragen (selbstständige Übertragbarkeit). Dem hat sowohl das europäische Markenrecht (Art 20 Abs 1 UMV) als auch das MarkenG (§ 27 MarkenG) entsprochen. Im deutschen Recht wurde damit der nach dem früheren Warenzeichengesetz (WZG) geltende Akzessorietätsgrundsatz aufgegeben, wonach das Warenzeichenrecht nur zusammen mit dem dazugehörigen Geschäftsbetrieb auf einen anderen übertragen werden konnte.[152] 117

c) Geografische Herkunftsangaben

Regelungen zum Schutz geografischer Herkunftsangaben finden sich in Art 22–24 TRIPS. Sie werden durch die PVÜ und den auf deren Grundlage geschlossenen Sonderabkommen ergänzt (Art 1 Abs 2, 2 Abs 1, 19 PVÜ). Insgesamt betrachtet hat das TRIPS-Übereinkommen im Bereich des Schutzes der geografischen Herkunftsangaben **keine grundlegende Vereinheitlichung** der heterogenen nationalen Schutzsysteme herbeigeführt. Gem der Definition in Art 22 Abs 1 TRIPS sind geografische Herkunftsangaben „Angaben, die eine Ware als aus dem Hoheitsgebiet eines Mitglieds oder aus einer Gegend oder als einem Ort in diesem Gebiet stammend kennzeichnen, wenn eine bestimmte Qualität, der Ruf oder eine sonstige Eigenschaft der Ware im Wesentlichen auf ihrer geografischen Herkunft beruht." Der Schutz gilt lediglich für Waren, nicht aber für Dienstleistungen. Auch wenn in der Praxis Lebensmittel im Mittelpunkt des Interesses stehen, werden gleichfalls auch Industrieprodukte erfasst. Der Inhalt des Schutzes besteht darin, dass Bezeichnungen oder Aufmachungen einer Ware, die Irreführungen über die Herkunft einer Ware hervorrufen, sowie jede Benutzung, die eine unlautere Wettbewerbshandlung iSd Art 10bis PVÜ darstellt, verboten werden müssen (Art 22 Abs 2a, b TRIPS). Außerdem ist es unzulässig, derartige Angaben als Marke einzutragen (Art 22 Abs 3 TRIPS). Entsprechendes gilt nach Art 22 Abs 4 TRIPS für zutreffende Angaben, die gleichwohl das Publikum über die geografische Herkunft der Waren irreführen. Da nach Art 22 Abs 2 TRIPS die Mitgliedstaaten lediglich verpflichtet sind, den beteiligten Parteien „die rechtlichen Mittel für ein Verbot" zu bieten, bleibt dessen Ausgestaltung den Mitgliedstaaten überlassen. Im Ergebnis führt dies dazu, dass das TRIPS-Übereinkommen keine harmonisierende Wirkung hat, sondern 118

152 S *Götting* Gewerblicher Rechtsschutz § 53 Rn 14.

die verschiedensten Konzeptionen des Schutzes geografischer Herkunftsangaben aufrechterhalten werden. Im Wesentlichen lassen sich **drei verschiedene Ansätze** unterscheiden: Zum einen der lauterkeitsrechtliche, auf dem wettbewerbsrechtlichen Irreführungsverbot beruhende Schutz (wie das deutsche Recht vor dem Inkrafttreten des Markengesetzes am 1.1.1995 auf der Basis von § 3 UWG aF); der kennzeichenrechtliche Schutz (so wie das geltende deutsche Recht nach §§ 126ff MarkenG) und der Schutz aufgrund einer speziellen Registrierung (so wie die Verordnung EU 1151/2012 über Qualitätsregelungen für Agrarerzeugnisse und Lebensmittel).[153]

119 Ungeachtet der verbleibenden Defizite stellen die Bestimmungen des TRIPS-Übereinkommens über den Schutz geografischer Herkunftsangaben gegenüber der PVÜ einen **gewissen Fortschritt** dar. Seit der Revisionskonferenz von 1925 werden zwar geografische Herkunftsangaben in **Art 1 Abs 2 PVÜ** ausdrücklich erwähnt, der Schutz beschränkt sich aber auf die Verwendung objektiv und formal falscher Angaben, erfasst jedoch nicht irreführende geografische Angaben. Außerdem bestehen keine Verpflichtungen zu zivil- und strafrechtlichen Sanktionen, sondern es ist lediglich eine Beschlagnahme vorgesehen (Art 10 Abs 1 iVm Art 9 PVÜ). Dieses Manko weist auch das **Madrider Herkunftsabkommen (MHA)** vom 14.4.1891[154] auf, das als Nebenabkommen zur PVÜ geschlossen wurde. Obwohl das Schutzniveau über die PVÜ hinausgeht, weil es einen Irreführungsschutz beinhaltet (Art 1 Abs 1 MHA) und es für Weinerzeugnisse das **Ursprungslandprinzip** verankert (Art 4 HS 2 MHA), so dass der Bezeichnungsschutz unabhängig vom jeweiligen nationalen Schutzsystem eingreift, ist seine Bedeutung gering. Dem Abkommen sind nämlich bisher nur 36 Länder beigetreten. Auch das **Lissabonner Ursprungsabkommen (LUA)** vom 21.10.1958[155] besitzt nur geringe praktische Bedeutung, da ihm nur 30 Mitgliedstaaten angehören. Der Grund hierfür ist darin zu sehen, dass es sich auf ein Schutzsystem bezieht, das nur von wenigen Ländern eingeführt wurde. In Anknüpfung an den französischen Regelungsansatz der „*appellations d'origine*" werden nur solche Ursprungsbezeichnungen geschützt, die im Ursprungsland staatlich anerkannt sind. Als Konsequenz der lückenhaften und unzureichenden Regelungen des Konventionsrechts existiert eine Vielzahl bilateraler Abkommen, die in Anlehnung an die Methodik des LUA in einem Anhang Listen enthalten, in denen nach Produktgruppen geordnet, die auf dem Gebiet des Vertragspartners als schutzwürdig bzw schutzfähig anerkannten geografischen Bezeichnungen aufgeführt sind.

120 Einen produktspezifischen zusätzlichen Schutz geografischer Angaben für Weine und Spirituosen statuiert Art 23 TRIPS, der auf einen Vorschlag der EG zurückgeht, die ihre Interessen als einer der größten Exporteure von Weinen mit schützenswerten Herkunftsangaben besonders gewährleistet wissen wollte.[156] Der erweiterte Schutz besteht darin, dass Art 23 Abs 1 TRIPS ein absolutes Benutzungsverbot vorsieht, so dass das Verbot anders als nach Art 22 TRIPS unabhängig von einer Irreführungsgefahr ein-

153 ABl EU 2012 L 343/1ff; zuletzt geändert durch VO Nr 625/2017 des Europäischen Parlaments und des Rates v 7.4.2017, ABl EU 2017 L95/1ff. ABl EU 2006 L 93/12ff; zuletzt geändert durch VO Nr 1791/2006 des Rates v 20.11.2006, ABl EU 2006 L 363/1ff.

154 S o Rn 81.

155 S o Rn 81.

156 *Strauch* in Busche/Stoll/Wiebe (Hrsg) TRIPs Art 23 Rn 2.

greift. Auch die Regelung des Art 23 Abs 2 TRIPS, wonach ein Hindernis für die Eintragung einer Marke besteht, die eine geografische Angabe enthält, die sich auf solche Weine oder Spirituosen bezieht, die diesen Ursprung nicht haben, beinhaltet nicht das Erfordernis einer Irreführung. Art 23 Abs 4 TRIPS sieht Verhandlungen im TRIPS-Rat über die Errichtung eines multilateralen Eintragungssystems für geografische Angaben für Weine und Spirituosen vor, die zum Bestandteil der Agenda der Doha-Runde[157] gehören. Art 24 Abs 1 TRIPS verpflichtet die WTO-Mitglieder zu weiteren Verhandlungen über den Schutz einzelner geografischer Angaben nach Art 23 TRIPS. In Art 24 Abs 4–6 sowie Art 24 Abs 8 und 24 Abs 9 TRIPS finden sich Ausnahmebestimmungen, durch die der Schutz geografischer Angaben eingeschränkt wird. Zu beachten ist insb Art 24 Abs 9 TRIPS, wonach geografische Angaben, die im Herkunftsland selbst keinen Schutz mehr genießen, insb weil sie sich zur Gattungsbezeichnung gewandelt haben, auch in anderen WTO-Mitgliedern nicht mehr geschützt werden müssen.

d) Gewerbliche Muster und Modelle

Der in Art 25 und 26 TRIPS geregelte Schutz gewerblicher Muster und Modelle betrifft 121
ästhetische Gestaltungen, die man im allgemeinen Sprachgebrauch als **„Design“** bezeichnet, das für den Markterfolg eines Produkts von ganz erheblicher Bedeutung ist. Der **Designschutz** wird in erster Linie durch das **Geschmacksmuster- bzw. Designrecht** gewährleistet.[158] Sofern die erforderliche Schöpfungshöhe erreicht wird, kann darüber hinaus auch ein urheberrechtlicher Schutz erlangt werden. Dieser Aspekt wird mit Blick auf den Schutz von Textilmustern auch in Art 25 Abs 2 S 2 TRIPS angesprochen, wonach die Verpflichtung, einen angemessenen Schutz zu gewährleisten, auch durch urheberrechtliche Bestimmungen erfüllt werden kann. In Betracht kommt außerdem in Deutschland, wie auch in anderen kontinentaleuropäischen Rechtsordnungen, ein **ergänzender wettbewerbsrechtlicher Leistungsschutz**[159] gegen Nachahmung, der aber vom TRIPS-Übereinkommen nicht erfasst wird. Die Bestimmungen des TRIPS-Übereinkommens gehen über die rudimentären und eher beiläufigen Regelungen der PVÜ (Art 1 Abs 2, 4, 5 B, 5 D, $5^{quinquies}$, 11) hinaus. Als Reaktion auf das TRIPS-Übereinkommen wurde das Haager Abkommen über die internationale Hinterlegung gewerblicher Muster und Modelle (HMA) vom 6.11.1925,[160] bei dem es sich um ein Nebenabkommen zur PVÜ handelt, durch die Genfer Fassung vom 2.7.1999 revidiert und gem Art 2 Abs 1 der Vorrang des TRIPS-Übereinkommens statuiert.

Art 25 Abs 1 S 1 und 2 TRIPS sieht einen **Schutz für gewerbliche Muster und Modelle vor, „die neu sind oder Eigenart haben“**. Ungeachtet der hier ausgesproche- 122
nen Alternativität zwischen Neuheit und Eigenart gehen das europäische (Art 3 Abs 2 GeschmacksmusterrechtsRL; Art 4 Abs 1 GGVO) und dementsprechend auch das deut-

157 S Ministerklärung von Doha v 14.11.2001, WT/MIN/(01)/DEC/1 Rn 18; s auch *Knaak* GRUR Int 1995, 642/648ff.
158 S o Rn 15 und Rn 45ff.
159 *Götting* Gewerblicher Rechtsschutz § 6 Rn 24f; *ders/Kaiser* Wettbewerbsrecht § 11 insb Rn 43f.
160 S o Rn 78.

sche (§ 2 Abs 1 DesignG) Recht davon aus, dass die genannte Formulierung einer Kumulation beider Erfordernisse nicht entgegensteht, und verlangen als Voraussetzung für den Geschmacksmusterschutz, dass das Muster neu ist und Eigenart hat. Zur Begründung lässt sich auf Art 25 Abs 1 S 2 TRIPS verweisen, wo im Hinblick auf mögliche Versagungsgründe aufgrund fehlender Neuheit oder Eigenart davon die Rede ist, dass die Mitglieder diese „bestimmen können". Ebenso können die Mitglieder bestimmen, dass sich der Schutz nicht auf Muster oder Modelle erstreckt, die im Wesentlichen aufgrund technischer oder funktionaler Überlegungen vorgegeben sind. Einen entsprechenden Ausschluss des Schutzes aufgrund technischer Bedingtheit findet sich sowohl im europäischen (Art 7 GeschmacksmusterrechtsRL; Art 8 GGVO) als auch im deutschen (§ 3 Abs 1 Nr 1 DesignG) Recht. Keine abschließenden Festlegungen trifft das TRIPS-Übereinkommen auch darüber, ob der Schutz aufgrund einer Registrierung oder aber aufgrund bloßer Benutzung des Musters oder Modells gewährt wird. Während der deutsche Gesetzgeber den designrechtlichen Schutz von einer Eintragung abhängig macht, was aber bei Vorliegen einer entsprechenden Schöpfungshöhe einen formlosen urheberrechtlichen Schutz nicht ausschließt,[161] sieht das europäische Recht neben dem eingetragenen Geschmacksmusterrecht auch ein auf 3 Jahre begrenztes **nicht eingetragenes Geschmacksmusterrecht** vor (Art 11 Abs 1 GGVO). Nach Art 26 Abs 3 TRIPS beträgt die Schutzdauer, zu deren Gewährung die Mitgliedstaaten verpflichtet sind, mindestens 10 Jahre. Diesen Anforderungen entsprechen das deutsche und das europäische Recht ohne weiteres, da die Gesamtlaufzeit 25 Jahre ab dem Anmeldetag beträgt (Art 12 GGVO; § 27 Abs 2 DesignG).

123 Der in Art 26 Abs 1 TRIPS verankerte **Schutz vor Nachahmung** berechtigt den Inhaber eines geschützten gewerblichen Musters oder Modells, Dritten zu verbieten, ohne seine Zustimmung Gegenstände herzustellen, zu verkaufen oder einzuführen, die ein Muster oder Modell tragen oder in die ein Muster oder Modell aufgenommen wurde, das eine Nachahmung oder im Wesentlichen eine Nachahmung des geschützten Musters oder Modells ist. Voraussetzung ist, dass diese Handlungen zu gewerblichen Zwecken vorgenommen werden; die Benutzung im Privatbereich wird nicht erfasst. Nach Art 26 Abs 2 TRIPS können die Mitglieder begrenzte Ausnahmen vom Schutz gewerblicher Muster und Modelle vorsehen, sofern solche Ausnahmen nicht unangemessen im Widerspruch zur normalen Verwertung stehen und die berechtigten Interessen des Inhabers nicht unangemessen beeinträchtigen, wobei auch die berechtigten Interessen Dritter zu berücksichtigen sind.

e) Patente

124 Einen breiten Raum nehmen im TRIPS-Übereinkommen die Regelungen über Patente ein (Art 27–34), die für den Schutz technischer Innovationen und als Determinanten der Wettbewerbsbedingungen im Rahmen des Welthandels von zentraler Bedeutung sind. Der durch die Bestimmungen des TRIPS-Übereinkommens festgelegte **Mindeststandard** ist von dem Bestreben getragen, ein hohes Schutzniveau zu gewährleisten, das deutlich über das der PVÜ hinausgeht. Im Hinblick auf die patentfähigen Gegen-

161 S *Götting* Gewerblicher Rechtsschutz § 39 Rn 7.

stände verpflichtet Art 27 Abs 1 S 1 TRIPS die Mitgliedstaaten dazu, dafür zu sorgen, **„dass Patente für Erfindungen auf allen Gebieten der Technik erhältlich sind"**.

Mit dieser breiten Formulierung soll ausgeschlossen werden, dass, aus welchen 125
Gründen auch immer, Erfindungen auf bestimmten Gebieten der Technik der Schutz versagt wird.[162] An einer allgemein anerkannten verbindlichen Definition der Technik fehlt es allerdings. Der **Technikbegriff** ist nicht statisch, sondern dynamisch, dh er ist flexibel den technologischen Veränderungen und den daraus resultierenden Schutzbedürfnissen anzupassen.[163] In Anbetracht dessen besteht ein **weiter Interpretationsspielraum**, der dazu führen kann, dass das Technikverständnis, das dem Patentrecht zugrunde gelegt wird, von Land zu Land nicht unerheblich divergieren kann. So hat sich etwa das amerikanische Patentrecht von einem Technizitätserfordernis weitgehend gelöst, nachdem der US Supreme Court im Zusammenhang mit der Anerkennung der Patentfähigkeit eines durch genetische Manipulation hergestellten Bakteriums den Grundsatz aufgestellt hat, dass dem Patentschutz „*anything under the sun that is made by men*" zugänglich sein kann.[164] Demgegenüber misst man in Deutschland der Klärung des Technikbegriffs wesentliche Bedeutung bei und es wird insb eine lebhafte Debatte über die „Technizität" von programmbezogenen Lehren geführt.[165]

Der von den Mitgliedstaaten zu gewährleistende Patentschutz bezieht sich sowohl 126
auf Erzeugnisse als auch auf Verfahren, vorausgesetzt, dass sie neu sind, auf einer erfinderischen Tätigkeit beruhen und gewerblich anwendbar sind (Art 27 Abs 1 TRIPS). In Art 27 Abs 1 S 2 TRIPS wird der in S 1 statuierte Grundsatz, dass Patente für Erfindungen auf allen Gebieten der Technik anzuerkennen sind, dahingehend konkretisiert, dass Patente erhältlich und Patente ausgeübt werden können, ohne dass hinsichtlich des Ortes der Erfindung, des Gebiets der Technik oder danach, ob die Erzeugnisse eingeführt oder im Land hergestellt werden, diskriminiert werden darf. Das vom TRIPS-Übereinkommen etablierte hohe Schutzniveau, das auf die Bedürfnisse der Industriestaaten zugeschnitten ist, hat zu einem Interessenkonflikt mit den Entwicklungsländern geführt, die den hohen Standard des Patentschutzes als ein Hemmnis für ihren technologischen und wirtschaftlichen Fortschritt betrachten.[166]

Ausnahmen vom weitreichenden patentrechtlichen Schutz sind nur in eng be- 127
grenztem Umfang zulässig. Nach Art 27 Abs 2 TRIPS können die Mitglieder Erfindungen von der Patentierbarkeit ausschließen, wenn die Verhinderung ihrer gewerblichen Verwertung innerhalb ihres Hoheitsgebiets zum Schutz der öffentlichen Ordnung oder der guten Sitten, einschließlich des Schutzes des Lebens oder der Gesundheit von Menschen, Tieren oder Pflanzen, oder zur Vermeidung einer ernsten

---

162 S zum Folgenden *Busche* in ders/Stoll/Wiebe (Hrsg) TRIPs Einl 2 Rn 36; *Stoll/Raible* (Fn 138) Rn 69ff; *Herrmann/Weiß/Ohler* Rn 937ff; *Straus* GRUR Int 1996, 179ff.

163 S *Götting* Gewerblicher Rechtsschutz § 10 Rn 6; s BGH GRUR 1969, 672 – *Rote Taube*; BGH GRUR 2000, 498/501 – *Logikverifikation*.

164 *Diamond vs Chakrabarty* 447 US 303, 309f, 206 USPQ 193 = GRUR Int 1980, 627/629; s dazu *Götting/A. Fikentscher* in Assmann/Bungert (Hrsg) Handbuch des US-amerikanischen Handels-, Gesellschafts- und Wirtschaftsrecht, Bd 1 (2001) 393/401 Rn 15.

165 S *Götting* Gewerblicher Rechtsschutz § 10 Rn 6.

166 S *Herrmann* EuZW 2002, 37ff; *Pacón* GRUR Int 1995, 875ff; *dies* in FS Kolle/Stauder (2005) 77ff.

Schädigung der Umwelt notwendig ist. Das bloße Bestehen eines Verwertungsverbots im jeweiligen Mitgliedstaat stellt aber für sich genommen noch keinen hinreichenden Rechtfertigungsgrund dar, um den Patentschutz auszuschließen. Es ist vielmehr im Einzelfall zu prüfen, ob das Verwertungsverbot den Anforderungen von Art 27 Abs 2 TRIPS entspricht. Diesen Vorgaben entspricht sowohl das europäische (Art 53a EPÜ) als auch das deutsche (§ 2 Abs 1 PatG) Patentrecht. Von der Patentierbarkeit ausgeschlossen werden können auch diagnostische, therapeutische und chirurgische Verfahren für die Behandlung von Menschen oder Tieren (Art 27 Abs 3a TRIPS). Hierdurch soll gewährleistet werden, dass die gesundheitliche Versorgung durch die Anwendung von Behandlungsmethoden bei Menschen oder Tieren nicht durch Patentrechte behindert wird. Auch diesem Anliegen tragen das europäische (Art 53c EPU) und das deutsche (§ 2a Abs 1 Nr 2 PatG) Patentrecht ausdrücklich Rechnung.

128 Von der Patentierbarkeit ausgeschlossen werden können auch Pflanzen oder Tiere, mit Ausnahme von Mikroorganismen, und im Wesentlichen biologische Verfahren für die Züchtung von Pflanzen oder Tieren mit Ausnahme von nicht-biologischen und mikrobiologischen Verfahren (Art 27 Abs 3b TRIPS). Als Gegenausnahme wird den Mitgliedern aber die Verpflichtung auferlegt, den Schutz von Pflanzensorten entweder durch Patente oder durch ein wirksames System *sui generis* oder durch eine Kombination beider vorzusehen. Parallele Regelungen finden sich im europäischen (Art 53b EPÜ) und im deutschen (§ 2a Abs 1 Nr 1 PatG) Patentrecht. Dem Erfordernis eines wirksamen Systems für den Schutz von Pflanzensorten wird im Sinne einer Kombinationslösung durch das deutsche[167] und europäische[168] Sortenschutzrecht entsprochen, das ergänzend eingreift, wenn es sich um Pflanzensorten handelt, die einem patentrechtlichen Schutz nicht zugänglich sind.

129 In Art 28 TRIPS werden die aus dem Patent fließenden ausschließlichen Rechte für Erzeugnispatente (a) sowie Verfahrenspatente (b) genannt. Art 34 TRIPS sieht bezüglich der Verletzung von Verfahrenspatenten eine Beweislasterleichterung zugunsten des Patentinhabers vor. Damit wird dem Umstand Rechnung getragen, dass der Nachweis einer Patentverletzung bei Verfahrenspatenten auf ungleich größere Schwierigkeiten stößt als bei Erzeugnispatenten. Da der Patentinhaber keinen Einblick in die Sphäre des potentiellen Verletzers hat, ist es ihm nicht möglich, zu beweisen, dass das zu seinen Gunsten geschützte Verfahren tatsächlich zur Herstellung eines bestimmten Gegenstandes benutzt wurde und deshalb eine Verletzung des Verfahrenspatents vorliegt. Dementsprechend bestimmt Art 34 Abs 1 TRIPS, dass die Gerichte befugt sind, dem Beklagten den Nachweis aufzuerlegen, dass sich das Verfahren zur Herstellung eines identischen Erzeugnisses von dem patentierten Verfahren unterscheidet. Die WTO-Mitglieder sehen vor – wenn bestimmte Umstände gegeben sind, wie insb das hergestellte Erzeugnis neu ist –, dass ein identisches Erzeugnis, das ohne die Zustimmung des Patentinhabers hergestellt wurde, mangels Beweises des Gegenteils als nach dem patentierten Verfahren hergestellt gilt (Art 34 Abs 1 S 2 TRIPS). Eine entsprechende Regelung enthält § 139 Abs 3 PatG.

167 S o Rn 13.
168 S o Rn 44.

Nach Art 28 Abs 2 TRIPS hat der Patentinhaber das Recht, das Patent rechtsgeschäftlich oder im Wege der Rechtsnachfolge zu übertragen und Lizenzverträge abzuschließen (vgl § 15 PatG). 130

Von den aus dem Patent resultierenden ausschließlichen Rechten können die Mitglieder begrenzte Ausnahmen vorsehen, sofern diese nicht unangemessen im Widerspruch zur normalen Verwertung des Patents stehen und die berechtigten Interessen des Inhabers des Patents nicht unangemessen beeinträchtigen, wobei auch die berechtigten Interessen Dritter zu berücksichtigen sind (Art 30 TRIPS). Eine ganz wesentliche Einschränkung der ausschließlichen Rechte des Patentinhabers stellt die Zwangslizenzerteilung dar, deren Voraussetzungen in Art 31 lit a–l TRIPS und nunmehr Art 31bis sowie dem Anhang[169] zum TRIPS-Übereinkommen detailliert geregelt sind. Die Bestimmungen statuieren die Pflicht zur Prüfung der Umstände des Einzelfalls im Hinblick auf Umfang, Dauer, marktmäßige Beschränkung sowie die Pflicht zur Gewährleistung effektiven Rechtsschutzes im Hinblick auf alle relevanten Entscheidungen im Zusammenhang mit einer sonstigen Benutzung ohne Zustimmung des Rechtsinhabers. Zentrale Voraussetzung ist grundsätzlich, dass eine Benutzung nur gestattet werden darf, wenn sich derjenige, der die Benutzung plant, bemüht hat, die Zustimmung des Rechtsinhabers zu angemessenen geschäftsüblichen Bedingungen zu erhalten, und wenn diese Bemühungen innerhalb einer angemessenen Frist erfolglos sind. Auf dieses Erfordernis kann allerdings verzichtet werden, wenn ein nationaler Notstand oder sonstige Umstände von äußerster Dringlichkeit vorliegen oder wenn es sich um eine öffentliche, nicht gewerbliche Benutzung handelt. Grundsätzlich ist dem Rechtsinhaber eine nach den Umständen des Falles angemessene Vergütung zu leisten. Art 31 TRIPS lässt die in lit k) unterstellte Möglichkeit unberührt, die Verpflichtung zur Erteilung einer Zwangslizenz auf kartellrechtlicher Grundlage auszusprechen.[170] Besondere Bedeutung kommt Art 31 TRIPS im Zusammenhang mit dem Zugang zu lebensnotwendigen Medikamenten wie insb zur Aidsbekämpfung in Entwicklungsländern zu.[171] 131

Hinsichtlich der Schutzdauer schreibt Art 33 TRIPS vor, dass diese nicht vor dem Ablauf einer Frist von 20 Jahren, gerechnet ab dem Anmeldetag, enden darf. 132

f) Layout-Designs (Topografien) integrierter Schaltkreise

In den Art 35–38 widmet sich das TRIPS-Übereinkommen dem Schutz von **Topografien integrierter Schaltkreise**. Es handelt sich dabei um ein technisches Schutzrecht, das Ähnlichkeit mit dem Gebrauchsmusterschutz aufweist, der vom TRIPS-Übereinkommen nicht erfasst wird. Mit dem *sui generis*-**Schutz für integrierte Schaltkreise (Chips)** wird eine Lücke geschlossen, da das bestehende Schutzbedürfnis nicht durch 133

---

169 Art. 31bis und der Anhang wurden eingefügt mWv 23.1.2017 durch Protokoll v. 6.12.2005 (ABl Nr L 311 S 37) iVm Mitteilung v. 30.1.2017 WTO 17-0584, WT/Let/1236; zur aktualisierten Liste der Mitglieder, die zugestimmt haben, s <wto.org/english/tratop_e/trips_e/amendment_e.htm>.

170 Vgl BGH GRUR 2009, 694 Rn 28; *Busche* in ders/Stoll/Wiebe (Hrsg) TRIPs Einl 2 Rn 43; s zur Abgrenzung zwischen patentrechtlicher und kartellrechtlicher Zwangslizenz *Busche* FS Tilmann (2003) 645/648ff; s auch *Götting* FS Kolle/Stauder (2005) 63/71ff.

171 S u Rn 148.

die traditionellen Immaterialgüterrechte abgedeckt werden kann. Für einen patentrechtlichen Schutz fehlt es regelmäßig an der erforderlichen Erfindungshöhe, einem urheberrechtlichen Schutz steht die fehlende Schöpfungshöhe entgegen. Da die Entwicklung integrierter Schaltkreise mit erheblichen Investitionen verbunden ist und sie sich andererseits leicht kopieren lassen, wurde ein Sonderschutz für erforderlich gehalten. Dieser beruht auf dem 1989 in Washington geschlossenen, aber bisher nicht in Kraft getretenen WIPO-Vertrag über das geistige Eigentum im Hinblick auf integrierte Schaltkreise **(IPIC-Vertrag)**.[172] Die darin enthaltenen Regelungen werden durch Bezugnahme in Art 35 TRIPS in das TRIPS-Übereinkommen inkorporiert (*incorporation by reference*). Durch diesen Verweis werden die Bestimmungen des IPIC-Vertrags zum Bestandteil des TRIPS-Übereinkommens. In Art 36–38 TRIPS werden lediglich zusätzliche, ergänzende Regelungen getroffen. Sie beziehen sich auf den Schutzumfang, auf Beschränkungen zugunsten gutgläubiger Erwerber, auf Zwangslizenzen (Verweis auf Art 31a–k TRIPS) und die Schutzdauer, die auf mindestens 10 Jahre festgelegt wird. Das deutsche Recht trägt den Anforderungen durch das Halbleiterschutzgesetz Rechnung.[173]

g) Schutz nicht offenbarter Informationen

134 Keinen unmittelbar immaterialgüterrechtlichen, sondern einen lauterkeitsrechtlichen Aspekt betrifft die Regelung über den **Schutz nicht offenbarter Informationen** in Art 39 TRIPS. Dies kommt darin zum Ausdruck, dass in Abs 1 hinsichtlich der Sicherung eines wirksamen Schutzes gegen unlauteren Wettbewerb auf Art 10bis der PVÜ (1967) Bezug genommen wird. Neben der in Abs 2 statuierten Verpflichtung der Mitglieder für einen **Schutz von Informationen** zu sorgen, die der **Geheimhaltung** unterliegen (Know-how),[174] schreibt Art 39 Abs 3 TRIPS vor, dass auch Daten, die nach dem nationalen Recht der Mitglieder im Zusammenhang mit der Zulassung pharmazeutischer oder agrochemischer Erzeugnisse offenbart werden müssen, vor unlauterem gewerblichen Gebrauch zu schützen sind. Darüber hinaus sind sie vor einer Offenbarung zu schützen, es sei denn, dass diese zum Schutz der Öffentlichkeit notwendig ist, oder dass Maßnahmen ergriffen werden, um sicherzustellen, dass die Daten vor unlauterem gewerblichen Gebrauch geschützt werden. Im deutschen Recht ist der Know-how-Schutz in erster Linie im GeschGehG verankert.[175]

h) Kontrolle wettbewerbswidriger Praktiken in vertraglichen Lizenzen

135 In Art 40 TRIPS wird die **Kontrolle wettbewerbswidriger Praktiken in vertraglichen Lizenzen**, die im Zusammenhang mit der Verwertung von Rechten des geistigen Eigentums stehen, thematisiert. Die Regelung knüpft an den in Art 8 Abs 2 TRIPS verankerten Grundsatz an, wonach geeignete Maßnahmen erforderlich sein können, um

---

172 Treaty on Intellectual Property in Respect of Integrated Circuits v 26.5.1989, ILM 28 (1989) 1477; s dazu *Krieger/Dreier* GRUR Int 1989, 729ff.

173 S o Rn 12.

174 S *Enders* GRUR 2012, 25/27.

175 S *Götting* Wettbewerbsrecht § 17.

den **Missbrauch von Rechten des geistigen Eigentums** durch die Rechtsinhaber oder den Rückgriff auf Praktiken, die den Handel unangemessen beschränken oder den internationalen Technologietransfer nachteilig beeinflussen, zu verhindern. In Art 40 Abs 1 TRIPS wird dieses Bekenntnis aufgegriffen und betont, dass die Mitglieder sich darin einig sind, dass gewisse Praktiken oder Bestimmungen bei der Vergabe von Lizenzen an Rechten des geistigen Eigentums, die den Wettbewerb beschränken, nachteilige Auswirkungen auf den Handel haben können und die Weitergabe und Verbreitung von Technologie behindern können. Art 40 Abs 2 S 1 TRIPS stellt zunächst klar, dass das Übereinkommen die WTO-Mitglieder nicht daran hindert, in ihren Rechtsvorschriften Lizenzierungspraktiken und Lizenzbedingungen aufzuführen, die in bestimmten Fällen einen Missbrauch von Rechten des geistigen Eigentums mit nachteiligen Auswirkungen auf den Wettbewerb auf dem entsprechenden Markt bilden können. Als **geeignete Maßnahmen**, zu denen die Mitglieder ungeachtet der Bestimmungen des TRIPS-Übereinkommens ermächtigt sind, werden beispielhaft die Verhinderung oder Kontrolle folgender Praktiken genannt: Bestimmungen über exklusive Rücklizenzen, über die Verhinderung von Angriffen auf die Gültigkeit sowie erzwungene Paketlizenzen (Art 40 Abs 2 S 2 TRIPS). Art 40 Abs 3 und 4 TRIPS betrifft die Zusammenarbeit zwischen den WTO-Mitgliedern.

3. Durchsetzung der Rechte des geistigen Eigentums

In Teil III des TRIPS-Übereinkommens finden sich ausführliche Regelungen zur 136 **Durchsetzung der Rechte des geistigen Eigentums**. Der beste materielle Schutz der Rechte des geistigen Eigentums geht ins Leere, wenn die Rechte nicht effizient durchgesetzt werden können. Dieser Erkenntnis trägt das TRIPS-Übereinkommen Rechnung. Es verfolgt das Anliegen, die früher bestehenden strukturellen Defizite zu beseitigen und die nur ansatzweise vorhandenen Mindestverpflichtungen der internationalen Konventionen auszubauen, so dass eine Verbesserung der Rechtsdurchsetzung erreicht wird.[176] Besonders die Industrienationen haben während der **Uruguay-Runde** hierauf großen Wert gelegt.[177]

a) Allgemeine Pflichten

In Art 41 TRIPS werden allgemeine Grundsätze bezüglich der Verpflichtungen auf- 137 gestellt, die die Mitgliedstaaten zur Durchsetzung der Rechte des geistigen Eigentums zu erfüllen haben. Im Zentrum steht die **Gewährleistung eines wirksamen Vorgehens gegen jede Verletzung** der unter das TRIPS-Übereinkommen fallenden Rechte des geistigen Eigentums. Hiervon umfasst sind Eilverfahren zur Verhinderung von Verletzungshandlungen und Rechtsbehelfe zur Abschreckung von weiteren Verletzungshandlungen. Diese Verfahren sind so anzuwenden, dass die Errichtung von Schranken für den rechtmäßigen Handel vermieden wird und die Gewähr gegen ihren Missbrauch gegeben ist (Art 41 Abs 1 TRIPS). Die Verfahren zur Durchsetzung von

176 S hierzu ausführlich *Dreier* GRUR Int 1996, 205ff; s auch *Busche* in ders/Stoll/Wiebe (Hrsg) TRIPs Einl 2 Rn 50ff; *Herrmann/Weiß/Ohler* Rn 951ff.
177 *Faupel* GRUR Int 1990, 255/263.

Rechten des geistigen Eigentums müssen **fair und gerecht** sein. Sie dürfen **nicht unnötig kompliziert und kostspielig** sein und **keine unangemessenen Fristen oder ungerechtfertigten Verzögerungen** mit sich bringen (Art 41 Abs 2 TRIPS). Ungeachtet dessen besteht aber Einvernehmen darüber, dass die WTO-Mitglieder nicht verpflichtet sind, ein gerichtliches System für die Durchsetzung von Rechten des geistigen Eigentums getrennt von dem für die Durchsetzung des Rechts im Allgemeinen zu errichten und die Fähigkeit der Mitglieder, ihr Recht allgemein durchzusetzen, nicht berührt wird. Es besteht keine Verpflichtung zur Aufteilung von Mitteln für Zwecke der Durchsetzung von Rechten des geistigen Eigentums und für Zwecke der Durchsetzung des Rechts im Allgemeinen (Art 41 Abs 5 TRIPS). Die WTO-Mitglieder müssen somit **keine Spezialregelungen** und **keine gerichtliche Spezialzuständigkeit** zur Rechtsdurchsetzung von Immaterialgüterrechten schaffen.

b) Zivil- und Verwaltungsverfahren und Rechtsbeihilfe

138 Im Vordergrund steht die Pflicht, den Rechtsinhabern zivilprozessuale Verfahren für die Durchsetzung der unter das TRIPS-Übereinkommen fallenden Rechte des geistigen Eigentums zur Verfügung zu stellen (Art 42 S 1 TRIPS). Im Anschluss hieran werden der Verfahrensablauf und die sich aus der Verletzung von Rechten des geistigen Eigentums ergebenden Rechtsfolgen und Ansprüche detailliert geregelt. Soweit zivilrechtliche Ansprüche im Verwaltungsverfahren zuerkannt werden, gelten die für das Zivilverfahren niedergelegten Grundsätze, wie insb der Anspruch auf rechtliches Gehör und die Berechtigung, sich anwaltlich vertreten zu lassen (Art 42 S 2ff TRIPS), entsprechend (Art 49 TRIPS). Besondere Beachtung verdient Art 43 Abs 1 TRIPS, wonach die Gerichte unter bestimmten Voraussetzungen die **Vorlegung von Beweismitteln durch die nicht beweisbelastete Partei** anordnen können.[178] Gegebenenfalls hat dies unter Auferlegung von Bedingungen zu geschehen, die den Schutz vertraulicher Informationen gewährleisten (Art 43 Abs 1 TRIPS). Für den Fall, dass eine Prozesspartei ohne stichhaltigen Grund den Zugang zu notwendigen Informationen verweigert, diese nicht innerhalb einer angemessenen Frist vorlegt oder ein Verfahren zur Durchsetzung eines Rechts wesentlich behindert, können die Gerichte dazu ermächtigt werden, auf Grundlage der ihnen vorliegenden Informationen – einschließlich der Klageschrift oder des Vorbringens der durch die Verweigerung des Zugangs zu den Informationen beschwerten Parteien – bestätigende oder abweisende Entscheidungen vorläufiger und endgültiger Art zu treffen. Voraussetzung ist, dass die Parteien die Gelegenheit hatten, zu dem Vorbringen und den Beweisen Stellung zu nehmen (Art 43 Abs 2 TRIPS). In Art 44–48 TRIPS werden die Rechtsfolgen geregelt, die durch die Gerichte angeordnet werden können. Im Einzelnen handelt es sich um die den Rechtsinhabern zustehenden **Ansprüche auf Unterlassung** (Art 44 TRIPS) sowie bei Vorsatz oder Fahrlässigkeit auf **Schadensersatz** (Art 45 TRIPS) und auf **Einziehung und Vernichtung** der verletzenden Waren sowie der Herstellungswerkzeuge (Art 46 TRIPS). Der Unterlassungsanspruch wird dahingehend eingeschränkt, dass die WTO-Mitglieder nicht verpflichtet sind, ihn auch gegenüber einem gutgläubigen Erwerber einer Ware zu gewähren (Art 44 Abs 1 S 2 TRIPS). Außerdem steht es den Mitgliedern in Fäl-

178 Vgl dazu BGH GRUR 2006, 962/966 Rn 40 – *Restschadstoffbeseitigung*.

len einer Zwangslizenz für ein Patent frei, den Rechtsinhaber auf den **Vergütungsanspruch** nach Art 31 lit h TRIPS zu verweisen (Art 44 Abs 2 TRIPS). Eine Bestimmung zur **Drittauskunft über weitere Beteiligte und Vertriebswege** enthält Art 47 TRIPS. Danach können die Mitglieder eine Befugnis der Gerichte vorsehen, anzuordnen, dass der Verletzer dem Rechtsinhaber Auskunft über die Identität Dritter, die an der Herstellung und am Vertrieb der rechtsverletzenden Waren oder Dienstleistungen beteiligt waren, sowie über ihre Vertriebswege, erteilen muss, sofern dies nicht außer Verhältnis zur Schwere der Verletzung steht. Ein derartiger Auskunftsanspruch findet sich in § 140b PatG, § 24b GebrMG, § 46 DesignG, § 19 MarkenG sowie § 101 UrhG.

c) Einstweilige Maßnahmen

Von großer praktischer Bedeutung sind die in Art 50 TRIPS geregelten **einstweiligen** 139 **Maßnahmen**. Wegen der leichten Verletzlichkeit, aber auch der begrenzten Schutzdauer, haben die Rechtsinhaber ein vordringliches Interesse, ihre Rechte möglichst schnell und effektiv durchzusetzen. Art 50 TRIPS bietet hierfür eine geeignete Handhabe, da die Regelung die Voraussetzung dafür schafft, gegen Rechtsverletzungen bereits vor **Einleitung des Hauptsacheverfahrens** aufgrund der **Anordnung einstweiliger Maßnahmen** vorzugehen.[179] Diese dienen einem doppelten Zweck. Die Gerichte sind befugt, schnelle und wirksame einstweilige Maßnahmen anzuordnen, (a) um die Verletzung eines Rechts des geistigen Eigentums zu verhindern und (b) um einschlägige Beweise hinsichtlich der behaupteten Rechtsverletzung zu sichern. Die Maßnahmen können nötigenfalls auch ohne Anhörung der anderen Partei getroffen werden (***ex parte***). Dies gilt insb dann, wenn durch eine Verzögerung dem Rechtsinhaber wahrscheinlich ein nicht wieder gut zu machender Schaden entstünde oder wenn nachweislich die Gefahr besteht, dass Beweise vernichtet werden (Art 50 Abs 2 TRIPS).

Da der Rechtsinhaber kaum Einblick in die Sphäre eines potentiellen Rechtsver- 140 letzers hat, bestehen häufig Unklarheiten darüber, ob überhaupt eine Rechtsverletzung vorliegt oder nicht, auch wenn hierfür gewisse Indizien sprechen. **Beweisschwierigkeiten** ergeben sich häufig bei **Verfahrenspatenten** (vgl schon Art 34 TRIPS). Vor diesem Hintergrund besteht ein Bedürfnis des Rechtsinhabers, bereits vor der Einleitung des Hauptsacheverfahrens Beweise zu ermitteln und zu sichern. Dem trägt die Regelung des Art 50 Abs 3 TRIPS Rechnung. Danach sind die Gerichte befugt, dem Antragsgegner aufzuerlegen, alle vernünftigerweise verfügbaren Beweise vorzulegen, um sich mit ausreichender Sicherheit davon überzeugen zu können, dass der Antragsteller der Rechtsinhaber ist und dass das Recht des Antragstellers verletzt wird oder dass eine solche Verletzung droht. Um Missbräuche zu verhindern, kann der Antragsteller zur Zahlung einer Kaution oder entsprechenden Sicherheit verpflichtet werden. Für den Fall, dass Maßnahmen ohne eine Anhörung des Gegners erlassen worden sind, müssen diese ihm unverzüglich mitgeteilt und ihm die Möglichkeit einer Überprüfung eingeräumt werden (Art 50 Abs 4 TRIPS). Einstweilige Maßnahmen sind auf Antrag aufzuheben, wenn das Verfahren, das zu einer Sachentscheidung führt,

179 S dazu *Dreier* GRUR Int 1996, 205, 212; *Vander* in Busche/Stoll/Wiebe (Hrsg) TRIPs Art 50 Rn 1ff; *Busche* in ders/Stoll/Wiebe (Hrsg) TRIPs Einl 2 Rn 52; *Herrmann/Weiß/Ohler* Rn 957.

nicht innerhalb einer angemessenen Frist eingeleitet wird (Art 50 Abs 6 TRIPS). Werden einstweilige Maßnahmen aufgehoben oder werden sie aufgrund einer Handlung oder Unterlassung des Antragstellers hinfällig oder wird festgestellt, dass keine Rechtsverletzung oder drohende Verletzung eines Rechts vorlag, so sind die Gerichte befugt, auf Antrag des Antraggegners anzuordnen, dass der Antragsteller dem Antragsgegner angemessenen Ersatz für den durch diese Maßnahmen entstandenen Schaden zu leisten hat (Art 50 Abs 7 TRIPS). Für den Fall, dass einstweilige Maßnahmen nach dem Recht der WTO-Mitglieder aufgrund von Verwaltungsverfahren angeordnet werden können, müssen auch diese den dargelegten Grundsätzen entsprechen (Art 50 Abs 8 TRIPS).

141 Unter Bezugnahme auf die Regelungen zur Durchsetzung der Rechte des geistigen Eigentums im TRIPS-Übereinkommen enthält die Richtlinie 2004/48/EG zur Durchsetzung der Rechte des geistigen Eigentums vom 29.4.2004[180] in Art 6 und 7 Bestimmungen über Maßnahmen zur Beweissicherung. Hinsichtlich des Anspruchs auf Vorlage von Beweismitteln, der auch vor Einleitung des Hauptsacheverfahrens im Rahmen des vorläufigen Rechtsschutzes geltend gemacht werden kann, wird dabei an die englische Anton-Piller-Order und die im französischen Recht seit langem anerkannte *Saisie Contrefaçon* angeknüpft.[181] Im deutschen Recht hatte man über den Umweg des Besichtigungsanspruchs nach § 809 BGB, der auch im Wege der einstweiligen Verfügung durchgesetzt werden kann, eine „Notlösung" gefunden, um die Beweisnot zu beseitigen, in der sich Inhaber der Rechte des geistigen Eigentums gegenüber potentiellen Rechtsverletzungen befinden.[182] Mit Umsetzung der Durchsetzungsrichtlinie in das deutsche Recht ist ein entsprechender Besichtigungs- bzw. Vorlageanspruch in § 140c PatG, § 24c GebrMG, § 46a DesignG, § 19a MarkenG und § 101a UrhG aufgenommen worden.

d) Besondere Erfordernisse bei Grenzmaßnahmen

142 Umfangreiche Regelungen finden sich in Art 51–60 TRIPS über die **Aussetzung der Freigabe durch die Zollbehörden**. Die WTO-Mitglieder sind verpflichtet, Verfahren vorzusehen, die es dem Rechtsinhaber – der den begründeten Verdacht hat, dass es zur Einfuhr von nachgeahmten Markenwaren oder unerlaubt hergestellten urheberrechtlich geschützten Waren kommen kann – ermöglichen, bei den zuständigen Gerichten oder Verwaltungsbehörden schriftlich zu beantragen, dass die Zollbehörden die Freigabe dieser Waren in den freien Warenverkehr aussetzen. Es bleibt den WTO-Mitgliedern überlassen, ob sie eine Erweiterung auf die anderen vom TRIPS-Übereinkommen erfassten Schutzrechte sowie auf die Ausfuhr vornehmen (Art 51 TRIPS). Keine Anwendung finden die Regelungen auf den Grenzübertritt von Waren zwischen den Gebieten der EG-Staaten, da insoweit die in Fußnote 12 zu Abschnitt 4 getroffene

180 ABl EU 2004 L 195/16; s insb Erwägungsgründe 4 und 5; Umgesetzt in deutsches Recht durch das Gesetz zur Verbesserung der Durchsetzung von Rechten geistigen Eigentums v 7.7.2008, BGBl 2008 I, 1191, 2070.

181 S *Stauder* GRUR Int 1978, 230ff; *Götting* GRUR Int 1988, 729ff; *ders* FS Hay 2005, 181ff.

182 S BGH GRUR 1985, 512 – *Druckbalken*; BGH GRUR 2002, 1046 – *Faxkarte*; s dazu *Götting* FS Hay (2005) 181/186ff.

Ausnahmeregelung zugunsten von Zollunionen, die die Binnengrenzkontrollen im Wesentlichen beseitigt haben, eingreift.[183]

143 Die **Einleitung des Verfahrens** geschieht grundsätzlich auf Antrag (Art 52 TRIPS); die WTO-Mitglieder können allerdings auch ein Vorgehen von Amts wegen (Art 58 TRIPS) einführen. In dem Bestreben, einen angemessenen Ausgleich zwischen den widerstreitenden Interessen des Rechtsinhabers und des Importeurs herzustellen, werden darüber hinaus **folgende Regelungen** getroffen:[184] Kaution oder gleichwertige Sicherheitsleistung (Art 53 TRIPS), Mitteilung über Aussetzung und Dauer der Aussetzung (Art 54, 55 TRIPS), Entschädigung des Einführers und des Eigentümers der Waren (Art 56 TRIPS) sowie das Recht auf Untersuchung und Auskunft des Rechtsinhabers zur Begründung seines Anspruchs (Art 57 TRIPS) sowie die Vernichtung oder Beseitigung der schutzrechtsverletzenden Waren (Art 59 TRIPS).

4. Streitbeilegung

144 Einen **wesentlichen Fortschritt** im Vergleich zum WIPO-Konventionsrecht wurde durch das TRIPS-Übereinkommen mittels der **Einführung eines Streitbeilegungsverfahrens** erreicht. Zwar sah Art 28 PVÜ die Möglichkeit vor, bei Streitigkeiten zwischen den Mitgliedstaaten den **Internationalen Gerichtshof (IGH)** anzurufen. In der Praxis blieb dies allerdings wirkungslos.[185] Wegen der politischen Dimension der Inanspruchnahme und auch aufgrund von Vorbehalten der Staaten gegen die Arbeitsweise des IGH fand keine einzige Streitigkeit den Weg vor das Gericht.[186] Ein weiterer Grund hierfür dürfte auch darin liegen, dass keine hinreichende Grundlage für die Verhängung wirksamer Sanktionen bei Missachtung konventionsrechtlicher Verpflichtungen vorhanden war.

145 Außer dem **Transparenzgebot** (Art 63 TRIPS) enthält das TRIPS-Übereinkommen keine umfassenden eigenen Vorschriften zur Streitbeilegung, sondern verweist auf die Vereinbarung über Regeln zur Beilegung von Streitigkeiten, **Dispute Settlement Understanding (DSU)**, die als Anhang 2 zur WTO verabschiedet wurde (Art 64 TRIPS).[187] Nach den in Art 63 TRIPS statuierten Transparenzpflichten haben die WTO-Mitglieder in Bezug auf relevante Gesetze, sonstige Vorschriften und Gerichtsurteile eine Veröffentlichungs- (Art 63 Abs 1 TRIPS) und Notifikationspflicht (Art 63 Abs 2 TRIPS) sowie eine Informationspflicht bei Auskunftsersuchen anderer WTO-Mitglieder (Art 63 Abs 3 TRIPS) zu erfüllen.[188] Eine weitere Sonderregelung gegenüber den allgemeinen Bestimmungen des GATT sowie des DSU findet sich lediglich in Art 64 Abs 2 TRIPS, wonach *non-violation-complaints* für einen Zeitraum von 5 Jahren ab dem Inkrafttreten des WTO-Übereinkommens keine Anwendung auf die Streitbeilegung im Rahmen des TRIPS-Übereinkommens finden soll. Nach Art 64 Abs 3 TRIPS hat die Ministerkonferenz in Doha vom 14.11.2001 beschlossen, das 5jährige Moratorium des Art 64 Abs 2

183 *Herrmann/Weiß/Ohler* Rn 958.
184 *Herrmann/Weiß/Ohler* Rn 958.
185 *Dörmer* GRUR Int 1998, 919/920; *Busche* in ders/Stoll/Wiebe (Hrsg) TRIPs Einl 2 Rn 54.
186 *Dörmer* GRUR Int 1998, 919/920.
187 Hierzu *Weiss* § 20 Rn 5ff.
188 *Herrmann/Weiß/Ohler* Rn 964.

TRIPS auf unbestimmte Zeit zu verlängern. Über die im Anschluss hieran vorgelegten Empfehlungen, wie künftig mit den *non-violation-complaints* zu verfahren sei, konnte bisher keine Einigung erzielt werden.[189]

5. Institutionelle Regelungen

146 Mit dem **Rat für handelsbezogene Aspekte der Rechte des geistigen Eigentums (TRIPS-Rat)** wurde eine institutionelle Grundlage für die Durchführung des Übereinkommens geschaffen. Nach Art 68 TRIPS überwacht der TRIPS-Rat die Wirkungsweise des Übereinkommens und insb die Erfüllung der hieraus erwachsenen Verpflichtungen durch die Mitglieder und bietet diesen Gelegenheit zu Konsultationen über Angelegenheiten im Zusammenhang mit den handelsbezogenen Aspekten der Rechte des geistigen Eigentums. Er bietet insb jede von ihm angeforderte Unterstützung im Rahmen der Streitbeilegung. Der Rat ist außerdem befugt, bei Ausübung seiner Aufgaben jede Stelle, die er für geeignet hält, zu konsultieren und von dort Informationen einzuholen. Als Basis für die Kooperation der beiden Institutionen wurde zwischen der WTO und der WIPO ein völkerrechtlicher Vertrag geschlossen, der am 1.1.1996 in Kraft getreten ist.[190] Die **Überprüfung der Umsetzung des TRIPS** durch die Mitgliedstaaten erfolgt in regelmäßigen Abständen (alle 2 Jahre). Der Rat kann Überprüfungen auch in Anbetracht einschlägiger neuer Entwicklungen vornehmen, die eine Ergänzung oder Änderung des Übereinkommens rechtfertigen können (Art 71 Abs 1 TRIPS). Änderungen, die lediglich einer Anpassung an ein höheres Niveau des Schutzes von Rechten des geistigen Eigentums dienen, können auf der Grundlage eines im Wege des Konsenses vom Rat für TRIPS vorgelegten Vorschlags an die Ministerkonferenz für ein Tätigwerden nach Art X Abs 6 des WTO-Übereinkommens überwiesen werden (Art 71 Abs 2 TRIPS). Vorbehalte zu irgendeiner Bestimmung des Übereinkommens können nicht ohne die Zustimmung der anderen Mitglieder angebracht werden (Art 72 TRIPS). Das TRIPS-Übereinkommen ist nicht dahingehend auszulegen, (a) dass ein Mitglied Informationen zur Verfügung stellen muss, deren Offenbarung seinen Sicherheitsinteressen zuwider läuft und (b) daran gehindert wird, Maßnahmen zu treffen, die es zum Schutz seiner wesentlichen Sicherheitsinteressen für notwendig hält (Art 73 TRIPS).

6. Weiterentwicklung durch die Doha-Runde

147 Auf der Grundlage von Art 71 Abs 1 TRIPS wurden im Jahre 2001 Verhandlungen im Rahmen der WTO, die sog **Doha-Runde**, aufgenommen, die insb den Interessen der Entwicklungsländer Rechnung tragen soll.[191] Im Einzelnen beziehen diese sich auf folgende Punkte: Zugang zu Arzneimitteln, Schutz geografischer Angaben für Weine und

---

189 S dazu eingehend *Kaiser* in Busche/Stoll/Wiebe (Hrsg) TRIPs Art 64 Rn 16ff.

190 Agreement between the World Intellectual Property Organisation and the World Trade Organisation, ILM 35 (1996) 754. Allgem zu den Kooperationsbeziehungen der WTO zu anderen internationalen Organisationen → *Tietje* § 4 Rn 39f.

191 S zum Folgenden *Stoll* in Busche/Stoll/Wiebe (Hrsg) TRIPs Einl 1 Rn 32ff; *Herrmann/Weiß/Ohler* Rn 968.

Spirituosen, Schutz von Pflanzensorten (Art 27 Abs 3 TRIPS) und Schutz von traditionellem Wissen und der Folklore.

Von großer politischer Brisanz war und ist vor allem das **Problem des Zugangs zu patentgeschützten Medikamenten** durch die Vergabe von **Zwangslizenzen** (Art 31 TRIPS) (*access to essential medicines*). Dabei geht es um die gerade für Entwicklungsländer existenzielle Frage der Bekämpfung pandemischer Krankheiten, wie insb die Eindämmung von Aids, vor allem in Afrika, aber auch die Behandlung von Malaria und Tuberkulose. Auch hierdurch kann allerdings das Problem der medizinischen Versorgung nicht gelöst werden, wenn der Mitgliedstaat nicht über hinreichende eigene Produktionskapazitäten verfügt, da Art 31 lit f) TRIPS Zwangslizenzen nur für die „vorwiegende Versorgung des Binnenmarktes", nicht jedoch für die Ausfuhr in andere Länder erlaubt.[192] Eine rechtliche, allerdings höchst komplizierte Lösung wurde durch den Beschluss der Ministerkonferenz von Doha[193] und eine darauf beruhende Ausführungsentscheidung[194] gefunden. Diese wurde nun abgelöst durch den mit Wirkung vom 23.1.2017 eingefügten Art. 31bis TRIPS sowie den Anhang, der die Erteilung von Zwangslizenzen zur Versorgung weniger leistungsfähiger Staaten mit Medikamenten gestattet. 148

Erhebliches politisches Konfliktpotential birgt auch der Schutz des traditionellen Wissens und der Folklore. Den Anknüpfungspunkt der Problematik bildet das Übereinkommen über die biologische Vielfalt.[195] Im Wesentlichen geht es dabei darum, dass überlieferte Kenntnisse indigener Völker über Pflanzen und Tiere dem Gemeingebrauch entzogen und monopolisiert sowie kommerzialisiert werden. In diesem Zusammenhang stellt sich die Frage nach einer gerechten Teilhabe der indigenen Völker an der wirtschaftlichen Verwertung der aus ihrem Kulturkreis stammenden traditionellen Kenntnisse.[196] Die Diskussion wird vor allem im Rahmen der WIPO geführt. Entsprechendes gilt auch für den Schutz von Folklore, bei dem es um den Schutz vor kommerzieller Ausbeutung der Kulturgüter indigener Völker geht.[197] 149

---

192 *Stoll* in Busche/Stoll/Wiebe (Hrsg) TRIPs Einl 1 Rn 35; *Herrmann/Weiß/Ohler* Rn 967.

193 Declaration on the TRIPS Agreement and Public Health v 14.11.2001, WT/MIN(01)/DEC/2; abgedruckt in EuZW 2002, 47; s dazu eingehend *Herrmann* EuZW 2002, 37ff.

194 Implementation of Paragraph 6 of the Doha Declaration on the TRIPS Agreement and Public Health, Decision of the General Council v 3.8.2003, WT/L/540.

195 BGBl 1993 II, 1741; ABl EG 1993 L 309/1.

196 S dazu eingehend *Leistner* in Ehlers/Wolffgang/Pünder (Hrsg) Rechtsfragen des internationalen Schutzes geistigen Eigentums 169ff; *Stoll/von Hahn* in von Lewinski (Hrsg) Indigenous Heritage 5ff; *Spranger* GRUR 2001, 89ff; *Götting* GRUR Int 2004, 731ff.

197 S die Verhandlungen des WIPO Intergovernmental Committee on Intellectual Property and Genetic Resources, Traditional Knowledge and Folklore (IGC), https://www.wipo.int/tk/en/igc/ (15.9.2020).

§ 15
Internationales Bank- und Finanzdienstleistungsrecht

Rolf Sethe und Matthias Lehmann

Gliederung **Rn**

https://doi.org/10.1515/9783110630718-015

Schrifttum

Benicke Prospektpflicht und Prospekthaftung bei grenzüberschreitenden Emissionen, in Mansel (Hrsg) FS Jayme, Bd 1 (2004) 25; *Cantore* Prudential Carve-Out for Financial Services Rationale and Practice in the GATS and Preferential Trade Agreements (2018); *Delimatsis/Hoekman* National Tax Regulation, Voluntary International Standards and the GATS: Argentina–Financial Services, World Trade Review (2018) 17:2, 265; *Follak* Kapitalmarkt-, Börsen- und Investmentrecht, in Dauses/Ludwig (Hrsg) Handbuch des EU-Wirtschaftsrechts, Bd 1 (Stand März 2020) F.III.; *Göthel* Grenzüberschreitende Reichweite ausländischen Kapitalmarktrechts, IPRax 2001, 411; *Grundmann* Deutsches Anlegerschutzrecht in internationalen Sachverhalten, RabelsZ 54 (1990) 283; *Hahn/Diaz/Liechti-McKee/Payosova/Schläpfer* The Jurisprudence of the World Trade Organization in 2015, SRIEL 2016, 327; *Hanten* Aufsichtsrechtliche Erlaubnispflicht bei grenzüberschreitenden Bankgeschäften und Finanzdienstleistungen, WM 2003, 1412; *Kampf* Finanzdienstleistungen, in Grabitz/Hilf/Nettesheim (Hrsg) Das Recht der Europäischen Union, Bd V, 36. EL (2008) E 26; *Kokott* Liberalisierung der Finanzdienstleistungen im Rahmen der WTO – Auswirkungen auf Deutschland, Österreich und die Schweiz, RIW 2000, 401; *Kondorosy* Die Prospekthaftung im internationalen Privatrecht: unter Berücksichtigung des US-amerikanischen, englischen und deutschen Rechts (1999); *Kondring* Zur Anwendung deutschen Insiderstrafrechts auf Sachverhalte mit Auslandsberührung, WM 1998, 1369; *Kronke* Capital Markets and Conflict of Laws, RdC 286 (2000) 245; *Kronke/Melis/Kuhn* (Hrsg) Handbuch Internationales Wirtschaftsrecht, 2. Aufl (2017); *Kurth* Problematik grenzüberschreitender Wertpapieraufsicht, WM 2000, 1521; *Lehmann* Finanzinstrumente (2009); *ders* Internationales Finanzmarktrecht, in Münchener Kommentar zum Bürgerlichen Gesetzbuch, Bd 13, 8. Aufl (2021); *Lehmann/Kumpan* (Hrsg), European Financial Services Law (2019); *Mitchell/Hawkins/Mishra* Dear Prudence: Allowances under International Trade and Investment Law for Prudential Regulation in the Financial Services Sector, JIntEconL 2017, 787; *Nobel* Schweizerisches Finanzmarktrecht, 4. Aufl (2019); *ders* Internationales und Transnationales Aktienrecht, Bd 2, 2. Aufl (2012); *Ohler* Aufsichtsrechtliche Fragen des electronic banking, WM 2002, 162; *Papaconstantinou* The GATS and Financial Regulation: Time to Clear-House?, World Trade Review 19 (2020) 379; *Rögner* Zur „Auslegung“ des Inlandsbegriffs des § 32 KWG durch die Verwaltungspraxis der Bundesanstalt für Finanzdienstleistungsaufsicht, WM 2006, 745; *Schneider* Internationales Kapitalmarktrecht, Regelungsprobleme, Methoden und Aufgaben, AG 2001, 269; *Schnyder* Conflicts of Law in the Financial Services Markets, in Basedow *et al* (Hrsg) Economic Regulation and Competition (2002) 271; *ders* Internationales Wirtschaftsrecht – zu Begriff und Phänomenologie, in Baums (Hrsg) FS Buxbaum (2000) 515; *ders* Internationales Kapitalmarktrecht – Fragestellung, Regelungskonflikte, Koordination, ZSR 115 (1996 I) 151; *ders* Wirtschaftskollisionsrecht (1990); *Schnyder/Bopp* Kollisionsrechtliche Anknüpfung von Prospektpflicht und Prospekthaftung als Fragestellung des Internationalen Kapitalmarktrechts, in von der Crone (Hrsg) FS Zobl (2004) 391; *Sethe* Anlegerschutz im Recht der Vermögensverwaltung (2005); *ders* Das

Drittstaatenregime von MiFIR und MiFID II, SZW 2014, 615; *Steck/Campbell* Die Erlaubnispflicht für grenzüberschreitende Bankgeschäfte und Finanzdienstleistungen, ZBB 2006, 354; *Thieme* Wertpapierdienstleistungen im Binnenmarkt (2008); *Tröger* Finanzdienstleistungsrecht, in Schulze/Janssen/Kadelbach (Hrsg) Europarecht, 4. Aufl (2020) § 21; *Vahldiek* GATS und Bankaufsichtsrecht, BKR 2003, 971; *Weber* Marktzugang von Auslandsbanken – unter Berücksichtigung der neuen Regeln des GATS (1996); *Weber/Koch* Relevance of WTO Law for Financial Services Lessons from „Argentina – Financial Services", SZW 2017, 163; *Zetzsche/Lehmann* Grenzüberschreitendes Kapitalmarktrecht (2017).

A. Einleitung

I. Die Entwicklung der Finanzmärkte und Finanzdienstleistungen

Seit der Mitte des 20. Jahrhunderts ist eine immer stärkere **Globalisierung** der Finanzmärkte und der Finanzdienstleistungen zu beobachten.[1] Unternehmen sind mehr und mehr dazu übergegangen, Kapital nicht nur auf dem heimischen Markt einzuwerben, sondern sich an Investoren weltweit zu wenden.[2] In Folge dessen finden sich in den Portfolios, va in denen der professionellen und institutionellen Investoren, in zunehmendem Maße Finanztitel aus verschiedenen Märkten. Die wechselseitige Durchdringung der Märkte nimmt zu mit der Folge einer steigenden Transnationalisierung der Vermögen. Ursache und Wirkung lassen sich hierbei nicht ausmachen, vielmehr bedingen sich beide Entwicklungen gegenseitig. Zwar gibt es spätestens seit dem Brexit-Referendum und der Wahl Donald Trumps im Jahre 2016 politischen Gegenwind gegen die Globalisierung. Jedoch scheint dieser die Entwicklung nur zu verlangsamen, aber letztlich nicht aufzuhalten. 1

Die Internationalisierung der Finanzmärkte und Finanzdienstleistungen hat eine institutionelle und eine funktionale Prägung.[3] So zeigt sich auf Ebene der großen und mittelgroßen Kredit- und Finanzdienstleistungsinstitute der Trend zur Gründung von Niederlassungen im Ausland und zum Aufbau eines weltweiten Korrespondenzbankennetzes (**institutionelle Globalisierung**).[4] Die **funktionale Globalisierung** äußert sich ua darin, dass Unternehmen gleichzeitig an Börsen im In- und Ausland notieren. Der internationale Handel mit Finanzinstrumenten wächst stetig.[5] Dabei werden nicht mehr nur traditionelle Papiere wie Aktien, Geldmarktinstrumente und einfache Derivate angeboten und nachgefragt, sondern verstärkt Finanzinnovationen, die nach dem Baukastenprinzip kombiniert und den jeweiligen Rendite- und Risikopräferenzen angepasst werden. Sie weisen eine kaum überschaubare Vielfalt auf. Daneben ist seit 2

1 Zum Folgenden *Sethe* 354ff; allgem zu den Prozessen der Globalisierung → *Nowrot* § 2 Rn 4 mwN.

2 Statistische Angaben zur wachsenden Bedeutung der Finanzdienstleistungen macht *Kampf* Rn 6.

3 Vgl hierzu im Einzelnen *Sethe* 354f.

4 Man unterscheidet die nach ausländischem Recht gegründete, selbstständige Tochtergesellschaft (*subsidiary*), die unselbstständige Zweigniederlassung (*branch*), die Repräsentanz (*representative office*), deren Aufgabe allein die Kontaktherstellung zum Kunden ist, während die Geschäftsabwicklung über die ausländische Zentrale läuft, sowie die assoziierte Bank (*associate*), an der das Kreditinstitut eine Minderheitsbeteiligung hält.

5 Vgl *Dale* Risk and Regulation in Global Securities Markets (1996) 2.

Beginn der 1980er Jahre eine zunehmende Verbriefung von Forderungs- und Beteiligungsrechten (sog ***Securitization***) zu beobachten. Rechte und Pflichten, die eigentlich nur in einem bestimmten Vertragsverhältnis bestehen, werden so von den Parteien des Kontraktes unabhängig und handelbar gemacht. Eine erhebliche Steigerung in den Volumina der Kapitalaufnahme durch Unternehmen ist die Folge.[6] Damit einhergehen aber auch eine Verkomplizierung und die Zunahme von Risiken im Wertpapiergeschäft.[7]

3 Erweitert man seinen Blickwinkel von den nationalen und überregionalen Finanzmärkten auf die globale Ebene, fällt die wachsende Bedeutung von ***Off-Shore*-Finanzzentren** auf. Es handelt sich dabei um Märkte, die sich entweder außerhalb des hoheitlichen Geltungsbereichs der jeweils gehandelten Währung befinden oder im Inland sind, dann aber von bestimmten legislativen und aufsichtsrechtlichen Bestimmungen des betreffenden Staates ausgenommen werden.[8] Beispiele hierfür sind die Bahamas, die Cayman Islands, Jersey und Guernsey, die Niederländischen Antillen, Panama, die Philippinen sowie Gebiete im südpazifischen Raum. Dass gerade diese Regionen hinlänglich als Steuerparadiese bekannt sind, trägt zu ihrer Beliebtheit als *Off-Shore*-Märkte maßgeblich bei. Die äußerst lückenhafte steuerliche Erfassung der dort vorgenommenen Geschäfte ist Anreiz für Anleger und zugleich einer der Hauptwettbewerbsvorteile. Außerdem haben sich viele dieser Zentren auf die Erbringung bestimmter Finanzdienstleistungen spezialisiert.[9] Ob ein weiterer Vorzug darin besteht, dass man auf diesen Märkten einer weniger strengen Finanzmarktaufsicht begegnet, ist hingegen fraglich. Denn einmal trifft diese durchaus geläufige Annahme nur bedingt zu.[10] Zum anderen kann diskutiert werden, ob eine „laxere" Aufsicht tatsächlich einen Pluspunkt im Wettbewerb darstellt oder Anleger nicht eher Märkte mit effektiven, zuverlässigen Kontrollen bevorzugen.

4 Entscheidend für die Anlageentscheidung eines Investors sind nicht nur der **Zugang zu Märkten** oder die Chancen und Risiken einzelner Instrumente. Er muss auch die mit der Anlage verbundenen Kosten ins Kalkül ziehen. Neben den **Transaktionskosten** (Gebühren, Courtagen, Provisionen für den Handel an der Börse, für Intermediäre, für Clearing und Settlement etc) handelt es sich va um Kosten zur Beschaffung hinreichender Informationen bzgl der ins Auge gefassten Papiere. Die Globalisierung wirkt sich dabei zugunsten des Investors aus, der mit stetig fallenden Kosten rechnen kann. Dies beruht auf einer Vielzahl von Faktoren: der Deregulierung des Zahlungsverkehrs, der Abschaffung der staatlichen Zinsbindung und – ausschlaggebend – dem Fortschritt in der Kommunikationstechnologie. Dieser Aspekt führte zur Revolutionierung des weltweiten Handels mit Finanzinstrumenten. Emittenten, Intermediäre und Kapitalanleger können durch das Internet und andere digitale Datenwege schnell und

---

6 Zur „Securitization" ausführlich *Hastenpflug* Das Securitizationsphänomen (1991) 4ff; *Lehmann* Finanzinstrumente 53f, 125/128.

7 Im Falle der Verbriefung werden va Kreditrisiken in den Wertpapiersektor verlagert.

8 *Krumnow/Gramlich/Lange/Dewner* (Hrsg) Gabler-Bank-Lexikon, 13. Aufl (2002) Stichwort „Off-Shore-Märkte".

9 Dazu *Zetzsche* in Buckley/Arner/Avgouleas (Hrsg.), Rethinking Global Financial Law and Its Regulation (2015) 390-419.

10 Vgl *Möschel* ZBB 1989, 168/182f.

kostengünstig auf alle benötigten Informationen zugreifen. Neue Formen des Vertriebs von Finanzinstrumenten und der Ausführung von Wertpapierorders haben sich entwickelt. Jeder kann standortunabhängig über ein mobiles Endgerät Wertpapiergeschäfte abwickeln, sei es über einen durch sein Hausinstitut zur Verfügung gestellten Zugang, über einen unabhängigen Discount-Broker oder direkt in verschiedenen Handelssystemen (wie alternativen bzw multilateralen Handelssystemen).[11] Hinzu kommt eine weithin verfolgte Deregulierung, etwa die Aufhebung der Bedarfsprüfung für die Instituts- und Zweigstellengründung, die Aufhebung des in vielen Rechtsordnungen bekannten Maklermonopols sowie die Aufhebung von Sonderregeln für die Werbung der Banken. Waren die Finanzmärkte der Vergangenheit noch segmentiert, sind räumliche Grenzen heute nur noch selten ein Hindernis. Dies gilt gerade für den europäischen Raum. Denn die gemeinsame Währung und die Erweiterung der EU führen zu einem integrierten Finanzmarkt, dessen Größe sich durchaus mit dem der USA messen lässt.

II. Globalisierung vs nationale Aufsicht über Kredit- und Finanzdienstleistungsinstitute

Die **Liberalisierung** und der **Abbau protektionistischer Maßnahmen**[12] sollten nicht durch rechtliche Hindernisse wieder zunichte gemacht werden. Diesem Ziel dienen auf internationaler Ebene die Übereinkommen zur Gründung der Welthandelsorganisation,[13] zur Liberalisierung des Warenhandels (GATT),[14] zur Liberalisierung des Handels mit Dienstleistungen (GATS)[15] und über die Rechte des geistigen Eigentums (TRIPS).[16] 5

Die **Aufsicht über Finanzintermediäre** ist nach wie vor ganz überwiegend national organisiert. Kredit- und Finanzdienstleistungsinstitute, die mit Hilfe moderner Technologie weltweit operieren, stehen einer ganz und gar nicht global ausgerichteten Aufsichtsbehörde gegenüber; weltweit vereinheitlichte Bestimmungen für die Erbringung von Finanzdienstleistungen fehlen. Institute müssen sich mal mit einer zentralen, mal mit einer föderal strukturierten Aufsicht auseinandersetzen; mal besteht ein für Banken, Versicherungen und Wertpapierdienstleister gemeinsamer Ansprechpart- 6

11 Der rasche technologische Wandel bewirkt zwar auch einen Zwang zur laufenden Anpassung der EDV und führt damit wieder zu Kostensteigerungen. Diese zunehmenden Fixkosten verteilen sich aber aufgrund des stetigen Wachstums auf immer mehr Transaktionen.

12 Ökonomische Aspekte der Abschottung nationaler Märkte beleuchtet *Heremans* in Stuyck (Hrsg) Financial and Monetary Integration (1993) 38ff.

13 Übereinkommen zur Errichtung der Welthandelsorganisation, abgedruckt in *Tietje* (Hrsg) Welthandelsorganisation, 6. Aufl (2020) 1ff; eingehender hierzu → *Tietje* § 4 Rn 1ff.

14 Allgemeines Zoll- und Handelsabkommen, abgedruckt in *Tietje* (Hrsg) Welthandelsorganisation, 6. Aufl (2020) 14ff; eingehender hierzu → *Tietje* § 4 Rn 44ff.

15 Allgemeines Übereinkommen über den Handel mit Dienstleistungen, abgedruckt in *Tietje* (Hrsg) Welthandelsorganisation, 6. Aufl (2020) 271ff; eingehender hierzu → *Weiss* § 5 Rn 1ff.

16 Übereinkommen über handelsbezogene Aspekte der Rechte des geistigen Eigentums, abgedruckt in *Tietje* (Hrsg) Welthandelsorganisation, 6. Aufl (2020) 309ff; eingehender hierzu → *Götting/Lauber-Rönsberg* § 14 Rn 96ff.

ner, mal ist die Aufsicht in die genannten Bereiche gespalten; mal vertraut man vorwiegend auf die Selbstregulierung durch die betroffenen Wirtschaftskreise, mal auf eine strenge staatliche Aufsicht. Auch variiert der Umfang der beaufsichtigten Aktivitäten von Land zu Land stark. In der Eurozone hat sich die Situation insofern verändert, als die Aufsicht über bedeutende, dh mutmaßlich systemrelevante, Kreditinstitute im Rahmen des einheitlichen Europäischen Bankenaufsichtsmechanismus (sog. **Single Supervisory Mechanism, SSM**) seit dem 4.11.2014 bei der Europäischen Zentralbank (EZB) liegt. Bei weniger bedeutenden Instituten kommen der EZB originäre Aufgaben nur bei der Erteilung und dem Entzug der Erlaubnis sowie bei der Beurteilung des Erwerbs und der Veräußerung qualifizierter Beteiligungen zu; andere Aufgaben verbleiben – unter Koordination mit der EZB – bei den nationalen Aufsehern.[17]

7 Die Aufsichtssysteme der einzelnen Staaten stehen in einem Regulierungswettbewerb untereinander, der leicht in ein schädliches *race to the bottom* um möglichst liberale Vorschriften ausarten kann.[18] Laxe Anforderungen an das Finanzdienstleistungsgeschäft machen den Zusammenbruch eines unsoliden Instituts in wirtschaftlich schwierigen Lagen wahrscheinlicher. Bedenkt man die Gefahr eines Runs, kann die Insolvenz eines wichtigen Marktteilnehmers schnell zu einem systemischen Risiko und zu einem Versagen des ganzen Marktes führen. Daher sollte man dem **Wettbewerb der Aufsichtssysteme** keineswegs freien Lauf lassen,[19] sondern internationale aufsichtsrechtliche Mindeststandards aufstellen. Dem dienen die intensiven Anstrengungen, die seit Mitte der 1970er Jahre auf internationaler Ebene zur Angleichung der Aufsichtsbestimmungen und **Festlegung von Mindeststandards** (oft in Gestalt von Soft Law oder Empfehlungen) unternommen werden.[20] Damit wird der zentralen Rolle der Finanzintermediäre Rechnung getragen, die in einer Volkswirtschaft ganz entscheidende ökonomische Aufgaben erfüllen. Sie sammeln das Kapital der Investoren, transformieren es in eine am Markt gewünschte Größe und leiten es sodann an diesen weiter.[21] Gleichzeitig überbrücken sie die zwischen Kapitalgebern und Kapitalnehmern vorhandenen **Informationsasymmetrien**. Sie haben eine Mittlerstellung inne, ohne die ein Zugang gerade auch der kleinen Privatanleger zum Markt undenkbar wäre. Damit die Intermediäre die ihnen zugedachten Funktionen ausüben können, muss im Kreise der Anleger ein grundlegendes Vertrauen in die Integrität und Fairness der Institute und der Vorgänge auf dem Markt vorhanden sein. Ein solches

---

17 Die Aufsicht durch die EZB ist in der VO des Rates v 15.10.2013 zur Übertragung besonderer Aufgaben im Zusammenhang mit der Aufsicht über Kreditinstitute auf die Europäische Zentralbank, Verordnung Nr. 1024/2013, ABl EU 2013 L 287/63, (sog. SSM-VO) geregelt. Hierzu *Lehmann/Manger-Nestler* ZBB 2014, 2ff; *Zagouras* in Schimansky/Bunte/Lwowski (Hrsg.), Bankrechts-Handbuch, 5. Aufl (2017) § 124b Rn 7ff; *Ceyssens* NJW 2013, 3704ff.

18 *Lusser* ZBB 1989, 101/102.

19 *Sethe* 439ff; abl auch *Möschel* FS Steindorff (1990) 444. Demgegenüber favorisiert *Kanda* in Buxbaum *et al* (Hrsg) European Economic and Business Law (1996) 205f, den Wettbewerb der Systeme und die natürliche Auslese, sieht aber, dass die so erzeugten Ergebnisse nur in der Theorie ideal sind.

20 Vgl hierzu *Lusser* ZBB 1989, 101ff; *Cordewener* Sparkasse 1990, 505ff; *Norton* FS Gold (1990) 259ff; *Gossling* JIBL 6 (1988) 243ff; *Dale* (Fn 5) 135ff; s a *Hirsch* in Buxbaum *et al* (Fn 19) 347ff.

21 Man unterscheidet die Losgrößen-, Fristen- und Risikotransformation, hierzu *Sethe*, 119ff mwN.

Vertrauen kann nur eine gewissenhafte Aufsicht gewährleisten. Sie besteht also nicht um ihrer selbst willen, sondern zum Schutze der Anleger und zur Sicherung der **Funktionsfähigkeit** und **Stabilität des Finanzmarktes**, ohne die eine gesunde Volkswirtschaft undenkbar wäre. Solide, zuverlässige Kredit- und Finanzdienstleistungsinstitute gewinnen das **Vertrauen der Anleger** und stellen die Infrastruktur bereit, um die vorhandenen Gelder an den Markt zu bringen (institutionelle Funktionsfähigkeit des Finanzmarktes); sie tragen dazu bei, die knappen Mittel dorthin zu leiten, wo sie bei akzeptablem Risiko am effizientesten eingesetzt werden können (allokative Funktionsfähigkeit des Finanzmarktes). Zudem sind sie im Stande, anfallende Transaktionskosten gering zu halten (operationale Funktionsfähigkeit des Finanzmarktes).[22]

Die Bedeutung der Funktionsfähigkeit des Finanzmarkts ist gerade in der 2007 ausgebrochenen **Finanzkrise** deutlich geworden. Diese zeigt eindrücklich, dass die Entwicklung der Märkte mit einer Veränderung der Aufsicht und Regulierung einhergehen muss. Liberalisierung, Deregulierung und technische Entwicklung hatten zur Folge, dass Marktteilnehmer ohne hohe Kosten in das für sie günstigste Regime wechseln können, um von dort aus ihre Dienstleistungen in der ganzen Welt anzubieten (**Aufsichtsarbitrage**). Eine weitere Folge dieser Entwicklungen ist, dass Märkte zunehmend miteinander vernetzt sind und verschmelzen. Dies zeigt sich zB daran, dass Ereignisse in einem nationalen Markt sich unmittelbar in anderen Teilen auswirken. Deutlichstes Kennzeichen dafür sind die sogenannten **systemischen Risiken**: Schwierigkeiten eines Finanzintermediärs können sich wie in einem Dominospiel auf andere Intermediäre ausbreiten. Staatliche Grenzen sind dabei kein Hindernis mehr. Zudem gibt es einige wichtige Akteure, die auf dem internationalen Finanzmarkt eine bedeutende Rolle spielen, sich aber der nationalen Aufsicht bislang weitgehend entziehen (wie zB Hedgefonds). Da einige von ihnen aus wirtschaftlicher Sicht die Funktionen regulierter Finanzintermediäre erfüllen, ohne als solche registriert und überwacht zu sein, spricht man auch von **Schattenbanken**. 8

Das Grundproblem besteht darin, dass die Märkte für Finanzdienstleistungen sich zunehmend zu einem globalen Markt entwickeln, während die Finanzaufsicht immer noch vorrangig national organisiert ist. Dem kann man nur durch eine Harmonisierung der regulatorischen Anforderungen und durch eine bessere Kooperation bei der Aufsicht abhelfen. Freilich ist die internationale Anpassung kein Allheilmittel. In gewisser Weise ist sie sogar kontraproduktiv, da sich Fehler der Regulierung und Aufsicht weltweit und nicht nur national oder regional auswirken.[23] Wichtig ist es daher, die Bereiche zu identifizieren, in denen die nationalen Finanzmarktordnungen weiterhin miteinander in Wettbewerb stehen sollten, und diejenigen, bei denen ein einheitlicher weltweiter Standard zur Vermeidung von Aufsichtsarbitrage empfehlenswert ist.[24] 9

22 Grundlegend hierzu *Assmann* in Hopt/Wiedemann (Hrsg) Großkommentar AktG, 4. Aufl (2004) Einl Rn 358ff; *ders* in Assmann/Schütze (Hrsg) Handbuch des Kapitalanlagerechts, 2. Aufl (1997) § 1 Rn 22ff. Gelegentlich lässt sich zwischen den einzelnen Komponenten ein Zielkonflikt ausmachen, hierzu *Sethe* 109.

23 Dazu *Schröder* Europa in der Finanzfalle (2012); *Tietje/Lehmann* JIEL 13 (2010) 663/679–681.

24 *Tietje/Lehmann* (Fn 23).

B. Völkerrechtliche Regelungen der Finanzdienstleistungen

I. Die Regelungen des General Agreement on Trade in Services (GATS) betreffend Finanzdienstleistungen

1. Ziele des GATS

10 Das GATS verfolgt das Ziel, den **Dienstleistungsbereich** – auch die Finanzdienstleistungen – auf multilateraler Ebene zu **liberalisieren**. Es will seine Mitglieder zur Beachtung allgemeiner und spezieller verbindlicher Verpflichtungen anhalten, um nationale Alleingänge, interventionistische Eingriffe und offenen wie versteckten Protektionismus zu unterbinden. Hierzu enthält der Vertragstext Allgemeine Pflichten und Disziplinen (Teil II), insb das aus dem GATT bekannte Prinzip der Meistbegünstigung (Art II GATS), die Verpflichtung zu Transparenz der nationalen Rechtslage (Art III GATS) und die Bestimmung über die gegenseitige Anerkennung von Ausbildungen, Berufserfahrungen etc, die im Gebiet eines Mitgliedes erlangt worden sind (Art VII GATS). In Teil III GATS finden sich Spezifische Verpflichtungen, wie die Gewährung von Marktzugang (Art XVI GATS) und das Prinzip der Inländerbehandlung (Art XVII GATS).[25]

2. Regelungsstruktur in Bezug auf Finanzdienstleistungen

11 Die Regelungsstruktur des GATS in Bezug auf Finanzdienstleistungen ist, wie in anderen Dienstleistungsbereichen auch, recht unübersichtlich. Sie besteht zunächst aus dem Text des GATS an sich. Wesentlicher Bestandteil dieses Übereinkommens sind die **Anlage zu Ausnahmen vom Prinzip der Meistbegünstigung** nach Art II GATS und die jeweiligen länderspezifischen Listen (vgl Art XXIX GATS).[26] Diese Listen waren mit dem 5. Protokoll zum Allgemeinen Übereinkommen über den Handel mit Dienstleistungen vom 27.2.1998 einer Änderung unterworfen.[27] IE bestehen für die Mitgliedstaaten der EU nahezu keine Ausnahmen vom Prinzip der Meistbegünstigung mehr.

12 Integraler Bestandteil des GATS ist die **Anlage zu Finanzdienstleistungen**.[28] Sie enthält eine sehr umfassende Bestimmung des Begriffs „Finanzdienstleistungen", wie er in dieser Anlage verwendet werden soll (Abs 5). Danach ist eine Finanzdienstleistung jede Dienstleistung finanzieller Art, die von einem Finanzdienstleistungserbrin-

---

25 Ausf zum Dienstleistungshandel und dem GATS *Weiss* § 5 Rn 1ff; allgem zu den Finanzdienstleistungen *Nobel* Schweizerisches Finanzmarktrecht 358ff; *Kampf* Rn 72ff; *Kokott* RIW 2000, 401ff; *Vahldiek* BKR 2003, 971ff.

26 Gem der Anlage zu Ausnahmen von Art II GATS sollten die aufgeführten Ausnahmen vom Prinzip der Meistbegünstigung einen Zeitraum von 10 Jahren nicht überschreiten (vgl Abs 6).

27 Das 5. Protokoll ist einsehbar im Beschluss des Rates v 14.12.1998, ABl EG 1999 L 20/38 bzw im Fifth Protocol to the General Agreement on Trade in Services, BGBl 1999 II, 314/328; dazu etwa *Kokott* RIW 2000, 401ff.

28 Anlage zu Finanzdienstleistungen, abgedruckt in *Tietje* (Hrsg) Welthandelsorganisation, 6. Aufl (2020) 293ff.

ger eines Mitglieds angeboten wird. Umfasst sind alle Versicherungsdienstleistungen und darauf bezogenen Dienstleistungen sowie alle Bank- und sonstigen Finanzdienstleistungen. Unter einem Erbringer von Finanzdienstleistungen versteht die Anlage jede natürliche oder juristische Person eines Mitglieds, die Finanzdienstleistungen erbringt oder zu erbringen wünscht, mit Ausnahme „öffentlicher Stellen" (Abs 5 lit b, c). Verfolgt wird damit kein institutioneller Ansatz, der einen bestimmten Unternehmenstyp zu regulieren sucht. Vielmehr wurde eine funktionale Herangehensweise gewählt, die an die Art der Dienstleistung anknüpft und alle Institute begünstigt, die eine solche erbringen. Als Finanzdienstleistungen (mit Ausnahme der Versicherungsdienstleistungen) gelten die folgenden Bank- und Finanzdienstleistungen:[29]

- Annahme von Spar- und sonstigen rückzahlbaren Einlagen von Kunden;
- Ausreichung von Krediten jeder Art einschließlich Verbraucherkredit, Hypothekenkredit, Factoring und Finanzierung von Handelsgeschäften;
- Finanzleasing;
- sämtliche Zahlungs- und Überweisungsdienstleistungen einschließlich Kredit- und Scheckkarten, Reiseschecks und Bankwechsel;
- Bürgschaften und Verpflichtungen;
- Geschäfte für eigene und für Kundenrechnung an Börsen, im Schalterverkehr oder in sonstiger Form mit Geldmarkttiteln (einschließlich Schecks, Wechsel, Einlagenzertifikate), Devisen, derivativen Instrumenten (darunter Futures und Optionen), Wechselkurs- und Zinstiteln einschließlich Swaps, Kurssicherungsvereinbarungen, begebbaren Wertpapieren und sonstigen begebbaren Titeln und Finanzanlagen einschließlich ungeprägtem Gold;
- Beteiligung an Emissionen von Wertpapieren jeder Art einschließlich Übernahme und Platzierung von Emissionen als (öffentlicher oder privater) Finanzmakler sowie Erbringung von Dienstleistungen im Zusammenhang mit derartigen Emissionen;
- Geldmaklergeschäfte;
- Vermögensverwaltung wie Kassenhaltung und Bestandsverwaltung, alle Formen von kollektivem Anlagemanagement, Pensionsfondsverwaltung, Depotverwahrung, Auftrags- und treuhänderische Verwaltung;
- Saldenausgleichs- und Verrechnungsdienstleistungen im Zusammenhang mit Finanzanlagen einschließlich Wertpapieren, derivativen Instrumenten und sonstigen begebbaren Instrumenten;
- Bereitstellung und Übermittlung von Finanzinformationen, Verarbeitung von Finanzdaten und dazugehörender Datenträger von Erbringern anderer Finanzdienstleistungen;
- Beratungs-, Vermittlungs- und sonstige Zusatzfinanzdienstleistungen in Bezug auf sämtliche unter den Ziffern v) bis xv) aufgeführte Tätigkeiten einschließlich Kreditauskunft und Bonitätsprüfung, Anlage- und Vermögensbestandsanalyse und -beratung, Beratung über Akquisition, Unternehmensumstrukturierung und -strategien.

29 Vgl im Einzelnen die Anlage zu Finanzdienstleistungen, Abs 5 lit a unter v) bis xvi). Weiterhin findet sich eine Klarstellung der Ausnahmevorschrift des Art I Abs 3 lit b GATS, wonach das Übereinkommen für die in Ausübung öffentlicher Gewalt erbrachten Dienstleistungen nicht gilt, vgl Anlage Abs 1 lit b.

13 Die Begriffsbestimmung der Finanzdienstleistungen trifft keine Unterscheidung in Dienstleistungen, die von einer Bank bzw einem Kreditinstitut erbracht werden, und Dienstleistungen, die für ein Wertpapierdienstleistungsunternehmen typisch sind. Das GATS steht damit den unterschiedlichen Bankensystemen seiner Mitglieder (**Universalbankensystem** oder **Trennbankensystem**) neutral gegenüber.[30]

14 In der Anlage zu Finanzdienstleistungen findet sich – und das ist für den untersuchten Bereich entscheidend – eine Ausnahme von den GATS-Verpflichtungen. Danach ist ein Mitglied grundsätzlich nicht daran gehindert, restriktive Maßnahmen zu ergreifen oder aufrecht zu erhalten, die seiner Aufsichtspflicht einschließlich dem Schutz von Investoren, Einlegern oder Personen, denen gegenüber ein Erbringer von Finanzdienstleistungen treuhänderische Verpflichtungen hat, oder der Sicherung der Integrität und Stabilität seines Finanzsystems dienen (sog ***prudential carve-out***, Abs 2 lit a S 1). Mit Blick auf die Bedeutung einer effektiven Aufsicht für die Funktionsfähigkeit des Finanzmarktes,[31] aber auch für die Reputation eines Finanzplatzes, ist es nur allzu verständlich, die Aufsicht in nationaler Hand behalten zu wollen.

15 Im Rahmen eines Streitbeilegungsverfahrens berief sich Argentinien im **Fall *Argentina – Financial Services*** erstmalig auf die Ausnahmebestimmung.[32] In dem Verfahren wandte sich Panama gegen acht Finanz-, Steuer-, Devisen- und Registrierungsmaßnahmen Argentiniens. Zur Rechtfertigung zweier dieser Maßnahmen berief sich Argentinien auf den *prudential carve-out*. Das Panel bestätigte zunächst die Eigenschaft des *prudential carve-out* als Ausnahmebestimmung, die eine Rechtfertigung von Maßnahmen ermöglicht, die gegen sonstige Pflichten des GATS verstoßen.[33] Aus dieser Eigenschaft schloss das Panel zugleich, dass die Beweislast dem Staat obliegt, der sich auf die Ausnahme beruft.[34] Streitig war zwischen den Parteien, ob die Bestimmung nur für *Domestic Regulation* gilt, wie es die Überschrift von Abs 2 lit a nahelegt. Dies hätte zur Folge, dass eine Rechtfertigung nur für den eingeschränkten Bereich an Maßnahmen möglich wäre, wie er in Art VI GATS umschrieben ist. Dieser einschränkenden Auslegung erteilte das Panel sowie der Appellate Body indes, insb unter Ver-

---

30 Beide Systeme haben sich in der Praxis immer mehr einander angenähert. Während bis ins Jahr 2008 ein sukzessiver Anstieg bei den Universalbanken zu verzeichnen war, unterliegen die Bankensysteme seit der Finanzkrise einer veränderten Entwicklung, die von starker Regulierung und zunehmender Lokalisierung geprägt ist, dazu *Cranston/Avgouleas/van Zwieten* Principles of Banking Law, 3. Aufl (2018) 8ff. Zu den Bankensystemen allgem s noch *Cranston* Principles of Banking Law, 2. Aufl (2002) 97ff; *Sethe* 432f.

31 Hierzu Rn 7f.

32 WTO, *Argentina – Financial Services*, Panel v 30.9.2015, WT/DS453/R Rn 7.812 sowie App Body v 14.4.2016, WT/DS453/AB/R Rn 6.246. Hierzu *Herdegen*, Internationales Wirtschaftsrecht, 12. Aufl (2020) § 10 Rn 120; *Cantore*, Prudential Carve-Out (2018) 84ff; *Delimatsis/Hoekman*, World Trade Review 17:2 (2018) 265ff; *Hahn/Diaz/Liechti-McKee/Payosova/Schläpfer* SRIEL 2016, 327ff; *Mitchell/Hawkins/Mishra* JIntEconL 2016, 787ff; *Weber/Koch* SZW 2017, 163/167ff. Ein Streitbeilegungsverfahren in Bezug auf den *prudential carve-out* noch für völlig unrealistisch haltend: *Yokoi-Arai* Int'l & Comp LQ 2008, 613/640.

33 WTO, *Argentina – Financial Services*, Panel v 30.9.2015, WT/DS453/R Rn 7.814. Zustimmend *von Bogdandy/Windsor* in Wolfrum/Stoll/Feinäugle (Hrsg) WTO – Trade in Services (2008) Annex on Financial Services Rn 22.

34 WTO, *Argentina – Financial Services*, Panel v 30.9.2015, WT/DS453/R Rn 7.816.

weis auf den sonstigen Wortlaut des Abs 2 lit a, eine klare Absage.[35] Für eine Rechtfertigung über den *prudential carve-out* müssen damit drei Voraussetzungen vorliegen:[36]

Erstens können nur solche Maßnahmen gerechtfertigt werden, „welche die Erbringung von Finanzdienstleistungen beeinträchtigen".[37] Dies folgt aus dem eingeschränkten Anwendungsbereich der Anlage zu Finanzdienstleistungen (vgl Abs 1 lit a). Die Voraussetzung der **Beeinträchtigung** wird in Anlehnung an die Rechtsprechung des Appellate Body in *EC – Bananas III* zu Art I Abs 1 GATS extensiv ausgelegt.[38] 16

Zweitens muss die Maßnahme „for prudential reasons" („**aus Gründen seiner Aufsichtspflichten**") getroffen worden sein.[39] In diesem Zusammenhang betont das Panel, dass im Ausgangspunkt jede Maßnahme eine solche *„for prudential reasons"* sein kann. Maßgebend ist damit nicht die Natur der Maßnahme, sondern die Begründung für den Erlass dieser. Mithin muss der Grund für die Maßnahme ein aufsichtsrechtlicher sein, nicht jedoch die Maßnahme an sich. Daraus ergibt sich ein zweistufiger Prüfungsaufbau: 17

- Zunächst muss ein *prudential reason* vorliegen. Beispiele für einen solchen sind in Abs 2 lit a aufgezählt.[40] Grundsätzlich kommen alle Motive in Betracht, die darauf abzielen, ein Risiko, eine Verletzung oder eine Gefahr für Anleger oder den Markt zu verhindern. Damit hat sich das Panel der hier in der Vorauflage vertretenen **weiten Auslegung** angeschlossen, die *prudential* nicht auf das engere angloamerikanische Verständnis reduziert. Letzteres fasst unter *prudential standards* nur die Aufsichtsmaßnahmen, welche die institutionellen Voraussetzungen der Tätigkeit von Instituten sicherstellen wollen. Dies wären nur organisatorische und strukturelle Vorgaben (zB eine angemessene Kapitalausstattung, ein zuverlässiges Risikomanagement, Dokumentations- und Aufzeichnungspflichten etc), aber keine Vorgaben, die Institute bei der Ausführung der konkreten Dienstleistung beachten müssen, wie beispielsweise *conduct of business rules* oder *rules of conduct*. Darüber hinaus muss das Risiko oder die Gefahr, die abgewendet werden soll, nicht unmittelbar bevorstehen, sondern kann auch abstrakter Natur sein.
- Schließlich muss die Maßnahme *„aus"* aufsichtsrechtlichen Gründen ergriffen worden sein. Dies setzt voraus, dass zwischen der ergriffenen Maßnahme und

---

35 WTO, *Argentina – Financial Services*, Panel v 30.9.2015, WT/DS453/R Rn 7.826ff. Dabei bezieht sich das Panel insbesondere auf zwei Stellen, die beide keinen Hinweis auf einen eingeschränkten Anwendungsbereich enthalten, sondern sich stattdessen auf alle Bestimmungen des GATS beziehen (Rn 7.832): „Ungeachtet etwaiger sonstiger Bestimmungen des Übereinkommens" sowie „in denen solche Maßnahmen mit den Bestimmungen des Übereinkommens nicht im Einklang stehen". Die großen Gefahren, die mit einer einschränkenden Auslegung verbunden gewesen wären, erkennt das Panel und lehnt diese daher auch aus *„serious systemic implications"* ab. Vgl Rn 7.848. Zustimmend App Body v 14.4.2016, WT/DS453/AB/R Rn 6.251ff.

36 WTO, *Argentina – Financial Services*, Panel v 30.9.2015, WT/DS453/R Rn 7.851.

37 WTO, *Argentina – Financial Services*, Panel v 30.9.2015, WT/DS453/R Rn 7.823ff und 7.853ff.

38 WTO, *EC – Bananas III*, App Body v 9.9.1997 WT/DS27/AB/R Rn 220; WTO, *Argentina – Financial Services*, Panel v 30.9.2015, WT/DS453/R Rn 7.854.

39 WTO, *Argentina – Financial Services*, Panel v 30.9.2015, WT/DS453/R Rn 7.859ff.

40 Zum Charakter einer bloß beispielhaften und nicht abschließenden Auflistung WTO, *Argentina – Financial Services*, Panel v 30.9.2015, WT/DS453/R Rn 7.819. Ebenso *Leroux* JWT 2002, 413/430.

dem angegebenen aufsichtsrechtlichen Grund ein rationaler **kausaler Zusammenhang** besteht. Dabei legt das Panel einen strengen Maßstab an und prüft insb die Konsistenz der Argumentation. Im Fall *Argentina – Financial Services* lehnte das Panel das Vorliegen eines nachvollziehbaren Kausalzusammenhangs und damit zugleich eine Rechtfertigung der argentinischen Maßnahmen über den *prudential carve-out* ab. Keine Voraussetzung ist dabei, dass die Maßnahme auch verhältnismäßig ist.[41]

18 Drittens dürfen die Maßnahmen der Aufsicht nicht als **Mittel zur Umgehung der Pflichten des Mitglieds aus dem GATS** benutzt werden (Abs 2 lit a S 2). Diese Voraussetzung war noch nicht Gegenstand der Auslegung eines Streitbeilegungsorgans. Sie soll jedoch einen Missbrauch bei Berufung auf die Klausel verhindern und etabliert dadurch einen Mindeststandard von Treu und Glauben, wie ihn der Appellate Body in *US – Shrimps* eingeführt hat.[42]

19 Die Anerkennung bereits ergriffener aufsichtsrechtlicher Maßnahmen eines anderen Mitglieds ist möglich, zB dann, wenn die Vorschriften beider Mitglieder einer Harmonisierung unterlagen (Abs 3 lit a).[43]

20 Will man die Reichweite der im GATS enthaltenen **Spezifischen Verpflichtungen** der Gewährung von Marktzugang (Art XVI GATS) und des Prinzips der Inländerbehandlung (Art XVII GATS) näher bestimmen, muss man auf die jeweiligen Listen mit spezifischen Verpflichtungen zurückgreifen.[44] Dies gilt für Dienstleistungen im Allgemeinen und für den Bereich der Finanzdienstleistungen im Besonderen. Der Umfang und Detaillierungsgrad dieser Listen sind erheblich; sie darzustellen würde den Rahmen dieses Beitrags sprengen. Aus diesem Grunde sei auf die Internetpräsenz der WTO verwiesen, auf der die aktuellen Verpflichtungen für jedes WTO-Mitglied abgerufen werden können.[45]

41 WTO, *Argentina – Financial Services*, Panel v 30.9.2015, WT/DS453/R Rn 7.884. Dies ergibt sich aus dem klaren Wortlaut der Vorschrift, die anders als sonstige Ausnahmevorschriften des WTO-Rechts, keinen Bezug zu einer Angemessenheit („*necessity*") enthält. *Matsushita/Schoenbaum/Mavroidis/Hahn* The World Trade Organization, 3. Aufl (2015) 629f; *Weber/Koch* SZW 2017, 163/172; aA *Vahldiek* BKR 2003, 971/972.

42 *Leroux* JWT 2002, 413/430f; *von Bogdandy/Windsor* in Wolfrum/Stoll/Feinäugle (Hrsg) WTO – Trade in Services (2008) Annex on Financial Services Rn 23f. Vgl WTO, *US – Shrimp*, App Body v 12.10.1998, WT/DS58/AB/R Rn 158.

43 Diese Frage wird derzeit va im Kontext des Brexit und des Äquivalenzmechanismus diskutiert, vgl etwa *Lang* 'The 'Default Option'? The WTO and Cross-Border Financial Services Trade after Brexit' in Alexander *et al* (Hrsg) Brexit and Financial Services: Law and Policy (2018) 204f. Im Zusammenhang mit MiFIR s *Alexander* 'The UK's Third-Country Status Following Brexit' in Alexander *et al* (Hrsg) Brexit and Financial Services: Law and Policy (2018) 132. Im Zusammenhang mit EMIR s *Papaconstantinou* WTR 19 (2020) 379/398.

44 Zur Regelungssystematik des GATS s *Weiss* § 5 Rn 8ff. Krit zum System der Positivlisten, die eine Versteinerung des erreichten Liberalisierungsstandes bewirken können, *Kokott* RIW 2000, 401/403; *Tietje* Probleme der Liberalisierung des internationalen Dienstleistungshandels (2005) 11.

45 Vgl <wto.org/english/tratop_e/serv_e/serv_commitments_e.htm>. Auch die spezifischen Verpflichtungslisten erfuhren durch das 5. Protokoll (Fn 27) eine Änderung.

Schließlich ist die „Vereinbarung über Verpflichtungen bei Finanzdienstleistungen“[46] zu beachten, in der sich die meisten OECD-Staaten auf weitere Liberalisierungsverpflichtungen im Finanzdienstleistungssektor einigten. Wichtig ist die Stillhalteregelung in Punkt A der Vereinbarung. Nach dieser sind alle Bedingungen, Einschränkungen und Vorbehalte betreffend die mit der Vereinbarung übernommenen Verpflichtungen auf bestehende, nicht übereinkommenskonforme Maßnahmen beschränkt. Mit anderen Worten: Nach Inkrafttreten der Vereinbarung dürfen nationale Maßnahmen, auch solche der Aufsicht, zwar bestehen bleiben, aber nicht mehr verschärft werden (**Irreversibilität**).[47] 21

II. Weitere relevante völkerrechtliche Verträge

Neben dem GATS, bei dem es sich um die wichtigste internationale Übereinkunft betreffend die Erbringung von (Finanz-)Dienstleistungen handelt, ergeben sich für die Bundesrepublik Pflichten aus weiteren völkerrechtlichen Verträgen.[48] Zu beachten ist Art 63 Abs 1 AEUV, welcher für die Freiheit des Kapitalverkehrs ausdrücklich Beschränkungen zwischen den Mitgliedstaaten und Drittländern verbietet.[49] Er dehnt die Garantien dieser Grundfreiheit auf Finanzdienstleistungsinstitute aus dritten Staaten aus. Die EU öffnet mit Art 63 Abs 1 AEUV ihre Kapitalmärkte, ohne auf Gegenseitigkeit abzustellen (***erga omnes***).[50] 22

Eine Definition des Begriffs „Kapitalverkehr“ enthält Art 63 AEUV nicht, doch ist man sich einig, diesen sehr weit zu fassen. Als Anhaltspunkt zieht der EuGH die Nomenklatur aus Anhang I der 4. Kapitalverkehrsrichtlinie zu Rate.[51] Dort findet sich eine Auflistung, die nicht als abschließend verstanden werden soll und dennoch eine ungeheure Vielfalt aufweist.[52] Alle denkbaren Kapitaltransaktionen werden damit erfasst. Beschränkungen dieser Gewährleistung sind durch die nationale Finanzmarktaufsicht zwar möglich, müssen jedoch „unerlässlich“ sein, um Zuwiderhandlungen 23

46 Vereinbarung über Verpflichtungen bei Finanzdienstleistungen, BGBl 1994 II, 1675ff.

47 *Herrmann/Weiß/Ohler* Welthandelsrecht, 2. Aufl (2007) Rn 901f; *Vahldiek* BKR 2003, 971/972.

48 Zu den Liberalisierungskodizes im Rahmen der OECD vgl eingehend *Kampf* Rn 113ff.

49 Zur Kapitalverkehrsfreiheit *Bröhmer* in Calliess/Ruffert (Hrsg) EUV/AEUV, 5. Aufl (2016) Art 63 AEUV Rn 1ff.

50 Zum *erga omnes*-Prinzip *Ohler* WM 2002, 162 mwN.

51 RL 88/361/EWG des Rates v 24.6.1988 zur Durchführung von Art 67 des Vertrags, ABl EG 1988 L 178/5. Vgl hierzu nur EuGH, verb Rs C-163/94, C-165/94 und C-250/94, Slg 1995, I-4821 Rn 34 – *Sanz de Lera ua*; EuGH, Rs C-367/98, Slg 2002, I-4731 Rn 37f – *Kommission ./. Portugal* sowie das Urteil zur *Fidium Finanz AG* EuGH, Rs 452/04, Slg 2006, I-9521 Rn 42.

52 Die Liste ist untergliedert in die Bereiche Direktinvestitionen, Immobilieninvestitionen, Geschäfte mit Wertpapieren, die normalerweise am Kapitalmarkt gehandelt werden, Geschäfte mit Anteilscheinen von Organismen für gemeinsame Anlagen, Geschäfte mit Wertpapieren und anderen Instrumenten, die normalerweise am Geldmarkt gehandelt werden, Kontokorrent- und Termingeschäfte mit Finanzinstitutionen, Kredite im Zusammenhang mit Handelsgeschäften oder Dienstleistungen, an denen ein Gebietsansässiger beteiligt ist, Darlehen und Finanzkredite, Bürgschaften, andere Garantien und Pfandrechte, Transferzahlungen in Erfüllung von Versicherungsverträgen, Kapitalverkehr mit persönlichem Charakter, Ein- und Ausfuhr von Vermögenswerten und sonstiger Kapitalverkehr.

gegen innerstaatliche Rechts- und Verwaltungsvorschriften zu verhindern (Art 65 Abs 1 lit b AEUV, gelegentlich ebenfalls als ***prudential carve-out*** bezeichnet[53]). Es gilt also das Verhältnismäßigkeitsprinzip.

24 Weiterhin ist zu verweisen auf die Freundschafts-, Handels- und Schifffahrtsverträge, die die Bundesrepublik mit verschiedenen Nationen abgeschlossen hat. Ökonomisch am bedeutendsten sind die Verträge mit den USA,[54] Japan,[55] der Schweiz[56] und der Türkei.[57] Hierin finden sich Bestimmungen zu Meistbegünstigung und Marktzugang, die denen des (zeitlich später geschlossenen) GATS im Wesentlichen entsprechen.

25 Im Rahmen der NATO ist zudem der Tatsache Rechnung zu tragen, dass in der Bundesrepublik ausländische Militärtruppen stationiert sind. Diese Truppen, ihre Mitglieder, ihr ziviles Gefolge und die Angehörigen beider werden von eigenen Banken, sog Militärbanken, mit Bankdienstleistungen versorgt. Sofern diese Institute ausschließlich den genannten Personen gegenüber tätig werden, sieht Art 72 des Zusatzabkommens zum NATO-Truppenstatut eine Befreiung von den deutschen Vorschriften über Handel und Gewerbe vor.[58] Für das internationale Bankaufsichtsrecht bedeutet das die Nichtgeltung aller deutschen Aufsichtsbestimmungen, seien sie institutioneller oder verhaltensbezogener Art.

C. Das deutsche internationale Aufsichtsrecht über Finanzintermediäre und Finanzdienstleistungen

I. Die Vorgaben des GATS – Arten der Erbringung von Finanzdienstleistungen

26 Zur Bestimmung des Umfangs und Inhalts aufsichtsrechtlicher Vorgaben ist entscheidend, in welcher Art und Weise Finanzdienstleistungen im Inland oder aus dem Ausland in das Inland hinein erbracht werden (vgl Art I Abs 2 lit a bis d GATS).[59] Dienstleistungen können mittels einer ständigen Präsenz im Inland und mittels grenzüberschreitender Aktivitäten, also ohne oder mittels nur vorübergehender Präsenz im Inland, erbracht werden. Im Unterschied zum GATS werden die einzelnen Arten der Erbringung einer Finanzdienstleistung hier in einer Reihenfolge dargestellt, die von der größtmöglichen Berührung mit dem Inland und den dort Ansässigen bis zum geringsten Kontakt reicht.

53 So von *Rögner* WM 2006, 745/750.

54 Freundschafts-, Handels- und Schifffahrtsvertrag v 29.10.1954, BGBl 1956 II, 487.

55 Handels- und Schifffahrtsvertrag v 20.7.1927, RGBl 1927 II, 1087.

56 Niederlassungsvertrag v 13.11.1909, RGBl 1911 II, 887, sowie die Niederschrift v 19.12.1953, GMBl 1959, 22, idF des Notenwechsels v 30.4.1991, GMBl 1991, 595.

57 Niederlassungsabkommen v 12.1.1927, RGBl 1927 II, 76; BGBl 1952 II, 608.

58 Vgl im Einzelnen Art 72 des Zusatzabkommens zum NATO-Truppenstatut v 18.8.1961, BGBl 1961 II, 1183/1218, sowie die Bekanntmachung des deutsch-amerikanischen Verwaltungsabkommens über die Rechtsstellung der NationsBank of Texas, N.A. in der Bundesrepublik Deutschland v 18.7.1996 mit der angehängten Verbalnote v 27.3.1996, BGBl 1996 II, 1230, sowie die Bekanntmachung v 22.1.2004, BGBl 2004 II, 169.

59 Im Überblick hierzu → *Weiss* § 5 Rn 14; vgl auch *Steck/Campbell* ZBB 2006, 354/356.

Das GATS erfasst die „Erbringung einer Dienstleistung". Es handelt sich hierbei zB um die Produktion, den Vertrieb, die Vermarktung, den Verkauf und die Bereitstellung der Dienstleistung.[60] Die genannten Teilakte müssen nicht kumulativ im Hoheitsgebiet eines anderen Mitglieds erbracht werden, damit das „Erbringen einer Dienstleistung" vorliegt. Die bloße Vermarktung, der bloße Verkauf etc reichen aus.[61] 27

1. Die kommerzielle Präsenz (Art I Abs 2 lit c GATS)

Die Erbringung einer Finanzdienstleistung durch eine dauerhafte geschäftliche Niederlassung im Inland wird als kommerzielle Präsenz bezeichnet (vgl Art I Abs 2 lit c GATS). In europarechtlicher Terminologie handelt es sich um eine Niederlassung. Nach Punkt D. 2. der „Vereinbarung über Verpflichtungen bei Finanzdienstleistungen"[62] bedeutet „kommerzielle Präsenz" die Existenz eines Unternehmens im Hoheitsgebiet eines Mitglieds zur Erbringung von Finanzdienstleistungen; umfasst sind ganz oder teilweise im Eigentum des Unternehmens stehende Tochtergesellschaften, Gemeinschaftsunternehmen, Personengesellschaften, Einzelfirmen, Franchiseunternehmen, Zweigstellen, Vertretungen, Repräsentanzen oder andere Organisationen. Ähnliches ergibt sich aus Art XXVIII lit d GATS, der aber als ***lex generalis*** gegenüber der spezielleren Vereinbarung zurücktritt. Die Aufnahme der kommerziellen Präsenzen in die Regelungen des GATS geht insofern über das herkömmliche Verständnis des „Handels mit Dienstleistungen" hinaus, dessen Voraussetzung jedenfalls eine Direktinvestition des ausländischen Mutterunternehmens im Hoheitsgebiet eines anderen Mitglieds ist.[63] Für die Erbringung einer Dienstleistung ist es zunächst gleichgültig, welche Qualität oder Rechtsform die kommerzielle Präsenz hat, ob es sich also um eine Tochtergesellschaft oder „nur" um eine Repräsentanz handelt.[64] Allerdings kommt in der Unterscheidung des GATS in Tochterunternehmen, Zweigstellen, Repräsentanzen etc eine gewisse Differenzierung zum Ausdruck, die es möglich macht, gewichtige Teilakte den Tochterunternehmen und nur begleitende Teilakte den Repräsentanzen zuzuweisen. Sonst wäre eine Unterscheidung der einzelnen Formen kaum möglich.[65] 28

Punkt B. 5. der Vereinbarung gewährt den Erbringern von Finanzdienstleistungen eines anderen Mitglieds das Recht, im fremden Hoheitsgebiet eine kommerzielle Präsenz zu errichten oder auszubauen. Dies kann auch durch den Erwerb bestehender Unternehmen geschehen. Ebenso ist notwendigem Personal die Einreise zu gewähren (Punkt B. 9.). Die Bundesrepublik ist dem ungehinderten Marktzugang verpflichtet; die Inländerbehandlung ergibt sich aus Punkt C. der Vereinbarung. Zudem lässt sich aus diesem Dokument ersehen, dass der erreichte Liberalisierungsstand nicht auf die bisher bekannten Finanzdienstleistungen beschränkt wird. Dies zeigt Punkt B. 7. der Vereinbarung; danach gestattet es ein Mitglied den Erbringern von Finanzdienstleis- 29

60 Art XXVIII lit b GATS. Zum Charakter der beispielhaften Aufzählung: *Feinäugle* in Wolfrum/Stoll/Feinäugle (Hrsg) WTO-Trade in Services (2008), Art XXVIII GATS Rn 7.

61 Zu Recht *Vahldiek* BKR 2003, 971/974.

62 Hierzu Rn 21.

63 *Kampf* Rn 79; *Kokott* RIW 2000, 401/402.

64 Vgl die Klarstellung in Art XXVIII lit g GATS.

65 IdS *Vahldiek* BKR 2003, 971/975, Fn 50 mwN.

tungen eines anderen Mitglieds, die in seinem Hoheitsgebiet niedergelassen sind, dort jede Art neuer Finanzdienstleistungen anzubieten. Im 5. Protokoll[66] finden sich eng begrenzte Marktzugangsbeschränkungen für kommerzielle Präsenzen, die sich im Investmentrecht auswirken. So haben die Mitgliedstaaten der EU die Verwaltung von offenen Investmentfonds und von Investmentgesellschaften von der Errichtung einer spezialisierten Verwaltungsgesellschaft abhängig gemacht. Zudem dürfen nur Unternehmen mit eingetragenem Sitz in der Union als Verwahrer des Vermögens von Investmentfonds tätig werden.[67]

2. Die Präsenz natürlicher Personen (Art I Abs 2 lit d GATS)

30 Neben der ständigen Präsenz im Hoheitsgebiet eines anderen Mitglieds kann sich das ausländische Institut darauf beschränken, nur vorübergehend die Grenze zu überschreiten, um Bankgeschäfte und/oder Finanzdienstleistungen zu erbringen. Es gründet demnach keine unselbstständige oder selbstständige Niederlassung, sondern entsendet Mitarbeiter oder dritte Personen. Die Dienstleistungserbringung mittels natürlicher Personen eines Mitglieds im Hoheitsgebiet eines anderen Mitglieds wird vom GATS in Art 1 Abs 2 lit d als eigene Fallgruppe erfasst; europarechtlich spricht man von der aktiven Dienstleistungsfreiheit. Die vom ausländischen Unternehmen **vorübergehend entsandten Personen** sind in den meisten Fällen sog Geschäftsbesucher. Bspw kann ein Schweizer Finanzdienstleister einen Mitarbeiter beauftragen, in die Bundesrepublik einzureisen, um dort Wertpapiere an einen inländischen Kunden zu vermitteln. Eine Einschränkung dahingehend, dass die Geschäftsbesucher notwendig demselben Staat angehören müssen wie das ausländische Unternehmen, lässt sich den maßgeblichen Texten nicht entnehmen.

31 Die Bundesrepublik hat Geschäftsbesuchern die Einreise sowie die Erbringung einer Finanzdienstleistung insoweit zu gestatten, als sich diese auf Verhandlungen mit dem Kunden über den „Verkauf" von Dienstleistungen und den diesbezüglichen Abschluss von Verträgen für das ausländische Institut beschränken. Sie dürfen nur **Hilfstätigkeiten** erbringen, nicht jedoch die „Finanzdienstleistung" an sich. Zudem sind sie nicht befugt, sich per Direktvertrieb an die Allgemeinheit der inländischen Kunden zu wenden (vgl die Liste der spezifischen Verpflichtungen).[68] Daraus folgt, dass der Kontakt zwischen dem Institut und dem konkreten Kunden dem Geschäftsbesuch jedenfalls vorangegangen sein muss.

---

66 S 5. Protokoll (Fn 27).

67 S B. des Anhangs zum 5. Protokoll (Fn 27).

68 Hierzu Rn 20. Die genannten Ausnahmen sind nicht leicht zu finden. Die aktuelle auf der Homepage der WTO einsehbare Liste für die EU-Mitgliedstaaten (aus dem Jahr 1999) enthält an entsprechender Stelle schlicht den Hinweis, die Mitgliedstaaten wären *„Unbound except as indicated in the horizontal section [...]"*. Eine *„horizontal section"* findet sich aber nur in den Dokumenten von 1994 bzw 1995, auf die daher zurückzugreifen ist. Vgl auch European Communities and their Member States – Schedule of Specific Communities, BGBl 1994 II, 1521/1525 (englisch) bzw zur deutschen Fassung ebd, Die Europäischen Gemeinschaften und ihre Mitglieder – Liste der spezifischen Verpflichtungen, BGBl II 1994, 1678/1682f. Ausf zur Erbringung von Dienstleistungen durch Präsenz natürlicher Personen nach dem GATS ua *Tietje/Nowrot* ZAR 2007, 213ff mwN.

3. Grenzüberschreitende Dienstleistungserbringung (Art I Abs 2 lit a GATS)

Wird eine Finanzdienstleistung ohne ständige oder vorübergehende Präsenz im anderen Staat erbracht, geschieht dies im Wege der grenzüberschreitenden Erbringung. Hierbei wird der Finanzdienstleister aus dem Hoheitsgebiet eines Mitglieds in dem Hoheitsgebiet eines anderen Mitglieds tätig. Zum besseren Verständnis sei auf die bekanntere europarechtliche Terminologie verwiesen, in der die grenzüberschreitende Dienstleistungserbringung als sog Korrespondenzdienstleistung bezeichnet wird; bildlich gesprochen überschreitet nur die Dienstleistung die Grenze. Damit die Dienstleistung ihren Weg vom im Ausland ansässigen Unternehmen zum inländischen Kunden findet, kann sich der Dienstleister verschiedener **Hilfspersonen** oder **Hilfsmittel** bedienen. Hierzu zählen selbstständige Vermittler und Boten,[69] Hilfseinrichtungen (Post) sowie technische Vorkehrungen (Internet,[70] Telefon, Fax etc). Entscheidend für die grenzüberschreitende Dienstleistungserbringung ist laut Definition, dass wenigstens ein Teilakt im Inland vorgenommen wird (also entweder die Produktion, der Vertrieb, die Vermarktung, der Verkauf oder die Bereitstellung der Dienstleistung, s o Rn 27). Ansonsten handelt es sich um die Nutzung im Ausland, die eine eigene Erbringungsart nach Art I Abs 2 lit b GATS darstellt (dazu sogleich Rn 34f).[71] 32

Für den grenzüberschreitenden Handel mit Finanzdienstleistungen finden sich die Verpflichtungen für die Bundesrepublik in Punkt B. 3. der Vereinbarung über die Pflichten bei Finanzdienstleistungen. Danach wird den nichtgebietsansässigen Erbringern von Finanzdienstleistungen Marktzugang gewährt, sofern sie als Auftraggeber, **durch einen Vermittler oder als Vermittler** handeln.[72] Es fällt auf, dass technische Hilfseinrichtungen wie Internet, Telefon etc außen vor gelassen werden. Die Bundesrepublik ist damit völkerrechtlich nicht verpflichtet, Finanzdienstleistern Marktzugang zu gewähren, die sich allein mit Hilfe dieser Kommunikationsmittel an Kunden im Inland wenden. Eine weitere Einschränkung im Pflichtenumfang ergibt sich aus Punkt B. 3. lit c der Vereinbarung. Der ungehinderte Marktzugang grenzüberschreitend tätiger Dienstleister beschränkt sich nämlich auf bestimmte Finanzdienstleistungen, wie sie sich aus der Anlage des GATS zu Finanzdienstleistungen ergeben.[73] Aufgeführt werden nur die Bereitstellung und Übermittlung von Finanzinformationen sowie die Verarbeitung von Finanzdaten, Beratungs- und andere Hilfsdienstleistungen bzgl Bank- und Finanzdienstleistungen,[74] wobei die Vermittlung ausdrücklich ausgenommen wird. Auch alle anderen Finanzdienstleistungen, wie das Einlagengeschäft, das Kreditgeschäft oder die 33

---

69 Nicht entscheidend ist die Rechtsform und Eigenschaft der Vermittler und Boten im Inland. Es kann sich dabei auch um Kredit- oder Finanzdienstleistungsinstitute iSd KWG handeln, sofern sie ihre Tätigkeit auf die Übermittlung beschränken.

70 Zur Einordnung der Dienstleistungserbringung via Internet *Steenkamp* Electronic Commerce in Financial Services in the Context of the General Agreement on Trade in Services (GATS): With Specific Reference to the GATS Financial Services Agreement of 1997 (2004) 47, 49ff; *Vahldiek* BKR 2003, 971/973.

71 Vgl hierzu auch *Vahldiek* in Boos/Fischer/Schulte-Mattler (Hrsg) KWG/CRR-VO, 5. Aufl (2016) § 53 Rn 239.

72 Diese Marktöffnung steht unter der ausdrücklichen Bedingung der Inländerbehandlung, s Punkt B. 3. der Vereinbarung (s o Rn 21).

73 Zur Anlage und insb zur Begriffsbestimmung der Bank- und sonstigen Finanzdienstleistungen in Abs 5 lit a unter v) bis xvi) s bereits o Rn 12.

74 Abs 5 lit a unter xv und xvi der Anlage zu Finanzdienstleistungen (Fn 28).

Emissionstätigkeit, die Finanzportfolioverwaltung oder der Eigenhandel für andere, werden von der Liberalisierung in dieser Fallgruppe nicht erfasst.

4. Nutzung im Ausland (Art I Abs 2 lit b GATS)

34 Als Nutzung im Ausland definiert Art I Abs 2 lit b GATS das Erbringen einer Dienstleistung im Hoheitsgebiet eines Mitglieds an den Dienstleistungsnutzer eines anderen Mitglieds. Der inländische Kunde begibt sich zur Entgegennahme der Finanzdienstleistung in das Hoheitsgebiet eines anderen Mitglieds, in welchem das Institut angesiedelt ist. In diesem anderen Mitglied empfängt er sodann die Finanzdienstleistung; der Vertragsschluss muss zwingend im Ausland stattfinden.[75] Der Fall der Nutzung im Ausland stellt die Variante dar, in der das **Inland und seine Märkte am wenigsten betroffen** sind.

35 Die Verpflichtungen der Bundesrepublik ergeben sich aus Punkt B. 4. der Vereinbarung über die Pflichten bei Finanzdienstleistungen. Sie gestattet ihren Gebietsansässigen im Hoheitsgebiet eines anderen Mitglieds alle in der Anlage zu Finanzdienstleistungen aufgeführten Finanzdienstleistungen zu erwerben. Einschränkungen ergeben sich aus der Vereinbarung nicht. Lediglich im 5. Protokoll[76] findet sich eine Marktzugangsbeschränkung insoweit, als Emissionen von auf Deutsche Mark lautenden Wertpapieren nur unter der Konsortialführung eines Kreditinstituts, einer Tochtergesellschaft oder einer Zweigstelle mit Sitz in Deutschland erfolgen können. Eine Umstellung auf Euro wurde bisher nicht vorgenommen.

5. Umfang der Liberalisierung

36 Vergleicht man die Verpflichtungen, die die Bundesrepublik für jede Art der Erbringung von Finanzdienstleistungen übernommen hat, kann man eine **Zweiteilung** feststellen. Sehr liberal werden die Errichtung einer kommerziellen Präsenz im Bundesgebiet sowie die Nutzung im Ausland gehandhabt. Um einiges restriktiver geht man vor, wenn Finanzdienstleistungen durch die Präsenz natürlicher Personen oder nur grenzüberschreitend erbracht werden. Erklären lässt sich dieser Unterschied wie folgt: Die Nutzung im Ausland berührt das Bundesgebiet so gut wie nicht; es besteht kaum eine Gefahr für die Funktionsfähigkeit und Stabilität des inländischen Finanzmarktes, der mit aufsichtsrechtlichen Mitteln zu begegnen wäre. Dem Marktzutritt kommerzieller Präsenzen kann man deswegen recht liberal gegenüberstehen, weil die Errichtung einer festen Struktur im Inland eine effektive Beaufsichtigung ermöglicht.

37 Betrachtet man den Grad der Liberalisierung, führen kurioserweise gegensätzliche Motive (einerseits keine Aufsicht notwendig bzw andererseits effektive Aufsicht möglich) zum gleichen Ergebnis, nämlich einer nahezu vollständigen **Marktöffnung**.

38 Bei der vorübergehenden Einreise von Geschäftsbesuchern oder der bloßen grenzüberschreitenden Dienstleistungserbringung handelt es sich um einen eher „flüchtigen" Geschäftsverkehr, der sich nur **schwer überwachen lässt**. Aus diesem Grund sind die Einschränkungen, die hierfür in den speziellen Verpflichtungen ent-

75 *Vahldiek* (Fn 71) § 53 Rn 239.
76 S 5. Protokoll (Fn 27).

halten sind, aus staatlicher Sicht verständlich. So hält man den Wirkungskreis ausländischer Anbieter gering und kann im Falle des Tätigwerdens im Bundesgebiet eine gezielte Kontrolle ausüben.

II. Die Zulassung und laufende Beaufsichtigung von Kredit- und Finanzdienstleistungsinstituten nach dem Kreditwesengesetz

1. Überblick

Aus § 6 Abs 1 KWG ergibt sich, dass die Bundesanstalt ihre Aufsicht über die Institute 39 nach den Vorschriften des KWG ausübt. Unter **Instituten** versteht man sowohl **Kredit-** als auch **Finanzdienstleistungsinstitute** (§ 1 Abs 1b KWG), welche wiederum in § 1 Abs 1 und Abs 1a KWG definiert sind (Ausnahmen finden sich in §§ 2 und 2a KWG). Entscheidend für die Qualifikation als Kredit- oder Finanzdienstleistungsinstitut ist die Erbringung von Bankgeschäften bzw Finanzdienstleistungen (hierzu § 1 Abs 1 S 2 und Abs 1a S 2 KWG). Betrachtet man die dort aufgeführten Tätigkeiten näher, stellt man fest, dass sich jede einzelne auch unter die Begriffsbestimmung der „Bank- und sonstigen Finanzdienstleistungen" im GATS subsumieren lässt.[77] Das ist deshalb bedeutsam, weil ohne einen solchen Gleichlauf die Gefahr bestünde, dass die bestehenden völkerrechtlichen Verpflichtungen verletzt werden oder ins Leere gehen. Erfüllt ein (ausländisches) Unternehmen die Anforderungen aus § 1 Abs 1 bzw Abs 1a KWG nicht, ist die Aufnahme der Tätigkeit erlaubnisfrei und die BaFin auch zur laufenden Beaufsichtigung nicht befugt (zB Schließfachgeschäft).[78]

2. Zulassung und laufende Beaufsichtigung kommerzieller Präsenzen

Im deutschen Aufsichtsrecht finden sich für die kommerziellen Präsenzen auslän- 40 discher Unternehmen verschiedene Vorschriften, deren Anwendung sich danach richtet, ob die Präsenz die Form einer **Tochtergesellschaft**, einer **Zweigstelle** oder einer **Repräsentanz** hat.[79] Das KWG gibt für die Zulassung zur Tätigkeit bestimmte Voraussetzungen vor, die auch während der laufenden Geschäfte nicht unterschritten werden dürfen. Sonst droht das Erlöschen oder die Aufhebung der Erlaubnis (vgl § 35 KWG).

a) Tochterunternehmen als Kredit- bzw Finanzdienstleistungsinstitut

(1) Zulassung nach §§ 32, 33 KWG

Kommerzielle Präsenzen können als selbstständige Töchter des ausländischen Unter- 41 nehmens im Inland fest etabliert sein.[80] Sie unterwerfen sich damit freiwillig der deut-

77 S o Rn 12.

78 Die BaFin kann auch gegen Nichtinstitute vorgehen, wenn diese Bankgeschäfte oder Finanzdienstleistungen unerlaubt erbringen, *Fischer* in Boos/Fischer/Schulte-Mattler KWG/CRR-VO, 5. Aufl (2016) § 37 Rn 2ff; aA *Ohler* WM 2002, 162/166.

79 Die unterschiedlichen Formen einer kommerziellen Präsenz wurden o beschrieben (vgl Rn 28f).

80 Gründet ein ausländisches Unternehmen im Inland eine selbstständige Tochter, ist es für die aufsichtsrechtliche Erfassung grundsätzlich egal, ob das Mutterunternehmen seinen Sitz in der EU/dem

schen Rechtsordnung. Ihre aufsichtsrechtliche Behandlung unterscheidet sich danach, ob das Tochterunternehmen Bankgeschäfte und/oder Finanzdienstleistungen **selbst erbringt** und Vertragspartner der inländischen Kunden bei der Ausführung dieser Geschäfte wird, oder ob es sich auf die **bloße Vorbereitung, Anbahnung und Vermittlung** solcher Geschäfte für die Mutter im Ausland, also auf die Tätigkeit als Bote oder Vermittler, beschränkt. Im ersten Fall handelt es sich um ein Kredit- bzw Finanzdienstleistungsinstitut, welches den inländischen Instituten in jeder Weise gleichgestellt ist. Die Vorschriften des KWG gelten ohne Ausnahme, die Erlaubnispflicht ergibt sich aus § 32 KWG, die Voraussetzungen der Zulassung aus § 33 KWG (dazu sogleich). Im zweiten Fall ist nach deutscher Terminologie eine (selbstständige) Repräsentanz gegeben, womit § 53a KWG zur Anwendung gelangt (dazu u Rn 59ff).

42 Nach § 32 Abs 1 S 1 KWG bedarf derjenige, der im Inland gewerbsmäßig oder in einem Umfang, der einen in kaufmännischer Weise eingerichteten Geschäftsbetrieb erfordert, Bankgeschäfte betreiben oder Finanzdienstleistungen erbringen will, der **schriftlichen** Erlaubnis der BaFin.[81] Die Erlaubnis erfolgt auf Antrag, dessen Inhalt sich aus § 32 Abs 1 S 2 KWG ergibt. Die BaFin hat diesem Antrag zwingend stattzugeben, wenn keiner der **absoluten Versagungsgründe** nach § 33 Abs 1 S 1 Nr 1–8 KWG vorliegt (präventives Verbot mit Erlaubnisvorbehalt). Daneben sieht das Gesetz **relative Versagungsgründe** in § 33 Abs 2 KWG vor, deren Anwendung im pflichtgemäßen Ermessen der Behörde steht. § 33 Abs 1 und 2 KWG legen die Zulassungsvoraussetzungen abschließend fest (§ 33 Abs 3 KWG).

43 Die Vorgaben des KWG sollen zum einen sicherstellen, dass das Institut die Voraussetzungen mitbringt, derer es für eine solide, umsichtige Führung der Geschäfte bedarf; zum anderen dienen sie dazu, der BaFin eine effektive Aufsicht zu ermöglichen. So muss das Institut über ein ausreichendes **Anfangskapital** sowie **angemessene Eigenmittel** verfügen (§ 33 Abs 1 S 1 Nr 1 KWG, vgl auch Art 92ff der CRR[82] sowie ergänzend §§ 10ff KWG). Die Höhe der vorzuhaltenden Mittel richtet sich nach dem anvisierten bzw ausgeübten Geschäftsumfang. Die maßgeblichen im und für das Institut tätigen Personen müssen sich auszeichnen durch ihre Zuverlässigkeit (§ 33 Abs 1 S 1 Nr 2 und 3 KWG). Dies gilt grundsätzlich für denjenigen, der den Antrag auf Zulassung stellt, für die **Geschäftsleiter** (§ 1 Abs 2 S 1 KWG), für die Inhaber bzw die **Inhaber einer bedeutenden Beteiligung** am Unternehmen (§ 1 Abs 9 KWG) und deren Vertreter oder Gesellschafter. Darüber hinaus müssen die Geschäftsleiter und Inhaber des Instituts **fachlich geeignet** sein (§ 33 Abs 1 S 1 Nr 4 iVm § 25c KWG). Die Geschäftsleiter müssen in ihrer Gesamtheit über ein angemessen breites Spektrum von Kenntnissen, Fähigkeiten und Erfahrungen verfügen, die zum Verständnis der Tätigkeiten des Instituts einschließlich seiner Hauptrisiken notwendig sind (§ 25c Abs 1a KWG). Ein Kredit-

---

EWR oder in einem Drittstaat hat. Allein das zwischenstaatliche Verfahren nach § 33b KWG gilt es im ersten Fall zu berücksichtigen. Zu den Erwägungen bei Zweigstellen bzw Repräsentanzen vgl dort.

81 Die aufsichtsrechtliche Behandlung eines Tochterunternehmens ist umstritten, wenn es neben dem Eigengeschäft Vermittlungsleistungen für Dritte erbringt, hierzu u Rn 65ff.

82 VO (EU) Nr 575/2013 des Europäischen Parlaments und des Rates v 26.6.2013 über Aufsichtsanforderungen an Kreditinstitute und Wertpapierfirmen und zur Änderung der Verordnung (EU) Nr 646/2012 (CRR I), ABl EU 2013 L 176/1, geändert durch die VO (EU) 2019/876 des Europäischen Parlaments und des Rates v 20.5.2019 zur Änderung der Verordnung (EU) Nr. 575/2013 [...], ABl EU 2019 L 150/1 (CRR II).

institut muss stets mindestens **zwei hauptamtliche Geschäftsleiter** haben (sog Vier-Augen-Prinzip, § 33 Abs 1 S 1 Nr 5, 1. Alt KWG). Ein Finanzdienstleitungsinstitut, das Geschäfte betreibt, bei denen es sich Eigentum oder Besitz an Geldern oder Wertpapieren von Kunden beschaffen oder Altersvorsorgeverträge anbieten darf, muss über zwei hauptamtliche Geschäftsleiter verfügen (§ 33 Abs 1 S 1 Nr 5, 2. Alt KWG). Damit im Zusammenhang steht der **Rechtsformzwang**, dem Kreditinstitute unterliegen; sie dürfen gem § 2b Abs 1 KWG nicht in der Rechtsform des Einzelkaufmanns betrieben werden.[83] Die BaFin hat die Erlaubnis auch dann zu versagen, wenn die **organisatorischen Vorkehrungen** im Institut keine Gewähr für ein ordnungsgemäßes Betreiben der Geschäfte bieten (§ 33 Abs 1 S 1 Nr 7, § 25a KWG). Das Institut muss seine **Hauptverwaltung im Inland** haben (§ 33 Abs 1 S 1 Nr 6 KWG). Im Falle eines Antrags auf Zulassung der Tochtergesellschaft eines ausländischen Kreditinstituts im Inland ist die Zustimmung der für dieses Kreditinstitut zuständigen ausländischen Behörde zwingend (§ 33 Abs 1 S 1 Nr 8 KWG). Die Zulassung zum Geschäftsbetrieb erlischt dann, wenn das Institut nach § 41 des Einlagensicherungsgesetzes oder nach § **11 des** Anlegerentschädigungsgesetzes[84] von der ihm zugeordneten **Entschädigungseinrichtung ausgeschlossen** worden ist (§ 35 Abs 1 S 2 KWG); folglich stellt auch die Zugehörigkeit zu einer solchen eine Zulassungsvoraussetzung dar. Die relativen Gründe der Versagung einer Erlaubnis nach § 33 Abs 2 Nr 1–3 KWG sollen verhindern, dass die Aufsicht der BaFin durch **unübersichtliche Konzernstrukturen** (Nr 1), durch hinderliche Rechts- oder Verwaltungsvorschriften eines **Drittstaates** (Nr 2) oder durch eine unwirksame oder nicht zur **zwischenstaatlichen Zusammenarbeit** bereite Aufsicht im Herkunftsland des Mutterinstituts (Nr 3) beeinträchtigt wird.

(2) Befreiung nach § 2 Abs 4 und 5 KWG

Von der grundsätzlichen Erlaubnispflicht nach § 32 KWG kann die BaFin **in zwei Fällen abweichen**. Zum einen kann sie gem § 2 Abs 4 KWG **im Einzelfall** Unternehmen, die wegen der Art der von ihnen betriebenen Geschäfte **keiner Aufsicht bedürfen**, von bestimmten Pflichten des KWG befreien.[85] Für die Freistellungsfähigkeit stellt die BaFin maßgeblich darauf ab, dass das eigentlich zulassungspflichtige Geschäft bloßes Hilfs- und Nebengeschäft ist und dieses in einem engen sachlichen Zusammenhang zum eigentlichen Kerngeschäft des Unternehmens steht. Dieses Kerngeschäft darf keine Bankgeschäfte oder Finanzdienstleistungen zum Gegenstand haben.[86] 44

Zum anderen kann die BaFin nach § 2 Abs 5 KWG drittstaatliche Institute, die im Inland Bankgeschäfte betreiben oder Finanzdienstleistungen erbringen, von denselben Vorschriften befreien. Maßgeblich für die Ausnahme ist jedoch anders als nach Abs 4 nicht die Art des Geschäfts, sondern ob das drittstaatliche Institut im Hinblick 45

83 Zur Diskussion um die Verfassungsmäßigkeit des Rechtsformzwangs *Schäfer* in Boos/Fischer/Schulte-Mattler (Hrsg) KWG/CRR-VO, 5. Aufl (2016) § 2b Rn 5ff; *Sethe* 615f.

84 Eingehend zur Einlagensicherung und zur Anlegerentschädigung Rn 89ff mwN.

85 Dies betrifft §§ 1a, 2c, 10 bis 18, 24, 24a, 25, 25a bis 25e, 26 bis 38, 45, 46 bis 46c und 51 Abs 1 KWG.

86 S BaFin-Merkblatt zum Verfahren der Freistellung nach § 2 Abs 4 KWG für im Inland ansässige Unternehmen v 26.2.2014. Beispiele in *Schwennicke* in Schwennicke/Auerbach (Hrsg) KWG 4. Aufl (2020) § 2 Rn 35.

auf die im Inland betriebenen Geschäfte **wegen der Aufsicht in seinem Herkunftsstaat keiner zusätzlichen Aufsicht bedarf**. Die Ausnahme dient mithin der Vermeidung einer unnötigen Doppelaufsicht in Fällen, in denen drittstaatliche Behörden die in ihrem Land ansässigen Institute bereits effektiv beaufsichtigen.

(3) Aussetzung oder Beschränkung der Erlaubnis, § 33a KWG

46 Erheblichen rechtlichen Bedenken begegnet § 33a KWG, wonach die BaFin die Entscheidung über einen Antrag auf Erlaubnis von Unternehmen mit Sitz außerhalb der EU oder von Tochterunternehmen dieser Unternehmen auszusetzen oder die Erlaubnis zu beschränken hat, wenn ein entsprechender Beschluss der Kommission oder des Rates vorliegt, der nach Art 147 der CRD V[87] zustande gekommen ist (§ 33a S 1 KWG). Aus der Vorschrift folgt eine Aussetzungs- bzw Beschränkungsbefugnis der BaFin in Fällen, in denen ein europäisches Institut in einem Drittland keine Inländerbehandlung erfährt, ein Unternehmen aus diesem Staat aber auf einen Markt in der EU drängt. In einem solchen Fall ist **keine Reziprozität** gegeben.[88] Um diese sicherzustellen, enthielten die europäischen Richtlinien entsprechende Ermächtigungen, die in den einzelnen Fassungen des § 33a KWG umgesetzt wurden.

47 **Reziprozitätsbestimmungen** fanden sich bereits – wenn auch sehr knapp – in der 1. Bankrechtskoordinierungsrichtlinie (1. BKRL, s dort Art 9 Abs 1, 3).[89] Schon wesentlich ausführlicher waren die 2. Bankrechtskoordinierungsrichtlinie (2. BKRL, s dort Art 9 Abs 4 UAbs 1, 2, Abs 6 und das Komitologieverfahren in Art 22 Abs 2)[90] sowie die Wertpapierdienstleistungsrichtlinie (WDRL, s dort Art 7).[91] Durch beide Richtlinien wird die Feststellung der Reziprozität zur gemeinschaftsweiten Angelegenheit (Erwägungsgrund Nr 21 der 2. BKRL bzw Nr 28 der WDRL).[92] Zur Umsetzung führte die Bundesrepublik mit Wirkung zum 1.1.1993 den § 33a KWG ein.[93] Unter Hinweis auf das

87 RL 2013/36/EU des Europäischen Parlaments und des Rates v 26.6.2013 über den Zugang zur Tätigkeit von Kreditinstituten und die Beaufsichtigung von Kreditinstituten und Wertpapierfirmen, zur Änderung der Richtlinie 2002/87/EG und zur Aufhebung der RL 2006/48/EG und 2006/49/EG (CRD IV), ABl EU 2013 L 176/338. Die CRD IV wurde durch die Umsetzung der RL 2019/878 des Europäischen Parlaments und des Rates vom 20.5.2019 zur Änderung der Richtlinie 2013/36/EU im Hinblick auf von der Anwendung ausgenommene Unternehmen, Finanzholdinggesellschaften, gemischte Finanzholdinggesellschaften, Vergütung, Aufsichtsmaßnahmen und -befugnisse und Kapitalerhaltungsmaßnahmen (CRD V), ABl EU 2019 L 150/253 geändert. Die Umsetzung erfolgte zum 28.12.2020 mit dem Risikoreduzierungsgesetz vom 9.12.2020, BGBl 2020 I, 2773.

88 Zum Konzept der Reziprozität allgem *Weber* 87ff.

89 1. RL 77/780/EWG des Rates v 12.12.1977 zur Koordinierung der Rechts- und Verwaltungsvorschriften über die Aufnahme und Ausübung der Tätigkeit der Kreditinstitute, ABl EG 1977 L 322/30.

90 2. RL 89/646/EWG des Rates v 15.12.1989 zur Koordinierung der Rechts- und Verwaltungsvorschriften über die Aufnahme und Ausübung der Tätigkeit der Kreditinstitute und zur Änderung der RL 77/780/EWG, ABl EG 1989 L 386/1.

91 RL 93/22/EWG des Rates v 10.5.1993 über Wertpapierdienstleistungen, ABl EG 1993 L 141/27.

92 Zur Kompetenz bei der Beurteilung der Reziprozität *Kampf* Rn 54; *Weber* 126ff. Grundlegend zur Zuständigkeitsverteilung zwischen EU und Mitgliedstaaten im Finanzdienstleistungsbereich *Kampf* Rn 141ff.

93 Art 1 Nr 28 des Gesetzes zur Änderung des Gesetzes über das Kreditwesen und anderer Vorschriften über Kreditinstitute, BGBl 1992 I, 2211.

Verfahren nach Art 22 Abs 2 und die in Art 9 Abs 4 der 2. BKRL enthaltene Pflicht bestimmte § 33a S 1 KWG, dass das Aufsichtsamt (damals noch das BAKred) die Entscheidung über einen Antrag auf Erlaubnis von Unternehmen mit Sitz außerhalb der EWG oder von Tochterunternehmen dieser Unternehmen auszusetzen oder zu beschränken hat, wenn ein entsprechender europäischer Beschluss vorliegt.

Im Jahre 2000 erfolgte eine Konsolidierung der bankaufsichtsrechtlichen Richtlinien, auch der 2. BKRL, in der Bankenrichtlinie 2000 (BankenRL 2000[94]). Diese sah in Art 23 Abs 5 eine Behandlung der Reziprozität vor, die der der 2. BKRL glich. Das Verfahren blieb ebenfalls gleich, nur die Artikelnummer änderte sich (jetzt Art 60 Abs 2). Die WDRL wurde durch die Richtlinie über Märkte für Finanzinstrumente (MiFID I) ersetzt.[95] Bestimmungen zur Gegenseitigkeit enthält Art 15 Abs 3 MiFID I, das Verfahren ergibt sich aus Art 64 Abs 3 MiFID I. Motiviert durch die Konsolidierung der Vorschriften für Kreditinstitute wurde 2002 auch § 33a KWG geändert. Es handelte sich allerdings um eine bloße redaktionelle Anpassung, mit der statt auf das Verfahren nach Art 22 Abs 2 der 2. BKRL nunmehr auf Art 60 Abs 2 der BankenRL 2000 verwiesen wurde (§ 33a S 1 KWG).[96] Ob das Abstellen auf das Erfordernis der Gegenseitigkeit zu dieser Zeit noch in Einklang zu bringen war mit den von der Europäischen Gemeinschaft übernommenen Verpflichtungen aus dem GATS, muss stark bezweifelt werden (vgl auch hier die Einschränkung in Art 23 Abs 7 der BankenRL 2000). Denn durch das GATS öffnete man seine Märkte allen Mitgliedern, soweit entsprechende Verpflichtungen übernommen wurden. Zwar sind auch die Mitglieder des GATS befugt, restriktive aufsichtsrechtliche Maßnahmen zum Schutz der Anleger und der Integrität und Stabilität des Finanzsystems zu ergreifen bzw aufrechtzuerhalten (***prudential carve-out***),[97] ob Gegenseitigkeitsmaßnahmen aber hierunter subsumiert werden können, ist äußerst fraglich. Das Abstellen auf Reziprozität steht dem Liberalisierungsgedanken entgegen, va nach dem Verzicht der EU auf Aufnahme der Reziprozität als Ausnahme zur Meistbegünstigung nach Art II GATS und der Übernahme umfassender Verpflichtungen durch das 5. Protokoll zum GATS in Bezug auf Finanzdienstleistungen.[98] 48

Fraglich ist, ob entsprechende Maßnahmen damit nur gegenüber WTO-Mitgliedern oder gegenüber allen Drittstaaten unanwendbar werden. Letzteres wäre dann der Fall, wenn die **Kapitalverkehrsfreiheit** greifen würde. Der Anwendungsbereich des Art 63 Abs 1 AEUV ist insb abzugrenzen von dem der Dienstleistungsfreiheit aus 49

94 RL 2000/12/EG des Europäischen Parlaments und des Rates v 20.3.2000 über die Aufnahme und Ausübung der Tätigkeit der Kreditinstitute, ABl EG 2000 L 126/1.

95 RL 2004/39/EG des Europäischen Parlaments und des Rates v 21.4.2004 über Märkte für Finanzinstrumente, zur Änderung der RL 85/611/EWG und 93/6/EWG des Rates und der RL 2000/12/EG des Europäischen Parlaments und des Rates und zur Aufhebung der RL 93/22/EWG des Rates, ABl EU 2004 L 145/1.

96 Art 6 Nr 27a des Gesetzes zur weiteren Fortentwicklung des Finanzplatzes Deutschland (4. Finanzmarktförderungsgesetz), BGBl 2002 I, 2010, mit Berichtigung auf 2316. Der Gesetzentwurf der Bundesregierung (BR-Drs 936/01 bzw BT-Drs 14/8017) enthielt die Teiländerung des § 33a KWG noch nicht, erst die Beschlussempfehlung des Finanzausschusses sah diese vor (BT-Drs 14/8600, 110; vgl auch den Bericht des Finanzausschusses, BT-Drs 14/8601, 24).

97 Zum *prudential carve-out* s bereits o Rn 14ff.

98 S 5. Protokoll (Fn 27). So auch *Kampf* Rn 49ff, 103, der Gegenseitigkeitsbestimmungen aber ohnehin als in ihrem Anwendungsbereich erheblich eingeschränkt sieht.

Art 56ff AEUV, welche jedenfalls nicht für Drittstaaten gilt. Wegweisend für diese Abgrenzung bei der grenzüberschreitenden Erbringung von Finanzdienstleistungen ist das Urteil des EuGH in Sachen *Fidium Finanz AG*.[99] Die Entscheidung geht davon aus, dass die Dienstleistungsfreiheit die Kapitalverkehrsfreiheit im Einzelfall verdrängen kann, dh im sachlichen Anwendungsbereich ersterer tritt letzte zurück. Das hat allerdings negative Konsequenzen für Drittstaatunternehmen wie die schweizerische *Fidium*, die sich auf Art 56ff – im Gegensatz zu Art 63 AEUV – nicht berufen können.[100]

50 Das EuGH-Urteil schließt im Ergebnis die Anwendbarkeit der Kapitalverkehrsfreiheit für das Erbringen grenzüberschreitender Finanzdienstleistungen aus. Damit unterfällt Art 63ff AEUV auch nicht die Anwendung von Reziprozitätsregelungen gegenüber Drittstaaten, die folglich unbeschränkt erlaubt wären. Doch besteht zwischen dem Fall, wie er der Rechtssache ***Fidium Finanz AG*** zugrunde lag, und den Reziprozitätsfällen ein gewichtiger Unterschied. Denn die *Fidium* erbrachte ihre Dienstleistungen allein grenzüberschreitend, dh ohne dauerhafte Präsenz in der Bundesrepublik. Bei der Gegenseitigkeit geht es hingegen darum, dass ein Mutterunternehmen mit Sitz in einem Drittland einen Antrag auf Zulassung anstrebt oder Beteiligungen erwerben möchte (vgl Art 23 Abs 5 der BankenRL 2000). Es soll also gerade Kapital in die EU fließen und dort investiert werden, entweder durch Gründung einer dauerhaften Präsenz (die eine Zulassung in der EU benötigt) oder den Erwerb von Anteilen an anderen Unternehmen. Hierfür gilt die Freiheit des Kapitalverkehrs uneingeschränkt; die Rechtsprechung in Sachen *Fidium* kann daher nicht übertragen werden. Damit sind Reziprozitätsmaßnahmen gegenüber Nicht-WTO-Mitgliedern an Art 63 Abs 1 AEUV zu messen und nur dann statthaft, wenn sie „unerlässlich" sind, um Zuwiderhandlungen gegen innerstaatliche Rechts- und Verwaltungsvorschriften zu verhindern (Art 65 Abs 1 lit b AEUV). Unter Verweis auf die Überlegungen zur Verhältnismäßigkeit im Rahmen des GATS muss das Vorliegen dieses Rechtfertigungsgrundes bezweifelt werden.

51 Dieser Zwiespalt wurde wohl auch auf europäischer Ebene erkannt, denn in der Bankenrichtlinie 2006 wurden sämtliche **Reziprozitätsvorschriften** ersatzlos gestrichen (vgl Art 38 und 39 BankenRL 2006).[101] Mit dem Vertrag von Lissabon entfiel auch das Komitologieverfahren. Gegenseitigkeitsüberlegungen haben sich damit für die EU

---

99 EuGH, Rs C-452/04, Slg 2006, I-9521 – *Fidium Finanz AG*; dazu *Voge* WM 2007, 381. Der Entscheidung des EuGH vorausgegangen war ein Verfahren beim VG Frankfurt, welches schließlich vorlegte; vgl WM 2005, 503ff, dazu EWiR 2005, 127f (*Hanten*). Der Sachlage bei der *Fidium Finanz AG* vergleichbar ist ein Fall, in dem eine Gesellschaft mit Sitz auf den British Virgin Islands Genussrechte emittierte und diese grenzüberschreitend ohne physische Präsenz in der Bundesrepublik an inländische Anleger vertrieb; vgl VG Frankfurt WM 2004, 1917ff sowie Hess. VGH WM 2005, 1123ff; dazu *Mankowski* WuB I L 1 § 32 KWG 1.04; *Marwede* WuB I L 1 § 32 KWG 1.05; EWiR 2004, 717f (*Hanten*); zu allem *Rögner* WM 2006, 745ff; *Schwintowski* AJP 2005, 457/461ff; *Steck*/*Campbell* ZBB 2006, 354/361ff. Das GATS findet in den benannten Fällen nur am Rande Erwähnung. Zum Fall eines für einen Schweizer Finanzdienstleister tätigen Call-Centers vgl VG Frankfurt WM 2005, 1028ff; Hess. VGH ZIP 2006, 701f; dazu *Nietsch* WuB I L 1 § 1 KWG 2.05.

100 Die Auffassung des EuGH kollidiert nicht mit Fn 8 zu Art XVI Abs 1 GATS, denn es besteht gerade keine entsprechende Verpflichtung für den grenzüberschreitenden Dienstleistungshandel mit der Schweiz.

101 RL 2006/48/EG des Europäischen Parlaments und des Rates v 14.6.2006 über die Aufnahme und Ausübung der Tätigkeit der Kreditinstitute, ABl EU 2006 L 177/1. Vgl auch den Vorschlag der Kommis-

zumindest im Kreditinstitutssektor erledigt. Für Wertpapierdienstleistungsunternehmen hingegen galt weiterhin Art 15 Abs 3 MiFID I, allerdings mit der Einschränkung, dass getroffene Maßnahmen mit den völkerrechtlichen Verpflichtungen der Gemeinschaft vereinbar sein müssen (Art 15 Abs 5 MiFID I). Aufgrund der umfassenden Liberalisierung im Bereich der kommerziellen Präsenzen kam dieser Norm kaum mehr praktische Bedeutung zu. Überhaupt war unverständlich, wieso die EU Gegenseitigkeitsbestimmungen für Wertpapierdienstleistungsunternehmen aufrechterhält, für Kreditinstitute aber nicht. Aus gutem Grund hat die EU daher in der Richtlinie über Märkte für Finanzinstrumente 2014 (MiFID II)[102] und der Verordnung über Märkte für Finanzinstrumente (MiFIR)[103] auch bei Wertpapierdienstleistungsunternehmen nun auf Reziprozitätsgesichtspunkte verzichtet.

Vor diesem Hintergrund ist nun **§ 33a KWG** zu bewerten, der erst zum 1.1.2015 eine erneute redaktionelle Änderung erfahren hat,[104] die Aussetzung und Beschränkung von Erlaubnisanträgen aber weiterhin vorsieht. Von seinem Wortlaut her scheint sich § 33a KWG einzig auf die CRD IV und damit auf Kreditinstitute bzw ihre Tochterunternehmen zu beziehen. Wäre dies der Fall, müsste man konstatieren, dass mit den letzten Änderungen die Streichung der Reziprozität in der BankenRL 2006 und die Abwesenheit entsprechender Vorschriften auch in der CRD IV und V übersehen wurden. Der Verweis in § 33a KWG ginge damit ins Leere. Gilt § 33a KWG, so wie es die Systematik des KWG impliziert (Dritter Abschnitt. Vorschriften über die Beaufsichtigung der *Institute*), allerdings für Kredit- *und* Finanzdienstleistungsinstitute,[105] kann die Norm nur noch auf die entsprechenden Bestimmungen in der MiFID I verweisen, deren Anwendungsbereich bewiesenermaßen recht gering war und mit dem Inkrafttreten der MiFID II im Jahre 2018 endete. Gleichgültig welcher Sichtweise man folgt, ist daher eine (erneute) Überarbeitung der Norm notwendig. 52

b) Zweigstelle als Kredit- bzw Finanzdienstleistungsinstitut

Zweigstellen sind naturgemäß unselbstständige Ableger eines Instituts mit Sitz in einem anderen Staat. Trotz ihrer rechtlichen Abhängigkeit vom Mutterunternehmen lassen sie sich in einer ortsfesten Einrichtung für eine gewisse Dauer nieder und halten 53

sion zu dieser RL, KOM(2004) 486 endg, 67ff. Schon im Jahre 2000 forderte *Kokott* RIW 2000, 401/404, die Reziprozitätsklauseln zu streichen.

102 RL 2014/65/EU des Europäischen Parlaments und des Rates v 15.5.2014 über Märkte für Finanzinstrumente sowie zur Änderung der RL 2002/92/EG und 2011/61/EU (MiFID II), ABl EU 2014 L 173/349.

103 VO (EU) Nr 600/2014 des Europäischen Parlaments und des Rates v 15.5.2014 über Märkte für Finanzinstrumente und zur Änderung der VO (EU) Nr. 648/2012 (MiFIR), ABl EU 2014 L 173/84.

104 Vgl Art 2 Nr. 18 des Gesetzes zur Umsetzung der Richtlinie 2014/59/EU des Europäischen Parlaments und des Rates v 15.5.2014 zur Festlegung eines Rahmens für die Sanierung und Abwicklung von Kreditinstituten und Wertpapierfirmen und zur Änderung der Richtlinie 82/891/EWG des Rates, der Richtlinien 2001/24/EG, 2002/47/EG, 2004/25/EG, 2005/56/EG, 2007/36/EG, 2011/35/EU, 2012/30/EU und 2013/36/EU sowie der Verordnungen (EU) Nr. 1093/2010 und (EU) Nr. 648/2012 des Europäischen Parlaments und des Rates v 10.12.2014, BGBl 2014 I, 2091.

105 IE so auch *Kampf* Rn 68.

für ihre Tätigkeit bestimmte sachliche und rechtliche Mittel vor.[106] Interessieren soll hier nur der Fall, dass das Herkunftsland des Mutterunternehmens keines der Mitgliedsländer der EU/des EWR ist.[107]

54 Wie die Zweigstellen der Unternehmen aus Drittstaaten aufsichtsrechtlich erfasst werden, richtet sich nach der Art der von ihnen erbrachten Dienstleistungen und ist der Unterscheidung bei Tochterunternehmen recht ähnlich. Beabsichtigt die Zweigstelle, Bank- bzw Finanzdienstleistungen im Eigengeschäft zu erbringen, findet § 53 KWG Anwendung (dazu sogleich). Andernfalls, also bei bloßer Vermittlungstätigkeit, ist die Zweigstelle als **Repräsentanz** nach § 53a KWG zu qualifizieren (dazu u Rn 61ff).

55 Unterhält ein Unternehmen[108] mit Sitz in einem Drittstaat eine Zweigstelle im Inland, die Bankgeschäfte betreibt oder Finanzdienstleistungen erbringt, so gilt die Zweigstelle nach § 53 Abs 1 S 1 KWG als Kredit- oder Finanzdienstleistungsinstitut; mehrere Zweigstellen im Inland gelten als ein Institut (S 2).[109] Schon der Wortlaut des § 53 Abs 1 KWG („gilt", „gelten") stellt klar, dass Zweigstellen keine originären Kredit- oder Finanzdienstleistungsinstitute sind; dies ist schon deswegen nicht möglich, weil sie sonst direkt der Erlaubnispflicht aus § 32 KWG unterliegen würden. Danach ist aber die Belegenheit der Hauptverwaltung im Inland zwingend (§ 33 Abs 1 S 1 Nr 6 KWG), eine Voraussetzung, die Zweigstellen nie erfüllen könnten. Sie wären erlaubnispflichtig, aber nicht erlaubnisfähig.[110] An dieser Stelle zeigt sich noch der vom Gesetz ursprünglich einmal verfolgte **institutsbezogene Regulierungsansatz**, wonach ein Kredit- oder Finanzdienstleistungsinstitut jedenfalls im Inland bestehen muss. Dieser Ansatz wurde 2004 durch den **vertriebsbezogenen Regulierungsansatz** ersetzt, den die BaFin verfolgt und der der heute herrschenden Meinung entspricht.[111] Aus diesem Grund fingiert § 53 KWG das Bestehen eines Instituts und unterwirft die Zweigstellen sodann bestimmten, auf ihre Lage zugeschnittenen Anforderungen. Es handelt sich um Sonderregelungen zur allgemeinen Geltung des KWG, die die Zweigstelle nicht

---

106 *Hanten* WM 2003, 1412/1414; *Vahldiek* (Fn 71) § 53 Rn 13 mwN; *Haug* in Szagunn/Haug/Ergenzinger (Hrsg) KWG, 6. Aufl (1997) § 53 Rn 6f.

107 Den Zweigstellen kommt dann nämlich ein besonderer Status zu. Sie sind Niederlassungen iSd Art 49ff AEUV und werden durch die europäischen Liberalisierungsrichtlinien mit dem Europäischen Pass ausgestattet, der einen grundsätzlich ungehinderten Grenzübertritt bei der Erbringung nahezu aller Bank- und Finanzdienstleistungen ermöglicht. Für Kreditinstitute ist dies die CRD V (Fn 87), für Wertpapierdienstleistungsunternehmen gilt die MiFID II (Fn 102). Entsprechende Regelungen finden sich in § 53b KWG. Der Europäische Pass gilt nur für Dienstleistungen, die in den Anhängen der Richtlinien abschließend genannt sind. Diese sind zwar recht weitreichend, doch kann es Geschäfte geben, die im Inland erlaubnispflichtig, dort aber nicht erfasst sind. Ein Rückgriff auf den Pass ist dann verwehrt.

108 Dieses muss seinerseits kein Kredit- oder Finanzdienstleistungsinstitut sein, *Haug* (Fn 106) § 53 Rn 4.

109 Die aufsichtsrechtliche Behandlung einer Zweigstelle ist umstritten, wenn sie neben dem Eigengeschäft Vermittlungsleistungen für Dritte erbringt, hierzu u Rn 65ff.

110 Zu Erlaubnisbedürftigkeit und Erlaubnisfähigkeit s nur *Steck/Campbell* ZBB 2006, 354/357f mwN.

111 *Lehmann* in v Hein (Hrsg) MünchKomm-BGB, Bd 13, 8. Aufl (2021), Internationales Finanzmarktrecht, Rn 202ff. Zur Auslegung des Inlandsbegriffs vgl *Rögner* WM 2006, 745/748ff; *Reischauer/Kleinhans* (Hrsg) KWG (Stand: Dezember 2019) § 53 Rn 3; *Weber*, 76.

diskriminieren, sondern auf ihre spezifische Situation eingehen. Die Zweigstelle wird durch diese Fiktion im Rahmen des KWG als selbständige Einheit angesehen.[112]

Auch die Zweigstelle unterliegt der Pflicht zur **Erlaubnis** nach § 32 Abs 1 S 1 KWG, 56 zu deren Erlangung sie einen Antrag bei der BaFin zu stellen hat. Die absoluten und relativen Versagensgründe aus § 33 Abs 1 und 3 KWG gelten ua mit folgenden Maßgaben: Dem **Vier-Augen-Prinzip** muss nur entsprochen werden, wenn das Institut Bankgeschäfte betreibt oder Finanzdienstleistungen erbringt und befugt ist, sich bei der Erbringung Eigentum oder Besitz an Geldern oder Wertpapieren von Kunden zu verschaffen (§ 53 Abs 2 Nr 1 KWG). An die Geschäftsleiter selber sind die gleichen Voraussetzungen hinsichtlich Zuverlässigkeit und fachlicher Eignung zu stellen wie auch bei originären Kredit- und Finanzdienstleistungsinstituten. Die rechtliche Unselbstständigkeit einer Zweigstelle bringt es mit sich, dass diese nicht den Vorschriften über ausreichendes Anfangskapital und angemessene Eigenmittel genügen kann (vgl § 33 Abs 1 S 1 Nr 1 KWG und Art 92ff CRR sowie §§ 10ff KWG). Aus diesem Grund finden sich spezielle Vorgaben in § 53 Abs 2 Nr 4 KWG. Des Weiteren enthält § 53 Abs 2 KWG besondere Buchführungs- und Rechnungslegungsbestimmungen (Nr 2 und 3) sowie Anzeigepflichten (Nr 7). § 53 Abs 5 und 6 KWG regeln die Auflösung einer Zweigstelle.

Mit Blick auf die völkerrechtlichen Verpflichtungen der Bundesrepublik Deutschland ist § 53 Abs 4 KWG wichtig. 57 Hiernach sind die Voraussetzungen des Abs 2 nicht anzuwenden, soweit **zwischenstaatliche Vereinbarungen** entgegenstehen. Als solche gelten jedenfalls das GATS, der AEUV sowie die Freundschafts-, Handels- und Schifffahrtsverträge;[113] angesprochen werden also Zweigstellen eines Unternehmens mit Sitz in einem der Mitgliedsländer dieser Abkommen. § 53 Abs 4 KWG schließt die Geltung der besonderen Bestimmungen nicht gänzlich aus, sondern nur „soweit" durch ihre Anwendung ein Konflikt mit der erreichten Liberalisierung eintreten würde. Zu befürchten wäre dies insb im Falle von § 53 Abs 2 Nr 5 S 1 KWG, der die BaFin zur Versagung der Erlaubnis berechtigt, wenn eine Gegenseitigkeit auf Grund zwischenstaatlicher Vereinbarungen nicht gewährleistet ist, deutsche Institute also zB keine Inländerbehandlung im Drittstaat erfahren. Während das GATS und die Freundschafts-, Handels- und Schifffahrtsverträge diese Gegenseitigkeit unter den Mitgliedern weitgehend gewährleisten, ist dies bei Art 63 Abs 1 AEUV, der den europäischen Markt einseitig öffnet, nicht der Fall.[114] Ohne § 53 Abs 4 KWG wäre die BaFin also zur Versagung der Erlaubnis befugt, was gegen die Kapitalverkehrsfreiheit verstoßen würde und europarechtswidrig wäre. Der Anwendungsbereich des § 53 Abs 2 Nr 5 S 1 KWG ist damit auf Null reduziert. In der Vergangenheit hat die BaFin von dieser Befugnis auch keinen Gebrauch gemacht.[115]

---

112 Vgl auch *Fischer/Boegl* in Schimansky/Bunte/Lwowski (Hrsg.), Bankrechts-Handbuch, 5. Aufl (2017) § 127 Rn 66; *Lehmann* (Fn 111) Rn 220; *Reischauer/Kleinhans* (Fn 111) § 53 Rn 1; *Weber*, 76; krit zu dieser Verselbstständigung *Vahldiek* (Fn 71) § 53 Rn 42f; aber auch *Haug* (Fn 106) § 53 Rn 5.

113 Vgl Rn 24.

114 Zur Auslegung von Art 63 Abs 1 AEUV im Falle der Errichtung einer dauerhaften Präsenz im Inland bzw der Erbringung bloß grenzüberschreitender Finanzdienstleistungen s o Rn 49f (*Fidium Finanz AG*).

115 *Vahldiek* (Fn 71) § 53 Rn 92, der allerdings nicht auf Art 63 Abs 1 AEUV eingeht.

58 Gem § 53 Abs 2a KWG gelten **Zweigstellen** als „Tochterunternehmen eines Unternehmens mit Sitz im Ausland", wenn das KWG an die Eigenschaft als ein solches Tochterunternehmen anknüpft. Damit findet auch § 33a KWG Anwendung.[116]

59 § 53c KWG eröffnet die Möglichkeit, die Vorschriften, die für Zweigstellen von Unternehmen aus EU-/EWR-Staaten gelten (§ 53b KWG)[117], ganz oder teilweise auch auf **Zweigstellen von Unternehmen aus Drittstaaten** anzuwenden (im Wege einer Rechtsverordnung des Bundesministeriums der Finanzen).[118] Die Kontrolle durch die BaFin als zuständige Behörde des Staates, in dem die Tätigkeit der Zweigstelle erfolgt, wird insoweit ersetzt durch die Aufsicht der zuständigen Behörde im Herkunftsland der ausländischen Mutter. Hierdurch werden der BaFin zumindest im institutionellen Bereich Aufsichtskompetenzen genommen, wofür besondere Gründe bestehen müssen. So kann nach § 53c Nr 1 KWG ein Abkommen der EU mit Drittstaaten die Bundesrepublik Deutschland zur weitergehenden Liberalisierung verpflichten. Allerdings gelten die Abkommen, welche die EU im Zusammenhang mit der WTO geschlossen hat, nicht als Abkommen iSv § 53c Nr 1 KWG.[119] Nach § 53c Nr 2 KWG kann per Rechtsverordnung die vollständige oder teilweise Anwendung der Vorschriften des § 53b KWG (unter Freistellung von § 53 KWG) angeordnet werden, wenn im Verhältnis zum Drittstaat Gegenseitigkeit gewährleistet ist und eine international anerkannte Aufsicht im Sitzstaat vorliegt (lit a), inländischen Unternehmen im Sitzstaat gleichwertige Erleichterungen eingeräumt werden (lit b) und eine Zusammenarbeit der Aufsichtsbehörden von Sitzstaat und BaFin sichergestellt ist (lit c). Entsprechende bilaterale Abkommen bestehen mit den USA, Japan und Australien; in der Folge sind Rechtsverordnungen ergangen, in denen Zweigstellen von Unternehmen aus diesen Ländern teilweise (nicht vollständig) von den Anforderungen des § 53 KWG freigestellt wurden.[120] Die Gegenseitigkeitsbestimmungen des § 53c KWG sind insofern problemlos, als sie ausländischen Unternehmen nicht den Zugang zum Markt verwehren, sondern nur die Zweigstellen dieser Unternehmen günstiger stellen. Allerdings kann § 53c KWG mit der Verpflichtung zur Meistbegünstigung aus Art II GATS kollidieren, wenn derartige Abkommen nicht unter die Ausnahmevorschrift des Art V GATS fallen.[121]

60 Durch das Zweite Finanzmarktnovellierungsgesetz wurde § 53c KWG um einen zweiten Absatz erweitert. Danach können Unternehmen mit Sitz in einem Drittstaat Wertpapierdienstleistungen gegenüber in Deutschland ansässigen Kunden erbringen. Voraussetzung dafür ist eine Eintragung der Drittlandfirma in das von der Europäischen Wertpapier- und Marktaufsichtsbehörde (European Securities and Market Authority, ESMA) geführte Register nach Art 48 der Verordnung (EU) Nr 600/2014 (MiFIR). Diese Eintragung wiederum setzt ua einen Gleichwertigkeitsbeschluss der

---

116 Zur Diskussion des § 33a KWG s o Rn 46ff.

117 Zu § 53b KWG s u Fn 124.

118 Hierzu *Dürselen* ZBB 1993, 266/269.

119 *Marwede* in Boos/Fischer/Schulte-Mattler (Hrsg) KWG 2. Aufl (2004) § 53c Rn 4. Das GATS gilt für Deutschland aufgrund des Zustimmungsgesetzes v 30.8.1994, BGBl 1994 II, 1438. Der parallele Beitritt der EU zum GATS erfolgte als Teil der gemeinsamen Handelspolitik der EU, die bei Verhandlungen aber nur die Mitgliedstaaten vertritt.

120 S BGBl 2014 I, 322; hierzu *Brocker* in Schwennicke/Auerbach (Hrsg) KWG 4. Aufl (2020) § 53c Rn 5ff.

121 *Kampf* Rn 70, 91.

Kommission nach Art 47 Abs 1 MiFIR voraus.[122] Soweit dieser ergangen ist, werden die Unternehmen des jeweiligen den europäischen Unternehmen gleichgestellt und kommen in den Genuss der Rechte aus dem europäischen Pass. Dies bedeutet, dass sie Wertpapierleistungen durch eine Zweigniederlassung oder im Wege des grenzüberschreitenden Dienstleistungsverkehrs an Kunden in Deutschland erbringen können, ohne von der BaFin zugelassen oder beaufsichtigt zu sein. Das gilt allerdings nur für geeignete Gegenparteien und professionelle Kunden.[123]

c) Repräsentanzen von Instituten mit Sitz im Ausland

Gem § 53a S 1 KWG darf ein Institut mit Sitz im Ausland eine Repräsentanz im Inland 61 errichten oder fortführen, wenn es befugt ist, in seinem Herkunftsstaat Bankgeschäfte zu betreiben oder Finanzdienstleistungen zu erbringen und dort seine Hauptverwaltung hat; in den Sätzen 2 bis 5 finden sich diesbezügliche Anzeigepflichten. Im Unterschied zu § 53 KWG enthält § 53a KWG keinen Hinweis auf die Geltung des Gesetzes für Repräsentanzen; sie müssen sich danach nicht um eine Erlaubnis bemühen. Diese wird gleichsam durch das angesprochene **Anzeigeverfahren** ersetzt.[124]

Wer unter den Begriff der Repräsentanz fällt, ergibt sich aus der bisher dargestell- 62 ten Gesetzeslage wie folgt: Repräsentanzen dürfen in keinem Fall das Eigengeschäft erbringen, sich also für eigene Rechnung in Bank- oder Finanzdienstleistungen engagieren. Dann gelten sie als Tochterunternehmen (wenn rechtlich selbstständig) bzw als Zweigstelle (wenn rechtlich unselbstständig) mit den Vorgaben in §§ 32, 53 KWG. Damit verbleibt ihnen als Tätigkeitsbereich das **Vermittlungsgeschäft**, bei dem sie Verträge mit Kunden im Inland lediglich vorbereiten, anbahnen und/oder vermitteln, und die allgemeine Werbung, Kontaktpflege und Repräsentation dritter Stellen ohne zielgerichtete Kundenakquise. Dies belegt auch die Begründung zum Gesetzentwurf der Bundesregierung zur 6. KWG-Novelle,[125] wo es heißt: „Die Tätigkeit einer Reprä-

---

122 S zu den einzelnen Voraussetzungen Art 46 Abs 2 MiFIR. Näher zum europäischen Äquivalenzmechanismus in MiFIR *Eichhorn/Klebeck* RdF 2014, 189; *Sethe* SZW 2014, 615, 624f; *Weber/Sethe* SJZ 2014, 569ff; *Ammann* Der europäische Marktzugang für Schweizer Banken (2020) 67ff.

123 Aufgrund der Vorgaben von Art 46 Abs 1 MiFIR handelt es sich hierbei um *geborene* professionelle Kunden, so dass der Wortlaut von § 53c Abs 2 einschränkend zu interpretieren ist.

124 *Vahldiek* (Fn 71) § 53a Rn 1, 44; *Haug* (Fn 106) § 53a Rn 5. Im Detail bestehen weitere Unterschiede zwischen § 53 und § 53a KWG. So spricht § 53a von einem „Institut mit Sitz im Ausland", § 53 KWG hingegen von einem „Unternehmen mit Sitz im Ausland". Im Rahmen von § 53 KWG ist es demnach egal, welche Geschäfte das Unternehmen im Ausland betreibt, bei § 53a KWG hingegen muss es sich in Bankgeschäften bzw Finanzdienstleistungen engagieren (eben ein „Institut"). Zum Zweiten finden sich für Zweigstellen besondere Bestimmungen in § 53b KWG, wenn das Mutterunternehmen seinen Sitz in der EU/dem EWR hat; § 53 KWG gilt dann nicht. Auf Repräsentanzen ist § 53b KWG auch anwendbar (und verdrängt § 53a KWG), allerdings nur dann, wenn es sich um unselbstständige Einheiten handelt. Selbstständige Repräsentanzen und solche, die sich auf den Europäischen Pass nicht berufen können, sind durch § 53a KWG erfasst und europarechtlich von der Niederlassungsfreiheit aus Art 49ff AEUV geschützt.

125 Entwurf eines Gesetzes zur Umsetzung von EG-Richtlinien zur Harmonisierung bank- und wertpapieraufsichtsrechtlicher Vorschriften, BR-Drs 963/96, 66. Vgl *Reischauer/Kleinhans* (Fn 111) § 53a Rn 3; einschränkend *Bähre/Schneider* (Hrsg) KWG, 3. Aufl (1986) § 53a, 525; *Haug* (Fn 106) § 53a Rn 1.

sentanz einer ausländischen Bank im Inland muss sich auf die Sammlung von Informationen über die bankwirtschaftliche Situation und die wirtschaftliche Entwicklung des Landes sowie auf Kontaktpflege, Werbung, Anbahnung und Vermittlung von Geschäften beschränken." Beides kann in rechtlicher Selbstständigkeit oder Unselbstständigkeit erfolgen.

63 Unter völkerrechtlichen Gesichtspunkten als problematisch angesehen wird von einem Teil des Schrifttums die Behandlung der Repräsentanzen, wenn man neben der Gesetzeslage die Aufsichtspraxis der BaFin betrachtet.[126] Diese wird präzisiert durch das Merkblatt „Hinweise zur Erlaubnispflicht nach § 32 Abs 1 KWG in Verbindung mit § 1 Abs 1 und Abs 1a KWG von grenzüberschreitend betriebenen Bankgeschäften und/oder grenzüberschreitend erbrachten Finanzdienstleistungen".[127] Ganz im Sinne der von der BaFin verfolgten Theorie von der Erlaubnispflicht der grenzüberschreitenden Geschäfte[128] und dem vertriebsbezogenen Regulierungsansatz,[129] der auch die Zustimmung des BVerwG gefunden hat,[130] sieht die Behörde die Tätigkeit von Repräsentanzen auf **repräsentative Funktionen**, allgemeine Werbung und Kontaktpflege sowie das Sammeln volkswirtschaftlicher Informationen beschränkt.[131] Folgendes gedankliches Konstrukt liegt dem zugrunde: Nach dem vertriebsbezogenen Regulierungsansatz ist von einem erlaubnispflichtigen Betreiben von Bankgeschäften oder Erbringen von Finanzdienstleistungen im Inland nicht nur dann auszugehen, wenn der Erbringer der Dienstleistung seinen Sitz oder gewöhnlichen Aufenthalt im Inland hat, sondern auch dann, wenn der Erbringer der Dienstleistung seinen Sitz oder gewöhnlichen Aufenthalt im Ausland hat und sich im Inland zielgerichtet an den Markt wendet, um gegenüber Unternehmen und/oder Personen, die ihren Sitz oder gewöhnlichen Aufenthalt im Inland haben, wiederholt und geschäftsmäßig Bankgeschäfte oder Finanzdienstleistungen anzubieten.[132] Die Erlaubnispflicht trifft den ausländischen Dienstleister, wobei es egal ist, auf welchem Wege er an die Kunden im Inland herantritt. Dies kann auch mit Hilfe einer Repräsentanz geschehen, die vermittelnd tätig wird.[133] Die auferlegte Erlaubnispflicht wird das ausländische Unternehmen aber nicht erfüllen können, da die Zulassung nach § 33 Abs 1 S 1 Nr 6 KWG ua voraussetzt, dass sich seine Hauptverwaltung im Inland befindet. Weil das nicht der Fall ist, seien die Dienstleister zwar erlaubnispflichtig, aber nicht erlaubnisfähig. Werde die Repräsentanz im Inland nun vermittelnd tätig, wirke sie an unerlaubten Finanzdienstleistungen mit. Diesem Ansatz zufolge ist die Repräsentanz daher auf allgemeine Werbung, Kontaktpflege etc beschränkt. Wollen ausländische Unternehmen zielgerichtet

---

126 Zum Folgenden *Vahldiek* (Fn 71) § 53a Rn 11ff.

127 Stand: 11.3.2019, abrufbar auf der Homepage der BaFin <bafin.de>.

128 Hierzu *Vahldiek* (Fn 71) § 53 Rn 156ff; *Rögner* WM 2006, 745/746f.

129 Dieser steht im Gegensatz zum institutsbezogenen Regulierungsansatz, s o Rn 55. Vgl hierzu VG Frankfurt/M WM 2004, 1917ff mit abl Anm in VG Frankfurt/M EWiR 2004, § 32 KWG, 717f (*Hanten*), sowie Hess. VGH WM 2005, 1123ff (schon o Fn 99). Für *Hanten* aaO, 717/718, drängt es sich geradezu auf, dass hiermit die Stillhalteregelung in Punkt A der Vereinbarung über Verpflichtungen bei Finanzdienstleistungen verletzt ist.

130 BVerwGE 133, 358/366–368.

131 S Merkblatt der BaFin (Fn 127).

132 So im Merkblatt der BaFin (Fn 127).

133 Zur ebenfalls möglichen grenzüberschreitenden Dienstleistungserbringung s u Rn 68ff.

an den Kunden im Inland herantreten, würden sie durch die Aufsichtspraxis gezwungen, ein Tochterunternehmen oder eine Zweigstelle in der Bundesrepublik zu gründen.[134]

Diese Ansicht übersieht, dass das GATS in Art XXVIII lit d GATS verschiedene Formen der *„commercial presence"* kennt, zu denen neben Zweigniederlassungen auch Repräsentanzen (*representative offices*) zählen. Die Regelung untersagt es den Vertragsstaaten jedoch nicht, von ausländischen Anbietern zur Sicherung der makroprudentiellen Aufsicht zu verlangen, für die Erbringung von Finanzdienstleistungen eine Zweigniederlassung zu errichten. Das Recht der Niederlassung wird damit nicht eingeschränkt, sondern bleibt erhalten; allein der **Umfang der zulässigen Aktivität** einer Repräsentanz wird eingeschränkt. Wer mehr will, muss dem Weg der BaFin folgen und eine Zweigniederlassung errichten.[135] Der vertriebsbezogene Ansatz liegt im Übrigen nun auch dem Drittstaatenregime von MiFID II/MiFIR zugrunde, das bei der Frage der Erlaubnispflicht nicht auf den Ort der Leistung abstellt, sondern auf die Frage, ob sich der Anbieter zielgerichtet an einen bestimmten Markt wendet.[136] 64

Die Praxis der BaFin hat auch Auswirkungen auf das Vermittlungsgeschäft der Tochterunternehmen und Zweigstellen von Unternehmen mit Sitz im Ausland. Denn das BaFin-Merkblatt enthält den Hinweis: „Anbieter aus Nicht-EWR-Staaten, die Bank- und Finanzdienstleistungsprodukte in Deutschland zielgerichtet vertreiben wollen, müssen [...] zur Erlangung der [...] Erlaubnis ein Tochterunternehmen (§ 32 Abs 1 iVm § 33 Abs 1 S 1 Nr 6 KWG) oder eine Zweigstelle (§ 32 Abs 1 iVm § 53 KWG) in Deutschland gründen. Dies gilt grundsätzlich ebenfalls für Anbieter aus EWR-Staaten, die für ihre in Deutschland angebotenen Bank- und/oder Finanzdienstleistungen nicht den so genannten Europäischen Pass in Anspruch nehmen können. Die unter Erlaubnis betriebenen Geschäfte sind in der deutschen Geschäftseinheit zu verbuchen; die im Rahmen der Geschäftsbeziehung eröffneten Konten und Depots sind bei dieser Einheit zu führen." Sind Tochterunternehmen und Zweigstellen nur vorbereitend, vermittelnd oder abwickelnd tätig, werden nicht sie, sondern der Dritte Vertragspartner des Kunden. Nach den Grundsätzen ordnungsgemäßer Buchführung kommt es damit ihm zu, das abgeschlossene Geschäft in die Buchführung aufzunehmen, nicht dem Vermittler.[137] ***De facto*** wird durch den Ansatz der BaFin auch Tochterunternehmen und Zweigstellen das Vermittlungsgeschäft untersagt. 65

Im Ergebnis verbietet die Aufsichtspraxis der BaFin allen drei Arten der kommerziellen Präsenz im Inland das Ausführen bloßer Vermittlungsleistungen. Im GATS findet sich das ***„prudential carve-out"***, welches Beschränkungen der übernommenen Verpflichtungen erlaubt. Doch dürfen entsprechende Maßnahmen nicht zu einer Umgehung der Pflichten des Mitglieds aus dem GATS führen. Aufsichtsrechtliche Vorgaben, die das gänzliche Verbot einer Tätigkeit zur Folge haben, für die Liberalisierungsverpflichtungen uneingeschränkt übernommen wurden (kommerzielle Präsenz), sind jedoch nichts anderes als eine Umgehung. Eine Ansicht will daher § 53a KWG völkerrechtskonform dahingehend auslegen, dass er für alle Repräsentanzen 66

---

134 So ausdrücklich das Merkblatt der BaFin v 1.4.2005 (Fn 127).

135 *Lehmann* (Fn 111) Rn 227.

136 Zu Einzelheiten *Sethe* SZW 2014, 615, 617f.

137 Hierzu *Vahldiek* BKR 2003, 971/974.

gilt, unabhängig davon, ob sie sich auf die Werbung, Kontaktpflege etc beschränken oder auch das Vermittlungsgeschäft betreiben wollen.[138] Aber auch den anderen kommerziellen Präsenzen (Tochterunternehmen und Zweigstellen) sei die parallele Vornahme des Eigen- sowie des Vermittlungsgeschäfts zu gestatten. Nur so könne ein Gleichlauf mit der Definition der „Erbringung einer Dienstleistung" aus Art XXVIII lit b GATS erreicht werden.[139] Letztlich sind diese Bedenken jedoch nicht überzeugend. Wenn man den oben in Rn 63 angestellten Erwägungen des vertriebsbezogenen Ansatzes folgt, kommt es darauf an, an welchen Markt sich das Institut richtet, nicht darauf, wo der (vermittelte) Vertrag abgeschlossen wird.

67 Allerdings ist das Vorgehen der BaFin innerstaatlich problematisch. Dies gilt zum einen vor dem Hintergrund von Art 103 Abs 2 GG (***nulla poena sine lege***), denn mit dem vertriebsbezogenen Regulierungsansatz wird die Erlaubnispflicht verschärft, die von Gesetzes wegen (§§ 32, 33 KWG) eigentlich institutsbezogen anknüpft. Das Erbringen von Bankgeschäften oder Finanzdienstleistungen ohne Erlaubnis ist aber in § 54 Abs 1 Nr 2 KWG strafbewehrt. Es ist daher zumindest fraglich, ob die Wortlautgrenze hier bereits überschritten ist. In die gleiche Kerbe schlägt das Gebot des Vorbehalts des Gesetzes (Art 20 Abs 3 GG), denn die BaFin wird hier im Wege der Eingriffsverwaltung tätig. Um diese rechtsstaatlichen Bedenken auszuräumen, sollte der Gesetzgeber sich angesichts der ohnehin nötigen Reform zur Umsetzung von MiFID II ausdrücklich zum vertriebsbezogenen Ansatz bekennen und den Wortlaut der genannten Vorschriften anpassen.

3. Zulassung und laufende Beaufsichtigung bei grenzüberschreitenden Geschäften

68 Die neben der kommerziellen Präsenz bestehenden Arten der Dienstleistungserbringung, namentlich die Präsenz natürlicher Personen, insb Geschäftsbesucher (Art I Abs 2 lit d GATS), die grenzüberschreitende Dienstleistungserbringung (Art I Abs 2 lit a GATS) sowie die Nutzung im Ausland (Art I Abs 2 lit b GATS), sollen für diesen Beitrag unter dem Oberbegriff der grenzüberschreitenden Geschäfte zusammengefasst werden.[140] Im Gegensatz zur Rechtslage bei der (geplanten) Errichtung einer kommerziellen Präsenz im Inland finden sich im KWG für grenzüberschreitende Geschäfte **keine Regelungen** für Zulassung und laufende Aufsicht.[141] Dies ist konsequent, bedenkt man, dass der Gesetzgeber einem institutsbezogenen Regulierungsansatz folgt und das KWG nur dann eine Erlaubnispflicht vorsieht, wenn ein Institut im Inland besteht. Aus der Nichtaufnahme der grenzüberschreitenden Geschäfte lässt sich der Wille des Gesetzgebers schlussfolgern, diese erlaubnisfrei zu belassen.[142]

---

138 Ebenso *Vahldiek* (Fn 71) § 53a Rn 22ff.

139 Vgl o Rn 28.

140 Vgl auch die Untergliederung bei *Vahldiek* (Fn 71) § 53 Rn 232ff.

141 Eine Ausnahme stellt § 53b KWG dar, der den grenzüberschreitenden Dienstleistungsverkehr von Instituten mit Sitz in einem EU-/EWR-Staat betrifft (Stichwort Europäischer Pass).

142 AA *Ohler* WM 2002, 162/168, der in §§ 53, 53a KWG Ausnahmeregelungen zu § 32 KWG sieht. Aus dem Fehlen einer Ausnahmeregelung für den Dienstleistungsverkehr durch ein Drittstaateninstitut folgert er allerdings die Unzulässigkeit der Betätigung im Inland; krit hierzu *Hanten* WM 2003, 1412/1414.

Erneut steht der eindeutigen Gesetzeslage der vertriebsbezogene Regulierungsansatz der BaFin und des BVerwG gegenüber.[143] Aus dem zielgerichteten Ansprechen des inländischen Marktes folgt für die BaFin eine Erlaubnispflicht, deren Adressat der ausländische, grenzüberschreitend tätige Finanzdienstleister ist. Dass ihm die Fähigkeit, diese Erlaubnis zu erlangen, mangels Sitzes der Hauptverwaltung im Inland allerdings fehlt, wurde bereits erörtert. 69

Im Merkblatt der BaFin vom April 2005 führt die Behörde ihre Praxis der aufsichtsrechtlichen Erfassung grenzüberschreitender Bank- und Finanzdienstleistungen weiter aus. So betreffe diese vornehmlich den **Privat-** und **(Massen)Geschäftskundenbereich**, da sich gezeigt habe, dass gerade diese Kundenkreise gezielt durch Unternehmen aus Drittstaaten angesprochen werden. Keine Vorgaben enthält das Merkblatt, wenn Dienste grenzüberschreitend an professionelle Anleger erbracht werden – eine Überlegung, die sicher auf der begrenzten Schutzbedürftigkeit dieser Kundengruppe beruht. Eine Ausnahme von der Erlaubnispflicht sieht die BaFin weiterhin für Geschäfte vor, welche sie unter die passive Dienstleistungsfreiheit fasst. Gemeint ist die Nutzung im Ausland gem Art I Abs 2 lit b GATS. Allerdings beschränkt sich die Ausnahme auf die Fälle, in denen im Inland ansässige Personen und Unternehmen aus eigener Initiative Dienstleistungen beim ausländischen Anbieter nachfragen. Sobald die Nutzung im Ausland konkret darauf zurückzuführen ist, dass der inländische Kunde zuvor vom Dienstleister angesprochen oder beworben wurde, lebt die Erlaubnispflicht wieder auf. Schließlich listet die BaFin im Merkblatt Fallkonstellationen auf, in denen sie eine Erlaubnispflicht des ausländischen Instituts bejaht. Dabei handelt es sich um Beispiele, die erweitert und auf vergleichbare Sachverhalte entsprechend angewandt werden können. Hier finden sich der zielgerichtete Kundenbesuch von (freien) Mitarbeitern des Instituts, die Vermittlung durch inländische Institute bzw (freie) Mitarbeiter, das Ansprechen potentieller Kunden direkt über den Postweg, mittels Telefax/E-Mail oder über Angebote im Internet[144] sowie zielgerichtete Werbemaßnahmen.[145] 70

Zusammenfassend hat die Aufsichtspraxis der BaFin für die Erbringung grenzüberschreitender Bank- bzw Finanzdienstleistungen folgende Auswirkung: Die Präsenz natürlicher Personen, insb von Geschäftsbesuchern, sowie die grenzüberschreitende Dienstleistungserbringung sind erlaubnispflichtig, aber nicht erlaubnisfähig. In der Konsequenz kann das ausländische Unternehmen die geforderte Zulassung nie erlangen, womit die Erbringung von Finanzdienstleistungen im Inland faktisch verboten wird. Für die Nutzung im Ausland bzw passive Dienstleistungsfreiheit ergibt 71

143 S o Rn 63.

144 Angebote im Internet führen zu einer Erlaubnispflicht, wenn der inhaltliche Zuschnitt der Webseite auf den deutschen Markt ausgerichtet ist. Indizien sind der Inhalt der Homepage bzw der Online-Aktivitäten; BaFin, Hinweise zur Erlaubnispflicht nach § 32 Abs 1 KWG in Verbindung mit § 1 Abs 1 und Abs 1a KWG von grenzüberschreitend betriebenen Bankgeschäften und/oder grenzüberschreitend erbrachten Finanzdienstleistungen, Stand: 11.3.2019, abrufbar auf der Homepage der BaFin <bafin.de>. Vgl auch *Fischer/Müller* in Boos/Fischer/Schulte-Mattler (Hrsg) KWG/CRR-VO, 5. Aufl (2016) § 32 Rn 19; *Hanten* WM 2003, 1412ff; *Ohler* WM 2002, 162/166.

145 Zu allem *Schwintowski* AJP 2005, 457/459ff; *Steck/Campbell* ZBB 2006, 354/358ff.

sich diese Rechtsfolge immer dann, wenn die Dienstleistung nicht lediglich auf Initiative des Kunden erfolgte.

72 Will man die Vorgaben des KWG und die Praxis der BaFin vor dem Hintergrund des GATS bewerten, muss man die Verpflichtungen betrachten, die für jede Art der Erbringung von Dienstleistungen übernommen wurden.[146] Geschäftsbesuchern ist danach die Tätigkeit im Inland zu gestatten, solange sie nur Verhandlungen mit dem Kunden über den „Verkauf" von Dienstleistungen und den diesbezüglichen Abschluss von Verträgen für das ausländische Institut führen; nicht möglich ist ihnen der Direktvertrieb sowie die Akquise neuer Kunden. ***De lege lata*** sind diese Vorgaben erfüllt, da das KWG ausländische Dienstleister, die sich im Wege des Geschäftsbesuchs an das inländische Publikum wenden, von jeder Erlaubnispflicht freistellt. Aber auch der vertriebsbezogene Ansatz der BaFin fügt sich hier ein.[147] Denn laut Merkblatt besteht eine Erlaubnispflicht des ausländischen Dienstleisters nur dann, wenn durch zielgerichtete Besuche neue Kunden gewonnen werden sollen. Die übernommenen Liberalisierungsverpflichtungen betreffen hingegen nur den Ausbau eines bereits bestehenden Kontaktes zum Kunden. Darüber hinaus, also auch hinsichtlich der Akquise, ist die Bundesrepublik frei, aufsichtsrechtliche Anforderungen aufzustellen.

73 Zu einem ähnlichen Ergebnis gelangt man im Fall des grenzüberschreitenden Handels. Hier ist die Bundesrepublik Deutschland zur Marktöffnung verpflichtet, wenn sich ausländische Unternehmen als Auftraggeber, durch einen Vermittler oder als Vermittler im Inland betätigen und sich dabei auf die Bereitstellung und Übermittlung von Finanzinformationen sowie die Verarbeitung von Finanzdaten bzw auf Beratungs- und andere Hilfsdienstleistungen beschränken. Im KWG finden sich dazu keine Vorgaben. Nach Auffassung der BaFin besteht zwar grundsätzlich eine Erlaubnispflicht auch für den grenzüberschreitenden Handel mit Finanzdienstleistungen, doch greift diese natürlich nur dann, wenn erlaubnispflichtige Bankgeschäfte bzw Finanzdienstleistungen erbracht werden (vgl § 1 Abs 1 S 2 bzw Abs 1a S 2 KWG). Hierunter fallen die Bereitstellung und Übermittlung von Finanzinformationen sowie die Verarbeitung von Finanzdaten nicht. Anders liegt der Fall hingegen für Beratungsdienstleistungen, denn die Anlageberatung ist seit der Umsetzung der MiFID I in das deutsche Recht als ***per se*** erlaubnispflichtige Wertpapier(haupt)dienstleistung ausgestaltet.[148] Die Erlaubnispflicht für die Anlageberatung muss daher völkerrechtskonform so ausgelegt werden, dass sie keine Anwendung auf Unternehmen aus Drittstaaten findet, die sich im grenzüberschreitenden Handel mit Finanzdienstleistungen engagieren (wollen).[149] Denn

---

146 S o unter Rn 26ff.

147 So auch *Vahldiek* (Fn 71) § 53 Rn 170ff; aA noch *Marwede* in Boos/Fischer/Schulte-Mattler (Fn 119) § 53 Rn 160, nach dem die Theorien der BaFin gegen die höherrangigen Vorgaben aus GATS verstoßen. Ebenso nimmt *Marwede* für alle Marktzugangsformen einen Verstoß gegen Art 56 Abs 1 EG an; seine Überlegungen stammen aber aus der Zeit vor dem EuGH-Urteil zur *Fidium Finanz AG*.

148 Die Umsetzung der MiFID I (s o Fn 95) erfolgte im Wesentlichen durch das zum 1.11.2007 in Kraft getretene Gesetz zur Umsetzung der Richtlinie über Märkte für Finanzinstrumente und der Durchführungsrichtlinie der Kommission (Finanzmarktrichtlinie-Umsetzungsgesetz, FRUG) v 16.7.2007, BGBl 2007 I, 1330.

149 *Vahldiek* BKR 2003, 971/973, Fn 24, unterbreitet den Vorschlag, die Anlageberatung in das Konzept der „passiven Dienstleistungsfreiheit" einzubeziehen. Die Inanspruchnahme der Beratung sei nämlich ein Instrument des Kunden, seine passive Dienstleistungsfreiheit durch Zugehen auf einen geeigneten

sonst begäbe man sich in Widerspruch zu den Pflichten aus dem GATS, insb der Stillhalteregelung in Punkt A der Vereinbarung (Irreversibilität).[150] Keine Liberalisierungsverpflichtungen bestehen für die Erbringung einer Dienstleistung mittels Post, Telefax/E-Mail oder Internet, sodass Gesetzgeber und Aufsicht insofern frei sind.

Bei der Nutzung im Ausland ist Gebietsansässigen der Erwerb von Finanzdienst- 74 leistungen im Hoheitsgebiet eines anderen Mitglieds ohne Einschränkungen zu gestatten. Die Liberalisierung nach GATS ist unabhängig davon, auf wessen Initiative hin die Nutzung im Ausland erfolgte (Kunde oder Dienstleister). Die deutsche Gesetzeslage steht hiermit im Einklang. Kritik ist an der Praxis der BaFin zu üben. Denn laut Merkblatt sind ausländische Unternehmen auch bei einer Nutzung im Ausland der Erlaubnispflicht unterworfen, wenn sich der Kunde aufgrund einer Werbemaßnahme etc ins Ausland begibt, um die Dienstleistung zu empfangen. Eine solche Einschränkung lässt sich der Vereinbarung zum GATS für die Bundesrepublik aber nicht entnehmen, sodass die Praxis der BaFin in diesem Punkt dem GATS widerspricht.[151]

Umfassende Liberalisierungsverpflichtungen für den grenzüberschreitenden Ge- 75 schäftsverkehr ergeben sich für die Bundesrepublik jedenfalls aus Art 63 Abs 1 AEUV. Vor diesem Hintergrund könnten die faktischen Tätigkeitsverbote, die aus der Aufsichtspraxis für Geschäftsbesuche, den grenzüberschreitenden Handel sowie die Nutzung im Ausland auf Initiative des Dienstleisters folgen, europarechtswidrig sein. An dieser Stelle greifen die Feststellungen des EuGH im Urteil zur ***Fidium Finanz AG***.[152] Bei der grenzüberschreitenden Erbringung von Finanzdienstleistungen, also ohne dauerhafte Präsenz in der Europäischen Gemeinschaft, tritt nach Auffassung des EuGH die Kapitalverkehrsfreiheit hinter der Dienstleistungsfreiheit zurück. Die Erlaubnispflicht berühre vorwiegend den freien Dienstleistungsverkehr. Eine evtl damit zusammenhängende Beschränkung des freien Kapitalverkehrs sei eine bloß zwangsläufige Folge, womit Art 63ff AEUV nicht zu prüfen sind. Auf Art 56ff AEUV kann sich ein Unternehmen mit Sitz in einem Drittstaat aber gerade nicht berufen. Die aktuelle Rechtsprechung des EuGH hat zur Folge, dass die Ansicht der BaFin europarechtlich nicht zu beanstanden ist. Es bleibt allerdings der Verstoß gegen das Völkerrecht.

4. Argumente für eine umfassende Aufsicht

Die Praxis der BaFin stellt sich als völkerrechtswidrig heraus. Sie lässt sich insb nicht 76 mit dem Hinweis auf die Freistellungsmöglichkeit aus § 2 Abs 4 KWG rechtfertigen.[153]

Anbieter überhaupt sinnvoll wahrnehmen zu können. Damit ist allerdings noch keine Lösung für die Fälle gewonnen, in denen der Dienstleister zielgerichtet auf den Kunden im Inland zugeht.

150 Hierzu Rn 21.

151 Anders wohl *Vahldiek* BKR 2003, 971/973, Fn 24, der abwägt, ob sich dieser Fall nicht unter die erlaubnisfreie passive Dienstleistungsfreiheit fassen lasse. Letztlich hält er dies für geboten, weil der Kunde sonst Gefahr liefe, sich der Anstiftung zum Betreiben von Bankgeschäften bzw Erbringen von Finanzdienstleistungen ohne Erlaubnis strafbar zu machen (§ 54 Abs 1 Nr 2 KWG iVm § 26 StGB). Hierzu ist allerdings beim Kunden Vorsatz notwendig, der ihm idR fehlen wird. Die Gefahr ist als gering einzustufen.

152 Hierzu Rn 49f.

153 So aber *Vahldiek* BKR 2003, 971/974f, für den das aus dem Merkblatt folgende Verbot des Teilerbringens einer Dienstleistung (so die bloße Vermittlung) durch die Möglichkeit der Freistellung teilwei-

Denn hierbei handelt es sich um eine Kann-Bestimmung. Die Erteilung einer Freistellung für freistellungsfähige Institute auf Antrag hängt vom – fehlerfrei ausgeübten – Ermessen der BaFin ab und stellt eine Einzelfallentscheidung dar; es besteht gerade kein Anspruch auf Freistellung. Auch wenn von der Möglichkeit der Freistellung tatsächlich bereits Gebrauch gemacht worden ist, lässt sich daraus nicht ableiten, dass hierdurch das faktische Verbot der Vermittlungstätigkeit kommerzieller Präsenzen und der einer Werbemaßnahme folgenden Nutzung im Ausland ***per se*** aufgehoben wird.

77 Natürlich ist der BaFin zuzugeben, dass „[a]ngesichts [...] der zunehmenden Nutzung moderner Kommunikationsmittel [...] die Erlaubnispflicht heute idR selbst in Fällen zu bejahen [ist], in denen sie [...] in der Vergangenheit möglicherweise verneint wurde."[154] Gerade die Möglichkeiten, die das Internet den Erbringern und Empfängern von Finanzdienstleistungen bietet, stellen die Aufsicht vor neue Herausforderungen. Sie ist zwingend national orientiert und bedarf eines hinreichenden Anknüpfungspunktes, um im Dienste des Schutzes der Anleger sowie der Stabilität und Funktionsfähigkeit des inländischen Finanzmarktes tätig werden zu können. Nur durch einen solchen Anknüpfungspunkt kann man sicherstellen, dass grenzüberschreitend tätige Institute nicht den Anforderungen mehrerer Aufsichtssysteme unterliegen, die sich ggf überlappen oder völlig konträr sind. Auf der anderen Seite ist den Gefahren zu begegnen, die von den Dienstleistern ausgehen, die ihren Weg in das Inland finden und die nicht bzw nur unzureichend überwacht werden. Denn auch ihre Tätigkeit kann negative Auswirkungen auf dem inländischen Finanzmarkt haben.

78 ***De lege lata*** bieten sich für die Aufsicht der BaFin nur Anknüpfungspunkte in den Fällen der §§ 32 und 53ff KWG, die die kommerziellen Präsenzen betreffen. Die Formen des grenzüberschreitenden Handels mit Finanzdienstleistungen sind im KWG nicht erfasst. Mit Blick auf den Anleger- und Funktionsschutz lässt sich ***de lege ferenda*** darüber nachdenken, ob eine Ausweitung auf diese Sachverhalte geboten erscheint.[155] Geeignet und erforderlich wäre das in Fällen, in denen Institute nicht genügend beaufsichtigt werden und/oder die Zusammenarbeit der beaufsichtigenden Behörde mit der BaFin nicht zufriedenstellend funktioniert. Nationale Alleingänge ohne Blick über die Grenze und auf internationale Vorgaben sind jedenfalls unangebracht und werden nicht der Durchdringung gerecht, die zwischen den verschiedenen Märkten besteht.

---

se wieder aufgehoben wird; soweit diese Möglichkeit reicht, sei die Verwaltungspraxis völkerrechtskonform. Der Praxis der BaFin ebenfalls zustimmend *Reischauer/Kleinhans* (Fn 111) § 32 Rn 6f. Zur Freistellungsmöglichkeit nach § 2 Abs 4 KWG und der Praxis der BaFin s weiter das Merkblatt der BaFin (Fn 86).

154 So im Schreiben der BaFin v 12.4.2002.

155 Vgl die Argumentation bei *Hanten* WM 2003, 1412/1414; *Rögner* WM 2006, 745/750f. Ebenso *Marwede* (Fn 119) § 53 Rn 158f, 163ff, § 53a Rn 21f, der die Zielvorstellung formuliert, angemessen zu beaufsichtigen statt zu verbieten und damit gar nicht zu beaufsichtigen (vgl § 53 Rn 168). Auch *Vahldiek* (Fn 71) § 53 Rn 187f verweist – wenn auch nur unter dem Aspekt der Rechtsklarheit – auf den Gesetzgeber.

5. Sonderbestimmungen für den Brexit

Als Reaktion auf den Brexit haben viele nationale Gesetzgeber Sonderbestimmungen erlassen, um die Stabilität und Funktionsfähigkeit ihres Finanzplatzes zu schützen. Der deutsche Gesetzgeber hat ua mit dem Erlass des Brexit-StBG und des BrexitÜG reagiert.[156] Insb wurde § 53b KWG um einen neuen Abs 12 ergänzt. Danach kann die BaFin unter bestimmten Voraussetzungen anordnen, dass die Vorschriften der § 53b Abs 1 bis 9 KWG für einen Übergangszeitraum nach dem Austritt auf Unternehmen mit Sitz im Vereinigten Königreich ganz oder teilweise entsprechend anzuwenden sind. Dadurch würden Unternehmen aus dem Vereinigten Königreich solchen aus dem EWR teilweise gleichgestellt. Jedoch setzt ein Einschreiten der BaFin einen „harten Brexit", dh einen solchen ohne Abkommen, voraus. Diese Bedingung kann seit dem Abschluss des Austrittsabkommens am 24.12.2020[157] nicht mehr eintreten, weshalb § 53b Abs 12 KWG gegenstandslos geworden ist.[158] Dies ist vor dem Hintergrund des Ablaufens der Übergangsfrist zum 31.12.2020 (Art 126 Austrittsabkommen[159]) sowie der spärlichen Regelung von Finanzdienstleistungen im Handels- und Kooperationsabkommen[160] insofern problematisch, als dass der BaFin ein wichtiges Instrument zur Abwendung von „Nachteilen für die Funktionsfähigkeit oder die Stabilität der Finanzmärkte" verloren geht, welches § 53b Abs 12 KWG bieten sollte.[161] 79

III. Zulassung und laufende Beaufsichtigung von Wertpapierinstituten nach dem Gesetz über Wertpapierinstitute

Die weitgehende Gleichstellung von Wertpapierinstituten – bzw Wertpapierfirmen nach europäischer Terminologie – mit Kreditinstituten wurde im Hinblick auf den Grundsatz der Verhältnismäßigkeit angesichts der geringeren Gefahren, die für die Finanzmärkte von den meisten Wertpapierinstituten ausgehen, als bedenklich, weil weder notwendig noch angemessen, angesehen.[162] Kritisiert wurde auch, dass sich die 80

156 Gesetz über steuerliche und weitere Begleitregelungen zum Austritt des Vereinigten Königreichs Großbritannien und Nordirland aus der Europäischen Union (Brexit-Steuerbegleitgesetz, Brexit-StBG) v 25.3.2019, BGBl. I 2019, 357; Gesetz für den Übergangszeitraum nach dem Austritt des Vereinigten Königreichs Großbritannien und Nordirland aus der Europäischen Union (Brexit-Übergangsgesetz, BrexitÜG) v 27.3.2019, BGBl. I 2019, 402. Hierzu *Lehmann/Schürger* BKR 2019, 365.

157 Handels- und Kooperationsabkommen zwischen der Europäischen Union und der Europäischen Atomgemeinschaft einerseits und dem Vereinigten Königreich Großbritannien und Nordirland andererseits vom 24.12.2020, ABl EU 2020 L 444/14.

158 Ebenfalls gegenstandslos geworden sind damit § 64m Abs 2 KWG, § 39 Abs 8 ZAG und § 102 Abs 4 WpHG.

159 Abkommen über den Austritt des Vereinigten Königreichs Großbritannien und Nordirland aus der Europäischen Union und der Europäischen Atomgemeinschaft, ABl EU 2020 L 29/7.

160 Vgl Art SERVIN.5.37ff des Handels- und Kooperationsabkommens (Fn 157) sowie insb Ziff 14 und Vorbehalt Nr 12 der EU im Anhang SERVIN-1:Bestehende Maßnahmen; Ziff 13 und Vorbehalt Nr 16 der EU sowie Vorbehalt Nr 9 des UK im Anhang SERVIN-2:Zukünftige Maßnahmen.

161 Kritisch bereits *Lehmann/Schürger* BKR 2019, 365/368 („nicht sehr weitsichtig").

162 Vgl die Kritik der European Banking Authority (EBA): EBA-Report on Investment Firms: Response to the Commission's Call for Advice of December 2014, EBA/Op/2015/20.

Eigenkapitalausstattung von Vermögensverwaltern nicht auch nach der Höhe des verwalteten Vermögens und der damit uU einhergehenden Haftungsrisiken richtet.[163] Auf diese Kritik hat der europäische Gesetzgeber mit dem Erlass einer Verordnung (**Investment Firm Regulation – IFR**) sowie einer begleitenden Richtlinie (**Investment Firm Directive – IFD**) über Aufsichtsanforderungen von Wertpapierfirmen reagiert.[164] Ziel dieser Reform ist es, die Eigenkapital- und Solvenzanforderungen an Wertpapierinstitute, die bis dato in der CRR/CRD geregelt waren, entsprechend den Risiken, die von dem konkreten Wertpapierinstitut für das Finanzsystem ausgehen, zu regeln. Die Verhaltensanforderungen bleiben weiterhin in der MiFID II/MiFIR normiert.

81 Der deutsche Gesetzgeber hat die Richtlinie in einem neuen **Gesetz über Wertpapierinstitute** (WpIG) umgesetzt.[165] Das Gesetz findet nach § 1 WpIG auf alle Wertpapierinstitute mit Sitz oder Tätigkeit im Inland Anwendung. Ausgenommen sind jedoch solche Wertpapierinstitute, die das Emissionsgeschäft, den Eigenhandel oder das Eigengeschäft betreiben und dabei den Schwellenwert von € 30 Mrd überschreiten (sog Klasse 1a-Wertpapierfirmen). Diese Wertpapierinstitute gelten als CRR-Kreditinstitute und unterliegen weiterhin den strengeren Anforderungen des KWG (Art 4 Abs 1 Nr 1 lit b CRR II, § 2 Abs 15 WpIG, § 32 Abs 1 Satz 2 KWG).[166] Durch die Einstufung als CRR-Kreditinstitut können solche Wertpapierinstitute zukünftig auch der Aufsicht durch die EZB im Rahmen des SSM unterfallen.

82 Für alle anderen Wertpapierinstitute gilt fortan das WpIG hinsichtlich Zulassung, Eigenkapital- und Solvenzanforderungen, während das WpHG die Verhaltensanforderungen regelt. Nach § 15 WpIG bedürfen Wertpapierinstitute der Zulassung, wenn sie Wertpapierdienstleistungen im Inland erbringen wollen. Das Zulassungsverfahren wird in § 16 WpIG näher konkretisiert. Eine nach § 15 WpIG erteilte Zulassung verdrängt nach § 32 Abs 1 S 2 KWG das allgemeine Zulassungserfordernis für Kreditinstitute und Finanzdienstleistungsinstitute nach dem KWG. Auch gelten so zugelassene Wertpapierinstitute nicht mehr als Institute im Sinne des KWG, sodass dessen Erlaubnisanforderungen auf sie keine Anwendung finden. Vielmehr sind die insofern geltenden Anforderungen nunmehr abschließend in der IFR sowie dem WpIG geregelt. Andere Vorschriften des KWG wie zB § 37 KWG bleiben jedoch auf Wertpapierunternehmen anwendbar.

83 Innerhalb des WpIG wird entsprechend dem Proportionalitätsgrundsatz weiter zwischen großen (sog Klasse 1b- und 1c-Wertpapierfirmen iSv Art 1 Abs 2 und 5 IFR,

---

163 *Sethe* 605.

164 Verordnung (EU) 2019/2033 des Europäischen Parlaments und des Rates vom 27. November 2019 über Aufsichtsanforderungen an Wertpapierfirmen und zur Änderung der Verordnungen (EU) Nr. 1093/2010, (EU) Nr. 575/2013, (EU) Nr. 600/2014 und (EU) Nr. 806/2014 sowie Richtlinie (EU) 2019/2034 des Europäischen Parlaments und des Rates vom 27. November 2019 über die Beaufsichtigung von Wertpapierfirmen und zur Änderung der Richtlinien 2002/87/EG, 2009/65/EG, 2011/61/EU, 2013/36/EU, 2014/59/EU und 2014/65/EU.

165 BGBl 2021 I, 990. Hierzu bereits *Schwennicke*, BKR 2021, 150; *Schuster/Nemeczek*, ZBB 2021, 35 (Teil I) sowie 121 (Teil II).

166 Ausführlich zur Berechnung des Schwellenwerts und den Konsequenzen *Schuster/Nemeczek*, ZBB 2021, 35/38 ff.

vgl § 2 Abs 18 WpIG), mittleren (sog Klasse 2-Wertpapierfirmen vgl § 2 Abs 17 WpIG) und kleinen (sog Klasse 3-Wertpapierfirmen iSv Art. 12 IFR, vgl § 2 Abs 16 WpIG) Wertpapierinstituten unterschieden. Diese Abstufung ist für die Ermittlung der maßgeblichen Aufsichtsanforderungen von Bedeutung.

Große Wertpapierinstitute sind solche, die das Emissionsgeschäft, den Eigenhandel oder das Eigengeschäft betreiben und dabei den Schwellenwert von € 15 Mrd überschreiten. Sie werden zwar nach § 15 WpIG zugelassen, für sie gelten nach Art 1 Abs 2 IFR jedoch die Eigenkapital- und Solvenzanforderungen der CRR/CRD sowie des KWG.[167] Aufgrund ihrer Systemrelevanz erachtet der Gesetzgeber die weitgehende Gleichstellung mit CRR-Kreditinstituten weiterhin als sachgemäß. Unter gewissen Voraussetzungen kann ein Institut, welches zwar das Emissionsgeschäft, den Eigenhandel oder das Eigengeschäft betreibt, den Schwellenwert aber nicht überschreitet, auf Antrag von der zuständigen Behörde oder von Amts wegen auch ohne Zustimmung des Instituts, als großes Wertpapierinstitut eingestuft werden.[168] 84

Mittlere Wertpapierinstitute werden negativ umschrieben als Institute, die keine CRR-Kreditinstitute und keine großen Wertpapierinstitute sind und auch nicht alle Voraussetzungen des Art 12 Abs 1 IFR erfüllen und deshalb nicht als kleine Wertpapierinstitute einzustufen sind. Für solche mittleren Wertpapierinstitute gelten die Bestimmungen des WpIG. 85

Kleine Wertpapierinstitute sind Institute, die alle Voraussetzungen des Art 12 Abs 1 IFR kumulativ erfüllen. Für diese gelten ebenfalls die Bestimmungen des WpIG, doch sind an zahlreichen Stellen des Gesetzes Erleichterungen für diese vorgesehen. 86

Ein Beispiel für den Proportionalitätsgrundsatz und damit für die Erleichterungen für kleinere und mittlere Wertpapierinstitute stellt das geringere Anfangskapitel dar, welches diese nach § 17 WpIG im Vergleich zu großen Wertpapierinstituten sowie CRR-Kreditinstituten vorhalten müssen. Die weitergehende Besserstellung von kleinen Wertpapierinstituten im Vergleich zu mittleren zeigt sich unter anderem an § 50 WpIG, der es der BaFin ermöglicht, unter bestimmten Voraussetzungen zusätzliche Eigenmittel von mittleren, nicht jedoch von kleineren, Wertpapierinstituten zu verlangen. 87

Für die Errichtung von Zweigniederlassungen aus Mitgliedstaaten sowie für den grenzüberschreitenden Dienstleistungsverkehr aus EU-/EWR-Mitgliedstaaten finden sich in den §§ 73 f WpIG Regelungen, die § 53b KWG vergleichbar sind. Das WpIG enthält keine spezielle Regelung für die Errichtung einer Zweigstelle oder Repräsentanz von Instituten aus Drittstaaten. Folglich greift die für Finanzdienstleistungsinstitute geltende Regelung der §§ 53, 53a KWG (dazu o Rn 53ff). 88

---

167 Der maßgebliche Aufsichtsrahmen wird in § 4 WpIG konkretisiert. Er verweist weitgehend auf die Bestimmungen des KWG, sodass eine Normierung dort sachgemäßer gewesen wäre. Ebenso *Schwennicke*, BKR 2021, 150/153.

168 Vgl Art 1 Abs 5 IFR für eine Einstufung auf Antrag sowie § 8 WpIG für eine Einstufung von Amts wegen.

IV. Einlagensicherung und Anlegerentschädigung

89 Wird ein Tochterunternehmen oder eine Zweigstelle von einem Institut aus einem Drittstaat in Deutschland errichtet, benötigen diese eine eigenständige aufsichtsrechtliche Zulassung. Sie sind damit zugleich verpflichtet, sich einem **inländischen gesetzlichen Entschädigungssystem anzuschließen** (§§ 53, 35 Abs 1 S 2 KWG iVm § 1 EinSiG, § 2 AnlEntG). Dieser Anschlusszwang gilt für alle **Einlagenkreditinstitute**, denen die Erlaubnis zur Erbringung des Einlagen- oder Kreditgeschäfts erteilt worden ist (§ 1 EinSiG iVm § 1 Abs 3d S 1 KWG). Sofern diese Institute zusätzlich die Zulassung für die Erbringung von Wertpapierdienstleistungen erhalten haben, sind sie auch im Hinblick auf diese Geschäfte durch die Einlagensicherung gesichert (§ 5 Abs 2 EinSiG).[169] Vom Anschlusszwang ausgenommen werden können Institute aus Drittstaaten, sofern sie dort einer gleichwertigen Einlagensicherung unterliegen (§ 59 Abs 1 EinSiG).

90 **Finanzdienstleistungsinstitute**, die über eine Erlaubnis für die Erbringung von Finanzdienstleistungen (§ 1 Abs 1 Nr 1 AnlEntG) und/oder für das Betreiben von Bankgeschäften unter Ausschluss des Einlagen- und Kreditgeschäfts (§ 1 Abs 1 Nr 2 AnlEntG) verfügen, unterliegen der Verpflichtung zur Sicherung ihrer Verbindlichkeiten aus Wertpapiergeschäften durch Teilnahme an einer Entschädigungseinrichtung (§ 2 AnlEntG). Als Wertpapiergeschäfte gelten gem § 1 Abs 2 Nr 1 AnlEntG das Finanzkommissionsgeschäft, das Depotgeschäft, das Emissionsgeschäft, die Anlagevermittlung, die Anlageberatung, der Betrieb eines multilateralen Handelssystems, das Platzierungsgeschäft, der Betrieb eines organisierten Handelssystems, die Abschlussvermittlung, die Finanzportfolioverwaltung und der Eigenhandel (§ 1 Abs 1 S 2 Nr 4, 5 und 10, Abs 1a S 2 Nr 1–4 KWG). Dabei spielt es keine Rolle, ob die Institute die Befugnis haben, sich Besitz oder Eigentum an Kundengeldern zu verschaffen.[170] Denn das Gesetz wollte auch den Fall erfassen, dass ein Finanzdienstleistungsunternehmen sich unter Verstoß gegen die Bedingungen seiner Zulassung Eigentum an Kundenvermögen verschafft und es anschließend zu einer Veruntreuung kommt.[171] Dem Anschlusszwang unterliegen schließlich **externe Kapitalverwaltungsgesellschaften**, wenn ihnen zusätzlich zur kollektiven Vermögensverwaltung die Erlaubnis für die Finanzportfolioverwaltung und als Nebendienstleistungen für die Anlageberatung, Anlagevermittlung und die Verwaltung und Verwahrung erteilt worden ist (§ 1 Abs 1 Nr 3 AnlEntG). Eine mit § 59 Abs 1 EinSiG vergleichbare Befreiungsmöglichkeit vom Anschlusszwang für Institute aus Drittstaaten kennt das AnlEntG nicht.

91 Unterliegt ein Institut dem Anschlusszwang nach dem EinSiG, werden Kundeneinlagen und Verbindlichkeiten aus Wertpapiergeschäften durch die gesetzlichen Ent-

169 BT-Drs 18/3786, 54, 55, s a *Sethe/Gurlit* in Assmann/Schütze/Buck-Heeb (Hrsg) Handbuch des Kapitalanlagerechts, 5. Aufl (2020) § 26 Rn 41.

170 BT-Drs 18/3786, 54; bereits zum EAEG BT-Drs 13/10188, 15.

171 Schon BT-Drs 13/10188, 16 und 17 und BR-Drs 936/01 (neu), 395; *Fischer* in Boos/Fischer/Schulte-Mattler (Fn 78) § 23a Rn 13; *Pannen* Krise und Insolvenz bei Kreditinstituten, 3. Aufl (2010) Kap 4 Rn 6; *Sethe/Gurlit* (Fn 169) § 26 Rn 44.

schädigungseinrichtungen[172] gesichert (**gesetzliche Basissicherung** gem §§ 2 Abs 1 Nr 1, 22 Abs 1, 2 EinSiG). Der Sicherungsumfang pro Kunde ist beschränkt auf Einlagen im Gegenwert von € 100.000 (§ 8 Abs 1 EinSiG). In Ausnahmefällen kann sich die Deckungssumme auf einen Gegenwert von bis zu € 500.000 belaufen (§ 8 Abs 2 EinSiG). Unterliegt ein Institut dem Anschlusszwang nach dem AnlEntG, sind Verbindlichkeiten aus Wertpapiergeschäften durch eine gesetzliche Entschädigungseinrichtung[173] im Umfang von 90 % der Verbindlichkeiten aus Wertpapiergeschäften, maximal jedoch auf € 20.000, gesichert (§ 4 Abs 2 AnlEntG).

Will ein Institut oder eine Zweigestelle aus einem Drittstaat eine höhere Einlagen- 92 sicherung erreichen, muss es sich dem Bundesverband deutscher Banken e.V. anschließen, der eine **freiwillige Anschlussdeckung** anbietet.[174] Diese schützt Einlagen, nicht aber Verbindlichkeiten aus Wertpapiergeschäften.[175] Der Verband kann Institute aus Drittstaaten aufnehmen, wenn sie aufgrund einer Verfügung der BaFin nach §§ 53, 53c KWG (dazu o Rn 39ff, 59) einem Institut aus einem Mitgliedstaat der EU oder des EWR gleichgestellt sind und der beim Bundesverband gebildete Ausschuss für Einlagensicherung zustimmt (§ 2a Abs 1 des Statuts des Einlagensicherungsfonds, Stand Februar 2020). Der Sicherungsumfang der Anschlussdeckung richtet sich nach § 9 der Anlage zu § 2a Abs 1 des Statuts des Einlagensicherungsfonds.

V. Investmentrecht

1. Überblick

Das Investmentgeschäft zeichnet sich dadurch aus, dass eine Verwaltungsgesellschaft 93 von einem idR größeren Kreis von Anlegern Kapitalbeträge zum Zwecke einer regelmäßig langfristigen Anlage in einem Sondervermögen (Investmentfonds) sammelt und im Gegenzug Investmentanteile ausgibt. Kleine und mittlere Anleger haben auf diese Weise einen kostengünstigen Zugang zu den Kapitalmärkten und zu einer professionellen Vermögensverwaltung. Für institutionelle Anleger stellen Investmentfonds eine zusätzliche Anlagemöglichkeit dar.[176]

Die Regulierung von Investmentfonds auf europäischer Ebene war lange Zeit auf 94 die Verwaltung und den Vertrieb von Organismen für gemeinsame Anlagen in Wertpapieren (OGAW), dh auf Publikumsfonds, die in besonders liquide Anlagegegenstände investieren, beschränkt. Die Grundlage hierfür ist die **OGAW-Richtlinie** in ihrer

172 Entschädigungseinrichtung deutscher Banken GmbH und Entschädigungseinrichtung des Bundesverbands Öffentlicher Banken Deutschlands GmbH. Beide sind beliehene Entschädigungseinrichtungen nach § 22 Abs 2 Nr 1 EinSiG. Neben diesen gesetzlichen Entschädigungseinrichtungen sind die Sicherungssysteme des Deutschen Sparkassen- und Giroverbands e.V. sowie des Bundesverbands der Volks- und Raiffeisenbanken amtlich anerkannte institutsbezogene Sicherungssysteme iSv §§ 2 Abs 1 Nr 2, Abs 2, 43 EinSiG.

173 Entschädigungseinrichtung der Wertpapierhandelsunternehmen.

174 Ein Anspruch ausländischer Institute auf Aufnahme in die freiwillige Anschlussdeckung besteht unter dem Gesichtspunkt des Einlagensicherungsrechts nicht, *Sethe/Gurlit* (Fn 169) § 26 Rn 48.

175 Einzelheiten bei *Sethe/Gurlit* (Fn 169) § 26 Rn 143ff.

176 Zu den Grundlagen des Investmentgeschäfts *Köndgen/Schmies* in Schimansky/Bunte/Lwowski (Hrsg) Bankrechts-Handbuch, 5. Aufl (2017) § 113 Rn 1ff; *Lehmann* (Fn 111) Rn 380f; *Sethe* 32ff.

derzeit gültigen, vierten Version.[177] Diese sieht einen Europäischen Pass für OGAW und Verwaltungsgesellschaften vor. Erstere können nach der Zulassung in einem Mitgliedstaat im gesamten EWR vertrieben werden (Art 5 Abs 1 OGAW-Richtlinie). Letztere können die Erlaubnis dazu nutzen, ihre Verwaltungstätigkeit grenzüberschreitend oder durch eine Zweigniederlassung im EWR zu erbringen (Art 16 Abs 1 OGAW-Richtlinie). Am 21.7.2011 ist zudem die Richtlinie über die Verwalter alternativer Investmentfonds (***Alternative Investment Fund Manager***, AIFM)[178] in Kraft getreten, die sich mit den Managern von Hedgefonds, Private-Equity-Fonds und anderen Investmentfonds, die nicht von der OGAW-Richtlinie erfasst sind, beschäftigt. Die Tätigkeit der AIFM unterliegt einem Verbot mit Erlaubnisvorbehalt. Zudem macht die AIFM-Richtlinie Vorgaben für die laufende Verwaltungstätigkeit und stellt Regeln für die grenzüberschreitende Verwaltung und Vermarktung von AIF innerhalb der EU und mit Bezug zu Drittstaaten auf.[179]

95 In Deutschland wurde im Zuge der Umsetzung der AIFM-Richtlinie mit dem **Kapitalanlagegesetzbuch** (KAGB) ein einziges Regelwerk für alle Investmentfonds und ihre Manager geschaffen[180] und das Investmentgesetz (InvG) aufgehoben. Das KAGB fasst OGAW und AIF unter dem Begriff des Investmentvermögens zusammen (§ 1 Abs 1–3 KAGB). Inländische Gesellschaften, deren Geschäftsbetrieb auf die Verwaltung von Investmentvermögen gerichtet ist (sog Kapitalverwaltungsgesellschaften – KVGen), bedürfen der schriftlichen Erlaubnis der BaFin (§ 20 Abs 1 iVm § 17 Abs 1 KAGB). Im Erlaubnisverfahren und bei den laufenden Verhaltens- und Organisationspflichten wird häufig zwischen OGAW- und AIF-Kapitalverwaltungsgesellschaften unterschieden (s zB §§ 21, 22, 27 Abs 3–6, 28 Abs 2–4, 35 KAGB).

96 Der Vertrieb von Investmentanteilen ist detailliert geregelt (§§ 293ff KAGB). Ziel ist es, dem Anleger eine informierte Anlageentscheidung zu ermöglichen und über Publizität und Transparenz einen Ausgleich dafür zu schaffen, dass der Anleger keinen Einfluss auf die Geschicke des Sondervermögens hat. Wenn er mit der Politik des Verwalters nicht einverstanden ist, bleibt ihm nur der Weg der Desinvestition. Zur Herstellung von Publizität und Transparenz enthält das Investmentrecht Vorgaben für die Anlegerinformation (§ 297 KAGB), die Rechenschaftspflichten (zB nach §§ 45, 67, 101, 103, 135, 158 KAGB), die Veröffentlichungspflichten (§§ 298–301 KAGB), die Inhalte der Anlagebedingungen (s §§ 162, 224 Abs 2, 229, 256 Abs 2, 266 KAGB) sowie die Pflicht zur Erstellung und zur Aushändigung eines Prospekts (§§ 164, 268 KAGB). Der

177 RL 2009/65/EG des Europäischen Parlaments und des Rates v 13.7.2009 zur Koordinierung der Rechts- und Verwaltungsvorschriften betreffend bestimmte Organismen für gemeinsame Anlagen in Wertpapieren (OGAW), ABl EU 2009 L 302/32.

178 RL 2011/61/EU des Europäischen Parlaments und des Rates v 8.6.2011 über die Verwalter alternativer Investmentfonds und zur Änderung der Richtlinien 2003/41/EG und 2009/65/EG und der Verordnungen (EG) Nr. 1060/2009 und (EU) Nr. 1095/2010, ABl EU 2011 L 174/1.

179 Für einen Überblick über die AIFM-Richtlinie s *Möllers/Harrer/Krüger* WM 2011, 1537ff; *Spindler/Tancredi* WM 2011, 1393ff, 1441ff. Eingehend zur grenzüberschreitenden Dimension *Zetzsche/Veidt* in Zetzsche (Hrsg) The Alternative Investment Fund Managers Directive, 3. Aufl (2020) Kap 32 und 33.

180 Art 1 des Gesetzes zur Umsetzung der RL 2011/61/EU über die Verwalter alternativer Investmentfonds (AIFM-Umsetzungsgesetz – AIFM-UmsG) v 4.7.2013, BGBl 2013 I, 1981. Für einen Überblick über das KAGB s *Burgard/Heimann* WM 2014, 821ff; *Wollenhaupt/Beck* DB 2013, 1950ff. Zum RegE s *Emde/Dreibus* BKR 2013, 89; *Wallach* RdF 2013, 92ff.

Prospekt soll dem Anlegerpublikum die Beurteilung der wirtschaftlichen Situation des Emittenten und damit mittelbar die Einschätzung der Qualität der Papiere ermöglichen. Seine Inhalte sind in den §§ 165, 173, 224 Abs 1, 228, 256, 269 KAGB geregelt. Ist der Prospekt fehlerhaft, steht dem Anleger gem § 306 KAGB ein Prospekthaftungsanspruch zur Verfügung (zum Marktstatut s u Rn 192ff).

2. Anknüpfung

a) Inländische Kapitalverwaltungsgesellschaften

Das deutsche Investmentrecht ist auf inländische Kapitalverwaltungsgesellschaften 97
(KVGen) anzuwenden. Diese werden in § 17 Abs 1 KAGB als Unternehmen mit **Satzungssitz** und **Hauptverwaltung im Inland**, die Investmentvermögen verwalten wollen, definiert. Hierbei ist unerheblich, welchem Recht das Investmentvermögen selbst untersteht. Anknüpfungspunkte der Vorschriften über KVGen sind damit der Ort des Satzungssitzes und der Hauptverwaltung des Verwalters. Hieraus ergibt sich ein Verstoß gegen die AIFM-Richtlinie: Nach deren Art 7 Abs 1 haben die Mitgliedstaaten vorzuschreiben, dass die AIFM bei den zuständigen Behörden in ihrem Herkunftsmitgliedstaat eine Erlaubnis zu beantragen haben. Zugleich wird als Herkunftsmitgliedstaat des AIFM der Mitgliedstaat angesehen, in dem der Manager seinen satzungsmäßigen Sitz hat (Art 4 Abs 1 lit q AIFM-Richtlinie). Da das KAGB nur dann anwendbar ist, wenn auch die Hauptverwaltung im Inland belegen ist, entsteht für Unternehmen mit Satzungssitz im Inland, deren Hauptverwaltung im Ausland belegen ist, eine Aufsichtslücke, die mit den Vorgaben der AIFM-Richtlinie nicht zu vereinbaren ist.[181]

b) Inländische Investmentvermögen

Das KAGB sieht außerdem Regeln für die Verwaltung inländischer Investmentver- 98
mögen vor. Hierbei handelt es sich um Vermögen, die deutschem Recht unterliegen (§ 1 Abs 7 KAGB). Sie können von einer **inländischen KVG** oder von einer **EU-Verwaltungsgesellschaft** verwaltet werden. Bei Letzterer handelt es sich um ein im EWR domiziliertes Unternehmen, das den Anforderungen der OGAW- oder AIFM-Richtlinie genügt (§ 1 Abs 17 KAGB). Eine EU-Verwaltungsgesellschaft darf inländische OGAW und inländische AIF, die nur an professionelle und semiprofessionelle Anleger vertrieben werden (sog Spezial-AIF, § 1 Abs 6 S 1 KAGB),[182] ohne Erlaubnis der BaFin verwalten, wenn sie diese Absicht über die Aufsichtsbehörden ihres Herkunftsmitgliedstaats angezeigt und die erforderlichen Unterlagen übermittelt hat (§§ 51 Abs 1, 52 Abs 1, 54 KAGB – Europäischer Pass).

Schließlich kann die Verwaltung eines inländischen Spezial-AIF auch durch eine 99
sog **ausländische AIF-Verwaltungsgesellschaft** erfolgen. Mit diesem missverständlichen Begriff bezeichnet das KAGB Unternehmen mit Sitz in einem Staat außerhalb des EWR, die die Vorgaben der AIFM-Richtlinie erfüllen (§ 1 Abs 18 KAGB). Nach dem

181 *Lehmann* (Fn 111) Rn 401.

182 *Lehmann* (Fn 111) Rn 422. Zu den professionellen und semiprofessionellen Anlegern s § 1 Abs 19 Nr 32f KAGB.

sog Drittstaatenstichtag, der von der Europäischen Kommission in einem delegierten Rechtsakt festgesetzt wird (§ 344 iVm §§ 295 Abs 2 Nr 1 KAGB),[183] gilt für sie § 58 Abs 1 KAGB. Hiernach hat die AIF-Verwaltungsgesellschaft eine Erlaubnis der BaFin einzuholen, wenn die Bundesrepublik Deutschland der Referenzmitgliedstaat ist. Dies ist nach Art 37 Abs 4 lit a AIFM-Richtlinie iVm § 56 Abs 1 KAGB etwa dann der Fall, wenn alle von der drittstaatlichen Verwaltungsgesellschaft betreuten AIF ihren Sitz in Deutschland haben und der Vertrieb mit einem Europäischen Pass nicht angestrebt wird. Für die drittstaatlichen Gesellschaften gelten die Erlaubnisvoraussetzungen für AIF-KVGen entsprechend (§ 58 Abs 9 KAGB). Darüber hinaus müssen ua ein gesetzlicher Vertreter mit Sitz im Inland benannt werden und ein effizienter Informationsaustausch zwischen den betroffenen Aufsichtsbehörden sichergestellt sein (§ 58 Abs 7 KAGB). Hat die AIF-Verwaltungsgesellschaft eine Erlaubnis der Bundesanstalt erhalten, so unterliegt sie deren Aufsicht (§ 57 Abs 1 S 3 KAGB).

c) Vertrieb und Erwerb von Investmentvermögen im Inland

100 Ferner erfasst das Gesetz den Vertrieb und den Erwerb von Investmentvermögen im Inland. Vertrieb meint das direkte oder indirekte Anbieten oder Platzieren von Anteilen oder Aktien (§ 293 Abs 1 S 1 KAGB). Bei professionellen und semiprofessionellen Investoren muss die Initiative zudem von der Verwaltungsgesellschaft ausgegangen oder in deren Auftrag ergriffen worden sein (§ 293 Abs 1 S 3 KAGB). Zahlreiche Vorschriften des KAGB beziehen sich auch auf den Erwerb von Anteilen oder Aktien (zB § 295 Abs 4, 5 KAGB). Vertrieb und Erwerb müssen „im Geltungsbereich dieses Gesetzes" stattfinden (§§ 294, 295 Abs 1, 4, 5 KAGB), also auf deutschem Territorium. Die Anknüpfung ist demnach **streng territorial**. Bei dem Vertrieb und dem Erwerb von Investmentvermögen unterscheidet das KAGB zwischen OGAW und AIF (§§ 294f KAGB) und innerhalb dieser Gruppen weiter zwischen inländischen, EU- und drittstaatlichen („ausländischen") Fonds. Differenziert wird außerdem zuweilen danach, ob Privat-, semiprofessionelle oder professionelle Anleger angesprochen werden.[184] Zuletzt ist von Bedeutung, ob der Fonds von einer KVG, einer EU-Verwaltungsgesellschaft oder einer drittstaatlichen AIF-Verwaltungsgesellschaft betreut wird. Die Regelungstechnik ist in hohem Maße komplex.[185]

101 Der Vertrieb von **EU-OGAW** durch eine EU-OGAW-Verwaltungsgesellschaft oder eine OGAW-KVG im Inland ist gem §§ 309 Abs 1, 2, 310 Abs 1, 2 KAGB schon dann möglich, wenn die Zahlungen an die Anleger und die Rücknahme der Anteile und Aktien über eine Zahlstelle im Inland erfolgen können, die Anleger alle erforderlichen Informationen erhalten und die zuständigen Behörden im Herkunftsmitgliedstaat des OGAW ihren Anzeige- und Übermittlungspflichten gegenüber der Bundesanstalt nachgekommen sind. Eine sofortige Untersagung des Vertriebs durch die BaFin

183 Diese Festlegung ist bis heute nicht erfolgt, *Wilhelmi* in Assmann/Wallach/Zetzsche (Hrsg) KAGB (2019) § 295 Rn 21.

184 Privatanleger sind alle Anleger, die weder professionelle noch semiprofessionelle Anleger sind, § 1 Abs 19 Nr 31 KAGB.

185 Ausführlich *Zetzsche/Veidt* (Fn 179) Kap 33.

kommt nur dann in Betracht, wenn die Art und Weise der Vermarktung deutschen Rechtsvorschriften widerspricht oder die Pflichten nach § 309 KAGB verletzt werden (§ 311 Abs 1 KAGB). Bei anderen Rechtsverstößen muss die Bundesanstalt zunächst die Behörden des Herkunftsmitgliedstaats zum Tätigwerden auffordern und kann nur dann selbst eingreifen, wenn diese Stellen untätig bleiben oder die ergriffenen Maßnahmen ungeeignet sind (§ 311 Abs 2, 3 KAGB).

Der Vertrieb von inländischen **Publikums-AIF**[186] durch eine AIF-KVG im Inland **102** setzt neben der Anzeige an die BaFin insb voraus, dass diese die Anlagebedingungen und die Verwahrstelle (s §§ 69 Abs 1, 87 KAGB) genehmigt hat (§ 316 Abs 1 KAGB). Für den Vertrieb von inländischen Spezial-AIF, EU-AIF und ausländischen AIF wird zwischen Privatanlegern und semiprofessionellen und professionellen Anlegern unterschieden. Weist der Vertrieb einen Drittstaatenbezug auf, ist ferner zwischen den Zeiträumen vor und nach dem Drittstaatenstichtag (s Rn 99) zu differenzieren. Vor dem Stichtag richtet sich der Vertrieb an professionelle Anleger nach den §§ 321, 323, 329, 330 oder 330a KAGB, danach gelten die §§ 321–328 oder 330a KAGB (§ 295 Abs 2 KAGB). Bei dem Vertrieb an semiprofessionelle Investoren sind die in § 295 Abs 3 Nr 1 bzw Nr 2 KAGB niedergelegten Vorschriften zu beachten.

Einer EU-AIF-Verwaltungsgesellschaft oder einer „ausländischen" AIF-Verwal- **103** tungsgesellschaft ist der Vertrieb von EU-AIF und „ausländischen" AIF **an Privatanleger** im Inland nur dann möglich, wenn die strengen Voraussetzungen der §§ 317–320 KAGB erfüllt sind. Erforderlich ist ua, dass der AIF und seine Verwaltungsgesellschaft einen gemeinsamen Sitzstaat haben und dort einer wirksamen öffentlichen Aufsicht durch Stellen unterliegen, die mit der BaFin kooperieren (§ 317 Abs 1 Nr 1, 2 KAGB). Der Vertrieb von drittstaatlichen AIF, die von einer drittstaatlichen Gesellschaft verwaltet werden, unterliegt den zusätzlichen Anforderungen des § 317 Abs 2 KAGB. Die Absicht der Vermarktung ist bei der Bundesanstalt anzuzeigen und es sind umfangreiche Unterlagen vorzulegen (§ 320 Abs 1 KAGB).

Für den Vertrieb von **EU-AIF an semiprofessionelle oder professionelle Anle- 104 ger** durch eine AIF-KVG oder eine EU-AIF-Verwaltungsgesellschaft gelten dieselben Bedingungen wie für die Vermarktung von inländischen Spezial-AIF (§§ 321 Abs 1, 323 Abs 1 KAGB). AIF-KVG, die Anteile oder Aktien dieser Anlagevehikel vermarkten wollen, müssen dies bei der BaFin anzeigen und insb sicherstellen, dass Privatanlegern kein Zugang gewährt wird (§ 321 Abs 1 S 1 Nr 7 KAGB). Bei EU-AIF-Verwaltungsgesellschaften erfolgt die Anzeige über die Aufsichtsbehörden ihres Herkunftsmitgliedstaats (§ 323 Abs 1 KAGB). Der Vertrieb von EU-AIF durch eine „ausländische" AIF-Verwaltungsgesellschaft ist vorerst nur nach § 330 KAGB möglich. Die Vermarktung an professionelle Anleger setzt voraus, dass die drittstaatliche Verwaltungsgesellschaft die Meldepflichten erfüllt, dass gegebenenfalls die Sondervorschriften für Private Equity beachtet werden, dass eine Stelle zur Wahrnehmung der Aufgaben einer Verwahrstelle benannt wird und dass den Informationspflichten gegenüber den Anlegern entsprochen wird (§ 330 Abs 1 S 1 Nr 1 KAGB). Der Vertrieb an semiprofessionelle Investoren

186 Publikumsinvestmentvermögen sind alle Investmentvermögen, die keine Spezial-AIF sind, § 1 Abs 6 S 2 KAGB).

ist nach § 330 Abs 1 S 1 Nr 2 KAGB dann gestattet, wenn die Verwaltungsgesellschaft und die Verwaltung des AIF allen Anforderungen der AIFM-Richtlinie genügen. Die Voraussetzungen des § 330 Abs 1 S 1 Nr 3 KAGB, darunter die Sicherstellung der Zusammenarbeit zwischen den Aufsichtsbehörden, gilt für die Vermarktung gegenüber beiden Anlegergruppen. Nach dem Drittstaatenstichtag ist von Bedeutung, ob die Bundesrepublik Deutschland der Referenzmitgliedstaat der Gesellschaft ist und diese über eine Erlaubnis der BaFin nach § 58 KAGB verfügt. Trifft dies zu, gilt die Anzeigepflicht nach § 325 KAGB. Ist ein anderer EU- oder EWR-Staat Referenzmitgliedstaat, kommt § 327 KAGB zur Anwendung.

105 Eine AIF-KVG oder eine EU-AIF-Verwaltungsgesellschaft, die **ausländische AIF an semiprofessionelle oder professionelle Anleger** im Inland vertreiben möchte, hat vor dem Drittstaatenstichtag die Voraussetzungen nach § 329 KAGB zu erfüllen. Hiernach wird der Vertrieb an professionelle Anleger dann gestattet, wenn die Gesellschaften und die Verwaltung des AIF den Vorgaben des KAGB oder entsprechender Regelwerke des Herkunftsmitgliedstaats mit Ausnahme der Vorschriften über die Verwahrstelle genügen und eine Stelle zur Wahrnehmung der Aufgaben einer Verwahrstelle benannt wird (§ 329 Abs 1 S 1 Nr 1 KAGB). Die Vermarktung an semiprofessionelle Anleger setzt voraus, dass den Bestimmungen des KAGB oder entsprechender Gesetze vollumfänglich entsprochen wird (§ 329 Abs 1 S 1 Nr 2 KAGB). § 329 Abs 1 S 1 Nr 3 KAGB benennt weitere Voraussetzungen, die für den Vertrieb an beide Anlegergruppen zu erfüllen sind. Nach dem Drittstaatenstichtag gilt für AIF-KVGen § 322 KAGB, für EU-AIF-Verwaltungsgesellschaften § 324 KAGB. Bei ausländischen AIF-Verwaltungsgesellschaften wird danach unterschieden, ob die Bundesrepublik Deutschland ihr Referenzmitgliedstaat ist (§ 326 KAGB) oder dieser in einem anderen EU- oder EWR-Staat liegt (§ 328 KAGB).

VI. Angebot und Vertrieb von Wertpapieren und Beteiligungen

1. Das Angebot von Wertpapieren über die Börse

a) Anknüpfung

106 Die Zulassung und die Einbeziehung von Wertpapieren zum Börsenhandel richten sich ausschließlich nach dem Recht des Börsenortes.[187] Damit entspricht das deutsche Börsenrecht dem generellen Ansatz des Kapitalmarktorganisationsrechts, das nicht an den Sitz des Emittenten anknüpft, sondern **marktbezogen** ist. Diese einseitige Anknüpfung schließt es prinzipiell aus, bei der Entscheidung über die Zulassung im Inland auf ausländisches Börsenrecht abzustellen[188] (zur Ausnahme des Art 29 ProspektVO[189] sogleich). Eine bereits erfolgte Zulassung an einer Börse eines Drittstaa-

187 Unstreitig, vgl *Kiel* 172ff; *Kronke* RdC 286 (2000) 245/293; *Lehmann* (Fn 111) Rn 257 und 263.
188 *Lehmann* (Fn 111) Rn 263.
189 VO (EU) 2017/1129 des Europäischen Parlaments und des Rates v 14.6.2017 über den Prospekt, der beim öffentlichen Angebot von Wertpapieren oder bei deren Zulassung zum Handel an einem geregelten Markt zu veröffentlichen ist und zur Aufhebung der Richtlinie 2003/71/EG, ABl EU 2017 L 168/12.

tes[190] ist daher nicht ausreichend, um im Inland ohne Weiteres zugelassen zu werden. Allerdings ist zu bedenken, dass das Börsenrecht in Teilen an gesellschaftsrechtliche Regelungen anknüpft und damit ausländisches Gesellschaftsrecht für einzelne Aspekte zur Anwendung kommt.[191]

b) Zulassung zu einem regulierten Markt

Will ein Emittent aus einem Drittstaat seine Wertpapiere an einer deutschen Börse no- 107
tieren lassen, bedarf er einer Zulassung zum Börsenhandel nach dem deutschen Börsengesetz. Unter einer Zulassung ist die öffentlich-rechtliche Erlaubnis für den Handel in einem bestimmten Marktsegment zu verstehen. Die Voraussetzungen der Zulassung von Wertpapieren sind in **§ 32 BörsG** geregelt.

Das Erfordernis der Zulassung soll sicherstellen, dass nur Papiere notiert werden, 108
die bestimmte Mindestvoraussetzungen erfüllen. Der voraussichtliche **Kurswert** der Neuemission von Aktien muss mindestens €1,25 Mio, der von anderen Papieren €0,25 Mio betragen (§§ 34 Abs 1 lit c BörsG iVm § 2 Abs 1, 2 BörsZulVO). Bei nennwertlosen Wertpapieren beträgt die **Mindestzahl** 10.000 Stück (§ 2 Abs 3 BörsZulVO). Der Emittent muss mindestens drei Jahre als Unternehmen bestanden und Jahresabschlüsse für drei Geschäftsjahre offengelegt haben (§ 3 Abs 1 BörsZulVO). Die zuzulassenden Wertpapiere müssen ausreichend **gestreut** sein, dh mindestens 25 % der Aktien müssen vom Publikum erworben werden können (§ 9 Abs 1 S 2 BörsZulVO). Die Definitionen der Merkmale der ausreichenden Streuung, der Fungibilität und der Gewährleistung eines fairen, ordnungsgemäßen und effizienten Handels enthält Art 35 der Verordnung 1287/2006[192], der gem § 32 Abs 3 Nr 1 BörsG Anwendung findet.

Zudem muss der Emittent einen **Emissionsprospekt** veröffentlichen (§ 32 Abs 3 109
Nr 2 BörsG iVm Art 3 Abs 3, Art 21 ProspektVO bzw § 42 InvG, §§ 165, 318 Abs 3 KAGB). Die Anforderungen an den Prospekt sind nunmehr einheitlich auf europäischer Ebene durch die ProspektVO geregelt.[193] Der Prospekt soll dem Anlegerpublikum die Beurteilung der wirtschaftlichen Situation des Emittenten und damit mittelbar die Einschätzung der Qualität der Papiere ermöglichen. Form und Inhalt des Prospekts richten sich nach den Art 6 und 13 ProspektVO und werden in der Delegierten Verordnung (EU)

---

190 Innerhalb der EU gilt der Europäische Pass für Prospekte. Ein in einem EU-/EWR-Staat gebilligter Prospekt ist in den anderen Staaten zugelassen (vgl Art 24f ProspektVO). Auch Emittenten aus Drittstaaten können dieses Privileg in Anspruch nehmen. Die Bestimmung ihres Herkunftsmitgliedstaats erfolgt nach Art 2 lit m) i) und ii) ProspektVO. Wurde ihr Prospekt von einem europäischen Herkunftsmitgliedstaat gebilligt, so gilt Art 24f ProspektVO ebenso wie für europäische Emittenten (ausdrücklich Art 29 Abs 2 ProspektVO).

191 *Lehmann* (Fn 111) Rn 296.

192 VO (EG) Nr 1287/2006 der Kommission v 10.8.2006 zur Durchführung der Richtlinie 2004/39/EG des Europäischen Parlaments und des Rates betreffend die Aufzeichnungspflichten für Wertpapierfirmen, die Meldung von Geschäften, die Markttransparenz, die Zulassung von Finanzinstrumenten zum Handel und bestimmte Begriffe im Sinne dieser Richtlinie, ABl EU 2006 L 241/1.

193 *Gortsos/Terzi* The Prospectus Regulation (Regulation (EU) 2017/1129) and the Recent Proposal for an EU Recovery Prospectus, European Banking Institute Working Paper Series 2020, no 79, <https://papers.ssrn.com/sol3/papers.cfm?abstract_id=3742863> (zuletzt besucht am 6.4.2021).

2019/980 durch die Kommission konkretisiert.[194] Er bedarf der Billigung der BaFin (Art 20 Abs 1 ProspektVO iVm Art 31 Abs 1 S 1 ProspektVO und § 17 WpPG), die hierfür 20 und bei bereits an anderen Märkten in der EU zugelassenen Papieren zehn Tage Zeit hat (Art 20 Abs 2 und 3 ProspektVO). Dabei prüft die BaFin nur die Vollständigkeit, die Kohärenz und die Verständlichkeit. Eine Kontrolle der Richtigkeit des Inhalts findet dagegen nicht statt. War der Prospekt unrichtig, können geschädigte Anleger Ansprüche aus Prospekthaftung (§§ 9ff WpPG) geltend machen (s u Rn 190ff).

110 Art 29 Abs 1 ProspektVO sieht für **Anbieter aus Drittstaaten** eine Erleichterung vor. Die BaFin kann einen Prospekt, der von einem Emittenten nach den Vorschriften seines Heimatstaates erstellt worden ist, für ein öffentliches Angebot oder die Zulassung zum Handel an einem organisierten Markt billigen, wenn das drittstaatliche Recht seinen Emittenten im Vergleich zur ProspektVO **gleichwertige Informationspflichten** auferlegt (lit a) sowie Kooperationsvereinbarungen zwischen den zuständigen Behörden des Herkunftsmitgliedstaats sowie des Drittstaats nach Art 30 ProspektVO bestehen (lit b). Dabei ist die Kommission befugt, die allgemeinen Kriterien für die Gleichwertigkeit in einem delegierten Rechtsakt näher zu konkretisieren sowie, auf Grundlage dieser Kriterien, im Rahmen eines Äquivalenzbeschlusses unmittelbar die Gleichwertigkeit einzelner Drittstaaten mit bindender Wirkung für die Mitgliedstaaten festzulegen. Überraschenderweise wurde durch die Einführung der ProspektVO die Voraussetzung fallen gelassen, dass der nach dem drittstaatlichen Recht erstellte Prospekt internationalen Standards wie den Offenlegungsstandards der *International Organisation of Securities Commissions* (IOSCO) entspricht.[195] Die Gründe dafür sind unklar.

111 Der Antrag auf Zulassung muss vom Emittenten gemeinsam mit einem **Emissionsbegleiter**, dh einem an einer inländischen Börse zugelassenen Kredit- bzw Finanzdienstleistungsinstitut, gestellt werden (§ 32 Abs 2 BörsG). Das weitere Zulassungsverfahren ist in §§ 32ff BörsG, 48ff BörsZulV geregelt. Liegen die Voraussetzungen der Zulassung vor, hat der Emittent einen Rechtsanspruch auf Zulassung (§ 32 Abs 3 BörsG). Ein solcher besteht allerdings dann nicht, wenn der Emittent bereits an einer anderen Börse der EU oder des EWR zugelassen ist und dort seine Zulassungsfolgepflichten nicht erfüllt (§ 32 Abs 4 BörsG).

112 Für Emittenten aus Drittstaaten, deren Wertpapiere nicht in ihrem Sitzstaat oder dem Staat der hauptsächlichen Verbreitung notiert sind, verlangt § 10 BörsZulVO einen **zusätzlichen Nachweis**. Der Emittent muss glaubhaft machen, dass das Unterbleiben der Börsennotierung nicht aus Gründen des Schutzes des Publikums erfolgte. Damit will das deutsche Recht verhindern, dass im Inland Papiere zugelassen werden,

---

194 Delegierte Verordnung (EU) 2019/980 der Kommission vom 14.3.2019 zur Ergänzung der Verordnung (EU) 2017/1129 des Europäischen Parlaments und des Rates hinsichtlich der Aufmachung, des Inhalts, der Prüfung und der Billigung des Prospekts, der beim öffentlichen Angebot von Wertpapieren oder bei deren Zulassung zum Handel an einem geregelten Markt zu veröffentlichen ist, und zur Aufhebung der Verordnung (EG) Nr. 809/2004 der Kommission, ABl EU 2019 L 166/26.

195 Siehe zuvor noch Art 20 Abs 1 lit a) Prospekt RL und § 20 Nr 1 WpPG. Gemeint sind die International Disclosure Standards for cross-border offering and initial listings by foreign issuers, September 1998: <iosco.org/library/pubdocs/pdf/IOSCOPD81.pdf>; allgem zur IOSCO *Nowrot* § 2 Rn 28 mwN.

die es aus Gründen des Anlegerschutzes nicht einmal geschafft haben, an ihrer Heimatbörse notiert zu werden.[196]

c) Einbeziehung von in Drittstaaten bereits zugelassenen Wertpapieren

Wertpapiere, die an einem organisierten Markt in einem Drittstaat bereits zugelassen sind, können in Deutschland in den regulierten Markt einbezogen werden, wenn an dem ausländischen Markt vergleichbare Zulassungsvoraussetzungen sowie Melde- und Transparenzpflichten bestehen und wenn keine Umstände bekannt sind, die eine Übervorteilung des Publikums oder eine Schädigung erheblicher allgemeiner Interessen befürchten lassen (§ 33 Abs 1 Nr 1 lit c, Nr 2 BörsG). Die **Einbeziehung** erfolgt aufgrund eines Antrags durch einen an der inländischen Börse zugelassenen Handelsteilnehmer oder von Amts wegen durch die Geschäftsführung der Börse. Sie bedarf weder der Zustimmung des Emittenten noch hat dieser ein Widerspruchsrecht (§ 61 Abs 1 S 2 der Frankfurter Börsenordnung[197]), denn der Emittent erleidet hierdurch keine Nachteile. Die im Inland ausgelösten Zulassungsfolgepflichten, insb die Transparenzpflichten, muss der inländische Handelsteilnehmer übernehmen, der den Antrag auf Einbeziehung gestellt hat (vgl § 33 Abs 2 BörsG iVm § 63 Abs 1 der Frankfurter Börsenordnung). Erfolgt die Einbeziehung dagegen von Amts wegen, lässt die Börsenordnung offen, wer die Folgepflichten erfüllt (§ 63 Abs 2 der Frankfurter Börsenordnung). Der Emittent ist weiterhin nur verpflichtet, die an seiner Heimatbörse geltenden Zulassungsfolgepflichten zu erfüllen. 113

d) Freiverkehr

Neben dem regulierten Markt existiert der Freiverkehr, der privatrechtlich organisiert ist und von den Börsen verwaltet wird (§ 48 BörsG). Die Frankfurter Wertpapierbörse regelt ihn etwa in § 120 der Frankfurter Börsenordnung. Wertpapiere können auf Antrag eines Handelsteilnehmers in den Freiverkehr einbezogen werden.[198] Einer Mitwirkung des Emittenten bedarf es nicht. Allerdings treffen ihn auch keine Folgepflichten (§ 120 Abs 1 S 2 der Frankfurter Börsenordnung). Die einzige Änderung, die sich für den Emittenten hieraus ergibt, ist die Tatsache, dass die Papiere nun den Bestimmun- 114

196 Dem liegt Art 51 der RL 2001/34/EG des Europäischen Parlaments und des Rates v 28.5.2001 über die Zulassung von Wertpapieren zur amtlichen Börsennotierung und über die hinsichtlich dieser Wertpapiere zu veröffentlichenden Informationen, ABl EG 2001 L 184/1, berichtigt ABl EG 2001 L 217/18, zugrunde.

197 Börsenordnung für die Frankfurter Wertpapierbörse v 23.11.2020: <deutsche-boerse.com>.

198 Der Antrag auf Einbeziehung in den Freiverkehr ist kein öffentliches Angebot iSd Art 1 Abs 1, 3 Abs 1 ProspektVO, die nur solche Angebote prospektpflichtig stellen, die zum Handel an einem geregelten Markt erfolgen. Der Freiverkehr ist indes kein geregelter Markt. Die Einbeziehung in den Freiverkehr löst daher keine Prospektpflicht aus. Zustimmend *von Kopp-Colomb/Sargut* in Assmann/Schlitt/ von Kopp-Colomb (Hrsg) WpPG VermAnlG 3. Aufl (2017) § 1 Rn 27; *Heidelbach* in Schwark/Zimmer (Hrsg) Kapitalmarktrechts-Kommentar, 5. Aufl (2020) § 2 WpPG Rn 16; *Schwark* FS Schimansky (1999) 739/ 748.

gen der Marktmissbrauchsverordnung (Market Abuse Regulation, MAR)[199] unterliegen, die auch auf multilaterale Handelssysteme Anwendung findet (Art 2 Abs 1 UAbs 1 lit b MAR), zu denen der Freiverkehr gehört.[200]

e) Extraterritoriale Wirkung der Börsenzulassung

115 Die Marktanknüpfung bewirkt, dass inländische aufsichtsrechtliche Standards faktisch exportiert werden, wenn ausländische Unternehmen im Inland notiert sind. Diese Unternehmen müssen dann die gesellschaftsrechtlichen und ggf kapitalmarktrechtlichen Pflichten ihres Sitzstaates ebenso beachten wie die sich aus dem deutschen Kapitalmarktrecht ergebenden Pflichten. Sind diese Pflichten nicht deckungsgleich, erwachsen hieraus regelmäßig zusätzliche Kosten und Erschwernisse, die eine Notierung in einem anderen als dem Sitzstaat oder eine Doppelnotierung als nachteilig erscheinen lassen können.

116 Da sich das deutsche Börsenrecht darauf beschränkt, die aus der unmittelbaren Zulassung der Wertpapiere zur Börse folgenden Pflichten zu kontrollieren (§ 40 BörsG), sind Klagen über die Anforderungen des deutschen Börsenrechts in der Praxis selten. Anders ist dies in Bezug auf das Aufsichtsrecht der USA. Dort wurden den wichtigsten Kapitalmarktgesetzen, dem Securities Act 1933, dem Securities Exchange Act 1934 und dem Investment Advisers Act 1934 in der Rechtsprechung weitgehend extraterritoriale Wirkung beigemessen. Seit dem grundlegenden Urteil des U. S. Supreme Court im Fall ***Morrison v. National Australia Bank***[201] hat sich dies geändert.[202] Nunmehr gilt eine ***„presumption against extraterroriality“***. Soweit durch Gesetz nichts anderes bestimmt ist, wird das US-amerikanische Recht nur noch in zwei Fällen angewandt: wenn die Transaktion entweder an einer Börse in den USA notierte Titel betraf oder auf amerikanischem Boden stattfand.[203] Damit kommt neben dem schwer anzuwendenden Territorialitätskriterium (Wo findet etwa ein grenzüberschreitender Aktienkauf statt?) der Börsennotierung entscheidende Bedeutung zu. In den 1990er Jahren galt eine Notierung deutscher Unternehmen an der *New York Stock Exchange* noch als „Ritterschlag“.[204] Die

---

199 VO (EU) Nr. 596/2014 des Europäischen Parlaments und des Rates v 16.4.2014 über Marktmissbrauch (Marktmissbrauchsverordnung) und zur Aufhebung der Richtlinie 2003/6/EG des Europäischen Parlaments und des Rates und der Richtlinien 2003/124/EG, 2003/125/EG und 2004/72/EG der Kommission, ABl EU 2014 L 173/1.

200 *Kumpan/Misterek* in Schwark/Zimmer (Hrsg) Kapitalmarktrechts-Kommentar, 5. Aufl (2020) Art 2 VO (EU) 596/2014 Rn 22; *Assmann* in Assmann/Schneider/Mülbert (Hrsg) WpHG, 7. Aufl (2019) Art 2 VO Nr. 596/2014 Rn 13.

201 130 S.Ct. 2639 (2010).

202 Zu diesem Urteil *Lehmann* RIW 2010, 841; *Mankowski* NZYG 2010, 961; *Cosenza* 11 Chi. J. Int'l L. 343 (2010–2011); *Kaal/Painter* EFCLR 2011, 77; *Painter/Dunham/Quackenbos* 20 Minn. J. Int'l L. 1–25 (2011); *Silbermann* Yearbook of Private International Law 12 (2010) 123; *Muir Watt* Rev. crit. dr. int. privé 2011, 714.

203 130 S.Ct. 2639, 2684 (2010).

204 So *Fischer zu Cramburg/Hannich/Ziegert* Delisting und Deregistrierung deutscher Emittenten in den USA (2004) 1.

oft geringen Handelsumsätze,[205] die hohen Kosten der kapitalmarktrechtlichen Berichtspflichten, die Verschärfung der Haftung durch den *Sarbanes-Oxley-Act* aus dem Jahr 2002[206] und die weitergehenden Kontrollbefugnisse der ***Securities Exchange Commission*** (SEC) in Bezug auf Gesetzesverstöße auch im Heimatland wurden als Nachteil empfunden. So sah sich die ***Daimler-Chrysler AG*** Ermittlungen der SEC in Bezug auf Korruption ausgesetzt, entließ deshalb 15 Manager und musste rund € 400 Mio für Schäden, Anwaltskosten und Strafzahlungen zurückstellen.[207] Deutsche Unternehmen befürchten eine Doppelbestrafung durch inländische Behörden und die SEC. Vor diesem Hintergrund verwundert es nicht, dass deutsche Emittenten nun versuchen, sich von der New Yorker Börse zurückzuziehen. Ein solcher Rückzug erweist sich als schwierig, da zwar eine Notierung in den USA rasch eingestellt werden kann, die Berichtspflichten aber fortbestehen.[208] Aufgrund dieser Schwierigkeiten haben viele ausländische Unternehmen den Gang an US-amerikanische Börsen von vornherein vermieden. Um wieder mehr Unternehmen anzuziehen, hat die SEC das ***Delisting*** daraufhin erleichtert.[209] Die extraterritoriale Wirkung des Börsenrechts führt damit zu einem Wettbewerb der Rechtsordnungen. Solange die Vorteile nicht deutlich überwiegen, werden sich Unternehmen immer aus Rechtsordnungen zurückziehen, deren Börsenrecht als zu streng empfundene Anforderungen stellt.[210]

2. Das Angebot von Wertpapieren außerhalb der Börse

a) Anknüpfung

Sollen Wertpapiere, die nicht zum Handel an einer inländischen Börse zugelassen sind, öffentlich angeboten werden, muss der Emittent ebenfalls einen Prospekt erstellen (Art 3 Abs 1 iVm Art 2 lit d ProspektVO). Dabei knüpft die Prospektpflicht an ein **öffentliches Angebot in der EU** an. Daher kommt es weder auf den Sitz des Emittenten noch darauf an, auf welchem Wege dieser die Wertpapiere in der Union anbietet, sondern auf den **gewöhnlichen Aufenthaltsort der Adressaten des Angebots**. Ob sich das Angebot an Anleger in der EU richtet, ist mit Hilfe von Indizien zu ermitteln. Solche können in der Verwendung einer gewissen Sprache, in der Nennung von Ansprechpartnern in der Union oder in Informationen liegen, die sich speziell auf einen gewissen Mitgliedstaat der EU beziehen.[211] Bringt der Anbieter bei Internetangeboten mit einem sog ***Disclaimer*** deutlich zum Ausdruck, dass er europäische Anleger vom Angebot ausnehmen will, liegt kein öffentliches Angebot in der Union vor.[212] Die deut- 117

205 Bis auf SAP konnte kein deutsches Unternehmen bedeutende Umsätze verzeichnen, vgl die Übersicht von *Fischer* (Fn 204) 20.

206 *Fischer zu Cramburg* AG-Report 2006, R 118.

207 Stern v 29.9.2006: <stern.de/wirtschaft/unternehmen/572847.html?nv=ct_mt>.

208 *Fischer* (Fn 204) 10; *Nobel* Internationales und Transnationales Aktienrecht, Bd 1, Kap 3 Rn 121.

209 *SEC* Release Nr. 34-55540 v. 27.3.2007.

210 Anschaulich dazu *Nobel* (Fn 208) Bd 1, Kap 3 Rn 193ff.

211 Zur alten Rechtslage unter Geltung des deutschen WpPG *Heidelbach* (Fn 198) § 3 WpPG Rn 9; *Holzborn/Israel* in Holzborn (Hrsg) WpPG (2008) § 3 Rn 7; *Ritz* in Assmann/Lenz/Ritz (Hrsg) Verkaufsprospektgesetz (2001) § 1 Rn 71f.

212 Zur alten Rechtslage unter Geltung des deutschen WpPG *Heidelbach* (Fn 198) § 3 WpPG Rn 10; *Holzborn/Israel* (Fn 211) § 3 Rn 7; *Ritz* (Fn 211) § 1 Rn 73f.

sche Aufsicht verlangte unter Geltung des alten WpPG vom Anbieter allerdings über den „*Disclaimer*“ hinaus auch Vorkehrungen für den Fall, dass ein inländischer Anleger trotzdem auf das Angebot eingehen will. Denkbar waren insoweit Anweisungen, wonach Prospekte und Zeichnungsunterlagen nicht an Postanschriften in Deutschland zu versenden sind; zudem sollten keine Zahlungen von deutschen Kreditinstituten entgegen genommen werden dürfen.[213] Ob diese Kriterien unter Geltung der ProspektVO Bestand haben werden, bleibt abzuwarten.

b) Die Voraussetzungen der Prospektpflicht im Einzelnen

118 Die Prospektpflicht wird durch ein öffentliches Angebot von Wertpapieren außerhalb der Börse ausgelöst. Ein solches Angebot liegt vor bei Mitteilungen an die Öffentlichkeit in jedweder Form und jedweder Art und Weise, die ausreichende Informationen über die Angebotsbedingungen und die anzubietenden Wertpapiere enthalten, um einen Anleger in die Lage zu versetzen, sich für den Kauf oder die Zeichnung dieser Wertpapiere zu entscheiden (Art 2 lit d ProspektVO). Es muss sich also nicht um ein Angebot iSv § 145 BGB handeln; vielmehr wird von dieser weiten Definition auch die ***invitatio ad offerendum*** erfasst.[214] Das Gesetz enthält keine Definition des Begriffs „öffentlich“, sondern nur bestimmte Ausschlusstatbestände in Art 1 Abs 4 ProspektVO. Danach liegt kein öffentliches Angebot vor, wenn es sich ausschließlich an qualifizierte Anleger richtet oder sich in jedem Staat des EWR an weniger als 150 nicht qualifizierte Anleger wendet. Eine Ausnahme liegt weiterhin dann vor, wenn es sich an Anleger richtet, die bei jedem gesonderten Angebot Wertpapiere ab einem Mindestbetrag von € 100.000 pro Anleger erwerben können, wenn die Wertpapiere eine Mindeststückelung von € 100.000 aufweisen oder der Verkaufspreis für alle angebotenen Wertpapiere weniger als € 75.000 beträgt, wobei diese Obergrenze über einen Zeitraum von zwölf Monaten zu berechnen ist.

c) Form und Inhalt des Prospekts, Prospektprüfung und -haftung

119 **Form und Inhalt des Prospekts** richten sich nach den Art 6 und 13 ProspektVO und nach der Delegierten Verordnung (EU) 2019/980 der Kommission.[215] Er bedarf der Billigung der BaFin (Art 20 Abs 1 ProspektVO iVm Art 31 Abs 1 S 1 ProspektVO und § 17 WpPG); die Anforderungen entsprechen denen des oben geschilderten Börsenzulassungsprospekts (s o Rn 109). Art 29 ProspektVO sieht für Emittenten aus Drittstaaten die Erleichterung vor, dass die BaFin einen nach Heimatrecht erstellten Prospekt anerkennen kann (s o Rn 110). Der nach Art 20 Abs 1 ProspektVO gebilligte Prospekt ist zu hinterlegen und gem Art 21 ProspektVO zu veröffentlichen. Bei Werbung für die Wertpapiere ist auf den Prospekt hinzuweisen (Art 22 Abs 2 ProspektVO). Im Falle eines inhaltlich unrichtigen Prospekts richtet sich die **Prospekthaftung** nach § 10

---

213 Zur alten Rechtslage unter Geltung des deutschen WpPG *Heidelbach* (Fn 198) § 3 WpPG Rn 11 (mit Text zu Fn 9); *Ritz* (Fn 211) § 1 Rn 73.
214 *Groß* Kapitalmarktrecht, 7. Aufl (2020) § 2 WpPG Rn 11; *Preuße* in Schwark/Zimmer (Hrsg) Kapitalmarktrechts-Kommentar, 5. Aufl (2020) § 2 WpPG Rn 12.
215 S o Fn 194.

WpPG (s u Rn 190ff). Hat der Emittent es versäumt, einen Prospekt zu veröffentlichen, richtet sich die Haftung nach § 14 WpPG.

3. Vertrieb von Beteiligungen

a) Anknüpfung

Um Anleger zu schützen, die Anlagen des nicht organisierten Kapitalmarkts („Grauer Kapitalmarkt") erwerben, wurde in § 6 VermAnlG eine weitere Prospektpflicht vorgeschrieben. Auch diese knüpft an das Recht am **Ort des Marktes** an, auf dem die Vermögensanlagen angeboten werden. Entscheidend ist also der öffentliche Vertrieb im Inland. 120

b) Prospektpflicht

Die Prospektpflicht nach § 6 VermAnlG gilt für **im Inland öffentlich angebotene Vermögensanlagen**. Letztere sind in § 1 Abs 2 VermAnlG definiert. Gemeint sind Anteile, die eine Beteiligung am Ergebnis eines Unternehmens gewähren, und Anteile an einem Vermögen, das der Emittent oder ein Dritter in eigenem Namen für fremde Rechnung hält oder verwaltet (Treuhandvermögen). Erfasst sind auch Genussrechte und Namensschuldverschreibungen. Weitere Voraussetzung ist jeweils, dass die Anlagen nicht in Wertpapieren iSd Wertpapierprospektgesetzes verbrieft und es sich nicht um Anteile an Investmentvermögen iSd KAGB handelt. Der Prospekt soll dem Publikum ein zutreffendes Bild der Anlage vermitteln; sein Inhalt ist in § 7 VermAnlG festgeschrieben. Hinsichtlich der Prospektprüfung, Hinterlegung, Veröffentlichung und Werbung (§§ 8–12, 14 VermAnlG) gelten ähnliche Standards wie beim Vertrieb von Wertpapieren (s o Rn 108, 118). Eine Besonderheit ist aber die Pflicht des Anbieters, ein **Vermögensanlagen-Informationsblatt** zu erstellen (§ 13 VermAnlG). Dieses wird nicht von der BaFin geprüft, muss aber bei dieser hinterlegt und auch veröffentlicht werden (§ 13a VermAnlG). Bei Irreführung, Unrichtigkeit oder Unvereinbarkeit des Informationsblattes mit dem Verkaufsprospekt kann sich eine Haftung des Anbieters aus § 22 VermAnlG ergeben. 121

VII. Publizitätspflichten und Transparenzerfordernisse

Emittenten von Finanzinstrumenten unterliegen zahlreichen Publizitätspflichten. Bereits Judge ***Brandeis*** beschrieb den Sinn von Transparenz anschaulich mit den Worten „***Sunlight is said to be the best of disinfectants; electric light the most efficient policeman.***"[216] Mit Hilfe ausreichender Information ist der Anleger in der Lage, die Güte und die Seriosität von Anlageobjekten eigenverantwortlich zu beurteilen. Die Publizitätspflichten dienen zudem der Erhöhung der Markttransparenz und damit der Informationseffizienz der Kapitalmärkte.[217] Publizität ist eines der wesentlichen Mittel, mit 122

---

216 *Brandeis* Other People's Money, and How the Bankers Use It (1914) 92.

217 Grundlegend *Fama* Journal of Finance 25 (1970) 383ff; *ders* Journal of Finance 46 (1991) 1575ff; s a *Fleischer* NJW 2002, 2977/2978; *ders* ZIP 2002, 1217/1218.

denen das Kapitalmarktrecht Funktionsfähigkeit und Anlegerschutz sichert. Dies ist im Grundsatz unstreitig. Diskutiert wird nur über Art und Umfang von Publizitätspflichten und deren Durchsetzung etwa im Haftungswege[218] sowie die Frage, ob man anstelle starrer Publizitätspflichten eine Rechtswahl für Emittenten und damit einen Wettbewerb der Systeme erlauben soll.[219]

1. Publizität zu Beginn des Börsenhandels bzw öffentlichen Vertriebs

123 Zu nennen ist zunächst die Prospektpflicht (s o Rn 109, 117 bis 119, 121), die die nötige Transparenz zu Beginn des Börsenhandels bzw öffentlichen Vertriebs sicherstellt. Ist ein Finanzinstrument an einem geregelten Markt notiert, wird die Information der Anleger durch das Zusammenspiel verschiedener laufender und anlassbezogener Publizitätspflichten erreicht.

2. Laufende Publizitätspflichten

124 Der jährlichen Unterrichtung der Anleger und des Marktes dient die Pflicht zur **Rechnungslegung**, die sich nach dem Handels- und Gesellschaftsrecht richtet und die daher im Rahmen dieses Beitrags nicht vertieft wird. Daneben bestehen zahlreiche **kapitalmarktrechtliche** Publizitätspflichten. Inlandsemittenten, die keinen Jahresabschluss aufstellen müssen, haben jährlich einen sog Jahresfinanzbericht zu erstellen und zu publizieren (§ 114 Abs 1 S 1 WpHG). Er muss einen nach dem Recht des Sitzstaates zu erstellenden Jahresabschluss, einen Lagebericht, die Erklärung, dass die Geschäftsführung den Bericht nach bestem Wissen erstellt hat und er ein den tatsächlichen Verhältnissen entsprechendes Bild abgibt (Bilanzeid), sowie eine Bescheinigung der Wirtschaftsprüferkammer enthalten (§ 114 Abs 2 WpHG). Für Konzernmütter besteht die Verpflichtung, einen Konzernjahresbericht zu veröffentlichen und dabei die in § 117 WpHG enthaltenen Vorgaben zu beachten. Zudem ist ein Zahlungsbericht bzw Konzernzahlungsbericht gem § 116 WpHG zu erstellen.

125 Alle Inlandsemittenten von Aktien oder Schuldtiteln haben darüber hinaus einen Halbjahresfinanzbericht zu veröffentlichen (§ 115 Abs 1 S 1 WpHG), der einen verkürzten Jahresabschluss, einen Zwischenlagebericht und einen Bilanzeid enthält (§ 115 Abs 2 WpHG). Sodann sieht § 53 der Börsenordnung der Frankfurter Wertpapierbörse Quartalsmitteilungen bzw Konzernquartalsmitteilungen über die aktuelle Geschäftsentwicklung eines Inlandsemittenten von Aktien vor.

126 Gem § 49 WpHG muss der Emittent die Einberufung der Hauptversammlung einschließlich der Tagesordnung und der Gesamtzahl der Aktien und Stimmrechte veröffentlichen. Weiterhin ist er zur Mitteilung über die Ausschüttung und Auszahlung von Dividenden, die Ankündigung der Ausgabe neuer Aktien und die Vereinbarung oder die Ausübung von Umtausch-, Bezugs-, Einziehungs- und Zeichnungsrechten verpflichtet. Vergleichbare Anforderungen gelten für Emittenten zugelassener Schuld-

---

218 Zur Diskussion *Hellgardt* in Assmann/Schneider/Mülbert (Hrsg) WpHG, 7. Aufl (2019) §§ 97, 98 WpHG Rn 35ff; *Fleischer* in Assmann/Schütze/Buck-Heeb (Fn 169) § 6 Rn 1ff.

219 *Benicke* 25ff; *Romano* Yale LJ 107 (1998) 2359; *Choi/Guzman* Southern California Law Review 71 (1998) 903.

titel. Zudem sind Änderungen in Bezug auf die Rechte an oder aus den emittierten Wertpapieren, die Aufnahme bestimmter Anleihen und sonstige wesentliche Informationen, die in einem Drittstaat veröffentlicht wurden, mitzuteilen (§§ 50, 51 Abs 2 WpHG).

3. Anlassbezogene Publizitätspflichten

Ein Inlandsemittent muss Insiderinformationen, die ihn unmittelbar betreffen, ***ad-hoc* veröffentlichen** (Art 17 Abs 1 UAbs 1 MAR). Als Insiderinformationen qualifiziert 127
Art 7 Abs 1 MAR vier verschiedene Informationsarten. Der Grundtatbestand der Insiderinformationen in Bezug auf Emittenten oder Finanzinstrumente findet sich in Art 7 Abs 1 lit a MAR und wird sodann erstreckt auf Warenderivate, Emissionszertifikate und Wertpapierorders von Kunden eines Finanzdienstleisters (Art 7 Abs 1 lit b bis d MAR). Der Begriff erfasst nicht öffentlich bekannte präzise Informationen, die direkt oder indirekt einen oder mehrere Emittenten oder ein oder mehrere Finanzinstrumente betreffen und die geeignet sind, im Falle ihres öffentlichen Bekanntwerdens den Kurs dieser Finanzinstrumente oder den Kurs damit verbundener derivativer Finanzinstrumente erheblich zu beeinflussen. Eine solche Eignung ist dann gegeben, wenn ein verständiger Anleger die Information wahrscheinlich als Teil der Grundlage seiner Anlageentscheidung nutzen würde (Art 7 Abs 4 MAR). Eine Information ist dann hinreichend präzise, wenn sie Umstände umfasst, die bereits gegeben sind oder bei denen man vernünftigerweise erwarten kann, dass sie in Zukunft gegeben sein werden, oder ein Ereignis, das bereits eingetreten ist, oder von dem man vernünftigerweise erwarten kann, dass es in Zukunft eintreten wird (Art 7 Abs 2 MAR). Beispiele hierfür sind die Veräußerung von Kerngeschäftsfeldern, der Rückzug aus oder die Aufnahme neuer Kerngeschäftsfelder, wesentliche Strukturmaßnahmen, Beherrschungs- bzw Gewinnabführungsverträge, der Erwerb oder die Veräußerung wesentlicher Beteiligungen, Übernahme- und Abfindungs-/Kaufangebote, eine wesentliche Änderung der Ergebnisse der Jahresabschlüsse oder Zwischenberichte gegenüber früheren Ergebnissen oder Marktprognosen etc. Die Ad-hoc-Publizität stellt eine Präventionsmaßnahme gegen den strafbaren Insiderhandel (Art 14, 30ff MAR, § 119 Abs 3 und 4 WpHG) dar, dient der Gewährleistung informationeller Chancengleichheit des Publikums und der Herstellung informationseffizienter Märkte.[220] Die Verletzung der Ad-hoc-Publizitätspflicht hat Schadensersatzansprüche zur Folge (s u Rn 198ff).

Im Übernahmerecht trifft den Bieter die Pflicht, seine Entscheidung zur Abgabe 128
eines Angebots zu veröffentlichen (§ 10 Abs 1 WpÜG). Es handelt sich um eine **spezielle Form** der **Ad-hoc**-Publizitätspflicht, für die das Recht am Sitz der Zielgesellschaft maßgebend ist (§§ 1 Abs 1, 2 Abs 3 WpÜG).[221]

Die Personen mit Führungsaufgaben (vgl Art 3 Nr 25 MAR) eines Emittenten von 129
Finanzinstrumenten sind gem Art 19 Abs 1 UAbs 1 lit a MAR verpflichtet, eigene Geschäfte in Aktien und Schuldtiteln des Emittenten oder in Derivaten, die sich auf solche Aktien beziehen, oder in anderen damit verbundenen Finanzinstrumenten (sog ***directors' dealings***) unverzüglich zu melden. Eine Meldepflicht trifft außerdem Or-

220 *Assmann* (Fn 200) Art 17 VO Nr. 596/2014 Rn 7ff mwN.
221 *Lehmann* (Fn 111) Rn 433ff.

ganmitglieder eines Teilnehmers am Markt für Emissionszertifikate in Bezug auf Geschäfte mit Emissionszertifikaten, darauf beruhenden Auktionsobjekten und damit verbundenen Derivaten (Art 19 Abs 1 UAbs 1 lit a MAR). Art 19 Abs 10 MAR erstreckt den Anwendungsbereich der Norm auch auf Versteigerungsplattformen, Versteigerer und die Auktionsaufsicht. Als Emittent wird jedes Unternehmen erfasst, das für seine Finanzinstrumente eine Zulassung zu einem geregelten Markt, einem multilateralen oder organisierten Handelssystem beantragt oder erhalten hat (Art 19 Abs 4 MAR). Die Meldung erfolgt innerhalb von drei Arbeitstagen an den Emittenten bzw den Teilnehmer und an die zuständige Behörde, in Deutschland die BaFin (Art 19 Abs 2, 3 Abs 1 Nr 12, 22 MAR). Für die Publikation der Information hat der Emittent bzw der Teilnehmer zu sorgen (Art 19 Abs 3 MAR). Art 19 Abs 1 MAR erstreckt diese Verpflichtung auch auf (natürliche oder juristische) Personen, die in enger Beziehung zum Organmitglied stehen (Art 3 Nr 26 MAR). Die Vorschrift verfolgt vier Ziele:[222] Bezweckt ist zunächst eine Erhöhung der Markttransparenz und der Informationseffizienz der Kapitalmärkte. Die Anleger sollen darüber informiert werden, wenn die Personen mit Führungsaufgaben sich von Aktien oder darauf bezogenen Finanzinstrumenten „ihres" Unternehmens trennen oder solche Papiere erwerben. Diese Personen haben idR einen Wissensvorsprung über die Verhältnisse des Emittenten. Ihre Geschäfte erlauben Rückschlüsse auf die gegenwärtige oder künftige Unternehmensentwicklung und entfalten daher eine Indikatorwirkung für das breite Publikum (informierte Transaktionsentscheidung). Es soll eine Anlegergleichbehandlung gewährleistet werden. Schließlich soll die Vorschrift mittelbar der Prävention des Insiderhandels und der Marktmanipulation dienen und damit die Marktintegrität erhalten, denn sie erhöht das Entdeckungsrisiko. Zudem sieht Art 19 Abs 11 MAR periodische Handelsverbote vor Ankündigung eines Zwischenberichts oder eines Jahresabschlussberichts vor.

130 Gem §§ 33ff WpHG hat eine Person, die an einem Emittenten iSd § 2 Abs 13 WpHG durch Erwerb oder Veräußerung oder auf sonstige Weise 3, 5, 10, 15, 20, 25, 30, 50 und 75 % der Stimmrechte aus ihm gehörenden Aktien erreicht, überschreitet oder unterschreitet, dies zu publizieren und die BaFin darüber zu informieren. Gleiches gilt für den Fall, dass Instrumente ein unbedingtes Recht auf oder die Möglichkeit zum Erwerb von Aktien gewähren (§ 38 WpHG). Die **Stimmrechtsmitteilungen** sollen den Markt transparent machen, Anlegern zeigen, wie viele Finanzinstrumente frei handelbar sind und das Anschleichen bei Übernahmen offenlegen.[223] Dem gleichen Zweck dienen im Übernahmerecht die sog Wasserstandsmeldungen (§ 23 WpÜG). Sie sollen der Zielgesellschaft und ihren Aktionären Klarheit darüber verschaffen, ob und wie erfolgreich das Übernahmeangebot war.[224]

---

222 *Sethe/Hellgardt* in Assmann/Schneider/Mülbert (Hrsg) WpHG, 7. Aufl (2019) Art 19 VO Nr. 596/2014 Rn 8ff mwN.

223 *Schneider* in Assmann/Schneider/Mülbert (Hrsg) WpHG, 7. Aufl (2019) Vor § 33 WpHG Rn 23ff mwN.

224 Zum internationalen Übernahmerecht s u Rn 169ff.

4. Bündelung der Informationen

Mit Umsetzung der Transparenzrichtlinie[225] hat der deutsche Gesetzgeber das Unternehmensregister eingeführt, welches der zentralen Erfassung und aktiven Verbreitung der wesentlichen handels- und kapitalmarktrechtlichen Informationen durch den Emittenten dient. Zudem sind Jahresfinanzberichte in einem einheitlichen elektronischen Berichtsformat (sog European Single Electronic Format) zu erstellen (§§ 328 Abs 1 HGB, 114 WpHG).[226] 131

5. Erfassung von Emittenten aus Drittstaaten

Die Unternehmenspublizität entspringt dem Gesellschaftsstatut und richtet sich folglich nach dem Recht am Sitz der Gesellschaft.[227] Für die kapitalmarktrechtliche Publizität ist seit der Umsetzung der europarechtlichen Transparenzvorschriften[228] eine **eigenständige Regelung über die Anknüpfung** im Wertpapierhandelsgesetz enthalten. Die genannten Publizitätspflichten knüpfen an zwei Tatbestände an, nämlich an das Herkunftsstaatprinzip (§ 2 Abs 13 WpHG) und an den Begriff des Inlandsemittenten (§ 2 Abs 14 WpHG). 132

a) Herkunftslandprinzip

Das **Herkunftslandprinzip**[229] findet Anwendung auf die geschilderten Pflichten zur Mitteilung der Stimmrechtsanteile nach den §§ 33ff WpHG. Außerdem gilt es für die Informationspflichten nach den §§ 48ff WpHG.[230] Als Emittenten mit dem Herkunftsland Deutschland erfasst § 2 Abs 13 Nr 1–3 WpHG drei Gruppen: 133

(1) Gemeint sind zunächst Emittenten von Schuldtiteln mit einer Stückelung im Wert von weniger als € 1.000 oder von Aktien. Für sie ist Deutschland Herkunftsland, 134

---

225 RL 2004/109/EG des Europäischen Parlaments und des Rates v 15.12.2004 zur Harmonisierung der Transparenzanforderungen in Bezug auf Informationen über Emittenten, deren Wertpapiere zum Handel auf einem geregelten Markt zugelassen sind, und zur Änderung der RL 2001/34/EG, ABl EU 2004 L 390/38; umgesetzt durch das Gesetz über elektronische Handelsregister und Genossenschaftsregister sowie das Unternehmensregister (EHUG), BGBl 2006 I, 2553; und das Transparenzrichtlinie-Umsetzungsgesetz v 5.1.2007, BGBl 2007 I, 10. Zur Umsetzung etwa *Bosse* BB 2007, 39ff; *Nießen* NZG 2007, 41ff. Die Transparenz-RL wurde durch die RL 2013/50/EU des Europäischen Parlaments und des Rates v 22.10.2013 zur Änderung der Richtlinie 2004/109/EG [...], ABl EU 2013 L 294/13 (Transparenzrichtlinie-Änderungsrichtlinie) geändert, vgl zur Umsetzung das Gesetz zur Umsetzung der Transparenzrichtlinie-Änderungsrichtlinie v 20.11.2015 (BGBl 2015 I, 2029), dazu *Roth*, GWR 2015, 485ff; *Söhner*, ZIP 2015, 2451ff.

226 Vgl das Gesetz zur weiteren Umsetzung der Transparenzrichtlinie-Änderungsrichtlinie im Hinblick auf ein einheitliches elektronisches Format für Jahresfinanzberichte v 12.8.2020 (BGBl 2020 I, 1874). Zu dem Umsetzungsgesetz und den damit bewirkten Gesetzesänderungen im Einzelnen *Böcking/Ebke/Hanke* in Schmidt/Ebke (Hrsg) MünchKomm-HGB, Bd 4, 4. Aufl (2020), Anhang Nachtrag zum ESEF-UG Rn 1ff.

227 *Lehmann* (Fn 111) Rn 348.

228 S Rn 131.

229 Zum Hintergrund des Herkunftslandprinzips *Assmann* (Fn 200) § 2 WpHG Rn 217ff.

230 Beachte aber die Befreiungsmöglichkeit in § 51 WpHG.

wenn sie ihren Sitz im Inland haben und ihre Wertpapiere zum Handel an einem organisierten Markt im Inland oder einem anderen EU-/EWR-Staat zugelassen sind (§ 2 Abs 13 Nr 1 lit a WpHG). Erfasst sind zudem Emittenten, die ihren Sitz in einem Drittstaat haben und deren Wertpapiere zum Handel an einem organisierten Markt im Inland oder einem anderen EU-/EWR-Staat zugelassen sind, wenn sie die Bundesrepublik Deutschland als Herkunftsstaat gewählt haben (§ 2 Abs 13 Nr 1 lit b WpHG).

135 (2) Emittenten anderer Finanzinstrumente gelten als „deutsche" Emittenten, wenn sie ihren Herkunftsstaat nach § 4 Abs 2 WpHG gewählt und entweder ihren Sitz in Deutschland haben und ihre Finanzinstrumente zum Handel an einem organisierten Markt im Inland oder in anderen EU-/EWR-Staaten zugelassen sind (§ 2 Abs 13 Nr 2 lit a WpHG) oder ihren Sitz in einem Drittstaat haben und ihre Finanzinstrumente zum Handel an einem organisierten Markt im Inland zugelassen sind (§ 2 Abs 13 Nr 2 lit b WpHG).

136 (3) Schließlich sind solche Emittenten „deutscher" Herkunft, die nach § 2 Abs 13 Nr 1 lit b oder Nr 2 WpHG die Bundesrepublik Deutschland als Herkunftsstaat wählen können und deren Finanzinstrumente zum Handel an einem organisierten Markt im Inland zugelassen sind, solange sie nicht wirksam einen Herkunftsstaat gewählt haben (§ 2 Abs 13 Nr 3 WpHG).

b) Inlandsemittenten

137 Die Pflichten aus Art 17, 19 MAR, §§ 40, 41 und 114ff WpHG gelten für Inlandsemittenten.[231] Hierunter versteht § 2 Abs 14 Nr 1 WpHG zunächst alle Emittenten, für die Deutschland Herkunftsstaat ist (s o Rn 133ff).[232] Als Inlandsemittenten gelten gem § 2 Abs 14 Nr 2 WpHG weiterhin Unternehmen, für die nicht die Bundesrepublik Deutschland, sondern ein anderer EU-/EWR-Staat der Herkunftsstaat ist, deren Wertpapiere aber nur im Inland zum Handel an einem organisierten Markt zugelassen sind.

c) Bewertung

138 Die Regelung des Herkunftslandes und die Definition des Inlandsemittenten dienen dem Ziel, eine **Doppelung der Publizitätspflichten** innerhalb der EU/des EWR zu vermeiden. Dieses Ziel hätte sich einfacher erreichen lassen, indem man entweder weniger Abgrenzungskriterien (zB allein das Prioritätsprinzip beim Vertrieb der Instrumente verbunden mit einer Meldepflicht bei der jeweiligen Aufsichtsbehörde) festgeschrieben oder von vornherein ein zentrales Register eingeführt hätte, das langfristig ohnehin geplant ist. Die äußerst komplexe und unübersichtliche Regelung ist ein weiteres Beispiel für eine babylonische Begriffsverwirrung, die Kriterien wie Verständlichkeit und Rechtssicherheit zu wenig berücksichtigt. Für Emittenten aus Drittstaaten hat die Regelung den Vorteil, dass sie sich innerhalb der EU/des EWR den für sie güns-

231 Beachte aber die Befreiungsmöglichkeit in § 46 WpHG.

232 Ausgenommen sind Emittenten, deren Wertpapiere nicht im Inland, sondern lediglich in einem anderen Mitgliedstaat der EU oder einem anderen Vertragsstaat des EWR zugelassen sind, soweit sie in diesem anderen Staat Veröffentlichungs- und Mitteilungspflichten nach Maßgabe der RL 2004/109/EG (Fn 225) unterliegen.

tigsten Standort aussuchen können. Eine solche freie Rechtswahl ist zu begrüßen, denn aufgrund der Harmonisierung der Prospektvorschriften ist innerhalb der EU/des EWR kein *race to the bottom* zu befürchten, was als einer der Nachteile eines Wettbewerbs der Systeme bedacht werden muss (s o Rn 7).[233]

6. Berücksichtigung ausländischen Rechts

Da idR das Publizitätsrecht am Sitz des Marktes maßgeblich ist, kann sich der Emittent **139** nicht darauf berufen, dass er bereits vergleichbare Publizitätspflichten in seinem Heimatstaat erfüllt hat. In solchen Fällen kann es zu einer Kumulierung der Publizitätsanforderungen kommen.[234] Allerdings gestattet § 118 Abs 4 S 1 WpHG der BaFin, beim Jahresfinanzbericht, beim Halbjahresfinanzbericht, beim Quartalsbericht und beim Konzernabschluss auf die Erfüllung der inländischen Publizitätspflichten zu verzichten, wenn der Emittent gleichwertigen Anforderungen im Drittstaat unterliegt oder er sich solchen Regeln freiwillig unterwirft. Die im Drittstaat veröffentlichten Informationen sind der inländischen Öffentlichkeit zugänglich zu machen und dem Unternehmensregister zu übermitteln (§ 118 Abs 4 S 3 und 4 WpHG).

VIII. Verhaltenspflichten

1. Die Pflichten im Einzelnen

Neben den soeben geschilderten Verhaltenspflichten am Markt treten Verhaltens- **140** pflichten im Verhältnis zwischen Wertpapierdienstleistungsunternehmen und deren Kunden sowie Organisationspflichten für Wertpapierhandelsunternehmen auf.[235]

Unter einem Wertpapierdienstleistungsunternehmen sind alle Kredit- und Fi- **141** nanzdienstleistungsinstitute (s o Rn 41ff) und Zweigstellen von Unternehmen mit Sitz im Ausland (§ 53 Abs 1 S 1 KWG, s o Rn 53ff) zu verstehen, die Wertpapierdienstleistungen gewerbsmäßig oder in einem Umfang erbringen, der einen in kaufmännischer Weise eingerichteten Geschäftsbetrieb erfordert (§ 2 Abs 10 WpHG). Als Wertpapierdienstleistungen gelten gem § 2 Abs 8 WpHG folgende Dienstleistungen über Finanzinstrumente: das Finanzkommissionsgeschäft (S 1 Nr 1), Market-Making (S 1 Nr 2 lit a), die systematische Internalisierung (S 1 Nr 2 lit b), der Eigenhandel (S 1 Nr 2 lit c), der Hochfrequenzhandel (S 1 Nr 2 lit d), die Abschlussvermittlung (S 1 Nr 3), die Anlagevermittlung (S 1 Nr 4), das Emissionsgeschäft (S 1 Nr 5), das Platzierungsgeschäft (S 1 Nr 6), die Finanzportfolioverwaltung (S 1 Nr 7), der Betrieb eines multilateralen Handelssystems (S 1 Nr 8) sowie eines organisierten Handelssystems (S 1 Nr 9), die Anlageberatung (S 1 Nr 10) und das Eigengeschäft (S 6). Erfasst sind auch sog Wertpapiernebendienstleistungen, wenn sie zusammen mit einer Wertpapierdienstleistung

233 *Benicke* 25,30f; *Sethe* 439ff.

234 *Lehmann* (Fn 111) Rn 352.

235 Eine Darstellung der Pflichten nach dem WpHG aF findet sich bspw bei *Bliesener* Aufsichtsrechtliche Verhaltenspflichten beim Wertpapierhandel (1998) 163ff; *Sethe* 730ff; *Thieme* 387ff. Die neuere Entwicklung ist sehr gut in den Kommentierungen zu den §§ 63ff WpHG beschrieben, vgl etwa *Koller* in Assmann/Schneider/Mülbert (Hrsg) WpHG, 7. Aufl (2019).

erbracht werden (§ 2 Abs 9 WpHG). Im Folgenden werden die Verhaltenspflichten bei der Erbringung dieser Geschäfte gegenüber Kunden sowie die Organisations- und Aufzeichnungspflichten dargestellt.

a) Pflicht zur ehrlichen, redlichen und professionellen Leistungserbringung

142 § 63 Abs 1 WpHG verpflichtet Wertpapierdienstleistungsunternehmen nicht nur dazu, das konkret-individuelle Kundeninteresse zu achten[236], sondern Wertpapier- und Wertpapiernebendienstleistungen ehrlich, redlich und professionell zu erbringen. Folglich darf es den Kunden **nicht bewusst irreführen** und es muss **angemessene Mittel** einsetzen, um seine Zwecke zu verfolgen. Weiter muss das Wertpapierdienstleistungsunternehmen, um als professionell zu gelten, ausreichende Sachkompetenz haben und die im Verkehr erforderliche Sorgfalt aufbringen.[237] Das Maß der aufzuwendenden Sorgfalt richtet sich nach § 276 BGB und wird bei Kaufleuten durch die Sorgfalt eines ordentlichen Kaufmanns (§ 347 HGB) überlagert.[238] Die erforderlichen Sachkenntnisse beziehen sich zum einen auf die Dienstleistung, die der Finanzdienstleister im Allgemeinen anbietet, zum anderen auf die spezifischen Anlageobjekte, die er für die individuellen Kundendepots auswählt. Die im angloamerikanischen Recht unter der Formel „*know your merchandise*" bekannte Regel hat über das *Bond*-Urteil[239] Eingang in den zivilrechtlichen Pflichtenstandard für Anlageberatungen, aber auch darüber hinaus, gefunden und ist unstreitig auch im Aufsichtsrecht maßgebend.[240]

b) Interessenwahrungspflicht

143 Die allgemeinen Verhaltenspflichten im Verhältnis Institut/Kunde finden sich in § 63 WpHG. Nach § 63 Abs 1 WpHG ist das Wertpapierdienstleistungsunternehmen verpflichtet, seine Leistungen **im bestmöglichen Interesse der Kunden** zu erbringen. Die Interessenwahrungspflicht enthält zum einen eine aktive Komponente, wonach sich das Wertpapierdienstleistungsunternehmen für die Wahrung der Kundenbelange einzusetzen hat (zB durch Überwachung des Portfolios bei der Daueranlageberatung und Vermögensverwaltung). Zum anderen enthält sie eine **Unterlassungskomponente**, so dass das Wertpapierdienstleistungsunternehmen Interessenkonflikte vermeiden muss. Lassen sich diese weder vermeiden noch zugunsten des Kunden auflösen, muss das Wertpapierdienstleistungsunternehmen den Kunden vor der Durchführung von Geschäften über die Art und Herkunft von Interessenkonflikten und die zur Begrenzung der Risiken der Beeinträchtigung der Kundeninteressen unternommenen Schritte auf-

---

236 Eingehend zur Wahrung der Interessen des Kunden *Koller* (Fn 235) § 63 WpHG Rn 19ff.

237 Zu den Anforderungen an Ehrlichkeit, Redlichkeit und Professionalität *Koller* (Fn 235) § 63 Rn 16ff; ausführlich auch *Rothenhöfer* in Schwark/Zimmer (Hrsg) Kapitalmarktrechts-Kommentar, 5. Aufl (2020) § 63 WpHG Rn 9ff und Rn 14.

238 Die zivilrechtliche Sorgfaltspflicht von Kaufleuten manifestiert sich in § 63 WpHG als öffentlich-rechtliche Verpflichtung, vgl *Fett* in Schwark/Zimmer (Hrsg) Kapitalmarktrechts-Kommentar, 5. Aufl (2020) § 63 WpHG Rn 8.

239 BGHZ 123, 126ff = BGH WM 1993, 1455ff.

240 *Bliesener* (Fn 235) 217.

klären (§ 63 Abs 2 S 1 WpHG). Ist eine Aufklärung nicht möglich, weil das Wertpapierdienstleistungsunternehmen dadurch das Bankkundengeheimnis oder das insiderrechtliche Weitergabeverbot verletzen würde, muss das Wertpapierdienstleistungsunternehmen vom Geschäft Abstand nehmen.

c) Erkundigungs- und Informationspflicht

Erbringt das Wertpapierdienstleistungsunternehmen ein beratungsfreies Geschäft, also die Ausführung der Kundenorder im Wege der Abschluss- oder Anlagevermittlung, ist es gem § 63 Abs 10 WpHG verpflichtet, vom Kunden Angaben über dessen Erfahrungen und Kenntnisse in Bezug auf Geschäfte mit bestimmten Finanzinstrumenten und Wertpapierdienstleistungen zu erfragen. Außerdem trifft das Wertpapierdienstleistungsunternehmen gem § 63 Abs 7 WpHG die Pflicht, dem Kunden rechtzeitig und in verständiger Form alle zweckdienlichen Informationen mitzuteilen. Erbringt das Wertpapierdienstleistungsunternehmen eine Anlageberatung oder Vermögensverwaltung (sog Beratungsgeschäft), unterliegt es gem § 64 Abs 3 WpHG nicht nur der Erkundigungspflicht hinsichtlich Erfahrungen und Kenntnissen des Kunden inkl Risikobewusstsein (Nr 1), sondern muss zusätzlich alle Informationen über die finanziellen Verhältnisse des Kunden inkl seiner objektiven Risikotragungsfähigkeit (Nr 2) und seine Anlageziele inkl seiner subjektiven Risikobereitschaft (Nr 3) einholen (sog ***know your customer***-Prinzip) und dem Kunden alle für eine Anlageentscheidung notwendigen Informationen mitteilen (insb über die Risiken und Kosten). Die Informations- und Erkundigungspflichten ergänzen die Interessenwahrungspflicht. Ohne genügende Informationen über Erfahrungen oder Kenntnisse mit Wertpapierdienstleistungen sowie über Anlageziele und finanzielle Verhältnisse des Kunden weiß das Institut nicht, welche Interessen der Kunde verfolgt und kann sie dementsprechend auch nicht wahren. Auch die Pflicht, dem Kunden die zweckdienlichen Informationen mitzuteilen, dient letztlich ebenfalls der Interessenwahrungspflicht, da der Kunde nur dann eine eigenverantwortliche und damit auch seinen Interessen entsprechende Entscheidung treffen kann, wenn er ausreichend informiert wird, wobei das Ausmaß an Informationen wiederum von seinen Erfahrungen oder Kenntnissen abhängt. Die selbstständig formulierten Verhaltenspflichten bilden damit ein Geflecht. Ihr Zusammenspiel bezweckt schlussendlich, eine den Interessen des Kunden entsprechende Erbringung der Wertpapierdienstleistung sicherzustellen. 144

d) Ziel der Pflichten

Die §§ 63ff WpHG verfolgen das Ziel einer **präventiven aufsichtsrechtlichen Kontrolle.**[241] Bezweckt sind insb die Erbringung einer interessengerechten Wertpapierdienstleistung und die Vermeidung von Interessenkonflikten im Vorfeld der Wertpapierdienstleistung bzw noch während ihrer Ausführung. Selbst wenn sich nach Abwicklung eines Geschäfts herausstellt, dass keine Kundenbenachteiligung vorlag, kann dennoch ein Verstoß gegen aufsichtsrechtliche Pflichten bestehen, etwa wenn 145

241 *Sethe* 789 (zu §§ 31ff WpHG aF); vgl *Rothenhöfer* (Fn 237) § 63 WpHG Rn 1.

das Wertpapierdienstleistungsunternehmen einen vermeidbaren Interessenkonflikt nicht schon im Vorfeld entschärft hat. Auch ohne Kundenbenachteiligung kann damit also ein Interessenkonflikt vorliegen. Beide Begriffe dürfen nicht gleichgesetzt werden. Die zusätzlichen Organisationspflichten dienen ebenfalls der Gewährleistung einer interessengerechten Wertpapierdienstleistung.

e) Organisations- und Aufzeichnungspflichten

146 § 80 Abs 1 S 1 WpHG enthält die von Wertpapierdienstleistungsunternehmen zu beachtenden organisatorischen Pflichten, insb die Pflicht, für eine **ordnungsgemäße Geschäftsorganisation** iSd § 25a Abs 1 KWG zu sorgen. Darüber hinaus müssen die Unternehmen angemessene Vorkehrungen zur Gewährleistung der Kontinuität und Regelmäßigkeit der Wertpapierdienstleistungen und Wertpapiernebendienstleistungen treffen (S 2 Nr 1), Interessenkonflikte erkennen und vermeiden (S 2 Nr 2), die Vertriebsvorgaben entsprechend ausgestalten (S 2 Nr 3) und die Sicherheit der Informationsübermittlungswege gewährleisten (S 2 Nr 4). Für nähere Bestimmungen zur Unternehmensorganisation verweist § 80 Abs 1 S 3 WpHG auf die **DelVO 2017/565.**[242] So haben Wertpapierdienstleistungsunternehmen gem § 80 Abs 1 S 3 WpHG iVm Art 22 DelVO 2017/565 eine Compliance-Organisation sowie iVm Art 26 DelVO 2017/565 ein Beschwerdewesen zu errichten. Das Wertpapierdienstleistungsunternehmen darf einen Mitarbeiter nur dann in der Anlageberatung, Vermögensverwaltung, im Vertrieb oder als Compliance-Beauftragten einsetzen, wenn dieser sachkundig ist und über die für die Tätigkeit erforderliche Zuverlässigkeit verfügt (§ 87 Abs 1–5 WpHG). Außerdem muss es der BaFin jede Beschwerde über einen Anlageberater anzeigen (§ 87 Abs 1 S 4 WpHG). Die Einzelheiten sind in der WpHGMaAnzV geregelt. Weiterhin ist das Outsourcing reglementiert (§ 80 Abs 6 WpHG iVm iVm Art 30–31 DelVO 2017/565). Für die Auslagerung der Finanzportfolioverwaltung in einen Drittstaat gelten gem § 80 Abs 6 S 4 WpHG iVm Art 32 DelVO 2017/565 zusätzliche Anforderungen. Schließlich muss ein Wertpapierdienstleistungsunternehmen, das Finanzinstrumente zum Verkauf entwickelt, ein Produktfreigabeverfahren anwenden, mit Hilfe dessen für die Finanzinstrumente ein bestimmter Zielmarkt festgelegt wird, welcher der Risikotragungsfähigkeit der jeweils adressierten Kundengruppe entspricht.

147 Nach § 83 Abs 1 WpHG iVm Art 72–76 DelVO 2017/565 und § 9 WpDVerOV treffen die Wertpapierdienstleistungsunternehmen auch **Aufzeichnungspflichten** in Bezug auf die Inhalte der Vertragsbeziehung, die einzelnen Geschäfte und die elektronische Kommunikation mit dem Kunden. Die Dokumentation ist fünf Jahre aufzubewahren (§ 83 Abs 8 S 1 WpHG). Aufzeichnungen über die Vertragsbedingungen sind mindestens während der gesamten Dauer der Vertragsbeziehung aufzubewahren (Art 73 DelVO 2017/565). Die Aufzeichnungspflichten dienen der Ermöglichung einer nachträglichen Kontrolle der Geschäftsvorgänge durch die Aufsichtsbehörden und den Jah-

242 Delegierte VO (EU) 2017/565 der Kommission v 25.4.2016 zur Ergänzung der Richtlinie 2014/65/EU des Europäischen Parlaments und des Rates in Bezug auf die organisatorischen Anforderungen an Wertpapierfirmen und die Bedingungen für die Ausübung ihrer Tätigkeit sowie in Bezug auf die Definition bestimmter Begriffe für die Zwecke der genannten Richtlinie, ABl EU 2017 L 87/1.

resabschlussprüfer.[243] Im Gegensatz zu § 34 WpHG aF[244] vermitteln sie ein subjektives Recht auf Auskunft, das vom einzelnen Anleger eingefordert werden kann.[245] Die herrschende Meinung lehnt allerdings eine Einordnung der Norm als Schutzgesetz iSd § 823 Abs 2 BGB ab.[246]

Schon die Interessenwahrungspflicht hält das Wertpapierdienstleistungsunternehmen dazu an, das Kundenvermögen vom eigenen Vermögen und dem Vermögen Dritter zu trennen,[247] um dem Kunden im Falle der eigenen Insolvenz den größtmöglichen Schutz zu bieten. Neben dem Kundenschutz im Falle der Insolvenz des Instituts sprechen zwei weitere Gründe für eine **strikte Vermögenstrennung**. Sie erschwert es dem Institut, Kundengelder während des laufenden Betriebs zur Begleichung eigener Verbindlichkeiten zu nutzen.[248] Ein Missbrauch von Kundengeldern lässt sich zudem leichter beweisen. Da der Gesetzgeber durch die aufsichtsrechtliche Erfassung des Depotgeschäfts dafür gesorgt hat, dass die Verwaltung und Verwahrung von Wertpapieren sehr sicher ist und die depotführenden Kreditinstitute strengen Anforderungen unterliegen, ist die Pflicht zur Vermögenstrennung in Deutschland ausreichend gewährleistet. Der Gesetzgeber hat, um eine letzte Lücke in diesem System zu schließen, mit § 84 WpHG iVm Art 49, 63 DelVO 2017/565 einen Tatbestand geschaffen, der eine Pflicht zur Vermögenstrennung auch im Vorfeld des Depotgeschäfts anordnet.[249] 148

2. Anknüpfung

Der internationale Anwendungsbereich des WpHG wird durch **§ 1 Abs 2 S 1 WpHG** bestimmt. Danach sind die Pflichten der §§ 63–96 WpHG auch anzuwenden auf Handlungen und Unterlassungen, die im Ausland vorgenommen werden, sofern diese einen Emittenten mit Sitz im Inland (§ 1 Abs 2 S 1 Nr 1) betreffen. Gleiches gilt, soweit sie Finanzinstrumente betreffen, die an einem inländischen multilateralen oder organisierten Handelssystem oder einem inländischen organisierten Markt gehandelt werden (§ 1 Abs 2 S 1 Nr 2). Erfasst sind sodann Wertpapierdienstleistungen oder Wertpapiernebendienstleistungen, die im Inland angeboten werden (§ 1 Abs 2 S 1 Nr 3, dazu sogleich Rn 150f). Da dieses dritte Anknüpfungskriterium nur *im Inland* angebotene Wertpapierdienstleistungen betrifft, sind Anlageberatungstätigkeiten von Zweigniederlassungen inländischer Unternehmen im Ausland gegenüber ausländischen Kunden nicht vom Anwendungsbereich des WpHG erfasst.[250] In Bezug auf **Warende-** 149

243 Vgl bereits Beschlussempfehlung und Bericht des Finanzausschusses von 1994 zum Entwurf für das Zweite Finanzmarktförderungsgesetz, BT-Drs 12/7918, 105f; auch dem § 83 WpHG nF kommt eine Nachweisfunktion (s Erwägungsgrund 57 MiFID II, für diese RL s u Fn 102) zu, *Fett* (Fn 238) § 83 WpHG Rn 3.

244 *Schwennicke* WM 1998, 1101/1108; s a BGH WM 2006, 567.

245 *Koller* (Fn 235) § 83 WpHG Rn 19.

246 *Koller* (Fn 235) § 83 WpHG Rn 1; *Sethe* 865 (zu § 34 WpHG aF).

247 Ausführlich dazu *Hammen* Die Gattungshandlungsschulden (1995) 361ff.

248 Ebenso *Franks/Mayer* Risk, Regulation and Investor Protection – The Case of Investment Management (1989) 150.

249 *Fett* (Fn 238) § 84 WpHG Rn 1ff allgemein, Rn 5ff zum Kundengelder- und Rn 26 zum Finanzinstrumentenschutz.

250 *Assmann* (Fn 200) § 1 WpHG Rn 10.

rivate ist zudem § 1 Abs 2 S 2 WpHG zu beachten. Danach sind die inländischen Vorschriften (§§ 54–57 WpHG) auch für im Ausland außerhalb eines Handelsplatzes gehandelte Warenderivate zu beachten, wenn diese wirtschaftlich gleichwertig mit an inländischen Handelsplätzen gehandelten Warenderivaten sind. **§ 1 Abs 3 S 1 WpHG** regelt die Anwendung der Vorschriften über Stimmrechtsmitteilungen (§§ 33–47 WpHG), über notwendige Informationen für die Wahrnehmung von Rechten aus Wertpapieren (§§ 48–52 WpHG) und über die Überwachung von Unternehmensabschlüssen und die Veröffentlichung von Finanzberichten (§§ 106–113 WpHG) auf Anteile und Aktien an Investmentvermögen.

150 Von großer praktischer Bedeutung ist die Frage, ob die Verhaltenspflichten des WpHG (§§ 63ff WpHG) auch für Wertpapierdienstleistungen gelten, die **in Drittstaaten ansässige Unternehmen** gegenüber Kunden im Inland anbieten. Verschiedene Fallgruppen sind zu unterscheiden:[251] (1) Erbringt die Drittlandfirma ohne Präsenz in der EU eine Leistung in die EU hinein, überquert lediglich die Leistung die Grenze (Korrespondenzdienstleistung). Erfolgt diese grenzüberschreitende Leistungserbringung ausschließlich auf eigene Initiative des Kunden, gelten weder die Vorgaben der MiFID II noch der MiFIR,[252] da der Kunde bzw die Firma aus eigener Entscheidung das Schutzniveau des Drittstaats wählt. Das WpHG ist folglich nicht anwendbar. (2) Gleiches gilt, falls sich der Kunde in den Drittstaat begibt (passive Dienstleistungsfreiheit).

151 (3) Sendet dagegen das Institut aus dem Drittstaat vorübergehend (aktive Dienstleistungsfreiheit) oder dauerhaft (Niederlassung) Personal ins Inland, ist das WpHG anwendbar (s o Rn 149): (a) Sofern es sich um Wertpapierdienstleistungen gegenüber **geborenen professionellen Kunden oder geeigneten Gegenparteien** handelt, sehen die Art 46–49 MiFIR kurz gesagt vor, dass das Institut vom Drittstaat beaufsichtigt wird, sofern das Recht des und die Aufsicht des Drittstaats **äquivalent** zu dem der EU sind und die Kommission einen Äquivalenzbeschluss gefasst hat. In diesem Fall darf das Unternehmen seine Wertpapierdienstleistungen oder Anlagetätigkeiten mit oder ohne Nebendienstleistungen erbringen, ohne eine Zweigniederlassung in der EU zu errichten (Art 46 Abs 1 MiFIR) und ohne die aufsichtsrechtlichen Vorgaben der MiFID II, MiFIR und CRD V beachten zu müssen (vgl den Vorbehalt in § 91 Abs 1 S 1 WpHG und § 53c Abs 2 KWG), da das Aufsichtsrecht des Drittstaats dem der EU gleichwertig sein muss. Fehlt ein solcher Beschluss der EU-Kommission, ist gem § 1 Abs 2 S 1 Nr 3 WpHG inländisches Aufsichtsrecht anzuwenden. (b) Für Leistungen **gegenüber Privatkunden und gekorenen professionellen Kunden** ist demgegenüber das Recht der Mitgliedstaaten anwendbar (Art 39–43 MiFID II). Dabei gewährt Art 39 Abs 1 MiFID II dem Mitgliedstaat die Wahlmöglichkeit, ob er aus Gründen des Anlegerschutzes im Retailgeschäft die Errichtung einer Zweigniederlassung der Drittlandfirma auf seinem Hoheitsgebiet verlangt oder ob er hierauf verzichtet. (c) Das deutsche Recht hat sich für die Pflicht zur Errichtung einer **Zweigniederlassung** entschieden,[253] sieht aber eine Freistellungsmöglichkeit vor (zur Befreiung nach § 2 Abs 5 KWG s o Rn 45).

---

251 Zum Folgenden *Sethe* SZW 2014, 615ff.

252 Vgl Erw 43 MiFIR.

253 Merkblatt der BaFin (Fn 127).

Parallel dazu erlaubt § 91 WpHG die Freistellung von bestimmten Verhaltenspflichten des WpHG.

Gem § 88 Abs 2 WpHG kann die Bundesanstalt zur Überwachung der Einhaltung der §§ 63ff WpHG Auskünfte und die Vorlage von Unterlagen auch von Unternehmen mit Sitz in einem Drittstaat verlangen, die Wertpapierdienstleistungen gegenüber Kunden erbringen, die ihren gewöhnlichen Aufenthalt oder ihre Geschäftsleitung im Inland haben, sofern nicht die Wertpapierdienstleistung einschließlich der damit im Zusammenhang stehenden Wertpapiernebendienstleistungen ausschließlich im Drittstaat erbracht wird. Diese Kompetenz beschränkt sich sachlogisch auf Unternehmen aus Drittstaaten, die keine Zweigniederlassung im Inland haben. 152

IX. Straftaten im Zusammenhang mit Wertpapiertransaktionen

1. Überblick

Das aufsichtsrechtliche Verbot des Insiderhandels und der Marktmanipulation findet sich in Art 14 und 15 MAR. Ergänzt wird die Regelung durch die CRIM-MAD,[254] die in ihrem Art 7 Abs 1 von den Mitgliedstaaten die Einführung wirksamer, verhältnismäßiger und abschreckender strafrechtlicher Sanktionen verlangt. In Deutschland wurde sie in §§ 119, 120 Abs 2 Nr 3, Abs 15 Nr 2 WpHG umgesetzt. Neben dem **Insiderhandels- und dem Marktmanipulationsverbot** enthält die MAR weitere Vorgaben zur Bekämpfung des Insiderhandels und zur Herstellung von Markttransparenz, wie die Ad-hoc-Publizität (s o Rn 127) und die Pflicht zur Publikation von *directors' dealings* (s o Rn 129). Art 18 MAR und § 27 WpHG verlangen organisatorische Vorkehrungen gegen Insiderhandel, insb die Führung von Insiderverzeichnissen und gewisse Aufzeichnungen. 153

Um Insiderhandel zu verhüten, reicht die Strafandrohung nicht aus.[255] Der BaFin steht eine weitgehende **Überwachungskompetenz** zu.[256] Ihr sind die vollständigen und zutreffenden Einzelheiten über Geschäfte mit Finanzinstrumenten so schnell wie möglich und spätestens am Ende des folgenden Arbeitstags zu melden (Art 26 Abs 1 UAbs 1 MiFIR, § 22 Abs 1 S 1 WpHG).[257] Dadurch kann sie im Wege einer elektronischen Rasterfahndung Auffälligkeiten bei Handelsaktivitäten herausfiltern. Meldepflichtig sind (1) alle **Wertpapierfirmen** iSv § 2 Abs 10 WpHG, die Geschäfte mit Finanzinstrumenten tätigen (Art 26 Abs 1 MiFIR). Dies gilt auch dann, wenn die Wertpapierfirma Geschäfte über eine Zweigniederlassung in einem Drittstaat abwickelt.[258] (2) Meldepflichtig sind zudem **EU-Zweigniederlassungen** von Drittlandfir- 154

254 RL 2014/57/EU des Europäischen Parlaments und des Rates v 16.4.2014 über strafrechtliche Sanktionen bei Marktmanipulation (Marktmissbrauchsrichtlinie), ABl EU 2014 L 173/179. Gemeinsam mit der MAR löst die CRIM-MAD die erste Marktmissbrauchs-RL von 2003 (RL 2003/6/EG) ab und bildet das neue europarechtliche Regime gegen Marktmissbrauch-Insider (s bereits o Rn 127).

255 Zu den Maßnahmen zur Verhütung des Insiderhandels insgesamt *Buck-Heeb* in Assmann/Schütze/Buck-Heeb (Fn 169) § 8 Rn 337ff mwN.

256 *Buck-Heeb* in Assmann/Schütze/Buck-Heeb (Fn 169) § 8 Rn 313.

257 Einzelheiten sind in der DelVO (EU) 2017/590 der Kommission vom 28.7.2016, ABl EU 2017 L 87/449 geregelt.

258 *v Hein* in Schwark/Zimmer (Hrsg) Kapitalmarktrechts-Kommentar, 5. Aufl (2020) § 22 WpHG Rn 24.

men, die die Meldung gegenüber der Behörde abgeben müssen, die sie in der EU zugelassen hat; verfügt die Drittlandfirma über Zweigniederlassungen in mehreren EU-Mitgliedstaaten, wählen diese gemeinsam eine der zuständigen Behörden als Empfängerin der Meldungen aus (Art 14 Abs 5 DelVO 2017/590).[259] (3) Der Meldepflicht unterliegt der **Betreiber eines Handelsplatzes** (dh eines geregelten Markts, eines MTF oder eines OTF gem Art 2 Nr 6 MiFIR), wenn eine nicht der MiFIR unterliegende Wertpapierfirma Geschäfte mit Finanzinstrumenten über sein System abgewickelt hat (Art 26 Abs 5 MiFIR).[260]

155 Art 16 Abs 1 UAbs 2 MAR verpflichtet die Betreiber von Märkten und Wertpapierfirmen, die einen Handelsplatz betreiben, **Verdachtsfälle** von Insiderhandel und Marktmanipulation zu melden. Wer beruflich Geschäfte in Finanzinstrumenten auf einem Handelsplatz oder anderweitig vermittelt oder ausführt, unterliegt ebenfalls einer Meldepflicht (Art 16 Abs 2 MAR). Dieser Regelung unterfallen auch Wertpapierdienstleistungsunternehmen mit Sitz in einem Drittstaat, die durch eine Zweigniederlassung in der EU Dienstleistungen erbringen.[261]

2. Insiderrecht

a) Tatbestand

156 Art 14 MAR enthält ein aufsichtsrechtliches Verbot des Insiderhandels. Erfasst werden **drei Varianten**: das Tätigen von Insidergeschäften und der Versuch hierzu (lit a 2. Hs), die Empfehlung an Dritte oder die Anstiftung Dritter, Insidergeschäfte zu tätigen (lit b) und die unrechtmäßige Offenlegung von Insiderinformationen (lit c). Der Begriff der Insiderinformationen ist deckungsgleich mit jenem bei der Ad-hoc-Publizität (s o Rn 127).[262] Das Verbot von Insidergeschäften beruht auf der Erwägung, dass derartige Geschäfte das Vertrauen der Anleger in die Integrität der Finanzmärkte erschüttern und die Chancengleichheit der Marktteilnehmer verletzen. Insiderhandel stellt damit eine Gefahr für die institutionelle Funktionsfähigkeit von Finanzmärkten dar.[263] Zudem verursacht Insiderhandel erhöhte Transaktionskosten in Form von Informationsbeschaffungskosten. Die Verletzung des aufsichtsrechtlichen Verbots ist gem § 119 Abs 1, 3 und 4 WpHG mit strafrechtlichen Sanktionen belegt.

---

259 Zur Meldepflicht für Unternehmen aus Drittstaaten *v Hein* (Fn 258) § 22 WpHG Rn 28; *Gebauer* in Assmann/Schneider/Mülbert (Hrsg) WpHG, 7. Aufl (2019) Art 26 VO Nr. 600/2014 Rn 8.

260 Wegen dieses weiten Tatbestands war es nicht mehr notwendig, die Meldepflicht generell auf Unternehmen aus Drittstaaten zu erstrecken, die an einer inländischen Börse zur Teilnahme am Handel zugelassen waren (so noch § 9 Abs 1 S 4 WpHG aF).

261 *Mülbert* in Assmann/Schneider/Mülbert (Hrsg) WpHG, 7. Aufl (2019) Art 16 VO Nr. 596/2014 Rn 16.

262 Hierzu *Schröder* Handbuch Kapitalmarktstrafrecht, 4. Aufl (2020) Rn 24ff, 290ff, 279ff, 216ff; *Spoerr* in Assmann/Schneider/Mülbert (Hrsg) WpHG, 7. Aufl (2019) § 119 WpHG Rn 102ff, 111ff, 127ff.

263 *Cahn* ZHR 162 (1998) 1/2; *Kübler/Assmann* Gesellschaftsrecht, 6. Aufl (2006) § 32 IV, 478. Allerdings ist diese Sichtweise nicht allgemein akzeptiert, zur Diskussion *Buck-Heeb* in Assmann/Schütze/Buck-Heeb (Fn 169) § 8 Rn 15ff, 20ff mwN.

b) Anknüpfung

157 Die MAR und das in ihr enthaltene Insiderhandelsverbot erfassen Finanzinstrumente, die zum Handel auf einem geregelten Markt oder einem multilateralen Handelssystem zugelassen sind oder deren Zulassung beantragt ist (Art 2 Abs 1 UAbs 1 lit a und b MAR). Weiterhin gilt die MAR für Finanzinstrumente, die in einem organisierten Handelssystem gehandelt werden (Art 2 Abs 1 UAbs 1 lit c MAR) oder deren Kurs oder Wert von einem solchen Titel abhängt oder sich auf diesen auswirkt (Art 2 Abs 1 UAbs 1 lit d MAR). Erfasst ist zudem die Versteigerung von Emissionszertifikaten (Art 2 Abs 1 UAbs 2 MAR). Es spielt keine Rolle, ob das fragliche Geschäft an einem Handelsplatz oder außerhalb eines solchen erfolgt (Art 2 Abs 3 MAR).[264]

158 Der **internationale Anwendungsbereich** der MAR knüpft an den Ort der Zulassung der Finanzinstrumente in der EU an. Der aufsichtsrechtliche Tatbestand erfasst alle Handlungen und Unterlassungen auf dem Gebiet der EU und in Drittstaaten, soweit sich diese in der EU auswirken (Art 2 Abs 4 MAR). Somit entfaltet die MAR eine extraterritoriale Wirkung auf Handlungen und Unterlassungen, die außerhalb der EU in einem Drittstaat vorgenommen werden. Die Vorschriften über den Insiderhandel sind anzuwenden, sofern in der EU gehandelte Finanzinstrumente betroffen sind (sog **Auswirkungsprinzip**).[265] Das ist völkerrechtlich unbedenklich, da die Zuständigkeit zum Erlass von Vorschriften (*jurisdiction to prescribe*) nicht auf das Territorium des jeweiligen Gesetzgebers beschränkt ist. Vom internationalen Anwendungsbereich des materiellen Rechts zu unterscheiden ist dessen Geltungsbereich, der durch die Zuständigkeit zu dessen Durchsetzung (***jurisdiction to enforce***) durch inländische Gerichte und Behörden begrenzt ist. Diese ist beschränkt auf das Territorium der EU. Die Behördenzuständigkeit ist in Art 22 MAR festgelegt, der auch die internationale Zuständigkeit der nationalen Aufsichtsbehörden regelt.[266]

159 Vom Aufsichtsrecht zu unterscheiden ist die internationale **Anknüpfung des Straf- und Bußgeldrechts**. Diese Verfolgung von Verstößen obliegt nach Art 10 Abs 1 MAD-CRIM dem Mitgliedstaat, in dessen Hoheitsgebiet der Verstoß begangen wurde (lit a) oder dessen Staatsangehöriger die Straftat begangen hat (lit b). Maßgebend ist daher das internationale Strafrecht der einzelnen Mitgliedstaaten, im Falle Deutschlands also die §§ 3–7, 9 StGB, 5, 7 OWiG.[267] § 38 Abs 5 WpHG aF erweiterte die Strafbarkeit auf ein entsprechendes ausländisches Verbot des Insiderhandels. Diese in ihrer Verfassungsmäßigkeit und Auslegung umstrittene Regelung wurde nicht in das neue Recht übernommen.[268]

---

264 Vgl zum Anwendungsbereich der Insiderhandels- und Marktmanipulationsverbote *Lehmann* (Fn 111) Rn 367f; s a *Kumpan/Misterek* (Fn 200) Art 2 VO (EU) 596/2014 Rn 32.

265 Dabei ist unerheblich, ob das Drittland den europäischen Regeln gegen Marktmissbrauch ähnliche Verbote und Anforderungen hat, *Assmann* (Fn 200) Art 2 VO 596/2014 Rn 25; Art 12 VO 596/2014 Rn 44.

266 Diese Regelung ist allerdings sehr unklar formuliert, vgl *Assmann* (Fn 200) Art 12 VO 596/2014 Rn 46. Zur internationalen Kooperation der Aufsichtsbehörden *Lehmann* (Fn 111) Rn 487ff.

267 Dazu ausführlich *Spoerr* in (Fn 262) § 119 WpHG Rn 203ff. Zur internationalen Kooperation der Aufsichtsbehörden *Lehmann* (Fn 111) Rn 371ff.

268 Vgl dazu Vorauflage Rn 139ff.

3. Marktmanipulation

a) Tatbestand

160 Das Verbot der Marktmanipulation dient dem Ziel, die Zuverlässigkeit und Wahrheit der **Preisbildung** an Börsen und Märkten und damit die **Funktionsfähigkeit** des Kapitalmarkts zu schützen.[269] Ob dem Verbot darüber hinaus eine individualschützende Funktion zukommt, ist fraglich.[270] Bei der Marktmanipulation führt der Täter einen den Marktbedingungen nicht entsprechenden inadäquaten Kurs herbei und nutzt die Kursdifferenz zu seinen Gunsten aus.

161 **Gegenstand der Marktmanipulation** können Finanzinstrumente (s o Rn 141), mit einem Finanzinstrument verbundene Waren-Spot-Kontrakte, auf Emissionszertifikaten beruhende Auktionsobjekte und Referenzwerte sein (Art 2 Abs 1 und 2 MAR).

162 Art 12 MAR unterscheidet **vier Arten** der Marktmanipulation:[271] Diese erfassen die Tatbestände der informationsgestützten Manipulation (*information based*), der handelsgestützten Manipulation (*trade based*) und der Manipulation durch sonstiges Verhalten (*action based*). Außerdem wird nun auch die Manipulation von Referenzwerten erfasst:

163 (1) **Handelsgestützte Marktmanipulationen** können durch **fiktive** Handelsaktivitäten an der Börse, um Umsatz oder Liquidität vorzutäuschen (*wash sales, matched orders, circular trading*), erfolgen. Sie können sich aber auch durch **effektive** Handelsaktivitäten (*short sales, pumping and dumping* etc) ereignen. So erfasst Art 12 Abs 1 lit a MAR den Abschluss von Geschäften, die Erteilung von Handelsaufträgen und jede andere Handlung, durch die falsche oder irreführende Signale an den Markt gegeben werden (Ziff i) oder ein anormales oder künstliches Preisniveau eines oder mehrerer Finanzinstrumente, eines damit verbundenen Waren-Spot-Kontrakts oder eines auf Emissionszertifikaten beruhenden Auktionsobjekts herbeigeführt wird (Ziff ii).[272]

164 (2) Art 12 Abs 1 lit b MAR enthält **handels- und handlungsgestützte Manipulationsformen.**[273] Die Unrechtshandlung kann im Abschluss eines Geschäfts, in der Erteilung eines Handelsauftrags und in jeglicher sonstiger Tätigkeit oder Handlung an Finanzmärkten bestehen, die unter Vorspiegelung falscher Tatsachen oder unter Verwendung sonstiger Kunstgriffe oder Formen der Täuschung den Kurs von Finanzinstrumenten beeinflusst oder hierzu geeignet ist.

165 (3) Bei der **informationsgestützten Manipulation** nach Art 12 Abs 1 lit c MAR wird das Angebot oder der Kurs eines Finanzinstruments, eines damit verbundenen Waren-Spot-Kontrakts oder eines auf Emissionszertifikaten beruhenden Auktionsobjekts oder die Nachfrage danach durch die Verbreitung falscher oder irreführender Informationen, einschließlich Gerüchten verfälscht (zB in Bilanzen, Lageberichten,

---

269 *Mülbert* (Fn 261) Art 12 VO 596/2014 Rn 22.

270 Bejahend wohl RegE zum Anlegerschutzverbesserungsgesetz – AnSVG, BT-Drs 15/3174, 26; aA *Mülbert* (Fn 261) Art 12 VO 596/2014 Rn 24f, Art 15 Art 12 VO 596/2014 Rn 48ff mwN.

271 *Mülbert* (Fn 261) Vor Art 12 VO Nr. 596/2014 Rn 56ff.

272 Ausführlich zu handelsgestütztem manipulativen Verhalten *Mülbert* (Fn 261) Vor Art 12 VO Nr. 596/2014 Rn 61ff.

273 *Zimmer/Bator* in Schwark/Zimmer (Hrsg) Kapitalmarktrechts-Kommentar, 5. Aufl (2020) Art 12 VO (EU) 596/2014 Rn 2. Eingehend zur Manipulationshandlung gem Art 12 Abs 1 lit b MAR *Mülbert* (Fn 261) Art 12 VO Nr. 596/2014 Rn 140.

Geschäftsberichten, Ad-hoc-Mitteilungen, Prospekten oder durch das Streuen unrichtiger oder irreführender Informationen in Presse, Rundfunk, Fernsehen oder Internet).[274]

(4) Als *lex specialis* zu Art 12 Abs 1 lit c MAR enthält Art 12 Abs 1 lit d MAR eben- 166
falls einen auf Informationsverbreitung gestützten Manipulationstatbestand.[275] Erfasst ist entweder die Übermittlung bzw Bereitstellung falscher oder irreführender Angaben bzw Ausgangsdaten bezüglich eines **Referenzwerts**, wenn die Person, welche die Informationen übermittelt bzw die Ausgangsdaten bereitgestellt hat, wusste oder hätte wissen müssen, dass diese falsch oder irreführend waren, oder sonstige Handlungen, durch die die Berechnung eines Referenzwerts manipuliert wird.

Art 12 Abs 2 MAR konkretisiert die Definition der Marktmanipulation durch einen 167
nicht abschließenden **Beispielkatalog**. Als Anhaltspunkte bei der Überprüfung von Geschäften oder Handelsaufträgen auf Marktmanipulationen dienen den zuständigen Behörden die in Anhang I der MAR iVm Anhang II der DelVO 2016/522[276] aufgeführten Indikatoren und Praktiken.

b) Anknüpfung

Da die Anknüpfung derjenigen beim Insiderhandel entspricht, kann auf diese Ausfüh- 168
rungen verwiesen werden (s o Rn 157ff).

X. Übernahmerecht

1. Überblick

Ziel des Übernahmerechts ist es, Rahmenbedingungen bei Unternehmensübernahmen 169
und anderen öffentlichen Angeboten zum Erwerb von Wertpapieren in Deutschland zu schaffen, die den Anforderungen der Globalisierung und der Finanzmärkte angemessen Rechnung tragen. Dies soll den Wirtschaftsstandort und Finanzplatz Deutschland im internationalen Wettbewerb stärken. Wie § 3 WpÜG zeigt, dient das Übernahmerecht dazu, ein **faires und geordnetes Angebotsverfahren** zu schaffen. Es soll die Information und die **Transparenz** für die betroffenen Wertpapierinhaber und Arbeitnehmer verbessern sowie die rechtliche Stellung von **Minderheitsaktionären** bei Unternehmensübernahmen stärken.[277]

---

274 Zum sog *scalping* in Art 12 Abs 2 lit d MAR als Spezialfall der informationsgestützten Manipulation, *Mülbert* (Fn 261) Vor Art 12 VO Nr. 596/2014 Rn 59 und Art 12 VO 596/2014 Rn 234ff; *Zimmer/Bator* (Fn 273) Art 12 VO (EU) 596/2014 Rn 128ff.

275 Zur Normierung der Referenzwertmanipulation *Mülbert* (Fn 261) Art 12 VO 596/2014 Rn 201ff; vgl *Zimmer/Bator* (Fn 273) Art 12 VO (EU) 596/2014 Rn 2 aE, 66 mwN in Bezug auf aA.

276 Delegierte VO (EU) 2016/522 Der Kommission v 17.12.2015 zur Ergänzung der Verordnung (EU) Nr. 596/2014 des Europäischen Parlaments und des Rates im Hinblick auf eine Ausnahme für bestimmte öffentliche Stellen und Zentralbanken von Drittstaaten, die Indikatoren für Marktmanipulation, die Schwellenwerte für die Offenlegung, die zuständige Behörde, der ein Aufschub zu melden ist, die Erlaubnis zum Handel während eines geschlossenen Zeitraums und die Arten meldepflichtiger Eigengeschäfte von Führungskräften, ABl EU 2016 L 88/1.

277 RegE zum Wertpapiererwerbs- und Übernahmegesetz – WpÜG, BT-Drs 14/7034, 28.

170 § 2 Abs 1 WpÜG definiert Angebote als „freiwillige oder auf Grund einer Verpflichtung nach diesem Gesetz erfolgende öffentliche Kauf- oder Tauschangebote zum Erwerb von Wertpapieren einer Zielgesellschaft". Dieser **Angebotsbegriff** weicht vom Angebotsbegriff des Art 2 lit d ProspektVO ab (s o Rn 118). Denn öffentliche Angebote nach der ProspektVO zielen auf den Verkauf von Wertpapieren, während Angebote des WpÜG auf deren Erwerb gerichtet sind.

171 Das WpÜG unterscheidet **drei Angebotsarten**: Angebote zum Erwerb von Wertpapieren (§§ 10ff WpÜG), Übernahmeangebote (§§ 29ff WpÜG) und Pflichtangebote (§§ 35ff WpÜG). Unter einem Übernahmeangebot versteht das Gesetz „Angebote, die auf den Erwerb der Kontrolle gerichtet sind" (§ 29 Abs 1 WpÜG). Nach § 29 Abs 2 WpÜG ist unter Kontrolle das Halten von mindestens 30 % der Stimmrechte an der Zielgesellschaft zu verstehen. Zur Abgabe von Pflichtangeboten ist ein Bieter nach § 35 Abs 2 WpÜG verpflichtet, nachdem er die unmittelbare oder mittelbare Kontrolle über eine Zielgesellschaft erlangt hat. Die grundsätzliche Ausgestaltung des Angebots ergibt sich aus den §§ 10ff WpÜG, wobei für Übernahmeangebote und Pflichtangebote eine Reihe ergänzender Bestimmungen gelten.

2. Anknüpfung

172 Die Regelung des Internationalen Übernahmerechts erfolgt in §§ 1, 2 Abs 3 WpÜG.[278] § 1 WpÜG legt die Anknüpfungspunkte bei der Ermittlung des sachlich-funktionalen und räumlichen Anwendungsbereichs des WpÜG fest.[279] Erfasst werden Aktiengesellschaften und Kommanditgesellschaften auf Aktien mit Sitz im Inland oder Gesellschaften mit Sitz in einem EU-/EWR-Staat (§ 2 Abs 3 WpÜG). Sie müssen Wertpapiere emittiert haben, die zum Handel an einem organisierten Markt zugelassen sind. Unter einen solchen Markt fallen nur staatlich geregelte Märkte in der EU/dem EWR (§ 2 Abs 7 WpÜG). Diese **drei Anknüpfungspunkte** müssen **kumulativ** vorliegen. Das Gesetz knüpft nicht an den Wohnsitz oder die Staatsangehörigkeit der Angebotsadressaten, also der Aktionäre der Zielgesellschaft, an.[280] Eine Anknüpfung an die Herkunft des Bieters erfolgt ebenfalls nicht (vgl § 2 Abs 4 WpÜG). Andere Rechtsformen (zB die Personengesellschaft, die Genossenschaft, die GmbH) unterfallen nicht dem Gesetz, da ihre Anteile nicht an der Börse handelbar sind.[281]

173 Das Verhältnis zum Übernahmerecht anderer EU-/EWR-Staaten wird in § 1 Abs 2 und 3 WpÜG im Detail geklärt. Nicht ausdrücklich im WpÜG angesprochen wird das Verhältnis zu Drittstaaten.[282] Das Gesetz lässt dabei allerdings die Problematik von **Normkonflikten** offen. Solche ergeben sich dann, wenn bei internationalen Sachver-

---

278 Zur Frage des anwendbaren Transaktionsrechts bzgl der Wertpapiere *Lehmann* (Fn 111) Rn 433ff.

279 Hierzu *Pötzsch/Favoccia* in Assmann/Pötzsch/Schneider (Hrsg) WpÜG 3. Aufl (2020) § 2 Rn 57ff; *Ekkenga/Kuntz* WM 2004, 2427ff; *v Hein* AG 2001, 213ff; *Hopt* ZHR 166 (2002) 383/393ff; *Mülbert* ZIP 2001, 1221/1227ff; *Wackerbarth* in Goette/Habersack (Hrsg) MünchKomm-AktG, Bd 6, 4. Aufl (2017) § 1 WpÜG Rn 8ff.

280 *Angerer* in Angerer/Geibel/Süßmann (Hrsg) WpÜG, 3. Aufl (2017) § 1 Rn 126.

281 *Wackerbarth* (Fn 279) § 1 WpÜG Rn 11.

282 Gleiches gilt für die RL 2004/25/EG des Europäischen Parlaments und des Rates v 21.4.2004 betreffend Übernahmeangebote, ABl EU 2004 L 142/12. Dazu *Maul/Muffat-Jeandet* AG 2004, 221/226.

halten neben dem WpÜG auch ein anderes Übernahmerecht anzuwenden ist (Normenhäufung)[283] oder wenn weder das deutsche WpÜG noch ein anderes Übernahmerecht anzuwenden ist (Normenmangel).[284] Folgende Gestaltungen sind zu unterscheiden:

174 Indem alle Übernahmeangebote erfasst werden, deren Zielgesellschaft ihren Sitz im Inland/im EWR hat, legt der Gesetzgeber den Anwendungsbereich des WpÜG **einseitig** fest. Angebote bezüglich Zielgesellschaften mit Sitz in Drittstaaten unterfallen nicht dem WpÜG.

175 Unternehmen mit Sitz im Inland, die ausschließlich an einer Börse in einem Drittstaat notiert sind, unterfallen nicht dem Anwendungsbereich, da sie nicht an einem organisierten Markt iSd § 2 Abs 7 WpÜG notiert sind.[285]

176 Da es nicht auf den Sitz des Bieters ankommt, unterliegen **Bieter aus Drittstaaten**, die auf eine Zielgesellschaft im Inland oder innerhalb der EU/des EWR bieten, gem § 1 Abs 1 WpÜG dem deutschen Übernahmerecht.

177 Als **Zielgesellschaften** sind nur Aktiengesellschaften und Kommanditgesellschaften auf Aktien mit Sitz im Inland oder in einem EU-/EWR-Staat erfasst (§§ 1 Abs 1, 2 Abs 3 WpÜG).[286] Das Übernahmerecht knüpft damit an das Gesellschaftsstatut an. Die Frage, ob eine nach dem Recht eines Drittstaats gegründete börsennotierte Kapitalgesellschaft[287], die ihren Verwaltungssitz nach Deutschland verlegt (Zuzug), als Gesellschaft iSd § 2 Abs 3 Nr 1 WpÜG gilt, ist streitig. Die herrschende Meinung[288] sieht im Wortlaut, der die deutschen Bezeichnungen der Rechtsformen verwendet, eine Beschränkung auf Gesellschaften deutschen Rechts. Die Vertreter dieser Ansicht können sich auf die Sitztheorie stützen, die nach herrschender Meinung im Verhältnis zu Drittstaaten auch nach den Entscheidungen des EuGH in Sachen ***Überseering*** und ***Inspire Art***[289] gilt.[290] Danach führt die Verlegung des Verwaltungssitzes zum Erlöschen der juristischen Person.[291] Somit können Gesellschaften aus Drittstaaten mit Verwaltungssitz in Deutschland nach hiesigem Recht nicht Gegenstand einer Übernahme sein. Allerdings hilft diese Ansicht nicht weiter im Verhältnis zu Gesellschaften, die nach

---

283 Diese hat der Gesetzgeber erkannt, ließ sie aber ungeregelt, RegE zum WpÜG, BT-Drs 14/7034, 51.

284 *Lehmann* (Fn 111) Rn 446. Krit zu dieser kargen Regelung *Hopt* ZHR 166 (2002) 383/398, der zu Recht bemängelt, dass der Gesetzgeber damit die Ziele des Aktionärs- und Konzerneingangsschutzes verfehle.

285 *Noack/Holzborn* in Schwark/Zimmer (Hrsg) Kapitalmarktrechts-Kommentar, 5. Aufl (2020) § 1 WpÜG Rn 5.

286 Eine Reform dieser Anknüpfungsregel befürwortet *Josenhans* ZBB 2006, 269ff, der auf den Hauptbörsenplatz abstellen will.

287 Nach § 2 Abs 7 WpÜG kann die Börsennotierung im Inland oder in einem EU-/EWR-Staat erfolgen.

288 *Angerer* (Fn 280) § 1 Rn 37; *Noack/Holzborn* (Fn 285) § 2 WpÜG Rn 21; *Pötzsch/Favoccia* (Fn 279) § 2 Rn 67; *Versteegen* in Hirte/von Bülow (Hrsg) Kölner Komm WpÜG, 2. Aufl (2010) § 2 Rn 112.

289 EuGH, Rs C-208/00, Slg 2002, I-9919 – *Überseering*; EuGH, Rs C-167/01, Slg 2003, I-10155 – *Inspire Art*.

290 BGH ZIP 2008, 2411; *Kindler* in MünchKomm BGB Bd 13, 8. Aufl (2021), Internationales Handels- und Gesellschaftsrecht Rn 9f, 354ff; *Weller* IPrax 2003, 324/327f. Für einen generellen Übergang zur Gründungstheorie *Ringe* in Schmidt/Lutter AktG 4. Aufl (2020) Int GesR Rn 73ff; *Leible* in Michalski (Hrsg) GmbHG, Bd 1, 3. Aufl (2017) Internationales Gesellschaftsrecht Rn 53.

291 *Angerer* (Fn 280) § 1 Rn 40ff; vgl auch die umfangreichen Nachweise bei *Ekkenga/Kuntz* WM 2004, 2427/2428.

dem Recht eines Bundesstaats der Vereinigten Staaten gegründet wurden, denn nach Art XXV Abs 5 S 2 des Freundschaftsvertrags[292] gilt im Verhältnis zu den USA die Gründungstheorie.[293] Die Vertreter der herrschenden Meinung[294] verweisen hier auf den Wortlaut, der offensichtlich an die Gründung nach deutschem Recht anknüpft. Sie verneinen eine für die Analogie zu § 2 Abs 3 WpÜG notwendige Regelungslücke, weil der Gesetzgeber das Problem kannte.[295] Die Gegenansicht legt ein funktionales Verständnis des Übernahmerechts zugrunde. Es sei ein Mittel der externen Kontrolle des Managements von Aktiengesellschaften und es sei kein Grund ersichtlich, dass allein wegen der Gründung nach ausländischem Recht solche Gesellschaften in Deutschland einer geringeren externen Kontrolle oder weniger strengen kapitalmarktrechtlichen Anforderungen unterlägen als nach inländischem Recht gegründete Gesellschaften. Die Auffassung der herrschenden Meinung sei nicht mit dem Marktverzerrungsverbot des § 3 Abs 5 WpÜG vereinbar. Deshalb sei das WpÜG auch auf eine US-amerikanische Corporation mit Verwaltungssitz und Börsenzulassung in Deutschland anwendbar.[296] Folgt man dieser Ansicht, kann es zu einer Normenhäufung kommen, wenn die Gesellschaft zugleich dem US-amerikanischen Übernahmerecht unterliegt.[297] Für diese Ansicht spricht sicherlich, dass eine Einbeziehung der zuziehenden Gesellschaften aus Staaten mit Gründungstheorie sinnvoll wäre. Folgt man dagegen der herrschenden Meinung, ist zu bedenken, dass Art VII Abs 1 des Freundschaftsvertrags[298] grundsätzlich die Inländerbehandlung garantiert. Man wird daher eine **völkerrechtsfreundliche Auslegung** des WpÜG vorzunehmen haben, die in § 2 Abs 3 WpÜG Fälle einbezieht, in denen eine nach ausländischem Recht gegründete Gesellschaft ihren Verwaltungssitz ins Inland verlegt. Diese Gesellschaft muss deutsches Übernahmerecht wählen können.

178 Verlegt eine in Deutschland gegründete Gesellschaft ihren **Satzungssitz in einen Drittstaat**, ist die aktienrechtliche Beurteilung umstritten. Hält man den Wegzug für wirksam,[299] entfällt ihre Eigenschaft als Zielgesellschaft iSd § 2 Abs 3 WpÜG. Sieht man den Wegzug als Beschluss über die Auflösung an,[300] handelt es sich um eine Aktiengesellschaft in Liquidation. Diese erlischt nicht automatisch,[301] sondern erst mit Vermögensverteilung. Sie kann also noch Zielgesellschaft sein. Hält man den Be-

---

292 S Freundschafts-, Handels- und Schifffahrtsvertrag v 29.10.1954 (s o Fn 54).

293 BGH WM 2003, 699.

294 S o Fn 290.

295 Dass der Gesetzgeber die Drittstaaten durchaus im Blick hatte, zeigt der RegE zum ÜbernahmeRL-Umsetzungsgesetz, BT-Drs 154/06, 22, 39, 49.

296 *Wackerbarth* (Fn 279) § 1 WpÜG Rn 13; *Oechsler* in Ehricke/Ekkenga/Oechsler (Hrsg) Wertpapiererwerbs- und Übernahmegesetz (2003) § 1 Rn 5; *Ekkenga/Kuntz* WM 2004, 2427/2429f.

297 *Ekkenga/Kuntz* WM 2004, 2427/2428.

298 S Freundschafts-, Handels- und Schifffahrtsvertrag v 29.10.1954 (s o Fn 54).

299 *Behrens* Die GmbH im internationalen und europäischen Recht, 2. Aufl (1997) IPR Rn 65; *Bungert* AG 1995, 489/499ff; *Knobbe-Keuk* ZHR 154 (1990) 325/352f; *Pötzsch/Favoccia* (Fn 279) § 2 Rn 71.

300 So *Großfeld* in Großfeld/Kropholler (Hrsg) Staudinger Komm BGB, Bd 7, 13. Bearbeitung (1998) IntGesR Rn 652ff; so noch *Brändel* in Hopt/Wiedemann (Hrsg) Großkommentar AktG, 4. Aufl (2004) § 5 Rn 28 mwN. S aber o Text zu Fn 292 und 293.

301 So aber *Pötzsch/Favoccia* (Fn 279) § 2 Rn 71.

schluss über die Verlegung des Satzungssitzes für nichtig,[302] liegt der Satzungssitz der Gesellschaft weiterhin im Inland und sie kann Zielgesellschaft sein.

3. Normenkollision bei Drittstaatenbietern

Unterliegt ein Bieter dem deutschen Übernahmerecht und dem eines Drittstaats (Heimatstaats), kann sich daraus für ihn eine Normen- und Pflichtenkollision ergeben. Hier kann die BaFin dem Bieter auf Antrag gestatten, bestimmte Inhaber von Wertpapieren **von dem Angebot auszunehmen** (§ 24 WpÜG). Dies schließt nicht aus, dass nach ausländischem Recht den ausländischen Anteilseignern ein Angebot unterbreitet werden muss.[303] 179

D. Das Internationale Privatrecht der Bank- und Finanzdienstleistungen

I. Überblick

Die Rechtsbeziehungen zwischen einer Bank und ihren Kunden, das Bankprivatrecht, 180
sind vielgestaltig und es würde den Rahmen des vorliegenden Beitrags überschreiten, alle Geschäfte und Haftungsfragen im transnationalen Kontext anzuschauen. Im Folgenden werden daher nur die Kontobeziehung, die Wertpapiergeschäfte, das Investmentrecht sowie die Haftung für fehlerhafte Kapitalmarktinformationen im Überblick betrachtet.

II. Kontobeziehung

Im Mittelpunkt der Rechtsbeziehungen zwischen Bank und Kunde steht das Girokon- 181
to. Das auf dieses anzuwendende Recht wird durch die Rom I-VO bestimmt.[304] Kollisionsregeln im europäischen Richtlinienrecht zu Banken und Finanzdienstleistungen, die theoretisch der Verordnung vorgehen,[305] existieren nicht. Das autonome deutsche Kollisionsrecht der Schuldverträge in Art 27ff EGBGB wurde aufgehoben. Inhaltlich geht die Rom I-VO vom Grundsatz der **Freiheit der Rechtswahl** aus, s ihren Art 3. Dieser Grundsatz gilt auch für Bank- und Finanzdienstleistungen. Er erlaubt es, jedwedes staatliches Recht für das Verhältnis zwischen Bank und Kunde zu wählen, auch solches, das keine Beziehung zu den Parteien oder zum Gegenstand des Vertrags hat. Erfolgt keine Rechtswahl, kommt das Recht des Staates zur Anwendung, in dem der Dienstleister seinen **gewöhnlichen Aufenthalt** hat (Art 4 Abs 1 lit b Rom I-VO). Handelt es sich beim Dienstleister um eine Gesellschaft oder juristische Person, so ist de-

---

302 *Koch* in Hüffer/Koch (Hrsg) AktG, 14. Aufl (2020) § 5 Rn 13.
303 *Lehmann* (Fn 111) Rn 448.
304 Verordnung (EG) Nr 593/2008 des Europäischen Parlaments und des Rates v 17.6.2008 über das auf vertragliche Schuldverhältnisse anzuwendende Recht (Rom I), ABl EU 2008 L 177/6.
305 S Art 23 Rom I-VO.

ren **Hauptniederlassung** entscheidend (Art 19 Abs 1 UAbs 1 Rom I-VO). Wurde der Vertrag jedoch im Rahmen des Betriebs einer Zweigniederlassung, Agentur oder sonstigen Niederlassung geschlossen oder ist diese nach der Vereinbarung zwischen den Parteien für die Erfüllung des Vertrags zuständig, so kommt es auf den Ort an, an dem sich diese befindet (Art 19 Abs 2 Rom I-VO). Regelmäßig ist damit das Recht des Staates, in dem die Bank oder die Zweigniederlassung ihren **Sitz** hat, berufen.[306] Dies gilt nicht nur für die Eröffnung des Kontos, also die Begründung der Vertragsbeziehung, sondern auch für die Führung und die Auflösung von Konten.

182 Für Verträge, an denen **Verbraucher** beteiligt sind, trifft Art 6 Rom I-VO abweichende Regelungen. Zwar sind von dessen Anwendungsbereich ua Rechte und Pflichten im Zusammenhang mit Finanzinstrumenten ausgenommen, doch gilt eine Rückausnahme für Finanzdienstleistungen (Art 6 Abs 4 lit d Rom I-VO). Das auf eine Kontobeziehung zwischen einer Bank und einem Verbraucher anzuwendende Recht ist daher grundsätzlich nach der Sonderregelung zu bestimmen. Danach spielt das Recht am gewöhnlichen Aufenthalt des Verbrauchers eine besondere Rolle. Dieses ist mangels Rechtswahl anzuwenden (Art 6 Abs 1 Rom I-VO). Selbst wenn die Parteien ein anderes Recht gewählt haben, bleibt dem Verbraucher der Schutz durch die zwingenden Bestimmungen des Rechts seines Aufenthaltsstaats erhalten (Art 6 Abs 2 Rom I-VO). Insoweit kommt es zu einem **Günstigkeitsvergleich**: Das gewählt Recht wird nur insoweit angewandt, als es für den Verbraucher günstiger ist als das seines Heimatstaats. Bedingung für die Anwendbarkeit des Art 6 Rom I-VO ist allerdings stets, dass die situativen Voraussetzungen des Art 6 Abs 1 lit a oder b Rom I-VO vorliegen. Dazu muss die Bank entweder ihre gewerbliche Tätigkeit im Wohnsitzstaat des Verbrauchers ausüben (lit a); das ist etwa dann der Fall, wenn sie dort eine Zweigniederlassung unterhält. Oder die Bank muss ihre Tätigkeit auf irgendeine Weise auf diesen Staat ausrichten (lit b), zB, indem sie dort im Fernsehen oder in Zeitschriften um Kunden wirbt. Begibt sich der Verbraucher in den Sitzstaat der Bank, ohne dass die Voraussetzungen des Art 6 Abs 1 lit a oder b Rom I-VO vorliegen, bleibt es bei den allgemeinen Regeln (siehe Art 6 Abs 3 Rom I-VO).

183 Zu den typischen Dienstleistungen im Zusammenhang mit einem Girokonto gehören **Überweisungen**. Nachdem sich völkerrechtliche Regelungen des Zahlungsverkehrs bislang nicht durchzusetzen vermochten,[307] gelten die soeben dargestellten allgemeinen Anknüpfungsregeln. Dementsprechend findet mangels Rechtswahl das Recht am Ort des Sitzes der beauftragten Bank Anwendung.[308] Gleiches gilt für das Kredit-, Depot- und Diskontgeschäft.[309]

---

306 *Kuhn* in Kronke/Melis/Kuhn (Hrsg) Handbuch Internationales Wirtschaftsrecht, 2. Aufl (2017) Teil C Rn 374.

307 Dazu im Einzelnen *Schefold* in Kronke/Melis/Kuhn (Hrsg) Handbuch Internationales Wirtschaftsrecht, 2. Aufl (2017) Teil I Rn 4ff, der auch auf die hier nicht darzustellenden europäischen Harmonisierungsansätze eingeht.

308 *Martiny* in v Hein (Hrsg) MünchKomm-BGB, Bd 13, 8. Aufl (2021), Internationales Privatrecht II, Art 4 Rom I-VO Rn 92; *Weller* in Kronke/Melis/Kuhn (Hrsg) Handbuch Internationales Wirtschaftsrecht, 2. Aufl (2017) Teil I Rn 152. Zur Frage des anwendbaren Rechts auf die Ansprüche gegen die zwischengeschaltete Bank aus §§ 676b Abs 3 S 7, 676c Abs 2, 676e Abs 5 BGB; *Martiny* aaO, Rn 70 mwN; *Weller* aaO, Rn 124ff.

309 *Kuhn* (Fn 306) Teil C Rn 368ff.

III. Die Ausführung von Wertpapiergeschäften durch Institute

1. Börseninnengeschäfte

Geschäfte an einem geregelten Markt zwischen den dort tätigen Handelsteilnehmern 184 (entsprechend der früher üblichen Bezeichnung dieses Handelsplatzes Börseninnengeschäfte genannt) unterliegen dem jeweils gewählten Recht und bei Fehlen einer Rechtswahl dem Recht der Börse (Art 4 Abs 1 lit h Rom I-VO).[310] Dies ist das Recht, nach dem der geregelte Markt beaufsichtigt wird.[311] Bei Geschäftsabschlüssen über ein multilaterales Handelssystem (***multi-lateral trading facility***, MTF) gilt dasselbe.[312] Keine Anwendung findet Art 4 Abs 1 lit h Rom I-VO seinem Wortlaut nach auf die durch MiFID II neu eingeführten organisierten Handelssysteme (***organised trading facility***, OTF), bei denen der Handel nach diskretionären Vorschriften abläuft, der Betreiber also bei der Auftragsausführung über einen Ermessensspielraum verfügt. Allerdings kommt insoweit eine analoge Anwendung der Vorschrift in Betracht, weil die kollisionsrechtliche Interessenlage bei OTF sich nicht von der bei MTF unterscheidet.

2. Börsenaußengeschäfte

Wertpapiergeschäfte zwischen Anleger und Finanzdienstleister (sog Börsenaußengeschäfte) werden idR als **Finanzkommissionsgeschäfte oder Festpreisgeschäfte** ausgeführt (vgl die Sonderbedingungen für Wertpapiergeschäfte (2007)).[313] Maßgebend ist das für sie gewählte Recht. Fehlt eine Rechtswahl, findet das Recht am Sitz der den Anleger betreuenden Niederlassung des Instituts Anwendung (Art 4 Abs 1 lit b iVm Art 19 Abs 2 Rom I-VO).[314] Das gilt allerdings nicht, soweit es sich beim Anleger um einen Verbraucher handelt: In diesem Fall findet das Recht des Staats seines gewöhnlichen Aufenthalts Anwendung (Art 6 Abs 1 Rom I-VO).[315] 185

Bisweilen wird ein **Gleichlauf von Börseninnen- und Börsenaußengeschäft** 186 vertreten.[316] Beim Festpreisgeschäft ist dies unproblematisch, da die Kundenorder im Wege des Kaufvertrags mit dem Finanzdienstleister abgewickelt wird und damit regelmäßig dasselbe Recht bei der Kundenorder und bei deren Ausführung zur Anwendung kommt. Dagegen hätte der Gleichlauf bei einem Finanzkommissionsgeschäft zur Folge, dass das Recht des Marktes, an dem der Finanzdienstleister die Kundenorder ausführt, auch für den Kommissionsvertrag selbst maßgebend wäre. Da für den Kunden jedoch nicht immer vorhersehbar ist, auf welchem Markt seine Order ausgeführt wer-

---

310 Dazu *Lehmann* in Ferrari/Leible (Hrsg) The Law Applicable to Contractual Obligations in Europe (2009) 85/88.

311 S *Lehmann* (Fn 310) 90.

312 S *Lehmann* (Fn 310) 90f.

313 Zu den Sonderbedingungen für Wertpapiergeschäfte: *Bergmann* in Langenbucher/Bliesener/Spindler (Hrsg) Bankrechts-Kommentar, 3. Aufl (2020), Kap 36 Rn 18.

314 *Kronke/Haubold* in Kronke/Melis/Kuhn (Hrsg) Handbuch Internationales Wirtschaftsrecht, 2. Aufl (2017) Teil L Rn 122. Zu den finanzmarktrechtlichen Vorschriften des Art 6 Rom I-VO *Lehmann* (Fn 111) Rn 525f.

315 S o Rn 182.

316 S dazu *Magnus* in Magnus (Hrsg) Staudinger Komm BGB – EGBGB/IPR, Neubearbeitung (2016) Art 4 Rom I-VO Rn 510, 515; zu Recht krit dagegen *Kronke/Haubold* (Fn 314) Teil L Rn 126f.

den wird, hätte dies eine große Rechtsunsicherheit zur Folge.[317] Außerdem würde der Gleichlauf von Börseninnen- und Börsenaußengeschäft dann zu unbefriedigenden Ergebnissen führen, wenn das Geschäft an unterschiedlichen Börsenplätzen ausgeführt werden muss, weil ein einzelner Markt zu eng für den Auftrag ist. Hier käme plötzlich eine Vielzahl von Statuten zur Anwendung. Schließlich lässt sich die Anwendung desselben Rechts auf Börseninnen- wie -außengeschäften nicht mit dem kollisionsrechtlichen Verbraucherschutz vereinbaren.[318] Der Streit ist nunmehr durch den europäischen Gesetzgeber entschieden: Nach dem eindeutigen Wortlaut der Art 4 Abs 1 lit b und h Rom I-VO ist der Gleichlauf **abzulehnen**; für Börseninnen- und Börsenaußengeschäfte gelten unterschiedliche Anknüpfungen. Erst recht kommt kein Gleichlauf zustande, wenn am Börsenaußengeschäft ein Verbraucher beteiligt ist, da in diesem Fall die Sonderanknüpfung nach Art 6 Rom I-VO eingreift.

3. Depotgeschäft

187 Es ist zu unterscheiden zwischen den schuldrechtlichen Beziehungen zwischen Depotbank und Kunde (Wertpapierinhaber) einerseits und den sachenrechtlichen Fragen in Bezug auf die Wertpapiere selbst. Bei dem Depotvertrag, der die Verwahrung von Wertpapieren und die technische Abwicklung des Depotgeschäfts (Einlösung und Erneuerung von Zins- und Dividendenscheinen, Wahrnehmung des Stimmrechts der Aktionäre etc) betrifft, ist eine **Rechtswahl** zulässig. Fehlt es an einer solchen, so untersteht der Depotvertrag dem Recht am Sitz der depotführenden Bank oder ihrer Niederlassung (s o Rn 181).[319]

188 Für das Sachenrecht ist das Recht des Verwahrungsortes maßgebend. Aufgrund der weitgehenden Entindividualisierung und Entmaterialisierung werden Finanzinstrumente in der heutigen Praxis jedoch meist nicht in Einzelurkunden verbrieft, sondern elektronisch registriert.[320] **§ 17a DepotG** knüpft an das Recht des Staates an, der die Aufsicht über das Register führt.[321] Zukünftig ist für den Depotvertrag das **Haager Übereinkommen** über die auf bestimmte Rechte in Bezug auf intermediärverwahrte Wertpapiere anzuwendende Rechtsordnung vom 7.7.2006 zu beachten.[322] Danach können die Parteien das anzuwendende Recht mit bestimmten Einschränkun-

317 Zwar verpflichtet § 82 WpHG die Grundsätze zur Ausführung des Geschäfts festzulegen und dem Kunden mitzuteilen. Damit weiß der Kunde, an welchen Plätzen die Geschäfte ausgeführt werden. Kommen jedoch mehrere Plätze in Betracht, bleibt die Rechtsunsicherheit bestehen.

318 Dazu *Lehmann* (Fn 111) Rn 546.

319 *Martiny* (Fn 308) Art 4 Rom I-VO Rn 112; *Schütze/Vorpeil* in Assmann/Schütze/Buck-Heeb (Fn 169) § 7 Rn 54ff.

320 *Lehmann* (Fn 6) 29/50.

321 Auf Einzelheiten kann an dieser Stelle nicht eingegangen werden. Weiterführend *Wendehorst* in MünchKomm-BGB, Art 43 EGBGB Rn 247ff.

322 Convention on the Law Applicable to Certain Rights in Respect of Securities held with an Intermediary, in deutscher Übersetzung abgedruckt in RabelsZ 68 (2004) 757ff. Einzelheiten bei *Martiny* (Fn 308) Art 4 Rom I-VO Rn 88; *Wendehorst* in MünchKomm-BGB, Art 43 EGBGB Rn 229ff; *Franz* Überregionale Effektentransaktionen und anwendbares Recht (2005), 166ff. S a *Einsele* WM 2003, 2349ff; *Reuschle* RabelsZ 68 (2004) 687ff.

gen wählen.[323] Das Übereinkommen ist allerdings bislang von der EU nicht ratifiziert worden. Einer der Gründe dafür sind Bedenken hinsichtlich der Rechtswahlmöglichkeit.[324] Der Regierungsentwurf des Bundesministeriums der Justiz und für Verbraucherschutz und des Bundesministeriums der Finanzen sieht die Einführung von **elektronischen Wertpapieren** und **Kryptowertpapieren** vor.[325] Als Anknüpfung soll gem § 32 des Entwurfs das Recht des Staates dienen, unter dessen Aufsicht die Stelle steht, die das elektronische Wertpapierregister führt, in welches das jeweilige elektronische Wertpapier eingetragen ist.

IV. Investmentrecht

Da das KAGB keine Regelungen enthält, welches Recht auf den Anteilserwerb an- **189**
wendbar ist, gelten die allgemeinen Vorschriften der Art 3ff Rom I-VO. Die Vertragsbedingungen der Verwaltungsgesellschaft sehen regelmäßig in einer Rechtswahlklausel die Anwendung des jeweiligen **Sitzrechts der Gesellschaft** vor.[326] Auch bei Fehlen einer Rechtswahlklausel ist das Recht der Verwaltungsgesellschaft berufen, weil diese die Dienstleistung iSv Art 4 Abs 1 lit b Rom I-VO erbringt.[327] Für Verbraucherverträge ist Art 6 Rom I-VO zu beachten. Allerdings wird die Privatautonomie der Parteien durch §§ 162, 224 Abs 2, 229, 256 Abs 2, 266 KAGB eingeschränkt. Hierdurch und durch das Erfordernis der Genehmigung der Bedingungen und ihrer Änderungen durch die BaFin (§§ 163, 267 KAGB) wird ein ausreichender Anlegerschutz sichergestellt.[328]

V. Haftung für fehlerhafte Kapitalmarktinformationen

1. Prospekthaftung

a) Überblick

Mit den im Prospekt enthaltenen Informationen soll dem Kapitalanleger eine eigen- **190**
verantwortliche Anlageentscheidung ermöglicht werden. Die Informationen müssen **wahr** und **vollständig, kohärent** und **verständlich** sein. Die BaFin kontrolliert bei der Billigung des Prospekts nicht, ob dieser inhaltlich zutreffend ist. Diese Aufgabe fällt den Anlegern zu, die Fehler bei der Prospekterstellung zivilrechtlich im Wege der Prospekthaftung verfolgen können. Die Prospekthaftung dient einerseits dem Individualschutz des Anlegers, dient darüber hinaus aber auch dazu, die Funktionsfähigkeit

323 Näher dazu *Lehmann* (Fn 6) 500f.

324 Dazu *Lehmann* (Fn 6) 501.

325 RegE eines Gesetzes zur Einführung von elektronischen Wertpapieren vom 1.1.2021, BR-Drs 8/21. Zum RefE *Lehmann* BKR 2020, 431; *Preuße/Wöckener/Gillenkirch* BKR 2020, 551.

326 *Lehmann* (Fn 111) Rn 553.

327 *Schütze/Vorpeil* in Assmann/Schütze/Buck-Heeb (Fn 169) § 7 Rn 62.

328 Zur investmentrechtlichen Prospekthaftung gelten die Ausführungen für die börsenrechtliche Prospekthaftung sinngemäß (s u Rn 190ff). Ebenso *Lehmann* (Fn 111) Rn 554.

des Kapitalmarkts sicherzustellen (Institutionenschutz).[329] Denn die Haftung entfaltet präventive Funktion.[330]

b) Rechtsnatur der Haftung

191 Das auf die Prospekthaftung anzuwendende Recht fällt in den Anwendungsbereich der Rom II-VO.[331] Durch die Prospekthaftung wird unzweifelhaft ein **außervertragliches Schuldverhältnis** in Zivil- und Handelssachen im Sinne von Art 1 Abs 1 Rom II-VO begründet.[332] Die Rechtsnatur der gesetzlichen Prospekthaftung im deutschen Sachrecht ist umstritten. Ein Teil des Schrifttums begreift sie als Form der rechtsgeschäftlich übernommenen Haftung (Vertragshaftungstheorie).[333] Andere sehen in ihr einen Fall der Vertrauenshaftung.[334] Schließlich wird sie zuweilen als deliktische Haftung eingeordnet.[335] Solche nationalen Erwägungen können sich jedoch auf die kollisionsrechtliche Behandlung nicht auswirken. Die Rom II-VO ist wie alle europäischen Rechtsakte **autonom** auszulegen.[336] Dabei haben spezifisch nationale Erwägungen keinen Einfluss. Stattdessen ist davon auszugehen, dass die Haftung den Emittenten ohne dessen freiwillige Verpflichtung trifft.[337] Außerdem greift keine der in Art 1 Abs 2 Rom II-VO vorgesehenen Ausnahmen. Daher fällt die Prospekthaftung unter die Verordnung.[338] Einschlägig ist mangels einer speziellen Kollisionsnorm **Art 4 Rom II-VO**. Sofern der Prospektverantwortliche und der Anleger zur Zeit des Haftungsereignisses ihren gewöhnlichen Aufenthalt in demselben Staat hatten, ist danach das Recht dieses Staates berufen (Art 4 Abs 2 Rom II-VO). Für Gesellschaften und juristische Personen tritt an die Stelle des gewöhnlichen Aufenthalts der Ort der

---

329 *Schnyder/Bopp* FS Zobl (2004) 391/398; *Benicke* 25/32; vgl *Kronke/Haubold* (Fn 316) Teil L Rn 395; *Floer* Internationale Reichweite der Prospekthaftung (2002) 35f.

330 Zur Erleichterung von Klagen hat der Gesetzgeber das Kapitalanleger-Musterverfahrensgesetz und den zwingenden Gerichtsstand des § 32b ZPO vorgesehen, dazu *Hellgardt* (Fn 218) §§ 97, 98 WpHG Rn 178ff.

331 Verordnung (EG) Nr. 864/2007 des Europäischen Parlaments und des Rates v 11.7.2007 über das auf außervertragliche Schuldverhältnisse anzuwendende Recht (Rom II), ABl EU 2007 L 199/40.

332 *Gargantini* in Busch/Ferrarini/Franx (Hrsg) Prospectus Regulation and Prospectus Liability (2020) Rn 19.30.

333 *Köndgen* AG 1983, 85/90ff.

334 Etwa *Canaris* Bankvertragsrecht, 3. Aufl (1981) Rn 2277; *Groß* (Fn 214) § 9 WpPG Rn 9; s a *Zimmer/Steinhaeuser* in Schwark/Zimmer (Hrsg) Kapitalmarktrechts-Kommentar, 5. Aufl (2020) § 98 WpHG Rn 12ff.

335 *Floer* (Fn 329) 135ff; *Heidelbach* (Fn 198) § 2 WpPG Rn 2; *Lenenbach* Kapitalmarktrecht und kapitalmarktrelevantes Gesellschaftsrecht, 2. Aufl (2010) Rn 11.428; *Schütze/Vorpeil* in Assmann/Schütze/Buck-Heeb (Fn 169) § 7 Rn 24; s a *Hellgardt* (Fn 218) §§ 97, 98 WpHG Rn 45ff.

336 S *Leible/Lehmann* RIW 2007, 721/722; *Martiny* (Fn 308) Vorbem zu Art 1 Rom I-VO Rn 15; *Unberath/Cziupka* in Rauscher (Hrsg) EuZPR/EuIPR 4. Aufl (2016) Einl Rom II-VO Rn 23f.

337 *Zu diesem Kriterium s im internationalen Zuständigkeitsrecht EuGH, Rs C-26/91, Slg 1992, I-3967 Rn 15 – Handte; Rs C-51/97, Slg 1998, I-6511 Rn 17 – Réunion européenne; Rs C-334/00, Slg. 2002, I-7357 Rn 23 – Tacconi.*

338 *v Hein* in Baum/Fleckner/Hellgardt/Roth (Hrsg) Perspektiven des Wirtschaftsrechts (2008) 371/378; *Hellgart/Ringe* ZHR 173 (2009) 802/823; *Junker* RIW 2010, 257/261f; krit *Dickinson* Rome II Regulation (2008) Rn 3.172.

Hauptniederlassung oder der Ort der Zweigniederlassung (Art 23 Abs 1 Rom II-VO). Liegen diese Orte nicht in demselben Staat, findet Art 4 Abs 1 Rom II-VO Anwendung. Maßgebend ist danach das Recht des Staats, in dem der Schaden eintritt. Dies ist in zweifacher Hinsicht problematisch: Erstens lässt sich der Ort des Schadenseintritts (***locus damnus***) bei reinen Vermögensschäden, wie sie durch fehlende oder fehlerhafte Prospekte eintreten, nur schwierig bestimmen.[339] Zweitens treten die Schäden gerade bei grenzüberschreitenden Emissionen typischerweise in mehreren verschiedenen Staaten ein (Streuschäden).[340] Damit führt die Anknüpfung an den Schadensort zu Schwierigkeiten. Nimmt man die Regelung des Art 4 Abs 1 Rom II-VO beim Wort, so muss man auf den Ort des betroffenen Vermögensteils abstellen. Das ist der Ort, von dem aus der Anleger die erworbenen Finanzinstrumente bezahlt hat. Da Anleger ihre Konten in verschiedenen Staaten haben, kann es bei ein und demselben fehlerhaften Prospekt zur Berufung unterschiedlicher Rechtsordnungen kommen. Für den Emittenten entsteht daraus eine beträchtliche Rechtsunsicherheit, da er nicht vorhersehen kann, wo und von wem seine Finanzinstrumente erworben werden und welche(s) Prospekthaftungsrecht(e) daher zur Anwendung gelangen wird.[341]

c) Marktstatut statt Statut des Emittenten

Eine Ansicht will die Prospekthaftung dem Statut des Emittenten unterstellen.[342] Es 192
wird argumentiert, dass diese Anknüpfung dem in der Prospektrichtlinie vorgesehenen Herkunftslandprinzip entspreche. Dabei wird allerdings verkannt, dass die Prospektrichtlinie die Kontrolle des Prospekts lediglich zur verwaltungsrechtlichen Vereinfachung auf die Behörden des Herkunftsstaats überträgt, ohne dass damit eine kollisionsrechtliche Entscheidung hinsichtlich des auf die Prospekthaftung anzuwendenden Rechts getroffen werden sollte. Außerdem würde diese Anknüpfung den Emittenten bevorzugen. Dieser hätte einen Anreiz, seinen Sitz in einen Staat mit niedrigen Prospekthaftungsstandards zu verlegen. Ein ***race to the bottom*** wäre die Folge.

Zu Recht wird daher überwiegend die Prospekthaftung dem Recht des betroffenen 193
Marktes unterstellt (**Marktstatut**).[343] Dies ist regelmäßig der Marktort, an dem die Papiere platziert werden, der Prospekt veröffentlicht wird und die Anleger investieren. Die Anknüpfung an das Marktrecht bewirkt einen Gleichlauf zwischen aufsichtsrechtlicher Prospektpflicht und Haftungsstatut. Außerdem stellt diese Anknüpfung sicher, dass Anleger und Emittenten auf denselben Märkten gleich behandelt werden.[344] Erfolgt der Erwerb über die Börse, ist Marktort der Börsensitz. Werden die Wertpapiere außerhalb der Börse öffentlich vertrieben, soll nach manchen Autoren der Ort maß-

339 S *Lehmann* Journal of Private International Law 2011, 527/541–550.

340 Allg hierzu *Lehmann* Journal of Private International Law 2016, 318.

341 *Lehmann* (Fn 111) Rn 585.

342 *v Hein* (Fn 338) 371/391–394; *Hellgardt/Ringe* ZHR 173 (2009) 802/832f; *Ringe/Hellgardt* Oxford Journal of Legal Studies 2001, 1/32; *Weber* WM 2008, 1581/1586f.

343 *Benicke* 25/33; *Bischoff* AG 2002, 489/492ff; *Grundmann* RabelsZ 54 (1990) 283/308; *Hopt* FS Lorenz (1991) 413/422; *Lehmann* (Fn 111) Rn 585; *Schwark* in Schwark/Zimmer (Hrsg) Kapitalmarktrechts-Kommentar, 5. Aufl (2020) §§ 44, 45 BörsG Rn 42; wN bei *Kuntz* WM 2007, 432/433 Fn 7.

344 *Lehmann* (Fn 111) Rn 582.

gebend sein, an dem der Anleger mit dem Angebot zielgerichtet angesprochen wurde.[345] Andere wollen dagegen an den Erwerbsort anknüpfen.[346]

194 Obwohl die Anknüpfung an den Marktort *de lege ferenda* berechtigt erscheint, bereitet ihre Herleitung *de lege lata* Probleme. Die Rom II-VO sieht eine besondere Anknüpfung für die Prospekthaftung nicht vor. Eine vom Deutschen Rat für Internationales Privatrecht vorgeschlagene **besondere Kollisionsnorm für Finanzmarktdelikte**[347] ist bislang nicht eingeführt. Man könnte davon ausgehen, dass eine offensichtlich engere Verbindung zum Staat des Marktorts besteht, die zur Anwendbarkeit dessen Rechts gem Artikel 4 Abs 3 Rom II-VO führt. Diese Lösung überzeugt jedoch nicht, weil die Ausweichklausel nicht dazu benutzt werden darf, ganze Rechtsgebiete einer abweichenden Anknüpfung zu unterziehen.[348] Daher verbleibt nur die Anwendung des Rechts des Schadenseintrittsorts nach Art 4 Abs 1 Rom II-VO. Um die oben beschriebenen Unzulänglichkeiten[349] zu vermeiden, sollte die Rom II-VO reformiert und eine ausdrückliche Kollisionsregel für Finanzmarktdelikte eingeführt werden, die das Marktstatut vorsieht.[350]

d) Allseitige Kollisionsnorm

195 Durch den Erlass der Rom II-VO ist das auf die Prospekthaftung anzuwendende Recht nach allseitigen Kollisionsnormen zu bestimmen. Im Ergebnis ist die inländische Regelung der Prospekthaftung damit auch in Fällen anwendbar, in denen ein ausländischer Emittent seine Wertpapiere im Inland platziert oder öffentlich anbietet. Allerdings greifen die Vorschriften des WpPG und des VermAnlG über die Prospekthaftung nur unter der Bedingung ein, dass das **Erwerbsgeschäft im Inland** abgeschlossen oder die Wertpapierdienstleistung zumindest teilweise im Inland erbracht wurde (§ 21 Abs 3 WpPG, § 20 Abs 5, § 21 Abs 3 VermAnlG). In anderen Staaten erfolgende Erwerbsvorgänge und Dienstleistungen sind selbst dann nicht erfasst, wenn der Anspruch im Übrigen gegeben wäre. Im Ergebnis würde daher, wenn nach der Rom II-VO in diesen Fällen deutsches Recht anzuwenden ist, trotz falschem oder fehlendem Prospekt kein Anspruch bestehen.

196 Dieses Ergebnis ist widersinnig. Fraglich ist, wie man es vermeiden kann. Zunächst könnte man in den genannten Vorschriften Kollisionsnormen sehen, die durch die Rom II-VO als supranationales Recht verdrängt werden. Für die frühere Vorschrift über die Prospekthaftung (§ 44 Abs 3 BörsG aF) wurde vertreten, dass es sich um eine allseitige Kollisionsnorm handle.[351] Diese Auffassung hat sich jedoch nicht durch-

345 *Lehmann* (Fn 111) Rn 122, 153.

346 Vgl *Lehmann* IPRax 2012, 399/403; *ders*, Rev. crit. dr. int. privé 2012, 485/507f.

347 S *Deutscher Rat für Internationales Privatrecht* IPRax 2012, 470.

348 *Einsele* ZEuP 2012, 23/40; *Lehmann* IPRax 2012, 399/402.

349 S Rn 191.

350 *Lehmann* IPRax 2012, 399; *ders*, Rev. crit. dr. int. privé 2012, 485. S dazu den Vorschlag des Deutschen Rats für Internationales Privatrecht (Fn 347).

351 *Kronke/Haubold* in Kronke/Melis/Schnyder (Hrsg) Handbuch Internationales Wirtschaftsrecht, 1. Aufl (2005) Teil L Rn 360; s a *Benicke* 25/34; in Bezug auf die Prospekthaftung unter dem WpPG: *Grundmann* in Schimansky/Bunte/Lwowski (Hrsg), Bankrechts-Handbuch, 5. Aufl (2017) § 112 Rn 69.

zusetzen vermocht.[352] Ein anderer Weg ist die Verwendung der kollisionsrechtlichen Figur der Angleichung.[353] In den genannten Fällen kommt es zu einem Normmangel: Aus kollisionsrechtlicher Sicht ist das deutsche Recht anwendbar, dieses bietet jedoch keine Anspruchsgrundlage, obwohl in vergleichbaren Situationen nach allen in Frage kommenden Rechtsordnungen ein Prospekthaftungsanspruch besteht. Dieser Normmangel ist durch eine **Ausdehnung der materiell-rechtlichen Vorschriften** des deutschen Rechts auf die genannten Fälle zu beheben. Im Ergebnis sind daher die Anspruchsgrundlagen des deutschen Rechts über die Prospekthaftung entgegen dem Wortlaut von § 21 Abs 3 WpPG, § 20 Abs 5, § 21 Abs 3 VermAnlG daher immer einschlägig, wenn nach der Rom II-VO deutsches Recht anwendbar ist. Das ist der Fall, wenn der Ort des Schadenseintritts in Deutschland liegt.[354]

e) Deliktsstatut

§ 25 Abs 2 WpPG sowie §§ 20 Abs 6 S 2, 21 Abs 5 S 2 VermAnlG erklären, dass über die 197
gesetzliche Prospekthaftung hinausgehende vertragliche oder deliktische Ansprüche unberührt bleiben. Es stellt sich die Frage, welchem Recht diese Ansprüche unterfallen. Da es sich um allgemeines Haftungsrecht handelt, sind sie *de lege ferenda* ebenfalls dem **Marktstatut** zu unterstellen. Damit würden alle Ansprüche aus der Verletzung der Prospektpflicht einheitlich behandelt.[355] *De lege lata* stellt allerdings Art 4 Abs 1 Rom II-VO auf den **Ort des Schadenseintritts** ab. Damit können unterschiedliche Rechte für die Haftung aus ein und demselben Prospekt zur Anwendung kommen, wenn die Anleger ihre Vermögensgegenstände von in unterschiedlichen Staaten belegenen Konten gezahlt haben.[356]

2. Haftung für fehlerhafte Ad-hoc-Mitteilungen

Die §§ 97, 98 WpHG sehen eine kapitalmarktrechtliche Schadensersatzpflicht des 198
Emittenten für unrichtige, unterlassene oder verspätete Ad-hoc-Mitteilungen vor. Anspruchsberechtigt sind Anleger, die aufgrund der fehlerhaften Mitteilung zu teuer gekauft oder zu billig verkauft haben.[357] Die Rechtsnatur dieser Haftung ist für das inländische materielle Recht streitig,[358] doch hat dies keine Auswirkungen auf die kollisionsrechtliche Anknüpfung. Da es sich um außervertragliche Schuldverhältnisse handelt, ist die Rom II-VO anzuwenden.[359] Deren Art 4 Abs 1 knüpft an den **Ort des Schadenseintritts** an. Dies ist wie gesehen regelmäßig der Wohnsitz des Anlegers oder der Ort, an dem dessen Vermögen belegen ist. Bei Emissionen eines Emittenten auf mehreren Märkten und sogar bei ein- und derselben Emission, an der sich Anleger

---

352 *Floer* (Fn 329) 152ff; *Kuntz* WM 2007, 432/434f.
353 Zu ihr allgemein *Kegel/Schurig* Internationales Privatrecht, 9. Aufl (2004) § 8.
354 S o Rn 191.
355 Ebenso *Lehmann* (Fn 111) Rn 592.
356 S Rn 191.
357 Einzelheiten bei *Hellgardt* (Fn 218) §§ 97, 98 WpHG Rn 69.
358 *Hellgardt* (Fn 218) §§ 97, 98 WpHG Rn 45ff.
359 *Lehmann* (Fn 111) Rn 557.

mit gewöhnlichem Aufenthalt in unterschiedlichen Ländern beteiligen, kann dies dazu führen, dass die Ansprüche der Anleger wegen derselben Mitteilung verschiedenen Haftungsstatuten unterliegen. Dies könnte eine Anknüpfung an den Emittentensitz vermeiden. Es ist aber nicht einzusehen, warum der Emittent gegenüber den Erwerbern für fehlerhafte Angaben in Prospekten nach einem anderen Recht haften sollte als für unterlassene oder fehlerhafte Ad hoc-Mitteilungen. Eine Anknüpfung an den Emittentensitz würde außerdem Anreize zu einer Sitzverlegung (***race to the bottom***) geben. Entscheidend gegen diese spricht schließlich das Interesse jedes Staats daran, dass seine Vorschriften über Ad-hoc-Mitteilungen für die an seinen Märkten zum Handel zugelassenen Instrumente eingehalten und nicht durch niedrigere Standards des Herkunftsstaats des Emittenten unterlaufen werden.

199 Da die §§ 97, 98 WpHG ihrem Wortlaut nach alle Emittenten betreffen, deren Finanzinstrumente zum Handel an einer inländischen Börse zugelassen sind, deckt sich die kollisionsrechtliche Anknüpfung mit der Begrenzung des Anwendungsbereichs. Probleme wie bei der Prospekthaftung (s o Rn 190ff) stellen sich nicht. Soweit neben §§ 97, 98 WpHG eine deliktische Haftung in Betracht kommt,[360] ist das Deliktsstatut maßgebend. Dieses ist ebenfalls nach Art 4 Abs 1 Rom II-VO zu bestimmen. Im Ergebnis kommt damit ebenfalls das Recht des Eintritts des Vermögensschadens zur Anwendung.[361]

3. Haftung für fehlerhafte Mitteilungen nach § 10 WpÜG

200 Da es sich bei der in § 10 WpÜG vorgesehenen Pflicht des Bieters, seine Entscheidung zur Abgabe eines Angebots zu veröffentlichen, um eine spezielle Form der Ad-hoc-Publizitätspflicht handelt, wird im Schrifttum eine analoge Anwendung der §§ 97, 98 WpHG diskutiert.[362] Bejaht man eine solche Analogie, haftet der Bieter, der seine Veröffentlichungspflichten bei der geplanten Übernahme einer inländischen Gesellschaft verletzt, **analog §§ 97, 98 WpHG**. Das auf diese Haftung anzuwendende Recht ist nach der Rom II-VO zu bestimmen. Mangels spezieller Kollisionsnorm ist Art 4 Rom II-VO einschlägig. Art 4 Abs 1 Rom II-VO stellt auf den Ort des Eintritts des Schadens ab. Dieser liegt am Ort des betroffenen Vermögensteils des Anlegers.[363] Abermals kommt es zu einer **Zersplitterung** des anzuwendenden Rechts, der nur durch eine Reform der Rom II-VO abgeholfen werden kann.[364]

---

360 *Hellgardt* in (Fn 218) §§ 97, 98 WpHG Rn 152ff.

361 S Rn 191.

362 *Noack/Holzborn* (Fn 285) § 10 WpÜG Rn 48; *Hirte* in Hirte/von Bülow (Fn 288) § 10 Rn 46; aA *Assmann* in Assmann/Pötzsch/Schneider (Hrsg) WpÜG 3. Aufl (2020) § 10 Rn 94.

363 S o Rn 191.

364 S o Rn 194.

E. Prozessuale Besonderheiten

I. Ausschluss des Gerichtsstands der Niederlassung

Der Gerichtsstand der Niederlassung nach § 21 ZPO kann vertraglich nicht ausgeschlossen werden (§ 53 Abs 3 KWG). Dieses Verbot bezieht sich auf Zweigstellen von Instituten aus Nicht-EU- und Nicht-EWR-Staaten und erfasst alle Klagen mit Bezug zum Geschäftsbetrieb. Der Gerichtsstand des § 21 ZPO ist für diese Zweigstellen **zwingend**. Ausgenommen sind nur Konstellationen, in denen ein von Deutschland ratifiziertes zwischenstaatliches Übereinkommen eine solche Vereinbarung zulässt (§ 53 Abs 4 KWG, dazu sogleich Rn 205f). 201

II. Zulässigkeit von Schiedsabreden mit Zweigstellen ausländischer Institute

Es ist umstritten, ob das Verbot des § 53 Abs 3 KWG auch **Schiedsabreden** erfasst. Ein 202
Teil des Schrifttums will nur Schiedsvereinbarungen zulassen, bei denen der Ort der inländischen Zweigstelle als Schiedsort vorgesehen ist;[365] die Vereinbarung eines ausländischen Schiedsorts wäre danach unzulässig. Die herrschende Gegenauffassung will Schiedsvereinbarungen generell zulassen, da § 53 Abs 3 KWG sich seinem Wortlaut nach nur auf Gerichtsstandsvereinbarungen beziehe.[366] Eine vermittelnde Ansicht[367] differenziert nach Schutzzwecken. Danach sollen Schiedsvereinbarungen unter die Vorschrift fallen. Dies gelte jedoch dann nicht, wenn keine Beeinträchtigung der Anleger zu befürchten sei, wie bspw bei internationalen Bankgeschäften unter Beteiligung mehrerer Institute, da diese auf einen einheitlichen Gerichtsstand angewiesen sind. Der BGH konnte die Frage ausdrücklich offen lassen,[368] denn die einzige dazu vorliegende Entscheidung bezog sich auf eine Fallgestaltung, bei der ein staatliches Übereinkommen iSd § 53 Abs 4 KWG vorlag.

Der herrschenden Meinung, wonach § 53 Abs 3 KWG sich nicht auf Schiedsverein- 203
barungen bezieht und deren Zulässigkeit daher unberührt lässt, ist zuzustimmen. Denn der Gesetzgeber trennt bei den Begrifflichkeiten stets scharf zwischen **Gerichtsstands- und Schiedsvereinbarungen**, wie die §§ 38ff ZPO einerseits und § 101 WpHG andererseits zeigen. Wenn er die in § 53 Abs 3 KWG enthaltene Beschränkung ausdrücklich nur auf den Gerichtsstand bezieht, kann die Norm nicht im Wege eines Erst-recht-Schlusses erweiternd ausgelegt werden. Zudem bleiben die Kunden des Instituts nach Abschluss einer Schiedsvereinbarung nicht rechtlos, da die §§ 1025ff ZPO ausreichenden Schutz gewähren.

---

365 *Haug* (Fn 106) § 53 Rn 33.

366 *Beck/Samm* (Hrsg) KWG (Stand: April 2003) § 53 Rn 56; *Bähre/Schneider* (Fn 125) § 53 Anm 7; *Reischauer/Kleinhans* (Fn 111) § 53 Rn 14; *Prölss* VAG, 12. Aufl (2018) § 109 Rn 3 (zur parallelen Vorschrift in § 109 VAG aF); *Sethe/Hellgardt* (Fn 222) § 101 WpHG Rn 63.

367 *Vahldiek* (Fn 71) § 53 Rn 124.

368 BGHZ 77, 32/40.

204 Eine vergleichbare Auslegung nahm das Schrifttum bei § 138 Abs 2 InvG aF (= § 6 Abs 2 AuslInvestmG aF) vor.[369] Die Vorschrift findet sich mit redaktionellen Anpassungen nun in § 319 Abs 2 KAGB. Auch sie erfasst nur Gerichtsstandsvereinbarungen, nicht aber auch Schiedsvereinbarungen.[370] Es besteht insoweit kein Spezialitätsverhältnis.

III. Die Ausnahme des § 53 Abs 4 KWG

205 Das Verbot des Ausschlusses des Gerichtsstands der Niederlassung nach § 53 Abs 3 KWG kommt dann nicht zur Anwendung, wenn zwischenstaatliche, durch Bundesgesetz ratifizierte Vereinbarungen entgegenstehen.[371] Eine solche entgegenstehende Vereinbarung enthält Art 72 des **Zusatzabkommens zum NATO-Truppenstatut**.[372] Die dort genannten Institute (sog Militärbanken) sind von allen deutschen Vorschriften über Handel und Gewerbe befreit. § 53 Abs 3 KWG findet auf sie daher keine Anwendung.

206 Ohne konkrete Auswirkungen auf § 53 Abs 3 KWG bleibt dagegen das **GATS**. Es beinhaltet nur einen allgemeinen Hinweis auf das Bestehen schiedsgerichtlicher Verfahren. In Art VI Abs 2 lit a S 1 GATS findet sich die Pflicht jedes Mitglieds, gerichtliche, schiedsrichterliche oder administrative Instanzen oder Verfahren zu unterhalten oder einzurichten, die die Überprüfung behördlicher Entscheidungen mit Auswirkung auf den Dienstleistungshandel gewährleisten und ggf für geeignete Abhilfemaßnahmen sorgen. Dem muss ein Antrag eines betroffenen Dienstleistungserbringers vorangehen. Eingeschränkt wird diese Verpflichtung des Mitglieds durch ihre praktische (Un-)Durchführbarkeit.

IV. Schiedsabreden bei Wertpapierdienstleistungen

207 § 101 WpHG versagt Schiedsvereinbarungen über künftige Streitigkeiten aus Wertpapierdienstleistungen, Wertpapiernebendienstleistungen und Finanztermingeschäften die Wirksamkeit, es sei denn, beide Beteiligte sind **Kaufleute** oder **juristische Personen des öffentlichen Rechts**. Hintergrund des Verbots ist die Praxis einiger Finanzintermediäre, ihren Kunden faktisch den Rechtsschutz abzuschneiden, indem sie mit ihnen in Schiedsabreden ausländische Schiedsorte vereinbarten und sie vor so große faktische Schwierigkeiten bei der Anrufung des Schiedsgerichts stellten, dass

369 *Baur* Investmentgesetze, 2. Aufl (1997) § 6 AuslInvestmG Rn 29; wohl auch *Pfüller* in Brinkhaus/Scherer (Hrsg) AuslandsinvestmentG (2003) § 6 Rn 19, der nur von Gerichtsstandsvereinbarungen spricht.

370 Die neuere Kommentarliteratur nimmt zu dieser Frage bislang nicht Stellung, vgl *Wilhelmi* (Fn 183) § 319 Rn 14; *Behme* in *Baur/Tappen/Mehrkhah/Behme* Investmentgesetze, 4. Aufl (2020) § 319 Rn 19; *Dieske* in Weitnauer/Boxberger/Anders KAGB 2. Aufl (2017) § 319 Rn 7; *Weitzel/Verfürth* in Emde/Dornseifer/Dreibus, KAGB 2. Aufl (2019) § 319 Rn 14ff; *Patzner/Schneider-Deters* in Patzner/Döser/Kempf, Investmentrecht, 3. Aufl (2017) § 319 Rn 1.

371 Zu § 53 Abs 4 KWG s o Rn 57.

372 S o Fn 58.

diese auf eine Rechtsverfolgung verzichteten. Gerade Kleinanleger überschauten oft nicht, dass die Unterwerfung unter einen Schiedsvertrag den Verzicht auf den gesetzlichen Richter bedeutet. Vielfach waren den Betroffenen die damit verbundenen Rechtsfolgen unklar.

Die Finanzintermediäre sind regelmäßig Kaufleute. Damit erfüllen sie den Tatbestand der Vorschrift des § 101 WpHG ohnehin. Wenn das Gesetz die Kaufmannseigenschaft (oder den vergleichbaren Status als juristische Person des öffentlichen Rechts) von beiden Vertragsteilen verlangt, zielt es damit also eigentlich auf den **Schutz des Anlegers** ab. Der dem Anleger durch § 101 WpHG gewährte Schutz wirkt präventiv, indem einer Schiedsvereinbarung von vornherein die Wirksamkeit versagt wird, wenn eine an der Schiedsvereinbarung beteiligte Person nicht die notwendigen Voraussetzungen (Kaufmannseigenschaft oder juristische Person des öffentlichen Rechts) mitbringt. Diese Lösung ist – wenn man denn das Vorgehen des Gesetzgebers überhaupt billigt[373] – nur konsequent, denn sie ist einem ***ex post***-Regelungsansatz überlegen. Bei diesem würde dem Anleger erst über eine Aufhebungsklage gegen einen inländischen Schiedsspruch (§ 1060 Abs 2 ZPO) oder im Rahmen der Anerkennung und Vollstreckung des ausländischen Schiedsspruchs Schutz durch staatliche Gerichte gewährt (§§ 1061ff ZPO). Bei diesen Rechtsbehelfen ist zudem nur eine eingeschränkte inhaltliche Kontrolle möglich.[374] 208

Inhaltlich sieht § 101 WpHG vor, dass Vereinbarungen in Bezug auf künftige Rechtsstreitigkeiten unwirksam sind, soweit die Parteien nicht allesamt Kaufleute oder juristische Personen des öffentlichen Rechts sind. Die herrschende Meinung sieht darin eine Einschränkung der subjektiven Schiedsfähigkeit.[375] Dabei wird jedoch übersehen, dass die Vorschrift anderen Parteien, insb Verbrauchern, den Abschluss von Schiedsvereinbarungen nicht generell untersagt, sondern diese im Gegenteil für grundsätzlich fähig hält, solche Vereinbarungen zu schließen. Unwirksam sind nach dem eindeutigen Wortlaut nur von diesen Personen abgeschlossene Schiedsvereinbarungen über ***künftige*** Rechtsstreitigkeiten. Damit zielt § 101 WpHG auf die Unwirksamkeit von Schiedsklauseln ab; die Wirksamkeit **nach Entstehung der Streitigkeit** abgeschlossener Schiedsvereinbarungen bleibt unberührt.[376] Eine solche Diskriminierung der Schieds*klausel* verstößt jedoch gegen Art II Abs 1 der New York Convention (NYC)[377]. Dieser wurde ua eingefügt, um die Vertragsstaaten zur Anerkennung vor der Entstehung der Streitigkeit geschlossener Schiedsvereinbarungen zu zwingen.[378] Überdies ist die Norm auch im Hinblick auf europäisches Recht bedenklich, weil sie die Dienstleistungsfreiheit (jetzt Art 56 AEUV) unangemessen einschränkt.[379] Man 209

373 Krit dazu *Sethe/Hellgardt* (Fn 222) § 101 WpHG Rn 8ff.

374 Vgl etwa BGHZ 138, 331, wonach der Termin- und Differenzeinwand (§§ 53, 58 BörsG aF) bei im Ausland geschlossenen Termingeschäften nicht zum „*ordre public international*" zählt.

375 BGHZ 184, 365; BGH NJW-RR 2011, 548/549; *Niedermaier* SchiedsVZ 2012, 177/179; *Samtleben* IPRax 2011, 469/470; *Sethe/Hellgardt* (Fn 222) § 101 WpHG Rn 11, 42; *Zimmer* in Schwark/Zimmer (Fn 198) § 101 WpHG Rn 10.

376 *Sethe/Hellgardt* (Fn 222) § 101 WpHG Rn 38; *Zimmer* in Schwark/Zimmer (Fn 198) § 101 WpHG Rn 7.

377 UN-Übereinkommen über die Anerkennung und Vollstreckung ausländischer Schiedssprüche v 10.6.1958, BGBl 1961 II, 122.

378 S dazu *Lehmann* SchiedsVZ 2003, 219/224. A. A. *Samtleben* IPRax 2011, 469/477.

379 *Jordans* EuZW 2007, 655/658. A. A. *Samtleben* IPRax 2011, 469/477f.

sollte sie daher entgegen der herrschenden Meinung nicht anwenden, wenn die Schiedsvereinbarung einen Rechtsstreit mit Auslandsbezug betrifft.[380]

210 Die **Form von Schiedsvereinbarungen** mit Verbrauchern ist außerdem Gegenstand des § 1031 Abs 5 ZPO. Danach müssen diese auf einem gesonderten Blatt geschlossen werden, das keine weiteren Vereinbarungen enthält, sowie vom Verbraucher eigenhändig unterzeichnet sein. Diese Vorschrift verstößt allerdings ebenfalls gegen Art II Abs 1 NYC, und zwar gegen die dort vorgesehenen Anforderungen an die Form.[381] Sie ist daher nicht anzuwenden, soweit eine Schiedsvereinbarung in den Anwendungsbereich der NYC fällt und deren Formanforderungen entspricht.[382]

---

380 *Lehmann* (Fn 378) 219/225; a. A. BGH NJW-RR 2011, 548/549; *Sethe/Hellgardt* (Fn 222) § 101 WpHG Rn 36 Fn 4; unter Berufung auf den Mangel der subjektiven Schiedsfähigkeit auch *Zimmer* in Schwark/Zimmer (Fn 198) § 101 WpHG Rn 10.

381 *Samtleben* IPRax 2011, 469/472.

382 So auch BGH NJW-RR 2011, 548/549.

§ 16
Das Recht internationaler Warentransaktionen

Urs Peter Gruber

Gliederung **Rn**

https://doi.org/10.1515/9783110630718-016

Schrifttum

Basedow Gemeinsames Europäisches Kaufrecht – Das Ende eines Kommissionsvorschlags, ZEuP 2015, 432; *Bianca/Bonell* Commentary on the International Sales Law: The 1980 Vienna Sales Convention (1987); *Brödermann* Die erweiterten UNIDROIT Principles 2004, RIW 2004, 721; *Daun* Grundzüge des UN-Kaufrechts, JuS 1997, 811 und 998; *Enderlein/Maskow/Strohbach* Internationales Kaufrecht (1991); *Ferrari* Das Verhältnis zw den Unidroit-Grundsätzen und den allgemeinen Grundsätzen internationaler Einheitsprivatrechtskonventionen – Zugleich ein Beitrag zur Lückenfüllung durch staatliche Gerichte, JZ 1998, 9; *ders* Wesentliche Vertragsverletzung nach UN-Kaufrecht, IHR 2005, 1; *ders* What sources of law for contracts for the international sale of goods?, IHR 2006, 1; *Ferrari/Flechtner/Brand* (Hrsg) The Draft UNCITRAL Digest and Beyond (2004); *Ferrari ua* Internationales Vertragsrecht, 3. Aufl (2018); *Goecke* Der internationale Warenkauf, MDR 2000, 63; *Gruber* Methoden des internationalen Einheitsrechts (2004); *ders* The Convention on the International Sale of Goods in Arbitration, Revue de Droit des Affaires Internationales/International Business Law Journal 2009, 15; *Heiderhoff* Das Vertragsstatut, JA 2002,

246; *Herber/Czerwenka* Internationales Kaufrecht: Kommentar zu dem Übereinkommen der Vereinten Nationen vom 11. April 1980 über Verträge über den internationalen Warenkauf (1991); *Heuzé* La vente internationale de marchandises (1992); *Honnold* Uniform Law for International Sales under the 1980 United Nations Convention, 3. Aufl (1999); *Honsell* Kommentar zum UN-Kaufrecht: Übereinkommen der Vereinten Nationen über Verträge über den internationalen Warenkauf (CISG), 2. Aufl (2010); *Janssen/Wahnschaffe* Der internationale Warenkauf in Zeiten der Pandemie, EuZW 2020, 410; *Karollus* UN-Kaufrecht: Eine systematische Darstellung für Studium und Praxis (1991); *Kröll/Mistelis/Perales Viscasillas* UN Convention on Contracts for the International Sale of Goods, 2. Aufl (2018); *Kronke/Melis/Schnyder* Handbuch Internationales Wirtschaftsrecht (2005); *Lehr* Die neuen Incoterms 2000, VersR 2000, 548; *ders* Wesentliche Fragen des UN-Kaufrechts, ZEuP 1999, 642; *Mankowski* Überlegungen zur sach- und interessengerechten Rechtswahl für Verträge des internationalen Wirtschaftsverkehrs, RIW 2003, 2; *ders* CESL – who needs it?, IHR 2012, 45; *Menne* Grundzüge des internationalen Vertragsrechts – Eine Einführung aus anwaltlicher Sicht, JuS 1998, 711; *Michaels* Privatautonomie und Privatkodifikation – Zur Anwendbarkeit und Geltung allgemeiner Vertragsrechtsprinzipien, RabelsZ 62 (1998) 580; *Neumayer/Ming* Convention de Vienne sur les Contracts de Vente Internationale de Marchandises (1993); *Ostendorf/Neumann/Ventsch* Möglichkeiten und Grenzen von Haftungsbeschränkungen in internationalen Lieferverträgen zw Unternehmern, IHR 2006, 21; *Renck* Der Einfluß der Incoterms 1990 auf das UN-Kaufrecht (1995); *Perales Viscasillas* Interpretation and gap-filling under the CISG: contrast and convergence with the UNIDROIT Principles, Uniform Law Review 22 (2017) 4; *Piltz* UN-Kaufrecht: Gestaltung von Export- und Importverträgen, 3. Aufl (2001); *ders* Incoterms® 2020, IWRZ 2020, 157; *Reinhart* Kommentar zum Übereinkommen der Vereinten Nationen vom 11. April 1980 über Verträge über den internationalen Warenkauf, 3. Aufl (2002); *Rudolph* Kaufrecht der Export- und Importverträge – Kommentierung des UN-Übereinkommens über internationale Warenkaufverträge mit Hinweisen für die Vertragspraxis (1996); *Schilf* Unidroit Principles 2004 – Auf dem Weg zu einem Allgemeinen Teil des internationalen Einheitsprivatrechts, IHR 2004, 236; *Schlechtriem* Internationales UN-Kaufrecht: Ein Studien- und Erläuterungsbuch zum Übereinkommen der Vereinten Nationen über Verträge über den internationalen Warenkauf (CISG), 6. Aufl (2016); *Schlechtriem/Schwenzer/Schroeter* Kommentar zum UN-Kaufrecht (CISG), Übereinkommen der Vereinten Nationen über Verträge über den internationalen Warenkauf, 7. Aufl (2019); *Sieg* Allgemeine Geschäftsbedingungen im grenzüberschreitenden Geschäftsverkehr, RIW 1997, 811; *Stadler* Grundzüge des Internationalen Vertragsrechts, Jura 1997, 505; *Steensgaard* Battle of the forms under the CISG – one or more solutions?, IHR 2015, 89; *Stürner* Die Qual der (Ab-)Wahl: Der Ausschluss des UN-Kaufrechts aus Sicht des deutschen Importeurs, BB 2006, 2029; *Wertenbruch* Die Incoterms – Vertragsklauseln für den internationalen Kauf, ZGS 2005, 136; *v. Westphalen* AGB-rechtliche Auslegung, überraschende Klauseln, Vorrang des Individualvertrags und Transparenzgebot im Licht des UN-Kaufrechts, ZIP 2019, 2281; *Witz/Salger/Lorenz* International Einheitliches Kaufrecht: Praktiker-Kommentar und Vertragsgestaltung zum CISG, 2. Aufl (2015); *Zimmermann* Die Unidroit-Grundregeln der internationalen Handelsverträge 2004 in vergleichender Perspektive, ZEuP 2005, 264.

A. Einleitung

I. Rechtsfragen und Akteure bei internationalen Warentransaktionen

Internationale Warentransaktionen haben eine ganz besondere **wirtschaftliche Be- 1
deutung**. Dies gilt vor allem auch aus deutscher Sicht. Insgesamt wurden im Jahr 2019 Güter im Gesamtwert von über 1,1 Billionen Euro nach Deutschland eingeführt und Güter im Gesamtwert von etwa 1,3 Billionen Euro aus Deutschland ausgeführt.[1]

1 Vgl hierzu näher die Internetseite des Statistischen Bundesamts unter <destatis.de>.

2 Die **Rechtsfragen**, die sich im Falle von internationalen Warentransaktionen stellen, sind im Ausgangspunkt die gleichen wie bei reinen Binnenkaufverträgen. Zunächst ist zu klären, ob zw den Parteien überhaupt ein wirksamer Vertrag zustande gekommen ist. Sodann ist zu prüfen, welche Pflichten die Parteien im Einzelnen übernommen haben. Kommt eine Partei ihren Verpflichtungen nicht nach, so stellt sich die Frage nach den Rechtsbehelfen der anderen Partei.

3 Bestimmte Rechtsfragen haben bei internationalen Kaufverträgen allerdings eine noch größere Bedeutung als bei reinen Binnenkaufverträgen. Bspw hat die Ware bei internationalen Kaufverträgen regelmäßig eine **größere Transportstrecke** zurückzulegen als bei Binnenkaufverträgen. Damit kommt etwa dem Umstand, welche Partei den Transport der Ware zu besorgen hat, bei internationalen Kaufverträgen noch größere Bedeutung zu als bei Binnenkaufverträgen. Dasselbe gilt für die Frage, welche Partei die Nachteile eines (ggf unverschuldeten) Untergangs der Ware auf dem Transport zu tragen hat bzw ob ggf eine Transportversicherung abzuschließen ist.

4 Bei reinen Binnenkaufverträgen zumeist ohne Bedeutung ist die für internationale Vertragsverhältnisse typische **Sprachenproblematik**: Wie ist zB zu entscheiden, wenn der Käufer eine Bestellung in seiner Heimatsprache aufgibt, die vom im Ausland niedergelassenen – insoweit sprachunkundigen – Verkäufer nicht bzw falsch verstanden wird? Auch **Währungsfragen** oder zB die Belastung der Ware mit **Import- oder Exportzöllen** spielen bei reinen Binnenkaufverträgen naturgemäß keine Rolle; für die Parteien eines internationalen Kaufvertrags bedarf es hier aber einer speziellen rechtlichen Lösung.

5 Ein Unterschied zum Binnenkaufvertrag lässt sich auch dann feststellen, wenn man die jeweiligen **Akteure** miteinander vergleicht. Teilnehmer am internationalen Warenverkehr verfügen häufig über eine auf internationale Warentransaktionen ausgerichtete Infrastruktur und Expertise; vielfach handelt es sich um größere Unternehmen. Sie sind daher idR in der Lage, ihre Interessen im freien Spiel der Kräfte – insb durch Gestaltung der Vertragsbedingungen – zu wahren und bedürfen keines Schutzes durch zwingendes Recht.

6 Einschränkungen sind insoweit allerdings vor allem bei Vertragspartnern aus **Entwicklungsländern** zu machen. Ihnen fehlt es nicht selten an geeigneten Kommunikationsmitteln, an einer zuverlässigen Rechtsberatung sowie generell an einer angemessenen Infrastruktur. Ferner befinden sie sich uU auch in einer wirtschaftlich eher ungünstigen Verhandlungsposition. Auch diesem Personenkreis muss ein internationales Kaufrecht, das sich nicht nur auf die Industrienationen beschränken will, angemessen Rechnung tragen.

II. (Kollisionsrechtliche) Anwendbarkeit von CISG bzw nationalem Recht

1. Vorrangige Anwendung des CISG

7 Bei reinen Binnenkaufverträgen bereitet die Ermittlung des anwendbaren Rechts keine Schwierigkeiten. Haben die Parteien eines Kaufvertrags ihren Sitz in Deutschland und weist das Vertragsverhältnis auch iÜ keinen Bezug zum Ausland auf, so besteht kein Zweifel daran, dass sich die Rechte und Pflichten der Parteien aus dem Kaufvertrag nach dem deutschen Recht richten. Einschlägig sind maW die Regeln des BGB sowie – ergänzend – des HGB.

Wenn Bezüge zum Ausland bestehen, wird die Ermittlung des anwendbaren Rechts weitaus komplizierter. Dies gilt etwa dann, wenn der Kaufvertrag zw einem in Deutschland ansässigen Käufer und einem in Frankreich oder den USA ansässigen Verkäufer zustande gekommen ist. Hier ist genau zu prüfen, nach welchem Recht sich die Rechte und Pflichten aus dem Kaufvertrag bemessen. 8

Vorrangig ist zu prüfen, ob auf den Kaufvertrag die ***United Nations Convention on Contracts for the International Sale of Goods*** (**CISG**) anzuwenden ist.[2] Das CISG stellt staatsvertragliches internationales Einheitsrecht dar. Im Einzelnen enthält es Regeln über den Vertragsschluss sowie die kaufvertraglichen Rechte und Pflichten der Parteien. Als **Einheitsrecht** hat das CISG bei der Regelung internationaler Vertragsverhältnisse gegenüber dem nationalen Recht gewisse **strukturelle Vorteile**. Insb ist es – weil es in mehreren Sprachen verbindlich bzw zumindest übersetzt ist – beiden Parteien gleichermaßen zugänglich und verständlich. Keine der Parteien wird, soweit das CISG einschlägig ist, dazu gezwungen, sich auf das Kaufrecht eines ausländischen Staates einzulassen, das ihr ggf kaum bekannt bzw nicht verständlich oder sogar nicht einmal ermittelbar ist.[3] 9

Das CISG ist allerdings nur unter bestimmten, in Art 1–6 näher definierten Voraussetzungen einschlägig. Insbesondere werden nur die in Art 1 Abs 1 genannten Warenkaufverträge erfasst; ferner haben die Parteien die Möglichkeit, die Anwendbarkeit des CISG durch Parteivereinbarung auszuschließen (Art 6). Zu beachten ist weiter, dass sich der **sachliche Anwendungsbereich** des CISG nur auf das äußere Zustandekommen des Vertrags sowie die kaufvertraglichen Rechte und Pflichten der Parteien beschränkt. Nicht zum sachlichen Anwendungsbereich des CISG gehören zB die rechtsgeschäftliche oder gesetzliche Vertretungsmacht, die Nichtigkeit bzw Anfechtbarkeit des Vertrages wegen Irrtums, Täuschung oder Sittenwidrigkeit, die vorvertraglichen Pflichten der Parteien, deliktische Ansprüche und der Eigentumsübergang (vgl näher u Rn 155, 156). Im Hinblick auf diese Fragen bietet das CISG keine rechtlichen Lösungen an. Schließlich kann das CISG auch innerhalb seines eigenen sachlichen Anwendungsbereichs **„interne" Lücken** aufweisen, die nicht durch eine Analogie zu anderen Vorschriften des CISG oder durch allgemeine, dem CISG zugrundeliegende Rechtsgrundsätze geschlossen werden können (vgl Art 7 Abs 2). 10

Insgesamt gibt es also drei Fälle, in denen die Anwendung des CISG keine oder jedenfalls keine ausreichende Lösung darstellt: Es kann sein, dass das CISG von vornherein nicht auf den Vertrag anwendbar ist (erstens). Sodann kann es sein, dass das CISG zwar auf den Vertrag anwendbar ist, aber die konkrete Regelungsfrage außerhalb des sachlichen Anwendungsbereichs des CISG liegt (zweitens). Schließlich kann es sich auch so verhalten, dass zwar das CISG auf den konkreten Vertrag Anwendung findet und auch die Regelungsfrage in den sachlichen Anwendungsbereich des CISG fällt, aber das CISG insoweit eine „interne" Regelungslücke aufweist, die nicht aus dem CISG selbst heraus geschlossen werden kann (drittens). 11

2 UN-Übereinkommen über Verträge über den internationalen Warenkauf v 11.4.1980, BGBl 1989 II, 586/588; für die Bundesrepublik Deutschland in Kraft seit dem 1.1.1991, BGBl 1990 II 1477/aber Berichtigung 1699.

3 Vgl näher *Gruber* Methoden des internationalen Einheitsrechts (2004) 26ff.

2. Subsidiäre Anwendung des nationalen Rechts

12 Soweit das CISG nicht einschlägig ist, greifen staatliche Gerichte auf ein unvereinheitlichtes **nationales Recht** zurück.[4] Welches nationale Recht heranzuziehen ist, richtet sich nach dem sog **internationalen Privatrecht** (auch **„Kollisionsrecht"** genannt).[5] Das internationale Privatrecht enthält selbst keine materiellen Regelungen, sondern bestimmt nur, welches nationale Recht auf ein bestimmtes Rechtsverhältnis – hier ein Kaufrechtsverhältnis – anzuwenden ist.

13 Entgegen der irreführenden Bezeichnung handelt es sich beim „internationalen Privatrecht" auch nicht notwendigerweise um international einheitlich geltendes Recht. Vielmehr wenden die Gerichte der einzelnen Staaten jeweils ihr „eigenes" internationales Privatrecht an, es sei denn, auch in diesem Bereich existieren international einheitliche Vorschriften etwa des europäischen Unionsrechts oder eines einschlägigen Staatsvertrags. In Deutschland ist, was das internationale Privatrecht der Schuldverträge anbelangt, seit dem 17.12.2009 die Verordnung *(EG) Nr 593/2008* des Europäischen Parlaments und des Rates über das auf vertragliche Schuldverhältnisse anzuwendende Recht (Rom I) anzuwenden.[6]

III. Parteiautonomie und Privatautonomie

1. Abwahl des CISG; Freiheit der Rechtswahl

14 Allgemein ist festzustellen, dass die Parteien im Bereich des internationalen Kaufrechts idR die Möglichkeit haben, das anwendbare Recht durch Vereinbarung festzulegen.[7] Dies gilt zunächst für das CISG. Immer dann, wenn das CISG an sich anwendbar ist – etwa deshalb, weil die Parteien ihre Niederlassung in verschiedenen Vertragsstaaten haben (vgl Art 1 Abs 1 lit a) –, können die Parteien die Anwendbarkeit der Konvention durch Vereinbarung ausschließen (Art 6). Ob das CISG zur Anwendung gelangt oder nicht, steht damit zur **Disposition der Parteien.**[8]

15 Ein Vorrang der Parteivereinbarung besteht auch im Hinblick auf das dann anwendbare nationale Recht. Das in den einzelnen Staaten geltende **internationale Privatrecht** gestattet den Parteien eines grenzüberschreitenden Kaufvertrags idR ebenfalls eine sog **Rechtswahl**, also eine vertragliche Festlegung des anzuwendenden nationalen Rechts (vgl etwa Art 3 Rom I-VO).[9] Es besteht maW eine weitgehende **Par-**

---

4 Schiedsgerichte haben darüber hinaus im Einzelfall die Möglichkeit, nicht nach einem staatlichen Recht, sondern nach anerkannten Regeln wie etwa den UNIDROIT-Prinzipien oder allgem nach Billigkeit zu entscheiden. Zu diesen Besonderheiten im Recht der Schiedsgerichtsbarkeit vgl etwa *Schwab/Walter* Schiedsgerichtsbarkeit, 7. Aufl (2005) Kap 55 Rn 4.

5 Im angloamerikanischen Recht spricht man insoweit vom private international law oder auch von den rules of „conflicts of laws".

6 ABl EG 2008 L 177/6. Die genannte Verordnung ist an die Stelle des vormals geltenden Übereinkommens über das auf vertragliche Schuldverhältnisse anzuwendende Recht v 25.7.1986 getreten.

7 Vgl umfassend *Mankowski* RIW 2003, 2ff.

8 Vgl zur Möglichkeit einer Abwahl des CISG *A. Lohmann* Parteiautonomie und UN-Kaufrecht (2005) 197ff; weitere Nachw auch zum ausländischen Schrifttum bei *Ferrari* RabelsZ 71 (2007) 52/77, Fn 185.

9 Die Rechtswahl kann gem Art 3 Rom I-VO auch nachträglich erfolgen und sich auch nur auf einen Teil des Vertrages beziehen.

teiautonomie.[10] Praktisch ist nur dann, wenn die Parteien keine Vereinbarung über das anzuwendende Recht treffen, aufgrund objektiver Umstände darüber zu befinden, ob das CISG (vgl Art 1) oder aber eine nationale Rechtsordnung heranzuziehen ist.

Ausnahmen von der Freiheit der Parteien bestehen insoweit allerdings im Bereich der **Verbraucherverträge**. Derartige Verträge werden vom CISG idR nicht erfasst (vgl näher Art 2 lit a), so dass nationales Recht anzuwenden ist. Das internationale Privatrecht sieht bei Verbraucherverträgen häufig eine Einschränkung der Rechtswahl vor (vgl u Rn 166). 16

2. Privatautonomie

Von der kollisionsrechtlichen Parteiautonomie zu unterscheiden ist die auf der Ebene des materiellen Rechts gewährte **Privatautonomie**, die es den Parteien erlaubt, für ihr Vertragsverhältnis einzelne gesetzliche Vorschriften abzubedingen oder zu modifizieren. Das CISG enthält praktisch keine Beschränkungen der Privatautonomie.[11] Grundsätzlich sehen aber auch die (ggf ergänzend zum CISG anwendbaren) nationalen Rechtsordnungen eine weitgehende Privatautonomie vor. Die Bestimmungen des CISG bzw des unvereinheitlichten nationalen Rechts kommen damit idR nur insoweit zur Anwendung, als es die Parteien unterlassen, die für sie maßgeblichen Punkte einer vertraglichen Regelung zuzuführen. Ausnahmen sind vor allem wiederum bei **Verbraucherverträgen** festzustellen; hier bestehen zumeist – wie auch im deutschen Recht und in allen Mitgliedstaaten der EU[12] – (halb-)zwingende Schutzvorschriften zu- 17

---

10 Rechtsvergleichend (europäische Staaten und USA) *Rühl* ZfRV 2006, 175ff.

11 *Huber* in Säcker/Rixecker (Hrsg) Münch Komm BGB, Bd 3, 8. Aufl (2019) Art 6 Rn 1ff; *Schlechtriem/Schroeter* Rn 45.

12 Von großer Bedeutung für das Recht des Verbrauchsgüterkaufs war die Richtlinie 1999/44/EG des Europäischen Parlaments und des Rates v 25.5.1999 zu bestimmten Aspekten des Verbrauchsgüterkaufs und der Garantien für Verbrauchsgüter v 7.7.1999, ABl EG 1999 L 171/12; näher zum Inhalt der Richtlinie *Weisner* JuS 2001, 759ff; *Honsell* JZ 2001, 278ff; *Staudenmayer* NJW 1999, 2393ff. Die Richtlinie musste in allen Mitgliedstaaten der EU umgesetzt werden und war in Deutschland Ausgangspunkt für eine Reform nicht nur des Kaufrechts, sondern zugleich auch des allgem Leistungsstörungsrechts durch die sog Schuldrechtsreform. Zur Umsetzung der Richtlinie in Frankreich s zB *Witz/Schneider* RIW 2006, 925ff; *dies* RIW 2005, 921ff; *Frizberg* ZfRV 2003, 203ff; zur Umsetzung in Italien *Eccher/Schurr* ZEuP 2003, 65ff; zur Umsetzung in Spanien s zB *Navarro* IHR 2005, 89ff; *Morgenroth* RIW 2003, 837ff; zur Umsetzung in England *Jack* IHR 2004, 54ff; *Lindner* ZfRV 2005, 3ff; *Arnold/Unberath* ZEuP 2004, 366ff; zur Umsetzung in den Niederlanden *Janssen/Schimansky* IHR 2004, 95ff. Durch Art. 33 der Richtlinie 2011/83/EU des Europäischen Parlamentes und des Rates vom 25.10.2011 über die Rechte der Verbraucher, zur Abänderung der Richtlinie 93/13/EWG des Rates und der Richtlinie 1999/44/EG des Europäischen Parlaments und des Rates sowie zur Aufhebung der Richtlinie 85/577/EWG des Rates und der Richtlinie 97/7/EG des Europäischen Parlaments und des Rates (ABl EU 2011 L 304/64) wurde in die Richtlinie 1999/44/EG ein Art 8a über Berichtspflichten eingefügt. Mittlerweile ist die Richtlinie (EU) 2019/771 des Europäischen Parlaments und des Rates vom 20. Mai 2019 über bestimmte vertragsrechtliche Aspekte des Warenkaufs, zur Änderung der Verordnung (EU) 2017/2394 und der Richtlinie 2009/22/EG sowie zur Aufhebung der Richtlinie 1999/44/EG in Kraft getreten. Diese Richtlinie sieht grundsätzlich eine „Vollharmonisierung" vor. Die Mitgliedstaaten dürfen in ihrem nationalen Recht keine von den Bestimmungen dieser Richtlinie abweichenden Vorschriften aufrechterhalten oder einführen; dies gilt auch für strengere oder weniger strenge Vorschriften zur Gewährleistung eines anderen Verbraucherschutzniveaus (s

gunsten des Verbrauchers. Im Falle der Verwendung von AGB sehen zudem verschiedene nationale Rechtsordnungen, wie auch die deutsche, die Möglichkeit einer „Inhaltskontrolle“ durch das nationale Recht auch bei Verträgen zw Unternehmern vor (unten Rn 19).

18 Regelmäßig beschränken sich die Parteien nicht darauf, nur Kaufgegenstand und Kaufpreis festzulegen. Die meisten internationalen Kaufverträge enthalten eine genauere Festlegung der von den Parteien übernommenen Haupt- und Nebenpflichten und der Vertragsabwicklung im Einzelnen. Gegenstand der Vereinbarungen können neben der Beschaffenheit der Ware auch bestimmte Zahlungsmodalitäten sowie die genaue Lieferzeit, der Lieferort, Gefahrtragungsregeln oder der Abschluss von Transportversicherungsverträgen sein. Sehr häufig greifen die Parteien hierbei auf international gebräuchliche Muster-Vertragsklauseln zurück. Besondere Bedeutung haben die 3-Buchstaben-Codes der **INCOTERMS**. Auf diese Weise werden Unklarheiten über den genauen Vertragsinhalt weitgehend vermieden (u Rn 170ff).

19 Theoretisch möglich ist, dass die Parteien die Bedingungen ihres Vertrags allesamt **individuell aushandeln**. Dies nimmt jedoch erhebliche Zeit in Anspruch und kommt daher allenfalls bei außergewöhnlichen bzw besonders bedeutsamen Verträgen in Betracht.[13] Zumeist werden die Parteien nicht alle Vertragsbestimmungen zum Gegenstand einer individuellen Vereinbarung machen, sondern dem Vertrag iÜ vorformulierte **„Allgemeine Geschäftsbedingungen“** (AGB) zugrunde legen. Auch die durch AGB in den Vertrag eingebrachten Regelungen gehen grundsätzlich den dispositiven Regeln des CISG bzw des nationalen Rechts vor. Allerdings sehen einige Rechtsordnungen, wie auch die deutsche, im Falle der Verwendung von AGB eine Inhaltskontrolle vor, die den Vertragsgegner vor nachteiligen und unangemessenen Klauseln bewahren soll.[14] Die Regeln des nationalen Rechts über die AGB-Kontrolle kommen auch dann zur Anwendung, wenn der Vertrag iÜ dem CISG unterliegt, da das CISG zwar die Einbeziehung, aber nicht die Inhaltskontrolle von AGB in seinen Anwendungsbereich aufnimmt (vgl u Rn 73ff).[15]

20 Formal gesehen bestehen zw dem CISG bzw dem ergänzend anwendbaren nationalen Recht einerseits und den von den Parteien verwendeten AGB andererseits erhebliche Unterschiede. Das CISG bzw das nationale Recht stellen unmittelbar anwendbares **objektives Recht** dar. Die AGB gelten demgegenüber nur zw den jeweiligen Vertragsparteien und überhaupt nur dann, wenn sie (was sich wiederum nach dem CISG bzw dem anwendbaren nationalen Recht bestimmt) in den Vertrag einbezogen

---

Art 4 der Richtlinie). Die Mitgliedstaaten müssen bis zum 1.7.2021 richtlinienkonformes nationales Recht schaffen; dieses richtlinienkonforme nationale Recht ist ab dem 1.1.2022 anzuwenden (s näher Art 24 der Richtlinie).

13 Vgl allgem hierzu *Gruber* Methoden des internationalen Einheitsrechts (2004) 38.

14 Zur sinnvollen Gestaltung von AGB bei Geltung der deutschen §§ 305ff BGB s *Hoeren* ZGS 2002, 10ff und 68ff.

15 *Schlechtriem/Schroeter* Rn 166; ausf *Ostendorf/Neumann/Ventsch* IHR 2006, 21ff; *Frense* Grenzen der formularmäßigen Freizeichnung im einheitlichen Kaufrecht (1993); *Hennemann* AGB-Kontrolle im UN-Kaufrecht aus deutscher und französischer Sicht (2001).

und auch iÜ inhaltlich wirksam sind.[16] Aus der Sicht der Parteien steht dieser theoretische Unterschied jedoch nicht im Vordergrund. Insb können das CISG bzw ein bestimmtes nationales Recht (regelmäßig) durch bloße Vereinbarung abgewählt werden. Sie sind daher (praktisch gesehen) in internationalen Verträgen fast ebenso „austauschbar“ wie bestimmte AGB bzw Standardverträge.

IV. Gepflogenheiten der Parteien und Handelsbräuche

Ergänzend können schließlich auch **Gepflogenheiten der Parteien** sowie bestimmte 21
Handelsbräuche den Inhalt des Vertragsverhältnisses beeinflussen. Innerhalb des CISG gehen die für die Parteien relevanten Gepflogenheiten und Handelsbräuche den übrigen Bestimmungen des CISG grundsätzlich vor (vgl iE Art 9). Ein ähnliches Verhältnis zw den dispositiven Gesetzesregeln und Gepflogenheiten bzw Handelsbräuchen besteht auch auf der Ebene des unvereinheitlichten nationalen Rechts (vgl zB § 346 HGB). An erster Stelle steht jedoch die Privatautonomie, dh die Möglichkeit, den Inhalt der vertraglichen Rechte und Pflichten durch Vereinbarung festzulegen.

V. Zusammenfassung

Zusammenfassend kann man im Bereich des internationalen Handelskaufs zw drei 22
wichtigen Problemkreisen unterscheiden.

1. Zunächst ist zu klären, nach welchem materiellen Recht sich die vertraglichen Beziehungen der Parteien bestimmen sollen. Vorrangig ist hierbei zu prüfen, ob das CISG anwendbar ist. Soweit dies nicht der Fall ist, muss das dann einschlägige nationale Recht mittels einer internationalprivatrechtlichen Anknüpfung ermittelt werden.
2. Das anwendbare Recht – sei es das CISG bzw ein nationales Recht – spricht den vertraglichen Vereinbarungen der Parteien die größte Bedeutung zu. Zumeist werden sich die Parteien nicht darauf beschränken, nur die *essentialia negotii* festzulegen, sondern – ggf unter Verwendung international gebräuchlicher Handelsklauseln wie etwa der INCOTERMS – weitere Vereinbarungen treffen. Möglich ist eine individuelle Vereinbarung des Vertragsinhalts. Vielfach verwenden die Parteien allerdings international gebräuchliche AGB.
3. Ergänzend können auch Gepflogenheiten und Handelsbräuche den Inhalt des Vertragsverhältnisses beeinflussen.

---

16 Zu dieser Unterscheidung vgl allgem *Gruber* Methoden des internationalen Einheitsrechts (2004) 16ff.

B. Das auf den Kaufvertrag anwendbare Recht im Einzelnen

I. UN-Kaufrecht (CISG)

1. Vorgeschichte

23 Die Vorgeschichte des CISG reicht weit zurück. Als geistiger Vater des CISG ist *Ernst Rabel* anzusehen. *Rabel* unterbreitete im Jahre 1928 dem Präsidenten des *Internationalen Instituts für die Vereinheitlichung des Privatrechts* (UNIDROIT) den Vorschlag, mit Vorarbeiten für ein grenzüberschreitendes Kaufrecht zu beginnen.[17]

24 Unter Mithilfe seiner Mitarbeiter im damaligen *Kaiser-Wilhelm-Institut* in Berlin legte *Rabel* sodann eine breite rechtsvergleichende Untersuchung zum Kaufrecht vor. Diese Untersuchung wurde in dem zweibändigen Werk „Recht des Warenkaufs"[18] veröffentlicht. Diese rechtsvergleichenden Untersuchungen *Rabels* bildeten eine wichtige Grundlage für die später geschaffenen Staatsverträge auf dem Gebiet des internationalen Einheitskaufrechts. *Rabel* stellte insb die Unterschiede und Gemeinsamkeiten zw den kontinentaleuropäischen und den angloamerikanischen Kaufrechten dar und legte somit den Grundstein für ein internationales Einheitsrecht, das sowohl von den Staaten des *„Civil Law"* als auch von den Staaten des *„Common Law"* akzeptiert werden konnte.

25 Als erster Staatsvertrag wurde – auf der Grundlage der Vorarbeiten *Rabels* – im Jahre 1964 das sog ***Haager Kaufrecht*** geschaffen. Das Abkommen wurde auch von Deutschland ratifiziert und in Gestalt der EAG[19] und der EKG[20] im Jahre 1973 in innerstaatliches Recht umgesetzt. Dem *Haager Kaufrecht* war aber kein großer Erfolg beschieden. Das Abkommen wurde letztlich nur von neun Staaten gezeichnet.[21]

26 Der eher mäßige Erfolg des *Haager Kaufrechts* brachte die Bemühungen um das internationale Einheitskaufrecht aber nicht zum Erliegen. Die UNCITRAL, eine von der UN als ständiger Ausschuss eingesetzte Kommission mit Sitz in Wien,[22] nahm die Vorbereitung eines weiteren, verbesserten Abkommens in Angriff. Der endgültige Text des neuen Abkommens – der *Convention on the Contracts for the International Sale of Goods* (CISG) – wurde auf der ***Wiener Konferenz*** im Jahre 1980 beraten und beschlos-

---

17 *Schlechtriem/Schroeter* Rn 3; ausf *Schlechtriem* in Schlechtriem (Hrsg) Einheitliches Kaufrecht und nationales Obligationenrecht (1987) 71ff; vgl ferner die Mitteilung in RabelsZ 3 (1929) 405f; RabelsZ 5 (1931) 207, sowie *Rabel* RabelsZ 9 (1935) 1ff; RabelsZ 17 (1952) 212ff; *Riese* RabelsZ 22 (1957) 16ff; RabelsZ 29 (1965) 1ff; *von Caemmerer* RabelsZ 29 (1965) 101ff.

18 *Rabel* Recht des Warenkaufs Bd 1 (unveränderter Nachdruck von 1936) und Bd 2 (1957/1958); vgl dazu *Rösler* RabelsZ 2006, 793ff.

19 Einheitliches Gesetz über den Abschluss v internationalen Kaufverträgen über bewegliche Sachen v 17.7.1973, BGBl 1973 II, 919.

20 Einheitliches Gesetz über den internationalen Kauf beweglicher Sachen v 17.7.1973, BGBl 1973 II, 886.

21 Es handelte sich um die folgenden Staaten: Belgien, Deutschland, Gambia, Israel, Italien (bis 31.12.1987), Luxemburg, Niederlande, San Marino, Vereinigtes Königreich.

22 *United Nations Commission on International Trade Law* welche durch die Resolution Nr 2205 (XXI) v 17.12.1966 eingesetzt wurde, UNCITRAL YB I (1968–1970) 65.

sen.[23] Anders als das *Haager Kaufrecht* wurde das CISG von vielen Staaten ratifiziert und die Zahl der Vertragsstaaten ist auch in den nachfolgenden Jahren kontinuierlich angestiegen. Mittlerweile haben 93 Staaten das CISG ratifiziert. Hierzu gehören ua die ganz überwiegende Zahl der kontinentaleuropäischen Staaten, die USA, Kanada, Russland und die meisten Nachfolgestaaten der ehemaligen UdSSR, einige südamerikanische und afrikanische Staaten sowie mehrere Staaten des Vorderen Orients und ua auch China.[24] Japan ist dem Abkommen mit Wirkung zum 1.8.2009 beigetreten,[25] die Türkei mit Wirkung zum 1.8.2011. Brasilien mit Wirkung zum 1.4.2014. In Europa gehören aktuell allein Großbritannien, Irland, Malta und Portugal dem Abkommen nicht an.

2. Anwendungsvoraussetzungen

a) Erfasste Verträge

(1) Warenkaufverträge

Sachlich findet das CISG auf **Kaufverträge** Anwendung, die sich auf Waren beziehen. 27
Nicht in den Anwendungsbereich fallen nach hM Tauschverträge sowie Barterkontrakte,[26] wohl aber der Gegenkauf bzw *Counter-Purchase*.[27]

Der Vertrag muss sich auf **Waren** beziehen. Unter den Begriff der Ware fallen va 28
bewegliche Sachen[28] unter Einschluss von Tieren.[29] Nicht in den Anwendungsbereich des CISG fallen Verträge über Grundstücke.[30] Ausdrücklich ausgeschlossen wird ua der Kauf bei Versteigerungen (Art 2 lit b),[31] aufgrund von Zwangsvollstreckungsmaßnahmen (Art 2 lit c), von Wertpapieren (Art 2 lit d), Schiffen und Luftfahrzeugen (Art 2 lit e)

---

23 Die Arbeit v UNCITRAL und der verschiedenen Arbeitsgruppen ist dokumentiert in *Honnold* Documentary History of the Uniform Law for International Sales (1989); vgl ferner die Berichte v *Herber* RIW 1974, 577ff, RIW 1976, 125ff, *ders* RIW 1977, 314ff; *Huber* RabelsZ 43 (1979) 413ff.

24 Zu einer aktuellen Zusammenstellung der Vertragsstaaten gelangt man über die Internetseite der UNCITRAL: <uncitral.org>.

25 S dazu *Sono* Zeitschrift für japanisches Recht/Journal of Japanese Law 2008, 195ff; und *Kashiwagi* Zeitschrift für japanisches Recht/Journal of Japanese Law 2008, 207ff.

26 *Mistelis* in Kröll/Mistelis/Perales Viscasillas (Hrsg) UN Convention for the International Sale of Goods 2. Aufl (2018) Art 1 Rn 30; *Karollus* 25; *Ferrari* in Ferrari/Fletcher/Brand, 21/63; abw *Lurger* ZRVgl 1991, 427ff. Unter Barterverträgen versteht man Austauschverträge über Waren oder Dienstleistungen, bei denen sich keine der Parteien zu einer Zahlung verpflichtet.

27 *Huber* (Fn 11) Art 1 Rn 9. Unter dem Gegenkauf bzw dem *Counter-Purchase* werden zwei Kaufverträge in der Weise verbunden, dass der Käufer des einen Kaufvertrags Verkäufer des anderen Kaufvertrags ist.

28 *Huber* (Fn 11) BGB Art 1 Rn 13; Kantonsgericht Zug, CISG Online, die Datenbank der Universität Basel, abrufbar unter: <cisg-online.ch> Nr 491; Tribunale di Rimini CISG Online Nr 737.

29 Vgl Cour d'Appel de Paris CISG Online (Fn 28) Nr 347, IHR 2001, 128 (Kauf v Zirkuselefanten); OLG Schleswig, Urt v 22.8.2002 IHR 2003, 20/22, CISG Online Nr 711 (Schlachtschafe); *Huber* (Fn 11) Art 1 Rn 13.

30 Maßgeblich ist der Zeitpunkt der Durchführung des Vertrags, s Cour d'Appel de Grenoble CISG Online (Fn 28) Nr 154; Tribunale di Rimini CISG Online Nr 737. Verträge über noch zu gewinnende Bodenschätze werden daher vom CISG erfasst, so *Huber* (Fn 11) Art 1 Rn 15.

31 Vgl hierzu, zur Anwendbarkeit der Vorschrift auf grenzüberschreitende Versteigerungen und Internet-Auktionen, *Schroeter* ZEuP 2004, 20ff.

sowie elektrischer Energie (Art 2 lit f). Vom CISG nicht erfasst werden ferner auch Verträge über **Rechte,** also etwa Geschäftsanteile, Forderungen, gewerbliche Schutzrechte oder Immaterialgüterrechte.[32] Nach hA fallen demgegenüber Verträge über **Software** in den Anwendungsbereich des CISG, und zwar unabhängig davon, ob es sich um Standard- oder um Individualsoftware handelt.[33] Nicht erfasst werden demgegenüber Verträge, bei denen – wie bei der Erstellung von Gutachten oä – die Herstellung eines „unkörperlichen" (geistigen) Leistungserfolgs im Vordergrund steht.[34]

29 Nach Art 3 Abs 1 stehen den Kaufverträgen Verträge über die **Lieferung herzustellender oder zu erzeugender Ware** gleich. Dies gilt allerdings nicht, wenn der Besteller einen wesentlichen Teil der für die Herstellung oder Erzeugung notwendigen Stoffe selbst zur Verfügung zu stellen hat. Nach hM ist hierbei maßgeblich auf das Wertverhältnis zw den jeweils zur Verfügung gestellten Stoffen abzustellen.[35] Hat der vom Besteller zur Verfügung gestellte Stoff, verglichen mit dem vom Unternehmer/Verkäufer zur Verfügung gestellten Stoff, einen „wesentlichen" (nicht notwendig höheren)[36] Wert, ist das CISG nicht anwendbar.[37]

30 Daneben ist das CISG nach Art 3 Abs 2 auch auf Kaufverträge anzuwenden, bei denen sich der Verkäufer nicht nur zur Lieferung der Ware, sondern darüber hinaus auch zur Erbringung von **Arbeits- oder sonstigen Dienstleistungen** verpflichtet. Hierunter sind va Montageleistungen und Wartungsverpflichtungen zu verstehen.[38] Das CISG ist nur dann nicht anzuwenden, wenn die Arbeits- bzw Dienstleistungen den „überwiegenden Teil" der Verpflichtung ausmachen.[39]

31 Wiederum anders zu beurteilen ist der Fall dann, wenn nach dem Willen der Parteien von vornherein kein **einheitlicher Vertrag** geschlossen werden soll, sondern die Lieferung der Ware einerseits und die Montage bzw Wartung andererseits auf zwei verschiedenen Verträgen beruhen. In diesem Fall ist der Kaufvertrag isoliert nach dem

---

32 *Huber* (Fn 11) Art 1 Rn 16.

33 OLG Koblenz RIW 1993, 934, CISG Online (Fn 28) Nr 91; OGH IHR 2005, 195, CISG Online Nr 1047 (zu Standardsoftware); ausf *Huber* (Fn 11) Art 1 Rn 19ff; diff *Schlechtriem/Schroeter* Rn 85ff; aA *Saenger* in Ferrari/ua (Hrsg) Internationales Vertragsrecht, 3. Aufl (2018) Art 1 Rn 7.

34 *Huber* (Fn 11) Art 1 Rn 23.

35 *Magnus* in Staudinger Kommentar BGB – Wiener UN-Kaufrecht (CISG), Neubearbeitung 2018, Art 3 Rn 14; *Huber* (Fn 11) Art 3 Rn 5 u 7f; *Enderlein/Maskow/Strohbach* Art 3 Anm 3; *Niggemann* RIW 1991, 372/373; auch auf ein qualitatives Element abstellend *Ferrari* in Schlechtriem/Schwenzer/Schroeter Art 3 Rn 8; *ders* in Ferrari/Fletcher/Brand, 21/67f. Zusammenfassend *Mistelis/Raymond* in Kröll/Mistelis/Perales Viscasillas Art 3 Rn 6ff.

36 *Huber* (Fn 11) Art 3 Rn 7.

37 Vgl demgegenüber Art 1 Abs 4 der Richtlinie 1999/44/EG zum Verbrauchsgüterkauf (Fn 12): „Als Kaufverträge im Sinne dieser Richtlinie gelten auch Verträge über die Lieferung herzustellender oder zu erzeugender Verbrauchsgüter." Zur Umsetzung dieser Richtlinienvorgabe ins deutsche Recht s *Leistner* JA 2007, 81ff. Auch Art 3 Abs 2 der neue Richtlinie (EU) 2019/771 (Fn 12) enthält eine vergleichbare Regelung („Verträge zwischen einem Verbraucher und einem Verkäufer zur Bereitstellung von Waren, die noch hergestellt oder erzeugt werden müssen, gelten auch als Kaufverträge im Sinne dieser Richtlinie.").

38 Vgl OLG München I CISG Online (Fn 28) Nr 667 (Lieferung und Anpassung einer Pizzeria-Ausrüstung); Handelsgericht Zürich IHR 2003, 188, CISG Online (Fn 28) Nr 726 (Planung, Lieferung, Montage und Inbetriebnahme einer Anlage zur Mülltrennung); *Huber* (Fn 11) Art 3 Rn 10.

39 Hierzu Tribunale di Forli CISG Online (Fn 28) Nr 1780; *Magnus* (Fn 35) Art 3 Rn 21f; *Huber* (Fn 11) Art 3 Rn 12f.

CISG und sind die Montage- bzw Wartungsleistungen nach dem unvereinheitlichten nationalen Recht zu beurteilen.[40] Den Parteien ist zu empfehlen, im Vertrag deutlich zu machen, ob das CISG für die gesamte Abrede oder ggf nur für den genuin kaufvertraglichen Teil gelten soll.

Ist das CISG sachlich nicht anwendbar – etwa deshalb, weil kein Kauf von Waren, sondern von unbeweglichen Sachen oder von Rechten vorliegt oder weil die nichtkaufvertragliche Verpflichtung überwiegt –, so können die Parteien trotzdem vereinbaren, dass die Regeln des CISG Teil ihres Vertrags sein sollen („opting in").[41] Das CISG ist in diesem Fall (nur) Teil einer Vertragsvereinbarung, nicht objektives Recht. Ob eine solche Vereinbarung sinnvoll ist, muss von den Parteien genau geprüft werden. Das CISG ist inhaltlich auf den Kaufvertrag über Waren zugeschnitten. Es passt daher nicht ohne weiteres auch auf den Grundstückskauf oder den Kauf von Forderungen bzw die Erbringung von Dienstleistungen.[42] 32

(2) Ausschluss des Kaufs von Waren für den persönlichen Gebrauch, Art 2 lit a CISG

Ein wichtiger Anwendungsausschluss des CISG findet sich in Art 2 lit a. Hiernach findet das CISG grundsätzlich keine Anwendung auf den Kauf von **Waren für den persönlichen Gebrauch** oder den Gebrauch in der Familie bzw im Haushalt. Für derartige Verbraucherverträge bleibt es iÜ bei der Bestimmung des anwendbaren nationalen Rechts durch das jeweilige internationale Privatrecht. Deutsche Gerichte haben in diesem Fall bei der internationalprivatrechtlichen Anknüpfung neben den Art 3, 4 Rom I-VO die Sonderanknüpfungen nach Art 6 Rom I-VO zu beachten (s u Rn 166). 33

Von der Nichtanwendung des CISG auf Verbraucherverträge besteht aber wiederum eine nicht unerhebliche Unterausnahme: Das CISG findet nach Art 2 lit a 2. Halbs doch Anwendung, wenn der Verkäufer im Zeitpunkt des Vertragsschlusses weder wusste noch wissen musste, dass die Ware für einen solchen Gebrauch gekauft wurde. Im Kern ist das CISG also nur auf den Kauf von Waren zum nicht-persönlichen – insb also gewerblichen – Gebrauch anwendbar. Der für den Verkäufer als solcher nicht erkennbare Kauf zum persönlichen Gebrauch wird aber aus **Vertrauensschutzgründen** einem gewerblichen Kauf gleichgestellt. 34

Durch dieses Vertrauensschutzelement innerhalb des CISG ergeben sich möglicherweise Überschneidungen zw dem CISG und dem europäischen Verbraucherschutzrecht, etwa der **europäischen Richtlinie zum Verbrauchsgüterkauf** bzw dem auf dieser Richtlinie beruhenden nationalen Recht.[43] Denn die EG-Richtlinie stellt ihrem Wortlaut nach allein objektiv darauf ab, ob der Käufer zu einem persönlichen 35

40 *Magnus* (Fn 35) Art 3 Rn 9ff, dort auch zur umstr Frage, ob das Vorliegen eines einheitlichen Vertrags nach den Bestimmungen des CISG oder dem nationalen Recht zu beurteilen ist; *Huber* (Fn 11) Art 3 Rn 11.

41 Tribunale di Padova CISG Online (Fn 28) Nr 967; Xiamen Intermediate People's Court CISG Online Nr 464; ausf *Huber* (Fn 11) Art 6 Rn 31ff; *Magnus* (Fn 35) Art 6 Rn 62; vgl auch UNCITRAL Digest on Case Law on the CISG 2008 Revision, Art 6 sub 12.

42 *Schlechtriem/Schroeter* Rn 58.

43 Richtlinie 1999/44/EG des Europäischen Parlaments und des Rates v 25.5.1999 zu bestimmten Aspekten des Verbrauchsgüterkaufs und der Garantien für Verbrauchsgüter, ABl EG 1999 L 171/12.

Zwecke kauft (Art 1 Abs 2 lit a der Richtlinie), unabhängig davon, ob der Verkäufer dies wusste oder wissen musste.[44] Diese Richtlinie war von den europäischen Staaten – auch denjenigen, die Vertragsstaaten des CISG sind – in nationales Recht umzusetzen.[45] Es besteht für die betroffenen Staaten also ggf eine Kollision zw einer europarechtlichen Verpflichtung (der Verpflichtung zur Umsetzung der Richtlinie in innerstaatliches Recht) und einer staatsvertraglichen Verpflichtung (der Verpflichtung zur Anwendung des CISG). Wie diese Kollision aufzulösen ist, ist schwer zu entscheiden und in der Literatur deshalb umstritten.[46] Eine Überschneidung ließe sich allerdings vermeiden oder zumindest auf eine geringe Zahl von Fällen begrenzen, wenn man auch im Rahmen des europäischen Verbraucherbegriffs auf die dem Vertragspartner erkennbaren Umstände abstellte. Im internationalen Verfahrensrecht hat der EuGH entschieden, dass sich der Verbraucher dann, wenn er durch sein eigenes Verhalten bei seinem gutgläubigen Vertragspartner den Eindruck des beruflichen oder gewerblichen Handelns erweckt, nicht mehr auf den besonderen (prozessualen) Verbraucherschutz berufen kann.[47] Überträgt man dies auf die Auslegung der Richtlinie zum Verbrauchsgüterkauf, sind Überschneidungen zwischen dem CISG und der Richtlinie weitgehend ausgeschlossen.

b) „Internationale" Kaufverträge, Art 1 CISG

(1) Anwendung des CISG durch staatliche Gerichte

(a) Niederlassung der Parteien in verschiedenen Staaten

36 Das CISG setzt immer voraus, dass die Vertragsparteien ihre **Niederlassung in verschiedenen Staaten** haben. Durch dieses Tatbestandsmerkmal wird sichergestellt, dass sich das CISG nur auf Kaufverträge mit einem internationalen Bezug erstreckt. Ein noch darüber hinausgehender Auslandsbezug ist nicht erforderlich.[48]

---

44 Art 1 Abs 2 lit a der Richtlinie 1999/44/EG zum Verbrauchsgüterkauf (Fn 12) lautet: „Im Sinne dieser Richtlinie bezeichnet der Ausdruck „Verbraucher" jede natürliche Person, die im Rahmen der unter diese Richtlinie fallenden Verträge zu einem Zweck handelt, der nicht ihrer beruflichen oder gewerblichen Tätigkeit zugerechnet werden kann." Zur neuen Richtlinie (EU) 2019/771 (Fn 12) s dort Art 2 Nr 2 („jede natürliche Person, die in Bezug auf von dieser Richtlinie erfasste Verträge zu Zwecken handelt, die außerhalb ihrer gewerblichen, geschäftlichen, handwerklichen oder beruflichen Tätigkeit liegen"). Die Definition wird dort also noch um die Begriffe „handwerklich" und „geschäftlich" erweitert.

45 Die Richtlinie war nach ihrem Art 11 Abs 1 bis zum 1.1.2002 in innerstaatliches Recht umzusetzen; zur (zT verspäteten) Umsetzung in den Mitgliedstaaten vgl die Nachw in Fn 12. Die Nachfolge-Richtlinie (EU) 2019/771 ist bis zum 1.7.2021 umzusetzen (s näher Fn 12).

46 Vgl etwa *Magnus* (Fn 35) Art 90 Rn 4; abw *Ferrari* in Schlechtriem/Schwenzer/Schroeter, Art 90 Rn 3; jeweils mwN. Ein Vorrang der Richtlinie folgt allerdings nach zutr Auffassung nicht aus Art 90 CISG, weil es sich bei der Richtlinie nicht um eine völkervertragliche Übereinkunft iSd Vorschrift handelt; s hierzu näher *Herber* IHR (2004) 89ff; *Janssen* VuR 1999, 324ff.

47 EuGH, Rs C-464/01, Slg 2005, I-439, Gruber/BayWa NJW 2005, 653/655 = EuZW 2005, 241/243 mit krit Anm *Reich*.

48 Nach Art 1 Abs 2 bleibt die Tatsache, dass die Parteien ihre Niederlassung in verschiedenen Staaten haben, unberücksichtigt, wenn sie sich nicht aus dem Vertrag aus früheren Geschäftsbeziehungen oder aus Verhandlungen oder Auskünften ergibt, die vor oder bei Vertragsschluss zw den Parteien geführt oder von ihnen erteilt worden sind. Art 1 Abs 2 stellt insoweit darauf ab, ob der Ort der Niederlassung

Das CISG ist demgegenüber dann nicht anwendbar, wenn die Parteien ihre **Niederlassung in ein und demselben Staat** haben. In diesem Fall gilt nicht das CISG, sondern ein unvereinheitlichtes nationales Recht. Allerdings können die Parteien in dem Umfang, den ihnen das unvereinheitlichte nationale Recht für eine privatautonome Vertragsgestaltung belässt, die Regeln des CISG wiederum als Teil ihrer vertraglichen Vereinbarung zur Anwendung bringen.[49] Damit können auch zwei Käufer, die ihre Niederlassung in Deutschland haben, die Regeln des CISG zum Gegenstand ihres iÜ dem deutschen Recht unterliegenden Vertrags machen. Das CISG kommt hier dann nicht als objektives Recht, sondern (nur) aufgrund einer individuellen Vertragsvereinbarung zur Anwendung. Die zwingenden Regeln des internen deutschen Rechts gehen in diesem Fall den Regeln des CISG vor.[50] 37

(b) Die Voraussetzungen von Art 1 Abs 1 lit a CISG

Allein der Umstand, dass die Parteien ihre Niederlassungen in verschiedenen Staaten haben, reicht für die Anwendbarkeit des CISG allein nicht aus. Art 1 Abs 1 lit a setzt – darüber hinausgehend – voraus, dass es sich bei diesen Staaten um **Vertragsstaaten des CISG** handelt.[51] Diese Voraussetzung ist zB, da sowohl Deutschland als auch die USA Vertragsstaaten sind, dann erfüllt, wenn der Verkäufer seine Niederlassung in Deutschland und der Käufer seine Niederlassung in den USA hat. 38

Zu beachten ist allerdings, dass diese unmittelbare Anwendbarkeit des CISG nach Art 1 Abs 1 lit a im praktischen Ergebnis nur dann gilt, wenn der Rechtsstreit vor den Gerichten eines Vertragsstaates ausgetragen wird. Wird (ausnahmsweise) ein **Gericht eines Nichtvertragsstaates** mit dem Rechtsstreit befasst, so kommt das CISG nur dann zur Anwendung, wenn das internationale Privatrecht dieses Nichtvertragsstaates auf das Recht eines Vertragsstaates verweist.[52] Dies beruht darauf, dass das CISG als Staatsvertrag nur die Vertragsstaaten und ihre Organe – also staatliche Gerichte – bindet.[53] Für Nichtvertragsstaaten und ihre Gerichte entfaltet Art 1 Abs 1 lit a CISG demgegenüber keine Bindungswirkung. 39

(c) Die Voraussetzungen von Art 1 Abs 1 lit b CISG

Ist Art 1 Abs 1 lit a nicht einschlägig, weil zumindest einer der Staaten, in denen die Parteien ihre Niederlassung haben, nicht zu den Vertragsstaaten des CISG gehört, so ist Art 1 Abs 1 lit b CISG zu prüfen. Hiernach kommt das CISG dann zur Anwendung, wenn die Parteien ihre Niederlassung in verschiedenen Staaten haben und das **inter-** 40

---

für die jeweilige Partei objektiv erkennbar war, vgl *Ferrari* in Schlechtriem/Schwenzer/Schroeter, Art 1 Rn 48ff.

49 *Magnus* (Fn 35) Art 6 Rn 62; *Enderlein/Maskow/Strohbach* Art 6 Anm 3.2.; *Honnold* Rn 84.

50 *Huber* (Fn 11) Art 6 Rn 35; *Magnus* (Fn 35) Art 6 Rn 66.

51 Eine abschließende Definition des Begriffs der Niederlassung ist dem CISG nicht zu entnehmen, vgl *Ferrari* in Schlechtriem/Schwenzer/Schroeter, Art 1 Rn 44ff; *ders* in Ferrari/Fletcher/Brand, 21/26f; *Magnus* (Fn 35) Art 1 Rn 85; *Huber* (Fn 11) Art 1 Rn 26ff; *Piltz* Rn 54; *Karollus* 29.

52 *Schlechtriem/Schroeter* Rn 32.

53 Vgl Art 26 der Wiener Vertragsrechtskonvention: „Ist ein Vertrag in Kraft, so bindet er die Vertragsparteien und ist von ihnen nach Treu und Glauben zu erfüllen."

nationale Privatrecht des Staates, dessen Gerichte mit einem Rechtsstreit der Parteien befasst sind, auf das Recht eines Vertragsstaates verweist. Art 1 Abs 1 lit b stellt also klar, dass sich die allgemeine internationalprivatrechtliche Verweisung dann, wenn die Parteien ihre Niederlassung in verschiedenen Staaten haben, auf das gesamte innerstaatliche Sachrecht unter Einschluss des in dem betreffenden Staat geltenden CISG bezieht.[54] Art 1 Abs 1 lit b ist bspw dann einschlägig, wenn die eine Partei ihre Niederlassung in Deutschland und die andere Partei ihre Niederlassung in einem Nichtvertragsstaat hat und das internationale Privatrecht auf das deutsche Recht verweist. In diesem Fall findet das deutsche Recht unter Einschluss des CISG Anwendung.

41 Art 1 Abs 1 lit b ist auch von **Gerichten eines Nichtvertragsstaates** zu beachten. Dies beruht darauf, dass die Vorschrift selbst nicht das anwendbare Recht festlegt, sondern nur klarstellt, dass unter dem internen Recht dieses Vertragsstaates vorrangig das CISG und nicht das sonstige (unvereinheitlichte) nationale Recht zu verstehen ist.

42 Die Regelung des Art 1 Abs 1 lit b war auf der Konferenz in Wien unter den Delegierten sehr umstritten. Deswegen hat man den Vertragsstaaten in Art 95 die Möglichkeit eingeräumt, gegenüber einer Anwendung von Art 1 Abs 1 lit b einen Vorbehalt einzulegen und das CISG ohne diese Vorschrift in Kraft zu setzen.[55] Hat ein Vertragsstaat einen **Vorbehalt nach Art 95** eingelegt, so scheidet eine Anwendung von Art 1 Abs 1 lit b aus. Als das interne Recht dieses Staates ist sodann, soweit das internationale Privatrecht auf das Recht dieses Staates verweist, nicht das CISG, sondern das unvereinheitlichte nationale Recht zu verstehen. Von der Möglichkeit eines Vorbehalts nach Art 95 haben zB die USA – nicht aber Deutschland[56] – Gebrauch gemacht. Befindet sich also zB die Niederlassung des Verkäufers in den USA, hat der Käufer zudem seine Niederlassung in einem Nichtvertragsstaat und verweist sodann das Kollisionsrecht eines Staates (sei es das Kollisionsrecht eines Bundesstaates der USA, des beteiligten Nichtvertragsstaates oder eines sonstigen mit dem Rechtsstreit befassten Staates) auf das Recht der USA, so findet das CISG keine Anwendung.

(2) Anwendung des CISG durch Schiedsgerichte

43 Sehr häufig vereinbaren Parteien eines internationalen Warenkaufvertrags, dass auftretende Streitigkeiten nicht von staatlichen Gerichten, sondern von **Schiedsgerichten** zu entscheiden sind. Dementsprechend sind zahlreiche Entscheidungen von Schiedsgerichten zum CISG zu verzeichnen.[57]

---

54 *Schlechtriem/Schroeter* Rn 34ff.

55 *Schlechtriem/Schroeter* Rn 40; *Ferrari* in Ferrari/Fletcher/Brand, 21/48ff.

56 Deutschland selbst hat keinen Vorbehalt iSd Art 95 erklärt. Nach Art 2 des VertragsG, durch das dem CISG zugestimmt worden ist, findet Art 1 Abs 1 lit b keine Anwendung, wenn das deutsche internationale Privatrecht zur Anwendung des Rechts eines Vertragsstaates führt, der einen Vorbehalt nach Art 95 eingelegt hat. Bei der Bestimmung des Art 2 VertragsG handelt es sich allerdings nur um eine Klarstellung. Die Vorschrift enthält lediglich eine (nochmalige) Umschreibung der mit einem Vorbehalt nach Art 95 CISG ohnehin verbundenen Rechtsfolgen (sehr str); aA zB *Ferrari* in Ferrari/Fletcher/ Brand, 21/51.

57 Nachw zB bei *Ferrari* in Schlechtriem/Schwenzer/Schroeter, Art 1 Rn 82; *ders* in Ferrari/Fletcher/ Brand, 21/55ff.

Schiedsgerichte sind nach zutreffender Auffassung nicht an Art 1 Abs 1 lit a gebunden. Dies gilt auch dann, wenn das Schiedsgericht seinen Sitz in einem Vertragsstaat des CISG haben sollte.[58] Dies beruht darauf, dass Schiedsgerichte keine Organe dieses Staates sind. Sie werden aufgrund einer privaten Vereinbarung der Parteien tätig, üben aber keine staatliche Rechtsprechungstätigkeit aus. 44

Im Ergebnis haben Schiedsgerichte daher die gleiche Ausgangsposition wie staatliche Gerichte von Nichtvertragsstaaten. Sie wenden ihr eigenes internationales Privatrecht an. Wenn die Regeln des internationalen Privatrechts auf das Recht eines Vertragsstaates des CISG verweisen, wenden die Schiedsgerichte das CISG an.[59] 45

Das für die Schiedsgerichte maßgebliche internationale Privatrecht kann hier nicht im Einzelnen dargestellt werden. Maßgeblich sind auch hier staatsvertragliche oder nationale Regelungen sowie die jeweiligen **Schiedsordnungen** der einzelnen Schiedsgerichte.[60] Den Parteien steht hierbei grundsätzlich die Möglichkeit der freien Rechtswahl zu; liegt keine Rechtswahl vor, so muss das Schiedsgericht das anwendbare Recht anhand von objektiven Umständen ermitteln.[61] 46

c) Abwahl des CISG (opting out)

Nach Art 6 können die Parteien das CISG, wenn dieses nach Art 1 Abs 1 lit a oder lit b eigentlich anwendbar ist, ganz oder auch nur teilweise **abwählen.**[62] In diesem Fall ist wieder auf ein nationales Recht zurückzugreifen. Eindeutig ausgeschlossen wird das CISG etwa durch die folgende Vereinbarung: „Es gilt das unvereinheitlichte deutsche Recht (BGB/HGB). Das UN-Übereinkommen vom 11.4.1980 über Verträge über den internationalen Warenkauf (CISG) findet keine Anwendung."[63] 47

Das CISG kann iÜ aber nicht nur ausdrücklich, sondern auch **konkludent** abgewählt werden.[64] Problematisch sind die Fälle, in denen die Parteien eine Wahl zugunsten des Rechts eines Vertragsstaates treffen, sich aber nicht näher dazu äußern, ob hiermit nur das innerstaatliche Recht dieses Staates oder das gesamte Recht dieses Staates unter Einschluss des CISG zu verstehen ist. Richtigerweise ist in diesem Fall nicht von einer (konkludenten) Abwahl des CISG auszugehen, es sei denn, ein entsprechender Wille lässt sich aus sonstigen Umständen entnehmen.[65] 48

Den Parteien ist daher zu empfehlen, **ausdrückliche vertragliche Abreden** über die Abwahl bzw die Beibehaltung des CISG zu treffen. Auf diese Weise können sie vermeiden, dass im laufenden Vertragsverhältnis bzw bei einem nachfolgenden Rechts- 49

58 *Gruber* RDA/IBLJ 2009, 15/23ff.
59 *Gruber* RDA/IBLJ 2009, 15/24.
60 Vgl dazu etwa *Schwab/Walter* (Fn 4) Kap 55.
61 Zu den Einzelheiten *Schwab/Walter* (Fn 4) Kap 55.
62 Näher *Ferrari* ZEuP 2002, 737ff.
63 Vgl zu einem ähnlichen Formulierungsvorschlag *Piltz* Rn 27.
64 Ein entsprechender Passus wurde nicht in die Konvention aufgenommen, um die voreilige Annahme einer Abwahl und Anwendung des unvereinheitlichten nationalen Rechts durch die nationalen Gerichte zu vermeiden, vgl *Magnus* (Fn 35) Art 6 Rn 20.
65 Die Frage ist allerdings sehr umstr; vgl *Ferrari* in Ferrari/Fletcher/Brand, 114/123ff; wie hier *Piltz* Rn 22f.

streit – insb auch bei Schiedsverfahren – Unsicherheiten über die Anwendbarkeit des CISG entstehen.

3. Vom CISG erfasste Regelungsfragen

50 Der sachliche Anwendungsbereich des CISG wird iE von Art 4 S 1 umschrieben. Das CISG bezieht sich demnach nur auf den äußeren **Abschluss des Kaufvertrags** sowie die aus dem Vertrag erwachsenden **Rechte und Pflichten des Verkäufers und des Käufers**.

51 Nicht vom CISG erfasst werden Fragen der **Rechts- oder Geschäftsfähigkeit** sowie die gesetzliche oder rechtsgeschäftliche **Vertretungsmacht**. Daneben stellt Art 4 S 2 lit a klar, dass Fragen der **„Gültigkeit" des Vertrags** nicht vom sachlichen Anwendungsbereich des CISG erfasst werden.[66] Deshalb beurteilt sich die Wirkung von **Verbotsgesetzen**[67] ebenso wenig nach dem CISG wie die Frage nach der Nichtigkeit von wucherischen oder sittenwidrigen Vertragsbedingungen.[68] Auch die „Inhaltskontrolle" von AGB-Klauseln wird vom CISG nicht geregelt.[69] Das CISG erstreckt sich ferner nicht auf die Voraussetzungen und Folgen einer Irrtumsanfechtung.[70]

52 Außerhalb des sachlichen Anwendungsbereichs des CISG verbleiben schließlich die **vorvertraglichen Verpflichtungen** der Parteien,[71] **deliktische Ansprüche**[72] sowie – was Art 4 S 2 lit b noch einmal hervorhebt – die Regelung **des Eigentumsübergangs**. (Zur dann notwendigen ergänzenden Anwendung des unvereinheitlichten nationalen Rechts vgl u Rn 155, 156.)

4. Überblick über den Inhalt des CISG

53 Im Folgenden sollen – ohne Anspruch auf Vollständigkeit – die charakteristischen und praktisch bedeutsamsten Regelungsgehalte des CISG skizziert werden. Für eine umfassende Darstellung bzw die nähere Behandlung von Einzelfragen wird auf die sich immer stärker entwickelnde Lehrbuch-, Aufsatz- und Kommentarliteratur verwiesen.

---

66 Was unter „Gültigkeit" zu verstehen ist, ist nach zutr, aber sehr umstr Auffassung nicht aus Sicht des unvereinheitlichten nationalen Rechts, sondern autonom nach den Maßstäben des CISG auszulegen; vgl näher *Ferrari* RabelsZ 71 (2007) 52/60ff; *Djordjevic* in Kröll/Mistelis/Perales Viscasillas, Art 4 Rn 13ff.

67 *Huber* (Fn 11) Art 4 Rn 17; *Holthausen* RIW 1989, 513/514f.

68 *Huber* (Fn 11) Art 4 Rn 17.

69 BGHZ 149, 113/117f; *Schroeter* in Schlechtriem/Schwenzer/Schroeter, Vor Art 14–24 Rn 34; *Kühl/Hingst* FG Herber (1999) 58ff; *Huber* Vindobona Journal of International Commercial Law & Arbitration 13 (2009) 123/130.

70 *Ferrari* in Schlechtriem/Schwenzer/Schroeter, Art 4 Rn 25; Zur Sperrwirkung des CISG bei Irrtümern über die Beschaffenheit der Ware *Djordjevic* (Fn 66) Art 4 Rn 22.

71 *Huber* (Fn 11) Art 4 Rn 29f, jedoch differenzierend bei schuldhaft falschen Angaben über Eigenschaften der Sache durch den Verkäufer.

72 *Huber* (Fn 11) Art 4 Rn 31f. Personenschäden werden nach Art 5 gänzlich vom Abkommen ausgenommen, so dass es diesbzgl vollständig beim nationalen Vertrags- und Deliktsrecht verbleibt.

Das CISG ist in **vier Teile** gegliedert. Materielles Kaufrecht wird durch die Teile I–III zur Verfügung gestellt. Teil IV (Art 89–101) enthält die völkerrechtlichen Schlussklauseln. 54

Teil I regelt zunächst die **Anwendungsvoraussetzungen** des CISG (Art 1–6). Art 7 befasst sich sodann mit der Auslegung sowie der Lückenfüllung innerhalb des CISG (vgl zu Letzterem näher u Rn 161). Ferner enthält Teil I einige allgemeine – vor die Klammer gezogene – Bestimmungen über die Auslegung von Willenserklärungen (Art 8), die Geltung von Bräuchen (Art 9), den Begriff der Niederlassung (Art 10) und die Form von Rechtsgeschäften bzw geschäftsähnlichen Handlungen (Art 11–13). Teil II regelt den **äußeren Vertragsschluss**. Teil III befasst sich sodann umfassend mit den **Rechten und Pflichten der Parteien aus dem Kaufvertrag** unter Einschluss der Folgen von Leistungsstörungen. 55

Es wurde bereits hervorgehoben, dass das CISG den Parteien eine größtmögliche **Privatautonomie** belässt (o Rn 14ff). Hiergegen bestehen grundsätzlich keine Bedenken. Das CISG findet nur dann Anwendung, wenn es sich um einen grenzüberschreitenden, zu nicht-persönlichen Zwecken abgeschlossenen Kaufvertrag handelt. Die Parteien eines derartigen Kaufvertrags sind idR hinreichend dazu in der Lage, ihre Interessen im freien Spiel der Kräfte zu wahren (vgl o Rn 5). 56

Allerdings lässt sich auch im CISG nicht ausschließen, dass zw den Parteien ein Gefälle an wirtschaftlicher Stärke bzw an geschäftlicher Erfahrung besteht. Zu berücksichtigen ist insb, dass am CISG nicht nur Industriestaaten, sondern auch zahlreiche **Entwicklungsländer** beteiligt sind (s Rn 6). Parteien aus Entwicklungsländern können im Einzelfall, was etwa ihre Sachkenntnis, ihre geschäftliche Erfahrung oder auch die an ihrer Niederlassung vorhandene Infrastruktur anbelangt, nicht immer mit Vertragspartnern aus Industriestaaten konkurrieren. Dem ist im Einzelfall bei der Auslegung des CISG Rechnung zu tragen (vgl zB zur Untersuchungs- und Anzeigeobliegenheit des Käufers Rn 106ff). Daneben können AGB, die geschäftlich unerfahrene Parteien unangemessen benachteiligen, nach dem (insoweit neben dem CISG anwendbaren, vgl Rn 19) nationalen Recht als unwirksam anzusehen sein. 57

Die dispositiven Regeln des CISG unternehmen iÜ den Versuch, die Vorstellungen der verschiedenen Rechtsordnungen miteinander in Einklang zu bringen. Inhaltlich sucht das CISG insb einen Kompromiss zw den kontinentaleuropäischen Rechtsordnungen (den „***Civil Law*-Staaten**") und den Rechtsordnungen des ***Common Law***.[73] IÜ tragen die dispositiven Normen des CISG der besonderen **Interessenlage im internationalen Handelsverkehr** Rechnung. Dies wird zB darin deutlich, dass die **Rückabwicklung des Vertrags** im Falle einer Pflichtverletzung der Parteien – also etwa dann, wenn die Ware einen Mangel aufweist – nur unter besonderen Umständen zugelassen wird (vgl Art 48, 49). Der Grund hierfür liegt darin, dass die Rückgängigmachung erfolgter Zahlungen, aber va auch die Rücknahme der Ware im internationalen Handelsverkehr noch größere Mühe und noch höhere (Transport-)Kosten verursacht als bei reinen Inlandsfällen (vgl näher u Rn 119ff, 137, 148). 58

---

73 Hierzu näher *Garro* International Lawyer 23 (1989) 443ff; ferner *Zwart* North Carolina Journal of International Law and Commercial Regulation 13 (1988) 109ff.

5. Praktisch bedeutsame Einzelfragen
a) Äußerer Vertragsschluss
(1) Notwendigkeit eines Konsenses

59 Teil II des CISG (Art 14–24) behandelt den **äußeren Vertragsschluss**. Das CISG geht hierbei im Grundsatz von zwei zeitlich aufeinanderfolgenden Erklärungen – also Angebot und Annahme – aus.[74] Die Regeln sind aber auf andere Formen des Vertragsschlusses, insb sog „Kreuzofferten", entsprechend anwendbar.

60 In ihrer Grundstruktur weisen die Art 14–24 vielfach Übereinstimmungen mit den entsprechenden Vorschriften des deutschen Rechts auf. Im Kern kommt es im CISG – nicht anders als im unvereinheitlichten deutschen Recht – darauf an, dass zw den Parteien ein **Konsens** über den wesentlichen Vertragsinhalt hergestellt wird.

61 Art 14 statuiert zwei Mindestvoraussetzungen für eine wirksame Angebotserklärung: Zunächst muss der Anbietende einen rechtsgeschäftlichen **Bindungswillen** zum Ausdruck bringen; sodann muss dieser Bindungswille mit hinreichender **Bestimmtheit** geäußert werden. Das Bestimmtheitserfordernis bezieht sich nach Art 14 Abs 1 S 2 in jedem Fall auf den Kaufgegenstand, die Menge und den Preis. Je nach Vereinbarung der Parteien bzw der Art des Kaufvertrags müssen uU auch andere Bedingungen des Vertrags in der Angebotserklärung hinreichend bestimmt festgelegt sein.[75]

62 Ob das Bestimmtheitserfordernis tatsächlich auch für den **Preis** gilt, ist allerdings sehr umstritten.[76] Nach vielfach vertretener Ansicht ergibt sich nämlich aus Art 55, dass der Preis selbst nicht im Angebot bestimmt oder auch nur bestimmbar sein muss.[77] Art 55 regelt seinem Wortlaut nach den Fall, dass der Vertrag gültig geschlossen wurde, ohne dass die Parteien den Kaufpreis ausdrücklich oder stillschweigend festgesetzt oder seine Festsetzung durch Dritte immerhin ermöglicht haben. Für diesen Fall normiert Art 55 Maßstäbe für eine (richterliche) Preisbestimmung, wobei vorrangig auf den bei Vertragsschluss üblichen Marktpreis abgestellt wird. Die zutreffende hM geht davon aus, dass sich das Bestimmtheitserfordernis des Art 14 auch auf den Preis bezieht. Art 55 ist damit nach hM nicht als *lex specialis* zu Art 14 anzusehen. Vielmehr geht das in Art 14 normierte Bestimmtheitserfordernis der Regelung des Art 55 vor.[78] Größere praktische Bedeutung kommt der Frage näher betrachtet aber idR nicht

---

74 *Gruber* in Säcker/Rixecker (Hrsg) Münch Komm BGB, Bd 3, 8. Aufl (2019) Vor Art 14 Rn 3; *Schroeter* in Schlechtriem/Schwenzer/Schroeter, Vor Art 14–24 Rn 28f; *Schlechtriem/Schroeter* Rn 240; *Magnus* (Fn 35) Art 18 Rn 4.

75 Vgl *Gruber* (Fn 74) Art 14 Rn 14.

76 *Schlechtriem/Schroeter* Rn 245ff; vgl hierzu die Entscheidung des Obersten Ungarischen Gerichts CISG Online (Fn 28) Nr 63.

77 So *Fortier* Journal du droit international 117(1990) 381/389 sowie – ausgehend v der These, dass zw der Bestimmtheit des Angebots einerseits und dem Zustandekommen des Vertrags andererseits unterschieden werden könne und sich daher die Anwendungsbereiche v Art 14 und Art 55 gar nicht überschneiden – mit Unterschieden im Einzelnen *Eörsi* in Bianca/Bonell Art 55 Anm 2.2.2; *Honnold* Rn 137.4ff; *Neumayer/Ming* Art 14 Anm 11; *Roth/Kunz* RIW 1997, 17/19; *Karollus* 62; *ders* JBl 1995, 254f; *Neumayer* FS Lorenz (1991) 747/749ff; *ders* RIW 1994, 99/102; *Corbisier* Revue internationale de droit comparé 40 (1988) 767/828.

78 Im Grundsatz *Gruber* (Fn 74) Art 14 Rn 22ff; *Witz* in Witz/Salger/Lorenz, Art 14 Rn 11; *Magnus* (Fn 35) Art 14 Rn 32f; differenzierend *Schroeter* in Schlechtriem/Schwenzer/Schroeter, Art 14 Rn 83ff; für einen Rückgriff auf unvereinheitlichtes nationales Recht *Heuzé* Anm 173; *Audit* Anm 63; *Kahn* Revue

zu. In vielen Zweifelsfällen wird man dem Angebot nämlich die (konkludente) Angabe entnehmen können, dass die Preisfestsetzung nach dem aktuellen Listen- oder Marktpreis bzw den Maßstäben des Art 55 erfolgen soll. Im letzteren Fall sind die tatbestandlichen Voraussetzungen des Art 14 erfüllt, und Art 55 kommt nicht unmittelbar, sondern nur kraft Parteivereinbarung zur Anwendung.[79] In anderen Fällen wird man vielfach von einer konkludenten Abbedingung (Art 6) des in Art 14 enthaltenen Bestimmtheitserfordernisses auszugehen haben.[80]

Die Angebotserklärung geht nach Art 24 zu, wenn sie „mündlich gemacht wird" **63**
oder dem Empfänger der Erklärung „zugestellt" wird. Im praktischen Ergebnis entspricht Art 24 weitgehend (wenn auch nicht in allen Einzelfragen) der in § 130 BGB enthaltenen Zugangsdefinition.[81] Ein **Zugang** liegt bei Erklärungen unter Abwesenden dann vor, wenn die Erklärung so in den Machtbereich des Empfängers gelangt ist, dass unter normalen Umständen mit einer Kenntnisnahme zu rechnen ist.[82] Bei einer vorsätzlichen **Vereitelung des Zugangs** durch den Empfänger ist dieser nach Treu und Glauben so zu behandeln, als habe ein Zugang tatsächlich stattgefunden.[83]

Neuartige Zugangsprobleme stellen sich insb im elektronischen Geschäftsver- **64**
kehr, etwa bei der Frage nach dem Zugang von **E-Mails**. Auch der Zugang von E-Mails bestimmt sich nach Art 24.[84] Eine E-Mail ist hiernach jedenfalls dann zugegangen, wenn sie beim Empfänger abrufbar gespeichert ist.[85] Dies gilt auch für den Fall, dass die E-Mail – aus welchen Gründen auch immer – vom Empfänger tatsächlich nicht zur Kenntnis genommen wird, zB deshalb, weil sie später versehentlich gelöscht worden oder sonst verloren gegangen ist.[86] Wird die E-Mail allerdings beim Empfänger von vornherein nicht abrufbar gespeichert – etwa deshalb, weil der „Empfangsbriefkasten" überfüllt ist –, wird man einen Zugang grundsätzlich zu verneinen haben.[87] Vorvertragliche Verpflichtungen im elektronischen Geschäftsverkehr – wie etwa die Zurverfügungstellung angemessener technischer Mittel, mit deren Hilfe Eingabefehler

internationale de droit comparé 33 (1981) 951/980; *Ebenroth* JBl 1986, 681/685; dem kann jedoch nicht zugestimmt werden, da das CISG – wie Art 14 und Art 55 zeigen – die Frage der Bestimmtheit des Preises in seinen Anwendungsbereich aufgenommen hat und Art 4 S 2 lit a insoweit nicht anwendbar ist. Allein der Umstand, dass das CISG in der Regelung der Frage unklar ist, rechtfertigt den Rückgriff auf das unvereinheitlichte nationale Recht ebenfalls nicht, da eine Auslegungsbedürftigkeit nicht mit einer internen Lückenhaftigkeit iSd Art 7 Abs 2 gleichgesetzt werden kann.

79 IdS *Schroeter* in Schlechtriem/Schwenzer/Schroeter, Art 14 Rn 87; *Gruber* (Fn 74) Art 14 Rn 23.

80 *Gruber* (Fn 74) Art 14 Rn 23.

81 *Schlechtriem/Schroeter* Rn 293.

82 *Schroeter* in Schlechtriem/Schwenzer/Schroeter, Art 24 Rn 18; *Dornis* in Honsell, Art 24 Rn 14; *Magnus* (Fn 35) Art 24 Rn 15.

83 *Gruber* (Fn 74) Art 24 Rn 23ff; *Ferrari* in Ferrari/ua (Hrsg) Art 24 Rn 15.

84 *Schlechtriem/Schroeter* Rn 158/293; *Mankowski* in Ferrari/ua (Hrsg) Art 24 Rn 18; *Magnus* (Fn 35) Art 24 Rn 16.

85 *Gruber* (Fn 74) Art 24 Rn 13; ausf *Schroeter* in Schlechtriem/Schwenzer/Schroeter, Art 24 Rn 35ff; *Schrammen* Grenzüberschreitende Verträge im Internet: Internationale Gerichtszuständigkeit und anwendbares Recht (2005) 246.

86 *Gruber* (Fn 74) Art 24 Rn 14.

87 *Gruber* (Fn 74) Art 24 Rn 14; zum unvereinheitlichten deutschen Recht vgl etwa *Dörner* AcP 202 (2002) 363/366ff.

erkannt und berichtigt werden können (vgl § 312e Abs 1 Nr 1 BGB) – richten sich weiterhin nach dem unvereinheitlichten nationalen Recht.[88]

65 Nach den Maßstäben über den Zugang bestimmt sich auch die Frage, ob eine Erklärung, die aus der Sicht des Adressaten in einer **fremden Sprache** abgefasst ist, als zugegangen angesehen werden kann. Maßgeblich ist, ob der Erklärende bei verständiger Würdigung der ihm erkennbaren Umstände damit rechnen konnte, dass der Empfänger die in fremder Sprache abgefasste Erklärung versteht.[89] Dies ist insb dann der Fall, wenn in der betreffenden Sprache Vorverhandlungen durchgeführt worden sind. IÜ kommt es auf die dem Erklärenden erkennbaren Verhältnisse des Einzelfalls an.[90]

66 Von einer allgemeinen Verständlichkeit des Englischen als „*lingua franca*" des internationalen Handelsverkehrs kann nach zutreffender Auffassung nicht in jedem Fall ausgegangen werden.[91] Ferner kann vom Erklärungsempfänger grundsätzlich nicht erwartet werden, dass er eine ihm nicht verständliche Erklärung übersetzen lässt.[92]

67 Die **Annahmeerklärung** wird näher in Art 18 geregelt. Die Annahme kann durch eine ausdrückliche oder schlüssige Erklärung erfolgen (Art 18 Abs 1 S 1). Sie wird grundsätzlich mit ihrem Zugang (Art 24) wirksam (Art 18 Abs 2 S 1). Ausnahmsweise entbehrlich ist der Zugang, wenn der Anbietende auf den Zugang verzichtet hat. Dasselbe gilt, wenn ein Zugang nach den für die Parteien relevanten Gepflogenheiten bzw Gebräuchen entbehrlich ist (Art 18 Abs 3).

68 Art 18 Abs 1 S 2 hebt hervor, dass das bloße Schweigen bzw die Untätigkeit des Angebotsempfängers allein keine Annahme darstellt. Damit räumt das CISG etwa einem **kaufmännischen Bestätigungsschreiben** keine Bedeutung ein.[93] Das kaufmännische Bestätigungsschreiben kann daher nur als Handelsbrauch oder im Rahmen der (vom CISG nicht erfassten, sondern der *lex fori* überlassenen) Beweiswürdigung durch das erkennende Gericht Bedeutung erlangen (vgl dazu u Rn 183ff).

69 Für den Fall, dass Angebots- und Annahmeerklärung nicht übereinstimmen, enthält Art 19 eine vom unvereinheitlichten deutschen Recht (vgl dort §§ 154, 155 BGB) zT abweichende Regel. Die Vorschrift unterscheidet danach, ob die Ergänzungen, Einschränkungen und Änderungen, die der Angebotsempfänger wünscht, wesentlich oder unwesentlich sind. Im ersten Fall ist die Erklärung eine Ablehnung des Angebots, verbunden mit einem eigenen Angebot des Empfängers (Art 19 Abs 1). Im zweiten Fall

---

88 *Schlechtriem/Schroeter* Rn 149ff.

89 *Mankowski* (Fn 84) Art 24 Rn 10. Vgl auch – auf die Wertung v Art 8 abstellend, aber im Erg nicht abw – *Schmidt-Kessel* in Schlechtriem/Schwenzer/Schroeter, Art 8 Rn 41ff.

90 *Gruber* (Fn 74) Art 24 Rn 19, 20.

91 Vgl OLG Hamm IPRax 1996, 197 mit Anm *Schlechtriem* 184, NJW-RR 1996, 1271, CISG Online (Fn 28) Nr 141; *Schmidt-Kessel* in Schlechtriem/Schwenzer/Schroeter, Art 8 Rn 42a; abw *Kühl/Hingst* (Fn 69) 50/53.

92 OLG Hamm IPRax 1996, 197, 198, CISG Online (Fn 28) Nr 141; *Gruber* (Fn 74) Art 24 Rn 20. AA für beigefügte AGB in anderer Sprache als das Vertragsangebot, wenn Dauer und Intensität der Geschäftsbeziehung und Größe des getätigten Geschäfts eine Übersetzungsobliegenheit nahelegen: OGH CISG Online (Fn 28) Nr 1093 und Nr 828.

93 Eine Regelung dieser Frage lässt sich auch nicht Art 19 Abs 2 entnehmen. Die Vorschrift kann auch nicht analog angewendet werden, wie hier *Kröll/Hennecke* RabelsZ 67 (2003) 448/459f gegen den Vorschlag v *Holl/Keßler* RIW 1995, 457/459.

kommt der Vertrag mit dem Inhalt der Annahme zustande, wenn der Empfänger dieser Erklärung nicht unverzüglich protestiert (Art 19 Abs 2).

(2) Widerrufbarkeit der Annahmeerklärung

Besonderer Beachtung bedarf die Frage der **Widerruflichkeit einer Angebotserklärung**. Die angloamerikanischen, aber auch viele romanische Rechtsordnungen sehen eine grundsätzliche Widerruflichkeit der Angebotserklärung bis zum Zeitpunkt der Abgabe der Annahmeerklärung vor.[94] Demgegenüber ist ein Widerruf der Angebotserklärung nach deren Zugang im internen deutschen Recht (vgl § 130 Abs 1 S 2 BGB) grundsätzlich ausgeschlossen. 70

Art 16 führt einen für das internationale Einheitsrecht durchaus typischen Kompromiss zw den Vorstellungen der einzelnen nationalen Rechtsordnungen herbei.[95] Art 16 Abs 1 enthält – insoweit mit zB den angloamerikanischen Rechten übereinstimmend – den Grundsatz, dass das Angebot auch noch nach seinem Zugang bis zum Zeitpunkt der Abgabe der Annahmeerklärung frei widerruflich ist. Art 16 Abs 2 sieht indes (sich dem deutschen Recht wieder annähernd) von diesem Grundsatz wichtige Ausnahmen vor. Ausgeschlossen ist ein Widerruf dann, wenn das Angebot, insb durch Bestimmung einer festen Frist zur Annahme, als unwiderruflich ausgestaltet ist (Abs 2 lit a) oder wenn der Empfänger auf die Unwiderruflichkeit vernünftigerweise vertrauen konnte und im Vertrauen auf das Angebot gehandelt hat (Abs 2 lit b). 71

Dem Anbietenden ist daher zu empfehlen, in der Angebotserklärung stets unmissverständlich deutlich zu machen, ob und bis wann die Erklärung widerruflich sein soll. Einem Angebotsempfänger, der ein insoweit nicht eindeutiges ausländisches Angebot erhalten hat, ist zu empfehlen, im Zweifel bei dem Anbietenden nachzufragen, ob das Angebot unwiderruflich sein soll oder nicht. 72

(3) Vertragsschluss unter Einbeziehung von AGB

(a) Allgemeine Voraussetzungen

Wie bereits dargelegt, spielen **Allgemeine Geschäftsbedingungen** bei grenzüberschreitenden Kaufverträgen eine wichtige Rolle (o Rn 19, 20). Dementsprechend kommt der Frage, auf welche Weise derartige AGB in den Vertrag einbezogen werden können, entscheidende Bedeutung zu. 73

Das CISG sieht keine besonderen Vorschriften für AGB vor. Ob die von einer Partei verwendeten AGB gültig in den Vertrag einbezogen worden sind, richtet sich daher nach den Art 14ff.[96] 74

---

94 S zur sog „mailbox rule" des angloamerikanischen Rechts *Kötz* Europäisches Vertragsrecht (1996) 31f; *Dilger* RabelsZ 45 (1981) 169/176.

95 Nähere Darstellung bei *Schroeter* in Schlechtriem/Schwenzer/Schroeter, Art 16 Rn 4; s a *Sekretariatskommentar* Official Records, 14 ff, Art 14 Anm 5 („effective compromise").

96 BGHZ 149, 113/116, NJW 2002, 370/371, ZIP 2002, 133/135, CISG Online (Fn 28) Nr 617; OLG Düsseldorf NJW-RR 2001, 1562, CISG Online (Fn 28) Nr 658 (Vorinstanz); OGH ZRVgl 1996, 248/251, CISG Online (Fn 28) Nr 224; *Mankowski* (Fn 84) Art 14 Rn 22; *Herber/Czerwenka* Art 14 Rn 11.

75 Der BGH und der österreichische OGH haben allerdings aus dem in Art 7 enthaltenen Grundsatz des guten Glaubens eine besondere Voraussetzung für die Einbeziehung von AGB entwickelt: Grundsätzlich müssen AGB, damit sie Vertragsbestandteil werden, dem Vertragspartner **übersendet** oder anderweitig **zugänglich gemacht** werden.[97] Anders als im deutschen Recht reicht es demgegenüber grundsätzlich nicht aus, dass die Geltung der eigenen AGB als solche vereinbart wird und der Vertragspartner nur die Möglichkeit hat, sich – etwa durch Nachfrage oder eigene Recherche – über den genauen Inhalt der AGB zu erkundigen. Die zustimmenswerte Rechtsprechung des BGH trägt zur Fairness im internationalen Handel bei.[98] Sie schützt insb schwächere bzw unerfahrene Vertragspartner, etwa solche aus Entwicklungsländern (vgl hierzu a o Rn 57).

76 Eine Übersendung der AGB ist aber auch nach dem BGH nicht in jedem Einzelfall erforderlich. Es reicht aus, wenn sie dem Adressaten **anderweitig zugänglich** gemacht werden.[99] Hierbei kann auch ein Einstellen der AGB ins Internet ausreichen.[100] Dies gilt dann, wenn der Vertrag selbst über das Internet geschlossen wird, oder iÜ wohl auch dann, wenn der Adressat nachweislich einen eigenen Zugang zum Internet hat.[101]

(b) Verwendung einander widersprechender AGB („battle of forms")

77 Vielfach werden beide Parteien den Versuch unternehmen, die von ihnen üblicherweise verwendeten AGB zum Vertragsbestandteil zu machen. Die von den Parteien jeweils verwendeten AGB weisen aber fast immer inhaltliche Unterschiede auf. Lässt nunmehr vor Vertragsschluss jede Partei der anderen ihre AGB zukommen, so stellt sich die Frage, ob in diesem Fall überhaupt ein Vertrag geschlossen ist und – wenn ja – welchen Inhalt der Vertrag iE hat.

78 Einigkeit besteht zunächst darin, dass das Problem einander widersprechender bzw **„kollidierender" AGB** anhand der Art 14ff – insb des Art 19 – zu lösen ist. Der Rückgriff auf das unvereinheitlichte nationale Recht ist ausgeschlossen.[102]

---

97 BGHZ 149, 113/117, NJW 2002, 370/371, ZIP 2002, 133/135, CISG Online (Fn 28) Nr 617; OGH IHR 2018, 19; ZRVgl 1996, 248/252, CISG Online (Fn 28) Nr 224; *Ventsch/Kluth* IHR 2003, 61; *P. Huber/Kröll* IPRax 2003, 309/311; *Magnus* (Fn 35) Art 14 Rn 41; zuvor bereits *Teklote* Die Einheitlichen Kaufgesetze und das deutsche AGB-Gesetz (1994) 112ff; *Hennemann* AGB-Kontrolle im UN-Kaufrecht (2001) 72ff; die Lösung des BGH abl *Schmidt/Kessel* NJW 2002, 3444; *Kindler* FS Heldrich (2005) 225ff; *Berger* FS Horn (2006) 3ff; *Pötter/Hübner* EWiR 2002, 339.

98 *Gruber* (Fn 74) Art 14 Rn 27ff; mit anderer Begründung auch *Perales Viscasillas* in Ferrari/Fletcher/Brand, 259/269 (nicht zugesandte AGB seien nicht iSd Art 24 zugegangen); abl *Schmidt-Kessel* NJW 2002, 3444.

99 BGHZ 149, 113/117, NJW 2002, 370/371, CISG Online (Fn 28) Nr 617 (Fn 92).

100 AA *Ferrari* (Fn 83) Art 14 Rn 40; *Magnus* (Fn 35) Art 14 Rn 41a.

101 *Gruber* (Fn 74) Art 14 Rn 31; *Kindler* (Fn 97) 225, 234; *Karollus* LM H 3/2002 CISG Nr 9; wohl zu weitgehend *Stiegele/Halter* IHR 2003, 169 (es sei davon auszugehen, dass alle international tätigen Vertragspartner über einen Internetzugang verfügen); abl, wenn der Vertrag nicht online abgeschlossen wird *Ventsch/Kluth* IHR 2003, 224.

102 BGH NJW 2002, 1651/1652f, ZIP 2002, 672, CISG Online (Fn 28) Nr 651; Schilderung des Falles auch bei *Schlechtriem/Schroeter* Rn 289; OLG Linz CISG Online (Fn 28) Nr 1376; *Ferrari* (Fn 83) Art 19 Rn 15;

Grundsätzlich kommt nach Art 19 ein Vertrag nicht zustande, wenn Angebot und Annahme wesentlich voneinander abweichen. Art 19 Abs 3 zählt einige wichtige Punkte auf, die als „wesentlich" angesehen werden: Wesentlich sind demnach insb Abweichungen, die sich auf Preis, Bezahlung, Qualität und Menge der Ware, auf Ort und Zeit der Lieferung, auf den Umfang der Haftung und die Beilegung von Streitigkeiten beziehen. Da sich die AGB fast immer zu den genannten Punkten äußern, wäre bei einander widersprechenden AGB, für sich betrachtet, idR von einer „wesentlichen" Abweichung auszugehen. Selbst bei einer faktischen Durchführung des Vertrags käme demgemäß zunächst kein Vertrag zustande. Dies erscheint jedoch wenig interessengerecht: Denn mit der Durchführung des Vertrags haben die Parteien ja übereinstimmend zu erkennen gegeben, dass sie sich – trotz der „Kollision" ihrer AGB – vertraglich binden wollten. Dementsprechend besteht jedenfalls iE Einigkeit darüber, dass ein ganz oder teilweise durchgeführter Vertrag trotz kollidierender AGB wirksam ist. 79

Nach der in der Literatur teilweise vertretenen sog **„Theorie des letzten Wortes"** (in der angloamerikanischen Literatur auch **„last shot rule"** genannt) setzen sich hierbei die AGB durch, die als letztes zum Gegenstand der Verhandlungen gemacht worden sind.[103] Gibt etwa der Käufer ein Angebot unter Beifügung seiner AGB ab und nimmt sodann der Verkäufer – allerdings unter Beifügung seiner AGB – dieses Angebot an, so setzen sich nach dieser Ansicht die AGB des Verkäufers durch. Die Annahmeerklärung des Verkäufers sei nach Art 19 Abs 1 als Ablehnung des Angebots des Käufers und Unterbreitung eines neuen (Gegen-)Angebots zu werten. Der Käufer nehme dieses Gegenangebot dadurch, dass er sich am Leistungsaustausch beteilige, konkludent an. 80

Nach der Gegenansicht, der sog **„Restgültigkeitstheorie"** (auch: **„knock out rule"**), werden die AGB dementsprechend nur insoweit Vertragsbestandteil, als sie inhaltlich übereinstimmen bzw sich jedenfalls nicht (durch Verwendung von „Abwehrklauseln") gegenseitig ausschließen. IÜ „neutralisierten" sich die AGB gegenseitig. Es müsse insoweit auf das dispositive Gesetzesrecht – also das CISG – zurückgegriffen werden.[104] 81

Der BGH hat sich noch nicht abschließend für eine der beiden Lösungen ausgesprochen. Seine Argumentation weist aber darauf hin, dass er wohl die „Restgültig- 82

bereits zuvor *Kröll/Hennecke* RIW 2001, 736/740; *Perales Viscasillas* Pace ILR 10 (1998) 97/140; *van Alstine* Fehlender Konsens beim Vertragsabschluss nach dem einheitlichen UN-Kaufrecht (1995) 206.

103 Vgl OLG Köln CISG Online (Fn 28) Nr 1232; OLG Hamm CISG Online (Fn 28) Nr 57, TranspR-IHR 1999, 24; zum EKG OLG Hamm NJW 1983, 523; LG Landshut RIW 1977, 424; *Farnsworth* in Bianca/Bonell Art 19 Anm 2.5; *Ferrari* (Fn 83) Art 19 Rn 15ff.

104 *Schroeter* in Schlechtriem/Schwenzer/Schroeter, Art 19 Rn 78; *Magnus* (Fn 35) Art 19 Rn 23ff; *Gruber* (Fn 74) Art 19 Rn 21f, 24ff; *Lüderitz/Fenge* in Siebert (Hrsg) Soergel Kommentar BGB, Bd 13, 13. Aufl (2000) Art 19 Rn 5; *Achilles* Kommentar zum UN-Kaufrechtsübereinkommen (CISG) (2000) Art 19 Rn 5; *Kühl/Hingst* (Fn 69) 50/56; *Ventsch/Kluth* IHR 2003, 61/63f; *Sieg* RIW 1997, 811/814; *Holthausen* RIW 1989, 513/518; im Erg auch *Kröll/Hennecke* RIW 2001, 736/742; aus der Rspr Cour de Cassation CISG Online (Fn 28) Nr 344; AG Kehl NJW-RR 1996, 565, RIW 1996, 957; abw *Stadie/Nietzer* MDR 2002, 428/431; aus französischer Sicht in der Tendenz für die Anwendung der Restgültigkeitstheorie – unter Hinweis auf die Rspr zum internen französischen Recht – *Audit* Anm 71.

keitstheorie“ bevorzugen würde.[105] Eindeutig geklärt ist bislang aber nur, dass auch nach Ansicht des **BGH** der Vertrag trotz einander widersprechender AGB mit dessen Durchführung zustande kommt. Mit der Durchführung des Vertrags hätten die Parteien nämlich – so der BGH – zu erkennen gegeben, dass sie die Abweichungen nicht als iSd Art 19 CISG „wesentlich“ erachteten.[106] Demgegenüber vertritt die **US-amerikanische Rechtsprechung** – ohne bislang überhaupt näher auf die Gegenauffassung einzugehen – die last shot-Theorie.[107]

83 Die „Theorie des letzten Wortes“ ist konstruktiv mit Art 19 vereinbar.[108] Sie ist aber nicht interessengerecht.[109] Faktisch lässt sie dadurch, dass sie rein äußerlich darauf abstellt, wessen AGB als letztes bei der anderen Partei zugegangen sind, den Zufall entscheiden.[110] Zu besonderen praktischen Schwierigkeiten führt die Theorie des letzten Wortes dann, wenn sich nicht mehr feststellen lässt, wann genau die einzelnen AGB (uU mehrfach) zugegangen sind. Von vornherein unbrauchbar ist die Theorie des letzten Wortes dann, wenn der Vertrag (ausnahmsweise) durch sog „Kreuzofferten“ zustande gekommen ist.[111] Die „Restgültigkeitstheorie“ gibt demgegenüber das Ergebnis der Verhandlungen der Parteien am besten wieder. Praktisch handeln nämlich die Parteien in der Hoffnung, dass ohnehin „alles gut gehen“ und es auf die AGB iE nicht ankommen wird. Es entspricht daher letztlich ihrem Willen, dass der Vertrag als wirksam behandelt wird, auch wenn sich weder die AGB der einen noch die AGB der anderen Seite durchgesetzt haben. In diesem Fall liegt es nahe – um eine willkürliche Bevorzugung einer Partei zu vermeiden – , die Lösung dem CISG zu entnehmen – nicht anders als in dem Fall, in dem die Parteien deshalb keine Einigung über bestimmte Punkte erzielt haben, weil sie über diese Punkte von vornherein nicht verhandelt bzw diese Punkte nicht zum Gegenstand von Willenserklärungen gemacht haben.

84 Allerdings ist zu berücksichtigen, dass sich die Restgültigkeitstheorie vom Wortlaut des Art 19 entfernt und in klarem Gegensatz zu der in der aktuellen US-amerika-

---

105 BGH NJW 2002, 1651/1653, ZIP 2002, 672, CISG Online (Fn 28) Nr 651; im prakt Erg iSd Restgültigkeitstheorie (aber ohne nähere Begründung) Cour de Cassation Revue critique de droit international privé 1999, 122 mit Anm *Ancel/Muir Watt* CISG Online (Fn 28) Nr 344; s a Cour d'Appel de Paris UNILEX, E.1995–33, TranspR-IHR 1999, 7, CLOUT Case 203, CISG Online (Fn 28) Nr 312; die Frage bleibt offen beim österr OGH IHR 2002, 74/76, CISG Online (Fn 28) Nr 644.

106 BGH NJW 2002, 1651/1652, ZIP 2002, 672, CISG Online (Fn 28) Nr 651.

107 US District court, E.D. of New York U. S. CISG Online (Fn 28) Nr 2950; Court of Appeals (7th Cir.) CISG Online (Fn 28) Nr 2811: "...the Convention departs dramatically from the UCC by using the common-law „mirror image“ rule (sometimes called the „last shot“ rule) to resolve „battles of the forms“; zuvor CISG-Online Nr 2810; U. S. District Court, N.D. of Illinois CISG-Online Nr 2827, dort S. 29: „Unlike the Uniform Commercial Code, the CISG embraces the mirror image rule in battles of form contracts.“; U. S. District Court, W.D. of Pennsylvania CISG Online Nr 2490, unter IV.A.3.a: „The terms of the contract are those embodied in the last offer (or counteroffer) made prior to a contract being formed.“; U. S. District Court, WD of Pennsylvania CISG Online Nr 1776; mwN bei *Steensgard* IHR 2015, 89 (93). Aus der US-amerikanischen Lit dezidiert für eine (wortlautgetreue) Auslegung des Art 19 iSd last shot rule *Gillette/Walt* The UN Convention on Contracts for the International Sale of Goods, 2. Aufl (2016) 97f.

108 *Ferrari* (Fn 83) Art 19 Rn 15ff.

109 *Gruber* (Fn 74) Art 19 Rn 24f.

110 Abl auch *Heuzé* Anm 169.

111 *Gruber* (Fn 74) Art 19 Rn 24.

nischen Rechtsprechung vertretenen Lösung steht. Es besteht also die Gefahr, dass das Ziel des Abkommens, im Verhältnis von „civil law"-Staaten einerseits und „common law"-Staaten andererseits einheitliches (Kauf-)Recht herzustellen, im praktisch bedeutsamen Bereich verfehlt wird. Ein einfacher Ausweg aus diesem Dilemma besteht nicht. Es steht auch realistischerweise eher nicht zu erwarten, dass US-amerikanische Gerichte doch noch die Bereitschaft zeigen werden, sich mit der Debatte außerhalb der USA näher auseinanderzusetzen.

Einfacher zu beurteilen ist die Situation, wenn die Parteien im Falle der Verwen- 85
dung einander widersprechender AGB den Vertrag gar nicht (nicht einmal teilweise) durchführen. In diesem Fall kann man idR nicht von einem wirksamen Vertragsschluss ausgehen. Es bleibt hier dabei, dass die (inhaltlich wesentlich abweichende) Annahmeerklärung (nur) als Gegenangebot zu werten ist, also keinen Vertrag zustande bringt.[112] Dies ist interessengerecht: Es besteht keine Veranlassung, die Parteien, falls sie nicht beide mit der Vertragsdurchführung (zumindest) beginnen, gegen ihren (mutmaßlichen) Willen an einen (so nicht gewollten) Vertrag zu binden.

Einem Verkäufer, der eine inhaltlich wesentlich abweichende Annahmeerklärung 86
des Käufers erhalten hat, ist daher nicht zu empfehlen, einseitig die Lieferung der Ware vorzunehmen. Er muss nämlich damit rechnen, dass der Käufer die Ware nicht annimmt. In diesem Fall könnte der Käufer – da kein Vertrag zustande gekommen ist – die Zahlung des Kaufpreises zunächst ablehnen. Dem Verkäufer bliebe dann allenfalls die Möglichkeit, das (in der wesentlich abweichenden Annahmeerklärung des Käufers liegende) Gegenangebot (noch) anzunehmen.

(4) Vertragsänderung (Art 29)

Art 29, der sich mit der **Vertragsänderung** befasst, befindet sich in Teil III (Kapitel 1) 87
des CISG. Sachlich gehört Art 29 aber zu den Vorschriften, die sich mit dem äußeren Zustandekommen des Vertrags befassen.

Art 29 Abs 1 bestimmt zunächst, dass ein bestehender Vertrag auch noch nach- 88
träglich durch Vereinbarung geändert oder aufgehoben werden kann. Dies ist eine nicht näher erläuterungsbedürftige Selbstverständlichkeit. Ferner ergibt sich aus der in Art 29 Abs 1 verwendeten Formulierung („durch bloße Vereinbarung") sowie einem Gegenschluss zu Art 29 Abs 2, dass diese Vereinbarung grundsätzlich **formlos** zustande kommen kann.

Der Grundsatz der Formlosigkeit stellt sich aus deutscher Sicht wiederum als 89
Selbstverständlichkeit dar. Nach der im englischen Recht entwickelten und im common law-Rechtskreis weiterhin verbreiteten ***consideration*-Doktrin** besteht demgegenüber bei vertraglichen Versprechen, denen keine Gegenleistung gegenübersteht – im Falle der Vertragsänderung (etwa einer Verzichts- oder Stundungserklärung) – ein Formerfordernis.[113] Vor diesem Hintergrund trifft Art 29 Abs 1 eine durchaus relevante Aussage: Innerhalb des CISG sind Stundungen, Verzichtserklärungen oä auch formlos mög-

112 *Gruber* (Fn 74) Art 19 Rn 26f; *Kühl/Hingst* (Fn 69) 50/54; *van Alstine* (Fn 102) 217; *Neumayer/Ming* Art 19 Anm 6; aA *Kröll/Hennecke* RIW 2001, 736/742.

113 Vgl näher *Schroeter* in Schlechtriem/Schwenzer/Schroeter, Art 29 Rn 15; *Saenger* in Bamberger/Roth (Hrsg) BGB, Bd. 1, 3. Aufl (2012) Art 29 Rn 1; ausf *Benedict* RabelsZ 2005, 1ff. In § 2-209 des US-ame-

lich. Die *consideration*-Doktrin ist, da Art 29 insoweit eine abschließende Regelung bereithält, im Anwendungsbereich des CISG nicht anwendbar.

90 Art 29 Abs 2 befasst sich sodann mit den im Vertrag häufig vorhandenen sog „Schriftformklauseln", nach denen eine spätere Vertragsänderung nur in schriftlicher Form zustande kommen kann. Derartige **Schriftformklauseln** entfalten innerhalb des CISG grundsätzlich Wirkung, führen also tatsächlich dazu, dass eine spätere formlose Änderung oder Aufhebung des Vertrags unwirksam ist (Art 29 Abs 2 S 1).

91 Allerdings kann es einer Partei aufgrund ihres Verhaltens und des hierdurch verursachten Vertrauens der anderen Partei verwehrt sein, sich auf das Schriftformerfordernis zu berufen (Art 29 Abs 2 S 2). Denkbar ist etwa, dass eine Partei mündlich um eine Vertragsänderung gebeten und die andere Partei – im Vertrauen auf die Wirksamkeit der Vertragsänderung – erhebliche Aufwendungen auf sich genommen hat. Hat zB der Käufer trotz bestehender Schriftformklausel mündlich eine Änderung der Beschaffenheit der Ware verlangt, wäre die Vertragsänderung eigentlich wegen Art 29 Abs 1 S 1 formunwirksam. Der Käufer könnte sich daher auf den ursprünglichen Vertragsinhalt berufen und die Lieferung der Ware mit der ursprünglich vereinbarten Beschaffenheit verlangen. Dies ist jedoch unbillig, wenn der Verkäufer – im Vertrauen auf die Wirksamkeit der Vertragsänderung – zwischenzeitlich bereits eine Änderung der Produktion veranlasst bzw seine Bestellung bei den Vorlieferanten modifiziert hat. Nach Art 29 Abs 2 S 2 ist es dem Käufer daher wegen des von ihm hervorgerufenen Vertrauens verwehrt, sich auf die Formunwirksamkeit der Vertragsänderung zu berufen.

b) Rechte und Pflichten der Parteien

(1) Überblick

92 Die Rechte und Pflichten von Verkäufer und Käufer, die aus dem Kaufvertrag entspringen, sind in Teil III des CISG geregelt. Der Aufbau des CISG ist insgesamt nicht besonders übersichtlich geraten. Dies gilt insb deshalb, weil sowohl Kapitel I (Art 25–29) als auch Kapitel V (Art 66–88) von Teil III allgemeine Vorschriften enthalten. Der folgende (notwendigerweise kursorische) Überblick beschreibt zunächst die vertraglichen Rechte und Pflichten von Verkäufer und Käufer. Der nachfolgende Abschnitt widmet sich sodann den Rechtsfolgen einer vertraglichen Pflichtverletzung.

(2) Pflichten des Verkäufers

(a) Ort, Zeit und Art der Leistung

93 Die Pflichten des Verkäufers sind in Art 30–44 geregelt. Behandelt werden im Einzelnen der Ort (Art 31) und die Zeit der Leistung (Art 32), die Anforderungen an die Beschaffenheit der Ware (Art 35, 41, 42) sowie ferner die Übergabe von Dokumenten (Art 34). Alle Vorschriften sind nur **subsidiär** und **ergänzend** anwendbar. Vertragsvereinbarungen gehen vor. Vielfach wird hierbei von den durch die INCOTERMS be-

rikanischen Uniform Commercial Code (UCC) wird eine „consideration" im Falle der Vertragsänderung nicht mehr verlangt.

reitgestellten Klauseln Gebrauch gemacht (vgl näher u Rn 173ff).[114] Daneben kommt den AGB gerade hier große Bedeutung zu.

Der Verkäufer hat die Ware zu liefern und zu übereignen. Die Ware muss sach- 94
und rechtsmangelfrei sein (Art 35, 41, 42). Was die Definition des **Sachmangels** anbelangt, so geht Art 35 – ähnlich wie das unvereinheitlichte deutsche Recht (vgl § 434 Abs 1 BGB)[115] – von einem Vorrang der **Parteivereinbarung** aus (Art 35 Abs 1). Maßgeblich ist, welche Vereinbarung die Parteien über die vom Verkäufer geschuldete Beschaffenheit der Ware getroffen haben. Ein Mangel liegt, soweit keine besondere Vereinbarung getroffen wurde, grundsätzlich ferner dann vor, wenn die Ware nicht mit einem vom Verkäufer vorgelegten Muster bzw einer Probe übereinstimmt (Art 35 Abs 2 lit c). Nach im Vordringen befindlicher Auffassung gehört auch die **Einhaltung gewisser sozialer oder ethischer (Mindest-)Standards** bei der Herstellung zu der Qualität der Ware iSd Art 35. So kann zB auch als Teil der Qualität der Ware vereinbart werden, dass sie nicht durch Kinderarbeit hergestellt worden sein darf.[116]

Fehlt es an einer unmittelbaren vertraglichen Beschaffenheitsvereinbarung, so 95
muss die Ware für die dem **Verkäufer erkennbaren Verwendungszwecke** geeignet sein, wobei eine Haftung allerdings dann ausscheidet, wenn der Käufer insoweit nicht auf die Sachkenntnis des Verkäufers vertraute oder vernünftigerweise nicht vertrauen konnte (Art 35 Abs 2 lit b). Hilfsweise muss die Ware für die **üblichen Verwendungszwecke** (Art 35 Abs 2 lit a) geeignet sein. Ein Pkw, der vom Käufer erkennbar als „Wüstenfahrzeug" erworben wird, muss nach Art 35 Abs 2 lit b (besonderer Zweck) auch im Treibsand fahrtauglich sein. Anderenfalls reicht es aus, wenn es sich um einen normalen straßengängigen Pkw handelt (Art 35 Abs 2 lit a).[117]

Die ***aliud*-Lieferung** steht der Lieferung einer mangelhaften Ware gleich, was 96
sich aus der in Art 35 Abs 1 verwendeten Formulierung („Qualität und Art") ergibt.[118] Der Mangel kann sich auch, was Art 35 Abs 2 lit d klarstellt, aus einer **fehlerhaften Verpackung** der Ware ergeben. Maßgeblich für die Beurteilung der Mangelfreiheit der Ware ist grundsätzlich der Zeitpunkt des **Gefahrübergangs** (Art 36 Abs 1 iVm Art 66ff).[119]

Die Rechtsprechung hat sich bereits mehrfach mit der Frage befasst, ob ein Man- 97
gel der Ware auch dann anzunehmen ist, wenn sie zwar für sich brauchbar, aber im Staat des Käufers bzw einem dritten Staat (Absatzstaat) nicht weiterverkäuflich ist. Denkbar ist insb, dass die Ware dort bestimmten **öffentlich-rechtlichen Vorschriften** bzw sonstigen Vorgaben oder Erwartungen der Verbraucher nicht entspricht. Möglicherweise untersagt ein bestimmter Staat die Einfuhr der Ware, weil die Ware

---

114 Vgl hierzu *Piltz* in Kröll/Mistelis/Perales Viscasillas Art 30 Rn 30ff; *Witz* in Witz/Salger/Lorenz, Rn 8ff; aus der Rspr etwa Cour d'Appel de Paris CISG Online (Fn 28) Nr 533, UNILEX, E.1998–9.

115 Insg beruht die deutsche Sachmangeldefinition maßgeblich auf Art 2 der Richtlinie zum Verbrauchsgüterkauf (Fn 12). Dieser ist wiederum stark von Art 35 CISG beeinflusst. Mittelbar beruht die Regelung in § 434 BGB also auch auf dem CISG (vgl auch Rn 190). Die Art 6ff der bis zum 1.7.2021 umzusetzenden neuen EU-Richtlinie 2019/771 (s Fn 12) haben einen ähnlichen Wortlaut.

116 Eingehend *Gruber* (Fn 74) Art 35 Rn 9; *Schwenzer* Uniform Law Review 22 (2017), 122/124.

117 Etwa *Honnold* Rn 226; *Neumayer/Ming* Art 35 Rn 8; *Schlechtriem* IPRax 1996, 12/15.

118 Eine Gleichstellung von Schlecht- und aliud-Lieferung sieht auch das neue deutsche Kaufrecht vor (s § 434 Abs 1 1. Var BGB).

119 Auch dies entspricht dem deutschen Recht, vgl § 434 Abs 1 BGB.

nicht den heimischen (besonders strengen) Vorschriften über die erforderliche Produktsicherheit genügt, während die Ware in anderen Ländern den Sicherheitsstandards ohne weiteres entspricht und auch iÜ absetzbar ist.[120] Ferner kann es sich auch so verhalten, dass zwar nicht bestimmte zwingende Vorschriften, dafür aber **allgemeine Überzeugungen** bzw Erwartungen im Käufer- oder Drittstaat einen Absatz der Ware (faktisch) ausschließen.[121] Dies kann zB dann bedeutsam werden, wenn die Ware – etwa Lebensmittel – einer bestimmten Umweltbelastung (einer Strahlenbelastung oä) ausgesetzt war. In einem Staat mit besonders gesundheitsbewussten Verbrauchern mag sich die Ware, selbst wenn sie den dortigen öffentlich-rechtlichen Vorschriften entspricht, als „Ladenhüter" erweisen. Andernorts mag sie weiterhin verkäuflich bleiben. An den genannten Beispielen wird deutlich, dass die Feststellung einer üblichen bzw „objektiv zu erwartenden" Beschaffenheit der Ware im internationalen Verkehr deutlich schwerer fällt als bei rein innerstaatlichen Kaufverträgen.[122]

98 Nach Ansicht des BGH berühren öffentlich-rechtliche Vorschriften bzw Einstellungen in einem Käufer- bzw Drittstaat die Eignung der Ware zum „gewöhnlichen Gebrauch" iSd Art 35 Abs 2 lit a grundsätzlich nur dann, wenn sie auch im Verkäuferland gelten. IÜ komme ein Mangel der Ware nur bei einer besonderen Vereinbarung (Art 35 Abs 1) bzw dann in Betracht, wenn der Käufer nach Art 35 Abs 2 lit b auf die im Bestimmungsstaat geltenden Vorgaben hingewiesen hat und dabei auf die Sachkunde des Verkäufers vertrauen durfte.[123]

99 Der Rechtsprechung des BGH ist zuzustimmen. Sie wirkt einer zu strengen, für den Verkäufer schwer übersehbaren Haftung entgegen.[124] Letztlich geht es in den genannten Fällen nicht um die objektive Beschaffenheit der Ware, sondern um die konkrete Vereinbarung der Parteien bzw – dann, wenn es insoweit an greifbaren Vereinbarungen fehlt – um eine gerechte Verteilung der **Informationsrisiken**. Ein Verkäufer muss nicht notwendigerweise besser wissen als der Käufer, dass in dem Staat des Käufers bzw in einem anderen Staat schärfere Bestimmungen gelten bzw die Erwartungshaltung der Verbraucher eine andere ist als im Staat des Verkäufers. Es ist grundsätzlich Sache des Käufers, diese Bestimmungen bzw die Erwartungshaltung der Verbraucher in seinem „Absatzmarkt" zu ermitteln und sodann entsprechende Vereinbarungen mit dem Verkäufer zu treffen oder jedenfalls den Verkäufer hierüber zu informieren.[125]

100 Nach Art 41, 42 hat der Verkäufer auch für **Rechtsmängel** einzustehen. Art 41 enthält die Grundnorm. Art 42 ist eine Spezialnorm für Belastungen der Ware mit sog **„Schutzrechten"**, die auf gewerblichem oder geistigem Eigentum beruhen. Art 42 betrifft ua Patente, Gebrauchs- und Sortenschutzrechte sowie Markenrechte und Gestal-

---

120 *Schlechtriem* IPRax 1996, 12/13.

121 *Schlechtriem* IPRax 1996, 12/13; *ders* IPRax 1999, 388/389.

122 *Gruber* (Fn 74) Art 35 Rn 19ff.

123 BGHZ 129, 75/83, NJW 1995, 2099, IPRax 1996, 29, CISG Online (Fn 28) Nr 144; dem BGH folgend OGH CISG Online (Fn 28) Nr 1495 und Nr 999; ders IPRax 2001, 149/152, IHR 2001, 117/120, CISG Online Nr 576 und OGH IPRax 2004, 350/352 mit insoweit zust Anm *P. Huber* IPRax 2004, 358. *Daun* NJW (1996) 29f lehnt eine Anwendung v Art 35 Abs 2 lit b mit dem Argument ab, dass die Einhaltung bestimmter Vorschriften nicht als „Zweck" iSd Vorschrift bezeichnet werden könne.

124 *Gruber* (Fn 74) Art 35 Rn 22ff; *Kröll* Kröll/Mistelis/Perales Viscasillas, Art 35 Rn 89ff.

125 *Gruber* (Fn 74) Art 35 Rn 22ff; *Kröll* (Fn 124) Art 35 Rn 91ff.

tungsschutzrechte wie das Geschmacksmusterrecht. Daneben gilt Art 42 va auch für **Urheberrechte** inkl der daraus folgenden dinglichen Lizenzrechte sowie Warenzeichen- und sonstige Herkunftsrechte.[126]

Kennzeichnend für die Rechtsmängelhaftung im CISG ist zunächst, dass der Verkäufer nicht nur für vorhandene Rechte Dritter, sondern auch für lediglich **behauptete Rechte** Dritter einzustehen hat. Die Art 41, 42 bringen dies dadurch zum Ausdruck, dass nicht nur „Rechte“, sondern auch „Ansprüche“ Dritter die Haftung des Verkäufers auslösen.[127] Dem Käufer soll nach der Konzeption des CISG maW ein nicht nur rechtlich, sondern auch tatsächlich unbelastetes Eigentum verschafft werden. Behauptet ein Dritter gegenüber dem Käufer, dass dieser die Ware herauszugeben hat bzw wegen bestehender Rechte iSd Art 41, 42 nicht verwenden oder weiterveräußern darf, so ist der Verkäufer verpflichtet, dieser Behauptung entgegenzutreten. Der Verkäufer muss also etwa eine Verzichtserklärung des Dritten beibringen oder ggf eine gerichtliche Klärung herbeiführen.[128] Anderenfalls haftet er dem Käufer wegen eines Rechtsmangels, und zwar unabhängig davon, ob die vom Dritten behaupteten Rechte bzw Ansprüche wirklich bestehen oder nicht.[129] 101

Art 41 sieht iÜ eine **verschuldensunabhängige Haftung** vor. Der auf „Schutzrechte“ beschränkte Art 42 kommt demgegenüber den Verkäuferinteressen entgegen und knüpft die Haftung des Verkäufers an deutlich engere Voraussetzungen. Der Verkäufer haftet nur für die im Verwendungsstaat (lit a) bzw – hilfsweise – im Käuferstaat (lit b) tatsächlich bestehenden bzw behaupteten Schutzrechte. Diese in Art 42 enthaltene Begrenzung ist darauf zurückzuführen, dass der Verkäufer nicht ohne weiteres überblicken kann, in welchen Staaten gewerbliche Schutzrechte tatsächlich bzw (nach der Behauptung Dritter) angeblich bestehen.[130] 102

Lit b (Schutzrechte im Käuferstaat) kommt im Verhältnis zu lit a (von den Parteien in Erwägung gezogener Verwendungsstaat) subsidiär zur Anwendung. Zu fragen ist also zunächst, ob die Parteien einen bestimmten Staat in Erwägung gezogen haben, in 103

---

126 *Magnus* (Fn 35) Art 42 Rn 11; *Magnus* in Honsell Art 42 Rn 6; *Herber/Czerwenka*, Art 42 Rn 2; *Piltz*, Rn 101.

127 *Schwenzer* in Schlechtriem/Schwenzer/Schroeter, Art 41 Rn 9ff; *Magnus* (Fn 35) Art 41 Rn 15; *Sekretariatskommentar* Official Records S. 14ff Art 39 Anm 3; *Date-Bah* in Bianca/Bonell Art 41 Anm 2.1; *Achilles* (Fn 104) Art 41 Rn 3; *Herber/Czerwenka* Art 41 Rn 5; *Vida* Revue trimestrielle de droit commercial et de droit économique 47 (1994) 21/2. Anders verhält es sich im unvereinheitlichten deutschen Recht, das als Rechtsmangel nur bestehende Rechte ansieht (vgl § 435 BGB).

128 *Kröll* (Fn 124) Art 41 Rn 17, 20.

129 Vielfach wird vertreten, dass ein Rechtsmangel iSd Art 41, 42 ausnahmsweise nicht gegeben ist, wenn das v dem Dritten behauptete Recht offensichtlich nicht existiert; vgl *Lüderitz/Schüßler-Langeheine* in Siebert (Hrsg) Soergel Kommentar BGB, Bd 13, 13. Aufl (2000) Art 41 Rn 7; *Herber/Czerwenka* Art 41 Rn 6; *Achilles* (Fn 104) Art 41 Rn 3; auch *Enderlein/Maskow/Strohbach* Art 41 Anm 4; *Vida* Revue trimestrielle de droit commercial et de droit économique 47 (1994) 21/23 („prétentions manifestement injustifiées“). Dem ist nicht zuzustimmen, da dies zu Abgrenzungsschwierigkeiten führt und offensichtlich inexistente Ansprüche vom Verkäufer ohnehin leicht abgewehrt werden können, so *Gruber* (Fn 74) Art 41 Rn 8; *Schwenzer* in Schlechtriem/Schwenzer/Schroeter, Art 41 Rn 10; *Magnus* (Fn 35) Art 41 Rn 17; *Magnus* in Honsell Art 41 Rn 10.

130 *Sekretariatskommentar* Official Records S. 14ff Art 40 Anm 4; *Schwerha* Michigan JIL 16 (1995) 441/461.

dem die Ware weiterverkauft bzw verwendet werden sollte.[131] In diesem Fall kommt es auf die dort tatsächlich bzw angeblich bestehenden Schutzrechte an. Anderenfalls ist auf die im Käuferstaat (angeblich) bestehenden Schutzrechte abzustellen.

104 Anders als Art 41 sieht Art 42 keine generelle Haftung für bestehende oder behauptete Rechte vor. Einzustehen hat der Verkäufer im Rahmen des Art 42 CISG nur für solche Schutzrechte bzw Ansprüche Dritter, die er **kannte** oder über die er nicht in Unkenntnis sein konnte. Letzteres ist nach hM bei **grober Fahrlässigkeit** anzunehmen.[132] Die Haftung des Verkäufers scheidet darüber hinaus dann aus, wenn der Käufer seinerseits die Schutzrechte des Dritten bei Vertragsschluss kannte bzw nicht über sie in Unkenntnis sein konnte (Abs 2 lit a).

105 Das zuletzt genannte Merkmal ist – wie auch auf der Verkäuferseite – wiederum iS einer „groben Fahrlässigkeit" zu verstehen.[133] Während eine grobe Fahrlässigkeit des Verkäufers allerdings schon dann in Betracht kommt, wenn er es unterlässt, in dem Verwendungs- oder Niederlassungsstaat des Käufers Erkundigungen über möglicherweise bestehende Schutzrechte einzuziehen, treffen den Käufer derartige Erkundigungspflichten idR nicht.[134] Dies ergibt sich daraus, dass der Verkäufer aufgrund seiner überlegenen Kenntnis der Ware eher dazu in der Lage ist, eine Klärung über das evtl Vorhandensein von Schutzrechten herbeizuführen.[135]

(b) Untersuchungs- und Anzeigeobliegenheiten des Käufers

106 Ein Sachmangel bleibt für den Verkäufer ohne Folgen, wenn der Käufer seiner in Art 38, 39, 40, 44 näher geregelten **Untersuchungs- und Anzeigeobliegenheit** nicht nachkommt. Der Käufer hat die Ware in kurzer Frist daraufhin zu untersuchen, ob sie einen **Sachmangel** iSd Art 35 aufweist. Eine im Rahmen der erforderlichen Untersuchung festgestellte Vertragswidrigkeit hat der Käufer dem Verkäufer innerhalb einer angemessenen Frist anzuzeigen (Art 39). Die Anzeige ist so präzise zu fassen, dass der Verkäufer über die vom Käufer geltend gemachte Vertragswidrigkeit hinreichend ins Bild gesetzt wird. Falls der Käufer die in Art 38, 39 vorgesehenen Obliegenheiten nicht beachtet, kann er aus der Mangelhaftigkeit der Ware keine vertraglichen Ansprüche ableiten. Die Art 38, 39 sind also (wie im internen deutschen Recht die vergleichbare Regelung des § 377 HGB) mit einer sehr harten Sanktion verbunden.[136]

107 Dies gilt allerdings nicht, wenn der Verkäufer die Vertragswidrigkeit kannte oder grob fahrlässig nicht kannte (Art 40). Daneben behält der Käufer zumindest einen Teil seiner Rechte – das Minderungsrecht sowie das Recht auf Schadensersatz (allerdings unter Ausschluss des entgangenen Gewinns) –, wenn er das Unterlassen der Anzeige „genügend entschuldigen" kann (Art 44).

---

131 *Gruber* (Fn 74) Art 42 Rn 10ff.
132 *Magnus* (Fn 35) Art 42 Rn 22; *Lüderitz/Schüßler-Langeheine* (Fn 129) Art 42 Rn 4; *Achilles* (Fn 104) Art 42 Rn 8.
133 *Magnus* (Fn 35) Art 42 Rn 26; *Lüderitz/Schüßler-Langeheine* (Fn 129) Art 42 Rn 6; *Reinhart*, Art 42 Rn 5; ausf *Shinn* Minnesota JGT 2 (1993) 115/124f.
134 *Magnus* (Fn 35) Art 42 Rn 26; *Herber/Czerwenka* Art 42 Rn 6; *Piltz*, Rn 111.
135 *Magnus* (Fn 35) Art 42 Rn 26; *Herber/Czerwenka* Art 42 Rn 6.
136 *Gruber* (Fn 74) Art 39 Rn 48ff; ausf *Freiburg* IHR 2005, 56ff.

Bei der Auslegung der Art 38, 39 ist auf die Umstände des Einzelfalls abzustellen.[137] Die erforderliche **Intensität der Untersuchung** richtet sich ebenso wie die anzusetzende Untersuchungsfrist va nach der Art der gelieferten Ware. Bei der Lieferung von besonders wertvollen und komplizierten Maschinen ist eine intensivere (aber auch längere) Untersuchung erforderlich als bei der Lieferung von Massenware oder verderblichen Lebensmitteln.[138] 108

Bei ersichtlich unerfahrenen Käufern – insb solchen aus **Entwicklungsländern** – wird nach der zutreffenden hL eine großzügigere Untersuchungs- bzw Anzeigefrist angesetzt als bei Käufern aus Industriestaaten.[139] Dies gilt jedenfalls dann, wenn am Ort der Niederlassung die für die Untersuchung der Ware erforderliche Infrastruktur (etwa zur Untersuchung erforderliche Maschinen oder Gerätschaften bzw Sachverständige) nicht zur Verfügung steht.[140] ZT wird sogar (wohl zu weitgehend) vorgeschlagen, bei der Anwendung der Art 38, 39 ein in den Entwicklungsländern allgemein abweichendes „Zeitgefühl" bzw eine „kulturell bedingte Gelassenheit" zu berücksichtigen.[141] 109

Eine mit den Art 38, 39 vergleichbare Regelung sieht Art 43 für **Rechtsmängel** vor. Hier besteht allerdings nur eine Anzeige-, aber keine Untersuchungsobliegenheit des Käufers. 110

Die Untersuchungs- und Anzeigeobliegenheit des Käufers hat in der Praxis eine sehr große Bedeutung erlangt. Immer wieder versäumen es die Käufer, die Ware rechtzeitig zu untersuchen, oder sie bringen die Anzeige zu spät auf den Weg bzw formulieren die Anzeige nicht hinreichend präzise, so dass sie von den Gerichten als wirkungslos angesehen wird. Gerade die deutschen Gerichte legten hier bislang sehr **strenge Maßstäbe** an. Diese deutsche Haltung wurde in der ausländischen Literatur – nicht zu Unrecht – als zT übertrieben streng charakterisiert.[142] Mittlerweile hat sich der BGH für eine käufergünstige Lösung ausgesprochen. Im Regelfall sei für die **Anzeigefrist** ein Monat anzusetzen; hierzu sei noch die für die Untersuchung notwendige Zeit hinzuzurechnen.[143] Dies wird allerdings von dem österr OGH bislang nicht mitgetragen, der eine wesentlich kürzere Gesamtfrist für Untersuchung und Anzeige von zwei Wochen 111

---

137 Etwa OLG Oldenburg CISG Online (Fn 28) Nr 618; *Ferrari* (Fn 83) Art 38 Rn 17; s auch *DiMatteo/ua*, International Sales Law – A Critical Analysis of CISG Jurisprudence (2005) 78ff mwN zur internationalen Rspr.

138 *Kröll* (Fn 124) Art 38 Rn 84ff mwN.

139 Dafür bereits *Garro* International Lawyer 23 (1989) 443/469.

140 Vgl *Gruber* (Fn 74) Art 38 Rn 23; *Achilles* (Fn 104) Art 38 Rn 3; *Magnus* (Fn 35) Art 38 Rn 32; *Kröll* (Fn 124) Art 38 Rn 95.

141 Hierfür *Lüderitz/Schüßler-Langeheine* (Fn 129) Art 38 Rn 4 unter Hinweis auf die wiederholten Interventionen v *Date/Bah* während der Verhandlungen (Official Records, 320–324); vgl auch *Ferrari* (Fn 83) Art 38 Rn 18 („kulturelle[n] Besonderheiten").

142 Aus französischer Sicht *Heuzé* Anm 271 („...les jurisprudences allemandes étant à cet égard certainement les plus sévères pour les acheteurs, sans doute parce qu'elles ne parviennent qu'imparfaitement à s'abstraire des rigoureuses exigences de leur propre droit interne").

143 BGH ZIP 2000, 234/236, NJW-RR 2000, 1361, CISG Online (Fn 28) Nr 475; aus der Lit vgl *Schwenzer* in Schlechtriem/Schwenzer/Schroeter, Art 39 Rn 17; *Saenger* (Fn 116) Art 39 Rn 8; *Janssen* Untersuchungs- und Rügepflichten (2001) 165; krit *Schlechtriem* EWiR 2000, 125; für eine Gesamtfrist für Untersuchung und Anzeige v etwa 14 Tagen bis zu einem Monat *Magnus* (Fn 35) Art 39 Rn 49; *Magnus* in Honsell Art 39 Rn 21, 22; *Thiele* IHR 2001, 111f.

zugrunde legt. Insgesamt besteht damit im deutschen Rechtskreis keine einheitliche Rechtsprechung.[144] Der sonstigen ausländischen Rechtsprechung lässt sich noch kein Postulat eines „Richtwerts“ entnehmen.[145] Häufig erfordern allerdings ohnehin die **Umstände des Einzelfalls** eine abweichende Beurteilung.[146] Bei verderblicher Ware oder ua auch Saisonware ist eine wesentlich kürzere Frist anzusetzen.[147]

112 Auch im Bereich der Untersuchungs- und Anzeigeobliegenheiten haben die Parteien die Möglichkeit, abweichende und möglichst präzise, auf den jeweiligen Kaufvertrag abgestimmte **Vereinbarungen** zu treffen.[148] Dies ist den Parteien auch anzuraten.

(3) Pflichten des Käufers

113 Die Pflichten des Käufers werden durch die Art 54–60 festgelegt. Hiernach schuldet der Käufer die **Zahlung des Kaufpreises** (Art 54–59) sowie die **Abnahme der Ware** (Art 60). Die Regelungen des CISG sind allesamt dispositiv. In der Praxis werden die Modalitäten der Zahlung durch Vereinbarung der Parteien festgelegt, wobei wiederum sehr häufig auf AGB zurückgegriffen wird.

114 Das CISG enthält keine Regelung über die **Währung**, in der der Kaufpreis zu zahlen ist. Es handelt sich um eine der Lücken iSd Art 7 Abs 2, die durch eine internationalprivatrechtliche (Ersatz-)Anknüpfung und die Anwendung eines unvereinheitlichten nationalen Rechts zu schließen ist (vgl iE u Rn 161, 164).

115 Die Kaufpreiszahlungspflicht hängt wesentlich von den **Gefahrtragungsregeln** der Art 66ff ab. Der Käufer hat auch dann den (vollen) Kaufpreis zu zahlen, wenn die Ware nach Gefahrübergang untergeht oder beschädigt wird, es sei denn, der Untergang oder die Beschädigung ist auf eine Handlung oder Unterlassung des Verkäufers zurückzuführen. Nach Art 67 geht die Ware im Falle des **Versendungskaufs** grundsätzlich mit der Übergabe an den ersten Beförderer über.[149] Beim Verkauf von auf dem

---

144 OGH JBl 1999, 318/320 mit zust Anm *Karollus* = CISG Online (Fn 28) Nr 380 = UNILEX, E.1998–17.6 und IHR 2001, 81 = CISG Online (Fn 28) Nr 485. Nähere Darstellung der Rspr des OGH bei *Lurger* IHR 2005, 177/184f; krit zu den Rechtsprechungsunterschieden im deutschen Rechtskreis *Schwenzer* European Journal of Law Reform 8 (2006) 353/361.

145 Ausf rechtsvergleichende Betrachtung bei Tribunale di Vigevano IHR 2001, 72/74 f = CISG Online (Fn 28) Nr 493.

146 *Bianca* in Bianca/Bonell Art 39 Anm 2.4.

147 *Gruber* (Fn 74) Art 38 Rn 63, Art 39 Rn 35ff; *Schwenzer* in Schlechtriem/Schwenzer/Schroeter, Art 39 Rn 16; *Magnus* (Fn 35) Art 39 Rn 43; *Lüderitz/Schüßler-Langeheine* (Fn 129) Art 39 Rn 4; *Achilles* (Fn 104) Art 39 Rn 10; *Heuzé* Anm 309; Tribunale di Vigevano IHR 2001, 72/74, CISG Online (Fn 28) Nr 493; OLG Düsseldorf IPRax 1993, 412, NJW-RR 1993, 999, RIW 1993, 325, CISG Online (Fn 28) Nr 76. Bei Schnittblumen hat die Anzeige innerhalb eines Tages zu erfolgen, so OLG Saarbrücken NJW-RR 1999, 780, CISG Online (Fn 28) Nr 354; ferner OLG Hamburg RIW 1982, 435. Eine weitaus kürzere Frist besteht auch bei Fisch, Fleisch, Obst und Gemüse, OGH IHR 2001, 81/83, CISG Online (Fn 28) Nr 485; OGH JBl 1999, 318/320, CISG Online (Fn 28) Nr 380, UNILEX, E.1998–17.6: s Arrondissementsrechtbank Zwolle CISG Online (Fn 28) Nr 545; AG Riedlingen CISG Online (Fn 28) Nr 358 (Schinken – höchstens 3 Tage).

148 *Gruber* (Fn 74) Art 38 Rn 67ff.

149 Im unvereinheitlichten deutschen Recht vgl § 447 BGB.

Transport befindlicher Ware (Art 68) geht die Gefahr grundsätzlich im Zeitpunkt des Vertragsschlusses bzw uU ebenfalls bereits im Zeitpunkt der Übergabe an den Beförderer über. In den verbleibenden Fällen tritt ein Gefahrübergang grundsätzlich (erst) mit der Übernahme der Ware durch den Käufer ein (vgl näher Art 69). Auch die Art 66ff werden in der Praxis häufig abbedungen, insb durch die Vereinbarung von INCOTERMS (u Rn 173ff).

c) Recht der Leistungsstörungen

(1) Begriff der wesentlichen Vertragsverletzung

(a) Funktion und allgemeine Definitionsmerkmale

Das Verständnis für das im CISG enthaltene Leistungsstörungsrecht wird wesentlich erleichtert, wenn man sich zunächst Inhalt und Funktion des in Art 25 näher definierten Begriffs der **„wesentlichen Vertragsverletzung"** vor Augen führt. Art 25 stellt bei der Definition der „wesentlichen Vertragsverletzung" primär darauf ab, ob dem Gläubiger infolge der Pflichtverletzung des Schuldners im Wesentlichen das entgeht, was er nach dem Vertrag hätte erwarten dürfen. Daneben enthält Art 25 ein zweites Definitionselement: Selbst wenn dem Gläubiger im Wesentlichen entgeht, was er nach dem Vertrag hätte erwarten dürfen, liegt keine wesentliche Vertragsverletzung vor, wenn die vertragsbrüchige Partei diese Folge nicht vorausgesehen hat und eine vernünftige Person der gleichen Art[150] diese Folge unter den gleichen Umständen auch nicht vorausgesehen hätte. 116

Der Begriff der „wesentlichen Vertragsverletzung" wird in sehr vielen Vorschriften in Teil III des CISG verwendet. In den meisten Vorschriften dient der Begriff dazu, die Vertragsaufhebung – und die daraus folgende Rückabwicklung des Vertrags – an besonders **hohe Voraussetzungen** zu knüpfen.[151] Eine Vertragsaufhebung ist demnach nicht bereits dann möglich, wenn eine der Parteien ihre Pflichten (uU endgültig) nicht erfüllt hat bzw erfüllen kann, sondern erst dann, wenn diese Pflichtverletzung die Schwelle einer „wesentlichen Vertragsverletzung" erreicht. 117

Hierin unterscheidet sich das CISG zB vom unvereinheitlichten nationalen Recht: Nach dem deutschen Recht kann ein Käufer (ggf im Anschluss an eine erfolglose Fristsetzung zur Nacherfüllung) auch bei einem weniger gravierenden Sachmangel idR zurücktreten (vgl §§ 437 Nr 2, 434, 323 BGB) bzw Schadensersatz statt der ganzen Leistung verlangen (§§ 437 Nr 3, 434, 280, 281 BGB). Eine Rückabwicklung scheidet im unvereinheitlichten deutschen Recht nur dann ausnahmsweise aus, wenn der Mangel „unerheblich" ist (§§ 281 Abs 1 S 3, 323 Abs 5 S 2 BGB). 118

Die deutlich weitergehende Zurückdrängung der Vertragsaufhebung im CISG hat ihren guten Sinn. Denn noch stärker als in Binnenkaufverträgen führt die Rückabwicklung eines bereits vollzogenen Kaufvertrags (gerade im Falle der Rücknahme von bereits gelieferter, wenngleich möglicherweise nicht gänzlich mangelfreier Ware) zu erheblichen und wirtschaftlich letztlich unnützen Kosten: Es werden Waren hin- 119

150 Die für die Schweiz gewählte Übersetzung lautet: „in gleicher Stellung".

151 BGHZ 132, 290/298, NJW 1996, 2364, CISG Online (Fn 28) Nr 135; Schweizerisches Bundesgericht CISG Online (Fn 28) Nr 413, UNILEX, E.1998-18.1, SZIER 1999, 179 („Vorrang der Vertragserhaltung"); *Björklund* in Kröll/Mistelis/Perales Viscasillas Art 25 Rn 2.

und hertransportiert bzw Zahlungsvorgänge ausgelöst und rückgängig gemacht, ohne dass es letztlich zu einem bleibenden Leistungsaustausch kommt.[152]

120 Dementsprechend wird es im CISG als hinnehmbar erachtet, dass der Gläubiger (etwa der Käufer, dem eine mangelhafte Ware geliefert wird) an den Vertrag gebunden bleibt, obwohl der andere Teil nicht (vollends) pflichtgemäß erfüllt hat. Der Gläubiger wird in diesem Fall aber natürlich nicht rechtlos gestellt. Er wird lediglich auf Ansprüche verwiesen, die keine Rückabwicklung des Vertrags zur Folge haben, also zB auf den („kleinen") Schadensersatz oder die Minderung.

121 Zu der Frage, wann eine Pflichtverletzung einer Vertragspartei als „wesentliche Vertragsverletzung" zu werten ist, hat sich eine sehr **umfangreiche Rechtsprechung** entwickelt.[153] Der sehr allgemeine Begriff der „wesentlichen Vertragsverletzung" ist dadurch für die Praxis handhabbar geworden. Aber auch in diesem Bereich ist den Parteien zu empfehlen, ggf vertragliche Vereinbarungen darüber zu treffen, wann eine bestimmte Pflichtverletzung als „wesentlich" anzusehen ist.

(b) Einzelbeispiele

(aa) Verletzung von Verkäuferpflichten

122 Eine wesentliche Vertragsverletzung liegt (unproblematisch) vor, wenn dem Verkäufer die Lieferung der Ware dauerhaft **unmöglich** ist.[154] Dasselbe gilt schließlich auch im Falle einer ernstlichen und endgültigen **Erfüllungsverweigerung.**[155]

123 Überschreitet der Verkäufer den Liefertermin, so ist darin idR keine wesentliche Vertragsverletzung zu sehen.[156] Dies ergibt sich systematisch daraus, dass Art 49 Abs 1 lit b dem Käufer in diesem Fall die Möglichkeit einräumt, dem Verkäufer eine Nachfrist zu setzen und (erst) nach dem erfolglosen Ablauf dieser Nachfrist die Vertragsaufhebung zu erklären. Etwas anderes gilt insb dann, wenn der Käufer ein ganz

---

152 *Gruber* (Fn 74) Art 25 Rn 5; *Björklund* (Fn 151) Art 25 Rn 2; *Benicke* IPRax 1997, 326/329. Daneben soll auch verhindert werden, dass die verletzte Partei eine Vertragsverletzung der Gegenpartei ausnutzen kann, um eine im Zeitpunkt des Vertragsschlusses getroffene wirtschaftliche Disposition zu revidieren oder das Risiko der Veränderung der Marktverhältnisse auf die Gegenpartei abzuwälzen, so *Ferrari* IHR 2005, 1/2.

153 S etwa die Darstellung bei *Ferrari* (Fn 155) 1ff sowie die Kommentarliteratur.

154 *Schroeter* in Schlechtriem/Schwenzer/Schroeter, Art 25 Rn 141; *Müller-Chen* in Schlechtriem/Schwenzer/Schroeter, Art 49 Rn 6; *Achilles* (Fn 104) Art 39 Rn 5; *Freiburg* Recht auf Vertragsaufhebung (2001) 82; *Lurger* IHR 2001, 91/95; vgl auch ICC Court of Arbitration UNILEX, E.1999–6.1; OLG Celle CISG Online (Fn 28) Nr 152 (Mitteilung des Verkäufers beim Stückkauf, dass er die verkaufte Sache anderweitig veräußert habe).

155 *Trommler* Die Auslegung des Begriffs „wesentliche Vertragsverletzung" in Art 25 CISG (2002) 108; *Freiburg* (Fn 154) 80; vgl hierzu Schiedsgericht Hamburger freundschaftliche Arbitrage NJW-RR 1999, 780/782, CISG Online (Fn 28) Nr 638 (Erfüllungsverweigerung, wenn der Verkäufer erklärt, dass er nur gegen zusätzliches Entgelt lieferbereit sei, oder wenn er seine Lieferung v der Erfüllung anderer Forderungen abhängig macht); Schiedsgericht der Handelskammer Hamburg RIW 1996, 766/768, CISG Online (Fn 28) Nr 187.

156 US Federal District Court New Jersey CISG Online (Fn 28) Nr 1216; OLG München IHR 2003, 24/26, CISG Online (Fn 28) Nr 656 sowie Nr 143, UNILEX, E.1995–3; OLG Düsseldorf CISG Online (Fn 28) Nr 92; LG Oldenburg CISG Online (Fn 28) Nr 188, UNILEX, E.1996–3.5.

besonderes Interesse an einer rechtzeitigen Lieferung hat, also etwa bei einem Fixgeschäft[157] oder einer zugesagten „*just-in-time*-Lieferung".[158]

124 Von überragender praktischer Bedeutung ist die Frage, wann die Lieferung einer iSd Art 35 mangelhaften Ware eine „wesentliche Vertragsverletzung" darstellt. Nach der Rechtsprechung des BGH scheidet eine wesentliche Vertragsverletzung bereits dann aus, wenn dem Käufer eine anderweitige Verarbeitung oder der Absatz der Ware im gewöhnlichen Geschäftsverkehr – wenn auch uU mit einem Preisabschlag – ohne unverhältnismäßigen Aufwand möglich und zumutbar bleibt.[159] Dem Käufer ist es aber zB nicht zuzumuten, völlig minderwertige Ware („Ramsch") weiterzuveräußern und damit einen Imageverlust bei seinen Abnehmern zu erleiden. Der österr OGH hat zudem eine wesentliche Vertragsverletzung auch in einem Fall angenommen, in dem konkret geschilderte Bemühungen um einen Weiterverkauf eines beschädigten Kunstwerks nachweislich erfolglos gewesen waren.[160]

125 Sehr umstritten ist die Frage, ob im Rahmen des Art 25 zugunsten des Verkäufers zu berücksichtigen ist, dass die Vertragswidrigkeit behoben werden kann. Nach der Rspr und hL ist dies zu bejahen. Eine Vertragsaufhebung ist nach hM nur dann möglich, wenn aufgrund besonderer Umstände die Schwelle der „Wesentlichkeit" doch überschritten wird.[161] Derartige besondere Umstände können dann angenommen werden, wenn der Käufer aufgrund der Schlechtlieferung berechtigterweise das Vertrauen in eine rasche und ordnungsgemäße Vertragsdurchführung verloren hat.[162] Daneben kann eine wesentliche Vertragsverletzung trotz Behebbarkeit des Mangels vorliegen, wenn der Käufer auf eine pünktliche bzw zeitnahe Leistung besonders angewiesen ist.[163] Dies

157 (Schweiz.) BG IHR 2015, 250/262); OLG Hamburg OLGR 1997, 149/151, CISG Online (Fn 28) Nr 261, UNILEX, E.1997–4.4; *Schroeter* in Schlechtriem/Schwenzer/Schroeter, Art 25 Rn 144f; *Enderlein/Maskow/Strohbach* Anm 3.4; *Lurger* IHR 2001, 91/94; *Huber* JBl 1989, 273/276.

158 *DiMatteo/ua* (Fn 137) 126; *Björklund* (Fn 151) Art 25 Rn 33. Vgl bereits *Huber* RabelsZ 43 (1979) 413/474 (Lieferung an eine Großbaustelle, wo wegen des Ausbleibens der Lieferung der gesamte Bau ins Stocken gerät).

159 BGHZ 202, 258; BGHZ 132, 290/298, NJW 1996, 2364, LM Nr 3, CISG Online (Fn 28) Nr 135; Schweizerisches Bundesgericht CISG Online (Fn 28) Nr 413, UNILEX, E. 1998–18.1, SZIER 1999, 179 (unter ausdrücklicher Bezugnahme auf den BGH); LG München CISG Online (Fn 28) Nr 654; ähnlich *Magnus* (Fn 35) Art 25 Rn 12; *Saenger* (Fn 116) Art 25 Rn 8; *Kappus* NJW 1994, 984.

160 OGH IHR 2016, 58/60.

161 OLG Köln IHR 2003, 15/16, RIW 2003, 300, CISG Online (Fn 28) Nr 709 (selbst ein schwerwiegender Mangel stelle dann keine wesentliche Vertragsverletzung dar, wenn der Verkäufer zur Nachlieferung ohne zumutbare Belastung des Käufers bereit sei); Handelsgericht des Kantons Aargau IHR 2003, 178, SZIER 2003, 103, CISG Online (Fn 28) Nr 715; OLG Koblenz CISG Online (Fn 28) Nr 256 (auf ein Angebot zur Nachlieferung abstellend); Cour d'Appel de Grenoble CISG Online (Fn 28) Nr 154 (auf eine Reparaturmöglichkeit hinweisend); Handelsgericht des Kantons Zürich TranspR-IHR 1999, 54, CISG Online (Fn 28) Nr 248 (*obiter dictum*); BezGer Lugano CISG Online (Fn 28) Nr 68, SZIER 1993, 655; LG Regensburg CISG Online (Fn 28) Nr 514; ablehnend LG Baden-Baden, RIW 1992, 62, CISG Online (Fn 28) Nr 24; zusammenfassende Darstellung der Rspr bei *Lurger* IHR 2001, 91/98; aus der deutschen Lit *Schroeter* in Schlechtriem/Schwenzer/Schroeter, Art 25 Rn 163f; *Piltz* Rn 247; *Diedrich* RIW 1995, 11/13.

162 *Karollus* ZIP 1993, 490/496; *Huber* JBl 1989, 273/280.

163 Handelsgericht des Kantons Aargau IHR 2003, 178/180, SZIER 2003, 103, CISG Online (Fn 28) Nr 715; *Enderlein/Maskow/Strohbach* Art 25 Anm 3.4.

kann zB bei der Lieferung von bestimmten Saisonartikeln der Fall sein.[164] Nach dem BGH kann sogar die Möglichkeit einer Eigenbehebung der Vertragswidrigkeit (nur) durch den Käufer selbst die wesentliche Vertragsverletzung im Einzelfall ausschließen.[165]

126 In der Literatur ist die Frage allerdings immer noch sehr umstritten. Manche gehen (von der hM im praktischen Ergebnis wohl nicht sehr abweichend) davon aus, dass zwar an sich ein Aufhebungsrecht des Käufers bestehe, dieses aber „suspendiert" sei, wenn der Verkäufer eine zumutbare Nacherfüllung anbiete.[166] Andere sprechen sich dafür aus, dass zw der Erheblichkeit der Vertragsverletzung einerseits und der Möglichkeit ihrer Behebung andererseits konkret abgewogen werden müsse.[167] Vereinzelt wird die Ansicht vertreten, dass nur die Möglichkeit einer Nachbesserung (Reparatur) zugunsten des Verkäufers berücksichtigt werden könne. Die Möglichkeit einer Nachlieferung sei demgegenüber generell auszublenden.[168] Andere gehen davon aus, dass jedwede Möglichkeit der Nacherfüllung außer Betracht zu bleiben habe, unabhängig davon, ob es sich um eine Nachbesserung oder um eine Nachlieferung handele.[169] Jedenfalls die zuletzt genannte Ansicht verkennt aber, dass die Vertragsaufhebung im Rahmen des CISG *ultima ratio* sein soll. Es widerspricht diesem Grundgedanken, eine ggf leicht durchzuführende Nacherfüllung von vornherein außer Acht zu lassen.

127 Die *aliud*-Lieferung wird im CISG – wie auch im deutschen Kaufrecht (§ 434 Abs 3 BGB)[170] – so behandelt wie die Lieferung einer vertragswidrigen Ware (Art 35 Abs 1). Daraus folgt, dass die Lieferung eines *aliud*, für sich betrachtet, noch nicht notwendigerweise als wesentliche Vertragsverletzung anzusehen ist. Eine Vertragsaufhebung ist damit dann nicht möglich, wenn die gelieferte Ware in zumutbarer Weise verwertet werden kann.[171] Hierbei reicht allerdings nicht jedwede Verwendungsmöglichkeit aus. Abzustellen ist vielmehr auf den Verwendungszweck, den die Ware dem Vertrag nach haben sollte. Zu berücksichtigen ist ferner, wie auch im Falle der Lieferung einer vertragswidrigen Ware, die Möglichkeit einer Nacherfüllung, insb durch Nachlieferung.

---

164 OLG Köln IHR 2003, 15/17, RIW 2003, 300, CISG Online (Fn 28) Nr 709 (Modeartikel für die Sommersaison).

165 BGHZ 202, 258 (in dem Fall hatte der Verkäufer die Vertragswidrigkeit selbst behoben; Nachbesserungsversuche des Verkäufers waren zuvor gescheitert).

166 *Will* in Bianca/Bonell, Art 48 Anm 2.1.1.1.1. und Anm 3.2; *Bitter/Bitter* BB 1993, 2315/2323.

167 *Schnyder/Straub* in Honsell, Art 49 Rn 23 („Gesamtschau aller Umstände des Einzelfalls"); ähnlich *Heuzé* Anm 422 (der aber dem Verkäufer auferlegen will, den Käufer über Nacherfüllungsmöglichkeiten zu informieren).

168 *Huber* JBl 1989, 273/281f.

169 *Holthausen* RIW 1990, 101/104; *Freiburg* (Fn 154) 104f; *Vahle* ZVglRWiss 98 (1999) 54/66f.

170 Das neue deutsche Kaufrecht beruht, was die Gleichsetzung von Schlecht- und aliud-Lieferung anbelangt, auf den Vorgaben der EG-Richtlinie 1999/44/EG zum Verbrauchsgüterkauf (Fn 12). Diese ist wiederum maßgeblich vom CISG beeinflusst. Insoweit beruht die neue deutsche Regelung mittelbar (auch) auf dem CISG. Auch Art 6 lit a der bis zum 1.7.2021 umzusetzenden neuen EU-Richtlinie 2019/771 (s Fn 12) stellt Schlecht- und *aliud*-Lieferung gleich.

171 BGHZ 132, 290/299, NJW 1996, 2364, LM Nr 3, CISG Online (Fn 28) Nr 135; *Bitter/Bitter* BB 1993, 2315/2320.

Bei Rechtsmängeln iSd Art 41, 42 kommt es wiederum auf eine Beurteilung des Käuferinteresses an. Eine wesentliche Vertragsverletzung ist zB dann anzunehmen, wenn der Käufer die Sache herausgeben muss oder – etwa bei entgegenstehenden gewerblichen Schutzrechten Dritter – auf absehbare Zeit nicht nutzen bzw weiterveräußern kann. Bei der Verletzung von Nebenpflichten ist eine Einzelfallbeurteilung vorzunehmen.[172] 128

(bb) Verletzung von Käuferpflichten

Die in Art 25 enthaltene Definition gilt auch für die **Verletzung von Käuferpflichten.** 129
Das Ausbleiben einer **Zahlung** stellt, für sich betrachtet, idR noch keine wesentliche Vertragsverletzung dar.[173] Das CISG sieht hier aber eine weitergehende Möglichkeit der Vertragsaufhebung vor. Der Verkäufer kann den Vertrag aufheben, wenn der Käufer die Zahlungspflicht nicht innerhalb einer vom Verkäufer gesetzten Frist erfüllt (vgl Art 64 Abs 1 lit b sowie u Rn 148).

Eine wesentliche Vertragsverletzung kann allerdings in einer **Erfüllungsverweigerung** des Käufers[174] oder in einem längeren Zahlungsverzug[175] liegen. Etwas anderes mag allerdings wiederum dann anzunehmen sein, wenn die Nichtzahlung des Käufers nicht auf einer vertragsfeindlichen Einstellung, sondern auf einem (nachvollziehbaren) Rechtsirrtum beruht. 130

Die **Nichtabnahme der Ware** erreicht idR noch nicht den Grad einer wesentlichen Vertragsverletzung. Etwas anderes gilt etwa dann, wenn der Verkäufer auf eine Abnahme besonders angewiesen ist, etwa deshalb, weil er sein Lager räumen muss.[176] In jedem Fall hat der Verkäufer hier aber die Möglichkeit, die Vertragsaufhebung durch eine Nachfristsetzung zu erreichen (Art 64 Abs 1 lit b). 131

(2) Rechte der Parteien bei Leistungsstörungen im Einzelnen

(a) Rechte des Käufers bei Pflichtverletzungen des Verkäufers

(aa) Überblick

Einen Überblick über die dem Käufer zur Verfügung stehenden Rechtsbehelfe bietet 132
Art 45 Abs 1. Dem Käufer stehen die folgenden Rechtsbehelfe zur Verfügung: Erfüllungsanspruch, Aufhebungsrecht, Schadensersatz und Minderung. Daneben kann er, um den Verkäufer zu einer vertragsgemäßen Leistung anzuhalten, seine eigene Leistung (Kaufpreiszahlung) zurückhalten.

---

172 Vgl etwa OLG Frankfurt NJW 1992, 633/634, CISG Online (Fn 28) Nr 28.

173 *Schroeter* in Schlechtriem/Schwenzer/Schroeter, Art 25 Rn 194ff; *Mohs* in Schlechtriem/Schwenzer/Schroeter, Art 64 Rn 6ff; *Magnus* (Fn 35) Art 64 Rn 10; *Lüderitz/Budzikiewicz* in Siebert (Hrsg) Soergel Kommentar BGB, Bd 13, 13. Aufl (2000) Art 64 Rn 3; *Saenger* (Fn 116) Art 25 Rn 8b.

174 *Mohs* in Schlechtriem/Schwenzer/Schroeter, Art 64 Rn 6; *Magnus* (Fn 35) Art 64 Rn 13; *Salger* in Witz/Salger/Lorenz, Art 25 Rn 9.

175 *Enderlein/Maskow/Strohbach* Art 64 Anm 3; zurückhaltend *Magnus* (Fn 35) Art 64 Rn 10.

176 *Mohs* in Schlechtriem/Schwenzer/Schroeter, Art 64 Rn 14; *Salger* in Witz/Salger/Lorenz, Art 25 Rn 9.

(bb) Erfüllung bzw Nacherfüllung

133 Hat der Käufer den Vertrag nicht aufgelöst, so kann er grundsätzlich **Nacherfüllung** verlangen. Bei Sachmängeln kann er also Nacherfüllung in Form von Nachbesserung oder Nachlieferung fordern; im Falle von Rechtsmängeln steht ihm ein Anspruch auf Beseitigung tatsächlich bestehender Rechte bzw auf Abwehr von (zu Unrecht geltend gemachten) Ansprüchen Dritter zu.

134 Grundsätzlich hat der Käufer im Falle von Sachmängeln – wie im deutschen Recht (vgl dort § 439 Abs 1 BGB) – die freie Wahl zw Nachbesserung einerseits und der Lieferung einer anderen mangelfreien Sache (Nachlieferung) andererseits. Der Anspruch auf **Nachbesserung** besteht allerdings nicht unbeschränkt. Der Verkäufer kann die Nachbesserung gem Art 46 Abs 3 verweigern, wenn sie ihm „unter Berücksichtigung aller Umstände unzumutbar ist". Art 46 Abs 3 entspricht diesbezüglich weitgehend § 439 Abs 3 BGB. Noch weitergehend eingeschränkt wird der Anspruch auf **Nachlieferung** (Art 46 Abs 2): Ein Anspruch auf Nachlieferung besteht nur dann, wenn die vertragswidrige Beschaffenheit der Ware einen „wesentlichen Vertragsbruch" darstellt, also insb der vorhandene Sachmangel nicht behebbar und die Ware auch iÜ für den Käufer nicht in zumutbarer Weise verwendbar ist (vgl o Rn 124).[177]

135 Praktisch ergibt sich aus dem Zusammenspiel von Art 46 Abs 2, 3 Folgendes: IdR kann der Käufer – da die Schwelle der „wesentlichen Vertragsverletzung" iSd Art 46 Abs 2 zumeist nicht erreicht sein wird – keine Nachlieferung verlangen. Dafür steht ihm aber regelmäßig ein Anspruch auf Nachbesserung zur Verfügung. Damit wird im Verhältnis der beiden Nacherfüllungsalternativen ein ökonomisch sinnvolles Ergebnis erreicht: Die ökonomisch wenig sinnvolle – insb auch mit erhöhten Transportkosten verbundene – Rücknahme der Ware durch den Verkäufer entfällt; vielmehr wird dem Verkäufer die Möglichkeit geboten, vor Ort selbst oder durch Hilfspersonen einen vertragsgemäßen Zustand herzustellen.[178]

136 Die Einklagbarkeit der Erfüllungsansprüche wird schließlich allgemein durch Art 28 eingeschränkt. Hiernach kann das angerufene Gericht die Verurteilung zur Leistung in Natur ablehnen, wenn es dies nach seinem eigenen nationalen Recht ebenfalls tun könnte. Art 28 trägt dem Umstand Rechnung, dass insb das angloamerikanische Recht die gerichtliche Durchsetzung von Primäransprüchen nur im Ausnahmefall zulässt – indem es die Gewährung einer sog „*specific performance*" bietet – und ansonsten den Gläubiger darauf verweist, sein Interesse auf andere Art (insb durch die Geltendmachung von Schadensersatzansprüchen) zu wahren. Für deutsche Gerichte hat Art 28 jedenfalls keine größere bzw (nach zutreffender Auffassung) überhaupt keine Bedeutung.[179]

---

177 Im praktischen Erg besteht Einigkeit darin, dass bei der Bestimmung der „wesentlichen Vertragsverletzung" in Art 46 Abs 2 die Möglichkeit der Nachlieferung auszuklammern ist, auch wenn in allen anderen Fällen die Möglichkeit einer Nacherfüllung, durch Nachbesserung oder Nachlieferung, bei der Beurteilung der „Wesentlichkeit" einer Vertragsverletzung zu berücksichtigen ist, vgl o Rn 116.

178 *Huber* (Fn 11) Art 46 Rn 46; *Müller-Chen* in Schlechtriem/Schwenzer/Schroeter, Art 46 Rn 4, 5; *Magnus* (Fn 35) Art 46 Rn 8, 38; *von Caemmerer* FS Coing, Bd II (1982) 33/51; *Honsell* SJZ 1992, 345/346; krit zur Konzeption der Art 48, 49 *Karollus* ZIP 1993, 490/492ff.

179 Vgl *Gruber* (Fn 74) Art 28 Rn 8ff.

(cc) Vertragsaufhebung

Dem Käufer steht nach Maßgabe des Art 49 auch die Möglichkeit einer Vertragsaufhebung zu, was iE dem Rücktritt nach dem unvereinheitlichten deutschen Recht entspricht (vgl dort §§ 323, 326 Abs 5 BGB ggf iVm § 437 Nr 2 BGB). 137

Allerdings ist die Vertragsaufhebung im CISG an höhere Voraussetzungen geknüpft als im BGB. Insb kann der Käufer die Möglichkeit einer Vertragsaufhebung idR nicht allein dadurch herstellen, dass er dem Verkäufer eine Frist zur Nacherfüllung setzt und diese Frist erfolglos abläuft. Ein Recht zur Vertragsaufhebung besteht nach Art 49 Abs 1 lit a nur dann, wenn die Pflichtverletzung des Verkäufers eine „wesentliche Vertragsverletzung" darstellt (zum Begriff o Rn 116ff). Die „reine" Fristsetzung führt nach Art 49 Abs 1 lit b nur im Falle der völligen **Nichtlieferung der Ware** zu einem Vertragsaufhebungsrecht. Darüber hinaus sieht Art 49 Abs 2 (außer im Fall der Nichtlieferung) weitere Gründe für einen Wegfall des Vertragsaufhebungsrechts des Käufers vor, insb dann, wenn der Käufer die Vertragsaufhebung bei Vorliegen einer wesentlichen Vertragsverletzung nicht innerhalb einer angemessenen Frist erklärt. Insgesamt ist Art 49 von dem Gedanken getragen, die Vertragsaufhebung im CISG – wenn dies mit den berechtigten Interessen des Käufers (noch) vereinbar ist – soweit wie möglich zurückzudrängen. 138

Die Vertragsaufhebung erfolgt durch einseitige Erklärung gem Art 26. Die Rückabwicklung des Vertrags erfolgt sodann nach Maßgabe der Art 81–84. Diese stellen (mit inhaltlichen Abweichungen) das Äquivalent zu den §§ 346ff BGB dar. 139

(dd) Schadensersatz

Daneben hat der Käufer im Falle der Verletzung von Verkäuferpflichten einen Anspruch auf Schadensersatz. Hierbei kommt es – anders als im unvereinheitlichten deutschen Recht – nicht auf ein Verschulden an. Ein Schadensersatzanspruch ist nach Art 79 lediglich dann ausgeschlossen, wenn der Verkäufer beweist, dass die Pflichtverletzung auf einem außerhalb seines Einflussbereichs liegenden Hinderungsgrund beruht und von ihm vernünftigerweise nicht erwartet werden konnte, den Hinderungsgrund bei Vertragsabschluss in Betracht zu ziehen bzw zu verhindern. Entlastend wirken daher insb Fälle der sog **höheren Gewalt („*force majeure*")**.[180] Erfasst werden zT auch Fälle, in denen im deutschen Recht ein Wegfall der Geschäftsgrundlage (§ 313 BGB) angenommen werden würde. Art 79 könnte auch im Falle von bestimmten Auswirkungen der Corona-Pandemie – etwa bei Verhängung von staatlichen Ausfuhrbeschränkungen – relevant werden. Das Risiko des (auch coronabedingten) Ausfalls von einzelnen Zulieferern hat jedoch grds der Verkäufer zu tragen, ohne sich auf Art 79 berufen zu können.[181] Es bleibt abzuwarten, ob es infolge des BREXIT zu Anwendungsfällen des Art 79 kommen kann.[182] 140

---

180 US District Court, Northern District of Illinois CISG Online (Fn 28) Nr 925 (zugefrorener Hafen). Vgl *Huber* (Fn 11) Art 79 Rn 10f; *Magnus* (Fn 35) Art 79 Rn 27ff; *Schwenzer* in Schlechtriem/Schwenzer/Schroeter, Art 79 Rn 16. Zur Auslegung von vertraglichen *force majeure*-Klauseln bei Störungen der Lieferkette durch Covid-19 s *Weaver* ZVertriebsR 2020, 159ff und ferner *Beyer/Hoffmann* NJOZ 2020/609.

181 Näher *Janssen/Wahnschaffe* EuZW 2020, 410ff.

182 Hierzu *Rüscher* EuZW 2020, 937/940.

141 Der Umfang des Anspruchs richtet sich iE nach Art 74–77. Ersetzt wird hierbei auch der dem Käufer entgangene Gewinn (Art 74 S 1). Hervorzuheben ist allerdings, dass Art 74 S 2 den Anspruch auf den Schaden begrenzt, den der Verkäufer vorausgesehen hat bzw hätte voraussehen müssen (sog **Voraussehbarkeitsregel** bzw ***contemplation rule***).[183] Dem Käufer entgangene, ungewöhnlich hohe Gewinne, mit denen der Verkäufer nicht rechnen konnte, sind daher nicht zu ersetzen. Ob Mangelfolgeschäden vom Schadensersatzanspruch umfasst werden, ist im Einzelfall zu entscheiden. Entsteht der Mangelfolgeschaden im Rahmen einer bestimmungsgemäßen Verwendung der Ware, wird idR von einem vorhersehbaren und damit ersatzfähigen Schaden auszugehen sein.[184]

142 Schadensersatz und Vertragsaufhebung schließen sich iÜ – wie sich aus Art 75, 76 ergibt – nicht aus. Ein und dieselbe Pflichtverletzung kann daher Anlass für eine Vertragsaufhebung und für die Geltendmachung von – über die Rückabwicklung des Vertrages hinausgehenden – Schadensersatzansprüchen sein.[185]

(ee) Minderung

143 Im Falle von Sachmängeln, ***aliud***-Lieferungen oder Quantitätsmängeln – nach hM aber nicht bei Rechtsmängeln[186] – steht dem Käufer auch ein Minderungsrecht zu (Art 50 S 1). Gem Art 50 S 2 kann der Käufer den Preis allerdings nicht herabsetzen, wenn der Verkäufer den Mangel nach Art 48 oder Art 37 behebt oder sich der Käufer weigert, die Behebung anzunehmen. Auf diese Weise wird daher auch bei der Minderung der Vorrang der Nacherfüllung sichergestellt.[187] Anders als beim Schadensersatz kann sich der Verkäufer im Falle der Minderung aber nicht auf Art 79 berufen.[188]

(ff) Zurückbehaltungsrechte

144 Zurückbehaltungsrechte des Käufers sind im CISG nur vereinzelt geregelt (Art 58 Abs 1, 85 S 1, 86 Abs 1 S 2, 72 Abs 1). Allerdings lässt sich aus den genannten Regeln der allgemeine Grundsatz entwickeln, dass dem Käufer dann, wenn der Verkäufer seine Pflichten nicht (vollständig) erfüllt, ein allgemeines Zurückbehaltungsrecht zuzubilligen ist.

---

183 *Huber* (Fn 11) Art 74 Rn 25ff; zur angloamerikanischen *contemplation rule*, die im berühmten Fall *Hadley vs Baxendale* entwickelt wurde: *Faust* Die Vorhersehbarkeit des Schadens gem Art 74 S 2 UN-Kaufrecht (CISG) (1996) 73ff.

184 *Huber* (Fn 11) Art 74 Rn 41; *Schwenzer* in Schlechtriem/Schwenzer/Schroeter, Art 74 Rn 57; *Huber* in Huber/Mullis (Hrsg) The CISG (2007), 277.

185 Dies entspricht dem neuen deutschen Schuldrecht, § 325 BGB.

186 *Huber* (Fn 11) Art 50 Rn 8; *Müller-Chen* in Schlechtriem/Schwenzer/Schroeter, Art 50 Rn 2; *Piltz* Rn 304; *Honnold* Rn 313.1; aA zB *Magnus* (Fn 35) Art 50 Rn 9f; *Herber/Czerwenka* Art 50 Rn 3; zusammenfassend *Bach* in Kröll/Mistelis/Perales Viscasillas Art 50 Rn 12ff.

187 *Huber* (Fn 11) Art 50 Rn 11.

188 Vgl *Huber* (Fn 11) Art 50 Rn 31.

(b) Rechte des Verkäufers bei Pflichtverletzungen des Käufers

(aa) Überblick

Einen Überblick über die dem Verkäufer zur Verfügung stehenden Rechtsbehelfe bietet Art 61. Dem Verkäufer stehen die folgenden Rechtsbehelfe zur Verfügung: Erfüllung (insb Zahlung und Abnahme der Ware), Vertragsaufhebung, Schadensersatz. Daneben kommt wiederum die Ausübung von Zurückbehaltungsrechten in Betracht. Schließlich enthält Art 65 ein besonderes Spezifikationsrecht des Verkäufers. 145

(bb) Erfüllung

Grundsätzlich kann der Verkäufer **Erfüllung** verlangen, also insb Zahlung des Kauf- 146
preises (Art 62) sowie Abnahme der Ware. Daneben kommt die Geltendmachung sonstiger (Neben-)Ansprüche in Betracht. Denkbar ist etwa der Anspruch darauf, einen Re-Export der Ware zu unterlassen.

Für alle diese Ansprüche gilt wiederum die Regelung des Art 28 CISG. Soweit das 147
jeweilige nationale Recht keine Einklagbarkeit des Erfüllungsanspruchs vorsieht, braucht das angerufene Gericht dem geltend gemachten Anspruch nicht stattzugeben. Dies gilt – nach allerdings sehr umstrittener Ansicht – auch im Hinblick auf Zahlungsansprüche des Verkäufers.[189] Praktisch ist die Frage aber nicht sonderlich bedeutsam, da sich der Verkäufer in diesem Fall mit (in jedem Fall einklagbaren, weil nicht von Art 28 erfassten) Schadensersatzansprüchen behelfen kann.

(cc) Vertragsaufhebung

Art 64 regelt – korrespondierend zu Art 48, 49 – das Recht des Verkäufers zur Ver- 148
tragsaufhebung. Grundsätzlich wird nach Art 64 Abs 1 lit a das Recht zur **Vertragsaufhebung** wiederum an eine **wesentliche Vertragsverletzung** (hier: des Käufers) geknüpft (vgl o Rn 129f). Der Verkäufer kann aber, wenn der Käufer seine Pflicht zur Kaufpreiszahlung bzw zur Abnahme der Ware verletzt, mittels einer Fristsetzung (Art 64 Abs 1 lit b) ein Vertragsaufhebungsrecht herstellen. Das Aufhebungsrecht kann nach Maßgabe von Art 64 Abs 2 (der Parallelvorschrift zu Art 49 Abs 2) verloren gehen.

(dd) Schadensersatz

Daneben kann der Verkäufer Schadensersatz verlangen (Art 61 Abs 1 lit b). Maß- 149
gebend für den Umfang des Anspruchs sind wiederum die Art 74–77.

Allerdings enthält das CISG keine Regel für den gesetzlichen Verzugszinssatz. In- 150
soweit muss auf das unvereinheitlichte nationale Recht zurückgegriffen werden (vgl u Rn 163).

---

189 *Mohs* in Schlechtriem/Schwenzer/Schroeter, Art 62 Rn 8ff; *Müller-Chen* in Schlechtriem/Schwenzer/Schroeter, Art 28 Rn 6; *Kastely* Washington Law Review 63 (1988) 607/633f; *Bell* in Kröll/Mistelis/Perales Viscasillas Art 62 Rn 11; abw *Herber/Czerwenka* Art 28 Rn 3; *Lüderitz/Budzikiewicz* (Fn 173) Art 28 Rn 3.

(ee) Zurückbehaltungsrechte

151 Grundsätzlich geht das CISG vom Zug-um-Zug-Prinzip aus. Dementsprechend sieht Art 58 Abs 1 S 2 ein Zurückbehaltungsrecht des Verkäufers bis zur Kaufpreiszahlung vor. Allerdings können die Parteien – wie generell im CISG (s o Rn 14ff, 56ff) – hiervon abweichende Vereinbarungen treffen.

(ff) Spezifikationsrecht

152 Ein besonderes Verkäuferrecht sieht Art 65 vor. Die Vorschrift setzt voraus, dass es der Käufer – vertragswidrig – unterlässt, die vereinbarte Bestimmung von Art und Form der Ware vorzunehmen. Der Verkäufer kann in diesem Fall – ähnlich wie im deutschen Recht, § 375 HGB – die **Spezifikation** selbst vornehmen. Andere Ansprüche, etwa auf Schadensersatz, bleiben hiervon unberührt.

II. Anwendung nationalen Rechts

1. Verbleibender Anwendungsbereich des nationalen Rechts

a) Grundsatz: Verdrängung im Anwendungsbereich des CISG

153 Bei der Beurteilung des Konkurrenzverhältnisses von CISG und nationalem Recht ist von dem folgenden einfachen Grundsatz auszugehen: Soweit der sachliche Anwendungsbereich des CISG eröffnet ist, werden funktional entsprechende Regeln des nationalen Rechts verdrängt.[190] Umgekehrt bleibt das nationale Recht grundsätzlich anwendbar, soweit es Regelungsfragen betrifft, die außerhalb des eigentlichen sachlichen Anwendungsbereichs des CISG liegen.[191]

154 Damit kommt es für die Beurteilung des Konkurrenzverhältnisses auf eine genaue Bestimmung des sachlichen Anwendungsbereichs des CISG und eine genaue Einordnung („Qualifikation“) der möglicherweise funktionsäquivalenten Vorschriften des nationalen Rechts an.[192]

155 In den sachlichen Anwendungsbereich des CISG fallen – wie Art 4 Abs 1 S 1 hervorhebt – im Wesentlichen nur der äußere Vertragsschluss (Teil II des Abkommens) und die kaufvertraglichen Rechte und Pflichten der Parteien (Teil III des Abkommens). Außerhalb des Anwendungsbereichs des Übereinkommens bleiben insb Fragen der Rechts- und Geschäftsfähigkeit, die Gesetzes- oder Sittenwidrigkeit des Vertrags, die AGB-Kontrolle sowie der Bereich der Irrtumsanfechtung. Daneben regelt das CISG grundsätzlich nicht die vorvertraglichen Verpflichtungen der Parteien – also auch nicht Ansprüche aus einer „*culpa in contrahendo*“ – sowie deliktische Ansprüche oder Fragen des Eigentumsübergangs (vgl Art 4 S 2 lit b). Die zuletzt genannten Fragen bleiben dem **unvereinheitlichten nationalen Recht** überlassen.

156 Das einschlägige **nationale Recht** muss – sofern nicht auch insoweit internationales Einheitsrecht in Gestalt eines Staatsvertrags oder eines Rechtsakts der EU be-

---

190 Ausf zur theoretischen Herleitung *Gruber* Methoden des internationalen Einheitsrechts (2004) 230ff.

191 Vgl *Gruber* Methoden des internationalen Einheitsrechts (2004) 241.

192 *Gruber* Methoden des internationalen Einheitsrechts (2004) 236f.

steht – durch eine **internationalprivatrechtliche Anknüpfung** ermittelt werden. Für deliktische Ansprüche gelten also, sollten deutsche Gerichte mit der Sache befasst sein, die Vorschriften der sog Rom II-Verordnung,[193] für Fragen des Eigentumsübergangs gelten die Art 43ff EGBGB.

b) Weitergehende Verdrängung zur Vermeidung von Wertungswidersprüchen

Der oben genannte, relativ einfache Grundsatz reicht allerdings nicht immer aus, um das Verhältnis des CISG zum nationalen Recht erschöpfend zu umschreiben. Vielfach ist es erforderlich, das nationale Recht auch in Bereichen, die eigentlich außerhalb des sachlichen Anwendungsbereichs des CISG liegen, von einer Anwendung auszuschließen. ZT entfaltet das CISG also eine über seinen eigentlichen sachlichen Anwendungsbereich hinausreichende **„Verdrängungswirkung"**. 157

Bspw statuiert Art 16 Abs 1, dass eine Angebotserklärung bis zum Absenden der Annahmeerklärung widerrufen werden kann (vgl o Rn 71ff). Diese Wertung des CISG ist bei näherer Betrachtung auch bei Anwendung der (an sich nicht verdrängten) Regelungen des deutschen Rechts über die vorvertraglichen Pflichten der Parteien zu berücksichtigen. Insb kann ein nach Art 16 Abs 1 zulässiger Widerruf einer Annahmeerklärung nicht als ein Fall einer ***„culpa in contrahendo"*** iSd deutschen Rechts (§§ 280 Abs 1, 311 Abs 2, 241 Abs 2 BGB) angesehen werden. Dies gilt selbst dann, wenn dem Anbietenden hierdurch ein Vertrauensschaden entstanden sein sollte. Denn hierdurch würde die Wertung des Art 16 Abs 1 durch die „Hintertür" des unvereinheitlichten deutschen Rechts weitgehend ausgehebelt. 158

Ähnliche weitergehende Wirkungen des CISG zeigen sich auch im Bereich der (vom CISG an sich nicht berührten) **Irrtumsanfechtung**. So sieht § 119 Abs 2 BGB die Möglichkeit vor, die Willenserklärung im Falle eines Irrtums über „wesentliche Eigenschaften" anzufechten. Viele andere Rechtsordnungen sehen einen ähnlichen Anfechtungsgrund vor. Ob sich eine derartige Anfechtung auch auf einen Irrtum über Eigenschaften der Ware selbst stützen kann, wird in den einzelnen nationalen Rechtsordnungen durchaus unterschiedlich beurteilt. Nach in Deutschland hM wird § 119 Abs 2 BGB zumindest ab Gefahrübergang von den Vorschriften des unvereinheitlichten deutschen Kaufrechts verdrängt;[194] andere Rechtsordnungen – wie zB die österreichische und die schweizerische[195] – lassen demgegenüber die Anfechtung neben der Geltendmachung von Gewährleistungsansprüchen zu. Umstritten ist nunmehr, ob auch das CISG diese Anfechtungsregeln des nationalen Rechts umfassend verdrängt oder nicht. Dagegen spricht vordergründig, dass es sich ja eigentlich um (vom CISG nicht erfasste) Irrtumsregeln han- 159

193 Verordnung (EG) Nr 864/2007 des Europäischen Parlaments und des Rates vom 11.7.2007 über das auf außervertragliche Schuldverhältnisse anzuwendende Recht („Rom II"), ABl EG L 199/40; dazu etwa *Wagner* IPRax 2008, 1ff; *Leible/Lehmann* RIW 2007, 721ff.

194 Vgl ausf *P. Huber* FS Hadding (2004) 105/115ff; ferner *Lorenz/Riehm* Lehrbuch zum neuen Schuldrecht (2002) Rn 573; *Oechsler* Schuldrecht, Besonderer Teil – Vertragsrecht 2. Aufl (2007) Rn 299; *Oetker/Maultzsch* Vertragliche Schuldverhältnisse 3. Aufl (2007) Rn 315ff.

195 Vgl nur BGE 56 II 424; BGE 98 II 15; aus der Lit etwa *Schmid* in Hausheer (Hrsg) Berner Kommentar (1995) Art 23/24 Rn 249.

delt.[196] Dafür spricht aber, dass ansonsten der Vereinheitlichungszweck des CISG ernsthaft gefährdet wäre. Letztlich ist daher von einer umfassenden Verdrängung des nationalen Irrtumsanfechtungsrechts in diesem Bereich auszugehen, und zwar unabhängig davon, ob in der betreffenden nationalen Rechtsordnung (wie der deutschen) ebenfalls eine weitgehende Verdrängung der Anfechtungsregeln vorgesehen ist oder nicht.[197] Praktisch strahlt das CISG dann also auch hier über seinen sachlichen Anwendungsbereich ieS hinaus aus.

160 Diese Verdrängung des nationalen Rechts außerhalb des eigentlichen sachlichen Anwendungsbereichs des CISG lässt sich nicht leicht erklären. Letztlich geht es darum, Wertungswidersprüche, die aus dem Nebeneinander von CISG und nationalem Recht entstehen, zugunsten eines Vorrangs des CISG auszugleichen. Diese Methode der **Angleichung** (auch: Anpassung) ist im internationalen Privatrecht weitgehend anerkannt und lässt sich mit einigen Modifikationen auch auf das Verhältnis des internationalen Einheitsrechts (hier: CISG) zum nationalen Recht übertragen.[198]

c) Anwendung bei „internen Lücken" (Art 7 Abs 2)

161 Der Grundsatz, dass das CISG in seinem Anwendungsbereich das funktionsäquivalente nationale Recht verdrängt (o Rn 153), gilt nicht ohne Ausnahme: Insb kann es sich so verhalten, dass das CISG, obwohl sein sachlicher Anwendungsbereich eröffnet ist, im Einzelfall keine einschlägige Regelung bereithält, also eine „interne" Lücke aufweist.

162 In diesem Fall ist zunächst mit den anerkannten Methoden der (gesetzesimmanenten) Rechtsfortbildung nach einer (Ersatz-)Regel zu suchen. Möglich sind etwa ein Analogieschluss, ein *argumentum a fortiori (argumentum a maiore ad minus)*, aber zB auch ein *argumentum e contrario*.[199] Daneben lässt Art 7 Abs 2 – hilfsweise – einen „lückenfüllenden" Rückgriff auf die **„allgemeinen Grundsätze" des CISG** zu.[200]

163 Nicht immer lässt sich aber auf diese Weise eine passende Regel finden. In diesem Fall ist als *ultima ratio* doch ein Rückgriff auf das nationale Recht zulässig. Das nationale Recht ist sodann – nicht anders als in der Konstellation, in der es sich um eine vom sachlichen Anwendungsbereich des CISG nicht erfasste Regelungsfrage handelt – nach allgemeinen internationalprivatrechtlichen Regeln zu ermitteln. In Deutschland ist also wiederum die Rom I-VO heranzuziehen. Ein derartiger (grundsätzlich zu vermeidender) Rückgriff auf das nationale Recht ist nach verbreiteter Ansicht zB bei der

---

196 OGH SZ 55 Nr 2; OGH SZ 48 Nr 56; OGH SZ 42 Nr 180.

197 Umfassend *P. Huber* ZEuP 1994, 585f; *ders* IPRax 2004, 358/360; differenzierend nach der Art des Irrtums *Magnus* (Fn 35) Art 4 Rn 48ff; ferner *Herber/Czerwenka* Art 4 Rn 13; *Honnold* Rn 240; *Schmid* Das Zusammenspiel v Einheitlichem UN-Kaufrecht und nationalem Recht (1996) 161ff, 185; aA (aus österreichischer Sicht) *Lessiak* JBl 1989, 487ff.

198 Ausf *Gruber* Methoden des internationalen Einheitsrechts (2004) 259ff.

199 *Gruber* Methoden des internationalen Einheitsrechts (2004) 286f; *Kramer* JBl 1996, 137/148 mwN; *Magnus* RabelsZ 53 (1989) 116/119.

200 Die zuletzt genannten Schlussformen gehen allerdings dem Rückgriff auf die „allgemeinen Grundsätze" vor; vgl etwa *Ferrari* in Schlechtriem/Schwenzer/Schroeter, Art 7 Rn 47 mwN; aus französischer Sicht *Audit* 50f.

Frage, in welcher Währung zu zahlen ist,[201] im Hinblick auf die Verjährung[202] sowie bei der Bestimmung der Höhe des gesetzlichen Verzugszinssatzes[203] erforderlich.

2. Ermittlung des maßgeblichen nationalen Rechts

Auf das unvereinheitlichte nationale Vertragsrecht ist zurückzugreifen, wenn das CISG überhaupt nicht anwendbar ist, etwa deshalb, weil die Voraussetzungen von Art 1 nicht erfüllt sind (o Rn 27ff) oder aber die Parteien das CISG abbedungen haben (o Rn 47ff). Daneben ist auf das nationale Recht zurückzugreifen, wenn es sich um eine vom sachlichen Anwendungsbereich des CISG nicht erfasste Regelungsfrage handelt (o Rn 153ff) oder um eine anderweitig nicht zu schließende „interne" Regelungslücke (vgl soeben Rn 161ff). 164

Zur Bestimmung des einschlägigen nationalen Rechts wenden die Gerichte der einzelnen Staaten das für sie geltende **internationale Privatrecht** an. Hierbei kann es sich wiederum um internationales Einheitsrecht handeln oder um unvereinheitlichtes nationales Recht (vgl bereits o Rn 13). 165

In Deutschland ist seit dem 17.12.2009 die Verordnung (EG) Nr 593/2008 des Europäischen Parlaments und des Rates über das auf vertragliche Schuldverhältnisse anzuwendende Recht (Rom I) anzuwenden.[204] Inhaltlich sieht diese sog **Rom I-Verordnung** grundsätzlich die Möglichkeit der freien Rechtswahl vor (Art 3 Rom I-VO). Kommt keine wirksame Rechtswahl zustande, ist gem. Art 4 Abs 1 lit a Rom I-VO bei Kaufverträgen über bewegliche Sachen das Recht des Staates anzuwenden, in dem der Verkäufer im Zeitpunkt des Vertragsabschlusses seinen gewöhnlichen Aufenthalt hat. Der gewöhnliche Aufenthalt wird in Art 19 Rom I-VO näher definiert.[205] Ein anderes Recht als das am gewöhnlichen Aufenthalt des Verkäufers ist nur dann anzuwenden, wenn sich – ausnahmsweise – aus der Gesamtheit der Umstände ergibt, dass der Vertrag eine engere Verbindung zu einem anderen Staat aufweist. Zusätzlich gewährt Art 6 Rom I-VO besonderen kollisionsrechtlichen Verbraucherschutz, namentlich dann, wenn der Unternehmer seine berufliche oder gewerbliche Tätigkeit in dem Staat 166

---

201 Vielfach wurde aber ohne besondere Anknüpfung an die Art 27, 28 EGBGB aF auf die Währung am Sitz des Verkäufers abgestellt.

202 Bundesgericht IHR 2010, 27ff, CISG Online (Fn 28) Nr 1900. Ua haben *Stoll* IPRax 1993, 75ff und das OLG Schleswig-Holstein IPRax 1993, 93 den Vorschlag unterbreitet, aus dem Regelungszusammenhang des CISG einheitsrechtliche Kollisionsnormen herauszubilden, wobei sich *Stoll* für das Recht an der Niederlassung des Schuldners, das OLG Schleswig – gerade entgegengesetzt – für das Recht an der Niederlassung des Gläubigers ausspricht. Beide Vorschläge finden in dem CISG aber keine hinreichenden Anhaltspunkte, s *Gruber* Methoden des internationalen Einheitsrechts (2004) 308f.

203 Vgl die ausf Darstellung bei *Bacher* in Schlechtriem/Schwenzer/Schroeter, Art 78 Rn 27ff mwN; *Huber* (Fn 11) Art 78 Rn 12ff.

204 ABl 177/6.

205 Bei juristischen Gesellschaften, Vereinen und juristischen Personen bezeichnet der „gewöhnliche Aufenthalt" den Ort ihrer Hauptverwaltung (Art 19 Abs 1 S 1). Wird der Vertrag im Rahmen des Betriebs einer Zweigniederlassung, Agentur oder sonstigen Niederlassung geschlossen oder ist für die Erfüllung gemäß dem Vertrag eine solche Zweigniederlassung, Agentur oder sonstige Niederlassung verantwortlich, so steht der Ort des gewöhnlichen Aufenthalts dem Ort gleich, an dem sich die Zweigniederlassung, Agentur oder sonstige Niederlassung befindet (Art 19 Abs 2).

ausübt, in dem der Verbraucher seinen gewöhnlichen Aufenthalt hat, oder eine solche Tätigkeit auf irgendeine Weise auf diesen Staat ausrichtet und der Vertrag in den Bereich dieser Tätigkeit fällt.[206] In diesem Fall kommt es, soweit keine Rechtswahl vorliegt, zu einer Anwendung des Rechts des Staates, in dem der Verbraucher seinen gewöhnlichen Aufenthalt hat. Liegt eine Rechtswahl vor, so ist diese zwar nicht gänzlich unwirksam; sie darf aber nicht dazu führen, dass dem Verbraucher der Schutz entzogen wird, der ihm durch diejenigen Vorschriften gewährt wird, von denen nach dem Recht, das nach Art 6 Abs 1 Rom I-VO mangels einer Rechtswahl anzuwenden wäre, nicht durch Vereinbarung abgewichen werden darf.

C. Vereinbarungen im Vertrag

I. Individual- und Standardvereinbarungen

167 Wie bereits einleitend erwähnt (vgl o Rn 9) belassen sowohl das CISG als auch – wenngleich mit Abstrichen – das unvereinheitlichte nationale Recht den Parteien eine praktisch unbeschränkte bzw zumindest große Freiheit der Vertragsgestaltung. In der Praxis kommt es damit nicht nur auf den Inhalt des CISG bzw des nationalen Rechts, sondern ebenso auf den genauen Inhalt des zw den Parteien geschlossenen Vertrags an.

168 Eine **individualvertragliche Aushandlung** eines umfassenden, „selbstgenügsamen" Vertrags kommt allerdings angesichts des damit verbundenen Aufwands nur in Einzelfällen in Betracht.[207] Zu nennen sind etwa Verträge über außerordentlich wertvolle oder seltene Ware oder auch komplexe Langzeitverträge. Viel häufiger verwenden die Parteien **AGB** bzw **Standardverträge**. Wer dauerhaft am internationalen Warenverkehr teilnehmen will, sollte daher großes Augenmerk darauf legen, dass ihm geeignete AGB zur Verfügung stehen. Des Weiteren sollte er sich darüber im Klaren sein, welche Anforderungen an die wirksame Einbeziehung der AGB bestehen (vgl zur Einbeziehung im Anwendungsbereich des CISG o Rn 73ff) und sich der Problematik der sog „kollidierenden AGB" bewusst sein (o Rn 77). Schließlich ist selbst dann, wenn der Vertrag iÜ dem CISG unterliegt, darauf zu achten, dass die AGB einer Wirksamkeitskontrolle nach Maßgabe des unvereinheitlichten nationalen Rechts (in Deutschland nach Maßgabe der §§ 305ff BGB) standhalten (o Rn 12).

---

206 Insofern besagt Erwägungsgrund 7 der Rom I-VO, dass bei der Auslegung der Begriffe Einklang ua mit der Verordnung 44/EG/2001 (sog EuGVVO) hergestellt werden soll. Für die Bedeutung von Ausrichten kann daher auf die zu Art 15 EuGVVO ergangene Rspr zurückgegriffen werden.

207 *Gruber* Methoden des internationalen Einheitsrechts (2004) 38; *Stein* Lex mercatoria (1995) 42f; *dies* in Grundmann (Hrsg) Systembildung und Systemlücken in Kerngebieten des Europäischen Privatrechts (2000) 669/689 („aus tatsächlichen Gründen kaum durchführbar"); *Bonell* ZfRV 37 (1996) 152/153.

II. International gebräuchliche Kurzformeln und Klauselgruppen

1. Überblick

Grundsätzlich unterscheidet sich die Vertragsgestaltung im internationalen Handelsverkehr – entweder im Rahmen einer Individualvereinbarung oder im Rahmen von AGB – nicht von der Vertragsgestaltung im innerstaatlichen Rechtsverkehr. Besondere Bedeutung haben gerade im internationalen Handelsverkehr aber bestimmte **Kurzformeln**, insb solche mit 3-Buchstaben-Codes. Der Vorteil dieser Kurzformeln liegt ua darin, dass ihnen ein umfassender und international einheitlicher Sinn beigelegt wird. Die Kurzformeln versetzen die Teilnehmer am Handelsverkehr in die Lage, einen komplizierten Inhalt komprimiert und damit leicht und schnell zu übermitteln. Es handelt sich um typisierte Erklärungszeichen, die in ihrem gesamten Inhalt zum Vertragsbestandteil werden.[208] 169

Derartige Kurzformeln und Klauselgruppen können branchenübergreifend oder für bestimmte spezialisierte Sparten des Handelsverkehrs konzipiert sein. Von besonderer Bedeutung sind die branchenunabhängig konzipierten **INCOTERMS**. Sie wurden von der *Internationalen Handelskammer* mit Hauptsitz in Paris (ICC) entwickelt, werden regelmäßig aktualisiert und haben insb in Europa eine sehr große praktische Bedeutung erlangt. Ebenfalls branchenunabhängig sind die ***American Foreign Trade Definitions***. 170

Daneben gibt es verschiedene Klauselgruppen für spezielle Bereiche des Handelsverkehrs. Derartige spezielle Klauseln existieren zB im weltweiten **Zucker-, Kaffee- oder Kakaohandel.** 171

Die meisten Klauseln – mitsamt den dazugehörigen Erläuterungen – sind von Handelskammern oder vergleichbaren (nicht-staatlichen) Vereinigungen entwickelt worden. Darüber hinaus haben sich in manchen Bereichen allein aufgrund ständiger Übung bestimmte, allgemein verständliche Kurzformeln entwickelt. Bedeutung hat etwa die Klausel **COD** (***cash on delivery***), die dazu führt, dass der Kaufpreis Zug um Zug bei Lieferung zu entrichten ist. 172

2. INCOTERMS

Die praktisch größte Bedeutung haben – jedenfalls aus europäischer Sicht – die INCOTERMS.[209] Die INCOTERMS sind insb als Ergänzung zum CISG geeignet. Sie decken nicht alle Pflichten von Verkäufer und Käufer ab. Erfasst werden insb die Bereiche, in denen die Interessenlage der Parteien von Fall zu Fall verschieden ist und in denen aus diesem Grund nur eine (wenn auch standardisierte) vertragliche Regelung zu einer angemessenen Lösung führen kann.[210] 173

---

208 S etwa *Lehr* VersR 2000, 548/550; *Benicke* in Kronke/Melis/Schnyder, Rn 392. Nach aA liegt dann, wenn die Parteien etwa eine der 13 Klauselabkürzungen der INCOTERMS mit dem Zusatz „INCOTERMS 2000" vereinbaren, ein einverständlich berufener Handelsbrauch iSd Art 9 Abs 1 vor, so *Piltz* RIW 2000, 485/487.

209 S auch → *Nowrot* § 2 Rn 89; sowie in Bezug auf internationales Transportrecht → *Otte/Maurer* § 8 Rn 199f.

210 Zur jüngsten Reform des INCOTERMS *Piltz* IWRZ 2020, 157.

174 IE befassen sich die INCOTERMS insb mit Fragen der Verpackung und Kennzeichnung, des Transports der Ware (Transportart, Lieferhandlung und -ort, Abnahmeort, Gefahrtragung) sowie der Transportversicherung. Die INCOTERMS behandeln demgegenüber nicht die Modalitäten der Kaufpreiszahlung oder des Eigentumsübergangs. Ausgeklammert bleibt schließlich auch das Leistungsstörungsrecht, also etwa das Recht auf Vertragsaufhebung oder Schadensersatz. Die INCOTERMS stellen damit den Parteien nur die Möglichkeit einer komplementären vertraglichen Regelung zur Verfügung. Sie machen demgegenüber weitergehende sonstige Vereinbarungen der Parteien (etwa im Hinblick auf die Beschaffenheit der Ware) bzw die Regeln des CISG oder des nationalen Rechts (etwa im Hinblick auf Leistungsstörungen) nicht überflüssig.[211]

175 Insgesamt existieren heute dreizehn INCOTERMS-Klauseln mit einem **3-Buchstaben-Code**. Hierbei lassen sich die jeweiligen Klauseln – nach den Anfangsbuchstaben der englischsprachigen Fassung – in vier Hauptgruppen unterteilen, nämlich die E-Gruppe, die F-Gruppe, die C-Gruppe und die D-Gruppe. Die Pflichten des Verkäufers nehmen von der E-Gruppe bis zur D-Gruppe fortwährend zu.[212] Jede Klausel hat einen sehr umfassenden und komplexen Sinngehalt, der in dem von der ICC herausgegebenen Erläuterungswerk eingehend beschrieben wird.

176 Für den Verkäufer am günstigsten ist die Klausel EXW (= ab Werk). Die Klausel bedeutet ua, dass der Verkäufer bereits dann geliefert hat, wenn er dem Käufer die Ware nur als solche „zur Verfügung" gestellt hat, und zwar ohne Verladung auf das abholende Beförderungsmittel. Demgegenüber hat der Verkäufer bei der Klausel FOB (***free on board*** = frei an Bord) die Ware an Bord des vom Käufer bezeichneten Schiffs im benannten Verschiffungshafen zu liefern. Noch weitergehend ist zB die Lieferpflicht des Verkäufers dann, wenn eine Klausel DDP (***delivered duty paid*** = verzollt geliefert) vereinbart ist. In diesem Fall hat der Verkäufer dem Käufer die Ware (wenn auch unentladen) auf dem ankommenden Beförderungsmittel zur Verfügung zu stellen.

3. UNIDROIT-Prinzipien, Principles of European Contract Law

177 Als AGB grundsätzlich verwendbar sind auch die sog UNIDROIT-Prinzipien (UNIDROIT = ***Principles of International Commercial Contracts***).[213] Es handelt sich hierbei um Regeln, die von einer Gruppe von Wissenschaftlern im Anschluss an eine breite rechtsvergleichende Bestandsaufnahme erstellt worden sind.[214] Die UNIDROIT-Prinzipien stellen einen **privaten Regelungsvorschlag** dar; sie sind daher kein objektives staatliches Recht.[215]

---

211 *Gruber* Methoden des internationalen Einheitsrechts (2004) 389f; *Fontaine* FS Steindorff (1990) 1193/1206f.

212 *Piltz* RIW 2000, 485/486.

213 Die UNIDROIT-Prinzipien 2004 in deutscher Sprache sind ua abgedruckt in ZEuP 2005, 470. Die aktuelle Fassung 2010 ist im Internet erhältlich unter <unidroit.org/english/principles/contracts/principles2010/translations/blackletter2010-german.pdf>.

214 Überblick über die UNIDROIT-Prinzipien in der Fassung 2004 etwa bei *Zimmermann* ZEuP 2005, 264ff; *Schilf* IHR 2004, 236ff; *Brödermann* RIW 2004, 721ff.

215 Hierzu *Gruber* Methoden des internationalen Einheitsrechts (2004) 17f; s umfassend *Michaels* RabelsZ 62 (1998) 580ff.

Soweit es sich um Fragen handelt, die im CISG bereits geregelt sind, besteht für eine alternative Anwendung der – vielfach ohnehin an den Regeln des CISG ausgerichteten – UNIDROIT-Prinzipien kein Bedürfnis.[216] Nicht ausgeschlossen ist aber, dass die Parteien die UNIDROIT-Prinzipien als Ergänzung zum CISG vereinbaren.[217] Dies gilt insbesondere für die Bereiche, die von vornherein nicht zum sachlichen Anwendungsbereich des CISG gehören.[218] Das CISG und die UNIDROIT-Prinzipien stellen in diesem Fall keine konkurrierenden, sondern **sich ergänzende Instrumente** dar.[219] 178

Ohne vertragliche Einbeziehung können die UNIDROIT-Prinzipien grundsätzlich – da sie kein staatliches Recht darstellen – nicht zur Anwendung gelangen.[220] Das schließt aber nicht aus, dass die UNIDROIT-Prinzipien in Rechtsprechung und Wissenschaft als in Normen geronnene Rechtsvergleichung ergänzende Beachtung finden.[221] Ferner könnten die UNIDROIT-Prinzipien als Vorbild für die Gesetzgebung im internationalen Einheitsrecht dienen. Eine weitergehende Bedeutung haben die UNIDROIT-Prinzipien für die **schiedsgerichtliche Praxis.** Schiedsgerichte sind nicht auf die Anwendung staatlichen Rechts beschränkt und wenden die UNIDROIT-Prinzipien nicht selten auch unabhängig von einer entsprechenden Parteivereinbarung anstelle einer sonst einschlägigen staatlichen Rechtsordnung an.[222] 179

Mit den UNIDROIT-Prinzipien vergleichbar sind die (später erschienenen) ***Principles of European Contract Law.***[223] Diese werden – nach dem Vorsitzenden der Wissenschaftlergruppe – auch als ***Lando***-Prinzipien bezeichnet und sind auf eine Rechtsvereinheitlichung innerhalb der EU gerichtet. Ihre Bedeutung liegt allerdings weniger 180

216 Wie hier *Piltz,* Rn 48.

217 Skeptisch insoweit *Herber* IHR 2003, 1/6f.

218 *Gruber* Methoden des internationalen Einheitsrechts (2004) 40; ferner *Bonell* Uniform Law Review 26 (1996) 26/34f.

219 Allgem zum Verhältnis von CISG und den UNIDROIT-Prinzipien *Bonell* Uniform Law Review 26 (1996) 26ff.

220 *Gruber* Methoden des internationalen Einheitsrechts (2004) 17f, 302ff.

221 So geschehen im Urteil des Hof's Hertogenbosch NIPR 2003, Nr 192, tw abgedruckt und besprochen bei *Janssen* IHR 2004, 194ff. S auch Arrondissementsrechtbank Zwolle CISG Online (Fn 28) Nr 545; Cour de Cassation (Belgien) CISG Online (Fn 28) Nr 1963. Demgegenüber können die UNIDROIT-Prinzipien nicht unmittelbar zur Lückenfüllung innerhalb des CISG oder anderer Regelungswerke des internationalen Einheitsrechts herangezogen werden, *Gruber* Methoden des internationalen Einheitsrechts (2004) 302f; *Michaels* RabelsZ 62 (1998) 580/606; zurückhaltend auch (wenngleich *de lege ferenda* einen Rückgriff befürwortend) *Ferrari* in Schlechtriem/Schwenzer/Schroeter, Art 7 Rn 59f; *Ferrari* JZ 1998, 9/16; *Wichard* RabelsZ 60 (1996) 269/298; befürwortend demgegenüber *Koller/Mauerhofer* FS Schwenzer (2011) 975/976; *Basedow* Uniform Law Review (2000) 129/135f; *Magnus* (Fn 35) Art 7 Rn 14; *ders* ZEuP 1999, 642/648 mwN; *ders* RabelsZ 59 (1995) 469/492; *Schmid* (Fn 197) 69f; *Canaris* in Basedow (Hrsg) Europäische Vertragsrechtsvereinheitlichung und deutsches Recht (2000) 5/28. In der Rechtsprechung hat sich die belgische Cour de Cassation bei der Anwendung von Art 7 Abs 2 auf die UNIDROIT Prinzipien gestützt (CISG-Online Nr 1963; sehr kritisch dazu *Flechtner* FS Magnus (2014) 193/200ff).

222 S hierzu die Nachw bei *Schilf* IHR 2004, 236/243.

223 Vgl die deutsche Ausgabe v *Bar/Zimmermann* (Hrsg) Grundregeln des Europäischen Vertragsrechts, Teil I und II (2002); hierzu auch *Lando* RabelsZ 56 (1992) 261ff, American Journal of Comparative Law 40 (1992) 573ff; *Schulze* ZEuP 1993, 442f.

in der Verwendung als AGB,[224] sondern vielmehr darin, dass sie eine Grundlage für eine zukünftige umfassende Zivilgesetzgebung in der EU bilden könnten (dazu sogleich u Rn 189ff).[225]

D. Gepflogenheiten und Handelsbräuche

181 Hinzuweisen bleibt darauf, dass die Rechte und Pflichten der Parteien – in Ermangelung einer vorrangigen vertraglichen Vereinbarung – auch durch Gepflogenheiten bzw bestimmte Handelsbräuche beeinflusst werden können. Sowohl das CISG (vgl Art 9) als auch das deutsche Recht (§ 346 HGB) gestehen den Gepflogenheiten bzw Handelsbräuchen unter bestimmten Voraussetzungen Vorrang vor dem (dispositiven) Gesetzesrecht zu (vgl o Rn 21).[226]

182 Im Rahmen des CISG ist allerdings zu berücksichtigen, dass nur zw den Parteien konkret vereinbarte bzw entstandene Gepflogenheiten und Gebräuche (vgl Art 9 Abs 1) sowie iÜ grundsätzlich nur Gebräuche des internationalen (nicht des nationalen) Handels wirksam sind (vgl näher Art 9 Abs 2). Dies führt dazu, dass die Handelsbräuche, die nur in der Rechtsordnung einer Partei anerkannt sind, innerhalb des CISG idR keine Wirkung entfalten können.

183 Bspw kennt das interne deutsche Recht den Handelsbrauch, dass ein Schweigen auf ein **kaufmännisches Bestätigungsschreiben** als Zustimmung zu werten ist. In den meisten anderen Rechtsordnungen hat sich dieser Handelsbrauch aber nicht etabliert.[227] Verhandelt etwa ein in Deutschland ansässiger Käufer mit einem in den USA ansässigen Verkäufer, finden die Grundsätze über das Schweigen auf ein kaufmännisches Bestätigungsschreiben prinzipiell keine Anwendung.[228]

184 Allerdings können die Regeln über das kaufmännische Bestätigungsschreiben im Einzelfall als **lokal begrenzter Handelsbrauch** beachtet werden. Art 9 Abs 2 steht der Beachtung derartiger lokal begrenzter Handelsbräuche nicht entgegen. Im Regelfall kann ein derartiger (dann auch international wirksamer) Handelsbrauch dann angenommen werden, wenn die Parteien in Staaten niedergelassen sind, die beide dem kaufmännischen Bestätigungsschreiben im konkreten Fall eine vertragskonstituieren-

---

224 Vgl aber Art 1:101 Abs 2 der Prinzipien: „Diese Grundregeln werden angewendet, wenn die Parteien sich hierauf geeinigt haben, sie in ihrem Vertrag aufzunehmen oder dass ihr Vertrag diesen Grundregeln unterliegen soll."

225 Näher (aus niederländischer Sicht) *Busch/Hondius* ZEuP 2001, 223ff.

226 Vgl etwa *Huber* IPRax 2004, 358ff (zu einem ggf bestehenden Handelsbrauch im internationalen Hochseefischhandel, wonach bei Kaufgeschäften über tiefgekühlten Fisch stets ein aus der aktuellen Fangquote stammender Fisch gemeint ist); *Ferrari* EuLF 2002, 272ff.

227 Instruktiver rechtsvergleichender Überblick über den Stellenwert des kaufmännischen Bestätigungsschreibens bei *Kröll/Hennecke* RabelsZ 67 (2003) 448/477f.

228 OLG Köln IPRax 1994, 393/394 mit Anm *Reinhart* 365/371, RIW 1994, 972, CISG Online (Fn 28) Nr 127; OLG Frankfurt UNILEX, E. 1995-17.4, CISG Online (Fn 28) Nr 258; OLG Dresden IHR 2001, 18; *Dornis* in Honsell Art 18 Rn 28; *Kröll/Hennecke* (Fn 227) 448/490; *Schlechtriem* IPRax 1990, 277/280.

de Wirkung beimessen würden und dies den Parteien bekannt ist bzw bekannt sein muss.[229]

Zu beachten ist ferner, dass das kaufmännische Bestätigungsschreiben vor Gericht 185
ua als Beweismittel herangezogen werden kann. Für die Fragen des Beweises gilt nämlich nicht das CISG, sondern das Recht am Gerichtsort (sog *lex fori*).[230] In der deutschen Rechtsprechung war dementsprechend das kaufmännische Bestätigungsschreiben auch bei Anwendbarkeit des CISG – wenngleich nicht auf der materiell-rechtlichen, sondern der prozessualen (Beweis-)Ebene – bereits mehrfach streitentscheidend.[231]

E. Zukunftsperspektiven

I. Zunehmende Bedeutung des CISG

Will man eine Prognose über die zukünftige Entwicklung des Rechts der internationa- 186
len Warentransaktionen anstellen, so gelangt man zu dem Ergebnis, dass die Bedeutung des CISG zukünftig weiter zunehmen dürfte. In der Vergangenheit wurde den Parteien eines internationalen Kaufvertrags nicht selten von den Handelskammern und Wirtschaftsverbänden empfohlen, das CISG gem Art 6 auszuschließen und stattdessen ein nationales Recht zur Anwendung zu bringen; bisweilen konnte man den Eindruck gewinnen, dass das CISG häufig nur deshalb zur Anwendung kam, weil die Parteien vergessen hatten, eine Vereinbarung über den Ausschluss des CISG in ihren Vertrag mit aufzunehmen. Mittlerweile mehren sich allerdings die Stimmen, die den Parteien das CISG anempfehlen;[232] eine neuere empirische Untersuchung belegt, dass das CISG in der Praxis zunehmend akzeptiert wird.[233] Dieser **Bedeutungszuwachs des CISG** ist ua darauf zurückzuführen, dass das CISG mittlerweile von Rechtsprechung und Wissenschaft intensiv behandelt worden ist. Der Bekanntheitsgrad des CISG hat in den vergangenen Jahren zwar langsam, aber stetig zugenommen. Die meisten strittigen Fragen sind in Wissenschaft und Praxis einer Lösung zugeführt worden; es handelt sich also nicht mehr um ein unbekanntes oder den Parteien schwer zugängliches Regelungsinstrument. Wertvolle Dienste für die Praxis bieten kostenlos zugängliche Datenbanken wie insb die Datenbank ***cisgOnline***, die einen umfassenden Zugriff auf fast alle deutschsprachigen Entscheidungen zum CISG ermöglicht und

---

229 OLG Frankfurt UNILEX, E.1995–17.4, CISG Online (Fn 28) Nr 258; Zivilgericht Kanton Basel-Stadt UNILEX, E.1992–31; *Schroeter* in Schlechtriem/Schwenzer/Schroeter, Vor Art 14–24 Rn 77ff mwN; *Kröll/Hennecke* (Fn 227) 448/475.

230 *Kröll/Hennecke* (Fn 227) 448/461.

231 OLG Köln IPRax 1994, 39, RIW 1994, 972, CISG Online (Fn 28) Nr 127; OLG Frankfurt UNILEX E. 1995–17.4, CISG Online (Fn 28) Nr 258; OLG Saarbrücken UNILEX E. 1993–2.1, CISG Online (Fn 28) Nr 83; LG Hamburg RIW 1997, 387, CISG Online (Fn 28) Nr 283; Cour de Justice de Genève CISG Online (Fn 28) Nr 722.

232 Ausdrücklich etwa *Regula/Kannowski* IHR 2004, 45ff; *Piltz* Rn 29; auch *Koch* NJW 2000, 910ff; anders noch *Schillo* IHR 2003, 257ff; differenzierend *Stürner* BB 2006, 2029; zu den Gründen für die Akzeptanzprobleme des CISG siehe *Mankowski* IHR 2012, 45/47ff.

233 *Meyer* RabelsZ 69 (2005) 457/485: „Insgesamt hat sich damit das UN-Kaufrecht auch in der Praxis in erheblichem Umfang durchgesetzt".

auch die wichtigsten englisch- oder französischsprachigen Entscheidungen beinhaltet.[234] Einen großen Fundus an Urteilen und (häufig englischsprachigen) Aufsätzen zum CISG im Volltext bietet CISG-Pace, die Datenbank der Pace University School of Law.[235] Hervorzuheben ist hierbei, dass die wissenschaftliche Diskussion über das CISG mittlerweile international geführt wird und – anders als in den meisten anderen Rechtsgebieten – keine Beschränkung auf die jeweilige nationale Rechtsprechung und Literatur erfolgt.

187 Aus deutscher Sicht ist schließlich anzumerken, dass sich die §§ 433ff BGB infolge der Schuldrechtsreform in vielerlei Hinsicht dem CISG angeglichen haben.[236] Hinzuweisen ist ua darauf, dass sich das reformierte deutsche Kaufrecht etwa im Bereich des Sachmangelbegriffs (insb durch die Einbeziehung der ***aliud***- und Zuweniglieferung) nicht mehr grundl vom CISG unterscheidet. Auch auf der Rechtsfolgenseite geht das reformierte deutsche Kaufrecht – wie das CISG – mittlerweile von einem Vorrang der Nacherfüllung aus.

188 Der Bedeutungszuwachs des CISG dürfte speziell aus deutscher Sicht dadurch beschleunigt werden, dass in Deutschland in Umsetzung der Richtlinie 1999/44/EG zum Verbrauchsgüterkauf zwingende bzw halbzwingende Vorschriften auch für den Handelskauf geschaffen wurden. Zu nennen ist hier vor allem § 478 BGB.[237] Das neue deutsche Recht schränkt also – im Gegensatz zum CISG – die Privatautonomie nicht unerheblich ein.[238] Dies dürfte zumindest mittelfristig dazu führen, dass es die Parteien eines grenzüberschreitenden Kaufvertrags bei der Anwendung des CISG belassen und das CISG nicht zugunsten eines (die Privatautonomie einschränkenden) nationalen Rechts abbedingen.[239] Alles in allem hat das CISG also tatsächlich – was sich auch aus der zunehmenden Zahl an Vertragsstaaten ergibt – das Potential zu einem **„Weltkaufrecht“** im Bereich des Warenhandels. Dass das CISG nach wie vor im akademischen Unterricht (insb im Vergleich zum autonomen deutschen Kaufrecht der §§ 433ff BGB) häufig nur eine vergleichsweise geringe Bedeutung hat, ist angesichts dessen zu bedauern.

---

234 Fn 28; daneben s CISG-Australia, Internet-Datenbank zum CISG der Victoria University Melbourne: <business.vu.edu.au/cisg>; CISG-Austria, Internet-Datenbank österreichischer Entscheidungen zum CISG: <cisg.at>; CISG-Belgium, Internet-Datenbank belgischer Entscheidungen zum CISG, Katholieke Universiteit Leuven: <law.kuleuven.ac.be/int/tradelaw/WK/WKhome.htm>; CISG-France, Internet-Datenbank französischer Entscheidungen zum CISG, Universität Saarbrücken: <witz.jura.uni-sb.de/CISG>; CISG-Spain, Internet Datenbank spanisch-sprachiger Entscheidungen zum CISG, Universidad Carlos III de Madrid: <uc3m.es/uc3m/dpto/PR/dppr03/cisg>.

235 <cisg.law.pace.edu>.

236 Vgl hierzu und zu den Rückwirkungen auf die Auslegung des unvereinheitlichten deutschen Rechts *Gruber* ZVglRWiss 101 (2002) 38/40ff. Grund für die Angleichung ist auch, dass die Richtlinie 1999/44/EG zum Verbrauchsgüterkauf verschiedene Lösungen des CISG übernommen hat; zu den Ähnlichkeiten und Übereinstimmungen zw der Richtlinie und dem CISG s etwa *Grundmann* AcP 202 (2002) 40ff.

237 Die Regelung des § 478 BGB ist im Rahmen des CISG nicht anwendbar; s hierzu und zu möglichen Normwidersprüchen *Dutta* ZHR 171 (2007) 79ff; *Herber* IHR 2004, 89ff; zu § 478 BGB vgl ferner *Bitterich* JR 2004, 485ff; *von Sachsen Gessaphe* RIW 2001, 721ff.

238 Im Erg krit *Müller* IHR 2005, 133/137f.

239 Vgl *Gruber* NJW 2002, 1180f; ausf *Müller* IHR 2005, 133ff.

II. Gesetzgebung auf europäischer Ebene

1. Principles of European Contract Law und Draft Common Frame of Reference

Lange Zeit sah es so aus, als könne das Recht des internationalen Warenkaufs durch **Rechtssetzungsaktivitäten der EU** einen neuen Impuls erfahren. Seit mehreren Jahrzehnten wurde in Europa intensiv über die Schaffung eines europäischen Zivilgesetzbuchs diskutiert.[240] Ausgelöst und unterstützt wurde diese Diskussion durch entsprechende Resolutionen des Europäischen Parlaments[241] und verschiedene Mitteilungen der EU-Kommission.[242] Das Meinungsspektrum reichte von einer fundamentalen Ablehnung eines derartigen Projekts (ua in der englischen Literatur)[243] über verschiedene differenzierende Ansichten[244] bis hin zu einer grundsätzlichen Befürwortung weitgehender Gesetzgebungsaktivitäten auf EU-Ebene (insb in der französischen und auch der deutschen Literatur).[245] 189

Ungeachtet des sehr heterogenen Meinungsstands wurden verschiedene Vorarbeiten durchgeführt. Die sog *Lando*-Kommission legte die sog ***Principles of European Contract Law*** vor; diese rechtsvergleichend gewonnenen Rechtsregeln sollten ua als Grundlage für ein europäisches Zivilgesetzbuch dienen (s bereits oben Rn 180). Darauf aufbauend wurde ab 2004 von mehreren Forschergruppen der sog ***Draft Common Frame of Reference*** (DCFR) ausgearbeitet.[246] Der DCFR behandelt thematisch nicht nur das Vertragsrecht, sondern enthält etwa auch Regelungen zu unerlaubten Handlungen (Art VI.-1:101ff), ungerechtfertigter Bereicherung (Art VII.-1:101ff) sowie Erwerb und Verlust von Eigentum (Art VIII.-1:101ff). Im Ergebnis kommt er daher einer europäischen Zivilrechtskodifikation bereits sehr nahe.[247] 190

Nach Fertigstellung des DCFR befasste sich eine Expertenkommission mit der Erstellung eines bereits zuvor in Aussicht gestellten „optionalen Instruments im Bereich 191

---

240 Darstellung des Diskussions- und Meinungsstandes bei *Gruber* Methoden des internationalen Einheitsrechts (2004) 371ff.

241 Entschließung des Europäischen Parlaments vom 26.5.1989, ABl EG 1989 C 158/400, ZEuP 1993, 613; bekräftigt durch die Entschließung des Europäischen Parlaments v 6.5.1994, ABl EG 1994 C 205/518, ZEuP 1995, 669, hierzu auch *Tilmann* ZEuP 1995, 534f.

242 Mitteilung der Kommission an den Rat und das Europäische Parlament zum Europäischen Vertragsrecht; KOM (2001) 398 endgültig v 11.7.2001, ABl EG 2001 C 255, 1ff; sodann Mitteilung der Kommission an das Europäische Parlament und den Rat – Ein kohärenteres europäisches Vertragsrecht – Ein Aktionsplan KOM (2003) 68 endgültig v 12.2.2003, ABl EG 2003 C 63, 1ff.

243 Aus der Sicht des common law vehement abl *Legrand* The Modern Law Review (1997) 44f; *ders* Revue internationale de droit comparé 48 (1996) 779f; *ders* ICLQ 45 (1996) 52/79f; für eine Bewahrung des common law auch *Goff* ICLQ 46 (1997) 745f.

244 Für ein bloßes „(Re-)Statement" nach US-amerikanischem Vorbild etwa *Kirchner* in Grundmann/Stuyck (Hrsg) An Academic Green Paper on Contract Law (2002) 399f.

245 So etwa *Gandolfi* in Grundmann/Stuyck, 193f; *Lando* (Fn 223) 207f.

246 *von Bar/Clive/Schulte-Nölke* Principles, definitions and model rules of European private law – Draft Common Frame of Reference (DCFR), Full Edition (2009).

247 Sehr kritisch *Eidenmüller/Faust/Grigoleit/Jansen/Wagner/Zimmermann* JZ 2008, 529ff.

des europäischen Vertragsrechts".[248] Die hieraus resultierende sog Machbarkeitsstudie[249] wurde der Öffentlichkeit zur Diskussion gestellt.

2. Vorschlag für eine Verordnung über ein Gemeinsames Europäisches Kaufrecht

192 Auf der Grundlage der genannten Vorarbeiten legte die Kommission im Jahr 2011 einen Vorschlag für eine **Verordnung zum Gemeinsamen Europäischen Kaufrecht** vor.[250] Der Vorschlag bestand zunächst aus einer Verordnung mit 16 Artikeln; diese legten vor allem den Anwendungsbereich des Kaufrechts fest. Die eigentlichen kaufrechtlichen Bestimmungen (insgesamt 186 Artikel) waren dem Verordnungsentwurf als Anhang I beigefügt.

193 Nach Art 4 Abs 1 des Verordnungsvorschlags sollte das Gemeinsame Europäische Kaufrecht grundsätzlich nur bei **grenzübergreifenden Verträgen** Anwendung finden. Art 13 lit a des Verordnungsvorschlags bot allerdings den Mitgliedstaaten die Möglichkeit, auch reine Binnensachverhalte in den Anwendungsbereich einzubeziehen. Nach dem Verordnungsvorschlag sollte das Gemeinsame Europäische Kaufrecht nur zur Anwendung gelangen, wenn seine Geltung von den Vertragsparteien vereinbart wurde (**opt-in**).[251]

194 Vonseiten der betroffenen Verbände und der Wissenschaften wurde der Verordnungsentwurf von Anfang an kritisch betrachtet. Viele bezweifelten die Kompetenz der EU zur Schaffung eines solchen Regelungswerkes;[252] andere kritisierten vor allem inhaltliche Mängel und Ungereimtheiten des Verordnungsentwurfs.[253] Wiederum andere prognostizierten, dass ohnehin nur sehr wenige Vertragsparteien von der Möglichkeit eines opt-in Gebrauch machen werden.[254]

195 Letztlich formierte sich auch in den Mitgliedstaaten zunehmend Widerstand gegen das Gesetzgebungsvorhaben. So erhoben der belgische Senat, der österreichische

---

248 Vgl Mitteilung der Kommission an das Europäische Parlament und den Rat – Europäisches Vertragsrecht und Überarbeitung des gemeinschaftlichen Besitzstands – weiteres Vorgehen KOM (2004) 651 endgültig v 11.10.2004, ABl EG 2005 C 14, 6ff.

249 A European contract law for consumers and businesses: Publication of the results of the feasibility study carried out by the Expert Group on European contract law for stakeholders' and legal practitioners' feedback v 3.5.2011, im Internet erhältlich unter <ec.europa.eu/justice/contract/files/feasibility_study_final.pdf>.

250 Vorschlag für eine Verordnung des Europäischen Parlaments und des Rates über ein Gemeinsames Europäisches Kaufrecht KOM (2011) 635 endgültig v 11.10.2011; hierzu s etwa *Staudenmayer* NJW 2011, 3491ff.

251 Aus dem 10. Erwägungsgrund zum Verordnungsentwurf ergibt sich, dass das Gemeinsame Kaufrecht – vergleichbar mit Art 1 Abs 1 lit b CISG – nur über den „Umweg" eines mitgliedstaatlichen Rechts wählbar ist. Es ist also zuvor zu prüfen, ob nach den Art 3, 4 und 6 Rom I-VO das Recht eines Mitgliedstaats anwendbar ist (sog „Vorschaltlösung"); krit dazu *Eidenmüller/Jansen/Kieninger/Wagner/Zimmermann* JZ 2012, 269/273; Probleme ergeben sich bei dieser Lösung, wenn ein am Vertrag beteiligter Verbraucher seinen gewöhnlichen Aufenthalt in einem Drittstaat hat, näher dazu *Mankowski* RiW 2012, 97/101.

252 Etwa *Grigoleit* in Remien/Herrler/Limmer, 68/75ff.

253 Etwa *Eidenmüller/Jansen/Kieninger/Wagner/Zimmermann* JZ 2012, 269ff.

254 So etwa *Mankowski* IHR 2012, 45ff.

Bundesrat, der Deutsche Bundestag und das House of Lords die **Subsidiaritätsrüge.**[255] Am 16.12.2014 zog die Kommission ihren Vorschlag – der im Gesetzgebungsverfahren schon auf Fernabsatzverträge eingeschränkt worden war – zurück.[256] Damit ist das Projekt zur Schaffung eines einheitlichen europäischen Kaufrechts vorerst gescheitert.

Richtigerweise bestand bei B2B-Geschäften – angesichts der durch das CISG erreichten Vereinheitlichung – von vornherein kein Bedürfnis für die Schaffung eines weiteren europäischen Instruments.[257] Zweifelsfrei weist das CISG an verschiedenen Stellen Schwächen auf; dieser Umstand allein rechtfertigt aber die Schaffung eines genuin „europäischen" Kaufrechts nicht.[258] Näher betrachtet hätte sich die Schaffung eines konkurrierenden „regionalen" (europäischen) Kaufrechts sogar als Einschränkung des an sich bereits erreichten internationalen Vereinheitlichungsstands erweisen können. 196

Eine europäische Vereinheitlichung des Wirtschaftsrechts ist in vielen anderen Bereichen denkbar und wünschenswert;[259] im Bereich des internationalen Warenhandels spricht mehr dafür, dem CISG kein „Konkurrenzprodukt" entgegenzusetzen. 197

---

255 Siehe *Basedow* ZEuP 2015, 432 und zum Beschluss des Deutschen Bundestags BT-Drs 17/8000. Die Subsidiaritätsrüge stützt sich auf das Protokoll über die Anwendung der Grundsätze der Subsidiarität und der Verhältnismäßigkeit v 13.12.2007. Sie stellt eine Stellungnahme dar, die im weiteren Gesetzgebungsverfahren der EU zu beachten ist und je nach Zahl der eingegangenen Rügen zu einer Überprüfung des Entwurfs führen kann. Sie ist zu unterscheiden von einer Subsidiaritätsklage nach Art 263 AEUV, die gegen den beschlossenen Gesetzgebungsakt zulässig ist.

256 Communication from the Commission to the European Parliament, the Council, the European Economic and Social Committee and the Committee of the Regions – Commission Work Programme 2015. A New Start, COM(2014) 910 final vom 16.12.2014, Annex 2, S. 13.

257 IdS auch *Lehmann* GPR 2011, 218/221.

258 In diese Richtung *Lando* in Remien/Herrler/Limmer 15/16ff.

259 Zu der deutsch-französischen Initiative zur Schaffung eines europäischen Wirtschaftsgesetzbuches siehe etwa *Scholl* ZEuP 2019, 441; *Dupichot* ZEuP 2017, 245ff; *Ungerer* ZEuP 2017, 1007 sowie (kritisch) *d'Avout* ZEuP 2019, 653ff.

§ 17
Internationale Unternehmensverantwortung

Karsten Nowrot

Gliederung **Rn**

Schrifttum

von Arnauld Völkerrecht, 4. Aufl (2019); *Bianchi* The Fight for Inclusion: Non-State Actors and International Law, Fastenrath ua (Hrsg) From Bilateralism to Community Interest – Essays in Honour of Judge Bruno Simma (2011) 39; *Clapham* Human Rights Obligations of Non-State Actors (2006); *Davarnejad* Menschenrechtsverantwortung multinationaler Unternehmen und Corporate Social Responsibility (CSR) (2020); *Dörr* Unternehmensverantwortlichkeit im Völkerrecht, BerDGIR 50 (2020), 133; *Geldermann* Völkerrechtliche Pflichten multinationaler Unternehmen (2009); *Görgen* Unternehmerische Haftung in transnationalen Menschenrechtsfällen (2019); *Hennings* Über das Verhältnis von Multinationalen Unternehmen zu Menschenrechten (2009); *Hobe* Einführung in das Völkerrecht, 11. Aufl (2020); *Hörtreiter* Die Vereinten Nationen und Wirtschaftsunternehmen (2007); *Karavias* Corporate Obligations under International Law (2013); *Klabbers*, (I Can't Get No) Recognition: Subjects Doctrine and the Emergence of Non-State Actors, Petman/Klabbers (Hrsg) Nordic Cosmopolitanism – Essays in International Law for Martti Koskenniemi (2003) 351; *Köster* Die völkerrechtliche Verantwortlichkeit privater (multinationaler) Unternehmen für Menschenrechtsverletzungen (2010); *Krajewski* Völkerrecht, 2. Aufl (2020); *ders* Regulierung transnationaler Wirtschaftsbeziehungen zum Schutz der Menschenrechte: Staatliche Schutzpflichten jenseits der Grenze?, ders (Hrsg) Staatliche Schutzpflichten und unternehmerische Verantwortung für Menschenrechte in globalen Lieferketten (2018) 97; *ders* Rechtliche Steuerung transnationaler Unternehmen, Giegerich (Hrsg) Internationales Wirtschafts- und Finanzrecht in der Krise (2011) 35; *Morgera* Corporate Environmental Accountability in International Law, 2. Aufl (2020); *Nowrot* Wirtschaft und Menschenrechte: Aktuelle Entwicklungen und prinzipielle Überlegungen, Krajewski (Hrsg) Staatliche Schutzpflichten und unternehmerische Verantwortung für Menschenrechte in globalen Lieferketten (2018) 3; *ders* Obligations of Investors, Bungenberg ua (Hrsg) Internatio-

https://doi.org/10.1515/9783110630718-017

nal Investment Law (2015) 1154; *ders* „Wer Rechte hat, hat auch Pflichten!"? Zum Zusammenhang zwischen völkerrechtlichen Rechten und Pflichten transnationaler Unternehmen (2012); *ders* Normative Ordnungsstruktur und private Wirkungsmacht – Konsequenzen der Beteiligung transnationaler Unternehmen an den Rechtssetzungsprozessen im internationalen Wirtschaftssystem (2006); *Spießhofer* Unternehmerische Verantwortung (2017); *Weidmann* Der Beitrag der OECD-Leitsätze für multinationale Unternehmen zum Schutz der Menschenrechte (2014); *Zerk* Multinationals and Corporate Social Responsibility (2006).

A. Hintergründe der Ordnungsidee internationaler Unternehmensverantwortung

Die Thematik internationaler Unternehmensverantwortung[1] ist ein sehr weites Feld. 1
Die im Grundsatz bereits seit längerem, aber insbesondere in jüngerer Zeit, eingehend und kontrovers geführten **Diskussionen** über die Existenz und Gebotenheit internationaler Verantwortungsstrukturen für private Wirtschaftsakteure sind **facettenreich**, gelegentlich nicht ganz einfach nachvollzuziehen und von oftmals sehr unterschiedlichen Vorverständnissen geprägt. Die *de lege lata* existierenden Steuerungsansätze in der aktuellen Rechtspraxis sowie insbesondere die Regelungsvorschläge *de lege ferenda* sind mannigfaltig. Die Abhandlungen zu dieser Fragestellung im rechts-, wirtschafts- und sozialwissenschaftlichen Schrifttum sind mittlerweile mehr als Legion.[2]

Dieser Befund bedeutet jedoch keineswegs, dass man sich dieses weiterhin hoch- 2
aktuelle und überdies grundlegende Fragen der Völkerrechtsdogmatik aufwerfende Themenfeld, welches zu Recht zu „den zentralen Themen des internationalen Wirtschaftsrechts" gezählt wird,[3] wegen seiner vermeintlichen Unübersichtlichkeit nicht in systematisierender Weise erschließen kann. Den Ausgangspunkt bildet die Erkenntnis, dass sich die vielfältigen Diskussionen zur Ordnungsidee internationaler Unternehmensverantwortung aus der Perspektive des Internationalen Wirtschaftsrechts **im Kern auf eine übergreifende Fragestellung** zurückführen lassen. Hierbei handelt es sich um die Frage, ob und wenn ja, auf der Grundlage welcher Steuerungsansätze, private Wirtschaftssubjekte, darunter namentlich große, transnational agierende Unternehmen,[4] in der Weise in die internationale Rechtsordnung eingebunden sind bzw sein sollten, dass sie unmittelbaren oder mittelbaren völkerrechtlichen Pflichten bzw weiteren normativ relevanten Verhaltenserwartungen hinsichtlich des Schutzes und der Verwirklichung globaler Gemeinwohlbelange wie den Menschenrechten und der Umwelt, der Bekämpfung von Korruption sowie Arbeits- und Sozialstandards unterliegen.

1 Zum Begriff der Unternehmensverantwortung vgl *Dörr* 134f; *Nowrot* in Backhaus-Maul ua (Hrsg) Gesellschaftliche Verantwortung von Unternehmen in Deutschland (2018) 215/217ff.

2 So auch ua *Henriksen* International Law, 2. Aufl (2019) 79 („a booming literature"); *Rühl* BerDGIR 50 (2020) 89/92 Fn 17 („überbordenen Literatur"); *Massoud* in Nikol/Bernhard/Schniederjahn (Hrsg) Transnationale Unternehmen und Nichtregierungsorganisationen im Völkerrecht (2013) 37/41 („kaum mehr zu überschauende Anzahl unterschiedlichster Überlegungen und Abhandlungen").

3 *Krajewski* Steuerung, 36.

4 Hierzu → *Nowrot* § 2 Rn 30ff.

3 Die Gründe und Motive für die vor allem seit Ende der 1990er Jahre wachsende Bedeutung und gegenwärtige Aktualität dieser Fragestellung sind im Einzelnen vielfältig. Vier **zentrale Hintergründe und Entwicklungslinien** sollen hier eingangs kurz hervorgehoben werden. Zunächst ist hier insbesondere der **Strukturwandel** zu nennen, dem das internationale System insgesamt – und mit ihm sein normativer Ordnungsrahmen – namentlich seit Ende der 1980er Jahre unterworfen ist.[5] Dieser findet seinen Ausdruck vor allem in zwei übergreifenden Entwicklungen. Zum einen wandelt sich das Völkerrecht von einem ursprünglich primär durch die Interessen und den Willen einzelner Staaten geprägten Recht der ausschließlich zwischenstaatlichen Beziehungen[6] hin zu einer Rechtsordnung, die in wachsendem Umfang auf die Verwirklichung globaler Gemeinwohlbelange bzw Staatengemeinschaftsinteressen wie dem Schutz der Menschenrechte und der Umwelt, der Bekämpfung von Korruption sowie der Durchsetzung von Arbeits- und Sozialstandards ausgerichtet ist.[7] Zum anderen findet diese Entwicklung ihren Ausdruck in der zunehmenden Wirkungsmächtigkeit einer Vielzahl nichtstaatlicher Akteure, deren Bedeutung im Rahmen der Interaktionen im internationalen System heute jedenfalls im Grundsatz allgemein anerkannt ist und gesteigerte Aufmerksamkeit in Rechtspraxis und Schrifttum erfährt.[8] Diese beiden Charakteristika in Gestalt der normativen Ausrichtung auf die Verwirklichung globaler Gemeinwohlbelange und der wachsenden Relevanz und Beachtung von nichtstaatlichen Akteuren findet dabei gerade auch im internationalen Wirtschaftssystem und seiner Rechtsordnung ihren deutlichen Ausdruck.[9]

4 Überdies sind diese beiden Trends nicht nur für den aktuellen Strukturwandel im Völkerrecht und Internationalen Wirtschaftsrecht kennzeichnend. Vielmehr werden sie richtigerweise in Rechtspraxis und Schrifttum auch zunehmend gleichsam zusammengedacht und in ihrer Wechselbezüglichkeit erfasst. Einerseits bezieht sich dies auf die wachsende Erkenntnis, dass die Prozesse einer effektiven **Verwirklichung globaler öffentlicher Interessen** über die Staaten hinaus auch die **Einbindung wirkungsmächtiger nichtstaatlicher Akteure** in die Entwicklung und Implementierung normativer Steuerungsmechanismen erfordern.[10] Andererseits wird gerade angesichts dieser aus der Perspektive internationaler Gemeinwohlbelange vielfach durchaus ambivalenten Wirkungsmächtigkeit nichtstaatlicher Akteure – und damit ihres eben auch vorhandenen Bedrohungs- und Schädigungspotentials in Bezug auf Staatengemeinschaftsinteressen[11] – zunehmend die Gebotenheit der Auferlegung

5 Allgem statt vieler *Delbrück* SZIER 11 (2001) 1ff mwN.

6 So zur Charakterisierung des herkömmlichen Völkerrechtsverständnisses *Ruffert/Walter* Institutionalisiertes Völkerrecht, 2. Aufl (2015) Rn 61; *Tietje* Internationalisiertes Verwaltungshandeln (2001) 642f.

7 Hierzu ua *Simma* RdC 250 (1994) 217/229ff; *Nowrot* Das Republikprinzip in der Rechtsordnungengemeinschaft (2014) 553ff mwN.

8 Vgl statt vieler *Noortmann/Reinisch/Ryngaert* (Hrsg) Non-State Actors in International Law (2015); *d'Aspremont* (Hrsg) Participants in the International Legal System: Multiple Perspectives on Non-State Actors in International Law (2011); *Noortmann/Ryngaert* (Hrsg) Non-State Actor Dynamics in International Law (2010).

9 Eingehender → *Tietje* § 1 Rn 133ff; → *Nowrot* § 2 Rn 1ff.

10 Hierzu → *Tietje* § 1 Rn 136; → *Nowrot* § 2 Rn 8.

11 Vgl u Rn 5.

entsprechender völkerrechtlicher Pflichten realisiert bzw zumindest intensiv diskutiert.[12]

Dieser Befund gilt wiederum gerade auch für die nichtstaatlichen Akteure im internationalen Wirtschaftssystem und hier in besonderer Weise für die faktische und rechtliche Stellung privater Wirtschaftsakteure, unter ihnen in erster Linie transnationale Unternehmen, welche im Zentrum sowohl der Diskussion im Schrifttum als auch der aktuellen praktischen Implementierungsbemühungen stehen. Namentlich weltweit operierende Unternehmen sind nicht allein im Hinblick auf ihre ökonomische Bedeutung im gegenwärtigen internationalen Wirtschaftssystem kaum zu überschätzen. Vielmehr lässt sich auch eine zunehmende, wenngleich noch ganz überwiegend indirekte Beteiligung dieser Wirkungseinheiten an den Rechtssetzungs- und Rechtsverwirklichungsprozessen im Internationalen Wirtschaftsrecht nachweisen.[13] Diese erhebliche Wirkungsmacht als ökonomische wie politische Akteure birgt sowohl **Chancen als auch Risiken für den Schutz und die Durchsetzung des weltweiten Gemeinwohls.**[14] Sie stellt sich also insgesamt als gleichsam **janusköpfig** dar. Einerseits sind insbesondere große Privatunternehmen aufgrund ihrer vielfältigen wirtschaftlichen und politischen Einflussmöglichkeiten sehr wohl in der Lage, einen oftmals sehr wirksamen Beitrag zur Verwirklichung globaler Gemeinwohlbelange zu leisten. Dies gilt gerade auch für ihre Aktivitäten in solchen Ländern, die sich selbst aus unterschiedlichen Gründen mit dieser Realisierung internationaler öffentlicher Interessen eher gleichsam schwertun.[15] Andererseits haben aber wiederum gerade große, transnational agierende Unternehmen zweifelsohne auch das Potential, unmittelbar durch eigenes Handeln beziehungsweise mittelbar durch die Unterstützung anderer staatlicher und nichtstaatlicher Akteure die universelle Verwirklichung ua von Menschenrechten, Arbeitsschutzbestimmungen und Umweltstandards zu verhindern oder zumindest erheblich zu erschweren. Beispiele für eine Realisierung dieses Bedrohungs- und Schädigungspotentials in der Unternehmenspraxis der vergangenen Jahrzehnte sind bekanntermaßen zahlreich und vielgestaltig.[16] 5

Einen zweiten, wenngleich mit dem Vorgenannten eng verbundenen, Grund für die gegenwärtige Aktualität der Thematik internationaler Unternehmensverantwortung bildet die zunehmend geteilte Erkenntnis, dass die traditionell weitgehend staatsorientierten und primär auf dem Territorialitätsprinzip[17] aufbauenden völkerrechtlichen Verpflichtungsstrukturen sich im Hinblick auf eine effektive Verwirklichung globaler öffentlicher Interessen als unzureichend erwiesen haben. Dies ist im vorliegenden Kontext nicht allein auf den Umstand zurückzuführen, dass sich ins- 6

12 Exemplarisch *Clapham* 25ff; *Alston* (Hrsg) Non-State Actors and Human Rights (2005).

13 Eingehender → *Nowrot* § 2 Rn 31ff.

14 So auch ua *Gatto* Multinational Enterprises and Human Rights (2011) 9; *Reinisch* GYIL 41 (2001) 270/287; *Lu* Colum J Transnat'l L 38 (2000) 603/604; *Klimke/Lorenzoni Escobar/Tietje* VN 2016, 243.

15 *Gatto* (Fn 14) 12f; *Buszweski* HuV 2012, 201f; *Lu* Colum J Transnat'l L 38 (2000) 603/606; *Frey* MJGT 6 (1997) 153/160.

16 Für entsprechende Beispiele vgl *Davarnejad* 70ff; *Massoud* Menschenrechtsverletzungen im Zusammenhang mit wirtschaftlichen Aktivitäten von transnationalen Unternehmen (2018) 19ff; *Brune* Menschenrechte und transnationale Unternehmen (2020) 51ff; *Haider* Haftung von transnationalen Unternehmen und Staaten für Menschenrechtsverletzungen (2019) 89ff jeweils mwN.

17 Hierzu → *Tietje* § 1 Rn 107ff.

besondere große Unternehmen aufgrund ihrer grenzüberschreitenden ökonomischen Aktivitäten, ihrer Zuordnungen zu unterschiedlichen innerstaatlichen Rechtsordnungen und ihrer politischen Wirkungsmacht verschiedentlich einer einzelstaatlichen Regelung entziehen können.[18] Vielmehr geht es hier gerade auch um die Einsicht, dass nicht alle Länder, obgleich sie völkerrechtlich an den Schutz und die Durchsetzung globaler Gemeinwohlbelange gebunden sind, in effektiver Weise ihren Verpflichtungen im Hinblick auf das Verhalten staatlicher Organe sowie machtvoller privater Akteure auf ihrem Staatsgebiet nachkommen können bzw wollen.[19] Aus dieser Perspektive stellt sich die Ordnungsidee internationaler Unternehmensverantwortung also als ein **ergänzender Steuerungsansatz** dar, welcher angesichts der **teilweisen Unwilligkeit oder Unfähigkeit von Staaten** eine effektive Verwirklichung von Staatengemeinschaftsinteressen fördern soll.

7 Weiterhin ist hier, drittens, die Wahrnehmung zu nennen, dass private Wirtschaftsakteure wie insbesondere transnationale Unternehmen vor allem seit den 1990er Jahren in erheblichem Umfang von der durch multilaterale, regionale und bilaterale Wirtschaftsabkommen völkerrechtlich abgesicherten Liberalisierung der internationalen Handels- und Investitionsbeziehungen profitiert und überdies namentlich im Bereich des internationalen Investitionsrechts eine signifikante Stärkung ihrer internationalen Rechtsstellung erfahren haben,[20] ohne das bislang – im Sinne eines Ausgleichs – mit dieser völkerrechtlich gesteigerten Wirkungsmacht auch eine normative Verfestigung ihrer internationalen Verantwortungsstellung einhergegangen wäre.[21] Die aktuell im vorliegenden Kontext diskutierten Regelungsvorschläge sind daher auch durch das Bemühen motiviert, die **derzeit als „asymmetrisch" wahrgenommene internationale Rechtsstellung** von Privatunternehmen[22] durch die Statuierung von völkerrechtlichen Pflichten gleichsam wieder ins Lot zu bringen. Eine weitere Verstärkung erfahren diese Überlegungen durch den aktuell in der völker-

---

18 *Krajewski* Steuerung, 55.

19 Vgl *Brune* (Fn 16) 206ff; *Nowrot* 60 Jahre Allgemeine Erklärung der Menschenrechte – Es ist an der Zeit: Stand und Perspektiven der völkerrechtlichen Rahmenbedingungen einer menschenrechtlichen Unternehmensverantwortung (2008) 6f.; *Oeter* in Ipsen (Hrsg) Völkerrecht, 7. Aufl (2018) 926/1013; *Krajewski* Wirtschaftsvölkerrecht, 4. Aufl (2017) Rn 683.

20 Hierzu *David Aven et al v Costa Rica* UNCITRAL Award v 18.9.2018, para 738; *Corn Products v Mexico* ICSID Case No ARB(AF)/04/01, Decision on Responsibility v 15.1.2008, paras 167ff; *Nowrot* IJGLS 18 (2011) 803/825ff mwN; eingehend zum internationalen Investitionsrecht → *Reinisch* § 9 Rn 1ff.

21 Vgl ua Human Rights Council, Protect, Respect and Remedy: A Framework for Business and Human Rights, A/HRC/8/5 v 7.4.2008, paras 12f („Take the case of transnational corporations. Their legal rights have been expanded significantly over the past generation. This has encouraged investment and trade flows, but it has also created instances of imbalances between firms and States that may be detrimental to human rights. The more than 2,500 bilateral investment treaties currently in effect are a case in point. While providing legitimate protection to foreign investors, these treaties also permit those investors to take host States to binding international arbitration, including for alleged damages resulting from implementation of legislation to improve domestic social and environmental standards [...] At the same time, the legal framework regulating transnational corporations operates much as it did long before the recent wave of globalization.").

22 So *Krajewski* VR § 7 Rn 141; in dieser Richtung wohl auch zB *David Aven et al v Costa Rica* UNCITRAL Award v 18.9.2018, para 738.

rechtlichen Vertragspraxis nachweisbaren Trend, im Rahmen der Ausgestaltung von Handels- sowie insbesondere Investitionsabkommen das Spannungsverhältnis zwischen den mit diesen Übereinkommen verfolgten ökonomischen Zwecksetzungen sowie den legitimen Interessen privater Wirtschaftsakteure auf der einen Seite und der Regelungshoheit sowie dem „policy space" der Vertragsparteien zum Schutz und der Förderung nichtökonomischer Gemeinwohlbelange auf der anderen Seite zu einem neuen, angemesseneren Ausgleich zu bringen.[23] Auch im Rahmen dieser Prozesse und der in ihrem Kontext implementierten Steuerungsansätze wird unter anderem der Ordnungsidee internationaler Unternehmensverantwortung eine zunehmend prominentere Rolle zugemessen.[24]

Schließlich, und mit dem Vorgenannten eng verbunden, sei noch auf den Umstand verwiesen, dass das Internationale Wirtschaftsrecht im Hinblick auf eine wachsende Anzahl seiner Regelungsbereiche heute zumindest bereits als **ein „hochpolitisches" Recht im Werden** charakterisiert werden kann. Damit soll insbesondere zum Ausdruck gebracht werden, dass Fragen der Ausgestaltung seiner normativen Ordnungsstrukturen und individuelle Regelungsvorhaben wie der Abschluss von Handels- und Investitionsabkommen nunmehr in vielen Staaten regelmäßig eine breitere und kontrovers geführte Debatte in der politisch interessierten Öffentlichkeit, nichtstaatlichen Organisationen (NGOs) und dem parlamentarischen Bereich hervorrufen sowie zu einem umstrittenen Thema in und zwischen den politischen Parteien werden.[25] Dieses gesteigerte Interesse und Diskussionsbedürfnis bezieht sich dabei nicht zuletzt auch auf die Verhaltenserwartungen an private Wirtschaftsakteure im Rahmen ihrer grenzüberschreitenden Aktivitäten.[26] Verstärkt wird diese Entwicklung durch die seit Ende der 1990er Jahre gewachsene **Bedeutung internationaler NGOs als Steuerungssubjekte** im Internationalen Wirtschaftsrecht,[27] welche sich im Rahmen ihrer Aktivitäten vielfach gerade auch für die Realisierung der Ordnungsidee internationaler Unternehmensverantwortung einsetzen.[28] 8

23 Allgem statt vieler *Tietje/Lang* in Benvenisti/Nolte (Hrsg) Community Interests Across International Law (2018) 191ff; *Hindelang/Krajewski* (Hrsg) Shifting Paradigms in International Investment Law (2016).

24 Hierzu ua UNCTAD, Reform Package for the International Investment Regime (2018) 64ff; *Nowrot* Corporate Legal and Social Responsibility as an Issue of International Investment Agreements – A Suitable Role Model for the WTO Legal Order? (2020) 12ff mwN.

25 Zu dieser Wahrnehmung *Trebilcock* Advanced Introduction to International Trade Law (2015) 9; *Nowrot/Tietje* EuR 2017, 137f; sowie → Tietje § 1 Rn 2. Allgem zum Topos vom „politischen Recht" *Isensee* in ders/Kirchhof (Hrsg) HdbStR, Bd XII, 3. Aufl (2014) § 268 Rn 1ff.

26 Vgl ua Europäisches Parlament, Resolution v. 5.7.2016 zur Umsetzung der Empfehlungen des Parlaments von 2010 zu Sozial- und Umweltnormen, Menschenrechten und zur sozialen Verantwortung der Unternehmen, ABl EU 2018 C 101/19 paras 30ff.

27 Allgem hierzu → *Nowrot* § 2 Rn 34ff.

28 *Muchlinski* in Alvarez/Sauvant (Hrsg) The Evolving International Investment Regime (2011) 30/33ff.

B. Privatunternehmen als völkerrechtliche Pflichtsubjekte: Anforderungen und dogmatische Grundlagen

9 Den Ausgangs- und zentralen Bezugspunkt des *status quo* internationaler Unternehmensverantwortung, jedenfalls soweit es um den oftmals im Mittelpunkt der wissenschaftlichen Diskussion stehenden Status privater Wirtschaftsakteure als Adressaten unmittelbarer völkerrechtlicher Pflichten geht,[29] bildet auch aus der Perspektive des Internationalen Wirtschaftsrechts die allgemeine Dogmatik der Völkerrechtssubjektivität. Auf ihrer Grundlage bestimmt sich, welche Akteurskategorien in welchem Umfang – und damit auf der Basis welcher spezifischen Rechte und/oder Pflichten – als internationale Rechtssubjekte in die Völkerrechtsordnung eingebunden sind. **Völkerrechtssubjekte** zeichnen sich also dadurch aus, dass sie **Träger völkerrechtlicher Rechte und/oder Pflichten** sind. Im Einzelnen ist hier gleichwohl vieles unklar und umstritten.[30] Überdies befindet sich das Konzept der internationalen Rechtspersönlichkeit weiterhin im Fluss.[31] Dies erscheint jedoch auch kaum verwunderlich, wenn man sich die überragende Relevanz der Dogmatik der Völkerrechtssubjektivität für die Ausgestaltung und Entwicklung der internationalen Rechtsordnung insgesamt vor Augen führt: „it is through subjects doctrine that the international allocation of values take place".[32]

I. Herkömmliche Dogmatik der Völkerrechtssubjektivität

10 Auf der Grundlage der herkömmlichen und auch heute noch überwiegend vertretenen Dogmatik der Völkerrechtssubjektivität ist bezogen auf die vorliegend relevanten, derivativen bzw abgeleiteten Völkerrechtssubjekte[33] zunächst hervorzuheben, dass die faktische und im Hinblick auf die Verwirklichung globaler Gemeinwohlbelange janusköpfige Wirkungsmacht namentlich großer Wirtschaftsunternehmen für sich genommen ohne rechtliche Bedeutung ist.[34] Nicht alle auf internationaler Ebene tätigen Akteure haben allein aufgrund ihrer tatsächlichen Wirkungsmächtigkeit auch gleichzeitig eine internationale Rechts- beziehungsweise Pflichtenstellung inne. Vielmehr ist sowohl im Hinblick auf die Erlangung als auch den konkreten Umfang der völkerrechtlichen Rechts- und Pflichtenstellung eines Akteurs allein auf **normative Anerkennung durch die Völkerrechtsgemeinschaft** – insbesondere die Staaten als so

29 Hierzu u Rn 18ff.

30 So auch *Klabbers* International Law, 3. Aufl (2021) 73 („a topic of great controversy"); *Fortin* The Accountability of Armed Groups under Human Rights Law (2017) 71 („often no clear answers"); *Cameron/Chetail* Privatizing War (2013) 289f.

31 Vgl schon IGH, ICJ-Rep 1949, 174/178 – *Reparation for Injuries*.

32 *Klabbers* Recognition, 369; vgl auch *Bianchi* 40 („the subject/actor debate touches on the very foundations of international law").

33 Allgem zur Kategorie derivativer Völkerrechtssubjekte *Krajewski* VR § 7 Rn 9.

34 Siehe allerdings zum Rekurs auf die ebenfalls „januskopfige" Wirkungsmacht der Staaten als originäre Völkerrechtssubjekte als Grundlage für die Bindung an völkerrechtliche Verhaltenspflichten zur Verwirklichung von Gemeinwohlbelangen *Tomuschat* AVR 21 (1983) 289/306.

genannte „originäre" bzw. „geborene" Völkerrechtssubjekte – im Sinne einer Übertragung spezifischer Rechte und/oder Pflichten abzustellen.[35]

Zwar ist über diesen Mindestbestand an konstitutiven Voraussetzungen hinaus im Einzelnen umstritten, ob eine Akteurskategorie weitere Anforderungen erfüllen muss, um als Völkerrechtssubjekt angesehen werden zu können. Hingewiesen sei hier unter anderem auf die vereinzelt für erforderlich gehaltene Befugnis eines Akteurs, die ihm übertragenen Rechtspositionen auch prozedural durchsetzen zu können, die Kompetenz, völkerrechtliche Verträge zu schließen oder die Fähigkeit, als Subjekt völkerrechtlicher Sanktionen in Betracht zu kommen.[36] Gleichwohl ist bereits auf der Basis der heute ganz überwiegend vertretenen Dogmatik zu konstatieren, dass die Qualifizierung als Völkerrechtssubjekt – im Unterschied zu einer bis in die erste Hälfte des 20. Jahrhunderts dominierenden Auffassung[37] – nicht notwendigerweise bestimmten Kategorien von Akteuren vorbehalten bleiben muss. Die gegenwärtige Völkerrechtsordnung kennt also **keinen *numerus clausus* von internationalen Rechtspersonen** mehr.[38] Einer „Erweiterung des Kreises der Völkerrechtssubjekte" auch unter Einbeziehung nichtstaatlicher Akteure wie Unternehmen stehen somit keine grundsätzlichen rechtsdogmatischen Einwände entgegen.[39] Vor diesem Hintergrund wird dann auch im Schrifttum zu Recht ganz überwiegend davon ausgegangen, dass rechtsmethodisch die Statuierung unmittelbarer völkerrechtlicher Pflichten für Unternehmen durch die Staaten jederzeit im Wege einer Änderung bzw Ergänzung des Völkervertrags- oder Gewohnheitsrechts möglich erscheint,[40] ebenso wie dies beispielsweise in Bezug auf Individuen vor allem im Bereich des Völkerstrafrechts bereits realisiert worden ist.[41] 11

Allerdings verdeutlicht der strikt induktive, auf den **empirischen Nachweis spezifischer völkerrechtlicher Rechte und/oder Pflichten** abstellende methodische Ansatz der herkömmlichen Dogmatik der Völkerrechtssubjektivität,[42] dass auf dieser Grundlage weder die faktisch machtvolle Stellung einer Akteurskategorie im internationalen System noch beispielsweise humanitäre Erwägungen, gute Absichten und Argumente oder auf Logik basierende Schlüsse entsprechende völkerrechtliche Pflichten generieren können.[43] Überdies ergeben sich aus der derivativen „Völkerrechtspersön- 12

35 Hierzu → *Nowrot* § 2 Rn 1.

36 Eingehender *Portmann* Legal Personality in International Law (2010) 7ff; *Nowrot* Ordnungsstruktur, 524ff; *Nijman* The Concept of International Legal Personality (2004) 29ff.

37 Exemplarisch *Oppenheim* International Law, Bd. I, 1. Aufl (1905) 18 („States solely and exclusively are the subjects of International Law.").

38 *Peters/Petrig* Völkerrecht – Allgemeiner Teil, 5. Aufl (2020) 287; *Nowrot* IJGLS 6 (1999) 579/621.

39 *Mosler* BerDGVR 4 (1961) 39/71; vgl auch *Dahm/Delbrück/Wolfrum* Völkerrecht, Bd I/1, 2. Aufl (1989) 23; *Hobe* 45f.

40 So statt vieler *Karavias* 10ff; *Krajewski* FS Huhle (2015) 97/102; *McConnell* ICLQ 66 (2017) 143/146ff.

41 Allgem hierzu *von Arnauld* Rn 1316ff.

42 Zu dieser Charakterisierung *Jennings/Watts* Oppenheim's International Law, Bd I, Introduction and Part 1, 9. Aufl (1992) 16; *Klabbers* Recognition, 367; *Schmalenbach* AVR 39 (2001) 57/65; *Focarelli* International Law as Social Construct (2012) 238; *Hempel* Die Völkerrechtssubjektivität internationaler nichtstaatlicher Organisationen (1999) 82.

43 Vgl ua IGH, ICJ-Rep 1966, 6/34 – *South West Africa*; *Dörr* 142f; *Shaw* International Law, 8. Aufl (2017) 156; *Koebele* Corporate Responsibility under the Alien Tort Claims Act (2009) 205.

lichkeit als solcher [...] keine bestimmten Rechte und Pflichten; es gibt auch keine Mindestposition, die damit verbunden wäre".[44]

II. Alternative Begründungsansätze

13 Zwar wird die herkömmliche Dogmatik der Völkerrechtssubjektivität auch gegenwärtig noch vom überwiegenden Teil des Schrifttums vertreten. Gleichzeitig wird sie jedoch zu Recht gerade in jüngerer Zeit in wachsendem Umfang – implizit oder sogar explizit – **in Frage gestellt**. So lässt sich zunehmend beobachten, dass in der Literatur – ohne explizit die herkömmliche Dogmatik in Frage zu stellen – zur Begründung einer völkerrechtlichen Berechtigungs- sowie insbesondere Pflichtsubjektivität bestimmter Akteurskategorien auf Erwägungen zurückgegriffen wird, welche im Lichte des gegenwärtig zumindest in der Theorie noch vertretenen methodischen Ansatzes zur Ermittlung des Umfangs von Völkerrechtssubjektivität als unzulässige Begründungsansätze zu qualifizieren sind.[45]

14 Überdies sieht sich das traditionelle Verständnis internationaler Rechtspersönlichkeit aber auch verstärkt einer ausdrücklichen und **zum Teil sehr deutlichen Kritik** ausgesetzt.[46] Im Mittelpunkt steht dabei regelmäßig die auch im vorliegenden Kontext zentrale Frage der Einbeziehung nichtstaatlicher Akteure wie Unternehmen in die Völkerrechtsordnung. Bei aller Vielfältigkeit der geäußerten Kritik lässt sich bei übergreifender Betrachtung ein gemeinsamer Anknüpfungspunkt ausmachen: Die herkömmliche Dogmatik, welche sowohl im Hinblick auf die Erlangung als auch den konkreten Umfang der völkerrechtlichen Rechtsstellung eines Akteurs allein auf die ausdrückliche normative Anerkennung durch die Staaten im Sinne einer Übertragung spezifischer völkerrechtlicher Rechten und Pflichten abstellt, wird **als „zu staatenfixiert" wahrgenommen**.[47] Vor diesem Hintergrund stellt sie sich als sowohl mit der zentralen Zwecksetzung der heutigen Völkerrechtsordnung als auch mit der daraus erwachsenden Notwendigkeit einer Berücksichtigung der sich wandelnden Realitäten im internationalen System als zunehmend unvereinbar dar.[48]

15 Im Kontext dieser Kritik finden sich denn auch im Schrifttum bereits seit einiger Zeit eine Reihe von Ansätzen, die auf eine **Neukonzeption** dieses Bereichs der Völkerrechtsdogmatik abzielen. Aus der Vielzahl an unterschiedlichen Vorstellungen sollen

---

44 *Mosler* ZaöRV 22 (1962) 1/45; s auch *Crawford* The Creation of States in International Law, 2. Aufl (2006) 30; *Klabbers* Recognition, 367; *Fastenrath* in von Schorlemer (Hrsg) „Wir, die Völker (...)" (2006) 69/82; *Weiß* MRM 2002, 82/85.

45 Eingehend zur wachsenden Diskrepanz zwischen dieser Theorie und ihrer praktischen Anwendung im Schrifttum mit zahlreichen Beispielen *Nowrot* Ordnungsstruktur, 571ff; *ders* Zusammenhang, 23ff.

46 Exemplarisch *Klabbers* Recognition, 353f („outdated", „a picture of conceptual helplessness"); *Clapham* 59 („confusing and incomplete").

47 *Krajewski* VR § 7 Rn 11; ähnlich ua *Kunig* FS Tomuschat (2006) 377/381; *Nowrot* Wirtschaft, 38; *ders* Ordnungsstruktur, 587.

48 So statt vieler *Bianchi* 56 („a widespread sentiment exists, among international lawyers, that the traditional subjects doctrine is no longer able to provide a satisfactory account of the social realities underlying international law"); eingehender *Nowrot* Ordnungsstruktur, 549ff; *Nijman* (Fn 36) 347ff; *Cismas* Religious Actors and International Law (2014) 72ff jeweils mwN.

hier zumindest drei konzeptionelle Überlegungen kurz dargelegt werden. So findet sich beispielsweise zunehmend der Vorschlag, auf die Verwendung des Begriffs der „Völkerrechtssubjektivität" und die daraus resultierende Differenzierung zwischen Subjekten und Objekten des Völkerrechts ganz zu verzichten und stattdessen unter Einbeziehung insbesondere machtvoller nichtstaatlicher Akteure wie transnationaler Unternehmen nur noch von **„Participants" im internationalen System** zu sprechen.[49] Speziell in Bezug auf die völkerrechtliche Stellung von Privatunternehmen ist in diesem Zusammenhang auch der Zwischenbericht des „Special Representative of the UN Secretary-General on the Issue of Human Rights and Transnational Corporations" *John G. Ruggie* an den Menschenrechtsrat der Vereinten Nationen vom 19.2.2007 zu nennen.[50] Eng verwandt mit dieser Auffassung sind überdies Konzeptionen, denen zufolge die Dogmatik der Völkerrechtssubjektivität durch die Vorstellung von im Rahmen eines „constitutional approach to international law" zu berücksichtigenden Mitgliedern der internationaler Rechtsordnung[51] beziehungsweise durch „Verfassungssubjekte" der sich herausbildenden „globalen Zivilverfassungen" ersetzt werden soll.[52] Diese Vorstellungen zielen im Kern auf eine vollständige Abkehr von der Rechtskategorie der Völkerrechtssubjekte ab. Gerade deswegen werfen sie jedoch die – bislang nicht hinreichend beantwortete – Frage auf, wie unter Verzicht auf das im Grundsatz allen Rechtsordnungen immanente Konzept der Rechtssubjektivität die Zuordnung von Rechts- und Pflichtenpositionen in objektiver Weise vorgenommen und identifiziert werden kann.[53]

Überdies finden sich aber auch konzeptionelle Überlegungen, welche – im Unter- 16
schied zum vorgenannten Ansatz – unter Beibehaltung der herkömmlichen Terminologie lediglich auf eine partielle Modifizierung der Voraussetzungen für die Erlangung

49 Besonders deutlich *Higgins* Problems and Process – International Law and how we use it (1994) 49f („Finally, the whole notion of 'subjects' and 'objects' has no credible reality, and, in my view, no functional purpose. We have erected an intellectual prison of our own choosing and then declared it to be an unalterable constraint. [...] But I believe that there is room for another view: that it is not particularly helpful, either intellectually or operationally, to rely on the subject-object dichotomy that runs through so much of the writings. [...] Now, in this model, there are no 'subjects' and 'objects', but only participants. Individuals are participants, along with states, international organizations [...], multinational corporations, and indeed private non-governmental groups."); vgl a *Allott* Eunomia (1990) 372; *Zerk* 74; *Jägers* Corporate Human Rights Obligations: In Search of Accountability (2002) 22f; *Alvarez* Santa Clara JIL 9 (2011) 1/8ff. S hierzu a *Kjeldgaard-Pedersen* The International Legal Personality of the Individual (2018) 37ff.

50 Human Rights Council, Business and Human Rights: Mapping International Standards of Responsibility and Accountability for Corporate Acts, A/HRC/4/35 v 19.2.2007, para 20 („Long-standing doctrinal arguments over whether corporations could be 'subjects' of international law, which impeded conceptual thinking about and the attribution of direct legal responsibility to corporations, are yielding to new realities. Corporations increasingly are recognized as 'participants' at the international level, with the capacity to bear some rights and duties under international law."); in diesem Sinne auch *Ruggie* AJIL 101 (2007) 819/824.

51 *Thürer* in Hofmann (Hrsg) Non-State Actors as New Subjects of International Law (1999) 37/51ff.

52 *Teubner* ZaöRV 63 (2003) 1/3ff; vgl a *ders* Verfassungsfragmente (2012) 11ff; *ders* Der Staat 45 (2006) 161ff.

53 So und daher zu Recht kritisch *Tietje* BerDGVR 45 (2012) 243/263; ähnlich *Klabbers/Peters/Ulfstein* The Constitutionalization of International Law (2009) 156.

einer völkerrechtlichen Pflichtenstellung abzielen. Hierzu gehört unter anderem die gerade auch im Kontext internationaler Unternehmensverantwortung nachweisbare Vorstellung, eine Neukonzeption der Dogmatik der Völkerrechtssubjektivität auf der Grundlage eines Begründungsansatzes vorzunehmen, den man mit der Aussage **„Wer Rechte hat, hat auch Pflichten"** zusammenfassen kann. Den Ausgangspunkt dieses Konzepts bildet die Existenz spezifischer völkerrechtlicher Rechtspositionen von Privatunternehmen, namentlich im Regime des internationalen Menschenrechtsschutzes[54] und im Bereich des internationalen Investitionsrecht.[55] Hieran anknüpfend sollen Unternehmen schon durch eben diese Gewährung völkerrechtlicher Rechtspositionen gleichsam automatisch – also ohne einen nach der herkömmlichen Dogmatik erforderlichen kollektiven Willensakt der Staaten – auch völkerrechtlichen Pflichten in Bezug auf die Verwirklichung globaler Gemeinwohlbelange wie den Schutz der Menschenrechte unterworfen sein. Dieser argumentative Rückschluss von einer internationalen Rechtsstellung auf die Existenz völkerrechtlicher Verhaltenspflichten – und der auf dieser Basis etablierte Zusammenhang zwischen dem Status eines Akteurs als völkerrechtliches Berechtigungssubjekt und seiner Position als völkerrechtliches Pflichtsubjekt[56] – lässt sich im völkerrechtlichen Schrifttum gerade in jüngerer Zeit zunehmend nachweisen.[57]

17 Schließlich sei hier, drittens, noch auf den ebenfalls gerade auch im Kontext internationaler Unternehmensverantwortung entwickelten dogmatischen Ansatz hingewiesen, demzufolge in Übereinstimmung mit der Zwecksetzung des Völkerrechts und der notwendigen Wirklichkeitsnähe dieser Rechtsordnung bereits allein aus einer machtvollen faktischen Position im internationalen System die **widerlegbare Vermutung** erwächst, dass die entsprechende Akteurskategorie – auch unabhängig von der ausdrücklichen Übertragung völkerrechtlicher Pflichtenpositionen durch die Staaten im Wege des Vertrags- oder Gewohnheitsrechts – einen Status als Völkerrechtssubjekt im Sinne des Unterworfenseins unter völkerrechtliche Verhaltenspflichten hinsichtlich der Verwirklichung von globalen Gemeinwohlbelangen innehat. Eine Widerlegung dieser Vermutung ist lediglich in der Weise möglich, dass sich eine entgegengesetzte normative Äußerung der Völkerrechtsgemeinschaft nachweisen lässt, der zufolge die entsprechende Akteurskategorie nicht an völkerrechtliche Verhaltenspflichten gebunden sein soll.[58]

---

54 Hierzu *Kleinlein* JöR NF 65 (2017) 85ff; *Addo* in ders (Hrsg) Human Rights Standards and the Responsibility of Transnational Corporations (1999) 187ff; *Tietje* FS 100 Jahre Walther-Schücking-Institut (2014) 671ff.

55 Vgl o Rn 7.

56 Allgem zur Differenzierung zwischen völkerrechtlichen Berechtigungs- und Pflichtsubjekten vgl schon *Verdross* Völkerrecht, 5. Aufl (1964) 188.

57 Exemplarisch *Koh* JIEL 7 (2004) 263/265 („If corporations have rights under international law, by parity of reasoning, they must have duties as well."); *Green* Melbourne JIL 9 (2008) 47ff; *Emmerich-Fritsche* AVR 45 (2007) 541/563; *Geldermann* 315; *Dhooge* JTLP 16 (2007) 197/205; vgl hierzu a *Nowrot* Zusammenhang, 5ff mwN.

58 Eingehender *Nowrot* Ordnungsstruktur, 560ff; *ders* FW 79 (2004) 119ff; *ders* Philippine LJ 80 (2006) 563ff. Vgl hierzu a *Hörtreiter* 189ff; *Geldermann* 146ff; *Krajewski* Steuerung, 46; *Fastenrath* (Fn 44) 81f; *Bianchi* 42f.

C. Unmittelbare völkerrechtliche Pflichtenstellung von Unternehmen

Für den nachfolgenden Überblick über den *status quo* internationaler Unternehmensverantwortung auf der Grundlage unmittelbarer völkerrechtlicher Pflichten soll hier methodisch die herkömmliche Dogmatik der Völkerrechtssubjektivität[59] herangezogen werden. Obgleich sie gerade in jüngerer Zeit zunehmend und zu Recht kritisiert und in Frage gestellt wird,[60] erscheint diese Vorgehensweise schon deswegen gerechtfertigt, weil sich bislang keine der im Schrifttum vorgeschlagenen Neukonzeptionen dieses Bereichs der Völkerrechtsdogmatik in nachhaltiger Weise durchgesetzt hat.[61] Es ist also zunächst einmal weiterhin darauf abzustellen, ob Privatunternehmen **durch die Staaten** in der Weise normative Anerkennung gefunden haben, dass ihnen im Wege des Völkervertrags- bzw Völkergewohnheitsrechts[62] unmittelbar spezifische internationalrechtliche Pflichten auferlegt worden sind. 18

I. Pflichten auf der Grundlage von Völkervertragsrecht

1. Internationaler Menschenrechtsschutz

Die Frage einer menschenrechtlichen Verantwortung privater Wirtschaftssubjekte steht vielfach im Zentrum der Diskussion über völkerrechtliche Unternehmenspflichten.[63] Gleichwohl stellt sich der Befund im Hinblick auf eine unmittelbare internationalrechtliche Pflichtenstellung von Unternehmen auf der Grundlage multilateraler und regionaler Menschenrechtsverträge *de lege lata* als sehr bescheiden dar. Zwar hat der internationale Schutz der Menschenrechte bekanntermaßen seit dem Ende des Zweiten Weltkriegs eine beachtliche normative Verfestigung erlangt.[64] Die zahlreichen Vertragsregime können jedoch kaum als rechtliche Grundlage für die Existenz entsprechender Verhaltenspflichten von Unternehmen herangezogen werden. Als Adressaten der in diesen Abkommen statuierten Verpflichtungen zum Schutz der Menschenrechte sind vielmehr grundsätzlich allein die Staaten als Vertragsparteien anzusehen. Sie entfalten **prinzipiell keine unmittelbare Drittwirkung im Verhältnis zwischen privaten Akteuren** wie Unternehmen. Abgesehen von Sonderfällen wie der komplexen Problematik einer möglichen unmittelbaren Drittwirkung der in dem Internationalen Übereinkommen zur Beseitigung jeder Form von Rassendiskriminierung von 1966 normierten Diskriminierungsverbote,[65] sind private Unternehmen somit mangels ausdrücklicher Anerkennung entsprechender Verpflichtungen durch 19

---

59 Hierzu o Rn 10ff.

60 Hierzu o Rn 13ff.

61 Vgl ua *Bianchi* 56 („Alternative theoretical frameworks have been put forward, but so far they have failed to impose themselves as accepted terms of reference in international legal scholarship.").

62 Allgem zum Völkervertrags- bzw Völkergewohnheitsrecht als völkerrechtliche Steuerungsmechanismen → *Nowrot* § 2 Rn 45ff, 55ff mwN.

63 Eingehender statt vieler *Karavias* 19ff; *Köster* 54ff; *Hennings* 25ff; *Geldermann* 100ff jeweils mwN.

64 Allgem hierzu *von Arnauld* Rn 593ff.

65 BGBl 1969 II, 962; vgl zu dieser Thematik *Delbrück* Die Rassenfrage als Problem des Völkerrechts und nationaler Rechtsordnungen (1971) 103f, 113f; *ders* FS Weber (1974) 223/229ff.

die Staaten im Wege des Völkervertragsrechts zur Zeit grundsätzlich nicht in umfassenderer Weise an die Menschenrechte gebunden.[66]

20 Zwar finden sich in der Literatur immer wieder Überlegungen, welche darauf abzielen, aus von ihrem Wortlaut her interpretationsoffenen Einzelvorschriften wie ua entsprechenden Formulierungen in der Präambel des Internationalen Pakts über bürgerliche und politische Rechte sowie des Internationalen Pakts über wirtschaftliche, soziale und kulturelle Rechte (IPsozR) von 1966[67] eine völkervertragsrechtliche Basis für das Bestehen einer Verpflichtung auch von nichtstaatlichen Akteuren wie Unternehmen zum Schutz der Menschenrechte abzuleiten.[68] Diese Ansätze sind jedoch bereits vor längerer Zeit unter Rückgriff auf die Entstehungsgeschichte und teleologische Gesichtspunkte überzeugend widerlegt worden.[69] Gleiches gilt beispielsweise für die in jüngerer Zeit von dem Investitionsschiedsgericht im Verfahren *Urbaser v Argentina* vertretene Auffassung, dass auch private Akteure wie Unternehmen jedenfalls in Bezug auf völkervertragsrechtliche Menschenrechte in ihrer klassischen Funktion als Abwehrrechte unmittelbar verpflichtet sein sollen. Gestützt wurde dieser Befund insbesondere auf die Regelung des Art 5 Abs 1 IPsozR,[70] eine Bestimmung, die sich so gut wie wortgleich auch schon in Art 30 der Allgemeinen Erklärung der Menschenrechte (AEMR)[71] sowie ua in Art 17 der Europäischen Konvention zum Schutz der Menschenrechte und Grundfreiheiten (EMRK)[72] findet. Hierbei handelt es sich um eine sehr weite Auslegung eines Typus von Bestimmungen, der bislang soweit ersichtlich einhellig auf der Basis einer restriktiven Interpretation im Sinne eines **Missbrauchsverbots** verstanden worden ist, welches ausschließlich als Schranke gegen totalitäre Aktivitäten privater Akteure dient, sich bestimmte Individualrechte zu Nutze zu machen, um die Menschenrechte anderer zu beseitigen. Schon vor diesem Hintergrund ist diese Argumentation des Investitionsschiedsgerichts in *Urbaser v Argentina* zu Recht auf deutliche Kritik gestoßen.[73]

21 Überdies sind auch die aktuellen Aussichten *de lege ferenda*, Privatunternehmen in den Anwendungsbereich internationaler Menschenrechtsschutzabkommen auf der Basis unmittelbarer völkerrechtlicher Pflichten einzubeziehen, im Lichte der derzeiti-

---

66 So a zB *Dörr* 138f; *Krajewski* MRM 2012, 66/70f; *Peters* Beyond Human Rights (2016) 101; *Tomuschat* Human Rights, 3. Aufl (2014) 131ff; *Wouters/Chané* in Noortmann/Reinisch/Ryngaert (Hrsg) Non-State Actors in International Law (2015) 225/236f.

67 BGBl 1973 II, 1534 bzw BGBl 1973 II, 1570.

68 Exemplarisch *Paust* Vanderbilt J Transnat'l L 35 (2002) 801/813ff; *Jochnick* HRQ 21 (1999) 56/62f.

69 Vgl *Tomuschat* AVR 21 (1983) 289/304f; *Joseph* NILR 46 (1999) 171/175f; *Schmalenbach* AVR 39 (2001) 57/65f.

70 *Urbaser SA et al v Argentina* ICSID Case No ARB/07/26, Award v 8.12.2016, paras 1196ff. Art 5 Abs 1 IPwirtR lautet: „Keine Bestimmung dieses Paktes darf dahin ausgelegt werden, dass sie für einen Staat, eine Gruppe oder eine Person das Recht begründet, eine Tätigkeit auszuüben oder eine Handlung zu begehen, die auf die Abschaffung der in diesem Pakt anerkannten Rechte und Freiheiten oder auf weitergehende Beschränkungen dieser Rechte und Freiheiten, als in dem Pakt vorgesehen, hinzielt."

71 UN Doc GA-Res 217 A (III) v 10.12.1948.

72 BGBl 1952 II, 685; BGBl 2010 II, 1198 (Neufassung).

73 Vgl ua *Krajewski* BHRJ 5 (2020) 105/122ff; *Guntrip*, *Urbaser v Argentina*: The Origins of a Host State Human Rights Counterclaim in ICSID Arbitration?, EJIL: Talk!, 10.2.2017; *Abel* Brill Open Law 2018, 1/11ff; *Nowrot* Wirtschaft, 17ff.

gen Vertragspraxis eher zurückhaltend zu bewerten. Dies verdeutlichen insbesondere die gegenwärtigen **Verhandlungen zur Ausarbeitung eines völkerrechtlichen Vertrages mit dem Ziel einer Regulierung von Unternehmen im Bereich des Menschenrechtsschutzes**, welche im Juni 2014 durch Einsetzung einer entsprechenden Arbeitsgruppe auf Grundlage der Resolution 26/9 des UN-Menschenrechtsrates ihren Ausgangspunkt nahmen.[74] Im Unterschied zu den entsprechenden, noch in den sog „2017 Elements" angedachten Steuerungsansätzen,[75] wird bereits im 2018 „Zero Draft" – wahrscheinlich nicht zuletzt im Sinne eines Kompromisses zur Steigerung der Akzeptanz und damit auch Erhöhung der Realisierungschancen des Gesamtprojekts – auf eine Statuierung unmittelbarer völkerrechtlicher Verhaltenspflichten für Unternehmen verzichtet. Der Regelungsfokus dieses Entwurfs ist insofern ausschließlich staatsorientiert, als er sich auf die positivrechtliche Etablierung und Konkretisierung von entsprechenden – territorialen und extraterritorialen – Schutzpflichten der Vertragsparteien im Hinblick auf Gefährdungen menschenrechtlicher Schutzgüter durch private Wirtschaftsakteure konzentriert.[76] Diese Beschränkung auf einen indirekten Regelungsansatz findet sich auch in dem sog 2019 „Revised Draft"[77] sowie in dem aktuell letzten sog „Second Revised Draft", welcher am 6.8.2020 der breiteren Öffentlichkeit vorgestellt worden ist.[78] Schon vor dem Hintergrund dieser bisherigen regelungskonzeptionellen Kontinuität spricht sehr viel für die Annahme, dass sich dieser engere regulatorische Fokus auf staatenorientierte menschenrechtliche Schutzpflichten unter Verzicht auf die Statuierung unmittelbarer menschenrechtlicher Pflichten für Unternehmen auch im Hinblick auf die zukünftigen Vertragsverhandlungen als prägend erweisen wird.[79]

2. Internationales Investitionsrecht

Bilaterale Investitionsschutzverträge (BITs) und weitere investitionsrelevante Über- 22
einkommen dienen traditionell primär dem Ziel, Auslandsinvestitionen zu fördern

74 Human Rights Council, Res 26/9, A/HRC/26/L.22/Rev.1 v 25.6.2014, paras 1ff. Allgem zu diesem Prozess statt vieler *Bialek* Goettingen JIL 9 (2019) 501ff; *Nowrot* Vertragskonkurrenz zwischen Menschenrechtsverträgen und Wirtschaftsabkommen in der internationalen Rechtsordnung (2020) 16ff jeweils mwN.

75 Elements for the Draft Legally Binding Instrument on Transnational Corporations and other Business Enterprises with Respect to Human Rights v 29.9.2017, 6.

76 Zero Draft of the Legally Binding Instrument to Regulate, in International Human Rights Law, the Activities of Transnational Corporations and other Business Enterprises v 16.7.2018. Zu diesem indirekten Regelungsansatz im Kontext internationaler Unternehmensverantwortung vgl u Rn 33ff.

77 Revised Draft of the Legally Binding Instrument to Regulate, in International Human Rights Law, the Activities of Transnational Corporations and other Business Enterprises v 16.7.2019.

78 Second Revised Draft of the Legally Binding Instrument to Regulate, in International Human Rights Law, the Activities of Transnational Corporations and other Business Enterprises v 6.8.2020. Vgl a Human Rights Council, Report on the Sixth Session of the Open-Ended Intergovernmental Working Group on Transnational Corporations and other Business Enterprises with Respect to Human Rights, UN Doc A/HRC/46/73 v 14.1.2021, paras 16ff.

79 *Krajewski* BHRJ 5 (2020) 105/111f; *Nowrot* (Fn 74) 33ff.

und vor Zugriffen durch den jeweiligen Gaststaat zu schützen.[80] Im Einklang mit dieser Zwecksetzung beschränkt sich die ganz überwiegende Mehrheit dieser völkerrechtlichen Verträge auf die Statuierung wechselseitiger Pflichten der Vertragsstaaten hinsichtlich der Behandlung von Investoren und Investitionen der jeweils anderen Vertragspartei; enthalten also **keine unmittelbaren Rechtspflichten** der Investoren selbst. Im Zuge der aktuellen Reformbemühungen im internationalen Investitionsrecht[81] kommt aber der Ordnungsidee internationaler Unternehmensverantwortung auch in der Vertragspraxis wachsende Relevanz zu.

23 So finden sich in jüngerer Zeit nicht nur vermehrt Bestimmungen in Investitionsabkommen, die ein Bekenntnis der Vertragsparteien zur Bedeutung gesellschaftlicher Unternehmensverantwortung signalisieren und Investoren dazu auffordern, ihre wirtschaftlichen Aktivitäten im Einklang mit internationalen Verantwortungserwartungen auszugestalten.[82] Vielmehr gilt dies, wenngleich quantitativ derzeit noch weniger ausgeprägt, auch für die **völkervertragsrechtliche Statuierung unmittelbarer Rechtspflichten für Investoren**. So sieht Art 13 des Investment Agreement for the COMESA Common Investment Area vom May 2007 vor, dass Investoren „shall comply with all applicable domestic measures of the Member State in which their investment is made"; eine Regelung, die sich unter anderem auch in Art 11 des am 6.11.2016 zwischen Argentinien und Katar geschlossenen BIT nachweisen lässt. Überdies statuiert Art 16 des 2007 COMESA Investment Agreement, dass Investoren im Rahmen ihrer Beschäftigungsstrategie „shall accord a priority to workers who possess the same qualifications and are available in the Member State or any other Member State".

24 Eine Konkretisierung internationaler Unternehmensverantwortung auf der Basis völkerrechtlicher Pflichten erfolgt auch durch den ECOWAS Supplementary Act A/SA.3/12/08 Adopting Community Rules on Investment and the Modalities for their Implementation with ECOWAS vom 19.12.2008. Hierzu gehört beispielsweise die Verpflichtung von Investoren, „to strive through their management policies and practices, to contribute to the development objectives of the host States and the local levels of government" (Art 11 Abs 3), zur Durchführung von Umweltverträglichkeitsprüfungen (Art 12), zur Mitwirkung an der Bekämpfung von Korruption (Art 13) sowie zur Etablierung von „liaison processes" mit örtlichen Gemeinschaften (Art 15 Abs 3). Weiterhin sieht Art 14 Abs 2 bis 4 des ECOWAS Supplementary Act durchaus bemerkenswerte **Pflichten privater Wirtschaftsakteure im Zusammenhang mit dem Schutz und der Verwirklichung der Menschenrechte sowie internationaler Arbeits- und Sozialstandards** vor. Ähnliche verbindliche Verhaltensvorgaben finden sich überdies in den Art 14ff des am 3.12.2016 von Marokko und Nigeria unterzeichneten BIT[83] sowie, wenngleich weniger ausführlich, in Art 11 des BIT zwischen Belarus

---

80 *Daimler Financial Services AG v Argentina* ICSID Case No ARB/05/1, Award v 22.8.2012, para 161; *Siemens AG v Argentina* ICSID Case No ARB/02/8, Decision on Jurisdiction v 3.8.2004, para 81. Allgem zu Investitionsschutzverträgen und ihrem typischen Regelungsinhalt → *Reinisch* § 9 Rn 11ff.

81 S o Rn 7.

82 Eingehender mit entsprechenden Beispielen *Krajewski* BHRJ 5 (2020) 105/116ff; *Nowrot* (Fn 24) 18ff. Vgl zu diesen internationalen Verantwortungserwartungen auch u Rn 40ff.

83 S speziell zu diesem Abkommen a *Zugliani* ICLQ 68 (2019) 761ff; *Ejims* ICSID Review 34 (2019) 62ff.

und Indien vom 24.9.2018 und Art 11 des BIT zwischen Brasilien und Indien vom 25.1.2020.[84]

25 Zwar lassen sich unmittelbare völkerrechtliche Pflichten für Unternehmen und andere ausländische Investoren bislang nur in wenigen Investitionsabkommen nachweisen. Dies ist sicherlich nicht zuletzt auf den Umstand zurückzuführen, dass die Statuierung verbindlicher Verhaltensvorgaben gerade auch die Frage aufwirft, wie diese Verpflichtungen im Rahmen internationaler oder innerstaatlicher **Streitbeilegungsmechanismen** durchgesetzt werden können.[85] Gleichwohl ist zu konstatieren, dass das internationale Investitionsrecht sich aktuell in der Praxis als das **zentrale völkervertragsrechtliche Referenzgebiet** für die Umsetzung der Ordnungsidee internationaler Unternehmensverantwortung auf der Grundlage direkter Verhaltenspflichten darstellt.

3. Weitere Regelungsbereiche

26 Vertragsbestimmungen, mittels derer Staaten unmittelbare internationalrechtliche Pflichten für Privatunternehmen etablieren, finden sich vereinzelt auch in anderen völkerrechtlichen Teilrechtsordnungen. So statuiert beispielsweise im Bereich des **Umweltvölkerrechts** Art III iVm Art I Nr 2 und 3 des Internationalen Übereinkommens über die zivilrechtliche Haftung für Ölverschmutzungsschäden von 1969 eine Haftung von natürlichen und juristischen Personen für Verschmutzungsschäden, die zu dem entsprechenden Zeitpunkt Eigentümer des Schiffes gewesen sind.[86] Auf dem Gebiet des **Seevölkerrechts** ist hier unter anderem Art 137 Abs 1 des Seerechtsübereinkommens der Vereinten Nationen von 1982 zu nennen. Diese Bestimmung normiert ein Aneignungsverbot im Hinblick auf den Tiefseeboden, welches neben Staaten ausdrücklich auch an natürliche und juristische Personen adressiert ist.[87]

27 Zu diesen Rechtsgebieten gehört allerdings zumindest derzeit noch nicht das **Völkerstrafrecht**. Zwar hat sich in diesem Bereich seit dem Ende des Zweiten Weltkriegs bekanntermaßen eine völkerrechtliche Pflichtsubjektivität von Individuen herausgebildet.[88] Überdies kann auf völkervertragsrechtlicher Ebene die Begründung einer solchen unmittelbaren Verantwortlichkeit insbesondere in Bezug auf die im Römischen Statut des Internationalen Strafgerichtshofs von 1998 niedergelegten Verbrechenstatbestände konstatiert werden.[89] Gleichwohl sind als Adressaten dieser vertrag-

84 Allgem zu direkten völkervertragsrechtlichen Investorenpflichten *Nowrot* Obligations, 1154ff; *ders* (Fn 24) 12ff; *Krajewski* BHRJ 5 (2020) 105/113ff.

85 Exemplarisch *García-Bolívar* ICSID Review 24 (2009) 464/484 („It seems that the most difficult task would be to device the enforcement mechanisms for those obligations [...]."). Eingehender hierzu *Nowrot* The Other Side of Rights in Processes of Constitutionalizing International Investment Law: Addressing Investors' Obligations as a New Regulatory Experiment (2018) 21ff mwN.

86 BGBl 1975 II, 305; BGBl 1996 II, 671 (Neufassung). S hierzu *Beyerlin/Marauhn* International Environmental Law (2011) 369ff.

87 BGBl 1994 II, 1799. Zur Relevanz von Art 137 Abs 1 im vorliegenden Kontext und weiteren einschlägigen Bestimmungen des Seerechtsübereinkommens vgl ITLOS, ITLOS Reports 2011, 10/63ff – *Activities in the Area*; *Kamminga* in ILA (Hrsg) Report of the Seventy-First Session (2004) 422/424; *Dörr* 139f.

88 Statt vieler *Frau* in Ipsen (Hrsg) Völkerrecht, 7. Aufl (2018) 748/751.

89 BGBl 2000 II, 1143.

lichen Verpflichtungen, wie sich auch aus Art 25 Abs 1 des Statuts ergibt, ausschließlich natürliche Personen anzusehen. Die entsprechenden Regelungen lassen damit lediglich den Schluss zu, dass für den Fall der Begehung der Delikte die für die Unternehmen handelnden Individuen unmittelbar nach Völkerrecht strafrechtlich verantwortlich sind, nicht jedoch die Unternehmen selbst.[90]

II. Pflichten auf der Grundlage von Völkergewohnheitsrecht

28 Auf der Ebene des Völkergewohnheitsrechts sind hinsichtlich der möglichen Herausbildung einer internationalen Pflichtsubjektivität vor allem **drei Ansätze bzw Entwicklungen** hervorzuheben. Zunächst sei in diesem Zusammenhang auf Überlegungen im Schrifttum hingewiesen, auf der Grundlage von Art 28 bzw Art 30 der AEMR von 1948 sowie insbesondere der Präambel dieser Resolution der UN-Generalversammlung,[91] nach der auch **„alle Organe der Gesellschaft"** die Verwirklichung der Menschenrechte fördern und gewährleisten sollen, eine völkergewohnheitsrechtliche Bindung von Unternehmen an diese Individualrechte herzuleiten.[92] Zwar wird eine völkergewohnheitsrechtliche Geltung allgemein hinsichtlich einer Reihe der in der AEMR niedergelegten Individualrechte bejaht, welche überdies in der Folgezeit auch in Menschenrechtsabkommen kodifiziert worden sind.[93] Nicht zuletzt angesichts des Fehlens einer Kodifizierung der Pflichtenstellung nichtstaatlicher Akteure in den nachfolgenden Menschenrechtsschutzverträgen[94] wird jedoch den entsprechenden Artikeln und Textpassagen der Präambel der AEMR ein normativer Status als Völkergewohnheitsrecht zu Recht ganz überwiegend abgesprochen.[95]

29 Weiterhin sind hier, zweitens, namentlich seit den 1990er Jahren nachweisbare **Rechtsentwicklungen auf innerstaatlicher Ebene** zu nennen, die auf der Basis verschiedener Steuerungsansätze übereinstimmend auf die zumindest sektorale bzw partielle Etablierung einer verbindlichen Unternehmensverantwortung für den Schutz und die Verwirklichung globaler Gemeinwohlbelange in einem transnationalen, also nicht primär auf die Unternehmensaktivitäten im Inland bezogenen Kontext abzielen. Die derzeitigen Normierungs- und Durchsetzungskonzepte in der Rechtspraxis lassen sich in zwei Haupttypen unterteilen. Zum einen handelt es sich um **innerstaatliche Gesetze und von supranationalen Organisationen erlassene Rechtsakte**, in denen Sorgfalts- bzw Berichtspflichten für Unternehmen hinsichtlich der Berücksichtigung menschenrechtlicher Belange und weiterer internationaler öffentlicher Interessen im Rahmen ihrer wirtschaftlichen Aktivitäten statuiert sind. Exemplarisch seien

---

90 S *Karavias* 59ff; *Dörr* 137f; *Weilert* ZaöRV 69 (2009) 883/901; *Weidmann* 102ff; *Nowrot* Ordnungsstruktur, 540f. Vgl hierzu a *Köster* 179ff mwN.

91 Allgem zur völkerrechtlichen Einordnung von Resolutionen der UN-Generalversammlung → *Nowrot* § 2 Rn 82.

92 Vgl ua *Henkin* Brooklyn JIL 25 (1999) 17/25; *Paust* Harvard HRJ 5 (1992) 51/53f.

93 Hierzu *Heintze* in Ipsen (Hrsg) Völkerrecht, 7. Aufl (2018) 692/697; *Crawford* Brownlie's Principles of Public International Law, 9. Aufl (2019) 612; *Hobe* 358.

94 S o Rn 19ff.

95 So zB *Schmalenbach* AVR 39 (2001) 57/66; *Vazquez* Colum J Transnat'l L 43 (2005) 927/942; *Görgen* 120f; vgl a *Nowrot* Ordnungsstruktur, 541ff mwN.

hier zunächst die Berichtspflichten in Bezug auf Maßnahmen zur Verhinderung von Sklaverei und Menschenhandel im Unternehmen selbst und in der Lieferkette auf der Grundlage des britischen Modern Slavery Act 2015[96] und des California Transparency in Supply Chains Act 2010[97] sowie die im französischen Loi n° 2017-399 relative au devoir de vigilance des sociétés mères et des entreprises donneuses d'ordre vom März 2017[98] normierten Sorgfalts- und Berichtspflichten im Zusammenhang mit aus der Unternehmenstätigkeit erwachsenden menschenrechtlichen und weiteren Risiken zu nennen. Ebenfalls in diese Kategorie fallen ua der im Februar 2017 vom niederländischen Parlament verabschiedete Wet Zorgplicht Kinderarbeid, welcher unternehmerische Berichtspflichten im Hinblick auf ergriffene Sorgfaltsmaßnahmen zur Verhinderung von Kinderarbeit in der Lieferkette statuiert, die in Sec 1502 des US-amerikanischen Dodd-Frank Wall Street Reform and Consumer Protection Act enthaltenen Berichtspflichten im Zusammenhang mit Konfliktmineralien,[99] die EU Richtlinie 2014/95/EU vom Oktober 2014 zur nichtfinanziellen Berichterstattung von Unternehmen[100] sowie die in der Verordnung (EU) 2017/821 zu Konfliktmineralien vom Mai 2017 normierten Sorgfalts- und Berichtspflichten.[101] In Bezug auf Deutschland sei hier überdies auf die aktuelle Diskussion über ein sog „Lieferkettengesetz" verwiesen.[102]

Zum anderen geht es hier um die Erhebung von **Klagen vor innerstaatlichen Gerichten** mit dem Ziel, eine deliktische Haftung für unternehmerisches Handeln im Kontext von Menschenrechtsverletzungen im Ausland sowie für Verstöße gegen international anerkannte Umwelt-, Arbeits- und Sozialstandards zu etablieren.[103] Den zentralen Ausgangspunkt dieser Entwicklung bildeten die in den USA seit Mitte der 1980er Jahre gegen Unternehmen eingeleiteten Gerichtsverfahren auf der Grundlage des **Alien Tort Claims Act**; ein zwar bereits im Jahre 1789 erlassenes, aber bis zum Beginn der 1980er Jahre weitgehend ohne praktische Relevanz gebliebenes Bundesgesetz. Die zahlreichen zivilrechtlichen Klagen auf Schadensersatz haben zwar vor allem seit Ende der 1990er Jahre in Rechtspraxis und Schrifttum erhebliche Aufmerk- 30

---

96 Hierzu *Doris/Zimmer* BB 2016, 181ff; *Weatherburn* EHRLR 21 (2016) 184ff; *Martin-Ortega* in Bonfanti (Hrsg) Business and Human Rights in Europe (2019) 110ff.

97 Vgl zB *Prokopets* Hastings ICLR 37 (2014) 351ff; *Barna* William & Mary LR 59 (2018) 1449/1460ff.

98 Eingehender *Nasse* ZEuP 2019, 773ff; *Fleischer/Danninger* DB 2017, 2849ff; *Hoffberger* AVR 55 (2017) 465ff.

99 Hierzu *Keenan* in Feichtner/Krajewski/Roesch (Hrsg) Human Rights in the Extractive Industries (2019) 27 ff; *Harline* Northwestern JILB 35 (2015) 439ff.

100 ABl EU 2014 L 330/1; hierzu *Eickenjäger* Menschenrechtsberichterstattung durch Unternehmen (2017) 41ff.

101 ABl EU 2017 L 130/1; allgem *Heße/Klimke* EuZW 2017, 446ff; *Nowrot* in Feichtner/Krajewski/Roesch (Hrsg) Human Rights in the Extractive Industries (2019) 51ff; *Fehse/Markmann* EuZW 2021, 113ff; vgl hierzu a → *Bungenberg/Weiss* § 7 Rn 87f; sowie → *Tietje* § 18 Rn 151.

102 Vgl ua *Graf von Westphalen* ZIP 2020, 2421ff. Der Entwurf des Gesetzes über die unternehmerischen Sorgfaltspflichten in Lieferketten wurde im März 2021 von der Bundesregierung beschlossen, vgl BT-Drs 19/28649 v 19.4.2021; s hierzu a → *Bungenberg/Weiss* § 6 Rn 17. Zu entsprechenden Überlegungen auf der Ebene der EU s *Schmidt* EuZW 2021, 276; sowie → *Bungenberg/Weiss* § 7 Rn 90.

103 Allgem hierzu statt vieler *Payandeh* FS K. Schmidt, Bd II (2019) 131ff; *Krajewski/Oehm/Saage-Maaß* (Hrsg) Zivil- und strafrechtliche Unternehmensverantwortung für Menschenrechtsverletzungen (2018).

samkeit – darunter ebenso viel Zustimmung wie Kritik – erfahren.[104] Der US Supreme Court hat allerdings nachfolgend in einer Reihe von Entscheidungen, hierunter namentlich in den Verfahren *Sosa v Alvarez-Machain*,[105] *Kiobel v Royal Dutch Petroleum*,[106] *Daimler AG v Bauman*[107] und *Jesner v Arab Bank*,[108] den Anwendungsbereich des Alien Tort Claims Act in verschiedener Hinsicht so stark eingeschränkt, dass ein Rekurs auf dieses Gesetz zur Durchsetzung einer deliktischen Haftung von Unternehmen für im Ausland begangene Verstöße gegen globale Gemeinwohlbelange kaum mehr erfolgreich sein dürfte. Ähnliche Bemühungen lassen sich vereinzelt auch in anderen Staaten wie dem Vereinigten Königreich, den Niederlanden, Frankreich, Schweden, der Schweiz, Australien und Kanada nachweisen;[109] allerdings grundsätzlich bislang mit wenig Erfolg. In Deutschland hat in jüngerer Zeit vor allem eine Klage von Betroffenen des Großbrandes in einer pakistanischen Textilfabrik im September 2012 gegen den Textildiscounter KiK einige Beachtung gefunden. Im Januar 2019 hat das LG Dortmund die Klage wegen Verjährung abgewiesen,[110] ohne die geltend gemachten Schadensersatzansprüche, einschließlich ihrer zuständigkeitsbegründenden und materiellrechtlichen Rechtsgrundlagen, in der Sache eingehender zu prüfen.[111]

31 Schon vor dem Hintergrund der derzeit grundsätzlich noch erfolglosen Klagen dürfte es insgesamt nicht möglich sein, auf der Basis der bisherigen Entscheidungen nationaler Gerichte in Bezug auf die **Begründung einer völkergewohnheitsrechtlichen Verpflichtung** von Unternehmen zum Schutz und der Verwirklichung globaler Gemeinwohlbelange das Vorliegen einer hinreichend allgemeinen, von Rechtsüberzeugung getragenen Staatenpraxis iSd Art 38 Abs 1 lit b IGH-Statut anzunehmen. Gleiches gilt für die sich aktuell noch auf vergleichsweise wenige Staaten beschränkenden und teilweise sehr unterschiedliche Regelungsansätze normierenden innerstaatlichen Gesetze, welche entsprechende Sorgfalts- und Berichtspflichten statuieren.

32 Schließlich ist im Bereich des Völkergewohnheitsrechts hinsichtlich des möglichen Bestehens einer völkerrechtlichen Pflichtenstellung von Unternehmen noch auf die Bedeutung einzugehen, welche den vielfältigen, von internationalen Organisationen verabschiedeten **Verhaltenskodizes** zukommt.[112] Zwar können diese sich zunächst einmal durch ihren lediglich empfehlenden Charakter auszeichnenden Steuerungsmechanismen in vielfältiger Weise auch eine normativ erhebliche Wirkung

---

104 Hierzu ua *Felz* Das Alien Tort Statute (2017); *Ku* Virginia JIL 51 (2011) 353ff; *Schulz* Das Alien Tort Statute und transnationale Deliktsklagen (2016).

105 *Sosa v Alavarez-Machain et al*, 542 US 692 (2004).

106 *Kiobel v Royal Dutch Petroleum Co*, 569 US 108 (2013).

107 *Daimler AG v Bauman*, 571 US 117 (2014).

108 *Jesner v Arab Bank, PLC*, 138 S Ct 1386 (2018).

109 Hierzu zB *Bueno/Bright* ICLQ 69 (2020) 789/807ff; *Kamminga* in Ryngaert ua (Hrsg) What's Wrong with International Law? (2015) 154ff; *Weschka* ZaöRV 66 (2006) 625/631ff; *Seibert-Fohr/Wolfrum* AVR 43 (2005) 153/178ff; *Joseph* Corporations and Transnational Human Rights Litigation (2004) 113ff.

110 LG Dortmund IPrax 2019, 317. Vgl zum Verfahren und seinen Hintergründen auch *Kaleck/Saage-Maaß* Unternehmen vor Gericht (2016) 99ff; *Ostendorf* IPrax 2019, 297ff.

111 Zur Diskussion über die Rechtslage in Deutschland *Habersack/Ehrl* RabelsZ 219 (2019) 155ff; *Payandeh* FS K. Schmidt, Bd II (2019) 131/139ff; *Weller/Kaller/Schulz* RabelsZ 216 (2016) 387ff jeweils mwN.

112 Vgl hierzu u Rn 43ff.

entfalten.[113] Gleichwohl wird man aber mit der ganz überwiegenden Auffassung im Schrifttum davon ausgehen müssen, dass die in diesen Kodizes enthaltenden Verhaltensvorgaben nicht unmittelbar für sich genommen als völkergewohnheitsrechtliche Basis für die Begründung einer internationalrechtlichen Pflichtenstellung von Unternehmen im engeren Sinne herangezogen werden können.[114] Gegen eine solche Annahme spricht bereits der auch von den mit der Implementierung dieser Verhaltenskodizes betrauten Organen und weiteren Akteuren regelmäßig betonte, lediglich empfehlende Charakter dieser Instrumente.[115] Zusammenfassend ist damit zu konstatieren, dass sich auf der Ebene des Völkergewohnheitsrechts grundsätzlich aktuell noch **keine Verhaltenspflichten für Privatunternehmen** in Bezug auf die Verwirklichung von Gemeinwohlbelangen wie dem Schutz der Menschenrechte und der Einhaltung von Umwelt- und Sozialstandards nachweisen lassen.[116]

D. Mittelbare völkerrechtliche Verantwortung von Unternehmen

Neben die Etablierung einer unmittelbaren internationalen Unternehmensverantwortung auf der Basis der Übertragung direkter völkerrechtlicher Verhaltenspflichten[117] 33
tritt als weitere – und dieses Mal strikt staatenorientierte – Regelungsoption die Möglichkeit, dass **Staaten sich völkervertrags- oder völkergewohnheitsrechtlich verpflichten**, das Verhalten nichtstaatlicher Akteure wie Unternehmen zur Abwehr von Gefährdungen globaler öffentlicher Interessen und Schutzgüter durch den Erlass nationaler Rechtsakte regulierend zu erfassen.[118] Aus der Perspektive der betroffenen Unternehmen ist dieser letztgenannte völkerrechtliche Steuerungsansatz als **indirekt** zu qualifizieren. Eine solche mittelbare internationale Unternehmensverantwortung kann zum einen ausdrücklich auf der Basis spezifischer völkervertragsrechtlicher Bestimmungen begründet werden.[119] Zum anderen kann sie sich aber auch implizit aus allgemeineren völkerrechtlichen Pflichten der Staaten ergeben.[120]

---

113 Vgl wiederum u Rn 48ff.

114 Statt vieler *Hailbronner* FS Schlochauer (1981) 329/338ff; *Görgen* 121; *Anderes* Fremde im eigenen Land: Die Haftbarkeit transnationaler Unternehmen für Menschenrechtsverletzungen an indigenen Völkern (2001) 133; vgl a *Nowrot* Ordnungsstruktur, 547f mwN.

115 *Schmalenbach* AVR 39 (2001) 57/66ff; *Malanczuk* in Hofmann (Hrsg) Non-State Actors as New Subjects of International Law (1999) 69/72.

116 So a zB *Karavias* 114f; *Hobe* 128; *Weidmann* 105f.

117 Hierzu o Rn 18ff.

118 Vgl zu diesem Steuerungsansatz *Dörr* 144f; *Vazquez* Colum J Transnat'l L 43 (2005) 927/930; *Nowrot/Sipiorski* in Fach Gómez/Gougourinis/Titi (Hrsg) International Investment Law and Competition Law (2020) 135/142f.

119 Hierzu sogleich u Rn 34f.

120 Hierzu im Anschluss u Rn 36ff.

I. Spezifische völkervertragsrechtliche Regelungsansätze

34 Explizite völkervertragsrechtliche Pflichten von Staaten zur Regulierung des Verhaltens nichtstaatlicher Akteure sind in der internationalen Rechtsordnung seit langem bekannt. Im Kontext der internationalen Unternehmensverantwortung lassen sie sich beispielsweise im Bereich der **Bekämpfung von Korruption** nachweisen. So statuiert Art 2 des OECD Übereinkommens über die Bekämpfung der Bestechung ausländischer Amtsträger im internationalen Geschäftsverkehr von Dezember 1997, dass jede Vertragspartei „in Übereinstimmung mit ihren Rechtsgrundsätzen die erforderlichen Maßnahmen [trifft], um die Verantwortlichkeit juristischer Personen für die Bestechung eines ausländischen Amtsträgers zu begründen".[121] Ein weiteres Beispiel bildet Art 9 des BIT zwischen Japan und Jordanien vom 27.11.2018, demzufolge „[each] Contracting Party shall ensure that measures and efforts are undertaken to prevent and combat corruption regarding matters covered by this Agreement in accordance with its laws and regulations".[122]

35 Dieser Steuerungsansatz findet sich überdies im **Umweltvölkerrecht** ua in Art 4 Abs 4 des Basler Übereinkommens über die Kontrolle der grenzüberschreitenden Verbringung gefährlicher Abfälle und ihrer Entsorgung vom März 1989[123] und im Bereich des internationalen **Menschenrechtsschutzes** ua in Art 2 lit e des Übereinkommens zur Beseitigung jeder Form von Diskriminierung der Frau vom Dezember 1979,[124] in Art 32 des Übereinkommens über die Rechte des Kindes vom November 1989[125] sowie in Art 4 lit e des Übereinkommens über die Rechte von Menschen mit Behinderungen vom Dezember 2006.[126] Weiterhin lässt er sich mit einem übergreifenden Regelungsgehalt in Art 72 des **Wirtschaftspartnerschaftsabkommen** zwischen den CARIFORUM-Staaten einerseits und der Europäischen Gemeinschaft und ihren Mitgliedstaaten andererseits vom 15.10.2008 nachweisen.[127] Die letztgenannte Bestimmung statuiert unter der Überschrift „Verhalten der Investoren", dass die Vertragsparteien „in ihrem jeweiligen Gebiet die Maßnahmen [ergreifen], die erforderlich sind, um unter anderem durch nationale Rechtsvorschriften sicherzustellen, dass" beispielsweise „Investoren die arbeitsrechtlichen Mindestnormen gemäß der Erklärung der Internationalen Arbeitsorganisation (IAO) über grundlegende Prinzipien und Rechte bei der Arbeit von 1998 beachten" (lit b) sowie „ihre Investitionen nicht so verwalten oder durchführen, dass internationale umwelt- oder arbeitsrechtliche Verpflichtungen umgangen werden, die sich aus Abkommen ergeben, deren Vertragsparteien die EG-Vertragspartei und die Unterzeichnerstaaten des CARIFORUM sind" (lit c). Überdies sei hier noch auf völkervertragsrechtliche Regelungen verwiesen, welche die staatlichen Vertragsparteien auf der Grundlage ihres nationalen Rechts zur Begründung einer de-

121 BGBl 1998 II, 2329.
122 Hierzu sowie für weitere Beispiele *Nowrot* (Fn 24) 17; *ders* Ordnungsstruktur, 538; *Dörr* 144.
123 BGBl 1994 II, 2704.
124 BGBl 1985 II, 648.
125 BGBl 1992 II, 122.
126 BGBl 2008 II, 1420.
127 ABl EU 2008 L 289/I/3.

liktischen Haftung von Unternehmen für auf dem Territorium anderer Vertragsparteien verursachte Schäden verpflichten. Ein Beispiel für diesen vergleichsweise innovativen Steuerungsansatz bildet Art 20 des von Marokko und Nigeria am 3.12.2016 unterzeichneten Investitionsabkommens.[128]

II. Menschenrechtliche Schutzpflichten der Staaten

Über die entsprechenden expliziten Normierungen in internationalen Abkommen hinaus, kann sich eine staatenorientierte Verpflichtung zur Regulierung des Verhaltens nichtstaatlicher Akteure auch **implizit aus allgemeiner formulierten völkerrechtlichen Bestimmungen** ergeben. Eine solche Möglichkeit wird gerade in jüngerer Zeit namentlich auch im Zusammenhang mit den völkerrechtlichen Konturen einer internationalen Unternehmensverantwortung diskutiert. Im Zentrum steht dabei aktuell das Rechtsregime des internationalen Menschenrechtsschutzes. 36

Ebenso wie beispielsweise in Bezug auf die Grundrechte des Grundgesetzes[129] ist auch aus der Perspektive der internationalen Rechtsordnung im Grundsatz unbestritten, dass sich die Menschenrechte **nicht allein als Abwehrrechte gegen den Staat** darstellen, sondern aus ihnen unter anderem auch staatliche Schutzpflichten im Hinblick auf Gefährdungen menschenrechtlicher Schutzgüter durch private Akteure wie Unternehmen erwachsen.[130] Zur Abwehr solcher Gefahren für das Individuum müssen die Staaten geeignete gesetzliche Regelungen erlassen und diese durch die Exekutive und Gerichte effektiv durchsetzen.[131] Unbestritten ist die Existenz einer solchen aus den verschiedenen Wirkungsdimensionen der Menschenrechte ableitbare Verpflichtung allerdings nur im Hinblick auf den Schutz vor natürlichen Personen und anderen nichtstaatlichen Wirkungseinheiten **auf dem eigenen Hoheitsgebiet** des jeweiligen Staates. Der Anwendungsbereich der menschenrechtlichen Schutzpflichten wird also zunächst einmal durch das Territorialitätsprinzip bestimmt.[132] Solche territorial orientierten völkerrechtlichen Verpflichtungsstrukturen erweisen sich jedoch auch im vorliegenden Kontext als gleichsam ergänzungsbedürftig, da wiederum bekanntermaßen einige Staaten ihren menschenrechtlichen Schutzpflichten im Hinblick auf die Aktivi- 37

128 Art 20 des Marokko-Nigeria BIT lautet: „Investors shall be subject to civil actions for liability in the judicial process of their home state for the acts or decisions made in relation to the investment where such acts or decisions lead to significant damage, personal injuries or loss of life in the host state." Hierzu sowie für weitere Beispiele *Nowrot* (Fn 24) 25f.

129 Hierzu statt vieler BVerfGE 125, 39/78; *Dreier* in ders (Hrsg) GG-Kommentar, Bd I, 3. Aufl (2013) Vorbem vor Art 1 GG Rn 101ff.

130 Vgl zB EGMR NJW 2015, 2715/2720; Human Rights Committee, CCPR General Comment No 16 v 8.4.1988 Rn 1; Committee on Economic, Social and Cultural Rights, General Comment No 24, UN Doc E/C.12/GC/24 v 10.8.2017 Rn 1ff; *Krajewski* VR § 12 Rn 45; *Marauhn* VVDStRL 74 (2015) 373/384ff; *von Bernstorff* AVR 49 (2011) 34/37ff; *Stahl* Schutzpflichten im Völkerrecht (2012) 27ff.

131 S Human Rights Committee, CCPR General Comment No 31 v 26.5.2004 Rn 7f; Committee on Economic, Social and Cultural Rights, General Comment No 20, UN Doc E/C.12/GC/20 v 2.7.2009 Rn 11; *Krajewski* Schutzpflichten, 102f.

132 Allgem zum Territorialitätsprinzip → *Tietje* § 1 Rn 107ff.

täten von Unternehmen auf ihrem Staatsgebiet nicht in effektiver Weise nachkommen können oder wollen.[133]

38 Vor diesem Hintergrund konzentrieren sich die aktuellen Überlegungen im Schrifttum und in der Rechtspraxis vor allem auch auf die Frage **extraterritorialer menschenrechtlicher Schutzpflichten** der Staaten. Hierbei geht es um die völkerrechtliche Berechtigung bzw sogar Verpflichtung namentlich der Heimatstaaten von grenzüberschreitend tätigen Unternehmen, das Verhalten dieser privaten Akteure auch insoweit einer innerstaatlichen Regulierung zu unterwerfen, als diese Tätigkeiten im Ausland eine Gefährdung oder Verletzung menschenrechtlicher Schutzgüter zur Folge haben.[134] Im Hinblick auf die **Zulässigkeit** einer solchen extraterritorialen Rechtsanwendung ist heute weitgehend anerkannt, dass die Staaten bei Vorliegen eines legitimen Anknüpfungspunktes für die Jurisdiktionsausübung wie namentlich dem Personalitätsprinzip grundsätzlich berechtigt sind, auch die Tätigkeit von Unternehmen mit Auslandsbezug zu regeln.[135] Seinen Niederschlag findet dieser Steuerungsansatz in der aktuellen Rechtspraxis insbesondere in innerstaatlichen Gesetzen und von supranationalen Organisationen erlassenen Rechtsakten, welche Sorgfalts- bzw Berichtspflichten für Unternehmen hinsichtlich der Berücksichtigung menschenrechtlicher Belange und anderer globaler Gemeinwohlbelange normieren und dabei primär auf die wirtschaftlichen Aktivitäten mit Auslandsbezug abzielen.[136]

39 Die prinzipielle Zulässigkeit einer solchen extraterritorialen Regulierung ist jedoch strikt von der Frage nach der Existenz einer entsprechenden **völkerrechtlichen Handlungspflicht** der Staaten zu unterscheiden. Nach derzeit wohl noch ganz überwiegender Auffassung lässt sich aus den menschenrechtlichen Schutzpflichten keine verbindliche Vorgabe der Staaten ableiten, die transnationalen Aktivitäten von ihrer Jurisdiktion unterliegender Privatunternehmen zwecks Sicherung menschenrechtlicher Schutzgüter im Ausland zu regeln.[137] Gleichwohl lassen sich gerade in jüngerer Zeit gewisse Ansätze in dieser Hinsicht nachweisen. Hingewiesen sei hier zunächst auf entsprechende Aussagen in der Praxis der Vertragsorgane einiger globaler Menschen-

---

133 *Krajewski* Schutzpflichten, 104; *ders* Deakin LR 23 (2018) 13/20; vgl allgem hierzu auch schon o Rn 6.

134 Exemplarisch *Krajewski* VR § 12 Rn 77 („Wenn ein deutsches Unternehmen der Bekleidungsbranche Textilien erwirbt, die im Ausland unter Verletzung von Menschenrechten hergestellt wurden oder die Tochtergesellschaft eines deutschen Unternehmens in Menschenrechtsverletzungen im Ausland involviert ist, stellt sich die Frage, ob Deutschland in Erfüllung seiner menschenrechtlichen Schutzpflicht das Verhalten deutscher Unternehmen regeln kann bzw. muss."); eingehend *ders* Schutzpflichten, 97ff mwN.

135 Allgem zu den völkerrechtlich anerkannten Anknüpfungspunkten → *Tietje* § 1 Rn 106ff; speziell im Zusammenhang mit unternehmerischem Handeln überdies zB *Koenen* Wirtschaft und Menschenrechte (2012) 54ff, 136ff; *Krajewski* Schutzpflichten, 111ff; *Kahl* VVDStRL 76 (2017) 343/375; *De Schutter* BHRJ 1 (2015) 41/46.

136 S o Rn 29.

137 Vgl ua UN Guiding Principles on Business and Human Rights, in UN, Report of the Special Representative of the Secretary-General on the Issue of Human Rights and Transnational Corporations and other Business Enterprises, A/HRC/17/31 v 21.3.2011, Annex, Erläuterung zu Prinzip 2; *Marauhn* VVDStRL 74 (2015) 373/393; *Lagoutte* Nordic JHR 33 (2015) 158/174ff; *von Bernstorff* AVR 49 (2011) 34/56f; *Zerk* 88f; *Pöschl* VVDStRL 74 (2015) 405/430f.

rechtsabkommen wie dem Ausschuss für Kinderrechte und dem Ausschuss für wirtschaftliche, soziale und kulturelle Rechte, welche unter bestimmten Umständen eine Rechtspflicht der Staaten zur Regulierung grenzüberschreitender Wirtschaftstätigkeiten von Privatunternehmen konstatieren.[138] Zu nennen sind hier weiterhin beispielsweise die von einem nichtstaatlichen Expertenkreis am 28.9.2011 angenommenen Maastricht Principles on Extraterritorial Obligations of States in the Area of Economic, Social and Cultural Rights[139] sowie der Regelungsansatz des Art 20 Marokko-Nigeria BIT.[140] Schließlich sei noch darauf hingewiesen, dass auch die gegenwärtigen Verhandlungen zur Ausarbeitung eines völkerrechtlichen Vertrages mit dem Ziel einer Regulierung von Unternehmen im Bereich des Menschenrechtsschutzes ausweislich des aktuell letzten sog „Second Revised Draft" vom 6.8.2020[141] insbesondere auf eine positivrechtliche Etablierung und Konkretisierung von extraterritorialen Schutzpflichten der Vertragsparteien im Hinblick auf Gefährdungen menschenrechtlicher Schutzgüter durch private Wirtschaftsakteure abzielen.[142] Im Lichte dieser Ansätze und Überlegungen wird man der aus den Menschenrechten ableitbaren staatlichen Schutzpflicht im Hinblick auf die Regulierung von unternehmerischen Aktivitäten mit Auslandsbezug bereits gegenwärtig durchaus zumindest grundsätzlich den Status einer **Norm des Völkerrechts im Werden** zuerkennen können.[143]

E. Internationale Verhaltenserwartungen an Unternehmen auf der Grundlage weiterer normativ erheblicher Steuerungsmechanismen

Ebenso wie das Internationale Wirtschaftsrecht insgesamt[144] ist auch der Regelungsbereich internationaler Unternehmensverantwortung durch eine Vielzahl an Steuerungssubjekten und -mechanismen gekennzeichnet. Über die Frage der Existenz und den Umfang unmittelbarer oder mittelbarer völkerrechtlichen Pflichten von Unternehmen auf der Basis rechtsverbindlicher Instrumente hinaus,[145] wird die Ausgestaltung dieser Ordnungsidee in der Praxis aktuell gerade auch von zahlreichen verschiedenen Mechanismen der Verhaltenssteuerung geprägt, die sich in Bezug auf private Wirtschaftsakteure durch ihren zunächst für sich genommen **rechtlichen unverbindli-** 40

---

138 S Committee on the Rights of the Child, General Comment No 16, UN Doc CRC/C/GC/16 v 17.4.2013 Rn 43; Committee on Economic, Social and Cultural Rights, General Comment No 24, UN Doc E/C.12/GC/24 v 10.8.2017 Rn 25ff; vgl a *Krajewski* Schutzpflichten, 116ff; sowie allgem zur Bedeutung von General Comments im Bereich des völkerrechtlichen Menschenrechtsschutzes *Roth-Isigkeit* MRM 2012, 196ff.

139 Hierzu *De Schutter ua* HRQ 34 (2012) 1084ff; *Coomans* Zeitschrift für Menschenrechte 2012, 27ff.

140 S bereits o Rn 35.

141 Allgem hierzu o Rn 21.

142 S zu diesem Befund auch ua *Kirkebo/Langford* AJIL Unbound 114 (2020) 179/184; *Bialek* Goettingen JIL 9 (2019) 501/518; *Nowrot* (Fn 74) 33ff.

143 Noch weitergehend im Sinne einer Verpflichtung *de lege lata* mit beachtlicher Begründung *Krajewski* Schutzpflichten, 121ff; *ders* Deakin LR 23 (2018) 13/23ff; vgl a zB *Kanalan* AVR 52 (2014) 495/508ff.

144 Vgl → *Nowrot* § 2 Rn 1ff.

145 Hierzu o Rn 18ff.

chen Charakter auszeichnen. Diese letztgenannten Steuerungsmechanismen werden verschiedentlich unter dem Begriff der „Corporate Social Responsibility" zusammengefasst.[146]

I. Steuerungskonzept der Corporate Social Responsibility

41 Das Steuerungskonzept der Corporate Social Responsibility (CSR) gehört zweifelsohne zu jenen Ordnungsideen, welche sich gegenwärtig disziplinenübergreifend einer besonderen Beliebtheit erfreuen. Nicht zuletzt vor diesem Hintergrund wird es allerdings auch regelmäßig als ein **„schillernder" Ansatz** wahrgenommen, über dessen Bedeutungsgehalte im Einzelnen wenig Einigkeit besteht.[147] Zumindest aus der vorliegend relevanten Perspektive der Rechtspraxis und -wissenschaft lässt sich CSR mit der mittlerweile wohl überwiegenden Auffassung in der Weise konkretisieren und operationalisieren, dass von diesem Steuerungskonzept nur solche Verhaltenserwartungen an Unternehmen im Hinblick auf den Schutzes und die Verwirklichung globaler Gemeinwohlbelange erfasst werden, die jenseits des positivrechtlich determinierten Pflichtenkreises liegen und deren Befolgung damit jedenfalls insofern freiwillig ist, als die entsprechenden Vorgaben keine rechtliche Verbindlichkeit aufweisen.[148] Aus juristischer Perspektive stellt sich CSR damit als ein summarischer **Abgrenzungsbegriff** dar, welcher auf außerrechtliche Verhaltensvorgaben für Unternehmen Bezug nimmt und auf diese Weise den Steuerungsbereich der CSR von dem der **„Corporate Legal Responsibility"** unterscheidet.

42 Auf der Grundlage dieses Begriffsverständnisses lassen sich die Vielzahl und Mannigfaltigkeit an existierenden CSR-Instrumenten mittels einer an den jeweils mitwirkenden Steuerungssubjekten orientierten Kategorisierung im Wesentlichen **anhand von vier Typen systematisierend erfassen**. Hierzu gehören zunächst kooperative Steuerungsmechanismen unter Mitwirkung von privaten Wirtschaftssubjekten, anderen nichtstaatlichen Akteuren wie NGOs und gegebenenfalls auch staatlichen sowie überstaatlichen Wirkungseinheiten. Beispiele bilden die im Rahmen institutionell verfestigter Netzwerke wie dem United Nations Global Compact, der GRI, dem MSC oder dem FSC entwickelten und implementierten Standards sowie gemeinsam von Unternehmen und anderen privaten Wirkungseinheiten ausgearbeitete Verhaltenskodizes.[149] Eine zweite Kategorie stellen die von privaten und intermediären Wirtschaftsinstitutionen[150] im Bereich der CSR verabschiedeten Leitfäden und weiteren Standardisierungsmaßnahmen dar. Exemplarisch sei hier auf den im Jahre 2010 von

146 Für einen Überblick über weitere in diesem Kontext verwendete Begrifflichkeiten *Nowrot* Ordnungsstruktur, 510ff mwN.

147 Hierzu statt vieler *Nowrot* in Raupp ua (Hrsg) Handbuch Corporate Social Responsibility (2011) 419f mwN.

148 Vgl bereits *Boor/Nowrot* in Walden/Depping (Hrsg) CSR und Recht (2015) 35/36; *Nowrot* The Relationship between National Legal Regulations and CS. Instruments: Complementary or Exclusionary Approaches to Good Corporate Citizenship? (2007) 6ff; *ders* (Fn 147) 421f jeweils mwN.

149 Vgl → *Nowrot* § 2 Rn 40f, 95ff.

150 Hierzu → *Nowrot* § 2 Rn 26ff.

der ISO veröffentlichten Standard ISO 26000 „Guidance on Social Responsibility" verwiesen, der Unternehmen und anderen Organisationen auf der Basis von sieben Grundsätzen wie Rechenschaftspflicht, Transparenz und Achtung der Menschenrechte sowie konkreten Handlungsempfehlungen zu sieben Kernthemen wie Arbeitspraktiken, Umwelt, Menschenrechte und Konsumentenanliegen eine Orientierung zur Verwirklichung ihrer gesellschaftlichen Verantwortung geben will.[151] Weiterhin sind hier im Kontext der CSR-Instrumente die Selbstregulierungsmechanismen einzelner privater Wirtschaftsakteure zu nennen. Dazu zählen namentlich die kaum mehr überschaubare Anzahl an unternehmenseigenen Verhaltenskodizes.[152] Einen vierten Typus bilden schließlich die im Rahmen von internationalen Organisationen wie den Vereinten Nationen, der OECD und der ILO verabschiedeten Verhaltenskodizes und Leitprinzipien.[153]

II. Verhaltenskodizes und Leitprinzipien internationaler Organisationen

In der Praxis kommt vor allem den Verhaltenskodizes und weiteren normativ relevanten Steuerungsmechanismen, die im Kontext internationaler Organisationen entwickelt worden sind und als ***soft law*** charakterisiert werden können,[154] eine hervorgehobene Bedeutung im Kreise der CSR-Instrumente zu. Dies ist zum einen auf ihren höheren Bekanntheitsgrad zurückzuführen. Zum anderen kommt ihnen schon aufgrund der beteiligten staatlichen und zwischenstaatlichen Regelsetzer eine gesteigerte Autorität und Legitimation zu.[155] Zwar sind nicht alle entsprechenden Initiativen in den vergangenen Jahrzehnten auch zu einem erfolgreichen Abschluss gelangt. So wurden namentlich die 1972 in den **Vereinten Nationen** aufgenommenen Bemühungen und Verhandlungen über einen umfassenden **„Code of Conduct on Transnational Corporations"** im Juli 1992 auf unbefristete Zeit vertagt.[156] Seit der zweiten Hälfte der 1970er Jahre sind jedoch eine Reihe entsprechender Steuerungsinstrumente verabschiedet worden. Exemplarisch sei hier zunächst auf den „International Code of Marketing of Breast-milk Substitutes" der WHO vom 21.5.1981[157] und den von den damaligen Europäischen Gemeinschaften am 20.9.1977 angenommenen „Code of Conduct for Companies with Subsidiaries, Branches or Representation in South Africa"[158] verwiesen. 43

151 Eingehender *Spießhofer* 222ff; *Krajewski* ZGR 2018, 271/290ff jeweils mwN.
152 S → *Nowrot* § 2 Rn 98ff.
153 Vgl u Rn 43ff.
154 Allgem zum Rechtsphänomen des *soft law* → *Nowrot* § 2 Rn 82ff.
155 Hierzu speziell in Bezug auf Legitimationsaspekte vgl a *Krajewski* ZGR 2018, 271/288 u 290.
156 Vgl zum Verlauf der Verhandlungen sowie zu den umstrittenen Bestimmungen *Sauvant* JWIT 16 (2015) 11ff; *Muchlinski* Multinational Enterprises and the Law, 2. Aufl (2007) 660ff; *Nowrot* Ordnungsstruktur, 54ff mwN; für die letzte Fassung s UN, Draft Code of Conduct on Transnational Corporations v 12.6.1990, E/1990/94.
157 Abgedruckt in *World Health Organization* International Code of the Marketing of Breast-milk Substitutes (1981) 6ff; vgl *Sikkink* IO 40 (1986) 815ff; *Richter* Holding Corporations Accountable (2001) 60ff.
158 Abgedruckt in *Robinson* Multinationals and Political Control (1983) 269ff; hierzu a *Haibronner* RIW 1982, 111ff; *von Bülow* RIW 1979, 600ff.

44 Zu den bekanntesten und gleichzeitig ältesten dieser Verhaltenskodizes gehören zweifelsohne die bereits am 21.6.1976 vom Ministerrat der OECD als Annex zur „Declaration on International Investment and Multinational Enterprises" verabschiedeten und zuletzt am 25.5.2011 in Teilen grundlegend neu formulierten **„OECD Guidelines for Multinational Enterprises"**. Diese OECD-Leitsätze, deren Anwendungsbereich entgegen ihrer Bezeichnung nicht allein auf multinationale Unternehmen beschränkt ist und nunmehr über Investitionsbeziehungen hinaus die gesamte Geschäftstätigkeit der Wirtschaftssubjekte erfasst,[159] legen in insgesamt elf Kapiteln oftmals ziemlich detaillierte Verhaltensvorgaben für Unternehmen dar. Die ersten beiden Kapitel „Begriffe und Grundsätze" sowie „Allgemeine Grundsätze" beschäftigen sich – als gleichsam ein „OECD-Leitsätze AT" – mit übergreifenden Fragestellungen wie dem Verhältnis dieses Steuerungsinstruments zu innerstaatlichen Regelungen, allgemeinen Sorgfaltserwartungen und der Bedeutung der Kooperation mit anderen gesellschaftlichen Akteuren.[160] Die nachfolgenden neun Kapitel können als eine Art „OECD Leitsätze BT" angesehen werden, welche Verhaltensempfehlungen für spezifische Bereiche wie Menschenrechtsschutz, Verbraucherinteressen, Umwelt, Wettbewerb, Korruption und Besteuerung enthalten. Im Hinblick auf die Implementierung dieser Verhaltensvorgaben sehen die OECD-Leitsätze überdies ein vergleichsweise hochentwickeltes Umsetzungsverfahren vor. In institutioneller Hinsicht findet dies seinen Niederschlag, über entsprechende Aufgabenzuweisungen an den Investitionsausschuss und das Sekretariat der OECD hinaus, vor allem in sog **„Nationalen Kontaktstellen"**, die alle Teilnehmerstaaten einrichten müssen. In prozeduraler Hinsicht ist hier insbesondere die für Individuen und andere gesellschaftliche Akteure eröffnete Option zu nennen, sich mit der Behauptung, ein Unternehmen habe in einem konkreten Fall nicht in Übereinstimmung mit den Verhaltensvorgaben der OECD-Leitsätze gehandelt, an eine Nationale Kontaktstelle zu wenden und damit ein Konfliktlösungsverfahren einzuleiten, welches trotz seines insgesamt „weichen" Charakters in der Praxis durchaus gewisse Merkmale eines quasi-justiziellen Streitschlichtungsmechanismus aufweist.[161] Neben den branchenübergreifend angelegten OECD Guidelines for Multinational Enterprises sind im Rahmen dieser internationalen Organisation überdies insbesondere in jüngerer Zeit eine Reihe sektorspezifischer Verhaltenskodizes entwickelt worden. Hierzu gehören der „OECD-Leitfaden für die Erfüllung der Sorgfaltspflicht zur Förderung verantwortungsvoller Lieferketten für Minerale aus Konflikt- und Hochrisikogebieten" in der aktuellen Fassung von 2019, der „OECD/FAO-Leitfaden für verantwortungsvolle landwirtschaftliche Lieferketten" von 2016 sowie der „OECD-Leitfaden für die Erfüllung der Sorgfaltspflicht zur Förderung verantwortungsvoller Lieferketten in der Bekleidungs- und Schuhwarenindustrie" von 2017.

---

159 Eingehend zum Anwendungsbereich der OECD-Leitsätze *Huarte Melgar/Nowrot/Wang* The 2011 Update of the OECD Guidelines for Multinational Enterprises: Balanced Outcome or an Opportunity Missed? (2011) 18ff.

160 Vgl *Huarte Melgar/Nowrot/Wang* (Fn 159) 33ff.

161 Eingehender zu den Implementierungsmechanismen der OECD-Leitsätze *Weidmann* 236ff; *Ochoa Sanchez* Nordic JIL 84 (2015) 89ff; *Krajewski/Bozorgzad/Heß* ZaöRV 76 (2016) 309/317ff; *Huarte Melgar/Nowrot/Wang* (Fn 159) 43ff.

Ebenfalls zum Kreis der seit langem etablierten Verhaltenskodizes gehört die von der ILO am 16.11.1977 angenommene und zuletzt im März 2017 überarbeitete **„Tripartite Declaration of Principles concerning Multinational Enterprises and Social Policy“**.[162] Entsprechend dem im Vergleich zur OECD spezifischeren Aufgabenfeld der ILO enthält diese Grundsatzerklärung neben zwei einführenden Abschnitten in ihren insgesamt 68 Absätzen gerade auch an Unternehmen adressierte Verhaltenserwartungen in Bezug auf die vier Bereiche Beschäftigung, Ausbildung, Arbeits- und Lebensbedingungen sowie Arbeitsbeziehungen, welche sich inhaltlich im Wesentlichen an die Regelungsvorgaben einzelner ILO-Konventionen anlehnen. Die Implementierung dieser Verhaltensvorgaben erfolgt grundsätzlich auf der Basis kooperativ orientierter Verwirklichungsmechanismen wie regelmäßigen Berichten von Regierungen sowie Arbeitgeber- und Arbeitnehmerverbänden, Förderungsmaßnahmen sog nationaler Anlaufstellen und vertraulichen Dialogprozessen zwischen Unternehmen und Arbeitnehmerverbänden. Überdies hat ein begrenzter Kreis von Akteuren – nämlich Regierungen, Arbeitgeber- und Arbeitnehmerverbände – die Möglichkeit, im Falle von Meinungsverschiedenheiten in einem spezifischen Konfliktfall das Internationale Arbeitsamt der ILO um die Konkretisierung einzelner Bestimmung der Grundsatzerklärung zu ersuchen. Ein mit dem Regime der OECD-Leitsätze vergleichbarer Konfliktlösungsmechanismus ist nicht vorgesehen.[163] 45

Eine weitere beachtenswerte Entwicklung bildet in diesem Zusammenhang die Verabschiedung der **„Norms on the Responsibility of Transnational Corporations and Other Business Enterprises with Regard to Human Rights“** vom 13.8.2003 durch die Sub-Commission on the Promotion and Protection of Human Rights, einem Unterorgan der dem ECOSOC zugeordneten ehemaligen Commission on Human Rights.[164] Dieses Dokument stellt den gegenwärtig wohl umfassendsten und ambitioniertesten Ansatz für die Entwicklung eines Verhaltenskodex[165] für Wirtschaftsakteure auf dem Gebiet der unternehmerischen Menschenrechtsverantwortung dar.[166] Gleichwohl ist schon vor dem Hintergrund der deutlich zurückhaltenden Reaktionen der frü- 46

---

162 Allgem zu diesem Steuerungsinstrument zB *Koeltz* Menschenrechtsverantwortung multinationaler Unternehmen (2010) 153ff; *Davarnejad* 180ff; *Cernic* EYIEL 10 (2019) 193ff.

163 Kritisch hierzu bereits ua *Hennings* 143; *Davarnejad* 191f; *Nowrot* Obligations, 1181f mwN.

164 UN, Sub-Commission Resolution 2003/16 v 13.8.2003, in Report of the Sub-Commission on the Promotion and Protection of Human Rights on its Fifty-Fifth Session, E/CN.4/2004/2, E/CN.4/Sub.2/2003/43 v 20.10.2003, 51ff; für den Text des Verhaltenskodex s UN Doc E/CN.4/Sub.2/2003/12/Rev.2 (2003) v 26.8.2003; sowie die Erläuterungen in Commentary on the Norms on the Responsibility of Transnational Corporations and Other Business Enterprises with Regard to Human Rights, E/CN.4/Sub.2/2003/38/Rev.2 (2003).

165 Über den anzustrebenden Charakter des Dokuments als CSR-Verhaltenskodex oder rechtsverbindliches Steuerungsinstrument konnten die Mitglieder der Arbeitsgruppe bis zuletzt keine Einigkeit erzielen. Vgl hierzu *Nowrot* Ordnungsstruktur, 69f mwN.

166 Zu Entstehungsgeschichte und Inhalt *Weissbrodt/Kruger* AJIL 97 (2003) 901ff; *Nowrot* Die UN-Norms on the Responsibility of Transnational Corporations and Other Business Enterprises with Regard to Human Rights – Gelungener Beitrag zur transnationalen Rechtsverwirklichung oder das Ende des Global Compact? (2003) 5ff; *Morgera* 101ff; *Hörtreiter* 152ff.

heren Commission on Human Rights[167] nicht mehr davon auszugehen, dass dieser Verhaltenskodex jemals über das Stadium der Verabschiedung durch die Sub-Commission hinausgelangen wird.

47 Vielmehr hat nachfolgend ein anderer Innovationsprozess, welcher ursprünglich in Reaktion auf die „UN Norms" begann, erhebliche Aufmerksamkeit auf sich gezogen: Im Juli 2005 wurde *John G. Ruggie* vom UN-Generalsekretär zum „Special Representative on the Issue of Human Rights and Transnational Corporations" ernannt.[168] Dieser entwickelte in den folgenden Jahren ein an Staaten und Unternehmen adressiertes Steuerungsinstrument, welches als **„Guiding Principles on Business and Human Rights: Implementing the United Nations ‚Protect, Respect and Remedy' Framework"** im Juni 2011 vom UN-Menschenrechtsrat angenommen worden ist[169] und schon vor diesem Hintergrund im Wesentlichen den gegenwärtigen Minimalkonsens auf globaler Ebene zur Frage der menschenrechtlichen Verantwortung von Unternehmen widerspiegelt. Wie auch ihr vollständiger Titel bereits indiziert, stellen diese UN-Leitprinzipien primär eine Konkretisierung und weitere Operationalisierung des von *Ruggie* bereits im April 2008 vorgestellten dreidimensionalen Strukturrahmen „Protect, Respect and Remedy" dar.[170] Dabei liegt ihnen ein übergreifender Ordnungsansatz für das Politikfeld Wirtschaft und Menschenrechte zugrunde.[171] Dieser findet seinen Ausdruck vor allem darin, dass sie gerade auch an Staaten adressierte Verhaltenserwartungen enthalten. Dies gilt zunächst vor allem für die erste Regelungsdimension („protect"), welche den Gegenstand der Prinzipien 1 bis 10 bildet und im Wesentlichen die menschenrechtlichen Schutzpflichten der Staaten im Hinblick auf die Aktivitäten von Unternehmen konkretisieren.[172] Es trifft aber auch auf die dritte Regelungsdimension („remedy") zu, die in den Prinzipien 25 bis 31 neben an Unternehmen adressierte Empfehlungen zur Einrichtung außergerichtlicher Beschwerdemechanismen insbesondere auch Vorgaben für gerichtliche und außergerichtliche Beschwerdemechanismen von Staaten auflistet. Obgleich sich die UN-Leitprinzipien somit von herkömmlichen Verhaltenskodizes für Unternehmen unterscheiden, finden sich namentlich in Gestalt der zweiten Regelungsdimension („respect") in den Prinzipien 11 bis 24 auch umfangreiche Verhaltenserwartungen an Unternehmen, die im Kern auf einer Verantwortung zur Achtung der Menschenrechte beruht und in diesem Zusam-

---

167 Vgl UN, Commission on Human Rights Decision 2004/116 v 20.4.2004, in Report to the Economic and Social Council on the Sixtieth Session of the Commission, Draft Report of the Commission, E/CN.4/2004/L.11/Add.7 v 22.4.2004, 81f; vgl hierzu *Nowrot* Ordnungsstruktur, 70ff mwN.

168 S UN, Interim Report of the Special Representative of the Secretary-General on the Issue of Human Rights and Transnational Corporations and other Business Enterprises, E/CN.4/2006/97 v 22.2.2006, paras 56ff; vgl auch *Ruggie* AJIL 101 (2007) 819/822ff; *Spießhofer* 91ff.

169 Human Rights Council, Res 17/4, A/HRC/RES/17/4 v 6.7.2011; für den Text der „UN Guiding Principles" s UN, Report of the Special Representative of the Secretary-General on the Issue of Human Rights and Transnational Corporations and other Business Enterprises, A/HRC/17/31 v 21.3.2011, Annex.

170 So auch schon ua *Klimke/Lorenzoni Escobar/Tietje* VN 2016, 243/244; *Krajewski* ZGR 2018, 271/283; *Nowrot* Obligations, 1183f. Vgl Human Rights Council, Protect, Respect and Remedy: A Framework for Business and Human Rights, A/HRC/8/5 v 7.4.2008.

171 Eingehender zum Inhalt der UN-Leitprinzipien zB *Ruggie* Just Business (2013) 81ff; *Spießhofer* 109ff; *Tietje* FS Riedel (2013) 271/277ff.

172 Allgem hierzu schon o Rn 36ff.

menhang insbesondere eine menschenrechtliche Sorgfaltspflicht privater Wirtschaftsakteure vorsieht.[173] Zur Implementierung der in den UN-Leitprinzipien vorgesehenen Verhaltenserwartungen hat die „UN Working Group on Business and Human Rights" den Staaten nachfolgend empfohlen, unter anderem sog **Nationale Aktionspläne** auszuarbeiten.[174] Bis März 2021 haben 24 Staaten entsprechende Aktionspläne vorgelegt, darunter auch Deutschland auf der Grundlage des am 16.12.2016 von der Bundesregierung beschlossenen „Nationalen Aktionsplans – Umsetzung der VN-Leitprinzipien für Wirtschaft und Menschenrechte 2016-2020".

III. Normativ relevante Wirkungen von CSR-Instrumenten für Unternehmen

Die vielfältigen CSR-Instrumente zeichnen sich erst einmal gerade dadurch aus, dass 48
die in ihnen enthaltenen Verhaltenserwartungen für Unternehmen keine rechtliche Verbindlichkeit aufweisen.[175] Gleichwohl kann ihnen als Mechanismen der Verhaltenssteuerung durchaus normative Relevanz zukommen. Dies gilt zunächst insbesondere für den Fall, dass diese Steuerungsinstrumente **ausdrücklich in ein völkerrechtliches Vertragsregime einbezogen** werden und auf diese Weise eine positivrechtliche Bedeutung erlangen. So finden sich vor allem in jüngerer Zeit explizite Bezugnahmen auf spezifische CSR-Instrumente namentlich in einigen regionalen Wirtschaftsintegrationsabkommen und Investitionsverträgen.[176] Exemplarisch sei hier der Verweis auf die OECD Guidelines for Multinational Enterprises in Art 14.17 des am 1.7.2020 in Kraft getretenen United States-Mexico-Canada Agreement (USMCA), in der Präambel sowie Art 22.3 Abs 2 lit b und Art 25.4 Abs 2 lit c des am 30.10.2016 unterzeichneten Comprehensive Economic and Trade Agreement (CETA) zwischen Canada und der EU,[177] in der Präambel des Freihandelsabkommens zwischen Albanien und den EFTA-Staaten vom 17.12.2009 und in der Präambel des BIT zwischen Österreich und Kosovo vom 22.1.2010 genannt.[178] Diese und weitere bislang in der völkerrechtlichen Vertragspraxis nachweisbaren Bezugnahmen lassen sich zwar schon im Lichte ihres Wortlauts nicht in der Weise interpretieren, dass die jeweils genannten CSR-Instrumente und die in ihnen enthaltenen Verhaltensvorgaben nunmehr für Unternehmen rechtliche Verbindlichkeit erlangen würden.[179] Einem solchen Regelungsansatz stehen aber für die Zukunft jedenfalls keine prinzipiellen rechtsdogmatischen Bedenken entgegen.[180]

---

173 Vgl *Bonnitcha/McCorquodale* EJIL 28 (2017) 899ff mwN.

174 S Human Rights Council, Report of the Working Group on the Issue of Human Rights and Transnational Corporations and other Business Enterprises, A/HRC/23/32 v 14.3.2013, para 71; vgl a EU Kommission, Eine neue EU-Strategie (2011-14) für die soziale Verantwortung der Unternehmen (CSR), KOM (2011) 681 endg v 25.10.2011, para 4.8.2; *Klimke/Lorenzoni Escobar/Tietje* VN 2016, 243/246f.

175 Vgl schon o Rn 41.

176 Allgem zu regionalen Wirtschaftsintegrationsabkommen → *Nowrot* § 3 Rn 1ff; im Hinblick auf internationale Investitionsabkommen → *Reinisch* § 9 Rn 11ff.

177 ABl EU 2017 L 11/23.

178 Vgl hierzu sowie für weitere Beispiele ua *Krajewski* BHRJ 5 (2020) 105/116ff; *Nowrot* (Fn 24) 18ff.

179 So schon ua *Dörr* 157; *Nowrot* Obligations, 1167f.

180 Vgl daher hierzu *de lege ferenda* zB *van der Zee* LIEI 40 (2013) 33/51ff; *Krajewski/Bozorgzad/Heß* ZaöRV 76 (2016) 309/335f.

49 Im Hinblick auf die normative Steuerungswirkung von potentiell wenigstens ebenso großer Bedeutung ist die Möglichkeit der Staaten, mittels unilateraler positivrechtlicher Regelungen unter Rückgriff auf **ökonomische Steuerungsmechanismen** bzw einer **indirekten Verhaltenslenkung durch Anreizstrukturen** die Beachtung von Verhaltenserwartungen in CSR-Instrumenten durch Unternehmen zu fördern. Ein prägnantes Beispiel hierfür bildet die verbindliche Einbeziehung von Verhaltenskodizes oder anderen Steuerungsinstrumenten auf dem Gebiet der CSR in die Verfahren der öffentlichen Auftragsvergabe.[181] Weiterhin sind hier die entsprechenden rechtlichen Optionen im Bereich der Außenwirtschaftsförderung zu nennen.[182]

50 Aber auch soweit keine solche Inkorporation in positivrechtliche Ordnungsstrukturen auf internationaler oder innerstaatlicher Ebene erfolgt, entfalten namentlich die im Kontext internationaler Organisationen entwickelten Verhaltenskodizes und weiteren CSR-Instrumente[183] in vielfältiger Weise – beispielsweise in Bezug auf ihren möglichen Beitrag zur Herausbildung von Völkergewohnheitsrecht[184] – rechtliche Wirkungskraft und sind daher als normativ erhebliche Steuerungsmechanismen zu qualifizieren. Bereits der Umstand, dass sich die in ihnen niedergelegten Verhaltensvorgaben unmittelbar an nichtstaatliche Akteure wie Unternehmen richten, bringt die **Erwartung der Völkerrechtsgemeinschaft** zum Ausdruck, dass diese sich – in gleicher Weise wie die ebenfalls vielfach als Adressaten angesprochenen Staaten – auch ohne rechtsverbindliche Anordnung in ihrem Verhalten an den Kodizes orientieren.[185] Dieser **Verwirklichungsanspruch** kommt insbesondere in denjenigen Fällen deutlich zum Ausdruck, in denen sie über die Verhaltensvorgaben hinaus auch – natürlich vom rechtlichen Standpunkt her zunächst einmal ebenfalls nur „weiche" – Implementierungsmechanismen vorsehen. Beispielhaft sei hier auf die Verfahren der OECD Guidelines[186] sowie die sog „integrity measures" des United Nations Global Compact[187] verwiesen.

IV. Internationale Verhaltenserwartungen an Unternehmen als Gegenstand staatlicher Impulsgebungspflichten

51 Zwar enthalten auch die im Rahmen von internationalen Organisationen verabschiedeten Verhaltenskodizes und Leitprinzipien weiterhin für die entsprechenden Unternehmen im Grundsatz lediglich unverbindliche Verhaltensempfehlungen. Hinsicht-

181 Hierzu *Ankersmit* ELJ 26 (2020) 9ff; *Dörr* 155f; *McCrudden* in McBarnet/Voiculescu/Campbell (Hrsg) The New Corporate Accountability: Corporate Social Responsibility and the Law (2007) 93ff.

182 Eingehender *Bernaz* Journal of Business Ethics 117 (2013) 493/500ff; *Krajewski* FS Klein (2013) 1113ff; *Dörr* 154f; *Nowrot* Obligations, 1172f.

183 Zu den normativen Wirkungen anderer CSR-Instrumente wie Selbstregulierungsmechanismen → *Nowrot* § 2 Rn 99f.

184 Vgl allerdings bereits o Rn 32.

185 S *Dahm/Delbrück/Wolfrum* Völkerrecht, Bd I/2, 2. Aufl (2002) 255; *Duruigbo* Multinational Corporations and International Law (2003) 120.

186 Vgl o Rn 44.

187 Hierzu zB *Davarnejad* 203ff; *Nowrot* The New Governance Structure of the Global Compact (2005) 24ff.

lich der an diesen Steuerungsinstrumenten beteiligten bzw von ihnen adressierten **Staaten** selbst zeichnet sich jedoch im Internationalen Wirtschaftsrecht zumindest bereits eine Entwicklung ab, welche die **Herausbildung und Anerkennung verbindlicher Impulsgebungspflichten** indiziert.[188] So findet sich beispielsweise im einleitenden Abschnitt der überarbeiteten OECD Guidelines for Multinational Enterprises nunmehr an prominenter Stelle folgende Aussage: „The *Guidelines* provide voluntary principles and standards for responsible business conduct [...] However, the countries adhering to the *Guidelines* make a binding commitment to implement them in accordance with the *Decision of the OECD Council on the OECD Guidelines for Multinational Enterprises*."[189] Die Wahrnehmung, dass Staaten grundsätzlich auch einer völkerrechtlichen Verpflichtung unterliegen, die Unternehmensverantwortung für die Realisierung von Gemeinwohlbelangen mittels Anreizen und weiteren Impulsansätzen zu entwickeln und zu fördern, findet – aus primär menschenrechtlicher Perspektive – weiterhin in den United Nations Guiding Principles on Business and Human Rights ihren Niederschlag. So enthält dieses Dokument unter anderem in seinem dritten Prinzip die Vorgabe, dass „[i]n meeting their duty to protect [human rights], States should: [...] Provide effective guidance to business enterprises on how to respect human rights throughout their operations".[190]

Weiterhin lassen sich entsprechende staatliche Impulsgebungspflichten in jüngerer Zeit gerade auch vermehrt auf dem Gebiet des **Völkervertragsrechts** selbst nachweisen. Exemplarisch sei hier auf Art 816 des am 15. August 2011 in Kraft getretenen Freihandelsabkommens zwischen Kanada und Kolumbien verwiesen, welcher unter dem Titel „Corporate Social Responsibility" folgende Regelung enthält: „Each Party should encourage enterprises operating within its territory or subject to its jurisdiction to voluntarily incorporate internationally recognized standards of corporate social responsibility in their internal policies, such as statements of principle that have been endorsed or are supported by the Parties. These principles address issues such as labour, the environment, human rights, community relations and anti-corruption. The Parties remind those enterprises of the importance of incorporating such corporate social responsibility standards in their internal policies."[191] 52

188 Vgl a zB *Hepburn/Kuuya* in Cordonier Segger/Gehring/Newcombe (Hrsg) Sustainable Development in World Investment Law (2011) 589/601 („imposing an obligation to *encourage* the adoption of voluntary CSR measures"); sowie *Nowrot* (Fn 7) 587ff; *ders* (Fn 1) 225ff. Zu weiteren staatsgerichteteten rechtsverbindlichen Regelungsgehalten von CSR-Instrumenten s *Krajewski* ZGR 2018, 271/275f.

189 Para 1 des Preface der OECD Guidelines. Vgl a zB Para 11 der Concepts and Principles der OECD Guidelines („Governments adhering to the *Guidelines* will implement them and encourage their use. They will establish National Contact Points that promote the *Guidelines* and act as a forum for discussion of all matters relating to the *Guidelines*.").

190 UN, Report of the Special Representative of the Secretary-General on the Issue of Human Rights and Transnational Corporations and other Business Enterprises, A/HRC/17/31 v 21.3.2011, Annex, 8. S a zB bereits Human Rights Council, Protect, Respect and Remedy: A Framework for Business and Human Rights, A/HRC/8/5 v 7.4.2008, paras 29ff.

191 Hierzu sowie für weitere Beispiele aus der internationalen Vertragspraxis *Nowrot* (Fn 7) 592f.

§ 18
Außenwirtschaftsrecht

Christian Tietje

Gliederung **Rn**

https://doi.org/10.1515/9783110630718-018

Schrifttum

Bieneck (Hrsg) Handbuch des Außenwirtschaftsrechts mit Kriegswaffenkontrollrecht, 2. Aufl (2005); *Becker/Hatje/Schoo/Schwarze* (Hrsg) EU-Kommentar, 4. Aufl (2019); *von Bogdandy* (Hrsg) Europäisches Verfassungsrecht, 2. Aufl (2009); *Brenner* Der Gestaltungsauftrag der Verwaltung in der Europäischen Union (1996); *Calliess/Ruffert* (Hrsg) EUV/AEUV, 5. Aufl (2016); *von Danwitz* Verwaltungsrechtliches System und Europäische Integration (1996); *Dauses* (Hrsg) Handbuch des EU-Wirtschaftsrechts, 50. Aufl (2020); *Dorsch* (Hrsg) Zollrecht (Stand August 2019); *Ehlers* (Hrsg) Europäische Grundrechte und Grundfreiheiten, 4. Aufl (2015); *Ehlers/Fehling/Pünder* (Hrsg) Besonderes Verwaltungsrecht, Bd 1: Öffentliches Wirtschaftsrecht, 4. Aufl (2019); *Eiselstein* Die Europäische Gemeinschaft in der Weltwirtschaftsordnung (1987); *Epping* Die Außenwirtschaftsfreiheit (1998); *Geiger/Khan/Kotzur* (Hrsg) EUV/AEUV, 6. Aufl (2017); *Grabitz/von Bogdandy/Nettesheim* (Hrsg) Europäisches Außenwirtschaftsrecht (1994); *Grabitz/Hilf/Nettesheim* (Hrsg) Das Recht der Europäischen Union (Stand 71. EL August 2020); *von der Groeben/Schwarze/Hatje* (Hrsg) Kommentar zum Europäischen Unionsrecht, 7. Aufl (2015); *Hatje* Die unionsrechtliche Steuerung der Wirtschaftsverwaltung: Grundlagen, Erscheinungsformen, verfassungsrechtliche Grenzen am Beispiel der Bundesrepublik Deutschland (1999); *Herdegen* Europarecht, 21. Aufl (2019); *Hermes* TRIPS im Gemeinschaftsrecht: Zu den innergemeinschaftlichen Wirkungen von WTO-Übereinkünften (2002); *Hermann* Das Abschlußverfahren völkerrechtlicher Verträge der EWG (1973); *Herrmann/Krenzler/Streinz* (Hrsg) Die Außenwirtschaftspolitik der Europäischen Union nach dem Verfassungsvertrag (2006); *Herrmann/Michl* Grundzüge des europäischen Außenwirtschaftsrechts, ZEuS 2008, 81; *Hilf/Oeter* WTO-Recht – Rechtsordnung des Welthandels, 2. Aufl (2010); *Hochbaum* Die Harmonisierung des Verwaltungsrechts im Zollkodex der EG (2003); *Hocke/Sachs/Pelz* Außenwirtschaftsrecht, 2. Aufl (2020); *Hohmann* Angemessene Außenhandelsfreiheit im Vergleich: die Rechtspraxis der USA, Deutschlands (inklusive der EG) und Japans zum Außenhandel und ihre Konstitutionalisierung (2002); *Hohmann/John* (Hrsg) Ausfuhrrecht (2002); *Kadelbach* Allgemeines Verwaltungsrecht unter europäischem Einfluß (1999); *Karpenstein* Europäisches Exportkontrollrecht für Dual-use-Güter (1998); *Krenzler/Herrmann/Niestedt* (Hrsg) EU-Außenwirtschafts- und Zollrecht (Stand 16. EL Oktober 2020); *Meyer/Hölscheidt* (Hrsg) Kommentar zur Charta der Grundrechte der Europäischen Union, 5. Aufl (2019); *Nehl* Europäisches Verwaltungsverfahren und Gemeinschaftsverfassung (2002); *Nettesheim* Ziele des Antidumping- und Antisubventionsrechts (1994); *Nowak/Cremer* (Hrsg) Individualrechtsschutz in der EG und der WTO (2002); *Obermayr* Unionsrecht und nationales Außenwirtschaftsrecht über die Wareneinfuhr (2004); *O'Keefe/Schermers* (Hrsg) Mixed Agreements (1983); *Prieß/Berrisch* (Hrsg) WTO-Handbuch (2003); *Ress* Das Handelsembargo: völker-, europa- und außenwirtschaftsrechtliche Rahmenbedingungen, Praxis und Entschädigung (2000); *Reuter* Außenwirtschafts- und Exportkontrollrecht Deutschland/Europäische Union (1995); *Rittner/Dreher* Europäisches und deutsches Wirtschaftsrecht, 3. Aufl (2008) § 27; *Rüsken* (Hrsg) Außenwirtschaftsgesetz Kommentar (2014); *Schliesky* Öffentliches Wirtschaftsrecht – Eine Einführung mit Fällen, 4. Aufl (2014); *Schulze/Janssen/Kadelbach* (Hrsg) Europarecht – Handbuch für die deutsche Rechtspraxis, 4. Aufl (2020); *Schneider* Wirtschaftssanktionen (1997); *Siebold* Die Welthandelsorganisation und die Europäische Gemeinschaft (2003); *Streinz* Europarecht, 11. Aufl (2019); *Tietje* Internationalisiertes Verwaltungshandeln (2001); *ders* Normative Grundstrukturen der Behandlung nichttarifärer Handelshemmnisse in der WTO/GATT-Rechtsordnung (1998); *Tietje/Kluttig* Aktuelle Entwicklungen im Europäischen Außenwirtschaftsrecht, EuZ 5/2007, 82; *Witte* (Hrsg) Zollkodex, 7. Aufl (2018); *Wolffgang/Simonsen* (Hrsg) AWR-Kommentar (Stand März 2020).

A. Einleitung

I. Begrifflichkeit

1 Die Steuerung im internationalen Wirtschaftssystem erfolgt anhand zahlreicher Instrumentarien unterschiedlicher Akteure, wobei nicht immer mit abschließender Klarheit zwischen unverbindlichen und verbindlichen Steuerungsinstrumenten unterschieden werden kann.[1] In dem so zu konstatierenden Instrumenten- und Akteursmix **kommt dem Staat bzw der EU als supranationaler Organisation weiterhin eine bedeutende Funktion zu**, auch wenn diese beiden Völkerrechtssubjekte heute nicht mehr als ausschließliche rechtlich relevante Akteure angesehen werden können.[2] Dessen ungeachtet sind internationale Wirtschaftstransaktionen aber auch heute noch zumindest potentiell einem hoheitlichen Zugriff und damit einer hoheitlichen Steuerung ausgesetzt. Das liegt in erster Linie in der völkerrechtlich anerkannten Jurisdiktionshoheit[3] begründet, welche in personeller und/oder territorialer Hinsicht zwangsläufig bei jeder Wirtschaftstransaktion betroffen ist, die einen internationalen Charakter hat,

1 Ausf zu den Steuerungssubjekten und -mechanismen im Internationalen Wirtschaftsrecht → *Nowrot* § 2 Rn 9ff.

2 Zur insofern veränderten Rolle des Staates s insb *Delbrück* Das Staatsbild im Zeitalter wirtschaftsrechtlicher Globalisierung (2002); zu den Auswirkungen der rechtlichen Globalisierung auf die EU, s *Walter* DVBl 2000, 1ff.

3 Hierzu statt vieler *Dahm/Delbrück/Wolfrum* Völkerrecht, Bd I/1, 2. Aufl (1989) 316ff; sowie → *Tietje* § 1 Rn 106ff.

da insofern immer ein jurisdiktionsübergreifender Bezug besteht. In rechtlicher Hinsicht erfolgt aus der Sicht des Staates bzw der EU die Steuerung jurisdiktionsübergreifender Wirtschaftstransaktionen durch das Außenwirtschaftsrecht.

Das Außenwirtschaftsrecht wird herkömmlich als **„Teil des Wirtschaftsverwaltungsrechts, der sich mit der Regelung des Außenwirtschaftsverkehrs befasst“**, 2
definiert.[4] Diese Definition erscheint in ihrer Allgemeinheit auf den ersten Blick zutreffend und wurde – soweit ersichtlich – auch kaum in Frage gestellt. Allerdings darf nicht verkannt werden, dass mit der Einordnung des Außenwirtschaftsrechts in die dogmatische Kategorie des Wirtschaftsverwaltungsrechts eine nicht zweifelsfreie Begrifflichkeit des innerstaatlichen deutschen Rechts verwandt wird. Zunächst verstellt die definitorische Begrenzung auf das Wirtschafts*verwaltungsrecht* den Blick darauf, dass die hier interessierende Rechtsmaterie weit über das Verwaltungsrecht hinausgeht.[5] Außenwirtschaftsrecht ist heute in weiten Bereichen Unionsrecht; hierauf ist noch ausführlich zurückzukommen. Überdies wird durch den verwaltungsrechtlichen Bezug in der zitierten Definition unterschlagen, dass das außenwirtschaftlich relevante Handeln von Privatrechtssubjekten natürlich in weiten Bereichen eine innerstaatliche, unionsrechtliche und möglicherweise sogar völkerrechtliche verfassungsrechtliche Grundlage findet.[6] Schließlich ist zu konstatieren, dass der Begriff „Wirtschaftsverwaltungsrecht“ eine in hohem Maße auf das rein innerstaatliche Recht bezogene Konnotation in sich trägt. Das Außenwirtschaftsrecht ist indes gerade dadurch gekennzeichnet, dass es in ganz überwiegendem Umfang **Recht im Mehrebenensystem der internationalen, europäischen und innerstaatlichen Rechtsordnungen** ist, wobei das Unionsrecht eine dominierende Stellung einnimmt.

IE kann die Einordnung des Außenwirtschaftsrechts in die dogmatische Kategorie 3
des Wirtschaftsverwaltungsrechts damit nicht überzeugen. Außenwirtschaftsrecht ist vielmehr die **Gesamtheit der internationalen, europäischen und innerstaatlichen Rechtsnormen**, die in Abgrenzung zum privaten Wirtschaftsrecht einer öffentlichen Gewalt zugeordnet sind[7] und die in ihrem sachlichen Anwendungsbereich eine jurisdiktionsübergreifende Wirtschaftstransaktion zum Gegenstand haben.

Mit dieser Charakterisierung des Außenwirtschaftsrechts wird zugleich – bewusst – 4
vermieden, auf den Begriff des Außenwirtschaftsverkehrs in § 1 Abs 1 AWG zugreifen zu müssen. Die dortige Umschreibung des Außenwirtschaftsverkehrs als „Güter-, Dienstleistungs-, Kapital-, Zahlungs- und sonstige[r] Wirtschaftsverkehr mit dem Ausland sowie der Verkehr mit Auslandswerten und Gold zwischen Inländern“ stellt zwar eine sachlich weitgehend zutreffende Legaldefinition dar.[8] Allerdings ist problematisch,

4 So statt vieler *Bryde* in Achterberg/Püttner/Würtenberger (Hrsg) Besonderes Verwaltungsrecht, Bd I, 2. Aufl (2000) § 5 Rn 1 mwN; ganz ähnlich *Wolffgang* in Ehlers/Fehling/Pünder (Hrsg) Besonderes Verwaltungsrecht, Bd I, 4. Aufl (2019) § 21 Rn 1.

5 Zu diesem allgemeinen Problem des Begriffes „Wirtschaftsverwaltungsrecht“, s *Schliesky* 3ff.

6 Zu den Konstitutionalisierungsprozessen im Internationalen Wirtschaftsrechts s → *Tietje* § 1 Rn 31; u → *Nowrot* § 2 Rn 8 mwN; zu den unionsrechtlichen und innerstaatlichen verfassungsrechtlichen Grundlagen s noch u Rn 18ff.

7 Das entspricht der Definition des öffentlichen Wirtschaftsrechts, s *Schliesky* 3.

8 Allerdings macht der Verweis auf den Verkehr „mit Auslandswerten und Gold zwischen Inländern“ wenig Sinn, da der grenzüberschreitende Außenwirtschaftsbezug hier nicht ersichtlich ist, hierzu zB *Hohmann* in ders/John (Hrsg) Ausfuhrrecht, § 1 AWG Rn 15.

dass eine territoriale Begrenzung stattfindet. Diese Eingrenzung des territorialen Anwendungsbereiches ist sicherlich für ein deutsches Gesetz zwingend, sie täuscht jedoch in rechtlicher Hinsicht darüber, dass **die für das Außenwirtschaftsrecht maßgeblichen Rechtsnormen heute nicht mehr im AWG** zu finden sind.

II. Funktionen des Außenwirtschaftsrechts im Mehrebenensystem der innerstaatlichen, europäischen und internationalen Rechtsordnung

5 Der öffentlichen Gewalt zugeordnete Rechtsnormen, die sich auf jurisdiktionsübergreifende Wirtschaftstransaktionen beziehen, erfüllen im Wesentlichen zwei Funktionen: Zunächst erfolgt durch sie eine **Steuerung des jurisdiktionsübergreifenden Wirtschaftsverkehrs**, um ökonomische und/oder politische Ziele zu erreichen. Die maßgeblichen ökonomischen Ziele sind dabei rechtlich determiniert, und zwar in § 1 Gesetz zur Förderung der Stabilität und des Wachstums der Wirtschaft (StabG) (Erhaltung des außenwirtschaftlichen Gleichgewichts), in Art 206 AEUV,[9] sowie in den verschiedenen internationalen Wirtschaftsrechtsregimen, die ihrerseits ihre Grundlage in Art 55 UN-Charta finden.[10] Allerdings ist das Außenwirtschaftsrecht nicht nur auf ökonomische Ziele gerichtet. Insb in jüngerer Zeit nimmt die Instrumentalisierung des Außenwirtschaftsrechts zur **Verfolgung allgemeiner außen- und sicherheitspolitischer Ziele** eine zunehmende Bedeutung ein.[11] Das zeigt sich ua an Art 205, 207 Abs 1 S 2 AEUV iVm Art 21 EUV und Art 215 AEUV sowie an der Wirtschaftssanktionen legitimierenden Praxis des UN-Sicherheitsrates nach Art 39, 41 UN-Charta.[12]

6 Die zweite Funktion des Außenwirtschaftsrechts ist darin zu sehen, im Sinne der funktionalen Einheit von innerstaatlichem, europäischem und internationalem Recht[13] das Instrumentarium zur Verfügung zu stellen, das für die Verwirklichung der zahlreichen internationalen Regelungen des Wirtschaftsrechts notwendig ist. Angesichts der offensichtlichen Verrechtlichung der internationalen Wirtschaftsbeziehungen insgesamt, die treffend als Konstitutionalisierungsprozess beschrieben werden kann,[14] sieht sich das Außenwirtschaftsrecht heute zunehmend der Aufgabe ausgesetzt, nicht nur für die Durchsetzung, sondern **insgesamt für die compliance im internationalen Wirtschaftssystem (mit-)verantwortlich zu sein.**[15] Diese Funktion des Außenwirtschaftsrechts kommt in § 1 Abs 2 AWG und insb Art 206 AEUV, der eine im Umfang noch näher zu bestimmende Verpflichtung der EU auf die Rechtsprinzipien des Welthandelsrechts darstellt,[16] deutlich zum Ausdruck. Im Mehrebenensystem des innerstaatlichen, europäischen und internationalen Rechts bedeutet die

9 Hierzu noch u Rn 19.

10 Zu den Rechtsprinzipien des internationalen Wirtschaftssystems s → *Tietje* § 1 Rn 66ff.

11 *Tietje* Die Außenwirtschaftsverfassung der EU nach dem Vertrag von Lissabon (2009) 19f; frühzeitig auch *Bryde* (Fn 4) § 5 Rn 3.

12 Zur Praxis nach Art 41 UN-Charta s *Krisch* in Simma (Hrsg) Charter of the United Nations, Vol II, 3. Aufl (2012) Art 41 Rn 4ff; zum gesamten Komplex noch ausf u Rn 152ff.

13 Hierzu ausf → *Tietje* § 1 Rn 19ff.

14 S → *Tietje* § 1 Rn 31.

15 Zur Rechtsverwirklichung im internationalen Wirtschaftssystem s a ua → *Nowrot* § 2 Rn 7.

16 Ausf hierzu a unter Auswertung der frühen Praxis der EG *Eiselstein* 81ff; s a noch Rn 19.

compliance-Funktion des Außenwirtschaftsrechts konkret, dass abhängig von der rechtlichen Determinierung durch die jeweils höhere Ebene ein Instrumentarium der Kontrolle und Kooperation zur Verfügung gestellt wird. Das gilt für das EU-Recht ebenso wie für das deutsche Außenwirtschaftsrecht.[17]

III. Rechtsquellen des Außenwirtschaftsrechts

Aus der Sicht der EU-Mitgliedstaaten ist Außenwirtschaftsrecht heute in den weitaus meisten Bereichen Unionsrecht. Das ist in erster Linie auf den Anwendungsvorrang des Unionsrechts[18] iVm den ausschließlichen Kompetenzen der EU im Außenwirtschaftsbereich zurückzuführen. Die EU verfügt zunächst neben **Art 28 Abs 1, 31 und 215 AEUV nach Art 207 AEUV über ausschließliche Kompetenzen in der gemeinsamen Handelspolitik**, die für den Abschluss völkerrechtlicher Verträge und den autonomen Erlass von Unionsrecht gleichermaßen gelten.[19] Mit Blick auf den Abschluss völkerrechtlicher Verträge ergeben sich darüber hinaus außenwirtschaftsrechtlich relevante Kompetenzen der EU in allen Sachbereichen, in denen eine Binnenkompetenz der EU besteht und diese entweder bereits ausgeübt wurde oder aber die internen Maßnahmen anlässlich des Abschlusses und der Inkraftsetzung einer völkerrechtlichen Vereinbarung ergriffen werden, wobei erforderlich ist, dass die maßgebliche interne Kompetenz der EU wirksam nur zugleich mit der Außenkompetenz ausgeübt werden kann.[20] Auch wenn ein solcher Fall impliziter Außenkompetenzen der EU vorliegt, handelt es sich um eine ausschließliche Kompetenz der Union.[21] Seit dem Vertrag von Lissabon ist all dies explizit in **Art 3 Abs 2 AEUV** geregelt. 7

Wie zwischenzeitlich in Art 2 Abs 1 AEUV ausdrücklich niedergelegt, hat die Existenz ausschließlicher Kompetenzen der EU in Regelungsmaterien, die dem Außenwirtschaftsrecht zuzuordnen sind, zur Konsequenz, dass die Mitgliedstaaten vollständig daran gehindert sind, in dem (den) entsprechenden Sachbereich(en) tätig zu werden. Im Außenwirtschaftsrecht führt dies dazu, dass die **Mitgliedstaaten umfassend von der Rechtssetzung ausgeschlossen** sind; eigene Rechtssetzung dürfen die Mitgliedstaaten nur vornehmen, wenn sie hierzu durch einen Unionsrechtsakt ermächtigt werden (Art 2 Abs 1, 2. HS AEUV),[22] was im Außenwirtschaftsrecht verschiedentlich der Fall ist.[23] Das so mit den ausschließlichen Kompetenzen der EU korrespondierende 8

17 Für das deutsche Außenwirtschaftsrecht so a *Bryde* (Fn 4) § 5 Rn 3.

18 *Uerpmann-Wittzack* in von Bogdandy (Hrsg) Europäisches Verfassungsrecht, 177/224ff.

19 St Rspr seit EuGH, Gutachten 1/75, Slg 1975, 1355/1363f – *Lokale Kosten*; zahlreiche Nachw bei *Weiß* in Grabitz/Hilf/Nettesheim (Hrsg) Das Recht der EU (Stand EL 57 August 2015) Art 207 Rn 72ff; zu Einzelheiten zur gemeinsamen Handelspolitik s Rn 18ff.

20 EuGH, Gutachten 1/94, Slg 1994, 5267 Rn 89 – *WTO*; Rs C-476/98, EuZW 2003, 82/83 Rn 82f – *Kommission/Deutschland*.

21 EuGH EuZW 2003, 82/83 Rn 104 – *Kommission/Deutschland*.

22 EuGH, Rs 41/76, Slg 1976, 1921/1937 – *Donckerwolcke*; Rs 174/84, Slg 1986, 559/586 – *Bulk Oil/Sun International*; Rs C-70/94, Slg 1995, 3189 Rn 12 – *Werner*; *Weiß* (Fn 19) Art 207 Rn 76ff.

23 S zB Art 4 Abs 5 VO 428/2009 v 5.5.2009 über eine Gemeinschaftsregelung für die Kontrolle der Ausfuhr, der Verbringung, der Vermittlung und der Durchfuhr v Gütern mit doppeltem Verwendungszweck (Dual-Use VO), ABl EG 2009 L 134/1.

umfassende Rechtssetzungsverbot der Mitgliedstaaten gilt auch dann, wenn die EU ihrerseits in einem spezifischen Sachbereich noch gar nicht rechtssetzend tätig geworden ist.[24]

9 Wie bereits angedeutet, nimmt die EU ihre ausschließlichen Kompetenzen im Außenwirtschaftsbereich durch den Abschluss völkerrechtlicher Verträge und durch autonome Rechtssetzung wahr. Dementsprechend wird von der **vertraglichen und der autonomen Handelspolitik** der Union gesprochen.[25] Im Bereich der vertraglichen Handelspolitik ist die EU heute in ein dichtes und nahezu weltweites Netz völkervertraglicher Beziehungen eingebunden.[26] Da **völkerrechtliche Verträge der EU integrierender Bestandteil des Unionsrechts** sind,[27] folgt hieraus nicht nur eine völkerrechtliche Determination des Außenwirtschaftsrechts. Vielmehr haben die Organe der EU gemäß Art 216 Abs 2 AEUV bei ihrer Rechtssetzungstätigkeit grundsätzlich[28] die völkervertraglichen Bindungen der Union zu beachten; völkervertragliche Bindungen der EU gehen insofern normhierarchisch dem sekundären Unionsrecht vor.[29] Im Übrigen folgt aus der Integration des Völkervertragsrechts in die Unionsrechtsordnung, dass gegenüber dem innerstaatlichen Recht der Mitgliedstaaten ein Anwendungsvorrang gilt.[30]

10 Zusätzlich zum Abschluss völkerrechtlicher Verträge hat die EU umfassend von ihrer Kompetenz zum **Erlass von autonomem Außenwirtschaftsrecht** Gebrauch gemacht. Das betrifft namentlich das noch im Einzelnen darzustellende[31] Ausfuhr- und Einfuhrrecht sowie den Rechtsschutz gegenüber Handelshemmnissen. Überdies ist eine bedeutende Regelung zum Außenwirtschaftsrecht in Art 63 AEUV enthalten, der als Grundfreiheit Beschränkungen des Kapital- und Zahlungsverkehrs mit Drittstaaten verbietet.

11 Angesichts des Umfanges und der Rechtswirkungen des EU-Außenwirtschaftsrechts stellt sich im Rechtsquellenbereich die Frage, welche Bedeutung noch dem deutschen Außenwirtschaftsrecht zukommt. In Deutschland ist mit dem AWG und der AWV auch weiterhin ein innerstaatliches Rechtsinstrumentarium in Kraft, das sich durch seinen „im internationalen Vergleich eher ungewöhnlichen Versuch, das Außenwirtschaftsrecht zu kodifizieren“, auszeichnet.[32] Dem Außenwirtschaftsrecht sind darüber hinaus noch eine Reihe weiterer deutscher Rechtsakte[33] zuzurechnen, wobei

---

24 S insb EuGH, Rs 804/79, Slg 1981, 1045 Rn 20 – *Seefischerei-Erhaltungsmaßnahmen*: Eine „Untätigkeit [konnte] den Mitgliedstaaten keinesfalls die Zuständigkeit und die Freiheit einseitigen Handels ... zurückgeben, weil in diesem Bereich die Zuständigkeitsübertragung auf die Gemeinschaft vollständig und endgültig war“; zu sehr begrenzten Ausnahmen hierzu mit Blick auf den Erlass vorläufiger Maßnahmen durch die Mitgliedstaaten s *Weiß* (Fn 19) Art 207 Rn 76ff mwN.

25 Statt vieler *Streinz* Europarecht, 11. Aufl (2019) Rn 1302.

26 *Weiß* (Fn 19) 207 Rn 196ff; *Streinz* (Fn 25) Rn 1309.

27 EuGH, Rs 181/73, Slg 1974, 460 Rn 5 – *Haegeman*; ausführlich *Schmalenbach* in Calliess/Ruffert (Hrsg) EUV/AEUV, Art 216 Rn 28ff.

28 Zu Ausnahmen nach der Rspr des EuGH mit Blick auf das WTO-Recht s noch Rn 41ff.

29 EuGH, Rs C-61/94, Slg 1996, I-3989 Rn 52 – *Kommission/Rat; Schmalenbach* in Calliess/Ruffert (Hrsg) EUV/AEUV, Art 216 Rn 50.

30 Weitere Einzelheiten hierzu bei Rn 35ff.

31 Zum Ausfuhrrecht Rn 84ff und zum Einfuhrrecht Rn 121ff.

32 *Bryde* (Fn 4) § 5 Rn 4.

33 Umfassende Nachweise bei *Reuter* Rn 762ff.

ua das ZollVG,[34] das KWKG,[35] das Kulturgutsicherungsgesetz[36] sowie das Kulturgüterrückgabegesetz[37] zu nennen sind. Der quantitative Bestand an deutschem Außenwirtschaftsrecht darf jedoch nicht darüber hinwegtäuschen, dass **materiellrechtliche Regelungen im AWG und in der AWV in weiten Bereichen problematisch sind** bzw ohnehin aufgrund des Anwendungsvorranges des Unionsrechts verdrängt werden. Wie auch immer man die Fälle bestehender Handlungskompetenzen der Mitgliedstaaten im Außenwirtschaftsrecht dogmatisch einstuft,[38] in jedem Fall ist nach der Rechtsprechung des EuGH immer ein sich aus Art 4 Abs 3 EUV ergebender Kernbestand an unionsrechtlichen Verpflichtungen zu beachten.[39] Davon bleiben auch die materiellrechtlichen Befugnisse des deutschen Außenwirtschaftsrechts nicht unberührt, die von der deutschen Legislative oder Exekutive tatsächlich noch ausgeübt werden dürfen. Der deutsche Gesetzgeber hat hierauf erst recht spät reagiert, indem am 6.6.2013 das AWG gestrafft und neugefasst wurde.[40] Nunmehr sind autonome Handlungsbefugnisse der deutschen Hoheitsgewalt jedenfalls weitgehend mit Rücksicht auf den Anwendungsvorrang des Unionsrechts aufgehoben worden.

Ungeachtet gewisser Unklarheiten im Nebeneinander von AWG und Unionsrecht 12
darf nicht verkannt werden, dass das deutsche Außenwirtschaftsrecht als Instrumentarium der **Verwaltungskooperation im Unionsrecht**[41] eine wichtige Rolle spielt. Da die EU im Außenwirtschaftsbereich nicht über eigenständige Vollzugsmöglichkeiten verfügt, ist sie für die Durchsetzung des EU-Außenwirtschaftsrechts auf die Tätigkeit der innerstaatlichen Behörden der Mitgliedstaaten angewiesen. Das betrifft in erster Linie die innerstaatlichen Zollbehörden, die insgesamt für die Einhaltung der unionalen oder nationalen Vorschriften verantwortlich sind, die bei der Wareneinfuhr und -ausfuhr zu beachten sind (§ 1 Abs 3 ZollVG),[42] sowie die Aufgaben der in §§ 21ff AWG genannten Behörden und Institutionen, insb das Bundesamt für Wirtschaft und Ausfuhrkontrolle (BAFA).[43]

Überdies kommt dem innerstaatlichen Außenwirtschaftsrecht Bedeutung zu, so- 13
weit es um die **Verwirklichung von Strafvorschriften** geht. Da die EU nur über eine eingeschränkte Strafgewalt verfügt,[44] müssen die mitgliedstaatlichen Rechtsordnun-

34 Zollverwaltungsgesetz v 21.12.1992, BGBl 1992 I, 2125, zuletzt geändert durch Art 210 V v 19.6.2020, BGBl. I, 1328.

35 Ausführungsgesetz zu Artikel 26 Abs 2 des Grundgesetzes (Gesetz über die Kontrolle v Kriegswaffen) in der Fassung der Bekanntmachung v 22.11.1990, zuletzt geändert durch Art 36 V v 19.6.2020, BGBl I, 1328.

36 Vom 15.10.1998, BGBl 1998 I, 3162.

37 Vom 18.5.2007, BGBl 2007 I, 757, zuletzt geändert am 6.6.2013, BGBl 2013 I, 1482.

38 Zu den möglichen dogmatischen Erklärungsansätzen, s *Streinz* (Fn 25) Rn 1300.

39 S insb EuGH, Verb Rs 3, 4 u 6/76, Slg 1976, 1279 Rn 39ff – *Kramer*.

40 Außenwirtschaftsgesetz vom 6.6.2013, BGBl 2013 I, 1482.

41 Grundlegend hierzu *Schmidt-Aßmann* EuR 1996, 270ff; zur internationalen Verwaltungskooperation als Steuerungspotential a *Tietje* Verwaltungshandeln, 278ff; vgl überdies zu nationalen Verwaltungseinheiten als Steuerungssubjekte → *Nowrot* § 2 Rn 17ff.

42 *Reuter* Rn 311ff.

43 Umfassende Informationen zum BAFA sind verfügbar unter <bafa.de>.

44 Zur Kompetenz der EG im Strafrecht siehe EuGH, Rs C-176/03, Slg 2005, I-07879 Rn 64f – *Kommission/Rat*; Rs C-440/05, Slg 2007 Rn 66f – *Kommission/Rat*.

gen für bestimmte Verstöße gegen unionsrechtliche Vorschriften des Außenwirtschaftsrechts Straf- bzw Ordnungswidrigkeitssanktionen vorsehen.[45] Diese finden sich mit Blick auf Verstöße gegen das Unionsrecht insb in den §§ 18 Abs 3, Abs 4 und Abs 5 sowie 19 Abs 4 und Abs 5 AWG. Überhaupt zeigt sich gerade im Bereich der Ordnungswidrigkeiten- und Strafbarkeitsbestimmungen eine **erhebliche praktische Relevanz des Außenwirtschaftsrechts**, da nicht unerhebliche Sanktionen[46] vorgesehen sind.

14 IE zeigt sich damit eine verbleibende Relevanz des deutschen Außenwirtschaftsrechts, die im Wesentlichen als **„bloße Hilfsfunktion für die Durchführung von Europarecht"** bezeichnet werden kann.[47] Mit dieser Aussage ist freilich keine Abwertung des deutschen Außenwirtschaftsrechts verbunden, wie es von eher etatistisch ausgerichteten Autoren scheinbar unterstellt wird.[48] Vielmehr ist die Reduzierung des materiellen Regelungsumfanges des deutschen Außenwirtschaftsrechts eine zwingende Konsequenz des von vornherein dynamisch angelegten europäischen Integrationsprozesses. Dieser sollte sich nach dem Willen der Mitgliedstaaten bewusst im Rahmen einer Zollunion vollziehen (Art 28 Abs 1 AEUV), was eine Supranationalisierung der Handelspolitik mit dritten Staaten voraussetzt.[49] Überdies ist hervorzuheben, dass sich im Außenwirtschaftsrecht auch nur eine Entwicklung der Europäisierung zeigt, die in anderen Bereichen des öffentlichen Rechts ohnehin schon lange anerkannt ist.[50] Schließlich bleibt die kodifikatorische Leistung, die das deutsche Außenwirtschaftsrecht auszeichnet,[51] zumindest entwicklungsgeschichtlich von Bedeutung.

IV. Konsequenzen für den systematischen Zugang und die Darstellung des Außenwirtschaftsrechts

15 Angesichts der **überragenden Bedeutung des Unionsrechts** für die rechtliche Gestaltung der Außenwirtschaftsbeziehungen erscheint es wenig überzeugend, auch heute noch die Darstellung des Außenwirtschaftsrechts vom AWG ausgehend vorzunehmen.[52] Ebenso wenig überzeugend ist es allerdings, das europäische Außenwirt-

---

45 Zu den Zusammenhängen zwischen EG-Außenwirtschaftsrecht und innerstaatlichen Strafvorschriften ausf *John* in Hohmann/John (Hrsg) Ausfuhrrecht, Vor §§ 33, 34 AWG Rn 17ff.

46 Zur historischen Entwicklung und den nicht unerheblichen rechtspolitischen Problemen im Hinblick auf regelmäßige Verschärfungen der Strafvorschriften ausf *John* in Hohmann/John (Hrsg) Ausfuhrrecht, Vor §§ 33, 34 AWG Rn 4ff.

47 *Bryde* in Schmidt (Hrsg) Öffentliches Wirtschaftsrecht – Besonderer Teil, Bd 2 (1996) 485/496; vgl auch *ders* (Fn 4) § 5 Rn 10; in der Tendenz ebenso *Reuter* Rn 5ff und 36f.

48 S insb *Hohmann* in ders/John (Hrsg) Ausfuhrrecht, Einleitung zum AWG Rn 7; *Epping* 627.

49 Zur diesbezüglichen Funktion der gemeinsamen Handelspolitik sowie zu ihrer entwicklungsgeschichtlich herausragenden Bedeutung s *Weiß* (Fn 19) Art 207 Rn 1ff; zum dynamischen Charakter der gemeinsamen Handelspolitik s noch Rn 22.

50 Hierzu insb *Brenner* Der Gestaltungsauftrag der Verwaltung in der Europäischen Union; *von Danwitz* Verwaltungsrechtliches System und Europäische Integration; *Hatje* Die Unionsrechtliche Steuerung der Wirtschaftsverwaltung; *Kadelbach* Allgemeines Verwaltungsrecht unter europäischem Einfluss.

51 *Bryde* (Fn 4) § 5 Rn 12.

52 So aber *Bryde* (Fn 4) § 5 Rn 12.

schaftsrecht als isolierten Betrachtungsgegenstand zu wählen.[53] Ohne die insb exekutive innerstaatliche Durchführung des EU-Außenwirtschaftsrechts kann dieses seine praktische Wirksamkeit nicht entfalten und damit in seiner rechtlichen und tatsächlichen Relevanz nicht erfasst werden.

Außenwirtschaftsrecht ist damit notwendig Internationales Wirtschaftsrecht und zwar im Sinne eines **Zusammenwirkens von Rechtsquellen unterschiedlicher Provenienz**. Aufgrund des Anwendungsvorranges des Unionsrechts ist aber zunächst dieses in den Blick zu nehmen, wobei allerdings immer einschlägige Rechtsinstrumentarien aus dem internationalen Bereich mit zu beachten sind, da diese das Unionsrecht ggf inhaltlich determinieren. Von dieser Perspektive ausgehend muss zugleich ein Blick auf die innerstaatlichen Rechtsnormen geworfen werden, die ergänzend zur Anwendung kommen. Und selbst wenn vereinzelt eine verbleibende Regelungskompetenz der EU-Mitgliedstaaten gegeben ist, darf nicht übersehen werden, dass insoweit trotzdem bedeutende völkerrechtliche Steuerungsinstrumentarien vorliegen können. 16

Die damit notwendige verzahnende Darstellung führt natürlich auch zu Problemen, da die Komplexität der Regelungsmaterie „Außenwirtschaftsrecht“ erheblich ist. Das ist indes ein Phänomen, dem man nicht nur im Außenwirtschaftsrecht, sondern im gesamten Internationalen Wirtschaftsrecht begegnet.[54] Reduzieren lässt sich diese Komplexität nur, wenn die wesentlichen Grundstrukturen der maßgeblichen Regelungsmaterie klar sind. An dieser Ausgangsüberlegung orientiert sich auch diese Darstellung des Außenwirtschaftsrechts. Es geht in den nachfolgenden Abschnitten nicht darum, alle Detailregelungen des Außenwirtschaftsrechts, die sich im innerstaatlichen, europäischen und ggf internationalen Recht finden, darzustellen; hierzu muss auf das einschlägige Spezialschrifttum verwiesen werden.[55] Überdies ist die nachfolgende Darstellung in den Gesamtkontext des Internationalen Wirtschaftsrechts eingebunden, so dass ein besonderes Augenmerk den Regelungen des Außenwirtschaftsrechts gilt, die im internationalen Kontext von besonderer Bedeutung sind. 17

53 So zB *Schwarz* JA 2003, 169ff; *Achelpöhler* DVBl 1995, 142ff.

54 Hierzu bereits → *Tietje* § 1 Rn 8ff.

55 Für das deutsche Außenwirtschaftsrecht insb *Rüsken* (Hrsg) Außenwirtschaftsgesetz Kommentar (2014); für das EU-Außenwirtschaftsrecht insb die ausf Darstellungen in *Krenzler/Herrmann/Niestedt* (Hrsg) EU-Außenwirtschafts- und Zollrecht (Stand 16. EL Oktober 2020); sowie, allerdings nicht mehr aktuell, *Grabitz/von Bogdandy/Nettesheim* (Hrsg) Europäisches Außenwirtschaftsrecht; einen guten, allerdings ebenfalls nicht mehr aktuellen Gesamtüberblick bietet *Reuter* Außenwirtschafts- und Exportkontrollrecht; aktuelle Darstellungen im Überblick bieten *Wolffgang* (Fn 4); *Boysen* Außenwirtschaftsrecht in Schulze/Janssen/Kadelbach (Hrsg) Europarecht § 33; und die einschlägigen Beiträge in *von Arnauld* (Hrsg) Europäische Außenbeziehungen (2014).

B. Unionsrechtliche, völkerrechtliche und innerstaatliche Grundlagen des Außenwirtschaftsrechts

I. Unionsrechtliche Grundlagen

1. Binnenmarkt und gemeinsame Handelspolitik

18 Aus der Sicht der individuellen Wirtschaftssubjekte, die in jurisdiktionsübergreifenden Wirtschaftstransaktionen engagiert sind, sind zwei Dimensionen des Unionsrechts für das Außenwirtschaftsrecht von Bedeutung. Wirtschaftstransaktionen, die sich im Binnenmarkt vollziehen, werden **umfassend durch die Grundfreiheiten und Rechtsnormen aus den einzelnen Politikbereichen der Union determiniert**. Da die Anwendbarkeit des diesbezüglichen Unionsrechts regelmäßig einen grenzüberschreitenden Bezug voraussetzt,[56] handelt es sich hierbei auch um Außenwirtschaftsrecht. Eine nähere Darstellung dieses Teils des Außenwirtschaftsrechts soll allerdings hier nicht erfolgen, sondern bleibt den einschlägigen Darstellungen zum Unionsrecht vorbehalten.

19 Die im Kontext des Internationalen Wirtschaftsrechts eigentlich wichtige Dimension des Außenwirtschaftsrechts betrifft die **öffentliche Steuerung von Wirtschaftstransaktionen, die über die Außenzollgrenze der Union[57] hinausgehen**, dh mit Drittstaaten. Die maßgeblichen Kompetenzgrundlagen für das Außenwirtschaftsrecht in diesem Sinne finden sich in den Vorschriften über die gemeinsame Handelspolitik (Art 206 und 207 AEUV), wobei deren Grundsätze in Art 206 AEUV niedergelegt sind. Der Verpflichtungsgehalt der dort statuierten „Leitlinien für eine Liberalisierung des Welthandels“[58] ist zwar etwas unklar,[59] der EuGH hat allerdings recht deutlich gemacht, dass es sich um mehr als eine politische Programmerklärung handelt. In seiner Aussage, dass Art 206 AEUV (ex-Art 131 EG) „nicht dahin zu verstehen [ist], dass er der Union vertraglich jegliche Maßnahme verbietet, die den Handel mit Drittländern beeinträchtigen könnte, selbst wenn eine solche Maßnahme wegen einer drohenden ernstlichen Störung auf dem Gemeinsamen Markt, die die Ziele des Art 39 EWGV [Art 39 AEUV] gefährden könnte, erforderlich ist und sie ihre Rechtfertigung in Vorschriften des Unionsrechts findet“,[60] kommt deutlich zum Ausdruck, dass eine **rechtsprinzipielle Bindung von Art 206 AEUV** ausgeht, die freilich im Einzelfall in Abwägung mit anderen Unionsinteressen zu bringen sein kann.[61] Dabei wird die Wirkkraft des Art 206 AEUV als Zieldeterminante für das Außenwirtschaftsrecht noch dadurch verstärkt, dass die Vorschrift unmittelbar anwendbar ist, so dass sich individuelle Wirtschaftssubjekte hierauf berufen können. Das wird in der Rechtsprechung des

---

56 Statt vieler *Ehlers* in ders (Hrsg) Europäische Grundrechte und Grundfreiheiten, 4. Aufl (2015) § 7 Rn 23f mwN.

57 Zum Zollgebiet der Union iSv Art 28 AEUV s *Herrmann* in Grabitz/Hilf/Nettesheim (Hrsg) Das Recht der Europäischen Union (Stand EL 55 Januar 2015) Art 28 AEUV Rn 38.

58 *Streinz* (Fn 25) Rn 1292; *Weiß* (Fn 19) Art 206 AEUV Rn 12.

59 Zur Diskussion s *Cottier/Trinberg* in von der Groeben/Schwarze/Hatje (Hrsg) Art 206 AEUV Rn 29ff; *Weiß* (Fn 19) Art 206 AEUV Rn 12ff.

60 EuGH, Rs 112/80, Slg 1981, 1095/1119f – *Dürbeck*.

61 Weitere Einzelheiten bei *Ehlers/Pünder* in Krenzler/Herrmann/Niestedt (Hrsg) EU-Außenwirtschafts- und Zollrecht (Stand EL 3 Oktober 2013), Ausfuhr-VO Art 1 Rn 5 mwN.

EuGH deutlich, der ohne weitere Probleme in Individualrechtsschutzverfahren Art 206 AEUV heranzieht, um die Rechtmäßigkeit von handelsbeschränkenden Maßnahmen der EU zu überprüfen.[62]

Seit dem Vertrag von Lissabon werden die ökonomischen Zielsetzungen des 20
Art 206 AEUV durch eine Einbindung der gemeinsamen Handelspolitik in die **Ziele des auswärtigen Handelns** der EU insgesamt ergänzt (Art 205 und Art 207 Abs 1 S 2 AEUV). Die in Art 21 EUV im Einzelnen aufgelisteten Ziele und Grundsätze des internationalen Handelns der Union umspannen im Wesentlichen alle Gesichtspunkte, die heute oftmals unter dem Stichwort der *global governance* zusammengefasst werden. Auch wenn die Organe der EU bei der Achtung der Zielvorgaben des Art 21 EUV einen weiten Beurteilungs- und Ermessensspielraum haben, kommt es so doch in jedem Fall zu einer deutlichen Politisierung der gemeinsamen Handelspolitik der EU.[63]

2. Materiellrechtliche Grundlagen nach Art 207 AEUV

Von zentraler dogmatischer und operativer Bedeutung für das Außenwirtschaftsrecht 21
ist Art 207 AEUV. Die Vorschrift legt die wichtigsten expliziten Kompetenzen der EU im Bereich der gemeinsamen Handelspolitik fest und regelt zumindest ansatzweise zugleich das maßgebliche Verfahrensrecht für die diesbezügliche Rechtssetzung. Als Kompetenztitel gilt Art 207 AEUV dabei für die autonome und die vertragliche Handelspolitik gleichermaßen,[64] wobei **kein numerus clausus von möglichen handelspolitischen Maßnahmen** gilt; die in Art 207 Abs 1 AEUV enthaltene Aufzählung ist nach dem klaren Wortlaut der Vorschrift nur beispielhaft und ohnehin wenig präzise.[65]

a) Sachlicher Anwendungsbereich

Der Umfang der Kompetenzen der EU nach Art 207 AEUV wird zunächst durch den Be- 22
griff „gemeinsame Handelspolitik" bestimmt. Angesichts der Notwendigkeit einer effektiven Außenhandelspolitik der EU (Art 4 Abs 3 EUV) und vor dem Hintergrund immer wieder neuer Herausforderungen in der Handelspolitik, ist dieser Begriff dynamisch auszulegen.[66] Begrenzt wird diese dynamische Auslegung lediglich durch

---

62 EuGH, Rs 112/80, Slg 1096, 1119 Rn 42ff – *Dürbeck*: „Gegen die streitigen Schutzmaßnahmen wird ferner eingewandt, sie verstießen, soweit sie eine Aussetzung der Einfuhren aus Drittländern mit sich brächten, gegen den leitenden Grundsatz der gemeinsamen Handelspolitik, der in Artikel 110 EWG-Vertrag [206 AEUV] niedergelegt ist ..."; anders jedoch *Weiß* (Fn 19) Art 206 AEUV Rn 15.

63 *Tietje*, Die Außenwirtschaftsverfassung der EU nach dem Vertrag von Lissabon (2009) 19f; *Hahn* in Calliess/Ruffert (Hrsg) EUV/AEUV, Art 207 Rn 4f.

64 *Hahn* in Calliess/Ruffert (Hrsg) EUV/AEUV, Art 207 Rn 1; *Stumpf* in Becker/Hatje/Schoo/Schwarze, EU-Kommentar, 4. Aufl (2019) Art 207 Rn 27ff; *Streinz* (Fn 25) Rn 1302.

65 EuGH, Gutachten 1/78, Slg 1979, 2871/2913 – *Naturkautschuk-Übereinkommen*; *Geiger* Art 133 Rn 23; *Weiß* (Fn 19) Art 207 Rn 24.

66 EuGH, Gutachten 1/78, Slg 1979, 2871/2910 Rn 45 – *Naturkautschuk-Übereinkommen*: „[...] die Frage der Außenhandelsbeziehungen in einer offenen Perspektive [...] zu regeln ist."; EuGH, Rs 45/86, Slg 1987, 1493/1499 Rn 19 – *APS 1*: Betonung der Notwendigkeit, dass sich die Handelspolitik „einem möglichen Auffassungswandel in der Völkergemeinschaft anpasst"; *Weiß* (Fn 19) Art 207 Rn 25f mwN.

das Prinzip der begrenzten Einzelermächtigung (Art 5 AEUV).[67] Da Art 207 AEUV die externe Dimension der Zollunion (Art 28 AEUV) regelt, unterfallen der Vorschrift sachgegenständlich zunächst die klassischen warenbezogenen tarifären und nichttarifären handelspolitischen Instrumentarien. Allerdings ist Art 207 AEUV nicht auf Regelungen im Sinne einer Warenverkehrsfreiheit (vgl Art 34 AEUV) beschränkt. Vielmehr ermöglicht die Vorschrift eine **„zusammenhängende Regelung der Außenhandelsbeziehungen"**.[68] Ob diese Aussage in einem weitergehenden Sinne dahin zu verstehen ist, dass die gesamte Außenwirtschaftspolitik der Union durch Art 207 AEUV bzw die Vorgängervorschriften des Art 113 EWGV und Art 133 EG erfasst ist, wurde im Schrifttum lange Zeit abgelehnt.[69] Allerdings ist zu beachten, dass der heutige Art 207 AEUV zunächst durch den Vertrag von Nizza und dann durch den Vertrag von Lissabon substantielle Änderungen erfahren hat, die eine sehr weitgehende außenwirtschaftspolitische Kompetenz der EU belegen.[70] Das betrifft namentlich die Aufnahme des Dienstleistungsverkehrs, die Handelsaspekte des geistigen Eigentums und ausländische Direktinvestitionen in den Katalog der ausschließlichen Kompetenzen der EU nach Art 207 Abs 1 AEUV. Der EuGH hat vor diesem Hintergrund in seiner Rechtsprechung nach Inkrafttreten des Vertrages von Lissabon den sachlichen Anwendungsbereich des neuen Art 207 AEUV weit gefasst und im Ergebnis seine restriktive Haltung im WTO-Gutachten aus dem Jahre 1994 (Gutachten 1/93) vollständig aufgegeben. Das machen ua die Urteile in den Verfahren *Daiichi Sankyo*[71] und *Übereinkommen über den rechtlichen Schutz von zugangskontrollierten Diensten*[72] deutlich.[73] Zuletzt im Singapur-Gutachten (Gutachten 2/15) konsolidierte der EuGH erneut dieses weite Verständnis in Bezug auf die Kompetenzerweiterung in Folge des Lissaboner Vertrages.[74]

23 Im Einzelnen umfasst Art 207 AEUV den Handel mit gewerblichen Waren als Kernbereich der Handelspolitik sowie mit Blick auf den Abschluss völkerrechtlicher Abkommen auch den Handel mit Agrarprodukten.[75] Ebenfalls erfasst ist der Abschluss völkerrechtlicher Abkommen hinsichtlich des Handels mit EAG-Erzeugnissen, da der EAG-Vertrag selbst keine handelspolitischen Kompetenzen enthält.[76] Gleiches gilt spätestens seit dem Auslaufen des EGKS-Vertrags zum 23.7.2002 auch für Kohle- und Stahlerzeugnisse.[77] Seit der Einführung des Titels XX EG (Entwicklungszusammenarbeit, jetzt Fünfter Teil Titel III Kapitel 1 AEUV) durch den Vertrag von Maastricht sind völkerrechtliche Abkommen der internationalen Nahrungsmittelhilfe hingegen nicht mehr auf Art 207 AEUV zu stützen, sondern auf Art 211 AEUV.[78] Ebenfalls nicht

---

67 *Nettesheim* in Streinz (Hrsg) EUV/AEUV, Art 207 AEUV Rn 8f.

68 EuGH, Rs 8/73, Slg 1973, 897/907 – *Massey-Ferguson*; *Weiß* (Fn 19) Art 207 Rn 30.

69 Statt vieler *Weiß* (Fn 19) Art 207 Rn 29ff mwN.

70 Hierzu noch Rn 25f.

71 EuGH, Rs C-414/11, Urt v 18.7.2013 – *Daiichi Sankyo Co. Ltd, Sanofi-Aventis Deutschland GmbH.*

72 EuGH, Rs C-137/12, Urt v 22.10.2013 – *Europäische Kommission/Rat der Europäischen Union.*

73 Zusammenfassend hierzu zB *Ankersmit* LIEI 41 (2014) 193.

74 EuGH, Gutachten 2/15 v 16.5.2017 – *EUSFTA;* hierzu noch unter Rn 34.

75 Zu Einzelheiten s *Weiß* (Fn 19) Art 207 Rn 29 mwN.

76 *Weiß* (Fn 19) Art 207 Rn 29 mwN.

77 Zur alten Rechtslage *Weiß* (Fn 19) Art 207 Rn 29; zu den Regelungen im Zusammenhang mit dem Auslaufen des EGKS-Vertrages ausf *Obwexer* EuZW 2002, 517ff.

78 *Weiß* (Fn 19) Art 207 Rn 56.

erfasst sind Regelungen über den Verkehr, die allerdings über explizite und implizite Kompetenzen nach Art 90ff AEUV für das Außenwirtschaftsrecht Bedeutung erlangen (Art 207 Abs 5 AEUV).[79] Nach den Änderungen des Art 207 AEUV durch den Vertrag von Lissabon lässt sich indes nicht mehr vertreten, dass Regelungen zur Freizügigkeit, zur Niederlassung und zum Kapitalverkehr per se vom Anwendungsbereich der Vorschrift ausgeschlossen sind. Da Art 207 AEUV auch den Dienstleistungshandel nach dem GATS erfasst und dieses ua die genannten drei Sachbereiche zumindest potentiell regelt,[80] bestehen auch explizite Kompetenzen der EU im Rahmen der gemeinsamen Handelspolitik. Weitere Neuerungen im Rahmen des Vertrages von Lissabon sind, wie bereits erwähnt, Kompetenzausweitungen auf Handelsaspekte des geistigen Eigentums und ausländischer Direktinvestitionen.[81] Schließlich ist zu erwähnen, dass Art 207 AEUV auch sog akzessorische Nebenbestimmungen in Handelsabkommen mit erfasst. Hierbei handelt es sich um Regelungen zu Sachbereichen, die eigentlich nicht zur gemeinsamen Handelspolitik gehören, deren völkerrechtliche Normierung aber notwendig ist, damit eine in den Anwendungsbereich des Art 207 AEUV fallende völkerrechtliche Übereinkunft volle Wirksamkeit erlangen kann.[82]

Weiter zu beachten ist, dass Art 207 AEUV immer dann Anwendung findet, wenn 24
es in seinem weiten sachlichen Anwendungsbereich einen Bezug zu Drittstaaten gibt. Insofern ist nicht entscheidend, dass es namentlich beim Abschluss eines völkerrechtlichen Vertrages um eine Rechtsangleichung bzw. Harmonisierung von Rechts- oder Verwaltungsvorschriften geht. Auf den EU-Binnenmarkt bezogen, kommt in einer solchen Situation zwar Art 114 AEUV zur Anwendung, das schließt indes nicht aus, dass dieselbe Sachmaterie im Verhältnis zu Drittstaaten durch einen völkerrechtlichen Vertrag gestützt auf Art 207 AEUV geregelt wird.[83]

b) Konkrete Maßnahmen und Instrumente der gemeinsamen Handelspolitik

Durch die Bestimmung des sachlichen Anwendungsbereiches des Art 207 AEUV ist 25
noch keine abschließende Aussage dazu möglich, ob die EU im Einzelfall nach dieser Vorschrift über eine Kompetenz zur autonomen oder vertraglichen Regelung im Bereich der gemeinsamen Handelspolitik verfügt. Vielmehr ist anerkannt, dass es darüber hinaus noch einer Bestimmung der nach Art 207 AEUV zulässigen konkreten Maßnahme und Instrumente bedarf.[84] Hierzu wurde viele Jahre ein theoretischer Streit

---

79 S hierzu insb die Urteile zu bilateralen Luftverkehrsabkommen der Mitgliedstaaten; für Deutschland: EuGH EuZW 2003, 82ff – *Kommission/Deutschland*; ausf *Fritzsche* Das europäische Luftverkehrsrecht und die Liberalisierung des transatlantischen Luftverkehrsmarktes (2007); EuGH, Gutachten 2/15 v 16.5.2017 Rn 168ff.- *EUSFTA*.

80 Zu Einzelheiten für das GATS s → *Weiss* § 5 Rn 1ff.

81 *Weiß* (Fn 19) Art 207 Rn 15; zum Begriff der ausländischen Direktinvestitionen in Art 207 AEUV und den damit zusammenhängenden Rechtsfragen ausführlich *Bungenberg* in von Arnauld (Hrsg) Europäische Außenbeziehungen (2014) § 13 Rn 10ff.

82 S EuGH, Gutachten 1/78, Slg 1979, 2871/2971 – *Naturkautschuk-Übereinkommen*; *Geiger* Art 133 Rn 3; *Weiß* (Fn 19) Art 207 Rn 60f.

83 EuGH, Rs C-137/12, Urt v 22.10.2013, Rn 56ff – *Europäische Kommission/Rat der Europäischen Union*.

84 Statt vieler *Weiß* (Fn 19) Art 207 Rn 63ff.

zwischen einer subjektiv-finalen und einer objektiv-instrumentalen Sicht geführt.[85] Nach dem subjektiv-finalen Ansatz, der in erster Linie vom Rat und den Mitgliedstaaten vertreten wurde, soll zur gemeinsamen Handelspolitik jede Maßnahme gehören, „die die Beeinflussung des Handelsvolumens oder des Handelsstromes zum Gegenstand hat", und zwar in dem Sinne, dass sie auf eine Änderung dieser beiden Merkmale ausschließlich und nicht nur neben einem oder mehreren Zielen „abzielt".[86] Demgegenüber stellte die insb von der Kommission vertretene objektiv-instrumentale Sicht darauf ab, dass eine handelspolitische Maßnahme „va unter Berücksichtigung ihres besonderen Charakters als Instrument zur Regelung des internationalen Handels beurteilt werden" muss, wobei die EU nicht auf klassische Instrumentarien beschränkt sei, sondern ihr vielmehr alle Instrumentarien zur Verfügung stünden, „die für eine vollständige und zusammenhängende Regelung des internationalen Handels erforderlich" seien.[87] Diese beiden unterschiedlichen Perspektiven haben nur im Bereich neuartiger, oftmals indirekter und politischer Handelsinstrumentarien wie dem Wirtschaftsembargo und der Entwicklungspolitik Bedeutung. Klassische handelspolitische Steuerungen wie Zölle und Kontingente unterfallen unstrittig Art 207 AEUV. Der EuGH hat in seiner Rechtsprechung eine Kombination der beiden „Theorien" vorgenommen und stellt auf **„Gegenstand und Zielsetzung" einer konkreten Maßnahme** ab, um ihre Zuordnung zur gemeinsamen Handelspolitik zu untersuchen.[88] Dabei hat er deutlich gemacht, dass auch die genannten neuartigen, insb politisch motivierten handelspolitischen Instrumentarien Art 207 AEUV unterfallen können.[89] Der EuGH hält an dieser Rechtsprechung bis heute fest und hebt hervor, dass „ein Rechtsakt der Union nicht schon deshalb zu der Kategorie von Übereinkommen, die unter die gemeinsame Handelspolitik fallen, zu zählen [ist], weil er bestimmte Auswirkungen auf den internationalen Handelsverkehr haben kann. Dagegen ist ein Rechtsakt der Union Teil der gemeinsamen Handelspolitik, wenn er speziell den internationalen Warenaustausch betrifft, weil er im Wesentlichen den Handelsverkehr fördern, erleichtern oder regeln soll und sich direkt und sofort auf ihn auswirkt".[90]

26 Vor dem Hintergrund dieser Rechtsprechung **kann zwischen spezifischen handelspolitischen Maßnahmen und Maßnahmen mit handelspolitischer Zielsetzung unterschieden werden.**[91] Zur ersten Gruppe gehören solche handelspolitische Maßnahmen, die offen und spezifisch den Handelsverkehr mit dritten Staaten regeln, namentlich tarifäre und nichttarifäre Maßnahmen einschließlich präferentieller Zoll-

---

85 Ausf *Weiß* (Fn 19) Art 207 Rn 68ff; *von Bogdandy* in Grabitz/von Bogdandy/Nettesheim (Hrsg) Außenwirtschaftsrecht, 10/13ff.

86 Stellungnahme des Rates in EuGH, Gutachten 1/78, Slg 1979, 2871/2887 – *Naturkautschuk-Übereinkommen*.

87 Stellungnahme der Kommission in EuGH, Gutachten 1/78, Slg 1979, 2871/2884 – *Naturkautschuk-Übereinkommen*.

88 Grundlegend EuGH, Gutachten 1/78, Slg 1979, 2871/2909f – *Naturkautschuk-Übereinkommen*.

89 EuGH, Rs 45/86, Slg 1987, 1483 Leitsatz und Rn 15ff – *APS*; Rs C-70/94, Slg 1995, I-3189 Rn 9f – *Werner*; Rs C-83/94, Slg 1995, I-3231 Rn 8ff – *Leifer*.

90 EuGH, Rs C-137/12, Urt v 22.10.2013, Rn 57 mwN – *Europäische Kommission/Rat der Europäischen Union*; zuletzt erneut bestätigt in EuGH, Gutachten 2/15 v 16.5.2017, Rn 38- *EUSFTA*.

91 *Weiß* (Fn 19) Art 207 Rn 69.

regime[92] und Regelungen für Güter mit doppeltem Verwendungszweck (dual-use).[93] Sie unterfallen immer Art 207 AEUV, unabhängig von ihrem Zweck und der ihnen zugrunde liegenden Motivation.[94] Maßnahmen, die nicht zu dieser Gruppe zählen, zB Rohstoffabkommen,[95] werden demgegenüber von Art 207 AEUV nur erfasst, wenn sich anhand eines Kriterienkataloges ermitteln lässt, dass sie darauf abzielen, das Handelsvolumen oder den Handelsfluss zu beeinflussen.[96]

3. Das Rechtssetzungs- und Vertragsschlussverfahren in der gemeinsamen Handelspolitik

Das unionsrechtliche Außenwirtschaftsrecht wird, wie bereits erwähnt, durch die autonome und die vertragliche Handelspolitik der EU inhaltlich bestimmt. Für dementsprechend erfolgende unionsrechtliche Rechtssetzung und den Abschluss von völkerrechtlichen Verträgen gelten unterschiedliche Verfahren, für die indes gleichermaßen die Beschlussfassung durch qualifizierte Mehrheit im Rat gilt (Art 207 Abs 2 und Abs 4 UAbs 1 AEUV), soweit nicht die Sonderregelungen in Art 207 Abs 4 UAbs 2 und 3 AEUV greifen. 27

a) Autonome Handelspolitik

Die Rechtsetzung im Bereich der autonomen Handelspolitik war bis zum Vertrag von Lissabon von einem „**archaischen**" Charakter[97] geprägt. Sie zeichnete sich durch eine ausschließliche Beteiligung der Kommission und des Rates aus. Erst durch den Vertrag von Lissabon wurden dem Europäischen Parlament Mitentscheidungsbefugnisse im Bereich der gemeinsamen Handelspolitik zugesprochen. Nach Art 207 Abs 2 AEUV erlassen das EP und der Rat „durch Verordnung gemäß dem ordentlichen Gesetzgebungsverfahren die Maßnahmen, mit denen der Rahmen für die Umsetzung der gemeinsamen Handelspolitik bestimmt wird". Mit dem „Rahmen für die Umsetzung" sind insbesondere die sog Grundverordnungen gemeint, wie zB die AntidumpinggrundVO (VO (EU) Nr 2016/1036). Die Anwendung der konkret-abstrakten Regelungen, die im ordentlichen Gesetzgebungsverfahren erlassen werden, erfolgt dann durch die Exekutive, dh die Kommission, und zwar auf der Grundlage der Art 290, 291 AEUV. 28

Besonders wichtig für die Struktur des Außenwirtschaftsrechts ist der Umstand, dass als Rechtssetzungsform nach Art 207 Abs 2 AEUV **die Verordnung** zum Einsatz kommt. Damit wird nochmals deutlich, dass Außenwirtschaftsrecht in weitem Umfang unmittelbar geltendes Recht der Union in den Mitgliedstaaten ist. Dabei handelt es sich freilich nicht nur um Verordnungen des Rates, sondern auch um sog handels- 29

92 Hierzu noch unter Rn 64.
93 Hierzu noch unter Rn 104ff.
94 *Weiß* (Fn 19) Art 207 Rn 69.
95 Hierzu → *Bungenberg/Weiss* § 7 Rn 1ff.
96 Ausf *Ehlermann* FS Teitgen (1984) 145/154ff.
97 *Vedder/Lorenzmeier* in Grabitz/Hilf (Hrsg) Das Recht der EU, Bd II, 40. Aufl (2009) Art 133 EGV Rn 109.

politisches Tertiärrecht in der Form von Verordnungen der Kommission, die auf eine entsprechende Ermächtigung durch den Rat zurückgehen (Art 290, 291 AEUV). Hierauf ist bei der Darstellung der einzelnen Rechtsakte der gemeinsamen Handelspolitik zurückzukommen.[98]

b) Vertragliche Handelspolitik

30 Das Außenwirtschaftsrecht wird durch eine Vielzahl bi- und multilateraler völkerrechtlicher Übereinkommen determiniert, die von der EU abgeschlossen wurden.[99] Dementsprechend kommt dem Verfahrensrecht im Hinblick auf den Abschluss von Abkommen, die der gemeinsamen Handelspolitik unterfallen, große Bedeutung zu. Nach Art 207 Abs 3 UAbs 1 AEUV findet dabei „Artikel 218 vorbehaltlich der besonderen Bestimmungen dieses Artikels Anwendung". Aus diesem einschränkenden Verweis folgt, dass das Verfahren des Abschlusses völkerrechtlicher Verträge in der gemeinsamen Handelspolitik **primär anhand des Art 218 AEUV zu bestimmen und in Ergänzung Art 207 AEUV** heranzuziehen ist.[100]

31 Das Verfahren zum Abschluss völkerrechtlicher Verträge im Bereich der vertraglichen Handelspolitik ist gem Art 207 Abs 3 und 4 AEUV zweistufig ausgestaltet: Die Verhandlungsphase beginnt mit Vorschlägen der Kommission an den Rat, die ggf in ein entsprechendes, inhaltlich konkretisiertes Verhandlungsmandat an die Kommission münden (vgl Art 207 Abs 3 UAbs 2 AEUV).[101] Die Kommission führt dann die bi- oder multilateralen Verhandlungen mit dritten Staaten oder internationalen Organisationen, wobei allerdings eine **regelmäßige Abstimmung mit dem handelspolitischen Ausschuss des Rates (Art 207 Abs 3 UAbs 3 AEUV) stattfindet**. Dieser tagt monatlich in der Zusammensetzung seiner ordentlichen Mitglieder – aus Deutschland ist dies der Abteilungsleiter der Außenwirtschaftsabteilung des BMWi – sowie wöchentlich auf der Ebene der stellvertretenden Mitglieder; zum Teil finden aber auch *ad hoc* Sitzungen, zB in Genf am Sitz der WTO, statt.[102] Obwohl der handelspolitische Ausschuss die Kommission nicht rechtsverbindlich verpflichten kann – nur sie hat die Verhandlungsherrschaft[103] –, wird durch ihn doch sichergestellt, dass die Position der Mitgliedstaaten und des Rates Berücksichtigung findet. Damit wird gewährleistet, dass der endgültige völkerrechtliche Vertrag im Rat und im Fall eines sog gemischten Abkommens auch in den Mitgliedstaaten die erforderliche Zustimmung findet.[104] Diesem Ziel dient ebenso die in Art 207 Abs 3 UAbs 3 AEUV vorgesehene regelmäßige Be-

---

98 S Rn 81ff.

99 S noch den Überblick unter Rn 65ff.

100 *Weiß* (Fn 19) Art 207 Rn 95; *Stumpf* in Becker/Hatje/Schoo/Schwarze (Hrsg) Art 207 Rn 2.

101 S als Bsp für ein solches Verhandlungsmandat *Frenz* Außenkompetenzen der Europäischen Union und der Mitgliedstaaten im Umweltbereich (2001) 122ff; *Wunsch-Vincent* The WTO, the Internet and Trade in Digital Products: EC-US Perspectives (2006) 146f.

102 *Hahn* in Calliess/Ruffert (Hrsg) EUV/AEUV Art 207 Fn 239; *Hermann* Das Abschlußverfahren völkerrechtlicher Verträge der EWG 83ff; allgem zu Vertragsverhandlungen iRd Ausschusses: *Cottier/Trinberg* in von der Groeben/Schwarze/Hatje (Hrsg) Art 207 AEUV Rn 122ff.

103 *Vedder/Lorenzmeier* (Fn 97) Art 133 Rn 119; *Weiß* (Fn 19) Art 207 Rn 96.

104 *Stein* Der gemischte Vertrag im Recht der Außenbeziehungen der EWG (1986) 34ff; hierzu noch unter Rn 34.

richterstattung an das EP. Allerdings handelt es sich hier „nur“ um eine Berichterstattung, nicht wie mit Blick auf den Ratsausschuss um Verhandlungen „im Benehmen“. Die Verhandlungen enden mit der Paraphierung des Abkommens durch die Kommission, die auch hierzu durch das Verhandlungsmandat ermächtigt wurde.[105]

Die **zweite Phase des Vertragsschlussverfahrens** betrifft den Unions- und völkerrechtsverbindlichen Abschluss von Übereinkommen durch den Rat gem Art 207 Abs 4 AEUV. Der Rat entscheidet dabei im Regelfall mit qualifizierter Mehrheit. Nur in den in Art 207 Abs 4 UAbs 2 und 3 AEUV aufgelisteten Sonderfällen, die aus Sicht der Mitgliedstaaten besonders sensible Politikbereiche betreffen, ist eine einstimmige Entscheidung notwendig. Im Übrigen ist seit dem Vertrag von Lissabon durch Art 218 Abs 6 UAbs 2 a)v) AEUV sichergestellt, dass jeder Vertrag, den die EU im Rahmen der vertraglichen Handelspolitik mit Drittstaaten abschließt, der Zustimmung des EP bedarf.[106] Dadurch ist ein bis zum Vertrag von Lissabon erhebliches demokratisches Defizit in der Ausgestaltung der gemeinsamen Handelspolitik der EU behoben. Das EP macht von einem gestärkten Recht auch selbstbewusst Gebrauch, wie die Ablehnung des Anti-Produktpiraterie-Handelsabkommens (ACTA) im Jahre 2012 gezeigt hat. Zur Stärkung der Partizipation der Zivilgesellschaft in Verfahren zum Abschluss von völkerrechtlichen Verträgen hat die Entscheidung des EuGH, die Nichtzulassung der Bürgerinitiative „Stop TTIP“ durch die Kommission für nichtig zu erklären, beigetragen.[107] 32

4. Ungeschriebene Kompetenzgrundlagen im Bereich der völkervertraglichen Gestaltung des Außenwirtschaftsrechts und gemischte Abkommen

Die völkervertragliche Gestaltung des Außenwirtschaftsrechts kann neben Art 207 AEUV auch auf ungeschriebene Kompetenzen der EU gestützt werden. Die Grundlagen hierfür legte der EuGH in seinem Urteil in der Sache „AETR“,[108] eine nähere Konkretisierung erfolgte im Gutachten 1/94.[109] Hiernach gilt der **Grundsatz der Parallelität zwischen Innen- und Außenkompetenz.**[110] Allerdings ist die Ableitung einer Außenkompetenz aus einer Binnenkompetenz davon abhängig, dass diese bereits ausgeübt wurde, es sei denn, es liegen zwingende Gründe dafür vor, dass auch ohne vorhandenes Sekundärrecht eine Außenkompetenz notwendig ist.[111] Das gilt auch dann, „wenn die internen Maßnahmen der Gemeinschaft erst anlässlich des Abschlusses und der Inkraftsetzung der völkerrechtlichen Vereinbarung ergriffen werden“.[112] Diese gefestigte Rechtsprechung wurde durch den Vertrag von Lissabon in Art 3 Abs 2 AEUV kodifiziert. 33

Sofern die Union weder aus expliziten noch aus impliziten Kompetenzen die Rechtsmacht hat, einen völkerrechtlichen Vertrag allein abzuschließen, kommt es zur 34

105 *Weiß* (Fn 19) Art 207 Rn 96.
106 Ausf zum Zustimmungserfordernis des EP *Boysen* (Fn 55) § 33 Rn 23f.
107 EuGH, T-Rs 754/14, EU:T:2017:323 – *„Stop TTIP“*.
108 EuGH, Rs 22/70, Slg 1971, 263ff – *AETR*.
109 EuGH, Gutachten 1/94, Slg 1994, I-5267ff – *WTO*.
110 *Schmalenbach* in Calliess/Ruffert (Hrsg) EUV/AEUV Art 216 Rn 10.
111 Ausf zur Rechtsprechung zB *Schmalenbach* in Calliess/Ruffert (Hrsg) EUV/AEUV Art 216 Rn 10ff.
112 EuGH, EuZW 2003, 82/83 Rn 82 – *Kommission/Deutschland*.

Konstruktion **sog gemischter Abkommen**, bei der EU und Mitgliedstaaten jeweils für sich die entsprechende völkervertragliche Verpflichtung eingehen.[113] Gemischten Verträgen kam bis zum Vertrag von Lissabon in der Praxis eine große Bedeutung zu, wie ua der Abschluss des **WTO-Übereinkommens und zahlreicher bilateraler Assoziations- und Freihandelsabkommen** seit Ende der 1990er Jahre als gemischte Abkommen zeigen. Ihre eigentliche Besonderheit besteht darin, dass unabhängig von der nur begrenzten Binnenkompetenz der EU bzw der Mitgliedstaaten eine jeweils vollumfängliche völkerrechtliche Bindungswirkung eintritt, wenn die Kompetenzaufteilung im Unionsrecht nicht auf völkerrechtlicher Ebene den anderen Vertragsparteien wirksam bekannt gemacht wurde.[114] Obwohl die allgemeinen Rechtsgrundlagen für den Abschluss gemischter Verträge damit recht klar sind, ist bis heute nicht abschließend geklärt, wie die Vertretung der EU und ihrer Mitgliedstaaten in einem In-Kraft-gesetzten Völkervertragsrechtsregime konkret erfolgen muss. Die offensichtlichen Probleme, die sich diesbezüglich zwischen EU und Mitgliedstaaten ergeben können, hat der EuGH mit dem Hinweis auf eine Verpflichtung zu enger Zusammenarbeit zu lösen versucht.[115] Im Übrigen stellen sich problematische Rechtsfragen auch im Hinblick auf die Rechtswirkung gemischter Abkommen im Unionsrecht; hierauf ist zurückzukommen.[116] Obgleich der EU durch Art 207 AEUV, ggf iVm ungeschriebenen Kompetenzen, eine weitreichende Kompetenz übertragen wurde, sind **gemischte Abkommen** dennoch ein relevanter Gegenstand außenwirtschaftsrechtlicher Fragestellungen geblieben. Dies gilt insbesondere für die sog Deep and Comprehensive Trade and Investment Agreements.[117] Das **Gutachten 2/15** des EuGH vom 16. Mai 2017 hat den Streit über die Zuständigkeit beim Abschluss derartiger umfassender Wirtschafts- und Handelsabkommen zwischen der Kommission und den EU-Mitgliedstaaten vorerst beigelegt und zugleich die Wegmarken für die weitere Ausrichtung der unionalen Handelspolitik festgesteckt.[118] In dem Gutachten qualifizierte der EuGH – entgegen der Ansicht der Kommission – das Freihandelsabkommen der Europäischen Union mit Singapur als ein gemischtes Abkommen. Demnach unterliegen erstens die Bestimmungen über das Investor-Staat-Streitbeilegungssystem der geteilten Kompetenz, weil die EU den Mitgliedstaaten nicht eigenmächtig ihre gerichtliche Zuständigkeit für Streitigkeiten mit einem Investor entziehen dürfe, sofern ein betreffender Mitgliedstaat direkt vor einem internationalen Schiedsgericht verklagt werden kann.[119] Zweitens fallen die Bestimmungen über Portfolioinvestitionen in den geteilten Zuständigkeitsbereich, da dem Wortlaut des Art 207 Abs 1 AEUV nach ausschließlich „ausländische Direktinvestitionen“ dem Bereich der

---

113 Ausf statt vieler *Stein* (Fn 104); *O'Keefe/Schermers* (Hrsg) Mixed Agreements.

114 Statt vieler *Schmalenbach* in Calliess/Ruffert (Hrsg) EUV/AEUV Art 216 Rn 5ff.

115 EuGH, Gutachten 1/94, Slg 1994, I-5267 Rn 108 – *WTO*; verb Rs C-300/98 u C-392/98, Slg 2000, I-11307 Rn 36 – *Parfums Christian Dior ua.*

116 Sogleich Rn 37ff.

117 S hierzu auch Rn 75.

118 EuGH, Gutachten 2/15 (EUSFTA), EU:C:2017:376; ausf hierzu *Polzin* Kompetenzreichweite der EU und die zukünftige Architektur von EU-Handelsabkommen – Abschied von „Deep and Comprehensive Trade and Investment Agreements“?, in Herrmann (Hrsg) Die gemeinsame Handelspolitik im Europäischen Verfassungsverbund, EuR 2020, Beiheft 2, S 113ff.

119 EuGH (Fn 118), Rn 285ff.

gemeinsamen Handelspolitik der EU zuzuordnen sind.[120] Diese restriktive Wortlautargumentation ist bedauerlich, da sie zu einer künstlichen Aufsplittung der rechtlichen Behandlung von Direkt- und Portfolioinvestitionen führt, welche in der internationalen Vertragspraxis des Investitionsschutzrechts unüblich ist.

Insgesamt hat der Abschluss von Wirtschafts- und Handelsabkommen als gemischte Abkommen zur Folge, dass sich der Ratifikationsprozess durch die Beteiligung der nationalen Parlamente erheblich verlangsamt und durch politische Unwägbarkeiten innerhalb der Mitgliedstaaten bestimmt wird. Hierdurch wird zugleich die Glaubwürdigkeit der EU als Verhandlungspartner von Handelsabkommen geschwächt. Aufgrund dessen verfolgt die EU-Kommission seit 2017 den Ansatz, Freihandelsabkommen als „EU only“-Abkommen getrennt von Investitionsschutzabkommen zu verhandeln.[121] Unabhängig davon zu beurteilen ist die rechtspolitische Frage, ob es angebracht ist, auch zukünftig Handels- und Investitionsschutzabkommen als gemischte Abkommen abzuschließen.

II. Völkerrechtliche Determinanten des Außenwirtschaftsrechts

1. Grundlagen

Das unionsrechtliche und innerstaatliche Außenwirtschaftsrecht wird in weiten Be- 35
reichen durch völkerrechtliche Vorgaben determiniert, wobei zwei Dimensionen zu unterscheiden sind. Zunächst sind die EU und ihre Mitgliedstaaten als Völkerrechtssubjekte an das gesamte anwendbare Völkerrecht iSv Art 38 Abs 1 IGH-Statut gebunden.[122] Für völkerrechtliche Verträge gilt das freilich nur, wenn die EU und/oder die Mitgliedstaaten Vertragsparteien sind. In einer zweiten Dimension ergibt sich eine **unionsrechtliche Bindungswirkung im Hinblick auf völkerrechtliche Regelungen**, die in die Unionsrechtsordnung übernommen wurden. Nur diesbezügliche Rechtsfragen sollen hier interessieren und zwar auf das Völkervertragsrecht bezogen.[123]

Es entspricht zunächst der ständigen Rechtsprechung des EuGH, dass völker- 36
rechtliche Abkommen, die von der EU geschlossen wurden, ab dem Zeitpunkt ihres Inkrafttretens „einen integrierenden Bestandteil der Gemeinschaftsrechtsordnung“ bilden.[124] Diese in ihrem Kern unstrittige Aussage erhellt, dass für die EU völkerrechtlich verbindliche Normen umfassend in das Gefüge der Rechtswirkungen des Unions-

---

120 EuGH (Fn 118), Rn 80ff, 225ff.

121 KOM (2017) 492 final v 13.9.2017.

122 Zur Bindung der Union an Völkergewohnheitsrecht auch EuGH, Rs C-162/96, Slg 1998, I-3655, Rn 25ff – *Racke*.

123 Zur Sondersituation der Bindung an UN Sicherheitsratsbeschlüsse s EuG, Rs T-306/01, Slg 2005, II-3533 Leitsatz (nicht rechtskräftig) – *Yusuf*; *Tietje/Hamelmann* JuS 2006, 299/300f; EuGH, verb Rs C-402/05 P und C-415/05 P, Urt v 3.9.2008 – *Yassin Abdullah Kadi und Al Barakaat International Foundation/Rat* abgedruckt ua in EuGRZ 2008, 480ff; Einzelheiten noch u Rn 153f.

124 EuGH, Rs 104/81, Slg 1982, 3641 Rn 13 – *Kupferberg I*; s zB a Rs 118/83 R, Slg 1983, 2583/2590 – *CMC*; Rs 12/86, Slg 1987, 3747/3750 – *Demirel*; Gutachten 1/76, Slg 1977, 741/757 – *Stilllegungsfonds für die Binnenschifffahrt*; Rs 30/88, Slg 1989, 3733/3737 – *Griechenland/Kommission*; Rs C-192/89, Slg 1990, I-3497/3500 – *Sevince*; Gutachten 1/91, Slg 1991, I-6084/6105 – *EWR I*; zu umfangreichen Nachweisen aus dem Schrifttum s *Bungenberg* in von der Groeben/Schwarze/Hatje (Hrsg) Art 218 AEUV Rn 120f.

rechts gegenüber den mitgliedstaatlichen Rechtsordnungen integriert werden. Ebenso wie dem unionalen Primär- und Sekundärrecht kommt also auch dem in das Unionsrecht integrierten Völkerrecht **unmittelbare Verbindlichkeit mit Anwendungsvorrang vor dem innerstaatlichen Recht** zu. Dabei besteht abhängig von der Erfüllung spezifischer Kriterien, die der EuGH in seiner Rechtsprechung entwickelt hat, auch die Möglichkeit, dass sich natürliche und juristische Personen auf Bestimmungen eines völkerrechtlichen Vertrages gegenüber nationalen Behörden oder Gerichten unmittelbar berufen können.[125] Überdies ergibt sich aus dem systematischen Zusammenhang der Art 216 Abs 2, 218 Abs 11 AEUV, dass Völkerrecht als integrierender Bestandteil des Unionsrechts **normhierarchisch dem EU-Sekundärrecht vorgeht**, so dass es ua im Außenwirtschaftsrecht grundsätzlich[126] unmittelbar als Rechtmäßigkeitsmaßstab wirkt.[127]

37 Aus der Stellung völkerrechtlicher Verträge als integrierende Bestandteile der Unionsrechtsordnung folgt weiterhin, dass eine mitgliedstaatliche **Verpflichtung zur völkerrechtskonformen Auslegung innerstaatlichen Rechts** besteht. Der EuGH stellt in seiner jüngeren Rechtsprechung in aller Deutlichkeit darauf ab, dass „Bestimmungen des Gemeinschaftsrechts ... nach Möglichkeit im Lichte des Völkerrechts auszulegen [sind], insb wenn sie einen von der Gemeinschaft geschlossenen völkerrechtlichen Vertrag durchführen sollen".[128] Die Verpflichtung zur „völkerrechtskonformen Auslegung"[129] gilt allerdings nicht nur hinsichtlich des Unionsrechts, sondern ist nach Art 4 Abs 3 EUV auch auf die Rechtsordnungen der Mitgliedstaaten zu übertragen. Wenn nämlich völkerrechtliche Regeln einen integrierenden Bestandteil der Unionsrechtsordnung darstellen, müssen sie ebenso wie das sonstige Unionsrecht nach Art 4 Abs 3 EUV bei der Auslegung des nationalen Rechts Berücksichtigung finden.[130] Diese Verpflichtung trifft alle Träger öffentlicher Gewalt in den Mitgliedstaaten, also insb Gerichte und Verwaltungsbehörden, unabhängig von ihrer Rechtsstellung im föderalen System.[131]

38 Zusätzlich zu der allgemeinen Erkenntnis einer unionsrechtlich auch die Mitgliedstaaten der EU treffenden Verpflichtung zur völkerrechtskonformen Auslegung des Unionsrechts und des nationalen Rechts ist als Besonderheit auch zu beachten, **dass diese Interpretationsmaxime subjektiv- und objektivrechtlich wirkt**. Nach der Rechtsprechung des EuGH muss die unionsrechtskonforme Auslegung auch dann zur

---

125 Einzelheiten hierzu bei *Bungenberg* in von der Groeben/Schwarze/Hatje (Hrsg) Art 218 AEUV Rn 126ff; *Peters* GYIL 40 (1997), 9/48ff mwN.

126 Zu Ausnahmen mit Blick auf das WTO-Recht s Rn 41ff.

127 Statt vieler *Terhechte* in Becker/Hatje/Schoo/Schwarze, EU-Kommentar, 4. Aufl (2019) Art 216 Rn 20f.

128 EuGH, Rs C-341/95, Slg 1998, I-4355 Rn 20 – *Bettati*; Rs C-61/94, Slg 1996, I-4006 Rn 52 – *Kommission/Deutschland*; hierzu a ausf *Heukels* ZEuS 2 (1999), 313/321f; *Peters* GYIL 40 (1997), 9/71ff, jeweils mwN.

129 *Heukels* ZEuS 2 (1999), 313/319; so wohl a *Pernice* in Dreier (Hrsg) GG, Bd II, 2. Aufl (2006) Art 25 Rn 10.

130 Ausf *Heukels* ZEuS 2 (1999), 313ff.

131 Zur Bindung „alle[r] mitgliedstaatlicher Behörden, seien es solche der staatlichen Zentralgewalt, eines Gliedstaats oder sonstige territoriale Behörden" an das Unionsrecht s zB EuGH, Rs C-188/89, Slg 1990, I-3313 Rn 19 – *Foster ua*; Rs C-95/97, Slg 1997, I-1787 Rn 7 – *Wallonische Region/Kommission*.

Anwendung kommen, wenn eine Bestimmung des Unionsrechts nicht unmittelbar anwendbar ist, also keine subjektiven Rechte von Individuen begründet.[132] Damit ist auch die **völkerrechtskonforme Auslegung nicht von der unmittelbaren Anwendbarkeit** einer internationalen Norm als integrierender Bestandteil der Unionsrechtsordnung **abhängig.**[133]

Weiterhin zu beachten ist die gerade für das Außenwirtschaftsrecht wichtige Rechtsprechung des EuGH, nach der die dargestellten Rechtswirkungen auch für sekundäres Völkerrecht gelten.[134] Der Gerichtshof hat diese Aussage in einem Verfahren zum Außenwirtschaftsrecht sogar auf unverbindliche Organbeschlüsse im Rahmen völkerrechtlicher Abkommen, die die EU abgeschlossen hat, angewandt, wobei insofern allerdings eine unmittelbare Anwendbarkeit ausgeschlossen ist.[135] 39

IE zeigt sich damit eine **umfassende rechtliche Determinierung des innerstaatlichen Außenwirtschaftsrechts** in allen Sachbereichen, in denen die EU entsprechende völkerrechtliche Verträge geschlossen hat. Aus innerstaatlicher Perspektive gibt es somit kaum einen Unterschied im Hinblick auf die Frage, ob autonomes oder vertragliches Außenwirtschaftsrecht der EU zu beachten ist. 40

2. Sonderregelungen für das WTO-Recht und in präferentiellen Handelsabkommen

Obwohl sich dem Grunde nach eine weitreichende Determinierung des Außenwirtschaftsrechts durch Internationales Wirtschaftsrecht zeigt, ist zu beachten, **dass für das außenwirtschaftsrechtlich zentrale WTO-Recht nach der Rechtsprechung des EuGH bestimmte Ausnahmen gelten sollen.** Der Sonderstatus, der dem WTO-Recht nach dem Willen des EuGH in der Unionsrechtsordnung zukommen soll, geht im Wesentlichen auf eine bereits frühzeitig zum GATT 1947 entwickelte Judikatur zurück. 41

Bereits im Jahre 1972 entschied der EuGH mit Blick auf das GATT 1947, dass „[d]ieses Abkommen, das nach seiner Präambel, auf der Grundlage der Gegenseitigkeit und zum gemeinsamen Nutzen‘ ausgehandelt wurde, ... durch die große Geschmeidigkeit seiner Bestimmungen gekennzeichnet [ist]. Das gilt insbesondere für die Vorschriften über Abweichungen von den allgemeinen Regeln, über Maßnahmen, die bei außergewöhnlichen Schwierigkeiten getroffen werden können, und über die Regelung von Meinungsverschiedenheiten zwischen den Vertragsparteien“.[136] Hieraus folgerte der Gerichtshof, dass dem GATT bzw dem damals konkret zur Debatte stehenden Art XI **GATT 1947 keine unmittelbare Anwendbarkeit** zukommen könne.[137] Nach der Gründung der WTO hat der EuGH seine Rechtsprechung zum GATT 1947 auch auf das neue Welthandelsrecht angewandt und festgestellt, dass „die WTO-Übereinkünfte we- 42

132 S zB EuGH, Rs C-91/92, Slg 1994, I-3325 Rn 25ff – *Faccini Dori.*

133 EuGH, Rs C-53/96, Slg 1998, I-3603 Rn 28ff – *Hermès*; *von Bogdandy* NJW 1999, 2087/2089; *Peters* GYIL 40 (1997), 9/71; *Heukels* ZEuS 2 (1999), 313/323.

134 S insb EuGH, Rs 30/88, Slg 1989, 3711/3783 – *Griechenland/Kommission*; Rs C-192/89, Slg 1990, I-3461 Rn 9 – *Sevince*; Rs C-36/96, Slg 1997, I-5143ff – *Günaydin*; hierzu a *Bungenberg* in von der Groeben/Schwarze/Hatje (Hrsg) Art 218 AEUV Rn 141ff.

135 EuGH, Rs C-188/91, Slg 1993, I-363 Rn 17f – *Deutsche Shell AG/Hauptzollamt Hamburg-Harburg.*

136 EuGH, Rs 21–24/72, Slg 1972, 1219 Rn 21 – *International Fruit Company.*

137 EuGH, Rs 21–24/72, Slg 1972, 1219 Rn 27 – *International Fruit Company.*

gen ihrer Natur und ihrer Struktur grundsätzlich nicht zu den Vorschriften [gehören], an denen der Gerichtshof die Rechtmäßigkeit von Handlungen der Unionsorgane misst".[138] Folgerichtig wurde auch entschieden, dass eine unmittelbare Anwendbarkeit des WTO-Rechts zu Gunsten von Individuen ausscheide.[139] Allerdings hat der EuGH zugleich die Mitgliedstaaten auf eine WTO-rechtskonforme Auslegung des innerstaatlichen Rechts verpflichtet, soweit EU-Außenkompetenzen bestehen.[140] Auch darüber hinausgehend hat der EuGH zwischenzeitlich in einem Vertragsverletzungsverfahren gegen Ungarn klargestellt, dass sich mitgliedstaatliches Recht in letztlich allen Regelungsbereichen, die vom WTO-Recht erfasst werden, an diesem rechtlich messen lassen muss; ein Widerspruch zum WTO-Recht begründet aus Gründen des Unionsrechts die Rechtswidrigkeit des mitgliedstaatlichen Rechts.[141] Gegenstand der Rechtssache Kommission/Ungarn (C-66/18) war die gesetzliche Beschränkung ausländischer Lehr- und Forschungstätigkeit durch das ungarische Hochschulgesetz, welches sich faktisch gegen die von George Soros gegründete Central European University richtete. Der EuGH stellte fest, dass die Beschränkung der Tätigkeit ausländischer Universitäten gegen Art XVII GATS verstößt.[142] Da der grenzüberschreitende Handel mit Bildungsdienstleistungen dem ausschließlichen Kompetenzbereich der Union zuzuordnen ist, haftet die EU nach außen für Verstöße der Mitgliedstaaten gegen ihre völkerrechtlichen Verpflichtungen aus dem GATS, welche zugleich einen Verstoß gegen die unionsrechtliche Verpflichtung aus Art 216 Abs 2 AEUV darstellen.

43 Die in Teilen sehr restriktive Rechtsprechung des EuGH zur fehlenden unmittelbaren Anwendbarkeit des WTO-Rechts in der Unionsrechtsordnung wurde vielfach kritisiert.[143] Wie auch immer man zu ihr im Einzelnen steht, drei Punkte sind jedenfalls hervorzuheben. Zunächst ist unklar, wie sich dogmatisch erklären lassen soll, dass das WTO-Recht nicht an den Rechtswirkungen sonstiger völkerrechtlicher Verträge teilnehme, dennoch aber eine mitgliedstaatliche Verpflichtung zur WTO-rechtskonformen Auslegung innerstaatlichen Rechts sowie insgesamt zu einer diesbezüglichen Rechtsbeachtung besteht. Weiterhin ist es aus rechtsstaatlicher Perspektive überaus problematisch, dass ein Mitgliedstaat, der bei einer Beschlussfassung zur gemeinsamen Handelspolitik nach Art 207 Abs 4 UAbs 1 AEUV überstimmt wird, materiellrechtlich keine Möglichkeit für eine erfolgreiche Nichtigkeitsklage nach Art 263 AEUV hat, da ihm die Berufung auf WTO-Recht verwehrt ist,[144] er zugleich aber umfassend durch Unionsrecht auf das WTO-Recht verpflichtet wird. Hierdurch entsteht im Außenwirtschaftsrecht eine **bedenkliche Rechtsschutzlücke**. Schließlich ist hervorzuheben, dass der EuGH seine dargestellte Rechtsprechung ua mit dem Argument begründet, dass eine volle, gerichtlich nachprüfbare Wirksamkeit von WTO-Recht in der Unionsrechtsordnung zur Folge hätte, dass „den Legislativ- und Exekutivorganen der

---

138 EuGH, Rs C-149/96, Slg 1999, I-8395 Rn 46 – *Portugal/Rat.*

139 S insb EuGH, verb Rs C-300/98 u C-392/98, Slg 2000, I-11307 Rn 44 – *Parfums Christian Dior ua.*

140 EuGH, Rs C-53/96, Slg 1998, I-3603 Rn 28 – *Hermès*; verb Rs C-300/98 u C-392/98, Slg 2000, I-11307 Rn 47 – *Parfums Christian Dior ua.*

141 EuGH, Rs C-66/18, ECLI:EU:C:2020:792 – *Kommission/Ungarn.*

142 Allgem zu Art XVII GATS vgl a → *Weiss* § 5 Rn 42f.

143 Vgl ua *Berrisch/Kamann* EWS 2000, 89ff; *Bronckers* CMLRev 42 (2005) 1342ff.

144 Deutlich hierzu *Berrisch/Kamann* EWS 2000, 89ff.

Union der Spielraum genommen [würde], über den die entsprechenden Organe der Handelspartner der Union verfügen."[145] Mit dieser Aussage verkennt der EuGH nicht nur die Bedeutung des Reziprozitätsprinzips in der WTO-Rechtsordnung,[146] sondern bekennt sich auch zur political-questions-Doktrin. Diese mag zwar im US-amerikanischen Recht anerkannt sein,[147] im Unionsrecht findet sie hingegen keine Stütze.[148] IE könnte man demnach dem EuGH in der Ablehnung der unmittelbaren Anwendbarkeit des WTO-Rechts folgen, nicht jedoch mit Blick auf die Aussage, dass es selbst bei der objektiv-rechtlichen Überprüfung von EU-Sekundärrecht keine Bedeutung habe.

Trotz der problematischen und hier nicht in allen Einzelheiten zu diskutierenden Rechtsprechung des EuGH allgemein zum WTO-Recht, bleiben aber neben den bereits hervorgehobenen mittelbaren Rechtswirkungen drei Fallkonstellationen unberührt, in denen das WTO-Recht unmittelbare Relevanz im Unionsrecht, insb im Außenwirtschaftsrecht, entfaltet. Zunächst hat der Gerichtshof anerkannt, dass die EU keine Harmonisierungsvorschriften (vgl Art 114 AEUV) erlassen darf, die Mitgliedstaaten dazu verpflichten, gegen völkerrechtliche Pflichten aus der WTO-Rechtsordnung zu verstoßen.[149] Spezifisch für das Außenwirtschaftsrecht von Bedeutung ist weiterhin die **Fediol- und Nakajima-Rechtsprechung**. Hiernach entfaltet WTO-Recht umfassende Wirkung im Unionsrecht, wenn EU-Sekundärrecht vorliegt, das Individuen ausdrücklich das Recht verleiht, sich auf GATT/WTO-Recht zu berufen (Fediol)[150] oder das explizit der Umsetzung von GATT/WTO-Verpflichtungen in das Unionsrecht dient (Nakajima).[151] Die weiterhin gegebene Relevanz dieser Rechtsprechung hat der EuGH deutlich betont.[152] Außenwirtschaftsrechtlich erlangt die Fediol-Rechtsprechung im Rahmen der Anwendung der Handelshemmnis-Verordnung große Bedeutung.[153] Die Nakajima-Rechtsprechung spielt im Antidumping- und im Antisubventionsrecht der EU eine zentrale Rolle.[154] Gerade im Antidumpingrecht hat das Gericht gezeigt, dass es bereit ist, sich sehr eng am WTO-Recht zu orientieren.[155] 44

Die grundsätzliche Völkerrechtsfreundlichkeit der Unionsrechtsordnung erfährt dadurch eine weitere Einschränkung im Bereich der gemeinsamen Handelspolitik, dass die EU in ihre **präferentiellen Handelsabkommen mit dritten Staaten** zunehmend explizite Vorschriften aufnimmt, die eine unmittelbare Anwendbarkeit der Abkommensbestimmungen im innerstaatlichen Rechtsraum bzw im EU-Recht ausschließen.[156] So heißt es zB in Art 77 Abs 2 des Abkommens mit dem Irak: „Alle Sprüche des 45

145 EuGH, Rs C-149/96, Slg 1999, I-8395 Rn 46 – *Portugal/Rat.*

146 Ausf hierzu *Hermes* TRIPS im Unionsrecht.

147 *Piazolo* Verfassungsgerichtsbarkeit und politische Fragen (1994) 33.

148 *Siebold* 272ff.

149 EuGH, Rs 377/98, Slg 2001, I-7079 Rn 20f – *Niederlande/Kommission und Rat.*

150 EuGH, Rs 70/87, Slg 1989, I-1781 Rn 32 – *Fediol.*

151 EuGH, Rs 69/89, Slg 1991, I-2069 Rn 31 – *Nakajima.*

152 EuGH, Rs C-149/96, Slg 1999, I-8395 Rn 49 – *Portugal/Rat*; Rs C-300/98 u C-392/98, Slg 2000, I-11307 Rn 47 – *Parfums Christian Dior ua.*

153 Hierzu Rn 164ff.

154 Hierzu Rn 130ff.

155 Siehe zB EuG, Rs T-409/06, Urt v 4.3.2010 Rn 103ff – *Sun Sang Kong Yuen Shoes Factory.*

156 Ausf hierzu *Beham* in Herrmann (Hrsg) Die gemeinsame Handelspolitik im Europäischen Verfassungsverbund, EuR 2020, Beiheft 2, 7ff.

Schiedsgerichts sind für die Vertragsparteien bindend; sie begründen weder Rechte noch Pflichten für natürliche oder juristische Personen".[157] In ähnlicher Weise statuiert Art 30.6 CETA: „(1) Dieses Abkommen ist nicht dahingehend auszulegen, dass es andere Rechte oder Pflichten für Personen begründet als die zwischen den Vertragsparteien nach dem Völkerrecht geschaffenen Rechte oder Pflichten, noch dass es in den innerstaatlichen Rechtsordnungen der Vertragsparteien unmittelbar geltend gemacht werden kann".[158] Mit diesen und ähnlichen Regelungen in Handelsabkommen nehmen Rat und EP letztlich eine Korrektur der völkerrechtsfreundlichen Rechtsprechung des EuGH vor, die insbesondere zu bilateralen Handelsabkommen – im Gegensatz zum WTO-Recht – begründet wurde. Es erfolgt insofern eine Angleichung an die dargestellte Rechtsprechung zum WTO-Recht. Damit wird eine eher dualistische Grundhaltung der EU manifestiert, was nicht ihrem Anspruch als verantwortungsvoller globaler Akteur entspricht und potentiell mit Art 21 EUV iVm Art 205ff AEUV in Konflikt steht.

III. Die Außenwirtschaftsfreiheit im Unionsrecht und im innerstaatlichen Recht

1. Grundlagen

46 Neben den völkerrechtlichen Vorgaben, die das unionsrechtliche Außenwirtschaftsrecht bestimmen, sind innerunionsrechtliche Vorgaben im Rang des Primärrechts für seine konkrete Ausgestaltung als Maßstab zu beachten. Das betrifft zunächst den bereits behandelten Art 206 AEUV, der eine zumindest rechtsprinzipielle, auch individualschützende Verpflichtung auf ein liberales Außenhandelsregime statuiert.[159] Zusätzlich sind natürlich auf den Binnenmarkt bezogen **die Grundfreiheiten von herausragender Bedeutung für das Außenwirtschaftsrecht**, soweit es um den Wirtschaftsverkehr mit EU-Mitgliedstaaten geht. Eine einzigartige Wirkung im Kreis der Grundfreiheiten entfaltet dabei Art 63 AEUV, der auch Beschränkungen des Kapital- und Zahlungsverkehrs mit Drittstaaten verbietet und damit primärrechtlich relevantes Außenwirtschaftsrecht darstellt. Überdies entfaltet Art 63 AEUV umfassende *erga-omnes*-Wirkung in dem Sinne, dass sich Angehörige aus EU-Mitgliedstaaten und aus Drittstaaten unabhängig vom Ort einer konkreten Transaktion hierauf berufen können.[160] Neben diesen Vorgaben des Primärrechts, die auf eine individualschützende Außenwirtschaftsfreiheit hindeuten, kommt den Unionsgrundrechten besondere Bedeutung zu.

157 Partnerschafts- und Kooperationsabkommen zwischen der Europäischen Union und ihren Mitgliedstaaten einerseits und der Republik Irak andererseits, ABl EU L 204/20 v 31.7.2012; ausführlich zur entsprechenden Vertragspraxis der EU *Semertzi* CMLR 51 (2014) 1125.

158 In vergleichbarem Wortlaut auch Artikel COMPROV. 16 des EU-UK-Handels- und Kooperationsabkommens.

159 S o Rn 19.

160 *Ress/Ukrow* in Grabitz/Hilf/Nettesheim (Hrsg) Das Recht der Europäischen Union (Stand EL 62 Juli 2017) Art 63 AEUV Rn 120; zu Einzelheiten ausf *Scharf* Die Kapitalverkehrsfreiheit gegenüber Drittstaaten (2008).

Die **individualschützende Absicherung der Außenwirtschaftsfreiheit** erfolgt zunächst über das Unionsgrundrecht der **Berufsfreiheit**.[161] GA *Jacobs* hat zwar bezweifelt, „ob das Recht auf Ausfuhr ein Grundrecht ist".[162] Betrachtet man allerdings die Rechtsprechung des EuGH, so scheint dieser ohne größere Probleme außenwirtschaftsrechtliche Maßnahmen der EG am Unionsgrundrecht der Berufsfreiheit zu messen.[163] Überdies gibt es auch keine sachliche Rechtfertigung dafür, die Berufsfreiheit im Unionsrecht nicht auch auf den Außenwirtschaftsverkehr anwenden zu wollen, da der EuGH dieses Grundrecht gerade mit Blick auf außenwirtschaftsrechtliche Fragen entwickelt hat.[164] 47

Ebenfalls vom Unionsrecht geschützt ist das **Eigentumsgrundrecht**.[165] Auch dieses Grundrecht kann im Außenwirtschaftsrecht von Bedeutung sein, zB bei der Beeinträchtigung des wirtschaftlichen Wertes eines internationalen Kaufvertrages aufgrund handelsbeschränkender Maßnahmen der gemeinsamen Handelspolitik.[166] 48

Zu beachten ist allerdings, dass die durch das Grundrecht der Berufsfreiheit und das Eigentumsgrundrecht **abgesicherte Außenwirtschaftsfreiheit nicht schrankenlos** gilt. Der EuGH lässt Einschränkungen beider Grundrechte regelmäßig zu, wenn „diese Beschränkungen tatsächlich dem Gemeinwohl dienenden Zielen der Union entsprechen und nicht einen im Hinblick auf den verfolgten Zweck unverhältnismäßigen, nicht tragbaren Eingriff darstellen, der die so gewährleisteten Rechte in ihrem Wesensgehalt antastet".[167] 49

Ungeachtet der damit iE möglicherweise nur geringen Wirkkraft der grundrechtlichen Absicherung der Außenwirtschaftsfreiheit[168] ist entscheidend, dass durch ihre primärrechtliche Verankerung eine **bedeutende Darlegungs- und Beweislastverteilung** erfolgt. Die EU-Organe sind im Lichte der Außenwirtschaftsfreiheit als Grundrecht verpflichtet, den Außenwirtschaftsverkehr beschränkende Maßnahmen zu rechtfertigen. Überdies folgt aus diesem Grundrecht, dass Beschränkungen des Außenwirtschaftsverkehrs im Zweifel als präventive Verbote mit Erlaubnisvorbehalt auszugestalten sind, so dass bei einem Genehmigungserfordernis ein grundrechtlich abgesicherter Anspruch auf eine solche besteht, wenn die entsprechenden Voraussetzungen gegeben sind.[169] 50

Auch das **innerstaatliche deutsche Recht verbürgt die Außenwirtschaftsfreiheit** als Grundrecht, und zwar ebenfalls in erster Linie über die Berufsfreiheit (Art 12 Abs 1 GG), die ihrerseits freilich einer bekannten Schrankensystematik unterliegt. Das 51

---

161 Allgem zur Berufsfreiheit als Unionsgrundrecht *Ruffert* in Ehlers (Hrsg) Europäische Grundrechte und Grundfreiheiten, 4. Aufl (2015) § 19.

162 GA Jacobs in EuGH, Rs C-124/95, Slg 1997, I-81 Rn 65 – *Centro-Com*.

163 S zB EuGH, Rs C-280/93, Slg 1994, I-5039 Rn 78ff – *Deutschland/Rat*; ausf Nachw bei *Ehlers/Pünder* (Fn 61) Art 1 Rn 7; *Wolffgang* (Fn 4) § 21 Rn 6ff.

164 *von Bogdandy* in Grabitz/von Bogdandy/Nettesheim (Hrsg) Außenwirtschaftsrecht, 10/74; dem folgend *Ehlers/Pünder* (Fn 61) Art 1 Rn 7.

165 Allgem zum unionsrechtlichen Eigentumsgrundrecht *Calliess* in Ehlers (Hrsg) Europäische Grundrechte und Grundfreiheiten, 4. Aufl (2015) § 20.

166 *Ehlers/Pünder* (Fn 61) Art 1 Rn 9.

167 EuGH, Rs C-280/93, Slg 1994, I-5039 Rn 78 mwN – *Deutschland/Rat*.

168 So iE *von Bogdandy* in Grabitz/von Bogdandy/Nettesheim (Hrsg) Außenwirtschaftsrecht, 10/74.

169 *Ehlers/Pünder* (Fn 61) Art 1 Rn 8.

wurde vom BVerfG bereits frühzeitig in seiner Rechtsprechung festgestellt.[170] Überdies entfaltet Art 3 Abs 1 GG im Außenwirtschaftsrecht Bedeutung, indem zB Schutz vor willkürlicher Handhabung der Erteilung von Ausfuhrgenehmigungen geboten wird.[171]

52 Während damit aus der Sicht der Unionsbürger eine recht deutliche individualschützende Dimension des Außenwirtschaftsrechts gegeben ist, stellt sich die Situation für Wirtschaftssubjekte aus Drittstaaten, die im Wirtschaftsverkehr mit der EU engagiert sind, etwas anders dar. Ihre Rechtsstellung im Hinblick auf das Außenwirtschaftsrecht ist **differenziert nach Gesichtspunkten des Marktzuganges und der Inländergleichbehandlung** zu betrachten.[172] Primärrechtliche Verbürgungen zu einem spezifischen Marktzugang für Drittlandsprodukte oder Dienstleistungen gibt es über die Wirkungen der allgemeinen Außenhandelsfreiheit und die Zahlungs- und Kapitalverkehrsfreiheit (Art 63 AEUV) hinausgehend nicht. Vielmehr erfolgt eine Absicherung von Marktzugangsrechten nur über das internationale Wirtschaftsrecht, insb das Recht der tarifären und der nichttarifären Handelshemmnisse nach dem GATT und den weiteren multilateralen Übereinkommen zum Warenhandel[173] sowie durch Art XVI GATS.[174] Diese völkerrechtlichen Vorgaben werden für den Warenhandel im sekundärrechtlichen Einfuhrrecht des unionsrechtlichen Außenwirtschaftsrechts konkretisiert.[175]

53 In die Union eingeführte Waren kommen in Erfüllung der Vorgaben aus Art III GATT[176] in den Genuss der Inländergleichbehandlung (Statuswechsel).[177] Die Einzelheiten hierzu sind in Art 28 Abs 2 und 29 AEUV festgelegt. Hiernach gelten Waren, die aus dritten Ländern nach Erfüllung der Einfuhrförmlichkeiten und Leistung der vorgeschriebenen Zölle und Abgaben gleicher Wirkung, soweit diese nicht ganz oder teilweise rückvergütet wurden, als im freien Verkehr eines EU-Mitgliedstaates befindlich (Art 29 AEUV). Das wiederum führt dazu, dass für diese Waren **die Warenverkehrsfreiheit umfassend Anwendung findet** und eine weitere Zollerhebung im Binnenmarkt verboten ist (Art 28 Abs 2 iVm Art 30 und Art 34ff AEUV).

54 Für den Warenverkehr aus Drittländern zeigt sich damit, dass in der außenwirtschaftsrechtlichen Systematik der Grenzabfertigung entscheidende Bedeutung zukommt. Die Erfüllung der in Art 29 AEUV genannten Voraussetzungen im Zeitpunkt des Grenzübertritts ist maßgebliche Voraussetzung dafür, dass sich für Waren aus Drittländern die außenwirtschaftsrechtliche in eine rein binnenrechtliche Perspektive wandelt.

55 Für die Arbeitnehmerfreizügigkeit, den Dienstleistungsverkehr und die Niederlassungsfreiheit sieht das Unionsrecht kaum Regelungen vor, die unmittelbar für das Außenwirtschaftsrecht relevant sind. Das hängt zunächst damit zusammen, **dass Dritt-**

---

170 BVerfGE 12, 281/294f; umfassend *Epping* Die Außenwirtschaftsfreiheit.

171 BVerfGE 12, 281/296; weitere Einzelheiten zum verfassungsrechtlichen Kontext bei *Epping* 9ff; *Hohmann* in ders/John (Hrsg) Ausfuhrrecht, § 1 AWG Rn 6ff.

172 S zB *von Bogdandy* in Grabitz/von Bogdandy/Nettesheim (Hrsg) Außenwirtschaftsrecht, 10/77ff und 83ff.

173 Hierzu → *Tietje* § 4 Rn 42ff.

174 Hierzu → *Weiss* § 5 Rn 38ff.

175 Zum Einfuhrrecht Rn 121ff.

176 Hierzu → *Tietje* § 4 Rn 74ff.

177 *Herrmann* in Grabitz/Hilf/Nettesheim (Hrsg) Das Recht der Europäischen Union, Bd I (Stand EL 71 August 2020) Art 29 AEUV Rn 1.

staatsangehörige sich nur unter bestimmten, restriktiven Voraussetzungen auf die Grundfreiheiten berufen können.[178] Obwohl die EU in diesen Bereichen völkerrechtliche Verpflichtungen nach dem GATS übernommen hat,[179] kam es bislang auch noch nicht zum Erlass von Sekundärrecht für Drittstaatsangehörige, wie es nach Art 56 Abs 2 AEUV möglich wäre; ein entsprechender Vorschlag der Kommission wurde bislang nicht angenommen.[180]

IE zeigt sich damit, dass die Außenwirtschaftsfreiheit für Drittstaatsangehörige, vom Warenverkehr und völkerrechtlichen Verpflichtungen abgesehen, nur bedingt verwirklicht ist. Eine gewisse Stärkung erfährt die Rechtsstellung von EU-Ausländern auch im Außenwirtschaftsrecht allerdings durch Art 15 Abs 3 GRCh, wonach für Staatsangehörige dritter Länder unter bestimmten Voraussetzungen ein Anspruch auf Gleichbehandlung im Arbeitsleben mit Unionsbürgern besteht.[181] 56

2. Die Ausgestaltung der Außenwirtschaftsfreiheit im EU- und im innerstaatlichen Außenwirtschaftsrecht

Im EU-Außenwirtschaftsrecht erfolgt die Konkretisierung der Außenwirtschaftsfreiheit in erster Linie sekundärrechtlich durch die zentralen Verordnungen über die allgemeinen Ausfuhr- und Einfuhrregelungen.[182] Beide Verordnungen statuieren eine **grundsätzliche Aus- und Einfuhrfreiheit für den Warenverkehr** (Art 1 AusfuhrVO; Art 1 Abs 2 EinfuhrVO).[183] 57

Auch im **deutschen Außenwirtschaftsrecht** wird heute ähnlich verfahren. § 1 Abs 1 Satz 1 AWG statuiert in Erfüllung der aufgezeigten verfassungsrechtlichen Vorgaben eine grundsätzliche Außenwirtschaftsfreiheit. Diese unterliegt allerdings Einschränkungen durch das AWG selbst oder durch Rechtsverordnungen, die aufgrund des AWG erlassen wurden (§ 1 Abs 1 Satz 2 AWG). 58

IV. Strukturen des Verwaltungsvollzuges im Außenwirtschaftsrecht

Wie bereits angedeutet, ist das Außenwirtschaftsrecht von komplexen Strukturen einer **Verwaltungskooperation zwischen EU und Mitgliedstaaten** geprägt.[184] Das ist auf eine Gemengelage von innerstaatlichem Recht und von Unionsrecht zurückzufüh- 59

178 Ausf hierzu *Forsthoff* (Fn 177) Art 45 AEUV Rn 28ff.

179 Zur Verpflichtungsstruktur des GATS ausf → *Weiss* § 5 Rn 8ff.

180 Geänderter Vorschlag für eine Richtlinie des Rates zur Ausdehnung der grenzüberschreitenden Dienstleistungsfreiheit auf in der Union niedergelassene Staatsangehörige dritter Länder, ABl EG 2000 C 311 E/197; s a *Randelzhofer/Forsthoff* (Fn 177) Art 56/57 AEUV Rn 27f.

181 Hierzu *Bernsdorff* in Meyer/Hölscheidt (Hrsg) Kommentar zur Charta der Grundrechte der Europäischen Union, 5. Aufl (2019) Art 15 Rn 25.

182 Verordnung Nr 2015/479 des Europäischen Parlaments und des Rates v 11.3.2015 über eine gemeinsame Ausfuhrregelung, ABl EU 2015 L 83/34; Verordnung Nr 2015/478 des Europäischen Parlaments und des Rates v 11.3.2015 über eine gemeinsame Einfuhrregelung, ABl EU 2015 L 83/16.

183 Ausf hierzu noch unter Rn 84ff und Rn 121ff.

184 O Rn 12ff.

ren, die nicht leicht zu überblicken ist.[185] Folgende Grundstrukturen des Verwaltungsvollzuges sind dabei zu beachten:

60 Zunächst kann wie insgesamt im Unionsrecht zwischen dem direkten (unionsunmittelbaren) und dem indirekten (mittelbaren) Verwaltungsvollzug unterschieden werden. Ein direkter Vollzug der EU, namentlich der Kommission als Exekutive, ist nur in den Sachbereichen gegeben, in denen sie über selbstständige Verwaltungskompetenzen verfügt. Das ist allerdings nur selten der Fall, wobei das Wettbewerbsrecht und Teile des Außenwirtschaftsrechts als herausragende Anwendungsfälle zu nennen sind.[186] Im Übrigen bleibt es bei dem Grundsatz, dass der **Verwaltungsvollzug des EU-Rechts Sache der Mitgliedstaaten** ist, wobei diese hierzu eine über Art 4 Abs 3 EUV inhaltlich determinierte Kompetenz besitzen.[187] In einem solchen Fall der mitgliedstaatlichen Durchführung des EU-Rechts spricht man von einem indirekten Vollzug, der sich bei der Durchführung einer Verordnung als indirekter unmittelbarer und im Falle einer Richtlinie als indirekter mittelbarer Vollzug darstellt.[188]

61 Zu betonen ist hierbei nochmals, dass der indirekte Vollzug durch die Mitgliedstaaten kein autonomer Verwaltungsvollzug ist. Vielmehr enthält das Unionsrecht zahlreiche, insb aus Art 4 Abs 3 EUV abzuleitende Vorgaben für die Organisation und Ausgestaltung der innerstaatlichen Verwaltung und ihres Verfahrens; diese inhaltlichen Vorgaben werden als Unionsverwaltungsrecht bezeichnet.[189] Die zahlreichen, insb in der Rechtsprechung des EuGH entwickelten Rechtsgrundsätze des Unionsverwaltungsrechts, die hier nicht im Einzelnen aufgeführt werden können, lassen sich im Wesentlichen dem **Gleichwertigkeitsgebot (Diskriminierungsverbot) und dem Effektivitätsgebot** zuordnen.[190] Das Gleichwertigkeitsgebot gebietet in erster Linie eine einheitliche Anwendung des innerstaatlichen Verwaltungsverfahrensrechts ohne Unterscheidung danach, ob ein rein innerstaatlicher oder ein unionsrechtlicher Vollzugsfall vorliegt.[191] Bei dem Effektivitätsgebot geht es darum, dass „die Anwendung des nationalen Rechts die Tragweite und die Wirksamkeit des Unionsrechts nicht beeinträchtigen" darf.[192]

62 Die Besonderheit des Verwaltungsvollzuges im Außenwirtschaftsrecht besteht darin, dass es zunächst nahezu ausschließlich um den Vollzug von Verordnungen

---

185 *von Bogdandy* in Grabitz/von Bogdandy/Nettesheim (Hrsg) Außenwirtschaftsrecht, 10/49.

186 *Hatje* 43.

187 Allgem hierzu *Schill/Krenn* in Grabitz/Hilf/Nettesheim (Hrsg) Das Recht der Europäischen Union (Stand EL 65 August 2018) Art 4 EUV Rn 88ff.

188 *von Bogdandy* in Grabitz/von Bogdandy/Nettesheim (Hrsg) Außenwirtschaftsrecht, 10/47; *Wolffgang* (Fn 4) § 21 Rn 44.

189 Grundlegend zur Europäisierung des Verwaltungsrechts *Schmidt-Aßmann* in Hoffmann-Riem/Schmidt-Aßmann/Voßkuhle (Hrsg) Grundlagen des Verwaltungsrechts, Bd I, 2. Aufl (2012), § 5 Rn 29ff; *ders* DVBl 1993, 924/926; vgl im Übrigen ua *Schill/Krenn* (Fn 187) Art 4 EUV Rn 76 mwN.

190 Ausf *Schill/Krenn* (Fn 187) Art 4 EUV Rn 80ff.

191 EuGH, Rs 119 und 126/79, Slg 1980, 1863/1879 – *Lippische Hauptgenossenschaft*; verb Rs 205–215/82, Slg 1983, 2633/2665ff – *Deutsche Milchkontor*.

192 EuGH, verb Rs 205–215/82, Slg 1983, 2633 Rn 22 – *Deutsche Milchkontor*; ausf *Schill/Krenn* (Fn 187) Art 4 EUV Rn 81ff; *Hatje* 58ff.

geht. Weiterhin liegt insb im Zollrecht mit dem EU-Zollkodex[193] ein kodifiziertes, an die innerstaatlichen Zollbehörden gerichtetes Verwaltungsverfahrensrecht vor, das kaum noch Raum für die Anwendung tatsächlich autonomen innerstaatlichen Rechts lässt. In anderen Sachbereichen, namentlich dem Recht der Schutzmaßnahmen, dem Antidumping- und dem Antisubventionsrecht sowie im Rahmen der Handelshemmnisverordnung gibt es ein **unmittelbar bei der Kommission angesiedeltes Eigenverwaltungsverfahren der EU**. Die Umsetzung der Ergebnisse dieser Verwaltungsverfahren sind, soweit es sich um die Verhängung von Schutzmaßnahmen, Antidumping- oder Ausgleichszöllen handelt, dann allerdings wieder den innerstaatlichen Behörden, namentlich den Zollbehörden, bei der Überwachung der Warenein- und -ausfuhr überlassen (vgl § 1 Abs 1 ZollVG).[194]

IE ist der Verwaltungsvollzug im Außenwirtschaftsrecht damit durch eine intensi- 63
ve Kombination der verschiedenen Vollzugsmodelle im Zusammenspiel zwischen der unionalen und der innerstaatlichen Rechtsordnung der Mitgliedstaaten geprägt. Einzelheiten hierzu ergeben sich aus dem jeweils einschlägigen autonomen Außenwirtschaftsrecht der EU. Im Lichte der weitreichenden Außenwirtschaftskompetenzen der EU ist aber schon an dieser Stelle festzuhalten, dass sich im Außenwirtschaftsrecht wie in wohl kaum einem anderen Sachbereich in aller Deutlichkeit **die weitreichende unionale Einbindung der Aufgaben und Funktionen innerstaatlicher Behörden** zeigt. Gerade die Zollbehörden bleiben zwar zunächst innerstaatliche Behörden iSv § 1 Abs 4 VwVfG (vgl auch § 17 ZollVG, § 1 FinanzverwaltungsG). In ihrer Aufgabenerfüllung sind sie allerdings in funktioneller Hinsicht weitgehend Teil der Unionsverwaltung, also funktionelle EU-Behörden.[195]

C. Die vertragliche Handelspolitik im Überblick

Die **vertragliche Handelspolitik der EU** hat in den letzten Jahren insb quantitativ ste- 64
tig zugenommen. Die Union ist heute in ein nahezu weltweites Netz von mehreren hundert bilateralen und multilateralen Verträgen eingebunden.[196] Die weitaus meisten dieser Verträge beziehen sich unmittelbar oder mittelbar auf das Außenwirtschaftsrecht. Angesichts der weitreichenden Rechtswirkungen, die den Verträgen zukommen,[197] ist ihre außenwirtschaftsrechtliche Relevanz nicht zu unterschätzen.

Systematisch kann im Bereich von bi- und multilateralen Abkommen zwischen 65
solchen mit **horizontalen (globalen) und sektoralen Regelungen** unterschieden

193 Verordnung Nr 952/2013 des Europäischen Parlaments und des Rates vom 9. Oktober 2013 zur Festlegung des Zollkodex der Union (Neufassung), ABl EU L 269/1 v 10.10.2013; vgl dazu *Witte* AWPrax 2012, 125ff.

194 Zu dieser Kombination der verschiedenen Verwaltungsvollzugsmodelle im Außenwirtschaftsrecht a kurz *von Bogdandy* in Grabitz/von Bogdandy/Nettesheim (Hrsg) Außenwirtschaftsrecht, 10/47.

195 Zu diesem *dédoublement fonctionnel* s a *Cassese* Der Staat 33 (1994) 25/26; *Schill/Krenn* (Fn 187) Art 4 EUV Rn 76 mwN.

196 Eine Übersicht sowie Details zu den Verträgen, die von der EU abgeschlossen wurden, finden sich in der *Treaties Office Database of the European External Action Service*, verfügbar unter: <ec.europa.eu/world/agreements/searchByCountryAndContinent.do?id=4&letter=A>.

197 S o Rn 35ff.

werden. Während horizontale Abkommen die Handelsbeziehungen insgesamt regeln, betreffen sektorale Abkommen nur einzelne Produkte.[198] In beiden Bereichen kommt es dabei vermehrt zum Einsatz spezifischer Vertragsinstitutionen, die durch verbindliche oder unverbindliche Beschlüsse einzelne Bestimmungen der Verträge konkretisieren.[199] Das gilt durchgehend insbesondere für die modernen Freihandelsabkommen der EU.

66 Eine außenwirtschaftsrechtlich wichtige Differenzierung ist weiterhin zwischen **präferentiellen und nichtpräferentiellen Abkommen** zu treffen. Präferentielle Handelsabkommen, zu denen ua alle nach Art 217 AEUV geschlossene Assoziationsabkommen sowie Freihandelsabkommen (Art 207 AEUV) gehören, zeichnen sich dadurch aus, dass die EU den Vertragsparteien für die Wareneinfuhr Zollfreiheit oder zumindest niedrigere Zollsätze gewährt als dies für sonstige Handelspartner der Fall ist. Dieser präferentiellen Zollbehandlung liegen regelmäßig wirtschaftliche, politische oder historische Überlegungen zugrunde.[200]

I. Bilaterale Handels- und Investitionsbeziehungen

67 Die zahlreichen bilateralen Handelsabkommen der EU lassen sich geografisch betrachtet wie folgt klassifizieren: Einen zumindest historisch wichtigen Komplex stellen zunächst die Abkommen mit den EWR- und EFTA-Staaten dar. Das EFTA-Abkommen aus dem Jahre 1960 gilt heute noch für die europäischen Staaten, die noch nicht der EU beigetreten sind (Schweiz, Norwegen und Island). Es etabliert iE eine **Freihandelszone für industrielle Erzeugnisse in Westeuropa.**[201]

68 Neben das EFTA-Abkommen ist das Abkommen über den Europäischen Wirtschaftsraum (EWR) getreten, das am 1.1.1994 in Kraft trat.[202] Das überaus komplexe Abkommen mit ua 49 Protokollen und 22 Anhängen mit Norwegen, Island, Liechtenstein sowie der EU und ihren Mitgliedstaaten verdrängt das EFTA-Abkommen nur im Konfliktfall. Inhaltlich begründet es in Fortführung des EFTA-Abkommens ein weitreichendes Freihandelsregime.[203]

69 Eine Sonderrolle im Kreis der westeuropäischen, nicht der EU angehörigen Staaten, nimmt die Schweiz ein. Sie trat nicht dem EWR bei, so dass ihre wirtschaftlich bedeutenden **Verflechtungen mit der EU eine andere rechtliche Basis** finden mussten. Das ist durch zunächst sieben umfangreiche Abkommen mit der EU, die am 1.6.2002 in Kraft traten, geschehen.[204] Sie treffen detaillierte Regelungen in den Bereichen Freizügigkeit, Luftverkehr, Güter- und Personenverkehr auf Schiene und Straße,

---

198 *Weiß* (Fn 19) Art 207 Rn 259.

199 Zu den entsprechenden Rechtswirkungen s bereits o Rn 35ff.

200 *Schmidt* in Grabitz/von Bogdandy/Nettesheim (Hrsg) Außenwirtschaftsrecht, 93/101.

201 Zu den Quellen der einzelnen Verträge und zur historischen Entwicklung s *Weiß* (Fn 19) Art 207 Rn 260ff; allgemein zur Freihandelszone als Form regionaler Wirtschaftsintegration → *Nowrot* § 3 Rn 9ff.

202 ABl EG 1994 L 1/2.

203 Ausf zum EWR *Hummer* in Dauses/Ludwigs (Hrsg) Handbuch des EU-Wirtschaftsrechts, 49. EL (Stand November 2019) K III 3.

204 Der Beschluss des Rates über den Abschluss der Abkommen und die Abkommen selbst finden sich in: Beschluss Nr 309/2002, ABl EG 2002 L 114/1ff.

öffentliches Beschaffungswesen, wissenschaftliche und technische Zusammenarbeit, gegenseitige Anerkennung von Konformitätsbewertungen und Handel mit landwirtschaftlichen Erzeugnissen.[205] 2005 wurden die sog Bilateralen II zwischen der Schweiz und der EU abgeschlossen. Die Verflechtung beider Partner wird dadurch deutlich erweitert. Sie umfasst nun auch sektorielle Abkommen für die Bereiche polizeiliche und justizielle Zusammenarbeit, Zinsbesteuerung, Betrugsbekämpfung, verarbeitete Landwirtschaftsprodukte, Umwelt, Statistik, Medien, Bildung und Ruhegehälter von EU-Beamten.[206] Die Abkommen sind zwischenzeitlich alle in Kraft getreten.

Auch das Vereinigte Königreich ist nunmehr aus außenwirtschaftsrechtlicher Perspektive ein Drittstaat, seitdem es mit Ablauf des 31.1.2020 aus der Europäischen Union und der Europäischen Atomgemeinschaft ausgetreten ist (sog **Brexit**).[207] Zum 1.2.2020 trat das Austrittsabkommen zwischen der Europäischen Union und dem Vereinigten Königreich in Kraft, welches die Rahmenbedingungen für den geordneten Austritt des Vereinigten Königreiches aus der EU festlegt (sog geregelter Brexit).[208] In den Art 126ff. des Austrittsabkommen wurde eine Übergangsfrist statuiert, wonach das Vereinigte Königreich bis zum 31.12.2020 rechtlich so gestellt wurde, als wäre es noch ein Mitgliedstaat der EU. In dieser Zeit konnte das Vereinigte Königreich nur mit der Zustimmung der EU Handelsabkommen mit anderen Drittstaaten abschließen.[209] Seit dem 1.1.2021 ist das Vereinigte Königreich einschließlich der Kanalinseln und der Isle of Man nicht mehr Teil der EU-Zollunion und des Binnenmarktes.[210] Die britische Exklave Gibraltar soll hingegen nach einer vorläufigen Grundsatzvereinbarung zwischen dem Vereinigten Königreich und Spanien, welche noch in einem Vertrag zwischen der EU und dem Vereinigten Königreich festgehalten werden muss, Mitglied des Schengen-Raums bleiben.[211] Auf Nordirland findet ferner ein Zusatzprotokoll zum Austrittabkommen zwischen dem Vereinigten Königreich und der Europäischen Union Anwendung, wonach Nordirland in der EU-Zollunion verbleibt.[212] Der Warenhandel zwischen Nordirland und dem Vereinigten Königreich soll durch zusätzliche EU-Bestimmungen reguliert werden. Ziel dieser Regelungen ist die Vermeidung einer harten Außengrenze zwischen Irland und Nordirland, durch welche die gewaltsamen Konflikte, welche 1998 durch das Karfreitagsabkommen beigelegt wurden, abermals entfacht werden könnten.[213] Dieses Modell hat indes eine Verschiebung der unionalen Binnenmarktgrenze zwischen Nordirland und Großbritannien zur Folge, welche im 70

205 Ausf hierzu *Boos* EuZ 2000, 2ff.

206 Ausf hierzu die Beiträge in *Thürer/Weber/Portmann/Kellerhals* (Hrsg) Bilaterale Verträge I & II Schweiz EU Handbuch (2007).

207 Ausf *Streinz* in Ludwigs/Schmahl (Hrsg) Die EU zwischen Niedergang und Neugründung (2020), 95ff.

208 Abkommen über den Austritt des Vereinigten Königreichs Großbritannien und Nordirland aus der Europäischen Union und der Europäischen Atomgemeinschaft, ABl EU 2020 L 29/7, 31.1.2020.

209 *Herdegen* Europarecht § 4 Rn 41.

210 *Klamert* in Krenzler/Herrmann/Niestedt, Art 4 UZK (Stand April 2020) Rn 8.

211 *Priebe* EuZW 2021, 90.

212 Protokoll zu Irland/Nordirland zum Abkommen über den Austritt des Vereinigten Königreiches Großbritannien und Nordirland aus der Europäischen Union und der Europäischen Atomgemeinschaft, ABl EU L 29/7, 31.1.2020.

213 *Schäper* EuR 2020, 167ff.

Vereinigten Königreich Gegenstand heftiger Kontroversen war. Zur Regelung des Post-Brexit-Verhältnisses haben sich die EU und das Vereinigte Königreich am 24.12.2020 auf das **Trade and Cooperation Agreement (EUUKTCA)** geeinigt, welches seit dem 1.1.2021 zunächst vorläufig angewendet wird.[214] Neben Vereinbarungen über Handel, Fischerei und Verkehr enthält das EUUKTCA auch Regelungen zur Zusammenarbeit im Bereich der Strafverfolgung und Justiz. Die Streitbeilegung ist auf intergouvernementale Schiedsverfahren beschränkt; eine Investor-Staat-Streitbeilegung ist nicht vorgesehen. Die Begründung eigener Rechte von Personen wird ebenso wie die Geltendmachung der Bestimmungen des Abkommens in innerstaatlichen Verfahren explizit ausgeschlossen (Artikel COMPROV. 16).[215]

71 Neben Andorra, mit dem eine Zollunion besteht,[216] sind in einem größeren europäischen Kontext im Anschluss an den Beitritt zahlreicher Staaten zur EU in den Jahren 2004 und 2007 heute noch die sog Stabilisierungs- und Assoziierungsabkommen (SAA) mit den Staaten des Westbalkan von Bedeutung.[217] Daneben bestehen nichtpräferentielle Kooperationsabkommen mit Russland und den übrigen Nachfolgestaaten der ehemaligen Sowjetunion.[218] Schon über den europäischen Bereich hinaus, gehen dann die zahlreichen Europa-Mittelmeer-Assoziierungsabkommen, deren Bedeutung in den letzten Jahren im Rahmen der sog **Nachbarschaftspolitik** der EU deutlich zugenommen hat.[219]

72 Weiterhin sind neben einem präferentiellen Abkommen mit Südafrika aus dem Jahre 1999, das zu einer nahezu vollständigen Liberalisierung des Handels mit der EU ab Dezember 2012 geführt hat,[220] sowie nichtpräferentiellen Abkommen mit Staaten des mittleren und Fernen Ostens sowie aus Lateinamerika[221], die seit einem Abkommen aus dem Jahre 1995[222] andauernden **Verhandlungen zwischen der EU und Mercosur** über eine Freihandelszone zu nennen.[223] Im Juni 2019 konnten sich die EU und Mercosur auf den Abschluss eines Assoziierungsabkommens einigen, welches ein Freihandelsabkommen einschließt. Der endgültige Abschluss eines Abkommens ist

---

214 Handels- und Kooperationsabkommen zwischen der Europäischen Union und der Europäischen Atomgemeinschaft einerseits und dem Vereinigten Königreich Großbritannien und Nordirland andererseits, ABl EU L 444/14, 31.12.2020.

215 Vgl Rn 45.

216 S das Abkommen v 28.6.1990, ABl EG 1990 L 374/16.

217 Im Überblick hierzu *Stumpf* in Becker/Hatje/Schoo/Schwarze, EU-Kommentar, 4. Aufl (2019) Art 207 AEUV Rn 216.

218 Nachweise bei *Weiß* (Fn 19) Art 207 Rn 264, 268.

219 Zum aktuellen Stand siehe <ec.europa.eu/trade/issues/bilateral/index_en.htm>.

220 ABl EG 1999 L 311/3; in seinem den Handel betreffenden Teil durch Beschluss des Rates für vorläufig anwendbar erklärt Ratsbeschluss 1999/753/EG, ABl EG 1999 L 311/1; weitere Informationen unter <ec.europa.eu/trade/policy/countries-and-regions/countries/south-africa/>.

221 Nachweise bei *Weiß* (Fn 19) Art 207 Rn 269ff, 279.

222 Integrales Rahmenabkommen ABl EG 1996 L 69/4, vorläufige Anwendbarkeitserklärung durch Ratsbeschluss 205/96, ABl EG 1996 L 69/1.

223 Ausf Informationen hierzu unter <ec.europa.eu/trade/policy/countries-and-regions/regions/mercosur/>.

aber aufgrund der Kritik mehrerer EU-Staaten an der Umwelt- und Klimapolitik der brasilianischen Regierung abermals ins Stocken geraten. Zu beachten ist auch die Europäische Nachbarschaftspolitik (ENP) zu den östlichen und südlichen Nachbarn. Diese geht weit über reine handelspolitische Assoziierungsabkommen hinaus und umfasst eine dezidiert politische Dimension.[224]

Ein wichtiger Bestandteil der Handelspolitik der EU sind überdies die präferentiel- 73
len Abkommen mit den sog AKP-Staaten. Sie waren früher als Lomé-Abkommen bekannt; als Fortsetzung der vier Lomé-Abkommen, die die EU mit insgesamt 77 afrikanischen, karibischen und pazifischen Staaten (AKP) ab 1975 geschlossen hat, kam es am 23.6.2000 zum Abkommen von Cotonou.[225] Bis zum Jahr 2007 wurden weiterhin, wie schon bislang, den AKP-Staaten von der EU nicht-reziproke Handelspräferenzen gewährt. Diese Praxis wurde jedoch als nicht WTO-konform kritisiert und konnte nur bis Ende 2007 als Ausnahmeregelung in der Form eines WTO-waivers aufrechterhalten werden. Aus diesem Grund fanden parallel hierzu Verhandlungen zwischen der EU und den AKP-Staaten statt, die Ende 2007 zu einem ersten Abschluss von **Wirtschaftspartnerschaftsabkommen (Economic Partnership Agreements – EPAs)** als nächste Integrationsstufe führten.[226] Grundidee der EPAs ist es, die AKP Staaten auf insgesamt sieben Regionen aufzuteilen. Dadurch soll es möglich werden, Abkommen mit den Staaten der jeweiligen Region zu schließen, die so ausgestaltet sind, dass sie den spezifischen regionalen Bedürfnissen und Gegebenheiten gerecht werden. Allerdings gestalten sich die konkreten Verhandlungen politisch als deutlich komplizierter als ursprünglich angenommen. Bis März 2021 waren immer noch nicht alle EPAs abgeschlossen.[227] Die EU-Kommission verhandelt derzeit mit den AKP-Staaten über ein Nachfolgeabkommen für das Cotonou-Abkommen, welches zum 29. Februar 2020 regulär außer Kraft treten sollte. Infolge von Verzögerungen bei den Verhandlungen über das Post-Cotonou-Übereinkommen wurde die Laufzeit des bestehenden Abkommens bis zum 30. November 2021 verlängert.

Im Zusammenhang mit der AKP-Partnerschaft zu sehen ist auch das **von der EU** 74
angewandte Allgemeine Präferenzsystem, das auf eine entsprechende Rechtsentwicklung in der UNCTAD und dem GATT 1947 zurückgeht.[228] Die EU gewährt einseitige, nicht-reziproke und nicht der Meistbegünstigung unterfallende Zollpräferenzen

224 Ausf *Elsholz* Vom „ring of friends" zum „ring of fire" – Die Europäische Nachbarschaftspolitik auf dem Prüfstand anlässlich der ENP Review 2015, Beiträge zum Europa- und Völkerrecht, Heft 12 (2016), im Internet abrufbar unter: <tietje.jura.uni-halle.de/de/forschungen-und-publikationen/beitr%C3%A4ge-europa-und-v%C3%B6lkerrecht>.

225 Partnerschaftsabkommen zwischen den Mitgliedern der Gruppe der Staaten in Afrika, im Karibischen Raum und im Pazifischen Ozean einerseits und der Europäischen Gemeinschaft und ihren Mitgliedstaaten andererseits, unterzeichnet in Cotonou am 23. Juni 2000, ABl EU L 317/3 v 15.12.2000.

226 S hierzu die Verhandlungsstrategie der Kommission sowie aktuelle Informationen unter <ec.europa.eu/trade/policy/countries-and-regions/regions/africa-caribbean-pacific/>; *Zimmermann* EuZW 2009, 1ff.

227 Vgl zum Verhandlungsstand März 2021: <https://trade.ec.europa.eu/doclib/docs/2009/september/tradoc_144912.pdf>.

228 Hierzu bereits → *Tietje* § 4 Rn 98ff.

für derzeit 71 Staaten als entwicklungspolitische Maßnahme (Stand: März 2021).[229] Weitere knapp 70 Staaten erhalten von der EU eine Präferenzbehandlung auf der Grundlage bestehender Freihandelsabkommen bzw der gesonderten Handelsbeziehungen zu den AKP-Staaten.

75 Die **Handelsbeziehungen der EU zu industrialisierten Staaten** bzw OECD-Mitgliedstaaten vollzogen sich lange Zeit im Rahmen der GATT- bzw WTO-Rechtsordnung. Präferentielle Handelsabkommen gab es nicht. Es existierten nur ein allgemeines nichtpräferentielles und horizontales Rahmenabkommen mit Kanada[230] und sog Mutual Recognition Agreements on Conformity Assessment Procedures (MRA) mit ua Australien, Israel, Japan, Kanada, Neuseeland, der Schweiz und den USA.[231] Diese Übereinkommen spielen eine wichtige Rolle im Zusammenhang mit entsprechenden Harmonisierungsbemühungen nach dem TBT-Übereinkommen der WTO-Rechtsordnung.[232] Im Übrigen blieb die EU zunächst bei ihrem Moratorium, keine Freihandelsabkommen zu schließen und setzte weiter auf multilaterale Verhandlungen im Rahmen der WTO. Mit der Kommissionsmitteilung „Ein wettbewerbsfähiges Europa in einer globalen Welt" vom 4.10.2006 wandte aber auch sie sich bilateralen Freihandelsabkommen, nunmehr auch mit industrialisierten Staaten zu. Die seither von der EU und vielen Staaten weltweit verhandelten und abgeschlossenen Abkommen der sog neuen Generation lehnen sich stark an die umfangreiche Rechtsordnung der WTO an. Aufgrund ihres weiten Anwendungsbereiches, der neben dem Warenhandel ua auch den Dienstleistungshandel, den Schutz der Rechte des geistigen Eigentums und den Investitionsschutz umfasst, werden sie als **„deep and comprehensive"** bezeichnet; sofern sie zudem verschiedene Regionen der Welt umfassen, spricht man von **„mega regionals"**. Inhalt und Ausmaß entsprechender Freihandelsabkommen folgen in weiten Teilen einem so genannten „WTO-plus"-Ansatz. Hiernach werden die seit 1995 bestehenden WTO-Verpflichtungen – größtenteils wörtlich – übernommen und um weitere Liberalisierungsverpflichtungen ergänzt. Dieser Ansatz kennzeichnete die Bemühungen der EU um die Vertiefung der transatlantischen Handelsbeziehungen, welche in dem Abschluss des Freihandelsabkommens mit Kanada (**Comprehensive Economic and Trade Agreement – CETA**)[233] mündeten. Die gemischte Zuständigkeit von EU und Mitgliedstaaten hat zur Folge, dass seit dem 21. September 2017 die Bestandteile des Vertragswerkes, die in die ausschließliche Kompetenz der Union fallen,

---

229 Verordnung (EU) Nr 978/2012, ABl EU L 303/1 v. 31.10.2012; vgl hierzu hierzu *Jessen* „GSP Plus" – Zur WTO-Konformität des zukünftigen Zollpräferenzsystems der EG, Policy Papers on Transnational Economic Law No 9 (2004), erhältlich im Internet: <telc.jura.uni-halle.de/sites/default/files/telc/PolicyPaper9.pdf>; eine Liste der Staaten, die im Rahmen des GSP, GSP+ und EBA präferentiell behandelt werden [Stand März 2021], ist abrufbar unter: <trade.ec.europa.eu/doclib/docs/2019/may/tradoc_157889.pdf>.

230 Rahmenabkommen über handelspolitische und wirtschaftliche Zusammenarbeit zwischen den Europäischen Gemeinschaften und Kanada v 6.7.1976, ABl EG 1976 L 260/2.

231 Aktuelle Nachweise zu diesen Abkommen finden sich unter <ec.europa.eu/growth/single-market/goods/international-aspects/mutual-recognition-agreements_en>.

232 Hierzu → *Tietje* § 4 Rn 120ff; *ders* in Prieß/Berrisch (Hrsg), WTO-Handbuch (2003) Abschn B.I.5. Rn 131ff.

233 Verfügbar unter: <ec.europa.eu/trade/policy/in-focus/ceta/ceta-chapter-by-chapter/index_de.htm>.

vorläufig anwendbar sind. Hinsichtlich der Teile des Abkommens, die der geteilten Zuständigkeit der EU und der Mitgliedstaaten zuzuordnen sind, bleibt die Ratifikation der 27 nationalen Parlamente abzuwarten. Die Verhandlungen über ein transatlantisches Freihandels- und Investitionsschutzabkommen (**Transatlantic Trade and Investment Partnership – TTIP**) wurden hingegen 2017 von der Trump-Administration abgebrochen und durch eine Entscheidung des Europäischen Rates vom 15.4.2019 als „obsolete and no longer relevant" qualifiziert.[234] Der Ausgang der 2019 wieder aufgenommenen Gespräche über die Abschaffung von Zöllen auf Industrieerzeugnisse ist ungewiss.

Zu den Abkommen der neuen Generation gehören auch die Freihandelsabkom- 76
men der EU mit Japan[235] und Singapur[236], welche jeweils 2019 in Kraft getreten sind, und das Freihandelsabkommen mit Vietnam[237], welches seit dem 1. August 2020 anwendbar ist. Die komplementären Investitionsschutzabkommen zwischen der EU und Singapur sowie Vietnam durchlaufen derzeit den Ratifikationsprozess durch die EU-Mitgliedstaaten. Weitere Freihandelsabkommen mit Australien, Neuseeland, Indonesien und Philippinen werden gegenwärtig von der EU verhandelt.[238] Infolge der politischen Unwägbarkeiten des Abschlusses von gemischten Wirtschafts- und Handelsabkommen ist hierbei insgesamt eine Rückkehr der EU-Handelspolitik zu einer Trennung von Handels- und Investitionsschutzabkommen zu beobachten.

Investitionsschutz- und förderregelungen sind explizit erst seit dem Vertrag 77
von Lissabon von einer Kompetenz der EU im Bereich der gemeinsamen Handelspolitik umfasst (Art 207 AEUV). Die EU hat zwar bereits im Jahre 1994 den Energiechartavertrag ratifiziert, der ua ein Investitionsschutzkapitel einschließlich Regelungen zu einer Investitionsschutzschiedsgerichtsbarkeit enthält. Hierbei handelte es sich indes um einen gemischten Vertrag, dh die Kompetenz für den Investitionsschutz wurde von den Mitgliedstaaten als Vertragsparteien des Energiechartavertrages ausgeübt.[239] Die weiterhin zu nennende *Minimum Platform on Investment* (MPoI)[240], die im November 2006 vom Rat verabschiedet wurde, hatte keine Rechtsaktqualität, so dass es hierfür keine Kompetenz der EU bedurfte. Damit lag der völkervertragliche Investitionsschutz bis zum Vertrag von Lissabon ausschließlich in den Händen der EU-Mitgliedstaaten, die so ca 1300 Abkommen untereinander und mit Drittstaaten abschlossen. Diese **bilateralen Investitionsschutzabkommen der Mitgliedstaaten** werden in ihrer völkerrechtlichen Wirksamkeit nicht durch den Kompetenzübergang nach Art 207 AEUV berührt; das erkennt auch die einschlägige VO Nr 1219/2012 zur Einführung einer Übergangsregelung für bilaterale Investitionsschutzabkommen zwischen den Mitgliedstaaten und Drittländern an.[241]

---

234 Europäischer Rat, 6052/19 v 15.4.2019, Präambel, Abs 3.

235 Verfügbar unter: <trade.ec.europa.eu/doclib/docs/2018/august/tradoc_157228.pdf>.

236 Verfügbar unter: <trade.ec.europa.eu/doclib/press/index.cfm?id=961>.

237 Verfügbar unter: <trade.ec.europa.eu/doclib/press/index.cfm?id=1437>.

238 Zu aktuellen Informationen zu den jeweiligen Verhandlungen siehe <ec.europa.eu/trade/policy/countries-and-regions/agreements/#_customs-unions>.

239 Ausf *Tietje* The Applicability of the Energy Charter Treaty, in ICSID Arbitration of EU Nationals vs EU Member States (2008).

240 Rat der EU, Dok 15375/06 v 27.11.2006; hierzu auch *Bungenberg* (Fn 81) § 13 Rn 8 mwN.

241 ABl EU 2012 L 351/40.

78 Die EU hat sich zunächst schwergetan, ihre neue Kompetenz im Investitionsbereich aktiv wahrzunehmen. Im Juli 2010 veröffentlichte die Kommission dann ihre Mitteilung „Auf dem Weg zu einer umfassenden europäischen Auslandsinvestitionspolitik".[242] Das EP folgte im April 2011 mit seiner Entschließung zur künftigen europäischen Auslandsinvestitionspolitik.[243] Im Mai 2012 nahm die Kommission einen „Draft text on investor state dispute settlement for EU agreements" an, der allerdings vertraulich ist. Im Bereich der autonomen Handelspolitik, aber hiervon nicht zu trennen, wurden nach schwierigen Verhandlungen im Dezember 2012 die Verordnung zur Einführung einer Übergangsregelung für bilaterale Investitionsschutzabkommen zwischen den Mitgliedstaaten und Drittländern[244] sowie im Juli 2014 die Verordnung zur Schaffung der Rahmenbedingungen für die Regelung der finanziellen Verantwortung bei Investor-Staat-Streitigkeiten vor Schiedsgerichten, welche durch internationale Übereinkünfte eingesetzt wurden, bei denen die Europäische Union Vertragspartei ist, angenommen.[245] Damit waren die Rahmenbedingungen geschaffen, damit die EU selbst **vollumfängliche Investitionsschutzabkommen**,[246] einschließlich entsprechender Regelungen zur Investitionsschiedsgerichtsbarkeit,[247] entweder als Bestandteil von Freihandelsabkommen oder als sog stand-alone Abkommen verhandeln und abschließen kann. Im Dezember 2020 wurde nach siebenjährigen Verhandlungen zwischen der EU und China das umfassende Investitionsabkommen (CAI) abgeschlossen.[248] Das CAI enthält aktuell [Stand: März 2021] noch keine Regelungen zum Investitionsschutz. Diese sollen Gegenstand von Nachverhandlungen sein, deren Abschluss bis spätestens 2024 geplant ist. Wie die Verhandlungen der EU mit zahlreichen Staaten über *deep and comprehensive* Freihandelsabkommen, die umfassende Investitionsschutzkapitel enthalten, gezeigt haben, verfolgt die EU hierbei einen progressiven Ansatz, der eine Weiterentwicklung bzw Konkretisierung der materiellrechtlichen Investitionsschutzstandards sowie eine verbesserte Transparenz und Verfahrensgerechtigkeit in der Schiedsgerichtsbarkeit beinhaltet.

79 Mit der sog **EU-Screening-VO 2019/452**[249] hat die EU erstmals ein einheitliches Regelwerk für die Prüfung von ausländischen Direktinvestitionen auf der Kompetenzgrundlage von Art 207 Abs 2 iVm Abs 1 AEUV geschaffen. Die Verordnung etabliert einen Mechanismus zur Information und Koordination zwischen den Mitgliedstaaten und der Kommission sowie zwischen den Mitgliedstaaten untereinander (Art 6ff). Das

---

242 KOM(2010)343 endg v 7.7.2010.

243 EP Dok 2010/2203(INI) v 6.4.2011.

244 VO 1219/2012, ABl EU 2012 L 351/40.

245 VO 912/2014, ABl EU 2014 L 257/121.

246 Ausführlich hierzu → *Reinisch* § 9 Rn 1ff.

247 Ausführlich hierzu → *Reinisch* § 21 Rn 1ff.

248 *Stöbener de Mora* EuZW 2021, 129f.

249 Verordnung (EU) 2019/452 des Europäischen Parlaments und des Rates vom 19. März 2019 zur Schaffung eines Rahmens für die Überprüfung ausländischer Direktinvestitionen in der Union, ABl EU 2019 L I 79/1; ausf hierzu *Mausch-Liotta/Sattler* in Hocke/Sachs/Pelz II AWV § 55 Rn 10ff; *Brauneck* EuZW 2018, 188ff; *Günther* Der Vorschlag der Europäischen Kommission für eine Verordnung zur Schaffung eines Rahmens für die Überprüfung ausländischer Direktinvestitionen in der Europäischen Union, Beiträge zum Transnationalen Wirtschaftsrecht, Heft 157 (2018), verfügbar unter: <telc.jura.uni-halle.de/sites/default/files/BeitraegeTWR/Heft%20157.pdf>.

zentrale Element dieses Mechanismus ist die Prüfung, ob eine ausländische Direktinvestition eine Gefährdung der Sicherheit oder der öffentlichen Ordnung begründet. Maßstab der Investitionsprüfung ist das Vorliegen einer „voraussichtlichen Beeinträchtigung" (Art 1 Abs 1 S 1 und *passim*). Hierbei hat sich der Unionsgesetzgeber von dem bisherigen Gefährdungsbegriff aus der EuGH-Rechtsprechung gelöst, welche eine „tatsächliche und hinreichend schwere Beeinträchtigung" forderte.[250] Der Gefährdungsgrad, welcher für die Anordnung investitionsbeschränkender Maßnahmen erforderlich ist, wurde damit erheblich reduziert. Zugleich wurden die Erwägungsgründe, welche aus Gründen der Sicherheit und öffentlichen Ordnung einen Eingriff in ein Investitionsprojekt rechtfertigen können, deutlich erweitert. Die Aspekte, welche bei der Prüfung von den Mitgliedstaaten und der Kommission ihrem Ermessen entsprechend berücksichtigt werden können, sind in Art 4 in nicht abschließender Weise niedergelegt. Ausdrücklich erfasst werden kritische Infrastrukturen und Technologien, *Dual-use*-Güter, die Versorgung mit kritischen Ressourcen, der Zugang zu sensiblen Informationen, als auch die Freiheit und Pluralität der Medien. Darüber hinaus können praktisch sämtliche Wirtschaftssektoren in die Prüfung einbezogen werden, insoweit ein „vergleichbares Gefährdungspotenzial" besteht.[251] Hierdurch wird eine situationsspezifische und dynamische Abwägung im Einzelfall sichergestellt, deren praktische Bedeutung die EU-Kommission bereits im Zuge der Covid-19-Pandemie im März 2020 durch die Veröffentlichung zusätzlicher Leitlinien für den Bereich der öffentlichen Gesundheit veranschaulicht hat.[252] Eine weitere Besonderheit besteht darin, dass auch potenziellen Beeinträchtigungen für andere Mitgliedstaaten und EU-Projekte und Programme Rechnung zu tragen sind (Art 6ff). Die Letztentscheidungskompetenz über die Zulassung einer ausländischen Direktinvestition verbleibt indes vollständig in den Händen der Mitgliedstaaten (Art 3). Der neue EU-Prüfrahmen ist seit Oktober 2020 funktionsfähig. Die nationale „Kontaktstellen" (Art 11 Abs 1) der Bundesrepublik Deutschland soll am BMWi eingerichtet werden.

II. Sonderproblem intra-EU-BITs

Die Mitgliedstaaten der EU haben in den 1990er Jahren insbesondere mit den osteuro- 80
päischen Staaten, als diese noch nicht EU-Mitglied waren, zahlreiche bilaterale Investitionsschutzabkommen geschlossen.[253] Diese Abkommen wurden im Zuge des EU-Beitritts der betreffenden Staaten nicht explizit aufgehoben. Bei diesen sog Intra-EU-BITs stellt sich das Problem, dass diese zwar aus völkervertragsrechtlicher Perspektive weiterhin wirksam sind, jedoch aus unionsrechtlicher Sicht potentiell mit dem Anwendungsvorrang des Unionsrechts in Konflikt geraten konnten. Dementsprechend entschied der EuGH im März 2018 in der Rechtssache *Achmea*, dass die Investor-Staat-Streitbeilegung in Intra-EU-BITs gegen den Grundsatz der Autonomie des Unionsrechts, welche maßgeblich in Art 344 und 267 AEUV zum Ausdruck kommt, ver-

250 Eingehend *Mausch-Liotta/Sattler* (Fn 249) Rn 87ff.

251 *Mausch-Liotta/Sattler* (Fn 249) Rn 24f.

252 Verfügbar unter: <trade.ec.europa.eu/doclib/docs/2020/march/tradoc_158676.pdf>.

253 Ausführlich hierzu *Rösch* Intraeuropäisches Investitionsschutzrecht, 2017, 26ff.

stößt.[254] 23 Mitgliedstaaten reagierten am 5. Mai 2020 auf die Entscheidung und leiteten durch die Unterzeichnung des *Abkommens über die Beendigung der bilateralen Investitionsschutzabkommen zwischen den Mitgliedstaaten der Europäischen Union* das Ende der Intra-EU-BITs ein.[255] Dieses Übereinkommen erfasst jedoch nicht den Energiechartavertrag,[256] zu dessen Vertragsparteien neben den EU-Mitgliedstaaten, mit Ausnahme Italiens, auch die EU selbst gehört. Der Rat hat der EU-Kommission im Juli 2019 ein Verhandlungsmandat mit dem Ziel der Reform des ECT erteilt.[257] Der Reformentwurf lässt die *ratione personae*-Anwendbarkeit auf Intra-EU-Streitigkeiten jedoch bestehen und damit die Frage unbeantwortet, ob die Investor-Staat-Streitbeilegung zwischen EU-Mitgliedstaaten mit dem Unionsrecht vereinbar ist.[258] Ein entsprechender Gutachtenantrag Belgiens gemäß Art 218 Abs 11 AEUV von Dezember 2020 liegt dem EuGH vor.

III. Multilaterale Handelsbeziehungen

81 Im Bereich der außenwirtschaftsrechtlich relevanten multilateralen Handelsbeziehungen ist zunächst die **WTO-Mitgliedschaft der EU** in Erinnerung zu rufen. Mit der Gründungsmitgliedschaft der EU in der WTO (siehe Art XI:1 WTO-Übereinkommen) wurde das iE anerkannte funktionale Einrücken der Union in die Rechtsstellung der EU-Mitgliedstaaten als Vertragsparteien des GATT 1947 auch formalrechtlich unions- und völkerrechtlich anerkannt.[259]

82 Allerdings ist die WTO-Rechtsordnung nicht das einzige außenwirtschaftsrechtlich zu beachtende multilaterale Rechtsregime des Internationalen Wirtschaftsrechts, dem die EU angehört. Zusätzlich zu nennen sind zunächst **zahlreiche internationale Rohstoffabkommen,**[260] denen die EU angehört oder die sie zumindest anwendet.[261] Weiterhin zu nennen ist die **Weltzollorganisation** (bis 1995: Rat für die Zusammen-

254 EuGH, *Slowakische Republik v Achmea BV*, Case C-284/16, Urteil v 6.3.2018; vgl eingehend dazu *Lang* Die Autonomie des Unionsrechts und die Zukunft der Investor-Staat-Streitbeilegung in Europa nach Achmea, Beiträge zum Transnationalen Wirtschaftsrecht Heft 156, Juli 2018, verfügbar unter: <telc.jura.uni-halle.de/sites/default/files/BeitraegeTWR/Heft%20156.pdf>.

255 Agreement for the termination of bilateral investment treaties between the member states of the European Union, A/T/BIT/Annex A, 5.5.2020; vgl kommentierend: *Tropper* The treaty to end all investment treaties. The Termination Agreement of intra-EU BITs and its effect on sunset clauses, Völkerrechtsblog 12.5.2020, verfügbar unter: <voelkerrechtsblog.org/the-treaty-to-end-all-investment-treaties>.

256 Hierzu vgl ua → *Reinisch* § 21 Rn 40.

257 Rat, Negotiating Directives for the Modernisation of the Energy Charter Treaty, EU Doc 10745/19 ADD 1, 2.7.2019.

258 Zu diesem Problem und dem Reformprozess des ECT s *Happold* EJIL:Talk!, 8.12.2020, abrufbar unter: <ejiltalk.org/belgium-asks-european-court-of-justice-to-opine-on-compatibility-of-energy-charter-treatys-investor-state-arbitration-provisions-with-eu-law>.

259 Zur *de-facto*-Mitgliedschaft der EG im GATT 1947 s EuGH, Rs 21–24/72, Slg 1972, 1219/1228 – *International Fruit Company*; sowie umfassend *Berrisch* Der völkerrechtliche Status der europäischen Wirtschaftsunion im GATT (1992).

260 Hierzu → *Bungenberg/Weiss* § 7 Rn 1ff; sowie *Weiß* (Fn 19) Art 207 Rn 229ff.

261 Ausf Überblick bei *Weiß* (Fn 19) Art 207 Rn 231ff.

arbeit auf dem Gebiete des Zollwesens), die wesentliche Aufgaben im Bereich der internationalen Harmonisierung und Vereinfachung des Zollrechts und der Zollformalitäten, der Erleichterung des internationalen Verkehrs und der Bekämpfung des Schmuggels wahrnimmt.[262] Mit Ratsbeschluss vom 25.6.2007[263] und Änderung des Abkommens über die Gründung eines Rates für die Zusammenarbeit auf dem Gebiete des Zollwesens dahingehend, dass nun auch Zoll- und Wirtschaftsunionen Mitglied werden können, wurde die EU Mitglied *ad interim*. Dies bleibt sie – allerdings mit allen Rechten und Pflichten – bis alle Mitglieder der Weltzollorganisation das neue Abkommen ratifiziert haben. Diese Mitgliedschaft entspricht nun auch der sonstigen internationalen Rechtsstellung der EU im Zollrecht, ua mit Blick auf ihre Rolle als Vertragspartei des Internationalen Übereinkommens zur **Vereinfachung und Harmonisierung des Zollverfahrens,**[264] das im Zollkodex der EU umfassend umgesetzt wurde.[265] Gleiches gilt für den Abschluss des Übereinkommens über das Harmonisierte System zur Bezeichnung und Codierung der Waren, welches Grundlage des Gemeinsamen Zolltarifs der EU ist,[266] sowie eine Anzahl weiterer zollrechtlich relevanter Abkommen.[267]

Schließlich sind verschiedene multilaterale Übereinkommen zu nennen, die **handelsbezogene Sachbereiche in Ergänzung der klassischen Handelspolitik** betreffen und die für das EU-Außenwirtschaftsrecht von Bedeutung sind. Hierzu gehört zB das UN-Übereinkommen zur Bekämpfung des Drogenhandels, das die EU abgeschlossen hat.[268] Weiterhin zu nennen sind zahlreiche multilaterale Umweltschutzübereinkommen, die von der EU entweder de facto angewandt werden – das gilt insb für CITES[269] – oder denen die EU als Vertragspartei angehört.[270] 83

D. Die wesentlichen Bereiche der autonomen Handelspolitik

I. Ausfuhrrecht

Das auf den **Warenverkehr mit Staaten außerhalb der EU bezogene Ausfuhrrecht** 84
wird im Wesentlichen durch die allgemeine EU-Ausfuhrverordnung[271] festgelegt. Allerdings sind Einzelbereiche vom Anwendungsbereich der AusfuhrVO ausgenommen und unterliegen entweder EU-rechtlichen Sonderregelungen oder aber weiterhin mitgliedstaatlicher Regelungskompetenz. Aus dem Bereich der zu beachtenden Sonder-

262 Hierzu bereits → *Tietje* § 4 Rn 52.
263 ABl EU 2007 L 274/11.
264 Beschluss des Rates Nr 199/75, ABl EG 1975 L 100/1.
265 *Weiß* (Fn 19) Art 207 Rn 242.
266 Beschluss des Rates Nr 369/87; ABl EG 1987 L 198/1.
267 Im Überblick hierzu *Weiß* (Fn 19) Art 207 Rn 244.
268 Beschluss des Rates Nr 611/90, ABl EG 1990 L 326/56; hierzu EuGH, Rs C-324/93, Slg 1994, I-563/599ff – *Evans*.
269 S hierzu VO 338/97 des Rates vom 9. Dezember 1996 über den Schutz von Exemplaren wildlebender Tier- und Pflanzenarten durch Überwachung des Handels, ABl EG 1997 L 61/1 mit Änderungen.
270 S zB Beschluss des Rates vom 25. Juni 2002 über den Abschluss des Protokolls von Cartagena über die biologische Sicherheit im Namen der Europäischen Union, ABl EG 2002 L 201/48.
271 Verordnung (EU) Nr 2015/479, ABl EU 2015 L 83/34.

regelungen im Ausfuhrrecht sollen hier die besonders wichtigen Rechtsregime für die Ausfuhr von Gütern mit doppeltem Verwendungszweck (dual-use), für Kriegswaffen und für Kulturgüter dargestellt werden. Überdies ist im Rahmen der Darstellung des Ausfuhrrechts auf ausfuhrfördernde Maßnahmen, insb das Recht der Ausfuhrgewährleistungen, einzugehen.

1. Allgemeine Ausfuhrverordnung (VO 2015/479)

a) Anwendungsbereich

85 Die AusfuhrVO statuiert in ihrem **Art 1 den Grundsatz der Ausfuhrfreiheit**. Dieser gilt allerdings nicht unbeschränkt, sondern unterliegt zunächst Einschränkungsmöglichkeiten, die in Bestimmungen der AusfuhrVO selbst vorgesehen sind: „Die Ausfuhren der Union nach dritten Ländern sind frei, dh keinen mengenmäßigen Beschränkungen unterworfen, mit Ausnahme derjenigen, die in Übereinstimmung mit dieser Verordnung Anwendung finden" (Art 1 AusfuhrVO). Weitere Einschränkungen der Ausfuhrfreiheit ergeben sich aus Sonderrechtsregimen, die der AusfuhrVO vorgehen.

86 Die allgemeine AusfuhrVO ist nicht auf die Ausfuhr von Waren, die dem EAG-Vertrag unterliegen, anwendbar. Das ergibt sich aus dem klaren Wortlaut von Art 1 AusfuhrVO, der nur auf Ausfuhren der „Union" abstellt.[272] Seit dem Auslaufen des EGKS-Vertrages zum 23. Juli 2002 gilt die AusfuhrVO hingegen auch für Kohle- und Stahlprodukte.[273]

87 Aufgrund des normhierarchischen Vorranges primärrechtlicher Bestimmungen gilt die AusfuhrVO weiterhin nicht für Ausfuhrbeschränkungen, die den Handel oder die Erzeugung von Waffen, Munition und Kriegsmaterial betreffen; das **Kriegswaffenkontrollrecht bleibt nach Art 346 Abs 1 lit b) AEUV in der Kompetenz der Mitgliedstaaten.**[274] Das gilt auch für die in Art 347 AEUV umschriebenen Fälle einer schwerwiegenden innerstaatlichen Störung, soweit diese auf nichtwirtschaftliche Gründe zurückzuführen ist.[275] Über Art 346 Abs 1 lit b), 347 AEUV hinausgehende primärrechtliche Grundlagen einer verbleibenden Kompetenz der Mitgliedstaaten für ausfuhrbeschränkende Maßnahmen sind allerdings nicht gegeben. Namentlich Art 36 AEUV kann im Bereich der Ausfuhren in Drittstaaten nicht herangezogen werden, was sich aus dem klaren systematischen Bezug zu Art 34 AEUV ergibt, der nur für den Handel zwischen den Mitgliedstaaten gilt.[276] Auch ungeschriebene Rechtfertigungsgründe, die aus der Dogmatik der Grundfreiheiten bekannt sind, können keine Berücksichtigung finden; hiergegen spricht insb die ausschließliche Kompetenz der EU für den drittlandsbezogenen Warenhandel als Kernbereich der gemeinsamen Handelspolitik.[277]

---

272 *Ehlers/Pünder* (Fn 61) Art 1 Ausfuhr-VO Rn 2 mwN zur Diskussion.

273 *Obwexer* EuZW 2002, 517/523; zur alten Rechtslage *Ehlers/Pünder* (Fn 61) Erwg Ausfuhr-VO Rn 2.

274 Hierzu noch unten Rn 111ff.

275 *Ehlers/Pünder* (Fn 61) Art 10 Ausfuhr-VO Rn 8, 10.

276 *Ehlers/Pünder* (Fn 61) Art 10 Ausfuhr-VO Rn 11; aA *Weber* JA 1990, 73/75.

277 *Ehlers/Pünder* (Fn 61) Art 10 Ausfuhr-VO Rn 12.

Die AusfuhrVO wird **normhierarchisch allerdings von Art 215 AEUV (Wirtschaftssanktionen) verdrängt.**[278] Zumindest theoretisch können ihr auch völkerrechtliche Verträge, die die EU geschlossen hat, vorgehen, da diese in der Unionsrechtsordnung normhierarchisch oberhalb des Sekundärrechts angesiedelt sind. Angesichts des in Art XI:1 GATT statuierten Verbots von Ausfuhrbeschränkungen würde ein ausfuhrbeschränkender völkerrechtlicher Vertrag allerdings regelmäßig gegen WTO-Recht verstoßen. Auch der vor Inkrafttreten der WTO-Rechtsordnung praktizierte Abschluss sog Exportselbstbeschränkungsabkommen[279] ist heute nicht mehr möglich (Art 11 Abs 1 lit b) WTO-Übereinkommen über Schutzmaßnahmen). 88

Dem *lex-specialis*-Grundsatz folgend sind **weiterhin sekundärrechtliche Sonderregelungen**, die die Ausfuhrfreiheit betreffen, vom Anwendungsbereich der AusfuhrVO ausgenommen. Hierzu gehören zB Verordnungen der EU, die Ausfuhrregelungen für radioaktiv verseuchte Nahrungs- und Futtermittel[280] sowie für Suchtstoffe[281] enthalten, die AntipiraterieVO[282] sowie die noch darzustellende *Dual-use*-Verordnung[283] und die Kulturgüterschutzverordnung.[284] Überdies sieht die AusfuhrVO selbst vor, dass die Ausfuhr bestimmter Erdöle und Erdgase (Art 8 iVm Anhang I)[285] nicht erfasst ist – diese Regelung hat gegenwärtig keine praktische Bedeutung – sowie für besondere Bereiche im Zusammenhang mit landwirtschaftlichen Produkten gesonderte Regelungen der gemeinsamen Agrarmarktorganisation gelten.[286] 89

b) Gewährleistungsumfang und verbotene Beschränkungen

Der Umfang der Gewährleistung der Ausfuhrfreiheit wird zunächst **territorial durch den Drittlandsbegriff bestimmt**, der sich aus Art 52 EUV iVm Art 355 AEUV und ggf zu beachtenden Sonderregelungen, namentlich mit Blick auf die überseeischen Länder und Gebiete, ergibt.[287] Für den sachlichen Gewährleistungsumfang kommt es sodann auf den Warenbegriff des Art 1 AusfuhrVO an. Im Einklang mit der Rechtsprechung des EuGH zu Art 28 und 34 AEUV fallen hierunter alle Erzeugnisse, die Geldwert haben und Gegenstände von rechtmäßigen Handelsgeschäften sein können.[288] Hierzu gehören auch Abfälle und Elektrizität,[289] nicht jedoch Drogen, Dienstleistungen und Zahlungsmittel.[290] Allerdings ist zu beachten, dass Zahlungsbeschrän- 90

278 Hierzu noch Rn 152f.
279 Hierzu statt vieler *Quick* Exportselbstbeschränkungen und Artikel XIX GATT (1983).
280 Verordnung Nr 2219/89, ABl EG 1989 L 211/4.
281 Verordnung Nr 111/2005, ABl EG 2005 L 22/1.
282 Verordnung Nr 1883/2003, ABl EG 2003 L 196/7.
283 Hierzu Rn 104ff.
284 Hierzu Rn 116ff.
285 *Lux* in Dorsch (Hrsg) Zollrecht, C 2 Einführung Rn 20.
286 Einzelheiten bei *Ehlers/Pünder* (Fn 61) Art 11 Ausfuhr-VO Rn 2.
287 Einzelheiten bei *Ehlers/Pünder* (Fn 61) Art 1 Ausfuhr-VO Rn 14.
288 S nur EuGH, Rs 7/68, Slg 1968, 634/642 – *Kommission/Italien*.
289 Für Abfälle EuGH, Rs C-2/90, Slg 1992, I-4431 Rn 23ff – *Kommission/Belgien*; Rs C-393/92, Slg 1994, I-1477 Rn 28 – *Almelo*.
290 Ausf *Ehlers/Pünder* (Fn 61) Art 1 Ausfuhr-VO Rn 11.

kungen die Wirkung einer Ausfuhrbeschränkung haben können, so dass Art 1 AusfuhrVO betroffen ist.[291]

91 Weiterhin zu beachten ist, dass die Ausfuhrfreiheit nur für Waren gilt, die Ursprungswaren eines EU-Mitgliedstaates sind oder aber im Falle von Drittlandswaren sich gem Art 28 Abs 2, 29 AEUV im freien Verkehr eines Mitgliedstaates befinden. Die Ursprungslandsbestimmung erfolgt dabei nach Art 23f Zollkodex.[292] Als **Ausfuhr selbst ist jedes Verbringen von Waren aus der EU** zu verstehen, wobei hierbei unerheblich ist, ob es sich um ein Handelsgeschäft oder um einen rein privaten Vorgang handelt; der *ratio* des Art 1 AusfuhrVO entsprechend muss auch die Durchfuhr von Waren durch einen Mitgliedstaat mit dem Ziel der Ausfuhr hiervon erfasst sein.[293]

92 Im Hinblick auf Beeinträchtigungen der Ausfuhrfreiheit spricht Art 1 AusfuhrVO davon, dass **Ausfuhren keinen „mengenmäßigen Beschränkungen" unterworfen sind.** Dieser Begriff ist zunächst ebenso auszulegen wie im Rahmen von Art 34, 35 AEUV.[294] Überdies sind im Einklang mit Art XI:1 GATT solche Maßnahmen verboten, die sich wie mengenmäßige Beschränkungen der Ausfuhr auswirken.[295] Ob damit iE auch für Art 1 AusfuhrVO die *Dassonville*-Formel gilt, nach der jede unmittelbare oder mittelbare, tatsächliche oder potentielle Beschränkung verboten ist, wird indes nicht einheitlich beurteilt.[296] Angesichts der völkerrechtlichen Vorgaben des Art XI:1 GATT, nach denen ein weitreichendes, mit der *Dassonville*-Formel vergleichbares Verbot von Ein- und Ausfuhrbeschränkungen gilt,[297] ist dies aber zu bejahen.[298] Dabei ist überdies zu beachten, dass es auf die Rechtsqualität einer staatlichen Maßnahme, die zu einer Ausfuhrbeschränkung führt, nicht ankommt. Entscheidend ist nur, dass durch eine staatliche Maßnahme, selbst wenn sie unverbindlich ist, „das Verhalten von Unternehmen ... beeinfluss[t] und damit die Ziele der Gemeinschaft vereitel[t]" werden.[299]

c) Nach der AusfuhrVO zulässige Ausfuhrbeschränkungen

93 Die AusfuhrVO garantiert nicht nur die Ausfuhrfreiheit, sondern legt zugleich fest, unter welchen Voraussetzungen **ausnahmsweise Ausfuhrbeschränkungen zulässig sind.** Dabei wird zwischen Maßnahmen durch die EU (Art 5ff AusfuhrVO) und den Mitgliedstaaten verbleibenden Einschränkungsmöglichkeiten (Art 8 und Art 10 AusfuhrVO) unterschieden.

---

291 EuGH, Rs C-124/95, Slg 1997, I-81 Rn 41f – *Centro-Com.*

292 Hierzu ausf *Czakert* in Dorsch (Hrsg) Zollrecht, A 1 Rn 23f.

293 *Ehlers/Pünder* (Fn 61) Art 1 Ausfuhr-VO Rn 13 mwN.

294 *Ehlers/Pünder* (Fn 61) Art 1 Ausfuhr-VO Rn 15.

295 S insb EuGH, Rs C-70/94, Slg 1995, I-3189 Rn 21f – *Werner.*

296 Zur Diskussion mit zahlreichen Nachw *Ehlers/Pünder* (Fn 61) Art 1 Ausfuhr-VO Rn 18.

297 Hierzu → *Tietje* § 4 Rn 61.

298 Ebenso wohl GA Jacobs in EuGH, Rs C-367/89, Slg 1991, I-4621 Rn 20f – *Richardt und Les Accessoires Scientific*; Rs C-70/94, Slg 1995, I-3189 Rn 31 – *Werner*; Rs C-124/95, Slg 1997, I-81 Rn 60ff – *Centro-Com.*

299 EuGH, Rs 174/84, Slg 1986, 559 Rn 9 – *Bulk Oil/Sun International*; kritisch *Ehlers/Pünder* (Fn 61) Art 1 Ausfuhr-VO Rn 17.

Nachdem die Union über Jahrzehnte praktisch kaum relevante Ausfuhrbeschränkungen erlassen hatte,[300] machte sie im Zuge der COVID-19-Pandemie im Frühjahr 2020 von dieser Möglichkeit Gebrauch, in dem sie den Export von medizinischer Schutzausrüstung unter den Vorbehalt von Ausfuhrgenehmigungen stellte.[301] Voraussetzung für das Ergreifen von Schutzmaßnahmen, als zulässige Einschränkungen der Ausfuhrfreiheit durch die EU, ist nach Art 6 Abs 1 AusfuhrVO, „einer durch einen Mangel lebenswichtiger Güter bedingten Krisenlage vorzubeugen oder entgegenzuwirken" oder die Erfüllung „internationale[r] Verpflichtungen, insb auf dem Gebiet des Handels mit Grundstoffen, zu ermöglichen".[302] Die Schutzmaßnahmen werden dabei von der Kommission ergriffen. Die Kommission handelt hierbei auf der Grundlage der neuen Komitologieverordnung zur Durchführung des Art 291 AEUV[303] und wird dabei durch den sog Schutzmaßnahmenausschuss, der durch die VO Nr 2015/478[304] eingesetzt wurde, unterstützt. Materiellrechtlich ist bei jeder Schutzmaßnahme nach Art 5 und 6 AusfuhrVO überdies immer der Verhältnismäßigkeitsgrundsatz zu beachten.[305] 94

Eine für das Recht der Schutzmaßnahmen, auch im Einfuhrrecht,[306] typische Regelung ist noch zu beachten: Vor und nach Erlass von Schutzmaßnahmen muss ein **Konsultationsverfahren zwischen Mitgliedstaaten und Kommission** geben, das in einem eigens hierfür vorgesehenen Schutzmaßnahmenausschuss stattfinden (vgl Art 2 bis 4 AusfuhrVO).[307] Hierdurch soll ua sichergestellt werden, dass die EU frühzeitig Kenntnis von den in Art 6 Abs 1 AusfuhrVO umschriebenen Problemen erlangt und zugleich Schutzmaßnahmen nicht länger aufrechterhalten werden als dies zur Lösung der Schwierigkeiten in einem Mitgliedstaat notwendig ist. Während damit die Konsultationen vor Erlass einer Schutzmaßnahme der Informationsgewinnung dienen, haben die nach ihrem Ergreifen notwendigen Konsultationen zum Ziel, den Eingriff in die Ausfuhrfreiheit, der durch eine Schutzmaßnahme erfolgt, möglichst gering 95

300 Bislang wurden Schutzmaßnahmen iSe Ausfuhrbeschränkung nur für bestimmte Aschen und Rückstände von Kupfer sowie bestimmte Bearbeitungsabfälle und bestimmten Schrott aus Kupfer, Aluminium und Blei erlassen. Nachweise zur Praxis finden sich bei *Ehlers/Pünder* (Fn 61) Art 7 Ausfuhr-VO Rn 3ff.

301 VO (EU) 2020/568 über die Einführung der Verpflichtung zur Vorlage einer Ausfuhrgenehmigung bei der Ausfuhr bestimmter Produkte, ABl EU 2020 L 129/7, 23.4.2020; sowie VO (EU) 2020/402 über die Einführung der Verpflichtung zur Vorlage einer Ausfuhrgenehmigung, ABl EU 2020 L 77 I/1, 14.3.2020; s hierzu auch *Klindworth* Exportbeschränkung von persönlicher Schutzausrüstung im Pandemiefall – Rechtliche Einordnung im Mehrebenensystem und ökonomische Perspektive, Beiträge zum Transnationalen Wirtschaftsrecht, Heft 172 (2021), verfügbar unter: <telc.jura.uni-halle.de/de/forschungen-und-publikationen/beiträge-transnationalen-wirtschaftsrecht>.

302 *Wolffgang* (Fn 4) § 21 Rn 12.

303 VO (EU) Nr 182/2011 des Europäischen Parlaments und des Rates vom 16. Februar 2011 zur Festlegung der allgemeinen Regeln und Grundsätze, nach denen die Mitgliedstaaten die Wahrnehmung der Durchführungsbefugnisse durch die Kommission kontrollieren, ABl EU L 55/13 v 28.2.2011.

304 VO (EU) Nr 2015/478 des Rates vom 11. März 2015 über die gemeinsame Einfuhrregelung, ABl EU L 83/16 v. 27.3.2015.

305 *Ehlers/Pünder* (Fn 61) Art 7 Ausfuhr-VO Rn 3.

306 Hierzu noch unter Rn 121ff.

307 Zum Verfahren im Einzelnen *Wolffgang* (Fn 4) § 21 Rn 13.

zu halten;[308] damit liegt eine prozedurale Absicherung des Verhältnismäßigkeitsgrundsatzes vor.

96 Den Mitgliedstaaten steht im Gegensatz zu den beschriebenen Möglichkeiten der EU **keine Befugnis zu, wirtschaftlich motivierte Schutzmaßnahmen** zu ergreifen. Das ergibt sich primärrechtlich bereits aus Art 207 AEUV und wurde durch Art 8 a. F. AusfuhrVO nachdrücklich bestätigt. Gem Art 8 Abs 4 a. F. AusfuhrVO waren aber wirtschaftlich motivierte Schutzmaßnahmen der Mitgliedstaaten ohnehin nur bis zum 31.12.1972 möglich.[309]

97 Den Mitgliedstaaten verbleibt damit nur die Möglichkeit, Ausfuhrbeschränkungen nach Art 10 AusfuhrVO aus nicht-wirtschaftlichen Gründen zu rechtfertigen. Art 10 AusfuhrVO entspricht dabei im Wortlaut Art 36 AEUV, auf den für Einzelheiten im Hinblick auf die Konkretisierung der Tatbestandsmerkmale verwiesen werden kann.[310] Hervorzuheben ist nur, dass auch im Rahmen der in Art 10 AusfuhrVO genannten „öffentlichen Sicherheit" anerkannt ist, dass diese ebenso wie Art 36 AEUV die äußere Sicherheit eines Mitgliedstaates und damit das friedliche Zusammenleben der Völker insgesamt mit umfasst.[311] Weiterhin anerkannt ist wie auch im Rahmen von Art 36 AEUV, dass eine Berufung auf Art 10 AusfuhrVO ausscheidet, wenn die dort genannten Schutzgüter unionsrechtlich bereits geregelt sind.[312] Schließlich ist anerkannt, dass Art 10 AusfuhrVO eng in dem Sinne auszulegen und anzuwenden ist, dass eine entsprechende Maßnahme im Lichte des Grundsatzes der Ausfuhrfreiheit **„in ihren Wirkungen nicht über das hinausgeht, was zum Schutz der Interessen, die sie gewährleisten soll, erforderlich ist"**.[313] Die damit ua notwendige Beachtung des Verhältnismäßigkeitsgrundsatzes erfolgt in der Praxis oftmals nicht, da sich Ausfuhrbeschränkungen durch die Mitgliedstaaten als nicht notwendig erweisen.[314]

d) Unanwendbarkeit und verbleibende Bedeutung von Ausfuhrregelungen nach dem deutschen AWG

98 Auch das AWG sieht Möglichkeiten des Erlasses von Ausfuhrbeschränkungen für Waren vor. Allerdings sind die Beschränkungsmöglichkeiten nach § 4 AWG umfassend durch Art 207, 346, 347 AEUV und die Sonderregelungen der AusfuhrVO determiniert.[315]

---

308 Weitere Einzelheiten bei *Ehlers/Pünder* (Fn 61) Art 5 Ausfuhr-VO Rn 1 und Rn 2.

309 *Ehlers/Pünder* (Fn 61) Art 10 Ausfuhr-VO Rn 2.

310 Zu den einzelnen Rechtfertigungsgründen des Art 36 AEUV statt vieler *Leible/T. Streinz* in Grabitz/Hilf/Nettesheim (Hrsg) Das Recht der Europäischen Union (Stand EL 71 August 2020) Art 36 AEUV Rn 16ff.

311 EuGH, Rs C-70/94, Slg 1995, I-3189 Rn 26 – *Werner*; Rs C-70/94, Slg 1995, I-3231 Rn 27 – *Leifer ua*; Rs C-124/95, Slg 1997, I-81 Rn 44 – *Centro-Com*; ausf *Ehlers/Pünder* (Fn 61) Art 10 Ausfuhr-VO Rn 5.

312 EuGH, Rs C-124/95, Slg 1997, I-81 Rn 46 – *Centro-Com*; zur parallelen Rechtslage bei Art 36 AEUV statt vieler *Epiney* in Ehlers (Hrsg) Europäische Grundrechte und Grundfreiheiten, 4. Aufl (2015) § 8 Rn 65ff.

313 EuGH, Rs C-70/94, Slg 1995, I-3231 Rn 33 – *Leifer ua*; Rs C-124/95, Slg 1997, I-81 Rn 51 – *Centro-Com*.

314 S insb EuGH, Rs C-124/95, Slg 1997, I-81 Rn 52 – *Centro-Com*.

315 Zu weiteren Einzelheiten siehe *Ehlers/Pünder* (Fn 61) Art 10 Ausfuhr-VO Rn 15ff.

2. Exportkontrolle bei Kriegswaffen und Produkten mit doppeltem Verwendungszweck

a) Die maßgeblichen internationalen, europäischen und innerstaatlichen Steuerungsinstrumentarien im Überblick und im systematischen Zusammenhang

Seit vielen Jahren schon ist es ein Anliegen zahlreicher Staaten und internationaler Organisationen, den weltweiten Handel mit Kriegswaffen sowie mit Produkten, die sowohl zu zivilen wie auch militärischen Zwecken eingesetzt werden können, zu kontrollieren. Für die EU-Mitgliedstaaten, die USA und andere westliche Staaten standen dabei bis zum Ende des Ost-West-Konflikts in erster Linie politische Überlegungen im Vordergrund, die mit dem Stichwort vom „Kalten Krieg" zu verbinden sind. Zwischenzeitlich hat sich das Ziel der Kontrolle des Handels mit den genannten Produkten allerdings als ein Anliegen der internationalen Staatengemeinschaft insgesamt konkretisiert, da es hierbei um **grundlegende Fragen der internationalen Sicherheit und des Friedens** geht. Dabei geht der globale Charakter der zugrunde liegenden Interessen einher mit einer multidimensionalen Struktur der maßgeblichen Steuerungsinstrumentarien, die unter dem Begriff des **Exportkontrollregimes** zusammengefasst werden.[316] Da die einschlägigen internationalen Steuerungsinstrumentarien die Grundlage des entsprechenden EU-Rechts und des innerstaatlichen Rechts bilden, sind sie zunächst darzustellen. 99

Das erste existierende **weitreichende internationale Exportkontrollregime** wurde von den westlichen Staaten zur Kontrolle des Handels mit einschlägigen Waren mit den Staaten des Warschauer Paktes gegründet (**Coordinating Committee for East West Trade Policy [CoCom]**). Es wurde 1994 aufgelöst.[317] Wie sein Name schon andeutet, handelte es sich beim CoCom nicht um ein rechtsverbindliches Völkerrechtsregime; CoCom wie auch alle weiteren Exportkontrollregime kennzeichnete und kennzeichnet vielmehr durchgehend ein rechtsunverbindlicher Charakter, der freilich von weitreichender mittelbarer Bedeutung für die einschlägigen Rechtsregime der EU und ihrer Mitgliedstaaten ist. 100

Während CoCom in erster Linie erreichen wollte, dass die Staaten des Warschauer Paktes nicht in den Besitz moderner westlicher Militärtechnologie gelangen, wurden in den 1970er und 1980er Jahren andere Exportkontrollregime gegründet, die einen darüber hinausgehenden, **umfassenderen sicherheitspolitischen Ansatz verfolgten**. Entsprechende Rechtsregime wurden ua für die Kontrolle des Handels mit Nukleargütern bzw nuklearrelevanten Gütern (Zangaar-Ausschuss und Nuclear Suppliers Group), des Handels mit Gütern zur Produktion von chemischen und biologischen Waffen (Australische Gruppe) sowie des Handels mit Raketensystemen und deren Antriebs- und Steuerungsvorrichtungen (Missile Technology Control Regime – MTCR) etabliert.[318] Weiterhin zu nennen sind die Chemiewaffenkonvention,[319] das Überein- 101

---

316 *Karpenstein/Kottmann* in Krenzler/Herrmann (Hrsg) EU-Außenwirtschafts- und Zollrecht (Stand Oktober 2013) Dual-Use-VO Erwägungsgründe Rn 16ff.

317 Umfassend zum CoCom zB *Oeter* RabelsZ 55 (1991) 437ff; *Großfeld/Junker* Das CoCom im internationalen Wirtschaftsrecht (1991).

318 Ausf *Karpenstein* Europäisches Exportkontrollrecht; im Überblick a *ders/Kottmann* (Fn 316) Dual-Use-VO Erwägungsgründe Rn 18ff.

319 BGBl 1994 II, 807.

kommen über das Verbot des Einsatzes, der Lagerung, der Herstellung und der Weitergabe von Antipersonenminen und über deren Vernichtung,[320] das Übereinkommen über Streumunition,[321] und der am 24.12.2014 in Kraft getretene Vertrag über den Waffenhandel,[322] die alle völkerrechtlich verbindliche Vorgaben für die Exportkontrolle enthalten.

102 Das **wichtigste allgemeine internationale Exportkontrollregime** ist neben den umfassenden Regelungen im Vertrag über den Waffenhandel das im Jahre 1996 gegründete **Wassenaar Arrangement**, dem 42 Staaten angehören.[323] Inhaltlich besteht das Wassenaar Arrangement im Wesentlichen aus Listen für Waffen und für Güter mit doppeltem Verwendungszweck (*Dual-use*-Güter). Die teilnehmenden Staaten melden dem Sekretariat des Wassenaar Arrangements laufend (für *Dual-use*-Güter) bzw periodisch (für Waffen) Exportanträge sowie entsprechende Ablehnungen und Transfers. Das Sekretariat leitet die entsprechenden Informationen dann an die anderen Staaten weiter. Insgesamt wird so erreicht, dass durch ein System gegenseitiger Information und des Erfahrungsaustausches ein Vertrauens- und Lernprozess zwischen den teilnehmenden Staaten etabliert wird. Entscheidend ist dabei freilich, dass das eigentliche Exportkontrollrecht den innerstaatlichen Rechtsordnungen der teilnehmenden Staaten vorbehalten bleibt. Es ist nicht Ziel des Wassenaar Arrangements, unmittelbare Vorgaben für das nationale Exportkontrollrecht zu machen.[324]

103 Die weitgehenden Regulierungsanstrengungen im internationalen Bereich der Exportkontrolle betreffen natürlich auch das europäische Außenwirtschaftsrecht nicht unerheblich. Problematisch ist aus der Sicht des EU-Rechts allerdings, **dass die Union selbst kaum über Möglichkeiten der unmittelbaren Partizipation in den entsprechenden Rechtsregimen verfügt**. Das ist in erster Linie darin begründet, dass im Unionsrecht nur eine Vertretungsbefugnis namentlich der Kommission in rechtsverbindlichen Völkerrechtsregimen vorgesehen ist (vgl Art 220 AEUV), wobei diese durch die bedeutende Rolle des hohen Vertreters der Union für Außen- und Sicherheitspolitik ergänzt wird (Art 221 AEUV iVm Art 18, 27 EUV). Überdies haben die Mitgliedstaaten unter bestimmten Voraussetzungen die Möglichkeit, sich von bestehenden Unionskompetenzen zu lösen, wenn dies zur Erfüllung völkerrechtlicher Verpflichtungen im friedens- und sicherheitspolitischen Bereich notwendig ist (Art 347 AEUV).[325] Damit liegt eine Situation vor, in der die EU über die maßgeblichen Binnenkompetenzen verfügt (Art 207 AEUV), jedoch nicht umfassend in den maßgeblichen internationalen Exportkontrollregimen teilnehmen kann. Das ist im Hinblick auf die Einheitlichkeit und Kohärenz des europäischen Außenwirtschaftsrechts problematisch.[326] Zugleich wird deutlich, dass das Exportkontrollrecht auch weiterhin in nicht unerheblichem Maße innerstaatliches Außenwirtschaftsrecht ist, das sich freilich zumindest faktisch in weiten Bereichen an internationalen Harmonisierungsbemühungen auszurichten hat. IE zeichnet sich das

320 BGBl 1998 II, 778.
321 BGBl 2009 II, 502.
322 BGBl 2013 II, 1426.
323 Allgem Informationen hierzu unter <wassenaar.org>.
324 Hierzu und insgesamt zum Wassenaar Arrangement *Hoelscher/Wolffgang* JWT 31 (No 1, 1997) 45ff.
325 Zur Problematik ausf *Marauhn* ZaöRV 54 (1994) 779ff.
326 S a *Karpenstein/Kottmann* (Fn 316) Dual-Use-VO Erwägungsgründe Rn 21f.

gesamte Exportkontrollrecht damit durch eine Gemengelage unverbindlicher und verbindlicher internationaler, europäischer und innerstaatlicher Regelungsanstrengungen aus. Welthandelsrechtliche Probleme im Hinblick auf die Einschränkungen der Exportfreiheit (Art XI:1 GATT 1994), die sich aus dem Exportkontrollrecht ergeben, bestehen allerdings gem Art XXI lit b) ii) GATT 1994 nicht.[327]

b) Dual-use-Verordnung (VO 428/2009)

Das Spannungsverhältnis zwischen einer weitreichenden Kompetenz der EU für den 104
internationalen Warenhandel und verbleibenden Kompetenzen der Mitgliedstaaten im Hinblick auf **Fragen der internationalen Sicherheit und des Friedens** zeigt sich deutlich an den außenwirtschaftsrechtlichen Regelungen zu *Dual-use*-Gütern. Diese sind in der Verordnung Nr 428/2009[328] niedergelegt, welche die vorherige Verordnung Nr 1334/2000[329] ersetzt hat. Letztgenannte hat zuvor nach längerer Diskussion die Vorgängerverordnung aus dem Jahre 1994 ersetzt.[330] Am 28.9.2016 präsentierte die Kommission einen Entwurf für eine Neufassung der *Dual-use*-VO,[331] welcher ua einheitliche Regelungen zur technischen Unterstützung sowie der Kontrolle von Handels- und Vermittlungsgeschäften, die Aufnahme einer neuen Güterkategorie für Überwachungs- und Cybertechnologie mit dem Ziel der Gewährleistung menschenrechtlicher Schutzstandards sowie eine erweiterte Catch-all-Klausel für nicht-gelistete Güter beinhaltet.[332] Darüber hinaus sieht der Vorschlag Beschränkungen bei Bedrohungslagen durch den internationalen Terrorismus sowie Maßnahmen im Falle von schwersten Menschenrechtsverletzungen vor. Gegen letztere bestanden von Seiten der Mitgliedstaaten zum Teil Bedenken, sodass eine vorläufige Einigung über die Neufassung der *Dual-use*-VO erst im November 2020 erzielt werden konnte.[333] Die finale Entwurfsfassung weicht nunmehr von dem Vorschlag der Kommission ua dahingehend ab, dass sich die strengeren Kontrollvorschriften nur noch auf bestimmte Abhör- und Überwachungstechnologien beziehen sollen. Sie bleibt damit deutlich hinter dem Vorschlag der EU-Kommission zurück. Mit dem Inkrafttreten der Neufassung der *Dual-use*-Verordnung wird voraussichtlich im 3. Quartal 2021 zu rechnen sein.

---

327 Hierzu ausf *Hahn* Die einseitige Aussetzung von GATT-Verpflichtungen als Repressalie (1996) 304ff.

328 Verordnung Nr 428/2009 des Rates vom 5.5.2009 über eine Gemeinschaftsregelung für die Kontrolle der Ausfuhr, der Verbringung, der Vermittlung und der Durchfuhr von Gütern mit doppeltem Verwendungszweck, ABl EU 2009 L 134/1 mit Änderungen.

329 Verordnung Nr 1334/2000 des Rates v 22.6.2000 über eine Gemeinschaftsregelung für die Kontrolle der Ausfuhr v Gütern und Technologien mit doppeltem Verwendungszweck, ABl EG 2000 L 159/1 mit Änderungen.

330 Zur historischen Entwicklung des europäischen Exportkontrollrechts insgesamt, zur alten Rechtslage und zur Diskussion über die Notwendigkeit einer Neuregelung s *Karpenstein/Kottmann* (Fn 316) Dual-Use-VO Erwägungsgründe 3ff; im Überblick zur neuen *Dual-use*-Verordnung a *ders* EuZW 2000, 677ff; sowie insgesamt *Bungenberg* (Fn 81) § 12 Rn 52ff.

331 Vorschlag der Europäischen Kommission zur Neufassung der EG-Dual-use-VO COM (2016) 616 vom 28.9.2016.

332 *Pelz* in Hocke/Sachs/ders, Einführung Rn 36.

333 EU-Doc 12798/20, 13.11.2020.

105 Ziel der *Dual-use*-VO ist es, durch ein System der Ausfuhrkontrolle für Güter mit doppeltem Verwendungszweck (einschließlich Software und Technologie) **die internationalen Verpflichtungen und Verantwortlichkeiten der EU und ihrer Mitgliedstaaten im Hinblick auf Nichtverbreitung entsprechender Güter sicher zu stellen** (vgl Abs 2 und 3 der Erwägungsgründe der VO). In kompetenzrechtlicher Hinsicht stützt sich die *Dual-use*-VO auf den ehemaligen Art 133 EG (heute Art 207 AEUV) in der Auslegung durch den EuGH in den Rechtssachen *Werner* und *Leifer*, wonach in Anerkennung des dynamischen Charakters der gemeinsamen Handelspolitik auch die außen- und sicherheitspolitische Exportkontrolle der ausschließlichen Kompetenz der EU unterfällt.[334]

106 Zu beachten ist hierbei, dass mit der *Dual-use*-VO eine Einschränkung der Außenwirtschaftsfreiheit iSv Art 1 VO 2015/479 vorliegt, die in einem engen Zusammenhang zur GASP zu sehen ist.[335] Aus welthandelsrechtlicher Perspektive ist dies gem Art XXI lit b) ii) GATT 1994 zulässig.[336] Allerdings folgt aus dem Welthandelsrecht und insb mit Blick auf die in Art 1 VO 2015/479 und dem Primärrecht verankerte Ausfuhrfreiheit, dass **Exportbeschränkungen für *Dual-use*-Güter zu begründen** sind und insgesamt sichergestellt werden muss, dass eine effektive Berufung auf die Ausfuhrfreiheit für den Einzelnen auch in diesem Außenwirtschaftsbereich möglich bleibt, auch wenn hier ein gewisser Beurteilungsspielraum der zuständigen Gerichte und Behörden anzuerkennen ist.[337]

107 Der konkrete Regelungsinhalt der *Dual-use*-VO ist durch ihren Charakter als „Rahmenverordnung“[338] gekennzeichnet. Mit dieser Begrifflichkeit wird zum Ausdruck gebracht, dass **durch die Verordnung keine Vollharmonisierung**[339] des Rechts der Exportkontrolle für *Dual-use*-Güter stattfindet, sondern den Mitgliedstaaten weitreichende Entscheidungsspielräume belassen werden. Insofern legt die *Dual-use*-VO im Wesentlichen nur fest, welche Güter einem Genehmigungserfordernis bei der Ausfuhr unterliegen, wobei zwischen den in Anhang I der Verordnung aufgeführten Gütern, deren Ausfuhr immer genehmigungspflichtig ist (Art 3 I), und den in Art 4 abstrakt umschriebenen Situationen einer Genehmigungspflicht (sog catch-all-Klausel) zu unterscheiden ist.[340] Überdies besteht für die Mitgliedstaaten gem Art 8 *Dual-use*-VO die Möglichkeit, aus Gründen der öffentlichen Sicherheit oder aus Menschenrechtserwägungen die Warenausfuhr zu untersagen oder einem Genehmigungserfordernis zu unterwerfen. Die eigentliche Ausfuhrgenehmigung ist von dem zuständigen Mitgliedstaat zu erteilen, wobei die Verordnung nur recht allgemeine Vorgaben dahingehend macht, welche Gesichtspunkte bei einer konkreten Genehmigungsentscheidung zu beachten sind (vgl Art 9ff). Wenn eine Genehmigung erteilt wird, ist diese allerdings **im**

---

334 EuGH, Rs 70/94, Slg 1995, I-3189 Rn 11 – *Werner*; Rs 83/94, Slg 1995, I-3213 Rn 10f – *Leifer*; hierzu zB *Reuter* RIW 1996, 719ff; *Epping* AW-Prax 1995, 437ff.

335 Ausf *Karpenstein/Kottmann* (Fn 316) Dual-Use-VO Art 1 Rn 2ff mwN.

336 Zu Art XXI lit b) ii) GATT s *Hahn* (Fn 327) 304ff.

337 Einzelheiten bei *Karpenstein/Kottmann* (Fn 316) Dual-Use-VO Art 1 Rn 10ff mwN.

338 *Karpenstein/Kottmann* (Fn 316) Dual-Use-VO Art 1 Rn 6.

339 Zu den Begriffen der Voll- und Teilharmonisierung allgem *Tietje* in Grabitz/Hilf/Nettesheim (Hrsg) Das Recht der Europäischen Union (Stand EL 59 Juli 2016) Art 114 AEUV Rn 1ff.

340 Einzelheiten zu Art 3 und 4 Dual-use-VO bei *Karpenstein/Kottmann* (Fn 316) Dual-Use-VO Art 3 und 4; im Überblick *ders* EuZW 2000, 677/678; *Bungenberg* (Fn 81) § 12 Rn 56ff.

Sinne eines transnationalen Verwaltungsaktes[341] in der gesamten Union gültig (Art 9 Abs 2 UAbs 2).

108 Neben dem Erfordernis einer mitgliedstaatlich zu erteilenden Genehmigung enthält die *Dual-use*-VO allerdings auch einen Anhang II, der diejenigen Güter auflistet, für die eine unionsrechtlich unmittelbar anwendbare Allgemeine Ausfuhrgenehmigung gilt (Art 9 Abs 1). Dieser nahezu einzige Regelungskomplex, dem tatsächlich Verordnungscharakter zukommt – alle anderen Regelungen der *Dual-use*-VO haben eher Richtliniencharakter – ist von großer Bedeutung, da durch das **System der Allgemeinen Ausfuhrgenehmigung** für ca 70 % der *Dual-use*-Ausfuhren aus der EU eine De-facto-Liberalisierung eintritt.[342]

109 Weitere Vorgaben macht die *Dual-use*-VO noch für Zollverfahren (Art 16ff), die Zusammenarbeit der zuständigen Verwaltungsbehörden der Mitgliedstaaten untereinander sowie mit der Kommission (Art 19) und im Hinblick auf erforderliche Aufzeichnungspflichten der exportierenden Unternehmen (Ausführer) sowie entsprechende Kontrollmaßnahmen der Mitgliedstaaten (Art 20f). Hierbei, sowie insgesamt im Rahmen der *Dual-use*-VO, ist zu beachten, dass **die Begriffe „Ausfuhr" und „Ausführer" sehr weit definiert** sind; nach Art 2 Pkt. 2. iii) der Verordnung unterfallen namentlich auch „die Übertragung von Software oder Technologie mittels elektronischer Medien, Telefax oder Telefon" dem Ausfuhrbegriff, wobei als Ausführer jede natürliche oder juristische Person gilt, die über die entsprechende Übermittlung entscheidet (Art 2 Pkt. 3. ii)).[343]

110 IE zeigt der kurze Überblick über die *Dual-use*-VO, dass in diesem Außenwirtschaftsbereich zum Teil **weitreichende Handlungsmöglichkeiten der zuständigen innerstaatlichen Behörden** vorliegen. In Deutschland betrifft dies das Bundesamt für Wirtschaft und Ausfuhrkontrolle (BAFA), das gem § 13 Abs 1 AWG zuständige Genehmigungsbehörde ua für *Dual-use*-Güter ist. Bei der Entscheidungspraxis der zuständigen nationalen Behörde sind dabei neben den in Art 12 Abs 1 *Dual-Use*-VO genannten sicherheitspolitischen Überlegungen stets auch die maßgeblichen allgemeinen Grundsätze des Unionsverwaltungsrechts[344] sowie bei Regelungslücken des innerstaatlichen Verwaltungsrechts zu berücksichtigen.[345] Schließlich ist auf die weit reichenden strafrechtlichen Konsequenzen eines Verstoßes gegen die *Dual-use*-Regelungen hinzuweisen (§§ 18f AWG).

c) Kriegswaffenkontrollrecht

111 Im Zusammenhang mit der Exportkontrolle von *Dual-use*-Gütern zu sehen ist das Kriegswaffenkontrollrecht, das seine ausdrückliche **verfassungsrechtliche Grund-**

---

341 Zum transnationalen Verwaltungsakt allgem *Schmidt-Aßmann* DVBl 1993, 924/935; *Nessler* NVwZ 1995, 863ff; *Ruffert* Die Verwaltung 36 (2003) 293ff.

342 *Karpenstein/Kottmann* (Fn 316) Dual-Use-VO Art 9 Rn 1.

343 Einzelheiten hierzu bei *Karpenstein/Kottmann* (Fn 316) Dual-Use-VO Art 2 Rn 15ff mwN.

344 Hierzu bereits o Rn 59ff.

345 *Wolffgang* (Fn 4) § 21 Rn 37ff.

lage in Art 26 Abs 2 GG findet.[346] Bei der Exportkontrolle im Bereich von Kriegswaffen liegt allerdings **keine EU-Kompetenz nach Art 207 AEUV** vor. Vielmehr handelt es sich hier um einen Regelungsbereich, der gem Art 346 Abs 1 lit b) AEUV weiterhin der mitgliedstaatlichen Regelungskompetenz unterliegt.[347] Dieser nicht unerhebliche Systembruch im europäischen Außenwirtschaftsrecht haben Kommission und EP immer wieder dazu veranlasst, die Streichung des heutigen Art 346 Abs 1 lit b) AEUV (früher Art 296 Abs 1 lit c) EG) zu fordern; dies scheiterte aber am Widerstand der Mitgliedstaaten. Allerdings haben sich die EU-Mitgliedstaaten im Juni 1998 im Rat der EU immerhin auf einen unverbindlichen **„Europäischen Verhaltenskodex für Rüstungsexporte"** einigen können, dem innerstaatlich die Funktion einer ermessensleitenden Verwaltungsvorschrift zukam.[348] Dieser wurde im Jahre 2008 in einen verbindlichen **Gemeinsamen Standpunkt des Rates** überführt.[349] Im Übrigen bleiben natürlich die bereits dargestellten internationalen Exportkontrollregime zu beachten.[350]

112 Die volkswirtschaftliche Bedeutung des Kriegswaffenkontrollrechts in Deutschland ist eher gering. Im Jahre 2019 wurden für konventionelle Rüstungsgüter (einschließlich Kriegswaffen) insgesamt Einzelausfuhrgenehmigungen im Wert von ca 8,015 Mrd. € erteilt, wobei dies den durchschnittlichen Gesamtwert der Einzelausfuhrgenehmigungen von 2015 bis 2019 in Höhe von 6,76 Mrd. deutlich übersteigt. Knapp über die Hälfte der genehmigten Rüstungsexporte (ca 55,9 %) gingen dabei in die EU, NATO- und NATO-gleichgestellte Länder mit denen Kooperationen im Rüstungsbereich bestehen.[351] Allerdings ist nicht zu verkennen, dass trotz der nur geringen volkswirtschaftlichen Bedeutung des Kriegswaffenkontrollrechts dieses eine **wichtige moralisch-ethische Funktion** erfüllt, die letztlich dem Verfassungsauftrag des Art 26 Abs 2 GG entspricht.[352] Daraus ergibt sich auch, dass zwar nach Art 26 Abs 2 GG Kriegswaffen nur mit Genehmigung der Bundesregierung in den Verkehr gebracht werden dürfen, aber nach dem BVerfG die Bundesregierung dem Bundestag auf Anfrage von Bundestagsabgeordneten Auskünfte ohne Begründung über die Erteilung von Genehmigungen von Kriegswaffenexporten erteilen muss, soweit diese Genehmigungsvorgänge abgeschlossen sind. Der Informationsanspruch des Parlaments ist da-

---

346 Zur Geschichte des Kriegswaffenkontrollrechts s *Pietsch* in Hohmann/John (Hrsg) Ausfuhrrecht, Einführung zum KWKG Rn 1ff; umfassend *Epping* Grundgesetz und Kriegswaffenkontrolle (1993).

347 Eine gute Übersicht über die Waffenexporte der EU-Mitgliedstaaten bietet eine Online-Datenbank des Europäischen Auswärtigen Diensts (EAD), verfügbar unter: <webgate.ec.europa.eu/eeasqap/sense/app/75fd8e6e-68ac-42dd-a078-f616633118bb/sheet/ccf79d7b-1f25-4976-bad8-da886dba3654/state/analysis>.

348 Hierzu sowie insgesamt zum Verhaltenskodex *Pietsch* in Hohmann/John (Hrsg) Ausfuhrrecht, Teil 5, Anhang 4.

349 Gemeinsamer Standpunkt 2008/944/GASP des Rates vom 8. Dezember 2008 betreffend gemeinsame Regeln für die Kontrolle der Ausfuhr von Militärtechnologie und Militärgütern, ABl EU L 335/99 v 13.12.2008.

350 O Rn 101ff.

351 Siehe ausf den Bericht der Bundesregierung über ihre Exportpolitik für konventionelle Rüstungsgüter im Jahre 2019 (Rüstungsexportbericht 2019).

352 Hierzu a *Pietsch* in Hohmann/John (Hrsg) Ausfuhrrecht, Einführung zum KWKG Rn 19f.

bei allerdings Schranken unterworfen, die im Gewaltenteilungsprinzip, dem Staatswohl und Grundrechten der exportierenden Unternehmen begründet sind.[353]

Inhaltlich ist das Kriegswaffenkontrollrecht in Deutschland seit dem 20.4.1961 im „Ausführungsgesetz zu Art 26 Abs 2 des Grundgesetzes (Gesetz über die Kontrolle von Kriegswaffen)“[354] kodifiziert. Das Kriegswaffenkontrollgesetz (KWKG) wurde seither mehrmals geändert, wobei insb die zum Teil **drastischen Verschärfungen der Strafandrohungen** in den 1990er Jahren hervorzuheben sind (§§ 19ff KWKG).[355] 113

Das KWKG ist systematisch klar aufgebaut. Es erfasst alle Kriegswaffen, die enumerativ in der Kriegswaffenliste als Anhang des Gesetzes aufgeführt sind (§ 1 Abs 1 KWKG); die Liste kann durch Rechtsverordnung der Bundesregierung geändert werden (§ 1 Abs 2 KWKG). Für die erfassten Kriegswaffen gilt insgesamt, dass ihre Herstellung und ihr Inverkehrbringen (§ 2 KWKG), ihre Beförderung innerhalb (§ 3 KWKG) und außerhalb des Bundesgebietes (§ 4 KWKG) sowie die Vermittlung oder der Nachweis zur Gelegenheit zum Abschluss eines Vertrags über den Erwerb oder das Überlassen der Waffen (§ 4a KWKG) der Genehmigung bedarf. Für die Erteilung der Genehmigung ist von Sonderfällen abgesehen die Bundesregierung und dort das Bundesministerium für Wirtschaft und Technologie zuständig (vgl § 11 KWKG), wobei das BAFA unterstützende Aufgaben im Hinblick auf statistische Erhebungen etc wahrnimmt. **Materiellrechtlich besteht nach § 6 Abs 1 KWKG kein Anspruch auf eine Genehmigung**. Aus dieser gesetzlichen Festlegung leitet sich die insb für das Strafrecht relevante und strittige Frage ab, ob die Genehmigungsregelungen des KWKG ein repressives Verbot mit Befreiungsvorbehalt oder ein präventives Verbot mit Erlaubnisvorbehalt[356] darstellen. Obwohl die einzelnen Bestimmungen des KWKG hierzu keine abschließend klare Antwort geben, spricht namentlich die verfassungsrechtliche Wertentscheidung des Art 26 Abs 2 GG für ein **repressives Verbot mit Befreiungsvorbehalt.**[357] Bei der Frage nach der Strafbarkeit, die bei einem Verstoß gegen die genannten Bestimmungen regelmäßig mit Strafandrohungen nicht unter einem Jahr versehen ist (vgl § 22a KWKG), folgt hieraus mit Blick auf einen Irrtum über die Notwendigkeit eines Genehmigungserfordernisses, dass dieser als Verbotsirrtum gem § 17 StGB zu werten ist.[358] 114

Neben den Kriegswaffen regelt das KWKG auch den Umgang mit atomaren, biologischen und chemischen Waffen (ABC-Waffen) sowie in Erfüllung völkerrechtlicher Verpflichtungen seit einiger Zeit auch mit Antipersonenminen[359] und Streumunition[360] (§§ 18aff KWKG). Für diese Waffen gilt abweichend von den Regelungen für 115

---

353 BVerfG Urt v 21.10.2014, 2 BvE 5/11.

354 Gesetz über die Kontrolle v Kriegswaffen, Neufassung BGBl 1990 I, 2506, mit Änderungen.

355 Ausf *Pietsch* in Hohmann/John (Hrsg) Ausfuhrrecht, Einführung zum KWKG Rn 14ff.

356 Zu diesen beiden verwaltungsrechtlichen Kategorien statt vieler *Ehlers* in Ehlers/Pünder (Hrsg) Allgemeines Verwaltungsrecht, 15. Aufl (2016) § 1 Rn 50ff.

357 Hierzu sowie ausf zur Diskussion *Pietsch* in Hohmann/John (Hrsg) Ausfuhrrecht, Einführung zum KWKG Rn 22ff.

358 BGHSt 43, 129ff; BGH NJW 1994, 61f; weitere Einzelheiten bei *Pietsch* in Hohmann/John (Hrsg) Ausfuhrrecht, Einführung zum KWKG Rn 23.

359 Übereinkommen über das Verbot des Einsatzes, der Lagerung, der Herstellung, und der Weitergabe v Antipersonenminen und über deren Vernichtung, BGBl 1998 II, 778; hierzu *Woll/Hohmann* in Hohmann/John (Hrsg) Ausfuhrrecht, Teil 3, Anhang 3.

360 Übereinkommen über Streumunition vom 30. Mai 2008, BGBl 2009 II, 504.

sonstige Kriegswaffen ein **absolutes Verbot der Herstellung, Entwicklung usw**; Verstöße gegen die entsprechenden Verbotsvorschriften werden in der Regel mit Freiheitsstrafe nicht unter einem bzw zwei Jahren geahndet (§§ 19ff KWKG).

3. Ausfuhrregelungen für Kulturgüter

116 Wie Art XX lit f) GATT 1994, der nahezu wortgleich in Art 36 AEUV übernommen wurde, zeigt, besteht ein internationaler Konsens darüber, dass handelsbeschränkende Maßnahmen zum Schutz des nationalen Kulturgutes dem Grunde nach zulässig sind. Dementsprechend gibt es in allen EU-Mitgliedstaaten und in vielen anderen Staaten der Welt gesetzliche Regelungen, **die Ausfuhrbeschränkungen für nationales Kulturgut vorsehen**. Ursprünglich durch die VO 3911/92,[361] die 2008 durch die VO 116/2009[362] ersetzt wurde, wurden auch für das europäische Außenwirtschaftsrecht entsprechende Vorschriften in Kraft gesetzt.

117 Die VO 116/2009 ist in ein **dichtes internationales und supranationales Regelungsnetz zum Schutz nationalen Kulturgutes** eingebunden.[363] Dabei kann zwischen Regelungen zum Schutz des Kulturgutes vor Verfall und Zerstörung,[364] zum Schutz des Kulturgutes vor Abwanderung in das Ausland – hierzu gehört die VO 116/2009[365] –, Regelungen über die Rückführung von illegal verbrachtem Kulturgut[366] und Regelungen zur Erhaltung des Kulturgutes in Kriegszeiten[367] unterschieden werden.

118 Die auf den heutigen Art 207 AEUV gestützte VO 116/2009[368] ist in ihrer Regelungsstruktur mit der *Dual-use*-Verordnung vergleichbar. Auch sie ist eher als Rahmenverordnung konzipiert, was den Mitgliedstaaten weitreichende Befugnisse bei der konkreten Anwendung belässt. Die verbleibenden Regelungsmöglichkeiten der Mitgliedstaaten kommen auch in dem Hinweis in Art 1 VO 116/2009 zum Ausdruck, wonach Art 36 AEUV von ihr unberührt bleibt. Durch diesen Hinweis auf Art 36 AEUV wird zugleich verdeut-

---

361 Verordnung (EG) Nr 3911/92 des Rates über die Ausfuhr v Kulturgütern v 9.12.1992, ABl EG 1992 L 395/1.

362 Verordnung (EG) Nr 116/2009 des Rates über die Ausfuhr von Kulturgütern v 18.12.2008, ABl EG 2009 L 39/1; im Überblick hierzu auch *Bungenberg* (Fn 81) § 12 Rn 70ff.

363 Ausf Überblick bei *Michl* in Krenzler/Herrmann/Niestedt EU-Außenwirtschafts- und Zollrecht (Stand Februar 2018) Kulturgüter-VO vor Art 1 Rn 4ff; *Odendahl* Kulturgüterschutz (2005); *Kreuter-Kirchhof* in Graf Vitzthum/Proelß (Hrsg) Völkerrecht, 8. Aufl (2019) 6. Abschn Rn 126ff mwN.

364 S insb das Übereinkommen zum Schutz des Kultur- und Naturerbes der Welt v 23.11.1972, BGBl 1977 II, 215.

365 S weiterhin insb das UNESCO-Übereinkommen über Maßnahmen zum Verbot und zur Verhütung der unzulässigen Einfuhr, Ausfuhr und Übereignung v Kulturgut v 14.11.1970 (abgedruckt in BT-Drucks VI/3511), v der Bundesrepublik lange Zeit nicht ratifiziert, zu den Gründen s *Ehlers* in Grabitz/Hilf/Krenzler (Hrsg) Das Recht der Europäischen Union, Bd V (Stand Mai 2001) E 17 Rn 8; zwischenzeitlich erfolgte die Ratifikation auch durch Deutschland (s das Zustimmungsgesetz v 20.4.2007, BGBl 2007 II, 626ff), das Übereinkommen trat für Deutschland am 29.2.2008 in Kraft, s BGBl 2008 II, 235f; ausführlich hierzu *Halsdorfer* IPRax 2008, 395ff.

366 S insb die UNIDROIT-Convention on Stolen or Illegally Exported Cultural Objects v 1995, abgedruckt in: ZVglRWiss 95 (1996) 203ff; RL 93/7/EWG über die Rückgabe v unrechtmäßig aus dem Hoheitsgebiet eines Mitgliedstaats verbrachten Kulturgütern v 15.3.1993, ABl EG 1993 L 74/74.

367 Im Überblick hierzu *Kreuter-Kirchhof* (Fn 363) Rn 153ff mwN.

368 Umfassend zur Rechtmäßigkeit der Verordnung *Michl* (Fn 363) Kulturgüter-VO vor Art 1 Rn 19ff.

licht, dass die VO ausschließlich außenwirtschaftliche Regelungen trifft, **nicht also auf den Wirtschaftsverkehr im Binnenmarkt Anwendung findet.**[369]

Die erfassten Kulturgüter sind in der Anlage zur VO aufgeführt. Die Liste im Anhang der VO beinhaltet nur Gattungsbegriffe, was zu Problemen bei einer Zuordnung im Einzelfall führen kann.[370] Soweit ein Kulturgut den Gattungsbegriffen der Liste unterfällt, ist die Ausfuhr aus einem Mitgliedstaat in einen Drittstaat genehmigungspflichtig, sofern der zuständige Mitgliedstaat nicht ausnahmsweise eine Freistellung erklärt hat (vgl Art 2 Abs 1, Abs 2 VO 116/2009). Der Mitgliedstaat kann die Ausfuhrgenehmigung verweigern, wenn eine anwendbare innerstaatliche Rechtsvorschrift einen entsprechenden Kulturgüterschutz verlangt. In Deutschland ist diesbezüglich das KGSG[371] einschlägig. Auch dieses Gesetz regelt seinen Anwendungsbereich durch eine Liste des national wertvollen Kulturgutes, wobei es für jedes Bundesland eine gesonderte Liste und bei dem Beauftragten der Bundesregierung für Kultur und Medien ein Gesamtverzeichnis gibt.[372] Im Übrigen gilt eine einmal erteilte Genehmigung in der gesamten Union, so dass einmal mehr das **Rechtsinstitut des transnationalen Verwaltungsaktes** zur Anwendung kommt.[373] Ein Verstoß gegen das Genehmigungserfordernis ist in Deutschland strafrechtlich sanktioniert (§§ 16, 17 KultSchG). 119

Wie auch in anderen Bereichen des kooperativen Verwaltungshandelns in Außenwirtschaftsangelegenheiten enthält die VO 116/2009 schließlich Bestimmungen über die Zusammenarbeit der Verwaltung (Art 6) und Unterrichtungspflichten der Mitgliedstaaten sowie Prüfungspflichten der EU (Art 10).[374] 120

Die Regelungen zur Ausfuhr von Kulturgütern werden seit Juni 2019 durch ein Importregime zur Verhinderung der Einfuhr von Kulturgütern in die Union, die auf illegale Weise aus Drittstaaten ausgeführt wurden, komplementiert.[375]

II. Einfuhrrecht

1. Einführung

121 Das Einfuhrrecht im europäischen Außenwirtschaftsrecht wird **völkerrechtlich durch Art II und XI:1 GATT 1994 determiniert.** Die beiden Vorschriften sind Ausdruck des WTO-rechtlichen Regelungsprinzips der Offenheit der Märkte.[376] Durch Art II GATT 1994 erfolgt eine Bindung der Einfuhrzölle; Art XI:1 GATT 1994 gebietet, dass „[a]ußer Zöllen, Abgaben und sonstigen Belastungen ... bei der Einfuhr einer Ware ... Verbote oder Beschränkungen, sei es in Form von Kontingenten, Einfuhr- und Ausfuhrbewilligungen oder in Form anderer Maßnahmen, weder erlassen noch beibehalten werden".

---

369 *Michl* (Fn 363) Kulturgüter-VO Art 1 Rn 1.

370 Ausf *Michl* (Fn 363) Kulturgüter-VO Art 1 Rn 4ff.

371 Gesetz zum Schutz vom Kulturgut v 31.7.2016, BGBl 2016 I, 1914ff; das KGSG löste am 6.8.2016 das bis dahin geltende Gesetz zum Schutz deutschen Kulturgutes gegen Abwanderung v 6.8.1955 idF der Bekanntmachung v 8.7.1999, BGBl 1999 I, 1385ff mit Änderungen, ab.

372 Hierzu im Überblick *Ehlers* (Fn 365) E 17 Rn 68ff.

373 S bereits o Rn 107.

374 Einzelheiten bei *Michl* (Fn 363) Kulturgüter-VO Art 6, 10.

375 S u Rn 148.

376 Ausf bereits → *Tietje* § 4 Rn 47ff; sowie *ders* Grundstrukturen, 268ff.

Das so deutlich werdende völkerrechtliche Regelungsziel, Einfuhrströme nur durch auf einem niedrigen Niveau verbindlich festgelegte Zölle und nicht durch nichttarifäre Maßnahmen zu regulieren,[377] erfährt freilich gewisse Ausnahmen. Von den beschriebenen völkerrechtlichen Rechtsverpflichtungen **darf insb nach den Regeln über Schutzmaßnahmen sowie über Antidumping- und Antisubventionsmaßnahmen abgewichen werden.**[378]

122 Das Einfuhrrecht des europäischen Außenwirtschaftsrechts folgt der völkerrechtlichen Systematik. Es ist durch das Zollrecht und das allgemeine Einfuhrrecht gekennzeichnet; Ausnahmeregelungen hierzu finden sich in spezifischen Vorschriften zu Schutzmaßnahmen und im Antidumping- sowie Antisubventionsrecht.

2. Verordnung Nr 2015/478 über die gemeinsame Einfuhrregelung

a) Anwendungsbereich, Inhalt und allgemeine Einschränkungen der Einfuhrfreiheit

123 Ausgangspunkt einer Betrachtung des Einfuhrrechts des europäischen Außenwirtschaftsrechts ist die Verordnung 2015/478 über die gemeinsame Einfuhrregelung, durch welche die VO 260/2009 im Jahr 2015 ersetzt wurde.[379] Sie enthält in ihrem Art 1 Abs 2 eine klare Vorgabe zur Einfuhrfreiheit in die EU: „Die Einfuhr der in Absatz 1 genannten Waren in die Union [Drittlandswaren mit gewissen Ausnahmen, Anm Verf] ist frei und unterliegt mithin – unbeschadet etwaiger Schutzmaßnahmen gemäß Kapitel V – keinen mengenmäßigen Beschränkungen." Als **Einfuhr iSd Verordnung ist die Überführung in den zollrechtlich freien Verkehr gem Art 29 AEUV** anzusehen.[380] Im Übrigen ist ebenso, wie bereits für das Ausfuhrrecht festgestellt, der Begriff der mengenmäßigen Beschränkungen weit auszulegen und in Übereinstimmung mit Art XI:1 GATT 1994 dahingehend zu verstehen, dass auch Maßnahmen gleicher Wirkung iSd *Dassonville*-Formel hierunter fallen.[381]

124 Die Begrenzung des Anwendungsbereiches der EinfuhrVO, die in Art 1 Abs 1 statuiert ist, hat heute keine weitreichende Bedeutung mehr. Einfuhrbeschränkende Maßnahmen im Textilsektor unterliegen im Einklang mit dem WTO-Recht in der Folge des Außerkrafttretens des WTO-Textilübereinkommens zum 1.1.2005 einer weitreichenden Liberalisierung.[382] Weiterhin waren zwar für Waren mit Ursprung in Staaten, die nicht WTO-Mitglieder sind, früher Einfuhrbeschränkungen vorgesehen. Das betraf insb die

---

377 Zur Ratio dieses Regelungsziels ausf *Tietje* Grundstrukturen, 268ff.

378 Hierzu bereits ausf → *Tietje* § 4 Rn 88ff, 143ff.

379 Verordnung (EU) Nr 2015/478 des Rates v 11.3.2015 über die gemeinsame Einfuhrregelung, ABl EG 2009 L84/1, mit Änderungen. Durch sie wurde aufgehoben: Verordnung Nr 260/2009 des Rates v 26.2.2009 über die gemeinsame Einfuhrregelung und zur Aufhebung der Verordnung Nr 518/94, ABl EG 1994 L 349/53 mit Änderungen.

380 *Bungenberg* (Fn 81) § 12 Rn 23.

381 S bereits o Rn 92; sowie *Berrisch* in Prieß/Berrisch (Hrsg), WTO-Handbuch (2003) Abschn B.I.1. Rn 146ff.

382 S im Einzelnen die Verordnung (EU) 2015/936 des Europäischen Parlaments und des Rates vom 9. Juni 2015 über die gemeinsame Regelung der Einfuhren von Textilwaren aus bestimmten Drittländern, die nicht unter bilaterale Abkommen, Protokolle, andere Vereinbarungen oder eine spezifische Einfuhrregelung der Union fallen, zuletzt geändert durch die Delegierte Verordnung (EU) 2018/173 v 29.11.2017, ABl EU 2018 L 32/12; vgl hierzu *Boysen* (Fn 55) § 33 Rn 43.

früheren Staatshandelsländer des sog Ostblocks und China. Zwischenzeitlich gilt aber auch für diese und andere Staaten, soweit sie noch nicht der WTO beigetreten sind, die Einfuhrfreiheit; weiterhin vorgesehen sind nur bestimmte Überwachungsverfahren.[383]

Weitere Sonderregelungen, nach denen **Einfuhrbeschränkungen außerhalb der EinfuhrVO** möglich sind, existieren zunächst mit Blick auf den **Tier- und Umweltschutz**. Hier gibt es zunächst verschiedene Verordnungen, die Einfuhrverbote für ua Walerzeugnisse,[384] Robbenerzeugnisse,[385] und bestimmte Pelze[386] festlegen. Der Unterbindung des Handels mit illegal geschlagenem Holz dient die Verordnung 995/2010.[387] Große Bedeutung kommt weiterhin Einfuhrbeschränkungen zu, die sich auf das sog Washingtoner Artenschutzabkommen (CITES)[388] stützen. Die EU ist zwar nicht selbst Vertragspartei von CITES, da sie allerdings im EU-Binnenbereich über eine ausschließliche Kompetenz zur Regelung der Wareneinfuhr verfügt, erfolgt seit 1984 auf der Grundlage einer Verordnung des Rates[389] und Durchführungsverordnungen der Kommission[390] eine einseitige Anwendung des Abkommens, was weit reichende Konsequenzen für die innerstaatlichen Zollverwaltungen hat.[391] Neben diesen Einfuhrbeschränkungsmöglichkeiten aus Gründen des Tier- und Umweltschutzes bestehen in Umsetzung der Art 51ff TRIPS noch Sonderregelungen im Einfuhrrecht für nachgeahmte Waren,[392] im Agrarbereich[393] sowie allgemein im Zusammenhang mit dem bereits dargestellten Allgemeinen Präferenzsystem.[394] 125

383 S die Verordnung (EU) Nr 2015/755 des Europäischen Parlaments und des Rates vom 29. April 2015 über eine gemeinsame Regelung der Einfuhren aus bestimmten Drittländern.

384 Verordnung (EG) Nr 348/81, ABl EG 1981 L 39/1; Nachweise bei *Vedder/Lorenzmeier* (Fn 97) Art 133 Rn 188.

385 Verordnung (EG) Nr 1007/2009, ABl EU 2009 L 286/36, siehe hierzu WTO, Appellate Body v 22.5.2014, WT/DS400/AB/R, WT/DS401/AB/R – *EC Seals*; *Feichtner* in Krenzler/Herrmann/Niestedt (Hrsg), EU-Außenwirtschaft- und Zollrecht, Robben-VO (Stand Oktober 2013).

386 Verordnung Nr 1771/94, ABl EG 1994 L 184/3.

387 Verordnung (EU) Nr 995/2010 des Europäischen Parlaments und des Rates vom 20. Oktober 2010 über die Verpflichtungen von Marktteilnehmern, die Holz und Holzerzeugnisse in Verkehr bringen, ABl EU 2010 L 295/23.

388 Zu finden unter <cites.org/eng/disc/text.php>.

389 Zuletzt Verordnung Nr 338/97 des Rates v 9.12.1996 über den Schutz v Exemplaren wildlebender Tier- und Pflanzenarten durch Überwachung des Handels, ABl EG 1997 L 61/1, mit Änderungen.

390 ZB Verordnung Nr 865/2006 der Kommission v 4.5.2006 mit Durchführungsbestimmungen zur Verordnung Nr 338/97 des Rates über den Schutz v Exemplaren wild lebender Tier- und Pflanzenarten durch Überwachung des Handels, ABl EG 2006 L 166/1; ausf zu CITES im Unionsrecht *Bendomir-Kahlo* CITES, Washingtoner Artenschutzübereinkommen: Regelung und Durchführung auf internationaler Ebene und in der Europäischen Gemeinschaft (1989); *Burns/Mosedale* Georgetown Int Environmental Law Review 9 (1997) 389ff.

391 *Schmidt* in Grabitz/von Bogdandy/Nettesheim (Hrsg) Außenwirtschaftsrecht, 93/134ff.

392 Verordnung Nr 608/2013 des Europäischen Parlaments und des Rates v 12.6.2013 zur Durchsetzung der Rechte geistigen Eigentums durch die Zollbehörden und zur Aufhebung der VO (EG) 1383/2003 des Rates, ABl EU 2013 L 181/15.

393 Verordnung (EU) Nr 1308/2013 des Europäischen Parlaments und des Rates vom 17. Dezember 2013 über eine gemeinsame Marktorganisation für landwirtschaftliche Erzeugnisse und zur Aufhebung der Verordnungen (EWG) Nr 922/72, (EWG) Nr 234/79, (EG) Nr 1037/2001 und (EG) Nr 1234/2007.

394 O Rn 74.

b) Schutzmaßnahmen

126 Neben der sekundärrechtlichen Festlegung der allgemeinen Einfuhrfreiheit liegt der Regelungsschwerpunkt der VO 2015/478 darin, das unionsrechtliche Rechtsregime für Schutzmaßnahmen gegen schädigende Einfuhren festzulegen. Hierbei handelt es sich um **allgemeine Schutzmaßnahmen zur Abwehr von Schädigungen**, die auf erhöhte Einfuhren zurückzuführen sind. Daneben kommen Schutzmaßnahmen als Reaktion auf Dumping oder eine Subventionierung in Betracht. Im Einklang mit der Systematik des WTO-Rechts werden diese drei Kategorien von Schutzmaßnahmen in der EU in gesonderten Rechtsinstrumenten geregelt und als **handelspolitische Schutzinstrumente** begrifflich zusammengefasst.[395]

127 Das Recht der Schutzmaßnahmen, das in der VO 2015/478 niedergelegt ist, bezieht sich auf **Einschränkungen der Einfuhrfreiheit gegenüber WTO-Mitgliedern**. Insofern setzt die VO 2015/478 die Vorgaben des Art XIX GATT 1994 und des WTO-Übereinkommens über Schutzmaßnahmen um.[396] Für Staaten, die nicht WTO-Mitglieder sind und denen gegenüber daher nicht die genannten welthandelsrechtlichen Restriktionen für Schutzmaßnahmen zu beachten sind, gelten die gesonderten Einfuhrregime der VO 2015/936[397] und der VO 2015/755.[398] Auch in dieser VO finden sich Regelungen über die Verhängung von Schutzmaßnahmen durch die EU, wobei zum Teil deutliche Abweichungen zur VO 2015/478 bestehen.[399] Die Sonderregelungen für Schutzmaßnahmen gegenüber bestimmten Einfuhren aus China, die im Rahmen des WTO-Beitritts Chinas verhandelt wurden, sind im Dezember 2013 ausgelaufen.[400]

128 Das Schutzmaßnahmenregime der VO 2015/478 kann in materieller Hinsicht zur Anwendung kommen, wenn „eine Ware in derart erhöhten Mengen und/oder unter derartigen Bedingungen in die Union eingeführt [wird], dass den Unionsherstellern eine bedeutende Schädigung entsteht oder zu entstehen droht“ (Art 15 Abs 1). Sofern diese dem WTO-Recht **entsprechenden Voraussetzungen vorliegen und überdies ein Unionsinteresse besteht**,[401] können von der Kommission unterschiedliche Maßnahmen ergriffen werden, die von der zeitlichen Befristung der Nutzung von Einfuhrdokumenten bis zu klassischen Einfuhrbeschränkungen reichen (vgl Art 15ff). Wichtig ist weiterhin, dass nicht nur Schutzmaßnahmen im einfuhrbeschränkenden Sinne möglich sind, sondern auch Überwachungsmaßnahmen in der Form eines automatischen Lizenzverfahrens (Art 11 iVm Art 15 Abs 5 VO 2015/478). Soweit eine solche

---

395 Zum Antidumping- u Antisubventionsrecht s Rn 130.

396 Hierzu → *Tietje* § 4 Rn 88ff.

397 S Art 11ff VO (EU) 2015/936, ABl EU 2015 L 160/1 mit Änderungen; die Sonderregelungen für Textileinfuhren, die in dieser VO niedergelegt sind, finden allerdings nur noch auf Belarus und Nordkorea Anwendung, siehe Durchführungsverordnung Nr 2016/2148, ABl EU 2016 L 333/32.

398 S Art 13ff VO (EU) Nr 2015/755, ABl EU 2015 L 123/33 mit Änderungen.

399 Zu den unterschiedlichen Regelungen im Verhältnis der VO 519/94 und der VO 3285/94 im Überblick *Lux* in Dorsch (Hrsg) Zollrecht, F II 2 Einführung Rn 5 so.

400 Siehe hierzu Verordnung Nr 427/2003 des Rates v 3.3.2003 über einen befristeten warenspezifischen Schutzmechanismus für die Einfuhren von Waren mit Ursprung in der Volksrepublik China und zur Änderung der Verordnung Nr 519/94 des Rates über die gemeinsame Regelung der Einfuhren aus bestimmten Drittländern, ABl EU 2003 L 65/1.

401 Zu dieser Voraussetzung näher sogleich beim Antidumping- und Antisubventionsrecht Rn 130.

Überwachungsmaßnahme ergriffen wird, sind die Vorgaben des WTO-Übereinkommens über Einfuhrlizenzen zu beachten.[402]

Unter prozeduralen Gesichtspunkten ist zu beachten, dass ein Verfahren zum Erlass von Schutzmaßnahmen **nur auf Antrag eines EU-Mitgliedstaates oder ex officio durch die Kommission (Art 15 Abs 1)** eingeleitet werden darf. Im Gegensatz zum Antidumping- und Antisubventionsrecht besteht keine Antragberechtigung für private Wirtschaftssubjekte bzw Industrieverbände.[403] Die sonstigen Verfahrensregelungen sind mit den Regelungen zu Schutzmaßnahmen im Ausfuhrrecht[404] vergleichbar, wobei namentlich auf die Notwendigkeit von Konsultationen der Kommission mit dem Schutzmaßnahmenausschuss im Rahmen des Komitologieverfahrens (Art 3) sowie das detailliert geregelte Untersuchungsverfahren vor Anwendung einer Schutzmaßnahme (Art 4ff) hinzuweisen ist.[405] 129

3. Antidumping- und Antisubventionsrecht

Neben klassischen Schutzmaßnahmen werden das Antidumping- und das Antisubventionsrecht den Handelsinstrumentarien zugerechnet, die zur Abwehr von Schädigungen der heimischen Industrie dienen (Trade Defense Instruments – TDI). Im Gegensatz zu allgemeinen Schutzmaßnahmen **richten sich Antidumping- und Antisubventionsmaßnahmen dabei gegen sog „unfaire" Handelspraktiken.**[406] Die EU hat ihre Rechtsregime für Antidumping- und Antisubventionsmaßnahmen im Zuge der Gründung der WTO grundlegend geändert. Einschlägig sind heute die jeweils im Jahr 2016 umfassend überarbeiteten Verordnungen (EU) Nr 2016/1036 über den Schutz gegen gedumpte Einfuhren aus nicht zur Europäischen Union gehörenden Ländern (sog Antidumping-GrundVO)[407] und Nr 2016/1037 über den Schutz gegen subventionierte Einfuhren aus nicht zur Europäischen Union gehörenden Ländern.[408] Beide Verordnungen setzen im Wesentlichen das einschlägige WTO-Recht um. Obwohl es natürlich materiellrechtliche Unterschiede zwischen dem Antidumping- und dem Antisubventionsrecht gibt, gleichen sich zumindest die verfahrensrechtlichen Regelungen der einschlägigen EU-Verordnungen. Im Übrigen entsprechen die materiellrechtlichen Inhalte der Antidumping- und der AntisubventionsVO in weitem Umfang dem WTO-Recht, so dass hierauf verwiesen werden kann.[409] 130

---

402 Hierzu *Prieß* in ders/Berrisch (Hrsg), WTO-Handbuch (2003) Abschn B.I.11. Rn 1ff; *Stoll/Schorkopf* WTO (2002) Rn 236.

403 Hierzu a *Rydelski* EuZW 1999, 654/657.

404 Hierzu o Rn 93ff.

405 Zu den Verfahrensaspekten im Überblick *Rydelski* EuZW 1999, 654/657f.

406 Zur Problematik dieser Einordnung insb mit Blick auf das Antidumpingrecht ausf *Nettesheim* Ziele des Antidumping- und Antisubventionsrechts: eine Darstellung am Beispiel des Rechts der USA mit Bezügen zum Recht der Europäischen Gemeinschaften (1994).

407 Verordnung (EU) 2016/1036 des Europäischen Parlaments und des Rates vom 8.6.2016, ABl EU L 176/21 v. 30.6.2016.

408 Verordnung (EU) 2016/1037 des Europäischen Parlaments und des Rates vom 8.6.2016, ABl EU L 176/55 v. 30.6.2016.

409 Hierzu → *Tietje* § 4 Rn 143ff.

131 Antidumping- und Antisubventionsmaßnahmen können ergriffen werden, wenn **Dumping** bzw eine verbotene oder angreifbare **Subvention** vorliegen und **dies zu einer Schädigung eines Wirtschaftszweiges der Union führt** oder eine solche Schädigung droht (vgl Art 1–4 VO 2016/1036 und Art 2–9 VO 2016/1037).[410] Zusätzlich zu diesen allgemeinen, dem WTO-Recht folgenden Voraussetzungen ist erforderlich, dass **ein Unionsinteresse an der Ergreifung einer entsprechenden Maßnahme besteht** (vgl Art 21 VO 2016/1036 und Art 31 VO 2016/1037). Mit dem Begriff des Unionsinteresses, der sich auch im Recht der Schutzmaßnahmen (VO (EU) 2015/478) und in der HandelshemmnisVO findet,[411] geht das EU-Außenwirtschaftsrecht zunächst über die WTO-rechtlichen Vorgaben hinaus, indem ein zusätzliches Tatbestandsmerkmal statuiert wird. Das entspricht der im WTO-Recht angelegten Tendenz, einen Automatismus bei der Verhängung von Abwehrmaßnahmen möglichst zu vermeiden.[412] Überdies kennt das Wirtschaftsverwaltungsrecht der EU auch außerhalb des Außenwirtschaftsrechts, zB in Art 101 Abs 3 AEUV, die Notwendigkeit, das Vorliegen eines öffentlichen Interesses zu prüfen.

132 Die Antidumping- und die Antisubventions-GrundVO versuchen in den zitierten Bestimmungen im Einzelnen näher zu konkretisieren, wann ein Unionsinteresse am Ergreifen entsprechender Abwehrmaßnahmen vorliegt, wobei zunächst **insb auf die Interessen des betroffenen Wirtschaftszweiges und der Verwender sowie Verbraucher abgestellt wird.**[413] Die notwendige Abwägung bei der Ermittlung des Unionsinteresses muss dann zusätzlich das Ziel der Beseitigung der handelsverzerrenden Wirkungen des Dumping bzw der Subventionierung mit beachten.[414] Industriepolitische und allgemeine politische Überlegungen dürfen dabei keine Rolle spielen.[415]

133 Da freilich auch die dargelegten Kriterien über den prinzipiell offenen Konkretisierungsgrad unbestimmter Rechtsbegriffe nicht hinausgehen können, ist weiterhin ein **detailliertes Verfahren zur Anhörung und Stellungnahme** verschiedener Verfahrensbeteiligter vorgesehen.[416]

134 IE ist das Vorliegen eines Unionsinteresses heute ein zentraler Punkt im Bereich der Handelsschutz- und -abwehrmaßnahmen des europäischen Außenwirtschaftsrechts. Dabei ist allerdings zu beachten, dass der Versuch der Konkretisierung, der sich namentlich im Antidumping- und Antisubventionsrecht findet, auf einen deutlichen **politischen Kompromiss zwischen eher freihändlerisch und eher protektionistisch eingestellten Mitgliedstaaten zurückgeht.**[417] Überdies steht den Unionsorganen nach ständiger Rechtsprechung des EuGH ein weiter, nicht nachprüfbarer Beurtei-

---

410 Eine ausf Kommentierung der beiden Verordnungen bieten *Hoffmeister* in Krenzler/Herrmann/Niestedt (Hrsg) EU-Außenwirtschafts- und Zollrecht, VII. 70. Rn 1ff (Stand Oktober 2018), und *Lukas* in Krenzler/Herrmann/Niestedt (Hrsg) EU-Außenwirtschafts- und Zollrecht (Stand April 2013).

411 Hierzu noch unten Rn 160ff, insb Rn 170.

412 S zB Art 9.1 WTO-Antidumpingübereinkommen, hierzu *Hartmann* in Krenzler/Herrmann/Niestedt (Hrsg) EU-Außenwirtschafts- und Zollrecht (Stand August 2012) AD-GVO Art 21 Rn 4.

413 Ausf zu diesen einzelnen Interessen *Hartmann* (Fn 412) Art 21 Rn 3, 11ff.

414 A hierzu ausf *Hartmann* (Fn 412) Art 21 Rn 34ff.

415 *Hartmann* (Fn 412) Art 21 Rn 33.

416 Einzelheiten bei *Hartmann* (Fn 412) Art 21 Rn 61, 62ff.

417 *Hartmann* (Fn 412) Art 21 Rn 2.

lungsspielraum bei der Beurteilung des Vorliegens des Unionsinteresses zu.[418] Damit lässt sich nie ausschließen, dass mit dem Tatbestandsmerkmal des Unionsinteresses einer **Politisierung des europäischen Außenwirtschaftsrechts** Vorschub geleistet wird und insofern nicht mehr ökonomische Rationalitätserwägungen im Vordergrund stehen. Das zeigen einzelne Verfahren[419] sowie allgemein auch der intensive rechtspolitische Diskurs anlässlich des von der EU-Kommission im Herbst 2006 eingeleiteten Reflexionsprozesses zu den handelspolitischen Schutzmaßnahmen, welcher in der Veröffentlichung der neuen Handelsstrategie „Handel für alle" der Kommission im Oktober 2015 einen vorläufigen Abschluss fand.[420] Zu den primären Zielen dieser Strategie gehören die Stärkung des Arbeitsmarktes sowie eine transparentere und wertebasierte Handels- und Investitionspolitik. Mit dem sog Weißbuch zur Gewährleistung fairer Wettbewerbsbedingungen bei Subventionen aus Drittstaaten[421] hat die Kommission im Juni 2020 den Weg für ein neues Regelungsinstrument bereitet, welches ergänzend neben die bestehenden Systeme aus handelspolitischen Schutzmaßnahmen, Investitionsprüfung und EU-Beihilferecht treten soll. Das Weißbuch ist, ebenso wie die kurz zuvor erfolgte Erweiterung der Antisubventions-GrundVO anlässlich des sog. Glasfaserfalls,[422] Ausdruck eines zunehmend offensiven Vorgehens der EU gegen Drittlandsubventionen, welche zu Verzerrungen des Binnenmarktes führen können. Antisubventionsverfahren, welche bisher aufgrund ihrer politischen Sensibilität im Vergleich zu Antidumpingmaßnahmen nur restriktiv zur Anwendung kamen, werden somit voraussichtlich weiter an praktischer Bedeutung gewinnen.

Neben den allgemeinen materiellen Voraussetzungen des Antidumping- und An- 135
tisubventionsrechts ist das spezifische Verfahrensrecht von großem Interesse. Beide Bereiche sind im Gegensatz zum Recht der allgemeinen Schutzmaßnahmen zunächst dadurch gekennzeichnet, dass grundsätzlich eine **Verfahrenseinleitung durch eine natürliche oder juristische Person oder einer Vereinigung ohne Rechtspersönlichkeit, die jeweils einen Wirtschaftszweig der Union repräsentiert**, notwendig ist (Art 5 Abs 1 VO 2016/1036 und Art 10 Abs 1 VO 2016/1037). Dafür ist im Einklang mit WTO-Recht (Art 5.4 WTO-ADÜ, Art 11.4 WTO-SCM) erforderlich, dass die Antragsteller als Unionshersteller der betroffenen bzw gleichartiger Waren mindestens 25 % der maßgeblichen Gesamtproduktion repräsentieren und sich nicht 50 % dagegen aussprechen. Soweit die Antragsteller mindestens 50 % der Gesamtproduktion darstellen, gilt dieses *eo ipso* als Antrag eines Wirtschaftszweiges der Union (Art 5 Abs 4

418 EuGH, Rs C-156/87, Slg 1990, I-781 Rn 63 – *Gestetner*; Rs C-174/87, Slg 1992, I-1335 Rn 68 – *Ricoh*; zum begrenzten gerichtlichen Prüfungsmaßstab im Außenwirtschaftsrecht noch näher unten Rn 185f.

419 Zu einem beispielhaften Fall siehe *Tietje/Bickel/Nowrot* Stamping out Logic and Reason: EU Anti-Dumping Duties on Leather Shoes (2006).

420 Die Strategie ist verfügbar unter: <trade.ec.europa.eu/doclib/docs/2015/october/tradoc_153880.PDF>; zum Reflexionsprozess siehe zB *Bierwagen* Das Grünbuch der Europäischen Kommission zu den handelspolitischen Schutzinstrumenten der EG – ein Meilenstein in der Reformdebatte? (2007), beides verfügbar unter: <jura.uni-halle.de/telc/forschung.html>.

421 COM(2020) 253 final, ausf hierzu *Trapp* EuZW 2020, 964ff.

422 Durchführungsverordnung EU 2020/776, ABl 2020 L 189/1 v 12.6.2020; hierzu *Herrmann/Müller-Ibold* EuZW 2021, 102f.

VO 2016/1036, Art 10 Abs 6 VO 2016/1037).[423] Obwohl das WTO-Recht dies zulässt (siehe Fn 14 zu Art 5.4 WTO-ADÜ, Fn 38 zu Art 11.4 WTO-SCM), bestand im EU-Recht bis 2018 keine Möglichkeit für Gewerkschaften oder Arbeitnehmer, Antidumping- oder Antisubventionsverfahren einzuleiten.[424] Seit der jüngsten Modernisierung des EU-Antidumpingrechts durch die VO (EU) 2018/825 sind Gewerkschaften nunmehr mitantragsberechtigt (Art 5 Abs 1). Neben der Verfahrenseinleitung durch natürliche und juristische Personen macht die EU-Kommission in jüngerer Zeit vermehrt von dem Instrument der ***ex-officio*-Verfahren** Gebrauch.[425]

136 Ein Antidumping- oder Antisubventionsverfahren wird durch einen Berechtigten mit einer Beschwerdeschrift bei der Kommission oder bei einer zuständigen Behörde eines EU-Mitgliedstaates eingereicht (siehe hierzu und nachfolgenden Punkten ausf Art 5 VO 2016/1036, Art 10 VO 2016/1037). Die Beschwerdeschrift muss alle notwendigen Beweismittel benennen und der Kommission die Möglichkeit geben, die Richtigkeit und Stichhaltigkeit des vorgebrachten Dumping- bzw Subventionsvorwurfes zu prüfen. Die Mitgliedstaaten werden über einen Antrag auf Einleitung eines Verfahrens nur unterrichtet. Im Anschluss an die Neuregelung des Art 291 AEUV durch den Vertrag von Lissabon und damit die Integration der gemeinsamen Handelspolitik in das Komitologieverfahren[426] haben die Mitgliedstaaten kein unmittelbares Beteiligungsrecht mehr. Spätestens 45 Tage nach Einreichung der Beschwerdeschrift muss die Kommission einen Beschluss über die Verfahrenseröffnung treffen, der im Amtsblatt der EU zu veröffentlichen ist. Bis zu diesem Zeitpunkt ist das Verfahren streng vertraulich.

137 Das mit der Verfahrenseröffnung beginnende Untersuchungsverfahren (Art 6 VO 2016/1036, Art 11 VO 2016/1037) ist zunächst dadurch gekennzeichnet, dass die **Kommission alleinige Untersuchungsführerin ist**.[427] Das Untersuchungsverfahren ist möglichst innerhalb eines Jahres abzuschließen, in Antidumpingverfahren muss es spätestens innerhalb von nunmehr 14 Monaten (Art 6 Abs 9), in Antisubventionsverfahren spätestens innerhalb von 13 Monaten (Art 11 Abs 9) beendet werden. Die Untersuchungen selbst werden durch die Verschickung von Fragebögen an die Unionsindustrie und die Exporteure aus dem betroffenen Drittstaat eingeleitet, wobei eine Beantwortungsfrist von 30 Tagen gilt. Weiterhin werden den Beteiligten umfassende Anhörungs-, Informations- und Akteneinsichtsrechte gewährt,[428] die durch die Recht-

---

423 Einzelheiten bei *Hoffmeister* (Fn 410) Art 5 Rn 4; *Tietje/Kluttig* Global Trade and Customs Journal 3 (2008) 89ff.

424 *Rados* in Krenzler/Herrmann/Niestedt (Hrsg) AD-GVO Art 5 Rn 6.

425 *Herrmann/Müller-Ibold* EuZW 2021, 101 mwN.

426 Umfassende Änderungen der einschlägigen Verordnungen durch die VO Nr 37/2014 des Europäischen Parlaments und des Rates vom 15. Januar 2014 zur Änderung bestimmter Verordnungen zur gemeinsamen Handelspolitik hinsichtlich der Verfahren für die Annahme bestimmter Maßnahmen, ABl EU 2014 L/18/1; ausf zum Komitologieverfahren in Antidumpingverfahren *Landgraf* Das neue Komitologieverfahren der EU: Auswirkungen im EU-Antidumpingrecht, Beiträge zum Transnationalen Wirtschaftsrecht, Heft 123 (2012), verfügbar unter: <telc.jura.uni-halle.de/sites/default/files/BeitraegeTWR/Heft123.pdf>.

427 Ausf zum Untersuchungsverfahren *Boysen* (Fn 55) § 33 Rn 77f.

428 Ausf hierzu *Nehl* 223ff.

sprechung des EuGH in der Sache *Al-Jubail* eine wesentliche Stärkung erfahren haben.[429] Das hieraus folgende Verteidigungsrecht der betroffenen Unternehmen steht freilich regelmäßig in einem Spannungsverhältnis zu der Notwendigkeit, die Geschäftsgeheimnisse der beteiligten Unternehmen insgesamt zu wahren. Der bislang in Art 19 VO 2016/1036 und Art 29 VO 2016/1037 zum Ausdruck kommende und auch in der Rechtsprechung hervorgehobene Vorrang der Vertraulichkeit[430] kann kaum überzeugen, da dieser oftmals zu einer faktischen Einschränkung des Rechts auf effektive Verteidigung führt. Eine Möglichkeit, das so offensichtliche Dilemma aufzulösen, bestünde wohl nur darin, das aus dem US-amerikanischen Antidumpingrecht bekannte Rechtsinstitut der *Protective Order* anzuwenden. Hiernach erlangen nur die Rechtsanwälte der beteiligten Unternehmen die notwendigen Informationen, sie dürfen sie jedoch nicht an ihre Mandanten weiter geben; wenn ein Anwalt diese Regel verletzt, wird er mit einem mehrjährigen Verbot belegt, im Antidumpingrecht zu arbeiten.[431]

Weiterhin von Bedeutung im Untersuchungsverfahren ist das **Recht der Kommission, Vor-Ort-Überprüfungen durchzuführen** (Art 16 VO 2016/1036, Art 26 VO 2016/1037). Eine Vor-Ort-Überprüfung ist ebenso wie das bereits genannte, mit kurzen Fristen versehene Informationsverfahren durch Fragebögen mit einem erheblichen Ressourcenaufwand auf Seiten der betroffenen Unternehmen verbunden.[432] Überdies muss aus völkerrechtlichen Gründen bei einer Vor-Ort-Überprüfung durch Kommissionsbeamte immer eine Zustimmung des betroffenen Staates und Unternehmens vorliegen. Die betroffenen Unternehmen stehen dabei in beiden Fällen unter erheblichem Druck, da die Kommission bei einer fehlenden Kooperationswilligkeit oder -fähigkeit der Unternehmen ihre Entscheidung auf die bestverfügbaren Informationen stützt (Art 18 VO 2016/1036, Art 28 VO 2016/1037); das ist regelmäßig mit Nachteilen für die Betroffenen verbunden.[433] 138

Das Untersuchungsverfahren endet mit einer Entscheidung über die Erhebung oder Nichterhebung von Antidumping- bzw Antisubventionszöllen (vgl Art 9 VO 2016/1036, Art 4 VO 2016/1037), einer Verpflichtung zur Preisänderung bzw zur Beseitigung von Subventionen oder durch Rücknahme des Verfahrensantrages. Die **Einführung endgültiger Zölle erfolgt hierbei durch die Kommission mit Unterstützung eines Komitologieausschusses.**[434] Im Übrigen besteht auch eine Entscheidungsbefugnis 139

429 EuGH, Rs C-49/88, Slg 1991, I-3236 Rn 17f – *Al-Jubail Fertilizer Company ua/Rat*; hierzu zB *Berrisch* in Nowak/Cremer (Hrsg) Individualrechtsschutz, 177/178f.

430 EuGH, Rs C-49/88, Slg 1991, I-3236 Rn 17 – *Al-Jubail Fertilizer Company ua/Rat*; EuG, verb Rs T-159 u 160/94, Slg 1997, II-2461 Rn 83, 86, 106, 108f – *Ajinomoto u Nutra-Sweet/Rat.*

431 Hierzu *Berrisch* in Nowak/Cremer (Hrsg) Individualrechtsschutz, 177/182.

432 Zu Bspen aus der Praxis s *Berrisch* in Nowak/Cremer (Hrsg) Individualrechtsschutz, 177/182ff.

433 Insgesamt zu diesen Problemen *Berrisch* in Nowak/Cremer (Hrsg) Individualrechtsschutz, 177/182ff.

434 Schon vor den Rechtsänderungen in der Folge des Vertrages von Lissabon war klar, dass es im Kern um eine Verwaltungs- und nicht um eine Legislativentscheidung ging, obwohl damals noch der Rat über endgültige Maßnahmen entschieden hat, s EuGH, Rs C-76/01P, Slg 2003, I-10091 – *Eurocoton*; *Pietzsch* Der Wandel des interinstitutionellen Entscheidungsgefüges im EG-Antidumpingrecht (2004), verfügbar unter: <tietje.jura.uni-halle.de/sites/default/files/telc/PolicyPaper6.pdf>; sowie umfassend zur Thematik *Pietzsch*, Die Kompetenzverteilung zwischen Rat, Kommission und Parlament in den EG-Außenwirtschaftsbeziehungen (2009).

der Kommission zum Erlass vorläufiger Maßnahmen, die in Antidumpingverfahren maximal neun Monate und in Antisubventionsverfahren maximal vier Monate andauern dürfen (vgl Art 7 VO 2016/1036; Art 12 VO 2016/1037).

140 Im Zuge der Reform der AntidumpingVO durch die VO 2017/2321 hat die EU ihre **Methodik zur Feststellung und Berechnung von Dumping** grundlegend geändert. Hintergrund der Neuregelung ist, dass im Dezember 2016 einzelne Übergangsbestimmungen aus dem Protokoll zum Beitritt Chinas zur WTO im Jahr 2001 ausliefen und China die Behandlung als Marktwirtschaft im Antidumpingrecht verlangte.[435] Mit der Erlangung des Marktwirtschaftsstatus geht die Anwendung des herkömmlichen WTO-Rechts über Antidumpingmaßnahmen einher. Die EU-Kommission reagierte auf diese Entwicklung mit einem Vorschlag zur Reform des unionalen Antidumpingrechts, welcher als zentrales Element die Überarbeitung der Marktwirtschaftssystematik beinhaltet. Bis dato etablierte Art 2 Abs 7 ADGVO aF die dualistische Differenzierung zwischen Markt- und Nichtmarktwirtschaften als Beurteilungsgrundlage für die Feststellung von Dumping. Die EU profitierte dabei insbesondere von der Einordnung dritter Staaten als Nichtmarktwirtschaften, da sich bei dieser sog analogen Berechnungsmethode höhere Zölle erzielen lassen.[436] Die neue Produktionsfaktorenmethode fragt nicht nach der Unterscheidung von Markt- und Nichtmarktwirtschaften, sondern nach „nennenswerten Verzerrungen".[437] Gemäß Art 2 Abs 6a lit b handelt es sich um nennenswerte Verzerrungen, „wenn sich die gemeldeten Preise oder Kosten, einschließlich der Rohstoff- und Energiekosten, nicht aus dem freien Spiel der Marktkräfte ergeben, weil sie von erheblichen staatlichen Eingriffen beeinflusst sind". Liegen fundierte Hinweise auf eine nennenswerte Verzerrung der Marktbedingungen in einem Land vor, erstellt die Kommission einen Bericht (Art 2 Abs 6a lit c). Von dieser Möglichkeit hat die Kommission bereits ua mit einem Bericht über die Marktgegebenheiten in China Gebrauch gemacht.[438] China hat gegen die europäische Reform des Antidumpingrechts ein Streitbeilegungsverfahren bei der WTO eingeleitet, das Verfahren jedoch nicht fortgeführt.[439] Damit ist freilich noch nicht abschließend geklärt, ob sich die Reform des EU-Antidumpingrechts tatsächlich mit den Vorgaben des WTO-Rechts vereinbaren lässt. Zweifel bestehen ua dahingehend, dass der Begriff der „nennenswerten Verzerrungen" der WTO-Rechtsordnung fremd ist. Auch werden bei der Vergleichswertbestimmung der Antidumping-VO ua „Länder bevorzugt, in denen ein angemessener Sozial- und Umweltschutz besteht" (Art 2 Abs 6a lit a).[440] Derartige so-

435 Ausf *Sacher* Neuer Kurs im Umgang mit China? Die Reformvorschläge zum EU-Antidumpingrecht und ihre Vereinbarkeit mit WTO-Recht, Beiträge zum Transnationalen Wirtschaftsrecht, Heft 146 (2017), verfügbar unter: <telc.jura.uni-halle.de/sites/default/files/BeitraegeTWR/Heft%20146.pdf>; *Herrmann/Müller* EuZW 2017, 500ff.

436 *Sacher* (Fn 435) 12 mwN.

437 *Boysen* (Fn 55) § 33 Rn 74.

438 Commission Staff Working Document on Significant Distortions in the Economy of the People's Republic of China for the Purpose of Trade Defence Investigations, SWD (2017) 483 final.

439 WTO, DS516: European Union – Measures Related to Price Comparison Methodologies.

440 So bereits in Durchführungsverordnung (EU) 2019/687, ABl EU L 116/5, Rn 110ff; Durchführungsverordnung (EU) 2019/57, ABL EU L 100/7, Rn 201ff; Durchführungsverordnung (EU) 2019/1688, ABl EU 2019 L 258/21, Rn 196, 206.

zial- oder umweltpolitische Erwägungen haben bisher im rein marktwirtschaftlich geprägten Antidumpingrecht der WTO-Recht keinen Widerhall gefunden.[441]

4. Zollrecht

Obwohl der durchschnittliche Zollsatz auf Industrieprodukte im Handel industriali- 141
sierter Staaten aufgrund der fortschreitenden Zollsenkungen im Rahmen der GATT-Handelsrunden heute nur bei ca 3,5 % liegt, hat das **Zollrecht weiterhin eine bedeutende Funktion im Außenwirtschaftsrecht**. Das hängt ua mit den verbleibenden Hochzollbereichen, aber auch mit der Umsetzung der soeben beschriebenen Instrumentarien zur Abwehr schädigender Handelspraktiken, die regelmäßig zu einer Zollerhebung führen, zusammen. Auch wenn das Zollrecht nicht klassischer Darstellungsgegenstand des Außenwirtschaftsrechts ist, erscheint daher eine Kenntnis der Grundstrukturen dieser Rechtsmaterie unerlässlich. Angesichts der nahezu unüberschaubaren Komplexität des Zollrechts ist dabei allerdings eine deutliche inhaltliche Begrenzung unumgänglich.[442]

Das EU-Zollrecht ist im Wesentlichen im Zollkodex (ZK) aus dem Jahre 1992[443] 142
und der hierzu von der Kommission im Jahre 1993 erlassenen und 2015 geänderten Durchführungsverordnung[444] kodifiziert. Im Jahr 2013 wurde der ZK durch die Verordnung (EU) Nr 952/2013 modernisiert.[445] Hinzu kommen die Zollbefreiungsverordnung,[446] der Gemeinsame Zolltarif der EU, der jedes Jahr von der Kommission aktualisiert wird,[447] sowie zahlreiche Rechtsakte zu Einzelaspekten. Die unionsrechtlichen Regelungen werden innerstaatlich durch das ZollVG vom 21.12.1992[448] und die zu seiner Durchführung ergangene Zollverordnung vom 23.12.1993[449] ergänzt. Die materielle Bedeutung des deutschen Zollrechts ist allerdings angesichts der weit reichenden, ausschließlichen Kompetenzen der EU in diesem Bereich begrenzt. Im Wesentlichen **verbleiben für das innerstaatliche Recht Regelungsbefugnisse im Bereich der**

---

441 *Hoffmeister* (Fn 410) AD-GVO 2016 vor Art 1 Rn 7.

442 Für einen ausführlichen Überblick siehe *Wolffgang* in Schulze/Janssen/Kadelbach (Hrsg) Europarecht § 34.

443 Bis zum 30.4.2016 galt die Verordnung (EG) Nr 2913/92 des Rates zur Festlegung des Zollkodex der Gemeinschaften v 12.10.1992, ABl EG 1992 L 302/1 mit Änderungen. Sie wurde zum 1.5.2016 ersetzt durch die Delegierte Verordnung (EU) 2015/2446 der Kommission vom 28.7.2015 zur Ergänzung der Verordnung (EU) Nr 952/2013, und die Durchführungsverordnung (EU) 2015/2447 der Kommission vom 24.11.2015 mit Einzelheiten zur Umsetzung von Bestimmungen der Verordnung (EU) Nr 925/2013.

444 Verordnung Nr 2454/93 der Kommission v 2.7.1993 mit Durchführungsvorschriften zu der Verordnung Nr 2913/92 des Rates zur Festlegung des Zollkodex der Gemeinschaften, ABl EG 1993 L 253/1 mit Änderungen.

445 Verordnung (EU) Nr 952/2013 des Europäischen Parlaments und des Rates v. 9.10.2013, ABl EU 2013 L 269/1; ausf hierzu *Wolffgang* in Schulze/Janssen/Kadelbach (Hrsg) § 34 Rn 18ff.

446 Verordnung Nr 1186/2009 des Rates v 16.11.2009 über das gemeinschaftliche System der Zollbefreiungen, ABl EG 2009 L 324/23.

447 Verordnung Nr 2658/87 des Rates v 23.7.1987 über die zolltarifliche und statistische Nomenklatur sowie den Gemeinsamen Zolltarif, ABl EG 1987 L 256/1 mit Änderungen.

448 Zollverwaltungsgesetz v 21.12.1992, BGBl 1992 I, 2125.

449 Durchführungsverordnung zum Zollverwaltungsgesetz v 23.12.1993, BGBl 1993 I, 2449.

Verwaltungsorganisation, mit Blick auf von der EU zugewiesene Materien sowie in nicht unionsrechtlich geregelten Bereichen wie dem Gebührenrecht und mit Blick auf Kontrollmaßnahmen.[450]

143 Inhaltlich wurde das EU-Zollrecht[451] in seinen **formellen und materiellen Grundstrukturen bis zum 31.5.2016 im ZK in der Fassung der Verordnung (EG) Nr 2913/92 geregelt; seit dem 1.6.2016 kommt der neue Unionszollkodex (ZK) zur Anwendung**. Der ZK hat wesentlich zu einer Modernisierung des Zollrechts der EU beigetragen. Im Einzelnen wurde mit dem ZK ua der elektronische Datenaustausch für das Zollverfahren eingeführt, das Zollverfahren vereinfacht, ein einheitliches Sanktionsrecht geschaffen, sowie insgesamt durch zahlreiche Maßnahmen die Sicherheit im Zollverkehr, gerade auch mit Blick auf die Bekämpfung des internationalen Terrorismus, gestärkt.[452] Nach dem ZK ist das Zollrecht territorial anwendbar auf das im Wesentlichen mit dem Territorium der Mitgliedstaaten übereinstimmende Zollgebiet der EU (Art 4 ZK).[453] Sachlich bezieht sich die Anwendbarkeit[454] – von Sonderregelungen abgesehen – auf alle in das und aus dem Zollgebiet der Union verbrachten Waren (Art 1 ZK). Weiterhin sind in Titel II ZK die allgemeinen Vorschriften zur Erhebung der Abgaben enthalten, wobei insb auf die Regelungen zum nichtpräferentiellen (Art 59ff ZK) und zum präferentiellen Warenursprung (Art 64 ZK) sowie die Vorschriften zur Zollwertbestimmung (Art 69ff ZK) hinzuweisen ist. In Titel III ZK (Art 77ff ZK) sind die grundlegenden Vorgaben für das Zollverfahren enthalten. Sie zielen im Wesentlichen darauf ab, die zollamtliche Überwachung der grenzüberschreitend verbrachten Waren sicherzustellen. Die verfahrensrechtlichen und materiellen Einzelheiten hierzu sind dann in den einzelnen Abschnitten des ZK geregelt, die sich mit den unterschiedlichen Zollverfahren befassen (Art 153ff ZK). Die **ehemals insgesamt acht Zollverfahren**[455] wurden im Zuge der Modernisierung des ZK etwas vereinfacht. Der ZK sieht drei Zollverfahren vor (Art 5 Nr 16): Die Überlassung zum zollrechtlich freien Verkehr, die Ausfuhr und die besonderen Verfahren. Gemäß Art 210 ZK werden die besonderen Verfahren abermals unterteilt in (1) das externe und interne Versandverfahren (Beförderung von Drittlandswaren, für die Ausfuhrförmlichkeiten erfüllt sind, in der EU bzw die Beförderung von EU-Waren in der Union über ein Drittland), (2) die Lagerung (das Zolllagerverfahren mit dem Ziel des Aufschubs der Verzollung und die Lagerung in Freizonen), (3) die vorübergehende Verwendung und die Endverwendung, sowie (4) die aktive und passive Veredelung (Be- oder Verarbeitung von Drittlandswaren in der EU mit dem Ziel der Wiederausfuhr oder Be- oder Verarbeitung von EU-Waren in einem Drittland mit dem Ziel der Wiedereinfuhr).

144 Soweit in einem der Zollverfahren eine Zollabgabe vorgesehen ist, **entsteht die Zollschuld mit der Überführung der Ware in den freien Verkehr oder mit der vorübergehenden Verwendung unter teilweiser Befreiung von den Einfuhrabga-**

---

450 Zu Einzelheiten s *Herrmann* (Fn 177) Art 28 AEUV Rn 13f.

451 Zur Definition des Begriffes s Art 1 I 1 ZK.

452 Zu Einzelheiten siehe *Wolffgang* in Witte/ders, Lehrbuch des Zollrechts der Europäischen Union, 8. Aufl (2016), Rn 17.

453 *Lux* in Krenzler/Herrmann/Niestedt, 15. EL (2020), UZK Art 1 Rn 10ff.

454 Hierzu im Überblick *Herrmann* (Fn 177), Art 28 AEUV Rn 39ff.

455 Art 58ff ZK a. F.

ben (Art 77 Abs 1 ZK).[456] Die Überführung in den freien Verkehr setzt zunächst eine entsprechende Anmeldung bei der zuständigen Zollbehörde voraus, wobei dies im sog normalen und im vereinfachten Verfahren geschehen kann. Im normalen Verfahren (Art 59ff ZK) muss die Anmeldung schriftlich oder soweit vorgesehen mittels Datenverarbeitung oder auch mündlich abgegeben werden. Anschließend erfolgt die Prüfung durch die zuständige Behörde. Im Falle einer positiven Entscheidung entsteht die Zollschuld, die entweder durch Zahlung oder durch Bestellung einer Sicherheit zu erfüllen ist. Sodann erfolgt die Freigabe.

Dieses aufwendige Verfahren eignet sich natürlich kaum für das tägliche Import- 145
geschäft in größerem Umfang. Daher wird in der Praxis **in der Regel das vereinfachte Verfahren** angewandt (Art 166 ZK). Hiernach gewährt die zuständige Zollbehörde dem Importeur die sog Möglichkeit zur Anschreibung in der Buchführung. Die Überführung der Ware in den freien Verkehr erfolgt dann in den Geschäftsräumen des betreffenden Unternehmens, das seinerseits periodische Zollanmeldungen auf der Grundlage der Buchführung vornimmt und zu einem späteren Zeitpunkt die jeweils entstandene Gesamtzollschuld leistet.

Das Durchführungsrecht, welches die dargestellten als auch die weiteren Rege- 146
lungen des ZK konkretisiert, wurde 2015 grundlegend überarbeitet. An die Stelle der vorangegangenen Durchführungsverordnung (EG) Nr 2913/92 sind zwei Rechtsakte getreten: die Delegierte Verordnung (EU) 2015/2446 und die Durchführungsverordnung (EU) 2015/2447. Die Aufteilung in zwei Verordnungen folgt der Differenzierung des Unionsrechts zwischen delegierten Rechtsakten nach Art 290 AEUV und Durchführungsrechtsakten nach Art 291 AEUV.[457] Zum Durchführungsrecht des Zollkodex gehört ferner die Delegierte Verordnung (EU) 2016/341 vom 17. Dezember 2015.[458] Diese dient der Umsetzung von Titel IX Kapitel 1 des ZK, welches die sukzessive Einführung von EU-weit gemeinsamen Datenbanken und harmonisierten IT-Verfahren vorsieht.

Die Verordnungen zur Durchführung des ZK sind **im Kern als Sammlungen von** 147
Verwaltungsvorschriften anzusehen. Da die EU-Kommission im kooperativen Verwaltungsverhältnis gegenüber den zuständigen mitgliedstaatlichen Behörden allerdings nicht über die Befugnis verfügt, Dienstanweisungen zu geben, bedurfte es einer rechtsförmlichen, außenrechtswirksamen Kodifizierung.[459] Dies kann zu erheblichen WTO-rechtlichen Problemen bezogen auf Art X:3 (a) GATT 1994 führen.[460]

---

456 *Bartone* in Krenzler/Herrmann/Niestedt, 11. EL (2018), UZK Art 77 Rn 6ff.

457 Ausf *Nettesheim* in Grabitz/Hilf/ders (Hrsg) Das Recht der EU (Stand April 2012), Art 290f AEUV.

458 Delegierte Verordnung (EU) 2016/341 der Kommission vom 17. Dezember 2015 zur Ergänzung der Verordnung (EU) Nr 952/2013 des Europäischen Parlaments und des Rates hinsichtlich der Übergangsbestimmungen für bestimmte Vorschriften des Zollkodex der Union, für den Fall, dass die entsprechenden elektronischen Systeme noch nicht betriebsbereit sind, und zur Änderung der Delegierten Verordnung (EU) 2015/2446.

459 *Voß* in Grabitz/Hilf (Hrsg) Das Recht der EU (Stand Oktober 1999) Art 23 EGV Rn 47.

460 S WTO, *EC – Selected Custom Matters*, App Body v 13.11.2006, WT/DS315/AB/R para 244ff; hierzu *Weiß* (Fn 19) Art 207 AEUV Rn 142.

5. Einfuhrregelungen für Kulturgüter

148 Gleichsam als Pendant zu den Ausfuhrregelungen der EU für Kulturgüter wurde 2019 die Verordnung (EU) 2019/880 über das Verbringen und die Einfuhr von Kulturgütern[461] erlassen. Zuvor war lediglich die Einfuhr von Kulturgütern aus Syrien und Irak verboten, welche jedoch durch den Import aus dritten Nicht-EU-Staaten umgangen werden konnte. Die Kulturgütereinfuhr-VO folgt in der Zielsetzung dem Aktionsplan für ein intensiveres Vorgehen gegen Terrorismusfinanzierung[462] von 2016 sowie der EU-Sicherheitsagenda, welche die EU-Kommission seit 2014 auf den Weg gebracht hat. Mittels der Kontrolle der Einfuhr von Kulturgütern soll einerseits die organisierte Kriminalität daran gehindert werden, sich Quellen zur Finanzierung von Terrorismus im Wirtschaftsbereich des Kulturgüterhandels zu erschließen, und andererseits ein Beitrag zum Schutz des kulturellen Erbes in den Ursprungsländern geleistet werden. Die Verordnung legt eine einheitliche Definition des Kulturgüterbegriffs für das Einfuhrrecht fest. Kulturgüter sind demnach „alle im Anhang aufgeführten Gegenstände, die für Archäologie, Vorgeschichte, Geschichte, Literatur, Kunst oder Wissenschaft von Bedeutung sind" (Art 2 Abs 1). Der Anhang ist in die Abschnitte A, B und C unterteilt. Die Einfuhr von Kulturgütern aus dem Abschnitt A ist verboten, wenn sie aus dem Herkunftsland „unter Verstoß gegen dessen Rechts- und Verwaltungsvorschriften entfernt wurden" (Art 3 Abs 1). Für den Import von archäologischen Ausgrabungen und Entdeckungen sowie Bestandteilen von Denkmälern und archäologischen Stätten aus Abschnitt B des Anhangs bedarf es der Einholung einer Einfuhrgenehmigung bei den zuständigen Kulturbehörden der EU-Mitgliedstaaten (Art 4). Bei der erteilten Einfuhrgenehmigung handelt es sich um einen transnationalen Verwaltungsakt, welcher in der gesamten Union Gültigkeit entfaltet (Art 4 Abs 2). Bei der Einfuhr sonstiger Kulturgüter aus Abschnitt C obliegt den Importeuren die Pflicht, die legale Ausfuhr aus dem Drittstaat durch eine unterzeichnete Erklärung zu bestätigen (Art 5).

III. Sonstige Beschränkungen für die Ein- und Ausfuhr bestimmter Waren

149 Das Regelungsregime der Union über die **Ein- und Ausfuhr von gefährlichen Chemikalien** dient der Umsetzung des Rotterdamer Übereinkommens über das Verfahren der vorherigen Zustimmung nach Inkenntnissetzung für bestimmte gefährliche Chemikalien sowie Pflanzenschutz- und Schädlingsbekämpfungsmittel im internationalen Handel vom 10.9.1998. Kompetenzrechtlich ergab sich für die EU die Schwierigkeit, dass eine entsprechende Verordnung sowohl handelsrechtliche als auch umweltrechtliche Zielsetzungen und normative Vorgaben enthält, sodass für ihren Erlass eine „doppelte Kompetenzabstützung" auf Art 175 EGV (nunmehr Art 192 Abs 1 AEUV) und Art 133 Abs 1 EGV (nunmehr Art 207 AEUV) notwendig wurde. Die erste Chemikalien-VO (EG) Nr 304/2003 wurde zunächst durch die VO (EG) Nr 689/2008 ersetzt. Seit dem 1.3.2014 gilt die Verordnung (EU) Nr 649/2012 vom 4.7.2012.

---

461 Verordnung (EU) 2019/880 des Europäischen Parlaments und des Rates vom 17. April 2019 über das Verbringen und die Einfuhr von Kulturgütern, ABl EU L 151/1 v 7.6.2019.

462 EU-Kommission, Ein Aktionsplan für ein intensiveres Vorgehen gegen Terrorismusfinanzierung, COM (2016) 50 final, 2.2.2016.

International begrüßt wurde der Erlass der **Anti-Folter-VO** (EG) Nr 1236/2005. Die 150
Verordnung verbietet die Ein-, Aus- und Durchfuhr von Gütern, die zur Vollstreckung der Todesstrafe, zu Folter oder zu anderer grausamer, unmenschlicher oder erniedrigender Behandlung oder Strafe verwendet werden können. Im internationalen Vergleich stellt die Anti-Folter-VO den ersten Versuch einer Regulierung des Handels mit einschlägigen Gütern dar. Das Verbot erstreckt sich auch auf die Erbringung relevanter Dienstleistungen, namentlich Vermittlungstätigkeiten, Werbung, Ausstellung oder Ausbildungsmaßnahmen. Die Verordnung wurde seit 2005 mehrfach geändert und zuletzt durch die Verordnung (EU) 2019/125 als Maßnahme zur Umsetzung des EU-Aktionsplans für Menschenrechte und Demokratie (2015–2019) umfassend überarbeitet.[463] Zu erwähnen sind ferner Kontrollregularien für die Ein- und Ausfuhr bestimmter Rohstoffe. So beteiligt sich die EU am Zertifikationssystem der Vereinten Nationen für den internationalen Handel mit Rohdiamanten, dem sog **Kimberley-Prozess.**[464] Gegenwärtig nehmen 82 Staaten am Kimberley-Prozess teil. Durch offizielle Herkunftszertifikate soll der Handel mit sog Blutdiamanten, welche zur Finanzierung von bewaffneten Konflikten verwendet werden, unterbunden werden. Außenwirtschaftsrechtlich wird der Kimberley-Prozesses durch die Verordnung (EG) Nr 2368/2002 umgesetzt.[465] Die Ein- und Ausfuhr von Rohdiamanten ist gemäß Art 3 und 11 nur gestattet, wenn die Rohdiamanten von einem Zertifikat begleitet werden, welches die „Rohdiamantensendung als mit dem KP-Zertifikationssystem in Einklang stehend identifiziert" (Art 2 lit d).

Auch die Einkünfte aus dem Handel mit sog Konfliktmineralien werden dafür ver- 151
wendet, bewaffnete Konflikte zu schüren und den Nährboden für gravierende Menschenrechtsverletzungen zu bereiten. Die Verordnung (EU) 2017/821 legt seit dem 1.1.2021 einführenden Unternehmen Sorgfaltspflichten hinsichtlich der Herkunft der Mineralien Zinn, Tantal, Wolfram und Gold auf, weil diese Mineralien primär in Konflikt- und Risikogebieten gefördert werden.[466] Die Konfliktmineralien-VO wird indes dafür kritisiert, dass sie kein Sanktionsregime im Falle eines Verstoßes gegen die Sorgfaltspflicht statuiert.[467] Der Umsetzung von Beschlüssen im Rahmen des Basler Übereinkommens im Mai 2019 dient die Änderung der Verordnung (EG) Nr 1013/2006 über die **Verbringung von Abfällen**[468], wonach seit dem 1.1.2021 verschmutzte oder vermischte Kunststoffabfälle aus der EU nicht mehr international gehandelt werden dür-

---

463 Ausf *Pelz* in Hocke/Sachs/ders, I AWG § 18 Rn 56ff.

464 <kimberleyprocess.com>.

465 Verordnung (EG) Nr 2368/2002 v 20.12.2002, ABL EG 2002 L 358/28.

466 Verordnung (EU) 2017/821 vom 17. Mai 2017 zur Festlegung von Pflichten zur Erfüllung der Sorgfaltspflichten in der Lieferkette für Unionseinführer von Zinn, Tantal, Wolfram, deren Erzen und Gold aus Konflikt- und Hochrisikogebieten, ABl EU 2017 L 130/1.

467 Ausf zur Konfliktmineralien-VO *Elsholz* Die EU-Verordnung zu Konfliktmineralien: Hat die EU die richtigen Schlüsse aus bestehenden Regulierungsansätzen gezogen?, Beiträge zum Transnationalen Wirtschaftsrecht, Heft 148, 2017, abrufbar unter: <telc.jura.uni-halle.de/sites/default/files/Beitraege TWR/Heft%20148.pdf>; *Heße/Klimke* Die EU-Verordnung zu Konfliktmineralien: Ein stumpfes Schwert?, EuZW 2017, 446ff; *Fehse/Markmann* EuZW 2021, 113ff; vgl a → *Nowrot* § 17 Rn 29.

468 Verordnung (EG) Nr 1013/2006, 14. Juni 2006, ABl EG L 190/1.

fen.[469] Lediglich sortenreine Plastikabfälle, die mittels einfacher Verfahren recycelt werden können, dürfen weiterhin in Nicht-OECD-Staaten exportiert werden.

IV. Wirtschaftssanktionen

1. Wirtschaftssanktionen gegenüber Drittländern

152 Mit der Einfügung der heutigen Art 75 und 215 AEUV durch den Vertrag von Maastricht (damals Art 60 und 301 EG) hat die EU eine geteilte (Art 75 AEUV) und eine ausschließliche Kompetenz (Art 215 AEUV) zum Erlass von Wirtschaftssanktionen einschließlich von Maßnahmen zur Beschränkung des Zahlungs- und Kapitalverkehrs gegenüber Drittländern und nunmehr auch natürlichen und juristischen Personen erhalten.[470] Aufgrund des weiten Begriffs der Drittländer sollen Sanktionen nicht nur gegen Drittstaaten, sondern auch gegen Gebiete ohne Staatsqualität, sowie darüber hinaus gegen internationale Organisationen verhängt werden können.[471] Obwohl nach Art 215 AEUV – anders als bei Art 75 AEUV – für die Verhängung von Wirtschaftssanktionen grundsätzlich ein Beschluss der GASP notwendig ist, können entsprechende Maßnahmen der autonomen Handelspolitik im weiteren Sinne zugerechnet werden. Hierfür sprechen **die bestehende charakteristische ausschließliche Kompetenz der EU**, die in Art 215 Abs 1 AEUV vorgesehene Entscheidung mit qualifizierter Mehrheit und der regelmäßige Einsatz von Verordnungen als Rechtsinstrumentarium. Dessen ungeachtet ist allerdings Art 75 AEUV, der spezifisch auf die Bekämpfung des internationalen Terrorismus ausgerichtet ist und das losgelöst von der GASP, lex specialis zu Art 215 AEUV.

153 Wirtschaftssanktionen bzw Embargos bzw in der Terminologie des AEUV „restriktive Maßnahmen" können in Abgrenzung zum privaten Boykott[472] definiert werden als hoheitliche Beschränkungen des Außenwirtschaftsverkehrs aus politischen Gründen mit dem Ziel, die betroffenen Drittländer zu einem bestimmten politischen Verhalten zu bewegen.[473] Rechtlich sind Wirtschaftssanktionen in ein komplexes Mehrebenensystem des internationalen, europäischen und innerstaatlichen Rechts eingebunden. Ihre Zielrichtung wird durch restriktive Maßnahmen gegenüber natürlichen und juristischen Personen seit einigen Jahren deutlich erweitert.[474] Mit der Neufassung des Art 215 Abs 2 AEUV durch den Vertrag von Lissabon wurde hierauf reagiert.

154 Im allgemeinen Völkerrecht gibt es zumindest nach Ansicht des IGH **keine Verpflichtung, Wirtschaftsbeziehungen zwischen Staaten aufrecht zu halten**: „A State is not bound to continue particular trade relations longer than it sees fit to do so,

469 Delegierte Verordnung (EU) 2020/2174 der Kommission v 19. Oktober 2020 zur Änderung der Anhänge IC, III, IIIA, IV, V, VII und VIII der Verordnung (EG) Nr 1013/2006 des Europäischen Parlaments und des Rates über die Verbringung von Abfällen, ABl EU L 433/11.

470 Hierzu sowie zur historischen Entwicklung *Schneider/Terhechte* in Grabitz/Hilf/Nettesheim, Das Recht der EU (Stand EL 53 Mai 2014), Art 215 AEUV Rn 1f; *Schneider* 133ff; *Ress* 122ff.

471 Befürwortend *Kokott* in Streinz EUV/AEUV, 3. Aufl (2018) Art 215 Rn 3; *Schneider/Terhechte* (Fn 470) Art 215 Rn 11f.

472 Ausf zu der terminologischen Abgrenzung *Ress* 7ff; *Schneider* 42ff.

473 *Hohmann* in ders/John (Hrsg) Ausfuhrrecht, § 5 AWG Rn 3; ähnlich zB *Ress* 7 mwN.

474 S sogleich Rn 158ff.

in the absence of a treaty commitment or other specific legal obligations".[475] Angesichts der nahezu universellen Garantie weitgehend freier Handelsbeziehungen kann man diese Aussage heute allerdings bezweifeln.[476] In jedem Fall sind jedoch die völkervertraglichen Bindungen zu beachten, die sich aus den WTO-Übereinkommen, insb mit Blick auf die Garantie der Ein- und Ausfuhrfreiheit nach Art XI:1 GATT, ergeben.[477] Für ua Wirtschaftssanktionen sieht Art XXI GATT 1994 indes Ausnahmemöglichkeiten vor. Dabei ist namentlich Art XXI lit c) GATT 1994 von Bedeutung, wonach die WTO-Mitglieder nicht daran gehindert sind, „Maßnahmen auf Grund ihrer Verpflichtungen aus der Satzung der Vereinten Nationen und zur Erhaltung des internationalen Friedens und der internationalen Sicherheit zu treffen". Mit dieser Bestimmung wird die Übereinstimmung zwischen WTO-Recht und Art 103 UN-Charta sichergestellt.

IE sind Wirtschaftssanktionen, soweit sie sich gegen Staaten richten, damit im Lichte des WTO-Rechts, von den in Art XXI GATT 1994 ebenfalls vorgesehenen Möglichkeiten zum unilateralen Handeln einmal abgesehen,[478] regelmäßig **in das multilaterale Sanktionssystem der UN-Charta eingebunden**. Hiernach kann der UN-Sicherheitsrat mit Bindungswirkung für alle UN-Mitglieder (Art 25 UN-Charta) Wirtschaftssanktionen anordnen, um den internationalen Frieden zu sichern oder wiederherzustellen (Art 39, 41 UN-Charta). 155

Sanktionsbeschlüsse des UN-Sicherheitsrates binden alle EU-Mitgliedstaaten als UN-Mitglieder. Sie müssen den entsprechenden Beschluss durch innerstaatliche Maßnahmen umsetzen. Soweit es sich um Wirtschaftssanktionen handelt, stellt sich aber das Problem, dass die EU über eine ausschließliche Kompetenz in weiten Bereichen der Außenwirtschaftsbeziehungen verfügt und damit die EU-Mitgliedstaaten grundsätzlich keine Handlungsbefugnisse im Hinblick auf Maßnahmen gegenüber Drittstaaten haben.[479] Zugleich ist hingegen unklar, ob die EU, die selbst nicht UN-Mitglied ist und auch nicht sein kann (vgl Art 4 UN-Charta), entweder direkt durch Art 2 Abs 6 UN-Charta oder im Wege der funktionalen Übernahme der Rechtsstellung ihrer Mitgliedstaaten als UN-Mitglieder an Sicherheitsratsbeschlüsse gebunden ist.[480] Selbst wenn man dies ablehnt, muss aber beachtet werden, dass sich aus Art 351 AEUV iVm Art 4 Abs 3 EUV eine Verpflichtung der EU ergibt, die völkerrechtlichen Verpflichtungen ihrer Mitgliedstaaten zu beachten, was zu einer unionsinternen Bindung an Sicherheitsratsbeschlüsse führt.[481] Damit ist freilich noch nichts über die **Grenzen dieser völkerrechtlichen Bindung aus Sicht des Unionsrechts** gesagt. Hierauf ist sogleich zurückzukommen. 156

IE zeigt sich damit ein rechtlich notwendiges Zusammenspiel zwischen Sanktionsmaßnahmen des UN-Sicherheitsrates und einer diese umsetzenden Rechtssetzung 157

---

475 IGH, ICJ Rep 1986, 9/138 – *Nicaragua*.

476 S a *E. de Vattel* Le droit des Gens (1758) Tome I, Livre II, Chapitre II, § 24: „Tout Nation, en vertu de sa Liberté naturelle, est en droit de faire le commerce".

477 *Sachs* in Hocke/dies/Pelz (Hrsg) IV Rn 31.

478 Ausf zu Art XXI GATT *Hahn* (Fn 327) 285ff.

479 Zu Einzelheiten s o Rn 22ff, 98, 152.

480 Zur Diskussion ausf *Ress* 186ff mwN.

481 Ganz hM, s nur *Ress* 193 mwN.

der EU. Da die EU Sanktionsmaßnahmen in der Form von Verordnungen erlässt, bleibt damit für die innerstaatliche Regelungsebene kein Anwendungsbereich.

2. Gezielte Sanktionen gegenüber natürlichen und juristischen Personen

158 Gezielte Sanktionen, die auch als sog targeted oder smart sanctions bezeichnet werden, haben umfassende Totalembargos heutzutage weitgehend abgelöst. Diese Neuausrichtung der Sanktionsmaßnahmen ist einerseits auf die leidvollen Erfahrungen mit Totalembargos in den 1990er Jahren, welche ua in Irak zu einer schwerwiegenden Notsituation der Zivilbevölkerung führte, zurückzuführen. Zum anderen zeigten die terroristischen Anschläge vom 11. September 2001 in drastischster Weise die Ungeeignetheit der traditionellen Sanktionsmaßnahmen gegen Staaten für die neuen asymmetrischen Konfliktlagen auf. Die EU hat erstmals in Erfüllung der UN-Sicherheitsresolution 1390 (2002)[482] zur effektiven Bekämpfung des internationalen Terrorismus gezielte Sanktionsmaßnahmen ergriffen.[483] Mit der VO (EG) 881/2002 vom 27.5.2002,[484] die die einschlägige UN-Sicherheitsratsresolution inhaltsgleich umsetzt, wurden zunächst alle **Gelder und wirtschaftlichen Ressourcen** namentlich aufgelisteter Personen, Gruppen und Organisationen, die mit dem internationalen Terrorismus in Verbindung gebracht werden, **eingefroren**. Überdies ist es nach der VO verboten, den genannten Personen etc Gelder und wirtschaftliche Ressourcen zur Verfügung zu stellen sowie sich wissentlich und beabsichtigt an verbotenen Tätigkeiten dieser Personen etc zu beteiligen. Schließlich wird ein umfassendes Waffenembargo gegen die genannten Personen etc verhängt, das sich auf jede Lieferung, jeden Verkauf und jede Weitergabe von Rüstungsgütern, die technische Beratung, Hilfe oder Ausbildung im Zusammenhang mit militärischen Aktivitäten bezieht; das betrifft auch mittelbare Aktivitäten. Dieses und die weiteren genannten **Verbote gelten unabhängig vom Bestimmungsland der Lieferung, dem Ort einer technischen Beratung etc.** Die VO (EG) 881/2002 wurde bis zum September 2020 bereits 319 Mal geändert.[485]

159 Zwischenzeitlich nutzt die EU das Instrument der gezielten Sanktionen gegenüber natürlichen und juristischen Personen auch über den engeren Bereich der Terrorismusbekämpfung, für den auch Art 75 AEUV zur Verfügung steht, hinaus. In jüngerer Zeit haben so zB Finanz- und andere Wirtschaftssanktionen gegenüber Personen aus Russland, der Ukraine und Belarus eine große Bedeutung erlangt.[486] Im Dezember

---

482 Verfügbar unter <daccess-ods.un.org/TMP/7491421.10347748.html>.

483 Insgesamt zu den Maßnahmen der EU zB *Peers* ICLQ 52 (2003) 227ff.

484 Verordnung (EG) Nr 881/2002 des Rates v 27.5.2002 über die Anwendung bestimmter spezifischer restriktiver Maßnahmen gegen bestimmte Personen und Organisationen, die mit Osama bin Laden, dem Al-Qaida-Netzwerk und den Taliban in Verbindung stehen, und zur Aufhebung der Verordnung Nr 467/2001 des Rates über das Verbot der Ausfuhr bestimmter Waren und Dienstleistungen nach Afghanistan, über die Ausweitung des Flugverbots und des Einfrierens v Geldern und anderen Finanzmitteln betreffend die Taliban v Afghanistan, ABl EG 2002 L 139/9; s a noch die Verordnung Nr 2580/2001 des Rates v 27.12.2001 über spezifische, gegen bestimmte Personen und Organisationen gerichtete restriktive Maßnahmen zur Bekämpfung des Terrorismus, ABl EG 2001 L 344/70.

485 Die 319. Änderungsverordnung Nr 2020/1082 v 22.7.2020 findet sich in ABl EU 2020 L 238/82.

486 Siehe den Beschluss 2014/119/GASP vom 5. März 2014 durch den der Rat der EU Finanzsanktionen gegen bestimmte Personen, Organisationen und Einrichtungen erlassen hat, die für Menschenrechts-

2020 hat die EU zudem einen neuen globalen Sanktionsmechanismus geschaffen, um im Falle schwerer Menschenrechtsverletzungen restriktive Maßnahmen ergreifen zu können.[487] Insgesamt hat die EU gegenwärtig (Stand: 2020) ca 37 unterschiedliche Sanktionsregime in Kraft.[488] Die Sanktionen betreffen in weitem Umfang gezielt natürliche und juristische Personen und sind erheblichen rechtlichen Herausforderungen ausgesetzt: Mehr als 250 Personen haben in mehr als 120 Rechtsstreitigkeiten vor dem Gericht der EU bzw dem EuGH die Rechtmäßigkeit der sie betreffenden Sanktionen angegriffen.[489] Im Zusammenhang mit dem Bau der North-Stream-II-Pipeline wurde jüngst auch deutschen Unternehmen durch die US-Administration mit unilateralen Sanktionen gedroht, deren Umsetzung indes in Ermangelung eines völkergewohnheitsrechtlich anerkannten Anknüpfungspunktes den Grundsätzen der rechtmäßigen extraterritorialen Rechtsetzung zuwiderlaufen würde.[490]

3. Prüfungsmaßstab der Rechtmäßigkeit von Sanktionen

Mit dem Vertrag von Lissabon wurde der heutige Art 215 Abs 2 in den AEUV eingefügt, 160
um den Veränderungen in der internationalen Sanktionspraxis Rechnung zu tragen. Dadurch ist nunmehr klargestellt, dass Wirtschafts- und Finanzsanktionen nicht nur dritten Staaten gegenüber ergriffen werden, sondern auch gegen natürliche und juristische Personen erlassen werden können.[491] Die mit Sanktionen verbundenen Rechtsprobleme konzentrieren sich damit auf zwei Aspekte: Zunächst ist, wie bereits angedeutet, fraglich, wie weit die Bindungswirkung von UN-Sicherheitsratsbeschlüssen für die EU reicht. Weiterhin stellt sich die Frage nach den Rechtsschutzmöglichkeiten natürlicher und juristischer Personen, gegen die von der EU Sanktionen erlassen wurden. Unabhängig hiervon und ohne Bedeutung für die primärrechtlich zu bewertende Rechtmäßigkeit von Sanktionen hat die EU **Guidelines für ihre Sanktionspraxis** erlassen.[492]

---

verletzungen in der Ukraine verantwortlich sind oder die staatliche Vermögenswerte veruntreut haben, ABl EU 2014 L 66/26; der Beschluss wurde durch die VO Nr 208/2014 vom 5. März 2014 umgesetzt, indem ua Gelder und wirtschaftliche Ressourcen, die Eigentum oder Besitz der dort aufgeführten Personen sind, eingefroren werden, siehe ABl EU L 66/1.

487 Der Sanktionsmechanismus besteht aus dem Beschluss (GASP) 2020/1999, ABl EU 2020 LI 410/13, und der VO (EU) Nr 2020/1998, ABl EU 2020 LI 410/1, jeweils v 7.12.2020; hierzu kommentierend *Miadzvetskaya* European Law Blog, 13.1.2021, abrufbar unter: <europeanlawblog.eu/2021/01/13/habemus-a-european-magnitsky-act>.

488 Einen aktuellen Überblick über die Sanktionsregime der EU bietet: <sanctionsmap.eu>.

489 Ausführliche Analyse bei *Eckes* CMRL 51 (2014) 869ff.

490 Im Einzelnen *Tietje/Valentin* Policy Papers on Transnational Economic Law No 57 (10/2020); s dazu allgem a → *Tietje* § 1 Rn 120ff.

491 Zur problematischen Rechtslage vor dem Vertrag von Lissabon siehe EuG, Rs T-253/02, Slg 2006, II-2139 – *Chafiq Ayadi/Rat*; Rs T-49/04, Slg 2006, II-52 – *Faraj Hassan/Rat*; Rs T-306/01, Slg 2005, II-3533 – *Yusuf and Al Barakaat International Foundation/Rat und Kommission*; Rs T-315/01, Slg 2005, II-3649 – *Kadi/Rat und Kommission*; hierzu zB *Tietje/Hamelmann* JuS 2006, 299ff; *Steinbarth* ZEuS 2006, 269ff; *Schmalenbach* JZ 2006, 350ff; *Haltern* JZ 2007, 537ff; *Rackow/Stegmiller* Humanitäres Völkerrecht 2007, 68ff; *Möllers* EuR 2006, 426ff; *Ohler* EuR 2006, 848ff; *Tomuschat* CMLR 43 (2006) 541ff; *Nettesheim* CMLR 44 (2007) 567ff.

492 Guidelines on the implementation and evaluation of restrictive measures (sanctions), verfügbar unter: <data.consilium.europa.eu/doc/document/ST-5664-2018-INIT/en/pdf>.

161 Im Hinblick auf Art 103 UN-Charta und den dort vorgesehenen **Vorrang von Beschlüssen des UN-Sicherheitsrates** hat der EuGH, entgegen der aufgezeigten Grundsätze der Bindung des Unionsrechts an das Völkerrecht, mehrfach entschieden, dass EU-Rechtsakte am autonomen Maßstab des Unionsrechts zu prüfen sind und insofern Völkerrecht ggf keine Berücksichtigung finden kann.[493] Damit nimmt der EuGH eine **dualistische Position zum Verhältnis von Unions- und Völkerrecht** ein, die der Völkerrechtsfreundlichkeit der Unionsrechtsordnung widerspricht. Allerdings zieht der EuGH völkerrechtliche Erwägungen dann doch zumindest in den Abwägungsprozess im Hinblick auf eine mögliche Rechtfertigung der Einschränkung von Grundrechten durch Sanktionen ein.[494]

162 Die inhaltliche Rechtmäßigkeitsprüfung von Sanktionsmaßnahmen gegenüber natürlichen und juristischen Personen hat sich am unionsrechtlichen Gebot des **effektiven Rechtsschutzes** sowie damit im Zusammenhang stehend dem Recht auf **Achtung der Verteidigungsrechte** zu orientieren.[495] Der EuGH hat in seiner Rechtsprechung hierzu einen hohen Standard entwickelt. Im Ergebnis ergeben sich für die EU weitreichende Anforderungen an die vorzutragenden Beweise, die es rechtfertigen, eine natürliche oder juristische Person auf eine Sanktionsliste zu setzen.[496]

163 Neben einer Nichtigkeitsklage gemäß Art 263 Abs 4 AEUV besteht ferner auch die Möglichkeit der Beantragung einer Überprüfung der Listung durch den Rat.[497]

E. Individuelle Rechtsdurchsetzung und Rechtsschutz im Außenwirtschaftsrecht

164 Das Außenwirtschaftsrecht ist durch eine in dieser Form **einzigartige Kombination von Mechanismen zur Verwirklichung individueller Interessen und Rechte** gekennzeichnet. Das hängt in erster Linie damit zusammen, dass die individuelle Rechtsposition der Wirtschaftssubjekte durch inhaltlich zwar eine funktionelle Einheit darstellende, von ihren Rechtsquellen her aber doch getrennt zu betrachtende Rechtsordnungen, bestimmt wird. Insofern ergeben sich aus dem Welthandelsrecht, dem EU-Recht und dem innerstaatlichen Recht zu beachtende Eigenarten, die das Gesamtbild der individuellen Rechtsdurchsetzung und des Rechtsschutzes im Außenwirtschaftsrecht prägen.

165 Zu beachten sind namentlich die folgenden Besonderheiten im Zusammenhang mit der individuellen Rechtsdurchsetzung und dem Rechtsschutz im Außenwirtschaftsrecht: Ausgehend vom WTO-Recht ergeben sich zunächst aus der Rechtsprechung des EuGH, nach der von bestimmten Ausnahmen abgesehen eine unmittelbare

---

493 EuGH, Rs C-584/10 P und C-595/10 P, Urt v 18.7.2013, Rn 97 mwN – *Kadi II*; ausführlich auch zB *Cuyvers* CMLR 51 (2014) 1759/1782ff.

494 EuGH, Rs C-584/10 P und C-595/10 P, Urt v 18.7.2013, Rn 103ff – *Kadi II*.

495 EuGH, Rs C-584/10 P und C-595/10 P, Urt v 18.7.2013, Rn 98ff – *Kadi II*; EuGH, Rs C-72/15, Urt v 28.3.2017, Rn 118ff – *Rosneft Oil Company*.

496 Ausführlich auch *Cuyvers* CMLR 51 (2014) 1759ff; *Ecks* CMLR 51 (2014) 869ff; *Tamblé* EuR 2016, 666ff.

497 *Sachs* in Hocke/dies/Pelz IV Rn 34.

Anwendbarkeit des WTO-Rechts in der Unionsrechtsordnung ausscheidet, Besonderheiten im Rechtsschutzsystem des Außenwirtschaftsrechts.[498] Diese werden nochmals verstärkt, wenn man in den Blick nimmt, dass für individuelle Wirtschaftssubjekte keine Möglichkeit besteht, welthandelsrechtliche Rechtspositionen unmittelbar im Rahmen des Streitbeilegungsmechanismus der WTO geltend zu machen.[499] Weiterhin zu berücksichtigen ist, dass auf der Ebene des EU-Rechts nur die enumerativ im AEU-Vertrag vorgesehenen Rechtsschutzmöglichkeiten existieren. Daher ist auch im Außenwirtschaftsrecht das **innerstaatliche Rechtsschutzsystem der EU-Mitgliedstaaten von Bedeutung**, um insgesamt die unionsrechtliche **Garantie effektiven Rechtsschutzes zu gewährleisten.**[500] Schließlich hat der EuGH in seiner Rechtsprechung zum Außenwirtschaftsrecht eine Reihe von Grundsätzen entwickelt, die alle insgesamt darauf abzielen, dass in diesem Rechtsbereich nur eine eingeschränkte gerichtliche Nachprüfbarkeit von Legislativ- und Exekutivakten erfolgt.

I. Individuelle Rechtsdurchsetzung auf der Grundlage der Handelshemmnis-Verordnung

1. Ratio und historische Entwicklung

Die Ausgestaltung des Außenwirtschaftsrechts bewegt sich in einem Rechtsrahmen, 166
der unionsrechtlich und völkerrechtlich bestimmt ist. Während natürliche und juristische Personen des Privatrechts jedenfalls in gewissem Umfang die Möglichkeit haben, individuelle Rechtspositionen im Außenwirtschaftsbereich vor innerstaatlichen Gerichten der EU-Mitgliedstaaten oder über Art 263 Abs 4 AEUV vor dem EuG/EuGH geltend zu machen, ist dieser Weg mit Blick auf den völkerrechtlichen Rahmen des EU-Außenwirtschaftsrechts weitgehend versperrt. Das hat zwei wesentliche Gründe: Zunächst kommt WTO-Recht nach der Rechtsprechung des EuGH von wenigen Ausnahmen abgesehen keine unmittelbare Anwendbarkeit in der Unionsrechtsordnung zu, so dass sich Kläger im Verfahren nach Art 263 Abs 4 AEUV hierauf nicht berufen können.[501] Weiterhin ist es Individuen verwehrt, als Kläger oder Beklagte am WTO-Streitbeilegungsverfahren teilzunehmen; nur Staaten und die EU als WTO-Mitglieder können Parteien eines WTO-Streitbeilegungsverfahrens sein. Damit **besteht für Individuen auch auf völkerrechtlicher Ebene, jedenfalls im WTO-Kontext, keine Möglichkeit der unmittelbaren Interessendurchsetzung.**[502]

Die so insgesamt vorliegende Rechtsschutzlücke kontrastiert indes mit der Erkennt- 167
nis, dass insb das WTO-Recht darauf ausgelegt ist, **Rechtssicherheit und Vorhersehbarkeit für die grenzüberschreitenden Wirtschaftsaktivitäten von Privaten zu ge-**

498 S hierzu bereits o Rn 43ff.

499 Hierzu → *Weiss* § 20 Rn 15f.

500 Hierzu EuGH, Rs C-50/00, Slg 2002, II-2365 – *Unión de Pequeños Agricultores*; Rs C-263/02 P, Slg 2004, I-3425 – *Jégo-Quéré & Cie SA*; EuG, Rs T-177/01, Slg 2002, II-2365 – *Jégo-Quéré & Cie SA*.

501 S bereits o Rn 44.

502 Zum weitreichenden mittelbaren Einfluss v Privatrechtssubjekten auf die WTO-Streitbeilegung s *Tietje/Nowrot* EBOLR 5 (2004) 321ff; *Nowrot* Normative Ordnungsstruktur und private Wirkungsmacht (2006) 377ff mwN.

währen.[503] An dieser Stelle setzt die HandelshemmnisVO[504] an. Sie ermöglicht im Kern privaten Wirtschaftssubjekten der Union, die EU in einem rechtsförmlichen Verfahren auf völkerrechtswidrige Handelshemmnisse dritter Staaten aufmerksam zu machen, so dass die EU gegenüber den betreffenden dritten Staaten Maßnahmen ergreifen kann.

168 In historischer Perspektive ist die HandelshemmnisVO der EU eine Reaktion auf entsprechende Regelungsanstrengungen in den USA. Dort wurde bereits im Jahre 1962 eine erste gesetzliche Grundlage für den US-Präsidenten geschaffen, Retorsionsmaßnahmen gegenüber unfairen Handelspraktiken dritter Staaten zu ergreifen. Die EU-Kommission schlug als Reaktion hierauf im Jahre 1964 dem Ministerrat der EU vor, ein entsprechendes Rechtsinstrumentarium im EU-Recht einzuführen, allerdings ohne Erfolg. Im Jahre 1974 wurde in den USA dann das sog **Section 301**-Verfahren in Kraft gesetzt (Section 301 US Trade Act 1974). Hiernach war der US-Präsident ermächtigt, einseitige Maßnahmen gegenüber „unjustified, unreasonable or discriminatory" Handelspraktiken dritter Staaten zu ergreifen. Obwohl Section 301 im Kern einen ausschließlich verfassungsrechtlichen Hintergrund hat, hat die zitierte weite und offene Tatbestandsformulierung in der Vorschrift **erhebliche Kritik der Handelspartner der USA, insb der EU**, hervorgerufen. Diese Kritik war im Wesentlichen durch die Befürchtung eines „aggressiven Unilateralismus" der USA geprägt.[505]

169 Als Reaktion auf Section 301 und die zum Teil problematische Praxis der USA hiernach wurde von der EU im Jahre 1984 das **sog „Neue Handelspolitische Instrument" erlassen.**[506] Große praktische Bedeutung hat das im „Neuen Handelspolitischen Instrument" privaten Wirtschaftssubjekten zur Verfügung gestellte Verfahren allerdings nie erlangt. Insgesamt gab es hiernach nur sieben Verfahren, was in erster Linie an den sehr restriktiven Verfahrensvoraussetzungen lag.[507] Die Umsetzung der Ergebnisse der Uruguay-Runde in das Unionsrecht wurde dann zum Anlass genommen, die von der EU-Kommission schon längere Zeit geforderte Reform des „Neuen Handelspolitischen Instruments" zu realisieren. Am 22.12.1994 verabschiedete der Rat die HandelshemmnisVO. **Sie erweitert zunächst die Antragsmöglichkeiten von privaten Wirtschaftssubjekten.** Überdies begrenzt sie, ebenso wie bereits die VorgängerVO, die Handelsoptionen der EU auf völkerrechtskonforme Maßnahmen. Hierin liegt ein wesentlicher Unterschied zu Section 301, der auch zu völkerrechtswidrigen Maßnahmen des US-Präsidenten ermächtigte. Zwischenzeitlich haben sich die USA je-

503 WTO, *US – Sections 301*, Panel v 22.12.1999, WT/DS152/R para 7.73.

504 Verordnung (EU) 2015/1843 des Europäischen Parlaments und des Rates vom 6. Oktober 2015 zur Festlegung der Verfahren der Union im Bereich der gemeinsamen Handelspolitik zur Ausübung der Rechte der Union nach internationalen Handelsregeln, insbesondere den im Rahmen der Welthandelsorganisation vereinbarten Regeln, ABl EU 2015 L 272/1; zuvor galt Verordnung (EG) Nr 3286/94, ABl EG 1994 L 349/71 mit Änderungen.

505 Ausf hierzu und insgesamt zur Entstehungsgeschichte der HandelshemmnisVO *Berrisch/Kamann* in Krenzler/Herrmann/Niestedt (Hrsg) EU-Außenwirtschafts- und Zollrecht (Stand EL 2 April 2013) Erwägungsgründe Rn 1ff.

506 Verordnung Nr 2641/84 zur Stärkung der Gemeinsamen Handelspolitik und insb des Schutzes gegen unerlaubte Handelspraktiken, ABl EG 1984 L 252/1.

507 Weitere Einzelheiten bei *Berrisch/Kamann* (Fn 505) Erwägungsgründe Rn 10.

doch völkerrechtlich verbindlich dazu verpflichtet, das Section 301-Verfahren nur noch im Einklang mit WTO-Recht, insb Art 23 DSU, anzuwenden.[508]

2. Regelungsinhalt

Die HandelshemmnisVO eröffnet die Möglichkeit, gegen 1) ein Handelshemmnis, das 170 auf dem Unionsmarkt eine Schädigung verursacht (Art 1 lit a)) und 2) ein Handelshemmnis, das sich auf dem Markt eines Drittlandes auswirkt und dadurch eine handelsschädigende Auswirkung hat (Art 1 lit b)), vorzugehen. **Der Kreis der möglichen Antragsteller ist abhängig davon, um welche Art von Handelshemmnis es sich handelt.** Ein Verfahren im Hinblick auf ein Handelshemmnis, das auf dem Unionsmarkt eine Schädigung verursacht, kann von einem EU-Mitgliedstaat und von einem Wirtschaftszweig der EU eingeleitet werden (Art 3). Als „Wirtschaftszweig der Union“ werden dabei in Anlehnung an das Antidumpingrecht Hersteller oder Dienstleistungserbringer aus der EU definiert, die zumindest 50 % der entsprechenden Unionsproduktion erbringen (vgl Art 2 Abs 5).[509] Einzelne Unternehmen der EU haben demgegenüber nur die Möglichkeit, einen Antrag auf Einleitung eines Verfahrens gegenüber einem Handelshemmnis, das sich auf dem Markt eines Drittlandes auswirkt und dadurch handelsschädigende Auswirkungen hat, zu stellen (Art 4). Die EU-Mitgliedstaaten sind allerdings auch in dieser Konstellation in jedem Fall antragsberechtigt (Art 6).

In materiellrechtlicher Hinsicht setzt ein Antrag auf Verfahrenseinleitung nach 171 der HandelshemmnisVO voraus, dass der jeweils antragsberechtigte Mitgliedstaat, Wirtschaftszweig oder das Unternehmen **hinreichend substantiell darlegt, dass ein Handelshemmnis durch einen Drittstaat vorliegt** und dieses entweder zu einer Schädigung auf dem Unionsmarkt führt oder handelsschädigende Auswirkungen hat. Der Begriff der Schädigung lehnt sich dabei an das Antidumpingrecht an; die einzelnen Kriterien zur Feststellung einer Schädigung sind in Art 11 HandelshemmnisVO aufgeführt. Das Merkmal der „handelsschädigenden Auswirkungen“ unterscheidet sich von dem der „Schädigung“ im Wesentlichen nur dadurch, dass nicht primär auf den Unionsmarkt, sondern auf einen Drittlandsmarkt abgestellt wird. Die Kriterien zur Feststellung der hinreichend gewichtigen Auswirkungen auf dem Drittlandsmarkt entsprechen weitgehend den Schädigungskriterien. Dabei ist erforderlich, dass die Auswirkungen auf dem Drittlandsmarkt erhebliche Folgen für „die Wirtschaft der Union oder einer Region der Union oder einen bestimmten Sektor ihrer Wirtschaftstätigkeit“ haben (Art 2 Abs 1 lit d), Art 11 Abs 4).

Die genannten Auswirkungen müssen kausal auf ein „Handelshemmnis“ zurück- 172 gehen. Als Handelshemmnisse definiert Art 2 Abs 1 lit a) dabei „alle von einem Drittland eingeführten oder beibehaltenen Handelspraktiken, gegen die die internationalen Handelsregeln das Recht zu einem Vorgehen einräumen“. Im nachfolgenden Satz der Vorschrift wird konkretisierend ausgeführt, dass das genannte „Recht zu einem Vorgehen“ besteht, „wenn die internationalen Handelsregeln entweder eine Praktik vollständig verbieten oder der von dieser Praktik betroffenen Partei das Recht geben,

508 WTO, *US – Sections 301*, Panel v 22.12.1999, WT/DS152/R.
509 Einzelheiten bei *Berrisch/Kamann* (Fn 505) Art 2 Rn 30ff.

sich um die Beseitigung der Auswirkungen dieser Praktik zu bemühen". Mit dieser auf den ersten Blick etwas unklaren Konkretisierung wird im Wesentlichen **auf den sog violation- und den non-violation-complaint iSv Art XXIII GATT Bezug genommen.**[510] Ansonsten umfasst die Definition alle einschlägigen internationalen Handelsregeln aus völkerrechtlichen Verträgen, deren Vertragspartei die EU ist, insb die WTO-Übereinkommen sowie präferentielle Handelsabkommen. Damit sind völkergewohnheitsrechtliche Rechte des Internationalen Wirtschaftsrechts oder einschlägiges „soft law" vom Anwendungsbereich der HandelshemmnisVO ausgeschlossen.[511] Im Übrigen ist zu beachten, dass die EU unmittelbar Vertragspartei sein muss, so dass namentlich Rechte aus bilateralen Investitionsschutzabkommen, die bis zum Vertrag von Lissabon nur von den EU-Mitgliedstaaten abgeschlossen wurden, ebenfalls nicht mit der HandelshemmnisVO durchsetzbar sind.[512] Freihandelsabkommen mit Investitionskapiteln und isolierte Investitionsschutzabkommen, wie sie seit Inkrafttreten des Vertrags von Lissabon und der neuen Kompetenz in diesem Bereich nach Art 207 Abs 1 AEUV von der EU abgeschlossen bzw verhandelt werden, fallen freilich unter den Begriff der Handelsregeln.

173 Bei der Stellung eines Antrages auf Einleitung eines Verfahrens nach der HandelshemmnisVO muss der Antragsteller hinreichend substantiiert darlegen, dass die genannten Tatbestandsmerkmale erfüllt sind. Innerhalb von 45 Tagen nach Einreichung des Antrages an die EU-Kommission entscheidet diese nach Konsultationen mit den EU-Mitgliedstaaten dann über die Einleitung eines Untersuchungsverfahrens (Art 5 Abs 4). Dabei hat die Kommission auch zu prüfen, ob eine Einleitung eines Verfahrens im „Interesse der Union" liegen würde (Art 9 Abs 1). Das damit ebenso wie im Antidumping- und im Antisubventionsrecht als zusätzliches Tatbestandsmerkmal vorgesehene „**Unionsinteresse**" bereitet auch hier als unbestimmter Rechtsbegriff nicht unerhebliche Schwierigkeiten und wirkt sich negativ auf die Rechtssicherheit betroffener Unternehmen und Wirtschaftszweige aus.[513] Überdies ist zu beachten, dass anders als im Antidumping- und Antisubventionsrecht das Unionsinteresse bei der Entscheidung über die Einleitung eines Verfahrens und zusätzlich bei der Entscheidung über den Verfahrensabschluss vorliegen muss (vgl Art 12 Abs 1 und Art 13 Abs 1). Bei dem Unionsinteresse handelt es sich dabei um einen **autonomen Begriff des Unionsrechts**, der im Einzelfall durchaus anders als im Antidumping- und Antisubventionsrecht ausgelegt werden kann. In der Praxis misst die EU-Kommission das Unionsinteresse in tendenziell großzügiger Auslegung insb an der Notwendigkeit der Einhaltung des WTO-Rechts, der Schwere der Handelsverzerrung, der protektionistischen Zielsetzung der Maßnahme des Drittstaates sowie anhand wirtschaftlicher Faktoren.[514]

174 Die Ablehnung der Einleitung eines Verfahrens stellt eine Entscheidung iSv Art 263 Abs 4 AEUV dar und ist nach dieser Vorschrift vor dem EuG angreifbar.[515]

---

510 Hierzu bereits → *Tietje* § 4 Rn 173.

511 *Berrisch/Kamann* (Fn 505) Art 2 Rn 15.

512 *Berrisch/Kamann* (Fn 505) E 9 Rn 44.

513 Einzelheiten zum Unionsinteresse nach der HandelshemmnisVO bei *Berrisch/Kamann* (Fn 505) Art 8 Rn 8f.

514 Nachweise zur Praxis bei *Berrisch/Kamann* (Fn 505) Art 8 Rn 8.

515 Hierzu noch u Rn 178ff.

Wenn das Verfahren eingeleitet wird, führt die Kommission ein Untersuchungsverfahren durch, wobei der Untersuchungsgrundsatz gilt. Die Vorgaben für das Untersuchungsverfahren sind dabei dem Antidumpingrecht ähnlich; im Einzelnen sind sie ausf in Art 9 HandelshemmnisVO niedergelegt. Besonders hervorzuheben ist hierbei neben den Verfahrensrechten der Beteiligten (Anhörungsrecht, Recht auf Zusammentreffen, Recht auf Akteneinsicht) (Art 9 Abs 4ff) das Recht der Kommission, „Schlussfolgerungen aufgrund der verfügbaren Angaben" zu ziehen, wenn von den betroffenen Parteien verlangte Auskünfte nicht innerhalb angemessener Zeit erteilt werden (Art 9 Abs 7). Ebenfalls möglich ist es für die Kommission, Untersuchungen vor Ort durchzuführen, „sofern die Regierungen der betreffenden Länder offiziell unterrichtet wurden und innerhalb einer angemessenen Frist keine Einwände erhoben" (Art 9 Abs 2 lit b)). **Die damit vorgesehene Fiktion einer Zustimmung eines Drittstaates ist völkerrechtlich sehr bedenklich**, da es hierfür – anders als im Antidumpingrecht (Art 6.7 ADÜ) und im Subventionsrecht (Art 12.6 SCM) – keine völkerrechtliche Ermächtigungsgrundlage gibt.[516]

Das Untersuchungsverfahren ist in der Regel innerhalb von fünf Monaten nach Antragstellung abzuschließen; ausnahmsweise kann diese Frist auf sieben Monate verlängert werden (Art 9 Abs 8). Beim Abschluss des Verfahrens gibt es abhängig vom Ergebnis der Untersuchung **insgesamt vier Handlungsoptionen**: Das Verfahren wird **eingestellt**, wenn die Tatbestandsvoraussetzungen für eine Maßnahme nach der HandelshemmnisVO oder ein Unionsinteresse nicht vorliegen (Art 12 Abs 1). Ansonsten besteht zunächst die Möglichkeit, dass der betroffene Drittstaat eine **einseitig „zufrieden stellende" Maßnahme** ergreift, dem bestehenden Handelshemmnis also abhilft. In diesem Fall setzt die Kommission das Verfahren aus, beobachtet die Sachlage und schreitet ggf zu einem späteren Zeitpunkt wieder ein (Art 12 Abs 2). Weiterhin ist es auch möglich, mit dem Drittstaat eine **Übereinkunft zur Beseitigung des Handelshemmnisses** zu schließen; auch in diesem Fall erfolgt nur eine Aussetzung des Verfahrens. Schließlich kann das Untersuchungsverfahren in die Erkenntnis münden, dass das Ergreifen „handelspolitischer Maßnahmen" erforderlich ist (Art 13). Hierunter ist im Zusammenspiel mit der völkerrechtlichen Verpflichtung der EU zur WTO-Streitbeilegung (Art 23 DSU), die unilaterale Maßnahmen ausschließt, die **Einleitung eines Streitverfahrens nach den WTO-DSU-Regeln** zu verstehen. Wenn der Drittstaat in der Folge eines entsprechenden WTO-Streitbeilegungsverfahrens das betreffende Handelshemmnis abbaut, ist das Handelshemmnis-Verfahren beendet. Andernfalls ergreift die EU die nach Art 22 DSU möglichen Gegenmaßnahmen.[517] Dabei richtet sich das Ergreifen konkreter Handelsmaßnahmen dann zusätzlich zum jeweils einschlägigen Völkerrecht nach der **HandelsvergeltungsVO** 654/2014.[518] Letztere wurde im Februar 2021 durch die VO (EU) 2021/167 reformiert mit dem Ziel, die EU trotz 175

516 *Hilf/Rolf* RIW 1985, 297/306; *Berrisch/Kamann* (Fn 505) Art 8 Rn 19.

517 Einzelheiten bei *Berrisch/Kamann* (Fn 505) Art 11 Rn 9.

518 VO (EU) 654/2014 über die Ausübung der Rechte der Union in Bezug auf die Anwendung und die Durchsetzung internationaler Handelsregeln und zur Änderung der Verordnung (EG) Nr 3286/94 des Rates zur Festlegung der Verfahren der Gemeinschaft im Bereich der gemeinsamen Handelspolitik zur Ausübung der Rechte der Gemeinschaft nach internationalen Handelsregeln insbesondere den im Rahmen der Welthandelsorganisation vereinbarten Regeln, ABl EU 2014 L 189/50.

der derzeitigen Handlungsunfähigkeit des Appellate Body der WTO in die Lage zu versetzen, im Falle von rechtswidrigen Handelspraktiken entsprechende Gegenmaßnahmen ergreifen zu können.[519] Selbiges soll im Rahmen anderer regionaler oder bilateraler Handelsabkommen in Fällen gelten, in denen die fehlende Kooperation eines Drittstaates die Dysfunktionalität des jeweils völkervertragsrechtlich vorgesehenen Streitbeilegungsmechanismus zur Folge hat.

3. Ausblick

176 Die HandelshemmnisVO hat sich als **wichtiges Instrument der Stärkung der EU-Außenhandelspolitik** sowie der Durchsetzung von Individualinteressen im internationalen Wirtschaftssystem bewährt. Das zeigt insb die Praxis der 24 bislang eingeleiteten Untersuchungsverfahren.[520] Allerdings darf nicht übersehen werden, dass zahlreiche Handelsprobleme mit Drittstaaten nicht über die HandelshemmnisVO an die EU-Kommission herangetragen werden, sondern es insofern auch eine weit reichende informelle Praxis der Kooperation zwischen Unternehmen bzw Unternehmensverbänden und der Kommission gibt. Das liegt ua daran, dass Unternehmen es zT vermeiden möchten, dass Handelskonflikte öffentlich ausgetragen werden, um so ihre bestehenden Geschäftsbeziehungen nicht zu gefährden. Überdies sind Lösungen zu aktuellen Handelsproblemen zT auf informellem Wege schneller zu erreichen. Allerdings hat ein Verfahren nach der HandelshemmnisVO demgegenüber die deutlichen Vorteile der Rechtsförmlichkeit einschließlich entsprechender Rechtsschutzmöglichkeiten vor dem EuG/EuGH sowie einer rechtlich im Kompetenzgefüge der EU abgesicherten größeren Handlungsfreiheit der EU-Kommission.[521]

177 Zur besseren Überwachung und Durchsetzung drittstaatlicher Marktzugangszusagen wurde im Juli 2020 innerhalb der Generaldirektion Handel der EU-Kommission die neue Position eines Leitenden Handelsbeauftragten (Chief Trade Enforcement Officer – CTEO) geschaffen. Der CTEO ist für die Durchsetzung der Marktzugangsrechte von EU-Unternehmen zuständig und soll zugleich dazu beitragen, dass Drittstaaten ihre Verpflichtungen aus den Nachhaltigkeitskapiteln in den Freihandelsabkommen der neuen Generation umsetzen.[522]

II. Individualrechtsschutz durch die Judikative

178 Individualrechtsschutz im Außenwirtschaftsrecht durch die Judikative kann auf EU-Ebene und im Rahmen der innerstaatlichen Rechtsordnung der Mitgliedstaaten erfolgen. Auf EU-Ebene steht im Wesentlichen nur **Art 263 Abs 4 AEUV als individuelle**

---

519 VO (EU) 2021/167 über die Ausübung der Rechte der Union in Bezug auf die Anwendung und die Durchsetzung internationaler Handelsregeln, ABl EU L 49/1.

520 Aktuelle Nachweise zur Praxis sind verfügbar unter <ec.europa.eu/trade/policy/accessing-markets/dispute-settlement/trade-barrier-investigations/>.

521 Ausf hierzu *Bronckers/McNelis* FS Ehlermann (2002) 57/89ff.

522 Vgl die Pressemitteilung der EU-Kommission v 24.7.2020, abrufbar unter: <ec.europa.eu/commission/presscorner/detail/de/IP_20_1409>.

Rechtsschutzgarantie unmittelbar gegen einen Außenwirtschaftsrechtsakt zur Verfügung. Da die Verordnung im Regelfall das maßgebliche Rechtsinstrumentarium des europäischen Außenwirtschaftsrechts ist und sie regelmäßig eines innerstaatlichen Verwaltungsvollzugs bedarf,[523] besteht zudem immer die Möglichkeit, innerstaatlich gegen den maßgeblichen Vollzugsakt vorzugehen. Dieser Weg kann schließlich zu einem Vorabentscheidungsverfahren vor dem EuGH gem Art 267 AEUV führen. Diese Kombination von unmittelbarem und mittelbarem Rechtsschutz im Unionsrecht entspricht zunächst insgesamt dem allgemeinen unionsrechtlichen Rechtsschutzsystem.[524]

Als Besonderheit im Außenwirtschaftsrecht ist jedoch zunächst zu beachten, dass der EuGH besondere Kriterien entwickelt hat, nach denen sich richtet, ob eine **unmittelbare und individuelle Betroffenheit** nach Art 263 Abs 4 AEUV gegeben ist. Diese unterscheiden sich zT von der diesbezüglichen Rechtsprechung zB im Wettbewerbs- und Beihilfenrecht. Das hängt in erster Linie damit zusammen, dass im Außenwirtschaftsrecht die **Verordnung als Rechtssetzungsinstrumentarium** eine herausragende Rolle spielt und sich insofern schon nach dem Wortlaut des Art 263 Abs 4 AEUV, der trotz sprachlicher Änderungen durch den Vertrag von Lissabon weiterhin nicht direkt Verordnungen erfasst,[525] Rechtsschutzprobleme ergeben. Weiterhin ist zu beachten, dass die Rechtsprechung von EuG/EuGH durch eine besondere Zurückhaltung in Fragen des Außenwirtschaftsrechts gekennzeichnet ist; das drückt sich konkret im anwendbaren Prüfungsmaßstab aus. 179

1. Zulässigkeit von Klagen nach Art 263 Abs 4 AEUV

Nichtigkeitsklagen nach Art 263 Abs 4 AEUV bieten privaten Wirtschaftssubjekten insb im Antidumpingrecht, Antisubventionsrecht, Recht der Schutzmaßnahmen und im Zusammenhang mit Maßnahmen nach der HandelshemmnisVO Rechtsschutzmöglichkeiten. Das gilt jedenfalls grundsätzlich für Individuen aus der EU sowie aus Drittstaaten.[526] Allerdings ist dabei auf der Grundlage der sog **Plaumann-Formel**[527] schon allgemein zu beachten, dass immer dann, wenn keine Entscheidung iSv Art 288 Abs 4 AEUV, deren Adressat der Kläger ist, angegriffen wird, **besondere Anforderungen an die Klagebefugnis bzw das Rechtsschutzbedürfnis** gelten. Entscheidend ist insofern, dass der Kläger in einem solchen Fall nur dann unmittelbar betroffen iSv Art 263 Abs 4 AEUV ist, wenn der angegriffene Rechtsakt ihn „wegen bestimmter persönlicher 180

---

523 S bereits o Rn 61ff.

524 Hierzu im Überblick zB *Streinz* (Fn 25) Rn 668ff; für das Außenwirtschaftsrecht im Überblick *Berrisch/Kamann* in: Krenzler/Herrmann/Niestedt, XI. 110. Rechtsschutz im EU-Außenwirtschaftsrecht (Stand September 2016) Rn 4ff; *Boysen* in von Arnauld (Hrsg) Europäische Außenbeziehungen (2014) § 9 Rn 114ff.

525 Zu Einzelheiten siehe *Dörr* in Grabitz/Hilf/Nettesheim (Hrsg) Das Recht der EU (Stand EL 49 November 2012) Art 263 Rn 80ff.

526 Vgl auch hierzu die recht weitgehende Anerkennung der Klagebefugnis der Unabhängigkeitsbewegung *Front Polisario* durch den EuG, Rs T-512/12, EU:T:2015:953, Rn 61ff – *Front Polisario/Rat*.

527 EuGH, Rs 25/62, Slg 1963, 211/238 – *Plaumann/Komission*; im Überblick hierzu *Streinz* (Fn 25) Rn 671ff; ausf *Kluttig* Die Klagebefugnis Privater gegen EU-Rechtsakte in der Rechtsprechung des Europäischen Gerichtshofes: Und die Hoffnung stirbt zuletzt... (2004).

Eigenschaften oder besonderer, ihn aus dem Kreis aller übrigen Personen heraushebender Umstände berührt und ihn daher in ähnlicher Weise individualisiert wie den Adressaten".[528] Mit Blick auf die maßgeblichen Rechtsinstrumente des EU-Außenwirtschaftsrechts wurde die Plaumann-Formel durch zahlreiche einzelne Fallgruppen der Rechtsprechung konkretisiert. Die wesentlichen Grundzüge dieser Rechtsprechung[529] stellen sich wie folgt dar:

181 Im Antidumpingrecht[530] sind durch Dumping geschädigte Unternehmen als Antragsteller einer Antidumpinguntersuchung regelmäßig klagebefugt iSv Art 263 Abs 4 AEUV.[531] Das gilt ebenso für Hersteller bzw selbst produzierende Ausführer von Waren aus dem Drittland, die von einer Antidumpinguntersuchung und -maßnahme betroffen sind.[532] Bei nicht-produzierenden Ausführern und bei mit dem Hersteller im Drittland verbundenen Einführern ist eine Klagebefugnis nur gegeben, wenn sie in die Antidumpinguntersuchungen der Kommission eingebunden waren.[533] Demgegenüber haben **unabhängige Einführer sowie insgesamt Verwender und Verbraucher regelmäßig keine Möglichkeit**, gegen Antidumpingverordnungen der EU vorzugehen, es sei denn, es liegt eine ganz besondere Ausnahmesituation oder aber mit Blick auf Verwender und Verbraucher eine Verfahrensbeteiligung im Untersuchungsstadium vor.[534] Als Sonderfall werden schließlich sog Original Equipment Manufacturer (OEM) behandelt. Es handelt sich hierbei um Unternehmen, die Produkte anderer Firmen unter ihrem eigenen Namen verkaufen. Sie sind grundsätzlich mit in die Dumpingberechnung einbezogen und daher klagebefugt.[535]

182 Neben den dargestellten Grundsätzen zur Klagebefugnis gegen eine endgültige Antidumpingverordnung stellen sich **Sonderprobleme mit Blick auf einzelne Entscheidungen** im Antidumpingverfahren, dh den spezifischen Klagegegenstand.[536] Ansonsten gelten die aufgezeigten Aussagen zum Rechtsschutz im Antidumpingrecht im Wesentlichen ebenso im Antisubventionsrecht.[537]

183 Im Recht der allgemeinen Schutzmaßnahmen sind die Rechtsschutzmöglichkeiten wesentlich restriktiver. Das liegt in erster Linie daran, dass sich Schutzmaßnahmen auf bestimmte Produkte aus bestimmten Drittstaaten beziehen und daher alle Exporteure und Importeure von Maßnahmen gegenüber diesen Produkten gleichermaßen betroffen sind. Überdies werden Schutzmaßnahmen nicht auf der Grundlage individueller Unternehmensdaten und ohne entsprechenden Antrag eines privaten

---

528 EuGH, Rs 25/62, Slg 1963, 211/238 – *Plaumann/Kommission*; seitdem ständige Rspr, s nur EuGH, Rs C-50/00 P, Slg 2002, I-6677 Rn 36 – *Union de Pequenos Agricultores (UAP)/Rat*.

529 Ausf hierzu *Berrisch/Kamann* (Fn 524) Rn 18ff.

530 Ausf zum Rechtsschutz im Antidumpingrecht *Habermann/Pietzsch* Individualrechtsschutz im EG-Antidumpingrecht: Grundlagen und aktuelle Entwicklungen (2004).

531 Zu den Einzelheiten des Umfanges der jeweiligen Klagebefugnis s *Berrisch/Kamann* (Fn 524) Rn 19ff mwN.

532 EuGH, Rs 239 u 275/82, Slg 1984, 1005 Rn 11f – *Allied*; GA Jacobs in EuGH, Rs C-358/89, Slg 1991, I-2501, 2509 Rn 11 – *Extramet*.

533 S zB EuGH, Rs 279/86, Slg 1987, 3109 Rn 16 – *Sermes*.

534 EuGH, Rs C-358/89, Slg 1991, I-2501ff – *Extramet*; Rs C-170/89, Slg 1991, I-5709 Rn 9ff – *BEUC*.

535 EuGH, Rs C-156/87, Slg 1990, I-781 Rn 20ff – *Gestetner*.

536 Ausf *Berrisch/Kamann* (Fn 524) Rn 32.

537 *Berrisch/Kamann* (Fn 524) Rn 112ff.

Wirtschaftssubjektes ergriffen. Eine **Individualisierbarkeit iSd Plaumann-Formel ist damit regelmäßig** für Exporteure aus Drittstaaten ebenso wie für Importeure aus der EU **ausgeschlossen.**[538]

Im Bereich der HandelshemmnisVO ist zwischen der Einleitung bzw Ablehnung der Einleitung eines Untersuchungsverfahrens und Entscheidungen über Verfahrensfragen, die Verfahrensrechte von Beteiligten berühren, zu differenzieren. Soweit es um die Einleitung, Ablehnung der Einleitung oder Ablehnung des Ergreifens spezifischer Maßnahmen nach der HandelshemmnisVO geht, steht dem Unternehmen bzw Unternehmensverband, das/der Antragsteller ist, regelmäßig aus der Rechtsstellung als Antragsteller ein Klagerecht nach Art 263 Abs 4 AEUV zu.[539] Für Unternehmen aus der EU, die nicht Antragsteller sind, sowie für Drittstaatsunternehmen besteht hingegen von vornherein nur eine Möglichkeit auf Rechtsschutz mit Blick auf Entscheidungen, **die sie in spezifischen Verfahrensrechten aus der HandelshemmnisVO betreffen.** Überhaupt keine Klagemöglichkeit besteht im Hinblick auf die Entscheidung der EU, auf der Grundlage eines Verfahrens nach der HandelshemmnisVO ein WTO-Streitbeilegungsverfahren einzuleiten. Eine solche Entscheidung entfaltet keine Rechtswirkungen gegenüber dem Antragsteller der Untersuchung oder gegenüber privaten Dritten aus der EU oder einem Drittland, da sie sich ausschließlich auf WTO-rechtlicher Ebene auf einen Drittstaat als WTO-Mitglied bezieht.[540] 184

2. Gerichtliche Kontrolldichte

Das Außenwirtschaftsrecht der EU wird vom EuGH durchgehend als eine Sachmaterie angesehen, die sich durch eine hohe tatsächliche Komplexität und politische Sensibilität auszeichnet. Auf das Welthandelsrecht bezogen, folgt hieraus für den EuGH die bereits dargestellte fehlende unmittelbare Anwendbarkeit des WTO-Rechts in der Unionsrechtsordnung.[541] Im Einklang hiermit entspricht es der ständigen Rechtsprechung von EuG und EuGH, **dass auch Rechtsakte der Union nur einer beschränkten richterlichen Kontrolle unterliegen.** Das EuG hat diese Rechtsprechung wie folgt prägnant zusammengefasst: „Nach ständiger Rechtsprechung des Gerichtshofs darf der Gemeinschaftsrichter in den Gemeinschaftsbehörden vorbehaltenen Beurteilungen nicht eingreifen, sondern hat seine Nachprüfung darauf zu beschränken, ob die Verfahrensvorschriften eingehalten worden sind, ob der Sachverhalt ... zutreffend festgestellt worden ist und ob keine offensichtlich fehlerhafte Würdigung des Sachverhalts und kein Ermessensmissbrauch vorliegen."[542] 185

Damit **beschränkt sich** in allen das Außenwirtschaftsrecht der EU betreffenden Rechtsschutzverfahren **vor dem EuG und EuGH die Rechtskontrolle** auf die folgenden Punkte: 1) Einhaltung der Verfahrensvorschriften, 2) zutreffende Sachverhaltsfest- 186

538 Hierzu und zu Sonderkonstellationen, in denen eine Klagebefugnis ausnahmsweise gegeben sein kann, *Berrisch/Kamann* (Fn 524) Rn 124ff.

539 EuG, Rs T-317/02, Slg 2004, II-04325 Rn 41 – *FICF ua/Kommission*; *Berrisch/Kamann* (Fn 524) Rn 118.

540 *Berrisch/Kamann* (Fn 524) Rn 119.

541 Vgl o Rn 43ff.

542 EuG, Rs T-164/94, Slg 1995, II-2681 Rn 67 – *Ferchimex.*

stellung, 3) keine offensichtlich fehlerhafte Sachverhaltsbeurteilung, 4) kein Ermessensmissbrauch, 5) der verfolgte Zweck muss aus der Begründung hervorgehen (keine Begründungspflicht für jede technische Detailentscheidung) und 6) eine großzügige Verhältnismäßigkeitsprüfung, die iE nur auf eine offensichtliche Ungeeignetheit abstellt.[543] Diese Begrenzung der richterlichen Kontrolle, die in erster Linie im Antidumpingrecht entwickelt wurde, gilt nach Ansicht des EuG erst recht in Verfahren nach der HandelshemmnisVO, denen insgesamt eine noch weitergehende und allgemeine politische Bedeutung zukommt.[544]

3. Rechtsschutz vor Gerichten der Mitgliedstaaten

187 Angesichts des regelmäßig notwendigen Verwaltungsvollzugs des EU-Außenwirtschaftsrechts durch Behörden der Mitgliedstaaten **liegt im Einzelfall oftmals ein angreifbarer mitgliedstaatlicher Rechtsakt vor.** Das gilt insb im Antidumping- und Antisubventionsrecht sowie im Recht der Schutzmaßnahmen, da die hier erfolgende Zollerhebung bzw die Importrestriktion an der Zollgrenze durch Zollbeamte der Mitgliedstaaten durchgesetzt wird.[545] In Deutschland ist es dementsprechend möglich, den entsprechenden Rechtsakt der Zollbehörde durch Anfechtungsklage **vor dem örtlich zuständigen Finanzgericht** anzugreifen (§§ 33, 40 Abs 1 FGO). Das Finanzgericht kann dann bei Zweifeln über die Gültigkeit des einschlägigen Unionsrechts den EuGH im Wege des Vorabentscheidungsverfahrens (Art 267 AEUV) mit der Sache befassen. Das jeweils letztinstanzliche Gericht trifft dabei eine Vorlagepflicht (Art 267 Abs 3 AEUV). Die Vorlagepflicht gilt im Übrigen auch, wenn ein sonstiges Gericht einschlägiges Unionsrecht unangewendet lassen will.[546]

188 Mit Blick auf innerstaatliche Rechtsschutzverfahren ist noch zu beachten, dass es ausgeschlossen ist, sich auf die Rechtswidrigkeit der zugrundeliegenden Unionsrechtsmaßnahme zu berufen, wenn diese durch eine zweifellos zulässige Nichtigkeitsklage nach Art 263 Abs 4 AEUV hätte direkt angegriffen werden können und die Frist hierfür (Art 263 Abs 5 AEUV) abgelaufen ist. Diese zunächst im Beihilfenrecht entwickelte Rechtsprechung des EuGH findet heute auch ausdrücklich im Antidumpingrecht Anwendung[547] und ist daher insgesamt auf das Außenwirtschaftsrecht zu übertragen.

543 S zB EuGH, Rs C-150/94, Slg 1998, I-7235 – *Vereinigtes Königreich/Rat.*

544 EuG, Rs T-317/02, Slg 2004, II-04325 Rn 94 – *FICF ua/Kommission.*

545 Vgl EuGH, Rs 307/81, Slg 1982, 3463 Rn 13 – *Alusuisse Italia/Rat und Kommission*; EuGH, verb Rs 239 u 275/82, Slg 1984, 1005 Rn 15 – *Allied Corporation ua/Kommission.*

546 EuGH, Rs 314/85, Slg 1987, 4199 Rn 15 – *Foto-Frost/HZA Lübeck Ost.*

547 EuGH, Rs C-239/99, Slg 2001, I-1197 Rn 37 – *Nachi Europe/HZA Krefeld.*

§ 19
Streitbeilegung durch Schiedsgerichte im internationalen privaten Wirtschaftsrecht

Paul Oberhammer

Gliederung | Rn

Schrifttum

Böckstiegel/Kröll/Nacimiento Arbitration in Germany – The Model Law in Practice, 2. Aufl (2015); *Blackaby/Partasides/Redfern/Hunter* Redfern and Hunter on International Arbitration, 6. Aufl (2015); *Born* International Commercial Arbitration, 2. Aufl (2014); *ders* International Arbitration and Forum Selection Agreements: Drafting and Enforcing, 5. Aufl (2016); *Gaillard/Savage* Fouchard Gaillard Goldman on International Commercial Arbitration (1999); *Kellerhals/Berger* International and Domestic Arbitration in Switzerland, 3. Aufl (2015); *Kreindler/Schäfer/Wolff* Schiedsgerichtsbarkeit: Kompendium für die Praxis (2006); *Kronke/Nacimiento* Recognition and Enforcement of Foreign Arbitral Awards: A Global Commentary on the New York Convention (2010); *Lachmann* Handbuch für die Schiedsgerichtspraxis, 3. Aufl (2008); *Liebscher/Oberhammer/Rechberger* Schiedsverfahrensrecht I (2012); *Lionnet/Lionnet* Handbuch der internationalen und nationalen Schiedsgerichtsbarkeit, 3. Aufl (2005); *Poudret/Besson* Comparative Law of International Arbitration, 2. Aufl (2007); *Schütze* Schiedsgericht und Schiedsverfahren, 6. Aufl (2016); *ders* Institutionelle Schiedsgerichtsbarkeit, 3. Aufl (2018); *Schwab/Walter* Schiedsgerichtsbarkeit, 7. Aufl (2005); *Waincymer* Procedure and Evidence in International Arbitration (2012); *Wolff* New York Convention: Commentary, 2. Aufl (2019).

A. Allgemeines

Gegenstand des folgenden Überblicks ist die Schiedsgerichtsbarkeit als Mechanismus der Streitbeilegung im internationalen privaten Wirtschaftsrecht. Im Wesentlichen handelt es sich dabei um **Auseinandersetzungen zwischen Privatrechtssubjekten** 1

https://doi.org/10.1515/9783110630718-019

auf im weitesten Sinne vertragsrechtlicher Grundlage einschließlich des Gesellschaftsrechts. Ausgangspunkt solcher Auseinandersetzungen können in der Praxis eine breite Vielfalt verschiedener Transaktionen sein, wie etwa insbesondere im Bereich des Handels und der Absatzmittlung im weitesten Sinne, der Finanzierung, der wirtschaftlichen Zusammenarbeit etwa im Rahmen so genannter *Joint Ventures*, des (Anlagen-)Baus, gesellschaftsrechtlicher Beteiligungen und anderer Formen von Investitionen, des Immaterialgüterrechts (etwa Lizenzverträge udgl), des Energiemarktes, im Gefolge von Unternehmenskaufverträgen uvam.

2 Im Grundsatz ist dabei zwischen **zwei Wegen der *Dispute Resolution*** zu unterscheiden: Auf der einen Seite können Parteien ihre Streitigkeiten vor **staatlichen Gerichten** austragen – sehr häufig geschieht dies auf Grundlage von Gerichtsstandsvereinbarungen; auf der anderen Seite besteht die Möglichkeit, im Rahmen ihrer Privatautonomie **alternative Formen der Streitbeilegung** zu vereinbaren – ein dem Zivilprozess vor staatlichen Gerichten als Entscheidungsverfahren entsprechender Mechanismus ist dabei die internationale **Schiedsgerichtsbarkeit**[1]; hinzu kommen verschiedene (andere) Mechanismen der ***Alternative Dispute Resolution* (ADR)**, welchen gemein ist, dass sie auf eine konsensuale Streitbewältigung durch die Parteien abzielen, so insbesondere Mechanismen der Mediation oder Schlichtung (*Conciliation*).[2] Möglich ist auch eine **Kombination solcher Mechanismen**, so etwa eine Verbindung von Gerichtsstands- bzw Schiedsklauseln mit der Vereinbarung einer vorgängig zu versuchenden Mediation; zum Teil finden sich auch Parteivereinbarungen, welche eine wahlweise Inanspruchnahme von Schiedsgerichtsbarkeit oder staatlicher Gerichtsbarkeit erlauben; in manchen Verträgen finden sich auch Verhandlungspflichten oder die Vereinbarung einer bloßen *cool-off*-Periode vor Einschaltung von Schiedsgerichten oder staatlichen Gerichten.[3] Typischer Bestandteil von Parteivereinbarungen über die Streitbeilegung sind schließlich Rechtswahlklauseln, welche das anzuwendende materielle Privatrecht bestimmen.[4]

3 Internationale Verträge enthalten heute in aller Regel solche Bestimmungen über die Streitbeilegung; aufgrund der vielfältigen Unwägbarkeiten internationaler privatrechtlicher Auseinandersetzungen wäre es als juristischer Kunstfehler anzusehen, ei-

---

1 Vgl *Blackaby/Partasides/Redfern/Hunter* Rn 1.04; *Born* 71; *Kreindler/Schäfer/Wolff* Rn 5; *Schütze* Rn 6f.

2 Vgl dazu *Andrews* Arbitration & Mediation (2013); *Alexander* International and Comparative Mediation (2009); *Shipman/Waters/Wood/Brown* Brown & Marriott's ADR Principles and Practice, 4. Aufl (2018); *Freeman* Alternative Dispute Resolution (1995); *Haft/Schlieffen* Handbuch Mediation, 3. Aufl (2016); *Hopt/Steffek* Mediation principles and regulation in comparative perspective (2013); *Ingen-Housz* ADR in Business: Practice and Issues across Countries and Cultures II (2011); *Steffek/Unberath* Regulating dispute resolution – ADR and access to justice at the crossroads (2013).

3 Vgl dazu *Arntz* SchiedsVZ 2014, 237; *ders* Eskalationsklauseln – Recht und Praxis mehrstufiger Streiterledigungsklauseln (2013); *Berger* FS Schlosser (2005) 19; *Oberhammer* RdW 2000, 106; *Boog* ASA Bull 2008, 103; *Jolles* Arbitration 72 (2006) 329; *Kayali* J Int'l Arb 2010, 551.

4 Vgl dazu *Ferrari* in Ferrari/Kieninger/Mankowski Internationales Vertragsrecht, 3. Aufl (2018) VO (EG) 593/2008 Art. 3 Rn 6ff; *Handorn* Das Sonderkollisionsrecht der deutschen internationalen Schiedsgerichtsbarkeit (2005) 79; *Kreindler/Schäfer/Wolff* Rn 650ff; *Kropholler* Internationales Privatrecht, 6. Aufl (2006) § 52 II; *Magnus* in Staudinger (2016) Art 3 Rom I-VO Rn 36ff; *Reithmann/Martiny* Internationales Vertragsrecht, 8. Aufl (2015) Rn 2.1ff.

nen internationalen Vertrag ohne solche Bestimmungen abzuschließen. Die Wahl der Parteien zwischen den verschiedenen Mechanismen hängt dabei von einer Vielzahl von Faktoren ab. In der Praxis ist dabei freilich zu beobachten, dass solche Klauseln nicht selten weitgehend unreflektiert in Verträge aufgenommen werden. Zum einen erscheint es Parteien häufig wenig opportun, im Rahmen von Vertragsverhandlungen ausführliche Gespräche über die Regelung denkbarer, künftiger Konfliktfälle aufzunehmen; zum anderen beruht diese Entscheidung nicht selten auf in Unternehmen gepflogenen Traditionen bzw Erfahrungen und Präferenzen einzelner handelnder Personen bzw Berater.

Eine wesentliche Rolle spielt dabei in jedem Fall, **welche Staaten** dabei berührt 4
sind, also insbesondere der Sitz der Vertragsparteien und etwaige andere Staaten, auf welche sich das geschlossene Rechtsverhältnis bezieht (und wo zB auf Grundlage einer getroffenen Entscheidung Akte der Zwangsvollstreckung, Handelsregister- und Grundbuchseintragungen udgl mehr vorzunehmen sind).

Von besonderer Bedeutung sind zunächst und vor allem **Effizienz und Vertrau-** 5
enswürdigkeit der in Betracht kommenden Justizsysteme. Dabei ist zur Kenntnis zu nehmen, dass im Hinblick auf eine Vielzahl der Justizsysteme dieser Welt Skepsis angezeigt ist, weil sie etwa ineffizient oder gar korruptionsanfällig sind oder schlicht eine Tendenz zur Bevorzugung inländischer Parteien (auch, aber nicht nur aufgrund politischer Einflussnahme) besteht. In Fällen, in welchen solche Staaten berührt sind, wird eine Tendenz bestehen, entweder Schiedsgerichte oder zumindest Gerichte anderer Staaten als zuständig zu vereinbaren, aber auch die Wahl des Sitzes eines Schiedsgerichts ist wesentlich von der Frage beeinflusst, wie vertrauenswürdig Recht und Gerichte des Sitzstaats des Schiedsgerichts sind.[5]

Eine wesentliche Rolle spielen daneben in diesem Zusammenhang auch die Re- 6
geln über die **internationale Vollstreckung von Entscheidungen**. So sind **Schiedssprüche** heute aufgrund der großen Zahl der Vertragsstaaten des New Yorker UN-Übereinkommens über die Anerkennung und Vollstreckung ausländischer Schiedssprüche vom 10.6.1958[6] fast weltweit vollstreckbar. Im Hinblick auf die Durchsetzbarkeit von **Urteilen staatlicher Gerichte** ist aus deutscher Sicht zwischen dem Geltungsgebiet des europäischen Zivilverfahrensrechts (also den EU-Mitgliedstaaten sowie aufgrund des Lugano-Übereinkommens[7] die Schweiz, Island und Norwegen) und allen anderen Staaten zu unterscheiden. Im so genannten europäischen Jurisdiktionsraum stellt insbesondere die am 10.1.2015 in Kraft getretene Verordnung (EU) Nr 1215/2012 über die gerichtliche Zuständigkeit und die Anerkennung und Vollstre-

---

5 Vgl die von der Universität *Queen Mary* und der Kanzlei *White & Case LLP* durchgeführte Studie v 2018 „2018 International Arbitration Survey: The Evolution of International Arbitration" (2018) 7f: <http://www.arbitration.qmul.ac.uk/media/arbitration/docs/2018-International-Arbitration-Survey—The-Evolution-of-International-Arbitration-(2).PDF>.

6 In Kraft getreten am 7.6.1959 (330 UNTS) (1959), für die Bundesrepublik am 28.9.1961, BGBl 1961 II, 121.

7 Lugano-Übereinkommen über die gerichtliche Zuständigkeit und die Anerkennung und Vollstreckung von Entscheidungen in Zivil- und Handelssachen v 30. Oktober 2007, ABl 2009 L 147/5, berichtigt durch ABl 2009 L 147/44, 2011 L 115/31 und 2014 L 18/70, zuletzt Änderung an den Anhängen ABl 2017 L 57/63; vgl dazu *Dasser/Oberhammer* Lugano-Übereinkommen, 2. Aufl (2011).

ckung von Entscheidungen in Zivil- und Handelssachen (Neufassung)[8] („Brüssel I-VO" oder „EuGVVO") einen reibungslosen internationalen Urteilsverkehr sicher. Versuche einer weltweiten, multilateralen Regelung der gegenseitigen Anerkennung und Vollstreckung zivilgerichtlicher Entscheidungen sind bislang gescheitert[9]; 2019 wurde jedoch im Rahmen der Haager Konferenz für IPR eine Einigung für eine finale Fassung eines weltweiten Anerkennungs- und Vollstreckungsübereinkommen erzielt, welches noch nicht in Kraft getreten ist.[10] Das als weltweites Anerkennungs- und Vollstreckungsübereinkommen im Hinblick auf Grundlage von Gerichtsstandsvereinbarungen ergangenen Entscheidungen konzipierte Haager Übereinkommen über Gerichtsstandsvereinbarungen (HGÜ)[11] ist am 1.10.2015 in Kraft getreten und wurde bisher von der EU[12], nachträglich auch von Dänemark, sowie Mexiko, Singapur und Montenegro ratifiziert.[13] Abgesehen von dem aus heutiger Sicht, noch schmalen Anwendungsbereich des HGÜ ist daher im Hinblick auf die Vollstreckungsmöglichkeiten ausländischer gerichtlicher Entscheidungen außerhalb des europäischen Jurisdiktionsraums die Situation in jedem einzelnen Staat zu beurteilen, was erhebliche Rechtsunsicherheit mit sich bringt. Zum Teil bestehen bilaterale Anerkennungs- und Vollstreckungsverträge, zum Teil ist die Anerkennung und Vollstreckung ausländischer Entscheidungen durch nationales Recht oder gerichtliche Praxis sichergestellt, wobei die Effizienz und die Erfolgsaussichten der internationalen Urteilsvollstreckung stark divergieren.[14]

7 Die Entscheidung zwischen staatlicher Gerichtsbarkeit und Schiedsgerichtsbarkeit hängt dabei von einer Reihe zusätzlicher Faktoren ab, welche unten näher beleuchtet werden.[15] Insgesamt ist zu beobachten, dass die Zahl der Schiedsklauseln gerade bei größeren internationalen Transaktionen und dementsprechend auch die Zahl der internationalen privaten Schiedsverfahren in den vergangenen Jahrzehnten ge-

---

8 Verordnung (EU) Nr 1215/2012 des Europäischen Parlaments und des Rates v 12.12.2012 über die gerichtliche Zuständigkeit und die Anerkennung und Vollstreckung von Entscheidungen in Zivil- und Handelssachen, ABl L 351/1, berichtigt durch ABl 2016 L 264/43, zuletzt geändert durch Verordnung (EU) Nr 542/2014 des Europäischen Parlaments und des Rates v 15.5.2014, ABl L 163/1 und delegierte Verordnung (EU) Nr 2015/281 der Kommission v 26.11.14, ABl L 54/1; vgl dazu etwa *Domej* RabelsZ 2014, 508.

9 Vgl zu den bisherigen Versuchen *Baumgartner* The Proposed Hague Convention on Jurisdiction and Foreign Judgments (2003); *Schack* ZEuP 1998, 931; *von Mehren* IPRax 2000, 465.

10 Hague Conference on Private International Law, 41: Convention of 2 July 2019 on the Recognition and Enforcement of Foreign Judgments in Civil or Commercial Matters, erhältlich unter: <hcch.net>; vgl dazu etwa *Fuchs* GWR 2019, 395; *Schack* IPrax 2020, 1; *Stein* IPrax 2020, 197.

11 Hague Conference on Private International Law, 37: Convention of 30 June 2005 on Choice of Court Agreements, erhältlich unter: <hcch.net>; vgl dazu etwa *Antomo* NJW 2015, 2919; *Huber* IPRax 2016, 197; *Pfeiffer* IWRZ 2016, 19; *ders* IWRZ 2016, 69.

12 Beschluss des Rates v 4.12.2014 über die Genehmigung – im Namen der Europäischen Union – des Haager Übereinkommens über Gerichtsstandsvereinbarungen vom 30. Juni 2005, ABl L 353/5; Bekanntmachung für die Bundesrepublik v 23.6.2015 BGBl 2015 I, 1034.

13 Für den aktuellen Ratifikationsstand des HGÜ s <www.hcch.net/de/instruments/conventions/status-table/?cid=98>.

14 Vgl einen Überblick aus deutscher Sicht, insbesondere bei *Geimer* Internationales Zivilprozessrecht, 8. Aufl (2020) Rn 2757ff; *Schack* Internationales Zivilverfahrensrecht, 7. Aufl (2017) Rn 890ff; ausf zu den bilateralen Verträgen vgl *Geimer/Schütze* Internationaler Rechtsverkehr in Zivil- und Handelssachen Bd 3 u 4, 58. Lfg (2019).

15 Vgl Rn 11ff.

wachsen ist.[16] Allerdings ist auch ein gegenläufiger Trend dahingehend zu beobachten, dass den betroffenen Unternehmen die Rechtsdurchsetzung vor staatlichen Gerichten und Schiedsgerichten – letztere insbesondere auch aufgrund einer so genannten „*Judicialization*“ der Schiedsgerichtsbarkeit – zunehmend zu aufwendig und zu kostspielig erscheint, was eine Bewegung hin zu den Mechanismen der ***Alternative Dispute Resolution*** bedingt.[17] Diese Entwicklung ist derzeit gerade auch in Europa im Fluss begriffen; es kann noch nicht beurteilt werden, ob die *Alternative Dispute Resolution* hält, was sich die von den herkömmlichen Mechanismen der Streitbeilegung vor staatlichen Gerichten und Schiedsgerichten aufgrund von Kosten und Dauer zum Teil frustrierten Parteien davon versprechen.

Im vorliegenden Zusammenhang kann keine auch nur annähernd aussagekräftige Darstellung der Spezifika der Rechtsdurchsetzung vor staatlichen Gerichten in internationalen Fällen geboten werden.[18] Dasselbe gilt für die vielschichtigen Fragen der *Alternative Dispute Resolution* in internationalen Fällen.[19] Im Folgenden wird ein Überblick über das prominenteste Spezifikum der Streitbeilegung in internationalen privatrechtlichen Wirtschaftsbeziehungen geboten, nämlich die internationale Wirtschaftsschiedsgerichtsbarkeit. 8

B. Internationale Wirtschaftsschiedsgerichtsbarkeit

I. Schiedsgerichtsbarkeit – Was ist das?

Traditionell wird die Schiedsgerichtsbarkeit in internationalen privatrechtlichen Wirt- 9
schaftsstreitigkeiten als **„internationale Handelsschiedsgerichtsbarkeit“** bezeich-

16 Vgl *Hoffmann* SchiedsVZ 2010, 96; zu den Fallstatistiken der Schiedsinstitutionen vgl etwa *Wilske/Markert/Bräuninger* SchiedsVZ 2020, 97; *ICC International Court of Arbitration* ICC Dispute Resolution 2019 Statistics <iccwbo.org/publication/icc-dispute-resolution-statistics/>; aus einer Studie, die von der Universität *Queen Mary* in Kooperation mit *PricewaterhouseCoopers* durchgeführt wurde, ergibt sich, dass 52 % der befragten Unternehmen aus verschiedenen Industriesektoren die Schiedsgerichtsbarkeit als Streitbeilegungsmethode bevorzugen; vgl International Arbitration Survey – Corporate Choices in International Arbitration: Industry Perspective (2013) 6 v 07/2013 <http://www.pwc.com/gx/en/arbitration-dispute-resolution/assets/pwc-international-arbitration-study.pdf>.

17 Vgl auch *Queen Mary University/White & Case LLP* 2018 International Arbitration Survey: The Evolution of International Arbitration (2018) 5ff <http://www.arbitration.qmul.ac.uk/media/arbitration/docs/2018-International-Arbitration-Survey—The-Evolution-of-International-Arbitration-(2).PDF>.

18 Vgl folgende instruktive Darstellungen des internationalen bzw europäischen Zivilverfahrensrechts aus deutscher Sicht: *Adolphsen* Europäisches Zivilverfahrensrecht, 2. Aufl (2015); *Geimer* Internationales Zivilprozessrecht, 8. Aufl (2020); *Geimer/Schütze* Europäisches Zivilverfahrensrecht, 4. Aufl (2020); *Hess* Europäisches Zivilprozessrecht (2010); *Junker* Internationales Zivilprozessrecht, 4. Aufl (2019); *Linke/Hau* Internationales Zivilverfahrensrecht, 7. Aufl (2018); *Nagel/Gottwald* Internationales Zivilprozessrecht, 7. Aufl (2013); *Schack* Internationales Zivilverfahrensrecht, 7. Aufl (2017).

19 Vgl gerade zur ADR in internationalen Wirtschaftsbeziehungen etwa *Barona Vilar* FS Stürner (2013) 1407; *Eidenmüller* RIW, 2002, 1; *ders* Alternative Streitbeilegung – Neue Entwicklungen und Strategien zur frühzeitigen Konfliktbewältigung (2011); *Niggemann* IDR 2004, 143; *Oelsner* Dispute Boards – Verfahren zum projektbegleitenden Streitmanagement (2014); *Stubbe* SchiedsVZ 2009, 321; vgl auch die Nachweise in Fn 2.

net; dieser Begriff ist jedoch insofern irreführend, als der Anwendungsbereich dieses Mechanismus weit über den Bereich des eigentlichen Handels hinausreicht. Im Kern geht es dabei darum, dass die Parteien **durch eine Schiedsklausel in einem Vertrag** oder durch eine **gesonderte Schiedsvereinbarung** vereinbaren, dass Prozesse aus einem bestimmten Rechtsverhältnis oder ein bestimmter Prozess **nicht vor staatlichen Gerichten, sondern vielmehr vor einem privaten Schiedsgericht ausgetragen werden**. Der **staatliche Rechtsweg** ist damit – wenn nicht, was gelegentlich geschieht, ausdrücklich eine Wahl zwischen staatlichem Rechtsweg und Schiedsweg zugelassen wird – für die betroffenen Streitigkeiten **ausgeschlossen**. Das Schiedsgericht erlässt eine Entscheidung – den **Schiedsspruch** – welche ebenso **rechtskräftig und vollstreckbar wird wie ein staatliches Urteil**. Freilich sehen praktisch alle Rechtsordnungen vor, dass Schiedssprüche vor staatlichen Gerichten angefochten werden können, was allerdings regelmäßig nur auf Grundlage eines sehr restriktiv gefassten Katalogs von Anfechtungsgründen möglich ist; hinzu kommen andere Funktionen staatlicher Gerichte zur Unterstützung des Schiedsgerichts, wie insbesondere die Ersatzbestellung von Schiedsrichtern, die Entscheidung über Ablehnungsanträge gegen Schiedsrichter, Entscheidungen über die Zuständigkeit des Schiedsgerichts und vor allem die Vollstreckung von Schiedssprüchen – Schiedsgerichten kommt nämlich zwar Rechtsprechungs-, jedoch nicht Vollstreckungsbefugnis zu.

10 Dem liegt der Gedanke zugrunde, dass die Parteien dort, wo ihre rechtlichen Beziehungen in materiell-rechtlicher Hinsicht der Privatautonomie unterliegen, auch **privatautonom über den Konfliktbewältigungsmechanismus entscheiden** können sollen. Daraus resultiert eine Beschränkung der Schiedsgerichtsbarkeit auf solche Fälle, in denen nicht ein – in seiner konkreten Ausprägung von Staat zu Staat unterschiedliches – **staatliches Rechtsprechungsmonopol** angenommen wird; Schiedssprüche, welche insofern Streitigkeiten betreffen, welche nicht **objektiv schiedsfähig** sind, unterliegen der Aufhebung durch die staatlichen Gerichte des Sitzstaats des Schiedsgerichts und werden in anderen Staaten nicht anerkannt und vollstreckt, wenn sie gegen die dortigen Grenzen der objektiven Schiedsfähigkeit verstoßen. Das deutsche Recht hat sich im Hinblick auf die objektive Schiedsfähigkeit in § 1030 ZPO am schweizerischen Vorbild orientiert und ordnet an, dass jeder „vermögensrechtliche Anspruch" Gegenstand einer Schiedsvereinbarung sein kann; eine Schiedsvereinbarung über nicht vermögensrechtliche Ansprüche hat insoweit rechtliche Wirkung, als die Parteien berechtigt sind, über den Gegenstand des Streites einen Vergleich zu schließen (§ 1030 Abs 1 ZPO). Von der objektiven ist die **subjektive Schiedsfähigkeit** zu unterscheiden, also die Fähigkeit bestimmter Rechtssubjekte, Schiedsvereinbarungen abzuschließen; hier bestehen international divergierende Regelungen, etwa im Hinblick auf Staaten, staatliche Organisationen oder auch geschützte Personengruppen wie zB Verbraucher.

II. Motive für den Abschluss einer Schiedsvereinbarung

11 Grundlage jedweder internationaler privater Wirtschaftsschiedsgerichtsbarkeit ist mithin die **privatautonome Übereinkunft der Parteien**, Konflikte aus einem bestimmten Rechtsverhältnis oder einem bestimmten Prozess der Entscheidung durch ein privates Schiedsgericht zu unterbreiten (**Schiedsvereinbarung**). Dabei spielen verschiedenste

Motive eine Rolle. Bereits oben wurde auf die internationale Lokalisierung von Konflikt und Parteien und die sich daraus ergebenden Fragen verwiesen.[20] Hinzu kommt ein Bündel anderer Motive, welche in aller Regel nicht isoliert, sondern zumeist im Verein mit anderen Gesichtspunkten eine Rolle spielen, und die im Folgenden – naturgemäß ohne Anspruch auf Vollständigkeit – skizziert werden.

1. Internationalität der Schiedsgerichtsbarkeit

Schiedsverfahren kommen auch in reinen „Binnenstreitigkeiten", also in Verfahren vor, in welchen sich Parteien und Streitgegenstand im selben Staat befinden. In Deutschland spielt Schiedsgerichtsbarkeit typischerweise aber etwa in Binnenstreitigkeiten im Baugewerbe oder in gesellschaftsrechtlichen Auseinandersetzungen eine bedeutende Rolle. In internationalen Verfahren spielt die Schiedsgerichtsbarkeit aufgrund ihrer Internationalität jedoch eine herausragende Rolle. Diese Internationalität ist zunächst im Hinblick darauf zu sehen, dass **Staatlichkeit** im internationalen Prozessrechtsverkehr in aller Regel einen wichtigen praktischen **Störfaktor** darstellt. Die nationalen Prozesssysteme sind nicht auf den internationalen Sachverhalt zugeschnitten, weshalb sich an zwischenstaatlichen Schnittstellen regelmäßig Schwierigkeiten ergeben. Diese sind gerade im europäischen Jurisdiktionsraum durch eine Reihe von europäischen Rechtsakten wesentlich gemildert[21], sind aber auch schon in EU-Europa nicht zu unterschätzen und bestehen im Verhältnis zu Staaten außerhalb des europäischen Jurisdiktionsraums in wesentlich höherem Maße. 12

Sehr deutlich wird der praktische Störfaktor Staatlichkeit etwa schon zu Beginn von Verfahren, wenn das verfahrenseinleitende Schriftstück (die Klage) im Ausland im Wege der Rechtshilfe zugestellt werden muss, was häufig zu wesentlichen Komplikationen und monatelangen Verzögerungen führt. Im Unterschied dazu werden Schiedsklagen in der heutigen Praxis regelmäßig mit internationalen Kurierdiensten innerhalb weniger Tage zugestellt. Grund dafür ist schlicht der Umstand, dass die Zustellung ausländischer Klagen, Ladungen und anderer gerichtlicher Schriftstücke in vielen Staaten nach wie vor als grenzüberschreitender Hoheitsakt angesehen wird, dessen Durchführung der Einschaltung inländischer Behörden bedarf.[22] Im Unterschied dazu ist eine Schiedsklage lediglich ein privates Schriftstück, dessen Zustellung keinerlei staatlicher Intervention bedarf. Ein wesentlicher Gesichtspunkt ist etwa die Verfahrenssprache – während Zivilverfahren vor staatlichen Gerichten in aller Regel in der jeweiligen Amtssprache durchzuführen sind[23], können die Parteien die Verfahrenssprache von Schiedsverfahren allenthalben frei wählen. Sie werden dabei regelmäßig jene Sprache wählen, welche schon Verhandlungs- und Vertragssprache war, *in praxi* also regelmäßig die englische Sprache. Dies erleichtert die Verfahrensführung und die Beweisaufnahme ganz wesentlich und erspart die Übersetzung von 13

20 Vgl Rn 4ff.

21 Vgl dazu umfassend *Hess* EuZPR, § 6ff.

22 Vgl dazu etwa *Hess* NJW 2001, 15 (16); *Nagel/Gottwald* IZPR, § 8 Rn 2; *Schack* AG 2006, 823; *ders* IZVR, Rn 663.

23 Vgl für Deutschland § 184 Satz 1 GVG; vgl jedoch zu Tendenzen, englischsprachige Spruchkörper einzusetzen: *Armbürster* ZRP 2011, 102; *Scherer/Schwarz* ecolex 2011, 324.

Schriftstücken. Dies führt auch dazu, dass sich die Parteien im Verfahren nicht lokaler Anwaltskanzleien bedienen müssen, sondern auf jene internationalen Großkanzleien zurückgreifen können, welche ihr internationales Geschäft auch sonst betreuen oder die eine besondere Spezialisierung im Bereich der internationalen Schiedsgerichtsbarkeit aufweisen. Die Liste der Beispiele, in welchen die Privatisierung der Rechtsdurchsetzung insofern gerade im grenzüberschreitenden Rechtsverkehr wesentliche praktische Vorteile bringt, ließe sich fortsetzen.

14 Die Staatlichkeit von Gerichten ist indessen auch in einer ganz anderen Hinsicht problematisch: Nicht selten werden Parteien **den Gerichten im Sitzstaat des jeweils anderen Vertragspartners misstrauen**, und in sehr vielen Staaten sprechen gute Gründe dafür, einen Prozess gegen ein inländisches Unternehmen zu vermeiden. Eine Möglichkeit besteht hier naturgemäß in der Vereinbarung eines Gerichtsstands am Sitz der anderen Vertragspartei, doch mag auch dies wiederum das Misstrauen der anderen Partei wecken, welches entweder berechtigt ist oder schlicht darauf beruht, dass sie von den Erfahrungen mit ihrem eigenen Justizsystem auf die Verhältnisse im Ausland schließt. Die Vereinbarung neutraler staatlicher Gerichte in einem dritten Staat hat international dabei kaum Verbreitung gefunden und ist in manchen Rechtssystemen auch Beschränkungen unterworfen. In diesen Fällen bietet sich die Wahl eines internationalen Schiedsgerichts **als neutrales Forum** an. Diese Neutralität kann sich auf verschiedenen Ebenen äußern: Zum einen kommt die Wahl eines Sitzes des Schiedsgerichts in einem dritten Staat in Betracht, wobei international sehr häufig dieselben Staaten gewählt werden (in Europa sind dies insbesondere die Schweiz, das Vereinigte Königreich, Frankreich, Deutschland, Österreich und Schweden). Auch bei der Auswahl der Schiedsrichter können solche Neutralitäts- bzw Nationalitätserwägungen eine Rolle spielen, indem Schiedsrichter aus dritten Staaten oder – bei den in der Praxis dominierenden Dreier-Schiedsgerichten – zwei Schiedsrichter aus den Sitzstaaten der beteiligten Unternehmen und ein „neutraler" Vorsitzender gewählt werden; schließlich kommt auch die Wahl eines „neutralen" materiellen Rechts in Betracht – so ist etwa bei internationalen Verträgen deutscher Unternehmen mit mittel- und osteuropäischen Vertragspartnern zu beachten, dass schweizerisches oder – seltener – österreichisches Recht als Vertragsstatut gewählt wird.

15 Internationale Streitbeilegung vor staatlichen Gerichten ist auch deshalb problematisch, weil **ausländische Justizsysteme** von Unternehmen häufig als schwer durchschaubar angesehen werden und die Befürchtung besteht, dass nicht vorhersehbare oder den eigenen rechtskulturellen Vorstellungen widersprechende **prozessuale Besonderheiten die Rechtsdurchsetzung** erschweren oder vereiteln. Ein typisches – aber nicht das einzige – Beispiel hierfür sind die wesentlichen Differenzen zwischen dem US-amerikanischen und dem kontinentaleuropäischen Zivilverfahrensrecht[24]; sehr viele kontinentaleuropäische Unternehmen haben eine starke Tendenz, Prozesse vor US-amerikanischen Gerichten zu vermeiden, weil sie die Verteilung von Chancen und Risiken zwischen Kläger und Beklagtem im US-amerikanischen Zivilprozessrecht als unangemessen ansehen, weil sie die Besonderheiten des dortigen Verfahrensrechts, wie etwa die *Pre-Trial Discovery* oder das *Jury Trial*, in zivilrechtlichen Angelegenheiten

24 Vgl dazu etwa *Schütze* Prozessführung und -risiken im deutsch-amerikanischen Rechtsverkehr (2004); *Hess* AG 2006, 809.

als befremdlich empfinden oder schlicht weil die Kosten anwaltlicher Vertretung dort im Vergleich zu den Verhältnissen etwa in Deutschland exorbitant sind. In der Community der Schiedspraxis haben sich vor allem in den vergangenen Jahrzehnten dagegen eine Vielzahl von **internationalisierten**, dh nicht durch die Spezifika eines bestimmten nationalen Prozessrechtssystems geprägten **Usancen der Verfahrensführung** herausgebildet, welche den beteiligten Personenkreisen **bekannt** sind und als **legitim** und **akzeptabel** erscheinen.

Solche Usancen der Prozessgestaltung äußern sich auf verschiedenen Ebenen: 16
Zum einen besteht ein umfassendes, **nicht kodifiziertes Wissen von Schiedspraktikern** über das „*How to do*" im Schiedsverfahren, womit ein von „Profis" geführtes Schiedsverfahren in verschiedenen Staaten stets so geführt werden wird, wie es den berechtigten Erwartungen informierter Parteien entspricht. Daneben besteht aber auch eine Reihe in verschiedener Weise kodifizierter internationaler Rechtsgrundlagen für die Durchführung von Schiedsverfahren: Zunächst ist hier auf die in den letzten Jahrzehnten erfolgte **globale Rechtsvereinheitlichung** zu verweisen[25], welche insbesondere durch das UNCITRAL-Modellgesetz über die internationale Handelsschiedsgerichtsbarkeit[26] vorangetrieben wurde.[27] In jenen rund 83 Staaten, welche ihr nationales Schiedsverfahrensrecht an das UNCITRAL-Modellgesetz angepasst haben, bestehen im Wesentlichen einheitliche Bestimmungen über die Schiedsgerichtsbarkeit, was Vertrauen kraft Transparenz der Rechtslage fördert. Einen wesentlichen Faktor der internationalen Vereinheitlichung zur Durchführung von Schiedsverfahren stellen die in der Praxis sehr häufig vereinbarten **Schiedsregeln der führenden internationalen Schiedsinstitutionen** dar.[28] Daneben bestehen auch **weitere Regelwerke**, welche zu einer weiteren internationalen Vereinheitlichung der Schiedspraxis führen. Ein herausragendes, praktisch besonders bedeutsames Beispiel stellen die „*Rules on the Taking of Evidence in International Arbitration*" der *International Bar Association*[29] dar. Dabei handelt es sich nicht etwa um ein detailliertes, den Vorschriften etwa der ZPO entsprechendes Beweisverfahrensrecht, sondern vielmehr um eine Reihe von in neun Artikeln niedergelegten Grundsätzen über die Beweisaufnahme vor Schiedsgerichten, welche insbesondere einen transatlantischen Ausgleich von Rechtsvorstellungen anstreben. Möglich ist eine Vereinbarung der Parteien über die Anwendbarkeit dieser Regeln schon in ihrer Schiedsklausel; häufiger kommt es vor, dass Schiedsgerichte diese Regeln zu Anfang des Verfahrens für verbindlich erklären oder als Orientierungshilfe hervorheben oder bei ihrer Entscheidungsfindung *ad hoc* darauf verweisen.

---

25 Vgl zu dieser Entwicklung *van Houtte* Essays in Honour of Ulf Franke (2010) 515; *Karrer* LA Bergsten (2011) 291; *Park* Arbitration International 2014, 409; *Wirth* ASA Special Series No. 26 (2006).

26 UNCITRAL Model Law on International Commercial Arbitration v 21.6.1985, ILM 24 (1985) 1302: <uncitral.un.org/sites/uncitral.un.org/files/media-documents/uncitral/en/19-09955_e_ebook.pdf>; s a die Resolution der Vollversammlung der Vereinten Nationen UN-Doc. A/RES/40/72; vgl a *Holtzmann/Neuhaus* A Guide to the UNCITRAL Model Law on International Commercial Arbitration (1989); *Hußlein-Stich* Das UNCITRAL-Modellgesetz über die internationale Handelsschiedsgerichtsbarkeit (1990).

27 Vgl dazu u Rn 40.

28 Vgl dazu u Rn 37.

29 Online verfügbar unter: <ibanet.org/Publications/publications_IBA_guides_and_free_materials.aspx>; vgl dazu *Zuberbühler/Hofmann/Oetiker/Rohner* IBA Rules on Evidence (2012).

2. Primat der Parteidisposition

17 Staatliches Zivilprozessrecht ist in weiten Passagen zwingendes Recht. Grund dafür ist nicht etwa der Umstand, dass große Teile des Zivilprozessrechts Wertungen zum Ausdruck bringen, welche nach Auffassung des Gesetzgebers indisponibel sein sollen, sondern vielmehr schlicht die Tatsache, dass es staatlichen Gerichten nicht zugemutet werden kann, jeden Prozess nach anderen, von den Parteien „maßgeschneiderten" Regeln zu entscheiden. Ein großer Vorzug der Schiedsgerichtsbarkeit liegt in diesem Zusammenhang darin, dass der Bestand zwingenden staatlichen Schiedsverfahrensrechts überaus gering ist, und den **Parteien im Übrigen weitgehende Gestaltungsfreiheit** im Hinblick auf die Durchführung des Schiedsverfahrens eingeräumt wird (vgl für das deutsche Recht § 1042 ZPO).

18 Solche Parteivereinbarungen über die Durchführung des Schiedsverfahrens können in unterschiedlicher Weise getroffen werden: Typisch ist die **Vereinbarung von Schiedsregeln bestimmter Schiedsinstitutionen**[30], welche sehr knapp gefasste, in ihrer Regelungstiefe bei weitem nicht an jene von staatlichen Zivilprozessordnungen heranreichende Verfahrensordnungen für Schiedsverfahren darstellen. Die Parteien sind jedoch nicht gezwungen, sich solcher Schiedsinstitutionen und ihrer Schiedsordnungen zu bedienen; sie können auch für nicht institutionelle Schiedsverfahren Schiedsordnungen vereinbaren (die bedeutendste Schiedsordnung für nicht institutionelle Verfahren sind die UNCITRAL-Schiedsregeln[31]) oder ganz von der Vereinbarung solcher Schiedsregeln absehen. Möglich ist auch – ergänzend zur Vereinbarung von Schiedsregeln oder anstelle davon – der **Abschluss von Parteivereinbarungen über die Durchführung des Schiedsverfahrens zu Beginn des Schiedsverfahrens oder *ad hoc* im laufenden Schiedsverfahren**, wenn sich bestimmte Verfahrensfragen ergeben (nicht selten werden etwa *ad hoc* Fristen udgl von den Parteien übereinstimmend festgelegt). Solche Parteivereinbarungen umfassen eine Vielzahl von Aspekten des Schiedsverfahrens, wie etwa die Verfahrenssprache, den Verhandlungsort, einzuhaltende Fristen, die Zahl der Schriftsätze, die Ausgestaltung der Verhandlung und der Beweisaufnahme, uvam.

3. Schiedsgerichtliches Verfahrensermessen

19 Maßgebend für die Durchführung des Schiedsverfahrens ist damit zum einen das zwingende Schiedsverfahrensrecht am Sitz des Schiedsgerichts sowie in zweiter Linie die freie Vereinbarung der Parteien. Ergänzend stellen die meisten Staaten – Deutschland etwa in § 1043ff ZPO – sehr knappe dispositive Bestimmungen über die Durchführung des Schiedsverfahrens zur Verfügung. Mit all dem wird in der Praxis jedoch niemals eine der Regelung staatlichen Zivilprozessrechts etwa in der ZPO auch nur an-

---

30 *Blackaby/Partasides/Redfern/Hunter* Rn 6.01ff; *Born*, 2136; *Kreindler/Schäfer/Wolff* Rn 713ff; vgl a u Rn 37.

31 UNCITRAL Arbitration Rules (as revised in 2010, with new Article 1, paragraph 4, as adopted in 2013), online verfügbar unter: <uncitral.un.org/sites/uncitral.un.org/files/media-documents/uncitral/en/uncitral-arbitration-rules-2013-e.pdf>; vgl dazu *Caron/Caplan* The UNCITRAL Arbitration Rules: A Commentary, 2. Aufl (2013); *Webster* Handbook of UNCITRAL Arbitration: Commentary, Precedents and Materials for UNCITRAL Based Arbitration Rules, 3. Aufl (2019).

nähernd entsprechende Regelungsdichte erreicht. Können einschlägige Fragen vor diesem Hintergrund daher nicht anhand der erwähnten Rechtsgrundlagen beantwortet werden, unterliegen sie regelmäßig dem **schiedsgerichtlichen Verfahrensermessen**, womit die Verfahrensweise flexibel den Gegebenheiten des Einzelfalls angepasst werden kann. Gerade im internationalen Rechtsverkehr ist es daher von herausragender Bedeutung, als Schiedsrichter und insbesondere als Vorsitzende des Schiedsgerichts Personen auszuwählen, welche mit den Usancen der internationalen Schiedspraxis vertraut sind und daher das schiedsgerichtliche Verfahrensermessen in einer sinnvollen und für die Parteien vorhersehbaren Weise üben.

4. Freie Auswahl der Schiedsrichter

Der Grundsatz der Privatautonomie kommt im Schiedsverfahren auch und gerade dadurch zum Ausdruck, dass **das Schiedsgericht als entscheidendes Organ der freien Auswahl durch die Parteien unterliegt**. In der internationalen Praxis dominieren dabei Dreier-Schiedsgerichte. Sie werden regelmäßig dadurch konstituiert, dass jede Partei einen Schiedsrichter frei auswählt und die beiden parteiernannten Schiedsrichter sich dann auf eine dritte Person als Vorsitzenden einigen (dies entspricht auch der dispositiven deutschen Rechtslage nach §§ 1034, 1035 ZPO[32]). Seltener kommt die Vereinbarung von Einzelschiedsrichtern oder gar von Schiedsgerichten mit mehr als drei Schiedsrichtern vor. Art 12 Abs 5 der ICC-Regeln sieht dagegen mangels abweichender Parteivereinbarung die Bestellung des Vorsitzenden („Präsidenten“) des Schiedsgerichts durch den ICC-Schiedsgerichtshof vor, was Ausdruck einer gewissen Verbehördlichung der institutionellen Schiedsgerichtsbarkeit ist. 20

Bei der Auswahl der Schiedsrichter spielen verschiedene Motive eine Rolle. In erster Linie kommt es dabei darauf an, dass die Schiedsrichter über ausreichend Erfahrung in der internationalen Schiedsgerichtsbarkeit verfügen. Als Folge davon treten in einer Vielzahl internationaler Verfahren Mitglieder einer relativ überschaubaren *Community* auf,[33] was der Schiedsgerichtsbarkeit bisweilen den (überwiegend unberechtigten) Vorwurf einhandelt, es handle sich dabei um einen *Closed Shop*, in welchem *Repeat Players* Vorzüge genießen. Richtig ist allerdings, dass den Parteien internationaler Schiedsverfahren jedenfalls zu raten ist, nur solche Personen als Parteivertreter und Schiedsrichter auszuwählen, welche über umfassende Erfahrung auf diesem Gebiet verfügen und damit zur genannten *Community* gehören; allerdings haben alle Parteien – entsprechende wirtschaftliche Leistungsfähigkeit vorausgesetzt – den gleichen Zugang zu entsprechenden Kanzleien und Persönlichkeiten, welche ihre Leistungen auf dem Markt anbieten. Weitere Gesichtspunkte, welche für die so wichtige Frage der Auswahl der Mitglieder des Schiedsgerichts bedeutsam sind, sind die rechtliche und außerrechtliche Expertise der Schiedsrichter sowie nicht selten deren Nationalität. Der Großteil der in internationalen Verfahren tätigen Schiedsrichter sind Rechtsanwälte, welche daneben auch als Parteivertreter in Schiedsverfahren auftreten (oder früher 21

32 Vgl nur *Hantke* SchiedsVZ 2003, 269.

33 Einen guten Überblick über die Beteiligten geben etwa die jährlich vom Global Arbitration Review und Who's Who Legal herausgegebenen Verzeichnisse „Who's Who Legal Arbitration“ und „Who's Who Legal: Thought Leaders – Arbitration“.

aufgetreten sind), hinzu kommt eine viel kleinere Zahl von Rechtsprofessoren sowie in einzelnen Fällen (ehemalige) staatliche Richter und Techniker oder Ökonomen. In jedem Fall ist – neben der grundsätzlichen Entscheidung, eine Schiedsvereinbarung abzuschließen – die Auswahl und Zusammensetzung des Schiedsgerichts die wichtigste Entscheidung, welche eine Partei im Zusammenhang mit der Schiedsgerichtsbarkeit zu treffen hat.

5. Vertraulichkeit

22 Als besonderer Vorteil der Schiedsgerichtsbarkeit wird häufig deren **Vertraulichkeit** genannt. In der Tat stellt der Umstand, dass Schiedsverfahren **nicht öffentlich** ablaufen, ein wesentliches Motiv für die Wahl dieses Streitbeilegungsmechanismus dar. Unternehmen haben in aller Regel ein Interesse daran, dass ihre Streitigkeiten unter Ausschluss der Öffentlichkeit ablaufen, und zwar nicht erst dann, wenn es um technische Geheimnisse oder Geschäftsgeheimnisse im engeren Sinne geht. International umstritten ist allerdings die Frage, ob und inwiefern zusätzlich zur Nichtöffentlichkeit des Schiedsverfahrens auch eine **Pflicht der Parteien** besteht, im Schiedsverfahren erlangte Informationen sowie Gegenstand und Ablauf des Schiedsverfahrens geheim zu behandeln (Vertraulichkeit).[34] Klar ist dagegen, dass die Schiedsrichter zur Verschwiegenheit verpflichtet sind.

23 Jedenfalls bestehen in praktisch allen Staaten verschiedene Bestimmungen, welche eine vollkommene Geheimhaltung von Schiedsverfahren von vornherein ausschließen, so etwa Berichtspflichten gegenüber Gesellschaftern oder dem Kapitalmarkt oder (andere) öffentlich-rechtliche Offenlegungspflichten. Die Vertraulichkeit von Schiedsverfahren begegnet vor allem in der völkerrechtlichen Investitionsschiedsgerichtsbarkeit[35] erheblicher Kritik gerade von Seiten von NGOs, welche die daraus resultierende Intransparenz von politisch relevanten Vorgängen kritisieren. Dieselbe Kritik vermag auch – wenn auch in weitaus geringerem Maße – auf die private internationale Wirtschaftsschiedsgerichtsbarkeit in solchen Fällen zutreffen, in welchen die Parteien und der Gegenstand des Schiedsverfahrens von gemeinwirtschaftlicher Bedeutung sind, so etwa bei Streitigkeiten von Energieversorgungsunternehmen, udgl. Kritisch beurteilt wird bisweilen auch der Umstand, dass aufgrund der Vertraulichkeit von Schiedssprüchen auf wichtigen Rechtsgebieten des internationalen Wirtschaftsverkehrs praktisch keine Rechtsfortbildung durch veröffentlichte Judikatur stattfindet.[36]

---

34 Vgl zu dieser international intensiv diskutierten Frage nur *de Ly/Friedman et al* Arb Int'l (2012) 355; *Haas* FS Kaissis (2012) 315; *Haas/Kahlert* in Böckstiegel/Kröll/Nacimiento Arbitration in Germany (2015) 963; *Noussia* Confidentiality in international commercial arbitration – a comparative analysis of the position under English, US, German and French law (2010); *Oberhammer* FS Beys (2003) 1139; *Prütting* LA Böckstiegel (2001) 629.

35 Vgl dazu → *Reinisch* § 21 Rn 44.

36 So *Duve/Keller* SchiedsVZ 2005, 169.

6. Weltweite Anerkennung und Vollstreckung

Ein wesentlicher Faktor für die Entscheidung, eine Schiedsvereinbarung zu treffen, 24
liegt in der weit über jene von staatlichen Gerichtsurteilen hinausgehenden internationalen Anerkennungsfähigkeit und Vollstreckbarkeit von Schiedssprüchen nach dem New Yorker Übereinkommen 1958.[37] Diesem Übereinkommen sind heute bereits 165 Staaten beigetreten. Das Übereinkommen sieht in Art II eine Anerkennung von Schiedsvereinbarungen vor, welche bestimmten Formerfordernissen entsprechen, und auf dieser Grundlage in Art III ff eine Anerkennung von ausländischen Schiedssprüchen. Auf Grundlage dieses Übereinkommens werden in den meisten Staaten Schiedssprüche nicht nur aus anderen Vertragsstaaten, sondern vielmehr aus allen Staaten anerkannt; es besteht jedoch die Möglichkeit, nach Art I Abs 3 dieses Übereinkommens einen Vorbehalt zu erklären, dass nur solche Schiedssprüche anerkannt werden, die im Hoheitsgebiet eines anderen Vertragsstaates ergangen sind. Deutschland hat einen solchen Vorbehalt zunächst bei seinem Beitritt erklärt, hat diesen jedoch durch Mitteilung an den Generalsekretär der UNO vom 31.8.1998 zurückgezogen.[38]

7. Zeit und Kosten

Als weiterer Grund für die Wahl der Schiedsgerichtsbarkeit und Vorteil dieses Kon- 25
fliktregelungsmechanismus werden in der einschlägigen Literatur häufig auch die Kosten und (im Zusammenhang damit) die Verfahrensdauer genannt. Trotz aller Bemühungen gerade der internationalen Schiedsinstitutionen[39] um die Verfahrensbeschleunigung, ist in den letzten Jahren freilich ein Trend zu beobachten, dass Schiedsverfahren zunehmend aufwendiger geführt werden und sich die Verfahrensdauer damit jener von staatlichen Gerichtsverfahren annähert. Auch ein Kostenvorteil der Schiedsgerichtsbarkeit kann heute im Vergleich zu den meisten staatlichen Ziviljustizsystemen kaum mehr attestiert werden[40]; vielmehr ist zu beobachten, dass die Kosten der anwaltlichen Vertretung im Schiedsverfahren gerade in größeren Fällen häufig sehr beträchtlich sind; dies gilt allerdings vor allem im Vergleich mit den im Regelfall relativ schlanken und kostengünstigen Zivilverfahren in Kontinentaleuropa, weniger jedoch im Vergleich insbesondere zu US-amerikanischen Zivilprozessen.

Einen wesentlich geringeren Anteil an den Kosten eines Schiedsverfahrens als die 26
Kosten der anwaltlichen Vertretung haben die eigentlichen Kosten des Schiedsgerichts (also die Schiedsrichterhonorare sowie etwaige Verwaltungskosten einer Schiedsinstitution)[41]; gerade in größeren Verfahren machen diese in aller Regel nur einen kleinen Bruchteil der Kosten der anwaltlichen Vertretung aus. Bei kleineren Streitwerten sind jedoch auch die Kosten für die Schiedsrichter selbst verhältnismäßig be-

---

37 Vgl dazu schon o Rn 6.

38 Vgl BGBl 1999 II, 7.

39 Vgl u Rn 37.

40 Vgl *Brown* Journal of International Arbitration 2014, 499; *Risse* Arb Int'l 2013, 453.

41 Vgl die Studie des *Chartered Institute of Arbitrators* CIArb Costs of International Arbitration Survey (2011) 10: <www.international-arbitration-attorney.com/wp-content/uploads/CIArb-costs-of-International-Arbitration-Survey-2011.pdf>.

trächtlich, weil ja jedes Schiedsgericht selbst entsprechend honoriert werden muss und damit anders als etwa im deutschen Ziviljustizsystem eine Querfinanzierung kleinerer durch größere Verfahren ausscheidet. (Allerdings sehen die Kostentabellen der meisten Schiedsinstitutionen ebenfalls streitwertabhängige Schiedsrichterhonorare vor, wobei allerdings die Kosten im unteren Streitwertsegment tendenziell höher sind als in praktisch allen staatlichen Ziviljustizsystemen.)

27 Dies bedeutet jedoch gewiss nicht, dass die Vereinbarung eines Schiedsverfahrens ökonomisch unsinnig wäre – die vorstehenden Ausführungen gelten nur für die eigentlichen Verfahrenskosten, zu denken ist jedoch, dass in sehr vielen Fällen die Vereinbarung eines Schiedsverfahrens aufgrund der damit verbesserten bzw überhaupt erst ermöglichten Durchsetzung der Ansprüche der Parteien insgesamt ökonomisch durchaus vernünftig ist.

III. Akteure

1. Parteien

28 Zentrale Akteure des Schiedsverfahrensrechts sind zunächst die Parteien: Sie treffen die zentrale Entscheidung, ob sie eine Schiedsvereinbarung schließen und damit die Entscheidung von Rechtsstreitigkeiten aus einem bestimmten Rechtsverhältnis oder eines bestimmten Rechtsstreits anstelle der staatlichen Justiz einem privaten Schiedsgericht übertragen. Sie entscheiden insbesondere Sitz und Zusammensetzung des Schiedsgerichts, ob eine Schiedsinstitution eingeschaltet oder ein *ad hoc*-Verfahren stattfinden soll, ob und welche Verfahrensregeln zur Anwendung kommen und schließlich insbesondere, welche konkreten Personen als Schiedsrichter fungieren.[42]

2. Schiedsgericht

29 Das Schiedsgericht ist anders als das staatliche Gericht nicht *a priori* vorhanden, sondern **bedarf in jedem einzelnen Rechtsstreit der Konstituierung**. Die Regeln über die Konstituierung können **von den Parteien vereinbart** werden (vgl für Deutschland § 1035 Abs 1 ZPO). So können sie insbesondere auch auf die Schiedsregeln einer Schiedsinstitution[43] verweisen, was dazu führt, dass die Schiedsinstitution (in je nach Institution unterschiedlicher Weise) am Prozess der Konstituierung des Schiedsgerichts beteiligt ist. Manche Schiedsinstitutionen stellen Schiedsrichterlisten zur Verfügung; diese sind jedoch in den seltensten Fällen verbindlich, sondern stellen regelmäßig nur Empfehlungen dar. Mangelt es an einer Parteivereinbarung, so stellt die jeweilige ***lex arbitri*** – also das Schiedsverfahrensrecht am Sitz des Schiedsgerichts – dispositive Bestimmungen über die Konstituierung des Schiedsgerichts zur Verfügung; in Deutschland ist dies § 1035 ZPO.[44] In der Praxis dominieren dabei **Dreier-**

42 Vgl zur Parteiautonomie im Schiedsverfahren schon o Rn 17.

43 Vgl u Rn 37.

44 Vgl zum Mechanismus der Konstituierung und den dabei typischerweise anzutreffenden Personengruppen o Rn 20.

Schiedsgerichte, welche aus zwei parteiernannten Schiedsrichtern und einem Vorsitzenden bestehen.

Die Schiedsrichter müssen **unabhängig und unparteilich** sein; mangelt es daran, so können sie abgelehnt werden (vgl für Deutschland §§ 1036, 1037 ZPO). Einen wichtigen Standard, der in der internationalen Praxis hohes Ansehen genießt, verkörpern dabei die „*Guidelines on Conflicts of Interest in International Arbitration*" der *International Bar Association*.[45] Das Ablehnungsverfahren kann von den Parteien häufig vereinbart werden (vgl für Deutschland § 1037 Abs 1 ZPO); dies geschieht insbesondere dadurch, dass auf institutionelle Schiedsregeln verwiesen wird – in solchen Fällen entscheidet dann regelmäßig nicht das Schiedsgericht (so die dispositive Regel des § 1037 Abs 2 ZPO) zunächst über die Ablehnung, sondern die Schiedsinstitution; in Deutschland ist – wie in den meisten Staaten – jedoch vorgesehen, dass die Ablehnungsentscheidung des Schiedsgerichts oder der Schiedsinstitution vor einem staatlichen Gericht angefochten werden kann (vgl § 1037 Abs 3 ZPO). 30

Von der Schiedsvereinbarung zu unterscheiden ist der **Schiedsrichtervertrag**: Bei diesem handelt es sich um eine Vereinbarung zwischen den Parteien und den Schiedsrichtern, welche die vertragsrechtliche Grundlage des Tätigwerdens der Schiedsrichter darstellt und regelmäßig Fragen wie deren Entlohnung, Haftung, etc, regelt. 31

In diesem Zusammenhang ist es wichtig, insbesondere folgende drei Ebenen zu unterscheiden: Die **Schiedsvereinbarung** der Parteien stellt die Zuständigkeitsgrundlage des Schiedsgerichts dar. Im Unterschied dazu begründet der **Schiedsrichtervertrag** nicht die Zuständigkeit des Schiedsgerichts, sondern stellt nur – wie eben erwähnt – die privatrechtliche Vereinbarung über die von den Schiedsrichtern zu erbringende Leistung dar. Von diesen beiden Gesichtspunkten wiederum zu unterscheiden ist die **Konstituierung des Schiedsgerichts**, welche eine prozessrechtliche Handlung darstellt, die zur Entstehung des Spruchkörpers „Schiedsgericht" im jeweiligen Einzelfall führt. 32

Bei institutionellen Schiedsverfahren tritt an die Stelle eines eigens ausgehandelten Schiedsrichtervertrages die jeweilige Schiedsordnung der Institution, welche insbesondere häufig auch Kostentabellen im Hinblick auf die Entlohnung der Schiedsrichter enthält. In solchen Fällen wird dann das Honorar der Schiedsrichter nicht zwischen den Parteien und den Schiedsrichtern ausgehandelt, sondern vielmehr von der Institution festgelegt, was einen wesentlichen Vorteil des institutionellen Schiedsgerichts darstellt – die Kosten sind für die Parteien anhand der jeweiligen Schiedsordnung eher überblickbar, und Schiedsgericht und Parteien sind von der gerade im Anfangsstadium eines Verfahrens oft schwierig handhabbaren Frage der Aushandlung des Schiedsrichterhonorars entlastet. 33

Entgegen einer verbreiteten Fehlvorstellung sind die **Schiedsrichterhonorare**, wie sie insbesondere bei den großen internationalen Schiedsinstitutionen vorgesehen sind, durchaus nicht besonders hoch; eine sehr attraktive Entlohnung gebührt den Schiedsrichtern allenfalls bei sehr hohen Streitwerten. Aus Sicht der Advokatur stellt die Annahme von Schiedsrichtermandaten gerade bei kleineren und mittleren Fällen durchaus keine besonders attraktive Einnahmenquelle dar; allerdings stellt die aus der regelmäßigen Übernahme von Schiedsrichterämtern resultierende *Exposure* einen 34

45 S <ibanet.org/Publications/publications_IBA_guides_and_free_materials.aspx>.

wesentlichen Vorteil bei der Akquisition der viel lukrativeren Mandate als Parteienvertreter in Schiedsverfahren dar.

3. Schiedsinstitutionen

35 Ob ein Schiedsverfahren nach den Regeln einer Schiedsinstitution unter Einschaltung einer solchen abläuft, unterliegt in der privaten internationalen Wirtschaftsschiedsgerichtsbarkeit der **freien Entscheidung der Parteien**. Allerdings dominieren in der internationalen Praxis institutionelle Schiedsverfahren deutlich.

36 Aus deutscher Sicht von besonderer praktischer Relevanz sind dabei der ***ICC International Court of Arbitration*** der *International Chamber of Commerce* (**ICC**)[46] in Paris sowie die **Deutsche Institution für Schiedsgerichtsbarkeit (DIS)**[47] mit Sitz in Bonn; entgegen einem bei Außenstehenden verbreiteten Missverständnis bedeutet dies jedoch nicht, dass die einschlägigen Schiedsverfahren in Paris oder Bonn stattfinden, diese Orte sind lediglich der Sitz der Institution, während auch bei solchen institutionellen Verfahren der Sitz des Schiedsgerichts der freien Wahl der Parteien unterliegt.

37 Allerdings dominieren bei der DIS noch stark innerdeutsche Verfahren bzw zumindest Verfahren, an denen eine deutsche Partei beteiligt ist. Ähnliches gilt für Deutschland als Schiedsort insgesamt – die Zahl der internationalen Verfahren mit Sitz in Deutschland ist zwar in den letzten Jahren gestiegen, doch handelt es sich dabei immer noch ganz überwiegend um Verfahren, welche aufgrund der Beteiligung deutscher Parteien in Deutschland durchgeführt werden. Als Standort für internationale Verfahren ohne deutsche Beteiligung konnte sich Deutschland bis dato noch nicht etablieren – so waren etwa bei der DIS 2019 lediglich 13 von 123 neuen Schiedsverfahren solche zwischen ausländischen Parteien.[48] Damit unterscheidet sich die Schiedsgerichtsbarkeit in Deutschland wesentlich von jener in anderen insofern bedeutenden europäischen Staaten, wie insbesondere der Schweiz, dem Vereinigten Königreich, Frankreich, Österreich und Schweden, wo der Anteil der internationalen Verfahren wesentlich größer ist; entsprechendes gilt für die dortigen Institutionen, also etwa die ***Swiss Chambers' Arbitration Institution*** **(SCAI)**[49], den ***London Court of International Arbitration*** **(LCIA)**[50], das ***Vienna International Arbitral Centre*** **(VIAC)**[51] oder das ***Arbitration Institute of the Stockholm Chamber of Commerce*** **(SSC)**[52]. Die Schiedsinstitution mit der **global größten Bedeutung** ist der bereits erwähnte Schiedsgerichtshof der Internationalen Handelskammer (***ICC International Court of Arbitration***); an **außereuropäischen Institutionen** sind insbesondere zu nennen:

46 Vgl <iccwbo.org/dispute-resolution-services/icc-international-court-arbitration/>.
47 Vgl <www.disarb.org/>.
48 S DIS Statistik 2019, 5 < http://www.disarb.org/files/veranstaltungen/614/DIS-Verfahrensstatistik%202019 %20DE.pdf>.
49 <swissarbitration.org>.
50 <lcia.org>.
51 <viac.eu>.
52 <sccinstitute.com>.

die ***American Arbitration Association* (AAA)**[53] bzw ihr internationaler Zweig das ***International Centre for Dispute Resolution* (ICDR)**[54], die ***Beijing Arbitration Commission* (BAC)**[55], die ***China International Economic and Trade Arbitration Commission* (CIETAC)**[56], das ***Hong Kong International Arbitration Centre* (HKIAC)**[57] und das ***Singapore International Arbitration Centre* (SIAC)**[58]. Neben diesen Institutionen, nach deren Regeln eine breite Vielfalt unterschiedlicher Streitgegenstände behandelt werden, existieren noch **praktisch bedeutsame Spezialinstitutionen** für bestimmte Typen von Streitigkeiten, wie zB das ***Arbitration and Mediation Center der World Intellectual Property Organization***[59] (Genf), die ***London Maritime Arbitration Association***[60] oder der ***Court of Arbitration for Sport* (CAS)**[61] (Lausanne). Außerhalb des hier interessierenden Bereichs der internationalen privaten Schiedsgerichtsbarkeit (*Commercial Arbitration*) ist insbesondere das ***International Centre for Settlement of Investment Disputes* (ICSID)**[62] als Institution für Investitionsschiedsverfahren zu nennen.

Der **Tätigkeitsbereich von Schiedsinstitutionen** variiert von Fall zu Fall. Alle 38 Schiedsinstitutionen stellen Schiedsregeln zur Verfügung. Von wesentlicher Bedeutung ist die Schiedsinstitution regelmäßig bei der Einleitung des Schiedsverfahrens und der Konstituierung des Schiedsgerichts: Anders als bei einem *ad hoc*-Verfahren wird die Schiedsklage regelmäßig an die Schiedsinstitution gesandt, welche dann die Zustellung an den Schiedsbeklagten durchführt. Die Konstituierung des Schiedsgerichts wird dabei von der Institution administriert, welche die Parteien auffordert, innerhalb einer bestimmten Frist für die Bestellung von Schiedsrichtern und eines etwaigen Vorsitzenden zu sorgen und im Falle, dass dies nicht geschieht, für eine Ersatzbestellung Sorge trägt. Nach manchen Regeln erfolgt die Konstituierung des Schiedsgerichts schon durch die Bestellung der parteiernannten Schiedsrichter durch die Parteien und deren Einigung auf einen Vorsitzenden; bei anderen Institutionen erst durch eine Bestätigung der Schiedsrichter durch die Institution. Regelmäßig sehen die institutionellen Schiedsregeln auch vor, dass – wie bereits erwähnt – die Institution (zunächst) über die Ablehnung von Schiedsrichtern wegen mangelnder Unparteilichkeit oder Unabhängigkeit entscheidet. Manche Schiedsinstitutionen überwachen auch den Ablauf des Schiedsverfahrens (insbesondere durch Setzung von Fristen und Überprüfung, ob das Schiedsverfahren entsprechend zügig geführt wird) oder nehmen eine Überprüfung des von den Schiedsrichtern vorgelegten Entwurfs eines Schiedsspruchs vor. Von besonderer praktischer Bedeutung ist die Schiedsinstitution regelmäßig im Hinblick auf die Finanzierung des Schiedsverfahrens: Bereits erwähnt wurde der Umstand, dass die meisten Schiedsinstitutionen (häufig streitwert-

53 <adr.org>.
54 <icdr.org>.
55 <www.bjac.org.cn/english/index.jsp>.
56 <cietac.org>.
57 <hkiac.org>.
58 <siac.org.sg>.
59 <wipo.int/amc/en>.
60 <lmaa.org.uk>.
61 <tas-cas.org>.
62 <icsid.worldbank.org>; vgl dazu a → *Reinisch* § 21 Rn 27ff.

abhängige) Kostentabellen für die Schiedsrichterhonorare vorsehen. Die Schiedsinstitution kümmert sich dabei häufig um die Einhebung von Kostenvorschüssen von den Parteien (für die Schiedsrichterhonorare und die Verwaltungskosten der Institution) und legt am Ende des Schiedsverfahrens das konkrete Honorar der Schiedsrichter fest (welches auch dort, wo es streitwertabhängig ist, je nach Komplexität und Aufwand des Schiedsverfahrens variieren kann). Daneben engagieren sich die namhaften Schiedsinstitutionen auch als politische Lobby im Hinblick auf das Schiedsverfahrensrecht (etwa durch Einflussnahme auf nationale Gesetzgeber oder durch einen Beobachterstatus bei UNCITRAL) und fördern die Schiedsgerichtsbarkeit darüber hinaus in mannigfaltiger Weise, insbesondere durch Publikationen, Veranstaltungen und Werbemaßnahmen für die Schiedsgerichtsbarkeit. Insofern sind gerade die großen internationalen Schiedsinstitutionen – allen voran die ICC – in den vergangenen Jahrzehnten zu wichtigen nichtstaatlichen Akteuren des internationalen Wirtschaftsrechts geworden. All dies darf aber nicht darüber hinwegtäuschen, dass nach wie vor nicht wenige internationale Wirtschaftsschiedsverfahren ohne Beteiligung einer Institution als *ad hoc*-Verfahren geführt werden.

4. Vereinte Nationen

39 Die Vereinten Nationen waren von Anfang an ein **wesentlicher Schrittmacher der Rechtsvereinheitlichung auf dem Gebiet der Schiedsgerichtsbarkeit**. Bereits erwähnt wurde das New Yorker Übereinkommen über die Anerkennung und Vollstreckung ausländischer Schiedssprüche von 1958[63], welches heute eine fast weltweit geltende Grundlage für die Anerkennung und Vollstreckung ausländischer Schiedssprüche sowie internationaler Schiedsvereinbarungen darstellt. Der große Erfolg dieses Übereinkommens stellt freilich insofern ein Problem dar, als eine Reform dieser bereits mehr als ein halbes Jahrhundert alten Konvention angesichts der großen Zahl von Mitgliedsstaaten nur sehr schwer möglich ist.

40 Besondere Bedeutung kommt in diesem Zusammenhang den Arbeiten der *Working Group II* (*Arbitration and Conciliation*) der ***United Nations Commission of International Trade Law*** **(UNCITRAL)**[64] zu: Hervorzuheben ist hier insbesondere das UNCITRAL-Modellgesetz über die internationale Handelsschiedsgerichtsbarkeit (*UNCITRAL Model Law on International Commercial Arbitration*), welches 1985 vorgelegt und 2006 reformiert wurde. Wie der Name sagt, handelt es sich bei diesem Modellgesetz um einen Vorschlag an nationale Gesetzgeber, wie nach internationalen Standards akzeptables internationales Schiedsverfahrensrecht auszugestalten ist. Das Modellgesetz über die Schiedsgerichtsbarkeit ist – anders als manch anderer UNCITRAL-Text – eine veritable internationale Erfolgsgeschichte; bis heute haben rund 83 Staaten Schiedsverfahrensrecht auf Grundlage einer Rezeption des Modellgesetzes verabschiedet[65], darunter so bedeutende Staaten wie Russland, Japan, eine Reihe von US-Bundesstaaten und nicht

63 Vgl o Rn 6.
64 Vgl <uncitral.un.org/>.
65 Eine Liste jener Staaten, welche eine solche Gesetzgebung verabschiedet haben, findet sich auf der Homepage von UNCITRAL: <uncitral.un.org/en/texts/arbitration/modellaw/commercial_arbitration/status>.

zuletzt 1998 Deutschland.[66] Daneben wurden im Rahmen von UNCITRAL insbesondere die bereits erwähnten *UNCITRAL Arbitration Rules*[67] ausgearbeitet, welche Schiedsregeln für *ad hoc*-Verfahren darstellen, die große internationale Akzeptanz erfahren haben. Daneben wurden insbesondere verschiedene „*Explanatory Texts*“ erarbeitet. Zu erwähnen sind dabei etwa die „*UNCITRAL Notes on Organizing Arbitral Proceedings*“ aus dem Jahre 1996, welche zuletzt 2016 überarbeitet wurden.[68] Auf das oben erwähnte Problem, dass eine Reform des New Yorker Übereinkommens 1958 praktisch unmöglich ist, hat die UNCITRAL zuletzt im Jahre 2006 reagiert, indem sie eine „*Recommendation regarding the interpretation of article II, paragraph 2, and article VII, paragraph 1, of the Convention on the Recognition and Enforcement of Foreign Arbitral Awards, done in New York, 10 June 1958*“ erlassen hat.

5. Europäische Union

Im Unterschied zu den Vereinten Nationen hat die EU bis dato **kaum nennenswerte Impulse auf dem Gebiet der Schiedsgerichtsbarkeit gesetzt**. Schon Art 220 des EWG Vertrags (Vertrag zur Gründung der Europäischen Wirtschaftsgemeinschaft 1957) sah Maßnahmen für die „Vereinfachung der Förmlichkeiten für die gegenseitige Anerkennung und Vollstreckung richterlicher Entscheidungen und Schiedssprüche“ vor. Während die EWG auf dieser Basis seit dem Brüsseler Übereinkommen 1968[69] umfassende Aktivitäten im Hinblick auf das internationale Zivilprozessrecht vor staatlichen Gerichten gesetzt hat[70], sind entsprechende Schritte auf dem Gebiet der Schiedsgerichtsbarkeit bislang unterblieben. Zuletzt machte die EU-Kommission im Rahmen der Diskussion über die am 10.1.2015 in Kraft getretene Reform der EuGVVO freilich einen Vorstoß, den Anwendungsbereich der EuGVVO auch auf solche staatlichen Verfahren zu erstrecken, welche Fragen der Schiedsgerichtsbarkeit zum Gegenstand haben; solche Verfahren waren und sind bislang vom Anwendungsbereich des EuGVÜ bzw heute der EuGVVO ausgeschlossen. Dieser Initiative begegnete freilich heftige Ablehnung von Seiten der Schiedspraxis. Grund dafür war die Ablehnung einer Regionalisierung der ihrem Wesen nach globalen Schiedsgerichtbarkeit sowie recht deutlich auch generelle Bedenken gegen eine Einmischung der EU in Fragen der Schiedsgerichtsbarkeit, weil die EU aus Sicht der Schiedspraxis im Allgemeinen zu etatistisch und zu illiberal agiert, was nicht zuletzt auch bei manchen im Rahmen des erwähnten Reformprozesses diskutierten Vorschlägen durchschien. Vor diesem Hintergrund wurden die erwähnten Pläne von der EU Kommission schließlich fallenge- 41

66 BGBl 1997 I, 3224, Gesetz zur Neuregelung des Schiedsverfahrensrechts (Schiedsverfahrens-Neuregelungsgesetz – SchiedsVfG).

67 Vgl o Rn 18.

68 Online verfügbar unter: <uncitral.un.org/sites/uncitral.un.org/files/media-documents/uncitral/en/arb-notes-2016-e.pdf>.

69 Übereinkommen über die gerichtliche Zuständigkeit und die Vollstreckung gerichtlicher Entscheidungen in Zivil- und Handelssachen v 27. September 1968, BGBl 1972 II, 774.

70 Vgl dazu umfassend *Hess* EuZPR § 1 Rn 2ff.

lassen; auch die 2015 in Kraft getretene reformierte EuGVVO sieht in ihrem Art 1 Abs 2 lit d einen Ausschluss der Schiedsgerichtsbarkeit vor.[71]

42 In den letzten Jahren war nicht zu verkennen, dass sich auf anderen Ebenen ein **Spannungsverhältnis zwischen Europarecht und Schiedsgerichtsbarkeit** ergab. Problemfelder bilden hier insbesondere die Anwendung von europäischem Wettbewerbsrecht und Verbraucherrecht durch Schiedsgerichte.[72] Der EuGH lehnt in diesem Zusammenhang (durchaus fragwürdig) eine Vorlageberechtigung von Schiedsgerichten iSv Art 267 AEUV ab[73]; damit verlagert sich aus Sicht des EuGH die Überprüfung der gleichförmigen und richtigen Anwendung von Europarecht in Fällen, in welchen eine Schiedsvereinbarung getroffen wurde, auf das Aufhebungsverfahren gegen Schiedssprüche vor staatlichen Gerichten – der EuGH hat in mehreren Entscheidungen ausgesprochen, dass bestimmte Vorschriften des europäischen Wettbewerbs- und Verbraucherschutzrechts als Bestandteil des *ordre public* nach den in den Mitgliedsstaaten geltenden Regeln über die Anfechtung von Schiedssprüchen anzusehen sind, weshalb Schiedssprüche, welche gegen solche europarechtlichen Vorgaben verstoßen, nach Auffassung des EuGH nach den in den jeweiligen nationalen *lex arbitri* vorgesehenen Anfechtungsmöglichkeiten wegen eines Verstoßes gegen den *ordre public* aufzuheben sind.[74]

6. Staaten

43 Trotz der Nichtstaatlichkeit und Internationalität der Schiedsgerichtsbarkeit kommt den einzelnen Staaten in diesem Zusammenhang eine wesentliche Bedeutung zu. Insbesondere stellen alle Staaten ein **staatliches Schiedsverfahrensrecht** zur Verfügung, welches in der Regel zur Anwendung kommt, wenn das Schiedsgericht seinen Sitz im jeweiligen Staat hat (so genannte *„lex arbitri“*); in Deutschland sind dies die Bestimmungen des 10. Buchs der ZPO (§§ 1025ff ZPO).

44 Anders als Deutschland, wo ein einheitliches Schiedsverfahrensrecht für Binnenfälle und internationale Fälle existiert, sehen manche Staaten (zB die Schweiz oder Frankreich) unterschiedliche Regimes für Binnenverfahren und internationale Schiedsverfahren vor, wobei regelmäßig für die internationale Schiedsgerichtsbarkeit liberalere Bestimmungen zur Verfügung gestellt werden. Auch das UNCITRAL-Modellgesetz über die internationale Handelsschiedsgerichtsbarkeit stellt seinem Gegenstand nach lediglich auf internationale Fälle ab, wurde jedoch in Deutschland, wie in einer Reihe anderer Staaten auch, für alle Fälle ohne Auslandsbezug, dh auch für reine Binnenfälle, rezipiert.

---

71 Vgl zu diesem Diskussionsprozess *Domej* FS Gottwald (2014) 97; *Hess* FS von Hoffmann (2011) 648; *Illmer* SchiedsVZ 2011, 248; *ders* RabelsZ 2011, 645; *Koller* in Fucik/Konecny/Lovrek/Oberhammer Jahrbuch Zivilverfahrensrecht (2010), 177; vgl a *Brinkmann/Barth* KSzW 2013, 140.

72 Vgl *Blanke/Landolt* EU and US Antitrust Arbitration (2011); *Eilmansberger* SchiedsVZ 2006, 5; *Schmidt* FS Kerameus (2009), 1197; *Oberhammer* GesRZ 2012, 29.

73 So bereits EuGH, Rs 102/81, Slg 1982, 1095 – *„Nordsee“ Deutsche Hochseefischerei*; vgl dazu a *Schütze* SchiedsVZ 2007, 121.

74 EuGH, Rs C-126/97, Slg 1999, 3055 – *Eco Swiss*; EuGH, Rs C-168/05, Slg 2006, 10421 – *Mostaza Claro*; EuGH, Rs C-40/08, Slg 2009, 9579 – *Asturcom Telecomunicaciones;* vgl auch EuGH, Rs C-567/14, ECLI: EU:C:2016:526 – *Genentech;* EuGH, Rs C-342/13, ECLI:EU:C:2014:1857 – *Sebestyén.*

Aufgrund der regelmäßigen Anknüpfung der Anwendbarkeit der jeweiligen *lex arbitri* an den Sitz des Schiedsgerichts (vgl für Deutschland § 1025 Abs 1 ZPO) haben die Parteien durch **Wahl des Schiedsorts** die Möglichkeit, auch die **jeweilige *lex arbitri*** auszuwählen. Die Vertrauenswürdigkeit dieser *lex arbitri* stellt – ebenso wie jene der staatlichen Justiz im betreffenden Staat – ein wesentliches Motiv für die Wahl eines bestimmten Standorts dar. Daraus resultiert in der Schiedsgerichtsbarkeit wie kaum auf einem anderen Rechtsgebiet ein ganz erheblicher **Wettbewerb der Rechtsordnungen.**[75] Dieser dürfte auch ein wesentlicher Grund für den durchschlagenden Erfolg des UNCITRAL-Modellgesetzes[76] darstellen, weil der Verweis auf die Orientierung der jeweiligen *lex arbitri* an diesem Modellgesetz einen Wettbewerbsvorteil darstellen kann, weil er Vertrauen kraft Transparenz der Rechtslage schafft. Freilich haben einzelne besonders erfolgreiche Schiedsorte – wie etwa die Schweiz oder England – sich nicht zuletzt gerade mit Blick auf den internationalen Wettbewerb der Rechtsordnungen gegen eine Rezeption des Modellgesetzes und für ein Festhalten an den international erfolgreichen, traditionell nationalen Lösungen entschieden. 45

Die *lex arbitri* enthält zunächst regelmäßig einen **engen Kreis zwingender Bestimmungen.** Dazu zählen insbesondere die Zuständigkeitsgrundlagen (dh insbesondere der Inhalt und die Form der Schiedsvereinbarung), Bestimmungen über die objektive Schiedsfähigkeit, die Gleichbehandlung der Parteien, die Gewährung von rechtlichem Gehör, die Einhaltung des *ordre public* sowie der Schutz bestimmter Personengruppen, wie etwa von Verbrauchern, Mietern oder Arbeitnehmern. Bisweilen finden sich auch schiedsfeindliche Bestimmungen aus protektionistischen Motiven.[77] Daneben bieten staatliche Schiedsverfahrensrechte eine von Staat zu Staat variierende Zahl disponibler Verfahrensbestimmungen für die Durchführung des Schiedsverfahrens. 46

Von besonderer Bedeutung sind in diesem Zusammenhang die **Regeln über die Aufgaben staatlicher Gerichte im Zusammenhang mit Schiedsverfahren.** Zu nennen sind zunächst die Bestimmungen, welche der Unterstützung des Schiedsverfahrens dienen, etwa über die Ablehnung von Schiedsrichtern, die Ersatzbestellung von Schiedsrichtern oder die Rechtshilfe bei der Beweisaufnahme durch den so genannten *juge d'appui*. 47

Besondere Aufmerksamkeit erfährt regelmäßig die **Überprüfung der schiedsgerichtlichen Zuständigkeit** durch staatliche Gerichte und damit im Zusammenhang das Verhältnis zwischen Schiedsverfahren und staatlichen Zivilprozessen über denselben Streitgegenstand (vgl für Deutschland § 1032 und §§ 1040f ZPO). In diesem Zusammenhang bestehen auch zwischen den kontinentaleuropäischen Staaten wesentliche Unterschiede, welche nicht zuletzt Aufschluss über die „Schiedsfreundlichkeit" des jeweiligen Rechtssystems geben. Das deutsche System ist in diesem Zusammenhang besonders etatistisch, wenn es etwa in § 1032 Abs 2 ZPO den Parteien die Möglichkeit 48

75 Vgl dazu *Berger* Internationale Wirtschaftsschiedsgerichtsbarkeit (1992) 1ff; *Drahozal* in Drahozal/Naimark Towards A Science Of International Arbitration: Collected Empirical Research (2005) 174ff; *Wilske/Fox* in Klausegger et al. Austrian Arbitration Yearbook 2009 (2009) 383; *Wagner* in Eidenmüller Regulatory Competition in Contract Law and Dispute Resolution (2013) 390.

76 Vgl o Rn 40.

77 Vgl dazu etwa *Varga* FS Rüßmann (2013) 941ff zu Ungarn.

gibt, bis zur Bildung des Schiedsgerichts Antrag auf Feststellung der Zulässigkeit oder Unzulässigkeit eines schiedsrichterlichen Verfahrens zu stellen; schon das österreichische Recht sieht etwa eine solche Bestimmung nicht vor, womit sich die Klärung der schiedsgerichtlichen Zuständigkeit in das eigentliche Verfahren über den jeweiligen Streitgegenstand vor dem Schiedsgericht oder staatlichen Gericht verlagert, wobei das österreichische Recht – wiederum schiedsfreundlicher als etwa das deutsche – dem Schiedsverfahren insofern einen gewissen Vorzug einräumt, als die Anhängigmachung eines Schiedsverfahrens (Schiedshängigkeit) zwar jene desselben Streitgegenstandes vor staatlichen Gerichten hindert, nicht jedoch umgekehrt die Rechtshängigkeit der Sache vor einem staatlichen Gericht die Anhängigmachung eines parallelen Schiedsverfahrens (vgl § 584 Abs 1 und 3 der österreichischen ZPO).[78] All dies beruht auf der – jedenfalls in ihrer Formulierung aus dem deutschen Recht stammenden – so genannten „Kompetenz-Kompetenz" des Schiedsgerichts, also der Befugnis des Schiedsgerichts, zunächst (vorbehaltlich einer Anrufung des staatlichen Gerichts) über seine eigene Zuständigkeit zu entscheiden, woraus für den Beklagten, welcher die schiedsgerichtliche Zuständigkeit bestreiten will, ein Druck zur Einlassung auf das Schiedsverfahren resultiert. Einen weit über die deutsche, aber auch die österreichische Lösung hinausgehenden Zugang hat in diesem Zusammenhang insbesondere das französische Recht mit der so genannten „negativen Kompetenz-Kompetenz" gewählt – demnach muss die Frage der Zuständigkeit des Schiedsgerichts in jedem Fall zunächst vor dem – angeblich! – vereinbarten Schiedsgericht überprüft und darf erst danach vor staatliche Gerichte weitergezogen werden.[79] Praktisch alle Rechtsordnungen sehen jedoch eine Überprüfung der schiedsgerichtlichen Zuständigkeitsentscheidung durch staatliche Gerichte vor, sei es durch eine Anfechtungsmöglichkeit schon der Zuständigkeitsentscheidung des Schiedsgerichts, sei es durch eine Anfechtung des Endschiedsspruchs oder zumindest durch die Möglichkeit einer Überprüfung der Zuständigkeitsgrundlage des Schiedsspruchs im Verfahren der Anerkennung und Vollstreckung desselben vor staatlichen Gerichten (vgl insbesondere Art V Abs 1 lit a des New Yorker Übereinkommens über die Anerkennung und Vollstreckung ausländischer Schiedssprüche 1958).

49 Schließlich sehen alle Staaten die Möglichkeit einer **Überprüfung des Schiedsspruchs** auf zwei Ebenen vor, nämlich zunächst im Rahmen einer Anfechtungsklage **vor den staatlichen Gerichten am Sitz des Schiedsgerichts** (vgl für Deutschland § 1059 ZPO), dann **im Rahmen der Anerkennung bzw Vollstreckbarerklärung des Schiedsspruchs** (vgl Art V des New Yorker Übereinkommens über die Anerkennung und Vollstreckung ausländischer Schiedssprüche 1958 sowie für Deutschland – für inländische Schiedssprüche – § 1060 ZPO). Hiervon bestehen freilich gewisse Ausnahmen; so sieht etwa das schweizerische Recht vor, dass Parteien von Schiedsverfahren, an denen keine inländische (also schweizerische) Partei beteiligt ist, einvernehmlich auf die Anfechtung des Schiedsspruchs vor schweizerischen Gerichten verzichten können; das österreichische Recht sieht etwa – anders als das deutsche – keine eigene Vollstreckbarerklärung inländischer Schiedssprüche vor, welche insofern zwangsvollstreckungsrechtlich inländischen gerichtlichen Urteilen gleichgestellt sind (wobei

78 Vgl dazu *Koller* ecolex 2014, 1056.
79 Vgl etwa *Kühner* SchiedsVZ 2011, 127 mwN.

freilich gewisse, besonders schwerwiegende Mängel zu einer Unwirksamkeit des Schiedsspruchs führen). Der Katalog jener Tatbestände, welche in diesem Zusammenhang zu einer Anfechtung des Schiedsspruchs bzw einer Verweigerung der Anerkennung oder Vollstreckung führen können, ist dabei in den meisten Staaten mehr oder weniger deutlich an jenem des Art V des New Yorker Übereinkommens über die Anerkennung und Vollstreckung ausländischer Schiedssprüche 1958 orientiert; entsprechendes gilt für die einschlägigen Vorgaben des UNCITRAL-Modellgesetzes über die internationale Handelsschiedsgerichtsbarkeit. In einzelnen Punkten bestehen freilich praktisch bedeutsame Differenzen. Zu beachten ist auch, dass der Prüfungsmaßstab im Anfechtungsverfahren ein anderer sein kann als jener im Vollstreckbarerklärungsstadium; wird etwa geltend gemacht, ein Schiedsspruch verstoße gegen den *ordre public* oder habe eine Angelegenheit zum Gegenstand, welcher es an der objektiven Schiedsfähigkeit[80] mangle, so sind diese Gesichtspunkte im Anfechtungsstadium anhand der *lex arbitri* (also regelmäßig des Rechts am Sitz des Schiedsgerichts), im Vollstreckbarerklärungsstadium dagegen nach Art V Abs 2 des New Yorker Übereinkommens über die Anerkennung und Vollstreckung ausländischer Schiedssprüche 1958 nach dem Recht des Anerkennungs- bzw Vollstreckungsstaats zu prüfen.

Das deutsche Recht sieht in § 1059 ZPO folgende Gründe für die Stellung eines Antrags auf gerichtliche Aufhebung des Schiedsspruchs vor: die mangelnde subjektive Schiedsfähigkeit einer Partei oder das Nichtvorliegen einer gültigen Schiedsvereinbarung (§ 1059 Abs 2 Nr 1 lit a ZPO); der Entzug des rechtlichen Gehörs (§ 1059 Abs 2 Nr 1 lit b ZPO); die Überschreitung der Aufgaben des Schiedsgerichts (§ 1059 Abs 2 Nr 2 lit c ZPO); Mängel in der Konstituierung des Schiedsgerichts oder des schiedsrichterlichen Verfahrens (§ 1059 Abs 2 Nr 1 lit d ZPO); die mangelnde objektive Schiedsfähigkeit (§ 1059 Abs 2 Nr 2 lit a ZPO) sowie der Verstoß gegen die öffentliche Ordnung (*ordre public*) (§ 1059 Abs 2 Nr 2 lit b ZPO). Das Vorliegen eines solchen Aufhebungsgrundes stellt nach § 1060 Abs 2 ZPO auch einen Grund für die Verweigerung der Vollstreckbarerklärung eines inländischen Schiedsspruchs dar; der Katalog des Art V des New Yorker Übereinkommens über die Anerkennung und Vollstreckung ausländischer Schiedssprüche 1958, welcher die Gründe für die Verweigerung einer solchen Anerkennung und Vollstreckung ausländischer Schiedssprüche vorsieht, entspricht den genannten Tatbeständen des § 1059 ZPO im Wesentlichen; hinzu kommt nach Art V Abs 1 lit e des genannten Übereinkommens noch der Grund, dass der Schiedsspruch für die Parteien noch nicht verbindlich geworden ist oder dass er von einer zuständigen Behörde des Landes, in dem oder nach dessen Recht er ergangen ist, aufgehoben oder in seinen Wirkungen einstweilen gehemmt worden ist. Der zuletzt genannte Grund kann jedoch in Deutschland nach Art IX des Genfer Europäischen Übereinkommens über die internationale Handelsschiedsgerichtsbarkeit vom 21.4.1961[81] nur dann geltend gemacht werden, wenn die Aufhebung in diesem anderen Mitgliedsstaat nach einem der in der genannten Bestimmung dieses Genfer Übereinkommens abschließend aufgezählten Gründe erfolgt ist; diese Gründe entsprechen wiederum jenen, wie sie in Art V Abs 1 lit a–d des New Yorker Übereinkommens über die Anerkennung und Vollstreckung ausländischer Schiedssprüche 1958 und in § 1059 Abs 2 Nr 1 ZPO vor- 50

80 Vgl dazu o Rn 10.
81 BGBl 1964 II, 426.

gesehen sind. Diese Bestimmung ist ein Grund dafür, dass es gelegentlich zu Fällen kommt, in welchen ein im Herkunftsstaat aufgehobener Schiedsspruch dennoch international vollstreckbar ist; diese Konstellation hat in Wissenschaft und Praxis zu erheblichen Diskussionen geführt.[82]

82 Vgl dazu etwa *van den Berg* J Int'l Arb 2010, 179; *Koch* J Int'l Arb 2009, 267; *Schlosser* in Stein/Jonas, ZPO 23. Aufl (2014), Anhang § 1061 Rn 306ff; *Solomon* Die Verbindlichkeit von Schiedssprüchen in der internationalen privaten Schiedsgerichtsbarkeit (2007) 89ff; *Siehr* ZZP 2002, 143; *Thadikkaran* J Int'l Arb 2014, 575.

§ 20 Streitbeilegung in der Welthandelsorganisation

Friedl Weiss

Gliederung **Rn**

https://doi.org/10.1515/9783110630718-020

Schrifttum

Benedek Die Europäische Union im Streitbeilegungsverfahren der WTO (2005); *Bown/Pauwelyn* The Law, Economics and Politics of Retaliation in WTO Dispute Settlement (2014); *Bronckers/Baetens* Reconsidering Financial Remedies in WTO Dispute Settlement, JIEL 16 (2013) 281; *Davey* The WTO Dispute Settlement System, the first ten years, JIEL 8 (2005) 17; *Fiorini/Hoekman/Mavroidis/Saluste/Wolfe*, WTO Dispute Settlement and the Appellate Body: Insider Perceptions and Members' Revealed Preferences (2020) CEPR Discussion Paper No. DP14834; *Foltea* International Organizations in WTO Dispute Settlement: How Much Institutional Sensitivity? (2014); *Fukunaga* Securing Compliance through the WTO Dispute Settlement System, JIEL 9 (2006) 383; *Geberab* WTO Dispute Settlement and Developing Countries: Challenges and Prospects (2010); *Göttsche* Die Anwendung von Rechtsprinzipien in der Spruchpraxis der WTO-Rechtsmittelinstanz (2005); *Grando* Evidence, Proof, and Fact-Finding in WTO Dispute Settlement (2010); *Marauhn* (Hrsg) Streitbeilegung in den internationalen Wirtschaftsbeziehungen (2005) 17; *Hummer/Weiss* (Hrsg) Vom GATT '47 zur WTO '94. Dokumente zur alten und neuen Welthandelsordnung (1997); *Zürn* (Hrsg) Verrechtlichung – Baustein für Global Governance? (2004) 99; *Jordan* Sanktionsmöglichkeiten im WTO-Streitbeilegungsverfahren (2005); *Leitner/Lester* WTO Dispute Settlement 1995–2012 – A Statistical Analysis, JIEL 16 (2013), 257; *Martin* WTO dispute settlement understanding and development (2013); *Lo/Nakagawa/Chen* (Hrsg) The Appellate Body of the WTO and Its Reform (2020); *Mavroidis/Sykes* (Hrsg) The WTO and International Trade Law/Dispute Settlement (2005); *McDougal* The crisis in WTO dispute settlement: Fixing birth defects to restore balance, Journal of World Trade 52 (2018) 867; *Mitchell* Legal Principles in WTO Disputes (2011); *Ortino/Petersmann* (Hrsg) The WTO Dispute Settlement System 1995–2003 (2004); *Petersmann* How Should WTO Members React to Their WTO Crises?, World Trade Review 18 (2019) 503; *Qian* Reasonable Period of Time' in the WTO Dispute Settlement System, JIEL 15 (2012) 257; *Reusch* Die Legitimation des WTO-Streitbeilegungsverfahrens (2007); *Sacerdoti* (Hrsg) The WTO at Ten – The Contribution of the Dispute Settlement System (2006); *Schmidt* Die Legitimation des WTO-Streitbeilegungsverfahrens, Archiv des Völkerrechts 47 (2009) 143; *Schollendorf* Die Auslegung völkerrechtlicher Verträge in der Spruchpraxis des Appellate Body der Welthandelsorganisation (WTO) (2005); *Shaffer/Meléndez-Ortiz* (Hrsg) Dispute Settlement at the WTO: The Developing Country Experience (2010); *Steinbach* The WTO Dispute Settlement Procedure under Review – How to achieve better compliance?, Aussenwirtschaft 61 (2006) 211; *Stoiber* Das Streitschlichtungsverfahren der Welthandelorganisation (2004); *Stoll/Schorkopf* WTO, Welthandelsordnung und Welthandelsrecht (2002); *Tietje* Rechtsschutz und Streitbeilegung in der Welthandelsorganisation, Ehlers/Schoch (Hrsg) Rechtsschutz im Öffentlichen Recht (2009) § 3; *UNCTAD* Dispute Settlement, World Trade Organization (2003); *Van Damme* Treaty Interpretation by the WTO Appellate Body (2009); *Weiss* Improving WTO Dispute Settlement Procedures (2001); *Wolfrum/Stoll/Kaiser* (Hrsg) WTO – Institutions and Dispute Settlement (2006); *WTO Secretariat* (Hrsg) The WTO Dispute Settlement Procedures: A Collection of the Relevant Legal Texts (2012); *Zangl* Die Internationalisierung der Rechtsstaatlichkeit: Streitbeilegung in GATT und WTO (2006).

A. Einleitende Bemerkungen

Rechtsbruch und Streitbeilegung sind in allen Rechtssystemen eng miteinander ver- 1
bunden. Die **friedliche Streitbeilegung** zwischen souveränen Staaten, in welcher Form auch immer, gehört zu den Kernbereichen sowohl des Völkerrechts im Allgemeinen als auch des Rechts der Internationalen Organisationen im Besonderen. Entscheidungen von Streitbeilegungsorganen verkörpern Staatenpraxis und tragen zur Entwicklung des von ihnen erfassten materiellen sowie auch des Verfahrensrechts bei. Im Allgemeinen liegt die Wahl der Methoden der friedlichen Streitbeilegung im Ermessen der Staaten – außer bei vertraglicher Festlegung bestimmter Verfahren.[1]

Das **System der Streitbeilegung in der** seit dem Jahr 1995 bestehenden Welthan- 2
delsorganisation (**WTO**) umfasst sowohl eine Kodifizierung des von den Vertragsparteien des Allgemeinen Zoll- und Handelsabkommens (GATT) 47 Jahre lang angewandten Verfahrens, als auch seine Fortentwicklung, va durch eine allgemeine „Verrechtlichung" und besonders auch durch die Einführung des Berufungsorgans (Appellate Body = AB).[2] Das GATT-Verfahren stellte insoweit eine Besonderheit dar, als es nach dem Scheitern der „International Trade Organization" (ITO) im Jahr 1948 nicht auf einer einheitlichen institutionellen und strukturierten verfahrensrechtlichen Basis aufgebaut werden konnte, sondern erst nach und nach, pragmatisch und schrittweise, von den GATT-Vertragsparteien entwickelt werden musste.

Obwohl das **GATT-Streitbeilegungsverfahren** trotz seiner ungewöhnlichen Ent- 3
stehung und Entwicklung allgemein als erfolgreich bewertet wurde, erwies sich seine Anwendung und Handhabung doch allzu häufig als problematisch. Einerseits führten nämlich Bestehen und Anwendung von verschiedenen Streitschlichtungssystemen nicht nur zur Fragmentierung der Streitbeilegungspraxis, sondern durch diese bedingt auch immer wieder zu zeitraubendem und damit auch kostspieligem sog „forum shopping" der Streitparteien. Diese nachteilige Situation verschärfte sich mit dem Ende der Tokio-Runde im Jahr 1979 zusätzlich dadurch, dass jedes der im Rahmen dieser Runde abgeschlossenen **Multilateralen Abkommen** über nichttarifäre Handelshemmnisse ein rechtlich selbstständiges Streitbeilegungssystem einführte.[3]

---

1 S Aufzählung der Methoden zur friedlichen Streitbeilegung in Art 33 Abs 1 der Charta der Vereinten Nationen.

2 Die Zielsetzungen von „Kontinuität" und „Fortentwicklung" ergeben sich aus Art XVI:1 WTO-Abkommen und Art 3 Abs 1 DSU.

3 Neben dem auf den GATT Art XXII und XXIII beruhenden „Haupt"-Verfahren gab es noch die rechtlich selbstständigen Verfahren unter den verschiedenen Abkommen der Tokio-Runde 1979, sowie auch

4 Andererseits erwies sich auch die Praxis der GATT-Vertragsparteien im **Konsensus** zu entscheiden als Nachteil. Diese ermöglichte es nämlich va der im Verfahren unterlegenen Partei, die Annahme (adoption) der „Bericht" (Report) genannten Entscheidung eines Untersuchungsausschusses (**Panel-Bericht**) durch die Vertragsparteien zu blockieren. Ein nicht angenommener Panel-Bericht konnte somit weder zur Fortentwicklung des GATT-Rechts beitragen, noch unter der Aufsicht aller Vertragsparteien durchgesetzt werden. So verwundert es nicht, dass das Verhandlungsmandat für die Uruguay-Runde (1986–1994) vorsah, „zur Sicherstellung einer zügigen und wirksamen Beilegung von Streitfällen zum Nutzen aller Vertragsparteien [...] die Regeln und Verfahren der Streitbeilegung zu verbessern und zu verstärken."[4]

B. Allgemeine Grundzüge des WTO-Streitbeilegungsverfahrens

I. Grundgedanken der WTO-Streitbeilegung

5 Während Streitbeilegung im Allgemeinen als Instrument zur Durchsetzung von Klageansprüchen angesehen wird, soll ein Ersuchen um Streitschlichtung nach der „Vereinbarung über Regeln und Verfahren zur Streitbeilegung" (DSU) vom 15.4.1994[5] nur dann eingebracht werden, wenn dies einem Mitglied – nach eingehender Prüfung – „erfolgversprechend" erscheint,[6] und keinesfalls als streitbare Handlung angesehen werden.[7] Somit ist das Verfahren nach der DSU darauf gerichtet „die sofortige Bereinigung von Situationen" zu erwirken, in denen die einem Mitglied aus erfassten Abkommen vermeintlich zustehenden Vorteile durch Maßnahmen anderer Mitglieder beeinträchtigt werden,[8] wobei eine positive, beiderseits vereinbarte Lösung „klarerweise vorgezogen" wird.[9] Es geht also nicht um Sieg oder Niederlage einer Rechtsposition, sondern um die rasche Beseitigung der Ursachen des Streits, zumeist einer den Handel rechtswidrig beschränkenden Maßnahme eines anderen WTO-Mitglieds.[10] Diese den Ausgleich fördernde **Grundphilosophie der DSU**, die in verschiedenen ihrer Bestimmungen zum Ausdruck kommt, wird auch durch die im Verfahren zur Anwendung

---

das auf einer Entscheidung der GATT-Vertragsparteien vom 5.5.1966 beruhende speziell für Entwicklungsländer vereinfachte Verfahren, BISD 14S/18.

4 S Ministerklärung von Punta del Este über die Uruguay-Runde v 20.9.1986, abgedruckt in *Hummer/Weiss*, 280/287.

5 S *Hummer/Weiss*, 431ff.

6 Art 3 Abs 7 DSU.

7 Art 3 Abs 10 DSU.

8 Art 3 Abs 3 DSU.

9 Art 3 Abs 7 DSU. S a WTO, *Mexico – Corn Syrup*, App Body v 22.10.2001, WT/DS132/AB/RW, paras 73–74: „Given the 'largely self-regulating' nature of the requirement in the first sentence of Art 3.7, panels and the Appellate Body must presume, whenever a Member submits a request for establishment of a panel, that such Member does so in good faith, having duly exercised its judgement as to whether recourse to that panel would be 'fruitful'. Article 3.7 neither requires nor authorizes a panel to look behind that Member's decision and to question its exercise of its judgement".

10 Art 3 Abs 3 DSU.

kommenden kurzen Fristen unterstützt, die einen relativ zügigen Verfahrensablauf sicherstellen sollen und damit zur Schadensbegrenzung beitragen.[11]

Im Allgemeinen ist das Streitbeilegungssystem vom Gedanken geprägt, dass jede Schaden verursachende Maßnahme eines Mitglieds, die eine Abweichung vom einmal ausgehandelten **Gleichgewicht von Rechten und Pflichten**, insb von Zugeständnissen darstellt, die Wohlfahrtseffekte des multilateralen Handels zum Nachteil aller beeinträchtigt und so rasch wie möglich wieder beseitigt werden muss. Diese Zielsetzung liegt deutlich auch dem Verfahrensabschnitt der sog **Konsultationen** zugrunde, dh den Verhandlungen zwecks Erreichung einer beiderseits zufriedenstellenden Lösung, die dem eigentlichen kontradiktorischen Streitbeilegungsverfahren zwingend vorgeschaltet sind. Diese Verpflichtung zu Verhandlungen vor dem eigentlichen Streitverfahren ist eine im völkerrechtlichen Verfahrensrecht sonst nicht bekannte Besonderheit. 6

II. Rechtsquellen und Zuständigkeit

Das Streitbeilegungssystem der WTO beruht, wie schon erwähnt, auf dem in der DSU vom 15.4.1994 geregelten Verfahren. Die DSU bezeichnet es als „ein zentrales Element zur Gewährleistung von Sicherheit und Vorhersagbarkeit für das **multilaterale Handelssystem**“.[12] Darüber hinaus hat das Streitbeilegungsorgan (Dispute Settlement Body = **DSB**) auch **Verhaltensregeln** für Mitglieder von Untersuchungsausschüssen (**Panel**) beschlossen, die va deren Unabhängigkeit und Objektivität garantieren sollen.[13] 7

Der **sachliche Anwendungsbereich** der DSU umfasst alle Streitigkeiten zwischen WTO-Mitgliedern, die nach den Streitbeilegungsbestimmungen der im Anhang 1 zum DSU angeführten Multilateralen Abkommen und Übereinkommen, den sog „erfassten Abkommen“, anhängig gemacht worden sind. Die Regeln der DSU finden auch Anwendung auf Streitigkeiten zwischen WTO-Mitgliedern über ihre Rechte und Pflichten nach dem Abkommen zur Errichtung der Welthandelsorganisation (WTO-Abkommen),[14] sowie über jene nach der DSU selbst,[15] aber vorbehaltlich besonderer oder zusätzlicher Regeln und Verfahren, die in den in Anlage 2 zum DSU angeführten „erfassten Abkommen“ enthalten sind.[16] 8

---

11 S den Terminkalender in Anlage 3 zum DSU über das Arbeitsverfahren.

12 Art 3 Abs 2 DSU. S a WTO, *Japan – Alcoholic Beverages II*, v 14.2.1997, WT/DS8/15, WT/DS10/15, WT/DS11/13, para 27: „As stated in Article 3(2) of the DSU, the dispute settlement system of the WTO is a central element in providing security and predictability to the multilateral trading system. Therefore, all WTO Members have a strong interest in prompt compliance with and full implementation of the recommendations and rulings of the DSB“.

13 WTO, Rules of Conduct for the Understanding on Rules and Procedures Governing the Settlement of Disputes v 11.12.1996, WT/DSB/RC/1.

14 *Hummer/Weiss*, 315ff.

15 Art 1 Abs 1 DSU.

16 Art 1 Abs 2 DSU. Im Falle der Normenkollision mehrerer solcher Bestimmungen in einem Streitfall, den die Streitparteien selbst nicht binnen 20 Tagen beilegen können, legt der Vorsitzende des Streitbeilegungsorgans (DSB) auf Antragstellung eines der beiden Mitglieder das anzuwendende Verfahren in Konsultationen mit den Streitparteien innerhalb von zehn Tagen fest. Die Anwendbarkeit der Bestim-

9 Was den **„persönlichen" Anwendungsbereich** betrifft, so ist dieser als zwingend zu bezeichnen, da alle Mitglieder verpflichtet, aber auch berechtigt sind, alle ihre unter den „erfassten Abkommen" entstandenen Konflikte im Einklang mit den DSU-Verfahren beizulegen.[17] Dazu bedarf es nach dem DSU im Unterschied zu anderen internationalen Streitschlichtungsverfahren auch keiner Zustimmung der beklagten Partei.[18] Dem Recht der WTO-Mitglieder auf Streitschlichtung im WTO-Verfahren entspricht die Pflicht eingesetzter Panel, ihre Zuständigkeit wahrzunehmen.[19] Das Berufungsorgan ist ausschließlich für Berufungen über Rechtsfragen zuständig.[20]

III. Organe

10 Die nach der DSU zu erfüllenden Aufgaben haben teils richterlich-judiziellen, teils politisch-diplomatischen Charakter. Erstere werden vom Panel bzw dem Berufungsorgan AB, letztere vom DSB wahrgenommen. Die Vollziehung der DSU obliegt dem **DSB**, einer aus allen WTO-Mitgliedern zusammengesetzten Formation des *Allgemeinen WTO-Rates*,[21] das zu diesem Zweck auch Verfahrensregeln festgelegt hat.[22] So überträgt die DSU dem DSB „[...] die Befugnis, Untersuchungsausschüsse einzusetzen, Berichte von Untersuchungsausschüssen und Berufungsorganen anzunehmen, Überwachung der Durchführung von Entschließungen und Empfehlungen wahrzunehmen sowie die Aussetzung von Zugeständnissen und anderen Verpflichtungen nach den erfassten Abkommen zu genehmigen."[23]

11 Der DSB entscheidet in diesen Fällen[24] durch sog **„negativen"** oder „umgekehrten" **Konsensus**, was bedeutet, dass eine Entscheidung als getroffen gilt, außer im Fall eines – praktisch undenkbaren – negativen Konsensus gegen die Annahme einer bestimmten Entscheidung. In anderen Fällen wird mittels „normalen" Konsensus beschlossen, wenn kein bei der zur Entscheidung festgesetzten Tagung des DSB anwesendes Mitglied formell gegen den Entscheidungsvorschlag Einspruch erhebt.[25]

---

mungen der DSU auf die in Anhang 4 zum WTO-Abkommen genannten Plurilateralen Handelsübereinkommen beruht auf der Entscheidung der entsprechenden Vertragsparteien, s Anlage 1, Abs 2.

17 Art 23 DSU.

18 Art 6 Abs 1 DSU bestimmt: „Wenn die beschwerdeführende Partei darum ersucht, wird ein Untersuchungsausschuss [...] eingesetzt [...]."

19 Im Fall WTO, *Mexico – Tax Measures on Soft Drinks and other Beverages*, Panel v 7.10.2005, WT/DS308/R paras 7.8–7.11, 7.18 wies das Panel das Ansuchen Mexikos zurück, seine Zuständigkeit nicht auszuüben, weil ein Schiedsgericht nach Kapitel 20 des North American Free Trade Agreements zuständig sei. Das Panel erklärte sich für zuständig mangels Ermessens, seine Zuständigkeit nicht wahrzunehmen. Von App Body bestätigt.

20 Art 17 Abs 6 DSU.

21 Art 2 DSU. Wenn der Allgemeine Rat (Art IV:2 WTO-Abkommen) Aufgaben nach der DSU wahrnimmt, handelt er als DSB unter einem eigenen Vorsitzenden (Art IV:3 WTO-Abkommen).

22 Verfahrensregeln des DSB, v 11.4.1995, WT/DSB/W/4, ua in *Hummer/Weiss*, 467ff.

23 Art 2 Abs 1 DSU.

24 Art 6 Abs 1, 16 Abs 4, 17 Abs 14, 22 Abs 6 DSU.

25 Art 2 Abs 4 DSU.

Daneben erfüllen auch noch andere Organe und Personen sowie die Sekretariate der WTO bzw des AB **spezifische Funktionen im Rahmen der Streitbeilegung**, zB Schiedsrichter,[26] Sachverständige und Sachverständigenprüfgruppen,[27] aber auch der Vorsitzende des DSB und selbst der Generaldirektor der WTO. 12

IV. Allgemeine Bestimmungen

1. Zweck und Aufgabe des DSU-Systems

Neben den schon erwähnten, für das multilaterale Handelssystem wichtigen Zielen der Gewährleistung von Sicherheit und Vorhersagbarkeit dient das Streitbeilegungssystem auch der **Erhaltung von Rechten und Pflichten** der Mitglieder nach den erfassten Abkommen und zur Aufrechterhaltung eines stimmigen Gleichgewichts zwischen diesen.[28] Dieses **Gleichgewicht** soll „in Übereinstimmung mit den üblichen Auslegungsregeln des öffentlichen internationalen Rechts", dh mit den in der *Wiener Vertragsrechtskonvention* kodifizierten gewohnheitsrechtlichen Auslegungsregeln erzielt werden.[29] Es bleibt Mitgliedern aber unbenommen, „eine Auslegung von Bestimmungen eines erfassten Abkommens durch Beschlussfassung nach dem WTO-Abkommen oder eines erfassten **Plurilateralen Handelsabkommens** zu suchen."[30] 13

Neben der Erhaltung der Rechte und Pflichten der Mitglieder nach den erfassten Abkommen wird auch betont, dass die Empfehlungen und Entschließungen des DSB diese weder erweitern noch verringern können.[31] Vielmehr ist es deren Ziel, eine zufriedenstellende **Bereinigung der Angelegenheit** in Übereinstimmung mit den Rechten und Pflichten gem DSU und erfassten Abkommen herbeizuführen.[32] Auch müssen die zur Bereinigung von Angelegenheiten gefundenen Lösungen mit jenen Abkom- 14

---

26 Art 21 Abs 3, 22 Abs 6, 25 DSU.

27 Art 13 DSU, Art 11 Abs 2 SPS-Übereinkommen.

28 Art 3 Abs 2, Abs 3 DSU.

29 Art 3 Abs 2 DSU, S hierzu Art 31 WVRK 1969. Sa *EC – Tariff Preferences*, App Body v 20.4.2004, WT/DS246/AB/R para 98; weiterhin WTO, *US – Gasoline* App Body v 20.5.1996, WT/DS2/AB/R 17: „The general rule of interpretation [as set out in Article 31(1) of the Vienna Convention on the Law of Treaties] has attained the status of a rule of customary or general international law. As such, it forms part of the 'customary rules of interpretation of public international law' which the Appellate Body has been directed, by Article 3(2) of the *DSU*, to apply in seeking to clarify the provisions of the *General Agreement* and the other 'covered agreements' of the *Marrakesh Agreement Establishing the World Trade Organization* (the '*WTO Agreement*')". So auch in Art 17.6(ii) Antidumping Übereinkommen (ADÜ), vgl *Anti-Dumping Measures on A4 Paper*, Panel v 4.12.2019, WT/DS529/R para. 7.1.1.

30 Art 3 Abs 9 DSU.

31 Art 3 Abs 2 DSU. S a WTO, *US – Shirts and Blouses*, App Body v 25.4.1997, WT/DS33/AB/R 19: „[...] we do not consider that Article 3.2 of the DSU is meant to encourage either panels or the Appellate Body to 'make law' by clarifying existing provisions of the *WTO Agreement* outside the context of resolving a particular dispute". Weiterhin auch WTO, *Chile – Alcoholic Beverages*, App Body v 13.12.1999, WT/DS87/AB/R, WT/DS110/AB/R para 79: „[...] we do not consider that the Panel has added to the rights or obligations of any Member of the WTO. Moreover, we have difficulty in envisaging circumstances in which a panel could add to the rights and obligations of a Member of the WTO if its conclusions reflected a correct interpretation and application of provisions of the covered agreements".

32 Art 3 Abs 4 DSU.

men vereinbar sein. Diese dürfen Vorteile, die einem Mitglied nach jenen Abkommen erwachsen, weder zunichtemachen, noch beeinträchtigen, noch die Erreichung eines Zieles jener Abkommen behindern.[33] Das Verfahren selbst ist ausschließlich zwischenstaatlich angelegt – es steht also nur Mitgliedern der WTO offen, nicht aber Einzelpersonen oder Nichtregierungsorganisationen (NGOs).[34] Wenn Entwicklungsland-Mitglieder gegen entwickelte Mitglieder Beschwerde führen, können sie wahlweise spezielle für sie günstigere Bestimmungen für sich in Anspruch nehmen, was aber nur selten vorkommt.[35]

2. Verfahrensbeteiligte

15 **Beschwerdeführende Streitpartei** mit „*locus standi*" im DSU-Verfahren kann jedes Mitglied sein, das sich im Genuss seiner Rechte aus einem erfassten Abkommen durch Maßnahmen eines anderen Mitglieds unmittelbar oder mittelbar beeinträchtigt erachtet.[36] Wie im ***Bananenstreit III*** entschieden wurde, kann dies selbst dann der Fall sein, wenn die beschwerdeführende Streitpartei kein Handelsinteresse an dem von den beanstandeten Maßnahmen betroffenen Produkt geltend macht, sondern in erster Linie auf die Beseitigung einer rechts- und systemwidrigen Maßnahme zielt.[37] Bei Mehrfachbeschwerden, dh wenn mehrere Mitglieder die Behandlung der gleichen Angelegenheit durch ein Panel anstreben, kann ein einziges Panel eingesetzt werden.[38]

16 Mitglieder, die dem DSB ihr „wesentliches Interesse" am Streitgegenstand mitgeteilt haben, können auch als **Nebenbeteiligte** am Verfahren teilnehmen, dh vom Panel gehört werden und auch schriftliche Stellungnahmen abgeben.[39] Sollte ein Nebenbeteiligter allerdings zu dem Schluss kommen, dass ihm durch Maßnahmen einer bereits vor einem Panel anhängigen Angelegenheit Vorteile aus einem erfassten Abkommen entgehen oder geschmälert werden, so bleibt es ihm unbenommen, selbst ein eigenes Streitbeilegungsverfahren einzuleiten.[40] Nicht-Mitglieder, Einzelpersonen, Firmen, internationale Organisationen, Nichtregierungsorganisationen, Gewerkschaften und Vereinigungen der Zivilgesellschaft, zB solche mit menschenrechtlicher oder umweltschützender Zielsetzung, haben keinen Zugang zum bzw Rechte im Verfahren. Panel und der AB haben aber wiederholt ihr Ermessen behauptet, schriftliche Eingaben von diesen Personen und Organisationen als sog ***„amicus curiae"-briefs*** entgegennehmen zu können.[41]

---

33 Art 3 Abs 5 DSU.
34 S dazu, WTO, *US – Shrimp*, App Body v 6.11.1998, WT/DS58/AB/R para 101.
35 S Art 3 Abs 12 DSU, s a o Fn 3.
36 Art 3 Abs 3 DSU.
37 WTO, *EC – Bananas III*, App Body v 9.9.1997, WT/DS27/AB/R paras 135f.
38 Art 9 Abs 1 DSU.
39 Art 10 Abs 1 DSU.
40 Art 10 Abs 4 DSU.
41 S u Rn 56ff, 70ff.

3. Klagetypen

Im Einklang mit Art XXIII GATT unterscheidet die DSU zwischen drei Klagetypen.[42] Bei Vorliegen einer **Verletzungsbeschwerde** (violation complaint), der bei weitem gebräuchlichsten Klageform, trägt die klagende Partei die anfängliche Beweislast, die Verletzung einer Bestimmung eines WTO Abkommens *prima facie* glaubhaft zu machen. Gelingt dies, ist das Panel mangels effektiver Widerlegung durch die beklagte Partei zur Rechtsvermutung verpflichtet, dass ein Fall von Zunichtemachung („nullification") oder Beeinträchtigung („impairment") vorliegt. Das bedeutet, dass üblicherweise die Vermutung besteht, wonach die Verletzung von Regeln „eine schädliche Auswirkung auf andere Mitglieder jenes erfassten Abkommens hat".[43] Zur möglichen Widerlegung dieser Rechtsvermutung wird der beklagten Partei in solchen Fällen die schwere Bürde eines – praktisch immer erfolglosen – Gegenbeweises auferlegt.[44] Dies erklärt sich mit der Annahme, dass die Regeln des multilateralen Handels die Optimierung ökonomischer Wohlfahrt durch Handel sicher stellen, so dass ihre Verletzung durch handelsbeschränkende Maßnahmen *ipso facto* zu einer Wohlfahrtsminderung führen muss. 17

Im Fall der nur selten erhobenen „**Nichtverletzungsbeschwerde**" (non-violation complaint)[45] ist die beschwerdeführende Partei der Auffassung, dass ihr aus einschlägigen Abkommen erwachsende Vorteile oder die Erreichung einer ihrer Zielsetzungen infolge der Anwendung von Maßnahmen durch ein Mitglied mittelbar oder unmittelbar zunichte gemacht oder beeinträchtigt wurden, unabhängig davon, ob die betreffende Maßnahme eine Rechtsverletzung darstellt oder nicht.[46] Drittens gibt es noch die – bisher nie realisierte – Möglichkeit, eine sog „**Situationsbeschwerde**" vorzubringen. Darin wird behauptet, dass Vorteile bzw Zielsetzungen aus Abkommen infolge „einer anderen Lage" zunichtegemacht oder beeinträchtigt worden sind.[47] In diesen letzten beiden Fällen obliegt es jeweils der beschwerdeführenden Partei, die Zunichtemachung oder Beeinträchtigung zu beweisen.[48] 18

4. Rechtsmittel

Hinsichtlich der verfügbaren **Rechtsmittel** stellt die DSU wie schon erwähnt klar, dass „eine für die Streitparteien beiderseits annehmbare Lösung [...] klarerweise vorgezogen [wird]".[49] Daraus ergibt sich eine Hierarchie der Rechtsmittel. In Ermangelung des 19

42 Art 3 Abs 1, Abs 8, Art 26 Abs 1, Abs 2 DSU.

43 Art 3 Abs 8 DSU; WTO, *EC – Commercial Vessels*, Panel v 22.4.2005, WT/DS301/R para 8.2.; s a WTO, *Korea- Stainless Steel Bars*, Panel v 30.11.2020, WT/DS553/R para 7.3.2.

44 Art XXXIII:1(a) GATT, Art 3 Abs 8 DSU; s zB WTO, *US – Poultry (China)*, Panel v 29.9.2010, WT/DS392/R.

45 S zB WTO, *Japan – Film*, Panel v 31.3.1998, WT/DS44/R; *Korea – Government Procurement*, Panel v 1.5.2000, WT/DS163/R.

46 Art XXIII:1(b) GATT, Art 26 Abs 1 DSU.

47 Art XXIII:1(c) GATT, Art 26 Abs 2 DSU.

48 Art 26 DSU.

49 S o Fn 23.

Vorzugsrechtsmittels einer beiderseits vereinbarten Lösung steht die Zurücknahme der betreffenden Maßnahme als zweites Rechtsmittel zur Verfügung. Subsidiär und nur wenn die unmittelbare Zurücknahme der Maßnahme untunlich ist, können die Bestimmungen über den Ausgleich zur Anwendung kommen, aber nur auf freiwilliger Basis und vorübergehend bis zur Zurücknahme der Maßnahme.

20 **Sanktionen** im eigentlichen Sinn kommen lediglich als „letzte Zuflucht" und nur mit Genehmigung durch den DSB in Betracht,[50] es sei denn, ein erfasstes Abkommen verbietet dies.[51] Sanktionen werden in diskriminierender Weise, dh nur gegenüber dem anderen Mitglied eingesetzt, entweder durch Aussetzung der Anwendung von Zugeständnissen oder von anderen Verpflichtungen nach den erfassten Abkommen.[52] Als allgemeiner Grundsatz gilt, dass die beschwerdeführende Partei eine **Aussetzung von Zugeständnissen oder von anderen Verpflichtungen** zunächst auf demselben Sachgebiet zu erwirken hat, in dem ein Panel oder der AB eine Verletzung, Aufhebung oder Schädigung festgestellt hat.[53] In bestimmten Fällen, in denen dies aber als undurchführbar oder unwirksam erachtet wird und die Umstände ernst genug sind, besteht auch die Möglichkeit der sog **„cross-retaliation"**, dh eine Aussetzung von Zugeständnissen oder von anderen Verpflichtungen auf anderen Gebieten desselben Abkommens oder sogar aus anderen erfassten Abkommen.[54] In jedem Fall darf das Ausmaß der vom DSB genehmigten Aussetzungen nicht strafenden Charakter haben, sondern muss dem Ausmaß der erlittenen Zunichtemachung oder Beeinträchtigung angemessen sein,[55] worüber im Streitfall ein eingeschobenes Schiedsverfahren, üblicherweise vor dem ursprünglichen Panel, endgültig zu befinden hat.[56]

5. Methoden der Streitbeilegung

21 Im DSU-Verfahren sind verschiedene **Streitbeilegungsmethoden** vorgesehen. Konsultationen, eine im Wesentlichen auf diplomatischen Verhandlungen beruhende Methode, gehen dem eigentlichen DSU-Verfahren voraus. Dieses wird mit juristischen Methoden abgewickelt, nämlich mittels Rechtsprechung durch *ad hoc*-Untersuchungsausschüsse, den AB oder auch durch Schiedsgerichte.[57]

22 Erwähnenswert ist noch, dass es den Streitparteien jederzeit, dh auch schon während ihrer Konsultationen, frei steht, auch andere, gewissermaßen **alternative Streitbeilegungsmethoden** wie *Gute Dienste* (good offices), Streitschlichtung (conciliation) und Vermittlung (mediation) in Anspruch zu nehmen, und dass diese Methoden zur Unterstützung der Mitglieder auch vom Generaldirektor von Amts wegen angeboten

50 Art 3 Abs 7, 22 Abs 4 DSU.
51 Art 22 Abs 5 DSU.
52 Art 3 Abs 7 DSU.
53 Art 22 Abs 3(a) DSU.
54 Art 22 Abs 3(b), (c) DSU.
55 Art 22 Abs 4 DSU.
56 Art 22 Abs 6, 7 DSU; zur Auslegung des Art 22 DSU s insb *European Communities-Regime for the Importation, Sale and Distribution of Bananas – Recourse to Arbitration by the European Communities under Article 22.6. DSU*, Decision by the Arbitrators v 24.3.2000, WT/DS27/ARB/ECU *passim*.
57 Art 25 DSU.

werden können.[58] In der Praxis haben Mitglieder von dieser Möglichkeit jedoch nur höchst selten Gebrauch gemacht.[59]

6. Auslegungsregeln

Wie bereits erwähnt, sind Panels und der AB an die üblichen **völkerrechtlichen Auslegungsregeln** gebunden.[60] Eine ansehnliche Anzahl von WTO-Fällen beschäftigt sich mit diesen Regelungen.[61] Fest steht, dass die Auslegung erfasster Abkommen nach Treu und Glauben in erster Linie auf den Text der Abkommen abzustellen hat, im Einklang mit der gewöhnlichen, seinen Bestimmungen in ihrem Zusammenhang zukommenden Bedeutung, inklusive der späteren Praxis,[62] und im Lichte seines Ziels und Zwecks. Jedenfalls ist von der gewöhnlichen Wortbedeutung auszugehen[63] und bei der Auslegung darauf zu achten, dass allen Vertragsbestimmungen Wirkung verliehen wird, so dass keine von ihnen nutzlos oder wirkungslos erscheint.[64] 23

Zweck der Vertragsinterpretation ist es, „the *common* intention of the parties to the treaty" festzustellen.[65] Sollte aber die Bedeutung einer Bestimmung selbst bei Anwendung dieser Regeln mehrdeutig oder dunkel bleiben oder zu einem offensichtlich sinnwidrigen oder unvernünftigen Ergebnis führen, so dürfen auch ergänzende Auslegungsmittel, insb die vorbereitenden Arbeiten und die Umstände des Vertrags- 24

---

58 Art 5 DSU.

59 Auf die in Artikel 5 DSU vorgesehenen Methoden der alternativen Streitbeilegung wurde in einem offiziellen Verfahren noch nie zurückgegriffen. Dies bedauerte der dritte WTO-Generaldirektor in einer im Juli 2001 ergangenen Mitteilung mit den Worten: „Members should be afforded every opportunity to settle their disputes through negotiations whenever possible". Allerdings wurde in einer Angelegenheit, die von den Mitgliedern selbst nicht als offizieller „dispute" erachtet wurde, von den Philippinen, Thailand und den Europäischen Gemeinschaften ein Antrag auf Mediation durch den Generaldirektor oder einen von diesem ernannten Mediator gestellt. Die Parteien kamen dabei überein, dass der Mediator sich nach dem in Artikel 5 DSU vorgesehenen Mediationsverfahren richten sollte, Article 5 of the Dispute Settlement Understanding, Communication from the Director-General, v 17.7.2001, WT/DSB/25.

60 S Art 3 Abs 2 DSU sowie o Fn 22.

61 S zB die Berichte des App Body in WTO, *US – Shrimp*, App Body v 6.11.1998, WT/DS58/AB/R, (Wortauslegung), *Canada – Aircraft*, App Body v 2.8.1999, WT/DS70/AB/R (systematische Auslegung), *Brazil – Desiccated Coconut*, App Body v 21.2.1997, WT/DS22/AB/R (Auslegung anhand des Sinnes und Zweckes des WTO-Übereinkommens), *Canada – Patent Term*, App Body v 12.10.2000, WT/DS170/AB/R (Bezugnahme auf das Effektivitätsprinzip, das eine sehr wichtige Stellung einnimmt, wohingegen der historischen Auslegung nur untergeordnete Bedeutung zukommt).

62 Art 31 Abs 3(b) WVRK; spätere Praxis iSd WVRK wurde vom App Body umschrieben als „concordant, common, consistent sequence of acts or pronouncements [...] sufficient to establish a discernible pattern implying the agreement of the parties [to a treaty] regarding its interpretation", WTO, *Japan – Alcoholic Beverages, II* App Body v 4.10.1996, WT/DS8/AB/R, WT/DS10/AB/R, WT/DS11/AB/R 13; s a *US – Gambling*, App Body v 20.4.2005, WT/DS285/ AB/R para 192.

63 S zB WTO, *US – Shrimp*, App Body v 6.11.1998, WT/DS58/AB/R para 114.

64 WTO, *US – Gasoline*, App Body v 20.4.1996, WT/DS2/AB/R para 23; *Japan – Alcoholic Beverages II*, App Body v 4.10.1996, WT/DS8/AB/R, WT/DS10/AB/R, WT/DS11/AB/R 12; *Korea – Dairy*, App Body v 14.12.1999, WT/DS98/AB/R para 81.

65 WTO, *EC – Computer Equipment*, App Body v 5.6.1998, WT/DS62/AB/R, WT/DS67//AB/R, WT/DS68/AB/R para 93.

abschlusses herangezogen werden,[66] inklusive des historischen Hintergrunds solcher Verhandlungen.[67] Sinnwidrigkeit und unvernünftiges Ergebnis der Auslegung sind Vorbedingungen der Anwendung des Art 32 WVK, die nur selten erfüllt sind.[68] Vor kurzem verwarf der AB die Behauptung der EG, das Panel hätte seine Funktion nach Art 11 DSU verletzt, weil es zur Beurteilung der Umstände des Vertragsabschlusses nicht die „totality" des EG-Rechtssystems herangezogen hatte.[69]

7. Beweiswürdigung, Beweisaufnahme, Beweislast

25 Die **Beweiswürdigung** (standard of review) wird im Zusammenhang mit der Funktion des Panels als „objektive Würdigung der ihm vorgelegten Angelegenheit"(Art 11) beschrieben und im AB-Fallrecht präzisiert.[70] So hat der AB festgestellt, dass „a panel may not conduct a *de novo* review of the evidence or substitute its judgment for that of the competent authorities".[71] Abgesehen davon enthält die DSU keine detaillierten Angaben oder Fristen betreffend die Beweisführung, sondern begnügt sich mit der lapidaren Feststellung, dass die Panels die Arbeitsverfahren nach Anlage 3 übernehmen.[72] Aus diesen ergibt sich, dass die Beweisaufnahme in zwei gesonderten Schritten erfolgt. Bei der sog ersten materiellen Tagung des Panels mit den Streitparteien sind diese aufgefordert – zuerst die beschwerdeführende, dann die beklagte Partei – ihren Fall in rechtlicher und tatsächlicher Hinsicht kurz vorzutragen und ihre Standpunkte mit unterstützenden Beweisen zu belegen, die dem Panel schon vor der Tagung schriftlich vorgelegt worden waren. In einer anlässlich dieser Tagung anberaumten speziellen Sitzung können auch Nebenbeteiligte, die dem DSB ihr Interesse an der Streitigkeit notifiziert hatten, ihre Ansichten bekannt geben. Bei der zweiten materiellen Tagung und in umgekehrter Reihenfolge haben dann beide Parteien die Möglichkeit, formelle Gegendarstellungen (**rebuttals**) vorzubringen, die dem Panel vor dieser Tagung in schriftlicher Ausfertigung vorgelegt worden waren. Wenn keine speziellen Fristen für die Beweisführung vor einem bestimmten Panel vereinbart worden sind, können die Parteien neue Beweise auch noch in der zweiten materiellen Sitzung vor-

66 Art 32 WVRK; WTO, *EC – Computer Equipment,* App Body v 5.6.1998, WT/DS62/AB/R, WT/DS67/AB/R, WT/DS68/AB/R para 92.

67 Art 32 WVRK; WTO, *EC – Computer Equipment,* App Body v 5.6.1998, WT/DS62/AB/R, WT/DS67/AB/R, WT/DS68/AB/R para 92.

68 S zB WTO, *US – Dumping Margins („Zeroing")*, Panel v 31.10.2005, WT/DS294/R para 7.219.

69 WTO, *EC – Chicken Cuts,* App Body v 12.9.2005, WT/DS269/AB/R, WT/DS286/AB/R para 345.

70 WTO, *US – Cotton Yarn,* App Body v 8.10.2001, WT/DS192/AB/R; *US – Lamb,* App Body v 1.5.2001, WT/DS/177/AB/R, WT/DS178/AB/R.

71 WTO, *US – Steel Safeguards,* App Body v 10.11.2003, WT/DS248,249,251,252,253,254,258,259/AB/R para 299; fehlerhafte Beweiswürdigung wurde dem Panel vorgeworfen in WTO, *US – Semiconductors,* App Body v 27.6.2005, WT/DS296/AB/R para 190.

72 Art 12 Abs 1 DSU. Dabei bestätigte der App Body in WTO, *Chile – Price Band System* (Art 21.5 – Argentina), App Body v 7.5.2007, WT/DS207/AB/RW para 119, dass Artikel 11 DSU den Panels einen Ermessensspielraum in ihrer Beweiswürdigung einräumt. Dieser Spielraum beinhaltet ein Ermessen bei der Feststellung, welche Beweise das Panel als am relevantesten erachtet und wie viel Gewicht es den verschiedenen vorgebrachten Beweisen beimisst.

bringen, sofern die andere Partei ausreichend Gelegenheit zu einer Gegendarstellung hat, also im Einklang mit dem Gebot der Sicherung des „**due process**".[73]

Auch Zuteilung, Gewichtung und Erfüllung der **Beweislast** sind im DSU nicht geregelt. Der AB sah sich daher veranlasst, festzuhalten, dass die Behauptung eines Anspruchs allein nicht beweiskräftig sein kann. Unter Berufung auf ständige Praxis internationaler Tribunale und des Internationalen Gerichtshofs wies er ferner darauf hin, dass die allgemein akzeptierte Beweisregel gilt, wonach eine Tatsachenbehauptung von der Partei zu beweisen ist, die sie gemacht hat, aber auch, dass in allen Rechtssystemen die Beweislast bei jener Partei liegt, die eine Rechtsbehauptung, sei es als Klage oder Klagewiderspruch, erhoben hat.[74] Wenn es dieser Partei gelingt, Beweise vorzulegen, die zur Begründung der Vermutung ausreichen, dass die Behauptung wahr ist, geht die Beweislast zur Widerlegung der Vermutung auf die andere Partei über.[75] 26

8. Fristen

27 Bemerkenswert ist, dass das Verfahren im Allgemeinen nicht länger als sechs Monate dauern soll.[76] Keinesfalls soll der Zeitraum ab Einsetzung des Untersuchungsausschusses bis zur Verteilung des Berichts an die Mitglieder neun Monate überschreiten.[77] Deshalb müssen alle Verfahrensabschnitte innerhalb relativ kurzer **Fristen** abgewickelt werden. Dies bedeutet weiter, dass Prozesshandlungen vor dem Untersuchungsausschuss bzw Berufungsorgan einem strikten Terminkalender unterworfen sind, wodurch eine zügige Abwicklung des Verfahrens sichergestellt werden soll. Auch das Verfahren vor dem Berufungsorgan soll im Allgemeinen innerhalb von 60 Tagen abgeschlossen sein.[78]

9. Panel Schlussbericht

28 Das Panel Verfahren endet mit der Erstellung eines Schlussberichts – einem mehrteiligen schriftlichen Bericht des Panels an den DSB. Dieser sog **Panel-Bericht** hat empfehlenden Charakter und soll den DSB bei der Ausarbeitung von Empfehlungen oder bei der Fassung von Entschließungen unterstützen.[79] Panel-Berichte werden in Abwesenheit der Parteien von den Panelists verfasst, unter mehr oder weniger intensiver

73 S hierzu WTO, *Argentina – Textiles and Apparel*, App Body v 27.3.1998, WT/DS56/AB/R paras 80f; *Australia – Salmon*, App Body v 18.10.1998, WT/DS18/AB/R para 272.

74 WTO, *US – Dumping Margins („Zeroing")*, App Body v 31.10.2005, WT/DS294/R para 7.8; *US – Shirts and Blouses*, App Body v 23.5.1997, WT/DS33/AB/R 16.

75 WTO, *US – Shirts and Blouses*, App Body v 23.5.1997, WT/DS33/AB/R 15; *Mexico – Rice AD Measures*, App Body v 6.6.2005, WT/DS295/R para 7.7; *US – OCTG AD Measures*, App Body v 20.6.2005, WT/DS282/R para 7.8.

76 Art 12 Abs 8 DSU.

77 Art 12 Abs 9 DSU; bei Meinungsverschiedenheiten darüber, ob Empfehlungen und Entschließungen eines Panels von der unterlegenen Partei erfüllt wurden oder nicht, muss ein nach Art 21 Abs 5 DSU eingesetztes Panel seinen Bericht sogar innerhalb von 90 Tagen verteilen.

78 Art 17 Abs 5 DSU.

79 Art 11 DSU.

Mitwirkung des WTO-Sekretariats.[80] In langjähriger Praxis entstand eine typische Berichtsstruktur, die in fast allen Panel-Berichten anzutreffen ist. Demnach beginnt ein Panel-Bericht mit einem einleitenden Abschnitt, der sich mit verfahrensrechtlichen Aspekten beschäftigt und mindestens eine geraffte Verfahrensgeschichte sowie die personelle Zusammensetzung des Panels enthält. Der nachfolgende Abschnitt beschreibt relevante Tatsachen, va die im Verfahren strittigen Maßnahmen. Es folgen Abschnitte, in denen die Ansprüche und Begehren der Parteien und Nebenbeteiligten bzw ihre Begründungen zusammengefasst sind. Diesem schließt sich ein Abschnitt über das Stadium der **Zwischenprüfung (interim review)** an. Die beiden letzten Abschnitte enthalten die Feststellungen des Panels und seine Schlussfolgerungen.

29 In letzter Zeit sind Panels mit Zustimmung der Parteien dazu übergegangen, das **Parteienvorbringen** nicht im Bericht selbst, sondern in einem oder mehreren Anhängen zusammengefasst darzustellen.[81] Zumindest muss der Panel-Bericht Tatsachenfeststellungen treffen, über die Anwendbarkeit der einschlägigen Bestimmungen und die Würdigung der Feststellungen befinden und begründete Empfehlungen enthalten.[82]

30 Wenn ein oder mehrere **Entwicklungsland-Mitglied/er** am Verfahren beteiligt waren, muss der Bericht auch ausdrücklich angeben, in welcher Weise die von diesen im Verfahren vorgebrachten Bestimmungen erfasster Abkommen über differenzierte und günstigere Behandlung berücksichtigt wurden.[83] Wenn ein Panel – oder auch der AB – zu dem Schluss kommt, dass eine Maßnahme mit einem erfassten Abkommen unvereinbar ist, empfiehlt es, dass das betreffende Mitglied diese mit dem Abkommen vereinbar macht. Es liegt im Ermessen des Panel – aber auch des AB – Mittel und Wege vorzuschlagen, wie das betreffende Mitglied die Empfehlungen erfüllen kann.[84] Keine dieser Empfehlungen sind für das betroffene Mitglied rechtlich verbindlich. Erstere – Empfehlungen zur Beseitigung der Unvereinbarkeit von Maßnahmen – werden erst durch die mittels negativem Konsensus erfolgende Annahme des Panel-Berichts durch den DSB rechtlich bindend. Letztere – Vorschläge über Wege, diesen nachzukommen – haben aber *de facto* ein gewisses Gewicht, weil das gleiche Panel zu einem späteren Zeitpunkt noch einmal zur Beurteilung eingesetzt werden könnte, ob die ursprünglichen Empfehlungen und Entschließungen ausreichend erfüllt worden waren.[85] Keinesfalls dürfen Panel und der AB in ihren Feststellungen und Empfehlungen die in den erfassten Abkommen enthaltenen Rechte und Pflichten erweitern oder einschränken.[86]

80 Art 14 Abs 1, 2 DSU; jeweils ein Mitarbeiter der Rechtsabteilung wird einem Panel als „Sekretär“ zugewiesen.

81 ZB WTO, *Argentina – Poultry,* Panel v 22.4.2003, WT/DS241/R.

82 Art 12 Abs 7 DSU. In seltenen Fällen wird wegen angeblichen Mangels einer Würdigung der Feststellungen gegen Panel-Berichte Berufung eingelegt; zB verwarf der App Body eine solche Berufung Argentiniens in WTO, *Argentina – Footwear,* App Body v 14.12.1999, WT/DS121/AB/R para 149.

83 Art 12 Abs 11 DSU.

84 Art 19 Abs 1 DSU; s zB WTO, *Argentina – Poultry,* Panel v 22.4.2003, WT/DS241/R para 8.7; *EC – Trademarks and Geographical Indications,* Panel v 15.3.2005, WT/DS174/R para 8.5; WTO, *EU – Anti-Dumping Measures on Certain Footwear from China,* Panel v 28.10.2011, WT/DS405/R paras. 8.9–8.12.

85 Art 21 Abs 5 DSU; s a o Fn 66.

86 Art 19 Abs 2 DSU.

Von der Möglichkeit, anonym in abweichenden (dissenting) oder zustimmenden (concurring) **Sondervoten** ihre individuelle Meinung zum Ausdruck zu bringen, haben Panelists bisher nur selten Gebrauch gemacht.[87] 31

Im Fall von **Mehrfachbeschwerden**, wenn mehrere Mitglieder um die Einsetzung eines Panels zur Behandlung derselben Angelegenheit ersuchen, kann ein einziges Panel zur Prüfung dieser Beschwerden eingesetzt werden, unter Berücksichtigung der Rechte aller Mitglieder, insb jener, die ihnen vor gesonderten Panels zugestanden worden wären.[88] Gegebenenfalls muss das Panel auf Ersuchen eines der Mitglieder einen gesonderten Panel-Bericht verfassen, der idR mit den anderen identisch ist.[89] 32

Wenn es Mitgliedern während des Panel-Verfahrens gelingt, ihren Streit beizulegen, beschränkt sich der Panel-Bericht auf ein kurze Darstellung des Falles und die Mitteilung, dass eine einvernehmliche Lösung erzielt worden ist.[90] 33

C. Abschnitte des DSU-Verfahrens

Das gesamte **DSU-Verfahren** ist in drei **Phasen** oder Abschnitte unterteilt. Die erste besteht aus den Konsultationen. Phase zwei besteht aus dem Verfahren vor einem Untersuchungsausschuss (Panel), dem eigentlichen Kern des Verfahrens, und gegebenenfalls dem Berufungsverfahren vor dem Berufungsorgan AB. Die dritte, sog Implementierungsphase ist der Überwachung, der Durchführung, der Empfehlungen und Entschließungen des Panels bzw des AB gewidmet. Alle Phasen und die ihnen zugeordneten Prozesshandlungen – Sitzungen des DSB, der Panels, mündliche Verhandlungen vor dem AB – finden unter Ausschluss der Öffentlichkeit statt. Auch die den Panels und dem AB von Streitparteien und Nebenbeteiligten vorgelegten Schriftsätze sind vertraulich.[91] 34

I. Konsultationen

Art 4 DSU verpflichtet WTO-Mitglieder bezüglich ihrer innerhalb ihres Gebietes getroffenen Maßnahmen, welche die Durchführung erfasster Abkommen beeinträchtigen, anderen Mitgliedern ausreichende Gelegenheit für **Konsultationen** zu geben.[92] Der AB hob die wichtige Funktion der Konsultationen für die Umschreibung und Begrenzung des Streitgegenstands mit folgenden Worten hervor: „Through consultations, parties exchange information, assess the strengths and weaknesses of their respective 35

87 Art 14 Abs 3 DSU; für ein Beispiel einer „dissenting opinion" s zB WTO, *US – Dumping Margins („Zeroing")*, Panel v 31.10.2005, WT/DS294/R 153; WTO, *EC – Poultry* Panel v 23.7.1998, WT/DS69/R, modifiziert durch App Body v 13.7.1998, WT/DS69/AB/R.
88 Art 9 Abs 1, 2 DSU.
89 Art 9 Abs 2 DSU; s zB die vier im Wesentlichen identischen Panel-Berichte im Bananenfall III (WTO, *EC – Bananas III*, Panel v 22.5.1997, WT/DS27/R/ECU, WT/DS27/R/GTM, WT/DS27/R/HND, WT/DS27/R/MEX, WT/DS27/R/USA).
90 Art 12 Abs 7 DSU.
91 Art 18 Abs 2, Art 17 Abs 10, Appendix 3, para 3 DSU.
92 Art 4 Abs 2 DSU.

cases, narrow the scope of the differences between them and, in many cases, reach a mutually agreed solution in accordance with the explicit preference expressed in Article 3.7 of the DSU. Moreover, even where no such agreed solution is reached, consultations provide the parties an opportunity to define and delimit the scope of the dispute between them".[93]

36 Ersuchen um Konsultationen sind schriftlich zu stellen, zu begründen und müssen insb die genaue Bezeichnung der strittigen Maßnahme sowie die Rechtsgrundlage für die Beschwerde enthalten. Außerdem muss das **Konsultationsersuchen** dem DSB sowie relevanten Räten und Komitees notifiziert werden.[94] Diese **Notifikationsverpflichtung** erfüllt drei verschiedene Funktionen. Erstens wird dadurch allgemein Transparenz gefördert. Zweitens ermöglicht es die Notifikation anderen Mitgliedern, ihre eigene Position hinsichtlich der strittigen Maßnahme zu bestimmen und bei Vorliegen eines eigenen „wesentlichen Interesses" gegebenenfalls binnen zehn Tagen nach Verteilung der Notifizierung das um Konsultationen ursprünglich ersuchte Mitglied um Zustimmung zur Einbindung in diese zu ersuchen.[95] Drittens eröffnet die Notifikation im Fall des Scheiterns der Konsultationen den für nachfolgende Verfahrensabschnitte wichtigen Fristenlauf. Dem Ersuchen um Konsultationen ist binnen zehn Tagen nach dessen Erhalt zu entsprechen und zwar durch Aufnahme von Konsultationen in **gutem Glauben** innerhalb von höchstens 30 Tagen vom Datum des Ersuchens an. Wird das Ersuchen nicht zeitgerecht beantwortet oder kommt es nicht zu fristgemäßen Konsultationen zwecks Erreichung einer beiderseits zufriedenstellenden Lösung, so kann das ersuchende Mitglied unmittelbar die Einsetzung eines Untersuchungsausschusses verlangen.[96] Konsultationen sind vertraulich und dienen der Suche einer beiderseits zufriedenstellenden Regelung der Angelegenheit, unbeschadet der Rechte der Mitglieder im weiteren Verfahren.[97]

37 Diese bei diplomatischen Verhandlungen übliche **Vertraulichkeit** verhindert allerdings eine Überprüfung, ob die konsultierenden Mitglieder ihrer Verpflichtung zur Berücksichtigung der besonderen Probleme und Interessen der Entwicklungsland-Mitglieder nachgekommen sind.[98] Sind Konsultationen erfolgreich verlaufen, wird dem DSB gem Art 3 Abs 6 DSU schriftlich mitgeteilt, dass eine beiderseits zufriedenstellende Regelung der Angelegenheit erzielt werden konnte. Bei **Scheitern der Konsultationen** nach Ablauf von 60 Tagen bzw im Fall ihres von den konsultierenden Mitgliedern einvernehmlich festgestellten Fehlschlagens innerhalb dieser Frist kann die beschwerdeführende Partei die Einsetzung eines Untersuchungsausschusses verlangen.[99] In dringenden Fällen können die genannten Fristen verkürzt und alle betei-

---

93 WTO, *Mexico – Corn Syrup,* (Art 21.5 – US), App Body v 21.11.2001, WT/DS132/AB/RW para 54.

94 Art 4 Abs 4 DSU.

95 Art 4 Abs 11 DSU; s zB Ersuchen um Konsultationen im Fall WTO, *Japan – Dynamic Random Access Memories,* WT/DS336/3; Japans Zustimmung zum Ersuchen, WT/DS336/4; s a Ersuchen Kanada's um Einbindung in WTO, *China-Anti-Dumping and Countervailing Duty Measures on Barley from Australia,* v 6.1.2021, WT/DS598/4.

96 Art 4 Abs 3 DSU.

97 Art 4 Abs 5, Abs 6 DSU.

98 Art 4 Abs 10 DSU.

99 Art 4 Abs 7 DSU.

ligten Parteien und Organe verpflichtet werden, das Verfahren möglichst zu beschleunigen.[100]

II. Das Panelverfahren

1. Einsetzung und Mandat

Auf Ersuchen der beschwerdeführenden Partei wird vom DSB ein Panel eingesetzt, spätestens auf seiner erstfolgenden Tagung nach jener, bei der das Ersuchen erstmalig auf seiner Tagesordnung erschien.[101] Das schriftlich zu stellende Ersuchen muss angeben, ob Konsultationen abgehalten wurden. Es muss auch eine genaue Bezeichnung der strittigen Maßnahmen sowie eine kurze Zusammenfassung der Rechtsgrundlage der Beschwerde enthalten, die ausreicht, um das Problem eindeutig aufzuzeigen.[102] Auch in Art 6 Abs 2 DSU, wie schon in Art 4 Abs 4 DSU hinsichtlich der Konsultationen, bezieht sich der Ausdruck „Rechtsgrundlage" auf die Beschwerden der beschwerdeführenden Partei, was nach Auffassung des AB aber nicht notwendigerweise bedeutet, dass die im Ersuchen um Konsultationen vorgetragenen Beschwerden mit denen im **Ersuchen um die Einsetzung eines Panels** identisch sein müssen.[103] Gleichfalls sind die „strittigen Maßnahmen", auf die beide Ersuchen gem der Terminologie dieser DSU-Bestimmungen Bezug nehmen, nicht unbedingt identisch, sofern der Kern der strittigen Maßnahmen unverändert geblieben ist.[104] 38

Angesichts der relativ kurzen Prozessfristen ist das Ausmaß der **Bestimmtheit des Streitgegenstands** für die Vorbereitung der Verteidigung der beklagten Partei von gravierender Bedeutung. Es war daher in zahlreichen Verfahren strittig, ob die Rechtsgrundlage gem Art 6 Abs 2 DSU ausreichend bezeichnet worden war – eine Frage, die von Fall zu Fall beurteilt werden muss.[105] So entschied das Panel beispielsweise im berühmten *Bananenstreit III* zwischen den USA und anderen Klägern und der Europäischen Gemeinschaft (EG), dass die alleinige Aufzählung von Bestimmungen erfasster Abkommen, deren Verletzung behauptet wurde, zur Bezeichnung der Rechtsgrundlage der Beschwerde ausreichend sein kann, und dass die Rechtsgrundlage der Beschwerde ausreichend zusammengefasst sein muss, nicht die der einzelnen 39

100 Art 4 Abs 8, 9 DSU.

101 Art 6 Abs 1 DSU; der DSB kann aber mit Konsensus beschließen, kein Panel einzusetzen.

102 Art 6 Abs 2 DSU; diese Bestimmung ist auch im Zusammenhang mit Art 21 Abs 5 DSU auszulegen, der das Verfahren der sog „compliance" Panels regelt, s WTO, *US – FSCs*, (Art 21.5 (II) – EC) App Body v 13.2.2006, WT/DS108/AB/R/W2 para 59.

103 WTO, *Mexico – Rice AD Measures*, App Body v 29.11.2005, WT/DS295/AB/R para 136; dies wurde auch durch die Entscheidung des Panels in *EU – Footwear (China)*, ein entsprechendes Vorbringen des Beschwerdegegners zurückzuweisen, bestätigt; WTO, *EU – Footwear (China)*, Panel v 28.10.2011, WT/DS405/R paras 7.51–7.61.

104 WTO, *Brazil – Aircraft*, App Body v 2.8.1999, WT/DS46/AB/R para 132. Dazu befand das Panel in *India – Agricultural Products*, dass es verfrüht und unter Umständen unnötig sei, bereits im Vorstadium genau zu definieren, welche Maßnahmen vom Antrag auf Einsetzung des Panels erfasst sind und in das Mandat des Panels fallen; s WTO, *India – Agricultural Products*, Panel v 28.6.2013, WT/DS430/5 paras 3.8–3.66.

105 S zB WTO, *Canada – Wheat*, App Body v 30.8.2004, WT/DS276/AB/R para 206.

Klagebegehren.[106] Auch die gelegentlich von Streitparteien behauptete Begrenzung des Ersuchens um Einsetzung eines Panels durch den Umfang des Ersuchens um Konsultationen wird von Panels nicht akzeptiert.[107] Ebenso wenig akzeptiert wird die Behauptung der beklagten Partei, durch Mängel im Ersuchen um die Einsetzung eines Panels im Verfahren benachteiligt worden zu sein, wenn keine unterstützenden Beweise hierfür vorgebracht wurden.[108]

40 Meistens wird einem Panel das im Art 7 DSU definierte **Standardmandat** erteilt, vorbehaltlich der von den Parteien nur selten beanspruchten Möglichkeit, einvernehmlich ein davon abweichendes spezielles Mandat festzulegen.[109] Dieses Standardmandat überträgt dem Panel die „Prüfung im Lichte der einschlägigen Bestimmungen in (Name der/s betroffenen Abkommen/s, angegeben von den Streitparteien), der dem DSB im Dokument DS/...zugewiesenen Angelegenheit und Ausarbeitung solcher Feststellungen, die es dem DSB erlauben, Empfehlungen auszusprechen oder Regelungen zu treffen, die in jenem/jenen Abkommen vorgesehen sind".[110]

41 Die **verfahrensrechtliche Bedeutung des Mandats** wurde vom AB im Fall *Brazil – Desiccated Coconut* in zweifacher Weise umschrieben. Wichtig ist das Mandat in erster Linie, weil es eine dem Gedanken des „due process" verbundene objektive **Transparenzfunktion** erfüllt: Die Streitparteien und Nebenbeteiligten erhalten ausreichende Informationen über die vorgebrachten Beschwerden und werden dadurch in die Lage versetzt, ihre Erwiderung vorzubereiten. Zweitens bestimmt das Mandat auch die Zuständigkeit des Panels durch eine genaue Definition des die „Angelegenheit" bestimmenden Klagebegehrens, welches durch die im Mandat erwähnten Dokumente identifiziert ist.[111] Diese dem DSB zugewiesene Angelegenheit besteht aus zwei im schriftlichen Ersuchen um die Einsetzung eines Panels von der beschwerdeführenden Partei zu bezeichnenden Elementen: den „bestimmten strittigen Maßnahmen" und der „Rechtsgrundlage der Beschwerde".[112]

2. Zusammensetzung

42 Da die DSU, abgesehen vom AB, keine permanente Streitschlichtungsinstanz eingerichtet hat, muss für jedes Streitbeilegungsverfahren *ad hoc* ein neues, üblicherweise aus drei Mitgliedern bestehendes Panel eingesetzt werden. Der zur Auswahl für den

---

106 WTO, *EC – Bananas III*, App Body v 9.9.1997, WT/DS27/AB/R para 143; s a WTO, *EC – Sugar*, App Body v 28.4.2005, WT/DS265, 266, 283/AB/R para 155; als Beispiel einer besonders detaillierten Aufzählung beanstandeter Maßnahmen und durch diese verletzte Bestimmungen erfasster Abkommen, s das Ersuchen der USA und der EG um Einsetzung eines Panels in WTO, *EC and Certain Member States – Civil Aircraft*, v 3.6.2005, WT/DS316/2 und *US –Large Civil Aircraft*, v 3.6.2005, WT/DS317/2.

107 S zB WTO, *Mexico – Rice AD Measures*, Panel v 6.6.2005, WT/DS295/R para 7.41.

108 WTO, *Korea – Dairy*, App Body v 14.12.1999, WT/DS98/AB/R para 131; WTO, *EC – Trademarks and Geographical Indications*, Panel v 15.3.2005, WT/DS174/R/Add.1, 1, para 11.

109 S zB in WTO, *Brazil – Desiccated Coconut*, Panel v 17.10.1996, WT/DS22/R para 10.

110 Art 7 Abs 1 DSU; der DSB kann seinen Vorsitzenden, im Einvernehmen mit den Streitparteien binnen 20 Tagen ab Einsetzung des Panels auch zur Formulierung eines besonderen Mandats ermächtigen, was aber selten geschieht, Art 7 Abs 3 DSU.

111 S WTO, *Brazil – Desiccated Coconut*, App Body v 21.2.1997, WT/DS22/AB/R 22.

112 Art 6 Abs 2 DSU, WTO, *Guatemala – Cement II*, App Body v 2.11.1998, WT/DS60/AB/R para 72.

Panel-Dienst in Frage kommende Personenkreis umfasst sowohl qualifizierte Regierungsbeamte oder private Persönlichkeiten, als auch Vertreter einer Vertragspartei des GATT 1947 oder eines Rates oder Komitees eines erfassten Abkommens, als auch Lehrer oder Autoren des internationalen Handelsrechts oder der internationalen Handelspolitik sowie höhere Beamte für Handelspolitik eines Mitglieds.[113] Hervorzuheben ist, dass **Panel-Mitglieder** aufgrund ihrer Unabhängigkeit, ausreichend vielfältigen Werdegangs und weitreichender Erfahrung ausgewählt werden und ihr Amt in ihrer persönlichen Eigenschaft und nicht als Regierungsvertreter, dh weisungsfrei ausüben sollen, dass aber juristische Kenntnisse als solche nicht erforderlich sind.[114] Ausgeschlossen sind normalerweise Staatsbürger von Mitgliedern, deren Regierungen als Streitparteien oder Nebenbeteiligte im Verfahren auftreten, es sei denn, die Streitparteien einigen sich auf eine **Panel-Zusammensetzung** mit ihren Staatsbürgern, was schon einige Male vorgekommen ist.[115]

Nur in einem Streitfall zwischen einem Entwicklungsland-Mitglied und einem entwickelten Mitgliedsland muss auf Ersuchen des Entwicklungsland-Mitglieds ein Panel-Mitglied aus einem Entwicklungsland stammen.[116]

Obwohl das Sekretariat der WTO, gestützt auf seine langjährige Erfahrung, den 43
Streitparteien Nominierungen für das Panel vorschlägt, und obwohl diese nur aus zwingenden Gründen Einwendungen vorbringen sollten, kommt es bei der **Panel-Zusammensetzung** doch immer wieder zu zeitraubendem Geplänkel zwischen den Streitparteien. Wird aber innerhalb von 20 Tagen ab Einsetzung des Panels keine Einigung über seine Mitglieder erzielt, so kann die Besetzung auf Ersuchen einer der Streitparteien vom Generaldirektor der WTO im Einvernehmen mit den Vorsitzenden des DSB und des einschlägigen Rates oder Komitees und nach Konsultierung der Streitparteien vorgenommen werden.[117]

3. Funktion

Die **Funktion der Untersuchungsausschüsse** besteht darin, den DSB bei der Erfül- 44
lung seiner Aufgaben zu unterstützen.[118] Der Untersuchungsausschuss soll eine objektive Würdigung der ihm vorgelegten Angelegenheit vornehmen und insb eine objekti-

113 Art 8 Abs 1 DSU; zur Unterstützung der Auswahl dient eine vom DSB verwaltete und regelmäßig erweiterte bzw erneuerte sog indikative Liste von qualifizierten Regierungsbeamten und privaten Persönlichkeiten, Art 8 Abs 4 DSU.

114 Art 8 Abs 2, 9 DSU.

115 In WTO, *US – Dumping Margins („Zeroing“)*, WT/DS/294 waren gleich zwei Mitglieder des eingesetzten Panels, nämlich *William Davey* (US) und *Hans-Friedrich Beseler* (D) Staatsangehörige einer beteiligten Streitpartei, s Constitution of the Panel, Note by the Secretariat, v 2.11.2004, WT/DS294/8. Im Streitfall WTO, *US – Shrimp*, WT/DS58 war *Michael Cartland* (Honkong) sogar Vorsitzender des Panels, obwohl Hongkong als Drittpartei beteiligt war, s Constitution of the Panel, Note by the Secretariat, v 17.4.1997, WT/DS58/9.

116 Art 8 Abs 10 DSU.

117 Art 8 Abs 7 DSU. Ein Beispiel hiefür findet sich im Ersuchen von China Taipei im Fall *India – Tariff Treatment on Certain Goods in the Information and Communications Technology Sector*, Note by the Secretariat v 24.11.2020, WT/DS588/Rev.1.

118 Art 11 S 1 DSU.

ve Feststellung der Tatsachen des Streitfalls treffen. Diese muss weder auf einer völlig neuen Tatsachenfeststellung basieren, noch darf sie auf der totalen Übernahme der von staatlichen Behörden vorgenommenen Tatsachenfeststellung beruhen.[119] Hinsichtlich der Frage, ob ein Mitglied gegen seine WTO-Verpflichtungen verstoßen hat, kann der Untersuchungsausschuss eine strikt objektive Beurteilung vornehmen oder dem betroffenen Mitglied einen gewissen Beurteilungsspielraum in Bezug auf die Tatsachenermittlung und Interpretation der WTO-Verpflichtungen zugestehen.[120] Zwecks Unterstützung seiner eigenen Analyse und Untermauerung eigener Erkenntnisse und Schlussfolgerungen darf das Panel, vom DSU unbeschränkt, auch auf das Vorbringen der Streitparteien zurückgreifen.[121] Andererseits ist das Panel nicht verpflichtet, auf jedes Argument der Streitparteien einzugehen, vorausgesetzt, es erfüllt eine objektive Würdigung nach Art 11 DSU[122] und hat das den Anspruch einer Partei unterstützende Vorbringen in vernünftiger Weise erörtert.[123] Folglich ist der AB bisher nur in wenigen Fällen zur Feststellung gelangt, dass ein Panel seine Pflicht zur objektiven Tatsachenwürdigung nach Art 11 DSU verletzt habe.[124]

45 Ferner kommt dem Untersuchungsausschuss die Aufgabe zu, die ihm vorgelegte Angelegenheit auf die Anwendbarkeit der erfassten Abkommen iSv Art 1 Abs 1 DSU zu prüfen. Hiervon ist auch die **Prüfung der Vereinbarkeit mit den erfassten Abkommen** umfasst.

4. Verfahrensablauf

a) Zeitplan

46 Das **Verfahren des Untersuchungsausschusses** ist in Art 12 DSU und in der Anlage 3 zum DSU in detaillierter Weise geregelt. Nach Möglichkeit soll das Panel innerhalb einer Woche nach seiner Zusammensetzung bei einem „organisatorischen" Treffen mit den Streitparteien einen Zeitplan für das Verfahren festlegen,[125] wobei den Streitpar-

---

119 In Verfahren aufgrund des Anti-Dumping Abkommens muss die Tatsachenfeststellung gem Art 17.5(ii) ADÜ ausdrücklich auf die „den Behörden des einführenden Mitglieds in Übereinstimmung mit den einschlägigen inländischen Verfahren zur Verfügung gestellten Angaben zum Sachverhalt" gestützt sein, WTO, *Anti-Dumping Measures on A4 Paper*, Panel v 4.12.2019, WT/DS529/R para. 7.3.; WTO, *EU – Cost Adjustment Methodologies and Certain Anti-Dumping Measures on Imports from Russia (2nd complaint)*, Panel v 24.7.2020 para 7.1.2.

120 *Stoiber*, 68.

121 WTO, *EC – Hormones*, App Body v 16.1.1998, WT/DS26/AB/R, WT/DS48/AB/R para 156.

122 WTO, *Dominican Republic – Cigarettes*, App Body v 25.4.2005, WT/DS302/AB/R para 125.

123 WTO, *EC – Poultry*, App Body v 13.7.1998, WT/DS69/AB/R para 135.

124 S zB WTO, *US – Lamb*, App Body v 1.5.2001, WT/DS178/AB/R paras 106f; ein Panel, das über ein Klagebegehren entscheidet, welches nicht im Mandat begründet ist, verletzt seine Verpflichtung zur objektiven Würdigung nach Art 11 DSU, handelt *ultra petita* s WTO, *Chile – Price Band System*, App Body v 23.9.2002, WT/DS207/AB/R para 173. In *US – Large Civil Aircraft (2nd complaint)* entschied der App Body, dass das Panel seiner Verpflichtung gem Art 11, eine objektive Würdigung vorzunehmen, nicht nachgekommen war, da es von seiner Kompetenz zur Ermittlung relevanter Information in Bezug auf Subventionen des US Departement of Defence für das Flugwesen keinen Gebrauch gemacht hatte, s WTO, *US – Large Civil Aircraft (2nd complaint)*, App Body v 12.3.2012, WT/DS353/AB/R paras 1128–1145.

125 Art 12 Abs 3 DSU.

teien bei der Ausarbeitung des Zeitplans genügend Zeit für ihre Stellungnahmen eingeräumt werden muss.[126] Für die Stellungnahmen setzt der Untersuchungsausschuss genaue Termine fest, die die Streitparteien beachten sollen.[127]

Das Panel übernimmt gem Art 12 Abs 1 DSU die Arbeitsverfahren nach Anlage 3 DSU. Deshalb gelten idR für den Terminkalender des Panels die speziellen **Zeiträume**, die in Anlage 3 Abs 12 DSU aufgeführt sind, von denen aber bei unvorhergesehenen Entwicklungen abgewichen werden kann. So haben zB einige Mitglieder im Laufe der Covid-19 Unterbrechungen das WTO Sekretariat unter Verweis auf Art 12 Abs 2 DSU aufgefordert, Panels mit praktischen Vorschlägen zur Abhaltung ‚virtueller' substantieller Sitzungen mit den Streitparteien zu unterstützen.[128] Liegt eine Beschwerde gegen ein Entwicklungsland-Mitglied vor, so ist diesem ausreichend Zeit zur Vorbereitung und Darlegung seiner Beweisführung einzuräumen.[129] 47

Die **Dauer für die Erstellung des Schlussberichts** darf grundsätzlich nicht mehr als sechs Monate betragen.[130] In dringenden Ausnahmefällen soll sogar ein Zeitraum von drei Monaten nicht überschritten werden.[131] 48

Sollte der Schlussbericht nicht in den genannten Zeiträumen verabschiedet werden können, muss der Untersuchungsausschuss dem DSB die **Gründe für die Verzögerung** und den voraussichtlichen Zeitraum für die Fertigstellung mitteilen.[132] Es darf jedoch in keinem Fall ein Zeitraum von insgesamt neun Monaten überschritten werden.[133] 49

Das gesamte **Verfahren** kann auf Antrag der beschwerdeführenden Partei jederzeit **ausgesetzt** werden, allerdings nicht länger als zwölf Monate.[134] Sollte ein Zeitraum von zwölf Monaten überschritten werden, endet die Berechtigung zur Einsetzung des Untersuchungsausschusses.[135] 50

b) Parteienvorbringen

Im Allgemeinen unterbreiten die Streitparteien dem Panel zwei schriftliche **Stellungnahmen**, zu deren Erörterung das Panel üblicherweise zwei Sitzungen mit den Parteien anberaumt. Die Stellungnahmen werden jeweils beim WTO-Sekretariat zur unver- 51

---

126 Art 12 Abs 4 DSU.

127 Art 12 Abs 5 DSU.

128 S Statement on Minimising Covid-19 Disruptions to the Dispute Settlement System, WT/DSB/80 v 20.10.2020.

129 Art 12 Abs 10 DSU; s zB WTO, *India – Quantitative Restrictions*, Panel v 6.4.1999, WT/DS90/R para 5.10.

130 Art 12 Abs 8 S 1 DSU.

131 Art 12 Abs 8 S 2 DSU.

132 Art 12 Abs 9 S 1 DSU.

133 Art 12 Abs 9 S 2 DSU; s aber Mitteilung an den DSB v 16.12.2020 des am 21.11.2018 eingesetzten Panels in *European Union – Additional Duties on Certain Products from the United States*, dass es den ursprünglich bis zur 2. Jahreshälfte 2020 geplanten Panel Schlussbericht wegen der durch die COVID-19 Pandemie verursachten Verzögerungen voraussichtlich erst zur 2. Jahreshälfte 2021 veröffentlichen werde, WT/DS559/5.

134 Art 12 Abs 12 S 1 DSU.

135 Art 12 Abs 12 S 3 DSU.

züglichen Weiterleitung an das Panel hinterlegt,[136] wobei die beschwerdeführende Partei ihre erste Stellungnahme im Voraus unterbreiten muss, es sei denn, die Parteien vereinbaren etwas anderes.[137] Nach Erhalt der Stellungnahme der beklagten Partei müssen dann alle folgenden Stellungnahmen gleichzeitig vorgelegt werden.[138] Innerhalb von ein bis zwei Wochen nach Erhalt der ersten schriftlichen Stellungnahmen wird den Parteien in einer ersten **substantiellen Sitzung** mit dem Panel die Gelegenheit geboten, ihre Ansprüche, Tatsachenfeststellungen und Begründungen vorzutragen.[139]

52 Erwiderungen (**rebuttals**) beider Streitparteien, mit denen diese dem Vorbringen der anderen entgegnen, sind innerhalb von zwei bis drei Wochen nach der ersten Sitzung vorzulegen und werden innerhalb eines weiteren Zeitraums von ein bis zwei Wochen in einer zweiten **substantiellen Sitzung** mit dem Panel erörtert. Panels sind jederzeit berechtigt, den Streitparteien Fragen zu stellen – in einer Sitzung oder schriftlich –, dürfen aber über die strittige Angelegenheit selbst mit keiner der Streitparteien *ex parte*, dh ohne Beisein der anderen Partei, in Verbindung oder Kommunikation treten.[140]

53 **Nebenbeteiligte**, die dem DSB ihr Interesse notifiziert haben, besitzen relativ begrenzte Verfahrensrechte. Sie können vom Panel in einer Sondersitzung im Rahmen der ersten substantiellen Sitzung mit den Streitparteien angehört werden und ihm schriftliche Stellungnahmen vorlegen, die auch den Streitparteien gegeben werden.[141] Sie selbst erhalten aber nur die Stellungnahmen der Streitparteien für die erste Tagung des Panels.[142] In manchen für sie besonders wichtigen Fällen haben Nebenbeteiligte erfolgreich um zusätzliche Rechte angesucht.[143] Die fallweise Gewährung bzw Verweigerung zusätzlicher Rechte beruht auf einer Anzahl von Faktoren,[144] liegt gem Art 12 Abs 1 DSU im Ermessen des Panels und muss aber mit den Bestimmungen des DSU und den Prinzipien des „due process" im Einklang sein.[145]

54 Wenn die Streitparteien an der Ausarbeitung einer beiderseits zufriedenstellenden Lösung gescheitert sind, legt der Untersuchungsausschuss dem DSB einen schriftlichen Bericht vor, den sog **Panel Report**.[146] Dieser Bericht enthält die Tatsachenfeststellungen, die Anwendbarkeit der einschlägigen Bestimmungen, die Würdigung der Feststellungen sowie die Empfehlungen.[147] Für den Fall, dass die Streitparteien zwi-

136 Art 12 Abs 1 DSU.

137 Art 12 Abs 6 S 2 DSU.

138 Art 12 Abs 6 DSU, Appendix 3.12. DSU.

139 Abs 4 DSU Anhang 3.

140 Art 18 Abs 1 DSU.

141 Art 10 Abs 2 DSU, Appendix 3.6. DSU.

142 Art 10 Abs 3 DSU.

143 ZB in WTO, *EC – Bananas III*, Panel v 22.5.1997, WT/DS27/R/ECU, WT/DS27/R/GTM, WT/DS27/R/HND, WT/DS27/R/MEX, WT/DS27/R/USA durften Nebenbeteiligte an allen substantiellen Sitzungen des Panels mit den Parteien teilnehmen und auch Stellungnahmen abgeben.

144 Eine Zusammenfassung der in der Praxis berücksichtigter Faktoren findet sich in *China – Rare Earths*, Panel v 26.3.2014, WT/DS431-433/R para 7.8.

145 So schon WTO, *US – Anti-Dumping Act of 1916 (EC)*, App Body v 28.8.2000 paras 50, 155(f); *EC – Hormones*, App Body v 16.1.1998, WT/DS26/AB/R, WT/DS48/AB/R para 154.

146 Art 12 Abs 7 S 1 DSU.

147 Art 12 Abs 7 S 2 DSU.

schenzeitlich doch zu einer Lösung kommen sollten – worüber sie regelmäßig und ausreichend die Untersuchungsausschüsse konsultieren sollten[148] – beschränkt sich der Bericht auf eine Kurzdarstellung des Falls mit dem Hinweis darauf, dass eine beiderseits vereinbarte Lösung erzielt worden ist.[149]

c) Auskunftsrecht

Während der vertraulichen Beratungen[150] können die Untersuchungsausschüsse jederzeit **ihr Recht auf Auskunft** wahrnehmen. Sie können Auskünfte und technischen Rat von jeder geeignet erscheinenden Person oder Stelle einholen und Sachverständige zu bestimmten Aspekten der Angelegenheit konsultieren sowie bezüglich des wissenschaftlichen oder technischen Vorbringens der Streitparteien ein schriftliches Gutachten einer Sachverständigenprüfgruppe anfordern. Bei Einholung von Auskünften oder Rat von Personen oder Stellen im Hoheitsgebiet eines Mitglieds ist dieses vorher davon in Kenntnis zu setzen. Mitglieder wiederum sind allgemein aufgefordert, Anträgen auf Information, die Untersuchungsausschüsse als notwendig und angemessen erachten, unverzüglich und voll zu entsprechen, dürfen andererseits aber erwarten, dass vertrauliche Angaben ohne ihre Zustimmung nicht preisgegeben werden.[151] 55

d) *Amicus curiae*-Schriftsätze

Erwähnenswert ist, dass die Anwendung dieser Bestimmungen interessante Auslegungsfragen aufgeworfen hat, insb hinsichtlich der **Beteiligung von Nichtregierungsorganisationen (NGOs)** mittels sog ***amicus curiae*-Schriftsätze**.[152] Da die DSU-Verfahren rein zwischenstaatlichen Charakter haben, aber immer wieder auch Fragen öffentlichen Interesses berühren, wie zB den Umweltschutz, haben sich Untersuchungsausschüsse und der AB seit dem Fall *United States – Shrimp* mit der Frage konfrontiert gesehen, inwieweit Privaten, va NGOs mittels nicht angeforderter *amicus curiae*-Schriftsätze ein Mitspracherecht eingeräumt werden könnte. Während diese Möglichkeit von den Klägern in diesem Streit – Thailand, Pakistan, Indien, Malaysia – verneint wurde, sahen die beklagten USA hierfür in Art 13 DSU eine ausreichende Rechtsgrundlage.[153] 56

Der Untersuchungsausschuss teilte diese Auslegung nicht. Da sowohl die Initiative zur Einholung von Information als auch die Auswahl von Informationsquellen beim Untersuchungsausschuss liege, dürfe dieser nicht angeforderte Informationen von Nichtregierungsquellen nicht annehmen. Nur Parteien und Nebenbeteiligten sei es erlaubt, Informationen direkt vorzulegen. Nach Berufung der USA stellte der AB 57

148 Art 11 DSU.

149 Art 12 Abs 7 S 3 DSU; s zB WTO, *Japan – Laver*, Panel v 1.2.2006, WT/DS323/R.

150 Art 14 DSU.

151 Art 13 DSU.

152 Beruhend auf dieser in *common law* Ländern verbreiteten Praxis kann ein Gericht va in Fällen allgemeinen öffentlichen Interesses rechtliches und faktisches Vorbringen von Personen zulassen, die nicht als Partei im Verfahren auftreten können; Vgl zu dieser Beteiligungsform auch → *Nowrot* § 2 Rn 37.

153 WTO, *US – Shrimp*, Panel v 15.5.1998, WT/DS58/R para 7.

demgegenüber fest, dass es im Ermessen des Untersuchungsausschusses liege, Erlaubnis zur Einreichung von solchen Schriftsätzen zu erteilen, gegebenenfalls unter gewissen Bedingungen und nach Konsultationen mit den Streitparteien.[154]

e) Rechtsbeistand

58 Seit dem Jahr 2001 können bestimmte Entwicklungs- bzw am wenigsten entwickelte Länder unter den WTO-Mitgliedern auch den **Rechtsbeistand** des Zentrums für WTO-Recht in Genf in Anspruch nehmen. Dies ist eine von gewissen entwickelten WTO-Mitgliedern gegründete und finanzierte selbstständige Internationale Organisation,[155] die den weniger entwickelten WTO-Mitgliedern wie eine Anwaltsfirma kostengünstigen Rechtsbeistand zur Verfügung stellt und es diesen erst dadurch ermöglicht, ihre WTO-Rechte im DSU-Verfahren wahrzunehmen und gegebenenfalls durchzusetzen.[156] Auch das WTO-Sekretariat stellt Mitgliedern Beistand zur Verfügung, Entwicklungsland-Mitgliedern auf deren Ersuchen erforderlichenfalls auch zusätzliche rechtliche Beratung durch rechtskundige Fachkräfte aus den WTO-Diensten für technische Zusammenarbeit.[157]

f) Zwischenprüfung

59 Nach Abschluss und Prüfung des schriftlichen und mündlichen Parteivorbringens verfasst das Panel die beschreibenden Abschnitte seines Berichtsentwurfs (Sachverhalt und Beweisführung) und leitet diesen den Parteien zur schriftlichen Stellungnahme binnen zwei Wochen zu.[158] Diese beziehen sich üblicherweise auf technische Mängel des Entwurfs, inklusive Schreibfehler, va aber auf mehrdeutige oder unklare Textstellen des Entwurfs. Zwei bis vier Wochen nach Ablauf der den Streitparteien für die Stellungnahme gesetzten Frist verfasst das Panel einen Zwischenbericht an die Parteien,

---

154 WTO, *US – Shrimp*, App Body v 6.11.1998, WT/DS58/AB/R paras 106f. Jedenfalls wurde in jüngster Vergangenheit von dieser Möglichkeit wiederholt Gebrauch gemacht. *Amicus curiae* briefs wurden an die Panels ua in *US – COOL* und *Canada – Renewable Energy / Feed-In Tariff Program*, an den AB in *US – Clove Cigarettes*, *US – Tuna II (Mexico)* und *Canada – Renewable Energy / Feed-In Tariff Program* eingebracht.

155 *Agreement Establishing the Advisory Center on WTO Law* (ACWL); Gründungsmitglieder sind Kanada, Dänemark, Finnland, Irland, Italien, Niederlande, Norwegen, Schweden, Vereinigtes Königreich. Daraufhin sind weitere Industrieländer, wie die Schweiz 2004; Australien 2011 und Deutschland, als „Associate Member“, im Jahre 2017 beigetreten. Eine Mitgliedschaft steht allen WTO-Mitgliedern und jedem Staat oder gesonderten Zollgebiet offen. Die von den Vereinten Nationen zu den am wenigsten entwickelten Ländern gezählten Staaten, WTO-Mitglieder oder Beitrittskandidaten, können die Dienste des ACWL in Anspruch nehmen, ohne Mitglieder zu sein.

156 Rechtliche Beratung kann in drei Situationen geboten werden: im Zusammenhang mit getroffenen oder zu treffenden Maßnahmen, inkl Gesetzgebung zwecks Optimierung angestrebter Handelspolitik und Vermeidung von WTO-Rechtsverletzung; im Zusammenhang mit WTO-Beschlussfassung und Verhandlungen, um effektivere Teilnahme zu ermöglichen; und im DSU-Verfahren, auch zwecks realistischer Einschätzung der Gewinnchancen: <acwl.ch>.

157 Art 27 Abs 2 DSU.

158 Art 15 Abs 1 DSU; Abs 12(f) DSU Anhang 3.

der sowohl die beschreibenden Abschnitte wie auch die Tatsachenfeststellungen und Schlussfolgerungen des Panels enthält. Wiederum binnen festgesetzter Frist sind die Parteien eingeladen, das Panel mittels schriftlicher Stellungnahmen um die Überprüfung bestimmter Aspekte des Zwischenberichts zu ersuchen, bevor der endgültige Bericht an die Mitglieder verteilt wird.[159] In seltenen Fällen und zur Erörterung strittiger Punkte in den Stellungnahmen haben Panels auf Antrag einer Partei auch eine weitere Sitzung einberufen.

Die **Tatsachenfeststellungen** des endgültigen Berichts beinhalten auch eine 60
Darstellung der bei der Zwischenprüfung durchgeführten Erörterung der Beweise.[160] Zwischenprüfung und -bericht sind erst im Zuge der Uruguay-Runde als Neuerungen in das DSU-System eingeführt worden. Im ansonsten rechtlich durchstrukturierten DSU-Verfahren stellen sie einen Fremdkörper dar, der an die noch überwiegend diplomatisch gehandhabte DSU-Praxis der GATT-Vergangenheit erinnert, als noch die Zustimmung beider Parteien zur Annahme eines Endberichts erforderlich war. Seine Bedeutung liegt va darin, den Streitparteien ihre Prozesslage – Aussicht auf Erfolg oder Misserfolg – klar zu machen, wodurch diese zu einer „diskreten" einvernehmlichen Streitbeilegung, gewissermaßen in letzter Minute, ermutigt werden könnten.

In den meisten Fällen machen die Streitparteien allerdings von dieser Möglichkeit 61
keinen Gebrauch. Nach Ablauf der für Stellungnahmen zum Zwischenbericht gesetzten Frist gilt dieser als endgültiger Bericht, der zuerst den Streitparteien zugestellt und nach Übersetzung in alle drei Amtssprachen einige Wochen später an alle WTO-Mitglieder verteilt wird. Ab diesem Zeitpunkt gilt der **Endbericht** als ein allgemein zugängliches öffentliches Dokument.[161]

g) Annahme des Panel-Berichts durch den DSB

Innerhalb von 60 Tagen[162] nach **Veröffentlichung des Panel-Berichts** wird dieser in 62
einer Sitzung des DSB diskutiert und nach Beratungen von diesem angenommen, es sei denn, eine Streitpartei notifiziert ihm ihre Entscheidung, Berufung einzulegen oder der DSB entscheidet im Konsensus, den Panel-Bericht nicht anzunehmen.[163]

---

159 Art 15 Abs 2 DSU.

160 Art 15 Abs 3 DSU.

161 Mit der Verteilung an die WTO-Mitglieder wird der Endbericht auf der offiziellen Internet Website veröffentlicht.

162 In der Praxis hat der DSB bereits mehrmals einem von den Parteien gemeinsam eingebrachten Antrag auf Erstreckung dieser 60-Tage-Frist zugestimmt. Begründet wurden die Anträge jeweils mit der „Arbeitslast des AB": s WTO, *US – Tuna II (Mexico), v 1.11.2011, WT/DS381/9; EU – Footwear (China), v 9.12.2011. WT/DS405/5; US – COOL, v 22.12.2001, WT/DS384/11 und WT/DS386/10.*

163 Art 16 Abs 4 DSU. In ca 75 % aller Fälle wird Berufung eingelegt; im Zeitraum 1.1.1995–30.9.1995 wurden 90 Panel- bzw AB-Berichte angenommen, s WTO, Addendum zum Annual Report des DSB (2005) v 11.11.2005, WT/DSB/39/Add.1.

III. Das Berufungsverfahren

1. Berufungsorgan (AB)

a) Gründung, Rechtsquellen, Zusammensetzung

63 Der in Art 17 Abs 1 DSU vorgesehene AB wurde im Februar 1995 errichtet.[164] Auf Grundlage seiner Arbeitsregelungen (Working Procedures)[165] entschied er bis zur Mitte des Jahres 2020 in insgesamt 178 Berufungsfällen.[166] Als einziges ständiges Organ der WTO besteht der AB aus sieben vom DSB für eine einmalig verlängerbare Amtszeit von vier Jahren bestellten Personen, den sog **Mitgliedern des AB.**[167] Sie müssen anerkanntes Ansehen, aber auch, im Unterschied zu Panelmitgliedern, rechtskundiges Fachwissen besitzen sowie Fachwissen auf dem Gebiet des internationalen Handels und in Angelegenheiten der erfassten Abkommen im Allgemeinen. AB-Mitglieder brauchen jedoch keine formelle juristische Ausbildung zu haben, vorausgesetzt sie besitzen entsprechendes rechtliches Fachwissen.

64 Wie Panelmitglieder sind auch **AB-Mitglieder** nicht nur an die Bestimmungen der DSU, sondern auch an gewisse **Verhaltensregeln** gebunden (*Rules of Conduct*).[168] Sie müssen von Regierungen unabhängig sowie jederzeit und kurzfristig verfügbar sein, unter Vermeidung mittelbarer oder unmittelbarer Interessenskonflikte, und müssen sich auch über Streitbeilegungs- und andere WTO-Tätigkeiten auf dem Laufenden halten.[169] Nach dem Leitprinzip der Verhaltensregeln sind sie auch zur Unparteilichkeit, Objektivität und Wahrung der Vertraulichkeit verpflichtet.[170]

b) Organisationsstruktur, Entscheidungsfindung, Mandat

65 Zur Verhandlung und Entscheidung von Fällen ist der AB in **Kammern** von jeweils drei Mitgliedern unterteilt, entscheidet also nicht als Plenarorgan. Die Mitglieder des AB sind nach dem Rotationsprinzip abwechselnd tätig.[171] Bei der Zusammensetzung einzelner Kammern nach den Prinzipien der Zufälligkeit und Unvorhersehbarkeit ist auch darauf zu achten, dass die einzelnen Mitglieder ungeachtet ihrer Staatsangehörigkeit zum Einsatz kommen.[172] Die Mitglieder einer Kammer wählen einen Vorsitzen-

---

164 Decision Establishing the Appellate Body, Recommendations by the Preparatory Committee for the WTO approved by the Dispute Settlement Body v 19.6.1995, WT/DSB/1.

165 Working Procedures for Appellate Review, Decision of the Appellate Body v 15.2.1996, WT/AB/WP/1, abgedruckt bei *Hummer/Weiss*, 470 ff; geändert durch WT/AB/WP/5, v 4.1.2005.

166 Appellate Body Annual Report for 2019/20, WT/AB/30 v 31.7.2020, 174f.

167 Art 17 Abs 1 DSU; zu Jahresbeginn wählen die Mitglieder einen Vorsitzenden, der für Leitung, Management und internes Funktionieren des AB zuständig ist, Regel 5 WP.

168 Rules of Conduct for the Understanding on Rules and Procedures Governing the Settlement of Disputes, WT/DSB/RC/1. Diese Verhaltensregeln sind den Verfahrensregeln (working procedures) als Anhang 2 angegliedert.

169 Art 17 Abs 3 DSU.

170 Regel II.1 RC.

171 Art 17 Abs 1 DSU.

172 Regel 6 Abs 2 WP.

den zwecks Koordinierung des Berufungsverfahrens und der Verfassung des AB-Berichts.[173]

Trotz dieser Kammerstruktur ist aber auch das **Prinzip der Kollegialität** verwirklicht. Um Beständigkeit und Kohärenz ihrer Entscheidungen sicherzustellen, sind Kammermitglieder zu einem regelmäßigen Gedankenaustausch mit anderen AB-Mitgliedern verpflichtet. Zu diesem Zweck erhalten alle AB-Mitglieder sämtliche im Berufungsverfahren vorgelegten Dokumente.[174] Auf diese Weise sollen Erfahrungen und Kenntnisse aller AB-Mitglieder für einzelne Entscheidungen nutzbar gemacht werden. Insb vor der endgültigen Entscheidung über eine Berufung müssen solche Beratungen abgehalten werden.[175] Der AB und seine Kammern entscheiden prinzipiell durch Konsensus, subsidiär mit Mehrheit der Stimmen. Der AB wird verwaltungsmäßig und rechtlich durch ein Sekretariat unterstützt.[176] 66

Das **Mandat des AB** ist knapp umschrieben: „Das Berufungsorgan kann die rechtlichen Feststellungen und Schlussfolgerungen des Untersuchungsausschusses aufrechterhalten, ändern oder aufheben."[177] Aus diesem begrenzten Mandat ergibt sich, dass es dem AB nicht offen steht – im Unterschied zB zu vielen staatlichen Berufungsgerichten – einen Fall an das Panel zurückzuverweisen. 67

Stimmt der AB mit den Feststellungen und Schlussfolgerungen des Panels hinsichtlich des **Vorliegens oder Nicht-Vorliegens einer Verletzung** erfasster Abkommen überein, so wird es diese aufrechterhalten. Stimmt er den Schlussfolgerungen, aber nicht den Feststellungen zu, die zu diesen geführt haben, wird er letztere ändern. Kommt er betreffend eine festgestellte Vertragsverletzung zu einem gegenteiligen Schluss, hebt er die Schlussfolgerung auf. Da aber nur rechtliche Feststellungen und Schlussfolgerungen Gegenstand einer Berufung sind, ist es manchmal strittig, ob gewisse Panel-Feststellungen so charakterisiert werden können. Diese Frage kann nur von Fall zu Fall entschieden werden.[178] Zur Bindungswirkung der AB-Berichte wurde in *US – Stainless Steel (Mexico)*[179] Stellung genommen: Sie sind grundsätzlich nur für den bestimmten Streit zwischen zwei Parteien bindend, nicht jedoch universell. Der AB betonte jedoch, dass dies nicht bedeutet, dass es freistünde die rechtlichen Auslegungen in früheren Berichten, die vom DSB angenommen wurden, zu missachten. Schließlich soll Sicherheit und Vorhersagbarkeit nach Art 3.2 DSU gewährleistet werden, was nur dann der Fall ist, wenn dieselbe Rechtsfrage auch in Folgefällen gleich gelöst wird. 68

173 Regel 7 Abs 2 WP.

174 Regel 4 Abs 1, 2 WP.

175 Regel 4 Abs 3 WP.

176 Art 17 Abs 7 DSU.

177 Art 17 Abs 13 DSU.

178 Im Fall WTO, *US – Shirts and Blouses*, App Body v 25.4.1997, WT/DS33/AB/R 17 befand der App Body, dass rein beschreibende, das Verständnis des Panels nur erläuternde Bemerkungen nicht Gegenstand der Berufung sein können.

179 WTO, *US – Final Anti-Dumping Measures on Stainless Steel from Mexico*, App Body v 30.4.2008, WT/DS344/AB/R.

2. Allgemeine Bestimmungen

a) Vertraulichkeit

69 Das Verfahren des Berufungsorgans, aber auch schriftliche dem Panel oder Berufungsorgan vorgelegte Stellungnahmen sind vertraulich.[180] Gleiches gilt für **Industriegeheimnisse**. Nur Streitparteien selbst dürfen Erklärungen ihrer eigenen Lage veröffentlichen.[181]

b) *Amicus curiae*-Schriftsätze

70 Da die sog ***amicus-briefs*** weder im DSU noch in den Arbeitsvorschriften speziell geregelt sind, stellte sich die Frage auch vor dem AB, ob und inwieweit der AB berechtigt ist, unverlangte *amicus-briefs* anzunehmen und zu erörtern. Nachdem der AB, wie oben ausgeführt, zum ersten Mal in *United States – Shrimp* die Möglichkeit ihrer Annahme im Panelverfahren begründet hatte, entgegen der Auffassung des Panels, musste er sich zum ersten Mal in *US – Lead and Bismuth II* mit der gesonderten Frage beschäftigen, ob er selbst als AB berechtigt ist, ihm direkt zugeleitete, unverlangte *amicus-briefs* anzunehmen und zu erörtern. Einerseits verwies der AB darauf, dass nach dem WTO-System der Streitschlichtung und nach der DSU nur Streitparteien und Nebenbeteiligte, nicht aber Privatpersonen und Organisationen berechtigt sind, am Verfahren teilzunehmen, Schriftsätze zu unterbreiten und vom AB gehört zu werden. Andererseits stellte der AB fest, dass es nicht rechtlich verpflichtet sei, unverlangte *amicus-briefs* anzunehmen und zu erörtern,[182] aber auch, dass es in seinem eigenen Ermessen liege, selbst Verfahrensregeln anzunehmen, sofern diese im Einklang mit jenen der DSU oder der erfassten Abkommen stehen. Folglich beanspruchte der AB breites Ermessen zwecks Annahme und Erörterung im Berufungsverfahren vorgelegter relevanter und nützlicher Informationen,[183] verwarf diese aber im gegenständlichen Fall.

71 In *EC – Asbestos* kam es zu einer Weiterentwicklung dieser Praxis. Um angesichts der Brisanz des verhandelten Themas für eine mögliche Flut von *amicus-briefs* nicht unvorbereitet zu sein, beschloss der AB zusätzliche Verfahrensregeln nur für Zwecke dieses Berufungsverfahrens.[184] Diese legten fest, dass die Vorlage solcher *amicus-briefs* in bestimmter Weise beantragt werden müsse.[185]

---

180 Art 17 Abs 10, 18 Abs 2 DSU. Der AB definierte „Verfahren" als „in a general sense, the form and manner of conducting juridical business before a court or judicial officer [...] including all possible steps in an action from its commencement to the execution of judgment", s WTO, *Canada – Aircraft*, App Body v 2.8.1999, WT/DS70/AB/R para 143.

181 In WTO, *Canada – Aircraft*, App Body v 2.8.1999, WT/DS70/AB/R para 123f erachtete der AB die Bestimmungen der Art 17 Abs 10 und 18 Abs 2 DSU im Zusammenspiel mit Art VII:1 der *Rules of Conduct* gleichen Inhalts für ausreichend und lehnte die von Canada verlangte angepasste Anwendung der vom Panel angenommenen zusätzlichen Schutzbestimmungen ab.

182 WTO, *US – Lead Bars*, App Body v 7.6.2000, WT/DS138/AB/R paras 40f.

183 WTO, *US – Lead Bars*, App Body v 7.6.2000, WT/DS138/AB/R para 43.

184 Gem Regel 16 Abs 1 WP.

185 Der AB verwarf letztlich alle 11 der fristgemäß gestellten Anträge, WTO, *EC – Asbestos*, App Body v 12.3.2001, WT/DS135/AB/R paras 55f; Aufgerüttelt durch diese vermeintlich unbefugte – *ultra vires* – rechtsetzende Tätigkeit des AB, stellte der Allgemeine Rat in seiner Sitzung vom 22.11.2000 mehrheitlich fest, dass der AB zur Annahme und Erörterung von *amicus-briefs* nicht befugt sei, und rief den AB dazu auf, im Umgang mit dieser Frage äußerste Vorsicht walten zu lassen.

Eine neue Situation ergab sich im Fall *EC – Sardines*, als Marokko, ein WTO-Mitglied, das von seinen Rechten als Nebenbeteiligter nicht Gebrauch gemacht hatte, ein *amicus-brief* vorlegte und sich Peru, die beschwerdeführende Partei, seiner Annahme widersetzte. Auch in diesem Fall – ähnlich wie bei ***amicus-briefs*** von Privatpersonen – beanspruchte der AB das Recht, solche Vorlagen auch von WTO-Mitgliedern zuzulassen, da dem kein Verbot entgegenstand. Gleichzeitig beharrte er aber wieder auf seinem Ermessen zur Verwerfung solcher Vorlagen, wenn dies im Interesse des Verfahrensziels einer fairen, zügigen und effektiven Streitschlichtung geboten erscheint.[186] 72

3. Verfahrensablauf

a) Zeitplan

Im Allgemeinen darf die **Gesamtdauer des Berufungsverfahrens** – von der formellen Einbringung der Berufung bis zur Veröffentlichung des Phasen- bzw AB-Berichts – 60 Tage nicht überschreiten, in keinem Fall aber 90 Tage.[187] Besonders kurze Fristen gelten für einzelne Verfahrenshandlungen.[188] Diese können auf Verlangen der Streitparteien oder Nebenbeteiligten nur verlängert werden, wenn ihre strikte Anwendung offensichtlich unfair wäre.[189] 73

Das Berufungsverfahren beginnt mit dem Einlegen der Berufung durch Mitteilung an den DSB in vorgegebener Form unter gleichzeitiger Benachrichtigung des AB-Sekretariats.[190] Auch **bedingte Berufungen** sind möglich, zB wenn gewisse Berufungsbegehren nach dem Wunsch der sie vortragenden Partei nur unter bestimmten Bedingungen vom AB zu beurteilen sind.[191] In seltenen Fällen sind Berufungen zurückgezogen worden,[192] sei es auch nur bedingt.[193] 74

186 WTO, *EC – Sardines*, App Body v 26.9.2002, WT/DS231/AB/R para 167.

187 Art 17 Abs 5 DSU; in dringenden Fällen soll der AB das Verfahren sogar beschleunigen (Art 4 Abs 9 DSU). In wenigen außergewöhnlichen Fällen hat der AB mit Zustimmung der Parteien den AB-Bericht erst nach Ablauf von 90 Tagen veröffentlicht, zB in WTO, *EC – Hormones*, App Body v 16.1.1998, WT/DS26/AB/R, WT/DS48/AB/R und *EC – Asbestos*, App Body v 12.3.2001, WT/DS135/AB/R sowie kürzlich in WTO, *US-COOL*, App Body v 29.6.2012, WT/DS384/AB/R, WT/DS386/AB/R.

188 Anhang I der WP.

189 Regel 16 Abs 2 WP. Im WTO, *Bananenfall III*, App Body v 9.9.1997, WT/DS27/AB/R erwirkten fünf Beschwerdeführer als Berufungsgegner, mit einer Ausnahme Entwicklungsland-Mitglieder, eine zweitägige Verlängerung für ihre Berufungserwiderung, um sich auf die besonders langen EC Vorbringen vorbereiten zu können.

190 Art 16 Abs 4 DSU; Regel 20 Abs 1, 2 WP.

191 S zB WTO, *US – FSCs*, (Art 21.5 – EC), App Body v 29.1.2002, WT/DS108/AB/RW para 97, Second Recourse to Article 21.5 of the DSU by the European Communities. In diesem Fall war der AB aufgefordert, zwei Berufungsbeschwerden der EG – bezüglich gewisser vom Panel nicht behandelter Ansprüche der EG – nur für den Fall zu beurteilen, dass es irgendwelche rechtlichen Feststellungen und Schlussfolgerungen des Panels aufheben würde.

192 S Regel 30(1) WP; in den Fällen WTO, *India – Auto*, App Body v 19.2.2002, WT/DS146/AB/R, WT/DS175/AB/R para 15 und *Marocco – Anti-Dumping Measures on Certain Hot-Rolled Steel from Turkey*, App Body v 10.12.2019, WT/DS513/AB/R para 1.19 sah der AB seine Arbeit damit beendet.

193 Im Fall WTO, *EC – Sardines*, App Body v 22.9.2002, WT/DS231/AB/R ließ der AB die bedingte Zurücknahme der Berufung durch die EG zu mangels gegenteiliger Bestimmung in Regel 30 Abs 1 WP.

75 **Formfehler im Berufungsantrag** werden toleriert, sofern der Gegenstand der Berufung und die behaupteten Fehler in den Schlussfolgerungen und Rechtsauslegungen des Panel-Berichts ausreichend klar identifiziert wurden.[194] Der kurz danach durch die bestellte Kammer bestimmte Zeitplan beruht auf den Vorgaben der Arbeitsregeln.

b) Parteienvorbringen

76 Spätestens zehn Tage nach Beantragung der Berufung muss der Berufungsbewerber seine entsprechenden Schriftsätze vorlegen. Diese werden auch den anderen Streitparteien oder Nebenbeteiligten zur Verfügung gestellt. Auch Mehrfach-Berufungen kommen vor, nämlich dann, wenn andere Streitparteien binnen 15 Tagen ihrerseits gegen Rechtsmängel im Panel-Bericht Berufung einlegen.[195] Auch **Nebenbeteiligte** können innerhalb von 25 Tagen durch Vorlage eines Schriftsatzes zur Darstellung ihrer Rechtsposition ihre Absicht auf Teilnahme am Verfahren bekunden.[196] Gelegentlich haben Kammern des AB vor den mündlichen Verhandlungen zusätzliche Memoranden von Streitparteien bzw Nebenbeteiligten angefordert, va zur Erläuterung von rechtlichen Vorfragen.[197]

c) Mündliche Verhandlungen

77 Auch die **Verhandlungen vor Kammern des AB** sind nicht öffentlich zugänglich. Sie dauern normalerweise einen Tag, beginnen mit kurzen Eröffnungserklärungen der Parteien und Nebenbeteiligten und enden mit deren Schlusserklärungen. Mitglieder der AB-Kammer, aber nicht die Parteien und Nebenbeteiligten untereinander, sind berechtigt, Fragen zu stellen.[198]

d) Rechtsbeistand

78 Im Berufungsverfahren im *Bananenstreit III* wurde die Frage aufgeworfen, ob ein WTO-Mitglied in den mündlichen Sitzungen durch einen Rechtsanwalt vertreten werden könnte, der nicht Regierungsbeamter ist. Der AB hielt dies für zulässig, vorausgesetzt der Anwalt tritt als Mitglied der offiziellen Delegation der Streitpartei oder des Nebenbeteiligten auf, was besonders für Entwicklungsland-Mitglieder bedeutsam sein könnte, denen es vielfach an einschlägig ausgebildetem Personal fehlt, um an technisch anspruchsvollen Verhandlungen wirksam teilnehmen zu können.[199]

---

194 ZB lehnte der AB in WTO, *US – Shrimp*, App Body v 6.11.1998, WT/DS58/AB/R para 95 die von den Berufungsgegnern verlangte Verwerfung der Berufung ab.

195 Regel 23 Abs 11 WP.

196 Regel 24 WP.

197 Regel 28 WP; s zB im WTO, *EC – Bananas III* App Body v 9.9.1997, WT/DS27/AB/R zur Frage der Teilnahme von Anwälten im Verfahren; in WTO, *US – Shrimp* App Body v 6.11.1998, WT/DS58/AB/R über *amicus curiae*-Schriftstücke.

198 Regel 27 WP.

199 WTO, *EC – Bananas III*, App Body v 9.9.1997, WT/DS27/AB/R para 10.

e) Beratungen, Beschlussfassung, Annahme des AB-Berichts

Die zuständige AB-Kammer diskutiert alle unterbreiteten Schriftsätze zusammen mit ausgewähltem Personal des AB-Sekretariats sowohl vor als auch nach den mündlichen Verhandlungen. Verfahrensteilnehmer, ob Streitparteien oder Nebenbeteiligte, dürfen aber nicht in Abwesenheit der anderen Parteien mit dem AB oder mit Mitgliedern einer seiner Kammern Verbindung aufnehmen oder Aspekte der Berufung besprechen.[200] Gem dem **Kollegialitätsprinzip** kommt es aber nach den mündlichen Verhandlungen sowohl zwischen den Mitgliedern der zuständigen Kammer als auch zwischen diesen und ihren anderen Kollegen im AB zum Meinungsaustausch über alle im Verfahren aufgeworfenen Rechtsfragen.[201] Die Verantwortung für und die Freiheit zur **Beschlussfassung über die Berufung** verbleibt aber ausschließlich bei der zuständigen Kammer.[202] Danach wird der AB-Bericht unter Leitung des Kammer-Vorsitzenden und ohne Beisein der Verfahrensteilnehmer verfasst. 79

Nach Unterfertigung durch die Kammer-Mitglieder und Übersetzung in die anderen Amtssprachen, Französisch und Spanisch, wird der **AB-Bericht** an alle WTO-Mitglieder verteilt. Gleichzeitig wird er auf der WTO-Webseite veröffentlicht. Innerhalb von weiteren 30 Tagen nach Verteilung kommt der AB-Bericht zusammen mit dem Panel-Schlussbericht auf die Tagesordnung des DSB, von dem diese automatisch angenommen werden, es sei denn, der DSB entscheidet mit Konsensus, die Berichte nicht anzunehmen.[203] 80

4. Implementierung, Überwachung, Durchsetzung

a) Unverzügliche Erfüllung

Mit der Annahme eines Panel- bzw AB-Berichts entsteht die **Verpflichtung zur unverzüglichen Erfüllung** der Empfehlungen und Entschließungen des DSB. Dies wird verständlicherweise als wesentlich angesehen, um eine wirksame Lösung von Streitigkeiten zum Vorteil aller Mitglieder sicherzustellen.[204] Da nämlich eine Vertragsverletzung wirtschaftlichen Schaden verursacht, ist die Zurücknahme der schädigenden Maßnahme und damit die Wiederherstellung der Legalität vordringlichstes Ziel des Verfahrens.[205] Folglich kommt ein Ausgleich als alternative Methode der Streitschlichtung nur in Betracht, wenn die unmittelbare Zurücknahme der betreffenden Maßnahmen nicht möglich ist, und dann nur vorübergehend bis zu deren Zurücknahme. Die Aussetzung von Zugeständnissen oder anderen Verpflichtungen kommt, wie erwähnt, nur als „letzte Zuflucht" in Frage. Auf einer innerhalb von 30 Tagen nach Annahme des Panel- bzw AB-Berichts anberaumten DSB-Sitzung hat das betreffende Mitglied den DSB zu informieren, wie es seine Empfehlungen und Entschließungen durchzuführen beabsichtigt.[206] 81

200 Art 18 Abs 1 DSU.
201 Regel 4 Abs 3 WP.
202 Regel 4 Abs 4 WP.
203 Art 17 Abs 4(4) DSU.
204 Art 21 Abs 1 DSU.
205 Art 3 Abs 7 DSU.
206 Art 21 Abs 3 DSU.

b) Bestimmung eines angemessenen Zeitraums

(1) Artikel 21 Absatz 3 DSU

82 Im Fall von Schwierigkeiten mit der unverzüglichen **Erfüllung** kann dem betreffenden Mitglied ein **angemessener Zeitraum** zugestanden werden. Zur Vermeidung von Verzögerungen bestimmt Art 21 Abs 3 DSU, was im Einzelfall als angemessen gilt. In erster Linie ist der von der betroffenen Partei selbst vorgeschlagene Zeitraum als angemessen anzusehen, wenn der DSB zustimmt.[207] Von dieser Möglichkeit ist bisher noch von keinem Mitglied Gebrauch gemacht worden, vermutlich weil nur der Vorschlag einer besonders kurzen Frist die für den Konsensus des DSB erforderliche vorherige Zustimmung der erfolgreichen Streitpartei erwirken würde.

83 In den meisten Fällen gelingt es den Streitparteien, innerhalb von 45 Tagen nach Annahme des Panel- bzw AB-Berichts einen **gemeinsam vereinbarten Zeitraum** festzulegen, zu ändern oder zu verlängern.[208] Bei Uneinigkeit der Streitparteien über die Dauer eines angemessenen Zeitraums, wird dieser letztlich durch bindenden Schiedsspruch innerhalb von 90 Tagen nach Annahme des/der Berichte/s durch den DSB festgelegt, wobei als Richtlinie 15 Monate nicht überschritten werden sollten.[209] Nach ständiger Schiedspraxis gilt als angemessener Zeitraum gem Art 21 Abs 3(c) „the shortest period possible within the legal system of the Member [...] concerned".[210]

(2) Schiedsgerichtsbarkeit, Zuständigkeit

84 Im Allgemeinen waren Schiedsrichter[211] der Meinung, dass Mitglieder kein Ermessen haben, zu bestimmen, wann sie zur unverzüglichen Erfüllung bereit sind, und dass ihnen nur aus zwingenden Gründen eine Ausnahme von dieser Verpflichtung gewährt werden kann.[212] Sie haben auch keinen beliebigen Anspruch auf eine angemessene Frist, weil diese nur von Fall zu Fall im Lichte aller Umstände zuerkannt werden kann.[213]

85 In manchen Fällen wurde die Frage aufgeworfen, ob ein Schiedsrichter nicht nur für die **Bestimmung der angemessenen Frist** zuständig ist, sondern auch für Anregungen von Mitteln und Wegen zur Erfüllung der DSB-Empfehlungen und -Entschließungen durch die unterlegene Streitpartei. Dies wurde aber von Schiedsrichtern be-

---

207 Art 21 Abs 3(a) DSU.

208 Art 21 Abs 3(b) DSU; s WTO, *China – Tariff Rate Quotas for Certain Agricultural Products*, Agreement under Art 21 Abs 3(b) DSU, WT/DS517/10 und mehrmalige vereinbarte Verlängerung der angemessenen Frist, zuletzt bis 31.3.2021, WT/DS517/17.

209 Art 21 Abs 3(c) DSU.

210 WTO, *EC – Sugar*, (Arbitration under Art 21.3(c)) v 28.10.2005, WT/DS265–266/33, WT/DS283/14 para 61 und Fn 114; WTO, *US – OCTG Sunset Reviews* (Arbitration under Art 21.3(c)) v 7.6.2005, WT/DS268/12 para 25 und Fn 42.

211 In der Praxis wird immer ein Mitglied des AB als Schiedsrichter bestellt, einvernehmlich durch die Streitparteien innerhalb von zehn Tagen nach Anrufung des Schiedsverfahrens, oder mangels Parteieneinigung innerhalb von zehn Tagen vom Generaldirektor nach Konsultationen mit den Parteien, Fn 12 DSU.

212 WTO, *Australia – Salmon*, (Arbitration under Art 21.3(c)) v 23.2.1999, WT/DS18/9 para 30.

213 WTO, *Canada – Pharmaceutical Patents*, (Arbitration under Art 21.3(c)), v 18.8.2000, WT/ DS114/13, para 45.

harrlich abgelehnt,[214] abgesehen von gelegentlichen Ausführungen über die Art von Maßnahmen, die zur Erfüllung der DSB-Empfehlungen und -Entschließungen notwendig sein könnten.[215] Auch zur Frage, ob die zur Erfüllung der Empfehlungen und Entschließungen des DSB geplante Gesetzgebung eines Mitglieds inhaltlich und umfänglich ausreichend wäre, wollten sie keine Stellungnahme beziehen,[216] möglicherweise deshalb, weil hierfür in Art 21 Abs 5 DSU ein spezielles Verfahren vorgesehen ist, dass anderenfalls überflüssig wäre.[217]

(3) Faktoren zur Bestimmung des angemessenen Zeitraums

Angesichts der grundsätzlichen Verpflichtung zur unverzüglichen Erfüllung der Empfehlungen und Entschließungen des DSB haben Schiedsrichter von Beschwerdegegnern den Beweis verlangt, dass dies unmöglich bzw die Zuerkennung einer angemessenen Frist notwendig ist[218] oder dass besondere Umstände eine **kürzere oder längere angemessene Frist** rechtfertigen würden,[219] wobei die Beweislast mit der Dauer der vorgeschlagenen Frist zunimmt.[220] 86

Was die bestimmenden Faktoren betrifft, so ist nach ständigem Fallrecht davon auszugehen, dass dem Beschwerdegegner nur die nach seinem Gesetzgebungs- bzw Verwaltungsverfahren kürzest mögliche Frist zuzubilligen ist,[221] gleichwohl unter Bedachtnahme auf die Komplexität des Verfahrens,[222] wie zB dem in der EU.[223] Somit berechtigt die Notwendigkeit eines normalen langwierigen Verfahrens zu einer längeren angemessenen Frist. Andererseits ist das betreffende Mitglied nicht in jedem Fall verpflichtet, ein außergewöhnliches Verfahren anzuwenden.[224] Zur Bestimmung einer **kürzeren oder längeren angemessenen Frist** als der als Richtlinie vorgesehenen Frist von 15 Monaten haben Schiedsrichter ausschließlich rechtliche Überlegungen als 87

214 S zB WTO, *EC – Hormones,* (Arbitration under Art 21.3(c)) v 29.5.1998, WT/DS26/15, WT/DS48/13 para 38; zum Unterschied davon sieht Art 26 Abs 1(c) DSU bei Nichtverletzungsbeschwerden die Möglichkeit entsprechender nicht-bindender Anregungen durch den Schiedsrichter vor.

215 WTO, *Argentina – Hides and Leather* (Arbitration under Art 21.3(c)), v 31.8.2001, WT/DS155/10 paras 40f.

216 WTO, *US – Japan Hot Rolled Steel* (Arbitration under Art 21.3(c)), v 19.3.2002, WT/DS184/13 para 30.

217 WTO, *Canada – Pharmaceutical Patents* (Arbitration under Art 21.3(c)), v 18.8.2000, WT/ DS114/13 paras 41f.

218 WTO, *Canada – Pharmaceutical Patents* (Arbitration under Art 21.3(c)), v 18.8.2000, WT/ DS114/13 para 47.

219 WTO, *EC – Hormones* (Arbitration under Art 21.3(c)), v 29.5.1998, WT/DS26/15, WT/DS48/13 para 27.

220 WTO, *Canada – Pharmaceutical Patents* (Arbitration under Art 21.3(c)), v 18.8.2000, WT/ DS114/13 para 47.

221 WTO, *EC – Hormones* (Arbitration under Art 21.3(c)), v 29.5.1998, WT/DS26/15, WT/DS48/13 para 26.

222 WTO, *Canada – Pharmaceutical Patents* (Arbitration under Art 21.3(c)), v 18.8.2000, WT/DS114/13 para 50.

223 WTO, *EC – Bananas III,* App Body v 9.9.1997, WT/DS27/AB/R para 19.

224 WTO, *Korea – Alcohol* (Arbitration under Art 21.3(c)), v 4.6.1999, WT/DS75/16, WT/DS84/14 para 42.

relevant herangezogen – unter Ausschluss anderer Faktoren, wie zB politischen Erwägungen oder des möglichen Einflusses von beabsichtigter Gesetzgebung auf eine bestimmte Industrie bzw um dieser eine strukturelle Anpassung zu ermöglichen.[225] Zu den relevanten Faktoren werden auch die zur Erfüllung der Empfehlungen und Entschließungen des DSB angewandten Mittel gezählt. Wenn eine Verwaltungsentscheidung ausreicht, kann die angemessene Frist kürzer sein als die 15 Monate der Richtlinie. Wenn Gesetzgebung erforderlich ist, kann diese länger sein als 15 Monate.[226] Auch die Flexibilität des Gesetzgebungsverfahrens kann ein relevanter Faktor sein,[227] wie auch die nach Annahme der Panel- bzw AB-Berichte unternommenen Schritte zur unverzüglichen Erfüllung.[228]

88 **Entwicklungsland-Mitgliedern** in wirtschaftlicher oder finanzieller Krise ist besondere Aufmerksamkeit zu widmen und gegebenenfalls eine **längere angemessene Frist** einzuräumen, besonders wenn die Krise durch eine unverzügliche Erfüllung der Empfehlungen und Entschließungen des DSB verschärft würde.[229] Wenn diese Angelegenheit von einem Entwicklungsland-Mitglied vorgebracht wird, hat der DSB zu prüfen, „welche weiteren den Umständen entsprechenden Tätigkeiten es durchführen kann“,[230] unter Berücksichtigung nicht nur des Handelsumfangs der beanstandeten Maßnahme, sondern auch deren Einflusses auf die Wirtschaft des betreffenden Entwicklungsland-Mitglieds.[231]

5. Streitbeilegung in der Implementierungsphase

a) Überwachung der Implementierung

89 Die **Durchführung der Empfehlungen und Entschließungen** des DSB innerhalb des festgelegten angemessenen Zeitraums wird von diesem überwacht. Zu diesem Zweck kommt die Angelegenheit sechs Monate nach Festlegung des angemessenen Zeit-

---

225 WTO, *Canada – Pharmaceutical Patents* (Arbitration under Art 21.3(c)), v 18.8.2000, WT/ DS114/13 paras 52, 60; *US – Anti-Dumping Act of 1916* (Arbitration under Art 21.3(c)) v 28.2.2001, WT/DS136/11, WT/DS162/14 paras 38–40.

226 WTO, *Canada – Pharmaceutical Patents* (Arbitration under Art 21.3(c)), v 18.8.2000, WT/ DS114/13 paras 49, 51. S aber den Schiedsspruch in WTO, *China – GOES* (Arbitration under Art 21.3(c)), v 3.5.2013, WT/DS414/12 para 4.1.; wo der Schiedsrichter den Antrag Chinas auf eine Erstreckung der Frist, da es gegenwärtig keine rechtlichen Mechanismen sowie keine Kompetenz für die Umsetzungen der Empfehlungen des DSB im gegenständlichen Fall gäbe, zurückwies.

227 WTO, *Canada – Patent Protection* (Arbitration under Art 21.3(c)), v 28.2.2001, WT/DS170/10 paras 63f; s a *Canada – Autos* (Arbitration under Art 21.3(c)), v 4.10.2000, WT/DS139/12, WT/DS142/12.

228 S zB WTO, *US – Section 110(5) Copyright Act* (Arbitration under Art 21.3(c)), v 15.1.2001, WT/DS160/ 12 para 46.

229 Art 21 Abs 2 DSU; WTO, *Indonesia – Autos* (Arbitration under Art 21.3(c)), v 7.12.1998, WT/DS54/15, para 24; die einem Entwicklungsland-Mitglied nach dieser Bestimmung zu widmende „besondere Aufmerksamkeit“ wird allerdings durch die Wahl der kürzest möglichen Zeitspanne als angemessene Frist subsumiert, s Schiedsspruch WTO, *EC – Chicken Cuts* (Arbitration under Art 21 Abs 3(c)), v 20.2.2006, WT/DS269/13, WT/DS286/15 para 82; s a *US – OCTG Sunset Reviews* (Arbitration under Art 21.3(c)), v 7.6.2005, WT/DS268/12 para 52; s *US – Cool,* (Arbitration under Art 21.3(c)), v 4.12.2012, WT/DS384/24, WT/DS386/23 paras. 99–100.

230 Art 21 Abs 7 DSU.

231 Art 21 Abs 8 DSU.

raums gem Art 21 Abs 3 DSU bis zu ihrer endgültigen Bereinigung auf die Tagesordnung des DSB. Zumindest zehn Tage vor jeder Sitzung des DSB legen die betreffenden Mitglieder dem DSB einen schriftlichen Fortschrittsbericht betreffend die Durchführung der Empfehlungen und Entschließungen des DSB vor.[232] Aus diesem zumeist allgemein und unverbindlich gehaltenen Fortschrittsbericht soll ersichtlich sein, ob dem betreffenden Mitglied die zeitgerechte Durchführung möglich sein wird.[233] Die Überwachung der Durchführung der angenommenen Empfehlungen oder Entschließungen endet erst, wenn durch sie eine für unvereinbar befundene Maßnahme mit dem erfassten Abkommen vereinbar gemacht wurde.[234]

b) Verfahren nach Artikel 21 Absatz 5 DSU („compliance"-Panel)

(1) Allgemeine Verfahrensfragen

Bei Meinungsverschiedenheiten über das Vorliegen oder die Übereinstimmung von Er- 90
füllungsmaßnahmen[235] kann der Streit neuerlich dem DSU-Verfahren unterbreitet werden, wenn möglich auch unter Rückgriff auf das ursprüngliche Panel. Ein solches **„compliance"-Panel** hat seinen Bericht innerhalb von 90 Tagen zu verteilen.[236] Hinsichtlich des Umfangs der Zuständigkeit eines solchen Panels hat der AB entschieden, dass sich diese sowohl auf die Überprüfung der Konformität der Durchführungsmaßnahmen mit den Empfehlungen und Entschließungen des DSB als auch auf die der Konformität mit den relevanten Bestimmungen der erfassten Abkommen erstreckt.[237] Einige Mitglieder, zB die Parteien im Fall *Canada – Aircraft*, haben dieses Verfahren sogar mehrmals angestrengt, und zwar als Folge eines Panel-Berichts nach Art 21 Abs 5, dem zufolge Erfüllungsmaßnahmen nicht den vom DSB angenommenen Panel- bzw AB-Berichten entsprochen haben.[238] Obwohl diese Praxis mittlerweile allgemein akzeptiert wurde, ist sie nicht völlig unbedenklich, da sie ein Mitglied dazu ermutigen könnte, missbräuchlich wiederholt unzureichende Durchführungsmaßnahmen zu set-

---

232 Art 21 Abs 6 DSU.

233 In manchen Fällen ist es zu jahrelangen Vorlagen von Fortschrittsberichten gekommen, zB nach der Annahme der Empfehlungen und Entschließungen des DSB am 23.8.2001 in WTO, *United States – Anti-Dumping Measures on Certain Hor-Rolled Steel Products from Japan*, WT/DS184, s WT/DS184/15/Add.211 v 15.1.2021.

234 Art 22 Abs 8 DSU.

235 Der Begriff der Erfüllungsmaßnahmen wurde vom AB definiert als „measures taken to comply with the recommendations and rulings" des DSB, s WTO, *Canada – Aircraft* (Article 21.5 – Brazil), App Body v 4.8.2000, WT/DS70/AB/RW para 36.

236 Art 21 Abs 5 DSU.

237 WTO, *Canada – Aircraft* (Article 21.5 – Brazil), App Body v 4.8.2000, WT/DS70/AB/RW paras 40f. Auch in einer Entscheidung nach Art 21.5 im Fall WTO, *Chile – Price Band System* (Article 21.5 – Argentina), App Body v 8.12.2006, WT/DS207/RW para 7.140 stellte das *„compliance"-Panel* fest, dass aus der Auslegung von Art 21.5 DSU hervorgehe, dass sich die Zuständigkeit des Panels nicht auf die Untersuchung der Vereinbarkeit der Erfüllungsmaßnahmen mit den Empfehlungen und Entschließungen des DSB beschränkt, sondern dass sich die Überprüfungsbefugnis des Panels vielmehr darauf beziehe, die Vereinbarkeit der Maßnahmen mit „einem erfassten Abkommen (a covered agreement)" zu überprüfen.

238 S a WTO, *Canada – Dairy Products* (Art 21.5 – New Zealand and the US), App Body v 18.12.2001, WT/DS103/AB/RW, WT/DS113/AB/RW.

zen. Das Mandat eines „compliance"-Panels kann auch die Überprüfung jener Maßnahmen einschließen, die vom implementierenden Mitglied selbst nicht als zur Durchführung der Empfehlungen und Entschließungen getroffene Maßnahmen bezeichnet worden waren.[239] Ein pragmatischer Lösungsansatz wird im Fall *Thailand – Customs and Fiscal Measures on Cigarettes from the Philippines*[240] angestrebt. Da gegen zwei auf Antrag der Philippinen erstellte „compliance" Schlussberichte von Thailand Berufungsverfahren vor dem AB eingeleitet wurden, aber zufolge dessen personeller Unterbesetzung nicht abgeschlossen werden konnten, wurden die verbleibenden ungelösten Rechtsfragen mittels „Understanding" dieser Streitparteien einem vom Vorsitzenden des DSB nominierten Moderator (facilitator) von „good faith"-Konsultationen vorgelegt.[241]

91 Gegensätzliche Auffassungen gibt es zur Frage der **Konsultationen im Verfahren nach Art 21 Abs 5**. Während einige Mitglieder darauf verweisen, dass Streitigkeiten nach Art 21 Abs 5 „durch Heranziehung dieser Streitbeilegungsverfahren" beizulegen sind, und diese gem Art 6 Abs 2 Konsultationen zwingend vorschreiben, geben andere zu bedenken, dass dies unnötige Verzögerungen mit sich bringt, va weil die Streitparteien schon vor Einsetzung des ursprünglichen Panels Konsultationen abgehalten hatten. Mangels bestimmter Richtlinien im DSU haben Streitparteien selbst beschleunigende Absprachen getroffen, zB Konsultationen innerhalb von zwölf Tagen nach dem Ansuchen um Konsultationen abzuhalten und bei deren Scheitern sofort der Einsetzung eines Panels nach Art 21 Abs 5 Panel zuzustimmen.[242] Zur Frage, ob auch gegen Panel-Berichte in diesem Verfahren Berufung erhoben werden kann, enthält Art 21 Abs 5 keine Bestimmungen, so dass die diesbezügliche Zuständigkeit des AB nach den allgemeinen Bestimmungen des Art 17 begründet bleibt. In manchen Streitfällen haben Mitglieder einander durch bilaterale Abkommen ein Berufungsrecht nach Art 21 Abs 5 eingeräumt, um Zweifel vollständig zu beseitigen.

(2) Problematisches Verhältnis: „Sequencing" Art 21 Abs 5 und 22 Abs 2 DSU

92 Zwanzig Tage nach Ablauf des angemessenen Zeitraums kann das beschwerdeführende Mitglied den DSB um **Ermächtigung zur Ergreifung von sog Sanktionen**, dh zur Aussetzung von Zugeständnissen oder anderen Verpflichtungen aus erfassten Abkommen („retaliation") gegenüber dem Beschwerdegegner ersuchen, wenn es die von diesem zur Durchführung der Empfehlungen und Entschließungen des DSB getroffenen Maßnahmen als unvereinbar erachtet und Verhandlungen zur Streitbeilegung gescheitert sind.[243] Wenn es das Ansuchen nicht mit Konsensus verwirft, hat der DSB

---

239 WTO, *US – Softwood Lumber*, App Body v 19.1.2004, WT/DS257/AB/R para 77; sa WTO, *US – Dumping Margins („Zeroing")*, App Body v 14.5.2009, WT/DS294/AB/RW.

240 WTO, *Thailand – Customs and Fiscal Measures on Cigarettes from the Philippines*, App Body v 15.7.2011, WT/DS371/AB/R.

241 WTO, *Thailand – Customs and Fiscal Measures on Cigarettes from the Philippines*, WT/DS371/44 v 21.12.2020.

242 S zB *US – FSCs*, Beschwerde der EG, WT/DS108/12.

243 Art 22 Abs 2 DSU.

diesem innerhalb von 30 Tagen nach Ablauf des angemessenen Zeitraums stattzugeben.[244]

Andererseits sieht Art 21 Abs 5 vor, dass „Meinungsverschiedenheiten über das Vorliegen oder die Übereinstimmung" von Erfüllungsmaßnahmen durch ein eigenes Panel-Verfahren zu beurteilen sind. Ein solches Verfahren wäre keinesfalls innerhalb der für die Verhängung von Sanktionen vorgesehenen 30 Tage beendet. Das wiederum bedeutet, dass das Ersuchen um Ermächtigung zu Sanktionen auf der einseitigen Beurteilung des Beschwerdeführers beruht, dass die vom Prozessgegner getroffenen Erfüllungsmaßnahmen mit der WTO unvereinbar sind. Eine solche einseitige Beurteilung widerspricht aber sowohl dem Text des Art 23 Abs 1 DSU als auch dem multilateralen Geist des DSU. Diese beiden Auslegungen sind im *Bananenstreit III*, einem der längsten und kompliziertesten WTO-Streitbeilegungsverfahren, aufeinander geprallt.[245] Letztlich einigten sich die EG und die USA in diesem Verfahren auf die gleichzeitige Vorlage der respektiven Ersuchen nach den Art 21 Abs 5 und 22 Abs 2 DSU. Dieses bilaterale Übereinkommen zur Lösung des **„sequencing"**-Problems wurde in anderen Verfahren übernommen.[246] In den laufenden DSU-Reform-Verhandlungen haben sich mehrere Mitglieder für eine formelle Annahme dieser bilateralen Vertragspraxis zwecks größerer Rechtssicherheit ausgesprochen. 93

6. Ausgleich und Aussetzung von Zugeständnissen

Wie schon eingangs erwähnt,[247] wird nach dem DSU-Verfahren eine beiderseits annehmbare Lösung eines Streitfalls „klarerweise vorgezogen" bzw werden weder Ausgleich noch Aussetzung von Zugeständnissen der vollen Erfüllung einer Empfehlung vorgezogen.[248] **Ausgleich oder Aussetzung von Zugeständnissen** und anderen Verpflichtungen sind zeitlich befristete Maßnahmen, die nur dann zum Einsatz kommen, wenn es die im Verfahren unterlegene Partei versäumt, ihre Maßnahmen innerhalb des nach Art 21 Abs 3 DSU bestimmten angemessenen Zeitraums mit den erfassten Abkommen in Einklang zu bringen. 94

---

244 Art 22 Abs 6 DSU.

245 S *Weiss* in Petersmann/Pollack (Hrsg) Transatlantic Economic Disputes – The EU, the US, and the WTO (2003) 121ff.

246 S a das Übereinkommen zwischen den Philippinen und Thailand gem Art 21 und 22 DSU in WTO, *Thailand – Customs and Fiscal Measures on Cigarettes from the Philippines*, v 7.6.2012, WT/DS371/16. In gewissen Fällen wurde das Sanktionsverfahren nach Art 22 Abs 2 bis zur Vollendung des Verfahrens nach Art 21 Abs 5 suspendiert, unter der Bedingung, dass es reaktiviert werden konnte, wenn das „compliance"-Panel-Verfahren die Unvereinbarkeit der Erfüllungsmaßnahmen bestätigt hatte. In anderen Fällen begannen die Parteien mit dem „Compliance"-Panel-Verfahren unter der Bedingung, dass der Beschwerdegegner dem Antrag nach Art 22 Abs 2 nicht deshalb widersprechen würde, weil die 30 Tage Frist abgelaufen war.

247 S o Rn 5.

248 Art 3 Abs 7, 22 Abs 1 DSU.

a) Ausgleich

95 Ausgleich ist freiwillig und wird normalerweise seitens der beschwerdeführenden Partei vom Prozessgegner verlangt. Letzterer kann aber auch aus eigenem Antrieb Ausgleich anbieten, mit Zustimmung der beschwerdeführenden Partei. **Einvernehmlich erzielter Ausgleich** muss mit den erfassten Abkommen übereinstimmen, dh ua, dass er auf Basis der allgemeinen Meistbegünstigung auch anderen WTO-Mitgliedern zugänglich gemacht werden muss.[249]

b) Aussetzung von Zugeständnissen und anderen Verpflichtungen

(1) Allgemeine Bestimmungen

96 Wenn die Streitparteien innerhalb von 20 Tagen nach Ablauf des angemessenen Zeitraums keinen Ausgleich vereinbaren konnten, kann die beschwerdeführende Partei die Ermächtigung des DSB zur Aussetzung von Zugeständnissen und anderen Verpflichtungen beantragen.[250] Diesem Antrag ist durch den DSB innerhalb von 30 Tagen nach Ablauf des angemessenen Zeitraums zu entsprechen, es sei denn, es verwirft ihn mit Konsensusentscheidung.[251] Diese Aussetzung, die üblicherweise als „Vergeltung" (**retaliation**) bezeichnet wird, darf nicht einseitig, dh allein durch den Beschwerdeführer erfolgen, sondern bedarf der vorherigen Ermächtigung durch den DSB[252] und kommt in jedem Fall nur als „letzte Zuflucht" in Betracht.[253]

(2) Prinzipien und Verfahren

97 Zur Verhinderung missbräuchlicher Anwendung des Rechtsmittels der Aussetzung von Zugeständnissen und anderer Verpflichtungen durch die beschwerdeführende Partei legt das DSU eine Anzahl detaillierter Bedingungen fest. In erster Linie muss die beschwerdeführende Partei die **Aussetzung von Zugeständnissen auf dem gleichen Gebiet**[254] suchen als dem, auf dem das Panel oder der AB eine Zunichtemachung oder Beeinträchtigung festgestellt hat.[255] Wurden diese auf nur einem Gebiet festgestellt, so wird die von der beschwerdeführenden Partei vorgeschlagene Aussetzung gleichwertiger Zugeständnisse auf dem gleichen Gebiet zumeist unbedenklich

---

249 Bestätigt ua durch WTO, *EC – Poultry*, App Body v 23.7.1998, WT/DS69/AB/R para 100.

250 Art 22 Abs 2 DSU. S zB Ersuchen der EU um Ermächtigung des DSB zur Aussetzung der Anwendung von Zugeständnissen oder anderer Verpflichtungen nach den erfassten Abkommen gem Art 7.9. des Abkommens über Subventionen (SCM Agreement) und Art 22 Abs 7 DSU, v 16.10.2020, WT/DS353/35.

251 Art 22 Abs 6 DSU.

252 Art 22 Abs 6, 23 Abs 2(c), 3 Abs 7 DSU; bestätigt durch WTO, *US – Certain EC Products*, App Body v 10.1.2001, WT/DS165/ABR para 120.

253 Art 3 Abs 7 DSU. Im Zeitraum 4.12.2018 bis 26.10.2020 überwies der DSB drei Anträge auf Aussetzung von Zugeständnissen und anderen Verpflichtungen an Schiedsgerichte gem Art 22 Abs 6 DSU und genehmigte eine solche Aussetzung in zwei anderen Fällen, s Annual Report des DSB (2019/2020) v 27.11.2020, WT/DSB/81 para 11.1.

254 Der Begriff „Gebiet" ist in Art 22 Abs 3(f) umschrieben und umfasst im wesentlichen Produkte, Dienstleistungen und handelsbezogene Aspekte des geistigen Eigentums.

255 Art 22 Abs 3(a) DSU.

sein und kaum der Überprüfung bedürfen.[256] Gleichwohl müssen Schiedsrichter auch in solchen Fällen die Einhaltung der anzuwendenden Prinzipien und Verfahren überprüfen können – zB ob ein unter Art 23 Abs 3(a) gestellter Aussetzungsantrag vollständig oder teilweise unter Abs 3(b) oder 3(c) zu stellen gewesen wäre. Anderenfalls wäre Art 23 nur teilweise wirksam, weil die multilaterale Überwachung seiner Einhaltung umgangen werden könnte.[257]

Wenn die betreffende Partei die Aussetzung von Zugeständnissen auf dem gleichen Gebiet für undurchführbar oder unwirksam erachtet, kann sie diese auf anderen Gebieten desselben Abkommens suchen.[258] Wenn auch eine solche Aussetzung als undurchführbar oder unwirksam erachtet wird und die Umstände ernst genug sind, bleibt letztlich die Möglichkeit die **Aussetzung aus einem anderen erfassten Abkommen** zu suchen („**cross-retaliation**").[259] Anträge auf Ermächtigung zur Aussetzung von Zugeständnissen auf einem anderen Gebiet unter dem gleichen Abkommen oder unter einem anderen Abkommen sind zu begründen und sowohl dem DSB als auch den einschlägigen Räten zu übermitteln.[260] 98

(3) Auslegung der Grundsätze des Artikel 22 DSU

Trotz der auffallend detaillierten Beschreibung der Grundsätze, nach denen die beschwerdeführende Partei bei der Aussetzung von Zugeständnissen oder anderen Verpflichtungen vorzugehen hat, mussten Schiedsrichter deren Tragweite verdeutlichen. Hinsichtlich der **Auslegung von Art 22 Abs 3(a) DSU** verwarfen sie zB im *Bananenstreit III* die Argumentation der EG, der zufolge die USA nur berechtigt gewesen sein sollten, die Aussetzung von Zugeständnissen auf dem Gebiet von Dienstleistungen, nicht aber auf dem von Waren zu beantragen, weil sie an Waren kein Interesse gehabt haben sollten. Unter Verweis auf die gewöhnliche Bedeutung der Worte „auf demselben (denselben) Gebiet(en)" erachteten sie die USA als berechtigt, die Aussetzung auf dem einen oder dem anderen oder auf beiden Gebieten anzufragen.[261] 99

Im gleichen Fall war auch die Frage zu prüfen, ob es nach Art 22 Abs 3(b) und (c) ausschließlich im **Ermessen** des beschwerdeführenden Mitglieds liegt, zu beurteilen, wann die **Aussetzung von Zugeständnissen** auf dem gleichen Gebiet oder auf anderen Gebieten unter demselben Abkommen undurchführbar oder unwirksam wäre. Die Schiedsrichter entschieden die Frage in nuancierter Weise, indem sie einerseits der beschwerdeführenden Partei – Ecuador – einiges Ermessen zubilligten, gleichzeitig aber auch auf ihr aus dem Gesamtinhalt des Art 22 abgeleiteten Recht zur Prüfung der anzuwendenden Grundsätze und Verfahren pochten. Aus dem gleichen Grund erachteten die Schiedsrichter Ecuador auch als berechtigt, die Aussetzung von Zugeständnis- 100

256 WTO, *EC – Bananas III* (22.6 – EC), v 24.3.2000, WT/DS27/ARB/ECU para 3.6.
257 WTO, *EC – Bananas III* (22.6 – EC), v 24.3.2000, WT/DS27/ARB/ECU para 3.7.
258 Art 22 Abs 3(b) DSU; der Begriff „Abkommen" ist in Art 22 Abs 3(g) DSU definiert und bezieht sich zum einen auf die produktbezogenen Abkommen im Anhang 1A zum WTO-Abkommen und zum anderen auf das GATS und das TRIPS Abkommen.
259 Art 22 Abs 3(c) DSU.
260 Art 22 Abs 3(e) DSU.
261 WTO, *EC – Bananas III* (22.6 – EC), v 22.3.2000, WT/DS27/ARB/ECU para 3.10.

sen nach dem TRIPS-Abkommen anzusuchen, unter Verwerfung des Einwands der EG, dass weder das Panel noch der AB eine Unvereinbarkeit des EG-Bananen-Regimes mit diesem Abkommen festgestellt hatte.[262] Auch mit ihrem Vorbringen, Ecuador müsse gem Art 22 Abs 3(b) und (c) beweisen, dass die Aussetzung von Zugeständnissen nach dem TRIPS Abkommen durchführbar und wirksam wäre, scheiterte die EG. Nach Auslegung der Schiedsrichter ist die „cross-retaliation" nach diesen Bestimmungen im Gegenteil an die negative Bedingung geknüpft, dass die Aussetzung von Zugeständnissen nach Art 22 Abs 3(a) undurchführbar oder unwirksam wäre, sofern „die Umstände ernst genug sind".[263]

101 Auch nach **Art 22 Abs 3(d)** stellten sich **Auslegungsfragen** im vorgenannten Fall. So stimmten die Schiedsrichter der Auffassung Ecuadors zu, die Phrase „die Bedeutung dieses Handels" (Art 22 Abs 3(d)(i)) beziehe sich auf den Handel auf dem Gebiet der Waren und Dienstleistungen im Bananensektor und nicht wie die EG meinte, auf diese Gebiete in ihrer Gesamtheit.[264] Weiter teilten die Schiedsrichter die vom Panel getroffene Differenzierung zwischen den Unterabsätzen von Art 22 Abs 3(d). Folglich bezieht sich der erste Unterabsatz, da er auf Zunichtemachung oder Schädigung abstellt, auf mit diesen verbundene, breitere wirtschaftliche Grundlagen und betrifft daher in erster Linie das durch Zunichtemachung oder Schädigung beeinträchtigte Mitglied, in diesem Fall Ecuador. Hingegen sind die im zweiten Unterabsatz genannten „breiteren wirtschaftlichen Folgen der Aussetzung" nicht notwendigerweise auf das geschädigte Mitglied begrenzt.[265]

102 Um Missbrauch vorzubeugen und um zu vermeiden, dass Sanktionen nach dem DSU strafender Charakter zugemessen werden könnte, bestimmt das DSU weiter: „Das Ausmaß der vom DSB genehmigten Aussetzung von Zugeständnissen und anderen Verpflichtungen soll dem Ausmaß der Zunichtemachung oder Schädigung angemessen sein".[266]

103 Bei **Uneinigkeit** der Streitparteien über das **Ausmaß der vorgeschlagenen Aussetzung** entscheidet ein Schiedsgericht – mglw der ursprüngliche Untersuchungsausschuss – bindend und endgültig innerhalb von 60 Tagen nach Ablauf der angemessenen Frist.[267] Erst nach Beendigung dieses Schiedsverfahrens dürfen Zugeständnisse oder andere Verpflichtungen ausgesetzt werden.[268]

104 Nach Auffassung der Schiedsrichter im *Bananenstreit III* kann die **Gleichwertigkeit** der Aussetzung nur durch einen Vergleich des Geldwerts der vorgeschlagenen Aussetzung mit dem der erlittenen Zunichtemachung oder Schädigung ermittelt wer-

262 WTO, *EC – Bananas III* (22.6 – EC), v 22.3.2000, WT/DS27/ARB/ECU, paras 52f.
263 WTO, *EC – Bananas III* (22.6 – EC), v 22.3.2000, WT/DS27/ARB/ECU, para 78.
264 WTO, *EC – Bananas III* (22.6 – EC), v 22.3.2000, WT/DS27/ARB/ECU para 84.
265 WTO, *EC – Bananas III* (22.6 – EC), v 22.3.2000, WT/DS27/ARB/ECU paras 85f.
266 Art 22 Abs 4 DSU; WTO, *US – Anti-Dumping Act of 1916*, (22.6 – US), v 24.2.2004, WT/DS136/ARB para 7.1.
267 Das Schiedsgericht befindet aber nicht über die Natur der auszusetzenden Zugeständnisse oder Verpflichtungen, s WTO, *EC – Hormones* (Arbitration under Art 21.3(c)), v 29.5.1998, WT/ DS26/15, WT/ DS48/13.
268 Art 22 Abs 6 DSU. Fn 15 zu Art 22 Abs 6 bestimmt: der Ausdruck „Schiedsrichter" bezieht sich sowohl auf eine Person als auch auf eine Gruppe.

den.[269] Hierzu sei wiederum erforderlich, dass zunächst festgestellt wird, ob das neue Bananen-Regime der EG mit den erfassten Abkommen vereinbar ist.[270]

Hinsichtlich der Wahl des relevanten Stichtags für die **Berechnung des Geldwerts der Zunichtemachung** oder Schädigung haben Schiedsgerichte verschiedene Auffassungen vertreten. Nach Meinung des Schiedsgerichts im Fall *EC – Hormones* müsse dies der Tag des Ablaufens des angemessenen Zeitraums sein;[271] für das Schiedsgericht im Fall *US – Section 110(5) Copyright Act* der Tag, an dem es mit der Angelegenheit befasst wurde.[272] Die Verteilung der Beweislast folgt der im WTO-Fallrecht wiederholt bestätigten Regel, so dass ein Mitglied, welches die errechnete Gleichwertigkeit der Aussetzung bestreitet, dies auch beweisen muss.[273] 105

Letztlich wird vom DSU noch einmal unterstrichen, dass die **Aussetzung von Zugeständnissen** oder anderen Verpflichtungen **zeitlich begrenzt** ist.[274] Sie wird nur bis zur Beseitigung der unvereinbar befundenen Maßnahme oder bis zum Anbieten einer Lösung für die Zunichtemachung oder Schmälerung von Vorteilen durch das zur Durchführung der Empfehlungen und Entschließungen verpflichtete Mitglied oder aber bis zur Erzielung einer beiderseits zufriedenstellenden Lösung angewandt. 106

D. Bilanz

Das WTO-Streitbeilegungssystem war ein Meilenstein der Uruguay-Runde und hat im Jahre 2020 seinen fünfundzwanzigjährigen Bestand als das Kronjuwel des multilateralen Handelssystems gefeiert. Dieser Erfolg ist nicht allein mit eindrucksvollen statistischen Angaben über die Anzahl der behandelten oder entschiedenen Fälle zu messen. Wesentlich wichtiger ist der Beitrag des WTO-Systems zur effizienten friedlichen Streitbeilegung von Handelsstreitigkeiten. An die Stelle von Marktmacht und einseitiger Zwangsausübung sind allgemein durchsetzbare Verhaltensregeln getreten. Sog Handelskriege, die in der Vergangenheit häufig zu bewaffneten Konflikten geführt haben, sollten damit historisches Relikt geworden sein. Positiv zu bewerten ist auch das offensichtlich zunehmende Vertrauen, das Entwicklungsland-Mitglieder den WTO-Verfahren entgegenbringen. Dies zeigt sich einerseits darin, dass diese zur Durchsetzung ihrer Rechte nach den erfassten Abkommen immer häufiger das WTO-Streitbeilegungssystem in Anspruch nehmen. Andererseits kommt es auch durch die von ihnen vorgelegten zahlreichen Vorschläge zur Reform des Verfahrens im Lichte bisheriger Praxis zum Ausdruck. 107

---

269 S WTO, *EC – Bananas III* (22.6 – EC), v 22.3.2000, WT/DS27/ARB/ECU paras 4.1.f.

270 WTO, *EC – Bananas III* (22.6 – EC), v 22.3.2000, WT/DS27/ARB/ECU para 4.8.

271 WTO, *EC – Hormones* (22.6 – EC), v 12.7.1999, WT/DS26/ARB para 38.

272 WTO, *US – Copyright Act* (Art 25), v 9.11.2001, WT/DS160/ARB25/1 paras 4.20, 4.25.

273 WTO, *EC – Hormones* (22.6 – EC), v 12.7.1999, WT/DS26/ARB paras 9–11.

274 Art 22 Abs 8 DSU. S zu dieser Problematik WTO, *US – Hormones Dispute*, App Body v 16.10.2008, WT/DS320/AB/R; die Entscheidung des AB über die Beschwerde der EG gegen die Aufrechterhaltung der Aussetzung von Zugeständnissen im Hormonstreit durch die USA (und Kanada).

I. Appellate Body Krise und Reformvorschläge

108 Die wohl bemerkenswerteste Schwäche liegt jedoch darin, dass die USA aus mannigfacher Unzufriedenheit über die Tätigkeit und Praxis des AB Ernennungen und Wiederernennungen von AB-Mitgliedern seit 2018 blockiert hat.[275] Laut DSU müssen jeweils drei Mitglieder gem einem Rotationsprinzip einem Fall zugeteilt sein. Faktisch wurde der AB am 11. Dezember 2019 gelähmt, da nur noch ein Mitglied übrig war. Das fortbestehende Recht der Mitglieder auf eine Berufung konnte daher nur in Form einer „**Berufung ins Leere**" ausgeübt werden, wodurch die Annahme des gegen sie ergangenen Panelberichts verhindert wird. Ein System, in dem die unterlegene Partei dies tun kann, ist äußerst kontraproduktiv, aber nicht beispiellos: in gewissem Maße ähnelt es dem Streitbeilegungsprozess unter dem alten GATT-System. Die erste solche Berufung ins Leere wurde von den USA selbst im Dezember 2019 in einem Streit mit Indien eingereicht.[276]

109 Die von den USA aber zT auch von anderen Mitgliedern vorgebrachten Kritikpunkte umfassen vor allem, dass der AB justiziellen Aktivismus einerseits und einen zu wörtlichen Zugang zur Auslegung der WTO-Regeln andererseits verfolgt.[277] So wird ihm etwa die Verletzung des Grundsatzes *non-ultra-petita* vorgeworfen, also die justizielle Überschreitung der Grenzen des Verfahrensgegenstandes, weil der AB Probleme und Argumente anspricht, die über den Rahmen der Berufung hinausgehen. Des Weiteren behaupten die USA, dass der AB dazu neigt, Feststellungen zu Problemen zu treffen, deren Lösung nicht unbedingt erforderlich ist. Ein Lösungsansatz hierfür wäre eine Änderung von Art 17.12 DSU insoweit im Berufungsverfahren nur jene Fragen aufgeworfen werden dürfen, deren Erörterung für die Beilegung des Streits erforderlich ist. So könnte auch vermieden werden, dass der AB Tatsachenfeststellungen des Panels als Rechtsfrage und Feststellungen des Panels zur Bedeutung der nationalen Gesetzgebung von Mitgliedern überprüft. Es sollte diesbzgl in Art 17.6 DSU eine Klarstellung erfolgen, dass die vom Panelbericht behandelten Tatsachen und Feststellungen nicht die Bedeutung der innerstaatlichen Maßnahmen auslegen (obwohl sie ihre rechtliche Charakterisierung nach dem WTO-Recht beinhalten und beinhalten sollten). Es könnte diesbezüglich eine Fußnote zu Art 17.6 DSU hinzugefügt werden, um Rechtssicherheit zu schaffen. Nicht zuletzt wurde auch eingeworfen, dass der AB seine eigenen Berichte effektiv als Präzedenzfälle handhabt. Zusätzliche Jahresversammlungen zur Überprüfung dieser AB-Berichte könnten veranstaltet werden – dies, neben dem Recht der Mitglieder in Art 17.14 DSU, ihre Meinung zu den AB-Berichten zu äußern, wenn diese angenommen werden.

110 Außerdem wird bemängelt, dass AB-Berichte **nicht innerhalb der vorgeschriebenen 90-Tage-Frist fertiggestellt** werden. Diesem Kritikpunkt könnte ggf durch Anfügen der Textpassage „sofern die Parteien nichts anderes vereinbaren" in Art 17.5

275 S a WTO, Kommunikation von der EU, China, Kanada, Indien, Norwegen, Neuseeland, Schweiz, Australien, der Republik Korea, Island, Singapur und Mexiko an den Allgemeinen Rat, v 26.11.20, WT/GC/W/752.

276 WTO, *US – Countervailing Measures on Certain Hot-Rolled Carbon Steel Flat Products from India*, v 19.12.2019, WT/DS436/2.

277 *Lo/Nakagawa/Chen*, 5ff.

DSU. Wegen der in Jahren 1995-2010 gemachten Erfahrungen wird dies allerdings als unnötig angesehen. Eine plausible Möglichkeit wäre, dass der AB den Bericht kürzer fasst und ihn vorerst nur in der Sprache der Beschwerde veröffentlicht. Die Übersetzungen und die formale Veröffentlichung könnte später erfolgen. Außerdem könnte der AB die Parteien auf Möglichkeiten einer Zeitverkürzung hinweisen, etwa durch freiwillige Begrenzung des Umfangs der Beschwerde bzw generell der Seitenzahl der eingereichten Dokumente. Auch die Ressourcen des AB-Sekretariats zur administrativen und rechtlichen Unterstützung von AB-Mitgliedern könnten erweitert werden.

Sofern es um die AB-Krise an sich geht, behaupten die USA auch, dass der AB 111
nicht befugt sei, ein AB-Mitglied nach Ablauf seiner vierjährigen Amtszeit zum Zweck der Fortsetzung einer anhängigen Berufung einzusetzen. Auch diese der AB Praxis entstammende Unsicherheit könnte durch eine eindeutige Kodifizierung im DSU beseitigt werden, zB durch eine Verlängerung der Amtszeit eines AB-Mitglieds von vier auf sechs oder sogar acht Jahre, aber auch durch eine Begrenzung auf eine einzige Amtszeit. Eine andere Möglichkeit wäre eine Erhöhung der AB-Mitgliederzahl von **sieben** auf **neun**. Außerdem sollte die Beschäftigung, die letztlich eine Vollzeitstelle repräsentiert, auch als solche gewürdigt werden. Eine weitere Verbesserung bestünde etwa auch im automatischen Beginn des AB-Mitgliederauswahlprozesses.

II. Ausblick

Die „Lahmlegung“ des AB bedeutet jedoch nicht das Ende des WTO-Streitbeilegungs- 112
prozesses, der im Laufe der Jahre in der WTO unverzichtbar und im Völkerrecht beispielhaft geworden ist. Vielmehr zeigen Praktiken der WTO-Mitglieder weiterhin, dass auf das Streitbeilegungssystem als solches grundsätzlich vertraut wird – wenn auch einige Reformen notwendig sein werden. Um sich gegen eine „Berufung ins Leere“ abzusichern, entwickelten einige Mitglieder einen alternativen Beschwerdemechanismus: Am 27. März 2020 kündigten 15 WTO-Mitglieder eine Einigung über eine Vereinbarung an – die neue Mehrparteien-Schiedsvereinbarung („**Multi-Party Interim Appeal Arbitration Agreement**“, MPIA), die am 30. April 2020 in Kraft getreten ist und, ausgestattet mit Schiedsrichtern, am 3. August 2020 voll operativ wurde. Es ermöglicht den Vertragsparteien, Beschwerden in Streitigkeiten zwischen ihnen beizulegen. Gestützt wird das MPIA auf einen Textentwurf vom Mai 2019,[278] den die EU in Umlauf brachte, der zunächst von der EU und Kanada für Streitigkeiten zwischen ihnen, dann von der EU und Norwegen, eingehalten wurde. Seitdem sind neue Mitglieder hinzugekommen, darunter Australien, Brasilien und China. Mit dem Stand 6. November 2020 sind 21 WTO Mitglieder dem MPIA beigetreten. Die Idee ist, dass dieses Provisorium den lahmgelegten Streitbeilegungsprozess bis zu seiner Reaktivierung ersetzen soll. Damit kann eine MPIA-Vertragspartei, die Berufung einlegen möchte, ein Schiedsverfahren einleiten, das der traditionellen AB-Überprüfung sehr nahe kommt – wenn auch mit einigen Änderungen, die die Verfahrenseffizienz womöglich sogar verbessern.

---

278 WTO, Interim Appeal Arbitration pursuant to Article 25 DSU, Entwurf v 16.05.2019, JOB/DSB/1/Add.11.

113 Das MPIA **basiert auf Art 25 DSU**, welcher ein Schiedsverfahren als alternatives Mittel zur Streitbeilegung zulässt. Eine Partei, die Berufung einlegen möchte, beantragt die Aussetzung des Panelverfahrens, was von den Parteien als gemeinsamer Antrag angesehen wird. Das Schiedsverfahren wird dann eingeleitet, indem beim WTO-Sekretariat eine Beschwerdeschrift eingereicht wird. Das Schiedsverfahren orientiert sich an AB-Verfahren und beschränkt sich auf Rechtsfragen, die im Panelbericht behandelt werden, sowie auf den vom Panel entwickelten Rechtsauslegungen.

114 Schiedsrichter können, so wie der AB, die rechtlichen Feststellungen und Schlussfolgerungen des Panels aufrechterhalten, ändern oder aufheben sowie Empfehlungen abgeben. Das MPIA sieht **drei Schiedsrichter** vor, die aus einem Pool von zehn Schiedsrichtern ausgewählt werden – ebenso basierend auf den Prinzipien, die die Bildung des AB bestimmen. Der Pool der Schiedsrichter setzt sich aus dem Konsens der teilnehmenden Mitglieder zusammen, von denen jedes einen Richter benennen kann. Die WTO DG wurde dahingehend gebeten, angemessene administrative und rechtliche Beratung zu leisten, um vom regulären Personal des WTO-Sekretariats völlig getrennt zu sein.[279] Obwohl einige der Bedenken der USA berücksichtigt wurden, haben die USA bereits weitere Sorgen hinsichtlich der Umwidmung von Geldmitteln geäußert und folglich damit gedroht, den WTO-Haushalt zu blockieren.

115 Der gesamte MPIA-Prozess versucht also, **den AB-Prozess zu replizieren**. Derzeit gibt es nur begrenzte Perspektiven: Von 19 im Jahr 2019 eingereichten Streitigkeiten betreffen nur 2 sowohl einen Beschwerdeführer als auch eine beklagte Partei der MPIA. Das MPIA steht jedem WTO-Mitglied offen: Angesichts der Mitglieder, die sich diesem alternativen Streitbeilegungsmechanismus verschrieben haben, könnte es in Zukunft weitere Mitglieder anziehen, jedenfalls bis zur erwarteten künftigen Rückkehr zu einem reformierten AB Verfahren.

279 WTO, Statement on a mechanism for developing, documenting and sharing practices and procedures in the conduct of WTO disputes – Addendum, v 30.4.2020, JOB/DSB/1/Add.12, para 7.

§ 21
Die Beilegung von Investitionsstreitigkeiten

August Reinisch

Gliederung **Rn**

Schrifttum

Binder/Kriebaum/Reinisch/Wittich (Hrsg) International Investment Law for the 21st Century (2009); *Broches* The Convention on the Settlement of Investment Disputes between States and Nationals of Other States, RdC 136 (1972) 331; *Brower/Brueschke* The Iran-United States Claims Tribunal (1998); *Brown/Miles* (Hrsg) Evolution in Investment Treaty Law and Arbitration (2011); *Bungenberg/Reinisch* From Bilateral Arbitral Tribunals and Investment Courts to a Multilateral Investment Court: Options Regarding the Institutionalization of Investor-State Dispute Settlement, 2. Aufl (2020); *Dolzer/Schreuer* Principles of International Investment Law, 2. Aufl (2012); *Commission/Moloo* Procedural Issues in International Investment Arbitration (2018); *de Brabandere* Investment Treaty Arbitration As Public International Law: Procedural Aspects and Implications (2014); *Douglas* The International Law of Investment Claims (2009); *Giorgetti* (Hrsg) Litigating International Investment Disputes: A Practitioner's Guide. International Litigation in Practice (2014); *Happ* Schiedsverfahren zwischen Staaten und Investoren nach Artikel 26 Energiechartavertrag (2000); *Hofmann/Tams* (Hrsg) The International Convention on the Settlement of Investment Disputes (ICSID) – Taking Stock after 40 Years (2007); *Horn/Kröll* (Hrsg) Arbitrating Foreign Investment Disputes (2004); *McLachlan/Shore/Weiniger* International Investment Arbitration: Substantive Principles, 2. Aufl (2017); *Newcombe/Paradell* Law and Practice of Investment Treaties (2009); *Reed/Paulsson/Blackaby* Guide to ICSID Arbitration (2004); *Sabahi/Rubins/Wallace* Investor-State Arbitration, 2. Aufl (2019); *Schreuer/Malintoppi/Reinisch/Sinclair* The ICSID Convention: A Commentary, 2. Aufl (2009); *Tietje* Internationaler Investitionsrechtsschutz, Ehlers/Schoch (Hrsg) Rechtsschutz im Öffentlichen Recht (2009) 63; *Tietje* (Hrsg) International Investment Protection and Arbitration – Theoretical and Practical Perspectives (2008); *Toope* Mixed International Arbitration. Studies in Arbitration Between States and Private Persons (1990); *Weiler* (Hrsg) International Investment Law and Arbitration: Leading Cases from the ICSID, NAFTA, Bilateral Treaties and Customary International Law (2005); *Yannaca-Small* (Hrsg) Arbitration Under International Investment Agreements, 2. Aufl (2018).

https://doi.org/10.1515/9783110630718-021

A. Einleitung

1 Die Beilegung von Investitionsstreitigkeiten gehört mittlerweile zu einem geradezu beispielhaften Bereich der **Vervielfältigung** (*proliferation*) von Streitbeilegungsmechanismen im internationalen Wirtschaftsrecht.[1]

2 Kommt es zwischen Investoren und Gaststaaten zu Streitigkeiten, so stehen normalerweise mehrere Beilegungsmethoden offen.[2] Dazu gehören ua:
- der innerstaatliche Rechtsweg im Gaststaat
- die Gerichte anderer Staaten
- die Ausübung des diplomatischen Schutzrechts durch den Heimatstaat des Investors
- gerichtliche oder schiedsgerichtliche Streitbeilegung zwischen dem Heimatstaat des Investors und dem Gaststaat
- der direkte Zugang zu internationalen (gemischten/Investor-Staat) Schiedsgerichten.

3 Die Zunahme der direkten Investor-Staat Schiedsgerichtsbarkeit seit dem Ende der 1990er Jahre ist jedoch vor allem in den letzten Jahren zunehmend kritisch als Beeinträchtigung der staatlichen Souveränität in das Zentrum öffentlichen Interesses gerückt worden. Nicht nur Länder wie Bolivien, Ecuador und Venezuela haben ihren Vertragsstatus als Mitglieder der ICSID-Konvention beendet; auch in OECD-Staaten regt sich teilweise Widerstand gegen eine internationale Streitbeilegungsform, die als zu mächtig angesehen wird.[3] Unterstützt werden sie vom Protest globalisierungskritischer NGOs, die vor allem in den 2010er Jahren die Freihandelsabkommen der EU mit Kanada (CETA) und den USA (TTIP) bekämpften.[4]

B. Der innerstaatliche Rechtsweg im Gaststaat

4 Der **innerstaatliche Rechtsweg**, dh die Gerichte und Verwaltungsbehörden des **Gaststaates**, bietet sich als primärer Streitbeilegungsmechanismus an. Nach dem allgemeinen völkerrechtlichen Grundsatz der Erschöpfung des innerstaatlichen Instanzenzugs (*exhaustion of local remedies*)[5] sind Investoren sogar zur Beschreitung dieses Wegs *de facto* verpflichtet, da eine internationale Geltendmachung ihrer Ansprüche durch ihre Heimatstaaten gegenüber dem Gaststaat erst im Anschluss an eine solche Erschöpfung zulässig ist.[6] Abweichendes kann sich aus verschiedenen BITs oder anderen investi-

---

1 Vgl *Charney* RdC 271 (1998) 101; *Kingsbury* NYU JIL and Politics 31 (1999) 679.

2 Vgl *Reinisch* in UNCTAD (Hrsg) Handbook on Dispute Settlement (2003): <unctad.org/en/docs/edmmisc232add1_en.pdf>; *McLachlan/Shore/Weininger* International Investment Arbitration: Substantive Principles, 2. Aufl (2017) 95.

3 S *Waibel/Kaushal/Chung/Balchin* (Hrsg) The Backlash against Investment Arbitration: Perceptions and Reality (2010).

4 S → *Reinisch* § 9 Rn 7.

5 Dieser Grundsatz wurde in Art 14 und 15 der ILC Draft Articles on Diplomatic Protection kodifiziert, ILC Report for the Fifty-eighth Session (2006 UN Doc A/CN 4/L 684).

6 Vgl *Amerasinghe* Local Remedies in International Law (2004).

tionsrechtlichen Verträgen ergeben, die häufig einen unmittelbaren Zugang zu internationalen Schiedsgerichten vorsehen.[7] Eine solche frühzeitige Ausschaltung des innerstaatlichen Rechtswegs bei Investitionsstreitigkeiten wird oft mit dem Hinweis auf die unvermeidbare Verzögerung der Streitbeilegung durch nationale Gerichte, die an nationale Gesetze gebunden sind, und durch das mangelnde Vertrauen vieler Investoren in die Unabhängigkeit der Gerichtsbarkeit des Gaststaates gerechtfertigt.

C. Andere nationale Gerichte

Auch die Gerichte des Heimatstaates des Investors kommen als Streitbeilegungsforen 5
prinzipiell in Frage. Ein neutraleres Forum böten freilich die **Gerichte dritter Staaten**. Allerdings scheitern Investitionsstreitigkeiten häufig an der **mangelnden Gerichtsbarkeit** (internationalen Zuständigkeit) dieser Gerichte oder – insb im Bereich von Enteignungsklagen – an der **Immunität** der Gaststaaten, deren Maßnahmen idR als hoheitliche Akte (*acta iure imperii*) zu qualifizieren sind, oder an der damit im Zusammenhang stehenden anglo-amerikanischen ***Act-of-State*-Doktrin**, wonach die Gerichte eines Staates nicht über die Rechtmäßigkeit der Hoheitsakte eines anderen Staates zu entscheiden hätten.[8] Doch auch in den Fällen, in denen nationale Gerichte die Immunitätseinrede zurückgewiesen haben, scheiterten Enteignungsklagen häufig am mangelnden Willen der Gerichte, fremde Hoheitsakte in Frage zu stellen.[9]

D. Diplomatischer Schutz durch den Heimatstaat des Investors

Eine klassische Methode der Streitbeilegung bei Investitionsstreitigkeiten ist die Aus- 6
übung des **diplomatischen Schutzrechts** durch den Heimatstaat des Investors gegenüber dem Gaststaat. Dies ist jedoch an eine Reihe völkerrechtlicher Voraussetzungen geknüpft, deren Vorliegen manchmal problematisch sind und dann eine effektive Durchsetzung von Ansprüchen des Investors unmöglich machen kann.

So setzt die Ausübung des diplomatischen Schutzrechts die **Staatszugehörigkeit** 7
des Investors im Zeitpunkt der Schädigung sowie der Geltendmachung des Schutzrechts voraus (***continuity of claims***). Gerade bei wirtschaftlich weit verzweigten, transnationalen Unternehmen, die häufig als Investoren auftreten, ist die genaue Bestimmung ihrer Staatszugehörigkeit oft schwierig.[10] Der völkergewohnheitsrechtliche

---

7 Vgl *Dolzer/Stevens* 129ff; *Parra* ICSID Review – Foreign Investment LJ 12 (1997) 287.
8 Vgl *Banco Nacional de Cuba v Sabbatino* 376 US 398 (1964).
9 Vgl *Corporación del Cobre v Société Braden Copper Corporation et Société le Groupement d'Importation des Métaux* Tribunal de grande instance de Paris v 29.11.1972, ILM 12 (1973) 182; *Chile-Kupfer-Streit* LG Hamburg v 22.1.1973, ILM 12 (1973) 251.
10 Vgl hierzu auch → *Nowrot* § 2 Rn 30 mwN.

Grundsatz, wonach sowohl die **Sitz**- als auch die **Inkorporationstheorie**, nicht aber die **Kontrolltheorie** eine ausreichende Nähe zur Anspruchsgeltendmachung darstellen,[11] ist durch vertragsrechtliche Bestimmungen auch auf die Heimatstaaten der Aktionäre ausgeweitet worden.[12] Darüber hinaus wird in BITs und anderen Investitionsverträgen Aktionären oft ein direktes Klagerecht eingeräumt.[13]

8 Problematisch ist auch, dass die Ausübung des diplomatischen Schutzrechts prinzipiell erst nach **Erschöpfung des innerstaatlichen Instanzenzugs** zulässig ist. Dies findet seine Rechtfertigung in der Überlegung, dass dem Gaststaat die Möglichkeit geboten werden soll, eine Völkerrechtsverletzung durch seine internen Rechtsschutzmechanismen auszuschließen.[14] Einschränkungen dieses Grundsatzes ergeben sich nur bei **Aussichtslosigkeit** der Erschöpfung des innerstaatlichen Instanzenzugs.[15]

9 Schließlich liegt die Ausübung des diplomatischen Schutzrechts im **Ermessen** des Heimatstaates, der aus politischen Gründen selbst bei Bestehen klarer materiellrechtlicher Ansprüche seiner Investoren von einer Geltendmachung dieser Ansprüche Abstand nehmen kann.[16] Ein Recht des einzelnen Investors auf diplomatischen Schutz kann sich höchstens aus dem nationalen Recht des jeweiligen Staates ergeben.

10 Inspiriert durch die Inländergleichbehandlungsmaxime der Calvo-Doktrin[17] haben verschiedene Gaststaaten versucht, die verfahrensrechtliche Begünstigung ausländischer Investoren auszuschalten, indem sie von diesen in sog Calvo-Klauseln den Verzicht auf das diplomatische Schutzrecht ihrer Heimatstaaten verlangten. Solche Versuche waren in der Praxis jedoch weitgehend erfolglos, da das diplomatische

---

11 Vgl IGH, ICJ Rep 1970, 3/42 – *Barcelona Traction*: „The traditional rule attributes the right of diplomatic protection of a corporate entity to the State under the laws of which it is incorporated and in whose territory it has its registered office. These two criteria have been confirmed by long practice and by numerous international instruments." Ausf hierzu → *Tietje* § 1 Rn 114ff; s a *Rammeloo* Corporations in Private International Law: A European Perspective (2001).

12 So hat der IGH in einem US-Italienischen FCN Vertrag aus 1948 eine solche Ausweitung erblickt. Vgl IGH, ICJ Rep 1989, 15 – *Elettronica Sicula S.p.A. (ELSI)*.

13 S u Rn 30.

14 IGH, ICJ Rep 1959, 6/27 – *Interhandel*: „The rule that local remedies must be exhausted before international proceedings may be instituted is a well-established rule of customary international law [...]. Before resort may be had to an international court in such a situation, it has been considered necessary that the State where the violation occurred should have an opportunity to redress it by its own means, within the framework of its own domestic legal system."

15 *Ambatielos Claim* (*Greece v United Kingdom*) Schiedsspruch v 6.3.1956, 23 ILR (1956) 306: „[T]he existence of remedies which are obviously ineffective is held not to be sufficient to justify the application of the rule [of exhaustion of local remedies]. Remedies which could not rectify the situation cannot be relied upon by the defendant State as precluding an international action."

16 Vgl die diesbezüglich eindeutige Auffassung des IGH in IGH, ICJ Rep 1970, 3/44 – *Barcelona Traction*: „The State must be viewed as the sole judge to decide whether its protection will be granted, to what extent it is granted, and when it will cease. It retains in this respect a discretionary power the exercise of which may be determined by considerations of a political or other nature, unrelated to the particular case."

17 S → *Reinisch* § 9 Rn 44.

Schutzrecht idR als Recht des Heimatstaates angesehen wird,[18] auf das nur dieser selbst und nicht seine Staatsangehörigen verzichten können.[19]

11 Die Ausübung des diplomatischen Schutzrechts wird von den betreffenden Staaten oft als Belastung der zwischenstaatlichen Beziehungen angesehen. Um eine **Entpolitisierung** der zugrunde liegenden Investitionsstreitigkeiten zu erzielen, sehen zahlreiche BITs schiedsgerichtliche Streitbeilegungsverfahren entweder zwischen den betroffenen Staaten oder direkt zwischen Staat und Investor vor.[20] Dieser Gedanke liegt auch Art 27 der ICSID-Konvention zugrunde, der die Ausübung von diplomatischem Schutz ausdrücklich ausschließt, wenn eine Zustimmung zur Zuständigkeit eines ICSID-Schiedstribunals vorliegt.[21]

E. Zwischenstaatliche Streitbeilegung

12 Die Ausübung des diplomatischen Schutzrechts kann durch **gerichtliche** oder **schiedsgerichtliche Geltendmachung** eines zwischenstaatlichen Anspruchs erfolgen. Allerdings setzt dies eine Zuständigkeit des angerufenen Streitbeilegungsforums voraus. Beim Internationalen Gerichtshof (IGH) ist die Zuständigkeit meist deshalb nicht gegeben, weil sich viele Staaten nur eingeschränkt seiner Gerichtsbarkeit unterworfen haben. Liegt eine solche persönliche Zuständigkeit des IGH etwa aufgrund einer Unterwerfungserklärung nach Art 36 IGH-Statut oder aufgrund einer kompromissarischen Klausel in einem investitionsrechtlich relevanten Vertrag vor, so können auch **Investitionsstreitigkeiten** durch den IGH beigelegt werden, da sich dessen sachliche Zuständigkeit auf alle völkerrechtlichen Streitigkeiten und damit auch auf die völkerrechtlichen Aspekte von Investitionsstreitigkeiten erstreckt. Allerdings wurde in den Fällen *Nottebohm*,[22] *Anglo-Iranian Oil Co.*[23] und *Barcelona Traction*[24] mangels Zuständigkeit des IGH gar nicht in die Sache eingegangen. Im *ELSI*-Fall[25] sowie

18 Vgl StIGH, Urteil v 30.8.1924, Serie A, Nr 5, 4/12 – *Mavrommatis*, wonach ein Staat durch die Ausübung des diplomatischen Schutzrechts sein eigenes Recht auf die Einhaltung des Völkerrechts, das auch Pflichten gegenüber seinen Staatsangehörigen enthält, ausübt. „By taking up the case of one of its nationals and by resorting to diplomatic action or international judicial proceedings, a state is in reality asserting its own rights – its rights to ensure, in the person of its subjects, respect for the rules of international law."

19 *North American Dredging Company (US v Mexico)* Final Award v 31.3.1926, 4 RIAA 26/33ff; *Mexican Union Railway Ltd. (UK v USA)* Decision v February 1930, 5 RIAA 115/120: "[N]o person can, by [a Calvo Clause] deprive the Government of his country of its undoubted rights to apply international remedies to violations of international law committed to his hurt." Vgl auch *Shea* The Calvo Clause (1955).

20 S u Rn 15.

21 Art 27 Abs 1 ICSID-Konvention lautet: „No Contracting State shall give diplomatic protection, or bring an international claim, in respect of a dispute which one of its nationals and another Contracting State shall have submitted to arbitration under this Convention, unless such other Contracting State shall have failed to abide by and comply with the award rendered in such dispute."

22 IGH, ICJ Rep 1955, 4 – *Nottebohm.*

23 IGH, ICJ Rep 1952, 93 – *Anglo-Iranian Oil Co.*

24 IGH, ICJ Rep 1970, 4 – *Barcelona Traction.*

25 IGH, ICJ Rep 1989, 15 – *Elettronica Sicula S.p.A. (ELSI).*

jüngst im *Diallo*-Fall[26] hat sich der IGH jedoch wie schon sein Vorgänger der StIGH – etwa in den Fällen *Mavrommatis*[27] und *Oscar Chinn*[28] – mit Investitionsstreitigkeiten beschäftigt.

13 Staaten haben sich in der Vergangenheit auch öfter auf die schiedsgerichtliche Beilegung von Investitionsstreitigkeiten geeinigt.[29] Dem Vorbild der *Mixed Claims Commissions* folgte dabei das *Iran-US Claims Tribunal*,[30] das seit seiner Errichtung im Jahr 1981 eine umfangreiche Judikatur zu investitionsrechtlichen Fragen entwickelt hat.[31]

14 Regelmäßig ist auch in BITs eine zwischenstaatliche Streitbeilegung hinsichtlich der Auslegung und Anwendung dieser Abkommen nach einer Konsultationsperiode durch *ad-hoc*-Schiedsgerichte vorgesehen.[32] In der Praxis kommt es aber nur sehr selten zu solchen Fällen wie etwa im Schiedsspruch aufgrund des italienisch-kubanischen BITs aus 2008.[33]

F. Investitionsschiedsgerichtsbarkeit zwischen Investoren und Staaten

15 Die wichtigste und effektivste Form der Beilegung von Investitionsstreitigkeiten besteht heute in der „direkten" oder **„gemischten" Schiedsgerichtsbarkeit** zwischen Investoren und Staaten.[34] Sie hat in der Praxis die anderen, „indirekten" Formen der internationalen Streitbeilegung im Investitionsrecht ersetzt und dient der Ergänzung und Kontrolle der Streitbeilegung durch nationale Gerichte. Zahlreiche investitionsrechtlich relevante Verträge, wie etwa der Energiechartavertrag, NAFTA und va die meisten BITs, sehen verschiedene Formen der direkten **Investor-Staat-Streitbeilegung** vor.

16 Historisch gesehen hat sich die „gemischte" Schiedsgerichtsbarkeit aus den *Mixed Claims Commissions* entwickelt, die ihren Ursprung im sog *Jay Treaty* von 1794 haben[35] und in der Zeit nach den beiden Weltkriegen zur Beilegung von Reparations- und Entschädigungsforderungen eingesetzt wurden. Nach vereinzelten Schiedsverfahren in der ersten Hälfte des 20. Jahrhunderts[36] kam es nach dem 2. Weltkrieg zu

26 IGH, ICJ Rep 2010, 639 – *Diallo*.

27 StIGH, Urteil v 30.8.1924, Serie A, Nr 2, 4 – *Mavrommatis*.

28 StIGH, Urteil v 12.12.1934, Serie A/B, Nr 63, 4 – *Oscar Chinn*.

29 Vgl *Norwegian Shipowners' Claims (Norway v US)* Final Award v 13.10.1922, RIAA 1 (1948) 307; *Martini Case (Italy v Venezuela)* Final Award v 3.5.1930, RIAA 2 (1949) 974.

30 Claims Settlement Declaration of Algiers v 19.1.1981, ILM 20 (1981) 230.

31 Vgl *Brower/Brueschke* The Iran-United States Claims Tribunal.

32 *Dolzer/Stevens* 119ff.

33 *Italian Republic v Republic of Cuba* Ad hoc State-State Arbitral Award v 1.1.2008.

34 Vgl *Toope* Mixed International Arbitration; *Horn/Kröll* (Hrsg) Arbitrating Foreign Investment Disputes; *McLachlan/Shore/Weiniger* International Investment Arbitration.

35 S → *Reinisch* § 9 Rn 11.

36 Vgl *Lena Goldfields Arbitration (Lena Goldfields Company Ltd. v Soviet Union)* Final Award v 2.9.1930, Cornell Law Quarterly 36 (1959) 42; sowie *Radio Corporation of America v China* s hierzu ua *Nowrot* Normative Ordnungsstruktur und private Wirkungsmacht (2006) 361.

Konzessionsstreitigkeiten, die va im Bereich der Erdölförderung zu einer Reihe von *ad-hoc*-Schiedsverfahren führten. Typische Beispiele dafür sind der *Sapphire-*,[37] der *Aramco-*,[38] der *Elf Aquitaine-*,[39] der *Aminoil-*[40] und der *Wintershall*-Fall[41] oder die Schiedsverfahren in den libyschen Erdölfällen *Liamco*,[42] *BP*[43] und *TOPCO*[44].

In diesen Schiedssprüchen wurde ua die **Rechtsnatur** solcher gemischter Schiedsverfahren diskutiert. Die Auffassung, es handle sich dabei um internationalisierte, genuin völkerrechtliche[45] oder zumindest transnationale[46] Schiedsverfahren, diente va einer Abschottung gegenüber nationalen Gerichten, die nach dem Schiedsverfahrensrecht mancher Staaten weitreichende Kontroll-, teilweise sogar Berufungskompetenzen hatten. Darauf baut die Theorie vom **delokalisierten** oder **anationalen Schiedsspruch** auf.[47] In der Praxis hat jedoch die Vollstreckung solcher anationaler Schiedssprüche Probleme bereitet, da zweifelhaft ist, ob sie dem Anwendungsbereich der *New Yorker Konvention über die Anerkennung und Vollstreckung ausländischer Schiedssprüche*[48] unterliegen.[49] Dieses Problem wurde in den Fällen vermieden, in welchen das Schiedsverfahren einem nationalen Rechtssystem – idR dem Recht des Sitzes des Schiedsgerichts[50] – unterworfen wird. Mit der Liberalisierung zahlreicher nationaler Schiedsverfahrensordnungen seit den 1980er Jahren verliert diese Problematik freilich an Relevanz. 17

Von der Frage nach dem Schiedsverfahrensrecht ist die Frage nach dem im Investitionsstreitfall **materiell anwendbaren Recht** zu unterscheiden. Es richtet sich primär 18

---

37 *Sapphire International Petroleums Ltd. v National Iranian Oil Company* Final Award v 25.3.1963, ILR 35 (1963) 136.

38 *Saudi Arabia v Arabian American Oil Company (Aramco)* Final Award v 23.8.1958, ILR 27 (1963) 117.

39 *Elf Aquitaine Iran (France v National Iranian Oil Company)* Final Award v 14.1.1982, YCA XI (1986) 97.

40 *Kuwait v American Independent Oil Company (Aminoil)* Final Award v 24.3.1982, ILM 21 (1982) 976.

41 *Wintershall AG et al v Quatar* Award v 5.2.1988 und 31.5.1998, ILM 28 (1989) 798/833.

42 *Libyan American Oil Company (Liamco) v Libya* Final Award v 12.4.1977, ILM 20 (1981) 1.

43 *British Petroleum v Libya* Award v 10.10.1973 und 1.8.1974, ILR 53 (1973) 297.

44 *Texaco Overseas Petroleum Company (Topco)/California Asiatic (Calasiatic) Oil Company v Libya* Final Award v 19.1.1977, ILM 17 (1978) 1.

45 So in *Texaco Overseas Petroleum Company (Topco)/California Asiatic (Calasiatic) Oil Company v Libya* Final Award v 19.1.1977, ILM 17 (1978) 1 und in *Arabia v Arabian American Oil Company (Aramco)* Final Award v 23.8.1958, ILR 27 (1963) 117.

46 So in *Kuwait v American Independent Oil Company (Aminoil)* Final Award v 24.3.1982, ILM 21 (1982) 976.

47 Vgl *Toope* 17.

48 New York Convention on the Recognition and Enforcement of Foreign Arbitral Awards v 10.6.1958, ILM 7 (1968) 1046.

49 Vgl die Schwierigkeiten im Zusammenhang mit der Durchsetzung des Schiedsspruchs in der Sache *Sociéte Européenne d'Etudes et d'Entreprises S.A. v Yougoslavie* v 2.7.1956, ILR 24 (1957) 761, vor französischen, niederländischen, schweizerischen und uruguayischen Gerichten. S *Delaume* Journal of International Arbitration 4 (1987) 25.

50 So in *Sapphire International Petroleums Ltd. v National Iranian Oil Company* Final Award v 25.3.1963, ILR 35 (1963) 136; und in *British Petroleum v Libya* Award v 10.10.1973 und 1.8.1974, ILR 53 (1973) 297. Ähnlich auch die Entscheidungen in *Elf Aquitaine Iran (France) v National Iranian Oil Company* Final Award v 14.1.1982, YCA XI (1986) 97; und in *Wintershall AG et al v Qatar* Award v 5.2.1988 und 31.5.1998, ILM 28 (1989) 798/833.

nach der konkreten Parteienvereinbarung zwischen Investor und Gaststaat. Darüber hinaus enthalten manche institutionalisierte Streitbeilegungsmechanismen eigene Bestimmungen über das anwendbare Recht. So sieht die ICSID-Konvention vor, dass Streitigkeiten primär gemäß den von den Parteien vereinbarten Rechtsvorschriften zu entscheiden sind. Andernfalls sind neben dem Recht des Gaststaates – einschließlich seines internationalen Privatrechts – die einschlägigen Völkerrechtsregeln heranzuziehen.[51] In der Praxis gehen ICSID-Schiedsgerichte von einer ergänzenden und korrigierenden Funktion des Völkerrechts gegenüber dem primär anwendbaren nationalen Recht aus.[52] Des Weiteren ist auch eine parallele Anwendbarkeit von nationalem Recht und Völkerrecht anzunehmen.[53] Dabei ist jedoch in jenen Fällen, da Verletzungen von BIT-Bestimmungen geltend gemacht werden (sog *treaty claims*), vorwiegend Völkerrecht heranzuziehen, während in Fällen, in denen Investoren die Verletzung vertraglicher Vereinbarungen behaupten (sog *contract claims*), das anwendbare staatliche Recht im Vordergrund steht.[54] Auch andere, nicht-ICSID Schiedstribunale haben die gleichzeitige Anwendbarkeit von Völkervertragsrecht, in der Regel des jeweiligen Investitionsschutzvertrags, Völkergewohnheitsrecht und nationalem Recht betont.[55]

---

51 Art 42 Abs 1 ICSID-Konvention („The Tribunal shall decide a dispute in accordance with such rules of law as may be agreed by the parties. In the absence of such agreement, the Tribunal shall apply the law of the Contracting State party to the dispute (including its rules on the conflict of laws) and such rules of international law as may be applicable.").

52 Das *ad-hoc*-Komitee im *Klöckner*-Aufhebungsfall spricht von einer „dual role, that is, complementary (in the case of a 'lacuna' in the law of the State), or corrective, should the State's law not conform on all points to the principles of international law." *Klöckner v Cameroon* ICSID Case No ARB/81/2, Decision on Annulment v 3.5.1985, 2 ICSID Reports 122.

53 Besonders betont wurde dies vom *ad-hoc*-Komitee im *Wena*-Aufhebungsfall: „What is clear is that the sense and meaning of the negotiations leading to the second sentence of Article 42(1) allowed for both legal orders to have a role. The law of the host State can indeed be applied in conjunction with international law if this is justified. So too international law can be applied by itself if the appropriate rule is found in this other ambit." *Wena Hotels v Egypt* Decision on Annulment v 5.2.2002, ILM 41 (2002) 1135, para 40.

54 Vgl *Compañía de Aguas del Aconquija S.A. and Vivendi Universal v Argentine Republic* Award v 21.9.2000, ICSID Case No. ARB/97/3, 16 ICSID Rev.—FILJ 641 (2001); *SGS Société Générale de Surveillance S.A. v Islamic Republic of Pakistan*, Decision on Objections to Jurisdiction v 6.8.2003, ICSID Case No ARB/01/13, 18 ICSID Rev.—FILJ 301 (2003); *Wena Hotels Ltd. v Egypt* Decision on Application for Annulment v 5.2.2002, ICSID Case No ARB/98/4, 41 ILM 933 (2002); *Malicorp Limited v Arab Republic of Egypt* Award v 7.2.2011, ICSID Case No ARB/08/18; *Impregilo v Argentina* Award v 21.6.2011, ICSID Case No ARB/07/17; s a *Schreuer* in Weiler (Hrsg) International Investment Law and Arbitration: Leading Cases from the ICSID, NAFTA, Bilateral Investment Treaties and Customary International Law (2005) 281; *Alexandrov* JWIT 5 (2004) 555.

55 Vgl *Chevron Corporation (USA) and Texaco Petroleum Company (USA) v The Republic of Ecuador* Interim Award v 1.12.2008, UNCITRAL, PCA Case No 34877, para 118: "The substantive law to be applied by the Tribunal consists of the substantive provisions of the BIT, the VCLT, the ILC Draft Articles on State Responsibility and any relevant provisions of customary international law. The Tribunal notes that the VCLT, while being treaty law, has not been ratified by the United States. Therefore, both it and the ILC Draft Articles may only apply in the present case as customary international law. However, neither Party has disputed the relevant provisions of the VCLT and ILC Draft Articles as authoritative statements of customary international law. Indeed, both Parties have relied on them in these proceedings. In addition to the above sources, the national law of Ecuador may be relevant with regard to certain issues."

Zu den wichtigsten im Zusammenhang mit der direkten Schiedsgerichtsbarkeit vorgebrachten Vorteilen gehören: 19
- Entpolitisierung
- Fachliche Kompetenz der Schiedsrichter
- Rasche und kostengünstige Streitbeilegung
- Parteienautonomie für anwendbares Recht (Entnationalisierung)
- Erleichterte Durchsetzbarkeit von Schiedssprüchen.

Als Alternative zu oft politisch belastenden zwischenstaatlichen Auseinandersetzungen, sei es im Wege der Ausübung des diplomatischen Schutzrechts oder der zwischenstaatlichen gerichtlichen oder schiedsgerichtlichen Streitbeilegung, soll die direkte, rechtsförmige Auseinandersetzung zwischen den unmittelbar beteiligten Parteien zu einer **Entpolitisierung** der Streitigkeiten führen.[56] 20

Diesem Ziel dient auch die **fachliche Kompetenz** und **Unabhängigkeit** der Schiedsrichter. Diese werden idR von den Streitparteien in der Weise bestimmt, dass jede Partei eine/n Schiedsrichter/in ernennt, welche sich dann auf eine/n neutrale/n Vorsitzende/n einigen. Alle Schiedsordnungen enthalten Regeln über Interessenkonflikte, die es potentiell befangenen Schiedsrichtern/innen ermöglichen sollen zurückzutreten bzw deren Abberufung durch Dritte möglich machen. 21

Im Vergleich zu den verfügbaren Alternativen gelten Schiedsgerichte als **effizient** und **kostengünstig**. Dennoch dauern Investitionsschiedsverfahren durchschnittlich oft 3 bis 5 Jahre und können erhebliche Kosten verursachen.[57] Die aus dem amerikanischem Recht stammende Regel, dass jede Verfahrenspartei ihre eigenen Kosten trägt, wird immer mehr vom Prinzip des Kostenersatzes zugunsten der obsiegenden Partei abgelöst (*loser pays*). 22

Die Parteien können weitgehend autonom das materiell anwendbare Recht und die Verfahrensvorschriften bestimmen. Dies trägt zu einer **Entnationalisierung** der Investitionsstreitigkeiten bei, die etwa vor nationalen Gerichten jedenfalls den zwingenden Bestimmungen des innerstaatlichen Rechts unterworfen wären. Aus Effizienzgründen machen die Parteien in Investitionsstreitigkeiten von ihrem Recht, eigene Schiedsverfahrensregeln entweder selbst festzulegen oder durch das Schiedstribunal festsetzen zu lassen, meist nicht Gebrauch, sondern unterwerfen sich existierenden **Verfahrensregeln**. Zu den in der internationalen Investitionsschiedsgerichtsbarkeit wichtigsten gehören neben den *ICSID Arbitration Rules*[58] die *UNCITRAL Arbitration* 23

56 *Shihata* ICSID Review – Foreign Investment LJ 1 (1986) 1.

57 Vgl UNCITRAL, Report of Working Group III (Investor-State Dispute Settlement Reform) on the work of its thirty-fourth session (Vienna, 27 November – 1 December 2017), UN Doc. A/CN.9/930 v 19.12.2017, para 29: <http://www.uncitral.org/pdf/english/workinggroups/wg_3/WGIII-34th-session/930_for_the_website.pdf>, für Verweise auf Analysen, die die durchschnittlichen Kosten eines Investor-Staat-Schiedsverfahren bei USD 8 Mio. sehen und 80-90 % davon für Parteienvertretung und Experten veranschlagen.

58 ICSID Arbitration Rules, in ICSID (Hrsg) ICSID Convention, Regulations and Rules, ICSID/15 (2006) 99: <https://icsid.worldbank.org/resources/rules-and-regulations/convention/arbitration-rules>.

Rules,[59] die *ICC Rules of Arbitration*,[60] sowie die Verfahrensordnungen der *Stockholmer*[61] und der *Wiener Handelskammer*,[62] des *Ständigen Haager Schiedshofs* (PCA),[63] der *DIS*[64] und des *London Court of International Arbitration*.[65]

24 Traditionell galt der Grundsatz der **Vertraulichkeit** von Schiedsverfahren. Er dient va dem Schutz von Geschäftsgeheimnissen, aber auch politisch brisanter Informationen der Streitparteien. Mit der zunehmenden Infragestellung staatlicher Steuerungsmaßnahmen durch Investitionsschiedsgerichte ist eine generelle Vertraulichkeit von Schiedsverfahren jedoch problematisch geworden und hat zur zunehmenden Verankerung von Transparenzregeln geführt.[66]

25 Einer der wichtigsten Vorteile der Investitionsschiedsgerichtsbarkeit liegt in der erleichterten **Durchsetzbarkeit** von Schiedssprüchen, va im Vergleich zu nationalen Gerichtsurteilen. Die *New Yorker Konvention über die Anerkennung und Vollstreckung ausländischer Schiedssprüche* findet nicht nur auf Schiedssprüche in Handelsstreitigkeiten zwischen privaten Parteien, sondern auch auf „gemischte" Investitionsstreitigkeiten Anwendung. Von ihr erfassten Schiedssprüchen kann nur unter bestimmten eingeschränkten Bedingungen die Anerkennung und Vollstreckung durch die Gerichte der Vertragsparteien verweigert werden.

I. Iran-US Claims Tribunal

26 Zahlreiche Investitionsstreitigkeiten, die sich als Folge der revolutionären Umgestaltungen im Iran nach dem Sturz des Schahs im Jahr 1979 ergaben, werden vor dem in der Tradition der bilateralen *Mixed Claims Commissions* stehenden ***Iran-US Claims Tribunal*** verhandelt. Es beruht auf einer von Algerien vermittelten, indirekten Vereinbarung der USA und des Iran, wonach eingefrorene iranische Konten wieder freigegeben wurden und offene Ansprüche amerikanischer Staatsangehöriger gegen den Iran (und *vice versa*) vor einem unabhängigen, seit den 1980er Jahren in Den Haag tagenden Tribunal geltend gemacht werden können.[67]

---

59 UNCITRAL Arbitration Rules 1976 as revised 2010, ursprünglich angenommen durch UNO-Generalversammlungsresolution 31/98 v 15.12.1976, ILM 15 (1976) 701; zuletzt revidiert durch UNO-Generalversammlungsresolution 68/109 v 6.12.2013: <https://uncitral.un.org/sites/uncitral.un.org/files/media-documents/uncitral/en/uncitral-arbitration-rules-2013-e.pdf>.

60 ICC Rules of Arbitration 2012, in ICC (Hrsg) ICC Rules of Arbitration, Publication No 865 (2013) 6.

61 Arbitration Rules of the Arbitration Institute of the Stockholm Chamber of Commerce 2017: <https://sccinstitute.com/media/1407444/arbitrationrules_eng_2020.pdf>.

62 Schieds- und Mediationsordnung der Internationalen Schiedsinstitution der Wirtschaftskammer Österreich (VIAC) 2013: <http://www.viac.eu/de/schiedsverfahren/wiener-regeln>.

63 PCA Arbitration Rules 2012, in PCA (Hrsg) PCA Rules of Arbitration 2012: <https://pca-cpa.org/en/services/arbitration-services/pca-arbitration-rules-2012/>.

64 Schiedsgerichtsordnung der Deutschen Institution für Schiedsgerichtsbarkeit 2018: <http://www.disarb.org/de/16/regeln/-id37>.

65 London Court of International Arbitration, Arbitration Rules 2020: <https://www.lcia.org/Dispute_Resolution_Services/lcia-arbitration-rules-2020.aspx >.

66 S u Rn 44f.

67 Claims Settlement Declaration of Algiers v 19.1.1981, ILM 20 (1981) 230.

II. Investitionsstreitbeilegung nach der ICSID-Konvention

In der Praxis hat die *Washingtoner Konvention über die Beilegung von Investitionsstrei-* 27
tigkeiten zwischen Staaten und Angehörigen anderer Staaten[68] aus dem Jahr 1965 zentrale Bedeutung erlangt.[69] Mit ihrem Inkrafttreten 1966 wurde ein institutionell der Weltbankgruppe zuzuordnendes **Internationales Zentrum für die Beilegung von Investitionsstreitigkeiten zwischen Staaten und Angehörigen anderer Staaten** (*International Centre for Settlement of Investment Disputes between States and Nationals of Other States* = **ICSID**) eingerichtet. Das ICSID ist kein Schiedsgericht, sondern vielmehr eine eigenständige internationale Organisation mit 155 Mitgliedstaaten,[70] die neben einem vorgegebenen Verfahrensrecht **institutionelle Unterstützung** für Investitionsstreitigkeiten anbietet. Das in Washington DC ansässige ICSID handelt durch seine beiden Organe, den Verwaltungsrat und das Sekretariat. Aufgabe des Sekretariats ist die Führung eines Verzeichnisses von Vermittlern und Schiedsrichtern, die Vorprüfung und Registrierung von Klagen, die administrative Unterstützung der Schiedsgerichte und die Kostenprüfung. Der Verwaltungsrat überwacht die Tätigkeit des Sekretariats und trifft grundlegende Entscheidungen.

Die Zuordnung zur **Weltbankgruppe** ergibt sich rechtlich aus der Vorsitzführung 28
des Präsidenten der Weltbank im Verwaltungsrat.[71] Auch stimmt der Organisationszweck, nämlich die Verbesserung des Investitionsklimas durch die Stärkung der Rechtssicherheit für Auslandsinvestitionen, die ihrerseits wiederum die wirtschaftliche Entwicklung der Gaststaaten fördert, mit dem Entwicklungsziel der Weltbank überein. In das Verzeichnis der Vermittler und Schiedsrichter für Investitionsstreitigkeiten kann jeder Mitgliedstaat jeweils vier Personen aufnehmen lassen, die über persönliche Integrität und einschlägige juristische oder wirtschaftliche Sachkenntnisse verfügen müssen.[72]

Im Rahmen des ICSID muss zwischen zwei Verfahrensarten unterschieden wer- 29
den: dem in der Praxis üblichen **Schiedsverfahren** und dem **Vergleichsverfahren**. Letzteres wurde bisher selten in Anspruch genommen und führt zu keiner verbindlichen Entscheidung, sondern dient der Einigung durch die Streitparteien, um eine Fortführung der getätigten Investition zu ermöglichen.

Die Zuständigkeit des ICSID ist nach Art 25 der ICSID-Konvention sowohl **inhalt-** 30
lich (*ratione materiae*) als auch **personell** (*ratione personae*) eingeschränkt. Sie erstreckt sich auf unmittelbar mit einer **Investition** zusammenhängende Rechtsstreitig-

---

68 Convention on the Settlement of Investment Disputes between States and Nationals of Other States v 18.3.1965, ILM 4 (1965) 532.

69 Vgl *Broches* RdC 136 (1972) 331; *Hirsch* The Arbitration Mechanism of the International Centre for the Settlement of Investment Disputes (1993); *Shihata/Parra* ICSID Review – Foreign Investment LJ 14 (1999) 299; *Schreuer/Malintoppi/Reinisch/Sinclair* The ICSID Convention.

70 Stand März 2021, vgl List of Contracting States and Other Signatories of the Convention, ICSID/3: <https://icsid.worldbank.org/sites/default/files/ICSID-3.pdf>; zu dem im Mai 2007 erklärten Austritt Boliviens gefolgt von Ecuador und Venezuela, und den sich vor diesem Hintergrund stellenden investitionsrechtlichen Herausforderungen s *Tietje/Nowrot/Wackernagel* Once and Forever? The Legal Effects of a Denunciation of ICSID (2008) 5ff.

71 Art 5 ICSID-Konvention.

72 Art 13–14 ICSID-Konvention.

keiten zwischen einem Vertragsstaat und einem Angehörigen eines anderen Vertragsstaates.[73] Die **Staatsangehörigkeit** natürlicher und juristischer Personen richtet sich primär nach **nationalem Recht.**[74] Bei Mehrfachstaatsangehörigen schließt eine solche des Gaststaates die ICSID-Zuständigkeit aus,[75] selbst wenn sie als nicht effektiv zu werten ist.[76] Bloßer ständiger Aufenthalt im oder eine frühere Staatsangehörigkeit des Gaststaates natürlicher Personen schaden hingegen nicht.[77] Bei juristischen Personen richtet sich die Staatsangehörigkeit meist nach der **Registrierung** (*incorporation*) oder nach dem **Gesellschaftssitz** (*siège social*). Oft sehen BITs detaillierte Regeln zur Bestimmung der Staatsangehörigkeit vor. Wenn diese bloß auf das formelle Kriterium der Registrierung abstellen, weigern sich ICSID-Schiedsgerichte idR den gesellschaftsrechtlichen Schleier zu durchdringen (*piercing of the corporate veil*) und die dahinter stehenden Eigentums- und Kontrollverhältnisse zu berücksichtigen.[78] Da die meisten

---

73 Art 25 Abs 1 ICSID-Konvention lautet: „The jurisdiction of the Centre shall extend to any legal dispute arising directly out of an investment, between a Contracting State (or any constituent subdivision or agency of a Contracting State designated to the Centre by that State) and a national of another Contracting State, which the parties to the dispute consent in writing to submit to the Centre. When the parties have given their consent, no party may withdraw its consent unilaterally."

74 Vgl *Hussein Nuaman Soufraki v The United Arab Emirates* ICSID Case No ARB/02/7, Decision on Jurisdiction v 7.7.2004, 12 ICSID Reports 158, para 55; *Waguih Elie George Siag and Clorinda Vecchi v The Arab Republic of Egypt* ICSID Case No ARB/05/15, Decision on Jurisdiction v 11.4.2007; s a *Wisner/Gallus* JWIT 5 (2004) 927.

75 Art 25 Abs 2 ICSID-Konvention lautet: „"National of another Contracting State" means: (a) any natural person who had the nationality of a Contracting State other than the State party to the dispute on the date on which the parties consented to submit such dispute to conciliation or arbitration as well as on the date on which the request was registered pursuant to paragraph (3) of Article 28 or paragraph (3) of Article 36, but does not include any person who on either date also had the nationality of the Contracting State party to the dispute; and (b) any juridical person which had the nationality of a Contracting State other than the State party to the dispute on the date on which the parties consented to submit such dispute to conciliation or arbitration and any juridical person which had the nationality of the Contracting State party to the dispute on that date and which, because of foreign control, the parties have agreed should be treated as a national of another Contracting State for the purposes of this Convention."

76 Vgl *Champion Trading Company v Arab Republic of Egypt* ICSID Case No ARB/02/9, Decision on Jurisdiction v 21.10.2003.

77 Vgl *Waguih Elie George Siag and Clorinda Vecchi v The Arab Republic of Egypt* ICSID Case No ARB/05/15, Decision on Jurisdiction v 11.4.2007, para 195/201; *Micula v Romania* ICSID Case No ARB/05/20, Decision on Jurisdiction and Admissibility v 24.9.2008.

78 Vgl *Tokios Tokelés v Ukraine* ICSID Case No ARB/02/18, Decision on Jurisdiction v 29.4. 2004, 11 ICSID Reports 313, para 81: „The origin of the capital used to acquire these assets is not relevant to the question of jurisdiction under the Convention. In our view, the ICSID Convention contains no inchoate requirement that the investment at issue in a dispute have an international character in which the origin of the capital is decisive."; *Rompetrol v Romania* ICSID Case No ARB/06/3, Decision on Respondent's Preliminary Objections on Jurisdiction and Admissibility v 18.4.2008, para 110: „The Tribunal accordingly finds that neither corporate control, effective seat, nor origin of capital has any part to play in the ascertainment of nationality under The Netherlands-Romania BIT, and that the Claimant qualifies as an investor entitled to invoke the jurisdiction of this Tribunal by virtue of Article 1(b)(ii) of the BIT."; S a *Saluka Investments BV (The Netherlands) v The Czech Republic* UNCITRAL Partial Award v 17.3.2006, para 240/241.

BITs Anteilsbesitz an Gesellschaften als „Investition" definieren,[79] stehen nach mittlerweile gefestigter ICSID-Praxis ausländischen Aktionären von in Gaststaaten inkorporierten Gesellschaften eigenständige Klagerechte zu.[80] Dies führte in der Rechtsprechung auch dazu, dass Aktionärsklagen selbst bei mehrfach dazwischengeschalteten Gesellschaften zugelassen werden.[81]

Der in der ICSID-Konvention nicht definierte Begriff der „**Investition**" wird in der einschlägigen Schiedspraxis weit ausgelegt und umfasst neben den mit klassischen Direktinvestitionen in Zusammenhang stehenden Transaktionen wie Konzessions- und *Joint-Venture*-Vereinbarungen auch Anlagenbau-, Lizenz-, Know-how-, Transfer- und sogar Kreditverträge.[82] Bloße Kaufverträge werden hingegen nicht als Investitionen angesehen.[83] In der Praxis haben ICSID-Schiedsgerichte oft auf das Vorliegen folgender Merkmale abgestellt: ein (wirtschaftlicher) Beitrag des Investors, eine bestimmte Projektdauer, ein Betriebsrisiko, sowie ein Beitrag zur Entwicklung des Gaststaates. In Anlehnung an eine der Leitentscheidungen werden diese Merkmale meist als *Salini*-Kriterien bezeichnet.[84] Strittig ist va, ob diese Merkmale als typische Elemente einer Investition anzusehen sind oder ob sie immer kumulativ vorliegen müssen. Letztere Auffassung führte dazu, dass in manchen Fällen wirtschaftliche Aktivitäten mangels Entwicklungsbeitrags nicht als Investition iS von Art 25 der ICSID-Konvention angesehen wurden und daher zu einer Ablehnung der Zuständigkeit von ICSID-Schiedsgerichten.[85] Der Umfang des Investitionsbegriffs nach Art 25 der ICSID- 31

79 S → *Reinisch* § 9 Rn 31.

80 S *Dolzer/Schreuer* 56/59.

81 Vgl *Noble Energy v Ecuador* ICSID Case No ARB/05/12, Decision on Jurisdiction v 5.3.2008, para 77: „an indirect shareholder can bring a claim under the ICSID Convention and under a BIT in respect of a direct and an indirect investment. Failing any contrary wording, the BIT and the ICSID Convention encompass actions of indirect shareholders for their damages."; S a *Lanco v Argentina* ICSID Case No ARB/97/6, Decision on Jurisdiction v 8.12.1998; *CMS v Argentina* ICSID Case No ARB/01/8, Decision on Jurisdiction v 17.7.2003; *Continental Casualty v Argentina* ICSID Case No ARB/03/9, Decision on Jurisdiction v 22.2.2006.

82 Vgl *Fedax N.V. v Venezuela* ICSID Case No ARB/96/3, Decision on Jurisdiction v 11.7.1997, ILM 37 (1998) 1378/1382ff, worin langfristige staatliche Schuldverschreibungen als Investition angesehen wurden.

83 Vgl *Global Trading v Ukraine* ICSID Case No ARB/09/11, Award v 1.12.2010, para 56.

84 Vgl *Salini Construttori S.p.A. and Italstrade S.p.A. v Kingdom of Morocco* ICSID Case No ARB/00/4, Decision on Jurisdiction v 23.7.2001, 6 ICSID Reports 400, para 52: „The doctrine generally considers that investment infers: contributions, a certain duration of performance of the contract, and a participation in the risks of transaction. In reading the Convention's preamble, one may add the contribution of the economic development of the host State of the investment as an additional condition." S a *Saipem S.p.A. v The People's Republic of Bangladesh* ICSID Case No ARB/05/07, Decision on Jurisdiction and Recommendation on Provisional Measures v 21.3.2007, para 99: „[T]he notion of investment implies the presence of the following elements: (a) a contribution of money or other assets of economic value, (b) a certain duration, (c) an element of risk, and (d) a contribution to the host State's development."

85 *Patrick Mitchell v Democratic Republic of the Congo* ICSID Case No ARB/99/7, Decision on the Application for Annulment of the Award v 1.11.2006, para 25/33; *Malaysian Historical Salvors v Malaysia* ICSID Case No ARB/05/10, Award on Jurisdiction v 17.5.2007, para 70/144; diese Entscheidung wurde allerdings von einem *ad hoc* Komitee annulliert, *Malaysian Historical Salvors v Malaysia* ICSID Case No ARB/05/10, Decision on the Application for Annulment v 16.4.2009.

Konvention bleibt umstritten. Manche ICSID-Schiedstribunale haben zusätzlich zu den *Salini*-Kriterien weitere Elemente wie das Tätigen der Investition in Übereinstimmung mit den Rechtsvorschriften des Gaststaates[86] und in gutgläubiger Art und Weise gefordert.[87] Demgegenüber vertreten die meisten ICSID-Schiedsgerichte einen wesentlich schlankeren Investitionsbegriff, der nur einen Beitrag des Investors, eine bestimmte Projektdauer und ein Risikoelement umfasst.[88]

32 Darüber hinaus müssen die Streitparteien ihre schriftliche **Zustimmung** (*consent*) zur Zuständigkeit des ICSID gegeben haben. Eine solche Unterwerfung kann nicht nur in einem direkten Investitionsvertrag zwischen Investor und Gaststaat enthalten, sondern auch in bi- oder multilateralen Investitionsverträgen oder in innerstaatlichen Investitionsgesetzen insoweit angelegt sein, als nach ständiger Schiedspraxis die Einleitung eines Verfahrens durch private Investoren als Annahme eines in BITs oder Investitionsgesetzen enthaltenen Unterwerfungsangebots interpretiert wird.[89]

33 Die **Zuständigkeit** des ICSID ist eine **exklusive.**[90] Sie schließt andere Streitbeilegungsmethoden, wie Zugang zu nationalen Gerichten oder die Ausübung des diplomatischen Schutzrechts aus. Letzteres lebt erst dann wieder eingeschränkt auf, wenn der Gaststaat einen ICSID-Schiedsspruch nicht befolgt.[91] Die Erschöpfung des innerstaatlichen Instanzenzugs ist generell keine Voraussetzung für die Inanspruchnahme des ICSID; allerdings können Staaten ihre Zustimmung zur Zuständigkeit des ICSID davon abhängig machen.[92]

34 Das ICSID-Schiedsverfahren vermeidet Schwierigkeiten einer mangelnden Kooperation der Parteien. Weigert sich eine Partei bei der Zusammensetzung des Schiedsgerichts mitzuwirken oder am Verfahren teilzunehmen, so besteht die Möglichkeit einer Ersatzvornahme bzw der Verhandlung und Entscheidung in Abwesenheit einer Partei.

---

86 In der Regel ergibt sich dieses Erfordernis aus speziellen *in accordance with host State law* Klauseln in BITs. S u Rn 49.

87 *Phoenix Action, Ltd. v Czech Republic* ICSID Case No ARB/06/5, Award v 15.4.2009, para 114.

88 *Saba Fakes v Turkey* ICSID Case No ARB/07/20, Award v 14.7.2010, para 110: „... the criteria of (i) a contribution, (ii) a certain duration, and (iii) an element of risk, are both necessary and sufficient to define an investment within the framework of the ICSID Convention."; *GEA Group Aktiengesellschaft v Ukraine* ICSID Case No ARB/08/16, Award v 31.3.2011, para 151; *Electrabel S.A. v Republic of Hungary* ICSID Case No ARB/07/19, Decision on Jurisdiction, Applicable Law and Liability v 30.11.2012, para 5.43; *Poštová banka, a.s. and Istrokapital SE v The Hellenic Republic* ICSID Case No ARB/13/8, Award v 9.4.2015, para 360.

89 Vgl für BITs *AAPL v Sri Lanka* ICSID Case No ARB/87/3, Final Award v 27.6.1990, 4 ICSID Reports 246; *Fedax v Venezuela* ICSID Case No ARB/96/3, Decision on Jurisdiction v 11.7.1997, ILM 37 (1998) 1378; für nationale Gesetze: *SPP v Egypt* ICSID Case No ARB/84/3, Decision on Jurisdiction I v 27.11.1985, 3 ICSID Reports 101/112; *SPP v Egypt* ICSID Case No ARB/84/3, Decision on Jurisdiction II v 14.4.1988, 3 ICSID Reports 131/140; *Tradex v Albania* ICSID Case No ARB/94/2, Decision on Jurisdiction v 24.12.1996, ICSID Review-Foreign Investment LJ 14 (1999) 161/187.

90 Art 26 Satz 1 ICSID-Konvention: „Consent of the parties to arbitration under this Convention shall, unless otherwise stated, be deemed consent to such arbitration to the exclusion of any other remedy."

91 Art 27 ICSID-Konvention.

92 Art 26 Satz 2 ICSID-Konvention.

Ein ICSID-Schiedsspruch ist **bindend** und kann in allen ICSID-Vertragsstaaten wie ein innerstaatliches rechtskräftiges Gerichtsurteil vollstreckt werden. Eine Überprüfung, wie sie die New Yorker Konvention etwa anhand einer *ordre public*-Klausel vorsieht, ist nicht zulässig. Allerdings bestimmt die ICSID-Konvention, dass die Vertragsstaaten ihre Grundsätze der Staatenimmunität in der Zwangsvollstreckung weiter anwenden dürfen.[93] In der Praxis führte dies manchmal zum Scheitern von Versuchen, gegen hoheitlichen Zwecken dienendes Vermögen zu vollstrecken.[94] 35

Die ICSID-Konvention sieht neben der Revision wegen technischer Irrtümer im Schiedsspruch[95] eine eingeschränkte Überprüfung von ICSID-Schiedssprüchen durch ein **spezielles Aufhebungsverfahren** vor, das eigenen ***ad-hoc*-Ausschüssen** vorbehalten ist. Diese können einen Schiedsspruch aus folgenden Gründen aufheben:[96] 36

- nicht ordnungsgemäße Zusammensetzung des Schiedsgerichts
- offensichtliche Kompetenzüberschreitung des Schiedsgerichts
- Bestechung eines Schiedsrichters
- schwerwiegende Abweichung von grundlegenden Verfahrensvorschriften
- fehlende Begründung eines Schiedsspruchs.

Die sehr extensive Auslegung der Aufhebungsgründe in den ersten Entscheidungen der ICSID-*ad-hoc*-Ausschüsse,[97] die inhaltlich schon **Berufungsentscheidungen** nahe kamen, wurde durch eine spätere Praxis wieder eingeschränkt.[98] Inzwischen kommt es mit dem generellen Ansteigen von ICSID-Fällen auch zu vermehrten Aufhebungsverfahren.[99] Dennoch ist es weitgehend anerkannt, dass die Kontrolle durch Aufhebungsverfahren nach der ICSID-Konvention eine eingeschränkte ist, die bloß die Integrität des ICSID-Verfahrens, nicht aber seine inhaltliche Richtigkeit garantieren soll.[100] 37

93 Art 55 ICSID-Konvention.

94 Vgl *Letco v Liberia* 659 F.Supp 606 (D.D.C. 1987); *Benvenuti & Bonfant v Congo* Cour d'Appel de Paris v 6.6.1981, ILM 20 (1981) 878; *AIG Capital Partners Inc. and Another v Republic of Kasakhstan (National Bank of Kasakhstan Intervening)* High Court, Queen's Bench Division (Commercial Court), 20 October 2005, [2005] EWHC 2239 (Comm), 11 ICSID Reports 118.

95 Art 51 ICSID-Konvention.

96 Art 52 Abs 1 ICSID-Konvention.

97 *Klöckner v Cameroon* ICSID Case No ARB/81/2, Decision on Annulment v 3.5.1985, 2 ICSID Reports 95; *Amco Asia v Indonesia* ICSID Case No ARB/81/1, Decision on Annulment v 16.5.1986, ILM 25 (1986) 1441.

98 *MINE v Guinea* ICSID Case No ARB/84/4, Decision on Annulment v 22.12.1989, 4 ICSID Reports 79/86.

99 Während es zwischen 1971 und 2000 insgesamt nur sechs Aufhebungsentscheidungen gab, stieg diese Zahl zwischen 2001 und 2010 um weitere 25 und zwischen 2011 und 2020 um 84 Aufhebungsentscheidungen. *ICSID* The ICSID Caseload – Statistics (Issue 2020-2), S 16; *Reed/Mandelli* Contemporary Issues in International Arbitration and Mediation 5 (2012), 70f. S ua *Wena Hotels Limited v Arab Republic of Egypt* Decision on Annulment v 5.2.2002, ILM 41 (2002) 933; *Compañía de Aguas del Aconquija S.A. and Vivendi Universal (formerly Compagnie Générale des Eaux) v Argentine Republic* Decision on Annulment v 3.7.2002, ILM 41 (2002) 1135.

100 Vgl *Hussein Nuaman Soufraki v The United Arab Emirates* ICSID Case No ARB/02/7, Decision on Annulment v 5.6.2007, para 20: „[A]nnulment review, although obviously important, is a limited exercise, and does not provide for an appeal of the initial award. In other words, it is not contested that "... an *ad hoc* committee does not have the jurisdiction to review the merits of the original award in any way. The

38 Die Schiedsgerichtsbarkeit des ICSID kann als sehr erfolgreich angesehen werden. Dies zeigt sich nicht nur am messbaren Ansteigen der eingeleiteten Verfahren (war es in den ersten 25 Jahren seines Bestehens nur etwa ein Verfahren pro Jahr, so sind es mittlerweile durchschnittlich mehrere neue Verfahren pro Monat),[101] sondern auch an der unwägbaren Tatsache, dass die hohe Effizienz und Effektivität der ICSID-Schiedsgerichtsbarkeit eine **präventive** Wirkung hat, die sich ua aus der Zahl der gütlichen Einigungen nach Verfahrenseinleitung ableiten lässt. Die durch die Novellierung der ICSID-Schiedsverfahrensordnung im Jahre 2006 geschaffene Möglichkeit „offensichtlich unbegründete Klagen" zurückzuweisen[102] erlaubt eine gewisse Reduzierung der Klageflut.[103]

39 Aufgrund der relativ hohen Zuständigkeitsvoraussetzungen des ICSID wurde 1978 das sog ***„Additional Facility"*-Verfahren**[104] eingeführt. Es ermöglicht eine schiedsgerichtliche Beilegung von Streitigkeiten auch dann, wenn nur der Heimatstaat des Investors oder nur der Gaststaat Vertragspartei der ICSID-Konvention ist.[105] Darüber hinaus eröffnet das *„Additional Facility"*-Verfahren Zugang zur schiedsgerichtlichen Streitbeilegung, wenn es sich nicht um Streitigkeiten über eine „Investition" iSd ICSID-Konvention handelt, und stellt ein bloßes *Fact-Finding*-Verfahren zur Verfügung. Die letzteren beiden Möglichkeiten werden in der Praxis allerdings nicht genutzt. *„Additional Facility"*-Verfahren ähneln jenen nach der ICSID-Konvention, allerdings unterliegen sie nicht den Konventionsbestimmungen über die Durchsetzung und Aufhebung von ICSID-Schiedssprüchen. Vielmehr sind sie wie andere Investitionsschiedssprüche nach der New Yorker Konvention zu behandeln.

III. Energiechartavertrag

40 Auch der im Jahr 1998 in Kraft getretene *Energiechartavertrag*[106] sieht die Möglichkeit **gemischter Schiedsgerichtsbarkeit** für Investitionsstreitigkeiten in seinem Anwendungsbereich zwischen den Vertragsparteien (wozu auch die EU gehört) und Angehörigen anderer Vertragsparteien vor.[107] Nach einer dreimonatigen Verhandlungsphase

---

annulment system is designed to safeguard the integrity, not the outcome, of ICSID arbitration proceedings"."

101 Vgl die ständig aktualisierten Daten auf der ICSID-Homepage: <icsid.worldbank.org/cases>.

102 Amendments to the ICSID Rules and Regulations and the Additional Facility Rules, effective 10 April 2006: <http://www.worldbank.org/icsid/basicdoc/CRR_English-final.pdf>. S a *Schreuer/Malintoppi/Reinisch/Sinclair* The ICSID Convention: A Commentary, 2. Aufl (2009) 684.

103 Vgl die erstmalige Anwendung dieser prozessualen Möglichkeit in *Trans-Global Petroleum, Inc. v Jordan* ICSID Case No. ARB/07/25, Decision on the Respondent's Objection under Rule 41(5) of the ICSID Arbitration Rules v 12.5.2008.

104 Additional Facility for the Administration of Conciliation, Arbitration and Fact-Finding Proceedings, ICSID Doc 11, 1979.

105 Dies war insb im NAFTA-Kontext relevant. S u Rn 41.

106 Energy Charter Treaty, Annex 1 to the Final Act of the European Energy Charter Treaty Conference v 17.12.1994, ILM 34 (1995) 381.

107 Art 26 Energy Charter Treaty, vgl auch *Happ* Schiedsverfahren zwischen Staaten und Investoren.

hat der Investor die Wahl, den innerstaatlichen Rechtsweg zu beschreiten, einen mit dem Gaststaat vereinbarten Streitbeilegungsmechanismus zu nutzen oder nach den Alternativen des Energiechartavertrags vorzugehen: Schiedsverfahren gemäß ICSID bzw „*Additional Facility*“-Verfahren, ein *ad-hoc*-Verfahren nach den UNCITRAL-Regeln oder ein Verfahren nach den Schiedsregeln der Stockholmer Handelskammer. Neben zahlreichen Streitigkeiten gegen zentralasiatische Staaten aus Erdöl- und Erdgasprojekten, sind in den letzten Jahren vor allem Klagen gegen Spanien, aber auch Italien und die Tschechische Republik im Bereich erneuerbarer Energiequellen (Photovoltaik; Sonnen- und Windkraft) eingebracht worden.

IV. Investitionsstreitbeilegung gemäß NAFTA

Chapter 11 des **NAFTA** enthielt neben materiell-rechtlichen Investitionsschutzbestimmungen auch eigene, am Vorbild der BITs angelehnte Streitbeilegungsvorschriften. Neben den, für Freihandelsabkommen typischen, zwischenstaatlichen Streitbeilegungsmöglichkeiten sah Chapter 11 auch den direkten Zugang von Investoren zu Streitbeilegungsmechanismen gegenüber den jeweiligen Gaststaaten vor. Nach einer vorgeschalteten Verhandlungsphase war eine schiedsgerichtliche Streitbeilegung – und zwar wahlweise nach der ICSID-Konvention, dem „*Additional Facility*“-Verfahren, oder den UNCITRAL-Schiedsregeln – vorgesehen.[108] Da Kanada erst seit 2006 und Mexiko seit 2018 Vertragsparteien der ICSID-Konvention sind,[109] unterlagen ursprünglich die meisten NAFTA-Streitigkeiten den UNCITRAL-Schiedsregeln, solche mit US-amerikanischer Beteiligung teilweise dem „*Additional Facility*“-Verfahren. NAFTA wurde 2020 durch das United States-Mexico-Canada Agreement (USMCA) ersetzt, welches Investor-Staat Schiedsverfahren im Verhältnis zu Kanada gänzlich ausschließt und zwischen Mexico und den USA erheblich einschränkt. 41

G. Rezente Probleme in der Investitionsschiedsgerichtsbarkeit

I. Fork in the Road-Klauseln und die Unterscheidung von „treaty claims“ und „contract claims“

Manche BITs enthalten sog ***Fork in the Road*-Klauseln**, wonach sich Investoren entscheiden müssen, ob sie ihre Ansprüche vor die **Gerichte** oder Verwaltungsbehörden des **Gaststaates** *oder* vor **internationale Schiedsgerichte** bringen. Typischerweise ist eine solche Wahl **endgültig** (*una via electa non datur recursus ad alteram*).[110] Das würde bedeuten, dass Investoren, die in Investitionsstreitigkeiten vor innerstaatlichen Gerichten des Gaststaates involviert sind, Gefahr laufen, ihren Rechtsschutz durch gemischte Schiedsgerichte zu verlieren. In der neueren Praxis, va von ICSID-Tribunalen, zeigt sich jedoch eine restriktive, investorenfreundliche Auslegung solcher *Fork in the* 42

108 Art 1120 NAFTA.

109 Kanada hat Ende 2006 die ICSID-Konvention unterzeichnet und im Herbst 2013 ratifiziert.

110 Vgl *Schreuer* JWIT 5 (2004) 231/240.

Road-Klauseln, wonach eine Wahl zugunsten des innerstaatlichen Rechtswegs nur dann stattgefunden hat, wenn der nationale Rechtsstreit dieselben Parteien und denselben Streitgegenstand betrifft und vor der Einleitung eines Schiedsverfahrens anhängig gemacht wird. Dementsprechend kommt es zu keinem Ausschluss der Investitionsschiedsgerichtsbarkeit, wenn etwa der Gaststaat nicht beklagte Partei im innerstaatlichen Verfahren ist[111] oder wenn vor den innerstaatlichen Gerichten vertragliche Ansprüche geltend gemacht wurden (*contract claims*), während das Schiedsverfahren der Durchsetzung von völkerrechtlichen Ansprüchen aus einem BIT dient (*treaty claims*).[112]

II. Parallelverfahren und widersprüchliche Schiedssprüche

43 Die in den meisten BITs enthaltene **weite Definition** von Investitionen,[113] die idR sowohl direkte als auch indirekte Investitionen umfasst, führt dazu, dass Investitionen häufig durch **mehrere BITs gleichzeitig** geschützt sind. Dies ermöglicht für manche Investitionen ein „*treaty shopping*", wonach etwa eine amerikanische Mutter- oder eine deutsche Tochtergesellschaft den materiellen und verfahrensrechtlichen Schutz desjenigen BITs in Anspruch nimmt, das die günstigeren Bestimmungen enthält. In den *CME/Lauder*-Fällen führte dies sogar dazu, dass ein Investor zwei parallele UNCITRAL-Schiedsverfahren in ein und demselben Investitionsstreit führen konnte – einmal als privater Investor nach einem BIT,[114] das andere Mal durch die von ihm kontrollierte Tochtergesellschaft nach einem anderen BIT.[115] Besonders problematisch wurde dies dadurch, dass die beiden Schiedsgerichte zu diametral entgegengesetzten Ergebnissen in der Sache kamen. Der Versuch, diese Widersprüchlichkeit unter Berücksichtigung allgemeiner Rechtsgrundsätze wie *lis pendens* oder *res judicata* durch eine Aufhebungsklage vor nationalen Gerichten zu beseitigen, blieb aufgrund der formellen Unterschiedenheit zwischen den jeweiligen Klägern erfolglos.[116] Die Gefahr einer Beispielwirkung und entsprechenden Wiederholung solcher widersprüchlicher Entscheidungen bleibt wegen der Zunahme an BITs und der damit einhergehenden Vervielfältigung von Streitbeilegungsmechanismen bestehen.[117] Dies hat sich auch in der widersprüchlichen Beurteilung des Vorliegens eines Staatsnotstands in Argentinien zur Zeit der Wirtschaftskrise 2001–2003 manifestiert.[118] Während eine Reihe von

111 *Azurix v Argentina* ICSID Case No ARB/01/12, Decision on Jurisdiction v 8.12.2003, ILM 43 (2004) 259.

112 *CMS v Argentina* ICSID Case No ARB/01/8, Decision on Jurisdiction v 17.7.2003, ILM 42 (2003) 788; *Enron v Argentina* ICSID Case No ARB/01/3, Decision on Jurisdiction v 14.1.2004, 11 ICSID Reports 273.

113 S → *Reinisch* § 9 Rn 31.

114 *Ronald S. Lauder v The Czech Republic* UNCITRAL Final Award v 3.9.2001, World Trade and Arbitration Materials (2002) 35.

115 *CME Czech Republic BV v The Czech Republic* UNCITRAL Partial Award v 13.9.2001, World Trade and Arbitration Materials (2002) 109.

116 *Czech Republic v CME Czech Republic BV* Svea Court of Appeals, Urteil v 15.5.2003, ILM 42 (2003) 915; vgl auch *Reinisch* The Law and Practice of International Courts and Tribunals 3 (2003) 37.

117 S o Fn 1.

118 Vgl hierzu allgem auch → *Nowrot* § 2 Rn 62 mwN.

ICSID-Tribunalen[119] meinte, dass die Krise nicht das Ausmaß eines in den ILC-Artikeln über die Staatenverantwortlichkeit kodifizierten Staatsnotstandes erreicht hätte, kamen andere ICSID-Tribunale[120] zum gegenteiligen Ergebnis.

III. Transparenz und Vertraulichkeit von Schiedsverfahren

Schiedsverfahren werden normalerweise unter Ausschluss der Öffentlichkeit durch- 44
geführt und Schiedssprüche nur mit Zustimmung beider Parteien veröffentlicht. Dieser hohe **Vertraulichkeitsstandard** wird als besonderer Vorteil insbesondere der Handelsschiedsgerichtsbarkeit gegenüber staatlichen Gerichten angesehen.[121] Seit einiger Zeit mussten sich Investitionsschiedsgerichte, insb im Bereich der NAFTA Chapter 11-Streitbeilegung, immer öfter mit regulatorischen Maßnahmen auseinandersetzen.[122] Da es sich bei solchen Fragen regelmäßig um Themen großer **gesellschaftspolitischer** Relevanz handelt, forderten va einschlägig tätige NGOs **transparentere** Schiedsverfahren.[123] Gestützt auf den US-amerikanischen *Freedom of Information Act* erreichten sie eine interpretative Erklärung der NAFTA-*Free Trade Commission*, wonach die im NAFTA Chapter 11 anwendbaren Schiedsregeln keine Vertraulichkeitspflicht enthielten und es den Parteien nicht untersagten, den Tribunalen vorgelegte oder von ihnen herausgegebene Dokumente zu veröffentlichen.[124] Auch ICSID-Tribunale haben sich von einer allgemeinen Vertraulichkeitsvermutung abgewendet und betont, dass es bei der Prüfung, ob einzelne Dokumente und Verfahrensschritte durch die Parteien publik gemacht werden dürfen, auf eine Einzelfallprüfung ankäme, welche die Interessen der Transparenz und des öffentlichen Informationsbedürfnisses gegenüber jenen der Effektivität von Schiedsverfahren abzuwägen habe.[125]

---

119 *CMS Gas Transmission Company v Argentina* ICSID Case No ARB/01/8, Final Award v 12.5.2005; *Enron Corporation and Ponderosa Assets, L.P. v Argentine Republic* ICSID Case No ARB/01/3, Award v 22.5.2007; *Sempra Energy International v Argentine Republic* ICSID Case No ARB/02/16, Award v 28.9.2007; *BG Group Plc v Argentina* UNCITRAL Award v 24.12.2007; *National Grid plc v The Argentine Republic* UNCITRAL Award v 3.11.2008.

120 *LG&E Energy Corp., LG&E Capital Corp., LG&E International Inc. v Argentina* ICSID Case No ARB/02/1, Decision on Liability v 3.10.2006; *Continental Casualty Company* v *Argentine Republic* ICSID Case No ARB/03/9, Award v 5.9.2008.

121 S → *Oberhammer* § 19 Rn 22f.

122 S → *Reinisch* § 9 Rn 81.

123 Vgl *Knahr* Arbitration International 23 (2007) 327.

124 „Nothing in the NAFTA imposes a general duty of confidentiality on the disputing parties to a Chapter Eleven arbitration, and, [...] precludes the Parties from providing public access to documents submitted to, or issued by, a Chapter Eleven tribunal." NAFTA Free Trade Commission Clarifications Related to NAFTA Chapter 11, Entscheidung v 31.7.2001: <naftalaw.org/files/NAFTA_Comm_1105_Transparency.pdf>.

125 *Biwater Gauff (Tanzania) Ltd. v United Republic of Tanzania* ICSID Case No ARB/05/22, Procedural Order No 3, 29.9.2006, ILM 46 (2007) 15; *Giovanna Beccara and Others v The Argentine Republic* ICSID Case No ARB/07/5, Procedural Order No 3 (Confidentiality Order) v 27.1.2010, paras 72f.

45 Darüber hinaus sind sowohl NAFTA-[126] als auch ICSID-Tribunale[127] den WTO-Panels insoweit gefolgt, als sie sog *amicus curiae*-Schriftsätze von Nicht-Verfahrensparteien zugelassen haben.[128] Den bisher größten Grad an Transparenz hat man im Rahmen der UNCITRAL verhandelt. Die **UNCITRAL-Transparenzregeln 2013**[129] kombinieren eine weitgehende Öffentlichkeit von Investitionsschiedsverfahren mit Rechten von Nicht-Verfahrensparteien. Kurz darauf wurde die **Mauritius Konvention**[130] angenommen, die einen Mechanismus enthält, wonach die UNCITRAL-Transparenzregeln auch auf ältere Investitionsschutzverträge anwendbar gemacht werden können. Sie ist allerdings erst 2017 mit drei Vertragsparteien in Kraft getreten.

IV. Die Relevanz von Meistbegünstigungsklauseln für Investitionsschiedsverfahren

46 Die in BITs und anderen Investitionsverträgen regelmäßig enthaltenen **Meistbegünstigungsklauseln**[131] sind meist so formuliert, dass sie sich nicht nur auf materielle Behandlungsstandards beziehen. Zumindest seit der Jurisdiktionsentscheidung im Fall *Maffezini v Spain* ist klar, dass sich Investoren über eine Meistbegünstigungsklausel auf günstigere verfahrensrechtliche Bestimmungen anderer BITs berufen können.[132] Im konkreten Fall gestattete ein ICSID-Tribunal dem argentinischen Investor die schiedsgerichtliche Geltendmachung seiner Ansprüche ohne – wie im spanisch-argentinischen BIT vorgesehen – vorher 18 Monate lang vor spanischen Gerichten zu prozessieren, da andere spanische BITs keine vergleichbare Wartezeit vorsahen. Hin-

---

126 *Methanex Corporation v United States of America* NAFTA Arbitral Tribunal, Decision of the Tribunal on Petitions from Third Persons to Intervene as 'Amici Curiae' v 15.1.2001: <http:// naftaclaims.com/Disputes/USA/Methanex/MethanexDecisionReAuthorityAmicus.pdf>.

127 *Aguas Argentinas S.A., Suez Sociedad General de Aguas de Barcelona S.A.and Vivendi Universal S.A. v Argentine Republic* ICSID Case No ARB/03/19, Order in Response to a Petition for Transparency and Participation as *Amicus Curiae* v 19.5.2005: <worldbank.org/icsid/cases/ARB0319-AC-en.pdf>; *Aguas Provinciales de Santa Fe S.A., Suez Sociedad General de Aguas de Barcelona S.A. and InterAguas Servicios Integrales del Agua S.A. v Argentine Republic* ICSID Case No ARB/03/17, Order in Response to a Petition for Participation as *Amicus Curiae* v 17.3.2006: <worldbank.org/icsid/cases/ARB0317-AC-en.pdf>.

128 S hierzu → *Nowrot* § 2 Rn 37 mwN; in Bezug auf die diesbezügliche Entscheidungspraxis im WTO-Streitbeilegungsverfahren vgl auch → *Weiss* § 20 Rn 16, 56f, 70ff.

129 UNCITRAL Rules on Transparency in Treaty-based Investor-State Arbitration, angenommen durch UNO-Generalversammlungsresolution 68/109 v 16.12.2013: <http://www.uncitral.org/pdf/english/texts/arbitration/rules-on-transparency/Rules-on-Transparency-E.pdf>.

130 United Nations Convention on Transparency in Treaty-based Investor-State Arbitration (the Mauritius Convention on Transparency), adopted 10 December 2014, entered into force 18 October 2017.

131 S hierzu → *Reinisch* § 9 Rn 42ff.

132 *Emilio Agustín Maffezini v The Kingdom of Spain* ICSID Case No ARB/97/7, Decision on Jurisdiction v 25.1.2000, ILM 40 (2001) 1129, para 54: „[...] if a third party treaty contains provisions for the settlement of disputes that are more favorable to the protection of the investor's rights and interests than those in the basic treaty, such provisions may be extended to the beneficiary of the most favored nation clause [...]."

sichtlich der Vermeidung solcher **prozessualer Erschwernisse** hat sich in der Folge eine gefestigte Rechtsprechung herausgebildet.[133]

Umstrittener ist jedoch, ob Investoren über eine Meistbegünstigungsklausel einen – 47
sonst nicht vorhandenen – Zugang zur Investitionsschiedsgerichtsbarkeit erhalten sollen. In der Entscheidung *Plama v Bulgaria* wurde dies im Prinzip abgelehnt[134] und betont, dass zwischen der **Erleichterung** von **Streitbeilegungsvorschriften** einerseits und der **Schaffung** einer neuen **Zuständigkeit** unterschieden werden muss.[135] Ähnlich haben auch andere Investitionsschiedsgerichte entschieden.[136] Allerdings scheinen einige Tribunale bereit zu sein, auf der Grundlage von Meistbegünstigungsklauseln ihre restriktiven Zuständigkeitsbestimmungen zu erweitern.[137] Daneben ist auch ein Trend feststellbar, wonach sogar das „Importieren" bloßer Verfahrenserleichterungen wie in *Maffezini* nicht mehr zulässig sein soll.[138] Diese Unklarheiten haben dazu beigetragen, dass die Vertragsparteien neuerer Investitionsverträge oft explizit dazu Stellung nehmen. Während etwa das österreichische Musterabkommen ausdrücklich Streitbeilegung in den Anwendungsbereich der Meistbegünstigung einbezieht[139] und auch das

133 *Camuzzi International S.A. v Argentina* ICSID Case No ARB/03/7, Decision on Objections to Jurisdiction v 10.6.2005, para 28; *Gas Natural SDG S.A. v Argentine Republic* ICSID Case No ARB/03/10, Decision of the Tribunal on Preliminary Questions on Jurisdiction v 17.6.2005, para 31; *National Grid v Argentina* UNCITRAL Decision on Jurisdiction v 20.6.2006, para 93; *Suez Sociedad General de Aguas de Barcelona S.A. and Vivendi Universal S.A. v Argentine Republic and AWG Group Ltd. v Argentine Republic* ICSID Case No ARB/03/19 und UNCITRAL Decision on Jurisdiction v 3.8.2006, para 68; *Impregilo S.p.A. v Argentine Republic* ICSID Case No ARB/07/17, Award v 21.6.2011; *Hochtief AG v The Argentine Republic* ICSID Case No ARB/07/31, Decision on Jurisdiction v 24.10.2011. In *Wintershall AG v Argentina* ICSID Case No ARB/04/14, Award v 8.12.2008, kam ein ICSID-Tribunal hingegen zu dem Schluss, dass eine Meistbegünstigungsklausel nicht zur Überwindung prozessualer Hindernisse wie einer Wartezeit herangezogen werden könne. Ebenso jüngst *ICS Inspection and Control Services Limited (United Kingdom) v Republic of Argentina* PCA Case No 2010-9, UNCITRAL Award on Jurisdiction v 10.2.2012.

134 *Plama Consortium Limited v Republic of Bulgaria* ICSID Case No ARB/03/24, Decision on Jurisdiction v 8.2.2005, ILM 44 (2005) 721, para 223: „an MFN provision in a basic treaty does not incorporate by reference dispute settlement provisions in whole or in part set forth in another treaty, unless the MFN provision in the basic treaty leaves no doubt that the Contracting Parties intended to incorporate them."

135 *Plama v Bulgaria* para 209: „[i]t is one thing to add to the treatment provided in one treaty more favorable treatment provided elsewhere. It is quite another thing to replace a procedure specifically negotiated by parties with an entirely different mechanism."

136 *Telenor Mobile Communications A.S. v Republic of Hungary* ICSID Case No ARB/04/15, Decision on Jurisdiction v 13.9.2006.

137 *RosInvest v Russia* Stockholm Chamber of Commerce, Case No Arbitration V 079/2005, Award on Jurisdiction v Oktober 2007, paras 124–139.

138 *Wintershall Aktiengesellschaft v Argentine Republic* ICSID Case No ARB/04/14, Award v 8.12.2008, para 197.

139 Art 3(3) Austrian Model BIT (2008): „Each Party shall accord to investors of the other Party and to their investments or returns treatment no less favourable than that it accords to its own investors and their investments or to investors of any third State and their investments or returns with respect to the management, operation, maintenance, use, enjoyment, sale and liquidation as well as dispute settlement of their investments or returns, whichever is more favourable to the investor."

britische in diese Richtung verstanden werden kann,[140] schließt das CETA eine solche Interpretation klar aus.[141]

V. Die Auslegung enger Streitbeilegungsklauseln

48 Eine Reihe von BITs va ehemaliger kommunistischer Staaten enthalten so genannte enge Streitbeilegungsklauseln, die meist nur Streitigkeiten über die **Höhe der Entschädigung bei Enteignungen**, nicht jedoch über das Vorliegen einer Enteignung oder der Verletzung von materiellen Investitionsschutzstandards der Zuständigkeit eines internationalen Schiedstribunals unterwerfen. Dementsprechend haben es einige Investitionsschiedstribunale abgelehnt, darüber zu entscheiden, ob überhaupt eine (indirekte) Enteignung erfolgte.[142] Teilweise haben Schiedsgerichte jedoch unter Berufung auf Meistbegünstigungsklauseln[143] ihre Zuständigkeit auch für diese Vorfrage bejaht.[144] Des Weiteren gibt es einige Entscheidungen, in denen enge Streitbeilegungsklauseln dahingehend weit interpretiert wurden, dass Streitbeilegungsklauseln, die sich auf die Entschädigungshöhe im Enteignungsfall beziehen, notwendigerweise auch das Vorlegen einer Enteignung umfassen.[145]

VI. Zugang zu Investitionsschiedsverfahren nur bei „rechtmäßigen" Investitionen?

49 Eine Reihe von BITs enthalten Klauseln, wonach nur **in Übereinstimmung mit den Rechtsvorschriften des Gaststaates** getätigte Investitionen ihrem Schutz unterliegen (*in accordance with host State law*-Klauseln). Solche Bestimmungen definieren

---

140 Art 3(3) UK Model IPPA (2008): „For the avoidance of doubt it is confirmed that the treatment provided for in paragraphs 1 and 2 above shall apply to the provisions of Articles 1 to 12 of this agreement."

141 Art 8.6 (Treatment of investors and of covered investments) Consolidated Comprehensive Economic and Trade Agreement (CETA) 2016: „For greater certainty, the 'treatment' referred to in [the MFN provision] does not include procedures for the resolution of investment disputes between investors and states provided for in other international investment treaties and other trade agreements."

142 *Vladimir and Moise Berschader v The Russian Federation* SCC Case No 080/2004, Award v 21.4.2006, para 153. Ähnlich: *Austrian Airlines AG v The Slovak Republic* UNCITRAL Final Award v 9.10.2009.

143 S o Rn 46.

144 *RosInvestCo UK Ltd. v The Russian Federation* Award on Jurisdiction 2007, SCC Case No Arb. V079/2005.

145 *Tza Yap Shum v Peru* ICSID Case No ARB/07/6, Decision on Jurisdiction and Competence v 19.6.2009, para 188: „… that to give meaning to all the elements of the article, it must be interpreted that the words "involving the amount of compensation for expropriation" includes not only the mere determination of the amount but also any other issues normally inherent to an expropriation, including whether the property was actually expropriated in accordance with the BIT provisions and requirements, as well as the determination of the amount of compensation due, if any."; vgl auch die Bestätigung einer solchen Auslegung durch *European Media Ventures SA v Czech Republic* Judgement of the High Court of England and Wales v 5.12.2007, (2007) EWHC 2851 (Comm); s a *Renta 4 SVSA v Russian Federation* SCC Case No 24/2007, Award on Preliminary Objections v 20.4.2009, para 19–67.

manchmal geschützte Investitionen, in anderen Verträgen legen sie den Anwendungsbereich der materiellen Schutzstandards fest. Die meisten Investitionsschiedsgerichte interpretieren solche Klauseln als Zuständigkeitsvoraussetzungen und verneinen daher ihre Zuständigkeit im Falle von rechtswidrig getätigten Investitionen.[146] Andere Schiedsgerichte versagen hingegen auf materieller Ebene den Rechtsschutz bei Verletzung solcher Klauseln.[147]

Als besonders problematisch hat sich die Frage der nötigen Schwere der Rechtswidrigkeit erwiesen, die zu einem Versagen des Schutzes gem BIT führen kann. Hier scheint sich immer mehr die Auffassung durchzusetzen, wonach es nur bei **qualifizierten Verstößen** zum Ausschluss der Zuständigkeit von Tribunalen kommen soll.[148] 50

H. Auf dem Weg zu einer permanenten Investitionsgerichtsbarkeit

Die Kritik am bestehenden System der Investitionsschiedsgerichtsbarkeit hat unter anderem zu immer lauter werdenden Forderungen nach einer grundsätzlichen **Überarbeitung des existierenden Systems** bis hin zur **Schaffung eines ständigen Investitionsgerichts** geführt. Durch die Ernennung hauptberuflicher Richter soll der Einfluss der Investoren auf das Entscheidungsgremium geschwächt und durch die Einführung einer Berufungsinstanz die Einheitlichkeit und Vorhersehbarkeit der Entscheidungen gestärkt werden. 51

Bereits im CETA und in anderen Investitionsverträgen der EU sind quasi-permanente bilaterale, zweigliedrige Streitbeilegungsinstanzen angelegt und 2018 hat die Kommission schließlich das **Verhandlungsmandat** für einen multilateralen Investitionsgerichtshof erhalten.[149] Auch im Rahmen der **Working Group III** von **UNCITRAL** 52

---

146 Vgl *Inceysa Vallisoletana S.L. v El Salvador* ICSID Case No ARB/03/26, Award v 2.8.2006, para 190, worin eine betrügerisch erlangte Konzession nicht zu einem Investitionsschiedsverfahren berechtigte; s a die Entscheidungen in *Fraport v Philippines* ICSID Case No ARB/03/25, Award v 16.8.2007, in der ein Tribunal seine Zuständigkeit verneinte, weil der Investor eine lokale Vorschrift, die nur eine Minderheitsbeteiligung erlaubte, umging; sowie in *Alasdair Ross Anderson and others v Costa Rica* ICSID Case No ARB(AF)/07/3, Award v 19.5.2010, in welcher das Schiedsgericht seine Zuständigkeit verneinte, weil die Investition ohne Zustimmung der costa-ricanischen Zentralbank getätigt worden war; s a *Gustav F W Hamester GmbH & Co KG v Republic of Ghana* ICSID Case No ARB/07/24, Award v 18.6.2010, para 123–124: „An investment will not be protected if it has been created in violation of national or international principles of good faith; by way of corruption, fraud, or deceitful conduct; or if its creation itself constitutes a misuse of the system of international investment protection under the ICSID Convention. It will also not be protected if it is made in violation of the host State's law."

147 Vgl *World Duty Free Company Limited v Kenya* ICSID Case No ARB/00/7, Award v 4.10.2006; *Plama Consortium Limited v Bulgaria* ICSID Case No ARB/03/24, Award v 27.8.2008.

148 Vgl *Desert Line Projects LLC v Yemen* ICSID Case No ARB/05/17, Award v 6.2.2008, para 106: "the threshold inquiry is whether Article 1(1) corresponds to mere formalism or to some material objective. The Arbitral Tribunal has no hesitation in opting for the second alternative. A purely formal requirement would by definition advance no real interest of either signatory State; to the contrary, it would constitute an artificial trap depriving investors of the very protection the BIT was intended to provide."

149 Council of the European Union, Negotiating Directives for a Convention Establishing a Multilateral Court for the Settlement of Investment Disputes, v 1.3.2018.

wird seit 2017 an verschiedenen Reformvorhaben der Investitionsstreitbeilegung gearbeitet.[150] Dabei liegen diverse Handlungsoptionen vor, die von Berufungsmechanismen als „Überbau" zur bestehenden Investitionsschiedsgerichtsbarkeit bis zur Schaffung eines eigenen Investitionsgerichtshof reichen.[151]

150 UNCITRAL, Report of Working Group III (Investor-State Dispute Settlement Reform) on the work of its thirty-fourth session – Part I, A/CN.9/930/Rev.1, v 19.12.2017.
151 Vgl *Bungenberg/Reinisch* From Bilateral Arbitral Tribunals and Investment Courts to a Multilateral Investment Court: Options Regarding the Institutionalization of Investor-State Dispute Settlement, 2. Aufl (2020).

Personen- und Sachregister

Die Angaben beziehen sich auf Paragraphen (fett) und Randnummern (mager).

https://doi.org/10.1515/9783110630718-022